RÉPERTOIRE
DES
CONNAISSANCES USUELLES

LISTE DES AUTEURS QUI ONT CONTRIBUÉ A LA RÉDACTION
DU 15ᵉ VOLUME DE CETTE ÉDITION.

MM.
Altonville (comte Armand d').
Arago (Jacques).
Artaud, ancien insp. général des études.
Aubert de Vitry.
Audiffret (H.).
Bailly (Prosper).
Bardin (le général).
Baudement (T.).
Béchem (Charles).
Belfield-Lefèvre.
Benazet (Théodore).
Berger de Xivrey, de l'Institut.
Bernard (général).
Berville (S.-A.), président à la cour impériale de Paris.
Billot.
Boistel (J. M.).
Bonnechose (Émile de).
Bordas-Demoulin.
Bouchitté (H.), recteur de l'Académie de Chartres.
Bouillet.
Boullée (A.).
Bourdon (Dʳ Isid.), de l'Académie de Médecine.
Bradi (comtesse de).
Breton, de la *Gazette des Tribunaux*.
Bricheteau (Dʳ).
Briquet (A.), de Niort.
Brunet (Gustave), à Bordeaux.
Buchon.
Capefigue.
Carné (comte Louis de).
Carron du Villards (Dʳ).
Chabrol-Chaméane (E. de).
Champagnac.
Charbonnier (Dʳ).
Chasles (Philarète), professeur au Collége de France.
Chassagnol (l'abbé S.).
Chevalier (Auguste), député au Corps législatif.
Coq (P.), avocat.
Coquerel (Charles).
Coupin (P.-A.).
Daujou (F.).
Darroux (Victor).
Darthenay.
Démezit.
Denne-Baron.
Desclozeaux (Ernest), ancien secrétaire général du ministère de la justice.
Dubard, ancien procureur général.
Dubois (Louis).

MM.
Duchesne aîné, conservateur de la Bibliothèque impériale.
Duckett (W.-A.).
Dufailly.
Dufey (de l'Yonne).
Du Mège (Charles-Alexandre).
Duperrey, de l'Académie des sciences.
Dupin (Philippe), ancien bâtonnier de l'ordre des avocats.
Dupouy (Charles).
Du Rozoir (Charles).
Duval (Georges).
Elwart, professeur au Conservatoire.
Fárcy (Charles).
Favé, officier d'ordonnance de l'Empereur.
Favrot.
Payot (Frédéric).
Ferry, ancien examinateur à l'École Polytechnique.
Fillioux (Antoine).
Follard.
Forget (Dʳ).
Fossati (Dʳ).
Foucher (Paul).
Fourcault (Dʳ).
Gauhert (P.).
Gaultier de Claubry.
Genevay (A.).
Géruzez, professeur suppléant à la Faculté des lettres.
Golbéry (de), ancien procureur général.
Goupil (Dʳ Auguste).
Guillemeteau.
Guizot (F.), de l'Académie Française.
Huguier (Dʳ), chirurg. de l'hôpital Beaujon.
Husson (Auguste).
Jamet.
Janin (Jules).
Jaucourt (Chʳ de).
Jay, de l'Académie française.
Joncières.
Julia de Fontenelle.
Labat (Dʳ).
Lacretelle, de l'Académie Française.
La Grange (Mⁱˢ de), sénateur, de l'Institut.
Lainé, anc. généalogiste des ordres du roi.
Laurent (Dʳ L.), anc. chirurgien en chef de la marine.
Lavigne.
Lemoine (Théodore).
Lemonnier (Charles).
Lenoir (Charles-Alexandre).
Levasseur (Francis).
Louvet (L.).

MM.
Mac Carthy (Oscar).
Mantz (Paul).
Matter.
Maury (A.).
Mérieux (Édouard).
Merlin (Martial).
Millin, de l'Institut.
Moléon (V. de).
Monglave (Eug. G. de).
Nisard, de l'Académie Française.
Nodier (Charles), de l'Académie Française.
Og (A.).
Olivier (G.).
Ortigue (J. d').
Ourry.
Paffe (C. M.).
Page (Théogène).
Pagès, de l'Ariége.
Pascallet (E.).
Passot (F.).
Patin, de l'Académie Française.
Pautet (Jules).
Pelouze père.
Pilliwuyt (Emmanuel).
Planche (Gustave).
Reiffenberg (baron de).
Rendu (Mᵍʳ), évêque d'Annecy.
Saint-Prosper.
Saint-Prosper jeune.
Sandeau (Jules).
Saucerotte (Dʳ), à Lunéville.
Savagner (Auguste).
Say (J.-B.), de l'Institut.
Scudo (P.).
Sédillot.
Ségur (comte Philippe de), de l'Académie Française.
Sieard.
Simonde de Sismondi.
Talleyrand-Périgord (prince de), l'Institut.
Teyssèdre.
Tissot, de l'Académie Française.
Tournal.
Tourreil (Louis de).
Vaucher, de Genève.
Vandoncourt (le général G. de).
Vaulhier (L. L.).
Veuillot (Louis).
Viennet, de l'Académie Française.
Violette, commissaire des poudres et pêtres.
Violet-Leduc.
Virey (J. J.), de l'Académie de Médecin

DICTIONNAIRE

DE LA

CONVERSATION

ET DE LA LECTURE,

INVENTAIRE RAISONNÉ DES NOTIONS GÉNÉRALES LES PLUS INDISPENSABLES A TOUS,

PAR UNE SOCIÉTÉ DE SAVANTS ET DE GENS DE LETTRES,

SOUS LA DIRECTION DE M. W. DUCKETT.

Seconde édition,

ENTIÈREMENT REFONDUE,

CORRIGÉE, ET AUGMENTÉE DE PLUSIEURS MILLIERS D'ARTICLES TOUT D'ACTUALITÉ.

Celui qui voit tout abrège tout.
MONTESQUIEU.

TOME QUINZIÈME.

PARIS,

AUX COMPTOIRS DE LA DIRECTION, 9, RUE MAZARINE,
ET CHEZ MICHEL LÉVY FRÈRES, LIBRAIRES, 2 BIS, RUE VIVIENNE.

M DCCC LVII.

Les lecteurs sont prévenus que tous les mots espacés dans le texte courant (par exemple : Transsubstantiation, *Immortalité*, *César*) sont l'objet d'articles spéciaux dans le Dictionnaire, et constituent dès lors autant de renvois à consulter.

DICTIONNAIRE

DE

LA CONVERSATION

ET DE LA LECTURE.

POSTES (Administration des). Cette grande administration, chargée par privilége du transport des lettres, des journaux et des imprimés de toutes sortes, dépend en France du ministère des finances. Elle a à sa tête un directeur général, aidé de deux administrateurs. Le service se fait par des *directeurs*, assistés d'un ou de plusieurs commis, et par des *facteurs*, chargés de la distribution des lettres à domicile; des inspecteurs ont mission de surveiller le service. Les directeurs des postes font pratiquer à l'extérieur des maisons occupées par leurs bureaux, et dans le lieu le plus exposé à la vue du public, une ouverture correspondant à une boîte intérieure par un couloir incliné. Ce couloir est construit de manière que l'on ne puisse pas en extraire les lettres par le dehors, et qu'elles soient à l'abri de toute avarie. Cette boîte est fermée à clef. Elle porte au-dessus de l'ouverture extérieure ces mots : *Boîte aux lettres*.

L'hôtel des postes, situé à Paris, dans la rue Jean-Jacques Rousseau, avait été construit par le duc d'Épernon, et avait passé dans les mains d'un fermier général, lorsque, dans le courant du dix-huitième siècle, l'État en fit l'acquisition pour y placer la *ferme des postes* et ses bureaux. Mal appropriés à cette destination, les bâtiments successivement ajoutés à cet hôtel sont depuis longtemps insuffisants. C'est pour cela qu'en 1810 Napoléon 1er avait fait bâtir un hôtel au coin des rues de Rivoli et de Castiglione qu'il destinait aux postes, et qui est devenu le ministère des finances. Dans ces derniers temps on s'est décidé à transporter l'hôtel des postes sur le quai de la Mégisserie, au coin de la place du Châtelet ; et les constructions vont bientôt commencer.

[Toute lettre jetée dans l'une des nombreuses boîtes réparties dans Paris est, à l'heure de la levée, portée au bureau de poste de l'arrondissement. Là toutes les lettres sont frappées d'un timbre qui indique l'arrondissement, la date et l'heure de la levée, pour les lettres de Paris et de la banlieue. On fait ensuite trois paquets différents des lettres pour Paris, pour la banlieue et pour les départements. Ces trois natures de dépêches sont au même moment expédiées par tous les bureaux des arrondissements à l'administration centrale et transportées par les omnibus des facteurs et les tilburys. Là les lettres sont soumises au triage. Les paquets que les voitures des facteurs, comme ceux que les chemins de fer ont apportés, sont subdivisés pour Paris entre les différents arrondissements de poste que compte la capitale ; pour les départements et la banlieue, entre les diverses routes que desservent les chemins de fer et les voitures de la banlieue.

Pour les deux destinations de la banlieue et des départements, le travail arrivé à ce point est complet, et il ne reste plus au moment de l'expédition qu'à envelopper chacun des paquets et à écrire sa destination. Pour les lettres de Paris, au contraire, reste encore à effectuer une subdivision qui donne lieu à un des tableaux les plus animés que l'intérieur d'une administration puisse offrir. Après que les lettres pour Paris ont été classées entre les différents arrondissements de poste, il reste à subdiviser le paquet énorme de chacun de ces arrondissements entre les facteurs qui les desservent. Ces dépêches sont à cet effet montées dans une vaste salle, où des tables immenses sont dressées, dominées par trois inspecteurs, et auxquelles prennent place les facteurs de chaque arrondissement sous la direction de deux chefs de brigade. Les dépêches de l'arrondissement entier sont remises à ceux-ci, qui en donnent immédiatement une portion à classer à chacun des facteurs assis autour de la table spéciale au bureau qu'ils desservent, et ayant devant eux un casier non couvert; chacun dépose dans son casier toutes les lettres du parcours dont il est chargé et lance dans les casiers de ses camarades, même les plus éloignés de lui, celles qu'en triant il reconnaît être pour leur quartier.

Ces diverses parties du service se reproduisent dans les bureaux des départements sur une échelle plus petite et proportionnelle à l'importance même du bureau.

Quant au service des postes sur les chemins de fer, il se fait pendant le trajet dans des *bureaux-wagons*; les employés trient les lettres, écrivent et chiffrent debout. Ces travaux de manipulation sont de deux sortes : la réception et la réexpédition des dépêches tant à l'aller qu'au retour. Les correspondances de toutes natures recueillies en route ou aux points de départ arrivent pêle-mêle au bureau ambulant ; elles en sortent peu d'instants après, classées, triées, comptées, réparties entre une foule de bureaux différents dans toutes les directions possibles. Les lettres pour Paris sont, de même, avant leur arrivée triées par quartiers, et sont aussitôt distribuées grâce au service des omnibus pour le transport des facteurs.]

Le prix du port des lettres circulant en France est réglé comme suit : de direction de poste à direction de poste, y compris les directions situées en Corse et en Algérie, jusqu'à 7 grammes 1/2, affranchies, 20 centimes, non affranchies, 30 centimes; jusqu'à 15 grammes, affranchies, 40 centimes, non affranchies, 60 centimes ; de 15 à 100 grammes inclusivement, affranchies, 80 centimes, non affranchies, 1 fr. 20 centimes; au-dessus de 100 jusqu'à 200 grammes inclusivement, affranchies, 1 fr. 60, non affranchies,

2 fr. 40 centimes, et ainsi de suite, en ajoutant par chaque 100 grammes ou fraction de 100 grammes excédant, 80 centimes en cas d'affranchissement, et 1 fr. 20 centimes en cas de non-affranchissement. D'une direction de poste pour une distribution relevant de cette direction, et réciproquement, et des lettres d'une commune pour une autre commune du même arrondissement postal, les lettres affranchies ou non affranchies payent, jusqu'à 7 grammes et ½ exclusivement, 10 centimes; de 7 grammes 1/2 à 15 exclusivement, 20 centimes; de 15 à 30 grammes exclusivement, 30 centimes; de 30 à 60 grammes exclusivement, 60 centimes; et ainsi de suite, en ajoutant 10 centimes par chaque 30 grammes ou fraction de 30 grammes excédant. D'une ville pour la même ville, Paris excepté, les lettres affranchies ou non affranchies payent, jusqu'à 15 grammes exclusivement, 10 centimes; de 15 à 30 grammes exclusivement, 20 centimes; de 30 à 60 grammes exclusivement, 30 centimes; et ainsi de suite, en ajoutant 10 centimes par chaque 30 grammes ou fraction de 30 grammes excédant. De Paris pour Paris et pour les seize bureaux compris dans l'enceinte des fortifications, et réciproquement de ces seize bureaux pour Paris et entre eux, les lettres payent jusqu'à 15 grammes exclusivement, 10 centimes si elles sont affranchies, 15 centimes non affranchies; de 15 grammes à 30 grammes exclusivement, 20 centimes si elles sont affranchies, 25 centimes non affranchies; de 30 à 60 grammes exclusivement, 30 centimes affranchies, 35 centimes non affranchies; et ainsi de suite, en ajoutant 10 centimes par chaque 30 grammes ou fraction de 30 grammes pour les lettres affranchies ou non affranchies.

Les lettres de l'intérieur pour les armées françaises à l'étranger, et réciproquement, ne supportent que la taxe de direction à direction lorsqu'elles sont transportées exclusivement par des services français.

Les lettres pour les colonies françaises peuvent être expédiées affranchies ou non affranchies par les navires de commerce français partant des ports de France; la taxe est celle des lettres échangées entre les bureaux de poste de l'intérieur, plus un droit fixe de 10 centimes pour voie de mer. Les lettres pour les militaires et marins sont exemptes de ce droit, ainsi que celles qui viennent d'eux. Par la voie d'Angleterre elles payent un droit un peu plus élevé, réglé par des traités spéciaux.

Il y a des *timbres-postes* de cinq couleurs : ceux de couleur verte valent 5 centimes; ceux de couleur bistre valent 10 centimes; ceux de couleur bleue valent 20 centimes; ceux de couleur orange valent 40 centimes; ceux de couleur rouge valent 80 centimes. Ils sont vendus dans les bureaux de poste, dans les débits de tabac et par les facteurs et les boîtiers des postes. L'emploi fait sciemment d'un timbre-poste ayant déjà servi est puni d'une amende de 50 fr. à 1,000 fr., suivant la loi du 16 octobre 1849.

Moyennant un droit de 2 pour 100, la poste se charge du transport des sommes d'argent déposées à découvert dans ses bureaux. Il est remis en échange aux déposants des *mandats* qui peuvent être payés aux ayants droit dans tous les bureaux de l'intérieur et de l'Algérie. Le minimum des dépôts est fixé à 50 centimes. Au-dessus de 10 francs les mandats supportent un droit de 25 centimes pour timbre.

Les lettres auxquelles le public attache une importance particulière peuvent être *chargées*. Ces lettres doivent toujours être présentées au bureau de poste et affranchies. L'administration en donne reçu aux déposants, et ne les livre que sur reçu aux destinataires. Elles payent, outre la taxe ordinaire, une surtaxe fixe de 20 centimes. Les lettres chargées doivent être placées sous enveloppe et cachetées au moins de deux cachets en cire fine de même couleur et portant une empreinte spéciale à l'expéditeur ; ces cachets doivent être placés de manière à retenir tous les plis de l'enveloppe.

La loi interdit le transport par toute voie étrangère au service des postes des lettres cachetées ou non cachetées circulant à découvert ou renfermées dans des sacs, boîtes, paquets ou colis; des journaux, feuilles à la main, ouvrages périodiques, circulaires, prospectus, catalogues et avis divers, imprimés, gravés, lithographiés ou autographiés. Toute contravention est punie d'une amende de 150 à 300 francs, et en cas de récidive d'une amende de 300 à 3,000 francs, d'après l'arrêté du 27 prairial an IX et la loi du 22 juin 1854. Les ouvrages périodiques formant un paquet dont le poids dépasse un kilogramme ou faisant partie d'un paquet de librairie qui dépasse le même poids sont exceptés de cette prohibition.

La loi des 10 et 14 août 1790 déclare que le secret des lettres confiées à la poste est inviolable, et que sous aucun prétexte il ne peut y être porté atteinte, ni par les individus, ni par les corps constitués. Une autre loi, rendue le 26 du même mois, astreint les administrateurs et employés des postes à prêter serment, les premiers entre les mains du chef de l'État, les autres devant les juges ordinaires du lieu, de *garder et observer fidèlement la foi due au secret des lettres et de dénoncer aux tribunaux toutes les contraventions qui pourraient avoir lieu et qui parviendraient à leur connaissance*. Le secret dû aux correspondances ne s'entend pas seulement, pour les employés des postes, de la défense de chercher à pénétrer leur contenu, mais il comprend même l'interdiction de chercher à connaître et à divulguer que tel expédie ou reçoit des lettres par la poste. Toute suppression, toute ouverture de lettres confiées à la poste, commise ou facilitée par un fonctionnaire ou par un agent du gouvernement ou de l'administration des postes, est punie d'une amende de 16 francs à 300 francs. Le coupable est de plus interdit de toute fonction ou emploi public pendant cinq ans au moins et dix ans au plus. Si les lettres supprimées ou soustraites par un employé des postes renfermaient des valeurs dont cet employé s'est emparé, il subit la peine des travaux forcés à temps. Le préposé des postes convaincu d'avoir soustrait une lettre, encore bien qu'il soit constaté qu'elle ne contenait pas de valeurs, encourt la peine de la réclusion.

Avant 1848 les lettres étaient tarifées d'après la distance parcourue, et pour simplifier la fixation de ce tarif, le territoire français avait été divisé en onze zones. La taxe de la lettre simple de sept grammes et demi était de 20 centimes pour la correspondance de bureau à bureau de poste dans un rayon de 40 kilomètres, et elle s'élevait progressivement jusqu'à 1 fr. 20 pour celles qui avaient la plus grande distance à parcourir. Quant au tarif des lettres de bureau à bureau de distribution, il était depuis la suppression du décime rural, en 1847, seulement de 10 centimes. A cette époque il circulait de bureau à bureau 94 millions de lettres taxées, sur lesquelles 30 millions supportaient la taxe de 20 centimes et 64 celle qui s'élevait progressivement jusqu'à 1 fr. 20 c. Cependant on avait reconnu qu'il y a tout au plus une différence de 5 centimes entre la dépense occasionnée par la lettre qui parcourt la plus grande distance et la dépense occasionnée par celle qui parcourt la distance la plus courte. Ainsi la lettre qui ne parcourait que 40 kilomètres et qui coûtait environ 10 centimes de frais, acquittait une taxe de 20 centimes, payait dix centimes d'impôt, tandis que la lettre parcourant la distance la plus longue, coûtant environ 15 centimes de frais, et payant une taxe de 1 fr. 20 centimes, acquittait 1 fr. 5 centimes d'impôt, c'est-à-dire un impôt onze fois plus fort. Cette inégalité dans la répartition de l'impôt excita enfin de vives réclamations. La plupart des conseils généraux réclamèrent. Divers systèmes se produisirent à la chambre des députés; et le 7 février 1845 la *taxe uniforme* fut votée par 130 voix sur 239 votants. Le lendemain ce vote se trouva annulé par le partage égal des voix sur l'ensemble de la proposition. Le 24 août 1848 la taxe uniforme fut adoptée par l'Assemblée nationale. Il en résulta une certaine diminution dans les recettes. La loi du budget de 1850 porta indistinctement de 20 à 25 centimes la taxe de toute lettre simple de sept grammes et demi circulant de bureau à bureau de poste. Il en résulta une aggravation pour la correspondance locale, dite de *bureau voisin*, taxée seulement à 20 centimes avant la réforme. La loi du 5 juin 1854, qui fixe la taxe actuelle, mit fin à cette injustice, et pour pousser davantage à l'affranchissement préalable, elle éleva à 30 centimes le port des lettres non affranchies; ce qui fait une prime de la moitié du prix du timbre à l'affranchissement préalable. En Angleterre, où cette prime est, il est vrai, égale au montant de la taxe elle-même, le nombre de lettres affranchies a successivement atteint 98 pour 100.

En 1848 le nombre des lettres distribuées par la poste s'élevait à 122,140,000. En 1849, sous l'empire de la nouvelle loi appliquée le 1ᵉʳ janvier de la même année, le nombre des lettres monta rapidement à 158,268,000. En 1854, après avoir constamment progressé, ce nombre est arrivé au chiffre prodigieux de 212,385,000. En 1855 il était de 233,511,000. En 1848, la dernière année de l'application de la taxe par zone, les recettes s'étaient élevées à 43,941,056 fr. En 1849 elles descendirent à 32,186,156 fr., mais depuis elles progressèrent chaque année avec le nombre des lettres, pour arriver en 1855 au chiffre de 45,787,761 fr. Comme on le voit, l'équilibre a été promptement rétabli. Quant aux dépenses, l'augmentation considérable du nombre des lettres ne les a pas affectées sensiblement. En revanche, la réduction de la taxe et la création des timbres-postes ont amené une grande simplification dans le travail de la poste. L'affranchissement préalable, en faveur duquel la loi récente du 20 mai 1854 créa une prime de 10 centimes par lettre, prit de grandes proportions. En 1848, sur 122,140,400 lettres, 17,214,604 seulement étaient affranchies. En 1855, sur 233,511,000, on en trouve 108,489,450 qui le sont.

L. LOUVET.

POSTHUME (du latin *posthumus*, après la mort, fait de *post*, après, et *humus*, terre, dans la signification de mort, enterrement), qui est né après la mort de son père. Un enfant posthume rompt par sa naissance le testament de son père dans lequel il était passé sous silence.

En littérature, on nomme *posthume* un ouvrage qui paraît pour la première fois après la mort de son auteur. La propriété des ouvrages posthumes est réglée par le décret du 1ᵉʳ germinal an XIII, qui porte : « Les propriétaires par succession ou à autres titres, d'un ouvrage posthume, ont les mêmes droits que l'auteur, et les dispositions des lois sur la propriété exclusive des auteurs et sur sa durée leur sont applicables, toutefois à la charge d'imprimer séparément les œuvres posthumes, sans les joindre à une nouvelle édition des ouvrages déjà publiés et devenus propriété publique. »

POSTHUME (CASSIANUS LATINIUS POSTHUMUS), le plus célèbre de ces nombreux compétiteurs à l'empire qui troublèrent le règne de Gallien, et que l'histoire désigne sous le nom des *trente tyrans*, était né d'une famille obscure. De bonne heure il se fit soldat, et avança rapidement; l'empereur Valérien lui confia le commandement des légions de la Gaule. Appelé en Pannonie par la révolte d'Ingenuus, Gallien confia son fils Salonin aux soins de Sylvanus. Cet affront irrita vivement Posthume. Il continua cependant le cours de ses victoires contre les Germains, dont il distribuait les dépouilles à ses soldats; mais Salonin ayant ordonné qu'elles lui fussent apportées, les légions se soulevèrent et proclamèrent Posthume empereur (257) : il marche aussitôt vers Salonin et Sylvanus, qui se réfugient à Cologne. Les habitants lui en ouvrent les portes, et le prince et son gouverneur sont égorgés. Cependant, Gallien accourut de la Pannonie, et la victoire avait passé dans son camp quand une invasion de barbares l'appela soudainement en Germanie. A la faveur de cette diversion, Posthume établit son autorité dans les Gaules et l'Espagne, introduisit dans ses troupes l'ordre et la discipline, en même temps qu'il battait les Germains et fortifiait les bords du Rhin. De nouveau attaqué par Gallien, il fut redevable de son salut à la révolte des légions de Byzance, qui força l'empereur à rétrograder. Posthume eut le loisir d'affermir sa puissance, et s'associa Victorin, qui passa à lui avec ses légions. Malgré les périls incessants que lui suscitait Gallien, Posthume sut accroître la prospérité de ses États, où florissaient le commerce et l'abondance, quand il lui fallut combattre la révolte d'un de ses lieutenants, Lælius. Posthume l'assiégea dans Mayence, qui tomba entre ses mains. Victorieux, il fut égorgé par ses soldats, auxquels il refusait le pillage. Il avait régné dix ans; et durant les agitations perpétuelles de son règne, il avait déployé, avec le courage du guerrier, le caractère et l'habileté d'un sage et vertueux administrateur.

Son fils, POSTHUME *le jeune*, qui avait été nommé préfet des Voconces ou tribun d'une légion, périt à Mayence, avec son père, qui l'avait associé à l'empire. Digne de son père par ses grandes qualités, il lui était supérieur en éloquence. On lui a attribué dix-neuf déclamations qui ont paru sous le nom de Quintilien.

POSTICHE (de l'italien *posticcio*, ajouté après coup), ce qui a été fait ou ajouté après coup. Des *ornements postiches* sont des ornements ajoutés; des *dents postiches* sont des dents fausses; des cheveux postiches sont de faux cheveux. *Postiche* signifie aussi qui ne convient pas au lieu où il est placé.

En termes militaires, ce mot se dit d'un homme qui tient momentanément la place d'un autre; un *grenadier postiche* est un fusilier qui ne sert que provisoirement dans les grenadiers, un *caporal postiche* est un simple soldat faisant les fonctions de caporal.

POSTILLON, homme attaché au service de la poste aux chevaux, pour conduire les voyageurs. Il se dit aussi de celui qui monte sur un des chevaux de devant d'un attelage, qui mène les chevaux attelés à une voiture. Les diligences avaient des postillons. Les chemins de fer ont presque anéanti la poste aux chevaux en France, et le postillon est déjà devenu un être assez rare.

Postillon, au trictrac, au piquet à écrire, se dit de chacun des marqués qu'un joueur fait par-delà la moitié du nombre des marqués convenu pour la partie.

POST-SCRIPTUM, expression empruntée du latin et composée de *post*, après, *scriptum*, écrit, et qui veut dire *écrit après coup*. On l'emploie pour indiquer ce qu'on ajoute à une lettre après la signature et qu'on marque par cette abréviation P. S.

POSTULAT ou POSTULATUM. On désigne par là, en philosophie, ce que l'on demande à son adversaire, au commencement d'une discussion, comme fait reconnu ou axiome. Dans la philosophie de Kant, on donne particulièrement ce nom à trois idées sans lesquelles il serait impossible de concevoir l'impératif catégorique de la raison pratique : ce sont *le postulat de la liberté*, *le postulat de l'immortalité de l'âme*, et *le postulat de l'existence de Dieu*.

POSTULATION (du latin *postulare*, demander, solliciter), action d'occuper pour une partie devant un tribunal. Le droit de postulation est exclusivement attribué aux avoués. Les individus qui sans être avoués se livrent à la postulation et leurs complices sont punis d'une amende, de la confiscation du produit de l'instruction au profit de la chambre d'ommages-intérêts au profit des parties lésées. Ils sont de plus déclarés incapables d'être nommés avoués. Les peines sont plus sévères contre les avoués qui seraient eux-mêmes convaincus de complicité dans la contravention; elles sont prononcées par le tribunal ou la cour nantie de l'affaire. Le concert frauduleux entre plusieurs personnes pour exploiter les bénéfices que peut produire une étude d'avoué constitue le *délit de postulation*.

POSTURE, état, situation du corps, manière dont on tient son corps, sa tête, ses bras, ses jambes, etc. On appelait autrefois *danses de postures* celles où les danseurs affectaient certaines postures bizarres.

POT, vase de terre ou de métal servant à divers usages,

Familièrement, *être sourd comme un pot*, *bête comme un pot*, c'est être extrêmement sourd, excessivement bête.

En ajoutant la préposition *à* au mot *pot* on exprime sa destination ordinaire; avec la préposition *du* on exprime son usage actuel.

Pot signifiait autrefois une mesure contenant deux pintes.

Pot se dit encore de la marmite où l'on met bouillir la viande pour faire du bouillon. On sait qu'Henri IV voulait que tous les paysans, de son royaume pussent *mettre la poule au pot* tous les dimanches :

Tout a l'humeur gasconne en un auteur gascon.

La *fortune du pot*, c'est manger ce qu'il y a quand on n'attend personne. *Courir la fortune du pot*, c'est s'exposer à faire maigre chère en allant dîner dans une maison où l'on n'est pas attendu. Il ne faut jamais s'inviter à la fortune du pot; car c'est risquer de mal dîner d'abord, et ensuite de faire faire bien du mauvais sang à la maîtresse de la maison qui vous reçoit.

Une *cuiller à pot*, c'est une grande cuiller en bois ou de métal qui sert à prendre du bouillon dans le pot.

La *croûte au pot*, c'est une croûte que l'on fait tremper dans le pot avant de le retirer du feu.

Être à pot et à rôt, c'est être bien avec quelqu'un, manger souvent dans une maison, y vivre familièrement.

La Fontaine nous a appris à tous l'histoire de la lutte du *pot de terre* contre le *pot de fer*. C'est une histoire qui se renouvelle tous les jours. Un *pot fêlé dure longtemps*, affirme-t-on, pour dire qu'une personne malade et valétudinaire peut vivre encore longues années. Les vieillards qui se croient encore bons à quelque chose prétendent que *l'on fait de bonne soupe dans les vieux pots*. Parler *comme un pot cassé*, avoir une voix de pot cassé, c'est avoir la voix usée, cassée. On dit d'un homme sur qui l'on croit que les frais, la perte, le dommage d'une affaire doivent retomber, qu'*il en payera les pots cassés*.

Tourner autour du pot, c'est user de détours inutiles, au lieu d'aller droit au fait. *Découvrir le pot aux roses*, c'est découvrir le fin, le mystère de quelque affaire secrète, de quelque intrigue. *C'est par là que le pot s'enfuit*, ce n'est pas là le défaut qu'on doit reprendre dans une personne; ce n'est pas par là qu'une affaire doit manquer.

Gare le pot au noir se dit au jeu de colin-maillard pour avertir celui qui a les yeux bandés qu'il court risque de se heurter contre quelque chose. De là l'expression *gare le pot au noir* pour dire qu'on va se faire battre ou pour annoncer qu'il y a dans une affaire quelque inconvénient, quelque danger à prévoir.

Les religieuses qui vivent en communauté et qui s'occupent du soin des malades sont vulgairement appelées *sœurs du pot*.

POT A FEU. En termes d'artificier, c'est une pièce de feu d'artifice faite en forme de pot, de vase, et remplie de fusées et d'autres artifices. En artillerie, c'est un pot de fer rempli d'artifices et dont on se sert dans les sièges. C'est aussi le nom d'un gros lampion, d'un falot.

POT À FLEURS, petit vase en terre cuite dans lequel les jardiniers font venir ou enterrent des fleurs, des plantes, de petits arbustes, pour les vendre. On les place ainsi ou, si l'on veut, dans des jardinières, sur les cheminées, dans des serres, sur les fenêtres. L'avantage de cet empotement, c'est de pouvoir changer les plantes de place, les mettre dans le milieu qui leur convient le mieux, suivant la saison ou le temps; mais d'un autre côté la nourriture souvent leur manque. Ces pots sont généralement percés d'un trou au fond. « Pourquoi ce trou? » demande un agriculteur en voulant expliquer le drainage. « Je vous demande cela, ajoute-t-il, parce qu'il y a toute une révolution agricole dans ce petit trou. — Il permet le renouvellement de l'eau en l'évacuant à mesure. — Et pourquoi renouveler l'eau? — Parce qu'elle donne la vie ou la mort : la vie, lorsqu'elle ne fait que traverser la couche de terre, car d'abord elle lui abandonne les principes fécondants qu'elle porte avec elle, ensuite elle rend solubles les aliments destinés à nourrir la plante; la mort au contraire lorsqu'elle séjourne dans le pot, car elle ne tarde pas à se corrompre et à pourrir les racines, et puis elle empêche l'eau nouvelle d'y pénétrer. Le drainage n'est que le petit trou du pot de fleurs ménagé dans tous les champs. »   L. LOUVET.

POTAGE. La base de presque tous les potages est le *bouillon*. Le meilleur s'obtient, par ébullition, au moyen de viande de bœuf lavée, écumée et cuite dans une marmite. La proportion de l'eau à la viande est d'un litre par demi-kilogramme; et le temps de la cuisson est de cinq heures et demie à six heures. Quand le liquide est suffisamment diminué pour que la marmite puisse recevoir les légumes, on la fournit d'une bonne quantité de raves et de carottes fraîches, d'un oignon piqué de deux clous de girofle, d'un bouquet de thym et de persil, d'un morceau de panais, et, si l'on veut, d'un demi-pied de céleri. Inutile de dire que la viande se met sur l'eau froide assaisonnée d'un peu de sel, et qu'elle doit cuire à un feu doux et soutenu, jusqu'à ce que le *pot-au-feu* soit diminué d'un tiers. Ce même *bouillon* prend le nom de *consommé* quand on joint au bœuf qui le compose une grosse volaille ou la moitié d'un dindon. Quelques cuisiniers y emploient de vieilles perdrix, quatre pigeons, quelquefois un morceau de lard : cela varie le goût. Pour obtenir un excellent bouillon, il faut au moins deux sortes de viande : ceci est un axiome.

Lorsque le bouillon est doré, légèrement étoilé de graisse, après avoir été passé à la serviette ou au tamis de soie, on peut en faire toutes sortes de potages. Les potages au riz, aux pâtes d'Italie, exigent qu'on fasse crever ou cuire ces matières dans une partie du bouillon, qu'on étend ensuite avec le reste. Ils ne doivent pas être trop fournis, surtout le riz, qui a besoin d'être clair et bien crevé. Les *juliennes* paraissent avec quelque distinction sur la table du riche; elles ne différent des *jardinières* que par la manière dont les légumes sont coupés. La base de ces légumes est la carotte, le navet, le poireau, le céleri, émincés, auxquels on ajoute tout ce que la saison donne d'autres légumes verts. Ce mélange doit être mis dans une casserole couverte, avec un morceau de jambon de Bayonne, et sur un feu doux. Pour achever de le cuire, on le mouille à plusieurs reprises avec d'excellent consommé; puis on ajoute le bouillon nécessaire. On peut mêler avec les légumes, qui font ici l'office de pâte, quelques croûtons coupés en petits dés, mais cela n'est pas de rigueur. Les autres potages, à consistance de purée, se font avec du tapioka, des marrons, de la semoule, des blancs de diverses volailles pilés, des pois verts, des haricots secs, des lentilles, etc., etc. On leur donne des noms sonores, qui n'ajoutent rien à leur mérite : les combinaisons culinaires par lesquelles on obtient de bons potages sont toutes renfermées dans ce que nous venons d'expliquer. Il ne s'agit plus maintenant que de quelques légères déviations, laissées au caprice ou à l'intelligence de l'artiste, et d'une exécution plus ou moins soignée. Les *bisques* méritent pourtant une mention particulière : ce sont des *potages aux écrevisses*, fort estimés des connaisseurs. On en trouve la formule dans beaucoup de livres de cuisine; mais ces formules ne sont pas plus capables de former un artiste tel que Carême, que les traités de versification de former un Corneille ou un Racine.

Après les potages au gras, viennent les potages au maigre, qu'on fait avec toutes sortes de légumes, des coulis de poisson ou du lait. Puis viennent les *soupes*, parmi lesquelles il faut comprendre la *soupe à l'oignon*, les *soupes au pain*, *aux herbes*, etc. Dans les classes inférieures, qui méritent aussi qu'on s'occupe d'elles, la soupe est la partie la plus importante de la nourriture. Il serait donc pas hors de propos de chercher à propager les recettes au moyen desquelles on l'obtient dans différentes contrées. Nous ne parlerons pas de la *soupe à la bière*, qui n'est guère usitée dans notre pays. Le manque de beurre dans le midi a obligé de chercher des équivalents, qui ont fourni le moyen de faire d'assez bonne soupe. La graisse de porc, le lard ou la graisse d'oie en font les principaux frais. On ne saurait croire avec combien de matières différentes, et les ressources que nous venons d'indiquer, une habile ménagère de la campagne parvient à faire une très-bonne soupe ; surtout quand elle peut y joindre une cuisse d'oie, un morceau de petit salé ou toute autre viande confite à la graisse ; mais il faut avoir grand soin de préserver de la rancidité ces matières premières dont nous venons d'indiquer l'emploi. Avec des procédés qui sont à peu près les mêmes, on peut faire des soupes de navets, de choux, de giraumont, d'un mélange de différentes herbes combinées, telles que poirée, oseille, épinards, laitues, bonne-dame, mauves, etc. ; toutes sortes de légumes verts et secs ; avec cette différence que les légumes secs se mettent sur l'eau froide, et les autres sur l'eau bouillante, après avoir été échaudés. La purée aux pommes de terre est simple, saine et sans frais.

POTAGER, jardin où l'on cultive des légumes ; aux environs de Paris, les jardins *potagers* ou *légumiers* se nomment *marais*. Les conditions nécessaires pour l'établissement d'un potager productif sont une exposition convenable, au levant par exemple, des eaux abondantes et faciles à distribuer, une terre meuble et profonde : avec ces trois éléments, un jardin doit toujours produire en abondance des légumes de belle qualité ; si l'un des trois manque, sa culture est ingrate et ruineuse.

La distribution en carrés d'une vingtaine de mètres environ, séparés par des allées d'un mètre, est la plus convenable pour la culture et le service du jardin : ces carrés sont ensuite divisés en planches d'une longueur variable, selon le goût du jardinier, mais toujours assez étroites pour que les semis, les sarclages, les binages et les arrosages puissent s'exécuter facilement. L'oseille, le cerfeuil, la ciboule, la pimprenelle, le fraisier, le persil, etc., placés en bordure, fixent la terre autour des carrés ; si on les entoure d'une plate-bande, ces semis se font au bord externe de la plate-bande, qui est garnie d'arbres fruitiers, nains, en éventail, en buisson, à quenouille, etc., mais tenus à une distance et à une hauteur qui n'empêchent pas le libre accès de l'air et de la lumière : c'est une condition importante, que nous avons vue négligée souvent dans des jardins potagers, où les arbres, peu judicieusement entassés, formaient autour de chaque carré une enceinte impénétrable. Ils se nuisaient mutuellement et favorisaient la multiplication d'insectes voraces sur les légumes.

Les carrés reçoivent chaque année, pendant l'hiver ou au commencement du printemps, un labour qui défonce profondément la terre : c'est lors de cette façon qu'il faut y mettre du fumier en abondance, mais il est nécessaire de rechercher avec soin quelle espèce convient au sol et à son état : est-ce le fumier de vache ? est-ce celui de cheval ou un mélange de l'un et de l'autre ? La nature du terrain peut seule fournir les indications à cet égard.

Pour faire les semis, il est bon de passer la terre au râteau, et pour beaucoup de légumes, de la recouvrir d'une légère couche de fumier court ou de terreau ; quant à l'époque où il convient de semer, il est bien difficile de donner une règle invariable, car elle varie selon l'espèce des plantes cultivées, selon l'exposition, le climat et une foule d'autres conditions : toutefois, presque toutes sortes de graines potagères de première saison se font sur couche, celles de la seconde se font en pleine terre, et pour la troisième, qui a lieu en automne, on fait en sorte de semer par un temps pluvieux.

Le temps le plus favorable pour arroser est le commencement ou la fin de la journée, au lever ou au coucher du soleil ; si des circonstances extraordinaires obligent à arroser une ou plusieurs planches pendant la grande chaleur du jour, il est prudent de les ombrager après l'arrosage d'une toile soutenue par des piquets. Tout le monde sait d'ailleurs que l'eau tirée des puits doit être conservée vingt-quatre heures au moins dans des réservoirs à la surface du sol, afin qu'elle y prenne la température de l'air et ne saisisse pas les plantes. Dans les environs de Paris, où toutes les eaux de puits ou de source tiennent en dissolution une grande quantité de sels calcaires, elles ont besoin de ce temps pour laisser déposer une partie des sels dont la présence nuit au développement des plantes.

Nous ne dirons pas toute la persévérance que le jardinier doit apporter dans la destruction des taupes, des chenilles, des limaces, etc. Ces animaux sont ses ennemis naturels, et ici son intérêt est le plus sûr garant de son activité.

Un beau jardin potager, où sont cultivés l'artichaut, l'asperge, la carotte, le céleri, le cerfeuil, la chicorée, le chou, les concombres, le cresson, les épinards, les fèves, les fraises, les haricots, la laitue, les lentilles, les melons, l'oseille, les panais, le persil, les pois, les raiforts, les raves, les salsifis, la mâche, etc., est assurément chose nécessaire dans les grandes propriétés éloignées des villes. Mais les personnes qui se livrent par économie à la culture des légumes partout où des jardiniers les fournissent en abondance font, à notre avis, une mauvaise spéculation, car il leur est impossible de produire au même prix que les cultivateurs, qui ne vivent de leur industrie qu'à force de fatigues et de privations.   P. GAUBERT.

POTAMON, d'Alexandrie. *Voyez* ÉCLECTIQUES.

POTASSE, deutoxyde de *potassium*. Cette substance a été pendant longtemps appelée *alcali végétal* ; et en effet c'est ordinairement dans les cendres des végétaux brûlés qu'on la rencontre. Mais depuis que l'analyse chimique a fait reconnaître sa présence dans plusieurs pierres et autres substances minérales, l'ancienne dénomination a dû être abandonnée. La potasse du commerce est presque en totalité à l'état de carbonate déliquescent ; mais elle se mêle constamment d'autres matières salines et terreuses. Par divers procédés chimiques, on parvient à l'en dégager. De ces procédés, le plus économique consiste à brûler de la crème de tartre (*bi* ou *quadri-tartrate de potasse*) avec du nitre (*nitrate de potasse*). Dans cette combustion, l'acide tartrique brûle à l'aide de l'oxygène de l'acide nitrique. Il s'en dégage du gaz nitreux, et il se forme de l'acide carbonique, qui s'unit à la potasse contenue à la fois dans le tartrate et dans le nitrate. C'est ce produit que l'on connaît en pharmacie et dans les arts sous le nom de *sel de tartre*.

La potasse a de nombreux points de ressemblance avec la soude ; mais elle en diffère très-essentiellement sous bien des rapports : avec les mêmes acides, elle constitue des sels tout différents, et elle ne forme jamais par sa combinaison avec les huiles que des savons mous, au lieu que la soude donne lieu par le même procédé à des savons plus ou moins consistants. Les sels de potasse, à peu d'exceptions près, sont déliquescents, et les sels de soude généralement efflorescents.

Sous le point de vue commercial, la potasse est d'un prix beaucoup plus élevé que la soude, que nous nous procurons aujourd'hui en grande abondance au moyen de la décomposition du sel marin. Les lieux principaux de provenance de la potasse du commerce sont la Russie, la Pologne et l'Amérique du Nord, où la vaste étendue des forêts et les travaux continuels de défrichement mettent à la disposition des habitants d'énormes quantités de bois dont l'incinération offre une source abondante de potasse.

Le nom de *potasse* vient du hollandais *pot-asche*, qui veut dire *cendres de pots*, parce qu'on la mettait jadis dans des pots pour la conserver et la transporter.

La *perlasse* est une potasse plus pure, mieux calcinée, et dans laquelle il reste moins de matières charbonneuses et colorantes ; mais elle est tout aussi peu que la potasse exempte de sels étrangers.

La *pierre à cautère* n'est autre chose que de la potasse rendue caustique par la chaux et fortement desséchée.
PELOUZE père.

POTASSIUM, nouveau métal, ou au moins substance métalloïde extrêmement remarquable, et dont la découverte a marqué d'une manière brillante l'époque des beaux travaux chimiques du célèbre Humphry Davy. Cette substance, qu'il a obtenue en privant, par d'ingénieux procédés, la potasse de son oxygène de constitution, jouit de propriétés vraiment curieuses. Elle est d'un gris argenté brillant, plus légère que l'eau, très-ductile, plus molle que la cire, éminemment inflammable, même à la température ordinaire de l'atmosphère : on ne peut éviter qu'elle ne brûle et ne repasse à l'état de potasse qu'en la conservant sous de l'huile de naphte. Le potassium est susceptible de s'oxyder en passant à l'état de potasse, et de se suroxyder au point de donner naissance à une autre substance qui jouit de propriétés particulières.
PELOUZE père.

POT-AU-FEU, la quantité de viande destinée à être mise dans les pots, dans la marmite, pour faire du bouillon (*voyez* POTAGE).

Ce mot revient souvent dans le langage habituel des Français. On n'en mettra pas plus grand *pot-au-feu*, cela veut dire : On n'en fera pas plus de dépense. On n'y fera pas plus de cérémonie. On ne s'en mettra pas plus en peine. Avoir son *pot-au-feu assuré*, c'est jouir d'une modeste indépendance.

POT-DE-VIN, ce qui se donne par manière de présent au delà du prix qui a été convenu pour un marché.

Ce mot a joué sous le règne de Louis-Philippe un grand rôle dans la polémique de la presse. Il désigne les gratifications illicites que des particuliers accordent souvent à des fonctionnaires pour obtenir d'eux des places, des grâces, des priviléges, ou encore des fournitures et des adjudications. On peut dire qu'à aucune époque de notre histoire la corruption ne fut plus puissante, plus effrontée, que pendant les dix-huit années qui s'écoulèrent de 1830 à 1848. La remise et l'acceptation de *pots-de-vin* sont d'ailleurs de ces délits qui se commettent trop mystérieusement pour que la justice puisse être appelée souvent à punir les individus qui s'en rendent coupables. Les retentissants scandales de ce genre dont le hasard amena successivement la découverte sous le dernier règne, depuis le fameux vaisseau de carton construit, en 1834, sur la Seine, entre le pont Royal et le pont Louis XVI, à l'occasion des fêtes annuelles instituées pour célébrer l'anniversaire de la révolution de Juillet, jusqu'au procès intenté au ministre Teste, ne révélèrent qu'une minime partie du mal. Aucune administration publique n'en fut préservée; à cet égard, il y avait des habitudes si profondément invétérées, qu'aucuns affirment que le *pot-de-vin* constitue encore aujourd'hui la plus puissante des recommandations pour réussir auprès de certaines administrations.

On est moins difficile, à ce qu'il paraît, en Angleterre sur la question des pots-de-vin. « Tous les jours, en effet, dit M. John Lemoinne, on trouve dans les journaux anglais des avis par lesquels on promet telle ou telle prime à qui pourra procurer au demandeur une place dans une administration, et, chose singulière, ce commerce en plein vent des deniers de l'État ne tombe point sous le coup de la loi. Pour exprimer ce que nous appelons *pot-de-vin*, les Anglais ont bien voulu emprunter un mot à la langue française : ils appellent cela *douceur*. »

POTÉE (du latin *poto*, boire), ce qui est contenu dans un pot; une *potée d'eau*. Une *potée d'enfants*, c'en est un grand nombre. Éveillé comme une *potée de souris*, se dit d'un enfant qui est vif, remuant, très-gai.

La *potée d'étain* est l'oxyde d'étain qui se forme à la surface de ce métal lorsqu'on le fond au contact de l'air. On s'en sert dans les arts pour polir le verre et autres corps durs.

La *potée d'émeri* est la poudre qui se trouve sur les meules qui ont servi pour tailler les pierres fines.

En termes de fondeur, la *potée* est une composition terreuse préparée avec de la fiente de cheval, de l'argile et de la bourre, laquelle s'applique sur les moules des pièces, avant que de former ce qu'on appelle la *chape* du moule, qui est faite d'une terre plus grossière. Cette *potée* est la terre qui conserve l'impression des traits et des ornements du moule.

Pour la *potée rouge*, voyez COLCOTAR.

POTEMKIN (GRÉGOIRE ALEXANDROVITSCH, prince), feld-maréchal russe, et le plus célèbre de tous les favoris de l'impératrice Catherine II, naquit en septembre 1736, aux environs de Smolensk, dans une terre appartenant à son père. Un hasard le fit remarquer par l'impératrice. Cette princesse passait un jour (1762) une revue de sa garde; elle était en uniforme et avait l'épée à la main, mais elle était sans porte-épée. Potemkin (ce nom se prononce en russe *Pâtioumkine*), alors encore simple enseigne, lui offrit le sien, et Catherine fut vivement frappée de la mâle apparence et de la bonne tournure du jeune bas officier, qu'elle ne tarda point à attacher à son service personnel. Peu à peu Potemkin réussit à supplanter dans les bonnes grâces de l'impératrice ses prédécesseurs, les Orloff, et à se rendre de plus en plus agréable à sa souveraine, qui finit par faire de lui son favori et son amant déclaré. Son influence dura encore après qu'il eut cessé de jouer le rôle d'amant en titre; seulement, jamais il ne permit à un de ses successeurs de s'élever au-dessus de la position secondaire à laquelle il les condamnait tous, car c'est lui qui les désignait à l'impératrice. Catherine se soumettait aux caprices et aux bizarreries de Potemkin, soit qu'il sût trop de secrets pour qu'il n'y eût pas danger pour elle de rompre avec lui, soit que Potemkin fût parvenu à lui faire croire que lui seul pouvait la protéger contre des conspirations et des révolutions de palais. C'est ainsi que Potemkin non-seulement remplit les plus hautes fonctions de l'État, mais encore fut chargé de la direction des affaires étrangères; et à partir de l'année 1770, il fut, en raison de l'empire qu'il exerçait sur Catherine, le plus important représentant de la politique russe en Europe. D'une nature vulgaire, mais rusé, souple et rompu au manége des cours, il aimait assez à se donner les airs d'un homme extraordinaire, tandis qu'en réalité la faveur et le hasard étaient les seules causes de sa fortune. Grossier et capricieux, n'ayant que des sentiments bas et vulgaires, brutal comme un barbare et rampant comme l'esclave d'un sérail oriental, il ne prouva pas dans une seule occasion la supériorité de son esprit, mais uniquement et toujours la faiblesse de la souveraine qui lui laissait ainsi le bâton sur le cou. Quoique dépourvu de toutes espèces de talents et de connaissances, il fut placé à la tête des armées et chargé de l'administration des plus importantes provinces. En même temps qu'il bravait l'impératrice et qu'il la dominait par l'intimidation, il usait des moyens les plus étonnants pour la flatter. C'est ainsi qu'en 1787, lors du fameux voyage de la Tauride, en faisant élever de distance en distance le long de la route qu'elle parcourut des décorations théâtrales représentant dans le lointain des villages, des bourgs et des villes, et en organisant des bandes de *figurants* chargés de jouer le rôle de populations agricoles se livrant avec bonheur à leurs travaux, il la charma dans sa vanité en même temps qu'il réussissait ainsi à se faire regarder par elle comme un homme indispensable. Quoique revêtu d'une foule de fonctions et de dignités toutes plus profitables les unes que les autres, il ne dédaignait pas d'arrondir encore sa fortune en puisant à pleines mains dans le trésor de l'État et en se faisant soudoyer par les puissances étrangères. Joseph II et Frédéric le Grand s'abaissèrent non pas seulement jusqu'à l'accabler de cadeaux et de pensions, mais encore jusqu'à en passer par ses caprices les plus bizarres et les plus insolents. Joseph et Frédéric le méprisaient également; mais par suite de la rivalité qui s'établit entre eux pour obtenir l'alliance russe, le premier le créa *prince du Saint-Empire romain*, et le second lui offrit ses bons offices pour lui faire obtenir le duché de Courlande. Ce fut en partie pour satisfaire son immense vanité qu'en 1787 on poussa la Porte à rompre avec la Russie et à commencer la grande guerre pendant laquelle il exerça bien le commandement de nom, mais avec de bons officiers sous ses ordres, qui dirigèrent en réalité les opérations. L'heureuse issue de cette guerre, achetée, il est vrai, au prix des plus grands sacrifices, lui valut un nouveau surcroît de distinctions honorifiques. Mais la mort l'enleva, le 16 octobre 1791, avant qu'il eût pu conclure la paix, au milieu même des négociations ouvertes à cet effet, pendant un voyage de Jassy à Nicolajeff en Bessarabie.

Quoique sa vanité et ses intérêts particuliers y aient été pour beaucoup, on ne saurait nier que la Russie ne lui soit redevable de bien des œuvres utiles et durables. C'est à lui qu'on doit la réunion de la Crimée à la Russie, la fondation ou l'agrandissement de Cherson, de Kertsch, de Nicolajeff, de Sébastopol, etc., les améliorations de l'agriculture en Tauride, le développement donné aux manufactures et à l'industrie, enfin, la création d'une marine russe dans la mer Noire.

Tandis que Catherine II se disposait à lui faire élever un mausolée de proportions gigantesques, l'empereur Paul I*r, en montant sur le trône, en 1796, s'empressa de faire exhumer le cadavre de l'odieux favori et de le faire jeter dans les fossés de la forteresse. L'empereur Alexandre accorda plus tard une sépulture convenable à ses ossements. En 1836 la ville de Cherson a élevé une statue à Potemkin ; et plus tard encore sa nièce, dans les bras de laquelle il était mort, la comtesse Branicka, lui fit élever un obélisque, sur la route de Skulani à Kischineff, à l'endroit où il avait rendu l'âme.

POTENCE, gibet de bois, composé d'un montant à l'extrémité duquel il y a un chevron assemblé. Ce chevron est soutenu en dessous par une pièce de bois qui s'emmortaise avec lui et avec le montant. C'est à l'extrémité de ce chevron qu'est attachée la corde par laquelle l'exécuteur passe au cou du malfaiteur. Sous l'empire de l'ancienne législation, en France, chaque justice seigneuriale, chaque communauté religieuse voulait avoir dans sa juridiction un gibet ou une potence. La potence différait du gibet en ce que l'on descendait le corps du supplicié aussitôt après l'exécution, tandis qu'on le laissait au gibet pour servir d'exemple, jusqu'à la destruction naturelle. Aussi les gibets étaient-ils toujours placés hors des villes, souvent dans des lieux écartés et dans les endroits même où s'étaient commis quelques crimes, et l'on choisissait de préférence le sommet d'un monticule ou de tout autre lieu apparent. A Paris même, indépendamment de l'instrument de supplice qui s'élevait à la place de Grève, aux Halles, à Montfaucon, etc., l'abbé de Saint-Germain possédait une potence près de la barrière des Sergents, et l'évêque de Paris en avait deux au parvis Notre-Dame et au port Saint-Landry. Du reste, ce supplice tout roturier fut aboli le 21 janvier 1790. Précédemment on avait supprimé le gibet de Montfaucon. Ce genre de supplice est encore en usage dans quelques pays, notamment en Angleterre.

POTENTAT (du latin *potens*, puissant), celui qui a la puissance souveraine dans un grand État. Il ne s'emploie guère que dans le style soutenu. Un poète du siècle dernier disait :

Le potentat le plus grand de nos jours
Ne sera rien qu'une ombre
Avant qu'un demi-siècle ait achevé son cours.

Dire familièrement : C'est un petit *potentat*, il se croit un *potentat*, il tranche du *potentat*, c'est désigner un homme affectant une importance qui ne lui appartient pas.

POT EN TÊTE. *Voyez* CASQUE.

POTENTIEL. On qualifie de ce nom, en médecine, des remèdes qui, quoique très-énergiques, n'agissent que quelque temps après leur application, à la différence des remèdes *actuels*, qui produisent leur effet sur-le-champ. La pierre infernale est un cautère *potentiel*, et le bouton de fer rouge est un cautère *actuel*.

Dans la grammaire grecque, on appelle *particule potentielle* la particule ἄν, parce qu'elle sert ordinairement à indiquer que l'action du verbe auquel on la joint est considérée comme possible, douteuse, hypothétique.

POTERIE, POTIER. La poterie la plus commune ne diffère de la *porcelaine* la plus remarquable pour la beauté de sa pâte que par la plus ou moins grande pureté de la terre qui sert à les confectionner. Presque partout on rencontre de l'argile propre à fabriquer des carreaux, de la poterie commune, des briques destinées seulement aux constructions ordinaires; les terres destinées à la fabrication de la *faïence* sont déjà moins répandues; celles qui exigent les terres blanches se rencontrent moins fréquemment encore, et ce n'est que dans des localités peu nombreuses que l'on trouve les terres réfractaires propres à la confection des briques employées dans les fourneaux destinés à supporter une très-haute température, et dans un plus petit nombre encore que l'on a rencontré des terres à porcelaine. La différence de pureté des matières premières n'en apporte presque aucune dans la première opération que l'on fait subir à toutes les terres dont les pâtes doivent être cuites ; mais leur cuisson doit avoir lieu à une température d'autant plus élevée que ces terres sont plus infusibles, car si on cherchait à cuire de la terre à faïence à la température à laquelle on cuit la porcelaine, les pièces éprouveraient une altération profonde, par la vitrification plus ou moins prononcée à laquelle elles se trouveraient soumises, tandis que la porcelaine ne pourrait être confectionnée convenablement à la température de la cuisson de la faïence ou de la terre de pipe.

Les argiles qui servent à la fabrication de toutes les espèces de produits *céramiques* sont susceptibles de former avec l'eau une pâte plus ou moins liante : de là vient le nom d'*argiles plastiques*. On les trouve dans le sein de la terre, sous la forme de couches plus ou moins étendues. Après les avoir extraites, il est indispensable de les délayer dans l'eau pour en séparer les portions de sable et de matières grossières qu'elles peuvent renfermer, et qui se précipitent au fond ; l'eau enlevée par décantation laisse déposer peu à peu l'argile sous forme de pâte. Les argiles renferment toutes une plus ou moins grande proportion de silice, mais il est toujours nécessaire d'en ajouter à la pâte, et dans certains cas l'alumine peut être remplacée par la magnésie ; ce mélange donne naissance à des pâtes jouissant de certaines qualités particulières. L'argile seule, moulée et cuite, donnerait des pâtes qui éprouveraient trop de retrait et seraient trop disposées à se fendre. Certaines argiles très-peu colorées prennent une teinte plus ou moins jaunâtre ou rougeâtre par la cuisson, parce que le fer qu'elles renferment passe à l'état d'oxyde rouge, beaucoup plus colorant ; d'autres, au contraire, d'une couleur grise ou noirâtre, perdent complètement leur couleur quand elles sont rouges : la teinte particulière qu'elles présentaient était due à des matières organiques que la chaleur décompose ; on ne peut donc pas toujours juger par l'aspect d'une terre si elle fournira une pâte blanche.

En général, la *poterie* est l'ensemble des produits de l'argile, des terres, des pâtes, transformées par l'art en carreaux, en briques, en vaisselle de porcelaine, de faïence, etc., etc.

Le mot *potier* s'emploie dans un sens plus restreint, il ne désigne communément que l'ouvrier qui confectionne et qui vend des pots et de la vaisselle de terre.

H. GAULTIER DE CLAUBRY.

On sait peu de chose sur la forme et la matière des vases employés aux usages domestiques chez les peuples de l'antiquité ; à peine nous reste-t-il de ces objets si fragiles des fragments qui puissent nous mettre sur la voie. Mais le temps a épargné quelques pièces monumentales et de pur ornement, qui constatent que déjà à une époque très-reculée l'art de mouler la terre, de lui donner des formes déterminées et arrêtées par la cuisson, avait fait des progrès assez avancés. En descendant le cours des âges, on aperçoit de nouveaux progrès, qui nous sont attestés par des coupes à boire, des plats et des plateaux destinés à recevoir des fruits et des aliments; mais on ne voit pas encore des vases propres à faire chauffer les liquides ou cuire les aliments : cette application n'est venue que beaucoup plus tard. La destination religieuse que les peuples de l'antiquité donnaient à leurs produits céramiques nous en a transmis plusieurs modèles riches d'instruction. Ils nous ont fourni de nombreuses notions d'un bien vif intérêt sur l'histoire, la religion, les usages, les coutumes des peuples qui avaient consacré ces vases à leurs dieux et les avaient enfermés dans les tombeaux. Mais ce n'est qu'assez récemment, du moins en Europe, que le progrès des arts, en ajoutant aux productions de celui de la céramique des qualités solides et brillantes, enrichi d'objets de luxe ou même d'apparat l'ameublement des personnages marquants par leur rang ou leur richesse. Avant le quatorzième siècle on ne connaissait guère aucune poterie à pâte compacte, imperméable et dure, comme le grès, aucune poterie à pâte aussi imperméable et aussi solide que celle de la faïence proprement dite ou faïence italienne, aucune poterie à vernis de plomb ou d'étain, étendu également sur de grandes surfaces, comme ceux des faïences fines. Quant aux vraies porcelaines européennes, elles sont encore bien plus modernes; elles ne remontent pas au delà du dix-huitième siècle, et les faïences fines, dites terres de pipe ou faïence anglaise, sont d'une origine encore plus récente.

Aux argiles, aux marnes, aux ocres, bases ordinaires des poteries et des matières colorantes de la poterie des anciens, les modernes ont ajouté, parmi les nombreuses substances terreuses : la craie, la magnésie, le quartz, le silex, le talc, le feldspath, le kaolin; parmi les substances salines : le gypse, le phosphate de chaux, le sulfate de baryte, le borax, l'acide borique; parmi les métaux, aux innombrables préparations de fer, à l'emploi de l'or, du plomb, de l'étain, du cuivre, métaux connus des anciens, mais peu employés par eux dans l'art de la poterie, les modernes ont ajouté le cobalt, l'antimoine, le zinc, le chrome, l'urane, le manganèse, etc. La chimie, modifiant tous ces corps et leurs propriétés fondantes, durcissantes, colorantes, a fourni aux potiers modernes une multitude d'éléments et de composés inconnus aux anciens. De là le nombre considérable d'espèces de poteries que les arts et le commerce nous fournissent aujourd'hui.

Il faut distinguer la *pâte en fabrication* d'avec la *pâte faite* ou *cuite*. On peut regarder comme pâte en fabrication celle dans laquelle les éléments sont rapprochés, mais non encore réunis; le silicate n'est pas encore formé. L'eau suffit alors pour séparer les éléments de la pâte. Dans une pâte faite, les silicates sont formés, l'eau n'enlève plus rien, et les acides mêmes ne peuvent attaquer que les parties non combinées ou non enveloppées par la masse combinée. Le feu, c'est-à-dire la cuisson, est le seul moyen connu pour former ces combinaisons et favoriser la formation durable des silicates. Plus la proportion des silicates neutres sera grande dans la pâte faite, plus ils l'emporteront par leur masse sur les éléments en excès, et plus la poterie sera solide et inaltérable. Les faïences fines, dites vulgairement *terres de pipe*, et les poteries de grès nous offrent des exemples de pâtes dans lesquelles il y a plus de silicate neutre ou parfait et moins d'éléments en excès.

Les matériaux qui dans la nature fournissent les éléments des pâtes de poterie sont : 1° les argiles plastiques; 2° les argiles figulines; 3° les marnes argileuses; 4° les kaolins divers.

La fabrication générale des pâtes de poteries a pour but de lier les éléments des pâtes de la manière la plus facile, la plus complète et la plus convenable, ceux de former des pâtes faciles à travailler et solides sous tous les rapports. La *plasticité* et l'*homogénéité* sont les conditions essentielles de toute pâte céramique. On entend par *plasticité* la faculté qu'ont certaines matières molles de prendre sous la main de l'ouvrier toutes les formes qu'il veut produire. L'*homogénéité* des masses est fort importante; on doit la rechercher pour toutes les pâtes et dans toutes les circonstances : c'est à elle qu'est attaché le succès de presque toutes les pièces dans toutes les fabrications. Les matériaux des pâtes, réduits au même degré de ténuité par le décantage et le broyage, sont en état d'être mêlés. Ce mélange se fait communément à l'état liquide; il ne faut pas cependant que la liquidité aqueuse des matériaux soit trop grande, parce qu'étant de pesanteurs spécifiques différentes, ils se sépareraient facilement. On doit les prendre à l'état d'une bouillie claire, et les mêler avec rapidité; après quoi, on leur fait acquérir une consistance qu'on nomme *pâteuse*; vient ensuite le *pétrissage*, dont le nom indique l'opération. Tantôt la pâte est immédiatement employée après cette opération (dans les fabriques de poteries et de faïences communes), tantôt la pâte, après avoir subi encore une opération préparatoire, qu'on nomme *ébauchage*, est mise en réserve dans les fosses, bâches ou caves, pour y acquérir les qualités qui paraissent résulter de l'ancienneté. Mais dans toutes les fabriques dont les poteries s'élèvent au-dessus des poteries grossières, l'homogénéité de la pâte est encore augmentée par le *battage* et le *coupage*. Battre la pâte, c'est la comprimer à l'aide d'une percussion violente, exercée par les forces seules de l'ouvrier ou quelquefois par des machines de diverses espèces.

L'*ébauchage* est une sorte de façon qui consiste à donner à la pâte molle une forme quelconque avec le seul moyen des mains, sans l'aide d'aucune espèce de moule ni d'appui. Comme l'ébauchage n'a généralement lieu que pour les pièces rondes, et que cette opération se fait presque toujours sur le tour, elle se lie généralement avec le *tournage*, qui en est la suite ordinaire, mais non pas nécessaire. Le *tour à ébaucher*, qui est le véritable *tour à potier*, offre, dans sa simplicité primitive, un des instruments les plus anciens de l'industrie humaine. Le tour simple est mis en mouvement par le pied de l'ouvrier. Pour l'ébauchage sur le tour d'une pâte céramique quelconque, l'ouvrier prend une masse humide de pâte proportionnée à la pièce qu'il veut former; il la met sur la girelle du tour, mouille ses mains avec de la barbotine (terre délayée dans l'eau), met le tour en mouvement, élève cette masse en un cône informe, la rabaisse ensuite en une espèce de grosse lentille, et perce cette masse lenticulaire avec les deux pouces; il élève ensuite de nouveau en la pinçant entre le pouce et les autres doigts, et lui donne le commencement de forme qu'il veut faire prendre à cette masse. Lorsque le tour des poteries à formes grossières et à parois d'une moyenne épaisseur que le potier doit produire, l'ébauchage peut quelquefois compléter les formes de manière à ce qu'il n'y ait plus à retoucher à ces pièces; mais lorsque les formes doivent être moins grossières et les pièces moins épaisses, il termine l'ébauche à l'aide d'une sorte d'ébauchoir de bois qu'on nomme *estèque*, et dont il se sert pour amincir les pièces par dedans et en unir en même temps la surface. Enfin, lorsque la pâte qu'il travaille doit donner des pièces légères, délicates et de contours bien purs, il arrête son ébauché longtemps avant d'approcher de ce terme, afin de lui conserver assez d'épaisseur pour pouvoir, après que par la dessiccation elle aura acquis un peu de consistance, lui enlever par le tournage, à l'aide d'un fer tranchant, tout ce qui excéderait les contours et les épaisseurs déterminés.

Le *moulage* est une des opérations les plus compliquées, les plus difficiles et les plus importantes de l'art céramique; il s'exerce sur toutes sortes de pâtes et sur toutes sortes de pièces, depuis les briques jusqu'aux statues. Le moulage diffère de l'*ébauchage* et du *tournage* en ce qu'il suppose un moule ou appui sur lequel la pâte doit être appliquée et pressée pour en prendre la forme; le moule lui-même suppose ordinairement un modèle sur lequel il a été fait. L'appui est la condition essentielle du moulage. Le moulage le plus général (celui dit à *la main*) s'exerce sur des pâtes molles; suivant l'objet qu'on veut mouler, on prépare la pâte en *ballon*, en croûte, en housse. Pour le *moulage en ballon*, ayant ouvert le moule en deux parties, on imprime fortement, dans toutes les cavités des deux coquilles de ce moule, le plus également et le plus lentement possible, les petites balles de pâte qu'on a préparées. Le *moulage à la croûte* consiste à faire, sur une table, une croûte ou lame de pâte qui soit bien égale de densité et d'épaisseur, et qui est destinée à prendre sur le moule la forme de la pièce qu'on veut obtenir. Le moulage dit *à la housse* est la combinaison de l'ébauche par le tour et du moulage : c'est le plus précieux pour les pâtes délicates. La pièce ébauchée, dite *housse*, encore molle, est placée dans un moule de plâtre creux, mais nécessairement simple et d'une assez grande ouverture ; le mouleur applique la housse contre les parois du moule, et lui en fait prendre extérieurement exactement la forme.

Lorsque les pièces de poterie sont façonnées et parfaitement sèches, tantôt on les passe au four immédiatement, pour leur donner ou une demi-cuisson ou une cuisson complète, tantôt, avant toute cuisson ou après la demi-cuisson, on les recouvre d'un enduit qui doit se vitrifier par l'action d'une cuisson appropriée, et qui s'appelle *vernis*, *émail* ou *couverte*. Nous appelons *vernis de poterie* tout enduit vitrifiable, transparent et plombifère, qui se fond à une température basse et ordinairement inférieure à la cuisson de la pâte (poteries communes, faïence fine) ; *émail*, un enduit vitrifiable, opaque, ordinairement stannifère (faïence proprement dite) ; *couverte*, un enduit vitrifiable terreux, qui ne se fond qu'à une haute température, égale à celle de la cuisson de la pâte (porcelaines dures, quelques grès). L'objet de ces enduits vitreux est de rendre la pâte des poteries imperméable aux corps liquides et graisseux, et de leur donner un éclat et quelquefois des couleurs agréables à l'œil.

Le but essentiel de la cuisson des poteries est de leur donner assez de solidité pour qu'on puisse les manier sans les briser, et assez de densité pour les rendre imperméables aux liquides. On s'est proposé ensuite de leur donner plus d'éclat, d'aviver certaines couleurs, et l'on a été jusqu'à vouloir donner à ces pâtes une translucidité flatteuse et plus ou moins avancée (porcelaine).

Il y a des poteries qui n'ont reçu aucune cuisson réelle. Les peuples des pays méridionaux, les seuls chez lesquels on les ait faites, se sont contentés de les laisser fortement sécher à l'ardeur du soleil. On en cite de telles dans l'Inde et en Égypte ; mais il en est encore un très grand nombre qui n'ont éprouvé qu'un feu si faible qu'on peut à peine lui donner le nom de *cuisson*. Presque toutes ces vases jaunâtres, rougeâtres et noirs, les anciens aussi bien que ceux qui sont faits à peu près avec les mêmes matériaux par quelques peuples modernes très en arrière dans l'art céramique, se laissent traverser plus ou moins promptement par l'eau qu'on y met.

Les fours pour la cuisson des poteries sont très-variés, non-seulement par rapport aux époques et aux pays, mais aussi suivant la nature des objets qu'on y doit cuire. La construction des fours est une partie de l'art qui a reçu dans ces derniers temps de grands perfectionnements.

L'*encastage* est l'action de placer les pièces sur des supports ou espèces de moules (*cast*, en allemand), ou dans des étuis de terre nommés *cazettes* (petites boîtes) et, par corruption, *gazettes*. L'encastage est entièrement lié avec la nature de la pâte ; et comme les pâtes forment deux classes de poteries très-différentes, celles qui se ramollissent et celles qui ne se ramollissent pas au four, on a été forcé d'établir deux modes différents d'encastage.

Nous n'avons considéré sous le titre d'*encastage* que l'opération de disposer les pièces à être portées dans le four. Il y a trois sortes de méthodes principales d'*enfourner* : la première, la plus ancienne, la plus simple, mais qui ne peut s'appliquer qu'à des poteries grossières et solides, et qui d'ailleurs ne sont pas vernissées à l'extérieur, consiste à placer les pièces les unes sur les autres ; la seconde est celle dite par *échappade* ou par *chapelle* : elle consiste à placer les pièces sur des planchers faits avec de grandes dales de terre déjà cuites et soutenues par des piliers de même nature (cuisson de la faïence commune) ; la troisième est l'enfournement en *étuis* ou *cazettes*. Les pièces sont placées dans des boîtes en terre cuite, ordinairement cylindriques ou ovales, et même quadrilatères, suivant la forme des pièces.

Les couleurs et les lames métalliques très-minces dont on décore ordinairement les poteries devant être fixées à leur surface par une sorte de vitrification, il faut que ces couleurs et ces métaux soient assez fixes et assez peu altérables pour résister à l'action d'une chaleur qui doit toujours être élevée au moins jusqu'à l'incandescence rouge-sombre, et souvent beaucoup au delà. Cette condition exclut de cet emploi toutes les matières organiques ou d'origine organique, tous les métaux à oxydes volatilisables à cette faible température, et même les oxydes dont les couleurs pourraient y être ou détruites, ou considérablement altérées. Les matières colorantes et décorantes des poteries peuvent se classer sous trois divisions : 1° les oxydes métalliques et les ocres ou terres colorées naturellement par ces oxydes ; 2° les lustres métalliques ; 3° les lames de métaux à l'état métallique complet. Toutes ces matières n'adhéreraient pas sur la plupart des pâtes céramiques, et surtout n'y prendraient aucun brillant, aucun vernis par l'action du feu, si elles ne pouvaient s'y vitrifier. Pour leur donner cette faculté, ou l'exalter dans celles qui ne l'auraient pas par elles-mêmes ou par l'action de la cuisson céramique, on ajoute à toutes ces couleurs tirées des oxydes métalliques ce qu'on appelle un *fondant*. C'est généralement un verre très-fusible, composé de silice, d'alcali, de borax et d'oxyde de plomb.

Les *lustres métalliques* sont un genre de décoration dans lequel les couleurs participent un peu de l'éclat métallique, ou dans lequel les métaux, extrêmement divisés et posés à la manière des couleurs, doivent prendre leur éclat métallique par la cuisson, et n'ont pas besoin, pour être polis et brillants, d'être soumis à l'opération du brunissage. On peut admettre, en raison de leur source, cinq sortes de lustres métalliques : 1° le lustre d'or ; 2° le lustre de platine ; 3° le lustre de Burgos, qui a le chatoiement rosâtre et en même temps jaunâtre de quelques coquilles ; 4° le lustre cantharide ; 5° le lustre litharge.

Quoiqu'il soit possible de fabriquer des variétés presque innombrables de poteries qui passeraient des unes aux autres par des nuances insensibles, il est cependant assez remarquable que, dans l'état actuel de cette fabrication, si ancienne et si universelle, on puisse encore établir parmi les poteries, en y comprenant même les terres cuites, plusieurs groupes distincts assez bien caractérisés, et auxquels on peut donner le nom de *classes*. On en aperçoit au moins sept : 1° *terres cuites* (plastique des anciens) ; 2° *poteries communes* ; 3° *faïences communes*, ou *italiennes* ; 4° *faïences fines*, ou *anglaises*, dites *terre de pipe* ; 5° *grès-céromes*, ou *poteries cuites en grès* ; 6° *porcelaines dures chinoises* ; 7° *porcelaines tendres*, ou anciennes porcelaines françaises.

Dans la 1re classe nous trouvons les briques, carreaux, tuiles, les fourneaux de laboratoire, les fourneaux et réchauds domestiques, chaufferettes, etc., les pots à fleurs, vases de jardin sans émail, tuyaux de conduite pour la fumée, etc., et toutes les formes des statues, statuettes et divers ornements d'architecture. Les anciens se sont plus occupés que les modernes de ces derniers produits : il reste une multitude de fragments de corniches, d'entablements, de mausolées, de tombeaux antiques en terre cuite, qui sont ornés de sculptures et de bas-reliefs composés avec autant de goût et de style qu'exécutés avec pureté.

2° classe (poterie grossière, grosse poterie). C'est une poterie à pâte homogène, tendre, à cassure terreuse, à texture poreuse, opaque, colorée, recouverte d'un vernis plombifère translucide.

3ᵉ classe (faïence commune ou italienne). Poterie à pâte opaque, colorée ou blanchâtre, tendre, à texture lâche, à cassure terreuse, recouverte d'un émail opaque, ordinairement plombo-stannifère.

4ᵉ classe (faïence fine ou anglaise). Cette poterie est caractérisée par une pâte blanche, opaque, à texture fine, dense et sonore, recouverte d'un vernis alcalino-plombifère.

5ᵉ classe (grès cérames, grès ou poteries de grès). C'est une poterie à pâte dense, très-dure, sonore, opaque, à grain plus ou moins fin, de couleurs variées.

6ᵉ classe (porcelaine dure chinoise, ou plutôt façon de Chine). Les deux classes de poteries auxquelles on donne le nom de *porcelaine* ont une pâte fine, quoique grenue, dure, translucide; celle qu'on appelle *porcelaine dure* se distingue parce qu'elle a pour enduit vitreux une *couverte terreuse dure*, qui ne fond qu'à une très-haute température.

7ᵉ classe (porcelaine tendre, ou française). Pâte fine, dense, à texture presque vitreuse, dure, translucide, fusible à une haute température, recouverte d'un enduit vitreux, transparent, alcalino-plombifère, tendre.

PELOUZE père.

POTERIE (*Architecture*) se dit de ces espèces de pots qu'on emploie quelquefois dans la construction des voûtes et des planchers. Les Romains mêlaient souvent ces ouvrages de plastique aux massifs de leurs constructions. Lorsqu'on avait à faire, soit de grandes masses de maçonnerie, soit des voûtes d'une certaine épaisseur, selon le système du *blocage* qu'on appelle aujourd'hui *alla rinfusa*, dans lequel de petits fragments de pierres sont mêlés avec du mortier de chaux et de pouzzolane, les constructeurs, pour économiser le temps et la matière, la charge et la dépense, plaçaient d'espace en espace, dans le massif, des pots de terre du genre de nos cruches, dont chacun, environné de maçonnerie, formait naturellement et sans art une petite arche qui devenait comme une voûte de décharge. Ainsi s'allégissait la construction et s'économisaient les frais de matériaux et de main-d'œuvre. C'est surtout au cirque de Caracalla, à Rome, qu'on voit de nombreux vestiges de cette méthode économique de construction. On a retiré de ces massifs de maçonnerie plus d'une *hydria* entièrement conservée. Un architecte, Saint-Fart, employa, vers la fin du siècle dernier, des briques creuses à former les voûtes et les planchers. Il existe un rapport de l'Académie des Sciences sur l'application de ces poteries à la construction des plafonds. Ce rapport loue la résistance des pots contre la pression et la consistance des planchers ainsi construits. Il y a au Palais-Royal quelques galeries dont les plafonds sont élevés d'après ce procédé.

POTERIE D'ÉTAIN, nom que l'on donne à toutes sortes d'objets formés d'un alliage dont l'étain est la base. On en fait des assiettes, des plats, des pots, des brocs, des cuillers, des couvercles, des comptoirs, des seringues, des robinets de fontaine, de jouets d'enfants, des timbales et toutes sortes d'ustensiles de ménage. L'alliage le plus ordinaire est composé de 82 parties d'étain et 18 de plomb. On le coule dans des moules en bronze préalablement chauffés et intérieurement recouverts d'un enduit de pierre ponce pulvérisée et délayée avec du blanc d'œuf. On polit ensuite les pièces avant de les livrer au commerce.

POTERNE (du bas latin *posterna*, fait de *post*, derrière). On donne le nom de *poterne* à une fausse porte placée dans le milieu ou dans l'angle d'une courtine et sur le terre-plein du rempart. Ces ouvertures donnent issue dans les fossés et sont destinées à faciliter les sorties de la place sans être aperçu des assiégeants. Après les avoir franchies, les troupes montent les escaliers sans rampes (*pas de souris*) pratiqués dans les fortifications en pierre qui encaissent les fossés du côté de la campagne; elles arrivent ainsi au chemin couvert, et se forment en bataille sur les glacis : c'est de là qu'on attaque l'ennemi à l'improviste. En temps de guerre, les clefs des portes et des poternes sont déposées chaque soir au chevet du lit du commandant de la place, sur qui repose toute la responsabilité de la sûreté de la défense.

SICARD.

POTHIER (ROBERT-JOSEPH), né à Orléans, le 19 janvier 1699, mort dans la même ville, le 2 mars 1772, fut un des plus grands jurisconsultes dont la France s'honore; mais ce fut surtout un homme de bien. Magistrat austère sans dureté et humain sans faiblesse, professeur érudit sans pédantisme, et plutôt l'ami que le censeur de la jeunesse; religieux sans intolérance et sans fanatisme; prodigue envers les pauvres de sa modique fortune, et de ses conseils envers tous ceux qui en avaient besoin; modeste jusqu'à l'humilité, patient, affable pour tout le monde, il offre l'heureux et trop rare assemblage des talents qui font le grand homme, des qualités qui relèvent l'éclat de la toge, des vertus qui constituent le bon citoyen.

Dans les premiers élans d'une piété qui ne l'abandonna jamais, Pothier voulut embrasser l'état ecclésiastique; mais heureusement des considérations de famille l'en empêchèrent. Alors il tourna ses regards vers la carrière de la magistrature, qu'avaient suivie son père et son aïeul : c'était un autre sacerdoce. Ses progrès furent rapides dans l'étude du droit. Doué d'un prodigieux instinct d'équité, il trouvait, comme d'inspiration, dans la rectitude de ses idées et la droiture de son cœur ces règles et ces décisions que la science seule révèle à tant d'autres. Les principes les plus abstraits entraient sans peine et se classaient merveilleusement dans cet esprit exact et méthodique. A vingt-un ans il fut appelé, d'une voix unanime, à la charge de conseiller au présidial d'Orléans, et s'y distingua par la maturité précoce de son jugement, l'étendue de ses connaissances, la fermeté de ses décisions. Une seule fois il faillit dans le cours de sa magistrature. Chargé de l'examen et du rapport d'une affaire, il avait négligé une pièce décisive en faveur de la partie qui perdit son procès; mais il se hâta d'indemniser le plaideur victime de son erreur. Sa conscience se soulevait contre l'absurde et révoltante atrocité de la torture. Aussi ne voulut-il jamais être rapporteur dans un procès de grand criminel.

Notre auteur se livrait avec ardeur à la science des lois. Non-seulement il étudia toutes les anciennes coutumes qui régissaient, ou, pour mieux dire, qui divisaient alors la France, mais il s'attacha surtout au droit romain, ce dépôt immense des règles de l'équité naturelle appliquée aux affaires humaines, cette mine féconde, où les législateurs de tous les pays vont puiser des leçons et des préceptes, comme si la destinée du peuple-roi n'était pas encore accomplie, et qu'il dût régner sur l'univers par sa législation alors qu'il ne commande plus par sa puissance. Toutefois, Pothier fut vivement frappé des vices qui défiguraient le recueil de ces lois romaines, et qui en rendaient l'étude très-difficile, souvent même dangereuse. Les compilateurs chargés par Justinien de cet important travail avaient entassé, sous divers titres, de précieux lambeaux arrachés aux ouvrages des plus célèbres jurisconsultes; mais il n'y avait dans ces extraits aucune liaison, aucune suite. Tout était jeté pêle-mêle et dans la plus grande confusion. Pothier ose entreprendre de porter la lumière au milieu des ténèbres, de rétablir l'ordre à la place du chaos. Il conçoit la pensée hardie de reconstruire régulièrement, avec les matériaux épars dans le corps de droit, l'imposant édifice de la législation romaine. Qu'on se figure un architecte se promenant sur les ruines d'Athènes, rassemblant des débris mutilés par là pas les barbares, retrouvant leur place, devinant leur destination, remplaçant ceux qui ont péri, et faisant revivre, par une création nouvelle, le prodige du Parthénon! Ce ne serait qu'une faible image de ce qu'a fait Pothier. Pendant plus de vingt ans il a travaillé à cet ouvrage immense, interrogé les anciens, étudié les modernes, dévoré tous les commentateurs. Sa scrupuleuse érudition a tout consulté, tout vérifié, reproduit et classé tout ce qui méritait de rester. Il a fait ce que soixante jurisconsultes choisis par Justinien n'avaient pu faire sur les lois de leur pays! Souvent dans son livre un mot vaut un commentaire, et le classement d'une loi suffit à son interprétation, tant est grande la puissance de la méthode ! Et si l'on ajoute que dans une classification aussi compliquée et, par sa nature, aussi arbitraire, il ne s'est encore élevé aucune critique ; qu'il n'est pas une seule loi, dans trois volumes in-folio, qui ne soit à sa place, quelle force de tête ne suppose point un pareil travail !

Cependant, le modeste auteur, qui fuyait jusqu'aux félicitations de l'amitié, n'osait le livrer à l'impression. Mais par l'heureuse indiscrétion d'un ami, il fut révélé au chancelier d'Aguesseau, qui honora de son suffrage et l'ouvrage et l'auteur. Pothier fit un voyage à Paris pour présenter son manuscrit à ce digne chef de la magistrature. Son extérieur simple et négligé fut une sorte de spectacle pour les magistrats courtisans ; leurs dehors frivoles furent presque un scandale pour le jurisconsulte orléanais : ils se quittèrent sans s'apprécier, et pour ainsi dire sans se comprendre. Ajoutons, à la honte de notre pays, que le mérite des *Pandectes* rétablies dans un nouvel ordre ne fut pas d'abord compris parmi nous, et qu'il nous fut signalé par les étrangers ! Ce n'est pas le seul exemple de coupable indifférence que présente notre histoire scientifique et littéraire. Après cet important ouvrage, qui créa une nouvelle ère pour le droit romain, et qui plaça l'auteur au rang des Cujas, des Domat et des Dumoulin, Pothier, ramenant ses études et sa pensée sur notre droit, entreprit de faire un traité spécial sur chacune de ses parties, et d'y transporter les trésors de doctrine qu'il avait recueillis dans la législation de Rome. Le premier traité qui sortit de sa plume fut le traité des *Obligations*, qu'on regarde comme son chef-d'œuvre dans le droit français. Ce choix n'était pas seulement d'un habile jurisconsulte, il était d'un profond moraliste. Les obligations en effet sont le lien de la société ; elles en forment la base, la société ne subsiste que par elles. Chaque contrat fut ensuite traité avec ses règles et ses modifications particulières. Payant le tribut à son pays natal, le laborieux jurisconsulte donna aussi un commentaire de la *Coutume d'Orléans*. Il tâcha de jeter quelque lumière sur notre ancienne procédure, débrouilla la matière des fiefs, et publia de la sorte 28 vol. in-12, dans lesquels on trouve constamment une grande profondeur de doctrine, une méthode admirable pour l'ordonnance et le plan général, une sûreté de décisions qui ne se dément jamais. Le style en est simple et toujours clair. Il a un ton de naïveté inimitable, et, si je puis parler ainsi, cette odeur patriarcale qui rend si suave la lecture des livres saints. Partout règne la morale la plus pure et la plus sévère ; on retrouve partout l'homme de bien, dont la plume religieuse soumet les transactions humaines non-seulement aux lois des hommes, mais à celles de l'éternelle justice.

Dans l'année qui suivit la publication des *Pandectes*, la mort de Prévôt de Lajannès laissa vacante la chaire de professeur en droit français à l'université d'Orléans. Pothier fut choisi par le chancelier d'Aguesseau pour remplir cette chaire, sans l'avoir demandée. Mais la récompense qui était venue chercher le mérite avait été espérée par un autre, Guyot, docteur agrégé, et depuis professeur de droit à l'université d'Orléans. Pothier le savait, et sa délicatesse extrême lui persuada qu'il devait un dédommagement à son émule. Il lui proposa le partage du produit d'un emploi qui avait été l'objet de leurs vœux mutuels. L'émule avait le cœur trop élevé pour accepter autre chose que l'amitié de Pothier : il ajourna ses prétentions sans murmure. Toutefois, le désintéressement de Pothier fit un généreux emploi des honoraires que son ami refusa de partager. Il les consacra à fonder des prix pour les étudiants qui se distingueraient le plus dans des exercices sur le droit français et sur le droit romain, stimulant, par ces paternelles récompenses, l'émulation d'une jeunesse laborieuse, qu'il chérissait tendrement. Autre exemple de désintéressement : il ne retira jamais le moindre prix de ses ouvrages, afin que les libraires les vendissent moins cher et que la science se propageât plus facilement.

Ainsi s'écoulait cette existence laborieuse, que se partageaient les devoirs de la magistrature, les soins du professorat et les études du savant. Pendant sa longue carrière, Pothier travailla constamment depuis quatre ou cinq heures du matin jusqu'à trois heures du soir, sans être distrait par aucun plaisir ni par le moindre amusement. Il avait seulement réservé dans chaque semaine un après-dîner, qu'il appelait, comme les écoliers, son *jour de congé*, et qu'il employait en visites et en promenades. Mais bien qu'avare d'un temps qu'il employait si utilement, il ne laissa jamais sans réponse les nombreuses lettres qu'on lui adressait de toutes parts pour le consulter. Il avait même chez lui une espèce de tribunal privé, dans lequel il prévenait ou terminait une grande quantité d'affaires que la confiance des parties remettait à sa décision. Sa fortune, quoique médiocre, était de beaucoup au-dessus de ses besoins et de ses désirs, mais non au-dessus de sa charité. Il en confiait l'administration à des serviteurs dignes de sa confiance. C'étaient eux qui réglaient son modeste budget. Il se soumettait avec bonhomie aux remontrances de leur zèle, et se cachait d'eux, dans la naïveté de sa vertu, pour répandre sous le toit du pauvre des aumônes qui dépassaient souvent ses facultés. Il a laissé des souvenirs qui sont populaires dans Orléans. La tradition y conserve, avec une sorte de religion, une foule d'anecdotes intéressantes sur sa vie privée. Elles attestent toutes sa candeur, sa modestie, ses rares vertus. Une inscription a consacré sa maison à la vénération publique. On a donné son nom à la rue qu'il habitait. Tout atteste le respect qu'on a gardé pour sa mémoire.

Par ses opinions religieuses, Pothier appartenait à l'école sévère de Port-Royal. Il faisait partie de ces stoïciens du christianisme chez qui l'austérité des mœurs s'unit à la pureté de la foi. On a même de lui quelques lettres manuscrites contre les jésuites. Sur la fin du mois de février 1772, Pothier fut attaqué d'une fièvre léthargique. Il mourut le 2 mars suivant. Cette mort douce et calme rappelle les vers touchants où La Fontaine nous peint la fin du sage :

Approche-t-il du but, quitte-t-il ce séjour,
Rien ne trouble sa fin : c'est le soir d'un beau jour.

Ses cendres, qui avaient été déposées au grand cimetière, ont été récemment transférées dans la cathédrale de Sainte-Croix, où on lit une épitaphe qui rappelle assez heureusement tous ses mérites.

La renommée de Pothier, comme celle de tous les hommes vraiment grands, n'a fait que croître depuis qu'il n'est plus ; et, par une sorte de privilège, il a acquis de nouveaux droits à la reconnaissance de la postérité : ses ouvrages ont puissamment contribué à la réforme et à l'amélioration de notre législation ; leur sagesse a passé dans plusieurs de nos lois nouvelles ; près de la moitié de notre Code Civil n'est que l'analyse de ses principaux traités. Honneur à ceux qui dominent ainsi des lois à leur pays, non par la violence et par l'empire de la force, mais par la seule autorité de la justice et de la raison !   Philippe DUPIN.

POTIER (CHARLES), comédien distingué, était né à Paris, en 1775, et descendait de l'ancienne famille parlementaire des Potier, souche des ducs de Tresmes et des marquis de Gèvres. On assure même qu'il avait le droit de se dire *duc* et d'appeler son fils aîné *marquis*, comme représentant direct et unique de cette maison. Potier avait été placé à l'École Militaire. On sait qu'avant 1789 on ne pouvait y être admis sans faire préalablement preuve de noblesse. Ce fait seul suffit donc pour confirmer l'authenticité de l'origine illustre de l'artiste qui pendant trente ans fut en possession d'égayer les Parisiens. Mais la révolution détruisit l'aristocratique pépinière d'officiers de laquelle Bonaparte était sorti depuis quelques années, et renvoya les élèves dans leurs foyers en même temps qu'elle ruinait sans ressources les parents de Potier. Aussi, en 1793, fut-il trop heureux d'être compris dans la réquisition. Libéré après deux années de service dans un bataillon d'infanterie, Potier se fit comédien, et débuta sur une des scènes les plus infimes du boulevard. C'est aux Variétés et à la Porte-Saint-Martin que le talent comique de cet excellent acteur brilla de tout son éclat. Ses débuts sur le premier de ces théâtres eurent lieu en 1809; et en 1817 les propositions avantageuses que lui fit le directeur de la Porte-Saint-Martin le déterminèrent à paraître sur cette scène, qu'il voulut abandonner en 1822, mais sur laquelle un jugement le condamna à jouer jusqu'en 1824, époque où finissait son engagement. Il revint alors aux Variétés, puis les quitta de nouveau pour entrer au Théâtre des Nouveautés. Mais l'âge et les infirmités qui en sont le cortège ordinaire ne tardèrent pas à l'obliger de prendre définitivement sa retraite. Il mourut à Paris, en 1837.

Les principaux rôles de sa création dont le public ait conservé le souvenir sont : Pomadin, dans *L'Intrigue du Carrefour*; M. de la Flûte, dans *L'Intrigue sur les Toits*; Desaccords, dans *La Matrimoniomanie*; le prince Mirliflor, dans *La Chatte merveilleuse*; M. Crouton, dans *Tout pour l'Enseigne* et dans *Le Postulant au Salon*; M. Pinson, dans *Je fais mes farces*; M. de Bois-Sec, dans *Le Ci-devant Jeune Homme*; le Bourgmestre de Saardam; le père Sournois, dans *Les Petites Danaïdes*; Bonardin, dans *Les Frères féroces*; le jeune Werther, dans *Les grandes Passions*; M. *Pique-Assiette*, *Le Bénéficiaire*, *Les Inconvénients de la Diligence*, *Le Chiffonnier*, etc.

POTIER D'ÉTAIN, celui qui fabrique ou qui vend de la poterie d'étain.

POTIN, métal factice et cassant, mélange de cuivre jaune et de quelques parties de cuivre rouge. Il se dit aussi d'une sorte de cuivre rouge formé de bavures que donne la fabrication du laiton, et auxquelles on mêle du plomb ou de l'étain. Le premier se nomme ordinairement *potin jaune*, le second *potin gris*. Ce métal supporte mal la dorure. On en fait aussi avec de vieux cuivres étamés. Son nom lui vient, suivant quelques érudits, de ce qu'autrefois on en faisait des pots. Il y a beaucoup de médailles en *potin*.

POTION. On a longtemps confondu sous ce nom des médicaments qui n'avaient entre eux aucun rapport. On doit réserver le nom de *potions* à des mélanges de sirops, d'eaux distillées, d'infusions, de décoctions, dans lesquels on fait entrer des teintures, de l'éther, des électuaires, des poudres, des sels, des huiles, des gommes-résines, etc., en agissant de manière que ces substances soient dissoutes ou incorporées d'une manière convenable. Ces médicaments ne sont point destinés à devenir la boisson habituelle aux malades, mais à être pris par fractions, parce qu'en général ils sont beaucoup plus actifs que les tisanes et qu'ils pourraient souvent occasionner des accidents graves si l'on agissait imprudemment.

Les potions varient à l'infini; aussi est-il difficile de leur assigner un mode de préparation général. Parmi les potions le plus fréquemment ordonnées par les médecins, il en est quelques-unes dont la préparation présente de grandes difficultés ; c'est lorsqu'on doit y ajouter des matières huileuses ou résineuses. Les médicaments que l'on connaît sous le nom de looch s sont aussi de véritables *potions*.

O. FAVROT.

POTIRON, espèce remarquable du genre *courge*, qui présente un grand nombre de variétés. Ses tiges acquièrent une étendue considérable, ses feuilles sont très-amples, à cœur arrondi, à trois ou cinq angles, plus ou moins marqués, molles et couvertes de poils; ses fleurs, évasées, sont grandes et placées à l'aisselle des feuilles; ses fruits sont d'une grosseur énorme, de forme sphérique, aplatis et même enfoncés aux pôles, marqués de côtes régulières et profondes, ayant la peau fine et la chair ferme, quoique juteuse et fondante. Les graines sont grosses, ovales, comprimées, lisses, blanchâtres, à bords épaissis en bourrelet. Le *potiron jaune* est le plus gros; il s'en trouve de 15 à 20 kilogrammes; on en a même vu qui pesaient jusqu'à 100 kilogrammes. On fait avec ce potiron d'excellents potages au lait; on a aussi trouvé le moyen d'en faire des crèmes, des tourtes et autres entremets délicats. Parmi les variétés, on distingue le *gros potiron vert*, moins estimé pourtant que le *petit potiron vert*, qui reste bon à manger jusqu'à la fin de mars. Il existe aussi un *petit potiron jaune*, qui est le plus hâtif. Les courges dites *melonnées* ou *citrouilles musquées* sont préférées aux potirons pour la délicatesse de leur goût.

Les semences de potiron étaient, dans l'ancienne pharmacie, au nombre des quatre *semences froides majeures*; comme elles sont les plus grosses, et qu'on peut se les procurer fraîches pendant la moitié de l'année, c'étaient elles qu'on employait plus particulièrement en médecine. L'huile grasse qui abonde dans ces graines est d'une saveur de noisette. On les emploie aussi en guise d'amandes pour faire des émulsions adoucissantes.

L. LOUVET.

POTOCKI (Les), grande famille polonaise, dont le manoir originaire, *Potock*, était situé dans l'ancienne voïvodie de Craçovie, et qui possède encore aujourd'hui d'immenses domaines, tant en Ukraine qu'en Gallicie. Depuis le seizième siècle, ses membres sont en possession d'occuper les plus hautes fonctions administratives et ecclésiastiques de leur pays. Parmi les personnages les plus célèbres qu'elle ait produits, nous citerons *Jean* et *Jacques* POTOCKI, braves capitaines de l'époque de Sigismond III, *Stanislas* POTOCKI, surnommé *Revera*, mort en 1667, à l'âge de quatre-vingt-huit ans, grand-hetman de la couronne, l'effroi des Suédois et de Ragotzi; *Pawel* POTOCKI, castellan de Kaminiec, et *Antoni* POTOCKI, ambassadeur d'Auguste II près de l'impératrice Anne, ensuite voïvode de Belz et maréchal de la noblesse sous Auguste III.

POTOCKI (*Stanislas-Félix*, comte), grand-maître de l'artillerie, fut un aristocrate passionné, qui, en raison de l'influence que lui donnaient ses richesses, prit une part importante aux troubles de 1788. N'ayant pu empêcher l'acceptation de la constitution du 3 mai 1791, il organisa, pour la renverser, la confédération de *Targowitz*. Catherine II, qu'il avait engagée à intervenir dans les dissensions intestines de la Pologne, lui accorda de nombreuses distinctions, et à partir de 1793 le chargea de missions importantes. A l'apparition de Kosciuszko sur la scène politique, en 1794, il s'enfuit en Russie. Le tribunal suprême de la république le condamna à mort, comme traître à la patrie. Ses biens furent confisqués, et on le pendit en effigie. Les victoires de Souvarof mirent cette procédure à néant, et en 1795 Catherine II le nomma général en chef de l'armée polonaise. Mais il vécut dès lors presque continuellement dans ses terres de l'Ukraine, bourrelé de remords au sujet du triste sort qu'il avait tant contribué à faire à son pays. Il mourut en 1803. Ses fils entrèrent au service russe. L'un d'eux, *Wladimir* POTOCKI, désireux de racheter les torts de son père, prit en 1809, dans les rangs de l'armée polonaise, la part la plus glorieuse à la campagne contre les Autrichiens, et faisait concevoir les plus brillantes espérances, quand il mourut en 1811, avec le grade de colonel. On voit sa statue par Thorwaldsen dans la cathédrale de Cracovie.

POTOCKI (*Ignace*, comte), né en 1751, grand-maréchal de Lithuanie, fut l'un des fondateurs de la constitution du 31 mai 1791. Quand les Russes envahirent la Pologne, il ne put obtenir de secours de Berlin, se réfugia alors à Dresde, où la même temps qu'on lui confisquait ses biens. L'insurrection de Kosciuszko, en 1794, le ramena Varsovie, où il fut chargé de la direction des affaires étrangères. Sur la foi de la capitulation conclue pour Varsovie avec Souvarof, il resta dans cette ville; mais on l'arrêta et on le conduisit comme prisonnier d'État à Schlusselbourg. En 1796 l'empereur Paul le fit remettre en liberté. Il se retira alors en Gallicie, où il resta en surveillance jusqu'en 1809, époque où, par suite des espérances qu'avaient fait naître les victoires de Napoléon, il rentra dans la vie politique. Il s'était rendu à Vienne auprès de Napoléon, à la tête d'une députation du duché de Varsovie, lorsqu'il mourut, le 30 août 1809.

POTOCKI (*Stanislas-Kotska*, comte), frère du précédent, se fit remarquer par son éloquence dans les diètes de 1788 et 1792. Il était général d'artillerie et partisan de la constitution de 1791 ; mais il se retira en Autriche quand le roi Stanislas-Auguste eut adhéré à la confédération de Targowitz. Étranger désormais aux événements qui s'accomplissaient en Pologne, il se consacra à l'étude des sciences et à la culture des beaux-arts jusqu'en 1807, époque où fut créé le duché de Varsovie. Il revint alors dans sa patrie, et fut nommé président de la commission supérieure d'instruction publique. En 1815 l'empereur Alexandre le nomma ministre du culte et de l'instruction publique. Sa maison était l'une des plus brillantes de Varsovie et sa femme, née princesse *Lubomirska*, l'une des femmes les plus instruites et les plus spirituelles de son temps. Il mourut le 14 août 1821. L'un de ses meilleurs ouvrages est son *Essai sur l'Éloquence et le Style* (Varsovie, 1815). Nous devons encore mentionner sa traduction de l'ouvrage de Winckelmann sur l'art des anciens (1815).

POTOCKI (*Jean*, comte), l'un des hommes qui avaient le plus approfondi l'histoire et les antiquités slaves, s'y était préparé en parcourant la plus grande partie des contrées où les populations slaves se sont fixées, depuis la Poméranie jusqu'au Caire et à Klœchta. Il mourut en 1816. Ses principaux ouvrages sont : *Voyage en Turquie et en Égypte*, fait en 1784 (Varsovie, 1788) ; *Essai sur l'histoire universelle et Recherches sur la Sarmatie* (1790) ; et *Histoire primitive des Peuples de la Russie* (Saint-Pétersbourg, 1802). En 1823 Klaproth publia le journal du voyage de Potocki au Caucase.

POTOCKA (*Claudyna*, comtesse), née *Dzialynska*, épouse du comte Bernard Potocki, accourut à Varsovie à la première nouvelle de la révolution de 1830, pour se consacrer au service des hôpitaux. Son dévouement et son héroïsme la rendirent l'objet de l'admiration universelle. Elle partagea ensuite l'exil de ses principaux compatriotes, et mourut le 8 juin 1836, à Genève, où l'émigration polonaise lui a fait ériger un monument.

POTOSI, chef-lieu du département de la république de Bolivie, dans l'Amérique du Sud, qui porte le même nom et est célèbre par l'abondance de ses richesses métalliques, était autrefois la capitale d'une intendance du même nom dans la vice-royauté de la Plata (Pérou méridional). Cette ville, l'une des plus élevées de la terre, fut fondée, en 1547, sur le versant méridional du *Cerro de Potosi*, montagne haute de 5,050 mètres et où l'on trouve une foule de mines d'argent. Les rues en sont étroites et irrégulières ; et l'apparence des maisons est généralement des plus misérables. Toutefois, on y voit quelques belles églises et de vastes couvents. La contrée environnante ne convient en rien à l'agriculture, et ne présente même presque pas de traces de végétation. Les seuls produits du sol sont ceux des célèbres mines d'argent du *Cerro de Potosi*, qui de 1547, époque où en commença l'exploitation, jusqu'en 1820 avait fourni pour près de *six milliards* de francs. Le nombre d'Indiens et d'Espagnols que l'exploitation des mines y attirait alors était immense. Les fortunes particulières y étaient nombreuses et le luxe extrême. C'est au commencement du dix-septième siècle que la ville de Potosi atteignit l'apogée de sa prospérité : on y comptait alors environ 160,000 habitants. A la suite de la guerre de l'indépendance, les guerres civiles qui lui succédèrent là comme dans toutes les autres colonies espagnoles, et qui anéantirent à peu près complètement l'exploitation des mines, elle est tombée dans une complète décadence. En 1826 on n'y comptait plus que 9,000 habitants, chiffre qui, d'après les renseignements les plus récents, s'était cependant relevé dans ces derniers temps jusqu'à 13,500.

Les mines de la province de Potosi sont soumises à un règlement particulier ; et les banques de Potosi et d'Oruro possèdent le privilége exclusif d'acheter de l'or et de l'argent et d'en faire le commerce. Le prix payé pour le marc d'argent fin par la banque aux producteurs est huit piastres quatre réaux. En 1849 la banque de Potosi acheta 147,493 marcs d'argent fin, représentant une valeur de 1,233,883 piastres. A côté de ce monopole existe un commerce interlope considérable.

POT-POURRI. On entend par là, en cuisine, différentes sortes de viandes assaisonnées et cuites ensemble avec diverses sortes de légumes, à l'instar de l'*olla potrida* des Espagnols.

Par extension, on a donné le même nom à diverses sortes de fleurs et d'herbes odoriférantes mêlées ensemble dans un vase pour parfumer une chambre.

C'est aussi le nom d'un morceau de musique composé de différents airs connus. On le dit en outre d'une chanson dont les couplets sont sur différents airs. Desaugiers et d'autres vaudevillistes ont composé d'amusants pots-pourris. Tout le monde connaît celui de *La Vestale*, parodie d'un opéra fameux, et celui de *La Tentation*.

Pot-pourri se dit encore d'un livre ou autre ouvrage d'esprit composé de divers morceaux assemblés sans ordre, sans liaison, et le plus souvent sans choix. Lorsqu'un homme parlant sur quelque matière confond tellement tous les faits et les circonstances qu'on n'y peut rien comprendre, on dit qu'il en a fait un *pot-pourri*.

POTSDAM, chef-lieu du cercle du même nom dans la province de Brandebourg (Prusse), et seconde résidence du roi, à 28 kilomètres de Berlin. C'est, après la capitale, la plus belle ville de la monarchie prussienne ; et le séjour qu'y fait la cour en été lui donne une grande animation. Elle est située à l'embouchure de la Neithe dans l'Havel, dans une île de 28 kilomètres de circuit (*Postdamsche-Werder*), formée par l'Havel, quelques lacs et un canal ; on y compte 40,366 habitants. Les rues en sont larges et droites, garnies d'une foule de maisons ayant l'air de palais, et ornées pour la plupart d'arbres comme les places publiques. Le château royal, dont la construction fut commencée par l'électeur Frédéric-Guillaume et terminé par Frédéric II, forme un carré oblong, à trois étages. En fait d'édifices publics, on remarque surtout l'hôtel de ville, que Frédéric II fit construire, en 1754, sur le modèle de celui d'Amsterdam ; la maison militaire des Orphelins ; l'église de la garnison, contenant le tombeau de Frédéric II ; l'église Saint-Nicolas, construite de 1830 à 1837, par l'architecte Schinkel, sur le plan du Panthéon de Paris ; l'église de La Paix, construite depuis 1845, en forme de basilique byzantine ; l'église du Saint-Esprit ; l'église réformée française, construite sur le modèle du Panthéon de Rome ; le théâtre, le Casino, les casernes, etc. En fait d'établissements industriels, on remarque en première ligne la manufacture royale d'armes, des ateliers de laquelle il sort huit cents fusils par semaine. A peu de distance de la ville on trouve le château de Sans-Souci et celui de Charlottenhof, ainsi que diverses villas appartenant à des princes de la famille royale.

POTT (Mal de). *Voyez* GIBBOSITÉ.

POTTER (PAUL) naquit à Enckhuyzen, en 1625. Il fut élève de *Pieter* POTTER, son père, peintre médiocre, qu'il surpassa de très-bonne heure. A peine âgé de seize ans, il partit pour La Haye, et y ouvrit une école. Il épousa en 1650 la fille de Corneille Balkeunde. Son atelier devint pour ainsi dire l'académie de La Haye et le rendez-vous des personnages les plus distingués de la Hollande. Paul Potter peignait comme en se jouant au milieu du bruit, et était lui-même un des plus vifs parleurs ; mais il ne fut pas toujours d'un goût exquis dans sa manière de plaisanter. La princesse Émilie, douairière et comtesse de Solms, lui ayant commandé un grand tableau, le peintre fit pour elle sa fameuse *Vache qui pisse*. En 1652 Paul Potter vint demeurer à Amsterdam, à la sollicitation du bourgmestre Tulp, qui lui commanda un assez grand nombre de tableaux. Il peignait toute la journée, et le soir il allumait sa lampe pour graver à l'eau-forte. Sa constitution délicate ne put résister à ce travail forcé; il tomba en étisie, et mourut n'ayant pas encore vingt-neuf ans accomplis, en janvier 1654.

Paul Potter a peint des paysages et des animaux avec une vérité et une perfection d'exécution inimitables. Il est toujours vrai, quelquefois trop vrai. Dans son temps l'influence du paysage italien était si générale qu'on l'accusa de voir faux, parce qu'il donnait à ses prairies leur ton réel, le vert tendre et argentin, et que ses gazons n'étaient ni roux, ni gris, ni sales. Dans ses animaux il est à la fois énergique et naïf. « En les regardant longtemps, disait Carle Vernet, on croit respirer la saine odeur que les bêtes exhalent. » Paul Potter aimait avant tout la simplicité; de rien il faisait un tableau : un peu de gazon, quelques grandes fleurs des champs, un maigre arbrisseau, un coin de ciel, voilà pour lui un sujet bien assez compliqué. Il est arrivé jusqu'au style à force de vérité, comme par la largeur et la solidité de sa touche. Personne n'a fait sentir comme lui l'ostéologie des quadrupèdes et n'a rendu leur poil, leurs muscles, leurs narines humides, leur air de béatitude et de nonchaloir, avec un pinceau aussi ferme et aussi vrai. Ses ouvrages de petites et de moyennes dimensions, surtout ceux qu'il a produits depuis 1652 jusqu'à la fin de sa vie, sont des chefs-d'œuvre, dont les rares beautés justifient le prix énorme qu'ils atteignent dans les ventes. Il eut pour élève Jau Le Ducq et pour imitateurs Karel Dujardin, Herman Zachtleven et Albert Klomp, qui a fait souvent de belles copies de ses tableaux.

POTTER (Louis Dé), l'un des principaux instigateurs de la révolution belge de septembre 1830, est né à Bruges, en 1786. Riche et indépendant, il se consacra à la culture des lettres, et alla passer sa jeunesse en Italie, où il fit une étude toute particulière de l'histoire ecclésiastique. La première publication par laquelle il se fit connaître fut son *Esprit de l'Église*, qu'il fit suivre de divers autres pamphlets remplis d'invectives contre le clergé catholique et la cour de Rome. Mais de tous ses ouvrages, celui qui fit le plus de bruit fut sa *Vie de Scipion Ricci, évêque de Pistoïe* (1825), où il donnait libre cours à l'expression de la haine qu'il a vouée au clergé et à la noblesse. Quoiqu'en rapports suivis avec les ministres du roi Guillaume, il échoua dans ses efforts pour parvenir à la haute position politique à laquelle il croyait avoir droit. De dépit, il se jeta alors dans l'opposition la plus radicale. De violents articles contre le roi et ses ministres qu'il publia, en 1828, dans le *Courrier des Pays-Bas* lui attirèrent un procès, par suite duquel il fut condamné à dix-huit mois d'emprisonnement et à mille florins d'amende. Cette condamnation, habilement exploitée, lui valut une grande popularité. Jusque alors adversaire furibond de l'idée religieuse et surtout du clergé, sa haine pour le ministre van Maanen le porta à se réconcilier avec le parti prêtre et à se mettre à la tête de ce qu'on appela l'union des républicains et des catholiques. Du fond de sa prison il lança les brochures les plus incendiaires; puis il finit par être impliqué dans un procès de haute trahison, par suite duquel intervint, le 30 avril 1830, un arrêt qui le condamna à huit ans de bannissement.

Après la révolution de Juillet, M. Dé Potter vint s'établir à Paris, d'où, le 2 août, il adressait au roi Guillaume une lettre dans laquelle il l'engageait à abroger au salut de son trône pendant qu'il en était temps encore. Après la révolution de septembre, il rentra en triomphe à Bruxelles, et fut nommé membre du gouvernement provisoire; mais il ne tarda point à se brouiller avec ses collègues, qui ne partageaient en rien ses idées républicaines. Il ne réussit pas mieux à les faire prévaloir au sein du congrès. Il donna sa démission, et s'aperçut que c'en était irrémissiblement fait de son influence. Depuis cette époque, quelques rares pamphlets, écrits d'un style aussi lourd que peu attrayant, ont seuls appris au monde que cette grandeur déchue existait encore. En 1836 M. Dé Potter a publié une *Histoire du Christianisme*, dans laquelle il se montre, comme toujours, l'ennemi implacable du sacerdoce.

POTTERY-DISTRICT. On désigne, en Angleterre, sous ce nom le district manufacturier du comté de Strafford où se fabriquent les célèbres faïences et porcelaines anglaises. Il comprend la vallée de la haute Trent, sur une longueur de 14 à 15 kilomètres, avec une population de 84,000 âmes, répartie en quatorze petites villes et bourgades si rapprochées les unes des autres, qu'elles semblent ne former qu'une seule grande ville. Le *Pottery-District* a un aspect tout particulier. Il se compose d'un amas confus de bâtiments, à la construction desquels l'art est demeuré étranger, situés au milieu des champs et des fermes, unis entre eux par de simples sentiers et constamment entourés d'une épaisse atmosphère de fumée s'échappant de cheminées où jamais le feu ne s'éteint. La vie, les mœurs et la constitution propre de cette espèce de république industrielle ont aussi quelque chose de tout à fait singulier. Il y paraît une *Pottery-Gazette*, et il s'y est même formé une société savante, qui s'intitule : *Philosophical Society of Pottery*.

Le district des Poteries doit son origine au génie entreprenant de Wedgwood, ainsi qu'à sa proximité des plus riches mines de houille qu'il y ait en Angleterre et des lieux d'où l'on tire la meilleure argile. Au commencement du dix-huitième siècle, il n'y avait là qu'un petit nombre de paysans, fabriquant des poteries du genre le plus grossier. Par suite de l'impulsion que donnèrent en Angleterre à ce genre d'industrie les perfectionnements introduits dans ses procédés de fabrication par Wedgwood, dont le centre d'activité était le village d'*Etruria*, qu'il avait fondé lui-même, la production annuelle du pays en fait de poteries ne tarda point à dépasser 2,650,000 livres sterling. Dans cette somme les usines du Straffordshire entraient à elles seules pour 1,800,000 livres sterling ; le reste se partageait entre celles de Worcester, Lambeth, Derby, Colebrookdale et Rotherham. La plus grande partie de ces produits se consomme à l'intérieur. De 540,000 livres sterling où elle était en 1834, l'exportation était parvenue en 1850 à 999,354 livres sterling.

POU, insecte aptère, de l'ordre des parasites, et dont le corps, déprimé, ovalaire, presque transparent, est muni de six pattes terminées par des ongles ou des crochets très-forts. La bouche est formée d'un petit mamelon en forme de trompe, qui renferme un suçoir, dont l'animal se sert pour pomper le sang après qu'il a percé la peau au moyen d'un aiguillon, qu'il porte à l'extrémité du ventre. Les petits changent plusieurs fois de peau, et cependant leur croissance est si rapide qu'au bout de dix jours ils ont atteint leur complet développement

Les espèces de ce genre sont très-multipliées, et sont réparties sur un grand nombre d'animaux. L'homme en nourrit trois : celle qui vit sur la tête (*pediculus humanus capitis*), qui est la plus commune, surtout dans l'enfance ; celle qui vit sur le corps (*pediculus humanus corporis*) ; enfin, une troisième espèce, dont il n'est pas nécessaire de parler ici. Ces êtres, auxquels nous sommes condamnés à fournir le gîte et la pâture, sont ovipares. L'éclosion de leurs œufs, appelés *lentes*, est si rapide qu'une femelle, au dire d'un scrutateur intrépide, peut produire une génération de neuf mille individus en deux mois. La reproduction de ces insectes est quelquefois assez surprenante pour donner crédit aux naissances spontanées. On les a vus apparaître sur certains sujets, surgissant par les pores de la peau, par les marines, par les oreilles, couvrir tout le corps d'un troupeau épais, et qui renaissait à l'infini. De tels cas rappellent la maladie d'Hérode et la piteuse situation de Job.

C'est à la suite de diverses affections qui pervertissent l'ensemble des actes nutritifs qu'on voit survenir ces énormes productions, lesquelles constituent, si elles persistent, une maladie appelée *pédiculaire* ou *phthiriasis*. On a même considéré cet état comme une crise salutaire : on a cité des cas de gouttes et de rhumatismes chroniques qui ont cédé à cette apparition, et qui récidivaient si on exterminait trop promptement les armées de parasites. D'autre part, si la maladie pédiculaire a semblé devoir être respectée, on a observé aussi des cas dans lesquels les malades ont succombé par épuisement.

L'existence des insectes dont nous nous occupons se rencontre avec des altérations de la peau, souvent peu apparentes, mais qui dénaturent plus ou moins les fonctions et même la texture de cette enveloppe du corps. La cause la plus commune d'une telle altération est la malpropreté; aussi voit-on pulluler des parasites de la tête et du corps sur ceux qui négligent des soins dont la nécessité est reconnue. Cette incurie est nationale en divers pays, et lorsque nous sommes allés cueillir tant de stériles lauriers en Espagne et en Pologne, nous avons pu nous convaincre que l'infection pédiculaire est contagieuse. La grande armée, malgré sa bravoure, fut contrainte à passer en Pologne sous ces fourches Caudines : ses héros n'étaient pas uniquement couverts de gloire, comme l'auteur de cet article entendit le maréchal Lefebvre en faire la remarque à Varsovie. Au reste, il paraît que de tous temps ces ignobles insectes ont eu une prédilection marquée pour les enfants de Mars. Louis XIII en ayant pris un sur l'habit du maréchal de Bassompierre, le voulait montrer à tout le monde : « N'en faites rien, sire, lui répliqua le maréchal; chacun dirait qu'on ne gagne que des *poux* à votre service. »

Les enfants sont communément la proie des parasites de tête, parce que le cuir chevelu présente chez eux des conditions favorables à la production de ces insectes ; cette partie de la peau se rapproche encore des membranes muqueuses, et ordinairement elle est le siège d'une éruption appelée *croûte de lait*. L'invasion pédiculaire est ainsi favorisée par une irritation du péricrâne, comme la production des vers l'est par l'irritation des intestins grêles. La communication des individus entre eux explique souvent comment la chevelure est souillée; mais on observe aussi cette souillure sur des enfants isolés et tenus avec la plus grande propreté. Dans l'âge adulte, les irritations du cuir chevelu favorisent également la naissance et la vie de ces parasites : c'est ce qu'on remarque dans la plique.

La malpropreté et la misère sa compagne engendrent les insectes qui résident sur le corps. On les voit surtout chez ceux qui, n'ayant pas de chemise ou ne pouvant pas en changer, ont la peau en contact avec des haillons de laine : il n'est pas étonnant que, sous l'influence d'un tel dénûment et de dures privations, la peau acquière une condition appropriée à la génération pédiculaire. Des maladies générales peuvent déterminer le même effet chez les hommes favorisés de la fortune; la cause seulement diffère.

En général, à l'exception des cas extrêmes qui constituent la maladie pédiculaire, les accidents causés par ces trois espèces se réduisent à une démangeaison plus ou moins incommode, et quelquefois à des ulcérations; néanmoins, plusieurs s'y résignent et s'y habituent. Ces animaux ont même trouvé des défenseurs parmi les hommes. Il en est qui les ont présentés comme étant destinés à absorber les humeurs corrompues; d'autres ont invoqué en leur faveur l'ordre établi dans la nature, et selon lequel nul être n'est créé vainement; Q. Serenus a même recommandé ces existences d'insectes comme des moyens providentiels pour tenir l'homme constamment éveillé et l'empêcher d'oublier ses devoirs : il n'y a pas d'opinions absurdes qui n'aient trouvé des avocats. Il en est de même des goûts. Qui le croirait ? Il y a des hommes qui ont le courage de manger les insectes dégoûtants que nous n'osons nommer ; ils s'en repaissent à l'instar des singes; des peuplades de l'Afrique et de la Nouvelle-Hollande ont cette coutume, selon le récit de divers voyageurs, et sont appelées *phthirophages*. Cette dépravation gustuelle est quelquefois le résultat d'un état morbide, tel que l'hypocondrie et la chlorose. Mais comment des médecins ont-ils pu conseiller un telle pâture pour remédier à la jaunisse et aux rétentions d'urine?

La présence de tels hôtes révolte à bon droit l'imagination de toute personne qui se respecte : aussi est-il naturel de les traiter impitoyablement en ennemis. Les armes ne manquent pas à la défense, mais il faut en user avec prudence : il importe de ne jamais négliger les soins de propreté, qui à tout âge préviennent ces fâcheux assauts, et de fuir autant que possible le contact des individus suspects. Ce sont surtout les enfants qu'on doit surveiller dans leurs relations; mais à cet âge toute la prudence est souvent déjouée par une apparition dont on ne peut expliquer naturellement la cause. Quand l'invasion est produite, il faut user du peigne autant que possible, couper même les cheveux, avoir recours ensuite à des lotions d'eau tiède et à des onctions de cérat soufré. Il faut en général considérer que chez les enfants l'éruption cutanée qui accompagne cette apparition est une crise souvent salutaire, et qu'on ne pourrait supprimer tout à coup sans causer de graves accidents; il ne convient pas non plus de l'aggraver par des lotions irritantes. Avec des soins assidus et simples, on parvient à détruire ces insectes. Au contraire, les décoctions de tabac, les onctions mercurielles, peuvent avoir des suites funestes.

Les bains de corps réitérés, et surtout les bains artificiels de Barèges, un fréquent changement de linge, la désinfection des vêtements par des vapeurs sulfureuses ou mercurielles, suffisent pour détruire la seconde espèce pédiculaire, sauf les cas extrêmes où la génération de ces ennemis se succède avec une rapidité et une quantité surprenantes.

CHARBONNIER.

POUBASTI. Voyez BUBASTIS.

POUCE (du latin *pollex*, fait de *pollere*, avoir de la force). On appelle ainsi les plus gros des doigts de la main et du pied, parce qu'il a plus de force que les autres.

Dans notre ancien système de mesures, le *pouce* était la douzième partie du *pied*, et se subdivisait lui-même en douze lignes : il valait à peu près 27 millimètres.

POUCE D'EAU. Voyez ÉCOULEMENT DES LIQUIDES.

POUCETTES, corde ou chaînette à cadenas, avec laquelle on attache ensemble les deux pouces d'un prisonnier pour l'empêcher de s'évader.

POUD, nom d'une mesure de pesanteur dont font usage les commerçants russes, et équivalant à 16 kilogrammes 3/32 grammes. Dix *pouds* font un *berkowitz*.

POUDDING. Voyez PUDDING.

POU DE POISSON. Voyez CALIGES.

POUDINGUE. Cette expression, d'origine tout à fait anglaise, indique une substance minérale dont l'aspect se rapproche plus ou moins de ce mets favori des Anglais connu sous le nom de *plum-pudding*. En effet, le poudingue minéral n'est qu'un assemblage de cailloux roulés, agglutinés avec un ciment naturel. Cette substance se trouve abondamment dans la nature, et partout où coulent des fleuves ou des rivières; mais une petite quantité seulement mérite notre attention; une seule variété même peut être de quelque emploi dans les arts. L'éclat, la finesse, le poli de certains poudingues ont pu fait prendre pour des porphyres par quelques minéralogistes; toutefois, les caractères qui les distinguent sont trop évidents pour que la confusion puisse exister ; il n'y a pas même entre eux de rapports d'origine, puisque les uns sont de première formation, les autres au contraire sembleraient appartenir aux terrains d'alluvion, mais non pas exclusivement. La nature des poudingues peut être extrêmement variable : tantôt le ciment qui entoure le galet est siliceux, tantôt il est calcaire; le galet lui-même présente une foule de modifications qui ne permettent pas de leur assigner une composition générale.

De toutes les variétés, la plus remarquable est celle qui a servi de type aux Anglais pour leur *puddingstone* : il se rencontre dans le comté d'Herford, en Angleterre. Son noyau n'a que le volume d'une amande ou d'une noix; il est de nature siliceuse, présentant des couleurs très-variées, quelquefois assez vives et tranchant bien sur le fond. Son ciment est sablonneux, gris ou rougeâtre, de nature silicée, comme le noyau lui-même, et susceptible d'un beau poli. Malheureusement, ce poudingue est extrêmement rare, et encore ne le rencontre-t-on que sous forme de petites masses de quelques centimètres de diamètre, dont on ne peut faire que des plaques, des boîtes et autres menus objets.

On rencontre quelquefois, particulièrement en Sibérie, des poudingues d'une formation tout à fait différente : ils présentent dans leur intérieur des couches concentriques toujours parallèles à leur surface, ce qui semblerait indiquer que ce n'est point au frottement qu'ils doivent leur forme arrondie.

Ce que les poudingues offrent de plus singulier, c'est qu'ils se réunissent quelquefois les uns aux autres de manière à former de véritables murailles d'un cinquantaine de mètres d'élévation, et d'une épaisseur proportionnelle. Il en existe une sur les côtes occidentales de l'Écosse, qui a 66 mètres de haut sur 20 d'épaisseur ; elle est adossée à des montagnes taillées à pic. Souvent ces murailles, minées à leur base par les eaux, s'écroulent en se déchirant, de sorte qu'une moitié reste debout, pendant que l'autre se renverse. Ce phénomène est surtout remarquable sur les bords des grands fleuves, des lacs ou de la mer.

Parmi les autres variétés dont on cite également la teinte et le poli, se trouve celle de la vallée de Cosséir, dans la haute Égypte, très-estimée des marbriers italiens. Les Égyptiens en ont fait de magnifiques sarcophages, entre autres le tombeau de Cléopâtre, qui se trouve maintenant à Londres. Ce poudingue se rapproche beaucoup du porphyre antique vert, et sert aussi à des vases et à des ornements d'une grande beauté. Il en est de même des poudingues du Rigi, en Suisse, devenu célèbre par ses bancs, qui en 1807 écrasèrent et ensevelirent le village de Goldau.

Nous devons encore citer celui que l'on rencontre en couches épaisses dans l'intérieur de l'isthme de Suez, à la montagne Rouge, et dans la vallée qui conduit de l'ancienne Memphis à la mer Rouge. Les anciens Égyptiens en faisaient des statues colossales, comme celle de Memnon. Il est composé de galets, de jaspe jaune et brun, connu sous le nom de *cailloux d'Égypte*, réunis par un grès quartzeux lustré excessivement solide.

Il ne faut pas confondre les poudingues avec les *brèches*, qui sont aussi des agrégats composés de fragments de roches préexistantes, réunis par un ciment : on les reconnaît à leur forme anguleuse, qui exclut toute idée de transport éloigné ; il en est même que l'on dirait formées sur la place même qu'elles occupent, puisque leurs fragments anguleux appartiennent à la roche qui les supporte, fait très-commun dans les filons.

C. FAVROT.

POUDRE (du latin *pulvis, pulveris*), atome, poussière, petites particules de terre desséchée qui s'élèvent à la moindre agitation, au moindre vent.

Au figuré, *Jeter de la poudre aux yeux*, c'est imposer, éblouir par ses discours, par ses manières. Les érudits ont fait remonter ce proverbe aux jeux Olympiques ; ils prétendent qu'on disait de ceux qui avaient gagné les devants : Ils jettent de la *poudre* aux yeux des autres.

Poudre désigne aussi différents corps, différentes substances solides qu'on a broyées, pilées et réduites en molécules très-ténues : de la *poudre* d'iris, de corail, de violette ; du sucre, du tabac, du café en *poudre*.

On appelle *poudre impalpable* une poudre si déliée qu'on ne la sent presque pas sous les doigts.

La *poudre de fusion* est un composé de 3 parties de salpêtre, 2 de fleur de soufre et 2 de sciures ou de râpures fines de quelque bois tendre que l'on broie et que l'on mêle bien ensemble. Une once de ce qu'une petite quantité de cette poudre embrasée fait fondre une petite pièce mince de métal en un temps fort court.

Poudre se dit de divers médicaments, simples ou composés, ayant forme de poudre : *Poudre* médicale purgative, vermifuge, pectorale, sternutatoire, dentifrice, anti-spasmodique ; *poudre* d'ipécacuanha, de magnésie ; prendre des *poudres*.

Poudre est encore ce qu'on met sur l'écriture pour la sécher, pour empêcher qu'elle ne s'efface : *Poudre* de buis, *poudre* de bois du Brésil.

POUDRE A CANON, mélange intime de salpêtre, de soufre et de charbon, qui s'enflamme aisément et sert à charger les canons, les fusils et les autres armes à feu. On prétend que les Chinois connaissaient la poudre et se servaient du canon dans leurs guerres plusieurs siècles avant notre ère. Cette assertion ne s'appuie pas sur des faits positifs, et l'époque de la découverte de la poudre reste encore incertaine. Cependant, les historiens s'accordent à dire que la poudre fut pour la première fois employée en 1338 dans les guerres de l'Europe.

On fabrique des poudres de guerre, de chasse, de mine et de commerce extérieur. Leur dosage, ou la quantité des matières composantes, varie avec chacune d'elles. La même poudre se divise aussi en plusieurs espèces. La poudre de guerre contient 75 parties de salpêtre, 12,50 de soufre, 12,50 de charbon ; la poudre de chasse, 78 de salpêtre, 10 de soufre, 12 de charbon ; la poudre de mine et de commerce, 62 de salpêtre, 20 de soufre, 18 de charbon. La poudre de guerre se divise en *poudre à canon* et *poudre à mousquet* ; la poudre de chasse en *poudre fine, superfine, et impériale*. La différence entre les espèces d'une même poudre ne réside que dans la grosseur du grain, et quelquefois dans un plus grand soin apporté à la fabrication.

On fabrique les poudres par deux procédés différents : le premier et le plus ancien emploie les moulins à pilons ; dans le second, on se sert des meules, laminoirs, mélangeoirs, etc. Quel que soit le procédé, on commence toujours par préparer avec soin les matières premières. Le salpêtre raffiné est tamisé pour en séparer les corps étrangers, bois ou cailloux, qu'il peut contenir. Le soufre est préparé dans un établissement spécial ; il est extrait par distillation du soufre brut du commerce, et coulé dans des barils qui sont envoyés aux poudreries. Le charbon se fait dans les poudreries, soit à l'étouffée, dans des chaudières en fonte enfoncées en terre, soit par distillation, dans des cylindres en tôle ou en fonte. On n'emploie que des charbons de bois blanc préparés avec le saule, le peuplier, l'aune et le noisetier ; celui de bois de bourdaine est réservé pour les poudres de guerre et de chasse superfine. La qualité du charbon influe beaucoup sur celle de la poudre ; il doit être léger, sonore, poreux et cassant ; le charbon roux obtenu par distillation, et qui convient bien aux poudres de chasse, est le produit d'une carbonisation incomplète. Le charbon est trié à la main, au sortir de l'atelier de carbonisation, pour en séparer les corps étrangers et fumerons, on n'en fait jamais d'approvisionnement, parce qu'à l'air il perd de ses qualités.

Poudre de mine. On se sert pour cette poudre de charbon de bois blanc. Le soufre et le charbon sont d'abord triturés ensemble. A cet effet, on met dans une tonne en cuir, contenant des sphéroïdes en cuivre, 18 kilogrammes de charbon et 20 kilogrammes de soufre en morceaux ; la tonne est montée sur l'arbre d'une roue hydraulique, qui lui donne un mouvement rapide de rotation ; les gobilles en se choquant entre elles opèrent une pulvérisation complète. Après une trituration de cinq heures, la matière est réduite en poudre impalpable ; elle est retirée de la tonne et versée dans un maye avec 62 kilogrammes de salpêtre et 8 kilogrammes d'eau : l'ouvrier en commence le mélange avec la main, et le termine avec un crible en toile métallique. La matière ainsi préparée est portée dans les moulins à pilons : ce sont des ateliers bâtis ou seulement recouverts en planches, pour offrir moins de résistance et occasionner moins de dégâts par une explosion. On y compte ordinairement vingt mortiers, qui sont creusés en forme de poire dans une grande pièce en chêne ; les pilons sont soulevés par des cames adaptées à un arbre horizontal, que fait tourner une roue hydraulique, par l'intermédiaire d'une lanterne et d'un rouet. Chaque mortier reçoit 10 kilogrammes de matière, et 3/4 de litre d'eau ; on donne l'eau à la roue, et les pilons battent pendant cinq heures, à raison de 55 coups par minute. On fait un rechange après chacune des trois premières heures : par cette opération, essentielle, on transvase la matière d'un mortier dans un autre, et on détache avec soin, au moyen d'une main en cuivre, les croûtes qui se sont attachées au fond et qui n'obéissent plus à l'action du pilon. La matière battue est retirée du mortier et portée dans un atelier appelé *grenoir*; elle est en morceaux denses et fermes, qu'il faut concasser et réduire en grains. Cette opération se fait sur un crible en peau, dont les trous ont deux millimètres de diamètre, à l'aide d'un tourteau ou disque en bois dur et pesant, qui, glissant sur la matière, l'écrase par son poids et la brise, en la heurtant contre les parois du crible. L'ouvrier imprime à la fois un mouvement de va-et-vient au crible et de rotation au tourteau. Le grain passe avec de la poussière ou poussier ; on les sépare sur un crible ou grenoir à trous plus petits, qui ne laisse passer que le poussier et retient le grain. Ce dernier est encore passé dans un grenoir à trous plus gros, pour retenir les croûtes ou gros fragments qui ont échappé au tourteau. La poudre ainsi préparée est portée au séchoir.

Poudre de guerre. Dans la fabrication de cette poudre, on n'emploie que le charbon de bois de bourdaine ; et le soufre est trituré à part pendant deux heures dans la tonne à gobilles. Les mortiers sont d'abord chargés en charbon seulement, avec un peu d'eau, et reçoivent, après un court battage, le soufre et le salpêtre en quantité convenable. Le battage dure huit heures ; il était jadis de douze heures ; la poudre est ensuite grenée, soit en canon, soit en mousquet, tamisée et égalisée.

Poudre de chasse fine. La fabrication de cette poudre est la même que celle de la poudre de mine. Les matières sont battues sous les pilons pendant sept heures et demie, ensuite grenées, tamisées, égalisées, et enfin lissées. Le lissage a pour but de détruire les aspérités des grains, en les faisant glisser les uns sur les autres, et de leur donner un certain luisant qui les rend plus résistants. Cette opération se fait en mettant la poudre encore humide dans une tonne en bois, montée sur l'arbre d'une roue hydraulique, qui lui imprime un mouvement lent de rotation pendant douze heures. En sortant du lissoir, la poudre est tamisée de nouveau, pour la débarrasser des croûtes qui se sont formées. Le lissage donne à la poudre plus de densité, qualité très-précieuse.

Poudre de chasse superfine. On emploie pour cette fabrication du charbon de bourdaine. La matière est battue pendant douze heures, et grenée en poudre de chasse fine ; ces grains sont battus pendant deux heures sous les pilons et grenés de nouveau en poudre de chasse fine ; les grains sont de nouveau battus pendant deux heures, grenés de nouveau, puis rebattus encore pendant quatre heures environ, et grenés en poudre superfine : ces divers battages et grenages ont pour but de mélanger plus intimement les matières composantes. Cette poudre est lissée : son grain est plus fin que celui de la poudre de chasse fine, et elle est bien plus forte.

La *poudre de commerce extérieur* se fabrique comme celle de mine, et n'en diffère que par la grosseur du grain ; quelquefois elle est lissée, pour lui donner un aspect plus agréable.

Nous allons maintenant décrire le procédé de fabrication de la poudre de chasse, à l'aide des meules et mélangeoirs ; il paraît que ces machines donnaient des poudres de guerre trop fortes.

On commence par triturer le charbon seul pendant douze heures dans la tonne à gobilles ; on y ajoute ensuite le soufre en morceaux, et le tout est trituré pendant six heures. On retire la matière parfaitement pulvérisée, et on ajoute le salpêtre en quantité convenable. Le mélange de ces trois matières est fait dans une tonne en cuir, appelée *mélangeoir*, contenant des gobilles en bronze, qu'une roue hydraulique fait tourner pendant douze heures. Au bout de ce temps, le mélange est parfait ; il est arrosé de 2 p. 100 d'eau et porté sous des meules en fonte, mues par des arbres de couche, et qui compriment la poudre dans une auge circulaire en bois d'orme ; un mécanisme particulier relève la matière derrière les meules pour renouveler les surfaces : au bout d'un certain temps, la galette est dense, ferme, et assez dure pour être grenée : elle est concassée en morceaux avec un marteau de bois et portée au grenoir. Le grenage se fait dans les cribles ordinaires ; mais ceux-ci ne sont pas mus par les ouvriers : ils reposent en nombre sur un châssis auquel une roue hydraulique imprime un mouvement convenable de rotation. Par une disposition particulière et ingénieuse, le grain se dépouille à la fois des ramandeaux et du poussier, se divise selon la grosseur voulue, et sort du grenoir tout préparé et en peu de temps. Le poussier recueilli est passé sous des laminoirs qui le compriment et lui donnent assez de dureté pour être grené ; le laminoir se compose de trois cylindres superposés, dont les deux extrêmes sont en cuivre et celui du milieu en bois, et qu'enroule une toile sans fin, sur laquelle est placé le poussier. Cette compression se fait aussi à l'aide d'une presse hydraulique. Le grain encore humide est lissé, puis porté au séchoir.

Séchage. Les poudres grenées sont séchées soit au soleil, soit à l'aide d'une chaleur artificielle. Le séchoir à l'air se compose de tables en bois reposant sur des murailles d'un mètre de hauteur, et sur lesquelles on développe des draps. La poudre est étendue en couche mince, remuée de temps en temps pour renouveler les surfaces, et elle se sèche parfaitement à une douce chaleur. Quelquefois les rayons du soleil sont assez ardents pour volatiliser sensiblement le soufre et ne pas permettre de continuer le séchage. Dans la sécherie artificielle, un ventilateur pousse l'air dans de gros tuyaux en cuivre, contenant intérieurement de petits cylindres creux chauffés par un courant de vapeur d'eau ; l'air chaud traverse, par l'action du ventilateur, la couche de poudre étendue sur un drap qui recouvre la caisse dans laquelle sont les cylindres. Les poudres sèches sont mélangées de poussier, qu'on sépare sur un tamis fin : cette opération s'appelle *époussetage*.

Empaquetage et embarillage. Les poudres fabriquées sont enfermées dans des barils, des sacs, ou des cartouches. La poudre de mine est mise dans des sacs de toile, contenant 50 kilogrammes, qu'on enferme dans un baril. Celle de guerre est mise dans des barils de 50 ou 100 kilogrammes, qui sont enfermés dans des chapes : ce double barillage est nécessaire pour conserver la poudre dans les transports. La poudre de chasse fine est mise dans des cartouches de 1/4, 1/8, 1/16 de kilogramme, qui sont renfermées dans des caisses. La poudre de chasse superfine ne se met que dans des cartouches de 1/2 kilogramme, où elle est enveloppée d'une feuille de plomb.

Toutes les poudres fabriquées subissent des épreuves avant d'être livrées à la consommation : elles doivent avoir un grain égal, dur et bien dépouillé de poussier. L'égalité du grain se juge à la vue. La dureté est convenable si le grain pressé fortement par les doigts dans le creux de la main ne s'écrase que difficilement ; le grain est bien *épousseté* s'il ne laisse pas de trace en glissant sur le dos de la main. La poudre de guerre est essayée dans un mortier ; 92 grammes de poudre doivent lancer à 225 mètres de distance un globe en cuivre pesant 30 kilogrammes : la poudre de mine ne doit le porter qu'à 180 mètres. Les poudres de chasse sont essayées soit au fusil-pendule, soit dans une éprouvette à ressort, dite de Regnier. Le ressort a la forme d'un V ; une de ses extrémités porte une petite chambre en cuivre, que ferme un obturateur fixé à l'autre extrémité : la poudre placée dans la chambre rapproche deux branches par l'explosion, et le rapprochement, indiqué par un index mobile, mesure sa force. Le fusil-pendule est un canon de fusil suspendu horizontalement par son centre de gravité à des tiges verticales en fer qui lui permettent d'osciller; le recul de l'arme pendant l'explosion mesure la force de la poudre.

Les grains de la *poudre ronde* sont parfaitement sphériques et bien lustrés; l'aspect en est très-agréable. Sa forme est bien celle qui offre le plus de résistance au choc et à la pression, mais son mode de fabrication lui donne une porosité et une faible densité qui ne lui permettent pas de supporter de longs transports. Sa fabrication est très-simple : les trois matières, bien pulvérisées et mélangées, dans une tonne à gobilles, sont humectées de 10 p. 100 d'eau, tamisées et enfermées dans une tonne tournante ; il se forme par le frottement de petits grains irréguliers appelés *noyaux* : ces derniers sont recueillis avec un tamis, et remis dans la tonne avec une certaine quantité du premier mélange. Pendant le mouvement de rotation, les noyaux grossissent en s'enveloppant de matière, et finissent par prendre une forme sphérique.

En France, la fabrication des poudres est confiée à une administration particulière, dont un général de division d'artillerie est le directeur. Sous ses ordres, les commissaires des poudres et salpêtres dirigent les établissements qui leur sont confiés. Ils sont divisés en trois classes, et pris parmi les élèves des poudres, qui sortent tous de l'École Polytechnique. Ils sont nommés par le ministre de la guerre; dans chaque établissement réside un officier d'artillerie, avec le titre d'*inspecteur*. Les produits fabriqués sont livrés à l'artillerie, à la marine et aux contributions indirectes, dont les agents vendent aux particuliers les poudres de chasse et de mine. L'administration des poudres compte 21 établissements, dont 11 poudreries, 9 raffineries de salpêtre et une soufrière. Chaque établissement reçoit au commencement de l'année une commande, soit en poudres, soit en salpêtre : ces commandes sont calculées d'après les besoins des divers ministères.

La poudre en s'enflammant donne naissance à plusieurs gaz, l'acide carbonique, l'oxyde de carbone, l'azote, la vapeur d'eau, et à un résidu solide de sulfure de potassium, qui *crasse* les armes. Un litre de poudre produit 450 litres de gaz à 0°; mais ce volume devient peut-être vingt fois plus grand, à cause de l'énorme température qui se produit dans l'explosion. C'est cette prodigieuse et rapide extension des gaz qui explique la force de la poudre. La poudre la plus forte n'est pas la meilleure, parce qu'elle réagit sur les armes et les détruit, sans porter plus loin le projectile. On sait que le mouvement ne se communique pas instantanément, et une inflammation trop prompte aura produit une partie de son effet contre l'arme quand le projectile commencera seulement à se mouvoir. Elle doit être telle que tous les grains s'enflamment successivement tant que le projectile est dans l'arme, et que la combustion soit complète au moment où il la quitte. La densité de la poudre a une grande influence sur ses effets : une poudre légère et poreuse est brisante, parce qu'elle s'enflamme trop vite; si elle est trop dense, son inflammation est lente et difficile, et le projectile a quitté l'arme quand tous les grains ne sont pas brûlés. Il existe donc une densité convenable, qui donne la portée la plus longue sans endommager l'arme.

On fait une *poudre à tirer blanche*, en triturant ensemble 10 parties de salpêtre, 1 partie de soufre, et 2 parties de sciure de sureau : elle est moins forte que l'autre. On compose une *poudre blanche fulminante* en pulvérisant et mêlant 3 parties de salpêtre, 1 partie de soufre, et 2 parties de crême de tartre : ce mélange, chauffé légèrement dans une cuiller en fer, détone avec violence. On fait de la *poudre cuite* en faisant bouillir l'eau un mélange convenable de salpêtre, soufre et charbon réduits en poudre, évaporant à siccité, étranger la matière sèche : elle a moins de force que la poudre ordinaire. Les amorces des fusils à piston se font avec de la *poudre fulminante* ; cette poudre était faite jadis avec du chlorate de potasse, mais elle oxydait promptement les armes : on la fait maintenant avec de l'argent ou du mercure fulminant. On prend pour la composer 1 partie de cette substance détonante qu'on mêle avec 3 parties de poussier de poudre ordinaire ; on l'humecte avec de l'eau légèrement gommée, et l'on en forme ainsi de petits grains, qu'on laisse bien sécher avant d'en faire usage. La poudre fulminante n'a pas été inconnue à Roger Bacon; et c'est de cette poudre, et non de celle à tirer, qu'il parle dans un de ses ouvrages.

H. VIOLETTE,
commissaire des poudres et salpêtres.

Tout le monde sait les dangers qu'on court dans les voisinages des magasins à poudre, des poudrières. Un officier supérieur d'artillerie français a trouvé le moyen d'empêcher que la poudre ne fasse explosion. Après avoir subi la préparation, elle ne peut plus que *fuser*; elle brûle comme de la poix, de la résine, etc. Il suffit pour cela de la mêler avec de la poussière mélangée de graphite ou avec de la poussière de charbon. Lorsqu'on a besoin de s'en servir, il suffit de tamiser le mélange : la poussière passe, la poudre reste, et elle peut servir immédiatement à tous les usages de la guerre. On comprend l'importance de cette découverte, non-seulement pour la conservation de la poudre dans des magasins, mais encore pour son transport, et l'on voit combien de malheurs on aurait pu éviter dans ces derniers temps si on l'avait mis en usage.

[La poudre à canon, qui a eu une si grande influence, non-seulement sur le sort des empires, mais sur la marche de la civilisation, et qui a fait faire à l'homme un si grand pas vers l'égalité, est-elle un produit du hasard? Quelle est son origine? Voilà des questions auxquelles nous avons déjà tâché de répondre dans l'article ARTILLERIE, où nous avons fait voir que la poudre à canon a été le produit du développement naturel de l'art des compositions incendiaires imaginées depuis longtemps, et surtout en usage en Asie et en Afrique. Le feu grégeois avait à peu près la même composition, mais il *fusait*; sa force explosive se révéla naturellement lorsqu'on obtint un salpêtre plus pur. Mais comment l'esprit humain passa-t-il de la connaissance de l'explosion à l'idée de faire usage de cette force nouvelle pour lancer des projectiles? C'est une question dont la réponse est en parfait accord avec la tradition. On retrouve pour les premières, les plus anciennes préparations de la poudre à canon, des préparations à l'aide du feu, c'est-à-dire qu'il est prescrit de faire fondre ensemble, pour les bien mélanger, du salpêtre, du soufre et du charbon. Ces préparations sont fort dangereuses, et il est probable qu'on les prescrivit pour la fabrication de la poudre avant d'en connaître d'autres, parce que ce fut les pratiquant que l'on fut conduit à la connaissance de la force de l'explosion et à l'idée de l'employer pour lancer des projectiles. Ainsi se trouve vérifiée, dans un de ses éléments essentiels, la tradition qui rapporte qu'un alchimiste nommé *Schwartz*, ayant mélangé du salpêtre, du soufre et du charbon dans un mortier qu'il recouvrit d'une pierre, une étincelle qui vola par hasard mit le feu à la composition, et fit voler la pierre par son explosion à une distance considérable. Il n'était pas même besoin d'étincelle pour produire l'explosion, la chaleur du feu y suffisait. La création de la force même de la poudre a été le résultat du travail de l'esprit humain appliqué pendant plusieurs siècles à l'art des compositions incendiaires. L'homme est arrivé ainsi à un résultat tout autre que celui qu'il cherchait; en voulant augmenter de plus en plus la vivacité de la combustion, il a fini par créer une force inattendue, qui a bientôt dépassé celles qu'il employait à la guerre, et qui a presque fait oublier entièrement l'art même d'où elle était sortie, en éblouissant beaucoup ses applications. Nous devons remarquer que les pays situés à l'occident de l'Europe restèrent étrangers à l'art des feux de guerre jusqu'à l'emploi de la poudre à canon. L'opinion générale attribuait à la magie, c'est-à-dire à un pouvoir infernal, cet art effrayant; et la loi de l'Église défendait d'en faire usage. Un moine anglais, d'un génie hardi, Roger Bacon, niait que cet art fût le produit de la magie, et conseillait aux chrétiens de le cultiver pour s'en servir contre les infidèles ; mais une dure et longue captivité lui fit expier le tort d'avoir devancé son siècle et d'avoir tenté de la diriger vers l'avenir qu'il entrevoyait.   1. Favé, officier d'ordonnance de l'empereur.]

POUDRE A POUDRER, amidon pulvérisé dont on s'est servi et dont on se sert encore quelquefois pour les cheveux. Un *œil de poudre*, un petit *œil de poudre*, c'est une teinte légère de poudre. *Poudrer* quelqu'un, *poudrer* sa perruque, *se poudrer*, c'est couvrir légèrement de poudre. Être *poudré à blanc*, c'est être extrêmement *poudré*. La *poudre purgée à l'esprit de vin* est le même amidon réduit en poudre après avoir été humecté d'esprit de vin. Les cheveux sont la parure naturelle de l'homme : c'est pour cette raison qu'on a cherché à corriger ce qu'ils pouvaient avoir de défectueux. Les anciens les teignaient en blond, quelquefois même ils les couvraient de poudre d'or. On lit dans Brantôme que Marguerite de Valois, qui était désespérée d'avoir les cheveux très-noirs, recourait à toutes sortes d'artifices pour en adoucir la couleur. Le premier de nos écrivains qui parle de la *poudre* est L'Étoile, dans son journal, sous la rubrique de 1593. Il rapporte qu'on vit alors trois religieuses se promener dans Paris frisées et poudrées. Sur la fin de l'avant-dernier siècle, il n'y avait guère encore que les comédiens qui fussent poudrés et seulement à la scène. Depuis, la *poudre* devint peu à peu à la mode chez nous, et passa ensuite chez les autres peuples ; l'usage s'en conserva jusqu'en 1789.

POUDRE-COTON. *Voyez* Fulmi-Coton.

POUDRE D'ALGAROTH. *Voyez* Algaroth (Poudre d').

POUDRE DE PROJECTION. *Voyez* Projection et Alchimie.

POUDRE DES CHARTREUX. *Voyez* Kermès minéral.

POUDRE D'OR, POUDRE D'ARGENT, noms que l'on donne quelquefois au mica.

POUDRE FULMINANTE. On appelle ainsi celle qui détone par le simple frottement, par le choc ou encore par la chaleur (*voyez* Poudre, Fulminate, Fulminant, etc.).

POUDRES (Conspiration des). Quand le roi Jacques Ier monta, en 1603, sur le trône d'Angleterre, ce qu'il y avait d'équivoque dans ses opinions religieuses et l'antipathie qu'il témoignait pour les puritains éveillèrent parmi les catholiques des espérances qu'il ne remplit point. Conformément à sa politique, qui consistait à tenir tous les partis sous sa dépendance, il menaça, au contraire, les catholiques de faire exécuter les lois rigoureuses qui avaient été portées contre eux, et il chassa d'Angleterre les jésuites et les professeurs de séminaire qui enseignaient que la puissance du pape est supérieure à celle des rois. Quelques catholiques fanatiques songèrent alors aux moyens de se venger et de faire de nouveau du catholicisme la religion dominante de l'Angleterre. Un catholique anglais, entre autres, appelé Robert Catesby, forma avec Thomas Percy, de la maison de Northumberland, le plan d'exterminer du même coup le roi, sa famille et les membres des deux chambres, le jour de l'ouverture du parlement pour la session de 1605, par l'explosion d'une mine qu'on pratiquerait sous la salle des séances. John Wright et Thomas Winter furent les premiers qu'on initia au complot. Ce dernier se rendit en Flandre, à l'effet de prendre conseil du Juan de Velasco, connétable de Castille, et de déterminer Guy Fawkes, officier fanatique au service d'Espagne, à entrer dans le complot. Les jésuites approuvèrent fort la chose ; et certains conjurés ayant éprouvé des scrupules en pensant que beaucoup de catholiques trouveraient nécessairement la mort au milieu de cette catastrophe, ce furent les bons Pères qui se chargèrent de triompher de ces scrupules. Winter et Fawkes étant revenus de Flandre, Percy loua dans les derniers mois de 1604 une maison attenant immédiatement à l'édifice où l'ouverture du parlement devait avoir lieu, le 7 février 1605. Le mois de décembre fut employé à percer dans cette cave le mur de fondation, de trois mètres d'épaisseur, qui séparait la cave de celle de la maison où devait se réunir le parlement. Mais alors ils trouvèrent cette cave presque entièrement remplie de charbon de terre. Le hasard les tira de cet embarras ; car la cave ayant été mise à louer à quelque temps de là, Percy non-seulement la prit à son compte, mais encore acheta toute la provision de charbon qui s'y trouvait. Les conjurés introduisirent ensuite dans la cave trente-six barils remplis de poudre à canon, les couvrirent de bois, de fascines et de charbon, et laissèrent les portes de la cave tout ouvertes, afin qu'on ne put concevoir aucun soupçon. Comme il fallait que le prince Charles, âgé alors seulement de quatre ans, échappât à l'attentat, Percy se chargea de l'enlever ou de l'assassiner. La princesse Élisabeth, âgée de huit ans, qui se trouvait chez lord Harrington, dans le comté de Warwick, devait être enlevée par le chevalier Eberhart Digby et proclamée reine après la catastrophe. Les retards successivement apportés à la réunion du parlement, qu'on finit par renvoyer au 5 novembre 1605, donnèrent aux conjurés le temps nécessaire pour bien prendre leurs mesures. Fawkes repartit à cet effet pour la Flandre, et revint en Angleterre au mois de septembre en compagnie du jésuite Owen. Quoique les préparatifs durassent depuis dix-huit mois, et que vingt personnes au moins fussent dans le secret, aucun soupçon ne s'éleva, et il n'y eut pas la moindre trahison. Toutefois, dix jours avant l'époque fixée pour l'ouverture du parlement, lord Mounteagle reçut une lettre écrite par une main inconnue, et dans laquelle on l'engageait à s'abstenir d'assister à la cérémonie, parce que ce jour-là un horrible désastre frapperait le parlement. Ni lord Mounteagle ni le secrétaire d'État, lord Salisbury, ne surent comment interpréter cet avis mystérieux. Mais le roi se défia de quelque machination, et le 4 novembre il chargea le grand-chambellan, le comte de Suffolk, et quelques autres de faire une perquisition dans les caves de la maison du parlement. On trouva dans la cave située sous la salle des séances de la chambre haute l'approvisionnement de bois et de charbon dont il a été fait mention plus haut, un homme, Guy Fawkes, qui déclara être au service de Percy. Comme Percy ne venait que fort rarement à Londres, il parut singulier qu'il eût fait une si forte provision de combustible, et le roi insista pour que la perquisition fût complète. Après minuit, vers cinq heures du matin, le juge de paix, Thomas Knevet, fut envoyé avec une escorte examiner les lieux, où l'on trouva encore Fawkes, muni d'une lanterne sourde et posté près de la porte de la cave au bois et au charbon. Le juge de paix donna l'ordre de l'arrêter, et de mettre sens dessus dessous l'amas de bois et de charbon ; opération qui fit tout aussitôt découvrir les barils de poudre. Dès le premier moment Fawkes avoua son crime, n'exprimant qu'un regret, celui de ne s'être pas tout aussitôt fait sauter en l'air avec les assistants. Il refusa d'ailleurs opiniâtrement de révéler les noms de ses complices. Emprisonné à la Tour et menacé de la question, il déclara, deux jours après, les noms de tous ceux qui avaient pris part au complot. En apprenant l'arrestation de Fawkes, Catesby, Percy et quelques autres encore s'étaient bien vite enfuis dans le comté de Warwick, où Digby se tenait prêt à enlever la princesse. Mais le sheriff appela toute la population du comté à poursuivre les coupables, qui furent réduits à se retirer, au nombre d'environ quatre-vingts, dans le manoir fortifié de Holbeach, au comté de Stafford, résolus à y vendre chèrement leur vie. Un accident, par suite duquel le feu prit à une partie de la poudre qu'ils avaient apportée avec eux, et qu'ils avaient étalée afin de la faire sécher, en mit le plus grand nombre dans l'impossibilité de tenir cette résolution. On brisa les portes du manoir, qui fut immédiatement envahi par la milice. Catesby, Percy et les frères Wright périrent les armes à la main ; le reste fut fait prisonnier et conduit chargé de chaînes à Londres. Digby, Robert et Thomas Winter, Grant et Batis, le domestique de Catesby, Rockwood, Keyes et Fawkes furent pendus, le 30 janvier 1606, à la suite d'une procédure régulière par laquelle ils avaient été déclarés coupables du crime de haute trahison. Les jésuites Garnet et Hall éprouvèrent le même sort, le lendemain, comme complices de la conspiration. Si le roi témoigna dès lors aux catholiques une tolérance provenant bien moins de ses sentiments de modération que de la sympathie qu'il éprouvait pour leurs doctrines en matière de gouvernement absolu, la terreur et l'indignation du peuple n'en trouvèrent que de plus puissantes expressions. Le parlement, quand il se réunit, imposa un serment de fidélité (*oath of allegiance*), aux termes duquel les catholiques devaient aussi dénier au pape toute autorité sur le roi et ses États. La grande majorité des catholiques, leur archiprêtre Blackevell en tête, n'hésitèrent pas à prêter ce serment, malgré la défense formelle du pape. En 1610 la prestation de ce serment fut rendue obligatoire pour tous les fonctionnaires de l'ordre administratif et de l'ordre ecclésiastique, afin de prévenir ainsi l'intrusion des catholiques dans les fonctions publiques.

POUDRE SYMPATHIQUE. *Voyez* SYMPATHIQUE (Poudre).

POUDRETTE. On appelle ainsi une poussière inodore obtenue par la dessication des matières fécales humaines séparées des urines, mélangées de chaux, de plâtre, de marne, de cendres, etc., qu'on soumet d'abord, dans des fosses construites à cet effet, à une fermentation, puis qu'on fait sécher, et qu'on pulvérise ensuite au rouleau. C'est en France qu'on a pour la première fois essayé de tirer parti de ces matières excrémentitielles, qui possèdent évidemment une grande puissance de fécondation, mais qu'on emploie plutôt cependant en horticulture qu'en agriculture, en raison de l'énorme déperdition de substances premières et de temps qu'entraîne leur préparation. Un procédé incontestablement plus avantageux est celui qui a été recommandé par M. Payen, pour opérer la dessication sans perte de substances de tous les excréments et autres matières infectes et liquides, et les transformer en un engrais convenant à toutes les natures de sol et à toutes les cultures. L'engrais obtenu de la sorte a reçu le nom de *noir animalisé* (*voyez* NOIR ANIMAL).

POUGATSCHEFF (JEMELJAN), Kosak fameux, qui se fit passer pour l'empereur de Russie Pierre III, était le fils d'un Kosak de basse extraction, et naquit en 1726, à Simoweisk, village situé sur les bords du Don, où dans sa jeunesse il se mit à la tête d'une bande de brigands régulièrement organisée. Pendant la guerre de sept ans il servit d'abord dans l'armée prussienne, et ensuite dans l'armée autrichienne, qu'il suivit dans la guerre contre les Turcs. Revenu dans sa patrie, il ne tarda pas être interné, à cause de sa conduite turbulente, à Markowka, sur les bords du Volga; puis il fut emprisonné à Kazan. Il parvint toutefois à s'échapper, et s'enfonça plus avant dans l'est jusqu'à Jaïzkoï. Là, séduit par la ressemblance que quelques individus prétendirent trouver entre lui et l'empereur Pierre III, il résolut de se faire passer pour ce prince. Ses partisans répandirent le bruit que c'était un soldat offrant quelque ressemblance avec l'empereur, qu'on avait exposé sur le lit mortuaire de parade, tandis que l'empereur avait pu s'échapper à l'aide d'un déguisement. Après avoir longtemps erré au milieu de périls de toutes espèces, Pierre III réparaissait enfin parmi ses fidèles Kosaks pour reconquérir avec leur appui son empire et sa couronne. L'insurrection éclata en août 1773, et Pougatscheff partout un manifeste de Pougatscheff au nom de l'empereur Pierre III. D'abord on méprisa cette tentative, parce que Pougatscheff ne réussit à réunir sous ses ordres que quelques centaines de partisans. Mais lorsqu'il eut réussi à déterminer la garnison de Jaïzkoï, forte de 500 hommes, de même que la secte religieuse des Roskolnicks, à prendre fait et cause pour lui, un grand nombre de ses compatriotes et surtout de paysans, à qui il promettait la liberté, vinrent grossir les rangs de sa petite troupe. Il lui fut dès lors possible de s'emparer de diverses places fortes russes de l'Oural et du Don, où il exerça d'effroyables cruautés. Son armée présentait déjà un effectif de 15,000 hommes, lorsque la grande majorité des Baschkirs, des Wotjæks, des Permjæks et d'autres peuplades finnoises, ainsi que des Tatars proprement dits, reconnurent son autorité. A ce moment il y avait là un vrai péril pour la Russie, et l'embarras de Catherine II était d'autant plus grand, que le général Michelson, qu'on fit marcher pour comprimer ce mouvement, n'osa d'abord rien entreprendre de sérieux. Pougatscheff réussit même à se rendre maître de l'antique capitale du royaume de Kazan; et quand il eut franchi le Volga, et transporté en Europe la base de ses opérations, il résolut de viser tout d'abord à s'emparer de Moscou, à l'aide d'une brusque pointe tentée sur cette capitale. Déjà Moscou était sérieusement menacé quand Michelson et Souvaroff, en combinant leurs mouvements, parvinrent à couper Pougatscheff de son corps principal et à s'emparer de sa personne. Il fût ramené chargé de chaînes à Moscou, où un conseil de guerre le condamna à la peine de mort. Cette sentence ayant été confirmée par l'impératrice (c'est la seule condamnation capitale qui ait été mise à exécution sous son règne), Pougatscheff fut décapité avec ses principaux complices, le 10 juin 1775, à Moscou. Une foule d'individus compromis dans cet échauffourée, qui coûta la vie à plus de 100,000 personnes, furent en outre envoyés en Sibérie ou dans des compagnies disciplinaires. Pouschkin a écrit l'histoire de la révolte de Pougatscheff.

POUGENS (MARIE-CHARLES JOSEPH DE), né à Paris, en 1755, était le fils naturel du prince de Conti et d'une dame qui tenait un rang élevé à la cour, et fut élevé comme l'enfant d'une dame Baugé, qui lui fit donner l'éducation la plus distinguée. Destiné à la carrière diplomatique, il alla en 1776 à Rome, pour s'y former sous le cardinal de Bernis, à qui la cour de France le recommandait de la manière la plus pressante. Il profita de son séjour à Rome et des relations qu'il y eut avec les hommes les plus distingués pour accroître ses connaissances scientifiques, dont témoigne l'ouvrage intitulé *Trésor des Origines des Langues*, ou *dictionnaire grammatical et raisonné de la langue française*, en dix volumes in-folio, dont il fit imprimer un volume comme spécimen en 1819, et qui était presque entièrement terminé au moment où la mort vint le frapper. Dès l'âge de vingt ans l'Académie de la Crusca l'avait admis au nombre de ses membres. Quelques années plus tard, une attaque de petite vérole lui ôta l'usage de la vue. Revenu en France dans l'espoir de s'y faire guérir, un charlatan acheva de le rendre complètement aveugle, à l'âge de vingt-quatre ans. Il habita alors Paris pendant plusieurs années jusqu'au moment où il fut chargé d'une mission diplomatique à Londres, où il rendit d'utiles services lors des négociations qui se suivirent pour la conclusion du traité de commerce intervenu en 1786 entre l'Angleterre et la France. Dépouillé par la révolution de ses revenus, qui provenaient de pensions payées par le trésor et du produit d'un prieuré de l'ordre de Malte dont il était titulaire, il lui fallut demander son pain au travail, et il traduisit alors un grand nombre d'ouvrages allemands et anglais. Plus tard il fonda une maison de librairie, qui, après avoir d'abord pris de grands développements, éprouva ensuite des revers immérités et n'échappa à une ruine complète que grâce à un emprunt que lui consentit Napoléon. En 1805 il épousa miss Sayer, nièce de l'amiral anglais Boscawen; en 1806 il se retira des affaires, pour aller s'établir à Vauxbains, près de Soissons, où son inépuisable charité lui mérita le surnom de *Le Bonhomme*. Il était membre de l'Académie des Beaux-Arts, et mourut le 19 décembre 1833. On a de lui, entre autres ouvrages d'érudition, un *Essai sur les Antiquités du Nord et les anciennes langues septentrionales* (2° édition, Paris, 1799) et une *Archéologie française, ou vocabulaire de mots anciens tombés en désuétude* (2 vol., 1823), livre où l'on trouve une foule de citations des auteurs français du douzième et du treizième siècle. Pougens, quelque peu poëte aussi, publia des *Contes* ingénieux (1796) et un poëme intitulé *Les Quatre Ages*.

POUILLE, l'*Apulia* des anciens, en italien *Puglia*. On désigne encore aujourd'hui sous ce nom une région géographique sans importance, comprenant les provinces du royaume actuel de Naples appelées *Capitanata* (avec Foggia, Manfredonia et Lucera), *Terra di Bari* (avec Bari et Gravina) et *Terra d'Otranto* (avec Otranto, Lecce, Brindisi et Tarente). Toute cette contrée n'est plus que l'ombre de ce qu'était l'A p u l i e à l'époque des colonies grecques, sous la domination des Romains et encore sous celle des Normands. Ses villes sont dépeuplées, son commerce, jadis si florissant, est anéanti et son industrie nulle. Quoique célèbre par la beauté de son climat, elle n'est plus que très-imparfaitement cultivée. Le peu de routes qui s'y trouvent, entr'autres l'ancienne voie romaine conduisant à Brindes par Ariano et Bari, sont infestées par des brigands. L'ignorance et la superstition règnent généralement parmi la population, qui d'ailleurs ne laisse pas que d'être assez hospitalière.

[La Pouille montagneuse, l'ancienne *Peucétie*, à la droite de l'Ofanto, est peu fertile. La plaine de la Pouille, ou l'ancienne *Daunia*, entre l'Ofanto et le mont Gargano, produit du blé, du vin et de l'huile pour la consommation des habitants; mais sa richesse principale consiste dans le commerce des laines. De nombreux troupeaux de moutons y paissent pendant l'hiver, et la quittent au mois de mai, après la tonte, pour passer dans les montagnes de l'Abruzze. A cette époque, qui est aussi celle des moissons, le sirocco commence à souffler. Sa violence s'accroît si rapidement, qu'en peu de jours les riants pâturages de la plaine ne sont plus qu'un désert sablonneux, d'où s'élèvent des nuages de poussière très-incommodes aux voyageurs.

Après la destruction de l'Empire d'Occident et l'invasion des Lombards, la Pouille et la C a l a b r e restèrent aux empereurs grecs. Charlemagne ni ses successeurs ne purent les réunir à leur empire. A la fin du dixième siècle, quelques chevaliers français, partis des côtes de Normandie, ayant, au retour d'un pèlerinage à Jérusalem, abordé à Salerne, délivrèrent cette ville au moment de tomber au pouvoir des mahométans. Ils s'établirent dans le pays, et, aidés bientôt par quelques autres Normands qui vinrent les joindre, ils fondèrent ou plutôt rétablirent la ville d'*Aversa* (1030). Quelques années plus tard, les fils de Tancrède de Hauteville, près de Coutances, passèrent en Italie avec quelques autres aventuriers. D'abord auxiliaires du gouverneur grec de la Pouille et de la Calabre, ils finirent par se brouiller avec lui, et par le chasser de la Pouille, dont un des Hauteville, Guillaume Fier à Bras, se fit comte (1041). Ses frères et leurs descendants firent successivement la conquête de la Calabre, de l'Abruzze, de la Sicile et de Capoue. En 1085 ils possédaient tout ce qui compose aujourd'hui le royaume de Naples, mais sous le titre de ducs de Pouille et de Sicile et de comtes de Capoue. Ils ne prirent qu'en 1130 le titre de rois de Sicile et de Pouille. Roger fut le premier. Naples ne leur appartint que plus tard.

Gal G. DE VAUDONCOURT.]

POUILLET (CLAUDE-GERVAIS-MATTHIAS), célèbre physicien, membre de l'Académie des Sciences, 'est né en 1791. Jeune encore, il s'était fait connaître par d'ingénieuses expériences sur l'électricité et sur la lumière. Disciple de Biot et de Gay-Lussac, il sortait à peine de l'École Normale, que déjà il était appelé à remplacer ses maîtres, soit au Collége de France, soit à la Sorbonne, où son rare talent d'exposition et sa parole accentuée et limpide savaient le don d'attirer la foule et de l'y fixer. Il fut nommé dès 1827 professeur titulaire à la Faculté des Sciences, et membre de l'Institut en 1837, en remplacement de Girard. Il comptait donc déjà vingt années de succès, lorsque le département du Jura l'élut député. Il devint homme politique, mais ce fut malgré lui, car il s'en défendait à toute occasion. Il voulait, disait-il, rester homme de science ; mais la science ne saurait longtemps frayer avec des avocats, des administrateurs, un gouvernement, sans s'exposer à dérailler. Cependant, c'est une justice de convenir qu'à la chambre il s'attachait avec prédilection aux questions industrielles et scientifiques. Il était de toute commission s'occupant de chemins de fer, de machines à vapeur, de télégraphes électriques, de phares, de véhicules pour la poste, d'instruments pour les observatoires, de la refonte des monnaies, et naturellement au rang des juges souverains en fait d'inventions de toutes espèces, de même que F. A r a g o. Il s'intéressait par-dessus tout à ce qui concernait le Conservatoire des Arts et Métiers, importante institution, où il professait la physique depuis années, et dont on le nomma administrateur avec direction, une direction presque absolue, tant elle était peu contrôlée. Mais plus M. Pouillet sentait croître son influence, plus il se défendait de la voir rattachée à la politique, dont il appréhendait jusqu'au contact. C'est ainsi que lorsqu'on créa un journal de parti extrême, sous le nom de *Conservateur*, il fut peut-être le seul membre ailé de la majorité de la chambre qui refusa d'être actionnaire de ce *Moniteur* acéphale du parti dominant. Il accordait ses conseils, non son concours : en même temps, et comme pour paraître moins politique que jamais, il inventait le *pyrhéliomètre*, et lisait à l'Académie des Sciences un mémoire sur la répartition dans l'atmosphère de la chaleur du soleil. Alors aussi il publiait la cinquième édition de son *Traité de Physique* (2 vol. in-8°, avec 40 planches [Paris, 1847]). Quand fit explosion, quelque temps après, le parti qui à Paris n'était en minorité qu'à la chambre, M. Pouillet cessa d'être député, conservant, avec le calme de son caractère, la situation que son seul mérite lui avait faite à l'Institut, à la Sorbonne, de même qu'au Conservatoire des Arts et Métiers, où il continua de résider comme directeur. S'il perdit cette haute position au 13 juin 1849, on peut dire que ce fut par un malentendu ; car en quoi M. L e d r u-R o l l i n et les représentants qui l'accompagnaient avaient-ils besoin du consentement de M. Pouillet pour s'établir et délibérer dans les salles du Conservatoire? Après le coup d'État du 2 décembre 1851, M. Pouillet quitta l'enseignement par refus de serment au nouveau gouvernement. Depuis il a donné une septième édition, augmentée, de son *Traité de Physique et de Météorologie* et travaillé à une nouvelle instruction pour la construction des paratonnerres demandée à l'Institut à propos des grandes constructions élevées dans ce moment à Paris, et dans lesquelles on faisait un plus grand usage du fer.

Isid. BOURDON.

POUILLY, hameau du département de Saône-et-Loire, avec 114 habitants, et qui produit d'excellents vins blancs fins renommés.

POUJOULAT (BAPTISTE), né en 1802, à Marseille, se consacra de bonne heure aux études historiques, et devint l'ami et le collaborateur de M i c h a u d, qu'il accompagna dans son dernier voyage en Orient et en Grèce. Longtemps attaché à la rédaction de *La Quotidienne* et de *L'Union*, M. Poujoulat était à bon droit considéré comme l'un des principaux écrivains du parti légitimiste. Après la révolution de Février, il ne mit pas son drapeau dans sa poche ; et les électeurs du suffrage universel, qui en juin 1848, dans le département des Bouches-du-Rhône, l'envoyèrent à l'Assemblée nationale savaient parfaitement qu'ils s'y faisaient représenter par un homme sincèrement convaincu que le retour au principe de la légitimité pouvait seul assurer le salut du pays. Les mêmes électeurs le renvoyèrent encore siéger à l'Assemblée législative. M: Poujoulat y faisait partie de la *réunion* dite *de la rue de Poitiers*, et votait avec la droite. En 1851 il entreprit le pèlerinage de légitimiste de Wiesbaden ; et c'est à cette occasion qu'il fit paraître dans *L'Union* une lettre qui fit beaucoup de bruit, en ce qu'il se disait autorisé à déclarer que M. le comte de C h a m b o r d repoussait formellement et expressément l'appel au peuple français. On a de M. Poujoulat une *Histoire de Jérusalem* (1843), fruit de son voyage en Orient ; des *Etudes africaines* (1846) ; une *Histoire de saint Augustin* (1847) ; des *Récits et souvenirs d'un Voyage en Orient* (1848) ; une *Histoire de la Révolution française* (2 vol., 1848) ; une *Histoire de Constantinople* (1853), etc. Tous ces ouvrages, vivement empreints des convictions religieuses de l'auteur, ont réussi plus par l'élégance et la clarté du style, et par l'abondance des observations ingénieuses qu'on y trouve, que par la profondeur des investigations.

POULAILLER. Dans une ferme, à l'extrémité de l'écurie doit se trouver une fenêtre communiquant avec le poulailler et lui donnant de la chaleur, qui est toujours si nécessaire à l'espèce des gallinacés. Au-devant de ce poulailler doivent être placés quelques mûriers, une petite fontaine, un espace où les p o u l e s puissent gratter et pulvériser la terre, et une vermillière, qui doit former leur aliment principal. Les *juchoirs* sont des bâtons équarris. Les *pondoirs* sont des paniers d'osier fixés contre les murs. L'*épinette* est une boîte divisée en cases où l'on renferme les poules et les poulets que l'on veut engraisser. Chacun de ces animaux y est placé de manière à ne pouvoir s'y retourner.

Comte Français (de Nantes).

POULAIN. *Voyez* Cheval *et* Élève des Chevaux.

POULAINE (de l'italien *pulena*). En termes de marine, c'est l'assemblage de plusieurs pièces de bois formant une portion de cercle terminée en pointe et faisant partie de l'avant d'un v a i s s e a u.

On nomme *souliers à la poulaine* une chaussure à longue pointe recourbée, qui a été fort à la mode en France autrefois. Les pointes de ces souliers s'élevaient quelquefois de 15 à 30 centimètres. « Cette mode, qui date du treizième siècle, dit Dulaure, prohibée par les sermons des prédicateurs, par les conciles, par les ordonnances des rois, et que l'on qualifiait de *poulaine de Dieu maudite*, s'est maintenue grâce aux prohibitions jusque vers la fin du quinzième siècle. »

POULARDE. *Voyez* Poule.

POULE, femelle du c o q. Le coq et la poule que des naturalistes ont cru entendre chanter dans la profondeur des bois qui bordent les rivages du Mississipi, le coq et la poule que le célèbre Sonnerat nous a apportés de l'Inde orientale, sont d'une taille plus petite que ces oiseaux réduits à l'état domestique ; ils doivent avoir aussi d'autres mœurs. Il est probable que, la poule domestique n'ayant que deux pontes par an, la poule sauvage ne doit connaître que deux époques pour la pariade ; que l'usage du sérail est inconnu dans cette espèce, et qu'elle est monogame. La polygamie et la pariade perpétuelles sont ou du moins paraissent être le résultat de l'état social. Les poules s'acclimatent sous tous les méridiens, s'accommodent de tous les pays, et le présent le plus agréable que les Européens puissent faire à des peuples sauvages, ce ne sont pas des vêtements, des armes, des haches ou des barils d'eau-de-vie, ce sont des poules.

Les poules sont généralement farouches, irascibles, querelleuses. Fortes de leurs ailes, de leurs ergots, de leurs éperons, elles sont toujours prêtes à se chercher dispute et à se faire la guerre. Ce sont de véritables mégères, qui ne peuvent se tolérer entre elles. Si vous pénétrez dans un *p o u l a i l l e r*, vous apercevrez des poules qui se chamaillent, qui se crèvent les yeux, et qui s'acharnent sur les poules étrangères que vous introduisez chez elles. Suivez-les dans la basse-cour, elles se poursuivent pour arracher le ver ou le grain de mil que portent leurs rivales dans le bec ; elles se battent comme de véritables coqs, et, par une dépravation particulière à l'état social, elles semblent les imiter dans les assauts qu'elles se donnent entre elles. Si parmi elles il y a une infirme, ayant la crête pâle et l'aile traînante, au lieu de la secourir, elles l'attaquent à coups de bec ; s'il y a une poule difforme, elles béquètent sa difformité jusqu'à ce qu'elles l'aient tuée.

Considérées sous un autre point de vue, il n'y a pas dans le règne animal de mères plus tendres et plus courageuses qu'elles. Vous les voyez desséchées, exténuées par la couvaison, se priver de toute la nourriture dont elles ont besoin pour la donner à leurs *poussins*. Le coq, si redoutable pour ses rivaux, est le plus dévoué des époux et le meilleur des pères. Néanmoins, s'il vient à tomber, ou qu'il soit hors de service, les poules l'assaillent à coups de bec redoublés, et il ne se défend jamais contre elles. On a des exemples de vieux coqs succombant sous les coups de poules plus vieilles qu'eux.

Le canal alimentaire d'une poule a cinq fois la longueur de l'oiseau. Il est pourvu de deux cœcums et de deux reins qui extraient des matières triturées le carbonate de chaux destiné à former la coquille de l'œuf lors de l'époque de la ponte, où à être jeté en dehors avec les fientes dans les temps de stérilité. Ce carbonate, dont la fiente des oiseaux est entièrement couverte, quand ils ne pondent pas, est un véritable albumen, insoluble dans l'eau bouillante, et qui se combine avec le tanin, qui a une grande affinité avec les matières animales, comme on le voit dans les tanneries. Quant aux coqs, ils ne font pas ordinairement des œufs, et qui cependant sécrètent l'albumen, l'expérience fait connaître qu'ils rejettent cette matière avec plus d'abondance que les poules. Elle peut être aussi absorbée dans le cloaque, et elle peut leur servir quelquefois à former la coquille de ces œufs sans jaune sur lesquels on fait, dans les fermes, des contes si absurdes. Le gésier des volailles est doué d'une force musculaire tellement puissante, et imprégné de sucs gastriques tellement âcres, qu'il réduit en quelques heures le verre en poudre, brûle et digère les noyaux les plus durs, aplatit des tubes de fer-blanc, attaque et ronge des balles de plomb, émousse des aiguilles et même des lancettes d'acier. C'est là qu'il faut aller chercher la cause de l'omnivorance, de la voracité et de la variété des appétits des poules.

Le coq, adulte à trois mois, n'est cependant employé comme tel qu'à dix mois. Il peut suffire à trente et même à quarante poules, et leur suffire tous les jours, suivant le degré de la température et la quantité de nourriture qu'on lui donne. L'incubation dure vingt-et-un jours ; les nouveaux nés sont *poussins* jusqu'à quatre mois, *poulets* ou *poulettes* jusqu'à six, *coqs* ou *poules* le reste de leur vie, lorsqu'on n'en fait pas des *poulardes* ou des *chapons*, au moyen d'une mutilation qui doit avoir lieu lorsqu'ils ont trois ou quatre mois.

La poule et le coq vivraient dix ans si on ne les détruisait pas. Ces oiseaux sont en pariade en toute saison, avec plus ou moins d'activité, quoique la femelle ne fasse que deux pontes par année, celle du printemps et celle de l'automne. L'ovaire de la poule adulte est toujours composé de près d'une centaine d'œufs, quoique l'on ne compte ordinairement dans les fermes qu'une reproduction de cinquante à cinquante-six œufs par an et par chaque poule. On conserve les bonnes pondeuses et les couveuses assidues le plus longtemps qu'on peut, et lorsqu'elles cessent de pondre, on les met durant trois ou quatre semaines à la mue pour les engraisser. Pour se décider si l'on fera les mâles adultes coqs ou chapons, l'usage veut qu'on les fasse battre les uns contre les autres ; les vainqueurs deviennent coqs, les vaincus deviennent chapons. C'est le sort des combats, et non la justice, qui en décide.

La poule se réveillant dès l'aube du jour, il ne faut jamais la retenir prisonnière dans le poulailler après cette époque. La poule sauvage nichant en plein air dans des nids qu'elle place, non à fleur de terre ni sur la cime des arbres, mais à une hauteur moyenne, il convient que le *poulailler* ne soit ni trop bas ni trop haut, que les *pondoirs* soient placés par étage contre les murailles, que les *juchoirs* soient composés de baguettes non cylindriques, mais carrées, parce que les articulations des doigts de la poule ne peuvent s'appliquer que sur des surfaces à angle droit. La porte du poulailler doit, autant que possible, regarder le midi, avec une ouverture au nord pour établir un courant d'air. Comme les nids qu'édifient les gallinacés sont toujours propres, et qu'ils ont soin d'en retirer les fientes et de jeter en dehors les débris des aliments qu'ils ont donnés à leurs poussins; de même il faut que le poulailler soit toujours propre et la litière changée deux fois par semaine. Comme la poule sauvage gratte sans cesse la terre pour y trouver de petites proies animales, qu'elle va toujours cherchant les grosses et les petites graminées, il faut qu'il y ait dans la cour un carré de terre labourée, sur lequel elle puisse satisfaire son instinct pulvérateur, et un autre carré garni de gazon dont elle puisse picoter les jeunes graines, manger la tige verte, et où elle puisse prendre ses ébats. Plus l'oiseau se croira en liberté, plus il prospérera. Pour économiser les grains qu'on est dans l'habitude de leur donner, on a imaginé une sorte de manufacture de matières nutritives qu'on appelle *vermillière*. On doit en placer toujours une dans un coin de la basse-cour, ainsi qu'un monceau de paille et de fond de grenier, de sorte que les poules puissent passer du régime maigre au régime gras à volonté. Une petite flaque d'eau, une haie vive, quelques arbres sur lesquels elles puissent se percher ou sous l'ombrage desquels elles puissent se mettre à l'abri du soleil, un hangar qui leur est de garantir de la pluie et des orages, voilà quel doit être le mobilier d'une basse-cour de poules, mobilier qui leur est d'autant plus agréable que cette cour a un air plus champêtre et qu'elle leur offre autant de jouissances que la nature elle-même.

Il faut que le logis de la poule soit élevé au-dessus du sol de trois à quatre mètres, qu'elle ne puisse y monter que par une échelle placée en dehors et n'y entrer que par une chatière; que les crevasses des murs en soient soigneusement bouchées, que les murailles en soient recrépies, les fermetures solides, de manière à préserver l'habitation des belettes et des souris; qu'il y ait un avant-toit qui rejette la pluie en avant de l'habitation; que les nids ou pondoirs soient couverts par une planche, afin que les couveuses et les pondeuses placées dans l'étage supérieur ne puissent pas les souiller de leur fiente. Il faut de plus que le poulailler ne soit pas trop vaste, parce qu'on a remarqué que les poules réunies dans un étroit espace en élèvent la température, et que plus la communauté est nombreuse et resserrée, plus il y a de disposition et d'émulation pour la ponte. Il y a entre elles une sorte de rivalité : c'est à celle qui fera le plus d'œufs, et lorsqu'elle a rempli ce premier devoir de la nature, elle sort fièrement de son nid, et elle annonce l'heureux événement par un caquetage que répètent toutes les habitantes du poulailler, comme une princesse qui vient d'accoucher reçoit les félicitations de toutes les dames qui composent sa cour.

Les chapons, ayant été mis hors du droit commun par la barbarie des hommes, sont toujours mal venus des poules. Elles les attaquent dans la basse-cour, et elles ne les souffrent jamais à côté d'elles sur les juchoirs. Cependant, le pauvre animal dégradé de sa dignité de coq cherche à rentrer en grâce par les services qu'il rend en couvant et en dirigeant la jeune couvée. Pour le rendre propre à l'incubation, la fille de la basse-cour doit lui arracher les plumes de dessous le ventre, le lui frotter avec de l'ortie, et exciter ainsi en lui une démangeaison qui ne se calme que lorsqu'il se tient assidûment dans un nid rempli d'œufs. Le chapon incubateur étant par le droit de sa place devenu gouverneur de la jeune couvée, il la conduit, au bout de huit jours, du poulailler dans la basse-cour ; mais il n'a ni l'orgueil ni les attentions d'une mère. Il faut la voir, cette bonne mère, lorsqu'elle sort pour la première fois avec toute sa famille, et qu'elle reçoit les félicitations de toutes ses compagnes. Elle est partagée entre le sentiment d'une noble fierté et l'inquiétude que lui cause le sort de ses poussins, jeunes étourdis faisant leur entrée dans le monde.

L'époque de la mue doit attirer toute l'attention des filles de basse-cour. C'est un temps de crise pour toutes les espèces animales. Les poules sont sujettes à cette loi commune ; elles sont alors inquiètes et malades. Elles cessent de chanter et de pondre, elles font alors leur ramazan. Vous les voyez ébouriffées, la crête pâle, l'aile traînante, arrachant leurs plumes de dessous le ventre et les pennes de leur queue. Il faut leur donner une nourriture plus substantielle, faire porter dans la cour des fumiers dont la chaleur puisse les échauffer. Dès les premiers beaux jours, lorsque de nouvelles plumes et un nouveau duvet les couvrent, elles appellent le coq, qui obéit à leur voix. Elles coquettent, chantent et pondent. Les poules sont encore plus carnivores que frugivores. Lorsqu'elles sont sauvages et qu'elles habitent au fond des bois, où les graminées sont rares et où il n'y a pas de céréales, elles vivent de mouches, de papillons, de larves, de limaces mortes, de vers et de toutes les substances vivantes ou infectes qu'elles peuvent rencontrer. En état de domesticité, elles sont fidèles à leurs premiers instincts. Voyez dans les basses-cours, au milieu de tous les aliments qu'on leur présente, quelle est leur chère la plus délicate et leur proie la plus friande de leur préférence : c'est celle d'un ver, qu'elles cherchent, en grattant la terre, durant des heures entières ; qu'elles prennent, qu'elles transportent triomphalement au bout de leur bec, au milieu de toutes les poules qui célèbrent cette capture par des chants de victoire, à peu près comme les piqueurs qui sonnent de la trompe lorsqu'on a forcé un cerf ; les querelles ne commencent entre elles que lorsque les coqs sonnent l'hallali, et qu'il s'agit de partager le butin et de faire curée. Alors on se donne et l'on reçoit, comme de raison, maints et maints coups de bec.

Comte FRANÇAIS (de Nantes).

Poule se dit, par extension, des femelles de plusieurs espèces de volatiles : *poule faisane, poule perdrix, poule pintade, poule de Barbarie.*

La *poule au pot* est le régal de l'artisan aisé. Henri IV la promettait à ses sujets pour tous les dimanches ; mais le peuple l'attendra longtemps encore.

Au figuré, on appelle *poule mouillée* un homme qui manque de résolution et de courage. On dit de même *poule laitée*, d'un homme faible et sans vigueur. *Être empêtré comme une poule qui n'a qu'un poussin*, c'est être très-embarrassé de peu de chose. *Être le fils de la poule blanche*, c'est être extrêmement heureux en tout ce qu'on entreprend. Avoir une *peau de poule*, c'est avoir une peau qui n'est pas lisse et qui a des élevures pareilles à celles qu'on voit sur la peau d'une poule plumée. Le frisson donne la *chair de poule* ou la *peau de poule. Tuer, plumer la poule sans la faire crier*, c'est commettre des exactions envers assez d'adresse pour qu'il n'y ait point de plaintes. *Un bon renard ne mange jamais les poules de son voisin*, dit le proverbe ; cela signifie que lorsqu'on veut faire du mal, on ne le fait pas dans un endroit où l'on serait tout de suite soupçonné. *Faire le cul de poule*, c'est faire une espèce de moue en avançant et pressant les lèvres. *Tuer la poule pour avoir l'œuf*, c'est agir comme l'homme de la *poule aux œufs d'or* de la fable, se priver de ressources à venir pour un petit intérêt présent. *Ce n'est pas à la poule à chanter devant le coq*, disaient nos pères, qui soutenaient qu'une femme doit se tenir en infériorité devant son mari.

POULE (*Jeu*). Au billard, au triotrac, à d'autres jeux, *poule* se dit de la quantité d'argent ou de jetons qui résulte de la mise de chacun des joueurs, et qui appartient à celui qui gagne la partie.

POULE (*Paléontologie*). Voyez COQ (*Paléontologie*).
POULE (Lait de). Voyez LOOCH.
POULE ANTARCTIQUE. Voyez COLÉORAMPHE.
POULE D'EAU, genre d'oiseaux de l'ordre des échassiers, ayant pour caractères : Bec droit, épais à sa base, comprimé, convexe en dessus ; mandibule supérieure inclinée à la pointe, et débordant un peu vers l'extrémité ; narines obliques, nues, percées dans des fosses nasales larges et triangulaires ; une plaque nue s'étendant de la base de la mandibule supérieure sur le front ; tarses longs, minces, réticulés ; doigts allongés, aplatis en dessous, bordés d'une

membrane étroite; ailes courtes, concaves, arrondies; queue très-courte.

On trouve des poules d'eau en Europe, en Afrique, en Asie et en Amérique. Elles habitent le bord des rivières et des étangs, quelquefois aussi les lieux marécageux. Poursuivies, elles courent avec rapidité, et nagent même très-bien. Celles des pays froids émigrent à la mauvaise saison, pour chercher des climats plus doux. Mais elles reviennent ordinairement au pays natal pour faire leur ponte annuelle, qui se compose de huit à douze œufs. Leur nourriture consiste en insectes, en herbes et en graines de plantes aquatiques.

La seule espèce européenne est la *poule d'eau ordinaire* (*gallinula chloropus*, Lath.), commune en France, en Italie, en Allemagne et en Hollande. Sa tête, sa gorge, son cou et toutes ses parties inférieures sont d'un bleu d'ardoise; le brun olivâtre foncé domine dans les parties supérieures; le bord antérieur de l'aile est d'un blanc pur, ainsi que de grandes taches qui marquent les flancs et les couvertures inférieures de la queue.

POULE DES COUDRIERS. *Voyez* GÉLINOTTE.

POULE D'INDE, COQ D'INDE, noms que l'on donne à la dinde et au dindon.

POULE GRASSE. *Voyez* MACHE.

POULE PÉTEUSE. *Voyez* AGAMI.

POULE PONDEUSE. *Voyez* AUBERGINE.

POULET, le petit d'une poule. On nomme *poulet de grain* un petit poulet nourri avec du grain.

On appelle encore *poulet* un petit billet amoureux, parce qu'en le pliant on y faisait deux pointes qui représentaient les ailes d'un poulet. Audebert, dans son voyage d'Italie, rapporte qu'on pendait autrefois deux poulets vifs aux pieds de celui qui avait porté des billets doux aux femmes pour les suborner. Ces Mercures galants étaient pour l'ordinaire des marchands de volailles, qui, en se présentant dans les maisons, mettaient l'épître sous l'aile de l'oiseau le plus gros. Le premier qui fut pris sur le fait subit cette nouvelle peine. Ménage et Dacier, d'après Saumaise, font venir *poulet* de *puleticum*, *polyticum* (petite tablette).

POULICHE, nom de la jeune cavale jusqu'à l'âge de trois ans. Autrefois on disait *poulaine* ou *pouline*.

POULIE, machine formée d'une sorte de roue mobile tournant sur un axe et ordinairement creusée en gorge à sa circonférence pour recevoir une corde, une chaîne ou une courroie. Il y a des poulies en bois, d'autres en métal. Leur axe est supporté par une barre de fer recourbée que l'on nomme *chape*. On la met au nombre des *machines simples*, quoiqu'on ne puisse l'employer sans y adapter une corde, dont un des bouts reçoit l'action de la force motrice, et l'autre est attaché soit à la masse à mouvoir, soit à un point fixe. Dans le premier cas, la poulie est fixe, c'est-à-dire que son axe de rotation est immobile : la vitesse du moteur est alors égale à celle de la masse qu'elle met en *mouvement*; mais la tension de la corde n'est pas la même de part et d'autre, car du côté du moteur il faut ajouter à la force qui produit l'effet utile celle qui surmonte les résistances opposées par la *roideur* de la corde et le frottement sur l'axe. Si l'un des bouts de la corde est fixe, l'axe de la poulie est *mobile*, ainsi que tout ce qui la compose, et la masse à mouvoir est attachée à la *chape* de cette machine. En supposant que les deux cordons sont parallèles, la vitesse du moteur est double de celle de la poulie et de la masse dont elle est chargée; il ne faudrait donc que la moitié de la force nécessaire pour imprimer le mouvement à cette masse augmentée de celle de la poulie et de la chape; mais, ainsi que dans le cas précédent, on doit tenir compte des résistances qui proviennent du frottement et de la corde. Comme les poulies mobiles soutiennent au moyen de deux cordons la charge attachée à leur chape, la corde peut être moins grosse, et devient plus flexible; il y a donc réellement un peu moins de force perdue par cet emploi des poulies que lorsqu'elles sont fixes.

Un système de *poulies mobiles* réunies dans une chape commune et de *poulies fixes* disposées de manière qu'une même corde passe sur toutes en allant alternativement d'une poulie fixe à une mobile, et conservant le parallélisme de tous les cordons, compose une *moufle*. Ce mécanisme a l'avantage de diviser un poids à soulever en autant de parties qu'il y a de poulies dans tout le système, en sorte qu'au moyen de 12 poulies, le moteur pourrait être réduit au douzième de la résistance à vaincre, s'il ne fallait pas y ajouter un supplément en raison des frottements et de la roideur de la corde.

Les poulies sont principalement employées dans les mécanismes mus à bras d'hommes. On en place un si grand nombre dans le gréement d'un vaisseau qu'il a fallu chercher le moyen de les fabriquer promptement et avec la précision de mesures, l'exactitude de formes, qui garantissent leur bon service. Cet art est maintenant aussi avancé en France que dans la Grande-Bretagne.   FERRY.

POULIN, POULINE. *Voyez* POULAIN et POULICHE.

POULINIÈRE (Jument), jument destinée à la reproduction de son espèce (*voyez* CHEVAL et ÉLÈVE DE CHEVAUX). *Pouliner* se dit de la cavale qui met bas.

POULO-PINANG ou POULO-PENANG, c'est-à-dire en malais *Ile aux noix de bétel* (dans l'Inde en deçà du Gange *Poulo* signifie île), appelée par les Anglais *Ile du Prince de Galles*, possession britannique de l'Inde en deçà du Gange, située entre 5° 14' et 5° 29' de latitude septentrionale, située à environ 3 kilomètres de la province de Wellesley dans la presqu'île de Malacca, dépendant du district de Singapore et relevant avec celui-ci de la présidence du Bengale, est, au point de vue militaire comme au point de vue commercial, l'un des principaux centres de la puissance anglaise dans ces parages. Elle domine l'entrée septentrionale du détroit de Malacca, possède un port franc aussi vaste que sûr, une citadelle formidable (le fort *Cornwallis*) et protége le commerce qui a lieu entre la Chine et l'Inde aussi bien que les établissements anglais de la presqu'île de Malacca. Poulo-Pinang a 5 myriamètres carrés de superficie (9 myriamètres carrés en y comprenant le district des côtes qui lui fait face). Sa population, forte de 90,000 habitants, se compose pour la plus grande partie de Malais (62,000), qui se livrent au commerce, et de Chinois (14,000); le reste Anglais, Hollandais, Portugais.

Georgestown, siége du gouverneur, compte 25,000 habitants de presque toutes les nations de la terre, et que fait vivre l'activité du commerce qui a lieu de là avec l'Inde. Sous le rapport du climat, de la situation, de la fertilité et de la configuration du sol, l'île de Poulo-Pinang peut soutenir la comparaison avec les contrées de la terre les plus favorisées du ciel. Le centre et la partie occidentale en sont occupés par une montagne granitique, atteignant 900 mètres d'altitude et fortement boisée; à l'est ło sol est plat et aboutit à des marécages bordant la mer. Néanmoins, le climat de l'île est d'une telle salubrité, que les Anglais envoient s'y refaire celles de leurs troupes qui ont souffert dans les autres parties de l'Inde. La plaine est cultivée partout à l'instar d'un jardin, et ressemble à un beau parc. Elle est très-peuplée, tandis que la montagne, sauf le mont Flagstaff, haut d'environ 850 mètres, où quelques riches habitants ont créé d'agréables villas, est désert et inculte. Sur la côte occidentale on ne trouve non plus en fait d'habitants que quelques pêcheurs malais. L'île de Poulo-Pinang produit d'excellents bois de construction, beaucoup de poivre et de riz, sans compter le bétel et la plupart des productions particulières à l'Inde. Les plantations de sucre, de café, d'indigo, de gingembre y ont pris de vastes développements. Les plantations de noix muscade, de cannelle et d'épices qu'on y a récemment créées ont acquis un haut degré de prospérité, et fournissent déjà beaucoup à l'exportation. L'île a son gouverneur particulier et sa propre garnison. La Compagnie des Indes orientales en prit possession le 11 août 1786, jour anniversaire de la naissance du prince de Galles ; elle l'avait acquise peu de temps auparavant du capitaine anglais Light, à qui elle avait été donnée en dot par son beau-père, le prince de Kedda. Ce dernier vendit également à la Compagnie, en 1800, le district du littoral qui lui fait face, et qu'on appelle aujourd'hui *Province Wellesley*.

POULPE (de πολύς, plusieurs, et πούς, pied), genre de mollusques céphalopodes, nus et sans osselet interne. Leur corps, mou, ovoïde, est en partie contenu dans un manteau en forme de sac, d'où sort en avant une tête volumineuse, terminée par huit longs tentacules, au milieu desquels s'ouvre une bouche armée de deux mandibules cornées, recourbées et très-dures. En arrière des tentacules se montrent deux yeux saillants, que la peau environnante peut couvrir entièrement, comme le ferait une paupière. Les tentacules sont munis de ventouses, qui permettent aux poulpes de retenir la proie dont ils se nourrissent. Cette proie se compose de crustacées, dont les poulpes broient le test, à l'aide de leurs fortes mandibules. Comme les seiches, les poulpes ont une sécrétion particulière, d'un noir très-foncé, qu'ils répandent dans l'eau, sous forme d'un nuage, pour se dérober à la poursuite de leurs ennemis. Les femelles produisent des œufs assez gros, réunis en grappes, qui portent vulgairement le nom de *raisin de mer*.

On connaît quatre espèces de ce genre. Aristote avait déjà signalé le *poulpe musqué* (*octopus moschatus*, Lam.), que l'on trouve dans la Méditerranée, et qui doit son nom à l'odeur qu'il répand. Cette espèce n'a qu'une rangée de ventouses sur chaque tentacule, tandis que le *poulpe commun* (*octopus vulgaris*, Lam.) en offre deux rangs. Ce dernier se trouve dans les mêmes parages que le précédent. Son corps n'a guère plus de 12 à 16 centimètres ; mais en y comprenant les tentacules il compte de 5 à 8 décimètres. Quoique sa chair soit dure, on la mange sur nos côtes méditerranéennes.

POULS (en latin *pulsus*). Ce mot sert à désigner les impulsions que le toucher perçoit dans le cœur, dans les artères, et quelquefois dans les veines et les capillaires. Néanmoins, il s'applique plus spécialement aux battements ou *pulsations* de l'artère radiale explorée auprès du poignet. C'est en effet dans ce point qu'il est d'usage de *tâter le pouls* ; mais sauf la facilité, la décence et autres considérations plus ou moins importantes, on pourrait le toucher à la tempe, sur les côtés du cou, à la partie interne du bras, au pli de l'aine, etc. ; et surtout au cœur, où l'on est obligé d'aller le chercher dans l'agonie ou dans certaines affections qui éteignent les pulsations artérielles, telles que l'asphyxie, la syncope, le choléra, etc. Inutile de dire que le *pouls artériel* est le résultat composé de l'impulsion communiquée au sang par le cœur, de la dilatabilité et de l'élasticité des vaisseaux.

Dans certaines maladies du cœur ou des poumons, les veines du cou se gonflent et s'affaissent alternativement : c'est à ce phénomène, dû à l'embarras de la circulation dans le cœur ou les poumons, qu'on a donné le nom de *pouls veineux*.

Dans les inflammations de certaines parties, dans le panaris, par exemple, les vaisseaux capillaires peuvent, dit-on, devenir le siége de pulsations anormales, dont souvent le malade lui seul a la sensation. Et c'est probable que ce *pouls capillaire* est produit par l'ébranlement communiqué aux parties douloureuses et gonflées par les artères sous jacentes.

On peut, au moyen de l'auscultation, percevoir le *pouls du fœtus* jusque dans le sein maternel ; c'est même là peut-être le signe le plus positif de la grossesse arrivée au terme, où des battements du cœur du fœtus peuvent être perçus au stéthoscope.

On conçoit que les médecins ont dû faire une étude approfondie des variétés du pouls : on a en effet écrit des volumes et bâti des théories médicales complètes sur ses qualités, depuis Galien jusqu'à Boerhaave, Fouquet, Bordeu, etc. Le pouls présente effectivement d'innombrables modifications de force, de résistance, de largeur, de fréquence, de rhythme, etc. Mais aujourd'hui l'on n'attache qu'une importance relative à ces divers états, qui néanmoins fournissent des renseignements précieux, indispensables même dans l'étude des maladies, à l'occasion de chacune desquelles le pouls doit être étudié dans ses rapports avec les autres symptômes. Dr FORGET.

Le nombre des battements du pouls pendant une minute, d'après le docteur Jones, est généralement chez les poissons de 20 à 24 ; de 69 environ chez les grenouilles ; chez les oiseaux, de 100 à 200, le pigeon, la poule commune et le héron ayant le premier 130, la seconde 140 et le troisième 200 battements à la minute. Le bœuf a 38 battements seulement, le cheval 56, le mouton 75, le singe 90, le chien 90 à 95, le chat 100 à 110, le lièvre 120, le cochon de lait 140. Chez l'homme à l'état de santé, les battements sont au nombre de 115 à 130 pour la première année, de 100 à 115 pour la seconde ; de 90 à 100 pour la troisième ; de 85 à 90 vers la septième ; de 80 à 85 vers la quatorzième ; de 70 à 75 au milieu de la vie ; de 50 à 65 dans la vieillesse. Ainsi, on peut comprendre les battements du pouls des mammifères en général entre 38 et 140 à la minute.

Au figuré, *Le pouls lui bat* se dit d'un homme qui a peur ; *Tâter le pouls à quelqu'un*, c'est le pressentir sur quelque chose, sonder ses dispositions ; *Se tâter le pouls*, c'est consulter ses forces, ses ressources, avant de faire une entreprise, une démarche.

POUMON (du latin *pulmo*, fait du grec πνεύμων, organe respiratoire). Les poumons, au nombre de deux, sont situés dans la cavité de la poitrine, pour y accomplir les phénomènes essentiels de la respiration. On les distingue en droit et en gauche, séparés par une cloison médiane nommée *médiastin*. Leur forme est celle d'un cône irrégulier, tronqué à sa base, qui repose obliquement sur le diaphragme, tandis que le sommet correspond au point le plus élevé de la poitrine, c'est-à-dire au niveau et même un peu au-dessus de la première côte. Ils présentent deux faces, l'une externe, qui est convexe et se trouve en rapport avec toute la cavité latérale de la poitrine, et l'autre interne, légèrement concave, à cause de la présence du cœur. Ce dernier organe, quoique situé entre les poumons, est cependant incliné et placé un peu à gauche de la poitrine. Le bord antérieur des poumons est mince, aplati, et situé en arrière de l'insertion des côtes au sternum ; tandis que leur bord postérieur épais, très-saillant, est plus prolongé, correspond à la profonde gouttière formée par la réunion des côtes à la colonne dorsale.

La face externe du poumon gauche présente un sillon très-profond, oblique de haut en bas et d'arrière en avant, divisant cet organe en deux lobes, un supérieur et l'autre inférieur. La face externe du poumon droit offre deux sillons également profonds, qui le divisent en trois lobes, un supérieur, un moyen et un inférieur. Le poumon gauche est moins large que son congénère, à cause de la présence du cœur, dont la poitrine surtout empiète sur le côté gauche de la poitrine. Le poumon droit est, au contraire, moins prolongé que le gauche, à cause du voisinage du foie, qui, refoulant en haut le côté correspondant du diaphragme, diminue d'autant la cavité droite de la poitrine. En somme, le poumon gauche est remarquablement plus petit que le droit. Les poumons, quoique séparés dans presque toute leur étendue par le médiastin, le thymus et le cœur, sont cependant réunis vers leur partie supérieure et interne par la trachée-artère, conduit aérien qui, d'abord unique, se divise en deux branches, une pour chaque poumon. Les cavités pulmonaires communiquent par conséquent entre elles par l'intermédiaire de la division bifide de la trachée-artère. Outre ce moyen d'union, il en existe un autre par la division dichotomique de l'artère pulmonaire, qui pénètre aussi dans les deux poumons, et par les quatre veines pulmonaires, qui proviennent de l'intérieur de ces organes. La réunion de ces conduits aériens, artériels et veineux, qui s'insèrent aux poumons à peu près vers le même point, constitue ce que les anatomistes ont appelé les *racines des poumons*.

La couleur des poumons est rose foncé chez les enfants, grisâtre chez les adultes, parsemée de taches bleuâtres ou brunes durant l'âge viril, et marbrée de noir chez les vieillards. La densité et la pesanteur spécifique des poumons est moindre que celle des autres organes, à cause de l'air qu'ils renferment, et qui les fait surnager lorsqu'on les plonge dans l'eau. Toutefois, nous ferons remarquer qu'il n'en est pas de même à l'égard des poumons du fœtus, dont le tissu n'a point été pénétré par l'air : ils sont d'une couleur livide, présentent peu de volume, sont d'une consistance remarquable, et ne peuvent surnager à la surface de l'eau. C'est sur la différence de pesanteur spécifique que présentent ces deux sortes de poumons qu'est fondée la *docimasie pulmonaire*, expérience qui a pour objet de constater si l'enfant dont on examine le poumon a respiré ou non.

Le volume des poumons est toujours relatif à la capacité de la poitrine, dont les dimensions varient suivant l'âge, le sexe, la constitution primitive, ou bien certains états morbides. Dans l'état normal, les poumons, y compris le cœur, remplissent exactement toute la cavité thoracique. Ainsi, durant les mouvements de la respiration, quel que soit le degré d'ampliation et de resserrement qu'éprouve la poitrine, il n'existe pas le moindre intervalle entre les côtes et les poumons. Cette disposition est constante, sauf quelques cas de maladie, tels que des épanchements pleurétiques, sanguins ou purulents, des plaies largement pénétrantes dans la poitrine, etc.

Les poumons sont formés de conduits aériens garnis de quelques fibres musculaires, de vaisseaux artériels et veineux, de filets nerveux, de vaisseaux et glandes lymphatiques, le tout réuni par du tissu cellulaire très-fin. Une membrane muqueuse le tapisse à l'intérieur, et une autre séreuse, nommée *plèvre*, les recouvre dans toute leur face externe. Les canaux aériens, désignés sous le nom de *bronches* et de *ramifications bronchiques*, proviennent de la division extrêmement multiple qu'éprouve la trachée-artère en pénétrant dans les poumons : ses dernières subdivisions s'y terminent par une petite ampoule, qu'on nomme *vésicule aérienne*, dont le volume est celui d'un grain de chenevis. Les artères des poumons sont de deux sortes, les unes fournies par l'artère pulmonaire, qui conduit le sang veineux dans ces organes pour y être artérialisé ; les autres sont les artères bronchiques, uniquement destinées à la nutrition des poumons. Les veines pulmonaires sont également de deux sortes, et portent les mêmes dénomination. Les nerfs des poumons sont fournis par le *pneumo-gastrique* et par le *grand sympathique*. Quant aux vaisseaux lymphatiques, les uns sont superficiels, prenant naissance à la plèvre pulmonaire ; les autres sont profonds, et accolés sur les divisions bronchiques.

La membrane muqueuse des poumons est formée par un prolongement de celle qui tapisse la bouche, les fosses nasales, la gorge et les organes digestifs. Elle a pour usage de sécréter une mucosité plus ou moins abondante, qui sert à humecter l'intérieur du poumon, que le passage continuel de l'air tendrait sans cesse à dessécher. L'enveloppe séreuse pulmonaire est fournie par la plèvre, qui, après avoir tapissé la face interne de la cavité thoracique, et après avoir formé le *médiastin*, vient se réfléchir sur toute l'étendue des poumons : elle est destinée par ses sécrétions séreuses à lubréfier la surface de ces organes, afin d'en faciliter les mouvements continuels durant l'inspiration et l'expiration. L'ensemble de toute cette organisation si complexe donne lieu à la formation des lobes et des lobules pulmonaires : les premiers, faciles à distinguer, à cause des profondes scissures qui les séparent ; les seconds, qu'on peut reconnaître par la dissection et même par la seule inspection des figures hexagonales qu'ils dessinent à la surface externe des poumons.

Les poumons sont les principaux agents de la respiration, fonction qui a pour objet important de convertir le sang veineux en sang artériel. Cette transformation s'effectue de la manière suivante : le sang veineux porté dans les poumons par l'artère pulmonaire cède son excès d'hydrogène carboné à l'air contenu dans les vésicules aériennes, et lui emprunte une portion à peu près égale d'oxygène. Par suite de cette double opération chimique, le sang veineux perd sa couleur noire, et acquiert en s'artérialisant une couleur rouge vermeille. Redevenu propre à la nutrition et à la calorification, ce sang artériel est ramené au cœur par les veines pulmonaires, pour reprendre ensuite le cours de la circulation générale. Telle est la fonction vraiment admirable que le poumon est destiné à remplir dans l'économie animale : son importance est telle pour les phénomènes de la vie que son moindre dérangement compromet l'existence, et que la suspension un peu trop prolongée de ses fonctions doit inévitablement être suivie de la mort.

Les sympathies des poumons avec les principaux organes sont aussi nombreuses que variées. Ces sympathies éprouvent un surcroît d'action durant l'excitation que ressent le système pulmonaire au retour du printemps, et principalement à l'époque où les feuilles, véritables poumons des plantes, prennent un rapide accroissement. Mais c'est surtout l'irritation morbide des poumons qui exagère leurs sympathies d'une manière vraiment surprenante. On dirait que le principe de la vie attiré et vicieusement concentré dans les poumons irrités du phthisique s'y exalte pour s'échapper de sa poitrine haletante, ou bien pour porter son surcroît d'action nerveuse au cerveau, au cœur et sur tous les organes des sens. On a considéré les poumons comme le balancier des organes : chez le poitrinaire le balancier se meut plus rapidement que chez les autres.   Dr L. LADAT.

POUMONS DE MER. *Voyez* MÉDUSE (*Zoologie*).

POUPE (du latin *puppis*), la partie de l'arrière d'un navire. Dans les vaisseaux de ligne, la poupe est décorée d'une galerie pour les vaisseaux à deux ponts et de deux galeries pour les vaisseaux à trois ponts. *Poupe* se prend aussi pour synonyme d'arrière : ainsi *Passer à poupe d'un vaisseau*, c'est passer auprès de lui et en se rangeant derrière sa poupe pour lui parler, recevoir ses ordres ou le canonner. *Avoir le vent en poupe*, c'est la même chose que le vent arrière ; au figuré, c'est être secondé, favorisé par les circonstances.

POUPÉE. Ce mot, qui sert à désigner un des principaux jouets de l'enfance, vient, suivant la plupart des étymologistes, de Poppée, femme de Néron, qui, de toutes les Romaines, eut le plus de soin de son ajustement, et se servit, dit-on, la première d'un masque pour conserver la délicatesse des traits du visage : *poupée* se nommait aussi *popea* dans la basse latinité. C'est, comme on sait, une petite figure de bois, de carton, de porcelaine ou de cire travaillée avec plus ou moins d'art et de goût. Nous avons en France des magasins de bimbeloterie qui ne laissent absolument rien à désirer en ce genre, tant sous le rapport du goût que sous celui de l'art, de la variété, de la richesse : aussi, entre autres genres de supériorité que nous avons sur nos voisins, passons-nous pour exceller dans l'art de faire les poupées : il est au moins certain que nos dames excellent dans celui de les ajuster, car elles s'en servent à faire parvenir et à répandre chez nos voisins le goût des élégantes modes françaises. Ce genre de bimbeloterie était très-usité chez les Romains, au rapport de Perse, et les jeunes filles nubiles allaient, suivant cet auteur, suspendre leurs poupées ou autres amusements de leur enfance aux autels de Vénus ; témoignant par là qu'elles étaient dans un âge et dans des dispositions à se livrer aux occupations sérieuses du mariage. On sait que les Romains ensevelissaient les enfants morts avec leurs jouets, coutume dans laquelle ils furent imités par les premiers chrétiens ; ce qui fait qu'on a souvent trouvé dans les tombeaux des martyrs près de Rome de petites figures, des godets et autres joujoux, avec des ossements d'enfants baptisés.

La petite figure, ordinairement en plâtre, qui sert de but au pistolet dans les tirs se nomme aussi *poupée*.

POUQUEVILLE (François-Charles-Hugues-Laurent), né en 1770, à Merlerault (Orne), mort à Paris, le 20 décembre 1838, se consacra d'abord à l'étude de la médecine, et se fit un nom par un mémoire sur la peste d'Orient, qu'il avait eu occasion d'observer en Égypte. Après avoir été membre de la commission d'Égypte, puis avoir entrepris un voyage à Constantinople et en Grèce, il fut envoyé par Napoléon à Ali-Pacha, avec le titre de consul général, et résida à Janina jusqu'en 1812. Plus tard il fut nommé consul général à Patras. On a de lui : *Voyage en Morée, à Constantinople, en Albanie*, etc. (3 vol., Paris, 1805); *Voyage de la Grèce* (5 vol., 1820), et une *Histoire de la Régénération de la Grèce*, 1740-1824 (4 vol., 1824), ouvrage qui, en raison des circonstances où il parut, obtint un grand succès, malgré l'enflure et la partialité dont il est entaché. L'Académie des Inscriptions avait élu Pouqueville au nombre de ses membres.

POURBUS. *Voyez* PORBUS.

POURCEAU. *Voyez* COCHON.

POURPIER, genre de plantes de la famille des portulacées et de la dodécandrie-monogynie de Linné. On n'en trouve qu'une seule espèce en Europe : le *pourpier commun* (*portulaca oleracea*, L.). Ses tiges, arrondies, lisses, luisantes, ordinairement couchées, s'élèvent quelquefois à la hauteur de 0^m,30. Ses feuilles, opposées ou alternes, sont épaisses et oblongues. On distingue deux variétés principales de cette espèce : l'une, appelée *petit pourpier*, croît spontanément, dans des terrains sablonneux ; l'autre, appelée *pourpier à larges feuilles*, doit à la culture un développement plus considérable; son coloris verdâtre prend aussi une teinte blonde : cette nuance, la plus estimée, constitue le *pourpier doré*. Le mois de mai est le temps opportun pour semer le pourpier; il suffit de répandre les graines très-fines sur la terre, de la fouler un peu, de la couvrir légèrement de terreau, et de l'arroser fréquemment : au bout d'un mois et demi, on peut en faire usage.

La vue des feuilles charnues de ce végétal fait supposer des qualités savoureuses, que l'expérience ne justifie pas : cependant, on l'associe aux diverses salades; on le prépare à la manière des cardes; après avoir été blanchi, il est très-honorablement placé sous un gigot de mouton rôti, recevant une saveur agréable du jus dont il s'imprègne.

Ainsi que les autres végétaux, les pourpiers, sauvage et cultivé, ont été signalés comme étant doués de propriétés médicales. On trouve dans de vieux livres l'eau distillée de ces plantes vantée comme vermifuge. Un sirop de pourpier a été préconisé comme diurétique et propre à guérir la néphrite. La graine a figuré au nombre des *quatre semences froides mineures*. Aujourd'hui l'expérience nous a appris que toutes ces propriétés étaient gratuitement accordées au pourpier, et en conséquence ledit végétal a été expulsé des pharmacies, relégué à la cuisine, et ce jugement est resté sans appel.
Dr CHARBONNIER.

POURPOINT, vêtement à manches, dont on se servait autrefois en France. Il descendait jusqu'au défaut des reins, où il finissait par des basques. *Tirer à brûle-pourpoint*, c'était tirer à bout portant. Au figuré, *Tirer sur quelqu'un à brûle-pourpoint*, lui dire quelque chose à brûle-pourpoint, c'est lui dire en face quelque chose de dur, de désobligeant. *Y aller à brûle-pourpoint*, c'est opérer ou agir sans détours, sans ménagement. *Laisser le moule de son pourpoint* se dit d'un homme qui a été tué. *Sauver le moule de son pourpoint*, c'est sauver son corps, sa personne.

POURPRE, genre de mollusques gastéropodes pectinibranches, ayant pour caractères : Coquille univalve, ovale, lisse ou tuberculeuse, à ouverture dilatée se terminant inférieurement en une échancrure oblique; columelle aplatie, finissant en pointe; opercule mince, cartilagineux, lisse et noirâtre, semi-lunaire, beaucoup plus petit que l'ouverture même, parce que l'animal se retirant jusqu'au milieu du dernier tour de spire, l'opercule n'a qu'une largeur correspondante; animal à tête petite, portant deux tentacules coniques, au milieu et en dehors desquels sont placés les yeux ; pied elliptique.

Lamarck a formé le genre *pourpre* des mollusques rangés par Linné, partie dans ses *murex*, partie dans ses buccins. Il lui a donné ce nom, d'après l'opinion qu'ils fournissaient la teinture si précieuse dans l'antiquité [*voyez* POURPRE (Couleur)]. L'espèce type est la *pourpre persique*, qui vit dans la mer des Indes; sa coquille, longue de sept centimètres, est d'un brun noirâtre, avec des sillons transverses, tuberculeux et tachés de blanc.

POURPRE (Couleur). Cette liqueur colorante s'obtient de certains mollusques dont Lamarck a formé le genre *pourpre*, et que l'on pêchait sur les côtes d'Afrique, de la Grèce, de la Phénicie et de divers points de la Méditerranée. Son réservoir est placé autour du cou comme un petit collier. « Mais, dit M. Dujardin, quoique tous les pectinibranches zoophages à siphon paraissent également pourvus d'une sécrétion particulière pourpre ou violette, si quelqu'un d'eux a été employé pour l'usage de la teinture, il est plus vraisemblable que c'est le *murex brandaris*, très-commun dans la Méditerranée, et encore peut-on douter que les teinturiers syriens aient voulu livrer le secret de cette teinture, qui était une des sources de leur richesse. N'auront-ils pas plutôt accrédité cette fable, née, dit-on, de ce qu'un chien avait le museau teint de pourpre après avoir mangé des coquillages au bord de la mer; n'auront-ils pas, disons-nous, accrédité cette fable, plutôt que de laisser soupçonner comment diverses espèces d'insectes du genre *coccus* (*voyez* COCHENILLE) leur fournissaient la matière première d'une teinture que seuls alors ils savaient fixer? » Et d'ailleurs, comme rien ne prouve l'origine animale de la pourpre des anciens, ne peut-on pas aussi admettre, ainsi que nous avons déjà eu lieu de le supposer, qu'elle provenait de l'orseille?

[La connaissance de cette couleur remonte aux temps les plus reculés; chez les Hébreux, on la remarque parmi les ornements du grand-prêtre et du tabernacle. Dans l'antiquité païenne, cette couleur était destinée spécialement à la royauté : les plus grands seigneurs portaient aussi des robes teintes d'un pourpre moins éclatant. Les Tyriens excellaient dans l'art de teindre en ce genre. C'est pour cela que les poètes disaient : *Tyrioque ardebat murice lana*. Horace appelle la pourpre par excellence *lana tyria*, Virgile *sarranum ostrum*, Juvénal *sarrana purpura*. La beauté et la rareté de cette couleur l'avaient rendue propre aux rois de l'Asie, aux empereurs romains et aux premiers magistrats de Rome. Les autres n'osaient l'employer pour leur habillement. Elle était réservée pour les robes prétextes des premiers magistrats. De là vient cette expression de *vestis purpurea* pour désigner un *sénateur*, un *consul*. Il y avait alors des pêcheurs de pourpre, des magasins et des teinturiers en pourpre. On lit dans les mémoires de Catel, dans la *Gallia christiana*, qu'il existait dans tout l'Empire Romain neuf teintureries en pourpre, dont la direction était une des grandes dignités de l'empire. Lorsque Alexandre s'empara de Suze, il y trouva 5,000 quintaux de la riche pourpre d'Hermion, qui, à 300 francs le demi-kilo, faisaient 150 millions de notre monnaie.
JULIA DE FONTENELLE.

Au figuré, l'étoffe teinte en *pourpre* est désignée par l'Écriture Sainte et un grand nombre d'auteurs profanes comme un emblème de puissance ou de supériorité. Ce mot signifiait aussi la robe des rois et de ceux à qui ils accordaient cet honneur ; de là vient qu'on les nommait *purpurati*. *Pourpre* se prend même figurément pour la dignité souveraine dont elle était autrefois la marque. Les païens en revêtaient leurs idoles, et par la suite l'opulence eut ses robes *pourprées*.

La cour romaine a conservé cette couleur pour ses grands dignitaires ; et quand quelqu'un vient d'être promu à la dignité de cardinal, on dit qu'il vient de recevoir la *pourpre romaine*.

POURPRE (Blason). *Voyez* ÉMAUX.

POURPRE (*Médecine*), exanthème offrant de petites taches pourprées et nettement circonscrites, que quelques auteurs regardent comme produites par une hémorrhagie entamée sous-épidermique. Le vulgaire nomme ainsi quelquefois la miliaire.

POURPRE DE CASSIUS ou **POURPRE MINÉRAL**, précipité d'or découvert par Cassius, et qu'on obtient en faisant réagir le deutochlorure d'or avec une solution de protochlorure d'étain. Il en résulte aussitôt des effets différents, suivant l'état de concentration des deux solutions, le rapport des deux chlorures et leur neutralisation. Si ces solutions sont concentrées, le précipité est brun, et composé en grande partie d'or métallique; si elles sont plus ou moins étendues d'eau, il est violet, rose ou pourpre. Ce précipité, dont la composition, quoique étudiée par plusieurs chimistes, n'est pas encore bien connue, est employé dans les arts pour former des fonds roses ou pourpres sur la porcelaine.

JULIA DE FONTENELLE.

POURPRÉE (Fièvre). On appelle ainsi des affections morbifiques dont la nature est bien différente, mais qui sont accompagnées d'un exanthème analogue au pourpre. Ces taches ressemblent aux piqûres fraîches des puces, mais elles ne présentent à leur centre aucune marque de la piqûre; elles n'excèdent pas le niveau de la peau. Les taches de pourpre sont le cortège de ces maladies dangereuses qu'on désignait jadis sous les noms de *fièvre maligne*, *fièvre adynamique*, etc. Elles semblent annoncer un danger imminent.

JULIA DE FONTENELLE.

POURRIE ou **PUTRIDE** (Mer). *Voyez* AZOF.

POURRITURE (*Médecine vétérinaire*). *Voyez* CACHEXIE.

POURRITURE DES BLÉS. *Voyez* CARIE (*Botanique*).

POURRITURE D'HOPITAL, espèce de gangrène qui survient quelquefois aux plaies et aux ulcères des malades qu'on traite dans les hôpitaux. C'est ainsi qu'on la voit quelquefois apparaître après l'amputation.

POURSUITE (*Droit*). La *poursuite* est la mise en action d'un droit. Tout fait qui blesse un intérêt protégé par un contrat ou par une loi sert de principe à des réparations. Les réparations s'établissent par une demande judiciaire : si c'est un intérêt privé qui réclame, et que le dommage dont il souffre soit appréciable en argent, la poursuite se nomme *civile*; s'il s'agit d'un délit et d'une réparation pénale, la poursuite s'appelle *publique*. En France, l'exercice des actions publiques a été remis au ministère public.

Il ne faut pas confondre la poursuite d'un délit avec l'instruction qui la précède. Après le jugement définitif, il y a encore des poursuites pour arriver à l'exécution; mais ces poursuites, fondées sur un titre judiciaire, ne peuvent plus rencontrer d'obstacles.

POURSUIVANT, celui qui brigue pour obtenir quelque chose. En termes de procédure, le *poursuivant* est celui qui exerce les poursuites, et s'emploie particulièrement en matière de saisies, d'expropriations forcées, de ventes, etc.

Poursuivant d'armes se disait anciennement d'un gentilhomme qui était attaché aux hérauts d'armes, et qui aspirait à leur charge.

On donne encore quelquefois le nom de *poursuivant* à celui qui recherche une femme en mariage, qui prétend à sa main.

POURTALÈS (Les comtes de). Cette famille, originaire du canton de Neufchâtel, dont elle appartient au parti royaliste, et qui possède en outre aujourd'hui de vastes propriétés en Bohême, en Lusace, en Silésie et dans le grand-duché de Posen, a pour souche un riche et industrieux négociant de la Suisse française, qui s'était établi à Neufchâtel, et à qui le roi de Prusse accorda des lettres de noblesse, en 1750. Elle ne possède le titre de *comte* que depuis 1815.

Le comte *Louis* POURTALÈS, né le 14 mai 1773, fut président du conseil d'État de Neufchâtel, inspecteur général de l'artillerie de la Confédération, et mourut le 8 mai 1848, laissant une nombreuse postérité. Son fils aîné, le comte *Louis* POURTALÈS, né le 17 mars 1796, est conseiller d'État prussien en service extraordinaire. Les deux frères de son père, chefs eux aussi de nombreuses familles, sont : *James Alexandre*, comte POURTALÈS-GEORGIES, né en 1776, chambellan du roi de Prusse, et *Jules-Henri-Charles*, comte POURTALÈS, né en 1779, grand-maître des cérémonies de Prusse, et conseiller d'État en service ordinaire.

POURVOI. C'est l'acte par lequel on attaque devant la cour de cassation les jugements ou arrêts des juridictions inférieures. En matière de justice administrative, on donne le même nom au recours formé devant le conseil d'État contre les décisions des juridictions administratives.

On appelle *pourvoi en grâce* l'acte par lequel un condamné fait appel à la clémence du souverain pour obtenir soit une commutation, soit la remise entière de sa peine *Voyez* GRACE.

POUSCHKINE (ALEXANDRE-SERGÉJEVITCH), le plus célèbre poëte qu'ait encore eu la Russie, naquit le 26 mai 1799. En 1811 il fut admis au lycée de Tzarskoé-Zelo, où sa grande occupation fut la lecture des poëtes, et où il se livra aussi à quelques essais poétiques, qui ont été publiés sous le titre de *Poëmes du Lycée*. Beaucoup de poésies frivoles qu'il composa à cette époque n'ont point été, il est vrai, livrées à l'impression, mais continuent à circuler manuscrites. Après avoir terminé son cours d'études au Lycée en 1817, il entra au ministère des affaires étrangères, où il resta employé jusqu'en 1820. Il passa ces trois années à Pétersbourg, au milieu des distractions du grand monde, tout en continuant à s'occuper de poésie, composant, entre autres, *Russlan et Ljudmilla*, conte héroïque en six chants, consacré à la gloire des temps héroïques où la Russie avait Kieff pour capitale. Quelques poëmes contenant l'expression enthousiaste des sentiments les plus hardis eurent alors pour résultat de le faire éloigner de Saint-Pétersbourg. Il fut nommé à un emploi à Kischineff, dans la chancellerie du général Insoff, gouverneur général de la Bessarabie. Plus tard, il fut attaché au comte Woronzoff, gouverneur général d'Odessa. Une satire qu'il écrivit contre ce dernier le fit exiler dans son domaine paternel, situé dans le gouvernement de Pskoff. Pendant les cinq années qu'il passa au sud de la Russie, contrée qu'une foule d'excursions lui permirent d'apprendre à connaître à fond, il trouva le temps d'étudier les langues italienne et espagnole. Il lut aussi avec enthousiasme les œuvres de Byron, dont l'influence sur ses poésies de ce temps-là est évidente. De ce nombre sont *Le Prisonnier du Caucase* (1813), *La Source de Baktschisaraï* (1824) et le commencement du roman en vers *Eugeni Onegin*, (1825-1832), peinture fidèle des mœurs russes, dont le succès fut immense.

Peu de temps après l'avénement de l'empereur Nicolas, Pouschkine fut rappelé d'exil. En 1826 on lui rendit son emploi au ministère des affaires étrangères, et en 1831 il habita alternativement Saint-Pétersbourg et Moscou. C'est dans cet intervalle que parurent *Les Bohémiens*, *Les Frères brigands*, *Le comte Nulin*, *Poltawa Angelo*, *La Maisonnette de Kolomna*, ses nouvelles en prose publiées sous le pseudonyme d'*Ivan Belkin*, plusieurs petits poëmes, et son poëme dramatique *Boris Godounoff* (1831). Ce poëme, dont le sujet est emprunté à l'histoire nationale, se compose de scènes dialoguées; l'exécution, on peut le dire, en est parfaite. En 1831 Pouschkine vint se fixer tout à fait à Pétersbourg, où il entreprit son *Histoire de Pierre le Grand*. Son *Histoire de la Conjuration de Poutgatscheff* est une œuvre qui témoigne de l'étude approfondie qu'il avait faite de l'histoire nationale. Son roman *Pique-Dame* parut dans la Bibliothèque de Lecture; sa *Fille du Capitaine*, dans le *Sowremennik*, journal dont il entreprit lui-même la publication à partir de 1836. Pouschkine mourut le 10 février 1837, des suites d'une blessure qu'il avait reçue trois jours auparavant, d'un attaché à l'ambassade de France; mari peu endurant, il l'avait provoqué en duel parce qu'il faisait la cour à sa femme.

POUSSE (du latin *pulsus*, fait de *pulso*, je bats, je frappe, je pousse), jet d'un arbre, nouvelle production. La *première* et la *seconde pousse* désignent les jets qu'ont produits les arbres à la sève du printemps et à celle d'automne.

En hippiatrique, *pousse* se dit d'une maladie des chevaux qui est caractérisée par un battement de flancs et par une sorte d'essoufflement continuel; par une pousse excessive, et une suffocation très-fatigante, surtout quand l'animal est obligé de monter ou de hâter le pas : on dit alors qu'il est *poussif*. La pousse est un vice rédhibitoire.

POUSSE-CAILLOUX. *Voyez* CAILLOU.

POUSSÉE, action de *pousser*, c'est-à-dire de faire effort contre quelqu'un ou quelque chose pour l'ôter de sa place.

On nomme *poussée d'une voûte* l'effort que son poids lui fait faire contre les murs sur lesquels elle est bâtie. *Poussée* se dit ou de l'effort que fait un arc ou une voûte pour écarter les pieds-droits de l'aplomb où on les a élevés, et qu'on retient par des contreforts.

Poussée des terres se dit de l'effort que font les terres d'un rempart, d'un quai ou d'une terrasse contre le revêtement de maçonnerie qui les soutient.

En médecine on appelle *poussée* une éruption qui vient à la peau après certains bains d'eaux minérales.

POUSSETTE, jeu d'enfants, qui consiste à mettre deux épingles en croix l'une sur l'autre, chacun poussant la sienne à son tour; celle qui se trouve dessus gagne l'autre.

POUSSIÈRE, matière terreuse réduite à l'état pulvérulent par la sécheresse ou par le piétinement des hommes et des animaux, et qui se trouve surtout dans les routes battues ou dans les déserts arides et sablonneux. Sur certaines côtes de la mer, comme aux environs du mont Saint-Michel en Bretagne, le sable, d'une ténuité extrême, forme une poussière très-incommode et même dangereuse pour la poitrine. Mais peut-être n'existe-t-il pas au monde une poussière plus délétère que celle d'une grande partie de la Sibérie. Comme tout le sol de cette contrée est une espèce de tourbe chargée de sels vitrioliques, de sulfates de fer et de magnésie, les chemins sont couverts, à quelques centimètres, d'une poussière aussi noire et presque aussi légère que du noir de fumée.

Un *nuage de poussière* dérobe souvent la vue des ennemis. Les savants doivent affronter la *poussière des bibliothèques*. L'homme n'est que cendre et poussière devant Dieu. Poétiquement, *Mordre la poussière*, c'est être tué dans un combat. Un homme qui s'est *couvert d'une noble poussière* est un guerrier qui a assisté à plusieurs batailles. *Tirer quelqu'un de la poussière*, c'est le retirer d'un état bas et misérable. On dit dédaigneusement : *Un légiste enseveli dans la poussière du greffe*; *Un pédant tout couvert de la poussière de l'école*.

En botanique, *la poussière fécondante et séminale* est la même chose que le pollen, qui se montre le plus ordinairement sous la forme d'une poussière jaune, composée de petites vésicules sphériques ou ovales.

POUSSIN. *Voyez* POULE et DINDON.

POUSSIN (NICOLAS) naquit en 1594, aux Andelys, en Normandie, d'une famille noble, mais pauvre; il manifesta de bonne heure du goût pour la peinture, et commença à l'étudier sous des maîtres médiocres : les hommes de génie se forment d'eux-mêmes. Poussin travailla avec tant d'ardeur; ses progrès furent si rapides, son mérite perça si promptement, que sa vogue était déjà grande quand il partit pour l'Italie. A Rome, il se lia d'amitié avec le cavalier Marin, célèbre par son poëme d'*Adonis* : celui-ci lui donna du goût pour la lecture des poëtes anciens et modernes; et Poussin trouvait dans cette lecture beaucoup à profiter pour ses compositions. Après la mort de son ami, Poussin, pour subsister, fut obligé de vendre à vil prix les ouvrages qu'il avait faits. Cette circonstance, au lieu d'affaiblir son courage, l'augmenta; il n'en travailla qu'avec plus d'ardeur. Sans cesse désireux d'acquérir de nouvelles connaissances, il apprit la géométrie, la perspective, l'architecture et l'anatomie; la perfection de ces parties de l'art dans ses tableaux prouve à quel point l'étude de ces sciences est nécessaire au peintre : sa conversation, ses lectures et ses promenades avaient ordinairement trait à sa profession. Il étudia à Rome les statues antiques, les tableaux des grands maîtres, les fresques de Raphaël; et l'on se demande si, pour la profondeur des pensées et l'exactitude de la pantomime, il n'a pas surpassé son modèle.

Ce peintre, né Français, manque pourtant à la gloire de notre école. Ses plus beaux tableaux ont été faits en Italie, où il vécut de son talent, sous la protection du cardinal Barberini, plus heureux et plus grand cent fois dans sa misère que Le Brun entouré d'artistes, ses esclaves, et honoré des faveurs de Louis XIV... Poussin avant de peindre observait les hommes en particulier et dans toutes les classes de la société; il écoutait leurs discours, examinait leur physionomie et leurs gestes. Rentré dans son atelier, il crayonnait de mémoire ce qu'il avait appris de la nature. Ce que Poussin a écrit est parfaitement exprimé dans ses tableaux, et dans celui surtout où il a représenté le général lacédémonien *Eudamidas au lit de mort, dictant ses dernières volontés*. Rien de plus simple que l'ensemble de ce bel ouvrage dans sa composition, rien de plus sublime dans ses détails. Dans le tableau de *La Femme adultère*, qui est au Musée impérial, on admire l'abattement de l'accusée et l'entretien de ses accusateurs sur la science pleine d'équité et de philosophie prononcée par Jésus-Christ. Le tableau de *L'Extrême Onction*, qu'on voyait à la galerie d'Orléans, est un autre exemple de la connaissance approfondie que Poussin avait du cœur humain.

A Rome, Poussin se lia d'amitié avec Dominiquin, dont il plaignait la triste destinée, et auquel il donnait les plus affectueuses consolations. C'était dans l'atelier de ce grand peintre qu'il allait dessiner le nu; il défendit son admirable ouvrage de la *Communion de Saint Jérôme* contre les envieuses déclamations des Lanfranc, des Spada, des Ribera, et des autres peintres bassement jaloux de sa gloire. Toute la vie de Poussin semble prouver que pour devenir un grand artiste la force du caractère est peut-être aussi nécessaire que l'élévation du génie. Plus occupé de la véritable gloire que des moyens de combattre l'intrigue qu'on lui opposait, et d'ailleurs plus généreux que modeste, il laissa ses ennemis jouir en paix de leur funeste triomphe, et passa en Italie dans l'espoir d'y parvenir à une exception dont il ne sentait encore fort éloigné, quoique cependant il sentît sa supériorité sur ses antagonistes. Mais il ne quitta pas la terre natale sans emporter l'espérance d'y revenir un jour et de consacrer à sa patrie les productions d'un talent dont la culture faisait tout le charme de sa vie. Poussin travailla et étudia longtemps dans le silence et la retraite. Il était dans la vigueur de l'âge lorsqu'il donna aux Romains l'occasion d'admirer ses productions. Bientôt ses tableaux attirèrent les regards, quoique placés à côté de ceux des plus grands maîtres.

La renommée d'un peintre aussi justement admiré à Rome ne pouvait manquer de se répandre jusque dans la capitale de la France, témoin de ses premiers essais. Desnoyers, alors surintendant des bâtiments de la couronne, les avait vus et appréciés; il ne pouvait souffrir qu'on laissât jouir l'Italie d'un talent dont la France devait à bon droit se glorifier. Il sollicita de Louis XIII et du cardinal de Richelieu la permission de faire venir Poussin de Rome pour décorer de peintures et d'architecture la grande galerie du Louvre, et il lui envoya le brevet de *premier peintre du roi*. Mais le souvenir des dégoûts dont il avait été abreuvé à Paris, la crainte de voir renouveler les intrigues de ses nombreux rivaux, le firent hésiter; il ne voulut quitter Rome que demandé par le roi lui-même; Louis XIII y consentit, et lui écrivit qu'il trouverait près de sa personne royale avantages réels et protection immédiate. Ce fut en 1640 que Poussin revit la France. A son arrivée à Paris, comblé de gloire et d'honneur, il fut admis auprès du roi, et lui présenta son immortelle composition du *Testament d'Eudamidas*. Louis XIII s'inclina, et lui remit le titre d'une pension de 3,000 livres.

Ce que Poussin avait craint ne manqua pas d'arriver : on le mit en rivalité avec Jacques Fouquers, l'une des créatures de la reine. Ce peintre flamand, moins fameux par ses paysages que par le surnom justement mérité de *Baron aux longues oreilles*, avait aussi un brevet par lequel le roi l'avait autorisé à décorer la galerie de ses seuls tableaux. Ce conflit de cour étonna peu le peintre des Andelys; il eut encore à lutter contre Le Mercier, architecte du roi, qui venait de surcharger cette même galerie de décorations et d'architecture; et ces décorations étaient de si mauvais goût qu'à peine entré en exercice de sa charge, Poussin avait été obligé de les faire abattre. Vouët, avec toute son école, alors en faveur auprès de la reine, ne manqua pas de se réunir à Le Mercier et à Fouquers. C'était trop d'ennemis à combattre pour un peintre philosophe, uniquement livré à l'amour de son art; et cette tourbe, aussi orgueilleuse qu'ignorante, s'agita tellement, que, malgré le roi, malgré le premier ministre, Poussin se vit abreuvé de dégoûts, et forcé, pour la seconde fois, de quitter la France et d'aller finir ses jours à Rome, le berceau de sa gloire. Il était arrivé à Paris vers la fin de 1640 ; il en sortit en septembre 1642. Pendant son séjour il s'était occupé pour la galerie du Louvre d'une suite de cartons représentant les *actions d'Hercule*, qui ont été gravées par Gérard Audran. Cette fois Poussin voulut, avant de s'éloigner, se venger de ses ennemis, et il fit une allégorie satirique que l'on pourrait désigner sous le titre d'*Adieux de Nicolas Poussin à ses ennemis*, ou *Le Coup de massue*. Par cette œuvre Poussin a prouvé qu'un peintre avec son pinceau peut manier la satire aussi bien que le poète avec sa plume.

Après la mort de Louis XIII et du cardinal de Richelieu, Poussin, quoiqu'à Rome, n'en conserva pas moins le titre et les appointements de premier peintre du roi. Je ne sais si Louis XIV désira le faire revenir à Paris, mais il est certain qu'il lui fit payer ses quartiers arriérés. Dans cette ville, antique patrie des beaux-arts, notre grand peintre fit bon nombre de beaux tableaux, dont Louis-Philippe enrichit de nos jours son cabinet; il composa et refit avec des variantes *Les Sept Sacrements*, qu'il avait peints pour M. de Chantelou, et qui, passant dans la riche collection formée par le régent, figuraient encore en 1788 dans la galerie du Palais Royal. Il peignit aussi *Moïse exposé sur les eaux du Nil*, chef-d'œuvre dans lequel on admirera toujours l'attitude et l'expression d'Amram, père de Moïse, se retirant après avoir abandonné son fils, et la composition si riche du paysage et des fonds de ce tableau. On a vu dans la galerie de mesdames De Frainay deux tableaux de Poussin, représentant des groupes d'enfants. Ici notre artiste, plus sévère dans son dessin, a égalé la grâce et la gentillesse d'Albane. Ce sont des sujets allégoriques composés dans le goût des peintures antiques, et ont le caractère des Bacchanales. Ils ont été gravés par Nicolas Chaperon. C'est encore à Rome que Poussin peignit ses beaux et magnifiques paysages historiques.

Il avait point sur bois, pour la galerie du Louvre, un superbe plafond représentant *Le Temps qui délivre la vérité du joug de la colère et de l'envie*. On le voit au Musée, ainsi que trente autres chefs-d'œuvre; *La Cène*, que Louis XIV lui fit peindre pour la chapelle du château de Saint-Germain-en-Laye, et *Le Dictateur Furius Camillus faisant fouetter un maître d'école par ses propres écoliers*. Le régent avait acquis de ce grand peintre quatorze tableaux, au nombre desquels étaient les *Les Sept Sacrements*. Poussin, travaillant sans cesse, vécut en philosophe; sa maison était montée sur le ton le plus modeste. Un jour qu'il reconduisait lui-même, la lampe à la main, le cardinal Mancini, ce prélat ne put s'empêcher de lui dire : « Je vous plains beaucoup, monsieur Poussin, de n'avoir pas un seul valet. — Et moi, répondit Poussin, je vous plains beaucoup plus, monseigneur, d'en avoir un si grand nombre. »

« Nicolas Poussin, dit Voltaire, fut élève de son génie; il se perfectionna à Rome : on l'appelle le peintre des gens d'esprit, on pourrait aussi l'appeler celui des gens de goût. Il n'a d'autre défaut que celui d'avoir outré le sombre du coloris de l'école romaine. Il était de son temps le plus grand peintre de l'Europe. Rappelé de Rome à Paris, il céda à l'envie et aux cabales; il se retira. Poussin retourna à Rome, où il vécut pauvre et content. C'est ce qui est arrivé à plus d'un artiste. Sa philosophie le mit au-dessus de sa fortune. » C'est peut-être la seule fois que Voltaire ait parlé avec justesse à propos de peinture. Quant au sombre du coloris qu'il lui reproche, il a raison pour certains ouvrages, mais il en est d'autres dans lesquels Poussin a égalé la vigueur de Titien. Ses longs travaux avaient affaibli sa santé ; il sentait décliner de jour en jour: travaillant à un tableau représentant *La Samaritaine conversant avec Jésus*, qu'il faisait pour M. de Chanteloup, il fut tout à coup comme anéanti, quitta brusquement ses pinceaux, et, prenant la plume, lui écrivit ces mots remarquables (c'était en 1662) : « Mon ami, je sens que je touche à ma fin, et que c'est le dernier tableau que je ferai pour vous... » Il avait été frappé de paralysie. Dans cet état, Poussin ne peignait que très-rarement; sa main tremblante ne répondait plus à l'activité de son génie. Cependant, il entreprit de terminer *Les Quatre Saisons*, qui sont au Musée de Paris, et qu'il avait ébauchées avant sa maladie. Si ces quatre tableaux, dans leur touche molle et incertaine, dans leur coloris terne et sans vigueur, dans leur dénûment entier des prestiges de l'art, nous montrent l'affaiblissement des forces physiques du grand artiste, on y retrouve encore son esprit tout entier et sa pensée, toujours noble et sublime. Mais par un dernier effort, qui n'a peut-être pas d'exemple dans les arts, Poussin termina sa carrière pittoresque par un chef-d'œuvre : il fit son tableau du *Déluge*, qui dans ses *Quatre Saisons* a le titre d'*Hiver*, et ce prodige de l'art, qui est au Musée, fut son testament de gloire.

Aux grands talents de la peinture, de l'art d'écrire et de la sculpture, Poussin joignait de grandes vertus morales et domestiques. Reconnaissant des soins qu'il avait reçus dans une longue maladie d'une certain Dughet, Parisien de naissance, qui s'était fixé à Rome, il épousa sa fille, et eut pour élève Gaspard Dughet, son fils, qui s'adonna à la peinture, et qui excella dans le paysage. Celui-ci, par reconnaissance pour son illustre maître, ajouta le nom de Poussin à celui de Gaspard, et fut connu dans la suite sous celui de *Gaspard Poussin*.

Poussin, frappé de deux attaques de paralysie, ne survécut point à la troisième; il cessa de vivre dans la soixante-et-onzième année de son âge, en 1665. Un monument lui a été élevé aux Andelys, en 1851. Ch^{er} Alexandre Lenoir.

POUSSIN (Gaspard), dit *Le Guaspre*. *Voyez* Dughet.

POUSSTEN, mot qu'on traduit ordinairement par *déserts*. C'est le nom qu'on donne en Hongrie, notamment dans la vallée de la Theiss, à de vastes landes, qu'à l'étranger on se représente comme d'affreuses solitudes, caractère qu'elles sont loin d'avoir. En effet, les steppes y alternent avec les régions fertiles; et le sol, là où il est susceptible d'être mis en culture, produit d'abondantes récoltes, surtout en froment, qui d'ordinaire donne vingt grains pour un. Les villages sont rares dans les *poussten*; en revanche les métairies y abondent. On y rencontre même quelques habitations seigneuriales; mais, en raison de l'immensité des domaines qui s'y rattachent, on y fait peu attention.

Le bétail reste toute l'année dans les *poussten*, et le berger ne le quitte pas ; circonstance qui explique la grossière ignorance des individus de cette classe. Ces bergers forment une race toute particulière, divisée en castes nombreuses, entre lesquelles celle des *kanàsz* (porchers) occupe le rang le plus infime. Viennent ensuite les *csordàs* (bouviers), puis les *juhàsze* (pâtres) ; enfin, en première ligne, les *czikos*, intrépides dompteurs de chevaux et voleurs de chevaux plus intrépides encore. Les lieux de réunion de tous ces bergers sont quelques auberges isolées (*csàrda*), où ils passent souvent les nuits entières à boire, à danser et à chanter. C'est une race remarquable, aux traits vivement accentués, au teint basané, à l'œil noir et brillant, aux cheveux gras. Si les événements accomplis de nos jours ont démontré combien les classes infimes de la population hongroise sont demeurées sous le rapport des lumières et de l'instruction en arrière du reste de l'Europe, ils ont aussi prouvé qu'il y avait dans ce peuple une ardeur, une énergie, capables de briser toutes les entraves qu'on cherche à lui imposer. En 1848 et 1849 les bergers des *poussten*, dont jamais auparavant il n'avait été question, jouèrent tout à coup un rôle important. Ils formèrent la meilleure partie de l'armée nationale, précisément parce qu'ils connaissaient parfaitement les localités baignées par la Theiss.

POUTRE, grosse pièce de bois équarri, qui sert principalement à être placée de travers sur des murs pour faire des planchers et soutenir des solives ou un pan de bois, et qu'on emploie aussi dans la construction des ponts, des navires, etc. On disait autrefois *tref*, d'où vient encore le mot *travée*, du latin *trabs*.

Dans le style de l'Écriture, dans le sublime langage de Jésus-Christ, *Voir une paille dans l'œil de son prochain et ne pas voir une poutre dans le sien*, c'est remarquer jusqu'aux moindres défauts d'autrui, et ne pas apercevoir les siens, quelque grands qu'ils soient.

POUVOIR, faculté de faire et d'agir. Le libre arbitre nous donne le *pouvoir* de faire le bien ou le mal.

Ce mot exprime aussi le droit, la faculté d'agir pour un autre, en vertu de l'ordre, du mandement qu'on en a reçu, soit oralement, soit par écrit. Il se prend aussi pour l'acte par lequel on donne pouvoir d'agir, et en ce sens il se met quelquefois au pluriel. A l'ouverture d'une chambre, on procède à la *vérification des pouvoirs* des députés nouvellement élus. On entend par plein pouvoir un pouvoir entier, absolu. Les ambassadeurs avant de traiter échangent leurs pleins pouvoirs. Un *fondé de pouvoirs* est une personne qui a reçu d'une autre l'autorisation de suivre une affaire à sa place.

Dans une autre acception, *pouvoir* signifie autorité, droit de commander, puissance. Nous avons parlé ailleurs du pouvoir arbitraire, du pouvoir absolu, ou absolutisme. Dans les États constitutionnels, le pouvoir, toujours légal, c'est-à-dire fondé sur la loi, est limité ou tempéré de diverses manières; de plus, il est divisé entre le prince et les grands corps de l'État. *Voyez* les mots *Pouvoir* Exécutif, Législatif et Judiciaire.

Nous ne reviendrons pas non plus sur le *pouvoir discrétionnaire* des présidents des cours d'assises.

Ce mot en droit n'a pas d'autre sens que capacité de faire une chose. Un furieux, un mineur, n'ont pas *pouvoir* de tester ; une femme n'a pas *pouvoir* d'agir en justice sans l'autorisation de son mari.

Enfin, *pouvoir*, dans l'ordre moral, signifie crédit, empire, ascendant : Il est difficile d'exercer un grand *pouvoir* sur les autres, et, plus difficile encore d'exercer un grand *pouvoir* sur soi-même.

POUVOIR (Excès de). *Voyez* Excès de Pouvoir.

POUVOIR DISCRÉTIONNAIRE. *Voyez* Discrétionnaire (Pouvoir).

POUVOIR EXÉCUTIF. *Voyez* Exécutif (Pouvoir).

POUX (Herbe aux). *Voyez* Pied d'Alouette.

POUZZOLANE. Sable en grains plus ou moins volumineux, qui provient d'éjections volcaniques. C'est le *pulvis puteolanus* de Pline le naturaliste. Cette matière est employée avec le plus grand avantage pour faire des mortiers et ciments, qui acquièrent une grande dureté mêlés avec de la chaux. Ce qui distingue surtout ces mortiers, c'est la prodigieuse solidité qu'ils acquièrent très-promptement dans l'eau. Les *pouzzolanes* nous sont apportées d'Italie. A Andernach, on trouve, dans un terrain qui paraît avoir été volcanisé, une espèce de *pouzzolane* beaucoup plus fine que celle d'Italie, et qu'on emploie aux mêmes usages, avec presque autant de succès. Cette cendre fine est connue dans le pays sous le nom de *strass*. Pelouze père.

POUZZOLES. *Voyez* Pozzuoli.

POYET (Guillaume) naquit vers 1474. Il était fils d'un avocat d'Angers. Après de bonnes études, il parut avec éclat au barreau de Paris. Louise de Savoie, mère de François Ier, le choisit pour soutenir ses prétentions dans le procès qu'elle intenta au connétable de Bourbon. Ayant plaidé cette cause avec succès, cette princesse lui fit obtenir en 1531 la charge d'avocat général. Trois ans après il fut nommé président à mortier, puis chancelier de France en 1538. Dès qu'il fut parvenu à cette première place de la magistrature, il ne songea plus qu'à s'y maintenir par un aveugle dévouement à la cour. Pourtant, il s'occupa de la réforme de la justice et publia l'ordonnance de Villers-Cotterets, qui renfermait de sages dispositions, mais déployait une excessive rigueur envers les accusés. Poyet, qui s'était fait ordonner prêtre à plus de soixante ans, et qui convoitait le chapeau de cardinal, crut qu'il l'obtiendrait en se faisant l'instrument de l'amiral de Chabot. En peu de temps il eut rassemblé vingt-cinq chefs d'accusation, dont chacun emportait la peine capitale. Chabot ayant échappé au supplice, Poyet, qui craignait son ressentiment, essaya de le fléchir; mais ayant déplu à la reine de Navarre et à la duchesse d'Étampes, il fut arrêté en 1542, et, après une captivité de trois ans, fut enfin mis en jugement. Péculat, altération de jugements, faussetés commises et protégées, concussions, créations et dispositions d'offices, évocations vexatoires, violences, abus de pouvoir, etc., telles étaient les accusations dont on le chargeait. Ce ne fut lui-même déposa contre lui, et, à la honte de François Ier, c'est le seul exemple d'un prince entendu contre un de ses sujets dans un procès instruit par ses ordres. Un arrêt du parlement, rendu le 24 avril 1545, le déclara privé de toutes ses dignités, inhabile à tenir aucune charge, et le condamna à cent mille livres d'amende et à une détention de cinq ans. Poyet mourut en 1548. Il avait repris sa profession d'avocat consultant.

POZZO DI BORGO (Charles-André, comte), l'un des plus célèbres diplomates qu'ait eus la Russie, naquit le 8 mars 1768, à Alala, petite ville de Corse, d'une famille ancienne, mais tombée dans la pauvreté. Avocat occupé au moment où éclata la révolution française, il en épousa les principes et les intérêts avec ardeur, et fut élu en 1791 membre de l'Assemblée législative, dans laquelle il prit parti pour les girondins, de même qu'il vota avec le parti de la guerre. Toutefois, il ne tarda pas à quitter la France, où il ne se croyait plus en sûreté; et dans l'automne de 1792 il se rendit auprès de Paoli. Il accepta alors, pendant la domination des Anglais en Corse, la présidence du conseil d'État; et quand les Anglais se virent réduits à évacuer l'île, il s'embarqua avec eux. Dès cette époque il existait entre Pozzo di Borgo et les Bonaparte une de ces bonnes haines de Corses qui ne s'éteignent jamais ; et par suite de la position qu'elle lui fit en politique, il déserta le camp de la révolution avec armes et bagages pour aller se mettre au service de la contre-révolution. Après avoir été employé par la coalition dans diverses missions secrètes, par exemple à Vienne en 1798, il entra en 1802 au service de Russie. L'année suivante, il fut attaché au quartier général de l'armée anglo-napolitaine en qualité de commissaire russe; et en 1806 il remplit les mêmes fonctions auprès de l'armée prussienne. L'alliance qui s'établit alors entre la Russie et Napoléon le détermina à abandonner passagèrement le service russe; et de 1809 à 1810 ce fut en Autriche, en Orient, en Angleterre qu'il déploya son infatigable activité à combattre le compatriote qu'il abhorrait. C'est avec les désastres de la campagne de 1812 que commence la partie la plus importante de son rôle en politique. Il négocia l'alliance avec la Suède, décida Alexandre à continuer la guerre avec plus de vigueur que jamais, et ne négligea rien pour triompher des hésitations et des temporisations de Bernadotte. Il fut ensuite accrédité en qualité de commissaire russe au quartier général suédois; et en janvier 1814 ce fut sur lui qu'on jeta les yeux pour une mission en Angleterre ayant pour but de décider la politique britannique à agir envers Napoléon avec encore plus d'acharnement que jamais. Au congrès de Châtillon, lors de la rupture du traité de Chaumont, de l'abdication de l'empereur, etc., il fut du nombre des diplomates qui combattirent avec le plus de vivacité ceux qui parlaient de traiter avec Napoléon ou tout au moins de conserver sa dynastie. A la restauration des Bourbons, Pozzo di Borgo fut pour quelque chose dans l'adoption du système constitutionnel. L'empereur Alexandre le récompensa de ses services en le nommant son ambassadeur à Paris; et il l'emmena avec lui au congrès de Vienne, où il se montra fidèle à tous ses antécédents politiques. Il déclina la proposition qui lui fut faite de rentrer au service de France; mais comme ambassadeur de Russie à Paris, il demeura l'un des conseillers secrets des Bourbons de la branche aînée. Il leur recommanda la modération, les dissuada de recourir à l'emploi de la violence, et s'efforça de leur faire quelque peu modérer cette politique de réaction qui, à partir surtout de 1821 et 1822, l'emporta décidément dans leurs conseils. Lors de la révolution de Juillet 1830, qu'il avait prédite à l'avance, sa position fut d'une difficulté extrême. Il conseilla à l'empereur Nicolas de se rapprocher de la dynastie de Juillet, et rencontra là de grands obstacles. A Paris, les russophobes affectèrent de le considérer comme l'incarnation de la politique suivie à l'égard de la Pologne; et à la suite de la chute de Varsovie il fut de la part de la populace parisienne l'objet de démonstrations qui déterminèrent l'empereur son maître à le rappeler au printemps de 1832. Cependant, au bout de quelque temps, le cabinet de Saint-Pétersbourg lui rendit l'ambassade de Paris, où personne ne pouvait alors mieux servir la politique russe. L'arrivée des tories à la direction des affaires, en 1834, détermina son gouvernement à l'accréditer à Londres en qualité d'ambassadeur de Russie. Mais il comprit bientôt tout ce qu'il y avait de faux pour lui dans une semblable position. Il sollicita donc sa retraite, et put alors revenir à Paris, où le rappelaient de vieilles et chères habitudes, et qu'il continua aussi d'habiter comme simple particulier, tout en tenant un très-grand état de maison, jusqu'à sa mort, arrivée le 15 février 1842. Consultez Ouwaroff, *Stein et Pozzo di Borgo* (Saint-Pétersbourg, 1846).

POZZUOLI ou **POZZUOLO** (le *Dicæarchia* des anciens, appelé plus tard, comme colonie romaine, *Puteoli*), ville de 10,000 habitants, dans une ravissante contrée, sur la baie du golfe de Naples, avec des bains chauds célèbres, est remarquable surtout par les débris de constructions romaines qu'on y trouve; ils consistent en ruines d'un temple d'Auguste, qui forme aujourd'hui la cathédrale placée sous l'invocation de Saint-Proculus, d'un temple de Jupiter Serapis, d'un ancien amphithéâtre appelé *Colosseum*, et en constructions souterraines qui portent le nom de *Labyrinthe de Dédale*. C'est aux environs de cette ville qu'on trouve l'espèce de terre dite *pouzzolane*, qui se compose surtout d'un sable ferrugineux auquel elle doit la dureté de la pierre. Entre Pozzuoli et Baïes, on trouve le lac Lucerino, avec le Monte-Nuovo, qu'un tremblement de terre fit surgir en 1538, le lac Averno, les ruines de plusieurs temples et les bains de Néron. La délicieuse position de cet endroit et la beauté de son climat avaient décidé bon nombre d'anciens Romains à s'y faire construire des *villas*, et les empereurs à y entreprendre des constructions gigantesques,

dont les débris frappent encore aujourd'hui d'*étonnement* le voyageur, à qui ils permettent de se faire une idée de ce qu'étaient autrefois les édifices auxquels ils appartiennent.

PRADIER (JAMES), sculpteur et membre de l'Académie des Beaux-Arts, né à Genève, le 23 mai 1792, d'une famille d'origine française, vint très-jeune à Paris, et entra dans l'atelier de Lemot. Par une faveur exceptionnelle, il obtint de Napoléon une pension qui lui permit d'achever ses études. A peine âgé de dix-neuf ans, il obtint en 1813 le premier prix de sculpture, et il partit pour Rome. Là, il étudia l'art antique; mais ce serait aussi une curieuse question que celle de savoir jusqu'à quel point Pradier a pu se laisser influencer par Canova ou plutôt par son œuvre, dont le succès était alors si considérable. Déjà à cette date nous le voyons préoccupé surtout de la grâce, de l'élégance et des formes délicatement voluptueuses. Revenu de Rome, Pradier exposa en 1819 *Une Bacchante* et *Un Centaure*, et successivement *Un Fils de Niobé* (1822), *Psyché*, statue taillée dans un fragment de colonne du temple de Veïes (1824), et les bustes de Louis XVIII et de Charles X. Pradier, grâce à la séduction de son talent, fut célèbre de bonne heure. Dès 1827 il fut nommé membre de l'Institut, où il prit la place de son maître, Lemot. C'est vers cette époque que sa manière se développa tout à fait et qu'il acquit cette habileté d'exécution qui depuis lors ne s'est pas démentie. Sans citer ici toutes les œuvres de Pradier, il suffira de rappeler *Les Trois Grâces* (1831), *Cyparisse*, et une *Chasseresse* (1833), *Vénus et L'Amour* (1836), une *Vierge*, pour la cathédrale d'Avignon (1838), un *Vase funéraire* (1840), *l'Odalisque* (1841), *Cassandre* (1843), *Phryné* (1845), le *Duc d'Orléans*, *La Poésie légère* (1846), une *Pieta* (1847), *Nyssia*, *Sapho* (1848), *Le Printemps* (1849), *Flore*, *Atalante* (1851), *Sapho* (1852). On cite en outre de Pradier la statue de J.-J. Rousseau, exécutée en bronze pour la ville de Genève, la statue du maréchal Soult; *Prométhée et Phidias*, au jardin des Tuileries, les bas-reliefs du Palais Législatif, les quatre *Renommées* de l'arc de triomphe de l'Etoile; les villes de *Lille* et de *Strasbourg* personnifiées de la place de la Concorde, le *Mariage de la Vierge* à La Madeleine, les deux *Muses* de la fontaine Molière, etc. Ainsi, déesses et courtisanes, nymphes de tous les pays et de tous les temps, toutes les formes de femmes convenaient, pourvu qu'elles fussent peu vêtues, au gracieux ciseau de Pradier. Il a modelé aussi un très-grand nombre de statuettes de petite dimension, d'un type quelquefois un peu vulgaire, mais d'un mouvement séduisant et heureux. La manière dont il rendait les plis des chairs, les finesses veloutées de la peau, était vraiment supérieure. Son malheur, c'est de s'être parfois essayé dans la sculpture de style : le *Christ* qu'il a fait pour M. Demidoff, sa *Pieta* du salon de 1847, sa statue de *L'Industrie* pour le soubassement de la Bourse de Paris, peuvent être considérés comme des erreurs. Nous ajouterons que Pradier prêtait le plus souvent à ses modèles des formes mesquines et sans ampleur. Malgré ces grands défauts, il méritait d'être considéré comme le plus élégant de nos statuaires.

Pradier mourut d'une attaque d'apoplexie, dont il fut frappé le 5 juin 1852, dans une promenade qu'il faisait à Bougival.

PRADO, nom d'une promenade de Madrid et d'un des bals publics de Paris, situé sur la place du Palais de Justice, là où s'élevait jadis l'église Saint-Barthélemy. Sous la révolution, cet endroit un théâtre appelé *Théâtre de la Cité*. Une partie des acteurs des Variétés Amusantes vint s'y établir, alternant le drame et le vaudeville avec les exercices équestres du sieur Franconi. En 1807 il fut transformé en salle de danse, et reçut d'abord le nom de *La Veillée*. Le bal du Prado est à peu près uniquement fréquenté par les étudiants et ceux qu se mêlent à leur vie et à leurs plaisirs.

PRADO (BLAS DE), né à Tolède, vers 1540, est du petit nombre des artistes espagnols qui ont travaillé hors de leur patrie. Il vivait sous le règne de Philippe II, dont il fut le peintre. Un long séjour dans le Maroc l'avait tellement familiarisé avec les mœurs et les usages de ce pays que longtemps il porta le costume mauresque et mangea les jambes croisées sur un divan. D'après Palomino, le maître de Bias de Prado fut Pedro Berruguete, père du célèbre sculpteur Berruguete ; Cean Bermudez le dit élève de Francisco de Comontes. On voit plusieurs de ses tableaux à Tolède et lieux avoisinants. Ses ouvrages les plus remarquables sont la *Vierge* de Saint-Côme et Saint-Damien, une *Descente de Croix*, à Tolède ; la *Sainte-Famille* du couvent de Guadalupe, une autre *Descente de croix*, *La Vierge et sainte Catherine*, à Madrid. Toutes ces peintures, grandes et simples de composition, sont aussi d'un dessin très-pur. Cet artiste a peint souvent des fleurs et des fruits, qui, par la légèreté de la touche et la transparence, l'éclat du coloris, ne le cèdent pas à ce que les Flamands ont laissé de plus parfait en ce genre. Prado mourut vers le commencement du dix-septième siècle : il avait soixante ans.

PRADON (NICOLAS), auteur dramatique, naquit à Rouen, en 1632. On s'accorde à penser qu'il vint à Paris de bonne heure. Sa première tragédie, *Pyrame et Thisbé*, fut jouée en 1674, et reçut l'accueil le plus flatteur. Dans ce moment, Racine était dans toute sa gloire, et ses ennemis, qu'il avait eu le tort de provoquer souvent par de sanglantes épigrammes, n'attendaient qu'une occasion pour se venger de lui. La tragédie de Pradon leur fournit cette occasion. Ils se portèrent en foule à la première représentation, et, pour nous servir d'une expression technique et consacrée, ils *enlevèrent* le succès. Pradon, ainsi encouragé par une cabale puissante, qu'il n'avait point sollicitée, et qui l'élevait jusqu'aux nues, put se croire et se crut en effet destiné à balancer au moins la grande renommée de Racine ; il se remit aussitôt à l'œuvre, et l'année suivante il donna au théâtre *Tamerlan*, *ou la mort de Bajaset*, que quelques critiques ont trouvée supérieure à sa première tragédie, et qui nous a semblé également illisible. Malgré les efforts de la cabale, *Tamerlan* ne fut joué que rarement, et avec une défaveur de plus en plus marquée. Pradon s'en vengea en accusant amèrement des ennemis, qu'il n'avait pas encore, et l'envie, qu'il n'excita jamais. On raconte qu'à l'issue de la première représentation, l'aîné des princes de Conti lui faisant observer qu'il avait placé en Europe une ville située en Asie, il répondit : « Je prie Votre Altesse de m'excuser, car je ne sais pas trop bien la *chronologie*. »

Pradon tenait ses ouvrages en haute estime. Dans une de ses préfaces, il s'exprime ainsi en parlant de *Tamerlan* : « Ma pièce vivra peut-être autant sur le papier que certains ouvrages qui ne tirent leur succès que de la déclamation, dont les acteurs sont les maîtres, et qui ne réussit que pour eux. » C'était une allusion à Racine, qui déclamait admirablement et donnait aux comédiens de précieuses leçons ; c'était insinuer en même temps que ceux-ci ne voulaient consacrer tout leur talent qu'aux tragédies de son rival. En 1677 parut la *Phèdre* de Pradon. La puissante cabale de l'hôtel de Bouillon lui fit un succès scandaleux. Pour assurer ce succès, au moins pendant quelque temps, elle retint à l'hôtel Guénégaud et à l'hôtel de Bourgogne, où se jouaient concurremment la *Phèdre* de Racine et celle de Pradon, une grande partie de la salle pendant les six premières représentations. On comprend qu'en se portant exclusivement à l'hôtel Guénégaud, on laissait le théâtre rival dans une solitude à peu près complète. Boileau évalue à 15,000 livres l'argent que ces messieurs consacrèrent à cette loyale dépense ; toutefois, la pièce de Pradon n'eut que seize représentations, tandis que celle de Racine fournit une longue et brillante carrière. On raconte que le premier eut beaucoup de peine à trouver une actrice qui consentît à se charger du rôle de Phèdre et à soutenir la redoutable comparaison de la célèbre Champmeslé. Pradon, forcé de se contenter de l'un des talents les plus obscurs de l'hôtel Guénégaud, ne manqua pas de s'en plaindre amèrement, et d'accuser Racine de son malheur. « Ces messieurs, écrivit-il dans ses *Nouvelles Remarques sur*

Boileau, voyant qu'ils ne pouvaient plus apporter d'obstacle à ma *Phèdre* du côté de la cour, par des bassesses honteuses, indignes du caractère qu'ils doivent avoir, empêchèrent les meilleures actrices d'y jouer. » Toutefois, les applaudissements prodigués à Pradon pendant les six premières représentations de sa tragédie furent tels (et on en sait la cause) que Racine s'en alarma sérieusement. Il s'attrista surtout du succès de vogue qu'obtint un sonnet satirique sur sa *Phèdre*, sonnet attribué d'abord au duc de Nevers, et dont Mme Deshoulières se reconnut plus tard coupable.

Subligny avait dit « que, pour avoir une *Phèdre* complète, il faut le plan de Pradon et les vers de Racine. » La Harpe, dans une discussion semée trop souvent de railleries de mauvais goût, combat, après Voltaire, cette opinion, et démontre avec raison que sous tous les rapports la tragédie de Pradon mérite le mépris ou plutôt le ridicule dans lequel elle est tombée.

Boileau, en voyant le découragement de Racine, lui avait dédié une épître sur les fruits que l'on retire de l'envie. Pradon écrivit à cette occasion que *la satire est une bête enragée, et qu'on pourrait bien lui faire subir le sort qui est réservé aux chiens malades*, etc. Presqu'en même temps, Racine, comme pour faire ressortir tout ce qu'il y avait d'odieux et de brutal dans ce langage, disait à ses amis : « La différence qu'il y a entre Pradon et moi, c'est que je sais écrire, » c'est-à-dire, à en croire Racine, que Pradon aurait eu les mêmes inspirations, autant d'invention, autant d'habileté dans la création de ses personnages que lui, mais que seulement la versification lui aurait manqué. La critique est bien loin d'accepter un pareil jugement !

« La *Troade*, jouée en 1679, attira, dit Pradon, l'attention particulière de Louis XIV ; » mais le public eut le malheur de n'être pas de l'avis du grand roi. Pradon s'en consola par une préface fastueuse, dans laquelle il est souvent tenté d'en appeler à la postérité de l'arrêt de son parterre malveillant ou endormi. *Statira* (fille de Darius, veuve d'Alexandre) est la seule des tragédies de Pradon qu'il n'ait pas cru devoir annoncer au public dans des formes épiques. Il se contente de dire, « que la lecture pourra n'en pas déplaire, puisqu'elle a semblé assez bien écrite aux plus délicats. » *Régulus*, qui parut en 1688, eut vingt-sept représentations. Pradon écrivit aussitôt une autre préface, où nous lisons : « Le succès de ma pièce a été si grand que son titre seul peut servir d'apologie pour répondre à quelques critiques. » Remise au théâtre en 1722 par Baron, qui fit du rôle principal une de ses plus belles créations, *Régulus* fut assez favorablement accueilli. Les premières représentations de *Scipion l'Africain*, joué en 1697, entretinrent quelque temps les illusions de notre poète ; mais il ne put se méprendre sur les dispositions du public à son égard quand il vit tomber successivement, et pour ne se relever jamais, *Antigone*, *Électre*, *Germanicus* et *Tarquin*, qui furent si impitoyablement sifflés que l'auteur n'osa pas les faire imprimer. Nous ne connaissons même *Germanicus* et *Tarquin* que par deux épigrammes, l'une de Racine sur la première de ces tragédies, l'autre de J.-B. Rousseau sur la seconde.

On a dit que Pradon avait quelque talent pour la poésie légère, et « que plusieurs de ses madrigaux sont encore lus ». Cette opinion, que nous trouvons dans les *Trois Siècles de la Littérature française* de l'abbé Sabatier, ne soutient pas la discussion. Pradon a dans ses petits vers des défauts encore plus graves peut-être que dans ses autres ouvrages.

Il est assez curieux, après avoir étudié Pradon comme poète dramatique, de le juger comme critique. Boileau, comme on sait, l'avait cité dans quelques passages bien connus de ses satires à côté des noms littéraires les plus mé- prisés de l'époque. L'auteur de *Régulus*, après avoir prodigué les injures à notre grand Aristarque dans plusieurs de ses préfaces, résolut de l'attaquer corps à corps. Dans ce but, il publia d'abord un examen du Discours au Roi et des trois premières satires (1684, in-12). Ce livre, intitulé *Le Triomphe de Pradon*, et bien connu des commentateurs de

Boileau, portait pour frontispice un Mercure fustigeant un satyre par ordre de la justice. L'année suivante il fit paraître ses *Nouvelles Remarques sur tous les ouvrages du sieur D**** (1685, in-12). Tout ce que la plus grande prévention, l'ignorance, l'esprit de vengeance, peuvent imaginer de ridicule et d'odieux se rencontre dans ces deux volumes, où la bassesse du langage n'est surpassée que par la nullité ou la sottise des idées. On lui attribue encore le pamphlet intitulé *Le Satirique français expirant*. Ce pamphlet, de 198 pages environ, signale plus de 6,000 fautes dans les ouvrages de Boileau. Pradon, dont la bile ne tarissait pas, imprima en outre contre son ennemi plusieurs pièces de vers injurieuses. Dans une *Épître à Alcandre*, il dit :

Si Boileau de Racine embrasse l'intérêt,
A défendre Boileau Racine est toujours prêt ;
Ces rimeurs faufilés l'un et l'autre se chatouillent ;
Et de leur fade encens tour à tour se barbouillent.

Il trouva encore l'occasion d'attaquer Boileau en publiant une comédie contre Racine, intitulée *Le Jugement d'Apollon sur la Phèdre des anciens*. Un pareil acharnement, une si insigne mauvaise foi devaient susciter à Pradon de grands ennemis. Il en eut en effet, et ne put se consoler de leurs railleries. On croit qu'il mourut d'apoplexie, à Paris, en janvier 1698. P.-F. TISSOT, de l'Académie Française.

PRADT (DOMINIQUE DUFOUR, abbé DE), publiciste et diplomate, né le 23 avril 1759, à Allanches, en Auvergne, se voua à la carrière ecclésiastique, et remplissait avant la révolution les fonctions de grand-vicaire auprès de l'archevêque de Rouen, le cardinal de La Rochefoucauld, son parent éloigné. Désigné en 1789 par les membres de son ordre comme leur député aux états généraux, il se prononça avec beaucoup de vivacité à l'Assemblée nationale contre toute espèce de réforme; et quand l'Assemblée constituante eut terminé ses travaux, il émigra, et se fixa à Hambourg. Dans cette ville, il publia, en 1798, son *Antidote au congrès de Rastadt*, pamphlet où les puissances coalisées étaient fortement blâmées d'avoir noué des rapports diplomatiques avec la république française. Deux ans plus tard, il fit également paraître sous le voile de l'anonyme : *La Presse et sa neutralité*, pamphlet où il prêchait ouvertement une croisade de l'absolutisme contre la France républicaine.

Après la révolution du 18 brumaire, il obtint l'autorisation de rentrer en France. Mais, dénué de fortune et de tous moyens d'existence, il changea alors complètement de couleur politique, et mit à profit les relations de parenté existant entre lui et Duroc pour se faire présenter au premier consul. Passé maître dans l'art de la flatterie, il sut si bien s'insinuer dans les bonnes grâces de Bonaparte, que celui-ci, après son couronnement, l'attacha à sa maison avec le titre d'aumônier. Il le créa baron de l'empire, lui accorda une gratification de 40,000 fr. et le nomma en outre évêque de Poitiers. Quand l'empereur alla se faire couronner à Milan comme roi d'Italie, l'abbé de Pradt l'y accompagna, et officia à la cérémonie religieuse du couronnement. En 1808 il fut employé dans les négociations de Bayonne; et dans l'intrigue qui enleva la maison de Bourbon le trône des Espagnes, il rendit à Napoléon des services tels, que celui-ci crut devoir l'en récompenser l'année suivante par la collation de l'archevêché de Malines. Chargé par l'empereur, en 1811, de suivre les négociations entamées à Savone avec le pape, il s'en acquitta si peu à la satisfaction de son maître, que celui-ci l'exila dans son diocèse. La haute estime que Napoléon conservait encore pour la capacité et la fidélité de l'abbé de Pradt l'engagea cependant en 1812, au moment où s'ouvrit la campagne de Russie, à l'envoyer en qualité de ministre plénipotentiaire de France à Varsovie. L'abbé de Pradt s'est vanté depuis d'avoir, dans ces fonctions diplomatiques, ouvertement travaillé contre les intérêts de l'empereur; et sa conduite indisposa aussi bien les Polonais que les généraux français avec qui il se trouva en rapport. A l'approche des Russes, il quitta Varsovie, et s'en revint à Paris, où il fut fort mal reçu par l'empereur, qui le renvoya sèchement à Malines.

A partir de ce moment, l'abbé devint l'implacable adversaire du gouvernement impérial, qu'il s'efforça de miner en s'associant aux menées souterraines de quelques autres anciens membres de l'Assemblée constituante, notamment de Talleyrand, qui au temps de la prospérité de Napoléon n'avaient point eu pour lui de paroles assez adulatrices. Sous prétexte de l'invasion de son diocèse par les armées alliées, l'archevêque de Malines revint à Paris au commencement de 1814, et se trouva ainsi mieux en position pour prendre part aux intrigues dont l'hôtel Talleyrand était le centre et qui avaient pour but d'empêcher les puissances de traiter avec Napoléon. Une fois les alliés à Paris, l'abbé de Pradt, en récompense de sa complicité dans ces événements, fut appelé à la grande-chancellerie de la Légion d'honneur par le gouvernement provisoire. Malgré le zèle qu'il afficha alors pour le rétablissement de la maison de Bourbon, il perdit cette brillante sinécure peu de temps après l'arrivée du comte d'Artois, à qui on fit comprendre que les fonctions de grand-chancelier de la Légion d'Honneur avaient quelque chose de beaucoup trop belliqueux pour un homme d'église, encore bien que ce prêtre se fût jadis affublé lui-même du sobriquet d'*aumônier du dieu Mars*.

L'abbé de Pradt dissimula plus ou moins bien le profond mécontentement que lui inspirait l'ingratitude des Bourbons, et se retira dans les belles terres qu'il avait pu acquérir en Auvergne grâce aux lucratives fonctions qu'il avait remplies sous l'empire. Il n'abandonna sa retraite qu'après les cent jours, et accourut bien vite à Paris, pour jeter sa part de boue au grand homme malheureux. L'abbé de Pradt eut alors la lâcheté d'écrire que Napoléon avait fini *comme un polisson*; dans un autre pamphlet, il le qualifia de *Jupiter Scapin*. Non content de ces gentillesses, qui avaient un grand succès dans un certain monde, il eut l'infamie de prêter un mot atroce à l'homme dont il avait été si longtemps l'un des intrépides flatteurs, et d'avancer que, dans un entretien intime, Napoléon lui avait dit un jour que les conscrits n'étaient que de la *chair à canon*. Malgré la flagrante invraisemblance d'un tel propos, il eut un immense succès; et le mot inventé par le pamphlétaire en soutane resta pendant plusieurs années comme stéréotypé dans toutes les imprimeries à l'usage des écrivains de police chargés par le gouvernement royal de le défendre, aux yeux de la nation, contre les entraînants souvenirs de la gloire impériale.

L'abbé de Pradt n'en fut pas moins oublié encore une fois par la Restauration, qui ne lui accorda pas même la moindre position dans le service de la grande-aumônerie. Son *Histoire de l'Ambassade dans le grand-duché de Varsovie, en 1812* (Paris, 1815), véritable libelle, qui flattait admirablement les passions haineuses du moment, et dans lequel étaient ou diffamés ou calomniés à belles dents la plupart des hommes politiques de l'époque impériale, obtint un succès de scandale constaté par neuf éditions successives. Le gouvernement de la seconde restauration accepta le bénéfice de cette publication, mais ne songea pas plus à en récompenser l'auteur qu'il n'avait fait l'année précédente à l'occasion de son *Récit historique sur la restauration de la royauté en France* ; ouvrage dans lequel l'ancien archevêque de Malines se vantait si naïvement de ses trahisons à l'égard de l'empereur. Après les événements de 1815, l'abbé de Pradt avait consenti à se démettre du siège de Malines, moyennant une pension de 12,000 francs.

L'indifférence du gouvernement royal à son égard piqua au vif l'abbé de Pradt. Pour se dédommager des déceptions immenses éprouvées par sa vanité, il retourna encore une fois son habit, et se fit l'apôtre de l'idée de liberté et de progrès indéfini de l'esprit humain, dans une série d'ouvrages assez mal écrits d'ailleurs, mais où il se montre toujours incisif et souvent spirituel. Ils furent publiés de 1816 à 1827 ;

et toutes les questions de politique générale ou de législation qui préoccupèrent alors successivement les esprits y sont traitées. En 1820 l'abbé de Pradt eut même les honneurs du martyre. Une brochure qu'il publia alors sur les élections fut déférée aux tribunaux. L'ancien archevêque reçut assignation à comparaître en police correctionnelle. Il se défendit lui-même, et non sans quelque dignité. Le tribunal le renvoya absous.

Lors des élections générales de 1827, le nom de l'abbé de Pradt sortit de l'urne électorale à Clermont en Auvergne; mais l'ancien archevêque de Malines, qui prit tout aussitôt place à l'extrême gauche, ne siégea pas longtemps au palais Bourbon. Sa vanité se trouva profondément blessée du rôle secondaire auquel le condamnait la supériorité de tribune de Casimir Périer, de Benjamin Constant, et des autres chefs de l'opinion constitutionnelle. Un moment il eut l'idée d'échapper à sa quasi-obscurité, en exagérant les idées de l'opposition. « Eh! de quel club de 1793 sortez-vous donc, l'abbé? » lui dit un de ses collègues au milieu des travaux d'une commission. L'abbé de Pradt donna alors avec éclat sa démission, pour ne pas être confondu avec une majorité d'*eunuques*. La révolution de juillet 1830 s'effectua sans qu'on s'avisât de songer à lui. M. de Pradt en fut réduit à continuer d'écrire des brochures (*Un Chapitre sur la Légitimité* [1831], *De la Presse et du Journalisme* [1832], *De l'Esprit actuel du Clergé français* [1834], auxquelles personne ne prit garde. Il mourut complétement oublié, dans son château de Védrine, en Auvergne, le 18 mars 1837, d'une attaque d'apoplexie.

PRAET (JOSEPH-BASILE-BERNARD VAN), estimable savant, mort conservateur des imprimés de la Bibliothèque impériale, était né le 29 juillet 1754, à Bruges, où son père exerçait la profession d'imprimeur libraire. De bonne heure, il manifesta une prédilection toute particulière pour la science bibliographique; et au collége d'Arras, à Paris, où son père l'avait placé, il se livra à une étude approfondie du catalogue de la bibliothèque de Gaignat. En 1772 il revint à Bruges, et après y avoir consacré sept années à s'initier à tous les secrets de l'art typographique, il se rendit de nouveau à Paris, où il entra dans la maison du libraire De bure. Quelques travaux littéraires le firent bientôt connaître. Son patron le prit pour collaborateur dans la rédaction du célèbre catalogue de la bibliothèque du duc de La Vallière (3 vol., 1783), beau travail, qui le mit tout à fait en évidence et qui lui valut l'honneur d'être présenté à la reine Marie-Antoinette. Cette princesse chargea Van Praet de mettre en ordre sa bibliothèque particulière; et il s'en acquitta de telle sorte, que la reine le recommanda à M. Lenoir, directeur de la Bibliothèque royale. Celui-ci attacha aussitôt le protégé de Marie-Antoinette à la Bibliothèque, avec le titre de premier secrétaire; fonctions modestes, que Van Praet préféra aux offres, bien plus brillantes, que lui faisait en ce moment même Strattmann, premier conservateur de la bibliothèque impériale de Vienne, pour l'attacher à cet établissement.

En 1792 il fut nommé conservateur adjoint au département des imprimés, et à peu de temps de là trésorier de la Bibliothèque. Il eut le bonheur d'échapper à la tourmente révolutionnaire, avec une incarcération de courte durée et une comparution devant le tribunal révolutionnaire comme suspect d'incivisme, en sa qualité de Belge. Une explosion ayant, le 18 août 1794, mis le feu au réfectoire de l'abbaye de Saint-Germain, Van Praet accourut des premiers sur le théâtre du sinistre, et contribua beaucoup par ses efforts personnels à préserver des flammes une foule de manuscrits précieux de la bibliothèque de ce couvent. Il fut chargé successivement par le gouvernement consulaire et par le gouvernement impérial d'opérer le classement des livres rares et des manuscrits précieux nobles trophées des victoires remportées à l'étranger par les armées françaises; sa douleur dut être poignante lorsqu'il lui fallut présider, en 1815, aux restitutions mises au nombre des conditions que nous imposèrent alors les alliés, vainqueurs à leur tour.

Van Praet a publié un livre qui sauvera son nom de l'oubli; il a pour titre : *Catalogue des Livres imprimés sur vélin de la Bibliothèque du Roi* (5 vol. en 6 parties; Paris, 1822-1828). Le *Catalogue des Livres imprimés sur vélin qui se trouvent dans les bibliothèques, tant publiques que particulières* (4 parties; Paris, 1824-1828), en est le complément naturel.

Les studieux habitués de la Bibliothèque impériale conserveront longtemps le souvenir de l'infatigable activité que Van Praet apportait constamment dans l'exercice de ses fonctions, comme aussi de son exquise politesse et des prévenances de toutes espèces qu'il avait pour ceux qui venaient lui demander soit des livres, soit des renseignements, quels que fussent d'ailleurs leur âge ou leur position sociale. Il a été remplacé, mais il n'a pas eu de successeur. Van Praet avait dans la tête le catalogue tout entier de la Bibliothèque, et pour répondre aux demandes du public, il ne lui arrivait que bien rarement d'être obligé de consulter l'inventaire officiel. Il mourut le 5 février 1837.

PRAGA, ville forte du gouvernement de Masovie (Pologne), sur la rive droite de la Vistule, en face de Varsovie, et considérée quelquefois comme n'en formant que le faubourg, est reliée à cette capitale par un pont de bateaux, et compte environ 8,000 habitants. A son nom se rattache dans l'histoire de Pologne le souvenir d'une lamentable catastrophe. Après la bataille de Maciejowice (10 octobre 1794), Souvaroff marcha sur Praga, la place d'armes et le dernier boulevard des Polonais, qui, au nombre de 20,000 hommes, dont 5,000 de cavalerie et quelques milliers de paysans armés de faux, avec 48 pièces de canon, s'y étaient réfugiés sous les ordres de Makranowski. Zajonczek fut alors nommé au commandement supérieur de la garnison, portée maintenant au chiffre de 30,000 hommes, qui occupait un camp retranché en avant de Praga. Arrivés sous les murs de Praga le 2 novembre 1794, les Russes, dans la matinée du 4, marchèrent sur sept colonnes à l'assaut de la place. Deux de ces colonnes, après avoir refoulé la cavalerie polonaise et précipité un millier d'hommes dans la Vistule, coupèrent les communications de la garnison de Praga avec le pont de bateaux et avec Varsovie, tandis que les autres colonnes s'emparaient des bastions et des ouvrages intérieurs et attaquaient les Polonais en avant et en arrière. Un magasin à poudre, renfermant un approvisionnement de bombes, fit explosion. Les Russes, à la suite d'une lutte sanglante et acharnée, pénétrèrent dans la ville jusqu'à la place du marché; et après une résistance qui avait duré quatre heures, Praga, que défendait une triple ligne de fortifications, fut prise d'assaut vers neuf heures du matin par 22,000 Russes. Les vainqueurs la livrèrent au pillage. Environ 13,000 Polonais étaient restés sur le champ de bataille, entre autres les généraux Jasinsky, l'un des officiers les plus distingués de l'armée polonaise, et Grabowski; plus de 2,000 avaient trouvé la mort dans la Vistule, et 14,680 étaient prisonniers. Dans le nombre on comptait les généraux Mayen, Hasier et Krupinski. Un grand nombre de paysans, 15,000 suivant quelques rapports, hommes, femmes et enfants, qui s'étaient réfugiés à Praga, avaient été massacrés pendant l'action et le pillage qui l'avait suivie. Le soir, il s'éleva un terrible incendie, qui réduisit en cendres la plus grande partie de la ville. Le commandant de Varsovie, Wawrzecki, avait fait brûler le pont de bateaux qui reliait Praga à cette capitale; mais celle-ci n'en était pas moins forcée de se soumettre au vainqueur dès le 8.

PRAGMATIQUE-SANCTION. Ce terme est emprunté du code romain, où les rescrits impériaux pour le gouvernement des provinces sont appelés *formules pragmatiques* ou *pragmatiques-sanctions*. Il vient du mot latin *sanctio*, équivalent d'*ordonnance*, et d'un mot grec qui signifie *affaire*. On l'employait pour exprimer les ordonnances qui concernaient les objets les plus importants de l'administration civile ou ecclésiastique, surtout lorsqu'elles avaient été rendues dans une assemblée des grands du royaume et de l'avis de plusieurs jurisconsultes. Il y a deux pragmatiques célèbres dans le droit français : l'une est de saint Louis, l'autre de Charles VII.

La première, rendue en 1268 et divisée en six articles, règle les droits des collateurs et patrons des bénéfices; elle assure la liberté des élections, promotions et collations ; elle confirme les libertés, privilèges et franchises de l'Église gallicane; elle modère les taxes et les exactions de la cour de Rome. La seconde, datée du 7 juillet 1438, fut rédigée à Bourges, dans une nombreuse assemblée des grands du royaume et des prélats. C'est, à proprement parler, un recueil des règlements dressés par les pères du concile de Bâle, auxquels on ajouta quelques modifications relatives aux usages et aux circonstances. On ne voulut jamais l'approuver à Rome; elle fut même regardée, dit Robert Gagnin, comme une hérésie pernicieuse. La politique de Louis XI osa abattre ce mur de division, élevé depuis depuis plus de vingt ans entre les cours de France et de Rome. Ce monarque crut voir bien des avantages dans la destruction de la pragmatique. La discipline établie par cette ordonnance, ramenant tout au droit commun, déférant aux évêques la collation des bénéfices, il arrivait que dans chaque province, dans chaque évêché, les seigneurs particuliers se rendaient maîtres, par leur crédit ou par leurs menaces, des principales dignités ecclésiastiques. En rendant aux papes la distribution des grâces ecclésiastiques, Louis se flattait d'acquérir une sorte de direction générale pour le choix des sujets. Mais ce parfait accord n'eut pas lieu, et Louis, en 1479, tenta de rétablir la pragmatique dans une assemblée tenue à Lyon, qui en rappela les dispositions principales. Louis XII confirma ce décret dès son avènement à la couronne, et jusqu'en 1512 plusieurs arrêts du parlement en maintinrent l'autorité, ce qui n'empêchait pas qu'on y dérogeât de temps en temps, surtout quand la cour de France était en bonne intelligence avec celle de Rome; au reste, la pragmatique était toujours une loi de discipline dans l'Église gallicane. Enfin, Léon X et François Ier, dans leur entrevue à Boulogne, conçurent l'idée du concordat, qui régla depuis la discipline de l'Église gallicane. Une pragmatique-sanction d'un genre différent est celle qui régla la succession de l'empereur Charles VI. A. SAVAGNER.

PRAGUE, capitale de la Bohême, située presqu'au centre de ce royaume, dans une fertile contrée, et tout entourée de pittoresques hauteurs, qui la protègent contre les âpres vents du nord et de l'est, se compose de quatre quartiers proprement dits, la *vieille ville*, la *ville neuve*, la *Kleinseite* et le *Hradcsin*. On y compte 3,337 maisons et 124,200 habitants, non compris la garnison, forte ordinairement de 10,000 hommes. Des quatre quartiers de Prague, les deux premiers sont situés sur la rive droite et les deux derniers sur la rive gauche de la Moldau, et reliés entre eux par deux ponts et diverses passerelles. Le plus ancien et le plus fréquenté de ces ponts est le *Karlsbrucke*, construit en pierres de taille par l'empereur, Charles IV, en 1357. Il est orné de chaque côté de vingt-huit statues en pierre ou en bronze, et présente un développement total de 544 mètres, avec une largeur de 7 mètres. L'autre, construit à quelque distance en amont, est un pont suspendu, dont la construction date de 1841. Sa longueur totale est de 485 mètres et sa largeur de 7 mètres. Le gigantesque viaduc jeté pour le service du chemin de fer de Dresde à Prague, sur la Moldau, qui en cet endroit se divise en cinq bras, forme un troisième pont, de 1,400 mètres de développement total, et reposant sur 87 piles, avec des arches dont l'envergure varie de 3 à 27 mètres.

Parmi les édifices de Prague qui méritent le plus l'attention du voyageur, il faut citer : son château, le *Hradcsin*, l'immense château royal, le chapitre royal des dames de Thérèse, qui l'avoisine, et d'où l'on jouit des points de vue les plus pittoresques sur Prague et sur ses environs ; la vieille église Saint-Georges, de style byzantin ; la magnifique cathédrale gothique, avec un clocher de 105 mètres d'élévation, et qui en avait autrefois 109 ; les palais imposants habités par l'archevêque, par les princes de Schwartzenberg et par l'empereur Ferdinand ; le beau bâtiment contenant la galerie de tableaux, etc., etc. Dans la *Kleinseite*, la belle église Saint-Nicolas, qui appartenait autrefois aux jésuites ; le vaste Palais des états ; le bâtiment de la caisse d'épargne, un grand nombre d'églises et de chapelles ; l'hôtel du commandant militaire ; les vastes hôtels des princes Furstenberg, Windischgrætz, Lobkowitz et Rohan, des comtes Nostiz, Morzen et Thun, et surtout celui du comte de Waldstein, avec son beau parc et ses magnifiques serres chaudes ; l'institut des jeunes aveugles, le château de plaisance construit par l'empereur Ferdinand Ier, la grande caserne d'artillerie, etc. Dans la *vieille ville*, le pont, la statue en bronze en pied de l'empereur Charles IV ; les églises Saint-Sauveur, Saint-Clément, Saint-Nicolas, Saint-Egide et Saint-Gall ; le séminaire, les bâtiments de l'université, la bibliothèque, l'observatoire, l'hôtel du prince Colloredo-Mansfeld, et celui du comte Clam-Gallas ; l'hôtel de ville, édifice de style gothique, etc. Dans la *ville neuve*, les embarcadères des chemins de fer de Dresde et de Vienne, la belle église Saint-Ignace, l'hôpital militaire, l'hôpital général, l'école des sourds-muets, l'église de la Trinité, l'église Saint-Henri et celle Saint-Pierre. Il faut aussi mentionner les deux églises protestantes et les dix synagogues. Les deux faubourgs de *Karolinenthal* et de *Smichow* sont remarquables par les vastes établissements industriels qui s'y trouvent. C'est dans le premier qu'est située l'usine à gaz, qui, avec ses deux gazomètres, pourvoit à l'éclairage de toute la ville de Prague. Les promenades les plus agréables et les plus fréquentées sont : dans l'intérieur de la ville, les remparts plantés d'arbres, le *Volksgarten*, le *Lustgarten* impérial, les îles Sophie et des Arbalétriers, dans la Moldau ; hors de la ville, les îles Hetz et Kœppli, dans le *Karolinenthal*, etc.

Le plus important établissement scientifique de Prague est son université. L'empereur Charles IV la fonda en 1348, sur le modèle de celle de Paris, et lui accorda d'importants privilèges. Au commencement du quinzième siècle on y comptait plus de deux mille étudiants ; mais les querelles qui sous l'empereur Wenceslas éclatèrent entre les étudiants indigènes et les étudiants étrangers, querelles par suite desquelles une grande partie de ces derniers s'en allèrent suivre les cours des universités de Leipzig, d'Ingolstadt, de Cracovie et de Rostock, amenèrent la décadence de cet établissement. Les encouragements de Marie-Thérèse, de Joseph II et de François II ne lui manquèrent pas ; et on y compte aujourd'hui une cinquantaine de professeurs et près de 1,500 étudiants. Il en dépend une école vétérinaire, une école de sages-femmes, cinq cliniques, des collections de zoologie et d'anatomie, un jardin botanique, un laboratoire de chimie, un riche observatoire, une bibliothèque de plus de 100,000 volumes avec 4,000 manuscrits, pour la plupart d'un grand prix. Prague compte aussi un bon nombre d'établissements de bienfaisance, de collèges et d'écoles privées à l'usage des deux sexes. Le nombre total des églises et des chapelles consacrées au culte catholique est de 35 ; il était de 117 à l'avènement de l'empereur Joseph II.

On présume que la ville de Prague fut fondée en l'an 722, par la duchesse Libussa. Dès le treizième siècle elle avait pris tant d'importance que les Tatares qui envahirent alors la Bohême n'osèrent rien entreprendre contre elle. Elle fut prise d'assaut et en partie détruite en 1424, par les hussites, qui quatre ans auparavant, commandés par leur chef Ziska, avaient battu l'empereur Sigismond sur une hauteur voisine, qui en a conservé le nom de *mont Ziska*. Mais lorsqu'elle se fut de nouveau soumise à l'empereur, en 1433, elle fut reconstruite sur un plan beaucoup plus régulier. En 1618 les conseillers de l'empereur furent jetés du haut des fenêtres du château (*voyez* GUERRE DE TRENTE ANS). Le 8 novembre 1620 se livra sur le *Weissen Berge*, situé à quelques kilomètres de la ville, entre le roi Frédéric V *von der Pfalz* (Palatin) et l'empereur Ferdinand II, une bataille qui coûta la couronne au premier de ces princes, et fit tomber la ville au pouvoir de l'empereur. En 1631 Prague fut prise par les Saxons, mais Wallenstein la leur enleva quelques mois plus tard. Le 10 mai 1635 un traité de paix y fut conclu entre l'empereur et l'électeur de Saxe. Dans la guerre de la succession d'Autriche, Prague tomba le 26 octobre 1742 au pouvoir des Français et des Bavarois. Au mois de septembre 1744 elle ouvrit ses portes à Frédéric le Grand, par capitulation. Dans la guerre de sept ans, le 6 mai 1757, Frédéric le Grand battit sur le mont Ziska le prince de Lorraine. En juillet et août 1813 il se tint à Prague des conférences pour la paix entre l'Autriche, la Prusse, l'Angleterre et la France.

Dans ces derniers temps, cette ville s'est bien relevée de la décadence où elle était successivement tombée ; et depuis une soixantaine d'années, sa population a presque doublé. En 1848 Prague fut le principal théâtre de la lutte nationale entre les Allemands et les Czèques. A la fin du mois de mai de cette même année, il s'y tint un congrès général slave (*voyez* PANSLAVISME), qui prit fin par suite de l'insurrection slavo-démocratique qui éclata le 11 juin. A cette occasion, la *vieille ville* et la *ville neuve* furent canonnées deux jours durant par le prince Windischgrætz.

PRAGUE (JÉRÔME DE). *Voyez* JÉRÔME DE PRAGUE.

PRAGUERIE (La), épisode de l'histoire de France au quinzième siècle auquel ce nom fut donné, par allusion aux troubles provoqués à Prague par les doctrines de Jean Huss. En 1440 la France commençait à respirer un peu. Charles VII avait chassé l'Anglais, et la création d'une armée permanente mettait un terme aux brigandages des routiers. L'oligarchie territoriale ne pouvait laisser le nouvel ordre de choses s'établir sans conteste. Le bâtard de Bourbon, Alexandre, se mit à la tête d'une ligue dont les rangs se grossirent de Jean II, duc d'Alençon, de Charles Ier et de Louis de Bourbon, de La Trémoïlle, l'ancien favori du roi Charles VII, du célèbre Dunois, et même du dauphin, qui fut depuis Louis XI. Ce prince n'avait encore que dix-sept ans, et les conjurés se proposaient de le proclamer roi. L'entreprise fut conduite avec peu de décision et d'ensemble. On laissa le roi réunir des forces considérables, à la tête desquelles il marcha contre les chefs de la Praguerie, qui finirent par se trouver acculés dans la ville de Niort, sans avoir passé les sort des armes. Chemin faisant, Charles VII avait vu Dunois, repentant, venir demander grâce et merci, et grossir l'armée royale des bandes qu'il conduisait vers les révoltés. Cette défection désorganisa complètement la Praguerie, dont les meneurs firent leur soumission les uns après les autres. Le roi refusa de faire grâce à La Trémoille, ainsi qu'au bâtard de Bourbon, qui fut noyé. Quant au dauphin, il fut exilé dans le Dauphiné. Cette levée de boucliers ne dura que six mois.

PRAIRIAL (du français *prairie*, fait du latin *pratum*), neuvième mois du calendrier républicain. Il commençait le 20 mai et finissait le 18 juin. Son nom lui venait de ce que c'est à cette époque que l'on fauche les prés et qu'on récolte les foins.

PRAIRIAL an III (Journée du 1er). *Voyez* CONVENTION NATIONALE, BOISSY D'ANGLAS, FÉRAUD.

PRAIRIE, terre qui se couvre d'herbes assez abondantes et assez hautes pour pouvoir être fauchées et converties en fourrages. On distingue deux espèces de prairies : celles qui se forment naturellement, et que l'on nomme *prairies naturelles*, *prés*, *herbages* ; et celles qui sont dues à la culture, appelées *prairies artificielles*. Les plantes qui composent ces dernières varient selon la nature des terrains : ce sont le plus souvent le trèfle, la luzerne, le sainfoin.

L'introduction de ces récoltes dans les assolements a créé une ère nouvelle pour l'agriculture : en améliorant les fonds, elle a augmenté les autres produits, elle a permis de doubler, de tripler, de décupler même le nombre des bestiaux dans de certaines localités. Mais combien de départements en France se refusent encore au bienfait de cette innovation ! Les meilleurs conseils ont été donnés en vain ; les exemples les plus entraînants ont inutilement frappé les yeux des partisans de la jachère. Que faire cependant pour les convaincre ? Attendre et laisser faire le temps ; car les fermages énormes, les impôts toujours croissants, toutes causes sous l'influence desquelles leur misère s'accroît chaque jour, les mettront dans la nécessité de rechercher de nouvelles sources de fortune. Alors ils comprendront que les millions enlevés chaque année par les importations de chevaux, de bœufs, de vaches, de moutons, etc., peuvent leur être acquis par la multiplication des élèves, c'est-à-dire par la culture des prairies artificielles.

L'étendue des terres consacrées à ces fourrages dans une exploitation rurale doit être subordonnée en général au rapport absolu du fond et au nombre des bestiaux que veut entretenir le cultivateur ; elles occuperont le quart, le tiers et même la moitié du terrain à exploiter d'après ces données. Les plantes cultivées en prairies artificielles sont semées ordinairement avec quelque céréale, telle que l'orge, l'avoine, dont on confie à la terre les deux tiers environ de la semence nécessaire pour ensemencer le champ sans les fourrages. L'expérience a prouvé que ce mélange, tout en préservant les jeunes semis des ardeurs de l'été, maintient la terre dans une fraîcheur favorable à leur développement. Elles doivent être semées en automne ou au printemps, et de préférence au printemps, sur un hersage. Ce qui importe surtout pour les terres qui doivent recevoir les prairies artificielles, c'est qu'elles soient meubles et bien divisées ; un seul labour suffit souvent pour les disposer ; la graine de trèfle et celle de luzerne de la première ou de la seconde année réussissent également bien lorsqu'elle est de bonne qualité, ce qui se reconnaît à sa couleur, à son poids, à son volume et à son odeur, toutes qualités qui doivent annoncer une maturité parfaite dans les bonnes graines. La quantité de semence varie d'ailleurs selon la nature des fonds.

Les soins à donner aux *prairies naturelles* varient nécessairement selon leur position, qui les a fait diviser en *prairies hautes* (pâturages des montagnes), *prairies moyennes* et *prairies basses*.

Les prés de la première division, qui ne sont pas fauchables, pourraient être améliorés par des irrigations et d'autres travaux, ou bien convertis en prairies artificielles, en prés-gazons, en terres arables, s'ils n'étaient trop souvent propriétés communales : la première condition pour les améliorer serait d'en faire le partage. Ceux des prés élevés dont l'herbe peut être fauchée ont un sol plus riche et des eaux plus abondantes ; ils méritent des soins de chaque année ; la destruction des taupinières, des mousses par le hersage, des plantes nuisibles, l'addition de terre végétale, de terreau, de fumier, augmentent leurs produits et payent abondamment les propriétaires. Une connaissance approfondie de la botanique rurale serait d'ailleurs d'un grand secours aux cultivateurs pour la direction de leurs prairies ; ils pourraient alors y multiplier les plantes utiles, en éloigner les plantes nuisibles : la réforme qui en résulterait paraîtra immense si l'on se reporte aux travaux des botanistes qui ont analysé les prairies naturelles : 1° sur quarante-deux espèces de plantes que contenaient quelques prairies moyennes, ils en ont trouvé quinze bonnes et vingt-cinq inutiles ou nuisibles ; 2° dans les hauts pâturages, la proportion des bonnes aux mauvaises a été moindre encore, puisque sur trente-huit espèces ils n'en ont reconnu que huit d'utiles ; 3° enfin, dans les prairies basses, il n'y en avait que quatre sur vingt-neuf. Ces résultats montrent tout ce qui reste à faire pour améliorer et augmenter les fourrages. D'ailleurs, les soins que nous venons de recommander pour les prairies élevées qui peuvent donner du foin s'appliquent aux prairies moyennes et basses ; pour les dernières, les travaux d'amélioration qu'elles exigent tendent tous à les faire passer de la dernière section dans la précédente : ce sont des dessécheresses, des exhaussements du terrain, seuls moyens capables de changer la nature de leurs produits.

P. Gaubert.

PRAIRIES (Les). *Voyez* Savannes.
PRÂKRIT. *Voyez* Indiennes (Langues).
PRAM (Christen-Henriksen), poëte et économiste danois, né en 1756, en Norvège, fut attaché à partir de 1781 au ministère du commerce à Copenhague, et prit sa retraite en 1815. Cependant en 1819 il accepta encore une place dans l'administration des douanes, à Saint-Thomas; et il mourut dans cette colonie, en 1821. On a de lui une épopée romantique, *Stærkodder* (1785), différentes pièces de théâtre et des nouvelles pleines de gaieté, et plusieurs travaux d'économie politique, par exemple un Examen de l'état des pêcheries de la Norvège.

PRASLIN (Affaire). Le 17 août 1847, vers neuf heures du soir, le duc et la duchesse de Praslin descendaient avec leurs enfants, en revenant des eaux, à l'hôtel du maréchal Sebastiani, situé rue du Faubourg-Saint-Honoré, n° 55, qu'ils habitaient durant leur séjour à Paris. Ils devaient y passer seulement quelques jours avant de retourner à la campagne; et comme leur absence avait été assez longue, ils permirent à la plus grande partie des gens de leur maison d'aller voir leurs parents et amis, et de s'absenter jusqu'au lendemain matin. Le duc fit une sortie avec trois de ses filles et un de ses jeunes garçons. La duchesse, fatiguée, se coucha de bonne heure. Dès onze heures tout l'hôtel était plongé dans le silence du sommeil.

L'hôtel Sebastiani ne présentait sur le faubourg Saint-Honoré qu'une façade très-exiguë, se composant seulement de la porte d'entrée, soutenue par deux colonnes, et d'un petit logement attenant à droite et servant de loge au concierge. Après avoir franchi la porte, on suivait une longue avenue au bout de laquelle se développait la façade de l'hôtel, dont le derrière donnait sur les jardins qui s'étendaient dans la direction des Champs-Elysées. A cette époque, l'architecte Visconti bâtissait de ce côté un hôtel pour M. Cibiel, député. L'appartement de la duchesse de Praslin était situé au rez-de-chaussée, mais cependant à une certaine hauteur, car pour y arriver il fallait franchir un perron de six marches. La chambre à coucher de la duchesse, située au midi, ouvrait ses fenêtres sur les jardins. Une porte donnait sur le grand salon qui communiquait avec le jardin par un perron. De l'autre côté, un boudoir terminait à l'ouest ce corps de bâtiment; en retour, vers la cour, près du lit de la duchesse, une porte communiquait avec un cabinet de toilette, qui n'était séparé de la chambre à coucher du duc que par une antichambre. Cette chambre à coucher du duc avait, à l'est, une fenêtre sur la cour. Près de l'alcôve était un cabinet de toilette. Dans un vestibule appuyé contre la chambre à coucher de la duchesse, un homme de confiance, exerçant la profession de frotteur, couchait chaque nuit. Au jour, il se leva et s'en alla, laissant l'hôtel parfaitement tranquille.

Entre quatre et cinq heures du matin, un violent coup de sonnette éveilla la femme de chambre de la duchesse, qui couchait au-dessus de son appartement. Cette femme, voyant le grand jour, s'habilla complétement avant de descendre. Bientôt le bruit d'une clochette donnant dans le vestibule réveilla un des domestiques, qui, passant à l'instant son pantalon, se porta dans l'intérieur des appartements. Entendant les cris de la duchesse, il courut aux portes de la chambre à coucher, qu'il chercha vainement à ouvrir, et à ce moment la duchesse ne poussait plus que de sourds gémissements. Le domestique courut au perron, où il espérait voir fuir les assassins. Rien ne s'offrit à ses regards; il crut cependant apercevoir le duc lui-même retirer précipitamment à lui, à la vue du domestique, des persiennes qu'il se disposait à ouvrir. Le domestique revint alors à la porte de la chambre à coucher qui communiquait avec les appartements du duc; en même temps arrivait la femme de chambre. L'obstacle qui s'opposait à l'intérieur à l'ouverture de cette porte était levé cette fois. On put entrer chez la duchesse. La chambre était dans une obscurité complète. La lampe de nuit avait été portée dans une pièce adjacente conduisant à l'appartement du duc. On se procura de la lumière; le domestique et la femme de chambre aperçurent alors leur infortunée maîtresse baignée dans son sang et frappée de nombreux coups de couteau. Aussitôt ils se mirent à crier au secours dans la cour même de l'hôtel ; le concierge et un autre domestique accoururent. Le duc parut le dernier; il était tout habillé, il manifesta un singulier étonnement, se mit à gronder et à dire aux domestiques : « Je vous l'avais bien dit, qu'il arriverait un malheur; vous laissez toujours les portes ouvertes. »

La duchesse était appuyée sur une causeuse placée près de la cheminée, baignée dans le sang qui s'échappait avec abondance des larges et profondes blessures qu'elle avait reçues à la gorge, et ne laissait entendre qu'un faible râlement d'intervalle à intervalle. Elle ne pouvait plus ni crier, ni parler, ni faire des signes; elle avait encore les yeux ouverts, fixes, hagards; mais elle semblait avoir perdu tout sentiment. Des médecins furent appelés; mais les secours de l'art furent inutiles. En même temps la justice fut avertie. Les mains de la duchesse étaient teintes de sang, et l'empreinte d'une main ensanglantée au cordon de la sonnette indiquait qu'elle n'avait sonné qu'après avoir été frappée. Des mèches de cheveux, éparses sur le parquet, annonçaient qu'elle avait dû soutenir une lutte acharnée avec le meurtrier. Sa main gauche en avait retenu quelques-uns entre ses doigts crispés; une petite table avait été renversée, des porcelaines et des objets d'art jonchaient le parquet; l'étoffe qui garnissait les parois du mur était maculée de sang à plusieurs endroits, notamment auprès du lit et auprès de la cheminée, où se trouvaient des cordons de sonnette. Il y avait encore des taches de sang près de la porte communiquant avec le salon, il n'y en avait pas près du boudoir, qui n'offrait aucune issue. Tout indiquait que la victime, surprise dans le sommeil, avait opposé à son meurtrier une vive résistance. Sur son corps on put constater onze blessures à la tête, parmi lesquelles cinq profondes et étendues, faites avec un instrument tranchant, les autres avec le pommeau d'un pistolet qui avait laissé l'empreinte de ses ciselures sur la chair. Deux excoriations au nez, à l'œil gauche, à la lèvre inférieure, au menton, indiquaient une forte pression faite sur ces parties pour étouffer les cris de la victime; quatre larges plaies, d'un instrument piquant et tranchant, au cou, n'avaient cependant atteint ni l'artère carotide ni la veine jugulaire inférue. Aux deux mains, au ventre, à l'estomac, on comptait une douzaine de blessures. Le pouce de la main gauche était presque entièrement détaché. Ainsi, plus de trente blessures larges et profondes furent trouvées sur le corps de l'infortunée duchesse. On remarquait en outre sur les membres des contusions et ecchymoses nombreuses. La mort s'était produite par l'hémorrhagie qui suivit les plaies du cou.

Dès six heures du matin le préfet de police, le procureur général, le procureur du roi, accompagnés des juges d'instruction et du chef de la police de sûreté arrivaient sur les lieux et commençaient une enquête. Des premières constatations il résulta qu'aucun vol n'avait été commis ni même tenté ; le jardin, examiné avec le soin le plus minutieux dans toutes les parties, se trouva dans un état tel qu'il demeura évident que personne n'y avait pénétré pour entrer ni pour sortir de l'hôtel. La police, à l'inspection des blessures, n'hésita pas à déclarer que le crime n'était pas l'œuvre de malfaiteurs. « Ces gens-là s'y prennent mieux, » dit M. Allard. Il fut donc décidé que, à l'exception des enfants de la duchesse, tous ceux qui avaient passé la nuit dans l'hôtel seraient gardés à vue et interrogés séparément. Le duc fut lui-même soumis à une certaine surveillance ; mais pour lui laisser plus de sécurité, deux mandats furent décernés contre d'autres habitants de l'hôtel. Des traces de sang se pouvaient suivre sur le parquet, depuis la chambre à coucher de la duchesse jusqu'à celle du duc. C'était avec anxiété qu'il s'était informé si la duchesse avait parlé. Les cheveux trouvés entre les doigts de la duchesse et sur le parquet se rapportaient pour la longueur et la couleur à ceux du duc; les domestiques déclaraient avoir vu le duc faire brûler différents objets dans la cheminée de sa chambre après la perpétration du crime. Une robe de chambre d'été qui était la veille dans la chambre du duc avait disparu. Un pistolet qui avait servi à frapper la duchesse était resté chargé et muni de sa capsule sur le lieu du crime : il appartenait au duc. Interrogé sur ce fait, le duc répondit qu'en entendant crier à l'assassin il était venu avec ce pistolet, et qu'ensuite il l'avait jeté sur le parquet. Mais il y avait après des débris de chair, un cheveu de la duchesse, mais le crâne de la victime reproduisait les dessins de cette crosse. Le duc fut plus catégoriquement interrogé. Il s'offensa d'abord qu'on osât lui faire des questions, mais sans protester de son innocence. Ses mains étaient gantées; on lui fit ôter ses gants, et l'on vit sur sa main gauche une profonde égratignure; le pouce de cette main avait été violemment mordu. On le fit déshabiller; on lui vit aux cuisses des contusions qui ressemblaient à la pression d'une main énergique; aux jambes il y avait aussi des marques qui pouvaient provenir du choc contre quelques meubles. Le duc prétendit s'être blessé à la main la veille en faisant des paquets, et à la jambe en montant dans le chemin de fer. On découvrit dans le foyer de l'appartement du duc des cendres toutes récentes, parmi lesquelles on pouvait reconnaître les débris d'un foulard, un morceau de métal provenant d'une gaîne de couteau ou de poignard. On vit différents objets qui venaient d'être lavés; enfin, on trouva de l'eau mêlée de sang dans une cuvette, dans le cabinet de toilette du duc. Au moment où le duc était forcé de se dépouiller de ses vêtements, on vit tomber de dessous sa chemise une corde semblable à celle dont se servent les chasseurs pour suspendre leur poudrière, disposée en lacet. Le procureur général lui demanda ce qu'il voulait faire de cette corde; il ne put répondre.

Tous ces indices désignaient suffisamment le duc aux recherches de la justice. Il tomba dans une certaine stupeur; la colère qu'il avait plusieurs fois montrée fit place à une sorte de torpeur stupide. De temps en temps il relevait la tête, balbutiait quelques vagues questions, demandant si l'on avait des soupçons, des indices sur l'assassin; puis il retombait dans l'affaissement, sans retrouver ses allures habituellement si hautaines, sans avoir un mouvement d'indignation pour repousser les soupçons qu'on dirigeait contre lui. Il fut alors confié à la garde du chef de service de sûreté, en attendant qu'une ordonnance royale convoquât la chambre des pairs. Un scrupule arrêtait les magistrats. La charte disait bien qu'un député pouvait être arrêté dans le cas de flagrant délit sans l'autorisation de la chambre; elle ne contenait pas le même texte pour les pairs de France. On n'arrêta donc pas le duc de Praslin, qui appartenait à la chambre des pairs; on se contenta de le surveiller de plus près. Comme on ne retrouvait pas l'instrument tranchant qui avait servi à faire les blessures de la duchesse, on fit vider les fosses d'aisances; mais ce fut inutilement. Le duc de Praslin fut conduit dans un appartement supérieur, et en poursuivant les investigations on découvrit un petit poignard dont la lame avait été lavée, mais qui avait encore conservé des traces de sang. En se voyant soupçonné, le duc de Praslin était parvenu à prendre, sans être vu, une forte dose d'arsenic et de laudanum qu'il avait rapportés de Vaux, renfermés dans une petite fiole. Dans la soirée du jour du crime des vomissements se déclarèrent. Les médecins furent appelés. On crut d'abord devoir attribuer son état de souffrance aux commotions morales; puis on le crut atteint du choléra. Les yeux ne s'ouvrirent que quand les agents de police découvrirent des fioles qui avaient contenu du laudanum, de l'acide nitrique et du laudanum mêlé à de l'acide arsénieux. Il allait mieux alors; car le poison, en raison de la grande quantité ingérée, n'avait pas produit immédiatement ses conséquences mortelles.

Il n'y avait plus guère à douter pourtant sur la culpabilité du duc. Une estafette fut envoyée au roi, qui était à Eu. Le roi signa une ordonnance convoquant la chambre des pairs et motivée sur les indices graves qui s'élevaient contre le duc de Praslin. En signant cette ordonnance, Louis-Philippe s'écria : « J'ai subi déjà bien des épreuves; mais ceci est l'acte le plus douloureux de mon règne. » Le chancelier lança alors un mandat contre le duc, et le docteur Andral l'ayant trouvé mieux, il fut transféré avec de grandes précautions, le 21, à cinq heures du matin, à la prison du Luxembourg. Le même jour la chambre des pairs se constitua en cour de justice, et ordonna la continuation des poursuites. Mais le poison que le duc avait pris continua à faire de grands ravages, et après d'horribles souffrances, il expira, le 24, à quatre heures et demie du soir, après s'être confessé au curé de Saint-Jacques-du-Haut-Pas, sans avoir voulu avouer son crime au président de la chambre des pairs, et sans trouver pourtant d'expression pour s'en défendre. Après l'autopsie, qui constata l'empoisonnement par l'arsenic, le cadavre fut porté de nuit, sans cérémonie, au cimetière du Mont-Parnasse, où il fut inhumé.

Mme de Praslin, qui venait de périr si misérablement, était la fille unique du maréchal Sebastiani. Elle était née à Constantinople, pendant l'ambassade de son père, à l'époque où, s'étant mis à la tête des Turcs, il força la flotte anglaise à quitter les Dardanelles. Au milieu des préoccupations qui l'assiégeaient alors, le comte Sebastiani eut la douleur de perdre la comtesse Antoinette-Françoise-Jeanne de Coigny, sa femme, morte à la suite de ses couches. Ne pouvant garder son enfant auprès de lui, il dut l'envoyer en France; mais la mer étant fermée par les Anglais, et nous étions en guerre avec la Russie. La jeune Fanny dut donc parcourir avec sa nourrice et quelques serviteurs une grande étendue de pays, en faisant de longs détours, pour arriver dans sa patrie. En 1825 elle épousa le duc *Charles-Laure-Hugues-Théobald* de Choiseul-Praslin, né à Paris, le 29 juin 1805, fils du duc de Praslin, chambellan de l'impératrice, colonel de la garde nationale de Paris et pair de France. Mlle Sebastiani apportait en mariage, du chef de sa mère, plus de 100,000 francs de rente; différents héritages devaient élevé sa fortune à plusieurs millions de capital. Le duc de Praslin était fort riche lui-même. En 1841 il hérita de son père, et devint duc de Praslin. Ils avaient à attendre la fortune du maréchal Sebastiani, du général Tiburce Sebastiani, qui n'avait pas d'enfant, et leur part dans l'héritage de la duchesse douairière de Praslin, sœur du comte de Breteuil, qui, outre MM. Théobald et Edgard de Praslin, avait encore quatre filles, Mmes de Béarn, de Calvières, de Sabran et d'Harcourt. Le 6 avril 1845, le roi avait appelé le duc de Praslin à la pairie. Quand le duc de Coigny, oncle maternel de sa femme, se rallia à la branche cadette des Bourbons et fut nommé chevalier d'honneur de la duchesse d'Orléans, il le fit nommer à son tour chevalier adjoint de cette princesse. La fortune et les honneurs ne manquaient pas, comme on voit, à cette famille.

Dix enfants étaient nés coup à coup à la duchesse de Praslin; neuf vivaient : six filles et trois garçons. L'aînée des filles était seule mariée à un riche seigneur piémontais. Le duc et la duchesse semblaient devoir être heureux. Mariés très-jeunes, les commencements de leur union avaient en effet été pleins de bonheur. Mais la mésintelligence s'était mise assez vite dans le ménage. C'est dans les lettres laissées par Mme de Praslin qu'on peut lire cette histoire intime. La duchesse était vive, jalouse, emportée, aigre, impérieuse, sans ordre; elle ne pouvait supporter une caresse qui ne se rapportait pas à elle : le duc devint froid, réservé, taquin, indifférent. Dans la crainte d'avoir de nouveaux enfants, il relégua la duchesse dans ses appartements, se fit une vie séparée, libre, indépendante, mystérieuse. La duchesse prit de l'ombrage, devint plus aigre, plus emportée. Le duc cessa de la voir, et il lui retira ses enfants, qu'il confia à des gouvernantes. Enfin, une demoiselle Deluzy-Desportes entra avec cette qualité dans la maison, le 1ᵉʳ mai 1841. Ce fut alors un enfer. La duchesse ne dut plus entrer dans l'appartement de son mari, où la gouvernante allait à toute heure. Cette demoiselle Henriette Deluzy était née à Paris, en 1810; elle avait étudié la peinture jusqu'à l'âge de vingt ans, puis le besoin lui avait fait accepter une place de gouvernante dans une famille anglaise, chez lady Hislop, à Charlestown, et elle demeura en Angleterre six ou sept ans. Ensuite, elle entra chez la duchesse de Praslin, sur la recommandation de Mᵐᵉ de Flahaut. On prit une sous-gouvernante; mais on ne s'entendit pas longtemps, et la gouvernante resta souveraine maîtresse. La duchesse céda d'abord, espérant que son mari lui reviendrait; mais délaissée, abandonnée, ne sachant plus rien de ce que son mari faisait, elle se plaignit avec aigreur, accusant le duc de manquer aux plus simples règles des convenances. Il s'ensuivait des scènes où le duc brisait tout chez sa femme, voulant, disait-il, la corriger. Parfois, pour la rassurer, il lui faisait entendre que cette vie d'épreuves n'aurait qu'un temps; qu'un jour il retournerait à elle d'autant plus aimant qu'elle l'aurait laissé plus libre, et qu'elle n'aurait plus ses défauts; d'autres fois, il lui faisait entendre qu'elle avait tort de ne pas se créer quelques relations au dehors, de ne pas chercher ailleurs le bonheur qu'elle ne trouvait plus chez elle. Mais l'orgueil de la duchesse se révoltait. D'un esprit distingué quoique altier, d'un cœur excellent bien qu'exigeant, elle avait de grands principes religieux, et se rejetait dans la prière pour obtenir un changement dans la conduite du duc; le duc, imbu d'idées matérialistes, se riait des souffrances morales de la duchesse.

Une terrible maladie nerveuse vint à atteindre la duchesse, et la place n'était plus tenable, lorsque, sous l'influence de son père, qui depuis longtemps avait renoncé à voir sa fille, son gendre et ses petits-enfants, de peur d'être un obstacle à une réconciliation toujours espérée, elle menaça d'une séparation. Alors le duc se radoucit. De grandes dépenses qu'il avait faites au château de Vaux, illustré par Fouquet, dont il voulait égaler les magnificences, avaient, à ce qu'il paraît, compromis sa fortune personnelle. Les prodigalités de sa vie de garçon avaient sans doute achevé de la dissiper. Le déshonneur pouvait suivre une séparation. Le duc fit tout pour l'éviter. Il pria la gouvernante de se sacrifier. Par son testament il lui avait assuré 3,000 francs de rente. Mˡˡᵉ Deluzy fut congédiée au mois de juillet 1847, et la duchesse reprit ses droits sur ses enfants. Malheureusement son caractère, aigri par les chagrins, sa jalousie, ses emportements, les soins d'une étrangère, lui avaient aliéné le cœur de ses enfants; ils connaissaient peu leur mère. Le duc était bien changé. Il était morose, taciturne, grondeur, maugréant, toujours l'insulte à la bouche, et son orgueil était trop blessé pour qu'il pût pardonner. La duchesse ne doutait pas qu'elle ne lui eût rendu un grand service en le soustrayant à la puissance d'une gouvernante, qui le dominait; mais le charme plus fort que lui, il préférait les chaînes d'une femme à qui il n'avait pas de comptes à rendre. La duchesse, blessée, irritée, n'eut peut-être pas toute l'adresse nécessaire à ramener son mari; elle avait trop souffert. Elle exigea que l'ex-gouvernante quittât à l'étranger; elle lui faisait une pension à ce prix. Mˡˡᵉ Deluzy voulut rester à Paris. Trois fois le duc la revit après sa sortie de chez lui; deux fois il emmena avec lui ses enfants, qui la traitaient comme leur mère. Le 17 août, au soir, c'était près d'elle que le duc s'était rendu. Une maîtresse de pension chez qui elle était demandait un certificat de la duchesse; le duc promit de l'obtenir. Sans doute la duchesse le refusa; la démarche du duc avait dû l'exaspérer. De là vraisemblablement l'horrible drame que nous avons raconté, et qui coûta la vie aux deux malheureux époux.

Une pareille position devait faire comprendre Mˡˡᵉ Deluzy dans les poursuites intentées contre le duc. En apprenant la mort de la duchesse, elle se réfugia auprès de la femme d'un professeur. C'est là qu'elle fut arrêtée. Sa correspondance avec le duc fut saisie chez une autre personne. Elle protesta de son innocence, rejeta tous les torts sur le caractère irascible de la duchesse; et comme rien ne prouvait effectivement sa complicité, elle fut mise plus tard en liberté.

L'assassinat de Mᵐᵉ de Praslin eut un grand retentissement en France. La cour des pairs venait de juger, un mois auparavant, un ministre, des pairs prévaricateurs; puis on autre pair venait de se souiller d'un crime atroce. Les sommets comme les bas-fonds de la société pouvaient donc renfermer des voleurs et des assassins; et là du moins on n'avait pas l'excuse du besoin, du manque d'éducation. On rejetait ces fautes sur la corruption générale, qu'on accusait le gouvernement de préconiser. Bientôt l'amour de l'égalité murmura de cette immunité qui semblait couvrir de si grands criminels. On se demandait comment le duc de Praslin avait pu librement avaler du poison, détruire des pièces de conviction, quand dès le premier moment tous les soupçons devaient planer sur lui. On se demandait quel prestige pouvait conserver cette chambre des pairs émanée du roi, et qui avait recélé de si grands coupables. On ne pouvait croire qu'une justice exceptionnelle pût être impartiale. Quelques-uns disaient même que le duc n'était pas mort, et qu'il était allié à de trop grands noms pour que le bourreau pût jamais approcher de lui. D'autres, enfin, se demandaient comment un tel homme, dont les journaux avaient à plusieurs reprises fait connaître la vie désordonnée, avait pu si longtemps approcher d'une princesse irréprochable. Et la réponse à tout cela ébranlait la monarchie jusque dans ses fondements.
L. LOUVET.

PRASONCOUPE. *Voyez* ARDÈCHE.
PRAT (ANTOINE DU). *Voyez* DUPRAT.
PRATICIEN, celui qui entend l'ordre et la manière de procéder en justice. Dans les sciences, c'est celui qui s'est plus livré à la pratique qu'à la théorie : *Un médecin praticien*. Dans la sculpture, c'est l'homme qui, ne possédant ni l'invention ni la poésie de cet art, sait, à l'aide de moyens mathématiques, copier avec assez de perfection le modèle qui lui est confié. Parmi les *praticiens*, les uns sont de simples ouvriers, qui ne peuvent qu'ébaucher ou dégrossir le marbre; d'autres ont assez de talent pour atteindre presque à la perfection, sans pourtant pouvoir donner au marbre ce sentiment et la vie. Lorsqu'un bloc est *épannelé*, c'est-à-dire lorsque avec la scie on a enlevé tous les *pans* de marbre inutile; lorsqu'il est *dégrossi*, et que sa forme présente la masse de la figure, sans pourtant offrir aucun détail, alors le *praticien* marque sur le modèle des *points* sur les parties les plus saillantes et sur celles qui sont les plus profondes; il multiplie ces points autant que les difficultés l'exigent, ou que son talent le rend nécessaire; ensuite, par le moyen du fil à plomb et de mesures au compas, il vient placer ces points sur le bloc de marbre ou de pierre, de manière que ces points se trouvent mathématiquement dans les mêmes places que sur l'original. S'il suffit d'effleurer la superficie du marbre pour atteindre le point, le praticien emploie le *ciseau* et la *masse*; mais s'il est obligé d'aller à une certaine profondeur, c'est avec le *trépan* qu'il enlève le marbre de trop, et qu'il découvre la place où, avec un crayon noir, il vient mettre son point. Ensuite, avec le c i s e a u ; il enlève le marbre de trop, et passe d'un point à l'autre, de sorte que la figure a l'apparence d'être terminée. Cependant, il reste encore à enlever quelque chose pour arriver à la parfaite imitation de la nature ; mais ce n'est plus un ouvrier qui peut donner ces finesses, il faut l'œil, la main, le sentiment d'un artiste. Cette opération se fait ordinairement dans l'atelier du statuaire : il en surveille l'exécution, et lorsqu'elle est terminée il dit que sa statue est *mise au point*. DUCHESNE aîné.

PRATIQUE (du grec πρακτική, exercice du pouvoir d'agir). On appelle ainsi tout acte de la volonté ayant un but déterminé. Un acte fortuit et involontaire ne saurait être ainsi qualifié, parce que la pratique a toujours quelque rapport direct ou indirect avec la théorie, sans quoi le seul nom qui lui convienne est le mot *routine*. Il y a en effet une connexité telle entre la pratique et la théorie, que ce qui est exact dans l'une ne peut être faux dans l'autre. Ceci n'implique point que la théorie n'ait pas beaucoup à gagner de la pratique; tout au contraire, les essais et les expériences de la pratique contribuent beaucoup à agrandir le champ de la théorie. Il n'y a d'opposition entre la théorie et la pratique, que lorsqu'on n'a pas les moyens d'atteindre le but qu'on se propose, car ce qui est vrai en théorie peut être inexécutable dans la pratique; ou bien encore, que lorsqu'on ignore les rapports existant entre le but et les moyens, entre les causes et les conditions de certains résultats qu'on a en vue. En ce sens, il est vrai de dire que la pratique, notamment en ce qui regarde la médecine, doit souvent se tenir pour satisfaite quand certains moyens obtiennent un résultat, encore bien que les rapports entre les causes et les effets ne lui paraissent pas toujours parfaitement clairs.

Pratique au moral signifie exercice, accomplissement d'une vertu, d'un devoir. Il signifie quelquefois méthode, procédé, manière de faire certaines choses; ou bien, usage, coutume, manière d'agir reçue dans un pays, dans une classe particulière de personnes; ou bien, expérience, habitude des choses.

Pratique s'entend encore des personnes qui achètent chez un marchand d'une manière habituelle, qui emploient habituellement un artisan, un ouvrier, un avoué, un médecin.

Il se dit aussi de la manière de procéder devant les tribunaux, et en général de tout ce qui est relatif aux actes que font les officiers ministériels, notamment les avoués et les huissiers.

En marine, on nomme *pratique* la liberté d'aborder et de débarquer. On dit aussi *libre pratique*.

Pratique se dit en outre d'un instrument d'acier ou de fer-blanc que les joueurs de marionnettes mettent dans leur bouche pour faire parler Polichinelle. *Il a avalé la pratique de Polichinelle* se dit d'un homme dont la voix est très-enrouée.

PRATIQUES DE DÉVOTION. *Voyez* DÉVOTION.

PRATO, chef-lieu d'un vicariat de Toscane, à environ trois myriamètres au nord-ouest de Florence, sur le Bisenzio, dans une belle et fertile contrée, siége d'un évêque. On y trouve vingt places publiques, une vieille citadelle, un théâtre, une cathédrale ornée de beaux tableaux, et dans l'une des chapelles de laquelle on conserve la ceinture de la Sainte-Vierge (*Cintola della Madonna*), vingt-neuf autres églises, dix couvents, un palais épiscopal, quatre hôpitaux, un hospice d'orphelins, un mont de piété, un séminaire, une *Accademia Petrarchesca*, un collége (*Collegio Cicognini*). Il y a dans la ville 12,000 habitants (et 34,154 en y comprenant la banlieue), qui se distinguent par leur industrie et entretiennent notamment des filatures de laine et de soie, des fabriques de soieries, de cotonnades, de toiles, de chapeaux de paille, de papier, de savon, d'articles en cuivre, etc. Leurs boulangeries sont justement renommées, et c'est à Prato qu'on mange le meilleur pain de l'Italie.

PRAXITÈLE, sculpteur fameux, né dans la Grande-Grèce, florissait, suivant Pline, à la 104ᵐᵉ olympiade, environ quatre cent huit ans avant notre ère : c'était aussi l'époque où parurent Pamphile et Euphranor, autres sculpteurs célèbres de la Grèce. Praxitèle travaillait autant en bronze qu'en marbre. Son chef-d'œuvre, suivant Winckelmann, serait la statue d'Apollon connue sous le nom de *Sauroctonos*, ou le tueur de lézards : elle aurait été de bronze. On en voit au musée de Paris un très-beau marbre, qui nous vient de la collection Borghèse. Parmi les ouvrages en bronze de Praxitèle, on citait son satyre *Périboétos* (le célèbre, le renommé), et une Vénus qui ne le cédait en rien à sa Vénus en marbre. On croit qu'un faune du Musée est une copie du *Périboétos*, dont il reste d'ailleurs plusieurs imitations antiques. Athénée assure que la courtisane Phryné lui servit de modèle pour produire sa Vénus Gnidienne. Cette femme, si célèbre par sa richesse et sa beauté, eut la fantaisie de posséder le plus bel ouvrage de Praxitèle : elle l'avait prié de le lui choisir; mais comme il s'y refusa, elle se servit d'un stratagème pour le connaître. Elle fit dire au célèbre artiste que le feu avait pris à son atelier : alors, tout hors de lui-même, il s'écria : « Je suis perdu si les flammes n'ont point épargné mon *Satyre* et mon *Cupidon!* » Phryné, sachant le secret de Praxitèle, le rassura sur cette fausse alarme, et demanda le Cupidon, qu'elle obtint. Ce sculpteur a souvent répété les mêmes sujets quand ils flattaient son imagination, car les auteurs parlent d'un autre Cupidon; il a fait aussi plusieurs Vénus.

Les habitants de l'île de Cos avaient demandé une statue de Vénus à Praxitèle : il en fit deux, entre lesquelles il leur offrit de choisir pour le même prix. L'une était nue, l'autre voilée. Ceux de Cos donnèrent la préférence à la dernière, ne voulant pas introduire dans leur ville des images capables de produire de trop vives impressions sur la jeunesse. Les Gnidiens achetèrent avec empressement la Vénus rebutée, qui fit depuis la gloire de leur ville. Elle passe pour la plus belle Vénus de Praxitèle. On dit que pour la rendre parfaite il lui avait donné le sourire séducteur de Cratina, celle de ses maîtresses qu'il affectionnait le plus. Les Gnidiens, jaloux de posséder un si rare trésor, le placèrent dans leur temple, et l'adorèrent. C'est de cette statue fameuse que Pline a dit qu'un jeune homme, ayant conçu pour elle une passion violente, se cacha dans le temple pendant la nuit, afin de pouvoir la palper à son aise sans être vu. Le temple qui la renfermait était ouvert de tous côtés, en sorte qu'on pouvait la voir en tous sens : la déesse paraissait se prêter elle-même à cette disposition, tant sa figure était admirable, sous quelque aspect qu'on la considérât : son attitude ajoutait encore à l'illusion. Elle attirait continuellement une foule de curieux. Enfin, elle obtint sans réserve l'admiration d'un peuple qui perfectionna tous les arts; d'un peuple entouré de chefs-d'œuvre en tous genres, et qui respirait véritablement l'air du beau. Les poëtes, les historiens et les orateurs de la Grèce et de Rome l'ont célébrée à l'envi : on lit dans l'*Anthologie* un ingénieux éloge, finement traduit en notre langue par Voltaire et l'abbé Arnaud. On raconte que Praxitèle fut épris de son propre ouvrage, et qu'après avoir vendu sa statue aux Gnidiens, il la leur demanda en mariage. Sans accepter son offre, dit Pline, les Gnidiens ne furent pas fâchés de l'amour insensé de l'artiste, estimant que cela faisait honneur à la beauté de leur déesse, et la rendait plus célèbre dans le monde. il y a au Musée du Louvre une Vénus fort belle : on y lit le nom de Praxitèle; selon toutes les apparences, ce n'est qu'une imitation du chef-d'œuvre; mais je ne suis pas éloigné de penser que la statue découverte à *Milo* ne soit la *Vénus de Cos*, que Praxitèle avait sculptée d'après Phryné.

Il y eut du temps de Cicéron un autre sculpteur du nom de Praxitèle, ou plutôt *Pasitèle*. Il représenta, ciselé en argent, le célèbre acteur Roscius, au moment où sa nourrice le trouva dans son berceau entouré d'un serpent. Riccoboni l'a confondu avec le fameux Praxitèle de la Grande-Grèce. Celui-ci eut deux fils, qui pratiquèrent la sculpture comme leur père. Pausanias fait mention d'une statue de la déesse *Enyo* ou Bellone, et d'une autre de *Cadmus*, qu'ils exécutèrent en commun. L'un d'eux se nommait Céphissodore ou Céphissodote; il était l'auteur du *symplegma* d'Éphèse, ou groupe de deux athlètes qui s'entrelaçaient à la lutte.

Ch^{er} Alexandre Lenoir.

PRÉ. Ce mot désigne une prairie de peu d'étendue.

PRÉADAMITES. *Voyez* ADAMIQUE.

PRÉALABLE (du latin *præ*, avant, et du français *allable*, fait d'aller), qui précède, qui va devant. *Préalable* se dit de ce qui doit être fait auparavant, ou avant que de passer outre. L'instruction du fait d'une cause est *préalable* à l'établissement du droit de cette même cause.

Dans les assemblées délibérantes, on demande, on réclame la question préalable pour empêcher de délibérer sur une proposition.

PRÉAMBULE (du latin *præ*, avant, et *ambulare*, marcher : ce qui marche devant, ce qui précède), espèce de préface, d'exorde, qu'on fait avant une narration, avant que d'entrer en matière.

Le *préambule* d'une charte n'était pas autre chose que le motif allégué après la suscription pour autoriser l'objet principal de l'acte. Les lois étaient aussi quelquefois précédées d'un préambule, qui expliquait *à quelles causes* elles avaient été portées ; mais il sembla peu conforme à la dignité du législateur d'entrer pour ainsi dire en pourparler sur le mérite de son œuvre, et de discuter en rhéteur quand il croyait devoir commander en maître. C'est ce qui a fait dire à Sénèque que rien ne paraît plus froid et plus inepte qu'une loi affublée d'un prologue. En France, il fut décidé d'une manière précise le 11 août 1792, « que dorénavant les décrets seraient imprimés et publiés sans préambule ». C'était sans doute pour donner plus d'autorité à la loi ; mais la raison protestait contre ce despotisme légal, et la discussion des lois fut presque toujours précédée d'un exposé des motifs, qui, avec les rapports et les discours prononcés, en forme souvent comme le préambule. Les constitutions sont presque toujours précédées d'un préambule. On connaît celui de la charte de 1814, et celui de la constitution de 1848.

Préambule se dit aussi du titre qu'on met en tête d'un compte, d'ordre.

PRÉAU, petit pré. Il ne se dit plus que d'un espace découvert que l'on réserve ordinairement au milieu du cloître des maisons religieuses, ou de la cour des prisons. Toute prison doit avoir son *préau* pour que les prisonniers puissent y prendre l'air. Ce nom vient de ce que l'herbe poussait ordinairement dans ces sortes de cours.

PRÉ-AUX-CLERCS. A l'ouest et au nord de l'abbaye et du bourg Saint-Germain étaient de vastes prairies qui s'étendaient jusqu'à la Seine et à la plaine de Grenelle. Les clercs de l'université de Paris étaient en usage de venir s'y promener et de s'y permettre beaucoup de désordres ; ils regardaient ce pré comme leur propriété. A ce sujet, en 1163, une discussion s'éleva entre eux et les moines de Saint-Germain qui le leur contestaient. L'affaire fut soumise au jugement du concile de Tours, et les écoliers perdirent leur cause ; pourtant, dix-neuf ans plus tard, le Pré-aux-Clercs fut encore le théâtre d'une querelle sanglante entre les étudiants et les habitants du bourg Saint-Germain ; les deux partis invoquèrent l'autorité du pape, qui ne décida rien. Un règlement de 1215 l'adjugea définitivement à l'université. Le Pré-aux-Clercs, qui a subsisté jusque sous Louis XIV, fut presque toujours un théâtre de tumulte ; de galanterie , de combats, de duels, de débauches et de sédition.

On appelait *Petit Pré-aux-Clercs* un terrain donné en 1368 par l'abbé de Saint-Germain à l'université, en échange de celui qu'il avait pris sur le grand Pré-aux-Clercs pour faire creuser des fossés autour de l'abbaye. Ce terrain, situé entre les rues Mazarine et Bonaparte, était séparé du grand pré par un canal large de 27 mètres, qui communiquait de la rivière aux fossés de l'abbaye et qu'on appelait la *Petite Seine*. Il fut comblé vers la fin de 1540. Le Petit Pré-aux-Clercs vers la fin du règne de Henri IV était entièrement couvert de maisons ; il ne tarda pas à en devenir de même du grand. Dès 1630 le parlement permit à l'université de l'aliéner.

PRÉBENDE. Ce mot se confondait ordinairement avec *chanoinie* et *canonicat*. Néanmoins, dans le droit canonique, il y avait quelque différence. La prébende était un droit qu'avait un ecclésiastique, dans une cathédrale ou collégiale qu'il desservait, de percevoir certains revenus et de jouir de certains droits : elle était ainsi appelée *a præbendo*. La *chanoinie*, au contraire, était simplement un titre ou qualité spirituelle, indépendant de cette prestation, ou de ce revenu temporel. Il résultait de là que la prébende pouvait subsister sans le canonicat, tandis que la chanoinie ou canonicat était inséparable de la prébende. Dans la cathédrale de Chartres, il y avait des prébendes réservées à des laïques, particulièrement à des personnes de naissance.

Prébendiers, prébendés, chanoines jouissant des revenus d'une prébende. Ils avaient la préséance sur les chanoines honoraires. On donnait aussi ce nom à certains pauvres que les églises nourrissaient.

PRÉCAIRE (du latin *precarius*, fait de *precor*, prier, supplier), ce qui ne s'exerce que par tolérance, par permission, par emprunt ou à tout autre titre révocable. On dit une autorité précaire, un pouvoir précaire, une possession précaire, une existence précaire, une vie précaire. Employé substantivement, il se dit en jurisprudence des choses dont on ne jouit, dont on n'a l'usage que par une concession toujours révocable au gré de celui qui l'a faite. Chez les Romains, le *precarium* était une concession gratuite de l'usufruit d'une propriété pour un temps limité. Ensuite on donna ce nom à un bénéfice temporaire accordé par l'Église à un séculier sur les biens mêmes de l'Église.

PRÉCAUTION (du latin *præcautio*), ce qu'on fait par prévoyance, pour ne pas tomber en quelque inconvénient, pour éviter quelque mal. Scarron a fait une nouvelle de la *précaution inutile* contre l'infidélité des femmes. C'est aussi le second titre du *Barbier de Séville*.

Précaution signifie encore *circonspection, ménagement, prudence*. Les mystères de la religion, dit Bossuet, sont des matières délicates, qu'il faut traiter avec beaucoup de sagesse et de *précaution*.

Les *précautions oratoires* sont des moyens adroits qu'un orateur emploie pour se concilier la bienveillance de ses auditeurs, ou pour affaiblir des préventions qui seraient contraires à l'objet qu'il se propose.

PRÉCÉDENT (du latin *præcedens*, qui va devant, fait de *præcedo*, je précède). On appelle ainsi ce qui a existé auparavant. Les *précédents* jouent un grand rôle dans la politique, dans la diplomatie, dans la procédure : on les invoque avec raison là où il y a absence de loi ou de convention expresse.

On dit indifféremment d'un individu qu'il a de fâcheux *précédents* ou *antécédents* : ces deux mots sont en effet synonymes et ont une étymologie très-proche voisine.

PRÉCEINTE (du latin *præcincta*, fait de *præcingo*, j'entoure), longues files de bordages extérieurs plus forts et plus épais que les autres, qui forment de distance en distance des bandes ou ceintures entourant le vaisseau de l'avant à l'arrière au-dessus de la flottaison (*voyez* COUPLE).

PRÉCEPTE (du latin *præceptum*, fait de *præcipio*, prendre d'avance, instruire, enseigner, commander, ordonner), règle, leçon, maxime, enseignement, principe des arts et des sciences, ce qu'il faut savoir pour y réussir. Aristote a donné des *préceptes* de logique, de morale, d'éloquence, de poésie. Les préceptes, dit Nicole, deviennent si pénibles par l'exercice qu'on les pratique sans avoir besoin d'un repasser toute la suite et d'y faire attention. Boileau lui-même ajoute : La contrainte des *préceptes* affaiblit et dessèche l'esprit.

Précepte signifie aussi *commandement*, et en ce sens il ne se dit guère que des commandements de Dieu, des commandements de l'Église, de ce qui nous est ordonné par l'Évangile. Les *préceptes* de la loi se réduisent à aimer Dieu de tout son cœur et le prochain comme soi-même.

PRÉCEPTEUR (du latin *præceptor*, qui enseigne, qui instruit, qui donne des préceptes ou des règles), celui qui est chargé de l'instruction et de l'éducation d'un enfant, d'un jeune homme. Bossuet fut le *précepteur* du dauphin, et Fénelon le *précepteur* du duc de Bourgogne. Dans les grandes maisons on donne des précepteurs aux enfants. Ils sont chargés de les accompagner, d'assister à leurs jeux, de veiller à leur conduite, de présider aux leçons des professeurs, etc.

Précepteur se dit par extension de tous ceux qui instruisent les autres.

PRÉCESSION (du latin *præcedo, præcessum*, précéder, aller devant), terme dont on se sert en astronomie pour exprimer le mouvement insensible par lequel les équinoxes changent continuellement de place et se transportent d'orient en occident. Ce mouvement est indiqué par l'augmentation successive des longitudes des étoiles, qui croissent d'un degré en soixante-douze ans.

PRÉCHANTRE. *Voyez* CAPISCOL.

PRÊCHE se dit des sermons que les ministres de la religion protestante prononcent dans leurs temples. On s'en sert aussi pour désigner le lieu où les protestants s'assemblent pour l'exercice de leur culte. Les seigneurs protestants haut justiciers avaient *droit de prêche* dans leurs terres.

On abattit tous les *prêches* en France lors de la révocation de l'édit de Nantes. Ce mot vient par métathèse de l'hébreu *parasch*, qui signifie *exposuit*, parce qu'il s'y fait une exposition de la Bible, ou plutôt du latin *prædico*. Les réformés ne l'emploient ni dans l'un ni dans l'autre sens; et si ce n'est quand il s'agit du *prêche dans le désert* au temps des persécutions, ils le regardent comme un terme injurieux que leur jettent les catholiques. Ils disent, dans le premier cas, *sermons*, *discours*, et *temple* dans le second.

PRÊCHEURS (Frères). *Voyez* DOMINICAINS.

PRÉCIEUSE, femme qui est affectée dans son air, dans ses manières et spécialement dans son langage. Ce mot, dans l'origine, ne se prenait pas en mauvaise part. « Deux périodes, dit M. Ch. Livet, se succèdent dans l'histoire des *pré\`euses* : l'une calme, respectée, où tout est progrès ; l'autre violente, tourmentée, où tout est révolte ; l'une avec une tête, l'autre avec vingt chefs ; la première qui précède la Fronde, l'autre qui la suit et la reflète : toutes deux curieuses, et par ce qu'elles cherchent et par ce qu'elles combattent. Dans la première époque, les *précieuses* tiennent leur principale assemblée dans le palais de Cléomire, comme parle *le Cyrus*, dans la chambre bleue d'Arthénice, comme on disait aussi, c'est-à-dire à l'hôtel de Rambouillet, dont les portes ouvertes en 1610 se fermèrent ou à peu près en 1648 ; la mort de Voiture, qui était *l'âme du rond*, le mariage de Julie d'Angennes, fille de Mme de Rambouillet, avec le marquis de Montausier, qui l'emmena dans son gouvernement d'Angoumois ; la mort du marquis de Rambouillet, l'âge assez avancé de la marquise, la Fronde, enfin, sont autant de circonstances qui, produites ensemble ou à un faible intervalle, expliquent aisément la dissolution de la société. De nombreux salons s'élevèrent sur les débris de celui-ci, où était né l'esprit de conversation, et en furent en quelque sorte la menue monnaie. Le nom de *précieuses* avait été jusque là un titre d'honneur ; on y joignit l'épithète de *ridicules*, consacrée par l'autorité de Molière, et elles essayèrent en vain de le remplacer par celui d'*illustres*. Leurs coteries s'attirèrent les railleries de tous les hommes de sens, par l'excès où elles portèrent les mêmes mérites qui avaient fait la gloire de l'hôtel de Rambouillet, par leur maladresse à remplacer la pudeur par la pruderie, la pureté du langage par l'affèterie, le savoir modeste par l'orgueil d'un pédantisme prétentieux. »

Le premier noyau du cercle de l'hôtel de Rambouillet se composait de Malherbe, Gombaud et Racan, auxquels se joignirent bientôt Balzac, Richelieu, Vaugelas, Voiture, Sarasin, Conrart, Mairet, Patru, Pierre Corneille, Rotrou, Benserade, Saint-Évremond, Charleval, Ménage, La Rochefoucauld, Bossuet, Fléchier, puis Scudéry, sa femme et sa sœur ; puis Mmes de Sablé, de Longueville et de La Suze ; mais au temps le plus brillant de ces réunions, les hôtes les plus remarqués et les plus intimes étaient Voiture, Melle Paulet, le marquis de La Salle, qui fut depuis duc de Montausier, et qui venait pour Julie d'Angennes, Chapelain, qui recherchait Melle Robineau ; Godeau, Arnaud, le mestre de camp, Conrart et Chandeville, neveu de Malherbe. Melle de Scudéry et Ménage continuèrent à briller dans les salons qui, avec une société fort mélangée, entachée de bourgeoisie, remplacèrent les réunions de la marquise : toutes les célébrités du temps étaient admises chez celle-ci, et sans doute le nom de *précieuses* n'y fut guère prononcé ; les nouveaux cercles au contraire furent en proie aux précieux, aux précieuses, à quiconque acceptait ou méritait ce nom. Les *précieuses* du second âge avaient leur jour, « car l'on observe maintenant pour la commodité du public cette manière de rendez-vous, dit l'abbé de Pure. Il n'est plus de femme qui n'affecte d'avoir une *précieuse*, ou pour se mettre en réputation, ou pour avoir le droit de censurer autruy et de se tirer de la jurisdiction des connoisseurs et des raisonnables ». Dans leurs ruelles on parle un langage dont Saumaise nous a conservé de curieux échantillons dans sa comédie *Les Véritables Précieuses*, dans *Le Procès des Précieuses* et dans son *Dictionnaire des Précieuses*.

« Téméraires dans les locutions qu'elles osaient hasarder, dit M. Ch. Livet, les *précieuses* portèrent la même audace dans la réformation de l'orthographe. Un jour, Mme Roger, Mme Le Roy, Mme Le Clerc, M^{elles} de Saint-Maurice et de la Durandière « se mirent à dire, lisons-nous dans le *Dic-« tionnaire des Précieuses*, qu'il falloit faire une nouvelle « orthographe, afin que les femmes pussent écrire aussi as-« seurément et aussi correctement que les hommes. Voicy à « peu près ce qui fut décidé : que l'on diminueroit tous les « mots et que l'on en osteroit toutes les lettres superflues ». Cette réforme, assez mal motivée, on le voit, nous la suivons cependant maintenant en partie, et en effet c'est comme les précieuses que nous écrivons *auteur*, *prône*, *hôtel*, *méchant*, *solennité*, *âge*, *avis*, *savoir*, pour *autheur*, *prosne*, *hostel*, *meschant*, *solemnité*, *aage*, *advis*, *sçavoir*, que l'usage avait conservés, malgré les réclamations des grammairiens du seizième siècle. Nombre d'autres formes proposées par elle n'ont pas réussi ; l'orthographe même de ces mots s'est modifiée peu à peu, et non tout à coup, par suite de leur arrêt ; mais c'est aux *précieuses* que l'on duo cette initiative puissante, cette mode, si l'on veut, qui devint l'usage. »

On est donc plus juste aujourd'hui pour les *précieuses* qu'au temps de Molière ; un grand nombre de locutions créées par elles ont dû être rejetées comme maniérées et affectées ; mais bon nombre d'autres sont restées. Ainsi elles ont rendu quelques services à la langue.

« Avant d'arriver à la forme définitive que la fin du dix-septième siècle put atteindre et nous léguer, dit encore M. Ch. Livet, notre langue eut à subir des phases diverses. Les grammairiens du seizième siècle abusèrent en quelque sorte de son enfance ; absolus dans leurs systèmes, faux et incomplets comme sont tous les systèmes, ils la clouèrent dans le lit de Procuste d'une législation arbitraire. Les Dubois, les Meygret, les Pelletier, les Ramus virent échouer leurs prétentions exagérées, et livrèrent la langue tout entière, orthographe et prononciation, aux poëtes et aux prosateurs dont les écrits, plus répandus, acceptés avec moins de défiance, pouvaient exercer une influence plus générale. Poëtes et prosateurs appelèrent l'étranger : les Grecs et les Latins s'emparèrent de la langue, et la traitèrent en pays conquis. La France fut prompte à repousser l'invasion. La langue cependant, ainsi exercée, allait s'assouplissant et se fortifiant ; comme la douceur de la paix la parfait, elle se polissait et demandait au temps et à l'usage des perfectionnements que ni les grammairiens jusque là ni les œuvres d'écrivains à système n'avaient pu lui donner. Toutes les grammaires, excepté celle de Meygret, qui seul avait osé déclarer que la langue française n'avait pas de déclinaisons, étaient calquées sur Donat ou Priscien ; avant que les règles propres à elle-même fussent écrites, elle eut à se donner et les suivre. Malherbe, qui servit tant la langue, faillit la compromettre ; Balzac, au même degré, lui aurait communiqué une roideur funeste, et l'aurait mise hors d'état d'exprimer ce qu'il y a de plus naïvement français, la finesse malicieuse et la franche gaieté. L'instinct public, le bon sens général protesta : le burlesque au nom du populaire, les *précieuses* au nom de la société polie, Scarron et Voiture, Saint-Amant et Sarasin eurent donc leur raison d'être; ils furent le contre-poids de Balzac et de Malherbe; la dignité et l'enjouement purent marcher de pair sans se heurter. »

Les *précieuses* avaient encore eu une autre influence. « En exigeant de leurs adorateurs, dit M. Ed. Thierry, ces purs hommages

Et ces tendres pensées
Du commerce des sens si bien débarrassées,

les *précieuses* avaient placé l'amour dans un champ sans limites. Le corps une fois mis à part, la vieillesse était à peu près supprimée. L'esprit affranchi des conditions de la chair reprenait son droit d'être; les âmes invisibles s'attiraient et se cherchaient dans un commerce charmant de galanterie littéraire. Ame pour âme, Armande ou Bélise c'était presque tout un. L'une faisait fi des agréments de son visage; l'autre, presque aussi magnanime, faisait fi de ses rides :

Ce n'est qu'à l'esprit seul que vont tous les transports,
Et l'on ne s'aperçoit jamais qu'on ait un corps.

Les beaux esprits inventent; les esprits moins délicats, profitent de leurs agréables fictions. Le mot trouvé sortit des belles ruelles, et fit fortune ailleurs, où, si l'on veut, aida plus d'un cadet de famille à faire sa fortune. Le spiritualisme romanesque de l'hôtel de Rambouillet commença par être une généreuse protestation des femmes contre la grossièreté d'une cour que Henri IV avait refaite gauloise et laissée toute militaire. Lorsque Molière ridiculisa les femmes savantes, l'hôtel de Rambouillet avait fini son œuvre et son temps, l'élégance qu'il avait créée s'était répandue hors de lui. Dès la première année de son mariage, Louis XIV avait nommé la belle Julie gouvernante des enfants de France. Le roi avait réconcilié la cour avec les lettres. »

L'Académie Française ayant pris une certaine importance, son autorité finit par l'emporter sur le jargon ridicule des *fausses précieuses*. Le langage ne se divisa plus en partis, comme les factions du cirque, la cour ou la ville, les *précieuses* ou l'Académie. Les questions de langage reçurent leur solution, les coteries se turent ou se laissèrent oublier; et grâce à l'Académie s'établit et se propaga une règle uniforme. La langue écrite ou parlée se fixa, adoptant tantôt un usage raisonnable, tantôt les travers de la mode.

L. LOUVET.

PRÉCIPICE (du latin *præceps*, *præcipitis*, qui va en pente, qui est escarpé), abîme, lieu très-profond, où l'on ne peut tomber sans péril de sa vie. « On tombe dans le *précipice*, dit l'abbé Girard; on est englouti par le *gouffre*; on se perd dans l'*abîme*. Le premier mot emporte avec lui l'idée d'un vide escarpé de toutes parts, où il est presque impossible de se retirer quand on y est. Le second renferme une idée particulière de voracité insatiable qui entraîne, fait disparaître et consume tout ce qui en approche. Le troisième emporte l'idée d'une profondeur immense jusqu'où l'on ne saurait parvenir, et où l'on perd également de vue le point d'où l'on est parti et celui où l'on voulait aller. »

PRÉCIPITÉ (du latin *præceps*, *præcipitis*, qui va en pente, qui est escarpé, qui se précipite). Quand, en chimie, on met en contact une substance dissoute dans un liquide avec une autre substance composée, également en dissolution, il peut arriver que les combinaisons changent. La nouvelle substance ajoutée peut s'emparer d'un élément de celle qu'on met en contact avec elle et éliminer par conséquent l'autre élément ; de ce déplacement il peut résulter un précipité insoluble, parce que la nouvelle combinaison formée sera elle-même insoluble, ou que l'élément éliminé le sera, ou même parce qui tout deviendra insoluble. C'est là ce qu'on appelle en chimie un *précipité*. Du sous-carbonate de potasse en dissolution dans l'eau étant, par exemple, versé dans du nitrate de baryte en dissolution dans l'eau, l'acide carbonique de l'alcali se portera sur la baryte, et se précipitera avec elle sous forme de carbonate de baryte très-insoluble, tandis que la potasse rendue libre s'emparera de l'acide nitrique du nitrate de baryte, et restera avec lui en dissolution dans la liqueur. Il est bon d'avertir que les précipités sont rarement purs; souvent une partie du précipitant est entraînée avec eux. PELOUZE père.

On distingue encore les précipités par la forme de leur matière : ainsi il y a des *précipités floconneux*, *cristallins*, etc. Quelquefois leur couleur leur a fait donner un nom particulier. Ainsi on donnait le nom de *précipité blanc* au protochlorure de mercure, poussière blanche obtenue primitivement au moyen de la décomposition du nitrate de mercure par le sel marin ; le *précipité jaune* est un sulfate jaune de mercure avec excès d'oxyde ; le *précipité rose* s'obtient en versant une dissolution de nitrate de mercure dans l'urine : ce précipité recueilli sur un filtre et séché offre des étincelles phosphorescentes lorsqu'on le frotte dans l'obscurité ; le *précipité rouge* s'obtient en faisant dissoudre le mercure par le moyen de l'acide nitrique ; on met la dissolution dans des vases , et l'on fait évaporer jusqu'à ce qu'on obtienne une masse rouge et brillante, composée de petites aiguilles. Le *précipité perse* est un oxyde de mercure rouge, qui s'obtient en mettant du mercure dans un matras dont l'extrémité du col est très-rétrécie, de manière à ne laisser qu'un très-petit accès à l'air. On place ce matras sur un fourneau dans un bain de sable ; on l'y laisse pendant longtemps, et on finit par s'apercevoir que le mercure est changé en une poudre rouge : c'est un bioxyde de mercure. Le *précipité de Cassius* est plus connu en peinture sous le nom de *pourpre de Cassius*.

PRÉCIPUT, du latin *capere præ* prendre avant. C'est une disposition faite au profit d'un héritier présomptif pour qu'il prélève et conserve hors part une certaine somme ou une certaine chose indépendamment de la portion que la loi lui défère dans la succession.

On appelle *préciput conventionnel* l'avantage que le contrat de mariage donne à l'un des époux.

PRÉCISION. « La précision, dit l'abbé Girard , est une brièveté convenable, en parlant ou en écrivant, et qui consiste à tout dire de superflu et à ne rien omettre de nécessaire. La précision a deux opposés, savoir : la prolixité, qui dégénère en une abondance de paroles vagues, et l'extrême concision, qui fait qu'on tombe souvent dans l'obscurité. » Il y a également une différence à faire entre les mots *précis* et *concis* : le premier regarde plus spécialement les idées, et le second la manière de les exprimer ; le discours *précis* ne dit rien qui s'écarte de son sujet ou qui lui soit étranger; le discours *concis* bannit tous les mots inutiles et surabondants ; les digressions empêchent d'être *précis*, les circonlocutions s'opposent à ce qu'on soit *concis*; en s'y livrant on devient prolixe et diffus.

La précision est sans contredit une des qualités les plus essentielles du style. Dire beaucoup en peu de mots, c'est atteindre de la manière la plus parfaite le but du discours.

PRÉCOCITÉ se dit d'une maturité rapide ou qui devance l'époque ordinaire chez l'homme, les animaux et les végétaux, comme s'ils étaient cuits à l'avance (*præ coctus*). Cette hâtiveté, qui semble se dépêcher d'atteindre la plénitude de l'existence et d'en conquérir les avantages, a pour résultat nécessaire d'en abréger la durée. On a dit des femmes, dont la puberté précède toujours celle du sexe masculin, *citius pubescunt, citius senescunt*; les signes de la vieillesse anticipent chez elles plus tôt aussi que chez l'homme. Plusieurs causes contribuent à la précocité de la végétation et de l'accroissement dans le règne végétal comme dans le règne animal. Ce sont, 1° une certaine mollesse des tissus qui se prête facilement à la croissance; 2° la chaleur qui sollicite tous les mouvements fonctionnels de l'organisme; 3° l'abondance des nourritures ou engrais, 4° le raccourcissement de la taille, résultant des floraisons anticipées ou des jouissances prématurées : ces causes peuvent agir séparément ou simultanément.

On connaît les inconvénients d'une éducation trop hâtive ou sollicitée par tous les moyens d'excitation, soit physique, soit morale, par des échauffants, café, spiritueux, et les nourritures ou boissons stimulantes, le travail trop intense ou trop assidu, les exemples ou spectacles qui animent l'émulation, etc. De là souvent des fièvres cérébrales mortelles ; de là encore cette tension perpétuelle qui finit par user des ressorts trop tendres. Nous ne sommes point partisan de cette multiplicité de connaissances qu'on entasse le plus qu'on peut dans la cervelle de pauvres enfants, pour les faire raisonner en perroquets sur toutes choses devant leurs parents, émerveillés de cette science prématurée. Mille preuves viennent démontrer ensuite que la plupart de ces prodiges surchargés de couronnes universitaires ne forment guère que des esprits sans nerf, sans caractère, dans l'âge viril, tel que ce rhéteur Hermogène, admirable de précocité pendant son enfance, puis devenu vieux, fou dans sa vieillesse, comme s'il avait vécu à rebours. D'autres phénomènes, comme Blaise Pascal, succombent jeunes dans l'épuisement. On doit donc proportionner l'instruction à la force des individus.

L'abondance des nourritures est un moyen de précocité qui hâte efficacement la végétation. Non-seulement les engrais spéciaux, animalisés, les *composts* excitants, tels que les urates de chaux, les cendres et autres éléments salins, sollicitent fortement la croissance des plantes, mais les procédés de taille, les suppressions de branches gourmandes ou de feuillages superflus font encore refluer la sève vers les fruits ou les parties du végétal qu'on veut multiplier davantage. C'est en soustrayant cette alimentation trop abondante, qui ne sert qu'à des parties luxuriantes, qu'on détermine la précocité dans la floraison ou la fructification. Tels sont les procédés des jardiniers pour se procurer des espèces hâtives, indépendamment du concours de la chaleur dans des serres, des couches de fien, sous des cloches, des bâches, etc. En général, les espèces précoces sont naines, les tardives appartiennent aux races gigantesques ou livrées à l'état de nature, poussant surtout en bois ou en chair.

La domestication des animaux, la civilisation de l'homme en général, ont pour résultat de hâter la précocité ou le développement reproductif, comme l'horticulture, qui a le même effet sur les végétaux. D'ailleurs, la vie sociale procure aux bestiaux une nourriture abondante, égale, avec la chaleur des étables, loin des intempéries de l'atmosphère : c'est pourquoi ces animaux deviennent plus féconds et plus tôt pubères. De plus, le voisinage perpétuel des sexes, dans cette vie civilisée, leurs relations habituelles, l'éveil de l'instinct reproducteur par l'éducation, par l'exemple, par le spectacle de l'amour, tout sollicite cette fonction. Il en résulte que les sociétés les plus civilisées deviennent malheureusement pour l'ordinaire les plus précoces dans toutes les jouissances. On se hâte de les cueillir dans la fleur, on recherche des primeurs non mûres encore, des *déflorations* avant l'âge ne satisfont que la vanité, puisqu'elles ne sont pas avouées par la nature. Il est bien manifeste que rien n'accourcit la taille et ne hâte plus le développement reproductif que la précocité des générations. En voici la preuve : pour obtenir ces petits chiens bichons si recherchés à quelques époques, l'on choisit d'abord des espèces de petite taille ; on les accouple du très-bonne heure, avant leur parfaite croissance ; les petits qui en viennent sont également accouplés avec elles plus jeunes qu'on peut employer, et ainsi pendant plusieurs générations avant leur accroissement complet. Il en résulte des races extrêmement mignonnes, mais frêles, délicates et promptes elles-mêmes, parce que la vie de ces chiens nains est raccourcie et prompte. Voilà donc le résultat inévitable de la précocité, tandis que le plus grand retard dans l'acte reproducteur, chez les individus arrivés à leur parfait développement et restés chastes, procure des individus robustes, tardifs, mais de longue résistance de vie. C'est ainsi que brillèrent les anciens Germains, tant célébrés par Tacite, si grands de taille, si redoutables à la guerre, et chez lesquels il était honteux d'approcher des femmes avant vingt ans. Peuples dégénérés, ne vantez pas votre précocité! tant de funérailles prématurées aujourd'hui, tant de talents avortés, tant de petits génies étouffés d'abord dans les délices, attestent assez vos vices et votre prompte caducité.

J.-J. VIREY.

PRÉCORDIALE (Région), du latin *præcordia*, diaphragme, entrailles, fait de *præ*, avant, et de *cor, cordis*, cœur. *Voyez* ÉPIGASTRE.

PRÉCURSEUR (du latin *præcursor*, avant-coureur, composé de *præ*, avant, et *curro*, je cours), celui qui précède, qui marche, ou qui court devant un autre pour annoncer son arrivée. C'est le nom qu'on donne particulièrement à saint Jean-Baptiste, qui annonçait aux Juifs l'avénement prochain du Messie.

Employé adjectivement, il se dit de certaines choses qui pour l'ordinaire en précèdent d'autres, comme certains symptômes qui indiquent une maladie prochaine.

PRÉDÉCESSEUR (du latin *præcedere*, précéder, aller devant). On applique ce mot à tout individu qui en a précédé un autre dans une fonction, une charge ou un emploi quelconques. On dira donc les *prédécesseurs* d'un roi, pour désigner ceux qui ont occupé le trône avant lui, et qui souvent ne sont pas de la même famille. On descend des *ancêtres* ; on occupe la place des *prédécesseurs*. Le mot *ancêtres* se rapporte à la suite du sang, et le mot *prédécesseurs* à celle de la dignité.

PRÉDESTINATION (du latin *prædestinatio*, fait de *præ*, avant, et *destinatio*, destination). Ce mot, dans la théologie catholique, exprime le dessein que Dieu a formé de toute éternité de conduire par sa grâce certains hommes au salut éternel. Des Pères de l'Église l'ont appliqué tant à la grâce des élus qu'à la damnation des réprouvés ; aujourd'hui il ne se prend qu'en bonne part. C'est sous ce point de vue que saint Augustin et saint Thomas l'ont traité avec toute la supériorité de leur génie. Il n'est point de question théologique sur laquelle on ait écrit davantage et avec plus de chaleur. D'un côté, les augustiniens, vrais ou faux, et les thomistes tiennent pour la prédestination absolue et antécédente ; de l'autre, les molinistes ou congruistes sont pour la prédestination conditionnelle et conséquente. Pour les premiers le choix que Dieu fait de certaines créatures pour les rendre éternellement heureuses est absolument gratuit ; il précède la prévision des mérites, et n'a d'autre motif que la volonté de Dieu. Pour les seconds, la prédestination n'est fondée que sur la prévision des mérites, c'est-à-dire sur la connaissance que Dieu a que telle ou telle personne fera, avec le secours de la grâce, les bonnes œuvres nécessaires pour mériter la gloire éternelle. Cette question fut vivement débattue au concile de Trente entre les franciscains et les dominicains ; l'assemblée s'abstint de prononcer, se bornant à condamner la doctrine des protestants.

Les musulmans croient à la prédestination, sans aucune réserve et de la manière la plus absolue.

[La *prédestination* est un terme de théologie plutôt scolastique que chrétien, résumant l'idée principale et toutes les conséquences de la théorie philosophique de la *prescience* et de la *fatalité*. Comme la raison humaine est entièrement impuissante pour éclaircir l'antinomie formelle qui existe entre la prescience divine et la liberté de la créature, il n'est pas surprenant que l'on ait plus disputé sur ce dogme que sur tous les autres réunis. Calvin, qui s'était pénétré, comme la plupart des autres réformateurs, des idées de saint Augustin, chercha à résoudre le problème dans son célèbre *Traité de l'Institution chrétienne*, où il fit des efforts inouïs pour démontrer que le décret de la prédestination est absolu et immuable ; que Dieu sauve seulement ceux qu'il a résolus de sauver de toute éternité, et que par conséquent les élus ne peuvent déchoir de leur assurance de salut. Ces dogmes, révoltants pour la raison et pour la morale, furent en vain confirmés et même *fulminés* par le concile de Dordrecht. Depuis deux siècles, au moins dans les églises françaises, la prédestination absolue a vu diminuer progressivement le nombre de ses disciples, qui de nos jours constituent plutôt une exception qu'une règle dans l'Église nationale. Toutefois, en Angleterre et aux États-Unis, plusieurs sectes sont restées fidèles aux idées primitives de Calvin. Cette persistance a même amené une rupture grave dans la grande société méthodiste; une branche, celle que fonda Charles Whitefield, professa la prédestination absolue, tandis que le chef principal, qui reconnaissait Wesley pour chef, embrassa franchement l'arminianisme. Ajoutons seulement que ce dogme, qui se confond presque avec le fatalisme des anciens, semble être destiné dans tous les temps à troubler la paix des communions chrétiennes, puisque les décrets ambigus du concile de Trente, pas plus que les canons formels du synode de Dordrecht, n'ont pu prévenir les disputes interminables auxquelles il a donné naissance.

C. COQUEREL.]

PRÉDÉTERMINISME. *Voyez* DÉTERMINISME.

PRÉDICANT. Cette dénomination a été jetée par dénigrement au ministre de la religion protestante, dont la fonction est de prêcher.

PRÉDICATEUR, celui qui prêche, qui s'applique à la prédication, qui annonce l'Évangile en chaire. La religion catholique a en ses orateurs sacrés, ses ordres de frères prêcheurs, ses missionnaires; quelques-uns se sont élevés jusqu'à la plus haute éloquence. Les protestants ont eu aussi de bons prédicateurs. Le premier de tous est Saurin. En Allemagne on cite Mosheim, Rambach, Rimbeck, Baumgarten, Ribov, Sack, Cramer, Jérusalem, Spalding, Zollikofer, Herder, Ammon, Eylert, Bretschneider, Theremin, Draseke, Krummacher, Harms, Schleiermacher, Marheineke, Tholuk, etc. En Angleterre on cite surtout Hugues Blair.

Prédicateur se dit par extension de celui qui publie de vive voix ou par écrit certaines doctrines bonnes ou mauvaises.

PRÉDICATION (du latin *prædicatio*, publication), action d'annoncer la parole de Dieu en public, faite par un homme revêtu d'une mission légitime. On appelle proprement *prédications* les discours qu'on adresse aux infidèles pour leur annoncer l'Évangile, et *sermons* ceux qu'on adresse aux fidèles pour nourrir leur piété et les exciter à la vertu.

Dans les premiers siècles de l'Église, les évêques seuls annonçaient la parole de Dieu. A l'exemple de Jésus-Christ et de saint Paul, ils regardaient cette fonction comme la plus importante de leur ministère. Les premiers exemples que nous connaissions de prêtres chargés de prêcher sont ceux d'Origène, de saint Jean Chrysostome, dans l'Église d'Orient, de saint Félix de Nole et de saint Augustin, en Occident. Aujourd'hui dans l'Église romaine il faut être au moins diacre pour avoir le pouvoir de prêcher. La fonction respectable de prédicateur demande non-seulement un talent naturel pour la parole, mais une connaissance très-étendue de la morale chrétienne, par conséquent une étude assidue de l'Écriture Sainte et des ouvrages des Pères de l'Église, une connaissance suffisante des mœurs de la société, des passions et des vices du cœur humain, des moyens qui soutiennent la vertu et la piété, des dangers et des tentations auxquels elles succombent. Les pasteurs et les missionnaires qui ont joint à de longues études l'expérience que l'on acquiert dans le tribunal de la pénitence et dans la conduite des âmes sont infiniment plus capables d'instruire et de toucher leurs auditeurs que de jeunes orateurs qui ne se sont munis d'aucun de ces secours. Mais comme cette fonction est en elle-même très-difficile, il est nécessaire de s'y exercer de bonne heure; on ne doit donc pas blâmer les premiers essais de ceux qui entrent dans cette carrière, lorsqu'ils donnent lieu d'espérer qu'ils se perfectionneront dans la suite. On demandait à saint Jean d'Avila, l'apôtre de l'Andalousie, des règles sur l'art de prêcher : « Je ne connais, répondit-il, d'autre art que l'amour de Dieu et le zèle pour sa gloire. » (*Voyez* ÉLOQUENCE.)

[On sait que le discours oral prononcé par le ministre forme la partie sinon la plus essentielle, au moins la plus développée du culte protestant. Il en est résulté que l'art de prêcher ou de composer et de réciter un sermon a dû être cultivé et enseigné avec le plus grand soin dans les établissements religieux de la religion réformée. En France, la prédication protestante a suivi les phases du temps et de la littérature dominante. D'abord âcre et subtile, ensuite élevée et véhémente, enfin douce et remplie peut-être de trop d'onction, elle nous offre très-exactement tour à tour le caractère de l'époque orageuse de la réforme, de l'ère classique de Louis XIV, et de la langueur religieuse du dix-huitième siècle, où le dogme fut annulé par la morale. On peut citer pour exemple de ces trois types les sermons de Calvin, ceux de Jacques Saurin, et, presque de nos jours, ceux du pasteur Cellerier père, de Genève.

Lorsque les églises protestantes françaises formaient un corps uni et compacte, régi par une discipline uniforme, sur laquelle des synodes veillaient avec sévérité, les prédications étaient assujetties à des conditions dont les dispositions étaient fort sages. Moïse Amiraut, dans son *Apologie pour ceux de la religion*, veut que le ministre, après une préface ou exorde accommodée à son texte, explique son sujet le plus exactement qu'il lui sera possible, « se tenant serré aux paroles et intentions de son auteur, sans se laisser emporter aux digressions inutiles, ni à des narrations d'histoires hors de propos, ni à des amplifications pédantesques, ni à beaucoup de citations d'anciens auteurs, de quelque nature qu'ils soient, et se contente d'illustrer, de confirmer et d'expliquer ce qu'il se propose par passages de la parole de Dieu et par les raisons qui s'en déduisent ». S'il se présente quelque controverse à traiter, Amiraut exige que le prédicateur « s'y applique modestement, sans autres passions que celles qui sont permises par les lois de dispute et que la véhémence ordinaire de la passion donne ». Il conseille encore de ne point insulter aux personnes avec qui le démêlé existe, ni même au dogme que le discours tend à réfuter. « Toute la prédication, ajoute-t-il, doit se faire avec une simplicité et une gravité dignes de la sainteté de l'action et du sujet qui s'y traite; sans gestes de bateleur ou de charlatan, sans contenance de bouffon ni d'hypocrite, sans affectation d'éloquence ni de vaine érudition, sans marques de vanité, sans ostentation ni parade. De sorte que s'il y paraît quelque grâce ou quelque véhémence dans la prononciation, c'est l'excellence du sujet et la nature du prédicateur qui la donnent. S'il y a quelques fleurs en son langage et quelques ornements en son propos, on les y voit naître d'eux-mêmes, et non y être amenés de loin; et quoiqu'on n'y vienne point sans préméditation, l'action est toujours pleine d'autant de simplicité et autant éloignée de la magnificence de l'art que si elle était impréméditée. »

C. COQUEREL.]

PRÉDICTION (du latin *prædictio*, fait de *præ*, avant, et *dicere*, dire), divination et déclaration nette des événements à venir qui sont hors du cours de la nature ou de la pénétration de l'esprit humain. C'est en cela qu'elle diffère de la **prévision**, qui a sa raison dans les connaissances de celui qui voit d'avance un événement arriver; du **pressentiment**, qui a son origine dans les sensations de celui qui le ressent; de la **prophétie**, qui est supposée inspirée par Dieu même; des **pronostics**, qui se fondent sur certaines observations ayant l'habitude de faire présager tel ou tel événement. Les almanachs du vieux temps qu'inspiraient les Nostradamus, les Matthieu Lœnsberg, avaient la spécialité des prédictions de toutes sortes, mais surtout en météorologie. Ces prédictions n'étaient fondées sur aucune recherche, sur aucune étude; c'était le caprice, le hasard qui les faisait écrire ; aussi les voyait-on rarement se réaliser : cependant bien des gens y croyaient et y croient encore. Il suffit que l'auteur rencontre juste une fois sur cent pour que toute confiance lui soit rendue. C'est d'ailleurs une idée très-répandue dans le monde qu'il est du ressort de l'astronomie de prédire le beau et le mauvais temps, la pluie, la neige et la grêle, le vent, la tempête, et même les coups de tonnerre. Cette idée n'est pas restée enfouie dans les campagnes et dans le petit peuple des villes ; elle a si bien pénétré dans toutes les classes, qu'en 1846 Arago se crut obligé de faire la déclaration suivante dans l'*Annuaire du Bureau des Longitudes* : « Jamais, quels que puissent être les progrès des sciences, les savants de bonne foi et soucieux de leur réputation ne se hasarderont à prédire le temps. Une déclaration si explicite me donnerait le droit d'espérer qu'on ne me fera plus jouer le rôle de Nostradamus ou de Matthieu Laensberg. Des centaines de personnes, qui cependant ont parcouru tous les échelons des études universitaires, ne manqueront pas de m'assaillir cette année, comme elles le faisaient antérieurement, de ces questions vraiment déplorables à notre époque : L'hiver sera-t-il rude ? Pensez-vous que nous aurons un été chaud, un automne humide ? Voilà une sécheresse bien longue, bien ruineuse; va-t-elle cesser ? On annonce que la *lune rousse* produira cette année de grands ravages : qu'en pensez-vous? etc., etc. » Et en effet, tant qu'Arago vécut, ou entendait dire qu'il avait prédit que la Seine serait gelée tel jour, que l'hiver serait long, etc. C'était du reste un hommage rendu à sa réputation. Nous ne croyons pas qu'en cette partie, non plus qu'en bien d'autres, il ait laissé des successeurs. L. LOUVET.

PRÉÉMINENCE, supériorité de rang, de dignité, de droits, de priviléges, et plus généralement d'avantages quelconques. Un cardinal a la prééminence sur un prélat, un prêtre sur un diacre, un ministre sur un employé, un officier sur un soldat, etc. Dans notre pays d'égalité, ces rangs sont peu observés dans le monde. Dans la diplomatie, la prééminence a souvent amené des discussions entre les ambassadeurs, et il a fallu bien des guerres et des traités pour fixer le rang de chacun (*voyez* PRÉSÉANCE).

PRÉÉTABLIE (Harmonie). Leibnitz, le premier, s'est servi de cette expression pour désigner le dogme d'un ordre de choses à jamais établi par Dieu, et en vertu duquel chaque chose est en corrélation directe et nécessaire avec une autre, chaque substance simple étant comme un miroir qui reflète l'ensemble du tout. On a ainsi l'explication de toutes les modifications qu'affectent les choses pour concourir à un même but, et notamment aussi de l'union du corps avec l'âme.

PRÉEXISTENCE (Doctrine de la). Certains philosophes ont soutenu que l'âme humaine existait bien avant la création du corps de l'homme ; et c'était là une hypothèse extrêmement admise en Orient. Plusieurs philosophes grecs, notamment ceux qui admettaient la métempsychose, par exemple les pythagoriciens, Empédocle et Platon lui-même (à moins que chez ce dernier la préexistence ne soit qu'une allégorie mythique) partagèrent cette opinion, fort accréditée chez les Juifs et traduite par Virgile en beaux vers. Parmi les chrétiens, la doctrine de la préexistence de l'âme se rattacha à l'opinion suivant laquelle, Dieu ayant créé les âmes avant le monde, celles-ci s'unissent au corps de l'homme au moment de sa création ou de sa naissance. Ainsi l'âme a vécu avant son arrivée sur la terre, et elle y est bien ou mal traitée suivant sa conduite antérieure. Cette hypothèse a été renouvelée et soutenue de nos jours par M. J. Reynaud, dans son livre intitulé *Terre et ciel* (Paris, 1854).

Au moyen âge on appela *préexistenciens* ceux qui partageaient cette manière de voir ; et on les distingua des *traduciens*, lesquels prétendaient que l'âme de l'homme futur existe déjà chez les individus qui le procréent.

Les théologiens orthodoxes enseignent que Dieu a créé le monde de rien, et non d'une matière *préexistante* quelconque.

PRÉFACE (du latin *præfatio*, fait de *præ*, avant, et de *fari*, parler). On nomme ainsi, dans le sens général, une sorte d'avant-propos, de discours préliminaire, placé en tête d'un livre pour en indiquer l'objet, l'ordre des matières, etc., et plus ordinairement pour prévenir favorablement les lecteurs en faveur de l'ouvrage et de l'auteur.

Un auteur à genoux, dans une humble *préface*,
Au lecteur, qu'il ennuie, a beau demander grâce...

dit Boileau. Il est en effet peu de préfaces qui ne soient ennuyeuses.

On appelle aussi familièrement *préface* une espèce de petit discours ou de préambule qu'on fait avant d'entrer en matière.

PRÉFACE (*Liturgie*), partie de la messe qui précède immédiatement le canon, et qui commence au *Sursum corda*. On trouve cette prière, qui sert de préparation à la consécration, dans les plus vieux sacramentaires, les plus anciennes liturgies ; et l'usage en paraît remonter au temps des Apôtres, suivant saint Cyprien, saint Chrysostome et quelques autres Pères de l'Église. On trouve dans le sacramentaire de saint Grégoire des préfaces propres, comme des collectes, pour presque toutes les messes ; on n'en a gardé que neuf dans le missel romain, mais les missels de divers diocèses en contiennent de particulières pour toutes les grandes fêtes : ces préfaces ont été composées sur le modèle des anciennes. Dans le rit gallican ou gothique, la préface s'appelle *immolation* ; dans le mozarabique *illation* ; chez les Francs, anciennement on la nommait *contestation*.

PRÉFECTURE. Ce mot a une triple acception : il signifie la charge de préfet, le lieu où il siège, la circonscription du pays soumis à sa juridiction. Il y a trois classes de préfectures et également trois classes de sous-préfectures. Le décret du 2 février 1853 a créé une *inspection des préfectures*. Les départements de l'empire ont été répartis entre neuf circonscriptions d'inspection. Un auditeur au conseil d'État est attaché à chaque inspecteur, en qualité de secrétaire.

Quant aux *secrétaires généraux* de préfecture, cette institution, établie en l'an VIII, supprimée en 1817, rétablie en 1820, supprimée de nouveau en 1832 et en 1848, a subi bien des alternatives. Cependant, soit qu'en la supprimant on en confiât la charge aux conseillers de préfecture, soit qu'en la rétablissant on lui donnât des titres spéciaux, la fonction n'a jamais cessé d'être remplie, parce qu'elle est nécessaire. On conçoit que dans les préfectures où les affaires sont faciles et en petit nombre un seul homme puisse cumuler sans inconvénient pour le service la surveillance active du secrétariat général et le travail sédentaire du conseiller de préfecture ; mais dans ces grands départements dont la population nombreuse, le territoire étendu, les intérêts considérables et divers, les affaires importantes et multipliées, commandent un contrôle incessant sur les innombrables détails du mouvement administratif, le secrétaire général doit exister en titre et se consacrer tout entier à sa fonction.

Depuis le 1er janvier 1854 les secrétaires généraux de préfecture ne remplissent plus les fonctions de sous-préfet dans l'arrondissement chef-lieu. Cette administration a été réunie à celle du département. Indépendamment des attributions qui leur sont conférées par les lois et règlements, les secrétaires généraux peuvent, par délégation et sous la direction des préfets, être chargés d'une partie de l'administration départementale.

PRÉFECTURE (Conseil de). *Voyez* CONSEIL DE PRÉFECTURE.

PRÉFÉRENCE (du latin *præfero*, je préfère, fait de *præ*, devant, *fero*, je porte). *Voyez* CHOIX.

PRÉFÉRICULE (en latin *præfericulum*), vase servant aux sacrifices chez les anciens. Il avait un bec ou une anse comme ont nos aiguières. C'était dans ce vase qu'on mettait le vin ou autres liqueurs employées dans ces sortes de cérémonies.

PRÉFET, en latin *præfectus*, c'est-à-dire *préposé*. C'était à Rome le titre de certains commandants militaires et, surtout à l'époque impériale, de divers hauts fonctionnaires. Leur charge et leur cercle d'action s'appelaient *préfecture*. Les *præfecti sociorum* étaient les officiers supérieurs nommés par le consul et placés à la tête du contingent d'alliés adjoints à la légion ; les *præfecti alæ*, ceux de l'escadron de cavalerie ; et les *præfecti legionum*, au temps des empereurs, ceux qui commandaient les diverses légions sous les ordres des légats. Les *præfecti classis* étaient les amiraux des deux flottes stationnées, surtout depuis l'époque d'Auguste, à Ravenne et à Misène ; le *præfectus fabrorum* était le chef des ouvriers (*fabri*) attachés à l'armée ; le *præfectus castrorum*, l'officier chargé de la surveillance générale du camp. Parmi les fonctionnaires de l'ordre civil, on appelait *præfecti ærarii* ceux qui administraient le trésor public (*ærarium*), commis à cet effet par Auguste, en remplacement des questeurs, et élus parmi les préteurs d'abord par le sénat, puis au sort, et finalement par l'empereur. Le *præfectus annonæ* était le magistrat chargé de veiller à l'approvisionnement de la capitale en grains (*annona*) et à ce qu'ils s'y vendissent à bon marché. A l'origine, ce fut une charge extraordinaire que revêtirent Pompée et Auguste eux-mêmes ; et il en fut ainsi jusqu'au moment où elle devint une fonction permanente, qui s'accordait aux chevaliers, sans constituer cependant une magistrature proprement dite. Les *præfecti juri dicundo* étaient les magistrats institués pour la juridiction par le préteur de Rome dans certains municipes, dépouillés ainsi du droit d'élire leurs propres magistrats, et qui pour cela étaient désignés sous le nom de *préfectures*. L'administration des villes de la Campanie, lorsque après la seconde guerre punique leur défection fut punie par la mise à néant de leur constitution, avait été confiée à quatre de ces *præfecti juri dicundo*, mais qui étaient élus chaque année par le peuple romain parmi ceux qu'on appelait les *vigintisexviri*.

Præfectus prætorio (Préfet du prétoire) était le titre du commandant supérieur des prétoriens, institué par Auguste. Sa puissance s'accrut sous Tibère avec l'influence de cette milice privilégiée. C'était le premier personnage après l'empereur ; et sous les princes faibles il exerça, comme premier ministre, un pouvoir absolu. Il était chargé de veiller à la sûreté de l'empereur, et avait dans ses attributions la direction suprême de tout ce qui se rattachait à l'armée. On le consultait dans toutes les affaires de quelque importance et même sur des questions de droit. A l'origine, Auguste avait partagé ces attributions entre deux titulaires ; mais par la suite elles furent réunies entre les mains d'un seul fonctionnaire, que l'empereur choisissait parmi les chevaliers sans fixer de terme à la durée de ses fonctions, et que d'ordinaire il nommait à vie. Lors de la séparation passagèrement faite par Constantin entre le pouvoir civil et le pouvoir militaire, celui-ci fut attribué à des *magistri militum* (généraux), tandis que le premier fut affecté à quatre *præfecti prætorio*, entre lesquels l'empire était divisé en quatre grands territoires ou *préfectures*. Une cinquième fut créée par Justinien pour l'Égypte. Leur puissance s'étendait sur toute la juridiction, ou tout au moins à l'origine sur toutes les branches de l'administration.

Au temps des rois, on appelait *præfectus urbi* le magistrat chargé, en l'absence du roi, de veiller à la sécurité de la ville. Cette charge se maintint aussi sous les consuls jusqu'au troisième siècle de la fondation de Rome. En l'an 329 de notre ère, Constantin érigea une magistrature analogue pour Constantinople. Le préfet de la ville était nommé par l'empereur parmi les personnages consulaires, sans que le terme de ses fonctions fût fixé ; et dans l'ordre des rangs, il venait immédiatement après le *præfectus prætorio*.

Auguste institua aussi une charge de *præfectus vigilum*, dont la durée était limitée, dont on investissait des chevaliers, mais qui ne constituait pas une magistrature proprement dite. Il avait à Rome, dans ses attributions, la police des incendies, la direction des sept cohortes d'archers du guet (*vigiles*), qu'Auguste avait composées d'affranchis ; il exerçait en outre un pouvoir de répression sur les voleurs, les bandits et les incendiaires.

Dans l'Église romaine on appelle *préfet apostolique* le supérieur des missions envoyées dans les pays idolâtres. Plusieurs congrégations religieuses donnent à leur supérieur le titre de *préfet*.

On compte dans le gouvernement pontifical de nombreux emplois dont les titulaires sont appelés *préfets*. Le plus important est le *préfet de la sacristie du pape*.

En France, les *préfets* sont des magistrats chargés de l'administration d'un département sous l'autorité du ministre de l'intérieur. Les préfets, fonctionnaires nommés par le chef du gouvernement et révocables par lui, ont été substitués par Bonaparte aux *directoires* de département. Ils forment l'un des principaux rouages du système de centralisation, qui depuis lors a continué de régir la France. La création des préfectures est l'œuvre du sénatus-consulte organique du 28 pluviôse an VIII (17 février 1800).

Le préfet est seul chargé de l'administration ; il préside le conseil de préfecture ; en cas de partage d'opinions, il a voix prépondérante. Il peut suspendre les membres des conseils municipaux ; il suspend les maires et adjoints dans les villes dont la population est au-dessous de 5,000 habitants. Les préfets prêtent serment au chef de l'État avant d'entrer en fonctions. Ils doivent, après en avoir prévenu les ministres, faire chaque année une tournée dans leur département, et en rendre compte. Ils ne peuvent s'absenter sans la permission du chef de l'État. Les honneurs militaires leur sont rendus à leur entrée dans le département ; dans leurs tournées, ils sont accompagnés d'une escorte de gendarmerie : le cérémonial qui les concerne a été réglé par un décret impérial du 24 messidor an XII (13 juillet 1804).

Dans chaque arrondissement communal, excepté dans celui dont le chef-lieu est aussi celui du département, il y a un *sous-préfet* nommé par l'empereur, qui exerce son autorité sous les ordres immédiats du préfet. Ils sont à l'égard de ces hauts fonctionnaires, ce qu'étaient jadis les *subdélégués* à l'égard des *intendants*. Leur traitement est fort modique : ils ne sont d'ailleurs assujettis à aucune dépense de représentation. Les frais d'établissement et d'entretien du mobilier sont, comme pour les préfets, à la charge du trésor public.

Nous avons parlé ailleurs du préfet de police qui réside à Paris. L'administration spéciale des ports, comprenant la direction des constructions navales et des travaux maritimes, la direction de l'approvisionnement des subsistances et des mouvements du port, l'inscription maritime, la surveillance du commissariat de la marine, des écoles d'artillerie navale, est confiée à des *préfets maritimes*, sous les ordres du ministre de la marine. Il y a cinq préfectures ou arrondissements maritimes, dont les chefs-lieux sont : Cherbourg, Brest, Lorient, Rochefort, Toulon.

PRÉFET DU PALAIS, fonctionnaire de la maison de l'empereur. Ils sont au nombre de quatre. Leurs fonctions consistent dans un service d'honneur, la surveillance d'une partie de l'administration du palais sous les ordres du grand-maréchal. Ils suivent l'empereur dans ses voyages. Ils existaient également sous le premier empire.

PRÉFLORAISON (du latin *præ*, avant, *florere*, fleurir), état des diverses parties d'une fleur, depuis le premier moment où elles deviennent visibles, jusqu'à celui de leur développement complet. La préfloraison ou la considération des parties de la fleur dans la position primitive du bouton et du calice, dans la plicature des pétales et l'état des organes sexuels avant l'épanouissement, est plus importante qu'on ne l'avait cru d'abord, pour bien saisir les rapports génériques et même ceux de famille dans les plantes. Elle explique les causes de l'inégalité des divisions du calice ou de la corolle ; celles de leur direction droite ou oblique, du plissement, de la contorsion, etc.

On dit la préfloraison *imbricative* quand les pétales se recouvrent partiellement les uns les autres, comme on le voit dans la rose; elle est *obvolutive* quand ces mêmes divisions sont très-nombreuses, fortement imbriquées ou roulées en spirale, comme chez les oxalides, les apocyns; elle est *valvaire* quand les parties de la corolle se touchent seulement par les bords, comme les valves d'une capsule : exemple, les arialacées, les clématites; elle est *plicative* quand la corolle se montre plissée sur elle-même, comme celle des liserons et de plusieurs solanées; elle est dite *chiffonnée* lorsqu'elle est sans ordre et pliée dans tous les sens, comme dans les papavéracées; enfin, elle est *équitative* lorsque dans une corolle irrégulière quelques divisions plus grandes que les autres viennent les embrasser toutes, comme les labiées, les papilionacées, etc.

Presque toutes ces dispositions peuvent s'appliquer au calice en général; cependant, sa plicature est loin d'être toujours en rapport avec celle de la corolle; l'œillet, l'éphémère de Virginie et plusieurs autres plantes présentent des différences très-sensibles dans la position du calice et de la corolle pendant la préfloraison.

Le mot *estivation* s'emploie comme synonyme de préfloraison.   L. LOUVET.

PRÉFOLIATION (du latin *præ*, avant, *folium*, feuille), manière dont les feuilles sont disposées dans le bourgeon avant leur évolution. La situation des feuilles dans les bourgeons est assez constamment uniforme dans le même ordre naturel, ce qui prouve que l'étude de la préfoliation peut fournir de curieuses observations au botaniste. Linné la divise en deux sections, selon qu'elle est plissée ou roulée.

A la première section se rapportent : 1° la *préfoliation applicative*, dans laquelle les feuilles se montrent appliquées l'une sur l'autre sans être aucunement ployées, comme on le voit chez les amaryllis; 2° la *préfoliation plicative*, quand les feuilles sont repliées dans toute leur longueur, à la manière d'un éventail fermé, comme chez la guimauve buissonneuse; 3° la *préfoliation complicative*, qui présente les feuilles ployées parallèlement en leur longueur, s'embrassant successivement et se recouvrant par les côtés et par le sommet, comme dans les laiches; 4° la *préfoliation conduplicative*, dont les feuilles sont ployées dans leur longueur par la face interne et placées l'une à côté de l'autre : exemple les pois, le noyer, etc.; 5° la *préfoliation obvolutive*, qui porte, comme dans les sauges, une feuille disposée en gouttière sur sa face interne et dans toute la longueur, laquelle reçoit dans son pli la moitié d'une autre feuille disposée de la même manière; 6° la *préfoliation équitative*, quand les feuilles sont opposées, légèrement pliées en leur longueur, de façon que les bords se touchent et correspondent parfaitement ensemble, comme chez le troène; 7° la *préfoliation imbricative*, quand les feuilles se recouvrent les unes les autres comme les tuiles d'un toit, et forment plus de deux séries, ainsi que cela se voit sur les mélèzes; 8° enfin, la *préfoliation réclinative*, quand les feuilles, pliées plusieurs fois sur elles-mêmes, ont leur partie supérieure renversée sur l'inférieure, comme dans l'aconit et l'anémone ombellée des montagnes.

Dans la seconde section se trouve : 1° la *préfoliation circinale*, c'est-à-dire avec les feuilles roulées en volute depuis le sommet jusqu'à la base, comme dans le rosier des marais; 2° la *préfoliation convolutive*, dont les feuilles roulées sur elles-mêmes imitent un cornet, comme dans le balisier, ou un cornet, comme dans les astères; 3° la *préfoliation involutive*, qui offre le bord des feuilles roulé en dedans ou en dessus, comme dans les peupliers; 4° la *préfoliation révolutive*, quand les feuilles présentent leurs bords roulés en dehors, comme dans les primevères.

On dit encore que la préfoliation est *congestive* quand les feuilles ne suivent aucune disposition, et que, repliées sur elles-mêmes irrégulièrement, elles présentent une masse confuse, comme dans les daphnés; on la dit *crispative* lorsque les feuilles affectent un reploiement très-irrégulier, comme la mauve de Syrie en offre un exemple.
  L. LOUVET.

PREGADI. C'est ainsi qu'on appelait le sénat de Venise, institué avant la fin du treizième siècle. Il n'avait pas alors une position fixe. Les principaux patriciens étaient priés de s'assembler pour délibérer sur les affaires de la république. Cette dénomination de *Pregadi* a été conservée tant que Venise a joui de son indépendance. Les *sages grands*, au nombre de six, traitaient les affaires importantes de l'État, et envoyaient leur décision au *pregadi*, avec leur avis motivé. Ils remplissaient tour à tour et par semaine les fonctions de ministre secrétaire d'État. Les *sages grands de terre ferme*, dont le nombre était fixé à cinq, étaient nommés par le sénat.   DUFEY (de l'Yonne).

PREGEL, fleuve qui prend sa source au-dessus de la ville de Gumbinnen et provient de la réunion de la Pissa, servant de décharge au lac de Wistitten, situé près des frontières de la Pologne, et de la Rominte, faisant le même office pour le lac de Przerosl en Pologne. Le plus important de ses affluents est l'Angerap, qui communique avec les grands lacs du plateau de la Prusse orientale. Sur sa rive droite il reçoit, non loin d'Insterburg, l'Inster, et sur sa rive gauche l'Alle, qui est navigable à partir de Friedland, ainsi que la Gruber. Après avoir envoyé l'un de ses bras, qui est navigable, la Deine, dans le *Kurische-Haff*, il se jette dans la Baltique à Pillau, à 4 myriamètres au-dessous de Kœnigsberg. Navigable depuis Insterburg, il est susceptible, à partir de Kœnigsberg, de porter des bâtiments de 90 tonneaux.

PRÉHENSION (du latin *prehensio*, action de prendre), opération par laquelle les aliments sont saisis et portés dans la bouche de l'homme ou dans la cavité qui la représente chez les animaux inférieurs. Elle s'effectue soit à l'aide des doigts, si puissants dans l'espèce humaine et quelques espèces d'animaux inférieurs, et de la trompe chez l'éléphant, soit par le moyen des lèvres et des dents réunies chez les animaux dont les extrémités supérieures sont impropres à cet usage, soit enfin par le secours du bec des oiseaux ou d'autres organes particuliers à une multitude d'espèces, et qu'il serait trop long d'indiquer ici. Le mécanisme de la *préhension* des aliments varie selon que ces aliments sont liquides ou solides; les liquides peuvent être pris par *infusion*, par *succion* et par *projection*; les solides ne le sont guère que d'une seule manière. Ce mécanisme, pour l'une et l'autre *préhension*, consiste dans le relâchement des muscles qui meuvent et écartent les mâchoires, promptement suivi de la contraction complexe de ces organes moteurs, qui ferment la cavité buccale et retiennent, chez l'homme et un grand nombre d'animaux (que nous prenons presque toujours pour exemple), l'aliment solide destiné à être broyé par l'appareil dentaire, chargé d'exécuter la *mastication*, qui s'accomplit en même temps que la *dégustation*.   Dʳ BRIGHETEAU.

PRÉJUDICE. Voyez DOMMAGE.

PRÉJUDICIELLE (Question). On appelle ainsi, en termes de Palais, toute question de nature à jeter de la lumière sur une autre, la seconde ne pouvant être jugée qu'autant que la première a été préalablement décidée et résolue. En matière de succession, par exemple si on conteste à un héritier naturel du défunt sa qualité de parent, cette question d'état est une question *préjudicielle*. Ainsi encore, en matière correctionnelle, si un individu se prétend propriétaire d'un chemin sur lequel il est prévenu d'anticipation, la question de propriété devra être jugée avant celle du délit dont la justice est saisie.

PRÉJUGÉ. Ce nom s'applique à toutes les opinions qui sont arrêtées avant que la raison les discute et que le jugement les vérifie, à tous les motifs qui préparent notre croyance, sans naître des circonstances mêmes de la chose en question. Ils peuvent être *légitimes* ou *téméraires*; ils peuvent seconder nos bonnes inclinations ou entraver notre raison; et nous ne devons pas plus les rejeter avec mépris, que nous y soumettre avec confiance. Le *jugement* doit demeurer indépendant du *préjugé*; il ne doit ni se roidir contre lui, ni le mettre à la place de la réflexion, mais apprécier lui-même pour ce qu'il est. Une opinion ne peut point être suffisamment éclaircie si tous les préjugés qui l'entourent n'ont pas été analysés, si l'on n'est pas remonté à leurs causes, et si on ne les a pas estimés à leur juste valeur.

L'homme arrive dans ce monde comme un être destiné à une plus longue existence, avec des facultés et une activité disproportionnées à la carrière qu'il parcourt. Il ne sait rien, et il veut tout savoir; il ne touche qu'à une partie de la chaîne des êtres, et il veut les connaître tous et prévoir l'action de chacun. Son expérience ne saurait suffire à acquérir les notions nécessaires pour sa conduite. Il est obligé d'adopter, sur la foi d'autrui, la plupart des règles qu'il sent le besoin de suivre. Il ne saurait ni se défendre, ni se nourrir, ni se vêtir, s'il ne croyait pas sur parole ce que d'autres lui rapportent des propriétés des corps. Dieu, en faisant de lui un être social, l'a appelé à réclamer sa part dans le grand héritage des connaissances humaines. Tout est tradition pour lui, longtemps avant d'être conviction ou expérience. Il imite avant de raisonner, et l'imitation est déjà l'adoption des connaissances des autres. Toutes ses facultés physiques se développent dans l'enfance selon l'exemple qu'il reçoit de ceux qui l'ont précédé dans la vie. Toutes ses facultés morales sont de même implantées non-cultivées dans son âme par des mains étrangères; et lorsqu'il arrive à l'âge d'homme, il se croit riche de son propre fonds, tandis que toute sa richesse lui a été transmise par les générations qui ne sont plus.

L'enfant qui apprend de ses parents à se nourrir, à marcher, à parler, à se garder des dangers, apprend encore d'eux à penser et à juger, et plus encore à exprimer des pensées qui ne sont pas nées en lui, à se conformer à des jugements qu'il n'a pas portés. Cette adoption continuelle de l'idée d'autrui est une conséquence nécessaire de sa situation dans le monde. Appelé à agir et à se décider sans cesse avant d'avoir pu réfléchir, il faut qu'il se fasse une croyance, une morale, une opinion politique, sur le dire d'autrui, de même qu'il faut qu'il prenne ses notions sur les sciences, sur les arts, sur le commerce, d'après les observations qu'il n'a point faites lui-même. Tout est *préjugé* dans sa tête avant d'être *jugement*. A mesure cependant que sa raison se forme, il reprend l'une après l'autre quelques-unes des opinions qu'il avait adoptées, et il les apprécie pour elles-mêmes, autant du moins qu'il lui est possible de le faire, tandis que tous les points de comparaison, que toutes les notions par lesquelles il a commencé à former son esprit ne sont encore établies pour lui que sur le *préjugé*.

Nous *croyons* ce que nous avons appris des autres; nous *savons* ce que nous avons reconnu par nous-mêmes. Ainsi dans l'acception la plus générale du mot, tout ce que nous croyons est encore pour nous *préjugé* jusqu'à ce que, ayant porté successivement le doute philosophique qui précède et qui nécessite l'examen sur chacun des points de notre croyance, ce doute et l'épreuve qui l'a suivi aient changé pour nous ce *préjugé* en *jugement* ; mais la difficulté et la lenteur de cette opération sont bientôt sensibles, même à celui qui y apporte l'esprit le plus fort et le plus net. Parmi les opinions généralement admises, et que chacun avait d'abord reçues de confiance, plusieurs demeurent douteuses après cet examen; et le nombre de celles qu'un penseur n'a point eu le temps ou la force d'examiner reste, jusqu'à la fin de la vie la plus longue, infiniment supérieur à celui des opinions qu'il a fait passer à cette coupelle. Aussi, quelles que soient l'activité de son esprit et la rectitude de sa pensée, il est contraint pendant tout le cours de la vie de se confier au *préjugé* pour la plupart de ses actions, parce qu'il n'a point encore établi tous les principes qu'il voudrait ne devoir qu'au *jugement*.

C'est justement parce que le philosophe ne peut point échapper au *préjugé*, et parce qu'il le trouve à toute heure, et dans lui-même et dans les autres, qu'il est essentiel pour lui de connaître les penchants humains qui ont influé sur les opinions des autres et de lui-même. Il n'échappera pas au préjugé, car alors il se perdrait dans une mer de doutes ; mais il s'élèvera assez haut pour l'apprécier lui-même, pour pressentir la manière dont chacune de ses facultés doit modifier chacune de ses opinions; et après avoir fait sa part légitime au penchant naturel qui tend à accréditer chaque notion, il ne recevra plus sur la foi d'autrui que la notion elle-même, telle qu'un témoignage humain la lui transmet; témoignage douteux, il est vrai, mais qu'il ne peut encore remplacer par rien de plus solide.

Au premier coup d'œil, on découvre un rapport entre les *préjugés* et les *présomptions*, qui servent en justice à préparer les preuves et à suppléer à leur défaut, et qui dans l'habitude de la vie nous déterminent sur le choix des opinions probables, quand nous ne pouvons pas arriver ou du moins que nous ne sommes pas encore arrivés à la démonstration. Mais les *présomptions* naissent des circonstances de la chose même que nous examinons ; les *préjugés* naissent des dispositions de notre propre esprit. Les *présomptions* sont étrangères à nous-mêmes, les *préjugés* sont étrangers à la question qu'ils décident. Ainsi, pour arriver à plus de précision dans le langage, nous appellerons *présomptions* toutes les nuances de probabilité qui naissent de la question même que nous examinons ou de ses circonstances accessoires, tandis que nous appellerons *préjugés* toutes les dispositions à croire ou à ne pas croire qui naissent du jeu de nos facultés, des habitudes de notre esprit, des mouvements de notre âme. Les *présomptions* sont en dehors de nous ; elles sont aussi variées que les circonstances qui peuvent les faire naître; et quoique la logique puisse enseigner à les apprécier, elle peut difficilement les comprendre toutes et les ranger par classes. Mais les *préjugés* sont en nous; ils naissent de nous-mêmes; et quoiqu'il soit impossible de prévoir les millions de formes que peuvent prendre les préjugés humains, il ne doit pas l'être de les classer d'après les sentiments naturels auxquels ils se rattachent.

Cette analyse de l'origine des préjugés n'est pas seulement un objet de curiosité; elle doit nous rendre plus indulgents pour les opinions des autres, et en même temps plus justes dans les nôtres. Elle nous fait voir presque toujours un côté noble et pur dans les croyances les plus absurdes : c'est celui par lequel elles se sont introduites ; et elle nous enseigne en même temps à surprendre en nous-mêmes et à déjouer le penchant secret qui nous fait *préjuger* ce que la sagesse nous ordonne de n'admettre qu'après l'avoir jugé. En effet, les *traditions*, c'est ainsi que nous appellerons toute la masse de connaissances que nous recevons des autres, ne nous présentent point des *présomptions*; ce sont nos facultés qui les transforment en *préjugés*, par la manière dont elles nous préparent à les admettre. Des facultés analogues se trouvent dans les hommes qui nous ont transmis ces présomptions, et elles les ont modifiées de même. Ces facultés, qui se mettent à la place du *jugement*, sont le prisme qui colore pour nous les objets; c'est lui qu'il s'agit de soumettre à son tour à l'analyse. On est assez généralement dans l'usage de distinguer en nous le *jugement*, la *mémoire*, l'*imagination* et la *sensibilité*. Nous suivrons cette division pour montrer comment les diverses dispositions de notre âme modifient les objets qui lui sont soumis, ou plutôt comment les trois dernières usurpent la place du *jugement*, et mettent chacune leurs *préjugés* à la place des décisions du premier. Mais, indépendamment de ces facultés actives, c'est une sorte de *force d'inertie* qui résiste à l'action des préjugés. Ces facultés nous donneront la division de tous les préjugés. Nous les rapporterons en effet à la *mémoire*, à l'*imagination*, à la *sensibilité*, et à l'*amour du repos*, mis à la place du jugement.

La mémoire, sans être la première de nos facultés, est celle qui donne naissance au plus puissant, au plus universel de nos préjugés, à celui dont l'influence est la plus constante sur nos opinions et nos affections; c'est le culte des souvenirs de notre enfance. Nous aimons à croire qu'il y avait quelque réalité dans des sentiments dont nous conservons des souvenirs si vifs, et cependant si éloignés de nous. Nous attribuons au changement des autres, et non à nous-mêmes, la défiance qui depuis est née en nous. Il nous semble toujours qu'autrefois les autres méritaient cette foi parfaite que nous leur attribuions; les princes, les magistrats et les prêtres n'abusaient jamais de leur pouvoir, car nous ne soupçonnions en eux aucun abus; les pères, les maris, les maîtres, n'avaient d'autre intérêt que celui de leurs subordonnés, car nous leur obéissions alors avec une pleine confiance; les mœurs étaient pures, car nous n'avions pas deviné leur déréglement. Le rêve de l'âge d'or, l'amour du bon vieux temps, le respect pour la sagesse de nos pères, sont les conséquences souvent aimables, mais toujours trompeuses, de ce culte rendu à nos souvenirs, et de cet amour que dans un âge avancé nous conservons pour toutes les émotions de la jeunesse. Il n'y a aucune de ces institutions publiques, qui servent comme de piliers à la société, dont la stabilité ne soit maintenue par ce penchant universel, par ce culte des souvenirs de l'enfance.

Les souvenirs d'enfance donnent l'appui d'un préjugé favorable à tout ce qui existe ou a existé, que la chose soit bonne ou mauvaise. Ils jouent donc un rôle très-important dans l'organisation sociale, puisque la garantie de la durée et de la stabilité est une des premières que les hommes doivent chercher dans leurs institutions. La puissance des souvenirs d'enfance sert de frein à l'esprit novateur et à l'inquiétude populaire que le malaise occasionne. Si le désir constant de réformer était seul écouté, aucune réforme ne réussirait, parce qu'aucune n'aurait le temps de porter les fruits qu'on attendrait d'elle. Mais, excepté dans les temps de grande souffrance, la puissance des souvenirs a bien plus d'influence sur le peuple que le désir des réformes ou le goût des changements. D'ailleurs, d'autres préjugés encore s'arment constamment en faveur de l'ordre établi; aussi la terreur de l'esprit d'innovation qu'on cherche si souvent à exciter, et la défiance avec laquelle on se tient en garde contre l'inquiétude du peuple, sont-elles le plus souvent destituées de tout fondement. Il y a cependant un cas dans lequel la puissance des souvenirs d'enfance et des préjugés qui en résultent s'arme contre l'ordre établi, et peut, sans que cet ordre soit très-vicieux, exciter de fréquentes révolutions; c'est celui où l'organisation complète, civile ou religieuse, a déjà été changée par une révolution. Il est de l'essence de la mémoire, qui nous retrace un temps différent du nôtre, d'en effacer le mal et de renforcer le souvenir du bien; parce que la mémoire nous rappelle toujours en même temps et les choses étrangères et nous-mêmes; mais nous plus jeunes, doués de plus de vie, de plus l'espérances et de plus de jouissances, supportant plus légèrement le fardeau du mal, le connaissant moins et nous confiant davantage dans les autres et dans nous-mêmes. Lors donc qu'une révolution complète a changé le régime sous lequel nous vivions, nous voyons au bout de peu d'années l'ordre actuel des tristes regards de l'âge avancé, l'ordre renversé avec le prisme coloré de la jeunesse. Disposition constante entre le souvenir et l'appréciation du temps présent, ce préjugé universel en faveur du régime qu'on a perdu, est une des grandes causes de ces longues oscillations qui suivent toujours les révolutions politiques et religieuses, de ces efforts inattendus et souvent heureux pour rétablir un ordre de choses qu'on croyait n'avoir plus de partisans. L'histoire nous en montre les effets à chacune de ses pages, dès la conspiration des fils de Brutus en faveur de Tarquin jusqu'à nos jours.

Chacune de nos facultés nourrit des préjugés, par son effort pour exercer une action plus complète; elle étend ainsi son empire sur la faculté voisine, et elle usurpe la place de la raison. La mémoire oppose ce qu'elle garde dans son dépôt à ce qui existe; et plus elle a de pouvoir sur nous, plus elle donne au monde des souvenirs l'avantage sur celui de l'observation. L'effort de l'imagination est d'une nature analogue; elle étend de même son empire aux dépens de la raison, et plus elle nous domine, plus aussi elle nous donne d'attrait pour le monde merveilleux, et elle substitue ses illusions à celui que nos sens ont reconnu. L'amour du merveilleux est en effet la seconde source universelle et constante de nos préjugés, parce qu'il procède de la seconde de nos facultés, qui, dans un degré plus ou moins éminent, se retrouve dans tous les hommes. Nos jugements sont l'ouvrage de la raison toute seule; mais la raison n'est pas la seule puissante de nos facultés; surtout ce n'est certainement pas celle qui nous donne le plus de jouissances. L'imagination créatrice est rare sans doute; de sa nature, elle est plus populaire, elle se communique plus aisément des individus aux masses; elle se met plutôt en harmonie entre gens qui ne se sont point entendus. L'imagination contemplative, celle qui se repaît sans fatigue des images qui lui sont présentées, est presque universelle. Or, le merveilleux est la pâture de l'imagination. Croire est pour l'âme humaine un plaisir et un besoin : tout ce qui l'étonne, tout ce qui agrandit la sphère habituelle de ses idées, tout ce qui recule les bornes de l'univers dans lequel elle se sent prisonnière la charme; les barrières du possible la révoltent; elle les franchit avec la même joie qu'un oiseau qui s'échappe de sa cage. Et son motif pour croire la plupart des opinions qu'elle saisit avec avidité, c'est précisément qu'elles sont incroyables.

Quelquefois le merveilleux nous est présenté, par les poètes et les romanciers, comme un jeu de l'imagination; alors nous nous y livrons sans scrupule, puisqu'il ne demande point le sacrifice de notre raison ; mais aussi notre plaisir n'est pas complet, parce qu'il n'exerce pas notre faculté de croire. Le merveilleux se présente encore à nous dans des récits populaires que notre raison ne saurait admettre, mais qui semblent recevoir de leur nombre, de l'accord de leurs circonstances, de leurs résultats, une certaine authenticité. Le merveilleux nous est aussi présenté dans la vie réelle, et sans sortir de l'ordre naturel des événements; la passion avec laquelle le peuple s'en saisit alors n'est pas une des moindres causes de ses erreurs et de ses souffrances. La vie romanesque d'un héros aventurier a plus de chances pour lui plaire que toutes les vertus et toute la sagesse d'un grand législateur. La puissance suprême attribuée à un homme est déjà en soi quelque chose de merveilleux, et c'est peut-être une des grandes raisons de l'adoration des peuples pour les rois; nous en avons fait des dieux sur la terre, et nous nous prosternons devant l'idole de nos mains. Mais un roi fugitif, prisonnier, conduit au supplice, est une divinité qui souffre; c'est le merveilleux porté au plus haut degré dans la réalité, et c'est le plus puissant mobile de l'enthousiasme. De tous les événements humains, celui qui prête le plus au merveilleux, c'est la guerre; et de là vient le préjugé si universel des hommes pour le talent qui leur est le plus fatal, leur admiration pour les conquérants, et l'enthousiasme qu'éveille en eux la gloire militaire. Une inimitié secrète contre les forces de la nature qui les ont asservis influe toujours sur leurs jugements. C'est parce qu'ils se sentent faibles que la force les ravit; et la toute-puissance d'un homme leur semble relever leur race, tandis qu'au contraire elle rabaisse les égaux de celui qui l'a obtenue. Le merveilleux, enfin, est porté à son plus haut terme dans les croyances religieuses : comme elles ont pour objet des choses que la raison ne peut ni concevoir ni mesurer, il y a un motif apparent pour exclure entièrement la raison de leur domaine. La distinction entre ce que la raison ne peut concevoir et ce que la raison conçoit ne pouvoir être paraît à la plupart des hommes trop

4.

subtile pour qu'ils sachent s'y arrêter. Dans la plupart des religions, la croyance comprend non-seulement ce qui échappe à l'entendement humain, mais ce qui lui est contraire. L'empressement à croire, la soif du merveilleux, se manifestent dans l'adoption successive des croyances dont se compose chaque religion. Plus un dogme particulier répugnait aux sens, à la raison, à tous moyens de connaître la vérité, et plus il a été adopté avec zèle et soutenu avec acharnement. Des paroles qui présentent deux sens, l'un conforme et l'autre contraire à notre raison, ont toujours été prises dans celui qu'on nommait mystérieux, parce qu'il demandait un plus grand sacrifice de notre intelligence. Des expressions figurées, où l'on reconnaît la tournure propre à la langue toute poétique où elles étaient employées, ont été interprétées dans le sens littéral, contre l'évidence même du texte. L'histoire des hérésies, qui nous présente successivement toutes les questions élevées sur le dogme, nous montre aussi que l'Église s'est toujours prononcée en faveur de l'opinion la plus extraordinaire, contre la plus naturelle.

L'amour du merveilleux altère toute espèce de témoignage. Plus un homme a d'agrément dans l'esprit, et plus il cherche à donner du piquant, de l'effet à ses récits, sans croire avoir en aucune manière altéré la vérité. Il rejette pour cela des circonstances qu'il appelle oiseuses, mais qui cependant auraient fait naître des doutes; il presse les événements, il lie ce qu'il croit les effets à ce qu'il croit les causes; il forme un tout de ce qui n'était auparavant que des faits détachés, et il dirige vers une pensée l'impression qui se dissémine sur plusieurs. Cependant, cet effet que l'esprit recherche est celui qui flatte le plus l'imagination, c'est-à-dire celui qui se rapproche le plus du merveilleux. Ne prenez point mauvaise idée du conteur qui vous rapporte des faits extraordinaires, ne croyez point qu'il ait voulu mentir ou vous tromper; mais avant d'admettre son récit faites la part de la crédulité qui saisit avidement et celle de l'esprit qui arrange : souvenez-vous qu'il a pu voir beaucoup de choses qui n'étaient point, parce qu'il se plaisait à les voir; qu'il a pu se souvenir de beaucoup de choses qu'il n'avait point vues, parce qu'il trouvait du plaisir à confondre son imagination avec sa mémoire. Ne dites pas d'un témoin oculaire qu'il n'a pas pu se tromper; car probablement il trouvait du plaisir à se tromper lui-même, et ses yeux, qui cherchaient avidement le merveilleux, n'avaient pas de peine à le trouver. Ne dites pas qu'il n'a eu aucun intérêt à vous tromper, car c'est un intérêt suffisant que celui de faire effet en disant une chose extraordinaire. Doutez donc des faits, sans douter des personnes; et au *préjugé universel du vulgaire* qui adopte, répand et amplifie le merveilleux, opposez le *préjugé du sage*, qui s'en défie.

De même que la mémoire et l'imagination, la sensibilité est toujours prête à substituer en nous ses impressions à celles de la raison. On dirait qu'il nous semble n'être point assurés que nous vivions, et que nous sommes avides de tout ce qui en développant quelqu'une de nos facultés nous fait vivre davantage, ou plutôt sentir davantage la vie. Nous sommes désireux de tout ce qui nous fait souffrir, de tout ce qui nous fait jouir, de tout ce qui nous fait aimer, de tout ce qui nous fait haïr. Nous nous complaisons à sentir notre cœur bien rempli d'une *émotion*, fût-elle même pénible. Nous nous sentons alors témoignage que nous sentons vivement, et nous en tirons vanité en nous-mêmes, tout comme nous affectons souvent cette aptitude aux émotions, vis-à-vis des autres. Le besoin des émotions peut donc être regardé comme le principe générateur des préjugés que développe en nous la sensibilité.

Les opinions fausses ou hasardées ne naissent pas toutes de la mémoire, de l'imagination, de la sensibilité, de nos facultés enfin, ou de nos dispositions ou de nos faiblesses; quelques-unes sont purement accidentelles : elles tiennent à des cas fortuits, qu'on ne peut ranger sous aucune classe.

Mais ce sont nos dispositions innées qui leur font faire fortune dans le monde; la puissance des souvenirs, l'amour du merveilleux ou le besoin des émotions, les transforment en préjugés dominants.

La recherche des émotions douloureuses est la plus bizarre entre nos dispositions. Nous aspirons sans doute à être heureux, et la poursuite du bonheur est un des grands mobiles de nos actions; mais nous ne voudrions pas non plus abandonner nos titres à être malheureux, ou plutôt il n'y a pas de chose contradictoire que nous ne voulions être en même temps. Cette recherche de la peine n'est point entièrement affectée : souvent elle est le vrai mobile de nos actions, la vraie direction de nos pensées. De même que nous portons la main à la place qui nous fait mal et que nous l'irritons encore, nous cherchons aussi le point douloureux de nos pensées, nous en réveillons la torpeur, et nous excitons des angoisses que la nature nous avait épargnées. De là naît un préjugé presque général en faveur de ce qui nous fait souffrir. Un récit qui nous ébranle fortement est déjà à moitié prouvé à nos yeux; une crainte qui nous rendrait très-malheureux est déjà à moitié réalisée. Au reste, le contraire est également vrai, et d'après le même principe. La joie est aussi un développement de nous-mêmes; mais il est moins étrange que nous en soyons avides. Que l'influence de l'événement raconté, de l'opinion présentée à notre jugement soit heureuse ou malheureuse, notre sensibilité ajoute presque toujours à notre croyance, et ce qui donne de l'émotion devient probable à nos yeux.

Parmi les préjugés qui dominent sur les nations, plusieurs semblent avoir pris naissance dans cette disposition de notre âme, et le culte de la douleur fait partie de la plupart de nos religions. La Divinité nous a entourés de jouissances sur la terre : elle nous a rendus accessibles à la douleur, mais seulement comme un avertissement et un préservatif du mal, et afin de nous apprendre à lutter avec elle, ou pour notre défense, ou pour celle des autres. Mais nous en avons fait un hommage que nous aimons à lui rendre, un sacrifice par lequel nous nous figurons l'apaiser. Nous avons inventé tous les genres de mortification et de pénitence. Ceux qui ont modifié toutes nos croyances ont multiplié sans mesure toutes les douleurs et toutes les terreurs. Le malheur d'une courte vie ne leur suffisait point, ils ont eu besoin d'ouvrir tous les trésors de la vengeance éternelle pour les verser sur les hommes. Chose étrange ! c'est là ce qui fait leur force; et tandis que nous croyons que le désir du bonheur est le principal mobile des actions humaines, c'est l'attente du malheur, ou plutôt le malheur présent de contempler sans cesse une douleur infinie, qui s'est trouvé avoir sur les âmes humaines le plus puissant de tous les attraits.

Ce n'est pas seulement dans la douleur ou la joie que se développe notre sensibilité, c'est dans l'amour ou la haine. Nous sentons davantage nous-mêmes, toutes les fois que nous éprouvons des émotions fortes; nous nous applaudissons de nous y livrer, et nous aimons mieux encore que notre conduite soit réglée par la sympathie et l'antipathie, que si elle l'était par la raison. C'est à la sensibilité à diriger notre choix entre les personnes, à nous faire contracter les liens qui rendent la vie heureuse, à élire nos amis et à nous rendre dignes du retour de toute leur affection. C'est là sa fonction propre, et elle s'en acquittera mieux que ne ferait la raison. Mais nous consultons aussi presque toujours notre sensibilité sur l'appréciation des choses et sur celle des principes ; nous faisons de la morale elle-même une affaire de sympathie et d'antipathie, et nous nous interdisons souvent l'examen de ce que nous avons approuvé ou blâmé, comme si la décision du sens intérieur qui a parlé le premier ne nous était sans appel. Il ne faut pas nier l'existence de ce sens intérieur qui nous dirige rapidement au bien, sans passer par toutes les longueurs du raisonnement, qui le discerne du mal, et qui pour nous est le plus souvent le flambeau de la conscience. Il est inutile de chercher si ce sens moral est une marche instantanée du raisonnement, qui par sa rapidité même échappe à notre observation, comme la plupart des jugements de nos sens; si c'est une empreinte de l'opinion publique que nous avons reçue; ou enfin si nous avons réellement apporté avec nous ces idées en naissant, comme une révélation personnelle, qui doit nous servir de guide dans le doute, car ceux mêmes qui s'attachent à cette dernière opinion sont forcés de convenir que les deux autres causes concourent aussi à exciter en nous des mouvements de sympathie et d'antipathie, et qu'ils se confondent à nos yeux avec les suggestions de la conscience. D'ailleurs, ces aperçus rapides du raisonnement ou de l'opinion publique sont essentiellement du domaine de la raison, et les jugements d'instinct doivent toujours s'accorder avec elle. Nous devons prêter une grande attention à la voix de ce moniteur intérieur; mais nous devons aussi la juger.

La sympathie, appliquée aux personnes et non plus aux choses ou aux principes, est la source du plus aimable de tous nos préjugés. C'est elle qui nous fait prendre la défense de quiconque souffre, de quiconque est malheureux ou opprimé. C'est elle qui nous mène le plus sûrement au bonheur, en le répandant autour de nous. La compassion éclaire et dirige bien plus souvent qu'elle n'égare notre jugement; et, dût-elle nous donner sur les personnes des préventions favorables que l'examen ne justifiera point ensuite, il vaut souvent mieux pour nous avoir été trompés de ce côté que toujours défiés. Mais l'antipathie, le préjugé de la haine, a eu sur le sort de la race humaine l'influence la plus funeste. L'activité de notre sensibilité semble n'être point satisfaite, si on ne lui sacrifie que ceux que nous avons de bonnes raisons de haïr. Elle demande des hécatombes. C'est par classes, c'est par milliers d'individus, que nous comprenons les hommes dans nos antipathies générales. Un symbole extérieur, une différence de nom, de couleur, de langage, suffit pour nous empêcher d'être justes, et nous nous applaudissons encore de l'énergie avec laquelle notre haine poursuit ceux que le même étendard rallie, et que souvent nous ne connaissons point. La faute d'un seul individu est étendue sur toute sa race, sur toute sa secte, sur tous ses compatriotes; celle d'un siècle passe au siècle qui le suit. Nous croyons voir dans ces jugements imprudents et insensés l'horreur du vice; nous nous applaudissons pour cette vertueuse indignation, à laquelle nous sacrifions la charité, et nous arrivons souvent à la regarder comme la meilleure preuve de nos sentiments religieux.

Les préjugés haineux ont sans doute leur source dans le cœur humain; mais c'est l'intérêt de ceux qui gouvernent qui les a perpétués. Ils ont pris soin d'encourager et de conserver les haines nationales; et ils ont ainsi soustrait une foule d'erreurs à l'examen de la raison. Les gouvernements s'offensent réciproquement, et ce sont les peuples qui se haïssent; les clergés ennemis se chargent tour à tour d'anathèmes, et ce sont leurs troupeaux qui se regardent avec horreur. Il n'y a point cependant d'inimitié réelle entre les nations; il n'y en a point entre les Églises. Comment un homme ferait-il tort à un autre par une manière différente d'honorer ou d'aimer Dieu? Pourquoi les sentiments qui l'élèvent vers son Créateur devraient-ils le compromettre avec ses frères? Ce n'est pas la piété qui est intolérante; mais c'est l'homme qui a fondé sur la piété d'autrui sa puissance et sa grandeur; c'est lui qui a cultivé les haines religieuses, et qui les a intimement unies à un sentiment qui devrait n'inspirer que l'amour. Comment une nation serait-elle l'ennemie naturelle d'une autre? Chacune n'a-t-elle pas dans son propre sein les éléments de sa propre félicité? Chacune, si elle a besoin de ses voisins, ne trouvera-t-elle pas plus d'assistance chez eux lorsqu'ils seront heureux et satisfaits que lorsqu'ils seront opprimés et mécontents? Mais celui qui veut garder pour lui seul le bonheur et le profit de la prospérité de sa patrie est jaloux des autres peuples, comme il l'est de ses concitoyens; il excite à son tour la jalousie des uns et des autres; et c'est parce qu'il la redoute contre lui-même, qu'il tâche de la diriger contre ses voisins.

Une autre classe de préjugés naît en nous de l'absence de facultés, de la *force d'inertie*, qui est comme une puissance négative de l'âme. L'amour du repos, la paresse d'esprit et la timidité sont des maladies de la volonté, qui paralysent la raison elle-même, sans substituer une autre des fonctions de l'âme à sa place. La crainte des idées nouvelles, la crainte du changement, la crainte des réformes, la crainte de tout ce qui exige quelque contention d'esprit, sont des dispositions infiniment répandues chez tous les peuples, et leur empire est d'autant plus grand, que ces peuples, plus soumis aux préjugés, auraient plus besoin de faire effort sur eux-mêmes pour les secouer. L'activité d'esprit est bien une disposition innée en l'homme; mais c'est une disposition qui s'use; elle semble n'être propre qu'à la jeunesse; et dans la plupart des hommes elle diminue à mesure qu'ils avancent plus en âge. La contention d'esprit est une grande fatigue pour celui qui n'en a pas acquis et conservé l'habitude. Le doute qu'on éveille sur un préjugé est l'annonce d'un travail pénible. Il faudra suivre des idées qu'on se sent à peine la force de manier; il faudra creuser des spéculations qui demandent un degré d'attention qui nous effraye; et peut-être, en dernier résultat, se trouvera-t-on arrêté par l'impossibilité de suivre l'effort de la méditation, et faudra-t-il se retirer de l'épreuve avec le sentiment humiliant qu'on n'est point propre ou qu'on a cessé d'être propre à s'élever jusqu'aux hautes régions de la pensée. Ce n'est pas seulement en matière de foi que le doute effraye tous les hommes qui se défient de leurs forces; soit qu'il s'agisse de leurs intérêts publics ou de leurs intérêts privés, ils se défendent toujours avec une sorte d'emportement contre le premier soupçon qu'on veut faire naître en eux. La confiance est un état de repos, le doute est un commencement de guerre. Lorsque le péril est inévitable, il est peu d'hommes qui ne préfèrent s'y engager les yeux fermés et sans le voir; et lors même qu'il est encore temps d'agir, la plupart regardent comme un ennemi celui qui leur donne la première nouvelle du danger qu'ils courent. Cet effroi d'une expérience nouvelle, cette répugnance au doute et à la défiance, cette paresse d'exercer son esprit sur des méditations inaccoutumées, sont encore fortifiés par l'orgueil personnel et l'orgueil national. On ne veut pas convenir qu'on ait mal fait et toujours mal fait, et que ceux qu'on était accoutumé à respecter dès l'enfance aient toujours mal fait.

Telle est sans doute la raison principale de la stabilité inébranlable de ces constitutions de l'Orient qui ont enchaîné la race humaine sans lui permettre de faire jamais aucun progrès, de ces divisions en castes qui ont réduit une race nombreuse à tant de misère et d'humiliation, sans qu'il en résultat presque aucun avantage pour les classes supérieures. D'après la violence qu'elles font à la nature, elles semblent ne pouvoir être maintenues que par la force. Les nations indiennes ont été conquises par des peuples d'autres religions et d'autres mœurs, qui travaillent depuis longtemps à détruire une organisation qui les choque; mais, en dépit d'eux, les classes opprimées ont continué à vouloir être opprimées; elles se sont soumises au mépris, qu'elles partagent au reste avec leurs conquérants, et elles ne se révoltent point pour briser un joug imposé par les plus faibles des hommes. La longue durée de cette législation de l'Inde est le plus étonnant des triomphes du préjugé : ce qui fait sa force, c'est qu'elle se soustrait tout entière à l'examen, et que la crainte, l'orgueil, la paresse nationale, concourent sans cesse à la défendre.

Le préjugé est stationnaire de sa nature ; la raison seule est progressive: aussi, les législateurs qui ont eu l'intention de donner à leurs ouvrages une durée éternelle ont-ils fait prudemment de les placer sous la garantie de la force d'inertie du genre humain, d'interdire l'examen et d'exiler la raison de leurs domaines. Ils ont trouvé dans le préjugé une force toujours prête à défendre ce qui est contre ce qui serait mieux, une force qui s'arme en faveur de leur ouvrage, de leur pensée propre, contre toute la race humaine. Ils ont fait prudemment, mais dans un but pernicieux. Avec une arrogance qu'on est étonné de trouver dans l'homme, ils ont posé des bornes au pouvoir de l'esprit : ils ont arrêté, dans leur prétendue sagesse, que rien ne pourrait jamais être mieux que ce qu'ils avaient inventé; et ils ont rendu ce mieux impossible. Mais ce préjugé, qui se croit conservateur, ne sauve point les institutions sociales ou d'une détérioration insensible, ou des calamités qui les bouleversent. Les pays dont la civilisation est fixée sont en même temps toujours de même, et toujours plus mal : de même, parce qu'aucune des institutions sociales n'y a changé, plus mal, parce que la race humaine y a dégénéré et y dégénère encore; plus mal, parce que l'empire leur a échappé; parce que les arts qui y florissaient y ont disparu, parce que la fixité de leurs institutions ne les défend ni contre les conquêtes, ni contre la tyrannie, ni contre la peste et la famine, ni contre les divers fléaux de la terre et du ciel.

Ce ne sont pas seulement les Indiens dont la législation est immuable; tous les autres Orientaux repoussent avec une horreur presque égale toute idée de changement, encore que l'ordre actuel soit pour eux un état de souffrance, de ruine et d'écrasement. Chez les peuples mêmes de l'Europe, où les sujets de législation ont été moins complétement soustraits à la pensée, les deux mots d'*innovation* et de *danger* semblent presque synonymes; et toute une classe d'hommes est presque toujours prête à repousser sans examen un changement, par cela seul qu'il est changement. Sans doute les plus graves inconvénients seraient attachés à une versatilité continuelle dans les mesures politiques; mais il n'y a point de danger contre lequel le caractère universel de l'homme le prémunisse davantage, car il n'y a point de préjugé qui soit entouré de plus fortes garanties que celui qui maintient l'ordre établi.

Nous avons en quelque sorte fait ainsi le tour de l'être humain, pour chercher à surprendre partout ses opinions à leur naissance; et pour établir quelque classification dans cette variété infinie de pensées, d'erreurs et de préjugés, entre lesquels se partage notre race. Nous l'avons tenté, et ce n'est d'après la nature des idées, du moins d'après leur origine. Nous sentons, il est vrai, combien cette classification est arbitraire, combien nos différentes facultés rentrent l'une dans l'autre, et combien souvent les mêmes erreurs peuvent procéder de deux ou de plusieurs des sources que nous avons séparées. Il y a cependant, nous le croyons, quelque avantage à se rendre ainsi compte des penchants naturels de notre âme et à prévoir en quelque sorte nos erreurs avant leur naissance. En soumettant les opinions que nous trouvons en nous à cette classification, tout arbitraire qu'elle puisse nous paraître, et en nous demandant successivement comment nos souvenirs ont pu influer sur telle opinion, comment elle a pu séduire notre *imagination*, comment elle ébranle notre *sensibilité* et excite le plaisir ou la douleur, l'amour ou la haine; comment, enfin, elle peut satisfaire notre *paresse*, nous la dégagerons peu à peu de tous ses accessoires, nous la livrerons toute nue à l'examen : si elle peut le supporter, nous nous serons enrichis d'une vérité nouvelle; si elle s'évapore à cette coupelle, du moins une telle analyse nous délivrera d'une erreur.

S.-C.-L. SIMONDE DE SISMONDI.

PRÉJUGÉ (*Procédure*) se dit d'un point de fait ou de droit qui a été jugé par un jugement interlocutoire, et d'où par conséquent l'on peut tirer quelque induction pour le sens du jugement définitif. Par exemple, en ordonnant la preuve du payement d'une obligation, le juge a tacitement annoncé que le défendeur sera déchargé de l'obligation s'il fournit cette preuve. C'est là un point *préjugé*.

A. HUSSON.

PRÉLART ou PRÉLAT, grosse toile peinte ou goudronnée qu'on emploie dans la marine et avec laquelle on recouvre des objets qu'on veut mettre à l'abri de la pluie. Elle sert aussi à fermer les écoutilles.

PRÉLAT. On appelle ainsi dans l'Église catholique les fonctionnaires qui exercent une juridiction en leur propre nom. A l'origine, les évêques, les archevêques, les patriarches et le pape étaient seuls dans ce cas. Par la suite les cardinaux et les légats, les abbés et les chefs d'ordre obtinrent, tant par des privilèges que par l'usage, une certaine juridiction; et le titre de *prélat* fut donné en outre aux hauts dignitaires des chapitres. En Allemagne, il y eut jusqu'à l'époque de la sécularisation un grand nombre de prélats qui relevaient immédiatement de l'Empire, et étaient de la sorte soustraits à l'autorité du souverain. Ils étaient investis de droits politiques, pour la plupart qualifiés de *princes*, et avaient droit de siéger et de voter à la diète de l'Empire. En Angleterre, en Danemark et en Suède la prélature s'est conservée même après la réformation. Dans l'Allemagne protestante, le titre de *prélat* n'est plus resté qu'aux chanoines capitulaires, de même que dans les pays où existent des constitutions d'états, où *l'ordre des prélats* est quelquefois représenté par les universités.

PRÉLAT, boisson. *Voyez* BISHOP.

PRÊLE (de l'italien *asperello*, rude, parce que la tige de cette plante est hérissée d'inégalités qui paraissent être des petits grains de sable que la plante ramasse dans la terre). Son nom scientifique est *equisetum*, qui vient de *equus*, cheval, et *seta*, crin. On la nomme aussi vulgairement *queue de cheval* ou *chevaline*. La prêle forme un genre de plantes cryptogames, de la famille des équisétacées. Ce genre renferme des végétaux semi-aquatiques, qui se plaisent que sur le bord des eaux ou au milieu des marais, d'où ils élèvent leur tige fistuleuse et articulée, qui ressemble en petit à celle de certains conifères. Ce sont les seules cryptogames dans lesquelles on trouve quelque chose qui ressemble à une fleur. Les étamines, au nombre de quatre, sont attachées en croix à la base de l'ovaire; ce sont des lames allongées, étroites, un peu élargies au sommet, couvertes d'un pollen très-fin, qui se contractent et se roulent en spirale autour de l'ovaire, quand l'humidité les pénètre, et qui s'étendent comme les pattes d'une araignée sitôt qu'elles viennent à se dessécher. Dans ce cas, elles se déroulent par une élasticité de ressort si brusque et si ferme, qu'elles impriment un mouvement de projection au pistil auquel elles sont fixées, et s'élancent avec lui à une hauteur considérable eu égard au poids infiniment léger de cette petite machine hygrométrique.

Les prêles dominent l'herbe des marécages par leurs longues tiges fistuleuses de deux sortes, les unes, fertiles, très-simples, dépourvues de rameaux, terminées par un bel épis épais et conique; les autres, stériles, chargées de rameaux verticillés, très-nombreux, ayant, par leur ensemble, l'apparence d'une queue de cheval : telles sont la *prêle des champs* (*equisetum arvense*, L.) et la *prêle des fleuves* (*equisetum fluviatile*, L.). Les tiges fructifères se montrent en avril, la première hors de la terre, comme les jeunes pousses de l'asperge : elles s'élèvent droites comme une petite colonne d'un blanc d'albâtre, articulées, à fines cannelures, surmontées d'un bel épi conique ou en massue. La *prêle d'hiver* (*equisetum hiemale*, L.) apparaît au printemps, sur le bord des rivières ou dans les bois humides. Elle s'élève des tiges d'un vert glauque, nues, très-simples, divisées par des anneaux blancs ou roussâtres, et qui ressemblent à de petites baguettes agréablement décorées. Elle n'a point de tiges rameuses. La *prêle des marais* (*equisetum palustre*, L.) à la tige profondément sillonnée; ses rameaux sont divisés, redressés; ils avortent souvent, et vont en diminuant de longueur vers le sommet de la tige, ce qui lui donne une forme pyramidale. Dans une variété les rameaux se terminent par de petits épis ovoïdes, noirâtres. La *prêle du limon* (*equisetum limosum*, L.) se distingue de l'espèce précédente par sa tige, qui est plus grosse, à peine striée, et par ses verticilles, moins garnis ou en partie avortés. La *prèle des bois* (*equisetum silvaticum*, L.) a le port fort élégant, à cause de la délicatesse de ses rameaux, nombreux; les gaines de la tige sont lâches et munies de dents rousses.

A Rome autrefois, comme dans quelques cantons de l'Italie encore aujourd'hui, on mangeait les jeunes pousses de la *prèle des fleuves* et de la *prèle du limon* en guise d'asperges. Les bestiaux, surtout les vaches, les aiment beaucoup. La prèle d'hiver ainsi que plusieurs autres, dont les tiges sont nues, rudes et cannelées, étant desséchées, servent aux menuisiers et aux orfévres, sous le nom d'*asprèle* pour polir les bois et les métaux. Pour les soutenir on introduit un fil de fer dans la cavité de la tige. Les doreurs se servent aussi de la prèle pour adoucir le blanc qui sert de couche à l'or. Enfin, on l'emploie pour écurer les vases de cuivre. Converties en cendre, les prèles donnent une grande quantité de silice, qu'on aperçoit même quelquefois en points cristallins sur les stries rudes des articulations.

L. LOUVET.

PRÉLIBATION (Droit de). On désigne sous ce nom un usage qui d'Écosse, où il fut établi par le roi Évène, passa en Angleterre, puis dans différentes contrées de l'Europe, en France notamment, et suivant lequel le seigneur d'un fief avait droit à l'habitation de la première nuit avec les épouses de ses tenants. A l'origine, ce droit n'était que la redevance en argent payée par le tenant à son seigneur à l'occasion du mariage de chacune de ses filles; mais la corruption des mœurs amena peu à peu la substitution du droit en nature au droit en argent. Dans les chartes et les titres de cette époque, rédigés toujours en latin, cet usage infâme est désigné par les mots *jus prælibationis*; en France on l'appela *droit du seigneur*, et vulgairement *droit de jambage*, *droit de cuissage* et même *droit de culage*. Vers l'an 1090, la femme de Malcolm III, roi d'Écosse, obtint de son mari que ce droit pourrait être racheté. C'était, comme on voit, revenir au point de départ de cette odieuse coutume; et le droit ainsi que la composition prirent alors tous deux le nom de *marquette*. Quand le débiteur ne pouvait pas s'acquitter en argent, il était admis à se libérer en bétail. Les filles de basse condition étaient taxées à trois sous trois deniers ou une génisse; les filles d'hommes libres, à six sous six deniers ou une vache; celles d'un baron, à douze sous ou deux vaches au profit du seigneur dominant; celles d'un comte, à douze vaches au profit de la reine. Ce fruit odieux de la tyrannie et de la débauche, s'il subit de bonne heure une profonde modification dans la Grande-Bretagne, subsista longtemps en France, où on vit des abbés, des évêques même, en jouir comme *barons*; et pour ne rien perdre de leurs priviléges, les monastères de femmes qui en étaient investis, en raison des terres dont ils étaient propriétaires, le faisaient exercer par leurs avoués ou vidames. La Boëtie rapporte avoir vu plaider de son temps, à l'officialité de Bourges, un procès par appel pour un certain curé du diocèse qui réclamait en sa faveur le *droit de prélibation* dans sa paroisse, en vertu d'un usage admis de tous temps. Il ajoute cependant que la demande fut repoussée avec indignation, et le curé libertin condamné à l'amende. Partout d'ailleurs les progrès de la civilisation et des lumières firent peu à peu tomber ce droit en désuétude, sans que ceux qui en étaient investis osassent demander d'indemnité.

PRÉLIMINAIRE (de l'italien *preliminare*, formé du latin *præ*, avant, et *limen*, porte, entrée), qui précède, qui doit être examiné avant que d'examiner la matière principale. En diplomatie, on appelle *préliminaires* ou *articles préliminaires* les points généraux qui doivent être réglés avant que d'entrer dans la discussion des intérêts particuliers et moins importants des puissances contractantes ou belligérantes.

Dans les lettres et les sciences, on nomme *préliminaire* ce qui précède la matière principale et sert à l'éclaircir : une *question*, un *discours préliminaires*.

En jurisprudence, on appelle *préliminaire de conciliation* la tentative que la loi prescrit de faire devant le juge de paix pour concilier des parties qui sont sur le point d'entamer un procès.

Le mot *préliminaire* prend en musique le nom de *prélude*.

PRÉLUDE (du latin *præludium*, composé de *præ*, avant, et *ludo*, je joue). En musique, c'était autrefois ce que nous appelons aujourd'hui *introduction*. Cette dénomination s'appliquait même alors à des ouvertures tout entières, qui n'étaient pas, il est vrai, aussi importantes sous le rapport des développements qu'elles le sont de notre temps. On appelait encore du nom de *prélude* les improvisations qui se faisaient sur l'orgue, et dans lesquelles l'artiste déployait toutes les ressources de son génie et toutes les combinaisons scientifiques de l'art. Ce mot ne s'applique plus guère aujourd'hui qu'à des pièces de musique composées dans un style de fantaisie, et destinées à servir d'exercice sur un instrument quelconque. Il désigne aussi les traits de chant qu'un exécutant joue d'inspiration ou de mémoire pour annoncer le ton dans lequel il va se faire entendre ou pour essayer un instrument.

Charles BÉCHEM.

Par extension, le mot *prélude* est employé pour désigner figurément ce qui précède quelque chose, ce qui sert comme d'entrée et de préparation. Il y a, comme on le voit, beaucoup d'analogie entre les mots *préface*, *préliminaire* et *prélude*; seulement, le premier ne s'emploie guère que dans le sens littéraire et liturgique : c'est ordinairement à un ordre de faits moraux que s'applique le terme *préliminaire*, tandis que celui de *prélude* sert à caractériser indistinctement des faits de l'ordre physique et moral.

PRÉMÉDITATION signifie la délibération intérieure que l'on fait en soi-même avant de prendre un parti ou d'exécuter un dessein. Dans notre droit criminel, la *préméditation* est une circonstance essentiellement aggravante. Toutes les fois qu'elle accompagne un fait qualifié *crime* et puni comme tel par la loi, la peine qu'on doit prononcer contre son auteur est nécessairement plus forte. L'art. 297 du Code Pénal définit ainsi la *préméditation* : « Le dessein, formé avant l'action, d'attenter à la personne d'un individu déterminé, ou même de celui qui sera trouvé ou rencontré, quand même ce dessein serait dépendant de quelque circonstance ou de quelque condition. » La préméditation ne s'applique qu'aux attentats contre les personnes : ainsi, le meurtre devient *assassinat* s'il a été commis avec préméditation; ainsi les blessures et coups volontaires et les violences sont punis d'une peine plus forte s'il est démontré qu'ils ont été portés et qu'elles ont été exercées avec préméditation.

GUILLEMTEAU.

PRÉMICES (du latin *primitiæ*), premiers fruits de la récolte, premières productions de la fécondité des animaux. Il était ordonné par la loi de Moïse d'offrir les *prémices* au Seigneur; et elles se prenaient depuis la trentième partie jusqu'à la cinquantième. Dans les premiers siècles de l'Église, où les fidèles mettaient leurs biens en commun, les ministres vivaient généralement d'oblations, sans qu'il y eût d'ailleurs de disposition légale qui leur accordât la dîme ou les prémices, jusqu'au pape Alexandre II, qui ajouta les prémices au premier de ces impôts, dont il fit un précepte religieux. Par le concile de 1225 tenu à Bordeaux, la quotité de ces dons fut fixée depuis la trentième jusqu'à la quarantième partie du tout; un autre concile, tenu à Tours vingt-sept ans plus tard, fixa cette quotité à la soixantième partie. L'usage d'offrir à Dieu les prémices de la terre et de la fécondité des animaux est fort ancien; il existait chez les païens : les Égyptiens faisaient des offrandes de ce genre à Isis, les Grecs et les Romains à Cérès ou à Diane. Moïse, qui convertit en maximes religieuses les préceptes hygiéniques de son temps, rejetait comme *impurs* les fruits des trois premières années : ceux de la quatrième seule étaient censés prémices.

Prémices se dit figurément du commencement de beaucoup de choses, des premières productions de l'esprit et des premiers mouvements du cœur.

PREMIER (du latin *primus*). L'acception la plus générale de ce mot, qui en a un très-grand nombre, est celle par laquelle il désigne ce qui précède numériquement les choses dont on parle relativement à l'espace, au temps, à l'ordre, à la dignité, etc. *Premier* se prend parfois pour la supériorité du mérite, du génie : Un esprit du *premier* ordre. On le dit aussi de ce qui est passé, de ce qui existait auparavant : Il regrette sa *première* grandeur. Il s'emploie de même pour devant, en avant : Il a passé le *premier*. *Premier* indique également toute espèce de prééminence dans des qualités, des aptitudes quelconques. Le travail est la *première richesse des sociétés*. *Premier* sert aussi à désigner les choses les plus indispensables : les *premières* nécessités, les *premiers* besoins de la vie. On le dit encore du commencement ou de l'ébauche de certaines choses : Cet homme n'a pas la *première* teinture des connaissances que vous lui supposez. A la cour, on nommait *monsieur le premier* celui qui remplissait les fonctions de premier écuyer du roi.

On nomme Dieu la *cause première* en métaphysique. Les physiciens appellent *matière première* la matière qu'ils supposent dénuée de toute forme et des autres conditions qui la peuvent modifier. Les *matières premières*, en termes de commerce et de manufacture, sont les productions brutes qui doivent être soumises à un travail industriel quelconque pour avoir une certaine valeur. *Premier*, dans l'Écriture Sainte, désigne celui qui donne l'exemple aux autres. *Premier-né* veut dire encore, dans l'Écriture, le premier enfant mâle ; Dieu voulait sous l'ancienne loi qu'on lui offrît tous les premiers-nés des hommes et des animaux. César prétendait qu'il vaut mieux être le *premier* dans un petit endroit que le second à Rome. L'Évangile prêche une autre doctrine, en faisant entendre que les *premiers* sont souvent les *derniers* devant Dieu.

PREMIER (Nombre). Un nombre est dit *premier* lorsqu'il n'admet d'autres diviseurs que lui-même et l'unité : tels sont les nombres 1, 2, 3, 5, 7, 11, 13, 17, 23, 29, etc. On n'a pu encore trouver la loi de succession de ces nombres remarquables, dont tous les autres nombres dérivent par voie de multiplication. Mais on a des méthodes très-simples pour reconnaître quels sont les nombres premiers; on peut en former rapidement une table à l'aide de celle de ces méthodes qui porte le nom de *crible d'Ératosthène*. Ces tables sont nécessairement toujours incomplètes, car on démontre que la suite des nombres premiers est illimitée. Le plus grand nombre premier connu jusqu'ici est $2^{31}-1$, d'après l'assertion d'Euler.

Deux nombres sont dits *premiers entre eux* lorsqu'ils n'ont d'autre diviseur commun que l'unité ; ainsi 18 et 35 sont premiers entre eux. On voit qu'il ne faut pas confondre les nombres premiers entre eux avec les nombres premiers que nous venons de définir, et que l'on appelle aussi *nombres premiers absolus*.   E. MERLIEUX.

PREMIÈRE INSTANCE (Tribunal de). *Voyez* TRIBUNAL DE PREMIÈRE INSTANCE.

PREMIER MAÎTRE, grade de la marine qui équivaut à celui de sergent major ou adjudant sous-officier. On appelait également ainsi autrefois les maîtres ou officiers chargés de la direction d'un vaisseau marchand, et commis à la délivrance des marchandises placées à bord. L'expression *patron* était plus généralement en usage dans la Méditerranée. Aujourd'hui on ne se sert plus d'autre terme que de celui de *capitaine*, même pour les bâtiments qui se bornent au cabotage.

PRÉMISSES (du latin *praemissae*, formé de *prae*, devant, et *missus*, envoyé), terme de logique, qui sert de nom collectif aux deux premières propositions d'un syllogisme. Ces deux propositions, dont la première s'appelle la *majeure*, et la seconde la *mineure*, ont reçu le nom de *prémisses* parce qu'elles sont comme envoyées devant la troisième proposition, qui est la *conséquence*.   CHAMPAGNAC.

PRÉMONTRÉ (Ordre de). Au diocèse de Laon se trouve un vallon désert et marécageux, qu'on nomme *Prémontré* : c'est dans ce lieu sauvage qu'en 1120 saint Norbert rassembla quelques chanoines réguliers de Saint-Augustin pour les soumettre à des observances rigoureusement monastiques ; sa règle, approuvée par Honoré II, en 1126, fut confirmée dans la suite par plusieurs autres papes. Le nouvel institut, accessible aux deux sexes, s'accrut avec une prodigieuse rapidité. Moins d'un siècle après sa fondation, il comptait déjà mille abbayes, trois cents prévôtés, un nombre considérable de prieurés, et cinq cents communautés de filles ; d'ailleurs, on comptait neuf archevêchés et sept évêchés dont les sièges étaient occupés par des chanoines réguliers de l'ordre. De grands seigneurs, des dames de haute qualité s'empressaient de s'y faire admettre. Les évêques de Brandebourg, de Havelberg et de Ratzebourg étaient toujours pris dans l'ordre de Prémontré : leur élection appartenait aux chanoines de ces églises, qui ne dépendaient point de leurs évêques, reconnaissant pour supérieur le prévôt de Sainte-Marie de Magdebourg. Saint Norbert avait lié ses disciples par des prescriptions fort austères : ils devaient renoncer entièrement à l'usage de la viande, et jeûner pendant tout le cours de leur vie. Ces abstinences furent religieusement observées jusqu'en 1245 ; mais, par suite de justes réclamations, Nicolas IV, en 1288, et Pie II, en 1460, permirent d'en tempérer l'extrême rigidité. Les travaux apostoliques des prémontrés n'ont point été sans fruits pour l'Église : ainsi saint Norbert délivra les Pays-Bas des troubles que l'hérétique Tanquelin y avait causés, et plusieurs chanoines se distinguèrent par leur zèle dans la guerre contre les albigeois.

L'abbaye de Prémontré n'offrait de remarquable qu'une grande cour, où l'on voyait rangés en assez bel ordre plusieurs corps de bâtiments destinés à loger les abbés qui se rendaient au chapitre général. L'église, de médiocre importance, renfermait les tombeaux, bien exécutés, de Gautier, évêque de Laon ; de Thomas et d'Enguerrand de Coucl. La bibliothèque, de vaste étendue, possédait une grande quantité de bons livres et quelques manuscrits curieux, entre autres un *Juvénal*, un *Perse*, un *Suétone*, un *Jean de Salisberi*.

Il existait à Paris, au carrefour de la Croix-Rouge, un collége de Prémontré ; en l'année 1661, Anne d'Autriche avait posé la première pierre de cette nouvelle fondation.
    E. LAVIGNE.

PRÉNESTE, aujourd'hui *Palestrina*, dans les États de l'Église, à environ 3 myriamètres de Rome, au pied d'une montagne faisant partie de la *Campagna*, était une antique ville, qui faisait partie de la confédération des Latins. Elle embrassa l'alliance romaine, en l'an 499 av. J.-C., puis elle s'en détacha, et soumise de nouveau en 388, fut alors érigée en colonie romaine. En l'an 82 av. J.-C., époque où elle servit de dernier refuge au jeune Marius, elle fut obligée d'ouvrir ses portes à Sylla victorieux. La forteresse construite sur une hauteur voisine qui la dominait avait alors une grande importance stratégique ; elle était jointe à la ville par une muraille. Le temple que la Fortune avait à Préneste jouissait d'une grande célébrité.

La petite bourgade qui remplace aujourd'hui l'antique Préneste n'a aucune espèce d'importance. On y a cependant trouvé tout récemment quelques précieux antiques.

PRENEUR. *Voyez* BAIL.

PRÉNOM (du latin *praenomen*, formé de *prae*, devant, et *nomen*, nom). Chez les anciens Romains, le *prénom* était, comme le dit son étymologie, un nom qui se mettait devant le nom de famille : les gens d'une condition libre avaient seuls le droit de prendre un *prénom*. Les jeunes gens ne recevaient un *prénom* qu'au moment où ils prenaient la robe *prétexte* ou *virile*, c'est-à-dire à l'âge de dix-sept ans. On donnait ordinairement le *prénom* du père au fils aîné, au second fils celui du grand-père, et aux suivants ceux des ancêtres de la famille. Suivant Cicéron, les *prénoms* avaient à Rome une sorte dignité, et ils n'étaient donnés qu'aux hommes et aux femmes d'une certaine naissance.

Chez les peuples modernes, on considère comme *prénoms*, et avec raison, les noms de baptême qui précèdent les noms de famille ; mais ces prénoms n'ont pas d'autre importance que de servir à faire distinguer les enfants d'une même famille aussi bien que les personnes qui portent le même nom. CHAMPAGNAC.

La loi du 11 germinal an XI défend de donner aux enfants d'autres prénoms que ceux qui sont pris soit dans les différents calendriers reconnus, soit parmi les noms de l'histoire ancienne.

PRÉOCCUPATION (du latin *præoccupatio*, fait de *præoccupare*, s'emparer, se saisir par avance), disposition mentale dans laquelle nous sommes tellement absorbés par une idée fixe que nous ne pouvons donner que peu ou point d'attention à tout ce qui se passe autour de nous. Les idées qui déterminent le plus ordinairement l'état de préoccupation sont celles qui se rattachent à l'exercice de quelque passion favorite. Ainsi, la possession d'un royaume préoccupera ordinairement l'esprit d'un conquérant ambitieux ; le désir de la vengeance et le moyen de l'accomplir absorberont toutes les facultés mentales d'un esprit haineux, vindicatif ; la solution d'un problème sera la préoccupation ordinaire du géomètre studieux. Cet état de *préoccupation* entraîne nécessairement toujours celui qu'on nomme *distraction* ; et cependant la distraction n'est le plus souvent qu'une sorte de vague dans mille idées qui se croisent sans ordre et sans suite dans la tête de l'homme. L'effet de la préoccupation n'est pas d'ailleurs, comme on dit, d'altérer le jugement ; elle peut le développer, au contraire, dans des limites incroyables sur ce qui en fait l'objet ; et quoiqu'elle précède ou accompagne fréquemment la folie, elle n'en est pas moins fréquemment aussi le signe ou le cachet du génie.

PRÉPARATEUR. Cette dénomination, qui indique quelqu'un qui prépare quelque chose, s'applique à plusieurs arts, mais surtout aux arts chimiques et pharmaceutiques. Un préparateur est celui qui fait des préparations chimiques devant servir à des expériences pendant le cours du professeur. Cette expression, d'abord généralisée, est devenue maintenant spéciale à l'homme qui prépare des expériences : cependant, elle peut s'étendre non-seulement à celui qui s'occupe d'expériences chimiques, mais encore, dans les mêmes circonstances, à tous ceux qui disposent avant le cours ce qui doit servir à la démonstration. Il n'y a vraiment d'exception que pour l'anatomie : le préparateur prend alors le nom de *prosecteur*. Cette fonction de préparateur exige des connaissances assez étendues, une grande habileté et surtout une extrême prudence, principalement dans les opérations chimiques. Trop souvent en effet, malgré toutes les précautions, des accidents graves viennent interrompre les travaux du chimiste. On aurait tort de regarder la préparation des cours soit de chimie, soit de pharmacie, comme une chose très-simple ; elle est, au contraire, hérissée de difficultés, et souvent les expériences ne réussissent pas, par des causes ou qui demeurent inconnues, ou auxquelles toute l'habileté d'un homme ne saurait remédier. Les expériences de physique, tout en offrant moins de dangers, n'exigent pas moins de talent et d'habitude. Dans tous les établissements publics où l'on fait des cours de chimie, il y a, outre le préparateur, des *aides de laboratoire*, qui, sous la direction du premier, apprennent à manipuler, à monter des appareils et à préparer des produits qui doivent servir à la leçon du professeur. Le préparateur doit les surveiller avec soin, éviter de leur confier des opérations dangereuses, parce que la crainte ou le peu d'habitude pourraient leur occasionner quelquefois de graves accidents.
C. FAVROT.

PRÉPARATION (du latin *præparatio*, fait de *præ*, avant, et *paro*, j'arrange, je dispose). C'est ce qui doit précéder une action, ce qui est nécessaire pour la bien exécuter.

On conçoit combien cette expression peut être étendue ; il y a la *préparation à la messe* pour les prêtres et pour les laïques : elle consiste à appeler par des prières la bénédiction du ciel avant l'un des plus grands mystères de la religion chrétienne ; la *préparation à la communion*, autre acte de religion qui exige l'âme la plus pure, la plus détachée de des choses de ce monde. On pourrait dire que la confession est une *préparation à la communion*, puisqu'elle doit toujours la précéder ; cependant, on applique davantage ce mot au recueillement que doit avoir et aux prières que doit adresser à Dieu celui qui est convié à la sainte table.

Dans les arts, cette expression n'a pas tout à fait la même acception ; elle indique non point ce qui doit précéder un fait, mais le fait lui-même : ainsi, les *préparations* chimiques ou pharmaceutiques ne sont autre chose que le travail nécessaire pour obtenir des produits.

On emploie encore le mot *préparation* en anatomie, pour désigner l'art de conserver les pièces d'anatomie ou de pathologie. Un grand nombre de physiologistes distingués se sont occupés des *préparations anatomiques*. Parmi les modernes, il faut citer MM. Duméril, Breschet, Jules Cloquet. Un temps très-chaud ou très-froid est celui qui convient le mieux. Tout le monde sait que des cadavres sont restés enfouis dans les glaces pendant des années entières sans éprouver la moindre altération ; mais aussi que, quand on les avait placés dans un lieu où la température était au dessus de zéro, la décomposition se manifestait à l'instant même et marchait avec une rapidité effrayante. La dessiccation est un moyen préférable, en ce que le corps peut alors se conserver pendant longtemps à l'abri de l'humidité sans éprouver de fermentation putride, surtout lorsqu'on a eu le soin de le recouvrir d'un vernis. Nous n'avons pas besoin de dire qu'avant de soumettre les pièces soit à la dessiccation, soit à la macération dans les liquides, il faut avoir le soin de les nettoyer parfaitement, d'en enlever les matières grasses et les autres parties dont la conservation est plus difficile, peut-être même impossible, et d'injecter les veines et les artères, afin que la pièce présente le plus possible sa forme naturelle. Un des meilleurs agents de conservation est le sublimé corrosif : il a le double but d'empêcher la décomposition de la matière et sa destruction par les insectes. Ce n'est point le seul agent chimique qui jouisse de cette propriété : l'alun, le sulfate de fer, le sel marin, et la créosote, la partagent avec lui. Quant au dernier de ces composés, son emploi, qui de prime abord semblait devoir donner de très-heureux résultats, n'a pas répondu à ce qu'on en attendait, parce que la matière animale se dessèche beaucoup et qu'elle présente une odeur très-désagréable ; en outre, elle est toujours assez fortement colorée. Un aide préparateur à la Faculté de Médecine de Paris a indiqué un nouveau procédé pour les préparations anatomiques : il consiste à faire macérer les pièces dans un mélange de deux parties d'essence de térébenthine et d'une d'alcool, et à les faire sécher quand elles ont fait un assez long séjour dans ce composé. Il paraît que l'alcool s'empare de l'eau et que l'essence de térébenthine se combine avec le tissu adipeux.

Il est encore un art que l'on pourrait désigner sous le nom de *préparation*, et pour lequel on a créé le mot *taxidermie* : c'est celui qui a rapport à la conservation des animaux avec leurs formes primitives et leur état naturel. Cet art tout nouveau a pris depuis quelques années un développement extraordinaire ; et la dénomination ancienne d'*empailleurs*, que l'on donnait à ceux qui remplissaient de paille les peaux d'animaux écorchés, ne peut plus être appliquée aux savants qui maintenant nous offrent l'image frappante de la nature, et nous font connaître ces animaux étrangers dont la beauté et les formes extraordinaires excitent chaque jour notre admiration. C. FAVROT.

PRÉPARATOIRE (Jugement). *Voyez* JUGEMENT (*Droit*).

PRÉPONDÉRANCE (du latin *præpondero*, composé de la préposition *præ*, qui marque antériorité ou supériorité, et de *pondero*, je pèse), supériorité d'autorité, de crédit, de considération. On nomme *voix prépondérante* une voix qui l'emporte en cas de partage dans une délibération. Une *raison prépondérante* est la raison qui doit l'emporter dans une discussion, qui doit agir avec force sur les esprits. En mécanique, on appelle *poids prépondérant* un poids qui, étant mis dans un bras de balance, l'emporte sur le poids opposé.

Pour ce qu'on entend par *prépondérance du canon*, voyez CANON, tome IV, page 369.

PRÉPOSITIF. Les grammairiens qualifient ainsi tout mot qui sert à être mis avant un autre mot. Il y a aussi des lettres, des syllabes *prépositives* : ce sont celles qui servent à être placées à la tête d'un mot.

PRÉPOSITION (du latin *præpositio*, fait de *præ*, avant, et *pono*, je mets, je place). C'est, en grammaire, un mot qui sert à marquer un rapport entre deux objets. La préposition ne signifie rien par elle-même, mais avec son complément ou régime, avant lequel elle est toujours placée, elle exprime la relation qui existe entre ce qui précède. Cette partie du discours est, comme l'adverbe, un mot invariable, qui n'a ni genre ni nombre; mais ces deux mots diffèrent en ce que la préposition est toujours suivie d'un régime exprimé ou sous-entendu, et que l'adverbe n'a point de régime. Les principaux rapports qu'expriment les prépositions sont des rapports de lieux, de temps, d'ordre, d'union, de séparation, d'exclusion, d'opposition, de but, de cause, de moyen. Par exemple, *à*, *de*, *sur*, marquent la place, le lieu : Aller *à* Paris, sortir *de* Lyon, mettre un manteau *sur* ses épaules. *A*, *de* marquent aussi le temps et l'ordre : Aujourd'hui *à* neuf heures, je suis arrivé le premier *de* tous. *Avec* est le signe de l'union : Venez *avec* vos enfants. *Excepté* indique la séparation, l'exception, l'exclusion : Il nous aime tous, *excepté* moi. *Contre* dénote l'opposition : Se révolter *contre* ses maîtres. *Envers*, *sur*, désignent le but : Charitable *envers* les pauvres, raisonnement *sur* la science. *Par* est évidemment l'indice de la cause ou du moyen : Je l'ai fléchi *par* mes prières.

Les prépositions sont *simples* ou *complexes*; *simples* lorsqu'elles s'expriment en un seul mot, comme *avec*, *sans*, *par*, *pour*, etc.; *complexes* quand elles s'expriment en plusieurs mots, comme *auprès de*, *au travers de*, *loin de*, etc.

Les prépositions contribuent beaucoup à répandre l'harmonie et la clarté dans les tableaux de la parole; elles sont même si nécessaires que sans elles le langage n'offrirait que des peintures imparfaites. « Il n'est, a dit un grammairien, aucun objet qui ne suppose l'existence de quelque autre objet avec lequel il est lié immédiatement : une vallée suppose des montagnes, et les montagnes des terrains moins élevés; la fumée suppose du feu; et il n'est point de roses sans épines. Il faut donc que ces divers objets soient liés du discours comme ils le sont dans la nature; qu'on ait des mots qui expriment les rapports qui règnent entre eux, ce qu'ils sont l'un à l'autre. » Cela montre l'utilité, la nécessité des prépositions; et ce qui ajoute encore à leur importance, c'est qu'elles constituent une grande partie des beautés et des finesses d'une langue. Des savants se sont exercés sur l'origine des mots qui servent de préposition. Aucun de ces mots ne fut jamais l'effet du hasard; ils furent toujours formés sur des noms qui désignaient des objets relatifs au sens physique qu'offrent ces prépositions. Ainsi, par exemple, *à*, désignant un rapport de propriété, vient du primitif *a*, qui désigne la possession; *sur*, formé du latin *super*, vient du primitif *hup*, qui désigne l'élévation. Toutes les autres prépositions, de quelque langue qu'elles soient, ont des origines semblables. Elles tiennent donc toute leur énergie du nom dont elles ont été formées et dont elles représentent elliptiquement la valeur. Ainsi, *sur*, signifiant *élévation*, se trouvant entre les noms de deux objets, montre qu'il y a entre eux rapport d'élévation, que l'un est élevé relativement à l'autre. Ainsi, les prépositions, loin d'être de nouveaux mots ajoutés aux langues, ne sont qu'un emploi particulier de mots déjà existants.

Il y a des prépositions qu'on peut appeler *inséparables*. Ce sont celles qui sont placées à la tête des mots pour en diversifier le sens et en indiquer les rapports. Du seul verbe *mettre*, au moyen des prépositions inséparables et initiales, n'a-t-on pas fait une foule d'autres verbes, comme *admettre*, *démettre*, *commettre*, *transmettre*, etc.

Nous ajouterons, d'après la remarque de Lanjuinais, que dans plusieurs langues les *prépositions*, c'est-à-dire les mots qui exposent les rapports entre deux objets, se placent, ou constamment ou quelquefois, après les mots qui complètent l'expression du rapport : ce sont alors des *postpositions*. Mais l'auteur cité fait observer que si on les appelait *exposants*, ce terme conviendrait en tout cas et en toute langue.

CHAMPAGNAC.

PRÉ QUI TREMBLE (Le). *Voyez* DAUPHINÉ.

PRÉROGATIVE. Ce mot sert à désigner les privilèges ou les avantages attachés à certaines fonctions comme à certaines dignités. Sous la monarchie constitutionnelle, on appelait *prérogative royale* les droits, les pouvoirs et les honneurs que la constitution accordait au roi. La Restauration avait conservé la plénitude de la prérogative royale, le droit exclusif d'initiative, le droit de paix et de guerre, le droit exclusif de refus de sanction, le pouvoir exécutif tout entier, etc., etc. La révolution de Juillet diminua singulièrement la prérogative royale, et donna naissance à la *prérogative parlementaire*, qui transporta l'action gouvernementale à des chambres mobiles, temporaires, passagères, sujettes aux fluctuations d'une majorité incertaine et flottante, détruisant ainsi l'unité et la précision, bases premières et indispensables de tout pouvoir qui veut un avenir.

GUILLEMETEAU.

PRÉSAGE (du latin *præsagium*, composé de *præ*, d'avance, et de *sagio*, je pénètre, je sens), signe bon ou mauvais par lequel on augure d'un pressentiment de l'avenir. Les Grecs, imitateurs des devins d'Égypte et de Chaldée, donnèrent à cette superstition les noms de οἰώνισμα et de κληδών; le premier vient de οἰωνός (grand oiseau), parce qu'ils consultaient le chant ou le vol de ce quasi-habitant du ciel; et le second de κληδών (bruit), lorsque le présage était tiré de quelques paroles ou de quelques rumeurs vagues. Aussi Horace, dans son *Hymne séculaire*, recommande aux jeunes hommes et aux jeunes vierges le *favere linguis* des prêtres d'Apollon et de Diane, c'est-à-dire de garder le silence. Les Romains renchérirent de beaucoup sur les Helliènes dans l'art de l'*oionoscopie* ou inspection des oiseaux, art futile et vain qu'ils tenaient des Étrusques, chez lesquels l'avait nationalisé un certain Tagès, être mystérieux, Étrurien d'origine. Quand le présage se tirait des lèvres ou des bouches, ils l'appelaient *omen*, de *os* (bouche) ; si c'était des entrailles de la victime, *auspicium* (auspice); si c'était des volatiles (*auspicium* et *augurium* (au spice, augure) : de là ces derniers mots sont devenus chez les modernes synonymes de *présage*. Les fils du Latium, lors de leur conquête de la Grande-Bretagne, y laissèrent avec leurs rites le nom d'*omen*, qui est le nom usuel chez elle aujourd'hui encore pour signifier un pronostic favorable ou funeste.

Les anciens tiraient encore leurs présages de certaines voix invisibles, qu'ils pensaient être celles des dieux; des voix humaines, des tintements d'oreilles : comme chez nous, cet accident subit et momentané annonçait que quelques langues absentes, bonnes ou malignes, devisaient à l'instant même sur notre compte. Ainsi que chez nous, encore, l'éternument avait quelque chose de mystérieux ; celui du matin n'était pas favorable, et il était ordinairement accompagné du souhait de la personne présente; c'était notre « Dieu vous bénisse ! » Toutefois, Properce est dans le ravissement de ce que l'amour éternue sur le berceau de sa Cynthie. Dans notre civilisation, c'est un bon présage pour les femmes si le nouveau jour de l'année c'est un homme

PRÉSAGE — PRESBYTÉRIENS

d'abord qu'elles voient et qu'elles embrassent. Chez les Grecs et les Romains, elles redoutaient en ce même jour la vue d'un nain, d'un être contrefait et surtout celle d'un eunuque ; l'aspect d'un lion altier, des fourmis intelligentes, des abeilles laborieuses, était un pronostic des plus heureux ; l'aspect du serpent qui rampe, du loup et du chien qui hurlent, était du plus triste augure. Mais ceux qui, avec le sage de Virgile, mettaient sous les pieds le vain bruit de l'Achéron avare, jetaient un œil dédaigneux sur ces pauvretés, sur ces faiblesses de l'esprit humain. Cotta disait que c'était offenser la majesté des dieux que de vouloir sonder, à force d'observations si folles et si ridicules, leurs décrets immortels ; Cicéron ne savait comment deux augures pouvaient se rencontrer dans les rues de Rome sans rire ; et une charmante plaisanterie du grave Caton confondit un superstitieux qui accourait tout tremblant lui annoncer que les rats avaient, la nuit, mangé ses souliers : « Ce serait bien un autre prodige, lui répliqua l'illustre censeur, si mes souliers avaient mangé les rats. »

Chez les modernes, une salière répandue sur la table fait pâlir certaines personnes ; elle prédit, selon eux, quelque événement malencontreux ou sinistre ; chez les anciens, cet accident annonçait une amitié rompue. Des tisons qui roulent de l'âtre sur le plancher présagent des visites ; les pétillantes étincelles qui se dégagent de la mèche de la chandelle, des nouvelles, des lettres. Les tendres villageoises, pleurant l'absence de leurs amants, à la veillée, tournent souvent les yeux vers la lampe. Celle de la jeune épouse de Pætus, dans Properce, ne lui dit que trop son malheur. Beaucoup de gens, pour tout au monde, ne mettraient pas une chemise blanche le vendredi, ou sortent de table quand ils voient treize couverts. D'autres sont inquiets si, comme au bon La Fontaine, il leur arrive de mettre le matin un bas à l'envers. Dans l'Inde, si une pie de son aile frôle votre vêtement, dans moins de six semaines vous, ou quelqu'un de votre famille, mourrez, assurent les naturels du pays. Dans l'île de Bornéo, le vol et le cri des oiseaux, ainsi que dans l'antique Étrurie, sont des pronostics.

Qui croirait que ces terreurs d'enfants, plus vaines que les vaines ombres, ont plus de prise sur les grands génies, les âmes les plus fermes, que sur le vulgaire. Auguste, le maître du monde, le spirituel Henri III, l'altière Médicis, et ce Napoléon à l'âme de fer, duquel sa mère disait qu'elle lui avait mis un boulet dans la poitrine au lieu d'un cœur, étaient tous sous cette puérile influence. Ces âmes fortes, si faibles par moments, sont un témoignage d'un Dieu qui tient dans ses mains nos frêles destinées et le fil de chacune de nos actions, dont cependant il nous laisse libres. Ces génies se sentent étreints dans leur volonté, si ferme et si puissante, par une volonté surnaturelle : c'est qui fait qu'à chaque pas, dans leur vie inquiète, ils craignent et tremblent, attestant ainsi à l'univers, malgré la révolte de leur orgueil, qu'ils ne sont que le *roseau pensant* de Pascal, que courbe et peut rompre le moindre souffle d'en haut.

DENNE-BARON.

PRESBOURG (en latin *Posonium*, en hongrois *Poson*, en slave *Pressburek*), ville royale libre de Hongrie, sur la rive gauche du Danube, existait déjà du temps des Romains, dit-on, et fut fondée par Pison, l'un des généraux de Tibère. Peuplée en grande partie de colons allemands, elle devint de bonne heure une importante place de frontières et obtint de nombreux privilèges. Quand les Turcs se furent emparés, en 1541, d'Ofen, Presbourg devint la capitale de la Hongrie, la ville où avait lieu le couronnement des rois ; et il en fut ainsi encore longtemps après que les Turcs eurent été chassés de la Hongrie. Jusqu'à la fin du dix-huitième siècle elle demeura la ville la plus belle, la plus peuplée et la plus importante de la Hongrie ; mais depuis lors Pesth l'a dépassée à tous égards, de même qu'Ofen comme siège des principales autorités, et Debreczin sous le rapport de la population. Sa décadence date de 1784, époque où l'empereur Joseph II rétablit Ofen en possession du titre de capitale, et décida que le couronnement des rois de Hongrie y aurait lieu à l'avenir. D'après le dernier recensement on y comptait 42,250 habitants, dont 30,000 catholiques, 7,000 luthériens et 4,840 juifs. Les principaux édifices sont la cathédrale, l'ancien palais des états, l'hôtel de ville, le palais archiépiscopal. On y compte, outre la cathédrale, douze églises catholiques, deux églises protestantes et une synagogue. Les établissements d'instruction publique y sont nombreux : et on y trouve un théâtre, une salle de redoute et un casino. La navigation du Danube et divers chemins de fer favorisent le commerce de cette ville, où il se fait surtout d'importantes affaires en céréales. La langue et les mœurs allemandes y dominent.

Aux termes de la paix conclue à Presbourg à la suite de la bataille d'Austerlitz, le 26 décembre 1805, l'empereur François II dut 1° abandonner au royaume d'Italie la partie du territoire vénitien que le traité de Lunéville avait adjugée à l'Autriche (921 myr. carrés et 2,130,000 habitants) ; 2° reconnaître aux électeurs de Wurtemberg et de Bavière le titre de roi ; 3° céder à la Bavière le Tyrol, le Vorarlberg, Eichstædt et Passau ; au grand-duc de Bade la plus grande partie du Brisgau avec la ville de Constance ; au Wurtemberg, les villes du Danube et quelques districts de la Souabe autrichienne. Comme indemnité de ces diverses cessions, le ci-devant électorat de Salzbourg fut incorporé à la monarchie autrichienne. L'archiduc Charles-Ferdinand d'Este, qui perdait le Brisgau et devait être complétement indemnisé en Allemagne, ne reçut jamais rien. En revanche la dignité de grand-maître de l'ordre Teutonique fut rendue héréditaire dans la famille de l'archiduc Antoine. Il ne fut point question dans ce traité de la noblesse immédiate de l'Empire, possessionnée tant en Bavière qu'en Wurtemberg et dans le grand-duché de Bade. Un ordre du jour de Napoléon, en date du 19 décembre 1805, avait déjà placé ces divers petits dynastes sous la souveraineté des princes dans les États desquels se trouvaient leurs possessions. Immédiatement après la signature de la paix de Presbourg, Napoléon déclara, à la date du 27 décembre, que *la dynastie de Naples avait cessé de régner*, parce que Ferdinand IV avait violé le traité de neutralité conclu avec la France au mois de septembre précédent.

PRESBYOPIE. *Voyez* PRESBYTIE.

PRESBYTÈRE (du grec πρεσβυτέριον, fait de πρέσβυς, vieillard, prêtre), maison située près d'une église paroissiale, et servant de logement au curé. Anciennement, l'on nommait ainsi le chœur des églises, parce que les prêtres seuls avaient droit d'y prendre place : la nef était pour les laïques. Dans saint Paul, le *presbytère* signifie l'assemblée des prêtres.

PRESBYTÉRIENS, nom que les calvinistes d'Écosse se sont donné, et qui exprime un dogme essentiel de leur discipline religieuse, par lequel ils admettent une parfaite égalité de rang parmi tous les ministres, et ne reconnaissent point de dignité ecclésiastique supérieure à celle de *presbytre* ou de pasteur. Le *presbytérianisme* n'est autre chose que le dogme et la discipline de Calvin transplantés en Écosse par John Knox. Ce célèbre réformateur ressemblait à Luther par son courage, à Calvin par son austérité, et à Zwingle par son attachement aux libertés nationales. La discipline presbytérienne ou calviniste est essentiellement démocratique. C'est un vaste système représentatif à vote universel : elle commence, en Écosse, par la *church-session*, et se termine par le *presbytery*, le *provincial synod*, et le *general assembly*, qui exerce la plus haute autorité. Ces expressions sont la traduction écossaise des mots français calvinistes *consistoire, colloque, synode provincial* et *synode national*. Le presbytérianisme a exercé la plus grande influence sur l'Écosse, et même sur l'Angleterre. En Écosse, après de longues et sanglantes querelles, où les minutes du gouvernement ecclésiastique engendraient des luttes désastreuses, le presbytérianisme devint religion de l'État, lors de l'accession de Guillaume III, en 1688. Il

a conservé cette prééminence depuis cette époque. Les conséquences démocratiques de ce système, admirablement organisé par Calvin et par Knox, les droits d'appel et de suffrage qu'il donne à tout fidèle, la présence des laïques à toutes les assemblées religieuses délibérantes, et leur droit de vote égal à celui des ministres, même en matière de dogme, surtout la lecture constante de la Bible, et l'interprétation privée des disciples, tout cela explique suffisamment la ferveur et l'activité de cette vaste congrégation de chrétiens. Sous le rapport politique, elle déploya le même zèle, et ses enthousiastes recevaient le nom de *puritains*. Mais l'Angleterre, reconnaissante, n'a point répudié le souvenir de leurs services. C'est aux puritains que le peuple anglais doit, en très-grande partie, la conservation de ses libertés ; et la mémoire de ces sectaires est sortie intacte et pure du milieu du déluge de traits que l'on a dirigés contre eux, depuis les épigrammes spirituelles de Butler jusqu'aux tableaux héroï-comiques de Walter Scott. L'Église presbytérienne a de nombreux adhérents en Allemagne, en Suisse et en Hollande ; aux États-Unis d'Amérique, elle figure presque au premier rang.
C. COQUEREL.

Les rapports des presbytériens avec l'Église anglicane sont aujourd'hui bien moins hostiles qu'ils ne l'étaient autrefois ; et de son côté cette secte s'est beaucoup relâchée du rigorisme qui la caractérisait à l'origine. Voici les points essentiels de son organisation ecclésiastique : chaque commune existe pour elle-même, élit ses anciens, ses diacres et ses prêtres, parmi lesquels il n'existe point de classes différentes. Il n'existe point de synodes. Les prêtres délibèrent sur toutes les affaires de l'Église, mais ne peuvent prendre aucune résolution obligatoire sans l'approbation de la commune. La liberté de conscience existe pour tous ; la discipline ecclésiastique a pour sanction les avertissements et l'exclusion. Le culte consiste en chant sans accompagnement d'orgue, en prières, en sermons et en célébration des sacrements. Les sermons sont lus. Au baptême, il y a simple aspersion d'eau, et on ne fait point le signe de la croix. Les parrains n'assistent point à la cérémonie ; et c'est au contraire le père de l'enfant ou un parent qui prononce la formule de foi. Dans la communion, qui se reçoit assis, il y a rupture du pain. En Écosse, où sous le règne de Guillaume III la constitution presbytérienne fut introduite de nouveau, elle a conservé toute son ancienne sévérité, et diffère par conséquent de celle des presbytériens d'Angleterre. Là chaque commune a un *presbytère* composé du prêtre et de quelques laïcs, qui tient séance toutes les semaines. Douze, seize ou vingt *presbytères* en élisent un plus considérable, qui se réunit une fois par mois. Au-dessus de ce grand presbytère est placé le synode provincial, formé tous les six mois par la réunion d'un certain nombre de presbytères (en général de deux à huit). La juridiction suprême est le *synode général*, que les députés des divers presbytères tiennent tous les ans en Écosse, et qui s'ouvre par une commission royale. Toutefois, cette assemblée ne peut rendre de lois nouvelles que de l'assentiment de la couronne.

Dans ces derniers temps l'Église presbytérienne d'Écosse s'est à diverses reprises trouvée en conflit avec la couronne, parce qu'elle voulait se soustraire à l'influence du chef de l'État et des patrons pour la collocation des charges ecclésiastiques.

Après l'Écosse, l'Amérique du Nord est le pays où l'Église presbytérienne est le plus répandue ; mais elle s'y trouve divisée en une infinie de petites sectes particulières.

PRESBYTIE ou **PRESBYOPIE** (du grec πρέσβυς, vieillard, et ὤψ, œil), vice de la vue qui ne permet point de distinguer aisément les objets rapprochés, tandis qu'on voit sans peine ceux qui sont loin de nous. Le point de vision pour les objets fins chez les personnes jouissant de toutes leurs facultés est communément à 40 ou 55 centimètres de l'œil ; les presbytes ne voient distinctement qu'à 80 centimètres, et même plus. La presbytie se manifeste presque toujours par quelques prodromes. Au commencement les malades se plaignent d'un manque de lumière ; ils ne peuvent distinguer les couleurs à la distance ordinaire ; les objets leur paraissent plus petits et comme agglomérés ; ensuite, le foyer s'éloigne beaucoup de l'œil, et, chose singulière, les presbytes, qui recherchent une lumière très-intense, ont coutume, le soir, lorsqu'ils lisent, de placer le doigt entre la chandelle et l'œil. Ce vice de la vue s'aggrave continuellement à mesure qu'on avance en âge : cependant, il ne va jamais jusqu'à atteindre l'intensité de la myopie. Quand la maladie est à son apogée, les presbytes peuvent ordinairement distinguer des objets assez ténus à une distance fort éloignée, lorsque ces objets sont un peu colorés : ils ne peuvent pourtant voir distinctement les objets tout à fait petits.

La cause prochaine de la presbytie doit être attribuée à la trop petite réfraction que les rayons lumineux éprouvent en entrant dans l'œil ; de là, il arrive que l'image des objets tombe par derrière la rétine, et qu'on ne peut les voir si on ne les éloigne. En effet, les rayons se rapprochent d'autant plus vite du foyer de la rétine que l'objet d'où ils partent est plus éloigné, parce que les rayons lumineux qui parviennent à l'œil sont moins divergents. Le trop peu de réfraction des rayons lumineux provient d'une diminution dans la convexité de la cornée et du cristallin : c'est ce que l'on trouve fort souvent chez les vieillards, et très-rarement avant l'âge de quarante ans. Dans un âge avancé, il y a une grande diminution de vitalité dans les organes ; la cornée et le cristallin s'en ressentent tellement, chez beaucoup de personnes, que ces organes ne réfractent pas assez les rayons lumineux : ce qui occasionne la difformité dont nous nous occupons. Les matelots, les chasseurs, les cochers, sont très-exposés à cette affection, par suite des efforts qu'ils font pour distinguer de loin des objets. La presbytie peut être aussi symptomatique, comme dans la synéchie et l'hydrophthalmie, qui naissent d'une trop grande accumulation de l'humeur aqueuse.

La presbytie ne se guérit jamais : son traitement n'est que palliatif, et ne s'obtient qu'en recourant à des verres convexes. Un grand soin doit guider dans le choix qu'on en fait : il faut savoir y faire adapter un foyer convenable. Il faut commencer par des numéros faibles ; des numéros trop forts occasionnent quelquefois une augmentation de presbytie telle que le malade ne trouve plus ensuite de verres convenables.
Dr CARRON DU VILLARDS.

PRESCIENCE (du latin *præscientia*, fait de *præscire* ou *præsciscere*, savoir auparavant, par avance), connaissance certaine et infaillible de l'avenir. La révélation nous enseigne que Dieu a de toute éternité connu tout ce qui arrivera dans la durée des siècles, soit les événements qui dépendent des causes physiques et nécessaires, soit les actions libres des créatures intelligentes. Sur cette connaissance de Dieu est fondée la certitude des prophètes. Aussi Tertullien a-t-il eu raison de dire que la prescience de Dieu a autant de témoins qu'elle a formé de prophètes. Il n'est pas possible de concevoir en Dieu une providence à moins qu'on ne lui suppose une connaissance parfaite de l'avenir et des actions libres de toutes les créatures. Sans cela cette providence se trouverait à chaque instant déconcertée dans ses desseins et arrêtée dans l'exécution de ses volontés par les actions imprévues des hommes. On ne pourrait plus lui attribuer la toute-puissance, encore moins l'immutabilité ; Dieu serait obligé de changer continuellement ses décrets, et d'en former de contraires, parce qu'il rencontrerait à chaque pas des obstacles qu'il n'aurait pas prévus. Cette *prescience* de Dieu ne nuit en aucune manière à la liberté de l'homme. Dieu a voulu que l'homme fût libre, afin qu'il fût capable de mérite et de démérite, digne de récompense et de châtiment. Dieu contredirait ce décret s'il en faisait un autre incompatible avec cette liberté, et s'il usait de sa toute-puissance pour détruire ce qu'il a sagement établi. La *prédestination* est fondée sur la *prescience* de Dieu, et sur ce que tout l'avenir lui est présent. On doit, dit Malebranche, admirer la profondeur de la *prescience* et de la sagesse de Dieu, qui en imprimant le premier mouvement à la matière a prévu toutes les combinaisons possibles que pouvait avoir cette première impression pour des siècles infinis.

PRESCOTT (WILLIAM-HICKLING), historien américain, est né le 4 mai 1796, à Salem, dans l'État de Massachusetts. Son père, mort en 1844, était un jurisconsulte distingué ; son grand-père, le colonel Prescott, avait commandé les troupes américaines à la bataille de Bunkershill. Destiné à la carrière du barreau, le jeune Prescott, à qui un accident arrivé à l'université avait enlevé un œil, tandis que son travail immodéré avait singulièrement affaibli la puissance de l'autre, était menacé d'être bientôt frappé d'une complète cécité. Il se décida alors à renoncer aux études nécessaires pour exercer la profession d'avocat, et alla passer deux années en Europe, où il consulta les oculistes les plus en renom de Londres et de Paris, mais sans éprouver d'adoucissement à ses maux. Forcé dès lors de s'abstenir de toute activité publique, il résolut de se vouer à l'étude de l'histoire, qui avait toujours eu pour lui un attrait particulier. Malgré les difficultés énormes que la réalisation d'un tel projet rencontrait dans son infirmité, il employa dix années à réunir les matériaux de son *History of Ferdinand and Isabella*. L'ouvrage parut en même temps à Boston et à Londres (5ᵉ édit., 3 vol., Londres, 1849), et fut traduit en plusieurs langues. Son état s'étant assez amélioré pour qu'il pût se passer de secours étrangers pour lire et écrire, il composa son *History of the Conquest of Mexico* (3 vol., Boston, 1843), livre remarquable par le style et par la pensée, dont le succès fut encore plus grand que celui de son précédent ouvrage, et qui lui valut l'honneur d'être nommé correspondant de l'Institut de France. On trouve dans son *History of Peru* (3 vol., Boston, 1847) les qualités qui distinguent toutes ses productions : une étude attentive des sources, une exposition pittoresque et une chaleur de sentiment qui nuit bien rarement à l'impartialité de l'historien. Il s'occupe maintenant d'une *History of Philippe II*. On a réuni et publié en corps d'ouvrage, sous le titre de *Biographical and critical Miscellanies* (Londres, 1843) et encore sous celui de *Critical Essays* (Londres, 1852) les différents articles fournis par lui à la *North-American Review*.

PRESCRIPTION. La prescription est un moyen d'acquérir la propriété d'une chose par la possession non interrompue pendant un certain laps de temps et sous les conditions déterminées par la loi, ou de se libérer d'une dette quand le créancier a laissé écouler un certain temps sans en demander le payement.

Toutes les choses qui se trouvent dans le commerce sont soumises à la prescription ; mais celles qui en sont exclues, comme l'état des personnes, les choses publiques, ne peuvent être prescrites. L'État, les communes, les établissements publics sont d'ailleurs régis aujourd'hui, en ce qui touche la prescription, par le droit commun.

La prescription peut sans doute favoriser la mauvaise foi d'un débiteur, et dans ce cas légitimer les attaques dont elle a été l'objet au nom de la morale éternelle. Elle a eu en effet des adversaires dans tous les temps. Justinien, dans sa quatrième Novelle, l'appelle *impium præsidium*. Cependant, elle est fondée sur de graves considérations d'ordre public et d'intérêt social, et c'est encore le meilleur moyen d'asseoir la propriété sur des bases inébranlables.

Le cours d'une prescription peut être interrompu ou suspendu. Elle est interrompue *naturellement* quand le possesseur est privé pendant plus d'une année de la jouissance de la chose. Elle est interrompue *civilement* par une demande judiciaire, un commandement, une saisie. La prescription se compte par jours, et non par heures ; elle est acquise lorsque le dernier jour du terme est accompli. Elle ne court pas entre époux, non plus que contre les mineurs et les interdits ; elle ne court pas également contre l'héritier bénéficiaire à l'égard des créances qu'il a contre la succession. Dans ces différents cas il y a suspension de la prescription. Il y a cette différence entre l'*interruption* et la *suspension* de la prescription, que la première anéantit entièrement les effets de la possession qui l'a précédée, tandis que la suspension les laisse subsister et arrête seulement le cours de la prescription.

La prescription à l'effet d'acquérir s'obtient par une possession dont la durée varie suivant que le possesseur a titre et bonne foi ou qu'il ne réunit pas ces deux conditions. Toutes les actions, tant réelles que personnelles, se prescrivent par trente ans, sauf celles que la loi a soumises à des prescriptions particulières. Celui qui l'allègue n'est tenu de justifier d'aucun titre, et l'on ne peut lui opposer l'exception déduite de la mauvaise foi. L'acquéreur de bonne foi et par juste titre prescrit la propriété de l'immeuble qu'il a acquis par dix ou vingt ans, selon que le véritable propriétaire a son domicile dans le ressort ou hors du ressort de la cour impériale dans l'étendue duquel l'immeuble est situé. La prescription des hypothèques pouvant pourrait être grevé cet immeuble lui est aussi acquise par le même laps de temps, à compter du jour de la transcription de son contrat d'acquisition.

Les juges ne peuvent suppléer d'office le moyen résultant de la prescription ; elle peut être opposée en tout état de cause, même en appel, à moins qu'on ne doive être présumé par les circonstances y avoir renoncé. La renonciation peut être expresse ou tacite. Celle-ci résulte de tous les faits qui supposent l'abandon d'un droit acquis. On ne peut d'avance renoncer à la prescription : il faut qu'elle soit acquise ; il n'y a que celui qui peut aliéner qui peut y renoncer.

Le Code Napoléon a établi des prescriptions particulières de six mois, un an, deux ans et cinq ans. Ces prescriptions courent contre les mineurs et les interdits, sauf leur recours contre les tuteurs. Ceux auxquels sont opposées certaines de ces prescriptions, fondées sur une présomption de payement, peuvent déférer le serment à ceux qui les opposent.

En fait de meubles la possession vaut titre, c'est-à-dire que si l'on achète un meuble de celui qui n'en est pas propriétaire, on n'a pas besoin de la prescription pour que l'acquisition soit valable. Cette règle souffre pourtant exception à l'égard des choses perdues ou volées ; mais même dans ce cas le possesseur, trois ans après le vol ou la perte, est à l'abri de la revendication.

En matière de crimes, de délits ou de contraventions, la prescription se rapporte à l'exercice soit de l'action, soit de la peine. L'action publique et l'action civile résultant d'un crime se prescrivent après dix années révolues ; celles qui résultent des délits après trois années révolues ; celles pour contraventions après une année révolue. Les peines portées par les arrêts ou jugements rendus en matière criminelle se prescrivent par vingt années révolues à dater des arrêts ou jugements. Les peines prononcées pour les délits jugés correctionnellement et pour les contraventions de police se prescrivent les unes après cinq ans, les autres après deux ans également révolues, à dater du jour de l'arrêt ou du jugement rendu en dernier ressort ; et lorsqu'il s'agit d'un jugement rendu en première instance, à compter du jour où il ne peut plus être attaqué par la voie de l'appel.

PRÉSÉANCE (du latin *præ*, avant, au-dessus, et *sedeo*, je m'asseois). On nomme ainsi le rang ou la place d'honneur que les usages reçus assignent à certaines personnes ou à certains corps dans des circonstances données. Il y a des *préséances* de droit et des *préséances* purement honorifiques, ou plutôt de politesse : les premières sont fixées par les règlements *ad hoc* ou des usages ayant force de loi : telle est la préséance des cours impériales sur les tribunaux de première instance ; les préséances d'honneur appartiennent à l'âge, à la qualité, et se règlent d'après les usages de la civilité ou de la politesse.

De tous temps et en tous pays les préséances ont amené

de vives discussions aussi bien entre les particuliers qu'entre les corps constitués. On en a souvent appelé à la force pour maintenir des droits de prééminence. Les princes ont rendu grand nombre d'ordonnances et de décrets pour fixer le rang de chacun dans les cérémonies, sans parvenir à éviter toute discussion. Un décret impérial du 24 messidor an XII sur les cérémonies publiques réglait les préséances, honneurs civils et militaires; diverses dispositions l'ont depuis modifié. Un décret du 23 avril 1852 a réglé la préséance des trois grands corps de l'État. Des règlements spéciaux fixent le rang des différentes autorités. Dans le même corps, le rang se détermine par hiérarchie.

La cour de Rome s'avisa, dans le seizième siècle, de vouloir régler le rang des princes souverains : le roi de France avait le pas après l'empereur; la Castille, l'Aragon, le Portugal, la Sicile devaient alterner avec l'Angleterre. L'Écosse, la Hongrie, la Navarre, Chypre, la Bohême et la Pologne venaient ensuite. Le Danemark et la Suède étaient mis au dernier rang. Cet arrangement prétendu des préséances n'aboutit qu'à causer de nouveaux démêlés. Les princes d'Italie se soulevèrent à l'occasion du titre de grand-duc de Toscane, que le pape Pie V avait donné à Côme Ier, et dans la suite le duc de Ferrare lui disputa son rang. L'Espagne en fit autant à l'égard de la France. Tous les rois voulurent être égaux; il en résulta des discussions très-graves. L'antiquité de l'État ou de la famille régnante, l'étendue et l'opulence des pays qui sont sous leur domination, leurs forces, leur puissance, leurs titres, rien de tout cela ne fonde en effet un droit parfait à la préséance; il faudrait qu'on l'eût acquis par quelque traité ou du moins par la concession tacite des princes ou des peuples avec lesquels on avait à négocier ; mais à chaque guerre ces traités étaient annulés, et avant de négocier la paix il fallait chaque fois discuter et résoudre les questions de préséance qui pouvaient bientôt après donner lieu à une nouvelle rupture.

PRÉSENCE, existence d'une personne dans un lieu marqué.

On appelle *droit de présence* la rétribution accordée aux membres de certaines compagnies, de certaines associations, lorsqu'ils assistent aux assemblées. On nomme dans le même sens *jetons de présence* les médailles qui représentent cette rétribution.

La *présence d'esprit* est cette vivacité, cette promptitude de jugement, qui fait faire ou dire sur-le-champ ce qu'il y a de mieux à faire ou à dire.

Présence se dit aussi de Dieu, quoiqu'il ne soit contenu dans aucun espace : Dieu remplit l'univers de sa *présence*. « Il y a, dit Fléchier, une *présence intime* que Dieu fait sentir à l'âme lorsqu'il se communique à elle avec plus d'abondance. » Dans le langage de la dévotion, se mettre en *présence de Dieu*, c'est considérer Dieu comme présent à ce que l'on va faire.

Dans le langage du droit, ce mot a diverses acceptions. On passe un acte par-devant notaire ou en *présence* de notaire. A la levée de scellés pour cause de mineurs ou d'absents, la *présence* ou l'assistance d'un magistrat est nécessaire. *Présence* se dit particulièrement, en jurisprudence, de l'existence d'une personne au lieu de son domicile ; et quelquefois, surtout en matière de prescription, de la résidence habituelle d'une personne dans le ressort d'une cour royale.

PRÉSENCE RÉELLE. On désigne par cette expression le dogme qui enseigne que Jésus-Christ est réellement présent dans le sacrement de l'eucharistie, sous l'hostie consacrée, et que c'est réellement le corps et le sang du Christ que le fidèle consomme sous les apparences du pain ou du vin dans l'acte de la communion, suivant cette expression de l'Évangile : « Prenez et mangez, car ceci est mon corps, et ceci est mon sang. » La cène, regardée d'abord par quelques-uns comme un acte purement symbolique, destiné à rappeler les résultats de la mission et de la mort du Sauveur, devint cependant bien vite un mystère, un sacrement. Dès l'origine, la controverse s'exerça sur ce point de doctrine, et les opinions étaient loin d'être fixées lorsque Paschase Radbert, moine de Corbie, publia son traité *De Corpore et Sanguine Domini*, en 831. Il y enseigne qu'après la consécration, le pain et le vin sont le corps et le sang de Jésus-Christ ; et que ce corps est le même que celui qui est né de la vierge Marie ; d'où il conclut que le Sauveur est immolé tous les jours réellement, mais en mystère, c'est-à-dire que l'eucharistie est vérité et figure à la fois. Cette doctrine, combattue par Hraban-Maur, Ratramne et Jean Scot Érigène, qui soutenaient que les éléments consacrés ne sont que des symboles, des gages de salut, trouva d'ardents défenseurs dans Hincmar et Rémy d'Auxerre. Gerbert conseilla de s'en tenir purement et simplement aux paroles de l'institution de la sainte cène. L'Église intervint dans ces discussions au onzième siècle, lorsqu'elle censura Bérenger de Tours, qui avait enseigné que le Christ n'est mangé que spirituellement. Cette censure fut confirmée la même année par le concile de Verceil. Condamné de nouveau par les conciles de Rouen, de Poitiers, de Rome, Bérenger souscrivit une nouvelle formule portant que par la consécration le pain et le vin sont changés substantiellement en la vraie, propre et vivifiante chair et au sang de Notre-Seigneur, et non pas seulement en signe, en vertu, en sacrement, mais en propriété de nature et en vérité de substance. Hildebert de Tours traduisit tout cela plus tard par le mot de *transubstantiation*. Après cette décision, le dogme semblait fixé. On se divisa pourtant sur la manière dont s'opérait la transsubstantiation. Les uns prétendirent que la substance du corps et du sang de Jésus-Christ prenait la place de la substance du pain et du vin; et qu'il ne restait de ceux-ci que les accidents, comme le poids, le goût, la couleur, la forme, etc. Cette opinion l'emporta au concile de Latran de 1215, et dès lors fut regardée comme une hérésie l'opinion de Robert de Deutz et de Jean de Paris, qui enseignaient que la substance du pain et du vin reste, et que celle du corps et du sang de Jésus-Christ s'y ajoute seulement. Ce système, connu sous le nom de *consubstantiation* ou d'*impanation*, fut adopté par Luther, qui admettait ainsi la présence réelle et substantielle du corps de Jésus-Christ dans les espèces consacrées, mais sans que le pain et le vin perdissent leur propre substance. Carlstadt et Zwingle rejetèrent cette doctrine, et ne voulurent voir dans la cène qu'un acte symbolique. Calvin prit un moyen terme, et enseigna que les fidèles participent d'une manière spirituelle au corps et au sang de Jésus-Christ ; admettant ainsi une union mystique du corps et du sang du Sauveur avec les symboles. Les anabaptistes, les mennonites, les sociniens et les arminiens n'ont jamais reconnu d'autre signification à l'eucharistie que celle de retracer la mémoire de la mort du Christ ; et presque toutes les Églises réformées en sont revenues au système de Zwingle sur la communion; mais la doctrine de la présence réelle est restée article de foi dans l'Église catholique.
Le LOUVET.

PRÉSENT (du latin *præsens*), qui est, qui se rencontre dans le lieu dont on parle. En ce sens, il est opposé à *absent*.

Présent signifie aussi qui existe actuellement, dans le temps où nous sommes. Dans ce sens, il est opposé à *passé* et à *futur*. C'est une sorte de milieu entre le passé et l'avenir, milieu mobile, qui change à chaque instant, mais dont on étend plus ou moins la signification aux faits contemporains.

En termes de grammaire, *présent* se dit du temps des verbes qui expriment la simultanéité d'existence à l'égard d'une époque de comparaison. Le présent est le premier temps de chaque mode.

Présent se dit encore d'un don, d'une libéralité. Les *présents de noces* sont les cadeaux qu'un homme envoie à la personne qu'il doit épouser et ceux que des parents ou des amis de la future lui envoient à l'occasion de son mariage. Les *présents de ville* ou *de la ville* se disaient de cadeaux qu'un corps de ville donnait en de certaines occasions à des personnages de distinction.

PRÉSENTATION (du latin *præsento*, je présente), action de *présenter*, c'est-à-dire d'offrir, d'introduire en présence, de montrer. *Présenter* une lettre de change à l'acceptation est la soumettre à la signature de celui qui doit le payer à son échéance.

La *présentation à la cour* est une cérémonie qui consiste à être présenté au monarque et à sa famille. Il y a des présentations ailleurs qu'à la cour.

Dans l'ancienne pratique, on appelait *présentation* l'acte par lequel un procureur déclarait se présenter pour telle partie : on dit aujourd'hui *constitution* d'avoué.

Présentation se dit encore du droit de présenter à une place, à un emploi. Ainsi, on dira : Cette place est à la nomination du ministre sur la *présentation* du préfet. Les officiers ministériels *présentent* au ministre leur successeur.

En matière bénéficiale, la *présentation* était la nomination qu'un patron laïc ou ecclésiastique faisait de quelque ecclésiastique à un **bénéfice** auquel ce patron avait droit de présenter pour en être pourvu par celui qui en avait la collation.

PRÉSENTATION DE LA VIERGE, fête qui se célèbre dans l'Église romaine le 21 novembre, en mémoire de la présentation de la vierge Marie au temple par ses parents. C'était un usage religieux chez les Juifs de vouer à Dieu leurs enfants, même avant leur naissance. L'Écriture nous en offre plusieurs exemples. Les parents qui avaient fait un semblable vœu conduisaient l'enfant au temple avant qu'il eût atteint l'âge de cinq ans. Ils le remettaient entre les mains des prêtres, qui l'offraient au Seigneur; puis, s'ils voulaient le racheter, ils payaient aux prêtres une certaine somme, sinon l'enfant restait dans le temple, et était employé au ministère sacré, à la confection des ornements, à tous les offices, en un mot, qui concernaient le culte de Dieu. Or, une tradition porte que la sainte Vierge fut vouée à Dieu par Joachim et Anne, et conduite au temple de Jérusalem dès l'âge de trois ans. C'est cette offrande de la sainte Vierge au Seigneur que l'Église célèbre par la fête de la *Présentation*.

Cette fête est plus ancienne chez les Grecs que chez les Latins. Les premiers la célébraient dès le douzième siècle, sous le nom d'*Entrée de la Mère de Dieu au temple*. Le pape Grégoire XI fit célébrer la fête de la *Présentation* dans l'Église romaine, vers l'an 1372; et dans le même temps Charles V, roi de France, la fit solenniser dans la Sainte-Chapelle de Paris. Mais elle fut presque oubliée dans les siècles suivants, jusqu'au pontificat de Sixte V, qui la rétablit en 1585.

Trois ordres de religieuses ont porté le nom de *Présentation de Notre-Dame*. Le premier fut projeté, en 1618, par une fille pieuse, appelée Jeanne de Cambray; mais il ne fut pas établi. Le second le fut en France, vers l'an 1627, par Nicolas Sanguins, évêque de Senlis; il fut approuvé par Urbain VIII, mais il ne fit pas de progrès. Le troisième, enfin, fut institué en 1664, par Frédéric Borromée, visiteur apostolique de la Valteline; il lui donna la règle de Saint-Augustin.

PRÉSERVATIF (de l'italien *preservativo*, formé du latin *præ*, avant, et *servo*, je garde, je défends, je garantis). Ce mot ne se dit guère qu'en parlant des remèdes qui sont censés avoir la vertu de préserver de l'atteinte de maladies quelconques. Les *préservatifs* sont une des parties de la médecine sur lesquelles le charlatanisme s'est le plus exercé; et, toutefois, il n'y a guère de médicaments, s'il y en a un seul, qui mérite réellement ce titre, à l'exception du vaccin, considéré comme préservatif de la petite vérole. Le plus puissant préservatif contre les maladies contagieuses résulte de la disposition particulière de l'être moral, inaccessible à toutes les influences de la crainte, disposition qui malheureusement ne dépend pas de la volonté (*voyez* CONTAGION). Quelques tribus d'Afrique se chargent d'amulettes comme d'infaillibles préservatifs contre tous les accidents possibles, quoiqu'il n'y ait en tout ceci d'infaillible que la robuste foi et la stupidité des croyants.

Préservatif s'emploie figurément comme dans cette phrase : *La lecture est un excellent préservatif contre l'ennui*.

PRÉSIDENT. C'est le titre qui dans l'ordre judiciaire est attribué aux chefs des compagnies. On l'applique encore dans beaucoup d'autres occasions, et c'est notamment la qualification donnée à celui des membres d'une assemblée politique que ses collègues ont élu pour diriger les débats. L'ensemble des qualités nécessaires pour remplir l'éminente fonction de président d'un corps délibérant se trouve rarement chez le même personnage. Il faut être doué tout à la fois de la facilité d'élocution, de la rectitude du jugement, de l'esprit d'analyse, de la noblesse du caractère, du sang-froid qu'aucun tumulte n'étonne, de la fermeté à laquelle rien n'impose, et de la dignité qui commande l'attention et le respect.

Dans un ordre moins élevé, moins éclatant, mais peut-être non moins utile, on peut placer les présidents d'assises. Outre certaines qualités extérieures, telles que la gravité de l'attitude et du geste, la force et la netteté de la voix, la rapidité et la sûreté du regard, ces fonctions exigent d'autres qualités qui tiennent à la maturité de l'esprit et à la droiture du cœur : c'est ainsi que le président des assises doit montrer la bienveillance qui encourage à l'accusé disposé à s'approcher de la vérité, et au témoin qui veut la dire tout entière; la fermeté qui déjoue les calculs du mensonge, qui confond l'audace du crime, et les égards que peut réclamer une position malheureuse. Mais c'est surtout par l'impartialité la plus entière qu'il doit se distinguer : exempt de passions, il doit comprendre l'intérêt de la société, qui s'anéantirait par la tolérance du crime, et ne pas oublier d'ailleurs que la faiblesse humaine a besoin quelquefois d'indulgence. En un mot, si la modération du caractère, si la dignité du langage, des mœurs et du maintien, doivent être en général les attributs du magistrat, cette modération et cette dignité sont plus nécessaires encore aux *présidents* des compagnies, et spécialement aux *présidents* des assises, dont la tâche publique est de proclamer l'innocence en même temps qu'ils prononcent la punition des coupables.

Autrefois, quand le roi nommait un *premier président*, et même des *présidents* en général, il les choisissait ordinairement entre les barons ou les chevaliers; mais plus tard on s'était départi de cette exigence : lorsqu'on était pourvu d'une présidence qui voulait le titre de chevalier, on était censé posséder ce titre; et les *présidents* à mortier étaient dans l'usage de prendre dans tous les actes la qualification de *chevalier*, en vertu de leur dignité, et lors même qu'elle ne leur appartenait point par la naissance. Quand, après la chute des parlements, des tribunaux dépourvus de toute importance politique furent établis pour les remplacer, le titre de *président*, qui fut décerné par élection, et qui n'était plus que temporaire, perdit tout à la fois son éclat et ses attributions. Napoléon lui rendit quelque lustre ainsi qu'à la magistrature. Par un sénatus-consulte du 28 floréal an XII, il établit d'abord les *présidents* de la cour de cassation, des cours d'appel et de justice criminelle, seraient nommés *à vie* par l'empereur. Quelques mois après, une distinction de costume leur fut assignée. Plus tard, le 30 mars 1808, un décret impérial régla les attributions des premiers présidents et des présidents des cours d'appel ainsi que des présidents et vice-présidents des tribunaux de première instance. Enfin, et le 19 novembre 1808, sous le nom de *présidents des assises*, furent établis des magistrats qui, pris temporairement parmi les conseillers des cours impériales, furent chargés de la distribution de la justice criminelle. DUBARD.

PRÉSIDENT, titre que prend le chef du pouvoir exécutif aux États-Unis et dans quelques autres républiques de l'Amérique du Sud. En France, la constitution de 1848 déléguait le pouvoir exécutif à un citoyen qui recevait le titre de *président de la république*. Il devait être né français, âgé de trente ans au moins, et n'avoir jamais perdu la qualité de français. Il était élu pour quatre ans, et n'était rééligible qu'après un intervalle de quatre années. Ne pouvaient non plus être élus après lui dans le même intervalle ni le vice-président ni aucun des parents ou alliés du président jusqu'au sixième degré inclusivement. L'élection du président devait avoir lieu de plein droit le deuxième dimanche du mois de mai. Il était nommé au scrutin secret et à la majorité absolue des votants par le suffrage direct de tous les électeurs des départements français et de l'Algérie. L'Assemblée nationale statuait sur la validité de l'élection et proclamait le président de la république. Si aucun candidat n'obtenait plus de la moitié des suffrages exprimés et au moins deux millions de voix, ou si le premier élu ne remplissait pas les conditions exigées, l'Assemblée nationale devait élire le président de la république à la majorité absolue et au scrutin secret parmi les cinq candidats éligibles, qui avaient obtenu le plus de voix. Avant d'entrer en fonctions, le président de la république prêtait au sein de l'assemblée le serment suivant : « En présence de Dieu et devant le peuple français, représenté par l'Assemblée nationale, je jure de rester fidèle à la république démocratique, une et indivisible, et de remplir tous les devoirs que m'impose la constitution. » Le président avait le droit de faire présenter des projets de loi à l'Assemblée nationale par les ministres; il surveillait et assurait l'exécution des lois; il disposait de la force armée sans pouvoir jamais la commander en personne. Il devait chaque année présenter par un message à l'Assemblée nationale l'exposé de l'état des affaires de la république; il négociait et ratifiait les traités, qui ne devenaient définitifs qu'après avoir été approuvés par l'Assemblée; il veillait à la défense de l'État, mais ne pouvait entreprendre aucune guerre sans le consentement de l'Assemblée; il jouissait du droit de grâce limité. Il promulguait les lois au nom du peuple français, dans le délai de trois jours pour les lois d'urgence, dans le délai d'un mois pour les autres. Il pouvait par un message motivé demander une deuxième délibération; si l'Assemblée persistait dans sa résolution, elle devenait définitive; et, à défaut de promulgation par le président de la république, elle avait lieu par le président de l'Assemblée. Les envoyés étrangers étaient accrédités auprès du président de la république. Il présidait aux solennités nationales, était logé aux frais de la république, recevait un traitement de 600,000 fr. par an, et devait résider au lieu où siégeait l'Assemblée. Il ne pouvait sortir du territoire continental sans y être autorisé par une loi. Il nommait et révoquait les ministres, les agents diplomatiques, les commandants d'armée, les préfets, etc. Il avait le droit de suspendre pour trois mois au plus les agents du pouvoir exécutif élus par les citoyens; il ne pouvait les révoquer que de l'avis du conseil d'État. Les actes du président autres que ceux par lesquels il nommait les ministres ne devaient avoir d'effet que lorsqu'ils étaient contresignés par un ministre. Le président, comme les autres fonctionnaires, était déclaré responsable. Toute mesure contre l'Assemblée nationale constituait un crime de haute trahison. Par ce seul fait il était déchu de ses fonctions; les citoyens étaient tenus de lui refuser obéissance, et le pouvoir exécutif passait à l'Assemblée nationale; la haute cour de justice devait s'assembler immédiatement le nommait à peine de forfaiture, etc. Il y avait en outre, comme aux États-Unis, un *vice-président de la république* nommé par l'Assemblée nationale sur la présentation de trois candidats faite par le président dans le mois qui suivait son élection. Le vice-président ne pouvait être choisi parmi les parents et alliés du président jusqu'au sixième degré inclusivement. En cas d'empêchement du président, le vice-président devait le remplacer. Le conseil d'État était présidé par le vice-président. Si la présidence devenait vacante par décès, démission du président, ou autrement, il devait être procédé dans le mois à l'élection d'un président. L'élection du président n'eut lieu qu'une fois, comme on sait, au mois de décembre 1848. Au mois de décembre 1851, le coup d'État mit fin à l'existence de ce régime ; mais la présidence fut encore conservée. Il fut proposé au peuple français de maintenir l'autorité à Louis-Napoléon Bonaparte et de lui confier les pouvoirs de faire une constitution dans laquelle le chef de l'État serait nommé pour dix ans. Par la constitution promulguée le 14 janvier 1852, le gouvernement de la république était confié pour dix ans au prince Louis Bonaparte, président de la république. Les droits du président étaient à peu près les mêmes que ceux de l'empereur; et lorsque l'année suivante un sénatus-consulte, approuvé par un plébiscite, rétablit la dignité impériale au profit de Louis-Napoléon Bonaparte, il n'y eut peu de chose à changer à la constitution. Voici seulement les dispositions abrogées : le président devait présenter tous les ans au sénat et au corps législatif, par un message, l'état des affaires de la république. Si le président de la république mourait avant l'expiration de son mandat, le sénat convoquait la nation pour procéder à une nouvelle élection; le chef de l'État avait le droit, par un acte secret et déposé aux archives du sénat, de désigner le nom du citoyen qu'il recommandait dans l'intérêt de la France à la confiance du peuple et à ses suffrages. Jusqu'à l'élection de nouveau président, le président du sénat gouvernait avec le concours des ministres en fonctions qui se formaient en conseil de gouvernement et délibéraient à la majorité des voix. Du reste, comme l'empereur, le président gouvernait au moyen des ministres, du conseil d'État, du sénat et du corps législatif; il exerçait la puissance législative collectivement avec le sénat et le corps législatif; il était responsable devant le peuple français, auquel il avait toujours le droit de faire appel; il était le chef de l'État; il commandait les forces de terre et de mer, déclarait la guerre, faisait les traités de paix, d'alliance et de commerce, nommait à tous les emplois, faisait les règlements et décrets nécessaires pour l'exécution des lois; la justice se rendait en son nom; il avait seul l'initiative des lois; il avait le droit de faire grâce; il sanctionnait et promulguait les lois et sénatus-consultes; il avait le droit de déclarer l'état de siége dans un ou plusieurs départements, sauf à en référer au sénat dans le plus bref délai. Les ministres ne dépendaient que de lui. Un sénatus-consulte du 29 avril 1852 avait fixé à 12 millions l'allocation annuelle du président de la république, et lui avait conféré le droit de chasse exclusif dans un certain nombre de forêts.

L. LOUVET.

PRÉSIDES (en espagnol *presidios*). On désigne sous le nom de *présides d'Afrique* les différentes places ou forteresses possédées par l'Espagne sur les côtes barbaresques, comme Penon, Velez, Ceuta et Melilla. Ces places servent encore de lieu de punition pour un grand nombre de condamnés, qui y sont entretenus sous le nom de *presidiarios*.

PRÉSIDIAL, juridiction établie dans les principaux bailliages et sénéchaussées par l'édit de Henri II (janvier 1551). On appelait aux juges présidiaux des jugements rendus par les justices seigneuriales, et l'édit avait pour but d'abréger les procès en déchargeant les cours souveraines d'un grand nombre d'appels de peu d'importance. Le *siége présidial* se composait de neuf magistrats au moins, y compris les lieutenants généraux et particuliers, civil et criminel. Un second édit du mois de mars de la même année créa trente-deux présidiaux dans le ressort du parlement de Paris; d'autres furent successivement institués pour tous les parlements et même dans les villes où il n'y avait pas bailliage et sénéchaussée royale. Leur compétence avait été fixée par l'édit de Henri II; les présidiaux jugeaient en premier ressort toutes les affaires criminelles, et en dernier ressort les matières civiles jusqu'à la concurrence d'un principal de 250 livres ou 10 livres de rente annuelle; et à charge d'appel, jusqu'à 500 liv. ou 20 fr. de revenu; mais les sentences en ce cas étaient exécutoires par provision. Dans tous les cas, les présidiaux jugeaient souverainement quant aux dépens, quel que fût le chiffre. Les parlements, qui auraient dû se féliciter de l'institution des présidiaux, leur contestèrent leur droit de compétence. Henri III, pour faire cesser ce conflit, attribua au grand conseil la connaissance des atteintes portées aux attributions des présidiaux. Mais c'était forcer les plaideurs de toute la France à se déplacer pour des causes de peu de valeur. Ce déplorable état de choses ne fut modifié qu'en 1774. Un nouvel édit agrandit le chiffre de la compétence : il fut ordonné que la juridiction présidiale jugerait en dernier ressort toutes les matières civiles qui n'excéderaient pas 2,000 liv., ou 80 liv. de rente et les dépens et restitutions de fruits ou revenus, quelle qu'en fût la somme, et par provision jusqu'à 4,000 liv. ou 160 liv. de rente. La juridiction présidiale fut encore modifiée par une ordonnance de 1777. Les juges de chaque siége ne pouvaient prononcer de sentence qu'au nombre de sept. A défaut de juges, les parties pouvaient convenir d'avocats du siége pour compléter le nombre. Les conseillers des présidiaux devaient être âgés de vingt-cinq ans, licenciés et gradués, et n'étaient admis qu'après avoir subi un examen du chancelier ou du garde des sceaux. DUFEY (de l'Yonne).

PRÉSOMPTION, du latin *præsumere*, prendre d'avance, d'où nous avons fait *présumer*. La *présomption* est un raisonnement par lequel nous induisons d'un fait connu à un fait inconnu. C'est sans doute parce qu'il est très-facile de se tromper en raisonnant ainsi, que dans l'ordre moral la *présomption* est devenue la dénomination d'un vice.

En droit on appelle *présomptions* les conséquences que la loi ou le magistrat tire d'un fait connu à un fait inconnu.

La *présomption légale*, que l'on nommait en droit romain *præsumptio juris et de jure*, est celle qui est attachée par une loi spéciale à certains actes ou à certains faits, qui dès lors sont présumés vrais.

Les actes auxquels la présomption légale est attachée sont : 1° les actes que la loi déclare nuls, comme présumés faits en fraude de ses dispositions, après leur seule qualité, par exemple ceux qui sont faits à des personnes présumées interposées; 2° les cas dans lesquels la loi déclare la propriété ou la libération résulter de certaines circonstances déterminées, telles que la présomption de mitoyenneté; 3° l'autorité que la loi attribue à la c h o s e j u g é e; 4° la force que la loi attache à l ' a v e u de la partie ou à son s e r m e n t. Les présomptions légales ont été introduites par des motifs d'ordre public, et leur force est telle qu'elle dispense de toute preuve celui au profit duquel elles existent.

Il est en outre, au milieu des intérêts divers qui réclament le concours de la justice, une foule de circonstances variables, que le législateur ne pouvait ni prévoir ni cependant perdre de vue, et auxquelles il ne devait pas appliquer des principes absolus ; il a donc établi qu'il pouvait se rencontrer d'autres présomptions que les présomptions légales, et à cet égard il s'en remet aux lumières et à la prudence des magistrats. Toutefois, il avertit le juge de n'admettre que des présomptions graves, précises et concordantes. Il ajoute qu'elles ne sont autorisées que dans les cas où la loi admet la preuve testimoniale, ou bien lorsqu'un acte est attaqué pour cause de fraude ou de dol.

PRESQU'ÎLE. *Voyez* PÉNINSULE.

PRESSE, foule de personnes rassemblées sur un même point, et plus ou moins fortement serrées ou pressées les unes contre les autres. Ce mot sert aussi à désigner l'empressement qu'on met à voir ou à faire quelque chose. On dit dans le même sens qu'il y a *presse*, en parlant de tout ce qui attire la foule, comme la vente d'une nouveauté, la vogue d'une pièce de théâtre. On dit qu'il n'y aura pas *de presse*, *pas grande presse* ou *grand'presse*, de ce qui n'est pas de nature à exciter l'intérêt, ou plutôt la curiosité publique.

On dit d'un ouvrage qui s'imprime, qu'il est sous *presse*. Faire *gémir la presse*, c'est faire imprimer un grand nombre d'ouvrages.

PRESSE (*Mécanique*). C'est le nom donné aux machines qui servent en général à comprimer les corps ou y laissent des empreintes. Le presse la plus simple, dérivée du pressoir, est la *presse à papier*. Elle se compose d'un bâti, à la partie supérieure duquel se trouve un écrou où tourne une vis dont la tête porte sur un ais placé dans l'intérieur du bâti. Les corps que l'on veut presser sont placés sur la partie inférieure de ce bâti, et recouverts de l'ais mobile; on fait tourner la vis au moyen d'un levier qu'on introduit dans les trous dont sa tête est percée ou par un mécanisme à engrenage. Cette action force l'ais mobile à descendre et comprime de plus en plus les corps qui sont au-dessous.

Les *presses à copier* sont ordinairement composées d'une vis tournant dans un écrou percé au milieu d'une pièce de fonte ou de fer fixée sur une table; cette vis fait descendre une platine métallique qui presse les feuilles de papier placées dessous et sur la table.

Les timbres secs s'obtiennent aussi au moyen d'une petite presse à vis, dont la tête est traversée par un levier à balancier, ou bien au moyen d'un levier à charnière, qui vient buter fortement sur la tête du timbre, maintenu par un ressort.

Nous avons décrit la *presse monétaire* en parlant du m o n n a y a g e.

La presse des reliurs est formée de deux forts morceaux de bois que deux vis en tournant aux deux extrémités forcent à se rapprocher.

Les presses qui méritent surtout de nous occuper sont les presses à imprimer. Il y en a de plusieurs espèces. D'abord les *presses typographiques*, puis les *presses en taille-douce* et enfin les *presses lithographiques*.

Il y a deux sortes de presses typographiques, les *presses à bras*, et les *presses mécaniques*. Le mécanisme des presses à bras est encore à peu près le même que celui qui fut imaginé à l'origine de l'invention de l'imprimerie : seulement on a généralement substitué la fonte au bois, et les dimensions de la platine sont devenues plus grandes. Sur toutes ces presses la *forme* à imprimer se fixe sur un *marbre* de fer glissant sur des espèces de rails à l'aide d'une courroie qui s'enroule sur un petit rouleau mû par une manivelle. La feuille de papier à imprimer, légèrement *trempée*, s'étend le long d'un tympan en soie tendu sur un châssis en fer tenant par deux charnières à l'extrémité du marbre, et s'y fixe à l'aide de deux *pointures*, ou petits piquants perpendiculaires rattachés au châssis du tympan, ou bien, simplement, lorsqu'il s'agit d'un petit format, par une épingle faisant ressort. Un autre châssis de fer, tenant à celui du tympan par deux autres charnières, est recouvert de papier, dans lequel on découpe toutes les parties de la forme qui doivent être imprimées : ce châssis se nomme *frisquette*. Après qu'un ouvrier a étalé de l'encre avec son rouleau sur la forme posée à plat sur le marbre de la presse, un autre, ou le même au besoin, replie la frisquette sur le tympan : on ne voit plus alors du papier que ce qui doit recevoir de l'impression. Le tout est renversé sur la forme; la feuille qui se trouve entre la frisquette et le tympan touche à l'*œil* des caractères dans tous les endroits non masqués par la frisquette. L'imprimeur, saisissant la manivelle, fait avancer le train sous la platine, plaque de fonte maintenant aussi grande que le tympan ; ensuite, par des procédés qui diffèrent selon les inventeurs, à l'aide d'un *barreau*, levier de fer avec poignée en bois supérieur à la platine, que l'imprimeur amène à lui et qui agit sur une vis, la platine s'abaisse sur le tympan et presse fortement la feuille de papier sur l'œil des caractères : cette pression produit ce qu'on appelle le *foulage*. Elle peut être assez forte pour écraser le caractère, par exemple lorsqu'un corps dur se trouve entre lui et la platine. Pour la modérer, on interpose entre le tympan et la feuille de papier, des langes de laine, et pour donner plus de couleur aux endroits qui viendraient gris, on ajoute des feuilles de papier découpées ou garnies de *hausses*, c'est-à-dire de petits morceaux de papier. Dans

DICT. DE LA CONVERS. — T. XV.

les anciennes presses en bois, la platine était nécessairement restreinte à la largeur d'une planche ordinaire : on ne pouvait donc imprimer d'un seul coup une feuille de papier d'une certaine grandeur : on n'avançait d'abord le train qu'à moitié pour imprimer une partie, puis, relevant le barreau, on avançait la seconde partie du train, et l'on imprimait cette dernière moitié : c'est pour cette raison qu'on nommait ces vieilles presses *presses à deux coups*. Quand la feuille est imprimée, l'imprimeur lâche le barreau ; un contre-poids fait relever la platine. L'imprimeur détourne la manivelle ; le train glisse sur les rails en plan incliné. Déroulant la courroie, il relève le tympan, déploie la frisquette, retire la feuille imprimée, et remet une feuille blanche. Pendant tout ce temps son compagnon a encré son rouleau ou le faisant tourner sur une table où il *distribue* de l'encre d'impression ; il en étend de nouveau sur la forme ; et la même opération se répète jusqu'à ce qu'on ait imprimé le nombre de feuilles voulu. On change alors de forme : on prend celle qui doit se trouver imprimée de l'autre côté du papier, qu'on nomme *retiration*, à moins qu'une autre presse ne soit chargée de ce travail, et l'opération devient la même ; seulement l'ouvrier doit avoir soin de faire tomber exactement les pages en *registre*, c'est-à-dire les unes sur les autres.

Pour imprimer en plusieurs couleurs, on se sert de plusieurs compositions, chacune présentant en blanc, c'est-à-dire par des parties trop basses pour recevoir l'encre, tout ce qui ne doit pas être imprimé dans la même couleur, et ce que les autres offrent de saillant à imprimer. On a autant de frisquettes que de couleurs, et on ne découpe sur chacune que ce qui doit être imprimé d'une même couleur.

Autrefois on encrait les formes avec des *balles*, assez semblables aux tampons qui servent encore aux imprimeurs en taille douce ; mais il arrivait quelquefois que l'ouvrier oubliait de *toucher* à certains endroits, et il en résultait un *moine*, une place non imprimée, une feuille perdue. Les balles ont été remplacées par des *rouleaux*, qui sont des cylindres de colle fondue avec de la mélasse autour d'une tige de fer, et ajustés sur une monture à deux poignées en bois. L'invention des rouleaux a amené l'invention des presses mécaniques.

La presse *mécanique* est composée de deux ou quatre cylindres en fonte, ou plus ; d'autres petits cylindres en bois servent à retourner les feuilles lorsqu'elles sont déjà imprimées d'un côté. Les feuilles de papier, conduites et serrées par des cordons contre ces cylindres garnis de *blanchets* ou langes en laine touchent sur les cylindres qui, par un mouvement de va-et-vient horizontal, vont s'encrer et viennent passer sous le cylindre, pour retourner s'encrer au moyen de petits rouleaux prenant l'encre sur une planche qui fait le prolongement du marbre sur lequel est fixée la forme. Lorsque la feuille est imprimée d'un côté, elle passe sur le second cylindre pour s'imprimer du côté opposé par un procédé analogue, et sort de la presse complètement imprimée. La presse mécanique est mise en mouvement par un volant attaché à une manivelle mue soit par une machine à vapeur, soit à bras d'hommes. Une femme ou un enfant dispose la feuille de papier sur une planche d'où elle passe sous les cylindres au moyen de lacets ou de cordons : c'est ce qu'on appelle *marger*. Pour obtenir un plus grand débit, on a imaginé d'augmenter le nombre de cylindres, ou bien on cliche rapidement la composition pour former des espèces de rouleaux qui impriment la feuille de papier étendue droite sur une plate-forme.

Le tirage des journaux allant toujours croissant, les presses mécaniques destinées à cet usage sont généralement faites en vue de la plus grande rapidité d'exécution. En 1856, on a construit pour le *Lind's Weekly Newspaper*, de Londres, une machine à six cylindres, la cinquième de ce genre qui ait jamais été construite et la seule qui fonctionne en Europe. Les plus grandes presses qui aient jamais été construites sont celles à huit cylindres, qui tirent 20,000 exemplaires à l'heure ou 333 par minute. Il n'existe que trois de ces presses, et chacune d'elles a coûté 100,000 fr. Les deux premières furent construites pour le *Philadelphia Ledger*, journal tiré quotidiennement à 80,000 exemplaires. Peu après, le *New-York Sun* commanda la troisième, dont il fait usage conjointement avec une machine à quatre cylindres. Au moyen de ces deux machines, il produit 30,000 exemplaires à l'heure. Le *Herald* emploie deux machines à quatre cylindres et une à six, ce qui lui permet de tirer 40,000 exemplaires à l'heure. Les machines à quatre cylindres, comme celle qu'emploie *La P r e s s e* à Paris, tirent 10,000 exemplaires à l'heure ; celles à six, 15,000. A défaut de ces prodigieuses machines, la France en possède de moins gigantesques, qui tirent parfaitement les vignettes. Citons seulement celles de *L'Illustration*, de *La Semaine*, que possèdent MM. Didot, celle du *Magasin Pittoresque*, etc.

C'est vers le commencement de 1815 que le mécanicien allemand K œ n i g employa pour la première fois à Londres une machine qui produisait l'impression au moyen de deux cylindres de bois ; cette machine distribuait en même temps l'encre sur les caractères, à l'aide de rouleaux composés d'une matière élastique. Cette tentative, couronnée de succès, excita l'émulation des mécaniciens anglais. En 1824 arrivèrent à Paris les premières machines à imprimer qui y aient fonctionné d'une manière suivie ; elles étaient dues à l'industrie anglaise. L'emploi des rouleaux ne s'introduisit même pas sans peine dans l'impression à bras. Des mécaniciens français s'occupèrent alors de la construction des presses mécaniques, et y acquirent une certaine habileté. Les machines à deux cylindres en bois de Kœnig tiraient en moyenne 1,000 feuilles à l'heure ; les machines françaises ordinaires en tirent maintenant 3,600 avec le même personnel. On ne les employa d'abord qu'à l'impression des journaux ; mais enfin l'impression des livres fut obtenue, puis encore celle des ouvrages de luxe.

La *presse de l'imprimeur en taille douce* est composée de deux *jumelles* ou morceaux de bois s'élevant perpendiculairement et recevant les axes de deux rouleaux libres l'un au-dessus de l'autre : celui de dessous ne peut que tourner sur lui-même, sans monter ni descendre ; l'autre a son axe prolongé d'un côté en dehors de la jumelle, s'emboîtant par un pignon carré dans le centre d'une manivelle ou moulinet composé de deux ou trois bras en croix ; des cartons ou *cales*, dont on augmente ou diminue le nombre à volonté, finissent de remplir les jumelles, et servent à rapprocher ou à éloigner les deux rouleaux l'un de l'autre, et donnent par conséquent la force de pression. A côté de l'imprimeur est un gril sous lequel un réchaud jette une légère chaleur. La planche étant posée à plat sur ce gril, l'imprimeur prend, avec un tampon composé de chiffons serrés et liés ensemble, l'encre broyée qui se trouve étalée sur un marbre auprès de lui. Il étend l'encre sur la planche, et essuie avec un chiffon ou avec le talon de la main frotté sur du blanc d'Espagne les parties pleines, c'est-à-dire celles qui ne sont pas gravées. La planche est ensuite placée sur une planche de bois située en avant de la presse, et dont un bout, taillé en biseau, se trouve engagé entre les rouleaux. L'imprimeur pose sur la planche gravée la feuille de papier qui doit être imprimée, et qui a été humectée d'avance. Il fait retomber dessus les langes dont est recouvert le rouleau supérieur de la presse ; puis, à l'aide du moulinet, il fait tourner le rouleau supérieur sur le rouleau inférieur. Ce mouvement entraîne la planche de bois et tout ce qu'elle supporte entre les deux rouleaux ; leur pression fait pénétrer le papier dans les creux de la planche gravée, et l'é p r e u v e est obtenue.

La lithographie et l'autographie s'impriment d'une autre manière. L'encre est étalée sur un marbre ; c'est là que l'imprimeur lithographe la prend avec son rouleau pour la transmettre sur la pierre après qu'il l'a mouillée convenablement. Sa presse est composée d'un bâti en chêne solidement établi, sur lequel repose un chariot destiné à recevoir la pierre, et tenant par une sangle à un treuil ou rouleau que l'on fait tourner à l'aide d'un moulinet à bras assez semblable à celui de la presse à imprimer en taille-douce, mais moins grand; à l'autre extrémité du chariot est fixée une corde suspendant un poids destiné à ramener le chariot à sa première place. Lorsque la pierre, fixée d'une manière immobile sur le chariot, est encrée, la feuille à imprimer posée, un *tympan* (espèce de châssis en fer rectangulaire, garni d'un cuir tendu) s'abaisse dessus, et reçoit l'action d'un *rateau* en bois fixé sur une forte traverse aussi en bois, laquelle vient s'appuyer sur le tympan en roulant sur un axe placé à l'une des extrémités; au bout de cette traverse, près de l'ouvrier, un mentonnet en fer entre dans une pièce fixe, placée sur le côté de la presse; l'imprimeur détermine la pression par le moyen d'une pédale attenant à cette pièce et sur laquelle son pied agit avec plus ou moins de force. Tournant le moulinet, le chariot avance par le moyen du treuil sur lequel s'enroule la sangle; chariot, pierre, papier, tympan, passent ensemble sous le râteau, et l'encre, détachée de la pierre, s'attache au papier : l'imprimeur ôte le pied qu'il a sur la pédale et relève le râteau en le retirant du mentonnet ; le contre-poids ramène alors le chariot ; l'imprimeur relève le tympan, enlève la feuille imprimée et mouille la pierre, puis il essuie avec une éponge, et remet de l'encre pour tirer de nouvelles épreuves.

On doit à Engelmann une presse en fer qui diffère un peu de celle-ci, et dans laquelle le râteau est formé d'une lame d'acier évidée, assez élastique pour produire une pression suffisamment égale sur une pierre dont la surface ne serait pas parfaitement unie. La pierre repose sur un chariot en bois portant sur un rouleau en fer cannelé qui le fait mouvoir, et s'imprimant par pression sur la surface inférieure. MM. Benoît et François en ont construit une autre, dans laquelle la pression est produite par un rouleau qui reçoit un mouvement plus lent que celui que lui communiquerait la pierre s'il était entraîné par elle, et qui agit alors à la fois comme cylindre et comme râteau ; mais ces presses sont encore peu répandues.

La lithographie présente quelques difficultés à l'impression mécanique. Ce n'est pas une surface déjà préparée par une précédente application qu'on y rencontre, mais une surface rebelle : l'intervention inévitable de l'eau dans l'encrage lithographique est une source de difficultés qu'on n'a pas encore su vaincre. En 1832 on imagina d'employer des cylindres de pierre lithographique au lieu de pierres plates. Des rouleaux encreurs recevaient leur mouvement de ce cylindre de pierre sur lequel se trouvait le dessin. Le tout était animé d'une action continue. Le papier à plat sur une plate-forme ayant un mouvement de va-et-vient était pressé par le cylindre encré qui tournait en appuyant dessus; l'eau pouvait facilement être interposée ensuite sur le dessin au moyen d'éponges pressant contre le cylindre, avant que celui-ci n'arrivât aux rouleaux encreurs, et les épreuves devaient sortir sans interruption de la presse. Malgré des résultats encourageants, cet essai n'eut pas de suite.

La *chromo-lithographie* d'Engelmann, ou impression lithographique en couleurs, s'obtient en imprimant successivement sur une même feuille autant de pierres qu'il y a de couleurs différentes; mais cette opération exige une grande exactitude dans le repérage. L'imprimeur en taille-douce imprime plusieurs couleurs à la fois; pour cela il encre d'abord légèrement le fond avec une encre foncée ; puis il essuie fortement et, suivant le modèle qu'il a sous les yeux, il applique au pinceau les diverses encres colorées.

On sait que, d'après les lois de l'imprimerie en France, il est interdit de posséder une presse quelconque, si l'on n'est pourvu d'un brevet d'imprimeur.

Un décret du 22 mars 1852, ayant force de loi, a réglementé la vente et la possession des presses de petite dimension. D'après les dispositions de ce décret, « nul ne peut, pour des impressions privées, être possesseur ou faire usage de presses de petite dimension, de quelque nature qu'elles soient, sans l'autorisation préalable du ministre (de l'intérieur) à Paris, et des préfets dans les départements. Cette autorisation peut toujours être révoquée, s'il y a lieu. Les contrevenants sont punis des peines édictées par l'art. 13 de la loi du 21 octobre 1814 (six mois d'emprisonnement et 10,000 fr. d'amende). Les fondeurs en caractères, les clicheurs ou stéréotypeurs, les fabricants de presse de tous genres, les marchands d'ustensiles d'imprimerie, sont tenus d'avoir un livre coté et paraphé par le maire, sur lequel sont inscrits, par ordre de date, les ventes par eux effectuées, avec les noms, qualités et domicile des acquéreurs. Au fur et à mesure de chaque livraison, ils ont à transmettre, sous forme de déclaration, au ministère (de l'intérieur) à Paris, et à la préfecture dans les départements, copie de l'inscription faite au registre. Chaque infraction faite à l'une de ces dispositions est punie d'une amende de 50 fr. à 200 fr. »

L. LOUVET.

PRESSE (Liberté de la). Le pouvoir, quel qu'il soit, sera toujours ennemi de la liberté de la presse, quelle qu'elle puisse être. Mais c'est une faculté qu'il ne peut posséder seul ; elle appartient à tous, en dépit de tous. Dès qu'elle apparut chez nous, tout lui fut permis, excepté les attaques contre les choses et les hommes du pouvoir. Rabelais et Montaigne ouvrent avec courage une ère que Voltaire et Rousseau ferment avec gloire. La presse ne peut être seulement l'historiographe de la société, elle en est à la fois l'expression et la critique, immorale comme expression, hostile comme critique de ce qui est. La monarchie ne sut intéresser personne à la réprobation de cette liberté. Dès que la société fut attaquée dans sa morale, dans sa hiérarchie subalterne, dans sa vie intime, elle voulut ses représailles, et la presse clandestine ou étrangère vint lui révéler les crimes, les vices, les fautes et les ridicules du pouvoir. Dès que la liberté peut être importée de l'extérieur, elle ne tarde guère à se faire naturaliser. Beaumarchais et Diderot ouvrent l'époque d'hostilité politique, dont on commence à prendre son parti. Mais demandez aux parlements, à la Bastille, aux prisons d'État, ce qu'ils ont condamné, renfermé, étouffé de puissantes intelligences ou d'esprits téméraires ! Demandez à la république, à l'empire, à la Restauration, tout ce qu'ils ont frappé de grands caractères et de nobles talents, de consciences impatientes de toute oppression et d'esprits novateurs gênés par tous les pouvoirs! On n'a rien empêché; on a tout hâté. La persécution est acte de force, et non de sagesse. Par un sentiment généreux, l'homme est toujours pour le faible contre le fort; par la curiosité de son esprit, l'homme veut toujours savoir pourquoi on est opprimé, quels sont les motifs de l'oppression et les droits de l'oppresseur. Aussi les poursuites contre la presse ne manquent pas seulement leur but, elles produisent un effet contraire à celui qu'elles cherchent. En pareille matière, le procès le plus sage est folie. Je ne saurais le concevoir que si l'état social, la morale publique ou l'honneur personnel sont attaqués : alors le pouvoir a la société pour auxiliaire. Mais toute persécution de principes ou de doctrines ne produira jamais sur l'opinion l'effet qu'on en attend.

Depuis 1789, nul pouvoir en France n'aurait nié le principe de la liberté de la presse. Tous ont proclamé le droit, mais tous en ont paralysé l'exercice, la république par la terreur, le premier empire par la gloire. C'est de la charte de 1814, c'est de la paix qui suivit la restauration que date la lutte régulière entre la pensée et le pouvoir. La charte paraissait à peine, que le combat s'engagea dans l'arène qu'elle ouvrait. Personne ne contesta le principe : homme d'avenir, Benjamin-Constant réclama la liberté illimitée de la presse, sauf la loi qui punirait l'abus. Homme du passé, M. Guizot s'effrayait de la licence ; il voulait prévenir pour n'être pas contraint de punir. La querelle dura quinze ans sur ce pauvre terrain. La pensée de Benjamin-Constant, puissante de vérité, adoptée par l'opinion publique, devint la loi constitutionnelle de France par la charte de 1830. La pensée de M. Guizot, forte de la puissance de la cour, des ministres et des majorités, nous donna la *censure*, et cette *haute commission de la liberté de la presse*, organisée par M. de Peyronnet, et présidée par M. de Bonald.

Telle est la puissance de la vérité que, malgré l'oppression de toutes les formes revêtues par la pensée pour arriver à la publicité, le principe de la liberté de la presse a fini par être proclamé par tous les gouvernements. Les peuples, à leur tour, doivent également reconnaître un autre principe conservateur : c'est l'abus que peut entraîner l'usage de la presse. Dès lors la loi qui proclame cette liberté ne peut se concevoir séparée de la sanction qui punit cette licence.

La liberté a ses bornes : le pouvoir doit vivre comme pouvoir, la société comme société ; et ce qui les attaquerait dans leur légitime existence ne serait pas liberté, mais licence, folie et faction. La licence commence où finit la liberté : mais où se pose la limite qui les sépare? Les gouvernements et les peuples n'en savent rien. La liberté des États-Unis est licence en Hollande, la liberté des Hollandais est licence en Angleterre, la liberté des Anglais est licence à Paris, la liberté des Français est licence en Allemagne, la liberté des Allemands est licence à Rome. Restreinte ou libre, la liberté de la presse est partout admise ; et pour en régulariser l'exercice chaque pays admet deux formes de répression : le *système préventif* et le *système pénal*. Le système préventif, c'est la censure. Qu'a fait la censure pour la religion? Lisez nos auteurs, de Rabelais à Voltaire. Pour les mœurs? Ne lisez pas depuis l'Arétin jusqu'à de Sade. Pour la réputation des citoyens? Toutes les vertus ont été déshonorées avec privilége. En France, avant la révolution, comme aujourd'hui en Allemagne et en Italie, la censure n'était pour le pouvoir qu'un bouclier impuissant. Les directeurs de la librairie avaient honte de paraître en arrière de leur siècle. Par amour de la liberté ou par amour-propre, ils n'osaient s'opposer qu'à demi à la propagation des idées nouvelles. D'un autre côté, la censure ne peut rien sans la douane contre la vérité qui vient de l'étranger. La philosophie vint de Hollande, la république d'Angleterre. Le commerce souffrit de cette contre-bande intellectuelle, et on permit d'imprimer en France la plupart des ouvrages prohibés, à condition qu'ils porteraient le titre mensonger d'une ville étrangère.

Depuis Galilée, la censure s'est opposée à toute vérité nouvelle, à toute raison : donc elle est absurde. Elle n'a remédié à rien : donc elle est inutile. Dans les États de représentation, qui vivent de publicité, elle est un crime ; car elle attente à l'essence constitutive de l'État. Voilà cependant ce que les sophistes et les ministres ont conseillé à l'aveugle Restauration de France. Depuis cette époque, et malgré leurs pauvres efforts, la presse a brisé ses entraves dans l'Amérique entière, en Espagne, en Portugal, en Belgique. Le temps achèvera son œuvre.

J'aborde le système pénal. Institution politique du gouvernement représentatif, il ne peut vivre sans lui. Cette loi même ne peut être isolée et spéciale ; elle est incomplète si elle n'embrasse l'ensemble de la presse, celui qui fait le livre, celui qui le fait imprimer, celui qui l'imprime et celui qui le vend : l'auteur, l'éditeur, l'imprimeur et le libraire. Elle est incomplète si elle ne les considère dans leurs rapports avec la religion, les mœurs, la société, le gouvernement et les citoyens. Elle est incomplète si elle ne s'applique à tous les modes typographiques, à toutes les formes que la pensée de l'homme peut revêtir pour se manifester à l'homme. La liberté de la presse ne peut se concevoir sans la liberté de l'imprimerie et de la librairie. Libre d'écrire, l'auteur doit l'être aussi de faire imprimer et circuler son livre. Dire à l'imprimeur, au libraire : N'imprimez pas, ne vendez pas, ou votre privilége vous sera retiré, c'est tuer la liberté des uns par la servitude des autres ; c'est allier le système préventif au système pénal ; c'est la liberté de principe enchaînée par l'esclavage d'application. L'imprimerie, la librairie par brevet et privilége, la conséquence naturelle et forcée de l'état préventif de la France de l'ancien régime, de la France impériale, étaient une monstruosité sous le régime pénal de la France constitutionnelle. La presse sans publicité est un non-sens ; et la presse placée sous le régime pénal avec la publicité restée sous le régime préventif est une absurdité des époques transitoires, où l'on ne sait pas bien encore ce qui est mort avec le passé, ce qui doit vivre avec l'avenir.

La liberté sans garantie dégénère en licence dans les mains du peuple, en arbitraire dans les mains du gouvernement. Punir l'abus, c'est garantir l'usage. Il est des ouvrages que la morale condamne, que le soin de la paix publique et de la stabilité sociale repousse, que la sûreté de l'honneur, des personnes, des propriétés, réprouve. La presse a sa licence, parce qu'elle a sa liberté ; la loi doit définir cette liberté ou préciser cette licence, car où l'une commence l'autre finit. Où que le législateur place la limite qui sépare l'usage de l'abus, il faut dire clairement ce qui est défendu, pour que le citoyen sache ce qui est permis, pour que le juge sache ce qu'il doit punir. La loi qui crée le délit doit le définir. L'usage à Londres est abus à Vienne ; mais partout la loi définit l'abus, pour qu'on puisse connaître l'usage. Il ne suffit pas de définir le délit, il faut encore indiquer le coupable. S'il y a provocation directe au crime, il y a présomption égale de culpabilité chez l'auteur, l'éditeur, l'imprimeur et le libraire. Hors ce cas unique, il ne peut exister qu'un coupable, l'auteur, s'il habite le pays qui se plaint du livre, ou l'éditeur, si l'auteur est à l'étranger. Tout le reste rentre dans la complicité, qui doit être directe et prouvée par l'accusation. En France, on la présume. Les libraires, les imprimeurs, ont des brevets qui peuvent être retirés après condamnation, et la justice qui les condamne les vend ainsi à l'arbitraire de la police. La loi sur la presse est facile : ce n'est pas l'habileté, c'est la loyauté qui manque. La France n'a connu que la censure ; et, comme on le voit, le système pénal n'est qu'une censure déguisée ; on l'enlève à la police pour la donner à la justice.

J.-P. PAGÈS, de l'Ariége.

PRESSE (Législation de la). La liberté de la presse est le droit, pour l'homme, de manifester et de rendre publique sa pensée par le moyen de l'imprimerie. Ce droit a passé par des vicissitudes et des alternatives diverses de compression et de faveur. Dès que l'art de l'imprimerie eut fourni les moyens de multiplier à l'infini et de propager de la manière la plus rapide et la plus étendue les produits de la pensée, les pouvoirs existants se demandèrent s'il était bon de laisser cette propagation générale de la pensée s'effectuer sans limites ni contrôle. On reconnut bientôt l'immense influence que les productions de la presse exerçaient sur les esprits, auxquels rien n'était plus facile que d'inculquer par ce moyen telles ou telles idées, qu'on prévenait soit pour soi contre tels ou tels principes, qu'on rendait hostiles aux gouvernements eux-mêmes, aux intérêts qu'ils protégeaient, aux principes qu'ils représentaient. On arriva ainsi à la pensée d'une surveillance à exercer sur la presse, soit en enlevant et en prohibant les exemplaires déjà publiés d'un écrit, et en punissant l'auteur, l'imprimeur et ses propagateurs ; soit en prenant une connaissance préalable de l'ouvrage qu'il s'agissait d'imprimer, à l'effet d'en empêcher la multiplication s'il paraissait dangereux. Ce dernier moyen, la censure, parut bientôt le plus commode, et fut le plus généralement employé. On retrouve les premières traces de l'existence d'une censure dans les luttes religieuses du quinzième et du seizième siècle. Le pape Alexandre VI avait déjà organisé une censure des ouvrages multipliés par voie de copie ; et, après la découverte de l'imprimerie, Léon X perfectionna encore cette institution. Là où ne s'étendait pas le pouvoir temporel de la cour de Rome, on eut recours à l'excommunication pour empêcher la propagation des ouvrages jugés dangereux, notamment de ceux de Luther, de Hutten, etc.

En France, sous l'ancienne monarchie, aucun livre ne pouvait être publié sans une approbation expresse donnée dans le principe par l'université, et plus tard par le roi (édit de Henri II, du 11 décembre 1547). Cette approbation constituait un privilége pour le libraire qui l'avait obtenue. Une ordonnance du 10 septembre 1553 défendit à toutes personnes de publier aucun ouvrage sans permission du roi, à peine d'être *pendues* et *étranglées*. Un édit de 1557 punit de *mort* tous les auteurs, imprimeurs et colporteurs de livres tendant à attaquer la religion, *à émouvoir les esprits* et à troubler la tranquillité de l'État.

L'ordonnance de Moulins de 1566, rendue sur le rapport du chancelier de L'Hospital, diminua les rigueurs contre la presse. En 1626, sous le cardinal de Richelieu, la peine de mort est rétablie pour les auteurs d'ouvrages « contre la religion et les affaires de l'État ». En 1714 la faculté de théologie publia un catalogue des ouvrages prohibés. Enfin, parut le fameux règlement de 1723 sur l'imprimerie et la librairie, dont plusieurs dispositions, dans l'esprit de quelques jurisconsultes et de quelques tribunaux, sont demeurées en vigueur jusqu'en ces derniers temps. Vers la fin du dix-septième et dans le dix-huitième siècle naquit la presse politique, et la censure prit alors un caractère plus politique. Les gazettes, comme les livres ne purent paraître qu'en vertu d'une autorisation et d'un privilége.

Ce fut la révolution de 1789 qui la première brisa les chaînes de la presse. La liberté de la presse fut proclamée par la constitution du 3 septembre 1791, titre Ier, article 3, en ces termes : « La constitution garantit à tout homme la liberté d'écrire, d'imprimer et de publier ses pensées, sans que les écrits puissent être soumis à aucune censure ni inspection *avant* leur publication. » Ce même principe fut répété dans la constitution du 24 juin 1793, article 6 de la Déclaration des Droits de l'homme, et dans l'article 353 de la constitution de l'an III. Les lois des 19 fructidor an V et 9 fructidor an VI placèrent les journaux et les feuilles périodiques sous l'inspection de la police. La constitution du 22 frimaire an VIII ne fait plus mention de la liberté de la presse. Un arrêté du 28 pluviôse an VIII fixe le nombre des journaux, et autorise les consuls à supprimer ceux qui énonceraient des doctrines contraires aux principes du gouvernement. Un autre arrêté du 4 vendémiaire an VIII décide que, *pour assurer la liberté de la presse*, aucun libraire ne pourra vendre un ouvrage avant de l'avoir présenté à une commission de révision. Au sein du sénat, une commission est instituée pour veiller au maintien de la liberté de la presse. Enfin, la censure est officiellement rétablie par le décret du 5 février 1810, qui contient un règlement sur l'imprimerie et la librairie. Par un décret du 3 août 1810, la presse périodique est réduite à un seul journal par département, à l'exception de Paris, qui en compte quatre.

La charte de 1814 « reconnaît aux Français le droit de publier et de faire imprimer leurs opinions en se conformant aux lois qui doivent réprimer les abus de cette liberté ». Néanmoins l'ordonnance du 10 juin 1814 maintint provisoirement la législation antérieure; et la loi du 21 octobre de la même année, qui donna un règlement nouveau sur la librairie, rétablit définitivement la censure, qui fut supprimée en 1827. Les ordonnances de juillet 1830, qui la rétablissaient, coûtèrent le trône aux Bourbons de la branche aînée. La révolution des trois jours rendit à la presse toute sa liberté. Les délits commis par la voie de la presse rentrèrent dans le droit commun, et furent soumis à l'appréciation du jury; seulement, des dispositions pénales particulières furent prises pour la punition des attaques contre la personne du roi ou contre les chambres. A la suite de l'attentat commis le 28 juillet 1835 par Fieschi contre Louis-Philippe, furent rendus la même année les lois dites *de septembre*, qui frappaient de peines très-sévères les crimes et délits de presse, soustraits dans certains cas graves à la connaissance du jury, et soumis à l'appréciation de la cour des pairs. Cette législation de la presse demeura en vigueur jusqu'en 1848, qui rendit à la presse, mais pour quelques mois seulement, une liberté à peu près illimitée. A la suite de la grande insurrection de juin 1848 et de la mise de Paris en état de siége, le général Cavaignac, investi de la dictature, suspendit un grand nombre de journaux politiques ; et sous le régime présidentiel, mais plus particulièrement après le coup d'État du 2 décembre 1851, de nouvelles entraves furent apportées à l'exercice de la liberté de la presse. Aujourd'hui, comme on sait, l'existence des journaux dépend à peu près du bon vouloir de la police. La presse opposante est obligée de garder un silence prudent, et ne peut plus avoir d'organes qu'à l'étranger.

En Belgique la constitution garantit aux citoyens la liberté de la presse sous l'observation des lois spéciales qui la régissent, et vingt-six années de pratique y ont de plus en plus donné de force à ce grand et salutaire principe.

En Angleterre la presse était encore fort peu libre au dix-septième siècle. Elle était placée alors dans les attributions de la *chambre étoilée*, tribunal d'exception créé par Henri VIII. Ce tribunal fixait le nombre des imprimeurs, des presses qu'ils pouvaient avoir, et nommait un commissaire surveillant sans l'autorisation duquel ils ne pouvaient rien imprimer. Les peines appliquées à tous les délits commis par la voie de la presse étaient arbitraires et cruelles. C'est ainsi qu'un individu fut condamné à avoir les oreilles coupées pour avoir écrit contre la reine. En 1641 on supprima la *chambre étoilée*; et c'est au parlement qu'on attribua la connaissance des délits de presse. Les ordonnances du parlement qui remettaient aux autorités locales le droit de censure furent renouvelées à diverses reprises. Mais en 1694 il se prononça contre la prolongation de ces ordonnances, l'abolition de la censure en fut la conséquence tacite, et on lui substitua le régime aujourd'hui encore en vigueur, d'après lequel il n'est apporté aucune entrave à l'exercice de la liberté de la presse non plus qu'à la circulation des écrits imprimés, sauf que les auteurs de libelles peuvent être dénoncés comme perturbateurs de la paix publique et punis suivant la décision du jury chargé de prononcer sur le délit qui leur est imputé. Toutefois, des procès de ce genre sont extrêmement rares aujourd'hui. En Angleterre on suit ce principe fort juste, que l'opinion publique abandonnée à elle-même sait parfaitement distinguer le vrai du faux, et que la presse est encore le meilleur moyen de faire le plus complétement justice des délits qu'elle peut servir à commettre. De là l'indépendance, mais aussi la modération et la dignité extrêmes de la presse anglaise. Les mêmes principes règnent de tous points en Amérique.

Ce ne fut qu'en 1529 que la diète de l'Empire réunie à Spire soumit à l'obligation de la censure préalable tout ce qui devait s'imprimer. Depuis lors cette loi fut toujours maintenue en vigueur en Allemagne, sauf qu'on tint plus ou moins rigoureusement la main à son exécution suivant les pays. Comme à cette époque la presse ne s'occupait guère que de discussions religieuses, c'était aussi là la seule matière dont la censure prît souci. Vers la fin du dix-septième et dans le dix-huitième siècle naquit la presse politique ; et la censure prit alors un caractère plus politique. Les anciennes lois de l'Empire relatives à la presse tombèrent en désuétude; et dans certains États il se forma une législation particulière de la presse. Sous Frédéric le Grand il existait bien une censure en Prusse; mais elle était exercée avec tant de douceur, qu'on ne s'apercevait pas de son existence. Sous les successeurs de ce prince, elle fonctionna, au contraire, avec un redoublement de sévérité, notamment en matières religieuses. En Autriche, à l'esclavage le plus tyrannique auquel la presse avait été soumise sous Marie-Thérèse succéda, sous le règne de Joseph II, une liberté presque absolue. En Saxe il y avait en matières religieuses une censure assez sévère. Le Hanovre, le Brunswick, et le Holstein, étaient à cette époque les contrées de l'Allemagne où la presse était soumise aux moindres entraves. Napoléon, ennemi de la liberté partout et toujours, soumit la presse allemande à l'esclavage le plus avilissant. Le congrès de Vienne s'occupa de régler cette question d'une manière à peu près uniforme pour tous les États de la Confédération Germanique. En 1818 la liberté complète de la presse existait, soit en fait, soit en vertu de la législation existante, dans les duchés de Weimar, de Nassau, et de Mecklembourg, dans la Hesse-Darmstadt, dans les royaumes de Wurtemberg et de Hanovre. Il n'y avait de censure qu'en Bavière, en Autriche, en Saxe, dans le grand-duché de Bade et en Prusse, et dans ce dernier État seulement pour la forme. Mais en 1819 parut la résolution de la diète générale, qui, au lieu de consacrer le principe de la liberté de la presse proclamée en 1813, soumit à la censure préalable tous les écrits au-dessous de vingt feuilles d'impression. C'était là une mesure provisoire, dont le terme était fixé à cinq années; mais en 1824 on en prolongea les effets pour un terme illimité. Le contre-coup de la révolution de Juillet en Allemagne eut pour résultat de donner un peu plus de vie à la presse, et tout aussitôt commença une lutte entre l'esprit de liberté du temps nouveau et le système de compression de la vieille politique; lutte qui durait encore au moment où la révolution de 1848 vint briser toutes les entraves qui avaient jusque alors pesé sur la presse. Depuis lors le triomphe de la réaction a amené presque partout le retour d'un régime qui soumet la presse à de nombreuses restrictions.

On peut dire en général qu'aujourd'hui la presse est soumise presque partout en Europe, sauf la Russie, à un régime *répressif*; sous lequel les délits commis par cette voie sont punis d'une façon plus ou moins sévère, mais non à un système *préventif*, c'est-à-dire à la censure préalable. On admet que le premier de ces systèmes est le seul qui se puisse justifier. On reconnaît le droit qu'a tout homme d'exprimer librement sa pensée et de chercher à agir sur les convictions de ses semblables, tant qu'il ne viole pas les lois établies ou qu'il ne porte point atteinte aux droits d'autrui. De pareilles idées excluent toute censure préventive. On a essayé, il est vrai, d'enlever à la censure le caractère d'arbitraire et de police qui lui est inhérent en la confiant à une autorité érigée en manière de magistrature; mais on n'a jamais pu y parvenir.

PRESSE (LA). Tel est le titre d'un journal politique et littéraire de Paris fondé en juillet 1836 par M. Émile Girardin, quelques jours seulement après la création du *Siècle* par un autre industriel, appelé Dutacq. Les deux feuilles ne devaient d'abord en faire qu'une seule, qui arborerait le drapeau du centre gauche. MM. Dutacq et Girardin se mirent chacun de leur côté à l'œuvre pour réaliser l'idée commune; mais le premier ayant tout aussitôt réussi à trouver dans ses relations personnelles les capitaux nécessaires, et pouvant dès lors se passer du concours d'un co-intéressé, ne se fit aucun scrupule de s'emparer de l'affaire. M. Émile Girardin n'était pas homme à se laisser souffler une spéculation, sans essayer de prendre immédiatement sa revanche. Le *Siècle* se montait au capital de 600,000 francs, en actions de 200 francs; M. Girardin constitua *La Presse* au capital de 800,000 francs, représenté par des actions de 250 francs. Créer des actions est chose facile; avec quelques centaines de francs de papier et d'impression le premier industriel venu en créera pour des millions. En opérer le placement est bien une autre histoire; les *gogos* sont parfois récalcitrants en diable, et M. Girardin en fit alors la triste expérience. Il y avait déjà plus de quinze jours que le prospectus industriel de *La Presse* était répandu avec profusion à Paris et dans les départements; et pas un actionnaire n'avait encore mordu à l'hameçon. La spéculation était donc considérée dans le monde journaliste comme avortée, lorsque le fondateur de l'affaire, à bout de ressources et d'expédients, eut enfin le bonheur de rencontrer un imprimeur et un papetier qui consentirent à souscrire chacun cent actions de l'entreprise agonisante; actions *livrables* immédiatement, mais *payables* seulement en déduction de tant pour cent sur les factures respectives des deux souscripteurs. Celui qui écrit ces lignes avait fait comprendre à ces deux négociants que, grâce à la précaution parfaitement licite qu'il leur indiquait, il n'y avait pour eux aucun danger à accepter les propositions du fondateur de *La Presse* : l'entreprise échouant, ils n'y perdraient en réalité que leurs bénéfices particuliers comme fournisseurs; tandis que si l'on parvenait à réaliser le fonds social, la revente immédiate de leurs actions leur ferait toucher d'avance une année de bénéfices environ. Le calcul était aussi simple que juste; mais on voit que si *La Presse* n'avait pas trouvé d'autres *bailleurs de fonds*, elle serait forcément demeurée à l'état de projet. Un nouveau prospectus fit habilement *mousser* ces deux souscriptions uniques, montant à 50,000 fr. et absorbant à elles seules la seizième partie du fonds social, mais dont on n'eut garde de révéler la clause résolutoire; et aussitôt les *moutons de Panurge* d'accourir à la caisse de *La Presse* avec leurs 250 francs, en n'exprimant plus qu'une crainte, celle qu'il ne restât plus d'actions à la souche. C'en était donc fait! *La Presse* se trouvait fondée ni plus ni moins que *Le Siècle*, et même avec un capital de 25 pour 100 plus fort.

Veut-on maintenant savoir quelle pensée avait mis en campagne nos deux spéculateurs, un instant fraternellement unis et maintenant rivaux acharnés? Elle était des plus simples. Ils avaient pu remarquer que dans le nombre immense des lecteurs de journaux, les dix-neuf vingtièmes au moins n'en parcouraient plus guère, sauf les jours d'émeute où le tocsin grondait dans les rues, que la partie anecdotique, littéraire et judiciaire, fatigués qu'ils étaient depuis longtemps du partage stérile et sans fin de la tribune et des discussions interminables et non moins stériles du *premier-Paris*, invariablement cadencées toutes dans le même nombre de lignes, mais se répétant toutes avec la plus assoupissante monotonie à quelques jours de distance; et ils en avaient judicieusement conclu qu'il y avait là un besoin réel à satisfaire, partant une *affaire* à monter. Il fallait créer un journal s'adressant avant aux masses par sa partie amusante et anecdotique. Découper en feuilleton quelque roman bien sentimental, ou bien immoral, en garnir sans interruption d'un bout de l'année à l'autre le rez de chaussée de la feuille nouvelle, c'était fournir de la pâture à une foule de désœuvrés peu difficiles ou peu scrupuleux sur le choix de leurs distractions; c'était surtout s'assurer les sympathies des femmes, dont la voix a tant de poids en matière d'abonnement. On devait de la sorte arriver immanquablement en peu de temps à compter un grand nombre d'abonnés, et partant être compté pour quelque chose dans le monde de la politique, à avoir part au gâteau dans le vaste système d'intrigues et de tripotages de toutes espèces qui avait fini par résumer chez nous le système parlementaire et le gouvernement constitutionnel, objets à leur origine de tant et de si généreuses espérances. Un autre élément de succès sur lequel calculaient encore avec raison nos deux spéculateurs, c'est la réforme radicale qu'appelait depuis longtemps le taux exagéré du prix d'abonnement des journaux politiques de Paris. Ce prix pouvait facilement être réduit de moitié, c'est-à-dire fixé à 40 francs par an, au lieu de 80 francs; dès la fin de 1831 le comte de Lennox (suivant en cela les conseils et le plan de l'auteur de cet article) l'avait surabondamment démontré en publiant à ce prix de 40 francs par an *Les Communes, courrier des électeurs*, journal républicain qu'il venait d'acquérir aux enchères, et qu'il rendait désormais quotidien, pour le mettre au service de la cause de Napoléon II. Les premiers prospectus industriels de *La Presse* avaient soin d'ailleurs, pour justifier une innovation, regardée encore alors comme héroïque, de faire remarquer aux futurs actionnaires que le nouveau journal devant chômer le dimanche, à l'instar de ceux qui se publient de l'autre côté du Détroit, il en résulterait naturellement une notable diminution dans les frais. La publication du prospectus du *Siècle*, journal que son fondateur trompettait être placé sous les *auspices de quatre-vingts députés du centre gauche*, ayant pour chef de file M. Odilon Barrot, et où, contrairement à ce dont étaient convenus naguère les deux ex-associés, il n'était pas le moins du monde question de rompre avec les habitudes du public français et d'observer le sabbat, put seule déterminer M. Girardin à violer le commandement du Seigneur qui ordonne de s'abstenir de tout travail le septième jour. Il ne s'y résigna pourtant pas sans regret; pour s'en excuser auprès de ses co-intéressés, il allégua avec un visible embarras les nécessités de la concurrence, et termina son *speech* en leur disant fatidiquement : *Il le fallait!*

Le fondateur de *La Presse* était trop habile industriel pour songer désormais à aller sur les brisées du *Siècle* en invoquant, lui aussi, le patronage du centre gauche, qui ne lui eût certes pas plus fait défaut qu'à M. Dutacq. Mais la place était prise, et il était sage à lui de reconnaître qu'elle appartenait de droit au premier occupant. Retournant donc aussitôt ses batteries, il se posa en organe du grand parti conservateur, et pour achalander sa boutique offrit au public comme enseigne une liste non moins ronflante de députés du centre et du centre droit. Du reste, par ce que nous venons de raconter, on pressent déjà que sauf la couleur du *premier-Paris*, bleu foncé au *Siècle*, bleu bien pâle et tirant sur le blanc à *La Presse*, sauf encore la différence du nom de l'imprimeur, les deux feuilles devaient avoir l'air du même journal remanié en deux éditions à l'adresse chacune d'un public spécial. A *La Presse* comme au *Siècle*, le roman en feuilletons était, avec la réduction de 50 pour 100 opérée sur le prix de l'abonnement, l'appât jeté à la tête de l'abonné. L'opinion à laquelle s'adressait *Le Siècle* comptant bien plus de partisans que toute autre, le succès de ce journal dès qu'il parut ne fut pas un seul instant douteux ; et en quelques mois il eut réuni au delà de vingt mille abonnés. C'était un résultat étourdissant; l'heure fatale du *désabonnement* avait sonné pour *Le Constitutionnel, Le Courrier français, Le Temps, Le Commerce*, etc., qui naguère regardaient en pitié leur concurrent *au rabais*, mais qui maintenant voyaient leur clientèle réduite de moitié, et plus même, au profit du nouveau venu. Les choses allèrent beaucoup plus lentement à *La Presse*; non pas que la feuille conservatrice fût rédigée avec moins de talent que le journal du centre gauche, mais parce que le parti auquel elle s'adressait était infiniment moins nombreux. M. Émile Girardin s'en était établi le rédacteur en chef. Membre fort inquiétant jusque alors de la chambre des députés, où les meneurs du parti conservateur affectaient de le tenir à distance, comme un intrus, son intervention directe dans la presse militante, en mettant incessamment en relief sa personnalité, lui fit forcer envieux parmi les hommes dont il défendait les doctrines et les intérêts. On lui savait surtout mauvais gré en haut lieu de ses efforts pour insuffler quelques idées de progrès et de réforme à ce vieux parti du *statu quo* ; et le jour vint enfin où il lui fallut déchirément rompre avec les bornes. A partir de ce moment *La Presse*, devenue un instrument de quasi-opposition, acquit une grande influence sur l'opinion, et elle vit bientôt sa clientèle atteindre le chiffre de près de trente mille abonnés. Le roman-feuilleton était sans doute pour les quatre cinquièmes dans ce succès, comme il avait été dans celui du *Siècle*; mais, quelque illégitime, l'influence des deux journaux n'en était pas moins réelle, et ce fut une grande faute de la part du ministère Guizot que de persévérer dans ses dédains à l'endroit du rédacteur en chef de *La Presse*, dans lequel les doctrinaires affectaient toujours de ne voir qu'un parvenu sans valeur réelle, qu'un aventurier politique sans importance. La polémique âcre et personnelle de *La Presse* fut pour le parti orléaniste la plus actif des dissolvants; elle fit au système de Louis-Philippe des blessures que la rhétorique ampoulée du *Journal des Débats* ne put jamais cicatriser. *La Presse* se trouva alors de la part des écrivains mangeant au râtelier des fonds secrets l'objet d'attaques aussi vives que *Le National*; mais ces attaques

ne firent que grandir son rédacteur en chef aux yeux du public, et on lui pardonna son passé en faveur de son hostilité ardente au ministère fatal qui s'obstinait à vouloir conserver le pouvoir envers et contre tous, dût la monarchie de Juillet y périr. Il ne fallait plus songer à transiger avec un adversaire qu'aux débuts de *La Presse* on eût amplement satisfait avec une petite allocation sur les fonds secrets, et qui maintenant refusait de traiter autrement que de puissance à puissance. L'orgueil doctrinaire ne put jamais s'y résigner ; et plutôt que d'en passer par une telle humiliation, il eut recours à toutes les manœuvres, à toutes les intrigues, afin de démolir un journal conservateur devenu assez puissant pour refuser de prendre le mot d'ordre à la rue de Grenelle. C'est alors que, les fonds secrets aidant, on suscita à *La Presse* de nombreuses et redoutables concurrences. Une seule entreprise de ce genre, *L'Époque*, engloutit en moins de deux années près de deux millions à ce jeu-là, sans réussir à faire perdre à *La Presse* cinq cents de ses abonnés.

Les quatre dernières années du règne de Louis-Philippe sont sans contredit la phase la plus brillante de l'existence de *La Presse*. Nous ne reviendrons pas ici sur son rôle à partir de la révolution de Février ; car nous ne pourrions que répéter ce qui a été dit à l'article GIRARDIN.

Ce journal, qui fut pendant près de vingt-deux années la personnification de son fondateur, a subi tout récemment une complète transformation. Resté jusque alors une arme puissante aux mains d'un homme politique, ce n'est plus aujourd'hui qu'une affiche, une trompette, au service des opérations de banque et d'industrie d'un banquier juif. Dégoûté, à ce qu'il semble, de la vie publique, d'ailleurs constamment placé, comme tous les autres journalistes, sous le coup d'une législation qui peut du jour au lendemain supprimer purement et simplement tout journal dont l'attitude déplait au pouvoir, M. Girardin s'est décidé au commencement de la présente année 1857 à vendre la direction politique et la moitié de la propriété de *La Presse* moyennant *huit cent mille francs*. Il en eût tiré un meilleur prix dix ans auparavant.

PRESSE DES MATELOTS. On appelle ainsi la coutume barbare usitée jadis en Angleterre pour le recrutement des matelots et des soldats de marine, lorsque les enrôlements volontaires ne suffisaient pas aux besoins du service. Elle consistait dans l'enlèvement par force de tous les hommes propres au service maritime. Lorsque la *presse* devait avoir lieu, dix à quinze matelots armés de bâtons et de couteaux, commandés par un officier, parcouraient les rues, visitaient les auberges, les cabarets et les maisons publiques, et arrêtaient tous ceux qu'ils jugeaient aptes à servir sur la flotte royale. Pendant la guerre contre la France, cette presse se faisait même à bord des bâtiments marchands que rencontraient des vaisseaux de guerre. Il en résultait souvent des rixes sanglantes, des assassinats, qui restaient impunis. Les hommes ainsi arrêtés étaient emprisonnés dans un vaisseau jusqu'à leur translation sur celui où ils devaient servir. C'est en 1779 qu'un acte du parlement avait permis la presse des matelots ; mais cette monstrueuse pratique a aujourd'hui cessé en fait, les enrôlements volontaires suffisant et au delà à tenir les cadres des équipages au complet.

PRESSE HYDRAULIQUE. L'idée de cette machine, dont l'action est si puissante, est due à Pascal ; mais elle fut d'abord mise en pratique par un mécanicien anglais nommé Brahmah. Elle consiste en deux forts cylindres métalliques de différents diamètres; chacun de ces cylindres est muni d'un piston ; un de ces pistons correspond à un bras de levier sur lequel agit le moteur qui doit opérer sur la machine entière ; l'autre piston est surmonté d'une plaque en fonte sur laquelle on place les objets à presser. Ce dernier cylindre, dont la hauteur surpasse celle du premier, est placé dans un cadre de fer très-solide, dont la partie supérieure, parallèle à la plaque de fonte, sert de plan réacteur, de sorte que la compression est produite par le rapprochement de la plaque du piston vers ce plan. Les deux

cylindres communiquent par un tuyau horizontal. Le premier cylindre plonge dans une citerne ou bâche remplie d'eau, et le jeu de la machine est produit au moyen de deux soupapes. Quand l'agent moteur soulève le levier et le piston qui y est attaché, une soupape placée au-dessous du tuyau de jonction s'ouvre de bas en haut et laisse passer l'eau; dès que le piston descend, cette soupape se ferme : et une autre, placée à l'extrémité du tuyau de communication, s'ouvre dans le sens intérieur du second cylindre. Puis, le piston remontant, cette seconde soupape se referme et la première s'ouvre, pour reproduire toujours le même effet. Du jeu alternatif de ces deux soupapes, il résulte que l'eau monte dans le premier corps de pompe, lorsque le piston s'élève, et que le liquide est refoulé dans le second cylindre lorsque le même piston s'abaisse. La pression opérée sur l'eau que renferme le premier cylindre se transmet au second piston, et soulève la plaque qui le surmonte avec une force irrésistible; car on sait que l'eau ne se comprime pas. Comme on le voit, la force de la presse hydraulique n'a d'autre limite que celle de la résistance des matériaux avec lesquels elle est construite. On emploie la presse hydraulique à tous les usages où l'on a besoin d'une énorme compression.
L. LOUVET.

PRESSENTIMENT. C'est une émotion interne, spontanée, involontaire, qui peut découvrir à l'avance certaines affections de notre organisme, ou de celui des personnes que nous connaissons, et auxquelles nous prenons intérêt; car la sympathie est surtout une grande source de *pressentiment* entre les individus éloignés. La *prévision* tient davantage à une intuition par l'intelligence : c'est une sorte de conclusion tirée de l'appréciation des circonstances, lors même que ce travail s'élabore en secret dans notre esprit; mais le pressentiment est tout instinctif et un résultat de la sensibilité, comme l'indique son nom; aussi les personnes les plus délicates, les plus sensibles, telles que les femmes, sont éminemment douées de la faculté de *pressentir*, plus que les hommes aux tempéraments froids et durs.

Il est de ces *pressentiments* communs que tout le monde avoue. Les personnes qui ont des cors aux pieds, des rhumatismes, éprouvent des douleurs assez vives avant les mutations de la température, la pluie, la gelée, etc. L'approche des orages cause une pesanteur de tête et des membres, ou un engourdissement aux individus nerveux. On pressent la fièvre, un accès de goutte, etc. Les animaux, plus encore que l'homme, prévoient ainsi les changements atmosphériques. Privés de baromètre, les anciens cherchaient à prévoir les variations météoriques, surtout dans leurs expéditions militaires, par l'observation des oiseaux, qui sont fort sensibles aux changements de temps. De là est né l'art des auspices. L'intelligence de l'homme, s'appliquant d'ordinaire à un grand nombre de réflexions sur les objets extérieurs, fait peu d'attention à ces impulsions obscures ou subtiles du dedans; mais elles sont éprouvées presque aussitôt par les animaux, qui ne pensent à rien. Aussi les hommes très-simples les ressentent bien mieux que les plus savants. Un paysan, sans baromètre, prédit le beau temps ou l'orage. L'ignorance, abandonnant l'âme à son allure spontanée, est plus propre à recevoir des notions instinctives que la marche logique et compassée du raisonnement.

Ces *pressentiments* intimes sont aperçus par les moyens propres à augmenter la subtilité ou la délicatesse de nos impressions intérieures plus ou moins secrètes. Toute multiplicité des opérations tiraille l'âme en plusieurs sens : aussi les ébranlements des passions abrutissent-ils nos facultés internes. Ainsi, l'absence de tout trouble dispose à sentir mieux une légère émotion, de même que le silence profond permet d'entendre le plus faible bruit. La solitude, séparant l'esprit du tourbillon des affaires, concentre la sensibilité, accoutume à la méditation, rend plus attentif aux actes intérieurs de l'âme. Celle-ci, se recueillant au-dedans, s'écoute davantage; elle grossit et enfle nos moindres sensations dans le repos et l'obscurité de la nuit surtout. Les songes sont les *soliloques* de l'âme dans sa liberté et sa conscience. Souvent elle se trahit alors par des voix, des gestes, des agitations insolites, et jusqu'à des sueurs, d'atroces anxiétés, des soupirs, des anhélations, des sugillations ou épanchements de sang, comme si les scélérats se sentaient déjà poursuivis, frappés par la main terrible des bourreaux sur leur poitrine frémissante ! Il y a des songes funèbres qui dénoncent de redoutables maladies, surtout après les grands excès. S'il y a des pronostications de mort, il y a pareillement des espérances soudaines de guérison et de joie qui surgissent dans le cœur d'un malheureux moribond et, dans le fort même du délire, font éclore le rire sur ses lèvres décolorées.

Nous n'irons pas remonter à l'*onéirocritique*, ou à l'art de la divination par les songes, inventé par les Chaldéens, les Égyptiens et les Arabes ; nous n'ajoutons foi aucunement aux prédictions de nos somnambules magnétiques dans leurs prétendues extases. Nous ne croyons pas davantage aux cérémonies magiques des sauvages et des populations ignorantes qui s'enquièrent ainsi des secrets d'un incertain avenir; mais il est des conjectures ou plutôt une inexplicable sympathie des âmes pour pressentir des événements dans le monde qui nous touche et nous avoisine. Qui pressent plus tôt, dans les familles, les maladies, les morts, les périls et autres accidents de la vie, si ce n'est la tendresse inquiète d'une mère, la sollicitude d'une jeune épouse? Leur âme toujours craintive, tendue à s'enquérir de ce qui peut nuire aux êtres qu'elle chérit, court au-devant, pour ainsi dire, des coups du sort. Et comme avant la blessure que nous voyons faire, notre sensibilité compatit d'abord dans la partie semblable par une sympathie involontaire, de même les âmes s'entretiennent par ce commerce secret, à de longues distances; elles vivent aussi dans les autres par de saintes et indissolubles amours ; elles s'attachent par les liens du sang, par l'étroite communauté des habitudes, qui persiste, malgré l'absence, jusque sous d'autres hémisphères. Qui niera que dans cette adhésion perpétuelle des âmes il ne se forme pas de vrais *pressentiments*, et qu'ils ne puissent s'accomplir ?

Comme une balance dans l'équilibre parfait reste mobile par le plus léger atome, tandis que des poids ébranlent à peine une lourde balance, inégalement chargée, de même ces impressions subtiles sont aperçues par un corps délicat, mais passent sans émouvoir des constitutions massives. Ces corps augmentent encore leur délicatesse par le jeûne ou l'abstinence, qui, laissant dans la vacuité les organes digestifs, rend l'esprit plus net, les sens plus déliés, les penchants plus vifs.
J.-J. VIREY.

PRESSION (du latin *pressio*, dérivé de *presso*, je presse), action d'un corps qui fait effort pour en comprimer un autre. Telle est l'action d'un corps pesant contre un support sur lequel il est appuyé. La pression se rapporte aussi bien au corps qui presse qu'à celui qui est pressé, et les deux éprouvent la même action de la part l'un de l'autre ; c'est pour cela qu'on dit que la *réaction* est égale à la *pression* ou à la *compression*.

Il y a des machines à vapeur à *haute*, à *moyenne*, à *basse pression*, suivant la force de la vapeur qui les fait agir.

PRESSION ATMOSPHÉRIQUE. Les anciens ne connaissaient pas cette force ni quelque sorte invisible qui, pesant d'un poids considérable sur tous les objets que l'atmosphère entoure, les presse également en tous sens dans les cas ordinaires, et ne se fait remarquer que lorsque le manque d'air dans une partie rompt l'équilibre général. Les anciens physiciens expliquaient les phénomènes dans lesquels ce défaut d'équilibre se fait sentir, en disant que la nature a horreur du vide. C'est ainsi qu'ils comprenaient l'ascension de l'eau dans la pompe aspirante. Le piston en montant dans le corps de pompe, disaient-ils, produit le vide entre lui et l'eau; or, la nature ayant horreur du vide, l'eau se précipite à la place qu'occupait le piston. Mais cette prétendue *horreur du vide* avait, à ce qu'il paraît, ses limites; car à une certaine hauteur l'eau refuse de suivre le piston. Torricelli pensa avec raison que ce phénomène avait une autre cause, et il l'attribua à la *pression de l'atmosphère* sur la surface de l'eau. Ayant mis du mercure dans un tube fermé à une de ses extrémités, il renversa ensuite ce tube par son bout libre dans une cuvette pleine du même métal. Le mercure se maintint dans le tube à une élévation bien moindre que celle de l'eau dans les pompes, et ce savant italien en conclut que cette colonne de mercure faisait équilibre à une colonne atmosphérique de même base. Pascal confirma cette belle découverte en démontrant que la colonne de mercure du baromètre devait diminuer de hauteur à mesure qu'on s'élevait dans les airs, puisque la *pression atmosphérique* devait être moindre à mesure qu'on montait. L'expérience appuya cette théorie, et la pesanteur de l'atmosphère fut mise hors de doute. Bientôt l'expérience d'Otto de Guericke sur les hémisphères de Magdebourg prouva surabondamment, et d'une manière irréfragable, la pression de l'atmosphère. Deux hémisphères parfaitement joints se disjoignent en effet facilement quand il y a de l'air dans l'intérieur ; mais si, au moyen d'une pompe, on retire l'air qui se trouve enfermé entre eux, il faudra une force extraordinaire pour séparer ces deux hémisphères : n'est-il pas évident que dans ce cas c'est le poids de l'air extérieur qu'il faut vaincre? Le siphon démontre également la pesanteur de l'atmosphère.

Une colonne d'air atmosphérique fait équilibre à une colonne de mercure de même base de 765 millimètres de hauteur (28 pouces) ou à une colonne d'eau de 10 mètres 40 centimètres (32 pieds). L'atmosphère presse sur tous les corps qui sont à la surface de la terre ; la pression qu'elle exerce sur le corps de l'homme est évaluée, d'après la superficie moyenne de notre corps, à un poids de 16,447 kilogrammes (33,552 livres). Si nous ne sommes point incommodés d'une pression si considérable, c'est qu'elle s'exerce en tous sens, et aussi bien de bas en haut que latéralement et de haut en bas. La superficie de la Terre étant évaluée à 509,072,546,905,000 mètres carrés, le poids de l'atmosphère qu'elle supporte peut être porté à 5,207,120,040,000,000 de kilogrammes. La pression exercée par l'atmosphère varie presque à tous moments pour divers points du globe, et cette inégalité explique les différents courants qui s'établissent dans l'atmosphère et qui produisent les vents. On comprendra parfaitement que des ouragans terribles puissent résulter du déplacement de masses atmosphériques d'un poids si considérable. L'homme peut heureusement supporter sans accidents graves des différences notables de *pression atmosphérique*. Ainsi, il supporte dans les montagnes un abaissement barométrique à 543 millimètres, et Gay-Lussac, dans son ascension aérostatique, a vu descendre son baromètre à 33 centimètres. A une telle hauteur et sous une si faible pression, les phénomènes de la vie sont notablement troublés, la respiration devient courte et haletante, on s'évanouit d'un rien, on a des envies de vomir, et le sang s'échappe facilement par la peau.

On a imaginé de se servir du poids de l'atmosphère comme d'une force : de là les *chemins de fer atmosphériques*. Un Américain avait proposé d'employer le même moyen pour faire parvenir les lettres d'un point à un autre à travers un tube. L. LOUVET.

PRESSOIR (du latin *pressorium*, je presse), machine qui sert à extraire du raisin, des poires, des pommes, des olives et des graines à huile le suc qu'ils contiennent. On donne aussi le nom de *pressoir* au lieu où est établie cette machine ainsi que les cuves dans lesquelles le raisin fermente. La partie de la maison rustique qui contient le pressoir et les caves doit être exposée au levant ou au midi, bien éclairée, et assez vaste pour que tous les travaux de la vendange s'accomplissent facilement. Nous ne nous occuperons ici que des pressoirs qui servent à faire le vin et le cidre. Ils sont assez nombreux et variés dans leur construction, mais les plus employés, le *pressoir à étiquet* et le *pressoir à tesson*, compriment sur une table fixe (la *maie*) le marc pour en faire sortir le jus. Le premier se compose d'une table inférieure qui reçoit la vendange, d'une table supérieure qui lui est superposée, et d'une vis engagée par le haut dans son écrou, reposant par sa partie inférieure sur la table supérieure; un cabestan met la vis en mouvement, et le marc, placé entre les deux tables, est soumis à la pression. Dans le pressoir à tesson, la compression est exercée à l'aide de deux longues poutres reliées ensemble par des clefs, et faisant fonction de leviers. Ces poutres, appliquées à la table supérieure, ont leur point d'appui au fond du pressoir, et peuvent s'élever et s'abaisser à volonté dans une rainure qui les reçoit. La maie chargée, elles sont abaissées par l'extrémité qui doit rester fixe, et prennent ainsi une direction inclinée de bas en haut, à partir du fond du pressoir. Une vis appliquée à l'autre extrémité, et maintenue par un écrou à sa partie supérieure, est mise en mouvement au moyen d'une roue; son action, qui tend à ramener l'extrémité mobile des tessons à la position horizontable, et qui même au besoin peut la leur faire dépasser, produit la pression. P. GAUBERT.

PRESTANCE. Ce mot, qui dérive évidemment de *præ* et de *stare*, action de poser en public ou devant le public est ordinairement affecté à caractériser le maintien d'un individu ; on dit ainsi de quelqu'un qui est bien fait, dont l'attitude est grave, majestueuse, qu'il a une belle *prestance*, beaucoup de *prestance*.

PRESTANT (du latin *præstans*, fait de *præ*, au-dessus, et *stare*, être placé), nom d'un des principaux jeux d'orgue, ainsi appelé parce qu'il sert à régler les tons de l'orgue, étant proportionné à la voix de l'homme.

PRESTATION. On comprend sous cette dénomination certaines redevances annuelles en grains, denrées, volailles, etc.

La *prestation en nature*, locution d'un usage très-fréquent dans les contrats féodaux, est encore employée dans les baux à ferme. De plus, elle est consacrée dans la langue du droit administratif en matière de réparations de chemins vicinaux. La prestation en nature est réglée suivant les circonstances à une, deux ou trois journées de travail pour chaque habitant, chef de famille ou d'établissement, suivant l'importance de son exploitation. Elle doit être appréciée en argent pour que le contribuable puisse l'acquitter à son gré soit en deniers, soit en nature. L'emploi des prestations en nature est une affaire d'administration locale, qui doit être dirigée dans des vues toutes paternelles. Le conseil municipal peut d'ailleurs convertir les prestations non rachetées en tâches, d'après les bases et évaluations de travaux préalablement fixées.

La *prestation de serment* n'est autre chose que le serment lui-même.

PRESTESSE (de l'italien *prestezza*, agilité, subtilité). En peinture ce mot s'entend de la facilité et de la promptitude de la manœuvre. La prestesse a l'avantage d'être favorable à la couleur, qui n'est jamais plus belle que quand elle n'est pas tourmentée, quand l'artiste la pose largement et avec facilité.

PRESTIDIGITATEUR (du latin *præstigiator*, enchanteur, sorcier, joueur de gobelets; ou peut-être de l'italien *presto*, preste, et du latin *digitus*, doigt). Chez les Romains on appelait *præstigiateurs* les baladins, les danseurs de corde les plus célèbres et tous ceux en général qui dans les jeux scéniques excellaient à faire des tours de force, d'adresse et d'agilité. Il y avait à Rome beaucoup de gens de cette espèce qui charmaient l'oisiveté du peuple, et faisaient sur le théâtre des choses si merveilleuses qu'elles semblaient tenir du prodige. Aujourd'hui le *prestidigitateur* est celui qui fait des tours subtiles avec les doigts. C'est un *escamoteur*, mais un escamoteur de bon goût, dont les tréteaux ne sont pas ordinairement en plein vent. Quoique les deux mots aient le même sens, celui de prestidigitateur a en effet quelque chose de plus relevé, et ne se dit guère que de ces adroits escamoteurs dont le talent s'exerce au milieu d'une société choisie et payante comme au spectacle. Paris a vu dans ces derniers temps d'habiles prestidigitateurs se disputer la faveur publique. Pendant que Comte négligeait cet art, qu'il a illustré, Philippe et Robert Houdin inventaient des tours surprenants, que le profane revoit toujours avec plaisir, sans jamais les comprendre.

PRESTO. Ce mot italien, qui signifie *vite, promptement*, écrit en tête d'un morceau de musique indique le plus prompt et le plus animé des m o u v e m e n t s.

PRESTON, ville du comté de Lancastre (Angleterre), sur la rive septentrionale du Ribble, qu'on y traverse sur deux ponts, est assez bien bâtie et compte 36,000 habitants. Au siècle dernier, siège des cours de justice du duché de Lancastre, et lieu de réunion de la noblesse des environs, elle avait une physionomie aristocratique que lui a fait perdre de nos jours le développement de l'industrie cotonnière. C'est maintenant une ville essentiellement manufacturière et commerçante. Des courses de chevaux ont lieu chaque année dans son voisinage. Le 17 août 1648, l'armée du parlement battit les troupes royales sous les murs de Preston.

PRESTON-PANS, en Écosse, est une ville maritime de la côte du *Frith of Forth*, avec un beau port (*Morisonshaven*), situé à peu de distance. Ses 3,000 habitants ont pour principales industries la préparation du sel et la fabrication du vitriol, des poteries, etc. Les huîtres de Preston-Pans, connues sous le nom de *Pandoors*, jouissent d'une grande réputation et s'expédient au loin.

PRÉSURE (du latin *pressura*, action de presser, de tirer le suc en pressant), ce qui sert à faire cailler le lait. On donne particulièrement ce nom à une liqueur acide contenue dans la caillette des veaux et des jeunes animaux ruminants, à l'âge où ils sont encore nourris de lait, et aux fleurs de certains végétaux qui ont la même propriété. La *présure du veau* est une matière composée de sucs gastriques et du lait presque réduit en caséum. La présure récente a une saveur acide; elle est en grumeaux blanchâtres, qui deviennent ensuite d'un gris plus ou moins foncé. Lorsque cette substance a été lavée, salée et séchée à l'air, elle prend une consistance et un aspect onguentacés. On se sert de la présure dans la fabrication du f r o m a g e.

PRÊT, acte par lequel on cède la jouissance temporaire d'une chose qu'on possède. Dans le p r ê t à i n t é r ê t, c'est la faculté productive d'un capital qu'on prête, et non une somme d'argent. La monnaie qui a servi à transmettre la valeur prêtée ne reste pas dans les mains de l'emprunteur; au premier achat qu'il fait, elle passe en d'autres mains, tandis que la valeur reste prêtée. J.-B. SAY.

Le prêt est un contrat par lequel l'une des parties livre une chose à l'autre pour s'en servir, et à la charge, après s'en être servi, de rendre cette même chose en nature ou d'en rendre autant de même espèce et qualité. Le contrat de prêt, disent les auteurs, est un contrat *réel*; le plus souvent il est *unilatéral* et de bienfaisance; quelquefois il est *synallagmatique* et *commutatif*. Il doit être fait, comme tout autre contrat, par une personne capable; toutefois, le prêt fait par un incapable oblige l'emprunteur à restitution, non pas en vertu du contrat, non valable, mais en vertu de l'o b l i g a t i o n naturelle auquel il a donné lieu.

Il y a trois sortes de prêts, celui des choses dont on peut user sans les détruire : c'est le *prêt à usage* ou *commodat*; celui de choses qui se consomment par l'usage qu'on en fait : c'est le *prêt de consommation*, ou simple *prêt*; enfin, le *prêt à intérêt*.

Le prêt peut avoir lieu avec garantie sur choses mobilières; alors il se mêle un contrat de d é p ô t ou de g a g e et s'appelle, suivant les circonstances, *prêt sur dépôt* ou *consignation de marchandises*; *prêt sur gage*; *prêt à la grosse*.

Quant au *prêt sur immeubles*, voyez HYPOTHÈQUES.

PRÊT (*Administration militaire*). Solde fournie aux troupes par les soins de l'administration des corps. Cette dénomination dérive du mot *prêter*, parce que le prêt est payé par anticipation. La première ordonnance qui fait mention du mot *prêt* est du 20 juillet 1660. On y voit que dès cette époque il était fait tous les cinq jours par les sergents. Une autre ordonnance, du 1er juillet 1727, condamnait à mort ou aux galères perpétuelles, suivant les circonstances, le soldat qui avait volé le prêt de son camarade.

La solde se divise aujourd'hui en trois parties : la première, destinée à alimenter la masse dite du *linge et chaussure*, reste en réserve dans la caisse du corps; la deuxième est consacrée aux dépenses de l'*ordinaire*; la troisième, formant le surplus du prêt, est remise individuellement à chaque homme comme *centimes de poche*. Les deux dernières sont distribuées à l'avance, sous le titre de prêt. Cette distribution se fait de cinq jours en cinq jours, aux hommes présents sous les armes, les 1er, 6, 11, 16, 21 et 26 de chaque mois. Les adjudants sous-officiers et les enfants de troupe, n'ayant point de masse de linge et chaussure, reçoivent la totalité de leur solde. La distribution du prêt se fait d'après les états dressés par les capitaines. Ces états doivent présenter la situation de l'effectif par grade, les mutations survenues d'un prêt à l'autre, avec la balance des gains et pertes. Les hautes payes sont comprises pour le mois entier dans l'état de prêt du 26 : elles sont acquittées en même temps que les *centimes* ou *deniers de poche* du dernier prêt. Ces états sont quittancés par les sergents majors et les maréchaux des logis chefs : ils sont visés par les officiers de semaine. Les feuilles de prêt du *petit état major* sont dressées par l'adjudant major, et quittancées par l'adjudant sous-officier. Le prêt est distribué à la troupe par les sergents majors et les maréchaux des logis chefs, en présence des officiers de semaine. Les centimes de poche sont distribués aux sous-officiers et soldats en même temps que le prêt, et il ne peut, sous aucun prétexte que ce soit, être fait dessus aucune retenue. SICARD.

PRÊT À INTÉRÊT. C'est un contrat par lequel une des parties livre une somme d'argent, des denrées ou autres choses mobilières et fongibles, pour en jouir moyennant un profit déterminé en faveur du prêteur. Autrefois le prêt à intérêt en argent, remboursable à terme fixe, était défendu par l'ordonnance du 8 décembre 1312; mais il a été autorisé par la loi du 3 octobre 1789 et maintenu par le Code Napoléon.

Le *prêt à intérêt* n'est autre chose qu'un prêt de consommation intéressé, ce qui est contraire aux anciens principes. Il se rapproche du l o u a g e, sous le rapport du profit revenant à celui qui livre la chose objet du prêt; mais il en diffère en ce que la propriété de la chose passe à l'emprunteur du moment de la livraison, en sorte que le profit du prêteur reste le même, malgré la privation de jouissance de l'emprunteur et la diminution ou même la perte totale de la chose prêtée. Du reste, l'argent est l'objet le plus fréquent du prêt à intérêt.

Le prêt à intérêt ne se présume pas, il doit être stipulé expressément et par écrit; autrement, la dette des intérêts ne pourrait être prouvée ni par témoins ni par les livres et registres du créancier, même en matière de commerce. Le taux de l'intérêt conventionnel doit être fixé par écrit; il peut excéder celui de la loi toutes les fois que la loi ne le prohibe pas. Pour exclure la répétition et l'imputation, il faut que le payement ait été fait à titre d'intérêt; si la quittance ne s'en explique pas, elle doit s'interpréter en faveur du débiteur. La quittance du capital donnée sans réserve des intérêts stipulés en fait présumer le payement et en opère la libération. Toutefois, cette présomption, qui dispense de toute preuve, n'exclut pas la preuve contraire dans le cas où celle par témoins est admissible. Le prêt à intérêt n'est assujetti à aucune forme particulière; il est le plus souvent constaté par un billet ou une obligation. On peut stipuler que l'intérêt sera payé en denrées. Quoique la loi ait fixé seulement le taux de l'intérêt pécuniaire, il n'en résulte pas que l'intérêt stipulé payable en denrées soit illimité, et les juges peuvent le réduire comme excessif.

PRÊT A LA GROSSE. C'est un prêt fait sur des objets exposés à la fortune de mer, avec cette condition, que s'ils arrivent heureusement, le prêteur obtiendra, outre le remboursement de ses avances, une somme à titre de *profits*, et qu'en cas de sinistre il ne pourra rien réclamer, sinon la valeur que ces objets auront conservée. On conçoit que dans une convention de ce genre l'intérêt ou profit doit être plus élevé que dans le prêt ordinaire, puisqu'il y a beaucoup de chances pour que le remboursement n'ait pas lieu, ou du moins ne s'effectue qu'imparfaitement. Quel que soit le taux du loyer convenu, on n'y peut donc voir une usure.

La loi accorde au prêteur à la grosse une grande prérogative : les objets sur lesquels il a fourni ses fonds lui sont affectés par privilége, c'est-à-dire qu'il est payé sur leur produit par préférence à tous les autres créanciers du propriétaire. Cette faveur exceptionnelle pourrait devenir la source de grands inconvénients, si l'abus n'en avait pas été prévenu par une précaution convenable. Un armateur ou un négociant pourrait s'entendre avec un tiers de mauvaise foi pour supposer un prêt qui n'aurait point eu lieu, et dérober ainsi à des créanciers légitimes le gage de leur payement. Afin de rendre une telle collusion inutile, on a disposé que le contrat ne vaudrait qu'autant qu'il serait prouvé par écrit, et encore à la charge d'être, sous peine de perte du privilége, enregistré dans les six jours de sa date, au greffe du tribunal de commerce, quelle que fût d'ailleurs la forme de sa rédaction, notariée ou faite sous seing-privé.

Le prêt à la grosse ne doit, pas plus que l'assurance, pouvoir devenir une occasion de bénéfice pour l'emprunteur, parce qu'autrement on mettrait la probité du propriétaire des objets qui en auraient fait la matière à une trop périlleuse épreuve. Supposons en effet qu'il pût valablement obtenir 10,000 fr. sur des marchandises qui n'en vaudraient que 5,000 : il est clair alors qu'il n'aurait plus aucun intérêt au succès du voyage, puisqu'une vente, même heureuse, au port de destination, ne lui pourrait promettre de différence en plus entre la somme à percevoir et celle à rendre. Un naufrage en pareil cas serait donc pour lui une bonne fortune, et il se trouverait sollicité à un crime dont on n'a que trop d'exemples. De là les textes du Code de Commerce qui déclarent que tout emprunt à la grosse fait pour une somme excédant la valeur des objets sur lesquels il est affecté peut être déclaré nul, à la demande du prêteur, s'il est prouvé qu'il y a fraude de la part de l'emprunteur, et que s'il n'y a pas fraude, il est valable jusqu'à concurrence seulement des objets affectés.

Ces considérations laissent assez deviner que le prêt à la grosse, réduit à une application spéciale, n'a qu'une utilité assez bornée. On ne sait même pas, à vrai dire, si ce mot d'utilité lui convient réellement; car trop souvent ses conséquences sont désastreuses. Le prêteur, se dédommageant naturellement de l'éventualité à laquelle il se soumet par l'élévation du profit qu'il stipule, il arrive que ses prélèvements absorbent la meilleure partie des profits de l'entreprise. De droit l'armateur a sans doute un recours contre eux en pareil cas ; mais de fait ce recours est illusoire par la presque impossibilité constante de se procurer les preuves nécessaires à son exercice. Comment en effet convaincre en France d'inexactitude des procès-verbaux rédigés dans l'Inde ou au Sénégal, sur la foi de gens intéressés à déguiser la vérité, ou du moins sans intérêt à la défendre? Qui appelle-t-on, dans le port étranger, pour constater les avaries d'un navire et par suite la nécessité d'un emprunt à fin de réparation? Le constructeur ou le charpentier qui devront être chargés de la besogne; et l'on imagine s'ils manqueront de la déclarer urgente! C'est donc très-justement que l'orateur chargé de l'exposé des motifs du code sur la matière disait qu'un grand commerce ne pourrait se passer longtemps des assurances ni user longtemps du prêt à la grosse. Il faut pourtant convenir que ce contrat est parfois indispensable en un cas de besoin inopiné. Mais alors même il ne constitue encore qu'une ressource onéreuse, assez semblable à l'usure, et propre à ruiner ceux auxquels elle vient en aide. JAMET.

PRÊT A USAGE, contrat par lequel une des parties livre gratuitement à l'autre une chose non fongible, à charge de la rendre après s'en être servi. Dans ce cas, l'emprunteur est soumis à deux obligations principales : d'abord, il doit veiller, en bon père de famille, à la garde et à la conservation de la chose prêtée et ne s'en servir que pour l'usage déterminé par la convention ou la nature de la chose; ensuite, il doit rendre la chose prêtée au terme convenu ou, à défaut de convention, après qu'elle a servi à l'usage pour lequel elle a été empruntée. Faute du soin nécessaire, l'emprunteur répond de toute perte et de tout dommage arrivés à la chose prêtée. Le prêt à usage s'appelle encore *commodat*; il ne transfère à l'emprunteur que l'usage de la chose prêtée, dont le prêteur conserve la propriété. Le prêteur est donc tenu de restituer à l'emprunteur les dépenses que ce dernier aurait faites pour la conservation de la chose; mais il faut que ces dépenses aient été extraordinaires, nécessaires, et assez urgentes pour que le prêteur n'ait pu être prévenu de l'événement qui les a nécessitées. Le *prêt à usage* est essentiellement gratuit. On peut *prêter à usage* toutes les choses qui sont dans le commerce, non-seulement les meubles, mais aussi les immeubles, comme pour y habiter. On ne peut en général *prêter à usage* les choses qui se consomment par l'usage qu'on en fait. L'emprunteur ne peut retenir la chose prêtée en compensation de ce que le prêteur lui doit. L. LOUVET.

PRÊT DE CONSOMMATION ou simple **PRÊT,** contrat par lequel une partie livre à l'autre une certaine quantité de choses qui se consomment par l'usage, à la charge par cette dernière de lui en rendre autant de même espèce et de même qualité. Les Romains l'appelaient *mutuum*, parce que l'objet devient *ex meo tuum*, de mien tien. Le prêt de consommation diffère sous plusieurs rapports du prêt à usage. D'abord, par l'effet de ce prêt l'emprunteur devient propriétaire de la chose prêtée. D'où il suit qu'il a le droit de la consommer qu'elle périt pour son compte, de quelque manière que la perte arrive, même avant qu'il s'en soit servi. Il diffère encore du commodat en ce qu'il est de son essence que les choses qui en font l'objet soient fongibles, et en ce qu'il n'est pas essentiellement gratuit, et peut perdre son caractère de bienfaisance pour devenir commutatif. Lorsque ce contrat est intéressé, il prend le nom de *prêt à intérêt*. Le prêt de consommation est un contrat réel.

L'emprunteur est tenu de rendre la quantité de choses prêtées dans la même espèce et qualité et au terme convenu. Si le prêt a été fait en argent, l'obligation qui en résulte n'est toujours que de la somme numérique énoncée au contrat. S'il y a eu augmentation ou diminution d'espèces avant l'époque du payement, l'emprunteur doit rendre la somme numérique prêtée, et ne doit rendre que cette somme dans les espèces ayant cours au moment du payement. Il en serait autrement s'il n'avait été fait en lingots. Si ce sont des lingots ou des denrées qui ont été prêtées, quelle que soit l'augmentation ou la diminution de leur prix, le débiteur doit toujours rendre la même quantité et qualité, et ne doit rendre que cela. S'il est dans l'impossibilité de satisfaire, il est tenu d'en payer la valeur eu égard au temps et au lieu où la chose devait être rendue d'après la convention. Si ce temps et ce lieu n'ont pas été réglés, le payement se fait au prix du temps et du lieu où l'emprunt a été fait. Si l'emprunteur ne rend pas les choses prêtées ou leur valeur au terme convenu, il en doit l'intérêt du jour de la demande en justice.

Le prêteur doit transmettre la propriété de la chose à l'emprunteur et le garantir de l'éviction. Il est responsable, comme le prêteur à usage, du préjudice causé à l'emprunteur par les défauts de la chose prêtée. Il ne peut redemander la chose avant le terme convenu. S'il n'a pas été fixé de terme pour la restitution, le juge peut accorder à l'emprunteur un délai suivant les circonstances. Et s'il a été seulement convenu que l'emprunteur payerait quand il le pourrait ou quand il en aurait les moyens, le juge lui fixera un terme de payement suivant les circonstances.

PRÉTENDANT. Ce mot, d'après l'Académie, signifie un homme qui prétend, qui aspire à une chose : c'est le sens le plus complet et le plus absolu du mot ; mais on lui a donné une signification plus restreinte et plus spéciale. Par *prétendant* on désigne celui qui dépossédé d'un trône, aspire à y remonter. Toutes les routes du monde sont couvertes de majestés errantes : il y a peu d'États en Europe qui n'aient dans l'exil ou la proscription des prétendants plus ou moins légitimes, plus ou moins fondés, plus ou moins habiles, qui redemandent leur part de peuple. Sans doute je suis touché du sort des hommes frappés par la justice populaire ; mais j'ai le malheur de croire aux masses et au temps, les deux grands éléments qui détruisent les dynasties. L'expulsion d'une famille régnante est pour moi la manifestation pure et simple de la s o u v e r a i n e t é qui réside dans les citoyens composant un État. Lorsque le fils ou le descendant du prince expulsé, lorsque l'héritier de ses prétendus droits porte noblement la disgrâce, je le plains du plus profond de mon cœur ; car je ne sais rien de plus triste et de plus douloureux que d'errer dans le monde sans y avoir de patrie, rien de plus digne de pitié que l'infortuné qui marche avec l'incessante douleur de saluer de loin des rivages adorés, où l'on n'aura pas même la permission de faire déposer ses cendres. De ces illustres bannis, les uns peuvent accuser avec plus ou moins de raison les malheurs des temps, mais tous sont dignes d'intérêt. C'étaient ces hommes devant lesquels les anciens s'inclinaient avec respect, comme devant des êtres marqués du sceau d'une inévitable fatalité. Noble et généreuse croyance, qui faisait des infortunés quelque chose de saint et de sacré ! Mais l'intérêt qui s'attache au royal proscrit devient un crime de lèse-nation lorsqu'il croit appuyer ses prétentions sur la force des baïonnettes étrangères.

On appelle encore, dans un sens tout spécial, *prétendant* ou *prétendu* un homme qui aspire ouvertement à la main d'une femme.
A. GENEVAY.

PRÉTENDANT (Le). *Voyez* JACQUES III et CHARLES-ÉDOUARD.

PRÉTENDU. *Voyez* PRÉTENDANT.

PRÊTE-NOM, celui qui prête son nom à autrui, en se présentant comme intéressé apparent dans une affaire où il n'a en réalité aucun intérêt, parce qu'il agit pour le compte d'un tiers. Les *prête-nom* sont quelquefois institués pour couvrir une interposition de personnes et réaliser une stipulation défendue par la loi. Il est cependant quelques circonstances où l'emploi d'un prête-nom n'a rien que de licite, comme cela a lieu notamment dans tous les cas où la loi admet une déclaration de *command*.

PRÉTENTION, certitude où l'on est qu'on possède certains talents, certains avantages ; qu'on est digne d'être promu à telle ou telle dignité importante, que l'injustice ou le passe-droit vous enlèvent. Il résulte de cette définition que, juge dans sa propre cause, on s'accorde tout : la société ou le pouvoir refusent-ils de ratifier l'arrêt, on tombe dans une irritation sans bornes ; ou d'autres termes, c'est un long désespoir qui trouble la vie entière. Les hommes doivent, pour leur bonheur, veiller sur le nombre et l'étendue de leurs prétentions : la quantité dans ce genre est mortelle, car une espèce de guerre déclarée à l'amour-propre des autres ; ils se rallient : il faut donc succomber tôt ou tard, puisqu'on a contre soi la majorité. Si un pareil sort est réservé aux prétentions les plus justes, des douleurs encore plus amères attendent les prétentions futiles, qui ne reposent sur aucune base solide ; elles deviennent le texte de moqueries intarissables, et quelquefois font tache au milieu du génie le plus élevé. Maintenant, voici l'avantage des prétentions qui se cachent ; elles n'inspirent aucune inquiétude, puisqu'on ne les connaît pas. Une occasion favorable se présente ; elles la saisissent et triomphent, aucun ennemi n'embarrassant la route. Il y a des gens plus habiles encore : ceux qui découvrent un nouveau genre de flatterie pour les prétentions des supérieurs dont leur fortune dépend ; ils exercent sur eux un genre de puissance incontestable, car ils les rendent heureux à volonté. Ce n'est pas tout : on ne veut point tenir dans la médiocrité des esprits assez éclairés pour avoir senti toute la profondeur de notre mérite ; on les place très-haut ; c'est une manière de se relever soi-même. Les femmes, si adroites pour sentir le côté faible de nos prétentions, succombent toutes à un piège que leur tend l'amour-propre : elles veulent rester jeunes en dépit des années qui les envahissent. On remonte alors aux dates, et, de crainte de se tromper, on les fait toujours un peu plus vieilles qu'elles ne sont. Placée entre deux mensonges, la société préfère celui qui amuse sa malignité, et les femmes, pour n'avoir pas voulu être sincères, perdent jusqu'aux privilèges de la simple vérité.
SAINT-PROSPER.

PRÉTÉRIT, temps du verbe qui s'applique à une action faite, à un événement passé, ainsi que l'exprime le mot latin *præteritum*, dont il offre l'exacte traduction. On distingue plusieurs prétérits, les *prétérits définis* et les *prétérits indéfinis*. Ces derniers comprennent, suivant quelques grammairiens anciens, le *prétérit actuel*, le *prétérit antérieur* et le *prétérit postérieur*. Ces distinctions ne nous semblent pas d'une extrême clarté. Nous ne voyons pas non plus pour quelle raison on a assez généralement substitué le mot *parfait*, dans beaucoup de grammaires, au mot *prétérit*, qui porte pourtant avec lui sa signification. Tâchons maintenant d'éclaircir la théorie des *prétérits*. Ce temps secondaire du verbe se manifeste, avec des fonctions et des formes différentes, dans trois des modes de la conjugaison, l'indicatif, le subjonctif et l'infinitif. Dans l'indicatif, il y a le *prétérit défini*, qui marque qu'une chose a été faite dans un temps déterminé qui est entièrement écoulé, comme *j'aimai, je rendis*, etc. ; le *prétérit indéfini*, qui marque qu'une chose a été faite dans un temps qui n'est pas déterminé, ou qui, s'il est déterminé, n'est pas entièrement écoulé, comme *j'ai aimé, j'ai rendu*, etc. ; le *prétérit antérieur*, qui marque qu'une chose a été faite avant une autre dans un temps passé, comme *j'eus aimé, j'eus rendu*, etc. Dans le subjonctif, le prétérit marque ordinairement un passé à l'égard du verbe avec lequel il entre en concordance, comme dans *que j'aie aimé, que j'aie rendu*, etc. ; enfin, il y a le *prétérit de l'infinitif*, qui exprime aussi une action faite, mais sans nombre ni personne, comme quand on dit *avoir aimé, avoir rendu*, etc. Encore un mot au sujet du prétérit du subjonctif. On n'emploie ce temps que quand on veut parler d'une chose passée et accomplie par rapport au temps du verbe qui précède la conjonction. Exemple : *Je doute qu'aucun philosophe ait jamais bien connu l'origine des vents ; Je n'entreprendrai rien que je n'aie consulté des personnes sages.*
CHAMPAGNAC.

PRÉTÉRITION ou **PRÉTERMISSION** (du latin *præterire*, passer outre, et *prætermittere*, envoyer au delà, faits de *præter*, outre, *eo*, je vais, je passe, ou *mitto*, je lance, je jette). *Voyez* PARALIPSE.

PRÉTÉRITION (*Droit*). C'est ainsi qu'on appelait en droit romain et dans les pays de droit écrit l'omission d'instituer héritiers ceux à qui le testateur devait au moins une portion légitimaire. Cette omission entraînait la nullité du testament. Aujourd'hui cette nullité n'existe plus.

PRÊTEUR. C'était à Rome le magistrat qui venait immédiatement après le c o n s u l ; et on donnait le nom de *préture* aux fonctions dont il était revêtu. Lorsqu'en l'an 360 av. J.-C. les patriciens furent contraints de partager le consulat avec les plébéiens, ils cherchèrent à réserver tout au moins la juridiction à leur ordre, auquel appartenaient alors presque tous les jurisconsultes. En conséquence, on sépara la juridiction du consulat, et on créa pour elle, sous le nom de *préteur*, qui auparavant avait aussi été employé pour désigner les consuls, un magistrat particulier, chargé de présider à l'administration de la justice dans la cité. Ce ne fut qu'en l'an 336 av. J.-C. que cette magistrature devint également accessible aux plébéiens. Vers l'an 242, comme le nombre des étrangers (*peregrini*) qui habitaient Rome avait augmenté, on élut un second préteur, chargé de la juridiction civile dans les causes entre étrangers ou bien entre des citoyens et des étrangers (de là la dénomination de *prætor peregrinus*, qu'il reçut plus tard) ; tandis que le premier, le *prætor urbanus* ou *prætor urbis*, ne conserva que la juridiction entre citoyens. Cependant, il arriva quelquefois, à l'origine, que l'un de ces deux magistrats se trouvait employé ailleurs, leurs attributions respectives se trouvassent confondues. A partir de l'an 227 on élut deux nouveaux préteurs pour l'administration des provinces de Sicile et de Sardaigne ; et en 177 on y en ajouta encore deux autres pour l'administration des deux provinces d'Espagne. Mais lorsque des tribunaux permanents (les *quæstiones perpetuæ*) eurent été institués à Rome pour connaître de certains crimes, les accusations d'extorsion (*de repetundis*), de brigue (*de ambitu*), de crimes envers l'État (*de majestate*), d'infidélités envers le trésor (*de peculatu*), ces préteurs restèrent aussi dans la ville pour les présider, et ne se rendirent dans les provinces qu'à l'expiration du temps de leurs fonctions. Ils portaient alors le titre de *propréteurs* ; et beaucoup se signalèrent par leurs abus de pouvoir et leurs exactions, comme Verrès en Sicile. Sylla ajouta encore deux préteurs pour ces *quæstiones*, pour juger les crimes de faux dans les testaments ou autres actes et dans la fabrication de la monnaie (*de falso*) ; pour les assassins, les empoisonneurs, les parricides. César en porta le nombre à dix, puis à quatorze et à seize. Les seconds triumvirs en instituèrent jusqu'à soixante-seize. On connaît cet adage qui indique l'importance des fonctions de ce magistrat : *De minimis non curat prætor*. Les préteurs étaient élus dans les mêmes comices et sous les mêmes auspices que les consuls ; leurs auspices étaient également *maxima* ; ce qui faisait qu'on les considérait comme les collègues des consuls ; mais leur *imperium* était considéré comme moindre. De tous les préteurs le *prætor urbanus* était le plus considéré. Il exerçait en outre les fonctions urbaines des consuls en leur absence, et c'est lui qui était chargé de la dispendieuse tenue des jeux apollinaires. Dans l'administration de la justice, le préteur s'exprimait par ces trois mots : *do, dico, addico*. 1° donnait la formule de l'action et nommait les juges formant une espèce de jury ; 2° il prononçait le jugement ; 3° il adjugeait les biens du débiteur au créancier. En prenant possession de sa charge, le préteur de la ville publiait un édit (*edictum*), ou exposé (*formula*) des règles qu'il se proposait de suivre dans l'administration de la justice pendant l'année. C'est surtout des publications connues sous le nom d'*édits prétoriens*, qu'il rendait de concert avec le *prætor peregrinus* en matières de droit, exerçant tous deux leurs fonctions du haut de leur tribunal, que se forma sous l'influence du *jus gentium* le droit prétorien, magistral (*jus prætorium*, ou *honorarium*), qui exerça une si profonde influence sur le développement et la formation de tout le d r o i t r o m a i n. Comme magistrats curules, revêtus de l'*imperium*, les préteurs jouissaient des distinctions honorifiques de la *sella curulis*, de la *toga prætexta*, et des licteurs, vraisemblablement au nombre de deux à Rome et de six dans les provinces. Sous le régime impérial, où à partir de Tibère leur nombre fut généralement de seize, leurs attributions demeurèrent d'abord à peu près les mêmes. Quelques préteurs connaissaient aussi de certaines affaires civiles, notamment des questions relatives aux fidéicommis, des difficultés survenant entre le fisc et les particuliers, et des tutelles. A la longue leur cercle d'action se trouva de plus en plus restreint, par suite de la suppression des *quæstiones perpetuæ*, et surtout par le pouvoir judiciaire attribué aux empereurs et à leurs fonctions. Dès lors le soin de présider à la célébration des jeux publics devint leur principale attribution ; toutefois, même après C o n s t a n t i n, qui établit également des préteurs à Constantinople, ils conservèrent toujours une juridiction propre, mais seulement comme fonctionnaires urbains. Valentinien les réduisit à trois, cette magistrature n'offrant plus qu'un vain titre sans puissance, *inane nomen*, dit Boëce dans sa *Consolation*, fut entièrement abolie sous Justinien. Cependant, on n'en trouve pas moins dans le Digeste et dans le Code un titre autre que l'office du préteur.

On appelait *familles prétoriennes* celles où il y avait eu un préteur.

Les auteurs latins appellent quelquefois *préteur* le général en chef (στρατηγός) des ligues achéenne et étolienne.

PRÉTEXTAT, évêque de Rouen au sixième siècle. Son nom semble indiquer qu'il n'était pas d'origine franque, mais gauloise ou romaine. Il succéda sur le siège épiscopal de Rouen à saint Évode, en 544. Il assista au concile de Paris de 557, à celui de Tours de 567, et de Besançon en 585. Il s'était fait remarquer par sa courageuse énergie contre F r é d é g o n d e. Le jeune Mérovée, proscrit par cette implacable marâtre, qui ne reculait devant aucun crime pour satisfaire son ambition, était allé chercher un asile auprès de B r u n e h a u t, sa tante, alors captive et malheureuse. Prétextat était parrain du prince : il n'hésita point à donner la bénédiction nuptiale à Brunehaut et à Mérovée. Ce mariage entre la tante et le neveu était contraire à la loi canonique : il ne pouvait avoir lieu sans une dispense que l'autorité ecclésiastique pouvait seule accorder ; mais dans le sixième siècle cette prérogative n'appartenait pas exclusivement au pape, et l'abbé de Maroles observe « que les évêques d'alors, en beaucoup d'occasions semblables, ne s'avisaient nullement de renvoyer à Rome ces sortes de causes, qu'ils croyaient pouvoir bien juger par eux-mêmes ». Mérovée, forcé de s'éloigner d'une épouse qu'il adorait, erra de province en province, partout poursuivi par son père et par la haine de Frédégonde, et fut assassiné par ordre de cette courtisane couronnée.

Frédégonde brûlait de se venger des censures de Prétextat et du dévouement de ce prélat à Brunehaut et au malheureux Mérovée : elle fit accuser de crimes absurdes. Un concile de quarante-cinq évêques fut assemblé à l'abbaye Saint-Germain-des-Prés, à Paris. Chilpéric ne rougit pas de se présenter comme accusateur. Frédégonde exigeait une condamnation terrible et prompte. Les Pères du concile paraissaient disposés en faveur de l'accusé, contre lequel ne s'élevait aucun indice sérieux de culpabilité. Chilpéric demandait qu'il fût déclaré infâme, dégradé ; que sa robe épiscopale fût déchirée en plein concile, qu'on récitât sur lui les malédictions du psaume 108, et qu'il fût excommunié pour toujours ; puis, passant de la menace à la prière, le roi se prosterna aux pieds des évêques, les suppliant de condamner Prétextat. L'accusé manqua de courage pour se défendre : il s'avoua coupable de tout ce que lui reprochait l'accusation. Il fut condamné à la prison, et bientôt après exilé dans une petite île du Cotentin ; mais à la mort de Chilpéric il fut rappelé par Gontran, solennellement rétabilité, et rendu à ses fonctions.

Cependant Frédégonde vivait encore, et elle savait que Prétextat se prononçait avec la même hardiesse contre ses déportements : elle le fit menacer d'une nouvelle condamnation, plus sévère, s'il continuait. Prétextat répondit à ses menaces qu'il était évêque, qu'il n'avait jamais cessé de l'être, qu'il le serait toujours ; mais qu'elle au contraire ne jouirait pas longtemps du pouvoir qu'elle avait usurpé : « J'ai été rappelé par la grâce de Dieu du bannissement au siège épiscopal, disait-il ; mais sa justice vous précipitera du trône au fond de l'abîme. Ou renoncez à l'orgueil, à vos passions, à la méchanceté qui vous guide, ou ne pensez pas obtenir jamais de salut ni la grâce d'élever votre fils. » Frédégonde garda le silence, et paraissait avoir renoncé à sa vengeance. Chilpéric était mort en 584, assassiné par ordre de Frédegonde, Prétextat avait assisté l'année suivante au concile de Mâcon. De retour dans son diocèse, il célébrait la fête de Pâques en 586, quand il fut mortellement frappé au pied de l'autel. Frédégonde accourt, témoigne la plus vive douleur de cet *accident*, et la plus profonde indignation contre l'assassin sacrilége, et jure de le punir : « Le criminel, lui dit le prélat expirant, est la personne même qui a fait assassiner des rois, qui est accoutumée à répandre le sang des innocents, qui a rempli le royaume de ses crimes. » Frédégonde l'interrompit : « J'ai, lui dit-elle, d'habiles médecins; permettez qu'ils visitent votre blessure. — Il n'est plus besoin de médecin, répond Prétextat : Dieu m'appelle à lui, et mon heure est venue. Vous, qui ne devez le titre de reine qu'à vos crimes, tremblez pour vous. Dieu vengera le sang que vous avez répandu : il retombera sur votre tête, et maudite en ce monde, vous le serez dans l'autre. » Bientôt après il expira.

Un seigneur pressait Frédégonde de faire chercher l'assassin; elle applaudit à son zèle, et, suivant l'usage de ce temps, elle l'invita à boire avant de sortir du palais, afin qu'on ne pût pas dire qu'il était sorti à jeun d'une maison royale. La boisson d'honneur offerte en pareil cas était un mélange d'absinthe, de vin et de miel; mais à peine le trop crédule seigneur eut-il bu, qu'il expira dans d'horribles convulsions. Cependant, tant de gens s'occupaient à chercher l'assassin qu'il fut découvert et livré au neveu de Prétextat. La torture lui arracha l'aveu de son crime : il déclara qu'il avait été excité à le commettre par la reine Frédégonde, par l'archidiacre de Rouen et par l'évêque Melantius, qui avait succédé à la victime. Les principales circonstances de ce drame épouvantable ont été décrites par Grégoire de Tours. Prétextat a été mis au nombre des saints dans les martyrologes de Rome et de Paris.   DUPEY (de l'Yonne).

PRÉTEXTE. C'est tout motif feint ou dissimulé qui sert d'excuse ou de mobile apparent à une action. De là deux locutions diverses, qui ont exercé la sagacité des philologues : *sur le prétexte, sous le prétexte*. Le P. Bouhours prétend que l'emploi de ces expressions est indifférent et synonyme : ce qu'il confirme par des exemples. Roubaud établit distinctement leur spécialité : « Ainsi, dit-il, on agit, on fonde, on appuie sur un *prétexte* ; on cache, on dissimule ses desseins, sa conduite sous un *prétexte* ; façon de parler plus en harmonie, dit-il, avec la signification du mot latin, *prætexere* (mettre dessous, étendre un voile sur). »

PRÉTEXTE (Robe). La robe prétexte, ou simplement la prétexte (*prætexta*), dont l'invention, suivant Pline, remontait à Tullus Hostilius, était une robe longue et blanche, aux bords ornés et comme tissus (*texti*) de pourpre. Elle était la marque distinctive des jeunes gens de qualité; les filles la portaient jusqu'à l'époque de leur mariage, et les garçons la prenaient vers l'âge de quinze ans environ, pour l'échanger deux ans plus tard contre la robe virile, appelée *pura* et *libera*.

La prétexte donnait à ceux-ci libre entrée aux assemblées publiques, et même au sénat; aussi le jour où ils s'en revêtaient pour la première fois était-il un grand jour de fête et de réjouissance dans leur famille. Les magistrats, les augures, les prêtres, les préteurs et les sénateurs, se paraient également de la *prétexte* dans les solennités; mais le préteur la quittait toutes les fois qu'il devait prononcer une condamnation contre quelqu'un, et il ne conservait alors qu'une robe de deuil, de couleur noire ou gris de fer, connue sous le nom de *pulla toga*.

PRÉTI (MATTIA). *Voyez* CALABRESE.

PRÉTOIRE, du latin *prætorium*, signifiait dans l'origine la tente du général; elle était placée ordinairement au milieu du camp. Ce mot signifiait aussi le lieu où le préteur rendait la justice; c'était encore le palais qu'il habitait. Nous avons parlé ailleurs du *préfet du prétoire*.

PRÉTORIEN (Édit) ou ÉDIT DU PRÉTEUR. *Voyez* PRÉTEUR et ÉDIT.

PRÉTORIENS. Ainsi s'appelaient les gardes des empereurs romains. Les généraux de la république avaient déjà eu, depuis une époque très-reculée, une cohorte de soldats d'élite employés à leur sûreté personnelle et qui leur servaient d'escorte. C'est ce qu'on appelait la *cohors prætoria*, qui faisait partie de la légion, et elle n'était distinguée des autres cohortes que par le cas tout particulier qu'en faisait le général. En l'an 27 av. J.-C., Auguste forma de ces troupes qui jusque alors lui avaient servi de garde, et sous la dénomination de *prætoriani*, neuf cohortes, auxquelles il en fut ajouté plus tard une dixième, chacune de 1,000 hommes. Elles n'appartenaient point aux légions ; leur solde était plus élevée, leur temps de service plus court, et la gratification donnée à chaque homme lors de son congé était plus forte. Elles étaient placées sous les ordres du *præfectus prætorio* (*voyez* PRÉFET) ; et jusqu'au règne de Septime Sévère elles se recrutèrent parmi les Italiens. Sous Auguste il n'y avait à Rome que trois cohortes, et elles y faisaient le service du palais; les autres étaient casernées dans des villes de province. Tibère les réunit toutes dans un grand camp permanent, qui était situé à l'angle nord-est de Rome. Bientôt elles exercèrent une influence sans bornes. Les faibles empereurs se trouvèrent complètement à la discrétion des prétoriens, qui assez souvent renversèrent le trône, égorgèrent les princes qui avaient encouru leur mécontentement, et lors de l'élection nouvelle faisaient prévaloir leur choix, que le sénat, frappé de terreur, ne manquait jamais de consacrer par ses suffrages. Dioclétien, comprenant bien ce qu'avait de dangereux une pareille institution, diminua le nombre des cohortes de prétoriens. Constantin les licencia complétement, et créa pour les remplacer deux corps spéciaux, et qu'on appelait les *domestici*, et les *protectores*, qui recevaient une solde plus élevée, étaient placés sous les ordres de deux *comités* et casernés partie dans l'intérieur de la capitale, partie au dehors. Il y avait en outre sous le commandement du *magister officiorum* (charge qui revenait à celle de *grand-maréchal de la cour*) un corps particulier, chargé de la garde du palais.

PRÊTRE. Ce mot vient du grec πρέσϐυς (vieillard); il fait comprendre que les fonctions de ministre de la Divinité ne doivent pas être confiées à l'inexpérience de la jeunesse et d'une science imparfaite, mais qu'il faut être arrivé, pour les obtenir, à un point convenable d'âge et de sagesse. En ce sens, l'application du mot πρεσϐύτερος, comparatif de πρέσϐυς, est particulière à la religion chrétienne. Les Grecs eux-mêmes désignaient les ministres des divinités par le mot ἱερεὺς, qui se traduisait exactement par le latin *sacerdos*, et n'a d'autre signification que celle-ci : *homme des choses sacrées*.

Chez tous les peuples, et dès les temps les plus anciens, des hommes, des familles, des castes à part, furent généralement chargés d'une manière toute spéciale de la partie la plus sainte, la plus mystérieuse et de la direction générale du culte divin. L'Égypte ancienne avait des colléges de prêtres, dont le pouvoir, l'influence et la science étaient aussi illimités qu'on la supposait; plus d'une fois les prêtres trouvèrent un contre-poids salutaire dans la caste des guerriers et dans l'esprit indépendant des rois, surtout sous les dernières dynasties ; enfin, leur science, essentiellement stationnaire, développée probablement par les communications avec les Grecs, seulement depuis le sixième siècle avant J.-C., était loin d'être aussi étendue que l'ont représentée les amateurs de romans et d'hypothèses historiques.

Les lévites étaient les prêtres des Juifs; les druides, les prêtres gaulois; les brahmes ou brahmines, les sages ou prêtres indiens.

Chez les Grecs, les princes faisaient la plupart des fonctions des sacrifices; c'est pour cela qu'ils portaient toujours un couteau dans un étui, près de l'épée, lequel servait seul à cet usage, mais jamais l'épée. Outre les princes, il y avait encore des *prêtres* proprement dits, qui faisaient les principales fonctions du sacerdoce, et que l'on appelait *néocores*,

Il y avait aussi des familles entières à qui appartenaient le soin et l'intendance des sacrifices et du culte de certaines divinités. Ces familles, grâce à cette prérogative, occupaient un rang extrêmement distingué. A Athènes, par exemple, c'était la famille des Lycomédiens qui avait la direction des sacrifices que l'on faisait à Cérès et aux grandes déesses. Les Grecs avaient de plus une classe particulière appelée *porte-torche* : ils portaient de longs cheveux; leur tête était ceinte d'un bandeau pareil au diadème des rois; ils étaient admis aux mystères les plus secrets de la religion, et on les environnait du plus grand respect. Nul n'était admis dans aucune fonction du sacerdoce qu'il n'eût prêté serment d'en remplir tous les devoirs.

Les *prêtres* chez toutes les nations étaient la plupart vêtus de blanc; chez les Romains ils ne formaient pas une caste à part : tous les citoyens étaient propres, chez ce peuple, aux fonctions religieuses comme aux fonctions civiles. Les *prêtres*, même des dieux d'un ordre inférieur, étaient généralement choisis parmi les citoyens les plus distingués par leurs emplois et leurs dignités. On accordait quelquefois cet honneur à des jeunes gens d'illustre famille, dès qu'ils avaient pris la robe virile. L'institution des *prêtres* chez les Romains était aussi ancienne que celle du culte des dieux, et Romulus choisit dans chaque curie deux personnes qu'on honora du sacerdoce. Numa, qui augmenta le nombre des dieux, augmenta aussi le nombre de ceux qui étaient consacrés à leur service. D'abord, on ne confia ces fonctions qu'à des patriciens; mais avec le temps on y admit également les plébéiens. Dans le principe les *prêtres* furent élus par le collége dans lequel ils entraient; et dans la suite le tribun Licinius Crassinus entreprit de transporter ce droit au peuple, mais sans succès. Domitius Ahenobarbus fut plus heureux. Le peuple eut donc le droit d'élire et les colléges ne conservèrent que celui d'agréer le récipiendaire. Sylla rétablit les choses dans leur premier état; mais ce ne fut pas pour longtemps. Le tribun Atius Labienus fit revivre la loi Domitia, que Marc Antoine anéantit de nouveau; et enfin les empereurs s'emparèrent du droit que le peuple et les pontifes s'étaient disputé. Les *prêtres* romains avaient plusieurs priviléges : ils ne pouvaient être dépouillés de leur dignité; ils étaient exempts de la milice et de toute autre fonction attachée à la personne des citoyens. Le sacerdoce se maintint pendant quelque temps sous les empereurs chrétiens; il ne fut aboli entièrement que du temps de Théodose, qui chassa de Rome les prêtres de tous genres et de tous sexes.

Il faut distinguer les prêtres romains en deux classes. Les uns n'étaient attachés à aucun dieu en particulier, mais à tous les dieux en général : tels étaient les pontifes, les augures, les quindécemvirs, qu'on nommait *sacris faciendis*, les aruspices, les *fratres arvales*, les curions, les septemvirs, nommés *epulones*, les féciaux ; d'autres, à qui on donnait le nom de *sodales titienses*, et le roi des sacrifices (*rex sacrificulus*). Les autres prêtres avaient chacun leur divinité particulière : c'étaient les flamines, les saliens, les *luperci*, les *pinarii*, les *potitii* pour Hercule; d'autres, nommés aussi *galli*, pour Cybèle; les vestales, etc. Les prêtres avaient des ministres pour les servir dans les sacrifices. Les *camilli* et les *camillæ* étaient des jeunes gens libres des deux sexes, qui servaient dans les cérémonies religieuses; ils avaient été institués par Romulus, et les prêtres qui n'avaient pas d'enfants étaient obligés d'en prendre. Les jeunes garçons devaient servir jusqu'à l'âge de puberté, et les jeunes filles jusqu'à leur mariage. Les *flaminii* et les *flaminiæ* servaient le flamine de Jupiter : ces jeunes gens devaient avoir père et mère. Les quindécemvirs avaient aussi des ministres qui leur servaient de secrétaires. Les *ædituti* ou *ædilumi* avaient soin de tenir les temples en bon état. Les joueurs de flûte étaient aussi d'un grand usage chez les Romains, dans les sacrifices, les jeux, les funérailles. On se servait encore, dans les sacrifices, de trompettes. Les *popæ* et les *victimarii* étaient chargés de lier les victimes : ils se couronnaient de laurier, étaient à demi nus, et conduisaient les victimes à l'autel, apprêtaient l'eau et les choses nécessaires pour les sacrifices, frappaient les victimes et les égorgeaient. D'autres s'appelaient *fictores*, parce qu'ils représentaient les victimes avec du pain et de la cire; car les sacrifices simulés passaient pour de vrais sacrifices. Il y avait de plus les ministres du flamine de Jupiter, appelés *præclamitores* ; les licteurs des vestales, les scribes des pontifes et des quindécemvirs, et les aides des auspices ; ajoutez les *pullarii*, qui avaient soin des poulets sacrés. Enfin, les prêtres avaient des hérauts, qu'on appelait *kalatores*.

Les prêtres des anciens peuples du Nord étaient nommés *drolies*. On les appelait souvent aussi *prophètes*, *hommes sages*, *hommes divins*. A Upsal, chacune des trois grandes divinités qui se partageaient le Walhalla avec Odin avait ses prêtres particuliers, dont les principaux, au nombre de douze, étaient les chefs des sacrifices, et exerçaient une autorité sans bornes sur tout ce qui leur paraissait avoir rapport à la religion. On leur rendait un respect proportionné à cette autorité. Le sacerdoce avait été de tous temps presque exclusivement réservé à une famille qui se vantait d'avoir Dieu même pour auteur, et qui l'avait persuadé au peuple. Souvent les membres de cette famille réunissaient le sacerdoce à l'empire, et ce fut par une suite de cette coutume que dans les temps plus récents les rois faisaient encore quelquefois les fonctions de pontifes, ou qu'ils destinaient leurs enfants à un état si révéré. La déesse Frigga était ordinairement servie par des filles de roi, qu'on nommait *prophétesses* et *déesses*. Elles rendaient des oracles, se vouaient à une éternelle virginité, et entretenaient le feu sacré dans le temple de Frigga.

Si dans l'antiquité toutes les religions eurent des prêtres, il serait difficile d'en citer une qui n'ait pas eu des *prêtresses*. Les savants ont discuté longtemps pour décider si les Égyptiens eurent des prêtresses, ou s'ils réservèrent exclusivement aux hommes les fonctions sacerdotales. Quelques indications semblent prouver jusqu'à l'évidence que si des fonctions importantes ne furent pas confiées aux femmes dans les temples, elles furent du moins chargées quelquefois en Égypte de fonctions religieuses d'un ordre inférieur. Quant aux Grecs, les règles qu'ils observaient dans le choix des prêtresses n'étaient pas uniformes : en certains lieux on prenait des jeunes filles qui n'avaient contracté aucun engagement : telles étaient la prêtresse du temple de Neptune, dans l'île de Calaurie; celle du temple de Diane, à Égire en Achaïe, et celle de Minerve, à Tégée en Arcadie. Ailleurs, comme dans le temple de Junon en Messénie, on revêtait du sacerdoce les femmes mariées. Dans un temple de Lucine, situé près du mont Cronius en Élide, outre la prêtresse principale, on voyait des femmes et des filles attachées au service du temple, et occupées tantôt à chanter le génie tutélaire de l'Élide, tantôt à brûler des parfums en son honneur. Denys d'Halicarnasse fait observer aussi que les temples de Junon, dans la ville de Phalère en Italie, et dans le territoire d'Argos, étaient desservis par par une prêtresse vierge, nommée canéphore, qui faisait les premières cérémonies des sacrifices, et par des chœurs de femmes qui chantaient des hymnes en l'honneur de cette déesse. L'ordre des prêtresses d'Apollon Amycléen était vraisemblablement formé sur le même plan que celui des prêtresses de Junon à Phalère et à Argos : c'était une espèce de société où les fonctions du ministère se trouvaient partagées entre plusieurs personnes. Celle qui était à la tête des autres prenait le titre de *mère*; elle en avait une sous ses ordres, à qui l'on donnait le titre de *fille* ou de *vierge*, et après cela venaient peut-être toutes les prêtresses subalternes, dont les noms isolés paraissent dans quelques inscriptions. Les Romains ont eu aussi des prêtresses; les inscriptions recueillies par Muratori en offrent mille preuves (*voyez* VESTALES).

On a prétendu assez souvent que dans les premiers temps de l'Église chrétienne il n'y avait ni hiérarchie ni distinc-

tion entre les ministres de la religion et les laïques ; que les prêtres étaient simplement des anciens ou les hommes les plus distingués par leur mérite et leur rang dans la société ; et que le changement de discipline sur ce point vint plus tard.
Auguste SAVAGNER.

PRÊTRE (*Entomologie*). *Voyez* LIBELLULE.

PRÊTRE (*Ichthyologie*). *Voyez* CABASSOU.

PRÊTRE-JEAN (Le). C'est ainsi qu'on appelait au moyen âge un personnage fabuleux de la haute Asie, dont les voyageurs de ce temps-là ne parlent jamais qu'avec un certain respect. L'origine de cette tradition fut peut être une race de princes tatares, les *Oung-Khans* ou *Vang-Khans*, qui, suivant les récits d'écrivains syriens et arabes, convertis au christianisme vers le commencement du onzième siècle par des missionnaires syriens-nestoriens, formèrent jusqu'au treizième siècle dans l'est de la haute Asie une dynastie chrétienne. C'est vers le milieu du douzième siècle qu'on reçut en Europe la première nouvelle de l'existence de ce souverain chrétien, auquel on donna d'une manière qui n'a pu être expliquée jusqu'à ce jour, peut-être bien par suite d'une confusion faite avec un nom indigène, le nom de Prêtre-Jean. En effet, à partir de cette époque plusieurs chroniqueurs font mention du Prêtre-Jean ; et le moyen âge, toujours si porté au merveilleux, accueillit avec avidité tous les renseignements qu'on lui communiquait à cet égard, et dont on eut bientôt fait une légende. Au quinzième siècle cette légende, qui s'était de plus en plus affaiblie, effacée, reprit une vogue nouvelle, par suite des voyages de découvertes entrepris à cette époque ; seulement, on transféra la résidence prétendue de ce souverain chrétien dans l'Inde, parce qu'il était résulté des renseignements recueillis par des voyageurs, entre autres par Jean de Plano Carpini (au milieu du treizième siècle), que l'on ne trouvait plus de souverain de ce genre dans la partie orientale de la haute Asie. Les Portugais entreprirent à ce sujet d'actives démarches. Une ambassade de l'État nègre de Benin leur apprit notamment (vers 1484) qu'à vingt mois de marche derrière le royaume de Benin régnait un puissant roi chrétien, appelé *Ogané* ; une expédition partit aux ordres de Bartolommeo Diaz, en 1486, pour explorer toute la côte occidentale de l'Afrique, et en même temps qu'une autre expédition, commandée par Pero de Covilha, cherchait à pénétrer d'Égypte vers la côte orientale de l'Afrique, à l'effet de s'assurer s'il y existait réellement un royaume du Prêtre-Jean (*Preste Joâo*) et s'il en était en rapport avec celui de l'Inde. Covilha rencontra effectivement dans l'Habesch un État chrétien ; et de la sorte la légende se trouva enfin justifiée. Depuis cette époque jusqu'au dix-septième siècle l'Abyssinie fut désignée sous le nom de royaume du Prêtre-Jean (*Regnum Presbyteri Johannis*). Consultez Ritter, *Géographie de l'Asie* (tome 1er).

PRÊTRES ASSERMENTÉS et **INSERMENTÉS** ou **RÉFRACTAIRES**. *Voyez* CONSTITUTION CIVILE DU CLERGÉ.

PRÊTRES DE LA DOCTRINE CHRÉTIENNE. *Voyez* DOCTRINAIRES.

PRÊTRES RÉGULIERS ou **PÈRES DE LA FOI DE JÉSUS.** *Voyez* PACCANARISTES.

PRÊTRISE, le premier des trois ordres majeurs dans le sacerdoce catholique, celui que confère le sacrement de l'ordre. Les théologiens le définissent : « Ordre sacré, qui donne le pouvoir de consacrer le corps et le sang de Jésus-Christ, de l'offrir en sacrifice et de remettre les péchés. » *Voyez* ORDINATION.

PRÊTS D'HONNEUR (Banques de), institutions de crédit à peine essayées en France et depuis longtemps établies en Italie, et qui consistent à prêter, moyennant un faible intérêt, à des gens momentanément dans le besoin, de faibles sommes sans autre garantie que leur moralité. Pour cela, des fonds sont formés par des dons volontaires ou par des actionnaires bienfaisants. Au mois de février 1850, M. Ferdinand Barrot, alors ministre de l'intérieur, adressa aux préfets une circulaire pour leur signaler ces sortes d'institutions, que le président de la république prenait sous son patronage. Il leur adressait en même temps un plan pour la fondation de ces établissements. D'après ces statuts, le maximum des prêts eût été de 200 fr. Un conseil, composé de certains notables de la commune, devait nommer un de ses membres pour constater l'origine et l'étendue du besoin signalé par la demande de prêt, et pour apprécier la moralité, les antécédents et les habitudes de l'emprunteur. Ce membre, en faisant son rapport, eût éclairé le conseil sur la convenance du prêt, sur son importance et sur les conditions de remboursement qu'il convenait de stipuler pour rendre toujours la libération possible et même facile. Ces mesures préalables accomplies, l'emprunteur devait être appelé devant le conseil, accompagné de sa femme et de ses enfants, ou de son père et de sa mère. Deux registres eussent été ouverts devant lui ; dans l'un, il aurait vu les noms de ceux qui auraient rempli leurs engagements ; dans l'autre, on lui aurait montré les noms des mauvais débiteurs. Il n'y avait pas d'autre sanction. L'institution, après les renseignements pris, s'en rapportait à l'honneur de l'emprunteur. On espérait par là créer un nouveau signe de crédit, l'*honneur*, mot qui, au dire de l'empereur Napoléon, exprime le seul sentiment qui soit resté au cœur des Français. Cependant, jusque ici ces institutions n'ont pu se constituer. Déjà M. de Rémusat, en 1840, avait appelé l'attention des préfets et des conseils généraux sur un système de prêts gratuits, de monts-de-piété, dans lequel la caution d'un citoyen solvable eût remplacé le gage. M. Eugène Sue, dans ses *Mystères de Paris*, parle aussi de ces institutions. En 1846 il en a été institué une par le baron de Damas à Hautefort (Dordogne), laquelle fonctionne encore. On en cite une qui de 1851 à 1852 a prêté sans perte 540,000 fr. à 1509 artisans peu aisés à Prague (Bohême). Sans doute, un jour, on saura mieux de quelle utilité elles pourraient être, et nous les verrons se former, en se modifiant suivant les temps et les lieux.
L. LOUVET.

PRÉTURE. *Voyez* PRÉTEUR. Cette dénomination fut sous l'empereur Napoléon, appliquée à l'administration intérieure du sénat. Le sénat avait deux *préteurs*, un chancelier et un trésorier, pris dans son sein. Ils étaient nommés pour six ans par l'empereur, sur la présentation du sénat, qui pour chaque place désignait trois sujets. Les préteurs étaient chargés de tous les détails relatifs à la garde du sénat, à la police et à l'entretien de son palais, de ses jardins et au cérémonial. Ils avaient sous leurs ordres deux messagers, six huissiers et six brigades de garde pour la police du palais et des jardins du sénat. Le local de la *préture* était établi dans le palais du Petit-Luxembourg.
Charles DU ROZOIR.

PREUVE, du latin *probatio*, qui a la même signification. C'est un terme général, qui embrasse tout ce qui peut tendre, soit directement, soit indirectement, à établir la vérité. En jurisprudence la preuve a ce caractère particulier qu'elle est admise par la loi pour établir de telle sorte que la vérité se reconnaît alors à un signe certain. Le juge n'est pas obligé d'aller lui-même à la recherche des preuves ; c'est aux parties en cause à les produire, et même à leur égard les obligations changent suivant le rôle que chacune d'elles est appelée à remplir. La charge de la preuve, en règle générale, tombe tout entière sur le demandeur, *actori incumbit onus probandi*, disait le droit romain. S'il ne fournit pas ses preuves, il doit être déclaré non recevable, faute de justification ; le juge n'a pas même à examiner si la demande est juste, car il n'agit pas ordinairement d'office. La règle est la même sous ce rapport, au civil et au criminel.

La loi admet suivant la nature des actions diverses sortes de preuves. En droit civil les preuves se font par titres et par témoins, en droit criminel elles se font par témoins seulement. La *preuve par titres*, ou *preuve littérale*, doit résulter d'un acte écrit qui constate que tel fait a eu lieu, que telle convention a été arrêtée ou conclue. Si l'écrit est dans la forme probante et déterminée par la loi, la preuve est faite. La preuve littérale change elle-même de caractère suivant la nature de l'acte écrit qui est représenté : s'il a été dressé par l'officier public expressément institué pour le recevoir, il forme une *preuve authentique*, qui ne peut être attaquée que par l'*inscription de faux* ou autres voies extraordinaires. Si elle résulte d'un acte sous seing privé, elle a la même force lorsque les parties ont déclaré ne pas méconnaître leur signature. En l'absence de titres formels, il n'y a plus que des *demi-preuves*, dont le juge doit apprécier la valeur. Certains écrits privés peuvent tenir lieu de preuves, comme cela arrive, par exemple, entre marchands pour faits de commerce. Il en est de même de tous les écrits qui peuvent autoriser à croire qu'une convention a été conclue sans qu'il ait été dressé un acte formel ; ils forment dans certains cas un *commencement de preuve par écrit*, qui permettra de recourir à de nouveaux moyens d'instruction pour la compléter. Ils en est de même encore, dans certaines circonstances, des écrits soussignés des parties, des simples lettres missives et des papiers domestiques. Les c o p i e s sont aussi admises comme supplétives du titre avec certaines distinctions. Il peut être également suppléé au titre original par d'autres actes, qu'on appelle *récognitifs*, parce qu'ils reconnaissent l'obligation contractée précédemment ; ces actes, s'ils sont doubles et se rapportent à une possession non interrompue depuis plus de trente ans, peuvent servir de seconds titres.

Lorsque la preuve par titre manque, les juges peuvent en certaines circonstances recourir aux simples p r é s o m p t i o n s ou à la *preuve par témoins*. La preuve par témoins, dont abusait l'ancienne législation, n'est aujourd'hui pas pour les sommes modiques à raison desquelles on n'est pas tenu de passer acte. Toutes les fois qu'il s'agit d'une somme excédant cent cinquante francs, ce mode de preuve est rigoureusement interdit ; à moins qu'il n'existe déjà un commencement de preuve par écrit ou que le créancier se soit trouvé dans une condition telle qu'il lui ait été impossible de se procurer une preuve littérale de l'obligation contractée envers lui, ou de conserver celle qu'il avait obtenue. Ainsi la preuve testimoniale sera admise pour les obligations qui naissent des quasi-contrats et des d é l i t s ou q u a s i - d é l i t s ; pour les dépôts nécessaires faits en cas d'incendie, ruine, tumulte ou naufrage, ou par les voyageurs dans l'hôtellerie où ils logent ; pour les obligations contractées en cas d'accidents imprévus, qui ne permettraient pas de faire emploi d'actes écrits ; et enfin, pour le cas où le créancier a perdu le titre qui lui servait de preuve littérale, par suite d'un cas fortuit, imprévu et résultant d'une force majeure.

En droit commercial, les juges admettent la preuve testimoniale dans tous les cas où ils croient ce mode de preuve nécessaire pour constater les achats et les ventes.

Lorsqu'il n'est produit à l'appui d'une demande ni titre ni commencement de preuve par écrit, et que la preuve testimoniale est interdite, il ne reste au demandeur pour justifier son action que la preuve résultant soit de l'i n t e r r o g a t o i r e sur faits et articles, soit de l'a v e u fait en justice par le débiteur, soit du s e r m e n t qu'il peut déférer. Le juge a même le droit, dans les cas douteux, de déférer d'office le serment à la partie à qui il donne gain de cause.

En matière criminelle, il n'y a plus de preuve écrite, et la preuve testimoniale n'est qu'un moyen d'instruction ; le sort des personnes est remis à la conscience des juges et des jurés.

Il est question ailleurs des é p r e u v e s j u d i c i a i r e s , des preuves barbares du moyen âge, et de la torture, ce moyen de preuve plus barbare encore.

On disait autrefois *faire ses preuves de noblesse*, *faire ses preuves*, de celui qui justifiait par des titres héraldiques qu'il sortait d'une extraction noble.

Dans les sciences exactes le mot *preuve* désigne une opération qui a pour objet de certifier qu'aucune erreur n'a été commise dans les calculs. Elle consiste à refaire le même calcul avec les mêmes éléments en leur donnant une autre disposition.

PREUVE ONTOLOGIQUE. *Voyez* ONTOLOGIQUE.

PREUX, vieux mot qui signifiait *hardi* et *vaillant*. Au moyen âge, on donnait cette épithète à tous les aventuriers. C'était, disait-on, un preux et hardi c h e v a l i e r qui fit plusieurs actions de grande *prouesse* et *valeur*. Il y a une histoire particulière des neuf preux. Ménage dérive ce mot de *probus*, comme *prouesse* de *probitia*, qu'on a dit pour *probitas*.

PRÉVARICATION. C'est l'action de trahir la cause, l'intérêt des personnes qu'on est obligé de soutenir ; l'action de manquer par mauvaise foi aux devoirs de sa charge, aux obligations de son ministère. Sous l'ancienne législation, on entendait principalement par là l'infraction des officiers de justice à leurs devoirs. Nos lois modernes ne se servent plus du mot de *prévarication*, et d'après elles l'erreur du juge n'est plus une cause de responsabilité, car l'erreur n'est pas un crime. Elles n'en ouvrent pas moins aux justiciables, dans des cas qu'elles déterminent, la voie de la *prise à partie*, et, au criminel, elles prévoient et punissent les infractions que peuvent commettre dans l'exercice de leurs fonctions, et contrairement aux devoirs de leur charge, tous les fonctionnaires de l'ordre administratif ou judiciaire. Les articles 166 et suivants du Code Pénal énumèrent les différents crimes et délits des fonctionnaires publics dans l'exercice de leurs fonctions ; ils sont rangés en trois classes principales, savoir : la *forfaiture*, la *concussion*, la *corruption des fonctionnaires publics* et les *a b u s d' a u t o r i t é*.

PRÉVENANCE, suite de surprises aimables qui tendent toutes à la satisfaction de ceux qui nous entourent, et leur procurent un bonheur de tous les instants. On peut avoir une grande générosité de sentiments, une libéralité sans bornes, un désir continuel d'être utile, et cependant manquer de *prévenances*. C'est un point sur lequel les hommes se trouvent en défaut, et que ne leur donne pas toujours l'habitude du monde ; il inculque seulement le tact des convenances. Les inquiétudes d'esprit causées par les affaires, l'attention exclusive exigée par la culture des lettres et des sciences, absorbent si complètement la pensée qu'elle n'aperçoit plus les détails de la vie : or, voilà précisément où s'exercent avec délices les prévenances. A bien dire, elles constituent une qualité, ou, si l'on aime mieux, un charme particulier aux femmes, et qui devient chez elles une séduction irrésistible. Cependant, si l'on veut que les prévenances acquièrent leur véritable développement, il faut dès l'enfance en faire un des points principaux de l'éducation. En effet, une mère enseigne jour par jour à sa fille avec quelle délicatesse on sème dans la société cette foule de prévenances qui, en dépit de l'inégalité des fortunes, assurent à tous leur part de considération. Les jeunes filles élevées dans les pensionnats ignorent l'art des prévenances ; elles ont trop à veiller sur leurs petits intérêts pour songer à ceux des autres. La société où elles entrent plus tard les améliore et les réforme. Les grandes crises révèlent tout à coup aux femmes du petit peuple les prévenances du cœur, qui soutiennent et consolent ceux qui souffrent : elles savent en une minute ce qu'il a fallu pendant tant d'années montrer à d'autres. SAINT-PROSPER.

PRÉVENTION. C'est d'ordinaire une certaine préoccupation d'esprit qui ne permet pas ou d'apprécier les choses sous leur véritable point de vue, ou de les juger avec impartialité ; c'est une opinion favorable ou défavorable, qui s'empare de vous, et avant examen. Les *préventions* sont surtout à redouter quand elles viennent assaillir l'esprit du magistrat et lui enlever ainsi l'indépendance et la liberté de son jugement.

En droit, *prévention* exprime l'état d'un homme renvoyé par une ordonnance de la chambre du conseil soit devant le tribunal de police correctionnelle, à raison d'un délit, soit devant la chambre des mises en accusation, à raison d'un crime. L'individu qui se trouve dans cet état se nomme *prévenu.*   GUILLEMETEAU.

La *détention préventive* trop souvent se prolonge bien au delà du temps qui formera la durée de la condamnation définitive, et les plaintes les mieux fondées se sont élevées sur les abus auxquels elle peut donner lieu. Par exemple, le juge qui, après avoir décerné un mandat de dépôt contre un prévenu, ne pouvait, mieux informé, ordonner son élargissement; cette mesure ne devant résulter que d'une ordonnance de la chambre du conseil.

La mise en liberté sous caution n'était pas un remède suffisant de cette injustice. Une loi votée par le corps législatif dans sa session de 1855, et promulguée au mois d'avril de la même année, a modifié l'article 64 du Code d'Instruction criminelle et donné en partie satisfaction à l'opinion publique sur ce point en réduisant le nombre et la durée des détentions préventives. S'il arrive que les indices qui avaient déterminé le juge à faire arrêter un individu s'affaiblissent, et si la présomption d'innocence finit par prévaloir sur celle de la culpabilité; si le caractère du fait incriminé s'atténue, et qu'au lieu d'un crime la justice n'ait à punir qu'un délit; enfin si la position sociale de l'inculpé, ses intérêts et ses liens de famille offrent une garantie suffisante pour qu'il ne songe pas à se soustraire par la fuite à la peine légère qui peut l'atteindre, le juge peut dans le cours de l'instruction, sur les conclusions conformes du procureur impérial, donner main-levée de tout mandat de dépôt, à la charge par le prévenu de se représenter à tous les actes de la procédure et pour l'exécution du jugement aussitôt qu'il en sera requis.

PRÉVENU. *Voyez* ACCUSÉ.

PRÉVILLE (PIERRE-LOUIS DUBUS, plus connu sous le nom de), comédien sans modèle, sans rival, sans imitateur, qui fit longtemps les délices de la capitale et l'honneur de la scène française. Né à Paris, en 1721, de parents pauvres, destiné d'abord à l'église, et faisant son noviciat religieux comme enfant de chœur, il quitta la paroisse où on l'avait placé, est ramené chez ses parents et mis chez un procureur, dont il fuit l'étude pour se jeter dans une troupe de comédiens ambulants, où, pour faire perdre sa trace, il prend le nom de *Préville.* Ses compagnons dramatiques le conduisent à Dijon, Rouen, Strasbourg, et, enfin, à la direction du théâtre de Lyon. C'est là qu'un auditoire beaucoup meilleur que celui qui l'avait précédemment applaudi parvint à le corriger de quelques légers défauts dont étaient entachés ses talents, déjà remarquables, et qu'il jeta les fondements d'une réputation qui engagea les premiers gentilshommes de la chambre, alors chefs supérieurs des spectacles, à l'appeler à Paris pour l'y faire débuter : ce qui eut lieu vers la fin de 1753. Les circonstances étaient critiques. Poisson, si vivement applaudi, venait de mourir; Armand, sans le remplacer entièrement, consolait un peu les amateurs du théâtre d'une perte considérée comme irréparable : il fallait lutter à la fois contre le souvenir d'un grand talent et l'opinion favorable attachée à celui de son successeur. Préville triompha de tant d'obstacles, et effaça tout ce que jusque alors on avait connu. Émule de l'acteur anglais Garrick, celui-ci vint le voir, se lia intimement avec lui, et ils luttèrent dans les scènes comiques improvisées, études précieuses pour tous deux. Mais Préville, après avoir, durant vingt-trois ans, enchanté Paris et les étrangers qui visitèrent cette brillante capitale, quitta le théâtre en 1786, ainsi que son épouse, actrice remarquable dans les rôles de mère noble, qu'elle remplissait avec autant d'esprit et de grâce que de dignité. Il vivait heureux au sein de sa famille, du produit de sa pension de retraite, de quelques rentes, fruit de ses économies sur son traitement, et de ce que ses voyages dans les provinces lui avaient fait gagner. Il céda pourtant aux désirs de ses anciens camarades, et reparut encore sur la scène en 1791, ce qui attira de nouveau un public qui commençait à déserter le théâtre. Mais les excès de la révolution le rejetèrent dans son asile chéri, et la dépréciation des assignats l'ayant ruiné, les Comédiens Français, sortis de prison, donnèrent une représentation à son profit : pour la rendre plus fructueuse, ils l'engagèrent à y jouer lui-même dans le rôle du *Mercure galant;* et elle eut lieu le 12 février 1795. C'était un effort au-dessus des forces de son âge; sa tête s'égara, et il n'eut plus guère de moments lucides jusqu'à sa mort, arrivée en 1799, deux ans après celle de son épouse.

« J'ai vu des acteurs naturels, mais froids, disait Picard; j'en ai vu d'autres pleins de chaleur, mais souvent outrés; Préville réunissait au naturel la chaleur, l'esprit, la grâce et la verve : jamais comédien n'est mieux entré dans la pensée de l'auteur. » En effet, toujours supérieur dans tous ses rôles, quelque divers qu'ils fussent, parce qu'il y était toujours vrai, on lui a vu jouer avec le même succès les rôles du *Mercure galant,* Figaro dans *Le Barbier de Séville,* le marquis de Clainville dans *La Gageure imprévue, Le Bourru bienfaisant* de Goldoni ; le père dans *Eugénie,* Antoine dans *Le Philosophe sans le savoir,* Freeport dans *L'Écossaise,* Michaud dans *La Partie de Chasse d'Henri IV.* Comique, spirituel, naïf, pathétique, selon la nature du caractère qu'il représentait, il faudrait, pour se faire aujourd'hui quelque idée de son talent, réunir par la pensée tout ce qu'on a connu de meilleur dans ces divers genres, et se dire encore : Préville, à lui seul, fut supérieur à chacun de ces talents réunis. Au reste, ce célèbre comédien, qui ne voulut jamais descendre dans la société au personnage de bouffon, vécut généralement estimé, et mourut regretté de tous ceux qui le connaissaient. Préville fut enterré à Beauvais, où le préfet (Cambry) fit élever un mausolée au grand acteur, dont les vertus privées égalèrent le haut talent.   Cte Armand D'ALLONVILLE.

PRÉVISION. S'il ne s'agissait ici que des calculs ordinaires de la *prévoyance humaine,* que des conjectures tirées de l'inspection des choses, il ne vaudrait pas la peine d'en traiter. Certes, le moindre laboureur prédit les changements de temps et, par ses intempéries, la stérilité ou la fertilité des récoltes; le médecin pronostique la naissance et le cours des maladies, le guerrier la fortune des combats, le politique les révolutions d'État : une réflexion attentive peut faire découvrir, jusqu'à certaines limites, les indices de l'avenir. Le peuple même devine parfois ce qui l'intéresse vivement. Notre âme est avide de pénétrer dans l'avenir par cette pente universelle du temps qui entraîne toutes choses. Le passé, n'existant plus, exclut l'espérance et la crainte, tandis que le futur amène chaque jour des biens et des maux. Mais pour s'élancer dans l'avenir il faut que l'esprit recule dans le passé, afin de s'instruire par l'expérience ou l'histoire. Les affaires humaines n'arrivent point inopinément; le temps passé en contenait les semences, qui se développent peu à peu; il se fait comme un déroulement des événements dans l'orbe de la destinée. Le temps retournant sans cesse, avec les astres, sur ses propres traces, autour du fuseau de la nécessité, comme s'exprime Platon, n'amène rien d'absolument nouveau. Ce qui est a déjà été et sera encore, par une révolution inévitable : car c'est par l'ignorance où nous sommes de ce qui était advenu jadis qu'une chose nous paraît neuve. Moins on sait, plus on s'étonne des nouveautés, et tout serait vieux pour quiconque saurait tout.

Tandis que le *pressentiment* se borne instinctivement à *sentir d'avance,* chez les êtres délicats, sensibles, comme les femmes, la *prévision* est une conjecture secrète ou spontanée qui appartient davantage à l'intelligence de l'homme, lequel vit surtout par le cerveau. Les prédictions les plus certaines, en effet, appartiennent au calcul, comme dans l'astronomie, qui prévoit les révolutions des astres, les périodes de leurs éclipses, etc. On a donc pensé que cette science rendait les esprits propres à dévoiler le cours des événements comme des temps : de là est né l'art illusoire de l'astrologie judiciaire et celui des horoscopes. C'est une tâche qu'on imposait encore, en 1740, à l'illustre Euler, à la cour de Russie.

Si nous pouvions pénétrer l'enchaînement des causes naturelles, nous trouverions dans chaque être les vestiges de ce qu'il fut et le germe de ses altérations subséquentes. Les parties de l'univers ont nécessairement une telle concaténation de causes et d'effets que chacune correspond plus ou moins avec toutes, sympathisent entre elles ou s'influencent réciproquement. Elles peuvent donc être l'indice l'une de l'autre. Ainsi, l'on peut saisir quelques fils des événements. Apollon lui-même, selon Carnéade, ne prononçait ses oracles que sur des choses soumises à cette fatalité, ou plutôt à cette sage Providence qui régit le monde. Si Dieu seul peut tout prévoir, c'est que tous les mouvements de cet univers se rapportent à ce premier mobile. C'est peut-être moins la vanité de l'art de conjecturer que notre propre incapacité qui rend fausses plusieurs de nos prévisions. Tacite entre en doute si les révolutions de l'état social ne sont pas déterminées par cette fatale nécessité ou par le hasard. Vico, Herder et d'autres philosophes modernes ont pu observer, après Montesquieu, que la vie des nations est soumise à des lois providentielles ou déterminées par leur constitution.

Parmi les événements douteux dont on ne peut nullement entrevoir l'issue, il peut arriver que l'homme les prenne tellement à cœur que son âme s'éclaire et pénètre quelquefois dans l'avenir. Caton, transporté de l'esprit de la république, prédit si bien à Pompée, selon Plutarque, tout ce qui devait lui arriver avec César, qu'on fut très-surpris, après l'événement, de la justesse de ses prédictions. Les mourants, dit-on encore, n'ayant plus d'autre intérêt que celui de la vérité, donnent de sages conseils aux vivants. L'on suppose que l'âme, quittant les organes, se concentre alors au cerveau, et brille, comme une lampe prête à s'éteindre, d'un éclat plus vif. Pourquoi des hommes d'un grand génie, César, Napoléon, croyaient-ils à une fatalité, à leur étoile? Sylla, surnommé *l'Heureux*, ne trouva jamais le sort plus favorable que là où il se confiait en lui seul. Au contraire, la tristesse, la crainte ou la défiance sont des présages de perte; la fortune délaisse, dit-on, quiconque ne s'abandonne pas tout en elle. Mais peut-être aussi la témérité parvient où la prudence ne saurait atteindre. Plusieurs hommes en effet n'ont dû leur fortune extraordinaire qu'à l'opinion qu'ils devaient y parvenir: cette persuasion les faisait redoubler d'audace ou d'efforts pour atteindre le faîte. Ajoutons que la fortune pousse souvent des individus à des démarches inconnues, comme à une sorte de destinée. Si elle résultait du pur hasard, elle ne s'attacherait point à persécuter comme à favoriser constamment les mêmes personnes.

Quand on voit un chétif insecte, une sphège (ou guêpe ichneumon), creuser des trous en terre ou dans du bois pour sa postérité, y déposer en chaque cellule un œuf avec une chenille ou une araignée blessée presque à mort d'un coup d'aiguillon, puis emprisonnée par une clôture, afin de servir d'aliment frais à la larve du sphège qui doit éclore de cet œuf, on ne peut qu'admirer la prévision instinctive dont la nature a doté cet hyménoptère. Que serait-ce donc si nous suivions l'immense détail de toutes les manœuvres de tant d'autres insectes pour la conservation de leur progéniture! Que dire surtout de l'industrie des oiseaux dans la construction de leurs nids et de plusieurs mammifères dans leurs retraites souterraines, leurs approvisionnements d'hiver, leur art de se garantir contre le froid, contre les embûches de leurs ennemis, etc.! C'est principalement dans les soins maternels pour assurer l'existence des petits qu'éclatent des prévisions inexplicables, parce qu'on ne saurait les attribuer à l'intelligence de ces animaux, qui opèrent machinalement et toujours avec le même degré de perfection, sans avoir été aucunement instruits, puisque la plupart naissent orphelins et après la mort de leurs parents, comme tous les insectes à métamorphose. Or, s'il y a prévision, à point nommé, des objets nécessaires à la vie du nouvel être; si tout est combiné d'avance parfaitement sans qu'on puisse attribuer une si haute divination à la science innée d'un scarabée ou d'un vermisseau, il faut bien en *accuser la providence de la nature*.

Allons plus loin. Les végétaux eux-mêmes avaient besoin de précautions prévoyantes pour assurer leur propagation. Indépendamment des moyens de dispersion de leurs semences, celles-ci sont plus ou moins protégées par des enveloppes qui les défendent contre les intempéries des saisons. De même, la nature garantit, sous les climats froids, les bourgeons à fruits contre l'humidité, par des écailles enduites de résine, lesquelles n'existent pas chez les arbres des pays chauds. Un duvet chaud, tel qu'un manteau, revêt, sur les hautes montagnes venteuses, la même plante qui végète nue et glabre dans les chaudes vallées. Il serait infini de réciter les merveilles de structure si savamment prédisposées pour assurer l'existence et la propagation de toutes les créatures.

J.-J. VIREY.

PRÉVOST D'EXILES (ANTOINE-FRANÇOIS, abbé), l'auteur de *Cléveland*, du *Doyen de Killerine* et de *Manon Lescaut*, naquit à Hesdin, dans l'Artois, le 1ᵉʳ avril 1697. Son père, procureur du roi au bailliage, avait cinq enfants. Antoine-François, qui était le second, sut pallier quelques écarts de jeunesse par des dispositions si brillantes que les jésuites de la ville crurent devoir tout mettre en œuvre pour l'attirer dans leur compagnie. Il y fut d'abord fervent novice. Puis, à seize ans, il prit, comme volontaire, du service dans l'armée; mais la rigueur de la discipline militaire s'accordant peu avec l'indépendance de son esprit, il retourna bientôt auprès de ses maîtres. A peine y fut-il rentré que le désir de la vie mondaine se réveille plus violemment dans son âme; il se lança de nouveau dans la carrière des armes, se brouilla avec sa famille, courtisa les femmes, et s'abandonna sans réserve à la vie libre et bruyante d'un jeune officier. Un violent amour trahi vint désenchanter son existence, et le *conduisit au tombeau*: c'est ainsi qu'il appelait l'ordre des bénédictins de Saint-Maur, où il alla s'ensevelir, à l'âge de vingt-deux ans. Élevé à la prêtrise par l'évêque d'Amiens, il se livra à l'enseignement avec un succès marqué. La ville d'Évreux demandait un prédicateur pour le carême; Prévost fut choisi, et ses sermons excitèrent une admiration générale, qui lui valut son entrée à l'abbaye de Saint-Germain-des-Prés, où il se trouvait bientôt l'élite de cette savante congrégation. Il partagea ses utiles travaux, et un volume du fameux recueil connu sous le nom de *Gallia Christiana* est presque en entier son ouvrage.

Cependant, ce cœur si vif était encore brûlant sous la cendre, et l'étude pouvait à peine en comprimer les énergiques battements. Au milieu de ses veilles laborieuses, le souvenir des voluptés du monde venait luire dans sa pensée, et alors il maudissait ses vœux indissolubles et les fougueuses révélations de son génie. Bientôt un léger mécontentement lui sert de prétexte; il quitte Saint-Germain-des-Prés, sa congrégation, son habit, et passe en Hollande en 1729. « Avant de le juger, dit M. Villemain, il faudrait savoir tout ce que cet homme, né tendre et passionné, avait souffert dans la sécheresse et les tracasseries du cloître, et combien il avait besoin de respirer l'air libre, au prix même du malheur et de la disgrâce publique. » Fixé à La Haye, où il publia les *Mémoires d'un homme de qualité*, son premier ouvrage, Prévost connut une jeune personne protestante, aussi remarquable par sa beauté que par ses malheurs, et leur liaison passa les bornes de la simple amitié. Sa conquête le suivit en Angleterre, où il entreprit un journal littéraire, *Le Pour et le Contre*, immense recueil, dans lequel se trouvent réunis la plus vaste érudition, l'esprit le plus pétillant, la plaisanterie la plus divertissante, et où il fit également paraître, en 1732, *Cléveland*, et son chef-d'œuvre, *Manon Lescaut*.

Quelque soin qu'il eût de ménager l'amour-propre des auteurs, les succès de Prévost lui avaient fait de nombreux ennemis dans sa patrie. Le plus acharné d'entre eux, un abbé Lenglet-Dufresnoy, le Zoïle de toutes les illustrations littéraires de l'époque, l'accablait de brocards au sujet de son aventure avec la jeune protestante : il prédisait qu'il irait à Constantinople se faire circoncire, et que de là il pourrait gagner le Japon pour y choisir sa religion, et y fixer enfin ses courses vagabondes. Las de lutter contre la haine active de ses détracteurs, Prévost sollicita son retour en France; et, grâce à la protection du prince de Conti et du cardinal de Boissy, il obtint la permission d'y paraître sous le costume ecclésiastique séculier. Le prince le nomma son aumônier et son secrétaire. Dans cette situation, plus indépendante et plus heureuse, il continua *Le Pour et le Contre*, et publia, en 1735, *Le Doyen de Killerine*. Mais cette tranquillité ne devait pas être durable. Compromis par un journaliste, dont la gazette déplut à la cour, il se vit obligé de fuir en Belgique. Il en revint bientôt, et dès son retour il entreprit, sur les instances du chancelier d'Aguesseau, sa grande collection de l'*Histoire générale des Voyages*, en partie traduite de l'anglais, en partie composée par lui avec le talent le plus remarquable, et qui laisse bien loin en arrière le fatras décousu de La Harpe. En même temps, il naturalisait chez nous les beaux romans de Richardson, *Paméla*, *Clarisse Harlowe*, *Grandisson*, dont Diderot le blâme à tort d'avoir élagué les détails qui faisaient longueur.

Le succès de ses ouvrages, la faveur des grands, le silence des passions, après une vie si orageuse, tout semblait promettre à l'abbé Prévost une vieillesse douce et paisible, lorsqu'un affreux accident vint lui ravir cette illusion dernière. C'était le 23 novembre 1763. En traversant à pied le bois de Chantilly pour se rendre à son ermitage de Saint-Firmin, il fut frappé d'une attaque soudaine d'apoplexie, et transporté chez un curé voisin, où la justice, appelée, selon l'usage, vint procéder à l'ouverture du prétendu cadavre. Au premier coup de scalpel, un cri terrible révèle l'existence de la victime, et glace d'horreur les assistants ; mais le coup mortel est porté, et l'infortuné Prévost expire à l'instant même.

PRÉVOT, du latin *præpositus*, et, par abréviation *præpostus*. Ce titre était donné, sous l'ancien régime, à certains officiers investis pour la plupart de fonctions judiciaires.

Nous consacrons des articles spéciaux au prévôt de Paris et au prévôt des marchands.

Le *prévôt de la connétablie*, qu'on appelle aussi *prévôt de l'armée*, était un oficier général, juge suprême de tous les délits commis par les militaires. Les régiments des gardes de la maison militaire du roi n'étaient pas sous sa juridiction. Les gardes françaises avaient leur prévôt particulier, sous le titre de *prévôt des bandes* ou *prévôt de l'infanterie française*. Celui des régiments suisses au service de France s'appelait tout simplement *prévôt des bandes suisses*.

Le *prévôt de l'hôtel* fut institué par Philippe le Long pour connaître de tous les délits commis dans la maison du roi. Il s'appelait dans l'origine *roi des ribauds*. Il prit sous Charles VI le titre de *grand-prévôt de France*. Ce magistrat d'épée jugeait en premier ressort toutes les causes civiles des personnes attachées à la cour, quels que fussent leur rang et leur emploi, et partout où se trouvait la cour, et sans appel, toutes les causes criminelles et de police. Un corps militaire spécial était chargé du service de sûreté et de l'exécution des ordres de cette juridiction, sous le nom de *compagnie de la prévôté de l'hôtel*. Il fut remplacé à la révolution par la gendarmerie.

La charge de grand-prévôt de l'armée, rétablie sous le premier et le second empire, a beaucoup d'analogie avec celle du grand-prévôt de France. *Voyez* POLICE MILITAIRE.

Le titre de *prévôt* figure dans un grand nombre de coutumes, même dans celles qui ont été rédigées depuis le quinzième siècle. Les prévôts, suivant Pasquier, furent au nombre des magistrats subrogés aux comtes comme juges en premier ressort. Ces nouveaux magistrats achetaient leur charge ou plutôt la prenaient à ferme ; et c'est ce que le même auteur appelle *prévôté à ferme*. Cette vénalité fut abolie sous Louis IX, et il n'y eut plus que des *prévôtés en garde*, c'est-à-dire électives et temporaires ; mais elles furent remises aux enchères sous le roi Jean et pour fournir aux frais de sa rançon. Les adjudicataires du produit des amendes, des frais de justice, des épaves, etc., s'appelaient *prévôts fermiers*. Les agents préposés par les seigneurs pour la perception des rentes et de tous les revenus de la fiscalité féodale s'appelaient aussi prévôts. Des prévôts étaient chargés de la direction des revenus des cités et des provinces.

Les *prévôts des maréchaux* avaient été établis pour juger en dernier ressort les vagabonds et gens sans aveu, et les accusés antérieurement condamnés à une peine corporelle, au bannissement ou à l'amende honorable ; les gens de guerre, soit dans une marche, soit dans les lieux d'étape et de séjour ; les vols commis sur les grands chemins, les séditions, attroupements et assemblées illicites, la fabrication ou émission de fausse monnaie, la désertion et les enrôlements faits sans permission royale. Les ecclésiastiques et les nobles n'étaient point justiciables des prévôts, à moins, quant à ces derniers, qu'ils n'eussent été déjà condamnés à une peine corporelle. Les prévôts des maréchaux prenaient le titre d'*écuyers conseillers du roi*. Ils siégeaient aux présidiaux après le lieutenant criminel.

Le *prévôt de l'Ile* n'était que le délégué ou le représentant du prévôt des maréchaux de France dans ce qu'on appelait l'*Ile de France*. Il jugeait les causes appelées *prévôtales* conjointement avec les magistrats du présidial de Paris (le Châtelet), comme les autres prévôts des maréchaux avec les présidiaux des provinces.

Le *prévôt général de la marine* était un officier chargé d'instruire les procès des gens de mer accusés de crime, et d'en faire le rapport au conseil de guerre.

Dans quelques chapitres ecclésiastiques les premiers dignitaires portaient le nom de *prévôts*, et administraient les biens de la communauté. Beaucoup de bénéfices, surtout dans l'ordre des bénédictins, étaient appelés *prévôtés*.

La communauté des chirurgiens avait aussi pour chef des *prévôts* placés à Paris sous les ordres du *prévôt perpétuel*.

La dénomination de *prévôt de salle* s'applique encore aujourd'hui, surtout dans les régiments, à celui qui donne des leçons sous un maître d'armes, ou au maître d'armes lui-même. DUFEY (de l'Yonne).

PRÉVÔTALES (Cours). Ces juridictions exceptionnelles ont été instituées avec des attributions différentes sous l'empire et la restauration. Les premières avaient été établies par un décret impérial du 8 octobre 1810, sous le titre de *cours prévôtales des douanes*. Elles connaissaient de tous les crimes et délits de contrebande ; leur but était d'empêcher l'introduction des marchandises étrangères. Le ressort de chaque cour était déterminé, et les causes étaient portées en première instance devant des tribunaux spéciaux appelés *tribunaux des douanes*. Ces juridictions ont fini avec le régime impérial.

Les cours prévôtales sous la restauration étaient établies pour juger les crimes et délits politiques : c'était la contrepartie des anciens tribunaux révolutionnaires. Le projet de loi présenté par Clarke, duc de Feltre, ministre de la guerre, le 17 novembre 1815, à la chambre des députés, ne fut adopté qu'à la majorité de 142 voix contre 132, et à la chambre des pairs à la majorité de 120 voix contre 11. La charte de 1814 (art. 63), en déclarant le principe qu'il ne serait point créé de commissions et tribunaux extraordinaires, ajoutait : « Ne sont pas comprises sous cette dénomination les juridictions prévôtales, si leur rétablissement était jugé nécessaire. » Et ces redoutables tribunaux d'exception furent institués avec des attributions plus étendues, plus arbitraires, que les juridictions prévôtales de l'ancienne monarchie. Elles ne furent abrogées qu'après plusieurs années d'activité. DUFEY (de l'Yonne).

PRÉVÔT DE PARIS, magistrat d'épée, chef de la juridiction du Châtelet. Quelques auteurs font remonter jusqu'à Hugues Capet l'origine de cet office. Il est certain que les prévôts de Paris n'ont été subrogés aux anciens comtes et vicomtes qu'en 1032. Ils précédaient les baillis et les sénéchaux, et ne leur étaient point subordonnés : « C'est, dit Jean Le Coq, le premier dans la ville après le roi et messieurs du parlement qui représentent, le prince. » Il avait son sceau particulier ; sa signature imprimait un caractère d'authenticité aux actes de sa juridiction. Dans l'origine, il ne pouvait se faire remplacer par un lieutenant que dans le cas de maladie. Il commettait des auditeurs pour le rapport des affaires importantes, qu'il jugeait avec des conseillers choisis par lui conjointement avec le chancelier et quatre conseillers au parlement. Il portait la parole au nom du roi dans les causes soumises au parlement, et dans lesquelles le roi était intéressé. Il avait enfin le droit de convoquer le ban et l'arrière-ban, et de juger toutes les contestations relatives à ce sujet. Le prévôt de Paris devait être né dans cette ville. Plus tard, quoique ses prérogatives fussent moins étendues, il représentait encore le roi au Châtelet, était le premier juge ordinaire, civil et politique de Paris, et avait voix délibérative. Les jugements rendus en sa présence étaient ainsi formulés : « M. le prévôt de Paris dit.... Nous ordonnons, etc. » Il signait les délibérations de la compagnie à la chambre du conseil. Dans les séances du lit de justice, il se plaçait au-dessous du grand-chambellan, et siégeait au Châtelet sous un dais, comme représentant la personne du roi. C'était en France le seul magistrat qui eût cette prérogative. Chef de la noblesse de toute la prévôté et vicomté de Paris, il commandait à l'arrière-ban, sans être, comme les baillis et les sénéchaux, soumis aux gouverneurs. Il était partout accompagné de douze gardes, qu'on appelait *sergents de la douzaine* ou *hoquetons*, à raison de leur nombre et de leurs armes. Le prévôt de Paris portait l'habit court, le manteau, le collet, l'épée, et le chapeau orné de plumes. Il tenait un bâton de commandant couvert de toile d'argent ou de velours blanc. Il assistait au parlement lors de l'ouverture du rôle de Paris ; et après l'appel de la première cause il se couvrait. Il connaissait du privilège des bourgeois de Paris de faire arrêter leurs débiteurs forains, et passait pour le conservateur des priviléges de l'université. La cérémonie de son installation était une solennité ; elle se faisait par un président à mortier et quatre conseillers du parlement, etc. Il devait faire présent d'un cheval au président qui l'avait installé. Il avait trois lieutenants généraux, civil, criminel et de police ; deux lieutenants particuliers et un lieutenant *de robe courte*. L'agrandissement de la capitale et de sa population avait rendu nécessaire cette adjonction. La charge de prévôt de Paris ne restait jamais vacante. L'*intérim* était rempli par le procureur général. DUFEY (de l'Yonne).

PRÉVÔT DES MARCHANDS, premier magistrat municipal de Paris sous l'ancien régime. Duhaillan fixe à l'année 1190 l'institution de cette magistrature à Paris : « Sous le règne de Philippe-Auguste, dit Malingre dans ses *Annales*, la cité de Paris n'étoit point close du côté du Petit-Pont, tirant vers le mont de Sainte-Geneviève, et prévoyant que durant son absence (pour la croisade) quelques ennemis survenants la pourroient facilement prendre et la piller, il fit venir vers lui sept personnages choisis d'entre les plus notables bourgeois de la ville, auxquels ayant donné le gouvernement d'icelle, il les nomma échevins, et leur donna pour armoiries l'escu de gueules, à la navire d'argent, au chef d'azur semé de fleurs de lys d'or, pour montrer que Paris est la capitale. » Cette nouvelle magistrature remplaçait l'ancien *parlouer aux bourgeois*. Dix sergents étaient attachés au service du prévôt des marchands et des échevins. Six de ces agents subalternes continuèrent d'être appelés *sergents du parlouer aux bourgeois*, et les quatre autres, *sergents de la marchandise*. Le prévôt des marchands était élu tous les trois ans, le lendemain de la fête de l'Assomption, par les vingt-quatre conseillers municipaux, les quarteniers et les représentants des délégués des bourgeois de Paris. Le père et le fils, les deux frères, l'oncle et le neveu, les deux cousins germains, ne pouvaient être élus en même temps aux fonctions de prévôt des marchands et d'échevins. Les citoyens nés à Paris étaient seuls électeurs et éligibles. « Le prévôt des marchands et eschevins, dit Dubreuil, ont charge des fortifications et guets de la ville, de tenir la main à ce que les blés, vin, bois et charbon soient vendus à prix raisonnable ; à ce que les bourgeois ne soient foulés ni oppressés ; à avoir esgard qu'il ne se fasse par la ville monopole ni entreprise contre le roi et l'Estat... En assemblées, et processions générales et publiques, lesdicts magistrats sont revestus de robes mi-parties de rouge et tanné (brun foncé). La robe du prévôt est de satin, celle des eschevins de drap. » Cette magistrature avait de grands priviléges, accordés par Charles V, Charles VI et Louis XI. Ces priviléges furent encore augmentés par Henri III. Des lettres patentes de janvier 1577 anoblirent les prévôts, les échevins et leurs enfants. Le prévôt eut le titre de chevalier, le privilége d'avoir ses causes commises aux requêtes du palais, comme commensal de la maison du roi. Le prévôt des marchands ne haranguait le roi qu'à genoux. Il présidait le bureau de la ville, assisté des échevins, jugeait toutes les causes de commerce pour les marchandises expédiées par eau, celles des officiers de la ville pour fait de leur charge, les procès des marchands et des commis, les contestations relatives aux rentes sur l'hôtel de ville ; il fixait le prix des marchandises arrivées dans les ports ; il avait la police de la navigation de la Seine en aval et en amont. Il ordonnançait toutes les dépenses relatives aux constructions, entretien des ponts, fontaines, remparts, et de tous les édifices ; il réglait les cérémonies publiques, et tenait ses audiences à l'hôtel de ville quatre fois par semaine. Ses sentences ressortissaient directement au parlement. Par la suite beaucoup de ses attributions furent conférées au *lieutenant général de police*.

Lyon était la seule ville de France dont le chef de l'administration communale portât également ce titre. Le prévôt des marchands de Lyon avait été institué par un édit d'Henri IV, de décembre 1595. Le roi nommait à cette magistrature ; mais ce choix devait être confirmé par une assemblée spéciale des citoyens de Lyon, convoquée de droit le 21 décembre, jour de Saint-Thomas.
DUFEY (de l'Yonne).

PRÉVOYANCE, qualité qui met l'homme en garde contre les périls qui peuvent l'assaillir, soit dans le présent, soit dans l'avenir. Aux époques de paix, de tranquillité et de plaisir, lorsque tout paraît stable, la prévoyance occupe une très-petite place dans la pensée ; on s'abandonne au courant de la vie, on compte sur un présent qui ne changera pas. Dans les temps de troubles, où l'on voit passer subitement de la fortune la plus prodigieuse à une détresse qui ne laisse pas de pain, une inquiétude générale pénètre dans la société ; alors la prévoyance devient infinie, elle dépasse les limites de la raison : on sacrifie les agréments, les jouissances, les besoins du présent pour un avenir qui ne se réalisera jamais ; l'individualité s'empare de tous les esprits, et bientôt il n'y a plus ni citoyens ni État. La prévoyance, pour être une vertu, doit donc se tenir dans une certaine mesure : elle ne doit pas oublier ses devoirs pour songer exclusivement à ses intérêts.

Les femmes dont les mœurs se montrent régulières sont douées en général d'une grande prévoyance ; celles au contraire qui s'abandonnent à la galanterie sont prodigues et dépensières : elles apportent tout à la fois la ruine et le déshonneur.

Ce qui distingue l'homme civilisé du sauvage, c'est que l'un embrasse par sa prévoyance les générations les plus éloignées, tandis que l'autre oublie les différentes heures qui composent la journée.
SAINT-PROSPER.

PRIAM, fils de Laomédon, fut fait prisonnier par Hercule, lorsque ce demi-dieu s'empara de Troie. Le héros ayant permis à Hésione de racheter un des captifs, celle-ci rendit la liberté à son frère Priam, qui s'appelait auparavant *Podarcès*. A la mort de Laomédon, Hercule le plaça sur le trône de son père. La première épouse de Priam fut Arisba, fille de Mérops; de cette femme il eut Esacus. Hécube, sa seconde épouse, lui donna dix-neuf fils et douze filles; il eut encore d'autres enfants, d'une union antérieure avec Laothée, fille d'Altès. Enfin, le nombre total de ses enfants était de cinquante. L'histoire de la jeunesse de Priam est vague, incertaine : il semble que la vérité s'est perdue sous les surcharges successives des écrivains de l'antiquité. Mais le voilà vieux, et les Grecs sont devant Troie : dès lors tout est clair, animé, brillant comme la parole d'Homère. Priam, aux cheveux blancs, est une des plus graves, des plus nobles créations de l'*Iliade* : il intéresse au plus haut degré. Tant de sagesse, de bonté, une telle puissance, une telle famille, sont impuissantes contre la lance d'Achille et la volonté des dieux irrités. Priam, du haut de la tour de Scée, apprend d'Hélène le nom des guerriers qui vont assaillir la cité troyenne : c'est là sans contredit la plus belle et la plus poétique exposition qui ait jamais été faite. C'est sur cette tour qu'Idée vient le trouver pour le prévenir du combat singulier qui va avoir lieu entre Pâris et Ménélas, combat dont Hélène doit être le prix. Enfin, après les succès remportés par Hector durant la retraite d'Achille, succès dont Priam eut toujours la sagesse de se méfier, le vieillard vit tous ses enfants périr tour à tour, et Hector lui-même, le grand Hector, tomber sous les remparts de Troie. La douleur de Priam, le désespoir d'Andromaque, forment un admirable tableau. Mais pendant que le vieux roi souille sa chevelure d'argent, Iris, messagère des dieux, vient lui ordonner de se rendre dans la tente d'Achille, pour racheter les précieux restes de son noble fils. Le vénérable vieillard part sous la garde des dieux et du malheur; il baise la main terrible du fils de Pélée, cette main toute rouge encore du sang des fils d'Hécube. Achille accueillit les paroles suppliantes et les dons de Priam, et lui rendit le cadavre d'Hector, que le malheureux père fit ensevelir. A la prise de Troie, Priam surpris voulut recouvrir ses vieux membres du poids d'une armure pour mourir comme ses fils; mais à la prière d'Hécube, il se réfugia au pied de l'autel de Jupiter. Lorsque Pyrrhus frappa son fils Politès, le vieillard désolé lança son faible javelot contre le guerrier grec : alors celui-ci saisit le malheureux père, le traîna par ses cheveux blancs jusqu'au vestibule du palais, et l'égorgea sans pitié. Servius prétend toutefois que Pyrrhus le sacrifia aux mânes d'Achille, sur le tombeau d'Achille même.
A. GENEVAY.

PRIAPE. La Fable dit que Priape était fils de Bacchus et de Vénus, les dieux les plus sensuels du culte grec. Junon, en haine de la mère des amours, donna des formes monstrueuses à Priape. Vénus, indignée de la difformité de son fils, l'éloigna d'elle, et le fit élever à Lampsaque, d'où les maris furieux l'expulsèrent. Mais une maladie violente ayant attaquée la ville, les habitants, effrayés, rappelèrent dans le sein de la cité le fils de Vénus : il devint l'objet de l'adoration publique. La puissance féconde de l'enfant de Bacchus le fit préposer à la garde et à la fructification des jardins. On le représentait le plus généralement sous la forme d'un Terme, avec des cornes de bouc, des oreilles de chèvre et une couronne de feuilles de vigne. D'autres fois, personnification plus ardente de la puissance créatrice, il se voyait l'objet d'un culte bien naïf des passions les plus désordonnées. Les jeunes filles épanchaient sur son autel du vin, du lait et de l'orge grillé. Au printemps, on couronnait son image de roses, d'épis en été, de pampres en automne, d'olivier en hiver. La Grèce célébrait ses grandes fêtes tous les trois ans.
A. GENEVAY.

PRIAPÉE, en latin *Priapeia* ou *Poetarum veterum in Priapum Lusus*. On appelle ainsi une collection de poèmes épigrammatiques dont Priape est le sujet ; productions où le plus souvent beaucoup de finesse d'esprit est jointe à une remarquable habileté dans la forme, mais trop souvent aussi dégénérant en peintures licencieuses et en jeux de mots obscènes. Elles ne proviennent pas toutes au reste du même auteur, mais appartiennent à des poètes et à des siècles différents. Peut-être Ovide, Virgile et Catulle ont-ils eux-mêmes commis quelques-uns de ces vers, enfants d'une gaieté par trop libre. Les meilleurs choix qu'on en possède sont ceux de l'Anthologie latine de Burmann et de Meyer.

PRIAPE MARIN. *Voyez* HOLOTHURIE.

PRICE (RICHARD), économiste anglais, naquit à Tynton (comté de Glamorgan), le 23 février 1723. Après avoir étudié les mathématiques, la philosophie et la théologie, il devint chapelain d'un particulier. En 1757 ou 1758, il publia une *Revue des principales questions et difficultés en morale*, qui lui valut quelque réputation comme métaphysicien. Quelques années après, le marquis de Lansdowne se l'attacha en qualité de secrétaire lorsqu'il devint ministre. Price se mit à étudier les questions politiques et économiques, sur lesquelles il publia ensuite de nombreux ouvrages; et comme ministre dissident, il aborda des sujets de cette nature dans ses prédications, ce qui fit affluer les auditeurs autour de sa chaire : mais ses opinions lui attirèrent de nombreuses discussions. Il mourut le 19 mars 1791. On a de lui des *Observations sur les tontines, annuités, etc.*; un *Appel au public au sujet de la dette nationale*, où il exposait le système d'un fonds d'amortissement propre à éteindre les dettes publiques. Cet écrit inspira à Pitt l'idée d'établir un tel fonds pour amortir la dette de l'Angleterre. Price écrivit encore un livre *Sur la liberté civile*, et un ouvrage (sa *Guerre d'Amérique, les dettes et les finances du Royaume-Uni*) où il concluait en faveur des Américains; enfin, un *Essai sur la Population de l'Angleterre depuis la révolution*.

PRIE-DIEU, meuble d'église, d'abbaye, d'oratoire et de chambre à coucher. C'est un pupitre à hauteur d'appui d'un homme agenouillé et au pied duquel est un degré où l'on fléchit les genoux. On montre encore à Versailles le *prie-dieu* de Louis XIV.

PRIÈRE. Pour bien définir la prière, il faut une pensée qui vienne du cœur. Vainement on dira que c'est l'acte par lequel on s'adresse à Dieu, si l'on ne sent pas qu'en se mettant en communication avec celui qui peut tout, on ne le fait jamais sans consolation. Un des plus beaux privilèges dont la grâce se soit réservés, un de ceux qui sont le plus dignes de lui, c'est de rester notre dernier, notre seul ami, quand le malheur nous enlève tous les autres. C'est alors que quelques paroles dites au *Bon Dieu*, à qui l'on confie sa peine, résonnent bien délicieusement à l'âme, et pénètrent le cœur qui bat sous les haillons du pauvre, sous le poids du fer rivé, dans le plus noir cachot. La prière peut être aussi une demande à titre de grâce.

Quand ils priaient les dieux, les Romains le faisaient dans un religieux et profond recueillement ; leur tête était voilée, afin qu'aucune *face ennemie* ne vînt les troubler dans cet acte pieux, et que toute l'attention de leur esprit fût exclusivement tendue vers le ciel. Leur main touchait l'autel, ils embrassaient les genoux des dieux, ils ne cessaient enfin d'être debout que lorsque la prière elle-même cessait, afin de donner un témoignage plus constant de leur respect pour la Divinité. Un profond recueillement se faisait aussi remarquer pendant les prières des Grecs. Ils les adressaient debout ou assis, et, en entrant dans le vestibule du temple, ils s'étaient purifiés avec l'eau lustrale.

Dans leur langage si poétiquement figuré, les anciens nous ont laissé des portraits parlants des prières : Hésiode les dit filles du père des dieux ; Homère nous les peint « boiteuses, ridées, à l'air rampant et humilié, marchant après l'injure, pour guérir les maux qu'elle a faits; car l'injure altière, se confiant en ses propres forces, et marchant d'un pas rapide, parcourt le monde et offense les hommes; les humbles prières viennent ensuite pour réparer les malheurs qu'elle a causés. Celui qui les écoute avec respect en recueille de grands secours : elles prêtent aussi l'oreille au récit de ses besoins, qu'elles exposent au grand Jupiter. Mais elles sont bientôt vengées par leur père et par l'injure du cœur intraitable et barbare qui les a rejetées. »

Théodore LE MOINE.

PRIESSNITZ (VINCENT), l'inventeur de l'hydrothérapie, naquit le 5 octobre 1799, à Græfenberg, dans la Silésie autrichienne. Son père, simple paysan, l'envoya à l'école de Freiwaldau, où il reçut l'éducation qui convenait à son état; et plus tard, il entreprit l'exploitation de la petite métairie paternelle. L'exemple d'un de ses voisins, à qui il arrivait quelquefois de guérir de légères blessures par le simple emploi de l'eau froide, et l'expérience de l'efficacité de ce remède qu'il eut lieu de faire sur lui-même par suite d'un coup de pied de cheval qu'il avait reçu, engagèrent Vincent Priessnitz, homme à qui on ne saurait refuser une intelligence des plus vives, à donner fréquemment des consultations aux habitants de la contrée environnante sur la manière de combattre toutes les maladies par l'eau froide; et diverses cures remarquablement heureuses, dues à l'emploi de ce remède souverain, ne tardèrent pas à répandre au loin la réputation de l'hydrothérapie et de son inventeur. Bien que poursuivi à diverses reprises par l'autorité pour exercice illégal de la médecine, Priessnitz trouva toujours dans l'innocuité de son remède un motif de complète justification. Consulté de plus en plus par des malades, il en vint peu à peu, à l'aide des modifications qu'il apporta à l'administration de sa panacée, de même que par les expériences que lui donna lieu de faire une clientèle toujours croissante, à se faire un système à l'égard des différents cas pour lesquels on venait auprès de lui en consultation. Ce fut en 1826 qu'on vit pour la première fois arriver des étrangers à Græfenberg. En 1829 le nombre des baigneurs y fut de 49, et jusqu'en 1837 il s'éleva au chiffre de 587. A partir de 1833 Priessnitz renonça d'ailleurs complètement à son exploitation agricole pour se consacrer exclusivement à sa vocation médicale et à la surveillance des établissements qu'il avait créés pour recevoir et traiter les malades qui venaient à lui, et dont plus tard le chiffre s'éleva à plus de 1,000 par an. Il est mort le 28 novembre 1851, laissant son établissement à son gendre.

Les jugements émis au sujet du caractère de Vincent Priessnitz et de sa doctrine varient beaucoup. Ce qu'il y a d'incontestable, c'est que les critiques qu'on en a faites n'ont pas toujours été exemptes de passion. Il n'a jamais rien écrit. Ce n'est pas lui non plus qui correspondait avec les malades, mais son secrétaire; et il observait en général à l'égard de son système le silence le plus prudent.

PRIESTLEY (JOSEPH), célèbre théologien, philosophe, chimiste et physicien anglais, né le 18 mars 1733, à Fieldhead, près de Leeds, étudia la théologie, et devint ministre des sociniens de Leeds. Comme théologien, il ne tarda point à avoir des démêlés avec Read, Beattie, etc., à propos surtout de ses écrits intitulés : *Examination of the Doctrine of common Sense* (Londres, 1775); *Disquisition on Matter and Spirit* (1777); *The Doctrine of philosophical Necessity illustrated* (1777), *History of the Corruption of Christianity* (1782), où il représentait les vibrations des nerfs cérébraux comme les causes matérielles de la sensation et de la pensée, où il déclarait que l'Église est l'ennemie de la vérité, et défendait la doctrine de la nécessité, etc. L'Angleterre était de tous les pays du monde le plus défavorable à des recherches de cette nature : aussi, tout en rendant aux ouvrages de Priestley sur la physique ou la chimie, tels que son *History and present State of Electricity* (Londres, 1767), son *History and present State of Discoveries relating to Vision, light and colours* (1772), ses *Observations on different Kinds of Air* (1772), toute la justice qu'ils méritaient, on ne voulait à aucun prix tolérer ce qu'on y croyait contraire à la religion. En 1780 il fut pourtant appelé à Birmingham pour y remplir les fonctions de ministre d'une commune de dissidents. Toutefois, les censures solennelles dont le clergé frappa ses ouvrages le mirent en mauvais renom, et en publiant ses *Familiar Letters adressed to the Inhabitants of Birmingham in refutation of several charges* (1790), il ne réussit pas à faire revenir l'opinion de ses préventions à son égard. A un anniversaire de la prise de la Bastille, la colère de la populace de Birmingham, ameutée contre lui, éclata avec une telle frénésie, qu'on incendia sa maison. Sa bibliothèque, ses instruments et ses collections scientifiques devinrent la proie des flammes, et lui-même n'échappa qu'à grand'peine aux furieux qui en voulaient à sa vie. Trois ans plus tard, fatigué des persécutions auxquelles il était en butte en Angleterre, il s'embarqua pour les États-Unis, où il se fixa d'abord à Northumberland, en Pennsylvanie, puis à Philadelphie. Le président Jefferson lui témoigna de la bienveillance et de l'amitié. Il mourut le 6 février 1804.

L'activité littéraire et scientifique de Priestley fut vraiment merveilleuse. Ses ouvrages ne se bornent pas aux matières que nous avons indiquées plus haut, et embrassent en outre l'éducation, la rhétorique, la grammaire, l'histoire, la politique, etc. La chimie lui doit bon nombre de ses plus importantes découvertes. En théologie, malgré la liberté de ses opinions, il combattit l'ennemi de l'incrédulité, qu'il combattit dans divers écrits, par exemple dans ses *Institutes of natural and revealed Religion*. Consultez *Memoirs of Joseph Priestley* (Londres, 1806).

PRIEUR (du latin *prior*), celui ou celle qui dirige un couvent de moines et de religieuses. On distinguait les prieurs en *claustraux* et en *conventuels* : les premiers avaient l'autorité temporelle et spirituelle dans le cloître; ils ne dépendaient point de l'abbé; les seconds, au contraire, étaient sous les ordres de ce dignitaire. Mais les prieurs claustraux rendaient compte tous les ans du revenu de l'abbaye, sur lequel ils prélevaient les sommes nécessaires pour l'entretien des desservants. Cette distinction en claustraux et conventuels ne fut établie qu'au commencement du quatrième siècle.

Les monastères importants par le nombre des moines ou des religieux, ou par l'étendue de leur domaine et de leur juridiction, avaient sous les ordres immédiats du prieur un *sous-prieur*.

Le *prieur du peuple romain* était un magistrat municipal temporaire, nommé par le pape chaque trimestre : ses attributions se bornaient au régime intérieur de la cité.

Avant la réunion de Sienne au grand-duché de Toscane, ce pays formait une des républiques italiennes, et était gouverné par neuf magistrats appelés *prieurs*.

Les présidents de plusieurs tribunaux de commerce ou consulaires, notamment ceux de Toulouse et de Montpellier, prenaient aussi autrefois le titre de *prieur*.

En Sorbonne, on appelait *prieur* un bachelier en licence, que la maison et société de Sorbonne choisissait chaque année parmi ses membres. On lui portait tous les soirs les clefs de la maison. Il présidait aux assemblées des docteurs et des bacheliers qui y demeuraient. Il ouvrait le cours des thèses dites *sorbonniques* par un discours latin, et chaque thèse de cette nature par une courte allocution et quelques vers en l'honneur du bachelier; dans les repas donnés par les nouveaux admis au baccalauréat ou au doctorat, il devait aussi présenter des vers. Il précédait tout le corps des licenciés dans les cérémonies intérieures et les processions; mais cette préséance était souvent contestée par le doyen des bacheliers.

DUFEY (de l'Yonne).

PRIEUR (Grand-). *Voyez* GRAND-PRIEUR.

PRIEURAL, qui appartient au titre ou au régime d'un prieur ou d'un prieuré. Les églises dont le clergé se composait d'un prieur et de prêtres réguliers ou séculiers du même

ordre ajoutaient à leur qualification d'église *paroissiale* celle d'église *prieurale*.
Dufey (de l'Yonne).

PRIEURÉ. L'origine des prieurés remonte au temps où le clergé régulier, riche des libéralités des fidèles, déléguait dans les domaines éloignés des religieux ou chanoines réguliers pour régir le temporel et y célébrer l'office divin dans une chapelle domestique. Ces délégués étaient qualifiés *prieurs* ou *prévôts*, et les chapelles qu'ils desservaient *prieurés* et *prévôtés*. L'abbé du monastère changeait à son gré les prieurs et les religieux. Mais vers la fin du troisième siècle les abbés qui avaient donné à vie des prieurés ne purent empêcher les titulaires institués par eux d'expulser les autres religieux, et de rester seuls maîtres du domaine et de la chapelle. Ainsi fut formée la distinction des *prieurés conventuels* et des *prieurés simples*. On comptait dans l'ancienne France beaucoup de prieurés qui n'étaient que des bénéfices sans charge d'âmes ; leur titulaire n'était pas soumis à la résidence, et on ne lui imposait d'autres conditions que d'être tonsuré et de lire le bréviaire.
Dufey (de l'Yonne).

PRIKASE. *Voyez* Oukase.

PRIMAIRES (Écoles). *Voyez* Écoles Primaires.

PRIMAT (du latin *primatus*, premier rang, primauté), prélat dont la juridiction est considérée comme étant au-dessus de celle des archevêques. Dans la primitive Église d'Occident, tous les métropolitains avaient le titre de *primat*. Ce titre dans les siècles suivants fut réservé à quelques sièges, et devint le premier dans la hiérarchie épiscopale. Les primats se placèrent au-dessus des métropolitains. Quelques prélats des grandes cités s'arrogèrent eux-mêmes le titre et les attributions de *primat*; d'autres les reçurent des papes. L'évêque d'Arles fut le premier décoré de ce titre par le souverain pontife. Depuis, il fut conféré à l'archevêque de Reims par Zozime et Adrien Ier, à celui de Sens par Jean VIII, et à celui de Lyon par Grégoire VII, qui lui donna la juridiction supérieure des quatre Lyonnaises. L'Aquitaine ayant été partagée en deux provinces, Bourges devint la capitale de la première, et l'archevêque de cette ville prit le titre de *primat des Aquitaines*. La Gaule Lyonnaise, qui comprenait toute l'ancienne Gaule Celtique, fut divisée en *première* et *seconde* Lyonnaise : la première eut pour métropole Lyon, la seconde Rouen ; celle-ci subit une nouvelle transformation, et fut partagée en deux métropoles, Sens et Tours. L'archevêque de Lyon n'en prétendit pas moins conserver sa suprématie sur toutes ces métropoles; mais elle lui fut toujours contestée par les archevêques de Sens et de Tours. En 1851 le pape reconnut pourtant le titre de *primat des Gaules* à l'archevêque de Lyon. L'archevêque de Rouen prenait le titre de *primat de Normandie*; et à l'érection du siége de Paris en archevêché, en 1622, il fut stipulé que la nouvelle métropole serait soumise à la juridiction primatiale de Lyon. L'archevêque de Tolède se dit *primat d'Espagne*. L'archevêque de Cantorbéry est *primat d'Angleterre*.

L'archevêque de Gnesen était *primat* de toute la Pologne. Il était de droit légat du saint-siége, président du sénat ; il gouvernait l'État pendant l'interrègne ; il ne marchait qu'avec un nombreux cortége, et lorsqu'il se rendait chez le roi, celui-ci venait au-devant de lui. Il avait un maréchal du palais, un chancelier, une nombreuse garde à cheval. Le primat de Pologne prenait le titre d'*altesse* et de *prince*. Cette haute institution militaire et religieuse n'est plus qu'un souvenir historique.

Dans l'Église d'Orient, le mot grec *exarque* est la traduction de *primat*. Les anciens historiens donnent indistinctement le titre de *primat* et de *patriarche* aux chefs des diocèses. L'évêque de Carthage prenait le titre de *primat d'Afrique* : il était indépendant du patriarche d'Alexandrie.
Dufey (de l'Yonne).

PRIMATIAL, titre et dépendance des *primats*, siége *primatial*, autorité *primatiale*.

On nomme *primatie* la juridiction du primat, ou le chef-lieu de la circonscription territoriale sur laquelle s'étend son autorité.
Dufey (de l'Yonne).

PRIMATICE (François), *Francesco Primaticcio*, naquit à Bologne, en 1504, d'une famille noble. Il fut d'abord élève d'Innocenzio da Imola, qui excellait à contrefaire les ouvrages de Raphaël ; puis il étudia sous Bagnacavallo, disciple du grand maître. En 1526 il fit un voyage à Mantoue, et se mit sous la direction de Jules Romain, qui le payait plus que les autres jeunes gens employés par lui dans ses nombreux travaux. Il resta six ans à Mantoue ; mais il revint pendant quelque temps à Bologne, quand Charles-Quint s'y fit couronner, en 1530. En 1531 il vint à la cour de France avec la permission et la protection du duc de Mantoue. Il avait la réputation d'exceller dans l'art de peindre les stucs, genre de décoration dont François Ier désirait orner son château. Déjà l'artiste s'était fait admirer par les frises qu'il avait peintes sur stuc à Mantoue. Le peintre bolonais vit à Fontainebleau les bâtiments et les riches décorations de maître Roux, dit le *Rosso* : il vit surtout la grande galerie qu'il avait construite et ornée de peintures et de boiseries, et il en conçut une si violente jalousie que le roi prit le parti de les séparer. Il envoya Primatice en Italie, et le chargea de rechercher bon nombre de figures antiques et d'en faire l'acquisition. Après la mort de Roux, Primatice revint en France avec 125 statues antiques, quantité de bustes, et les creux de la colonne Trajane, du Laocoon, de la Vénus de Médicis, de la Cléopâtre, etc. La jalousie de Primatice contre Rosso ne s'éteignit point par la mort de celui-ci ; il fit abattre la galerie, excepté toutefois certaines parties, sous prétexte d'agrandir les appartements du roi. Il y représenta ensuite l'histoire d'Ulysse, travail qui l'occupa fort longtemps.

Après la mort de François Ier, Primatice fut conservé dans ses fonctions. Henri II l'employa au château d'Anet, à la décoration des appartements de Diane de Poitiers, et voulut qu'il fît les dessins du tombeau de son père. François II le nomma surintendant de ses bâtiments ; Charles IX lui conserva cette dignité, et Catherine de Médicis lui fit faire les dessins de la chapelle des Valois, et lui donna la conduite du tombeau du roi Henri II, son époux, qui est à Saint-Denis. Il fut également chargé du monument de l'église des Célestins destiné à contenir le cœur de Henri II. Enfin, il fit encore le modèle du monument qui devait renfermer le cœur de François II, destiné à la ville d'Orléans.

Après vingt ans de travaux, il obtint un congé, et partit pour sa patrie, où il demeura quelques années. Il était depuis peu de retour en France, lorsqu'il mourut à Paris, en 1570.

Quand il arriva à la cour de François Ier, ce prince le nomma abbé-commendataire de Saint-Martin de Troyes ; il fut ensuite fait prieur de Brétigny, conseiller et aumônier du roi, et commissaire général de tous les bâtiments du roi en France. Primatice vivait plus en courtisan qu'en peintre ; et comme il excellait dans la composition des fêtes, des tournois, des mascarades, des ballets et des comédies, il était continuellement employé par la cour, et s'occupait rarement de peinture. Aussi notre musée possède-t-il peu de ses ouvrages. D'ailleurs, il se montrait grand et généreux envers tous les artistes qui travaillaient sous ses ordres.

On remarquera que le faire de Primatice appartient plus à l'École florentine qu'à celle de la Lombardie, sa patrie. Son dessin est généralement peu correct, et toujours maniéré ; une imagination ardente et féconde lui a fait produire des sujets spirituels et gracieux. Dans ses tableaux comme dans ses dessins, la pose des femmes est incertaine, et leurs attitudes ont un laisser-aller qui inspire la volupté. Drapées, elles le sont légèrement et avec goût ; quant aux hommes, ils n'ont ni caractère ni énergie. Primatice et Rosso fondèrent une école connue sous le nom d'*école de Fontainebleau*, qui eut sur l'art français une grande influence jusqu'à l'époque de Poussin, de Le Brun et de Lesueur. Malheureusement la plus grande partie de ses travaux ont été détruits, et il n'existe plus comme peinture décorative du Primatice que la galerie de Henri II à Fontainebleau.

Ch^r Alexandre LENOIR.

PRIME (*Économie politique*). On appelle ainsi les encouragements accordés par l'État à certaines industries, au commerce ou à l'agriculture pour la fabrication, l'importation, l'exportation ou la culture de certains produits.

Les primes les plus importantes sont celles qui sont attachées à l'exportation de certaines marchandises. Quelquefois cette prime se déguise sous forme de d r a w b a c k ou de restitution de droit, lorsqu'elle s'élève au-dessus des sommes payées à l'entrée.

Les produits dont l'exportation donne lieu aux primes sont le sucre raffiné, les fils et tissus de laine, les fils et tissus de coton, les savons, le soufre, les acides, les meubles et feuilles d'acajou, le plomb, le cuivre, le laiton, les peaux apprêtées, les chapeaux de paille, d'écorce et de sparterie, les salaisons, les beurres salés.

Parmi les articles qui entrent pour la plus grande part dans les 26 à 27,000,000 de primes payés par l'administration des douanes, on remarque au premier rang le sucre raffiné pour 16,000,000, les fils et tissus de laine pour 7,560,000 fr., les fils et tissus de coton pour 1,700,000 fr., les savons pour 1,000,000.

Les primes sur les pêches de la baleine, du cachalot et de la morue ne sont pas des remboursements ni des compensations, mais de véritables récompenses attachées à des opérations commerciales qui présentent de nombreuses chances de dangers et de pertes, et qui servent en même temps à former des marins. Elles ont été augmentées de 50 pour 100 par le décret du 10 juin 1848. Les primes pour la pêche de la morue absorbent de 6 à 7,000,000.

Prime était autrefois un jeu de cartes fort en vogue. En termes d'escrime, *prime* désigne la première position qu'on prend au commencement d'un assaut.

PRIME (*Liturgie*). Voyez HEURES CANONIALES.

PRIME (*Bourse*), MARCHÉ A PRIME, RÉPONSE DES PRIMES. *Voyez* BOURSE (Opérations de).

PRIME D'ASSURANCE. *Voyez* ASSURANCE.

PRIMEUR s'applique au temps où commence à paraître chaque fruit, chaque légume; on dit : Nous sommes dans la *primeur* des petits pois, des cerises, des fraises, etc. Le mot *primeur* convient surtout aux fruits eux-mêmes et aux légumes qu'on obtient par des moyens artificiels, tels que les abris, les couches, les bâches, les serres chaudes, etc. Les asperges que l'on vend à la fin de février sont une *primeur*. Ne confondons pas les fruits *précoces* avec les *primeurs* : les fruits précoces viennent à maturité les premiers, seulement par leur nature, par le fait de la saison ; tandis que les primeurs ne sont telles que par le secours de l'art. Le jardinier qui les cultive avec succès est consommé dans l'observation : Il a dû, avant de tenter ses essais, constater exactement les conditions naturelles les plus favorables au développement des fruits ou des légumes qu'il a voulu mettre en *primeur*. Cette culture est de la plus haute importance, mais elle ne peut être pratiquée qu'aux environs des grandes villes ; car c'est là seulement qu'elle peut recevoir des encouragements convenables. Beaucoup de personnes proscrivent les primeurs, parce que, disent-elles, elles ne sont jamais aussi savoureuses que les fruits mûris naturellement. Nous comprendrions qu'un amateur mis au choix entre une primeur ou une production naturelle au même point pût préférer le produit de la nature ; mais la question ne se présente pas ainsi : celui qui cultive les primeurs fait au consommateur riche et gourmet cette question toute simple : Lequel des deux aimez-vous mieux, des laitues pommées en janvier, des melons parfumés en mai, des asperges d'un aspect admirable au 1er mars, ou rien du tout? La réponse n'est pas douteuse. Les primeurs sont donc réellement chose excellente ; et d'ailleurs celles qui n'égalent pas les fruits mûrs naturellement attendent un dernier perfectionnement de l'art. P. GAUBERT.

L'Algérie envoie maintenant en France des *primeurs* de toutes espèces. Dès le mois de janvier elle expédie à la métropole quelques légumes verts ; au mois d'avril elle expédie des cargaisons de petits pois, de têtes d'artichauts et d'autres légumes. D'abord ces envois s'arrêtaient à Marseille ; grâce aux chemins de fer, ils arrivent aujourd'hui à Paris.

PRIMEVÈRE, genre de plantes de la pentandrie-monogynie, de la famille des primulacées. Il contient une vingtaine d'espèces, dont quelques-unes, cultivées, ont donné de nombreuses variétés. Ses caractères botaniques sont : un calice persistant tubuleux ; une corolle tubuleuse, à cinq lobes, à orifice libre ; cinq étamines sans filet ; un style, un stygmate globuleux, une capsule uniloculaire, qui s'ouvre en dix dents au sommet.

La *primevère officinale* (*primula veris*, L.), à racines vivaces, fibreuses ; à feuilles toutes radicales, pétiolées, dentées, ridées, velues en dessous ; à tiges hautes de un à deux décimètres, et portant à leur sommet une ombelle de fleurs penchées, jaunes, croit en abondance dans quelques prés ; elle les embellit, au mois d'avril, de ses fleurs, qui exhalent une douce odeur de miel. Perfectionnée par la culture, cette plante est d'un bel effet dans les jardins paysagers, où on la multiplie par le déchirement des vieux pieds. Le cultivateur soigneux détruit la primevère dans ses prés, car les bestiaux ne la mangent pas ; elle occupe la place des bonnes herbes. La primevère fut douée par les anciens d'une merveilleuse efficacité contre l'agitation des nerfs, la céphalalgie, etc. Quelques médecins partagent encore cette opinion. Cette plante est connue de nos paysans sous les noms de *primerolle*, *broyette*, *coucou*, etc.

Nous cultivons encore dans les jardins deux espèces de primevère : la *primevère sans tige* ou *à grandes fleurs* (*primula acaulis*, L. ; *primula grandiflora*, Lam.), facile à distinguer par ses hampes uniflores, qui sortent immédiatement de la racine, et la *primevère oreille d'ours* (*primula auricula*, L.), dont les nombreuses variétés offrent les plus riches couleurs : toutes deux, comme la précédente, se plaisent dans une terre légère et substantielle.

P. GAUBERT.

PRIMICIER (en latin *primicerius*). C'était autrefois, à la cour de nos rois, le titre qu'on donnait à celui de leurs officiers, dont les fonctions répondaient à celles du *primicius officiorum*, ou chef des officiers domestiques de l'empereur. Lors de l'établissement des chapitres adjoints aux églises cathédrales, on appela indifféremment, et suivant les lieux, *primicier*, *doyen*, *prévôt* ou *abbé*, l'ecclésiastique chargé de la direction des clercs inférieurs. Dans l'ancienne Faculté de Droit de Paris, dont tous les actes étaient rédigés en latin, le doyen se qualifiait de *primicerius et comes*.

PRIMIDI. *Voyez* CALENDRIER RÉPUBLICAIN.

PRIMITIF (du latin *primus*) se dit lorsqu'il est question des différents états successifs d'un même être. Ce mot est plus significatif que *premier* ; il emporte avec lui l'idée de l'origine d'une chose ; c'est le *nec plus ultra* de l'ancienneté. Adam est tout à la fois le *premier* des hommes et l'homme *primitif* ; le *premier*, parce qu'il est à la tête de toutes les générations humaines ; *primitif*, parce que ceux qui sont venus après lui sont issus de lui. C'est pour la même raison que pour désigner les plus anciens temps du monde on dit assez fréquemment le monde *primitif*. Court de Gébelin a laissé un ouvrage intitulé : *Le Monde primitif, analysé et comparé avec le monde moderne*. Quoique le sarcastique Rivarol ait dit que cet ouvrage sollicite un abrégé dès la première page, il n'en est pas moins fort intéressant dans plusieurs parties ; et il est curieux de suivre l'auteur cherchant à faire connaître le monde *primitif* dans sa langue *primitive*, dans tous ses dialectes, dans ses hiéroglyphes, ses mythes, son histoire, etc.

Une langue *primitive* est celle qui a donné naissance à une foule d'autres idiomes. Les grammairiens distinguent dans les langues des mots *primitifs* et des mots *dérivés*

Par *mot primitif* on entend celui dont d'autres sont formés, ou dans la même langue, ou dans des langues différentes. On appelle aussi *mot primitif* celui qui n'est dérivé d'aucun autre, tels que ceux qui ont été formés par *onomatopée*.

L'innocence *primitive* peut se dire ou de l'état de l'âme avant la souillure du péché, ou, mieux encore, des mœurs des premiers siècles du monde, que la mythologie grecque a surnommés l'*âge d'or*.

Quand on parle de l'Église catholique au temps des Apôtres et de leurs premiers successeurs, on dit communément l'*Église primitive*.

On appelle *titre primitif* le premier acte constitutif de quelque établissement ou de quelques droits.

Les couleurs *primitives*, en physique, sont les sept couleurs principales dans lesquelles la lumière se décompose.
CHAMPAGNAC.

PRIMOGÉNITURE (du latin *primus*, premier, et *genitus*, participe de *gigno*, engendré). *Voyez* AINESSE (Droit d').

PRIMORDIAL (du latin *primordium*, commencement, origine, formé de *primum*, premier, et *ordiri*, ourdir, faire une trame) se dit de ce qui remonte à l'origine d'une chose. Un *titre primordial*, c'est le titre le premier en date, le titre original.

PRINCE, PRINCESSE. Prince, d'après son étymologie (*princeps*), signifie *qui est le premier en tête, le chef*. On donne le nom de princes à tous les souverains : cette qualification désigne le premier rang. Cependant, le titre de *prince* se trouve attaché à des dignités de différents degrés. On est *prince* d'une province, d'un canton qualifié de *principauté*. Prince n'est souvent qu'un titre d'honneur, sans autorité, comme on le retrouve dans plusieurs anciennes familles nobles de France, et dans quelques-unes qui datent du règne de Napoléon. Dans les grandes familles de France, les princes étaient les cadets de familles ducales (*voyez* DUC); dans la noblesse impériale, le titre de prince était supérieur à celui de duc. Les fils de nos souverains prennent aussi le titre de *princes*. Sous l'ancienne dynastie, il y avait les *princes du sang*.

Princesse, féminin de *prince*, est le titre de la femme qui épouse un prince, ou bien de la fille d'un souverain ou de quelque membre d'une famille souveraine. Il est aussi porté par les souverains de certains petits États.

Les *princes* de la légion romaine étaient des soldats pesamment armés, qui marchaient après les hastaires; ils commençaient par lancer leurs dards, et marchaient ensuite, l'épée à la main, contre l'ennemi.

Le *prince du sénat* à Rome était celui que le censeur nommait le premier, en lisant la liste des sénateurs. Ce titre était fort respecté; il restait à ceux à qui il avait été une fois décerné. La nomination de *prince du sénat* dépendait ordinairement du choix du censeur, qui, il est vrai, ne déférait cet honneur qu'à un ancien sénateur d'une sagesse et d'une probité reconnues et ayant exercé avec distinction les plus hautes charges de la république.

Dans les premiers siècles de l'Empire Romain, à commencer du règne d'Auguste, le titre de *prince de la jeunesse* était le premier apanage des jeunes césars que leur naissance appelait au trône.

Chez les anciens Hébreux, le mot *prince* signifiait assez souvent le principal ou le premier. Il y avait les *princes* des familles, des tribus, des maisons d'Israël; les *princes* des lévites, les *princes* du peuple, les *princes* des prêtres, les *princes* de la synagogue.

Souvent aussi *princes* s'entend des principaux officiers d'une armée, d'un royaume. Saint Pierre est le *prince* des Apôtres; les cardinaux sont les *princes* de l'Église. Satan est souvent appelé le *prince des ténèbres*. Prince, dans les arts comme dans les sciences, marque l'excellence, la supériorité. Ainsi, Platon peut être surnommé le *prince des philosophes*, Cicéron celui des orateurs, Virgile celui des poètes,

de même que Raphaël peut être appelé le *prince* des peintres, Mozart celui des musiciens, etc.

Princier sert à qualifier tout ce qui se rapporte à la dignité de prince : Un apanage *princier*, une maison *princière*, etc.
CHAMPAGNAC.

PRINCE (Grand-). *Voyez* GRAND-PRINCE.

PRINCE (Ile du), île de l'Afrique portugaise, dans le golfe de Guinée, au nord de Saint-Thomas. Sa longueur est évaluée à 30 kilomètres, sa largeur à 12, et sa population à 10,000 habitants; son sol est montagneux et fertile, son climat salubre.

PRINCE DE GALLES (Ile du). *Voyez* POULO-PINANG.

PRINCE ÉDOUARD (Ile du), autrefois *Saint-Jean*, île de l'Amérique anglaise, dans le golfe de Saint-Laurent. Sa superficie est évaluée à 563,183 hectares et sa population à 60,000 habitants. Son sol, plat et bien arrosé, est très-fertile. On y récolte des céréales, du lin, du chanvre. On y élève du bétail, des porcs; la pêche y est active. On y fait un certain commerce de bois.

L'île du prince Édouard forme un gouvernement colonial, à la tête duquel se trouve un lieutenant-gouverneur, assisté d'un conseil de neuf membres et d'une assemblée législative de dix-huit membres, nommés par la population. Il y a une cour suprême et des tribunaux qui procèdent avec le secours du jury. Le chef-lieu de l'île du prince Édouard porte le nom de *Charlotte-Town*.

PRINCE NOIR (Le). *Voyez* ÉDOUARD, prince de Galles.

PRINCES (Confédération des). *Voyez* CONFÉDÉRATION DES PRINCES.

PRINCES (Enlèvement des). *Voyez* KAUFUNGEN (Kunz de).

PRINCES DE L'EMPIRE. On appelait ainsi autrefois en Allemagne les membres de l'ordre des Princes. Cette dignité ne pouvait s'acquérir que par la possession réelle d'une des grandes charges de l'Empire, d'un duché ou d'un comté, et n'était prise que par les comtes palatins, les landgraves, les margraves et les burgraves. Ce n'est que postérieurement au règne de Rodolphe Ier, que les empereurs l'accordèrent comme simple titre honorifique et sans qu'aucune charge de l'Empire y fût attachée. Ces nominations étant devenues de plus en plus fréquentes à partir de la guerre de trente ans, puisqu'on en gratifia alors jusqu'à des étrangers (par exemple les Portia, les Piccolomini, etc.), il s'établit une différence essentielle entre les princes de l'Empire *réels*, ayant droit de séance à la diète, et les princes de l'Empire *titulaires*, dont peu à peu le nombre devint assez considérable, attendu que beaucoup de familles nobles et de prélats obtinrent ce titre en Pologne, en Russie, en Italie, en Suisse et dans les États autrichiens héréditaires. Une différence existait aussi entre les *anciennes maisons princières*, ayant possédé la dignité de prince avant 1580, et les *nouvelles maisons princières*, n'ayant obtenu ce titre que postérieurement à cette date.

PRINCES DU SANG. Cette expression, employée pour désigner les parents éloignés d'un souverain qui sont aptes à hériter de la couronne, quoiqu'ils n'en soient pas toujours et prochainement les héritiers présomptifs, est comparativement toute moderne, et ne date guère que du quinzième siècle. Sous les trois premières races, on donnait le titre de *roi* et de *reine* aux individus à qui l'honneur de descendre du roi conférait des droits éventuels à la couronne; mais celui de *prince* ou de *princesse* n'appartint jusqu'à Charles VI qu'aux empereurs, aux rois, aux ducs et aux seigneurs de terres érigées en principautés. Quand l'usage s'établit de ne plus partager les États d'un roi entre ses enfants, et de ne reconnaître qu'à l'aîné seul le droit d'hériter de la couronne, les cadets perdirent la qualification de *rois*, sans acquérir celle de *prince*. On les appela *seigneurs du sang* ou *du lis*, ou encore *seigneurs du lignage du roi*. Ce fut sous Charles VII et Louis XI que les proches parents du roi prirent pour la première fois la qualification de *princes du sang*, en même temps qu'on leur accorda la préséance à la cour sur les pairs et sur tous les ordres de l'État. L'ordre des rangs s'établit entre eux suivant la proximité du lignage, c'est-à-dire que ceux-là eurent la prééminence sur tous les autres qui se trouvaient le plus rapprochés de la couronne. Cette matière fut l'objet de deux ordonnances spéciales : l'une, en date de décembre 1576, rendue par Henri III; l'autre, en date de mai 1711, rendue par Louis XIV. La constitution de 1791 supprima la qualification de *prince du sang*. Elle transforma le dauphin en *prince royal*, et les proches parents du roi en *princes français*.

PRINCIPAL. Ce mot s'applique aux personnes et aux choses, et sert à désigner ce qu'il y a de plus important, de plus remarquable, dans les objets. Dans une étude d'officier ministériel le premier clerc prend le titre de *principal clerc*. Un *principal locataire* est celui qui loue une maison d'un propriétaire, pour la sous-louer ensuite. On appelle *principal obligé* le principal débiteur, pour le distinguer de la caution. *Principal* est la somme capitale d'une dette : *Il m'est dû, tant en principal qu'en arrérages, la somme de...; Les intérêts excèdent le principal*. *Principal*, en termes de Palais, désigne proprement la première demande, le fonds d'une affaire, d'une contestation : *La cour a évoqué le principal, et y a fait droit. Principal* est souvent l'opposé d'*accessoire*. La substance est ce qu'il y a de *principal* dans les corps, la forme et les autres propriétés n'en sont que les accessoires : *Oublier le principal pour ne s'occuper que de l'accessoire*. On nomme aussi *principal* le directeur d'un collège communal. Les chefs des lycées sont appelés *proviseurs*.

PRINCIPAUTÉ. C'est la dignité de prince elle-même, ou la terre qui donne la qualité de *prince* à celui qui en est propriétaire : la principauté de Neufchâtel, la principauté de Monaco, etc.

Les *Principautés*, théologiquement parlant, forment le troisième ordre de la hiérarchie céleste.   CHAMPAGNAC.

PRINCIPAUTÉS DANUBIENNES. *Voyez* MOLDAVIE et VALACHIE.

PRINCIPAUTÉS ECCLÉSIASTIQUES. On désignait ainsi les *électorats* attachés aux archevêchés de Mayence, Trèves et Cologne, qui à partir de 1256 existèrent concurremment dans l'Empire d'Allemagne avec les électorats laïques du Palatinat, du Brandebourg, de la Saxe et de la Bohême. Comme électeurs de l'Empire, les archevêques de Mayence, de Trèves et de Cologne étaient considérés à l'égal des têtes couronnées; seulement ils n'avaient pas plus que les autres électeurs droit à la qualification de *majesté*. On ne leur donnait que le titre d'*altesse électorale*.

PRINCIPE (du latin *principium*, première cause), la cause, l'auteur, la source, l'origine d'une chose : Dieu n'a point de *principe*, il est lui-même son propre *principe*; il faut remonter à un premier *principe*, qui est Dieu, *principe* de toutes choses. Les m a n i c h é e n s admettaient deux *principes* éternels, celui du bien et celui du mal, dont ils faisaient comme deux divinités contraires, se combattant sans cesse. Selon Pélage, nos volontés seraient les *principes* de nos bonnes actions, et nous serions nous-mêmes les *principes* de nos bonnes volontés.

Principe signifie aussi *commencement, naissance*. Il faut oser extirper l'erreur de son *principe*.

En physique, c'est ce qui constitue, ce qui compose les choses matérielles. Les péripatéticiens admettaient trois *principes* : la matière, la forme et la privation. Démocrite et Épicure considéraient les atomes comme les *principes* de tous les corps.

Principe se dit, en chimie, des corps simples ou indécomposés. On nomme *principes actifs* certains corps qui agissent sur les autres, et *principes passifs* ceux qui sont le sujet de cette action. Les *principes immédiats* sont des substances composées au moins de trois éléments; on les retire des animaux et des végétaux, sans altération, par des procédés simples, et en quelque sorte immédiatement. La réunion de deux ou de plusieurs *principes immédiats* constitue les parties solides et liquides des animaux, les feuilles, les racines et les fleurs.

Principe se dit aussi de toutes les causes naturelles, et particulièrement de celles par lesquelles les corps agissent et se meuvent : *Le principe* de la chaleur, le *principe* du mouvement. On dit que les animaux ont le *principe* de mouvement en eux-mêmes et que les corps inanimés ne se meuvent que par un *principe* qui leur est étranger.

Principe s'applique encore aux premiers préceptes, aux premières règles d'un art, d'une science : *Principes* de géométrie, de chimie, de peinture, de statuaire.

Principe, en philosophie, se dit des premières et des plus évidentes vérités qui peuvent être connues par la raison. Le premier *principe* de la philosophie de D e s c a r t e s, c'est *Je pense*, d'où l'on tire cette conséquence : *donc, je suis*.

Principe signifie enfin maxime, motif, règle de conduite : *principe* de religion, de morale, de politique, de conscience, d'honneur, de justice, de probité, etc. Il s'emploie absolument au pluriel, et alors il signifie de bons *principes* de morale ou de politique. On a fort abusé de ce mot : La plupart des hommes se font des *principes* au gré de leur intérêt. « César avait pour *principe* de ne rien remettre au lendemain. » La plupart des femmes, dit La Bruyère, avec moins de galanterie que de justesse, n'ont point de *principes*; elles ne se conduisent que par le cœur. »

PRINCIPE (Pétition de). *Voyez* PÉTITION DE PRINCIPE.

PRINTEMPS. *Voyez* SAISONS.

PRIOR (MATTHIEU), naquit en 1664, dans le Dorsetshire. Il était neveu d'un aubergiste à Charing-Cross, qui, après l'avoir envoyé pendant quelques années à l'école, le rappela chez lui. Le comte de Dorset le trouva dans cette maison lisant Horace. Il l'envoya à l'université de Cambridge, où Prior compléta et finit ses études. Sous le haut patronage du comte, il entra dans le monde, où les firent rapidement connaître ses essais poétiques. Nommé secrétaire du comte de Berkeley, ambassadeur à La Haye, le roi Guillaume fut si satisfait de sa conduite, qu'il le nomma gentilhomme de sa chambre. En 1697 il fut secrétaire d'ambassade, et prit part aux négociations que termina le traité de Ryswick. L'année suivante il remplit les mêmes fonctions à la cour de France. Il y fut traité avec une grande distinction. Son esprit ne déparait pas cette cour. Un jour, on lui montrait, dans des appartements de Louis XIV, les tableaux de ses victoires, par Le Brun; et on demandait à Prior si les palais du roi d'Angleterre avaient de pareilles décorations : « Les monuments des grandes actions de mon maître, répondit-il, sont partout, excepté dans son palais. » A son retour, il fut sous-secrétaire d'État. Il siégea au parlement jusqu'en 1701. Comme poète, il célébra, sous la reine Anne, les batailles de Blenheim et de Ramillies; comme politique, il quitta les whigs pour les tories; il accompagna Bolingbroke à Paris, dans des vues de pacification, et y resta ambassadeur. Les whigs ne lui pardonnèrent pas. Après la mort de la reine Anne, il fut persécuté comme Bolingbroke, enveloppé dans une accusation de haute trahison et mis en prison. Il y resta deux ans. A cinquante-trois ans, il se trouva, après avoir rempli de hauts emplois, sans aucune fortune. Mais il publia ses poésies par souscription, et grâce à l'appui de lord Harley, il vécut dans l'aisance le reste de ses jours. Il mourut en 1721, « en philosophe, dit Voltaire, comme meurt ou croit mourir tout honnête Anglais, » et fut enterré à Westminster.

Prior est en Angleterre un des derniers de cette race de poëtes qui empruntaient les ornements de leurs poëmes aux traditions païennes, et qui se plaisaient à des allusions aux différents auteurs de l'antiquité, mais, comme Swift, c'était en se jouant, et il obtint un grand succès. Les vers d'Adrieux peuvent donner une idée de la manière de conter de Prior, et *Protogène et Apelles* est un conte qu'aurait dû traduire en français cet aimable académicien. Prior a écrit en vers une *Histoire de l'Ame*, que Voltaire analyse gaîment : « C'est de Prior, dit-il, qu'est l'*Histoire de l'Ame* : cette histoire est la plus naturelle qu'on ait faite jusqu'à présent de cet être si bien senti et si mal connu. L'âme est d'abord aux extrémités du corps, dans les pieds et dans les mains des enfants, et de là elle se place insensiblement au milieu du corps dans l'âge de puberté; ensuite, elle monte au cœur, et là elle produit les sentiments de l'amour et de l'héroïsme ; elle s'élève jusqu'à la tête dans un âge plus mûr ; elle y raisonne comme elle peut ; et dans la vieillesse on ne sait plus ce qu'elle devient : c'est la séve d'un vieil arbre, qui s'évapore et ne se répare plus... »

Ernest DESCLOZEAUX.

PRIORI (A). *Voyez* A PRIORI.

PRIORITÉ, antériorité, primauté en ordre de temps; comme dans ces phrases : *Priorité* de date, d'hypothèque. Réclamer la *priorité* d'une invention, c'est prétendre l'avoir trouvée le premier; Demander la *priorité* pour une question, c'est demander qu'elle soit discutée la première. Souvent aussi ce mot indique un degré de prééminence dans la comparaison de diverses choses, comme les facultés mentales. La *priorité de nature*, en théologie et en philosophie scolastique, est l'attribut essentiel qui distingue l'homme des animaux, comme la *priorité de raison* ou *intelligence* est celui qui distingue un homme d'un autre homme.

PRISCIEN, *Priscianus Cæsariensis*, le plus remarquable des grammairiens latins, ainsi surnommé parce qu'il était natif de Césarée, contemporain de Cassiodore, enseignait la langue latine à Constantinople au sixième siècle, sous le règne de Justinien, et était attaché en qualité de professeur à la cour de cet empereur. Sous le titre d'*Institutiones Grammaticæ* ou de *Commentarii Grammatici*, il a composé en dix-huit livres l'ouvrage le plus complet et le plus savant qu'on possède sur la langue latine. Les seize premiers traitent des diverses parties du discours ; et les deux derniers, qui portent pour titre particulier *De Constructione Libri duo*, traitent de l'arrangement des mots ou de la syntaxe. On a encore de lui six autres dissertations grammaticales de moindre étendue, et deux poëmes en vers hexamètres *De Laude imperatoris Anastasii*, ainsi qu'une traduction libre de la *Periegesis* de Denys le Périégète. L'édition *princeps* de ses œuvres est celle de Venise (1470).

PRISCILLIEN, fondateur d'une secte de gnostiques en Espagne, apparut vers le milieu du quatrième siècle avec son système, mélange de dualisme, de la doctrine de l'émanation, et d'astrologie. Il prétendait, entre autres, que l'âme humaine est de même nature que la Divinité, et que le démon est incréé. Par l'austérité de ses mœurs, de même que par son éloquence, il se fit de nombreux partisans, parmi lesquels figurèrent jusqu'à des évêques. Excommunié par un synode tenu à Saragosse, en l'an 360, il réussit par l'emploi de la corruption à faire infirmer ce jugement et à forcer son principal adversaire, l'évêque Ithacius d'Ossanuba, à prendre la fuite. Mais le fugitif trouva un protecteur à Trèves, en la personne de l'usurpateur Maxime. Bientôt même il le domina si complétement, que Maxime fit jeter en prison tous les partisans de Priscillien ; et les principaux d'entre eux furent même mis à mort. Saint Martin, évêque de Tours, condamna vivement ce premier exemple de la peine de mort appliquée à punir l'hérésie ; et, en dépit des persécutions sanglantes dont elle était l'objet, la secte fondée par Priscillien fit pendant longtemps encore des progrès.

PRISCUS. *Voyez* ÉCLECTIQUES.

PRISE, du latin *prehensio*, action de saisir avec la main.

Les *prises* maritimes sont les navires de commerce, les vaisseaux de guerre, etc., enlevés à l'ennemi. Autrefois, et même sous l'empire, il y avait en France un *conseil de prises*, chargé de décider si les navires capturés étaient de bonne prise. Aujourd'hui ses attributions se trouvent déférées au conseil d'État.

Prise d'armes exprime l'action de prendre les armes pour marcher à l'ennemi. Les *prises d'armes* des protestants sont fameuses dans l'histoire.

La *prise de possession* est le fait de la mise en possession du propriétaire en vertu d'un titre légitime, qui pourrait s'appuyer au besoin sur la force publique.

Nous consacrons un article particulier à la *prise à partie*.

On appelle *prise d'eau* l'action de détourner d'un cours d'eau général une certaine quantité d'eau pour les besoins de l'agriculture ou de l'industrie. Les prises d'eau se règlent par les titres, par la jouissance, et aussi par des considérations d'utilité publique.

La *prise d'habit* est l'action de vêtir l'habit religieux et la cérémonie dans laquelle s'opérait cette consécration.

Prise était enfin une formule de la langue médicale. On disait *prises de tisane, de pilules* ; et cette locution : *prise de tabac* ne fut d'abord qu'une prescription pharmaceutique.

PRISE A PARTIE, action civile dirigée contre un magistrat de l'ordre judiciaire ou un greffier, pour le faire déclarer responsable des torts qu'il a causés dans l'exercice de ses fonctions. Les juges peuvent être *pris à partie* : 1° s'il y a dol, fraude ou concussion, qu'on prétendrait avoir été commis soit dans le cours de l'instruction, soit lors des jugements ; 2° si la prise à partie est expressément prononcée par la loi ; 3° si la loi déclare les juges responsables, à peine de dommages-intérêts ; 4° s'il y a déni de justice. La prise à partie contre les juges de paix, contre les tribunaux de commerce ou de première instance, ou contre quelqu'un de leurs membres, et la prise à partie contre un conseiller de cour d'appel ou de cour d'assises, sont portées à la cour d'appel du ressort. La prise à partie contre les cours d'assises et contre les cours d'appel ou l'une de leurs sections est portée à la haute cour. Aucun juge ne peut être pris à partie sans la permission préalable du tribunal devant lequel la cause sera portée. Néanmoins, une autre section ou une autre cour d'appel que celle qui aura autorisé la prise à partie jugera sur le fond. Si le demandeur est débouté, comme dans le cas où sa requête n'aurait pas été admise, il est condamné à une amende, qui ne peut être moindre de 300 francs, sans préjudice de dommages-intérêts s'il y a lieu. Il est à remarquer que la prise à partie est le seul moyen d'obtenir des dommages-intérêts contre un magistrat ; mais l'application de cette procédure est très-rare. L. LOUVET.

PRISE DE CORPS. C'est l'action de saisir un homme au corps pour quelque affaire criminelle, en vertu d'un mandat du juge. Ce mandat s'appelle *Ordonnance de prise de corps*.

La *prise de corps* est aussi l'action par laquelle on met la main au nom de la loi sur un débiteur, pour le forcer au payement d'une dette.

Les dettes ayant un caractère commercial sont les seules au sujet desquelles le juge puisse décerner la *prise de corps* contre un débiteur récalcitrant (*voyez* CONTRAINTE PAR CORPS).

PRISÉE, action d'apprécier, de mettre à prix. On appelle de ce nom le prix que le commissaire priseur met dans les inventaires aux choses qui sont inventoriées. C'est aussi le nom qu'on donne aux états de lieux d'usine.

PRISES (Conseil des). *Voyez* CONSEIL DES PRISES.

PRISME. La géométrie définit le prisme : un solide compris sous plusieurs faces parallélogrammiques, terminées de part et d'autre à deux plans polygones égaux et parallèles. Les faces parallélogrammiques forment la surface latérale ou convexe du prisme ; les côtés rectilignes qui les séparent en sont les arêtes, et les faces polygones en sont les bases. On nomme *hauteur d'un prisme* la perpendiculaire abaissée d'un point de la base supérieure sur le plan de la base inférieure. Lorsque les plans qui forment la surface convexe sont perpendiculaires aux plans des bases, le prisme est droit. Les côtés sont alors aussi perpendiculaires aux bases, et leur longueur mesure la hauteur du prisme. Dans tout autre cas, le prisme est *oblique*, et sa hauteur est plus petite que son côté. La forme et la nature de la base déterminent le classement des prismes. Ils sont *triangulaires*, *quadrangulaires*, *pentagonaux*, *hexagonaux*, etc., suivant que leurs bases sont des *triangles*, des *quadrilatères*, des *pentagones*, des *hexagones*, etc. Quand la base est un parallélogramme, toutes les faces du prisme sont parallélogrammiques ; il s'appelle *parallélipipède*. Un prisme quelconque a pour mesure le produit de sa base par sa hauteur.

En physique, on entend par le mot *prisme* employé seul et sans autre désignation un prisme droit à base triangulaire, formé de verre ou d'une autre substance transparente. C'est au moyen du prisme que l'on met en évidence les diverses couleurs élémentaires dont est composée la lumière solaire, ou en général une lumière quelconque. Ces diverses couleurs élémentaires ne se réfractent pas avec la même force lorsque les rayons lumineux sont déviés par le prisme, elles se séparent, et donnent lieu à l'image multicolore, que l'on appelle *spectre solaire*. La dispersion qu'éprouvent les diverses couleurs de la lumière en traversant un prisme ont aussi pour conséquence que si l'on regarde un objet à travers un prisme, on le verra bordé de franges de diverses couleurs, et possédant un grand éclat pour peu que la lumière soit vive. C'est de là qu'est venue l'acception figurée du mot *prisme*, que l'on emploie au sujet des divers états de l'âme, des diverses situations de la vie, qui colorent les choses de l'avenir de teintes plus brillantes qu'elles n'en présentent à l'œil calme de la raison. C'est ainsi que l'on dit : Le *prisme* de la jeunesse, le *prisme* de l'amour.

L'espérance est pour l'homme un *prisme* décevant.

L.-L. VAUTHIER.

PRISON. On appelle ainsi le lieu où l'on enferme soit les individus présumés auteurs d'une infraction, en attendant que la justice ait prononcé sur leur sort, soit les individus reconnus coupables, et qui ont été condamnés à une peine d'emprisonnement. L'efficacité d'un système pénal tient en grande partie au régime des prisons. Les prisons de Rome étaient affreuses, si nous nous en rapportons au tableau qu'en ont tracé Cicéron et Salluste, et pourtant ce n'était alors que des prisons préventives : *Carcer non ad puniendos sed ad continendos homines haberi debet*. C'est aux chrétiens qu'on doit l'initiative des adoucissements apportés aux souffrances des prisonniers. Lucien en fait foi. Des hommes et des femmes, appelés *diacons* et *diaconesses*, achètent à prix d'or la permission de visiter les détenus ; tel est le genre des confréries religieuses qui se forment plus tard, comme celle des Frères de la Miséricorde. L'œuvre des prisons dut un grand avancement à saint Charles Borromée et à saint Vincent de Paul. La philosophie du dix-huitième siècle transporta la question sur le terrain de l'économie sociale. L'impulsion fut donnée par Beccaria et John Howard, dont Blackstone et Bentham suivirent les traces. Sous l'empire de l'ancienne législation française, il existait trois espèces de prisons : 1° les *prisons royales*, 2° les *prisons des seigneurs*, 3° les *prisons des officialités*. Ces établissements répondaient alors aux diverses classifications de la justice, et bien que leur régime ait paru peu préoccuper le législateur, on rencontre cependant dans les ordonnances quelques dispositions qui se sont pas sans intérêt. Mais on y chercherait vainement un système suivi, une organisation générale.

Du reste, avant comme depuis l'ordonnance de 1670, la prison n'était admise comme peine ni dans les mœurs ni dans les lois criminelles de l'ancienne monarchie. La prison n'était que le vestibule des galères, de la roue ou de l'échafaud, quand elle n'était pas seulement l'antichambre du juge d'instruction. Même dans le droit canon, où la prison était admise comme peine ecclésiastique, les décrétales défendaient aux officialités de la mentionner dans leurs sentences.

Cependant, il y avait sous l'ancien régime des prisons appelées vulgairement *maisons de force* ; mais l'emprisonnement n'était alors qu'une peine accessoire de la question, du fouet, etc. D'autres maisons de force étaient destinées aux mendiants, aux vagabonds et aux filles publiques, aux fous ; mais c'était purement à titre de sûreté et non de pénalité.

Il y avait aussi les *prisons d'état* ; mais c'étaient des prisons préventives, politiques et exceptionnelles. Ce n'est qu'à partir de la révolution que la prison se transforme en instrument légal de pénalité. Le régime intérieur des prisons resta dans les attributions de l'administration, et la république et l'empire ne firent que peu de chose pour les améliorer. Elles ne commencèrent à préoccuper sérieusement l'administration et le public que sous la Restauration. Il fut alors créé une société des prisons, qui posa les bases des premières améliorations, excita le zèle de l'administration, et indiqua au publiciste une voie nouvelle d'observations et de recherches.

En 1844 la chambre des députés vota une loi sur la réforme des prisons, dont la base était le système pénitentiaire. Mais il n'a pas produit les bons résultats qu'on en attendait.

Dans l'état actuel de notre législation, les prisons sont divisées en cinq espèces différentes, savoir : les *maisons de police municipale*, les *maisons d'arrêt*, les *maisons de justice*, les *maisons de correction*, les *maisons de détention ou de force*, et les *bagnes*.

Les *maisons de police municipale* sont établies dans chaque arrondissement de juge de paix, dans les villes où il y a une maison d'arrêt ; la maison de police peut y être placée dans un quartier distinct et séparé : elles sont destinées à recevoir les individus condamnés à l'emprisonnement par les tribunaux de simple police. Dans l'usage, on y enferme aussi les gardes nationaux condamnés à la même peine.

Les *maisons d'arrêt* sont situées dans chaque arrondissement ; elles sont destinées à recevoir : 1° les *inculpés* contre lesquels une information est dirigée, 2° les *prévenus*, jusqu'à ce que le tribunal correctionnel ou la chambre des mises en accusation ait statué sur leur sort, 3° les *condamnés* à un emprisonnement de moins d'un an et un jour.

Les *maisons de justice* sont placées au chef-lieu judiciaire de chaque département ; elles sont destinées à recevoir : 1° les individus qui se pourvoient par appel devant les tribunaux de chef-lieu ou devant les cours impériales ; 2° les individus *condamnés* par le tribunal ou la cour impériale, lorsque l'emprisonnement prononcé ne doit être que de courte durée ; car lorsque cette durée est longue, sans toutefois être d'un an, le condamné est reconduit dans la maison d'arrêt établie près du tribunal qui a statué en premier ressort ; 3° les individus sous le poids d'une ordonnance de prise de corps et renvoyés devant la cour d'assises en attendant leur jugement.

Les *maisons de correction* sont destinées à recevoir : 1° les enfants des deux sexes que les pères et mères font enfermer d'après les dispositions de la loi sur la puissance paternelle ; 2° les enfants condamnés aux termes des articles 66 et 67 du Code Pénal. Il n'existe qu'un très-petit nombre de maisons de correction en France : ce sont en général les maisons d'arrêt qui en tiennent lieu.

Dans les *maisons de détention ou de force*, qu'on désigne aussi sous le nom de *maisons centrales*, on enferme 1° les individus condamnés correctionnellement à plus d'un an de prison, 2° ceux qui ont été condamnés par les cours d'assises à la réclusion, 3° les femmes condamnées aux travaux forcés. Il y a en France vingt-neuf maisons centrales.

Ces différentes espèces de prisons répondent, comme on le voit, aux différents genres de peines établies par les lois criminelles. Il arrive néanmoins souvent, en ce qui concerne les maisons d'arrêt et de justice, que la spécialité de leur destination n'est pas toujours observée, l'administration transférant, par des motifs particuliers, les prisonniers d'une maison dans une autre ; souvent aussi il n'existe au chef-lieu du département qu'une seule prison, qui sert à la fois de maison d'arrêt et de maison de justice.

La surveillance des prisons est confiée soit aux magistrats, soit à l'administration : ainsi, tout ce qui concerne l'entretien des bâtiments, la police intérieure, la nomination des employés, appartient exclusivement à l'administration ; c'est elle qui est, en outre, chargée d'assurer l'exécution des peines lorsque la condamnation a été prononcée.

Les magistrats doivent veiller à tout ce qui tient à la liberté individuelle ; ils doivent s'assurer que les prisonniers ne sont pas détenus illégalement ; mais ils n'ont aucune autorité en ce qui concerne l'ordre et l'économie réglementaire de ces établissements.

C'est encore d'après les distinctions que nous venons d'établir que les permis de communiquer avec les prisonniers sont accordés. Ainsi, quand un individu a été condamné, c'est à l'administration qu'il appartient d'accorder la permission de communiquer avec lui. Lorsqu'il est détenu *préventivement*, c'est le juge chargé de l'information qui donne les permissions jusqu'à l'ordonnance de la chambre du conseil qui le dessaisit. Elles sont accordées par le ministère public depuis l'ordonnance de la chambre du conseil jusqu'au jugement. Peut-être seraient-elles plus régulièrement délivrées dans ce cas par le président du tribunal correctionnel, ou par le président de la cour d'assises, suivant que le prévenu est renvoyé devant l'une ou l'autre de ces juridictions. Les peines disciplinaires établies dans l'intérieur des prisons sont le cachot et les fers.

Si maintenant nous voulons nous rendre un compte plus sévère de notre système de prisons, nous trouverons facilement qu'au lieu d'agir avec efficacité sur l'esprit des prisonniers, il les pervertit davantage. Les prisons, dans l'état actuel de notre législation, sont une école de crime : non-seulement le méchant n'y devient pas meilleur, mais encore ceux qui conservent au fond de leur conscience quelque reste de moralité achèvent de s'y corrompre tout à fait. De là le nombre effrayant des récidives qui se multiplient tous les jours. Comment en serait-il autrement ? Dans nos *maisons d'arrêt* et de *justice*, il n'y a pas toujours de travail organisé : l'oisiveté dispose déjà beaucoup le cœur de l'homme aux impressions du vice. Les prévenus et les condamnés, l'innocent comme le coupable, s'y trouvent confondus dans les mêmes prisons, dans les mêmes dortoirs ; de là des communications fréquentes, des conversations de tous les instants, dans lesquelles le crime a presque toujours l'avantage. Sortis de prison, on finit par se retrouver : alors, les souvenirs de la captivité cimentent entre les libérés une sorte d'amitié, et bientôt on s'associe pour de plus grands forfaits. Telle est l'histoire qui tous les jours se déroule devant nos cours d'assises.

Le régime de nos *maisons centrales* de détention est, à la vérité, plus régulier ; la discipline y est mieux entendue ; des ateliers de travaux divers présentent aux prisonniers des ressources contre l'oisiveté, et leur fournissent quelques secours dont ils profitent, dans l'intérieur de la prison, ou qu'ils retrouvent à leur sortie ; aussi nos maisons centrales sont à tous égards mieux administrées que les autres prisons. Toutefois, ce n'est encore là qu'un ordre matériel et en quelque sorte mécanique, qui n'agit pas davantage sur l'esprit des détenus. La communication entre les prisonniers est la même ; le crime y trouve les mêmes moyens de répandre ses funestes leçons, d'y faire des prosélytes, et d'y former ces associations de malfaiteurs qui, nées dans l'intérieur des prisons, deviennent plus tard le fléau de la société. Bien mieux, tout le système des maisons centrales semble être organisé pour favoriser le vice. Quelques réflexions suffiront à le prouver.

En effet, dans ces maisons, à côté du directeur, agent moral de l'administration, il y a toujours un entrepreneur, qui est chargé de toutes les fournitures de l'établissement. Il est ordinairement aussi adjudicataire de tous les travaux qui s'exécutent par les prisonniers ; c'est donc lui qui se trouve à la tête des ateliers, qui les dirige, et qui dispose des bras des détenus ; ainsi, d'une part il vend à l'établissement tout ce qui est nécessaire, et de l'autre il profite des travaux qui s'y font, moyennant un léger salaire, dont une partie se délivre aux détenus, dans l'intérieur de la prison, sous le nom de *deniers de poche*, et dont l'autre forme une masse de réserve qu'ils retrouvent à l'époque de leur libération.

Ce n'est pas tout : il existe aussi dans les maisons centrales des cantines, où le prisonnier trouve, en boissons et comestibles de toutes sortes, à satisfaire tous ses goûts : c'est là qu'il vient dépenser le *denier de poche* qu'on laisse à sa disposition. Ces cantines sont tenues par le même entrepreneur, qui voit rentrer de ce côté dans la caisse l'argent qu'il a payé aux prisonniers. Son intérêt est donc qu'il se dépense à la cantine le plus possible. Qui ne voit aussitôt le vice radical de ce système ? L'entrepreneur se trouve en quelque sorte maître de toute la discipline de la maison ; les détenus sont sous son entière dépendance, et les fonctions du directeur se réduisent au rôle de geôlier, dont l'autorité est sans cesse paralysée par le contrôle obligé de l'entrepreneur. Il est vrai que depuis quelques années cet état de choses a été modifié sous quelques rapports. Ainsi, la cantine a été placée dans des conditions plus sages, car c'était là surtout la plaie des prisons ; elle n'a pas été cependant entièrement supprimée, et tant qu'il en restera quelque chose, on peut être sûr qu'elle sera la cause des plus graves désordres.

E. DE CHABROL.

Le décret du 24 mars 1848, en abolissant le travail dans les prisons, avait altéré profondément les conditions légales et morales de la peine ; la concurrence qu'il avait en vue de supprimer au profit du travail libre n'existait pas réellement. La loi du 9 janvier 1850 prescrivit le rétablissement du travail dans des conditions restreintes. Le décret du 15 février 1852 a sagement combiné le retour à la règle absolue du travail avec les garanties que peut exiger l'industrie libre. Le défichement, les travaux d'utilité publique ou privée peuvent avec les précautions nécessaires trouver des auxiliaires dans les condamnés. Le travail industriel, qui embrasse un assez grand nombre de métiers, s'applique à la fabrication des étoffes et autres objets propres à la consommation intérieure des établissements partout où les adjudications et les marchés de gré à gré n'ont pas réussi.

PRISON (Bris de). *Voyez* BRIS.

PRISONNIER. On appelle ainsi celui qui est détenu dans une p r i s o n. Dans l'état actuel de notre législation, les prisonniers se divisent en trois classes : la classe des *inculpés*, détenus par une mesure de précaution pendant que le juge d'instruction informe sur leur position ; la classe des *prévenus* ou *accusés*, traduits en vertu d'une décision judiciaire, soit devant les tribunaux correctionnels, soit devant les cours d'assises ; enfin, la classe des *condamnés*, qui sont répartis suivant la nature de leurs peines dans les maisons d'arrêt, de justice, de détention, ou dans les bagnes. C'est un principe de notre droit public que nul ne peut être constitué prisonnier sans une décision des magistrats auxquels la loi a conféré dans l'intérêt public le droit de priver un homme de sa liberté ; et les articles 615 et suivants du Code d'instruction criminelle prescrivent les mesures nécessaires pour s'assurer que personne n'est injustement détenu.

E. DE CHABROL.

PRISONNIER DE GUERRE, celui qui a été pris dans un combat, dans une bataille, dans une escarmouche. On payait autrefois la rançon des prisonniers de guerre ; aujourd'hui on les renvoie sur parole, ou bien on les échange. On a vu dans des guerres modernes, surtout dans nos guerres civiles, de cruelles représailles venger d'abominables atrocités, et le sang des prisonniers répandu d'une part appeler de l'autre une plus abondante effusion de sang.

PRISONNIER D'ÉTAT. *Voyez* Prison.

PRISON POUR DETTES. *Voyez* Dettes (Prison pour).

PRITCHARD (Affaire). *Voyez* Otaïti.

PRIVAS, chef-lieu du département de l'Ardèche, sur l'Ouvèze, avec 5,278 habitants, une église consistoriale calviniste, des tribunaux de première instance et de commerce, une école normale primaire départementale, une institution, une société d'agriculture, un journal politique, une typographie, une bibliothèque publique de 2,000 volumes, une chambre consultative des arts et manufactures, une caisse d'épargne, une maison de santé pour les aliénés, un abattoir public. Son principal commerce consiste en soie et cuirs. En hiver il s'y fait une vente considérable de cochons gras. C'est à son marché que la rive gauche du Rhône vient s'approvisionner en beurre, fromages, châtaignes, etc. Privas est une assez ancienne ville. Au douzième siècle ce n'était qu'un château. Les habitants se firent remarquer dans les guerres de religion par leur attachement au protestantisme. En 1562 ils embrassèrent le parti du prince de Condé, et en 1574 le duc de Montpensier, dauphin d'Auvergne, à la tête de l'armée royale, les assiégea sans succès. En 1612 elle vit siéger dans son sein un synode de toutes les Églises réformées. Surprise par les catholiques et démantelée, elle retomba au pouvoir des religionnaires, qui la fortifièrent de nouveau. En 1629 Richelieu et le roi en personne vinrent en faire le siège. La courageuse défense de Saint-André Montbrun ne put empêcher l'armée royale d'y entrer par la brèche. Une partie de la population se sauva dans les montagnes, où elle fut impitoyablement massacrée ; et Saint-André, obligé enfin de se soumettre, fut pendu avec tous ses compagnons, par ordre du monarque. Les habitants restés dans la ville furent passés au fil de l'épée, les maisons pillées, les fortifications rasées, toutes les propriétés confisquées, et défense fut faite d'y habiter sans lettres du grand sceau. Toutefois, le gouvernement se relâcha de cette sévérité sans but, et Privas put renaître de ses ruines. Mac Carthy.

PRIVATIFS (du latin *privativus*, fait de *privo*, je prive, je frustre, je dépouille). On appelle ainsi, en termes de grammaire, les mots qui, par l'addition d'une syllabe ou d'une simple lettre, prennent une acception tout opposée à leur signification première : ainsi, de l'*alpha* privatif des Grecs joint au mot *polus*, qui veut dire *plusieurs*, on a fait *Apollon*, synonyme de *sol* ou *soleil*, comme brillant *seul* d'un éclat non disputé. En latin et dans la plupart des langues vivantes de l'Europe, cette fonction est la plus communément remplie par la particule *in*; mais de même que l'*a* privatif des Grecs est parfois augmentatif, si la syllabe *in* représente une autre préposition, les mots ainsi composés n'emportent rien moins qu'une idée négative. C'est ce que l'on voit dans les mots *inné*, *insinuation*, *intelligent*, *intention*, et dans le mot *inintelligible*, où la même particule joue les deux rôles diamétralement opposés. Les divers idiomes présentent à ce sujet de grandes bizarreries : en anglais, *inhabitant* signifie la même chose que notre mot *habitant*. Le privatif est sous-entendu apparemment dans le mot latin *populatus*, qui veut dire *dépeuplé*. *Populata tempora* doit se rendre par *tête chauve*, c'est-à-dire tempes dépouillées de leur chevelure. Tel est le caprice de l'usage qu'il est un grand nombre de privatifs qu'on ne pourrait jamais dépouiller de leur particule : on dit *insolent*, *insolite*, *intestat*; on ne pourrait dire ni *solent*, ni *solite*, ni *testat*, pas plus qu'il ne serait permis de dire *effable*, comme le contraire d'*ineffable*. *Innovation* n'est pas le contraire de *novation*, qui exprime, au contraire, une idée analogue, de même qu'*inhérent* a de l'analogie avec *adhérent* ; *impertinent* n'est pas même le contraire de *pertinent*. Le premier terme est employé dans la conversation usuelle, et le second en jurisprudence, pour exprimer des idées d'un tout autre ordre.

Outre la particule privative *in*, à laquelle les Allemands et dans plusieurs cas les Anglais ont substitué la syllabe *un*, nous avons les prépositions *dé* et *dis*, qui rendent des idées négatives ; mais ce ne sont pas précisément des significations contraires. Le mot *déshabillé* n'implique pas toujours l'absence d'habits ; dans *disproportion*, la première syllabe a un tout autre sens que dans *distribution*, ou *dé* dans les mots *défaire* et *désaffection*. Cette dernière particule est remplacée souvent en italien par la lettre *s* : on dit *scaricare* pour *décharger*, *scorso* pour *passé*, c'est-à-dire *hors de cours*.

Pougens, qui prétendait enrichir la langue française d'une foule de nouveaux privatifs empruntés à l'italien, à l'espagnol, au portugais, à l'anglais, à l'allemand, etc., a publié, en 1794, un vocabulaire de nouveaux privatifs, qui n'ont pas été acceptés. Breton.

PRIVÉ (Conseil). *Voyez* Conseil privé.

PRIVÉ (Droit). *Voyez* Droit.

PRIVILÉGE. Ce mot a plusieurs acceptions, qui expriment toutes des avantages en dehors de la loi commune. *Privilége* signifie d'abord la faculté concédée à un individu ou à une corporation de faire une chose ou de jouir d'un avantage qui n'est pas de droit commun et, par une extension assez naturelle, l'acte même qui contient cette concession. S'ils étaient nombreux autrefois, les priviléges sont fort rares aujourd'hui, et ceux qui subsistent encore ne sont que purement honorifiques.

Privilége exprime encore les avantages, droits ou prérogatives attachés aux emplois, aux conditions, aux charges, aux états ; c'est dans ce sens qu'on dit : Les *priviléges* du sénat, les *priviléges* du corps législatif, les *priviléges* de la magistrature.

Ce mot sert souvent à désigner les dons naturels du corps et de l'esprit, les qualités physiques et morales, et quelquefois certaines libertés que l'on s'attribue dans le monde, ou que les autres veulent bien vous accorder.

En termes de jurisprudence, c'est un titre à la préférence, un droit que la qualité de la créance donne à un créancier d'être préféré aux autres créanciers, même hypothécaires. Cette dernière disposition, qui peut paraître exorbitante au premier aspect, prend sa source dans la différence qui existe entre le *privilége* et l'*hypothèque*. L'hypothèque n'a en général d'autres fondements qu'une convention, et jamais d'autre rang que celui que donne son inscription, à moins qu'elle ne soit légale ; le *privilége*, au contraire, tient tout, existence et rang, de la nature spéciale et particulière de la créance. Les *priviléges* peuvent porter sur les meubles seulement ou sur les immeubles seulement, ou sur les uns et les autres à la fois.

Les *priviléges* sur les meubles sont ou généraux, ou particuliers sur certains meubles.

Les *priviléges* généraux sont ceux qui frappent l'universalité des meubles du débiteur : les créances qui ont un privilége général sont : 1° les frais de justice ; 2° les frais funéraires ; 3° les frais quelconques de la dernière maladie, concurremment entre ceux à qui ils sont dus ; 4° les salaires des gens de service, pour l'année échue, et ce qui est dû sur l'année courante ; 5° les fournitures de subsistance faites au débiteur et à sa famille, savoir : pendant les six derniers mois pour les marchands en détail, tels que boulangers, bouchers et autres, et pendant la dernière année pour les marchands de pension et marchands en gros. Ces divers *priviléges* s'exercent dans l'ordre même où ils sont énoncés. Enfin, il est un dernier *privilége* général, c'est celui du trésor dont l'exercice et le rang sont réglés par des lois spéciales, mais qui ne peut cependant préjudicier aux droits antérieurement acquis à des tiers.

Les priviléges particuliers sur certains meubles sont ceux qui ne s'exercent que sur une partie désignée des meubles ; tout ce qui les concerne est résumé dans l'article 2102 du Code Civil. Ajoutons ici que la loi du 25 nivôse an XIII a créé depuis un nouveau privilége sur les cautionnements des fonctionnaires publics et des officiers ministériels ; et c'est celui qui est accordé aux prêteurs qui ont fourni en tout ou en partie les fonds destinés à les former. Mais ce privilége, qu'on appelle de *second ordre*, ne peut être exercé qu'après celui qui termine l'article 2102.

Les priviléges qui frappent les immeubles sont au nombre de cinq. Ils sont acquis au vendeur sur l'immeuble vendu pour le payement du prix ; et s'il y a plusieurs ventes successives dont le prix soit dû en tout ou en partie, le premier vendeur est préféré au second, le deuxième au troisième, et ainsi de suite ; 2° à ceux qui ont fourni les deniers pour l'acquisition d'un immeuble, pourvu qu'il soit constaté authentiquement par l'acte d'emprunt que la somme était destinée à cet emploi, et par la quittance du vendeur que ce payement a été fait des deniers empruntés ; 3° aux cohéritiers, sur les immeubles de la succession pour la garantie des partages faits entre eux et des soultes ou retours de lots ; 4° aux architectes, entrepreneurs, maçons et autres ouvriers employés pour édifier, reconstruire ou réparer des bâtiments, canaux ou autres ouvrages quelconques, pourvu néanmoins que par un expert, nommé d'office par le tribunal de première instance dans le ressort duquel sont situés les bâtiments, il ait été dressé préalablement un procès-verbal à l'effet de constater l'état des lieux relativement aux ouvrages que le propriétaire déclarera avoir dessein de faire, et que les ouvrages aient été, dans les six mois au plus de leur perfection, reçus par un expert également nommé d'office : le montant de ce privilége ne peut excéder les valeurs constatées par le second procès-verbal, et il se réduit à la plus-value existant à l'époque de l'aliénation de l'immeuble et résultant des travaux qui ont été faits. Enfin, le cinquième privilége sur les immeubles est acquis à ceux qui ont prêté les deniers pour payer ou rembourser les ouvriers, pourvu que cet emploi de leurs fonds soit authentiquement constaté par l'acte d'emprunt et par la quittance des ouvriers, ainsi, au surplus, que cela se pratique à l'égard de ceux qui ont prêté les deniers pour l'acquisition d'un immeuble (art. 2103). La loi du 16 septembre 1807 a, dans son article 23, créé un sixième privilége sur les immeubles, au profit des concessionnaires de marais desséchés sur la plus-value résultant du desséchement. Il leur est acquis, à la charge par eux de faire transcrire l'acte de concession ou l'ordonnance qui a ordonné le desséchement, au compte de l'État, dans le bureau ou les bureaux des hypothèques de l'arrondissement ou des arrondissements où sont situés les marais desséchés.

Les priviléges qui s'étendent sur les meubles et les immeubles sont ceux qu'énonce l'article 2104, c'est-à-dire tous les priviléges généraux sur les meubles. Lorsqu'à défaut de mobilier ces privilégiés se présentent pour être payés sur le prix d'un immeuble, en concurrence avec les créanciers privilégiés sur l'immeuble, l'ordre des payements est réglé ainsi : 1° les priviléges énoncés en l'article 2101, 2° les créances désignées en l'article 2103.

Le privilége du trésor, en sa qualité de privilége général, porte tout à la fois sur les meubles et les immeubles. Le privilége du trésor sur les meubles existe pour le recouvrement des contributions directes, à savoir : pour la contribution foncière, sur les récoltes, fruits, loyers et revenus des immeubles sujets à la contribution ; pour les contributions mobilières, des portes et fenêtres, des patentes, et toute autre contribution directe et personnelle, sur tous les meubles et autres effets mobiliers, en quelque lieu qu'ils se trouvent. Ce privilége est éteint s'il n'a pas été inscrit dans les délais fixés par l'article 834 du Code de Procédure. Le trésor a un privilége sur tous les meubles et immeubles des comptables chargés de la recette ou du payement de ses deniers ; toutefois, il ne peut l'exercer qu'après les priviléges généraux et particuliers mentionnés aux articles 2101 et 2102. La préférence entre les créanciers privilégiés se règle suivant les différentes qualités de priviléges, et ceux qui se trouvent dans le même rang sont payés par concurrence. La question de savoir à qui appartient la préférence dans le cas où les priviléges généraux et les priviléges spéciaux, entrant en concurrence, viennent s'exercer sur les mêmes meubles, est une des plus contestées de la jurisprudence. A cet égard on doit consulter les arrêtistes et les ouvrages de Grenier, de Maleville, de Favart de Langlade et de Seuil.

Les priviléges ne se conservent et ne peuvent produire d'effet à l'égard des immeubles qu'autant qu'ils ont été inscrits sur les registres de la conservation des hypothèques, et qu'à compter de cette i n s c r i p t i o n. Cette règle générale reçoit quelques exceptions : d'abord, tous les priviléges généraux énoncés en l'article 2101 sont dispensés de l'inscription.

Le vendeur privilégié conserve son privilége par la t r a n s c r i p t i o n du titre de vente qui constate que tout ou partie du prix lui est dû : ainsi, la transcription faite par l'acquéreur vaut inscription pour le vendeur, comme pour le prêteur qui aura fourni les deniers payés et qui se trouve subrogé aux droits du vendeur par le même contrat. Toutefois, le conservateur est tenu, sous peine de dommages et intérêts envers les tiers, de faire d'office l'inscription des créances existant tant en faveur du vendeur que des prêteurs, qui peuvent également faire faire la transcription du contrat si l'acquéreur ne l'a pas demandée.

Pour conserver son privilége sur les biens de chaque lot ou sur le bien licité pour les soultes et retour de lots, ou pour le prix de la licitation, le cohéritier ou copartageant doit, dans soixante jours, à dater de l'acte de partage, ou de l'adjudication par licitation, le faire inscrire au bureau des hypothèques. Durant ce temps aucune inscription ne peut avoir lieu à son préjudice sur le bien chargé de soulte ou adjugé par licitation. Cette inscription doit être faite à sa diligence, c'est-à-dire que la transcription de l'acte de partage ou du jugement d'adjudication constatant la créance ne suffirait pas pour conserver le privilége.

Les architectes, maçons, entrepreneurs et autres ouvriers employés aux constructions ou réparations, ainsi que ceux qui pour les payer ou rembourser ont prêté les deniers dont l'emploi a été constaté, conservent, par la double inscription faite : 1° du procès-verbal qui constate l'état des lieux, 2° du procès-verbal de réception, leur privilége à la date de l'inscription du premier procès-verbal.

Enfin, les créanciers et légataires qui, conformément à l'article 878, demandent la séparation du patrimoine du défunt conservent à l'égard de ses créanciers, héritiers ou représentants, leur privilége sur les immeubles de la succession, par les inscriptions faites sur chacun de ses biens dans les six mois à compter de l'ouverture de la succession. Avant l'expiration de ce délai, il ne peut être établi à leur préjudice aucune h y p o t h è q u e avec effet sur ces biens par les héritiers ou représentants du défunt.

Chacun comprend aisément que les cessionnaires des diverses créances privilégiées exercent les mêmes droits au lieu et place de leurs cédants.

Les créances privilégiées soumises à l'inscription, et qui, à défaut de l'inscription dans les délais fixés, ont perdu leur caractère de privilégiées, ne cessent pas néanmoins d'être hypothécaires ; mais l'hypothèque n'a date à l'égard des tiers que de l'époque des inscriptions faites conformément aux formalités exigées en pareil cas.

Les créanciers qui ont privilége sur un immeuble le suivent, en quelques mains qu'il passe, et les règles touchant l'effet des priviléges contre les tiers détenteurs sont les mêmes que pour les hypothèques. GUILLEMETEAU.

PRIVILÉGIÉES (Classes). On appelle ainsi celles des classes d'une nation dont la supériorité sociale et politique, résultat d'un plus haut degré d'instruction, est encore artificiellement augmentée par les lois, de telle sorte qu'elles les exonèrent de diverses charges ou prohibitions qui pèsent sur tous les autres citoyens, ou bien leur accordent des prérogatives exceptionnelles. Il arrive souvent que ces classes sacrifient leur puissance politique pour obtenir ces immunités. Sous ce rapport, c'est un phénomène curieux à considérer dans l'histoire, que l'empressement apporté par la noblesse allemande à vendre sa puissance politique aux souverains moyennant la concession de divers priviléges particuliers et généraux, tels que l'exemption du service militaire et de toute taxe personnelle, l'indépendance des tribunaux de première instance, le monopole des grandes charges de l'État, etc.; tandis qu'on voit, au contraire, la noblesse anglaise mettre non moins d'empressement à renoncer à ces mêmes priviléges, afin de pouvoir mieux conserver sa prééminence dans la vie politique. Ce qu'il y a de certain, c'est que les priviléges accordés dans un État à certaines classes, en vertu de lois exceptionnelles, trahissent l'existence de quelque chose de profondément vicieux dans son organisation politique ou dans sa législation, et que le passage du régime du privilége à celui de l'égalité devant la loi, cet inappréciable bienfait dont, nous autres Français, nous sommes redevables à notre immortelle révolution de 1789 (*voyez* l'article AOUT 1789 [Nuit du 4]), est partout et toujours un immense progrès. Nous ne confondons pas d'ailleurs l'*égalité devant la loi* avec cette *égalité absolue* qui n'existe nulle part dans la nature et que nous prêchent aujourd'hui avec une si imperturbable assurance les charlatans de la démagogie; égalité qui ne serait que le retour de l'humanité à sa barbarie primitive. Appeler, comme font chaque jour les apôtres de l'anarchie, *classes priviléigées* les citoyens qui par leur travail et leur industrie sont parvenus à s'assurer certains avantages sociaux, que tous peuvent obtenir aux mêmes conditions, est un odieux abus du langage, dont ne sont d'ailleurs pas dupes les sycophantes qui le tiennent, mais qui constitue une ressource commode et facile pour exciter les classes laborieuses et peu éclairées à haïr les classes élevées, riches et instruites. Trop souvent en effet la paresse, l'impuissance et l'incapacité, voient des *priviléges* dans les *vertus* qui leur sont opposées.

PRIVILÉGIÉS (Créanciers). *Voyez* PRIVILÉGE.

PRIX, valeur d'une chose exprimée en monnaie, ou, si l'on veut, la quantité de monnaie dont la valeur correspond à la valeur de cette chose.

Le *prix courant* est celui auquel en chaque lieu une chose trouve des acquéreurs. Les différentes quantités de monnaie que valent en même temps au même lieu deux choses diverses offrent une manière commode de comparer leur valeur. C'est sous ce rapport seulement que le *prix* est la mesure de la *valeur*. On achète un produit soit avec la monnaie que l'on tire de la vente d'un autre produit, soit avec ce que l'on paye pour ses frais de production. Ce qu'il coûte dans le premier cas est son *prix relatif*; ce qu'il coûte dans le second est son *prix réel* ou *originaire*. C'est ce qu'Adam Smith appelle le *prix naturel*; mais ce prix n'a rien de plus naturel qu'un autre. Il est fondé sur le prix courant des *services productifs*, comme le prix relatif est fondé sur le prix courant des autres produits.

Les variations dans le *prix relatif* changent la richesse réciproque des possesseurs des différents produits, mais ne changent rien à la richesse générale : quand le sucre renchérit par rapport aux autres produits, les propriétaires de sucre sont plus riches, mais les propriétaires des autres produits sont plus pauvres d'autant; ils ne peuvent plus avec ce qu'ils possèdent acquérir la même quantité de sucre. Les variations dans le *prix réel* ou *originaire* d'un produit, c'est-à-dire dans ce qu'il coûte en services productifs, diminuent les richesses des nations quand ce prix hausse, et accroissent les richesses des nations quand ce prix baisse. Chaque famille en effet étant obligée à moins de dépense pour ce produit se trouve avoir plus de ressources pour s'en procurer d'autres. Le prix varie *nominalement* lorsque sans qu'il y ait aucun changement dans la quantité de la marchandise-monnaie qu'on donne en payement, il y a un changement dans sa dénomination. Si l'on achète une chose au prix d'une once d'argent qui frappée en monnaie s'appelle trois livres, comme à la fin du dix-septième siècle, et qu'on achète la même chose au prix d'une once d'argent qui frappée en monnaie s'appelle six livres, comme au milieu du dix-huitième siècle, son prix en argent a changé seulement de nom, mais non pas de fait.
J.-B. SAY.

PRIX DÉCENNAUX. Par un décret daté du palais impérial d'Aix-la-Chapelle, le 24 fructidor an XII, Napoléon, « étant, dit le préambule, dans l'intention d'encourager les sciences, les lettres et les arts, qui contribuent éminemment à l'illustration et à la gloire des nations; désirant non-seulement que la France conserve la supériorité qu'elle a acquise dans les sciences et dans les arts, mais encore que le siècle qui commence l'emporte sur ceux qui l'ont précédé; voulant aussi connaître les hommes qui auront le plus participé à l'éclat des sciences, des lettres et des arts, » institua des prix décennaux, qui devaient être décernés de dix ans en dix ans, le jour anniversaire du 18 brumaire, de la propre main de l'empereur. Tous les ouvrages de sciences, de littérature et d'arts, toutes les inventions utiles, tous les établissements consacrés aux progrès de l'agriculture ou de l'industrie nationale publiés, connus ou formés dans l'intervalle des distributions devaient concourir pour les grands prix. La première distribution devait avoir lieu le 18 brumaire an XVII, et comprendre les travaux de l'an VII à l'an XVII. Ces grands prix devaient être, neuf de la valeur de 10,000 fr., et treize de la valeur de 5,000 fr. Les premiers étaient destinés 1° et 2° aux auteurs des deux meilleurs ouvrages de sciences, l'un pour les sciences physiques, l'autre pour les sciences mathématiques; 3° à l'auteur de la meilleure histoire ou du meilleur morceau d'histoire, soit ancienne, soit moderne; 4° à l'invention de la machine la plus utile aux arts et aux manufactures; 5° au fondateur de l'établissement le plus avantageux à l'agriculture ou à l'industrie nationale; 6° à l'auteur du meilleur ouvrage dramatique, soit comédie, soit tragédie, représenté sur les théâtres français; 7° et 8° aux auteurs des deux meilleurs ouvrages, l'un de peinture, l'autre de sculpture, représentant des actions d'éclat ou des événements mémorables puisés dans notre histoire; 9° au compositeur du meilleur opéra représenté sur le théâtre de l'Académie impériale de Musique. Les autres grands prix étaient destinés, dix aux traducteurs de dix manuscrits de la Bibliothèque impériale ou des autres bibliothèques de Paris, écrits en langues anciennes ou en langues orientales, les plus utiles, soit aux sciences, soit à l'histoire, soit aux belles-lettres, soit aux arts; trois aux auteurs des meilleurs petits poëmes ayant pour sujets des événements mémorables de notre histoire ou des actions honorables pour le caractère français. Ces prix devaient être décernés sur la rapport et la proposition d'un jury composé des quatre secrétaires perpétuels des quatre classes de l'Institut et des quatre présidents en fonctions dans l'année qui précédait celle de la distribution.

Un décret du 28 novembre 1809 porta les *grands prix décennaux* au nombre de trente-cinq, dont dix-neuf de première classe et seize de seconde classe. Les grands prix de première classe étaient donnés : 1° et 2° aux auteurs des deux meilleurs ouvrages de sciences mathématiques, l'un pour la géométrie et l'analyse pure, l'autre pour les sciences soumises aux calculs rigoureux, comme l'astronomie, la mécanique, etc.; 3° et 4° aux auteurs des deux meilleurs ouvrages de sciences physiques, l'un pour la physique proprement dite, la chimie, la minéralogie, etc., l'autre pour la médecine, l'anatomie, etc.; 5° à l'inventeur de la machine la plus importante pour les arts et les manufactures; 6° au fondateur de l'établissement le plus avantageux à l'agriculture; 7° au fondateur de l'établissement le plus utile à l'industrie; 8° à l'auteur de la meilleure histoire ou du meilleur morceau d'histoire générale, soit ancienne, soit moderne; 9° à l'auteur du meilleur poëme français; 10° à l'auteur de la meilleure tragédie représentée sur nos grands théâtres; 11° à l'auteur de la meilleure comédie en cinq actes représentée sur nos grands théâtres; 12° à l'auteur de l'ouvrage de littérature qui réunira au plus haut degré la nouveauté des idées, le talent de la composition et l'élégance du style ; 13° à l'auteur du meilleur ouvrage de philosophie en général, soit de morale, soit d'éducation ; 14° au compositeur du meilleur opéra représenté sur le théâtre de l'Académie impériale de Musique ; 15° à l'auteur du meilleur tableau d'histoire ; 16° à l'auteur du meilleur tableau présentant un sujet honorable pour le caractère national ; 17° à l'auteur du meilleur ouvrage de sculpture, sujet héroïque ; 18° à l'auteur du meilleur ouvrage de sculpture dont le sujet sera puisé dans les faits mémorables de l'histoire de France ; 19° à l'auteur du plus beau monument d'architecture.

Le travail du jury devait être soumis à l'examen des classes, qui le confirmeraient. La première distribution fut reportée au 9 novembre 1810, la seconde au 9 novembre 1819. Le jury fonctionna et fit des rapports. On cite encore ceux de Chénier, de Cuvier, de Delambre, qui ont été imprimés. Parmi les hommes qu'il proposait de couronner, on remarquait Lagrange, Laplace, Lacroix, Cuvier, Delille, Girodet, David, Jouy, Montgolfier, Raynouard, etc. Mais les classes de l'Institut ne furent pas toujours d'accord avec le jury, tiré de son sein. Chénier se révolta de ce qu'on avait omis La Harpe, et la classe de littérature française s'associa à sa réclamation. Ensuite, on demandait de nouveaux prix, des changements dans l'ordre apporté ; enfin, au milieu de ces discussions et des malheurs de la France, l'institution disparut. Les prix ne furent pas distribués, et personne n'en parla plus. Quelques-uns des grands prix formés avec les libéralités des Montyon et des Gobert rappellent les *prix décennaux*.   L. LOUVET.

PRIX D'HONNEUR. Voyez CONCOURS GÉNÉRAL.

PROBABILISME. C'est le nom qu'on donne à l'opinion qui, pour la solution des questions scientifiques, se contente d'un degré plus ou moins grand de vraisemblance. C'est la forme ordinaire du scepticisme, lorsqu'il pose en principe général qu'il n'existe pas de moyen certain d'arriver à la connaissance de la vérité. Les jésuites ont donné à ce mot une acception spéciale en morale. Le *probabilisme* est la maxime qui tient une action quelconque pour justifiée du moment où l'on peut alléguer pour sa bonté un motif vraisemblable quelconque, soit que celui qui agit ou tout autre, par exemple un théologien, la déclare vraisemblable, encore bien qu'à cet égard d'autres autorités puissent penser autrement. La prédication du probabilisme, qui a réponse à toutes les incertitudes de la conscience, est intimement liée à la fameuse maxime *La fin justifie les moyens*; car l'emploi des moyens les plus détestables se justifie par l'opinion probable qu'il en peut résulter quelque bien.

PROBABILITÉ (du latin *probabilitas*, fait de *proba*, preuve, et d'*habilitas*, disposition), qualité de ce qui est *probable*, c'est-à-dire qui peut être prouvé, qui a une grande vraisemblance, une apparence de vérité. Locke définit la *probabilité* la convenance ou la disconvenance apparente de deux idées appuyées sur des preuves qui ne sont pas susceptibles de démonstration mathématique, mais qui en ont ordinairement toute la force.

PROBABILITÉS. (Calculs des). La *probabilité mathématique* d'un événement quelconque est la raison que nous ayons de croire qu'il a eu lieu ou qu'il aura lieu. Pour soumettre les événements de toutes natures aux investigations du calcul des probabilités, on les assimile à l'extraction d'une boule blanche, par exemple, d'une urne qui contiendrait des boules blanches et noires. Les cas favorables sont assimilés aux boules blanches, les cas défavorables aux boules noires. Pour donner une idée du *calcul des probabilités*, nous dirons qu'il se divise en deux parties essentiellement distinctes. Dans la première, on suppose connus les cas favorables et défavorables, et l'on se propose de déterminer la probabilité d'un événement simple ou composé. L'événement *simple* ne comprend qu'une seule éventualité : la probabilité qui lui correspond est dite *simple* ; l'événement *composé* comprend un certain nombre d'événements qui doivent se succéder ou avoir lieu simultanément dans un ordre déterminé : la probabilité correspondant à un semblable événement est dite *composée*. La probabilité *simple*, dont toutes les autres se déduisent par des théorèmes plus ou moins compliqués, est une notion fondamentale. On démontre qu'elle est équivalente au nombre des cas favorables, divisé par le nombre total des cas possibles. Ainsi, dans une urne il y a trois boules blanches et une noire. La probabilité de l'extraction d'une boule blanche est exprimée par 3/4 ; l'extraction d'une boule noire aurait 1/4 pour probabilité. La plus grande probabilité ou la certitude est représentée par l'unité...... Dans la seconde partie du *calcul des probabilités*, qui est la plus utile, car elle seule est susceptible d'applications importantes, on se propose de déterminer les probabilités des événements futurs d'après l'observation faite d'événements de même nature.

L'origine du calcul des probabilités remonte au milieu du dix-septième siècle. Un homme distingué par son esprit et la variété de ses connaissances, un oracle des salons les plus distingués du siècle de Louis XIV, le chevalier de Méré, que Mme de Sévigné traite avec raison peut-être de *collet-monté*, fait naître le calcul des probabilités, et provoque ainsi l'une des découvertes les plus importantes de cette grande époque. Pascal, qui estimait le savoir de M. de Méré, et qui le consultait même quelquefois, reçut un jour de lui, suivant la coutume du temps, le défi de résoudre le problème que voici : « Deux personnes jouent ensemble ; elles sont d'adresse égale ; mais à un certain moment, où elles ont des nombres de jetons différents, elles conviennent de quitter la partie sans la finir ; que doit-il revenir de l'enjeu à chaque joueur ? » Cette question célèbre sous le nom de *problème des partis* fut résolue par Pascal, qui découvrit même à ce sujet son *triangle arithmétique*. Fermat, membre du parlement de Toulouse, et géomètre distingué, résolut depuis le même problème d'une manière plus générale, en supposant un nombre quelconque de joueurs au jeu de hasard. Nous verrons bientôt sortir de là une science que les travaux de l'illustre Laplace et de Poisson ont mise de nos jours au premier rang.

Lorsque les problèmes dont Pascal et Fermat fournirent les solutions eurent été connus, on en imagina de nouveaux du même genre ; Huyghens, de Hollande, appelé par Colbert à venir prendre part aux munificences royales à l'égard des savants étrangers, publia un petit traité sur les chances des jeux. Un disciple de Descartes, Jean de Witt, qui fut depuis grand-pensionnaire de Hollande, imagina le premier d'appliquer le calcul à des questions d'administration publique, et de fixer le taux des rentes viagères d'après les probabilités de la vie. Mais ce fut Halley, en Angleterre, qui publia les premières tables de mortalité : ces tables, très-imparfaites, par la difficulté même que leur confection offrait alors, servirent néanmoins, sous la reine Anne, pour établir des compagnies d'assurance sur la vie, qui depuis se sont successivement multipliées et perfectionnées sous plusieurs formes diverses, et jouissent de la plus haute utilité.

En suivant rapidement les progrès du calcul des probabilités, on rencontre un homme qui a donné à cette branche d'analyse l'une des plus puissantes impulsions qu'elle ait reçues. Ce géomètre est l'illustre *Jacques Bernoulli*, né à Bâle, en 1654. Il conçut tout ce que l'on pouvait attendre du calcul des probabilités, considéré jusqu'à lui surtout par rapport aux jeux. Il reconnut qu'on pouvait l'appliquer à des questions intéressant les questions morales et celles qui ont trait aux affaires publiques ; dans diverses thèses qu'il fit soutenir à ses élèves, il en étendit les principes et les applications. *Nicolas Bernoulli* réunit et fit imprimer les travaux de son oncle sous le titre d'*Ars conjectandi*. C'est dans cet ouvrage que l'on trouve la fameuse proposition méditée vingt ans par son auteur, et connue sous le nom de *théorème de Jacques Bernoulli*. Elle fit faire un grand pas au calcul des probabilités, car elle fournit le moyen de trouver la probabilité d'un événement lorsque l'on sait seulement combien de fois il est arrivé dans un grand nombre d'épreuves. Cependant, le théorème pris en lui-même n'est guère qu'une abstraction, car il suppose que la cause de l'événement est invariable. Or, dans les applications, les événements dont on tient à connaître les probabilités sont soumis à une multitude de causes variables et irrégulières. Tels sont notre existence, la perte d'un navire, un incendie, les erreurs des observations qu'il est habituel de soumettre au calcul, etc. Poisson a démontré que même dans ces cas-là, si difficiles à analyser au premier abord, le théorème de Jacques Bernoulli subsiste. Il a justifié ainsi les applications que l'on en avait faites, comme par anticipation, dans les bienfaisantes institutions d'assurances sur la vie, contre l'incendie, contre les pertes de vaisseaux marchands, etc. Cette vérification utile et importante n'est qu'une partie de l'ensemble des beaux théorèmes démontrés par Poisson, et qu'il a appelés *La loi des grands nombres* : c'est sur elle que sont fondées les applications capitales du calcul des probabilités.

Vers la fin du siècle dernier, Turgot, convaincu de la possibilité d'appliquer l'analyse aux événements moraux, engagea Condorcet, alors secrétaire perpétuel de l'Académie des Sciences, à soumettre au calcul des probabilités les témoignages, les votes et les décisions des assemblées délibérantes et les jugements des tribunaux. Condorcet suivit les inspirations de Turgot, et publia, mais après la mort de ce grand homme d'État, son *Essai de l'application de l'analyse à la probabilité des décisions rendues à la pluralité des voix*. Ce travail est propre à rappeler l'attention sur ce genre de recherches, mais il n'a point tracé la route à suivre pour fournir des résultats utilement applicables. Condorcet d'ailleurs ne se fit pas illusion sur l'importance de son œuvre, car il la termine en disant que « la difficulté d'avoir des données assez sûres pour y appliquer le calcul l'a forcé à se borner à des aperçus généraux et hypothétiques ». Néanmoins, en jetant un regard en arrière, on voit combien avait grandi déjà la nature des investigations auxquelles servait une science qui avait commencé par d'innocentes questions de jeux. À l'époque dont nous parlons, Laplace préparait sa *Théorie analytique des Probabilités* : on peut lire dans son *Essai philosophique sur les Probabilités* tous les renseignements précieux que lui a fournis cette nouvelle branche des sciences mathématiques pour le guider dans l'étude du mouvement de la lune, du flux et du reflux de la mer; dans l'examen des grandes irrégularités des planètes Saturne et Jupiter ; c'est par le calcul des probabilités qu'il fut conduit à la loi remarquable qui règle les mouvements moyens des trois premiers satellites de Jupiter ; le même calcul lui fut encore un puissant auxiliaire pour émettre l'explication très-plausible qu'il a fournie sur la formation de notre système planétaire. C'est qu'en effet la théorie des probabilités prête un heureux appui aux sciences fondées sur l'observation, et soumises par conséquent aux chances d'erreurs provenant, soit des instruments, soit de causes extérieures accidentelles, soit des observateurs eux-mêmes; il guide sur le choix des résultats auxquels il attache le degré de confiance qu'il leur apporter. Le perfectionnement inespéré des tables astronomiques tient en grande partie aux progrès récents faits dans ce genre par l'analyse des probabilités.

L'application du calcul des probabilités aux phénomènes physiques n'a jamais été contestée ; on a toujours admis qu'il est possible d'évaluer, d'estimer les chances d'arrivée d'une multitude d'événements physiques : par exemple, la probabilité de la perte d'un navire, celle d'un incendie, etc. Les événements moraux, au contraire, ont toujours rencontré une assez vive opposition, mais principalement depuis que Condorcet et Laplace ont échoué dans leurs recherches sur la probabilité de l'exactitude des jugements rendus à la pluralité des voix. Or, l'on s'est trop hâté de prononcer à cet égard l'impuissance du calcul des probabilités. Les deux géomètres que nous venons de citer avaient envisagé le problème sous un point de vue qui le rendait insoluble : on ne poura jamais prononcer que tel accusé condamné est réellement innocent ou réellement coupable. Il ne faut donc pas se proposer de rechercher la probabilité de la culpabilité ou de l'innocence absolue d'un individu. Une telle question est du ressort de Dieu seul. Il faut rechercher seulement la chance que tel accusé court d'être condamné ou acquitté d'après les charges qu'il a contre lui, et le jury d'ailleurs n'augmentant ni ne diminuant son degré habituel de sévérité. Empressons-nous même d'ajouter que le problème deviendrait insoluble s'il s'agissait, comme nous semblons le dire, d'un jugement particulier. On ne peut arriver qu'à des résultats moyens ; il faut, pour pouvoir résoudre la question, envisager un grand nombre d'accusés. Les comptes de la justice criminelle donnent pour chaque année la proportion des condamnés au nombre total des accusés ; ils distinguent même les crimes et les sexes. Ce qu'il y a de bien remarquable, c'est qu'avec une législation donnée et un état social permanent, au moins pendant quelques années, la proportion des condamnés est constante : ainsi, il y avait en France chaque année avant 1830 61 condamnés pour 100 accusés, sans distinction de crimes. Le calcul des probabilités se sert de ces données statistiques pour en déduire une statistique supérieure en quelque sorte : il permet ainsi de trouver dans la statistique ordinaire des résultats que l'on ne saurait y découvrir sans le puissant secours qu'il donne. Poisson a le premier ouvert cette voie féconde aux mathématiques : les travaux remarquables qu'il y a faits dans ce genre, et consignés dans ses *Recherches sur les Probabilités des Jugements*, ajoutent un titre important à tous ceux qu'il s'est déjà créés dans les sciences.

Aux personnes dont nous n'aurions pas vaincu l'incrédulité par ce qui précède, et qui persisteraient à croire que le bon sens et l'instinct sont des guides suffisamment sûrs dans l'examen des problèmes qui dépendent de l'ordre moral, nous pourrions citer plusieurs exemples où ces guides se trouveraient certainement impuissants; mais nous nous bornerons à un seul, qui nous semble assez concluant. Dans les affaires civiles, il faut au moins trois juges pour prononcer un jugement de première instance, et sept pour prononcer un arrêt d'appel. Pour être valable, cet arrêt doit avoir été rendu à la majorité de quatre au moins contre trois ; et il est péremptoire, quel qu'ait été le jugement de première instance. Or, le ministre de la justice pourrait imaginer, dans un but d'économie par exemple, de réduire le nombre des juges de la cour impériale à six ; et alors que faudrait-il faire dans le cas de partage ou de trois contre trois ? Y aurait-il pour les plaideurs même degré de garantie que précédemment ? Aurait-on la même probabilité de voir le bon droit assuré, en établissant que dans le cas de partage le jugement d'appel devrait être regardé comme confirmant le jugement de première instance ? Le meilleur bon sens, le meilleur instinct, ne sauraient remplacer le calcul dans ces questions comme dans une foule d'autres.

Nous ne pouvons mieux terminer cet article qu'en citant l'opinion de Laplace sur le calcul des probabilités, auquel il a fait faire des progrès immenses : « La théorie des probabilités, dit-il, n'est au fond que le bons sens réduit au calcul; elle fait apprécier avec exactitude ce que les esprits justes sentent par une sorte d'instinct, sans qu'ils puissent souvent s'en rendre compte; elle ne laisse rien d'arbitraire dans le choix des opinions et des partis à prendre, toutes les fois que l'on peut, à son moyen, déterminer le choix le plus avantageux. Par là elle devient le supplément le plus heureux à l'ignorance et à la faiblesse de l'esprit humain. Si l'on considère les méthodes analytiques auxquelles cette théorie a donné naissance, la vérité des principes qui lui servent de base, la logique fine et délicate qu'exige leur emploi dans la solution des problèmes, les établissements d'utilité publique qui s'appuient sur elle, et l'extension qu'elle a reçue et qu'elle peut recevoir encore, par son application aux questions les plus importantes de la philosophie naturelle et des sciences morales; si l'on observe ensuite que dans les choses même qui ne peuvent être soumises au calcul, elle donne les aperçus les plus sûrs qui puissent nous guider dans nos jugements, et qu'elle apprend à se garantir des illusions qui souvent nous égarent, on verra qu'il n'est point de science plus digne de nos méditations et qu'il soit plus utile de faire entrer dans le système de l'instruction publique. »

Auguste CHEVALIER, député au corps législatif.

PROBITÉ (du latin *probitas*), « droiture de cœur qui porte à l'observation stricte et constante des devoirs de la justice et de la morale, dit l'Académie. » « C'est, dit un moraliste, l'habitude d'agir conformément à la loi morale qui parle à tous les hommes, quel que soit le culte qu'ils professent; c'est le vif sentiment du bien et du mal dans le commerce de la vie, et la répugnance la plus prononcée pour tout ce qui est injuste et déloyal. » La *probité* se rapproche de l'*intégrité* et de l'*honnêteté*. Roubaud fait entre ces mots les différences suivantes : « La probité rend le commerce sûr, l'intégrité le rend sain, l'honnêteté le rend doux et salutaire. La probité exclut toute injustice, l'intégrité la corruption, l'honnêteté le mal et même les mauvaises manières de faire le bien. » Juvénal comparait la probité au sein de la mer. L'une, disait-il, rassemble toutes les rivières, et l'autre toutes les vertus pour en composer l'homme de bien. La probité n'implique pas les idées de sacrifice au même degré que le désintéressement, mais elle réprouve tout calcul personnel qui pourrait porter atteinte à des droits positifs opposés aux nôtres. Elle est l'âme du commerce, elle fait la sûreté des transactions : aussi Solon regardait-il la probité reconnue comme le plus sûr de tous les serments. Malheureusement trop souvent, « la probité est louée; mais elle se morfond, » a dit dans sa sagesse des nations : « La probité est louée; mais elle se morfond. » Néanmoins, bien des exemples prouvent qu'en définitive le droit chemin est le plus sûr en morale, comme il est le plus court et en géométrie.
L. LOUVET.

PROBLÉMATIQUE. *Voyez* ÉQUIVOQUE.

PROBLÈME. En mathématiques, on donne ce nom à toute question proposée qui exige une solution. La résolution d'un problème, pour être complète, doit renfermer sa *discussion*, c'est-à-dire l'examen des cas particuliers qui peuvent se présenter et l'interprétation des valeurs singulières des inconnues. En géométrie, il faut, en outre, donner la *construction* de ces inconnues, ou les méthodes graphiques à l'aide desquelles on peut arriver à leur représentation.

Dans les sciences morales et historiques, on applique souvent le nom de *problème* à des questions sur lesquelles on n'a que des données contradictoires, ou qui se trouvent encore entourées d'une obscurité telle que l'on peut également soutenir le pour et le contre. Cette expression s'applique aussi vulgairement à tout ce qui est difficile à concevoir : *L'homme est pour lui-même un grand problème.*

PROBOSCIDE (du grec προβοσχίς, trompe) se dit, en blason, de la trompe de l'éléphant (*voyez* MEUBLES).

PROBOSCIDIENS. *Voyez* PACHYDERMES.

PROBUS (MARCUS AURELIUS), empereur romain, né à Sirmium, dans la Pannonie, l'an de J.-C. 232, d'une famille obscure. Tribun à vingt-deux ans, il arriva par degrés jusqu'au commandement en chef, qu'il exerçait avec gloire en Orient lorsqu'on apprit le meurtre de Tacite. Les légions de Probus ne balancèrent pas à le proclamer auguste. Mais la vertu est humble : « Vous n'y avez point assez pensé, disait-il à ses soldats; je ne sais pas vous flatter. » Il fut pourtant forcé de vaincre cette irrésolution. Florien, frère de Tacite, voulut revendiquer l'empire à titre d'héritage; mais la comparaison des deux empereurs amena la perte de Florien et le triomphe de Probus. Le sénat écrivit à ce dernier : « Que Probus gouverne la république comme il l'a servie! » Toutes ces hautes espérances furent réalisées : les Germains, les Bourguignons, les Vandales, les Goths, furent vaincus, les Perses forcés à demander une honteuse paix. Ce n'était pas assez pour ses vues sages et étendues : il voulut faire de ses soldats des citoyens, appliquer son armée à des travaux publics : la vigne fut implantée dans les Gaules, l'Espagne et la Pannonie. Mais les Romains étaient dégénérés, et les mesures d'un sage empereur ne furent pas comprises par des hommes qui ne redoutaient rien tant que la discipline. Il se préparait à aller porter la guerre jusqu'en Perse, lorsqu'il fut tué en 282, par des soldats séditieux qu'il occupait à des travaux publics près Sirmium. Carus fut son successeur.

PROBUS (MARCUS VALERIUS), célèbre grammairien latin, était originaire de Béryte en Syrie, et vécut au premier siècle de notre ère, sous Néron, jusqu'au règne de Domitien. Outre divers ouvrages aujourd'hui perdus, il écrivit des commentaires sur Virgile et sur Térence, qui d'ailleurs ne sont pas parvenus complets jusqu'à nous. Quant aux *Institutionum grammaticarum Libri duo* et à une dissertation relative à la sténographie des Romains, *De interpretandis notis Romanorum*, qu'on lui attribue, elles sont évidemment d'une époque postérieure.

PROCÉDÉ (du latin *procedere*, s'avancer). On appelle ainsi, en chimie, une opération de l'art ou de la nature au moyen de laquelle on modifie l'essence d'un corps. Les principales opérations chimiques par lesquelles on modifie les corps sont la *dissolution*, l'*évaporation*, la *distillation*, la *fusion* et la *sublimation*. La nature emploie les mêmes *procédés* que la science.

Au moral, *procédé* se dit de la manière d'agir envers quelqu'un.

PROCÉDURE (du latin *procedere*, s'avancer). La procédure en effet règle la manière de *procéder*, de *marcher* dans la réclamation que l'on porte devant la justice. C'est cette partie essentielle de la science du droit qui embrasse les règles à observer lorsqu'il s'agit de faire prononcer par les tribunaux sur les contestations relatives 1° à l'usage, à la disposition ou à l'affermissement des propriétés; 2° à l'état des personnes; 3° aux atteintes contre la sûreté des personnes ou des propriétés. Dans les deux premiers cas on la nomme *procédure civile*; dans le dernier, *procédure criminelle*.

La procédure civile se divise en *judiciaire* et *extra-judiciaire* : la première comprend la série des actes à faire pour obtenir jugement; la seconde consiste dans certains actes particuliers qui, ne supposant pas un différend, ne sont pas nécessairement suivis de la décision d'un tribunal : tels sont, par exemple, les actes prescrits pour arriver au partage d'une succession, pour vendre certains biens, etc.

Rapidité dans la marche, brièveté dans les délais, simplicité dans les formes, économie dans les frais, autant que cela est compatible avec une instruction suffisante, tels sont les principes essentiels que les législateurs ont cherché à réaliser en matière de procédure. Ont-ils toujours atteint leur but? Non, sans doute, nous n'hésitons pas à le reconnaître. En général, la justice coûte cher, et se fait longtemps attendre. Des procès ruinent parfois ceux qui les gagnent. Au civil, des formalités dispendieuses dont on n'aperçoit pas bien clairement le but; au criminel, des précautions parfois excessives, dont l'effet est de compromettre, sur de légères apparences, la liberté individuelle, prolongent indéfiniment les procédures, et nuisent au respect dû à la justice. L'œuvre est donc fort loin de la perfection; elle réclame encore des améliorations nombreuses; c'est le cri général.

Quoi qu'il en soit, il suffit de jeter un coup d'œil sur les lois modernes pour se convaincre de leur éclatante supériorité sur les lois romaines et sur celles de l'ancienne monarchie française. Il est constant que nos législateurs se sont attachés à prescrire les formes les plus rapides et les moins coûteuses, surtout dans les procédures sommaires, comme celles des tribunaux de paix et de commerce. Ce qui ne laisse aucun doute à cet égard, c'est qu'ils ont préféré souvent sacrifier certaines règles, certains principes, afin d'obtenir plus sûrement et cette rapidité et cette économie dont nous parlions tout à l'heure. C'est ainsi, par exemple, qu'ils ont astreint les juges à statuer par une seule et même décision sur une demande *provisoire* et sur une demande *définitive* ; c'est ainsi encore qu'ils ont accordé des prérogatives aux parties *les plus diligentes*, conformément aux anciens axiomes : *Prior tempore, potior jure. Vigilantibus jura subveniunt.*

La nécessité de faire observer rigoureusement les règles établies, afin de garantir les justiciables contre les surprises, les erreurs ou l'arbitraire, a conduit le législateur à prescrire des nullités, des déchéances, dont l'effet est souvent irréparable ; c'est ce qui a donné naissance à cet axiome : *La forme emporte le fond*, contre lequel se récrient la plupart des gens du monde. Voltaire écrivait un jour à un magistrat qu'il ne serait pas mal de trouver quelque *biais* pour que le *fond l'emportât sur la forme*. Le mot était joli ; il fit fortune, et en effet ce vœu, exprimé alors par l'illustre écrivain, répondait assez bien à l'opinion générale sur les inconcevables et inextricables formalités qui à cette époque entravaient le cours de la justice. Mais aujourd'hui, avec quelques réflexions sur la marche des affaires et sur l'esprit du temps, on verra que ce biais ne serait autre chose peut-être qu'un pouvoir arbitraire ou une funeste précipitation de jugement. La procédure est une institution nécessaire.

Auguste Husson.

Les formes de la *procédure administrative* sont fixées pour les affaires portées devant le conseil d'État par le décret du 22 juillet 1806. Devant les conseils de préfecture, les affaires sont instruites sur mémoires, et les communications ont lieu par voie de correspondance administrative.

PROCÉDURE CIVILE (Code de). Un arrêt du 3 germinal an x nomma une commission qui fut chargée de préparer un projet de code de procédure civile. Cette commission fut composée de Treilhard, Try, Berthereau, Seguier et Pigeau. Le projet, auquel ce dernier eut la plus grande part, fut précédé d'observations préliminaires, rédigées par Treilhard, et adressé aux tribunaux pour avoir leur avis. Du reste, on suivit pour ce code la marche que l'on avait suivie pour le Code Civil. Ce fut celui de tous que l'on discuta le moins au conseil d'État ; la discussion s'ouvrit le 30 germinal an xiii, et fut terminée le 29 mars 1806, après vingt-trois séances. Il se divise en deux parties : la première intitulée *Procédure devant les tribunaux*, la seconde *Procédures diverses*. La première partie comprend elle-même cinq livres, la seconde trois. Le livre premier de la première partie se subdivise en neuf titres ; il est intitulé *De la justice de paix* ; le livre second, intitulé *Des tribunaux inférieurs*, se subdivise en vingt-cinq titres ; le livre troisième, intitulé *Des tribunaux d'appel*, ne contient qu'un titre unique ; le quatrième livre, qui a pour titre *Des voies extraordinaires pour attaquer les jugements*, contient trois titres ; le livre cinquième, intitulé *De l'exécution des jugements*, en contient seize. Le livre premier de la seconde partie contient douze titres ; le livre second, qui traite *Des procédures relatives à l'ouverture d'une succession*, en comprend dix, et le titre troisième n'en comprend qu'un. Le Code entier forme mille quarante-deux articles.

Le Code de Procédure n'a subi depuis sa promulgation que très-peu de modifications ; les plus importantes sont celles qui résultent des lois des 25 mai 1838, 11 avril 1839, 3 mars 1840, 2 juin 1841, sur les ventes judiciaires d'immeubles ; 24 mai 1842, sur la saisie des rentes sur particuliers. Le texte officiel a été revisé en 1842 ; cependant, il est peut-être le plus imparfait, quoique plusieurs lois et décrets postérieurs soient encore venus y apporter quelques améliorations partielles.

PROCÈS (du latin *procedere*, avancer). On nomme ainsi toute instance liée devant les tribunaux entre deux ou plusieurs parties. Tout procès intenté commence nécessairement par une *demande*, et se termine par un *jugement*. La demande et les actes écrits ou défenses verbales qui la suivent forment l'*instruction*.

Procès s'emploie souvent au figuré pour désigner une querelle, une lutte, une rivalité, une contestation quelconque, qui ne suppose point un différend judiciaire.

PROCÈS CILIAIRES. Voyez ŒIL.

PROCESSION, marche solennelle du clergé et du peuple, qui se fait dans l'intérieur de l'église ou au dehors, en récitant des prières et en chantant les louanges de Dieu. L'usage des processions est commun à presque toutes les religions. On trouve dans l'Ancien Testament des exemples qui prouvent que les Juifs admettaient ces pieuses marches parmi les cérémonies de leur culte. L'époque de l'institution des processions dans le christianisme est ordinairement fixée au règne de Constantin le Grand.

La confrérie de Sainte-Gertrude, établie à Nivelle, faisait tous les ans, le lendemain de la Pentecôte, une procession solennelle. On y voyait d'abord paraître un homme à cheval, portant assise en croupe une fille, choisie entre les plus belles, pour représenter la sainte. Devant elle, un jeune homme alerte, figurant le diable, faisait mille sauts, mille gambades, tâchant, par ses gestes bouffons, de faire rire la sainte, qui s'efforçait de conserver sa gravité. De jeunes filles suivaient, portant l'image de la Vierge.

Dans la procession des *disciplinants*, qui se faisait en Espagne le vendredi saint, en l'honneur de la passion de Jésus-Christ, on voyait d'abord paraître un long bonnet couvert de toile de batiste, de la hauteur d'un mètre et de la forme d'un pain de sucre, d'où pendait un morceau de toile, qui tombait par devant et leur couvrait le visage. Ces *disciplinants* avaient des gants et des souliers blancs, et ils portaient à leur bonnet un ruban de la couleur qui plaisait le plus à leurs dames. Ils se fustigeaient en cadence, avec une discipline de cordelettes, où l'on attachait au bout de petites boules de cire, garnies de verre pointu. De retour chez eux, les *disciplinants* se frottaient avec des éponges trempées dans du sel et du vinaigre, et se plongeaient ensuite dans la débauche d'un somptueux repas, pour flatter la chair qu'ils avaient si maltraitée.

Dans la procession du *Rosaire* à Venise, dont les dominicains s'honorent d'être les inventeurs, on voyait d'abord paraître une troupe de jeunes garçons, les plus beaux et les mieux faits, qui représentaient des anges et des saints ; avec eux il y avait aussi un grand nombre de jeunes filles, d'une beauté et d'une taille d'élite, qui représentaient des saintes. Chacune avait le nom du personnage qu'elle figurait. Parmi toutes ces jeunes filles étaient dispersés quelques jeunes égrillards, déguisés en diables, avec de longues queues, des cornes et des griffes. Leur emploi était de gesticuler auprès des saintes et de tâcher de les distraire par les postures les plus grotesques. Enfin, une jeune et belle fille, portée sur un bancard, et remarquable par son éclatante parure, par le sceptre et par le bandeau royal fermait la marche. Tous ces attributs, ainsi qu'un rosaire d'une dimension extraordinaire et dont les grains étaient d'une grosseur prodigieuse, faisaient aisément reconnaître que ce personnage représentait la sainte Vierge.

A Madrid, à Lisbonne, à Rio-Janeiro, il y a encore de solennelles processions, entre autres celle de Saint-Georges, le grand guerrier, dont le mannequin, soutenu par deux écuyers sur un cheval richement caparaçonné, parcourt annuellement les rues et les places de ces capitales.

Nous ne rappellerons pas tout ce qu'on a dit des processions d'hommes et de femmes en chemise, et même nus, qui ont eu lieu longtemps en France, ni celles des *flagellants* et des mignons de Henri III, couverts de cilices, et se fustigeant par les rues de Paris. Citons seulement la procession dansante qu'on célèbre chaque année le mardi de la Pentecôte à Echternach (grand-duché de Luxembourg). Elle consiste à franchir, au moyen d'un branle ou danse de trois pas en avant et deux en arrière, l'espace entre le pont de la Sure et l'église où git, sous l'autel, la tombe de saint

Willibrod, évêque d'Utrecht, patron d'Echternach. Les sauteurs sont au quatre de front, se tenant par les mains ou par leurs mouchoirs, rangés en escouades de plusieurs centaines, ayant chacune son corps de musique. Arrivé à l'église, on passe devant l'autel et les reliques du saint; on dépose son offrande, on fait le tour de sa nef. On attribue cette procession bizarre à une épidémie qui autrefois sévit sur les bestiaux du pays. Ceux-ci, atteints d'une sorte de frénésie, sautaient et gambadaient dans leurs étables jusqu'à ce que mort s'ensuivît. Le peuple fit vœu pour conjurer le fléau d'aller sauter lui-même en l'honneur de saint Willibrod : ce qui fut suivant la tradition couronné d'un plein succès.

Quand l'empereur de la Chine va dans quelque grande pagode offrir des sacrifices aux idoles, le cortège pompeux dont il est suivi forme la plus magnifique procession qu'il soit possible de voir.

L'usage des processions était également commun chez les anciens. On trouve la description d'une procession en l'honneur de Diane au livre XI de *L'Ane d'Or*, d'Apulée.

En 1583 les ligueurs inventèrent ce qu'on appelait alors les *processions blanches*. On allait avec croix, bannières et torches allumées jusqu'à trois ou quatre journées de chemin, les yeux baissés, en bel ordre, deux à deux, et un linge blanc par-dessus les habits ordinaires; quelques-uns même se mettaient nu-pieds, et tous portaient une petite croix d'une main et un cierge allumé de l'autre. Un de la bande tenait une lanterne pour conserver le feu par les champs, et pour fournir de la lumière dans le cas où les cierges venaient à s'éteindre. Les prêtres venaient ensuite; l'un d'eux portait le saint-sacrement sous un dais blanc, supporté par les plus honorables du cortège.

Dans toute l'Église catholique, les plus célèbres processions sont aujourd'hui celles du saint-sacrement, le jour et pendant l'octave de la Fête-Dieu. Un décret du 24 messidor an XII a réglé les honneurs à leur rendre. Elles ne doivent pas sortir dans les villes où un nouveau culte reconnu compte une imposante population. En grand honneur sous la Restauration, elles furent interdites hors des églises pendant le règne de Louis-Philippe. Elles ont reparu sous le nouvel empire.

PROCÈS-VERBAL. On donne ce nom à tout acte par lequel un magistrat, un officier public, un agent de l'autorité, un arbitre, un expert, rend compte de ce qu'il a fait dans l'exercice de ses fonctions, de ce qu'il a vu, de ce qui s'est fait ou dit en sa présence.

En matière civile, les procès-verbaux sont destinés à constater d'une manière certaine et authentique les faits qui doivent servir de base aux discussions d'intérêt privé : ils sont dressés par les notaires, les huissiers, les greffiers, les juges de paix, ou par des juges commis à cet effet par un tribunal. Ces procès-verbaux font toujours foi de ce qu'ils contiennent jusqu'à *inscription de faux*.

En matière de police, en matière correctionnelle et criminelle, un grand nombre de fonctionnaires ont le droit de rédiger des procès-verbaux : tels sont les officiers de police judiciaire, les gendarmes, les gardes champêtres, les préposés des douanes, de la régie des contributions indirectes, de la direction des domaines, du timbre et de l'enregistrement, etc. Tous ces actes ont pour but d'assurer l'exécution des lois répressives.

La preuve contraire par écrit ou par témoins est admise contre les procès-verbaux de ceux des agents de l'autorité auxquels la loi n'accorde pas le droit d'être crus jusqu'à inscription de faux ; tels sont, entres autres, ceux qui sont dressés par les gardes champêtres.
A. HUSSON.

Par extension on appelle *procès-verbal* un compte rendu par écrit, dans lequel le secrétaire d'une assemblée rend compte de ce qui s'est passé dans sa dernière séance.

PROCHAIN, dans l'Écriture Sainte, signifie quelquefois un proche parent, d'autres fois un homme du même pays, de la même tribu; souvent il désigne un voisin ou un ami.

Mais lorsque Dieu nous commande d'aimer le prochain comme nous-mêmes, il veut que nous ayons de la bienveillance pour tous les hommes sans exception, et que nous leur fassions à tous du bien. C'est ainsi que Jésus-Christ l'entend dans la parabole du Samaritain charitable.

PROCHRONISME. Voyez ANACHRONISME.

PROCIDA, la *Prothyta* des anciens, petite île dépendant du royaume de Naples, de 11 kilomètres de circuit, dans le golfe de Naples, entre l'île d'Ischia et le cap Misène, est d'une rare fertilité et ne forme qu'un vaste verger. Les habitants, au nombre de plus de 15,000, connus comme marins intrépides, se livrent avec succès à la pêche du thon sur leurs côtes et à celle du corail sur la côte d'Afrique.

Au moyen âge cette charmante île était la propriété du célèbre Jean DE PROCIDA, le principal instigateur des vêpres siciliennes.

La petite ville de *Procida*, située sur les bords de la mer, ayant un bon port et un château de plaisance royal, compte 4,000 habitants, aussi industrieux que commerçants.

PROCIDENCE DE L'IRIS. On a donné aussi à cette affection les noms de *hernie de l'iris*, et de *staphylome de l'iris*. Cette maladie a lieu toutes les fois que l'iris sort à travers la cornée transparente, quelle que soit la nature de l'ouverture qui y existe. L'on comprend donc qu'il doit y avoir différentes espèces de *procidences de l'iris* : les unes sont le résultat de blessures faites à la cornée, à travers lesquelles l'humeur aqueuse s'échappe et entraîne avec elle l'iris : il en est d'autres qui sont le résultat d'ulcérations perforantes, au travers desquelles l'iris s'échappe. En raison de sa forme et de sa grosseur, la procidence irienne reçoit des dénominations variées. Est-elle grosse comme une tête de mouche, on lui donne le nom de *myocéphalon* ; est-elle étranglée à son passage et plus large à sa sortie, on l'appelle *clou* ou *hylon* ; différentes petites tumeurs se groupent-elles ensemble, on les nomme *procidences rameuses* ou *raisinières*.

Il arrive parfois que ces tumeurs de l'iris sont peu développées au moment de leur origine; peu à peu elles grossissent, et finissent par se recouvrir d'un tissu presque fibreux. Pour peu que la tumeur soit proéminente, la pupille est déformée, et cette déformation est d'autant plus grande que la procidence irienne se trouve plus rapprochée du centre de la cornée. Comme on le voit, la procidence de l'iris est une maladie grave, qui peut en même temps non-seulement faire perdre la vue, mais encore déformer l'œil : cela est si vrai que souvent l'ulcération continue, et que l'œil finit par se vider. Les indications curatives principales sont, 1° de chercher à faire rentrer l'iris, soit en foulant avec précaution à l'aide d'un petit stylet, soit en obtenant une dilatation forcée de l'iris, au moyen de la belladone; dans quelques cas, l'on peut combiner l'excision de la partie herniée avec la cautérisation.
D' CARRON DU VILLARDS.

PROCLIDES. Nom des descendants de *Proclès*, fils d'Aristodème, qui régnèrent à Sparte concurremment avec les *Agides*, de l'an 1185 à 219 av. J.-C. On les nomme aussi *Eurypontides*, d'Eurypon, un des successeurs de Proclès.

La race des *Proclides* fournit vingt-cinq ou vingt-six rois. En 219 av. J.-C., le tyran Lycurgue, de la famille des Proclides, s'empara du pouvoir unique, et mit fin au gouvernement des Agides.

PROCLUS, philosophe néoplatonicien, mathématicien, poëte et grammairien, naquit à Constantinople, l'an 412, sous le règne de Théodose le jeune ; mais il fut surnommé *Lycien*, parce que sa famille était de la ville de Xanthe en Lycie, et qu'il y passa lui-même une partie de sa jeunesse. On a aussi appelé Proclus *Diadochos* (successeur), parce que Syrianus, son maître, l'avait désigné sous ce nom à ses autres disciples, comme le véritable héritier de son enseignement. Toutefois, la philosophie n'avait pas été le premier objet de ses études ; son père l'avait d'abord destiné à l'éloquence judiciaire. La science eut plus d'attraits pour Proclus. Il en reçut les premières leçons à Alexandrie, de la bouche d'Olympiodore, qui professait le syncrétisme. Peu satisfait de ce maître, il se rendit ensuite à Athènes, où florissait depuis peu, sous Plutarque et sous Syrianus, l'école du néoplatonisme, et où plus tard il contribua lui-même à la fixer. Enseignant ostensiblement la philosophie de Platon, et abritant sous le manteau de ce philosophe, révéré même des chrétiens, son Apollon, sa Minerve et tous ses dieux proscrits, Proclus, se livrant en leur nom et au nom des démons à la magie, à la divination, à toutes les pratiques de ce qu'on appelait alors la *théurgie*, vit ses jours menacés; il fut forcé de disparaître un instant; il en profita pour voyager en Asie et étudier le culte des différents peuples de cette contrée.

Après un an de séjour en Lydie, il revint en Grèce, et rouvrit son école à Athènes. Ce fut là que jusqu'à sa mort, arrivée en 485, il continua d'enseigner publiquement les dogmes néoplatoniciens, sauf à ne confier qu'à des hommes d'une discrétion éprouvée la partie secrète de sa doctrine. Sa prétention, assez mal justifiée par ses écrits, est de revenir à Platon, et de faire descendre le néoplatonisme des hauteurs nébuleuses où l'avait porté le génie hardi, mais obscur, de Plotin. Il se flatte encore de se rapprocher du disciple de Socrate en employant à la démonstration de ses doctrines une suite de raisonnements réguliers, subordonnés à un enchaînement logique ignoré des autres néoplatoniciens. Quant au fond même des choses, il s'écarte quelquefois sensiblement des dogmes de Plotin. Il affirme que de l'unité de Dieu doit émaner une multiplicité qui lui ressemble, et étant, comme lui, divine et une. De là une sorte de hiérarchie composée des dieux *supra-cosmiques*, et *cosmiques intelligibles et intellectuels*.

L'intuition de *l'absolu* était la base du système de Plotin ; mais Proclus, suivant plus rigoureusement dans ses conséquences le principe de *l'émanation*, exige entre l'âme et Dieu l'intervention des démons. Il suppose l'âme humaine moins parfaite, moins impassible, moins indépendante du corps, et la conçoit comme ayant besoin de secours. C'est ainsi qu'il amène la nécessité de la théurgie, l'efficacité des purifications, des consécrations, etc. Il avait fait dans ces pratiques d'immenses progrès : selon ses disciples, il eut commerce avec les démons; il opéra des prodiges. Sa prière avait la vertu de guérir. Il attribuait au nom de Dieu une vertu surnaturelle ; l'art magique lui permettait de commander aux éléments, et la vérité lui était divinement révélée en songe. Apollon, Minerve, Asclepios, furent pour lui l'objet d'un culte tout particulier ; mais il étendait aussi ses hommages à tous les dieux de toutes les religions, et disait que le philosophe est le prêtre de tout l'univers.

Sa vie aurait été conforme à ce rôle qu'il se donnait, suivant sa biographie, ou plutôt son panégyrique par Marinus, son disciple enthousiaste. On y voit pourtant que Proclus était sujet à s'emporter, avide de louanges; que le célibat ne lui fut pas toujours pour lui la continence, et que ses privations les plus pénibles consistaient dans les jeûnes réguliers et sévères qu'il s'imposait.

Ses œuvres philosophiques tiennent le premier rang parmi ses écrits : son commentaire *Sur le Timée de Platon* était celui qu'il estimait le plus. On a de lui aussi des observations sur le premier *Alcibiade*, sur le *Parménide*, sur le *Cratyle*, autres dialogues de Platon et sur le traité *De la République*; une *Théologie de Platon* et une *Intuition théologique*. Aux œuvres philosophiques de Proclus peuvent se rattacher ses dix-huit arguments *Contre les chrétiens*, où il combat la création et établit l'éternité du monde. Comme mathématicien, il a laissé un traité *Du mouvement*, écho de la physique d'Aristote ; un traité *Des Positions astronomiques*, des commentaires *Sur le premier livre des Éléments d'Euclide*, une paraphrase du *Tetrabiblos* de Ptolémée, monument d'astrologie plutôt que d'astronomie. Il a donné à la philologie une *Chrestomathie grammaticale*, connue seulement par les extraits de Photius ; des *Scolies sur Homère*, des *Commentaires sur les Travaux et les Jours* d'Hésiode. Des poésies qu'il composa, il ne nous reste que quatre hymnes au Soleil, à Vénus et aux Muses.   J.-M. BOISTEL.

PROCLUS (Saint), archevêque ou patriarche de Constantinople, avait été lecteur dès ses plus jeunes années, et l'on suppose que c'est en cette qualité qu'il fut connu de saint Jean Chrysostome; on a même dit qu'il fut son secrétaire. Ce qu'il y a de certain, c'est que ce grand homme lui conserva toute sa vie et lui témoigna constamment la plus vive affection. Trois fois Proclus fut proposé pour le siège patriarcal de Constantinople avant d'être promu à cette haute dignité. Il jouit d'un grand crédit auprès de l'empereur Théodose ; et si on lui a reproché son intervention dans la condamnation de Nestorius, on n'a que des éloges pour sa lettre toute chrétienne, tout évangélique, adressée aux Arméniens dans l'affaire de Théodore de Mopsueste. C'est à lui qu'on rapporte l'introduction dans la liturgie du *trisagion*, c'est-à-dire de ces paroles chantées dans l'office sacré : *Saint, saint, saint le Seigneur, le Dieu des armées*. Il gouverna pendant douze ans l'église de Constantinople, et mourut vers le 12 juillet. On a de lui des homélies et des épîtres, qui ne satisfont pas autant notre goût qu'elles plaisaient aux Grecs de son temps.
J.-M. BOISTEL.

PROCONSULS et PROPRÉTEURS. On appelait ainsi à Rome des fonctionnaires qui, sans être eux-mêmes ni consuls ni préteurs, étaient revêtus du pouvoir (*imperium*) consulaire ou prétorien pour administrer une province. Cette magistrature accidentelle fut d'abord attribuée aux consuls et aux préteurs dont un plébiscite, rendu sur la proposition du sénat, prolongeait les pouvoirs à l'occasion d'une guerre, ou siège commencés, quand le temps légal de leurs fonctions était expiré. Le premier exemple qu'on en ait est celui du consul Quintus Publius Philo, l'an 327 av. J.-C. Comme un plus grand nombre de généraux que les magistrats en fonctions était souvent indispensable, il en résulta que le pouvoir formel *proconsulaire* ou *proprétorien* était confié par une résolution du peuple, le plus ordinairement à des individus appartenant aux magistrats sortant de fonctions, et rarement à un simple particulier, comme l'était Publius Cornelius Scipion.

Lorsque, vers les derniers temps de la république, les préteurs ne furent plus chargés de l'administration du pays conquis, mais passèrent à Rome l'année de leurs fonctions, comme firent aussi les consuls, il devint d'usage (quand, après être entrés en fonctions, ils allaient dans les provinces en qualité de gouverneurs) de les revêtir comme proconsuls ou propréteurs de pouvoirs consulaires ou propréteriens. Ces pouvoirs (*imperium*) leur étaient solennellement conférés, à Rome même, ordinairement pour un an, mais plus tard, en ce qui est des proconsuls, pour deux années. Toutefois, ils n'en obtenaient les insignes (les licteurs et les faisceaux) que lorsqu'ils avaient quitté Rome ; et c'est seulement dans la province qui leur était assignée qu'ils pouvaient exercer l'autorité qui en découlait. Leurs pouvoirs expiraient à leur retour, dès qu'ils étaient rentrés à Rome ; et en cas de triomphe, pour qu'ils pussent continuer à en jouir dans la ville il fallait une résolution spéciale du peuple.

Chaque proconsul ou propréteur avait un certain nombre de lieutenants (*legati*), nommés par le sénat, soit spontanément, soit sur la désignation du proconsul lui-même. Leur nombre était proportionné à l'importance de la province. Les proconsuls et les propréteurs avaient encore sous leurs ordres un questeur. Arrivé dans sa province, le proconsul et le propréteur prenaient en main l'autorité civile et militaire. Ils y réunissaient la puissance de toutes les magistratures romaines, celle du sénat, et même celle du peuple ; car en entrant dans leur province ils faisaient les édits d'après lesquels ils se proposaient de gouverner. En un mot, les proconsuls, selon les expressions de Montesquieu, « exerçaient les trois pouvoirs ; ils étaient les pachas de la république ». Une seule barrière arrêtait la tyrannie des proconsuls ; c'était le titre de *citoyen romain*. Sous les empereurs tous les gouverneurs de province portèrent indistinctement le titre de proconsul.

En France, durant le régime de la Convention, les commissaires qu'elle envoyait dans les départements insurgés, dans les pays conquis ou aux armées, furent nommés *proconsuls*, quelquefois par flatterie, plus souvent par réprobation. En effet, si quelques-uns montrèrent du courage, du talent et de l'énergie, combien, comme les Fouché, les Collot-d'Herbois, les Joseph Lebon, effacèrent les excès des Verrès et des Catilina !

PROCOPE, né à Césarée en Palestine, au commencement du sixième siècle, y professa la rhétorique, s'établit ensuite à Constantinople, où il professa également, fut avocat, et devint le secrétaire de Bélisaire, qu'il suivit dans ses expéditions d'Asie, d'Afrique et d'Italie. Décoré par Justinien du titre d'*illustre*, il fut sénateur, et en 562 préfet de Constantinople. Sa vie ne fut pas toutefois sans disgrâce. Il mourut vers la fin du règne de Justinien. Fut-il chrétien ? Fut-il médecin, comme l'ont cru quelques écrivains ? Ce sont là des questions indécises. On a de lui l'histoire de la *Guerre des Perses* et celle de la *Guerre des Goths*. La valeur de ses *Anecdotes*, ou histoires secrètes, a donné lieu à beaucoup de discussions ; on a même contesté qu'il en fût l'auteur. Quoi qu'il en soit, ces anecdotes contiennent de terribles correctifs aux éloges que, dans ses autres ouvrages, Procope a prodigués à Justinien ; elles flétrissent surtout la courtisane Théodora, devenue impératrice. Son traité *Des Édifices* construits ou réparés sous les auspices de Justinien est une production fastidieuse. Il existe un grand nombre d'éditions des œuvres de Procope. La plus complète est celle du P. Maltret, en grec et en latin, 2 vol. in-fol. ; elle fait partie de la collection des historiens byzantins. M. Isambert a donné en 1856 une traduction des *Anecdota*.

Auguste SAVAGNER.

PROCOPE (André), surnommé *le Grand*, et appelé aussi quelquefois Procop Holy (*rasus*), c'est-à-dire le *Tondu*, parce qu'il avait été moine, était le neveu d'un gentilhomme de Prague, qui l'adopta et le fit étudier. Son oncle l'emmena avec lui en France, en Espagne, en Italie, et jusqu'en Palestine. Ordonné prêtre à son retour en Bohême, il accourut auprès de Ziska dès qu'éclata la guerre des hussites, fut nommé capitaine, et exécuta diverses expéditions avec beaucoup de bonheur. A la mort de Ziska (octobre 1424), Procope fut élu pour chef par la plus grande partie des hussites, par les taborites ; et dès l'année suivante, il porta le fer et le feu dans les provinces de l'Autriche. Après s'être réuni aux autres chefs hussites, il anéantit dans la sanglante bataille livrée le 16 juin 1426, sous les murs d'Aussig, l'armée de Misnie, malgré les 20,000 Saxons qui étaient venus la renforcer ; et la nuit suivante il prit la ville d'assaut, puis la réduisit en cendres. En 1427 il expulsa les Autrichiens de la Moravie, et ravagea l'Autriche jusqu'au Danube.

Pendant ce temps-là, une autre bande de taborites, qu'on appelait les *orphanites*, dévastait la Lusace, sous les ordres d'un autre Procope, dit *le Petit*. Les deux Procope réunis envahirent la Silésie, en même temps que la Bohême était impitoyablement ravagée, par suite de la lutte acharnée des taborites et des utraquistes. L'union ne se rétablit parmi les hussites que lorsque le pays se trouva menacé de trois côtés à la fois par des armées de croisés allemands. Procope, à la tête de 15,000 hommes de cavalerie et de 16,000 fantassins, marcha à la rencontre des Allemands, dont les forces étaient de beaucoup supérieures, mais qui furent battus ; puis il parcourut la Silésie ainsi que la Moravie, et pénétra en Hongrie jusqu'à Presbourg, en mettant tout à feu et à sang sur son passage. De leur côté, les Allemands envahirent aussi la Bohême, et n'y commirent pas moins d'atrocités. Pour prévenir une nouvelle expédition des Allemands, Procope envahit, à deux reprises, en 1429 et en 1430, la Misnie, où son armée pilla toute la contrée s'étendant jusqu'à Magdebourg. L'empereur Sigismond lui ayant offert de traiter, Procope se rendit à Egra à la tête d'une suite nombreuse ; mais les négociations entamées furent rompues parce que l'empereur exigea que les hussites se soumissent aux décisions d'un concile. Pendant ce temps le cardinal Julien avait réussi à lever une nouvelle armée de croisés dans les États de l'Empire. Cette armée, forte de près de 100,000 hommes et aux ordres de l'électeur Frédéric de Brandebourg, entra en Bohême en 1431 ; mais à l'approche de l'armée de Procope elle prit honteusement la fuite (14 août 1431) ; et à la bataille de Riesenberg, le cardinal Julien fit d'inutiles efforts pour maintenir l'ordre dans ses rangs. Plus de 12,000 hommes périrent dans cette déroute. Procope le Petit, lieutenant de Procope le Grand, chassa ensuite le duc Albert de la Moravie pendant que son homonyme expulsait de la Bohême les débris de l'armée saxonne et envahissait à son tour la Silésie. Leurs armées s'étant réunies, ils pillèrent et dévastèrent la Hongrie jusqu'au delà de la Waag ; mais repoussés de ce côté, ils firent une pointe sur Francfort en traversant la Lusace. Ils y éprouvèrent encore un échec, et durent alors se séparer. Procope se jeta sur la Silésie, où il consentit à un armistice de deux ans moyennant le payement d'une somme considérable. La Saxe fut réduite à son tour à acheter un armistice de deux années au prix de 9,000 ducats. Enfin, les Pères du concile réuni à Bâle obtinrent des hussites qu'ils consentissent à y envoyer une députation de huit membres, dont Procope fit partie. Dans la discussion qui eut lieu au sujet des quatre articles de foi, Procope prit souvent la parole avec énergie, et soutint notamment que les ordres mendiants étaient l'œuvre du démon. Après qu'on eut bien disputé pendant cinquante jours, les Bohêmes perdirent patience, et s'en retournèrent chez eux. Alors le concile envoya à Prague dix célèbres théologiens et plusieurs princes de l'Empire avec le titre de députés. Il en résulta, sur divers points de doctrine, un rapprochement qui amena la conclusion d'un traité dont Procope ne se tint pas pour satisfait. Enfin, le 30 novembre 1433 fut conclu le traité dit des *compactata* de Bâle, qui accorda aux hussites la communion sous les deux espèces, et qui attribua aux Bohêmes le titre de *Fils aînés de l'Église catholique*. Seuls, avec les taborites et les orphanites, les deux Procope se refusèrent à reconnaître la suprématie du pape : dissidence qui amena de nouvelles luttes sanglantes et prolongées entre eux et les calixtins. Procope ravagea les terres de ses adversaires. Enfin, après divers engagements, fut livrée, le 30 mai 1434, non loin de Bœlmischbrod, une bataille décisive. Quand elle parut décidément perdue pour Procope, les chefs de sa cavalerie prirent la fuite. Quant à lui, entouré de ses plus braves guerriers, il se précipita avec fureur sur les bataillons ennemis, au milieu desquels il trouva la mort. Procope le Petit fut tué à ses côtés. La défaite des taborites fut complète. La ville de Tabor, centre d'action des taborites, ayant dû à son tour se soumettre, la Bohême se trouva pacifiée sans intervention étrangère, et la diète présenta à l'empereur Sigismond des conditions dont l'acceptation par ce monarque eut pour résultat de le faire reconnaître, en 1436, comme roi de Bohême.

PROCOPE (Café). *Voyez* CAFÉS.

PROCRIS. *Voyez* CÉPHALE.

PROCRUSTE. *Voyez* PROCUSTE.

PROCTER (Bryan Waller), poëte anglais, plus connu sous le pseudonyme de *Barry Cornwall*, naquit à Londres, vers la fin du dix-huitième siècle, et fut élevé au collége de Harrow. Il se consacra à la carrière de la jurisprudence, et exerce encore aujourd'hui, à Londres, la profession de *barrister* et les fonctions de commissaire près l'administration des établissements d'aliénés. Ses débuts comme poëte datent de 1815, époque où il fit paraître ses *Dramatic Scenes*, où il s'efforçait d'introduire un dialogue plus naturel dans la littérature dramatique. En 1820 il publia *Mar-*

cian *Colonna*, *an italian tale*, qui eut également un grand succès. L'année d'après, sa tragédie de *Mirandola* obtint le plus brillant accueil sur le théâtre de Covent-Garden. On ne saurait nier cependant que cet ouvrage se prête peu à la représentation, ne fût-ce qu'à cause de son manque de mouvement dramatique. En 1832 on vit paraître ses *English Songs* (nouvelle édition, 1853), dont plusieurs, par exemple *The Sea*, sont devenues tout à fait populaires.

Procter semble avoir pris pour modèles les poëtes de l'époque d'Élisabeth; ses petits poëmes lyriques sont pour la plupart des chefs-d'œuvre. Il s'est aussi essayé comme prosateur. En 1827 il a publié la *Vie d'Edmond Kean* (2 vol.); en 1838, une *Notice sur la vie et les ouvrages de Ben Johnson*, placée en tête de l'édition compacte des œuvres de ce poëte (Londres), et un *Essai sur le génie de Shakespeare*, placé également en tête d'une édition du grand poëte (1843). Il a paru en 1852 un recueil de ses *Essays and tales in prose*.

PROCURATION (du latin *curare pro*, prendre soin pour un autre). C'est le pouvoir donné verbalement ou par écrit par une personne à une autre d'agir en son nom comme elle ferait elle-même. On donne aussi cette dénomination à l'acte qui contient pouvoir d'agir. *Voyez* MANDAT.

PROCUREUR. On nomme *procureur* celui qui agit, soigne ou gère pour autrui, en vertu d'un pouvoir ou *procuration* à lui donnée. Les devoirs et les droits du *procureur fondé* sont ceux du mandataire en général.

Sous l'ancien régime on appelait *procureurs*, *procureurs ad lites*, *procureurs postulants*, des officiers établis pour *postuler* et agir en justice ou non, et dans l'intérêt des plaideurs. L'institution de ces officiers est fort ancienne; des lettres de Philippe VI, du mois de février 1327, attestent l'existence à cette époque des procureurs au Châtelet; en 1321 on voit également la compagnie des procureurs au parlement passer un traité relatif à l'institution d'une confrérie dévote. La loi du 20 mars 1791, qui abolit la vénalité et l'hérédité de tous les offices ministériels près des tribunaux, supprima les procureurs, mais les remplaça par des avoués. Le nom seul était changé.

Les *procureurs fiscaux* étaient des officiers établis dans chaque justice seigneuriale pour y défendre les intérêts publics et seigneuriaux: ils remplissaient près d'elles les fonctions dont s'acquittaient les procureurs du roi près des justices royales.

On appelait *procureur général* l'officier principal chargé des intérêts du prince et du public dans l'étendue du ressort des anciennes cours souveraines; ce titre paraît remonter jusqu'à 1312, et l'on croit qu'il appartint alors à Simon de Bucy.

L'institution des *procureurs du roi* existait dès le treizième siècle, comme le prouvent les registres du parlement de Paris: subordonnés au procureur général de la cour supérieure à laquelle ressortissait le tribunal près duquel ils siégeaient, ils étaient avant la révolution qualifiés devant cette cour de *substituts* du procureur général. Pour les procureurs impériaux et les procureurs généraux impériaux d'aujourd'hui, *voyez* MINISTÈRE PUBLIC. Charles LEMONNIER.

PROCUREUR FISCAL. *Voyez* OFFICE.
PROCUREUR GÉNÉRAL IMPÉRIAL. *Voyez* MINISTÈRE PUBLIC.
PROCUREUR IMPÉRIAL. *Voyez* MINISTÈRE PUBLIC.

PROCUSTE ou **PROCRUSTE** (c'est-à-dire celui qui met à la torture), nom d'un brigand appelé encore *Polypémon* par Pausanias, et *Damastus* par Plutarque. Il faisait son séjour ordinaire à Corydallus, dans l'Attique, et dévastait toute la contrée. L'invention d'un nouveau genre de supplice l'a surtout rendu célèbre. Il consistait à coucher sa victime sur un lit de fer, et, jusqu'à ce que son corps s'y tînt en de certaines proportions, à le raccourcir par d'horribles mutilations, ou à l'étendre par des tiraillements plus affreux encore. Il fut tué par Thésée, près d'Herminone.

Bœttiger a établi sur des probabilités assez fondées que les noms de Procruste, Damaste, Sinis, Philyocampte, désignent le même personnage, et n'emportent qu'une désignation spéciale aux divers supplices qui lui étaient familiers.
DUFAILLY.

PROCUSTE (Le lit de). Si nul ne s'est avisé de renouveler physiquement les horribles expériences du lit de Procuste, en revanche, cette expression est journellement en usage, au figuré. Il se dit d'une chose que l'on rogne ou que l'on allonge contre la raison, sans autre motif que celui de la faire entrer dans un cadre donné, dans une étendue déterminée. C'est ainsi que le besoin de faire tenir un livre en un nombre de volumes indiqué d'avance expose à le faire passer *sur le lit de Procuste*. DUFAILLY.

PROCYON. *Voyez* CHIEN (*Astronomie*).
PRODATAIRE. *Voyez* DATERIE.

PRODIGALITÉ, défaut de mesure dans les dépenses auxquelles on se livre, ou bien encore dans les dons ou les récompenses que l'on distribue; en d'autres termes, c'est une mauvaise administration de son argent ou de sa fortune. Aussi, comme il est de règle générale de marcher en toutes choses à la voix de la raison, la morale réprouve la prodigalité: voilà son premier arrêt; mais elle l'infirme dans bien des cas, et passe du blâme à l'admiration. En ceci, la morale est conséquente avec elle-même; elle se montre sévère ou indulgente suivant les objets auxquels s'attache la prodigalité. Celui qui dans une catastrophe publique se dépouille de ce qu'il possède pour venir au secours des malheureux, ou qui accomplit sa ruine complète afin de sauver sa patrie d'un grand péril, mérite des applaudissements: ce sont là des prodigalités sublimes, devant lesquelles toute pensée d'avenir personnel doit disparaître. Mais il faut prononcer anathème lorsque pour satisfaire les caprices des sens on jette l'or à pleines mains: on est encore coupable lorsque pour attirer les regards de la foule on entretient un luxe somptueux, dont on fait peser les dépenses sur ses créanciers. SAINT-PROSPER.

PRODIGE (du latin *pro*, en avant, devant, et *dicere*, montrer, indiquer). Qu'est-ce que le *prodige*? Un phénomène éclatant, qui sort du cours ordinaire des choses. Le *miracle*, au contraire, est un étrange événement, qui arrive contre l'ordre naturel des choses, tandis que la *merveille* est simplement une œuvre admirable qui efface tout un genre de choses. Ainsi le *prodige* surpasse les idées communes; le *miracle*, toute notre intelligence; la *merveille*, notre attente et notre imagination. Sans cause connue, le soleil perd tout à coup sa lumière: c'est un *prodige*. Un mort secoue les vers du sépulcre, et renaît à la vie: c'est un *miracle*. Un inventeur puissant fabrique des ailes, et s'élance dans les airs: c'est une *merveille*. Il nous semble assez inutile d'ajouter qu'aujourd'hui les prodiges, les merveilles et les miracles ont complétement disparu devant le flambeau de la science, des arts, de la raison ou de la foi.

PRODIGUE. *Voyez* PRODIGALITÉ et DISSIPATEUR.

PRODROME (du grec πρό, devant, et δρόμος, course). Dans les ouvrages scientifiques on donne souvent ce nom à un écrit qui en précède un autre devant paraître dans la suite, qui est l'avant-coureur d'un ouvrage, l'essai et l'idée qu'un auteur donne d'avance de son entreprise.

PRODUCTION, PRODUCTEUR, PRODUIT. Toutes les fois qu'un homme, par l'emploi de ses facultés morales, intellectuelles ou physiques, obtient un résultat que les autres hommes sont disposés à payer ce qu'il coûte, le phénomène de la *production* s'accomplit: cet homme est un *producteur*, et l'œuvre exécutée par lui un *produit*. Le savant qui, dans la solitude du cabinet ou devant les fourneaux du laboratoire, consume ses jours et ses nuits à la recherche des lois qui constituent la vie du monde extérieur; l'agriculteur qui applique à la meilleure culture des champs les découvertes de la théorie; le commerçant qui double et quelquefois centuple la valeur des choses par un simple déplacement; le manufacturier qui, par d'habiles transformations, change en objets précieux les matières les plus viles; l'artiste dont le pinceau, la plume, la parole, les chants, le ciseau, le geste, délassent les autres hommes, les arrachent au cercle étroit de leur spécialité pour réveiller dans leur cœur et dans leur esprit à la fois les idées générales et les sentiments généreux; l'administrateur dont la vigilance assidue procure l'exécution des règlements; le magistrat qui surveille, maintient et dirige l'application de la loi, tous ces hommes sont des *producteurs*. Les *produits du savant* sont les connaissances ajoutées aux trésors de la science, ou vulgarisées par l'enseignement; des fruits, des légumes, des grains, des bestiaux, des laines, des bois, des minerais, des marbres, des pierres à bâtir, etc., etc., voilà ceux de l'agriculteur; des draps, des toiles, des teintures, des quincailleries, des meubles, des comestibles, des habits, et toute la multitude des objets indispensables aux nations civilisées, composent les produits du manufacturier; tout comme les sentiments d'enthousiasme, de dévouement, d'ambition, que les chants, les danses, les drames, les sculptures, les monuments, les peintures, inspirent aux travailleurs, sont les produits de l'artiste.

Mais dans la sévérité du langage économique, le résultat quelconque d'un travail humain ne mérite le nom de *produit* qu'autant qu'il vaut ce qu'il coûte, c'est-à-dire autant que les autres hommes sont disposés à payer, pour en jouir, les dépenses de son établissement. L'homme qui détruirait une valeur égale à cent francs pour en créer une autre égale à quatre-vingts francs ne serait pas un producteur, mais un consommateur improductif; il est même évident qu'il ne pourrait continuer un travail aussi dispendieux sans se ruiner, c'est-à-dire sans détruire à la longue son capital. Cette remarque mène droit à l'une des questions les plus importantes de l'économie sociale. Il peut arriver qu'un homme qui méritera un jour le nom de *producteur*, parce qu'un jour les résultats de son travail payeront bien au delà ce qu'ils auront coûté, poursuive infructueusement durant de longues années, que dis-je? pendant sa vie entière, un but que ses contemporains mépriseront comme chimérique! Il est tel produit que deux ou trois vies d'homme seraient nécessaires pour conquérir, et dont la recherche persévérante, après avoir valu le titre de *fous* aux deux premiers inventeurs, procurera des richesses immenses au troisième, qui ne sera pourtant que le continuateur et l'héritier. Les produits scientifiques ne sont point les seuls qui se fassent souvent acheter au prix de tels sacrifices; il est beaucoup d'œuvres industrielles dont l'utilité demeure longtemps inférieure à la valeur des capitaux, perdus en apparence à les accomplir, et qui plus tard rendent au centuple les frais énormes de leur établissement.

J.-B. Say et les économistes de son école comptent au rang des *producteurs* les *propriétaires fonciers* et les *capitalistes*, quand même ils ne se livrent de leur personne à aucun travail; nous croyons mal fondées les raisons apportées pour justifier cette classification. « L'homme ne crée rien, dit Say; son travail s'applique toujours à quelque chose qui existe antérieurement; les agents naturels, aussi bien ceux dont la jouissance est restée commune, l'air, la lumière, la chaleur solaire, la mer, et toutes les eaux navigables, que ceux que l'appropriation a mis dans le domaine individuel, la terre cultivable, par exemple, ont une action et une part nécessaire dans toute œuvre humaine; en d'autres termes, tout *produit* est le résultat de deux forces unies, la force de l'homme et la force du monde; donc, le propriétaire foncier qui loue sa terre pour que le fermier en tire par l'application de son travail les fruits qu'elle ne donnerait point sans culture, mais que la culture ne saurait produire sans l'aide du sol, concourt à la production, non point directement et de sa personne, mais indirectement et par le moyen de son instrument : de même, puisqu'il est impossible qu'aucune production s'opère sans capitaux, le capitaliste qui détient l'instrument de travail et qui en loue l'usage aux travailleurs, concourt à la production, au même titre, et de la même manière; il ne produit point par lui-même, mais son capital travaille et produit pour lui. » Raisonnement pareil à bien d'autres; conséquence fausse, tirée de prémisses incontestables! Point de production sans la mise en œuvre de la terre et des capitaux; en d'autres termes, point de travail sans instruments : cela est juste et vrai; nécessité par conséquent, si le droit de disposer de ces instruments, terres ou capitaux, se trouve dans le domaine exclusif de quelques-uns, de payer à leurs détenteurs une prime dont l'appât les détermine à permettre l'usage de leur propriété : cela est encore incontestable; mais ne confondez point sous un même nom des hommes dont les fonctions, la situation, le sort et le mérite sont si différents; ne dites point que le propriétaire et le capitaliste prennent part à la production, dites seulement qu'ils n'empêchent point qu'elle ait lieu : ils ne font point, ils laissent faire; et, qui plus est, ils profitent de ce qui se fait.

Puisque toute richesse, c'est-à-dire toute valeur, est un produit, la nation la plus riche est celle qui produit le plus : et une nation comme un individu ne saurait produire trop; mais ce n'est pas à dire qu'il faille produire aveuglément, sans aucune connaissance ni aucun calcul des besoins, ou, pour mieux dire, des ressources des consommateurs. On ne *paye des produits qu'avec des produits* : c'est une vérité admirablement démontrée dans les chapitres consacrés par Say à sa belle théorie des débouchés. On ne peut en effet consommer qu'en payant; et si l'on paye en argent, on n'est devenu propriétaire de cet argent (à moins qu'on ne soit propriétaire foncier ou capitaliste) qu'en échange d'un produit; ce qui revient à dire que le fait de la consommation ne s'accomplit que par l'échange universel que font les producteurs des produits que chacun d'eux met sur le marché; donc, plus on produit, plus on consomme; mais s'il est vrai que l'on ne produit jamais trop tant qu'on reste dans les conditions normales de la production, on produit toujours trop quand le produit amené au marché ne trouve point d'acheteur au prix qu'il coûte; et cela peut arriver de beaucoup de manières, mais principalement quand un désastre subit, une guerre, une épidémie, une mauvaise récolte, appauvrissant plusieurs classes de producteurs, ceux-ci, qui manquent de moyens d'échange, restreignent leurs achats, et communiquent ainsi à d'autres branches de productions la perturbation qui les a d'abord frappés. Il arrive encore que, faute de s'entendre, trop d'individus exploitent à la fois le même genre de production, puis, quand le marché s'ouvre, ne trouvent pas, au prix que leur coûte le produit, des consommateurs assez riches et assez nombreux pour l'écouler en totalité. Dans ces deux cas, il est encore inexact de dire que l'on produit trop, car, au contraire, il est visible que les consommateurs ne s'abstiennent que parce qu'ils manquent eux-mêmes de richesses, c'est-à-dire de produits; mais il faut dire qu'on a relativement trop produit une même chose.

En résumé, la production et la consommation sont deux faits corrélatifs, agissant et réagissant continuellement l'un sur l'autre, et dont la marche normale doit être un redoublement réciproque de puissance et d'activité. Pour que ces deux faits constituent pour un développement régulier la prospérité publique, il faut que toute consommation faite en vue de la production soit reproductive, que toute production faite en vue de la consommation soit, s'il nous est permis de créer l'expression qui manque, *consomptible*. Établir entre la production et la consommation le rapport constant que nous venons d'indiquer, ce serait avoir résolu le problème le plus difficile qu'étudient les publicistes modernes, ce serait avoir *organisé* l'industrie, et du même coup la société tout entière.   Charles LEMONNIER.

PRODUCTION (*Procédure*). Lorsqu'une affaire paraît aux juges assez compliquée pour rendre nécessaire une instruction par écrit, chacune des parties est tenue, dans le délai que la loi lui prescrit, selon sa qualité de demandeur ou de défendeur, de faire signifier requête contenant ses moyens, et terminée par un état des pièces et titres qui justifient sa demande ou sa défense ; dans les vingt-quatre heures qui suivent cette signification, chacune des parties doit déposer au greffe, pour communication en être prise par l'autre, ses pièces et titres : c'est ce qu'on appelle dans la procédure *produire*. L'acte par lequel on déclare à l'adversaire que l'on a fait sa *production*, en le sommant de faire la sienne, s'appelle *acte de produit*, et le mot *production* désigne d'une manière générale l'ensemble des pièces et titres que l'on a produits : *Faire sa production*, *rétablir la production*, *mettre sa production au greffe*. Lorsque, sur une poursuite à fin d'expropriation, le bien du débiteur ayant été saisi et adjugé selon les termes voulus, il s'agit d'opérer entre les créanciers la distribution du prix en provenant, faute par eux de s'être réglés avec la partie saisie, sommation leur est faite de *produire* entre les mains d'un juge-commissaire, chargé d'ouvrir l'ordre, leurs titres de créance ; *acte de produit* signé de l'avoué, et contenant demande en collocation. *Produire*, c'est donc, en général, dans le langage de la procédure, remettre au greffe ou entre les mains du juge des titres et pièces.

Charles LEMONNIER.

PRODUCTION (*Anatomie*). Ce mot est pris quelquefois pour synonyme d'*allongement*, de *prolongement* : c'est ainsi qu'on dit que le mésentère est une *production* ou *prolongement* du péritoine. Une production séreuse synoviale est tout repli des membranes séreuses et synoviales, quoique rien ne soit plus impropre que ces locutions ; car le mésentère, par exemple, n'est pas plus une production du péritoine que celui-ci n'en est une du mésentère. On dit avec plus de raison qu'une excroissance de matière cornée est une *production* cornée.

PRODUIT (*Économie politique*). Voyez PRODUCTION.
PRODUIT (*Arithmétique*). Voyez MULTIPLICATION.
PRODUIT (Acte de). Voyez PRODUCTION (*Procédure*).
PRODUITS DIFFÉRENTS. Voyez COMBINAISON (*Mathématiques*).

PROFANATION (du latin *pro* devant, *fanum*, temple). La *profanation* n'est pas le *sacrilège*, et cependant ce premier terme s'identifie quelquefois très-bien avec le second. Ainsi, la *profanation* est tout simplement une irrévérence commise envers les choses consacrées par la religion, tandis que le *sacrilège* est un crime commis envers la Divinité même ; mais dans la religion catholique, la profanation des saints mystères est un vrai *sacrilège*, parce que la présence de Dieu en fait un attentat contre la Divinité. Ce cas excepté, une barrière immense sépare le *sacrilège* de la *profanation* ; le *sacrilège* se commet toujours avec une intention criminelle ; la *profanation* peut avoir lieu par oubli ou par ignorance.

PROFANE. Dans le style des écrivains sacrés, un *profane*, c'est l'impie qui ne fait aucun cas des choses saintes. Chez les anciens, cette qualification servait également à désigner celui qui n'était pas initié aux mystères. Il s'emploie maintenant souvent au figuré pour dire qu'on n'est pas initié à certaine science, à certaine chose.

PROFÈS, PROFESSE, se dit de celui ou de celle qui s'engage par des vœux dans un ordre religieux quelconque, après l'expiration du temps du noviciat : on dit ainsi religieux *profès*, religieuse *professe*. On emploie aussi ces mots substantivement (*voyez* MONASTIQUE [Vie]).

PROFESSEUR, celui qui fait profession d'enseigner une science ou un art. Ce titre ne s'accordait autrefois qu'à ceux qui donnaient leurs leçons dans certains établissements publics ; aujourd'hui, il est attribué même à ceux qui vont débiter en ville, à tant le cachet, leur science nomade. Ainsi, un *maître de danse* prend et reçoit dans le monde le titre de professeur, aussi bien que tel éloquent historien, philosophe ou rhéteur de la Sorbonne et du Collége de France. Dans l'ancienne université, le titre de *professeur* ne s'accordait officiellement qu'aux maîtres qui occupaient des chaires en théologie, en droit et au Collége de France. Les professeurs en droit joignaient à cette qualité celle d'*assesseurs*, et les professeurs royaux celle de *lecteurs*. Dans la faculté de médecine, il n'y avait que des *docteurs régents*. Quant aux professeurs de collége, ils s'appelaient purement et simplement *régents*, et ce n'était que lors de l'*émérital*, au bout de vingt ans de service, qu'ils s'intitulaient officiellement *professeurs émérites*.

Aujourd'hui le titre de professeur appartient officiellement aux titulaires de chaires de faculté : ces professeurs dans les écoles de droit et de médecine sont nommés au concours ; dans les facultés de théologie, des sciences et des lettres, ils sont choisis par le ministre, sur une double liste d'élection, émanées l'une des professeurs de la faculté, l'autre du conseil académique. Pour devenir professeur de faculté, il faut être docteur. Dans les facultés, il y a des professeurs adjoints ou suppléants, superfétation souvent abusive. La nouvelle université reconnaît dans les lycées des professeurs de plusieurs degrés, des professeurs titulaires, des agrégés. Dans les colléges les professeurs qui ne sont pas agrégés ont le titre de régent. Les professeurs de faculté portent la robe et la toque de soie, aurore, violette, cramoisie ou pourpre, mais seulement dans les solennités universitaires. Les professeurs de collège n'ont que la robe de voile et la toque noire ; et le règlement, qui n'est pas toujours observé, exige qu'ils la portent en classe.

Souvent on emploie proverbialement et en mauvaise part le mot *professeur* pour indiquer un auteur qui fait profession d'une doctrine : ainsi l'on dit *professeur* d'athéisme, d'incrédulité, etc.

Charles DU ROZOIR.

PROFESSION (du latin *profiteri*, avouer). Dans son sens le plus général, ce mot désigne une déclaration publique, sinon de quelque engagement par lequel on se lie, au moins des principes qu'on professe, des sentiments dont on est pénétré : Les sentiments dont cet homme fait *profession* ; Caton faisait *profession* de principes fort sévères ; C'est une marque de peu de sens et de peu de jugement que de faire *profession* d'athéisme ; On a exigé de ce député pour l'élire une *profession* de ses principes politiques. La locution familière, faire *profession* d'une chose, veut dire y mettre de la prétention, s'en piquer particulièrement : Faire *profession* de bel esprit, de hair, de mépriser le genre humain, etc. Une *profession de foi*, en style liturgique, est la déclaration publique de ce que l'on croit ; quand elle est couchée par écrit, on l'appelle *symbole* ou *confession de foi*. Quand on baptise les enfants, les parrains et marraines font profession de foi au nom du baptisé ; on l'exige aussi des hérétiques qui veulent se réconcillier avec l'Église.

Profession se dit aussi de tous les différents états ou emplois de la vie : Embrasser la *profession* d'avocat, de médecin, des armes, etc. On nomme *joueur*, *ivrogne*, *libertin de profession*, celui qui s'adonne au jeu, à l'ivrognerie, au libertinage. Un dévot de *profession* est celui qui affecte de passer pour dévot, un athée de *profession* celui qui se dit athée, qui affiche l'athéisme.

PROFESSO (Ex). Voyez EX PROFESSO.

PROFIL, autrefois *porfil*, se dit, en architecture, d'un dessin offrant la coupe ou section verticale d'un bâtiment qui en laisse voir les dedans, la hauteur, la largeur, la profondeur, l'épaisseur des murailles, etc. *Profil* se dit aussi du contour d'un membre d'architecture, base, corniche ou chapiteau. Le goût, en architecture, se manifeste surtout dans les *profils*, dont les proportions et les rapports doivent être calculés pour produire un bon effet. Ces proportions sont ou générales, pour l'édifice entier, ou particulières, pour chaque partie ou chaque membre d'architecture. C'est par les profils que se distinguent d'une manière notable les caractères d'architecture des diverses nations. L'architecture grecque est celle dont les profils ont le goût le plus pur.

Profil s'emploie aussi pour les dessins de travaux de fortifications et de terrassement qui nécessitent des coupes de terrains dont il faut signaler les divers mouvements, les hauteurs relatives, etc.

En peinture, *profil* signifie le contour des objets. On s'en sert presque exclusivement en parlant d'une tête qu'on voit de côté : *profil* du visage, tête vue de *profil*, comme sur les monnaies et les médailles. On appelle *profil perdu* celui qui est légèrement tourné de manière qu'on voit un peu moins du visage et un peu plus du derrière de tête. C'est par le *profil* que l'art du dessin a commencé; l'histoire de Dibutade, vraie ou fausse, en est la preuve, en ce qu'elle contient l'expression d'un fait généralement reconnu. En effet, il est plus facile de tracer un portrait de profil qu'un portrait de face, et il est naturel que les premiers essais aient porté sur ce qui offrait le plus de facilité. Il faut observer en outre que le caractère distinctif du visage se fait mieux sentir par le profil que par la face, et que c'est ainsi que nous est parvenue, sur les médailles antiques, l'effigie des grands hommes dont on a voulu léguer les traits à la postérité. De même que les profils servent à établir des différences dans le style d'architecture de peuple à peuple, de même les profils du visage servent, du moins en partie, à différencier et à classer les races humaines, et il est à remarquer encore que le profil grec, qui rentre dans la race caucasienne, est celui qui offre le plus beau type.   Charles FARCY.

PROFIT. C'est la part que chaque *producteur* retire de la valeur d'un produit créé en échange du service qui a contribué à la création de ce produit. Le possesseur des *facultés industrielles* retire les *produits industriels*, le possesseur du *capital* les *profits capitaux*, le possesseur du *fonds de terre* les *profits territoriaux*. Chaque producteur rembourse à ceux qui l'ont précédé, en même temps que leurs avances, les profits auxquels ils peuvent prétendre. Le dernier producteur est à son tour remboursé de ses avances et payé de ses profits par le consommateur. La totalité des profits que fait un producteur dans le cours d'une année compose son revenu annuel, et la totalité des profits fait dans une nation le revenu national. Quand le producteur (industrieux, capitaliste ou propriétaire foncier) vend le service productif de son fonds, il fait une espèce de marché à forfait dans lequel il abandonne à un entrepreneur le profit qui peut résulter de la chose produite : moyennant un salaire, si son fonds est une faculté industrielle ; un intérêt, si son fonds est un capital ; un fermage, si son fonds est une terre. La totalité de ces profits à forfait se nomme aussi *revenu*.   J.-B. SAY.

Profit est en général synonyme de *gain*, *bénéfice*, *émolument*, *avantage*, *utilité*. Les *profits* des domestiques sont les petites gratifications qu'ils reçoivent, les petits avantages qu'ils se procurent.

En jurisprudence féodale, les *profits* de fiefs étaient les droits de quint, requint, reliefs, lods, ventes, qui revenaient au seigneur à raison des mutations de vassaux ou de censitaires.

Profit se dit, au sens moral, du progrès qu'on fait dans les études, de l'instruction qu'on acquiert par des lectures, du fruit qu'on en retire, etc.

PROFITS ET PERTES. Dans la tenue des livres en partie double, on appelle ainsi l'un des comptes généraux qui représentent le négociant sur les livres duquel ils figurent. Le nom que porte ce compte indique clairement les écritures qui doivent y figurer : tels sont les escomptes, les bonifications de toutes natures, etc. C'est à l'aide du compte de PROFITS ET PERTES que se solde le compte de CAPITAL (*voyez* BALANCE GÉNÉRALE DES LIVRES).

PROFUSION, excès de libéralités ou de dépenses (*voyez* PRODIGALITÉ).

PROGNÉ. *Voyez* PHILOMÈLE.

PROGRAMME (du grec πρό, auparavant, γράμμα, écrit : ce qui est écrit auparavant). Jamais terme n'eut une signification plus élastique. C'était du temps de Trévoux un billet, un mémoire qu'on affichait, qu'on répandait à la main, pour inviter à quelque harangue, à quelque cérémonie, à quelque tragédie de collége, et qui en contenait à peu près le sujet ou l'analyse. Puis le programme a pris la figure d'un placard, d'une affiche, d'un petit imprimé qu'on distribue à profusion. Il y a des *programmes* de concerts, de fêtes, de spectacles, de ballets ; des *programmes* de prix d'académie, des *programmes* de toutes formes, de tous papiers de toutes couleurs.

PROGRAMME DE L'HÔTEL DE VILLE. Ce *programme*, nié par les uns, a été présenté par les autres comme un traité synallagmatique entre la république, ou La Fayette, et la monarchie, ou Louis-Philippe. On désignait par là une sorte d'exposé des conséquences qui devaient découler de la nouvelle révolution et des règles que devait suivre le nouveau gouvernement ; exposé fait par les hommes les plus avancés qui se trouvaient à l'hôtel de ville lorsque le duc d'Orléans s'y présenta après la révolution de Juillet, alors qu'on lui préparait un trône, et que ce prince aurait accepté. Il paraît certain du moins qu'il aurait déclaré ou laissé croire que c'étaient là ses principes et ses idées. Dans la pratique, on ne tarda pas à voir qu'il ne pensait pas s'y être engagé formellement.

PROGRÈS (du latin *progressus*, avancement). Tout progrès constitue un changement successif, soit en bien, soit en mal. Progresser, c'est se porter en avant dans telle ou telle direction. C'est ainsi qu'on fait des progrès dans les sciences, dans les arts, toutes les fois que l'on ajoute à la masse des connaissances humaines, à leur portée, par la découverte de faits qui sont de nature à améliorer la condition de l'homme. Le progrès dans les mœurs, c'est tout ce qui mène l'homme à la consécration, la plus exacte que possible, des lois de son organisation. Cette consécration, elle est dans l'harmonie universelle ; c'est le monde extérieur suffisant à tous les modes de l'activité humaine, de manière à présenter l'image du plus grand accord possible entre ce qui est en nous et ce qui est hors de nous. De cet état résulte le bien-être de l'humanité. Or, l'humanité tend *incessamment* vers le mieux, c'est-à-dire vers la plus grande masse de bien-être possible (*voyez* PERFECTIBILITÉ). Tout ce qui ajoute au développement de son activité, selon les lois de cette tendance suprême, constitue un changement en bien, un *progrès*.

Considéré sous ce point vue, le progrès est donc un avancement vers le mieux. En ce sens, on peut dire que l'homme se complète par le progrès. Cela reconnu, il faut d'autre part tenir pour constant ce point à peu près incontesté, qu'il n'est pas donné à l'homme, par suite de l'action à laquelle il est soumis, de compléter par le progrès d'une manière définitive, et de constituer un terme de perfectionnement immuable. La raison de cela est dans ce qu'a d'indéfini cette action continue du monde extérieur sur l'homme, action sans cesse réfléchie, et dont à ces divers titres les effets échappent à tous les calculs. C'est ce qui explique comment la somme de bien-être à laquelle l'homme est réservé est susceptible d'augmenter indéfiniment, et d'une manière de plus en plus relative.

Sans parler des immenses développements que la science et l'art ont acquis de nos jours, et qui ont conduit l'homme de la découverte de la boussole, à la connaissance exacte des lois de l'univers ; sans nous appesantir sur le fait générateur qui met dans nos mains l'imprimerie, création puissante qui rend impérissable l'action de la pensée, qui ajoute à sa portée, à son activité, et qui fait que l'œuvre du passé se tient debout, dans toute la force traditionnelle de son enseignement, nous constaterons, ce qui est autrement important pour prouver le progrès de l'humanité, les changements admirables que les siècles ont opérés dans la conscience de l'homme, dans la manière dont il sent son individualité.
            P. COQ.

PROGRESSION. On nomme *progression arithmétique* ou *progression par différence* une suite de nombres tels que chacun soit égal au précédent, augmenté ou diminué d'une même quantité. On nomme *progression géométrique* ou *progression par quotient* une suite de nombres tels que chacun soit égal au précédent multiplié ou divisé par une même quantité. La quantité constante à l'aide de laquelle chaque terme d'une progression arithmétique ou géométrique se déduit du précédent est dite *raison de la progression*. Ainsi les nombres 4, 7, 10, 13, 16, etc., forment une progression arithmétique dont la raison est 3 ; les nombres 200, 100, 50, 25, etc., forment une progression géométrique dont la raison est $\frac{1}{2}$. On voit qu'une progression peut être *croissante* ou *décroissante* : les progressions arithmétiques sont croissantes ou décroissantes, suivant que la raison est plus grande ou plus petite que zéro ; les progressions géométriques se divisent de même, suivant que la raison est plus grande ou plus petite que l'unité.

En représentant par $a, b, c,....k, l$, les termes d'une progression arithmétique, on l'écrit de la manière suivante :
$$\div a.b.c....k.l \quad (1).$$
Si l'on désigne par r la raison, on a, par définition,
$$b = a+r, \quad c = b+r = a+2r, \text{etc.} \quad (2),$$
d'où l'on voit que si n est le rang du terme l,
$$l = a + (n-1) r \quad (3).$$
Il est facile de reconnaître que dans toute progression arithmétique la somme de deux termes équidistants des extrêmes est égale à la somme des extrêmes. Cette remarque permet de déterminer la somme des termes de la progression (1),
$$S = \frac{(a+l)n}{2} \quad (4).$$

Appliquons ce résultat à la somme des n premiers nombres impairs, 1, 3, 5, etc., qui forment évidemment une progression arithmétique dont la raison est 2. La formule (3) donne pour la valeur du n^e nombre impair : $l = 1 + 2 (n-1) = 2n-1$. Donc $S = n^2$, ce qui nous apprend que la somme des n premiers nombres impairs est égale au carré de n.

Une progression géométrique se représente ainsi :
$$\div\div a : b : c : .... k : l \quad (5).$$
Soit q la raison, on aura
$$b = aq, \quad c = bq = aq^2, \text{etc.} \quad (6),$$
d'où
$$l = aq^{n-1} \quad (7).$$
Dans toute progression géométrique, le produit de deux termes équidistants des extrêmes est égal au produit des extrêmes. Par conséquent, le produit des termes de la progression (5) est donné par la formule :
$$P = \sqrt{(al)^n} \quad (8).$$
Si l'on compare entre elles les égalités (2) et (6), (3) et (7), (4) et (8), ainsi que celles qui en sont les conséquences, on reconnaît certaines analogies constantes. Ainsi, l'on voit que toutes les opérations indiquées dans les formules relatives aux progressions arithmétiques sont remplacées dans les progressions géométriques par des opérations d'un ordre supérieur : l'addition par la multiplication, la soustraction par la division, la multiplication par l'élévation aux puissances, etc. Cette remarque contient le germe de l'importante théorie des logarithmes.

La somme des termes d'une progression géométrique est donnée par la formule :
$$S = \frac{lq - a}{q - 1} \quad (9),$$
ou par
$$S = \frac{a - lq}{1 - q} \quad (10)$$
suivant que la raison est plus grande ou plus petite que l'unité. Du reste, ces deux expressions de S sont identiques. Lorsque la progression est décroissante, si on la suppose prolongée à l'infini, l s'annule, et à la limite on a enfin :
$$S = \frac{a}{1-q} \quad (11).$$

Si, par exemple, on suppose la suite $\frac{1}{2}, \frac{1}{4}, \frac{1}{8}$, etc., indéfiniment prolongée, nous trouvons, en appliquant la formule (11), que la somme de cette suite est égale à 1. Cette dernière formule peut servir à trouver la génératrice d'une fraction périodique simple, car une telle fraction, en la décomposant en périodes, n'est autre chose que la somme des termes d'une progression géométrique décroissante à l'infini.
E. MERLIEUX.

Les progressions croissantes par quotient fournissent des résultats presque inattendus ; en voici des exemples dans les solutions des problèmes suivants : Un Français, à Saint-Pétersbourg, offrit de parier que la Néva serait prise le 8 novembre. Les conditions du pari étaient que pour chaque jour de retard ou d'avance il donnerait ou recevrait trois fois plus que le jour précédent, en commençant le premier jour par 5 centimes ; la Néva ayant été prise le 20 novembre, combien a-t-il dû donner le dernier jour, et combien a-t-il perdu en tout ? Il a dû donner 8,857 fr., 35 c. et perdre en tout 13,286 fr. Quelqu'un offrit de vendre son cheval aux conditions suivantes : il demandait 1 centime pour le premier clou, 2 pour le second, 4 pour le troisième, et ainsi de suite, en doublant par chaque clou jusqu'au trente-deuxième et dernier. Quel serait à ce compte le prix du cheval ? 42,949,675 fr. 95. Tout le monde connaît l'anecdote de ce prince de l'Inde qui demandait à l'inventeur du jeu des échecs quelle récompense il voulait pour sa découverte. Celui-ci, dit-on, demanda un grain de blé pour la première case, 2 pour la deuxième, 4 pour la troisième, et ainsi de suite, en doublant toujours jusqu'à la 64° et dernière case. Le prince, qui avait ri d'abord de la modestie de son protégé, fut bientôt effrayé de l'énormité de la demande : il s'agissait tout simplement de 18,446,744,073,709,551,615 grains de blé, à peu près autant que toute la terre pourrait à peine en produire en soixante-dix ans.

La reproduction des êtres organisés est entièrement du ressort des progressions croissantes par quotient, et l'on peut voir par les exemples précédents combien elle dut être rapide dans les premiers âges du monde, tant que ces êtres ne furent pas dans la nécessité de vivre aux dépens les uns des autres. Voilà sans doute pourquoi nous en trouvons encore tant de débris dans la surface de la terre ne semble qu'un vaste cimetière abandonné depuis très-peu de temps. Maintenant, les choses sont bien changées : un quotient de réduction semble avoir été introduit dans toutes les voies de reproduction : les physiciens en trouvent même l'image dans le mouvement périodique des corps les plus inertes, comme les astres. Nous voilà donc à peu près lancés en toutes choses dans des séries de progressions décroissantes. Mais si les progressions croissantes sont capables de conduire à des résultats surprenants, les progressions inverses conduisent infailliblement à la fin du monde, à la cessation de tout mouvement, à la mort éternelle. Les géomètres ne sauraient préciser l'époque de la clôture générale de ces représentations épiques de la nature, données ainsi au bénéfice du philosophe religieux ; mais dès qu'une fois les statisticiens leur auront fourni la raison de ces progressions pour chaque genre, dès qu'on sera seulement parvenu à trouver le chiffre de la résistance que le fluide lumineux, par exemple, oppose au mouvement périodique des planètes, on pourra prouver mathématiquement que le nombre total des représentations ne dépassera pas tel nombre donné.

Le mot *progression* est aussi en usage dans le style didactique. On nomme *mouvement de progression* la marche, le mouvement en avant. Ce mot s'emploie au figuré : *La progression des idées*.
F. PASSOT.

PROHIBITIF (Système). Jusqu'à la fin du moyen âge les gouvernements ne firent aucune attention aux marchandises que les négociants tiraient de l'étranger, en échange de celles qu'ils y envoyaient. Le but de tous les impôts prélevés à l'entrée et à la sortie était uniquement fiscal. Mais dès qu'on s'aperçut que le commerce procurait des richesses et de la puissance, on conçut la fausse idée que pour enrichir un pays il fallait autant que possible y attirer les métaux précieux, tandis que la première condition pour les posséder est d'être riche. On prohiba en conséquence l'exportation de l'or et de l'argent, de même que l'importation des marchandises qu'on pouvait fabriquer dans le pays même; et on crut que si l'exportation dépassait l'importation, la différence devrait se solder en métaux précieux. On chercha en conséquence à favoriser le commerce d'exportation par des traités au moyen de primes. Ainsi naquit le système de la *balance du commerce*. Adam Smith le premier l'attaqua, et prouva que si on laissait un peuple libre de choisir, il recevrait toujours les marchandises qui lui procurent le plus grand profit; et encore, qu'à la longue il était impossible à un pays ne possédant point de mines, de solder la différence en métaux précieux. Cette doctrine fut bientôt comprise de ceux qui avaient quelques notions d'économie politique; mais elle n'exerça que peu d'influence sur les gouvernements, même les plus éclairés. Une importation fait toujours supposer une exportation, et *vice versa*, qu'elle se compose de matières premières ou de métaux précieux, qui, eux aussi, sont des marchandises, bien qu'ils ne servent à rien, ou que du moins l'usage en soit très-limité. L'importance des achats d'une nation dépend de ses revenus; et ceux-ci, à leur tour, de la quantité de sol en culture qu'elle possède, de son activité, de son industrie, de l'importance de ses capitaux. Pour être réellement utiles, les métaux précieux doivent dans la règle être vendus contre des objets de consommation. La crainte d'un commerce ruineux, de tributs imposés aux consommateurs par l'industrie étrangère, n'a aucun fondement réel.

Le commerce est un échange auquel consentent deux parties contractantes. La tendance des métaux précieux, comme de toute autre espèce de marchandises, est d'aller d'où ils sont à bas prix dans les pays où ils ont une valeur plus élevée. Or, comme ils sont en abondance là où ils ont une moindre valeur, et qu'ils ne sont plus chers dans un autre pays que parce qu'ils y sont plus rares, le commerce s'efforce constamment d'introduire chez eux ce qui lui manque, que ce soit de l'or, de l'argent ou toute autre marchandise. Les marchandises se soldent avec d'autres marchandises; et comme les marchands ne peuvent trouver leur compte au commerce qu'autant que l'importation dépasse l'exportation, il en résulte qu'un pays reçoit toujours plus de marchandises qu'il n'en exporte. C'est là ce qu'on a jusqu'à ce jour fort ridiculement appelé la *balance du commerce*. Au premier abord, il semble qu'il y ait contradiction à dire que tous les pays importent en même temps plus qu'ils n'exportent; mais cette contradiction n'est qu'apparente. On estime les marchandises à exporter d'après la valeur qu'elles ont avant leur exportation; et l'étranger ne les apprécie que d'après la valeur qu'elles ont à leur arrivée. De même, nous apprécions les marchandises que nous tirons de l'étranger d'après la valeur qu'elles ont en arrivant chez nous; tandis que l'étranger ne leur en donnait pas d'autre que celle qu'elles avaient chez lui au moment de leur exportation. On sent tout de suite par là ce qu'ont de faux les magnifiques tableaux officiels des partisans de la balance du commerce, où l'on voit toujours l'exportation dépasser de plusieurs millions le chiffre des importations, et où on ne peut pas tenir compte, en outre, de ce qui s'importe ou s'exporte par la voie de la contrebande. On rencontre, à la vérité, des gens assez disposés à admettre que la richesse ne consiste pas seulement dans la possession de l'or et de l'argent; mais ils estiment toujours qu'il vaut mieux importer des matières brutes que des produits tout fabriqués, et exporter des produits fabriqués que des matières brutes. Ils ne réfléchissent pas que le profit ou la perte d'une nation comme celui d'un particulier ne consiste pas dans le poids ou l'étendue de la chose, mais dans sa valeur. Si une nation agricole vend à une nation manufacturière pour 500,000 fr. de laine brute, et si celle-ci, à son tour, lui vend pour la même somme de drap, cette dernière, tout en ne livrant qu'une marchandise pesant les trois quarts de moins que la laine qu'elle a achetée à l'autre, n'en fournit pas moins pour 500,000 fr. de marchandises; par conséquent elle ne donne en échange qu'une valeur de 500,000 fr. On dira peut-être qu'on réalise bien plus de bénéfice sur la main-d'œuvre et la matière brute de ces marchandises fabriquées, qu'on en peut faire avec des matières brutes d'égale valeur. Mais dans l'un comme dans l'autre cas il y a échange de payement d'une valeur de 500,000 fr. ; et la masse de la nation gagne à cet échange tout autant dans un pays que dans l'autre. Ce n'est point la forme du produit manufacturé, mais sa valeur qui a de l'importance pour le bien général. Quand on force les gens à vendre ce dont il leur est moins avantageux de se défaire, et à acheter ce qu'il leur est moins avantageux d'avoir à acquérir, il est incontestable qu'ils s'achète et se vend moins de ces objets, et avec de moindres bénéfices. Consulter à cet égard les négociants et les fabricants est une erreur. On n'acquiert de la sorte que des renseignements incomplets, et toujours empreints d'intérêt personnel. Il est de l'intérêt général des hommes de librement commercer entre eux ; et tout ce qui porte entrave à celles de leurs actions qui ne sauraient nuire est un mal pour tous. Moins il y a d'obstacles aux rapports internationaux, et plus les peuples y gagnent. Quand on exporte pour 500,000 fr. de laine brute, il y a pour la masse le même bénéfice que si on exportait pour 500,000 fr. de drap. Mais la plus grande partie de cette somme va aux propriétaires des troupeaux et aux autres producteurs de la matière brute. Au contraire, sur les 500,000 fr. de drap exporté, il n'y a qu'un tiers de cette somme qui aille aux propriétaires et aux autres producteurs; les deux autres tiers vont aux manufacturiers à leurs ouvriers. Mais comme le profit de la masse du peuple est toujours le même dans l'une comme dans l'autre opération, la question n'est plus que de savoir quelle est celle qui procure à un peuple le plus de bonheur et de puissance. Chaque classe d'une nation tendant à s'accroître en raison de ses bénéfices, et la classe agricole ayant une existence plus assurée que la classe industrielle, si la liberté du commerce n'était pas préférable à toute autre voie, c'est la classe agricole et l'exportation des matières brutes auxquelles la législation devrait tendre à procurer une plus grande extension, attendu qu'elle dépend moins des événements et des caprices des hommes. D'ailleurs, il n'y a pas de protection qui puisse constamment assurer du travail aux populations manufacturières. La consommation des produits fabriqués est beaucoup moins de nécessité première que celle d'une foule d'autres produits, et notamment de ceux qui entrent dans la nourriture de l'homme. Une mode privera souvent toute une ville de travail; autant en feront une guerre ou une prohibition à l'étranger. Outre ces inconvénients accidentels, il y a de tout particulier au système qui fait dépendre la prospérité d'une nation du placement à l'étranger des produits de son industrie. Une nation placée dans de telles conditions n'obtient la préférence que si elle peut vendre à meilleur marché que ses rivaux. Il en résulte forcément qu'elle doit apporter la plus rigoureuse économie dans ses procédés de fabrication ; économie qui pèse avant tout sur les ouvriers, et qui les oblige, alors même que les affaires ont le plus d'activité, à en passer par les conditions de travail les plus dures ; en même temps qu'un accident très-fréquent, une mauvaise récolte, ou un simple changement de mode, peut leur enlever tout à coup ce qui leur est le plus indispensable pour vivre. Une autre maxime d'économie politique qui demande à être sérieusement approfondie et examinée, c'est celle d'après laquelle il vaut mieux acheter cher à l'intérieur que bon marché à l'étranger. Un marchand envoie dans un pays pour 500 fr. de produits de sa fabrication, et reçoit en retour 550 fr. Il emploie cette somme en produits de la fabrication particulière de ce pays, et les revend chez lui 600 fr. Dans cette opération, on voit que l'intérieur, en fabriquant ses produits, a également favorisé la production des produits de l'étranger. Il en résulte qu'on se considère alors comme tributaire de l'étranger, et que pour échapper à ce déshonneur on croit nécessaire de s'approprier le genre de production qui a été jusque alors particulier à l'étranger. On en prohibe l'importation; et la même quantité de produits d'un objet de fabrication ou de production, devenu maintenant indigène, coûte 750 fr. On dira à la vérité qu'il importe peu que le consommateur paye alors 250 fr. de plus pour se le procurer, parce que cela profite aux producteurs nationaux. Mais c'est là un raisonnement absolument pareil à celui qu'on ferait pour recommander de détruire les machines hydrauliques et les machines à vapeur, afin d'occuper plus de bras, alors qu'un progrès évident de l'industrie est de pouvoir produire à peu de frais toutes les fois que l'économie faite sur la main-d'œuvre ne diminue ni le nombre des ouvriers ni leur salaire, mais ne fait que donner un nouveau produit ou qu'augmenter la consommation d'un produit ancien. Ainsi, quand on veut produire quelque chose qui revient à 750 fr., tandis qu'on peut se le procurer en produisant quelque chose autre ne revenant qu'à 625 fr., il y a là une perte sèche de 125 fr. Recourir au mode de production le plus coûteux, c'est renoncer à ces développements du commerce et de la production d'où résulte un état de haute civilisation et d'industrie avancée. On oublie complètement que le revenu s'augmente tout autant de ce qu'on paye en moins que de ce qu'on paye en plus, et qu'un bénéfice fait par une classe de la nation aux dépens de l'autre, qui pourrait éviter cette dépense, n'en est pas un en réalité. Si cette nation consomme des produits étrangers, elle ne fait jamais en cela que consommer les produits de son propre sol; car il n'y a pas moyen de se procurer les produits des peuples étrangers autrement qu'en les échangeant contre ses produits propres. Forcer par des prohibitions le consommateur à payer plus cher un objet, c'est diminuer son revenu; or, le revenu de tous, quelle qu'en puisse être d'ailleurs la source, est d'autant plus grand qu'il leur est permis d'acheter plus d'objets de consommation. Plus on devra donner pour l'acquisition d'un objet, et moins on sera en état de dépenser pour s'en procurer d'autres. Les producteurs eux-mêmes gagnent à l'abaissement des prix, parce qu'alors l'écoulement de leur produits est plus grand. Tout système prohibitif et même les droits qui n'ont pour but que de protéger l'industrie nationale ne peuvent protéger une industrie particulièrequ'aux dépens de plusieurs autres et des consommateurs. Qu'on cesse de favoriser particulièrement une classe quelconque de la nation, toutes rechercheront aussitôt les industries les plus profitables; et elles amèneront par là le développement naturel, et par conséquent le meilleur, des forces vives de la nation.

PROHIBITION (du latin *prohibere*, empêcher, défendre). Ce mot s'entend surtout, en matières de douanes, de la défense d'importer ou d'exporter certaines marchandises. C'est ainsi que dans les temps de disette on *prohibe* à la sortie les grains et autres substances servant à la nourriture. En cas de guerre, on *prohibe* aussi à la sortie les armes, munitions et provisions militaires, les chevaux, etc. Les prohibitions à l'entrée ont soi-disant pour objet de protéger le travail national. La prohibition est *absolue* ou résulte de la trop grande élévation des droits qui augmentent tellement le prix des marchandises étrangères qu'il est impossible qu'elles trouvent à s'écouler sur le marché. La législation douanière française est incomparablement la plus rigoureuse et la plus minutieusement restrictive du monde entier. « A l'égard des neuf dixièmes des articles manufacturés, disait Armand Bertin, elle procède purement et simplement par la prohibition absolue, avec l'accompagnement des visites domiciliaires, de la dénonciation soldée, et d'autres allures qui répugnent au génie de la civilisation moderne, aux mœurs et aux habitudes d'une nation qui fait cas de la liberté. Depuis quelques années, tous les peuples qui comptent ont effacé à peu près complétement la prohibition de leurs tarifs. Ainsi la prohibition reste dans le tarif français la règle dominante, tandis qu'elle n'est plus qu'une exception infiniment rare dans les tarifs étrangers. » Le luxe inouï de prohibitions absolues qui distingue le tarif français date du Directoire. Il résulte de la loi du 10 brumaire an v, *loi de guerre et de circonstance*, disent les considérants. La guerre et les circonstances ont cessé depuis longtemps, et n'en sont pas moins toujours prohibées à la frontière les étoffes de laine, de coton et de soie; les fils de laine, de coton et de soie; toutes espèces de bonneterie de coton ou de laine; toutes sortes de plaqués, tous ouvrages de quincaillerie fine, de coutellerie, de tabletterie, d'horlogerie et autres ouvrages en fer, en acier, en étain, cuivre, airain, fonte, tôle, fer-blanc ou autres métaux polis ou non polis, purs ou mélangés; les cuirs tannés, corroyés ou apprêtés, ouvrés ou non ouvrés, les voitures montées ou non montées, les harnais et tous autres objets de sellerie; toutes sortes de peaux pour gants, culottes ou gilets, et ces mêmes objets fabriqués; toutes espèces de verres et de cristaux autres que les verres servant à la lunetterie et à l'horlogerie; les sucres raffinés en pains et en poudre; toutes espèces de faïence ou poterie fine autres que la porcelaine. Un petit nombre de prohibitions seulement ont été abolies depuis, pour quelques variétés ou sous-variétés des objets ci-dessus dénommés, et encore à la condition d'acquitter des droits très-élevés. D'un autre côté, diverses lois de douanes, particulièrement celles de 1820 et de 1826, ont ajouté à la nomenclature des marchandises dont l'importation est prohibée, notamment les produits chimiques non dénommés au tarif. A la suite de l'exposition universelle de 1855, le gouvernement impérial pensa que les progrès de notre industrie ayant été parfaitement constatés, ce moment était opportun pour remplacer par des droits protecteurs les prohibitions inscrites dans les lois de douanes. Un projet de loi levant toutes les prohibitions fut présenté au corps législatif dans la session de 1856. Cette loi ne put être votée. Une enquête fut ouverte. « Éclairé par le rapport du ministre de l'agriculture, du commerce et des travaux publics, sur la véritable situation de notre industrie, disait le *Moniteur* du 17 octobre 1856, l'empereur a décidé que le projet de loi soumis au corps législatif serait modifié en ce sens que la levée des prohibitions aurait lieu qu'à partir du 1ᵉʳ juillet 1861... L'industrie française, prévenue des intentions bien arrêtées du gouvernement, aura tout le temps nécessaire pour se préparer à un nouveau régime commercial. »   L. LOUVET.

PROJECTILE (du latin *pro*, en avant, *et jacio*, je jette), nom que l'on donne à un corps pesant lancé dans une direction par un mouvement ou une impression quelconque, et abandonné à lui-même dans cette direction. Telle est une pierre lancée avec la main ou avec une fronde, une flèche partant d'un arc, un boulet, une balle chassée d'un canon, d'un fusil par l'explosion de la poudre, etc. C'est un principe reconnu en mécanique, qu'un projectile mis en mouvement continuerait à se mouvoir éternellement en ligne droite et avec une vitesse toujours uniforme, si la résistance du milieu dans lequel il se meut et l'action de la gravité n'altéraient son mouvement primitif. La théorie des mouvements des projectiles est le fondement de la balistique.

En artillerie, on entend par *projectiles* les *boulets*, *bombes*, *obus*, *grenades*, *balles*, etc.; nous ne nous occuperons ici que de la manière de les disposer pour en faire usage. D'abord, on les passe aux *lunettes de réception*. Ce sont des pièces rondes en acier bien poignée, et d'un diamètre un peu plus grand ou un peu plus petit que les projectiles dont elles servent à vérifier les dimensions. Tous les projectiles sont présentés aux deux lunettes : ils doivent passer sans aucune difficulté et dans tous les sens dans la première, et, au contraire, ne passer en aucun sens dans la seconde. Les bombes ne peuvent, à cause de leurs anses, être présentées dans tous les sens. Cette expérience a pour but de faire rebuter les boulets qui ont des cavités ou soufflures de plus de deux lignes de profondeur, ceux qui ont des bavures et inégalités, ceux qui ne passent pas en tous sens dans la grande lunette et ceux qui passent dans la petite. On rebute les bombes, les obus et les grenades qui ont des souffures ou des cavités masquées. C'est surtout vers l'œil qu'on trouve les souffures ; on doit les marteler tout autour et passer le doigt dans l'intérieur. Si l'on est obligé de se servir de bombes défectueuses, on garnit en cire ou en mastic les fentes et les trous, afin de préserver la charge du feu de la fusée. Pour reconnaître au son si les projectiles creux ne sont pas fendus, on les frappe avec un marteau.

Après cette vérification, on *ensabote* les boulets et les obus. Le *sabot* est une pièce cylindrique en bois bien sec, de tilleul, d'orme, de frêne ou d'aune. La surface de la base supérieure est creusée d'une quantité égale au quart du boulet ; sa base inférieure est légèrement arrondie, afin d'entrer plus facilement dans le boulet. A 54 millimètres de cette base, on pratique une rainure pour l'étranglement du sachet. *Ensaboter* le boulet, c'est le fixer dans le sabot à l'aide d'une croix de deux bandelettes de fer-blanc, ayant quatre lignes de largeur, et assez longues pour que leurs extrémités soient attachées par deux petits clous à la partie inférieure du sabot et au-dessous de la rainure : l'une d'elles est fendue en long vers le milieu pour y passer la seconde en croix. Les sabots des obusiers de six pouces sont hémisphériques, les autres sont cylindriques, comme ceux des boulets. Le projectile une fois *ensaboté*, on emplit le sachet (*voyez* GARGOUSSE) de poudre, que l'on tasse convenablement en frappant latéralement dessus avec la main. Ensuite, on pose d'aplomb le boulet *ensaboté*, le plat du sabot sur la poudre. On lie fortement par un nœud d'artificier croisé le sachet dans la rainure du sabot ; on rabat ensuite le sachet sur la charge, et on fait une nouvelle ligature au-dessous du sabot. Cette seconde ligature sert à empêcher non-seulement le sachet de quitter le sabot, mais encore la poudre de se loger entre le sachet et le sabot, et d'y former un bourrelet capable d'empêcher la charge d'entrer dans la bouche à feu. Chaque cartouche finie doit être présentée à la grande lunette de son calibre et y passer avec facilité.

Les boîtes à balles, improprement appelées *boîtes à mitraille*, se composent d'un cylindre en fer-blanc, d'un culot en fer battu et d'un couvercle en tôle. Le haut du cylindre se découpe en franges rabattues sur le couvercle ; le bas du cylindre est fixé par six clous sur le sabot en bois. Le couvercle porte un anneau en fil de fer. On calibre les boîtes en les passant à la grande lunette. Elles sont chargées avec des balles en fer battu. La boîte remplie, on couvre la couche supérieure de sciure, on la tasse en la couvrant du couvercle et d'un culot, et en frappant sur le couvercle on enlève le culot et on rabat les franges avec le marteau. La ligature du sachet sur la rainure du sabot, comme celle du sachet, se fait à bouclet. En sortant de la bouche à feu au moment de l'explosion, la boîte éclate, laisse passage aux projectiles qu'elle contient, et qui en s'écartant atteignent à une petite portée un front assez étendu. Le *biscaïen* est un nom que l'on donne trop improprement au projectile contenu dans la boîte à balles.

Enfin, les pierres sont souvent employées aussi comme projectiles par l'artillerie (*voyez* FOUGASSE et PERRIER).

Martial MERLIN.

PROJECTION (*Chimie*), action de jeter par portions dans un creuset dans un creuset placé sur le feu une matière réduite en poudre, soit que ce creuset contienne une autre matière déjà échauffée, soit qu'il n'en contienne point. Les cuillères avec lesquelles se font les projections sont longues et garnies d'un long manche. Les usages de la projection se bornent aux altérations soudaines qui se font par le moyen du feu dans les matières inflammables, et qui sont accompagnées de détonation. On appelle *poudre de projection* celle avec laquelle les alchimistes prétendent changer les métaux en or. La projection se fait au moment où le métal est en fusion. Martial MERLIN.

PROJECTION (*Géométrie*). La projection d'un point sur un plan est le pied de la perpendiculaire (*projetante*) abaissée de ce point sur ce plan. La projection d'une ligne est l'ensemble des projections de ses points. Lorsque l'on connaît les projections d'un corps sur deux plans donnés de position, ce corps est généralement déterminé. Tel est le principe fondamental de la *géométrie descriptive*, dont l'illustre Monge a posé les principes, qu'il a appliqués à la coupe des pierres, à la charpente, à la perspective, aux ombres, etc. En architecture, le plan d'un édifice n'est autre chose que la projection horizontale de ses murailles et de ses subdivisions. L'élévation, les coupes en sont les projections verticales.

Les projections que nous venons de définir, et qui sont les plus usitées, sont dites *projections orthogonales*. Mais au lieu de mener les projetantes perpendiculairement au plan de projection, on peut les assujettir à être parallèles à une droite donnée : on aura ainsi des *projections obliques*.

On peut encore imaginer toutes les projetantes issues d'un point fixe. La projection d'un point est alors l'intersection du plan de projection et de la droite qui unit ce point au point fixe. Ces projections, que l'on nomme *projections centrales*, sont d'un usage continuel en perspective.

Dans la construction de certaines cartes, on emploie divers modes de projection, principalement la *projection orthographique* et la *projection stéréographique* : la première rentre dans la classe des projections orthogonales ; la seconde, dans celle des projections centrales.

E. MERLIEUX.

PROJECTION (*Mécanique*). C'est l'action d'imprimer un mouvement à un projectile. Si le corps a été lancé perpendiculairement, la projection est *verticale* ; si la direction du projectile est parallèle à l'horizon, on dit que la projection est *horizontale* ; enfin, la projection est *oblique* si la direction de force fait un angle aigu avec l'horizon.

Martial MERLIN.

PROJET (du latin *projectum*, lancé en avant), première pensée, première rédaction d'une chose mise par écrit, ébauche d'un plan d'édifice, d'un drame, d'un roman, d'un poème, d'un acte, d'un traité, etc. Tout ce qui a besoin d'être soumis aux délibérations d'une assemblée, au visa d'un souverain, d'une autorité supérieure, ou à l'approbation d'une autre partie, doit être d'abord rédigé *en projet*.

PROJET DE LOI. C'est ainsi qu'on appelle la rédaction d'une proposition destinée à devenir loi lorsqu'elle aura été adoptée par les différents corps délibérants indiqués par la constitution. D'après la constitution de 1852, les projets de loi et de sénatus-consultes préparés par les différents départements ministériels sont soumis à l'empereur, qui les remet directement ou les fait adresser par le ministre d'État au président du conseil d'État. Après avoir été élaborés au conseil d'État, ces projets sont remis à l'empereur par le président du conseil d'État, qui y joint les noms des commissaires qu'il propose pour en soutenir la discussion devant le corps législatif ou le sénat. Un décret impérial en ordonne la présentation et nomme les conseillers d'État chargés d'en soutenir la discussion. Les projets de loi sont transmis au corps législatif, lus en séance publique. Ils sont imprimés, distribués et mis à l'ordre du jour des bureaux, qui les discutent et nomment une commission de sept ou de quatorze membres suivant l'importance. Les amendements provenant des membres du corps législatif sont remis par le président à la commission, qui entend les auteurs de ces amendements. Si un amendement est admis par elle, elle en transmet la teneur au président du corps législatif qui le renvoie au conseil d'État, et il est sursis au rapport de la commission jusqu'à ce que le conseil d'État ait émis son avis. Si le conseil d'État accepte un amendement ou une nouvelle rédaction, le projet de loi est modifié en ce sens ; si l'avis du conseil d'État est défavorable ou qu'une nouvelle rédaction admise au conseil d'État ne soit pas adoptée par la commission, l'amendement est considéré comme non avenu. Le rapport de la commission est lu en séance publique, imprimé et distribué. Il est discuté, puis adopté par article. Aucun membre ne peut prendre la parole sans l'avoir demandée et obtenue du président, ni parler ailleurs que de sa place. Les membres du conseil d'État chargés de soutenir la discussion des projets de loi ne sont point assujettis au tour d'inscription, et obtiennent la parole quand ils la réclament. Si un article est rejeté, il est renvoyé à la commission, qui reçoit de nouveau des amendements, et propose, s'il y a lieu, une rédaction nouvelle au conseil d'État ; si celui-ci adopte, la question revient en séance publique, et le vote qui intervient est définitif. Après le vote sur les articles, il est procédé au vote sur l'ensemble du projet de loi. Le vote a lieu au scrutin public et à la majorité absolue. La présence de la majorité des députés est nécessaire pour la validité du vote. Le corps législatif ne motive ni son acceptation ni son refus. La minute du projet de loi adopté est signée par le président et les secrétaires et déposée dans les archives. Une expédition revêtue des mêmes signatures est portée par le président et les secrétaires à l'empereur. Les projets de loi adoptés par le corps législatif, et qui doivent être soumis au sénat, sont transmis par le ministre d'État au président du sénat, qui en donne lecture en séance générale. Le sénat décide immédiatement par assis et levé, s'il est nécessaire de renvoyer le projet de loi à la discussion des bureaux et à l'examen d'une commission, ou s'il peut être passé outre à la délibération. Aucun amendement ne peut être proposé. Le sénat vote seulement après la clôture de la discussion générale par le président sur la question de savoir s'il y a lieu de s'opposer à la promulgation. Le vote n'est pas secret ; il est pris à la majorité absolue par un nombre de votants supérieur à la moitié de celui des membres du sénat. Le résultat de la délibération est transmis au ministre d'État par le président du sénat. Si son avis est favorable, l'empereur promulgue le projet adopté, qui devient loi de l'État.

L'initiative des projets de loi manque au corps législatif ; mais tout sénateur peut proposer de présenter à l'empereur un rapport posant les bases d'un projet de loi d'un grand intérêt national. La proposition est motivée par écrit, remise au président du sénat, imprimée, distribuée et renvoyée dans les bureaux. Si trois bureaux sont d'avis de la prise en considération, le ministre d'État est averti, une commission est nommée, et cette commission rédige le projet de rapport à envoyer à l'empereur. Ce projet est discuté en séance générale, et s'il y a adoption il est transmis au ministre d'État.

Sous la monarchie constitutionnelle, les projets de loi étaient apportés aux chambres par les ministres assistés de commissaires du gouvernement. Ils étaient envoyés aux bureaux, examinés par des commissions, discutés en séance publique, adoptés ou rejetés, et transmis par un message à l'autre chambre, puis présentés au roi qui les promulguait. Sous le gouvernement de Louis-Philippe, chaque membre de chacune des deux chambres pouvait proposer tel amendement qui lui convenait, ou faire une proposition qui pouvait devenir loi. Pendant la république, et lorsqu'il n'y avait qu'une seule assemblée, les projets de loi émanant du pouvoir exécutif ou de l'initiative parlementaire devaient être discutés et adoptés à plusieurs reprises, à moins qu'il n'y ait eu auparavant une déclaration d'urgence adoptée. Les projets de loi importants devaient être soumis au conseil d'État.
L. LOUVET.

PROLATION. On appelle ainsi, dans la musique ancienne, une manière de déterminer la valeur des notes semi-brèves sur celle de la brève, ou celle des minimes sur celle de la semi-brève. Cette *prolation* se marquait après la clé, et quelquefois après le signe du *mode*, par un cercle ou un demi-cercle ponctué ou sans point. Regardant la division sous-triple comme la meilleure, les anciens maîtres divisaient la prolation en *parfaite* et *imparfaite*. La *prolation parfaite* était sous la mesure ternaire, et se marquait par un point dans un cercle quand elle était majeure, ou par un point dans un demi-cercle quand elle était mineure. La *prolation imparfaite* était sous la mesure binaire, et se marquait, comme le temps, par un simple cercle quand elle était majeure, ou par un demi-cercle quand elle était mineure.

PROLÉGOMÈNES (du grec πρό, avant, et λέγω, je dis), discours ou traités placés au commencement d'un ouvrage, d'un livre, et qui contiennent les choses les plus nécessaires à l'intelligence des matières qui y sont contenues.

PROLEPSE (du grec πρόληψις, anticipation), figure de rhétorique par laquelle on prévient une objection pour la réfuter d'avance. Au moyen de cette figure, on affaiblit, en les éludant, les raisons de son adversaire ; on lui fait tomber pour ainsi dire les armes des mains avant qu'il ait pu s'en servir, et l'on se ménage une transition facile pour les nouvelles attaques qu'on va diriger contre lui. Quintilien signale la *prolepse* comme susceptible de produire un très-bon effet dans les plaidoyers, particulièrement dans l'exorde, quand l'orateur juge cette espèce de précaution utile à sa cause. C'est ainsi que Cicéron, plaidant pour Cœcilius, prévient dès l'abord l'étonnement où l'on pouvait être en le voyant accusateur, lui qui ne s'était occupé jusque là que de défendre les accusés. On sent facilement quel peut être l'avantage de la prolepse ; un coup prévu ne ferait plus la même impression. On pouvait, dit l'abbé Girard, reprocher à Boileau son goût pour la satire et la manière dont il traitait Chapelain. Aussi le poëte prévient-il cette objection, et, sous prétexte de se justifier, il achève d'accabler le malheureux auteur du poëme de la *Pucelle* :

Il a tort, dira-t-on ; pourquoi faut-il qu'il nomme ?
Attaquer Chapelain ! ah ! c'est un si bon homme !

Quelques rhéteurs donnent encore à la *prolepse* le nom de *anté-occupation*.
CHAMPAGNAC.

PROLÉTAIRE, PROLÉTARIAT. Les Romains appelaient *prolétaires* les citoyens qui, possédant moins de 11,000 as, composaient la dernière des six classes dans lesquelles Servius Tullius distribua selon les fortunes la population romaine : dispensé de tout impôt et même du service militaire, qui se fit longtemps à Rome aux frais particuliers de chacun, la république, grande consommatrice d'hommes, ne leur demandait que de perpétuer la race, *prolem*, et de là leur nom de *proletarii*. Les prolétaires formaient donc à Rome la dernière et la plus nombreuse classe de citoyens ; mais bien au-dessous d'eux, et dans une position dont l'humiliation ne trouve heureusement plus d'analogue dans notre société moderne, se tourmentait l'innombrable et vile multitude des esclaves, qui ne jouissaient d'aucun droit civil, qui ne comptaient ni parmi les citoyens ni parmi les libres ou ingénus, et que, malgré leur titre d'*homme* (*homo*), titre fort peu respecté aux temps des premiers Romains, on rangeait dans la classe des propriétés. Plus tard, quand les liens de fer de la vieille constitution romaine cédèrent peu à peu jusqu'à se rompre entièrement sous le poids croissant des peuples et des pays conquis ; quand le droit des gens, faisant irruption dans le vieux droit civil, engendra le droit honoraire du préteur ; plus tard encore, quand la puissante parole du christianisme sanctifia, par le dogme de l'Incarnation, le titre d'*homme*, que la philosophie païenne avait enfin commencé à mettre en honneur, *Homo sum, nihil humani a me alienum puto*, les fers de l'esclave tombèrent, sa position changea, le servage s'établit : il n'y eut plus d'esclaves (*servi*), mais des colons (*inquilini*), attachés à la glèbe, faisant partie du fonds de terre avec lequel on les vendait, jouissant de droits plus étendus et mieux définis, passés, pour ainsi dire, de la condition de meubles à celle d'immeubles, et, chose étrange ! trouvant dans cette immobilisation de leur personne, qui semblait les identifier au sol, une garantie tutélaire contre les convulsions violentes qui déchiraient l'Empire Romain à l'agonie.

En Occident, le servage, introduit par la conquête, par les lois romaines, par le christianisme, qui consacrait en lui un progrès réel vers la liberté, prit constitution ferme et régulière dans l'établissement féodal. Quelques siècles plus tard, quand le tumulte de peuples et les flots de conquérants qui précédèrent et rendirent même nécessaire la féodalité se furent calmés sous le réseau pesant de sa vigoureuse organisation, à l'abri du clocher et du donjon, naquit un fait social à peu près inconnu de l'antiquité, l'industrie, que ne pouvait créer l'abrutissement de l'esclave ancien, qui voulait pour naître au moins la demi-liberté du serf. Mère des richesses et surtout des richesses mobilières, l'industrie mit aux mains du serf une puissance inconnue; les communes se rachetèrent, se formèrent, s'affranchirent; les corporations d'arts et métiers, les jurandes et les maîtrises parurent, et leurs modestes bannières furent autant de drapeaux qui, soutenus de l'influence royale, menèrent tout doucement les dernières classes du peuple du servage à la liberté. On sait enfin comment nos mœurs et nos lois révolutionnaires, préparées par les prédications de Luther au seizième siècle et de Voltaire au dix-huitième, proclamèrent le droit de tout homme à l'entière liberté, le droit de tout Français au titre de citoyen, l'égalité civile et politique, la destruction du régime féodal, etc., l'effacement complet de tout privilège de race.

C'est de ce jour que date véritablement le *prolétariat moderne*. Successeurs directs du serf, comme le serf lui-même l'était de l'esclave antique, les prolétaires forment parmi nous la classe la plus pauvre et de beaucoup la plus nombreuse; égaux en droit aux autres citoyens, libres comme eux, comme eux appelés, s'ils peuvent y parvenir, aux plus hauts emplois, aux fortunes les plus opulentes, les prolétaires, que tant d'avantages relèvent au-dessus de la position avilie de leurs prédécesseurs esclaves ou serfs, ont pourtant de moins qu'eux la certitude d'avoir toujours du pain. Deux choses font et caractérisent le prolétaire : 1° il n'a point par le fait seul de sa naissance la propriété d'un fonds de terre ou d'un capital dont le fermage ou le loyer assure son existence, indépendamment de tout travail; il ne vit que de salaire; 2° quels que soient sa bonne volonté, sa moralité, son dévouement, il n'a point la garantie d'obtenir chaque jour par son travail un salaire qui suffise à ses besoins et à ceux de sa famille.

L'indépendance, inévitable condition de la liberté qu'il a conquise, a brisé tout lien personnel et durable entre lui et les classes riches. Le propriétaire foncier, le possesseur de capitaux, l'entrepreneur d'industrie, qui lui-même n'est ordinairement qu'un prolétaire moins misérable, emploient les bras du prolétaire en guise d'instrument; quand ces bras leur sont nécessaires, c'est-à-dire quand ils leur rapportent plus qu'ils ne coûtent, ils les salarient, et ils les salarient le moins possible; dès qu'ils coûtent plus qu'ils ne rapportent, dès qu'une machine peut les remplacer avec économie, ils les congédient : ce que deviendront les malheureux ainsi brusquement licenciés, l'entrepreneur d'industrie ne s'en inquiète point, ce n'est point son affaire, et nous ajouterons, pour être vrais, que s'il en faisait son affaire, il se ruinerait infailliblement lui-même sans apporter un remède efficace aux maux qu'il voudrait soulager. Telle était, au contraire, l'organisation de la société antique et de la société du moyen âge que l'esclave et le serf étaient individuellement et directement rattachés, bien qu'à titre de chose plutôt qu'à titre d'homme, à l'existence même de cette société; un lien particulier existait entre chaque esclave, chaque serf et chaque membre des classes privilégiées, lien durable, constant, garanti à la fois par la loi, par les mœurs et par l'intérêt réciproque. Le maître nourrissait et entretenait l'esclave, parce que l'esclave était sa chose, et que sa mort, ses infirmités, sa maladie, sa faiblesse, étaient pour le propriétaire une diminution de fortune. De même, une impérieuse nécessité obligeait le seigneur, le maître du serf, à le nourrir, à le défendre, à le protéger. Être puissant par les armes, s'entourer constamment de moyens d'attaque et de défense toujours prêts à se procurer, à prix de sang et par la force dans un certain rayon, la paix, qui ne pouvait alors s'acheter autrement, c'étaient les premiers besoins de la vie dans le monde féodal : de là la nécessité d'une association étroite entre le plus fier baron et le plus humble vassal; la terre appartenait au seigneur seul, et avec la terre le serf attaché à ses glèbes; mais sur cette terre, s'il voulait la conserver, il lui fallait des gens de guerre, des laboureurs, quelques artisans; les revenus du sol devaient donc payer ces hommes, véritables compagnons de sa fortune, associés par le même intérêt à la même œuvre.

Tant que la société portera dans ses flancs des millions d'hommes auxquels les mœurs et les institutions promettent une égalité de droits qu'elles ne donnent point, auxquels toute l'éducation inspire une ambition qui manque de carrière et d'essor, elle ne jouira point d'un repos plus assuré que ne l'est elle-même l'existence de ces millions d'hommes : ce qu'il y a de précaire dans la vie de chaque prolétaire individuellement se retrouvera dans la vie générale de la société même. Considéré comme terme de passage entre le servage et une nouvelle organisation des classes laborieuses, le prolétariat est certainement un progrès; mais considéré dans ses effets présents, c'est un danger grave, c'est une plaie saignante, dont il faut hâter la disparition. Mais par cela même qu'il nous a été facile de dire en quoi consiste le prolétariat, il devient aisé d'indiquer d'une manière générale les institutions dont l'établissement ou le développement le fera disparaître. Si par cela seul qu'un homme vient au monde la société lui donnait, dans toute l'étendue que ces mots peuvent comporter, l'*éducation* et l'*instruction*, et plus tard, quand il serait vieux ou infirme, la *retraite* et l'*hospice*; si, en second lieu, le travail, qui ne manquera jamais aux bras de l'homme, était assez régulièrement organisé pour que chacun fût employé selon ses forces et payé selon l'utilité de son œuvre, il n'y aurait plus de prolétaires!

La société n'est pas encore assez riche pour réaliser un si beau programme! Non, sans doute, et voilà pourquoi le progrès le plus urgent, c'est d'augmenter la richesse générale par l'accroissement de la production, ce qui ramène en première ligne l'organisation du travail et la nécessité de favoriser les efforts des travailleurs; voilà pourquoi les vrais amis du prolétaire lui défendront toute violence, toute révolte, et maintiendront avant tout l'ordre, la paix et la tranquillité publique. Du reste ce programme, qui paraît une pure théorie, une rêverie inventée à loisir, nous l'avons tracé l'œil fixé sur nos institutions. Donner à tous, hommes et femmes, l'éducation et l'instruction! Et que signifient les salles d'asile, les écoles primaires, les écoles secondaires, les écoles d'adultes, les écoles professionnelles? Assurer aux infirmes et aux vieillards le repos après le travail et la satisfaction des nécessités de la vie! Et que se proposent les hospices, les caisses de retraite, les caisses d'épargne? Organiser le travail, associer les producteurs aux fruits de leur labeur en proportion de l'utilité de leur œuvre! Et que font les banques qui commencent à naître? Que produiront les chemins de fer, les routes, les ponts, les canaux, les chemins, qui vont sillonner le territoire? Quels fruits ne doit-on pas attendre d'une application plus large des principes de la société en commandite, si l'on parvient à régler leur développement sans gêner leur essor? Toutes ces institutions ne sont que des germes, mais des germes précieux, dont nous ne pouvons encore ni calculer la fécondité ni mesurer les résultats. Une chose certaine, c'est que tous les mouvements de la société moderne, tous ses instincts, tous ses travaux, tous ses désirs, toutes ses recherches, vont à rétablir entre tous ses membres la solidarité, brisée par le mouvement révolutionnaire.   Charles Lemonnier.

PROLIXE, PROLIXITÉ (du latin *prolixus*, allongé). *Voyez* Diffus, Diffusion.

PROLOGUE (du grec πρόλογος, avant-propos, fait de πρό, avant, λόγος, discours). C'est la préface d'un drame mise en action. Chez les anciens, il y avait un acteur spécial pour jouer ou réciter le prologue; il s'appelait du nom de son rôle même, *prologue*. Le prologue paraît remonter aux débuts de 'art dramatique. A cette époque, le poète se méfiait sans doute de la paresse et parfois de l'ignorance de ses auditeurs. Son avant-propos scénique était une espèce d'affiche, par laquelle il annonçait toujours le sujet de son drame ; quelquefois même il y développait le fil de l'action. Ce dernier usage ôtait ainsi aux auditeurs la surprise des incidents, des dénoûments et des péripéties ; mais des poètes plus sages s'en sont abstenus : en tout ce qui nous reste d'Aristophane, on ne voit pas un seul prologue. A la vérité, dans l'*Amphitryon* de Plaute, le prologue Mercure fait une brève analyse de la pièce ; mais son sujet était depuis longtemps si populaire, si trivial, que le poète lui-même, par la bouche du fils de Maïa, ne craint pas de l'appeler une vieille fable. Le prologue était si bien une annonce, une affiche verbale, que dans *L'Asinaire* de Plaute l'acteur s'exprime ainsi : « Je vais commencer à vous dire ce qui m'amène et pourquoi je suis ici : c'est pour vous apprendre le nom de la pièce, car pour le sujet, il est fort court. Ce que je voulais donc vous dire, c'est qu'elle s'appelle en grec d'un nom qui signifie *ânier*. Il y a du jeu et de l'agrément dans cette comédie ; elle est tout à fait divertissante. Écoutez-la favorablement. »

On admire toutefois jusque dans ses prologues le génie naturel et rude du comique tourneur de meule. On aime à voir Plaute s'y déchaîner contre les cabales et les intrigues du théâtre, et des comédiens ; il y signale les spectateurs qui ont été apostés par tel ou tel acteur pour l'applaudir ; n'y épargne pas non plus les édiles qui présidaient aux jeux publics, mettaient le prix aux pièces, et les payaient. Parfois aussi, dans le prologue, le poète versifiait son apologie, ou demandait l'indulgence du public, ou réfutait les critiques passées, ou prévenait celles à venir. Tel est celui de l'*Andrienne* de Térence, où il se plaint de perdre son temps à écrire des prologues pour se justifier. Molière, le génie duquel il appartenait seul de fixer sur notre théâtre, à il excite encore un franc rire, la vieillerie mythologique de la mésaventure d'Amphitryon, donne, dans la scène de Mercure et de la Nuit, un exemple du prologue antique. Le vieux théâtre anglais accepta aussi le prologue ; Shakespeare a les siens. Mais ici cet accessoire ne tient nullement à l'action : ce n'est point un personnage du drame qui entretient le public : c'est comme si l'auteur devisait devant le parterre sur ce que bon lui semble. On le voit même as le rideau. Ces prologues étaient ordinairement l'apologie de l'auteur dont on allait jouer la pièce.

Dans les mystères, le prologue était ordinairement une espèce d'*oremus* ou d'homélie : celui de l'*Incarnation et Nativité de N.-S. Jésus-Christ*, représenté à Rouen en 1474, nous fournira un exemple de la foi naïve à cette époque, tout ensemble des auteurs et des acteurs : il y est dit :

> Nous requérons universellement
> A tous seigneurs d'église ou autrement,
> Et au commun, bref à toute personne,
> Si commettons faute, qu'on nous pardonne,
> Et chacun, Dieu de prier d'humble cœur,
> Que par sa grâce il nous soit adjuteur.

Quand le théâtre se forma en France, des acteurs particuliers furent chargés, comme chez les Grecs et les Romains, de prononcer ces harangues devant le public : les plus fameux portèrent les noms burlesques de Gros-Guillaume, Gaulthier-Gargulle, Guillot-Gorju, Briscambille et Turlupin, le plus célèbre d'entre eux. Sous le siècle de Louis XIV, les prologues avaient disparu des drames ; ils restèrent toutefois dans les drames chantés, les opéras. Quinault s'en servit merveilleusement à son profit, à la louange du prince, en tête de chacune de ses pièces lyriques. Chaque prologue, qui le plus souvent n'a aucun rapport avec la pièce, est comme un autel à part et obligé, où le poète brûle un encens si grand si, que ce dieu de Versailles venait respirer tous les soirs avec un voluptueux orgueil. Le temps a fait justice de ces adulations inouïes. Le prologue semblerait vouloir reprendre, de nos jours, ses prérogatives dramatiques : M. Alexandre Dumas en a mis à plusieurs de ces pièces. D'autres l'ont imité avec plus ou moins de bonheur ; mais en général le prologue moderne est une petite scène jouée par plusieurs acteurs qui initie le spectateur à un fait passé bien longtemps avant le temps du drame, et le prépare à en comprendre l'action.

Nous ne sommes pas de l'avis de Marmontel, qui donne le nom de *prologue* à ces brillants ou ingénieux frontispices de poésie qui ornent les chants de Lucrèce, d'Aristote, de Milton, dans sa belle invocation à la lumière, et de *La Pucelle* de Voltaire. Ces morceaux tiennent trop au sujet pour ressembler au prologue antique ; ils y tiennent par un fil imperceptible, mais fort, qui, une fois rompu, laisserait des lacunes désagréables à la vue, sur les magnifiques trames ourdies par ces grands poètes.
DENNE-BARON.

PROLONGE, nom que l'on donne à des cordages dont on se sert dans les manœuvres de l'artillerie. Il y a des *prolonges doubles* et des *prolonges simples*. On se sert des premières dans les manœuvres de force, lorsqu'il est nécessaire d'équiper la chèvre à haubans ; dans les manœuvres du cabestan, du vindas, etc., elles ont 24 mètres de longueur et 3 centimètres de diamètre. Les secondes sont employées dans les manœuvres des pièces de campagne. Dans les mouvements de retraite, et lorsqu'il est nécessaire de perdre le moins de temps possible pour s'arrêter, faire feu, et se remettre en route, on *place la prolonge*, qui joint l'avant-train à la pièce, au moyen du *crochet de prolonge*, qui est fixé à l'affût.

On donne aussi le nom de *prolonges* à des chariots servant au transport des munitions ou des agrès à de petites distances.
Martial Merlin.

PROMENADE. On appelle ainsi des espaces de terrain plus ou moins vastes, et du domaine public, qui, ménagés aux abords ou dans les parties centrales des villes, les assainissent, les dégagent, et servent de lieu de réunion ou de plaisance à leurs habitants. Les promenades diffèrent des places publiques, en ce qu'elles ne sont pas dessinées sur un plan circulaire, carré ou en polygone régulier, mais de forme oblongue.

Dans un parc, un jardin, un champ destiné à des courses, à des manœuvres ou à des fêtes populaires, on donne le nom de *promenades* à des allées sablées, droites et larges, régulièrement plantées d'arbres, quelquefois ornées de statues, de vases, de fontaines et d'arbustes étrangers.

Les boulevards intérieurs de Paris, qui, à la révolution de 1830, ont failli tomber sous la hache populaire leur vieux ormes si touffus, pourraient, à peu de frais, être transformés en la plus délicieuse promenade du monde. Ce ne sont plus que des chaussées arides et sans ombrage durant la belle saison, sales et boueuses en hiver. Dénuées de tout aspect pittoresque, et n'offrant pour tout agrément aux promeneurs quelques bancs de pierre placés de loin en loin, il faudrait y élever des fontaines jaillissantes et des statues, y planter, entre des arbres d'espèces variées, et à l'abri de quelques treillages, des haies d'arbustes vivaces qui produiraient un très-bon effet, en interrompant les lignes tristes et sèches des trottoirs d'asphalte. Ces boulevards si fréquentés, mais si mal entretenus, et susceptibles d'embellissements qui ajouteraient beaucoup à l'effet de leurs riches perspectives, ne sont pas les seules promenades publiques de Paris. Cette ville en possède beaucoup d'autres, que peuvent lui envier les capitales des principaux États européens : citerons-nous les Champs-Élysées, qui, faisant suite au jardin des Tuileries et à la place de la Concorde, traversés par la grande avenue de Neuilly, forment une perspective imposante que termine dignement l'arc de triomphe de l'Étoile ; il n'y a rien au monde qui puisse être comparé à ce vaste ensemble de clairières aux surfaces bien aplanies, et propres à toutes sortes de jeux et d'exercices, de routes spacieuses où peuvent circuler les gens à cheval et les voitures, de sentiers ombragés et de grands massifs

8.

d'ormes et de tilleuls. Au delà, de superbes avenues conduisent au bois de Boulogne, transformé lui-même à grands frais en promenades par la ville de Paris.

Le jardin du Luxembourg et le Jardin des Plantes sont d'une ordonnance fort élégante, mais manquent de fontaines et de pièces d'eau. Le Palais-Royal est une des promenades les plus fréquentées à Paris. On y trouve des cafés, des restaurants, des cabinets de lecture ; on y peut goûter à la fois le frais et la chaleur, éviter la pluie et jouir de températures variées selon les saisons. Elle est exécutée dans le goût de celles qui accompagnaient les palais arabes ; bien arrosée pendant le jour, elle est bien éclairée pendant la nuit.

Londres a son parc Saint-James, aux vastes et sombres allées, plantées sous le règne de Jacques II par un célèbre artiste français, notre Claude Perrault ; ses jardins de Kensington avec leurs parterres bizarrés, leurs arbres singulièrement taillés, dans le goût qui était en grande faveur du temps de la reine Anne ; son *Regent's-Park*, son *Hyde-Park*, son *Green-Park* et ses nombreux *squares*, charmantes petites places ombragées, qui, situées aux débouchés des rues, donnent de l'air et quelque fraîcheur à cette immense ville, où le peuple étouffe. Madrid a son *Prado*, promenade étroite et longue, ruban vert que sillonnent quatre allées de platanes et de sycomores, qu'arrosent de nombreuses fontaines d'un joli goût, qui furent construites sous le règne de Charles II ; ses grands jardins de Buen-Retiro et ses belles nappes de verdure étendues sur les bords du Manzanarès. Pétersbourg a ses jardins d'été et d'hiver, et son boulevard de l'Amirauté, qu'ombragent de magnifiques hêtres, plantés par le tsar Pierre Ier. Berlin a son *Unter den Linden* (Sous les Tilleuls), sa *Wilhem-Strasse*, et son *Thiergarten*, créé sous Frédéric II. Vienne a, tout au milieu du Danube, son délicieux *Prater*, si calme, si fertile comme toutes les îles des grands fleuves, et couvert de massifs superbes, où sont percées de larges avenues de marronniers. Venise a son chaud *Lido*, et ses promenades en gondoles sur les canaux et les bords de l'Adria. Florence a ses merveilleux jardins Boboli, et Rome sa villa Borghèse, qui occupe deux collines et une vallée. A. FILLIOUX.

PROMENADE MILITAIRE. Au temps où les légions romaines faisaient l'étonnement et l'effroi de l'univers, leur vigueur, leur agilité, étaient entretenues, aux époques du repos et dans les saisons propices, au moyen de promenades en troupes, et conformément à des règles dont les auteurs anciens nous entretiennent. Dix mille pas, le retour non compris, paraissant avoir été le *maximum* de cette fatigue d'étude, de ce genre d'exercice avec armes et bagages. Tite-Live rapporte que Scipion obligeait les légionnaires placés sous son commandement à faire à la course quatre mille pas sans halte : un tel effort passe toute croyance, surtout si le légionnaire avait sur lui le pesant bagage que la loi et l'usage lui imposaient. Les ordonnances d'Auguste et d'Adrien exigeaient que trois fois par mois, hormis en temps de guerre, les promenades militaires fussent une image des manœuvres sérieuses et des actions d'une campagne. Au commencement du dix-huitième siècle il n'y avait pas encore une seule infanterie européenne qui en temps de paix connût et pratiquât la méthode des promenades, comme simulacres des marches de guerre. Les troupes de cavalerie, dans l'intérêt de la santé et de la conservation des chevaux, faisaient, il est vrai, d'insignifiantes excursions à petit et haut le pied ; mais l'infanterie n'était pas assujettie à ces pérégrinations. Si quelques régiments, gouvernés par des colonels zélés ou exercés par des majors habiles, faisaient des tournées le fusil sur l'épaule, c'était le petit nombre, et par exception. Le ministre Choiseul, à qui l'armée française fut redevable de tant d'améliorations, prescrivit le premier aux corps à pied d'exécuter de petites marches-routes les jours de beau temps. L'ordonnance du 1er janvier 1766 en délimitait la durée entre le *minimum* et le *maximum* d'une heure et de trois heures. Saint-Germain, par son ordonnance du 25 mars 1776, détermina que ce serait avec armes et bagages que l'infanterie se livrerait à cet apprentissage des marches ; jusque là elle n'y portait pas le havresac. Sous le régime impérial, les déplacements de troupes étaient assez réels, assez fréquents, pour que la législation pût se dispenser de s'expliquer sur des détails qu'on eût regardés comme dérisoires. La paix étant revenue, ce qui avait sagement été prescrit fut de nouveau. Les instructions sur l'inspection et des ordonnances ou règlements de 1818, 1822, 1831, 1833, renouvelèrent les anciennes dispositions et prescrivirent les promenades militaires, auxquelles devaient être exercés les hommes de pied et de cheval pendant les beaux jours de l'automne ou de l'hiver. Elles sont plus que jamais en usage aujourd'hui. Gal BARDIN.

PROMENOIR. Cette désignation s'appliquait, dans le langage d'autrefois, aux lieux découverts que nous nommons maintenant *promenades publiques*. On en trouve de fréquents exemples dans les ouvrages des écrivains français du seizième et du dix-septième siècle. Aujourd'hui ce terme ne convient plus qu'à un vaste local couvert et bien aéré, tantôt ménagé sur le pourtour extérieur, tantôt dans l'intérieur même d'un monument, pour y servir de salle d'attente, de dégagement, de lieu de refuge contre le mauvais temps ou le froid. Nos passages, nos galeries, nos bazars, sont à la fois des marchés publics, des lieux de promenade, et des voies de communication qui suppléent à l'insuffisance des rues ; mais ces monuments diffèrent à beaucoup d'égards des portiques de l'antiquité et des promenoirs, qui ne sont considérés que comme des accessoires plus ou moins importants dans un ensemble architectural, indispensables toutefois aux édifices publics très fréquentés et habités par un grand nombre de personnes, tels que collèges, casernes, hospices, couvents, séminaires, prisons, palais de justice, théâtres, etc.

Les anciens envisageaient l'exercice de la promenade comme agrément et principe d'hygiène. Les gymnases, les xystes, les stades, les portiques, les thermes, offraient des promenoirs à ceux qui n'avaient pas de maisons assez spacieuses pour s'y procurer de pareils locaux. A Rome, les promenoirs, tantôt disposés en portiques, tantôt en colonnades, étaient d'un usage général, et décoraient l'intérieur ou l'extérieur des constructions publiques et particulières. Pline le jeune, dans ses descriptions des *villas* ou maisons de plaisance romaines, parle de plusieurs espèces de galeries destinées à servir de promenoir. Les constructions modernes qui pourraient prendre ce nom sont très nombreuses : nos galeries de peinture et de sculpture, nos musées, où sont, aussi bien que nos passages, des promenoirs ; et l'on ne peut pas appeler autrement les grands portiques de la cour des Invalides, du jardin du Palais-Royal, des rues Castiglione et Rivoli, du théâtre de l'Odéon. La grande *salle des Pas-Perdus*, au Palais de Justice, à Paris, est un magnifique promenoir public qui peut donner une idée de ceux qui embellissaient Athènes et Rome. FILLIOUX.

PROMESSE (du latin *promittere*, engager sa parole), l'assurance que l'on donne de vive voix ou par écrit de faire ou de livrer une chose. La promesse par écrit peut être faite par acte public et authentique ou sous signature privée. Celle qui est faite sous signature privée doit être écrite en entier de la main de celui qui la souscrit ; du moins il faut que, outre sa signature, il ait écrit de sa main un *bon* ou *approuvé* portant en toutes lettres la somme ou la quantité de la chose promise ; excepté dans les cas où elles émane de marchands, artisans, laboureurs, vignerons, gens de journée et de service.

La *promesse de vente* vaut vente lorsqu'il y a consentement réciproque des deux parties sur la chose et le prix.

PROMÉTHÉE, de la race des Titans, était fils de Japet et de Clymène, frère d'Atlas, de Ménoitios et d'Épiméthée, et père de Deucalion. Eschyle lui donne Thémis, et Apollodore Asia pour mère ; cette dernière suivant Hérodote serait, au contraire, son épouse. Doué d'une prudence et d'une habileté extrême, il se posa en rival de Zeus, le créateur du genre humain, après l'avoir pourtant assisté. Lorsque les Titans songèrent à détrôner Chronos et à le remplacer par Zeus, Prométhée leur conseilla de recourir à la ruse; mais ceux-ci ne voulurent employer que la force. Ce que voyant, Prométhée s'adressa à Zeus lui-même, qui l'emporta en effet, grâce à ses conseils, et qui monta sur le trône paternel. Toutefois, il ne tarda pas alors à se brouiller avec le nouveau chef des dieux, attendu que dans la distribution des biens de ce monde il avait été décidé non-seulement qu'on n'aurait pas égard au genre humain, mais encore qu'on l'exterminerait et qu'on en créerait un autre. Prométhée sauva les hommes d'une perte totale; il fit plus : il déroba dans un tube creux, appelé *narthex*, le feu du ciel, et le donna aux hommes en leur enseignant les différents usages auxquels ils pouvaient le faire servir. En punition de cet attentat, Zeus envoya aux hommes Pandore, qui leur apporta tous les maux. Quant à Prométhée, il l'enlaça de liens et l'attacha à une colonne ; ou bien, suivant le récit d'Eschyle, il le fit clouer par Héphestion à un rocher du Caucase, où un aigle dévorait le jour son foie, qui repoussait la nuit. Prométhée souffrit longtemps avec un courage héroïque ces tourments sans nom, parce qu'il savait qu'ils devaient avoir un terme. Enfin, Hercule vint à son secours, tua l'aigle et le délivra, de l'agrément de Zeus lui-même, qui avait voulu par cet exploit rendre le nom de son fils Hercule plus glorieux encore.

Voici, au rapport d'Hésiode, pourquoi Zeus en voulait tant au genre humain. Quand les dieux cherchèrent à se raccommoder à Mekoné avec les mortels, une dispute s'éleva entre eux à ce sujet; et Prométhée prit parti pour les hommes. A cet effet, il divisa un énorme taureau, mit d'un côté la chair, les entrailles et la graisse enveloppées dans la peau et recouvertes de l'estomac, et de l'autre les os artistement enveloppés dans la membrane graisseuse. Zeus s'y laissa tromper à dessein, et choisit le côté des os, afin d'avoir un prétexte de se mettre en colère; et il punit de sa méprise les hommes, dont Prométhée était le protecteur, en les privant du feu. C'est depuis cette époque, ajoute Hésiode, que les hommes brûlent de blancs ossements en l'honneur des dieux, *sur des autels exhalant des vapeurs*.

La tradition qui veut que Prométhée ait aussi créé les hommes appartient à une époque postérieure. C'est par Érinna, la femme poète, que Prométhée est pour la première fois représenté comme ayant contribué à la création du genre humain; mais l'origine de ce mythe est inconnue. Hésiode n'en dit mot. Dans Eschyle il n'est non plus fait mention de Prométhée que comme de celui qui sauva, qui instruisit le genre humain, et c'est-à-dire son bienfaiteur. Du reste, poètes et philosophes ont modifié à l'infini ce mythe, suivant le but qu'ils avaient en vue. Ce qui paraît en résulter de plus clair, c'est que les uns et les autres voient dans Prométhée le créateur de la culture intellectuelle. A Athènes on célébrait les obligations que lui avait le genre humain, dans des fêtes appelées *Prometheia*, l'une des trois courses annuelles aux flambeaux qui avaient lieu dans le Céramique. Consultez Wieske, *Prométhée et son cycle fabuleux* (en allemand ; Leipzig, 1842).

O. Mac-Carthy.

PROMONTOIRE (du latin *promontorium*), synonyme de cap, employé surtout dans le style élevé. On pourrait cependant établir une différence entre ces deux mots, et définir le *promontoire* « une masse de terre élevée ou une montagne formant saillie dans les eaux, » en un mot un *cap montagneux* ou dominé par un plateau élevé. O. Mac-Carthy.

PROMOTEUR (Discipline ecclésiastique). Voyez Officialité.

PROMOTION (du latin *promoveo*, fait de *pro*, en avant; *moveo*, je pousse), action par laquelle on élève, on est élevé, à une dignité, à un grade supérieur, à une position plus avancée. Ainsi, on dit l'empereur a fait une *promotion* d'officiers, de magistrats; que le pape a fait une *promotion* de cardinaux, etc. Comme on le voit, dans le sens actif, on ne dit *promotion* que de plusieurs personnes. Une *promotion* de lords est considérée en Angleterre en quelque sorte comme un coup d'État lorsqu'elle a pour motif apparent la modification de l'esprit politique de la chambre haute.

Martial Merlin.

PROMULGATION. C'est l'acte par lequel le chef de l'État atteste l'existence d'une disposition législative et ordonne son exécution. La promulgation des lois résulte de leur insertion au Bulletin officiel. Dès l'instant de la promulgation la loi peut être exécutée, mais elle ne devient obligatoire dans chacun des départements de la France que du moment où la promulgation y est réputée connue. Elle est réputée connue dans le département de la résidence impériale un jour après celui où le bulletin a été reçu de l'Imprimerie impériale par le ministre de la justice, qui constate sur un registre la date de la réception. Cette date est toujours indiquée à la fin de chaque Bulletin. A l'égard des autres départements, la promulgation y est réputée connue après l'expiration du même délai augmenté d'autant de jours qu'il y a de fois dix myriamètres entre la ville où la promulgation a été faite et le chef-lieu de chaque département.

PRÔNE, espèce de sermon qui se fait tous les dimanches dans les églises paroissiales pour instruire les fidèles de leur religion et de leurs devoirs, pour les avertir des fêtes et jeûnes de la semaine, et faire les publications des choses qu'il est nécessaire qu'ils sachent. Figurément, c'est une remontrance importune qu'une personne fait à une autre.

PRÔNEUR, PRONEUSE. Ce mot ne s'emploie plus qu'au figuré, et il désigne celui ou celle qui loue avec excès.

PRONOM. Il y a eu à l'occasion de la nature du *pronom* de nombreuses disputes entre les grammairiens. Voici ce que dit au sujet de cette partie du discours l'auteur de l'*Histoire de la Parole* : « Les discours qui ne sont composés que de noms, d'articles et d'adjectifs, sont tous étrangers aux personnes qui tiennent ces discours, et à ceux auxquels on les tient ; mais si la parole se bornait à cela, elle serait très-imparfaite. Lorsqu'on parle, ce n'est pas toujours d'objets étrangers que l'on s'entretient. On a sans cesse occasion de parler en de soi et de ceux auxquels on s'adresse. Ici un père et une mères'adressent à leurs enfants; là un ami parlera à un ami ; partout des hommes s'entretiennent avec des hommes ; il faut donc des mots au moyen desquels celui qui parle se désigne lui-même, et puisse désigner et ceux auxquels il parle, et ceux dont il parle, et qu'on voie à l'instant à quelle de toutes ces personnes se rapporte le tableau. Ces mots indispensables existent dans toutes les langues. C'est ce qu'on appelle *pronom*, c'est-à-dire mots qui désignent les personnes sans le secours des noms, et dans les occasions où il serait impossible d'employer ceux-ci. » Cela revient à peu de chose près à la définition vulgaire énonçant que le pronom est un mot qui tient la place d'un nom et qui en évite la répétition. Sans le secours du pronom, on serait obligé de répéter un nom chaque fois qu'on a quelque chose à en dire : ce qui ferait languir le discours et le rendrait obscur et confus.

On distingue plusieurs espèces de pronoms : *pronoms personnels*, *pronoms possessifs*, *pronoms relatifs*, *pronoms absolus*, *pronoms démonstratifs*, *pronoms indéfinis*. Le *pronom personnel* est celui qui désigne une personne. Il y a trois personnes : la première est celle qui parle ; *je*, *me*, *moi*, au singulier, *nous* au pluriel ; la seconde est celle à qui l'on parle : *tu*, *te*, *toi*, pour le singulier, *vous* pour le pluriel ; la troisième personne est celle de qui l'on parle : *il*, *elle*, *ils*, *elles*, *lui*, *eux*, *le*, *la*, *les*, *leur*, *se*, *soi*. Le *pronom possessif* est celui qui, en rappelant l'idée d'un nom, marque la possession ou la propriété d'une chose : *mon*, *ton*, *son*, *ma*, *ta*, *sa*, *mes*, *tes*, *ses* ; *le mien*, *la mienne*, etc. On appelle *pronom relatif* celui qui a rapport à un objet dont on a déjà parlé, et qui a été désigné par un nom ou par un autre pronom : *dont*, *qui*, *que*, *quel*, *lequel*, *duquel*, etc., sont des *pronoms relatifs*; le *pronom absolu* est le même que le précédent; avec cette différence que les pronoms relatifs se rapportent toujours à un antécédent; et que le pronom absolu n'a rapport à aucun nom déterminé : *qui, que, quoi*, sont des *pronoms absolus*. On entend par *pronom démonstratif* un mot qui se sert pour indiquer ou pour montrer un objet : *ceci, cela, celui-ci, celui-là* sont des pronoms démonstratifs. Enfin, le *pronom indéfini* désigne une personne ou une chose d'une manière vague et indéterminée, comme *on, quelqu'un, rien*.

On se sert de l'adjectif *pronominal* pour désigner un mot qui appartient en quelque chose à la classe du pronom. On dit dans ce sens, une *expression pronominale*, un verbe *pronominal*. CHAMPAGNAC.

PRONONCIATION, action d'exprimer ou de faire entendre quelque chose par le moyen de la voix; articulation des lettres, des syllabes dans les mots; manière de réciter ou de lire à haute voix. On distingue la *prononciation familière* et la *prononciation oratoire*. La prononciation familière, c'est-à-dire celle qu'on aime dans la conversation, doit être correcte, claire, sans affectation, sans éclat de voix, ni trop lente, ni trop précipitée. Quant à la *prononciation* oratoire, nous allons l'examiner comme une partie importante de la rhétorique. Démosthènes en faisait le plus grand cas, et la cultivait sans cesse. Cicéron regardait la *prononciation* comme une sorte d'éloquence corporelle : en effet, une prononciation animée pallie les imperfections d'un discours faible, tandis qu'une lecture simple et monotone dérobe souvent les beautés de la pièce la plus éloquente. Les principales qualités de la *prononciation* oratoire sont la correction et la clarté. Elle est correcte quand le son de la voix a quelque chose d'aisé, de naturel, d'agréable, joint à un certain air de politesse et de délicatesse, qui constitue l'*urbanité*; elle est claire lorsqu'on articule nettement toutes les syllabes, et qu'on sait soutenir et suspendre sa voix de manière à marquer différentes pauses dans les divers membres des phrases et des périodes. Ce n'est pas par de violents efforts qu'on parvient à se faire entendre, mais par une *prononciation* nette, distincte et soutenue. L'habileté consiste à savoir ménager avec art les ressources de sa voix; à commencer sur un ton qui puisse hausser et baisser sans contrainte et sans peine; à conduire sa voix avec sagesse, de façon qu'elle puisse se déployer tout entière dans les endroits qui demandent de la force et de la véhémence. La bonne prononciation n'est pas moins nécessaire pour se rendre intelligible que pour parler avec grâce et avec noblesse.

Pour acquérir une bonne prononciation, il est indispensable de bien connaître la *prosodie*, c'est-à-dire l'art de donner à chaque syllabe le ton qui lui est propre.

Il y a une *prononciation* conventionnelle propre à chaque langue. Cette prononciation varie à l'infini, suivant la différence des habitudes nationales et des climats. La difficulté de saisir les inflexions de la voix propres aux langues de chaque nation est un des grands obstacles pour les parler avec perfection. Les défauts que nous trouvons dans la *prononciation* des langues étrangères ne naissent que de l'habitude que nous avons contractée de parler une autre langue. CHAMPAGNAC.

PRONOSTIC. Ce mot, traduction littérale du substantif grec προγνωστικόν, désigne la **prévision de l'avenir** ; mais l'usage en a limité l'acception : ainsi, la prévision des événements futurs, dictée par l'inspiration divine, est spécifiée par le mot *prophétie* : les prédictions des astrologues sont des *prédictions* : telles sont celles du fameux Matthieu Lænsberg. Aujourd'hui le mot *pronostic* s'applique principalement aux prévisions des médecins relativement aux chances de la vie, l'observation et l'expérience, dotent effectivement le médecin de connaissances suffisantes pour porter des jugements rationnels et certains sur un avenir sanitaire. L'ensemble de ces connaissances est de la plus grande importance pour la pratique; c'est une boussole à l'aide de laquelle il dirige sa conduite; c'est pour le public une pierre de touche qui aide à reconnaître la valeur d'une instruction médicale. Hâtons-nous cependant d'avertir que ces notions, toutes rationnelles qu'elles puissent être, ont des bornes qui doivent inspirer à tous la plus grande réserve. Il est bon qu'on sache qu'il n'est presque aucun cas dans lequel un médecin vraiment digne de sa profession puisse porter un jugement absolu. Que les malades et leurs assistants lui épargnent donc des instances pressantes pour connaître ses espérances et ses craintes; qu'ils ne s'étonnent point de recevoir de sa bouche des réponses ambiguës et évasives : ce sont les marques d'une prudence éclairée. Ce n'est point ainsi que le vulgaire nous comprend : il accorde sa confiance et son admiration au médecin qui hésite le moins à lui peindre l'avenir, et principalement avec des couleurs séduisantes. La réserve dans les pronostics relatifs à la conservation de la santé, ainsi que de la vie, est surtout un fruit de l'expérience ; et c'est pourquoi les vieux médecins hésitent beaucoup plus que les jeunes à porter leurs jugements. Dr CHARBONNIER.

PRONUBA, l'un des surnoms de Junon.

PRONY (GASPARD-CLAIR-FRANÇOIS-MARIE RICHE, baron DE), l'un de nos plus habiles ingénieurs, né en 1755, à Chamelet (Rhône), entra à l'École des Ponts et Chaussées en 1776, et fut nommé sous-ingénieur en 1780. Perronet, qui l'avait distingué, l'emmena dans un voyage qu'il fit à Dunkerque, puis en Angleterre. En 1786 il lui confia la direction des travaux du pont Louis XVI à Paris. En 1791 Prony fut nommé ingénieur en chef à la résidence de Perpignan; mais désirant ne pas s'éloigner de Paris, il obtint qu'on changeât ses fonctions contre celles de directeur de l'organisation du cadastre. L'établissement du système décimal des poids et mesures, ayant rendu nécessaire la construction de nouvelles tables de logarithmes, le gouvernement le chargea de ce travail immense, dont il s'acquitta en deux années, de manière à mériter les éloges unanimes des savants. Le gouvernement avait voulu non-seulement que ces tables ne laissassent rien à désirer sous le rapport de l'exactitude, mais encore qu'on en fit le monument le plus vaste et le plus imposant qui eût jamais été exécuté ou même conçu. Ses intentions furent remplies; mais les embarras financiers de cette époque ne permirent pas d'imprimer les dix-sept volumes grand in-folio dont se compose ce beau travail ; et ils font aujourd'hui partie de la bibliothèque de l'Observatoire. En 1794 Prony fut nommé professeur à l'École Polytechnique, en août 1798 inspecteur général des ponts et chaussées, et directeur de l'école de ce corps le 4 octobre suivant. Il fut compris en 1795 dans la première organisation de l'Institut ; mais il s'aliéna Bonaparte en refusant de le suivre en Égypte, ce qui ne l'empêcha pas toutefois de conserver ses places à l'École Polytechnique et à l'École des Ponts et Chaussées pendant toute la durée de l'empire. La Restauration le créa baron en 1828; et en 1835 Louis-Philippe lui accorda le titre de pair. Il mourut le 29 juillet 1839.

On a de lui, entre autres : *Mémoire sur la poussée des voûtes* (1783) ; *Exposition d'une méthode pour construire les équations indéterminées qui se rapportent aux sections coniques* (1790) ; *Nouvelle Architecture hydraulique* (2 vol. in-4°, 1790-1796) ; *Mécanique philosophique raisonnée, ou analyse raisonnée des diverses parties de la science de l'équilibre et du mouvement* (1800) ; *Recherches physico-mathématiques sur la théorie des eaux courantes* (1804) ; *Essai expérimental et analytique sur les lois de la dilatation des fluides élastiques* (1808) ; *Cours de Mécanique concernant les corps solides* (2 vol. in-4°, 1815) ; et *Description hydrographique et historique des marais Pontins* (1823), ouvrage dans lequel on trouve l'intéressant récit des différentes tentatives faites pour arriver au desséchement des marais Pontins, avec l'exposition des vues particulières de l'auteur à cet égard.

Sa femme, née LAPOIX DE TRÉMINVILLE, morte en 1822, jouissait d'une faveur toute particulière auprès de l'impératrice Joséphine.

Son frère, *Claude-Antoine* Riche de Prony, né en 1762, fut attaché en qualité de naturaliste à l'expédition envoyée à la recherche de La Peyrouse, et mourut en 1797, à la suite des fatigues qu'il éprouva dans ce voyage.

PROPAGANDE. Sous cette dénomination on comprend en général toute institution ayant pour but de répandre une opinion dans la foule et de la lui faire adopter. Dans l'Église chrétienne on donne ce nom à toute institution ayant pour but soit de répandre le christianisme parmi les peuples non chrétiens, soit plus spécialement de répandre une confession chrétienne parmi ses adversaires. Sous ce rapport, on appelle spécialement ainsi dans l'Église catholique une grande institution destinée à répandre ses dogmes parmi les peuples non chrétiens ou séparés du catholicisme, et qui se rattache à l'œuvre des missions. Elle a pour centre d'action la *Congregatio de propaganda fide*, fondée en 1622, par Grégoire XV. Elle se compose de cardinaux et de prélats nommés à vie par le pape, chargés de la direction de tout ce qui a rapport à la propagation de la foi catholique et à l'extirpation de l'hérésie. En 1628 Urbain VIII réunit à cette congrégation le *Collegium seu seminarium de propagandâ fide*, institution préparatoire où se formaient les missionnaires. La congrégation s'assemblait autrefois chaque semaine, sous la présidence du pape. Elle célèbre sa fête principale le 6 janvier; et à cette occasion elle tient une séance littéraire, où ses élèves parlent ou déclament des morceaux de poésie, chacun dans la langue du pays d'où il est originaire. La propagande possède une imprimerie célèbre par la variété de ses caractères. Elle publie des bréviaires, des missels et des catéchismes à l'usage de toutes les contrées du monde connu. Elle s'occupe de la situation de l'Église, non-seulement *in partibus infidelium*, mais encore dans les pays qui se sont séparés du saint-siège, dans le nord de l'Europe, en Angleterre et en Allemagne. Elle a divisé toutes les contrées de la terre en provinces; et elle entretient les rapports les plus intimes avec divers séminaires ou collèges placés sous la direction de la Société de Jésus, comme le *Collegium Germanicum* et le *Collegium Hungaricum* à Rome, le *Collegium Helveticum* à Milan. La très-grande majorité des membres de la congrégation de la propagande, sont des prêtres, et généralement des jésuites ou des franciscains. Les archevêques, où ils manquent, les nonces apostoliques ou délégués spéciaux, sont les intermédiaires entre la propagande et les évêques. La propagande de Rome reçoit régulièrement les rapports de tous les évêques et archevêques qui lui sont subordonnés, puis de tous les élèves par l'intermédiaire des nonces, de tous les préfets des missions régulières.

A l'époque de la révolution française, on donna le nom de *propagande* aux associations secrètes qui avaient pour but de répandre les principes de la démocratie dans les autres pays au moyen d'émissaires. A la suite de la révolution de Juillet il s'en forma en Belgique, en Italie, en Pologne et en Allemagne.

PROPAGATION DE LA FOI (Association pour la), société religieuse établie pour l'extension des missions. En 1853 ses recettes se sont élevées à la somme de 3,335,149 fr. 99 c. La France seule avait donné 2,364,148 fr. 31 c.; les États sardes, 257,114 fr. 18 c.; la Prusse, 200,998 fr. 57 c.; les Iles Britanniques, 193,746 fr. 15 c: l'Irlande figure dans ce chiffre pour 143,431 fr.; la Belgique, 150,629 fr. 80 c. En France, le diocèse de Lyon avait donné 238,667 fr. 25 c.; le diocèse de Paris, 122,710 fr. 06 c.; le diocèse de Cambray, 95,725 fr. 78 c.; le diocèse de Nantes, 85,000 fr.; le diocèse de Toulouse, 56,422 fr. 01 c.; le diocèse de Bordeaux, 52,358 fr. 90 c.; le diocèse de Marseille, 44,398 fr. 50 c. Les dépenses se répartissaient ainsi : missions d'Europe, 936,120 fr. 50 c.; d'Asie, 1,440,510 fr. 49 c ; d'Afrique, 342,700 fr.; d'Amérique, 1,089,428 fr. 26 c.; de l'Océanie, 413,787 fr. 05 c.; frais de publication des Annales et autres imprimés, 172,638 fr. 80 c.; frais d'administration, 32,089 fr. 50 c. Les *Annales de la Propagation de la foi*, paraissant tous les deux mois, étaient tirées à 173,000 exemplaires, savoir : en français, 106,500 ; en anglais ; 16,000 , en allemand, 15,200 ; en espagnol, 1,200 ; en flamand, 4,800 ; en italien, 24,300 ; en portugais , 2,500 ; en hollandais, 2,000 ; en polonais, 500. En 1854 les recettes de l'œuvre se sont élevées à la somme de 3,722,756 fr. 44 c.; la part de la France était de 2,205,501 fr. 78 c. En 1855, les recettes furent de 3,778,180 fr. 05 c., dont 2,323,337 fr. 75 c. pour la France. Le diocèse de Lyon avait donné 244,000 fr. à lui seul. Comme on le voit, cette œuvre est essentiellement française; elle répond à la propagande des sociétés bibliques, et elle a cela de remarquable qu'elle est formée des sommes les plus minimes.

L. Louvet.

PROPENSION, pente, tendance naturelle d'un corps vers un autre corps, vers un point : tous les corps pesants ont une propension naturelle à descendre. Ce mot se prend au figuré pour *inclination*, *penchant*. On dit dans ce sens : La *propension au bien*, la *propension au mal*.

PROPERCE n'a point de biographie : Il aima, voilà toute sa vie; il chanta ses amours, et il est immortel. Sa gloire même surpasserait celle d'Homère si on la mesurait par le nombre des villes qui se disputèrent l'honneur d'avoir été son berceau : neuf y prétendirent. Né vers l'an 702 de Rome, à Mevania, aujourd'hui Bevagna (dans le duché de Spolète), il mourut vers 740, à Hispelium (Spello), où l'on retrouva son tombeau en 1722, sous une maison qu'on appelle encore la *maison du poète*. Pendant qu'il étudiait à Rome, une passion, à laquelle il parait avoir tout sacrifié, vint donner à son esprit une autre direction. Il vit, il aima, et célébra, sous le nom de *Cynthie*, un de ceux de la chaste Diane, la courtisane Hostia ou Hostilia, que des commentateurs ont fait, d'un trait de plume, descendre en droite ligne du troisième roi de Rome, Tullus Hostilius. Elle avait reçu du moins une éducation brillante, qui autant que sa beauté attirait chez elle, pour le désespoir de Properce, tous les poètes de l'époque. Elle excellait, s'il faut en croire son amant, à chanter, à jouer de la lyre, à faire des vers, et il en cite même quelques-uns. Mais tant de charmes, s'ils firent souvent la joie de Properce, firent aussi son malheur; car ce n'était point pour lui seul que chantait Cynthie, pour lui seul qu'elle jouait de la lyre et qu'elle faisait des vers; et les infidélités de sa maîtresse excitèrent chez lui de violents accès de jalousie et de désespoir. Il parle de mettre fin à ses jours, d'attenter à ceux de Cynthie; d'avance, il ordonne la pompe de ses funérailles, et marque la place de son tombeau. Mais bientôt, une nuit, une seule nuit passée dans les bras de Cynthie, lui fait oublier qu'il a résolu de mourir. Ses amis, ses rivaux en poésie, le trahissaient, lui disputaient Cynthie, écrivaient contre lui à cette courtisane des lettres et des libelles, qu'elle montrait ensuite à Properce, toujours préféré. Il se débat sans cesse contre cet amour qu'il ne peut vaincre; et pour en guérir, il a, mais en vain, recours à l'infidélité, aux voyages, aux orgies. C'est de cette lutte de la raison, toujours impuissante, contre cette passion impérieuse, qu'est résulté le mérite principal des élégies de Properce, qui sont moins des soupirs que des sanglots. L'amour d'ailleurs a parlé rarement un plus magnifique langage que dans les productions de ce poète : la mélancolie et la tendresse ont rarement trouvé des accents plus vrais, plus pénétrants. Aussi tient-il le premier rang dans l'élégie romaine; et Ovide, auquel il est supérieur, a bien caractérisé ses poésies, en les appelant des *feux*:

Sæpe suos solitus recitare Propertius ignes.
Properce m'a souvent fait juge de ses feux.

Les plus beaux mouvements lyriques en animent le style, et quelques-unes de ses odes, qui le placent à côté d'Horace. Quoiqu'il ait dit souvent qu'il n'avait d'autre talent que celui de peindre les tourments de l'amour, quoiqu'il ait sur ce motif refusé, malgré les conseils de Mécène, de chanter Auguste, quelques-unes de ses élégies prouvent qu'il eût pu fournir avec éclat la carrière de l'épopée.

La traduction en prose de l'abbé de Longchamps, et celle en vers de Denne-Baron, sont les ouvrages qui ont le plus contribué à faire connaître et aimer Properce. Denne-Baron surtout a triomphé avec un rare bonheur d'innombrables difficultés. On retrouve dans sa traduction, qui malheureusement ne comprend pas toutes les élégies de Properce, l'élégance, la richesse d'expressions et parfois la touche vigoureuse qui caractérisent le poëte latin.

T. Baudement.

PROPHANTIDES. *Voyez* Hiérophantides.

PROPHÈTES. Ainsi s'appelaient chez les Hébreux les *voyants*, les sages, les orateurs populaires, qui contribuaient au maintien de la religion mosaïque, de la moralité et de la prospérité de la nation; qui, en communication intime avec Dieu, remplis de son esprit (inspirés) et conduits par lui, voyaient dans l'avenir et révélaient ses volontés aux hommes. Ils apparaissent toujours comme agissant au nom de Jéhovah, et non de leur propre autorité. Aussi leur donnait-on le nom d'*envoyés* ou d'*hommes de Dieu*; aussi est-il dit d'eux que l'esprit de Dieu ou que la main de Jéhovah est étendue sur eux, ou encore que c'est sa main qui les dirige. Un fait bien remarquable, c'est qu'on ne retrouve chez aucun autre peuple d'institution semblable à celle du *prophétisme*. Les traces en remontent jusqu'aux temps les plus reculés; cependant, on trouve le prophétisme constitué déjà vers la fin de la période des juges. A l'époque de Samuel, qui lui-même fut prophète et en même temps le dernier juge, on trouve d'abord les *écoles de prophètes*, associations où vivaient ensemble à la manière de la société pythagoricienne des jeunes gens de toutes les tribus, auxquels des maîtres de la loi et de poésie apprenaient l'esprit de la loi, et qui l'exprimaient en chants sacrés. Des écoles de ce genre existaient à Rama, à Jéricho, à Béthel et à Gilgal; et les disciples de ces écoles portaient le titre d'*élèves-prophètes*. C'est de leur sein que sortirent, sous le nom de *prophètes de l'Ancien Testament*, les célèbres orateurs populaires qui purifièrent et étendirent la religion et la morale, qui défendirent l'idée mosaïque du royaume de Dieu contre les prétentions des rois et contre la mollesse des prêtres, lesquels, trop préoccupés des formes extérieures du culte, sont représentés comme l'ayant trop souvent confondu avec la religion elle-même, et avec qui la plupart des prophètes, qui s'efforçaient de pénétrer plus intimement dans l'esprit du mosaïsme, n'étaient pas précisément dans de fort bons termes. Comme vêtement les prophètes portaient un long manteau avec une ceinture de cuir. Mais dans le nombre il se glissait parfois des individus indignes de telles fonctions, et les vrais prophètes prennent soin de mettre en garde contre eux. La belle époque du prophétisme dura jusqu'à la destruction du royaume de Juda; et l'époque de l'exil fut plus particulièrement pour eux un temps de rudes épreuves. Quand l'exil prit fin, les prophètes accompagnèrent les colonies juives à leur retour en Palestine. Le don de prophétie était perdu; mais d'après les croyances populaires il devait revenir après l'apparition du Messie. Tous les prophètes ne se mêlaient point de prédire les destinées du peuple : quelques-uns des plus grands se contentèrent même d'être des orateurs du peuple; position que désigne au propre le mot *prophète*, qui est d'origine grecque. Pour ce qui est des lumières, de l'habileté et de la piété, la plupart des prophètes étaient beaucoup au-dessus de leur époque. Comme ils se posaient en envoyés de Dieu, leurs discours et leurs chants étaient considérés comme la parole de Dieu, de même qu'ils pénétraient dans l'esprit des masses par l'énergie de la poésie et par la musique dont ils les accompagnaient. A l'origine ils donnaient leurs enseignements à ciel découvert, et dans un certain état d'inspiration; mais à partir de la destruction du royaume de Juda ils prirent l'habitude d'écrire leurs sentences. Leurs poésies, considérées comme des oracles, et dont l'originalité, la profondeur et la sublimité de pensées font encore aujourd'hui l'admiration de tous les connaisseurs, sont des signes et des prodiges plus grands que les actions extraordinaires qu'on leur attribuait. Le contenu des oracles prophétiques, où apparaissent le plus ordinairement des visions, est tantôt politique, tantôt religieux, tantôt moral ou bien encore tient de ces trois caractères à la fois. Leurs prophéties sont remarquables. Toutefois, il ne faut pas y voir des prédictions positives, mais seulement comme des prédictions générales, se rattachant aux circonstances du moment et ayant pour but de contribuer à l'amélioration morale du peuple au moyen de menaces dont l'accomplissement est représenté comme prochain. Mais souvent aussi il arrive que, détournant la vue d'un présent plein d'angoisses et de misères, ils s'élèvent vers un avenir plus radieux, où la sagesse et la toute-puissance de Dieu feront triompher la vérité et la vertu; telle est l'origine des prédictions des prophètes relatives au Messie. Ils dirigeaient alors les yeux de leurs auditeurs vers cet avenir idéal où un sublime sauveur du peuple amènerait l'âge d'or et répandrait l'adoration du vrai dieu parmi tous les peuples de la terre. Avec cette idée du Messie les prophètes exercèrent une puissante influence sur la nation; et c'est que la prédication de la doctrine de Jésus se rattache à la religion hébraïque. Les livres prophétiques de l'Ancien Testament nous ont conservé les discours des quatre grands prophètes, Isaïe, Jérémie, Ezéchiel et Daniel, et des douze petits prophètes, *Osée, Joël, Amos, Obadia, Jonas, Michée, Nahum, Habacuc, Zéphanie, Haggée, Zacharie* et *Malachie*; ces trois derniers appartiennent à l'époque de la captivité de Babylone. Nous ne connaissons les autres que de nom. L'histoire fait aussi mention de *prophétesses*, notamment de *Débora*, de *Hulda*, de *Miriam*, d'*Anne*, d'*Abigael* et d'*Esther*. Étaient considérés comme de *faux-prophètes* ceux qui prophétisaient sans mission véritable ou bien qui enseignaient au nom d'un dieu étranger. Consultez Knobel, *Du Prophétisme des Hébreux* (en allemand; Breslau, 1837).

Dans l'Église chrétienne, des fanatiques religieux ont souvent tenté de se faire passer pour *prophètes*. Le dix-septième siècle surtout fut riche en prophètes et en prophétisants de cette espèce. Tous, la tête farcie de fausses interprétations de l'Apocalypse, annonçaient la venue prochaine de l'Ante-Christ et la fin du monde.

Prophète est aussi le titre que les musulmans donnent à Mahomet. Ils disent : « Il n'y a qu'un Dieu, et Mahomet est son prophète. » Proverbialement, *Nul n'est prophète dans son pays* signifie : On a ordinairement moins de succès dans son pays qu'ailleurs.

[Qu'était-ce qu'un prophète? d'où venait sa mission? quel était son rôle, et quelle sa destinée? La réponse à la première question, facile à soi-même, est impossible aux autres. D'abord, les Hébreux, les chrétiens et les islamites, peuvent seuls s'interroger et se répondre; les autres religions ne pourraient comprendre. Ensuite, parmi les hommes qui admettent, comme règle actuelle ou passée, la législation de Moïse, l'esprit incrédule, philosophique ou fidèle.

Pour l'incrédulité, le prophète n'est qu'un jongleur, appuyant le mensonge par le prestige. Elle ne fait que redire ce qu'ont dit les prophètes mêmes. Ézéchiel vit avec horreur parmi ses contemporains des voyants qui prophétisaient le mensonge, et des prêtres qui dominaient par ce moyen. « Vos prophètes vous ont perdus, s'écrie Jérémie, ils ont annoncé l'erreur, et n'ont ouvert la bouche que pour de l'argent. » Ainsi, quand on les attaque, on ne fait que les répéter. Il y eut de faux prophètes, mais tous sont-ils faux? Pour l'incrédule, l'affirmative n'est pas douteuse : il juge ce qu'il n'a pas examiné.

Ce que nie l'incrédulité, la philosophie le dénature. Les prophètes ne parurent que durant le premier temple; sous le second, les *docteurs* remplacèrent les prophètes, et voulurent expliquer ce qu'ils ne pouvaient comprendre. Le rabbinisme, cette scolastique argutie des Hébreux, a commenté et, par suite encore, obscurci les obscures explications des docteurs. Il a découvert les onze degrés de l'esprit prophétique : le premier tient à l'âme, le second au génie, celui-ci à l'exaltation, celui-là à l'imaginative.

Qu'est le prophète pour le fidèle? Un homme suscité de Dieu, une parole inspirée par l'esprit de Dieu : *Deus suscitabit tibi prophetam*, dit Moïse; *Deus locutus est per prophetas*, dit l'Écriture. Dans la prophétie, l'homme disparaît, Dieu seul parle : voilà le voyant pour le croyant.

Mais comment discerner le vrai prophète du faux? L'un et l'autre peuvent posséder une égale supériorité d'intelligence humaine : et l'esprit qui prévoit n'est-il pas semblable à l'esprit qui voit? La hauteur du génie n'est donc pas la pierre de touche du don prophétique. « Plût à Dieu que le peuple entier fût prophète! » disait Moïse à ce peuple où chacun pouvait s'écrier : « Je suis prophète! » Aussi tribuns et flatteurs se disaient tous envoyés de Jéhovah, et l'Hébreu se demande, dans le Deutéronome : « Comment pourrai-je connaître que Jéhovah n'a point parlé par leur bouche? » — « Tu le connaîtras à ce signe, lui répond l'Écriture : si ce que le prophète prédit ne s'accomplit pas, Dieu n'a point parlé. » Et cependant l'accomplissement de la prophétie n'est pas encore un signe certain de la mission du prophète « Si un prophète annonce un miracle, et que ce miracle s'accomplisse, dit Moïse ; et si ce prophète vous dit alors : Servez d'autres dieux, n'écoutez pas ses paroles, et punissez le prophète. » Ainsi, celui-là n'est pas prophète dont les paroles sont justifiées par les faits ; le seul envoyé de Dieu est celui qui parle selon l'esprit de Dieu, et qui veut le salut de son peuple par l'accomplissement de sa loi. La mission se prouve moins par les prodiges que par la sainteté du discours.

Quelle était encore cette mission? Remarquons d'abord que David roi n'est pas compris au nombre des prophètes, que Salomon roi n'est pas un des voyants d'Israël ; que Daniel même, ministre du roi de Babylone, est privé par les Hébreux du caractère de prophète. Les hommes qui font la loi humaine, qui disposent du pouvoir, qui tiennent dans leurs mains les destinées du peuple, n'ont pas eu de mission prophétique, n'étaient pas les envoyés de Dieu, et son esprit ne reposait pas sur eux. Le prophète était donc celui qui sans autorité politique portait dans le temple, dans le palais, sur la place publique, la parole inspirée de Jéhovah, qui s'élevait contre les usurpations de la puissance, qui la ramenait sans cesse à la loi de Dieu, qui lançait l'anathème contre la tyrannie, le crime, le vice du prince, du prêtre ou du juge, qui promettait au peuple fidèle le bonheur que Dieu avait placé pour lui dans l'avenir, qui effrayait le peuple apostat et corrompu de cette colère de l'Éternel qui frappe enfin lorsque l'orgueil de l'homme ne lui permet plus de pardonner.

Pour détourner le pouvoir de Dieu, le pouvoir humain voulut aussi susciter des prophètes. Ils furent nombreux, mais le temps n'a pas consacré leurs paroles, et leurs noms même nous sont inconnus. Les voyants inspirés par l'esprit du ciel n'avaient pas assez de colère et de mépris contre ces jongleurs mercenaires poussés par l'esprit de servitude et de rapacité. « Les faux prophètes vous ont perdus, » dit Jérémie, et lui-même fut deux fois accusé par eux ; et ces hommes qui publiaient le mensonge accusaient le voyant de prophétiser le malheur. « Dieu m'a envoyé annoncer des calamités : je suis dans vos mains, faites de moi comme il vous semblera bon. Mais je suis innocent. » Absous la première fois, condamné la seconde, Jérémie remplit sa mission jusqu'au bout.

Si l'on va du cercle religieux sur le terrain politique, les *prophètes*, tels qu'ils apparaissent à l'esprit de nos jours, à travers les siècles et seulement l'histoire du monde, peuvent sembler une espèce à part de *tribuns du peuple*. Il faut se garder de cette méprise. Que voulaient-ils ? La loi telle que Moïse l'avait inscrite sur les tables, telle que Dieu l'avait donnée à son peuple, telle qu'Israël l'avait jurée. Or, tous les pouvoirs humains ont toujours été gênés par les lois fondamentales ; enclins à l'usurpation, ils ont toujours, autant qu'ils l'ont pu, violé le pacte qui s'oppose à leur volonté propre. S'élever contre une usurpation nouvelle, qu'est-ce autre chose que ressusciter une vieille liberté? En ce sens, ils étaient défenseurs du peuple et adversaires du pouvoir. Mais les prophètes étaient les *hommes du passé*, les tribuns sont les *hommes de l'avenir* : ceux-là repoussent l'humanité vers la loi première, éternelle, parce qu'elle émane de l'Éternel ; ceux-ci, ne voyant dans le monde que le développement d'un grand drame humanitaire, écartent Dieu des œuvres de leur intelligence, et tendent au plus haut degré de perfectibilité que l'esprit du ciel, tel qu'il éclate dans l'organisation de l'homme, puisse promettre au genre humain. L'un veut que la loi de Moïse domine le peuple jusqu'au règne du Messie ; l'autre veut que l'esprit de l'homme, Moïse sans inspiration divine, toujours présent et jamais le même, varie la loi au jour le jour, selon les idées du temps et les opinions du peuple.

On cherche les prophètes dans les orateurs chrétiens ; on ne saurait les y trouver, et cependant les uns et les autres tendent au même but : les uns veulent que la loi de Moïse demeure stable et ferme, au milieu du peuple de Jéhovah, jusqu'à l'avènement du Messie ; les autres veulent que la loi du Messie plane inaltérable et permanente entre toutes les nations jusqu'à la consommation des siècles : tous sont l'esprit du passé luttant contre l'esprit du présent. L'éloquence et l'onction des prophètes furent sublimes ; mais de saint Chrysostome à Bossuet l'éloquence chrétienne eut aussi des foudres ; et d'Augustin à Massillon jamais parole ne fut plus douce, plus onctueuse, plus suave. Leur âme est également pleine de vie, de terreur et de pitié : la rivalité n'est pas inégale lorsqu'ils retracent la paix de l'innocence, la douleur vertueuse du remords, la dégradation du vice, les angoisses du crime, les horreurs de la mort ; mieux que ses prédécesseurs, et seul entre toutes les religions, le christianisme fait retentir ce mot terrible, ce mot l'espoir et l'effroi de l'âme humaine, ce mot *d'éternité*, qui roule comme un tonnerre au delà de l'abîme, au delà de l'espace et du temps. Que manque-t-il donc au prêtre chrétien pour être prophète? Sa parole est *religieuse*, mais elle n'est pas *inspirée* ; on voit, on sent qu'il n'est pas l'envoyé de Jéhovah, que l'esprit de Dieu n'est pas en lui ; il pactise avec le vice puissant, avec le crime heureux ; il hésite devant la tyrannie ; il n'ose dire que la vérité qui ne peut déplaire ; il tremble devant la puissance de la terre ; il craint de la saisir corps à corps ; il ne se sent pas la mission de la terrasser sous la puissance du ciel. Sa parole est un noble effort de l'intelligence du prêtre, mais le prêtre n'est pas l'homme : au contraire, la voix de Dieu éclate dans la parole du prophète ; il est sans peur, parce que sa mission vient d'en haut.

On tente de nos jours le mélange adultère de l'esprit du prophète, de l'esprit de l'évangéliste et de l'esprit du philosophe. On tente une religion monstre, on veut allier la vérité au mensonge ; l'intelligence aura aussi sa tour de Babel, son œuvre de confusion ; l'arbre sera stérile ; et s'il portait des fruits, à leur amertume cruelle on reconnaîtra la main de Dieu. Quelques sectes, en Suisse, en Angleterre, aux États-Unis, croient à des inspirations spontanées et transitoires. Tout fidèle peut être saisi de l'esprit de Dieu ; et on en voit plusieurs, comme obsédés par un pouvoir surnaturel, se débattre sous le génie qui les pousse, et céder enfin à je ne sais quelle fureur de parole prophétique. Réelles ou simulées, ces convulsions n'ont rien de l'esprit du christianisme ou du génie biblique ; c'est de l'exaltation sans inspiration ; c'est le jongleur faisant le cercle, ou la sibylle qui bondit sur son trépied. Ce n'est pas la parole que je condamne, je nie seulement l'esprit qui l'inspire. Tout peut être pieux, rien n'est divin.   J. B. PAGÈS, de *l'Ariège*.

PROPHÉTIE. C'est la prédiction des choses futures par inspiration divine : Le don de prophétie, l'accomplissement des prophéties.

On entend par *prophétie d'Isaïe*, *prophétie d'Ézé-*

chiel, le recueil des prophéties faites par Isaïe, par Ézéchiel.

PROPHYLACIE ou **PROPHYLACTIQUE** (du grec πρό, devant, et φυλάσσω, je conserve : *qui préserve*). C'est ainsi qu'on appelle les efforts faits pour préserver les corps humains de la maladie, partie essentielle de la médecine pratique ainsi que de la surveillance de la santé publique, et rentrant dans le domaine de l'hygiène. Elle comprend les mesures à prendre en général contre les influences pernicieuses qui peuvent entourer une population (par conséquent la surveillance dont l'air, l'eau et les habitations doivent être l'objet), les précautions à prendre contre des maladies, soit endémiques, soit épidémiques, ou pour préserver les individus des suites possibles de certaines affections.

Prophylactique est aussi employé comme adjectif. Les remèdes *prophylactiques* sont ceux qui entretiennent la santé et préviennent la maladie.

PROPITIATOIRE. *Voyez* ARCHE D'ALLIANCE.

PROPONTIDE. Les anciens avaient donné ce nom à l'élargissement de la mer qui se trouve avant d'arriver au Pont-Euxin, et la partie de la mer située entre le Bosphore de Thrace et l'Hellespont, appelé aujourd'hui Mer de Marmara, à cette différence près cependant que la partie septentrionale des Dardanelles ne faisait pas dans l'antiquité partie de la *Propontide*.

PROPORTION, expression de l'égalité de deux rapports. Une proportion est dite *arithmétique* ou *géométrique*, selon la nature des rapports qui la composent. Par exemple 7.4 : 9.6 est une progression arithmétique (ou encore *équidifférence*), qui s'énonce de la manière suivante : 7 est à 4 comme 9 est à 6 : La progression géométrique (ou *équiquotient*) 12 : 4 :: 15 : 5 se lit de même : 12 est à 4 comme 15 est à 5. Dans une proportion quelconque le premier et le dernier terme prennent le nom d'*extrêmes* ; le second et le troisième sont les moyens.

Les propriétés fondamentales des proportions s'énoncent ainsi : 1° dans toute proportion arithmétique, la somme des extrêmes est égale à celle des moyens ; 2° dans toute proportion géométrique, le produit des extrêmes est égal à celui des moyens. De là résultent tous les autres principes qui constituent leur théorie.

Mais nous n'entrerons pas dans ces détails, car les fameux programmes de 1853 ont exclu les proportions de notre enseignement public. Celles que nous avons données pour exemples ci-dessus doivent s'écrire ainsi : 7—4=9—6, $\frac{12}{4}=\frac{15}{5}$.

Les proportions géométriques, qui servaient autrefois à résoudre les questions d'intérêt, d'escompte, de société, et généralement toutes celles que l'on traitait par la règle de trois, n'ont plus ces applications depuis qu'on leur a substitué la méthode dite de *réduction à l'unité*.

Cependant, comme l'interdit jeté sur les proportions sera sans doute levé un jour, disons qu'on appelle *proportion continue* celle dont les moyens sont égaux ; 8.5 : 5.2 est une proportion arithmétique continue ; 12 : 6 :: 6 : 3 est une proportion géométrique continue. Ces proportions s'écrivent aussi de la manière suivante :

8.5.2   12 : 6 : 3;

notations qui rappellent celles des progressions, dont les proportions continues ne sont que des cas particuliers. On voit que dans la proportion arithmétique continue le moyen (que l'on nomme *moyenne arithmétique*) est égal à la demi-somme des extrêmes, tandis que dans la progression géométrique continue le moyen (*moyenne géométrique* ou *moyenne proportionnelle*) est la racine carrée du produit des extrêmes. La moyenne géométrique de deux nombres est plus petite que leur moyenne arithmétique.   E. MERLIEUX.

Le mot *proportion* a le même sens dans le discours ordinaire et dans tous les arts où il est employé : il désigne les relations de grandeur, soit entre les dimensions d'un objet, soit entre ses parties comparées entre elles ou à leur ensemble. Il n'est pas nécessaire dans tous les cas que les relations soient déterminées par les opérations de mesure, que l'on puisse les exprimer par les nombres : on se contente le plus souvent des impressions produites par là vue des objets, lorsque le coup d'œil est suffisamment exercé.

Dans toutes les applications de l'art du dessin, il est rigoureusement prescrit de conserver dans les images les *proportions* des choses représentées, quelle que soit la réduction des grandeurs réelles. Dans la peinture, quelques artistes médiocres ont cru la prétention de se soustraire à cette loi constamment observée par les grands maîtres. Selon ces partisans de l'indépendance des beaux-arts, le génie ne se prête pas à cette régularité, qui ressemble trop à la marche du calcul, aux opérations faites avec le compas ; mais il est évident que si les *proportions* des objets ne sont pas transportées dans leur image, les formes sont changées, il n'y a plus de ressemblance. Que penserait-on d'un portrait si le visage était trop long, les yeux trop petits ou placés autrement que ceux de l'original? On convient que la peinture serait froide si elle ne joignait pas à l'exacte représentation des formes l'expression de la physionomie, de tout ce qui caractérise l'être intelligent, sensible, passionné ; on exige même que le sculpteur sache animer le marbre, le bronze. Cette source de perfection des beaux-arts ne reçoit rien des proportions ; mais l'architecture, soumise aux lois du *bon*, plus sévères que celles du *beau*, tire toutes ses ressources des propriétés des formes et de leur assortiment, et l'étude des proportions peut seule révéler à l'architecte les secrets de son art.   FERRY.

PROPORTION HARMONIQUE. *Voyez* HARMONIQUE (*Mathématiques*).

PROPORTIONNEL, qui a rapport à une proportion géométrique. Les nombres 24 et 15 sont *proportionnels* à 8 et 5, parce que 24:8::15:5. Trois quantités quelconques a, b, c, étant données, si l'on en détermine une quatrième d, telle que l'on ait $a : b :: c : d$, d est dite quatrième proportionnelle, par rapport à a, b, c. La *moyenne proportionnelle* a été définie à l'article PROPORTION.

L'antiquité a longtemps cherché une méthode pour construire géométriquement deux moyennes proportionnelles entre deux lignes données. Si l'on représente ces lignes par a et b, les moyennes par x et y, on devra avoir $x^2=a y$, et $bx=y^2$; d'où, par une élimination très-simple, $x^3=a^2b$. On reconnaît tout de suite que cette construction ne peut s'effectuer avec la règle et le compas. Lorsque $b=2a$, ce problème n'est autre que celui de la duplication du cube, et c'est ce cas particulier qui a surtout exercé la sagacité des Grecs.   E. MERLIEUX.

PROPOSANT. *Voyez* CONSÉCRATION (chez les protestants).

PROPOSITION (du latin *propositio*, fait de *pro*, en avant, et *pono*, je mets). Ce mot, dans son acception grammaticale ou plutôt logique, désigne l'énonciation orale d'un *jugement*. Ainsi, dans ces phrases : *Le miel est doux*, *Dieu n'est pas injuste*, on affirme que la qualité de *doux* convient au miel, que celle d'*injuste* ne convient pas à Dieu. La proposition, dans son état le plus simple, se compose nécessairement ainsi de trois parties, l'une qu'on nomme *sujet*, ou l'être qu'on veut qualifier, comme *miel*, *Dieu*, dans les phrases ci-dessus. L'*attribut* est ce qu'on affirme convenir ou ne pas convenir au sujet, comme *doux* et *injuste* dans les mêmes phrases ; et enfin le *verbe*, qui lie l'attribut au sujet. Il n'est pas possible de concevoir de proposition sans ces trois choses, et le jugement le plus simple les renfermes toujours, comme dans ces phrases : *J'aime*, *on m'a volé*, qui se décomposent en, *je suis aimant*, *je on moi ai été volé*, etc. ; mais on conçoit que chacune de ces idées principales de l'attribut et du sujet peuvent être unies à une multitude d'autres, traduites sous une infinité de formes, qui n'en constituent pas moins dans tous les cas une série de propositions auxquelles les scolastiques ont autrefois donné et même donnent encore aujourd'hui parfois une sorte de dénomination particulière.

Proposition signifie aussi une chose proposée : la *proposition d'une loi*. On se sert particulièrement de ce mot quand il s'agit d'une chose proposée pour arriver à un arrangement quelconque, à la conclusion d'une affaire : *Proposition* de paix, *proposition* de mariage ; Rejeter une *proposition*.

Les **théorèmes** ou **problèmes**, en mathématiques, les **syllogismes**, en logique, et tout l'assemblage en un mot des jugements qui constituent les discours, toutes les phrases dont un livre quelconque, une conversation, etc., peuvent se composer, ne sont rien autre chose que des séries de propositions plus ou moins compliquées ou complexes.

PROPOSITION (Pains de) ou D'OFFRANDE. On nommait ainsi chez les Hébreux les pains qui étaient présentés à Dieu, et renouvelés chaque semaine par le prêtre dans le tabernacle, et ensuite dans le temple de Jérusalem. Le prêtre de semaine, tous les jours du sabbat, mettait ces pains sur une table d'or dans le sanctuaire : il y en avait douze, désignant les douze tribus d'Israël. Six pintes de farine environ entraient dans la composition de chacun de ces pains, qu'on plaçait tout chauds sur la table, après en avoir ôté les vieux. Les prêtres avaient seuls le droit d'en manger. On offrait de l'encens et du sel avec ces pains, dont la forme et le mode de préparation ont longtemps exercé la plume des savants rabbins.

PROPOSITIONS (Les cinq). *Voyez* JANSENIUS.

PROPRES. *Voyez* PATRIMOINE.

PROPRETÉ, qualité de ce qui est net, exempt de saleté et d'ordure. La propreté, dit Bacon, est à l'égard du corps ce qu'est la décence dans les mœurs : elle sert à témoigner le respect qu'on a pour soi-même, car l'homme doit se respecter. La propreté sur soi est comme une seconde pudeur, dit encore Mme Necker. La propreté est au corps ce que l'amabilité est à l'âme, ajoute La Rochefoucauld. Et en effet, comment plaire sans propreté ? Or, nous avons reçu plus que toute autre créature le désir de plaire, parce que nous vivons en société ; nous avons donc besoin plus que tous les autres êtres de suivre les lois de la propreté ; c'est une grande partie de la santé. L'homme propre sait faire estimer jusqu'à la pauvreté, et conserve quelque lustre même à des haillons. C'est donc avec raison que le grand archevêque de Cambray disait que la propreté était presque une vertu. Sans la propreté, la beauté n'est qu'un diamant dans une ignoble gangue ; on la devine à peine, mais on ne la prise pas. Elle ne trouve son prix qu'avec cette véritable parure. Dans la vieillesse, la propreté devient aussi nécessaire qu'elle est malheureusement rare ; et Mme Necker dit avec justesse que la propreté est la toilette de la vieillesse. L'enfance aussi se ressent de l'influence salutaire de la propreté, et il n'est point, quoi qu'en dise le vulgaire, d'enfant robuste dans la fange et la vermine. Il ne faut pas confondre toutefois aux soins de la propreté. L'excès peut gâter la beauté même, a dit un de nos collaborateurs. Il ne faut pas confondre, effectivement, la propreté avec les recherches d'un luxe superflu. L'affêterie dans la parure, les parfums et les odeurs, tous ces soins coquets de la sensualité, n'ajoutent rien à la propreté, la gâtent quelquefois, et recouvrent souvent une malpropreté radicale qui, aussi réussir jamais, si raffinés qu'ils soient, à tromper les yeux. Que de gens embaument leur pourriture dans les sachets du parfumeur, et la vermine s'agite parfois sous la soie et l'or aussi bien que sous la hure fangeuse.
L. LOUVET.

PROPRIÉTEUR. *Voyez* PROCONSUL.

PROPRIÉTAIRE, celui que la loi investit du *droit de propriété*.

PROPRIÉTÉ. Le *droit de propriété* est cette portion du droit qui règle les rapports des personnes avec les choses. Si le droit en général est progressif, si les rapports qu'il consacre varient en s'améliorant, le *droit de propriété* est lui-même changeant et perfectible. Vérité négligée ou plutôt méconnue de la plupart des publicistes ! Parce que le droit de propriété est la base matérielle de la société ; parce qu'il est le jour même où naquit l'humanité, appui et soutien de son berceau ; parce que, sous peine de mort, toute société doit porter à son maintien la plus jalouse sollicitude, on se l'est représenté investi d'un caractère d'immutabilité absolue. Aussi, toutes les hypothèses construites à plaisir sur l'origine et la nature du droit de propriété l'ont été constamment en dehors, et même en contradiction des faits. Tantôt, rêvant un âge d'or chimérique, où représenté les hommes des premiers siècles obéissant d'instinct aux principes de nos temps civilisés, établissant le droit de propriété sur l'occupation des choses *nullius*, sur la détention et la possession de bonne foi d'objets demeurés jusque là sans propriétaires ; et ces règles prétendues, on les décore du titre pompeux de *droit naturel*, c'est-à-dire de droit pratiqué dans tous les temps, par tous les peuples, dans tous les lieux, enseigné par la nature même, dont les institutions postérieures du droit civil n'auraient été souvent que la subversion déplorablement violente. A d'autres, il plaît de rapporter la naissance du droit de propriété à je ne sais quel contrat, en vertu duquel, chacun reconnaissant les droits d'autrui pour faire lui-même respecter les siens, les principes qui constituent aujourd'hui la colle de la propriété auraient été dès l'origine universellement et incontestablement pratiqués. Cela n'est pas ce que l'histoire des temps les plus reculés, d'accord avec les témoignages des voyageurs modernes, nous atteste : c'est, au contraire, la violence universelle des mœurs primitives, la brutalité des premiers hommes et la légitimité reconnue par les sociétés naissantes au droit du plus fort. Remarquons que cette violence, qui constitue à son origine le droit de propriété, ne le rend en lui-même ni moins sacré ni moins précieux ; chaque temps et chaque lieu a sa loi ; l'homme n'est point passif en face du monde qui l'excite, qui l'attire, qui lui résiste, qui le repousse et le provoque ; par cela seul qu'il existe, il faut que l'homme s'associe au monde ; dès que la personne vit, elle s'attache à la chose, elle agit sur la chose ; choses et personnes sont mutuellement faites les unes pour les autres : mais les premiers modes d'union entre les hommes et les choses, aussi bien qu'entre les hommes eux-mêmes, sont des modes violents : la lutte, la conquête, la rapine. Brutale, inculte, sauvage, emportée, l'humanité ne connaît pas encore les ressources infinies de la patience, de la réflexion, de l'étude ; les premières générations n'ont point derrière elles un long passé dont elles soient héritières ; l'œuvre si longue de l'association de l'humanité et du monde, fondement éternel du droit de propriété, elles la commencent à leur matière, selon le mode d'action qui leur est propre ; et, s'il faut le dire, la nature extérieure, sauvage elle-même, âpre et rebelle, ne se courbera pas sous une main moins robuste que cette main de fer de la primitive humanité : la force appelle la force, tout défrichement commence par une destruction, c'est-à-dire par une violence ; à la terre indomptée il fallait des dompteurs infatigables et grossiers : ainsi parurent partout les premières races humaines, c'est-à-dire les premiers propriétaires. De ce que le droit de propriété est à l'origine le droit du plus fort ; de ce qu'il alla dans sa grossièreté primordiale jusqu'à confondre (et cette confusion a duré des siècles) les limites que plus tard il traça profondément lui-même entre l'homme et la chose ; de ce que ses premiers titres furent scellés par la rapine et par le sang, je veux tirer seulement cette conséquence, qu'il est progressif, que son unité consiste à consacrer au nom de Dieu et de la société un certain rapport de l'homme à la chose, mais que ce rapport et le droit qui l'exprime changent et varient à mesure que l'humanité et le monde se perfectionnent mutuellement par une action réciproque. J'en veux donner un exemple frappant : je suppose qu'en France un législateur vienne aujourd'hui nous dire : « Voici les réformes que je propose de faire du droit civil des Français en ce qui touche la propriété : attacher exclusivement à l'observation de certains rites, à la pratique minutieuse de solennités convenues, l'existence, l'acquisition et la transmission du droit de l'homme sur la chose ; que la loi ne reconnaisse et ne protège que les droits acquis et transférés selon ces rites ; puis, quand vous aurez refusé toute existence légale au droit de propriété acquis et constaté selon d'autres formes, ajoutez que les citoyens français seuls seront admis à la participation de ces rites solennels ; posez en un mot le principe que les Français seuls peuvent être propriétaires ; que de toutes les choses possédées, celles-là seulement le sont légitimement qui le sont par un Français selon la forme française. Ce n'est pas tout : faites synonymes ces deux mots, *étranger*, *ennemi* ; érigez en droit que l'ennemi captif tombe de la classe des personnes dans la classe des choses ; que les fils et filles de l'esclave suivent la condition de la mère et soient choses comme elle ; allez plus loin : après avoir élargi le cercle des choses et resserré une première fois dans l'enceinte de la nationalité le droit de propriété, dites encore que parmi les Français seuls capables d'en avoir la jouissance, le plus petit nombre en aura l'exercice ; qu'il n'y ait par famille qu'un chef, qu'un maître, qu'un propriétaire, l'ascendant mâle le plus ancien : sous son pouvoir, dans ses liens, dans sa propriété, mettez non-seulement les choses acquises par un membre quelconque de sa famille, mais la personne même de tous ses descendants, et jusqu'à sa propre femme, à laquelle son titre de mère ne vaudra point de droits plus étendus que ceux accordés aux filles sorties de son sein ! » Assurément, le prédicateur d'une pareille réforme ne serait pas longtemps écouté ; des cris d'indignation, ou, pour mieux dire, un rire universel accueillerait ses paroles ; et cependant, les principes sur la constitution du droit de propriété, qui nous font hausser les épaules ou monter au front le rouge de la colère, ces principes ont été pratiqués durant des siècles ; ils ont fondé la domination romaine, assuré la prospérité de la république ; ils lui ont valu l'empire du monde et cette haute renommée devant laquelle, après trois mille ans, nos fronts s'inclinent encore !

Si le droit de propriété, contemporain de l'humanité même, et sans lequel on ne saurait comprendre l'existence d'un seul homme pendant une seule journée, s'est perpétuellement modifié à mesure que les sociétés ont elles-mêmes perfectionné leur mode d'existence ; si une certaine forme de ce droit correspond à chaque forme sociale particulière, il faut ou tenir pour arrivée à la perfection absolue la forme actuelle de la société, ou reconnaître que des modifications nouvelles dans la constitution du droit de propriété pourront contribuer à ses progrès futurs. Il y a plus, tous les changements survenus depuis l'origine dans la constitution de la propriété ayant offert ce double caractère, qu'à chaque modification nouvelle le droit de propriété est devenu le partage d'un plus grand nombre, en même temps qu'il conférait à chaque propriétaire un domaine plus entier, plus étendu, plus complet sur la chose, il faut conclure, à moins de renier la doctrine du progrès, que les changements à venir devront également produire ce double effet, en sorte que la perfection du droit de propriété serait atteinte le jour où, à titres égaux, tous les hommes seraient également admissibles au droit de propriété, où l'empire que ce droit conférerait à l'homme sur la chose serait aussi complet et absolu qu'on puisse le concevoir.

Faut-il ajouter que, la surface du globe ne pouvant suffire à former un domaine pour chacun de ses habitants, et la possession indivise excluant la libre disposition des choses, plus le droit de propriété se rapprochera de cette perfection, et plus il s'éloignera des théories absurdes de la loi agraire et du communisme.

Si maintenant nous jetons les yeux sur l'organisation actuelle du droit de propriété, sans vouloir provoquer des innovations dangereuses et prématurées, nous dirons franchement que les conditions auxquelles on peut l'acquérir aujourd'hui nous paraissent peu conformes à beaucoup de points au but vers lequel semble tendre la société : l'ère de la paix remplace définitivement l'ère de la guerre ; une certaine égalité démocratique est devenue le fond de nos mœurs ; le travail, qui jadis déshonorait, devient pour tous un besoin, une nécessité, une convenance. Cependant, les lois qui régissent la propriété, traditions vieillies, sont moins favorables aux travailleurs qu'aux hommes de loisir. Elles constituent souvent au profit des premiers des priviléges dont les seconds supportent tout le fardeau ; elles sont loin d'assurer à tout homme l'entier développement et le libre essor de ses facultés morales, intellectuelles ou physiques ; elles ne mettent point assez facilement à la disposition des intelligences et des bras capables les instruments du travail ; enfin, elles ne répartissent point les fruits de ce travail dans une proportion assez équitable. Tel est le triple point de vue sous lequel la constitution actuelle de la propriété nous paraît prêter à une critique judicieuse ; peu à peu elle se corrigera, sous la triple influence des mœurs, des idées et des faits. Nous ne voulons point dire, au reste, que le travail personnel doive devenir le titre unique et la source exclusive du droit de propriété, ce serait méconnaître tout un côté de la nature humaine en refusant au propriétaire la faculté de disposer de sa chose selon le caprice de l'affection ou de la fantaisie ; mais nous sommes convaincu néanmoins que de jour en jour les travailleurs se feront dans la répartition des richesses une part beaucoup plus large que celle qui leur est attribuée aujourd'hui.

Charles LEMONNIER.

Propriété se dit aussi, 1° de ce qui appartient essentiellement à une chose : l'impénétrabilité est une *propriété* de la matière ; 2° de la vertu particulière des plantes, des minéraux, des autres objets naturels : les *propriétés* des fleurs, la *propriété* de l'aimant ; 3° de ce qui distingue particulièrement une chose d'avec une autre du même genre : la *propriété* d'une machine ; 4° de l'emploi du mot propre, du terme propre : la *propriété* des termes.

PROPRIÉTÉ (Droit de). Le droit français a reproduit sur cette matière, comme en beaucoup d'autres, la plupart des principes professés par les derniers jurisconsultes de l'Empire Romain, et résumés par Justinien dans ses *Pandectes* et ses *Institutes*. La propriété est un droit sur la chose, *jus in re*, qui consacre entre la chose et le propriétaire un lien complètement indépendant des rapports qui peuvent s'être établis entre elle et une autre personne : en quelques mains que la chose soit passée, n'importe à quel titre et par quelle voie, le propriétaire peut donc, toujours et partout, la revendiquer. Telle est l'étendue de ce droit qu'il comprend non-seulement celui de jouir de tous les produits de la chose, mais encore celui d'en user et d'en abuser selon le caprice de la fantaisie individuelle ; d'en changer la forme ou l'emploi, de la détruire, de l'aliéner en tout ou en partie, de l'obliger, de l'abdiquer, etc., etc. A ce droit si étendu, la société s'est réservé cependant la faculté de poser les restrictions commandées par l'intérêt public : « La *propriété*, dit le Code Civil, est le droit de jouir et de disposer des choses de la manière la plus absolue, pourvu toutefois que l'on n'en fasse pas un usage prohibé par les lois ou par les réglements. » Le droit de propriété conférant le domaine le plus étendu qu'un homme puisse avoir sur les choses, on conçoit qu'il se décompose en une foule de droits secondaires dont la réunion forme la propriété pleine et entière : ainsi, les droits d'usufruit, d'usage, d'habitation, d'emphytéose ; legage, l'hypothèque, etc., sont des droits particuliers qui ne prennent naissance que par un démembrement du droit de propriété. Indépendamment des limites que, dans l'intérêt général, la société a voulu poser au droit de propriété exercé soit par des individus, soit par des communautés, elle a placé hors du commerce certaines choses qui ne peuvent devenir la propriété de personne : telles sont les fonctions publiques, dont les titulaires ne peuvent ni céder ni vendre ; tels sont encore les lais et relais de la mer, les ports de mer, les routes, canaux, fleuves et rivières, les rues et les places publiques.

La loi reconnaît sept modes d'acquérir la propriété des choses laissées par elle dans le commerce : 1° l'occupation, qui ne s'applique en droit français qu'aux choses mobilières ; 2° l'accession ou incorporation ; 3° les suc-

cessions; 4° et 5° les donations entre vifs et testamentaires; 6° les obligations; 7° la prescription.
Charles LEMONNIER.

PROPRIÉTÉ (Certificat de). *Voyez* CERTIFICAT.

PROPRIÉTÉ FONCIÈRE. On appelle ainsi le droit de propriété quand il s'applique à un fonds de terre; la même expression désigne souvent aussi le fonds lui-même. Pendant le moyen âge et sous le régime féodal, la propriété foncière eut une importance et conféra des priviléges qu'elle a perdus à mesure que s'est accrue la propriété mobilière; au titre de *propriétaire foncier* se rattachait alors la suzeraineté, la noblesse, le pouvoir; l'industrie, en multipliant les richesses mobilières, a brisé les liens des serfs, affranchi les communes, relevé la roture, tiré des mains nobles la meilleure portion des terres, et donné aux capitaux mobiliers une importance à peu près égale à celle des capitaux immobiliers. Toutefois, l'ancienne prééminence de la propriété foncière subsiste encore, non-seulement dans les mœurs et dans le langage vulgaire, qui accorde spécialement le titre de *propriétaire* au propriétaire foncier, mais malheureusement encore dans nos lois, qui favorisent beaucoup plus la propriété du sol que toutes les autres. A mesure que l'affermissement de la paix assurera les progrès de l'industrie, le principal mérite de la propriété foncière, celui d'offrir un gage indestructible, disparaîtra devant les progrès du crédit public et privé.
Charles LEMONNIER.

PROPRIÉTÉ LITTÉRAIRE et ARTISTIQUE. Le travail, c'est-à-dire l'application et l'emploi des facultés intellectuelles, morales et physiques de chaque individu, étant la source de toutes richesses, et par conséquent l'origine la plus légitime et la moins contestable du droit de propriété, il est évident que les droits de l'écrivain, du peintre, du statuaire, du graveur, du musicien, sur le livre, les tableaux, les statues, les dessins, sortis de sa plume, de son pinceau, de son ciseau ou de son burin, méritent toute la protection des lois, et que la société ne doit souffrir aucune atteinte à leur libre exercice. Mais les droits de la propriété artistique et littéraire sont beaucoup moins étendus que ceux dont jouissent les autres genres de propriété. Elle consiste d'abord dans l'objet matériel que l'artiste a façonné, manuscrit, tableau, sculpture, etc. C'est une propriété mobilière comme toute autre, dont on peut disposer à son gré. Elle consiste encore et principalement dans le droit de reproduction ou d'exécution. Ce droit est garanti aux inventeurs dans une certaine limite d'espace et de temps. La copie ou imitation frauduleuse de leurs œuvres est un délit appelé contrefaçon, et que punit la loi. Le droit de propriété littéraire et artistique a été fixé en France par la loi du 8 mars 1854. Elle décide que les auteurs d'écrits en tous genres, les compositeurs, les artistes et leurs veuves, jouissent durant leur vie entière du droit exclusif de vendre ou de faire vendre leurs ouvrages et d'en céder la propriété en tout ou en partie. Après eux leurs enfants en jouissent pendant trente ans. S'il s'agit d'une pièce de théâtre, la veuve n'a, comme les enfants, le droit exclusif d'en autoriser la représentation pendant trente ans. Enfin, si l'auteur laisse pour héritiers non des enfants, mais des ascendants ou collatéraux, la jouissance est réduite à dix ans. Quant au cessionnaire des droits de l'auteur ou de ses héritiers, il en jouit pendant tout le temps concédé à l'auteur et sa veuve, ainsi qu'à leurs héritiers, à moins que l'acte de cession n'ait fixé un terme plus court à la jouissance. Les propriétaires des ouvrages posthumes sont assimilés en droit aux auteurs. Autrefois la propriété littéraire était reconnue et garantie à perpétuité ou à temps, selon le bon plaisir du souverain. L'ordonnance de Moulins de 1566, une déclaration de Charles IX en 1570 et des lettres patentes de Henri III constituent à cet égard la législation de l'ancien régime. Le prince demeurait toujours le maître de reconnaître le droit de propriété littéraire ou de s'y refuser, comme aussi de subordonner sa reconnaissance et sa garantie aux conditions qu'il jugeait convenable d'imposer. Ordinairement aucune limitation n'était fixée. Un arrêt du conseil, en date du 14 septembre 1761, continue aux petits-fils de La Fontaine le privilége de leur aïeul soixante-six ans après sa mort. Toutefois, l'auteur n'était investi à perpétuité de la propriété de son œuvre qu'à condition de ne la point céder à un libraire; en cas de cession, ce droit tombait dans le domaine public à la mort de l'auteur. Le règlement de 1618, l'arrêt de 1665, celui de 1682, l'édit de 1686 et le règlement du 21 février 1723 garantissaient ce droit, en instituant des peines corporelles et pécuniaires contre les contrefacteurs.

En Angleterre, le droit de propriété est garanti à l'auteur pendant quarante-deux ans à dater de la publication de l'ouvrage. En Belgique et en Hollande, la loi française est en vigueur. En Prusse et en Autriche, la propriété appartient à l'auteur pendant toute sa vie et à ses héritiers pendant trente ans à partir de sa mort. Ce terme est de vingt-cinq ans en Russie, de quinze ans seulement en Sardaigne, de trente ans en Portugal, de cinquante ans en Espagne.

Quelques publicistes ont réclamé d'une manière absolue l'hérédité à l'infini de cette espèce de propriété; mais le principe contraire se justifie par d'excellentes raisons et surtout par l'intérêt de la civilisation, qui prime tous les autres.

Les œuvres du génie sont le patrimoine de l'humanité.

PROPRIÉTÉ INDUSTRIELLE. *Voyez* BREVETS D'INVENTION et MARQUES DE FABRIQUE.

PROPYLÉES (du grec πρό, devant, et πύλαι, portes). Les Grecs donnaient ce nom aux salles qui formaient l'entrée de l'emplacement des temples. Ce n'étaient pas de simples portes, mais déjà des constructions d'une certaine étendue, ayant à leur centre une salle entourée de colonnes et diverses pièces de chaque côté. On vantait surtout les magnifiques *Propylées* d'Athènes, conduisant à l'Acropole, que Périclès avait fait construire d'après les plans et sous la direction de Mnésiclès, ainsi que les Propylées du temple d'Éleusis, qui offraient beaucoup de ressemblance avec celles d'Athènes.

PROROGATION. Ce mot est synonyme d'*extension*. La *prorogation de délai* est accordée en procédure à raison de la distance. On appelle *prorogation de juridiction* l'attribution ou la reconnaissance volontaire que fait une partie de la juridiction d'un juge qui n'a pas droit de connaître de l'affaire. Il ne peut y avoir de prorogation de juridiction qu'à raison des exceptions portant sur la qualité des personnes, car il faut toujours que le tribunal saisi soit compétent à raison de la matière.

Dans la langue constitutionnelle le mot *prorogation* est consacré pour désigner l'acte par lequel le chef de l'État déclare les travaux des assemblées législatives suspendus pendant un délai déterminé.

PRORORACA. *Voyez* POROROCA.

PROSCENIUM. *Voyez* ORCHESTRE.

PROSCRIPTION (du latin *proscribere*, afficher, publier par le moyen d'un écriteau). La proscription est une condamnation au bannissement ou à la mort sans aucune forme judiciaire : cette définition seule implique la réprobation de cette mesure. Nous voyons dans Athènes, vers l'an 600 avant l'ère vulgaire, la proscription des Alcméonides et celles que commirent plus tard les trente tyrans. La loi dans cette république avait prévu le cas où un citoyen serait proscrit par un jugement du peuple : la chose n'avait pas lieu sans formalités. Le jugement qui déclarait ce citoyen ennemi de la patrie mettait à prix sa tête. Un héraut se présentait dans les lieux publics pour faire connaître la récompense promise, et la somme était déposée ou dans la place publique ou sur l'autel de quelque divinité. Il était réservé aux Romains de perfectionner, en l'étendant, l'odieux système des proscriptions. Déjà des proscriptions en masse avaient été prononcées après la mort de Caius Gracchus. Celles de Marius et de Sylla surtout les firent oublier. Florus, Velleius Paterculus et Appien sont d'accord pour dire qu'il fut le premier auteur de ce genre de condamnation (en masse), et le premier aussi qui assura des récompenses à ceux qui égorgeraient les proscrits ou qui révéleraient leur asile, et qui prononça des peines contre ceux qui leur aideraient à se dérober à sa vengeance. Plus tard, les triumvirs Antoine, Lépide et Octave enchérirent par leurs proscriptions sur tout ce qui s'était fait avant eux. Fulvie, femme d'Antoine, proscrivait de son côté. Octave, qui d'abord avait paru se décider avec peine à dresser des listes de proscription, fut ensuite de tous les triumvirs le plus impitoyable dans l'exécution. C'est de lui que plus tard Asinius Pollion disait : « Je ne veux pas écrire contre qui peut proscrire. » En effet, la *malheureuse coutume de proscrire* (Montesquieu) continua sous les empereurs : c'était pour eux un moyen de s'enrichir par les confiscations, et jamais ils ne le négligèrent. C'est ce qui a fait dire à Raynal, qui le premier a introduit dans notre langue le mot *proscripteur* : « Les auteurs des proscriptions soutiennent que dans la vie politique des États il y a des circonstances malheureuses qui exigent nécessairement le sacrifice de quelques têtes; mais ce que ces honnêtes gens n'osent pas dire, et ce qu'ils pensent profondément, c'est que ces crimes envers les proscrits sont infiniment utiles aux *proscripteurs*.

Si je voulais fouiller les annales de tous les peuples modernes, combien trouverais-je de sanglantes proscriptions, depuis celle des Armagnacs, au temps de Charles VI, jusqu'à celle de Guillaume de Nassau et de ses adhérents sous Philippe II. Combien de fois, dans les monarchies chrétiennes, la proscription, encouragée par la confiscation, a frappé la malheureuse et impérissable nation juive! Quelle proscription de la vieille Rome pourrait être comparable à la journée de la Saint-Barthélemy ? Louis XIV, par ses dragonnades, n'a-t-il pas été un bien cruel proscripteur des calvinistes ? Parlerai-je des proscriptions qui marquèrent chaque page de notre histoire dans les dix dernières années du dix-huitième siècle ? Il était enfin réservé à l'époque contemporaine de voir reparaître cette cruelle épave révolutionnaire. Les transportations de juin 1848 et de décembre 1851 nous ont ramenés aux plus mauvais jours du passé.

Le mot *proscrire*, dans une acception figurée, indique une chose qui est interdite par l'usage : Un excès de délicatesse a *proscrit* de notre langue une infinité de mots excellents, expressifs, qu'on trouve dans Montaigne, dans Amyot et même dans La Fontaine.   Charles du Rozoir.

PROSE, PROSAÏSME, PROSATEUR. Les uns font venir le mot *prose* tout simplement du latin *prosa* ; suivant d'autres, *prosa* serait dérivé de l'hébreu *poras*, qui signifie *expandit* ; enfin, quelques étymologistes ont trouvé le moyen de faire descendre *prose* de *prorsa* ou *prorsus* (qui va en avant, par opposition à *versa*, qui retourne en arrière). Puisqu'il ne nous est pas donné de savoir d'une manière satisfaisante d'où vient le mot *prose*, tâchons de dire ce qu'il exprime. Pour cela, Molière vient admirablement à notre aide. Dans *Le Bourgeois gentilhomme*, dans cette comédie qui a le privilège d'être toujours de circonstance, il y a une scène qui a été souvent citée, et qui appartient de droit à notre sujet. On se rappelle que M. Jourdain désire écrire à une dame de compagnie un petit billet galant, et qu'il veut que ce billet ne soit ni en prose ni en vers. Le dialogue suivant s'engage alors entre le bourgeois et son maître de philosophie : « Mais, lui répond celui-ci, il faut bien que ce soit l'un ou l'autre. — Pourquoi ? — Par la raison, monsieur, qu'il n'y a pour s'exprimer que la prose ou les vers. — Il n'y a que la prose ou les vers ? — Non, monsieur. Tout ce qui n'est point prose est vers, et tout ce qui n'est point vers est prose. — Et comme l'on parle, qu'est-ce que c'est donc que cela ? — De la prose. — Quoi ! quand je dis : Nicole, apportez-moi mes pantoufles, et me donnez mon bonnet de nuit, c'est de la prose ? — Oui, monsieur. — Par ma foi, il y a plus de quarante ans que je dis de la prose sans que j'en susse rien ; et je vous suis le plus obligé du monde de m'avoir appris cela. » Quel rhéteur aurait la prétention de donner une définition plus claire de la prose?

La prose est donc notre langage de tous les instants. Et pourtant, malgré les progrès de l'instruction, que de gens, dignes descendants de l'*honorable* M. Jourdain, ont fait et feront de la prose toute leur vie sans le savoir. Mais à certaines époques, chez les peuples, la prose est jugée indigne d'être écrite et de servir surtout à conserver la mémoire des événements. De là tant de poëmes historiques, allégoriques, moraux, composés dans l'enfance des nations les plus célèbres. Mais partout, avec les perfectionnements des siècles, on voit la prose se réhabiliter glorieusement; on la voit s'emparer des vastes domaines des sciences, de la philosophie, de l'éloquence, et quelquefois empiéter avec succès sur le terrain de la poésie elle-même, qu'il ne faut pas confondre avec la *versification*. Toutes les littératures fournissent des preuves nombreuses de cette assertion. La prose peut aborder tous les sujets ; il en est un grand nombre qu'elle seule peut traiter convenablement. Le génie de la prose est essentiellement différent de celui de la versification; elles ont chacune leur harmonie particulière, mais si opposée que ce qui embellit l'une défigure souvent l'autre. La prose peut très-bien exprimer des idées poétiques, mais elle doit conserver son caractère de prose; sans quoi elle n'offre qu'une lourde ou grotesque caricature de la poésie. L'oreille est choquée lorsqu'elle rencontre dans la prose des vers qu'on pourrait appeler *marrons*, et qui la déparent au lieu de l'embellir. La prose n'a point le rhythme des vers, mais elle a un nombre riche et harmonieux, qui naît de l'heureux arrangement des mots, de la terminaison des phrases, de la coupure des périodes.

Dans le dernier siècle, et aussi de nos jours, des écrivains ont pris la plume pour prouver la supériorité de la prose sur la poésie. Nous ne partageons point cette opinion. Les excellents vers auront toujours un charme, une puissance qu'obtient rarement la prose la plus parfaite. Lorsque Buffon, l'habile prosateur, voulait louer de vers, il disait : « Cela est beau comme de la belle prose. »

Le *prosaïsme* est le défaut de poésie dans les vers ; c'est le caractère distinctif de l'immense majorité des hommes qui *se tuent à rimer*, et qui ont la faiblesse de se croire du génie. Autrefois, on citait les vers prosaïques de Lamothe-Houdard; aujourd'hui, bien des noms viendraient d'eux-même se placer sous notre plume si nous entreprenions d'exciter tous les rimeurs qui, avec préméditation et par système, se sont rendus coupables de prosaïsme. Pour éviter le prosaïsme, il ne suffit pas d'avoir exactement à ses ordres la rime et la mesure, il faut encore qu'une pensée belle et juste soit enchâssée dans le vers de manière à ce qu'on n'y aperçoive ni vide ni gêne.

On appelle *prosateur* tout écrivain qui n'emploie que la prose comme formule de sa pensée. Bossuet, Pascal, Fénelon, La Bruyère, Hamilton, dans des genres divers, furent d'admirables prosateurs. De tous nos poëtes, Voltaire est celui qui s'est montré en même temps le plus ingénieux prosateur.   Champagnac.

PROSE (*Liturgie*). On se douterait peu que la dénomination de *sermo pedestris*, dont parle Horace dans son *Art poétique*, ait été donnée par l'église à certaines hymnes latines composées de vers non rhythmés, mais terminées par des rimes obligées, comme le vers gaulois, et n'ayant ainsi que lui, pour prosodie qu'un certain nombre de syllabes. Ces hymnes, qui se chantaient aux messes solennelles après le *graduel*, étaient par leur nature à peu près rhythmique, mais par la rime surtout, une transition grossière à notre versification française, qui sans longues et sans brèves aussi subitement appréciables que celles des idiomes grec et latin, mais servie par l'écho de la rime, n'en est pas moins montée à un haut degré d'harmonie. Dans quelques missels, les proses ont le nom de *séquences* (*sequentia*), parce qu'elles se chantaient après l'*alleluia*.

La prose, fille du moyen âge, remplaça, dans ces temps

de barbarie, la pompeuse prosodie des hymnes d'Orphée et du *carmen seculare* d'Horace; il lui suffisait pour toute beauté d'être pleine de l'esprit de la foi et de l'amour du vrai Dieu. Cette prose rimée et chantée précéda l'an 840; car à cette époque on sait que le moine Notker de Saint-Gall en composa plusieurs, les premières ayant été brûlées dans le sac de l'abbaye de Jumièges, incendiée par les Normands: il n'en était échappé qu'une seule aux flammes, dans un antiphonaire. Depuis, on en composa beaucoup d'autres: il y en eut pour toutes les fêtes et tous les dimanches de l'année, excepté depuis la Septuagésime jusqu'à Pâques. Les chartreux, par austérité, et les bernardins, sans doute par révérence pour la philologie latine, n'en voulurent pas admettre dans leurs missels. Presque à l'exemple de ces abbayes, l'Église romaine n'admet que quatre hymnes principales; les autres sont comme accessoires : ce sont celle de Pâques, *Victimæ pascali*; celle de la Pentecôte, *Veni, Sancte Spiritus*; celle du Saint-Sacrement, *Lauda, Sion*; et celle qui se dit pour les morts, *Dies iræ*. Selon les chroniqueurs, le roi Robert, au onzième siècle, aurait été l'auteur de la seconde, mais on attribue plus généralement à ce roi dévot le *Sancti adsit nobis gratia*; la troisième est du fameux saint Thomas d'Aquin. Depuis, il en fut composé de plus correctes, de plus philologiques, de plus poétiques, mais non parfumées de cette conviction sainte, de cette foi naïve, seule félicité de cette époque, où nos rois de France, portant chape, chantaient au lutrin.

DENNE-BARON.

PROSECTEUR (du latin *prosector*, qui coupe à l'avance). C'est celui qui est chargé de disposer les pièces anatomiques qui doivent faire le sujet de la leçon du professeur : cette préparation, abandonnée ordinairement à de jeunes élèves, exige cependant de profondes connaissances et une grande habitude des dissections. Depuis la réorganisation des écoles de médecine, on a donné aux fonctions du prosecteur une tout autre importance : c'est à lui qu'est confiée la direction des élèves dans leurs études de dissection; il doit les faire opérer sous ses yeux, et préparer devant eux des pièces anatomiques. Plus tard, sous la direction du chef des travaux anatomiques, ils doivent répéter devant eux les diverses opérations de la chirurgie et de l'art des accouchements; ils les font même exécuter sous leurs yeux, pour que les élèves ne les pratiquent qu'après s'y être exercés longtemps. Le cours d'anatomie n'est pas le seul qui appelle le talent du prosecteur; ceux de pathologie externe, de physiologie, d'opérations, d'accouchements et de médecine légale, réclament aussi ses soins, et quelquefois même plus encore que celui d'anatomie. Quand les cours sont terminés, les prosecteurs s'occupent de la préparation des pièces anatomiques destinées à être conservées dans les collections de l'école, pour servir plus tard à la démonstration dans les cours. Des professeurs distingués ont commencé par être prosecteurs. Les prosecteurs des diverses facultés sont nommés au concours. G. FAYROT.

PROSÉLYTE, PROSÉLYTISME (du grec προσήλυτος, *étranger*). Sous le rapport religieux, on désigne ainsi l'homme qui abjure sa religion pour en embrasser une autre, et en général ceux qui changent de parti. Les Juifs distinguaient deux espèces de *prosélytes*, ceux de la *porte* et ceux de la *justice*. Les premiers, qui avaient abjuré le paganisme pour adopter la croyance d'un seul Dieu et vivre conformément aux sept lois des fils de Noé, refusaient cependant de se soumettre à la circoncision et aux prescriptions de Moïse. Ils ne pouvaient pénétrer que dans le vestibule du temple; la place qui leur était assignée avoisinait la porte extérieure. De là leur nom de *prosélytes de la porte*. Ils avaient l'autorisation de vivre en Judée, mais seulement dans les faubourgs et dans les villages. Sous le règne de Salomon, on en comptait 150,000, qui travaillèrent au temple, et qui tous étaient d'origine chananéenne. Les prosélytes de la *justice*, en se convertissant, s'engageaient à observer toutes les lois de Moïse. Après la circoncision on les purifiait en les plongeant dans une piscine en présence de trois juges. Cette ablution, connue sous le nom d'*ablution des prosélytes*, n'avait lieu pour les enfants d'un prosélyte que lorsque leur mère était païenne. Les garçons âgés de moins de douze ans et les filles âgées de moins de treize ans ne pouvaient être admis parmi les prosélytes que du consentement de leurs parents, et en cas de refus de ces derniers, qu'avec l'assistance des juges. Pour les filles, l'ablution seule remplaçait la circoncision. A la suite de cette cérémonie, le prosélyte était considéré comme admis à une vie nouvelle; l'esclave devenait libre de droit.

On a beaucoup discuté sur l'âge que les prosélytes chez les Juifs devaient avoir atteint pour être aptes à recevoir l'ablution. Les rabbins enseignent qu'aux prosélytes de la *justice* le ciel donnait une âme nouvelle et une forme essentielle nouvelle. Du reste, la loi de Moïse exclut certains individus du prosélytisme, tantôt à jamais, tantôt pour un certain temps. Il est évident qu'il y avait des prosélytes de la *porte* du temps de Jésus-Christ : cela résulte du reproche qu'il adresse aux pharisiens de parcourir la terre et la mer pour faire des prosélytes.

On entend aujourd'hui par *prosélytisme* les efforts faits par un parti religieux chrétien pour ramener à tout prix les dissidents à partager sa foi. Au figuré on emploie aussi cette expression pour désigner l'esprit de propagande des partis politiques.

PROSERPINE, en grec Perséphone, et aussi Perséphatta, appelée par Homère *Persephoneia*, fille de Zeus et de Déméter, ou encore de Styx, est représentée depuis Homère comme l'épouse de Hadès ou Pluton, et comme régnant avec lui sur l'âme des trépassés ainsi que sur les monstres du monde souterrain. C'est Pluton qui en fit la souveraine des enfers, après l'avoir, du consentement de Zeus, enlevée à sa mère Déméter. Zeus lui-même conseilla en effet à Pluton d'enlever Proserpine, dont il était épris, attendu que jamais sa mère ne consentirait à ce qu'elle allât dans l'empire des morts. L'enlèvement eut lieu au moment où Proserpine cueillait avec les compagnes de ses jeux des fleurs dans une prairie. Déméter chercha pendant longtemps en vain sa fille sur toute la terre à la lueur des torches; mais Hélios finit par lui révéler où elle se trouvait. Elle s'abandonna alors à un violent accès de colère et de désespoir, dont le résultat fut de frapper la terre de stérilité. Zeus se vit par là forcé d'ordonner à Pluton de renvoyer Proserpine sur la terre. Celui-ci obéit, mais commença par lui faire manger une grenade; ce qui la contraignit à rester dans le noir séjour. Ce fut à grand'peine que Déméter finit par obtenir de Zeus que Proserpine ne passerait dans les enfers qu'un tiers ou, suivant une tradition postérieure, que la moitié de l'année. Ce mythe est évidemment une allégorie de la végétation terrestre, qui se produit au printemps et disparaît de nouveau en automne. Dans les poèmes orphiques et dans les mystiques des âges postérieurs, Proserpine est représentée comme la toute-puissante déesse de la nature, qui produit et tue tout; aussi la confond-on et la personnifie-t-on avec les autres divinités mystiques, avec Rhéa, Artémise, Hécate, etc. Cette Proserpine mystique est aussi celle de laquelle Zeus, sous la forme d'un serpent, eut Dionysos Zagreus. Elle était d'ordinaire adorée avec Déméter sous le nom de *Coré* ou vierge. La Sicile, où avait eu lieu son enlèvement, et la Grande-Grèce étaient les pays où on l'adorait plus spécialement. On la représente tantôt comme l'épouse de Pluton, assise à ses côtés sur un trône, avec le caractère grave, tantôt comme une jeune et délicate Déméter, habillée ainsi qu'il convient à une jeune fille.

PROSERPINE (*Astronomie*), planète télescopique découverte à Bilk, le 5 mai 1853, par M. Luther. Sa distance moyenne au Soleil est 2,655, en prenant celle de la Terre pour unité; son excentricité n'est que de 0,087; son inclinaison, également très-faible, est de 3° 35′ 47″. La durée de sa révolution sidérale est de 1560 jour et demi.

PROSOBRANCHES (de πρός, en avant de, et βράγχια, branchies), ordre de mollusques gastéropodes, proposé par M. Milne Edwards, et dans lequel il groupe les quatre familles instituées par G. Cuvier, sous les noms de *pectinibranches*, de *tubulibranches*, de *scutibranches* et de *cyclobranches*. Le caractère commun, ainsi que l'indique le terme *prosobranche*, est la situation des branchies en avant sur le corps de l'animal ; ce qui forme contraste avec la disposition des branchies en arrière de quelques autres familles (*voyez* OPISTHOBRANCHES).

PROSODIE, partie intégrante de l'art grammatical, qui traite de la prononciation accentuée des syllabes, et, selon d'Olivet, de leur aspiration, et surtout de leur quantité, c'est-à-dire des brèves, des longues et douteuses qu'un mot renferme, et qui sont ses trois propriétés *phoniques*, marquées quelquefois par l'accent aigu, ou grave, ou circonflexe. Le substantif *prosodie* tire son étymologie de la *crase* ou fusion grecque, παρά-το-ἀδειν (l'action de chanter). Il n'y a guère de *prosodie* bien déterminée et fixe que dans l'idiome des Grecs et des Latins ; c'est aussi la plus mélodieuse, la plus magnifique et la plus riche : aussi dit-on que c'est une prêtresse même d'Apollon, une pythonisse, qui en fut l'inventrice. La prose a aussi sa *prosodie*, mais libre, ainsi que le récitatif en musique. Certains orateurs, surtout Cicéron, affectaient de rhythmer leurs discours, afin de séduire l'oreille en même temps que l'esprit. Nous ne sommes pas de l'avis de Marmontel, qui prétend que c'est la musique qui donna ses nombres à la poésie : nous pensons tout le contraire. La voix de l'homme est naturellement une succession de notes ou du degrés musicaux, lors même qu'il parle ou émet sa pensée. C'est la plus grande preuve de la présence d'une âme qui donne ses passions à la matière.

Il est impossible que le premier homme ait manifesté son admiration pour les merveilles de la création et son amour pour la première femme sans accentuer vivement sa parole, sans l'animer de longues et de brèves, tantôt plus lentes, tantôt plus rapides, enfin sans la chanter en quelque sorte. La musique fut depuis une extension de cette *prosodie* naturelle : elle se sert même quelquefois du verbe *prosodier* pour exprimer les diverses mesures et rhythmes de son chant. Toutefois, la m u s i q u e , par son art, perfectionna et fixa depuis la *prosodie* innée dans chaque idiome : c'est ce qu'on ne peut nier. Certes, les vers et la musique sont le dépôt conservateur de la *prosodie* générale de tous les peuples.

De tous les idiomes qui ont donné une âme à la langue humaine, le nôtre est peut-être celui où se fasse sentir davantage l'absence de *prosodie*. Cela est vrai ; mais si elle existe quelquefois presque à l'insu de l'oreille, quelquefois aussi elle s'élève à un accent, à un diapason, si l'on peut ainsi s'exprimer, si extraordinaire, si plein, si fort, qu'elle ébranle les sens les plus endormis ; puis, selon le lieu de la scène, elle redescend à son gré à cette mollesse de sons qui enchante ou fait rêver les esprits : nous en donnerons quelques exemples incontestables. Des grammairiens ont été jusqu'à avancer que le français n'a point de syllabes qui soient longues ou brèves par elles-mêmes : certes, il faut qu'Apollon ait bouché avec de la cire les oreilles de ces malheureux lettrés. Il suffirait de citer certains vers de Boileau, de Voltaire, de Racine, pour prouver que le rhythme existe dans le français. Restons donc persuadés, tout amour-propre national de côté, que l'idiome italien, si accentué, et l'anglais, avec ses éternels et inévitables trochées (pied d'une longue et d'une brève), n'ont nul droit de se prévaloir de leur prosodie sur la nôtre. Nos grands poètes ont merveilleusement joué de leur instrument. Mettant à part les douteuses, Quintilien a dit que « les Latins avaient des longues plus longues, des brèves plus brèves, les unes que les autres, mais que les poètes ne laissaient pas de leur attribuer une valeur égale ». Notre idiome est dans le même cas, et c'est ce qui fait la richesse de notre prosodie, qui devient ainsi pleine de ressources variées pour le poëte. C'est dans Malherbe, Boileau et Racine qu'est toute notre prosodie, le *Gradus ad Parnassum* des muses françaises. Ces poètes l'ont à jamais fixée : cela seul les rendrait immortels. Ce qui place Horace bien au-dessus de Virgile, c'est d'avoir le premier transplanté de la Grèce en Italie la poésie lyrique, avec ces rhythmes magnifiques des Sapho, des Alcée et des Pindare. Le cygne de Mantoue, d'ailleurs si harmonieux, était loin d'être doué de cette puissance musicale. DENNE-BARON.

PROSOPOGRAPHIE (du grec πρόσωπον, face extérieure, physionomie, et γράφω, je décris), figure de rhétorique consistant dans la description des traits extérieurs de la figure et du maintien d'une personne. Tout récemment on a employé ce terme pour désigner la peinture de la vie et des caractères des personnages que les auteurs et les poètes font parler et agir dans leurs ouvrages, et dont la connaissance exacte est indispensable à l'appréciation et à l'intelligence parfaite de ces mêmes ouvrages. C'est ainsi que Groen van Prinsterer a publié une *Platonica Prosopographia* (Leyde, 1823), et d'Estré une *Horatiana Prosopographia* (Amsterdam, 1844).

PROSOPOPÉE. C'est le nom de la figure de rhétorique la plus hardie, la plus frappante, la plus magnifique, et aussi la plus difficile à mettre en œuvre. Son nom vient du grec προσωποποιία, formé de πρόσωπον (personne), et ποιέω (je suppose), parce qu'en effet la *prosopopée* a en quelque sorte le pouvoir de faire une personne de ce qui n'en est pas une. Elle fait agir ou parler, en leur prêtant du sentiment, tous les êtres, quels qu'ils soient, soit abîmés, soit inanimés, absents ou présents, réels ou imaginaires. L'éloquence et la poésie ont seules le privilége de la *prosopopée* ; encore ne peuvent-elles y recourir qu'en des circonstances particulières et rares. Si la *prosopopée* n'est pas de nature à produire un grand effet, elle tombe dans le ridicule, ou glace les auditeurs, au lieu de les électriser. Il y a dans la première Catilinaire un bel exemple de cette figure : Cicéron y fait parler l'Italie, la patrie, la république entière. C'est aussi une saisissante *prosopopée* que celle qui signale le premier chant de la *Pharsale* de Lucain, où la patrie, sous la forme d'un fantôme lumineux, dont le front est couronné de tours, et montrant les débris de ses cheveux blancs qui tombent sur ses membres dépouillés, apparaît tout à coup devant César, prêt à franchir le Rubicon, et le supplie, d'une voix gémissante, de s'arrêter et de renoncer à la guerre civile. Nos grands orateurs de la chaire ont quelquefois employé la prosopopée avec succès. Bossuet en offre plusieurs exemples. On trouve aussi dans toutes les rhétoriques l'éloquente prosopopée de Fabricius, dans le discours de J.-J. Rousseau contre les arts et les sciences : cette tirade chaleureuse serait parfaite si elle était mieux placée, c'est-à-dire si elle ne servait à étayer un paradoxe, et si sa conclusion n'était point un sophisme.

Les rhéteurs distinguent une autre espèce de *prosopopée*, qu'ils appellent *dialogisme*, parce qu'elle a la forme du dialogue. Il faut regarder comme des *dialogismes* la fiction où Boileau met en scène un auteur qui défend ses vers, et celle où il représente L'Avarice, excitant le marchand à courir sur les mers. CHAMPAGNAC.

PROSOPOSE, PROSOPOSCOPIE (du grec πρόσωπον, face, et σκοπέω, je regarde). *Voyez* FACIES.

PROSPECTUS (mot latin dérivé de *prospicio*, je vois, je considère), espèce de *programme* qui se publie avant qu'un ouvrage paraisse, et dans lequel on en donne une idée, on en annonce le format, le caractère, l'étendue, on dit le nombre des volumes, les conditions de la souscription, etc. On ne doit pas avoir grande confiance dans les *promesses des prospectus*. Maintenant ce mot s'est étendu et s'applique à toutes sortes d'entreprises.

PROSPER D'AQUITAINE (Saint) naquit, à ce qu'on croit, en 403, dans la province d'Aquitaine. On ne sait rien sur sa famille ni sur ses premières années. Il alla vivre quelque temps en Provence et s'y trouvait encore lorsque saint Augustin adressa au clergé de cette province les deux livres *De la Correction* et *De la Grâce*. Ces deux ouvrages ayant été vivement critiqués par quelques ecclésiastiques gaulois de renom, comme tendant à détruire le libre arbitre, saint Prosper et Hilaire crurent devoir en informer saint Augustin, qui répondit par ses traités *De la Prédestination* et *De la Persévérance*, où les objections de ses adversaires sont si complétement et si solidement réfutées. Après la mort de l'évêque d'Hippone, saint Prosper fit avec Hilaire le voyage de Rome, afin de tourner la vigilance du pape sur les erreurs des sémi-pélagiens. Célestin Ier, qui pour lors occupait le siége pontifical, s'empressa de condamner la naissante hérésie, dans une lettre aux évêques des Gaules, adressée nommément à Venerius, évêque de Marseille. Cédant aux instances d'Hilaire, saint Prosper entreprit aussi de combattre le semi-pélagianisme, qu'il jugeait dangereux : ce fut à cette occasion qu'il composa son beau poème *Contre les Ingrats*. Plus tard, vers l'an 440, sur l'invitation du pape, saint Léon le Grand, il revint à Rome, et acheva d'écraser le pélagianisme, qui recommençait à lever la tête, malgré les rudes coups que lui avait portés saint Augustin.

Une contestation s'étant élevée (444) touchant le jour auquel on doit célébrer la fête de Pâques, saint Prosper y prit part, et dans cette circonstance montra des connaissances très-étendues en mathématiques et en chronologie. Il avait même composé sur ce sujet un cycle pascal de quatre-vingt-quatre ans, curieux monument que le temps nous a dérobé. Quoique saint Prosper ait été jugé digne de prendre place parmi les Pères de l'Église, on s'accorde à croire qu'il resta toujours laïc, et l'on rejette comme fabuleux tout ce que disent de son épiscopat Ughellus, Trithème et quelques autres écrivains postérieurs. L'époque de sa mort est incertaine ; mais on voit dans la chronique de Marcellin qu'il vivait encore en 463.

On lui attribue : *Lettres à saint Augustin et à Rufin* ; *Poëme contre les Ingrats* ; *Réponses aux Objections des prêtres gaulois* ; *Réponses à Vincent* ; *Réponse aux prêtres de Gênes* ; *Commentaire sur les Psaumes* ; *Livre des Sentences tirées de saint Augustin* ; *Épigrammes* ; *Chronique*, commençant à la création du monde, et finissant à la prise de Rome par Genséric, en 455.   E. LAVIGNE.

PROSTAPHÉRÈSE (de πρόσθε, devant, et ἀφαιρέω, je retranche). *Voyez* ÉQUATION DU CENTRE.

PROSTATE (du grec προστάτης, qui est placé devant). C'est le nom de deux glandes situées vers le col de la vessie. Elles sécrètent une humeur blanchâtre et glaireuse, qui humecte le canal de l'urètre.

On appelle *prostates inférieures* ou *petites prostates* deux petits groupes de follicules muqueux, situés au-devant de la prostate, et que l'on nomme aussi *glandes de Cowper*.

PROSTHÈSE (du grec πρόσθεσις, dérivé de προστίθημι, ajouter, opposer), figure de diction, qui consiste à ajouter une lettre au commencement d'un mot, sans en changer le sens : cette figure est donc une espèce de *métaplasme*. C'est par *prosthèse* que le mot français *grenouille*, par la simple addition d'un *g*, vient du latin *ranunculus* ; *nombril* de *umbilicus*, en y ajoutant un *n*. Nous sommes redevables à la même figure des mots *alkali*, *almanach*, etc. La *prosthèse* se fait par une addition au matériel du mot, sans rien changer au sens de ce mot ; il ne faut donc pas regarder comme des exemples de cette figure les mots qui commencent par quelque particule significative, susceptible d'altérer d'une manière quelconque le sens du mot simple, comme dans *comprendre*, *défaire*, *insinuer*, etc.   CHAMPAGNAC.

En chirurgie, *prosthèse* se dit quelquefois pour *prothèse*.

PROSTITUTION, terme dérivé de *prostare*, se tenir en avant, ou, pour mieux dire, s'exposer en vente, puisque l'être qui se prostitue étale ses charmes et fait marchandise de son corps. Les moralistes n'ont pas manqué d'accuser de ce honteux trafic la civilisation, cette véritable boîte de Pandore, source unique à leurs yeux de tous les forfaits comme de tous les dons de notre vie intellectuelle. Mais la prostitution appartient peut-être à toutes les époques de notre fragile humanité, et plus d'une Ève succomba jadis aux suggestions du serpent tentateur. Nous sera-t-il permis de rappeler les mœurs antiques et les livres sacrés? Dirons-nous que le Lévitique défend aux femmes de s'abandonner aux animaux, selon une ancienne superstition égyptienne (celle du bouc sacré de Mendès) ; que la pyramide de Chéops fut bâtie, au rapport d'Hérodote, par tous les amants de la fille de ce roi, laquelle n'éleva si haut ce monument qu'à force de multiplier ses prostitutions? Oserons-nous citer les déportements de la fameuse reine Cléopâtre et ceux de Messaline? Tout l'Orient, la Syrie, la Médie, la Phénicie, la Chaldée, Tyr et Sidon, ne furent-ils pas jadis le théâtre de toutes les prostitutions? La nature, si fertile en ces heureux climats, ne porte-t-elle pas sans cesse aux dissolutions? Sous l'emblème du dieu de la lumière, les peuples de ces contrées adorèrent le principe de la vie et les organes consacrés à la reproduire.

Tel fut l'empire de la volupté, quoi qu'en ait pensé Voltaire , que les Babyloniennes étaient obligées par les lois, une fois en leur vie, de se livrer aux désirs des étrangers dans le temple de Vénus-Mylitta sans qu'il leur fût permis d'en repousser aucun (Hérodote, *Clio*, c. 199). Les Carthaginoises, comme les Tyriennes, étaient astreintes à la même profanation religieuse ; et l'argent que leur valait la perte de leur virginité servait à leur dot (Valère Maxime, l. II, c. 6, sect. xv). Il en était de même en Lydie. Vénus-Astarté exigeait, à Biblos, de pareils sacrifices (Lucien, *De Dea Syra*), et les prostitutions dévotes existaient encore dans toute la Phénicie au temps de saint Augustin (*De Civitate Dei*, l. VI., cap. 10); elles ne furent abolies que sous Constantin, qui renversa les temples d'Héliopolis , en Phénicie, et ceux du mont Liban, repaires sacriléges de ces impudicités. Les Arméniennes ne devenaient dignes de trouver des maris qu'après avoir immolé leurs prémices dans le temple de Diane-Anaïtis (Strabon, *Géog.*, l. 11). Il serait facile de poursuivre ces recherches historiques en Égypte et jusque chez les Libyens , les peuples du cœur de l'Afrique, qui prisaient d'autant plus la beauté de leurs filles qu'elles avaient conquis un plus grand nombre d'adorateurs et sacrifié davantage leur pudicité. Tous les Pères de l'Église ont tonné avec une juste véhémence contre cette démoralisation profonde dans laquelle était tombé le polythéisme des Grecs et des Romains.

Qui ne connaît les lieux qu'avait choisis la mère des amours pour ses divers séjours? Paphos, Gnide, Cypre, Amathonte, Milet, Corinthe , le mont Ida , et mille autres temples ailleurs lui furent consacrés. Malheur aux jeunes vierges dont le mépris outrageaient cette déesse ! elles en étaient cruellement punies en sentant bientôt circuler dans leurs veines des flammes criminelles. Telles furent les Propœtides, les premières, dit Ovide, que la vengeance de Vénus contraignit de se prostituer à tout venant. Les filles de Prœtus, les Milésiennes, en furent également châtiées, et coururent toutes nues comme des folies dans le Péloponnèse (Ælien, *Var. hist.*, l. III, c. 42). C'est ainsi, selon Euripide, que Phèdre devint la victime infortunée de cette déesse, que car aux yeux des anciens la nymphomanie passait pour punition de l'oubli du culte de Vénus.

La prostitution fut honorée chez les Grecs ; et le métier de courtisane n'y paraissait guère déshonnêté. Les lieux que fréquentaient les femmes du monde recevaient les hommes les plus distingués : on voit Socrate lui-même s'approcher de plusieurs courtisanes de son temps. L'histoire a célébré non-seulement les plus belles femmes qui allumèrent de funestes guerres, comme Hélène, tant de fois ravie , mais surtout Aspasie , cette spirituelle maîtresse de Périclès ; Laïs, dont les faveurs parurent trop chères à Démosthène ; Léontium, amie d'Épicure et de Métrodore ; Glicère, modèle ravissant des peintres de Sicyone; Ph r y n é, dont les charmes séduisirent tout l'aréopage en plein tribunal, mais qui ne put triompher cependant de la modération du philosophe Xénocrate; Thaïs, cette maîtresse d'Alexandre, qui lui fit incendier, dans une orgie, le palais de Persépolis; Rhodope, qui de l'état d'esclave s'éleva à la plus haute fortune, etc. Que serait-ce si nous passions à l'antique Rome, à laquelle il fut réservé d'étonner le monde non moins par les abominations de toutes les débauches que par l'éclat de ses triomphes! Ni Rhodes, ni Milet, ni Sybaris, ni Capoue, ni Tarente, ne poussèrent jamais aussi loin la recherche des lubricités, qui semblaient être venues fondre sur les Romains et les abîmer dans la mollesse pour les livrer en proie à tout l'univers.

Nous ne descendrons pas dans le gouffre effroyable de ces obscénités inouïes; elles sont retracées par des auteurs tels que Suétone et Pétrone, ou des poëtes comme Juvénal, Catulle, Martial, etc. Nous ne citerons point les actes intraduisibles des monstres hideux d'impudicité et de cruauté. Il faudrait amonceler tout ce que la suprême puissance du despotisme, jointe à celle de l'or et à un luxe effréné, peut réunir en impuretés et en horribles extravagances. Ce n'est qu'avec honte que les historiens eux-mêmes rappellent ces dernières dégradations de l'humanité; elles sont moins encore un sujet de scandale aux yeux de la philosophie que l'observation des excès dont est capable notre espèce. Malgré les déclamations, très-fondées au reste, contre la corruption actuelle, nous croyons qu'à cet égard pourtant notre race ne va point toujours en empirant, et que l'établissement du christianisme et l'irruption des barbares du Nord, plus chastes, ont opéré une salutaire régénération morale, à la chute de l'Empire Romain, dans cette partie de l'ancien monde.

On peut donc affirmer qu'en général, dans l'Europe, l'Orient et toutes les contrées où le christianisme abolit avec le paganisme le culte des passions naturelles sous les noms de Vénus, de Priape, de Bacchus et d'autres divinités allégoriques, la pudicité fut rétablie en honneur, tandis que sur tout le reste du globe l'acte de reproduction avait toujours été placé au rang des obligations, et même érigé comme une sanctification par les lois religieuses. Chez les Hindous, le culte du *lingam* ou *phallus* existe de toute antiquité. Outre la pluralité des femmes, on y voit des troupes de b a y a d è r e s ou *mongamy*, sortes de danseuses et chanteuses dévouées à l'incontinence publique, comme les *almées*, les *gawhasiés* en Égypte. On en remarque également à Siam, au Tonquin. Le voyageur Chardin a donné des détails sur les courtisanes de Perse, et sur le haut prix de tomans qu'elles mettent à leurs charmes. S'il y a peu de prostituées publiques en Turquie, c'est parce que tout le sexe féminin y devient un objet de commerce si facile, que chacun y peut acheter des esclaves ou des concubines à temps. En Chine, les parents qui ne peuvent nourrir leurs filles les consacrent aux voluptés d'un public toujours adonné à la lasciveté, en se procurant un brevet légal de prostitution. Les Chinoises se livrent en effet avec passion à cet art. Nulle nation ne présente peut-être un si grand nombre de courtisanes que les Japonaises; elles assiégent les passants jusque sur les routes. On n'ignore pas qu'à Cochin, au Calicut, les jeunes filles doivent leurs prémices à la divinité, c'est-à-dire à ses ministres. Les Canarins de Goa, qui ont retenu le culte du phallus, font, dit-on, déflorer leurs vierges par une idole de fer. Chez plusieurs peuples encore, à Madagascar, au Thibet, au royaume d'Aracan, la défloration des vierges y est abandonnée, soit au premier venu, soit à des étrangers, à tel point que les filles les plus débauchées paraissent un ragoût savoureux dont les hommes sensuels se disputent la possession.

Tous les Africains, sous un ciel brûlant, semblent attiser sans cesse le feu de la lubricité; aussi la plupart de leurs femmes sont ardentes. Les nègres du Congo et d'Angola prostituent leurs filles, et les Ielofs vendent même leurs femmes pour quelques bouteilles d'eau-de-vie. A la Côte d'Or, les jeunes filles se font gloire de porter autant d'ornements qu'elles ont eu d'amants, comme dépouilles de vaincus. Les Anzicos, les Jaggas, méprisent la chasteté et la stérilité. Parmi plusieurs de ces peuplades, on ordonne des prostitutions générales pour obtenir les faveurs célestes, comme ailleurs on ordonnerait des jeûnes. Tels sont les jubilés sur les côtes de Sierra-Leone, de Majombo, de Loengo, au Bénin, à Ardra, au Sénégal, au Cap-Vert, etc. Au royaume de Juida, un grand nombre de filles ne peuvent se marier qu'en amassant, par la prostitution, leur petit pécule, et, à cause de l'abondance des offres, elles quêtent chaque jour, et au plus bas prix possible, le plus grand nombre de chalands. Au reste, les nègres, quoique pubères de bonne heure, hâtent la nubilité de leurs filles par des jouissances prématurées.

On sait que les insulaires de l'Océanie, de race malaise et papoue, sont extrêmement corrompus dans toutes les débauches. Celles-ci ont fini par anéantir la population à Otahiti, cette nouvelle Cythère, avec l'introduction de l'infection syphilitique. Aux îles de la Sonde, aux Moluques, aux Célèbes, il y a si peu de respect moral, que les pères mêmes y cueillent, dit-on, les premières fleurs de leurs filles, prétendant que quiconque plante un arbre a bien le droit d'en goûter les fruits. Quoique les naturels américains aient passé toujours pour froids en amour, cependant leurs filles se livraient facilement aux étrangers. La plupart des sauvages font encore très-peu de distinction des liens de parenté dans leurs unions, en sorte qu'ils vivent pêle-mêle. Ce Nouveau Monde a-t-il communiqué à l'ancien, par la prostitution, le fléau redoutable qui empoisonne même les sources de la vie? Certes, les corruptions antiques auraient pu *inventer* cette maladie, si elle était le résultat unique de la débauche.

Après avoir remarqué combien les climats brûlants et les religions polythéistes favorisaient les débordements de la prostitution, il faut en signaler les causes particulières chez ces diverses nations.

1° L'inégalité des sexes dans tout gouvernement despotique, laissant la femme esclave, ou du moins revendiquant le pouvoir et la fortune pour les hommes seuls, est une cause de corruption. L'on a dit avec raison en effet que la Russie était pourrie avant d'être mûre, et sans l'usage des h a r e m s chez les gouvernements musulmans d'Asie et d'Afrique, avec la p o l y g a m i e la prostitution y monterait au comble, comme il en advient à la Chine, au Japon, à Siam et dans toute l'Inde transgangétique. Les hommes surabondant au Thibet, au Boutan, donnent lieu à une prostitution de leur sexe.

2° Le luxe ou la trop inégale distribution des richesses et du pouvoir engendre éminemment la prostitution, parce que la pudicité du pauvre est achetée par l'opulence. Quand un luxe effréné rend le mariage trop dispendieux et les enfants une charge pesante, alors les moins riches préfèrent vivre en concubinage. A l'époque du moyen âge, où les nations étaient partagées en seigneurs de haute aristocratie, possesseurs de fiefs, et en serfs mainmortables, roturiers et vassaux, les hôtels des grands étaient remplis de cette livrée nombreuse de domestiques, mâles et femelles, assujettis à tous les caprices de leurs maîtres; le célibat devint une sorte de nécessité pour cette classe. C'est pourquoi, dans les contrées chez lesquelles domine une noblesse ou un patriciat éminent par sa fortune héréditaire, il se groupe à l'entour une multitude indigente soumise à toutes les chances de corruption et de libertinage. Ce fait s'observait dans les républiques telles que Venise, comme sous les gouvernements despotiques, car la l u x u r e est fille du lu x e.

3° Les grands foyers de population rassemblent des masses inégales d'individus de chaque sexe qui peuvent dérober leurs actions à la médisance publique, si maligne conservatrice des mœurs dans les petites villes. Il en résulte que les capitales, centres de richesse et de puissance, deviennent en même temps ceux d'une profonde corruption. L'ambition de parvenir, qui tourmente cet afflux perpétuel d'hommes de toutes contrées, appelle également les femmes, dont les charmes ne sont pas l'un des moins puissants ressorts de la fortune. De vastes monarchies ont été la proie des prostituées : il suffirait de citer les règnes de mesdames de Pompadour et Dubarry en France, de la princesse des Ursins en Espagne, des maîtresses du cruel Henri VIII et du dissolu Charles II en Angleterre.

4° En général, le célibat, et, par une réaction nécessaire, la prostitution, résultent de certaines conditions sociales, comme les militaires, les marins, les étudiants, etc. De là vient le grand nombre de courtisanes ou femmes libres qui s'offrent dans tous les pays fréquentés par ces célibataires, tels que les ports de mer, les villes de garnison, les sièges des grandes écoles, etc. Une des sources les plus vulgaires aujourd'hui de cette contagion immorale est l'extension des grandes fabriques et autres ateliers du commerce, qui présentent une immense promiscuité des deux sexes dans les travaux. Ainsi, l'on observe dans les districts manufacturiers pour le coton en Angleterre (comme pour la soie en France) une disposition inévitable à la prostitution, à cause du mélange des ouvriers de différents sexes. Tout commerce, en général, était signalé par les anciens législateurs comme une cause de corruption ; car les nations les plus commerçantes ont de tous temps montré pareillement le plus de dissolution dans leurs mœurs. Il en est de même des peuples maritimes ou insulaires comparés aux nations agricoles continentales, qui conservent le mieux leur pureté originelle.

Indépendamment de ces causes générales de démoralisation, qu'il serait impossible d'extirper de nos sociétés, il faut en accuser encore l'extrême affaiblissement des croyances religieuses, les vices naturels de vanité et de paresse, joints à mille exemples corrupteurs, jusque dans le sein de plusieurs familles : heureux encore si la prostitution respecte les liens du sang ou se borne à un seul sexe ! De là cette propagation perpétuelle de la *syphilis*, cette détérioration de l'espèce humaine, suite de vices honteux et de la misère, qui d'ordinaire la dévore avec le désordre de l'imprévoyance.

La prostitution recrute ses adeptes surtout parmi les classes inférieures des artisans, manouvriers, tisseurs, domestiques, etc., qui fournissent aussi en grand nombre des filles illégitimes, souvent délaissées. Le besoin d'abord, puis la paresse, l'exemple, les entraînent. C'est surtout à l'époque de la plus belle floraison du sexe féminin, de seize à vingt-six ans, que se remarque le plus grand nombre de prostituées.

Dès avant le treizième siècle, les républiques d'Italie, Venise, Florence, etc., nageant dans les délices que l'opulent commerce de l'Orient y avait amassées, virent se multiplier la lubricité et le libertinage, éternels compagnons de l'opulence et des loisirs. On songea aussitôt à constituer des maisons de débauche, afin de prévenir du moins les dangers trop communs de ces repaires dans un tel genre de commerce. Les papes Jules II, Léon X, Sixte IV, Clément VII, furent même obligés de promulguer des statuts pour ces lieux, en réservant certaines redevances pour soutenir des couvents de filles repenties ; à Rome et ailleurs. Avignon eut son lieu de débauche solennellement organisé l'an 1347 par Jeanne Ire, reine de Naples, comtesse de Provence, célèbre par ses aventures galantes. Déjà nos villes du midi en réclamèrent dès l'an 1201. Nos rois Charles VI et Charles VII fondèrent des *abbayes* toutes pareilles à Toulouse, et permirent des *rues chaudes* à Paris, avec des chartes de protection. Il y avait roi des *ribauds* du temps de Philippe-Auguste, et les *filles folles* suivant la cour étaient tenues, au mois de mai, de lui faire son lit, etc. On a dit assez que la maladie syphilitique, déclarée au temps du siège de Naples dans l'armée de Charles VII, s'était promptement propagée par ce débordement de la prostitution au quinzième et au seizième siècle. On suppose que la crainte de cette infection,

alors si funeste, avait contribué à la réformation des mœurs.

Pour nous borner à des remarques essentielles, nous dirons que la plupart des prostituées doivent leur embonpoint poteté, non aux suites d'un traitement mercuriel, comme l'ont soupçonné quelques médecins, mais à leur vie oisive, insouciante, souvent dans le lit, ainsi qu'à leur gourmandise, à l'abus des bains chauds, qui sont leurs habitudes communes. La raucité de leur voix est attribuée aussi par Parent-Duchâtelet (*De la Prostitution dans la ville de Paris*, etc.) à l'abus des liqueurs brûlantes, à l'intempérie de l'air, à laquelle elles s'exposent la gorge nue, et à leurs vociférations criardes dans ces gargotes où elles mangent avec voracité, et se saoûlent jusqu'à se rouler dans les ruisseaux et à s'entre-battre au milieu de leurs colères furibondes. Telles sont en effet les mœurs de ces dévergondées parmi les lascivetés infâmes des plus dégoûtantes débauches. Passant par toutes sortes de personnes, croupissant, par l'oubli des ablutions, dans la malpropreté et le défaut de linge, elles ont mérité le nom de *putidæ* (puantes) et d'autres dénominations anciennes ou modernes. Les plus élégantes même de notre temps, selon Parent-Duchâtelet, sont heureuses de n'être quittes que pour la gale et les poux, les moindres inconvénients du métier. Telle est cette existence de désordre où elles cherchent à s'étourdir par les changements de pays, de nom, d'attachement ; elles ne s'occupent, dans l'ignorance ou l'oubli des devoirs, que de bagatelles, ne songent qu'à manger, qu'à danser, jouir ; et sont obligées de dissimuler, de mentir sans cesse pour déguiser leur état et leur origine. Souvent sans vêtements à elles, car on leur prête jusqu'aux plus nécessaires dans ces maisons où elles n'apportent que leur corps, elles végètent dans la plus ignoble incurie. Leurs infections s'enveniment parmi leurs orgies sous ces taudis fétides, ces *garnis* sales, ces rues obscures, ces allées tortueuses, où elles dérobent au jour leurs hideux déportements. Telles sont surtout ces *pierreuses* du plus bas étage, réservées aux brutales amours des soldats, des matelots, trop souvent de connivence avec les filous et les malfaiteurs, parmi les guinguettes des barrières, où l'on s'accommode à bas prix avec les plus ordurières et les plus dégoûtantes.

Si Parent-Duchâtelet ne craint pas de retracer de pareils tableaux avec la vertueuse indignation d'un homme d'honneur, qu'il nous soit permis d'esquisser ici l'état physiologique des prostituées à Paris. Il y a peu de Messalines parmi elles : ce sont plutôt des aliénées, sous certains rapports, par l'imprévoyance complète de l'avenir, le besoin des jouissances du moment, la mobilité futile de leur esprit, avec la gourmandise, l'amour effréné des parures, qui composent tout leur être. Sans cesse, elles retombent dans les mêmes *péchés*. Cette sorte d'aliénation érotique, qui a ses recrudescences, ne dure qu'un temps, avec débilitation des facultés cérébrales et accroissement des fonctions utérines. L'équilibre peut se rétablir si l'on n'associe pas les jeunes prostituées non entièrement dépravées à ces misérables ordurières, pétrifiées dans la plus infâme débauche. En effet, celles qui ont longtemps vécu dans les prisons de police et dans les hôpitaux y contractent les vices affreux, et en sortent entièrement gangrenées au moral. Ce qui prouve cet affaiblissement de tête, c'est qu'elles tombent plus souvent dans l'idiotisme ou la démence que les autres femmes ; ainsi la décrépitude, jointe à l'abrutissement de toutes les orgies, l'excès des jouissances et de l'ivrognerie, puis les chagrins, les abandons dans la misère, finissent par ruiner la vie de ces misérables ; elles périssent rongées de syphilis, d'abcès, de fistules recto-vaginales ou de phthisie, à la suite de traitements mercuriels, etc. Il est surtout remarquable que les femmes adonnées à la gloutonnerie le sont également à la prostitution : ces deux vices, pour l'ordinaire, s'accompagnent, car l'incontinence appelle l'intempérance par des fonctions antagonistes.

On sait que les prostituées produisent moins d'enfants que les autres femmes, et que sur les trois à quatre mille courtisanes de Paris, soixante à peine deviennent enceintes par année. A cette infécondité, sollicitée souvent par de coupables manœuvres, se joignent tantôt des accouchements laborieux, tantôt des avortements. On peut même dire que leurs difficiles menstruations tiennent à de fréquents avortements des germes provoqués par des copulations nouvelles, qui font rejeter le fruit de ces imprégnations répétées. La preuve de cette cause d'infécondité résulte de la possibilité de devenir fécondes par un mariage régulier, car c'est plutôt à leurs amis de cœur qu'à des hommes de passage que ces femmes rapportent leur grossesse. D'ailleurs, les enfants des prostituées, la plupart mal venus, périssent en grand nombre. Cependant, ces femmes se font gloire d'être tendres mères; elles croient se réhabiliter en retrouvant les plus purs sentiments de la nature. Il faut le dire aussi, elles conservent en général très-bon cœur, soit entre elles, soit pour ceux qu'elles aiment, malgré les mauvais traitements qu'elles en éprouvent; plusieurs se privent du nécessaire par générosité; elles nourrissent même des parents, des vieillards, avec les profits de leurs débauches. Sachant qu'elles agissent mal par leur état, elles se montrent sensibles aux témoignages d'intérêt qui les relèvent de la dégradation ou leur offrent une porte ouverte au repentir et à l'honneur; mais la contrainte religieuse les rejette en sens contraire. Les jeunes et simples sont plus susceptibles de rentrer dans l'ordre moral que les vieilles, adonnées à des vices contre nature. Celles qui ont reçu une bonne éducation restent par orgueil dans le métier, non moins que par le désir du lucre.

Les *filles publiques* se soustrayant aux inspections de la police sont de toutes les plus infectées, non-seulement les *fangeuses* et misérables, abandonnées à la populace, mais surtout les plus jeunes et jolies, qui étant très-recherchées, se trouvent aussi très-exposées; car les hideuses, par cela seul que leur approche est abominable, un trafic moins périlleux. On accuse l'hiver et le temps du carnaval de la recrudescence plus grande du virus chez elles.

Au treizième siècle on appelait les filles publiques *ribaudes*, *bourdelières*, et leurs demeures *clapiers* ou *bourdeaux*. Elles étaient alors, comme aujourd'hui, soumises à des statuts et règlements dont saint Louis augmenta la sévérité, croyant diminuer la prostitution. Ce roi leur enjoignit, par ordonnance royale, de ne pas porter des ceintures dorées dont le mode régnait alors, afin de les distinguer des femmes honnêtes. Des peines corporelles, comme le fouet, l'exposition publique, étaient encourues contre celles qui contreviendraient à l'ordonnance; mais rassurées par la difficulté de la preuve, presque aucune n'obéit à la loi. Aussi c'est de cette infraction qu'est venu le proverbe : *Bonne renommée vaut mieux que ceinture dorée*. Elles célébraient avec piété la fête de sainte Madeleine, leur patronne, portant souvent au cou des *agnus Dei* et toutes sortes d'amulettes, auxquels elles attachaient des vertus secrètes. Des tasses d'argent pendaient à leur ceinture, et elles proposaient aux passants de venir boire avec elles. Les dimanches et jours de fête, elles lisaient, assises sur la borne, en attendant les chalands, dans un livre de prières à fermoir de cuivre doré. Ce mélange de pratiques religieuses et d'ignoble prostitution est un trait caractéristique du siècle de saint Louis. Ce monarque faisait suivre sa cour en voyage d'une compagnie de ribaudes inscrites sur le rôle tenu par la *dame des amours publics*, qui était leur supérieure.

Quoique le nombre des *femmes publiques* à Paris ait été singulièrement exagéré avant l'ouvrage de Parent-Duchâtelet, il y existe toujours une grande quantité de *femmes entretenues* non inscrites comme prostituées sur les registres de la police, exerçant une prostitution clandestine, et qui ont été décorées dans ces derniers temps des noms de *lorettes*, *dames aux camélias*, *filles de marbre*, *filles de plâtre*, etc. Il serait donc difficile d'évaluer l'étendue de la dépravation dans cette grande ville, surtout à la vue de ces vieilles proxénètes et *marcheuses*, qui, guettant la plus tendre jeunesse, amorcent et séduisent des enfants pour les sacrifier à l'impudicité et ruiner la vie dès son aurore. A dater de 1791, tous les règlements contre la prostitution cessèrent d'être exécutés après la publication des *Droits de l'Homme et du Citoyen actif*. La licence effrénée qui en résulta dut révolter la Convention nationale elle-même, qui avait accordé des secours aux *filles-mères*. Ce fut le Directoire exécutif qui sollicita en 1796 (an IV de la république) la répression de ces femmes, l'opprobre d'un *sexe et le fléau d'un autre;* mais ce n'est que sous le consulat, en 1800, que cette répression devint efficace, par la création de la préfecture de police. Une taxe fut établie, comme autrefois dans Athènes et Rome, cet impôt, dit *aurum lustrale*, ou purificateur, a depuis été réprouvé par l'opinion publique, qui croyait y voir une protection accordée à l'immoralité et une sorte de droit de patente pour exploiter les plaisirs de la jeunesse. Sa suppression fut enfin obtenue par M. de Belleyme, sans que les visites des médecins dans les *maisons de tolérance* soient moins obligatoires et moins rigoureuses aujourd'hui, et sans que les filles libres en chambre ou ayant un numéro soient moins tenues par les pensionnaires de se présenter trois ou quatre fois chaque mois au *dispensaire*.

Nous conclurons de ces recherches que les climats chauds, les nations les plus opulentes, les gouvernements despotiques, les religions polythéistes, les classes les plus élevées de la société, ont partout offert les exemples de la corruption des mœurs et de la prostitution. Les résultats de ces débauches ont partout signalé la décadence des empires par la multiplication des célibataires et des enfants illégitimes, la plupart abandonnés, périssant en grand nombre ou constituant à la suite des temps cette plèbe dangereuse, sans nom, sans fortune, aspirant à renverser l'état social pour se créer une existence. Tels sont aussi les hommes de couleur dans les colonies, et cette nuée de bâtards métis qui menacent aujourd'hui l'Inde. D'ailleurs, par tous pays, la prostitution, plus que les chastes plaisirs du mariage, accourcit l'existence, énerve et abâtardit l'homme, mine la santé, la vigueur et le courage, multiplie les vices bas et lâches en même temps qu'elle appelle le désordre et la misère. Il est curieux de voir les plus déterminés épicuriens reconnaître eux-mêmes les dangers de la prostitution. Ce ne sont pas des Pères de l'Église, c'est le poëte Lucrèce, moissonné jeune au milieu de ses voluptés :

Adde quod absumunt vires, pereuntque labore;
Adde quod alterius sub nutu degitur ætas.
Labitur interea res et vadimonia fiunt.....
Rer. Nat., l. IV.

On a dit, par analogie, *prostituer* sa parole, sa plume, sa renommée. On dit aussi que la fortune est une fille de bonne maison, qui trop souvent se *prostitue* à des valets. La bassesse *prostitue* la louange au vice en crédit, etc.

J.-J. VIREY.

PROSTRATION (du latin *prosternere*, abattre, jeter par terre). Ce mot est employé dans le langage médical pour désigner une diminution considérable des forces dont l'homme est doué dans l'état de santé. C'est une expression synonyme d'*adynamie* ou de *faiblesse*. La prostration des forces se manifeste au début de la plupart des maladies, et les accompagne dans leur cours ainsi que dans la convalescence. Broussais, reprenant les travaux de Bichat, a fait concevoir l'excitabilité comme une propriété de tissu suscitant des effets généraux dans l'organisme, par la sympathie, et produisant la faiblesse ou la prostration beaucoup plus souvent par excès que par défaut des excitants; il a prouvé que les médications stimulantes étaient meurtrières dans un grand nombre de cas. Néanmoins, le vulgaire, sachant que la vie s'entretient effectivement selon des conditions dont la principale à ses yeux est l'emploi des aliments et des boissons, juge, en voyant la faiblesse se manifester au début des maladies, qu'il est nécessaire de ranimer et de soutenir les forces : alors on a recours aux bouillons et aux liqueurs spiritueuses ; c'est ainsi qu'on allume un incendie qu'on ne peut souvent pas maîtriser plus tard. Comme ce sont les affections morbides des viscères, principaux rouages de l'organisme, qui causent la prostration des forces, on comprend combien il est dangereux de se méprendre sur cette origine. Les maladies de l'estomac et des intestins étant surtout très-communes, on doit concevoir combien il est insensé de les traiter dès leur début par des remèdes stimulants : point de faute cependant plus commune ; aussitôt qu'on ressent une lassitude spontanée, des vertiges, on a recours au vin, aux liqueurs spiritueuses : quoi de plus naturel, pense-t-on, que de raviver les forces par ce moyen ! On fait cependant le contraire de ce que la raison commande. En remarquant que les excitants raniment les forces, ou oublie trop que l'abus qu'on fait de ces agents est la cause de la plupart des maladies, et que le repos ainsi que la diète calment le mal dès sa naissance, ou du moins ne l'aggraveraient pas. Les animaux malades peuvent en cela nous servir d'exemple : au lieu de recourir aux stimulants, ils choisissent le repos et l'abstinence.

La prostration, toutefois, peut provenir d'un défaut des excitants : la privation des aliments, d'un air salubre, etc., affaiblit incontestablement : l'excitabilité doit être attisée ; mais dans de tels cas la cause est trop ostensible pour la méconnaître, et l'indication du remède saillit naturellement.

CHARBONNIER.

PROTAGORAS, philosophe grec de la secte dite des *atomistes*, appelée aussi *nouvelle école d'Élée*, est moins célèbre pour avoir modifié et propagé les doctrines philosophiques de Démocrite et de Leucippe que pour avoir le premier fait abus de la dialectique, inventée, dit-on, par Zénon d'Élée. Il était d'Abdère ; et si le tragédien Eupolis l'appelle *Téien*, c'est parce qu'Abdère était une colonie de Téos. Comme Protagoras était compatriote de Démocrite, et que leurs principes étaient les mêmes, on a dit qu'il était son élève, son auditeur, comme s'exprime Diogène ; mais de Ritter en doute, invoquant la chronologie, qui semble en effet mettre une trop grande distance entre ces deux hommes célèbres. Il faudrait alors rejeter au rang des fables l'anecdote d'Aulu-Gelle sur la vocation de Protagoras. Celui-ci aurait été primitivement portefaix ; Démocrite l'aurait rencontré marchant avec une charge de bois sur le dos, mais si artistement arrangée, si parfaitement équilibrée, que le philosophe géomètre en aurait été ravi et aurait tiré le crocheteur de cette abjection pour l'élever aux spéculations de la science. Il y aurait bien loin d'un pareil commencement à la condition où parvint Protagoras ; car il fut l'un des hommes les plus habiles de son temps dans l'art de la parole, et tira de son talent une grande fortune. Le premier il exigea des honoraires de ses disciples ; le premier aussi il fit consister la philosophie dans les mots plutôt que dans les choses ; il pervertit la raison humaine en la faisant descendre à de subtiles arguties, et il pervertit le langage, dont il accroissait les ressources et perfectionnait l'élégance, en le faisant servir à l'indigne usage de dénaturer ou de combattre la vérité ; enfin, il attira sur lui, dans la puissante raillerie et l'argumentation pressée de Socrate, les seuls anathèmes que le bon sens devrait jamais lancer contre l'erreur.

Ce sophiste n'était pas resté confiné dans sa patrie ; il était venu se fixer à Athènes, mais il finit par en être chassé comme athée, pour avoir commencé un livre par ces mots : « Je ne puis rien affirmer de la Divinité, ni même dire si elle existe ou non : plusieurs raisons m'en empêchent, telles que l'incertitude de la chose en elle-même et la brièveté de la vie humaine ». Le livre fut livré aux flammes, après qu'on en eut réuni tous les exemplaires qu'on put trouver. L'auteur, exilé, parcourut les différentes îles de la Méditerranée. Il avait longtemps enseigné à Athènes avec un grand succès, et c'est là qu'il avait développé sa doctrine que rien n'a l'existence en propre, une existence immuable ; que tout se borne à une série de phénomènes qui se produisent incessamment ; que tout est apparence, que rien n'est réalité dans toute la force du mot : que l'instabilité est le caractère commun de toutes choses ; qu'il n'y a pas de vérités indépendantes, absolues ; que toutes sont relatives à l'esprit de l'homme, de l'individu. De là cette conséquence, que le vrai peut être rendu faux, le faux rendu vrai par le talent de celui qui parle ; de là tout cet arsenal de sophismes qu'il ouvrait si largement à ses disciples, et dont son talent avait porté le prix si haut. Il en aurait été puni, s'il fallait croire l'anecdote qu'on rapporte. Un de ses disciples, qui se destinait au barreau, lui avait promis d'achever de le payer s'il gagnait sa première cause ; comme il tardait à plaider, Protagoras le cite en justice, et lui pose ce dilemme devenu si fameux depuis lors ; l'élève lui en rétorque aussitôt la contre-partie ; les juges, dit-on, remirent la cause à cent ans. Du reste, Protagoras ne se donnait pour maître en aucune science spéciale ; parler sur tout, habituer ses disciples à en faire autant, et les rendre ainsi hommes d'État et citoyens, tel était le programme ambitieux et vague de son enseignement, plus superficiel que solide. Protagoras avait même donné des lois aux Thuriens, d'après Héraclide le Pontique, cité par Diogène Laerce. Protagoras périt, dit-on, dans un naufrage, comme il se rendait en Sicile. Il peut revendiquer une large part et du mal et du peu de bien qu'ont fait les sophistes. La rhétorique (qui de son temps se confondait avec la sophistique) lui doit l'invention et la pratique des *lieux communs*. Aucun de ses ouvrages n'est parvenu jusqu'à nous : on en peut du moins voir les titres dans Diogène Laerce. Protagoras florissait vers 400 avant J.-C.

J.-B. BOISTEL.

PROTAIS (Saint). *Voyez* GERVAIS (Saint).

PROTASE (du grec πρότασις, proposition). On appelait ainsi, dans l'ancienne poésie dramatique, la première partie d'une pièce de théâtre qui servait à faire connaître le caractère des principaux personnages et à exposer le sujet sur lequel roulait toute la pièce. C'est ce que nous appelons *préparation de l'action* ou *exposition du sujet* ; deux choses qu'il ne faut pas confondre cependant. La préparation de l'action, de laquelle Boileau a dit :

Que dès le premier vers l'action préparée
Sans peine du sujet aplanisse l'entrée,

doit donner une idée générale de ce qui va se passer dans le cours de la pièce, par le récit de quelques événements que l'action suppose nécessairement. L'exposition développe d'une manière un peu plus précise et plus circonstanciée le véritable sujet de la pièce.

Dans le théâtre des anciens, les personnages *protatiques* prenaient une faible part à l'action ; et c'est un défaut qu'on a justement reproché à Corneille dans quelques-unes de ses pièces. Racine l'a évité avec soin. Ainsi, dans *Iphigénie*, c'est Agamemnon ; dans *Athalie*, Joad et Abner ; dans *Britannicus*, Agrippine et Burrhus : c'est-à-dire, les personnages les plus distingués et qui influeront le plus sur le reste de la pièce, qui prennent le soin d'instruire le spectateur de tout ce qui précède l'action.

PROTATIQUES (Personnages). *Voyez* PROTASE.

PROTE (du grec πρῶτος, premier), titre que porte dans une imprimerie celui qui sous les ordres du maître dirige, conduit et surveille l'exécution typographique des ouvrages. Le *prote* est exactement ce que nous ferions chasser le *chef-ouvrier* d'une imprimerie ; il est la cheville ouvrière qui mène tout. Il a des fonctions fort étendues, qui demandent beaucoup de soin, de l'activité, de l'ordre et de l'instruction. En l'absence du maître, il le remplace, soit pour entreprendre des impressions, soit pour en établir le prix avec les éditeurs. Au prote appartient la surveillance des ateliers ; il doit tenir la main à ce que chaque chose soit bien en place, afin que les ouvriers ne perdent point leur temps à chercher ce qui leur est nécessaire pour travailler. C'est à lui que sont confiés les caractères et les ustensiles ; c'est par lui que l'ouvrage est distribué aux compositeurs; il dirige leur travail, lève les difficultés qui s'y rencontrent. Autrefois le prote devait lire sur la copie toutes les premières *épreuves*, les faire corriger par les compositeurs; mais aujourd'hui c'est le plus généralement la besogne des *correcteurs* d'imprimerie. Il a bien assez de revoir les *tierces*, c'est-à-dire de vérifier, sur une première feuille tirée, si toutes les fautes marquées par l'auteur sur la seconde épreuve ont été exactement corrigées, s'il n'y a point dans la *forme* de lettres mauvaises, tombées, dérangées, hautes ou basses. Il s'assure en même temps de la bonne distribution des *blancs*, ou marges, de l'exactitude du *registre*, c'est-à-dire que les pages tombent exactement l'une sur l'autre, de la bonne couleur de l'encre, de la valeur du foulage, etc. Il est encore de son devoir de visiter plusieurs fois dans la journée l'ouvrage des imprimeurs, et de les avertir des défauts qu'il y trouve. Enfin, il est aussi dans les attributions du *prote* de faire la *banque* aux jours fixés par l'usage de chaque établissement pour la paye des ouvriers; il détaille sur le registre de l'imprimerie le nombre des feuilles par signatures, qui ont été composées et imprimées depuis la dernière banque, et met le prix à la fin de chaque article. Le maître remet le montant général de tous ces articles au prote, qui distribue à chaque ouvrier ce qui lui est dû. Dans les fortes imprimeries, où le prote seul ne pourrait suffire à tout, il a à sa disposition une ou plusieurs personnes capables et instruites, qui le secondent dans ses fonctions.

CHAMPAGNAC.

PROTECTEUR, celui qui aide et soutient une autre personne de sa recommandation, de son crédit. Rien n'est plus rare qu'un protecteur désintéressé : dans les régions de l'intrigue, dans les grandes affaires de ce monde, chacun fait payer ses services :

...... Tant c'est chère denrée
Qu'un protecteur............

a dit La Fontaine. D'autres, qui ne mettent pas à prix leur protection, la font acheter bien cher à leurs obligés en prenant sur eux ce qu'on appelle l'*air protecteur*. Enfin, il est des hommes sans crédit, mais ayant accès chez les grands, qui se donnent à tout venant des airs de protecteur, et ils ont leurs dupes; c'est une vérité que Gresset a résumée dans ce vers si connu :

Des protecteurs si bas, des protégés si bêtes.

Il faut se méfier des protecteurs mielleux dans leurs paroles : les protecteurs bourrus ont été comparés à je ne sais plus quel auteur à ces nuages noirs et brûlants qui menacent les campagnes de la foudre, et les fertilisent par des pluies abondantes. L'homme obscur, isolé, trouve rarement des protecteurs; l'homme important que vient frapper une demi-disgrâce ne manque pas de gens qui lui prêtent leur appui. Sous ce rapport, les protecteurs sont comme les amis du grand monde. Combien de fois dans nos révolutions la protection d'un homme pauvre et obscur a été utile à de hauts personnages! Un auteur qui débute sans protection a bien de la peine à percer dans le monde littéraire, où les amis et les prôneurs font tout.

Au temps des preux le gentilhomme investi de l'ordre de la chevalerie était le protecteur né des veuves et des orphelins. Aujourd'hui ce beau titre se donne à l'avocat qui les défend gratuitement, au magistrat du parquet qui stipule et soutient leurs droits en justice. On a tout dit de certaines femmes quand on a dit : Elle a un *protecteur*.

Protecteur était un titre que portaient, à Rome, les cardinaux, sous la protection desquels étaient certains ordres et même chaque nation. On disait le cardinal *protecteur* d'Espagne, de France. En Angleterre, le titre de *lord protecteur de la couronne* d'Angleterre fut porté, au commencement de la querelle de la rose rouge et de la rose blanche, par Richard, duc d'York, qui espérait par là atteindre à la couronne, déjà chancelante sur la tête du faible Henri VI.

Porté par Cromwell, mais comme *protecteur* de la république d'Angleterre, ce titre était devenu l'égal de celui de monarque; mais son fils Richard fut trop heureux de pouvoir s'en démettre pour rentrer dans la vie privée. Enfin, Napoléon, dans toute sa puissance, ne dédaigna pas la qualification de *protecteur de la Confédération du Rhin*.

Charles Du Rozoir.

PROTECTEUR (Système), **PROTECTION**. Voyez PROHIBITIF (Système), DOUANES, etc.

PROTÉE, dieu marin, était fils de Neptune et de Phénice, et selon d'autres de l'Océan et de Téthys. La cruauté de ses deux fils le força de se réfugier en Égypte, où Neptune lui confia la garde des phoques ou veaux-marins. Il reçut du dieu, en récompense de ses soins, le don de prophétie, et sa pensée embrassait toute chose :

Quæ sint, quæ fuerint, quæ mox ventura trahuntur.

Mais au rebours de la plupart des prophètes, qui rendent volontiers leurs oracles, Protée se faisait arracher les siens. Se transformant à volonté, il se dérobait, sous la variété infinie de ses figures empruntées, aux poursuites des solliciteurs : il fallait l'épuiser pour le vaincre. C'est ainsi qu'à l'instigation de la sœur de Protée, Eidothée, Ménélas, poussé par des vents contraires sur la côte d'Égypte, apprit de lui la route nouvelle qui devait le conduire à Troie : Virgile a popularisé ces traditions sur Protée, dans l'épisode d'Aristée, qui se trouve au quatrième livre des *Géorgiques*.

A part ces détails fabuleux, le nom de Protée appartient à l'histoire : c'est celui d'un roi de Memphis, renommé par la prudence de ses desseins et sa profondeur dans les sciences astronomiques. Cette connaissance et le caractère impénétrable de ce prince, dont les pensées secrètes déjouaient la sagacité des courtisans; de plus, sa puissance sur les mers, sont des faits qui expliquent suffisamment les attributs divins dont le gratifie la mythologie : c'est encore ce Protée qui passe pour avoir retenu en Égypte Hélène, qui avait débarqué avec Pâris, tandis qu'on se battait à Troie pour un fantôme.

L'excessive mutabilité du Protée de la fable est devenue proverbiale pour désigner ces caractères, ces esprits mobiles, qui ne cessent de s'offrir aux yeux sous des faces nouvelles. Byron a nommé Voltaire le *Protée du génie*, expression à la fois heureuse et juste. Souvent on compare les courtisans à Protée : comme lui ils savent au besoin modifier leur visage, ou en cacher l'expression sous un masque factice.

PROTÉE (Conchyliologie). Voyez CÔNE (Histoire naturelle).

PROTÉE (Zoologie), genre de reptiles de l'ordre des batraciens, dont on ne connaît encore qu'une seule espèce, le *proteus anguineus*, découverte dans un des lacs souterrains de Sittich, en basse Carniole, et depuis dans la grotte d'Adelsberg, entre Vienne et Trieste. Cet animal recherche l'obscurité. Il offre une certaine ressemblance avec les tritons; mais il est plus grand, car sa longueur est d'environ 30 centimètres. Ses pattes sont courtes et n'ont que trois doigts. La peau est d'une couleur jaune rosée, mais qui prend bientôt une teinte fuligineuse lorsqu'on expose l'animal à l'action de la lumière.

PROTÉES (*Infusoires*). Voyez AMIBES.

PROTÉLEIS. C'était la veille des noces, jour où les les Athéniens conduisaient la jeune épouse au temple de Minerve, et sacrifiaient pour elle à la déesse. La jeune fille y consacrait sa chevelure à Diane et aux Parques. Les prêtres immolaient un porc.

PROTESTANTISME, PROTESTANTS. Le mot *protestantisme* désigne en général une opposition à des idées, à des théories et à des faits qui, en apparence ou en réalité, blessent quelque vérité, quelque droit établi. Que si en matière de foi et de culte l'Écriture Sainte doit être la règle de toute foi et de toute vie, ce mot *protestantisme*, prenant alors une acception plus large, signifie la contradiction d'assertions qui ne sont pas confirmées par cette règle. Ce genre de protestantisme existait longtemps déjà avant la Réformation; mais ce ne fut qu'à l'occasion et par suite de cette révolution que le mot devint d'un usage général, après avoir commencé par être un terme de chancellerie employé dans les affaires de la diète de l'Empire. Comme la Réformation prétendait ramener toute doctrine sur le terrain de l'Écriture Sainte et constituer une société religieuse n'ayant pas d'autre base, il faut entendre par *protestantisme* les doctrines, uniquement fondées sur l'Écriture Sainte, d'une société religieuse publiquement établie, contredisant et niant, en opposition à l'Église catholique, tout enseignement qui ne s'accorde pas de la manière la plus positive avec l'Écriture Sainte, et pratiquant ouvertement le principe qu'elle proclame. Le protestantisme, d'ailleurs, ne croit pas être uniquement une *négation*. L'Écriture, sur laquelle il prétend s'appuyer, lui fournit son élément positif; et c'est pour cela qu'il se donne le surnom d'*évangélique*.

Le nom de *protestants* est pour la première fois mentionné par l'histoire à l'occasion de la seconde diète de l'Empire, tenue à Spire, en 1529, et où, le 19 avril, ceux des États de l'Empire qui avaient adopté la Réformation, et qui l'avaient introduite dans leurs territoires, *protestèrent* contre une décision de la diète rendue par les États catholiques et par le représentant de l'Empereur, qui était ainsi conçue : « Aucun État de l'Empire n'entreprendra dorénavant de changement en matières de doctrine ou de culte; aucun d'eux ne recueillera les sujets d'autres États; aucun d'eux n'abolira la messe. Au contraire, ceux des États qui se sont rattachés à la Réformation devront autoriser le rétablissement de la messe et ordonner à leurs prédicateurs de garder le silence au sujet des matières et des doctrines contestées, et n'employer et expliquer l'Écriture Sainte que de la manière dont elle a été jusqu'à présent interprétée par l'Église ». Les États évangéliques *protestèrent* contre cette décision, en déclarant qu'elle était le fait des États catholiques *seuls*, « qui ne pouvaient pas *seuls* et contre tout droit mettre à néant le récès de la première diète de Spire; qu'en matières de foi et de salut il ne pouvait être question de majorité ou de minorité; qu'il leur était dès lors impossible de reconnaître de décision de la diète allant en quelque matière que ce fût contre Dieu et sa sainte parole, contre le salut et la conscience; qu'en conséquence ils ne pouvaient non plus reconnaître le droit de juridiction de la diète en matières de religion, refuser asile et protection à leurs coreligionnaires persécutés, autoriser le rétablissement de la messe, interdire à leurs prédicateurs de combattre l'erreur en s'appuyant sur la parole de Dieu, et encore moins leur commander de n'expliquer l'Écriture que d'après l'enseignement traditionnel de l'Église, qui était erroné, purement humain ; que tout au contraire leur devoir était de tenir là à ce que la parole de Dieu fût enseignée et prêchée dans toute sa pureté d'après l'Écriture Sainte, qui est en cette matière l'autorité suprême, au lieu de laisser expliquer l'Écriture Sainte d'après une doctrine traditionnelle et purement humaine, tandis qu'il n'y a rien de plus sûr que la parole elle-même ». C'est depuis cette protestation des États évangéliques que leurs adversaires leur donnèrent la dénomination de *protestants*.

C'est également par voie de *protestation* que fut déterminée l'essence même du protestantisme, non pas une dogmatique, ou un formulaire de foi, mais une opinion ayant les bases suivantes: 1° l'Église catholique ne saurait être juge de l'Église protestante, qui ne relève point d'elle; 2° la Bible est autorité suprême, autorité supérieure à celle des conciles et des évêques; 3° la Bible ne doit pas être interprétée et appliquée d'après la tradition, mais d'après elle-même, d'après son texte et tout son ensemble. Telle fut la forme primitive et essentielle du *protestantisme évangélique*, et ces principes contenaient aussi bien la base de la réformation que sa justification; de là vient qu'ils ont constamment été maintenus par l'Église évangélique protestante. Plus tard on donna également le nom de *protestants* à tous ceux qui les adoptèrent, bien qu'ils n'eussent point à l'origine signé la protestation de Spire, et le mot *protestantisme* eut pour signification précise de désigner tous ceux qui en Suisse, en France, en Angleterre, en Écosse, en Hollande, etc., adhérèrent à ces principes posés par la Réformation, et de désigner aussi l'*Église réformée*.

La constitution de l'Église protestante varia tout d'abord, et il en devait être ainsi, puisque le Nouveau Testament est peu explicite à cet égard et qu'il est douteux que le peu qu'il contient doive être regardé comme une règle pour tous les âges futurs. Mais un point sur lequel tous les protestants sont d'accord, c'est que la puissance exécutive appartient au chef protestant de l'État, lequel ne saurait exercer la puissance législative sans la participation et l'assentiment de l'Église. Quant à la question de savoir jusqu'où doit aller cette participation, c'est là un point sur lequel la loi et la tradition varient suivant les pays.

[La réunion des Églises séparées de la communion romaine qui n'adoptèrent point les opinions de Luther furent en général nommées *Églises réformées*; celle de France eut pour véritable fondateur théorique Ulsic Zwingle, cet homme doué de tant de sens et de tant de zèle, qui consomma l'œuvre du génie de Luther, en poussant la réforme bien plus loin que lui, en jetant les bases d'une foi simple, morale et raisonnable, et en dégageant le culte de toute superstition, même poétique. L'esprit vaste, actif, organisateur de Calvin, vint étendre au loin l'œuvre de Zwingle. Établi irrévocablement à Genève depuis l'an 1541 jusqu'à sa mort, Calvin administra en quelque sorte la république de Genève, en même temps qu'il dirigea la vaste confédération protestante de l'Europe. Il constitua l'*Église réformée* en corps indépendant et législatif; il institua les synodes et les consistoires; en un mot, il fonda le genre particulier de gouvernement ecclésiastique démocratique qui a reçu le nom de *presbytérianisme*. Le trait caractéristique de ce système est que tous les ministres de Dieu sont égaux en rang et en autorité, et que les laïcs comme les pasteurs ont droit de jugement et de délibération en matières dogmatiques. Calvin adopta et étendit toutes les réformes de Luther; il simplifia les idées sur la communion et rejeta la présence réelle; enfin, il professa le dogme de la prédestination absolue et sans retour. Par ses efforts et ses pathétiques exhortations, les premiers protestants français, qui s'étaient contentés du titre vague de *luthériens*, se constituèrent en Église distincte, adoptèrent une confession de foi calviniste, et se réunirent pour la première fois en synode, à Paris, le 25 mai 1559, en présence même du procès du courageux conseiller Anne Dubourg. Le tableau des luttes sanglantes qu'ils eurent à soutenir contre un clergé dominateur, favorisé par les traditions d'une cour absolue, a déjà été tracé dans ce livre aux articles ÉDIT DE NANTES, HUGUENOTS, etc. Nous n'avons pas à y revenir.

Aujourd'hui les Églises *luthériennes* de France, principalement celles de la ci-devant province de l'Alsace et alentours, sont réglées par une autorité particulière sous la haute autorité d'un *directoire* ou *consistoire central*.

Sous le rapport de la doctrine, la croyance officielle et légale des *Églises réformées* de France est encore la *Confession de foi* de Calvin et la *Discipline ancienne*, adoptées par les synodes nationaux, et notamment par ceux de La Rochelle, en 1571. Mais ce n'est pas en vain que près de trois siècles ont jeté leurs lumières sur ces symboles des croyances du passé. Le calvinisme rigoureux n'est plus la foi de la majorité des Églises de France, ni celle des pasteurs, ni celle des fidèles; et la religion de l'Évangile pur, interprété par la libre raison de chacun, a remplacé les définitions scolastiques de ces intolérants formulaires. C'est assez dire que le rationalisme évangélique a gagné du terrain. Devant lui, et comme son antagoniste naturel, se dresse l'ancienne foi orthodoxe, qui, plus ou moins modifiée, a reçu le nom générique de *méthodisme*, qui tantôt fulmine dans le sein même des chaires de l'Église nationale, et y divise aigrement les esprits, et qui tantôt s'établit à côté d'elles sous forme de *chapelles dissidentes* pour la convertir et pour la miner. Des sociétés de pécheurs émérites et des congrégations de dévotes précieuses sont les missionnaires de ces mystiques entreprises. Mais il n'est pas douteux que l'Église réformée de France ne continue sa marche dans la voie du progrès, qui doit aboutir à une foi libérale et rationnelle.

Quant aux mœurs, les protestants français sont tellement mêlés et confondus aujourd'hui avec les autres citoyens que l'on tenterait en vain d'établir et de démontrer quelque différence tranchée entre eux et les Français du culte différent. L'abolition si tardive, mais cependant enfin si complète, des lois qui les traitaient en véritables parias d'une caste proscrite, ont fait tomber les haines populaires, et les principes de la tolérance et de l'égalité religieuse se sont établis d'une manière sans doute inébranlable dans les idées du pays. Toutefois, des intolérances locales se laissent apercevoir de temps à autre contre les protestants, comme pour nous faire douter que la raison publique, sur ce point comme sur tant d'autres, soit aussi avancée que le prétendent ses flatteurs. Cependant, les inhumations protestantes dans les cimetières communs, objet autrefois de tant d'horreur, se font maintenant avec recueillement au milieu de la foule découverte, et l'on ne comprend plus ce barbare fanatisme qui rejetait les cendres d'un Duquesne sur la terre étrangère. C'est qu'en général le peuple ne déteste plus ceux que les lois protègent; et les lumières d'un code sage finissent par dominer et pénétrer les masses. L'exclusion de tous les états avait forcé les protestants français à se vouer principalement au commerce; cet usage règne encore parmi eux : de là ces énormes fortunes d'industrie ou de banque, qui occupent nos principales places et qui sont possédées par des protestants. Aussi, on ne peut contester qu'une portion très-notable de la fortune publique, territoriale et surtout industrielle et financière, ne soit entre les mains des citoyens de ce culte. Tous montrent une grande affection pour les souvenirs héréditaires d'une foi si vivante encore après tant de violences et de spoliations; ceux même, et le nombre en est grand, qui négligent les pratiques de leur culte, braveraient des maux inouïs plutôt que d'en traître la profession; mais on remarque souvent chez eux, comme chez leurs compatriotes en général, une certaine tiédeur à soutenir de leurs fonds la dignité d'une Église riche à la fois de tant de souvenirs et de tant d'espérances. Dans cette Église, comme dans toutes les autres, parmi nous, il y a des gens qui doutent de la religion vaille quelques légères dépenses, des gens, en un mot, dont les intérêts matériels ont absorbé tout le cœur. Toutefois, dans les classes moyennes et agricoles des protestants français, le culte est suivi, la religion est respectée, et les ministres sont en honneur. On y voit cependant bien des personnes qui ne fréquentent les églises que dans les plus rares solennités de leur vie, et qui, après y avoir paru pour faire bénir leur mariage et baptiser leurs enfants, ne rappellent le ministre que lorsqu'ils vont mourir. Pour guérir ce fâcheux dédain des choses qui arrachent le plus l'homme à la poussière de cette vie, on devra de plus en plus rendre la foi protestante *rationnelle* et son culte *moral*. Sous ce double point de vue, il n'est point facile de décider quel est l'avenir de la foi réformée en France, et quelles mesures inévitables la marche des choses et les nouveaux besoins amèneront dans son organisation. Sa discipline est ruinée, et nuls règlements modernes n'ont remplacé des dispositions qui sont incompatibles avec nos mœurs. D'un autre côté, son dogme, flottant entre la notion du rationalisme et l'idée d'une révélation surnaturelle, n'est plus le calvinisme et n'est pas encore une philosophie mélangée de symboles poétiques pour le culte. Toute cette confusion doit s'évanouir, et il faudra bien un jour la rallier autour d'une bannière faite pour appeler à elle les cœurs froissés et irrésolus, et toutes ces nombreuses victimes que l'absence de foi consolante précipite aujourd'hui dans le désespoir du suicide. Il est d'autant plus urgent que le protestantisme aboutisse à une solution rationnelle, que le vague de la croyance entraîne nécessairement vers un abject matérialisme, et que l'anarchie des esprits engendre le désordre des cœurs. Alors les passions débordées marchent de front avec les *neuvaines* comme avec les *prêches*, et les dévots hypocrites déshonorent une croyance bien plus que les incrédules railleurs. Le grand danger des formes religieuses vagues et incertaines et des symboles sacramentaires d'une sainteté exagérée, c'est que l'on peut voir des âmes insensibles et corrompues cultiver la piété publique pour masquer leur vie, et venir ensuite tête levée dans les églises pour expier de honteux déréglements, qu'elles vont en quelque sorte offrir sur les autels. Qu'on y prenne garde, nos mœurs tendent vers l'hypocrisie dévote, et c'est une question fort douteuse si les dévots et dévotes qui se pressent dans les églises de tous les cultes aujourd'hui ont des habitudes plus loyales et des cœurs plus purs que s'ils n'y entraient jamais. Cet usage scandaleux, de tous le plus funeste, peut surtout se montrer dans les cultes de liberté, où le prêtre ne s'arroge point le droit d'interroger le pénitent, et où il lui donne tous les sacrements sans autre épreuve que les avertissements de sa conscience, comme si tous en avaient une. C'est là le plus grand abus qui puisse envahir une religion fondée sur le libre examen individuel, et aussi la plus grande nécessité de ce genre de croyance est de formuler avec précision sa morale et son dogme. Il est facile de voir que les efforts des hommes les plus intellectuels et les mieux intentionnés des Églises réformées françaises vont se diriger de plus en plus vers la solution de ces questions, qui forment notre œuvre, et qui décideront de l'avenir du protestantisme en France. Charles COQUEREL.]

PROTESTATION (de *testari pro*, être en témoignage de ...), témoignage public, déclaration publique que l'on fait de ses dispositions, de sa volonté : *protestation de fidélité au souverain*; promesse, assurance positive : *protestation d'amour, de fidélité.*

Protestation est aussi l'action de déclarer qu'on ne laisse faire une chose que parce qu'on ne peut pas l'empêcher; qu'on tient un acte pour nul, qu'on lui refuse son assentiment, qu'on entend se pourvoir contre. Les *protestations* qui sont faites contre un acte, contre un jugement, par celui à qui il est signifié, sont conservatoires de ses droits. Le défaut de protestations, au contraire, peut rendre non recevable à l'attaquer. En cas de perte d'une lettre de change par celui qui en est porteur, un acte de protestation de sa part, notifié aux tireurs et endosseurs, dans les formes et délais prescrits pour la notification de protêt, lui conserve tous ses droits.

PROTÊT, acte par lequel celui qui est porteur d'une lettre de change, ou d'un billet, fait constater le refus de les accepter ou de les payer, de la part de ceux sur qui la lettre de change a été tirée ou par qui le billet a été souscrit. Les protêts doivent être faits par deux notaires, ou par un notaire et deux témoins, ou par un huissier et deux témoins.

PROTHÈSE (en grec προθεσις, addition, venant de πρό, au lieu de, et de τίθημι, je place, je pose). On nomme ainsi dans l'art médical la branche de la thérapeutique qui a pour but de remplacer par une préparation artificielle un organe, une partie quelconque du corps qui a été enlevée en tout ou en partie, ou de cacher une difformité : ainsi, l'on fait une *prothèse* en posant un obturateur au palais, en plaçant une jambe de bois, un œil artificiel, etc. Quelques praticiens ont fait des établissements où ils se livrent exclusivement à cette partie de la thérapeutique chirurgicale, en corrigeant tant bien que mal les difformités, au moyen d'appareils *ad hoc.*

Les Grecs, en style liturgique, nomment *autel de prothèse* un petit autel sur lequel ils préparent tout ce qui est nécessaire pour la messe, le pain, le vin, les vases, etc., puis ils portent le tout en procession et avec beaucoup de respect sur l'autel principal où l'on doit célébrer.

PROTHORAX (du grec πρό, devant, θώραξ, thorax). *Voyez* CORSELET.

PROTOCOLE. Dans la langue du Palais on appelle ainsi un formulaire, un livre qui contient les modèles des actes publics. Les officiers ministériels, huissiers, notaires ont des *protocoles*. En termes de chancellerie on entend par *protocole* le formulaire contenant la manière dont les souverains, les princes et les chefs d'administration traitent, dans leurs lettres, ceux à qui ils écrivent. Dans la langue de la diplomatie on appelle *protocole* le registre où l'on inscrit les délibérations, les actes d'un congrès, d'une diète, d'une conférence. Les protocoles en devenant publics n'empruntent aucune forme solennelle ; ils gardent la même rédaction que sur les feuilles d'audience où ils étaient conservés. Ces procès-verbaux seuls portent le cachet des circonstances, et offrent le récit détaillé des propositions, des aveux, des réticences des plénipotentiaires entre eux.

PROTOGÈNE, peintre et statuaire, naquit à Caune, environ 350 ans avant J.-C., d'une famille pauvre et inconnue ; on ignore aussi quel fut son maître, mais on sait que le besoin lui fit contracter l'habitude d'une sobriété qu'il conserva toute sa vie. Protogène fut d'abord peintre de vaisseaux ; mais il faut se rappeler que les navires grecs étaient décorés magnifiquement. Savant et correct, délicat et plein d'énergie, notre artiste voulait exceller en tout, mais, cherchant toujours à perfectionner, mettait trop de temps à finir ses tableaux. Apelles l'avortit de cet excès. Cependant, il apprécia l'habileté de l'artiste, puisqu'il offrit 50 talents d'un de ses ouvrages, et fixa ainsi l'attention des Rhodiens sur la valeur des peintures de leur compatriote. Pline rapporte que Protogène fut sept années à faire son tableau représentant *Ialysus et la nymphe Rhodos* ; au bout de ce temps, la figure principale était la seule que l'auteur considérât comme terminée. C'est sans aucun doute une méprise de la part de Pline, qui raconte aussi que ce tableau fut peint quatre fois l'une sur l'autre, et que ce procédé fut imaginé par son auteur pour donner plus de durée à son ouvrage, parce que si le temps enlevait les couches supérieures on retrouverait alors celles de dessous. On doit également rejeter une autre anecdote aussi rapportée par Pline, qui prétend que Protogène, impatienté de ne pouvoir réussir à bien imiter la bave écumeuse du chien placé près d'Ialysus, jeta vivement sur son tableau l'éponge avec laquelle il nettoyait ses pinceaux : ce hasard lui fit obtenir un succès inespéré. Falconet, traducteur de Pline et malin critique, demande si Protogène, en refaisant quatre fois son tableau, lança aussi quatre fois son éponge avec le même succès.

On ne sait pas dans quel monument fut placé d'abord le *Ialysus* de Protogène ; mais Pline nous apprend qu'on l'a vu ce tableau dans le temple de la Paix à Rome. Un tableau également remarquable de ce peintre, et dont le sujet était tiré de l'*Odyssée*, représentait *Nausicaa conduisant un char traîné par des mules*. Il était placé dans le vestibule du temple de Minerve à Athènes, ainsi que celui de Paralus, inventeur des vaisseaux à trois rangs de rames. Protogène a peint aussi plusieurs sujets de l'histoire d'Alexandre, puis un *satyre* tenant une flûte, et désigné sous le nom d'*Anapaumenos*, parce que se virtuose aux pieds de bouc était représenté dans l'instant où il reprend haleine. Protogène était occupé de ce travail lorsque Démétrius de Phalère vint assiéger la ville de Rhodes ; mais, par égard pour l'auteur d'*Ialysus*, le quartier qu'il habitait fut épargné ; le prince alla le voir, et lui laissa une sauve-garde, ce qui fit dire à l'artiste : « Je vois que vous êtes venu pour faire la guerre aux Rhodiens, mais non aux beaux-arts. » Les autres peintures citées par Pline sont les portraits de Paralus, Cydippe, Tlépolème, Philiscus, poète grec, composant une tragédie, du roi Antigone, et de la mère d'Aristote. Protogène exécuta aussi en bronze quelques *figures* d'athlètes, de chasseurs et de sacrificateurs ; mais il paraît qu'elles n'existaient déjà plus du temps de Pline.

C'est à tort qu'on a paru douter du talent de Protogène ; aucun auteur ancien ne peut faire naître une semblable idée, tandis que Pausanias, Cicéron, Pline et Quintilien lui donnent beaucoup d'éloges ; Pétrone même va jusqu'à dire : « Je vis des tableaux de Protogène qui par leur vérité luttaient avec la nature, et je ne pus placer mon doigt sur ses figures sans éprouver un certain frémissement. »

DUCHESNE aîné.

PROTOGYNE. *Voyez* GRANIT.

PROTONOTAIRE, secrétaire des empereurs romains et des rois de France de la première race.

Dans le gouvernement papal on appelle *protonotaires* des officiers chargés d'écrire toutes les délibérations et les décisions des consistoires publics. Le *protonotaire* prend le titre de *pontificius notarius*. C'est une des premières charges du saint-siège. Le *collège des protonotaires participants* forme une corporation spéciale ; ils ont rang de prélat, ils en portent le costume et les insignes. Une partie des droits d'expédition à la chancellerie leur est affectée. Ils expédient dans les causes majeures les actes que les notaires apostoliques expédient dans les causes ordinaires. Eux seuls rédigent les procès-verbaux d'intronisation des papes. Ils assistent aux consistoires et aux canonisations. Les protonotaires furent institués par le pape Clément Ier, et eurent d'abord pour mission d'écrire la vie des martyrs.

Protonotaire est encore le titre d'un officier du patriarche de Constantinople.

PROTOXYDE (du grec πρῶτος, premier, et ὀξύς, acide). On désigne ainsi l'oxyde le moins oxydé de tous ceux que peut former une substance quelconque en se combinant avec l'oxygène. Il est synonyme d'*oxyde au minimum* (*voyez* NOMENCLATURE CHIMIQUE).

PROUDHON (PIERRE-JOSEPH), fameux sophiste contemporain et ancien représentant du peuple, qu'il ne faut pas confondre avec le savant jurisconsulte son homonyme, auteur du *Traité des Droits d'Usage et d'Usufruit*, est né le 15 janvier 1809, à Besançon, dans une pauvre famille d'ouvriers. Son père était tonnelier, et destinait naturellement son fils à suivre son état. Mais les dispositions et les facultés précoces de l'enfant n'échappèrent pas à quelques personnes bienveillantes, qui s'entremirent pour lui faire obtenir la permission de suivre gratuitement les classes du collège de sa ville natale ; et quoique manquant souvent des ressources les plus indispensables en livres, à cause de l'état de gêne de ses parents, il y obtint des succès brillants. Toutefois, il ne termina pas toutes les classes, et dut abandonner l'étude des humanités pour apprendre dans une imprimerie l'état de compositeur. Sa vive intelligence, ses connaissances déjà de beaucoup supérieures à celles des compositeurs ordinaires, furent bientôt remarquées par son patron, qui lui confia alors dans son officine les fonctions de correcteur, puis celles de prote. La révolution de Juillet surprit M. Proudhon dans cette position, modeste sans doute, mais qui lui permettait largement de suffire à tous ses besoins ; cet événement, en surexcitant ses aspirations ambitieuses, lui permit en même temps d'afficher non pas seulement des opinions sujets de la caste catholique et ses tendances, mais encore contre le christianisme lui-même, la haine qu'il leur avait vouée depuis longtemps, mais qu'il avait jugé prudent de dissimuler pendant tout le règne de la c o n g r é g a t i o n. Ce que voyant, le prêtre qui lui avait appris le catéchisme et qui lui avait fait faire sa première communion entreprit de reconquérir à Dieu cette brebis égarée. Pendant près d'une année il eut avec lui des conférences presque quotidiennes ; or, dans l'intervalle, notre cathécumène avait eu le temps de s'apercevoir que ses déclamations contre l'ordre politique, religieux et social existant en France venaient avant le temps et ne pouvaient encore le mener à grand' chose. Il feignit donc de revenir à résipiscence, se montra dès lors infiniment plus réservé, et à ce prix il se fit des amis et protecteurs.

En 1837 on l'associa à la direction d'un grand établissement typographique qui se fondait à Besançon. C'est aussi vers cette époque qu'à l'occasion du concours ouvert pour la collation d'une pension de 1,500 fr. fondée par Suard en faveur de sa ville natale, et destinée à être servie pendant trois années consécutives à un jeune homme de Besançon annonçant des dispositions pour les lettres, il adressa à l'Académie de cette ville un ouvrage intitulé : *Éléments primitifs des Langues*, écrit sans le rapport des tendances religieuses au point de vue le plus catholique, et qui obtint le prix proposé. M. Proudhon partit alors pour Paris, et employa dans la grande ville les trois années de subvention de la fondation à des travaux aussi sérieux qu'assidus. De retour à Besançon, en 1840, il ne tarda pas à faire paraître son livre : *De la Célébration du dimanche*, conçu dans l'esprit le plus démocratique, et où l'observation du jour du Seigneur est recommandée comme par précepte d'hygiène, puis sa fameuse brochure : *Qu'est-ce que la propriété?* où il conclut, en réponse à cette question, que *la propriété c'est le vol*; sophisme audacieux sans doute, mais dont l'idée première ne lui appartient pourtant pas, car on la trouve déjà indiquée dans les *Recherches sur le droit de propriété et le vol*, publiées soixante ans auparavant par Brissot-Warville. Cette dissertation, comme la précédente, était dédiée à l'Académie de Besançon, qui cette fois vit avec raison une insulte dans cet ironique hommage de son lauréat et fit condamner l'auteur à le supprimer de son œuvre. Un moment aussi le pouvoir eut la pensée de faire poursuivre l'auteur de ce pamphlet incendiaire ; puis, sur le rapport de Blanqui, de l'Institut, il y renonça. Mais alors il voulut prendre à ses gages l'habile sophiste qui l'avait tant ému, et lui offrit à son choix une chaire d'histoire ou d'économie politique. M. Proudhon refusa superbement. En déclarant la guerre à l'ordre social et à la religion, en se posant en ennemi personnel de Dieu (1), il avait calculé qu'il attirerait tout de suite l'attention publique sur son individualité, jusque alors si obscure et si inconnue hors de Besançon. A partir de ce moment en effet il se trouva passé à l'état de célébrité incontestée; et en 1842 il obtenait même les honneurs, alors tant recherchés, d'une citation en cour d'assises pour avoir lancé contre la propriété, sous le titre d'*Avertissement aux Propriétaires : lettre à M. Considérant*. Chose curieuse, et qui peint bien l'état des esprits à ce moment sous le règne de Louis-Philippe : le jury, composé de propriétaires ou d'industriels, ayant tous un intérêt direct au maintien de la propriété, rendit un verdict de non-culpabilité contre l'homme qui s'attaquait aux bases mêmes de cette institution avec une audace jusque alors sans exemple, et secondée par la dialectique la plus acérée.

Sur la recommandation d'un membre de la chambre de commerce de Besançon, M. Proudhon obtint quelque temps après la très-lucrative direction d'une entreprise de transports par eau sur la Saône et sur le Rhône, dont le siège était à Lyon. Tout en s'acquittant avec autant d'intelligence que d'activité de ses nouvelles fonctions, notre publiciste trouva encore le temps d'écrire différents ouvrages de philosophie sociale et d'économie politique, tels que : *De la concurrence entre les chemins de fer et les voies navigables; De la création de l'ordre dans l'humanité; Organisation du crédit; Système des contradictions économiques, ou philosophie de la misère* (2 vol,. Paris, 1846 ; 2ᵉ édit.

(1) Voici en quels termes le malheureux insulte à la Divinité : « Dieu imbécile, ton règne est fini ; cherche parmi les bêtes d'autres victimes..... Maintenant te voilà détrôné et brisé. Ton nom , si longtemps le dernier mot du savant, la sanction du juge, la force du prince, l'espoir du pauvre, le refuge de l'innocent, ce nom, voué désormais au mépris et à l'anathème, sera sifflé parmi les hommes; car Dieu, c'est sottise et lâcheté; Dieu, c'est hypocrisie et mensonge; Dieu, c'est tyrannie et misère; *Dieu, c'est le mal!* »

Nous dédaignons d'en appeler à la conscience du genre humain pour faire justice de ces odieux blasphèmes.

1849). Dans ce dernier livre il continuait sa guerre à la propriété ; mais en passant il y disait aussi leur fait aux communistes, aux fouriéristes, aux démocrates, aux républicains de toutes couleurs, qui dans les dernières années du règne de Louis-Philippe offraient chacun à l'envi et avec tant d'intrépide assurance leur infaillible panacée pour faire le bonheur de la France en particulier et de l'humanité en général. L'orgueil, un orgueil farouche, implacable, est, comme on sait, le vice dominant de tous les réformateurs sociaux. Les uns et les autres prirent donc en fort mauvaise part les observations critiques dont ils étaient l'objet, et s'entendirent fraternellement pour parler le moins possible du sectaire audacieux qui élevait une voix discordante dans ce concert d'admirations mutuelles qu'ils faisaient incessamment entendre au pays. M. Proudhon, le socialiste émérite, fut compris avec M. Granier de Cassagnac, l'avocat insolent et provocateur du ministère Guizot, dans la fameuse *conspiration du silence*. En vain il se décida, en 1846, à venir s'établir à Paris, dans l'espoir de forcer les meneurs de l'opinion de compter avec lui et de lui laisser prendre sa place au soleil de la popularité. Rien n'y fit ; et quand 1848 arriva, son nom était encore complètement inconnu des masses. Alors, pour regagner en un clin d'œil tout le temps perdu en efforts inutiles, il lui suffit de revendiquer la paternité du fameux axiome : *La propriété, c'est le vol!* pour compter aussitôt une immense clientèle. Son nom ne sortit point, il est vrai, de l'urne lors des premières élections pour la Constituante ; mais à la suite des élections nouvelles, qui eurent lieu au commencement de juin pour combler les vides produits dans l'Assemblée par l'annulation d'un certain nombre de doubles élections, il fut nommé représentant du peuple à Paris, et réunit plus de 77,000 suffrages. C'est que depuis le 1ᵉʳ avril il publiait un journal appelé *Le Représentant du Peuple*, dont il se vendit jusqu'à 70,000 exemplaires par jour et dont les collections complètes (108 numéros), très-recherchées des collectionneurs, atteignent aujourd'hui dans les ventes publiques un prix fort élevé. Deux fois suspendue par mesure de sûreté générale, cette feuille incendiaire fut supprimée par le général Cavaignac en vertu de la puissance dictatoriale dont l'Assemblée l'avait investi. Quelques jours après M. Proudhon la ressuscitait sous le titre de *Le Peuple*, et la circulation de ce nouveau brûlot ne fut pas moindre dans les masses. Pour donner un commencement de réalisation aux idées socialistes qu'il y prêchait en matière d'économie politique, il fonda la *Banque du Peuple*, institution de crédit qui devait fonctionner sans capitaux , par la voie du simple échange et au moyen de papier-monnaie. La *Banque du Peuple* émit effectivement quelques billets ; mais M. Proudhon profita de sa condamnation à la prison, que lui valut un article de son journal, pour mettre en liquidation cette entreprise, tout en restant d'ailleurs inébranlablement convaincu de l'infaillibilité de son système pour supprimer à tout jamais parmi les hommes l'influence de cet *infâme capital*. Remarquons en passant que l'idée de se passer de numéraire dans les transactions et de ramener le commerce à ne plus être qu'un simple échange comme dans les temps primitifs, n'a rien de nouveau, et qu'à cet égard M. Proudhon ne peut pas s'attribuer le mérite de la priorité. En 1832, pour ne pas remonter plus haut, d'autres utopistes, pourvus, comme dirait Rabelais, d'une *langue tout aussi bien pendue* que notre réformateur franc-comtois, avaient fondé à Paris même une banque d'échange, dont l'insuccès avait été identique. Depuis, cette idée a été reprise en sous-œuvre et modifiée, à Marseille ; et cette fois elle semble avoir mieux réussi, puisque le *comptoir d'échange* qu'on a pu être transféré à Paris, où au moment où nous écrivons il continue de faire *flores*, mais appuyé dans ses opérations, à la différence de la *Banque du Peuple*, sur un capital très-respectable.

M. Proudhon avait trop d'indépendance de caractère et trop de talent réel pour ne pas être l'objet de grandes défiances et de vives répulsions de la part des meneurs bavards autant qu'impuissants de la démagogie. Sur la Montagne, où il avait dû planter son drapeau, il resta complètement isolé; et il s'en vengea en faisant bonne justice des hâbleries des eunuques politiques qui prétendaient alors gouverner la France. Regardé comme le plus dangereux des dissolvants du grand parti démocratique, la querelle entre lui et ses collègues montagnards s'envenima à tel point, qu'un beau jour, dans les couloirs de l'Assemblée, ce fut à coups de poing qu'il lui fallut retorquer les arguments par trop pressants d'un adversaire. L'élection du 10 décembre 1848 fit comprendre au parti le besoin de l'union; et dès lors chacun laissa M. Proudhon libre d'attaquer à sa guise l'ennemi commun, Louis-Napoléon, à qui *Le Peuple* continua jusqu'au dernier jour de son existence à prodiguer les outrages et la calomnie. Condamné en mars 1849 pour ce fait à trois années d'emprisonnement et à trois mille francs d'amende, M. Proudhon essaya d'abord de se soustraire à l'effet de cette condamnation en se réfugiant en Suisse; mais il fut arrêté le 5 juin, envoyé d'abord à Doullens, puis ramené bientôt à Sainte-Pélagie. C'est là, pendant qu'il subissait sa peine, qu'il obtint la permission de se marier dans la chapelle de la prison, avec la fille d'un légitimiste, connu par la part qu'il avait prise en 1832 au fameux complot de la rue des Prouvaires. Il y écrivit ses *Confessions d'un Révolutionnaire* et son *Idée générale de la révolution au dix-neuvième siècle*; et comme il sortait de prison sur parole aussi souvent que l'exigeait le soin de ses affaires particulières, les ménagements bienveillants dont il était l'objet de la part de M. Carlier, préfet de police, autorisèrent ses co-détenus à le calomnier en le présentant comme un faux frère. Rendu à la liberté le 4 juin 1852, il publia peu de temps après, avec l'autorisation préalable de la police, un livre qui fit alors grand bruit, et qui a pour titre : *La Révolution sociale démontrée par le coup d'État du 2 décembre 1851*. Plus tard il fit encore paraître une *Exposition des principes de l'organisation sociale* (Paris, 1853), ouvrage dédié à l'empereur. On a aussi de lui un *Manuel des opérations de bourse*, espèce de vade-mecum de l'agioteur, qui en est arrivé à sa cinquième édition, publié d'abord sous le voile de l'anonyme, et auquel il a fini par attacher bravement son nom.

M. Proudhon est un des contemporains les plus difficiles à apprécier avec une complète justice et une stricte impartialité. Logicien toujours subtil et parfois entraînant, tout est contradiction dans ses écrits et ses idées, de même que sa conduite privée en est la réprobation formelle. Irréprochable dans ses mœurs, il se pose en ennemi de Dieu. Il soutient que la morale n'est qu'une affaire de convenance, que toutes les religions, tous les cultes, sont des inventions humaines à l'usage de l'enfance de l'humanité; et il se marie à l'église, et il fait baptiser ses enfants! Tous ceux qui ont pu le voir dans son intérieur s'accordent à le représenter comme le meilleur des époux et des pères, après avoir été le meilleur des fils : car dès qu'il a pu subvenir à ses besoins, il n'a pas cessé un seul instant de faire des produits de son travail deux parts égales, dont l'une a toujours été religieusement adressée à sa famille. On cite de lui une foule de traits qui font honneur à son cœur et à son caractère; et c'est pourtant le même homme qui a écrit les horribles phrases que nous avons citées plus haut. Quant à l'homme politique, la difficulté n'est pas moindre si on veut se rendre bien compte de son système, tant ses idées sont confuses et contradictoires. A cet égard il peut se résumer ainsi : La légitimité doit se réduire à un simple contrat de citoyen à citoyen, après discussion préalable et réciproque, mais susceptible à l'infini de modifications suivant l'objet qu'ont en vue les parties contractantes, et toujours résiliable à volonté. Le gouvernement, au lieu d'être l'autorité, le pouvoir public, etc., ne représente que le rapport de tous les intérêts, d'où découlent la liberté du travail, la liberté du commerce, la liberté d'enseignement et la gratuité du crédit; il n'a par conséquent qu'une valeur idéale, tout comme les billets de banque. Jusque ici le lecteur ébloui, par les artifices d'une phraséologie toute spéciale et par l'éloquence passionnée du rhéteur qui l'emploie, cherche vainement à deviner où l'auteur veut l'amener. La lumière ne se fait pour lui que lorsqu'il l'entend ajouter, en forme de conclusion, que *l'anarchie*, dans le sens propre du mot, c'est-à-dire l'absence complète de toute autorité, constitue l'idéal d'une république où chacun stipule pour ses propres intérêts. De pareils sophismes ne seraient certes pas bien dangereux, et celui qui les débite n'était pas un écrivain rompu à toutes les subtilités de la dialectique la plus captieuse, habile entre tous à signaler les vices inhérents à toute organisation sociale, doué en outre d'un style brillant et énergique, et évidemment mécontent de la position que le sort lui a faite dans une société qu'il voudrait bouleverser à tout prix, dût-il, nouvel Érostrate, périr le premier au milieu des ruines qu'il aura amoncelées autour de lui.

PROUESSE. *Voyez* **PREUX.**

PROUST, chimiste français, né en 1755, à Angers, était le fils d'un pharmacien. Il obtint au concours la place de pharmacien de la Salpêtrière; puis il accepta les offres du roi d'Espagne, et alla se fixer à Madrid. Ruiné par la guerre d'Espagne, il revint en France, et Louis XVIII lui fit une pension. En 1816 il fut nommé membre de l'Académie des Sciences, et mourut à Paris en 1826. On lui doit de nombreuses découvertes. Il réussit à faire triompher, malgré l'opposition de Berthollet, ce principe chimique que les corps en se combinant s'unissent en proportions fixes. Il a publié différents mémoires dans les recueils scientifiques. On cite surtout ses travaux sur les sulfures et les hydrates.

PROUVAIRES (Conspiration de la rue des). A la fin de 1831, les légitimistes, qui déjà comptaient sur une prise d'armes dans la Vendée et sur un soulèvement dans le midi, cherchèrent à se former un appui dans la capitale. Quelques secours distribués au nom de la duchesse de Berry à des ouvriers sans travail et à d'anciens serviteurs de la royauté proscrite, fournirent l'idée d'une conspiration. Un médecin prit l'initiative; sa profession le mettait en rapport avec beaucoup de mécontents et de malheureux : il essaya sur eux la domination des bienfaits; et quand il vit tout ce qu'on pouvait obtenir par ce moyen, il s'en ouvrit à quelques amis. Un plan fut arrêté, des chefs furent désignés pour chaque arrondissement. Chaque chef se mit en relation avec quatre commandants, qui avaient sous leurs ordres des brigades de dix hommes, et tout membre d'une brigade dut enrôler des conspirateurs secondaires prêts à le suivre, sans savoir où on les menait. Une caisse se forma du produit de diverses souscriptions et de sommes assez considérables apportées d'Italie par un agent de la duchesse de Berry. Bientôt commença un vaste système d'embauchage, et les affidés devinrent très-nombreux. On y trouvait des officiers et sous-officiers de la garde royale, d'anciens employés de la liste civile, quelques anciens serviteurs encore en fonctions, quelques soldats d'un régiment de ligne et d'un régiment de dragons. Des propositions furent faites à Châteaubriand, qui les repoussa. Un maréchal de France et quatre maréchaux de camp promirent leur concours, un général bonapartiste même y entra, dans l'espoir d'en appeler au peuple après le renversement du pouvoir alors établi. Un bottier, nommé Louis Poncelet, irrité des suites d'une révolution dont le peuple avait si peu profité, devint l'âme de la conspiration, et il était maintenant prêt à se battre pour la légitimité qu'il avait combattue en 1830.

La nuit du 1er au 2 février 1832 fut choisie pour mettre le complot à exécution. Cette nuit-là un grand bal devait être donné au château des Tuileries. Les conjurés comptaient des complices jusque dans la domesticité du château; ils étaient en possession de cinq clefs ouvrant les grilles du jardin des Tuileries, et l'entrée du Louvre leur était promise. Il fut donc convenu que dans la nuit désignée les uns se réuniraient par détachements sur divers points de la capitale, pour partir de là à un signal convenu et marcher vers les Tuileries, tandis que d'autres, pénétrant dans le Louvre, suivraient la galerie des tableaux et feraient irruption dans la salle de bal, où, grâce au désordre d'une attaque imprévue, on espérait s'emparer de la famille royale. Poncelet fut chargé de la prise du Louvre. Mais une intrigue s'était ourdie dans le sein même du complot, à propos du chef supérieur à lui donner; et l'unité de direction disparut. Un marché de fusils avait été convenu par Poncelet avec un certain Dermenon. Le 1er février Poncelet, retenu dans un conciliabule de conjurés qui voulaient faire retarder l'exécution du complot, manqua le rendez-vous qu'il avait avec Dermenon. Celui-ci, inquiet, craignant d'avoir eu affaire à un espion, se décida à prévenir le préfet de police. M. Gisquet, qui avait déjà été dupe de faux avis, tant le secret de la conspiration avait été jusque là bien gardé par les principaux personnages, se montra d'abord fort incrédule.

Cependant l'heure fatale arriva. Les diverses brigades se réunirent, comme il avait été convenu, dans leurs quartiers respectifs; elles comprenaient de 2,500 à 3,000 hommes. Poncelet s'était rendu chez un restaurateur de la rue des Prouvaires, et lui avait commandé un repas de deux cents couverts pour la nuit, en lui remettant un billet de 1,000 francs. Les ordres, contrecarrés par les conjurés dissidents, s'exécutaient mal. Pourtant, à onze heures du soir, une centaine de conspirateurs étaient rassemblés rue des Prouvaires. La réunion comptait des hommes déterminés; des factionnaires veillaient aux portes. Mais la police avait eu des renseignements plus précis; elle savait que Dermenon avait reçu 6,000 francs. M. Gisquet lui donna l'ordre de livrer quelques armes. En effet, vers minuit et demi, un fiacre apporta dix-sept fusils chez le restaurateur de la rue des Prouvaires. Ces armes furent distribuées; Poncelet montra deux pistolets à sa ceinture. On approchait du moment décisif, lorsque la rue des Prouvaires s'emplit de sergents de ville et de gardes municipaux. La maison du restaurateur fut envahie. Poncelet s'avança, et voyant un sergent de ville porter la main sur la garde de son épée, il le tua d'un coup de pistolet. Ses complices ne purent faire usage de leurs fusils, qui étaient la plupart en mauvais état. Cependant quatre agents ou gardes municipaux furent blessés. Un des conjurés tomba percé d'un coup de baïonnette, les autres furent arrêtés. Poncelet parvint d'abord à se soustraire aux recherches de la police; mais on finit par le trouver caché dans une cheminée. Lorsqu'on le fouilla au dépôt, il avait encore sur lui 140 francs en argent et 7,000 francs en billets de banque dans la doublure de ses bottes. Les groupes répandus dans Paris se dispersèrent, soit par suite de contre-ordre reçu, soit par impatience ou fatigue; d'autres se retirèrent à la vue des gardes municipaux qui se montraient sur tous les points dans Paris. Les voitures qui circulèrent cette nuit dans la capitale furent visitées par ordre de la police, et on arrêta beaucoup de monde.

Le lendemain la ville fut étonnée de ce qui s'était passé, et l'on regarda généralement cette conspiration comme une folle entreprise. Néanmoins, le 25 juillet cinquante-et-un accusés parurent en cour d'assises; leur attitude fut en général énergique. Poncelet se fit remarquer par la loyauté de ses réponses et son habileté à ne pas compromettre ses complices, sans chercher à se ménager lui-même. Vingt-quatre prévenus furent acquittés. Poncelet et cinq autres accusés furent condamnés à la déportation; douze furent condamnés à cinq ans de détention; quatre, entre autres M. Charbonnier de la Guesnerie, dont la complicité n'était pourtant démontrée que par des témoignages peu honorables, furent condamnés à deux années d'emprisonnement; cinq, enfin, à une année de la même peine. Envoyé au mont Saint-Michel, Poncelet se fit remarquer en 1834 dans l'incendie de cette prison, et fut gracié à cette occasion.

L. LOUVET.

PROVÉDITEUR, qualification attachée autrefois, à Venise, à certaines fonctions publiques. Au temps où cette ville était à bon droit surnommée la reine de l'Adriatique, on y comptait deux provéditeurs différents : le *provéditeur commun*, espèce de magistrat dont les fonctions tenaient de celles des édiles chez les Romains et de celles de nos lieutenants de police; et le *provéditeur général de mer*, officier dont l'autorité s'étendait sur la flotte en l'absence du général. Sa charge, à laquelle étaient attachées en même temps les fonctions de trésorier de la marine, ne durait que deux ans.

Le titre de *provéditeur* est encore donné aujourd'hui dans certaines localités de l'Italie à des directeurs de douane et à des magistrats de police.

PROVENÇALES (Langue et littérature). De toutes les langues romanes le provençal est celle qui fut formée le plus tôt et qui se rapproche le plus et avec le plus de pureté de leur source commune, la langue latine populaire. Cette langue, dont le midi de la France jusqu'à la Loire et une partie du nord-est de l'Espagne forment le domaine, avait été nommée *langue d'oc*, à cause de sa formule affirmative oc (dérivée du latin *hoc*), ou encore *langue occitanienne*, pour la distinguer de la *langue d'oui*, parlée au nord de la France. Mais elle reçut ensuite le nom de *langue provençale*, de la Provence, où elle avait été cultivée littérairement pour la première fois; et du pays où elle était parlée le plus de pureté, le Limousin, celui de *langue limousine*. En Espagne, on la retrouve dans le dialecte catalan et dans celui de Valence. A l'origine le provençal différait peu du français du nord de la France. La différence ne se produisit guère que du onzième au douzième siècle, époque où la langue de la France septentrionale commença à polir ses formes de plus en plus. Outre ses éléments romains, le provençal contient surtout un grand nombre d'éléments grecs et germains. Les monuments les plus anciens de la langue provençale remontent jusqu'à l'année 960 ; ce sont quelques phrases disséminées dans des chartes rédigées en latin. M. Mary Lafon les a recueillis dans son *Tableau historique et littéraire de la langue parlée dans le midi de la France et connue sous le nom de langue provençale* (Paris, 1842). Le premier ouvrage formant un tout est un fragment de 257 vers d'un poème sur Boèce, datant du dixième siècle et publié pour la première fois par Raynouard. L'époque du plus complet développement de la langue provençale est le onzième et le douzième siècle, où elle fut dans le midi de la France l'organe de la poésie de cour, de la poésie des troubadours. On a des grammaires provençales datant déjà du treizième siècle. M. Guessard les a publiées sous le titre de *Grammaires Romanes inédites du treizième siècle* (Paris, 1840). Les auteurs contemporains qui se sont surtout occupés de cette ancienne langue provençale littéraire sont : Raynouard (*Choix des Poésies originales des Troubadours et Lexique Roman*); Diez (dans sa *Poésie des Troubadours* [traduit en français avec additions par Roisin, Paris, 1845] et dans sa *Grammaire des Langues Romanes* [en allemand]), et Fauriel (*Histoire de la Poésie Provençale* [3 vol., Paris, 1846]). Mandet, dans son *Histoire de la Langue Romane* (Paris, 1840), n'a fait que répéter des choses déjà connues. Quant à l'*Histoire des Langues Romanes et de leur Littérature* (3 vol., Paris, 1841), de Bruce-Whyte, elle est remplie d'hypothèses insoutenables. Mais la poésie des troubadours dut dès la fin du treizième siècle dégénérer avec l'esprit de la chevalerie, auquel elle se rattachait si étroitement; et les efforts faits par quelques poètes de Toulouse pour lui donner de la vie furent inutiles (*voyez* JEUX FLORAUX). Vers la fin du quatorzième siècle cessa donc en France la culture indépendante et réellement littéraire de la langue provençale; et la prépondérance du français du nord réduisit peu à peu à l'état de dialecte le provençal, qui n'en conserva pas moins un grand nombre de ses caractères propres et qui a continué d'être jusqu'à nos jours l'objet de nombreux travaux. En effet, la poésie des troubadours avait été précédée par une poésie populaire, qu'on cultiva en même temps que celle des jongleurs, encore bien que ceux-ci fussent souvent au service des poëtes de cour ou des seigneurs, d'où le nom de *ministeriales*, qu'on leur donnait, et dont on a fait *ménestrels*, mais qui n'en continuaient pas moins, comme poëtes et comme conteurs, à exercer leur art devant le peuple. Souvent même il arriva aux poëtes de cour de s'abaisser jusqu'à composer des poésies populaires, telles que des pastorales, des sérénades du matin et du soir, etc. La littérature provençale, par suite de la disparition des troubadours, ayant cessé de produire par elle-même, et la langue provençale ayant fini par dégénérer en patois, il ne subsista plus de poésie provençale que dans la bouche des poëtes populaires composant, par exemple, des *Noels*, des *Farsas*, etc. (Consultez *Notices et extraits de quelques ouvrages écrits en patois du midi de la France* [Paris, 1840]). On a même vu dans les temps modernes reparaître de véritables poëtes employant l'idiome provençal, tels que Godolin, Cyprien Despourrins (né en 1698), et de nos jours le célèbre Jasmin. Consultez Cabrié, *Le Troubadour moderne* (Paris, 1844). Aujourd'hui encore le dialecte provençal l'emporte sur la langue française pour la plénitude des sons et la richesse des formes, et il a le même avantage en ce qui est de l'harmonie sur le catalan, qui a pourtant avec lui tant d'affinité. Consultez Schnakenbourg, *Tableau des Idiomes populaires de la France* (Berlin, 1840); Pierquin de Gembloux, *Histoire littéraire, philologique et bibliographique des Patois* (Paris, 1841).

PROVENCE, ancienne province de France, dont la capitale était Aix, les villes principales Sisteron, Forcalquier, Manosque, Apt, Villars, Digne, Seyne, Senez, Castellane, Barresme, Colmars, Barcelonette, Ricz, Moustiers, Glandève, Entrevaux, Guilleaumes, Arles, Salon, Tarascon, Lambesc, Brignoles, Saint-Maximin, Marseille, Les Martigues, La Ciotat, La Sainte-Baume, Toulon, Hyères, Fréjus, Lorgues, Draguignan, Bargemont, Saint-Tropez, Grasse, Antibes, Vence, Saint-Paul. Sa superficie est d'environ 2,128,107 hectares. Elle était divisée en *haute* et *basse* Provence. Son territoire est aujourd'hui réparti entre les départements des Basses-Alpes, des Hautes-Alpes, des Bouches-du-Rhône, de la Drôme, du Var et de Vaucluse.

La Provence était bornée au nord par le Dauphiné, à l'est par les Alpes et le Var, qui la séparaient de la Savoie et du comté de Nice, au sud par la Méditerranée, à l'ouest par le Rhône, qui servait de limite entre elle et le Languedoc. La Provence était une des douze gouvernements de la France. Il y avait en Provence douze évêchés et deux archevêchés. C'était un *pays d'états*.

Cette province était une des plus remarquables du royaume, par son climat, par ses productions variées, par son beau ciel, par le génie et la vivacité de ses habitants. L'oranger, le citronnier, les figuiers, les oliviers, y produisent les fruits délicieux.

Les Romains appelaient *Provincia Gallica*, en opposition à la Gaule libre, la partie de la Gaule Transpadane dont ils s'emparèrent pour la première fois vers l'an 120 av. J.-C., et qui comprenait ce qu'on appelle aujourd'hui la *Provence*, le *Dauphiné* et le *Languedoc*. Quand les victoires de César eurent aussi transformé le reste de la Gaule en province romaine, la dénomination de *Provincia* resta spécialement affectée à la partie du territoire gaulois, lors du nouveau partage de la Gaule effectué à ce moment, reçut le nom de *Gallia Narbonensis*. L'une des petites provinces entre lesquelles la Gaule Narbonaise se divisa au quatrième siècle, la *Narbonensis Prima* ou *Septimania*, comprenant la plus grande partie du Languedoc, fut conquise dans la première partie du cinquième siècle par les Visigoths, en même temps que le territoire s'étendant depuis le lac de Genève jusqu'à la Durance, le Dauphiné actuel, tombait au pouvoir des Bourguignons; de telle sorte que les possessions romaines ainsi que le nom de *Provincia* se trouvèrent désormais limités au pays situé entre la Durance et la Méditerranée. Ce nom resta en propre à ce territoire, quoique avec une acception moins restreinte plus tard, lorsqu'il se fut transformé dans la langue romane en *Provence*; et le nom de *Provençaux* fut alors employé pour désigner les habitants de tout le midi de la France. Ce dernier débris de l'ancienne *Provincia* ne tarda point à être aussi enlevé aux Romains, vers l'an 470, par le roi des Visigoths Enric, qui fixa sa résidence à Arles. En 507, sous Théodore le Grand, la Provence devint partie de l'empire des Ostrogoths, en raison de l'appui qu'il prêta aux Visigoths contre les Francs. Mais dès l'an 536 le roi des Ostrogoths Vitigès la cédait au roi franc Théodebert; après quoi elle fut réunie à l'empire des Francs. Lors du partage qui eut lieu entre les fils de Louis le Débonnaire, la Provence fut attribuée à Lothaire Ier, puis à Charles le Chauve. A la mort de Louis le Bègue elle devint, en l'an 879, partie intégrante du *royaume de Bourgogne*, ou d'Arles.

Mais les comtes d'Arles, qui possédaient la plus gande partie de la Provence, et prenaient en conséquence le titre de *comtes de Provence*, ne dépendirent que très-faiblement de ces rois. Leur descendance mâle étant venue à s'éteindre, en 1100, le pays passa par héritage à Raymond IV de Barcelone. Aux termes d'un traité conclu en 1325, le sol du royaume d'Arles, ou de l'Arélat, se trouva divisé entre le comte de Toulouse et celui de Barcelone de telle façon que le premier eut les comtés de Valence, de Die, d'Orange et de Venaissin, et le second la Provence proprement dite, ou le comté d'Arles, dont Nice fit partie jusqu'en 1265, et le comté de Forcalquier (composé du territoire situé immédiatement au nord et à l'ouest de la Durance). En 1162 ce pays échut à Alphonse II, descendant de la ligne des comtes de Barcelone qui, en 1137, avait obtenu la couronne d'Aragon. Il le laissa à son fils, nommé comme lui; et la ligne mâle des comtes de Barcelone s'éteignit en la personne du fils de celui-ci, Raymond Bérenger. C'est sous cette dynastie, et grâce à sa protection éclairée, que la poésie provençale avait brillé d'un si vif éclat. Béatrice, fille de Raymond IV, apporta la Provence, en 1254, à son époux, Charles d'Anjou, frère de saint Louis, qui plus tard devint roi de Sicile. La Provence demeura dans la possession de sa maison jusqu'à la reine de Naples Jeanne, qui, en 1382, institua pour héritier Louis d'Anjou, frère du roi de France Charles V. Charles IV, son dernier descendant, transmit par héritage la Provence au roi de France Louis XI. Consultez: Papon, *Histoire générale de la Provence* (Paris, 1777-1786); Bouché, *Essai sur l'Histoire de Provence* (Marseille, 1785); Merry, *Histoire de Provence* (Paris, 1830); Garcin, *Dictionnaire historique et topographique de la Provence ancienne et moderne* (Draguignan, 1833).

PROVERBE. C'est, dans le sens le plus large, toute phrase ou expression qui s'adressant à tous, par sa forme comme par son contenu, a trouvé une application et une valeur ayant généralement cours dans un pays. Dans un sens particulier et plus restreint le proverbe est une phrase qui exprime une doctrine ou un avertissement moral conçu d'une manière brève, mais pariant aux sens, dans une forme se rattachant à un point de vue particulier. C'est là ce qui différencie le proverbe de la sentence, qui a tant d'affinité avec lui, qui contient également une doctrine ou un avertissement moral conçu de la manière plus brève, mais généralement compréhensible, et n'exprimant d'ordinaire qu'une parole de l'intelligence. Aussi la sentence, quand elle revêt la forme poétique, appartient-elle à la lyrique didactique, et tandis que le proverbe se rattache à l'épopée didactique, et tout d'abord à la fable ancienne d'où il provient assez souvent. La sentence dira: « L'abondance engendre la satiété », et le proverbe: « Quand la souris est rassasiée, le grain de blé lui semble amer. » Quoique épique par son caractère, le proverbe parle rarement au passé, mais ordinairement au présent; et cela parce qu'il doit être un avertissement moral, non pas applicable à un cas particulier, mais s'adressant à chacun et revenant à tous instants. Sortis de la bouche du peuple et vivant dans la bouche du peuple, les proverbes ne contiennent pas seulement un riche trésor de sagesse, mais offrent aussi une valeur et un attrait tout particuliers au point de vue historique pour la connaissance du caractère et du degré de civilisation d'un peuple, en tant qu'ils expriment sa pensée et sa manière de voir, lesquelles exercent une influence essentielle sur la politique, la morale et la religion de ce peuple. Ils expliquent aussi ses mœurs, ses usages, ses fêtes et ses occupations, et font comprendre le véritable sens de certains événements historiques. Ils sont nombreux chez la plupart des nations et à toutes les époques; et mêlés aux sentences, ils se rencontrent plus fréquemment dans les ouvrages des anciens auteurs que dans ceux des modernes, parce que dans l'antiquité la différence existant entre la littérature populaire et la littérature d'art n'était pas encore nettement déterminée. On fit de bonne heure des collections de proverbes grecs; mais les seules qui soient parvenues jusqu'à nous sont celles des grammairiens de l'époque postérieure, de Zénodote, de Diogénien, d'Apostoléus, etc., qu'on désigne sous la dénomination générale de *Parémiographes* (du grec παροιμία, proverbe, et γράφω, j'écris). Érasme, dans ses *Adagia*, dont on compte plus de cinquante éditions, a réuni une grande masse de proverbes grecs et latins. Il a été fait de même des recueils des proverbes existant dans les diverses langues parlées aujourd'hui en Europe. Consultez: Duplessis, *Bibliographie Parémiologique* (Paris, 1847).

PROVERBE (*Art dramatique*). Vers le milieu du dix-huitième siècle, le plaisir de jouer la comédie en société était devenu une sorte de passion. Les grands seigneurs avaient dans leurs hôtels ou leurs châteaux des salles de spectacle, dans lesquelles on pouvait représenter les pièces de nos grands théâtres. Des amateurs aisés, mais qui ne pouvaient se permettre ce luxe, imaginèrent de transformer leurs salons en théâtres, en remplaçant les coulisses et les décorations par des paravents et quelques tentures. Il fallait trouver des pièces en rapport avec ces modestes scènes, et pour cela on traça de légers canevas, dont l'action, peu compliquée, servait de développement à quelque *proverbe* populaire. Comme les anciens comédiens italiens, les acteurs amateurs improvisaient ensuite leurs rôles d'après le *scenario* convenu. Toutefois, cette facilité d'improvisation s'étant trouvée le partage de trop peu de personnes, et néanmoins le goût de la comédie-proverbe se propageant de plus en plus, un homme d'un esprit naturel et facile, Carmontelle, vint au secours des imaginations paresseuses, et composa plusieurs volumes de proverbes dramatiques, qui devinrent bientôt le répertoire de tous les théâtres de société. Ces *proverbes* ont eu de nombreuses éditions; peut-être trouverait-on aujourd'hui qu'on ne connaît pas, que le dialogue manque un peu de trait; mais la vérité n'y fait jamais défaut, non plus que la gaieté.

Les succès de Carmontelle lui attirèrent de nombreux imitateurs; mais ce genre, qui semble d'abord facile, a sans doute plus de difficultés qu'on ne pense, puisque la plupart des proverbes qui ont succédé aux siens sont tombés dans l'oubli. Qui se souvient en effet aujourd'hui de ceux que firent paraître Sacy, Gosse et quelques autres? Un écrivain de nos jours a été plus heureux: les *Proverbes dramatiques* de Théodore Leclercq ont renouvelé la réussite de ceux de Carmontelle. Le nouvel auteur, se conformant au goût de son époque, a mis dans son dialogue plus de sel et de malice, comme il a jeté dans ses sujets une action un peu plus intriguée; plusieurs de ses proverbes se sont trouvés de petites comédies toutes faites, à peu de chose près, et qui ont coûté peu de travail à nos *arrangeurs* pour les transporter sur les théâtres publics. M. Alfred de Musset a aussi écrit quelques proverbes, qui ont été joués avec succès sur notre première scène.

PROVERBES (Livre des). C'est un des livres canoniques de l'Ancien Testament, un recueil de sentences morales et de maximes de conduite pour tous les états de la vie, généralement attribué à Salomon. Les docteurs juifs, comme l'Église catholique, en ont toujours fait honneur à ce prince, et l'ont mis au nombre des livres saints. Cependant, quelques critiques hardis, Grotius entre autres, ont douté que Salomon en fût l'auteur. Ils ne veulent point que ce prince n'ait fait faire un recueil des maximes morales des écrivains de sa nation; mais ils prétendent que sous Ézéchias, Éliacim, Sobna et Joaké y ajoutèrent ce qui avait été écrit de mieux depuis Salomon; que c'est une compilation puisée à plusieurs sources. Grotius en donne pour preuve la différence de style qu'il a cru y remarquer.

PROVIDENCE. Ce mot, qui vient du latin *providere* (voir d'avance ou prévoir), caractérise la *prévoyance* divine. Un théologien célèbre l'a merveilleusement définie: « C'est, dit-il, l'attention et la volonté de Dieu de conserver l'ordre physique et moral qu'il a établi dans le monde en le créant. » Après qu'il eut tiré l'univers du néant, Dieu sanctionna sa création en disant: *Tout est bien*. C'est Moïse qui, dans le premier chapitre de la Genèse, nous a transmis cette manifestation de la Providence divine par la voix du Créateur lui-même. Tous les peuples, les idolâtres mêmes, reconnaissaient une Providence, première motrice et conservatrice de l'univers; les Chaldéens et leurs mages étaient du nombre; les philosophes grecs aussi, si ce n'est Épicure, qui n'accordait aux dieux que la puissance d'inertie. Le Portique leur donnait une providence générale et première, soumise, toutefois, au Destin, et qui, ayant tout arrangé d'abord pour la suite des temps, se repose au fond du ciel, et abandonne au hasard les détails: c'était le sentiment des stoïciens Zénon et Épictète. « La majesté des dieux, disaient-ils, s'occuperait-elle de si peu de chose que la fleur des champs et le brin d'herbe? » Pythagore et Platon, d'après les Égyptiens, laissaient à des génies subalternes, aux nymphes, aux dryades, aux naïades, aux néréides, aux zéphyrs, le soin de veiller sur la nature: c'étaient les noms que leur donnaient les Hellènes.

Avec quelle charmante image Jésus-Christ a confondu l'absurdité des stoïciens, négative de toute providence particulière, quand il dit à ses disciples, inquiets du pain du lendemain: « Voyez les lis des champs, ils ne travaillent ni ne filent; mais, en vérité, Salomon, dans sa grandeur, n'était point vêtu avec plus de pompe que l'un d'eux. » Les incrédules nient une providence divine: « Au lieu de bien et du mal dont la lutte afflige le globe, s'écrient-ils, la sagesse divine, si elle eût été prudente et bonne, eût tout arrangé pour une félicité universelle. » Mais la foi nous apprend, et même un mythe païen, l'âge d'or de Saturne, que Dieu avait créé l'homme pur, heureux et libre, mais qu'abusant de sa liberté, le plus beau don du ciel, il infesta lui-même la terre de tous ces maux, qui devinrent de plus en plus inhérents à la création et à la créature dégénérées. Comment peut-il se trouver un homme niant la Providence? Elle réplique à cet orgueilleux atome pensant: « Est-ce toi qui d'un jet unique et au même moment as lancé dans l'espace ces planètes, mues toutes d'occident en orient pour qu'elles ne s'entre-choquent point et qu'elles jouissent avec ordre des rayons vivifiants d'une étoile centrale, le Soleil? Est-ce toi qui leur as imprimé leur mouvement de côté, afin qu'elles tournent sur elles-mêmes, et nous amènent la succession des nuits et des jours, et qui as composé les comètes, qui se croisent par milliers dans l'abîme des cieux, d'une substance lumineuse, mais éthérée, pour que leur choc terrible ne brise pas les mondes? Est-ce toi qui donnas aux oiseaux des voiles de plumes pour voguer dans les airs, et des rames aux poissons; des armes défensives et offensives aux animaux; à ceux-ci des dards, des épées, des cornes aiguës; à ceux-là des fourrures, des toisons, des cuirasses, des écailles? Est-ce toi qui t'es donné cette raison, cette balance du bien et du mal, que fausse si souvent ta vanité cupide? »

La Providence est le fanal du malheureux qui se noie

dans les flots de cette vie agitée : combien d'hommes forts, luttant en vain contre de grandes infortunes, tombant épuisés et nus, levant les yeux au ciel, se sont abandonnés à la Providence; et dans combien de ces naufrages, par des chemins secrets, cet œil de Dieu, en récompense de leur foi, ne les a-t-il pas conduits dans une terre de lait et de miel? Qu'on aime à voir des matelots grossiers, battus par la tempête, nommer une île inconnue et lointaine, qui les sauve, du doux nom de *Providence!* Tel est celui de l'une des Lucayes, sur le canal de Bahama, dans l'Amérique septentrionale. Eh quoi! pourrait-on nier une providence dans le ciel, puisqu'il est certain qu'il en est une sur la terre! Ne dit-on pas, au figuré, qu'un bon roi est une *providence* pour son peuple; qu'un ami généreux, un homme charitable, sont une *providence* pour une famille!

La superbe Rome, qui attribuait ses conquêtes, sa gloire et sa longue prospérité à la seule faveur des dieux, ne manqua pas d'ériger des statues à la déesse Providence. Ses emblèmes sont : une colonne sur laquelle elle s'appuie, une corne d'abondance renversée dans sa main gauche, et dans la droite une verge qu'elle y tient étendue sur un globe, symbole de protection : la foudre et l'aigle de Jupiter, oiseau aux yeux si pénétrants, sont parfois à ses pieds.

DENNE-BARON.

PROVINCE, *provincia.* C'était, dans la langue du droit public des Romains et dans l'acception la plus étendue, le cercle d'action d'un magistrat, notamment la direction d'une guerre à lui confiée, et au point de vue géographique un territoire soumis à la domination romaine, régi d'après une constitution (*forma provinciæ*), ordinairement déterminée par le général et par le délégué du sénat, par un gouverneur, qui réunissait en sa personne les pouvoirs militaire et civil. En ce sens la première province fut la Sicile, à partir de l'an 241 av. J.-C., et la seconde la Sardaigne, à partir de l'an 236. C'était tantôt le sort, tantôt la réunion des collèges ou bien la volonté du sénat qui décidait de la distribution des provinces, qui d'ordinaire avait lieu pour un an, après que le sénat avait déclaré quelles seraient les provinces soumises à des consuls et celles qui obéiraient à des préteurs. A l'origine, les gouvernements étaient confiés à des préteurs particuliers : plus tard ils furent administrés par des **proconsuls** et des **propréteurs.** Le gouverneur était accompagné de **légats**, auxquels il pouvait confier des pouvoirs tant civils que militaires, d'un **questeur** chargé de tout ce qui avait trait à l'administration des finances, et d'une **cohorte prétorienne**, dénomination sous laquelle on comprenait aussi bien sa garde particulière que sa suite d'amis, d'écrivains (*scribæ*) et de serviteurs. Le sol des provinces était réputé pour une partie appartenir au domaine public (*ager publicus*), et le reste abandonné aux anciens propriétaires. Mais le sol des provinces n'avait pas, comme le sol italique, le privilège de pouvoir être propriété quiritaire et d'être exempt d'impôt, sauf les concessions particulières faites, surtout à l'époque impériale, à des villes auxquelles on accordait la jouissance du droit italique.

Toutes les villes de province étaient soumises à Rome, et régies par une constitution urbaine particulière, ordinairement expédiée de Rome. D'ailleurs, leur position variait à l'infini, suivant qu'elles avaient été tout d'abord déclarées indépendantes (*civitates fœderatæ*) par un traité qui déterminait leurs obligations, ou bien qu'elles avaient plus tard obtenu la liberté, souvent même celle d'impôts (*immunité*), érigées en *civitates liberæ et immunes*, et soustraites dès lors à l'autorité immédiate du gouverneur, ou encore suivant qu'elles demeuraient sous la complète dépendance de celui-ci. Ces dernières, à bien dire, formaient ce que dans le sens le plus restreint on appelait des *provinces*. Les colonies établies hors de l'Italie, à partir de Caïus Gracchus, de même que les villes qui, sans être déclarées colonies, recevaient ce qu'on appelait le droit de latinité, comme il arriva d'abord aux villes de la Gaule Transpadane qui

le reçurent de Cneus Pompeius Strabo, et à quelques villes de Sicile et d'Espagne, qui le reçurent de Jules César, obtinrent ensuite plus de liberté. Les impôts prélevés sur les provinces se composaient de la capitation et de la contribution foncière. Cette dernière était affermée par l'État, de même que les droits de douanes et de port, les produits des mines et salines, lorsque celles-ci n'appartenaient point au domaine public. Il y avait en outre les impôts extraordinaires et les frais d'entretien des troupes romaines stationnées dans le pays. Afin d'exercer ses fonctions et surtout sa juridiction, pour laquelle on observait les lois du pays en matières civiles, tandis qu'en matières criminelles c'étaient les formes du droit romain qui prévalaient, le gouverneur parcourait le pays et tenait en certains lieux des *conventus* ou espèce de diètes. Ce terme de *conventus* désigne les districts formés à cet effet par la réunion de plusieurs villes. Les citoyens romains établis dans les provinces avaient leurs *conventus* à eux. Après sa sortie de fonctions le gouverneur rendait compte au sénat d'après les livres et ceux du questeur, car le sénat restait toujours l'autorité supérieure des provinces. C'est lui qui recevait les plaintes et les griefs des provinciaux. Le plus ordinairement les plaintes avaient trait à des actes de concussion; et en l'an 149 une loi calpurnienne établit pour les affaires un tribunal permanent (*Quæstio perpetua de repetundis*).

Auguste divisa les provinces romaines de telle sorte qu'il se réserva pour lui-même celles qui avaient besoin d'une nombreuse garnison militaire; il laissa au sénat et au peuple celles qui étaient plus sûres; et cette distinction entre les provinces du prince et celles du peuple subsista, sauf d'assez fréquentes modifications, jusqu'au troisième siècle de l'ère chrétienne. Dans deux dernières, l'Asie et l'Afrique, n'étaient pourtant pas complètement soustraites à la surveillance du prince, on envoyait, suivant l'ancien mode, c'est le tour de gouverneur pour une année, dans les ci-devant consuls, et dans les autres des ci-devant préteurs avec des légats et des questeurs; et on leur donnait alors indifféremment le titre de *proconsuls*. Le prince faisait administrer les provinces placées dans ses attributions par ses légats, sans limiter la durée de leurs fonctions; et ils prenaient alors le titre de *præsides*. Les questeurs y étaient remplacés par des *procuratores* impériaux, ou *rationales*, auxquels on adjoignit souvent aussi des *vice-præsides* chargés de l'administration d'une subdivision de la province. C'est ainsi que Ponce-Pilate administrait comme *procurator* la Judée, qui faisait partie de la Syrie. L'Égypte avait son préfet impérial en propre, avec un *juridicus* et un *rationalis*. Les gouverneurs, qui maintenant ne touchaient plus seulement des rations en nature, mais en outre une solde régulière, obéissaient à des instructions spéciales. Dès lors les provinces se trouvèrent mieux garanties que du temps de la république contre l'arbitraire des gouverneurs, notamment pour ce qui avait trait aux levées de troupes, à l'impôt et à l'administration de la justice. Déjà, sous la république, l'Italie avait été politiquement divisée en quatre provinces questoriennes; Claude supprima cette division. Adrien y confia l'administration de la justice, sauf Rome et son territoire, à quatre personnages consulaires. Plus tard elle fut partagée en plusieurs districts, Rome et son territoire toujours exceptés, lesquels restèrent soumis à l'autorité du préteur et du *præfectus urbis* et étaient administrés par des *correctores*, à la manière des provinces. Une importante modification eut lieu dans le système provincial, lorsque Constantin partagea tout l'empire, à l'exception des deux capitales, en *diocèses*, soumis à des gouverneurs qui étaient les subordonnés des *præfecti prætoris*, et dont les subdivisions obéissaient à des *recteurs.*

De nos jours le mot *province* s'emploie pour désigner les divisions territoriales d'un pays soumises à une administration particulière. On appelle aussi *province* tout ce qui n'appartient pas au territoire de la capitale d'un État

PROVINCIAL. On désigne par ce mot ce qui vient de la province, ce qui tient à la province : on dit dans un sens ironique d'un homme qu'il a l'air, le ton, les manières d'un *provincial*, pour indiquer qu'il n'est pas fait aux usages et à la tenue des capitales.

Dans quelques ordres monastiques, on appelle *provincial* le personnage qui a la direction et l'autorité sur plusieurs couvents d'une province, selon la division établie dans ces ordres. Le général a sous lui plusieurs *provinciaux*; le *provincial* a sous lui plusieurs *prieurs*. A. SAVAGNER.

PROVINCIALES (Assemblées). *Voyez* CONSEIL GÉNÉRAL.

PROVINS, chef-lieu d'arrondissement du département de Seine-et-Marne, dans un vallon arrosé par deux petites rivières, le Dartein et la Voulzie, avec 6,961 habitants, des tribunaux de première instance et de commerce, un collége, une bibliothèque publique, une société d'agriculture, des sciences et des arts, une typographie. On y trouve des sources d'eaux ferrugineuses froides, de nombreux moulins à farine et à tan, de nombreuses et importantes tanneries, une fabrication de grosses étoffes, des fours à chaux et à plâtre, des tuileries et des briqueteries, des pépinières. On s'y occupe de la culture de l'espèce de roses dites *roses de Provins*, employées aux médicaments. Il s'y fait un grand commerce de laine, de cuirs et de grains.

Provins est situé au pied d'un coteau élevé, et se divise en haute et basse ville; celle-ci est plus propre, mieux bâtie que l'autre, dont les rues sont escarpées : toutes deux sont environnées de murailles flanquées de tours ruinées. Des promenades en forme de boulevarts entourent une partie de la ville basse. A l'extrémité sud-ouest de la ville haute s'élève un ancien édifice, vulgairement nommé la *Tour de César*, d'environ 45 mètres de haut, et qui domine tout le pays. Les principaux édifices sont l'église Saint-Quiriace, situé près de la grosse tour, et qui se distingue par son étendue et par l'élégance de son architecture, l'église Saint-Ayoul, où l'on voit un magnifique tableau de Stella ; l'hôpital général, ancien couvent de cordeliers où se trouve le tombeau de Thibaut IV; la porte Saint-Jean et la porte de Jouy; les ruines de l'église du collége; le quartier de cavalerie; on y remarque encore les caves de l'hôtel-Dieu. La cave de la Grange-aux-Dîmes et les souterrains de l'église du Refuge.

L'origine de Provins est très-controversée. Quelques-uns pensent que c'est cette ville qu'a désignée César sous le nom d'*Agendicum* ou *Agedincum Senonum*. Mais d'autres soutiennent que Sens occupe seule la place de cette ancienne cité gauloise, et cette opinion semble confirmée par une inscription romaine récemment découverte à Sens. D'ailleurs, il est reconnu que les fortifications de la ville haute, dont la construction est attribuée à César, ne sont point romaines. Toute aussi fabuleuse est la tradition qui rattache l'origine de Provins à l'empereur Probus. Le premier titre où il soit fait mention de cette ville est un capitulaire de Charlemagne de 802. Ce prince y envoya ses *missi dominici* et y fit frapper monnaie. Plus tard Provins devint la capitale des comtes de Champagne, sous lesquels la ville prit un développement considérable. Au commencement du douzième siècle, Abélard y enseigna la philosophie. Thibaut le Poëte l'érigea en commune en 1230; et il s'y tint un concile en 1251. Il s'y établit de nombreuses manufactures, et le commerce y était favorisé par des foires où se rendaient des marchands de toute la France. La décadence de Provins commence avec les invasions des Anglais, qui en furent maîtres deux ans. En 1433 Charles VII en reprit possession. Henri IV s'en empara sur les ligueurs en 1592. Henri II y avait créé quarante-et-un auparavant un siége présidial; et Charles IX y avait rétabli, en 1564, la mairie, depuis longtemps supprimée.

PROVISEUR, titre d'une dignité de l'ancienne et de la nouvelle université, vient du mot latin *providere*, pourvoir; en effet, le proviseur était jadis, et encore plus aujourd'hui, chargé de pourvoir à toutes les nécessités, soit temporelles, soit spirituelles, de la maison. Le supérieur de la Sorbonne et celui du collége d'Harcourt portaient autrefois ce titre. Le proviseur de Sorbonne était ordinairement un homme fort important dans le clergé.

Lors de la création des lycées impériaux, le chef de ces établissements reçut le titre de *proviseur*. Tous les autres fonctionnaires, savoir : le censeur, l'aumônier, l'économe, les professeurs, les agrégés, les maîtres d'études, nommés par le ministre, lui sont subordonnés. Il n'a à sa nomination directe que les maîtres d'arts ou d'agrément et les diverses personnes nécessaires au service de la maison. Il est chargé de dresser à la fin de chaque année *scolaire* et de transmettre au recteur le tableau des divers fonctionnaires du lycée, en y joignant des notes sur les talents et les succès de chacun d'eux. Il exerce en outre au sein de l'établissement une surveillance générale sur tout ce qui intéresse la religion, les mœurs, l'ordre et les études. Il notifie et fait exécuter les ordonnances, arrêtés et décisions de l'autorité supérieure relatifs au lycée. Il visite et inspecte l'infirmerie, le réfectoire, les cuisines, etc.

PROVISION, nom collectif de tout ce qui est compris dans la consommation alimentaire, l'usage et l'entretien de la vie domestique des individus, d'une ville, d'une province, d'une place de guerre, pour un temps déterminé ou indéterminé. On distingue dans ce dernier cas les provisions de bouche et les provisions de guerre, qu'on appelle aussi *munitions*.

PROVISION (*Droit*), du latin *providere*, pourvoir. On appelle *provision* ce qui est adjugé dans le cours d'une instance à une partie qui annonce des droits à la chose demandée par elle, en attendant le jugement *définitif*, et sans préjudice des droits de l'autre partie au principal.

On entend aussi par *provision*, en style judiciaire, la somme allouée avant jugement définitif à une partie dont le droit paraît certain, et lorsqu'il n'y a contestation que sur la quotité de la valeur principale demandée. Dans la séparation de corps, par exemple, on adjuge souvent à la femme une somme pour subvenir à ses besoins durant l'instance, à titre de *provision*.

On appelait sous l'ancien régime *lettres de provisions* l'ordre royal qui conférait des charges ou des offices aux titulaires.

PROVISOIRE (du latin *providere*, pourvoir), mot d'un fréquent usage en matière judiciaire; c'est le contraire de *définitif*. Dans son acception spéciale, il s'applique à un acte, un établissement, une transaction d'urgence, qui exige célérité; et il implique en même temps une idée de durée essentiellement passagère : Un *jugement provisoire*, une *main-levée provisoire*, un *arrangement provisoire*.

Les jugements des tribunaux civils pour provision alimentaire, pour réparations urgentes et pour tous les cas exceptionnels qui exigent célérité, sont *exécutoires par provision*. Quant aux jugements des tribunaux de commerce, quel que soit le chiffre du principal, l'*exécution provisoire* peut être ordonnée avec ou sans caution. Toutefois, les juges d'appel peuvent en certains cas accorder des arrêts de sursis à l'exécution provisoire ordonnée par les premiers juges.

Dans le langage de la politique, ce terme est devenu synonyme d'*intérimaire*. Ainsi, dans nos différentes révolutions, on a toujours vu succéder au gouvernement qui venait d'être renversé un gouvernement *provisoire*, investi seulement de pouvoirs devant expirer aussitôt qu'il aurait été possible de constituer un gouvernement définitif. Nous avons eu des gouvernements *provisoires* en 1814, en 1830 et en 1848.

Provisoire est aussi employé comme substantif. On dit le *provisoire*, un *provisoire*, pour un état, une chose provisoire.

PROVISOIRE (Exécution), terme de procédure. *Voyez* Exécution.

PROVISOIRE (Gouvernement). *Voyez* Gouvernement provisoire.

PROVISOIRE (Jugement). *Voyez* Jugement.

PROVOCATEURS (Jours). *Voyez* Crise.

PROVOCATION (du latin *provocare*, appeler, exciter, pousser à faire quelque chose). La *provocation* à une action qualifiée crime ou délit constitue la *complicité*. La provocation offre toujours un caractère odieux ; c'est un des vils moyens que la police ne s'est pas fait faute d'employer. *Voyez* Agents provocateurs.

PROVOCATION (Droit de), *Provocatio ad populum*. C'est ainsi que jusqu'à la chute de la république romaine on désigna l'*appel au peuple*, comme instance suprême, des décisions rendues par les consuls. Cette *provocatio*, en tant que moyen de protection contre l'arbitraire consulaire, différait de la simple *appellatio*, en ce que dans cette dernière on n'en appelait qu'à certains magistrats. Sous les empereurs la *provocatio ad populum*, de même que l'*appellatio* se transforma en appel à l'empereur.

PROXÉNÈTE (du grec προξενητής, courtier) se dit de celui qui s'entremet pour faire conclure un marché, un mariage ou quelque autre affaire. Chez les Romains, celui qui s'entremettait pour faire réussir un mariage ne pouvait pas recevoir pour son salaire au delà de la vingtième partie de la dot ou de la donation à cause de noce. Ainsi qu'on le voit, le commerce des de Foy et des Mmes Saint-Marc, *négociateurs en mariage*, comme ils s'appellent eux-mêmes, gens qu'un avocat distingué a qualifiés de *providences des célibataires*, ne date pas d'hier ; mais le nom de proxénète ne leur est pas seulement appliqué, il s'entend surtout des entremetteurs de marchés plus honteux entre les deux sexes.
L. Louvet.

PROYER. Le *proyer* (*emberiza milliaria*, Linné) est un oiseau long de 0^m,20. C'est notre plus grande espèce du genre b r u a n t. Il est gris brun, tacheté partout de brun foncé, niche dans l'herbe et le blé, nous quitte l'hiver, et pendant l'été nous fatigue souvent dans la campagne de son cri monotone : *tri, tri, tri, tiritz*, qu'il répète sans discontinuer pendant des heures entières. Ses œufs sont au nombre de quatre ou cinq, d'un gris cendré, tachetés et pointillés de roux, avec quelques zigzags noirs. Quand les petits sont en état de voler, c'est-à-dire vers la fin de l'été, les proyers se répandent, en compagnies quelquefois fort nombreuses, dans les champs d'avoine ou de fèves, d'où ils disparaissent peu de temps après les hirondelles, pour passer dans les régions plus chaudes. C'est vers l'époque de leur départ que les oiseleurs en prennent une grande quantité. Ils sont alors chargés de graisse ; et la chair de ces jeunes est regardée comme un mets délicat.
Dénezil.

PRUDENCE. Ce mot, abréviation de *providence*, vient du latin *providere* (prévoir). En effet, cette vertu est la providence humaine. Son essence est d'éclairer la route de la vie ; de vous faire discerner le bien d'avec le mal, le vrai d'avec le faux. Elle vous sert à agir convenablement à l'égard des autres, à saisir les occasions, les circonstances propices, à user de la parole avec circonspection, des choses avec sagesse ; à mettre tous ses soins, à employer toutes les heures de son existence à peser ses actions, et relativement celles des autres, quoique avec réserve et modération. Socrate a dit : « Bien que la prudence ne soit pas à elle seule toutes les vertus, il n'y a pas sans elle de vertus complètes. » Rarement la prudence brille de toute sa perfection dans la raison humaine, dont l'essence est de se tromper et de faillir à chaque pas. Aussi Boèce dit-il avec justesse qu'il y a beaucoup de savants hommes, mais bien peu qui soient doués de cette vertu qu'on nomme *prudence*. On a aussi défini cette vertu comme étant l'expérience du passé appliquée à l'avenir. Cette définition ne peut être prise d'une manière absolue ; car rien quelquefois ne ressemble moins au passé que l'avenir, que modifient tant de circonstances qui échappent souvent à toute prévision humaine. L'homme le plus prudent doit avoir toujours présent à l'esprit ce vers de Boileau :

Souvent la peur d'un mal fait tomber dans un pire.

Toutefois, il y a plus de chance de réussite pour le prudent que pour l'imprudent.

L'orgueil, la vanité, sont les plus terribles écueils de cette vertu. Elle est la force du faible et le trésor du sage. Les anciens l'ont symbolisée dans le célèbre personnage de P r o m é t h é e. Ils ne voyaient dans la prudence qu'une espèce de vertu mondaine, qui, escortée de la méfiance et de la crainte, préparait et déblayait les sentiers difficiles qui menaient à leurs intérêts particuliers. Mais l'Évangile fit de cette vertu un don de Dieu appliqué à notre salut et à celui de notre prochain ; il nous invite à joindre la *prudence du serpent* à la *simplicité de la colombe*. Les mythes en firent une divinité allégorique : ils lui donnèrent, comme à Janus, deux visages, un tourné vers le passé, l'autre vers l'avenir. Les Égyptiens la représentèrent sous l'emblème d'un énorme serpent à trois têtes, une de chien, qui flaire ; une de lion, dont la gueule puissante est près d'agir, et une de loup, qui médite une retraite en cas de besoin. Cette prudence brutale n'a-t-elle pas quelque chose d'effrayant ?
Denne-Baron.

PRUDENCE (Aurelius Clemens PRUDENTIUS), l'un des plus anciens poètes chrétiens, natif de Calagurris, en Espagne, vivait vers la fin du quatrième siècle et au commencement du cinquième. D'abord avocat, il parvint aux fonctions de gouverneur de province ; mais vers la fin de sa vie il ne s'occupa que de son salut, et composa un certain nombre de poèmes consacrés les uns à l'édification domestique, les autres à célébrer les louanges des martyrs, ou bien traitant d'autres sujets religieux de cette nature. Ces poèmes, qui en dépit de tous les défauts qu'ils tiennent de l'époque présentent encore un grand nombre de beautés et de nobles pensées, ont été publiés par Arevali (Rome, 1788) et en dernier lieu par Obbarius (Tubingue, 1845).

PRUDERIE, affectation de sagesse, de décence, de délicatesse dans le langage et dans le maintien, dictée par le désir d'obtenir une bonne réputation plutôt que par celui de la mériter. La pruderie joue les vertus morales, comme l'hypocrisie joue les vertus religieuses : la première est plus ridicule, la seconde plus criminelle. Les femmes galantes, que la société n'a pas encore rejetées de son sein, et qui veulent réunir les plaisirs du vice aux honneurs de la vertu, sont nécessairement *prudes*, c'est-à-dire qu'elles outrent la modestie dans leurs paroles et dans leurs gestes, par la crainte de laisser pénétrer leurs pensées, et pour réprimer en présence de témoins le ton familier que les hommes contractent avec elles dans l'intimité. Si la pruderie n'est pas toujours une preuve de la corruption du cœur, elle en est une de vanité prétentieuse à l'estime qu'inspire le genre de vertu dont la pruderie n'est point l'image, mais la caricature.

Les *prudes* sont ennuyeuses dans le monde par leurs exigences, et dangereuses par leurs observations et leurs jugements dépourvus de charité ; elles cherchent à rehausser leur mérite en publiant les torts qu'elles découvrent ou créent, et passent rapidement de la médisance à la calomnie. Le manque de naturel rend insipide et pénible dans leur bouche l'éloge de la vertu, et elles en flétrissent la beauté aux yeux du vulgaire. Mais si ce travers, comme toute fausseté, est éminemment répréhensible, les femmes, surtout dans la jeunesse, n'en doivent pas moins être en garde contre la crainte d'être accusées de pruderie. Les hommes ont réussi à leur persuader que l'extrême réserve, la vigilance scrupuleuse, l'embarras, l'inquiétude, la fuite à la simple apparence du mal, suffisent pour les faire appeler *prudes*, et leur représentent ce nom comme synonyme de *sottes* : que les femmes n'en conçoivent aucune frayeur ! Être jeune, belle, et s'attirer de certaines gens le reproche de pruderie, c'est remplir ses devoirs et ne pas s'exposer à les entreindre en vivant avec des personnes légères et peu mesurées dans leurs discours et dans leurs actions.

Les dames anglaises passent pour être les femmes les plus prudes de l'Europe. Nulle part cependant la mode qui découvre les bras, les épaules et la poitrine n'a fait autant de progrès qu'en Angleterre ; nulle part le théâtre n'est moins châtié ; nulle part les mères ne manifestent plus franchement le désir de marier leurs filles ; nulle part ces dernières ne déguisent moins les sentiments qu'on leur inspire : les dames anglaises ne sont donc point prudes quand elles observent des vieux usages de leur pays et en parlent la langue avec les mots choisis et consacrés par la bonne compagnie ; car, il faut le répéter, la prude est celle qui, substituant la forme au fond, paye seulement de maintien et de paroles, ou qui, ne se contentant pas d'être chaste, veut encore que sa chasteté fasse du bruit.

C^{sse} DE BRADI.

PRUD'HOMMES. Ce mot, emprunté du latin (*prudentes homines*), a eu autrefois différentes acceptions. Il a désigné tantôt des officiers municipaux, comme à Bourges ; tantôt des jurés, comme à Laon ; tantôt des notables assistant les échevins. On a aussi attribué le titre de *prud'hommes* à ceux qui étaient préposés à la garde et inspection des gens d'une même profession ou d'un même métier. Quelquefois aussi cette dénomination s'appliquait aux experts nommés par les juges pour faire la visite, le rapport, la prisée d'une chose quelconque. D'autres fois les *prud'hommes* étaient eux-mêmes des juges, et l'on voit, dans un édit de Louis XI, de 1464, qu'il est donné pouvoir aux conseillers, bourgeois, manants et habitants de la ville de Lyon, de commettre un *prud'homme suffisant et idoine* pour régler les contestations qui pourraient s'élever entre les marchands fréquentant les foires de la ville. A Marseille, le roi René établit, en 1452, un conseil de prud'hommes pêcheurs pour juger les différends relatifs à la pêche. Ce conseil se composait de quatre membres, élus annuellement par les pêcheurs, qui les choisissaient entre eux. Leur justice était sommaire. Le dimanche ils tenaient audience, et les deux parties, sans être assistées d'avocats ni de procureurs, disaient leurs raisons ; les prud'hommes prononçaient un jugement, qui devait s'exécuter sur-le-champ. Cette juridiction fut maintenue et confirmée par des lettres patentes de plusieurs rois de France, et en dernier lieu par un arrêt du conseil de 1738.

L'empereur Napoléon ayant eu occasion, dans un voyage qu'il fit à Lyon, d'entendre et de recueillir les vœux des fabricants, comprit que l'industrie avait besoin de certains conseils de famille qui pussent régler les différends des membres des corporations sans arbitrer et entraver la liberté du travail. Par une loi du 18 mars 1806 un *conseil de prud'hommes* fut créé à Lyon. Ce conseil était institué « pour terminer, par la voie de conciliation, les petits différends qui s'élèvent journellement soit entre des fabricants et des ouvriers, soit entre des chefs d'atelier et des compagnons et apprentis ». Cette loi n'admettait comme membres de ce conseil que des fabricants ou chefs d'atelier ; mais elle exigeait qu'ils le fussent depuis six ans au moins, afin qu'ils pussent juger plus sainement les différends qui étaient livrés à leur appréciation et qu'ils eussent sur les justiciables l'autorité que donnent la pratique des affaires et une position acquise par le travail. Les parties devaient se présenter en personne, sans pouvoir se faire assister, ni par un avocat, ni même par des individus appartenant à la fabrique. La loi de 1806 avait été faite dans l'intérêt de la fabrique de Lyon ; mais le gouvernement avait pressenti que l'institution des prud'hommes était pleine d'avenir et susceptible d'une grande extension. Aussi se réserva-t-il la faculté d'établir, par un règlement d'administration publique, un conseil de prud'hommes dans les villes de fabrique où il le jugerait convenable, et d'en varier la composition selon les lieux. D'après un règlement du 3 juillet 1806, tout marchand fabricant, tout chef d'atelier appelé à concourir à l'élection des prud'hommes, en justifiant de la patente. Pour être éligible il fallait être âgé de trente ans, patenté et, comme nous l'avons dit, compter six années d'exercice.

Le décret organique du 20 février 1810 introduisit dans la composition des conseils de prud'hommes un élément nouveau : les contre-maîtres, les teinturiers et ouvriers patentés y eurent entrée, dans une proportion calculée de telle sorte que les marchands fabricants eussent un membre de plus que les chefs d'atelier et ouvriers patentés. A Lyon, le conseil de prud'hommes était composé de neuf membres, cinq négociants fabricants et quatre chefs d'atelier ou ouvriers patentés. Cette condition de patente aurait singulièrement réduit la quantité d'ouvriers électeurs des prud'hommes, si les administrations locales n'avaient trouvé moyen d'éluder la loi dans la formation des listes. Dans le but d'éviter des déplacements trop fréquents, le décret du 20 février 1810 autorisait la nomination de deux suppléants pour remplacer les prud'hommes qui viendraient à mourir ou à donner leur démission pendant l'exercice de leurs fonctions ; l'usage fit admettre plus tard les suppléants en cas d'empêchement des titulaires. Les nominations des prud'hommes titulaires ou suppléants se faisaient en assemblée générale unique, maîtres et ouvriers votant ensemble. Chaque conseil se formait ou en *bureau général*, ou en *bureau particulier*. Deux membres de chaque classe suffisaient pour constituer le bureau particulier devant lequel les parties comparaissaient en conciliation, et si les tentatives de conciliation étaient sans effet, l'affaire était renvoyée au *bureau général*, c'est-à-dire devant le conseil réuni, qui jugeait les parties dans les limites de sa compétence. Pour être valables, les jugements devaient être rendus en présence des deux tiers des membres composant le bureau général. La loi de 1806 n'exigeait que la moitié plus un des membres du conseil.

L'article 11 du décret organique porte que « la juridiction des conseils de prud'hommes s'étend sur tous les marchands fabricants, les chefs d'atelier, contre-maîtres, teinturiers, ouvriers, compagnons et apprentis travaillant pour la fabrique du lieu ou le canton de la situation de la fabrique, suivant qu'il sera exprimé dans les décrets particuliers d'établissement de chacun de ces conseils, à raison des localités, quel que soit l'endroit de la résidence desdits ouvriers ». Il a été décidé par la jurisprudence que les conseils de prud'hommes ne pouvaient connaître que des contestations nées entre individus appartenant l'un et l'autre à des professions représentées dans ces conseils ; cependant, l'usage prévalut dans plusieurs localités de saisir comme arbitres les conseils de prud'hommes de contestations dont ils n'auraient pu connaître comme juges, tant cette juridiction semblait offrir de garanties aux intéressés.

Le paragraphe 2 de l'article 6 de la loi de 1806 autorisait les prud'hommes à juger jusqu'à la somme de 60 francs, sans formes ni frais de procédure, et sans appel, les différends à l'égard desquels la voie de conciliation aurait été sans effet. Le décret de 1810 les autorise à prendre connaissance de toutes les affaires qui n'auraient pu être terminées par la voie de conciliation, quelle que fût la quotité de la somme dont elles seraient l'objet ; mais leurs jugements ne devaient être définitifs qu'autant qu'ils porteraient sur des différends qui n'excéderaient pas 60 francs en principal et accessoires. L'article 2 du décret du 3 août 1810 éleva cette somme à 100 francs. Enfin, les prud'hommes sont autorisés, par l'article 4 de ce décret de 1810, à prononcer un emprisonnement n'excédant pas trois jours, contre tout individu qui se rendrait coupable d'un délit tendant à troubler l'ordre et la discipline de l'atelier, et contre tout apprenti coupable d'un manquement grave envers ses maîtres.

En outre, la loi de 1806 chargeait spécialement les prud'hommes de constater, d'après les plaintes qui pourraient leur être adressées : 1° les contraventions aux règlements nouveaux ou remis en vigueur, et même d'ordonner la saisie des objets propres à constater le délit ; 2° les soustractions de matières premières qui pourraient être faites au préjudice les fabricants, et les infidélités commises par les teinturiers; 3° les règlements de compte en ce qui concerne les livrets d'acquit de métiers. Les conseils de prud'hommes furent encore chargés des mesures conservatrices de la propriété des dessins de fabrique et des marques des produits industriels. Un arrêté spécial du 5 septembre 1815 étendit l'intervention des prud'hommes au jugement de la contrefaçon des marques de coutellerie et de quincaillerie, et les autorisa à prononcer contre les coupables une amende de 300 fr. la première fois, et de 600 fr. avec un emprisonnement de six mois en cas de récidive. C'était faire dévier cette institution des formes paternelles qui sont un de ses attributs essentiels. Une dernière attribution, plutôt administrative que judiciaire, autorisait les prud'hommes à faire une ou deux inspections par an dans les fabriques pour constater le nombre des métiers existants et le nombre d'ouvriers de tous genres employés. Cette disposition n'a jamais été exécutée.

L'institution des conseils de prud'hommes s'était successivement étendue dans soixante-six villes de France, quand une ordonnance du 29 décembre 1844, rendue sur le rapport de M. Cunin-Gridaine, établit un conseil de prud'hommes pour l'industrie des métaux à Paris. Ce conseil, divisé en cinq catégories, était composé de quinze membres et de dix suppléants. Chaque catégorie devait nommer séparément ses membres, patrons et ouvriers, dans une assemblée commune, composée des fabricants, contre-maîtres et ouvriers patentés de la même catégorie. La réunion des membres nommés par les cinq sections formait le conseil. Ce conseil, formé à titre d'expérience pour la capitale, obtint un tel succès, que le 9 juin 1847 trois nouveaux conseils, divisés aussi en plusieurs catégories, furent institués à Paris, savoir : un conseil des tissus et des industries qui s'y rattachent, un conseil des produits chimiques, un conseil des industries diverses. La juridiction de ces conseils fut étendue à toutes les fabriques et manufactures du département de la Seine.

Après la révolution de Février, un décret présenté à l'Assemblée constituante par M. Flocon, ministre de l'agriculture et du commerce, adopté par cette assemblée le 27 mai 1848, et promulgué le 29, reconstitua les conseils de prud'hommes sur de nouvelles bases. D'après ce décret, le nombre des prud'hommes ouvriers était égal à celui des prud'hommes patrons. Chaque conseil pouvait être composé de six à vingt-six membres, mais toujours en nombre pair. Les patrons et les ouvriers de chaque catégorie étaient convoqués tous les ans séparément, par le préfet, pour procéder, par scrutin de liste, à la majorité relative, à la désignation d'un nombre de candidats triple de celui des membres à élire. Les patrons procédaient ensuite à l'élection des prud'hommes ouvriers, et les ouvriers à celle des prud'hommes patrons, sur les listes des candidats, dressées celle des patrons par les ouvriers, et celle des ouvriers par les patrons. Cette élection était faite à la majorité absolue. Étaient électeurs tous les patrons, chefs d'atelier, contre-maîtres, ouvriers, compagnons, âgés de vingt-et-un ans et résidant depuis six mois au moins dans la circonscription du conseil des prud'hommes. Étaient éligibles tous les patrons, chefs d'atelier, contre-maîtres, ouvriers et compagnons âgés de vingt-cinq ans et sachant lire et écrire et domiciliés depuis un an au moins dans la circonscription du conseil. Ne pouvaient être électeurs les étrangers, les faillis non réhabilités, et toute personne ayant subi une condamnation pour un acte contraire à la probité. Tous ceux qui depuis plus d'un an payaient la patente et occupaient un ou plusieurs ouvriers étaient considérés comme patrons; les contre-maîtres et chefs d'atelier votaient avec les patrons, et pouvaient être élus à la prud'homie, sans que leur nombre pût excéder le quart des membres du conseil. Les conseils étaient renouvelés tous les ans par tiers. Les prud'hommes étaient rééligibles. Les suppléants étaient supprimés. La présidence et la vice-présidence étaient alternativement déférées, par l'élection, à un patron et à un ouvrier. La présidence donnait voix prépondérante. Sa durée était de trois mois. Les patrons élisaient le président ouvrier ; les ouvriers élisaient le président patron. Une audience au moins par semaine est consacrée aux conciliations; elle est tenue par deux membres, l'un patron, l'autre ouvrier. Le conseil se réunit au moins deux fois par mois pour juger les contestations qui n'ont pu être terminées par voie de conciliation. Il doit être composé de quatre patrons et de quatre ouvriers.

Une loi du mois de juin 1853 est venue modifier l'organisation des conseils de prud'hommes. Selon cette loi les présidents et les vice-présidents sont nommés par l'empereur, et peuvent être pris en dehors des éligibles. Leurs fonctions durent trois années, et ils peuvent être nommés de nouveau. Les secrétaires sont nommés et révoqués par le préfet, sur la proposition du président. Sont électeurs : 1° les patrons âgés de vingt-cinq ans accomplis et patentés depuis cinq années au moins, et depuis trois ans dans la circonscription du conseil; 2° les chefs d'atelier, contre-maîtres et ouvriers âgés de vingt-cinq ans accomplis exerçant leur industrie depuis cinq ans au moins et domiciliés depuis trois ans dans la circonscription. Sont éligibles les électeurs âgés de trente ans accomplis et sachant lire et écrire. Dans chaque commune de la circonscription, le maire inscrit les électeurs de chaque catégorie ; le préfet dresse la liste générale. Les patrons nomment directement les prud'hommes patrons; les contre-maîtres, chefs d'atelier et les ouvriers nomment les prud'hommes ouvriers, en nombre égal aux prud'hommes patrons, les contre-maîtres, chefs d'atelier en nombre égal aux prud'hommes nomment les prud'hommes ouvriers en nombre égal aux prud'hommes patrons. La majorité absolue est nécessaire au premier tour de scrutin, au second tour la majorité relative suffit. Les conseils de prud'hommes se renouvellent par moitié tous les trois ans. Ils sont rééligibles. Le bureau général est composé, indépendamment du président ou du vice-président, d'un nombre égal de prud'hommes patrons et de prud'hommes ouvriers; ce nombre doit être au moins de deux de chaque catégorie. Les jugements des conseils de prud'hommes sont définitifs et sans appel lorsque le chiffre de la demande n'excède pas 200 fr. en capital; au-dessus de cette somme il peut y avoir appel au tribunal de commerce. Dans ce cas le jugement des prud'hommes peut ordonner l'exécution immédiate et à titre de provision jusqu'à concurrence de cette somme, sans qu'il soit besoin de fournir caution; pour le surplus l'exécution provisoire ne peut être ordonnée qu'à la charge de fournir caution. Les conseils de prud'hommes peuvent être dissous par l'empereur, sur la proposition du ministre compétent.

Il existait en 1855 85 conseils de prud'hommes, mais 72 seulement avaient fonctionné pendant l'année. Saisis en *bureau particulier*, c'est-à-dire comme conciliateurs de 43,426 affaires, ils en ont arrangé 28,699 ; 12,586 ont été retirées par les parties ou abandonnées après la comparution devant le bureau particulier, 2,141 seulement ont été portées devant le bureau général pour y recevoir jugement. Il est intervenu dans ces dernières 1,783 jugements définitifs en dernier ressort, et 358 en premier ressort, dont 33 seulement ont été frappés d'appel. Le nombre moyen annuel des affaires soumises aux conseils des prud'hommes qui n'avait été que de 18,201 de 1841 à 1845, et de 21,822 de 1846 à 1850, s'est élevé à 40,696 de 1851 à 1855. Il a plus que doublé en quinze ans. L. LOUVET.

PRUDHON (PIERRE-PAUL), peintre, le Corrège de la France, était le treizième et dernier fils d'un pauvre maçon. Il naquit à Cluny (Saône-et-Loire), le 6 avril 1760, et avait à peine vu le jour que son père mourut. Parvenu à l'âge de neuf ans, Prudhon n'avait pas quitté un instant sa mère. Ce fut à l'enseignement gratuit des moines de Cluny que Pierre fit ses premières études. Vers ce temps commencèrent à se développer avec impétuosité ses extraordinaires dispositions pour la peinture. Au lieu de faire ses devoirs, il remplissait ses cahiers de dessins à la plume. Il s'improvisait même sculpteur; il taillait avec son canif dans du savon tous les personnages de la passion de Jésus-Christ, et sa mère conservait avec soin toutes les œuvres de son fils. Manquant de tout, il suppléait à tout par ses intelligentes inventions. L'évêque de Mâcon prit le jeune Prudhon sous sa protection, et l'envoya étudier le dessin dans l'atelier de Vosges à Dijon. Ses progrès y furent rapides; mais ce n'était pas assez pour Prudhon. Comme Raphael, il avait besoin d'aimer. Si tôt qu'il le put, il épousa sa maîtresse. Le premier jour de son mariage fut le dernier de son bonheur. Il n'en retrouva plus de fugitives étincelles que dans quelques bonnes actions et dans le travail assidu de son art.

Concourant à Dijon pour le prix de peinture établi par les états de Bourgogne, et dont le vainqueur était envoyé à Rome, il vit un de ses camarades se désespérer de ne pouvoir réussir. Prudhon enleva une planche de la cloison qui les séparait, prit sa palette et fit le tableau de son ami. Les juges se prononcèrent en faveur de l'ami de Prudhon. Le prix allait lui être adjugé, lorsque, poussé par la reconnaissance, et ne voulant pas d'une gloire acquise au prix d'une injustice, il dévoila tout, et demanda que la précieuse couronne fût placée sur le front du véritable vainqueur. Les états de Bourgogne réparèrent l'erreur commise, et la pension de Rome fut accordée à Prudhon. Tous les jeunes artistes de la ville se réunirent pour le porter en triomphe. En Italie, il étudia Raphael, Léonard de Vinci, André del Sarte; mais son maître par excellence fut le Corrège. Canova voulait retenir Prudhon auprès de lui : il voulait lui payer ses ouvrages, et les exposer dans son atelier pour le faire connaître. Prudhon préféra revenir à Paris, en 1789.

Accablé de misère, il fut obligé de peindre la miniature pour vivre. A force d'économie et de travail, il parvint à réunir quelques épargnes; mais sa femme les eut bientôt dissipées. La misère hideuse frappa de nouveau à sa porte. La famille augmenta à mesure que les ressources s'épuisaient, et, par surcroît de malheur, 1794 arrivait escorté de la famine. Pressé par ses amis, Prudhon fuit la capitale, et va vivre deux ans à Rigny. Il y a laissé une foule de délicieux portraits au pastel et à l'huile. C'est là aussi qu'il acheva pour Didot l'aîné les dessins de *Daphnis et Cloé* et de *Gentil Bernard*. Il revint à Paris, et bientôt ses épargnes eurent de nouveau disparu. Il fit alors les dessins de *Racine* et de l'*Aminte* du Tasse, et grava *Phrosine et Mélidor*; car, pour satisfaire aux besoins de sa nombreuse famille, il ne pouvait entreprendre de grands travaux; il fallait vivre avant tout. Il exécuta néanmoins un dessin représentant *La Vérité descendant des cieux guidée par la Sagesse*. Le gouvernement lui commanda d'exécuter ce sujet en grand, ce qu'il fit avec beaucoup de succès. L'envie ne tarda pas à se dresser sur ses pas. Ses ennemis publièrent qu'il excellait dans la vignette et dans les petites choses, mais qu'il y avait témérité et folie à lui de viser plus haut. Le malheureux Prudhon se laissa influencer par ces basses attaques: il abandonna les grandes compositions, et perdit ainsi ses plus belles années. Ce ne fut que dans un âge plus avancé qu'il essaya de nouveaux ouvrages dans sa noble carrière. Chargé de décorer l'hôtel de M. de Landy, il fit éclore sous ses pinceaux tout ce que peut enfanter l'imagination la plus suave et la plus gracieuse. Mais sa femme était toujours là, semant sa vie de nouveaux chagrins : cette mauvaise mère abandonna plusieurs fois ses enfants, et leur excellent père essayait en soupirant de la remplacer; souvent on l'a surpris travaillant avec ses jeunes sur ses genoux. Mais, malgré sa résignation, une triste mélancolie minait ses jours; l'éclat de ses yeux s'éteignait; ses lèvres n'avaient plus que d'amers sourires; on craignit un instant qu'il ne mît fin à ses jours.

On eut beaucoup de peine à le décider à donner des leçons à Mlle Mayer, élève de Greuze, qui désirait vivement l'avoir pour maître. Douée d'une âme sensible et pure, cette vertueuse femme sentit un sentiment profond se glisser dans son cœur; Prudhon, de son côté, touché des soins et de l'attachement qu'elle lui témoignait, se laissa aller à de doux penchants. Tout le monde a connu leur liaison. Cette période de la vie de Prudhon a été la plus heureuse. Ce fut vers cette époque qu'il entreprit ses grands travaux. Il exposa au salon de 1808 sa belle composition du *Crime poursuivi par la Justice et la Vengeance*, qui lui valut la croix de la Légion d'Honneur. Il exposa encore cette même année l'*Enlèvement de Psyché par les Zéphyrs*, composition gracieuse qui dénote la facilité avec laquelle Prudhon savait aborder tous les sujets. Plusieurs années se passèrent pendant lesquelles les succès qu'il ne cessa d'obtenir désarmèrent enfin la critique, et en 1816 il obtint un fauteuil à l'Institut de France. Comblé d'honneurs, Prudhon pouvait jouir longtemps de cette vie honorable et paisible. Mais Mlle Mayer, âgée seulement de quarante-six ans, fut subitement attaquée d'une sombre folie, et se donna la mort, le 26 mai 1821. M. de Boisfremont arracha à grand'peine Prudhon à ce corps inanimé, le ramena chez lui, lui prodigua les plus douces consolations. Il était trop tard. Prudhon ne reprit ses pinceaux que pour achever une esquisse commencée par celle dont il pleurait la perte : *Une famille au désespoir, entourant un père mourant au sein de la misère*, scène de désolation qui fait frémir; et *Le Christ qui vient d'expirer pour racheter les hommes*, que possède le musée du Louvre. Il s'éteignit en 1823. V. DARROUX.

PRUNE, fruit du prunier domestique. Les prunes sont d'excellents fruits mucoso-sucrés et nourrissants, un peu acidules dans la plupart des variétés, susceptibles de former une boisson fermentée bien supérieure à celles que boivent les cultivateurs dans la plupart de nos départements. Elles pourraient être d'une grande ressource dans les ménages rustiques si on les appréciait ce qu'elles valent. En effet, elles se conservent facilement d'une année à l'autre, en marmelades, en confitures et cuites au four (*voyez* PRUNEAU).

Les prunes mûrissent à différentes époques : la *jaune hâtive*, plus grosse à l'extrémité que du côté de la queue, très-fertile, mûrit en espalier au commencement de juillet; la *précoce de Tours*, à peau noire et très-fleurie; le *monsieur hâtif*, à peau d'un violet foncé, peu sucrée; le *Damas de Provence hâtif*, à chair jaune très-sucrée, sont bonnes vers la fin de juin et le commencement de juillet. Viennent ensuite la *grosse noire hâtive*, la meilleure des prunes précoces et la plus cultivée en espalier; le *gros Damas de Tours*, mûr vers le milieu de juillet; *la prune d'Agen*, employée pour faire les pruneaux d'Agen; le *monsieur*, qui a jusqu'à quatre centimètres de diamètre; la *royale de Tours*, excellente et très-productive; le *Damas rouge*, mûr vers le milieu du mois d'août; le *Damas musqué*, de la même saison; la *mirabelle*, à peau jaune, excellente en confitures, en compotes et en pruneaux; la *petite mirabelle*, moins grosse que la précédente, qui a jusqu'à 27 millimètres de diamètre; le *drap d'or*, l'*impériale violette*, les *Damas violet*, *noir*, *d'Italie*, *de Maugerou*; la *grosse reine-Claude*, mûre vers la fin d'août, à peau fine, verte, frappée de rouge du côté du soleil, la meilleure des prunes pour être mangée crue, excellente en compotes, en confitures, nommée aussi *abricot vert*, *verbebonne*; la *reine-Claude violette*, la petite; les *perdrigons blanc*, *violet* et *rouge*; la *sainte Catherine*, etc. Nous pourrions énumérer ici beaucoup d'autres variétés, mais celles que nous avons données sont les meilleures de chaque saison : elles sont ou hâtives, ou d'été, ou d'automne.

P. GAUBERT.

PRUNEAU. Les prunes cuites au four s'appellent *pruneaux*. La fabrication des pruneaux communs est des plus simples : elle consiste à cueillir les p r u n e s lorsqu'elles sont bien mûres, à les déposer sur des claies; à les exposer dans le four à une douce température, trois ou quatre fois de suite. Après ces opérations, les pruneaux, placés dans un lieu sec, se conservent sans altération une et deux années.

Le *petit Damas*, le *saint-Julien*, traités comme nous venons de le dire, servent à faire les *pruneaux purgatifs*.

Les meilleures espèces desséchées sont le *gros Damas de Tours*, la *sainte-Catherine*, l'*impériale violette*, la *reine-Claude*, et la *prune d'Agen* : les pruneaux de ces espèces, préparés en compotes, sont une nourriture agréable et d'un grand secours pour les convalescents, pour les personnes qui souffrent de la constipation ; les médecins qui cherchent la modification des organes ailleurs que dans des drogues les font souvent entrer dans le régime des personnes atteintes d'affections chroniques.

Les pruneaux de quelques pays, de Tours, de Nancy, de Brignoles, d'Agen, ont acquis une réputation méritée, et sont la source d'un revenu important : ils sont d'ailleurs préparés avec plus de soin que les pruneaux communs du commerce. Pour préparer les *pruneaux de Tours*, il faut prendre des prunes de *sainte-Catherine* bien mûres, qui tombent de la branche à la moindre secousse ; on les range sur des claies, et on les expose au soleil quelques jours de suite : elles se ramollissent et atteignent le point où elles contiennent la plus grande quantité du principe mucoso-sucré. On les met ensuite pendant vingt-quatre heures dans un four légèrement chauffé ; on les retire, on chauffe le four de nouveau, au tiers environ de la chaleur nécessaire au pain, et on remet les prunes, en ayant toujours soin de boucher exactement l'ouverture du four ; on répète une troisième fois la même opération, en élevant encore la température. A ce point, on prend les pruneaux un à un, on les presse entre le pouce et le doigt, après avoir tourné le noyau de travers ; on remet les pruneaux au four chauffé à la température qu'il a lorsqu'on retire le pain : le four doit être hermétiquement fermé à l'ouverture. Après une heure de cette chauffe, les pruneaux retirés, on place pendant deux heures dans le four un vase contenant de l'eau ; enfin, on remet les pruneaux, après avoir enlevé le vase, on ferme hermétiquement et on laisse passer vingt-quatre heures : c'est alors qu'ils *auront pris le blanc*.

Les pruneaux ainsi préparés sont superposés les uns aux autres dans de petits paniers, et conservés en lieu sec. La matière blanche qui se développe par la dernière opération, matière de nature résineuse, me paraît plus nuisible qu'utile à la qualité : elle les rend moins faciles à digérer. Les *pruneaux d'Agen*, qui se préparent à peu près de la même manière, ne *reçoivent pas le blanc*, et en cela ils me paraissent supérieurs. P. GAUBERT.

PRUNELLE, ouverture qui paraît noire dans le milieu de l'œil, et par laquelle les rayons passent pour peindre les objets dans la *rétine*, ou membrane formée dans le fond de l'œil par une expansion du nerf optique. Proverbialement, *Jouer de la prunelle*, c'est jeter des œillades, faire quelques signes des yeux : il se dit communément des signes qu'un homme et une femme se font quand ils sont d'intelligence. Conserver quelque chose comme la *prunelle* de ses yeux, c'est la conserver soigneusement, précieusement.

PRUNELLIER. Voyez PRUNIER.

PRUNIER. Linné avait réuni dans le genre *prunus* les abricotiers, les cerisiers et les pruniers proprement dits. Nous ne parlerons ici que de ces derniers, dont Tournefort a fait un genre distinct, de la famille des amygdalées, ayant pour caractères botaniques : un calice à cinq divisions, une corolle à cinq pétales, une vingtaine d'étamines, un style, un drupe arrondi, ovoïde, charnu, glabre, à noyau comprimé, oblong, pointu au sommet, sillonné et anguleux vers les bords.

Le *prunier domestique* (*prunus domestica*, L.) est un arbre de quatre à cinq mètres, à racines traçantes, à écorce brune, à rameaux sans épines, à feuilles ovales, glabres en dessus, pubescentes en dessous, dentées ; à fleurs presque solitaires. Cultivé en France de temps immémorial, il est, dit-on, originaire de l'Orient ; pourtant, quelques botanistes ont considéré le *prunus insititia*, qui croît naturellement dans les parties méridionales de la France, comme le type du prunier cultivé. La culture en a produit une foule de variétés, dont les fruits (*voyez* PRUNE) diffèrent pour la grosseur, la forme, la couleur et la saveur. La greffe à œil dormant ou en fente, selon l'âge des sujets, faite sur des pieds crûs de semis ou sur des rejetons, perpétue toutes ces variétés. Le prunier aime surtout une terre fraîche et forte ; il pousse en plein vent, et n'est guère cultivé en espalier qu'aux environs de Paris. Sa disposition à pousser des drageons qui l'épuisent doit être combattue avec persévérance : ces drageons sont supprimés à mesure qu'ils paraissent.

Le *prunier épineux* (*prunus spinosa*, L.), vulgairement *prunellier*, *épine noire*, est un arbrisseau de $1^m,35$ à $1^m,65$ de haut, qui croît dans les terrains arides, au milieu des haies. Sa tige est recouverte d'une écorce brune, ses rameaux sont épineux, ses feuilles, ovales, petites, glabres ; ses fleurs, blanches, presque solitaires, paraissent avant les feuilles : elles sont petites, blanches et aromatiques ; ses fruits, du volume d'un gros pois, d'un bleu foncé et d'une saveur astringente, sont connus sous le nom de *prunelles*. Les premières gelées les adoucissent un peu, et les rendent presque supportables : les enfants les mangent alors, et elles servent à faire une mauvaise boisson pour les pauvres gens. L'écorce du prunellier a été employée comme fébrifuge, sa fleur comme purgatif, et l'extrait de ses fruits comme astringent. P. GAUBERT.

PRURIT (du latin *pruritus*), démangeaison vive causée à la superficie de la peau. Le prurit succède à la démangeaison et est le premier degré de la cuisson. Il se fait sentir à la circonférence des plaies et des ulcères. Il est souvent l'effet de petites éruptions érysipélateuses. On donne aussi le nom de *prurit* à la démangeaison que ressentent les galeux.

PRUSE ou PRUSA, ville ancienne de l'Asie Mineure, sur l'emplacement de laquelle se trouve aujourd'hui Brousse, était la capitale de la Bithynie. Cette ville fut fondée vers l'an 560 avant J.-C., par le roi Prusias, contemporain du fameux Crésus, roi de Lydie. On prétend même qu'elle existait au temps de la guerre de Troie, et qu'Ajax s'y perça de son épée. Négligée sous les derniers rois de Bithynie, la ville de Pruse fut conquise avec ce royaume par Mithridate, vers l'an 72 ; mais elle retomba au pouvoir des Romains en 70, après la défaite de ce prince par Lucullus, près de Cyzique. Pruse céda le rang à Nicomédie, qui sous le règne de Trajan fut métropole de la province. Pruse, au contraire, avait fort déchu. Après la division de l'empire, cette ville appartint à celui d'Orient. Prise l'an 947 par Saïf-Ed-Daulah, émir d'Alep, de la dynastie des Hamdanides, elle fut reprise, peu d'années après, par Nicéphore Phocas. Pruse fut pillée l'an 1113 par les troupes du sultan. Ayant refusé, ainsi que Nicée, de reconnaître l'usurpateur Andronic Comnène, elle fut saccagée l'an 1184. Théodore Lascaris s'empara de Pruse, avec l'aide du sultan d'Iconium, en 1205. Assiégée vainement par les Latins, elle resta à Lascaris, par la paix qu'il conclut, en 1214, avec Henri, empereur de Constantinople. Othman l'assiégea en mai 1318. H. AUDIFFRET.

PRUSSE (*Géographie et statistique*). Ce royaume est divisé par un territoire obéissant à un souverain étranger, en deux parties, l'une à l'est, l'autre à l'ouest. La partie orientale, qui en est la plus considérable, confine, au nord, à la Baltique ; à l'est, à la Russie et à la Pologne ; au sud, à la Gallicie autrichienne, à la Silésie autrichienne, à la Moravie et à la Bohême, au royaume de Saxe, aux duchés de Saxe, aux principautés de Reuss et de Schwartzbourg ; à l'ouest, à la Hesse Électorale, au Hanovre, au duché de Brunswick, aux deux duchés de Mecklembourg, sans compter quelques parcelles entourées par les territoires de la Hesse Électorale, du Brunswick, des duchés de Saxe, des principautés de Schwartzbourg et de Reuss, et une petite enclave située dans le duché de Mecklembourg-Schwerin. La partie occidentale, qui ne forme guère que le tiers de la monarchie, confine, au nord, aux Pays-Bas et au Hanovre ; à l'est, aux principautés de Schaumbourg-Lippe et de Lippe-Detmold, au duché de Brunswick, au royaume de Hanovre, à la Hesse

Électorale, à la principauté de Waldeck, au grand-duché de Hesse, au duché de Nassau, au landgraviat de Hesse, au grand-duché d'Oldembourg et au Palatinat du Rhin; au sud, à la France; à l'ouest, au grand-duché de Luxembourg, à la Belgique et aux Pays-Bas. La monarchie prussienne comprend en outre la principauté de Neufchâtel et de Valengin en Suisse, sur laquelle elle n'exerce à dire vrai depuis 1848 qu'un droit de souveraineté purement nominal, et, en vertu de la déclaration de prise de possession en date du 12 mars 1850, les principautés de Hohenzollern, en Souabe; enfin, depuis le 7 mai 1850, l'ancienne partie de la principauté de Lippe-Detmold située en Souabe. Par suite de ces acquisitions récentes, ainsi que de l'incorporation de la principauté de Lichtemberg sur le Hundsruck, effectuée dès 1834, le royaume comprend ensemble une superficie de 3,572 myriamètres carrés; et le recensement de 1852 a donné un chiffre total de 16,935,420 habitants. Il est divisé en huit provinces, à savoir : *la Prusse* proprement dite, de 824 myriamètres carrés de superficie avec 2,604,748 habitants, subdivisée elle-même en *Prusse orientale* [494 myriamètres carrés et 1,531,272 habitants] et en *Prusse occidentale* [330 myriamètres carrés et 1,073,476 habitants]; le grand-duché de *Posen*, 325 myriamètres carrés et 1,381,745 habitants; le *Brandebourg*, 514 myriamètres carrés et 2,205,040 habitants; la *Poméranie*, 409 myriamètres carrés et 1,253,904 habitants; la *Silésie*, 519 myriamètres carrés et 3,173,171 habitants; la *Saxe*, 312 myriamètres carrés et 1,828,732 habitants; la *Westphalie*, 257 myriamètres carrés et 1,504,251 habitants; la *Province du Rhin*, 341 myriamètres carrés et 2,906,498 habitants, et y comprenant le territoire de Sigmaringen ou de Hohenzollern [14 myriamètres carrés et 65,604 habitants], 355 myriamètres carrés et 2,972,130 habitants. En 1849 on comptait dans le royaume (non compris le pays de Hohenzollern) 980 villes, 347 bourgs, 31,795 villages, 11,466 fermes, 9,227 colonies agricoles, et 26,127 établissements divers. En ce qui est des races diverses qui composent cette population totale, on peut dire approximativement que les Allemands y figurent pour environ 14,500,000 âmes, et les Slaves pour 2,200,000. A quoi il faut ajouter 30,000 Français et Wallons, de 150 à 170,000 Lètes, et 220,000 individus d'origine orientale, c'est-à-dire juive. L'élément slave, demeuré fidèle à la langue nationale en ses divers dialectes, habite surtout le grand-duché de Posen comme Polonais, de même que dans la Prusse occidentale, sur la rive occidentale de la Vistule; comme Cassoubes, dans l'arrondissement de Kœslin. Les Lettes se rencontrent dans la Prusse orientale.

La plus grande partie du sol est plate et appartient à la grande vallée du nord-est de l'Europe. Il n'y a de montagneux que la lisière méridionale des provinces du centre, ainsi qu'une grande partie de la Westphalie et de la province du Rhin. La Baltique est la seule mer qui baigne la Prusse; mais son littoral est trop sablonneux et trop bas pour pouvoir offrir des ports sûrs et profonds. Le territoire comprend un grand nombre de lacs, notamment dans les provinces de Prusse, de Poméranie, de Posen et de Brandebourg. Les différents fleuves et cours d'eau de la Prusse aboutissent soit à la Baltique, soit à la mer du Nord. Les principaux sont le Memel; la Vistule, et ses affluents le Drewenz, l'Ossa, la Brahe et la Motlau; l'Oder, et ses affluents l'Oppa, l'Ohlau, le Bartsch, le Bober, la Neissen et la Wartha; enfin, l'Elbe, et ses affluents la Saale et le Havel, sans compter différents petits cours d'eau dont la source avoisine les côtes, tels que la Dange, le Pregel, l'Elbing, la Leba, la Lupow, la Stolpe, le Wipper, la Persante, la Rega, l'Ucker, la Peene et le Recknitz. Un grand nombre de canaux viennent s'ajouter à ces voies de communication intérieures; les plus importants sont le petit *Fredericsgraben* et le grand *Fredericsgraben*, le canal de Bromberg, le canal de Frédéric-Guillaume, le canal de Finow, le canal de Plane, le canal de Klödnitz, en Silésie, etc. Le climat du territoire prussien est en général sain et tempéré; la température moyenne de l'année est de 4°,96 R. à Kœnigsberg, de 7°,2 à Berlin, de 7°,5 à Aix-la-Chapelle, de 8° à Cologne et à Trèves.

L'agriculture et l'éducation du bétail constituent dans l'une et l'autre partie de la monarchie la principale base de l'alimentation des populations. Leurs progrès ont été singulièrement favorisés et développés par les instituts de crédit fondés à l'usage des propriétaires fonciers, par le droit accordé depuis 1807 à tous les sujets prussiens de se rendre acquéreurs de biens seigneuriaux, par la suppression (1807 et 1820) du servage héréditaire, par le rachat (1811 et 1820) des corvées moyennant indemnité payée aux propriétaires, enfin par l'égalité des partages introduite, sous certaines restrictions, depuis 1821. En outre, le gouvernement n'épargne ni soins ni dépenses pour favoriser et exciter les progrès de l'agriculture par des secours extraordinaires, par la création d'établissements modèles et d'écoles d'agriculture, en mettant à la disposition des cultivateurs des sujets propres à perfectionner les races d'animaux, etc., etc. La nature du sol, comme on peut bien le penser, est loin d'être partout la même. Si en beaucoup d'endroits, tels que l'Eifel, le Hundsruck, les landes de Minden et de Lippstadt, on ne trouve qu'une végétation rabougrie, si dans beaucoup d'endroits du Brandebourg, de la Poméranie, de la Prusse et de Posen, ce n'est qu'à force de sueurs qu'on en peut obtenir quelques maigres produits, il est fertile dans la plus grande partie de la monarchie, et même d'une fécondité extrême sur quelques points. On calcule qu'environ 42 pour 100 du sol sont employés en terres à blé, 1 1/5 en jardins, vignes et vergers, 7 2/5 en prairies, 7 3/5 en pacages, 18 1/5 en bois et forêts et 23 3/5 en terres incultes. Presque toutes les céréales sont cultivées avec tant de succès, notamment en Prusse, dans le grand-duché de Posen, en Silésie et en Saxe, qu'il s'en fait des exportations considérables, non pas seulement à l'intérieur pour les provinces moins bien partagées sous ce rapport, mais encore pour l'étranger. La culture du tabac, qui était déjà très-considérable autrefois, prend chaque jour de l'extension, de même que celle de la vigne. Les rives du Rhin, de la Moselle et de l'Ahr produisent des vins estimés. C'est surtout en Prusse, dans le grand-duché de Posen, la haute Silésie et la Westphalie, que les forêts abondent. C'est seulement à partir de 1833 que la fabrication du sucre de betteraves a été introduite en Silésie et en Saxe; et depuis lors elle y a pris de plus en plus d'extension. En 1849 on n'y comptait pas moins de 116 fabriques de sucre en activité.

Depuis la dernière paix, l'éducation du bétail a fait d'immenses progrès. Le nombre des moutons a presque doublé (il était en 1849 de 16,400,000 têtes). La production de la laine atteignait près de 18 millions de kilogrammes. La création de nombreux haras a singulièrement perfectionné l'espèce chevaline, et la production annuelle est telle aujourd'hui qu'elle ne suffit pas seulement aux besoins des remontes, mais qu'elle permet encore d'exporter un grand nombre de chevaux de trait et de chevaux de cavalerie. En 1853 on évaluait le nombre des chevaux existant en Prusse à 1,576,000; et celui des bêtes à cornes à 4,372,000 têtes. La Westphalie est le grand centre de l'élève des porcs, la Poméranie de celle des oies; l'agriculture réussit surtout dans le Brandebourg, la Westphalie et la basse Lusace. La pêche sur les côtes de la Baltique et dans les fleuves du pays constitue une importante industrie. Le gibier abonde dans les forêts; on y trouve quelques bêtes fauves, telles que le loup, et par-ci par-là le taureau sauvage et l'élan, sans compter des loups-cerviers, des renards, des blaireaux, des martres, des loutres, des castors en Westphalie, des chiens de mer sur les bords de la Baltique, et toutes espèces de gibier à plumes.

L'exploitation des mines, constamment en voie de progrès, produisit en 1852 39,130,955 tonnes, et 5,931,238 quintaux de minerais divers et de houille, provenant de 2,142 fosses valant ensemble une valeur de 51,056,650 fr.; et 9,753,151 quintaux et 42,852 marcs (16 marcs d'or et 42,836 marcs d'argent), provenant de 1,223 hauts fourneaux et représentant une valeur de 144,848,083 fr. Dans ces chiffres le fer en barres et la fonte figuraient pour 6,311,227 quintaux, le zinc brut pour 694,417 quintaux et le zinc en feuilles pour 99,962 quintaux, le cuivre pour 166,592 quintaux, le laiton pour 23,964 quintaux, l'alun pour 72,482 quintaux, le vitriol pour 45,794 quintaux, sans compter une certaine quantité de nickel, de graphite, d'arsenic, d'antimoine et de soufre. L'exploitation des salines, situées pour le plus grand nombre en Saxe et en Westphalie, faite pour le compte de l'État, avait donné 59,051 lasts ou 118,710,000 kilogr. de sel, représentant une valeur de 5,365,425 fr. Il n'y a pas précisément absence absolue de pierres précieuses : on trouve de la chrysoprase, de l'améthyste et de l'agate en Silésie, de l'albâtre en Saxe, du marbre en Silésie, sur les bords du Rhin, en Westphalie et en Saxe, de la pierre meulière en Silésie, en Saxe et en Westphalie, de la chaux et du plâtre en Silésie, en Brandebourg, en Westphalie, en Saxe et sur les bords du Rhin; diverses espèces d'argiles, de terres sablonneuses et de terres à porcelaine près de Halle en Saxe, de la terre de pipe et de la terre à foulon dans presque toutes les provinces; de la tourbe, surtout dans le Brandebourg; enfin, de l'ambre, production particulière à la Prusse, qu'on rencontre tantôt enfoui dans la terre, et que tantôt l'on pêche, notamment dans la Prusse orientale sur les 21 kilomètres de littoral qui s'étendent depuis Pillau jusqu'à Dirschkemen, et en Poméranie. Sur 108 sources minérales qu'on compte en Prusse, la plupart sont situées en Silésie et dans la province du Rhin. Nous citerons plus particulièrement les célèbres sources sulfureuses d'Aix-la-Chapelle.

L'industrie manufacturière a pris de notables développements en Prusse depuis le commencement de ce siècle. Le système continental de Napoléon fut pour elle le plus puissant des leviers; et au rétablissement de la paix, en 1815, non-seulement on conserva avec soin les fabriques que la nécessité avait fait créer, mais encore on favorisa leurs efforts de telle façon que dans la plupart des genres la manufacture prussienne, pour ce qui est du prix de revient, de l'élégance et de la bonne qualité des produits, soutient avantageusement la concurrence de l'étranger. Dès 1810 un édit royal avait rendu l'industrie complètement libre et supprimé les maîtrises, les jurandes et les corporations. Les arrondissements de Minden, d'Arnsberg, d'Aix-la-Chapelle, de Clèves, la vallée du Wiepper avec ses chefs-lieux Elberfeldt et Barmen, incontestablement les contrées les plus industrieuses de la monarchie prussienne et même de toute l'Allemagne, les arrondissements de Breslau et de Liegnitz en Silésie, quelques parties de la Saxe et du Brandebourg, et la partie du grand-duché de Posen qui avoisine la Silésie, appartiennent depuis longtemps aux régions les plus industrieuses de la monarchie prussienne et même de toute l'Allemagne. L'industrie prussienne met en œuvre des matières premières, tant indigènes qu'étrangères. Parmi les premières figure en première ligne la fabrication des toiles, dont les grands centres sont en Silésie et en Westphalie (Bielefeld, etc.), de même que dans les cercles d'Ermelande, de la Prusse orientale, de Dusseldorf et de Cologne. Les contrées transmarines étaient autrefois le principal débouché des toiles de Prusse; et il y avait déjà longtemps que l'importance en avait sensiblement diminué, sans que l'accroissement et la consommation dans le sud de l'Allemagne, qui a été la conséquence de la création du zollverein, ait pu complètement le remplacer. Le nombre des fabriques et la production de la toile se sont sans doute accrus; mais il n'y a pas eu de progrès dans la qualité des produits non plus que dans les procédés de fabrication. Les fabricants ont cherché à lutter contre la concurrence des machines de l'étranger, en réduisant le prix de la main-d'œuvre aussi bas que possible; fausse mesure qui a pour résultat l'appauvrissement et la diminution de la population en Silésie et ailleurs. L'industrie cotonnière n'est pas dans une situation meilleure. Si comparativement à 1846 elle occupait en 1849 27,500 individus de plus, elle ne peut lutter contre la filature anglaise et ses procédés rapides et économiques de fabrication qu'en réduisant, elle aussi, à presque rien le salaire de l'ouvrier, qui ne gagne pas en Prusse le quart de ce qu'il gagne en Angleterre, et dont on peut dès lors aisément se représenter la poignante détresse. La situation de l'industrie des laines et des soies est beaucoup plus satisfaisante. La première de ces industries a pour centres principaux la province du Rhin, la Saxe, la Silésie et le Brandebourg; la seconde, Crefeld, Cologne, Iserlohn, Schwelm, Berlin et Potsdam. Les mégisseries, les tanneries, les brasseries, les distilleries, les fabriques de sucre de betterave, de chicorée et de tabac sont aussi nombreuses que florissantes dans la plupart des provinces. La grosse quincaillerie, la quincaillerie fine, la fabrication des armes à feu, des machines, des cristaux, des meubles, des pianos, des articles de passementerie, de la porcelaine et des glaces ont pris des plus vastes proportions.

La richesse de tous ces produits donne lieu à un mouvement commercial des plus importants, et que favorise particulièrement un vaste système de voies de communication, tant par terre que par eau. On ne compte pas moins de 543 myriamètres de navigation fluviale (Elbe, Oder, Vistule, etc.), de 66 myriam. de canaux; et à la fin de 1853 le réseau des chemins de fer embrassait déjà un parcours de 308 myr., avec des embranchements qui les raccordent aux voies ferrées des autres pays allemands. De grands travaux ont été récemment exécutés pour améliorer la navigation de plusieurs cours d'eau. En 1840 la Prusse ne possédait encore que 6 bateaux à vapeur; en 1854 elle en comptait 135. Le commerce maritime, qui a lieu au moyen de 20 ports situés dans la Baltique, occupait en 1851 981 bâtiments au long cours (dont 25 bateaux à vapeur), jaugeant ensemble 133,248 lasts, et 546 bâtiments caboteurs (dont 5 vapeurs), jaugeant ensemble 7,469 lasts. Les principaux ports sont Dantzig, Pillau, qui dessert Kœnigsberg, Elbing, Braunsberg et Fischauser; Memel, Stralsund, Greifswald, Wolgast, Barth, Kolbergermunde, Rugenwaldemunde et Stopelmunde. Le mouvement de 1851 avait été, à l'entrée, de 5,893 navires, jaugeant ensemble 557,724 lasts, et à la sortie de 6,799 navires, jaugeant ensemble 511,848 lasts. Depuis l'abolition du cornbill en Angleterre, l'exportation des grains pour l'Angleterre était en moyenne en 1851 de 938,955 quarters par an. Berlin, Breslau, Magdebourg, Stettin, Kœnigsberg, Francfort-sur-l'Oder et Munster sont les grands centres du commerce intérieur. Les principaux articles d'exportation sont la laine brute, les étoffes de laine, les céréales, la graine de lin, de colza, la graine de rave, l'huile, le chanvre, les cotonnades, les soieries, le vin, le bois, le sel, l'ambre, la houille, le fer, le zinc, le plomb, la quincaillerie grosso et fine, les matières tinctoriales, les livres, les cuirs, les fils teints. On importe surtout du sucre brut et raffiné, du café, du vin, du rhum, du rack, du tabac, du coton, de la soie brute, du thé, des épices, du houblon, des matières tinctoriales, du mercure, de l'étain, du salpêtre, du verre, des bestiaux, des poissons secs, de l'huile de baleine et des fourrures.

La culture intellectuelle est parvenue en Prusse à un haut degré de perfection, et la propagation de l'instruction dans les masses est de la part du gouvernement l'objet de la plus louable sollicitude. L'Académie des Sciences de Berlin jouit à bon droit d'un renom européen, et il existe dans les provinces un grand nombre de sociétés savantes. On compte dans la monarchie six universités, à savoir : à Berlin, à Kœnigsberg, à Halle, à Breslau, à Greifswald et à Bonn; et avec des établissements spéciaux de Braunsberg et de Munster pour l'enseignement de la théologie catholique, leur nombre d'étudiants est d'environ 5,600. En 1853, 123 gymnases, répondant à nos lycées, distribuaient l'instruction secondaire à environ 30,000 élèves, et comptaient 1,700 professeurs; sur tous les points de la monarchie existent en outre des établissements d'instruction spéciale, des écoles d'agriculture, des écoles de navigation, des écoles d'arts et métiers. La Prusse est d'ailleurs, toutes proportions gardées, le pays de l'Europe où il est le plus largement pourvu aux besoins de l'instruction primaire. En 1849 le nombre des écoles primaires était de 24,201, avec 30,865 instituteurs et institutrices, et 2,453,062 élèves. Tous les jours il se fonde de nouvelles écoles du dimanche. L'État exerce la haute main sur tout ce qui a rapport à l'instruction publique, et les communes pourvoient à l'entretien de leurs écoles respectives. Des écoles des beaux-arts existent notamment à Berlin et à Dusseldorf; un grand nombre de riches bibliothèques, de musées, d'observatoires, de jardins botaniques, complètent l'ensemble de ce vaste système d'instruction publique.

Le protestantisme, avec ses confessions différentes, constitue la religion dominante en Prusse. En 1849, sur une population de 16,331,187 hab. (non compris la principauté de Hohenzollern), on comptait 10,016,798 protestants avec 8,164 églises paroissiales et 837 lieux de réunion sans droits de paroisse; 6,079,613 catholiques avec 5,230 églises et 2,008 chapelles; 14,609 mennonites avec 30 lieux de réunion; 1,268 grecs avec 3 églises; 1 mahométan et 218,908 juifs avec 901 synagogues. En général, le protestantisme domine à l'est et le catholicisme à l'ouest. Les différents cultes sont placés sous la surveillance du ministère des affaires ecclésiastiques, de l'instruction publique et des affaires médicales. Des consistoires, ayant chacun un président, administrent les églises protestantes dans chaque province. L'Église catholique a à sa tête deux archevêques (Posen et Cologne) et six évêques (Kulm, Ermland, Breslau, Munster, Paderborn et Trèves). On compte en Prusse environ 20,000 herrnhutes. Les chrétiens grecs habitent surtout les parties orientales de la monarchie; les mennonites sont répartis dans les arrondissements de Dantzig, de Marienwerder et de Kœnigsberg, de même que dans la province du Rhin et en Westphalie. Les juifs se rencontrent dans les ci-devant provinces polonaises; on en compte 110,995 dans les arrondissements de Posen, de Bromberg, de Marienwerder et d'Oppeln; 44,676 en Westphalie et dans la province du Rhin. Il y en avait dans la seule ville de Posen 7,691, à Berlin 9,664, à Breslau 7,384, à Dantzig 2,369, etc. Toutes les confessions chrétiennes jouissent de la plus entière égalité de droits. Les juifs, eux aussi, sont admis à l'exercice des droits civils, de même qu'ils participent à toutes les charges de l'État. En outre, il s'est constitué récemment en Silésie et dans le grand-duché de Posen une église *catholique allemande*, qui compte un certain nombre d'adhérents, mais qui n'a point encore été reconnue par l'État.

La constitution de la Prusse, autrefois monarchique absolue, est devenue à la suite des événements de 1848, monarchique constitutionnelle. Après la dissolution de l'Assemblée nationale constituante convoquée par une loi électorale en date du 8 avril 1848, des décrets en date des 5 et 6 décembre 1848 octroyèrent une constitution et une loi électorale pour la composition de la seconde chambre. Toutefois, cette constitution fut soumise à une révision : la constitution révisée fut proclamée le 31 janvier 1850; et tous les pouvoirs de l'État la jurèrent le 6 février suivant. Elle a pour bases l'égalité de tous les Prussiens devant la loi et la suppression de tous les privilèges de castes; elle garantit la liberté individuelle, l'inviolabilité de la propriété et le secret des lettres; elle déclare qu'il ne peut être créé de tribunaux d'exception, non plus que des commissions extraordinaires; elle abolit la mort civile et la confiscation; elle garantit la liberté d'émigration, la liberté de conscience, la liberté de la science et de la presse; elle autorise les assemblées paisibles et sans armes dans des lieux clos, et les réunions des sociétés non contraires à la loi; elle déclare le service militaire obligatoire pour tous indistinctement. La personne du roi est inviolable et irresponsable; tous les actes de son gouvernement doivent être contre-signés par des ministres responsables. Il exerce la puissance exécutive, nomme ou renvoie ses ministres, convoque les chambres et clot leurs sessions, promulgue les lois, pourvoit à leur exécution par des règlements d'administration publique, commande la force armée, a le droit de déclarer la guerre et de faire la paix, possède le droit de faire grâce, celui d'atténuer les peines, et d'accorder les diverses décorations honorifiques créées pour récompenser le mérite. Pour la succession au trône on suit l'ordre de primogéniture en donnant toujours la préférence à la ligne mâle. Le roi (de même que tous les princes de sa maison) est majeur à dix-huit ans accomplis; s'il est dans l'impossibilité de régner, la régence appartient au plus proche agnat majeur; à défaut d'agnat majeur, et s'il n'a pas été pris de dispositions en vue de cette prévision, les deux chambres élisent un régent. Le fils aîné du roi prend le titre de *prince royal de Prusse*, et l'aîné des frères puînés du roi celui de *prince de Prusse*. Le roi et sa famille professent la religion protestante. Les affaires personnelles de la famille royale sont gérées par le ministère de la maison du roi, qui depuis 1849 ne fait plus partie du ministère d'État. Celui-ci se compose aujourd'hui de huit départements ministériels, à savoir : 1° ministère des affaires étrangères; 2° ministère de l'intérieur; 3° ministère des affaires ecclésiastiques, de l'instruction publique et des affaires médicales; 4° ministère du commerce, de l'industrie et des travaux publics (fondé le 27 mars 1848), avec cinq divisions : l'administration des postes, les chemins de fer, la construction des routes et canaux, les mines, les hauts fourneaux et les salines, enfin le commerce et l'industrie; 5° le ministère de la justice; 6° le ministère des finances, comprenant trois divisions : les forêts, les domaines, et l'administration des contributions; 7° le ministère de la guerre; 8° le ministère de l'agriculture (fondé le 25 juin 1848 et placé depuis le 19 décembre 1850 sous la direction du ministre de l'intérieur). Du ministère d'État dépend le conseil d'État, réinstitué par l'ordonnance du 12 janvier 1852 comme le pouvoir délibérant le plus élevé. Il se compose des princes de la famille royale ayant atteint leur majorité, d'un certain nombre de fonctionnaires publics appelés à en faire partie de droit en vertu de leurs fonctions mêmes, comme les ministres d'État, le ministre de la maison du roi, le premier président de la cour suprême et celui de la cour des comptes, les généraux commandants et les gouverneurs (*oberprasidenten*) des provinces quand ils se trouvent de passage à Berlin, et de fonctionnaires que la confiance particulière du roi appelle à en faire partie. Il est divisé en cinq comités, chacun de cinq membres, et chargés de préparer les matières qui doivent se discuter en assemblée générale.

Le pouvoir exécutif est exercé en commun par le roi et les deux chambres. La première, aux termes de la constitution de janvier 1850, se compose des princes de la famille royale ayant atteint leur majorité, des chefs des anciennes familles qui autrefois relevaient immédiatement de l'Empire et qui depuis ont été *médiatisées* en Prusse; de membres nommés à vie par le roi, et de 90 membres élus dans les arrondissements par les électeurs les plus imposés; enfin, de 30 membres à la nomination des conseils municipaux de diverses grandes villes. D'après un projet de loi soumis en 1852 aux deux chambres, adopté en mars 1853, mais qui n'a point encore été mis à exécution, la première chambre doit être transformée en *chambre des pairs*, dont les membres ne seront plus qu'à la nomination du roi, les uns à titre héréditaire et les autres à vie. La seconde chambre se compose de 352 membres, élus dans les arrondissements. Est électeur tout citoyen âgé de vingt-cinq ans accomplis et participant aux élections communales dans la commune où il a établi son domicile. Il doit y avoir un électeur par 250 hab. Est éligible tout Prussien âgé de trente ans accomplis, en possession des droits civils et résidant depuis trois ans dans les États prussiens. La durée des pouvoirs législatifs de la seconde chambre est de trois ans. Les membres de la seconde chambre reçoivent une indemnité de voyage et de séjour supportée par la caisse de l'État. Les chambres sont convoquées tous les ans au mois de novembre, et peuvent être dissoutes par le roi. Les fonctionnaires publics n'en peuvent faire partie sans l'autorisation du roi. Les délibérations des chambres sont généralement publiques. Chacune des deux chambres a le droit d'envoyer des adresses au roi. Aucun de leurs membres ne peut, dans l'intervalle des sessions, être l'objet de poursuites judiciaires ni arrêté sans l'autorisation préalable de la chambre dont il fait partie, à moins qu'il n'ait été arrêté en flagrant délit ou le lendemain du jour où il a commis le délit. Toute loi doit être revêtue de la sanction du roi et des deux chambres. Le roi et les chambres ont indistinctement le droit de proposition. La constitution peut être modifiée par la voie ordinaire de la législation ; alors il doit être procédé dans chaque chambre à deux épreuves, séparées par un intervalle de vingt-et-un jours, et les décisions se prennent à la majorité absolue des suffrages.

Les états provinciaux, depuis leur rétablissement par décision ministérielle de 1851, sont chargés de donner leur avis sur l'établissement ou la suppression des lois provinciales, et de répartir l'impôt que la province doit acquitter. Les propriétaires fonciers en font seuls partie. Ils se composent, comme autrefois, de nobles et de chanoines capitulaires, de députés de la *Ritterschaft* (chevalerie), c'est-à-dire de possesseurs de biens nobles, sans avoir pour cela besoin d'être nobles eux-mêmes, de députés des villes et des communes.

L'administration des provinces a à sa tête un *oberpræsident* (président supérieur), dont les fonctions ont beaucoup d'analogie avec celles de nos préfets. Chaque province est divisée en un certain nombre d'arrondissements. On en compte 27 pour toute la monarchie. Chaque arrondissement est subdivisé en cercles (on en compte 335 pour toute la monarchie). Chaque cercle est administré par un *landrath*, à la nomination du roi, chargé de la police du pays, de la levée des recrues et d'autres détails locaux. L'administration municipale et l'administration communale sont l'objet d'un grand nombre d'ordonnances et de règlements.

L'administration de la justice a toujours été en Prusse l'objet de la plus louable sollicitude, et a dans ces derniers temps reçu de nombreuses améliorations. L'organisation judiciaire n'est d'ailleurs pas uniforme dans toutes les provinces, et la même loi n'y est pas non plus en vigueur. Ainsi, tandis que sur les bords du Rhin on suit les prescriptions du Code Napoléon, et dans la Poméranie citérieure le droit commun allemand, dans toutes les autres provinces on se conforme au *règlement judiciaire* projeté par ordre de Frédéric II et promulgué le 1ᵉʳ juin 1794. Toutefois, à partir du 1ᵉʳ juillet 1851 il a été mis en vigueur un nouveau code pénal obligatoire pour toutes les parties de la monarchie. L'ordonnance du 2 janvier 1849 a supprimé toutes les juridictions patrimoniales, nobles et communales, de même que la juridiction spirituelle dans les affaires temporelles (même sur les questions de séparation civile, de validité ou d'invalidité de mariage). La dernière organisation judiciaire établit : 1° des *tribunaux de première instance*, composés de tribunaux de cercle (de 40 à 70,000 habitants) et tribunaux de ville (d'au moins 50,000 habitants), où siègent plusieurs magistrats, et des simples tribunaux de cercle ne comprenant qu'un seul juge, connaissant en matières correctionnelles de causes pouvant entraîner une amende de 50 thalers et au-dessus et un emprisonnement de trois ans et au-dessous, et des commissaires de district, quand le cercle est trop étendu ; 2° des *tribunaux de seconde instance*, au nombre de 22, et siégeant dans les principaux centres de population, connaissant par voie d'appel, réformant ou confirmant les jugements rendus en première instance ; 3° le *tribunal de troisième instance*, dont la juridiction s'étend sur toute la monarchie, est formé par la cour suprême siégeant à Berlin, et à laquelle la loi du 17 mars 1852 a réuni la cour de révision et la cour de cassation du Rhin. La poursuite des crimes et délits a lieu à la requête du ministère public. A chaque cour d'appel est attaché un procureur général, et à chaque tribunal de cercle ou de ville un procureur d'État.

La publicité des débats, en matières civiles et criminelles, qui existait déjà dans la province du Rhin, aux termes du Code Napoléon, a été depuis 1848 étendue à toutes les autres provinces de la monarchie ; et l'ordonnance du 3 janvier en a fait autant de l'institution du jury, qui dès 1848 avait été appliquée sur les bords du Rhin au jugement des délits politiques et des délits de presse. La loi de 1847 a étendu à toutes les parties du royaume l'institution des tribunaux de commerce, depuis longtemps en vigueur dans la province du Rhin. Des conseils de prud'hommes ont été créés, en vertu de l'ordonnance de 1849, sur tous les points où le développement de l'industrie manufacturière les rendait nécessaires.

La loi du 12 mai 1851 réglemente la presse. La censure, abolie en 1848, ne peut jamais, aux termes de la constitution, être rétablie. Depuis la loi de juin 1852, tous les journaux publiés en Prusse (à l'exception des journaux scientifiques, littéraires) sont astreints à un droit de timbre ; les journaux publiés à l'étranger et entrant en Prusse y sont aussi soumis. Les journaux et feuilles soumis à la formalité du timbre, et même les simples feuilles d'annonces, sont astreints au droit de poste.

Aux termes de l'édit du 3 septembre 1814, tout Prussien en état de porter les armes est astreint au service militaire, et s'en acquitte dans l'armée permanente, dans les *landwehrs* de première et de seconde levée et dans la *landsturm*. L'entrée dans l'armée permanente a lieu par la voie du recrutement, qui atteint tous les individus âgés de vingt ans accomplis ; mais comme il n'y a qu'une partie des individus aptes au service qu'on enrégimente, c'est le sort qui décide entre eux. La durée du service est de deux ans dans les régiments d'infanterie de ligne, de trois dans l'infanterie de la garde et dans les autres armes de la ligne. Leur temps de service écoulé, les hommes entrent dans la réserve, où ils passent deux ans ; il n'y a que ceux de l'infanterie de ligne qui y restent trois ans. Au moyen de la réserve, l'armée permanente peut être portée au grand pied de paix et au grand pied de guerre. Pour le système de la *landwehr*, qui constitue une institution tout à fait particulière à la Prusse, nous renverrons le lecteur à l'article LANDWEHR. La *landsturm*, qui n'appartient pas à l'armée proprement dite, ne prend les armes que lorsque le pays est menacé d'une attaque par l'ennemi, et seulement sur la convocation du roi. Chef suprême de l'armée, le roi nomme à tous les emplois et confirme les jugements rendus par les conseils de discipline contre les officiers, sous-officiers et soldats. Il est secondé par le ministre de la guerre, qui prête serment à la constitution, tandis que l'armée ne prend aucun engagement de ce genre. La force armée est placée sous l'empire de lois d'exception, qui n'obligent la *landwehr* que lorsqu'elle est réunie sous les armes. Les individus faisant partie de l'armée ont cessé d'être exempts du payement de l'impôt, et les officiers sont maintenant justiciables des tribunaux ordinaires dans leurs affaires privées. La juridiction militaire ne comprend que les matières disciplinaires. Dans chaque corps d'officiers il existe un tribunal d'honneur pour les capitaines et les lieutenants, et un dans chaque division pour les officiers supérieurs. Les châtiments corporels ne sont prononcés qu'à l'égard des simples soldats transférés dans la seconde classe. Le corps d'officiers de l'armée permanente se recrute au sein même de l'armée ; chacun peut arriver aux officiers et aux plus hauts grades, quand il prouve en être digne. Depuis le 1ᵉʳ avril 1846 tout aspirant au grade d'officier doit prouver qu'il possède l'instruction qu'on exige de l'élève qui se présente pour suivre les cours de première année d'une université. Les officiers de la *landwehr*, comme les sous-officiers et une partie des chefs de compagnie, ou proviennent de son sein même, ou plus ordinairement d'engagés volontaires pour une année, ou appartiennent à l'armée permanente. En ce qui est de la composition de l'armée prussienne suivant le genre d'armes, l'infanterie de l'armée permanente comprenait en janvier 1853 trois régiments de la garde, divisés en huit bataillons, deux régiments de grenadiers, divisés en six bataillons, deux bataillons de chasseurs et de tirailleurs de la garde ; ensemble seize bataillons de la garde ; plus trente-deux régiments d'infanterie de ligne, divisés en quatre-vingt-seize bataillons, huit régiments d'infanterie de réserve, divisés en seize bataillons, huit bataillons combinés de réserve (exclusivement employés au service des places fortes) et huit bataillons de chasseurs ; total général de l'infanterie, quarante-cinq régiments et dix-huit bataillons, soit ensemble cent quarante-quatre bataillons. La cavalerie de l'armée permanente comptait à la même époque (chaque régiment fort de quatre escadrons) deux régiments de cuirassiers de la garde, deux régiments de hussards et de dragons de la garde, et deux régiments d'ouhlans de la garde, ensemble six régiments de la garde, formant vingt-quatre escadrons ; plus huit régiments de cuirassiers, quatre régiments de dragons, douze régiments de hussards, huit régiments d'ouhlans, trente-huit régiments, divisés en cent cinquante-deux escadrons. L'artillerie comprend un régiment d'artillerie de la garde et huit régiments d'artillerie, chacun de ces régiments composé de trois batteries à cheval et de trois batteries à pied, de quatre compagnies de places fortes et d'une compagnie d'ouvriers; plus une division combinée d'artillerie de places fortes, répartie en cinq compagnies (pour l'occupation de Mayence et de Luxembourg) et une division d'artificiers, répartie en deux compagnies. Sur le pied de paix les vingt-sept batteries à cheval comprennent 108 bouches à feu, les soixante-douze batteries à pied en comprennent 296 et les quarante-et-une compagnies de places fortes 10 pièces attelées. Le corps des ingénieurs compte deux cent seize officiers. Les pionniers forment une division de la garde, partagée en deux compagnies, et huit autres divisions, partagées en seize compagnies, sans compter deux compagnies de réserve pour les garnisons de Mayence et de Luxembourg. Les vétérans forment une compagnie de sous-officiers de la garde, dix commandements de gendarmes de l'armée, une compagnie d'invalides de la garde, six compagnies d'invalides provinciaux et huit compagnies d'invalides casernées dans les hôtels des invalides à Berlin et à Stolpe.

La *landwehr* de première levée compte quatre régiments de *landwehr* de la garde, divisés en douze bataillons ; trente-deux régiments d'infanterie (divisés en quatre-vingt-seize bataillons) et huit bataillons de *landwehr*, ensemble cent seize bataillons ; plus, en cavalerie : deux régiments de dragons de *landwehr* de la garde, huit régiments de dragons, huit *id.* de grosse cavalerie, douze régiments de hussards et huit régiments d'ouhlans, chacun à quatre escadrons, et huit escadrons de la réserve ; ensemble cent quarante-quatre escadrons. L'artillerie de la *landwehr* forme, suivant les cent quatre cercles de *landwehr* entre lesquels est divisé le royaume, cent quatre compagnies, n'ayant aucune force d'existence personnelle, mais qu'on incorpore dans les cadres de l'artillerie de l'armée permanente, aux manœuvres de laquelle elles prennent part chaque année. De même, les détachements de pionniers et de tirailleurs de la *landwehr* ne forment pas de corps distincts et ne servent qu'à compléter la force de l'armée active.

L'armée permanente est divisée en garde et en huit corps d'armé. La *garde* n'est casernée qu'à Berlin, à Charlottenbourg et à Potsdam ; son quartier général est à Berlin. Les huit *corps d'armée* sont répartis dans les provinces, aux chefs-lieux desquelles sont établis leurs quartiers généraux ; savoir : le 1er corps à Kœnigsberg, le 2e à Stettin, le 3e aujourd'hui à Berlin, le 4e à Magdebourg, le 5e à Posen, le 6e à Breslau, le 7e à Munster, le 8e à Cologne. Chaque corps d'armée forme deux divisions, et chaque division se compose de deux brigades d'infanterie (formées chacune d'un régiment de ligne et d'un régiment de *landwehr*) et d'une brigade de cavalerie, formée de deux régiments de ligne et de deux régiments de *landwehr* de la même arme. A chaque corps d'armée sont attachés en outre un régiment d'artillerie, une division de pionniers, un bataillon de chasseurs, un régiment de réserve (auquel on adjoint comme troisième bataillon un bataillon de la *landwehr*), un bataillon combiné de réserve et une ou deux compagnies d'invalides. En 1855 l'effectif d'un corps d'armée en campagne comprenait vingt-cinq bataillons à 23,000 hommes, trente-deux escadrons à 4,800 hommes, onze batteries avec 68 bouches à feu, et en troupes supplémentaires quatre bataillons et six escadrons ; puis pour les garnisons de places fortes vingt-six bataillons de ligne et de la *landwehr* de première levée et huit escadrons de la réserve et de la *landwehr*. La force totale de l'armée permanente est de 225,550 hommes (sur ce nombre les états indiquent qu'en temps de paix il y a toujours, sans compter les officiers et les agents d'administration, 127,442 hommes présents sous les drapeaux et 30,545 chevaux). La force totale de la *landwehr* de première levée est de 174,616 hommes (sur ce nombre les états indiquent qu'il n'existe aux dépôts que 4,123 hommes et 348 chevaux) ; enfin, la force totale de la *landwehr* de seconde levée est de 175,196 hommes. D'où il suit que l'effectif général de l'armée prussienne est de 575,652 hommes, sans compter une réserve de 150,000 hommes pour les cas urgents.

L'éducation du soldat est l'objet des plus grands soins. Les sous-officiers et les aspirants sous-officiers reçoivent dans les écoles de régiment et de bataillon, et pour l'artillerie dans les écoles de brigade et les hautes écoles de tir, les connaissances élémentaires nécessaires, et y trouvent toutes les ressources pour augmenter leur instruction. Il existe pour la formation de futurs officiers des écoles militaires à Berlin, à Potsdam, à Hulm, à Wohlstadt et à Bensberg : ces quatre dernières étant des écoles préparatoires à la première.

La Prusse possède un grand nombre de forteresses, dont plusieurs de premier rang : *Saarlouis*, sur les frontières de France, et *Juliers* sur les frontières des Pays-Bas ; sur le Rhin, *Wesel*, *Cologne* et *Deutz*, *Coblentz* et *Ehrenbreitstein* ; sur l'Oder, *Stettin*, *Custrin*, *Glogau* et *Kosel* ; en Silésie, en outre, *Glatz*, *Silberberg*, *Schweidnitz* et *Niesse* ; sur la Vistule, *Gaudents* et *Thorn* ; sur la Baltique, *Stralsund*, *Kolberg*, *Dantzig* et *Pillau* ; sur les frontières de l'est, du côté de la Russie, les forteresses de construction récente, de *Posen*, de *Kœnigsberg* et de *Boyen*, près de Loetzen.

La marine prussienne est encore à l'état d'enfantement. En 1855 elle ne se composait que de 3 bâtiments à voiles : les frégates *Le Gefion*, de 48 canons, et *La Thétis*, de 38 ; la corvette *Amazone*, de 12, et le transport *Le Mercure*, de 6 canons ; et de 4 bâtiments à vapeur, la corvette *Dantzig*, de 12 canons, la corvette *Barbarossa*, de 10, les 2 avisos *Nix* et *Salamander*, chacun de 8 canons. Plus, 36 chaloupes canonnières portant chacune 2 canons, 6 yoles à 1 canon, et 2 schooners (*Hecla* et *Frauengabe*) de 6 canons. Total : 54 bâtiments, portant 214 canons et montés par 1,180 hommes d'équipage. On a construit depuis 1851 un port militaire dans l'île de Dœnholm, près de Stralsund. Il est question d'en établir un autre dans la mer du Nord, à l'embouchure de la Sahde, et déjà l'acquisition des terrains nécessaires a été faite au grand-duché d'Oldenbourg.

Les finances de la Prusse, bien que souffrant encore des charges extraordinaires que leur ont imposées et les guerres soutenues contre Napoléon au commencement de ce siècle et les événements de 1848, sont en bon ordre et parfaitement administrées. Depuis l'établissement de la constitution de 1850 elles sont, comme dans tous les autres États constitutionnels, soumises au contrôle et à la surveillance des chambres. Le budget de 1855 évaluait les recettes de l'exercice à 111,827,785 thalers (418,354,193 fr. 75 c.), et les dépenses, tant ordinaires qu'extraordinaires, à pareille somme, dans laquelle l'intérêt de la dette publique figurait pour 11,715,810 thalers (36,554,412 fr. 50 c.) représentant un capital exigible de 242,768,617 th. (907,452,313 fr. 75 c.). La liste civile et les dotations de la famille royale montent à 2,573,099 th. (7,649,040 fr. 25 c.).

La Prusse forme dans l'ordre des États européens une puissance de premier rang; elle fait partie des États de la Confédération Germanique, où elle occupe la seconde place, exerçant quatre voix dans ses assemblées plénières et une dans ses assemblées restreintes. Les provinces pour lesquelles elle fait partie de la Confédération sont le Brandebourg, la Poméranie, la Silésie, la Saxe, la Westphalie et la province du Rhin, représentant une surface totale de 2,358 myr. carrés avec une population de 12,937,628 âmes; le reste du territoire de la monarchie, la Prusse proprement dite et le grand-duché de Posen, ensemble 1,200 myr. carr., n'est pas compris dans la Confédération Germanique.

Le premier des ordres de Prusse est l'ordre de l'*Aigle noir*, fondé par Frédéric 1er, le 17 janvier 1704, la veille du couronnement. L'ordre de l'*Aigle rouge* fut érigé par Frédéric-Guillaume II, en second ordre de sa maison; et Frédéric-Guillaume III le divisa en quatre classes, auxquelles se rattache le signe honorifique général, consistant en une médaille d'argent avec cette inscription en allemand : *Services rendus à l'État*, et qui se porte suspendue à la boutonnière avec le ruban de l'Aigle rouge. L'ordre *Pour le Mérite*, fondé en 1740, par Frédéric le Grand, pour récompenser les services distingués rendus à la guerre, orné par Frédéric-Guillaume III d'un rameau de chêne, a été augmenté en 1842, par Frédéric-Guillaume IV, d'une classe dite *de la paix*, pour récompenser les savants et les artistes. Le nombre des chevaliers en est fixé à trente pour l'Allemagne; mais il est illimité pour l'étranger. Depuis 1846 cette décoration ne peut être accordée à des étrangers que sur la proposition de l'Académie des Sciences de Berlin. Il y a encore pour récompenser les savants et les artistes une médaille du Mérite en or et une médaille du Mérite en argent; mais ni l'une ni l'autre ne se portent en décoration. L'ordre de la *Couronne de Fer* se compose de grand'croix et de deux classes de chevaliers. La grand'croix ne peut s'accorder qu'à des généraux en chef ayant gagné une bataille ou pris une place forte. Il existe en outre un signe de distinction honorifique pour les officiers de l'armée ayant vingt-cinq ans de services effectifs, et un autre partagé en trois classes pour les sous-officiers et soldats. L'ordre de *Hohenzollern*, fondé en 1851, et divisé en deux classes, est un ordre de famille. L'ordre de *Saint-Jean-de-Jérusalem* n'est point un ordre de mérite, et se donne à des nobles, tant indigènes qu'étrangers, qui éprouvent l'impérieux besoin d'avoir un crachat quelconque sur la poitrine.

Histoire.

Les contrées riveraines de la Baltique qui forment le royaume de Prusse proprement dit avaient été visitées dès le quatrième siècle avant J.-C. par des navigateurs phéniciens. La population en était germaine et slave, l'un de ces éléments dominant tantôt sur un point tantôt sur un autre. A la suite de la grande migration des Goths et des autres tribus germaines vers le sud, les habitants primitifs se retrouvèrent plus libres dans leurs mouvements. C'était une race proche parente de celles des Lettes et des Lithuaniens, et qu'on trouve désignée dès le dixième siècle sous le nom de *Porussen* (d'où le mot allemand *Preussen*, dont nous avons fait en français *Prussiens*). L'évêque Adalbert de Prague alla prêcher le christianisme à ces populations païennes, mais mourut de la mort des martyrs, en 997. Le duc de Pologne Bolesas Chrobry, qui en 1015 les convertit par la force des armes, fut le premier qui réussit à les soumettre. Une suite de tentatives faites par les vaincus pour abandonner le christianisme et secouer le joug de la Pologne échouèrent; mais dans une nouvelle guerre (1161), Bolesas IV de Pologne s'étant laissé acculer dans un pays tout entouré de marais et de forêts, y fut exterminé avec son immense armée. Sous Casimir II (1192), la fortune des armes changea, il est vrai; mais par suite des troubles intérieurs auxquels la Pologne était constamment en proie, les Prussiens (*Porussen*) finirent par l'emporter et même par contraindre passagèrement les Polonais et notamment le duc Conrad de Masovie à leur payer tribut. Pendant ce temps-là l'abbé du monastère d'Oliva, Christian, que le pape nomma en 1214 premier évêque de Prusse, avait assez bien réussi dans de nouvelles tentatives ayant pour but de convertir par les voies pacifiques les Prussiens à l'Évangile. Mais la haine ardente que leur inspirait le farouche Conrad de Masovie et la crainte de perdre leur indépendance politique s'ils adoptaient le christianisme les poussaient toujours à apostasier et à se révolter. A la suite des efforts infructueux tentés contre eux par un corps de croisés envoyé d'Allemagne, ils portèrent le fer et le feu en Masovie, et traitèrent en ennemis ceux de leurs compatriotes qui avaient embrassé la foi de Jésus-Christ, détruisant chez eux plus de trois cents églises. Alors l'évêque Christian, d'accord avec le duc Conrad, fonda un ordre de chevalerie religieux pareil à celui qui existait déjà en Livonie, les *Frères du service chevaleresque de Jésus-Christ*, ou les *Frères-Chevaliers de Dobrin*, au nombre de quatorze, porté plus tard à trente, et à qui Conrad concéda une certaine étendue de territoire en Kujawie, avec promesse de l'abandon à leur profit de la moitié de tous les pays dont ils feraient la conquête. De leur château fort de Dobrin, sur les frontières de la Masovie, ils firent d'abord de fréquentes et victorieuses incursions dans ce pays. Irrités par les brigandages des chevaliers, les Prussiens ne tardèrent pas à rassembler une armée formidable, marchèrent contre les chevaliers et le duc Conrad; puis à la bataille de Strasbourg ils les battirent entièrement, et les massacrèrent tous, à l'exception de cinq, qui survécurent à ce désastre. Mais dès lors l'ordre des Chevaliers de Dobrin eut perdu pour toujours toute espèce de considération. Enhardis par cette victoire, les Prussiens continuèrent leurs dévastations et leurs brigandages, et les poussèrent même jusqu'en Poméranie. Dans cette extrémité, Conrad de Palestine invoqua contre les envahisseurs le secours de l'ordre Teutonique, alors engagé dans une expédition en Palestine. Avec l'autorisation du pape, et après avoir reçu la promesse d'être autorisé à garder en toute souveraineté les territoires dont il opérerait la conquête, le grand-maître de l'ordre, Hermann de Salza, le sire de Balk, entra à la tête de cent chevaliers de l'ordre et d'une bande nombreuse de cavaliers armés, dans le pays de Kulm; et c'est ainsi que l'ordre Teutonique, dans lequel vinrent alors se fondre les derniers débris de l'ordre de Dobrin, entreprit la conquête de la Prusse, qui dura de 1230 à 1283.

Les premiers châteaux forts que les chevaliers de l'ordre Teutonique construisirent comme base de leur domination furent *Vogelsang* et *Nessau*, et leurs premières villes Thorn (1231), Kulm (1232) et Marienwerder (1233). Memel et Kœnigsberg eurent la même origine, vers le milieu du même siècle. Enfin, à la suite de luttes acharnées, la soumission du pays se trouva complète en 1283. Tout le pays, surtout lorsque, à partir de 1309, le siége du grand-maître de l'ordre Teutonique se trouva transféré à Marienburg, eut une administration divisé en commanderies, en bailliages et en curatelles, ne différant que sous le rapport de l'étendue de leur territoire et de la richesse de leurs revenus, et d'ailleurs tous indépendants les uns des autres. Quand la domination de l'ordre se fut consolidée, le pays sous sa souveraineté ne tarda point à avoir recouvré toute son ancienne prospérité. Le sol, peuplé de plus généralement par des colons allemands, fut cultivé avec soin; en même temps que par les développements du commerce et de l'industrie les villes et les bourgs acquéraient un degré de prospérité qui leur avait été inconnu jusque alors, et que sous l'administration juste et sage de l'ordre le peuple gagnait toujours en force et en nombre. Que si les guerres continuelles et le plus souvent malheureuses que l'ordre entreprit en Italie et en Pologne furent un obstacle aux progrès de la civilisation, la décadence morale de l'ordre Teutonique, en qui s'éteignit, vers la fin du moyen âge, le véritable esprit de la chevalerie, ne fut pas non plus sans influence sur l'administration du pays. La noblesse et les villes se plaignaient de concert des atteintes portées aux priviléges qui leur avaient été concédés, de même que des actes d'oppression de tous genres dont elles étaient l'objet. Le mécontentement et la fermentation ne firent que s'accroître, lorsque l'ordre, vivement pressé et maintes fois vaincu par les Polonais, se vit contraint d'exiger encore plus de ses sujets, afin de pouvoir satisfaire aux dures conditions que lui imposait le vainqueur. En 1454 les villes et la noblesse finirent par se révolter ouvertement et par se placer sous la protection du roi de Pologne, qu'elles secondèrent de 1454 à 1466 dans sa lutte contre l'ordre Teutonique. La paix conclue à Thorn en 1466 mit un terme à cette guerre dévastatrice, qui avait été pour le pays la cause des plus horribles calamités. La puissance de l'ordre Teutonique se trouva dès lors complétement détruite; il dut céder toute la Prusse occidentale et l'Ermland à la Pologne, et se reconnaître désormais vassal de cette couronne pour le reste de ses possessions.

Afin de mettre l'ordre en état de lutter contre les Polonais, les chevaliers élurent pour grand-maître (en 1511) le margrave *Albert*, fils du margrave Frédéric d'Anspach et de Baireuth, de la ligne franconienne de Hohenzollern, allié au roi de Pologne. Sa brave résistance fut inutile. Abandonné par l'Allemagne, force lui fut de reconnaître solennellement par le traité de Cracovie (8 avril 1525) la suzeraineté des rois de Pologne. Mais à cet événement se rattache une révolution d'une haute importance : l'introduction de la réformation en Prusse, et la transformation de ce pays en un duché séculier, dont Albert, de l'avis de Luther et du consentement des états, s'adjugea la souveraineté. Déjà, grâce aux efforts de l'évêque de Sameland, Georges de Polenz, la réformation s'était introduite par tout le pays; et dès 1522 Albert lui-même en avait embrassé les doctrines. Son changement de culte, suivi bientôt après de son mariage, fut un exemple que la plupart des chevaliers de l'ordre Teutonique ne tardèrent pas à suivre. Sous l'administration d'Albert, le pays vit s'accroître sa prospérité en même temps que sa sécurité intérieure. Malgré de nombreuses guerres civiles et de vives querelles religieuses qu'il lui fallut soutenir, il veilla à l'exacte distribution de la justice, à la bonne administration des finances, fonda des écoles, fit traduire la Bible en polonais et composer des livres élémentaires en allemand, en polonais et en lithuanien, et en 1544 il fonda l'université de Kœnigsberg. Son fils *Albert-Frédéric*, encore mineur à la mort de son père, arrivée en 1568, ne prit les rênes du gouvernement qu'en 1572; mais il finit plus tard par perdre la raison. Alors, de l'agrément du roi de Pologne, la régence passa d'abord au margrave *Georges-Frédéric* de Brandebourg-Anspach, puis à *Joachim-Frédéric*, arrivée en 1603, à l'électeur *Joachim-Frédéric*, et enfin à la mort de celui-ci, arrivée en 1608, à son fils et successeur l'électeur *Jean-Sigismond*. Ce dernier, qui était en même temps le gendre d'Albert-Frédéric l'insensé, hérita à sa mort, arrivée en 1618, de la Prusse, dont il se fit donner l'investiture par la Pologne, et qui depuis lors est toujours restée sous la souveraineté de la maison de Hohenzollern-Brandebourg, dynastie parvenue, lors de l'extinction de la ligne de Luxembourg, au commencement du quinzième siècle, en la personne de Frédéric VI (comme électeur Frédéric Ier), par voie d'acquisition et du consentement de l'empereur, au trône électoral de Brandebourg. Jean-Sigismond, afin d'avoir l'appui des Pays-Bas dans sa lutte au sujet de l'héritage du duché de Clèves et de Juliers, embrassa le calvinisme; démarche qui fut l'origine de troubles déplorables dans le pays, car Anne, son épouse, était restée luthérienne rigide. Un partage avec le Palatin de Neubourg put seul mettre fin cinquante ans plus tard, en 1666, à cette contestation. Jean-Sigismond mourut en 1619. Le règne de son successeur, *Georges-Guillaume* (1619-1640), se ressentit vivement des misères et des calamités de tous genres que la guerre de trente ans valut à l'Allemagne. Entièrement mené par son ministre, le comte Schwartzenberg, catholique qu'on accusait de trop prendre les intérêts de l'empereur, il observa une pusillanime politique de neutralité, qui n'aboutit qu'à rendre lui et son pays victimes des parties belligérantes; et les troupes suédoises, polonaises, impériales et de la ligue ravagèrent alternativement ses États de la façon la plus cruelle. En 1623 l'empereur Ferdinand II, quand il eut mis au ban de l'Empire le prince Jean-Georges de Jægerndorf, disposa de la Poméranie au mépris de ses droits en faveur de Wallenstein; et de 1636 à 1648 ses États furent constamment en proie aux dévastations des troupes suédoises qui avaient battu les Impériaux à Wittstock, le 24 septembre 1636, et qui se vengeaient ainsi de l'adhésion donnée en 1635 au traité de Prague par l'électeur, qui pendant ce temps-là se tenait caché au fond de la Prusse Orientale.

Telle était la situation déplorable du pays lorsque *Frédéric-Guillaume*, surnommé le *Grand-Électeur* (1640-1688), prince qui avait la conscience de sa force et de sa puissance intérieures, succéda à son père comme électeur de Brandebourg. A partir de ce moment jusqu'à ce jour l'histoire politique de la Prusse et de ses progrès incessants se confond avec celle des princes qui l'ont gouvernée, et pour éviter d'inutiles répétitions nous renverrons le lecteur aux articles spéciaux qui leur sont consacrés dans ce Dictionnaire. Au grand-électeur *Frédéric-Guillaume* succéda son fils *Frédéric III*, qui le 18 janvier 1701 prit à Kœnigsberg, du consentement de l'empereur, le titre de *roi de Prusse*, fut bientôt après reconnu en cette qualité par toutes les puissances de l'Europe, et qui comme roi de Prusse régna jusqu'en 1713, sous le nom de Frédéric Ier. Il eut pour successeur *Frédéric-Guillaume* Ier (1713-1740), dont le fils *Frédéric II*, surnommé à bon droit *le Grand*, remplit l'Europe de la gloire de son nom, et régna de 1740 à 1786. Son neveu Frédéric-Guillaume II, qui lui succéda (1786-1797), quoique doué de bonnes qualités, n'était pas de force à maintenir la Prusse au haut rang où l'avait placée son prédécesseur. L'absorption des principautés d'Anspach et de Baireuth et les deux nouveaux partages de la Pologne (1793 et 1795) accrurent le territoire du royaume d'environ 1,400 myriamètres carrés (Prusse méridionale, Nouvelle Prusse orientale et Nouvelle Silésie), sans lui donner plus de force à l'intérieur ni augmenter sa considération aux yeux du reste de l'Europe. Sa politique vacillante lui avait aliéné les grandes puissances, épuisé son trésor, surchargé l'État de dettes; un vif mécontentement existait dans les provinces orientales de la monarchie, et des mesures aussi fausses qu'impolitiques, telles que l'édit de religion, les rigueurs de la censure et la création de la commission théologique d'examen, avaient paralysé la vie sociale. Avant de mourir, Frédéric-Guillaume II s'empressa encore de signer un traité de paix séparé avec la France (à Bâle, le 5 avril 1795), en vertu duquel il abandonnait à cette puissance toute la rive gauche du Rhin, afin de s'assurer ses récentes acquisitions à l'est; et bientôt après il vit l'Autriche conclure avec la France en 1797 à Campo-Formio un traité dirigé contre les intérêts de la Prusse.

Le règne de son fils et successeur *Frédéric-Guillaume III* (1797-1840) fut signalé d'abord par une série de revers et de désastres qui mirent la monarchie à deux doigts de sa ruine. Il faut savoir rendre justice à l'esprit de suite et de persévérance que ce prince déploya pour les réparer. En abusant de sa force, Napoléon blessa au cœur la fierté nationale des Prussiens, dont le patriotisme, habilement exploité, enfanta des prodiges. Les événements de 1813 et de 1814, en amenant la chute du colosse qui pendant quinze ans avait tenu l'Europe enchaînée, rendirent à la Prusse la haute position dans la politique du monde qu'elle devait au génie de Frédéric le Grand. Mais au sortir de ces luttes gigantesques elle se trouvait littéralement épuisée; et la gloire de Frédéric-Guillaume était d'avoir su cicatriser par un gouvernement aussi éclairé que modéré les plaies profondes faites à la prospérité matérielle du pays par quinze années de guerre. Le malheur de ce prince fut de n'avoir pas su donner satisfaction à cette aspiration à la liberté politique qui en 1813 avait groupé la nation autour du trône, représenté alors dans toutes les proclamations officielles comme devant au retour de la paix doter le pays d'institutions représentatives.

Frédéric-Guillaume IV, qui a succédé à son père en 1840, et qui règne encore aujourd'hui, a eu à traverser la terrible crise de 1848, provoquée en partie par les fautes de son gouvernement. Revenu à résipiscence à la nouvelle de la révolution qui avait éclaté à Paris le 24 février et renversé le trône de Louis-Philippe, le roi de Prusse obéit enfin à la pression de l'opinion surexcitée par ces graves événements. Un ordre du cabinet en date du 8 mars promit la liberté de la presse aussitôt que les négociations qu'on allait entamer à ce sujet avec la Confédération Germanique auraient abouti. Cette tardive et insuffisante concession ne satisfit point les exigences de l'esprit public. La fermentation était tellement vive et générale, que déjà de sanglants conflits avaient eu lieu dans diverses grandes villes de la monarchie entre la population et la force armée. La situation de la capitale devenait de plus en plus alarmante; le roi crut conjurer le danger en convoquant, le 14 mars, la diète réunie pour le 27 août suivant et en promettant des réformes au sujet desquelles il devait être délibéré dans une réunion de souverains tenue à Dresde. Le mécontentement ne fit que s'accroître en présence de l'irrésolution dont faisait preuve le ministère Bodelschwing-Thile-Eichhorn. Enfin, une ordonnance royale en date du 18 mars supprima toutes les entraves dont était restée entourée la liberté de la presse, en même temps qu'elle convoquait la diète réunie pour le 2 avril et qu'elle annonçait l'intention du roi de coopérer à la transformation de la Confédération Germanique en État purement fédéral et de régénérer ainsi l'Allemagne. C'est au milieu de la joie causée dans la capitale par ces concessions qu'éclata entre la population et la force armée, dans les rues mêmes de Berlin, un conflit dont on se rejeta de part et d'autre la responsabilité, mais qui ne fit que trop de victimes. Le roi céda alors à la population, ordonna à la garnison d'évacuer les positions qu'elle occupait, et, en signe de complète réconciliation avec son peuple, se promena dans les rues paré des couleurs nationales allemandes. On put croire alors un instant que son intention était de se mettre à la tête du grand mouvement national allemand. Placé dans des circonstances analogues, Frédéric II en eût certes su profiter pour arracher à la maison de Habsbourg l'hégémonie du grand corps germanique. Son petit neveu ou n'osa point se laisser proclamer empereur d'Allemagne; et c'est vraisemblablement là une occasion qui ne se représentera plus jamais pour la Prusse. Puis, quand les excès du parti révolutionnaire eurent effrayé et compromis tous les intérêts, la politique de Frédéric-Guillaume IV consista à provoquer et à ramener une réaction par suite de laquelle l'ancien ordre de choses a partout triomphé en Allemagne. Toutefois, un progrès incontestable est résulté pour la Prusse des convulsions intérieures par lesquelles il lui a fallu passer à ce moment. Elle y a gagné des institutions représentatives, qui ont bientôt pris racine dans le pays, dont une politique inintelligente et rétrograde pourra bien fausser longtemps encore l'esprit et les tendances, mais qui finiront par triompher de l'esprit de caste et de privilège. Il y a là pour elle la garantie d'une prospérité dont elle possède depuis longtemps tous les éléments dans son sein; de même qu'à l'existence d'un gouvernement constitutionnel en Prusse se rattache intimement la perpétuité de l'influence de cette puissance non-seulement sur l'Allemagne, mais encore sur les affaires de l'Europe. Désormais pour elle ce serait inévitablement déchoir que de retomber dans la catégorie des monarchies absolues.

PRUSSE (Bleu de). *Voyez* BLEU DE PRUSSE.
PRUSSIATE DE POTASSE. *Voyez* CYANURE.
PRUSSIQUE (Acide), CYANHYDRIQUE ou HYDROCYANIQUE. Cet acide fut découvert en 1780, par Scheele, chimiste suédois, qui lui donna le nom d'*acide prussique*, parce qu'il l'avait obtenu du bleu de Prusse. Sept ans après, Berthollet reconnut que cet acide ne contenait pas un atome d'oxygène, et qu'il était composé d'azote, de carbone et d'hydrogène, dans des proportions qu'il laissa indéterminées. Par ces curieuses investigations, cet illustre chimiste fit connaître un fait important, c'est que l'oxygène n'est pas, comme on l'avait cru, le seul principe acidifiant. Enfin, Gay-Lussac, par sa découverte du *cyanogène*, démontra que c'était le radical de l'acide *hydrocyanique* qui s'acidifiait en se combinant avec l'hydrogène, comme le *chlore*, l'*iode*, etc., pour former les acides hydrochlorique, hydriodique, etc.

L'acide prussique pur est liquide, incolore, transparent, d'une saveur âcre et irritante, d'une odeur d'amandes amères très-forte; il rougit faiblement la teinture de tournesol; son poids spécifique est de 0,706; il est très-volatil, entre en ébullition à 26°,5, et se congèle à 15° au-dessous de 0. Il est digne de remarque que cet acide en s'évaporant produit assez de froid pour qu'une partie soit congelée. Cet acide pur s'altère si promptement qu'il suffit quelquefois d'un jour pour en opérer la décomposition. L'acide prussique est le plus violent des poisons connus. Il suffit d'en mettre une goutte dans la gueule d'un chien robuste ou de la lui injecter dans les veines pour le faire tomber mort; il en est de même si on la lui applique sur la muqueuse de l'œil; enfin, des oiseaux mis devant le goulot ouvert d'un flacon qui en contient périssent aussitôt. D'après ces faits, il est aisé de voir combien l'emploi de ce terrible médicament exige de la prudence et une main habile. Le docteur Murray a préconisé l'alcali volatil comme son meilleur antidote.

L'acide prussique existe tout formé dans les feuilles de *laurier-cerise*, dans les *amandes amères*, dans celles des *abricots*, des *prunes*, des *cerises*; dans les *feuilles*, les *fleurs* et les *amandes du pêcher*, etc. Aussi doit-on être prudent dans l'emploi de ces substances. Cet acide est composé de : carbone, 44,27; azote, 52,07; hydrogène, 3,66.
JULIA DE FONTENELLE.

On suppose que l'acide prussique a été connu des anciens, non pas à l'état sous lequel nous l'obtenons aujourd'hui, mais dans des composés souvent fort complexes, où il se trouvait à l'état libre et assez concentré pour produire des effets meurtriers. Il est très-probable qu'il entrait dans les breuvages de la trop célèbre Locuste, cette matrone gauloise que Néron associait à ses crimes. La Tofana, cette fameuse empoisonneuse napolitaine, qui se servait d'un couteau dont un seul côté de la lame était empoisonné, pour couper le fruit dont la moitié devait faire périr sa victime, pendant qu'elle mangeait impunément l'autre moitié, devait se servir d'un composé pareil.

Lorsqu'elle est affaiblie, l'odeur de l'acide prussique est assez agréable : aussi en a-t-on tiré parti pour aromatiser quelques liqueurs de table fort estimées des gourmets, par exemple le kirschen-wasser, l'eau de noyaux, le ratafia de cerises, celui de Grenoble, le marasquin de Zara, etc., qui tous doivent leur arome à la présence d'une minime quantité d'acide prussique. Ses effets sur l'économie animale sont des plus prompts. Si l'on débouche sans précaution un flacon renfermant de l'acide concentré, on éprouve à l'instant même un mal de tête et parfois une constriction à la poitrine; si on respire sa vapeur une seconde, on est immédiatement suffoqué. C'est donc un produit qui a déjà fait bien des victimes. Scheele, qui le découvrit, qui l'isola de ses combinaisons, périt, dit-on, empoisonné par les vapeurs de cet acide qu'il continuait d'étudier. Schœringer, autre chimiste de Vienne, mourut dans l'espace de deux heures pour en avoir laissé par hasard tomber un peu sur son bras nu. Pendant longtemps on ne lui connut point de réactif; mais en 1829 M. Siméon, jeune pharmacien des hôpitaux de Paris, démontra l'efficacité du chlore mélangé d'air et respiré petit à petit, pour détruire les effets de l'acide prussique. Tout récemment on a publié un procédé plus simple et qui arrête à l'instant les phénomènes d'empoisonnement ; il s'agit de soumettre la région lombaire à un courant d'eau froide. Il paraît que c'est en détruisant la sensibilité et la contractilité des muscles du cœur et des intestins, en paralysant le système nerveux, que l'acide prussique produit la mort.

On n'admettrait pas facilement que ce poison si énergique et si prompt pût être employé dans la thérapeutique ; et pourtant on l'administre avec succès dans certaines maladies de poitrine. On ne l'administre d'ailleurs jamais que par gouttes, et lorsqu'il a déjà été étendu de quarante fois son poids d'eau.

PRUTH (Le), le *Pyretus* des anciens, rivière qui prend sa source en Gallicie, sur le versant nord-est des monts Karpathes, et qui se dirige d'abord pendant quelque temps au nord. En atteignant la Bukowine, elle coule à l'est ; et en dernier lieu, depuis la paix de Bucharest (1812) en a fait la ligne de démarcation entre la Moldavie et la Bessarabie, par conséquent entre la Turquie et la Russie, au sud, jusqu'au moment où, après un parcours de 87 myriamètres, elle vient se jeter dans le Danube à Reni, à l'est de Galacz. Rapide dans son cours supérieur, le Pruth, à partir de Stéphani, ne traverse plus que lentement les plaines de son cours inférieur, où il est navigable. C'est dans l'une des langues de terre formées par les nombreuses sinuosités de cette rivière, près de la petite ville de Husch, que Pierre le Grand se trouva complètement cerné par les Turcs et dut (23 juillet 1711) signer la *paix du Pruth*.

PRYTANÉE. On appelait ainsi dans les villes grecques et surtout à Athènes un grand édifice où étaient entretenus aux frais de l'État les cinquante sénateurs momentanément investis du titre de *Prytanes* et de la préséance sur leurs collègues. Toujours réunis en ce lieu, les prytanes pouvaient veiller à la sûreté de l'État, avertir les autres sénateurs de ses dangers, et les convoquer au besoin. C'était là qu'on recevait et qu'on traitait les ambassadeurs des autres villes ou des royaumes étrangers, là que la république offrait une honorable retraite aux citoyens qui s'étaient ruinés à son service et qui l'avaient honorée par leur vertu et leur génie. On connaît la réponse de Socrate à ses juges, qui lui demandaient quelle peine il avait, selon lui, méritée. « D'être nourri, dit-il, au prytanée, le reste de mes jours. » Là se tenaient les audiences des tribunaux ; là les pénates publics étaient gardés et honorés, le feu de Vesta entretenu : à Athènes, le prytanée servait aussi de grenier public.

En France, lors de la résurrection des études classiques, en 1795, on donna assez improprement le nom de *prytanée* à des établissements consacrés à l'instruction de la jeunesse. Le *Prytanée français* fut établi dans l'ancien local du collège Louis-le-Grand. L'école de Saint-Cyr devint un *prytanée militaire*. BOISTEL.

PRZEMYSL. *Voyez* OTTOCAR.
PSALMISTE (Le). *Voyez* PSAUMES.
PSALMODIE, PSALMODIER. On entend par *psalmodie* aussi bien l'action de chanter des psaumes avec ou sans accompagnement, que la mélodie même du chant des psaumes. On ignore de quelle manière les Hébreux avaient habitude de chanter leurs psaumes. Dès les premiers temps de l'Église l'usage s'était établi de chanter des psaumes, de *psalmodier*, à l'occasion de toutes les fêtes. Dans les monastères, on *psalmodie* nuit et jour. Ce chant monotone, qui n'a pour témoin que la lueur d'une lampe ou de quelques cierges dans le calme des ténèbres, présente au voyageur égaré quelque chose de si grave, de si imposant, de si mystérieux, qu'il fit plus d'une conversion ; le flambeau de l'Église, le grand saint Augustin, lui dut la sienne.

Les hommes de volupté tournent tout en ridicule ; ils appellent par dérision *psalmodier* réciter sur un ton traînant et monotone prose ou vers.

PSALTERION. *Voyez* PSAUMES.
PSAMMÉTIQUE, en caractères hiéroglyphiques *Psemetek*, nom de trois rois d'Égypte de la 26e dynastie manéthonienne. Les écrivains grecs appellent le deuxième roi de ce nom *Psammis*, et le troisième *Psammenitos* ; mais c'est là une modification tout arbitraire. C'était d'ailleurs pour les particuliers de ce temps-là un nom assez commun. Le premier et le plus célèbre des Psammétiques régna de l'an 664 à l'an 610 av. J.-C., et délivra l'Égypte de l'état d'anarchie qu'Hérodote décrit sous le nom de *dodécarchie*. Il donna à la politique égyptienne une nouvelle direction en prenant à sa solde des mercenaires grecs et en ouvrant le pays au commerce étranger ; mesure qui fut pour l'Égypte la source d'immenses richesses. En même temps l'art prit un nouvel essor. Mais ce retour de l'antique prospérité nationale ne dura que jusqu'à la fin de sa dynastie, époque où l'Égypte fut conquise par les Perses, sous le règne de Psammétique III. La retraite en Éthiopie d'une grande partie de la caste des guerriers sous Psammétique Ier donna occasion à l'une des plus anciennes inscriptions grecques qui se soient conservées jusqu'à nos jours ; les mercenaires d'Ionie envoyés par Psammétique à la poursuite des fuyards l'inscrivirent sur l'un des colosses d'Abousumbel, dans la basse Nubie.

PSARA. *Voyez* IPSARA.
PSAUMES, en grec ψαλμοί, dérivé de ψάλλειν, pincer ou toucher un instrument. Ce mot signifie au propre *chants* ; mais on entend surtout par là désigner les chants religieux et nationaux du peuple hébreux, réunis en collection dans l'Ancien Testament, et qui, à l'exception d'un seul (le 90e psaume, le psaume de Moïse), appartiennent à l'une des deux périodes de l'époque antérieure, proviennent du temps de David et d'une époque plus récente encore. Leur titre général en hébreu est *Sepher Thehilim* (le Livre des Louanges). Le roi David, qui perfectionna le chant du temple, n'est l'auteur que de quelques-uns de ces psaumes ; et ils servirent de modèle aux poètes postérieurs. Le titre en attribue bien soixante-et-onze à David ; mais la plus grande partie de ces soixante-et-onze psaumes sont seulement composés à la manière des siens, et plusieurs portent évidemment le cachet d'une époque de beaucoup postérieure. La plupart de ceux qu'on attribue à Assaph, à Heman et à Éthan ou Jeduthun, sont de l'époque de David. Assaph, fils de Bérachias et lévite, dont douze psaumes portent le nom, quoique plusieurs soient d'une époque évidemment postérieure, était le chef des maîtres de chant et de musique institués par David pour le service divin. Heman, dont le nom se trouve en tête du 88e psaume, de même qu'Éthan, indiqué comme l'auteur du 89e psaume, appartenaient à la même corporation. D'autres psaumes ont incontestablement pour auteur Salomon, ou tout au moins sont de son époque, et se rapportent aux circonstances de son règne. Toutefois, il n'y a que le 72e et le 127e psaumes qui portent le nom de Salomon, quoique le premier paraisse avoir ce prince plutôt pour sujet que pour auteur. Il est vraisemblable aussi que quelques psaumes appartiennent à l'époque de Samuel, et même qu'il en est l'auteur. Beaucoup de psaumes consacrés à la tristesse et aux lamentations proviennent évidemment de prophètes persécutés, qui, pour prix des amères vérités qu'ils annonçaient, ne recueillaient de leurs contemporains qu'injures et mépris. La plupart des psaumes dont les auteurs ne sont pas nommés datent d'une époque postérieure, du règne des rois qui succédèrent immédiatement à Salomon, plusieurs de la lamentable époque de la captivité et du retour de Babylone, notamment le 119e et les suivants jusqu'au 134e, qui portent le nom des enfants de Coré et qui vraisemblablement ont tous le même auteur. On appelle *psaumes graduels* ou *des degrés*, ou encore *de la montée*, et ils durent être composés à l'occasion du retour de la captivité de Babylone. Ces dénominations spéciales proviennent de ce que Babylone étant située dans une plaine au bord de l'Euphrate, il fallait, pour retourner à Jérusalem, toute crénelée de monts blanchâtres, *monter*, surtout si l'on voulait aller au temple du Seigneur, construit sur la colline de Sion.

Les chants de voyage, que l'on prétend se rapporter au

retour de Babylone, tandis qu'ils ont plutôt trait aux pèlerinages annuels à Jérusalem et au temple, sont vraisemblablement aussi d'une époque plus récente. Enfin, un petit nombre paraissent même appartenir à l'époque des Machabées. Les Psaumes de David, que ce roi en soit l'auteur ou qu'ils datent d'une époque postérieure, composaient peut-être une plus ancienne collection, qui allait jusqu'au psaume 70; cependant, on en trouve de tout pareils dans les livres suivants.

La collection de Psaumes de l'Ancien Testament en comprend 150; les Juifs l'avaient divisée en cinq livres, que, suivant toute apparence, l'on ajouta successivement les uns aux autres, et dont chacun se termine par une doxologie; mais saint Jérôme et les Pères n'ont pas suivi cet ordre. En général, les psaumes sont des chants lyriques, c'est-à-dire des odes ou des hymnes. Ce sont ou bien des odes proprement dites, exposant soit une pensée, soit un sentiment, soit une image, ou bien des chants lyriques dialogués, ou encore des chants dans lesquels l'esprit lyrique prend une forme particulière en raison du ton élégiaque ou idyllique qui y domine, du fait historique ou des maximes de sagesse qu'ils expriment. La plupart ont la forme de la prière, commencent ou se terminent en prière, et, qu'ils soient consacrés à la plainte, à la tristesse ou à la joie, sont l'expression de la confiance en Dieu la plus entière et la plus absolue. La morale en est généralement pure; et il n'y a que le sentiment national outragé qui y amène parfois des expressions amères contre l'étranger. Mais tous sont de véritables chants nationaux, et beaucoup appartiennent aux productions les plus sublimes de la poésie. Il faut, toutefois, se garder de vouloir les comparer à d'autres poésies lyriques de l'antiquité, ne fût-ce qu'à cause du monothéisme sévère qu'ils respirent. Dans un grand nombre de psaumes il est facile de retrouver la trace des événements historiques qui les inspirèrent; mais ce serait aller trop loin que de vouloir les interpréter tous historiquement, attendu qu'un grand nombre de passages y sont symboliques, et d'autres allégoriques, ou bien encore prophétiques. Il s'en faut d'ailleurs que la collection des Psaumes de l'Ancien Testament contienne tout le trésor poétique des Hébreux. Non-seulement les chants de Salomon, et il en avait, dit-on, composé plusieurs milliers, ont péri, mais l'Ancien Testament lui-même mentionne divers psaumes qu'on ne retrouve plus dans la collection biblique, par exemple le chant de victoire de Déborah dans le Livre des Juges.

L'auteur des Psaumes, quel qu'il soit, s'appelle du nom général de *Psalmiste*. L'instrument dont il s'accompagnait en chantant se nommait *psaltérion* chez les Grecs, et *nebel* chez les Hébreux. Il avait douze cordes, et se pinçait avec les doigts, ou se touchait avec le *plectrum* ou archet. C'était, à peu de choses près, notre harpe moderne. Cet instrument était un des principaux accompagnements dans les symphonies sacrées des 4,000 lévites; c'était celui du roi David, celui qui avait tant d'empire sur l'âme du mélancolique et infortuné Saül. La plus ancienne des traductions des Psaumes est celle des Septante. La traduction syriaque est aussi très-ancienne; elle fut faite sur le texte: deux versions arabes, une cophte, des Psaumes, sont aussi sorties de l'Orient. L'ancienne Vulgate latine ou italique a été prise sur les Septante: elle est d'une si haute antiquité qu'on n'en connaît ni la date ni l'auteur. Saint Jérôme, qui la corrigea, voulut néanmoins laisser, toute grossière de style qu'elle était, mais exacte autant que possible, fût seule chantée par les fidèles. La version latine de saint Jérôme fut adoptée au dixième et onzième siècles, dans la plupart des églises d'Italie et des Gaules, au seizième, Pie V fit rétablir l'usage du Psautier romain, car c'est du nom de *Psautter* que se nommait depuis longtemps le recueil des Psaumes.

Dans les premiers temps de la Réformation, le service religieux en langage national ayant remplacé le rite latin, il fallut nécessairement publier et adopter des recueils de cantiques appropriés à l'usage nouveau. Les Psaumes de David durent s'offrir naturellement. Quoique ce recueil lyrique soit une espèce de miroir où se peignent les actions trop diverses du guerrier et roi d'Israël, et quoiqu'une foule de ses strophes portât l'empreinte de la guerre et du carnage, cependant, les vifs et poétiques élans de confiance et de foi qu'il renferme le rendaient merveilleusement propre à seconder et à nourrir la révolution religieuse. Tout le monde sait que d'abord Clément Marot mit en vers français 52 psaumes, et que Théodore de Bèze acheva ensuite l'œuvre en complétant la traduction des 150 psaumes. La première édition, encore incomplète, du recueil des psaumes est celle de Genève (1543), avec une préface de Calvin. La plus ancienne édition française que nous possédions dans notre collection est celle de Lyon, de Tournes (1563); elle porte le privilège donné par Charles IX à Saint-Germain-en-Laye, daté du 19 octobre 1561, et elle est ornée à chaque page d'encadrements très-délicats et quelquefois un peu lestes, dans le style pantagruélique. Chaque psaume est précédé d'un premier verset en musique, composée probablement par divers maîtres, mais principalement par Goudimel. Malgré l'hypothèse ingénieuse émise dans ces derniers temps par un artiste habile, M. Potier, il est bien certain pour nous que cette ancienne musique avait dans l'origine le caractère lourd et traînant qui nous fatigue tant aujourd'hui. Ces chants, qui faisaient les délices de nos ancêtres, sont écrits uniquement en rondes; il n'y a point de demi-tons; il n'y a aucun signe de durée des notes; ils sont tous dans le ton d'*ut*, à la première, seconde ou troisième ligne de la portée, avec ou sans bémol à la clef: la mesure est à deux temps. Ces mélodies ne portent d'autres signes que des pauses et des guidons. Elles ont beaucoup de rapports, sauf l'effet, avec le genre de notation employé par Palestrina dans la partie alto de son magnifique *Stabat* de 1568.

En ce qui touche le caractère littéraire de ces psaumes mis en français au milieu du seizième siècle, on conçoit que leur poésie a dû bien vite paraître surannée et barbare. D'abord, l'académicien Conrart et le pasteur Lahastide en donnèrent une nouvelle édition fort améliorée, en 1677, et plus tard ces améliorations et corrections furent continuées en Suisse et en Hollande. Des travaux fort judicieux ont été récemment exécutés pour l'amélioration de leur musique par MM. Wilhem et Potier. Toutefois, nous ne possédons encore aucun recueil de cantiques qui ne laisse à désirer sous le rapport des mélodies et du style. Charles COQUEREL.]

PSELLISME. *Voyez* BÉGAYEMENT.

PSEUDO, mot dérivé du grec ψευδής, *faux*, et qu'on ajoute à quelques autres mots pour indiquer la fausseté et le manque de fondement de l'idée qui s'y rattache. Ainsi, on dit: *pseudo-prophète, pseudo-philosophe*, etc. On l'ajoute également à quelques noms propres, soit parce qu'ils n'appartiennent pas à ceux qui les ont portés, comme le pseudo-*Démétrius*, le pseudo-*Pierre III*, le pseudo-*Smerdis*, soit parce que c'est à tort qu'on le leur a donné plus tard, par exemple: le pseudo-*Isidore*, le pseudo-*Orphée*, etc.

PSEUDO-CHROMIE (du grec ψευδής, faux, et χρῶμα, couleur). *Voyez* DALTONISME.

PSEUDO-MALACHITE. C'est le cuivre phosphaté vert émeraude. Son nom lui vient de sa ressemblance avec la malachite. On trouve le pseudo-malachite à Virneberg, près de Rheinbreitenbach (Prusse rhénane).

PSEUDONYME. On appelle ainsi un ouvrage que son auteur a publié intentionnellement sous un nom supposé, ou bien, comme c'est le cas pour un grand nombre d'ouvrages de l'antiquité, qui porte le nom d'un auteur qui ne l'a pas composé. Quiconque prend à dessein un faux nom, ou qui le porte sans son aveu est qualifié de *pseudonyme*. Dans son *Dictionnaire des ouvrages anonymes ou pseudonymes* (2ᵉ édit.; Paris, 1823), Barbier a donné le catalogue le plus complet des écrivains pseudonymes.

PSILITES. *Voyez* PHALANGE.
PSILORITI. *Voyez* CANDIE et IDA.
PSKOFF: *Voyez* PLESKOFF.
PSORALIER, genre de plantes de la famille des légumineuses, composé d'arbrisseaux et d'herbes ayant pour caractères principaux : Calice glanduleux, à cinq dents; corolle papilionacée, à cinq pétales libres; gousse monosperme, à peu près de la longueur du calice. Plusieurs psoraliers sont cultivés dans nos jardins comme plantes d'ornement. De ce nombre est le *psoralier glanduleux* (*psoralea glandulosa*, L.), originaire du Chili, où on l'emploie comme bon vermifuge et stomachique; nos jardiniers lui donnent à tort le nom de *thé du Paraguay*, qui ne convient qu'au houx maté. Mais l'espèce la plus importante de ce genre est le *psoralier comestible* (*psoralea esculenta*, Pursch), de l'Amérique Septentrionale, dont la racine, très-féculente, fournit pendant l'hiver un aliment sain et abondant; on la nomme encore *picquotiane*, du nom de son importateur en France, M. Picquot, qui a proposé de la substituer à la pomme de terre.

PSORIASIS (du grec ψώρα, gale), maladie de la peau.

PSYCHÉ, en grec ψυχή, mot qui signifie *âme*, et par analogie *papillon*.

Le mythe de l'*Amour et Psyché* est célèbre dans la mythologie grecque comme une allégorie représentant le rapport de l'âme humaine à l'amour divin. Suivant le mythe le plus ancien, Psyché était fille du dieu du soleil et d'Entéléchie, c'est-à-dire de la stabilité et de la force d'aspiration. Des poëtes d'une époque postérieure en firent une fille de roi; et voici comment Apulée nous raconte son histoire, en y épuisant toutes les grâces de son style et de son imagination. Psyché, dont les deux sœurs aînées étaient médiocrement belles, était d'une beauté si ravissante qu'on la prenait pour Vénus elle-même et qu'on l'adorait comme une divinité sans oser l'aimer. Vénus, qui en devint jalouse, ordonna à l'Amour de la faire s'éprendre pour les hommes les plus méprisables. Mais ce fut l'Amour qui s'éprit lui-même d'une vive passion pour Psyché. Désireux de marier sa fille, le père de Psyché s'adressa à l'oracle d'Apollon, qui répondit qu'il fallait conduire Psyché en vêtements de deuil sur le sommet d'une montagne et l'y abandonner, attendu qu'elle était destinée à devenir la fiancée d'un monstre, de la race des vipères, cruel, affreux, se servant du fer et du feu pour ravager le monde; un monstre la terreur de Jupiter et l'effroi du Styx. On obéit en gémissant à cet ordre de l'oracle, et on conduisit au son des flûtes funèbres la malheureuse Psyché, voilée comme en un jour d'hymen, sur la roche fatale. Tout à coup Zéphyre, voltigeant autour d'elle, finit par l'enlever doucement et la conduisit dans un magnifique palais aérien appartenant au dieu de l'amour, où celui-ci venait la voir chaque nuit sans être aperçu ni connu; et chaque matin, avant le lever de l'aube, l'époux mystérieux avait disparu. Il laissait Psyché le cœur inondé, mais non las de volupté et d'amour. L'âme est curieuse, c'est son essence : donc Psyché se demandait quelle était la nature de cet époux, si riche, si puissant, si tendre, mais invisible. Il ne peut être un monstre affreux, vieux et velu, car sa peau est plus douce que la soie même, se disait-elle. Toutefois, le prétendu monstre permit à Psyché de voir ses sœurs; Zéphyre les transporta sur ses ailes dans le palais magique. A l'aspect de ces éblouissantes richesses et du bonheur indicible de leur cadette, une noire jalousie s'empara de leur cœur : elles résolurent de perdre Psyché, et lui insinuèrent le dessein le désir de s'assurer, par quelque moyen que ce fût, de la nature de son époux. Hélas ! la curiosité naturelle de la pauvre Psyché ne l'y portait déjà que trop. Sans plus tarder, la nuit suivante, dès qu'elle sentit son époux endormi auprès d'elle, se levant doucement, elle allume une lampe, la tient suspendue sur sa couche : qu'y voit-elle ? un adolescent, aux ailes de rose, au corps blanc comme un lis, au front pur, à demi voilé des boucles d'or de sa chevelure, et dont l'haleine paisible exhalait un parfum céleste, inconnu, d'ambroisie sans doute.

Psyché, hors d'elle-même, tout émue de désirs, d'amour, de honte et de crainte, sentit la lampe trembler dans sa main. Une goute brûlante d'huile tomba sur l'épaule droite de son époux. Il s'éveilla, lui fit quelques légers reproches, et s'envola, car c'était Cupidon, le plus beau des immortels, et avec lui disparut le palais.

Psyché se trouva seule, et abandonnée dans une vaste plaine, affreuse solitude, et portant dans son sein un fruit de son étrange hyménée. Vainement, dans son désespoir, s'est-elle précipitée dans les ondes écumeuses d'un torrent : le torrent s'apaise, et la dépose doucement sur le gazon d'une prairie émaillée. Ses indignes sœurs, voulant savoir le résultat de leur perfidie, se mirent en route pour le palais; elles montèrent sur la roche d'où Zéphyre les avait déjà transportées dans ce délicieux séjour; elles l'appellent, et, joyeuses, s'élancent dans l'air; mais Zéphyre eut garde de prêter ses ailes à ces infâmes : elles tombèrent dans des précipices, où l'on trouva à peine quelques-uns de leurs membres broyés par les rocs.

Cependant la haine de Vénus n'était qu'à moitié assouvie. Un jour que Psyché errait désolée dans les forêts, rêvant à cet époux si beau, si tendre, cette joie de la terre et du ciel dont elle avait encouru la disgrâce, et peut-être, hélas ! l'indifférence, ou plus encore le mépris, la Coutume, une des servantes de Vénus, la rencontrant, la saisit par les cheveux, et la traîna aux pieds de sa maîtresse. Vainement Psyché, soumise, les embrassa-t-elle, les baigna-t-elle de ses larmes; l'implacable déesse la repoussa, et commanda à deux autres de ses servantes, la Tristesse et la Solitude, de fustiger cette abandonnée des dieux et des hommes. Puis elle la surchargea de travaux inouïs, plutôt dignes des Danaïdes que d'une pauvre femme imprudente. Ce fut d'aller puiser à une fontaine infecte, gardée par des dragons furieux, une onde noire comme celle du Styx; de courir chercher à travers des roches aiguës, des sables tranchants, un flocon de laine d'or sur le dos d'une brebis sacrée; de trier, dans un délai de quelques minutes, une immense tas de grains, le blé, l'orge et l'avoine, et enfin de descendre aux enfers, demander à Proserpine une boîte de beauté. Psyché se tira avec bonheur de cette commission; mais au retour, cédant encore une fois à la curiosité, elle entr'ouvrit cette boîte; et la vapeur qui s'en dégagea la fit tomber sans mouvement sur le sol. Heureusement Cupidon veillait sur elle, et il lui suffit de la toucher d'un de ses traits pour la rappeler à la vie. Après tant d'épreuves, certain de l'amour de sa vertueuse et belle épouse, Cupidon obtint de Jupiter qu'il forcerait Vénus à consentir à ses noces avec Psyché. Le dieu de la foudre appelle Mercure, et lui commande de transporter cette princesse dans l'Olympe. L'hymen des deux époux se célébra avec une ineffable joie; jamais alliance dans l'Olympe n'avait été plus pure et mieux assortie. Psyché, prenant des mains d'Hébé la coupe de nectar qui rend immortel, la vida tout entière; et depuis elle jouit d'une jeunesse et d'une beauté éternelles. Peu de temps après, elle mit au monde la Volupté, ce fruit sans doute de ses terrestres amours, qu'elle portait dans son sein au temps de sa persécution.

Sur les monuments antiques, Psyché ou l'Ame est représentée avec des ailes de papillon qui frémissent sur son dos. Nous avons déjà dit que *Psyché*, en grec, signifie *âme*, et par analogie *papillon* : cet emblème convient donc merveilleusement à cette jeune déité. Quelquefois elle est voilée comme les nouvelles mariées, et cache un papillon dans son sein : allusion à son hymen avec Cupidon, et à l'âme de son époux, qu'elle semble vouloir toujours retenir. Ce mythe est l'un des plus purs, des plus mystiques de l'antiquité. Les sœurs aînées de Psyché ou de l'Ame, ces filles charnelles et infâmes, ne sont-elles pas ces passions viles, méchantes compagnes de l'âme, et qui en sont comme les sœurs envieuses ? L'essence de l'âme est d'être curieuse des belles choses, des choses d'en haut : c'est Psyché émue, tenant la lampe suspendue sur son immortel époux. Cette âme, enveloppée de son argile terrestre, n'est point encore digne d'un tel hymen :

l'époux céleste l'aime, plaint son indiscrétion et la repousse, mais pour l'éprouver, et vivre avec elle, uni par des nœuds mystiques, dans une éternité de délices. Comment ne pas voir dans ce mythe platonique, dans l'hymen de Psyché et de Cupidon, l'alliance de l'âme et de l'amour divin, qui, se dégageant des vapeurs de la terre, dont la boîte stygienne de Proserpine est l'emblème dans cette fable, vont enfin s'enivrer, dans les palais de l'éther, d'amour et d'immortalité.

DENNE-BARON.

PSYCHÉ (*Astronomie*), planète télescopique découverte à Naples, par M. de Gasparis, le 17 mars 1852. Sa distance solaire, en prenant celle de la Terre pour unité, est 2,923. Son excentricité est 0,135. La durée de sa révolution sidérale est de 1,825 jours. L'inclinaison de son orbite est de 3° 4' 9".

E. MERLIEUX.

PSYCHIÂTRIE (du grec ψυχή, âme, et ἰατρεύω, je guéris). *Voyez* AME (Médecine des maladies de l').

PSYCHOLOGIE. La définition de ce mot est dans son étymologie (λόγος, discours, traité ; ψυχή, âme). En effet, la psychologie est la science qui traite de l'âme humaine, de son principe, des phénomènes qu'elle présente à son état actuel, et de sa destinée ; science immense par l'étendue des faits et des questions qu'elle embrasse. Cependant, on ne lui a pas fait toujours une part aussi large ; on la borna longtemps à un traité sur les facultés de l'âme, et beaucoup d'autres questions, qui sont évidemment de son domaine, avaient été inscrites sous d'autres titres. Ainsi, une partie de la psychologie intellectuelle faisait partie de la logique, et l'on comprenait dans la métaphysique toutes les questions qui se rapportent au principe et à la destinée de l'âme.

La psychologie se divise en deux parties bien distinctes. Dans la première, on s'occupe de tous les faits observables de l'esprit humain et des principes ou facultés auxquelles on rapporte ces faits. Aussi cette partie prend-elle le nom de *psychologie expérimentale*. Dans la seconde, on traite toutes les questions sur l'âme humaine qui ont rapport à son origine, à son avenir, à la nature de son principe. L'ensemble de ces questions forme la *psychologie ultérieure* ou *rationnelle*. Ces dénominations sont motivées par la différence des méthodes qu'on est obligé d'appliquer à chacune de ces branches de la psychologie. En effet, pour celle qui s'occupe des faits actuels de l'esprit humain, c'est la méthode d'observation qu'il convient spécialement d'appliquer : or, la méthode d'observation, c'est la méthode expérimentale. Quant aux questions relatives aux faits de l'âme que l'observation ne peut atteindre, ce n'est plus à elle seule, c'est à l'induction, au raisonnement, qu'il faut avoir recours ; de là le nom de *psychologie rationnelle*.

La psychologie expérimentale se divise elle-même en trois branches, puisque l'esprit humain présente à l'étude du psychologue trois faces différentes, l'intelligence, la sensibilité, l'activité. La science est si peu avancée ou du moins si mal déterminée, que ces théories spéciales n'ont point encore reçu de nom particulier : faute de mieux, nous les appellerons *théorie de l'intelligence* ou *noologie* ; *théorie de la sensibilité* ; *théorie de l'activité* ou *prassologie*.

Pour ce qui est de la psychologie ultérieure ou rationnelle, ses divisions ne sont point aussi importantes, et elle se compose d'autant de parties qu'elle renferme de questions différentes. Or, ces questions se réduisent à peu près à celles-ci : 1° savoir quelle est l'origine de nos connaissances, c'est-à-dire comment procède la nature pour pourvoir de connaissances l'esprit humain à une époque où l'observation est impossible ; 2° distinguer l'esprit de la matière ; 3° connaître sa destinée ou son état futur. Ces trois questions faisaient autrefois partie de la métaphysique, ancienne division de la philosophie, où l'on avait rassemblé toutes les questions, tant sur l'homme que sur Dieu, dans lesquelles la méthode d'induction jouait le rôle principal.

Ainsi, d'une part, théorie de l'intelligence, théorie de la sensibilité, théorie de l'activité ; de l'autre, question de l'origine de nos connaissances, distinction du principe pensant et de la matière, inductions sur l'état futur de l'âme, voilà l'objet de la psychologie, voilà l'étendue de son domaine. En le mettant à part, que reste-t-il à la philosophie ? La logique, l'esthétique, la morale et la théologie naturelle.

Maintenant, quelles sont les relations de la psychologie avec les autres parties de la philosophie ? Ces relations sont si étroites qu'il est impossible de ne pas proclamer la psychologie le point de départ et l'unique base de toutes les théories philosophiques. La logique, l'esthétique, la morale, ne sont que des corollaires ou des applications des théories de l'entendement, de la sensibilité et de l'activité. Qu'est-ce en effet que la logique, si ce n'est l'art de perfectionner les facultés de l'entendement et de les diriger par les voies les plus sûres vers leur but principal, qui est la découverte et la transmission de la vérité ? Or, comment tracer des préceptes pour l'exercice de ces facultés avant que la psychologie nous ait fait connaître ces facultés mêmes et vous ait appris leurs lois ? Comment décrire la méthode d'une science, si l'on n'a préalablement observé quel procédé a suivi l'entendement pour arriver à l'espèce de vérités qui constituent cette science ? Comme déterminer la manière de transmettre un certain ordre de connaissances, si l'on ne connaît pas la faculté à laquelle on s'adresse, les lois et les exigences de cette faculté ? Il en est de même pour l'esthétique : les préceptes qu'elle trace aux poètes et aux artistes ne sont fondés que sur la connaissance des lois de la sensibilité, l'analyse de toutes les affections qui nous révèlent la beauté dans tout ce qui nous entoure. La morale s'appuie sur toute la psychologie, et elle en est comme le résumé : qu'est-ce en effet que l'accomplissement de la loi morale pour l'homme, si ce n'est le développement régulier de toutes ses tendances ? Faire son bien ou le bien d'autrui, c'est agir conformément aux besoins ou aux penchants de sa nature ou de la nature des êtres qui nous entourent. Or, qui nous révèle les tendances, les besoins de notre nature et leur importance relative, si ce n'est l'étude même de la nature humaine, en d'autres termes la psychologie ? Quant aux bases de la morale, on a coutume de les placer dans l'ontologie, comme si l'ontologie était autre chose que l'analyse de la raison ? Il est juste de dire cependant que la psychologie ne fournit pas à elle seule tous les éléments de solution pour la question morale, et qu'il faut avoir recours à la théodicée, si l'on veut déterminer tous les caractères de la loi morale, et principalement sa sanction. Mais il ne suffit pas que la connaissance de la nature du législateur nous ait révélé tout ce qui rend la loi obligatoire pour le sujet de cette loi, il faut encore que l'homme sache ce qu'il doit faire pour remplir les obligations qu'elle lui impose, et cette question est la plus importante, car si l'homme comprend facilement la sainteté de l'obligation morale, il ne sait pas aussi bien ni aussi vite tout ce qu'il doit faire, tout ce qu'il doit s'abstenir pour accomplir la loi : or, c'est là ce que lui apprendra la psychologie, chargée de lui expliquer toutes les lois de la nature humaine, de lui analyser ses diverses tendances, et de lui montrer par là même celles qu'il doit respecter, et dont il doit favoriser le développement, celles dont il doit restreindre l'action, comme nuisible au développement régulier des facultés les plus importantes de son être. On voit donc que la logique, l'esthétique et la morale ne sont que des dépendances de la psychologie, qu'elles en dérivent, qu'elles en sont la conclusion et le couronnement. Quant à la théodicée, si elle s'en distingue nettement par son objet, elle a encore avec elle une relation assez étroite, puisque les preuves *a priori* de l'existence de Dieu et de ses principaux attributs reposent sur des idées que la psychologie examine en analysant la raison.

La psychologie est-elle une science, ou peut-elle devenir et avoir droit d'être placée en parallèle avec les autres théories scientifiques ? Quoique cette dernière question n'en soit plus une pour ceux qui ont fait de la psychologie une étude sérieuse et attentive, je n'ai pas néanmoins hésité à la poser ici, puisqu'il y a été répondu négativement par des hommes dont le nom peut être une autorité aux yeux du monde savant, puisque des philosophes même ont prétendu que la philosophie ne pourrait jamais s'élever au rang des sciences proprement dites, et consistait dans la connaissance des diverses doctrines émises sur l'homme et sur Dieu, oubliant sans doute que la psychologie expérimentale non-seulement fait partie de la philosophie, mais en est la base essentielle.

Oui, la psychologie est une science, science encore dans son enfance, comprise par bien peu de monde, et entourée de difficultés qui limitent le nombre de ses adeptes, mais science positive, possédant tous les caractères qui distinguent les autres sciences, ayant un objet bien déterminé, des faits à elle, et des faits dont l'existence est d'une évidence irrécusable; une méthode à elle, méthode sûre et incontestée. Son objet, c'est l'esprit humain, dont personne ne saurait mettre en doute la réalité sans se renier en même temps soi-même, ses faits, ce sont tous les phénomènes dont la conscience est le théâtre, et par lesquels nous nous révélons à nous-mêmes, phénomènes intellectuels, phénomènes affectifs, phénomènes volontaires. Qui serait assez insensé pour nier l'existence de tels faits? Quoiqu'ils ne se présentent pas à nous comme les phénomènes de la matière, avec l'étendue tangible, la forme, la couleur, etc., ils n'en ont pas moins leur évidence, qui nous les rend tout aussi appréciables, et beaucoup mieux peut-être que les faits extérieurs. Ainsi, quoique nos idées, nos déterminations, nos joies ou nos souffrances ne soient ni figurées, ni colorées, nous n'y croyons pas moins qu'à notre propre existence, puisque ce sont ces phénomènes qui la constituent, qui en sont le développement et la manifestation. Ces faits sont d'une autre nature que les faits de la matière, voilà tout : ils n'en sont pas moins des faits, des faits certains et incontestables. Ces faits ont leurs lois comme les faits de la nature physique.

Quant à la méthode de la psychologie, elle ne diffère point au fond de la méthode des sciences physiques : c'est toujours d'une part l'observation analysant les faits et leurs caractères, de l'autre l'induction s'élevant à la connaissance des lois de l'esprit d'après les données de l'expérience. La seule différence consiste dans le procédé de l'observation, procédé qui ne peut être le même, puisqu'il ne s'agit pas de faits du monde extérieur, mais de faits du monde interne, qui ne tombent pas sous les sens, qui par conséquent ne peuvent s'expérimenter avec le scalpel ou le microscope, mais qui sont accessibles à la *réflexion*. Or, la réflexion n'est autre chose que l'attention donnée aux modifications du *moi*. C'est donc toujours l'attention qui opère, qui s'exerce comme faculté d'analyse, mais qui s'exerce au moyen de la conscience, non de la perception externe. La réflexion s'adjoint encore, comme auxiliaires : 1° l'observation des actes extérieurs de nos semblables, qui peut nous fournir des inductions fécondes, et suppléer à ce que l'observation de notre individu a de borné et d'incomplet; 2° le sens commun, qu'on ne consulte jamais en vain, et dont les réponses, soumises au contrôle de la réflexion, renferment toujours une vérité; 3° la langue, miroir de la pensée humaine, miroir vrai et fidèle pour les hommes intelligents et de bonne foi; 4° enfin, l'examen judicieux des systèmes philosophiques, où l'on trouvera éparses de nombreuses et importantes vérités, que contrôlera et que classera la réflexion. La psychologie est donc réellement une science, ayant un droit incontestable à être rangée parmi les sciences naturelles, et dont elle ne doit être distinguée qu'en raison de la nature des faits dont elle s'occupe, faits qui ont de commun avec les phénomènes physiques la réalité, l'évidence, la possibilité d'être classés, ramenés à des lois. Or, ces caractères suffisent pour élever la théorie qui présente de tels faits à la dignité de théorie positive et scientifique, quel que soit actuellement son peu de progrès.

Si la psychologie est sous le rapport de son développement inférieure aux autres sciences naturelles, elle a néanmoins sur elles, même à son état actuel, plusieurs avantages remarquables. D'abord, c'est que, s'occupant des lois de l'entendement, des procédés différents qu'il emploie selon les différents ordres de vérités qu'il étudie, elle pose les bases de la méthode et de toutes les méthodes, et qu'elle sert ainsi à toutes les sciences de point de départ et de guide. Et si leurs théories ont droit à notre confiance, c'est encore la psychologie qui va chercher dans les faits de l'esprit humain de quoi baser notre certitude; car avant de croire aux objets de nos spéculations, il nous faut croire à l'esprit, qui en est le sujet, il nous faut accorder notre confiance aux lois intellectuelles, qui président à toute œuvre scientifique.

Mais ce qui élève surtout la psychologie au-dessus des autres sciences, c'est l'importance de son objet, et à ce titre non-seulement elle veut être considérée comme science, mais elle réclame des hommes sérieux, des amis de la vérité et de l'humanité, le concours de leur zèle éclairé pour élever l'édifice dont les matériaux sont encore épars et dont on n'a fait que jeter les fondements. Quoi de plus digne en effet de nos spéculations, quoi de plus utile et de plus grand dans ses résultats que la science qui révèle l'homme à lui-même, l'initie aux sublimes mystères de sa nature, lui donne le secret de sa force, l'élève par la contemplation de son être jusqu'au principe d'où sont émanés ses nobles attributs, et lui explique la destinée d'où ils appellent! Qu'on réfléchisse que la psychologie donne naissance à tous les préceptes qui doivent guider l'entendement dans les routes diverses qu'il peut parcourir, qu'elle sert de point de départ à tout système d'éducation, à toute théorie d'esthétique, mais qu'on pense surtout qu'elle seule est la base véritable de la morale, et l'on comprendra aisément qu'elle est la science vraiment civilisatrice, et que, de même que les sciences physiques soumettent à notre pouvoir les forces de la nature extérieure, de même il appartient à la psychologie d'explorer et de gouverner le monde moral et de diriger les individus et les sociétés dans les routes qu'aura indiquées la connaissance de la nature et de la destinée humaine.

C.-M. Paffe.

PSYCHROMÈTRE. *Voyez* HYGROMÈTRE.

PSYLLES, peuple de la Libye, qui au dire d'Hérodote marcha contre le vent du midi, qui avait desséché ses citernes. Quand les Psylles eurent pénétré dans le désert, le vent du sud souffla plus violemment encore, et tous furent ensevelis sous les sables. Pline dit que les Psylles qui habitaient la Libye au sud de la grande Syrte furent détruits par leurs voisins. Ils avaient, dit-il, la propriété, par l'odeur qu'ils exhalaient, d'endormir les serpents, dont la morsure ne leur causait aucun mal; bien plus, si un serpent les mordait, c'était le serpent qui mourait. Ceux des Psylles qui échappèrent à la destruction utilisèrent leurs connaissances contre la morsure des serpents, et au dire de Plutarque, lorsque Caton d'Utique alla guerroyer en Libye, des Psylles furent attachés à son expédition pour le préserver des serpents. On a cru pouvoir rattacher les Tsiganes ou Bohémiens aux Psylles; mais on ne voit pas trop comment ce peuple détruit en Afrique au temps de Pline et d'Hérodote aurait pu se retrouver en nombreuses bandes dans l'Asie et l'Europe au moyen âge. Il serait mieux fondé à penser que les débris des Psylles pourraient se retrouver dans les Derkaoui et les Assaoua qu'on rencontre encore dans l'Algérie, à moins que ceux-ci ne descendent eux-mêmes de quelques bandes de Bohémiens asiatiques chassées en Afrique. L. Louvet.

PTAH. *Voyez* PHTHA.

PTARMOSCOPIE (du grec πταρμός, éternuement, σκοπεῖν, observer), divination par l'éternuement.

PTÉROCÈRES (du grec πτερόν, aile, et κέρας, corne), mollusques rangés par Cuvier dans le genre strombe, dont ils forment un sous-genre, et que Lamarck avait réunis aux rostellaires pour constituer la famille des ailés. L'animal est en spiral, le pied assez large en avant, comprimé en arrière; le manteau mince, formant un pli prolongé en avant, d'où ésuite une sorte de canal, la tête bien distincte, la bouche en fente verticale, à l'extrémité d'une trompe, pourvue dans la ligne médiane inférieure d'un ruban lingual garni d'aiguillons recourbés en arrière ; les appendices tentaculaires cylindriques, gros et longs, portent à leur extrémité épaissie les yeux ; les véritables tentacules cylindriques, obtus, sont plus petits que les pédoncules oculaires, l'anus et l'oviducte se terminent fort en arrière. La coquille est ovale, oblongue, ventrue, terminée inférieurement par un canal allongé ; le bord droit se dilate avec l'âge en aile digitée, et offre un sinus vers sa base ; la spire est courte ; l'opercule corné est long et étroit, à éléments comme imbriqués ; le sommet est terminal. Parmi les espèces de ptérocères connues on distingue : le *ptérocère tronqué*, grande et belle coquille vulgairement nommée *racine de bryone*, et remarquable par la troncature du sommet de la spire ; le *ptérocère lambis*, des mers de l'Inde, sur le dos duquel on voit un très-gros tubercule aplati, placé d'avant en arrière et un peu obliquement vers la droite : le *ptérocère araignée*, qu'on trouve aux Grandes-Indes, et qui se fait remarquer par la manière dont les digitations antérieure et postérieure se rejettent à gauche de la coquille.

L. LOUVET.

PTÉRODACTYLE (du grec πτερόν, aile, et δάκτυλος, doigt), genre de reptiles antédiluviens de formes bizarres, qu'on a rangés tantôt parmi les oiseaux et tantôt parmi les poissons. Les vingt-deux espèces qui en ont été décrites jusqu'à ce jour habitaient à l'époque de la formation jurassique l'Europe centrale ; et il n'est pas rare d'en rencontrer des débris dans la pierre lithographique d'Eichstædt et de Solnhofen, dans le Jura de Banz et dans le Lyme Regis en Angleterre. Ils ont un très-long cou, un museau très-allongé, des dents nombreuses et très-aiguës et une courte queue. Mais ce qui les distingue avant tout, c'est l'excessive longueur du cinquième doigt des pieds de devant, prolongé en une tige formée de quatre longues phalanges allant en s'amincissant de la première à la dernière. Cuvier pense que ce long doigt devait servir à supporter une membrane qui formait à l'animal une aile au moins égale en force à celle de la chauve-souris, dont tout porte à croire qu'il avait les habitudes et les mœurs.

PTÉROMYS. *Voyez* POLATOUCHE.

PTÉROPODES (de πτερόν, aile, et πούς, ποδός, pied), lasse établie par Cuvier pour des mollusques qui distinguent deux expansions antérieures, symétriques, en forme d'ailes, placées de chaque côté de la bouche, et qui leur servent à nager dans les eaux de la mer. Les ptéropodes sont hermaphrodites. Les uns sont nus, comme le genre *clio* ; d'autres ont une coquille mince, calcaire ou cornée (genres *hyale*, *limacine*, *cléodore*, etc.). Tous sont de petite taille.

PTOLÉMAÏS. *Voyez* ACRE (Saint-Jean d').

PTOLÉMÉE, nom qui depuis la mort d'Alexandre fut commun à divers rois d'Égypte d'origine grecque macédonienne.

Le premier *Ptolémée*, fils de Lagus (d'où la dénomination générique de *Lagides*, donnée souvent aux Ptolémées), était un des généraux d'Alexandre et même, à ce qu'on rapporte, son parent. Sa mère, *Arsinoé*, était déjà grosse de Philippe quand elle épousa Lagus. Alexandre mourut au mois de juin de l'an 323 av. J.-C., et son demi-frère Philippe Aridée lui succéda sur le trône, contre l'avis de Ptolémée ; et d'après l'ère égyptienne on fait dater son règne du 12 novembre de l'an 324 av. J.-C. Ptolémée prit le gouvernement de l'Égypte au nom de Philippe, dont le nom se retrouve en conséquence sur les monuments égyptiens de cette époque, de même que celui d'Alexandre II, fils posthume d'Alexandre le Grand, qui en l'an 317 succéda à Aridée. Alexandre II, à son tour, mourut en l'an 311, et Ptolémée se trouva ainsi de fait le souverain de l'Égypte, quoiqu'il n'ait pris le titre de roi qu'en 305, en même temps qu'il reçut le surnom de *Soter* (Iᵉʳ). Deux ans avant de mourir, en l'an 285, il abandonna le pouvoir à son fils *Ptolémée II Philadelphe Iᵉʳ*, qu'il avait eu de sa sœur consanguine et quatrième épouse, *Bérénice Iʳᵉ* ; et sous le sage gouvernement de ce prince l'Égypte vit se fonder la haute importance scientifique et littéraire qu'elle acquit sous les Ptolémées, quoique ce soit à son père qu'il faille attribuer l'impulsion première donnée à ce mouvement de rénovation. A ce propos on doit mentionner la fondation du musée et celle de la bibliothèque d'Alexandrie, la nouvelle capitale de l'Égypte, où du temps de Philadelphe on comptait déjà, dit-on, plus de 400,000 rouleaux de papyrus.

A Ptolémée II Philadelphe Iᵉʳ succéda *Ptolémée III Évergète Iᵉʳ*, que Philadelphe avait eu de sa sœur *Arsinoé II*. Il régna, avec son épouse *Bérénice II*, fille de Magas, de l'an 247 à l'an 222. Il eut pour successeur *Ptolémée IV Philopator Iᵉʳ*, qui fut l'assassin de son père, de sa mère et de son frère Magas. En l'an 210 il épousa sa sœur *Arsinoé III*, qu'il fit également assassiner l'année suivante. Son fils *Ptolémée V Épiphane* était encore mineur lorsqu'il lui succéda, en 204. Il épousa en l'an 193 *Cléopâtre Iʳᵉ*, fille d'Antiochus, en l'honneur de laquelle les reines postérieures adoptèrent le nom dynastique de Cléopâtre, et régna jusqu'en 181. Son fils aîné *Ptolémée VI Eupator* lui succéda, et mourut la même année. Le second fils de Ptolémée V, *Ptolémée VII Philométor Iᵉʳ*, surnommé aussi *Triphon*, le remplaça sur le trône ; mais en l'an 170 il se vit contraint de prendre pour corégent son frère Ptolémée (Évergète II). En 165 il épousa sa sœur Cléopâtre, et expulsa la même année son frère, qui dut se réfugier dans l'île de Cypre. Il mourut en 146.

Son fils et successeur, *Ptolémée VIII (Néos) Philopator II*, périt la même année, assassiné par son oncle *Ptolémée IX Évergète II (Physcon)*, roi de Cypre, épousa sa belle-sœur *Cléopâtre II*, et fit dater son règne de l'an 170, où il avait été associé au trône par son frère Ptolémée VII. Il répudia en 145 Cléopâtre II, et épousa *Cléopâtre III*, fille et héritière de son frère. En 141 il reprit sa première femme, et jusqu'en l'an 132 partagea le trône avec les deux Cléopâtres ; mais il fut chassé d'Égypte en 132. Il y revint en 127, et conserva alors le trône jusqu'à sa mort, arrivée en 117.

Cléopâtre III Philadelphe lui succéda la même année. Cette princesse prit tout aussitôt *Ptolémée X Philopator II Soter II*, son fils aîné, pour corégent, lequel répudia l'année suivante *Cléopâtre IV*, son épouse et sa sœur ; puis il épousa sa seconde sœur, *Silené*, qu'il répudia également avec ses deux enfants. En l'an 107 Cléopâtre chassa son fils aîné, et prit pour corégent le second *Ptolémée XI Alexandre Iᵉʳ*. Celui-ci épousa la fille et légitime héritière de son frère, *Bérénice III* ; en l'an 90, il égorgea sa mère ; en l'an 88 il fut chassé du trône, et mourut peu de temps après. Ptolémée X Philopator II Soter II revint alors en Égypte, et fit dater son règne de l'an 117. Après sa mort, arrivée en l'an 81, *Bérénice III Philopator* lui succéda. Elle épousa son beau-fils *Ptolémée XII Alexandre II*, qui l'assassina dix-neuf jours après, mais dut prendre la fuite, et périt égorgé à peu de temps de là. En lui s'éteignit la descendance légitime des Lagides.

Ptolémée XIII (Néos) Dionysos Philopator III Philadelphe II, connu encore sous le surnom d'*Aulète*, fils naturel de Ptolémée X Soter II, épousa *Cléopâtre V Tryphæna*, qui, elle aussi, semble avoir été une fille naturelle de Soter, et parvint selon le trône. Il en fut toutefois chassé en l'an 58 ; et Tryphæna étant morte la même année, ce fut la fille aînée et corégente de celle-ci, *Bérénice IV*, qui régna seule de l'an 57 à l'an 55. Elle fut tuée par ordre de son père, lorsqu'il rentra en Égypte. Néos Dionysos mourut en 52. Sa fille *Cléopâtre VI Philopator*, la plus célèbre des princesses de ce nom, régna conjointement avec son jeune frère le plus proche, *Ptolémée XIV*, qui en 49 la chassa du trône, et régna seul pendant une année. Cléopâtre revint en Égypte en l'an 48, et Ptolémée XIV se noya. Elle prit alors pour corégent son second frère, *Ptolémée XV*. Celui-ci étant venu à mourir en l'an 45, elle déclara corégent le fils qu'elle avait eu de Jules César, *Ptolémée XVI César* (appelé ordinairement *Césarion*). A partir de l'an 37 elle régna conjointement avec Antoine jusqu'en l'an 30, où elle mourut ainsi que son fils, et où l'Égypte devint une province romaine. Ainsi finit cette dynastie des Ptolémées et des Cléopâtres (*voyez* ÉGYPTE), dont les débuts avaient été si glorieux, mais qui plus tard offrit un assemblage de vices et de crimes auquel il n'y a rien à comparer dans l'histoire. Consultez Champollion-Figeac, *Annales des Lagides* (2 vol.; Paris, 1819); Letronne, *Recueil des Inscriptions grecques* (Paris, 1842-1848); Lepsius, *Essai sur l'histoire des Ptolémées* (en allemand; Berlin, 1853).

PTOLÉMÉE (CLAUDE), l'un des plus célèbres astronomes de l'école d'Alexandrie, florissait au commencement du second siècle de l'ère chrétienne; on avait d'abord supposé que Péluse était sa patrie, et cette erreur provenait sans doute d'un nom mal lu dans quelque manuscrit arabe. Il paraît aujourd'hui bien démontré que Ptolémée composa ses ouvrages à Alexandrie. Suivant Théodore Méliténiote, il était né en Thébaïde, dans la ville grecque nommée *Ptolémaïs d'Hermias*, métropole de cette province. Ptolémée eut la gloire de transmettre à ses successeurs un tableau complet des découvertes astronomiques faites par les Grecs, mais il n'est pas démontré qu'il ait été lui-même inventeur; cependant, personne n'a été loué avec plus d'emphase : ses commentateurs l'appellent *admirable* et *divin*. Son traité d'astronomie portait le titre de *Composition* ou *Syntaxe mathématique*, on en a fait *la très-grande composition* (ἡ μέγιστη, *almagesti*), et de là le nom d'*Almageste* adopté par les Arabes.

C'est dans ce livre que nous trouvons les détails les plus complets sur les instruments astronomiques employés par les Grecs ; c'est d'abord l'*armille solsticiale*, dont Aristille et Timocharis avaient peut-être fait usage, et qui servait à déterminer l'inclinaison de l'écliptique. Ptolémée employait aussi un *quart de cercle* tracé sur une planche, que nous retrouvons chez les Arabes sous le nom de *briques*, et dont on fit même un *mural* ; c'est ensuite l'*armille équinoxiale* ; l'*astrolabe*, qu'il ne faut pas confondre avec les astrolabes planisphères des Arabes, et que Georges de Trébizonde appelle *l'instrument des armilles*, et le *dioptre*, dont Proclus et Théon nous ont transmis la description. Ces instruments, dont on attribue généralement l'invention à Ptolémée, appartiennent sans aucun doute à Hipparque. Quant à la sphère solide de l'auteur de l'*Almageste*, et à ses règles parallactiques ou *triquetum*, il suffit de les mentionner : ces règles parallactiques ont été justement critiquées par les Arabes, et par tous ceux qui en ont fait un examen attentif.

Ptolémée, qui eut le mérite inappréciable de tracer les limites que l'astronomie avait atteintes de son temps, ne paraît pas avoir fait faire à la science de véritables progrès. La découverte de la seconde inégalité lunaire (*évection*), le principal titre de gloire de Ptolémée, pourrait bien ne pas appartenir à cet astronome ; déjà Delambre a été obligé de convenir qu'Hipparque avait reconnu l'insuffisance d'une inégalité simple pour représenter les observations de la Lune ; il aura signalé l'effet de l'évection, et peut-être Ptolémée l'aura-t-il soumise plus tard au calcul, dans le but de compléter sa théorie des planètes. D'après une observation que Ptolémée indique, sans en développer les détails, il affirme que depuis le temps d'Hipparque, toutes les étoiles se sont avancées de deux degrés et deux tiers en longitude, et il en conclut un mouvement uniforme et général de 36" par année. On sait que la recherche des périodes et leur rectification ou perfectionnement étaient l'un des principaux objets de l'ancienne astronomie : ainsi, nous n'avons pas besoin de rappeler comment Hipparque a corrigé celle des Chaldéens, en comparant leurs observations aux siennes propres ; mais entre ces déterminations nouvelles il en est une qui se déduit d'un rapport de nombres conservés par Ptolémée, dont on n'a pas encore tiré tout le parti possible, et qui peut servir à fixer d'une manière incontestable la précession annuelle de 46" 8 déterminée par Hipparque.

Dans ce qui concerne les planètes, dit Delambre, Ptolémée dut paraître fort admirable ; Hipparque n'avait pu recueillir que des observations trop peu nombreuses et trop grossières, mais il avait vu combien cette théorie était compliquée. Il s'assura qu'il était impossible de se contenter de l'excentrique qui lui avait suffi pour le Soleil, que cette excentrique ou que l'épicycle serait insuffisant s'il était seul ; il annonça, et c'est Ptolémée qui nous l'apprend, que l'on ne pourrait y réussir sans combiner ensemble les deux hypothèses ; ce moyen avait déjà fait tous les succès de Ptolémée dans ses tables de la Lune ; il l'employa aussi pour les planètes ; Hipparque avait travaillé pour laisser à ses successeurs des observations plus nombreuses, plus exactes et en meilleur ordre. Pendant plus de deux cent cinquante ans personne ne se présenta pour recueillir ce précieux héritage. Ptolémée fut plus hardi ; mais, ce qui paraît vraiment étrange, il ne fait aucun usage de ces observations d'Hipparque, dont il vient lui-même de nous faire sentir toute l'importance. Pour chaque planète comme pour la Lune, il se contente de trois observations, souvent assez grossières, et parfois très-désavantageusement placées. Il en conclut les lois de deux inégalités principales. Une quatrième observation, la plus ancienne qu'il peut rencontrer, lui sert à déterminer le mouvement moyen de la planète. Pour en représenter plus exactement les inégalités, il imagine de rapporter ces mouvements à trois centres différents : l'un était le centre des mouvements apparents et inégaux ; le second, celui des mouvements vrais et uniformes ; le troisième, placé à égale distance entre les deux autres, était le centre des distances constantes, c'est-à-dire le centre du cercle dans la circonférence duquel l'épicycle de la planète se mouvait réellement, mais d'un mouvement dont il se dissimule l'inégalité, manquant ainsi à cet axiome fondamental de l'ancienne astronomie, renouvelé depuis par Copernic, que tous les mouvements devaient se faire dans des cercles, et d'une manière parfaitement uniforme. Copernic lui en fit un grave reproche et trouva moyen de parer à cet inconvénient. Cette conception très-singulière, mais très-ingénieuse, de Ptolémée, préparant les voies à l'ellipse de Kepler ; elle avait été critiquée très-vivement par l'Arabe Alpétrage, mais reçue avec admiration par tous les contemporains, par tous les commentateurs et par tous les astronomes, jusqu'à Copernic, qui sut la modifier, et Kepler, qui, plus habile, osa la renverser Elle régna dans toutes les écoles, et se répandit partout dans l'Asie comme dans l'Afrique. On se persuada pendant quatorze cents ans que Ptolémée avait découvert le secret de la nature, et le roi de Castille Alfonse fut le seul qui en admettant comme tous les autres la vérité du système se permit de le désapprouver.

Le *planisphère* qui porte le nom de Ptolémée dans un traduction latine faite de l'arabe, appartient, selon Synesius à Hipparque, et tout porte à croire que celui-ci est également l'auteur de l'*Analemme*, dont le texte est également perdu, et qui nous est venu par les Arabes. On y voit encor que les Grecs ne connaissaient pas l'emploi des tangentes dans la projection gnomonique. Ptolémée paraît s'être aussi occupé de physique expérimentale : son traité d'optique dont nous n'avons qu'une mauvaise traduction latine, donne une idée assez complète de la réfraction astronomique quant à sa géographie, malgré les erreurs qu'elle renferme c'est le dépôt le plus précieux des connaissances acquises à son temps. L'Almageste était destiné aux savants. Ptolémé fit pour les astrologues ses *Tables manuelles* ; et c'est dans cet ouvrage que se trouve le *Canon chronologique des rois*, dont l'utilité a été appréciée de tous ceux qui se sont occupés d'histoire ancienne. Nous avons encore de Ptolémée un ouvrage sur l'astrologie judiciaire, intitulé : *Tetrabibl ou Quadripartitum* ; le *Centiloquium*, c'est-à-dire le

Cent Maximes, ou théorèmes astrologiques, recueillis de ses divers ouvrages ; un traité *Du Jugement et de l'empire de l'âme*, publié par Boulliau, et où on lit que l'auteur résida quarante ans dans les *ptères* ou *ailes* du temple de Canope ; des *Éléments* ou hypothèses, intéressants par les variantes qu'ils contiennent ; trois livres d'*Harmoniques*, dont Wallis a donné une édition grecque et latine, et enfin un traité des trois dimensions des corps, dans lequel il parle le premier des trois axes rectangulaires auxquels la géométrie moderne rapporte la position d'un point quelconque de l'espace. SÉDILLOT.

PTOLÉMÉES (Coupe des). Voyez CAMÉES.
PUBÈRE. Voyez PUBERTÉ.
PUBERTÉ, terme dérivé du latin *pubes*, *pubis*, léger duvet ou poil follet qui orne les joues pudibondes d'un adolescent à l'époque de sa floraison. C'est une révolution générale de l'être organique qui se manifeste par la nubilité, la capacité de se reproduire. L'enfance, l'adolescence, dépouillent ces premiers langes de la vie, ces timides enseignes de mollesse, de froideur, d'humidité, qui prédominaient, comme les dernières tuniques fœtales, pour mettre à nu la virilité de chaque sexe. En effet, bien que la puberté chez les femelles ne revête jamais des caractères aussi tranchés que chez les mâles, leur métamorphose organique n'est pas moins essentielle, et leur développement est le même chez les plantes que chez les animaux. Ce développement résulte du transport de la nutrition aux organes encore endormis et atrophiés pendant le jeune âge. La puberté est hâtée par une alimentation abondante aidée par la chaleur, comme le prouve la précocité, et cette hâte de floraison est un présage de courte vie, comme si l'on s'empressait d'atteindre le terme de sa carrière.

La puberté d'ailleurs est un développement de la vie extérieure, éminemment ardent, excitateur. Le pouls constate par sa vélocité une circulation presque fébrile ; les maladies, surtout celles de la poitrine, prennent un caractère inflammatoire et bilieux ; le tempérament devient plus irascible ; la femme même est moins craintive ; ses langueurs disparaissent chez la mère de famille laborieuse pour ses enfants. L'homme adulte ne saurait se défendre d'un surcroît d'activité qui l'entraîne dans des carrières périlleuses. On a même remarqué que personne ne devenait fou avant cet âge, et que l'idiotisme de naissance pouvait au contraire se guérir par cette suscitation cérébrale. A cette brillante époque, vers la seconde semaine d'années, dans tous les climats, l'enfant perd sa nullité ; son sexe lui révèle le secret de l'avenir. L'être pubère n'est plus isolé dans la nature, il devient en quelque sorte citoyen de la postérité, et grandit pour représenter son espèce. L'âge de la production est tout selon l'ordre naturel ; pour lui seul sont réunis la force, la santé, le plaisir, la beauté et l'énergie de l'âme. Non-seulement le degré de température des contrées, la quantité et la qualité des nourritures, le développement des facultés morales, l'ardeur des complexions, hâtent la puberté, mais encore la nature de chaque race humaine l'accélère ou la retarde. En France, la menstruation commence vers quatorze ou quinze ans dans les départements du nord, et même à treize dans le midi. La puberté chez les hommes n'apparaît guère qu'une année plus tard ; nous ne citons pas les exceptions, dues à une foule de circonstances particulières, comme chez les danseurs, les comédiens, etc.

Les préludes de la puberté impriment aux idées une teinte de sensibilité inconnue, et sèment une inquiétude secrète dans l'âme. Elle s'agite d'un sentiment de douleur et de plaisir tendre, se plonge dans des illusions ou des rêveries de félicité. Les occupations ordinaires deviennent à charge aux jeunes filles ; bientôt la société les fatigue ; cette triste mélancolie qui s'insinue dans leur cœur les attire au fond des solitudes, où leurs désirs errent dans toute la nature sans pouvoir se fixer. Cette période orageuse est encore plus durable chez les vierges que chez les garçons, parce qu'elles ont le système nerveux plus mobile et plus sensible. C'est le temps de plusieurs affections convulsives : la mélancolie hystérique, le somnambulisme, la catalepsie, les spasmes épileptiques, etc. Alors aussi la musique opère parfois avec magie, et les distractions, telles que la danse, le chant, la marche ou le sommeil prolongé, sont nécessaires.

Lorsque cette période ne s'accomplit qu'imparfaitement, ou qu'une organisation lente et molle retarde l'élan de la puberté, l'*éphèbe* tombe dans la chlorose et végète quelque temps dans une morne apathie. Alors, les secousses d'une vie active, les voyages, la chasse, les armes, impriment plus de ton à l'économie, avec l'emploi d'aliments stimulants et fortifiants. La gymnastique devient même indispensable chez ces jeunes personnes trop sédentaires des villes, végétant à l'ombre dans des chambres mal aérées, serrées encore dans des sortes de cuirasses ou corsets gênant la taille et comprimant les poumons. Souvent on voit les jeunes gens grandir tout à coup dans cette secousse de la puberté ; la poitrine s'élargit, la respiration devient plus étendue et augmente l'ardeur vitale, mais quelquefois aussi vicieusement, car elle développe le germe de la phthisie avec une prédominance d'énergie reproductive trop précoce.

Quoique la puberté se déclare vers quinze à seize ans parmi nous, elle ne se complète qu'avec la croissance parfaite du corps en hauteur et l'éruption de la barbe, vers vingt-et-un ans. C'est aussi le temps fixé pour la majorité légale ou le complément de l'intelligence. En effet, la vie extérieure ou de relation n'est entièrement développée qu'après cet âge. Ainsi, la vie de nutrition et d'assimilation, qui prédominait dans l'enfance, arrondissait ses contours, faisait préférer les sensualités de la gourmandise à toute autre, cesse à mesure que l'énergie se transporte sur les organes musculaires et sensitifs. Le caractère particulier au sexe mâle se prononce surtout par la puberté. C'est alors le premier jet des grandes pensées : les individus les plus bruts acquièrent une vivacité d'intellect d'autant plus marquée que leur puberté est plus vigoureuse. On a dit aussi qu'alors l'*esprit vient aux filles*. J.-J. VIREY.

PUBIS (du latin *pubes*, poil follet qui vient au menton), os du bassin, situé à la partie inférieure du ventre, et ainsi appelé parce que c'est à l'endroit de cet os que le poil commence à pousser dans l'âge de puberté.

PUBLIC. Le *public*, dans son acception la plus générale, est la totalité des habitants d'un pays : Cette œuvre n'a pas été goûtée du *public*. Le même mot sert quelquefois à désigner seulement une fraction ou une classe particulière d'habitants : Le directeur de ce théâtre ne connaît pas son *public*. Dans cette phrase : L'opinion *publique* s'est tout d'abord déclarée contre cet homme, *publique* désigne un être moral collectif résultant de la réunion de quelques qualités, conditions ou attributs communs à la pluralité, sinon à la totalité des habitants d'un pays : tels sont l'*esprit public*, la *voix publique*, la *force*, la *morale publique*, etc. Quelquefois, cependant, il sert aussi à désigner des choses dont la propriété, l'usage ou l'exercice sont communs à tous ; comme quand on dit la *voie publique* pour désigner une rue, un chemin public. BILLOT.

PUBLIC (Droit). Voyez DROIT PUBLIC.

PUBLICAIN, nom que l'on donnait à Rome aux receveurs des impôts. Comme les Juifs ne supportaient qu'avec répugnance le joug des Romains, et ne leur payaient tribut qu'à leur corps défendant, ils avaient horreur de cette profession. Ils regardaient en général les publicains comme des hommes sans honneur, et les mettaient au même rang que les païens : *Sit tibi sicut ethnicus et publicanus*, dit saint Matthieu (c. XVIII, v. 17). Il y en avait cependant plusieurs qui étaient Juifs, entre autres Zachée, qui est appelé *chef des publicains*, et saint Matthieu lui-même, qui renonça à sa profession pour suivre Jésus-Christ. C'est à tort que Grotius a prétendu qu'il n'était pas permis aux publicains d'entrer dans le temple ou dans les synagogues, et que leurs offrandes étaient rejetées comme celles des prostituées. Pour se convaincre du contraire, il suffit de lire saint Luc (c. XVIII, v. 10) : on y verra un publicain priant avec humilité dans le temple.

Le nom de *publicans* ou *publicains* fut aussi donné, en France et en Angleterre, aux *albigeois* ou aux *cathares*. Il a été enfin appliqué chez les modernes aux traitants, aux financiers, à ceux qui se chargent de percevoir les revenus publics ; et alors on le prend toujours en mauvaise part : D'avides *publicains*.

PUBLICATION. Ce mot emporte l'idée d'une chose qui est portée à la connaissance de tout le monde, afin que personne ne puisse par la suite en prétexter l'ignorance. La *publication* s'applique aux actes de l'autorité publique, lois, ordonnances, règlements. En droit public on dit *la publication de la guerre, de la paix*; en droit privé, la *publication d'un mariage, d'une société, la publication d'un journal, d'un livre*.

PUBLICATIONS DE MARIAGE. *Voyez* BANS DE MARIAGE.

PUBLICISTE. C'est celui qui écrit sur des matières publiques, telles que la constitution, les intérêts, les lois du pays, la manière dont il se gouverne, etc., etc.

PUBLICITÉ. Ce mot, synonyme de *notoriété publique*, signifie plus ordinairement la qualité de ce qui est rendu public : La *publicité des audiences* est une des plus importantes conquêtes de la révolution de 1789. La constitution de 1852, a supprimé la *publicité* des débats législatifs ;

Il nous faut encore parler de ce que les journaux entendent par *publicité*, ou de l'annonce, qui est la base de leur prospérité. Il serait absurde de nier l'utilité que le commerce peut quelquefois tirer des annonces pour ses offres et ses demandes ; mais c'est là une vérité dont il a beaucoup trop abusé, comme de toutes autres. La *publicité*, telle que l'ont organisée les journaux du monopole et du privilège, est le plus souvent un leurre, dont celui-là seul est dupe qui en fait les frais. Il reconnaît bien vite qu'il s'est laissé piper par le meilleux moyen de lui en provoquer à déposer, lui aussi, son offrande sur l'autel d'une déesse ayant la puissance, a-t-on eu soin de lui dire, de changer le plomb le plus vil en or le plus pur; et alors il jûre, mais trop tard, qu'on n'allumera plus sa cupidité en lui citant l'exemple de tant de charlatans et d'escrocs enrichis par la *publicité* exploitée sur une large échelle. Il y a longtemps en effet que le consommateur ne croit plus aux mirobolantes promesses de l'annonce, vis-à-vis de laquelle il est toujours instinctivement en défiance, parce qu'il a été trop souvent sa victime.

Chacun sait combien l'on a abusé depuis une vingtaine d'années, et combien l'on abuse encore tous les jours de la publicité. Il est difficile de comprendre qu'on ait pu jusque aujourd'hui laisser complète liberté d'action à cette industrie *sui generis*. Dans ces derniers temps la spéculation a demandé à l'annonce un capital d'environ *dix milliards*, dont la dixième partie seule a pu être réalisée ; et la moitié au moins de ce dixième a été complètement perdue par les actionnaires. Plus de cinquante gérants de sociétés en commandite sont venus s'asseoir en police correctionnelle pour y rendre compte de leur gestion, et la plupart ont été condamnés à la prison et flétris. A ce propos, on se demande pourquoi le ministère public ne s'est jamais avisé de comprendre dans ses poursuites les journaux, sans la complaisance vénale de qui tous ces fripons n'auraient pu si commodément faire des dupes ? Quand il s'agit du fameux *vol à l'américaine*, le juge confond pourtant toujours dans sa sévère répression et le prétendu Américain, offrant sur la voie publique à quelque rustaud de troquer des napoléons contre autant de pièces de cinq francs, et les rusés compères qui sont survenus si à propos pour conseiller à notre imbécile, un moment indécis et défiant, de profiter de cette occasion unique pour quadrupler son pécule, et qui ont ainsi aidé à la perpétration du vol. Pourquoi dans le *vol à l'actionnaire*, lequel ne réussit jamais que grâce à la complicité des journaux, qui empochent pour leur part de 20 à 25

pour 100 du capital escroqué, pourquoi ne poursuit-on pas et le gérant de la société et les empereurs qui, moyennant commission, lui ont procuré des dupes ? Vainement on objecterait que le journaliste ne saurait être responsable des méfaits qui se commettent par l'emploi de la publicité dont il fait commerce ; et qu'il n'a pas mission d'apprécier la moralité des affaires qu'il se charge de *lancer*. En cela le journaliste agit si bien en parfaite connaissance de cause qu'il a grand soin de prévenir le public qu'il n'insère dans sa feuille que celles des annonces qui ont été préalablement *agréées* par le gérant, et qu'en conséquence il refuse toutes celles qu'il juge de nature à nuire à ses intérêts particuliers, comme, par exemple, d'une entreprise rivale ou destinée à lui faire concurrence. Donc, s'il le voulait, Henn ne lui serait plus facile que de faire lui-même la police de sa troisième et de sa quatrième page, et d'empêcher par là que le public ne fût victime de tant d'escroqueries. A ce propos, qu'il nous soit permis de citer la fameuse affaire du *chou colossal*. C'est là une histoire qui remonte au règne de Louis-Philippe, mais qui se renouvelle encore chaque jour sous une forme nouvelle. Pendant plusieurs années de suite la quatrième page de tous les journaux de Paris contint invariablement l'annonce d'un merveilleux végétal importé, disait-on, de la Nouvelle-Zélande et qualifié de *chou colossal*. Tous les terrains sans distinction convenaient avec un peu de soin à sa culture, et chaque pied, qui atteignait l'élévation d'un palmier avec une circonférence de quatre à cinq mètres, suffisait en hiver à l'alimentation d'une vache pendant un mois au moins. Il y avait là toute une révolution dans l'agriculture ; et pour se procurer de la graine de ce merveilleux produit, il suffisait d'adresser à un bonnetier des environs du Palais-Royal autant de francs en un mandat sur la poste qu'on désirait avoir d'échantillons de graine. Il ne se faisait pas d'envois au-dessous de 10 francs, mais ils arrivaient *franco* aux destinataires. Les demandes, comme on pense bien, affluèrent de tous les côtés de la France, et partout on essaya de cultiver le *chou colossal*. Or, le produit obtenu était invariablement un modeste chou, de la plus belle venue sans doute, mais ne différant en rien du chou vulgaire. Le cultivateur désappointé se plaignait-il, il recevait une réponse lithographiée d'avance, contenant l'indication des précautions à prendre pour le semis de la précieuse graine, et pour l'éducation des plans. C'était une nouvelle expérience à tenter, partant un nouvel envoi de 10 francs à faire ; et bien souvent l'expérimentateur, honteux et confus cette fois, se retrouvait en présence de la réalité, un chou valant bien cinq centimes. La mystification était trop complète pour que la victime songeât à se plaindre. C'eût été s'exposer aux railleries impitoyables de ses voisins ; et les amours-propres en jeu gardaient tous le silence le plus discret. Toutefois, il finit par se rencontrer des spéculateurs peu endurants, qui, se mettant au-dessus du qu'en dira-t-on, traduisirent bravement en police correctionnelle le bonnetier expéditeur de la graine du *chou colossal*. Il fut établi aux débats que c'était de la graine de chou ordinaire, se vendant chez tous les grainetiers de Paris 20 francs le boisseau ; or, on calcule qu'un boisseau ne contient pas moins de 600,000 graines. Qu'on juge par là du *colossal* profit du prétendu importateur, dont on ne put d'ailleurs jamais parvenir à découvrir le nom, tant les précautions avaient été habilement prises. Le malheureux bonnetier, qui ne percevait sur chaque envoi que 10 pour 100 de commission, fut condamné, comme de raison, à l'amende et la prison ; et le compte-rendu de ce bizarre procès fournit aux journaux la matière les plus désopilantes plaisanteries sur la sotte crédulité des expérimentateurs. Seulement, il n'eurent garde de faire observer que le tout n'avait si bien réussi que parce qu'ils avaient perçu eux-mêmes, sous formes d'*annonces* et de *réclames*, au moins le quart de son produit.

Une justice à rendre à M. Émile Girardin, l'un des grands-prêtres de la *publicité*, c'est que lorsqu'il a eu un journal à lui il a fait tous ses efforts pour qu'en France l'annonce ne fût pas uniquement un moyen sûr et commode de détrousser les passants sans s'exposer à avoir aussitôt maille à partir avec la justice. Pendant plusieurs années il a lutté dans *La Presse* pour forcer ses confrères du grand format à adopter en matières de *publicité* les usages des journaux anglais. Il n'exigeait assurément pas d'eux qu'ils renonçassent à exploiter le *réclame*, le *puff*, le *hoax*, etc.: le sacrifice eût sans doute été par trop grand ; il se bornait à demander que toutes les annonces fussent uniformément imprimées sur une seule *justification* et avec des caractères identiques, afin que la quatrième page des journaux ne ressemblât point à une collection d'affiches de toutes grandeurs, mais non timbrées, où celle-là seule attire les regards du passant qui est composée avec les plus gros caractères. Il voulait, pour nous servir du jargon aujourd'hui en usage, *démocratiser* la publicité et empêcher que l'annonce loyale et modeste ne fût annihilée par l'annonce gigantesque et fantastique du *faiseur*. Il y perdit son temps et sa peine ; et, vaincu par la coalition des autres *grands journaux*, il dut se résigner à hurler avec les loups.

L'abus que nous signalons ici ne cessera, on ne saurait trop le répéter, que le jour où le pouvoir, renonçant à avoir deux poids et deux mesures, pour rentrer dans la voie du grand et salutaire principe de l'égalité de tous devant la loi, surtout en matière d'impôts, mettra fin aux privilèges dont le journal jouit depuis si longtemps en ce qui touche les droits de timbre et de poste, où il frappera l'annonce d'un droit de timbre proportionnel à son étendue, et comprenant en même temps la redevance postale qu'elle eût acquittée si elle avait été adressée au consommateur sous forme de placard séparé (*voyez* JOURNAL, JOURNALISME et OPINION PUBLIQUE [Exploitation de l']).

PUBLILIUS, nom d'une famille plébéienne de Rome, qui compta dans son sein deux ardents défenseurs des libertés populaires, à savoir : *Publius* VOLERO, qui, tribun en l'an 472, fit adopter la loi (*lex Publilia Voleronis*) qui transférait l'élection des tribuns et des édiles, des comices de centuries aux comices de tribus, ce qui revenait à la soustraire à l'influence des patriciens ; et *Quintus Publilius* PHILO. Celui-ci revêtit le consulat à quatre reprises : en 339, où il combattit les Latins ; en 327, où il marcha contre Palæpolis ; en 320 et en 315, conjointement avec Lucius Papirius Cursor, où il fit la guerre aux Samnites. En 339 il avait aussi été créé dictateur ; et c'est en cette qualité qu'il rendit trois lois (*leges Publiliæ Philonis*), dont l'une assimilait les plébiscites aux lois de centuries, et dont l'autre soumettait ces dernières à l'adoption préalable par le sénat, avant que le peuple procédât au vote. La troisième ordonnait que l'un des censeurs serait toujours plébéien.

PUBLIUS SYRUS naquit dans l'esclavage. Le premier nom qu'on lui donna fut celui de *Syrus*, parce qu'il vit le jour en Syrie. Syrus, encore enfant, conduit chez le patron de son maître, le charma autant par la grâce de sa figure que par la vivacité de son esprit. On lui donna une éducation très-soignée, on l'affranchit ; et ce fut alors qu'il dut prendre le nom de *Publius*, que sans doute portait son maître. On a peu de détails sur la vie de ce poète. Publius Syrus s'appliqua à la composition des mimes, espèce de comédie burlesque, que les Latins aimaient beaucoup. Après avoir obtenu de grands succès dans les villes d'Italie, il vint à Rome pendant les fêtes que donnait Jules César, et provoqua à un combat littéraire les poètes qui travaillaient alors pour les jeux scéniques. Tous acceptèrent le défi, et tous furent vaincus. Parmi les auteurs qui parurent dans le concours, était ce **Laberius**, chevalier romain, partisan déclaré de forcé de la république, que le dictateur, à force de caresses, détermina à monter sur le théâtre et à jouer lui-même dans le mimes de sa composition. Obligé de consentir (car, selon la réflexion de Macrobe, l'autorité contraint non seulement qui elle invite, mais même quand elle supplie), Laberius, dans un prologue admirable, regardé avec raison comme un des plus beaux monuments de la langue latine, déplora l'humiliante nécessité à laquelle sa vieillesse était réduite.

Après la mort de Laberius, qui suivit de près celle de César, Publius Syrus régna sur la scène : *Romæ scenam tenet*, dit saint Jérôme dans sa chronique. Ces mimes, dont, à l'exemple de Laberius, il avait tempéré la licence par des traits nombreux de morale, n'existent plus aujourd'hui en corps d'ouvrage ; et cette perte doit exciter nos regrets. « Quand Publius, dit Sénèque, veut abandonner ses farces ineptes, bonnes tout au plus pour les spectateurs des derniers rangs, il a plus d'énergie que tous les poëtes tragiques et comiques. Dans une foule de pensées, il s'élève non-seulement au-dessus de la scène mimique, mais du cothurne même. » Les fragments qui nous restent de lui justifient pleinement l'enthousiasme de Sénèque. Ils consistent en pensées morales, exprimées chacune avec une précision très-remarquable, dans un seul vers iambique ou trochaïque. Toutefois, parmi des fragments qui nous ont été conservés, et que l'on retrouve d'ordinaire à la suite du dernier livre des *Fables* de Phèdre, on a intercalé des sentences qui appartiennent non point à Publius Syrus, mais à Sénèque, à Laberius et à d'autres mimographes. Parmi toutes ces sentences, il en est d'obscures, d'altérées, de mal exprimées. Après avoir fait les plus persévérantes recherches pour retrouver toutes celles de Publius dans leur intégrité, et les séparer des fragments des autres mimographes, j'en ai donné une édition et une traduction, accompagnée de notes explicatives, dans le genre de celles qui avaient été précédemment publiées par Jean Bond.   Francis LEVASSEUR.

PUCE, genre d'insectes *aptères* de l'ordre des suceurs, qu'il forme à lui seul dans la méthode de Cuvier. A l'aide de six pattes analogues à des ressorts, la puce franchit d'un seul bond un espace qui dépasse de plus de trente fois la hauteur de son corps. La bouche de cet animal est admirablement conformée pour mordre et pour sucer. Si on connaît généralement la puce à l'état parfait, plusieurs ignorent sa métamorphoses. Cette maudite engeance se compose d'un mâle et d'une femelle ; la ponte est d'une douzaine d'œufs à peu près blancs, visqueux et ellipsoïdes ; on conçoit que vu leur petitesse ils échappent à notre vue, et d'autant mieux que la mère les a cache soigneusement. On ne peut guère les observer que dans les nids de pigeons, où ils se rencontrent en grande abondance. L'éclosion des œufs s'effectue promptement, et il en sort des larves petites, allongées, vermiformes, très-vives, et dont l'allure est serpentante ; après avoir passé douze jours sous cette forme, elles se fabriquent une coque soyeuse, où elles se renferment en qualité de nymphes, et acquièrent la qualité d'insecte parfait. C'est surtout aux enfants, aux femmes, qu'elles s'adressent pour assouvir leur soif de sang : elles troublent leur sommeil, et leur piqûre chez des individus très-excitables est accompagnée quelquefois d'une irritation assez douloureuse, mais qui se calme promptement. Ces insectes, qu'à bon droit on peut considérer comme des parasites, attaquent encore plus certaines bêtes, telles que les chats et les chiens, et ces pauvres animaux domestiques sont encore plus maltraités que leur maître.

Avec une habileté des plus patientes, le chef-d'œuvre de la création est parvenu à dresser des puces à des exercices extraordinaires : on leur fait traîner de petits canons chargés de poudre, qui ont quatre-vingts fois le poids de leur corps, et on les habitue à les entendre détonner. On en a vu traîner de petits carrosses pour des individus de leur espèce en guise de maîtres, de cocher et de laquais. On en voit tirer des armes, etc. Vingt fois Paris et Londres ont pu jouir de ce genre de spectacle. Il est pourtant des hommes qui se nourrissent de puces. Ce sont les Hindous, qui, dit-on, en raison du dogme de la métempsychose, leur ont ouvert un hôpital, ou plutôt une pension, et là des dévots se dévouent avec un zèle religieux à leur servir de pâture et à se laisser sucer sans opposition. L'odeur de la sarriette, de la sauge et d'autres plantes odoriférantes n'épouvante pas les puces comme on l'a prétendu. Le mieux serait probablement d'adopter la coutume des Dalécarliens, qui placent dans leur lit une peau de chat ou de lièvre : les insectes, après s'être repus, se retirent dans cette fourrure, où on peut les détruire par submersion, ou par des arrosements d'essence de térébenthine. La famine ne nuit pas à leur reproduction : on les voit pulluler dans des chambres inhabitées depuis longtemps ; et on ne peut y entrer sans en avoir aussitôt les jambes couvertes. Un assez bon moyen de les forcer à déguerpir de ses habitations est d'y faire des fumigations de tabac.

La couleur brune de cet insecte sert de terme de comparaison pour désigner le ton de la terre de Sienne brûlée qu'on communique à diverses étoffes : Couleur puce, habit puce, étoffe puce, ruban puce.

Comme ces insectes nous tiennent souvent éveillés, par l'incommodité de leur piqûre, on dit, au figuré, qu'on a la puce à l'oreille, quand on est inquiet sur le succès de quelque affaire ; et qu'on nous a mis la puce à l'oreille, quand on nous a inspiré quelque inquiétude.

Dr CHARBONNIER.

PUCE AQUATIQUE. Voyez DAPHNIE.
PUCE DE JARDIN. Voyez ALTISE.
PUCELLE D'ORLÉANS. Voyez JEANNE D'ARC.
PUCE PÉNÉTRANTE. Voyez CHIQUE.

PUCERON, genre d'insectes fort commun, ayant un corps qui, par sa forme et sa taille, rappelle un peu celui des puces, et se nourrissant aussi par voie de succion : ces analogies auront pu frapper le vulgaire et l'induire à adopter une dénomination dont il est difficile de trouver autrement l'étymologie ; mais les naturalistes n'admettent point une semblable assimilation ; ils ont placé les pucerons dans l'ordre des *hémiptères*, où ils composent la tribu des *aphidiens*. Ces insectes, au fait, diffèrent plus des puces qu'ils ne leur ressemblent : leur corps est sans consistance, au point qu'on ne peut les conserver dans les collections ; leur tête porte deux antennes et est armée d'un bec ou rostre très-allongé dans quelques espèces ; ils sont souvent couverts d'une matière cotonneuse ou farineuse. On distingue parmi ces insectes deux espèces de femelles, les unes pourvues d'ailes, d'autres qui n'en ont pas ; ces différences ne les empêchent cependant pas de reproduire indifféremment leur espèce, et, par une singularité plus remarquable encore, sous deux modes différents. Au beau temps, quand la végétation devient luxuriante, les pucerons sont vivipares ; mais quand les avant-coureurs de l'hiver se font sentir, ils deviennent ovipares. Avec cette dernière disposition, l'espèce ne peut s'anéantir ; quand reviendra le printemps, les œufs écloront et donneront naissance à d'autres qui engendreront promptement des petits vivants. Qu'on ne soit donc plus étonné du nombre prodigieux de ces insectes. Tout semble favoriser leur reproduction : la fécondité des femelles est extrême : elles accouchent de quinze à vingt petits par jour, et encore cette maternité n'exige-t-elle pas la condition de l'accouplement avec un mâle. Prenez un puceron à l'état d'œuf, isolez-le, vous en verrez naître un individu apte à reproduire ses semblables, et cette faculté persiste durant plusieurs générations. C'est un fait que Bonnet, Réaumur et Lyonnet ont eu la patience de vérifier.

Après leur naissance, les pucerons présentent plusieurs différences dans leur manière d'exister et offrent des couleurs diverses : les uns, et ceux-ci sont en grand nombre, se groupent autour des tiges et des feuilles de différents végétaux ; ils demeurent immobiles, occupés à pomper les sucs à l'aide de leur bec en forme de trompe : on rencontre principalement ces peuplades sur le sureau, les fèves, les rosiers, les œillets, etc. Cette succion exercée et opérée par tant d'individus nuit aux plantes en viciant le tissu végétal et les sucs dont il est abreuvé, comme une irritation longtemps entretenue altère l'organisme animal. Aussi ces animaux sont-ils un fléau pour les jardins, les vergers, les parterres, les potagers. Quelques larves de diptères, mais principalement celle de l'hémérobe-perle, détruisent heureusement un grand nombre de pucerons : cette dernière est à peine sortie de son œuf qu'elle se dirige instinctivement sur les végétaux qui portent les pucerons ; elle les saisit avec sa mandibule et les suce en un moment jusqu'à la peau avec une voracité insatiable : le carnage auquel elle se livre est tel qu'elle a été surnommée le *lion des pucerons* ; elle s'empare même des peaux de ses victimes pour s'en former des fourreaux, peut-être afin de se garantir de ses semblables, car ces larves se traitent entre elles comme elles traitent la race pucerone ; elles se ruent les unes sur les autres, et la plus forte suce la plus faible. Trop de pucerons survivent à cette extermination, et ils ont bientôt réparé leurs pertes avec l'inépuisable fécondité dont ils sont doués ; d'ailleurs, leur ennemi ne jouit pas longtemps d'une vie de larve ; aussi bien nourri et chargé de dépouilles, il ne tarde pas à former sa coque pour revêtir la forme gracieuse et le brillant coloris qui distingue l'hémérobe-perle, insecte qui dégoûte autant l'odorat qu'il flatte la vue. Mais, à défaut de cet ennemi, l'homme a un moyen puissant pour défendre les végétaux des pucerons : c'est de les arroser par immersion ou à l'aide d'un pinceau, d'une forte décoction de tabac, aiguisée par un peu de sel de cuisine. Cette liqueur est préférable au soufre et à l'eau de savon.

Partout où se trouvent des pucerons, on est à peu près sûr d'y trouver des fourmis ; il y a entre ces animaux des relations si intimes que le vulgaire s'imagine qu'ils s'engendrent mutuellement, d'autant mieux qu'on rencontre dans les deux genres des individus ailés ou sans ailes. Voici la cause de l'intimité qu'on observe entre ces insectes : les sucs que les pucerons tirent des végétaux se transforment dans leur corps en une liqueur limpide, excellente au goût comme le meilleur miel, dit Réaumur ; les fourmis, extrêmement avides des corps sucrés, comme chacun le sait, recherchent avec empressement la liqueur produite par la digestion des pucerons ; c'est pour elles un appât qui les attire de toutes parts. Mais elles sont trop avisées pour assassiner cruellement les pucerons comme la larve de l'hémérobe-perle ; elles se contentent de les mettre à contribution ; aussi elles les abordent amicalement, les caressent, et ont bientôt toutes leurs sucreries à leur disposition. Il n'est pas sûr que les pucerons en soient très-satisfaits, car les fourmis les exploitent avec une tyrannie qu'on pourrait appeler éclairée ; en effet, si la myriade pucerone n'est pas placée à leur convenance, elles la déplacent et la transportent sur un autre végétal plus à leur portée, et même dans leurs fourmilières. Voilà ce qui induit, non sans quelque fondement, à croire que ces animaux se réunissent sous des rapports de reproduction.

D'autres pucerons, au lieu de se grouper seulement sur la surface des tiges ou des feuilles des végétaux pour les sucer, entament le tissu, y font des piqûres qui vicient la vitalité et produisent des altérations très-remarquables : tantôt les tiges sont comme tordues ou courbées et augmentent de volume ; tantôt on voit se développer des tubérosités creuses, des espèces de galles. Ces pucerons vivent en famille dans ces cavernes plus tranquillement et exposés à moins de dangers que les précédents. C'est principalement sur les feuilles de l'orme qu'on rencontre ces productions singulières ; en les ouvrant, on y trouve des habitants et une provision d'eau sucrée à l'abri des fourmis.

Dr CHARBONNIER.

PUCERON BRANCHU. Voyez DAPHNIE.
PUCHERO. Voyez OLLA-PODRIDA.
PUCKLER, nom d'une nombreuse famille de comtes allemands, dont l'un des rameaux porte le titre de *prince*, et qui est de vieille chevalerie silésienne. C'est en 1655 qu'elle fut élevée au rang des barons de l'Empire par l'empereur Ferdinand III ; et en 1690 elle obtint le titre de comte de l'Empire. Elle forme aujourd'hui diverses branches établies en Silésie, en Lusace, en Bavière et en Wurtemberg.

PUCKLER-MUSKAU (HERMAN-LOUIS-HENRI, prince de), né le 30 octobre 1785, à Muskau, en Lusace, fit son droit de 1800 à 1803, à Leipzig, et entra ensuite dans les gardes du corps du roi de Saxe. Retiré du service, avec le grade de major, il alla voyager en France et en Italie. En 1811 la mort de son père le mit à la tête d'une fortune considérable. En 1813 il entra au service de Russie avec le grade de major, et devint aide de camp du duc Bernard de Saxe-Weimar. Au rétablissement de la paix, il alla passer une année en Angleterre. En 1817 il épousa la fille du prince de Hardenberg; union mal assortie, qu'un divorce rompit en 1826. En 1829 le roi de Prusse lui avait conféré le titre de *prince*. Après diverses tournées en Angleterre et en France, il consacra plusieurs années à parcourir le nord de l'Afrique et l'Asie Mineure; puis, de retour dans ses domaines, il se décida à les vendre, en 1845. Depuis lors, il a séjourné alternativement dans la plupart des capitales de l'Allemagne.

Le prince Puckler-Muskau, cédant à une irrésistible démangeaison d'écrire, publia d'abord ses *Lettres d'un défunt* (1830), journal d'un voyage en Angleterre, dans le pays de Galles, en Irlande, en France et en Hollande. Cet ouvrage est empreint de la légèreté et de la frivolité de l'auteur, en même temps que de la haute opinion qu'il a de lui-même; mais on y trouve aussi de très-intéressantes peintures de mœurs et de caractères. On voit que ses originaux qu'il peint ont réellement posé devant l'écrivain, homme à qui sa position a permis de connaître ce qu'on appelle *le grand monde*, qui excelle à le décrire, et dans le jugement et les appréciations duquel on remarque une impertinence de grand seigneur qui fait plus d'une fois sourire. Il publia ensuite *Tutti Frutti* (1834); *Avant-dernier Tour du Monde de Semilasso*; *Rêve et Veille, tiré des papiers d'un défunt* (1835); *Semilasso en Afrique* (1836); *Le Précurseur* (1838); *Musée du Sud-Est* (1840); *De l'empire de Méhémet-Ali* (1844); *Le Retour* (1846). Le prince Puckler-Muskau écrit agréablement; mais il lui arrive trop souvent de se laisser aller à des jugements erronés. Aristocrate de naissance et de conviction, il s'est fait un libéralisme à lui. On lui reproche à bon droit son penchant pour les descriptions frivoles et le mauvais goût qui lui fait barioler de la façon la plus bizarre son style de mots empruntés à toutes les langues.

PUDDING, *Plumpudding*, mets farineux, sans lequel il n'y a pas de bon repas en Angleterre, dont l'usage s'est aussi fort étendu en France dans ces dernières années, et dans la composition duquel figurent en première ligne, comme parties essentielles et constitutives, la farine, les œufs et le beurre, dont on relève le goût par différents ingrédients. Il y a le *pudding* aux cerises, le *pudding* au sagou, le *pudding* au citron, le *pudding* aux chou-fleurs, le *pudding* mousseux, etc., etc.

PUDDLAGE. Voyez FORGES (Grosses).

PUDEUR, PUDICITÉ. La *pudeur* est un sentiment de honte éprouvé alors qu'on voit, qu'on entend ou qu'on fait en public des actes répréhensibles, attirant le mépris et le blâme. On n'a pas cette pudeur devant les animaux ou de petits enfants, ou des êtres privés de raison, mais on redoute surtout le jugement des personnes honorables; on veut conserver l'estime, besoin essentiel de tout être qui se respecte et qui veut se voir considéré dans la société. Les jeunes gens de l'un et de l'autre sexe, surtout du féminin, comme étant les plus timides, sont les plus pudiques et les plus honteux avant d'avoir goûté des plaisirs. Tel est l'effet de ce sentiment, né de la crainte, qu'il tend sans cesse à refouler au dedans tous les désirs, toutes les affections. Cette jeune beauté, placée sous l'empire de tant de regards qui l'observent, fera taire tous ses sens; elle renfermera des larmes, des soupirs prêts à s'échapper; l'orgueil de se voir adorée la dédommage de cette contrainte, que sa timidité lui impose. Combien elle étouffera d'oppression sous un étroit corset plutôt que de laisser échapper les sentiments qui gonflent son cœur! L'orgueilleuse a trop de fierté pour avouer jamais ce que la pudeur exige

d'ensevelir dans un profond secret, puisque la honte d'une chute a pu armer la main d'une fille séduite d'un sacrilège pour détruire le fruit d'un crime d'opinion. Les filles milésiennes se tuaient pour quelque chagrin d'amour. On ne put faire cesser cette fureur insensée qu'en menaçant de traîner sur la claie le corps nu de celles qui se suicideraient. Le mal cessa. Telle qui ne redoutait point la mort craignit encore pour sa pudeur.

La *vergogne*, ont dit quelques philosophes, est factice et l'unique ouvrage de l'éducation. En Égypte et dans tout l'Orient, où l'on prescrit aux femmes de se voiler la figure sous peine de passer pour débauchées, l'on voit celles des fellahs ou paysans, pauvres et mal vêtues, lever leurs jupes pour se couvrir le visage aux dépens du corps. Cependant la nature inspire aux femmes des sauvages de se garnir d'un pagne. Les animaux eux-mêmes ne sont pas sans pudeur : malgré la lubricité des singes, leurs femelles paraissent honteuses quand on les examine de trop près, et soufflettent même alors vivement. D'ailleurs, la pudicité est un moyen naturel de coquetterie pour toute femme; elle rehausse par la difficulté le prix de la beauté ou des délices. Elles le savent bien, ces beautés prudentes qui ne veulent jamais paraître qu'en toilette.

Omnia summopere hos vita postscenia celant
Quos retinere volunt adstriotosque esse in amore.
LUCRET.

Au contraire, toute femme qui a perdu la pudeur (la *première des grâces*, comme on l'a nommée) s'est dépouillée de son plus puissant charme. *Nec fœmina, amissa pudicitia, alia abnuerit*, dit Tacite : que peut en effet refuser désormais celle qui n'a pas craint de rompre tout frein et de perdre l'estime d'elle-même.

Ce qui fait la dignité de l'homme est le sentiment de sa valeur personnelle et de son mérite intellectuel. Mais le plus bel ornement de la femme réside surtout dans la propriété d'elle-même, puisque celle qui s'abandonne ne se possède plus. La *pudicité* n'est pas seulement cette pureté qui ignore les délices de l'amour : celle-ci est la *virginité* ou l'innocence dans toute sa naïveté primitive. Mais une femme pudique, telle qu'une Agnès (car αγνεία chez les Grecs, tiré d'αγνοεῖν j'ignore, désigne la chasteté ou la pudicité) parlera sans mystère des choses les plus crues; elle y apporte sans rougir toute la candeur de son âme; elle reste chaste dans les liens du mariage, et l'on a pu dire de vierges exposées à des profanations brutales que leur cœur n'a pas cessé de conserver sa pudicité. Personne n'est souvent moins pudique qu'une prude ou que la bégueule affectant de ne rien savoir et de rougir de tout. J.-J. VIREY.

PUEBLA (La), l'un des États-Unis du Mexique, situé entre Vera-Cruz au nord et au nord-est, Oaxaca à l'est et au sud-est, l'océan Pacifique au sud, Guerrero et Mexico à l'ouest, tout à fait sous la zone torride, compte, y compris le territoire indien de Tlascala, qui l'entoure au nord, une population de près de 960,000 âmes, répartie sur une surface de 650 à 680 myriamètres carrés. La plus grande partie de ce pays appartient au plateau d'Anahuac, et s'abaisse au sud jusqu'à la mer, de telle sorte qu'il participe aux trois climats du Mexique, le froid, le tempéré et le chaud. C'est là que les Cordillères du Mexique atteignent leur point extrême d'altitude, le volcan toujours en activité de *Popocatepetl*, à 5,543 mètres au-dessus du niveau de la mer, et plus au nord, au volcan d'*Itztaccihuatl*, haut de 4,912 mètres, l'un et l'autre couverts de neiges éternelles, dont les chaînes séparent La Puebla de l'État de Mexico, et au pied desquels existe une plaine très-fertile, élevée d'environ 2,200 mètres au-dessus de la mer et contenant les principales villes de l'État. La sombre et âpre Sierra-Malinche, qui atteint presque la hauteur des neiges, et dont les pics, de forme complètement conique, annoncent l'origine volcanique, est le trait d'union entre cette chaîne de volcans et celles de Perote et d'Orizaba. Le seul cours d'eau important est le Rio de Tlascala ou Papagallo, qui se jette dans la mer du Sud. La faune et la flore sont à tous égards celles du reste du Mexique; mais le règne minéral ne fournit que du sel. La population, au sein de laquelle vivent un grand nombre d'Indiens appartenant à trois races complétement distinctes, est très-inégalement répartie. Elle se trouve agglomérée sur le plateau, surtout dans les fertiles environs des villes de La Puebla et de Cholula. Le reste du pays jusqu'à l'Océan est inhabité et désert, quoique favorable à la culture du sucre, du coton et des autres produits des tropiques. Près des quatre cinquièmes de la propriété foncière appartiennent aux couvents, chapitres, hôpitaux et corporations religieuses; aussi l'agriculture s'y trouve-t-elle extrêmement négligée, de même que la classe inférieure est en proie à une profonde misère. L'industrie, qui ne laisse pas que d'avoir une certaine importance, est, comme le commerce, concentrée au chef-lieu, *La Puebla*, ou *La Puebla de los Angelos*, sur le Tlascala, à 2,400 mètres au-dessus du niveau de la mer, au pied sudouest de la Sierra-Malinche, dans une contrée bien cultivée, non moins célèbre par la beauté de son climat que par la fécondité de son sol. La ville est le siége du gouvernement et d'un évêque. Fondée peu de temps après la conquête du pays par les Espagnols, elle obtint dès l'an 1531 le titre et les priviléges de ville. Après Mexico et Guadalaxara, c'est la plus importante cité de la république; on y compte 75,000 habitants, qui ont un grand renom de bigoterie. *La Puebla* passe pour l'une des plus belles villes du monde. Sauf quelques rues étroites dans les faubourgs, toutes les autres, larges et droites, se coupent à angle droit. Elles sont parfaitement pavées, entretenues dans un grand état de propreté, bordées de grandes maisons, pour la plupart à trois étages. On y compte 60 églises, 9 couvents d'hommes et 13 couvents de femmes. Les plus remarquables de ces édifices sont : la cathédrale, l'orgueil de la ville, et après celle de Mexico la plus belle de tout le Mexique, bâtie en pierres de taille de trapp-porphyre gris foncé, dans le plus pur style dorique, orné très-simplement à l'extérieur, mais avec une richesse extrême à l'intérieur, et surchargée d'enjolivements; l'église San-Felipe-Neri, qui se rattache au chapitre richement doté de la *Casa retiramiento espiritual* (Maison de retraite religieuse); le couvent et l'église San-Augustin. Sur la grande place, où existe toujours un mouvement des plus animés, on remarque, outre la cathédrale, le palais de l'évêque, avec une bibliothèque, et l'immense hôtel de ville. Il y a à La Puebla un muséum et une bibliothèque publique, ainsi que des établissements d'instruction nombreux, mais mal entretenus, entre autres six colléges, une académie médico-chirurgicale, un séminaire ecclésiastique, trois hôpitaux et un hôtel des monnaies. La ville possède aussi un grand nombre de manufactures de verroteries et de porcelaine, mais dont les produits sont aussi grossiers que ceux de ses manufactures de poteries sont distingués. Les importantes fabriques de cotonnades et de lainages que possédait autrefois La Puebla sont aujourd'hui bien déchues. On continue cependant à y fabriquer beaucoup de châles de coton, qui s'expédient sur le Sud. Un important article de commerce pour la ville est le savon, qui se fabrique dans ses murs et qu'on expédie dans toutes les parties de la république. En général le commerce de la ville de La Puebla ne laisse pas que d'être assez important, et ses foires sont très-suivies.

Aux environs de La Puebla existe une source d'eau sulfureuse, ainsi qu'une immense carrière d'albâtre.

Après le chef-lieu, il faut encore mentionner les villes de Cholula et de Teluacan, toutes deux de 16,000 habitants, la dernière bâtie au pied de Cerro-Colorado, et qui à l'époque des guerres de l'indépendance servit de place forte tantôt aux insurgés, tantôt aux royalistes. A cette époque aussi elle fut pendant quelque temps le siége de la junte de gouvernement.

PUÉRILITÉ (du latin *puer*, enfant), ce qui tient de l'enfant, soit dans le raisonnement, soit dans les actions. La puérilité est donc un discours, une action d'enfant. On ne le dit pourtant qu'en parlant de personnes qui ont passé l'âge de l'enfance. Néanmoins, on le dit aussi du second âge de l'enfance.

PUERPÉRALE (Fièvre), une des plus dangereuses maladies auxquelles soient exposées les femmes en couches. Elle commence par l'interruption de la sécrétion du lait et des lochies, interruption suivie d'une fièvre violente, de douleurs de tête, d'une notable diminution des forces, et de phénomènes nerveux, tel que l'affaiblissement de la vue, etc. A ces caractères se joint ordinairement une vive douleur dans la partie du corps qui est plus particulièrement attaquée par la maladie. L'activité productive qui ne trouve plus son cours dans la sécrétion du lait, détourne alors le plus souvent ses effets vers les cavités du bas-ventre, plus rarement vers celles de la poitrine ou de la tête, vers les intervalles existant entre les grands muscles et les membres, ou vers la peau externe, et sécrète dans ces cavités ses produits sous forme de liqueur aqueuse, dont on a trouvé dans le bas-ventre jusqu'à vingt livres pesant, ou bien sous forme de tumeurs purulentes entre les muscles et sur la peau, en même temps que les viscères placés dans ces cavités sont en proie à une violente inflammation. La mort arrive alors souvent au bout de trois ou quatre jours, et elle est précédée de tous les symptômes qui accompagnent les maladies les plus pernicieuses, comme crampes, convulsions, etc. Les causes qui amènent cette redoutable maladie sont ordinairement de graves lésions des parties génitales survenues à la suite de l'accouchement, l'inobservation de la diète par l'accouchée, des refroidissements, en général tout ce qui est capable de détourner l'activité régulière de l'organisme des voies propres qu'elle doit suivre. Quand la maladie, au lieu de se manifester dès les premiers jours, n'éclate qu'une ou deux semaines après l'accouchement, la douleur locale n'est point si aiguë, les forces ne diminuent pas si rapidement, la sécrétion du lait n'est pas complétement supprimée; et si la douleur locale se jette sur une partie du corps moins importante que les trois cavités mentionnées ci-dessus, on peut, avec un traitement rationnel, espérer la guérison. Elle arrive aussi promptement que la maladie faisait d'abord du progrès; quelquefois aussi elle ne disparaît que pour dégénérer en une affection tout aussi dangereuse, mais durant plus longtemps, comme égarement de l'esprit, contraction des viscères, phthisie, hydropisie, etc.

La fièvre puerpérale, quand elle sévit dans les maisons d'accouchement, y produit les plus effrayants ravages. Elle y prend bien vite tous les caractères d'une épidémie. La première mesure à prendre en pareil cas consiste à séparer complètement l'accouchée atteinte d'une fièvre puerpérale de toutes les autres malades; et si l'affection vient à prendre un caractère épidémique, il est indispensable de séparer les femmes en couches.

PUERTO-BELLO. Voyez PORTO-BELLO.

PUERTO-PRINCIPE, *Ciudad de Santa-Maria de* PUERTO-PRINCIPE, ville du département du même nom, dans l'île de Cuba, est située à quelques myriamètres de la côte dans l'intérieur des terres, et comptait en 1854 une population de 19,200 habitants. Cette ville, siége d'une cour royale et de diverses autorités supérieures, est grande mais mal construite. Les habitants font un commerce important avec l'intérieur de l'île; leur commerce extérieur, qui a pour intermédiaire le port de *Las-Nuevitas*, est sans importance.

PUERTO-RICO. Voyez PORTO-RICO.

PUFENDORF (SAMUEL, baron de), historien et publiciste célèbre, naquit en 1632 à Flœhe, près Chemnitz (Saxe); son père était ministre luthérien. Envoyé à Leipzig, il se distingua par son assiduité et par ses progrès : il se livra surtout à l'étude de la philosophie cartésienne, des mathématiques et du droit public. Coyet, ambassadeur de Suède à la cour de Danemark, lui confia l'éducation de son fils. La guerre ayant éclaté entre ces deux États, il fut arrêté avec tout ce qui composait la maison de l'ambassadeur. Il resta huit mois en prison. Habitué à se rendre compte de ses lectures, il avait fait des extraits et des notes sur le *Droit de la Guerre et de la Paix* de Grotius et sur les ouvrages de Hobbes. Pendant sa captivité, il réunit en corps d'ouvrage ses notes et ses réflexions sur les doctrines de ces auteurs, et publia son travail en 1660, à La Haye, sous le titre d'*Éléments de Jurisprudence universelle*. Ce premier ouvrage fit une grande sensation, et appela sur son jeune auteur l'attention publique. L'électeur palatin, Charles Louis, fonda en sa faveur une chaire de droit naturel, dans l'université d'Heidelberg : il y professa jusqu'en 1670, époque où le roi de Suède, Charles XI, l'appela en la même qualité à l'université de Lund, le fit son historiographe, et lui conféra le titre de baron. Plusieurs autres souverains du Nord lui firent les propositions les plus honorables pour le fixer dans leurs États; il donna la préférence à l'électeur de Brandebourg, qui le fit conseiller d'État, et le chargea d'écrire l'histoire de l'électeur Guillaume le Grand. L'air des cours ne fut point contagieux pour Pufendorf; ses mœurs furent toujours simples et pures. L'étude fut l'unique occupation de toute sa vie; il mourut à Berlin, en 1694, âgé de soixante-trois ans. La science du droit public a fait depuis de grands progrès; mais Pufendorf doit être considéré comme un de ses premiers fondateurs. Il fut supérieur à Grotius et à Hobbes, qui l'avaient précédé. On lui doit encore : 1° *Histoire de Suède, depuis l'expédition de Gustave-Adolphe jusqu'à l'abdication de Christine* (*De rebus Suecicis*; Utrecht, in-4°, 1676), ouvrage remarquable par la concision, la clarté et l'exactitude; 2° *Histoire de Charles-Gustave* (2 vol.in-fol.; Nuremberg, 1696); 3° *De Statu Imperii Germanici* : c'est moins une histoire qu'une dissertation; mais cette dissertation, écrite avec esprit, clarté et précision, est dégagée de cette surabondance de citations et de raisonnements si familiers aux jurisconsultes d'Allemagne. L'auteur arrive de fait en fait, de preuve en preuve, à cette triste et incontestable conclusion, que l'empire d'Allemagne est une agrégation indéfinissable, incohérente, dont les parties présentent un mélange monstrueux d'éléments hétérogènes. Son but était de provoquer une réforme politique qui concilial tous les intérêts, tous les besoins de la nation germanique. Cet ouvrage a donné lieu à une vive controverse entre les publicistes allemands. Publié à Genève (in-12, 1667), il avait paru d'abord sous le pseudonyme *Severini de Monsabano* : Pufendorf ne mit son nom qu'à la seconde édition. Il a été traduit en français par Savinien L'Alquier, en 1669, sous la rubrique d'Amsterdam; 4° *Introduction à l'Histoire des principaux États de l'Europe*, en allemand, 1682, avec une suite en 1686, et une addition en 1687 : cette dernière partie est une excellente réfutation de Varillas. Cet ouvrage a été plusieurs fois traduit en français : 5° *De Jure naturali Gentium et civili* (Traité du Droit naturel et des Gens; Lund, 1672). Cet ouvrage a été traduit en français par Jean Barbeyrac, avec des notes (Amsterdam, 2 vol. in-4°, 1734). Pufendorf a approfondi son sujet, mais à la manière des péripatéticiens, dont l'obscurité et la terminologie affectée ouvrent un vaste champ à la controverse. Il a trop resserré certaines parties et donné trop de développements à d'autres. Ces doctrines, d'un autre âge, ont perdu de leur importance : il s'est opéré de grands changements dans les théories gouvernementales; et cependant l'ouvrage de Pufendorf a conservé, comme celui de Grotius, *De Jure Belli et Pacis*, un intérêt d'actualité, car il est des principes qui appartiennent à tous les lieux et à toutes les époques. Pufendorf a publié un abrégé de son traité sous le titre de *Devoirs de l'Homme et du Citoyen*. J. Barbeyrac l'a également traduit en français (2 vol. in-8°, 1718). Indépendamment de quelques autres écrits, moins importants, Pufendorf publia comme éditeur *La Grèce ancienne*, de Johann Lauremberg, et le *Laconica* de Meursius.

DUFEY (de l'Yonne).

Son frère, ISAÏE PUFENDORF, commença, comme lui, par le préceptorat. La protection du chancelier Oxenstiern lui ouvrit la carrière des ambassades. Il fut chancelier et ambassadeur du roi de Danemark à Ratisbonne. On lui doit de savantes recherches sur les druides et une *Histoire secrète de Charles XI*, roi de Suède.

PUFF, mot qui joue un grand rôle dans la vie sociale de l'autre côté de la Manche et de l'Atlantique, et qui a fini, le journalisme aidant, par acquérir droit de bourgeoisie chez nous. Il désigne les moyens détournés, généralement peu loyaux, pour ne pas dire déshonnêtes, qu'emploient les industriels de toutes les catégories qui ont recours à la publicité pour tromper le chaland, allumer l'espoir du gain, attirer l'argent des niais et s'enrichir à leurs dépens, en décorant de beaux noms des choses sans valeur réelle et auxquelles on en prête une infiniment grande. De nos jours le roi du *puff* a été ce célèbre Barnum, qui était parvenu à gagner plus de deux millions de francs, d'abord à monter le *Musée américain*, où il *exhibait*, entre autres, une vieille négresse qu'il affirmait être âgée de cent cinquante ans et avoir été la nourrice de l'*immortel* Washington; et ensuite, à se faire dans les différentes grandes villes de l'Union l'entrepreneur de succès de toutes les célébrités artistiques de l'Europe qui entreprenaient de traverser l'Océan pour se faire voir et entendre des *yankees* et recueillir la pluie de dollars que, grâce à son éloquence magniloquente, l'intrépide *puffiste* faisait tomber dans leur escarcelle, sous la réserve d'en prélever pour lui-même la plus forte partie. Dans ses instructifs *Mémoires*, Barnum a admirablement résumé l'art du *puff*. Voici un de ses axiomes : « Deux hommes sont plus faciles à tromper qu'un seul; on attrape plus aisément trois hommes que deux, et ainsi de suite dans une proportion géométrique. Il n'y a donc rien de si facile à prendre que le public. » Tombé en déconfiture en 1856, Barnum se vit pourtant alors réduit à faire cession de biens à ses créanciers. Questionné par le juge sur ses moyens d'existence, il déclarait qu'il ne possédait plus au monde pour toute fortune que deux habits. Évidemment ce ne peut être là qu'une éclipse passagère. Que le grand homme daigne venir à Paris, qu'il s'y fasse journaliste; et ses talents spéciaux aidant, il aura bientôt pris une éclatante revanche.

Le *puff* a fourni à Sheridan le sujet d'une de ses plus amusantes comédies; quoique écrite il y a plus d'un demi-siècle, elle n'a pas cessé un seul instant d'être une pièce de circonstance, *palpitante d'intérêt*, comme disent les *puffistes* aux gages des théâtres.

PUGET (PIERRE-PAUL), un des plus habiles sculpteurs de l'école française, naquit à Marseille, en 1622 ; il était le troisième fils de Simon Puget, architecte et sculpteur. Celui-ci, apercevant dans son fils des dispositions heureuses pour un art qu'il cultivait lui-même, lui apprit de bonne heure la plastique et le dessin. Dès l'âge de quatorze ans, il fut placé chez Roman, sculpteur médiocre, et constructeur de galères. Celui-ci confia au jeune artiste la construction et la sculpture de ses bâtiments; il s'en acquitta de manière à étonner son patron et à satisfaire les hommes les plus expérimentés.

Le génie de Puget l'appelait à de plus nobles travaux; il sentit la nécessité d'aller se perfectionner en Italie. Il s'arrêta à Florence : il avait quinze ans alors. En pays étranger, sans travail et sans ressources, il fit la rencontre d'un vieux sculpteur en bois, qui, appréciant son mérite et touché de sa position, le présenta au premier sculpteur du grand-duc. On lui donna d'abord à faire un petit cartouche en bois; puis il sculpta les ornements et les accessoires d'un scabillon, sorte de piédestal, sur lequel on pose des bustes et des girandoles : il s'en acquitta avec tant de succès que le maître l'employa de préférence aux autres élèves de son atelier. Il resta un an à Florence, où il trouva l'occasion d'augmenter sa petite fortune. Il en partit pour Rome, où son goût l'appelait; son maître sculpteur en bois, intime ami de Pietre de

Cortone, qui se chargea de le présenter à ce grand peintre. Celui-ci, à la vue seule des dessins du jeune homme, lui fit un accueil des plus gracieux, et l'invita à venir souvent le voir. Dès ce moment la peinture fut sa principale occupation ; il étudia la manière de Cortone, qui le vit sans jalousie tromper les connaisseurs, au point de leur faire prendre le change sur ses ouvrages. Il exécuta quelques tableaux d'église ; mais une maladie lui força d'abandonner cet art pour ne plus se livrer qu'à la sculpture. Il y a des tableaux de Puget à Aix, à Marseille, à Toulon ; le *Saint Charles* qu'il peignit pour la consigne de Marseille, admiré de tout le monde, passe pour un chef-d'œuvre. Quoi qu'il en soit, il n'était pas aussi habile en peinture qu'en sculpture : sa touche est un peu lourde, et son coloris tirant sur le rouge.

Puget revint à Marseille en 1643, âgé de vingt-et-un ans, avec une grande réputation. Le duc de Brézé, amiral de France, lui demanda le modèle du plus beau vaisseau qu'il pourrait imaginer. Ce fut alors qu'il inventa les belles galères que les étrangers ont tâché d'imiter. F o u q u e t , désirant employer ses talents à la cour, l'envoya en Italie choisir les blocs de marbre dont il pouvait avoir besoin. La disgrâce de ce ministre fut un obstacle au retour de Puget ; il reprit le chemin de Rome, où il resta cinq ou six ans, et n'en revint qu'en 1653. A Gênes, il fit pour la ville quelques sculptures et pour le duc de Mantoue un magnifique bas-relief, l'*Assomption*. A son arrivée en France, il débuta par les deux *Termes* qui soutiennent le balcon de la porte de l'hôtel de ville de Toulon. Ce sont deux figures colossales terminées en queue de poisson : elles parurent si belles au marquis de Seignelay qu'il proposa à Louis XIV de les faire venir à Versailles, ce qui eût été exécuté si ces statues ne s'étaient pas trouvées composées de différentes pièces. Louis XIV, qui avait du tact, sut le distinguer, et, désirant se l'attacher, il lui fit payer annuellement par Colbert une pension de 1,200 écus.

Le roi voulut assister en personne à l'inauguration de la statue de *Milon de Crotone* de Puget, qui eut lieu en grande cérémonie, et en présence de toute la cour, dans le parc de Versailles, à l'entrée de l'allée dite *Royale*, tenant le Tapis-Vert, et en face d'un autre groupe du même sculpteur, représentant *Persée délivrant Andromède*. Lorsqu'on ouvrit la caisse qui contenait *Milon*, la reine, qui était présente, voyant les souffrances du Crotoniate si bien exprimées, et les efforts qu'il faisait pour se débarrasser, s'écria tout à coup : *Ah ! le pauvre homme !* Puget avait mis cinq années en divers temps pour terminer son groupe de *Persée et Andromède*. Son fils le présenta au roi en 1685. Le roi dit en le voyant : « Puget n'est pas seulement un grand sculpteur, il est inimitable. » Louis XIV aimait à lui appliquer cette épithète flatteuse. Avant de produire ces chefs-d'œuvre, Puget avait sculpté pour Guillaume Desnoyers l'*Hercule gaulois* à demi couché, se reposant sur sa massue. Ce beau marbre est un de ses premiers ouvrages ; Puget avait commencé pour le roi un bas-relief en marbre, de trois mètres de haut, qu'il n'acheva qu'à la fin de ses jours, représentant *Alexandre visitant Diogène*, chef-d'œuvre de composition et d'exécution. On n'a jamais rien produit d'aussi parfait en sculpture pour la vérité des expressions et le moelleux des chairs ; en les voyant, on a le désir de les toucher pour s'assurer si elles sont de marbre. Puget sculptait à merveille les petits enfants : s'ils n'ont pas autant de grâce et de gentillesse naturelles que ceux de François Flamand, ils ont de plus une vérité d'attitude et une souplesse de peau et de chair qui en font le charme.

Puget avait une âme forte, de la persistance dans ses résolutions, et la conscience de ce qu'il valait. Son aventure avec un noble génois marque un caractère qui n'aimait guère à plier. Ce gentilhomme lui avait commandé une statue en marbre, sans convenir du prix. Lorsqu'elle fut achevée, le sculpteur la fit porter par une barque sur le bord de la mer, au bout du faubourg de Saint-Pierre d'Arène, où il demeurait. Le noble s'y rendit. On retire la figure de la barque ; il l'admire et en paraît très-satisfait, mais il refuse au sculpteur le prix qu'il en demande. Puget fait sur-le-champ replacer sa statue dans la barque, sous prétexte d'y retoucher quelque chose, s'embarque avec elle, et sous les yeux du noble génois la met en pièces, en lui criant de toute sa force : « Quelque noble que vous soyez, je le suis encore plus que vous, puisque le prix de mon travail me touche si peu ; et vous, vous n'avez pas assez de noblesse pour acquérir une belle chose avec votre argent. » Puget était d'un caractère impatient, brusque et colère. Travaillant à une figure à Versailles, des seigneurs de la cour qui le regardaient donnaient leurs avis à tort et à travers. Ces discours l'impatientèrent ; il prit un ciseau, et abattit devant eux le nez de sa statue.

Six ans avant sa mort, notre artiste étant à Fontainebleau, Louis XIV lui répéta, en présence de toute sa cour, les choses obligeantes qu'il lui avaient toujours dites, et lui fit présent d'une médaille d'or, avec ces mots au revers : *Felicitas publica*. Malgré cette gracieuse réception, Puget fut très-mécontent du prix dont le ministre avait payé ses travaux. Après un séjour de sept ou huit mois à Paris, il retourna à Marseille, où il s'occupa de la construction de plusieurs édifices importants. La maison qu'il bâtit près de la porte de Rome a l'aspect d'un petit palais d'un bon goût ; il en fit une ensuite d'un genre singulier, à Toulon, près de l'hôtel de ville. On cite encore de lui à Marseille l'église des Capucins et celle de La Charité, qu'il laissa inachevée, et qui fut terminée par son fils. Il fit plusieurs tableaux pour cette église, parmi lesquels on distingue un *saint Bruno*. Enfin, après avoir enrichi la France de ses magnifiques ouvrages, il termina sa carrière à Marseille, le 2 décembre 1694, à l'âge de soixante-douze ans. Marié deux fois, il avait eu de sa première femme un fils appelé *François*, qui s'appliqua toute sa vie à peindre le portrait, et qui avait été élève de Bénédette ; il mourut en 1707, à cinquante ans. Pierre-Paul, son second fils, architecte, vécut jusqu'en 1773 ; et atteignit l'âge de quatre-vingt-quatorze ans.

Ch.^{er} Alexandre LENOIR.

PUGILAT (du latin *pugilatus*, dérivé de *pugnus* ; poing), combat à coups de poing. C'était un des jeux du gymnase chez les anciens. Les Grecs le perfectionnèrent au point d'en former un art particulier, qui avait ses règles et que des maîtres expérimentés enseignaient. Cet exercice était modéré lorsqu'il s'exécutait avec le poing nu ; mais quelquefois les athlètes tenaient dans leurs mains une pierre, ou une grosse balle de plomb, et alors il n'était pas sans danger. Ce jeu devint plus terrible encore lorsque, chez les Romains, les combattants couvrirent leurs poings d'armes offensives, appelées *cestes*, et leur tête d'une espèce de calotte d'airain destinée à garantir surtout les tempes et les oreilles. Dans ces jeux les adversaires se frappaient à outrance. On vit plus d'une fois des mâchoires et des dents brisées, et des combattants tomber roides morts du coup que leur portait un adversaire. Les *pugilistes* étaient les b o x e u r s de l'antiquité.

PUÎNÉ (du bas latin *post natus*, né après), enfant né après l'aîné. On dit aussi *cadet*. Dans les pays où le droit d'aînesse est en vigueur, les puînés n'ont qu'une faible part à l'héritage.

PUISARD. On entend par ce mot tout endroit souterrain où viennent se rendre les eaux inutiles d'une maison, d'un jardin, ou d'une usine, et d'où elles se perdent, soit sur le lieu même, soit par un aqueduc qui les conduit au loin. Quelquefois, il désigne aussi le conduit qui amène les eaux dans le puisard. Ces tuyaux ou conduits sont de plomb ou de fonte. On les pratique ordinairement en dehors des constructions, pour la facilité des réparations. Le puisard destiné à recevoir les eaux est une sorte de puits bâti à pierres sèches, qu'on recouvre d'une pierre trouée.

Le *puisard d'aqueduc* est un trou qu'on pratique dans la voûte d'un a q u e d u c pour y pénétrer où en faire sortir les eaux lorsque le besoin le demande. Les *puisards* de source ont la forme générale du puisard, et servent à conduire les eaux d'une source dans le sein de la terre. Ce que l'on nomme *puisard de mine* n'est autre chose que le puisard ordinaire, dont on fait usage dans les exploitations minérales. Les eaux qui s'y amassent sont ensuite épuisées par des pompes à feu.

PUISAYE (Joseph, comte de), célèbre par le rôle qu'il joua dans les guerres civiles dont l'ouest de la France fut le théâtre à la fin du siècle dernier, descendait d'une ancienne famille et était né vers 1755, à Mortagne. Destiné d'abord à l'Église, comme cadet, il jeta le petit collet aux orties, entra au service, et parvint à obtenir un brevet de colonel dans la garde suisse. En 1788 il épousa la fille du marquis de Mesniles, et ce mariage fit de lui un riche propriétaire en Normandie. En 1789 la noblesse de cette province le députa aux états généraux, où il se montra tout aussitôt partisan des réformes et de l'établissement d'un gouvernement constitutionnel. Quoique sa position politique lui eût valu en 1791 d'être promu au grade de maréchal de camp, la marche que prenait la révolution l'affligea profondément, et il se retira en Normandie, où il s'occupa de recruter une armée pour sauver le roi. L'année suivante, il fit partie comme chef d'état-major de l'armée du général Wimpfen; mais complètement battu à la tête de l'avant-garde, en juin, par les troupes de la Convention, il s'enfuit en Bretagne, où il s'occupa de trouver les moyens de continuer la lutte contre les républicains. Nous ne reproduirons pas ici, relativement à la part qu'il prit alors à l'insurrection de la chouannerie, ce que l'auteur de l'article Chouans a si bien dit et expliqué dans ce Dictionnaire. Un fait certain, c'est que, malgré ses services et son infatigable activité, les autres chefs royalistes ne tardèrent point à se défier de lui, parce qu'il n'y avait pas à ses yeux d'autre chance de succès que dans une complète intelligence avec l'Angleterre. En 1794 il se rendit secrètement en Angleterre, où les émigrés, jaloux de la renommée qui s'attachait à son nom, affectèrent de ne voir en lui qu'un agent secret de la Convention. En dépit de tous les obstacles, Puisaye obtint des princes français des pleins pouvoirs pour agir au mieux des intérêts de la cause royale, et réussit à déterminer les ministres anglais Pitt, Windham et Dundas à fournir les ressources nécessaires pour entreprendre la fameuse expédition de Quiberon, placée sous sa direction supérieure, en sa qualité de lieutenant général de Louis XVIII, mais qui échoua complètement. L'émigration, frappée au cœur par cette terrible catastrophe, en rejeta toute la responsabilité sur la *lâcheté* et la *trahison* de Puisaye, en faisant perfidement remarquer que quant à lui il avait bien su trouver les moyens de se mettre à l'abri des dangers en gagnant à temps la flotte anglaise. Puisaye prouva tout ce qu'il y avait de calomnieux dans ces imputations, en débarquant peu de temps après (juillet 1795) sur un autre point de la côte, où il sut imprimer une activité nouvelle à l'insurrection royaliste en bravant personnellement les plus grands dangers. Les défiances dont il continuait d'être l'objet, parce qu'on persistait à dire qu'il n'agissait que dans les intérêts de l'Angleterre, en outre sa conduite altière et dominatrice à l'égard des autres chefs royalistes, rendirent impossibles des succès réels; les chefs de l'insurrection se soumirent l'un après l'autre à la république, et dans l'été de 1797 Puisaye n'eut plus d'autre ressource que d'abandonner la Bretagne et de se réfugier en Angleterre. Complètement brouillé avec les autres meneurs de l'émigration, de même qu'avec Louis XVIII et le comte d'Artois, qui en étaient venus à penser qu'il n'avait jamais agi que dans les intérêts des d'Orléans, il obtint du gouvernement anglais une concession de terres au Canada, et en entreprit le défrichement. Après la paix d'Amiens il revint à Londres, où il publia les *Mémoires du comte de Puisaye, qui pourront servir à l'histoire du parti royaliste français*, etc. (Londres, 1803 ; souvent réimprimés depuis, et même à Paris) ; ouvrage qui produisit une immense sensation et donna lieu à une violente polémique. Après la restauration des Bourbons, Puisaye continua d'habiter l'Angleterre, où il touchait une pension du gouvernement. Il mourut près de Hammersmith, le 13 septembre 1827.

Il ne faut pas le confondre avec son frère aîné, *Antoine-Charles*, marquis de Puisaye, né en 1751, qui comme lui fut élu en 1789 membre de l'Assemblée nationale, et qui travailla constamment dans l'ouest dans l'intérêt de la cause royale. Emprisonné sous l'empire comme agent secret des Bourbons, il ne reparut sur la scène politique qu'en 1815, et fit alors partie de la *chambre introuvable*. Il mourut en 1830.

PUISSANCE (du latin *potentia*, pouvoir, autorité). Posséder les moyens nécessaires à l'accomplissement d'une tâche, d'une œuvre déterminée, c'est être doué de *puissance* d'une manière relative au but qu'on veut atteindre. En ce sens, le mot *puissance* est pris comme synonyme de celui de *faculté* ; il comprend, il désigne les moyens de faire, de déterminer un résultat voulu. Considérée abstractivement, la *puissance*, c'est le pouvoir de rallier à sa cause, à sa volonté tout ce qui nous entoure, hommes et choses. Tel est le privilège des âmes fortes : cet attribut suppose en effet de grandes facultés ou moyens d'action, et, ce qui est plus rare, une volonté que rien ne surprend, que rien ne peut abattre. La volonté est à la puissance ce que la vie et l'impulsion sont à la matière ; c'est par elle que la pensée acquiert le degré d'énergie et d'activité nécessaire. Si la puissance physique a ses bornes, en revanche l'empire moral de l'homme s'étend loin et paraît à peu près sans limites.

Il arrive trop souvent que la volonté a pour mobile un intérêt personnel, qui ne tient nul compte des droits d'autrui : c'est alors qu'elle maintient les facultés humaines dans une direction fatale, et qu'elle détermine l'étrange abus de ces facultés. C'est ainsi que plusieurs hommes distingués par la puissance de leur organisation font servir à des fins déplorables la connaissance qu'ils ont de leur rare aptitude.

Dans le sens abstrait, le mot *puissance* s'applique à divers cas qui ont avec ce que nous venons de dire une grande affinité. C'est ainsi que l'on reconnaît, que l'on déplore la *puissance* de l'argent ; l'on s'étonne qu'elle entre le plus souvent en balance avec la *puissance* de la vertu. Dans un sens plus restreint, la *puissance paternelle*, la *puissance* d'un maître ou d'un seigneur sur ceux qui l'entourent, désignent la possession des voies et moyens faits pour changer la condition de celui qui est réduit à l'état de dépendance. Cette puissance-là a son point de départ dans la force physique, dans ce qu'on est convenu d'appeler le *droit du plus fort*.

Ailleurs, le mot *puissance* désigne une collection d'individus soumis aux mêmes lois civiles et politiques, sous forme d'État souverain : dans ce sens, tout spécial, l'on dira que l'Angleterre est une *puissance* maritime de premier ordre.

Enfin, *puissance*, en termes de philosophie scolastique, est ce qui est opposé à *acte*, et qui peut se réduire en acte : un gland est un chêne en *puissance*, parce qu'un gland peut devenir un chêne.
P. Coq.

PUISSANCE (*Arithmétique et Algèbre*). Dans la science des nombres, on entend par *puissance* le produit plusieurs fois répété d'un nombre par lui-même. Le rang des *puissances* est déterminé par le nombre de facteurs qui ont servi à former le produit. Ainsi, l'on dit deuxième, troisième, quatrième *puissance*, suivant qu'il y a deux, trois, quatre facteurs égaux dans le produit. On donne le plus souvent des noms particuliers à la deuxième *puissance*, qu'on appelle *carré*, et à la troisième *puissance*, qu'on appelle *cube*. Ces dénominations sont déduites d'idées géométriques. L'élévation d'un nombre à ses diverses *puissances*, qui s'effectue en arithmétique par la multiplication, s'indique en algèbre par un petit chiffre placé vers la droite du nombre ou du signe qui le représente, et situé un peu au-dessus de la ligne. Ainsi, les expressions 4^3, a^5 indiquent la troisième *puissance* de quatre et la cinquième *puissance* du nombre représenté par la lettre *a*. Le chiffre placé au-dessus de la ligne qui marque le rang de la *puissance* est appelé l'*exposant*. Dans la généralisation d'idée de l'algèbre, il arrive souvent que les exposants des *puissances* sont eux-mêmes des lettres.   L.-L. VAUTHIER.

PUISSANCE (*Mécanique*). Voyez FORCE (*Mécanique*).

PUISSANCE MARITALE. C'est l'autorité qui est attribuée au mari sur la personne et les biens de sa femme.

PUISSANCE PATERNELLE. Ces termes désignent l'autorité que le père exerce sur la personne et les biens de ses enfants. Cette autorité appartient également à la mère ; mais pendant le mariage c'est le père seul qui l'exerce. La puissance sur leurs enfants, dont la loi investit les père et mère, est de droit naturel. C'est la plus ancienne puissance établie de Dieu sur la terre. Le droit des gens l'a universellement reconnue, et la religion est venue fortifier en nous ces principes : le Décalogue enseigne aux enfants qu'ils doivent honorer leurs père et mère.

On doit, relativement à la *puissance* paternelle, distinguer trois âges. Dans le premier, qui est celui de l'enfance, où l'homme n'est pas encore capable de discernement, les père et mère ont une autorité entière ; et cette puissance est un pouvoir de défense et de protection. Dans le second âge, que l'on peut fixer à la puberté, l'enfant commence à être capable de réflexion ; mais il est encore si volage, qu'il a besoin d'être dirigé. La puissance des père et mère devient alors un pouvoir d'administration et de direction. Dans le troisième âge, qui est celui où les enfants ont coutume de s'établir, soit par mariage, soit en prenant la direction d'affaires à leur compte, ils sauront toujours se souvenir qu'ils doivent à leurs père et mère la naissance et l'éducation. Leur devoir est de leur marquer leur reconnaissance par tous les témoignages de respect, d'amitié et de considération dont ils sont capables, et c'est sur ce respect, sur cette affection due par les enfants à leurs parents, qu'est fondé le pouvoir que les père et mère exercent encore alors sur leurs enfants.

Tout ce qui va au delà des principes que nous venons d'établir est purement arbitraire, et dépend des lois de chaque pays. Aussi Justinien observe-t-il avec raison que la puissance exercée par les Romains sur leurs enfants était particulière à ce peuple, de toutes les nations de la terre celle où les pères eussent un pouvoir aussi étendu, car on peut dire qu'il n'avait ni fin ni limites, du moins dans l'ancien droit romain. Elle n'avait pas de fin, puisqu'elle durait pendant toute la vie du fils de famille. Elle n'avait point de limites, puisqu'elle allait jusqu'au droit de vie et de mort, et que le père pouvait vendre son enfant jusqu'à trois fois, comme aussi s'approprier tout ce que son fils acquérait. Ces prérogatives de l'autorité paternelle furent par la suite diminuées et mitigées. On enleva d'abord aux pères le droit de vie et de mort, ainsi que celui de vendre leurs enfants. Ils ne conservèrent à cet égard que le droit de correction modérée. Plus tard même le droit d'acquérir par leurs enfants et de s'approprier tout ce qu'ils avaient fut beaucoup restreint par l'exception faite en faveur des fils de famille et de leur *pécule castrense*, *quasi castrense*. La *puissance paternelle*, telle qu'elle était réglée suivant le dernier état du droit romain, est encore aujourd'hui à peu près la même dans tous les pays qui ont adopté ce droit pour base de leur législation.

Voici en quoi elle consiste dans la nôtre. A tout âge, l'enfant doit honneur et respect à ses père et mère ; il reste sous leur autorité jusqu'à sa majorité ou son émancipation. Il ne peut quitter la maison paternelle sans la permission de son père, si ce n'est pour enrôlement volontaire, après l'âge de dix-huit ans révolus. Après la majorité, la puissance paternelle n'est plus que de conseil et d'assistance. Cependant, le fils qui n'a pas atteint vingt-cinq ans accomplis, la fille qui n'a pas atteint vingt-et-un ans accomplis ne peuvent contracter mariage sans le consentement de leurs père et mère. Au delà de ce terme, l'enfant n'est plus astreint qu'à des *actes respectueux*. En ce qui touche la personne de son enfant, le père qui a des sujets de mécontentement très-graves sur la conduite d'un enfant trouve dans la loi des moyens de correction. Si l'enfant est âgé de moins de seize ans, il peut le faire détenir pendant un temps qui ne peut excéder un mois ; et à cet effet le président du tribunal d'arrondissement devra sur sa demande délivrer l'ordre d'arrestation. Depuis l'âge de seize ans jusqu'à celui de la majorité ou jusqu'à l'émancipation, le père peut seulement requérir la détention de son fils pendant six mois au plus. Il doit s'adresser au président du tribunal d'arrondissement, qui, après en avoir conféré avec le procureur impérial, délivre ou refuse l'ordre d'arrestation suivant qu'il le croit convenable. Dans l'un et l'autre cas prévus par ces deux articles, il n'y a lieu à aucune écriture ni formalité judiciaire, si ce n'est l'ordre même d'arrestation, dans lequel les motifs n'en sont pas énoncés. Le père est seulement tenu de s'engager à payer tous les frais et à fournir les aliments convenables. Mais si la nature et les lois civiles donnent aux pères sur leurs enfants une autorité de correction, elles ne leur confèrent pas le droit d'exercer sur eux des violences ou des mauvais traitements qui mettent leur vie ou leur santé en péril.

Tandis qu'en France le père ne peut exhéréder un enfant que de la part de son héritage dont la loi lui laisse la libre disponibilité, en Angleterre il peut disposer en faveur de tiers de tout ce qu'il possède, à la charge toutefois de laisser à son enfant un shilling (1 fr. 20 c.).

PUISSANCES (Les). Les théologiens et les pères de l'Église appellent ainsi les a n g e s du second ordre de la seconde hiérarchie, entre les *trônes* et les *dominations*, sans doute à cause du pouvoir qu'ils exercent sur les anges inférieurs, et parce qu'ils restreignent la puissance des démons en même temps qu'ils veillent à la conservation du monde.

PUISSANCES (Hautes), qualification honorifique, qui commença à devenir en usage à partir de la paix de Munster, pour désigner les états des Provinces-Unies des Pays-Bas. L'Angleterre et les royaumes du Nord, puis les différents princes de l'Empire et l'empereur lui-même, une fois que la branche de la maison d'Autriche régnant en Espagne se fut éteinte, donnèrent ce titre aux états généraux. La France les qualifiait de *seigneurs états généraux* ; mais l'Espagne, tout en leur donnant le titre de *seigneuries*, se refusa toujours à se servir à leur égard de celui de *hautes puissances* dans les protocoles et autres actes diplomatiques.

PUISSANT (LOUIS), membre de l'Académie des Sciences, était né le 22 septembre 1769, au Châtelet (Seine-et-Marne). De bonne heure orphelin, il fut recueilli par le receveur de Château-Thierry, qui prit soin de son éducation. Un digne curé dirigea son éducation vers l'état ecclésiastique ; mais le jeune Puissant ayant manifesté le désir de rester dans la vie séculière, on le plaça, à l'âge de treize ans, chez un notaire arpenteur de Château-Thierry. Il y fit de rapides progrès dans les mathématiques. En 1786 un ingénieur des ponts et chaussées le prit avec lui, et devint son maître et son ami. En 1792 cet ingénieur ayant pris du service militaire, Puissant le suivit à l'armée des Pyrénées occidentales, et obtint une commission d'ingénieur géographe attaché à l'état-major. La paix ayant été conclue avec l'Espagne, Puissant fut appelé au dépôt de la guerre, et profita de son séjour à Paris pour suivre les cours d'analyse transcendante que professaient Lagrange et Fourier. Il se mit ainsi en état de concourir avec succès, en 1795, pour une place de professeur de mathématiques à l'école centrale d'Agen. C'est là qu'il composa son premier essai, sous le titre de : *Propositions de géométrie résolues ou démontrées par l'analyse algébrique*. Après la suppression des écoles centrales, Puissant rentra au dépôt de la guerre, vers la fin de 1802, et fut envoyé à l'île d'Elbe pour en lever la carte, la rattacher au continent et à la Corse, et en dessiner différentes vues. Aussitôt après cette opération, Puissant fut envoyé à Milan, pour travailler à la triangulation qui devait servir de fondement à la carte d'Italie. A son retour en France, en 1804, il fut nommé professeur de mathématiques à l'école militaire de Fontainebleau, et prit part à la rédaction du cours qui fut publié en 1809 et réimprimé en 1813 pour l'usage de cette école. Enfin, il employa les loisirs que lui laissaient ses nouvelles fonctions à composer ses *Traités de Géodésie* et *de Topographie*, qui méritèrent une mention très-honorable aux prix décennaux.

Le corps des ingénieurs géographes ayant été reconstitué militairement en 1809, Puissant y rentra avec le grade de chef d'escadron, qu'il avait eu dès 1803, et fut spécialement chargé de diriger l'instruction des élèves de l'école d'application de ce corps, fonctions qu'il conserva jusqu'à l'époque de sa réunion à celui d'état-major, après la révolution de Juillet. La seconde édition du *Traité de Géodésie, ou exposition des méthodes trigonométriques et astronomiques applicables soit à la mesure de la Terre, soit à la confection des canevas des cartes et des plans topographiques* (2 vol. in-4°), date de 1819; celle du *Traité de Topographie, d'Arpentage et de Nivellement* (in-4°) date de 1820. Ces deux traités servent de manuels aux ingénieurs des divers services publics, et les géographes y trouvent une théorie complète des projections des cartes. Puissant publia en outre, en 1816, la 7e édition du *Traité de la Sphère et du Calendrier*, par Rivard, à laquelle il fit des additions importantes. En 1821 il fit imprimer une *Instruction sur la formation et l'usage des tables de projection adoptées pour la carte de France*; en 1823 il donna une *Méthode générale pour le résultat moyen d'une série d'observations astronomiques faites avec le cercle répétiteur*. En 1827 il publia un *Supplément* à son *Traité de Géodésie*, contenant de nouvelles remarques sur plusieurs questions de géographie mathématique et sur l'application des mesures géodésiques et astronomiques à la détermination de la figure de la Terre. D'autres travaux scientifiques de Puissant et ses *Nouvelles Tables d'Aberration et de Nutation pour les planètes* parurent dans le *Journal de l'École Polytechnique*, dans le *Mémorial du Dépôt de la Guerre*, dans le *Bulletin de la Société Philomatique* et dans la *Connaissance des Temps*. En 1824 il imagina un instrument applicable à la construction des panoramas, qu'il appela *panorographe*, et à l'aide duquel on peut tracer rigoureusement sur un plan le développement circulaire de la perspective linéaire de tous les objets qui entourent l'horizon du spectateur.

Le 4 mai 1825, Puissant fut élevé au grade de lieutenant-colonel dans le corps des ingénieurs géographes. Le 3 novembre 1828, l'Académie des Sciences le choisit en remplacement du marquis de Laplace. Nommé colonel d'état-major en 1831, l'heure de la retraite légale sonna bientôt pour lui; mais l'administration du dépôt de la guerre, où il était chef des travaux géodésiques et topographiques se rapportant à la carte de France exécutée par ce grand établissement, sentit l'impossibilité de se séparer de ce collaborateur infatigable. Puissant resta l'appréciateur de l'immense canevas de triangles qui servent de base à la nouvelle carte de France. Il fut enlevé par une maladie cruelle, en moins de huit jours, le 10 janvier 1843. L. LOUVET.

PUITS, excavation de forme ordinairement circulaire, creusée dans le sol et destinée à réunir les eaux que renferme le sein de la terre pour en faire certain usage. On exécute ce travail, soit pour remédier à la privation d'eau dont sont affligés certains lieux, soit pour la commodité d'une exploitation ou des habitations. Les puits sont plus ou moins profonds, selon la distance où l'on rencontre les eaux dans les couches minérales qui constituent l'écorce terrestre. Lorsque les puits sont pratiqués dans des terrains peu solides ou dont on craint les éboulements, on les revêt de maçonnerie.

Voici comme on fait cette construction : lorsqu'en creusant on est parvenu à l'eau, et qu'on en a un mètre et demi ou deux de profondeur, on place dans le fond un rouet de bois de chêne, d'un diamètre proportionné à la grandeur du puits, et composé de fortes plates-bandes. Sur ce rouet, on pose un plus ou moins grand nombre d'assises en pierre de taille, maçonnées avec du mortier de ciment, et liées entre elles par des crampons scellés avec du plomb. Sur cette sorte de soubassement, on élève le reste de la hauteur du puits en maçonnerie, soit de briques, soit de moellons, jusqu'à quelques centimètres au-dessous du rez-de-chaussée. Au-dessus, on établit la *mardelle*, qui peut n'être que d'une seule pierre creusée à la mesure du diamètre donné au puits : mais le plus souvent on la construit, selon l'étendue de sa circonférence, d'un assemblage de pierres dures, cramponnées comme celles du fond. On munit ensuite le puits de tout ce qui est nécessaire pour en tirer l'eau, c'est-à-dire d'une poulie en bois ou en fer et d'une corde garnie à chacune de ses extrémités d'un crampon à effort, après lequel s'attachent les seaux. Il faut observer, quand on creuse des puits pour les maisons de ville et de campagne, de les éloigner des fumiers, des étables, des fosses d'aisance et d'autres lieux dont les infiltrations peuvent gâter l'eau. On doit, autant qu'il est possible, les laisser à découvert, nonobstant quelques inconvénients, parce que l'eau est meilleure; les vapeurs de l'intérieur s'en échappent plus librement; il est d'ailleurs avantageux que l'air puisse y circuler.

La construction des puits, telle que nous venons de l'indiquer, offre peu de difficultés et se rattache aux opérations qu'exécute ordinairement le maçon. Mais il y en a où toute la science de l'architecte s'est manifestée, et qui deviennent ainsi de véritables monuments. Tels sont le puits de Joseph, ou *Yousouf*, au Caire; le puits construit à Orvieto par Antonio San-Gallo, et le puits achevé à Bicêtre en 1735, sur les dessins de Boffrand. Le puits de *Yousouf*, qui tire son nom d'un prince arabe, et non du fils de Jacob, comme on l'a prétendu, a 93 mètres de profondeur sur 14 de circonférence. On y descend par un escalier circulaire de 300 marches, dont la pente est très-douce. La cloison qui le sépare du mur du puits n'a que 0m,16 d'épaisseur et est percée de petites fenêtres destinées à éclairer la rampe. A peu près au milieu du puits se trouve une esplanade avec un bassin. Là, des bœufs tournent une roue qui fait monter l'eau de la partie inférieure du puits dans le bassin; d'autres bœufs placés dans le haut l'en retirent et la portent plus haut par le même moyen. Le puits d'Orvieto est en pierre de taille et a un diamètre de 25 brasses. Deux escaliers en spirale, pratiqués l'un au-dessus de l'autre dans le tuf, conduisent jusqu'au fond les bêtes de somme qui vont y chercher de l'eau. Comme le puits de Yousouf, celui-ci est éclairé par des fenêtres pratiquées sur ses parois.

Le *puits artésien* est un trou pratiqué dans la terre à l'aide de la sonde, souvent à une très-grande profondeur, et d'où l'eau jaillit d'elle-même.

On nomme *puits commun* un puits public ou utilisé par plusieurs maisons voisines; *puits décoré*, le puits orné d'architecture et de sculpture : un des plus beaux modèles que l'on cite en ce genre est celui de la cour de San-Pietro-in-Vincoli, dont le dessin est attribué à Michel-Ange; *puits perdu*, puits dont le fond ne retient pas.

Le *puits de carrière* est un puits qui sert d'ouverture à une carrière de pierres, et par où on les retire à l'aide d'un rouet. Dans le travail des mines on nomme *puits* ou *bures* des ouvertures carrées, creusées perpendiculairement dans la terre et revêtues de charpente pour empêcher les éboulements. Ces puits servent au passage des ouvriers, à extraire les eaux ou le minerai, ou à renouveler l'air des galeries.

Puits, en terme de guerre, se dit de trous creusés au-devant d'une circonvallation ou d'un retranchement, et que l'on recouvre de branchages et de terre pour y faire tomber la cavalerie. Ce terme s'emploie aussi pour désigner un creux très-profond que l'on fait en terre pour découvrir et éviter les mines des assiégeants (*voyez* FOURNEAU DE MINE).

Par analogie, on dit : *La vérité est au fond d'un puits*, c'est-à-dire qu'elle est cachée, faisant allusion à la fable qui avait personnifié la vérité et lui avait donné un puits pour asile.

PUITS ARTÉSIENS. Ces puits se distinguent des puits ordinaires par leur petit diamètre, qui ne va pas souvent au delà de 2 ou 3 décimètres; aussi les creuse-t-on au moyen de sondes de mineur, d'où leur vient le nom de *puits forés*; on les appelle *artésiens* parce que c'est dans l'Artois qu'il en a été percé le plus grand nombre depuis six à sept siècles au moins. Toutefois, les *puits forés* sont de toute antiquité; les voyageurs assurent qu'on en trouve dans les déserts de l'Asie, dans l'Inde, dans la Chine, etc. Le hasard a pu faire naître l'idée de forer ces sortes de puits, car l'exploitation des mines se perd dans l'obscurité des siècles; or, pour découvrir ces précieux dépôts, on dut inventer de bonne heure les *sondes ou tarières*, au moyen desquelles on s'assure à peu de frais de la qualité des matières contenues dans les entrailles de la terre; il a donc pu se faire qu'en cherchant une mine on ait trouvé une source jaillissante. Le puits artésien le plus ancien que l'on connaisse en France est celui de Lillers en Artois, percé, dit-on, en 1126; en 1671 le célèbre astronome Cassini, que Louis XIV avait fait venir d'Italie en France, appela l'attention des savants sur les fontaines jaillissantes, ou *puits artésiens*, qu'on avait forés à Modène et à Bologne. En 1780, Louis XVI fit faire sous ses yeux un puits de ce genre à Rambouillet.

Voici comment on explique la théorie des puits artésiens. On sait que tout liquide tend à se mettre de niveau quand ses molécules ne sont point retenues par un obstacle. C'est ainsi que l'eau monte librement à la même hauteur dans les deux branches d'un tuyau recourbé. C'est par la même raison que l'eau jaillit par l'ajutage d'un jet d'eau jusqu'à la hauteur du réservoir. Il est maintenant bien constaté que les fontaines sont alimentées par les eaux qui tombent du ciel et par les vapeurs aqueuses de l'atmosphère, que les montagnes, les plateaux élevés, etc., absorbent continuellement; ces diverses eaux se réunissent dans certaines cavités que la nature a ménagées dans le sein de la terre, ou dans des bancs de sable, de cailloux. Si elles trouvent des issues, elles vont surgir à la surface du sol, dans des lieux plus bas; mais si ces eaux sont contenues de tous côtés par des couches épaisses de terre glaise, de craie, de bancs de pierre, elles remplissent bientôt les cavités, et font constamment effort contre les obstacles qui les empêchent de s'écouler. Soit une montagne dont les flancs sont couverts de deux couches, une de craie et une de sable : si ces couches se prolongent au-dessous d'une vallée fermée de tous côtés par des collines dont l'intérieur est imperméable à l'eau, les pluies qui tomberont sur les plateaux, les vallées du sommet de la montagne s'infiltreront en partie dans la couche de sable, se rendront au-dessous de la vallée, et feront effort contre la couche de craie, attendu qu'elles seront pressées par celles qui se seront accumulées dans les flancs de la montagne. Si dans la surface de la vallée on perçait d'une manière quelconque un trou, les eaux monteraient par cette issue, et s'élèveraient même au-dessus du sol jusqu'à la hauteur où seraient les infiltrations. Tous les puits artésiens ne donnent pas des eaux jaillissantes : ces eaux s'arrêtent quelquefois à plusieurs mètres au-dessous de la surface du sol; cela doit arriver dans les circonstances où leur point de départ est moins élevé que la surface du terrain dans lequel on perce le puits.

Des raisonnements qui précèdent on tire les conséquences : 1° qu'on ne doit s'attendre à trouver des eaux souterraines jaillissantes que dans les endroits dominés, de près ou de loin, par des montagnes, des plateaux plus élevés; 2° qu'il ne peut y avoir des eaux souterraines stagnantes qu'autant que le sol est formé de couches perméables de sable, de cailloux, recouvertes par des couches de craie, de glaise, de bancs de pierre, sans fentes ni crevasses; d'où il suit que tout terrain formé de couches homogènes ne contient point d'eau; en effet, s'il est formé de sables, de cailloux, les eaux filent aisément à travers ces matières, et vont sortir au loin si la pente du terrain le permet, ou bien elles se mettent de niveau, comme celles d'un lac, qui n'ont aucune tendance à s'élever; si la masse du terrain est de craie, d'argile, etc., les eaux des pluies, ne pouvant y pénétrer, courent sur la surface; 3° qu'il serait inutile de chercher des fontaines jaillissantes dans les contrées granitiques, schisteuses, couvertes de bancs de pierre crevassés.

Les *outils* dont on fait usage pour forer les puits artésiens sont, pour le plus souvent, en fer ou en acier; ils se montent avec des vis et des écrous au bout d'une sonde formée de barres de fer d'environ 5 centimètres d'équarrissage, et longues de 2 à 3 mètres; ces barres s'ajustent les unes à la suite des autres au moyen de mortaises, de tenons et de boulons à écrou, ce qui permet de donner à la sonde telle longueur que l'on veut. On appelle *tête* de la sonde la barre terminée par un anneau qui reste toujours hors de terre, et avec lequel on fait tourner l'instrument. Les outils sont distribués en cinq classes : 1° ceux qui sont en forme de tarière, pour percer les couches de terre végétale ou argileuse; 2° les outils qui servent à percer les bancs d'argile plus compacte : il y en a depuis 5 centimètres de diamètre jusqu'à 13 et plus; on perce d'abord avec les plus petits un trou régulier, que l'on élargit en armant la sonde d'outils successivement plus larges; 3° le *hardi*, qui sert à briser et détacher les cailloux d'un banc, et le *double tire-bourre*, avec lequel on retire ces cailloux ou leurs débris du trou; 4° les *ciseaux*, dont on fait usage pour casser les matières dures, et les *trépans* pour forer les calcaires durs et homogènes; 5° les cuillères, les capsules, etc., qui servent à retirer du trou les sables mobiles et les matières broyées par les ciseaux et les trépans. Quand la sonde, munie d'un outil convenable, a fonctionné pendant quelque temps, on la sort du trou au moyen d'une sorte de grue, pour retirer ensuite les matières que l'on vient de détacher : car l'on conçoit bien que ces matières, ne pouvant pas s'élever au-dessus du sol, s'accumuleraient autour des tiges de la sonde, et rendraient ses mouvements impossibles. Les Russes, dit-on, creusent des puits artésiens avec des sondes de bois de sapin, armées indubitablement d'outils de fer ou d'acier. Suivant quelques relations de voyageurs anglais, les habitants d'une province de Chine creusent des puits artésiens de 500 mètres de profondeur et plus, à travers des bancs de pierre dure; un seul homme suffit à cette opération, avec la machine dont voici une idée : à l'une des extrémités d'une bascule est suspendue une tige ou fus, dont le bout inférieur est armé d'une masse d'acier trempé; l'ouvrier se place sur l'autre bout de la bascule, qu'il fait osciller en imitant les mouvements d'une personne qui saute; la masse d'acier broie la pierre; on retire les débris avec une sorte de cuillère, et l'on recommence à faire jouer la bascule. L'on conçoit que le marteau peut creuser à une grande profondeur sans qu'il soit besoin d'allonger la tige qui le porte; il suffit de suspendre l'équipage à la bascule au moyen d'une corde que l'on déroule à mesure que le trou s'approfondit.

Quand la sonde dont on fait ordinairement usage rencontre un banc de sable de peu de consistance, on est obligé de garnir le trou d'une boîte de bois pour contenir le sable; la sonde passe à travers cette boîte. Les matières les plus difficiles à pénétrer sont les couches de glaise molle : les tiges de la sonde, dans certaines circonstances de ce genre, se tordent et se cassent. Il faut alors des travaux immenses pour retirer l'instrument. Quand le forage est terminé, et qu'on a trouvé les eaux s'élevant à la hauteur désirée, on garnit le trou de *buses*, ou tuyaux de fonte ou de tôle de fer.

TEYSSÈDRE.

Les puits forés que MM. Degousée, Mulot, Violet et Flachat ont établis dans plusieurs de nos provinces du nord et du centre, et plus particulièrement en Normandie, dans la Brie et la Touraine, ont dissipé quelques incertitudes qui leur étaient relatives, et servi en cela la physique du globe et la géologie. Le seul puits de Grenelle, qui a demandé près de huit années de travail, a été l'occasion de recherches fort intéressantes sur la thermalité de la terre, non moins que sur les formations géologiques qui avoisinent la nappe d'eau, et sur l'origine première de celle-ci. Un géologue de Paris, M. Walferdin, ayant eu soin de remonter jusqu'aux lieux où les *sables verts* (touchant à cette nappe d'eau) deviennent superficiels après s'être dégagés de la craie, des argiles de Gault et des marnes, trouva à fleur de terre des sables de ce genre à Lusigny, à 17 kilomètres de Troyes; et il augura de là que devait provenir, que s'était introduite l'eau qui devait sourdre à Grenelle, de même que celle qui jaillit des puits forés de la Normandie. Or, comme ce lieu de Lusigny, le seul où affleurent les sables aquifères, est situé à 125 mètres au-dessus du niveau de l'Océan, la plaine de Grenelle ne dépassant ce même niveau que de 31 mètres, il fut facile d'en inférer que l'eau du puits, alors non terminé, jaillirait fort au-dessus du sol. L'événement a depuis vérifié ce pronostic. On fut particulièrement émerveillé des puits forés de la Touraine, qui produisent une eau parfaitement claire, qui en plus jaillit à 20 ou même 30 mètres au-dessus du sol.

Ces eaux artésiennes ont de grands avantages sur les autres fontaines. Presque toujours elles sont fort abondantes, d'un cours constant, quelle que soit la saison. Le seul voisinage de la mer peut quelquefois les rendre intermittentes, et salées parfois, dans le cas où la mer elle-même en serait la source. La température en est égale, et toujours proportionnée à la profondeur du puits foré. En conséquence on l'utilise maintenant en plusieurs lieux pour des lavoirs publics, en hiver pour arroser les plantes des serres, pour garantir du froid le poisson des viviers, pour le rouissage du chanvre et le blanchiment des fils et des toiles; dans beaucoup de fabriques et d'usines, dans un but diversifié, mais surtout pour empêcher les roues hydrauliques de se charger de glaçons, comme aussi pour entretenir une douce température dans les ateliers autour desquels on la fait circuler. Un puits artésien qui aurait 3,100 mètres de profondeur produirait de l'eau bouillante, ou à 100 degrés, ce qui dispenserait de tout achat de combustible pour les besoins domestiques. D' Isidore BOURDON.

Le puits dit *de Grenelle*, percé dans la cour de l'abattoir qui porte ce nom à Paris, descend à 547 mètres. L'eau y jaillit à plus de 30 mètres au-dessus du sol. Il donne par seconde environ 40 litres d'une eau à 28° centigrades. Commencé le 1er janvier 1834, l'eau en sortit le 26 février 1841. MM. Mulot père et fils en avaient conduit le travail jusqu'à la fin. Cette eau limpide sert à alimenter l'abattoir, l'institution des jeunes aveugles, et vient se déverser dans un grand réservoir, construit rue de l'Estrapade, près du Panthéon, d'où elle peut se répandre dans les quartiers les plus élevés de Paris. Une tour monumentale en fonte sera élevée sur la place de Breteuil pour recevoir le tube qui ira distribuer les eaux du puits de Grenelle.

Le succès de cette grande opération fit penser à la renouveler. En 1855 un ingénieur saxon, M. Kind, consentit à creuser un puits artésien à Passy pour alimenter les rivières du Bois de Boulogne, moyennant la somme de 350,000 fr. Son puits doit avoir 550 mètres de profondeur, 60 centimètres de diamètre et être garni dans toute son étendue d'un cuvelage en bois de chêne formant dans son ensemble un immense tube de retenue. Son procédé diffère des précédents. Il broie les matériaux à l'aide d'un trépan, masse cylindrique en fer pesant 1,800 kilogrammes et armée d'une couronne de sept dents en acier fondu de 25 centimètres de longueur. Une tige de sapin, indéfiniment prolongée au moyen de rallonges, est suspendue au balancier d'une machine à vapeur, qui lui donne un mouvement alternatif de montée et de descente. A son extrémité inférieure une pince saisit le trépan, l'enlève à 60 centimètres, et le laisse retomber de tout son poids. Rien ne résiste à cette évolution se répétant vingt fois par minute. Quand l'instrument a prolongé le forage du puits sur une profondeur d'un mètre et demi, on le soulève au moyen de la tige, qu'on démonte à mesure qu'elle sort de terre; on détache le trépan, et l'on fait descendre à la place une sorte de seau à soupapes, qui s'ouvre de dehors en dedans; les matériaux y entrent avec l'eau venue des couches supérieures qui inonde continuellement le travail, et lorsqu'on fait remonter le seau, la soupape se ferme et retient les matières lourdes, tandis que l'eau peut s'échapper par des petits trous latéraux. Le trépan et le seau se succèdent ainsi dans le puits artésien. L'eau qui l'inonde a ce grand avantage qu'elle contre-balance le poids de la tige de bois et facilite ainsi le travail. Les tiges peuvent s'ajouter ainsi les unes aux autres sans arriver à avoir ce poids énorme de 70,000 kilogrammes qu'avait fini par atteindre la tige en fer qui perfora le puits de Grenelle. Le travail n'atteint pas cependant toujours la même vitesse ; les sables ont besoin d'être retenus par des cylindres, les dents du trépan s'usent vite sur le silex; des instruments se sont brisés, etc. Enfin, en février 1857, il avait atteint 500 mètres, onze fois la hauteur de la colonne de la place Vendôme, et l'eau ne jaillissait pas encore.

L'Égypte, qui avait autrefois, dit-on, des puits artésiens, en revoit creuser de nos jours. En 1851 le vice-roi Saïd-Pacha en fit percer un dans son jardin de Gabari, près d'Alexandrie : l'eau, trouvée à 10 mètres, jaillit à 1m,50 au-dessus du sol. On comprend de quelle utilité ces sortes de puits seraient en Algérie, dans le Sahara ; un équipage de sonde y est en ce moment manœuvré par des soldats, et déjà pusieurs fois l'eau a jailli dans des lieux que le manque d'eau devait rendre déserts ; bientôt sans doute d'ombreuses oasis s'élèveront autour de ces nouvelles fontaines jaillissantes.
L. LOUVET.

PUITS DE FEU. Un missionnaire en Chine nous a fait connaître que dans ce pays, dans la province des Kin-Ting-Tau, on exploite des salines à la façon de nos puits artésiens. Un trou de 12 à 15 centimètres de largeur est percé en terre jusqu'à 500 ou 600 mètres de profondeur. On descend dedans à l'aide d'une corde un tube de bambou long de 8 mètres, à l'extrémité duquel il y a une soupape. Lorsque ce tube est arrivé au fond, un homme fort s'assied sur la corde et donne des secousses, qui font à chaque coup ouvrir la soupape et monter l'eau. A l'évaporation cette eau donne un cinquième même de son poids de sel. Ce sel, très-âcre, contient beaucoup de nitre. L'air qui sort de ces puits est très-inflammable. Si l'on approche une lumière à l'orifice du puits, il s'enflamme en une grande gerbe de feu de 6 à 10 mètres de hauteur. De même des puits dont on ne retire pas de sel, mais du feu seulement. Un petit tube en bambou ferme l'ouverture du puits et conduit l'air inflammable où l'on veut. On l'allume avec une bougie, et il brûle continuellement. La flamme est bleuâtre. Le gaz est imprégné de bitume, sent mauvais, et donne une fumée noire et épaisse; son feu est plus violent que le feu ordinaire. Les grands puits de feu sont à Tsei-Leiou-Tsing. Dans une vallée voisine il y en a quatre qui donnent du feu en grande quantité. L'un d'eux est percé jusqu'à 1,000 mètres. On croyait trouver de l'eau, il s'en exhala un gaz, semblable à la vapeur d'une fournaise ardente. Cet air s'échappe avec un bruissement et un ronflement effrayants. D'énormes tubes de bambou conduisent le gaz sous les chaudières. On garnit l'extrémité du bambou d'une tête en terre glaise, qui empêche la flamme de les atteindre. D'autres tuyaux servent à éclairer les cours et les usines. La surface du sol est chaude, et brûle sous les pieds. Dans l'hiver, les pauvres viennent se chauffer dans des trous qu'ils creusent en terre dans le sable. Le feu de ce gaz ne produit presque pas de fumée, mais il sent exhale une très-forte odeur de bitume. La flamme est rougeâtre comme celle du charbon. M. de Humbold, dans ses *Fragments de Géologie*, décrit plusieurs autres phénomènes du même genre.
L. LOUVET.

PUJOL (ALEXANDRE-DENIS ABEL DE), peintre d'histoire et membre de l'Académie des Beaux-Arts, est né à Valenciennes, le 30 janvier 1785. Un artiste médiocre, Momal, professeur à l'école de cette ville, fut son premier maître. Le second, celui surtout auquel M. Abel de Pujol a dû sa manière et son style, ce fut David. Le jeune peintre remporta le grand prix de Rome en 1811; mais dès l'année précédente il avait exposé au salon *Jacob bénissant les enfants de Joseph*. Peu de peintres, parmi ceux de cette école et de ce temps, se sont montrés plus féconds; bien peu aussi ont trouvé dans les divers gouvernements qui se sont succédé en France un appui constant et plus fidèle. A la mort de Gros, en 1835, l'Institut admit M. Abel de Pujol parmi ses membres, et à l'Académie, à l'École des Beaux-Arts, partout et toujours, la tradition de son maître David a trouvé en lui un zélé défenseur. Paris, ses musées et ses églises sont pleins des œuvres et de la gloire de M. Abel de Pujol. Tout le monde connaît les peintures à fresque qu'il a exécutées dans la chapelle de Saint-Roch, à Saint-Sulpice, les voussures et le plafond du grand escalier du Louvre, où il a représenté, sous le voile transparent de l'allégorie, *La Renaissance des arts*; ses grisailles de la Bourse, celle de l'hémicycle de Saint-Denis-du-Saint-Sacrement; la *Prédication de saint Étienne*, à l'église Saint-Étienne-du-Mont, etc. M. Abel de Pujol a également concouru à la décoration de la galerie de Diane à Fontainebleau, et il a peint plusieurs tableaux pour Versailles, notamment *Achille de Harlay devant les Ligueurs*. Les musées des départements peuvent aussi montrer plusieurs peintures de sa main: Valenciennes a la *Clémence de César*; Rennes, *Ruth et Noémi*; Lille, *Joseph expliquant les songes*. M. Abel de Pujol, malgré tout ce beau zèle, n'est qu'un artiste soigneux, instruit, mais d'un sentiment froid et d'un talent vulgaire. Professeur avant tout, c'est un peintre officiel, glacé, académique, et qui dans ses inspirations timides obéit toujours aux lois conventionnelles de l'école impériale. Son meilleur titre à l'estime publique, ce sont les grisailles dont nous avons parlé. Elles sont d'un relief singulier, et qui fait vraiment illusion. Nommé officier de la Légion d'Honneur en 1854, et membre du jury de l'exposition universelle de 1855, il a obtenu une médaille de première classe à la suite de cette exposition. On trouvera de plus amples détails sur la vie et sur l'œuvre de M. Abel de Pujol dans la dernière édition du *Livret du Musée de Valenciennes*, par A.-J. Potier (1841).

PULAWSKI (JOSEPH), général de l'armée des confédérés de Bar, dut fuir sa patrie lorsque la politique russe eut triomphé et amené le premier partage de la Pologne. Il alla offrir alors son appui aux insurgés de l'Amérique du Nord, luttant pour leur indépendance, et ceux-ci lui conférèrent aussitôt un commandement important. Il fut tué au siége de Savannah, en 1779.

PULAWY, ancienne résidence du prince Czartoryiski, sur la Vistule, dans le gouvernement de Lublin, est un bourg d'environ 3,000 âmes. Le château contenait autrefois une bibliothèque de 60,000 volumes de choix. Ses jardins anglais étaient les plus beaux de ce genre qu'il y eût en Pologne, et on y voyait un édifice, appelé le *Temple de la Sibylle*, qui contenait une collection extrêmement rare et précieuse d'antiquités slaves et polonaises. A l'époque de l'insurrection polonaise de 1831, le château de Pulawy et son parc furent complétement dévastés par les Russes; et plus tard l'empereur Nicolas, après avoir confisqué cette magnifique propriété, la partagea entre divers seigneurs russes. La bibliothèque a été transportée à Pétersbourg. Depuis 1843 le château renferme l'institut Alexandre pour l'éducation des jeunes filles, qui y a été transféré de Varsovie. Tout près de là on voit le joli pavillon de Marynki, et le château de Parchatka, avec son beau parc. En 1809 une bataille se livra entre les Polonais et les Autrichiens sous les murs de Pulawy, qui le 26 février et le 2 mars 1831 furent encore témoins d'autres engagements avec les Russes.

PULCHÉRIE, fille d'Arcadius et sœur de Théodose le jeune, partagea, à la mort de l'empereur son père, la puissance impériale avec son frère. Celui-ci étant venu à mourir en l'an 450, Pulchérie fit élire empereur à sa place Marcien, qu'elle épousa, moins pour avoir un époux que pour se donner un soutien qui l'aidât à supporter le fardeau du pouvoir. Ce fut elle qui ordonna, en 451, la réunion du concile de Chalcédoine. Protectrice des lettres et des sciences, elle mourut en 454, à l'âge de cinquante-six ans; et Marcien régna seul après elle.

PULCI (LUIGI), poëte italien, né en 1431, à Florence, fut l'ami intime de Laurent de Médicis et de Politien, et mourut en 1487. Son poëme épique *Il Morgante maggiore* (Venise, 1481), où il raconte les merveilleuses aventures de Rinaldo et du géant Morgante, fut composé, dit-on, à la demande de Lucrèce, mère de Laurent; et le poëte en lisait à table, pour l'amusement des convives, des morceaux détachés. Le style de ce poëte abonde en véritables locutions toscanes, mais sa versification est rude et gauche. Luigi Pulci avait deux frères aînés, *Bernardo* et *Luca*. Le premier est auteur d'une élégie sur la mort de Cosme de Médicis, d'une autre élégie sur la belle Simonetta, et d'un poëme sur la Passion de Jésus-Christ. On a du second des stances sur Laurent de Médicis, des épîtres héroïques, un roman pastoral, *Driadeo d'Amore* (Florence, 1479), et un roman épique, vraisemblablement le premier qui ait été composé en italien, *Il Ciriffo Calvaneo* (Florence, vers 1490).

PULCINELLA, nom d'un masque italien que les uns prétendent provenir d'un paysan contrefait, des environs de Sorrento, joyeux compère qui *florissait* vers le milieu du dix-huitième siècle, qui reçut ce sobriquet de *Pulcinella*, parce qu'il avait l'habitude de venir vendre des poulets (*pulcinella*) au marché de Naples, et qu'après sa mort on reproduisit sur le théâtre de Marionnettes de San-Carlo, comme un personnage bien connu du peuple et fait pour le divertir. D'autres racontent la chose autrement. Suivant eux, une troupe de comédiens serait arrivée à Acerra, à l'époque de la vendange, et y auraient donné des représentations devant les vignerons; mais un gars, bossu par devant et par derrière, et malicieux à l'avenant, le *loustic* du pays, un certain *Puccio d'Aniello*, aurait accablé de quolibets les comédiens ambulants, qui, le premier moment de bien naturelle irritation une fois passé, se seraient avisés de tirer parti du talent de Puccio d'Aniello et l'auraient déterminé à faire désormais partie de leur troupe. Notre homme serait bientôt devenu l'enfant gâté du public napolitain, et son masque serait resté l'un des types du théâtre napolitain. L'une et l'autre histoire se valent, et ont tout l'air de contes faits à plaisir. Certains archéologues considèrent en effet le *Pulcinella* napolitain comme une modification moderne d'un masque plus ancien, dont on a retrouvé l'image sur des vases antiques provenant de Pouilles, et le font dériver des atellanes des Osques.

PULKOWA, nom d'une montagne située à 14 kilomètres de Saint-Pétersbourg, qui, avec ses riantes collines, ses jolis villages et sa verdure, sépare le bassin inférieur de la Newa et la capitale des contrées situées derrière. Elle est presque à pic du côté de cette plaine, et traversée par la grande route de Zarskoe-Selo. De son sommet l'œil découvre le magnifique panorama de la capitale. Au pied de la montagne se trouvent les jolis *villages de Pulkowa*, avec leurs riantes maisonnettes et leur jolie verdure. Sur la crête de la montagne a été bâti l'observatoire de Saint-Pétersbourg, appelé aussi *Observatoire de Pulkowa*, le plus vaste établissement de ce genre qu'il y ait en Russie, et pourvu à frais immenses des instruments les plus précieux. La construction en eut lieu de 1833 à 1839; et depuis 1839 l'établissement est placé sous la direction de Struve. Il est situé par 59° 56′ 31″ de latitude septentrionale et 47° 57′ 57″ de longitude orientale (méridien de l'île de Fer). Consultez Struve, *Description de l'observatoire astronomique central de Saint-Pétersbourg* (Pétersbourg, 1845; avec atlas).

PULMONAIRE, du mot latin *pulmonalis*, qui indique tout ce qui a rapport ou appartient aux poumons.

En anatomie, on donne le nom d'*artère pulmonaire* à un gros vaisseau qui porte le sang veineux du ventricule droit du cœur dans l'intérieur des poumons. On nomme *veines pulmonaires* les quatre troncs veineux qui sortent des poumons pour porter dans l'oreillette gauche du cœur le sang qui a été artérialisé dans les organes pulmonaires. On désigne sous le nom de *plexus pulmonaire* un entrelacement considérable de filets nerveux formé par des ramifications nerveuses appartenant au pneumo-gastrique, au ganglion cervical inférieur et aux premiers ganglions thoraciques. La *plèvre pulmonaire*, ainsi que l'indique son nom, est l'enveloppe séreuse qui recouvre les côtés, ou, pour mieux dire, la circonférence des poumons.

En pathologie, on appelle *catarrhe pulmonaire* l'inflammation aiguë ou chronique de la membrane muqueuse bronchique. On désigne sous le nom de *phthisie pulmonaire* l'inflammation chronique du parenchyme des poumons, donnant lieu à leur désorganisation latente et progressive. On nomme *crachats pulmonaires* les matières qu'expectorent les poumons, afin de les distinguer de celles qui proviennent seulement de la gorge, des fosses nasales, ou de la bouche. L. LABAT.

PULMONAIRE (*Botanique*), genre de plantes de la famille des borraginées de Jussieu, et de la pentandrie-monogynie de Linné. On désigne plus spécialement sous le nom de *pulmonaire officinale* ou *sauge de Jérusalem* une plante mucilagineuse et adoucissante, qu'on regardait autrefois comme un spécifique contre les maladies de poitrine.

La *pulmonaire de chêne* ou *lichen pulmonaire* est un végétal indigène, de la famille des lichens et du genre lobaire. Cette plante croît sur le tronc rugueux des vieux chênes et dans la partie la plus humide des forêts. Elle est d'un vert jaunâtre, présentant un grand nombre de lacunes à sa surface; son goût est nauséabond et amer; elle est fréquemment employée dans le nord de l'Europe, comme succédané du lichen d'Islande. L. LABAT.

PULMONIE (du latin *pulmo*, poumon), substantif qu'on a fréquemment employé pour désigner la phthisie pulmonaire.

PULMONIQUE, dénomination dont on s'est longtemps servi pour désigner un phthisique, celui qui est atteint de pulmonie ou de phthisie pulmonaire. Le vulgaire a surtout conservé cette expression, parce qu'elle lui semble mieux caractériser l'être qui se meurt par l'effet d'une maladie destructive des poumons.

PULPE (du latin *pulpa*). On nomme ainsi en botanique la substance charnue ou molle des fruits et des végétaux. En pharmacie, c'est la pulpe des végétaux réduite en une sorte de pâte ou de bouillie au moyen du procédé qu'on appelle *pulpation*. Ce procédé consiste à broyer dans un mortier de marbre les végétaux dont on veut extraire la pulpe, puis à les passer au travers d'un tamis de crin plus ou moins serré, et à l'aide d'une spatule en bois nommée *pulpoire*. On n'emploie guère en médecine que les pulpes de casse et de tamarin, qui sont laxatives.

Les anatomistes nomment *pulpe cérébrale* la masse de substance blanche et cendrée ou grise dont se compose le cerveau. Ce nom vient de l'analogie qu'elle offre, au moins pour la consistance, avec la pulpe des végétaux.

PULPE DENTAIRE. *Voyez* DENT.
PULPE DU DOIGT. *Voyez* DOIGT.

PULQUE. C'est le nom espagnol d'une boisson favorite des Mexicains ainsi que des habitants de l'Amérique centrale et méridionale. Les Aztèques l'appellent *octli*. On la prépare avec plusieurs variétés de l'*agave americana*, et au Mexique avec la plante appelée *maguey* ou *metl*, qui n'est pas seulement la vigne des populations aztèques, mais encore remplace le chanvre d'Asie et le papyrus des anciens Égyptiens. Le jus qu'on en tire à l'époque de la floraison est déposé dans des cruches où on le laisse un peu fermenter. Les étrangers préfèrent le boire quand il est frais; mais les indigènes, seulement quand il a subi une seconde fermentation à la suite d'une décomposition. Il constitue alors une boisson acidulée, d'une odeur répugnante, assez semblable à celle de la viande gâtée, mais qui n'en est pas moins fort agréable au goût, et en outre très-fortifiante en même temps que nourrissante. On en fait de l'*eau-de-vie de pulque*. Soumis à une autre fermentation, le pulque produit du vinaigre, et à la cuisson du sirop. Mélangé d'eau et de sucre et soumis seulement à une fermentation de quelques heures, cette boisson prend le nom de *tepache*.

On appelle *pulquerias* les cabarets où l'on vend du pulque, et qui en même temps servent de salles de danse.

PULSATION (du latin *pulso*, je bats, je frappe), battement; nom commun aux battements artériels (*voyez* POULS) et aux *douleurs pulsatives* qui ont leur siége dans les parties affectées d'inflammation.

PULTAWA, et mieux POLTAWA, gouvernement de la petite Russie, de 628 myriamètres carrés, qui comprend une grande partie de l'ancienne grande-principauté de Kief et de la principauté de Péréjaslaff. Partie intégrante de l'ancienne Ukraine russe, il constitua jusqu'en 1797 le gouvernement d'Iékaterinoslaff, et fut érigé en gouvernement particulier en 1802. C'est l'une des provinces les plus riches et les plus peuplées de l'empire de Russie. Les arbres fruitiers n'y réussissent pas moins bien que les céréales. On y cultive en outre toutes les plantes légumineuses et les plantes oléagineuses, le lin, le chanvre, le houblon, le tabac, les poivre d'Espagne, les arbousiers ou melons d'eau et les cantalous, ainsi qu'une variété de melon qui vient en plein champ. En fait de fruits, les cerises de Pultawa sont justement célèbres; on en prépare une espèce de boisson vineuse appelée *wyschnoffka*. Le sol de ce gouvernement est généralement plat, bien arrosé, mais pauvrement boisé. Au sud, ce ne sont que steppes. Parmi les cours d'eau il faut surtout mentionner le Dniepr et ses innombrables affluents. Ses rives sont habitées par des pélicans, des cygnes, des canards sauvages, des bécasses; et ses eaux abondent en poisson. L'éducation du bétail et des chevaux ainsi que l'apiculture y ont pris de grands développements. En revanche, l'industrie y est restée fort arriérée, et le commerce y a peu d'importance. Le gouvernement de Pultawa n'a presque de communications régulières qu'avec Odessa et Moscou. En fait de fabriques, on distingue quelques manufactures de lainages, des mégisseries, des distilleries d'eau-de-vie, des salpêtrières et une foule de fabriques de liqueurs et de confitures. Les habitants, au nombre de 1,783,800, sont en général Petits-Russes; mais il y a aussi parmi eux beaucoup de Grands-Russes, de Grecs, d'Allemands, d'Arméniens et de Juifs, entre les mains desquels se trouve généralement le commerce.

Le chef-lieu, PULTAWA, avec une citadelle et entouré de forêts de cerisiers, est situé au confluent de la Poltawka dans la Worskla, et entouré de boulevards qui servaient autrefois de fortifications. Ses rues sont larges et droites, mais non pavées. On y trouve une cathédrale, dix églises, un gymnase, un séminaire, une école militaire et divers autres établissements d'instruction publique, ainsi que plusieurs fabriques. Un beau monument à la mémoire de Pierre le Grand, consistant en une colonne de cuivre verdâtre, orne la place publique. Cette ville fut fondée par les Kozaks de l'Ukraine; et aux termes du traité conclu en 1667 à Andruszoff la Pologne la céda à la Russie. Elle est célèbre dans l'histoire par la bataille qui se livra sous ses murs le 27 juin (8 juillet) 1709, et dans laquelle les Russes, commandés par Pierre le Grand, remportèrent sur Charles XII et les Suédois une victoire décisive, de laquelle date à bien dire la prépondérance politique de la Russie (*voyez* NORD [Guerre du]).

A cinq werstes seulement de Pultawa s'élève le *Tombeau des Suédois*, tertre de vingt mètres d'élévation, surmonté d'une croix. A peu de distance de là on trouve le monastère

12.

de l'Exaltation de la croix, dont l'archimandrite porte le manteau d'évêque. Aux environs de Pultawa on trouve encore le village de *Reschtschetiloffka*, célèbre par ses bergeries.

Les autres villes importantes du gouvernement sont *Krementschug*, sur le Dniepr, avec 18,000 habitants ; *Senkoff* (10,000 habitants), *Perejaslaff*, *Mirgorod* et *Priluki*.

PULTUSK, chef-lieu de cercle dans le gouvernement de Plock (royaume de Pologne), sur le Narew, avec un château appartenant à l'évêque de Plock et 3,000 habitants, a été le théâtre d'un grand nombre de combats. C'est là que, dans la guerre du Nord, Charles XII battit en 1703 et fit prisonnière presque tout entière une armée saxonne aux ordres du général Steinau. Le 26 décembre 1806, les Français commandés par Lannes rencontrèrent sous les murs de Pultusk, pour la première fois depuis qu'ils étaient entrés en Pologne, les Russes commandés par Bennigsen, et les forcèrent à battre en retraite.

PULVÉRIN (du latin *pulvis*, *pulveris*, poudre, poussière). On donne ce nom à la poudre à canon très-fine, obtenue en écrasant la poudre ordinaire et en la tamisant. Le pulvérin sert pour amorcer, pour faire des traînées, pour composer des artifices, etc. Autrefois on appelait *pulvérin* l'étui dont les arquebusiers et les mousquetaires se servaient au seizième siècle pour renfermer la poudre à canon. Cet étui s'appelait aussi *fourniment*.

On nomme encore *pulvérin* cette sorte de poussière humide de pluie extrêmement fine qui s'échappe des jets d'eau, des cascades, et dont on se sent alors frappé au visage.

PULVÉRISATION (du latin *pulvis*, *pulveris*, poussière, et *ago*, j'agis). C'est une opération qui a pour but de réduire en particules plus ou moins ténues des corps solides de nature très-variable. Les arts chimiques et pharmaceutiques sont ceux qui ont le plus souvent besoin d'y avoir recours. Avant de soumettre un corps à la *pulvérisation*, il faut qu'il soit dans un très-grand degré de siccité : on y parvient facilement en le mettant dans une étuve, ou l'exposant au soleil jusqu'à ce qu'il soit devenu cassant. Il y a des substances qui avant d'être soumises à la pulvérisation ont besoin d'une division préalable : ainsi, on râpe les bois, on réduit les métaux ductiles en limaille, on coupe transversalement les racines fibreuses. D'autres ont besoin d'un lavage plus ou moins complet ; enfin, il est des substances siliceuses, qui doivent d'abord être chauffées au rouge blanc, puis plongées dans l'eau froide. Les procédés employés pour opérer la pulvérisation sont très-nombreux, et varient avec la nature de la substance que l'on veut réduire en poudre. Le premier, c'est la *contusion* dans un mortier à l'aide d'un pilon. Il s'emploie pour toutes les substances qui offrent beaucoup de dureté et qui ne cèdent qu'à des chocs violents. Le deuxième, c'est la *trituration*, qui consiste à agiter circulairement le pilon dans le mortier, de manière à écraser la substance : on l'emploie pour toutes celles qui se ramollissent par la chaleur, telles que la résine et la gomme-résine. La *mouture* constitue le troisième moyen ; il est peu usité dans les officines ; mais, en revanche, il l'est fréquemment dans les arts : c'est en effet à l'aide de la mouture qu'on transforme le blé en farine. Toutes les céréales, et en général toutes les substances qui portent le nom de *farines*, se préparent par mouture. La *pulvérisation par frottement* s'emploie pour les substances faciles à pulvériser, mais dont la poudre obstruerait les pores du tamis sans les traverser ; il consiste à prendre la substance avec la main et à la frotter sur un tamis placé au-dessus d'une feuille de papier. On pulvérise ainsi la céruse, la magnésie anglaise et l'agaric.

La *pulvérisation par intermède* consiste à mêler la matière à pulvériser avec une autre, qui, après avoir facilité la division, puisse en être facilement séparée ; les intermèdes les plus employés sont le sucre, la gomme, le sel marin, qui offrent l'avantage de se dissoudre facilement dans l'eau, tandis que la substance à pulvériser n'est nullement attaquable par ce véhicule ; quelquefois, on emploie des liquides volatils, qui dissolvent en partie la substance et la laissent en poudre après leur évaporation. On pulvérise par ces intermèdes la vanille, les métaux, la coloquinte, le camphre ; mais il faut toujours diviser autant que possible les corps avant que de les broyer avec l'intermède : ainsi, on réduit les métaux en feuilles très-minces, on coupe la vanille en petits morceaux, etc. Depuis quelques années, on a employé la vapeur d'eau comme intermède dans la pulvérisation, et ce procédé a été couronné d'un plein succès : c'est surtout dans la préparation du protochlorure de mercure ou mercure doux qu'on en a fait une heureuse application. La *porphyrisation*, qui s'emploie pour réduire en poudre impalpable les substances très-dures, tire son nom des tables de porphyre sur lesquelles on est dans l'usage de pratiquer la pulvérisation. On fait mouvoir une molette de porphyre sur la matière à porphyriser que l'on a disposée sur la table, et l'on en obtient des poudres d'une ténuité extrême. Enfin, il est deux moyens d'obtenir des poudres très-fines, qui, sans être des modes de pulvérisation, s'y rattachent cependant par leur but et leur résultat. C'est la *lévigation* et la *précipitation* : le premier consiste à délayer dans l'eau la substance pulvérulente, et à séparer par dépôt et décantation la poudre la plus grossière, précipitée d'abord, de celle qui, beaucoup plus ténue, est restée en suspension dans l'eau. Quant à la précipitation, c'est une opération chimique qui a pour but de former, par double composition, un composé soluble et un décomposé insoluble, et de séparer l'un de l'autre par des lavages ; on réussit toujours à obtenir une poudre impalpable en employant des dissolutions étendues.
C. FAVROT.

PUNAIS (du latin *puteo*, je pue, et *nasus*, nez), qui sent mauvais du nez, comme dans le cas de l'ozène.

PUNAISE. Un grand nombre d'insectes appelés de ce nom composent un genre divisé en plusieurs espèces ; mais il en est une qui crée une spécialité très-distincte, suivant quelques naturalistes, et qui mérite seule la dénomination : c'est la *punaise des lits*. C'est un hémiptère, ne portant toutefois que des rudiments d'ailes ; on a prétendu qu'il y en avait d'ailés : le fait n'est pas certain, heureusement, car c'est bien assez et trop pour notre repos qu'il ait des pattes. Cette espèce n'est pas, dit-on, originaire d'Europe : quel que soit le pays d'où elle vient, elle ne s'est que trop bien acclimatée chez nous. Sa platitude, devenue terme de comparaison, lui permet de se dérober à notre vue et d'habiter les espaces les plus étroits, jusqu'aux minces feuillets d'un livre relié ; elle passe l'hiver dans une sorte de torpeur ; mais aussitôt que l'atmosphère se réchauffe, elle sort de sa retraite pour nous attaquer, à la faveur des ténèbres, durant notre sommeil, surtout quand une chaleur accablante nous rend le repos de la nuit si nécessaire. Difficilement on se soustrait à ses attaques ; en vain cherche-t-on à isoler son lit en en plongeant même les pieds dans l'eau, la punaise, qu'arrête l'inondation du fossé, et qui ne peut tenter l'escalade, gagne, dit-on, la partie correspondante du plafond, et se laisse choir sur le lieu qu'elle convoite : avide de notre sang, et pourvue d'une trompe malheureusement trop bien appropriée à son but, elle enfonce cette arme dans la peau, choisissant la région où cette enveloppe est la moindre épaisseur, et s'abreuve ainsi tout à son aise à nos dépens. Et non-seulement elle suce ainsi notre sang, mais elle verse encore dans la plaie une liqueur irritante. Chez la plupart des personnes, ces piqûres ne déterminent pas d'accidents notables ; mais il est des individus très-excitables chez lesquels les plaies sont accompagnées d'une irritation assez vive pour allumer la fièvre. Il est de vieilles maisons tellement infectées de ces insectes qu'elles sont vraiment inhabitables. Voulons-nous les saisir pour nous défendre et nous venger, ils ont un moyen de défense qui quelquefois leur réussit ; c'est l'émanation d'une odeur infecte et repoussante qu'elle retient notre main. Les punaises réalisent dans nos foyers l'existence des harpies des anciens, qui infectaient tout ce qu'elles touchaient.

Par malheur, tout tend à entretenir et à propager cette espèce. Les punaises supportent le jeûne et le froid ; les œufs que les femelles pondent éclosent promptement, et les individus qui en proviennent acquièrent toute leur croissance en peu de temps. On a proposé plusieurs moyens de les détruire. L'essence de térébenthine est la base de la plupart ; on vend même comme préservatif une liqueur qui n'est autre que l'acide hydrochlorique ; malgré l'activité de ces substances, surtout celle de la dernière, qui a de grands inconvénients, on ne peut réussir à désinfecter les meubles souillés par les œufs de punaises. On a conseillé de tenir sous les lits de l'eau-de-vie dans laquelle on faisait macérer de l'ail écrasé ; on a vanté les fumigations de soufre ; on a préconisé avec succès des poudres *insecto-mortifères* ; on a recommandé de tenir l'appartement éclairé par une lampe durant la nuit : ces moyens éloignent bien momentanément les punaises, mais notre sang a pour elles un attrait qui les fait braver la lumière et les odeurs qu'elles fuient naturellement. Il n'y a que des soins constants de propreté qui puissent, à la longue, délivrer un appartement de ce fléau. Aussitôt qu'on les aperçoit, il faut leur faire impitoyablement la chasse, et travailler sans relâche à les détruire.

Dr CHARBONNIER.

PUNCH, boisson universellement répandue, et qui nous est venue d'Angleterre. Originaire des Indes orientales, l'usage s'en introduisit, à ce qu'il paraît, chez nos voisins vers la fin du dix-septième siècle. Au rapport de Fryar (*New Account of East-India and Persia* [Londres, 1697]), les Anglais établis aux Grandes-Indes préparaient cette boisson avec de l'arack, du thé, du sucre, de l'eau et du citron ; et comme il entrait cinq ingrédients dans sa composition, on lui conserva le nom hindou de *pantsch*, mot qui signifie *cinq* dans plusieurs idiomes de l'Inde. *Punch* n'en est que l'orthographe vicieuse et anglaise. En général cette boisson se boit chaude, et pendant longtemps un bol de punch enflammé constitua en Angleterre le dernier et l'indispensable service de tout repas bien ordonné. On remplace souvent l'eau par le vin, de même que le jus de citron par le jus de baies d'épine-vinette et quelquefois par du jus de framboise ou encore par le jus de l'ananas et de l'orange douce. On donne au punch un goût agréable de caramel, en y plongeant un morceau de fer ou d'acier rougi. Pour le préparer vite en petites quantités et sans peine, on se sert fréquemment d'*essence de punch*, article dont la fabrication est devenue une importante branche d'industrie pour diverses localités.

Punch est aussi, en anglais, le nom d'un personnage grotesque, répondant à notre *Polichinelle*, issu en droite ligne du *Pulcinella* des Italiens. C'est une abréviation populaire de *Punchinello*, mot qu'on trouve employé par beaucoup de bons écrivains anglais. En tout cas, *Punch*, dans ce sens, n'a aucun rapport avec la boisson dont nous venons de parler ; et c'est comme synonyme de Polichinelle qu'il est le titre d'un spirituel journal satirique de Londres.

PUNIQUE (Foi), du latin *punicus*, de Carthage. Les Romains désignaient ironiquement sous le nom de *foi punique* la perfidie des Carthaginois.

PUNIQUES (Guerres). *Voyez* CARTHAGE, tome IV, page 552.

PUNITION, action de punir : la *punition* des crimes et des délits appartient aux juges criminels (*voyez* PEINE, PÉNALITÉ). Ce mot signifie plus ordinairement châtiment, peine qu'on fait souffrir pour quelque faute, pour quelque crime : C'est une *punition* de Dieu. Une *punition* du ciel, se dit d'une disgrâce, d'un malheur qui tombe sur un homme, comme pour le punir de ses fautes.

PUPE. *Voyez* CHRYSALIDE et NYMPHE (*Histoire naturelle*).

PUPILLE (*Droit*). On appelait ainsi, dans le droit romain, celui qui encore impubère avait cessé d'être sous la puissance paternelle par la mort de son père ou par l'émancipation. Ce mot était quelquefois employé dans une acception plus étendue pour désigner tout impubère. Dans l'ancien droit français, *pupille* désignait une fille au-dessous de douze ans, ou un garçon au-dessous de quatorze, qui était sous l'autorité d'un tuteur. Quand on donnait un curateur aux mineurs, on cessait de les appeler *pupilles*. Dans les pays coutumiers, on appelait les mineurs *pupilles* jusqu'à leur majorité. En étendant la signification de ce mot, on a donné le nom de *pupille* à un élève, à un enfant, à un jeune homme par rapport à son gouverneur. Sous le règne de Napoléon, il fut créé, avec les enfants trouvés de la capitale et des départements, un régiment des *pupilles de la garde impériale*, dont l'effectif ne s'éleva pas à moins de huit mille adolescents.

PUPILLE (*Anatomie*), ouverture centrale de l'iris par laquelle passent les rayons de lumière qui vont peindre sur la rétine l'image des corps extérieurs. Cette ouverture peut se dilater ou se resserrer, et mesurer ainsi la quantité des rayons lumineux qui doivent pénétrer dans l'œil. La pupille chez l'homme est arrondie ; elle fait communiquer entre elles les chambres antérieure et postérieure de l'œil. Chez le fœtus, elle est bouchée pendant les sept premiers mois de la gestation, par une membrane nommée *pupillaire*. Cette membrane, très-mince, fut découverte, en 1738, par Wachendorf.

En l'an VIII, Demours, oculiste à Paris, inventa un procédé à l'aide duquel il plaçait une *pupille artificielle* tout auprès du blanc de l'œil pour remplacer la pupille naturelle, détruite par des suppurations répétées, quand le désordre de l'organe était devenu tel qu'il était regardé comme irréparable. Un nommé Sauvage, privé depuis quatre ans de la vue, la recouvra par ce procédé. Il peut être appliqué avec le même succès sur les personnes qui ont perdu la vue par des cicatrices ou des taches blanches, regardées jusqu'à ce jour comme incurables. Depuis, l'art des pupilles artificielles s'est propagé et perfectionné.

PURBACH ou **PEURBACH** (GEORGES), mathématicien distingué pour l'époque où il vivait, prit ce nom d'une petite ville de l'Autriche où il naquit, en 1423. Après avoir terminé ses études à Vienne, il alla en Italie, où il fit des cours d'astronomie dans la plupart des grandes universités. A Rome, le cardinal Nicolas de Cusa, qui apprécia son mérite, chercha à le fixer en Italie ; mais Purbach s'en revint dans son pays, et fut nommé professeur de mathématiques à Vienne. Le premier ouvrage qu'il y écrivit était une explication des six premiers livres de l'*Almageste* de Ptolémée ; et il fut suivi bientôt après d'un grand nombre d'autres livres, relatifs aux mathématiques et à l'astronomie. On cite comme classiques ses tables des sinus, ses tables écliptiques pour faciliter le calcul des éclipses de soleil et de lune, et surtout ses *Theoriæ novæ Planetarum*. Il confectionna aussi des sextants et autres instruments. Sur les instances du cardinal Bessarion, qui se trouvait alors à Vienne, il se disposait à entreprendre un nouveau voyage en Italie afin d'y apprendre le grec, lorsque la mort le surprit, le 8 avril 1461.

PURETÉ. Si l'on demande ce que c'est que de l'eau pure, on recevra des réponses très-différentes, suivant l'aspect sous lequel ce liquide sera considéré : le chimiste exigera qu'il ne contienne rien autre chose que de l'oxygène et de l'hydrogène dans les proportions qu'exige la combinaison de ces deux éléments, et si l'un de ces deux étaient en excès, l'eau cesserait d'être *pure*. Si un buveur d'eau, juge compétent des bonnes qualités de sa boisson habituelle, s'avisait de goûter celle dont un chimiste vanterait la pureté, il la trouverait détestable, et l'accuserait de receler quelque principe malfaisant. Le médecin, qui s'occupe encore plus de la salubrité que de la saveur des eaux, ne refusera point de regarder comme *pures* celles dont un long usage a constaté les effets salutaires pour la santé, à moins que l'analyse chimique n'y fasse découvrir une dose sensible de quelque matière tenue en dissolution. Quelquefois même le savant s'écarte de la précision du langage scientifique, et s'énonce conformément aux notions vulgaires : c'est ainsi qu'un illustre chimiste (Humphry Davy) regarde comme la plus *pure* de toutes les eaux celle qui provient de la fonte des neiges sur les glaciers des hautes montagnes ou dans la région des glaces polaires, quoique cette eau soit saturée d'air atmosphérique, et qu'il suffise d'élever sa température de quelques degrés pour en dégager une partie de ce fluide. Nous ignorons si les métaux natifs, tels que l'or, l'argent, sont *purs*, dans la rigoureuse acception de ce mot, ou s'ils ont contracté, dans l'intérieur de la terre, quelque alliage que nos procédés d'analyse ne puissent mettre à découvert; quant à ceux auxquels nous restituons les propriétés métalliques, on sait qu'ils retiennent nécessairement quelques atomes des matières avec lesquelles ils ont été combinés. C'est donc avec raison que dans l'ordre physique on regarde *pur* ce qui ne manifeste aucun mélange appréciable.

Trouverons-nous dans l'ordre moral quelque exemple d'une pureté native qui ait résisté à toutes les causes d'altération? Il est encore des hommes qui s'étonnent en apprenant qu'ils passent pour des modèles de vertu; leurs actions, que l'on admire, sont tellement spontanées qu'ils ne conçoivent point comment tout autre homme eût pu se conduire autrement dans les mêmes circonstances. L'observateur peut donc espérer qu'une heureuse rencontre lui montrera l'âme humaine dans toute sa beauté, dans sa pureté primitive, car cette perfection tient tout de son origine; elle ne peut être une œuvre de l'éducation, et moins encore un résultat de l'influence des événements de la vie sociale. Son action bienfaisante est puissamment secondée par une raison saine et les connaissances acquises par l'étude et l'observation; c'est par cette cause que ses forces paraissent croître avec l'âge, et que l'on y remarque une jeunesse et une maturité. La première période a toutes les grâces de cette époque de la vie. J.-J. Rousseau n'a pas négligé cet ornement lorsqu'il a tracé le portrait de Sophie, délicieux assemblage des qualités qui ont tant de charmes dans une jeune fille. La beauté morale n'est certainement pas un privilège du sexe féminin; mais, ainsi que la beauté physique, elle est plus touchante chez les femmes. C'est à l'époque de sa maturité qu'elle brille du plus grand éclat. Comme le temps lui fait perdre graduellement le concours des facultés intellectuelles, les actes qui la manifestent ne sont plus jugés aussi favorablement: elle paraît avoir éprouvé quelque altération; mais le raisonnement ne laisse aucune incertitude sur la cause de ce changement. En effet, on remarque alors que les facultés sentimentales ont conservé leur énergie, quoique leur direction ne soit plus aussi judicieuse.

La pureté morale qui manquerait de lumières et de cette énergie qui la soustrait au pouvoir de toutes les passions corruptrices ne serait plus que de l'innocence. Elle plairait encore, mais son aspect ne serait plus imposant; elle descendrait au niveau commun. Racine nous intéresserait moins au sort d'Hippolyte s'il l'avait représenté seulement comme exempt de crime et de souillure, s'il n'avait pas mis ce beau vers dans la bouche du jeune infortuné :

Le jour n'est pas plus pur que le fond de mon cœur.

Le noble caractère moral dont on vient de tracer une esquisse trop imparfaite est essentiellement naïf, étranger à toute feinte et à toute prétention. Il ne se connaît pas lui-même, ses regards sans cesse dirigés au dehors, occupé de la recherche du vrai pour le bon but, du bon pour s'y consacrer tout entier. Rien ne peut troubler l'heureuse sécurité de sa conscience. Il est, au contraire, une autre sorte de *pureté*, toujours prompte à s'alarmer, qui multiplie les précautions contre les périls dont elle est environnée; évitant avec un soin extrême ce qui lui semble obscène, licencieux ou seulement trop libre, elle s'irrite promptement contre ceux qui s'écartent en sa présence de la réserve dont elle fait profession. Est-elle réellement digne des égards qu'elle exige et qu'on ne lui refuse point? Il semble que son imagination l'obsède beaucoup plus que les propos indiscrets qui se glissent parfois dans les entretiens les plus honnêtes, et que d'aussi grands efforts pour demeurer pur indiquent au moins quelque disposition à cesser de l'être. Cette ombrageuse prétention est bien jugée par tout le monde, et le ridicule ne l'épargne pas. On ne la confondra jamais avec l'aimable vertu qui se contente des noms modestes de *décence*, de *pudeur*, scrupuleuse pour elle seule, indulgente envers autrui.

Dans les rites religieux, il y a des *purifications* : reconnaissons donc une pureté mystérieuse, qui se perd et se rétablit par des voies inaccessibles à notre raison. Le sectateur de Vishnou se purifie avec de la bouse de vache; d'autres cultes prescrivent, pour arriver au même but, des pratiques moins étranges. En général, il paraît que la propreté corporelle a été prise pour emblème de la *pureté* religieuse, telle que le fondateur de chaque religion l'avait conçue, et que les divers procédés de purification rappellent ce sens emblématique.
FERRY.

PURGATIF. Ce nom sert à désigner une classe de médicaments propres à provoquer des évacuations intestinales : il dérive du verbe latin *purgare*, dont la signification comporte l'idée de purifier, de nettoyer, action à laquelle on a assimilé l'effet de ces agents pharmaceutiques. Les médecins emploient aussi le mot *cathartiques*, provenant du grec, et dont la signification est la même. Les *purgatifs* composent une liste très-longue et très-variée. Ils sont puisés en grand nombre dans les végétaux; les principaux sont : la racine de jalap, la gomme gutte, la coloquinte, l'élatérium, la bryone, les graines d'épurge, l'aloès, la racine de rhubarbe, les feuilles et les follicules de séné, l'huile de ricin, la manne. Les minéraux fournissent plusieurs purgatifs; les plus usités sont : le sulfate de soude, ou sel de Glauber ; le sulfate de magnésie, ou sel d'Epsom, et le sel de Sedlitz. Les Anglais emploient de préférence l'acide tartrique et le carbonate de soude; en mélangeant ces deux sels dans un verre d'eau, on opère instantanément une action chimique ; la composition qui en résulte est peu désagréable au goût, et rappelle l'eau de Seltz si on s'empresse de l'avaler. Les combinaisons mercurielles sont encore fréquemment employées en Angleterre : on y fait surtout abus du calomel.

Les substances que nous venons d'indiquer ne sont pas toujours employées isolément ; elles sont souvent mélangées, et forment de nombreuses compositions pharmaceutiques, telles que poudres, sirops, extraits et pilules : cette dernière forme est surtout commode pour voyager : on s'est ingénié à la varier. On administre aussi par la bouche grand nombre de purgatifs, mais souvent aussi on les emploie à l'aide de l'instrument qui causa tant de frayeur à M. de Pourceaugnac. Ce mode a l'avantage de ménager le goût; l'eau pure administrée par cette voie, ou la décoction de plantes émollientes, peut préférer ; mais quand elles ne suffisent pas, on peut ajouter du miel mercuriel et des sels indiqués ci-dessus. La décoction de la mercuriale, herbe très-commune, et de plantes alliacées, fournit également de bons laxatifs. On peut encore exercer une action purgative par les frictions sur la peau, méthode appelée *endermique*.

Les médications purgatives sont aujourd'hui améliorées : nos docteurs se sont efforcés de ménager l'organe du goût, qu'on outrageait impunément autrefois. Il est rare de les voir prescrire ce qu'on appelait une *médecine noire*, potion ordinairement composée de feuilles et de follicules de séné, de sulfate de soude et de manne : le diable n'eût pas imaginé un breuvage plus détestable : c'était à bon droit la terreur des enfants. On sait maintenant *dorer la pilule*, et tout le monde y gagne.
CHARBONNIER.

PURGATIF DES QUATRE DEGRÉS. *Voyez* LEROY (Drogue ou Médecine).

PURGATION. Ce nom sert principalement à exprimer l'action des purgatifs : il est encore employé pour désigner d'autres évacuations, auxquelles on attribue un effet analogue à celui de ces médicaments. Le mot *purge* a été usité par le vulgaire dans un sens identique. Tous les préjugés des anciens médecins relativement aux glaires, à la pituite, aux vices du sang et des humeurs, préjugés qui ont disparu des doctrines aujourd'hui en faveur, sont restés dans l'opinion du vulgaire. Attribuant aux fluides qui circulent dans le corps la plupart des maladies, quoi de plus propre pour y remédier, disent-ils, que des médicaments qui expulsent des humeurs peccantes. Aussi tout ce qui provoque des évacuations intestinales capte-t-il la confiance du public, et voilà pourquoi les agents purgatifs font toujours la fortune des charlatans. Le conduit alimentaire est revêtu intérieurement d'une membrane muqueuse analogue à celle qui tapisse la bouche; elle forme une surface d'une vaste étendue, en raison des nombreux replis des intestins ; c'est sur elle que s'accomplissent constamment des opérations qui sont au nombre des conditions indispensables de notre existence, c'est là que sont nos racines. Des vaisseaux et des glandes en grand nombre versent ou absorbent des fluides sur ce théâtre doué d'une vive sensibilité; ces opérations ont lieu par des nerfs non moins nombreux. C'est sur cette surface que les purgatifs agissent, et notamment sur la portion intestinale : ils exagèrent, par l'excitation qu'ils déterminent, des sécrétions et excrétions qui s'opèrent dans la digestion normale. À doses très-considérables, ils produisent, comme les poisons, une inflammation violente accompagnée de douleurs atroces, et dont la gangrène peut être le résultat : souvent les évacuations alvines, loin d'être augmentées, se tarissent. Mais à doses modérées l'irritation provoque des coliques peu intenses, avec déjections abondantes, surtout si on la modère par des boissons, comme on est dans l'habitude de le faire. Une telle médication apporte un changement notable dans l'ensemble des fonctions, et on comprend qu'elle doit avoir des avantages en plusieurs cas. Mais l'effet salutaire de la purgation n'est pas dû à l'expulsion des fluides viciés, ou d'humeurs peccantes (vieux style). Les évacuations sollicitées par les purgatifs peuvent être obtenues dans un état de santé parfaite, et même avec une abondance beaucoup plus considérable que dans un état morbide. Heureusement, le trouble suscité par les purgatifs se calme assez promptement, et quand on ne réitère pas souvent la médication, la santé, si elle ne s'améliore pas, ne s'altère pas au moins notablement.

On prenait autrefois médecine à des époques fixées par l'usage, et Saint-Simon nous apprend dans ses *Mémoires* que Louis XIV désertait une fois par mois son trône pour la chaise percée. Quelques familles, surtout dans les provinces, ont conservé cet usage, et les valets mêmes doivent s'y conformer. Dans les temps où la purgation était en aussi grande faveur, on devait s'y préparer par des tisanes, des jus d'herbes et une certaine diète : ces précautions sont très-négligées aujourd'hui. On avait aussi coutume de purger les convalescents une, deux, et même trois fois : on y a renoncé, et avec raison, car on ressuscitait la maladie ou on la faisait passer à l'état chronique. Si l'action passagère des purgatifs n'a pas d'inconvénients graves, il n'en est pas de même quand on en abuse : ce qui n'est que trop commun. Les irritations, réitérées dans le but d'expulser des humeurs, finissent par pervertir la vitalité des intestins; on voit survenir alors des troubles de la digestion, un mal indéfinissable, souvent la constipation ; la tête est lourde et douloureuse; on ressent un sentiment de torpeur générale ; le corps s'émacie ; des hémorrhoïdes affligent ordinairement ceux qui font usage de pilules purgatives, dont l'aloès est la base principale; il en est de même de la liqueur dite de *longue vie* ; enfin, l'hypocondrie, un état valétudinaire et névropathique achèvent ce résultat, auquel il est très-difficile de remédier. Les purgations abondantes et réitérées sont appelées *altérantes*; on y a recours pour augmenter l'action des absorbants; mais presque toujours cette médication est défavorable, et les meilleurs praticiens y ont renoncé. L'irritation intestinale qu'elle entretient suscite la soif et détruit l'appétit, premiers signaux de la gastro-entérite. En définitive, si les purgations n'ont pas de suites assez graves dans les altérations légères et récentes de la santé, elles peuvent en avoir dans le début des maladies. Certains purgatifs violents peuvent occasionner des accidents. Le fameux remède Leroy peut tuer à la manière des poisons.

Souvent, la purgation est associée au vomissement : c'est un effet qui résulte de l'emploi des médicaments qui irritent tout à la fois l'estomac et les intestins, et qu'on nomme, en conséquence, *éméto-cathartique*.

Le mot qui nous occupe sert encore à désigner deux choses qui se ressemblent fort peu, les flux périodiques et la radiation des inscriptions hypothécaires ; il s'étend même aux affaires du domaine ecclésiastique : les justifications devant l'église sont des *purgations canoniques*. Enfin, l'âme subit une *purgation* dans un lieu qui n'est plus du ressort médical (*voyez* PURGATOIRE).

Dr CHARBONNIER.

PURGATOIRE, lieu, ou plutôt état, dans lequel les âmes des justes, sorties de ce monde sans avoir suffisamment satisfait à la justice divine pour leurs fautes, achèvent de les expier avant d'être admises au bonheur éternel. L'Église nous apprend que c'est par la miséricorde de Dieu, par les indulgences du saint-père, son représentant sur la terre, et par les prières des fidèles, qu'on est délivré des peines du purgatoire. Nous lisons dans les actes du concile de Trente : « Si quelqu'un dit que par la grâce de la justification, la coulpe du péché et la peine éternelle sont tellement remises au pénitent qu'il ne lui reste plus de peine à souffrir, ou en ce monde, ou en l'autre dans le purgatoire, avant d'entrer dans le royaume des cieux, qu'il soit anathème! Si quelqu'un dit que le sacrifice de la messe n'est pas propitiatoire, qu'il ne doit point être offert pour les vivants et pour les morts, pour les péchés, les peines, les satisfactions et les autres nécessités, qu'il soit anathème! » Le concile ordonne aux docteurs et aux prédicateurs de n'enseigner sur ce point que la doctrine des Pères et des conciles, d'éviter toutes les questions de pure curiosité, à plus forte raison tout ce qui peut paraître incertain ou faux, capable de nourrir la superstition et de favoriser un gain sordide. Le concile ne décide point si le purgatoire est un lieu à part où sont renfermées les âmes, ni comment elles y sont purifiées, ni quelle est la rigueur et la durée de leurs peines, ni jusqu'à quel point elles sont soulagées par les prières, les bonnes œuvres des vivants ou par le sacrifice de la messe, ni si ce sacrifice profite à toutes, ou seulement à celles pour lesquelles il est nommément offert. Chaque théologien peut avoir son opinion là-dessus. Ces questions ne sont ni dogmes de foi, ni objets de certitude absolue, et personne n'est forcé d'y souscrire. Le concile de Trente a voulu seulement poser quatre vérités : la première, qu'après la rémission du péché et de la peine éternelle obtenue de Dieu dans le sacrement de pénitence, il reste encore au pécheur une peine temporelle à subir ; la seconde, que quand on n'y a pas satisfait dans ce monde, on peut et on doit la subir après la mort ; la troisième, que les prières et les bonnes œuvres des vivants peuvent être utiles aux morts, soulager et abréger leurs peines ; la quatrième, que le sacrifice de la messe est propitiatoire, qu'il a, par conséquent, la vertu d'effacer les péchés de et de satisfaire à la justice divine pour les vivants et pour les morts.

Le dogme du purgatoire et de la prière pour les morts est fondé sur la tradition de tous les peuples. « Toutes les nations de la terre et tous les âges répètent, disait La Mennais citant un passage du livre des *Machabées* : C'est une sainte et salutaire pensée de prier pour les morts, afin qu'ils soient délivrés de leurs péchés. » Telle a été, on le voit, la doctrine des Juifs ; telle fut toujours la doctrine des chrétiens ; et il en est fait mention de la manière la plus expresse dans les écrits de saint Clément d'Alexandrie, de Tertullien, d'Origène, de saint Cyprien, de saint Chrysostome, de saint Augustin, de saint Basile, de saint Cyrille de Jérusalem, et dans les liturgies les plus diverses, telles que celles des nestoriens du Malabar, des nestoriens chaldéens, des Arméniens, des Grecs de Constantinople et de Russie, des cophtes jacobites, des Syriens, des Éthiopiens, etc. Mais il y a mieux : ce dogme est une de ces vérités essentielles qui appartiennent à la révélation primitive, et que la tradition de nos premiers pères avait fait passer chez tous les peuples. Nous en trouvons des traces évidentes dans Plutarque, dans Platon (*Gorgias* et *De Republ.*, lib. II), dans Virgile (*Æneidos*, lib. VI). Des voyageurs, des savants, nous le montrent encore dans l'ancienne Gaule, dans l'Inde, la Tartarie, le Thibet, la Chine, le Japon, le Tonquin, l'Afrique, l'Amérique, etc. Le purgatoire des musulmans, appelé *araf*, est un lieu mitoyen entre le paradis et l'enfer. Ainsi, les païens, les Juifs, les musulmans, les chrétiens, s'accordent à reconnaître le dogme du purgatoire. Les protestants seuls le nient; et pourtant Calvin lui-même est forcé de convenir *qu'il y a plus de treize cents ans qu'il est passé en usage de prier pour les morts* (Instit., lib. III, c. 5).

Il y a, disent Cambden et Matthieu Pâris (*Description de l'Hibernie*), dans une île d'Irlande un lieu qu'on appelle *le Purgatoire de saint Patrice*, où l'on prétend que par les prières de saint Patrice, évêque de la contrée, il se fit une représentation visible des peines que les impies souffrent après leur mort, afin d'étonner les pécheurs et de dissiper les erreurs des gentils. Ce lieu est aussi appelé le *Trou de saint Patrice*.

On dit figurément d'une personne qui a eu à souffrir beaucoup de douleurs et d'afflictions, qu'elle a fait son *purgatoire* dans ce monde.

PURIFICATION (du latin *purificatio*), action de purifier, d'enlever d'une substance ce qui s'y trouve d'impur et d'étranger : La *purification* des métaux, du sang, des humeurs. Appliqué à l'humanité, ce mot a une double acception : employé à l'égard du corps, il signifie l'action de se laver en entier ou en partie pour écarter toute souillure extérieure; quand il est question de l'âme, c'est l'action de détester ses péchés, de s'en purifier par la pénitence, d'en obtenir de Dieu le pardon. Les hommes les plus grossiers ont compris que la purification du corps était l'emblème, le symbole de celle de l'âme. Aussi, chez tous les peuples, dans toutes les religions, l'usage a-t-il été de se laver avant de remplir les devoirs du culte, non pas qu'on crût qu'une purification extérieure opérât la pureté de l'âme, mais parce qu'en se lavant le corps on témoignait que l'on désirait avoir la pureté intérieure, et être exempt de péché. Dans la religion chrétienne, ce désir, lorsqu'il est sincère, est la première disposition nécessaire pour l'acquérir. Sous un climat aussi chaud que la Palestine, l'usage des purifications extérieures avait en outre une grande utilité hygiénique. Cette précaution était nécessaire pour prévenir tout danger d'infection et de corruption. Dans la *Genèse*, Jacob avant d'aller offrir un sacrifice à Béthel ordonne à ses gens de se laver et de changer d'habit. Dans l'*Exode*, Dieu ordonne à tous les Israélites de se purifier pendant deux jours, de laver leurs vêtements et de se tenir prêts pour le troisième. Chez les païens, on voit Énée dans l'*Énéide* se faire scrupule au sortir des combats de toucher ses dieux pénates avant d'avoir lavé ses mains dans une eau vive.

Les Israélites avaient différentes espèces de purifications. Les principales avaient pour but de purger les *impuretés* appelées *légales*, comme la lèpre ou toute autre maladie, le contact d'un mourant ou d'un mort, d'une femme incommodée, d'un reptile, d'un accouchement, l'usage même licite du mariage, etc. Elles étaient pratiquées lorsque l'on avait eu un songe impur ou un flux de sang. La plupart de ces souillures étaient purifiées par des offrandes et des bains. Un prêtre immolait un chevreau, un laïque un bouc, un mouton, un chevreau. Les pauvres substituaient à ces victimes deux pigeons ou un peu de fleur de farine. Celui qui devait être purifié amenait sa victime au sacrificateur, confessait son péché, puis, mettant la main sur la tête de l'animal, il l'égorgeait et l'offrait au Seigneur. Le pontife trempait ses doigts dans le sang de la victime, en frottant l'autel des holocaustes, et répandait le reste au pied de ce même autel. Puis il renvoyait absous le coupable. Une *femme*, après avoir accouché d'un garçon, gardait la maison quarante jours, et quatre-vingts si c'était une fille. Ce terme passé, elle venait au temple, apportant un agneau avec le petit d'un pigeon ou d'une tourterelle. Si elle était pauvre, elle n'apportait que deux pigeons ou deux tourterelles. Le prêtre immolait un de ces oiseaux dans un vase de terre au-dessus d'une eau vive, puis il trempait l'autre oiseau avec un peu de bois de cèdre, d'écarlate et d'hysope dans le sang de celui qu'il venait d'immoler, faisait sept aspersions sur la femme, la déclarait pure, et lâchait l'oiseau. La même cérémonie se pratiquait avec les deux passereaux que le lépreux guéri devait apporter au temple. La purification devait, autant que possible, avoir lieu dans le temple même. Ceux que leur éloignement de Jérusalem empêchait de s'y rendre se purifiaient avec les cendres de la vache rousse qu'on immolait à cet effet dans le temple, et dont les cendres étaient distribuées aux Israélites les plus éloignés.

Les peuples profanes distinguaient les purifications en générales et particulières, et les unes et les autres en ordinaires et extraordinaires. Les *purifications générales ordinaires* avaient lieu lorsque dans une assemblée, avant quelque acte de religion, et surtout avant les sacrifices, un prêtre ou toute autre personne, après avoir trempé une branche de laurier ou des tiges des verveine dans l'eau lustrale, en faisait aspersion sur le peuple, autour duquel il tournait trois fois. Les *purifications générales extraordinaires* avaient lieu dans les temps de peste, de famine ou de quelque autre calamité publique. Elles étaient souvent barbares, surtout chez les Grecs. On choisissait dans une ville l'habitant le plus hideux et le plus difforme; on le conduisait, dans un grand appareil lugubre, au lieu du sacrifice, et là, après diverses pratiques superstitieuses, on l'immolait, on le brûlait, on jetait ses cendres dans la mer. Les *purifications particulières ordinaires* étaient extrêmement communes; elles ne consistaient qu'à se laver les mains avant quelque acte de religion, avec de l'eau commune, quand cet acte s'accomplissait en particulier; avec de l'eau lustrale, à l'entrée des temples et avant les sacrifices. Il y en avait qui ne se contentaient pas de se laver les mains, ils croyaient acquérir une plus grande pureté en étendant l'aspersion jusque sur la tête, les pieds, quelquefois sur tout le corps, et même sur les habits. C'est à quoi étaient surtout obligés les prêtres. Avant de pouvoir remplir les fonctions de leur ministère, ils étaient tenus d'observer des pratiques austères pendant plusieurs jours, d'éviter toute sorte d'impureté, de se priver même des plaisirs permis. Pour les grands dieux, l'aspersion devait être répétée trois fois; pour les divinités infernales, une seule suffisait. Les *purifications particulières extraordinaires* avaient lieu pour ceux qui avaient commis quelque grand crime, homicide, adultère, inceste, etc. Le coupable ne pouvait se purifier lui-même; il était obligé d'avoir recours à des prêtres appelés *pharmaques*, qui faisaient sur lui des aspersions de sang, le frottaient avec de l'oignon, et lui passaient au cou un collier de figues. Il ne pouvait revenir au temple ni assister à aucun sacrifice que le *pharmaque* ne l'eût déclaré purifié. Chez certains peuples, on était tenu de se purifier après s'être approché d'un étranger, après avoir respiré son haleine, après avoir mangé avec lui. La matière la plus généralement employée dans les purifications ordinaires était l'eau commune, celle de la mer préférablement à toute autre, et, à défaut seulement, celle de rivière ou de fontaine. On avait soin d'y jeter du sel, quelquefois du soufre. On consacrait cette eau en plongeant un flambeau tiré de l'autel dans le vase, *perirhanterium*, qui la contenait. On faisait aussi des purifications avec de la cendre, le sang des victimes, de la salive, du miel, de l'orge, du feu, des flambeaux, des plantes odoriférantes.

Chez les chrétiens, la purification est l'action que le prêtre accomplit à la messe lorsqu'après avoir pris le sang de Notre-Seigneur, immédiatement avant l'ablution, il verse du vin dans le calice. On appelle *purificatoire* le linge dont il se sert pour essuyer le calice après la communion.

PURIFICATION DE LA VIERGE, fête que l'Église catholique solennise le 2 février, et que le peuple appelle communément *la Chandeleur*, parce qu'il porte ce jour-là dans l'église des cierges bénits. C'est la célébration du jour où Marie vint offrir au Seigneur l'Enfant-Jésus dans le temple de Jérusalem, selon la loi de Moïse, quarante jours après sa naissance, et présenta pour sa purification deux tourterelles ou deux pigeons, comme les pauvres femmes. Les Grecs nomment cette fête *Hypapante*, c'est-à-dire rencontre, parce que le vieillard Siméon et la prophétesse Anne se rencontrèrent ce jour-là dans le temple avec Marie. Quelques écrivains en attribuent l'institution au pape Gélase, qui vivait en 492. Il l'aurait substituée, disent-ils, aux lustrations que les Romains célébraient au commencement de février en l'honneur de la déesse Februa, et aux courses nocturnes qui avaient lieu vers la même époque, avec des flambeaux, pour honorer Cérès, qui avait longtemps cherché sa fille. Le pontife aurait voulu, par l'esprit chrétien de la *purification*, détourner le peuple de ces fêtes païennes. Mais cette solennité est beaucoup plus ancienne, puisque saint Grégoire de Nysse, mort en 396, a fait un sermon de *Occursu Domini*, dans lequel il dit positivement qu'on célèbre à cette époque le jour où le Sauveur et sa mère allèrent au temple, et y portèrent la victime prescrite par la loi. Il existe un magnifique tableau de *La Purification* par Rubens.

PURIM, nom d'une fête juive qui se célèbre le 14 et le 15 du mois d'adar (répondant en partie à notre mois de février); fête de réjouissance en commémoration des dangers dont, suivant le Livre d'Esther, les Juifs étaient menacés par Aman, et dont ils furent préservés par Esther et Mardochée. Aussi l'appelle-t-on également *Fête d'Aman* ou *Fête de Mardochée*. La veille on jeûne, en souvenir du jeûne d'Esther et de Mardochée; mais le jour même la synagogue est brillamment éclairée. Il est donné lecture du Livre d'Esther et du passage où il est fait mention de la lapidation d'Aman.

PURISME, PURISTE. L'affectation en toutes choses est la ridicule singerie de la grâce. Cette manie, ce travers d'esprit, quand il a pour objet la pureté minutieuse du langage, se nomme *purisme*, et ceux qui en sont atteints sont des *puristes*. Il est sans doute louable de s'attacher raisonnablement à n'employer, soit en parlant, soit en écrivant, que des expressions convenables, que des phrases conformes aux règles de la syntaxe. Mais si l'on pèse puérilement tous ses mots les uns après les autres, si l'on se constitue censeur impitoyable de tous les termes qui se croisent dans un entretien, si l'on épilogue sur les moindres paroles, on tombe dans le *purisme*, maladie qui l'on aux idées; car l'attention exclusive qu'on donne aux mots doit nécessairement être préjudiciable aux opérations de l'esprit : aussi Voltaire dit-il que le *purisme* est toujours pauvre. Cela doit être une conséquence forcée de l'effroi des *puristes* pour toutes les hardiesses du langage, qui leur semblent autant de témérités presque sacrilèges. Le *puriste* est en général plus scandalisé d'un terme impropre que d'un raisonnement faux; il regarde comme rien le défaut de sens commun, et ne saurait pardonner un solécisme; il chasserait volontiers se servante, comme Philaminte des *Femmes savantes* :

A cause qu'elle manque à parler Vaugelas.

Il s'écrierait aussi, pour justifier cette mesure de rigueur :

Elle a d'une insolence à nulle autre pareille,
Après trente leçons, insulté mon oreille
Par l'impropriété d'un mot sauvage et bas,
Qu'en termes décisifs condamne Vaugelas.

Voilà le *puriste* dans toute la ferveur de sa dévotion grammaticale; il est relativement au langage ce que le pédant est par rapport à la science! « Ces sortes de gens, dit La Bruyère en parlant de ceux qui affectent sans cesse une excessive pureté de langage, ont une fade attention à ce qu'ils disent, et l'on souffre avec eux, dans la conversation et de tout le travail de leur esprit; ils sont comme pétris de phrases et de petits tours d'expression, concertés dans leurs gestes et dans tout leur maintien; ils ne hasardent pas le moindre mot, quand il devrait faire le plus bel effet du monde; rien d'heureux ne leur échappe; rien chez eux ne coule de source et avec liberté; ils parlent proprement et ennuyeusement : ils sont *puristes*. » CHAMPAGNAC.

PURITAINS. C'est ainsi qu'on appelle en Angleterre depuis la réformation ceux des protestants qui s'efforcèrent de reconstituer l'Église dans toute la simplicité et la pureté (*puritas*) de la parole de Dieu, indépendamment de toute autorité et sanction humaine. C'est le despotisme avec lequel les rois prétendaient exploiter à leur profit la réformation en créant la haute Église ou Église épiscopale (*voyez* ANGLICANE [Église]), qui éveilla leur zèle. L'opposition puritaine en Écosse et en Angleterre eut une part essentielle au développement de la révolution politique sous Charles Ier. La constitution ecclésiastique désirée par les puritains modérés était la constitution presbytériale; d'où le surnom de *presbytériens*, qu'on leur donna.

PURKINJE (Vésicule de). *Voyez* BLASTOCYSTE. Elle a reçu ce nom en l'honneur du célèbre physiologiste M. Jean-Evangelista PURKINJE (né en 1787, à Leitmeritz, en Bohême), aujourd'hui professeur de physiologie à l'université de Prague, dont les beaux travaux n'ont pas peu contribué à en faire mieux connaître le rôle dans l'économie animale.

PURPURINE, matière colorante rose qu'on extrait de la garance, et qu'il ne faut pas confondre avec l'*alizarine*, qui est rouge, ni le *xanthène*, qui est jaune.

PUR SANG (Chevaux). *Voyez* CHEVAL, tome V, page 421.

PUS (du grec πύον ou πύος). On appelle ainsi le produit de la suppuration, l'un des modes particuliers par lesquels se termine quelquefois l'inflammation. Quand l'inflammation affecte le tissu cellulaire et qu'elle aboutit à ce mode de terminaison, le pus est opaque, d'un blanc jaunâtre et de la consistance de la crème. Si les autres tissus viennent à être attaqués par l'inflammation, on observe également de grandes altérations dans les liquides qu'ils sécrètent à l'état normal. Tout en se rapprochant du pus, les sécrétions n'en conservent pas moins des caractères spéciaux.

PUSCHKIN. *Voyez* POUSCHKINE.

PUSÉYSME. On désigne sous ce nom une certaine tendance, que l'on remarque depuis peu dans l'Église anglicane, à se rapprocher des doctrines du catholicisme. *Édouard* Pusey, né en 1800, chanoine de l'église du Christ et professeur de langue hébraïque à Oxford, a donné son nom à cette réaction, qui s'est manifestée sous la forme d'une nouvelle école théologique, et dont il a été le promoteur. A partir de 1833, il a publié en collaboration avec ses collègues Palmer, Newman, Oakley, Ward, Bowden, Thorndike, Keble, Perceval, etc., une série d'essais ou de traités (*Tracts for the times*) où le protestantisme anglais est vivement attaqué, en même temps qu'on y prêche le retour à l'antique et véritable Église apostolique. Pusey et ses partisans insistent sur le respect dû à la tradition. Ils prétendent que les prêtres seuls sont en état d'expliquer la Bible, et attribuent d'origine des sectes si nombreuses qui divisent l'Angleterre à la liberté laissée aux laïcs de lire la Bible. Ils attachent une importance toute particulière à la succession apostolique des évêques. A leurs yeux il n'y a de salut possible que dans une Église dont le clergé peut faire remonter son ordination en succession non interrompue jusqu'aux apôtres. C'est l'imposition des mains qui confère à l'évêque le Saint-Esprit et le pouvoir de le communiquer à son tour. Ils rejettent en outre la suprématie de la puissance temporelle en matière de foi; suivant eux, ce n'est pas le sermon qu'il faut considérer comme la partie essentielle du culte, mais la distribution des sacrements aux fidèles et les prières faites par les prêtres. Ils vont même jusqu'à faire entendre que le rétablissement de la messe, l'introduction de la pénitence, du jeûne et de la confession auriculaire seraient choses désirables. C'est là ce que les puséystes appellent la restauration des vrais principes de l'Église; or, une fois sur cette pente, ils ne se sont point arrêtés en chemin. Ils ont donc nié la justification par la foi, loué le mérite des bonnes œuvres, et déclaré qu'il existe des degrés dans la grâce intérieure, de même qu'un purgatoire. Enfin, Newman publia, dans le courant de 1841, sous le titre de *Remarks on certain passages of the thirty nine articles*, le nº 90 des essais ou *tracts*. Il y attaquait particulièrement le principal symbole de l'Église anglicane, qui se compose de trente-neuf articles de foi arrêtés et rédigés sous le règne d'Élisabeth, disant franchement et hautement qu'il fallait que l'Église anglicane se réconciliât avec l'Église de Rome. Cet écrit provoqua de nombreuses réfutations de la part des défenseurs de l'Église établie; réfutations suivies de plus nombreuses répliques, faites soit par des puséystes, soit par des prêtres catholiques. L'évêque d'Oxford, contre ces coups si directs portés au protestantisme par des ecclésiastiques de son clergé, ne prit d'autre mesure que celle d'interdire la continuation de la publication des *Tracts for the times*. Par contre, les nouvelles doctrines n'en firent que plus de prosélytes parmi les prêtres, les professeurs, et les étudiants en théologie d'Oxford, de même que dans une partie du clergé anglican. On enseigna hautement la nécessité d'une réconciliation avec Rome; on recommanda l'invocation des saints, on attribua à la vierge Marie un caractère d'intermédiaire entre la Divinité et les hommes; on exalta le célibat, le système monacal; et ces doctrines trouvèrent de l'écho dans les chaires. La liturgie anglicane fut ramenée aussi près que possible de la messe des catholiques, par l'introduction de l'antique cérémonial. Non-seulement la partie éclairée de la classe moyenne se prononça contre les tentatives de retour au catholicisme; mais les basses classes les repoussèrent de la manière la moins équivoque, quoique l'on se fût flatté de les gagner à ces innovations, en leur promettant de nombreux chômages, par suite de l'introduction de plusieurs jours fériés de plus. Chacun pensait que les puséystes en viendraient à renier ouvertement l'Église anglicane, et à se jeter dans les bras du catholicisme. On se trompait. Les puséystes soutinrent opiniâtrément, et à diverses reprises, que les doctrines et les formules liturgiques de l'Église anglicane n'étaient nullement anti-apostoliques, mais seulement *incomplètes*. Sous ce prétexte, les professeurs et les étudiants en théologie n'hésitèrent pas à souscrire les trente-neuf articles. Le bruit que le docteur Pusey avait embrassé le catholicisme acquit beaucoup de vraisemblance quand on vit, en 1843, ce ministre de l'Église anglicane défendre dans un sermon la doctrine de la transsubstantiation dans le même sens que l'Église catholique. Une commission instituée par l'université d'Oxford fut chargée d'examiner ce sermon ; et cette commission se prononça par une décision qui privait pour deux ans le docteur Pusey du droit de prêcher dans l'étendue de la juridiction de l'université. Depuis cette époque, plusieurs puséystes ont formellement fait abjuration du protestantisme et embrassé le parti catholique ; ce qui a amené, à diverses reprises, des condamnations solennelles prononcées par l'université contre les nouveaux convertis. L'évêque d'Exeter, Philpots, montra, lui aussi, des tendances puséystes, et s'efforça tout au moins d'introduire l'usage des anciennes chapes. Mais le peuple, en présence de ces innovations, manifesta des dispositions tellement hostiles qu'il fallut y renoncer dès le mois de janvier 1845. A la même époque, l'université d'Oxford se décida enfin à condamner, mais seulement à une faible majorité, l'ouvrage de Ward intitulé *Idéal de l'Église*, dans lequel l'auteur traitait la justification par la foi d'hérésie condamnable, pestilentielle et lothérienne. Cette condamnation décida un grand nombre de puséystes à faire ouvertement profession de soumission à l'Église de Rome. Déjà Oakley, Ward, Wingfield et autres avaient abjuré le protestantisme, lorsque Newman, le plus habile et le plus important des disciples de Pusey, l'abjura solennellement aussi à son tour, et fut ordonné prêtre catholique romain. Quant à Pusey, effrayé, à ce qu'il paraît, des conséquences de ses doctrines, il persista, extérieurement du moins, à rester en communion avec l'Église anglicane; et dans une lettre à l'évêque de Londres il chercha à se justifier de l'accusation de cryptocatholicisme. Beaucoup de ses partisans imitèrent son exemple, quoique les plus résolus, ou peut-être bien les plus sincères, continuassent à embrasser publiquement le catholicisme. Dans le nombre on remarquait beaucoup d'ecclésiastiques de distinction, comme l'archidiacre Manning et le docteur Wilberforce, frère de l'évêque d'Oxford. Bientôt ce qu'on appela l'*agression papale* (l'organisation d'un certain nombre d'églises catholiques en Angleterre) ne fit qu'augmenter dans les masses l'énergie de leur répulsion instinctive pour le système catholique. Les puséystes n'en persistèrent pas moins dans leurs doctrines, tout en apportant plus de réserve à les propager. Dans son diocèse l'évêque Philpots fonda un véritable couvent de religieuses protestantes, et persécuta les membres de son clergé qui ne pensaient pas comme lui, sans se soucier de l'intervention du primat ni d'un blâme formel dont le frappa le collège d'Oxford. L'affaire du curé Bennett, destitué par l'évêque de Londres en raison de ses tendances catholiques , et pourvu tout aussitôt après par un autre évêque (celui de Bath et de Wells) de la cure, encore plus riche, de Frome, causa bien autrement de scandale ; et ce fut en vain que les paroissiens de cette localité en appelèrent au parlement contre une telle nomination. Plusieurs hommes d'État haut placés, tels que Gladstone, Herbert et le duc de New-Castle, ne dissimulaient point leur sympathie pour le puséysme, dont les partisans font maintenant cause commune avec ceux de la haute Église pour arriver à rendre l'Église indépendante du pouvoir temporel. Le puséysme est donc resté un élément de fermentation dans la haute Église, et il y a tout lieu de craindre qu'il ne finisse quelque jour par l'absorber tout entière.

PUSILLANIMITÉ, excessive timidité, manque de courage, faiblesse, lâcheté.

PUSTULE (du latin *pustula*, dérivé du grec φῦσα, vessie, tumeur, enflure). On appelle ainsi une saillie de l'épiderme provoquée par un amas de *pus*, qui ne tarde pas à se transformer en eschare plus ou moins épaisse et dure. Plus souvent on a donné le nom de *pustule* à tout soulèvement de la peau, soit qu'il contînt du pus ou toute autre matière liquide, soit qu'il fût solide. Les pustules constituent d'ailleurs le caractère fondamental de plusieurs affections de la peau. On en voit dans la petite vérole, la rougeole, la gale, le pourpre, les tubercules vénériens, etc.

On appelle *pustule maligne* ou *charbon* une phlegmasie gangréneuse d'une nature contagieuse et très-grave, dont les principaux caractères consistent en une tumeur dure, circonscrite, surmontée dès son origine d'une vésicule séreuse à base livide, et qui se parsème ensuite de phlycténes remplies de sérosité roussâtre.

PUTBUS (Les princes et les comtes de). Cette famille est une branche collatérale des anciens princes souverains de l'île de Rugen. Elle descend de Borante, qui, en l'an 1249, acquit le château de Podebusk ou Putbus, dont il prit le nom, avec quinze villages, la presqu'île de *Jasmund* et plusieurs autres grandes terres. Sa descendance se divisa, à partir de l'an 1483, en ligne danoise et en ligne rugienne. Cette dernière s'éteignit en 1704. La ligne danoise, qui hérita de ses possessions, fut élevée en 1727 au rang de comtes de l'Empire, et obtint en 1731 le même titre en Suède. En 1807 le roi de Suède promut le comte Guillaume-Malte de Putbus et sa descendance mâle, par ordre de primogéniture, aux rang et titre de princes suédois ; dignité qui lui fut confirmée par le roi de Prusse en 1815, lorsque la Poméranie suédoise fut attribuée à la Prusse. Ce souverain accorda en outre aux princes de Putbus la qualification d'*altesse*. Le chef actuel de cette maison est le même prince *Guillaume-Malte*, né le 1ᵉʳ août 1783.

Le bourg de PUTBUS, où se trouve un magnifique château, reçoit en été un grand nombre de visiteurs, qui viennent y prendre les bains de mer.

PUTIPHAR, un des principaux officiers de la cour de Pharaon, était, selon la Vulgate, général en chef de ses troupes, mais, selon le texte hébreu, chef de ses cuisiniers. Il fut le maître de Joseph, que ses frères avaient vendu, et le plaça comme intendant à la tête de sa maison ; mais ensuite il le fit jeter en prison sur les fausses accusations de sa femme, qui, n'ayant pu séduire le jeune Israélite, imagina de l'accuser d'une tentative de séduction sur sa personne.

PUTOIS, genre de mammifères carnassiers de la famille des carnivores, tribu des digitigrades, comprenant le *furet*, la *belette*, l'*hermine*, etc. Ce sont des animaux nocturnes, que l'on trouve dans toutes les parties du monde, et les plus sanguinaires des carnassiers. On peut dire que c'est de sang plutôt que de chair qu'ils se montrent avides. Si leur force répondait à la férocité de leur naturel, ils seraient extrêmement redoutables. Leurs formes minces et allongées leur permettent de passer par les moindres ouvertures ; et on les rencontre le plus souvent rôdant autour des habitations et cherchant à s'introduire dans les basses-cours, où ils ne pénètrent jamais qu'en faisant un affreux carnage de leurs paisibles habitants. Le *putois commun*, dont la taille est d'environ 30 centimètres, et qui est le plus grand de l'espèce, remarquable par son pelage brun en dessus, fauve sur les flancs et en dessous, et par son museau blanc, s'établit en été dans les terriers des lapins et dans les vieux troncs d'arbres ; en hiver, dans les recoins les plus reculés des fermes et métairies pour lesquelles il est un redoutable ennemi. On utilise la fourrure de ces animaux ; mais elle retient malheureusement quelquefois de cette odeur désagréable qu'ils répandent, et qui leur a fait donner le nom qu'ils portent.

PUTRÉFACTION (du latin *putrefactio*, fait de *putreo*, je pourris). On donne ce nom à la décomposition qu'éprouvent les corps organiques sous certaines conditions quand ils ont perdu la vie. Cette décomposition donne lieu à de nouvelles substances et à des gaz d'une fétidité remarquable. Le résidu porte le nom de *terreau*. Il est des chimistes qui réservent le nom de *putréfaction* à la décomposition des substances animales, et celle de *fermentation putride* à la décomposition des substances végétales. Cependant, dans les uns comme dans les autres, ce sont les affinités chimiques qui opèrent la décomposition des principes immédiats dont la formation avait eu lieu sous l'influence de la vie : ainsi, la nature de ce phénomène paraît être identique.

La putréfaction se développe plus vite dans les substances animales, et parcourt avec plus de rapidité ses diverses périodes. Si elles sont solides, elles commencent par se ramollir, deviennent bleuâtres, et donnent un liquide diversement coloré. Insensiblement, la matière se boursoufle, se dissout, s'affaisse, prend une couleur plus foncée, diminue de volume par l'évaporation des liquides et le dégagement des gaz qui se produisent, et le terreau animal est le dernier degré de décomposition. Les liquides animaux ne se putréfiant se troublent et déposent une infinité de flocons. Leurs couleurs varient à l'infini, et il se développe les mêmes odeurs et les mêmes gaz. Quant aux parties molles, elles se convertissent en une espèce de matière gélatineuse, putride, qui se boursoufle, et présente les mêmes phénomènes que les substances animales solides. Il est bon de faire observer que, quoique presque toutes les matières animales donnent par la putréfaction les mêmes produits, elles ne suivent pas exactement les mêmes lois et n'offrent pas des phénomènes tous analogues ; ils sont souvent dépendants de la quantité différente de leurs principes et de leur nature.

La putréfaction ne saurait avoir lieu sous l'influence de la vie : aussi est-elle le cachet indubitable de la mort ; rigoureusement parlant, seule elle en est le signe caractéristique. Une température de 10 à 15°, le contact de l'air et un peu d'humidité, favorisent la putréfaction ; lorsque l'humidité est trop grande, elle s'y oppose. En effet, les corps plongés dans l'eau ou enfouis dans un terrain humide tournent au gras, et l'on sait que dans les terres très-sèches les cadavres ne se putréfient qu'après un temps considérable.

Les produits gazeux de la putréfaction sont le gaz hydrogène carboné, et quelquefois phosphoré ; l'azote, l'acide hydrosulfurique, l'ammoniaque, l'acide carbonique, l'eau, l'acétate et le carbonate d'ammoniaque.

Le *terreau animal* donne à l'analyse chimique, outre divers sels alcalins et terreux, une substance grasse charbonneuse, une huile roussâtre, des phosphates salis par le carbone, etc. Le terreau animal ainsi que le *terreau végétal* jouissent de la propriété d'absorber l'oxygène atmosphérique.

On peut préserver les substances animales de la putréfaction en les tenant dans le vide, par leur dessication, par l'alcool concentré, les acides affaiblis, les solutions de deutochlorure de mercure, de persulfate de fer, de sel marin, d'alun, d'arsenic, et d'un très-grand nombre de substances salines. L'infusion de moutarde noire, l'ail pilé, les végétaux aromatiques et leurs excrétions et leurs produits sont aussi un fort bon moyen.   JULIA DE FONTENELLE.

PUTRIDE (du latin *putridus*, fait de *putreo*, je pourris). Ce mot, qui paraît synonyme de *corrompu*, s'applique aux odeurs qui paraissent semblables à celles qui sont le produit de la p u t r é f a c t i o n. Les humoristes donnaient également ce nom à un ordre de fièvres dont ils attribuaient la cause à la corruption des humeurs, par la seule raison que l'haleine et les excrétions du malade répandaient une odeur fétide. (*voyez* GASTRO-ENTÉRITE).

PUTRIDE (Mer), le *Mare Putridum* des anciens, appelée aussi par les habitants du littoral *mer Paresseuse* et *mer Pourrie*, partie sud-ouest du *Palus Mæotis*, ainsi dénommée à cause des miasmes délétères qu'exhalent ses eaux, basses et fangeuses pendant la plus grande partie de l'année (*voyez* AZOF).

PUTRIDITÉ. C'est ainsi qu'on désigne l'état dans lequel se trouvent quelques parties d'un corps vivant se putréfiant les unes sur les autres, comme dans la g a n g r è n e, certains u l c è r e s, etc., et donnent lieu à des combinaisons nouvelles et à des odeurs que l'on pourrait comparer, jusqu'à un certain point, avec celles qui sont le produit de la p u t r é f a c t i o n des corps morts.

PUTRILAGE. Ce nom est employé souvent pour désigner la matière putacée qui se forme dans certaines affections gangréneuses, dans certains ulcères et autres plaies de mauvaise nature qui paraissent être en proie à la p u t r é f a c t i o n.   JULIA DE FONTENELLE.

PUY (LE), ville de France, chef-lieu du département de la Haute-Loire, sur la Borne et la Dolaison, non loin de la rive gauche de la Loire, avec 15,723 habitants, un évêché suffragant de Bourges, grand et petit séminaire, des tribunaux de première instance et de commerce, un lycée, une école normale primaire, deux pensionnats de garçons et trois de filles, un établissement de sourds-muets, une bibliothèque publique de 8,000 volumes, une bibliothèque populaire de 1,500 volumes, un musée de tableaux, statues et antiquités, un cabinet d'histoire naturelle, une pépinière départementale, une société d'agriculture, sciences et arts, et de commerce ; un journal politique, quatre typographies, une caisse d'épargne, un hôpital général avec des loges pour les aliénés, des hospices et bureaux de bienfaisance, etc. Sa principale industrie consiste dans la fabrication de dentelles et de blondes communes, qui occupe les femmes de la ville et des environs. Il y a aussi des brasseries, une filature de laine, une fabrique d'étoffes, des tanneries et deux fonderies de pots, marmites, cloches et sonnettes de toutes dimensions. L'aspect du Puy est toujours pittoresque, de quelque côté qu'on y arrive. Bâti sur les pentes de la montagne d'Anis, dont la base est baignée par la petite rivière de Borne, affluent de la Loire, il étale en amphithéâtre ses maisons blanches couvertes de tuiles rouges, et sa cathédrale aux formes lourdes, au-dessus de laquelle se dresse la crête déchirée du rocher vertical de Corneille, où l'on aperçoit encore quelques restes du vieux château. Mais il s'en faut bien que l'intérieur de la ville réponde à l'extérieur. Des rues étroites et mal percées, pavées en lave, inaccessibles aux voitures, fatigantes pour les piétons; des maisons noires, au milieu desquelles on découvre avec peine ses quelques édifices publics : voilà le Puy. Le principal de ces édifices, la cathédrale, ne se recommande que par la hardiesse de sa construction, sa bizarrerie et son effet pittoresque : ce n'est à proprement parler qu'une grande chapelle. On y pénètre par un escalier de cent dix-huit marches, recouvert d'une immense voûte, et qui avant la restauration conduisait au milieu de l'édifice même; aujourd'hui il aboutit à deux portes latérales. La façade, qui est ce que l'édifice a de plus remarquable, tant par l'espèce de mosaïque dont elle est ornée que par son portail, n'offre du reste aucun caractère déterminé ; elle tient également du roman et du gothique, et présente quatre ordonnances de colonnes avec des portiques dont les arcs sont à plein cintre. L'intérieur est divisé en trois nefs, basses et lourdes, soutenues par de gros piliers. Le maître-autel, en marbre de diverses couleurs, l'orgue et la chaire, chargés de sculptures, sont fort beaux. Le clocher est isolé, carré, et se termine en pyramide. Cette église a joui d'une grande célébrité, qu'elle devait à son image miraculeuse, connue sous le nom de *Notre-Dame du Puy*. Cette statue, apportée d'Orient par des moines, au huitième siècle, sur un rocher des Cévennes, qui devint aussitôt un lieu de pèlerinage, fut la cause de la fondation de la ville du Puy. Longtemps on l'a crue en basalte; mais on a reconnu qu'elle était taillée dans un morceau de bois de cèdre. Son statue est celle des divinités égyptiennes assises ; elle tient sur son giron l'Enfant-Jésus. L'ensemble de la Vierge est enveloppé de la tête aux pieds d'une toile assez fine, très-soigneusement et très-solidement collée sur le bois, à la manière des momies ; le visage de la mère et de l'enfant, les pieds et les mains, en sont également entourés. C'est sur ces toiles qu'on a d'abord jeté une couche de blanc à la gouache, sur laquelle on a peint à la détrempe les draperies et les ornements. Faujas de Saint-Fond présume que cette statue est l'ouvrage des premiers chrétiens du Liban, qui prirent pour modèle les statues égyptiennes d'Isis. Les autres monuments qui décorent la ville du Puy sont l'église de Saint-Laurent, où se trouvent les cendres du connétable Duguesclin ; l'église du collége, ornée d'une jolie façade, et le séminaire, qui a des jardins agréables. Une espèce de boulevard embrasse en demi-cercle le bas de la ville et conduit à la promenade du Breuil, sur laquelle s'élève la préfecture, édifice d'un bon style. Près et hors de la ville, on va voir le rocher de l'Aiguille, d'une élévation de 90 mètres, lequel se termine par le clocher gothique d'une chapelle, qui lui donne l'aspect d'un obélisque. A 2 kilomètres de là est un autre rocher, fort curieux, celui de Polignac; et à un kilomètre de la ville, un groupe de prismes basaltiques, auquel quelques écrivains ont donné le nom d'*Orgues d'Expailly*. Le Puy était avant la révolution la capitale du Velay. Un titre authentique de 924 ne lui donne encore que le titre de bourg. Toutefois, la ville de *Ruissium*, siège d'un évêque, située dans le voisinage, ayant été détruite, le nouveau village devint résidence épiscopale, et ne tarda pas à s'agrandir. On l'entoura de murailles, on y bâtit un château fort, et au quinzième siècle c'était l'une des principales villes du Languedoc. Cent ans après elle avait dix portes et une population beaucoup plus forte qu'aujourd'hui.

Oscar MAC CARTHY.

PUYCERDA, ville forte d'Espagne, dans la Catalogne, à 2 kilomètres de la frontière de France. Autrefois capitale de la Cerdagne, on y compte environ 3,000 habitants.

PUY-DE-DÔME, montagne qui a donné son nom à un des départements du centre de la France. Cette montagne, dont la hauteur au-dessus du niveau de la mer est de 1,468 mètres 68 centimètres, et au-dessus de la Limagne d'Auvergne de 1,100 mètres, domine une très-vaste étendue de pays. Elle est formée d'une espèce de roche volcanique blanche, à laquelle le savant de Buch a donné le nom de *domite*.

PUY-DE-DÔME (Département du). Formé de la partie septentrionale de l'Auvergne, il est bordé au nord par le département de l'Allier, par celui de la Loire à l'est, ceux de la Haute-Loire et du Cantal au sud, et ceux de la Corrèze et de la Creuse à l'ouest. Divisé en 5 arrondissements, 50 cantons, 443 communes, il compte une population de 596,897 habitants, envoie six députés au corps législatif, est compris dans la vingtième division militaire, forme le diocèse de Clermont, suffragant de Bourges, et fait partie du ressort de la cour impériale de Riom et de l'académie de Clermont. Sa superficie est de 800,679 hectares, dont 336,339 en terres labourables ; 192,112 en landes, pâtis bruyères ; 90,131 en prés; 82, 389 en bois ; 29,152 en vignes ; 4,627 en vergers, pépinières et jardins ; 3,013 en propriétés bâties ; 1,300 en oseraies, aulnaies, saussaies ; 1,168 en étangs et mares ; 18,939 en routes, chemins , places publiques, rues ; 5,208 en rivières, lacs, ruisseaux ; 1,963 en forêts, domaines non productifs, etc., etc. Il paye 2,376,985 francs d'impôt foncier en principal.

Il doit son nom à la montagne du Puy-de-Dôme. A l'exception d'une vaste plaine ondulesse, connue sous le nom de *Limagne*, le département du Puy-de-Dôme a une surface des plus inégales. Quatre rivières, l'Allier, la Dordogne, la Sioule et la Dore, ont creusé leur lit dans des terrains différents, et les nombreux ruisseaux tributaires de ces rivières ont raviné le sol dans toutes les directions. La chaîne granitique des montagnes du Forez le ferme à l'est. Deux autres chaînes de montagnes volcaniques traversent sa partie méridionale; celle des monts Dômes, formée de plus de soixante volcans modernes, avec leurs cratères et leurs courants de laves, a pour centre le Puy-de-Dôme. Cette chaîne occupe une surface de plus de 8 myr., sans comprendre le vaste terrain couvert de laves et de scories qui en sont sorties. Elle commence au Puy-de-Chalard, au nord de Riom, et finit au Puy-de-Monteynard. L'autre chaîne, celle des monts Dores, dont le point culminant, le pic de Sancy, à 1,887 mètres au-dessus du niveau de la mer, est le point le plus élevé du centre de la France. On se fait difficilement une idée de l'étendue de la vue dont on jouit du haut de ce pic : on y aperçoit les Alpes. La Dordogne y prend sa source. Cette chaîne des monts Dores présente un grand nombre de sources minérales, celles des Bains de la Bourboule et de saint Nectaire ; on y voit aussi beaucoup de belles cascades et beaucoup de lacs, dont les plus remarquables sont ceux de *Pavin*, *Chambon*, *Chauvet*, *Guéry*, *Lagodivella*, etc. La *Limagne* est un terroir des plus fertiles et des mieux cultivés. Son étendue est d'au moins 240 kilomètres carrés ; elle est traversée en ligne droite, du sud au nord, par l'Allier, et coupée par un nombre infini de ruisseaux, qui arrosent des prés-vergers d'un grand produit. Ses riants coteaux, et même beaucoup de parties de la plaine, sont couverts de vignobles; certains cantons, tels que Carant, Chanturgue, Monton, etc., donnent du vin estimé. Le climat est très-variable dans ce département : les changements de température y sont très-brusques. La neige couvre la haute montagne pendant six à sept mois, d'octobre en avril. Le froid est infiniment moins rigoureux dans la Limagne.

En été la chaleur y est très-grande. Le pays montagneux est exposé à des orages terribles : on peut comparer les *tourmentes*, qui y durent plusieurs jours en hiver, à celles des montagnes de la Norwége. Les principales productions du département sont les grains, le vin, le chanvre, les fruits, les fromages, les bois de construction et de mâture, la houille, les bestiaux, la petite mercerie, les confitures et les fruits secs, qui sont très-estimés. On y exploite des mines d'argent, de plomb, d'antimoine, de fer, des carrières de belles pierres de taille pour les arts et les constructions. On y compte beaucoup de fabriques de sucre de betterave et un grand nombre de fabriques de produits industriels, papeterie, coutellerie renommée, fruits confits et pâtes d'abricots fort estimés, pâtes d'Italie perfectionnées, quincaillerie, clouterie, tréfilerie, clous d'épingle, faïence, poterie grossière, poterie réfractaire, briques, tuiles, chaux, plâtre, toile et fil de chanvre pour toile à voiles, dentelle, blonde, tannerie, corroierie, scierie mécanique, bois de construction et de mâture, huile de noix; fromages dits de Roche, du mont Dore et du Cantal; colle-forte, suif, lainages légers, camelots, petite mercerie, filatures en caoutchouc, construction de bateaux. Un chemin de fer, celui du Grand-Central, sept routes impériales, neuf routes départementales et un grand nombre de chemins vicinaux sillonnent ce département, dont le chef-lieu est *Clermont-Ferrand*; les villes et endroits principaux : *Ambert*, chef-lieu d'arrondissement avec des tribunaux civils et de commerce, une chambre consultative des arts et manufactures, une chambre consultative d'agriculture, et 7,571 habitants. C'est une petite ville, agréablement située, au pied des montagnes, près de la rive droite de la Dore. *Issoire*, chef-lieu d'arrondissement avec des tribunaux civils et de commerce, une chambre consultative d'agriculture et 5,889 habitants; ville ancienne, située dans une belle partie de la Limagne sur la Couze, près de son confluent avec l'Allier. C'est une station du Grand-Central ; *Riom*, *Thiers*, *Rochefort-Montagne*, *Saint-Nectaire*, *Aigueperse*, *Pongibaud*, *Rondan*, *Volvic*, bourg bâti sur une masse volcanique, etc.

PUYSÉGUR (Famille de Chastenet de), d'ancienne chevalerie, originaire du bas Armagnac, et dont la filiation remonte au delà du douzième siècle.

Bernard de Chastenet, seigneur de Puységur, gentilhomme de la chambre du roi de Navarre (Henri IV), fut honoré par lui d'une estime particulière, ainsi qu'en témoignent les lettres que ce prince lui écrivit en 1577, 1578, 1583 et 1585.

Jacques de Chastenet, seigneur de Puységur, vicomte de Buzancey, petit-fils du précédent et quatrième fils de Jean V de Chastenet, s'établit en Soissonnais, où il fonda l'aînée des deux branches de la famille de Puységur qui subsistent aujourd'hui. Né en 1600 et mort en 1682, il passa quarante-cinq ans de sa vie au service de l'État, sous les règnes de Louis XIII et de Louis XIV. Page d'abord du duc de Guise, il entra à dix-sept ans dans les gardes françaises, et servit ensuite dans le régiment de Piémont, dont il devint colonel. Lieutenant général en 1639, il commanda un moment l'armée française en 1648, en l'absence du maréchal de Rantzau.

Toujours fidèle à son maître et probe autant que fidèle, il refusa, à deux reprises différentes, 100,000 écus pour laisser évader les maréchaux d'Ornano et de Marillac, qui avaient été remis à sa garde, imité en cela par son frère, qui fut chargé de garder au château de Lectoure le maréchal de Montmorency, pris à la bataille de Castelnaudary. Puységur donna à ce moment une preuve de désintéressement qui mérite d'être citée. On sollicitait de toutes parts les biens confisqués des rebelles ; il demanda vivement ceux de d'Alzo, et les obtint à la condition de les vendre à son profit. Il les vendit effectivement, et à d'Alzo lui-même, mais ne voulut recevoir de lui pour tout prix de vente qu'une blanche levrette, satisfaisant ainsi de à l'engagement qu'il avait pris et à l'impérieuse voix de l'honneur.

Duchesne a publié en 1690 les *Mémoires* que Puységur avait écrits sur les événements dont il avait été témoin ; ils vont de l'année 1617 à l'année 1658, et forment 2 vol. in-12. Ils sont curieux, et M. Petitot les a compris dans sa Collection des Mémoires relatifs à l'Histoire de France. On a de lui également des *Instructions militaires*, qui ont été réimprimées avec ses Mémoires, en 1747.

Jacques-François de Chastenet, marquis de Puységur, fils du précédent, né en 1655, maréchal de France en 1734, chevalier des ordres du roi en 1739, mourut en 1745, âgé de quatre-vingt-huit ans. Les mémoires du temps s'accordent à le représenter comme un des hommes de guerre les plus expérimentés de son siècle ; et Saint-Simon, si peu prodigue d'éloges, n'en est point avare pour lui. Envoyé, sur la demande de son ami le marquis de Louville, en Espagne, il y contribua puissamment à la consolidation du trône chancelant du petit-fils de Louis XIV. Il est l'auteur des *Ordonnances de Philippe V* sur la formation et la discipline des armées espagnoles. Pendant la minorité de Louis XV, Puységur fut membre du conseil de la guerre.

On a de lui *L'Art de la Guerre*, ouvrage célèbre, dont les diverses parties avaient été écrites pour l'instruction du duc de Bourgogne et du roi Louis XV, et qui fut mis au jour par les soins de son fils (1748, in-folio, et 1749, in-4°). *L'Art de la Guerre* a été traduit en italien et en allemand en 1753. Le baron Trancire a publié un *Abrégé* en 1752 et un *Extrait* en 1758.

Jacques-François-Maxime de Chastenet, marquis de Puységur, fils du précédent, né en 1716, se distingua à la bataille de Fontenoy comme colonel du régiment du Vexin, en 1768, fut major de tranchée au siége de Gibraltar, colonel du régiment de Strasbourg en 1786, maréchal de camp commandant l'école d'artillerie de La Fère, et quitta le service en 1792. Séduit d'abord par les idées de réforme qui amenèrent la révolution, mais homme de mœurs essentiellement douces et d'un caractère aussi modéré que loyal, la direction politique haineuse des assemblées législatives le révolta, et il se retira dans sa terre de Buzancey, où il fut assez heureux pour donner asile pendant la terreur à plusieurs proscrits, entre autres à M. Fiévée, qui y composa *La Dot de Suzette*. Il fut pourtant emprisonné à Soissons, et ne dut sa délivrance qu'à la chute de Robespierre. Nommé maire de Soissons lors de l'établissement du consulat, il se démit de ces fonctions en 1806, et vécut dès lors dans la retraite, s'occupant exclusivement de recherches et d'écrits sur le magnétisme animal, dont il fut un des plus zélés adeptes, et au sujet duquel il écrivit de nombreux ouvrages. Dans sa jeunesse il avait composé un opuscule sur la question militaire, qui s'agitait alors, de *l'ordre profond* et de *l'ordre mince*. Il mit au jour également plusieurs comédies et vaudevilles, parmi lesquels nous citerons : *Les Jardiniers de Montreuil, ou le trébuchet*, et *L'Intérieur d'un Ménage républicain* (1794). En 1799 il donna à l'Odéon, *Le Juge bienfaisant*.

Le comte de Chastenet, frère puîné du précédent, né en 1752, entra fort jeune dans la marine, et ne tarda pas à se montrer intrépide navigateur et naturaliste studieux. Le Muséum d'Histoire naturelle lui est redevable de ses momies, qu'au péril de sa vie il alla arracher aux sépultures des Guanches, dans l'île de Ténériffe ; et la navigation, d'un ouvrage sur les *Débouquements de Saint-Domingue*, imprimé en 1787, ainsi que des cartes levées par lui des côtes de cette brillante colonie. Il prit part à la guerre d'Amérique, et se signala à l'attaque de Savannah, où il fut distingué par l'amiral d'Estaing. Émigré, il entra au service portugais en qualité de contre-amiral, rentra en France 1803, et vécut paisiblement dans la retraite, des faibles débris de sa fortune. Il mourut en 1809, dans son château de Beugny, en Touraine.

Maxime, comte DE PUYSÉGUR, frère des deux précédents, lieutenant général et gentilhomme de la chambre de Charles X, prit une part active à l'entrée du duc d'Angoulême à Bordeaux, le 12 mars 1814. Il mourut dans cette ville, en 1848, à l'âge de quatre-vingt-quatorze ans.

Jacques-Paul-Alexandre DE CHASTENET, marquis DE PUYSÉGUR, fils d'Amand-Marc-Jacques, entré au service en 1806, lieutenant-colonel de cavalerie démissionnaire en 1830, est auteur d'un ouvrage intitulé : *De l'Action divine sur les Événements humains*, et mourut en 1846. Il a laissé deux fils, dont l'aîné, *Jacques-Maurice*, aujourd'hui chef de la famille de Puységur, capitaine de cavalerie et gendre du maréchal de Saint-Arnaud, a accompagné son beau-père dans la guerre d'Orient, et est actuellement officier d'ordonnance de l'empereur. Le second, *Jacques-Gaspard-Maxime*, est enseigne de vaisseau.

Une branche cadette de la famille de Puységur s'est établie à Rabasteins, en Albigeois; elle a produit, entre autres hommes distingués, le comte *Pierre* DE PUYSÉGUR, lieutenant général et ministre de la guerre au commencement de la révolution, qui défendit les Tuileries avec le maréchal de Mailly le 10 août 1792; quand il quitta le ministère, l'Assemblée nationale déclara *qu'il emportait l'estime et les regrets de la nation*; il mourut en 1807; *Auguste* DE PUYSÉGUR, archevêque de Bourges, frère du précédent, fut député aux états généraux de 1789, et mourut dans la retraite; en 1805, le chevalier DE PUYSÉGUR, capitaine des gardes sous la Restauration, le comte *Gaspard* DE PUYSÉGUR, pair de France, mort en janvier 1848. Son neveu, le vicomte *Victor* DE PUYSÉGUR, représentant du peuple à l'Assemblée nationale de 1848 pour le département du Tarn, y vota contre la constitution, et y présenta une proposition, non adoptée, tendant à soumettre cette constitution à l'épreuve du suffrage universel.

PYDNA, ville de Macédoine, dans le golfe de Thermæ, appelée aujourd'hui *Ketros*, est célèbre dans l'histoire, par la bataille que Paul Émile livra sous ses murs en l'an 168 av. J.-C., et dans laquelle il battit complètement le roi de Macédoine Persée; victoire qui mit fin à la domination macédonienne.

PYGARGUE, genre d'oiseaux de proie de la famille des aquilidées, ayant pour caractères : Bec grand, presque droit, convexe en dessus, comprimé sur les côtés, convexe et acuminé à la pointe, fendu jusque sous les yeux ; narines grandes, lunulées, transversales; tarses courts, robustes, revêtus de plumes seulement à leur moitié supérieure; ongles arqués, aigus; ailes longues; queue courte, et généralement cunéiforme.

Moins valeureux, plus lourds, plus indolents que les aigles, les pygargues ont à peu près les mêmes mœurs qu'eux. La proie dont ils font leur principale nourriture leur a valu le nom *d'aigles pêcheurs*.

Le genre *pygargue* renferme un grand nombre d'espèces. On ne connaît en Europe que le *pygargue proprement dit* (*haliætus albicilla*, G. Cuv.), ou *orfraie*, et le *pygargue à tête blanche* (*haliætus leucocephalus*, G. Cuv.). La queue est blanche dans ces deux espèces, particularité d'où provient le nom du genre; le mot *pygargue* est en effet dérivé de deux mots grecs : πυγή, *lesse*, et ἀργός, *blanc*.

PYGMALION, roi de Tyr, est bien plus connu parce qu'il est frère de Didon, ou Elissa, que par le rôle que lui fait jouer l'histoire; d'autant plus que cette époque ne se montre à nos yeux qu'à travers un nuage de fables et de récits populaires recueillis plus ou moins fidèlement dans la suite. On croit savoir que Pygmalion mourut en l'an 827 avant J.-C., et qu'il régna quarante-sept ans, après avoir succédé à Matgen, à l'âge de onze ans. Josèphe nous a répété ces renseignements d'après Ménandre d'Éphèse, dont les écrits sont perdus. Pygmalion, qui semble être le type de tous les mythes sanglants de cette époque, convoitait les immenses richesses de Sichée, grand-prêtre d'Hercule et époux d'Élissa; mais celui-ci, connaissant la cupidité de son beau-frère, avait grand soin de paraître moins opulent qu'il n'était. Il n'en fut pas moins égorgé par le roi dans une partie de chasse. Pygmalion, après l'avoir jeté dans un précipice, prétexta qu'il y était tombé. Élissa feignit d'ignorer la véritable cause de la mort de son mari, cacha ses trésors, et demanda des vaisseaux pour se rendre chez son frère Barca, dans une petite ville entre Tyr et Sidon. Quelques versions disent alors que plusieurs personnages importants partirent avec elle; c'est alors qu'elle fonda Carthage en Afrique. Pygmalion continua de régner après le départ de sa sœur; il avait aussi des possessions dans l'île de Cypre. On rapporte qu'il fut empoisonné par sa femme Astébé, et que cette furie, ne jugeant pas ce genre de mort assez prompt, l'étrangla pour l'achever. Elle voulut aussi noyer son fils ; mais il se sauva dans une barque, garda les pourceaux en Syrie, puis, averti par ses amis de la mort de sa mère, il revint après un temps assez long, et régna à son tour.
DE GOLBÉRY.

PYGMALION, sculpteur de l'antiquité sur lequel on sait peu de chose. On dit seulement que cet artiste, enthousiasmé d'une statue de Vénus ou de Galatée qui était son ouvrage, en devint éperdûment amoureux. Il supplia les dieux de l'animer, et peu à peu, Galatée, de marbre qu'elle était, devint femme. Pygmalion l'épousa et en eut Paphus, héros éponyme de la ville de Paphos. Ce sujet a exercé le génie de deux littérateurs célèbres. On doit à Rousseau un magnifique prologue sur Pygmalion, et Gœthe en a fait une charmante composition.
DE GOLBÉRY.

PYGMÉE (*Mammalogie*). *Voyez* CHIMPANZÉ.

PYGMÉES (du grec πυγμή, le poing). L'ancienne mythologie a eu ses Lilliputiens bien avant que le véridique Swift nous eût fait connaître si exactement les homoncules des célèbres États dont Mildendo est à bon droit la capitale, comme chacun sait, pays où, malgré ses proportions fort ordinaires, Gulliver parut un épouvantable géant. Les Pygmées, dont la taille devait être bien exiguë, puisqu'ils pouvaient se servir de la fourmi pour monture, étaient une de ces rêveries grecques qui, passant de bouche en bouche et de pays en pays, se sont acclimatées presque partout. Les Troglodytes et les Spithamiens étaient à peu près de même taille, ainsi que les Myrmidons, cette *race féconde*, s'il en fut jamais, de ces Puki ou Puki du Nord, dont l'existence n'est pas moins certaine que celle des Péchiniens, qui tiraient leur nom de πῆχυς, le coude. Les poètes ont raconté les combats des Pygmées avec les grues, qui venaient tous les ans du fond de la Scythie leur faire une guerre périodique et sanglante. La partie était bien loin d'être égale assurément; tout l'avantage devait être pour l'oiseau au long bec, qui prenait son temps, s'abattait à propos sur l'empire pygméen, et pouvait faire sa retraite en bon ordre par un chemin inaccessible au petit peuple qui a donné l'idée des Lilliputiens et des nains de la féerie. Le grave historien de Gulliver, si riche pourtant de son propre fonds, semble avoir emprunté à la mythologie un de ses récits les plus incontestables : suivant la théologie païenne, Hercule, vainqueur d'Antée, fatigué de la lutte qu'il avait eu à soutenir contre ce redoutable adversaire, s'était endormi dans son triomphe. Or, pendant qu'il ronflait, une armée de Pygmées assiégea sa personne : un de ces ennemis occupe sa main droite, un autre s'empare de la gauche, et ainsi de suite jusqu'à ce que le demi-dieu, tant en profondeur qu'en saillie, fut tout couvert des nombreuses phalanges de ses adversaires. C'est alors qu'il s'éveille, met sa position et celle de l'ennemi ; puis, se mettant à rire, se borne pour toute vengeance à cueillir et à jeter, comme en une gibecière, dans la peau de lion qui le couvrait, toute l'armée pygméenne, généraux et soldats, fantassins et cavaliers, goujats et princes, et porta ce paquet à Eurystée, qui ne sut trop qu'en dire. On a peint ces formidables stratégies sur des vases antiques qu'on a bien fait de nous conserver. L'imagination grecque s'est fort exercée au sujet des Pygmées se livrant à l'équitation sur des fourmis, sur des perdrix, et s'élevant même jusque sur des chèvres. Des coquilles d'œufs composaient leurs palais, des coques de noix leurs barques, et sans doute de simples feuilles leurs pavillons d'été. Ausone a fait sur un Pygmée tué en tombant de la fourmi le portait une épigramme dont l'original pourrait bien être un quatrain grec de Lucilius, et dont l'idée a depuis été plusieurs fois reproduite dans des imitations, soit latines, soit anglaises. Louis du Bois.

PYGNOGONIDES. *Voyez* ARACHNIDES.

PYLADE, fils de Strophius, roi de Phocide, et d'Anaxibie, sœur d'Agamemnon, fut élevé avec Oreste, son cousin, et contracta avec lui dès l'enfance une amitié qui les rendit inséparables. Il aida son ami à punir les meurtriers d'Agamemnon, le suivit dans la Chersonnèse Taurique, et partagea toujours sa bonne et sa mauvaise fortune. Oreste, pour récompenser sa fidélité, lui donna en mariage sa sœur Électre. Pylade eut d'elle deux fils, Médon et Strophius. L'amitié de Pylade et d'Oreste est devenue proverbiale.

PYLADE, acteur. *Voyez* BATHYLLE.

PYLAGORES. *Voyez* AMPHICTYONS.

PYLONE, terme d'architecture, qui vient du grec, et qui signifie *grande porte*, *vestibule*. Les historiens de l'antiquité qui ont décrit les monuments de l'Égypte emploient ce mot pour désigner ces grandes portes qui se succèdent en avant des vestibules, successifs eux-mêmes, dont se compose en partie l'ensemble des temples égyptiens.

Le mot *pylone* a été francisé par les voyageurs modernes qui nous ont fait connaître l'état actuel des ruines de l'Égypte. La plupart des pylones proprement dits forment des masses plus ou moins pyramidales. On en distingue de deux espèces : les pylones simples, formant la porte sans accompagnement, et ceux dont la baie de la porte s'ouvre entre deux massifs, en forme de tours carrées, contenant dans leur masse les escaliers qui conduisent aux plates-formes.

PYLORE (du grec πύλη, porte, et ὠρέω, je garde). Cette dénomination a été donnée à l'orifice inférieur de l'estomac, parce que, portier vigilant, l'orifice pylorique ne permet l'entrée de la pâte alimentaire dans l'intestin *duodénum* qu'après qu'elle a subi dans l'estomac une élaboration suffisante. L'ouverture pylorique, placée entre l'estomac et le duodénum, est garnie d'un anneau musculo-membraneux, formant un bourrelet circulaire aplati, qui sert à ouvrir ou à fermer cet orifice suivant les besoins de la digestion. Ce bourrelet, qui a reçu le nom de *valvule pylorique*, est dû à un repli très-prononcé de la membrane muqueuse et musculeuse de l'estomac, tandis que la membrane séreuse ou externe passe par-dessus sans se replier. C'est dans l'intérieur de ce bourrelet et vers sa grande circonférence que se trouve l'anneau fibreux que quelques anatomistes ont appelé *muscle pylorique*.

Un phénomène vraiment remarquable, c'est le genre de sensibilité élective dont est doué le pylore. Cet orifice valvulaire, destiné à laisser passer les aliments à mesure qu'ils sont suffisamment digérés par l'estomac, s'entr'ouvre néanmoins assez facilement pour livrer passage aux corps étrangers qui, n'étant pas susceptibles de digestion, feraient un séjour inutile et même nuisible dans les organes digestifs. On a également constaté que les aliments franchissent l'ouverture pylorique, non d'après l'ordre de leur introduction dans l'estomac, mais bien suivant leur degré de digestibilité. Toutefois, le pylore laisse aussi promptement sortir de l'estomac les matières alimentaires peu nutritives, tandis qu'il a soin d'y retenir longtemps celles qui sont riches en éléments de nutrition.

Les maladies les plus fréquentes du pylore sont sans contredit l'inflammation et la dégénérescence cancéreuse qui peut en être la suite. Des vomissements de matières couleur de chocolat, surtout une ou deux heures après les repas, constituent le symptôme caractéristique de cette maladie, qui, parvenue à son entier développement, est au-dessus des ressources de la médecine. On peut prévenir cette cruelle maladie en combattant l'inflammation qui peut la produire, et en soumettant le malade à un régime très-adoucissant ; mais une fois déclaré, le cancer du pylore ne nous laisse que la triste ressource de ralentir ses progrès, et de diminuer les souffrances du malade. L. LABAT.

PYLORIQUE, qui se rapporte au pylore. On a nommé *artère pylorique* ou petite gastrique droite, une branche de l'artère hépatique qui se rend au pylore et à la petite courbure de l'estomac.

PYLOS, aujourd'hui *Palæocastro*, par opposition à *Néocastro*, comme on appelle quelquefois Navarin, ville de Messénie, qui au temps d'Homère était la résidence de Nestor ; et lors de la guerre du Péloponnèse, Démosthène réussit à décider les Athéniens à la fortifier de nouveau. C'est aussi à cette époque qu'on commença à employer de nouveau le nom de *Pylos* ; en effet, les Laconiens donnaient auparavant à la presqu'île et au territoire environnant le nom de *Coryphasion*.

Il existait un autre Pylos dans l'Élide proprement dite, sur les bords du Ladon ainsi que dans l'Élide triphylienne ; mais c'est à tort qu'on y plaçait la résidence de Nestor.

PYNACKER (ADAM), célèbre paysagiste et peintre de marine de l'école hollandaise, né à Pynacker, entre Schiedam et Delft, en 1621, mort à Delft en 1673. Le nom de son maître est inconnu. On sait que fort jeune il alla à Rome, et passa trois ans à copier les chefs-d'œuvre des maîtres italiens, les antiquités, et à faire des études d'après nature. De retour en Hollande, il peignit beaucoup de grands tableaux destinés, suivant la mode d'alors, à décorer les appartements. Ils sont détruits pour la plupart maintenant. Des paysages de moyennes dimensions, enrichis de figures et d'animaux, sont à peu près les seuls ouvrages de Pynacker parvenus jusqu'à nous. Le musée du Louvre possède trois tableaux de ce maître.

PYRACMON. *Voyez* CYCLOPES.

PYRALE (en latin *pyralis*, du grec πῦρ, feu), genre d'insectes lépidoptères nocturnes, de la section des tordeuses de Latreille, dont M. Duponchel a proposé de former la tribu des *platyomides*. Les pyrales se caractérisent par des ailes entières ou fissures, en toit plus ou moins écrasé dans l'état de repos ; les supérieures cachant alors les inférieures, qui sont plissées en éventail sous les premières ; celles-ci, plus ou moins arquées à leur base, sont le plus souvent coupées carrément à leur extrémité, et quelquefois leur sommet est courbé en faucille. La trompe de ces animaux est membraneuse, très-courte et souvent nulle ou invisible. Le corselet est ovale, lisse et parfois crêté à la base. L'abdomen ne dépasse pas les ailes au repos ; il est terminé par-dessous la femelle, et par une houppe des poils dans les mâles. Les chenilles ont seize pattes, d'égale longueur, et toutes propres à la marche. Leur corps est ras ou garni de poils courts et isolés. Elles habitent pour la plupart dans les feuilles qu'elles ont roulées en cornet, ou plissées sur leurs bords, ou réunies en paquets ; quelques-unes seulement vivent dans l'intérieur des tiges ou des fruits, ou se tiennent à découvert sur les feuilles. Les chrysalides sont coniques, presque toujours nues, et rarement contenues dans une coque.

Les pyrales sont pour la plupart de jolis papillons, à qui il ne manque que la taille pour attirer davantage l'attention des amateurs. C'est dans les vergers, les jardins, les haies et les charmilles qu'il faut surtout en chercher. Leur vol est vif, mais court, et n'a lieu qu'au crépuscule. Parmi les espèces les plus tristement remarquables par les ravages qu'elles causent dans l'agriculture, nous citerons : la *pyrale du chêne*, la plus grande des pyrales d'Europe, qui atteint jusqu'à 40 millimètres d'envergure. Sa tête, son corselet et ses ailes supérieures sont d'un beau vert; celles-ci ont la côte et deux lignes parallèles et obliques au milieu d'un jaune d'ocre très-clair; les ailes inférieures et l'abdomen sont d'un blanc pur. Elle vit sur plusieurs espèces d'arbres, et notamment sur le chêne. La *pyrale du hêtre* diffère peu de la précédente. Le dessus de ses premières ailes, d'un joli vert, a la côte et la frange roses ou d'un rose orangé, et trois lignes obliques et parallèles blanches. On la trouve sur le hêtre, le bouleau, l'aune et même le chêne. La *pyrale verte* est d'un joli vert uni, avec la côte et la frange blanchâtres. Elle vit aussi sur le chêne. La *pyrale des rosiers*, qui fait quelquefois le désespoir des amateurs de roses, a 13 millimètres d'envergure; ses premières ailes sont de couleur jaune soufre, finement réticulées de jaune brun et traversées par trois lignes argentées. Les secondes ailes sont d'un gris noirâtre. La *pyrale des pommes* a les ailes supérieures d'un gris cendré, traversées par un grand nombre de stries brunes, ondulées, avec un écusson semi-lunaire à leur extrémité inférieure d'un brun chocolat, et dont les contours sont irrégulièrement arrêtés par une ligne d'or rouge. Les secondes ailes et l'abdomen sont bruns. La chenille vit dans l'intérieur des pommes et des poires, dont elle mange les pepins avant de toucher aux parties environnantes. Quand cette chenille est parvenue à l'époque de sa transformation, elle sort du fruit et se retire sur les écorces et quelquefois dans la terre, où elle se forme une coque. Elle ne se change en chrysalide que l'année suivante, au mois de mai ou de juin.

L'espèce qui mérite une attention particulière est la *pyrale de la vigne*, dont le papillon dépasse à peine 20 millimètres. Sa tête, son corselet et ses ailes supérieures sont d'un jaune verdâtre, à reflets métalliques dorés; les ailes supérieures sont marquées de trois lignes transversales obliques, d'un brun ferrugineux, larges dans le mâle et très-étroites ou même nulles chez la femelle. Les ailes inférieures sont brunes, à reflets soyeux, avec la frange beaucoup plus pâle. La chenille parvenue à tout son accroissement est longue de plus de 18 millimètres : elle est d'un vert jaunâtre; sa tête et le disque supérieur de son premier segment sont bruns et luisants. Elle a quelques poils clairsemés sur tous ses segments. Plusieurs de ces chenilles se réunissent, se font un abri de quelques feuilles et vont dévorer pendant la nuit les jeunes tiges, les fleurs et les grappes, qu'elles agglomèrent et font adhérer les unes aux autres en paquets informes. Bientôt les parties du végétal qu'elles ont touchées se dessèchent, noircissent et pourrissent, et c'est ainsi que les pyrales peuvent finir par détruire les espérances des plus belles récoltes. La chrysalide est de forme ordinaire, d'un brun foncé quelque temps après sa formation. Le papillon éclot dans les premiers jours du mois d'août : les œufs sont déposés sur la surface supérieure des feuilles. Ils éclosent vingt jours après la ponte. La très-petite chenille qui en provient se nourrit d'abord du parenchyme des feuilles. Dès les premiers froids elle se retire sous les portions soulevées et fibreuses de l'écorce du bas du cep, dans les plus petites fentes des échalas, etc. Là, réunies en plus ou moins grand nombre, ces chenilles s'engourdissent après s'être filé une espèce de coque soyeuse, et elles ne reprennent la vie qu'aux premiers beaux jours du printemps, au moment où les bourgeons de la vigne commencent à s'ouvrir. De tous temps la pyrale a causé de grands dommages à la vigne. Dans certaines années elle a pu paraître un véritable fléau. On a cherché les moyens de la détruire : la cueillette des œufs et des chrysalides a été prescrite; puis on a conseillé comme complément de tremper les échalas dans un bain d'eau de chaux avant de s'en servir. Un autre remède a été indiqué dans ces derniers temps ; c'est l'échaudage des vignes, et on a reconnu que, loin d'être nuisible à la vie, l'eau bouillante la débarrassait non-seulement de la pyrale, mais encore d'autres insectes, et la délivrait d'un genre de mousse qui s'établit facilement sur les vieux ceps. Quoi qu'il en soit, pour que ces moyens fussent véritablement efficaces, il faudrait que tous les propriétaires de vignes les pratiquassent à la fois ; car sans cela la pyrale revient bien vite sur les vignes dont elle a été chassée, et d'ailleurs certaines circonstances atmosphériques paraissent la ramener invariablement.

L. LOOVET.

PYRAME, jeune Assyrien de Babylone, dont Ovide a célébré les tragiques amours dans ses *Métamorphoses*. Pyrame, suivant d'anciennes traditions, s'éprit d'une vive passion pour Thisbé, charmante jeune fille qui habitait une maison contiguë à la sienne, et sa tendresse fut payée de retour. Mais les parents des deux jeunes gens contrarièrent leur amour mutuel, et leur défendirent de se voir. Ils éludèrent cette défense en pratiquant une fente dans la cloison qui séparait leurs maisons, et par cette ouverture, habilement cachée à tous les regards, ils continuèrent leur doux commerce, et prolongeaient pendant la nuit de tendres entretiens. Les deux amants résolurent enfin de se soustraire par la fuite à la cruelle persécution de leurs familles, et se donnèrent une nuit rendez-vous sous un mûrier blanc, tout près de Babylone. Thisbé, enveloppée d'un voile, quitte la première avant l'heure convenue la maison paternelle, et en approchant du rendez-vous elle aperçoit une lionne qui venait de déchirer sa proie, et qui arrivait à elle, la gueule encore tout ensanglantée; Thisbé fuit rapide comme l'éclair, et laisse tomber son voile, sur lequel la lionne se précipite; et l'animal s'éloigne enfin après avoir foulé aux pieds et ensanglanté ce léger tissu. Cependant Pyrame approchait ; il arrive; il cherche en vain Thisbé, et déjà il s'inquiète pour elle, lorsque ses yeux rencontrent à terre un voile sanglant ; il le reconnaît pour celui de son amante, et se persuade aussitôt qu'elle est devenue la proie des bêtes féroces; il l'appelle avec des cris de désespoir, et trop certain de son malheur, il tire son épée et se la plonge dans le sein. Thisbé avait entendu ses cris ; elle accourait, mais trop tard : elle trouva Pyrame expirant, et dans sa douleur, refusant de lui survivre, elle se frappa du même fer, et tomba morte à ses côtés. Le mûrier fut teint de leur sang, et le poëte assure que depuis lors ses fruits changèrent de couleur, et devinrent rouges, de blancs qu'ils étaient auparavant. On brûla sur un même bûcher les corps des deux amants; et une même urne renferma leur cendre.

Émile DE BONNECHOSE.

PYRAME (*Mammalogie*). Voyez ÉPAGNEUL.
PYRAMIDAL (Os). Voyez CARPE (Anatomie).
PYRAMIDAUX (Nombres). Voyez FIGURÉS (Nombres).

PYRAMIDE (*Géométrie*), polyèdre ayant pour base un polygone quelconque, et dont toutes les autres faces sont des triangles concourant en un même point, qui est le *sommet* de la pyramide. La perpendiculaire abaissée du sommet sur la base de la pyramide en est la *hauteur*. Une pyramide est dite *triangulaire*, *quadrangulaire*, *pentagonale*, etc., selon que sa base est un triangle, un quadrilatère, un pentagone, etc. Toutes celles qui ne sont pas triangulaires sont comprises sous la dénomination générale de *pyramides polygonales*. La *pyramide triangulaire*, ou *tétraèdre*, n'ayant que quatre faces, est de tous les polyèdres celui qui en offre le moindre nombre ; car il en faut trois pour former un angle trièdre, et au moins un quatrième pour limiter l'espace indéfini que renferme cet angle.

Tout polyèdre peut être décomposé en pyramides, comme un polygone quelconque est décomposable en triangles. La pyramide remplit ainsi parmi les polyèdres un rôle aussi important que le triangle parmi les polygones. Son volume, qu'il est donc important de connaître, a pour mesure le produit de sa base par le tiers de sa hauteur.

Une pyramide est dite *régulière* lorsque sa base est un polygone régulier, au centre duquel tombe sa hauteur. La surface latérale d'une telle pyramide (c'est-à-dire la surface totale, moins celle de la base) est égale au produit du périmètre de sa base par la moitié de son *apothème* (en appliquant cette dénomination à la perpendiculaire abaissée du sommet de la pyramide sur la base opposée de l'une des faces triangulaires).

Le *tronc de pyramide* est le solide que l'on obtient en coupant une pyramide par un plan parallèle à la base, et en retranchant la petite pyramide supérieure. Il est équivalent à la somme de trois pyramides qui auraient pour hauteur commune la hauteur du tronc, et pour bases, l'une sa base inférieure, la seconde sa base supérieure, et la troisième la moyenne proportionnelle entre ses deux bases.

E. MERLIEUX.

PYRAMIDES. On appelle ainsi les tombeaux des anciens rois d'Égypte, construits à quatre pans sur une surface carrée, et se terminant en pointe : on désigne sous la même dénomination les corps qui offrent la même configuration. Les Arabes donnent aux pyramides le nom d'*Haram*, au pluriel *Hamarât*, ce qui en y ajoutant l'article égyptien *pi* expliquerait la formation du mot *pyramis* (dérivé de *Pharam*). Quant au nom que les Égyptiens donnaient à ces monuments, on l'ignore. Les plus nombreux et les plus grands de tous sont situés en Égypte, sur la rive occidentale du Nil, à partir du Caire jusqu'au Fayoum. Dans cet espace du désert on retrouve encore aujourd'hui la trace de soixante-sept pyramides. Chacune d'elles servait de sépulture à un roi, et il y en avait de dimensions moindres, à l'usage des divers membres de la famille royale. Les tombeaux particuliers, ceux même des princes, avaient, au contraire, la forme d'un carré oblong et la partie supérieure en était plate. Toutefois, cet usage d'élever des pyramides aux rois n'exista que dans l'ancien royaume d'Égypte, jusque vers l'an 2000 av. J.-C. On ne connaît pas une seule pyramide de roi qui date du nouveau royaume. Il existe cependant de cette époque diverses petites pyramides en briques, à Thèbes. En revanche, cet usage s'introduisit à partir du septième siècle av. J.-C. en Éthiopie, où l'on trouve dans l'île Méroé et dans les grands champs des morts situés aux approches du mont Barkal la forme des pyramides, non pas réservée seulement pour les tombeaux des rois, mais généralement appliquée.

Les groupes de pyramides d'Abou-Roasch, de Ghizeh, d'Abousir, de Sakkara et de Dahschour, appartenaient tous aux rois des dynasties de Memphis; les plus anciens, ceux de Dahschour, à la troisième; les plus grands, ceux de Ghizeh, à la quatrième; les autres, aux dynasties suivantes; ceux des environs du Fayoum, vraisemblablement à la douzième. Toutes ces pyramides furent construites entre l'an 3500 et l'an 2100 av. J.-C. Un fait bien remarquable, c'est qu'il n'en est pas fait la moindre mention par la Bible non plus que par Homère. Les deux plus grandes sont celle de *Chéops* (le *Choufou* des monuments) et celle de *Cephren* (le *Chafra* des monuments), de la quatrième dynastie ménéthonienne. « Pour se rendre aux grandes pyramides, qu'on aperçoit sur sa droite quand on les regarde du haut de la citadelle du Caire, dit un voyageur moderne, il faut passer le Nil et prendre par le village de Ghizeh, aujourd'hui bien délabré, et dont Léon l'Africain, au commencement du seizième siècle fait une ville très-florissante. De loin, et à mesure qu'on s'en rapproche, elles produisent assez peu d'effet; et l'on serait presque tenté de s'écrier, *Comment! ce n'est que cela!* Mais après avoir fait un kilomètre à peu près dans le sable, sans que le regard s'en détache d'une seconde, elles grandissent tout à coup à des proportions immenses; et, quand on arrive enfin à leur base, on est comme atterré, foudroyé, anéanti d'étonnement. » Les dimensions données par les anciens et par les modernes les plus exacts sont fort diverses, suivant le niveau où on les a prises et aussi suivant l'habileté de ceux qui les ont mesurées et selon la nature de leurs instruments. Nous adopterons ici celles qui ont été indiquées par le colonel H. Vyse, dans son ouvrage intitulé *The Pyramides of Ghizeh* (3 vol. de texte et 3 vol. d'atlas; Londres, 1839-1842); et, réduisant ses estimations en mesures françaises, nous dirons que la grande pyramide, celle de Chéops, doit avoir sur chaque face de sa base, en chiffres ronds, 240 mètres; la hauteur verticale est de 150 mètres et de 183

sur l'inclinaison de 51° 50' qu'ont les côtés. Il est facile de se rendre compte de la masse colossale, prodigieuse, résultant de ces dimensions multipliées les unes par les autres.

Simple écho de la tradition, Hérodote rapporte que Chéops mit près de trente ans à construire la grande Pyramide. Il évalue à 370,000 le nombre des ouvriers qu'elle occupa à la fois, et qui se relayaient tous les trois mois par immenses escouades. Il y a bien sans doute quelque exagération dans ces évaluations, comme aussi lorsqu'il dit qu'une inscription hiéroglyphique qu'il se sera fait expliquer, constate que la nourriture seule des ouvriers en oignons et en légumes avait dû représenter une somme équivalente à 5 millions de notre monnaie. Or, fait observer avec beaucoup de justesse le voyageur que nous avons déjà cité, « on ne vit pas de légumes et d'oignons seuls, même en Égypte, surtout lorsqu'on charrie des pierres comme celles des pyramides; et l'on peut par ce seul article juger de ce que devait faire l'ensemble de tous les autres. » Car à ces dépenses il faut ajouter le salaire des ouvriers, si minime qu'il fût, et la main-d'œuvre, fût-elle alors à peu près pour rien, comme elle l'est encore aujourd'hui en Égypte; de même qu'il faut tenir compte de la valeur des matériaux employés, du calcaire, du granit, du marbre, du porphyre, de la syénite, etc.

La pyramide de *Cephren* a 201 mètres 66 centimètres à sa base et 632 mètres 66 centimètres de haut. La troisième pyramide, celle de *Minchéris* (le *Menkera* des monuments), successeur de Céphren, construite à peu de distance de la seconde, est beaucoup plus petite; elle n'a que 118 mètres à sa base et 67 mètres de hauteur. Les pyramides, en pierres et plus anciennes, du Dahschour atteignent presque les dimensions des deux grandes pyramides de Ghizeh. Les chambres sépulcrales sont ordinairement creusées dans le roc vif; et les pyramides ont été construites massivement au-dessus. C'est par exception que quelques salles ont été ménagées dans l'intérieur de la construction massive, comme par exemple dans la pyramide de *Chéops*.

Toutes les pyramides présentent leurs pans fort exactement orientés vers les quatre points cardinaux; la plupart sont construites en pierre, et beaucoup aussi en briques noires provenant du Nil; mais celles-ci, quand elles étaient terminées, recevaient également un revêtement en pierres lisses et polies; revêtement dont les pyramides de Ghizeh ne furent dépouillées par les Arabes qu'au quatorzième siècle de notre ère. La seconde pyramide a encore vers son sommet une partie de son revêtement, qui est de granit; tandis que celui de la Pyramide de *Chéops* devait être de marbre, à ce qu'on suppose. Hérodote, témoin oculaire, rapporte que les pierres dont se composaient le revêtement n'avaient pas moins de 10 mètres de long. A la grande pyramide on ne compte pas moins de deux cents trois assises de pierres magnifiques, superposées, sans que d'ailleurs ces assises, toutes en retraite les unes sur les autres, aient partout la même épaisseur. Cette épaisseur varie entre 66 centimètres et 1 mètre 33 centimètres. Selon Hérodote, ces assises ou étages servaient à établir les machines en bois destinées à monter les pierres d'un étage à l'étage supérieur. Les pyramides ne purent être bâties qu'à l'aide de plans inclinés immenses, sur lesquels on roulait successivement les pierres employées à leur édification et qu'il fallait tirer de plus de 80 myriamètres de là, de Silsileh, dans la haute Égypte. Sans doute on leur faisait descendre le Nil; mais en raison des moyens, encore si imparfaits, dont disposait alors la mécanique, on peut juger ce qu'un tel transport a pu coûter. Quelles misères, quels efforts humains ne suppose-t-il pas!

Les anciens peuples du Mexique furent aussi dans l'usage d'élever des édifices pyramidaux, qu'ils appelaient *téocallis*, c'est-à-dire maisons de Dieu. « Ces édifices, de dimensions très-différentes, nous apprend M. de Humboldt, avaient tous à peu près la même forme : c'étaient des pyramides à plusieurs assises, et dont les côtés suivaient exactement la direction du méridien et du parallèle du lieu. Le *teocalli* s'élevait ordinairement au milieu d'une vaste enceinte carrée et entourée d'un mur. Cette enceinte, qu'on peut comparer au *peribolos* des Grecs, renfermait des jardins, des fontaines, les habitations des prêtres, quelquefois même des magasins d'armes; car chaque maison d'un dieu mexicain, comme le temple de Baal-Bérith, brûlé par Abimélech, était une place forte. Un grand escalier conduisait à la cime de la pyramide tronquée. Au sommet de cette plate-forme se trouvaient une ou deux chapelles en forme de tour, renfermant les idoles colossales de la divinité à laquelle le *teocalli* était dédié. Cette partie de l'édifice doit être regardée comme la plus essentielle: c'est le *naos*, ou plutôt le *sékos* des temples grecs. C'est là aussi que les prêtres entretenaient le feu sacré. L'intérieur de l'édifice servait à la sépulture des rois et des principaux personnages mexicains. Il est impossible de lire les descriptions qu'Hérodote et Diodore de Sicile ont laissées du temple de Jupiter-Bélus, sans être frappé des traits de ressemblance qu'offrait ce monument babylonien avec les *teocallis* du Mexique. »

PYRAMIDES (Bataille des). Après la prise d'Alexandrie, Mourad-Bey, ayant rassemblé six mille mamelouks et plus de cinquante mille fellahs, se porta sur les bords du Nil, entre Embabeh et Ghizeh, dans l'intention d'y atteindre l'armée française. Bonaparte, instruit de sa position, se porta aussitôt à sa rencontre, et l'atteignit le lendemain matin, 24 juillet 1798. L'armée avait fait halte devant les Pyramides de Ghizeh, et c'est alors que son chef prononça cette mémorable harangue: « Soldats, vous allez combattre aujourd'hui les dominateurs de l'Égypte; songez que du haut de ces monuments quarante siècles vous contemplent! » Les troupes se formèrent en carrés, l'artillerie sur les flancs, six divisions échelonnées à peu de distance, sur une ligne courbe. Mourad-Bey avait disposé ses soldats le long du Nil, et s'était fortifié à Embabeh, pour s'y ménager un lieu de retraite. Les mamelouks se précipitèrent intrépidement sur les premiers carrés français, et revinrent deux fois à la charge sans pouvoir les entamer et foudroyés par l'artillerie. Pendant ce temps Bonaparte faisait former deux divisions en colonnes d'attaque, et les lançait sur le village d'Embabeh, dont les retranchements étaient défendus par trente-sept bouches à feu, sans compter deux chébecs de la flotille égyptienne embossés sur le Nil. L'élan des Français surmonta tous ces obstacles. Embabeh fut enlevé, et la déroute devint alors complète. Mourad-Bey s'enfuit vers la haute Égypte. Il avait perdu 3,000 mamelouks, plus de 6,000 fellahs, 40 canons et 400 chameaux chargés de vivres. Le résultat de la bataille des Pyramides fut la reddition du Caire.

PYRAMIDION. *Voyez* OBÉLISQUES.
PYRÉE. *Voyez* FEU (Culte du).
PYRÈNE, fille du roi ibérien Bebrycius, qu'Alcide viola au retour de son expédition d'Érythrée. D'autres veulent qu'éprise de la force, de la valeur et de la renommée du fils d'Alcmène, elle se donna d'elle-même à lui. Elle accoucha d'un serpent hideux. L'effroi que lui causa le monstre qu'avaient nourri ses flancs, et l'abandon d'Hercule, qui se hâta de poursuivre, avec les bœufs enlevés à Géryon, sa route vers le mont Palatin, où devait s'élever plus tard cette Rome maîtresse du monde, la jetèrent dans une mélancolie profonde. Elle s'enfuit du palais de son père, allá cacher sa honte et son désespoir dans une caverne creusée au milieu de rochers inaccessibles; où les bêtes féroces la dévorèrent. Après sa mort, les monts gigantesques qui séparent l'Espagne des Gaules, et sans nom jusque alors, s'appelèrent, du sien, *Pyrénées*.

DENNE-BARON.

PYRÉNÉES (Les), montagnes qui forment l'une des plus hautes Cordillères du globe, et qui s'étendent en France et en Espagne. En les examinant sur leur revers septentrional, elles présentent aux regards de l'observateur une vaste suite de montagnes qui, courant de l'ouest-nord-ouest à l'est-sud-est, traversent l'isthme qui sépare l'Océan de la Méditerranée entre les deux sinus gaulois. Leur crête sert en grande partie de limites à la France et à l'Espagne. Paraissant surgir du sein des eaux, non loin du cap de Figueroa, sur l'Océan, elles s'élèvent ensuite jusqu'à la partie centrale de la chaîne, où elles atteignent leur plus grande hauteur, leur cime la plus élancée étant la sommité du pic de Néthous, qui fait partie de la Maladette, et qui se dresse à 3,574 mètres de hauteur absolue. De ce point, elles s'abaissent graduellement, et semblent enfin disparaître dans les flots de la Méditerranée. Leur longueur est de 32 myriamètres; leur plus grande largeur, prise entre Tarbes (département des Hautes-Pyrénées) et Balbastro en Aragon, est de 12 myriamètres. La chaîne qui s'étend de l'une à l'autre mer n'offre point, comme on le croit généralement, une seule ligne de monts; elle a deux parties distinctes, qui ne sont pas le prolongement l'une de l'autre. En effet, si on divise la chaîne en deux sections à peu près vers le milieu de sa longueur, on verra que la moitié, située à l'ouest, est plus reculée vers le sud que la moitié placée à l'est; de sorte que deux lignes tirées, l'une sur le faîte de la partie occidentale, et l'autre sur le faîte de la partie orientale, formeraient deux parallèles par leur prolongement. Mais cette disposition du soulèvement des masses pyrénéiques ne cause aucun déchirement, aucune solution de continuité; les montagnes ne présentent aucune interruption, les deux parties s'unissent ensemble, et forment un coude presque rectangulaire. C'est dans les montagnes qui forment la jonction que se trouve la partie la plus élevée des Pyrénées, et c'est aussi à cet endroit que prend sa source la Garonne, l'un des beau des fleuves qui s'échappent de la grande chaîne. Les contreforts des Pyrénées pénètrent assez avant en Espagne. Sur le revers septentrional, ou du côté de la France, quelques chaînons se prolongent aussi au loin. Les Corbières sont le plus important de ces contre-forts.

Les Pyrénées sont sillonnées par un grand nombre de vallées, et toutes les fois qu'il y a dépression dans le faîte, il existe deux vallées opposées qui communiquent entre elles par un *port*. Ces vallées, qu'on a désignées sous le nom de *transversales*, se dirigent en général du sud au nord, et faisaient avec la chaîne principale, un angle d'environ 90 degrés. C'est vers le centre que ces vallées ont le plus de longueur. Il existe un second ordre de vallées, qu'on a nommées *vallées longitudinales*. D'autres vallées s'appuient à celles que nous venons de nommer *longitudinales*, et forment le plus souvent avec elles un angle droit. On pourrait les appeler semi-transversales. Le système hydrographique des Pyrénées se divise en bassins principaux. Le premier est celui de la Nivelle, qui, née sur le revers méridional de la montagne des Aldudes, entre en France près d'Ainhoa, et se termine à Saint-Jean-de-Luz. Le bassin suivant est celui de l'Adour. Le bassin de la Garonne est le plus important de ceux qui s'ouvrent sur le revers septentrional des Pyrénées. Viennent ensuite le bassin de l'Aude et ceux de la Sègre, de l'Agly, de la Têta et du Tech. Sur le versant méridional nous trouvons des bassins de l'Ebre et du Minho. La constitution géognostique des Pyrénées est en général granitique, le calcaire s'y montre en grandes masses, ainsi que des marbres superbes et nombre de richesses minéralogiques, sans parler de leurs eaux thermales, si justement célèbres. Ces montagnes forment la partie la plus pittoresque et cependant la moins connue de l'Europe. La diversité des peuples qui les habitent, leurs mœurs, leurs langages différents, sont des objets dignes des recherches des savants et même de l'étude des gens du monde.

Chevalier Alexandre DU MÈGE.

PYRÉNÉES (Paix des). C'est sous cette dénomination qu'est resté célèbre dans l'histoire le traité conclu entre la France et l'Espagne, le 7 novembre 1659, dans l'île des Faisans, sur la Bidassoa, frontière des deux pays, par Mazarin et de Luis de Haro. La guerre qui avait éclaté entre ces deux puissances en 1635 avait continué, même après la conclusion de la paix de Westphalie. En 1657 la France s'allia avec l'Angleterre, deux ans après que Cromwell eut déclaré la guerre à l'Espagne, et s'empara de plusieurs places fortes des Pays-Bas espagnols. L'Espagne éprouvait en même temps de graves échecs sur mer et en Amérique; dès 1640 le Portugal s'était soustrait à sa domination; la Catalogne était en pleine insurrection, l'Andalousie prête à imiter son exemple, et en Italie le duc de Savoie venait d'envahir le Milanais, alors espagnol. Dans ces circonstances, force fut au roi Philippe IV d'accepter la paix, encore bien qu'elle dût avoir pour résultat d'accroître encore la prépondérance de la France. L'Espagne en effet céda à la France le Roussillon avec son chef-lieu, Perpignan, place forte importante, Conflans, une partie de la Cerdagne, de telle sorte que les deux royaumes furent désormais séparés par les Pyrénées dans toute leur longueur. Dans les Pays-Bas elle lui abandonna en outre l'Artois, ainsi que diverses parties de la Flandre, du Hainaut et du Luxembourg, avec les places fortes d'Arras, Hesdin, Gravelines, Landrecies, Le Quesnoy, Thionville, Montmédy, Mariembourg et Philippeville. De son côté la France prit l'engagement de ne secourir le Portugal ni directement ni indirectement. Le prince de Condé, les ducs de Lorraine, de Savoie, et de Modène, ainsi que le prince de Monaco, furent remis dans la position où ils se trouvaient avant la guerre. Par suite de la conclusion de ce traité de paix, Louis XIV épousa la fille aînée de Philippe IV, Marie-Thérèse, qui en 1660 renonça expressément à tous droits d'hérédité au trône d'Espagne. Mais plus tard, à la mort de son beau-père, Louis XIV invoqua un droit d'hérédité; prétention qui en 1667 amena la guerre de *dévolution*, et en 1701 la guerre de la succession d'Espagne.

PYRÉNÉES (Département des Basses-). Formé du Béarn, du pays de Soule, de la basse Navarre, du Labourd, d'une partie de la Chalosse et de l'élection des Landes, ce département a pour limites au nord le département des Landes et celui du Gers, à l'ouest l'océan Atlantique, au sud les frontières d'Espagne, à l'est le département des Hautes-Pyrénées. Il tire son nom des montagnes qui le séparent de la Péninsule hispanique. Il est divisé en 5 arrondissements, 40 cantons et 560 communes. Sa population est de 446,997 individus. Il envoie trois députés au corps législatif, est compris dans la 13e division militaire, fait partie du ressort de la cour impériale de Pau, de l'académie de Bordeaux et du diocèse de Bayonne, suffragant d'Auch.

Sa superficie est de 457,832 hectares, dont 340,782 en landes, pâtis, bruyères; 156,223 en terres labourables; 130,173 en bois; 66,254 en prés; 23,175 en vignes; 6,227 en vergers, pépinières, jardins; 2,529 en propriétés bâties; 12,487 en routes, chemins, places publiques, rues; 9,694 en rivières, lacs, ruisseaux, etc., et il paye 883,044 francs d'impôt foncier. Placé au pied des Pyrénées, traversé même par des contreforts et des prolongements de cette chaîne, ce département est sillonné par un grand nombre de cours d'eau, la plupart rapides, torrentueux, et qui fertilisent et ravagent aussi quelquefois cette contrée, si remarquable par les sites variés et pittoresques qu'elle présente de toutes parts. Ses principales rivières sont: l'Adour et ses affluents et sous-affluents, le gave de Pau, sorti de l'admirable cascade de Gavarnie, le gave d'Aspe, le gave d'Ossau, le Lambourg, l'Ardanabia, la Nive et la Bidouze, la Bidassoa, qui sert de ligne de démarcation entre la France et l'Espagne, le Cusdas-Soury, ou la Nivelle. Des marais ou des lacs, amas d'eau plus ou moins considérables, couvrent quelques parties du sol. Le territoire du département est disposé en amphithéâtre, dont la partie la plus élevée est au sud et s'appuie aux Pyrénées.

Les sources thermales et minérales de ce département ont beaucoup de célébrité. Qui ne connaît les Eaux-Bonnes et les Eaux-Chaudes, celles de Cambo? Le département produit du froment et du maïs, de l'avoine et du seigle. Le lin, d'une extrême finesse, a fait la réputation des toiles du Béarn. Les prairies sont en général arrosées, et les eaux conduites avec intelligence. Les gras pâturages des montagnes reçoivent de nombreux troupeaux. Malgré les défrichements, poussés à l'excès, les bois de construction et de chauffage sont encore abondants. Des landes immenses sont là, et n'attendent pour enrichir le pays, pour doubler sa population, qu'un système de culture approprié avec sagesse à ces vastes déserts. Enfin, des vignobles couvrent les coteaux de la seconde zone du département, et leurs produits sont estimés et recherchés; plusieurs même, parmi lesquels il faut distinguer les vins de Jurançon, sont exportés au loin. Des mines d'argent, de plomb, de cuivre, de fer, répandues sur différents points du département, peuvent fournir en abondance des matières premières à des forges et à des fonderies. Les beaux marbres de Louvie-Soubiran jouissent d'une réputation méritée, et sont employés par les statuaires de la capitale. Possédé par une population active, intelligente, le département des Basses-Pyrénées verra s'accroître sans cesse ses richesses, surtout si de nouveaux débouchés lui sont ouverts, et si un canal, joignant l'Adour à la Garonne et au canal de Languedoc, lui fournit avec le midi de la France et avec tous les rivages de la Méditerranée des communications promptes et faciles. L'industrie du département consiste en fabriques d'étoffes et de couvertures de laine, tanneries, papeteries, filatures de lin, fabriques de toile et de mouchoirs imprimés, bonnets façon de Tunis, faïence, tuiles et poteries vernie. La distillerie et l'exportation des eaux-de-vie de Chalosse et d'Armagnac sont l'objet d'un commerce étendu. Outre les jambons, on sale à Salins des cuisses d'oie et on fabrique à Bayonne d'excellent chocolat. L'importation des denrées coloniales et la pêche de la morue sont l'objet d'un actif mouvement maritime.

Un chemin de fer, celui de Bordeaux à Bayonne, cinq routes impériales et huit routes départementales établissent les grandes communications du département, dont le chef-lieu est Pau; les villes et endroits principaux: *Bayonne; Mauléon*, chef-lieu d'arrondissement, avec une chambre consultative d'agriculture et 1,654 habitants, petite ville bâtie sur le penchant d'une colline près de la rive droite du gave de Mauléon; *Saint-Palais*, avec 1790 habitants et un tribunal civil; *Oloron*, chef-lieu d'arrondissement, chambre consultative d'agriculture civil et de commerce, une chambre consultative d'agriculture et 6,388 habitants: ville ancienne située au sommet et sur le penchant d'une colline, sur le gave d'Oloron, au confluent du gave d'Ossau; *Orthes*, chef-lieu d'arrondissement, avec un tribunal civil, une chambre consultative d'agriculture, et 6,948 habitants: cette ville est bien déchue de l'importance qu'elle eut au seizième siècle à cause de l'académie protestante que la reine Jeanne y avait établie; on y voit encore la *finestra dous Capérans*, d'où on pend les prêtres dans le gave; *Saint-Jean-Pied-de-Port*, petite place forte sur l'extrême frontière; *Navarreins*, autre petite ville de guerre, mais dans une position moins importante aujourd'hui; *Lescar, Saint-Jean-de-Luz, Ustaritz*, etc., etc.

La population du département des Basses-Pyrénées est divisée en plusieurs grandes familles, bien distinctes par les traits, la langue, les habitudes, les mœurs. Les Basques, ou plutôt les *Escualdunacs*, en composent la tribu la plus remarquable. Les Béarnais parlent un des dialectes de la langue romane. C'est un peuple spirituel et brave, très-civilisé et très-poli. Deux peuples, étrangers par leur origine, habitent aussi le département: ce sont les Juifs et les Bohémiens. Les premiers se sont surtout multipliés à Bayonne et au Saint-Esprit, où plusieurs d'entre eux ont acquis par leur fortune une assez haute position sociale. Les autres forment une tribu pauvre, avilie et redoutée, qui ne subsiste guère que par un commerce frauduleux et par des attentats contre la propriété. On leur donne le nom d'*Ytouac* ou *Égyptocouac*. Leur nombre est de plus de deux mille dans le pays basque.

PYRÉNÉES (Département des Hautes-), formé de l'ancien comté de Bigorre, des Quatre-Vallées, du pays de Rivière-Basse et de Rivière-Verdun, des vallées du Lavedan, et d'une partie du Nébouzan. Il a pour limites à

13.

l'ouest celui des Basses-Pyrénées, au nord-est celui du Gers, à l'est le département de la Haute-Garonne, au sud l'Espagne. Divisé en 3 arrondissements, 23 cantons, 497 communes, sa population est de 250,934 habitants. Il envoie deux députés au corps législatif, fait partie de la treizième division militaire, du ressort de la cour impériale de Pau, de l'académie de Toulouse et de l'évêché de Tarbes, suffragant d'Auch.

Sa superficie est de 464,531 hectares, dont 173,579 en landes, pâtis, bruyères; 94,539 en terres labourables; 84,611 en bois; 44,376 en prés; 15,382 en vignes; 6,937 en cultures diverses; 2,687 en vergers, pépinières et jardins; 1,860 en propriétés bâties; 1,787 en oseraies, aulnaies, saussaies; 17,932 en forêts, domaines non productifs; 5,692 en routes, chemins, places publiques, rues; 3,075 en rivières, lacs, ruisseaux. Il paye 576,708 francs d'impôt foncier. Les Pyrénées, qui lui donnent son nom, y déterminent le cours d'un grand nombre de rivières et de torrents : la Garonne lui sert de limite dans une très-petite partie de son cours; la Gimone, le Louzon, la Save, le Gers, les deux Baïses, la Baïsolle, l'Arros, l'Adour, le gave de Pau, ceux de Bun, de Cauterets, la Neste, l'Ourse, et une foule d'autres cours d'eau, en sillonnent la surface. Des lacs nombreux, réservoirs qui alimentent, ainsi que les glaciers, les gaves de cette contrée, sont répandus surtout dans la partie montagneuse. Parmi eux on distingue ceux de Lourde, d'Arrens, d'Estaigue, de Gaube, d'Escoubous, formés des eaux des lacs supérieurs Noir, des Truites et de Tersan; et enfin ceux d'Aigue-Cluse, du Couret, d'Anchet, de Camou, d'Ovat et d'Omar. Parmi les eaux minérales, nous citerons celles de Bagnères et de Baréges, si justement célèbres, de Saint-Sauveur, de Cauterets, de Cap-Vern, qui sourdent aussi dans ce département, le plus riche en ce genre de tous ceux qui font partie de la grande cordillère qui nous sépare de l'Espagne. L'industrie du département consiste en fabriques d'étoffes de laine, de cuirs et de peaux, de toile et de mouchoirs de coton, de papiers communs, de fers et de clous. On emploie le bois de construction pour la marine et le merrain pour la fabrication des futailles.

La récolte en céréales est insuffisante pour la consommation; mais le pays produit un excédant considérable en vins qui sont livrés au commerce ou convertis en eaux-de-vie. On y élève beaucoup de bestiaux. On y engraisse beaucoup de volailles estimées, notamment des oies, dont les cuisses conservées dans la graisse sont un objet d'exportation. On y nourrit pour la salaison des porcs qui fournissent les excellents jambons dits de Bayonne. La race des chevaux du département, dits *chevaux navarrais*, est estimée pour la cavalerie légère. On élève aussi une grande quantité de mules et de mulets.

Cinq routes impériales et huit routes départementales sillonnent le département, dont le chef-lieu est Tarbes; les villes et endroits principaux : *Bagnères-de-Bigorre*; *Argelès*, chef-lieu d'arrondissement, dans une magnifique vallée, sur la rive gauche du gave d'Azun, avec 1,589 habitants; *Rabastens*; *Vic-en-Bigorre*; *Lourdes*; *Campan*; la butte fortifiée de Pouzac, qu'on nomme le *Camp-de-César*; les ruines de Saint-Savin ou de Sainte-Marie, le Pont-d'Espagne, et l'admirable cascade de Gavarnie, où le gave se précipite de 1,200 pieds de hauteur; la *Brèche-de-Roland*, etc., etc.

PYRÉNÉES-ORIENTALES (Département des). Formé de l'ancien comté de Roussillon, comprenant le Conflent et le Vallespir, de la Cerdagne française et de la vallée de Carol, et d'une petite portion du Languedoc, il est borné au nord par le département de l'Aude, à l'est par la Méditerranée, au sud par l'Espagne, à l'ouest par les Pyrénées et le département de l'Ariége. Divisé en 3 arrondissements, 17 cantons, 228 communes, sa population est de 181,955 habitants. Il envoie un député au corps législatif, fait partie de la onzième division militaire, ressortit à la cour impériale et à l'académie de Montpellier et à l'évêché de Perpignan, suffragant d'Alby. Sa superficie est de 411,376 hectares, dont 188,408 en landes, pâtis, bruyères; 92,555 en terres labourables; 43,877 en bois; 38,443 en vignes; 9,796 en prés; 7,985 en cultures diverses; 5,098 en étangs, abreuvoirs, mares, canaux d'irrigation; 1,125 en vergers, pépinières, jardins; 13,439 en forêts, domaines non productifs; 6,370 en rivières, lacs, ruisseaux; 3,670 en routes, chemins, places publiques, etc. Il paye 711,308 francs d'impôt foncier. C'est la crête des Pyrénées qui sépare en grande partie ce département de la Catalogne. Cette crête, en la traversant à son extrémité ouest, au-dessus de Mont-Louis, s'unit aux monts Caudiès, qui dans leur prolongement le bornent aussi vers le nord. C'est vers le milieu de cette enceinte de rochers que s'élève majestueusement le Canigou; les monts entassés à sa base diminuent graduellement de hauteur et se terminent par des coteaux arrondis. Les différentes ramifications de ces monts et de ces coteaux enferment des bassins vastes et fertiles. Les nombreux cours d'eau du département ne sont pour la plupart que des torrents fougueux en hiver et aussi à l'époque de la fonte des neiges, mais qui sont souvent desséchés pendant les chaleurs de l'été. On distingue dans le nombre l'Agli, qui prend sa source dans le département de l'Aude; le Tet, ou la Téta, qui vient des limites du département de l'Ariége, le Tech, le Réart. Plusieurs lacs sont situés dans la partie supérieure du département, ceux du Canigou, de Carensa, de Cambradase, de Camardous, de Carlitte, de Puy-Prigue, d'Aude, où la rivière de ce nom prend sa source; de Compouvel, de Blu, d'Essalar, de Cornella du Bercol, de Saint-Cyprien, de Leucate, etc. Les montagnes du département n'atteignent pas en général à la hauteur gigantesque d'une partie des autres monts de la grande chaîne pyrénaïque. Cependant, sur ses limites, et dans le département de l'Ariége, on trouve encore des sommets d'une élévation très-considérable; mais c'est là qu'expire presque tout à coup cette cordillère si imposante. La manière dont les soulèvements se sont opérés dans le département des Pyrénées-Orientales y a déterminé six vallées principales, celles de la Sègre ou de la Cerdagne, de l'Aude ou du Capsir, de la Téta ou du Conflent, de l'Agly ou de Fenouillèdes, du Tech ou du Vallespir et du Réart ou des Aspres. Au centre de la première est Llivia, bourgade espagnole, qui communique avec la Catalogne par un chemin neutre et libre pour les deux nations. De ce côté, les frontières ne sont déterminées que par les limites des communes. La partie alpestre de cette petite contrée est envahie pendant six mois par les neiges. Ses vallons sont frais et nourrissent une excellente race de chevaux vifs et légers; la plaine est couverte de champs, semés le plus souvent en seigle. La seconde vallée, celle de l'Aude ou du Capsir, est couverte de forêts d'arbres résineux. La partie basse est ensevelie pendant presque tout l'hiver sous la neige; mais les jours de printemps elle montre des prairies verdoyantes et des champs de seigle, d'orge et d'avoine. Dans la vallée de l'Agly, comme dans la plaine de Roussillon, l'olivier montre ses pâles rameaux. On y trouve plus de vignobles que de céréales. La vallée du Tech prend son nom de cette petite rivière qui se jette dans la Méditerranée et qui reçoit le tribut de divers petits systèmes de hauteurs et particulièrement de la chaîne des Albères. De riches campagnes, des oliviers, les plus belles cultures sont l'apanage de la partie inférieure. Des eaux thermales célèbres existent dans ce pays. Les bains de la Preste, de las Escaldas, de Molitz, de Vidça, d'Arles, etc., sont aujourd'hui bien connus dans le monde médical. Bordée dans toute sa longueur par la Méditerranée, cette partie de la France n'avait guère d'autre port que celui de Collioure, qui n'a pas été sans importance au moyen âge. Louis XVI voulut donner un port militaire à cette côte, et Port-Vendres fut créé.

Le département des Pyrénées-Orientales est hérissé de places fortes, mais toutes n'ont pas la même importance. Perpignan et sa citadelle, Mont-Louis, Villefranche, Prats-de-Mollo, Fort-les-Bains, les Châteaux de Salses, Bellegarde, Collioure, Port-Vendres, forment le réseau militaire qui couvre cette partie de la France.

Il est peu de populations aussi amies des plaisirs que celle de ce département. L'imagination vive et poétique de ses habitants y fit naître et y maintient des fêtes bruyantes, des représentations dramatiques en langue roussillonnaise, autre dialecte de la langue romane du midi, et qui a beaucoup d'affinité avec le catalan ; les danses les plus vives y sont l'accompagnement obligé de toutes les fêtes, et ces danses rappellent par leurs formes celles du moyen âge. Cette ardeur pour le plaisir ne combat pas néanmoins dans les cœurs l'attachement au catholicisme.

L'industrie du département est représentée par quelques usines à fer, tôle et fer-blanc, des forges à la catalane, des usines à huile, des fabriques de bonneterie de laine, de papeterie, de vannerie ; par la pêche et la préparation du thon, de la sardine et des anchois. Son principal commerce s'exerce sur les vins, les fers, les draps communs.

Sept routes impériales et sept routes départementales servent aux grandes communications du département, dont le chef-lieu est Perpignan; les villes et endroits principaux sont : *Ceret*, chef-lieu d'arrondissement, petite ville très-ancienne, située au pied des Pyrénées, près de la rive droite du Tech, que l'on traverse sur un pont d'une seule arche très-hardie, avec un tribunal civil, une chambre consultative d'agriculture, et 3,566 habitants ; *Prades*, chef-lieu d'arrondissement sur la rive droite du Têt, avec un tribunal civil, une chambre consultative d'agriculture, un petit séminaire et 3,867 habitants. *Port-Vendres*, avec 2,025 habitants et un port pouvant contenir cinq cents navires de commerce ; *Prats-de-Mollo ; Estagel*, etc.

Ch^{er} Alexandre du Mège.

PYRÈTHRE, genre de plantes de la famille des composées, établi aux dépens de quelques espèces de chrysanthèmes et de matricaires. Il renferme un assez grand nombre d'espèces, répandues dans presque toutes les contrées tempérées de l'ancien Monde. Ce sont des plantes herbacées, rarement frutescentes, à feuilles alternes, dentées ou lobées de diverses manières ; quelques-unes méritent d'être cultivées comme plantes d'agrément. Parmi les espèces utiles nous citerons seulement le *pyr. matricaire* (*pyrethrum parthenium*, Sm.), vulgairement connu sous le nom de *matricaire* et d'*espargoutte*, qui croit dans les lieux incultes et pierreux de toute l'Europe, et qu'on cultive dans les jardins, surtout dans le midi de la France. Cette plante exhale une odeur forte, aromatique et comme résineuse ; elle a une saveur chaude et amère. Son action sur l'utérus lui a valu le nom de *parthenium*, et l'a rendu d'un usage fréquent et populaire comme *emménagogue*. On l'emploie aussi comme tonique excitant, antispasmodique et fébrifuge. Le *pyrèthre tanaisie* (*Pyrethrum tanacetum*, Dec.) porte vulgairement le nom de *menthecoq*, *menthe romaine*, *grand baume*, *coq des jardins* (*voyez* Tanaisie).

PYRÉTOLOGIE (du grec πυρετός, fièvre, et λόγος, discours), partie de la pathologie qui s'occupe des fièvres.

PYRHÉLIOMÈTRE (du grec πῦρ, feu ; ἥλιος, soleil, et μέτρον, mesure), instrument inventé par M. Pouillet, en 1838, pour mesurer la chaleur qui émane du Soleil. C'est un disque d'argent noirci du côté qu'on expose aux rayons solaires, creusé et rempli d'eau. Ce disque porte à son centre un thermomètre à mercure. Ce thermomètre s'élève d'un degré par minute (à plein : 2 minutes 1/2 avant, et deux minutes 1/2 après), alors que le disque d'argent noirci reçoit les rayons directs du Soleil.

PYRITES (de πῦρ, feu). Cette dénomination, presque abandonnée aujourd'hui, s'appliquait à une foule de minéraux dans lesquels entrait toujours une certaine quantité de soufre à l'état de combinaison. Quand on a créé la nomenclature chimique, il a fallu nécessairement faire rentrer les pyrites dans la classe commune, et changer leur nom en celui de *sulfures*, qui indique très-bien les éléments qui les constituent : ainsi, la pyrite de fer s'appelle *sulfure de fer*, celle de cuivre *sulfure de cuivre*, etc. G. Favrot.

PYRMONT, principauté dépendant de la principauté de Waldeck, entourée par l'arrondissement de Minden (Prusse), par le cercle de Holzminden (Hanovre) et les bailliages de Schieder et de Schwalenberg de la principauté de Lippe. C'est une contrée montagneuse traversée par l'Emmer, où sur une superficie d'un myriamètre carré on compte 7,000 habitants, pour la plupart protestants, et vivant soit du travail et du produit de l'agriculture, soit de l'exploitation des eaux minérales et des industries qu'elle entraîne à sa suite, ou encore de la fabrication des articles d'acier, de la bonneterie et des cigares. Elle a pour chef-lieu la petite ville du même nom, située dans la vallée de l'Emmer, et où l'on compte 1,300 habitants.

PYRMONT (Eaux de). Les eaux de Pyrmont sont plus salées et plus gazeuses que celles de Spa ; quoique mousseuses, elles sont limpides comme celles de Sultzbach en Alsace. *Pyrmont* même, capitale de la principauté de Waldeck, est une jolie et très-petite ville. Eaux et ville sont la propriété du prince régnant.

Ces eaux contiennent par litre environ trois grammes de principes fixes, notamment :

Du bi-carbonate de soude, comme celles de Vichy, mais en moindre proportion ;
Des sulfates de soude et de magnésie ;
Du carbonate de fer (environ 0,07 centigr. par litre) ;
Du carbonate de chaux, du muriate de soude, et de l'acide carbonique en grande proportion (environ 1,50 grammes par litre). Peu d'eaux minérales naturelles sont aussi riches en acide carbonique, et il en est peu de plus agréables ; aucune n'est plus digestible.

A Pyrmont on trouve sept à huit sources principales, sans compter celles dont l'industrie s'est emparée pour en extraire du sel. Parmi les sources que fréquentent les malades, on cite :

L'*Augenbrunnen*, consacrée aux maux d'yeux ;
Le *Trinkbrunnen*, qui sert de buvette ;
La *source sacrée*, qui a la réputation de prévenir l'avortement, comme de remédier à l'impuissance et à la stérilité.
Le *Brodelbrunnen*, très-gazeuse, fait beaucoup de bruit comme une des sources de Carlsbad. C'est la seule qui soit consacrée aux bains.

Mais l'eau de Pyrmont n'est guère employée qu'en boisson. On la boit pure, ou mêlée au vin, au lait, au café, à différents breuvages, ou d'autres fois édulcorée avec des sirops agréables. Ces eaux elles-mêmes sont acidules et salines.

Elles coulent dans une charmante vallée, à l'ouest du Weser. Peu d'eaux ont joui d'une vogue aussi grande. On y a vu simultanément jusqu'à 10,000 personnes obligées de camper *sub cœlo* comme une armée, faute d'habitations suffisantes. Alors on attribuait à ces eaux des vertus extraordinaires : les aveugles en espéraient la clarté, les paralytiques le mouvement, et d'autres espéraient y rajeunir.

Le fait est que Pyrmont convient à ceux dont les forces défaillent, et sont en cela comparables aux eaux d'Éger et de Spa. Elles sont de même utilement conseillées dans les affections chroniques du foie et de l'estomac, dans les gastralgies sans fièvre et l'hypochondrie sans irritation. On les prescrit aussi comme vermifuges et lithontriptiques. Quelques maux nerveux s'y sont adoucis, en partie sans doute à cause des distractions, fort nombreuses et très-diversifiées. Une des promenades de Pyrmont a été décorée d'une statue d'Esculape, preuve contestable qu'on ne fréquente ces eaux que pour guérir.

Il existe dans la ville une caverne carbonique, comparable à la grotte du Chien à Pouzzoles. Les animaux qui s'y fourvoient sont soudainement tués par asphyxie, le danger croit à proportion de leur petitesse. Là comme à toutes les sources gazeuses, on doit se prémunir contre l'asphyxie, évitant de s'étendre sur le sol, d'où le gaz est fréquemment exhalé. Et si l'on visite des souterrains, il faut y être précédé par des lumières dont l'affaiblissement graduel signale un danger. Isidore Bourdon.

PYROGALLIQUE (Acide). *Voyez* GALLIQUE (Acide).
PYROLATRIE, **PYROLATRES** (du grec πῦρ, feu, et λατρεία, culte). *Voyez* FEU (Culte du) et POLYTHÉISME.
PYROLIGNEUX (Acide). *Voyez* VINAIGRE.
PYROMANCIE (du grec πῦρ, feu, μαντεία, divination), divination au moyen du feu. Les anciens pratiquaient la pyromancie de différentes manières; tantôt on jetait sur le feu de la poix broyée, et si elle s'allumait promptement on en tirait un bon augure. Tantôt on allumait des flambeaux enduits de poix, et l'on en observait la flamme : si elle se partageait en deux, c'était mauvais signe; si, réunie, elle ne formait qu'une seule pointe, on augurait bien de l'événement sur lequel on consultait; mais quand elle présentait trois pointes, c'était le présage le plus favorable. Si elle s'écartait à droite ou à gauche, c'était signe de mort pour un malade, ou de maladie pour celui qui était en santé; son pétillement annonçait des malheurs, et son extinction les dangers les plus affreux. Dans la divination par le feu des sacrifices, on jetait une victime dans le feu, et l'on considérait comment il l'enveloppait et la consumait : la couleur, l'éclat, la direction, la lenteur ou la vivacité de cet élément, tout était matière à prophétie dans les sacrifices. Si les flammes ne s'attachaient pas à la victime, si leur pétillement était violent et la fumée noire et épaisse, si quelque accident venait à les éteindre avant que la victime ne fût entièrement consumée, c'est que le sacrifice était rejeté par la colère des dieux. Quelquefois le prêtre, n'ayant pu obtenir une prédiction certaine de l'examen des entrailles de la victime, arrachait la vessie, et l'ayant nouée fortement avec de la laine, la jetait dans les flammes et examinait dans quelle direction elle viendrait à éclater. Il prenait aussi de la poix des torches, la jetait sur le feu, et lorsqu'une flamme unique et non divisée s'élevait, on la regardait comme un signe favorable. C'est principalement en temps de guerre que l'on consultait ces effets de la flamme.

On doit rapporter aussi à la pyromancie l'usage des gens superstitieux qui examinaient de quelle manière se comportait la flamme des feux qu'on a coutume d'allumer la veille de la Saint-Jean-Baptiste.

PYROMÈTRE (de πῦρ, feu, et μέτρον, mesure), nom donné à tout instrument solide propre à faire connaître les températures les plus élevées. Le pyromètre de Wedgwood est fondé sur la propriété qu'a l'argile de se contracter par l'action de la chaleur. Il est formé de deux règles de cuivre légèrement convergentes, divisées en 240 degrés; on fait glisser entre ces deux règles un petit cylindre d'argile qui s'avance d'autant plus que sa contraction a été plus forte par la chaleur à laquelle il a été soumis. Le 0° de cet instrument correspond à 598° du thermomètre centigrade, et chacun de ces degrés en représente 72 de ce même thermomètre. Il est très-défectueux. Aujourd'hui on emploie des pyromètres métalliques, parce qu'on ne connaît pas de corps plus propres à mesurer les hautes températures des fourneaux que les métaux.

PYROPE, nom que donnaient les Grecs à l'alliage désigné sous le nom d'airain de Corinthe.

Werner a donné le même nom à une variété de grenat.

PYROPHORE (de πῦρ, feu, et φέρω, je porte), nom donné à toute substance qui jouit de la propriété de s'enflammer et de dégager du calorique et de la lumière lorsqu'elle a le contact de l'air. Le pyrophore le plus connu est celui de Homberg; on l'obtient en calcinant pendant vingt ou vingt-cinq minutes, dans un petit matras à long col, luté extérieurement et placé dans un creuset rempli de sable, un mélange desséché de trois parties d'alun à base de potasse, et d'une partie de sucre, d'amidon, de mélasse ou de farine; le produit de cette opération est formé de sulfure de potasse, d'alumine et de charbon très-divisé; il est solide, d'un brun jaunâtre ou noirâtre, et doué d'une saveur analogue à celle des œufs pourris. Il est inaltérable à l'air sec, mais il prend feu à la température ordinaire, lorsqu'il est en contact avec l'air humide, ce qui tient à ce que le sulfure de potasse absorbe la vapeur aqueuse de l'air, et s'échauffe; alors le soufre et le charbon brûlent aux dépens de l'oxygène de l'atmosphère. Le pyrophore était employé comme briquet phosphorique avant que l'on connût le phosphore.

PYROSIS. *Voyez* GASTRALGIE.
PYROSIDÉRITE. *Voyez* GŒTHITE.
PYROTECHNIE (du grec πῦρ, feu, et τέχνη, art). *Voyez* FEU D'ARTIFICE.

PYROXÈNE (de πῦρ, feu, et ξένος, hôte), genre de substances isomorphes, composées comme les amphiboles, de silice, de chaux, de magnésie, de protoxyde de fer ou de manganèse, ces quatre dernières bases pouvant se remplacer mutuellement, et par conséquent se présenter mélangées en toutes proportions. Les pyroxènes se distinguent des amphiboles par une proportion moindre de silice, un degré moins élevé de fusibilité, un éclat moins vif en général, un aspect plus vitreux, et surtout par leur clivage, qui a lieu parallèlement aux pans d'un prisme klinorhombique d'environ 87°, tandis que dans les amphiboles les clivages latéraux font entre eux un angle de 124° 30'.

Les principales espèces ou variétés de pyroxène sont les suivantes : le *diopside*, qui est à base de chaux et de magnésie, et correspond, parmi les amphiboles, à la trémolite; la *sahlite*, qui répond à l'actinote, et renferme, outre les bases précédentes, du protoxyde de fer en quantité suffisante pour lui communiquer une teinte d'un vert plus ou moins foncé; l'*augite*, qui correspond à la hornblende; l'*hypersthène* ou *paulite*, à bases de magnésie et de protoxyde de fer, etc. Les deux premières espèces forment quelquefois à elles seules des masses considérables; les autres sont toujours disséminées dans diverses roches, telles que les trapps, les basaltes, etc.

PYROXYLINE ou **PYROXYLE** (du grec πῦρ, feu, et ξύλον, bois), nom proposé par M. Pelouze pour le produit obtenu par l'action de l'acide azotique monohydraté sur le coton, le papier et les matières ligneuses, quand cette action a lieu sans amener la dissolution de la cellulose. En effet, M. Pelouze a démontré que cette substance, qu'il avait signalée dès 1838, n'est pas la même que la xyloïdine de M. Braconnot; qu'elle contient plus d'oxygène et par conséquent plus d'acide azotique que ce dernier produit (*voyez* FULMI-COTON).
L. LOUVET.

PYRRHA, fille d'Épiméthée et de Pandore, épouse de Deucalion.
PYRRHIEN (Danse). *Voyez* DANSE PYRRHIQUE.
PYRRHIQUE, c'est le nom qu'on donnait, dans la poésie grecque et latine, à une mesure de vers composée de deux brèves; il était dérivé de celui d'une danse militaire des Grecs, car cette mesure revenait souvent dans les chants dont on l'accompagnait.

PYRRHON, célèbre philosophe, naquit à Élis, ville du Péloponnèse, vers l'an 384 av. J.-C., suivant l'opinion la plus probable, c'est-à-dire la même année qu'Aristote. La peinture fut, dit-on, sa première occupation; ensuite, il se tourna vers la philosophie, fréquenta les leçons de Dryson, fils de Stilpon, et s'attacha particulièrement à Anaxarque, disciple de Démocrite. Anaxarque ayant accompagné, dans son expédition d'Asie, Alexandre le Grand, dont il était l'ami, Pyrrhon l'y suivit, et visita avec lui les gymnosophistes de l'Inde. De retour en Grèce, il se fixa à Élis, sa patrie, dont il fut créé souverain pontife, et l'on croit qu'il mourut, âgé d'environ quatre-vingt-dix ans. A cause de lui, ses concitoyens, au rapport de Diogène de Laerce, avaient accordé, par un décret public, des priviléges à tous les philosophes.

Pyrrhon passe pour avoir le premier réduit en système le doute absolu, d'où ce système, qu'ordinairement on nomme *scepticisme*, est aussi appelé *pyrrhonisme*.
BORDAS-DEMOULIN.

PYRRHONIEN, on appelle ainsi une personne qui suit la doctrine de Pyrrhon, c'est-à-dire qui, comme lui,

doute systématiquement de tout. Néanmoins, dans le langage commun, on donne cette qualification à celui qui, sans système, doute, ou qui, pour se singulariser, affecte de douter des choses les plus certaines. Comme on voit, *pyrrhonien* est synonyme de *sceptique*.
BORDAS-DEMOULIN.

PYRRHONISME. *Voyez* SCEPTICISME.

PYRRHUS ou **NÉOPTOLÈME**, fils d'Achille et de Déidamie, fille de Lycomède, roi de Scyros, fut élevé dans cette île jusqu'à l'âge de dix-huit ans. A cette époque, Calchas ayant déclaré que sans le fils d'Achille tous les efforts des Grecs seraient vains pour prendre la ville de Troie, Ulysse et Phénix allèrent le chercher à Scyros, et l'amenèrent dans le camp de son valeureux père. C'est là, aussitôt qu'il eut pris les armes, qu'il fut surnommé *Néoptolème* (*jeune homme de guerre*). Mais il reprit bientôt son premier nom de *Pyrrhus* (roux), qu'il dut ou à la couleur dorée de sa chevelure, ou au faux nom de *Pyrrha*, que son père, déguisé en jeune fille, porta à la cour de Lycomède. Pyrrhus fut envoyé avec le rusé fils de Laerte à Philoctète, dans l'île de Lemnos, pour amener par artifice au camp des Grecs ce vieux guerrier avec les flèches d'Hercule, sans lesquelles Troie ne pouvait être prise. Il eut honte de le tromper. Ce fut le seul Ulysse qui persuada à Philoctète de se rendre aux pieds des remparts d'Ilion. Pyrrhus entra le premier dans le fameux cheval de bois. Quand la courageuse Ilion fut prise et croulait dans les flammes, l'épée de Pyrrhus y fit plus de carnage à elle seule que tous les chefs grecs ensemble. Indigne fils d'Achille, il eut la lâcheté de se souiller de quelques gouttes de sang que l'âge et les malheurs avaient laissées au vieux Priam. Ni les grâces, ni la faiblesse de l'enfance, ni les charmes, ni les pleurs, ni les supplications des vierges, ni les cris des mères, des épouses échevelées, embrassant ses genoux, ne touchaient ce cœur sans pitié. Il fit précipiter du haut d'une tour et briser sur la pierre le petit Astyanax, enfant qui marchait à peine, astre de beauté qui venait d'éclore, dit Homère, le fils d'Hector et d'Andromaque. Ce monstre, d'un bras rougi du sang de l'enfant, osa traîner captive la mère éperdue jusques en Épire, où il fonda un royaume, et là outrager de son brutal amour la veuve d'Hector, concubine soumise, et cela aux regards même de la jalouse Hermione, épouse et reine. Bien plus, lâche bourreau, impie sacrificateur, en horreur aux dieux infernaux mêmes, ce fut lui qui, saisissant d'une main forcenée la jeune et belle Polyxène par sa longue chevelure, de l'autre lui enfonça jusqu'à la poignée son épée dans la gorge, la laissant immolée sur le tombeau d'Achille, son père, qui, disait-il, demandait du sang de vierge. Plusieurs prétendent que Pyrrhus, après la ruine d'Ilion, retourna à Pthia en Thessalie, le royaume de son père. Il revint par terre, et évita ainsi les rocs de Capharée, écueil si fatal à la flotte des Grecs, contre lequel la brisa Neptune. Dans sa route, il fit la guerre à Harpalicus, roi de Thrace, dont la fille guerrière, nourrie du lait des juments célèbres de ce pays, le vainquit et le mit en fuite.

Le farouche amour de Pyrrhus préférait Andromaque à la fille de Ménélas, son épouse, qui ne lui donna pas d'enfants, tandis que la veuve d'Hector lui laissa des successeurs au trône d'Épire. Dans sa rage jalouse, la fière Hermione résolut d'arracher la vie à Molossus, fils de sa rivale, et à Pyrrhus lui-même. Son dessein fut découvert; mais Oreste, épris de la fille de Ménélas, de concert avec elle, prévint la vengeance de Pyrrhus. Un jour que le roi d'Épire était allé à Delphes pour offrir une hécatombe à Apollon et apaiser ce dieu, Oreste s'y était rendu secrètement, et avait d'avance fait accroire aux Delphiens que le roi d'Épire n'était venu que pour prendre connaissance du temple et de ses retraites sacrées et en enlever les trésors. Les Delphiens, indignés, percèrent d'une grêle de traits Pyrrhus, au pied même de l'autel, vengeant ainsi leur dieu outragé. Virgile fait tomber ce prince sous les coups d'Oreste lui-même. Ovide dit que ses odieux ossements furent dispersés sur les frontières de l'Ambracie. Toutefois, dans la suite, Pyrrhus fut honoré par les Delphiens comme un héros; ils lui dressèrent des autels expiatoires, et lui consacrèrent des fêtes annuelles sous le nom de *Néoptolémies*. La cause d'un changement si subit fut l'invasion des Gaulois dans la Grèce. Les Delphiens crurent voir dans l'air Pyrrhus, armé de toutes pièces et secondé de plusieurs guerriers des anciens âges, combattre et repousser les barbares. Dès lors Pyrrhus fut pour ce peuple crédule un génie tutélaire.

Pyrrhus eut encore pour épouse Lanassa, dont il eut huit enfants : elle était d'un sang héroïque, fille de Cléode, petit-fils d'Hercule.
DENNE-BARON.

PYRRHUS, roi d'Épire, né vers l'an 312 avant J.-C., mort l'an 272. Fils d'Éacide, il était le quinzième descendant de Pyrrhus Néoptolème, fils d'Achille. Éacide venait d'être détrôné par ses sujets, les Épirotes-Molosses. Pyrrhus enfant fut porté en Illyrie, et déposé aux pieds du roi Glaucias. Ce monarque demeura longuement pensif, se consultant sur ce qu'il doit faire, car il redoute Cassandre, roi de Macédoine, qui aurait voulu détruire toute la race d'Éacide. Cependant l'enfant, de ses petites mains, saisit le bas de la robe du roi, et, se levant avec effort, se presse contre les genoux de Glaucias. Le prince sourit d'abord, puis il se sent touché de pitié. Il remet l'enfant dans les bras de sa femme, lui commande de le nourrir comme un des siens; et dès que son pupille eut atteint l'âge de douze ans, Glaucias se mit à la tête d'une armée, et le rétablit roi d'Épire. Tel est le récit de Plutarque et de Justin; mais, selon une tradition plus accréditée, Pyrrhus ne fut rétabli dans ses États qu'à l'âge de dix-sept ans, après la mort de Cassandre, vers l'an 295.

Dès sa quatorzième année, Pyrrhus avait combattu avec une brillante valeur sous les ordres de son beau-frère Démétrius, dont il venait d'épouser la sœur Déidamie, et l'on peut remarquer ici, qu'à l'exemple des autres rois grecs de son temps, Pyrrhus épousa plusieurs femmes, pour multiplier le nombre de ses alliés politiques. Déjà, si l'on en croit Plutarque, plus d'un signe merveilleux signalait les éclatantes destinées de ce jeune prince. Son visage, empreint d'une majesté royale, avait quelque chose de terrible. Il n'avait en la mâchoire supérieure qu'un seul os, figurant toutes les dents, sans aucune solution de continuité, annonce d'une force peu ordinaire. Il guérissait les maux de foie en touchant les malades de son orteil droit. A ce procédé il joignait le sacrifice d'un coq blanc, que les malades lui offraient pour son salaire, présent qui lui était fort agréable; il en faisait ensuite son repas. Il n'y avait si humble personne qui le requît de ce remède, à qui il ne l'octroyât. Quand il fut mort, il fut conservé dans un temple quatre l'orteil de ce pied, il eût à perdre des couronnes.

Pyrrhus passa sa vie à gagner et à perdre des couronnes. Plutarque nous dit que ce qui l'obligea d'entreprendre pour la seconde fois la conquête de la Macédoine, c'est qu'il ne pouvait entretenir dix mille hommes de pied et cinq cents chevaux qu'il avait. Il venait d'être chassé de ce royaume, dont lui-même, sept ans auparavant, avait expulsé Démétrius (287), et se trouvait réduit à son royaume d'Épire, quand les Tarentins en querelle avec les Romains, appelèrent ce rude capitaine à leur secours (280). Il priva de la liberté ce peuple mou et accoutumé à toutes les douceurs d'une licencieuse existence. A peine arrivé à Tarente, il convertit en corps-de-garde cette ville de plaisir, ferma les gymnases et les théâtres, assujettit les citoyens à la discipline militaire, et fit passer par les armes les récalcitrants. Il venait faire la guerre aux Romains dans le temps qu'ils étaient en état de lui résister et de s'instruire par ses victoires : il devait leur apprendre à ses dépens à se retrancher, à choisir et à disposer un camp; il les accoutuma aux éléphants, que dans leur simplicité ils appelaient *bœufs de Lucanie*. Vainqueur, à la bataille d'Héraclée, de ces Romains dont il avait admiré la valeur et l'ordonnance, qui, disait-il, n'était pas si barbare, il marcha sur la Campanie, dans l'espoir de la soulever. Rien ne remua ; il poussa jusqu'à Préneste, découvrit Rome du haut des montagnes ; mais de toutes parts les légions approchaient pour le cerner; il se hâta de regagner Tarente. Cependant, il fallait sortir avec honneur de cette guerre. Il envoya à Rome son ministre Cinéas, par l'éloquence duquel, disait-il, il avait pris plus de villes que par la force des armes. Déjà l'adresse de l'envoyé ébranlait le sénat ; mais les rudes paroles du vieil Appius Claudius firent échouer la faconde insinuante du disciple de Démosthène; et telle fut la réponse que celui-ci porta à son maître : « Si Pyrrhus veut la paix, qu'il sorte sur-le-champ de l'Italie ! »

Ici se place l'ambassade de Fabricius auprès du roi d'Épire pour traiter du rachat des prisonniers. Dans cette occasion, le prince et le consul semblèrent se disputer la gloire de la générosité. Forcé de continuer la guerre, Pyrrhus vainquit encore une fois les Romains près d'Asculum ; mais cette victoire lui coûta cher : « Il ne nous en faut plus qu'une semblable, dit-il, et nous sommes ruinés. » Appelé par les Siciliens contre les Mamertins et les Carthaginois, il passa en Sicile, chassa partout devant lui ces barbares ; mais les soldats qu'il commandait firent regretter aux Siciliens les ennemis dont il les avait délivrés. Pyrrhus, en quittant la Sicile, prononça ce mot prophétique : « Quel beau champ nous laissons aux Romains et aux Carthaginois ! » Les Mamertins osèrent passer le détroit pour s'attacher à sa poursuite. Pyrrhus, blessé par un de ces barbares, lui donna un si grand coup d'épée sur la tête qu'il le partagea son adversaire en deux : « Si bien, dit Plutarque, qu'en un moment les deux parties du corps tombèrent, l'une deçà, l'autre delà. Cela arrêta tout court les barbares, effrayés de voir un si grand coup de main, qui leur fit estimer que Pyrrhus était quelque chose de plus qu'un homme. » Il revenait en Italie chargé de l'exécration des peuples ; il mit le comble en pillant à Locres le temple révéré de Proserpine, et pénétrant dans les souterrains où l'on gardait le trésor sacré. Cet or lui porta malheur. Vaincu à Asculum par le consul Curius (275), il finit par abandonner Tarente à la vengeance des Romains, et repassa en Épire.

Il n'y demeura pas longtemps en repos : voulant se récompenser sur la Macédoine des mauvais succès d'Italie, il conquit encore une fois ce royaume sur Antigone Gonatas ; mais il se décria aux yeux des Macédoniens en abandonnant la ville d'Ægium aux Gaulois, qui la pillèrent, et profanèrent les tombeaux des rois du pays. Bientôt il entreprend de réduire le Péloponèse, attaque d'abord Sparte, qui lui oppose une vigoureuse résistance, et marche ensuite contre Argos, où il était appelé par une faction, tandis qu'une cabale contraire introduisait dans la ville les troupes d'Antigone. Un grand combat se donne dans les rues ; une mère qui voit son fils poursuivi par Pyrrhus abat d'un coup de tuile le monarque belliqueux. Un soldat ennemi l'achève, en lui tranchant la tête. Telle fut la fin de ce monarque insensé (272). Son fils Alexandre (272) lui succéda en Épire ; et la race masculine des Éacides s'éteignit en 219.

Plutarque, dans la vie de Pyrrhus, nous intéresse au caractère de ce prince, en le représentant comme ami de la justice, libéral, affable, facile à pardonner. Annibal le proclamait le premier des capitaines de l'antiquité. Pyrrhus avait écrit des livres sur l'art militaire. Charles Du Rozoir.

PYRULE (de *pyrus*, poire), genre de mollusques gastéropodes pectinibranches, de la famille des canalifères. Ce genre doit le nom qu'il porte à sa coquille subpyriforme, canaliculée à sa base, ventrue dans sa partie supérieure. C'est Lamarck qui l'a établi aux dépens du genre *murex* de Linné. Depuis, certaines espèces ont été réunies aux fuseaux, d'autres aux pourpres. Le genre *pyrule* en renferme encore plus de trente, généralement assez grandes.

PYTHAGORE naquit à Samos, en 584 avant J.-C., selon les calculs les plus probables. Il paraît qu'il reçut des leçons de Phérécyde, d'Hermodamas, peut-être aussi d'Anaximandre et de Thalès, fondateur de l'école d'Ionie, et plus âgé que lui d'environ cinquante-six ans. Il visita l'Égypte, parcourut l'Asie Mineure ; quelques-uns veulent qu'il ait poussé jusqu'en Chaldée et dans l'Inde, mais c'est invraisemblable. De retour dans sa patrie, il ne put y souffrir la domination de Polycrate, et se retira dans l'Italie méridionale, à Crotone, colonie grecque. De là le nom d'*italique*, donné à son école. Comme aucun de ses écrits ne nous est parvenu, que nous n'avons que de courts fragments des écrits de deux ou trois de ses disciples, et dont encore l'authenticité est souvent contestée ; qu'il faut recourir à ce qui a été dit çà et là par les autres, il est difficile de savoir au juste quelle était sa doctrine. D'après tous les rapprochements et toutes les inductions, voici ce qui semble le plus plausible. Éternellement subsistent l'unité et le nombre pair. L'unité en s'unissant au nombre pair produit le nombre impair ; et du mélange de ces deux nombres résulte chaque chose.

C'est dans ce langage emprunté aux mathématiques que Pythagore expose Dieu et l'origine de l'univers. Par l'unité, il entend l'Être suprême ; par le nombre pair, il entend le néant, l'opposé de l'Être suprême, ce qui en diffère totalement, mais qui par cette différence totale indique la possibilité de quelque autre chose que l'Être suprême, c'est-à-dire la possibilité d'une création. On comprend sans peine que Dieu, la plénitude de l'être, soit vu dans l'unité ; mais comment voir le néant dans le nombre pair ? Obligé d'écarter d'ici les considérations, trop longues et trop ardues, de haute métaphysique que cette question soulève, bornons-nous à dire que le nombre pair, exactement divisible, dans sa divisibilité, s'offrait à Pythagore comme le principe même de la différence, et de la différence absolue qui subsiste entre l'Être suprême et le néant, et des différences relatives qui subsistent, soit entre l'Être suprême et les êtres secondaires, soit entre les êtres secondaires eux-mêmes.

L'unité s'unissant au nombre pair, c'est Dieu appelant le néant à l'être ; et le nombre impair, c'est l'être sorti du néant, ou la création ayant passé de la possibilité à l'existence. L'unité comme telle, c'est-à-dire excluant la différence, ne saurait rien produire ; mais en s'unissant au nombre pair, elle devient féconde. En effet, si l'idée que nous avons de Dieu était une au point d'exclure l'idée d'un autre être quelconque, ne nous montrerait-elle pas Dieu dans l'impossibilité de créer ? Aussi quoiqu'elle soit souverainement une, puisqu'elle est l'idée de ce qui a toutes les perfections, elle admet, ou plutôt elle implique l'idée de ce qui n'a que quelques perfections, et même de ce qui n'en a aucune, ou du moins. Or, ces idées de perfections partielles, et même de l'absence de perfection, qui entrent essentiellement dans toute intelligence, constituent en Dieu la possibilité de communiquer ces perfections partielles à des êtres hors de lui, c'est-à-dire de les créer. Le nombre impair, qui n'est point exactement divisible, repousse la différence, comme l'unité, mais moins rigoureusement qu'elle. C'est pourquoi Pythagore voit en lui l'être secondaire, comme dans l'unité l'Être suprême. Par lui-même, l'impair ne donnerait qu'un seul être secondaire ou pair ; mais en se mêlant au pair, il les forme tous. On sent ici pourquoi en général, aux yeux des pythagoriciens, l'unité et le nombre impair sont le symbole du vrai, du bien, du juste, de l'ordre, et le nombre pair celui du faux, du mal, de l'injuste, du désordre.

Quoique Pythagore fasse coexister le nombre pair avec l'unité, il ne pose point deux principes premiers ; car en lui-même ce nombre n'est qu'une négation, et la possibilité de produire qu'il signifie par rapport à l'unité, réside entièrement dans celle-ci, qui dès lors demeure principe unique. Aussi quelquefois ne parle-t-il que de cette unité souveraine, qu'il appelle *impair-pair*, pour faire entendre que seule elle engendre les autres êtres, comme l'unité mathématique engendre les nombres. En vain sans doute Pythagore se flattait d'expliquer ainsi la formation de l'univers, mais du moins il signalait l'ordre universel qui y règne. Si chaque chose est un nombre, leur ensemble un ensemble de nombres ou le nombre même, lequel émane de l'unité suprême comme de sa cause, et lui reste suspendu, on comprend que tout se développe, vive et se meuve dans des rapports harmonieux. Par ces audacieuses spéculations, il est le premier des philosophes qui ait arraché la pensée à la domination des sens, le premier qui, en l'appliquant à d'autres objets qu'à ceux qui les frappent, lui ait fait découvrir dans l'ordre visible un ordre invisible supérieur et plus réel, et en la transportant dans cet empire des idées, où se trouvent les raisons de l'existant et du possible, l'ait lancée dans la grande voie des découvertes. Lui-même y a marché à pas de géant. Il a formé l'arithmétique et la géométrie, dont jusque là on n'avait que quelques notions empiriques; il les a fécondées par ses considérations sur les nombres pair et impair et les nombres triangulaires, sur les corps réguliers, dont, pour le dire en passant, il attribuait la forme aux cinq éléments : le cube était la terre, la pyramide le feu, l'octaèdre l'air, l'icosaèdre l'eau, le dodécaèdre l'éther. A lui revient le fameux théorème du carré de l'hypoténuse, théorème aux applications si nombreuses et si importantes. En astronomie, il dépassa tellement son siècle et l'antiquité, que son système, qui est l'ébauche du véritable, puisqu'il fait tourner la Terre sur elle-même et autour du Soleil, n'a été accueilli que dans les temps modernes, anticipant par là de deux mille ans sur les progrès généraux de l'esprit humain. Il comprit que les comètes n'étaient point, ainsi qu'on le l'est longtemps imaginé, de fugitifs météores, mais bien des corps célestes, aussi anciens que les autres, et se mouvant, comme les planètes, autour du Soleil; que c'est de cet astre que la Lune emprunte sa lumière; que chaque étoile doit être un Soleil, centre d'un système planétaire, pareil au nôtre; enfin, il supposa les planètes habitées. Qui ne sait qu'il a déterminé les intervalles des sons musicaux? Bien plus, voulant retrouver des intervalles analogues entre les planètes, il a, suivant la remarque de Maclaurin, rencontré ceux qui donne effectivement la gravitation.

Il ne fut pas étranger aux premiers progrès de la médecine, particulièrement dans la physiologie et la pharmaceutique. Quant à ses idées sur la nature humaine, il distinguait l'âme du corps, la définissait un nombre en mouvement, et voyait en elle deux parties, l'une raisonnable, l'autre irraisonnable et siége de l'orgueil et de la volupté. Il la croyait immortelle, attendue après la mort par des récompenses ou par des châtiments, destinée à animer successivement plusieurs corps, et placée dans le nôtre en expiation de quelque faute antérieure. Elle trouve en lui une prison, mais une prison qu'elle doit travailler à assainir, afin qu'elle n'y contracte pas des infirmités nouvelles. Si l'âme doit combattre dans le corps ce qui l'amollit, elle y doit développer ce qui le rend sain et vigoureux. En conséquence Pythagore prescrit d'être frugal, tempérant, laborieux, de se livrer à des exercices rudes, de veiller sur soi, de se recueillir dans l'idée de la présence de Dieu et dans la persuasion que tout se passe sous son œil et marche par sa providence; de vaquer à la prière, qui rend meilleur; de ne se communiquer aux autres qu'après s'être bien consulté soi-même, afin de ne point se laisser surprendre, et de rester toujours libre. Et il ne jetait point ces préceptes en spéculations oisives : un fameux institut, où accourait l'élite de la jeunesse de la Grande-Grèce, en était l'application. Là se formaient les hommes propres à gouverner les autres; de là sortirent Zaleucus et Charondas. Lui-même donna des lois à Crotone et à d'autres cités. On s'accorde à dire que les pythagoriciens chassaient les tyrans, rétablissaient les peuples dans leurs anciens droits; et beaucoup périrent victimes de cette fierté d'âme et de ces magnanimes dévouements. Surpris un jour sans armes par un certain Cylon, à qui la porte de l'institut avait été interdite à cause du déréglement de ses mœurs, et qui avait profité d'un conflit pour ameuter ses pareils, ils furent la plupart égorgés. Si Pythagore échappa à ce massacre, la persécution générale qui s'éleva contre eux l'atteignit à Métaponte, vers l'an 500 av. J.-C., à l'âge de quatre-vingt-quatre ans.

BORDAS-DEMOULIN.

PYTHAGORICIEN. On appelle ainsi soit celui qui abuse des idées numériques dans les sciences, ou des termes arithmétiques dans le langage, soit celui qui vit avec une extrême frugalité et ne mange point de chair. Sous ce dernier rapport, l'expression manque d'exactitude; car Pythagore et ses premiers, ne vrais disciples, ne s'interdisaient point tout à fait les aliments gras. Cette sévérité, qu'on ne saurait d'ailleurs condamner dans quelques individus pour qui elle est une arme contre les passions, n'appartient qu'aux nouveaux pythagoriciens, qui parurent peu de temps avant l'ère chrétienne.

BORDAS-DEMOULIN.

PYTHÉAS. L'un des hommes les plus remarquables qu'ait vus naître l'ancienne Gaule est sans contredit ce Marseillais qui, franchissant les plages reculées de l'Occident, alla porter jusqu'aux dernières limites de la vieille Albion le nom et la gloire de sa patrie. Astronome habile, voyageur intrépide, il eut le double mérite d'avoir bien vu et d'avoir bien écrit ce qu'il avait vu. Malheureusement, des deux ouvrages qui devaient nous transmettre le récit de ses expéditions, il n'est resté que le titre, et quelques passages disséminés dans les œuvres de Strabon, de Pline et d'Hipparque. C'est ainsi que l'on en connaît les principaux résultats, et c'est avec cela que l'on a reconstruit, tant bien que mal, l'itinéraire de ses courses aventureuses. Parti de Marseille, il pénètre dans l'Atlantique par le détroit des Colonnes, s'arrête à Gadir (Cadix), détermine la position du cap *Sacrum*, le Finistère de l'Espagne; celle du promontoire *Galbium*, cette masse de roche granitique qui termine la Bretagne; il reconnaît qu'elle s'avance au loin dans les mers; puis, il longe les côtes d'Albion, en fixe avec exactitude la longueur, le circuit et les deux latitudes extrêmes; passe à Thulé, et ne s'arrête que quand la terre lui manque. C'était problément dans son ouvrage intitulé : *De l'Océan*, qu'il avait consigné ces découvertes. Dans le second, appelé *Le Périple*, il avait relaté tout ce que lui avaient offert de curieux les rivages de la Baltique jusqu'à un fleuve appelé Tanaïs, et que Gosselin croit être la Duna; il y donnait surtout beaucoup de détails sur l'ambre, sur les lieux où on le trouve et sur la route que l'on doit tenir pour y arriver. Une grande question, agitée par les critiques anciens et modernes, a été de savoir si Pythéas avait effectivement voyagé ou non, si ses relations étaient le récit d'observations personnelles, ou le résumé des opinions de voyageurs antérieurs ou contemporains. Polybe et Strabon, qui reconnaissent son exactitude dans beaucoup de cas, la nient dans d'autres, où il a été mieux reconnu qu'il était dans l'erreur. Mais parmi nous, Samson, Gassendi, Rudbek, Bougainville, et le Polonais Lelewell, l'ont défendu de toute la puissance de leurs savants raisonnements. Gosselin l'a rudement attaqué dans ses *Recherches sur la Géographie des anciens*. Il faut remarquer d'abord que les fragments de Pythéas nous ont été transmis par des intermédiaires dont on a pu très-bien suspecter l'exactitude, par Strabon, toujours fortement prévenu à l'égard de tous les voyageurs, par Pline, ami du merveilleux. Les voyages de Pythéas portent le cachet de la vérité, et si on y rencontre des erreurs, des idées étranges, comme celle des épais brouillards du Nord, qu'il prend pour le lien commun de la mer, de la terre et de l'air, pour une matière pareille au poumon marin, cela tient aux idées de son temps et à certains rapports d'hommes ignorants qu'il a été obligé de consulter. D'ailleurs, celui qui fixa, il y a plus de deux mille ans, la position de Marseille, à quarante secondes près; celui qui observa le premier la relation qui existe entre les phases de la Lune et les ma r é es; celui qui montra aux Grecs, d'après Hipparque, que l'étoile polaire n'est pas au pôle même, ne devait pas être un imposteur, mais un profond observateur, un homme de conscience et de savoir.

PYTHIAS ou **PHINTHIAS**. *Voyez* DAMON.

PYTHIE ou **PYTHONISSE**. Les Grecs nommaient ainsi la prêtresse qui rendait à Delphes les oracles d'Apollon. Les prêtresses de Delphes, pour prédire l'avenir, s'inspiraient sous l'action de vapeurs sulfureuses sortant d'une espèce d'abîme ou de trou profond, nommé *Pythium*, dont la tradition attribuait la découverte à un berger qui faisait paître son troupeau au pied du Parnasse, et auquel les vapeurs enivrantes qui s'en exhalaient communiquèrent le don de prophétie. Plusieurs fanatiques s'étant précipités dans cet abîme, on en boucha l'entrée, au moins en partie, au moyen d'une espèce de machine supportée par trois pieds appuyant sur les bords du trou, d'où on la nomma *trépied*. Les prêtresses, montées sur ce trépied, pouvaient, sans le moindre risque, recevoir l'action de la vapeur prophétique. On choisit d'abord pour jouer ce rôle de pythonisses de jeunes filles encore vierges, comme plus propres que d'autres à garder le secret de l'oracle et à le rendre fidèlement : les plus grandes précautions présidaient d'ailleurs à cette recherche d'une pythonisse, qui devait être née d'une union légitime et avoir été élevée par des parents pauvres : son ignorance de toutes choses devait être extrême; et pourvu qu'elle sût parler et répéter ce que lui disait le dieu, elle en savait assez. La coutume de choisir les pythonisses jeunes dura très-longtemps ; mais une d'elles, fort jolie, ayant été enlevée par le Thessalien Echécrate, il fut décidé qu'on ne prendrait plus pour pythonisse que des femmes qui auraient passé la cinquantaine, et l'on doit convenir que cet âge était mieux dans l'esprit d'un rôle dont l'acteur semblait possédé par quelque diabolique puissance. Il n'y eut d'abord qu'une pythie pour monter sur le trépied ; mais quand l'oracle fut en vogue, on en élut deux et même trois, afin de se suppléer en cas de fatigue, d'accident ou de mort. Ce n'était qu'au commencement du printemps que la pythie rendait ses oracles, et elle s'y préparait par plusieurs cérémonies qui tendaient à l'exalter extraordinairement ; tel était, entre autres un jeûne de trois jours. Elle se trempait le corps et surtout les cheveux dans la fontaine de Castalie, se couronnait de laurier; le trépied était également décoré de lauriers, et la prêtresse mâchait et avalait sans doute aussi quelques feuilles de cet arbre, consacré à Apollon. Ces préliminaires achevés, Apollon avertissait lui-même de son arrivée, lors de laquelle le temple semblait trembler jusque dans ses fondements, et l'on plaçait alors sur le trépied la prêtresse, qui avait à peine subi l'action de la vapeur divine que tout son corps s'agitait, ses cheveux se hérissaient, son regard devenait farouche, et de ses lèvres écumantes sortaient des cris, ou plutôt des hurlements, qui pénétraient les assistants d'une sainte frayeur ; alors vaincue, elle s'abandonnait au dieu dont elle était agitée, et proférait des mots incohérents, que les prêtres recueillaient et qu'ils avaient le soin d'arranger. Puis la pythie était reconduite à sa cellule, où elle se reposait plusieurs jours de ses fatigues, dont une mort prompte, à dire de Lucain, était souvent la suite. Il fallait faire au dieu de riches présents pour en avoir une réponse : aussi le temple de Delphes était-il magnifique ; car les rois, connaissant l'influence de ces oracles sur le peuple, corrompaient souvent les ministres d'Apollon pour se rendre les réponses favorables. Les oracles furent d'abord rendus en vers; mais un plaisant ayant fait observer qu'il était singulier que le dieu de la poésie s'exprimât en si méchants vers, car ils étaient assez médiocres pour l'ordinaire, on ne fit plus parler le dieu qu'en prose.

Le nom de *pythonisse* fut appliqué par extension à toutes les femmes qui se mêlaient de prédire l'avenir. Telle *fut la fameuse pythonisse* d'Endor, que consulta Saül. Ces femmes pythonisses, ou *esprits de Python*, comme les appellent les traducteurs de la Bible, étaient très-connues en Judée et dans la Grèce. Saint Paul, dans la ville de Philippes en Macédoine, délivra une jeune fille d'un esprit de Python, dont elle était possédée, au grand regret de ses maîtres, qui en faisaient trafic. La Vulgate et les Septante ont donné à tort le nom de *pythonisse* à ces femmes ; leur véritable nom, dans le texte hébreu, est *oboth*, peau d'outre ou ventre, parce que dès qu'elles commençaient à émettre leurs oracles leurs seins s'enflaient et leurs paroles semblaient sortir du fond de leurs entrailles.

PYTHIQUES ou **PYTHIENS** (Jeux). Ces jeux furent institués à l'occasion de la victoire d'Apollon sur le serpent Python. Ils datent environ de 1260 ans avant notre ère. Les héros, dit-on, assistèrent à ces jeux la première fois qu'on les célébra, et y remportèrent tous les prix : Pollux celui du pugilat, Castor celui de la course des chevaux, Hercule celui du pancrace, etc. Quelques mythographes pensent que dans les jeux pythiens on disputait uniquement le prix de la musique, et qu'on y chantait dans le *mode pythien* la victoire d'Apollon, en se livrant aussi à des danses.

Pausanias dit que ces jeux furent institués à Delphes par Jason ou Diomède, roi d'Étolie, et remis en honneur par Eurylochus de Thessalie, la troisième année de la 48e olympiade (584 ans av. J.-C.). Les amphictyons avaient dans ces jeux le titre de juges. Strabon décrit les exercices des jeux pythiques, et Pindare chante leurs vainqueurs. On célébra d'abord ces jeux tous les huit ans, puis tous les quatre ans, ou la troisième année de chaque olympiade, en sorte que les habitants de Delphes comptèrent par *pythiades*.

PYTHIEN (Nome). On nommait ainsi un air de musique non accompagné de chants, qui se jouait sur la flûte durant les jeux pythiques. Strabon divise cet air en cinq parties, dont chacune faisait allusion au combat d'Apollon contre le serpent Python, qui en avait été l'origine : 1° l'*anacronsis*, ou prélude ; 2° l'*empeyra*, ou le commencement du combat ; 3° le *catakeleusme*, combat même ; 4° les *iambes* et *dactyles*, figurant le péan ou le chant de joie à l'occasion de la victoire, avec les rhythmes convenables ; 5° enfin les *syringes*, ou imitation des sifflements du serpent à l'agonie. Pollux divise aussi ce chant en cinq parties, quoiqu'il varie un peu avec Strabon dans les attributs qu'il donne à chacune d'elles.

PYTHON. Le génie grec, qui a enfanté tant de créations gracieuses, ne s'est pas moins exercé dans le genre monstrueux, comme on le voit par la fable du dragon ou serpent Python, qui séjournait sur le Parnasse, et dont le corps couvrait plusieurs arpents : il avait cent têtes, cent bouches vomissant des flammes avec des hurlements horribles, et dévorait indistinctement les hommes et les animaux. Apollon parvint à le tuer à coups de flèches ; ce qui lui valut les surnoms de *pythonien*, *pythonicide* ou *pythien* ; et il institua en mémoire de ce triomphe les jeux pythiques. Ovide fait naître le serpent Python des eaux du déluge de Deucalion, et Homère dit que ce monstre fut ainsi appelé de πύθω (pourrir), parce que son corps, resté sans sépulture, répandit une odeur infecte. De ce monstre naquirent la Gorgone, Géryon, Cerbère, l'Hydre de Lerne, le Sphinx et le Vautour qui rongea la foie de Prométhée. Il y a d'ailleurs dans les mythographes cent versions sur l'origine et l'histoire du serpent Python.

PYTHONISSE. *Voyez* PYTHIE.

Q

Q, dix-septième lettre et treizième consonne de notre alphabet. Le système naturel de l'épellation voudrait qu'on la prononçât *que* ou *ke*; l'usage presque général est de dire *qu* ou *ku*. L'articulation représentée par cette lettre est la même que celle du *k* ou du *c* devant *a*, *o*, *u*. Comme le remarque judicieusement le grammairien latin Priscianus, la lettre *q* serait absolument inutile dans notre alphabet, s'il était raisonné et destiné à peindre de la manière la plus simple les éléments de la voix; et vice est commun au *q* et au *k*. La lettre *q* est la même dans le latin, l'hébreu et le grec ancien; elle figure dans les alphabets de toutes les langues modernes. Quand elle n'est point finale, la voyelle *u* la suit toujours, comme dans *quelque*, *qui*, *quoi*, etc. Ordinairement alors cet *u* ne sonne point. Cependant, cette voyelle se prononce quelquefois après le *q*; car, si l'on dit *quêteur* par *ke*, on articule *questeur* par *cues*; l'*u* se fait sentir dans beaucoup d'autres mots : *aquatique*, *équateur*, *quadrature*, *quadrupède*, *équestre*, etc. Ménage prétend que les anciens Romains ne prononçaient pas l'*u* dans *qui*, *quæ*, *quod*, *quum*, *quia*, *quatuor*, et qu'ils disaient *ki*, *kæ*, *kod*, *kum*, *kia*, *katuor*. Cela pouvait être vrai devant l'*o* et l'*u*, mais non devant les autres voyelles, du moins tel est le sentiment de la plupart des grammairiens. Cette question fit beaucoup de bruit vers le milieu du seizième siècle. Elle amena un bizarre procès entre les professeurs du Collège de France, qui, jaloux de substituer la prononciation gothique, faisaient sentir l'*u* dans *quanquam*, *quisquis*, et les docteurs de Sorbonne, qui prononçaient et voulaient qu'on prononçât *kankam*, *kiskis*. On croit que c'est cette ridicule querelle qui donna lieu à la création du mot *cancan*. Q chez les Romains était une lettre numérale qui valait 500, et surmontée d'une ligne horizontale, 500,000. Sur nos monnaies cette lettre indique qu'elles ont été frappées à Perpignan.
CHAMPAGNAC.

QUADES (Les), peuplade germaine, de même origine que les Marcomans, et qui du premier au quatrième siècle habita la contrée aujourd'hui appelée Moravie, sur les frontières de la Hongrie. Avec les Marcomans et les Sarmates, les Quades ravagèrent longtemps les provinces romaines voisines de leur territoire. Vers la fin du quatrième siècle, ils avaient déjà perdu de leur puissance; et au cinquième l'histoire cesse de faire mention d'eux. Vraisemblablement les uns se confondirent avec les Suèves, qu'ils accompagnèrent dans leurs expéditions au sud, et les autres demeurés sur leur territoire s'y amalgamèrent avec de nouveaux occupants.

QUADRAGÉSIME (du latin *quadragesimus*, quarantième), terme de bréviaire, espace de quarante jours. Il ne se dit que du carême : Le dimanche de la *Quadragésime* est le premier dimanche de carême.

QUADRANGULAIRE, à quatre angles. En prenant le mot *angle* dans son acception la plus simple, c'est-à-dire comme représentant l'ouverture de deux lignes qui se coupent suivant des directions quelconques, il ne peut y avoir rigoureusement de *quadrangulaire* que la figure ou plutôt le polygone de quatre côtés. Une pyramide *quadrangulaire* est celle dont la base est figurée par un polygone de ce genre : ainsi, *quadrangulaire* et *carré* peuvent être considérés comme synonymes, avec cette différence que le dernier de ces mots, beaucoup plus restreint que l'autre dans son application, ne sert qu'à déterminer une espèce particulière de figure quadrangulaire, celle dont les angles sont droits et les côtés égaux. Les principales figures quadrangulaires sont, avec le *carré*, le *parallélogramme*, le *rhombe* et le *trapèze*.

QUADRAT. Ce mot, qui a passé de mode avec la science qui l'avait créé, l'*astrologie*, était destiné à indiquer la position de deux corps célestes éloignés l'un de l'autre d'un quart de cercle, ou de 90°. Il était alors usité seulement dans cette locution : *quadrat aspect*, et l'on supposait une influence maligne aux astres ainsi disposés l'un relativement à l'autre. Il est remplacé aujourd'hui en astronomie par le mot *quadrature*.

Quadrat et son diminutif *quadratin* sont des termes d'imprimerie, désignant des pièces de plomb qui sont dans les casses, de même volume que les lettres. On les met dans les espaces blancs du commencement ou de la fin des lignes, et dans les intervalles des titres, pour tenir les formes en état, en remplissant les vides.

QUADRATRICE. On a donné ce nom à diverses courbes employées pour trouver la surface d'autres courbes. La quadratrice la plus célèbre est celle dont se servit Dinostrate pour la quadrature du cercle : son équation est

$$y = x \cotg. \frac{\pi x}{2 a}.$$

QUADRATURE. En géométrie, on donne ce nom à toute opération ayant pour résultat la mesure d'une surface, opération qui n'est souvent que la transformation de cette figure en un *carré* équivalent (d'où ce mot *quadrature*).

La quadrature des polygones rectilignes se réduit à une décomposition en triangles, et ne demande que quelques notions de géométrie élémentaire. Il n'en est pas de même de la quadrature des surfaces limitées par des courbes, qui exige l'emploi du calcul intégral : $y = F(x)$ étant l'équation d'une courbe quelconque rapportée à des axes rectangulaires, si l'on représente par S la surface du trapèze mixtiligne limité par un arc de la courbe, les ordonnées des extrémités de cet arc, et la ligne des abscisses, on a :

$$S = \int y \, dx.$$

Mais cette intégration ne peut s'effectuer que dans un petit nombre de cas. Le plus souvent, il faut recourir aux séries : c'est ce qui a lieu pour la quadrature du cercle, de l'ellipse, etc.

En astronomie, on appelle *quadratures* les deux positions que la Lune occupe, lorsqu'elle est à 90° de la conjonction et de l'opposition.
E. MERLIEUX.

QUADRATURE DU CERCLE. *Voyez* CERCLE.

QUADRIGE, char à quatre chevaux, en usage chez les anciens peuples, chez ceux de l'Asie et de l'Égypte aussi bien que chez les Grecs et les Romains. On s'en servait à la guerre et à la chasse, comme on peut le voir notamment par les sculptures assyriennes; en Grèce et à Rome, ils figuraient dans les courses. Ces chars étaient bas, à deux roues, ouverts par derrière, tandis que le devant en était souvent orné des plus riches sculptures. Dans une bataille, il y avait à côté des guerriers un cocher pour conduire l'atelage. On a un grand nombre de représentations de ces sortes de chars dans les œuvres d'art des Assyriens, des Égyptiens, des Grecs et des Romains qui subsistent encore.

QUADRILATÈRE, mot qui peut se prendre substantivement ou adjectivement, et désigne une figure ou un polygone à quatre côtés. Il est synonyme de quadrangulaire, en ce sens qu'un polygone qui a quatre angles a nécessairement quatre côtés, et *vice versa*.

QUADRILLE, troupe de chevaliers d'un même parti dans un carrousel. Il se dit aussi de chaque groupe de quatre danseurs et de quatre danseuses figurant dans les ballets, dans les grands bals, et distingué quelquefois des autres groupes par un costume particulier.

Quadrille est aussi le nom d'un jeu de cartes ayant beaucoup d'analogie avec l'hombre.

QUADRUMANES (du latin *quadrimani*, formé de *quatuor*, quatre, et de *manus* mains), famille de mammifères, qui ont le pouce séparé aux pieds de derrière, comme à ceux de devant : tels sont les *singes* et les *makis*.

QUADRUPÈDES (du latin *quatuor*, quatre, et *pes*, pied ; qui a quatre pieds), nom sous lequel on désignait communément avant les perfectionnements récents des classifications zoologiques les animaux qui composent la première classe des vertébrés ; terme impropre, et qui caractérisait mal cette classe, puisque l'on trouve dans d'autres, parmi les reptiles, par exemple, des espèces à quatre pieds : tels sont les lézards, les grenouilles, etc. Nous renvoyons donc, pour les généralités relatives aux quadrupèdes, au mot MAMMIFÈRES, bien plus exact, et qui doit remplacer définitivement le premier en zoologie. SAUCEROTTE.

QUADRUPLE, même nombre compté quatre fois ou multiplié par quatre. Jadis les lois françaises voulaient que le comptable convaincu d'omission de recette fût condamné à rembourser le *quadruple* des sommes omises ou soustraites, sans préjudice de telle autre pénalité à appliquer en raison des faits.

En musique, la *quadruple croche* ne vaut que le huitième d'une croche ou la moitié d'une triple croche.

QUADRUPLE, monnaie d'or d'Espagne, dont la valeur est depuis 1786 de 81 fr. 51 c. On a donné aussi ce nom, en France, à une pièce d'or fabriquée sous Louis XIII, portant d'un côté l'effigie de ce roi, de l'autre une croix couronnée de quatre couronnes, et cantonnée de quatre fleurs de lis : elle pesait dix deniers, douze grains trébuchants, et valait 20 livres.

QUADRUPLE ALLIANCE, traité d'alliance conclu entre quatre puissances. L'histoire emploie pour la première fois cette expression à propos d'un traité intervenu le 28 octobre 1666, à La Haye, entre la Hollande, le Danemark, le Brandebourg et le Lunebourg, et ayant pour but de garantir la ville de Brême contre les entreprises des Suédois, mais indirectement dirigé en même temps contre Louis XIV ; traité demeuré d'ailleurs sans résultat. Le 2 août 1718 il se conclut une *quadruple alliance* tout autre importance, et où l'on ne compta d'abord que trois parties contractantes : l'Angleterre, la France et l'Autriche. Mais on la dénomma ainsi tout d'abord, parce qu'on croyait alors pouvoir compter sur l'accession des états généraux, laquelle pourtant n'eut jamais lieu ; car tout se borna de la part des états généraux à une menace (7 novembre 1719) d'y adhérer. Cette alliance pour la garantie des stipulations de la paix d'Utrecht ; et en même temps elle était dirigée contre les menées ambitieuses de l'Espagne, alors gouvernée par Albéroni.

La dernière *quadruple alliance*, œuvre surtout de Palmerston et de Talleyrand, est celle qui se signa le 22 avril 1834, à Londres, entre l'Angleterre, la France, l'Espagne et le Portugal, et qui fut encore l'objet d'articles additionnels signés le 10 août de la même année. Elle avait principalement en vue la double expulsion de don Carlos de l'Espagne et de dom Miguel du Portugal. A cet effet on imagina un système dit *de coopération* et consistant, d'une part dans l'envoi par la France en Catalogne de la légion étrangère tirée d'Algérie, de l'autre dans l'enrôlement en Angleterre d'un corps de volontaires à la tête duquel on plaçait le lieutenant-colonel Lacy-Evans, et enfin dans l'entrée sur le territoire espagnol d'un corps portugais auxiliaire. La France faisait encore espérer des secours plus efficaces, et réunissait à Pau un corps d'armée de 25,000 hommes. Mais la tournure que les choses prenaient en Espagne déplaisant à Louis-Philippe, fort peu partisan de ce constitutionalisme progressiste et quasi-républicain, il fallut se contenter, après bien des tiraillements et des hésitations, d'obtenir de lui qu'il établît un cordon d'observation le long des frontières espagnoles. On imagina, après coup, de présenter cette *quadruple alliance* comme une ligue offensive et défensive des puissances constitutionnelles contre les puissances absolues de l'Europe, comme l'embryon d'un nouveau système politique du monde. M. de Talleyrand, l'un des négociateurs de ce traité, la caractérisa ainsi, en réponse à quelqu'un qui lui demandait quelle en était la portée réelle : « Ce n'est rien pour nous, c'est quelque chose pour les puissances du Nord, c'est beaucoup pour les sots. » Le traité du 15 juillet 1840 justifia pleinement le mot de M. de Talleyrand, et l'affaire des *mariages espagnols*, en 1846, porta le coup de grâce à la *quadruple alliance*.

QUAI (*Architecture*), levée revêtue de maçonnerie ou en pierres de taille, destinée soit à retenir les terres de la berge d'une rivière, soit à en contenir les eaux dans leur lit ; et qui procure à certaines villes une promenade commode et agréable. Ce mot, très-ancien, viendrait, suivant Scaliger, de *cayars* (contraindre, resserrer, en latin du moyen âge). Plusieurs grandes villes, telles que Rome et Londres, n'ont pas de quais ; Pise et Florence, construites sur les deux rives de l'Arno, en possèdent d'admirables ; mais aucune ville n'approche en ce genre de Paris. Son plus ancien quai, celui des Augustins, date de Philippe le Bel.

En termes de marine, on appelle *quai* un espace revêtu de murailles, propre aux mouvements et aux opérations d'un port. On enfouit sur le terre-plein des canons par la volée jusqu'aux tourillons, et, dans les murs de revêtement, on scelle des ancres, de forts organeaux, pour que les navires viennent y amarrer. Pour charger ou décharger, les uns se placent *de bout à quai*, d'autres *bord à quai*. Les quais sont munis de grues et de cabestans volants. Il faut qu'il y ait aussi des robinets d'eau courante, avec des manches et des tréteaux pour envoyer de l'eau à bord des bâtiments, afin de remplir leurs pièces arrimées. En un mot, un quai doit offrir aux vaisseaux tout ce qui peut être utile à leurs mouvements et à leurs amarrages.

QUAKERS, c'est-à-dire *trembleurs*. C'est le nom d'une secte religieuse, née en Angleterre vers le milieu du dix-septième siècle. Comme à l'origine les membres de cette secte se prétendaient inspirés et ne parlaient qu'en tremblant des ravissements causés par la contemplation de la grandeur et de l'éclat de la lumière divine dont ils étaient inondés, leurs adversaires les dénommèrent d'abord ce surnom que par raillerie. Suivant une opinion commune, on le fait aussi venir de ce que Georges Fox, le fondateur de la secte, aurait dit devant un tribunal où il avait été cité à comparaître : « *Tremblez* devant la parole du Seigneur ! » Quant à la secte même, la dénomination qu'elle prend est celle de *Société chrétienne des Amis*, parce que les liens de l'amitié et de l'égalité doivent unir ses membres, lorsqu'ils se séparent de l'Église anglicane. C'est en 1646 que Fox, âgé alors de vingt-trois ans, se dit appelé par le ciel à prêcher une religion nouvelle. La hardiesse avec laquelle il s'attaquait à tout ce qui suivant lui était contraire au christianisme, si elle rencontra beaucoup d'approbateurs, blessa encore bien plus d'individus, et provoqua encore bien plus de résistances, notamment parmi la noblesse et le clergé. L'autorité en vint même jusqu'à croire devoir prendre des mesures sévères contre lui et ses adhérents. Cependant, en dépit de toutes les persécutions, il se forma dans diverses parties de l'Angleterre, telles que le pays de Galles et le comté de Leicester, et même à Londres à partir de 1654, un grand nombre de communautés de *quakers*, tantôt tolérées, tantôt opprimées par le gouvernement. Sous Charles II, leurs réunions et leurs exercices de piété furent d'abord libres ; mais plus tard on persécuta Fox et ses adhérents, surtout parce qu'ils se refusaient à prêter serment. Beaucoup d'entre eux émigrèrent alors, particulièrement dans l'Amérique du Nord et aux Indes occidentales ; d'autres se retirèrent en Hollande et dans la Frise. Des temps meilleurs ayant semblé luire pour eux sous Jacques II, ils s'établirent en Écosse et en Irlande. William Penn épura notablement leurs doctrines, de même qu'il perfectionna leur organisation intérieure ; en outre, il fonda une colonie de *quakers* sur les bords de la Delaware. Enfin, sous Guillaume III, l'Acte de Tolérance (1689) leur accorda le libre exercice de leur culte ; et bientôt après ils jouirent en Amérique de la liberté civile ainsi que de la liberté religieuse. La secte des *quakers* s'est maintenue jusqu'à nos jours, plus particulièrement en Angleterre et dans les États-Unis de l'Amérique du Nord. On en rencontre quelques-uns en France aux environs de Nîmes ; mais il n'en existe en Allemagne qu'aux environs de Pyrmont. La secte est aujourd'hui à peu près entièrement éteinte en Hollande ; mais dans ces derniers temps elle a fait quelques conversions en Norvège ; et en Australie il s'est formé un certain nombre de petites communautés de *quakers*. Là où ils sont tolérés, leur simple affirmation est tenue en justice pour prestation de serment. Ils se rachètent du service militaire. Leurs habitudes laborieuses, leur loyauté, leur amour de l'ordre, la simplicité de leurs mœurs, la gravité de leurs manières et le vertus domestiques dont presque toutes leurs familles donnent le spectacle, leur ont mérité l'estime publique.

Les *quakers* n'ont pas publié de symbole religieux proprement dit. Toutefois, le *Catechismus et fidei confessio*, primitivement rédigé en anglais, de Robert Barclay (Amsterdam, 1679), passe pour leur véritable livre symbolique, auquel il faut encore rattacher la *Theologiæ veræ christianiæ Apologia* du même auteur (sans indication de date ni de lieu). C'est dans ces ouvrages, de même que dans ceux de Georges Fox, Georges Keith, Samuel Fisher, William Penn, Henry Fuke, J.-J. Guerney, etc., dans les documents imprimés, ainsi que dans les lettres missives émanant de leurs réunions annuelles tenues à Londres, qu'on peut prendre une idée de leurs opinions en matières de religion. Quoiqu'on les ait accusés autrefois d'hétérodoxie et de déisme, il est démontré qu'ils ne s'éloignent pas des vérités fondamentales du christianisme. Ils s'en tiennent volontiers à la lettre même de la Bible, et sont d'accord sur tous les principaux symboles avec l'Église protestante. La base, le point de départ de leur doctrine, c'est certaine lumière divine et surnaturelle, qui suivant eux gît dans le cœur de l'homme. Ils sont convaincus que cette lumière n'est autre que Jésus-Christ lui-même, non pas à la vérité l'être divin ou la nature divine proprement dite, mais la parole de Dieu, le corps intellectuel de Jésus-Christ, qui est venu du ciel et nourrit l'homme pour la vie éternelle. Ils croient que la lumière de l'Esprit de Jésus-Christ éclaire jusqu'à un certain point tous les hommes, que les effets pleins de bénédiction du sacrifice et de la mort de Dieu s'étendent aussi loin que les suites de la faute d'Adam ; qu'en conséquence ceux-là même qui ne sont pas assez heureux pour avoir la connaissance de l'Évangile, quand ils suivent la mesure de lumière, don de Dieu par l'intermédiaire du Christ, et provenant de son Esprit, qui agit sur leur cœur, peuvent participer au salut que nous ont obtenu les mérites de Jésus-Christ. Ils croient en outre que tout chrétien fidèle peut clairement ressentir cette direction de l'Esprit-Saint, tant sous le rapport de ses devoirs religieux que sous celui de ses actions dans la vie ordinaire. Être conduit par l'Esprit est donc parmi eux l'application pratique et l'exercice de la religion chrétienne. En ce qui est de l'Écriture Sainte, ils distinguent la parole extérieure de la parole intérieure, c'est-à-dire le parole de Jésus-Christ ou du Saint-Esprit, source de toute vérité. Le don de l'esprit accordé à chacun pour *l'utilité générale* est à leurs yeux la seule condition essentielle de l'Église, et tout a fait indépendante de l'élection et de la consécration humaines. Jésus-Christ seul dès lors a le droit de choisir par l'Esprit-Saint ses serviteurs pour les fonctions de prédicateur, et de leur communiquer la capacité nécessaire. Comme aux temps primitifs de l'Église chrétienne cet Esprit se répandait indistinctement sur les serviteurs et les servantes du Seigneur, il choisit encore de nos jours pour annoncer aux autres le chemin du salut des femmes et des hommes, des jeunes gens et des vieillards, parmi les ignorants et les pauvres aussi bien que parmi les sages et les riches. Aussi n'existe-t-il pas chez les *quakers* de prêtrise proprement dite ; et comme ceux qui sont appelés par Jésus-Christ et le Saint-Esprit aux fonctions de prédicateur reçoivent ce don librement et gratuitement, c'est librement et gratuitement aussi qu'ils doivent exercer leurs fonctions, sans recevoir de salaire ni pratiquer l'usure. C'est par ce motif qu'ils se refusent à payer à l'Église, au clergé, la dîme et toute autre espèce d'impôt et de redevance. Ils croient en outre que le véritable culte de Dieu doit être tout intellectuel et indépendant de toutes cérémonies extérieures ; aussi leur culte public l'emporte-t-il en simplicité sur celui de toute autre secte. Dans leurs assemblées on ne voit point d'autel, point de chaire, point d'images, on n'entend pas de chant, pas de musique. La communauté se réunit sans tintement de cloche, et chacun attend alors silencieusement le Seigneur, jusqu'à ce que quelqu'un dans l'assistance se sente appelé à prêcher ou à prier, de sorte que parmi eux, comme il arrivait aussi dans l'Église primitive, plusieurs personnes parlent souvent l'une après l'autre. Il arrive quelquefois aussi que, personne ne se sentant pénétrée de l'Esprit-Saint, on se sépare après des heures d'inutile attente, sans qu'une seule syllabe ait été prononcée, chacun pendant ce temps accomplissant dans son cœur un colte intérieur. Ils considèrent le baptême comme une purification intellectuelle ; et la sainte communion, comme communion intérieure du corps et du sang de Jésus-Christ, est à leurs yeux une œuvre intellectuelle. Pour la prière ils veulent que l'âme veille et attende les mouvements de l'Esprit-Saint, pleine de confiance dans sa force et son influence. Reconnaissant la liberté absolue en matières de religion, ils prétendent que Dieu s'étant réservé à lui-même la domination sur les consciences, toute intervention humaine dans les affaires de conscience est contraire à la vérité. Leur morale est très-rigide. Elle leur interdit expressément la prestation de toutes espèces de serments, du service militaire, de même que des taxes de guerre ; elle leur défend aussi la participation aux plaisirs qui éveillent la sensualité. Ils regardent en conséquence la participation aux divertissements publics, aux représentations théâtrales, à la chasse, à la danse, aux festins et au luxe en tous genres, voire même le simple commerce des articles de luxe et des provisions de guerre, comme défendus par la loi religieuse, et la pratique des beaux-arts tout au moins comme offrant des dangers. Pour se conformer à la simplicité évangélique, ils toléent tous les hommes sans distinction de rang, méprisent toutes les prescriptions de la civilité vulgaire et n'ôtent leur chapeau devant personne. Conformément à leurs principes, ils ne vêtements se bornent au nécessaire et au commode. Ils ne désignent pas les jours de la semaine et les mois comme nous par des noms empruntés aux souvenirs du paganisme, mais par simple voie de numération. Ils tiennent le mariage pour une institution divine, sans n'admettent pourtant l'intervention d'aucun prêtre pour sa célébration. Quand des *quakers* veulent contracter mariage, ils annoncent leur intention à leurs assemblées respectives d'hommes et de femmes, qui se renseignent pour savoir s'il n'existerait pas par hasard d'empêchement au mariage et fixer les droits des futurs conjoints. S'il n'y a point d'empêchement, l'union matrimoniale a lieu solennellement dans une réunion publique tenue pour la célébration du culte; et à cette occasion il est dressé et remis aux mariés un document que signent tous les assistants, et constatant l'acte qui vient d'être accompli. Pour l'inhumation de leurs morts les *quakers* s'abstiennent également de toute pompe; l'usage des vêtements de deuil et des tombeaux n'existe pas parmi eux.

La constitution des communes de *quakers* est conformément à leur principe d'égalité, toute démocratique. Les membres d'une ou de plusieurs communes, suivant la diversité de leur nombre, se réunissent tous les mois pour délibérer sur la conduite de leurs membres, sur l'assistance à donner aux pauvres, sur ce que réclament les écoles et les établissements de charité, sur les punitions à imposer aux membres qui ont transgressé la loi du Seigneur, sur l'admission de prosélytes, etc. Cette réunion mensuelle juge également en première instance les altercations qui peuvent être survenues entre les membres de la commune, et élit les fonctionnaires de la société, qui ne reçoivent d'ailleurs aucun traitement et ne jouissent d'aucun privilège, ainsi que les députés aux assemblées trimestrielles. Celles-ci se composent des députés des communes d'un district, et composent un synode supérieur, chargé de la surveillance générale des assemblées mensuelles et de porter leurs rapports à la connaissance des assemblées annuelles. Ces dernières constituent pour toutes les communes la juridiction suprême; elles exercent en matières de discipline, de constitution et de morale le pouvoir législatif, et prononcent en dernier ressort sur des affaires et des contestations de toutes espèces. Il y a sept de ces assemblées annuelles dans l'Amérique du Nord, et une à Londres pour les *quakers* d'Europe. Le sexe féminin a aussi ses assemblées mensuelles, trimestrielles et annuelles; mais elles n'ont pas capacité pour rendre des décisions ni prendre des arrêtés pour l'administration des affaires de la commune. Les caisses communales, chargées de pourvoir aux dépenses qu'entraîne l'entretien des maisons de réunion, des institutions de charité, etc., sont alimentées uniquement par les contributions volontaires, mais en général fort larges, de chacun des membres, tous placés sous la surveillance de l'assemblée, qui dispose également d'un fonds commun servant à couvrir la dépense provenant de la propagation de livres religieux, de voyages faits à l'étranger par des serviteurs occupés de l'œuvre de Dieu, et autres frais généraux de la société. Il est digne de remarque que cette constitution et cette discipline ecclésiastiques furent introduites par Georges Fox lui-même. C'est à tort qu'on a accusé les *quakers* d'être les ennemis de la civilisation et de la science. En revanche, on a partout su rendre justice à la persévérance de leurs philanthropiques efforts pour arriver à l'abolition de la traite dans tous les pays du monde. Du reste, de nombreuses sectes ont surgi parmi les *quakers* de l'Amérique du Nord. Ceux d'entre eux qui font aux nécessités de la vie le sacrifice de diverses singularités ont été surnommés *quakers mouillés*, à la différence des *quakers secs*, ou rigides. Ceux qui tiennent le service militaire pour licite sont dits *quakers libres* ou *combattants*. Enfin, ceux qui professent le déisme pur sont qualifiés de *hicksites*, du nom d'Élias Hicks, leur apôtre, par opposition aux *evangelicals friends* (amis évangéliques).

QUALENDRE. *Voyez* CALENDRE.

QUALITÉS. Sous des acceptions très-diverses, ce terme s'emploie pour signaler les différentes dispositions ou natures et attributs des objets, soit physiques, soit moraux, comparativement à d'autres. Il y a des qualités *abstraites* et des qualités *concrètes*. Les péripatéticiens, d'après Aristote, établissaient dans la nature quatre *qualités premières*, correspondant aux quatre éléments admis déjà par Empédocle et par d'autres philosophes. Ainsi, le feu était chaud, comme l'air était froid ; la terre était sèche, comme l'eau humide.

On établit, en concordance de ces éléments, quatre saisons, quatre tempéraments et humeurs du corps, de cette manière : *Saisons*, été, hiver, printemps, automne. *Températures*, chaude, froide, humide, sèche. *Humeurs*, bile, pituite, sang, atrabile. *Complexions*, bilieuse, flegmatique, sanguine, mélancolique. *Affections*, colère, crainte, joie, tristesse. *Ages*, virilité, enfance, jeunesse, vieillesse. *Époques du jour*, midi, nuit, matin, soir.

Jadis, aussi, les alchimistes attribuaient une foule de *qualités* à leurs *principes* : le soufre, le sel, l'huile, etc., pour la plupart imaginaires. Il y avait surtout les *qualités occultes*, auxquelles on faisait jouer le plus grand rôle, parce qu'on en admettait partout où l'on trouvait des faits inexplicables. Ainsi, le chien arrêtait la perdrix par une *qualité occulte*; le serpent basilic charmait par sa *puissance occulte* l'homme ou sa proie. L'aimant attirait le fer par une *propriété occulte*, comme la succin frotté s'attache des fétus de paille, etc. La blessure d'une victime se rouvrait en présence de l'assassin par une *qualité sympathique*. Des poudres sympathiques attiraient le fer hors des plaies, ou faisaient sortir les venins du corps. Plusieurs de ces merveilles nous manquent aujourd'hui; il n'y a plus d'armes enchantées, plus de héros invulnérables, plus de remèdes magiques : nous en sommes réduits aux propriétés toutes physiques. La *qualité* stupéfiante de la torpille n'est plus qu'une commotion électrique; le charme ravissant du *népenthès* de la belle Hélène, offert à Télémaque, n'est plus que celui de l'opium ou du haschisch qui enivre, etc. ; tous les attributs sont matérialisés.

D'ailleurs, ces *qualités* des objets varient selon la manière de sentir des êtres qui en reçoivent les impressions. On peut dire du *beau* et du *bon*, au physique, qu'ils ne sont tels que par rapport à notre organisation : *Ad modum recipientis recipiuntur*. Ces qualités n'ont donc rien d'absolu ni de constant, selon les âges, les pays, etc. Les couleurs même n'apparaissent pas sous des nuances égales à des yeux bleus ou à des yeux noirs, tant les qualités sont diversement appréciées! C'est pourquoi l'on dit qu'il *ne faut pas disputer des goûts et des couleurs*. Cependant, dira-t-on, si ce qui passe pour *vrai*, pour *bon*, pour *juste*, dans un siècle, dans un pays, sous tel régime ou gouvernement, et selon tel culte religieux, devient en d'autres temps, en d'autres lieux, *injuste*, *faux* ou *mauvais*, il n'y aura désormais nulle certitude dans les *qualités morales*, non plus que dans les *qualités physiques*. Il sera loisible, d'après la législation de Sparte, de légitimer le vol ; d'après les coutumes des sauvages, de dévorer son père, et, d'après les cultes atroces qui admettent les sacrifices humains, la prostitution, les plus hideuses profanations seront sanctifiées. Locke a présenté ces objections contre les idées innées, mais il n'est pas vrai que tous les goûts soient dans la nature, et qu'il devienne indifférent, selon les temps et les lieux, à une mère, d'immoler son fils ou de l'allaiter jusque dans la famine. N'y a-t-il pas quelque instinct sacré qui parle à son cœur, à celui même des panthères et des lionnes? Le loup ne se nourrit pas du loup : il y a donc dans les êtres une répugnance à détruire leur espèce; or, le sauvage lui-même, sans lois, sans culte, connaît le juste et l'injuste avec ses semblables ; toute société, toute conservation est à ce prix.

Dans toutes les actions des animaux, l'instinct est le fil régulateur qui les dirige selon leur nature ; l'homme, au contraire, arbitre de sa conduite, supplée au silence de cet instinct par la raison et les lois dont il a besoin de s'enchaîner. Son extrême sensibilité lui inspire des désirs par delà ses appétits, et jusqu'à l'infini, ce qui le fait sortir de l'ordre naturel. L'animal, circonscrit dans sa sphère étroite, s'arrête avec sa conformation à la limite de ses besoins. Le tigre et l'agneau ne sont en eux-mêmes ni *bons* ni *méchants* ; leurs espèces se livrent spontanément aux penchants pacifiques ou cruels que leur inspira la nature en les douant de leur organisation. Ainsi, la sensibilité des animaux, distribuée et consommée uniformément dans leurs membres, ne surabonde en aucun, ce qui maintient mieux leur équilibre vital et la régularité de leurs fonctions. Ils ne peuvent ni se corrompre ni se rendre meilleurs ou plus parfaits. Au contraire, notre sensibilité peut s'accumuler en certains organes, et s'y extravaser pour ainsi dire; de là tant de déviations de nos qualités et ces monstruosités de dépravation morale, comme ces traits héroïques ou de vertu sublime qui caractérisent la race humaine.

Plus l'homme croupit dans l'état de barbarie, plus ses *qualités* deviennent brutales. Sa vigueur, principalement employée dans ses muscles ou ses membres, laisse l'esprit inactif. Au contraire, l'instruction concentrant nos facultés au cerveau, elle diminue l'animalité. Autant l'homme surpasse les bêtes en raison, autant l'homme civilisé surpasse les barbares en qualités morales; c'est pourquoi l'on nomme *humanités* les exercices littéraires qui policent le plus les mœurs. Presque jamais les plus criminelles dispositions du moral n'existent en effet sans quelque altération mentale. Aussi, les stoïciens regardaient comme des maladies de l'esprit, qui dérangent même l'équilibre de la santé, et la méchanceté du cœur et les scélératesses meurtrières.

En supposant des corps parfaitement équilibrés, ils ne seraient susceptibles que d'une santé complète et d'une maladie générale. De telles constitutions, toutes semblables entre elles dans les formes et leurs mouvements, se maintiendraient entre tous les extrêmes. Exempts d'excès comme de défauts, ils n'éprouveraient rien de violent dans les plaisirs et les douleurs; ils vivraient presque indifférents, et leurs fonctions seraient aussi régulières que les révolutions des rouages d'une horloge. L'absence de vices semblerait également exclure les vertus ou les *bonnes qualités*. Mais la constitution humaine la plus parfaite est bien éloignée de cet état imaginaire d'immobilité au milieu de l'incoustance universelle des éléments. L'âge, le sexe, le climat, l'inégalité des forces établit pour chacune d'elles sa santé spéciale, ses maladies ou dispositions morbides, comme ses propensions physiques, ses *qualités morales et intellectuelles*. Il existe en chacun des organes dominants et d'autres inférieurs, soit dès la naissance, soit par l'acquisition du genre de vie, par la révolution des âges et les circonstances environnantes qui nous modifient de toutes parts incessamment, jusqu'à la mort. Les diverses parties du corps ne se développant pas également, il en est qui obtiennent l'ascendant sur d'autres ou restent originairement débiles, comme la poitrine chez les phthisiques, le cerveau chez les idiots de naissance, les os chez les rachitiques. Nulle partie ne peut obtenir une supériorité marquée qu'au détriment d'autres facultés : aussi, l'habitude de l'intempérance, développant les viscères digestifs, diminue à proportion la vigueur des actes intellectuels. Bien que chaque individu possède son tempérament spécial, certains organes peuvent modifier cette disposition : ainsi, quelques hommes ont une *mauvaise tête*, c'est-à-dire le cerveau souvent mal organisé, mais un *bon cœur*, ou l'intérieur dans une parfaite harmonie. Ainsi, dans le mouvement général de la vie, les organes dont les fonctions dominent le plus déterminent nos qualités morales.

Bien que les âmes humaines soient entre elles de pareille nature, la diverse qualité des instruments corporels dispose chacune d'elles à des opérations différentes. Nous aimons à croire pourtant que si l'on exerçait dans l'enfance nos qualités morales, si l'on suscitait des sentiments plus nobles et plus généreux chez la plupart des hommes bien nés, s'ils étaient nourris, comme on l'a dit d'Achille, de *moelle de lion*, nous verrions resplendir des naturels bien supérieurs à ces lâches et honteuses impulsions, avilies encore par l'égoïsme des temps modernes. La nature avait déposé en nos cœurs un instinct de grandeur et de force; les circonstances sociales prennent à tâche de le rabaisser sous le joug de la fortune. Les âmes les plus fières et les plus élevées sont les plus infortunées; repoussées partout, il faut qu'elles succombent ou se brisent lorsqu'elles refusent de se plier, heureuses seulement si elles savent vivre seules ou renfermées dans elles-mêmes avec ces vertus pures et antiques qui firent les délices des génies les plus sublimes dans tous les siècles.

On dit des plantes qu'elles ont des *qualités* ou plutôt des *propriétés* fébrifuges ou amères, etc. En jurisprudence, une action est *qualifiée* crime ou délit; un arrêt, d'après son dispositif, établit les titres et *qualités* des parties contendantes. Par *homme de qualité* on entendait autrefois un noble. En chimie, il y a des analyses *qualitatives*, et d'autres *quantitatives*; les premières font connaître les diverses natures des substances d'un composé, les secondes énoncent leurs proportions ou *quantités*.

J.-J. VIREY.

QUAND MÊME! Ces deux mots, suivis d'un point d'exclamation, sont l'abréviation de ce cri : *Vive le roi, quand même il n'y en aurait plus!* dont à l'époque des nos guerres civiles de l'ouest retentirent si longtemps les départements insurgés contre le régime républicain. Après les revers et les catastrophes qui ôtèrent tout espoir au parti royaliste, les mots *quand même!* furent pour lui comme une espèce de formule cabalistique à l'aide de laquelle il continua à protester, sans grand danger, contre un ordre de choses et des institutions dont le triomphe lui était si justement odieux. Nous ne voudrions pas jurer qu'aujourd'hui même dans la Maine, dans l'Anjou, dans la Bretagne, en y regardant d'un peu près, on ne finît pas par trouver les mots *quand même!* fièrement charbonnés sur les murailles de bien des édifices publics ou des maisons particulières.

QUANTIÈME (du latin *quantus*, combien grand), vieux terme par lequel on désignait ou l'on demandait le rang, l'ordre numérique d'une personne, d'une chose, dans un certain nombre de personnes ou de choses : Le quantième êtes-vous dans votre compagnie? il désigne aujourd'hui, mais dans le style familier seulement, le quantième jour : quel *quantième* de la lune, quel *quantième* du mois avons-nous? On appelle *montre à quantièmes* celle qui marque le quantième du mois.

QUANTITÉ. En mathématiques, on appelle *quantité* tout ce qui est susceptible d'augmentation ou de diminution, *en tant qu'il en existe une unité*. Ainsi l'espace, l'étendue, sont des *quantités* que nous pouvons mesurer exactement : il n'en est pas de même des affections morales, qui ne semblent point susceptibles d'être soumises au calcul. On distingue les quantités en *réelles* et *imaginaires*, *positives* et *négatives* (voyez POSITIF), etc.

En grammaire ou en prosodie, on emploie le mot *quantité* pour exprimer la propriété des diverses syllabes des mots d'être prononcées lentement ou brièvement, ou, pour parler le langage technique, d'être *longues* ou *brèves*. Sans être aussi nettement défini, cela correspond à ce qu'on nomme en musique *durée des sons*, et qu'on indique en donnant aux notes des formes différentes. Les langues sont toutes, plus ou moins, sous l'influence de la *quantité*; mais il en est quelques-unes où elle ne se fait sentir à peine. Au nombre de ces dernières est la langue française, qui renferme bien des longues et des brèves, mais d'une manière assez peu sensible pour que cela n'ait aucune influence sur la construction prosodique des vers. La *quantité* est, au contraire, d'une grande puissance dans la langue latine et dans les langues modernes qui en sont descendues en ligne directe : telles sont surtout en première ligne l'italien et quelques patois du midi de la France.

Dans la prosodie française, la *quantité* n'influe que sur la rime; quoique presque tous les poètes aient pris à cet égard des licences plus ou moins graves et plus ou moins nombreuses, il ne convient pas de faire rimer une syllabe longue avec une syllabe brève, quelque similitude qu'il y ait d'ailleurs dans le son.

QUARANTAIN. Voyez MAÏS.

QUARANTAINE, nombre de quarante ou environ : Une *quarantaine* d'écus. Jeûner la *quarantaine*, c'est jeûner quarante jours. La *quarantaine* est aussi l'âge de quarante ans : *Il approche de la quarantaine, Il a passé la quarantaine.* Enfin, ce mot *quarantaine* est aussi employé pour désigner les précautions que l'on prend contre les maladies contagieuses, et le délai plus ou moins long pendant lequel les bâtiments arrivant de pays infectés, ou soupçonnés de l'être, ne peuvent communiquer avec la terre et doivent à cet effet aller mouiller aux endroits des ports ou rades qui leur sont indiqués (*voyez* ci-après). Les passagers qu'ils amènent peuvent descendre à terre, mais sous la condition de rester pendant le délai fixé par les règlements dans un établissement isolé et désigné sous le nom de lazaret.

QUARANTAINE (*Botanique*). *Voyez* GIROFLÉE.

QUARANTAINE (*Hygiène publique*). Comme on eut lieu de bonne heure de remarquer que certaines maladies se propageaient par contagion de personne à personne, on prit le parti d'isoler les malades de tout contact; et dans l'Europe chrétienne on fit dès les premiers temps du moyen âge de grossières mais insuffisantes tentatives pour donner plus d'extension à cette mesure de sûreté publique, en interdisant de communiquer avec certaines maisons et même avec des rues tout entières. Toutefois, ce fut seulement au commencement du quinzième siècle que, pour se préserver de la peste qui ravageait la haute Italie, la république de Venise fonda un établissement dans lequel, avant d'être admis à entrer en ville, tout nouvel arrivant était soumis à une surveillance de quarante jours, et qui pour cela reçut le nom de *quarantina*. Les autres États imitèrent successivement cet exemple, notamment les États maritimes, qui par leur position géographique étaient plus particulièrement exposés à l'invasion d'une maladie contagieuse; et depuis lors les *quarantaines*, appelées aussi plus tard *lazarets*, sont arrivées à un haut degré de perfectionnement, par suite des progrès que la science a pu faire et des faits que l'expérience a pu consacrer. Outre les établissements de ce genre organisés à l'occasion de quelques épidémies pour un temps déterminé (comme, par exemple, les mesures rien moins qu'efficaces prises contre les progrès du choléra asiatique), il existe pour combattre la propagation de la peste d'Orient des *établissements de quarantaine* dans tous les grands ports d'Europe, notamment dans ceux de la Méditerranée, qui se trouvent le plus rapprochés du foyer de la peste, comme aussi par terre sur les frontières de la Turquie, où l'expérience a surabondamment démontré l'utilité et l'efficacité des *frontières militaires* autrichiennes comme moyen préservatif contre l'invasion de la peste. Voici à peu près quelle est l'organisation adoptée dans les ports : Tout navire arrivant d'un pays souvent en proie à la peste est tenu, avant d'être admis dans un port, de produire au commandant de ce port une *patente de santé* indiquant le lieu d'où il vient, et dont la sincérité doit être garantie par le capitaine, de même que par l'agent consulaire qu'entretient sur ce point le gouvernement auquel appartient le port où est situé l'établissement de quarantaine. Or, c'est sur ces patentes de santé, dont il y a diverses classes ou catégories (suivant la possibilité d'infection), que se base l'extension à donner à l'application des mesures de quarantaine; détermination pour laquelle on prend encore en considération l'état ordinaire du port d'où arrive le navire, des points où il a fait escale, et la nature des marchandises qui constituent son chargement. Un délai plus ou moins long, dépendant du plus ou moins de danger qu'indique la provenance, est alors imposé comme *quarantaine* au navire, qui pendant tout ce délai doit demeurer à l'ancre dans l'endroit qui lui a été assigné. Il est l'objet d'une constante surveillance de la part de barques placées en observation pour empêcher qu'il n'ait des communications soit avec la terre, soit avec les autres bâtiments stationnés dans le port. L'équipage est consigné à bord; et on lui fait passer à l'aide de perches tout ce dont il a besoin, toutefois, il est certains ports où l'on permet à une partie tout au moins de l'équipage de se rendre à l'hôpital établi à la *quarantaine* même; mais les hommes y sont tenus dans le même isolement et soumis à la même surveillance. Chaque jour le commandant du port reçoit un rapport détaillé sur leur état sanitaire. En même temps, le navire est aéré; on soumet à la désinfection toutes les marchandises susceptibles de se prêter à la propagation de la contagion; enfin, toutes mesures sont prises pour empêcher la contagion. Marseille est le seul port où l'on admette les navires à bord desquels la peste a réellement éclaté; et de tous les établissements de quarantaine, le sien est aussi celui qui est le mieux organisé.

Les délais souvent très-longs de *quarantaine* étant une gêne extrême pour le commerce, il s'est élevé dans ces derniers temps de nombreuses voix contre cet usage, et l'on a même été jusqu'à nier que la peste fût contagieuse. Consultez Muratori, *Del Governo della Peste e delle maniere di guardarsene* (Modène, 1710); Prus, *De la Peste et des Quarantaines* (Paris, 1845).

QUARANTE, nombre cardinal, produit de la multiplication de *dix* par *quatre*. Les membres de l'Académie Française, étant au nombre de quarante, sont souvent désignés par ce trope : Un des *quarante*, c'est-à-dire un membre de l'Académie Française; quand on se sert de cette expression *les quarante*, on entend parler de cette docte assemblée, à cause du nombre de ses membres (*voyez* FAUTEUIL).

QUARANTE-CINQ CENTIMES (Impôt des), imposition extraordinaire établie, après la révolution de Février, sur le principal des quatre contributions directes pour 1848. Quand M. Goudchaux entra au ministère des finances, il trouva 872 millions de dette flottante au trésor, et seulement une encaisse de 200 millions pour faire face aux exigences d'une pareille position. Il ne tarda pas à offrir sa démission, et fut remplacé par M. Garnier-Pagès. La situation était terrible : le pays brûlait, les écus fuyaient, la bourse tombait ; la banque allait crouler. Les ateliers, en se fermant, jetaient sur le pavé une masse d'ouvriers qui venaient, en procession chaque jour demander du travail et du pain à l'hôtel de ville. Il fallait pourvoir à tout cela, et soutenir le crédit de la France. « La république payera les dettes de la monarchie, avait dit le gouvernement provisoire. Le premier sacrifice fut demandé au peuple : les caisses d'épargne ne durent rembourser immédiatement en numéraire qu'une somme de 100 francs. En même temps les banques départementales furent réunies à celles de Paris; et sur la demande du conseil d'administration de la Banque de France, le gouvernement provisoire décréta le cours forcé des billets de banque. On allégea la circulation des petits capitaux, en créant cette monnaie volante de 100 francs en un billet qui devait ruiner la France, selon M. Thiers, et qui eut, au contraire, un succès durable. Mais pour achever la liquidation de la monarchie, le trésor avait encore besoin de 200 millions. A qui les demander? Par un décret du 9 mars, le gouvernement provisoire décida que les diamants et le domaine de la couronne seraient vendus au profit du trésor de la république, et autorisa, en outre, l'aliénation d'une partie des bois de l'État pour une valeur de 100 millions; mais ces ressources n'étaient pas immédiatement réalisables, et plus tard on y renonça. On essaya d'un emprunt *national* au pair, quand la rente offrait à la Bourse un intérêt qui augmentait tous les jours. On avait espéré que les bons du trésor se convertiraient patriotiquement dans cet emprunt, mais il n'en fut rien; et cet emprunt, dont on évaluait le résultat à 250 millions, ne se couvrit pas. M. Garnier-Pagès pensa devoir recourir à l'impôt. L'idée d'un impôt sur le revenu se présenta d'abord à son esprit. Il y renonça, parce que les formalités préalables de l'exécution eussent entraîné trop de lenteurs. Il s'arrêta donc à une addition temporaire de 45 centimes au principal des quatre contributions directes, à percevoir sur le montant des rôles de 1848, alors en recouvrement. Le 16 mars, le gouvernement provisoire sanctionna ce décret. Ces 45 centimes devaient produire sur les contributions foncières 71,426,250 francs; sur la contribution personnelle et mobilière, 15,480,000 francs; sur la contribution des portes et fenêtres, 10,823,400 francs; sur les patentes, 14,904,000 francs. Total, 112,633,650 francs. Avec le produit des 45 centimes, le principal des contributions était doublé. Aucune objection ne s'éleva alors dans la presse contre ce sacrifice, jugé nécessaire au salut du pays et de la société; une partie de cet impôt extraordinaire fut même payée immédiatement. Cependant, la confiance ne revint pas comme on l'espérait. Les allures révolutionnaires de certains agents du gouvernement, l'extension organisée des ateliers nationaux, les exigences des masses armées, firent perdre espoir dans l'avenir de la république, une lutte devint imminente. Partout la résistance s'organisa contre l'impôt des 45 centimes. Chacun en voulut rejeter l'odieux sur le gouvernement provisoire; mais l'Assemblée nationale ne crut pas pouvoir renoncer à cette source de revenus. L'impôt des 45 centimes fut donc perçu et consommé par ceux-là même qui s'en faisaient une arme de haine contre leurs prédécesseurs qui l'avaient décrété. L. LOUVET.

QUARANTE HEURES (Prières des). On appelle ainsi certaines prières extraordinaires qu'on fait devant le saint-sacrement dans les calamités publiques et durant le jubilé. Elles ont été ainsi nommées parce que dans l'origine elles devaient durer quarante heures sans interruption. Cette dévotion, ordinairement accompagnée de sermons, de saluts, etc., ne date que de 1556. Elle fut instituée pour la première fois à Milan, pendant les guerres sanglantes des Français et des Espagnols. Ce ne fut, toutefois, que par une bulle du 21 novembre 1592, délivrée par le pape Clément VIII, que les *quarante heures* s'établirent dans toutes les églises de Rome. Elles passèrent deux ans après dans le comtat d'Avignon, et commencèrent en France chez les carmes déchaussés, qui les célébrèrent solennellement dans leur église, après en avoir obtenu l'autorisation du pape Urbain VIII.

QUARANTIE. On appelait autrefois ainsi, à Venise, un tribunal composé de quarante membres. Il y avait trois *quaranties* : la quarantie civile *ancienne*, tribunal où se portaient les appels des sentences rendues par les magistrats subalternes; la quarantie civile *nouvelle*, qui connaissait des appels interjetés des sentences rendues par les magistrats *extra muros*; enfin, la quarantie *criminelle*, connaissant de tous les crimes, excepté de ceux contre l'État, qui étaient de la compétence du *Conseil des Dix*.

QUART. Ce mot, dans son acception générale, désigne la quatrième partie d'une unité quelconque. Il a d'ailleurs plusieurs autres acceptions dépendant des mots auxquels il est joint : ainsi un *quart de canon* désignait au seizième siècle un canon ayant 17 calibres de longueur, du poids de 1125,86 kilog., dont la charge était de 3,91 kilog. de poudre, et le boulet de 5,87 kilog. : on les nommait aussi *verrats*. On appelait autrefois *quart d'écu* une monnaie d'argent, qui fut frappée en France sous le règne de Henri III et eut cours jusqu'en 1646 : c'était environ le quart de l'écu d'or, fixé en 1577 à 60 sols.

Le *quart de conversion*, dans les exercices militaires, est le mouvement par lequel une des ailes d'une troupe parcourt un quart de cercle pendant que l'autre aile pivote en raccourcissant le pas, de manière à ce que le front, qui doit toujours être maintenu dans la direction du rayon durant ce mouvement, devienne perpendiculaire à la direction qu'il occupait d'abord.

En termes de marine, on appelle *quart* le temps durant lequel la moitié de l'équipage est occupée à la manœuvre, ou plutôt est de service, pendant que l'autre moitié se repose. Le *quart* pour l'officier est le temps durant lequel il commande sur le pont : la durée pour chaque officier de marine en est fixée par le nombre de ceux qui se trouvent à bord.

Le mot *quart* figure dans quelques locutions figurées, familières et proverbiales : *Le tiers et le quart*, pour dire un mélange de toutes sortes de personnes; *médire du tiers et du quart*, pour dire de tout le monde. *Passer un mauvais quart d'heure*, c'est éprouver quelque chose de fâcheux.

QUART (Droit de). *Voyez* CHAMPART.

QUARTAUD. On appelait ainsi autrefois un vaisseau contenant la quatrième partie d'un muid.

QUART-BOUILLON (Pays de). *Voyez* GABELLE.

QUART DE CERCLE, instrument de mathématiques formé de la quatrième partie d'un cercle, divisée en degrés, minutes et secondes : il sert à prendre les hauteurs, les distances, à faire un grand nombre d'autres opérations en astronomie et dans plusieurs autres sciences : il est ordinairement d'un mètre ou plus, portant une lunette fixe ou mobile qui n'y fut appliquée (quoique l'usage de cet instrument soit fort ancien) qu'en 1667, par Picard et Auzout: le cercle répétiteur est d'ailleurs sous tous les rapports préférable au quart de cercle.

Ce qu'on nomme *quart de cercle mural*, ou simplement *mural*, n'est autre chose qu'un quart de cercle, ou même un cercle entier, solidement soutenu dans le plan du méridien par un long et puissant axe horizontal introduit dans un mur massif, d'où cet instrument a tiré son nom. Tycho-Brahé s'en servit pour l'observation des hauteurs méridiennes. Le premier qui ait été fait avec une grande perfection est celui de l'observatoire de Greenwich, qui a servi de modèle à tous les autres.

QUART DE ROND. *Voyez* CHAPITEAU, ÉCHINE et OVE.

QUART D'HEURE DE RABELAIS. L'origine de cette expression proverbiale a été déjà indiquée dans le Dictionnaire à l'article ÉTIQUETTE. On l'emploie, dans le langage familier, pour désigner le moment plein d'embarras et d'anxiété où se trouve celui qui a fait des dépenses exagérées ou au-dessus de ses moyens, et où il lui faut satisfaire enfin aux légitimes et pressantes réclamations de ses créanciers.

QUARTE. *Voyez* ESCRIME.

QUARTER, nom d'une mesure de grains et d'un poids de commerce en usage en Angleterre. Le *quarter* de grains (*imperial quarter*), la principale mesure employée en Angleterre pour les grains, contient 64 *gallons* et équivaut à 290 litres 78 centilitres. Le *quarter* de poids est la quatrième partie du *hundred weight* ou quintal anglais; il équivaut à 28 livres anglaises et à 12 kilogrammes 70 centigrammes.

QUARTERLY-REVIEW. *Voyez* ÉDIMBOURG (Revue d')

QUARTERON. *Voyez* MULATRE et NÈGRE. Dans le langage vulgaire, ce mot est aussi synonyme de *quart*. Un *quarteron de beurre*, c'est le quart d'une livre (125 grammes) de beurre; un *quarteron de noix*, c'est le quart d'un cent de noix.

QUARTERON (Technologie). *Voyez* BATTEUR D'OR.

QUARTIDI. *Voyez* CALENDRIER RÉPUBLICAIN.

QUARTIER. Ce mot, qui signifie au propre la *quatrième partie* d'un tout, a reçu dans l'usage un grand nombre d'acceptions différentes.

On appelle *quartiers* les parties en lesquelles une ville est divisée, soit administrativement, soit simplement dans l'usage. Ainsi, on dit encore aujourd'hui à Paris : le *quartier* du Temple, le *quartier* Saint-Denis; Des *quartiers neufs* vont s'élever de nos jours comme par enchantement sur l'une et l'autre rive de la Seine, par suite des immenses démolitions accomplies sous le règne actuel dans les *vieux quartiers*. On désigne encore ainsi une étendue de terrain donnée, au voisinage d'un lieu quelconque. Dans les lycées et les collèges, les *quartiers* sont les salles d'étude où sont réunis les élèves : *Quartier de rhétorique*, *quartier de sixième*, etc. Le *maître de quartier* est celui qui surveille les élèves dans leurs études et pendant les récréations (*voyez* MAÎTRE D'ÉTUDES et RÉPÉTITEUR).

L'espace de trois mois faisant le quart de l'année, on désigne encore par *quartier* ce qui se paye de trois en trois mois, comme loyers, pensions, gages de domestiques, etc. : Toucher un *quartier* de sa pension.

Le *quartier* de la Lune est la quatrième partie du cours de cet astre, à partir de la nouvelle Lune. Ainsi on dit : La Lune est à son *premier quartier*.

Les généalogistes nomment *quartier* chaque degré de descendance dans une ligne paternelle ou maternelle ; et de tous temps ils ont fait profession de mettre, moyennant finance, un chacun en état de faire preuve de *quartiers de noblesse*. Pour monter dans les carrosses du roi, être admis dans certains chapitres, il fallait autrefois faire préalablement preuve de *seize quartiers*.

En termes de blason, *quartier* signifie la quatrième partie d'un écusson écartelé. On l'emploie encore pour désigner des parties d'un grand écusson qui contient des armoiries différentes, bien qu'il y en ait plus de quatre. Par *franc quartier* on entend le premier quartier de l'écu, qui est à la droite du côté du chef, et qui est moins grand qu'un vrai quartier d'écartelure.

En termes d'art militaire, le mot *quartier*, synonyme de *caserne*, est aussi employé pour désigner un lieu de garnison, de rassemblement, de cantonnement. A la guerre, une troupe ennemie est reçue à *quartier* lorsqu'elle se rend, soit en rase campagne, soit dans une place de guerre, un fort, etc. Ne pas faire *quartier*, c'est passer cette troupe par les armes, la massacrer sans grâce ni merci. On demande, on accorde, on promet *quartier*.

QUARTIER (*Technologie*). *Voyez* BATTEUR D'OR.

QUARTIER DE RÉDUCTION. Cet instrument, dont se servent les marins, est pour eux ce qu'est un barême pour les commerçants. Le quartier de réduction est un rectangle divisé en un grand nombre de petits carrés. De l'un des sommets du rectangle, que l'on appelle *centre du quartier*, on a décrit aussi un grand nombre de cercles concentriques, dont le plus grand est gradué. Les deux côtés du rectangle, qui partent du centre du quartier, sont dits, l'une *ligne nord et sud*, l'autre *ligne est et ouest*. Du centre du quartier part un fil que l'on peut tendre dans la direction que l'on veut. De cette disposition il résulte qu'en faisant représenter aux côtés du quartier les directions que leurs noms indiquent, on pourra faire représenter au fil la direction suivie par le vaisseau. De plus, en donnant une valeur arbitraire à l'une des divisions du quartier (un mille, deux milles, etc.), on pourra également représenter la longueur d'une route quelconque. On pourra donc lire immédiatement sur le quartier la solution des problèmes que l'on résoudrait beaucoup plus lentement soit par le calcul, soit par une construction graphique. Mais si cette méthode est rapide, elle n'est pas exempte d'erreur, et ne doit être employée qu'avec circonspection.

QUARTIER DE RÉFLEXION. *Voyez* OCTANT.

QUARTIER D'HIVER, terme du langage militaire, presque tombé en désuétude depuis nos grandes guerres de la révolution et de l'empire. On disait encore au siècle dernier qu'une armée avait pris ses *quartiers d'hiver*, pour indiquer qu'elle avait cessé de tenir la campagne, de camper ou de bivouaquer. Les *quartiers d'hiver* avaient pour but de mettre les troupes de toutes armes à l'abri des rigueurs du froid et des entreprises de l'ennemi, et de leur assurer après une campagne ou un long siège un repos acheté par de nombreuses fatigues et de grandes privations. A cet effet on s'assurait de cantonnements commodes et à proximité des magasins de subsistances organisés pour alimenter l'armée. On choisissait de préférence un pays fertile en grains et en fourrages. Lorsque les *quartiers d'hiver* s'établissaient en pays ennemi, et hors des approvisionnements de l'armée, des contributions frappées sur les habitants pourvoyaient aux besoins des troupes.

QUARTIER GÉNÉRAL. On appelle ainsi, en termes d'art militaire, les lieux occupés par les officiers généraux et leur état-major, qu'on choisit dans les grands centres de population ou bien dans les lieux les plus commodes et les plus abondants en ressources. En route, le *quartier général* est le gîte où s'arrête le général en chef. Par extension, on donne le nom de *quartier général* à la réunion de tout le personnel de l'état-major : Il fait partie du *quartier général* ; le *quartier général* arrivera ici demain.

QUARTIER-MAÎTRE. On appelle ainsi, dans les régiments, l'officier comptable ayant rang de lieutenant chargé du logement, du campement, des subsistances et des distributions, ainsi que de recevoir des mains des payeurs ou de leurs préposés les fonds mis à la disposition du corps. Il verse ces fonds dans la caisse du régiment, laquelle est à trois clefs, dont l'une reste entre les mains du colonel, dont l'autre est gardée par un membre du conseil d'administration, et dont la troisième, enfin, lui est confiée. Mais on voit que cette caisse n'est nullement à sa disposition. Il ne conserve par-devers lui que les fonds strictement nécessaires aux besoins journaliers du service et pour les dépenses autorisées par le conseil d'administration, envers qui il est responsable. Ses écritures sont relatives aux situations d'effectif, à celles des finances, aux distributions de rations de toutes espèces ; elles comprennent en outre la tenue des registres-matricules, du registre-journal, du registre de caisse et du registre des délibérations du conseil d'administration, auprès duquel le quartier-maître remplit les fonctions de secrétaire.

En termes de marine, le *quartier maître* est un officier chargé à bord des vaisseaux de guerre ou de commerce d'aider dans leurs fonctions le *maître* et le *contre-maître*. Il dirige les matelots dans tout ce qui concerne le service et la manœuvre du voilage, veille à la propreté du bâtiment et fait exécuter les ordres du commandant.

QUARTZ. Il existe deux espèces différentes et très-distinctes de silice : la première est anhydre, c'est le *quartz hyalin* ; la seconde est hydratée, c'est l'*opale* : celle-ci est très-rare ; celle-là, au contraire, est très-abondamment répandue dans l'écorce de notre globe. Le *quartz* pur est exclusivement composé de silice, avec quelques traces à peine appréciables d'alumine. La couleur en est alors parfaitement blanche ; mais le mélange de substances étrangères, et surtout des oxydes de fer et de manganèse, donne au *quartz* toutes les variétés de couleurs et de nuances. Presque toutes nos pierres précieuses, si l'on en excepte le diamant, le rubis, le saphir et la topaze, sont ainsi produites.

Mélangé avec une faible proportion de mica, le *quartz* prend le nom de *hyalo-micte* ; lorsque le mica vient à dominer, le hyalo-micte se transforme en *micaschiste* ; si le talc ou la chlorite remplace le mica, la combinaison prend le nom d'*itacolumite* ; enfin, l'addition d'une faible quantité de fer donne naissance au *sidérocriste*.

Le *quartz* a longtemps été regardé comme appartenant exclusivement aux terrains primitifs ; mais les recherches de M. de Humboldt démontrèrent d'abord l'existence du *quartz* en couches immenses dans les terrains de transition ; et plus tard les travaux de M. Élie de Beaumont constatèrent la présence de la même roche dans les terrains secondaires. Le *quartz* se présente rarement en Europe d'une manière complètement indépendante ; du moins les faibles cimes de *quartz* qui couronnent quelques-unes de nos montagnes ne sauraient-elles être comparées à ces roches puissantes qui, au sud de l'équateur, dans les montagnes du Brésil et des cordillères des Andes, constituent des chaînes entières. Le plus généralement, le *quartz* est subordonné au *thonschiefer* primitif, et repose sur le thonschiefer primitif. Il est des cas, toutefois, dans lesquels on observe une indépendance complète de gisement, et dans lesquels la roche quartzeuse atteint une puissance qui ne permet plus de l'envisager comme subordonnée. Ainsi parfois, comme dans le Nouveau-Monde, le *quartz* repose indifféremment sur le granit, le porphyre, le thonschiefer primitif et le gneiss ; et parfois aussi, comme dans les Andes du Pérou, le *quartz* parfaitement pur, non mélangé, non agrégé, superposé au

SICARD.

porphyre, sous-jacent au calcaire alpin, atteint l'énorme épaisseur de 2,000 mètres (Alex. de Humboldt). L'or, le mercure, le fer oligiste métalloïde, le soufre surtout, sont fréquemment mélangés à ces énormes masses de silice.

BELFIELD-LEFÈVRE.

QUASI-CONTRATS. On désigne ainsi des engagements qui dérivent de certains faits, et que néanmoins on ne peut nommer *contrats*, parce que la *convention* qui est de l'essence des *contrats* proprement dits ne s'y rencontre pas. Par exemple, le fait d'avoir géré les affaires d'un absent sans sa procuration oblige à lui rendre compte. Les faits qui peuvent donner lieu à ces sortes d'engagements formés sans convention sont licites ou illicites : les premiers sont appelés *quasi-contrats*, les seconds *délits* ou *quasi-délits*. Les règles établies par le Code Civil sur cette matière sont fondées sur ce grand principe de morale, qu'il faut faire aux autres ce que nous désirerions qu'ils fissent pour nous dans les mêmes circonstances, et que nous sommes tenus de réparer les torts et le dommage que nous avons pu causer.

Les principaux quasi-contrats, dont le Code détermine les règles (1371 à 1386), sont : 1° celui qui résulte de la gestion volontaire (*negotiorum gestorum*); 2° celui qui résulte du payement d'une chose non due (*condictio indebiti*).

La *gestion d'affaires* est un quasi-contrat par lequel celui qui a géré s'oblige envers celui dont il a administré les affaires, et dans certains cas envers lui-même. Mais pour qu'il y ait *quasi-contrat*, trois conditions principales doivent concourir; il faut : 1° avoir fait *volontairement* l'affaire d'un autre, 2° avoir géré *sans mandat*, 3° il faut que le gérant ait eu dès l'origine l'*intention de répéter les frais* de gestion, car autrement il y aurait donation.

La répétition de la chose non due dérive également d'un quasi-contrat. Celui qui a reçu ce qui ne lui était pas dû est soumis à l'obligation de restituer : cette obligation, comme celle qui résulte de la gestion d'affaires, est fondée sur cette règle, que personne ne doit s'enrichir aux dépens d'autrui; toutefois, il faut faire ici une distinction : celui qui a reçu de *bonne foi* n'est tenu de rendre la chose qu'autant qu'elle existe encore en sa possession, ou qu'il en a tiré profit; mais celui qui a reçu de *mauvaise foi* est soumis à des obligations beaucoup plus rigoureuses. Lorsque la chose consiste dans une somme d'argent, il doit tenir compte des intérêts; si elle est de nature à produire des fruits, il doit faire raison de ceux qu'il a perçus, et même de ceux qu'il a manqué de percevoir; s'il se trouve par son fait hors d'état de la rendre, il est tenu de tous dommages-intérêts; en un mot, il est assimilé au voleur. Deux conditions essentielles sont requises pour que la répétition d'une chose puisse être admise; il faut : 1° que ce qui est payé *ne soit pas dû* : on considère comme indû le payement obtenu en vertu d'un titre que la loi déclare nul, par exemple si un héritier a acquitté le legs fait par un testament, qui depuis a été annulé; le payement fait par un mineur ou une femme mariée qui n'avait pas la disposition de la chose, etc.; 2° il faut que la chose non due ait été *payée par erreur*, car celui qui paye ce qu'il sait ne pas devoir exerce une libéralité.

Quant à l'obligation de prouver la non-existence de la dette, elle est en général à la charge du réclamant.

A. HUSSON.

QUASI-DÉLIT, fait illicite qui, sans être punissable, cause à autrui un dommage involontaire qui exige réparation. Chacun est garant de son fait; cette maxime conduit à la conséquence de la réparation de tout fait qui n'est que le résultat d'une imprudence, ou même d'une négligence. Les individus seuls qui n'ont pas l'usage de la raison ne peuvent être poursuivis; mais l'ivresse n'est point une cause d'excuse.

On est responsable non-seulement du dommage que l'on cause par son propre fait, mais encore de celui qui est causé par le fait des personnes dont on doit répondre, ou des choses que l'on a sous sa garde. Le père et la mère sont responsables du dommage causé par leurs enfants mineurs habitant avec eux; les maîtres et les commettants, de celui qui est causé par leurs domestiques et préposés dans les fonctions auxquelles ils les ont employés; les instituteurs et les artisans, de celui causé par leurs élèves et apprentis pendant le temps qu'ils sont sous leur surveillance. Cependant, cette responsabilité cesse s'ils prouvent qu'ils n'ont pu empêcher le fait. Le propriétaire d'un animal ou celui qui s'en sert répond du dommage que cet animal a causé, soit qu'il fût sous sa garde, soit qu'il fût égaré ou échappé. Le propriétaire d'un bâtiment est responsable de tout dommage causé par sa ruine lorsqu'elle est arrivée par suite du défaut d'entretien ou par le vice de sa construction.

A. HUSSON.

QUASIMODO. On appelle ainsi le dimanche de l'octave de Pâques, parce que l'*introït* de la messe de ce jour commence par ces mots : *Quasimodo geniti infantes*.

QUASS. *Voyez* BOISSONS.

QUATERNAIRE (Système), système de numération dont la base est le nombre quatre.

QUATERNE, combinaison de quatre numéros pris ensemble à la loterie, et sortis ensemble de la roue de fortune. Ce mot se dit aussi, au jeu de loto, de quatre numéros gagnants ensemble sur la même ligne horizontale ou de la même couleur.

QUATRAIN, accouplement de quatre vers, ou à rimes plates ou à rimes mêlées, qui autrefois renfermait, pour l'ordinaire, un sens complet et aiguisé par une pensée saillante. Ce petit nombre de vers convient merveilleusement à l'épigramme, qui doit être, comme le javelot, courte, acérée et rapide; toutefois, il convient aussi aux inscriptions des édifices, des fontaines, des tombeaux surtout. Aujourd'hui encore, comme du temps du sieur de Pibrac, qui en était le roi, et fut traduit en grec, en latin, en turc, en arabe et en persan, tout *quatrain* doit renfermer une moralité exprimée d'un style simple et grave : tel est celui-ci, tout à fait horatien, de je ne sais quel auteur :

Insensés ! notre âme se livre
A de tumultueux projets :
Nous mourons sans avoir jamais
Pu trouver le moment de vivre.

DENNE-BARON.

QUATRE ARTICLES (Les). *Voyez* DÉCLARATION DU CLERGÉ de France et GALLICANE (Église).

QUATRE-BRAS, nom d'une ferme située sur un plateau, dans la province du Brabant méridional (Belgique), et dépendant de l'arrondissement de Nivelles. La route de Charleroy à Bruxelles et celle de Namur à Nivelles se croisent à peu de distance de là. Ce lieu est devenu célèbre dans l'histoire depuis la bataille de Ligny (16 juin 1815). Pendant que Napoléon attaquait les Prussiens à Ligny, Ney, à la tête d'un corps considérable, était chargé de tenir en respect aux Quatre-Bras l'armée hollando-brunswico-anglaise. Des accidents restés inexpliqués empêchèrent la réussite complète du plan de Napoléon, qui consistait à séparer l'armée des coalisés. Il périt de part et d'autre aux Quatre-Bras environ 5,000 hommes, entre autres le duc Frédéric-Guillaume de Brunswick.

QUATREMÈRE (ÉTIENNE-MARC), célèbre orientaliste, né à Paris, en 1782, fut d'abord employé à la Bibliothèque impériale, puis appelé en 1809 à occuper une chaire des langues sémitiques au Collège de France. On a de lui des recherches historiques et critiques sur la langue et la littérature de l'Égypte (Paris, 1808) et des *Observations sur quelques points de la géographie de l'Égypte* (1812). Ces travaux, qui témoignent d'une connaissance approfondie de la langue et de la littérature coptes, furent suivis, entre autres, d'une édition de l'*Histoire des Mongols* de Raschid-ed-Din, et de la traduction de l'*Histoire des Sultans Mamlouks de l'Égypte* de Makrizi (4 vol., Paris, 1837-1840), à laquelle le traducteur a ajouté de précieux et savants commentaires. Ces deux derniers ouvrages, de même que les nombreux articles fournis par Quatremère au *Journal des Savants* et au *Journal Asiatique* indiquent des lectures immenses et

14.

une connaissance approfondie des littératures syriaque, persane, arabe, arménienne et turque.

Le grand-père de Quatremère, riche marchand de draps à Paris, avait été anobli en 1780 en même temps que son frère, *Quatremère de l'Épine*, père de Quatremère de Quincy et de Quatremère-Disjonval.

QUATREMÈRE DE QUINCY (ANTOINE-CHRYSOSTOME) a mérité une double illustration. Homme politique et érudit, il a occupé de grands emplois; il a été mêlé à de graves événements ; il a écrit bien des mémoires. Né à Paris, en 1755, et frère du naturaliste Quatremère-Disjonval, Quatremère de Quincy était tout entier à l'étude des lettres lorsque la révolution éclata. La petite part qu'il y prit le fit connaître, et si bien que les électeurs l'envoyèrent en 1791 à l'Assemblée législative. Là, il devint l'un des coryphées du parti monarchiste constitutionnel ; et lorsqu'en 1792 la royauté fut battue en brèche, il n'hésita pas à la défendre. Emprisonné sous la terreur pendant près de treize mois, nous le retrouvons en vendémiaire l'un des chefs de l'émeute si follement essayée contre la Convention. Vaincu avec ses amis, il fut condamné à mort par contumace : cependant, on ne le recherch pas, et pour échapper à l'exécution du jugement, il n'eut qu'à se tenir quelque temps caché. Les choses tournèrent encore une fois; et en 1797 Quatremère de Quincy fut nommé député au Conseil des Cinq Cents par le département de la Seine. Hostile au Directoire, il ne fut pas le dernier de ceux dont on inscrivit les noms, au 19 fructidor, sur les listes de déportation. Mais toutes les persécutions lui furent un titre auprès du gouvernement de la Restauration. Louis XVIII le combla de ses faveurs : intendant général des arts et des monuments publics en 1815, censeur royal, membre du conseil d'instruction publique, Quatremère de Quincy fut également nommé membre de l'Institut et secrétaire perpétuel de l'Académie des Beaux-Arts (1816). Déjà âgé de soixante-cinq ans, il rentra en 1820 dans la vie politique, le département de la Seine l'ayant envoyé à la chambre des députés. Mais la session close, il se retira en 1822 dans le culte pacifique des lettres. Il est mort à Paris, le 8 décembre 1849, depuis longtemps privé de l'usage de ses facultés. Comme archéologue, on lui doit un mémoire sur l'architecture égyptienne, qui fut couronné en 1785 par l'Académie des Inscriptions et Belles-Lettres; des *Considérations sur l'art du Dessin en France* (1790); un *Dictionnaire d'Architecture* (1786-1828); *Le Jupiter-Olympien* (1814); *De la nature, du but et des moyens de l'imitation dans les beaux-arts* (1823); l'*Histoire de la Vie de Raphaël* (1824); la *Vie des Architectes* (1830); de *Canova* (1834); de *Michel-Ange* (1835); un *Essai sur l'Idéal* et un grand nombre de dissertations insérées dans le *Magasin encyclopédique* de Millin. Quatremère de Quincy a écrit aussi quelques articles pour la *Biographie universelle*. Enfin, on a réuni en deux gros volumes les éloges des académiciens qu'il a lus à l'Institut, recueil indigeste et vide (1834-1837). Ce fut d'ailleurs le malheur de Quatremère de Quincy de ne savoir jamais écrire. Ses moindres productions sont véritablement illisibles, et son érudition, il faut le dire, n'a jamais passé pour très-sûre. Paul MANTZ.

QUATREMÈRE-DISJONVAL (DENIS-BERNARD), frère aîné du précédent, né à Paris, le 4 août 1754, obtint jeune encore diverses palmes académiques, par exemple, en 1777, pour son *Examen chimique de l'indigo*. Ayant fondé une filature de soie, il fit faillite en 1786, et dut se réfugier en Espagne. En 1789 il entra au service des patriotes hollandais, et fut fait prisonnier par les orangistes. Dans les loisirs de sa captivité, il fit de curieuses observations sur le travail de l'araignée comme indice de variations atmosphériques; et ce fut lui, dit-on, qui en 1794 manda à Pichegru la venue infaillible et prochaine de la gelée qui allait bientôt solidifier tous les canaux et les marais de la Hollande. Rendu à la liberté, il revint à Paris, où il écrivit son *Aranéologie* (1798). Membre de l'Académie des Sciences, il s'occupa constamment avec la plus grande assiduité des questions relatives aux variations de l'atmosphère. Devenu plus tard suspect à l'empereur, il fut exilé par lui en province. Après la Restauration, il se fixa à Marseille d'abord, puis à Bordeaux, où il mourut, en 1830.

QUATRE-NATIONS (Collège des). *Voyez* NATION.

QUATRE-TEMPS, jeûne que l'église observe au commencement de chaque saison de l'année, trois fois par semaine, les mercredi, vendredi et samedi. Saint Léon, qui, dans ses sermons, parle clairement *des jeûnes des quatre saisons de l'année, observés pendant trois jours*, et qui avaient lieu, celui du printemps au commencement du carême, celui de l'été à la Pentecôte, celui de l'automne en septembre, et celui d'hiver en décembre, les regarde comme une tradition apostolique, et même comme une imitation des jeûnes de la synagogue. D'autres auteurs prétendent qu'ils furent institués par opposition aux bacchanales, qu'on célébrait quatre fois l'année. Les *quatre-temps* n'ont pas été admis dans l'Église grecque, parce que les Grecs jeûnaient tous les mercredis et vendredis de l'année, et fêtaient le samedi. Dans l'Occident même, ils n'ont pas été pratiqués universellement; ils ne l'étaient pas encore en Espagne au sixième siècle, du temps de saint Isidore de Séville, et on ne peut pas prouver leur introduction en France avant Charlemagne.

QUATUOR et **QUINTETTE**, morceaux de musique vocale ou instrumentale composés pour quatre ou cinq parties, quelle qu'en soit d'ailleurs l'importance relative, mais, dans un sens plus restreint et plus particulièrement usité, dont toutes les parties sont concertantes ou obligées, c'est-à-dire que l'une ne brille pas exclusivement aux dépens des autres. C'est dans ce sens que J.-J. Rousseau dit qu'il n'existe pas de vrais quatuors, ou qu'ils ne valent rien; assertion trop absolue pour être juste. Le *quatuor concertant*, lorsqu'il est écrit pour des voix, peut être accompagné par l'orchestre; quant au *quatuor instrumental*, sur lequel nous reviendrons, il est ordinairement exécuté par les seuls instruments pour lesquels il a été écrit. Cependant, il peut être également accompagné par l'orchestre; et s'il est conçu dans des proportions instrumentales brillantes, le morceau prend le nom de *symphonie concertante*.

Il n'y a pas fort longtemps que les *quatuors* et autres morceaux d'ensemble sont usités en France. Les opéras du célèbre Gluck ne présentent même, à l'exception des chœurs, que du récitatif, des airs, quelques *duos*, et presque jamais des trios et des morceaux d'ensemble : c'est encore à l'Italie que nous devons l'introduction de cette partie si intéressante de l'art. Le premier trio qui parut fut entendu dans un opéra bouffon, composé par un Vénitien du nom de Logroscino, et exécuté vers l'année 1750. Le succès n'eut rien de bien remarquable, mais la route était indiquée; une nouvelle carrière s'ouvrait au génie, et depuis Piccini jusqu'à Paisiello et Mozart les progrès furent immenses. On se souvient encore de l'enthousiasme qu'excita le fameux septuor du *Roi Théodore* de Paisiello ; et les quatuors, sextuors et finales des différents opéras de Mozart, Spontini et Weber montrent à quel point il est possible de répandre du charme et de l'intérêt sur les scènes lyriques à plusieurs personnages.

Les *quatuors* et les *quintettes* forment une division principale de la musique instrumentale : ils sont à la musique de *chambre* ce que la symphonie est à la musique de concert. Les quatuors pour instruments à cordes sont ordinairement écrits pour deux violons, un alto ou viole, et un violoncelle; les quintettes pour deux violons, deux altos et un violoncelle, ou bien deux violons, un alto et deux violoncelles. Quelques-uns préfèrent cette dernière combinaison, comme plus favorable à l'expression et à l'énergie des effets d'ensemble. Haydn, qu'on a si justement surnommé le *père de la symphonie*, peut à aussi juste titre être regardé comme le créateur du *quatuor instrumental*. Après lui, Mozart et Beethoven ont dignement continué l'œuvre qu'il avait commencée, et porté ce genre de musique à un point de perfection qui ne laisse rien à désirer. Boccherini et de nos jours Georges-Onslow en ont aussi tiré des effets très-remarquables. Le *quatuor* et le *quintette* appartiennent, ainsi que la *symphonie*, à un genre de musique beaucoup plus difficile à apprécier par les gens du monde que la musique vocale, et surtout la musique de théâtre. Sans parler dans un sens absolu, on peut dire que le mérite de ce genre consiste moins dans le charme et la variété de la mélodie que dans l'exposition, l'arrangement et de développement des idées, la conception d'un plan déroulé avec art, et, enfin, dans l'intérêt d'une instrumentation nuancée avec goût. Les *quatuors* et les *quintettes* sont ordinairement divisés en quatre parties : un premier morceau *allegro* ou *moderato*, un *andante*, un menuet ou *scherzo*, et un *finale*. Il existe fort peu de productions de ce genre pour instruments à vent ; Reicha a composé plusieurs quintettes pour flûte, hautbois, clarinette, cor et basson, qui jouissent d'une réputation justement méritée. Il est fort difficile de composer un bon quatuor ou un bon quintette ; et tel musicien qui compte au théâtre des succès brillants et mérités serait fort embarrassé d'en produire un passable. Ce genre de musique exige des études toutes particulières : il a des mélodies et des tours de phrase qui lui sont propres, des rhythmes d'accompagnement qui ne conviennent qu'à lui, et, enfin, des moyens d'expression qui partout ailleurs seraient dépourvus d'énergie. L'exécution du quatuor n'offre pas moins de difficultés, et exige des concertants autant de talent que de goût.

En instrumentation, on appelle *quatuor* l'ensemble de tous les instruments à cordes, par opposition à la masse des instruments à vent, qu'on nomme *harmonie* (voyez INSTRUMENTATION, PARTITION). CH. BECHEM.

QUÉBEC, capitale du Canada ainsi que de toute l'Amérique anglaise du Nord, et chef-lieu du district du même nom, contenant treize comtés, est le siège du gouverneur général, d'un évêque catholique et d'un évêque anglican, et situé sur la rive septentrionale du Saint-Laurent, à l'extrémité d'une chaîne de montagnes aboutissant au cap Diamant, haut de 115 mètres, avec une forte citadelle, qui la domine, et dont la saillie dans l'immense fleuve en rétrécit sur ce point la largeur, de près de 3 kilomètres. A une trentaine de mètres au-dessous du cap, un petit plateau entouré de fortifications formidables, se trouve la *ville haute*, tandis que la *ville basse* occupe l'étroit espace compris entre la pente escarpée de la montagne et le fleuve. Avec ses ouvrages de défense, Québec est l'une des villes les plus imposantes et les plus pittoresques du Nouveau-Monde, de même que l'une des plus fortes positions militaires de l'Amérique du Nord, et le principal boulevard de la puissance anglaise dans cette partie de la terre. La *ville haute*, qui forme la partie la plus considérable de Québec, présente un aspect antique. Les maisons en sont généralement construites en pierre et couvertes en tôle ou en zinc, les rues pavées, mais très-étroites. Les édifices publics ont de vastes proportions, sans offrir rien de remarquable sous le rapport de l'architecture. Nous citerons dans le nombre le massif palais du gouverneur général (*château Saint-Louis*) ; la cathédrale catholique (*Notre-Dame de la Victoire*), qui peut contenir 4,000 fidèles ; les immenses bâtiments du séminaire, où l'on formait autrefois des prêtres, transformé aujourd'hui en une espèce d'université catholique et en même temps résidence de l'évêque ; la cathédrale anglicane, regardée comme le plus bel édifice de la ville ; l'hôtel-Dieu, qui contient un couvent de religieuses, un hôpital, une église, un cimetière et des jardins, fondé en 1663 et richement doté, satisfaisant largement au but que se sont proposé ses fondateurs (secourir les pauvres et les malades), en même temps que les religieuses ursulines qui l'habitent se livrent à l'éducation des jeunes filles ; l'immense Collége des Jésuites, entouré de jardins magnifiques, et transformé en caserne depuis que le Canada est devenu possession anglaise ; le palais de justice, renfermant également le musée de la Société des Sciences et des Lettres de Québec ainsi que de précieuses collections botaniques et minéralogiques ; la grande halle, la nouvelle prison, les casernes d'artillerie[1], enfin l'arsenal, admirablement organisé et contenant tout ce qui est nécessaire pour armer 20,000 hommes. Un incendie détruisit, le 1er février 1854, le palais du parlement et en même temps la plus grande partie de la riche bibliothèque qu'il contenait. La *ville basse*, reliée à la *ville haute* par une route qui suit la pente escarpée de la montagne, et pour les piétons par le *Break-neck Stairs* (l'escalier casse-cou), assemblage pressé et confus de constructions élevées sur un terrain artificiel, et percé de ruelles étroites et malpropres, est le centre du commerce et de la vie sociale. On y trouve la Banque de Québec, avec la plus riche bibliothèque de tout le Canada ; la Bourse et les magasins du gouvernement. A l'extrémité méridionale de la ville est situé *Diamond Harbour* ou *L'Anse*, le quartier le plus vivant, entouré de vastes débarcadères, de magasins et de chantiers, des docks et d'ateliers de tous genres. De l'autre coté de la forteresse on trouve les deux grands faubourgs de *Saint-Roch* et de *Saint-Jean*, et le petit faubourg de *Saint-Louis*, construits régulièrement, mais pour la plus grande partie en bois, et généralement habités par les classes infimes de la population. Outre les établissements d'instruction publique que nous avons déjà mentionnés, Québec en possède encore plusieurs autres, tels que la *Royal Institution*, la *Literary and Historical Society*, le *Mechanicks Institute*, et une bonne bibliothèque à l'usage de la garnison. Il s'y publie plusieurs journaux quotidiens. On y compte 45,000 habitants, descendant la plupart des anciens colons français. La ville est le centre d'une navigation des plus actives et d'un commerce important, dont les bois et les autres produits du pays forment les principaux articles ; c'est le grand entrepôt du Canada avec l'étranger, attendu que les bâtiments des plus fortes dimensions peuvent remonter le Saint-Laurent jusqu'à Québec. Le mouvement annuel du port est d'environ trois mille bâtiments, tant à l'entrée qu'à la sortie.

Fondé en 1608, par les Français, Québec fut pris en 1629 par les Anglais, qui durent le rendre en 1632. C'est en 1663 que la ville fut érigée en capitale du Canada ; et les Anglais l'attaquèrent inutilement en 1690 et 1711. Mais en 1759 les Français, à la suite de la déroute qu'ils avaient essuyée le 18 septembre dans la plaine d'Abraham, qui l'avoisine, durent la livrer aux Anglais. En 1760 ils tentèrent vainement de la leur reprendre ; et le traité de paix de 1763 en confirma définitivement la cession à l'Angleterre. Les insurgés américains, commandés par le général Montgomery (tué à l'assaut le 31 décembre), tinrent Québec assiégée à partir de décembre 1775 ; mais le 6 mai 1776 ils durent battre en retraite. Dans ces derniers temps la ville a eu à diverses reprises à souffrir de violents incendies, notamment en mai, puis en juin 1845.

QUEDLIMBOURG, ancienne abbaye princière de femmes, qui relevait immédiatement de l'Empire et était située dans le cercle de la Haute-Saxe. Elle avait été fondée en l'an 937, par l'empereur Othon 1er, et richement dotée par les successeurs de ce prince. Son territoire comprenait environ 14 kilomètres carrés avec 15,000 habitants. L'abbesse de Quedlimbourg avait le droit de siéger et de voter aux diètes impériales sur le banc des prélats, de même que dans les diètes provinciales de la Haute-Saxe. En 1539 l'abbaye devint un chapitre protestant, qui compta au nombre de ses dignitaires la fameuse comtesse Aurore de Kœnigsmark. Sa dernière abbesse fut, à partir de 1787, la princesse Sophie-Albertine, sœur du roi Charles XIII de Suède. Le recès de l'Empire de 1803 adjugea le chapitre de Quedlimbourg à la Prusse, comme indemnité. En 1807 il fut compris dans le royaume de Westphalie ; en 1814 les Prussiens, après en avoir repris possession, le comprirent dans l'arrondissement de Magdebourg de la Saxe Prussienne.

La ville de *Quedlimbourg*, patrie de Klopstock, située sur la Bode, contient 13,890 habitants, sans compter la garnison. On y trouve d'importantes manufactures de lainages, une manufacture de sucre de betterave, une fabrique de céruse, des brasseries et des tanneries. Elle possède sept églises, plusieurs hôpitaux et établissements de bienfaisance, un hôtel de ville fort ancien, etc. Sur un rocher dominant le faubourg de Westendorf s'élève l'antique abbaye de Quedlimbourg, appelée aujourd'hui *le Château*, avec sa belle chapelle renfermant les tombeaux de l'empereur Henri 1er et de son épouse Mathilde, et où l'on conserve aussi le corps de la comtesse de Kœnigsmark, réduit complétement aujourd'hui à l'état de momie.

QUEEN, mot anglais signifiant *reine*, et dérivé de l'anglo-saxon *cuens*; mais comme titre c'est seulement depuis la conquête des Normands qu'on l'applique aux épouses des rois d'Angleterre.

QUEEN'S BENCH. C'est ainsi qu'on désigne en Angleterre, depuis l'accession au trône de la reine Victoria, une cour de justice appelée *King's Bench* quand c'est un roi qui règne (*voyez* BANC DU ROI OU DE LA REINE [Cour du]).

QUEEN'S PIPE OU KING'S PIPE, *la pipe de la reine* ou *la pipe du roi*. On appelle ainsi, dans les *docks* de Londres, un vaste entrepôt où les employés de la douane empilent les marchandises de contrebande, principalement le tabac, qu'ils saisissent, et qu'on détruit immédiatement.

Il se compose d'un grand local, au milieu duquel se trouve un immense poêle de forme conique, allumé jour et nuit d'un bout de l'année à l'autre, car il y a toujours un employé chargé d'en entretenir le feu. Le jour, les douaniers y jettent les ballots de tabac, de cigares et autres marchandises susceptibles d'être brûlées dont ont opéré la saisie, et qu'on réduit en cendres et en fumée dans la *pipe de la reine*. Il n'y a d'exception que pour diverses espèces de thé, parce que, malgré toutes les précautions qu'on peut prendre en les brûlant, il y a toujours lieu de redouter que des flammèches, soulevées par la force de la chaleur, n'incendient les bâtiments voisins. Les fabricants de savon et de produits chimiques, de même que les maraîchers des environs de Londres, recherchent avec empressement et payent fort cher les cendres provenant de la *pipe de la reine*.

QUÉLEN (HYACINTHE de), archevêque de Paris, né dans cette ville, le 18 octobre 1778, et mort dans les premiers mois de 1840, entra au collège de Navarre, puis, destiné par ses parents à l'Église, fut tonsuré en 1790. Quand le gouvernement réparateur de Bonaparte rendit à la religion ses temples et permit à ses ministres de rouvrir leurs écoles, Hyacinthe de Quélen entra au séminaire de Saint-Sulpice, et en 1807 il fut ordonné prêtre. D'abord grand-vicaire de l'évêque de Saint-Brieuc, il fut à quelque temps de là présenté au cardinal Fesch, qui l'attacha à sa personne, et dont il voulut partager la disgrâce. Aussi refusa-t-il la place de chapelain de Marie-Louise, que M. de Pradt avait été chargé de lui offrir; et il vécut dans l'obscurité, comme simple prêtre attaché à l'église de Saint-Sulpice, jusqu'à la chute de l'empire. A ce moment, le cardinal de Talleyrand Périgord fut nommé vicaire de la grande-aumônerie. Quand le siége de Paris, devenu vacant par la mort du cardinal de Belloy, fut conféré au cardinal de Talleyrand-Périgord, celui-ci appela auprès de lui, pour l'aider dans l'administration de son diocèse, M. de Quélen, qui ne tarda pas à être nommé évêque de Samosate *in partibus*, et, en 1817, coadjuteur de son évêque. A la mort de ce prélat, arrivée en 1821, la pairie et les honneurs académiques lui furent en outre tout aussitôt conférés; car sous la monarchie *légitime*, si l'archevêque de Paris était pair de droit, l'usage voulait aussi qu'il fût toujours membre de l'Académie Française. M. de Quélen fut appelé à prendre dans le docte cénacle le siége d'Avaucant par la mort du cardinal de Bausset. On voit que si elle avait assez longtemps fait attendre ses faveurs à M. de Quélen, la fortune le traitait maintenant en véritable enfant gâté. Il lui était en outre réservé de voir une éphémère popularité s'attacher à son nom à l'occasion de la discussion par la chambre des pairs (1824) du projet de loi relatif à la *conversion des rentes*, que la presse libérale, dès ce temps là aux gages des *loups-cerviers*, qualifia du projet de *banqueroute*. L'archevêque s'associa au cri de réprobation qui s'éleva de toutes parts à ce moment contre le cabinet Villèle; c'en fut assez pour que les journaux se chargeassent de recommander son nom aux sympathies de la foule. Mais en 1830, Charles X étant venu assister à Notre-Dame à un *Te Deum* pour la prise d'Alger, M. de Quélen adressa au roi une malencontreuse harangue où il semblait exciter ce monarque à se saisir du pouvoir absolu dont avaient joui les rois ses prédécesseurs. L'opinion n'eut pas même le temps de commenter les étranges paroles prononcées dans cette circonstance par le prélat; car à quelques jours de là les fatales ordonnances de juillet amenaient la chute de la branche aînée de la maison de Bourbon. M. de Quélen, si gravement compromis par son allocution à Charles X, fut compris dans l'espèce d'amnistie tacite que les vainqueurs accordèrent alors à la plus grande partie des vaincus. Toutefois, il garda à l'égard du nouveau gouvernement une attitude pleine de réserve et de dignité, mais déguisant assez mal une profonde hostilité.

Le 13 février suivant M. de Quélen avait autorisé la célébration, dans diverses églises de son diocèse, de services commémoratifs en l'honneur du duc de Berry. Le parti carliste, en affichant ainsi une douleur rétrospective, avait bien moins en vue de rendre un pieux hommage à la mémoire du malheureux prince tombé onze ans auparavant sous le poignard de Louvel, que de faire une démonstration qui rappelât au gouvernement issu des barricades que la branche aînée conservait encore de nombreux partisans au sein même de la capitale; et l'autorité, soit incurie, soit machiavélisme, laissa faire. L'étalage public des armoiries de la famille royale proscrite, et surtout les cris de *Vive le roi!* proférés à Saint-Germain l'Auxerrois à l'issue de la cérémonie irritèrent au plus haut degré la foule, qui saccagea furieuse le temple ainsi profané par cette provocatrice expression des passions humaines. L'inexplicable inaction dans laquelle le gouvernement resta encore, le lendemain 14, pendant que la populace, ivre de fureur, se ruait sur le palais archiépiscopal et n'y laissait pas pierre sur pierre, a peut-être autorisé les accusations de complicité qui s'élevèrent tout aussitôt contre lui. M. de Quélen, responsable aux yeux des masses de la démonstration carliste qu'il avait autorisée, courut des dangers personnels au milieu des démolisseurs. A la suite de ces scènes terribles, il crut même pendant longtemps prudent de rester caché. Jusqu'à sa mort ce prélat demeura d'ailleurs un véritable embarras pour le gouvernement de Louis-Philippe. Comme prêtre, il mérita sans doute l'estime publique par les vertus et par son assiduité à remplir tous les devoirs de son état; mais comme pasteur d'âmes, comme chargé du gouvernement religieux de la principale cité de France, il oublia trop qu'il devait rester étranger à la politique, aux passions qu'elle soulève et aux intérêts qu'elle favorise.

QUÉLUS, nom d'une branche de la famille de Lévis.

QU'EN DIRA-T-ON ? (Le). *Voyez* CONVENANCE.

QUÉNISSET (Affaire). Le 13 septembre 1841 le duc d'Aumale rentrait à Paris, à la tête du dix-septième régiment d'infanterie légère, qu'il ramenait d'Afrique. Le duc d'Orléans était allé au-devant de lui à Corbeil; le duc de Nemours les avait rejoints à Vitry. Un nombreux état-major attendait l'arrivée des princes à la barrière du Trône, et leur servit de cortège. Une affluence considérable se portait sur le passage du régiment; la rue du Faubourg Saint-Antoine regorgeait de monde. Vers une heure de l'après-midi, on arrivait à la hauteur de la rue Traversière. Un groupe d'individus passa devant les princes en criant: *Vive le 17e! à bas Louis-Philippe! à bas Guizot! à bas la famille royale! à bas les princes!* Aussitôt un coup de pistolet se fit entendre, et le cheval du lieutenant-colonel Levaillant, atteint à la tête, tomba roide mort en renversant son cavalier. La 1re division du régiment vent, dans son indignation, se précipiter sur la foule ; mais le duc d'Orléans fait mettre l'arme au pied, et ordonne que personne ne bouge. Des sergents de ville et des gardes municipaux se jettent sur l'homme qui vient de tirer, et le conduisent au poste. Une ordonnance du roi saisit la chambre des pairs du jugement de cet attentat commis contre des membres de la famille royale. L'individu arrêté déguisa d'abord son nom ; mais il ne tarda à avouer qu'il s'appelait François Quénisset, qu'il était scieur de long, et qu'il était né à la Scelle (Haute-Saône), en 1814. Engagé volontaire, il avait été condamné, pour voies de fait et insubordination envers un caporal, à cinq ans de boulet ; peine qui fut commuée en celle de trois ans de détention. Au bout de deux ans, il s'était évadé, et était venu se cacher à Paris sous le nom de Papart. Condamné de nouveau correctionnellement à quelques mois de prison, à la suite d'une rixe, il subit sa peine à Sainte-Pélagie, et y rencontra un nommé Matthieu, l'un des condamnés d'avril, qui, suivant l'expression de Quénisset, travailla, de concert avec d'autres détenus politiques, « à le plier à leurs doctrines et à le pétrir, et à en faire un homme d'action ». Sorti de Sainte-Pélagie, il se remit à travailler de son état. Mais il se sentait malheureux ; il avait contracté une liaison avec une fille Leplâtre, qu'il avait rendue mère et qu'il désirait ardemment épouser. Il sollicita du maire de sa commune une attestation qui établirait le grand âge de ses parents, leurs infirmités et le besoin qu'ils avaient de ses secours, dans l'espoir d'obtenir au moyen de cette pièce la remise entière de sa peine en même temps que sa libération du service militaire. Le certificat n'ayant pu lui être délivré, il en conçut une profonde irritation, et ayant rencontré un ancien condamné politique, il se laissa affilier par lui à une société secrète, qui avait pour titre les *Travailleurs égalitaires*, et dont le but était d'obtenir au moyen d'une révolution la création d'ateliers nationaux et d'écoles mutuelles gérés par l'État, où le pauvre et le riche seraient confondus dans le travail comme dans l'instruction. L'ouvrier devait être payé par un taux fixé par la loi et ne pas travailler plus de huit heures par jour. Après le serment d'usage, bandé les yeux, on fit jurer à Quénisset sur la tête de se dépouiller de ses biens et de sa fortune, de quitter sa femme et ses enfants, et de se trouver dans la rue au premier cri d'alarme, de se battre sans compter le nombre de ses ennemis, et enfin de ne jamais révéler ce qu'il entendrait dire. Le 13 septembre Paris était agité depuis plusieurs jours par les nouvelles des départements, que le recensement avait mis en feu. Les sociétés secrètes s'agitaient. Les *travailleurs égalitaires* jugèrent de l'entrée des princes à la tête d'un régiment pouvait offrir une chance de conflit. Dès le matin, les chefs se mirent en branle pour rassembler leurs hommes. Quénisset fut armé de deux pistolets et un des affiliés lui donna pour consigne de tirer sur le corps d'officiers. Après avoir tiré, Quénisset fit deux ou trois pas pour se sauver, lorsqu'il fut arrêté sans que ses compagnons fissent rien pour protéger sa fuite. Le soir même plusieurs membres de la société se réunirent dans un cabaret pour aviser à ce qu'il y avait à faire après l'avortement du coup du matin. La police, avertie de cette réunion, fit saisir le lendemain tous ceux qui y avaient assistés. Les aveux de Quénisset simplifièrent beaucoup l'instruction de l'affaire, et seize personnes furent comprises avec lui dans l'acte d'accusation. De ce nombre était Dupoty, rédacteur en chef et gérant du *Journal du Peuple*. Une lettre dans laquelle on l'inculpé lui disait que Quénisset les avait vendus, et où il le priait de prendre leur défense, lettre saisie à la Conciergerie, le fit comprendre dans les poursuites, bien que personne ne pût dire qu'il eût pris une part quelconque à l'exécution du complot, et que son journal n'eût jusque alors été l'objet d'aucune poursuite judiciaire. Cette lettre seulement pouvait par un inculpé pouvait donner l'apparence d'un indice matériel rattachant au complot le journal dont les auditeurs de l'attentat faisaient leur lecture assidue. Le 3 décembre les débats s'ouvrirent devant la cour des pairs. Quénisset lut défendu par MMes Paillet et Garnier, Dupoty par Me Ledru-Rollin, etc. A l'audience, la plupart des inculpés rejetèrent sur Quénisset l'exaltation de ses opinions, niant avoir pris part à l'attentat de complot, Quénisset se laissa aller à injurier ses complices et à les accuser d'être cause de son déshonneur. Me Ledru-Rollin, dans deux discours substantiels, s'efforça de faire comprendre que les articles du *Journal du Peuple* échappaient à la juridiction de la cour, et que rien ne prouvait la participation de Dupoty à un complot. A la fin des débats Quénisset appuya encore sur sa véracité. Il voudrait, disait-il, que son sang pût rejaillir sur ces républicains qui l'avaient abandonné au moment de l'exécution de leurs projets, afin qu'ils fussent reconnus et qu'on se défiât d'eux. Après plusieurs jours de délibération, la cour des pairs rendit le 23 décembre un arrêt qui acquittait cinq des accusés, qui en condamnait à mort trois autres (Quénisset et les nommés Colombier et Just, déclarés ses complices) et prononçait la peine de la déportation ou celle de la détention contre quinze des prévenus en cause. Dupoty fut condamné à cinq ans de détention.

Le 6 janvier 1842, le roi commua la peine prononcée contre Quénisset en celle de la déportation, et celle prononcée contre Colombier et Just en celle des travaux forcés à perpétuité. Quénisset, déporté aux États-Unis, mourut à la fin de juillet 1850, de la dyssenterie, à Stockton, en Californie, où il tenait un petit commerce de vin.

Le procès de Quénisset eut un grand retentissement. Les révélations du principal accusé montraient les sociétés secrètes sans chef, sans union, sans argent, sans moyens d'action. On n'avait trouvé parmi les conspirateurs que des ouvriers imbus surtout des idées d'une réforme sociale. Quelques-uns avaient pris le titre d'*égalitaires*, d'autres celui de *communistes* ; une fusion avait été tentée avec les *réformistes*. Dupoty avait déclaré dans sa défense que c'était par la *réforme politique* qu'on voulait arriver aux *réformes sociales*. On chercha donc à comprendre ceux qui demandaient la *réforme électorale* avec les conspirateurs et les communistes, et le *Journal des Débats*, se félicitant de l'issue du procès de l'affaire du 13 septembre, s'écria : « On voit que le rappel des lois de septembre est inexécutable, et que la *réforme électorale* est impossible, puisqu'elle donnerait le pouvoir aux communistes ; à vous, honnêtes gardes nationaux à voir si vous voulez tremper dans le partage des biens en vous associant à la *réforme électorale*. » Le gouvernement crut dès lors devoir systématiquement repousser toute réforme. Le fameux *Rien, rien, rien* devint sa devise. Pendant sept ans il lutta pour la conservation de ce qui existait ; mais l'opposition grandit dans toutes les classes, et faute d'avoir accordé ce qui était juste et raisonnable en son temps, un jour vint où le trône croula au cri de *Vive la réforme !*
L. LOUVET.

QUENOUILLE, petite canne, petit bâton, qu'on entoure, vers le haut, de soie, de chanvre, de lin, de laine, etc., pour filer. On peint les Parques avec une quenouille, un fuseau et des ciseaux. « Allez filer votre quenouille ! » ordre dédaigneux adressé à une femme qui se mêle des affaires de son mari, des choses qu'elle n'entend pas. En généalogie, *quenouille* se prend pour la ligne féminine : les royaumes d'Espagne, de Portugal, d'Angleterre, tombent en *quenouille* ; c'est-à-dire les femmes y succèdent à la couronne. Celui de France ne tombe point en *quenouille*. L'esprit est tombé en *quenouille* dans cette famille, c'est-à-dire les filles y ont plus d'esprit que les garçons. *Quenouille* se dit encore des arbres fruitiers, taillés de manière à ce que le branchage se rapproche de la forme d'une quenouille.

QUENTELL (HENRI), célèbre imprimeur du quinzième siècle, dont l'officine était située à Cologne. Tous les ouvrages sortis de ses presses ne portent pas son nom ; mais tous ont le fleuron indicatif de sa maison, et représentent un homme qui lit un livre ouvert sur un pupitre. L'un de ses descendants, *Pierre* QUENTELL, imprima au seizième siècle un grand nombre de très-beaux ouvrages, notamment : *Dionysii Richelii Opera*.

QUENTIN (Saint-). *Voyez* SAINT-QUENTIN.

QUERCY, pays de France, dans l'ancienne province de Guienne. Sa superficie était d'environ 693,384 hectares. Il se divisait en *Haut-Quercy*, dont la capitale était Cahors, les villes principales Figeac et Gourdon ; et en *Bas-Quercy*, dont la capitale était Montauban, et les principales villes Moissac et Lauserte. Le territoire du Quercy est réparti aujourd'hui entre les départements du Lot et de Tarn-et-Garonne.

QUERELLE, contestation, démêlé, dispute mêlée d'aigreur et d'animosité. Le sage ne se *prend de querelle* avec personne ni pour personne. *Épouser la querelle* de quelqu'un, c'est se déclarer pour lui contre un autre. *Une querelle d'Allemand*, c'est une querelle faite légèrement, sans sujet, de gaieté de cœur, *sans rime ni raison*, comme dit le peuple. Du reste, si l'Allemand est un peu *querelleur*, il n'est point *chicaneur* ; et sa langue a été forcée d'emprunter ce mot au français, afin de ne pas être prise au dépourvu, si jamais par hasard elle s'avisait d'en avoir besoin.

QUÉRÉTARO, l'un des plus petits États dont se compose la république mexicaine, situé entre l'État de San-Luis-Potosi au nord, l'État de Guanaxuato à l'ouest, l'État de Mechoacan au sud-ouest, les États de Mexico et de Vera-Cruz au sud et à l'est, a 283 myriamètres carrés de superficie, et compte environ 300,000 habitants. Situé sur le plateau central du Mexique, il se compose de plaines élevées, entourées et traversées par des groupes de hautes montagnes. On n'y compte qu'un petit nombre de rivières, et on y souffre du manque d'eau sur beaucoup de points. Le Montezuma ou Tula, qui reçoit les eaux du Paté, coule au nord, et va se décharger dans la baie de Tampico. Le climat en est sain et tempéré. L'État de Queretaro, pays essentiellement agricole, donne les mêmes produits que le plateau du Mexique, et comprend une partie du *Daxio*, le riche grenier du Mexique. On en exporte beaucoup de maïs, de froment, de légumes et de bétail dans les États voisins, notamment dans ceux de Guanaxuato et de Zacatecas. Cependant de vastes plaines, au sol le plus riche, y sont encore en friche. Il est rare d'y rencontrer de vastes forêts ; et sur beaucoup de points on n'y trouve pas un seul arbre. La plupart des plantes tropicales croissent encore dans les vallées. L'industrie y a pour objet la fabrication de draps grossiers ; elle est presque tout entière concentrée au chef-lieu, qui est toujours la plus importante ville de fabriques et de manufactures qu'il y ait au Mexique.

QUERETARO, chef-lieu de l'État, est à 1,990 mètres au-dessus du niveau de l'Océan et situé dans une plaine fertile et bien cultivée, bornée au nord et à l'est par de hautes montagnes. On y compte 30,000 habitants (dont 12,000 Indiens), et c'est l'une des plus belles villes du Mexique, entourée de magnifiques jardins fruitiers, avec des rues tracées régulièrement, trois grandes places publiques, beaucoup de beaux édifices, un aqueduc, un grand nombre de fontaines jaillissantes, plusieurs églises, six couvents d'hommes et trois couvents de femmes. L'édifice le plus remarquable est le couvent des religieuses de Santa-Clara, qu'à l'intérieur on pourrait prendre pour une petite ville, ayant ses rues et ses places. La belle cathédrale, *Nuestra-Señora de Guadalupe*, contient un autel d'argent massif. Queretaro est une ville fort animée, dont la population vit du travail des manufactures ou du commerce de détail.

Parmi les sources minérales que possède l'État, il faut citer celles de Paté, dont les eaux sourdent bouillantes d'un sol à base de porphyre. Les mines d'argent d'*El-Doctor* et de *San-Christoval*, de même que les mines de mercure de San-Onofre, jadis en grand renom, ont perdu de nos jours toute importance.

QUÉRUSQUES. *Voyez* CHÉRUSQUES.

QUESNAY (FRANÇOIS), naquit à Merci, près de Mont-fort-l'Amaury, en 1694, et mourut 16 décembre 1774. Son éducation première fut tout agricole ; et ce qu'il apprit du latin, du grec, des sciences, il ne le dut à peu près qu'à lui seul. Pour l'exercice d'une profession, son choix se porta sur la chirurgie et la médecine, qu'il vint étudier à Paris. Mais ses connaissances en agriculture et sa profonde compassion pour le sort des cultivateurs, dont la misère l'avait attristé durant son jeune âge, appelèrent ses méditations sur les causes de cette détresse et sur les moyens de rendre la prospérité aux campagnes. Il parcourut donc une double carrière, celle de savant et habile professeur dans l'art de guérir et celle de réformateur dans les sciences économiques. Dans la première, il se signala par des œuvres remarquables, telles que la *préface* du 1er volume des Mémoires de l'Académie de Chirurgie, dont il fut le premier secrétaire perpétuel, en même temps qu'il exerçait la charge de chirurgien ordinaire du roi et les fonctions de professeur royal. On a aussi de lui un *Essai physique sur l'économie animale, avec l'art de guérir par la saignée* (1747) ; une *Histoire de l'origine et des progrès de la Chirurgie en France* (1749) ; et un *Traité des Fièvres continues* (1753).

Mais c'est surtout comme réformateur de la science économique, et comme fondateur de l'économie publique moderne, dans ses rapports avec l'agriculture et l'industrie, qu'il s'est rendu célèbre. On n'a cependant de lui que quelques travaux épars dans la grande *Encyclopédie* de Diderot et de D'Alembert, avec un nombre assez considérable de *Mémoires* donnés par lui aux journaux d'agriculture et aux *Éphémérides du Citoyen*. Car l'exposition complète et systématique de sa doctrine dans l'ouvrage intitulé : *La Physiocratie, ou constitution naturelle du gouvernement le plus avantageux aux peuples*, est attribuée à Dupont de Nemours, qui le publia. Mais il est avéré que Dupont, les abbés Baudeau, Roubaud, Morellet, le marquis de Mirabeau, Letrosne, Mercier de la Rivière, etc., qui se vouèrent à la propagation de cette nouvelle doctrine, furent les disciples de Quesnay. Les principes qui font de l'agriculture la base d'une bonne économie sociale se trouvaient déjà, chez les anciens, dans les écrits économiques de Xénophon et de Dion Chrysostome, et chez les modernes, dans les *Économies royales* de Sully, le *Télémaque*, les œuvres de Vauban et de Boisguilbert. Ce qui appartient à Quesnay, ce sont les formules scientifiques déduites de calculs rigoureux. L'opinion vulgaire ne considérait comme *richesse* que les métaux précieux et la monnaie ; Quesnay démontra que c'étaient, non pas le moyen d'échange ou le prix de vente des productions, mais les productions elles-mêmes qui constituaient la valeur réelle ou la richesse. La monnaie ne fut plus que ce qu'elle est réellement, un gage, un signe, une mesure. Le *Tableau économique*, dont la Physiocratie est l'explication et le développement, distribue la société en trois classes : les producteurs agricoles, les propriétaires et les industriels fabricants et commerçants. Quesnay ne reconnaît la richesse que dans le revenu net des produits de la terre, déduction faite de tous les frais de culture ; il s'efforce de montrer que la troisième classe, celle des industriels, ne fait que vivre aux dépens de ce revenu, et n'y ajoute rien. C'est là sa première erreur, que dissipèrent M. de Gournay et Trygot, dans son écrit si précis et si substantiel : *Réflexions sur la formation et la distribution des richesses*. Une autre erreur de Quesnay, ou plutôt du marquis de Mirabeau et de Mercier de La Rivière, erreur bien plus grave, est celle du *despotisme légal*, présenté comme corollaire du *produit net*. Ces disciples exagérateurs, en faisant dériver l'ordre social du sol, ont été les premiers à n'établir qu'un ordre tout matériel. En le faisant reposer uniquement sur le travail et l'industrie, les économistes anglais n'ont pas redressé l'erreur : ils l'ont seulement déplacée. Les lois morales qui régissent l'économie sociale dans l'ordre providentiel n'en restent pas moins méconnues ; nous nous sommes toujours efforcé d'en montrer dans ce Dictionnaire la liaison intime avec l'ordre matériel (*voyez*

Division des Propriétés, Division du Travail, Économie politique, Économistes, etc.).

Quesnay fut estimé et aimé de Louis XV, qui l'appelait son *penseur* et le consultait souvent. Plusieurs de ses écrits furent imprimés à Versailles, par ordre exprès du roi. On trouvera sur Quesnay, et le petit cercle qui se réunissait dans son cabinet à Versailles, des détails curieux dans les *Mémoires* de Madame de Hausset. Le dauphin, père de Louis XVI, se plaignait un jour au docteur des embarras de la royauté : « Monseigneur, dit Quesnay , je ne trouve pas cela. — Et que feriez-vous donc si vous étiez roi ? — Monseigneur, je ne ferais rien. — Et qui gouvernerait ? — Les lois. » — Aubert de Vitry.

QUESNEL (Pasquier), membre de la congrégation de l'Oratoire, né à Paris, le 14 juillet 1634, dont le nom a conservé plus de célébrité que les ouvrages, quoique ceux-ci aient obtenu assez longtemps une vogue à laquelle contribua sans doute l'esprit de parti, mais que justifiaient un sentiment de piété vraie et un style recommandable par son élégante clarté. Le plus renommé de ses ouvrages est le livre des *Réflexions morales sur le Nouveau Testament*. Ce livre, qui fut pour l'auteur la source de vives persécutions, d'un long exil et d'une lutte qui n'eut de fin qu'avec sa vie, devint l'occasion ou plutôt le prétexte d'une guerre déplorable autant que scandaleuse entre les deux partis qui sous le nom de *jansénistes* et de *molinistes* désolèrent la France de leurs querelles pendant près d'un siècle et demi. La fameuse bulle ou constitution *Unigenitus*, fulminée, comme on le disait alors, par le pape Clément XI, le 8 septembre 1713, contre cent-une propositions du livre de Quesnel, condamnées *in globo*, semblait devoir mettre un terme à ces violents débats. Les deux partis n'en devinrent que plus acharnés l'un contre l'autre. Ces disputes ont enfanté des milliers de volumes, que personne ne lit plus, et quoique plusieurs de ces écrits renferment des détails curieux sur l'esprit et les intrigues du temps, ce n'est pas dans des *factums* plus ou moins empreints de passion qu'on ira chercher la vérité. Parmi les apologistes du livre condamné, celui que l'on peut consulter avec le plus de fruit, comme le plus modéré et l'un des mieux instruits, pour l'histoire de cette longue querelle, est Louail (Jean), auteur du 1er volume in-4º de l'*Histoire du livre des Réflexions morales*, etc. C'est encore dans des écrivains dont les lumières et la probité sont incontestées, tels que le chancelier d'Aguesseau, Saint-Simon, Duclos, Marmontel, que l'on trouvera la vérité sur l'histoire du livre de Quesnel et de la fameuse bulle. Les récits des deux derniers, non suspects de jansénisme, dénotent une recherche exacte et impartiale des faits: Il en résulte que pendant trente ans ce livre célèbre jouit d'une haute et universelle approbation. On n'y trouvait généralement qu'une piété sincère, sans y avoir découvert les traces du jansénisme. Le cardinal de Bissy, l'un des plus ardents promoteurs de la bulle, avait loué hautement l'ouvrage, qu'il condamna depuis. Le pape Clément XI lui-même se plaisait à le lire, et en avait parlé honorablement. Le père La Chaise, jésuite comme Le Tellier, et qui avant lui avait dirigé trente-deux ans la conscience de Louis XIV, avait toujours sur sa table le Nouveau Testament de Quesnel.

Le projet de la condamnation fut conçu, l'exécution en fut poursuivie et dirigée par le terrible confesseur de Louis XIV, le père Le Tellier, dans le but de maîtriser le pape, de relever son ordre, ébranlé par l'accusation d'une tolérance criminelle pour les cérémonies idolâtres des Chinois soi-disant convertis, et de perdre le cardinal de Noailles, archevêque de Paris , le plus éminent adversaire des jésuites. L'intrigue surmonta tous les obstacles. Malgré les répugnances du pape et de ses plus habiles conseillers , la constitution fut adoptée et publiée. Malgré la résistance persévérante de quelques évêques, ayant à leur tête le cardinal de Noailles, et la désapprobation générale, la grande majorité du clergé, intimidée ou entraînée, l'accepta. Jamais cependant on ne parvint à y rallier l'opinion publique. L'incrédulité, qui fit tant de progrès au dix-huitième siècle, dut principalement ses succès à toutes ces controverses haineuses et oiseuses, sous lesquelles l'ambition et la cupidité des vainqueurs déguisaient mal de honteuses et basses intrigues. L'opinion d'ailleurs se révoltait contre des persécutions cruelles. On voyait avec une douloureuse indignation une foule d'hommes sans reproche bannis ou obligés de fuir, plongés dans les prisons et les cachots, en proie à des traitements inhumains pour des querelles de mots, auxquelles la plupart de ces victimes ne comprenaient rien ou n'avaient pas même pris part. On pourra juger de l'emportement du P. Le Tellier par le trait suivant. Un de ses amis lui objectait que la bulle condamnait des doctrines de saint Augustin, de saint Thomas et même de saint Paul, dans les propres termes employés par ces lumières de l'église. « Saint Paul et saint Augustin, répondit le bouillant religieux, étaient des têtes chaudes, que l'on mettrait aujourd'hui à la Bastille. Quant à saint Thomas, vous pouvez apprécier le cas que je fais d'un jacobin par celui que je fais d'un apôtre. » La question fondamentale, dit Duclos, entre les *jansénistes* et les *molinistes* était bien antérieure au christianisme. C'est la question philosophique, l'éternelle question sur la liberté (le *libre arbitre*).

Longtemps avant les poursuites contre le livre des *Réflexions morales*, Quesnel avait été persécuté à cause de ses liaisons avec Arnaud et les jansénistes. Dès 1681 l'archevêque de Paris, de Harlay, l'avait forcé de se retirer à Orléans; en 1684, décidé à ne pas signer un formulaire imposé à sa congrégation contre le jansénisme et le cartésianisme, il se réfugia à Bruxelles, où il vécut dans l'intimité d'Arnaud jusqu'à la mort de celui-ci. Arrêté dans cette ville, sur un ordre', obtenu par les implacables ennemis, du roi d'Espagne, puis transféré dans les prisons de l'archevêché de Malines, il s'en échappa, et se sauva en Hollande, où il demeura à Amsterdam. Ce fut là qu'il termina, le 19 décembre 1719, à l'âge de quatre-vingt-six ans , une vie toujours orageuse, et dont les dernières années furent sans cesse occupées à lutter, dans des écrits multipliés, contre ses redoutables adversaires. Ses mœurs et sa conduite furent toujours irréprochables. — Aubert de Vitry.

QUESTEUR, titre que portait un magistrat romain chargé de la direction supérieure des finances de la république. Il y eut à l'origine deux *questeurs* ; et comme ils étaient spécialement chargés de l'administration du trésor (*ærarium*) de la ville, on les appelait *questeurs urbains*. Plus tard, en l'an 422 av. J.-C., le nombre en fut porté à quatre; et ces deux nouveaux questeurs furent chargés d'accompagner comme payeurs les consuls en campagne. Peu de temps avant le commencement de la première guerre punique, on en nomma huit, au lieu de quatre ; et le nombre s'en accrut vraisemblablement avec celui des provinces, où ils accompagnaient les gouverneurs. Du temps de Sylla on en comptait déjà vingt, et du temps de César ils étaient au nombre de quarante. A l'origine ils étaient élus dans les comices de curies ; plus tard, ils le furent dans les comices de tribus ; et à partir de l'an 422 les plébéiens furent également éligibles aux fonctions de questeur. D'abord cette magistrature ne se conférait qu'à des hommes déjà avancés en âge ; par la suite elle ne fut plus que le premier degré pour arriver aux honneurs. Les questeurs urbains assistaient aux délibérations du sénat ; et tous les questeurs, après avoir rendu leurs comptes, avaient droit à être ensuite appelés à faire partie du sénat. Pour l'expédition des affaires, ils avaient sous leurs ordres un personnel considérable d'employés au plumitif, appelés *scribæ*, et qui, restant toujours en fonctions, dirigeaient en réalité l'administration. Au temps d'Auguste, l'*ærarium* (trésor public) fut placé sous la direction de deux préfets particuliers; mais il paraît que les questeurs n'en gardèrent pas moins leurs attributions, bien qu'ils se trouvassent les subordonnés de ces deux préfets. Au troisième siècle la surveillance de l'*ærarium* fut enlevée au sénat, et comprise, comme le fisc, au nombre des prérogatives impériales. A la même époque on cessa aussi de faire une distinction entre les provinces du peuple et celles du prince; et les questeurs, que jusque alors on avait continué d'envoyer dans les premières, furent dès lors remplacés par des *procuratores* ou *rationales* impériaux. La *questure*, magistrature purement nominale, mais dont les élections servaient de prétexte à des fêtes publiques, n'en subsista pas moins encore pendant longtemps.

En France, les constitutions de l'empire introduisirent les dénominations de *questeur* et de *questure* dans le langage politique. Les *questeurs* étaient des membres du corps législatif chargés de l'administration intérieure de cette assemblée. Ils étaient au nombre de quatre, et choisis par l'empereur sur une liste de douze candidats présentés par l'assemblée. Sous l'empire de la charte de 1814, comme de celle de 1830, les attributions des questeurs restèrent les mêmes; mais le nombre en fut réduit à deux. C'est la chambre des députés qui les élisait au scrutin secret et à la majorité absolue. Quoique le mandat législatif fût alors essentiellement gratuit, on avait jugé à propos de rémunérer les fonctions de questeur. Sur les fonds particuliers votés au budget pour les dépenses de la chambre, ils touchaient des appointements de 10,000 fr. par an. Aussi étaient-ce là des fonctions extrêmement recherchées, outre qu'elles donnaient aux titulaires une grande influence non-seulement dans la chambre, mais encore auprès du gouvernement.

L'Assemblée nationale de 1848 se donna trois *questeurs*. Ils avaient mission d'administrer le budget particulier de l'assemblée, ainsi que de veiller à sa sûreté. L'Assemblée législative eut aussi trois *questeurs*. A la fin de 1851, les trois titulaires étaient le général Panat, M. Baze et le général Leflô. Le 6 novembre, le général Leflô, d'accord avec ses collègues, fit à l'assemblée une proposition ayant pour but de mettre le commandement de la force armée au nombre des attributions de son président. Cette motion fut rejetée le 18 par un vote de coalition des montagnards et des représentants bonapartistes; et c'est de la sorte que le coup d'État du 2 décembre réussit, grâce à l'appui de la force armée placée à la disposition du président de la république.

QUESTION (du latin *quæstio*, fait de *quærere*, demander, s'informer, chercher), demande qu'on adresse à un tiers pour être informé d'une chose ou d'un fait qu'on ignore, ou qu'on feint d'ignorer. Par extension, ce mot se dit d'une proposition qu'il y a lieu d'examiner, de discuter.

Par *question douteuse* on entend un cas auquel il s'agit de faire application de la loi quand ses prescriptions ne sont pas définies d'une manière tellement précise qu'on ne puisse soutenir le *pour* et le *contre* avec des arguments d'égale force. L'appréciation reste alors à l'arbitraire du juge; mais on peut porter appel de sa décision. A la cour de cassation seule appartient de décider les questions douteuses; et si la loi est insuffisante, c'est le législateur qui seul a pouvoir d'intervenir par une disposition nouvelle.

Les *questions académiques* sont les propositions faites par des sociétés savantes pour éclaircir ou développer des points de doctrine controversés ou des faits peu connus. Ces sortes de problèmes littéraires, historiques ou scientifiques sont d'ordinaire l'objet de concours auxquels sont conviés tous ceux qui s'occupent de belles-lettres, d'histoire ou de science, et dont sont juges les corps savants qui les ont ouverts. Le prix offert consiste ordinairement en une médaille de plus ou moins de valeur.

Le mot *question* est encore une expression de doute. Ainsi on dit : Ceci fait *question*. *Il est question de faire telle ou telle chose* signifie au contraire *il s'agit de faire, on se propose de faire telle ou telle chose*.

QUESTION (*Droit criminel*). On désignait ainsi, dans notre ancienne législation, des *tortures*, plus cruelles, plus barbares encore que les *ordalies* du feu et de l'eau en usage dans les temps d'ignorance et de superstition, et qui s'introduisirent également parmi nous au moyen âge. Yves de Chartres, ce fougueux prélat dont le nom se rattache à toutes les calamités que subit la France sous le règne de Philippe le Bel, a solennellement protesté contre ces épreuves, que réprouvaient également la religion et l'humanité. Ce que l'évêque de Chartres du neuvième siècle reprochait aux ordalies, Montaigne, au seizième siècle, le reprochait aux épreuves de la question. « Les *gehennes*, disait-il, sont d'une dangereuse invention; c'est un essai de patience plus que de vérité : car pourquoy la douleur fera-t-elle plustôt confesser à un malheureux ce qui est qu'elle ne le forcera de dire ce qui n'est pas? Et, au rebours, si celuy qui n'a pas fait ce dont on l'accuse est assez patient pour supporter tourments, pourquoy ne le sera celuy qui a faict un crime, un si beau guerdon que celuy de la vie luy estant asseuré? En un mot, c'est un moyen plein d'incertitude et de danger. Que ne diroit-on, que ne feroit-on pas pour fuir de si griefves douleurs? D'où il advient que celuy que le juge a *gehenné* pour ne le faire mourir innocent, il le fasse mourir et coupable. » « L'impression de la douleur, dit Beccaria, peut croître au point qu'absorbant toutes les facultés de l'accusé, elle ne lui laisse d'autre sentiment que le désir de se soustraire, par le moyen le plus rapide, au mal qui l'accable. » La *question* fut longtemps appliquée, même en matière civile, et sa suppression ne date que de la fin du siècle dernier. C'était plus qu'une épreuve, c'était un long et atroce supplice; les légistes le appelaient pas moins *épreuve de vérité*. L'ordonnance de Villers-Cotterets (1539) ne l'autorisait que pour les crimes capitaux, et dans les cas où les preuves ne seraient pas suffisantes. Cette jurisprudence fut suivie jusqu'en 1670; mais alors les jurisconsultes chargés par Louis XIV de la confection de nouvelles ordonnances, sous prétexte d'améliorer la législation criminelle, ne firent qu'ajouter aux rigueurs de l'ancienne loi; ils subdivisèrent l'*épreuve* en question ordinaire et extraordinaire, en question préparatoire et en question définitive.

La *question préparatoire* était appliquée avant la condamnation. Le but avoué était d'obtenir l'aveu de l'accusé, de le contraindre par la douleur à dire la vérité, c'est-à-dire à s'avouer coupable. Avant tout, on exigeait son serment devant l'image du Christ. La *question définitive* n'était applicable qu'après la condamnation, et afin de forcer le condamné à déclarer ses complices. Dans l'un et l'autre cas, elle ne pouvait être ordonnée que par arrêt de cour souveraine.

Les légistes étaient peu d'accord sur les exceptions; l'ordonnance de 1670 était à cet égard fort ambiguë, et les exceptions étaient de fait laissées à l'arbitraire des juges. Les accusés qui appartenaient aux classes privilégiées, les prêtres, les vieillards infirmes, les femmes enceintes, les enfants, pouvaient n'être pas mis à la question; mais on a une foule d'exemples de nobles, de magistrats, de prêtres, invoquant vainement à cet égard leur privilège. Les Grecs et les Romains admettaient la question, mais ils ne l'infligeaient qu'aux esclaves, et seulement dans le cas d'accusation des plus grands crimes. Les législateurs qui les imitèrent donnèrent à ce supplice appliqué avant condamnation une déplorable extension. Il suffisait que l'accusation pût entraîner la peine de mort ou des galères pour que l'accusé subît ce supplice anticipé. Des voix éloquentes et courageuses protestaient contre cette pratique barbare depuis plusieurs siècles au nom de la religion, de la justice et de l'humanité. L'opinion publique les appuya enfin de sa toute-puissance. Avant 1789 la question avait été abolie en Angleterre, en Suède, en Russie, en France; seulement on se réserva d'en faire encore l'application dans des cas extrêmement rares. Chez nous, comme nous l'avons dit, il y avait deux sortes de questions, l'une avant, l'autre après la condamnation : une seule fut abolie par Louis XVI, qui sans doute crut les avoir abolies toutes les deux; et pour en délivrer complètement la France, il fallut une révolution (*voyez* TORTURE).

DUFEY (de l'Yonne).

QUESTION DE DROIT. On appelle ainsi, en termes

de jurisprudence, un point de droit sujet à contestation dans l'application de la doctrine à l'espèce. Les *questions de droit* offraient autrefois bien plus de difficultés qu'aujourd'hui, un même code régissant tous les Français, quelsque soient le pays qu'ils habitent et leur situation sociale. Autrefois, au contraire, chaque localité avait sa loi spéciale, chaque classe de la société ses priviléges, ses juridictions; il était rare que la loi, qui n'était autre chose que l'ordonnance du roi, fût d'accord avec la coutume locale, la qualité des parties, la jurisprudence de la juridiction du ressort et celle du parlement. Là le droit romain était considéré comme *raison écrite*; ici ce droit était sans force : chaque parlement avait sa jurisprudence et ses arrêts de règlement. Ce qui était juste en droit à Paris ne l'était plus à Toulouse. Une masse immense, inextricable, de commentaires étouffait les textes que les jurisconsultes, les glossateurs, prétendaient éclaircir. Où était le droit? Nulle part, car il ne pouvait être basé que sur des principes certains, sur une législation unique, uniforme pour toutes les parties, pour tous les habitants de la France; or, cette loi unique n'existe que depuis la révolution de 1789, et on la chercherait vainement ailleurs qu'en France.

DUFEY (de l'Yonne).

QUESTION D'ÉTAT. *Voyez* ÉTAT (Question d').

QUESTION DE FAIT. C'est ainsi qu'on désigne, en jurisprudence, l'incertitude qui existe au sujet d'un fait allégué, et qui lorsqu'il aura été prouvé donnera naissance à un droit. L'examen d'une *question de fait* doit nécessairement et logiquement précéder celui de la question de droit, qui n'a pour objet que d'appliquer au fait bien constaté le texte de la loi : ainsi, en matière criminelle, le fait qui compose ce qu'on appelle le *corps de délit* doit être constant; il faut aussi que le fait ait été déclaré *délit* par une loi formelle, car tout fait non incriminé par la loi ne peut être passible d'une pénalité. De même, en matière civile il faut que toutes les circonstances de l'acte, du contrat, de l'obligation formulées par une convention authentique ou sous seing privé aient été rédigées suivant les formalités légales prescrites pour sa validité.

DUFEY (de l'Yonne).

QUESTION PRÉALABLE. On entend par cette locution, qui appartient au langage parlementaire, une question à examiner, à discuter préalablement à une motion proposée; d'où la conséquence que cette motion peut être écartée ou ajournée, comme intempestive ou inconstitutionnelle. Dans nos dernières assemblées délibérantes, les cris de *La clôture! l'ordre du jour!* alternaient avec celui de *La question préalable!* et signifiaient la même chose.

QUESTION PRÉJUDICIELLE. *Voyez* PRÉJUDICIELLE (Question).

QUÊTE (du latin *quærere*, chercher), action par laquelle on cherche : Se *mettre en quête*; après une longue et pénible *quête*.

En termes de chasse, c'est l'action d'un valet de limier qui détourne une bête pour la lancer, l'action du chien qui dénèle la voie d'un cerf, d'un sanglier, d'un vol de perdrix, etc. : Ce chien est trop vif, trop ardent pour la *quête*; ce chien a la *quête* brillante.

Quête est encore l'action de demander, de recueillir des aumônes pour les indigents, pour les œuvres pies. On *fait la quête* dans l'église, dans les maisons, pour les réparations de l'église, pour les pauvres.

Quête en marine est l'inclinaison en dehors de la partie de derrière d'un vaisseau. La *quête de l'étambot* est la quantité dont il s'écarte de la verticale pour pencher en dehors; il en est de même de la *quête de la poupe*; la quête est en arrière ce que l'élancement est en avant, l'un et l'autre allongent les vaisseaux.

Quêter signifie ou chercher quelqu'un, quelque chose, ou demander et recueillir. On dit, au figuré, *quêter* des éloges, des voix, etc. Les *quêteurs*, les *quêteuses*, sont ceux ou celles qui quêtent : Frère *quêteur*, une belle *quêteuse*.

QUÊTELET (LAMBERT-ADOLPHE-JACQUES), célèbre savant belge, né à Gand, le 22 février 1796, fut nommé en 1826 directeur de l'observatoire de Bruxelles; fonctions dont il s'est constamment efforcé d'agrandir le cercle d'action, et qu'il cumule avec l'emploi de secrétaire perpétuel de l'Académie royale des Sciences, des Belles-Lettres et des Arts et avec une chaire à l'école royale militaire, en même temps qu'il déploie le zèle la plus infatigable comme président de la commission centrale de statistique. Comme mathématicien, comme astronome et comme physicien, il s'est fait un nom européen, et ses nombreux travaux de statistique, qui témoignent d'une rare sagacité scientifique et d'un talent de combinaison peu commun, brillent autant par la clarté de l'exposition que par la largeur des aperçus. Il ne se contente pas d'y accumuler et d'y grouper les chiffres, il étudie avant tout les phénomènes de l'ordre physique et moral qui déterminent la vie individuelle et sociale. C'est à ce point de vue que sont écrits ses grands ouvrages : *Sur l'homme et le développement de ses facultés, ou essai de physique sociale* (2 vol., Paris, 1835); *Sur la théorie des probabilités* (Bruxelles, 1846) et *Du Système social et des lois qui le régissent* (Paris, 1848). Il a consigné la plupart des résultats de ses travaux sur les mathématiques et la physique dans les *Mémoires* de l'Académie Belge, de même que dans la *Correspondance mathématique et physique*, publiée d'abord en collaboration avec Garnier, puis par lui tout seul, ainsi que dans les *Annales de l'Observatoire*. Depuis 1834 il paraît chaque année sous sa direction un *Annuaire de l'Observatoire*, contenant des observations astronomiques et des faits de statistique. M. Quetelet est à tous égards l'un des plus illustres représentants de la science en Belgique; et d'ordinaire il fait les honneurs de Bruxelles aux savants étrangers qui passent par cette capitale.

QUEUE (du latin *cauda*), la partie qui termine le corps de la plupart des animaux. Elle diffère de figure et d'usage. Les quadrupèdes s'en servent pour s'émoucher; elle est ordinairement chez eux garnie d'os et couverte de poils; celle des oiseaux est de plumes, elle leur sert de gouvernail pour voler; celle des poissons, formée de cartilages, leur sert de gouvernail pour nager; le lion, pour s'irriter, se bat les flancs de sa *queue*; les chiens agitent la *queue* en signe d'allégresse à l'approche de leur maître. L'Écriture dit que le chien de Tobie accourut à sa rencontre en remuant la *queue*. Le scorpion pique de sa *queue*.

La *queue* d'une feuille, d'une fleur, d'un fruit, est cette partie par laquelle ils tiennent aux arbres, aux plantes.

La *queue du chat* est une figure de contre-danse.

En termes de coiffure, la *queue* est un assemblage des cheveux de derrière, couverts ou non couverts de poudre, attachés avec un cordon, et retenus par un ruban roulé tout autour.

Queue, au billard, est l'instrument dont on se sert pour pousser les billes. Une *queue à procédé* est celle dont le bout est garni de cuir, et avec laquelle on exécute des coups qui seraient impossibles avec la *queue* ordinaire. Faire *fausse queue*, c'est toucher la bille à faux avec la *queue*.

Queue signifie aussi la dernière partie, les derniers rangs de quelque corps, de quelque compagnie : La *queue* d'une procession, d'un cortège. On met un soldat à la *queue* de la compagnie pour fait d'indiscipline. Faire *queue*, c'est se ranger par ordre les uns derrière les autres, afin de passer à son tour à un spectacle, à une audience, à une distribution, etc. Le mot *queue* s'emploie dans une multitude d'expressions proverbiales : *Le plus embarrassé est celui qui tient la queue de la poêle*, c'est-à-dire celui qui dirige une affaire. *Quand on parle du loup on en voit la queue*, se dit de la survenue d'un homme au moment où l'on parle de lui, parce que la présence de celui qui arrive force le plus souvent d'interrompre le discours qu'on tenait sur son compte. *Tirer le diable par la queue*, c'est avoir grand'peine à joindre les deux bouts. *A la queue le venin*, c'est-à-dire la fin dans une affaire récèle la difficulté, le péril. *Faire la queue* à quelqu'un, c'est se jouer de lui.

QUEUE DE CHEVAL. C'est en Turquie le signe distinctif des plus hautes dignités militaires, et il consiste, comme le mot même l'indique, en une queue de cheval suspendue à un croissant doré qui surmonte une boule dorée formant l'extrémité supérieure d'une perche. Il n'appartient qu'aux pachas, au grand-vizir et au sultan, qui à l'armée le font porter devant eux et planter en avant de leur tente. Le nombre des *queues de cheval* varie suivant l'importance des dignités. Ainsi, on en porte six devant le sultan; le grand-vizir et les pachas ayant rang de vizir en ont trois. Les autres pachas n'en ont que deux ou même une seule, suivant leur rang.

On prétend que cette coutume vient de ce que dans une bataille l'étendard des Turcs ayant été enlevé par l'ennemi, leur général ou même un simple cavalier coupa la queue à son cheval, et l'ayant mise au bout d'une pique, encouragea les troupes, qui remportèrent la victoire. C'est en mémoire de ce fait que le sultan aurait ordonné qu'à l'avenir la *queue de cheval* serait un symbole d'honneur.

QUEUE DE CHEVAL (*Botanique*). Voyez PRÊLE.
QUEUE DE RAT (*Botanique*). Voyez FÉTUQUE.
QUEUE DE RAT (*Technologie*). Voyez LIME.
QUEUE DE RENARD (*Botanique*). Voy. AMARANTE.
QUEUE DES COMÈTES. Voyez COMÈTE.
QUEUE D'HIRONDE ou **D'ARONDE.** *Hironde*, et par corruption *aronde*, est le vieux nom français de l'hirondelle. On appelle *queue d'hironde*, en termes de fortification, une espèce de tenaille dont les branches se terminent en se rapprochant du côté de la courtine; celles qui vont en s'élargissant se nomment *contre-queue d'hironde*. Ce système, à peu près abandonné dans la fortification moderne, est remplacé par des travaux analogues, mieux appropriés à la défense.

QUEUX, mot du vieux langage, dérivé du latin *coquus*, cuisinier. Le *maître queux* était le chef des cuisines d'un prince, d'un seigneur; et la charge de *maître queux* existait encore à la cour de Versailles.

QUEVEDO DE VILLEGAS (Don FRANCISCO DE), auteur espagnol, né à Madrid, en 1580, fit ses études à Alcala de Hénarès, sans pourtant se vouer exclusivement à la culture d'une science quelconque. A la suite d'un duel qu'il s'attira en prenant la défense d'une femme qu'on insultait dans une église, duel où il eut le malheur de tuer son adversaire, force lui fut de se réfugier en Italie, où il obtint l'amitié du duc d'Ossuna, vice-roi de Naples, dont il fut l'un des agents secrets dans ce qu'on a appelé depuis la *Conjuration des Espagnols contre Venise*. Il parcourut ensuite le midi de l'Allemagne et une partie de la France. A son retour en Espagne, il fut, comme l'un des confidents du duc, qui dans l'intervalle était tombé en disgrâce, soumis à une instruction judiciaire. Pendant trois ans il resta détenu dans son château de *la Torre de Juan*. Ayant appris par expérience personnelle tout ce qu'il y a d'inconstant dans la faveur des cours, il donna, en 1632, sa démission de la place de secrétaire d'État, et refusa aussi l'ambassade de Gênes. Il parcourut ensuite l'Espagne, puis s'en revint habiter son domaine, où vraisemblablement il recueillit et publia les œuvres du bachelier de La Torre. Ayant perdu sa femme, il se retira encore plus du monde ; il était déjà âgé de soixante-trois ans lorsqu'il fut encore une fois jeté en prison sous la prévention d'être l'auteur d'un libelle en vers écrit contre le comte Olivarez, qu'un beau jour le roi en se mettant à table trouva sous sa serviette; et sa détention dura deux années. Elle avait tellement ébranlé sa santé, qu'il mourut à peu de temps de là, le 8 septembre 1645, à *Villa nueva de los Infantes*, où il s'était rendu dans l'espoir de s'y remettre un peu. Ses œuvres embrassent les sujets les plus divers. Ses poésies badines brillent par la gaieté, l'esprit de bon aloi et la richesse de l'invention. Ses ouvrages en prose sont généralement des fruits de la fantaisie et de la satire, et ont surtout contribué à faire connaître à l'étranger le nom de Quevedo, notamment ses *Sueños y discursos* et son *Gran Tacaño*, le premier roman comique dans le genre que les Espagnols appellent *picaresco* (le roman fripon). Il traduisit aussi en vers l'*Enchiridion* d'Épictète. On ne compte plus les éditions des œuvres de Quevedo, qui peut passer tout à la fois pour le Voltaire et pour le Beaumarchais de l'Espagne. La plus complète est celle qui a paru en 11 volumes (Madrid, 1791-1794). Consultez Guerra y Orbe, *Vida de don Francisco de Quevedo de Villegas* (Madrid, 1854).

QUIBERON, longue et étroite langue de terre de la ci-devant province de Bretagne, comprise aujourd'hui dans le département du Morbihan, avec un bourg portant le même nom et divers villages, est célèbre par la descente que les émigrés français y opérèrent en juin 1795 ; descente suivie bientôt après d'un immense désastre et d'effroyables exécutions. On avait pourtant vu au printemps de cette même année 1795 le général Hoche, commandant les forces républicaines dans les contrées insurgées, s'entendre avec les principaux chefs royalistes de la Vendée et de la Bretagne, découragés (ou, s'il faut s'en rapporter aux *Mémoires* écrits à Sainte-Hélène sous la dictée de Napoléon par le général Montholon, dupes d'articles secrets promettant le prochain rétablissement de la monarchie dans la personne du fils de Louis XVI, alors encore vivant), et signer un traité de pacification qui mettait fin à la guerre civile. Mais dans l'intervalle, le malheureux Louis XVII était mort, au Temple ; et l'un des instigateurs les plus actifs du formidable développement qu'avait pris naguère la chouannerie, qui s'était rendu en Angleterre longtemps avant l'ouverture des pourparlers à la suite desquels avaient été successivement conclues les conventions de la Jaunais et de la Mabilais, le comte de Puisaye, à force de répéter à Pitt et surtout à Wyndham, ministres de Georges III, que c'étaient les armes seules qui jusque alors avaient manqué aux braves paysans de l'ouest pour renverser en France le régime républicain, avait enfin obtenu du cabinet de Londres ce concours énergique qui, toujours prouvé aux royalistes de la Vendée et de la Bretagne, leur avait toujours manqué. Le plus profond secret avait été gardé sur les préparatifs faits en Angleterre ; mais le gouvernement français faisait constamment surveiller les mouvements de la flotte anglaise. Aussi l'amiral Villaret-Joyeuse, à la tête de seize vaisseaux de ligne, rencontra-t-il à la hauteur de Belle-Ile l'immense convoi que protégeait le commodore Warren, rejoint quelques jours auparavant par l'escadre de l'amiral Bridport. Quoique les forces anglaises ne se composassent que de quinze vaisseaux de ligne, Villaret-Joyeuse, battu dans cette rencontre, perdit trois de ses bâtiments et fut obligé de se réfugier à Lorient. Le 25 juin l'expédition jetait l'ancre dans la baie de Quiberon, et le 26 Puisaye débarquait sans obstacle à Carnac. Le comte d'Artois, qui avait promis son concours personnel, arriva en même temps à l'Ile Dieu, mais s'éloigna prudemment vingt-quatre heures après.... L'expédition se composait de trois corps d'émigrés formant un effectif de plus de 4,000 hommes, recrutés, armés et soldés par le gouvernement anglais, qui en avait confié le commandement au comte d'Hervilly, homme entêté, jaloux de ses prérogatives, connaissant fort mal le pays et ses habitants, peu disposé d'ailleurs à prendre et encore moins à recevoir les avis de Puisaye. Celui-ci, l'âme de l'expédition, n'était en réalité armé d'aucun pouvoir qui l'autorisât à la diriger. Il n'était établi que commandant supérieur des bandes bretonnes qui viendraient rejoindre le corps expéditionnaire. Il y avait là déjà une cause de ruine pour l'expédition ; en effet, des tiraillements, des conflits d'autorité, eurent aussitôt lieu entre les hommes chargés d'en assurer le succès. Les moyens mis à la disposition du corps expéditionnaire étaient pourtant immenses. Le convoi apportait un énorme matériel d'artillerie, 80,000 fusils, des habillements pour 60,000 hommes, des approvisionnements de toutes espèces et beaucoup d'argent. Georges Cadoudal, à la tête de 4,000 chouans, était aussitôt accouru pour protéger le débarquement; et en deux jours plus de 10,000 paysans bretons vinrent s'enrôler et recevoir des armes. Ils furent placés sous les ordres du chevalier de Tinteniac et du comte Dubois-Berthelot. Puisaye aurait voulu profiter du premier mouvement de surprise et d'effroi causé aux autorités et aux forces républicaines par la nouvelle du débarquement, et marcher droit sur Vannes, qu'il se faisait fort d'enlever avec ses bandes tumultueuses, pour peu qu'elles fussent appuyées par quelques centaines d'hommes de troupes régulières et de l'artillerie. Hervilly repoussa sa demande, déclarant qu'il n'affaiblirait pas sa petite armée en l'éparpillant. Il fit prendre à ses trois régiments une forte position, sans autrement se soucier de ce que pouvaient faire et devenir les troupes irrégulières de son collègue, pleines d'enthousiasme sans doute, mais encore mal exercées, et qui ne craignirent pas de s'avancer jusqu'à Auray et même jusqu'à six lieues de Lorient, sans que d'ailleurs elles rencontrassent nulle part de résistance. Mais alors elles durent rétrograder. On perdit ainsi en tâtonnements un temps précieux, dix jours tout entiers. Cela permit à Hoche de se reconnaître et de réunir les forces nécessaires pour agir. Puisaye avait fait dire à Charette en Vendée, à Stofflet et à d'autres chefs de l'insurrection précédente, de reprendre les armes et de venir le rejoindre; mais aucun d'eux ne bougea, soit antipathie pour Puisaye, soit défiance à l'égard de l'Angleterre. Tout n'était cependant pas encore perdu : on avait, à la vérité, laissé prendre à l'audacieux Hoche la menaçante position de Sainte-Barbe, qu'il se hâta de fortifier, et de la sorte on se trouvait acculé dans la presqu'île de Quiberon; mais la précaution même prise par Hoche prouvait qu'il n'était pas encore en mesure de prendre l'offensive. Un vigoureux coup de collier pouvait le déloger; et pour lui une retraite dans un pays ennemi serait un désastre. C'est alors que d'Hervilly résolut de tenter de reprendre la position de Sainte-Barbe. L'attaque fut fixée au 16 juillet. Pour la seconder, un fort détachement de chouans aux ordres du chevalier de Tinteniac et de Georges fut transporté à l'aide de chaloupes à l'embouchure de la Villaine à l'effet d'y débarquer et de venir de là prendre Hoche à dos. Cette diversion, sur le résultat de laquelle on comptait avec raison, manqua. Le chevalier de Tinteniac fut tué, et sa division fit fausse route. L'armée expéditionnaire, renforcée par un corps de 1,100 émigrés recrutés à Hambourg et commandés par M. de Sombreuil, qui était arrivé l'avant-veille à Quiberon, marcha courageusement sur les lignes républicaines. D'Hervilly voulut d'abord les tourner : c'était là une manœuvre dangereuse; elle plaça les assaillants sous le double feu du front et du flanc droit de l'ennemi, et il fallut y renoncer. L'attaque des retranchements eut lieu alors. La situation des républicains était des plus critiques, quoique leur artillerie fît beaucoup de mal aux assaillants. Avec un peu de persistance, ceux-ci eussent donc pu enlever la position et forcer la poignée de troupes qui la défendaient à se disperser au milieu de populations prêtes à s'insurger. C'est à ce moment que, par une des fatalités qui signalèrent toute l'expédition de Quiberon, d'Hervilly donna l'ordre de la retraite; et cette retraite, dans laquelle d'Hervilly fut mortellement blessé, se changea bientôt en une déroute complète. Les républicains poursuivirent les royalistes l'épée dans les flancs; et tels étaient le désordre et la confusion qui régnaient dans les rangs des vaincus, qu'on put craindre un instant de voir les vainqueurs entrer pêle-mêle avec eux dans la presqu'île où ils se réfugiaient. Les chaloupes anglaises prévinrent ce danger en dirigeant sur les poursuivants un feu des plus vifs. 15,000 hommes environ se trouvaient maintenant acculés dans la presqu'île de Quiberon; et en outre l'expédition se trouvait en réalité sans chef, puisque Puisaye était formellement exclu par sa commission du droit de commander les troupes régulières équipées et soldées par l'Angleterre. Ce fut lui-même qui, dans l'extrémité où l'on se trouvait, proposa de déférer le commandement à M. de Sombreuil,

QUIBERON

homme qui avait une certaine réputation militaire et possédait la confiance des troupes, mais qui, non moins brave que son prédécesseur, était tout aussi dénué que lui de talent et d'expérience, et qui ne sut prendre aucune résolution salutaire. Aussi bien, il faut le reconnaître, après l'échauffourée du 16, l'expédition était décidément manquée, et il ne fallait songer qu'à se rembarquer au plus tôt. Comment en effet tenir dans quelques lieues carrées de sable, où l'armée victorieuse ne pouvait tarder à tenter de pénétrer? Tout ce qui restait à faire, c'était donc de défendre l'entrée de la presqu'île pour donner aux troupes le temps de se rembarquer. Mais les moyens d'embarcation étaient trop insuffisants pour que cette opération pût se faire avec la rapidité nécessaire. On parvint toutefois à faire passer quelque 8,000 chouans sur la côte, où ils se furent bientôt dispersés et mis en sûreté. Des prisonniers républicains qu'on avait imprudemment enrôlés en Angleterre, et répartis dans les régiments d'émigrés, profitèrent de la confusion générale qui régnait au milieu de la petite armée royaliste pour s'enfuir et rejoindre à l'envi l'armée de Hoche, à qui ils firent savoir que ceux de leurs camarades qui composaient une partie de la garnison du fort Penthièvre, défendant l'entrée de la presqu'île, étaient prêts à le livrer. Dans la nuit du 20 juillet, et par un orage épouvantable, trois cents grenadiers se glissant par des chemins couverts, arrivèrent donc jusqu'au pied de ce fort, dont ils ne tardèrent pas à s'emparer, en même temps que Hoche, que rien n'empêchait plus désormais de marcher en avant, pénétrait dans la péninsule, où les forces royalistes se trouvaient éparpillées dans treize villages, sans qu'on eût même eu la précaution de leur fixer un lieu de rassemblement. Restées sans ordres, elles se retirèrent tumultueusement jusqu'au fortin situé à la dernière pointe de terre, tandis que tout ce qui pouvait s'embarquer se hâtait de rejoindre la flotte anglaise. Puisaye fut de ce nombre; il eût dû être le dernier à se rembarquer, et l'honneur le lui commandait impérieusement. Il a allégué depuis pour sa défense que son but était d'abord de mettre ainsi en sûreté ses papiers (mais que ne les brûlait-il !), qui pouvaient compromettre tant d'habitants des côtes de l'ouest, et ensuite d'apprendre à Warren, qui semblait l'ignorer, la situation désespérée où se trouvait l'expédition, afin qu'il fît tout ce qui était nécessaire pour rendre possible un plus prompt rembarquement.

Investi du commandement en chef, M. de Sombreuil était bravement resté à son poste. Acculé à la mer avec 3,500 hommes, il se retira sous le petit fort de Portaliguen, où il pouvait encore tenir pendant quelques heures, puisque la plage était alors balayée par le feu de la frégate anglaise La Galatée, qui empêchait ainsi les républicains d'avancer et donnait aux royalistes le temps de se rembarquer. Mais par suite de la prise du fort Penthièvre, les signaux convenus avec le commandeur Warren ne purent être faits, et les chaloupes qui devaient servir à l'embarquement n'arrivèrent pas. Il y avait encore ici de 5 à 6,000 individus, officiers, soldats, paysans et jusqu'à des femmes; et le désespoir de cette foule. C'est alors que des cris confus de « Rendez-vous! Bas les armes! On ne vous fera rien »! partirent des rangs des républicains. Et parmi les régiments venus d'Angleterre, il y eut aussi des voix qui dirent : « Il faut nous rendre »! M. de Sombreuil essaya donc de parlementer, et fit à cet effet prier le commandant de La Galatée d'interrompre son feu, qui empêchait toute communication. Mais quand le feu eut cessé, les républicains continuèrent à s'avancer en criant toujours : « Rendez-vous! ne vous faites pas massacrer! » Sombreuil pensa qu'il valait mieux se fier à l'humanité des vainqueurs que de faire égorger ses malheureux compagnons jusqu'au dernier. Sans doute tous ceux qui faisaient partie de l'expédition se trouvaient ipso facto sous le coup des lois terribles rendues contre les émigrés coupables d'avoir porté les armes contre leur patrie; mais regardant les promesses verbales faites par des soldats français comme équivalant à un engagement d'honneur, il crut pouvoir commander à sa troupe de mettre bas les armes sans avoir rien stipulé par écrit avec Hoche, qui, tout porte à le croire, eût accordé une capitulation. Il demanda à lui parler, et celui-ci descendit à cet effet de cheval, se promena pendant quelque temps avec lui sur le bord de la falaise où se trouvait le fort Portaliguen, et lui témoigna les plus grands égards. Sombreuil insista généreusement pour être la seule victime, au cas où l'on jugerait qu'il n'y avait pas eu de capitulation. Hoche déclara que l'arrivée des deux commissaires de la Convention, Tallien et Blad, à son quartier général lui enlevait désormais le droit de décider du sort des prisonniers; et ce fut à Tallien que Sombreuil remit son épée. Les prisonniers furent conduits, M. de Sombreuil en tête, à Auray; mais Hoche, en les faisant escorter par une poignée d'hommes seulement, sembla avoir voulu les inviter à s'évader; ce qui eût été facile à ces infortunés au milieu de populations toutes dévouées à la cause royale. Mais ils se regardaient comme prisonniers sur parole, et il n'y en eut qu'un bien petit nombre qui profitèrent de la facilité que leur laissait Hoche, dans la prévision du triste sort que leur réservait la Convention. Celle-ci, qui soupçonnait déjà les relations de Pichegru avec le prince de Condé, et qui à ce moment voyait éclater contre elle dans toutes les parties de la France cette réaction royaliste dont la journée de vendémiaire put seule la sauver, résolut d'être sans pitié. Dès le 27 juillet les commissions militaires commencèrent à fonctionner. Sombreuil, qui comparut le premier, après avoir noblement déclaré qu'il avait vécu et mourrait royaliste, ajouta : « Prêt à comparaître devant Dieu, je jure qu'il y a eu capitulation et qu'on s'est engagé à traiter les émigrés comme prisonniers de guerre »! Inutile protestation! La commission le condamna à mort. Pour donner plus de solennité à l'exécution, Tallien et Blad décidèrent qu'elle aurait lieu au chef-lieu même du département, à Vannes. Sombreuil, arrivé sur le terrain de l'exécution, refusa de se laisser bander les yeux, commanda le feu lui-même, et tomba mort aussitôt. De la prison d'Auray il avait écrit au commodore Warren une lettre qui a été rendue publique, et où il rejetait avec toute l'âcreté du désespoir la responsabilité du désastre de Quiberon sur Puisaye, au sujet duquel il s'exprimait dans les termes les plus injurieux.

Les condamnations et les exécutions se succédèrent sans discontinuer pendant quinze jours. Mais les soldats se fatiguèrent de servir de bourreaux; Hoche se porta l'interprète de leurs réclamations, et alors la Convention permit aux commissions d'accorder quelques acquittements. Ces instructions plus indulgentes n'arrivèrent que lorsque déjà plus de deux mille chouans ou émigrés avaient été froidement fusillés. Toutes ces exécutions avaient eu lieu dans une prairie voisine d'Auray, où les condamnés trouvaient en arrivant des fosses déjà toutes prêtes pour les recevoir. Cette prairie en a pris le nom de *champ des martyrs*, et une chapelle y a été élevée sous la Restauration. C'est aussi à cette époque que le maréchal Soult provoqua l'érection d'un monument expiatoire aux victimes de l'expédition de Quiberon.

QUIDITÉS, terme de l'École, dont le sens est à peu près celui d'*entité*. Les réalistes enseignaient que les idées générales existaient *a parte rei*, qu'elles étaient des *quidités*, c'est-à-dire *quelque chose* ayant une réalité en soi, et non pas de simples conceptions, purement subjectives ou intellectuelles. Il faut remercier ceux qui ont purgé la philosophie de ce jargon. Les premiers réformateurs, tels qu'Érasme, Nizolius, etc., étaient peut-être plus choqués de la barbarie des termes que de l'absurdité des choses; mais la réforme des mots devait nécessairement amener celle des idées, et l'on peut assurer, même aujourd'hui, que lorsque la langue philosophique aura reçu des perfectionnements nouveaux, on ne prendra plus des métaphores pour des arguments, ni des figures de rhétorique pour des faits.

DE REIFFENBERG.

QUIEN (Jacques), pêcheur d'Ostende, partage avec Gilles Beuckels de Hughenvliet l'honneur d'avoir les premiers, vers l'année 1405, fait en mer le *hareng caqué* : ce qui prouve que Beuckels n'était pas mort en 1397, comme le prétendent quelques biographes. Mais ce dernier seul a été signalé comme l'inventeur d'un procédé qui a servi à enrichir la Hollande ; et en visitant son tombeau, Charles-Quint ignorait probablement l'existence de son modeste compagnon. Il faut remarquer toutefois que l'importance de cette découverte, disputée par M. Noël de la Morinière aux habitants des Pays-Bas, ne fut pas d'abord appréciée à sa juste valeur, et qu'il se passa encore beaucoup de temps avant que le commerce du *hareng caqué* fût établi. Telle est en effet la destinée de la plupart des innovations utiles : il n'y a guère que les absurdités qui prennent pied de prime abord.

DE REIFFENBERG.

QUIERS, ville du Piémont. *Voyez* CHIERI et BALBES (Famille des).

QUIÉTISME. L'esprit de divers ordres monastiques, uniquement dirigé vers les pratiques extérieures, avait au dix-septième siècle fait dégénérer la piété des catholiques et leur vénération pour Dieu en un culte à peu près machinal de tous points. Dès lors il était naturel que des esprits pieux, qui s'étaient fait de la religion une idée plus pure et plus élevée, se jetassent dans le mysticisme, source plus abondante de consolations et de pensées pieuses. Un prêtre séculier espagnol, Michel Molinos, répondit à ce besoin de son temps en publiant son *Guida spirituale* (Guide spirituel [Rome, 1675]). D'après les conseils qu'il y donnait, les âmes pieuses recherchèrent alors le calme d'un esprit complètement absorbé en Dieu (en latin *quies*, *quietis*, d'où les noms de *quiétisme* et de *quiétistes* ; en grec *hesychiastes*) ; et on n'y aurait rien trouvé à redire, s'il n'en était pas résulté pour les pratiques de dévotion, si fort recommandées par la direction religieuse de ce temps-là, le danger de paraître inutiles et superflues. Les jésuites, alors si puissants, le comprirent parfaitement ; et ils n'eurent pas de cesse que le cabinet de Versailles, complètement dominé par leurs intrigues, n'eût exigé de la cour de Rome qu'elle contraignît Molinos à rétracter ce qu'on appelait ses hérésies, et qu'elle le condamnât à entrer dans un couvent de dominicains, à Rome, où il mourut, en 1696.

Cette mesure violente n'empêcha cependant pas la propagation du quiétisme. Le *Guide spirituel* de Molinos circula de plus en plus en Allemagne et en France, où les ouvrages de la Bourignon, de Poiret et des piétistes y avaient déjà préparé les esprits, et ne tarda point à provoquer la publication d'une foule de livres de piété conçus dans le même esprit. Le partisan le plus célèbre du quiétisme, en France, fut la riche et belle veuve Jeannette-Marie Bouvier de La Motte-Guyon, qui était très-affiliée à la cour de Louis XIV. Son exemple, le temps qu'elle consacrait à la prière, ses écrits pleins d'onction et les menées de son confesseur, Lacombe, lui firent assez de partisans pour attirer sur elle l'attention du clergé. En réalité on aurait dû prendre pour une folle une jeune femme qui se disait être la femme incarnée dont parle l'Apocalypse, et qui dans son autobiographie racontait qu'il lui arrivait souvent d'être tellement inondée de la grâce, qu'il fallait la délacer, et qu'alors cette plénitude de grâce se répandait sur ceux qui l'entouraient. Lacombe, considéré comme son séducteur, fut arrêté, et mourut en prison, à Paris, en 1702. Quant à Mme Guyon, après une courte détention préventive, elle fut remise en liberté, et n'en obtint pas moins l'honneur d'être admise à partager les exercices de dévotion de Mme de Maintenon, à Saint-Cyr. La controverse paraissait terminée ; lorsque Fénelon, dans son *Explication des Maximes des Saints sur la vie intérieure* (1697), reproduisit quelques-unes des idées de Mme Guyon, en les recommandant. L'adhésion d'un prélat si important donna au quiétisme une force nouvelle, et fournit à Bossuet, le champion des théologiens français, l'occasion de mortifier son rival. Il obtint, en 1699, un bref du pape qui condamnait, comme entachées d'erreur, vingt-trois propositions contenues dans le livre de Fénelon. L'admirable douceur avec laquelle celui-ci se soumit à la condamnation qui le frappait, et à laquelle on sut rendre justice même à Rome, fit perdre à Bossuet tous les fruits de son triomphe; et ce ne fut pas la force, mais le changement survenu dans l'esprit du siècle, qui peu à peu fit tomber le quiétisme en oubli. D'ailleurs, il n'avait jamais constitué de secte proprement dite; seulement, il avait pendant une trentaine d'années servi de thème à des livres de dévotion, dont la circulation avait été immense, et il avait constitué l'opinion particulière d'un parti parmi les dévots. L'ouvrage de Fénelon est le livre qui expose le mieux l'esprit et les tendances du quiétisme; on y voit que ce n'était guère qu'une innocente rêverie, dont étaient seules capables des âmes enthousiastes et riches d'imagination. Le quiétisme recommande ce qu'on appelle l'*amour pur de Dieu*, étranger à toute idée de crainte ou d'espérance, indifférent au ciel et à l'enfer, s'adressant à Dieu avec la plus entière abnégation, uniquement parce que Dieu veut qu'il en soit ainsi. Il faut en outre complètement amortir la chair, éloigner toute idée profane, renoncer pour les bonnes œuvres à toute confiance dans ses propres forces et amener l'âme à un tel état de souffrance qu'elle perde l'activité qui lui est propre et que ce soit désormais l'esprit de Dieu qui seul agisse en elle. Cet état, qui réunit essentiellement l'esprit avec Dieu, est le calme ou la prière mentale incessante, sans rien désirer, sans rien demander à Dieu, en s'abandonnant complètement à lui et en se contentant de la pure contemplation de son essence.

QUIÉTUDE (du latin *quies*, repos), tranquillité, repos d'esprit : La grâce, l'amour de Dieu met l'esprit dans une parfaite *quiétude*; Oraison de *quiétude*. Ce terme du langage mystique s'emploie aussi dans le langage ordinaire : Vivre à la campagne dans une douce *quiétude*.

QUILLE, morceau de bois long et rond, plus mince par le haut que par le bas, servant à un jeu où il y a neuf de ces morceaux de bois, qu'on range trois à trois en carré, pour les abattre avec une boule. Dans le langage familier, *Recevoir quelqu'un comme un chien dans un jeu de quilles*, c'est le mal accueillir; *Prendre son sac et ses quilles*, c'est plier bagage, décamper, s'enfuir.

QUILLE (*Marine*), longue pièce de bois qui va de la poupe à la proue d'un navire. C'est la base sur laquelle on construit tout l'édifice, la première pièce qu'on place sur le chantier (*voyez* CONSTRUCTIONS NAVALES). Si l'on compare la carcasse d'un vaisseau à un squelette, les *membres* ou *couples* en seront les *côtes*, et la *quille* représentera l'épine dorsale. La quille est composée d'une pièce de bois droite, plus haute que large; mais dès qu'un vaisseau atteint une certaine longueur, la quille se compose de plusieurs morceaux mariés les uns sur les autres par des écarts à croc, bien chevillés de dessous en dessus.

Emprunter de l'argent sur la *quille* d'un vaisseau, c'est hypothéquer le corps du vaisseau en gage d'un prêt obtenu.

QUILLEBEUF, ville de France, chef-lieu de canton dans le département de l'Eure, sur la rive gauche de la Seine et à 25 kilomètres de son embouchure, avec 1,600 habitants, un port de commerce et de relâche pour les bâtiments qui fréquentent la Seine, un bureau de douanes, un entrepôt réel, une fabrication de dentelles, des fabriques de bonneterie de coton, de tuiles, de chaux et de plâtre, des forges, des clouteries, des corroieries. Le port de Quillebeuf peut contenir dix-sept bâtiments de 89 tonneaux ; il est bordé de quais en pierres de taille terminés par une cale d'abordage et une estacade. Ce port, situé au passage le plus dangereux de la Seine et où les bâtiments ne peuvent aborder qu'à marée haute, possède les objets nécessaires au sauvetage des navires; et l'on y allège ceux qui ne pourraient remonter jusqu'à Rouen. C'était autrefois une ville forte, qui fut démantelée sous Louis XIII.

QUIMPER ou QUIMPER-CORENTIN, ville de France, chef-lieu du département du Finistère, sur l'Odet, au point où cette rivière reçoit le Steyr, et à 17 kilomètres de l'Océan, avec une population de 10,904 habitants, un port de commerce, un évêché suffragant de l'archevêché de Tours, des tribunaux de première instance et de commerce, un bureau de douanes, une école impériale d'hydrographie, un collège, une bibliothèque publique de 7,000 volumes, des archives départementales, un jardin botanique, une société d'agriculture, une société d'émulation, une typographie, cinq salles d'asile, une caisse d'épargne, un hospice départemental pour aliénés, des fabriques de faïence, de poterie de terre et de grès, des corroieries, des ateliers de construction de navires marchands, un commerce d'entrepôt de sel, blé, cire , miel, toile de lin et de chanvre, chevaux, beurre, suif, sardines, poissons secs et salés, de belles pépinières et une exploitation de houille aux environs. Le seul monument remarquable de Quimper est sa cathédrale, qui est très-belle. Le bassin de son port d'échouage est formé par deux quais parallèles de 650 mètres de longueur, avec quatre cales de débarquement. C'est une ville ancienne, autrefois fortifiée. Elle fut prise en 1345, par Charles de Blois, qui la saccagea et en fit massacrer les habitants. Elle fut nommée pendant la révolution *Montagne-sur-Odet*.

QUIMPERLÉ, ville de France, chef-lieu d'arrondissement dans le département du Finistère, sur le Laïta ou Quimperlé, formé de la réunion des rivières de l'Issole et de l'Ellé, à 13 kilomètres de l'Océan, avec 6,144 habitants, un port de commerce, un tribunal de première instance, un collège, un bureau de douanes, une société d'agriculture, une caisse d'épargne, des scieries de planches et de merrain, une fabrication de sabots, des papeteries et de nombreuses tanneries, une fonderie de métaux, des chaudronneries, un commerce de vin, planches, sel, bois de construction, merrain, cidre, beurre et grains. Son port d'échouage ne peut recevoir qu'une vingtaine de bâtiments, de 50 tonneaux ; il est bordé de deux quais de 310 mètres de longueur avec quatre cales de débarquement. Le port de *Le Pouldu*c, situé à l'embouchure du Laïta, forme l'avant-port de Quimperlé.

QUIMPESÉ. *Voyez* CHIMPANZÉ.

QUINAIRE (en latin *quinarius*), petite monnaie d'argent chez les Romains, qui était du poids du demi-gros, et qui valait la moitié du denier et le double du sesterce.

QUINAULT (PHILIPPE), naquit à Paris, le 6 juin 1635. On croit être certain aujourd'hui qu'il était fils de Thomas Quinault, maître boulanger, quoique l'abbé d'Olivet ait regardé cette allégation de Furetière comme dictée par la médisance et la colère. « Quand cela serait vrai, ajoute l'abbé, Quinault n'en mériterait que plus d'estime, pour avoir si bien réparé le tort de sa naissance. »

Après avoir fait quelques études, le jeune Quinault eut le bonheur de s'attacher à Tristan L'Hermite, auteur de *Marianne*, qui le prit en affection et l'admit aux leçons qu'il donnait lui-même à son fils unique. Agé de dix-huit ans, Quinault présenta au Théâtre-Français, sous la protection de Tristan, sa première comédie des *Rivales*, en 1653. On rapporte que c'est à l'occasion de cette pièce que fut établi le droit des auteurs sur la recette, tandis que précédemment le prix était débattu avec l'auteur et une fois payé. La pièce des *Rivales* et celles qui la suivirent eurent un grand nombre de représentations. Cependant, Quinault eut la sagesse, très-rare à son âge, de ne point se laisser éblouir par de si brillants succès; et le parti qu'il prit d'entrer chez un avocat pour faire des études plus sérieuses que celles du théâtre prouve qu'il avait en partage un jugement précoce et d'excellents sens. Il fallait qu'il fût animé d'une grande ardeur pour le travail, puisqu'en consacrant une partie de son temps aux études de sa nouvelle profession, il en trouvait encore pour composer des comédies, qui se succédaient au théâtre chaque année, sans interruption. *L'Amant indiscret*, qu'il fit représenter en 1654, fut couvert d'applaudissements.

Après la mort de son bienfaiteur et de son second père,

auquel il prodigua toujours les soins les plus tendres et les plus délicats, Quinault donna, en 1655, *La Comédie sans comédie*, dans laquelle il réunit les différents genres de composition théâtrale : pastorale, comédie, tragédie et tragicomédie à machines ou opéra. L'année suivante parut sa première tragédie, *La Mort de Cyrus*, en cinq actes, qui avait été précédée, dans la même année, des *Coups de l'amour et de la fortune*, tragi-comédie, aussi en cinq actes. Depuis *La Mort de Cyrus*, Quinault donna successivement six autres pièces, jusqu'en 1661, que parut la tragédie d'*Agrippa, ou le faux Tiberinus*, qui fut jouée deux mois de suite et reprise plusieurs fois. Enfin, en 1664, le succès d'*Astrate* vint mettre le comble à sa réputation. Pendant trois mois, cette tragédie attira une telle affluence de spectateurs, que les comédiens doublèrent le prix des places. Voltaire dit qu'il y a de fort belles choses dans cette pièce, si malheureusement immortalisée par Boileau, qui dans cette circonstance jugeait comme la raison même. Pour Quinault les succès amenaient les succès; car il est à remarquer qu'aucune de ses pièces ne reçut un mauvais accueil, si ce n'est *Bellérophon*, son avant-dernière tragédie, qui tomba dès la première représentation; mais sa comédie de *La Mère coquette, ou les amants brouillés*, représentée en 1665, aurait suffi pour faire vivre la mémoire de son auteur et raffermir sa réputation dramatique, qui avait souffert quelque atteinte. *Pausanias*, que Quinault fit jouer en 1666, fut sa dernière tragédie. Il n'était alors âgé que de trente-et-un ans, et avait donné seize pièces au Théâtre-Français, tant comédies que tragédies et tragi-comédies. En 1670 il reçut la plus noble et la plus digne récompense de ses travaux : les portes de l'Académie lui furent ouvertes.

Boileau, comme tout le monde le sait, a souvent attaqué Quinault, et on a crié à l'injustice; mais, outre que ses critiques étaient dirigées contre Quinault jeune encore, et auteur de fort mauvais ouvrages, qui usurpaient des succès en égarant le goût du public, on doit convenir que lorsqu'on veut examiner les ouvrages de cet auteur, il résulte de leur lecture en effet tel que la masse des mauvaises choses étouffe les bonnes, et cause un insupportable ennui; les volumes tombent des mains, et, pour ne pas répéter la censure de Boileau, on est obligé d'aller rechercher avec soin les beautés et de les remettre en lumière, en les séparant de l'entourage qui les dépare ou les cache. Ce travail consciencieux est quelquefois indispensable, ainsi pour les meilleurs opéras qui feront vivre la mémoire de Quinault. Hâtons-nous d'ajouter que ces mêmes opéras contiennent des morceaux d'une grâce enchanteresse, d'autres qui s'élèvent jusqu'au sublime, et que, loin d'avoir toujours *désossé* la langue, comme on l'a dit fort plaisamment, le poète déploie parfois une énergie peu commune.

Les nombreux opéras dont Quinault a enrichi la scène lyrique sont les seuls et véritables titres de l'auteur à la gloire, et ces titres ne sauraient être méconnus ou dépréciés par la critique judicieuse. Boileau aurait dû l'avouer franchement, et surtout ne pas omettre, dans son *Art poétique*, un genre qui a produit des ouvrages dignes de la plus haute estime. « Quoi de plus sublime, s'écrie Voltaire, que ce chœur des suivants de Pluton dans *Alceste* !

Tout mortel doit ici paraître, etc.

La charmante tragédie d'*Atys*, les beautés, ou nobles, ou délicates, ou naïves, répandues dans les pièces suivantes, auraient dû mettre le comble à la gloire de Quinault... Y a-t-il beaucoup d'odes de Pindare plus fières et plus harmonieuses que ce couplet de l'opéra de *Proserpine* ?

Ces superbes géants armés contre les dieux, etc.

Le quatrième acte de *Roland* et toute la tragédie d'*Armide* sont des chefs-d'œuvre. » La Harpe, après de nombreux éloges, admire la pureté soutenue du langage de Quinault, et le déclare classique sous ce rapport.

On sait quel enthousiasme excitaient chez G l u c k les vers d'*Armide* pendant qu'il composait cet opéra. De nos jours, Paisiello, occupé à mettre en musique les vers de la *Proserpine* de Quinault, ne cessait d'admirer la suavité du style de l'auteur. Louis XIV, judicieux appréciateur des talents dans tous les genres, et particulièrement sensible aux beautés des premiers opéras de Quinault, s'était plu à lui indiquer des sujets, tels que celui d'*Amadis des Gaules* ; il décora l'auteur du cordon de Saint-Michel, en y joignant le brevet d'une pension de 2,000 francs. En 1676 l'Académie des Inscriptions et Belles-Lettres s'empressa d'admettre le poète au nombre de ses membres.

Après le brillant succès obtenu en 1686 par l'opéra d'*Armide*, son dernier ouvrage et son dernier chef-d'œuvre, Quinault cessa entièrement de travailler pour le théâtre. Quelques auteurs ont pensé qu'il prit cette résolution dans la crainte de rester inférieur à lui-même. Il paraît plus vraisemblable que, pressé par les sollicitations de sa femme, qui lui avait communiqué ses sentiments religieux, Quinault ne voulut plus composer de vers que pour chanter les louanges de Dieu. Il mourut le 26 novembre 1688, à l'âge de cinquante-trois ans.

P.-F. TISSOT, de l'Académie Française.

QUINAULT-DUFRESNE (ABRAHAM-ALEXIS), acteur de la Comédie-Française, né en 1695, mort en 1767, débuta à l'âge de dix-sept ans, dans le rôle d'Oreste de l'*Électre* de Crébillon, et obtint de grands succès à la scène, pour laquelle l'avaient préparé les leçons de Ponteuil et surtout de Baron. Quand celui-ci se retira du théâtre, ce fut Quinault-Dufresne qui le remplaça. C'est lui qui créa le rôle d'Œdipe, dans la célèbre tragédie de Voltaire. Destouches composa à son intention *Le Glorieux*, pour lequel il avait pu jusqu'à un certain point servir de modèle; car il avait un orgueil démesuré, résultat des applaudissements qu'on lui prodiguait au théâtre et surtout des succès qu'il obtenait dans le monde auprès des femmes, à cause de la distinction de ses manières et de la beauté de toute sa personne. Il lui arrivait pourtant parfois de faire des retours philosophiques sur lui-même. « On me croit heureux, disait-il un jour naïvement, on se trompe. Je préférerais de beaucoup à ma position celle d'un simple gentilhomme campagnard, mangeant tranquillement douze bonnes mille livres de rente dans son vieux château ! » Son frère aîné, *Jean-Baptiste-Maurice*, tint longtemps avec succès l'emploi de premier comique, et mourut en 1744. Sa sœur, *Jeanne-Françoise*, fut aussi une actrice distinguée. Elle avait débuté en 1718, à l'âge de dix-sept ans. Elle se retira du théâtre en 1741, et mourut en 1783. Une autre sœur de Quinault, *Marie-Anne*, débuta en 1715, et fut plus célèbre par sa beauté que par ses talents. Elle renonça au théâtre six ans après ses débuts, en 1722, et mourut, presque centenaire, en 1791. Après avoir été un instant la maîtresse du régent, elle avait fini, dit-on, par contracter un mariage secret avec le vieux duc de Nivernais.

QUINCAILLERIE, QUINCAILLIER, mots formés, par onomatopée, du son de la chose qu'ils signifient. *Quincaillerie* ou *quincaille* (autrefois *clinquaille*) désigne dans le commerce une infinité de marchandises de fer, d'acier, de cuivre ouvré, toutes sortes d'ustensiles et instruments en fer, en bronze, etc., servant à divers arts industriels et à l'agriculture : ainsi, on trouve dans les nombreux magasins de quincaillerie des outils pour les menuisiers, les tourneurs, les ébénistes, les charpentiers, les maçons, les serruriers, etc. On met même assez souvent au rang de la quincaillerie les ouvrages d'arquebuserie, tels qu'arquebuses, fusils, pistolets, et aussi les armes blanches, comme sabres, épées, baïonnettes, hallebardes, piques, etc. Le négociant qui vend ces objets, de même que l'industriel qui les fabrique en grand, porte le nom de *quincaillier*.

Longtemps nous avons tiré presque exclusivement de l'Allemagne toute notre quincaillerie; mais aujourd'hui la nôtre lui est devenue supérieure, et n'est plus inférieure, sous certains rapports, qu'à celle des Anglais. La plus grande partie des articles de quincaillerie qu'on trouve en France, et particulièrement à Paris, sont donc de fabrication française : on les tire surtout de Saint-Étienne, de Thiers, de Nevers, et des environs de Paris, où il existe plusieurs grandes manufactures en ce genre, ainsi que de Beaumont, dans le Haut-Rhin, de Châtillon-sur-Loire, etc. Cependant, il en vient aussi beaucoup de Liége, d'Aix-la-Chapelle et de Nuremberg.

QUINCONCE (en latin *quincunx*), plantation d'arbres également espacés et disposés de manière à présenter des lignes droites de quelque sens qu'ils soient vus, ainsi appelée parce qu'ordinairement on dispose ces arbres par carrés de quatre en tous sens, avec un *cinquième* au milieu.

QUINCONCE (*Tactique*). *Voyez* ÉCHIQUIER.

QUINCTIUS ou **QUINTIUS**, nom d'une race romaine qui comprenait des familles patriciennes et des familles plébéiennes. A l'une des premières appartenait le célèbre Lucius Quinctius Cincinnatus, et à une autre Titus Quinctius Flamininus, qui, bien que très-jeune encore (il sortait de la questure), fut élu consul, en l'an 198 av. J.-C., pour diriger les opérations de la guerre que la république avait déclarée à Philippe III de Macédoine. Il sut rattacher les Achéens à la cause de Rome, enleva au roi ses derniers alliés grecs, les Béotiens, et par la victoire décisive qu'il remporta sur lui en l'an 197, près du rocher de Cynocéphales, aux environs de Scotussa, ville de Thessalie, le contraignit à accepter un traité de paix qui le refoulait en Macédoine et paralysait sa puissance. Politique aussi consommé que guerrier habile, il annonça aux Grecs, réunis à Corinthe en l'an 196 pour la célébration des jeux isthmiques, que Rome leur rendait leur liberté et leur indépendance ; mais en cela son but unique était de provoquer parmi eux de nouvelles dissensions. Il humilia le tyran de Sparte Nabis autant que l'exigeait l'intérêt de la république, et après avoir, en l'an 193, mis en ordre les affaires de la Grèce à Élatée, ville de la Phocide, il s'en revint à Rome recevoir les honneurs du triomphe. En l'an 189 il revêtit la censure, avec Marcus Claudius Marcellus ; et en l'an 183 il fut envoyé comme ambassadeur auprès de Prusias, roi de Bithynie, pour réclamer de lui l'extradition d'Annibal, qui, pour se soustraire au sort qu'on lui réservait, se donna la mort.

QUINDÉCAGONE. *Voyez* PENTÉDÉCAGONE.

QUINDÉCEMVIRS (*Quindecemviri*), prêtres préposés chez les Romains à la garde des livres sibyllins, et chargés de la célébration des jeux séculaires.

QUINDENTÉ, terme de botanique, qui se dit des parties des plantes qui ont cinq dents.

QUINE, combinaison de cinq numéros pris et sortis ensemble à la loterie. Il se dit aussi, au jeu de loto, de cinq numéros sortis sur la même ligne et sur le même carton, et au trictrac, lorsque du même coup de dés on amène deux 5.

QUINET (EDGAR) est né en 1803, à Bourg en Bresse. Après avoir terminé ses études à Paris, il alla faire un assez long séjour à Heidelberg, où il s'initia à la connaissance de la langue et de la littérature allemandes, et en 1826 il publia une traduction des *Idées* de Herder (3 vol., Strasbourg). La même année l'Institut le fit comprendre parmi les membres de la commission scientifique jointe à l'expédition de Morée ; mission qui lui fournit l'occasion de recueillir les matériaux de son livre intitulé : *De la Grèce moderne et de ses rapports avec l'Antiquité* (Paris, 1830 ; 2ᵉ éd., 1832), où d'ailleurs il fait preuve d'études archéologiques insuffisantes. Il s'occupa ensuite du moyen âge français ; et dans son *Rapport sur les épopées françaises du treizième siècle* (Paris, 1831), il s'abandonne trop à l'influence de son imagination pour que ce puisse être là un travail satisfaisant. Avec un style brillant et imagé, il manque de lucidité et de logique. Ses ouvrages poétiques, *Ahasvérus*, mystère (Paris, 1833), *Napoléon*, poëme (1836), et *Prométhée*, tragédie (1838), contiennent sans doute des détails agréables ; mais le vrai poëte y est constamment absent. Après avoir, dans un livre intitulé *Allemagne et Italie* (2 vol., Paris, 1839), émis sur ces deux pays des jugements favorables, il les a plus tard appréciés avec une extrême sévérité. Appelé en 1840 à occuper une chaire au Collége de France, la manière excentrique dont il y fit son cours et surtout ses perpétuelles excursions sur le domaine des questions politiques alors à l'ordre du jour, lui firent une position qu'un homme de tact et de sens se fût bien gardé d'accepter. Il obtint de la sorte, il est vrai, les applaudissements frénétiques d'une turbulente et fort peu studieuse jeunesse, et encourut le blâme non-seulement du gouvernement, mais encore de tous les hommes sérieux. Ses incessantes divagations dans chacune de ses leçons, et surtout ses violentes sorties contre le clergé et le parti clérical, qu'il prit en outre corps à corps dans un pamphlet intitulé *Les Jésuites* (1844), écrit de compte à demi avec M. Michelet, déterminèrent enfin le ministre de l'instruction publique à le suspendre de sa chaire. Élu après la révolution de Février 1848 colonel de la onzième légion de la garde nationale, où les étudiants étaient plus particulièrement nombreux, il fut nommé dans l'Ain député à la Constituante et plus tard à la Législative. Il y vota avec les représentants qui composaient le cercle démocratique du Palais-Royal ; mais il évita avec soin la tribune, où il eut inévitablement fait naufrage, car il n'est rien moins qu'orateur. Le décret du 9 janvier 1852 l'a éloigné de France pour un temps indéfini, et depuis lors il habite la Belgique.

QUINETTE (NICOLAS-MARIE), né à Paris, en 1762, ne mériterait point sans doute de fixer les regards de la postérité s'il n'eût été, avec ses camarades de prison, échangé contre l'auguste fille de Louis XVI et de Marie-Antoinette ; honneur dont il ne sentit peut-être pas tout le prix, quoique seul il ait rendu son nom historique. C'était l'un de ces êtres, malheureusement trop nombreux, que les événements modifient au point de les montrer en contraste perpétuel avec eux-mêmes. En effet, on le vit successivement royaliste, orléaniste, montagnard furieux, modéré, plat courtisan de Napoléon, puis sous la Restauration libéral ; constant comme la girouette, religieusement fidèle au vent qui souffle. Clerc de notaire à Soissons en 1789, et hantant la *bonne compagnie* de cette petite ville, ses opinions étaient à ce moment tout à fait contraires au mouvement ; et il dissimulait si peu son antipathie pour la révolution naissante, qu'il publia alors une brochure où les novateurs étaient vertement tancés. Mais la victoire des masses populaires une fois décidée, Quinette, par l'exagération de son civisme, ne tarda point à se faire nommer administrateur de son département, qui en 1791 l'envoya à l'Assemblée législative. Membre de la Convention, il vota la mort de Louis XVI sans sursis et, devint ensuite membre du terrible *comité de salut public*.

Envoyé près de Dumouriez pour le décider à se présenter à la barre de la Convention, il fut arrêté et livré aux Autrichiens, le 1ᵉʳ avril 1793, avec Beurnonville, Lamarque, Camus, Bancal. Sur trente-trois mois de captivité, il en passa vingt-neuf au Spielberg, fut échangé, ainsi que ses compagnons d'infortune, contre Madame, duchesse d'Angoulême, et entra dans le corps législatif du gouvernement pentarchique. Là, il fit sur sa longue détention un rapport aussi mensonger dans le fond que ridicule dans la forme, et devint successivement secrétaire et président du Conseil des Cinq Cents. Ce fut alors qu'il commença à se montrer modéré dans ses discours et ses actes : il proposa même d'accorder des secours aux enfants des émigrés. A la suite du coup d'État du 18 fructidor, il fut nommé administrateur de l'enregistrement et des domaines, puis ministre de l'intérieur à la place de François de Neufchâteau après la révolution directoriale (4 juin 1799). Plus homme de parti qu'administrateur, plus homme du monde que de cabinet, il fit assez mal le ministre, mais joua passablement le grand seigneur, donnant des dîners, des audiences, des signatures, et laissant tout le travail à son secrétaire. Il ne favorisa ni ne contraria la faction du 18 brumaire ; mais Napoléon, mécontent de ce qu'on ne pouvait réellement nommer son *administration*, car il y songeait moins aux affaires qu'à ses plaisirs, le relégua dans la préfecture de la Somme, et là commence son rôle d'obséquieux courtisan. Ce fut lui qui fit adresser à l'empereur les cygnes que la ville d'Amiens était jadis dans l'habitude d'envoyer au roi; et c'est à ce trait d'adulation servile de l'ex-montagnard que Paris est redevable des cygnes qui depuis lors ornent les bassins des Tuileries. Napoléon se montrait sensible à ces attentions, qui semblaient ajouter à l'éclat de sa dynastie naissante. Quinette les lui prodigua, s'imprégna de l'esprit de son maître, et en fit sa religion politique : il fut donc appelé au conseil d'État, et désigné même pour faire partie du sénat conservateur, dans lequel il eût été l'un des plus utiles instruments du pouvoir absolu; mais la Restauration l'empêcha d'y entrer. Devenu *baron de Rochemont*, ayant fondé un majorat, il adhéra bien vite à la déchéance de Napoléon, n'en perdit pas moins sa place de conseiller d'État, et ne reparut sur la scène politique qu'après le 20 mars. Napoléon lui accorda alors les éphémères honneurs de sa pairie. Exilé après les cent jours comme régicide ayant pris du service pendant l'usurpation, il passa en Amérique, en revint, s'établit en Belgique, et mourut à Bruxelles, en 1821, d'une attaque d'apoplexie foudroyante. Il était redevenu libéral; et s'il eût vécu jusqu'en 1830, il aurait probablement joué alors, comme tant d'autres, le rôle que son intérêt du moment lui eût inspiré. Quinette nous rappelle ce pasteur anglican qui, ayant conservé son bénéfice sous Charles Ier, Cromwell, Charles II et Jacques II, disait : « Je n'ai jamais changé, car j'ai voulu toujours être vicaire de Bray. »

Cte Armand d'ALLONVILLE.

QUINGEY. *Voyez* Doubs (Département du).

QUININE. La découverte de cette substance, si importante dans la médecine, ne remonte qu'à 1820; elle est due à Pelletier et Caventou, qui ont rendu par là un service éminent à la science médicale, puisqu'ils lui ont fourni un des médicaments les plus précieux qu'elle possède. Déjà, à une époque plus éloignée, Fourcroy d'abord, puis Séguin et Vauquelin, avaient fait l'analyse de diverses écorces de quinquina; toutefois, l'opinion généralement admise que les végétaux devaient leurs propriétés à des sels essentiels dont on ne connaissait pas la nature, mais que l'on signalait dans les substances végétales, éloigna peut-être ces savants chimistes de l'idée d'un alcali végétal que l'état de la science à cette époque ne permettait pas d'admettre. M. Deschamps, pharmacien à Lyon, avait bien parvenu à extraire du quinquina une matière fébrifuge; mais l'examen approfondi qui en fut fait par Vauquelin vint démontrer que ce n'était que du *quinate de chaux*, dont les vertus fébrifuges n'étaient que chimériques. Peu de temps après, Duncan d'Édimbourg découvrit la cinchonine, substance alcaline, dont les propriétés sont bien moindres que celles de la quinine. Enfin, guidés par les recherches et peut-être aussi par les idées dominantes alors, que les principes actifs des végétaux étaient des alcalis organiques, Pelletier et Caventou découvrirent le nouvel alcali, qu'ils nommèrent *quinine*. Dès lors le principe actif du quinquina, de cette écorce si précieuse dans les fièvres intermittentes, fut parfaitement connue; l'analyse ne laissait plus rien à désirer, la découverte la plus importante était faite : on était parvenu à retirer le principe actif du quinquina. Dès lors tous les praticiens, à l'exception de quelques hommes ennemis des améliorations et fortement attachés aux méthodes suivies par les anciens, rejetèrent le quinquina, dont l'emploi rebutait toujours le malade, pour lui substituer cette substance, qui, à la dose de quelques grains seulement, produisait des effets si merveilleux. Loin de nous la pensée de prétendre que la quinine soit le seul principe actif du quinquina : certes, la cinchonine, rejetée peut-être à tort de la pratique médicale, le tannin, la matière grasse, ne sont point des substances inertes, et les médecins instruits savent fort bien que les préparations pharmaceutiques dont le quinquina est la base jouissent d'une réputation justement méritée, soit comme toniques, soit comme antiputrides. La quinine ne peut donc pas remplacer d'une manière absolue les préparations de quinquina; seulement, quand on a des fièvres à couper, il faut employer la quinine à la place du quinquina, parce que c'est là surtout que réside la vertu fébrifuge de cette écorce.

Le procédé donné par Pelletier et Caventou pour l'extraction de la quinine était d'abord long et dispendieux ; il réclamait des perfectionnements. Plusieurs chimistes cherchèrent à l'obtenir plus rapidement et à moins de frais ; M. Henri fils est celui qui le premier est arrivé à cet heureux résultat.

Nous donnerons ici le procédé de Liebig : on fait digérer à une température de 75 à 96° centigrades de la poudre de quinquina avec quatre ou cinq fois son poids d'eau aiguisée par 1,5 d'acide sulfurique ou chlorhydrique; on agite fréquemment le mélange; au bout de vingt-quatre ou quarante-huit heures, on exprime fortement, et on traite de nouveau le résidu par l'eau acidulée. On concentre les extraits, on en sépare à l'aide du filtre les flocons qui s'y sont déposés, et on ajoute au liquide filtré du carbonate de soude en poudre, jusqu'à ce que le mélange se trouble. Le précipité ayant été convenablement lavé, on le sèche, et après l'avoir pulvérisé, on le traite, à la température ordinaire, par cinq ou six fois son poids d'alcool à 80 ou 90° de l'alcoolomètre centésimal. Si la solution alcoolique est colorée, on la décolore à l'aide du charbon animal; puis on chasse, par la distillation, le quart de l'alcool, et on laisse refroidir. S'il cristallise un peu de cinchonine, on décante la partie liquide. Ensuite on y ajoute de l'eau, et on chasse le reste de l'alcool par la distillation. La quinine reste alors dans le résidu, à l'état hydraté, jaune et résinoïde. Sa formule est $C^{20} H^{12} Az O^2$.

C'est ordinairement à l'état de sulfate que l'on emploie la quinine en médecine ; mais si on voulait en retirer la base, il suffirait de saturer l'acide par une substance alcaline, et de traiter le précipité par l'alcool bouillant, qui dissoudrait la quinine, laquelle se déposerait par le refroidissement.

O. FAVROT.

M. Boudin, médecin attaché à l'armée, a cherché à substituer l'arsenic au sulfate de quinquine dans le traitement des fièvres intermittentes, motivant cette préférence sur l'efficacité plus constante de l'arsenic, sur son innocuité alors qu'on l'administre prudemment à faibles doses (*voyez* TOXICOPHAGES), et sur son prix plus modique. On a d'ailleurs constaté que le sulfate de quinine, alors qu'on l'administre à hautes doses, peut amener des névroses, des gastralgies, la surdité, des bruissements d'oreilles, même la cécité. Toutefois, M. Mélier a tiré de ce moyen des effets jusque alors peu généralisés dans ce qu'il appelle les maladies intermittentes à courte période. Quant au quinquina en nature, on ose à peine le prescrire aujourd'hui, tant il est fréquent de le rencontrer déjà épuisé de sa quinine par des fabricants de sulfate, qui ne livrent au public que le *caput mortuum* de leurs extractions.

Dr Isidore BOURDON.

QUINIQUE (Acide). Cet acide, qui se trouve dans le quinquina combiné avec la quinine, a été découvert en 1790 par Hoffmann. Il cristallise en prismes à base rhombe, transparents, et semblables aux cristaux d'acide tartrique. Il est soluble dans l'alcool et l'eau bouillante. Sa formule est $C^7 H^6 O^6$. Pour obtenir l'acide quinique, on chauffe doucement un mélange de sept parties de quinate de chaux, d'une partie d'acide sulfurique et de dix parties d'eau. Il se forme du sulfate de chaux. On décante le liquide qui surnage, on l'évapore jusqu'à consistance sirupeuse, on l'abandonne au repos, et l'acide quinique cristallise.

QUINOA. *Voyez* ANSÉRINE.

QUINOLA, l'un des coups du reversi.

QUINQUAGÉSIME (en latin *quinquagesima*), nom consacré dans l'Église au dimanche qui tombe le cinquantième jour avant Pâques, précède immédiatement le mercredi des cendres, et que le peuple appelle communément le *dimanche gras*. Autrefois, on appelait aussi *quinquagésime* le dimanche de la Pentecôte, parce que c'est le cinquantième jour après Pâques ; et pour le distinguer, on disait *quinquagésime pascale*.

QUINQUATRIES (*Quinquatriæ*), fêtes que les anciens Romains célébraient en l'honneur de Minerve, le cinquième jour avant les ides de Mars, et qu'on appelait autrement les *Panathénées*.

QUINQUENNAL (du latin *quinquennalis*), qui dure cinq ans, ou qui se fait, qui revient de cinq ans en cinq ans. On appelait à Rome *Quinquennales* des fêtes qui se célébraient du temps des empereurs, les cinq premières années de leur règne, et ensuite de cinq ans en cinq ans.

On désignait aussi dans les colonies et les villes municipales, sous le nom de *quinquennales*, des magistrats élus à chaque cinquième année pour présider au cens des villes et recevoir la déclaration que chaque citoyen était tenu de faire de ses biens.

QUINQUENNIUM, mot latin désignant un espace de cinq ans. On nommait ainsi, dans l'ancienne université, un cours d'études de cinq ans, deux en philosophie, trois en théologie.

QUINQUENOVE (des mots latins *quinque*, cinq, et *novem*, neuf), sorte de jeu à cinq et à neuf points, qui se joue avec deux dés.

QUINQUEPORTE (des mots latins *quinque*, cinq, et *porta*, porte), terme de pêcheur, sorte de filet ou de nasse soutenue sur des cerceaux, de forme cubique, et qui a cinq entrées correspondant à autant de faces du cube.

QUINQUET. *Voyez* ARGAND et LAMPE.

QUINQUINA. De toutes les découvertes faites par la médecine depuis plusieurs siècles, on peut dire que celle du quinquina est une des plus importantes. C'est en effet le fébrifuge le plus puissant que nous connaissions; on peut dire que depuis sa découverte il a prolongé l'existence de plusieurs millions de malheureux dévorés par des fièvres opiniâtres, qui les entraînaient rapidement au tombeau.

Le mot *quinquina* est péruvien ; il a été altéré par différents peuples. Le *kina* des Péruviens a été transformé en *china* par les Espagnols, et en *quinquina* par les Français. On l'a longtemps confondu avec la racine de squine, que l'on appelait *radix Chinæ* : c'est pour cela qu'on le nommait *cortex Chinæ*.

On a fait tant de contes sur la découverte du quinquina que l'on ne sait vraiment quelle version est la vraie : ainsi, les uns ont prétendu que l'eau d'une mare dans laquelle se trouvaient des écorces de quinquina avait servi de boisson à un malade et l'avait complètement guéri ; d'autres assurent (et cette version me paraît la plus fondée) que la comtesse *del Chinchon*, femme du vice-roi de Lima, étant atteinte d'une maladie grave, fut guérie par l'emploi du quinquina, et que cette dame et son médecin, à leur retour en Europe, firent connaître ce remède à l'Espagne. Ce qui rend cette opinion très-probable, c'est que pendant longtemps la poudre de quinquina porta le nom de *poudre de la comtesse*. Longtemps aussi le quinquina n'eut au Pérou d'autre nom que celui de *poudre des jésuites* ; et les bons Pères expédièrent des quantités considérables de leur poudre en Europe, où elle se vendait à leur profit un *écu par la prise*.

Ce fut vers l'année 1638 que le quinquina arriva en Europe ; mais, comme toutes les substances nouvelles introduites dans l'art de guérir, le quinquina éprouva une vive résistance de la part des médecins, alors ennemis de toute innovation. Ce qui contribua le plus à sa popularité, ce fut l'empressement, fort peu désintéressé, des jésuites à le répandre. Ils firent constater son efficacité dans les fièvres intermittentes, et dès lors il devint tellement en vogue que les forêts de Loxa, du bas Pérou et de la Nouvelle-Grenade ne purent bientôt plus suffire à la consommation. Heureusement plus tard on découvrit cet arbre précieux dans un grand nombre de localités en Bolivie et dans le haut Pérou, et l'on put étendre bien davantage ses emplois médicaux.

On avait prétendu d'abord que les Espagnols avaient reçu ce remède des Indiens ; mais tout porte à croire que cette assertion est inexacte ; car, malgré les fièvres intermittentes qui règnent presque continuellement dans l'Amérique centrale, les habitants ne se servent point du quinquina pour les combattre, et pendant longtemps ils ont pensé que c'était pour la teinture que les Européens recherchaient cette précieuse écorce. Ce n'est qu'après les voyages scientifiques des Rey, de La Condamine, des Jussieu, des Mutis, que l'on a su que cette écorce provenait de plusieurs arbres de la famille des rubiacées, auxquels on donna le nom générique de *quinquina* (en latin *cinchona*).

Le genre *quinquina* est composé d'arbres de différentes tailles, qui habitent la Cordillère du Pérou et le Brésil, et qui ont pour caractères communs : Calice à tube adhérent, à limbe libre, quinquéfide, persistant ; corolle à tube cylindrique, à limbe régulier, étalé, quinquéfide ; cinq étamines insérées sur le tube de la corolle et incluses ; ovaire adhérent, à deux loges, qui renferment chacune de nombreux ovules portés sur un placenta linéaire ; style terminé par un stigmate à deux branches courtes ; capsule ovoïde ou oblongue, se partageant en deux à la maturité.

Comme on le pense bien, les propriétés remarquables de l'écorce de quinquina ne pouvaient manquer de provoquer l'examen des chimistes. Pelletier et Caventou en retirèrent une matière cristalline blanche, à laquelle ils donnèrent le nom de *quinine*. Une opposition presque aussi vive que celle qui avait frappé le quinquina semblait d'abord devoir lutter contre l'emploi de la quinine comme fébrifuge ; mais grâce aux lumières des hommes placés à la tête de la science, grâce surtout aux nombreuses expériences qui ont confirmé pleinement toutes les opinions avancées par les auteurs de la découverte, la lutte n'a pas été longue, et la victoire est restée à la quinine. Aujourd'hui la fabrication de ce produit est devenue une des branches importantes de notre industrie chimique, et son emploi est si répandu que, par suite des dévastations imprudentes que commettent les *cascarilleros* (on appelle ainsi les coupeurs de quinquina) dans les forêts où croît cet arbuste précieux, sans qu'on songe à le replanter, nous sommes peut-être menacés d'être contraints d'avoir bientôt recours aux succédanés qui ont été découverts dans les écorces de saule et de peuplier. Le meilleur serait d'introduire en Algérie la culture du quinquina, qui semble devoir y prospérer.   C. FAVROT.

QUINT et **REQUINT**, du latin *quintus*. On appelle *quint* la cinquième partie d'un tout, et *requint* la cinquième partie du quint. Le QUINT était anciennement un droit qu'on payait en quelques lieux, pour l'acquisition d'un fief, au seigneur dont ce fief était mouvant, et qui consistait dans la cinquième partie du prix de vente. On appelait *droit de quint et de requint* le droit de la cinquième partie de ce prix et de la cinquième partie de cette cinquième partie elle-même.

QUINT mis après un nom, comme dans CHARLES-QUINT, est synonyme de *cinquième du nom*.

QUINTAINE, pal ou poteau servant de but. Les joutes *à la quintaine*, ou courses de bague, étaient un ancien exercice chevaleresque. Il est fait mention de la *quintaine* dans la vie en vers de Du Guesclin et dans le roman de *Dolopathos*, mais d'une manière générale, car elle admettait toutes sortes de jeux et de *behourderies*.

> D'une part li uns behourdoient,
> Li autres la pierre jetoient;
> Li uns corent, li autres saillent,
> De bien faire tot se travaillent.

Louis XIV, brillant de jeunesse, courait la bague habillé en empereur romain, c'est-à-dire la tête chargée d'une forêt de plumes, le corps revêtu d'une cuirasse de drap d'or étincelante de pierreries, sans oublier les dentelles et d'autres somptuosités parfaitement ignorées à Rome. Au reste, Fléchier a décrit en beau latin les merveilles de ce costume, que Charles Perrault s'est chargé de retracer en français :

c'est le principal sujet d'un ouvrage intitulé : *Festiva ad capita annulumque decursio* (1662, in-fol.).

De Reiffenberg.

QUINTAL, poids de cent livres : *Quintal* de foin, de poudre, etc. Cela pèse des *quintaux* se dit, par exagération, d'une chose fort lourde. Le *quintal métrique* est un poids de cent kilogrammes.

QUINTANA (Manuel-Jose), l'un des plus célèbres poëtes espagnols modernes, assez peu nombreux, dont le nom a franchi les Pyrénées, né à Madrid, le 11 avril 1772, suivit d'abord la carrière du barreau. Il remplit ensuite successivement les fonctions d'agent fiscal de la junte de commerce, de censeur des théâtres, de secrétaire général de la junte centrale, de secrétaire en titre du roi, et fut attaché pour les traductions au département des affaires étrangères. A l'époque du premier gouvernement des cortès, il fut élu membre de la junte suprême de censure. Il est l'auteur de la plupart des proclamations et manifestes que publia alors le gouvernement insurrectionnel. Il composa aussi à cette époque plusieurs chants patriotiques (*Odas a España libre*; 1808). Il rédigea en outre le journal intitulé : *Variedades de Ciencias, Literatura y Artes*, et fonda le *Semanario patriotico*, journal spécialement dirigé contre la domination de Napoléon. Après la restauration, il fut enfermé dans une forteresse, et ne fut rendu à la liberté que par la révolution de 1820. On le rétablit en même temps dans ses précédents emplois, et en 1821 on le plaça à la tête de la direction générale des études créée à ce moment. Les événements de 1823 lui enlevèrent de nouveau ses places; et il passa alors plusieurs années au sein de sa famille, à Cabeza del Buers, en Estramadure, jusqu'à ce qu'il eut obtenu, au mois de septembre 1828, l'autorisation de revenir à Madrid. Les changements politiques survenus en 1833 eurent pour résultat de lui faire rendre son ancienne position au ministère des affaires étrangères. Il fut en outre créé pair du royaume et nommé conseiller d'État. Lors de la transformation que subit la chambre des pairs, il fut élu sénateur, et remplit à diverses reprises les fonctions de secrétaire de la chambre du sénat. On le nomma ensuite précepteur de la jeune reine et président du conseil des études. La meilleure et la plus complète édition de ses œuvres poétiques est celle qui a paru à Madrid en 1821 (2 volumes). Ses poésies lyriques parurent pour la première fois en 1802 ; l'édition la plus récente est celle qui a été imprimée à Paris en 1837. On en trouvera un choix dans la *Floresta de Rimas modernas Castellanas*, de Wolf. Il s'est fait aussi un nom comme historien par ses *Vidas de Españoles celebres* (1833).

QUINTE (*Musique*), intervalle consonnant, la seconde des consonnances dans l'ordre de leur génération. Il se compose de quatre degrés diatoniques, et peut être altéré ou modifié de plusieurs manières. Lorsqu'il est dans son état diatonique ou naturel, c'est-à-dire sans altération, il comprend trois tons et demi, c'est la *quinte juste* ; lorsqu'il est altéré par diminution, il ne renferme que deux tons et deux demi-tons, et prend alors le nom de *quinte mineure*, ou mieux *quinte diminuée* ; enfin , lorsqu'il est altéré par augmentation, il comprend trois tons et deux demi-tons ; on l'appelle alors *quinte augmentée*. Nos anciens, qui ne se piquaient guère d'employer en musique des dénominations rationnelles, appelaient improprement la quinte diminuée *fausse quinte*, et la quinte augmentée *quinte superflue*. Il est défendu en bonne composition de faire deux quintes justes de suite entre deux parties quelconques lorsqu'elles suivent le mouvement semblable ou parallèle : la règle cesse si la seconde est une quinte diminuée (*voyez* Harmonie).

On appelle aussi *quinte* un instrument à cordes nommé plus généralement *alto* ou *viole*, parce qu'il est accordé à la quinte inférieure du violon et qu'il tient le milieu entre celui-ci et la basse.

Charles Bechem.

Au jeu de piquet, on appelle *quinte* une suite de cinq cartes de la même couleur ; en termes d'escrime, c'est la cinquième garde; en termes de médecine, une toux violente avec redoublement ou un accès violent et un redoublement de fièvre.

Enfin, au figuré, on donne le même nom à ces accès de caprice, de bizarrerie ou de mauvaise humeur, qui prennent tout à coup à quelqu'un sans motif bien plausible ou du moins apparent ; de là la dénomination de *quinteux*, donnée à ceux qui sont sujets à ces inégalités d'humeur, de caractère ou d'esprit.

QUINTE-CURCE (Quintus Curtius Rufus), l'historien latin d'Alexandre le Grand. Alfonse V, roi d'Aragon étant tombé malade à Capoue, Antoine de Palerme, cet écrivain qui vendit une de ses terres pour acheter un exemplaire de Tite-Live, lut à ce prince érudit la *Vie d'Alexandre* par Quinte-Curce. Il ne voulait que le distraire, il le guérit, dit-on; et le roi s'écria : « Fi d'Avicenne et des médecins! Vive Quinte-Curce, mon sauveur ! » Voilà la première mention authentique que l'on ait faite de l'ouvrage de cet historien, et elle date du milieu du quinzième siècle. On ne sait rien de sa vie; l'âge où il vécut est resté un problème; on lui a même contesté son nom; trois points, outre l'analogie du talent, par lesquels il rappelle Florus. Mais, plus incertaines encore qu'à l'égard de ce dernier, les conjectures de la critique ont erré pour trouver l'époque où florissait Quinte-Curce, du premier siècle au quinzième; et l'on a compté jusqu'à treize opinions diverses avancées par les savants sur cette question, devenue le sujet d'une petite guerre, où nul n'est demeuré vainqueur. Il vécut *avant le règne d'Auguste*, a dit Moréri; *sous ce prince*, sans contredit, avait dit le père Pithou; non certes, mais *sous Tibère*, répondit Perizonius; *sous Caligula*, reprit Sainte-Croix; *à la cour de Claude*, répétèrent, après Juste-Lipse, Brisson, Crévier, Tillemont, Michel Le Tellier, Dubos et Tiraboschi, phalange imposante; *sous Vespasien*, assurément, répliquèrent Freinsheim, Voss, Gui-Patin, La Harpe ; *sous Trajan*, fut-il aussitôt riposté par d'autres, aussitôt combattus par Bagnolo, lequel désigna le règne de Constantin, dans une longue *Dissertation* (1741), qui devait plus tard conquérir Cunze à son opinion. Barth fit de Quinte-Curce un contemporain de Théodose, et Schneider un chrétien. Il écrivit après Tacite, dit un commentateur, car il l'a souvent imité ; erreur reprit un autre, l'imitateur est Tacite. Les passages mêmes du livre de Quinte-Curce qui pouvaient le plus aider à éclaircir la question ne firent que l'embrouiller davantage : et le champ reste ouvert aujourd'hui au doute et à la discussion. Remarquons-le toutefois, si Quinte-Curce, et cela est vraisemblable, appartient au premier siècle, il eut, comme Silius Italicus, une singulière destinée : pendant une longue suite de siècles, aucun écrivain ne le nomma. L'ouvrage, quels qu'en soient l'époque et l'auteur, n'a pas été médiocrement admiré. Le cardinal du Perron en préférait une page à trente de Tacite; Voss, qui le croyait écrit sous Vespasien, le déclarait digne du siècle d'Auguste. La Mothe Le Vayer, Rapin, Bayle, Sainte-Croix, La Harpe et des critiques modernes s'accordent à le louer presque sans réserve; mais Bodin, Moller, Mascardi, Brucker, Rollin et d'autres l'ont sévèrement jugé du point de vue historique et littéraire. On peut sans doute reprocher à Quinte-Curce ses erreurs en géographie, son ignorance de la tactique, son dédain pour la chronologie, son goût pour le merveilleux, son peu de discernement dans le choix des faits, et jusqu'à la pompe de son style et l'appareil de ses harangues, qui ne montrent souvent en lui que le rhéteur habile. Mais, comme l'a fait observer Bayle, une partie de ces reproches peut s'adresser à presque toutes les compositions historiques de l'antiquité ; et l'on doit être moins surpris de trouver des faits incroyables que de ne pas en rencontrer un plus grand nombre dans l'histoire de cet homme extraordinaire, dont le portrait, longtemps après sa mort, faisait trembler de tous leurs membres, a dit Plutarque, les rois qui le regardaient. Qu'on songe aussi à ses descriptions animées, à l'éclat de ses peintures, à la noblesse et à l'élégance de sa narration, au pathétique et à l'énergie de plusieurs de ses harangues, à son impartialité surtout, laquelle le préserva de tout entraînement pour le héros de son livre, lui fit relever toutes ses fautes, censurer tous ses vices, et préférer le ton sévère de l'histoire aux faciles déclamations du panégyrique. Le sujet de cet ouvrage le destinait à un grand succès auprès de ceux des rois qui avaient un peu de la fougue de celui-là. On a vu qu'Alfonse d'Aragon, conquérant de Naples, lui attribuait tout le mérite de sa guérison; Vasquez de Lucène en fit pour Charles le Téméraire, ce bouillant adversaire de Louis XI, une traduction dont on conserve le manuscrit à la Bibliothèque impériale; et Charles XII, qui, tout jeune encore, se passionna pour cette lecture, y puisa peut-être le goût, sinon l'excuse anticipée, de ses aventureuses entreprises. Mais par une fatalité commune à presque tous les historiens de l'antiquité, l'œuvre de Quinte-Curce ne nous est parvenue que mutilée et incomplète : les deux premiers livres, la fin du cinquième, le commencement du sixième et une partie du dixième sont perdus.

Les éditions de Quinte-Curce sont innombrables, et il fut traduit non-seulement en suédois, en russe, en danois, bref chez tous les peuples qui ont une littérature, mais même en turc, dit-on. Nous avons en français huit traductions de son ouvrage; celle qui fit la plus belle fortune littéraire est de Vaugelas, et le nom du traducteur est désormais si intimement lié à celui de l'historien latin qu'on ne peut plus parler de l'un sans parler un peu de l'autre. Publiée par les soins de Chapelain et de Conrart, amis de Vaugelas, cette traduction, qui devait avoir plus de vingt éditions, excita le plus vif enthousiasme, fut unanimement appelée un chef-d'œuvre, mérita l'admiration de Bayle, et fit dire à Balzac : « Si l'Alexandre de Quinte-Curce est invincible, celui de Vaugelas est inimitable. » Aussi trente ans d'une vie laborieuse avaient-ils été consacrés en partie à cette œuvre qu'achèverait aujourd'hui en trente jours une dédaigneuse et déplorable facilité. Trois copies différentes trouvées après sa mort, et chargées de corrections sans nombre, attestèrent encore les scrupules de son dernier travail. Toutefois, ce travail de trente années n'avait pas encore atteint, lorsqu'il mourut, à la perfection qu'il voulait lui donner. Si, selon l'usage du temps, la traduction est parfois très-libre, si des difficultés, si des phrases même y sont omises, si les erreurs de sens y sont nombreuses, ces défauts sont plus que rachetés par le bonheur et l'énergie des expressions, par la naïveté des tours, et par les grâces faciles de cette prose du dix-septième siècle, qui n'était plus abandonnée à elle-même, n'était pas encore savante; ajoutons, avec un écrivain de nos jours, que cet ouvrage, publié avant les *Lettres provinciales*, est dans notre langue le premier que distingue une pureté continue. T. BAUDEMENT.

QUINTER, ancien terme de monnayage, qui signifiait marquer l'or ou l'argent après l'avoir essayé et avoir fait payer le droit du *quint*.

QUINTERON. *Voyez* NÈGRE.

QUINTESSENCE. Ce terme, composé de deux mots latins, *quinta* et *essentia*, dont le premier veut dire cinquième, et le second essence, signifie *cinquième essence*. Qu'est-ce donc que cette cinquième essence? Rappelons-nous qu'outre la terre, l'eau, l'air et le feu, généralement admis chez les anciens comme les éléments ou essences des corps, quelques philosophes pythagoriciens en reconnaissaient une autre, à laquelle ils donnaient le nom d'*éther*, et qu'ils plaçaient dans les régions supérieures de l'Italie. Cette cinquième essence était la plus subtile et la plus pure; mais dans ce sens premier, le mot *quintessence* est tombé en désuétude.

Quintessence se dit aussi de la partie la plus subtile extraite de quelque corps : *quintessence* d'absinthe. Il signifie, au figuré, ce qu'il y a de principal, de plus fin, de plus caché dans une affaire, dans un discours, dans un livre : J'ai tiré la *quintessence* de cet ouvrage. Il se dit encore de tout le profit qu'on peut tirer d'une affaire d'intérêt, d'une charge, d'une entreprise, d'une terre prise à ferme, etc.

QUINTETTE. *Voyez* QUATUOR.
QUINTIDI. *Voyez* CALENDRIER RÉPUBLICAIN.
QUINTILE, terme d'astronomie, position de deux planètes distantes l'une de l'autre de 72 degrés ou de la cinquième partie du zodiaque.

QUINTILIEN (MARCUS FABIUS QUINTILIANUS), l'un des plus célèbres rhéteurs romains du premier siècle de notre ère. L'époque précise de sa naissance et celle de sa mort nous sont inconnues; on lui a même contesté sa qualité de Romain, au mépris des vers de Martial, qui le proclame la *gloire de la toge romaine* :

Gloria romanæ , Quintiliane, togæ.

On a voulu en faire un Espagnol, tiré de sa patrie par Galba. Quoi qu'en dise la chronique d'Eusèbe, nous ne le ferons donc pas naître l'an 42 de notre ère, à Calagurris, ou Calahorra, puisque Quintilien lui-même vient contredire cette chronique. Il nous apprend en effet que, fils d'un avocat, il connut dans sa jeunesse Domitius Afer, l'une des nombreuses victimes de la cruauté de Néron, et dont la mort remonte à l'an 55, plusieurs années avant celle où Eusèbe fait quitter l'Espagne à Quintilien. Ses talents ne furent pas méconnus. Après avoir épousé une jeune femme d'une haute naissance, il fut chargé par Domitien de l'instruction de ses petits-neveux. On porta devant lui les faisceaux du consulat, et par un insigne honneur, qu'on n'avait encore accordé à personne, on lui assigna un traitement sur le trésor public. Aussi, poussé du noble désir de répondre à l'estime générale qui l'entourait, renonça-t-il au barreau, qui lui offrait tant d'attrait, tant de gloire, pour consacrer vingt ans de sa vie à donner des leçons de rhétorique à la jeunesse romaine. Ce qui ne lui fait pas moins d'honneur, c'est d'être resté pauvre, lorsqu'il se trouvait à la source des faveurs et des richesses. Juvénal a bien voulu à la vérité égaler sa fortune à son crédit, mais il est clair pour nous que cette opulence n'exista que dans l'imagination du poëte satirique, ainsi que le démontre la noble action de Pline le jeune, qui dota la fille de l'illustre rhéteur. Sa fille, qui devint l'épouse de Novius Celer, homme distingué, était tout ce qui lui restait de sa famille, dont il avait vu successivement mourir tous les membres, à commencer par sa jeune épouse. Ses *Institutions oratoires* sont le seul ouvrage de Quintilien qui soit parvenu jusqu'à nous avec tous les caractères de l'authenticité. Il fut exhumé, en 1419, des archives de l'abbaye de Saint-Gall, par Poggio, qui le rendit aux lettres. Il est divisé en douze livres : le premier traite de l'éducation de l'orateur, le second de l'art oratoire en général, les suivants de l'invention, de la disposition, de l'élocution, de la mémoire et de l'action; le douzième, des mœurs de l'orateur. Tous les critiques qui ont parlé de Quintilien ont reconnu d'une voix unanime le mérite éminent et incontesté des *Institutions oratoires*. C'est le cours de rhétorique le plus complet que nous aient laissé les anciens. Cependant, un reproche mérité que l'on adresse à l'auteur, c'est de s'y être fait le flatteur de Domitien, qui n'eut guère que des titres à la haine publique.

L'édition *princeps* des Institutions oratoires est celle que Campanus publia à Rome, en 1470 ; les plus estimées sont celles de Burmann (2 vol., Leyde, 1720) et de Capperonier (Paris, 1725). Théodore LE MOINE.

QUINTILLUS (MARCUS AURELIUS CLAUDIUS AUGUSTUS) était frère de l'empereur Claude II, qui lui avait donné le commandement des troupes d'Italie. A peine à la mort de l'empereur, arrivée à Sirmium en Pannonie (an de Rome 1023, et de l'ère vulgaire 270), se fut-il répandu en Italie, que Quintillus prit le titre d'*Auguste* et revêtit la pourpre. Cependant, l'armée qui commandait Aurélien en Illyrie, voulant aussi élire un empereur, proclama son chef, qui aussitôt partit de Sirmium et marcha vers l'Italie. Au lieu de disputer le trône à son rival, Quintillus se fit ouvrir les veines dans un bain, et finit ainsi ses jours à Aquilée, avec autant de liberté d'esprit et plus de résignation que Sénèque. Suivant Vopiscus, il avait régné vingt jours, et dix-sept seulement selon Pollion. Les honneurs de l'apothéose lui furent décernés, moins sans doute par reconnaissance de la part des Romains, qu'en vertu de l'usage.

QUINTIN. *Voyez* Côtes du Nord (Département des).

QUINTINIE (Jean de La), jardinier célèbre, né à Saint-Loup, en 1626, fit ses études à Poitiers, et fut ensuite reçu avocat à Paris. Ayant accepté la place de précepteur ou plutôt de mentor du fils de M. Tambonneau, président de chambre à la cour des comptes, il employa ses loisirs à relire Columelle, Varron et Virgile, car toujours les traités théoriques et pratiques d'agriculture avaient eu pour lui un charme indicible. Chargé de servir de guide à son élève dans un voyage en Italie, la vue de ce qui s'y pratiquait pour le jardinage devint pour lui une source précieuse de réflexions, qui le conduisirent à se créer en cette matière une théorie particulière ; et bientôt, à son retour à Paris, il y put joindre l'expérience et la pratique, M. Tambonneau lui ayant abandonné la direction absolue de son jardin. Dans les premières années du règne de Louis XIV, on n'avait point encore d'idées du jardinage. Une complète indifférence sur les qualités qu'une terre doit avoir pour être propre à un jardin empêchait de s'occuper soit de la situation ou de l'exposition, soit de la distribution du fond de cette terre. Le caprice seul présidait au choix des arbres et à leur placement. La Quintinie, frappé de ces erreurs et des obstacles multipliés que lui opposaient les préjugés de la routine, s'arma de courage et de patience pour en triompher et faire prévaloir des idées qui devaient le faire proclamer le législateur des jardins. Cependant, il eût eu de la peine à dicter des lois à son siècle sans la grande renommée que lui acquirent l'estime et l'amitié de plusieurs personnages illustres. Condé s'entretenait familièrement avec lui, et le héros engageait souvent notre *jardinier* à le venir voir à Chantilly. La Quintinie fit deux voyages en Angleterre, où il fut accueilli avec distinction par Charles II, qui voulut l'attacher à la culture de ses jardins. Un homme que son mérite nous avait fait envier par le roi de la Grande-Bretagne ne pouvait rester plus longtemps inconnu à Louis XIV. Colbert le lui présenta, et fit créer en sa faveur la charge de directeur des jardins fruitiers et potagers de toutes les maisons royales.

Revêtu de cette espèce de magistrature, La Quintinie eut alors assez d'influence pour pouvoir exécuter les lois qu'il avait créées pour la perfection du jardinage. Les arbres, abandonnés autrefois à eux-mêmes, couvrirent maintenant de leurs branches, de leurs feuilles, de leurs fleurs et de leurs fruits, la nudité et la rusticité des murs. Il opéra de véritables prodiges dans les jardins de Versailles, où le terrain le plus ingrat devint, par son industrie, aussi orné que fertile. A sa voix, la terre parut se transformer : celle qui était ou trop forte, ou trop pierreuse, ou trop légère, vit mêler avec elle une terre dont le défaut opposé devint par le mélange une vertu. Il creusa les fonds rebelles, et les rendit féconds par de nouvelles couches. Comme il connaissait parfaitement la nature des différents arbres, l'aspect qui leur convient et les lois de leur culture, il transporta dans les jardins de Versailles les terrains et les climats divers, de telle sorte que les plantes étrangères s'y développèrent comme sous le ciel de leur patrie. Jaloux d'être utile, même après sa mort, à ceux qui voudraient s'adonner au jardinage, il réduisit en art sa méthode, sous le titre modeste d'*Instruction pour les jardins fruitiers et potagers*.

C'est lui qui inventa les serpettes, et perfectionna les scies usitées de nos jours dans le jardinage. Le premier il enseigna l'art d'avoir des jardins bien garnis pour toutes les saisons de l'année, et prescrivit la distribution des jardins pour les espaliers, depuis quatre cents toises jusqu'à douze cents. C'est lui aussi qui fit connaître et mit en honneur certains bons fruits, tels que la poire de Colmar, l'eschasserie, la virgoulée, et qui en discrédita justement d'autres ; tels que l'orange verte, le portail, poire autrefois si chère aux Poitevins ; l'amadotte, les délices des Bourguignons. Les primeurs étaient presque entièrement inconnues avant lui. Le premier il parvint à obtenir dans le terrain froid, tardif et infertile de Versailles des asperges et des laitues pommées en janvier, et même en décembre, des fraises à la fin de mars, des cerises, des pois verts en avril, des figues en juin, etc. Il échoua pourtant dans la culture du pêcher. Inventeur de la manière heureuse d'appliquer les arbres aux murailles, il n'y plaça qu'en tremblant le pêcher, tandis qu'il avait rangé en espalier même le prunier Sainte-Catherine, usage dont il s'était bien trouvé. Malgré cette erreur, comment ne pas admirer encore aujourd'hui l'ouvrage de La Quintinie, qui fut traduit en anglais par Evelin, et dont le succès fut tel que pour Boileau le jardinage n'est plus que l'*art de La Quintinie*; Santeuil, dans un poème latin, engage toutes les nymphes du jardinage à couronner La Quintinie ; et Perrault, en des vers français bien inférieurs aux vers latins de Santeuil, le loue aussi fort ingénieusement. Que si le jésuite Rapin, dans son poème des jardins, n'a point parlé de La Quintinie, un autre poëte de la même société, Vannières, l'a vengé de cet injurieux oubli.

On n'a que peu de renseignements sur la vie et la famille de Jean de La Quintine. On sait vaguement qu'il épousa une certaine Marguerite Joubert, dont il eut trois fils. Le second seul lui survécut, et publia son ouvrage.

H.-A. Briquet (de Niort).

QUINTIN MESSIS, célèbre peintre hollandais. *Voyez* Messis.

QUINTIUS CAPITOLINUS, frère de Cincinnatus, fut six fois consul, vainquit les Èques et les Volsques, et mérita les honneurs du triomphe en raison des victoires qu'il remporta sur ces deux peuples. Le sénat chercha à donner la plus grande pompe à cette cérémonie, et accompagna à cette occasion le triomphateur jusqu'au capitole. On croit que c'est à cette circonstance qu'il dut son surnom de *Capitolinus*.

QUINTUPLE, du latin *quintuplex*, quantité cinq fois plus grande qu'une autre quantité donnée.

Quintupler, répéter une chose jusqu'à cinq fois.

QUINTUS CALABER, *Quintus de Calabre*, appelé ainsi parce que son poëme fut retrouvé en Calabre, et nommé aussi quelquefois *Quintus de Smyrne*, parce qu'il habitait la ville de Smyrne, poëte grec de la décadence, qu'on suppose avoir vécu au quatrième siècle de l'ère chrétienne, est l'auteur des *Paralipomena Homeri* ou *Post Homerica*, assez vaste épopée en quatorze chants, espèce de continuation de l'*Iliade*, qui contient le récit de la guerre de Troie depuis la mort d'Hector jusqu'au retour des Grecs dans leurs foyers ; imitation du poëme d'Homère, mais n'ayant ni la même grâce, ni la même simplicité, non plus que la même incilité. La première édition en fut publiée vers 1505, à Venise, par Alde. Parmi les éditions postérieures on peut citer celles de Rhodomann (Hanovre, 1604), de De Pauw (Leyde, 1734), de Tychsen (Deux-Ponts, 1807), etc.

QUINTUS DE SMYRNE. *Voyez* Quintus Calaber.

QUINTUS ICILIUS. *Voyez* Guischard.

QUINZAINE, nombre collectif qui renferme quinze unités. On donne le nom de *quinzaine de Pâques* aux quinze jours qui suivent le dimanche des Rameaux jusqu'au dimanche de la *Quasimodo* inclusivement.

QUINZE, nombre cardinal.

Le jeu du *quinze* est encore une des prodigieuses variétés offertes par les combinaisons des cartes. On y emploie deux jeux entiers, mais distribués de telle manière que tous les trèfles et les piques soient réunis d'un côté, tous les cœurs et les carreaux de l'autre. De là les dénominations de *jeu rouge* et de *jeu noir*. Cette singularité n'est pas la seule ; au lieu de distribuer les cartes une à une, en prenant les premières en dessus, on donne successivement les dernières en dessous du talon. Le *quinze* se joue entre deux, trois, quatre, cinq ou six personnes. Chacun reçoit d'abord une carte; il a le droit de *passer*, soit parce qu'il a mauvais jeu, soit parce qu'il se réserve la faculté de *renvier* ou de réclamer ceux qui ouvriront avant lui. On a en effet une cave, comme à la bouillotte, et l'on peut risquer depuis un seul jeton jusqu'au *va-tout*. Lorsque les propositions sont faites et acceptées, les joueurs engagés demandent tour à tour des cartes, jusqu'à ce qu'elles soient épuisées, ou que les points réunis soient parvenus au nombre suprême de quinze ou très-peu au-dessous, car il ne faut point le dépasser. Au-dessus de quinze, on crève et l'on perd sa mise. À égalité de points, la primauté décide. Ce passe-temps aurait, comme on le voit, la simplicité d'un jeu d'enfant; mais ici, comme à la bouillotte, la science consiste à s'engager, à renvier ou à reculer à propos. BRETON.

QUINZE-VINGTS, mot qui s'est dit autrefois pour *trois cents*, et qui est demeuré le nom d'un établissement spécial, ou hospice, fondé à Paris, en 1254, par saint Louis pour y recevoir les v e u g l e s qui erraient dans les rues, à la merci des charités des passants. Cet hospice, dont la construction, confiée à l'architecte Eudes de Montreuil, fut terminée en 1260, était situé au voisinage du cloître ou couvent de Saint-Honoré, sur un terrain appelé primitivement *Champourri*, et dont l'acquisition avait été faite par le pieux roi afin d'y élever les bâtiments nécessaires à l'établissement projeté. En 1309 le nombre des malheureux privés de la vue était si considérable à Paris, que, pour distinguer ceux d'entre eux qui avaient mérité à un titre ou à un autre d'être recueillis dans le royal asile, de ceux qui continuaient à n'avoir d'autre ressource que la charité publique, Philippe le Bel ordonna qu'ils porteraient une fleur de lis sur leurs vêtements. En 1412 le chapitre des Quinze-Vingts fut placé par le pape Jean XXIII sous la juridiction du grand-aumônier de France, qui conserva cette tutelle jusqu'en 1789. En mai 1546 un édit de François Ier réglementa le régime intérieur de l'hospice, et astreignit les Quinze-Vingts à des pratiques religieuses d'une grande rigueur. Ils devaient en outre assister à toutes les processions royales, apporter à la maison tous leurs biens, meubles et immeubles, ne rien vendre de la part de vivres qui leur était allouée, ne jamais découcher plus d'une nuit sans autorisation, etc. Ce règlement intérieur demeura en vigueur jusqu'en 1779, époque où, par suite de l'immense valeur acquise par les terrains de l'hospice, qui se trouvait maintenant non plus dans les champs, mais au cœur de Paris, avec entrée sur la rue Saint-Honoré, on comprit l'avantage qu'il y aurait, ne fût-ce que sous le rapport hygiénique, à le transférer à une des extrémités de la grande ville. On fit choix à cet effet d'une caserne située dans le faubourg Saint-Antoine, à l'entrée de la rue de Charenton, et occupée jusque alors par les *Mousquetaires noirs* de la maison du roi. Des lettres patentes, en date du 16 décembre 1779, autorisèrent en conséquence le cardinal de Rohan, grand-aumônier de France, supérieur immédiat de l'hospice, à l'y transférer et à vendre au profit de l'établissement tous les terrains et bâtiments dont il se composait. Une compagnie de spéculateurs en donna 6,000,000. Il fut stipulé que sur ce prix 5,000,000 seraient confiés au trésor royal, et serviraient à constituer une rente de 250,000 fr. au profit de l'hospice. Sur le surplus, 450,000 fr. devaient être affectés à l'acquisition de l'*hôtel* des Mousquetaires (on n'employait pas alors le mot roturier caserne pour désigner les quartiers occupés par des corps privilégiés), et le surplus employé en travaux d'appropriation. Les acquéreurs des terrains et bâtiments des Quinze-Vingts commencèrent aussitôt les travaux de démolition. L'église des Quinze-Vingts, édifice dont la construction remontait à 1260, ne fut toutefois complètement démolie qu'en 1787. Elle avait un portail simple, de forme et de style, décoré des statues en pied de saint Louis et de la reine sa femme. Ces statues, remarquables pour la perfection du modelé, véritables chefs-d'œuvre de ressemblance et d'exécution, furent plus tard, par les soins de notre vénérable collaborateur feu Alexandre Lenoir, transférées à Saint-Denis, où on peut encore les voir aujourd'hui. Sur l'emplacement, devenu libre, on ouvrit cinq rues nouvelles, sous les dénominations de Beaujolais, de Rohan, de Chartres, de Montpensier et de Valois, avec un passage mettant la rue de Rohan en communication avec la rue Saint-Nicaise. Toutes ces rues, passablement étroites, bordées de maisons à six étages, construites sur un plan à peu près uniforme, et n'ayant que des portes d'allées, furent de tous temps généralement mal habitées et mal famées. Elles ont complètement disparu de nos jours par suite des vastes travaux entrepris pour l'achèvement du Louvre et la régularisation de ses abords et de ceux du Palais-Royal.

La communauté des Quinze-Vingts, transférée rue de Charenton, conserva son administration primitive jusqu'à la révolution. Un décret de la Convention, en date du 31 janvier 1793, en chargea le département. En 1797 un arrêté du Directoire plaça l'hospice dans les attributions du ministre de l'intérieur, qui le fit administrer par une commission spéciale. La Restauration remit les Quinze-Vingts sous la tutelle de la grande-aumônerie. La révolution de Juillet les replaça sous la direction du ministre de l'intérieur; et cette organisation subsista jusqu'au 22 juin 1854, époque où un décret impérial plaça l'hospice des Quinze-Vingts sous le patronage spécial de l'impératrice des Français. C'est aujourd'hui cette princesse qui seule a le droit de pourvoir aux nominations des aveugles internes et qui préside à la distribution des secours accordés chaque année aux aveugles externes.

QUIPOS, espèce d'écriture en nœuds dont se servaient avant la découverte de l'Amérique quelques peuplades du sud de cette contrée, notamment les Péruviens, en guise d'écriture en lettres. Les *quipos* consistaient en cordes de coton d'une certaine grosseur, auxquelles s'en trouvaient attachées d'autres plus petites, qui, par le nombre et la variété des nœuds qu'elles portaient, servaient aux Péruviens à tenir compte du nombre de leurs bestiaux, de la quantité de leurs denrées, etc. Les *quipos* ne remplaçaient pas seulement ainsi au Pérou l'usage que nous faisons aujourd'hui de l'arithmétique, ils servaient encore à établir entre le prince et ses sujets, et entre ces derniers eux-mêmes, des relations de toutes natures. L'on conçoit en effet aisément que, par suite de conventions arrêtées d'avance, relatives au nombre, à la forme et à la couleur des nœuds, l'inca pouvait s'en servir pour faire parvenir à ses généraux ou à d'autres fonctionnaires les ordres les plus secrets, à peu près comme les signaux télégraphiques passaient naguère encore sous nos yeux sans que nous en comprissions le sens.

QUIPROQUO, du pronom latin *qui*, de la préposition *pro* (pour) et de l'ablatif *quo*, c'est-à-dire un *qui* pris pour un *quo*, une méprise. On fait remonter l'origine de cette expression au temps où les médecins rédigeaient leurs ordonnances en latin; et on raconte qu'une ordonnance, qui renfermait un *qui* pour un *quo*, ou bien où l'apothicaire lut un *qui* au lieu de *quo*, fut cause d'un empoisonnement aux suites duquel le malade succomba. Aussi disait-on alors proverbialement : Dieu vous garde des *quiproquo* d'apothicaire et des *et cætera* de notaire !

[Serait-ce juger trop sévèrement notre pauvre humanité que de prétendre que la moitié au moins de tout ce qui a été écrit est la part de l'erreur ? Il semble que Bayle était de cette opinion, lorsqu'il abandonna, comme gigantesque, un projet de faire le dictionnaire des erreurs accréditées, pour s'arrêter au plan, restreint, de celui qu'il nous a laissé. Dans une bibliothèque des erreurs accréditées, la section des *quiproquos* tiendrait un nombre assez notable de volumes. Cette sorte d'erreurs, la moins grave de toutes, n'en a pas moins de consistance, une fois autorisée par le temps. Qu'y a-t-il, par exemple, de plus généralement admis que l'incendie de la bibliothèque d'Alexandrie par le khalife

Omar, et ces bains publics chauffés pendant quinze mois avec les livres des Ptolémées? Je me rappelle un mouvement oratoire très-remarquable du général Foy, motivé par cette tradition. Elle n'a contre elle que cette objection : c'est que la fameuse bibliothèque des Ptolémées fut brûlée sous le dernier de ces princes, frère de la belle Cléopâtre, lorsque Jules César s'empara d'Alexandrie, et que celle qui se reforma depuis fut brûlée à son tour sous Théodose. L'entière extermination de Carthage par les Romains est une opinion qui n'est guère moins généralement répandue. Les ruines mêmes avaient péri, *etiam periere ruinæ*, a dit le poëte. Or, un savant académicien a prouvé récemment, par les auteurs mêmes, que cette malheureuse cité, après sa prise, avait été seulement *démantelée* par Scipion, et que les démolitions opérées sous ses ordres par l'armée romaine pendant le temps, fort court, qu'elle resta encore sur la plage punique, avant le retour à Rome, s'étaient bornées aux édifices principaux.

Une opinion également fausse, mais moins protégée par le temps, et qu'on a pu combattre avec plus de succès, était l'excessive exagération de la population de l'ancienne Rome. La cause en était bien légère; on avait pris pour base du calcul un mot dont on ignorait l'acception dans les anciennes topographies. *Insula*, qui signifie à la vérité une île ou un *pâté* de maisons bordé par quatre rues, a aussi le sens de *boutique*; et pour faire servir ce mot comme l'un des termes d'une multiplication dont le produit doit donner la population de Rome, il fallait prendre pour l'autre terme le nombre approximatif des habitants, non pas d'une île de maisons, mais d'une boutique, ce qui, au lieu de plusieurs millions, ne donne guère plus de trois cent mille. C'était là un véritable *quiproquo*, tenant aux deux sens d'un mot.

Il y a dans la circulation générale du langage une foule de locutions reçues, qui ne sont que des *quiproquos*, et dont le recueil ne remplirait pas seulement un simple article, mais un gros volume. J'indiquerai dans le nombre les localités dont le nom, par suite de quelque malentendu, a été changé ou altéré au point d'être méconnaissable. Pour m'en tenir à notre bonne ville de Paris, les noms des plus anciennes rues y offrent souvent de ces bizarres corruptions de la désignation primitive. Plus d'un bibliophile, en bouquinant dans la rue des Grès, oublie que c'est celle des Grecs. La place Maubert réveille encore moins, par les clameurs habituelles dont elle retentit, le souvenir d'Albert le Grand, dont les leçons furent suivies avec une telle affluence, lorsqu'il vint à Paris, que de la rue du Fouarre, célèbre dans les annales de l'université, et où se tenaient alors les cours de philosophie, ses auditeurs refluaient jusque sur la place prochaine. Du nom de grand philosophe, elle fut appelée place de *Maistre-Albert*, d'où la prononciation usuelle a fait *Maubert*. Au moins est-ce l'une des étymologies : car les noms de ces anciennes rues en ont ordinairement plusieurs, sur lesquelles les savants ne sont pas d'accord. Telle est la rue du *Petit-Musc*, dont le nom est évidemment corrompu; mais les uns le font venir de *Petimus*, premier mot de tous les placets qu'apportaient à l'hôtel Saint-Pol, séjour du roi, les nombreux solliciteurs, logés ordinairement dans cette rue, située tout auprès; l'autre opinion, plus probable, est celle qui regarde les mots *petit musc* comme une corruption de *pute y musse*. Ce nom est encore conservé dans certaines localités à des rues jadis très-mal famées à cause des habitants qu'elles recélaient; et la brillante cohue de l'hôtel Saint-Pol n'excluait pas absolument dans ces alentours de pareilles voisines.

Tandis que les plus bizarres modifications font ainsi disparaître des dénominations anciennes, il nous arrive à travers les siècles les noms de quelques grands personnages, encadrés dans des locutions burlesques dont il est souvent fort difficile de suivre la transmission traditionnelle. Pourquoi un prince aussi magnifique que Dagobert figure-t-il dans cette foule de proverbes populaires, non pas comme un type de magnificence, mais comme un type de triviale bonhomie? Pourquoi un noble *seigneur* de la maison de Montmorency, Jean, sire de Nivelle, a-t-il dû à son chien la baroque popularité de son nom? Ces questions n'ont pas été dédaignées par la curiosité des savants. Mais une tradition du même genre, dont la grotesque trivialité provient d'une facétie plate et antinationale, c'est l'emploi niais du nom de La Palice. Par quelle fatalité l'ami particulier du chevalier Bayard et le compagnon de ses exploits, l'habile lieutenant de François 1er, et qui fut tué à ses côtés, n'a-t-il laissé de lui dans les traditions populaires que le ridicule privilége de présider à l'un des plus sots genres de niaiseries? L'acception, aujourd'hui usitée, d'un autre nom, qui est loin de réveiller, comme le précédent, aucun pénible souvenir, est à noter ici par le peu de rapport du mot avec l'idée qu'il exprime. C'est le nom d'Amphitryon, appliqué à la personne qui donne à dîner, depuis ces vers du Sosie de Molière :

Je ne me trompais pas, messieurs, ce mot termine
Toute l'irrésolution.
Le véritable Amphitryon,
C'est l'Amphitryon où l'on dîne.

Dans le premier succès de cette délicieuse comédie, des personnes de bonne humeur s'amusèrent entre elles à faire en ce sens l'application du nom d'Amphitryon, qui devint ainsi un symbole moins fâcheux qu'on n'aurait pu le craindre pour le rival légitime de l'heureux Jupiter. Aujourd'hui cette expression s'emploie si naturellement que bien des gens s'en servent sans avoir réfléchi d'où elle vient.

Après ces exemples de mots isolés, détournés si étrangement de leur sens primitif, on conçoit que la structure des phrases doit offrir des *quiproquos* plus fréquents, surtout dans les deux langues classiques, par l'absence de cette quantité de relatifs, qui chez nous alanguissent le discours, mais en l'éclaircissant. Les personnes curieuses des brouilles de l'érudition s'amusent parfois à recueillir beaucoup de petits traits de ce genre, comme le testament de ce Romain qui léguait à un temple, objet de sa dévotion particulière, *statuam auream hastam tenentem*; ce qui, suivant les prêtres légataires, signifiait une statue d'or tenant une lance; et au dire des héritiers, une statue tenant une lance d'or : selon que l'adjectif *auream* se rapportait au mot suivant ou au mot précédent. Les rhéteurs anciens faisaient un grand usage de ces sortes d'amphibologies dans les causes fictives appelées *declamationes*, auxquelles ils exerçaient la jeunesse. Ici, d'après notre manière actuelle d'écrire, la question aurait roulé sur la place d'une virgule, comme dans le *Mariage de Figaro*. C'est de même au déplacement d'un simple signe de ponctuation que le moine Martin dut la perte du prieuré d'Azelle pour avoir confié l'inscription hospitalière de son couvent :

Porta, patens esto ; nulli claudaris honesto,

à un écrivain ignorant, qui la ponctua ainsi :

Porta, patens esto nulli ; claudaris honesto

Refusant ainsi la à tout le monde, surtout aux honnêtes gens, la porte qui, d'après la véritable ponctuation, leur était constamment ouverte. Privé de sa dignité par suite de cette négligence, le pauvre prieur a vu son nom figurer dans un second vers léonin, qui rime avec le premier :

Pro solo puncto, caruit Martinus Asello.

Du double sens du dernier mot de ce vers est résulté le quiproquo de ce proverbe, si usité : *Faute d'un point, Martin perdit son âne*. Une observation que je n'ai vue nulle part, mais qui doit souvent avoir été faite, c'est que l'expression *histoire naturelle*, appliquée depuis longtemps en France à la science zoologique, est un véritable *quiproquo*, remontant tout simplement au titre que Pline l'ancien avait donné à son ouvrage encyclopédique. Le titre de Histoire de la Nature (*Naturalis Historia*) allait bien à un pareil plan. La partie zoologique de cet ouvrage, étudiée principalement à une certaine époque, habitua à donner à la zoologie le nom d'*histoire naturelle*. Depuis, on a été plus loin, on a dit : l'*histoire naturelle de tel ou tel animal*, c'est-à-dire la description de son organisation et de ses habitudes. Il y a aussi des écrivains qui ont cité l'*Histoire naturelle* d'Aristote. L'ouvrage dont ils ont voulu parler est intitulé *Histoire des Animaux* (et encore le mot grec ἱστορία ne répond-il pas bien à notre mot *histoire*). Mais si le livre de Pline a donné lieu à ce malentendu, l'un des livres les plus célèbres du grand philosophe grec et la science qu'il y a fondée doivent leur nom à une origine à peu près semblable ; car l'opinion le plus généralement admise attribue le nom que nous allons dire à un ancien arrangement des œuvres d'Aristote, où le traité des opérations intellectuelles, placé, sans titre, à la suite de la physique, fut d'abord désigné par les mots *meta physica*, c'est-à-dire *traité qui vient après celui de la physique*, puis en un seul mot *metaphysica* (métaphysique).

Un dernier *quiproquo*, que nous citerons comme reçu généralement, a une telle portée que nous mettons quelque hésitation à le faire figurer ici sous un pareil titre. Il offre cependant tous les caractères du genre, bien qu'il tienne à l'un des plus vénérables préceptes de la religion. C'est dans l'Évangile que, par un contre-sens auquel les termes n'autorisaient nullement, on a puisé une maxime bizarre que les plus éclairés des catholiques et des protestants reconnaissent aujourd'hui comme faussement attribuée au texte sacré, bien qu'ils ne lui substituent pas, des deux parts, la même explication. Nous voulons parler du passage si souvent cité de saint Matthieu : *Bienheureux les pauvres d'esprit*. Remarquons tout de suite que ni dans le grec, langue originale de l'Évangile, ni en latin, ni en français, l'adjectif *pauvre* ne se construit avec un autre mot pour exprimer la privation de la chose que ce mot exprime ; car si nous l'employons ainsi quelquefois, ce n'est que par allusion à la manière dont on croyait devoir entendre ce verset de l'Évangile, qui a donné lieu à tant de développements éloquents et à tant d'irréligieuses moqueries. D'après ce contre-sens, un *pauvre d'esprit* était un homme dépourvu d'intelligence. Dès lors les rapprochements avec le caractère surnaturel que le peuple accorde presque partout aux idiots n'ont pas manqué, etc., etc. Après tout ce qui a été dit, écrit, prêché, chanté, mis en vers et en prose, respectueusement ou ironiquement, sur cette maxime ainsi entendue, l'on pense bien que nous ne prétendons pas lutter contre le droit de prescription le plus solennel que puisse invoquer une erreur de ce genre. Constatons seulement que la raison et l'esprit de l'Évangile aussi bien que la grammaire demandent, au lieu de cette étrange sentence, un de ces deux sens également bienfaisants : *Bienheureux ceux qui sont pauvres par l'esprit*, c'est-à-dire qui, sans être réellement du nombre des pauvres, ces privilégiés de la charité évangélique, s'assimilent à eux par leur humilité ; ou : *Bienheureux ceux qui sont affligés d'esprit*. Ce dernier sens est moins beau, mais il est peut-être plus conforme au style particulier de saint Matthieu, qui, écrivant pour les Juifs d'Alexandrie, se servait du langage de la Septante. Or, les hébraïsants ont remarqué que dans cette première version, où est employé l'idiome populaire d'Alexandrie, le mot grec πτωχός (pauvre) répondait le plus souvent au terme hébreu qui signifie *affligé, malheureux*. C'est donc une raison philologique en faveur de la dernière interprétation. On ne pourrait appliquer le même argument à un passage de saint Luc, dont le style élégant est si différent de celui de saint Marc et de saint Matthieu. Ainsi, une palme offerte à l'humilité ou une céleste consolation promise à la tristesse doivent être substituées à l'apothéose de la bêtise, qui ne seront pas cependant.

B. DE XIVREY, de l'Institut.

QUIRINAL (Mont), nom de l'une des sept collines sur lesquelles Rome était bâtie, et ainsi dénommée à cause d'un temple qu'y avait *Quirinus*, comme on appela Romulus une fois qu'il eut été mis au nombre des dieux. C'est aujourd'hui le *monte Cavallo*.

QUIRINALES, en latin *quirinalia*, nom d'une fête politique qui se célébrait à Rome, le 17 février, en l'honneur de Romulus, et qui était dérivé de *Quirinus*, nom sous lequel le fondateur de la ville éternelle fut adoré après sa mort. *Quirinus* était aussi l'un des noms du dieu Mars, et il avait pour étymologie le mot sabin *quiris*, qui voulait dire *lance*.

QUIRINUS, dérivé du mot sabin *quiris* ou *curis*, signifiant *lance*, était chez les Sabins un surnom de Mars. Chez les Romains il devint le nom de Romulus, fils de Mars, qu'on divinisa après sa disparition de la terre.

QUIRITES, mot ayant la même étymologie que *Quirinus*, ou bien dérivé de la ville sabine de *Cures*, ou encore, suivant Niebuhr, de *Quirium*, lieu situé sur le mont Quirinal, était vraisemblablement le nom des Sabins qui, avec Titus Tatius à leur tête, vinrent sous le règne de Romulus se réunir aux Romains. Ensuite, il devint la dénomination commune des deux peuples fusionnés, et dans le discours ordinaire il était surtout employé pour désigner les citoyens à l'état de paix. C'est ainsi qu'il suffit à César, pour apaiser une sédition de ses soldats, de les traiter de *Quirites* (libérés du service), et non de *Milites* (soldats au service). Ce qui prouve que ce mot ne désignait autrefois qu'une partie du peuple, c'est l'ancienne composition de la formule *Populus Romanus Quirites*, équivalant à celle de *Populus Romanus et Quirites*, d'où l'on fit ensuite *Populus Romanus Quiritium*.

QUIROGA (ANTONIO), chef de l'armée constitutionnelle d'Espagne en 1820, né en 1784, à Betanzos, en Galice, descendait d'une famille des plus honorables. D'abord aspirant de marine, il entra, en 1808, dans l'armée de terre. En 1814 il fut nommé lieutenant-colonel, puis en 1815 colonel dans l'armée destinée pour l'Amérique. Compris dans la conspiration tramée sous les auspices du comte de l'Abisbal, il fut arrêté le 8 juillet 1819 ; mais l'insurrection militaire qui éclata en janvier suivant sous les ordres de Riego le rendit à la liberté. De l'île de Léon, où il s'était mis à la tête du mouvement insurrectionnel, il dirigea si habilement la lutte engagée pour le triomphe de la constitution de 1812, que Ferdinand VII se vit réduit à l'accepter. Nommé alors général de brigade, il fut en même temps élu par la Galice membre des cortès extraordinaires, où il fit constamment preuve de modération et de sagesse. En 1821 il fut nommé gouverneur militaire de la Galice ; et les cortès ayant voulu lui donner une terre en témoignage de la reconnaissance nationale, il refusa ce don en disant que le peuple avait déjà bien assez de charges à supporter sans lui en imposer de nouvelles. Pendant la campagne de 1823 contre les Français, il servit en Galice et en Asturie sous les ordres du général Morillo. Celui-ci étant entré en négociations avec les Français, Quiroga se mit à la tête de la garnison de la Corogne qui était décidée à se défendre jusqu'à la dernière extrémité. Toutefois, il ne tarda pas à comprendre qu'il lui serait impossible de résister aux Français avec une poignée d'hommes, si résolus qu'ils fussent. Il résigna en conséquence son commandement entre les mains du général Novella, puis il se rendit à Cadix, et de là en Angleterre. Il passa alors plusieurs années dans l'Amérique du Sud, et revint en Espagne à la suite de l'amnistie rendue par la reine régente. En 1835 il fut nommé capitaine général à Grenade, et mourut à Santiago en 1841.

QUIROS (Archipel de). *Voyez* NOUVELLES-HÉBRIDES.

QUITO, capitale de la république de l'Équateur ou de l'*Ecuador* (Amérique du Sud), chef-lieu du département de l'Ecuador ou de Quito, autrefois de l'*audiença* de Quito, dans la vice-royauté de la Nouvelle-Grenade, est l'une des villes de la terre bâties à une plus grande élévation au-dessus du niveau de l'Océan. Elle est située à 25 kilomètres au sud de l'équateur, à 2,985 mètres d'altitude, dans une vaste et belle vallée, bornée à l'est par une chaîne de montagnes appelées *Panicilla*, à l'ouest par le *Pichincha*, volcan haut de 4,980 mètres, tandis qu'au sud et au nord elle forme une plaine immense, à l'horizon de laquelle s'élèvent les pics de montagnes couverts de neiges éternelles. Un printemps perpétuel règne dans la vallée; la température moyenne de toutes les saisons y est 12° Réaumur. Par contre, le sol y est presque constamment en effervescence, et les volcans qui l'entourent menacent à chaque instant d'y tout détruire. En 1797 notamment, la vallée fut toute bouleversée par un affreux tremblement de terre. À l'exception des quatre grandes rues principales, qui viennent converger sur la grande place, toutes les autres rues de la ville sont tortueuses, irrégulières et garnies de maisons basses et construites en torchis. Toutefois, on y voit un grand nombre d'édifices remarquables et de belles places publiques. Jusqu'en 1852, époque où la résidence du gouvernement a été transférée à Guayaquil, port de mer, elle fut le siège du congrès, du président de la république et des diverses autorités supérieures. Elle est encore aujourd'hui la résidence d'un archevêque et le siège d'une université. On y compte un grand nombre d'églises et de couvents d'une ornementation exagérée, divers établissements scientifiques, et environ 70,000 habitants. Elle est le centre d'un commerce assez important, et possède un certain nombre de manufactures. En fait d'édifices publics, on y remarque surtout le palais du gouvernement, édifice immense; le palais archiépiscopal, la cathédrale, et l'ancien collège des jésuites, aujourd'hui propriété de l'université.

QUITTANCE. C'est un acte par lequel le créancier déclare qu'il a reçu du débiteur tout ou partie de son obligation et qu'il l'en tient quitte. Une quittance peut être donnée sous seing privé ou devant notaire. Sous l'une ou l'autre forme elle opère la libération du débiteur, si le créancier qui l'a consentie était capable de recevoir; quelquefois une quittance est valable sans qu'elle ait été passée devant notaire et signée du créancier. C'est ce qui a lieu dans le cas où un marchand écrit sur son registre le payement qu'il a reçu et lorsque le créancier écrit la même chose au dos de l'obligation. Les frais de quittance sont à la charge du débiteur. C'est à lui, s'il veut la quittance devant notaire, qu'appartient le choix de ce fonctionnaire. Lorsque la quittance énonce la somme payée, sans exprimer la cause de la dette, le débiteur peut l'imputer sur la dette qu'il lui importe le plus d'acquitter; si la quittance n'énonce que la cause de la dette, sans exprimer la somme payée, elle fait foi du payement de tout ce qui était dû auparavant pour la cause énoncée. Quand une quittance n'énonce ni la somme payée ni la cause de la dette, elle s'étend alors à tout ce que pouvait alors exiger du débiteur le créancier qui l'adonnée; mais elle ne s'applique pas aux dettes qui n'étaient pas exigibles au temps de la quittance.

QUITUS. En termes de finance et de comptabilité administrative on appelle ainsi la quittance définitive délivrée au comptable de deniers publics, et qui constate que, ses comptes ayant été vérifiés et reconnus exacts, il se trouve désormais libéré ou quitte envers le trésor public.

QUOJOS MORAS. *Voyez* CHIMPANZÉ.

QUOLIBET. Dans le principe on disait *quod libet*, et ces deux mots latins, qui signifient *ce qui plaît*, ce qui est de fantaisie, désignaient des propos de pur amusement, sans ordre, sans portée. Cette expression doit son origine aux questions équivoques, énigmatiques, quelquefois burlesques et ridicules, qu'on adressait sur des matières métaphysiques à des étudiants en philosophie ou en théologie, pour exciter leur sagacité. Ces questions s'appelaient *quæstiones quodlibeticæ* (questions quolibétaires) ou *quodlibets*. Elles étaient d'ordinaire si impertinentes que le mot est resté aux questions sottes et ridicules. Molière a dit :

De *quolibets* d'amour votre tête est remplie.

« Les *quolibets*, dit le père Bouhours, ne sont, à proprement parler, que de misérables pointes qui ne tombent sur rien ; ce sont des allusions froides, insipides, qui fatiguent et ennuient les personnes raisonnables. Il y a pourtant des occasions où le quolibet peut trouver sa place, mais il faut qu'il soit bien délicat et ingénieusement appliqué; autrement, il est rampant, et on le prend pour la marque d'un petit esprit. » *Voyez* COQ A L'ANE.

QUOTE s'est dit autrefois pour *quote-part* (du latin *quota pars*), qui signifie la part que chacun doit supporter de quelque charge.

QUOTIDIEN (du latin *quot*, autant que, et *dies* jour), ce qui arrive chaque jour.

QUOTIDIENNE (La), journal royaliste, fondé au commencement de l'année 1792, par Michaud, et qui disparut en même temps que le trône, mais que son fondateur s'empressa de reconstituer après la chute du gouvernement de la terreur. Les tendances évidemment contre-révolutionnaires de *La Quotidienne* la firent comprendre dans la Saint-Barthélemy de journaux hostiles que le Directoire opéra à la suite de la journée du 18 fructidor. A la chute de l'empire, en 1814, Michaud, qui dans l'intervalle était devenu imprimeur-libraire, fit reparaître cette feuille, dont la léthargie datait de près de vingt ans; et *La Quotidienne* ne tarda point à devenir entre ses mains un journal des plus influents. Cette feuille, éminemment monarchique et religieuse, dans la manière de l'opposition aux différents ministres de la Restauration qui lui parurent compromettre le principe même du gouvernement. Elle poursuivit Villèle et Martignac, comme elle avait fait de M. Décazes, et crut la révolution à jamais vaincue, et la France sauvée le jour où elle put annoncer à ses abonnés que Charles X avait enfin placé M. de Polignac à la tête des affaires. Un an après, la branche aînée de la maison de Bourbon cédait la place à la branche cadette; et *La Quotidienne* se trouvait rejetée par la force des événements dans l'opposition. Jusqu'à sa mort Michaud continua d'en diriger la partie politique, aidé dans cette tâche ingrate et difficile par quelques hommes d'un vrai talent et de convictions sincères, parmi lesquels on doit surtout citer M. Laurentie. Dans les dernières années du règne de Louis-Philippe, *La Quotidienne* absorba deux autres feuilles légitimistes, *L'Echo français* et *Le Rénovateur, courrier de l'Europe*; mais des motifs d'amour-propre mirent pour condition à cette fusion, que la feuille absorbante renoncerait désormais à son titre pour en adopter un nouveau, ayant l'avantage d'une part de rappeler la transaction intervenue entre des intérêts différents, et de l'autre d'être un symbole politique. Ainsi naquit *L'Union*, journal demeuré fidèle, en dépit des révolutions, à ses principes et à ses convictions. Ces exemples si honorables, il faut bien le dire, on ne les trouve aujourd'hui que dans la presse légitimiste. Il est vrai que les écrivains qu'elle compte dans ses rangs n'obtiennent pas depuis longtemps le plus petit bout de ruban, pas une seule action de chemin de fer au pair, bref aucun de ces mille petits revenants-bons dont se montrent généralement si friands les *défenseurs du progrès* et de la *démocratie*. On se moque d'eux dans le journalisme; mais ces railleries mêmes les vengent suffisamment de leurs adversaires.

QUOTIENT (du latin *quoties*, combien de fois). On appelle ainsi le nombre servant à indiquer combien de fois une quantité quelconque est contenue dans une autre, ce qui se détermine au moyen de celle des quatre règles fondamentales de l'arithmétique qu'on a nommée *division* : ainsi 5 est le quotient de la division de 20 par 4, ou indique que 4 est contenu 5 fois dans 20 : 3 1/3 est le quotient du même nombre 20 divisé par 6, ou indique que ce dernier est contenu 3 fois plus 1/3 de fois dans 20 : ce quotient est appelé dans ce dernier cas nombre *fractionnaire*, parce qu'il est formé de nombres entiers et d'une fraction.

QUOTITÉ (Impôt de). *Voyez* CONTRIBUTIONS.

QUOTITÉ DISPONIBLE. La loi accorde la faculté de disposer de ses biens par donation entre vifs et par testament; mais elle a mis des limites à cette faculté pour ceux qui en mourant laissent des descendants ou des ascendants. Les biens se divisent dès lors en *portion disponible* et en *portion indisponible*. La *quotité disponible* est celle qui peut être donnée par donation entre vifs ou par testament. La *portion indisponible* est celle que la loi réserve aux descendants ou ascendants, qu'elle leur transmet par sa propre autorité, et indépendamment de la volonté du défunt. Cette portion de biens, ainsi que la réserve, était connue autrefois sous le nom de *légitime*.

Dans le cas où il y a des héritiers en ligne directe descendante, les libéralités, soit par actes entre vifs, soit par testament, ne peuvent excéder la moitié des biens du disposant s'il ne laisse à son décès qu'un enfant légitime, le tiers s'il laisse deux enfants, le quart s'il en laisse trois ou un plus grand nombre. Les descendants, en quelque degré qu'ils soient, sont compris sous le nom d'*enfants*; néanmoins, ils ne sont comptés que pour l'enfant qu'ils représentent dans la succession du disposant.

Dans le cas où il n'y a que des héritiers en ligne directe ascendante, les libéralités par actes entre vifs ou par testament ne peuvent excéder la moitié des biens, si le défunt laisse un ou plusieurs ascendants dans chacune des lignes paternelle et maternelle; et les trois quarts, s'il ne laisse d'ascendant que dans une ligne. Les biens ainsi réservés au profit des ascendants sont par eux recueillis dans l'ordre où la loi les appelle à succéder.

La valeur en pleine propriété des biens aliénés, soit à charge de rente viagère, soit à fonds perdu, ou avec réserve d'usufruit, à l'un des successibles en ligne directe, est imputée sur la portion disponible, et l'excédant, s'il y a lieu, rapporté à la masse. Cette imputation et ce rapport ne peuvent être demandés par ceux des autres successibles en ligne directe qui ont consenti à ces aliénations, ni dans aucun cas par les successibles en ligne collatérale. La quotité disponible peut être donnée en tout ou en partie, soit par acte entre vifs, soit par testament, aux enfants ou autres successibles du donateur, sans être sujette au rapport par le donataire ou le légataire venant à la succession, pourvu que la disposition ait été faite expressément à titre de préciput ou hors part. La déclaration que le don ou legs est à titre de préciput ou hors part peut être faite soit par l'acte qui contient la disposition, soit postérieurement dans la forme de dispositions entre vifs ou testamentaires.

La réduction des dispositions excédant la quotité disponible est une conséquence nécessaire de la réserve affectée aux héritiers en ligne directe descendante et ascendante.

La quotité disponible dont les époux peuvent disposer au profit l'un de l'autre est fixée par l'article 1094 du Code Napoléon. D'après cet article, l'époux peut, soit par contrat de mariage, soit pendant le mariage pour le cas où il ne laisserait point d'enfants ni de descendants, disposer en faveur de l'autre époux, en propriété, de tout ce dont il pourrait disposer en faveur d'un étranger, et en outre de l'usufruit de la totalité de la portion dont la loi prohibe la disposition au préjudice des héritiers. Et pour le cas où l'époux donateur laisse des enfants ou descendants, il peut donner à l'autre époux ou un quart en propriété et un autre quart en usufruit ou la moitié de tous les biens en usufruit seulement. L'homme ou la femme qui ayant des enfants d'un autre lit contracte un second ou subséquent mariage ne peut donner à son nouvel époux qu'une part d'enfant légitime le moins prenant, et sans que dans aucun cas ces donations puissent excéder le quart des biens.

Le mineur parvenu à l'âge de seize ans ne peut disposer que par testament, et jusqu'à concurrence seulement de la moitié des biens dont la loi permet au majeur de disposer. Le mineur ne peut, par contrat de mariage, donner à l'autre époux, soit par donation simple, soit par donation réciproque, qu'avec le consentement et l'assistance de ceux dont le consentement est requis pour la validité de son mariage; et avec ce consentement il peut donner tout ce que la loi permet à l'époux majeur de donner à l'autre conjoint.

R

R (*erre* suivant l'épellation ancienne, *re* suivant la nouvelle). C'est la dix-huitième lettre et la quatorzième consonne de notre alphabet. La consonne *r* est le signe représentatif d'une articulation linguale, qui est le résultat d'une vibration très-vive de la langue dans toute sa longueur. Il est beaucoup de personnes qui ne peuvent prononcer cette lettre sans grasseyer d'une manière plus ou moins désagréable (*voyez* Grasseyement). Ses liaisons sont presque toujours d'une extrême douceur; mais dans une foule de cas cette consonne ne se fait point sentir dans la prononciation, et demeure absolument muette, comme à la fin des infinitifs de la première conjugaison, et dans un grand nombre de finales en *er* et en *ier*. Il n'y l'a que très-peu d'exceptions à cette règle, comme dans *amer*, *cancer*, *char*, *hiver*, *mer*, et quelques autres mots que l'usage fera connaître. La finale de l'infinitif des verbes de la première conjugaison a été l'objet d'une vive discussion parmi nos anciens grammairiens. La difficulté roulait sur deux points, savoir si, hors le cas de la liaison du *r*, et devant les consonnes ou à la fin des phrases, on devait prononcer l'*e* ouvert ou l'*r* sonore, et si dans la liaison de cette finale le son de l'*e* devait être ouvert ou fermé. L'affirmative sur la première de ces questions paraît avoir eu longtemps pour elle l'opinion générale. Ainsi, dans nos anciens poëtes, il n'est pas rare de rencontrer des vers où les finales des infinitifs des verbes en *er* riment avec des finales incontestablement formées de l'*e* ouvert et du *r* sonore, comme ceux-ci de Corneille :

Et souffrez que je tâche enfin à *mériter*,
Au défaut de Phinée, un fils de *Jupiter*.

Vaugelas était opposé à cette prononciation, qu'il appelait *normande*, et son sentiment a prévalu.

Dans l'antiquité, le R était un nombre des lettres numérales : elle valait 80 ; et surmontée d'un trait horizontal, elle signifiait 80,000.

Les monnaies qui portent la lettre R ont été frappées à Orléans.
CHAMPAGNAC.

RA, nom égyptien du dieu du Soleil, en langue copte *Re*, et avec l'article *ph-re*, le Soleil. On le retrouve souvent faisant partie d'autres noms connus, comme Putiphar (*Puti-phra*), Pharaon (*Phra*), Ramsès (*Ra-messou*). Ra est en Égypte le Dieu suprême, le dieu le plus ancien, parce que le culte primitif de l'Égypte était le culte du Soleil. Tous les autres grands dieux n'étaient d'abord que des formes localisées du dieu du Soleil, qui avec le temps arrivèrent à une personnification particulière, et finirent par être placés à côté de lui. De là la fréquence des noms doubles, tels que Ammon-Ra, Mentou-Ra, Almou-Ra, Hor-Ra, Osiris-Ra, etc. L'épervier lui était consacré, de même qu'à Horus, le dieu plus récent du Soleil ; et c'est généralement avec une tête d'épervier, surmontée du disque du soleil, qu'on le trouve représenté sur les monuments. Il était dans deux villes d'Égypte l'objet d'un culte particulier, et y avait un temple à part sous son nom primitif, à Héliopolis dans la basse Égypte, l'*On* de l'Écriture, et dans la localité du même nom situé en basse Nubie, où existe encore aujourd'hui un grand temple taillé dans le roc vif par Ramsès II, près de Derr, chef-lieu actuel de la province.

RAAB, en hongrois *Gyœr* ou *Nagy-Gyœr*, en latin *Jaurinum*, l'*Aarrabona* des Romains, ville libre et chef-lieu du comitat du même nom (16 myr. car. et 87,141 hab.) dans le district d'Œdemburg (Hongrie), siège d'évêché et de diverses autorités supérieures, tant civiles que militaires, ainsi que de divers établissements d'instruction publique et de bienfaisance, est situé au confluent de la Raab et de la Rabnitz avec le Danube, dans une plaine marécageuse, et compte 16,426 habitants, dont 9,586 de race magyare. La ville intérieure est bien bâtie et bien pavée, mais manque d'eau potable. Ses huit églises catholiques et surtout sa magnifique cathédrale, le palais épiscopal, l'hôtel de ville et l'hôtel du comitat sont des édifices qui méritent d'être vus. Située sur la grande route de Vienne à Ofen, Raab est le centre d'un commerce important, et est en même temps une des principales stations de la navigation à vapeur sur le Danube. Fortifiée en 1527, par l'empereur Ferdinand Ier, les Turcs s'en rendirent maîtres par trahison en 1595 ; mais les Impériaux la leur reprirent en 1598, et leur prirent en outre 180 bouches à feu. Érigée par Montecoculi en forteresse de premier ordre, ses fortifications furent détruites en 1783, sous Joseph II, puis rétablies en 1809, et rasées de nouveau en 1820. Le 14 juin 1809, le vice-roi Eugène Beauharnais y comprima l'insurrection hongroise. Dans les guerres de 1848 et 1849, Raab, que les Hongrois avaient entourée de formidables ouvrages de défense, fut à diverses reprises le théâtre de luttes acharnées. Le 28 juin 1849 elle fut prise d'assaut par les Autrichiens, électrisés par la présence de leur jeune empereur, François-Joseph.

RABAN-MAUR. Voyez Hraban-Maur.

RABAT ou NOUVEAU SALÉ, ville de l'empire de Maroc, située vis-à-vis de *Salé*, à l'embouchure d'un petit fleuve appelé *Baragog*, et qui se jette dans l'océan Atlantique. On y trouve un vaste port, jadis siège de la piraterie marocaine et actuellement une station de la marine militaire de l'empire. La population de Rabat s'élève à 27,000 âmes ; celle de *Salé* n'est que de 23,000 habitants.

RABAUT DE SAINT-ÉTIENNE (Jean-Paul), né d'une famille protestante, à Nîmes, en avril 1743, était tout à la fois ministre protestant et avocat au moment où éclata le grand mouvement régénérateur de 1789. Littérateur distingué, il serait sorti des rangs de la foule par la seule force de son talent s'il n'eût été poussé par les événements de son époque à une illustration politique qui lui coûta la vie. Déjà, au commencement du règne de Louis XVI, il s'était signalé dans une importante mission, qui touchait aux plus chers intérêts de ceux de sa croyance. Député alors à Paris par ses coreligionnaires pour obtenir l'abrogation formelle des édits rendus par Louis XIV contre les protestants, il avait réussi ; et le succès dans cette négociation, facilité par le mouvement général des esprits à cette époque, le désigna tout naturellement au choix des électeurs de la sénéchaussée de Nîmes lorsqu'ils eurent à élire un député aux états généraux. A l'assemblée nationale il se montra tout d'abord des plus progressifs. Dans la mémorable nuit du 4 août, il provoqua avec ardeur l'abolition de tous les priviléges : le protestantisme et la liberté religieuse par conséquent eurent en lui un soutien plein de logique et de chaleur. Ce fut le 23 août qu'il plaida avec le plus de vigueur la grande cause de l'égalité de tous les cultes, et qu'il la gagna. En un mot, Rabaut s'associa à toutes les mesures d'amélioration de l'époque. Avec Cerutti, il fut l'un des fondateurs et l'un des rédacteurs les plus actifs de *La Feuille villageoise*. Il donna aussi bon nombre d'articles au *Moniteur*. D'une âme pure et candide, d'un caractère plein de douceur et de mansuétude, il ne fut point *montagnard* à la Convention, où l'avait envoyé le département de l'Aube : ses habitudes, ses goûts et ses sympathies l'entraînèrent dans le parti moralement plus avancé et plus philosophique que celui des montagnards. Il fit de l'opposition à tout ce qui lui sembla sortir des limites de la constitution; et quand vint le moment de se prononcer sur le sort de Louis XVI, il déclara bien l'accusé coupable, mais il vota pour l'appel au peuple, pour la détention jusqu'à la paix et pour le sursis. Rabaut porta la peine de sa modération. Nommé, après la proclamation du monarque, membre de la commission établie par le parti de la Gironde pour surveiller les opérations du tribunal révolutionnaire, il ne tarda pas à être enveloppé dans la sanglante catastrophe du 31 mai. Mis en état d'arrestation chez lui, le 2 juin, il s'évada, puis se réfugia dans une retraite qui lui fut offerte à Paris : il y fut découvert, et monta sur l'échafand, le 5 décembre 1793. Rabaut avait écrit un grand nombre de ces ouvrages éphémères nés des circonstances et qui meurent avec elles; heureusement pour sa mémoire, il est auteur du *Précis historique de la Révolution* depuis 89 jusqu'à la fin de la session de l'Assemblée nationale constituante, ouvrage plein de conscience et d'élévation.

Rabaut de Saint-Étienne eut deux frères, *Rabaut-Pommier* et *Rabaut-Dupuis* : le premier fut aussi ministre du saint Évangile et député à la Convention, le second fut négociant à Nimes et député du Gard au Conseil des Anciens; il avait été proscrit en 1793, comme fédéraliste. Leurs opinions furent celles de leur frère aîné. *Rabaut-Dupuis* est mort en 1808; et *Rabaut-Pommier* dès 1802. Tous deux sont auteurs de différents opuscules, et Rabaut-Dupuis a en outre écrit dans plusieurs journaux. Jules PAUTET.

RABBAN. C'était, chez les Juifs, un titre d'honneur encore supérieur à celui de *rabbi*. Il ne fut porté que par sept docteurs de la loi. Le premier à qui il ait été donné fut Siméon Ben-Hillel, qui vivait au temps de Jésus-Christ.

RABBI, mot hébreu qui répond à notre mot *maître*, et en même temps titre d'honneur qui se donnait d'abord, parmi les Juifs, aux docteurs de la loi. Équivalent de notre mot *docteur*, il n'appartenait à l'origine qu'aux savants; par la suite, il n'est plus devenu qu'une simple formule de politesse, comme notre mot *monsieur*.

RABBINIQUE (Langue). C'est ainsi qu'on désigne souvent la forme nouvelle de la langue hébraïque, laquelle les savants juifs du moyen âge écrivirent leurs ouvrages, forme qui l'enrichit et la perfectionna. Mais en ce qui touche la terminologie, ces savants, qui avaient à mentionner tant d'idées et d'objets dont il n'est pas question dans les livres bibliques, durent attribuer à d'anciens mots hébraïques un sens nouveau, créer d'après les anciennes racines hébraïques, et en conformité avec les règles de la grammaire, des mots nouveaux, qui d'ailleurs ont une conformation tout hébraïque; ou bien ils empruntèrent à l'arabe des mots ayant déjà reçu dans ce sens une acception scientifique, emprunts qui étaient d'autant plus faciles que l'arabe a de nombreuses analogies avec l'hébreu. Les sources à consulter pour apprendre la *langue rabbinique* sont le *Rabbinismus* de Cellarius (Zeitz, 1684), les *Analecta Rabbinica* de Reland (Utrecht, 1702) et le *Lexicon Chaldaicum, Talmudicum et Rabbinicum* de Buxtorf (Bâle, 1639).

RABBINIQUE (Littérature). *Voyez* JUIVE (Littérature).

RABBINS. C'est la qualification sous laquelle on désigne les docteurs du judaïsme talmudique, institués ou reconnus par l'État. A l'origine, comme c'est encore le cas dans les pays musulmans, ils n'étaient pas seulement chargés d'enseigner la jeunesse qui étudiait la loi et de présider aux formalités du mariage ou du divorce; mais ils étaient en même temps prêtres, juges, et quelquefois scribes de la commune. Aujourd'hui leur sphère d'activité se borne le plus souvent à décider de ce qui a rapport au rituel, à la célébration des mariages et aux divorces, ainsi qu'à l'enseignement du Talmud. En France, où ils sont salariés par l'État depuis le 1er janvier 1831, les rabbins sont placés sous la juridiction du consistoire israélite; dans d'autres pays, ils sont soumis à une hiérarchie officielle, et on distingue les rabbins de province, d'arrondissement et de bourg. Il existe à Padoue un séminaire pour l'éducation des rabbins. Les *prédicateurs* israélites forment une classe distincte de celle des *rabbins*. Dans beaucoup de contrées de l'Allemagne, où l'on n'admet plus comme rabbins que des hommes instruits, ils sont tout à la fois chargés du soin de donner l'enseignement religieux, de prêcher et de présider aux cérémonies du culte.

RABELAIS (FRANÇOIS), célèbre satirique et l'un des pères de la prose française, naquit vraisemblablement en 1483, la même année que Luther et Raphael, à Chinon, petite ville de Touraine, où son père était aubergiste ou apothicaire. On manque absolument de dates certaines sur les événements des quarante-sept premières années de sa vie, dont l'histoire est semée d'anecdotes apocryphes, écrites dans le style des fous de cour d'alors. Tout ce qu'on sait, c'est qu'il était encore assez jeune lorsqu'il entra dans le couvent des franciscains de Fontenay-le-Comte, en bas Poitou; qu'il y reçut les ordres, et que par l'ardeur qu'il apporta au travail il ne répara pas seulement ce que son éducation première avait eu d'insuffisant, mais qu'il acquit encore des connaissances étendues en grammaire, en poésie, en médecine, en philosophie, en droit, en astronomie et dans les langues anciennes. Plus tard il apprit en outre les langues italienne, espagnole, allemande, hébraïque, arabe, etc. Tant de savoir ne lui valut que la jalousie, la haine et les persécutions des autres moines dont il partageait la vie. Aussi, grâce à ses protecteurs, Rabelais obtint-il du pape Clément VII (vraisemblablement vers 1523) l'autorisation d'abandonner l'abbaye de Fontenay-le-Comte, pour l'abbaye de Maillezais en Poitou, maison plus riche, et où la vie était beaucoup plus douce et plus agréable, mais qu'il quitta cependant quelques années plus tard, sans se soucier cette fois d'en demander la permission à personne. En 1530 il se rendit à Montpellier, pour y étudier la médecine; et en 1532 il s'établit comme médecin à Lyon, où il fut attaché à un hôpital, et publia divers ouvrages de médecine, ainsi que le premier livre de son fameux roman *Pantagruel* (devenu plus tard le suivant, puisqu'en 1535 *Gargantua* eut été imprimé et mis en tête du tout, intitulé maintenant : *Gargantua et Pantagruel*). La même année 1533 il accompagna à Rome, en qualité de médecin, le cardinal du Bellay, son camarade de classes, devenu son protecteur. Dans un second voyage, qu'il y fit en 1535, il obtint du pape l'absolution pour avoir déserté l'abbaye de Maillezais, ainsi que la permission d'entrer dans telle maison de bénédictins qu'il voudrait et d'y pratiquer la médecine. Le cardinal lui fit accorder alors une place à l'abbaye de Saint-Maur; et cette maison ayant été sécularisée en 1536, il se trouva chanoine séculier, comme il l'avait ardemment désiré depuis longtemps. Par son protecteur il obtint encore, plus tard (1545), l'agréable cure de Meudon, près Paris, qu'il administra avec la plus grande régularité pendant sept années, jusqu'à sa mort, arrivée en 1553 à Paris, où il s'était rendu, dit-on, parce qu'il était à la veille d'être nommé curé de Saint-Paul.

[Par cette manie des critiques et des admirateurs d'appareiller la vie d'un écrivain avec le caractère de ses ouvrages, on a fait à Rabelais une vie anecdotique burlesque, dont le dernier acte aurait été ce testament-ci : « Je n'ai rien, je dois beaucoup, je donne le reste aux pauvres. » On termine cette vie de diverses manières. Ceux-ci le font finir au milieu de facéties et de bons mots : selon eux, il se serait fait affubler d'un domino, pour parodier la parole de l'Évangile : *Beati qui in Domino moriuntur ;* ceux-là lui prêtent une mort athée, ou au moins sceptique : selon ces derniers, il aurait dit avant d'expirer : « Je m'en vais chercher un grand peut-être. Tire le rideau, la farce est jouée. » Tout ce qui dans la biographie populaire de Rabelais est authentique et incontestable est insignifiant; tout ce qui est douteux est exagéré. Si l'en fais la remarque, c'est pour amener cette autre remarque que ce qu'on a fait pour sa vie, on l'a fait pour la pensée de son livre. Les admirateurs y ont voulu voir une épopée, une pensée admirablement suivie, une œuvre de déduction puissante, une combinaison supérieure; que sais-je? une critique sanglante jusque dans les détails les plus indifférents. On l'a comparé à Brutus, dont la folie cachait tant de sagesse, de courage et de haine. Ceux qui ne l'aiment point l'ont qualifié de fou, avec à peine un grain de génie. L'opinion vraie ne serait-elle pas au milieu?

Dans son livre, il y a une partie de fantaisie pure, de facétie, de libertinage d'esprit, de farce; il y a une autre partie d'obscénités, vrai cloaque, qui ne peut pas avoir de qualification en littérature; il y a, enfin, une troisième partie, philosophique, évidemment écrite dans un but d'allusion satirique, pleine de bon sens, de raison élevée, et d'un style très-supérieur en originalité réelle, en maturité, à celui des deux autres parties. Il faut rire de la première partie, si l'on peut, et si l'on en comprend toutes les finesses, mais sans se mettre à la torture pour y découvrir un sens sérieux, qui n'y est pas. Il faut glisser sur la seconde, qui souille la vue, et ne peut chatouiller qu'une intelligence très-grossière ou très-affadie. Enfin, il faut admirer la troisième, l'étudier, en faire son profit, en retenir les pensées durables, en méditer les richesses de style, en apprendre par cœur quelques aphorismes d'un sens et d'une application pratique éternels.

L'étrange diversité d'opinions des critiques qui ont voulu donner un sens unique et imperturbable au livre de Rabelais et expliquer toutes ses énigmes fera comprendre la puérilité et l'inanité de leurs efforts. Il s'agit des personnages. Gargantua, dit l'un, c'est François Ier. C'est Henri d'Albret, dit l'autre. L'un veut que *Grandgousier*, père de Gargantua, représente Louis XII; l'autre, Jean d'Albret. Selon quelques-uns, *Pantagruel*, ce serait Antoine de Bourbon; selon d'autres, ce serait Henri II, quoiqu'en 1529, année où Geoffroy Tory copia et publia un passage du premier livre de Pantagruel, Henri n'eût que dix ans. *Panurge* c'est tour à tour le cardinal d'Amboise, le cardinal de Lorraine, Jean de Montluc, évêque de Valence; c'est Rabelais lui-même. *Picrochole*, le roi de Lerné, qui fait la guerre à Grandgousier, c'est, suivant les uns, le souverain du Piémont; suivant les autres, Ferdinand d'Aragon; c'est Charles-Quint, c'est François Ier. La meilleure critique qu'on puit faire de toutes ces interprétations, c'est Rabelais qui l'a faite : ce qu'il dit des gens qui le calomniaient de son temps, et trouvaient des offenses à Dieu et au roi dans ses *follastries joyeuses*, peut se dire de ses divinateurs, lesquels interprètent « ce que, à poine (à peine) de mille foys mourir, si autant possible estoyt, ne vouldroys avoir pensé : comme qui pain interpreteroyt pierre, poisson, serpent, œuf, scorpion ».

Nul doute que le roman de Rabelais ne soit plein d'allusions aux hommes et aux abus de son temps. C'est le propre de tout ouvrage satirique, et évidemment le roman de Rabelais, quoiqu'en beaucoup de parties fait pour l'amusement de Rabelais, est principalement un ouvrage satirique. Mais il ne fait pas la *guerre à outrance*, comme l'ont dit quelques-uns de ses Œdipes, à son siècle : il se moque de ses ridicules, il s'en amuse, il se dilate à les exagérer par l'imagination, cette faculté qui grandit les sensations, comme la définit Buffon; il s'aide dans ses inventions de ses expériences; et là où son siècle lui épargne la peine d'imaginer, il copie.

Deux influences diversement fécondes agissent sur l'esprit de Rabelais et lui inspirent la plus grande partie de son ouvrage : la réforme et l'érudition, alors facilitée par un immense développement de l'imprimerie.

Rabelais était-il protestant? Non. Il allait plus loin peut-être; et c'est ce qui le sauva du fagot. En le jugeant sur les apparences, et il faut bien s'en tenir aux apparences en matière d'opinions religieuses, c'est un catholique libre penseur, ne touchant pas au dogme, mais ne ménageant pas les personnes. Il raille tout : les *papegots*, les *evegots*, les *cardingots*, les moines surtout, toujours attaqués et toujours florissants. En restant entre les deux religions, Rabelais échappa au feu et à l'estrapade. Protestant, il eût couru le risque au moins de l'exil de Marot sous François Ier, et du supplice d'Anne Dubourg sous Henri II. Catholique libre pensant, il servait les desseins de la royauté. Les rois faisaient la guerre aux protestants, moins comme hérétiques que comme ennemis sourds de l'autorité royale, dont ils allaient être bientôt les ennemis armés; et d'autre part, quoique catholiques, esclaves inquiets du clergé catholique, ils voyaient sans déplaisir qu'on affaiblît cette puissance par le ridicule. C'est peut-être ce qui explique la protection accordée par les rois François Ier et Henri II, grands brûleurs d'hérétiques, à l'auteur de Gargantua et de Pantagruel.

Désiré Nisard, de l'Académie Française.

RABUTIN (Roger de). *Voyez* Bussy.

RACAN (Honorat de Beuil ou Bueil, marquis de), disciple de Malherbe, est connu surtout, dans l'histoire de notre poésie, par les vers où Boileau le cite avec éloge. Son nom est resté plus populaire que ses ouvrages, qui ne sont guère lus que d'un petit nombre d'amateurs, curieux d'étudier tous les monuments de notre langue. Il y a cependant un mérite réel dans les vers de Racan, qui, avec moins de nerf et de correction que son maître, conserva à la poésie française le caractère de noblesse et d'élégance que Malherbe lui avait imprimé. Il a de plus que ce dernier une certaine grâce négligée et une douce mélancolie, qui fait le charme principal de ses écrits. Mais il est juste de dire qu'il n'atteint jamais à l'énergie de son modèle, et qu'on peut lui reprocher un laisser-aller extrême, qui dégénère souvent en monotonie, même dans ses plus belles pièces, telles que les *Stances sur la Retraite*. L'ouvrage qui lui valut sa réputation, *Les Bergeries*, est une espèce de tragédie pastorale, où règne ce ton de galanterie si fort à la mode pendant la première moitié du dix-septième siècle, et cette métaphysique amoureuse qui faisait les délices de l'hôtel Rambouillet. Néanmoins, on y trouve des beautés de détail, des passages remarquables par l'harmonie ou par l'élévation des pensées et un grand nombre de vers pleins de grâce et de naïveté. Cet ouvrage lui valut l'honneur d'être compté parmi les premiers membres de l'Académie Française. Outre *Les Bergeries*, on a de Racan des odes, des stances et des sonnets. Les sujets que Racan traite de préférence dans ses poésies diverses se rapportent à la philosophie morale : il imite volontiers, et reproduit souvent avec bonheur, la pensée et l'expression des odes philosophiques d'Horace. On aurait quelque lieu d'en être surpris si l'on ajoutait foi à certaines traditions des biographes sur son peu de goût pour l'étude; telle était, disent-ils, son aversion pour le latin, que ses maîtres ne purent jamais lui faire apprendre par cœur le *Confiteor*.

Racan était né en 1589, d'une famille noble, au château de la Roche-Racan, dans la Touraine. Son père était maréchal de camp, dans les armées du roi. Destiné au métier des armes, Racan fut élevé dans une grande liberté : ses jeunes années se passèrent dans les loisirs de la campagne. De bonne heure son âme s'ouvrit aux impressions des beautés de la nature, dont le reflet se répandit plus tard sur ses ouvrages. Bientôt, nommé page de la chambre de Henri IV, il fut reçu chez le duc de Bellegarde, un des courtisans du

roi. Ce fut là qu'il fit la connaissance de Malherbe : ils prirent du goût l'un pour l'autre, et leur liaison dura toute leur vie. Le jeune Racan devint disciple du poëte qui régnait alors à la cour : il apprit de lui les secrets de cette versification à la fois élégante et correcte, que Malherbe défendait avec tant de rigorisme. Il eut à la cour des succès de tous genres. Mais de retour de sa première campagne, au moment d'entrer dans le monde, il vint trouver son ami, et lui demander conseil sur la manière de s'y conduire. Ce fut alors que Malherbe lui répondit par l'ingénieux apologue de Poggio Bracciolini, dont La Fontaine a tiré ensuite la fable du *Meunier, son fils et l'âne*. Racan se maria vers sa trente-huitième année. Il eut un fils, qu'il perdit à l'âge de seize ans, et dont il fit l'épitaphe. Il mourut lui-même en 1670, âgé de quatre-vingt-un ans, après avoir joui de toute sa gloire.
ARTAUD.

RACCORDEMENT. C'est, en termes d'architecture, la réunion et l'ajustement convenable de deux bâtiments, ou portions de bâtiment non semblables, de deux systèmes différents de décoration en sculpture ou en peinture, ou seulement de quelques parties de ces décorations. Lorsqu'il y a dissemblance plus ou moins grande entre les niveaux, entre les systèmes de construction, ou entre les détails d'ornement, le travail de *raccordement* devient fort difficile; parfois même il est impossible à l'artiste, quelque ingénieuses que soient ses combinaisons, de satisfaire les gens de goût et de se satisfaire lui-même.

En hydraulique, *raccordement* se dit de la jonction de tuyaux de grosseurs différentes au moyen d'un tambour en plomb qui réunit deux tuyaux, dont l'un s'embranche à l'autre pour aller distribuer l'eau aux fontaines ou pour d'autres distributions.

RACCOURCI se dit, en peinture, de certains aspects de figures entières, ou de parties de ces figures, qui sont dessinées de manière à n'être pas vues dans tout leur développement. Un bras représenté étendu vers la droite ou la gauche du tableau est vu dans tout son développement; un bras représenté venant plus ou moins directement vers le spectateur est vu en *raccourci*. Il est d'usage, en parlant des lignes d'architecture, et en général des objets autres que les corps animaux vus sous la même condition, c'est-à-dire n'offrant pas à l'œil tout leur développement, d'employer le mot *perspective* au lieu du mot *raccourci*.

Le tableau qui offre le plus de *raccourcis*, le plus de tours de force en ce genre, indépendamment de ses autres mérites, est le grand tableau du *Jugement dernier*, peint à fresque par Michel-Ange, dans la chapelle Sixtine à Rome. Dans le genre de peinture dite *peinture de plafond* et *peinture de coupole*, les *raccourcis* sont la principale condition de la composition du sujet. De beaux plafonds et de belles coupoles ont été exécutés, notamment du temps de Louis XIV et de Louis XV, par des peintres qui ont laissé une grande réputation. Ce genre, rempli de difficultés, a été ensuite négligé et presque abandonné. La coupole la plus remarquable parmi les œuvres modernes est celle du Panthéon, par le célèbre Gros.
Charles FARCY.

RACE, lignée, lignage, extraction, tout ce qui vient d'une même famille : génération de père en fils, ascendants et descendants: Bonne, illustre, ancienne, noble *race*; *race* royale; *race* des Héraclides, des Carlovingiens, de saint Louis. Ce mot s'applique (par extension à une multitude d'hommes originaires du même pays, et se ressemblant par les traits du visage, par la conformation extérieure : *Race* caucasienne, mongole, malaise (*voyez* RACES HUMAINES).

Race se dit quelquefois d'une classe d'hommes exerçant la même profession, ou ayant des inclinations, des habitudes communes. En ce sens, il se prend toujours en mauvaise part : Les usuriers sont une méchante *race*; La *race* des pédants est insupportable; La *race* des fripons est fort nombreuse. Ce mot désigne aussi des espèces particulières d'animaux, tels que chiens, chevaux, etc. : *Cheval de race*. Proverbialement, *bon chien chasse de race* signifie que les enfants tiennent des mœurs, des inclinations de leur père.

Race de vipères, expression de l'Écriture pour désigner les Pharisiens, et qu'on applique aujourd'hui à de méchantes gens.

RACÉMIQUE (Acide), du latin *racemus*, grappe de raisin. Nom donné à un acide particulier, que l'on a cru trouver dans les raisins aigres.

RACES HUMAINES. La question de savoir si par son organisation l'homme appartient ou non à la famille des singes a beaucoup occupé au siècle dernier les philosophes, parce qu'on y voyait une relation directe avec sa destination supérieure ; et c'est Blumenbach qui le premier en a donné une solution rationnelle. Avant lui Linné avait avoué ne pas connaître de signe certain qui autorisât l'homme à constituer un ordre particulier parmi les mammifères ; aussi dans son *Système de la Nature* l'avait-il compris avec les singes et les chauves-souris dans l'ordre des *primats* (avec quatre dents incisives parallèles, et deux mamelons sur la poitrine). Il avait en outre distingué deux espèces d'hommes, l'*homo sapiens* et l'*homo troglodytes* ou *nocturnus* ; comprenant dans cette dernière espèce l'orang-outang d'Asie et d'Afrique, dont l'histoire était alors pleine de fables. A l'*homo sapiens* ou *diurnus* il avait ajouté une variété particulière, l'*homo ferus* (à quatre pieds, muet et couvert de poils); idée qui lui avait été suggérée par de prétendus hommes sauvages trouvés dans les forêts comme débris de populations antérieures, tels que l'individu rencontré, en 1344, dans la Hesse au milieu des bois, un autre rencontré en 1661 parmi les ours des forêts de la Lithuanie, et d'autres encore, notamment le sauvage Pierre de Hameln, trouvé en 1726 par un habitant de Hameln dans les bois, où il avait longtemps vécu de baies et de racines, et qui, comme on l'apprit plus tard, n'était autre qu'un enfant idiot échappé de chez ses parents. Blumenbach le premier débrouilla ce chaos de faits et d'idées contradictoires, et dans sa célèbre thèse inaugurale *De generis humani varietate nativa* (1775; 5ᵉ édit., 1795), il émit l'idée des diverses variétés de *races humaines*, qui depuis a servi de base à toutes les investigations scientifiques faites sur cette matière.

La division par Blumenbach du genre humain en *cinq races*, à savoir la *caucasienne*, la *mongole*, l'*éthiopienne*, l'*américaine* et la *malaise*, s'appuyait sur la configuration constante du squelette, surtout du crâne, puis sur la couleur de la peau, la forme et la couleur des cheveux, quoiqu'il admit en même temps que ces diverses races sont le produit de tant de gradations et de transitions différentes qu'on ne saurait les établir que dans des limites arbitraires. Selon lui la race caucasienne était la race primitive et centrale, dont les races mongolique et éthiopienne n'étaient que des dégénérescences. Les races américaine et malaise ne sont que des formes de transition. Kant, dans sa dissertation *Des diverses races humaines* (1775), sans se rattacher au système de Blumenbach, précisa plus exactement l'idée d'espèces différentes en prenant pour point de départ la diversité de procréation. Cuvier adopta les idées de Blumenbach, mais réduisit les cinq races à trois. Oken revint aux cinq races de Blumenbach. Bory de Saint-Vincent établit qu'il existait *quinze* types complètement différents les uns des autres. Desmoulins admit *seize* espèces. Suivant Prichard il n'y en a qu'une seule, mais présentant *sept variétés*. Cette question a été l'objet de recherches ultérieures de la part de Morton pour l'Amérique du Nord, et d'Orbigny pour l'Amérique du Sud, de J. Van der Hœven à Leyde, et de Retzius à Stockholm ; ce dernier, en établissant de nouveaux types généraux de la conformation du crâne. Il s'en faut donc de beaucoup que ce soit encore là une question résolue et fixée. Quelques différences qu'on puisse remarquer dans les classifications spéciales établies par les auteurs précités, on peut dire qu'ils ont démontré l'existence de trois types complètement dissemblables, à savoir :

1° Le *type caucasien*, en Europe, dans la partie sud-ouest de l'Asie et au nord de l'Afrique : visage ovale, crâne grand, proportionné au visage, le sommet de la tête cintré, angle facial variant de 80 à 85 degrés, nez grand et effilé, bouche petite et menton proéminent. La couleur de la peau est blanche, tirant sur le brun chez les peuples méridionaux ; la barbe forte. Il règne en outre une infinité de nuances dans les yeux, foncés, bruns ou bleus dans les cheveux, noirs, bruns, rouges ou blonds. A ce type appartiennent en Asie les Persans, les Afghans, les Béloutches, les Bulgares, les Circassiens et d'autres encore; en Europe, les Germains, mélangés au sud et à l'ouest avec les Celtes, au nord et à l'est avec les Slaves. Les Slaves en Russie, en Pologne, en Bohème, et dont font également partie les Wendes et les Slovaques, forment avec les Finnois, les Esthoniens, les Karéliens, les Livoniens et les Lapons la transition au type tatare et mongol. Au rebours, le rameau araméen en Syrie, en Arabie, en Abyssinie et en Mauritanie se rapproche par l'Egypte et la Nubie du type nègre. Il en est de même dans l'Hindostan. Enfin, les Malais de l'archipel Indien, des îles Mariannes et des Carolines, ainsi que les naturels de la Nouvelle-Zélande, des îles des Palmiers, des îles Sandwich, des îles Marquises, des îles des Amis et des îles de la Société, se rapprochent plus ou moins du type caucasien.

2° Le *type mongol*, caractérisé par la largeur générale du visage. Les Mongols proprement dits, surtout les Kalmoucks, ont la stature petite, la poitrine étroite, le cou court, la tête grande, anguleuse, le visage grand, plat, se rétrécissant en haut et en bas, le front étroit et bas, des sourcils étroits, peu arqués, des yeux petits, bruns, fort écartés l'un de l'autre, fendus obliquement, le nez petit, à racine plate, avec de larges ailerons, des pommettes saillantes, de grandes oreilles s'écartant de la tête, de larges lèvres, le menton court et pointu, la barbe clair-semée, les cheveux noirs et rudes, la peau jaune nègre. Il en est des Chinois qui en diffèrent par une stature plus grande, par des sourcils fortement arqués, par une peau jaune-brun, et par des cheveux d'un noir brillant. Tous les Asiatiques du Nord, les Samoyèdes, les Iakoutes, les Kamtchadales, les Tschouktsches, etc., appartiennent au type mongol. Une partie des habitants des îles Carolines, de Nicobar et de la Nouvelle-Guinée, ainsi que les trois différentes formes fondamentales qu'on rencontre en Amérique : les Esquimaux ou habitants des terres Polaires, proches parents des Tschouktsches, depuis le détroit de Béring et Alaschka jusqu'au Groënland, aussi bien que les Indiens rouges ou cuivrés depuis le cercle polaire jusqu'au détroit de Magellan, avec leur large face, leurs pommettes saillantes, leurs traits forts et leur nez proéminent ; enfin, les Pécherais de la Terre de Feu, se rapprochent de même à des degrés divers du type mongol. Aussi est-ce une hypothèse fort accréditée chez beaucoup de naturalistes que l'Amérique ait pour premiers habitants primitifs des Mongols émigrés.

3° Le *type éthiopien*, qu'on rencontre dans sa plus grande pureté à l'ouest de l'Afrique, notamment en Guinée ; crâne étroit, comprimé vers le sommet, l'occiput aplati, la face étroite, s'avançant, avec la mâchoire supérieure proéminente, les yeux saillants, le nez aplati, les lèvres bouffies, des narines disposées obliquement, un menton rentrant, des cheveux noirs, crépus et laineux et un corps peu velu. En outre, la peau est noire, épaisse, flasque, veloutée et froide au toucher : la transpiration accompagnée d'une odeur forte et tout particulière. La taille est élancée, le bassin de l'homme long et étroit, l'avant-bras long, les mains et les pieds très-plats, les doigts longs et pointus, de même que les dents. Parmi ceux-ci, les Cafres, peuple jaune-brun, au front élevé, qui habitent des pays de montagnes, les Foulahs, peuple jaune-brun, habitant le plateau de la Guinée, les Mandings, d'un jaune noir, assez semblables aux Hindous, et les Madécasses, peuple jaunâtre-brun, se rapprochent quelque peu du type caucasien. Tout au contraire, chez les Hottentots et les Boschimans, le type nègre tient du type mongol. Les Papouas jaunâtres-noirs sont les nègres de l'Australie, inférieurs aux nègres de l'Afrique comme organisation, sans menton comme les Hottentots, et avec des bras longs comme ceux des singes. Les Alfourous ou Horafouras, aux Iles Moluques, en forment la transition avec les Malais.

Ce qui a fait comprendre tous les hommes de la terre en une seule et même espèce, c'est que les diverses races restent fécondes en se croisant. De tous les caractères qui distinguent les races humaines, le plus variable, c'est la couleur ; car pour l'Européen qui va se fixer dans une autre partie du monde il y a dès la seconde génération changement de couleur ; si c'est au nord de l'Amérique, le teint blanchit ; si c'est en Afrique, il se rembrunit. Les Portugais qui au quatorzième siècle s'établirent à peu de distance de la Sénégambie ne diffèrent plus aujourd'hui des nègres pour la couleur, de même que les Juifs d'Abyssinie, demeurés pourtant purs de tout mélange. Les enfants des nègres naissent blancs; ils ne brunissent que quatre jours après, et ne deviennent complètement noirs qu'au bout de trois ou quatre semaines. Sous ce rapport le changement s'effectue avec d'autant plus de rapidité qu'on les expose plus souvent au grand air. Le principe de coloration des hommes bruns et noirs ne gît pas dans l'épiderme, mais dans la membrane réticulaire qui se trouve en dessous, dont la viscosité est blanche chez les blancs, noire, au contraire, chez les nègres, en raison d'une plus grande accumulation de carbone, et brune chez les bruns. Toutes les parties liquides, même la cervelle et la semence, ont une teinte noirâtre chez les nègres. On peut blanchir la peau d'un nègre en quelques minutes avec du chlorate de soude. On remarque quelquefois chez des blancs qu'ils deviennent partiellement ou complètement noirs, par exemple à la suite de jaunisse, de grossesses, d'usage immodéré de pierre infernale à l'intérieur, d'exécutions, etc. Au rebours, une maladie de la peau transforme le nègre en albinos. Consultez Desmoulins, *Histoire naturelle du Genre Humain* (Paris, 1826); Bory de Saint-Vincent, *Essai zoologique sur le Genre Humain* (3e édit., Paris, 1836); Virey, *Histoire naturelle du Genre Humain* (1829); Prichard, *Researches into the physical History of Mankind* (Londres, 1847); le même, *The natural History of Man* (1843); Burmunster, *Histoire de la Création* (en allemand ; 4e édition, Leipzig, 1851); Arthur de Gobineau, *Essai sur l'Inégalité des Races humaines* (Paris, 1853); Hollard, *De l'Homme et des races humaines* (1852).

Notre collaborateur feu M. Virey reconnaissait dans la famille humaine *deux* espèces, formant *six* races, divisées comme suit :

Première espèce, angle facial de 85°; cheveux lisses.	1° Race blanche (japétique),	arabe, hindoue, caucasienne (scythique), scitho-germanique, chinoise-thibétaine, kalmouke-mongole.
	2° Race jaune (ou de Sem),	laponne-ostiaque, ou hyperboréenne.
Deuxième espèce, angle facial de 75 à 80°; cheveux laineux ou crépus.	3° Race cuivreuse,	américaine, colombique, caraïbe et patagone.
	4° Race brune, 5° Race noire (de Cham),	malaie ou polynésique. Cafres et Mosambes, Nègres et Éthiopiens, Hottentots.
	6° Race noirâtre,	Papous, Mélaniens, Australiens.

RACHAT ou **RÉMÉRÉ** (Faculté ou Pacte de). La convention par laquelle un vendeur se réserve le droit de reprendre la chose vendue, moyennant la restitution du prix, reçoit le nom de *pacte de rachat* ; elle est également connue sous le titre de *faculté de réméré*. Les règles de cette espèce de contrat, dont l'origine est fort ancienne, ont été d'ailleurs exactement et précisément fixées par les articles 1,659 et suivants du Code Civil. Nous allons en tracer l'analyse. Disons d'abord que la vente avec faculté de rachat diffère essentiellement du *contrat d'engagement* ou *contrat pignoratif*, en ce que celui qui engage des héritages en conserve la propriété, et qu'il ne transfère à l'engagiste que e droit de les posséder et d'en percevoir les fruits, tandis que celui qui vend un immeuble avec faculté de rachat transfère à l'acheteur la propriété de cet immeuble, et conserve seulement le droit de le racheter.

La faculté de rachat, lorsqu'elle a été régulièrement stipulée, est considérée comme tellement importante et essentielle qu'elle passe aux héritiers du vendeur, et qu'il peut même la céder à un étranger. Toutefois, on comprend que cette faculté ne puisse durer au delà d'un certain terme; car l'état d'incertitude où se trouve l'acquéreur doit écarter l'idée de tous travaux d'amélioration, de conservation même : aussi la faculté de rachat ne peut-elle être stipulée pour une période excédant cinq années; dans toute convention contraire le terme doit être réduit. Bien plus, la rigueur du terme convenu est telle qu'il ne peut être prolongé par les tribunaux, et que, faute par le vendeur d'avoir exercé son action dans le délai prescrit, l'acquéreur doit devenir propriétaire irrévocable (art. 1,662). Si l'acquéreur avait revendu l'héritage sans déclarer que ce fonds était soumis à la faculté de réméré, le nouvel acquéreur, nonobstant sa bonne foi, n'en pourrait pas moins être dépossédé.

On conçoit qu'en rentrant dans son héritage le vendeur doive indemniser complètement l'acquéreur dépossédé: aussi l'article 1,673 du Code Civil décide-t-il, en termes formels, que le vendeur qui use du pacte de rachat doit rembourser non-seulement le prix principal, mais encore les frais et loyaux coûts de la vente, les réparations nécessaires, et celles qui ont augmenté la valeur du fonds, jusqu'à concurrence de cette augmentation. Il ne peut entrer en possession qu'après avoir satisfait à toutes ces obligations. Mais en compensation de ces charges légitimes, il est juste que le vendeur retrouve son héritage aussi libre de dettes qu'au moment où il l'avait vendu : c'est pourquoi le même article 1,673 ajoute que « le vendeur, en rentrant dans son héritage par l'effet du pacte de rachat, le reprend exempt de toutes les charges et hypothèques dont l'acquéreur aurait grevé ». Quant aux fruits ou revenus de l'héritage, l'acquéreur n'est tenu de les rendre qu'à compter du jour où le remboursement du prix de la vente lui a été offert. Que si la récolte n'est pas faite lors de l'exercice de la faculté de rachat, les fruits doivent se partager entre le vendeur et l'acquéreur, eu égard au temps qui s'est écoulé de l'année de la récolte, c'est-à-dire que si le vendeur est rentré en possession six mois avant la récolte, l'acquéreur a droit à la moitié des fruits.

L'exercice de la faculté de rachat opère la résolution de la vente; mais comme, du reste, l'acquéreur avait le droit de jouir de la chose, le Code Civil oblige le vendeur qui rentre dans son fonds par l'effet du réméré d'*exécuter les baux faits sans fraude par l'acquéreur*. DUPARD.

Ainsi, le *rachat*, en général, est l'action par laquelle on rachète, on recouvre une chose qu'on avait vendue, en en rendant le prix à l'acheteur. Le *rachat* d'une rente, d'une pension, est le payement d'une certaine somme pour l'amortissement, pour l'extinction d'une rente, d'une pension. On dit de même : Le *rachat d'une servitude*.

Ce mot signifie enfin *délivrance*, *rédemption* : Le *rachat* des captifs; Jésus-Christ a donné son sang pour le *rachat* du genre humain.

RACHE. *Voyez* GOURME.

RACHEL, seconde fille de Laban, une des plus belles filles de son temps, épousa Jacob, et lui donna deux fils, Joseph et Benjamin.

RACHEL FÉLIX (Mlle), qui est aujourd'hui et qui, espérons-le, sera longtemps encore la gloire du Théâtre-Français et l'interprète éloquente de tous nos grands poëtes tragiques, a eu des débuts les plus pénibles. Née en 1821, de parents israélites appartenant à la classe la plus infime de la population, elle courut pendant longtemps les cafés et les places publiques de Lyon, chantant d'une voix chevrotante de mauvais vaudevilles, qu'elle accompagnait des criants accords d'une vieille guitare, et ne rapportant pas tous les jours au logis, à la fin de la journée, l'argent nécessaire pour acheter le pain du lendemain. Elle s'en vint de la sorte à Paris avec sa famille, voyageant à petites journées et sans autres ressources que ses chansons. Les secours de quelques coreligionnaires, qui prirent intérêt à la pauvre famille, soulagèrent sa misère', et permirent au père de Rachel de faire suivre à sa fille les cours du Conservatoire. A l'âge de seize ans, en 1837, elle débuta obscurément au Gymnase dans le vaudeville *La Vendéenne*, et les dispensateurs jurés de la gloire, les princes de la critique, les *maréchaux de France* du feuilleton, ne daignèrent seulement pas faire attention à elle. Seul, Jules Janin en parla; et il pressentit tout de suite (feuilleton du *Journal des Débats* du 2 mai 1837) qu'il y avait là l'étoffe d'une grande artiste. Si Mlle Rachel s'était condamnée à jouer le vaudeville, c'était bien à contre-cœur; car elle ne s'ignorait pas elle-même à ce point qu'elle ne sût parfaitement que telle n'était point sa vocation. Mais elle avait espéré parvenir ainsi à être engagée comme *utilité* à douze ou quinze cents francs par an, et à ce prix-là au moins elle avait du pain assuré. Aussi n'interrompit-elle pas les études de déclamation qu'elle faisait au Conservatoire, sous la direction intelligente de Samson; car elle avait l'audace de viser au Théâtre-Français. Vint enfin le jour solennel, le jour du début sur la scène du théâtre de la rue Richelieu (7 septembre 1838), en présence d'une cinquantaine d'intrépides amateurs, habitués à venir en quelque saison que ce soit faire leur sieste à la Comédie-Française, et des musiciens de l'orchestre, ces artistes que vous savez. La recette fut de 300 et quelques francs. Pendant que la malheureuse enfant s'évertuait sur la scène, la critique se promenait dédaigneusement au foyer et faisait de la haute politique. Grand fut donc l'étonnement du monde parisien en lisant le feuilleton du *Journal des Débats* du lundi suivant, 10 septembre, où Jules Janin, habitué à faire partout et toujours consciencieusement son métier de critique, apprenait à ses lecteurs, avec ces formules originales d'admiration dont seul il a le secret, que la tragédie de Racine et de Corneille, qu'on croyait à jamais enterrée, avait retrouvé une vie nouvelle et pour longtemps, grâce au hasard providentiel qui lui envoyait dans la débutante une interprète devinant d'instinct le génie et la pensée de nos auteurs classiques. Pas un autre journal ne disait pourtant un mot des débuts de Mlle Rachel. Honteux et confus, messieurs les feuilletonistes essayèrent de crier à la mystification, et refusèrent d'abord de constater un fait qui les constituait en flagrant délit d'inattention, tout au moins. Une grande et admirable tragédienne nous était venue on ne sait d'où ni comment, et ces messieurs ne s'en étaient seulement pas aperçus ! Faites que J. Janin eût été à ce moment en voyage, malade, aux eaux, personne ne prenait garde aux débuts de Mlle Rachel, et la Comédie-Française perdait à tout jamais l'incomparable artiste qui a fait tout à la fois sa gloire et sa fortune. A quoi tient la réputation ! Dès la troisième apparition de la nouvelle tragédienne sur la scène de la Comédie-Française, la recette atteignit un chiffre fabuleux pour les tragédies du vieux répertoire, 2,048 fr. Au reste, l'éducation de Mlle Rachel était encore à ce moment bien imparfaite, car J. Janin raconte que peu de jours après la publication de son article, ayant reçu celle-ci un matin la visite d'usage que tous débutants et débutantes doivent à l'aristarque du *Journal des Débats*, Hermione lui dit de sa voix la plus douce: *C'est moi que j'étais-t-au Gymnase l'an passé.* A quoi Janin de répondre avec un impayable sourire : *Je le savions!*

Depuis qu'elle est aux Français, Mlle Rachel aborde tous les grands rôles du répertoire, et la tâche d'apprécier son talent revient de droit à Jules Janin, à qui nous laissons la parole, au grand profit du lecteur :

[Mlle Rachel a conquis son domaine : elle a mieux fait que le conquérir, elle l'a découvert, et maintenant elle y règne en souveraine. L'avez-vous vue parcourant à grands pas la tragédie de Corneille? L'avez-vous vue s'inspirant des larmes de Racine? L'avez-vous vue prêtant au drame de Voltaire cette animation passionnée, si admirablement indiquée par Voltaire? Et dans les divers efforts de ce précoce génie avez-vous rien découvert qui sentit l'école, qui rappelât le Conservatoire, qui indiquât le maître caché derrière cette déclamation notée à l'avance? Non. Tout ce qu'elle a trouvé est à elle. C'est elle qui a pénétré la première, et sans que personne la guidât, dans ces merveilleux secrets de la tragédie classique. Quand elle se trompe, son erreur est à elle; quand elle s'élève au plus haut point où se puissent élever l'amour, la haine, la terreur, son triomphe lui appartient. Elle dédaigne les sentiers frayés; elle fait mieux, elle ne les connaît pas. Souvent le vieux tragédien qui joue avec elle, habitué qu'il est à une certaine mélopée notée à l'avance, s'arrête éperdu et presque épouvanté du mot nouveau que cette enfant lui jette et qui s'illumine tout d'un coup d'une clarté inaccoutumée. Autour d'elle toutes les traditions sont dépassées, tous les gestes indiqués depuis cent ans sont désertes; il faut que le comédien la suive avec autant d'intérêt et d'attention que le parterre, ou bien gare à lui, le pauvre diable! car elle lui échappe par un bond quand il croit la saisir; ou bien quand il se figure (selon la tradition) qu'elle doit être bien loin de lui qui joue et qui déclame en furieux, il la trouve à ses côtés froide, calme, immobile; et notre comédien de s'arrêter tout interdit! Et ne demandez pas à Rachel d'indiquer à l'avance ce qu'elle veut faire : elle n'en sait rien, elle ne peut rien prévoir; il faut que le mouvement qui la retient ou qui l'emporte parte spontanément de son âme. Aussi bien, quand elle joue, acteurs et spectateurs sont-ils dans l'éveil et dans l'attente. Qui sait: cet éclair dans le regard, cette douleur dans la voix, ce grand geste qui vous frappe, peut-être ne les reverrez-vous plus jamais ainsi! Elle est comme la pythonisse de Virgile, d'abord pâle, mourante, affaissée sur elle-même, assez mal faite figure triviale, les bras pendants, le corps plié en deux, jeunesse sans fraîcheur et sans vigueur; mais tout à coup, quand le dieu arrive, — Deus! ecce Deus! — soudain toute cette nature anéantie se relève et s'anime, le feu monte de l'âme au regard, le cœur bat violemment dans cette poitrine dilatée, le souffle en sort puissant, irrésistible; toute cette personne s'embellit outre mesure, et alors regardez-la : est-elle assez belle? Quelles poses! quelle taille! quels bras! On la prendrait pour une de ces statues antiques sans nom d'auteur, à demi ébauchées, mais si belles, que nul ne serait assez hardi pour vouloir donner un coup de ciseau de plus à ce marbre informe. Et tant qu'il lui parle, tant qu'on excite sa passion, tant qu'elle agit dans le drame, elle est ainsi tout entière occupée, cœur, âme, esprit, regard, tics pieds à la tête; tête immobile, sein qui s'agite. Son pied tient à la terre avec une énergie infatigable. Parfois, quand le geste lui manque, quand sa voix ne suffit plus, elle frappe du pied la terre, et sous ce pied rien ne sonne creux. Jamais elle n'abandonne la passion dominante de son rôle, même pour produire un plus grand effet ; puis, quand enfin elle n'en peut plus, quand elle est fatiguée et lassée de douleurs, mais non pas assouvie, alors, ma foi! elle va comme elle peut jusqu'à la fin; elle ne joue plus, elle n'écoute plus, sa voix retombe comme son geste; elle a déployé toutes ses forces, elle ne doit plus rien, ni à vous ni au poète, que lui importe? Soyez donc indulgents quand vous la verrez ainsi aller à tâtons dans cette route où elle parcourait tout à l'heure avec tant d'énergie : le flambeau qui la guidait s'est éteint.

Je vais vous dire le nom de ses plus beaux jours : *Cinna*, *Horace*, *Andromaque*, *Tancrède*, *Iphigénie*, *Mithridate*, *Bajazet*, *Polyeucte*, *Esther*, *Marie Stuart*, *le Cid*, *Phèdre*, *Athalie*, *Britannicus*! Elle a joué, mais pas assez souvent pour les ajouter victorieusement à sa longue entreprise, le rôle de Laodice dans *Nicomède*, le rôle de Frédégonde et celui de Bérénice. Elle a joué avec les fortunes diverses, mais non sans y laisser son empreinte, la Thisbé, dans *Angelo*, *tyran de Padoue*, à côté de sa jeune sœur, cette aimable Rebecca tant pleurée, *Cléopâtre* et *Lady Tartufe*, de Mme de Girardin, l'auteur de *La Joie fait peur*; elle a été tour à tour souriante, touchante ou terrible à propos de ces héroïnes de la fable ou de l'histoire, Lucrèce, Virginie, Lydie, Citheris, Rosemonde, Émile Augier lui a fait un drame intitulé *Diane*; elle a joué de M. Legouvé *Louise de Lignerolles*; elle a fait revivre, et longtemps (même il fallut que deux bons juges plus un troisième vinssent en aide à ses répugnances), *Adrienne Lecouvreur*; et elle a fini par *La Czarine*. Jules Janin.]

La meilleure harmonie n'a pas toujours régné entre Melle Rachel et ses camarades de la Comédie-Française; et l'on pressent tout de suite que la question d'argent a été pour beaucoup dans les interminables démêlés à la suite desquels la grande artiste a fini par donner sa démission du titre de *sociétaire*, pour se contenter de la position modeste de *pensionnaire*, qu'elle a su rendre infiniment plus lucrative pour elle-même que n'eût pu l'être le vain honneur auquel elle renonçait, tout en faisant d'ailleurs la *fortune du théâtre*. Il n'y a certes rien d'exagéré dans l'expression dont nous nous servons là, puisque de septembre 1838 à avril 1855, c'est-à-dire en dix-sept années, les représentations de Melle Rachel ont produit à la Comédie-Française un total général de 4,394,231,000 fr. 10 c. de recette. Melle Rachel par l'exercice de son talent a donc pu acquérir une grande fortune, à laquelle ont contribué non-seulement toutes les grandes villes de France, mais encore les principales capitales de l'étranger. Car partout où a voulu voir et entendre la grande tragédienne qui était venue si à propos donner une vie nouvelle à notre vieux répertoire. On pourrait juger de ce qu'ont dû lui produire ses nombreuses pérégrinations dramatiques, quand on saura qu'elle n'exigea pas moins de 400,000 fr. pour aller donner en 1853 quelques représentations à Saint-Pétersbourg. Depuis plus d'un an la grande artiste s'est éloignée de la scène dont elle est la gloire. Menacée de phthisie pulmonaire, elle est allée sous le ciel si pur de l'Égypte combattre les germes d'une maladie qui prise à temps pourra, nous l'espérons, avec des soins intelligents être arrêtée et guérie.

RACHIMBOURGS ou **RATHIMBOURGS**. A-t-il existé du cinquième au dixième siècle une classe importante d'hommes libres étrangers à la condition de leudes, soit du roi, soit de quelque autre propriétaire, affranchis de toute dépendance envers tel ou tel individu, obligés seulement envers l'État, ses lois et ses magistrats, formant enfin, en présence et à côté des associations particulières qu'enfantaient de toutes parts les engagements d'homme à homme, un corps de véritables citoyens? Les seuls noms sous lesquels on puisse croire qu'une telle condition sociale est désignée sont ceux d'*arimanni*, *erimanni*, *herimanni*, *hermanni* chez les Lombards, et de *rachimburgi*, *rathimburgi*, *repimburgi* chez les Francs; le nom d'*arimanni* se trouve aussi dans des monuments qui appartiennent à la France. Ces mots désignent, tout porte à le croire, les hommes libres en général, les citoyens actifs. Les *arimanni* lombards siègent dans les plaids ou assemblées publiques en qualité de juges, marchent à la guerre sous les ordres du comte, paraissent comme témoins dans les actes civils. Les *rachimburgi* francs exercent les mêmes droits; il est également certain que ces mots ne désignent point des hommes investis de fonctions spéciales, judiciaires ou autres, et distinctes à ce titre du reste des citoyens. Dans une foule de documents, les *arimanni* sont mentionnés comme témoins, comme simples guerriers; le même nom est donné aux bourgeois libres des villes. Les *rachimburgi* francs paraissent de même en des occasions où il ne s'agit d'aucune fonction publique à remplir; le mot *rachimburgi* est souvent traduit par celui de *boni homines*. Mais ces hommes libres, ces *ahrimans*, ces *rachimbourgs* étaient-ils distincts des leudes comme des esclaves? formaient-ils une classe de citoyens indépendants, liés seulement entre eux et à l'État? Les monuments prouvent que les leudes, les vassaux d'un seigneur étaient appelés *ahrimans* ou *rachimbourgs*, aussi bien que s'il se fût agi d'hommes étrangers à toute dépendance individuelle. Un homme vient se placer sous la foi du roi, se déclarer son fidèle; il vient, dit la formule, *cum arimannia sua*, c'est-à-dire suivi de ses guerriers. Voilà donc les *ahrimans* qui sont déjà les leudes, les vassaux d'un homme, et vont devenir les arrière-vassaux du roi; ils n'en demeureront pas moins des *ahrimans*, c'est-à-dire des hommes libres. La dénomination de *rachimbourgs*, employée plusieurs fois dans la loi salique, est plus rare que celle d'*ahrimans* dans les monuments des siècles postérieurs; mais tout autorise à porter sur le sens de ce terme le même jugement que sur celui des termes analogues. Les uns et les autres désignaient des hommes en possession des droits attachés à la liberté, mais non une classe particulière de citoyens placés dans une condition distincte, d'une part de celle des esclaves, d'autre part de celle des leudes et des vassaux. Originairement sans doute, on appelait *ahrimanni* ou *rachimburgi* des hommes non-seulement libres, mais exempts dans leur vie politique de toute dépendance individuelle. Telle était en effet la condition générale des hommes libres, des guerriers lombards ou francs, tant que la relation du compagnon au chef fut une relation purement militaire, accessoire et subordonnée à la qualité de citoyen. Mais lorsque cette nation errante, dont les *ahrimans* et les *rachimbourgs* étaient les citoyens, se fut dispersée sur un vaste territoire, lorsque les compagnons furent devenus des leudes, des bénéficiers, des vassaux, alors on put bien continuer, et on continua en effet longtemps par les appeler *ahrimans* ou *rachimbourgs*; mais ces mots ne désignaient plus la même condition sociale. Cette métamorphose s'opéra par des transitions maintenant obscures, et dans ce passage les anciens hommes libres apparaissent quelque temps sous la forme et avec les droits de leur condition primitive. On les voit appelés à ce titre dans les assemblées publiques, délibérant, jugeant, comme ils faisaient jadis, quand ils étaient citoyens de la bande guerrière ou de la tribu. De là est née l'erreur des publicistes qui ont vu dans les *ahrimans* et les *rachimbourgs* une classe particulière d'hommes libres, encore investis de toute l'indépendance germaine, tandis que d'autres, sous les noms de *leudes* et de *vassaux*, s'engageaient dans la féodalité naissante; ils ont été trompés par la permanence des mots et par les restes de l'ancien état social.

F. GUIZOT, de l'Académie Française.

RACHIMBURGI. Voyez RACHIMBOURGS.
RACHIMÈTRE (du grec ῥάχις, épine du dos, et de μέτρον, mesure), instrument dont l'invention est due à M. Charrière, et avec lequel on mesure avec précision les courbures anormales de la colonne épinière.

RACHIS, mot grec signifiant *épine du dos*. Voyez COLONNE VERTÉBRALE et RACHITIS.

RACHITIS ou **RACHITISME**. On doit désigner sous l'une ou l'autre de ces expressions la déformation des os par suite de leur ramollissement spontané, avec développement du tissu spongieux, sans carie ni production de tissus accidentels. Le nom de *rachitis* (du grec ῥάχις, épine du dos) rappelle seulement l'un des symptômes principaux de cette maladie, qui le plus souvent est accompagnée de déviation plus ou moins prononcée de la colonne vertébrale. Le rachitisme n'affecte le plus ordinairement que les enfants de l'âge de six à huit mois, jusqu'à celui de deux ou trois ans; dans quelques cas il se manifeste vers l'époque de la deuxième dentition ou de la puberté : quand il s'est montré chez des adultes, c'était toujours après des maladies longues et graves. On l'observe particulièrement dans les lieux froids, humides, marécageux, exposés à des brouillards fréquents, dans les grandes cités, telles que Londres, Paris, Amsterdam, etc. Les enfants nés de parents rachitiques, scrofuleux, scorbutiques ou syphilitiques, y sont plus exposés. Un air concentré, le défaut de propreté, des vêtements froids, trop étroits, une nourriture malsaine, un lait de mauvaise qualité; le défaut de mouvement sont les causes les plus ordinaires de cette maladie.

Les moyens thérapeutiques que l'on emploie contre le *rachitisme* sont loin de répondre constamment aux effets qu'on en attend. Il faut placer les malades dans un air chaud, sec, et souvent renouvelé; éviter qu'ils subissent l'action brusque du froid, et prévenir les suppressions de transpiration en les couvrant de vêtements chauds. Il faut les faire coucher sur des lits fermes et composés de plantes aromatiques; les frictionner avec des flanelles chaudes ou une brosse douce; leur prescrire l'usage des bains aromatiques, sulfureux, des bains de mer; un régime animal, varié suivant l'âge; le lait d'une nourrice robuste, dans les premiers mois. A un âge plus avancé, le bouillon, les préparations d'osmazome, les viandes rôties d'animaux adultes, un vin généreux. On doit leur recommander l'exercice actif et passif dirigé méthodiquement, de manière à provoquer la contraction des muscles propres à redresser les courbures de os et de la colonne vertébrale. On joint à ces moyens hygiéniques, qui tiennent la première place, l'usage des médicaments amers et stimulants. Dans plusieurs circonstances, il est nécessaire d'avoir recours aux moyens orthopédiques.

Dr HUGUIER.

RACHITÔME (du grec ῥάχις, épine du dos, et τέμνω, je coupe), scalpel d'une forme particulière et dont on se sert pour ouvrir le *rachis*.

RACINE, partie des plantes dont le double objet est de les fixer à la terre et d'en tirer les sucs propres à leur accroissement. La *radicule* dans les graines germinantes est l'élément de la racine, et se montre la première. La radicule en se développant forme le *pivot*, puis *les racines secondaires*, qui, se divisant et se subdivisant un grand nombre de fois, donnent naissance, dans la plupart des végétaux, au *chevelu*, terminé par des *spongioles* absorbantes. Les racines, qui sous le rapport de la forme et de la structure ont été réparties en trois grandes divisions (*bulbeuses*, *tubéreuses*, *fibreuses*), sont de plus distribuées en *annuelles*, *bisannuelles*, *vivaces*, *ligneuses*, *pivotantes*, *fusiformes*, *rameuses*, etc.

Destinées à vivre dans l'obscurité, à pénétrer à travers les diverses couches de la terre et loin de nos regards, la nature semble avoir refusé aux racines l'élégance de la forme, les agréments de la parure dont elle a embelli les tiges; mais elle leur a prodigué les organes de l'utilité.

Les racines et les tiges ont la plus grande analogie; elles offrent à peu près la même composition. En outre, la racine ligneuse se transforme souvent en tige lorsqu'elle est exposée à l'air, et réciproquement la tige devient racine lorsqu'elle est mise en terre. Les circonstances les plus favorables au développement des racines, et par suite du végétal, sont une terre meuble, suffisamment humide, et une position naturelle. L'habitude de rafraîchir les racines des végétaux transplantés est convenable pour la plupart; elle est nécessaire pour ceux dont les racines ont été contournées fortement, comme il arrive dans les caisses et les pots. Les branches et les racines sont liées dans leur développement par des actions directes des unes aux autres; les racines donnent la première impulsion au bourgeon lorsque vient le printemps, et les bourgeons développés en branches et en feuilles aident à leur tour le développement des racines.

Racine se dit, dans un sens plus restreint, de la racine de certains arbres qui sert à faire des meubles et différents instruments : *bois de racine*, *meuble de racine*, etc. Le bois des racines d'*orme*, d'*if*, d'*olivier*, de *buis*, est souvent préféré au tronc, parce qu'il est plus dur, et à raison de sa couleur et des veines dont il est orné. Ce mot s'applique aussi par extension à l'ensemble d'un végétal dont la racine seule est comestible. Les *betteraves*, les *navets*, les *carottes*, sont des *racines* (voyez FOURRAGES).

C'est encore le nom de tout organe, de toute production vivante implantée dans un tissu : *Racine des dents*, *des cheveux*, *des ongles*, *d'un polype*, *d'une loupe*, etc.

On appelle aussi *racines* les mots primitifs de chaque langue, d'où les autres sont dérivés.
P. GAUBERT.

RACINE (*Mathématiques*). On nomme ainsi un nombre qui, multiplié par lui-même un certain nombre de fois, produit une somme dite *élevée à une puissance*, dont le degré est indiqué par la quantité de fois que la racine a été facteur. Les racines prennent elles-mêmes le nom des puissances qu'elles produisent. On désigne une racine dans l'algèbre au moyen d'un signe appelé à cause de cela *radical*, et on caractérise le degré de cette racine en mettant en haut du radical un petit chiffre qu'on nomme *exposant*. C'est ainsi que le petit chiffre 3 surmontant un radical indique la racine cubique, un 4 la racine quatrième, etc. Quand il s'agit de racines *carrées*, on peut se dispenser d'écrire aucun exposant, il est entendu que tout radical sans exposant exprime la racine seconde. Pour exprimer la racine d'un polynôme quelconque, on le surmonte d'une barre partant du radical, ou bien on l'enferme entre parenthèses en lui donnant un exposant fractionnaire.

On donne encore le nom de *racines* aux valeurs des quantités inconnues qui entrent dans les équations. Ces racines des équations se divisent en racines *réelles* et en racines *imaginaires*. Les premières se subdivisent en racines *commensurables* et en racines *incommensurables*.
L. LOUVET.

RACINE D'ABONDANCE, DE DISETTE. *Voyez* BETTERAVE.

RACINE (JEAN), naquit à La Ferté-Milon, le 21 décembre 1639, de Jean Racine, contrôleur du grenier à sel de cette ville, et de Jeanne Sconin, fille d'un procureur du roi aux eaux et forêts de Villers-Coterets. Sa famille, anoblie par l'acquisition d'une charge, avait un cygne dans ses armoiries; et certes jamais armes parlantes ne furent mieux justifiées. L'antiquité, qui disait que des abeilles étaient venues déposer du miel sur les lèvres d'un poète encore au berceau, n'aurait pas manqué de voir une prophétie dans une circonstance due au simple hasard. Orphelin de père et de mère à l'âge de trois ans, Racine passa sous la tutelle de son aïeul paternel, nommé aussi Jean Racine, qui légua peu de temps après cette tutelle à sa veuve. Ce précieux enfant étudia d'abord à Beauvais, puis à Paris, au collège d'Harcourt; il vint ensuite écouter les leçons des Lemaître, des Sacy, des Lancelot, des Nicole, auteurs célèbres de la logique, de la Grammaire générale et d'autres ouvrages classiques, connus sous le titre de *Méthodes de Port-Royal*. Lancelot se chargea particulièrement d'enseigner le grec au jeune Racine, qui sentit de bonne heure en lui les dispositions du poète. Inspiré par les Grecs, il dut en partie à la connaissance intime de leur langue la divine mélodie de ses vers. Le premier essai du rival naissant d'Euripide fut *La Nymphe de la Seine*, ode qu'il composa pour le mariage de Louis XIV. Chapelain, qui n'était ni sans connaissances littéraires ni sans critique, reconnut d'heureuses dispositions dans l'auteur, et obtint pour lui une gratification de cent louis, envoyée par Colbert au nom du roi; une pension de six cents livres suivit cette première libéralité. Quatre ans plus tard, vers la fin 1663, une seconde ode, *La Renommée aux Muses*, valut encore au poète une gratification royale accompagnée de la grâce qui double le prix du bienfait. La critique de cette ode par Boileau lia les deux écrivains, et commença entre eux cette amitié qui devint si utile à Racine, en lui procurant les précieux avis d'un censeur aussi sincère qu'éclairé. Un peu avant cette époque, il connut Molière, qui lui donna le plan des *Frères ennemis*. La pièce eut quelque succès; celle d'*Alexandre*, qui lui succéda, fut plus heureuse encore; cependant, toutes deux étaient des ouvrages médiocres, qui rappelaient tous les défauts de Corneille, sans les racheter des beautés sublimes qui ravissaient d'admiration tous les grands hommes du siècle. Le véritable début de Racine fut *Andromaque*, jouée en 1667. La pitié, la terreur, maniées avec le plus grand art dans cette pièce, empreinte de tout l'éclat de la jeunesse qui commence à mûrir, produisirent des impressions nouvelles et profondes sur les spectateurs. On ne connaissait rien de pareil aux orages du cœur de la jalouse Hermione, à la fatalité d'Oreste et aux transports de son délire après l'assassinat de Pyrrhus et la mort d'Hermione. Jamais non plus on n'avait versé d'aussi douces larmes que celles que venait de faire couler la veuve d'Hector et la mère d'Astyanax. En 1668, après cette grande œuvre tragique, parurent *Les Plaideurs*, pièce imitée des *Guêpes* d'Aristophane, et le public ne vit pas sans étonnement celui qui venait de prendre place auprès d'Euripide exceller dans la plaisanterie et cueillir une palme dans le champ de Molière. Molière reconnut lui-même la verve comique de l'auteur. Cependant, la gaieté de la pièce est plutôt dans le genre de Regnard que dans le genre de Molière. *Andromaque* avait été accueillie avec le même enthousiasme que *Le Cid*; *Britannicus*, donné l'année suivante, n'obtint pas d'abord le même faveur; mais Boileau soutint Racine contre l'injustice du public. « C'est ce que vous avez fait de mieux, » disait-il à son ami. Oser mettre des Romains sur la scène après Corneille, l'entreprise était hardie; Racine la rendit plus hardie encore, en s'imposant l'obligation de lutter contre Tacite. Il se montra digne de ses deux modèles, et fut à la fois grand peintre d'histoire et grand auteur tragique. Les rôles d'Agrippine et de Burrhus, si fièrement tracés, celui de Néron, conçu avec tant d'habileté, le personnage de Narcisse, qui représente si fidèlement la profonde corruption d'un affranchi devenu le ministre d'un prince prêt à commencer sa carrière de crimes par un fratricide, sont des créations de premier ordre; quant au style, moins brillant que celui d'*Andromaque*, il offre un genre de perfection dont nous n'avions pas de modèle; il soutient souvent la concurrence avec le style de Tacite, dont il n'a point les défauts, c'est-à-dire l'excès de concision et l'obscurité.

Bientôt, à la prière d'Henriette d'Angleterre, Corneille et Racine entreprirent chacun une tragédie de *Bérénice*; on sait pourquoi Corneille échoua : des deux rivaux, Racine était le plus jeune, il peignit l'amour avec toute sa tendresse, avec toutes ses séductions; sa pièce eut trente représentations consécutives à l'hôtel de Bourgogne : c'est la plus faible des tragédies de l'auteur, ou plutôt ce n'est point une véritable tragédie. Elle renferme pourtant des traits dignes de Corneille dans le rôle même de Titus, quoiqu'il parle d'amour comme un courtisan de Louis XIV ou un héros de la Fronde; mais que de beautés de détail! et quel charme inexprimable dans la diction !

L'année 1692 vit paraître *Bajazet*, pièce du second ordre, qui ne pouvait avoir été faite que par un écrivain du premier. Roxane, jalouse comme Hermione, et plus cruelle encore dans ses emportements, puisqu'elle fait mourir elle-même son amant, qu'elle livre au fatal cordon envoyé par Amurat son frère, montre quelle était la flexibilité de Racine dans l'art de traiter les passions. Voltaire n'avait point assez d'éloges pour témoigner son admiration du caractère d'Amurat; toutefois, Corneille dit avec raison de la pièce en général : « Les habits sont à la turque, mais les caractères sont à la française. » Boileau reprochait des négligences au style de *Bajazet* : la censure était sévère, injuste peut-être.

Mithridate, représenté pour la première fois en 1673, est, suivant La Harpe, l'ouvrage où Racine paraît avoir voulu lutter de plus près contre Corneille, en mettant sur la scène de grands personnages de l'antiquité tels qu'ils sont dans l'histoire; mais déjà cette intention avait éclaté dans *Britannicus*. Quoi qu'il en soit, le *Mithridate* de Racine égale en grandeur, sinon en sublimité, les plus beaux caractères de Corneille; malheureusement, et ce fut ce défaut peut-être qui contribua au succès de la pièce, Racine a fait son héros amoureux et jaloux; mais ces faiblesses, qui rabaissent le plus redoutable ennemi des Romains et l'un des plus grands rois de l'Asie, nous ont valu le rôle de Monime, le plus parfait, le plus touchant du théâtre de Racine, et par conséquent de la scène française. Monime est une création grecque transportée sur notre théâtre pure de dessin comme une statue de Praxitèle, avec un charme inexprimable dans l'expression.

Racine allait croître en renommée par une nouvelle création, par son *Iphigénie*, qui parut en 1674. Voltaire la regardait comme le chef-d'œuvre de la scène. *Iphigénie* trouva cependant des critiques pour la blâmer, et des sots pour lui préférer un moment la pièce de Leclerc et de son ami C o r a s, très-indignes confrères de l'illustre poëte, qui se vengea par une épigramme assez maligne. Il y eut aussi des barbares qui tentèrent de défigurer ce chef-d'œuvre, en substituant un dénoûment en action à l'admirable récit d'Ulysse.

Trois ans s'écoulèrent entre *Iphigénie* et *Phèdre*. Une cabale, à la tête de laquelle se trouvaient plusieurs personnages importants, et notamment le duc de Nevers, assura d'abord un succès complet à la *Phèdre* de Pradon, tandis que celle de Racine fut accueillie avec une outrageuse indifférence. Il est fâcheux pour Mme Deshoulières qu'elle ait compromis la réputation de son goût en faisant de méchants vers contre un chef-d'œuvre. La reprise de *Phèdre*, qui eut lieu au bout d'un an, mit les deux pièces à leur place. Pradon tomba plus bas, si cela était possible; Racine vit sa gloire augmenter encore, mais il eut alors de nouveaux chagrins. Ses ennemis publièrent une édition fautive de la pièce, et substituèrent aux plus beaux vers des vers de leur façon, ridicules ou plats. Dégoûté par tant d'intrigues, et trop sensible aux blessures de l'amour-propre, Racine quitta le théâtre à l'âge de trente-huit ans, c'est-à-dire dans toute la force du talent. On ne conçoit pas que Louis XIV, dont cet illustre écrivain contribuait à honorer le règne, n'ait pas su trouver alors quelque noble et encourageante parole pour relever le courage de Racine et exciter son génie à de nouveaux chefs-d'œuvre.

Après un long silence, le poëte fut enfin arraché à son oisiveté par les prières de Mme de Maintenon; il composa *Esther* pour les jeunes pensionnaires de Saint-Cyr (1689). Mme de Sévigné fut admise à l'une de ces représentations, rare faveur accordée seulement à quelques personnes privilégiées; et dans ses lettres elle témoigne pour la pièce une admiration qui va jusqu'à l'enthousiasme. Peut-être l'invitation du monarque, qu'elle trouvait de grand prix, et l'insigne honneur de figurer dans une contredanse avec lui, l'avait-elle encore plus touchée que la tragédie même. Comme on veut toujours trouver des allusions aux circonstances du jour, par suite de ce désir irrésistible de paraître plus clairvoyant que les autres, chacun s'efforça de reconnaître Mme de Maintenon dans *Esther*, et Mme de Montespan dans l'altière Vasthi. Quelques-uns même s'obstinèrent à reconnaître Louvois dans le personnage d'Aman.

Depuis la composition d'*Esther*, Racine avait renoncé à traiter l'amour païen et à faire de la littérature profane; il voulait expier quelques erreurs de sa vie passée par un retour sincère aux idées religieuses et à la littérature sacrée. *Athalie* suivit de près *Esther*; mais l'indifférence qui avait accueilli *Phèdre* était réservée à la nouvelle tragédie chrétienne. Cette œuvre admirable, représentée d'abord dans une chambre, à Versailles, sans pompe théâtrale, sans costumes, et devant un public d'amis, obtint l'assentiment de quelques connaisseurs, et ne produisit aucun effet quand elle fut exposée au grand jour de la scène. Le public, qui avait accueilli *Polyeucte* avec enthousiasme, méconnut un chef-d'œuvre où tous les genres de beautés sont prodigués à la magnificence du génie parvenu au plus haut degré de perfection. Pendant longtemps dans les jeux de société on s'imposait la lecture d'*Athalie* comme une punition. L'auteur mourut avec la crainte d'avoir fait un mauvais ouvrage. *Athalie*, dont la première représentation date de 1690, ne réussit qu'en 1716. Racine s'était de nouveau décidé à quitter le théâtre. Il avait la faiblesse de se chagriner même des mauvaises critiques, et sa sensibilité exquise devait lui rendre plus cruel encore le nouveau coup qui l'avait frappé; néan-

moins, la religion, toujours vive dans son âme, vint à son secours, en l'aidant à supporter son malheur.

Depuis la disgrâce de *Phèdre*, Racine avait apporté la plus grande régularité dans sa conduite. Après l'outrage fait à son *Athalie*, la piété, dans laquelle il avait été nourri par les sages de Port-Royal, se réveilla facilement et lui offrit des consolations. On assure même qu'il forma un moment le projet de se consacrer tout à fait à Dieu. La réflexion lui fit préférer des chaînes plus légères. Il se maria, en 1677, à la fille d'un trésorier de France d'Amiens; il fit un bon choix, qui le rendit heureux. Ce fut cette même année que Louis XIV nomma Racine et Boileau ses historiographes, poste difficile, où le courage des écrivains qui soumettaient leur travail au prince pouvait être mis à de difficiles épreuves. Et en effet, comment la critique, sans laquelle il n'y a point d'histoire, puisqu'il n'y a pas de vrai jugement sans elle, aurait-elle pu trouver sa place dans une œuvre commandée? Le feu a consumé l'ouvrage auquel Racine avait particulièrement donné ses soins.

Le monarque accordait à Racine une faveur particulière et méritée. Une circonstance honorable, et pourtant fâcheuse, pour le poëte, lui attira une sorte de disgrâce. En 1697 la France était en proie à de grandes calamités, suites inévitables d'une guerre longue et désastreuse. Mme de Maintenon, pleine de confiance en Racine, et touchée comme lui des maux de la France, lui conseilla de rédiger pour Louis XIV un mémoire sur les moyens de remédier à tant d'infortunes. Racine s'abandonna dans cette composition à tout l'élan d'une âme chaleureuse. Le roi, piqué de ce qu'un poëte osait lui donner des avis, répondit avec fierté à cette œuvre, qu'il aurait dû récompenser : « Parce qu'il fait bien des vers, croit-il tout savoir? Et parce qu'il est grand poëte veut-il être ministre? » Racine fut affligé de cet accueil fait à un travail qu'il regardait comme une bonne action; mais l'humeur de Louis ne dura pas; il conserva son estime et sa bienveillance au poëte, et ne cessa jamais de le voir. Durant la dernière maladie de Racine, le roi se fit donner chaque jour de ses nouvelles avec un touchant intérêt, et ses bienfaits le suivirent au delà du tombeau. Cependant, on ne peut nier que le chagrin d'avoir déplu au roi n'ait contribué à augmenter le mal incurable (un abcès au foie) dont Racine était atteint depuis plusieurs années. Mort en 1699, le grand poëte fut enterré à Port-Royal, comme il l'avait demandé, et transporté ensuite à Paris, dans l'église de Saint-Étienne du Mont, où sa tombe, enlevée pendant la révolution, a été rétablie en 1818.

On a reproché à Racine d'avoir été trop enclin à la raillerie; suivant la tradition, il lançait dans la conversation des traits d'autant plus piquants qu'ils étaient assaisonnés de beaucoup d'esprit. Il aurait pu égaler la mordante ironie de Pascal, et surpasser Catulle ou Martial dans l'art d'aiguiser l'épigramme; et la sagesse des dispositions qui auraient pu le conduire à ce genre de talent, dangereux et peu digne de lui. En lisant sa correspondance avec sa famille et ses amis, on ne peut s'empêcher de remarquer combien le ton en est peu familier. Dans un volume entier de lettres, on ne trouve pas un seul exemple de tutoiement. Racine fut lié intimement avec les écrivains les plus célèbres de son temps. Il est fâcheux pour lui d'avoir perdu l'amitié de Molière; au reste, ils ne cessèrent pas de s'estimer : Racine défendit *Le Misanthrope*, et Molière *Les Plaideurs*, contre un public ignorant ou prévenu. On ne peut s'empêcher de regretter ici que l'auteur de *Cinna* et celui d'*Iphigénie* n'aient pas vécu ensemble dans un commerce de génie et d'attachement. Racine était naturellement mélancolique, il avait l'âme tendre et recherchait les émotions tristes ou religieuses. Économe et généreux, il aidait de ses secours beaucoup de parents éloignés. Il prenait un soin tout particulier de sa nourrice, qu'il n'oublia point dans son testament. Il avait un cœur d'époux et de père. L'éducation chrétienne de ses enfants était son affaire principale, et jamais il ne leur a parlé de religion qu'avec des termes d'amour et de respect; il croyait et faisait croire. Sur les dix dernières années de sa vie, Racine allait peu à la cour; et cependant combien n'avait-il pas de moyens d'y plaire et d'y acquérir des partisans! Une noble et belle figure, des manières gracieuses, tous les charmes de l'esprit, tout l'éclat de la renommée, avec l'art heureux de le faire oublier. Racine possédait encore au plus haut degré le talent de la déclamation; aucun homme de son temps ne lisait et ne récitait mieux que lui. Baron et la Champmêlé durent en partie leurs succès sur le théâtre à ses leçons. Mais qui nous dira ce qu'il dut lui-même, sous le rapport de la composition et du style, aux conseils éclairés de Boileau ! De combien de fautes ce judicieux Aristarque a purgé les écrits de son ami! Quel prix dans cette critique de tous les moments, offerte par la raison en personne au génie de l'auteur de tant de chefs-d'œuvre ! L'amitié des plus grands écrivains du siècle de Louis XIV est un des plus nobles exemples de ce siècle qui en a donné de si beaux.

Racine avait aimé la gloire avec passion; sur la fin de sa vie, il ne revoyait pas même les nouvelles éditions de ses œuvres; la religion occupait toutes ses pensées, la vie à venir remplissait toute son âme. Outre les ouvrages dont nous avons déjà parlé, il a laissé : 1° un *Abrégé de l'Histoire de Port-Royal*, imprimé en 1673; 2° des *Cantiques spirituels*, composés pour Saint-Cyr. Fénelon n'en parlait qu'avec enthousiasme; mais leur caractère religieux le touchait peut-être plus que le mérite poétique, qui n'approche pas des grâces, de la tendresse et du charme des chœurs d'*Esther* et d'*Athalie*.

On a tout dit sur les ouvrages et le talent de Racine. On proposait un jour à Voltaire de faire un commentaire de ce grand poëte, comme il en avait fait un de Corneille. « Il n'y a, répondit-il, qu'à mettre au bas de chaque page : beau, pathétique, harmonieux, admirable, sublime. » Cette réponse d'enthousiaste n'empêche point que l'on ne puisse commenter Racine avec succès et même avec utilité, parce qu'il importe surtout de noter des défauts que l'autorité d'un grand nom peut excuser et l'éclat d'un grand talent rendre contagieux. Plus tard, Voltaire lui-même a pensé ainsi; et La Harpe, son disciple, a laissé sur l'auteur d'*Iphigénie* une suite d'observations d'autant plus précieuses qu'elles sont des souvenirs de la conversation du patriarche de Ferney. L'éloge de Racine par La Harpe est un des meilleurs morceaux de cet écrivain, bien plus habile en prose qu'en poésie, et profondément pénétré des beautés de notre *Euripide*.

P.-F. TISSOT,
de l'Académie Française.

RACINE (Louis), second fils de l'auteur d'*Andromaque* et d'*Iphigénie*, naquit à Paris, le 6 novembre 1692. Son père, qui avait cultivé avec le plus grand succès les heureuses dispositions de son enfance, le recommanda avant de mourir au bon Rollin, alors principal du collége de Beauvais. Le jeune Racine manifesta de bonne heure un vif penchant pour les vers, et il s'y livrait déjà avec succès, quoiqu'à l'insu de sa mère, que les triomphes de Jean Racine, son glorieux époux, n'avaient pu réconcilier avec la poésie. Boileau, consulté sur la valeur des premiers essais de cette muse naissante, se montra d'une grande sévérité. Docile d'abord aux conseils du grave Aristarque, Louis Racine fit son droit en sortant du collége, et prit sa licence; mais il se dégoûta bientôt du barreau, prit l'habit ecclésiastique, et se retira quelque temps au sein de la congrégation de l'Oratoire. Ce fut pendant le séjour qu'il fit dans la maison religieuse de Notre-Dame-des-Vertus qu'il composa son poëme de *La Grâce*. Quelques amis lui conseillèrent alors d'entrer dans la carrière où son père s'était immortalisé. Racine n'était pas loin de suivre cet avis : lui-même avoue que la gloire du poëte tragique l'avait souvent et fortement tenté. Mais comme la vocation tragique lui manquait complétement, il eût probablement échoué dès les premiers essais, s'il eût eu la faiblesse de céder à quelques flatteurs, qui voulaient lui persuader qu'il avait hérité du génie de son père. Le chancelier d'Aguesseau s'attacha de bonne heure le jeune Racine, et l'appela près de lui à sa résidence de Fresnes. Le poëte y passa les plus heureux moments de sa vie, et se concilia pour jamais l'estime et l'affection de son protecteur. En 1719 ses premières œuvres, mais surtout le souvenir de son père, lui firent ouvrir les portes de l'Académie des Inscriptions; et quelque temps après il se présenta à l'Académie Française. Le cardinal Fleury s'opposa à son élection, et le dédommagea en lui donnant une place d'inspecteur général des fermes en Provence. Louis Racine se vit obligé, par des nécessités de position, d'accepter cet emploi, et remplit consciencieusement des fonctions si peu en harmonie avec ses goûts et ses travaux habituels. Malgré des voyages fréquents et des occupations nombreuses, il sut consacrer quelques loisirs à la poésie, et travailler à des mémoires, qu'il lisait chaque année avec succès à l'Académie des Inscriptions, et qui ont été insérés dans le recueil de cette compagnie. C'est à cette époque qu'il publia le poëme de *La Religion*, son meilleur titre au souvenir de la postérité.

Dans un séjour de quelques mois à Lyon, il épousa Mlle Presle, la fille d'un secrétaire du roi, et trouva dans cette union à la fois fortune et bonheur. Il ne tarda pas à demander sa retraite et à se démettre de ses fonctions pour revenir à Paris, avec l'intention de consacrer le reste de ses jours aux lettres et à la poésie. En 1750 il se présenta une seconde fois pour une place vacante à l'Académie Française, et retira sa candidature, dans la crainte de la voir traverser par la cour, qui le soupçonnait de jansénisme.

Louis Racine venait de terminer sa traduction du *Paradis perdu* de Milton, et se préparait à la publier, quand il apprit la nouvelle de la mort de son fils, qui s'était noyé à Cadix, lors de l'inondation causée par le tremblement de terre qui détruisit Lisbonne. Ce fut un coup terrible pour lui, et il faillit y succomber. Dans sa douleur, il résolut de renoncer à l'étude, et vendit sa bibliothèque, ne conservant de ses livres que ceux qui pouvaient détacher son âme des biens terrestres et la préparer à une autre vie. Sa seule distraction était de cultiver des fleurs dans un petit jardin qu'il possédait au faubourg Saint-Denis, et où il recevait les personnes qui venaient lui porter un tribut de consolation et d'amitié. Ce fut là que Delille alla le consulter sur sa traduction des *Géorgiques* : « Je le trouvai, dit-il, dans un cabinet au fond du jardin, seul avec son chien, qu'il paraissait aimer extrêmement. J'ai senti peu de plaisirs aussi vifs dans ma vie. Cette entrevue, cette retraite modeste, ce cabinet, où ma jeune imagination croyait voir rassemblées la piété tendre, la poésie chaste et religieuse, la philosophie sans faste, la paternité malheureuse, mais résignée, enfin le reste vénérable d'une famille illustre et prête à s'éteindre, faute d'héritiers, mais dont le nom ne mourra jamais, m'ont laissé une impression forte et durable. » Le Brun parle également de Louis Racine dans des termes de profonde et pieuse estime, et se fait honneur d'avoir reçu de lui les premières leçons de poésie.

Louis Racine mourut le 29 janvier 1763, avec le courage et la résignation que donne une foi vive et éclairée. C'était un homme d'une grande simplicité de caractère, d'une humeur douce, égale et facile. Sa modestie était extrême. Il se fit peindre les œuvres de son père à la main, et le regard arrêté sur ce vers de *Phèdre* :

Et moi, fils inconnu d'un si glorieux père.

C'était un excès d'humilité, car, sans avoir eu les grands dons que la nature fit à son père, il eut cependant un talent élevé, et a laissé d'admirables vers. Rien ne manque à la partie didactique de son poëme de *La Religion*; mais le plan aurait pu être fécondé par une imagination plus forte, et la poésie être plus entraînante, plus lyrique, plus inspirée : c'est un flambeau qui luit sans échauffer et sans darder jamais une vive lumière. Malgré ces justes reproches, il faut dire qu'il y a dans ce poëme des passages où le nombre des bons vers est considérable. Le premier chant est consacré aux preuves de l'existence de Dieu ; la nécessité d'une révélation est démontrée dans le second ; au troisième, le poète cherche à établir que la religion chrétienne est fondée sur une révélation ; l'historique de son établissement fait le -i jet du quatrième ; enfin, les deux derniers ont pour objet de répondre aux objections et aux sophismes. Le poëme de *La Grâce* est inférieur sous tous les rapports à celui de *La Religion*. c'est l'œuvre d'essai d'un jeune homme, dont l'instinct poétique se révèle et demande à être mûrement développé. On estime sa traduction en prose du *Paradis perdu*, qu'il a enrichie de notes et d'éclaircissements pleins de goût et d'une saine érudition. Ses odes manquent généralement d'inspiration et n'ont que rarement l'accent lyrique; quelques-unes sont d'une poésie pleine de grâce et d'élégance, comme l'ode sur *l'Harmonie*, où le précepte et l'exemple sont heureusement joints, a dit La Harpe. Les *Mémoires sur la vie de Jean Racine*, avec ses lettres et celles de Boileau, sont un monument de piété filiale et un morceau biographique d'un vif intérêt; malheureusement, la vérité y est quelquefois altérée.

P.-F. TISSOT, de l'Académie Française.

RACK. *Voyez* ARAK.

RACLAWICE, village du cercle de Miechow (royaume de Pologne), au nord de Cracovie. Attaqué par le général Tormassoff dans la vallée voisine de ce village, le 4 avril 1794, après l'insurrection de Cracovie, KOSCIUSZKO, qui n'avait sous ses ordres que des paysans armés de faux, y remporta sur les Russes une victoire qui produisit sur la Pologne l'effet de l'étincelle électrique.

RACLOIR, nom d'un outil employé par les graveurs (*voyez* GRAVURE, tome X, page 503).

RACOLEUR. Ce mot, de style trivial, ne s'est répandu que depuis le règne de Louis XIV, et s'est d'abord écrit et prononcé *raccoleur*, ce qui autorise à supposer qu'il a été imité du verbe italien *raccogliere* ; il servait à désigner les recruteurs que les chefs de corps entretenaient, à fonctions permanentes, dans les grandes villes, et qui étaient des espèces d'entrepreneurs de levées. Outre un salaire fixe, ils avaient par chaque soldat qu'ils enrôlaient un profit proportionné à la taille et à la beauté de l'homme de recrue. Ce genre de commerce prit surtout de l'extension à mesure que la durée du service à accomplir devint plus prolongée; quand les aventuriers, soit d'Italie, soit de France, s'engageaient mois par mois, il n'était pas difficile de trouver des amateurs décidés à essayer le métier des armes, ou des vagabonds prêts à chercher un refuge contre les poursuites de la justice. Les capitaines, intéressées à garder plus longtemps sous les armes ceux qu'ils incorporaient dans leurs compagnies, proportionnaient la prime d'engagement aux bonnes dispositions du nouveau venu, ou quelquefois abusaient de l'ignorance d'hommes illettrés pour faire souscrire des actes d'engagement dont les conditions écrites étaient autres que les conditions verbales. Pour remédier en partie à ces abus, les plus anciennes ordonnances de Louis XIV défendirent d'enrôler pour moins d'un an; c'était du moins un minimum connu. La loi accrut successivement la proportion du service; il fut de trois ans et ensuite de huit. Cette durée prolongée rendit et plus difficile l'enrôlement, et plus chers la prime et les pour-boire; de là toutes ces hideuses supercheries des racoleurs, qui, vivant dans l'écume des cités populeuses, avaient pour domicile une maison de prostitution, pour bureau de recrutement un cabaret, et pour dépôt un *four* : on appelait ainsi un lieu où ils gardaient sous clef les malheureuses victimes qu'ils avaient saisies dans de subalternes biribis, et qu'ils avaient enivrées en les faisant boire *à la santé du roi*.

Gal BARDIN.

RACORNISSEMENT. *Voyez* CRISPATION.

RADAMANTHE. *Voyez* RHADAMANTHE.

RADCLIFFE (ANNE WARD), célèbre romancière anglaise, naquit à Londres, le 29 juillet 1764, et mourut aux environs de cette ville, le 7 février 1823. Elle avait épousé en 1784 le jurisconsulte William Radcliffe, devenu plus tard le propriétaire et l'éditeur du journal *The English Chronicle*. Ses premiers ouvrages, *Les Châteaux d'Athlus et de Dumbaini* (1789), *Le Roman sicilien* (1790), annonçaient déjà un talent remarquable ; mais il ne devint populaire que lorsqu'elle eut publié *La Forêt* ou *l'Abbaye de Sainte-Claire* (1791) et *Les Mystères d'Udolphe*. Son dernier roman, dans le genre auquel est demeuré son nom, *L'Italien*, parut en 1797. Elle a raconté, sous le titre de *Travels through Holland and along the Rhine* (1795), une tournée qu'elle avait entreprise en 1793 sur le continent. Dans la dernière partie de sa vie, elle jouit d'une telle aisance, qu'elle n'écrivit plus que fort peu. Après sa mort on publia encore d'elle un roman posthume, intitulé : *Gaston de Blondeville, ou la cour de Henri III* (4 vol., Londres, 1826).

Dès son enfance, Anne Radcliffe (*miss* Ward) annonça cette exaltation d'esprit, cet amour du merveilleux et du grandiose qu'elle devait pousser si loin dans ses romans ; elle se plaisait au récit de ces légendes terribles dont abonde l'histoire d'Angleterre, et son imagination s'alimentait à ces sources de terreur. Tous ses romans portent le cachet de cette disposition d'esprit; ils semblent composés sous l'étreinte d'une puissance irrésistible qui guide la main de la romancière. Le monde réel disparaît; les habitudes de la vie commune s'effacent ; le ciel perd sa sérénité; le soleil ne nous éclaire s'abîme derrière la montagne ; des ombres qui nous éclairent annoncent la nuit, et la lune se montre au milieu des nuages, non pas la lune qui plaît aux amants, qui éclaire de sa douce lumière les scènes d'amour et de plaisir, mais la lune sanglante, celle qui prête sa lumière blafarde aux crimes, aux sacrilèges, celle qui ne reçoit que d'horribles invocations. Alors le drame et le roman commencent. L'imagination de la romancière s'est placée dans ce milieu sinistre, dont elle a besoin; son cœur se serre, son œil devient fixe et sa plume frissonne. La conception se ressent de cette agitation sibyllique; les scènes s'assombrissent, et tous les personnages semblent marqués au front d'un sceau réprobateur ou fatal. On peut dire que tout le talent d'Anne Radcliffe se trouve dans le délire de son imagination, tant elle semble subjuguée dans ses écrits par une pesante terreur. A côté de l'horrible, le merveilleux domine : ce ne sont que bois sombres, châteaux mystérieux, cloîtres, donjons, souterrains, hantés par des spectres et visités à minuit par des fantômes gémissants sous le poids des chaînes. Les principaux romans d'Anne Radcliffe ont été traduits en français à plusieurs époques; c'est à l'abbé Morellet qu'on en doit les premières et les meilleures traductions. On ne saurait nier l'habileté avec laquelle les scènes y sont liées les unes aux autres, la correction du style et l'intérêt toujours croissant de l'intrigue. Chénier a dit qu'Anne Radcliffe avait *quelques tons de Shakspeare*, et cela est vrai.

JONCIÈRES.]

RADE. Après le p o r t, dont l'enceinte, limitée de toutes parts, défend le navire des dangers de la mer, il est une autre anfractuosité des côtes où il trouve un abri moins sûr, mais enfin souvent plus commode, et surtout plus spacieux. Cette anfractuosité, qui n'est en quelque sorte qu'une dépression plus ou moins profonde du rivage, est ce que l'on appelle *rade* : *statio est, sed non portus*, dit Sénèque. Une bonne rade doit être à l'abri des vents du large, de l'assaut de la mer et de la violence des courants. L'appareillage doit y être facile, la tenue bonne, le fond net, et le brassage moyen, dix brasses environ. Elle doit être assez spacieuse pour contenir aisément les navires qui peuvent la fréquenter, et leur offrir une chance suffisante en cas d'accidents. La rade qui ne jouit pas de tous ces avantages, où le vaisseau est ballotté par la vague, en proie aux vents qui balayent le ciel, est ce que l'on nomme une *rade foraine*. Quand une rade est abritée d'un certain vent, et qu'elle a en outre tous les avantages qu'exige ce genre de mouillage, on dit : *bonne rade d'est, de sud*, etc. Quelques ports sont précédés de *rades* où les navires at-

tendent le moment de pénétrer dans le port. L'une des plus belles rades de l'Europe est celle de Spithead.
Oscar Mac-Carthy.

RADEAU. Espèce de plate-forme flottante, consistant dans la réunion de pièces de bois assez rapprochées pour se toucher dans le sens de leur longueur et attachées les unes aux autres par des liens qui les empêchent de se séparer. On fait dans les ports de mer un usage assez fréquent de radeaux construits avec des bois équarris, des planches, et fortement assemblés. Ils servent aux ouvriers qui ont à réparer ou à peindre quelque partie voisine de la ligne de flottaison d'un bâtiment équipé, et qui se trouve au mouillage dans un port ou dans une rade.

RADET (Jean-Baptiste), auteur dramatique et l'un des doyens et des régénérateurs du vaudeville français, naquit à Dijon, le 21 janvier 1751. Quoique privé de la main droite, par un accident arrivé en bas âge, il embrassa la carrière de la peinture, et y obtint quelques succès jusqu'au moment où il se vit forcé d'y renoncer, à cause d'une critique du Salon en vaudevilles qu'il avait publiée, et qui avait soulevé l'animosité de ses confrères. Recueilli par la duchesse de Villeroy, qui lui offrit une place de bibliothécaire et un logement dans son hôtel, Radet garda cette modeste sinécure après la révolution, lorsqu'on y eut établi l'administration des télégraphes. Il se consacra alors tout entier au théâtre, et commença par celui d'Audinot (l'Ambigu-Comique) ; puis il écrivit pour la Comédie-Italienne, et ensuite pour le Vaudeville, que dirigeait son ami Barré. Il a composé plus de cent cinquante pièces, parmi lesquelles nous citerons : *La Fausse Inconstance*, comédie en un acte, en vers, en collaboration avec Barré ; *Renaud d'Ast*, *La Matrone d'Éphèse*, *Le Faucon*, *Les Deux Henriette*, *Le Vin et la Chanson*, *Les Deux Edmond*, *Gaspard l'Avisé*, *Michel Morin*, *L'Ile de la Mégalanthropogénésie*, *Lantara ou le peintre au cabaret*, *La Maison en loterie*, en collaboration avec Picard, etc., etc. Radet fut un des fondateurs de la *Société des Dîners du Vaudeville*, dont les recueils contiennent plusieurs de ses chansons. L'empire lui avait accordé une pension de 4,000 fr,. qui fut réduite à 1,000 sous la restauration. On trouvait que c'était payer assez cher les trompettes de Bonaparte. Radet, devenu aveugle sur la fin de sa vie, mourut en 1830.

RADEGONDE, reine de France, femme de Clotaire Ier, était fille de Berthaire, roi du pays de Tongres en Thuringe. Elle naquit vers 519, et fut emmenée prisonnière par Clotaire à l'âge de dix ans. Ce roi la fit élever dans le christianisme, et l'épousa. Plus tard il lui permit de se faire religieuse, et Radegonde fonda à Poitiers le monastère de Sainte-Croix, auquel elle donna une abbesse, en y restant elle-même simple religieuse. Cette princesse, dans ces temps de barbarie, cultiva les lettres sacrées, et se rendit familière la connaissance des Pères de l'Église grecs et latins, des historiens et même des poëtes, alors si oubliés ; Fortunat lui fut attaché en qualité de secrétaire et de chapelain. Il nous reste de Radegonde un testament en forme de lettre adressé aux évêques de France. L'Église l'a canonisée. Elle fut enterrée dans une église de Poitiers qu'elle faisait bâtir, et qui prit son nom.

RADETZKY (Joseph-Wenceslas, comte RADETZKY DE RADETZ), feld-maréchal autrichien, né le 2 novembre 1766, à Trzebnitz, dans le cercle de Klattau (Bohême), entra en 1782, en qualité de cadet, dans un régiment de cavalerie hongroise, et prit part en 1788 et 1789 à la guerre contre les Turcs, puis de 1792 à 1795 aux campagnes dans les Pays-Bas et sur les bords du Rhin. Capitaine et aide de camp de Beaulieu, en 1796, il fut promu en mai de la même année comme officier de distinction au grade de major et nommé commandant du corps de pionniers. Lorsque la guerre recommença en 1799, aide de camp de Melas, il passa lieutenant-colonel. Toutefois, en septembre 1800 il fut rappelé d'Italie et placé comme colonel à la tête du régiment de cuirassiers de l'archiduc Albert, avec lequel il se distingua à la bataille de Hohenlinden. Au rétablissement de la paix il alla avec son régiment tenir garnison à Œdenburg, d'où au commencement de la campagne de 1803 il fut rappelé en Italie, avec le grade de général major, et en qualité de brigadier du corps de Davidovitsch il y rendit des services signalés. Attaché dans la guerre de 1809 au cinquième corps, il soutint de nombreux combats, commandant tantôt l'avant-garde, tantôt l'arrière-garde. Promu au grade de feld-maréchal-lieutenant, il assista avec la plus grande distinction à la bataille de Wagram ainsi qu'à la série d'engagements qui eurent lieu pendant la retraite de l'armée autrichienne. Au rétablissement de la paix, Radetzky fut nommé chef de l'état-major général et membre du conseil aulique; position dans laquelle il prit une part active à la réorganisation de l'armée autrichienne. Il assista également comme chef de l'état-major général aux campagnes de 1813 à 1815, et se distingua notamment aux affaires de Kulm, de Leipzig et de La Rothière en France. Le plan de la bataille de Leipzig, où il fut blessé, fut à bien dire son œuvre. Au rétablissement de la paix générale, Radetzky commanda en qualité de général divisionnaire à Œdenburg, plus tard à Ofen, puis à partir de novembre 1821, promu au grade de général de cavalerie, comme commandant de place à Olmütz. De là on l'envoya en 1831 en Italie, où, lorsqu'il eut pris le commandement supérieur des troupes autrichiennes stationnées dans ce pays, un vaste champ s'ouvrit à son activité créatrice. Il ne s'attacha pas seulement à l'instruction théorique et pratique de son armée et à la tenir toujours prête à entrer en campagne; à partir de l'automne de 1834 il exécuta sur tous les anciens champs de bataille de la haute Italie ces célèbres manœuvres d'automne auxquelles accouraient des officiers de toutes les armées de l'Europe. En 1836 il fut nommé feld-maréchal. Lors du commencement de l'agitation italienne, en 1847, il prévit bien la catastrophe qui approchait; mais on ne mit point à sa disposition les ressources nécessaires pour la prévenir. Lorsque l'insurrection éclata le 18 mars dans les rues de Milan, il y soutint pendant plusieurs jours une guerre de rues; mais, dans la nuit du 23 il évacua la ville avec ses troupes, et se retira à Vérone. Cette retraite, chef-d'œuvre de stratégie, fut, en raison du soulèvement général du pays, de l'impossibilité de rappeler les garnisons éloignées, et de l'approche de l'armée piémontaise, un acte de prudence et en même temps de profonde politique, qui conserva à l'Autriche les moyens de continuer la lutte. Tandis que le roi Charles-Albert franchissait le Mincio à la tête des forces italiennes, Radetzky grossissait à Vérone son armée du corps du général Nugent arrivant du nord; puis, mettant à profit l'inaction de son adversaire, il reprenait dès le 27 mai l'offensive en marchant sur Mantoue, franchissait le Mincio et enlevait les lignes de Curtatone; mais, battu à l'affaire de Goito, par suite de l'insuffisance des ressources dont il disposait, force lui fut alors de se rapprocher de Mantoue. En même temps Peschiera (30 mai), puis les hauteurs de Rivoli, tombaient au pouvoir de l'ennemi, libre désormais d'opérer le passage de l'Adige et dès lors menaçant Vérone, base d'opérations des Autrichiens en Italie. Ceux-ci avaient beau pendant ce temps-là se rendre maîtres de Vicence, de Trévise, de Padoue, etc., la position de Radetzky à ce moment n'en était pas moins assez difficile. Comme la solution de la question était à Mantoue, cernée par les Italiens, Radetzky fit enlever le 22 juillet les hauteurs de Sona et de Somma Campagna, puis occuper celles de Custozza; et le résultat de ces habiles opérations fut de le rendre maître de tous les points où l'ennemi aurait pu effectuer le passage du Mincio. En mesure dès lors de porter aux Piémontais un coup décisif, il leur livra le 25 juillet la bataille de Custozza. Charles-Albert battit en retraite sur Milan, au milieu de pertes continuelles, et force lui fut encore d'évacuer cette ville, le 6 août, à la suite d'un court engagement. Par ses talents, son énergie et la sûreté de son coup d'œil, Radetzky avait sauvé la haute Italie à la maison d'Autriche ; et pourtant il était déjà arrivé à un âge où de tels services étaient encore sans exemple. Le 9 août il accorda au roi Charles-Albert l'armistice déjà maintes fois demandé, en vertu duquel les Piémontais durent évacuer toutes les places qu'ils occupaient encore et rendre leurs prisonniers. Pendant que le feld-maréchal s'occupait de compléter la soumission du pays, notamment en entreprenant le siége de Venise, l'armistice était dénoncé le 9 mars 1849 par le roi de Sardaigne ; et le vieux capitaine, qui d'ailleurs avait bien prévu cette nouvelle rupture, dut reprendre les armes. Quoique cette fois encore ce fût lui qui eût le moins de troupes à sa disposition, il concentra rapidement le gros de ses forces à Pavie, franchit le Tessin le 20 mars, puis, marchant sur trois colonnes, battit le 21, avec sa droite, l'ennemi à Vigevano, et le 22 avec son centre à Mortara ; affaire par suite de laquelle les Piémontais se trouvèrent coupés de leur véritable ligne de retraite. Le lendemain 23 s'engagea la bataille de Novare, qui fut si décisive que les débris de l'armée piémontaise cherchèrent leur salut en s'enfuyant dans les montagnes et que Charles-Albert se vit réduit à abdiquer sa couronne. Grâce à la rapidité et à l'énergie des mouvements de Radetzky, trois jours avaient suffi pour terminer cette campagne ; et dès le 26 mars le feld-maréchal concluait avec le nouveau roi de Sardaigne l'armistice qui amena le rétablissement de la paix en même temps que celui de la domination incontestée des Autrichiens en Italie. Venise, où les hommes placés à la tête du mouvement révolutionnaire repoussèrent de nouveau ses propositions d'accommodement, tomba au pouvoir de Radetzky, à la suite d'un siège difficile, au mois d'août suivant. Gouverneur général de la Lombardie, réunissant dans sa personne les pouvoirs civil et militaire, il y maintint la tranquillité à force d'énergie et de sévérité. Lorsqu'en 1850 on put craindre un instant que la guerre n'éclatât entre la Prusse et l'Autriche, il fut appelé à Vienne pour y arrêter le plan d'opérations ; mais il s'en retourna bientôt à Milan. Le feld-maréchal a pris sa retraite en 1856, à l'âge de quatre-vingt-dix ans, après avoir parcouru une des plus glorieuses carrières militaires qu'on puisse citer. Inutile sans doute d'ajouter que les grand's-croix de presque tous les ordres de l'Europe brillent sur sa poitrine. Propriétaire des terres de Neumark en Carniole et de Redzko en Bohême, les états de la Carniole lui ont donné en 1852 la jouissance viagère du domaine de Thurn, près de Laybach. En 1798 il avait épousé la comtesse Franziska Strassoldo-Grafenberg, qui mourut, à Vérone, le 12 janvier 1854. De ce mariage sont issus cinq fils et trois filles, dont les seuls aujourd'hui survivants sont le comte *Théodore* Radetzky, colonel au service d'Autriche, et une fille, mariée au comte Weickheim.

RADIAIRE ou **ASTRANCE**. Genre de plantes de la famille des renonculacées. L'astrance à grandes feuilles croît dans les Alpes et les Pyrénées. C'est une grande et belle plante, remarquable par l'élégance de ses involucres en forme d'étoile, à folioles nombreuses, blanchâtres, renfermant beaucoup de petites fleurs blanches ou rougeâtres. Elle fleurit dans l'été, et produit un assez bel effet dans les bosquets et sur le bord des bois.

RADIAL (du latin *radius*, rayon), adjectif synonyme de rayonnant : *Couronne radiale.*

RADIATION, terme de finance et de Palais, action de rayer. Il se dit lorsque, par autorité judiciaire ou administrative, on raye quelque article d'un compte, ou lorsqu'on biffe quelque acte, quelques parties d'un acte, pour les annuler : *Radiation* de compte, *radiation* d'une inscription hypothécaire (*voyez* Hypothèque). C'est aussi l'action de rayer une personne des matricules d'un corps auquel elle appartenait, ou l'action d'effacer le nom de quelqu'un d'une liste sur laquelle il avait été porté injustement ou par erreur : Demander, obtenir sa *radiation* du rôle des contributions.

Radiation, en termes de physique, est l'action d'un corps qui lance des rayons de lumière : La *radiation* du Soleil. Il est d'ailleurs peu usité dans ce sens.

RADICAL (du latin *radix*, racine). Ce mot s'emploie en chimie pour désigner les substances, métalliques ou non métalliques, qui forment des acides en se combinant avec l'oxygène. Le phosphore, le soufre, l'arsenic et le chrome sont les *radicaux* des acides phosphorique, sulfurique, arsénique et chromique. On devrait bien bannir enfin ce mot du langage chimique, où il a été introduit lorsqu'on croyait à tort que tous les acides étaient formés d'oxygène et d'un ou de plusieurs corps simples.

En botanique, on nomme feuilles *radicales*, pédoncules *radicaux*, les feuilles, les pédoncules qui naissent de la racine d'une plante.

Au figuré, *radical* se dit de ce qui est regardé comme le principe, comme l'essence de quelque chose et de ce qui a rapport au principe d'une chose, à son essence. Un *vice radical* est celui qui en produit d'autres : une guérison, une *cure radicale*, celle qui détruit le mal dans sa racine ; elle est l'opposé de la *cure palliative*. On appelle en jurisprudence *nullité radicale* celle qui vicie un acte de telle manière qu'il ne puisse jamais être valide.

En termes de grammaire, le *radical* d'un mot est sa partie invariable, par opposition aux différentes terminaisons ou désinences que ce mot est susceptible de recevoir : *chant*, par exemple, est le radical du verbe *chanter*.

En algèbre, on appelle *signe radical* celui qu'on place devant les quantités dont on veut extraire la racine, et qui est figuré de cette manière √. La *quantité radicale* est celle qui est précédée du signe radical.

RADICAUX, RADICALISME, (du latin *radix*, racine). On désigne ordinairement ainsi un parti et un système politiques poussant toutes choses jusqu'aux dernières conséquences d'un principe, et pour ainsi dire jusqu'à sa racine. C'est en Angleterre que le mot *radicalisme* fut pour la première fois employé comme dénomination de parti et à cela il n'y avait rien que de fort naturel. En effet, dans la plupart des autres pays les libéraux étaient toujours des espèces de *radicaux*, tant du moins qu'ils n'étaient pas parvenus à peu près au but qu'ils se proposaient ; but consistant à opérer une transformation plus ou moins complète de l'ordre de choses existant, c'est-à-dire à apporter de profondes modifications à la constitution ainsi qu'à l'ensemble de l'organisation administrative et judiciaire. En Angleterre, au contraire, les libéraux ou *whigs* tenaient tout autant que les *tories* au maintien des principales bases de l'édifice social ; ils ne prétendaient opérer d'autres modifications politiques que celles qui étaient compatibles avec les institutions existantes, et ne visaient guère qu'à placer le pouvoir entre les mains d'hommes animés de sentiments plus larges et plus libéraux. On conçoit facilement dès lors qu'il s'y soit formé peu à peu un parti ayant des exigences plus grandes, un parti distinct de celui des *libéraux* proprement dits, et que ce parti se soit donné lui-même la dénomination de parti *radical*, ce qui voulait dire qu'il était composé d'hommes décidés à *trancher le mal dans sa racine* et à opérer une transformation fondamentale du système jusque alors en vigueur. La constitution britannique est sans doute très-large dans l'attribution des droits politiques ; mais en fait, et par suite d'une foule d'influences organiques, ce libéralisme, en ce qui touche les masses, n'est qu'apparent, et la constitution concentre toute la puissance entre les mains soit de l'aristocratie de naissance, soit de l'aristocratie territoriale, ou encore de l'aristocratie d'argent, et quelquefois aussi de l'aristocratie de talent (*voyez* Reformers et Grande-Bretagne).

RADICULE. *Voyez* Racine.
RADIÉES. *Voyez* Corymbifères.
RADIS, nom vulgaire de plusieurs plantes du genre *raphanus*. Ce genre de crucifères a pour caractères : Calice à folioles droites, connivantes ; siliques presque coniques, renflées, à plusieurs loges pulpeuses indéhiscentes ou articulées ; feuilles rudes, découpées en lyre, avec un grand

lobe terminal; fleurs blanches ou d'un blanc rougeâtre.

Tous les radis dont on sert les racines sur nos tables sont des variétés du *radis cultivé* (*raphanus sativus*, L.). Si ces racines sont grêles, allongées, fusiformes, de couleur le plus souvent rouge, on les nomme *raves*; elles prennent le nom de *radis* lorsqu'elles sont arrondies, blanches ou rougeâtres, celui de *gros radis* quand elles sont beaucoup plus grosses, arrondies, un peu fusiformes. A cette dernière variété se rattache le *gros radis noir* ou *raifort cultivé*, dans lequel Mérat voit une espèce distincte, qu'il nomme *raphanus niger*.

Le *radis sauvage* ou *raifort ravenelle* (*raphanus raphanistrum*, L.) infecte les moissons de presque toute l'Europe. Les graines, très-âcres, si elles se mêlent à celles des céréales, en altèrent la qualité.

RADIUS. Le radius, qui avec le cubitus constitue le squelette de l'avant-bras, est un os long, asymétrique, prismatique, un peu moins long et moins volumineux que le cubitus. Le corps du radius offre vers son milieu une courbure légère, dont la concavité regarde en dedans. L'extrémité supérieure (*tête du radius*) s'évase en forme de coupe; sa concavité reçoit le condyle de l'h u m é r u s; son bord arrondi roule dans la petite cavité sigmoïde du cubitus. Au-dessous de la tête du radius on remarque un étranglement (*col du radius*), que surmonte en dedans une apophyse très-saillante, la tubérosité bicipitale. L'extrémité inférieure du carpienne du radius est la partie la plus volumineuse de cet os; elle représente à peu près une pyramide, dont la base offre une surface articulaire divisée en deux par une crête antéro-postérieure, concourant à l'articulation du poignet. En dehors de cette surface articulaire se trouve l'apophyse styloïde du radius.

RADJA ou **RADSCHA**, mot hindou, que les Anglais écrivent *raja* ou *rajah*, qui répond à nos mots *roi* ou *prince*, et qui est l'antique titre des princes indigènes de l'Inde en deçà du Gange. Il n'y a plus aujourd'hui qu'un très-petit nombre de *radjas* indépendants, tous les autres sont vassaux de l'Angleterre (*voyez* INDES ORIENTALES).

Maharadja ou *maharadscha*, grand-roi ou grand-prince, est le titre qu'on donne à celui dont dépendent plusieurs autres radjas.

RADJPOUTES ou **RADSCHPOUTES**, suivant l'orthographe anglaise *Rajpoots*, en sanscrit *Rajaputras*, c'est-à-dire *fils de rois*, race de nation et de souverains, très-répandue aux Indes orientales, faisant remonter son origine à la seconde caste, c'est-à-dire à la caste des guerriers des anciens Hindous, qui provient très-certainement des contrées situées sur la rive septentrionale du Gange, mais qui à la suite du torrent de la conquête s'établirent au sud de ce fleuve et subjuguèrent au centre et au sud-ouest de l'Hindostan une foule d'autres tribus, comme les *Bhils*, les *Bhilalas*, les *Djâts*, les *Minas*, et même en partie les *Mhairs* ou *Meras* (Maiwaras). Les *Radjpoutes* vivent dans des rapports de féodalité sous un grand nombre de princes et de chefs dans le vaste territoire compris entre le Pendjab et le plateau de Malwa, prolongement septentrional du mont Vindhya. Ce sont d'assez tièdes sectateurs de Brahma; les *charouns* et les *bhats*, au caractère chevaleresque et respecté, remplacent chez eux les brahmanes, généralement peu considérés; ce sont en même temps les compagnons et les conseillers ordinaires des princes; et ils exercent une grande influence comme interprètes des présages, comme bardes, comme annalistes et comme généalogistes. Tous les chefs radjpoutes constituent une orgueilleuse noblesse, qui se sépare du reste de la population; et ils se distinguent par leur maintien, de même que par leur figure et leur costume. Les uns vivent dans la mollesse depuis la perte de leur indépendance, successivement restreinte par les Mahrattes et par les Anglais; les autres persistent toujours dans leur goût pour la vie de guerres intestines et de brigandages. Ils forment de nombreuses tribus, parmi lesquelles celle des *Rhattories* est la plus puissante; il faut encore mentionner celles des *Sesodias*, des *Chohans*, des *Bhathis* et des *Djarejahs*.

Les États radjpoutes, dont les territoires, notamment ceux du centre et de l'ouest, sont désignés sous les noms de *Radjpoutana* ou *Radjastân*; les uns, tels que *Adjmir*, *Djeipour* et *Harawati*, sur des possessions anglaises immédiates et comprises dans la régence d'Agra; les autres, depuis le traité d'union conclu à Oudipour le 13 janvier 1818, formaient une confédération placée sous la protection de l'Angleterre, à laquelle ils servaient comme de rempart contre les Sikhs et les princes du Sind, qui n'ont été incorporés que tout récemment aux possessions britanniques.

On peut diviser les États radjpoutes en trois groupes principaux :

Le premier, comprenant les États radjpoutes de l'est sur le plateau de Malwa et ses prolongements, les terrasses de *Harauti* ou *Harawati*, sur le Tschoumboul, en descendant vers le nord, et de *Bagour* sur le Mhai à l'ouest. Les uns se trouvent placés dans certains rapports de féodalité vis-à-vis des anciens États souverains mahrattes de Scindiah, de Holkar et de Guicowar, et les autres sous la protection immédiate des Anglais. Les plus importantes de ces principautés sont : 1° *Kotah* (214 myr. carrés), ayant pour capitale la ville du même nom, résidence d'un prince des tribus hara des Chohanradjpoutes; 2° *Bundi* (72 myr. car.), avec la ville du même nom, résidence du haradja, au nord-ouest de Kotah; 3° les petites principautés de *Tschoupra*, *Seronge*, *Rahgugurh*, *Radighur* ou *Radighar*, au sud-est de Kotah (formant ensemble 94 myr. car.); 4° les principautés de *Mânassar*, *Pertabghur*, *Dangharpur* ou *Dongarpur* et *Banswara*, au sud-est de Kotah.

Le second groupe est formé par les États radjpoutes du centre, sur le plateau de Mewar, limité à l'ouest par les monts Arawalli et par les chaînes du Mewar, entourant l'ancien État d'Adjmir, aujourd'hui possession britannique, de 100 myr. carrés de superficie, mais dont le nom, comme nom de province, a passé à tout le Radjastân. On y trouve dans le Radjastân supérieur les principautés : 1° de *Mewar* ou d'*Oudeypour*, *Odeypour* ou *Oudajapour*, formant la moitié sud du plateau de Mewar (445 myr. car.), avec les territoires de seize grands vassaux et de deux à trois mille villes ou bourgs, entre autres *Oudeypour*, résidence du *Rana* ou prince, et l'ancienne capitale de *Chitoré* ou *Tschiltoré*, remarquable groupe de ruines, remplie de monuments magnifiques; 2° de *Kischenghour* ou *Krischnagar* (31 myr. car.), au nord-est d'Adjmir; 3° les deux ci-devant principautés souveraines, aujourd'hui districts anglais, de *Djeypour* (les Anglais écrivent *Jeipoor*) ou *Djapoura* (365 myr. car.), et de *Schekawoutty* ou *Schekawati* (180 myr. car.).

Le troisième groupe, enfin, comprend les États radjpoutes de l'ouest, dans la vallée du Radjastân, qui s'étend depuis le plateau de Mewar jusqu'à l'Indus et au Setledge, et se compose en grande partie de landes, à savoir : 1° la grande principauté de *Djodpour*, *Djoudpour* ou *Thoudpour* (1,041 myr. car.), dans la partie est du bas Radjastân ou le pays de Marwar, dont le radja, chef de famille des Rhattories, compte sous son obéissance huit grands vassaux et seize vassaux du second rang, avec plus de deux millions d'habitants répartis entre cinq mille villes et bourgs, parmi lesquels on remarque la capitale *Djodpour*, avec 60,000 habitants, *Palli* avec 50,000 hab. et la forteresse de *Djalor* ou *Jallore*; 2° *Sirohi* ou *Serowey* (80 myr. car.), au sud de Djodpour; 3° *Bikanir* (680 myr. car.), au nord de Marwar, formant aussi un État de *Rhattories*, dont la capitale, *Bikanir*, compte 60,000 habitants; 4° *Djasalmir* ou *Djasalmir* (les Anglais écrivent *Jessulmer*), au sud-ouest de Bikanir (370 myr. car.), la plus vaste oasis de tout le désert de l'Indus, dominé par les *Bhatti-Radjpoutes*, avec la capitale *Djasalmer*, construite sur un roc et comprenant 20,000 habitants; 5° *Daudpoutra* ou *Doadpotra*, entre le désert et la fertile vallée de l'Indus et du Setledge (603 myr. car.), avec la capitale *Bhawalpour* ou *Bouhawalpour*, autrefois dépendance de Djasalmer, et en dernier lieu tributaire des Sikhs ; 6° *Koutsch* ou *Katsch*, le plus méridional de tous les États radjpoutes, dominé par les *Djarejah-radjpoutes* (242 myr. car.), territoire formant une île entre le delta de l'Indus, les marais salants du Rounn ou Rin, et la presqu'île Goudjerât, avec la capitale, *Boudj* (les Anglais écrivent, *Boodj*), et le port anglais de *Mandawi*.

RADOWITZ (Joseph de), général et homme d'État prussien, né le 6 février 1797, à Blankenbourg, était le fils d'un gentilhomme catholique, originaire de Hongrie, et dont la fortune était des plus modestes. Élevé par sa mère, qui était luthérienne, dans les croyances maternelles, à l'âge de quatorze ans son père, qui le prit alors sous sa garde, lui fit adopter le catholicisme. Destiné à l'état militaire, il fit à cet effet des études distinguées à Paris ainsi qu'à l'école militaire que le roi Jérôme avait créée à Cassel, et entra en 1813, à la suite de brillants examens, comme sous-lieutenant dans l'artillerie westphalienne. Blessé et fait prisonnier à la bataille de Leipzig, où il commandait une batterie, il reçut la croix de la Légion d'honneur des mains de Napoléon. Redevenu allemand après la dissolution du royaume de Westphalie, il passa au service de l'électeur de Hesse, et fit en 1814 la campagne de France dans un régiment d'artillerie. Nommé au rétablissement de la paix professeur de mathématiques à l'école de cadets de Cassel, quoique âgé de dix-huit ans tout au plus, il fut en outre chargé de donner des leçons de cette science au jeune prince électoral (l'électeur actuel). Par suite des démêlés du père de son élève avec sa femme (sœur du roi de Prusse Frédéric-Guillaume III), il se vit forcé d'abandonner le service de ce prince, et obtint en 1823 le grade de capitaine dans l'état-major de l'armée prussienne. Quelque temps après il fut attaché, pour les sciences militaires, à l'éducation du prince Albert de Prusse. Promu major en 1828, il fut nommé en 1830 chef de l'état-major général du corps de l'artillerie. Cette position le fixa à Berlin, où, par suite de son mariage avec la comtesse Marie de Voss, en 1828, il se trouva tout de suite lancé dans les cercles de la haute aristocratie ; et il ne tarda pas à jouer un rôle éminent parmi les chefs du parti conservateur et contre-révolutionnaire. Dès le premier jour où il avait paru à la cour, il avait été distingué par le prince qui règne aujourd'hui en Prusse, et depuis lors il fut constamment depuis l'ami et le conseiller. En 1836 il fut nommé plénipotentiaire militaire de la Prusse près la diète de Francfort ; et en 1840 il passa colonel. Sa nomination au grade de général major eut lieu en 1845. Depuis trois ans seulement il était accrédité comme ministre plénipotentiaire auprès des cours de Wurtemberg, de Darmstadt et de Nassau ; mais il y avait déjà longtemps que son influence sur Frédéric-Guillaume IV était connue de chacun en Prusse. Tous deux en effet étaient unis par la conformité de leurs idées politiques et religieuses, où il entrait beaucoup de romantisme et de mysticisme ; tous deux avaient le culte du moyen âge, le désir d'en ressusciter les institutions et la ferme conviction de faire de la sorte le bonheur de leurs contemporains. Confident des plans conçus par Frédéric-Guillaume IV pour réformer la constitution fédérale de l'Allemagne et donner aux princes dans leurs États respectifs plus de liberté personnelle d'action, il publia en 1846, sous le titre de *Dialogues d'actualité sur l'État et l'Église*, un ouvrage écrit avec un rare talent de style. Il cherchait à y faire goûter et à populariser d'avance les idées politiques qui devaient présider à la rédaction des lettres patentes en date du 3 février 1847, par lesquelles Frédéric-Guillaume IV accordait à ses sujets une *constitution d'états*, qui, dans l'esprit de ses deux auteurs, devait autant différer de l'absolutisme administratif (régime que M. de Radowitz traitait de *païen*) que du système constitutionnel, démocratie bâtarde, ajoutait l'écrivain, où la tyrannie des majorités et des journaux remplaçait, au grand détriment du peuple, l'autorité paternelle et légitime du souverain. C'est dans le retour aux idées et aux principes du moyen âge, où l'individualisme tenait une plus grande place que dans les institutions de nos jours, où tout est sacrifié au besoin de l'unité et de la centralisation, qu'il voyait le salut de la société. Tout en rendant justice au mérite éminent de l'écrivain, le public persista à ne pas vouloir goûter ses utopies. M. de Radowitz venait d'être chargé par son royal ami d'une mission en Suisse, lorsque éclata la révolution de Février, dont le contre-coup eut lieu le 18 mars suivant à Berlin, et força le roi à s'incliner devant l'insurrection triomphante. M. de Radowitz se démit aussitôt de tous ses emplois en Prusse. Mais bientôt, par une de ces contradictions qu'on remarque si souvent en politique, le champion du moyen âge et de ses institutions fut élu à une immense majorité membre de l'assemblée nationale de Francfort, qui avait mission de constituer *l'unité allemande*, cette pierre philosophale à la recherche de laquelle les populations germaniques, en dépit des plus tristes déceptions, persistent à se livrer avec une bonne foi digne d'un meilleur sort. Inutile sans doute de dire que dans cette assemblée le général Radowitz siégeait à la droite. Son influence y fut des plus grandes. Quand on l'entendait prendre en mains la défense du grand principe de la nationalité allemande, déclarer qu'il ne fallait pas détacher du Holstein un seul hameau du Schleswig, et qu'on devait comprendre la meilleure partie du grand-duché de Posen dans l'union germanique ; quand il demandait qu'on secourût l'Autriche menacée en Italie, afin de lui assurer tout au moins la frontière du Mincio, nécessaire à la sécurité et à l'indépendance de l'Allemagne, on battait des mains de toutes parts dans la vieille église de Saint-Paul. Après avoir en réalité dirigé les affaires étrangères de la Prusse à partir de mai 1849, il accepta officiellement ce ministère en 1850 ; et au moment où, par suite de la crise provoquée par la question de l'hégémonie de l'Allemagne, une guerre paraissait imminente entre la Prusse et l'Autriche, il publia un programme où s'exprimait avec une extrême énergie contre la politique de l'Autriche et celle de ses alliés. Le revirement survenu deux mois après dans la situation le décida à donner sa démission. Il se retira alors (janvier 1851) à Erfurt, où il fit paraître ses *Nouveaux Dialogues d'actualité*, ouvrage où il faisait preuve du même talent de style, écrit pour justifier ses actes et ses dires pendant la période révolutionnaire, et où il se rapprochait visiblement des idées et des principes constitutionnels. En 1852 le roi de Prusse le nomma inspecteur général des écoles militaires ; mais le 25 décembre 1853 il succomba à une longue et douloureuse maladie. Une fois que le général Radowitz avait renoncé à la politique active, l'opinion s'était montrée juste à son égard. Elle avait su rendre hommage à ce qu'il y avait d'éminemment loyal dans son caractère. On a de lui, outre les deux ouvrages ci-dessus mentionnés et diverses brochures politiques de circonstance, un *Manuel des Mathématiques pures appliquées* (1827), un *Essai sur la Théorie, ou degré de confiance qu'on peut avoir dans les observations et les expériences* (1828), une *Théorie du Ricochet* (1835), un *Essai sur les Devises du moyen âge*; et il a, dit-on, laissé en manuscrit une *Histoire du règne de Frédéric-Guillaume IV*.

RADZIWILL, nom de l'une des familles princières les plus anciennes et les plus illustres de la Lithuanie, possédant d'immenses propriétés en Lithuanie, dans le ci-devant royaume de Pologne et dans le grand-duché de Posen. Un Radziwill, maréchal de Lithuanie en 1405, reçut le baptême en même temps que Jagellon. En 1518 l'empereur Maximilien Ier accorda au palatin de Wilna et chancelier de Lithuanie *Nicolas III Radziwill* le titre de *prince du Saint-Empire*, dignité qui lui fut confirmée par le roi de Pologne Sigismond.

La famille de Radziwill se partagea de bonne heure en diverses branches. Le chef actuel de la branche aînée est *Léon Radziwill*, prince de Kleck, né le 10 mars 1808. Au moment où éclata l'insurrection de Pologne, il était officier dans la garde royale polonaise. Il accompagna le grand-duc Constantin dans sa retraite, et pendant toute la campagne de 1831 se battit dans les rangs de l'armée russe contre ses concitoyens. L'empereur récompensa sa fidélité en le nommant son officier d'ordonnance; et lorsqu'en 1833 il épousa à Saint-Pétersbourg la jeune princesse Sophie Auroussoff, l'empereur lui fit don, à titre de cadeau de noces, des domaines appartenant à son oncle *Michel*, et dont la confiscation avait été ordonnée. Fréquemment chargé par Nicolas de missions diplomatiques et militaires, il fut nommé en 1849 général major, et envoyé alors à Constantinople réclamer l'extradition des réfugiés hongrois; mais il ne réussit pas dans sa mission. C'est l'un des plus grands propriétaires qu'il y ait en Russie, et on évalue sa fortune à plus de 10 millions de roubles d'argent.

Antoine-Henri RADZIWILL, prince d'Olyka et de Nieswisz, oncle du précédent, né le 13 juin 1775, épousa en 1796 la fille unique du prince Ferdinand de Prusse. En 1815 le roi de Prusse le nomma gouverneur général du grand-duché de Posen; mais il n'en était pas moins demeuré polonais de cœur. Excellent musicien, il a composé pour le *Faust* de Gœthe des mélodies restées à bon droit populaires. Il mourut du choléra, à Berlin, le 7 août 1833. Sur quatre fils, deux seulement lui survécurent. L'un, *Guillaume* RADZIWILL, né en 1797, lieutenant général au service de Prusse, a épousé en secondes noces une comtesse Clary; l'autre, *Boguslas* RADZIWILL, né en 1809, est marié également à une Clary.

Michel-Géron RADZIWILL, autre oncle de Léon, né en 1778, fit la guerre de l'indépendance sous Kosciuszko, en 1794. En 1807, lors de la prise d'armes générale ordonnée par Dombrowski et Wybicki, il reçut le commandement d'un régiment; et dans la campagne de Russie il eut sous ses ordres le 8°. Sa brillante conduite à Smolensk, à Witepsk et à Plock lui valut l'honneur d'être promu par Napoléon, sur le champ de bataille, au grade de général de brigade. Il n'abandonna l'armée française qu'après la prise de Paris et l'abdication de Fontainebleau, et se retira alors dans ses terres en Pologne. A l'époque de la révolution de 1830, lorsque Chłopicki eut abdiqué la dictature, la diète, dans sa séance du 21 janvier 1831, lui déféra le commandement supérieur de l'armée. Son patriotisme sans limites et à toutes épreuves, ses immenses sacrifices à la cause nationale, sa modestie, où l'on voyait une garantie contre tout abus possible des pouvoirs dont on allait l'investir, lui méritèrent cet honneur. Mais se défiant de ses propres forces, il s'adjoignit Chłopicki; et la gloire des journées de Dobre, de Milosna, de Grochow et de Praga, revient moins à lui qu'au génie militaire de Chłopicki et à la froide intrépidité de Skrzynecki. C'est sur la demande expresse du prince Radziwill que, le 26 février 1831, ce dernier fut nommé général en chef; et il rentra alors dans les rangs de l'armée. Après la prise de Varsovie, il fut interné dans l'intérieur de la Russie jusqu'en 1836. Il obtint à cette époque la permission de se retirer à Dresde, et mourut en 1850, laissant deux fils : *Charles*, né en 1821, et *Sigismond*, né en 1822.

RAFALE. On appelle ainsi, en termes de marine, le passage subit d'un vent modéré à un vent violent et momentané. La rafale produit par un nuage égaré n'est, dans le langage des matelots, qu'une risée. La risée a lieu par un beau temps; la rafale, au contraire, se fait sentir avant, pendant et après le mauvais temps.

RAFFET (DENIS-AUGUSTE-MARIE), peintre, dessinateur et lithographe, est né à Paris, en 1804. Élève de Gros, chez lequel il entra en 1827, et ensuite de Charlet, il semble qu'il doive bien plus sa manière à ce dernier maître qu'à l'héroïque auteur de la *Bataille d'Eylau*. En effet, bien que M. Raffet se soit souvent essayé à la peinture, on ne peut dire qu'il soit resté peintre. Les succès de Charlet et de Bellangé, dans leurs lithographies empruntées aux scènes de la vie militaire, et mieux que cela, un vif sentiment de la réalité et du drame, firent de M. Raffet un excellent dessinateur de vignettes. Au salon de 1835, il exposa plusieurs lithographies où il avait reproduit divers épisodes du siége d'Anvers. Ce début réussit, mais l'auteur s'abstint cependant depuis lors de montrer ses œuvres aux expositions publiques. Très-fécond et très-habile, M. Raffet a composé des illustrations pour l'*Histoire de la Révolution* de M. Thiers et pour celle de Louis Blanc, pour *Le Consulat et l'Empire*, la *Némésis* de Barthélemy et le *Napoléon en Égypte* du même poëte. Ses dessins, déjà innombrables, sont ordinairement exécutés à l'aquarelle. Quant à ses lithographies, elles ne sont pas moins nombreuses. M. Raffet, est devenu pour la noble histoire des guerres de la république et de l'empire un historien fidèle, charmant, inspiré. Mais son chef-d'œuvre en lithographie, ce sont les grandes planches qu'il a composées pour le *Voyage en Crimée et dans la Russie méridionale* de M. Demidoff. Il est difficile de pousser plus loin le caractère et l'expression dans les types, et quant au procédé lithographique, il n'est guère possible d'en user avec plus d'adresse, de vigueur et de puissance.

Paul MANTZ.

RAFFINAGE. *Voyez* AFFINAGE.

RAFFINERIE. Les *raffineries* sont des établissements où s'opère le *raffinage*, c'est-à-dire l'épuration de certaines matières, telles que le sucre, le salpêtre, etc.

RAFFINÉS, ribauds de cour, élégants du moyen âge. Les *mignons* de Henri III étaient des *raffinés* du premier ordre. L'espèce s'est perpétuée d'âge en âge; le nom seul a changé avec le costume. A l'accoutrement riche, mais étriqué, au toquet brillant, au court mantel, bariolé d'or, des Valois, les *raffinés* de la branche des Bourbons substituèrent les larges hauts-de-chausses, le manteau espagnol, le grand chapeau des vieux Bretons, retroussé d'un côté et orné de plumes. La perruque près, les *roués* de la régence n'étaient que les dignes successeurs des courtisans du grand roi, avec un vice de moins, l'hypocrisie. Après eux sont venus les *petits-maîtres*, qui ne sont plus aussi que de l'histoire ancienne. Nos heureux du siècle s'appellent *viveurs*. Ils s'habillent comme tout le monde, mais ne vivent que pour eux. Le mot *viveur* durera plus que celui de *raffiné*. Ce mot peint toute une époque. DUFEY (de l'Yonne).

RAFFINÉS (École des). *Voyez* CULTORISME.

RAFFLES (Sir THOMAS STAMFORD), administrateur qui a laissé les plus glorieux souvenirs dans l'Inde anglaise. Né le 6 juillet 1781, à bord d'un navire en vue de la Jamaïque, il entra à l'âge de quatorze ans comme expéditionnaire dans les bureaux de la Compagnie des Indes, et sut si bien utiliser ses loisirs pour acquérir des connaissances positives relativement à l'Inde, que lorsqu'en 1805 la Compagnie des Indes résolut de fonder un établissement à Poulo-Pinang, il fut appelé à remplir les fonctions de secrétaire auprès du gouverneur de la nouvelle colonie. Plus tard des raisons de santé le déterminèrent à aller s'établir à Java. Il fit alors comprendre à lord Minto, gouverneur général des Indes, de quelle importance la possession d'une telle colonie serait pour l'Angleterre. Il l'accompagna dans l'expédition qu'on y entreprit en 1811, et après la prise de Batavia il fut nommé gouverneur de Java. En cette qualité il y organisa le système judiciaire, rédigea un code, introduisit le jury, fonda des écoles, prépara l'abolition de l'esclavage, rétablit la *Société de Batavia*, et encouragea les recherches des naturalistes. En un mot, cette colonie se trouvait dans le plus florissant état lorsqu'elle fut restituée à la Hollande. En 1816 il revint en Angleterre avec de précieuses collections, et publia ensuite son *History of Java* (Londres, 1817), qui lui valut le titre de *baronet* en même temps que sa nomination au poste de gouverneur de Bencoolen. Là, comme à Java, ses efforts furent couronnés des plus brillants succès, bien que la Compagnie des Indes fut loin de toujours faire ce qu'il aurait voulu. L'un des monuments les plus célèbres de l'activité qu'il déploya dans l'Inde est la fondation, en 1819, de l'établissement de Singapore, dont le but était de procurer au commerce de l'Angleterre un base d'opération dans l'archipel Indien. Forcé par le mauvais état de sa santé de revenir en Angleterre en 1824, Raffles eut le malheur, quelques heures après s'être embarqué, de voir un incendie dévorer toutes ses collections,

Il utilisa alors la relâche qu'il dut faire à Bencoolen, pour faire de nouvelles collections; et à son retour en Angleterre il s'occupait de divers ouvrages, lorsque la mort vint le surprendre, le 5 juillet 1827. C'est en son honneur qu'une espèce de plantes a reçu le nom de *rafflésia*.

RAFFLÉSIA, remarquable espèce de plantes de la petite famille des *Rafflésiacées*, qui croissent en parasites sur les racines de quelques arbres dans l'île de Java. On en a aussi rencontré dans l'Amérique méridionale. Ces plantes se réduisent souvent à une seule fleur, d'abord enveloppée de grandes bractées, et qui quelquefois acquiert des dimensions énormes, jusqu'à près d'un mètre de diamètre et pèse jusqu'à cinq kilogrammes. L'espèce type, la rafflésia de Sumatra (*rafflesia Arnoldi*), fut découverte en 1818, à Sumatra, par le docteur Arnold. Une espèce plus petite, la rafflésia de Java (*rafflesia patrua*) est très-estimée par les Javanais comme médicament, parce qu'elle est très-styptique. Une autre espèce particulière à l'île de Java, la *rafflesia Horsfieldii*, ne produit que des fleurs de huit à neuf centimètres de diamètre.

RÂFLE, terme particulier au jeu de dés, d'où l'on a fait le verbe *râfler*, qui s'emploie aussi au figuré, dans le style vulgaire. On donne encore le nom de *râfle* à une espèce de chasse au m o i n e a u.

RAFN (CHARLES-CHRÉTIEN), archéologue danois, est né en 1795, à Brahesbourg, en Fionie. Après avoir d'abord étudié le droit à l'université de Copenhague, il se voua plus tard exclusivement à l'étude des antiquités et de la poésie scandinaves. Nommé en 1821 sous-bibliothécaire de l'université de Copenhague, il fonda la Société d'Archéologie scandinave, dont le but principal est de faire imprimer des monuments encore inédits de la littérature scandinave et de soumettre à une critique nouvelle ce qui en a déjà été publié. La vie tout entière de ce savant a été consacrée à des travaux de ce genre. On a de lui, entre autres, une traduction en danois des *Histoires héroïques du Nord*, ou *Sagas mythiques et romantiques des Scandinaves* (1830); une collection complète des *Traditions héroïques, historiques et romantiques du nord de l'Europe*, dont une notable partie appartiennent au grand cycle des traditions sur lesquelles reposent l'*Heldenbuch* et le poëme des *Nibelungen* des Allemands. En 1832 il a publié *Færeyinga-Saga*, histoire des habitants des îles Fœroë et de l'introduction du christianisme parmi eux; texte islandais, avec traductions en danois et dans le dialecte des îles Fœroë. Dans ses *Antiquitates Americanæ* (Copenhague, 1837), il a prouvé d'une manière irréfragable que les anciens Scandinaves avaient découvert l'Amérique dès le dixième siècle; que du onzième au quatorzième siècle ils avaient maintes fois visité une grande étendue des côtes de l'Amérique du Nord et créé même des établissements dans les contrées qu'on appelle aujourd'hui *Rhode-Island* et *Massachusetts*; résultat confirmé sur plusieurs points par les recherches topographiques et archéologiques auxquelles se sont livrés différents savants des États-Unis. Il a pris en outre une part importante à la publication des *Antiquités russes*, collection publiée à Copenhague (1850-1852), et contenant les principaux ouvrages islandais relatifs à l'histoire de la Russie et des contrées de l'est.

RAFRAICHISSANTS. Ce nom, aussi improprement appliqué en thérapeutique que celui d'*échauffants*, se donne à divers médicaments propres à calmer la plupart des symptômes de l'état appelé *échauffement*, et même à remédier entièrement à cette incommodité.

Les rafraîchissants les plus usités sont : les boissons froides, comme l'eau à la glace; les liqueurs aqueuses acidulées, telles que la limonade, la plupart des remèdes appelés *délayants*, etc.

RAGE, délire furieux, qui est accompagné d'horreur pour les liquides et d'envie de mordre, et qui revient ordinairement par accès (*voyez* HYDROPHOBIE).

On dit proverbialement et au figuré : Quand on veut noyer son chien, on dit qu'il a la *rage*; ce qui signifie que quand on veut nuire à quelqu'un, lui faire une injustice, le perdre, on lui suppose des torts, des défauts, des vices qu'il n'a pas.

Rage se dit par exagération d'une douleur violente : Une *rage de dents*, et figurément d'un violent transport de dépit, de colère, de haine, de cruauté, etc. : Les martyrs domptaient par leur résignation la *rage* des persécuteurs. Il se dit encore familièrement d'une violente passion, d'un penchant outré, d'un goût excessif : La *rage* du jeu, la *rage* d'amour, la *rage* d'écrire. Aimer quelqu'un, quelque chose à la *rage*, c'est l'aimer à l'excès, avec fureur.

RAGGI. *Voyez* RAZZI.

RAGLAN (FITZROY-JAMES-HENRY-SOMERSET, baron), commandant en chef de l'armée anglaise pendant la guerre de Crimée, mort du choléra sous Sébastopol, le 28 juin 1855, était le neuvième fils du cinquième fils du duc de Beaufort, et né en 1788. Entré à l'âge de seize ans dans l'armée, avec le grade de cornette au 4ᵉ de dragons, il obtint les épaulettes de lieutenant en 1805. En 1808 il passa capitaine, en 1811 major, en 1812 lieutenant-colonel, en 1815 colonel. C'est en 1825 qu'il avait été créé général de brigade et en 1838 lieutenant général. Appelé le 20 juin 1854 au commandement en chef de l'armée anglaise qui devait agir de concert en Orient avec l'armée française aux ordres du maréchal Saint-Arnaud, la manière distinguée dont il avait dirigé les opérations du débarquement, la part brillante qu'il avait prise aux batailles de l'Alma et d'Inkerman, avaient été récompensées en novembre 1854 par la dignité de feld-maréchal. Les soldats français s'associèrent sincèrement à la douleur que cette mort cruelle répandit dans les rangs de leurs camarades de l'armée anglaise; et de même qu'ils partageaient depuis deux années leurs fatigues, leurs périls et leur gloire, ils prirent aussi part à leurs regrets. Un ordre du jour publié à cette occasion par le général Pélissier, qui y parlait de son collègue dans les termes les plus honorables, ne fit qu'exprimer les sentiments de l'armée tout entière.

Lord Raglan avait épousé en 1814 une nièce du duc de Wellington, la fille cadette du comte de Mornington.

RAGOT. C'est, en termes de vénerie, un sanglier de deux ans et demi (*voyez* SANGLIER).

RAGRÉER. C'est, en termes de marine, polir avec l'herminette la surface extérieure, les bordages, les ponts, etc., d'un bâtiment dont la construction est achevée.

RAGUSE (en slave *Dubrownik*, en turc *Paprownik*), chef-lieu de la préfecture du même nom (17 myr. car., avec 51,094 hab.), dans le royaume de Dalmatie (Autriche), est située au pied et sur les versants escarpés du mont Sergio, de sorte que les rues supérieures ne communiquent avec les rues basses que par des escaliers. Ses nombreuses tours et ses hautes murailles lui donnent l'aspect d'une forteresse du moyen âge; cependant, elle est assez bien bâtie, et ses rues, quoique étroites et inégales, sont propres. Le *Corso*, long de 400 pas et fort large, la partage en deux parties égales. La ville a deux faubourgs, de vieilles fortifications et 6,000 habitants. Elle est depuis 1830 le siége d'un évêché; tandis qu'autrefois, à partir de 1121, il y résidait un archevêque. On y trouve divers établissements d'instruction publique, entre autres un collége de piaristes, une école de navigation, un séminaire et un hôpital militaire. La cathédrale et l'ancien palais du *recteur* de la république (aujourd'hui siége de la préfecture) sont des édifices remarquables. La tour de *Mincetto* et le *Fort impérial*, construit par les Français sur la montagne, mais resté inachevé, dominent la ville; les deux forts *San-Lorenzo* et *Leveroni* commandent le port, qui est petit et exposé au *Sirocco*. Près du Leveroni se trouvent la quarantaine et le bazar pour la caravane turque qui arrive trois fois par semaine.

Le véritable port de Raguse est la baie de *Gravosa* ou de *Santa-Croce*, très-sûre et assez spacieuse pour abriter la plus grande flotte, d'ailleurs abondamment pourvue de magasins et de chantiers de construction. C'est sur les bords de cette délicieuse baie que sont situées les villas des riches habitants de Raguse. Le Ragusain est très-religieux, et plus civilisé que ses voisins dalmates ; et il existe encore dans la ville beaucoup de vieille noblesse, mais très-appauvrie. Le langage qu'on y parle est un mélange d'esclavon et d'italien.

Raguse fut pendant près de quatre siècles un centre très-actif de commerce et d'industrie ; et elle possédait une marine considérable. Aujourd'hui l'industrie s'y borne à la fabrication de quelques étoffes de soie, d'un peu de cuir et de liqueurs. L'huile qu'on récolte dans ses environs est excellente. Le commerce avec la Turquie est plutôt un commerce de transit et d'expédition qu'un commerce actif. En 1847 la valeur des importations s'était élevée à 832,000 florins, et celle des exportations à 962,000 florins.

Cette ville fut fondée en l'an 656 de notre ère, par des réfugiés de la vieille Raguse, qui venait d'être détruite par les Tréburiens, peuplade slave. A l'exemple de Venise, elle se constitua en république aristocratique, avec un recteur à sa tête. En 1358 elle se plaça sous la protection de la Hongrie ; plus tard aussi elle paya tribut à la Porte. L'époque de sa plus grande prospérité fut de l'an 1427 à l'an 1437, où la ville compta 35,000 hab. Le territoire de la république ne dépassa jamais 17 myriamètres carrés. La peste en 1548 et 1562, de fréquents tremblements de terre, dont l'un anéantit la ville presque complètement, en 1667, et dont le dernier y exerça encore, le 14 avril 1850, les plus effroyables dévastations, enfin le changement survenu dans la direction du commerce du monde, ruinèrent la prospérité de cette petite république marchande. Sous prétexte de neutralité violée, Napoléon fit occuper en 1806 le territoire de Raguse, qui fut alors ravagé par les Russes et par les Monténégrins. Il en coûta au commerce ragusain 350 navires. En 1811 la ville fut comprise dans le nouveau royaume d'Illyrie, avec lequel elle fut adjugée à l'Autriche en 1814.

Le bourg de la Vieille-Raguse, *Ragusa-Vecchia*, l'Épidaure des anciens, fut fondé l'an 589 av. J.-C., par des colons grecs. Ce n'est plus aujourd'hui qu'un misérable bourg d'un millier d'habitants, situé à environ 15 kilomètres de la ville neuve.

RAGUSE (duc de). *Voyez* MARMONT.

RAIAH, RAJAH ou RAYA, mot arabe qui signifie au propre *troupeau*, et par extension la *population d'un État*, est un terme officiel dont on se sert aujourd'hui en Turquie pour désigner tous les sujets non mahométans de la Porte.

RAIBOLINI. *Voyez* FRANCIA (*Francesco*).

RAIE, genre de poissons de l'ordre des chondroptérygiens et de la famille des siluriens. Les raies ont le corps aplati horizontalement ; leur bouche est au-dessous du museau ; les deux narines sont ouvertes au-devant de la fente transversale de la bouche ; les yeux sont tantôt au-dessus, tantôt sur les côtés de la tête.

La rate et le foie des raies sont très-développés. Ces poissons pondent de très-grands œufs enveloppés dans une coque d'apparence plus ou moins cornée. Les mâles ont, de chaque côté des nageoires ventrales, des appendices au moyen desquels ils accrochent leurs femelles pendant l'émission de la laitance. Il y a donc dans ces poissons une fécondation interne à la manière de celle des reptiles ou des oiseaux. Quelques espèces paraissent ovovivipares.

La peau des raies est lisse et mince, et souvent enduite d'une abondante mucosité sécrétée par des cryptes muqueuses, disposées quelquefois avec beaucoup de symétrie. Cette peau est souvent hérissée d'aspérités plus ou moins fines et elle porte en même temps des sortes d'écussons armés d'épines recourbées qu'on appelle *boucles* ; de là le nom de *raies bouclées* que portent certaines espèces. Dans d'autres, la peau est recouverte de granulations calcaires serrées les unes contre les autres, et adhérant avec une telle force que les arts en ont su tirer parti pour la fabrication du galuchat.

Presque toutes les raies habitent les eaux de l'Océan ; quelques espèces sont fluviatiles : ce sont celles qui vivent dans les grands fleuves de l'Amérique.

RAIFORT. Ce nom s'applique vulgairement à diverses plantes de la famille des crucifères, telles que le *raifort noir* et le *raifort ravenelle* (*voyez* RADIS), qu'il ne faut pas confondre avec le *grand raifort* ou *raifort sauvage*, espèce du genre *cochlearia*.

RAIL, mot anglais, synonyme d'*ornière*, de *rainure*, terme impropre aujourd'hui que les roues des locomotives sont creuses et que les ornières des chemins de fer ne le sont plus (*voyez* CHEMIN DE FER).

RAILLERIE, arme dont la puissance dépend de celui qui l'emploie ; tantôt elle blesse à mort, tantôt elle n'effleure pas même en passant ; il arrive même souvent qu'on la tourne avec avantage contre celui qui le premier s'en est servi. Les sciences peuvent s'acquérir, une longue habitude, du monde en donne quelquefois les manières extérieures, on parvient à s'énoncer avec facilité en public ; mais la raillerie est un genre particulier d'esprit qu'on n'acquiert jamais : il naît avec nous, il est indépendant de toute réflexion, et forme un véritable instinct qui nous entraîne et nous subjugue. La raillerie échappe sans qu'on puisse la retenir, et maintes fois aux dépens de la vie ; on la voit désunir des familles et armer des populations les unes contre les autres. Si elle ne se montrait que dans l'épanchement d'un petit cercle, elle serait sans péril ; mais il lui faut le grand jour de la publicité. De même qu'il existe dans la société un grand nombre de hiérarchies, il y a des plaisanteries qui sont particulières à chaque classe et qui amènent les conséquences les plus désastreuses, parce qu'elles désespèrent la vanité, et que celle-ci ne pardonne jamais. On aurait tort au reste de croire que les railleries qui laissent les plus profonds souvenirs tiennent toujours à la malice de la pensée ou au piquant de l'expression : ces dernières sont loin d'être généralement comprises ; les personnes au contraire qui ont quelque chose de railleur dans le sourire ou le regard peuvent, au moyen de certains mots presque indifférents, déconcerter l'homme de mérite et le rendre l'objet d'une moquerie complète. En résumé, la raillerie ne suppose pas une grande force d'esprit ; elle étude les difficultés au lieu de les attaquer de front. Le plus habile railleur de l'antiquité, Cicéron, n'a pas fait preuve d'une rare énergie au milieu des troubles civils de Rome. SAINT-PROSPER.

RAIL-WAYS, mot à mot *chemins à ornières*. C'est ainsi que les Anglais appellent ce que nous nommons *chemins de fer* ; merveilleux engin de civilisation, qui dans un délai plus ou moins rapproché aura complètement transformé notre vieille organisation sociale et fait disparaître les préjugés de races et de nationalités.

RAIMOND, comte de Toulouse. *Voyez* RAYMOND.

RAIMOND, scolastique célèbre, surnommé *de Penna forti*, ou *de Rupe forti*, non moins distingué comme casuiste, descendant des comtes de Barcelone et des rois d'Aragon, naquit en 1175, au château de Pennafort, en Catalogne. Il se consacra à l'étude du droit, fut ensuite nommé professeur de droit canon à Bologne, devint en 1218 chanoine et archidiacre à Barcelone, et entra en 1222 chez les dominicains. Les services qu'il rendit au saint-siége comme protecteur de l'inquisition et comme prédicateur contre les Maures infidèles déterminèrent, en 1230, Grégoire IX à le prendre pour confesseur et à le nommer grand-pénitencier ; et ce pape lui fit rédiger (1234) un recueil de lois composé en grande partie des anciennes décrétales, qui est généralement connu sous le titre de *Decretalium Gregorii P. IX Libri V*. C'est aussi lui qui par sa *Summa de Pœnitentia et Matrimonio*, ordinairement appelée *Summa Raimundiana*, donna à la casuistique une forme scientifique. Revenu en Espagne, il fut élu en 1238 général de son ordre ; mais dès l'an 1240 il déposait cette dignité, pour pouvoir uniquement se livrer à la vie contemplative. Il mourut centenaire, en 1275, et fut canonisé par Clément VIII, en 1601.

RAIMOND DE SABUNDA, le dernier *réaliste* important à l'époque de la scolastique, natif de Barcelone, abandonna la médecine pour se consacrer à la philosophie et à la théologie, sur lesquelles il écrivit à Toulouse, vers l'an 1430. Il eut surtout pour but d'opérer une réconciliation entre la scolastique et le mysticisme, et publia à cet effet, entre autres, son livre intitulé *Liber Creaturarum, seu theologia naturalis* (1487; Strasbourg, 1496). Il y prétend que Dieu a donné à l'homme deux livres qui ne se contredisent point : le livre de la nature et l'Écriture Sainte. C'est du premier de ces deux livres, celui qui s'offre tout de suite à nous, qui est parfaitement compréhensible et que les hérétiques ne sauraient falsifier, que toute notion doit provenir. L'Écriture Sainte ayant été falsifiée par les hommes, il faut contrôler et vérifier ses décisions par le moyen du premier livre, c'est-à-dire par la raison, de même que par l'expérience, tant intérieure qu'extérieure. L'amour de Dieu est suivant lui la notion suprême; et d'après ses idées il reconstruisait tout le système de doctrines de l'Église.

RAIMONDI (Marco-Antonio), ordinairement désigné sous le nom de *Marc-Antoine*, célèbre comme ayant été le graveur de Raphael, naquit à Bologne, en 1475 ou 1488. Les circonstances de sa vie sont très-peu connues. Cependant, on sait qu'il apprit l'orfévrerie chez Raibolini, et que du travail des *nielles* il passa à celui de la gravure. En 1509 il se rendit à Venise, où il copia au burin la *Vie de Marie* d'Albert Durer. Vers 1510 il était déjà à Rome, où il continua d'abord de graver au burin, d'après les gravures sur bois de Durer. Mais bientôt Raphael se choisit pour multiplier ses œuvres, et les rendre de la sorte célèbres en Europe, comme avait fait Durer. Ce travail prit tout de suite un essor grandiose. Raimondi vit accourir autour de lui un grand nombre d'élèves remarquables, tels que Marco di Ravenna, Agostino Veneziano, etc.; mais il eut de bonne heure aussi force contrefacteurs. Les véritables ouvrages de Raimondi ont pour principal mérite d'avoir fait passer à la postérité un grand nombre de dessins et d'esquisses de Raphael que celui-ci ou n'exécuta point sur toile ou bien modifia complètement, comme *Le Massacre des Innocents*, *La sainte Cène*, *La Prise d'Ostie*, *Le Jugement de Pâris*, etc. En effet, il était alors généralement d'usage de graver d'après l'esquisse, et non pas d'après le tableau même. C'est ce qui explique la manière du graveur. Il n'existe pas chez Raimondi la moindre trace d'indication des différences de tons et de couleurs, des reflets, des perspectives aériennes, de la mollesse que nous exigeons aujourd'hui de la gravure. Les ombres sont d'une simplicité extrême et souvent confuses; la gravure est inégale, souvent dure. En revanche, le dessin et l'expression, ce but unique de l'artiste, y sont admirablement rendus. On peut même dire que jamais graveur n'a aussi parfaitement reproduit les couleurs de Raphael; c'est ce qui a donné lieu à quelques personnes de penser que Raphael lui-même seconda Raimondi dans son travail. Après la mort de Raphael, Raimondi grava d'après Jules Romain, entre autres, vingt attitudes obscènes, qui lui valurent une condamnation à l'emprisonnement, et encore d'après Bandinelli, etc. Lors de la prise de Rome par les Espagnols, Raimondi perdit tout ce qu'il possédait, et s'en revint en mendiant dans sa ville natale. A partir de ce moment on perd toutes traces de lui. On n'a pas même pu découvrir l'année de sa mort. Suivant Malvasia, il aurait été assassiné. On compte environ 400 planches de lui, mais dans le nombre il y en a beaucoup de peu authentiques. Consulter Benjamin Delessert, *Marc-Antoine Raimondi* (Paris, 1853).

RAIMOND LULLE. *Voyez* LULLE.

RAINE. *Voyez* RAINETTE.

RAINETTE, genre de batraciens anoures, dépourvus de dents aux deux mâchoires. Ces reptiles ont les doigts terminés par des pelotes ou des disques élargis, à l'aide desquels ils se fixent sur les arbres, les feuilles et même le corps lisses entièrement verticaux. Nous n'avons en Europe qu'une seule espèce de rainette, qui se trouve également dans les régions méditerranéennes de l'Asie et de l'Afrique, aux îles Canaries, et aussi au Japon. C'est la *rainette d'Europe* (*rana arborea*, L.; *hyla arborea* et *hyla viridis* des auteurs modernes), vulgairement *raine*, *rainette*, *grasset*, *grenouille d'arbre*, etc. Elle est très-commune dans les jardins, dans les bois et dans le voisinage des étangs. Confiante dans sa couleur verte qui ne permet guère de la distinguer des feuilles, elle est moins craintive que la grenouille. Sa voix, qui n'est pas sans analogie avec celle du canard domestique, se fait entendre de très-loin. Les rainettes ne s'éloignent jamais beaucoup du bord de l'eau : à l'époque des amours, c'est dans l'eau qu'elles s'accouplent.

Les espèces exotiques du genre *rainette* sont très-nombreuses. Elles ont les mêmes habitudes que la nôtre. Leurs couleurs sont aussi fort jolies; celle qui prédomine est généralement le vert cendré ou bleuâtre. Leur nuance change d'ailleurs avec promptitude, suivant les circonstances dans lesquelles les rainettes sont placées, et suivant les impressions qui les dominent. La versicoloréité des rainettes est presque aussi grande que celle des caméléons.

RAINOISE. *Voyez* CARABINE.

RAINS (Bertrand de), *le faux Baudouin*. *Voyez* JEANNE de FLANDRE.

RAINURE. En technologie, on appelle ainsi une entaillure en long dans un morceau de bois, pour y assembler une autre pièce au moyen d'une languette, ou pour servir de coulisse. Les *rainures* doivent être bien droites et assez profondes. Les bords qu'elles forment se nomment *épaulements*.

En anatomie, on appelle *rainure* une cavité légère mais prononcée d'un os.

RAIPONCE (*Campanula ranunculus*, L.), plante du genre campanule et de la famille des *campanulacées*, que l'on cultive dans les potagers. C'est une herbe bisannuelle, dont la tige cannelée, rameuse, s'élève à 66 centimètres et plus. Les feuilles radicales sont ovales, oblongues, spatulées, un peu velues; les feuilles supérieures sont étroites, en fer de lance, dépourvues de pétiole. Les fleurs sont disposées en panicule au sommet de la tige. La corolle est bleue, le stigmate à trois lobes, la capsule à trois loges; la racine s'allonge en fuseau. On recueille au printemps cette racine avec les feuilles qui commencent à poindre, et on les mange en salade.

RAISIN, fruit de la vigne. Pour le botaniste, c'est une baie globuleuse, biloculaire, à loges dispersées ou monospermes par avortement ; le test des graines est dur et osseux ; leur embryon est très-petit, logé dans l'axe d'un albumen charnu, mais d'un tissu dense. Pour l'industriel viticole, le raisin est un produit d'une haute importance, qu'il transforme en vin, ensuite en eau-de-vie, en alcool ou en vinaigre, réservant pour la table les variétés les moins riches en sucre (*voyez* SUCRE DE RAISIN).

Des innombrables variétés de raisin que, depuis Noé, la culture a produites, nous ne pouvons citer que les principales. Parmi les raisins de table, nous nommerons le *raisin de la Madeleine*, le chasselas de *Fontainebleau* et quelques *muscats*.

Les vins rouges du Bordelais sont surtout fournis par les variétés nommées *carmenet*, *gros et petit verdot*, *merlot* ou *vitraille*, *Tarney coulant*, *Cauny*, etc. Les vins blancs de Barsac, de Sauterne, etc., sont donnés par le *sémillon*, le *sauvignon*, la *musquette*, etc. Le *chauché* ou le saintongeois fournissent les vins rouges de la Charente; la *folle-blanche* donne les vins blancs d'où provient la meilleure eau-de-vie de Cognac.

C'est sur la race des *pineaux* que reposent les hautes qualités des vins de Bourgogne. Les cépages que les Bourguignons nomment *plants nobles* offrent pour variétés principales : le *pineau noir*, le *morillon* ou *gros plant doré d'Ay*, le *plant meunier*, le *pineau rougin*, le *pineau blanc*, le *morillon blanc* ou *auvernat blanc*, etc. Mais la race des *gamais*, proscrite au quatorzième siècle par les ordonnances des ducs de Bourgogne, qui la déclaraient infâme, fait aujourd'hui une concurrence fâcheuse aux pineaux. La Champagne cultive les mêmes variétés que la Bourgogne.

En Lorraine, en Alsace, en Franche-Comté, on trouve, outre les pineaux et les gamais, quelques nouveaux cépages, tels que le *noir-menu*, la *varenne noire*, le *savagnin vert* (ou *savoignin* ou *servoyen*) ou *fromenteau*, etc.

Enfin, dans la région la plus méridionale de la France, on cultive l'*aramon*, le *terret*, le *quillard*, le Grenache, les *pique-poules*, les *muscats*, etc.

Suivant M. Bouchardat, c'est une erreur de penser que le climat a plus d'influence que les cépages de vigne sur la qualité des vins. Il prétend même que si l'on cultivait le raisin pineau à Suresnes ou à Argenteuil, on y récolterait encore aujourd'hui, dans les bonnes années, des vins d'une qualité passable, sinon excellente comme autrefois ; et que si, au contraire, on remplaçait le raisin pineau de la Bourgogne par les gamais et les *gouais* d'Argenteuil, on aurait du vin de Bourgogne qui ne vaudrait pas mieux que notre Suresne actuel. Au reste, comme la quantité du sucre contenu dans le raisin rend exactement compte de la quantité d'alcool que contiendra le vin, on a pu mesurer la vinosité des divers cépages en recourant à l'appareil à polarisation. En examinant dans un tube de 500 millimètres, et à la température de 15° centigrades, du suc de raisin récemment exprimé, chaque degré de déviation obtenu dans l'appareil de M. Biot correspond, ou peu s'en faut, à un demi pour cent d'alcool. Voici à ce sujet neuf expériences décisives quant à l'influence toute-puissante des cépages : Le raisin gouais blanc occasionne 6° degrés de déviation optique, ce qui représente à peu près 3 pour 100 d'alcool; le gros gamai, 9° 1/2 ou 5 p. 100 d'alcool; le gros verreau, 14°, soit 7 p. 100 d'alcool; le petit verreau, 16°, ou 8 p. 100; le melon, 18°, ou 9 p. 100; le servoyen vert, 17°,5, ou 9 p. 100; le servoyen rose, 20°, ou 10 p. 100; le pineau noir, 21°, ou 10, 5 p. 100; le pineau blanc, 20°, ou 10 p. 100 d'alcool. Ajoutons que le raisin gouais contient beaucoup plus de potasse et d'acide tartrique que le pineau, condition inestimable pour la supériorité de ce dernier; mais il faut convenir que pour la quantité absolue du vin le gouais a un grand avantage sur le pineau, puisqu'il en produit seize fois davantage. Un hectare de gouais produit en effet environ 240 hectolitres de vin mauvais, tandis qu'un hectare de pineau blanc ne donne tout au plus que 15 hectolitres d'un vin excellent. Le gamai produit un tiers de moins que le gouais, mais dix fois plus que le pineau. Ce dernier, par une heureuse compensation, de même que le verreau, peut durer des siècles sans dégénérer ni s'affaiblir, et il n'a besoin d'aucun engrais; tandis que le gouais et le gamai n'ont qu'une courte durée, et ne peuvent se passer de fumage.

L'expression proverbiale : Il n'est ni *figue* ni *raisin*, sert à désigner un homme qui n'a ni vice ni vertu.

On nomme *grand-raisin* un papier employé d'ordinaire à certaines publications de luxe.

RAISIN DE BOIS. Voyez AIRELLE.
RAISIN DE MER. Voyez ÉPHÈDRE et POULPE.
RAISINS SECS. On appelle ainsi les raisins riches en sucre que dans les pays chauds on fait sécher soit au soleil, soit au four. Par le premier procédé ils conservent une grande douceur, tandis que le second leur communique une certaine âcreté. On distingue les grands raisins secs, dits *raisins de Damas*, et les petits, dits *raisins de Corinthe*. Les grands proviennent de vignes à gros grains ou à grains gros et oblongs, et sont désignés dans le commerce suivant leur lieu de provenance : Raisins secs de France, de Calabre, d'Espagne ou du Levant, lesquels constituent les premières sortes. Parmi les raisins secs d'Espagne, on distingue les raisins muscats, les raisins au soleil (séchés sur cep, au soleil), les raisins fleuris, les raisins Malaga et les raisins Lexias. Les meilleurs raisins secs de France proviennent du Languedoc et de la Provence; ce sont les *Jubis*, les *Piccard*, etc. En fait de raisins secs d'Italie, on vante surtout ceux de Calabre, à cause de leur belle chair et de leur goût délicat, et ils viennent en masses dans le commerce attachés à des fils. Les raisins secs provenant de vignes à gros grains sont surtout désignés sous le nom de *raisins de Damas*, auquel on ajoute parfois le nom particulier du lieu d'où ils viennent. On vante surtout ceux d'Espagne à goût de miel, dont les grappes, après avoir été détachées du cep, sont trempées dans une lessive de cendre de vignes, puis séchées au soleil. Par ce procédé, les grains se fendillent le plus souvent, le jus en sort et les grains ressemblent alors à une masse confite dans du sucre. Les *raisins de Damas* provenant du Levant et de quelques contrées du midi de l'Europe sont ronds, allongés, comprimés, ratatinés, de couleur brun jaunâtre, souvent sans pepins, et viennent ordinairement dans le commerce en caisses du poids de 7 à 30 kilogrammes. Une espèce plus petite, et aussi sans pepins, appelée *raisins de la sultane*, provient surtout de Smyrne.

Les raisins secs à petits grains, dits *raisins de Corinthe*, proviennent d'une variété de vignes croissant surtout aux îles Ioniennes et en Grèce. La liqueur vineuse qu'on fabrique avec des raisins secs et du vin qu'on fait fermenter ensemble, déjà connue des anciens sous le nom de *vinum passum*, était une des boissons favorites des Romains.

RAISINÉ, confiture de raisin doux, qu'on fait cuire et réduire, en y ajoutant des poires et des coings, et dont l'enfance est très-friande.

Dans l'affreux argot des voleurs le *raisiné* est le sang.

RAISON, RAISONNEMENT. Ces mots sont chargés, dans notre langue, d'emplois si multipliés et si divers qu'ils ne peuvent les remplir tous avec la même exactitude sans laisser apercevoir quelques fautes au préjudice de la clarté et de la justesse d'expression. Il faudra pourtant les suivre partout où ils se sont introduits, car c'est en les voyant en place, et pour ainsi dire à l'œuvre, que l'on parvient à connaître le sens qu'on y attache.

Commençons par le plus noble usage que l'on fasse du mot *raison*. Il désigne la puissance régulatrice des opérations de l'âme humaine, l'éminente faculté de coordonner des affections et des intérêts fort peu disposés à se concilier, de les contraindre à céder une partie de leurs prétentions (*voyez* FACULTÉS [Psychologie], tome IX, p. 246). Comme cette faculté est en possession du pouvoir de juger, il semble, au premier aperçu, qu'elle n'est pas autre chose que l'un des attributs de l'intelligence, le *jugement*; mais un examen plus attentif et une analyse plus approfondie font abandonner cette opinion. En effet, le *jugement* fait les comparaisons, établit les rapports entre les objets de même nature dont les notions lui sont fournies, conduit aux connaissances, et dirige leurs applications; sa marche n'est pas moins régulière que celle de la raison, mais il ne parcourt qu'un espace plus limité et n'aperçoit point l'ensemble de ce qui affecte l'âme simultanément; il conserve quelquefois toute sa vigueur, quoique la raison soit faible : *Video meliora proboque*, *deteriora sequor*, a dit Horace. Cette disposition morale du plus grand nombre des hommes fut remarquée bien loin l'analyse philosophique des facultés de l'âme. Il est évident que la raison ne peut subsister séparée du jugement; mais il n'est pas moins incontestable que toutes les fonctions du jugement peuvent être très-bien remplies sans que l'homme aussi *judicieux* se conduise conformément à la *raison*. Un bon jugement n'est pas moins nécessaire au scélérat qu'à l'homme vertueux, et sert indifféremment l'un et l'autre; c'est un instrument mis à la disposition de tous ceux qui peuvent en faire usage; la raison commande, et se retire dès que son autorité est méconnue. C'est à elle seule qu'il appartient de réduire les prétentions excessives des intérêts opposés, et de les forcer à se concilier, tâche souvent laborieuse, et qui suscite de vifs débats intérieurs, de longues délibérations après des plaidoyers dont le juge conserve fidèlement le souvenir. Pour ces actes d'une haute importance, l'âme fait agir à la fois toutes ses facultés; l'imagination seule est exceptée, en qualité de *folle du logis*; mais ne trouve-t-elle point quelquefois le moyen de s'introduire furtivement et de prendre aux discussions une part inaperçue? Il est si difficile et si rare que l'homme se soustraye totalement aux séductions de cette enchanteresse, dont il ne peut se séparer que pour quelques moments, et avec une pénible contention d'esprit. On se dispensera d'énumérer et d'apprécier les services que la raison peut rendre aux individus qu'elle gouverne constamment, aux sociétés dont elle a dicté les lois; on sait que l'ensemble des vérités morales compose la science qui la dirige, et son code est le recueil des préceptes déduits de cette science morale pour que les individus et les sociétés puissent jouir de la plus grande somme de bonheur.

Comment descendre des hauteurs où nous sommes parvenus et nous abaisser jusqu'aux autres sens du mot raison? Voyons d'abord comment il a pu se trouver réduit à n'être plus qu'un équivalent de ceux de vérité, de justice, de droit. En tout ce qui est du ressort de la raison, les arrêts prononcés par ce juge sont définitifs, sans appel; pour qu'ils soient reconnus comme tels, il suffit d'indiquer le tribunal dont ils émanent. De là vient sans doute la locution abrégée : Il a raison, en parlant d'un homme que l'on soupçonnait mal à propos d'erreur ou d'injustice, et que l'on rétablit dans la bonne opinion qu'on doit en avoir. Les mathématiques employèrent longtemps le mot raison comme synonyme de rapport, et le discours ordinaire ne renoncera jamais aux phrases telle que la suivante : « La terre peut recevoir des habitants plus ou moins nombreux en raison de la surface et de la fertilité du sol. » Comme cette évaluation est juste et conforme à la raison, nul motif n'engage à changer son énonciation. A propos de motif, observons que ce mot est fréquemment remplacé par celui de raison, lorsque la détermination de la volonté est l'effet du raisonnement. C'est aussi par un raisonnement que l'on explique un fait et la raison de son existence, quoique l'intelligence seule ait part à cette opération lorsqu'il ne s'agit point de faits moraux. Mais comment justifier l'expression du spadassin qui prétend tirer raison, l'épée à la main, des torts qu'il impute à ceux qu'il provoque? Au reste, lorque l'opinion publique sera devenue raisonnable (cette heureuse époque arrivera-t-elle jamais?), elle frappera d'une flétrissure méritée le temps où l'on mit sur les canons la fastueuse inscription : Ultima ratio regum; elle n'accordera pas plus d'estime aux duels des nations qu'à ceux des individus; il n'y aura plus de couronnes pour les vainqueurs; un deuil expiatoire succédera dans les deux camps au crime de lèse-humanité commis sur le champ de bataille.

Dans l'état actuel de nos sociétés et de nos opinions, il nous est impossible d'entrevoir ce que serait le genre humain sous l'empire de la raison universelle; mais on ne craindra point d'affirmer qu'il y aurait alors une tout autre répartition de la louange et du blâme, et que des prétentions très-hautes aujourd'hui seraient peut-être abaissées jusqu'au néant.

Dans la conversation on décore du nom de raison tout ce qu'on allègue pour soutenir son opinion, justifier sa conduite, défendre les absents ou s'intéresse, etc.; il y a par conséquent de bonnes et de mauvaises raisons. Dans le discours familier, le mot raisonner est toujours pris en mauvaise part lorsqu'on l'applique aux observations qu'un inférieur ose faire sur les ordres qu'il reçoit ou les réprimandes qui lui sont adressées. L'homme raisonnable est celui qui se conforme en tout aux préceptes de la raison; mais pour obtenir ce titre il suffit ordinairement d'être modéré, de ne manifester ni passions ni enthousiame. Il est cependant des circonstances où il convient de n'être pas trop raisonnable dans le sens rigoureux de ce mot. Quant aux raisonneurs, comme ils sont trop souvent ennuyeux, on est loin de désirer que leur nombre s'accroisse et de chercher les moyens de les multiplier. En bonne logique on ne raisonnerait et il n'y aurait de raisonnement que lorsque la raison est en activité. Cette règle du bon sens est généralement abolie, ainsi que beaucoup d'autres, auxquelles une langue bien faite se conformerait. Toute suite d'opérations intellectuelles dirigées vers un but usurpe le titre de raisonnement, quoique le jugement dirige seul le travail, et non cette faculté supérieure, essentiellement morale, qui doit conserver exclusivement le nom de raison. Autre inconséquence de notre langue et de plusieurs autres : la logique est, dit-on, la science du raisonnement; la définition est exacte, s'il est question des méthodes d'exposition du raisonnement, soit par le discours, soit par l'écriture. En considérant les opérations intellectuelles dans les facultés qui les exécutent, on ne trouvera ni science qui les éclaire, ni méthode qui puisse les diriger; on reconnaîtra que chaque intelligence est abandonnée à ses propres forces, et choisit sans assistance ni conseils la route qui peut la mener aux découvertes. La logique n'aide réellement pas à faire les raisonnements, et ne devient utile que pour mettre en ordre et revêtir des formes du langage les résultats des investigations intellectuelles, qui ont eu lieu sans qu'elle y participât. FERRY.

RAISON (Mathématiques). En arithmétique, ce mot est synonyme de rapport.

Quand une ligne est divisée de manière que la ligne entière est à l'une de ses parties comme cette même partie est à l'autre, ou dit, en géométrie, que cette ligne est divisée en moyenne et extrême raison.

RAISONNEUR, celui qui raisonne. Ce mot se prend le plus ordinairement en mauvaise part, et se dit d'une personne qui fatigue, qui importune par de longs et mauvais raisonnements, et de celui qui au lieu de recevoir docilement les réprimandes qu'on lui fait ou les ordres qu'on lui donne, réplique et allègue beaucoup d'excuses, bonnes ou mauvaises. Au théâtre, il se dit de personnages de comédie dont le langage est ordinairement celui de la morale et du raisonnement. Cléante de Tartufe est le plus beau rôle de l'emploi des raisonneurs.

RAISON SOCIALE. Voyez NOM.

RAITZES, RATZES ou encore RASCIENS (en slave Ratzi, Raschtzi, Raschane, en magyare Ràtz, au pluriel Ràtzok, en latin du moyen âge, Rassiani). On comprend sous cette dénomination générique les diverses peuplades slaves professant la religion grecque qui habitent la Servie, l'Esclavonie, la basse Hongrie, la Transylvanie, la Moldavie et la Valachie. Leurs compatriotes non slaves, les Magyares notamment, les appellent aussi Slovaques. Ce nom provient de l'ancienne ville de Rassa, appelée aujourd'hui Nowy-Passar, sur la Raschka, dans la Servie méridionale, en 1159 les Nemanjîtes fondèrent la grande Zupanie de Rassa, devenue plus tard le royaume de Servie ou de Rava, et eurent pour première résidence la ville du même nom. Lorsque ce royaume fut arrivé à s'étendre jusqu'aux côtes de la Dalmatie, les princes de la maison de Nemanja continuèrent à prendre le titre de rois du littoral et du pays rassien (Servie). Plus tard, il se divisa en plusieurs territoires ayant des noms différents, et Rassie ne signifia plus au propre que Servie.

RAJAH, Voyez RAÏAH.

RAKCHÂSAS, démons des Hindous. Voyez DÉMON.

RAKHAING. Voyez ARACAN.

RAKOCZY, célèbre famille princière de Transylvanie, aujourd'hui éteinte dans sa descendance mâle, qui régna pendant quelque temps sur cette province, qui joua aussi un rôle éminent en Hongrie et qui se rendit redoutable à la maison d'Autriche en prenant en mains la défense des droits politiques et religieux de deux pays. Le premier prince de Transylvanie de ce nom fut Sigismond RAKOCZY, l'un des principaux acteurs dans l'insurrection de Bocskaï, qui, tandis qu'il opérait de sa personne en Hongrie, le nomma gouverneur de la Transylvanie. Après la mort de Bocskaï, les états de Transylvanie le proclamèrent leur prince, le 8 février 1607, malgré son grand âge. Cependant Gabriel Bathori le détermina bientôt après à abdiquer en sa faveur. Il mourut le 3 mars 1608.

Son fils, Georges Ier RAKOCZY, fut proclamé prince de Transylvanie, en 1631, après la mort de Gabriel Bathori et celle de Béthlen Gabor, et par ses victoires contraignit l'Autriche et la Turquie à le reconnaître en cette qualité. En vertu d'un traité d'alliance signé (26 avril 1643) avec les ambassadeurs de France et de Suède, il envahit au mois de février 1644 la Hongrie et l'Autriche, où, opérant de concert avec Torstenson, il combattit pour la défense des protestants ses coreligionnaires, à qui il fit obtenir la célèbre paix de Bacz (16 décembre 1645), qui assurait les libertés politiques et religieuses de la Hongrie et accordait notamment de grands avantages aux protestants de Hongrie et de Transylvanie. Il mourut le 11 octobre 1648.

Son fils, *Georges II* Rakoczy, lui succéda sur le trône de Transylvanie en même temps que le sultan Mohammed IV lui accordait les droits de souveraineté sur la Moldavie et la Valachie. Toutefois, il ne tarda point à se brouiller avec son protecteur turc; et il mécontenta aussi les états de Transylvanie, en prenant parti pour Gustave-Adolphe, qui avait envahi les États de Jean Casimir, roi de Pologne, et lui mettant un corps auxiliaire à sa disposition. Battu et contraint de signer une paix désastreuse, il trouva à son retour en Transylvanie le trône occupé par un autre. Attaqué le 2 juin 1660 aux environs de Klausenburg par les Turcs, qui étaient de beaucoup supérieurs en nombre, il mourut peu de temps après, de ses blessures, à Grosswardein.

Son fils, qui dès 1652 avait été reconnu comme devant lui succéder, sous le nom de *François I*er Rakoczy, fut alors évincé. Agé seulement de quinze ans, il se trouvait encore sous la tutelle de sa mère, Sophie Bathori, qui avait embrassé le catholicisme, était toute dévouée aux jésuites et entretenait de secrètes négociations avec Léopold I*er*. Marié à Helena Zrinyi, François Rakoczy se trouva impliqué dans la conspiration hongroise qui avait pour chefs son beau-père, Pierre Zrinyi, et le palatin Wesselenyi. Découverte à temps, les principaux conspirateurs furent punis; mais grâce à l'intervention de sa mère, François Rakoczy fut amnistié. Il mourut à Munkàcs, le 8 juillet 1676.

François II Rakoczy, fils du précédent, fut la plus importante individualité de toute cette race. A la mort de son père, et lorsque sa mère, après avoir tenu pendant trois années dans Munkàcs contre tous les efforts de Caraffa, général de l'armée impériale, eut été contrainte de capituler (15 janvier 1688), il tomba au pouvoir des Autrichiens, et fut élevé dans les collèges des jésuites de Prague et de Neuhaus.

Quand il eut épousé la fille du landgrave de Hesse, on lui restitua, à la considération de son beau-père, une partie de ses biens situés en Hongrie, et on lui permit même de s'y fixer. Cependant, il fut arrêté en mai 1701, par suite des relations qu'il entretenait avec les mécontents de Hongrie, et conduit à Vienne, d'où il parvint à s'échapper et à gagner la Pologne. Mis au ban de l'Empire, il vivait depuis plusieurs années tranquille dans ce pays, quand une députation des paysans hongrois, qui s'étaient insurgés dans les comitats du nord, vint lui offrir de se mettre à leur tête; proposition qu'il se décida effectivement à accepter, sur les promesses de secours qui lui furent faites par la France d'un côté et par la noblesse polonaise de l'autre. Par son manifeste en date du 7 juin 1703 il réussit à donner au soulèvement le caractère d'une insurrection nationale et à décider toutes les classes de la population à prendre part à la lutte, que favorisaient singulièrement les embarras causés à l'Autriche par la guerre de succession d'Espagne. En deux années Rakoczy se trouva maître de presque toute la Hongrie, de la Transylvanie et d'une partie de la Moravie. Il parvint jusqu'aux portes de Vienne, de sorte que Léopold I*er* et son successeur, Joseph I*er*, furent réduits à entretenir avec lui pendant plusieurs années, sous la médiation de l'Angleterre et de la Hollande, des négociations, restées d'ailleurs sans résultat. Pendant ce temps-là la Transylvanie, elle aussi, s'était soulevée et avait proclamé (1707) Rakoczy pour son prince souverain. Toutefois, celui-ci n'accepta ce titre qu'avec répugnance, parce qu'il aurait voulu se consacrer exclusivement à la cause hongroise. Le même motif lui avait fait refuser dès 1703 la couronne de Pologne, que Charles XII, après en avoir dépouillé Frédéric-Auguste, lui offrait; et ti la refusa de nouveau lorsqu'elle lui fut offerte une seconde fois par le czar Pierre I*er*, en 1707. Les *confédérés* hongrois (c'est la dénomination qu'avaient prise les insurgés) le nommèrent de même leur chef suprême; à son instigation eut lieu à Onod, à la fin de juillet 1707, la déclaration d'indépendance de la Hongrie. Le trône, toutefois, demeura vacant, parce que l'intention de Rakoczy était d'y appeler plus tard le prince Louis de Bavière. Cette démarche décisive fut une source de discordes parmi les Hongrois; de sorte qu'on finit par signer la paix avec l'Autriche, le 1*er* mai 1711, à Szathmar. Dédaignant l'amnistie, dans les bénéfices de laquelle il se trouvait compris, Rakoczy se retira en France d'abord, et plus tard à Radosto, en Bessarabie, où il mourut, le 8 avril 1735. Ses *Mémoires sur les Révolutions de Hongrie* (La Haye, 1739) donnent une foule de détails intéressants sur sa vie et sur ses actes.

RAKOCZY (Marche de), air hongrois, d'une mélodie simple et héroïque, mais profondément triste, dont l'auteur est demeuré inconnu, qui était, dit-on, la marche favorite de François Rakóczy, et qui en tous cas se jouait beaucoup dans ses troupes. Le thème original en a été publié par Gabriel Matray (Vienne, 1825). La marche qui se joue généralement aujourd'hui en Allemagne et en Hongrie n'en est qu'une faible paraphrase. Berlioz en a utilisé les motifs dans sa *Damnation de Faust* (1846).

A l'époque des luttes de 1848 et 1849, la *Marche de Rakoczy* joua en Hongrie le même rôle que la *Marseillaise* en France. Aussi le gouvernement autrichien avait-il édicté des peines très-sévères dès 1830 et 1840 contre tous ceux qui la feraient entendre. Pendant la dernière révolution, divers poëtes hongrois ont essayé d'y adapter des paroles; mais nul n'a pu atteindre le sublime et l'énergie de l'antique composition. Il va sans dire que cet air *séditieux* est aujourd'hui plus rigoureusement interdit que jamais.

RAKOW, petite ville de la voïvodie de Sandomir (Pologne), fut longtemps célèbre, comme le siège des sociniens. Seniawski, seigneur héréditaire de Rakow, leur y ayant accordé un refuge ainsi qu'une église, en 1570, ils y fondèrent en 1602 l'école célèbre où professèrent un Ostorod, un Statorius et divers autres savants, et où étudièrent plus de mille élèves appartenant en partie aux plus nobles familles de Pologne. Les sociniens y créèrent aussi une imprimerie, des presses de laquelle, indépendamment des nombreux écrits de Socin, sortit le *catéchisme dit de Rakow* (1605, en polonais; 1609, en latin). Mais en 1638 leurs adversaires réussirent à faire fermer l'école et l'imprimerie, en même temps que l'église de Rakow était rendue aux catholiques.

RÂLE, RÂLEMENT (*Pathologie*), murmure bruyant que l'air fait entendre chez les mourants en traversant les crachats que les poumons ne peuvent plus rejeter. Hippocrate l'a comparé au bruit de l'eau bouillante (*voy.* AGONIE).

Laënnec donne au mot râle une acception plus étendue; il désigne sous ce nom tous les bruits produits par le passage de l'air pendant l'acte respiratoire à travers les liquides quelconques qui se trouvent dans les voies aériennes; il admet quatre espèces principales; le *râle humide* ou *crépitation*, le *râle muqueux* ou *gargouillement*, le *râle sec sonore* ou *ronflement*, et le *râle sibilant sec* ou *sifflement*.

RÂLE (*Ornithologie*), genre d'oiseaux de l'ordre des échassiers, à bec comprimé, queue courte, doigts allongés. Il y a diverses sortes de *râles* : râle de genêt, râle rouge, râle noir, râle d'eau, etc. Les chasseurs appellent le râle de genêt le *roi des cailles*.

RALEIGH (Sir WALTER), marin anglais, célèbre par son esprit entreprenant et par les vicissitudes de sa vie, descendait d'une ancienne famille, et naquit en 1552, à Hayes, près de Bodley, dans le Devonshire. Après avoir étudié le droit

Londres et à Oxford, il accompagna en 1569 le corps auxiliaire envoyé en France par Élisabeth aux huguenots; et en 1578 il alla seconder les insurgés des Pays-Bas dans leur lutte contre les Espagnols. A son retour, en 1579, il entreprit dans l'Amérique du Nord, avec son frère utérin, Humphrey Gilbert, un voyage de découvertes, qui ne fut suivi d'aucun résultat. Une insurrection appuyée par l'Espagne ayant éclaté en Irlande en 1580, il alla y servir sous les ordres du duc d'Ormond; et en récompense de la bravoure qu'il y déploya, Élisabeth le nomma gouverneur de Cork et lui fit don de divers domaines. Sa bonne mine et ses manières chevaleresques lui avaient concilié au plus haut degré les bonnes grâces de cette princesse. En 1584 il équippa à ses frais plusieurs navires, avec lesquels il partit pour l'Amérique du Nord, dans l'intention d'y tenter, de l'agrément d'Élisabeth, le premier essai sérieux de colonisation qu'aient fait les Anglais. Après une traversée de neuf semaines, il débarqua en juillet dans la baie de Chesapeak, fonda sur cette côte une colonie dont deux ans après il ne restait plus de traces; et en l'honneur de la reine *vierge*, il donna à la contrée où il avait pris terre le nom de *Virginie*. La faveur que la reine lui témoigna à son retour en Angleterre inquiéta tellement le favori Leicester, que celui-ci, pour faire contrepoids, jugea à propos de lui opposer le comte d'Essex. Quand la fameuse *Armada* de Philippe II menaça les côtes de l'Angleterre, Raleigh vint grossir la flotte de la reine avec les vaisseaux qu'il possédait en propre; et les services qu'il rendit en cette occasion furent récompensés par une place au conseil privé. Ambitieux et prodigue à la fois, il s'attacha tellement à exploiter de toutes les manières possibles la faveur dont il était l'objet de la part de la reine, qu'il devint en butte à la haine et à la jalousie des autres courtisans. En 1592 il arma, de compte à demi avec diverses autres personnes, une escadre qu'il conduisit dans les Indes occidentales pour y donner la chasse aux navires espagnols. Toutefois, la spéculation réussit peu, car toutes ses prises se bornèrent à un seul bâtiment. Les merveilleux récits qui circulaient alors au sujet des incommensurables trésors que renfermait la Guyane déterminèrent à y entreprendre une expédition. Il mit à la voile pour l'Amérique méridionale en 1595, s'empara de la Île de La Trinité et remonta l'Orénoque. Mais il ne tarda point à reconnaître que les trésors sur lesquels il avait compté ne pourraient provenir que de la pénible exploitation des mines argentifères ou aurifères; et alors, découragé, il s'en revint en Angleterre, où il ne manqua pas d'ailleurs d'entretenir les bruits accrédités au sujet des richesses de ces contrées. Après avoir pris part en 1596 à une expédition contre Cadix, il commanda l'année suivante en qualité de contre-amiral une partie de la flotte avec laquelle le comte d'Essex était chargé d'enlever la flotte espagnole des Indes occidentales. Séparé du gros des forces britanniques par un coup de vent, il s'empara avec son escadre de l'île de Fayal au mois d'août, sans attendre qu'il eût rallié le reste de la flotte. Il s'attira ainsi le ressentiment de l'ambitieux Essex, quoique cette victoire eût été l'unique résultat obtenu dans cette expédition, dont le but fut complètement manqué, il n'échappa alors à une destitution que grâce à la protection d'amis puissants. L'ardeur que Raleigh apporta bientôt après à enlever la condamnation et l'exécution du comte d'Essex lui aliéna singulièrement l'opinion. A l'arrivée au trône de Jacques 1er, ce pédant couronné qui jalousait et avait instinctivement en défiance tous les caractères nobles et énergiques, Raleigh fut frappé d'une destitution méritée. Il fut même accusé par les courtisans d'avoir participé à un complot formé par les prêtres catholiques Watson et Clarke, de complicité avec lord Cobham, et ayant pour but d'élever sur le trône d'Angleterre, avec l'appui de l'Espagne et de l'Autriche, Arabella Stuart, parente éloignée du roi; et en décembre 1603 il fut mis en prison. Quoiqu'on n'eût pu rien prouver contre lui, des juges complaisants le condamnèrent à mort, sur l'unique témoignage de lord Cobham, qui d'ailleurs se rétracta. Le roi fit alors emprisonner Raleigh à la Tour, où pendant une captivité de douze années, qu'il partagea avec sa noble épouse, qui avait nom *Élisabeth Trockmorton*, il se livra à l'étude des sciences. C'est là qu'il écrivit, entre autres, son *History of the World* (2 vol., Londres; 11e édition, 1730; et souvent réimprimée depuis), qu'on estime encore aujourd'hui, et dont il brûla la suite, découragé qu'il était de l'incertitude des témoignages historiques. Le comte de Somerset, l'ennemi le plus acharné qu'il eût à la cour, ayant été disgracié, il fut enfin rendu à la liberté, en 1616.

Pendant sa captivité, Walter Raleigh, moitié conviction, moitié dans le but de se faire remettre en liberté, avait répandu le bruit de l'existence à la Guyane d'une mine d'or, qu'il prétendait avoir découverte, et qui devait valoir d'incalculables richesses à celui qui l'exploiterait. La cour elle-même ne douta point de la vérité de cette assertion, et Jacques 1er, qui se trouvait alors dans de grands embarras d'argent, consentit à ce qu'une expédition fût entreprise en Guyane. Des lettres patentes nommèrent Raleigh commandant en chef de l'entreprise, et l'investirent des pouvoirs les plus étendus, en même temps qu'on lui attribuait le cinquième de tous les trésors qu'on découvrirait à l'étranger. Comme les Espagnols exploitaient déjà des mines d'or à la Guyane, il fallut, pour faire cesser les réclamations de l'ambassadeur d'Espagne, que Raleigh s'engageât à ne se permettre aucune hostilité à l'égard des sujets espagnols et à ne point violer les territoires dépendant de la couronne d'Espagne. Dès le mois de juillet 1617 il partait de Plymouth avec sa flotte, qui se composait de quatorze voiles et était montée par une bande nombreuse d'aventuriers. On n'atteignit les côtes de la Guyane que dans les premiers jours de novembre. Gravement malade, Raleigh demeura avec une partie de son monde à l'embouchure de l'Orénoque, et chargea son fils et le capitaine Keymis de remonter le fleuve avec le reste, de chercher la mine aux lieux qu'il leur indiquait et d'en commencer aussitôt la mise en exploitation. Mais les Anglais ayant eu maille à partir avec les Espagnols près de Saint-Thomas, les repoussèrent et livrèrent cette ville aux flammes. Le jeune Raleigh fut tué dans cette bagarre. Keymis, trop faible pour pénétrer plus avant, revint alors à l'embouchure de l'Orénoque, et se tua de désespoir en arrivant. Les aventuriers, qui jusque alors s'étaient toujours bercés de l'espoir de recueillir sans grande peine les trésors promis, accusèrent Raleigh de les avoir trompés, et refusèrent d'obéir aux ordres qu'il donna pour qu'on continuât les recherches. Dans une telle situation, Raleigh dut renoncer à son entreprise et s'en retourner en Angleterre, quoiqu'il y eût en perspective la disgrâce certaine du roi. Effectivement, à peine y fut-il plus tôt arrivé que Jacques 1er le fit arrêter, puis traduire devant une commission, qui déclara cependant que sa conduite pendant l'expédition avait été exempte de tout reproche. Mais l'Espagne fit des menaces à raison des actes d'hostilité commis sur son territoire, et Jacques 1er, pour se tirer d'embarras, n'hésita point à sacrifier l'innocent. Raleigh fut cité devant la cour du *King's Bench*, où on lui déclara, par ordre exprès du roi, que l'arrêt de mort précédemment rendu contre lui dans l'affaire du complot Watson et Clarke allait maintenant recevoir son exécution. En vain il allégua que cette condamnation avait été annulée par sa nomination postérieure à un commandement; il lui fallut marcher au supplice, le 29 octobre 1618, et il mourut avec la plus froide intrépidité. Par sa conduite, aussi injuste que cruelle, à l'égard d'un homme objet des respects de la nation, Jacques s'attira la haine de son peuple. On a publié sous le titre de *Miscellaneous Works* (2 vol., Londres, 1768) les œuvres diverses de sir Walter Raleigh; elles se composent d'essais de politique, d'histoire et de poésie.

RALLENTANDO ou RITARDANDO, et encore LENTANDO. Ces mots en musique indiquent que l'exécution du passage au commencement duquel on les écrit doit avoir lieu plus lentement. Les mots *a tempo* indiquent l'endroit où l'exécutant doit revenir à la mesure précédente.

RALLIEMENT, action des troupes qui après avoir été rompues ou dispersées se rassemblent. On dit de même le *ralliement* d'une flotte, d'une armée navale.

RALLIEMENT (Mot de). *Voyez* Mot d'Ordre.

Par *signes de ralliement* on désigne certains signes dont on convient aux armées pour se reconnaître, comme de frapper sur la giberne avec la main.

Par extension, et au figuré, ces termes *mot*, *signe de ralliement*, s'appliquent aux sectes religieuses et aux partis politiques, dont les initiés adoptent d'ordinaire certains mots, certains signes, auxquels ils se reconnaissent entre eux.

RAMADAN, RAMASAN, neuvième mois du calendrier turc. Comme les musulmans calculent leur année d'après le cours de la Lune, elle a onze jours de moins que la nôtre; et au bout de trente-trois ans le *ramadan* a parcouru toutes les saisons de l'année. C'est dans ce mois que les Turcs observent un jeûne sévère depuis le lever jusqu'au coucher du soleil. La fête du *ramadan* et celle du *beïram*, qui vient immédiatement après, sont les principales solennités religieuses des mahométans.

RAMAGE (de la basse latinité *ramagium*, fait de *ramus*, rameau), chant des oiseaux. Cette dénomination particulière lui a été donnée, parce que c'est le plus souvent perchés sur les rameaux que les oiseaux chantent.

RAMAGES (Étoffes à). *Voyez* Damas, Damassé.

RÂMÂYANA. *Voyez* Indienne (Littérature).

RAMBOUILLET, chef-lieu d'arrondissement, dans le département de Seine-et-Oise, sur la grande route de Paris à Chartres, avec 4,130 habitants, à 51 kilomètres de Paris, et à 32 kilomètres au sud-ouest de Versailles, est remarquable par son château impérial, entouré d'une forêt d'environ 13,000 hectares. Le parc, dessiné à l'anglaise, contient de belles pièces d'eau et offre de magnifiques points de vue. On y admire une laiterie célèbre, dont l'intérieur est tout revêtu de marbre et rafraîchi par des jets d'eau. D'importants souvenirs historiques se rattachent à cette résidence. C'est là que mourut François Ier, le 21 mars 1547. Le domaine de Rambouillet, qui avait le titre de *marquisat*, après avoir longtemps appartenu à la famille d'Angennes, puis à celle d'Uzès, fut acheté en 1711 au garde des sceaux Fleuriau, par le comte de Toulouse, l'un des fils légitimés de Louis XIV, et érigé en duché-pairie en faveur de ce prince, dans la famille duquel il resta jusqu'à la révolution. Le dernier propriétaire en fut son fils, le duc de Penthièvre. Il fut alors réuni au domaine de l'État. Charles X y faisait de grandes parties de chasse. C'est là qu'il abdiqua le 2 août 1830, à la suite des journées de Juillet. La ferme créée à grands frais à la fin du siècle dernier, au milieu du parc, dans le but de naturaliser en France la belle espèce de moutons mérinos d'Espagne, et qui a tant contribué à l'amélioration des laines françaises, a été supprimée en 1848.

RAMBOUILLET (Hôtel de). C'est sous cette dénomination qu'est resté célèbre dans l'histoire de la civilisation et de la littérature un salon qui s'ouvrit à Paris, vers l'an 1600, sous le règne de Henri IV. L'hôtel de Rambouillet était situé rue Saint-Thomas du Louvre, une des rues du vieux Paris qu'a fait disparaître de nos jours l'achèvement du Louvre.

[Ce salon de beaux esprits, qui régenta la littérature pendant la première moitié du dix-septième siècle, et qui fut l'arbitre du goût, le sanctuaire de la morale, l'académie du beau langage, après avoir joui longtemps d'une gloire incontestée, vit décliner son autorité sous le règne de Louis XIV, et le dix-huitième siècle n'a plus eu pour lui que le sarcasme ou le dédain; on l'a vu à travers les *Précieuses ridicules* de Molière, et on a détourné contre lui des traits que le grand comique n'avait dirigés que contre les maladroits imitateurs de son langage et de ses manières. Il est temps de se placer entre l'engouement des contemporains et le dénigrement de la postérité pour apprécier justement les services et les torts de cette réunion célèbre. L'esprit de cette société à son origine fut politique et moral. Le marquis de Rambouillet, ami du duc d'Épernon, était hostile à Sully alors au comble de la faveur; Catherine de Vivonne, sa chaste et noble femme, voyait avec mépris les dérèglements de la cour : ces rancunes politiques et ces scrupules de pudeur les déterminèrent à se tenir sur la réserve, et à faire de leur hôtel un centre d'opposition modérée qui combattrait indirectement les barbarismes et les orgies de la cour par la pureté du langage et des mœurs. L'hôtel de Rambouillet ne tarda pas à devenir le rendez-vous des beaux esprits et des femmes les plus distinguées. On briguait ardemment l'honneur d'y être admis, car l'admission était un double brevet de culture intellectuelle et de vertu. Une pareille réunion que Bayle appelait un véritable *palais d'honneur*, ne pouvait pas manquer d'exercer une grande influence. Les circonstances extérieures en favorisèrent l'accroissement. La sévère économie du roi et de son ministre Sully et plus tard l'indifférence littéraire de Louis XIII et des divers ministres qui se succédèrent jusqu'à Richelieu abandonnèrent à l'hôtel de Rambouillet le patronage et la direction des lettres : cette espèce de dictature eut ses avantages et ses inconvénients.

L'hôtel de Rambouillet continua le travail de Malherbe sur la langue française : celui-ci avait donné à notre idiome la force et la noblesse; ses continuateurs l'assouplirent l'affinèrent et ajoutèrent aux qualités qu'il possédait déjà la finesse et la délicatesse. Il faut encore rapporter à ce cercle ingénieux l'art de converser, qui fut une des principales gloires de la France, et d'où découlèrent la politesse, l'urbanité et le savoir-vivre, dont le nom même n'existait pas avant cette époque. On ne saurait non plus nier sans injustice les services rendus à la morale par cette société d'élite : elle rendit chastes, au moins en paroles, les auteurs qu'elle admettait, et plus retenus ceux qu'elle n'avait pas enrôlés. Son influence se fit sentir sur le théâtre, d'où furent bannies les obscénités qui le déshonoraient : l'accueil que l'hôtel de Rambouillet fit à l'*Astrée* de d'Urfé contribua beaucoup à cette réaction, et mit en honneur les beaux sentiments dans les livres et dans le commerce de la vie.

Malgré l'excellence de ses intentions, le cercle de la marquise de Rambouillet ne put échapper à la loi qui domine les coteries littéraires. Ces réunions exclusives se font toujours des idées et un langage à part; de sorte que ceux qui les fréquentent sont les initiés, et les étrangers des profanes. Ce besoin de se distinguer engendra la manière et l'affectation. L'hôtel de Rambouillet pouvait d'autant moins s'y soustraire, que, dans l'indifférence de la cour et l'ignorance du peuple, aucun contact extérieur, aucun avertissement du dehors ne pouvait le réprimer dans ses écarts.

Le règne des salons, dans le sommeil des grandes questions religieuses et politiques, devait non-seulement donner cours aux petits genres littéraires, tourmenter les phrases, les mots, les syllabes, les lettres même, mais fausser ce qu'il y a de plus naturel au cœur humain, la passion. Les femmes régnaient et dominaient la conversation; elles devaient y introduire le sentiment. Comment ne pas parler d'amour, et comment en parler avec bienséance? On prit un biais pour le faire en tout bien, tout honneur; on sépara le sentiment de son but matériel et grossier; on prit pour point de départ et pour but la galanterie; on l'épura, on subtilisa, on en tira la quintessence, et l'on en fit sortir ce qu'on peut imaginer de plus fin, de plus délicat et de plus faux; et, comme si ce n'était pas assez de fausseté comme cela, on s'avisa de transporter ce sublime sentimental dans l'antiquité, et de mettre toute cette belle métaphysique sur le compte et à la charge des héros de l'Italie et de la Perse (*voyez* Scudéry [Mlle de]).

Les femmes qui fréquentaient l'hôtel de Rambouillet prirent le nom de *précieuses* : c'était un titre d'honneur, comme un diplôme de bel esprit et de pureté morale. Les *précieuses* se divisaient, suivant l'âge, en jeunes et anciennes; le nom de *vieilles* aurait été trop dur pour leur délicaesse ; et, dans l'ordre moral, elles se classaient en *galantes* ou *spirituelles*, selon leur vocation pour les délicatesses du sentiment ou les finesses de l'esprit. Les principaux articles de leur code de morale consistaient à fuir la fausseté et la perfidie; à honorer cette sage contrainte qui est le principe et la garantie de la politesse; à demeurer fidèle à l'amitié, et à donner à l'esprit le pas sur les sens. La matière faisait leur partie adverse; et, ne pouvant la supprimer, elles voulaient du moins l'asservir. Ce mépris des choses sensibles, sans les réduire au célibat, leur donnait de l'aversion pour le mariage, dont elles reculaient toujours la conclusion. Ce fut en vertu de cette poétique matrimoniale que M. de Montausier attendit courageusement que Julie d'Angennes eût dépassé ses trente ans avant de l'épouser: il n'en fallait pas moins pour faire un séjour convenable sur tous les points de la carte du *Tendre :* c'est pour cela que Ninon appelait les *précieuses* les *jansénistes de l'amour.*

Les *précieuses* s'étaient fait une langue de convention, propre à dépayser les profanes ; Paris n'était plus Paris, mais Athènes ; l'Ile Notre-Dame s'appelait Délos ; la place Royale, place Dorique ; Poitiers était Argos ; Tours, Césarée ; Lyon, Milet ; Aix, Corinthe ; la France avait fait place à la Grèce ; non-seulement les villes, mais les hommes, étaient débaptisés ; Louis XIV avait échangé son nom contre celui d'Alexandre ; le grand Condé devait répondre au nom de Scipion ; Richelieu était devenu Sénèque, et Mazarin Caton. Tous les beaux esprits avaient subi la même métamorphose. Ne parlez plus de Chapelain, c'est Chrysante qu'il faut dire ; Voiture, c'est Valère ; Sarrasin, Sésostris ; La Calprenède, Calpurnius ; Scudéry, Sarraïdès : Scudéry et La Calprenède devaient être deux fois plus fiers avec ces noms sonores et pompeux.

Les scrupules des *précieuses* en matière de langage les portaient à éviter les mots vulgaires, et à les remplacer par de nouvelles métaphores et par des périphrases: elles faisaient du miroir le *conseiller des grâces*, des fauteuils les *commodités de la conversation*, du prosaïque bonnet de nuit le *complice innocent du mensonge*. Ce sont là les ridicules de leur manière ; mais souvent elles ont rencontré juste, et leur vocabulaire a enrichi la langue. C'est des *précieuses* que nous viennent les locutions suivantes : « Cheveux d'un blond hardi, » pour ne pas dire roux ; « n'avoir que le masque de la vertu ; revêtir ses pensées d'expressions nobles ; être sobre dans ses discours ; tenir bureau d'esprit ; parler proprement, » et une foule d'autres que l'usage a consacrées. Croirait-on que le mot énergique *s'encanailler*, auquel Chamfort a donné pour complément *s'éducailler*, soit sorti de la fabrique des *précieuses?* En somme, le procédé des *précieuses* se réduisit à substituer la périphrase aux mots vulgaires, et à rajeunir les métaphores usées ; les grands écrivains ne font pas autre chose, mais ils le font avec goût et mesure. Ce n'est pas là ce que Molière a attaqué. Dans sa critique, l'hôtel de Rambouillet était hors de cause ; il faut en croire lorsqu'il nous dit que les plus excellentes choses sont sujettes à être copiées par de mauvais singes, qui méritent d'être bernés, et que les véritables *précieuses* auraient tort de se piquer lorsqu'on joue les *ridicules*, que les imitent mal. Malgré cette protestation de notre grand comique, l'hôtel de Rambouillet a été compris dans le ridicule qu'il destinait à des parodistes sans esprit et sans goût ; et le nom dont s'honoraient les Longueville, les La Fayette, les Sévigné et les Deshoulières n'est plus aujourd'hui qu'un sobriquet injurieux.

L'hôtel de Rambouillet, qui était avant tout un sanctuaire de pureté morale et une académie de beau langage, laissait cependant passer la médisance et la chronique scandaleuse. Nous avons vu que l'esprit d'opposition entrait pour beaucoup dans son intimité ; car essayer sous le règne insensiblement graveleux du Béarnais de mettre en honneur la pureté des mœurs, c'était élever autel contre autel. Aux sentiments dont la chaste marquise de Rambouillet donnait le précepte et l'exemple étaient déjà la satire indirecte de la cour; mais pense-t-on que cette satire discrète fût la seule qu'on se permit : c'eût été trop de vertu; le diable a toujours sa petite place de réserve dans les meilleures âmes, et la faiblesse humaine voulait qu'on traçât quelquefois le tableau des désordres que l'on condamnait par la pureté de sa conduite. Je pense, toutefois, que ces anecdotes empruntées à la chronique de la cour et de la ville se racontaient à voix basse, lorsque le vieux marquis prenait à part, dans un coin du salon ou dans l'embrasure d'une fenêtre, Chaudebonne, Voiture, Sarrasin et le nain de Julie, Godeau, qui, malgré son évêché, entendait la plaisanterie. Cette partie secrète des entretiens du salon d'*Arthénice* (c'était le nom *précieux* de la marquise de Rambouillet ; Malherbe et Racan avaient trouvé en commun cet anagramme du nom de *Catherine*) nous a été transmise par le caustique et spirituel Tallemant des Réaux ; et, Dieu soit loué de ses indiscrétions ! sans cela nous aurions perdu ces bons contes qui nous égayent aux dépens de Henri IV et qui ternissent un peu son auréole de vert-galant ; nous ne saurions rien des peccadilles de son grave ministre le duc de Sully. L'opposition de l'hôtel de Rambouillet, plus réservée sous Louis XIII, ne laissa pas de suivre son cours ; on s'y entretenait des galanteries de la cour ; on glosait sur le compte de Louis XIII, qui faisait si sottement son métier de roi. On n'épargnait pas non plus le cardinal-ministre, dont le patronage littéraire faisait concurrence, et l'on se permettait de le railler sur ses amours avec la belle Marion, sur ses bévues d'érudit, lorsqu'il faisait du poète Terentianus Maurus une comédie de Térence, et sur son admiration pour les vers où Guillaume Colletet se plaisait à peindre dans le bassin de la place Royale :

La canne s'humectant de la bourbe de l'eau.

Les témoignages de l'admiration contemporaine ne manquèrent pas à l'hôtel de Rambouillet, et la considération dont il jouissait ne fut pas détruite pendant la durée du dix-septième siècle. Fléchier a parlé ainsi dans son langage antithétique de ce salon, « où se rendaient tant de personnes de qualité et de mérite, qui composaient une cour choisie, nombreuse sans confusion, modeste sans contrainte, savante sans orgueil, polie sans affectation » ; jugement qui serait plus près de la vérité si l'on transformait les correctifs en compléments. Il vaut mieux s'en tenir au jugement du duc de Saint-Simon, qui contient sans commentaire l'importance historique de cette illustre société : « C'était le rendez-vous de tout ce qui était le plus distingué en condition et en mérite ; un tribunal avec qui il fallait compter, et dont la décision avait un grand poids dans le monde sur la conduite et sur la réputation des personnes de la cour et du grand monde. »

L'héritage de l'hôtel de Rambouillet fut recueilli par les duchesses de Montausier et d'Orléans, par Mme de Maintenon, qui continuèrent les traditions de la conversation spirituelle et polie, qui se maintinrent, au dix-huitième siècle, à la petite cour de la duchesse du Maine et dans les cercles de Mmes de Tencin et Geoffrin. GÉRUZEZ.]

RAMBUTEAU (Charles-Philibert Berthelot, comte de), ex-préfet de la Seine et ancien pair de France, est né en Bourgogne, vers 1780, d'une famille noble et ancienne. En 1809 il fit partie de la députation envoyée, suivant l'usage, par le département de la Saône pour complimenter Napoléon à la fin de la campagne d'Autriche. L'année suivante il épousa la fille du comte de Narbonne-Pelet, fut nommé chambellan de l'empereur, autorisé à assister aux conseils d'État, puis chargé d'une mission en Westphalie. Préfet du Simplon en 1812, il déploya dans ce poste beaucoup d'habileté et d'activité administrative, et en 1814 il passa à la préfecture de la Loire, où il s'efforça de réunir tous les éléments de résistance à l'invasion. Il fut du petit nombre de préfets que la Restauration conserva en fonctions. Dans les cent jours Napoléon lui confia successivement les préfectures de l'Allier et de l'Aude ; dès lors la seconde restauration le révoqua, et le tint en légitime suspicion de libéralisme. Jusqu'en 1827 M. de Rambuteau ne s'occupa donc que de travaux agricoles; mais à cette époque le département de Saône-et-Loire le nomma député. Le 22 juin 1832 il succéda à M. de Bondy dans les fonctions de préfet de la Seine, où il a laissé les plus honorables souvenirs. C'est à lui qu'on doit l'achèvement de l'hôtel de ville et le merveilleux développement donné aux travaux de la ville sous le règne de Louis-Philippe. Les événements de 1848 ont fait rentrer M. de Rambuteau dans la vie privée.   Prosper BAILLY.

RAME (du latin *ramus*, rameau). On appelle ainsi, ou encore *aviron*, une longue pièce de bois dont on se sert pour faire avancer une embarcation. La partie qui entre dans l'eau s'appelle *plat* ou *pale*; celle que le rameur tient à la main s'appelle *manche*.

Les horticulteurs donnent le nom de *rames* à des branches sèches, qu'ils piquent en terre pour servir de tuteur à des plantes flexibles ou grimpantes : de là l'expression de *pois ramés*, qui signifie qu'on en a fait monter les tiges à l'aide de *rames*, qui leur ont servi d'appui.

Les fabricants de papier donnent le nom de *rame* à une quantité de 500 feuilles, divisée ordinairement en vingt mains de vingt-cinq feuilles chacune. En ce sens le mot *rame* a pour étymologie l'allemand *ramen*, liasse. En termes de librairie, mettre un livre *à la rame*, c'est le vendre au poids à l'épicier ou à la fruitière, pour envelopper de la chandelle ou du beurre. Fort heureusement pour nos grands hommes du jour, ce sont là des industriels discrets, se gardant bien de lire les chefs-d'œuvre qu'ils achètent, et ne se vantant guère de leurs bonnes fortunes. Ah! si jamais ils s'avisaient de parler, on en entendrait de belles! Quels scandales dans la république des lettres!

RAMEAU, petite branche d'arbre : un *rameau* d'olivier. Figurément, présenter le *rameau* d'olivier, c'est offrir la paix, faire des propositions d'accommodement.

Rameau se dit par extension, en termes d'anatomie, des diverses branches ou divisions des artères, des veines et des nerfs. Figurément, ce mot se dit en termes de généalogie des différentes sous-divisions d'une branche d'une même famille. On l'applique aussi aux subdivisions d'une science, d'une secte, etc.

RAMEAU (JEAN-PHILIPPE), célèbre compositeur français, né à Dijon, le 25 septembre 1683, fils d'un organiste qui lui enseigna de bonne heure les éléments de la musique et l'art de jouer du clavecin, étudia pendant quelque temps la langue latine, mais il n'acheva pas ses classes. A dix-huit ans, il fit un voyage en Italie. En 1703 il se fit entendre à Paris sur l'orgue des jésuites de la rue Saint-Antoine, puis à Lille. Il fut alors nommé organiste de la cathédrale de Clermont. Il séjourna assez longtemps dans cette ville, et s'y occupa de la rédaction de son *Traité d'Harmonie*. A son retour à Paris, en 1722, il ne tarda pas à jouir de la réputation de grand organiste. Cependant, en 1727, il échoua dans un concours avec le célèbre D'Aquin pour obtenir l'orgue de Saint-Paul. Ce qui reste des œuvres de D'Aquin est tellement médiocre qu'aujourd'hui il n'est pas permis de révoquer en doute l'immense supériorité de Rameau sur son rival. En 1726 il avait publié son *Nouveau Système de Musique théorique*. Voltaire, qui avait pressenti les succès de Rameau dans le genre dramatique, lui confia la musique de la tragédie de *Samson*; mais cet ouvrage ne put être représenté, parce qu'il parut peu convenable de laisser jouer une pièce dont le sujet était tiré des livres saints. Rameau avait alors près de cinquante ans; tourmenté du désir d'essayer son génie dans la musique dramatique et d'y appliquer ses études consciencieuses, ses théories profondes, et surtout les idées nouvelles, les ressources variées que l'habitude de l'improvisation lui avait données, il obtint un poëme de l'abbé Pellegrin. Celui-ci, qui augurait assez mal du talent de Rameau, exigea de lui un billet de 500 liv. avant de lui livrer son opéra. Mais après la première représentation ses préventions et ses craintes se dissipèrent, et il anéantit l'obligation que Rameau avait contractée. *Hyppolyte* fut représenté en 1733, et le succès fut complet. *Les Indes galantes*, *Castor et Pollux*, *Dardanus*, *Zoroastre*, et une foule d'autres pièces, suivirent de près *Hippolyte*, et obtinrent le même succès. Louis XV donna alors à Rameau une pension de 2,000 liv., et quelque temps avant sa mort il fut anobli et décoré du cordon de Saint-Michel.

La liste des opéras et des ouvrages de Rameau est trop longue pour la rapporter ici; il suffira, pour donner une idée de sa prodigieuse fécondité et de son étonnante activité de faire remarquer que de 1733 à 1760, depuis l'âge de cinquante ans jusqu'à sa soixante dix-septième année, il composa trente opéras, environ douze volumes sur la théorie de la musique, et en particulier sur son système de la basse fondamentale. Il mourut en 1764, âgé de plus de quatre vingts ans.

C'était incontestablement un très-habile organiste, et ses compositions pour le clavecin, écrites souvent dans le style de l'orgue, sont pour la plupart des chefs-d'œuvre en ce genre. Toutefois, doué d'un génie essentiellement dramatique, il n'a pas dû ne pas conserver à l'orgue le caractère grave et austère qui appartient au chant ecclésiastique; et son exemple n'a pas été sans influence sur la décadence de l'art de jouer l'orgue qui de son temps commença à prendre les formes de la musique dramatique. Les théories de Rameau sur la *basse fondamentale* sont abandonnées aujourd'hui. Néanmoins, en soulevant des discussions animées et savantes sur la théorie de l'harmonie, il a beaucoup avancé les progrès de cette science.

Comme compositeur dramatique, Rameau est un des plus grands génies que la France ait produits. Avant lui l'opéra était un spectacle monotone, où le récitatif et les chœurs présentaient seuls quelque intérêt. Rameau y introduisit une grande variété par ses mélodies toujours dramatiques, par ses airs de ballet, dont plusieurs seraient encore entendus avec plaisir; enfin, par ses ouvertures, auxquelles il sut donner une forme neuve, un plan et des développements mieux conçus. Le seul reproche fondé qu'on puisse lui faire, c'est d'avoir souvent écrit ses ouvrages avec négligence. Son style est moins pur et moins correct que celui de Lulli, et on doit regretter qu'il ne se soit pas livré avec plus de soin à l'étude des grands maîtres italiens, qui avaient poussé alors jusqu'à ses dernières limites la science d'écrire pour les voix. Il régna sans partage sur la scène de l'Opéra jusqu'à la révolution opérée dans la musique dramatique par Gluck, Piccini et Sacchini. Aujourd'hui les œuvres de ce grand compositeur sont ensevelies dans les rayons poudreux de quelques bibliothèques, d'où personne ne songe à les exhumer, malgré les beautés réelles qu'elles renferment.   F. DANJOU.

RAMEAUX (Dimanche ou Jour des). On appelle ainsi le dimanche qui précède celui de Pâques, à cause des *rameaux* qu'on porte ce jour-là à la procession en commémoration de l'entrée de Jésus-Christ à Jérusalem. Dans le nord de la France, c'est le buis qu'on emploie; et par un abus bizarre les charretiers appendent alors le rameau bénit au licou de leurs chevaux. En Provence, on met à contribution l'arbre de la paix et celui de la victoire, l'olivier et le laurier; sur les rives du Var, le myrte, jadis consacré à Vénus, figure sur les autels. Dans le Jura, on va couper sur la montagne les jeunes branches des hêtres; et cette pratique a eu pour résultat d'y dévaster à la longue des forêts entières. Dans les grandes îles de la Méditerranée, dans toute la péninsule Italique, sur les côtes méridionales de l'Espagne et du Portugal, ce sont de véritables *palmes* que l'on consacre. Quand on se rend à Gênes par la Corniche, on remarque un site original, environné d'arbres longs et grêles, au tronc écaillé, au feuillage ébouriffé, un petit village tout entouré de palmiers. C'est de ce recoin de l'antique Ligurie que Rome la sainte tire toutes ses palmes. Tous les ans un navire chargé de *rameaux* se dirige à l'approche de la semaine sainte vers l'embouchure du Tibre, et va porter à la ville éternelle le tribut de *Vareggio*.

RAMÉE, assemblage de branches entrelacées naturellement ou de main d'homme : *Danser sous la ramée*. Ce mot se dit aussi de branches coupées avec leurs feuilles vertes.

RAMÉE (PIERRE DE LA). Voyez RAMUS.

RAMEL (JEAN-PIERRE), général de brigade, l'une des victimes de la réaction de 1815, né en 1768, à Cahors, entra comme engagé volontaire dans les rangs de l'armée au commencement de la révolution. Chef de bataillon en 1793, adjudant général en 1796, il fut nommé la même année commandant de la garde du corps législatif, et à la suite de la journée du 18 fructidor fut déporté à Sinamari. Il s'évada de cette colonie en 1798, passa quelque temps à Londres, et obtint enfin l'autorisation de rentrer en France. Après avoir fait la plupart des glorieuses campagnes de l'empire, il n'obtint le grade de général qu'à la première restauration. Nommé en 1815, après la rentrée de Louis XVIII à Paris, au commandement du département de la Haute-Garonne, les mesures qu'il prit pour opérer le désarmement des *verdets* irritèrent ces bandes d'égorgeurs. Le 15 août un rassemblement se forma devant l'hôtel que le général habitait à Toulouse, en laissant retentir l'air des cris de : *A bas Ramel! Mort à Ramel!* Il se présenta intrépidement aux émeutiers, en leur demandant ce qu'ils lui voulaient. Sa ferme contenance imposa pendant quelques instants à ces furieux; mais au moment où il se retirait, ils se ravisèrent, se précipitèrent sur lui et sur le factionnaire placé à sa porte, et les massacrèrent tous deux. Ce fut seulement deux années plus tard, en 1817, que la justice osa instruire cette affaire; et encore le résultat du procès fut-il, on peut le dire, dérisoire. De tous les accusés il n'y en eut que deux de condamnés à la réclusion; le reste fut acquitté.

RAMENGHI (BARTOLOMMEO), peintre italien. Voyez BAGNACAVALLO.

RAMEY (ETIENNE-JULES), statuaire célèbre et membre de l'Institut, était fils de *Claude* RAMEY, sculpteur distingué de l'époque impériale et qui siégea aussi à l'Académie des Beaux-arts. Élève de son père, il obtint le prix de Rome en 1815, et débuta au salon de 1822, où il exposa *L'Innocence pleurant un serpent mort*, *Jésus-Christ à la colonne*, et le modèle d'un groupe de *Thésée et le Minotaure*. Son talent, sage et froid, évita tout écart, et, au milieu du mouvement qu'on a appelé *romantique*, demeura complètement fidèle aux traditions de l'école impériale. Aussi Ramey n'eut-il aucune peine à se faire nommer membre de l'Institut, en 1828, à la place de Houdon. Ses œuvres ne sont pas d'ailleurs très-nombreuses. Il nous suffira de citer *La Gloire et la Paix* et *La Tragédie et La Gloire*, bas-reliefs pour la cour du Louvre; le fronton de l'église de Saint-Germain-en-Laye, où l'artiste a représenté *La Religion entourée des Vertus*; enfin, *Thésée combattant le Minotaure* (1828), groupe en marbre qu'on voit au jardin des Tuileries. Ramey avait aussi été chargé de l'exécution des statues de saint Jean et de saint Luc, destinées à décorer la façade de La Madeleine du côté de la rue Tronchet; mais une seule de ces statues, celle de saint Luc, a été faite, et, grâce à la lenteur académique, elle attend encore son pendant. Ramey est mort en octobre 1852. P. MANTZ.

RAMIER, oiseau de la famille des colombes. Le *ramier*, ou pigeon ramier (*columba palumbus*, L.), qui porte aussi le nom de *palombe*, est répandu dans toute l'Europe. Il visite en hiver le nord de l'Afrique; car il voyage du nord au midi dans le mois d'octobre, et du midi au nord dans le mois de mars. Le ramier, dont le gris cendré est la couleur principale, est légèrement gris-rose au-dessous du cou, jusqu'au ventre, qui devient gris-blanc vers la queue, ainsi que le croupion; les ailes, presque ardoisées, sont marquées d'une bande noire; le cou, à deux ou trois travers de doigt de la tête, porte un joli collier blanc, entouré de plumes foncées, de couleur changeante, à reflet doré; les pattes sont d'un rouge brun un peu terne; et le bec, rougeâtre à son origine, devient presque aussi jaune que celui d'un merle à son extrémité. Le bec du ramier diffère de celui des espèces du même genre, par la couleur, par la finesse de sa forme, et par les narines, beaucoup moins protubérantes que celles des pigeons. Cet oiseau, d'une grosseur supérieure à celle du biset, est dans des proportions qui ne manquent pas d'élégance : son œil vif, ses allures sauvages, décèlent un grand besoin d'indépendance, un violent amour de la liberté. Le ramier est un animal timide : il se perche au sommet des plus grands arbres, sur les branches sèches quand il y en a. Il se nourrit de préférence de graines rondes, comme tous ses analogues; mais lorsqu'il est en course, tout lui est bon, même le gland. Dans le mois d'octobre, la plus grande partie du passage se compose de jeunes sujets, produit de la dernière ponte. On les reconnaît à la couleur du bec, qui est alors celle du biset, et à l'absence de la collerette blanche. Dans cet état de jeunesse, le ramier est un assez bon manger cuit à la broche, à la manière des viandes noires.

RAMILLIES, village de la province du Brabant méridional (Belgique), à 22 kilomètres au sud-est de Louvain, avec environ 500 habitants, est célèbre par la victoire que les coalisés, aux ordres de Marlborough, et au nombre de 65,000 combattants, y remportèrent pendant la guerre de la succession d'Espagne, le 23 mai 1706, sur l'armée française, commandée par le maréchal de Villeroy, et qui ne présentait guère qu'un effectif de 45,000 hommes. Après avoir bravement soutenu l'attaque de l'ennemi, à qui elle enleva même des canons et fit quelques prisonniers, l'armée du maréchal battait en retraite en assez bon ordre, lorsque cette retraite, par suite d'une panique, se changea en un effroyable désastre. La perte des Français ne fut pas moindre de 20,000 hommes tués ou prisonniers. Villeroy, au désespoir et n'osant annoncer cette défaite à Louis XIV, resta cinq jours sans envoyer de courrier à Versailles.

RAMIRE Ier, roi d'Aragon, fils naturel de Sanche III, dit *le Grand*, roi de Navarre, eut l'Aragon pour apanage; il y réunit les comtés de Sobrarve et de Ribagorce à la mort de Gonzale, son frère, en 1038, battit le roi maure de Saragosse, et porta ses armes dans le royaume d'Huesca. C'est à l'aide de ces étranges vassaux, et d'un autre roi de Tolède, qu'il fit la guerre à son frère, don Garcie de Navarre; mais il fut battu, et reporta sa vengeance sur les Maures. L'un d'eux, roi de Saragosse, s'étant mis sous la protection du roi de Léon et de Castille, Ramire trouva devant lui le fameux Cid, qui venait défendre le tributaire de son maître; et il périt en 1063, à la bataille de Graos.

RAMIRE II, roi d'Aragon. Les Aragonais cassèrent le testament par lequel Alfonse le Batailleur léguait son royaume aux Templiers. Ils allèrent retirer du cloître de Saint-Pons-de-Thomières, en Languedoc, le troisième fils de Sanche Ier, don RAMIRE II, tandis que les Navarrais allaient chercher dans un autre asile un don Garcie Ramire, arrière-petit-fils de leur roi Sanche IV. Alfonse VIII, roi de Castille, se mit en devoir d'apaiser cette division; mais il leur en fit payer les frais. Le nouveau roi d'Aragon lui donna Saragosse, et celui de Navarre lui fit hommage de ses États. Cette faiblesse d'un moine couronné ayant révolté quelques seigneurs aragonais, Ramire les assembla dans Huesca, sous prétexte de régler les affaires d'Aragon, et les fit égorger par ses soldats; il en avait d'avance obtenu l'absolution de l'abbé de Saint-Pons, et pour en faire pénitence il alla s'enfermer dans un autre monastère, après avoir fiancé sa fille Pétronille, âgée de deux ans, à Raymond-Bérenger IV, comte de Barcelone, dont la maison acquit ainsi la couronne d'Aragon, Pétronille étant la seule et unique héritière de cette dynastie, qui s'éteignit avec elle.

VIENNET, de l'Académie Française.

RAMLER (CHARLES-GUILLAUME), poète lyrique allemand, né en 1725, à Kolberg, fit ses études à Halle. Professeur de belles-lettres au corps des cadets de Berlin à partir de 1748, il devint en 1790 co-directeur du théâtre de Berlin, et mourut le 11 avril 1798. Il consacra sa muse à célébrer la gloire de Frédéric II, et s'efforça d'imiter Horace chantant les louanges d'Auguste. S'il demeura bien loin de son modèle, hâtons-nous de dire que du moins il eut le mérite d'enrichir la langue allemande de tours nouveaux et heureux. Ses ouvrages en prose sont un *Abrégé de Mythologie* et un traité de tous les personnages allégoriques, à l'usage des artistes. Il a traduit en outre les *Principes de Littérature* de l'abbé Batteux.

RAMON-ARRIALA. *Voyez* LARRA (MARIANO-JOSÉ DE).

RAMON-MUNTANER. *Voyez* CATALANE (Grande-Compagnie).

RAMORINO (GIROLAMO), aventurier militaire, que sa triste fin a rendu célèbre, fils naturel du maréchal Lannes, dit-on, naquit à Gênes, en 1792. Doué de facultés remarquables, il entra de bonne heure dans les rangs de l'armée française, et fit comme simple soldat la campagne de 1809 contre l'Autriche. Dans la campagne de Russie il fut nommé capitaine d'artillerie et décoré de la Légion d'Honneur. En 1815 l'empereur le prit pour officier d'ordonnance. Après la seconde restauration, il se retira chez son frère, en Savoie. Lors de l'insurrection qui éclata en Piémont en 1821, il se mit avec le comte de Santa-Rosa à la tête des troupes insurgées, que par une retraite habile de Casal sur Alexandrie il empêcha d'être exterminées par les Autrichiens. Le mouvement une fois comprimé, il se réfugia en France, d'où dès le début de l'insurrection polonaise, en 1830, il alla offrir ses services aux chefs du gouvernement insurrectionnel. Nommé d'abord colonel, puis placé avec le grade de général à la tête d'un petit corps de troupes avec lequel il remporta quelques avantages sur les bords de la Vistule, il se réfugia en Gallicie après la chute de Varsovie. A cette époque déjà il agit en désobéissance formelle aux ordres de ses supérieurs, et le succès de ses opérations aventureuses empêcha seul alors de le traduire devant un conseil de guerre. Revenu en France, il alla pendant quelque temps prendre part à la guerre civile dont l'Espagne était devenue le théâtre; à la fin de 1833 ce fut lui qui dirigea l'invasion de la Savoie organisée par Mazzini et la Jeune Italie, et dont le but était d'arborer la bannière républicaine dans les États Sardes. Les conjurés, qui n'avaient déjà pas grande confiance en Ramorino, la lui retirèrent complétement quand ils virent leur chef différer l'expédition pendant plusieurs mois, se promenant avec les 40,000 fr. de la caisse militaire tantôt à Londres, tantôt à Paris. Enfin, au printemps de 1834, Ramorino, parti de Genève à la tête de quelques centaines de conspirateurs, envahit la Savoie, dont la population l'accueillit avec la plus entière indifférence, de sorte qu'à la première rencontre avec les troupes sardes, toute sa bande s'enfuit en désordre. Depuis lors, Ramorino fut souvent accusé de trahison longuement préméditée, sans qu'on pût jamais produire contre lui de preuves convaincantes. Il vécut ensuite dans la pauvreté et l'isolement à Paris, jusqu'au moment où l'éruption du mouvement révolutionnaire de 1848 l'attira en Italie. Constamment repoussé pendant la première insurrection italienne par les gouvernements de Turin et de Milan, il réussit enfin, peu de temps avant l'ouverture de la seconde campagne, au commencement de 1849, et grâce à la protection des clubs démocratiques, à se faire admettre parmi les chefs de l'armée sarde. Chrzanowski, qui la commandait en chef, lui confia le commandement de la 5ᵉ division (lombarde), à la tête de laquelle peu de jours avant la reprise des hostilités il reçut ordre de prendre position sur la rive gauche du Pô, dans l'important défilé de la Cava, afin d'empêcher ainsi l'ennemi de franchir le Gravellone. Ramorino agit d'une façon précisément toute contraire à cet ordre en plaçant ses troupes sur la rive gauche du Pô, de telle sorte que les troupes autrichiennes purent sans obstacles gagner les frontières du Piémont. Appelé par Charles-Albert à rendre compte de sa conduite, qui fut tout aussitôt considérée dans l'armée sarde comme un acte de trahison, et qui y produisit l'impression morale la plus fâcheuse, Ramorino se rendit à Borgomanero, où il croyait, à ce qu'il prétendit, que devait se trouver le quartier général. Mais arrêté à Arona par des gardes nationaux, il fut mis en prison, et immédiatement traduit sous l'accusation d'insubordination devant un conseil de guerre, qui le condamna à la peine de mort, sans toutefois le déclarer coupable de trahison. Ramorino prétendit justifier sa conduite en alléguant la faiblesse numérique de sa division, qui, suivant lui, rendait impossible toute tentative de résistance à l'armée autrichienne. Le 22 mai 1849 on le fusilla, sur la *Piazza d'Arma*, près de Turin, après qu'il eut à diverses reprises protesté de son innocence. Il mourut en soldat courageux, et commanda lui-même le feu. La question de savoir s'il avait mérité son sort est encore très-controversée.

RAMPHOLITE (du grec ῥάμφος, *bec*, λιτός, *chétif*). Famille de l'ordre des échassiers, comprenant ceux de ces oiseaux qui ont le bec grêle.

RAMPONNEAU (GRÉGOIRE). Deux grandes célébrités, bien appropriées à la frivolité de l'époque, surgirent tout à coup dans la capitale en 1760 : ce furent celles de Nicolet, fondateur du premier théâtre du boulevard, et de Ramponneau, cabaretier aux Porcherons; tous deux fondèrent leurs succès sur la même base : procurer au peuple du plaisir et du vin, au meilleur marché possible.

Ramponneau avait encore d'autres moyens pour achalander sa guinguette. Doué d'une de ces faces et de ces rotondités qui rappelaient sur-le-champ que Bacchus était son patron, son seul aspect eût donné l'envie de consommer sa marchandise; et, buveur intrépide, il eût au besoin tenu tête à toute sa clientèle; aussi son nom devint bientôt populaire : on le citait, on le chantait de toutes parts; tous les ivrognes et tous les curieux de Paris firent le pèlerinage des Porcherons; que l'on juge de l'affluence qui s'y porta ! Parmi ses pratiques les meilleures et les plus assidues, on comptait surtout les principaux auteurs et acteurs du théâtre de Nicolet. Taconnet, l'habitué à double titre du lieu, venait y échauffer sa muse grivoise et se préparer à jouer le soir ses rôles d'ivresse au naturel. C'est avec lui surtout que Ramponneau était toujours invité à faire les honneurs de son nectar à six sous la pinte; lorsqu'il fallait se lever de table, tous deux semblaient plus unis que jamais :

Et ces deux grands *buveurs se soutenaient* entre eux.

A force de se frotter aux acteurs, Ramponneau se sentit un jour le désir de devenir acteur lui-même ; il signa, entre deux bouteilles, un engagement avec un nommé Gaudon, directeur du spectacle de la Foire Saint-Laurent, et s'apprêta à y débuter. Tout Paris se disputait d'avance pour ce grand jour les places de l'humble théâtre forain, lorsqu'il survint au cabaretier futur comédien un scrupule religieux. Les acteurs n'étaient-ils pas tous excommuniés, et devait-il en montant sur les tréteaux risquer son salut, qu'il ne doutait nullement de faire dans sa profession, en ne mettant point d'eau dans son vin? Cette crainte prit tant d'empire sur lui, qu'il renonça à son projet, et déclara à Gaudon qu'il ne paraîtrait point sur son théâtre. Ce n'était point là le compte de ce dernier, qui avait spéculé sur la renommée de son pensionnaire récalcitrant, auquel il intenta un procès. Un procès ! il ne manquait plus que cela à la gloire de Ramponneau. Le clergé alors prit le procès au sérieux, et crut devoir intervenir en soutenant qu'on ne pouvait obliger un homme à se damner malgré lui. Un argument plus convaincant pour Gaudon, ce fut une indemnité pécuniaire qu'on lui paya, et moyennant laquelle Ramponneau devint libre de rompre son engagement.

Ici s'arrête tout ce que la tradition nous a appris sur l'illustre Ramponneau; mais sa gloire lui a survécu, et nombre de cabarets offrent encore l'image de ce Véry des Porcherons, et, le broc en main, à cheval sur son tonneau, semblant sourire aux buveurs.

OURRY.

RAMPSINIT, roi d'Égypte dont Hérodote fait le successeur de Protée. Il répond historiquement à Ramsès III, chef de la vingtième dynastie manéthonienne. Diodore l'appelle *Remphis*, nom qui sans doute s'écrivait primitivement *Rempsis*. C'était, suivant la tradition grecque, un roi extrêmement riche; et il paraît tel aussi dans de magnifiques monuments encore existants. Le temple le plus beau et le plus remarquable qu'il ait laissé est situé à l'ouest de Thèbes, près de la ville aujourd'hui en ruines de Medinet-Habou. Ces monuments, comme on doit bien le penser, ne portent pas de traces de la fable du trésor dont son architecte aurait révélé à ses fils l'entrée secrète; tradition qui se reproduit dans celle des frères Agamides et Trophomos de Pausanias, ainsi que dans le scoliaste d'Aristophane. Consultez Lepsius, *Chronologie des Égyptiens* (Berlin, 1849).

RAMSAY (Charles-Louis) ressuscita en Europe, vers la fin du seizième siècle, la *sténographie*, ou l'art tironien, entièrement oublié depuis que les chartes du moyen âge avaient cessé d'être écrites en caractères abrégés. Son premier essai parut à Londres, sous le nom de *Tachy-Graphia*; la traduction française, faite par Ramsay lui-même, sous le nom de *Tachéographie*, fut publiée en 1681, et dédiée à Louis XIV. C'est à l'un des adeptes de Ramsay que l'on doit la conservation du *Petit-Carême* de Massillon, qui avait coutume d'improviser tous ses sermons.

RAMSAY (André-Michel) naquit en 1668. Docteur de l'université d'Oxford, et livré dès sa première jeunesse à l'habitude des controverses, alors générale, il ne savait peut-être pas bien lui-même s'il était anglican, presbytérien, quaker ou anabaptiste; et peu s'en fallut qu'il ne finît par devenir docteur de Sorbonne. Réfugié en France avec les jacobites, il fut converti au catholicisme par Fénelon, dont il devint le disciple et l'admirateur le plus ardent. Le prétendant, fils de Jacques II, appela Ramsay à Rome, et lui confia l'éducation de ses enfants; mais les intrigues de cour conservent toute leur force même auprès des princes exilés. Il se vit bientôt contraint à revenir en France, où il fut chargé d'élever deux rejetons de la maison de Bouillon, le duc de Château-Thierry et le prince de Turenne. Il composa pour leur éducation les *Voyages de Cyrus*, où l'on trouve de trop fréquentes réminiscences de Fénelon et de Bossuet. Cet ouvrage, anglais et français, a pendant plus d'un siècle été placé entre les mains de tous ceux qui commençaient à étudier la langue anglaise.

La reconnaissance a guidé la plume de Ramsay dans son *Histoire de la Vie et des Ouvrages de Fénelon* ainsi que dans *Histoire du Maréchal de Turenne*. D'autres ouvrages de cet écrivain, beaucoup moins connus, sont : 1° le *Psychomètre, ou réflexions sur les différents caractères de l'esprit*, par un mylord; 2° un *Plan d'Éducation*; 3° de *Petites Pièces de Poésie*, en anglais; 4° *Principes philosophiques de la Religion naturelle et révélée*, développés et expliqués dans l'ordre géométrique. Il mourut à Saint-Germain-en-Laye, le 6 mai 1743, malheureux de n'avoir point été membre de l'Académie Française.

RAMSAY (Allan), poëte écossais, né en 1686, à Leadhills, dans le comté de Lanark, mort en 1758, commença par être garçon perruquier, s'établit ensuite à son compte, et consacra à la poésie les loisirs que lui laissa l'exercice de son métier. Les succès qu'obtinrent ses vers lui permirent de renoncer à sa première profession pour se faire libraire; ce qui le mit en rapport avec un grand nombre de lettrés et d'hommes distingués. Son meilleur ouvrage a pour titre *The gentle Shepherd* (Le gentil Berger), pastorale en dialecte écossais, dans laquelle le ciel de l'Écosse et les mœurs de ses habitants se trouvent reproduits avec une grande fidélité. Il composa aussi un bon nombre de chansons, la plupart oubliées aujourd'hui. Des recueils d'anciennes chansons populaires, qu'il publia sous les titres de *The Tea-Table Miscellany* (1724) et de *The Evergreen* (1725), furent l'objet de vives critiques, à cause des modifications arbitraires qu'il s'était permis de faire au texte original.   BRETON.

RAMSDEN (John), célèbre fabricant d'instruments de physique et d'optique, naquit en 1730, à Halifax, dans le comté d'York, où son père était fabricant de drap. Une vocation particulière l'engagea à se rendre à Londres pour s'y consacrer à la gravure. Chargé souvent de graver des dessins d'instruments, cette occupation ne tarda pas à lui révéler sa véritable vocation. Il eut pour maître le célèbre opticien Dolland, dont plus tard il épousa la fille, et dès 1763 les instruments sortis de ses ateliers jouissaient d'une grande réputation. On lui est redevable de perfectionnements importants apportés notamment au théodolite, au pyromètre, au baromètre destiné à mesurer les hauteurs, ainsi qu'au quart de cercle et au sextant d'Hadley; mais sa principale invention est la balance qui porte son nom. Ramsden mourut en 1800.

RAMSÈS, nom de rois d'Égypte, que portèrent quatorze pharaons différents. Le premier Ramsès fut le chef de la dix-neuvième dynastie manéthonienne, et régna vers le milieu du quatorzième siècle av. J.-C., mais pendant un an et quatre mois seulement. Le plus célèbre des *Ramsessides* fut son petit-fils, *Ramsès II*, qui entreprit encore en Asie et en Éthiopie de plus grandes expéditions que son père Séthos Ier, avec qui les Grecs l'ont confondu sous le nom de *Sésostris*. Sous son règne l'Égypte atteignit l'apogée de sa puissance et de sa prospérité. D'après les relations grecques, confirmées en partie par les monuments, et notamment d'après Germanicus (dans Tacite), il possédait une armée de 700,000 hommes en état de porter les armes, avec laquelle il subjugua la Libye, l'Éthiopie, les Mèdes et les Perses, les Bactriens et les Scythes, ainsi que le territoire des Syriens, des Arméniens et des Cappadociens, leurs voisins, jusqu'à la mer de Bithynie et à la mer de Lycie. Il rapporta de ses conquêtes en Égypte un immense butin; et les prêtres lurent à Germanicus sur les murailles du temple de Thèbes l'énumération des tributs imposés aux peuples par Ramsès, du poids de l'or et de l'argent, des chevaux et des armes, de l'ivoire et de l'encens, des présents qu'il adressa aux temples, et de ce qu'il distribua à chaque nation en grains et autres objets. Ces tributs, ajoute-t-on, n'étaient à aucun égard moindres que ceux qui furent imposés plus tard à ces mêmes peuples par les Parthes ou par les Romains. C'est de la sorte que ce roi se trouva en mesure d'entreprendre et d'exécuter les innombrables constructions et travaux de sculpture dont il couvrit toute l'Égypte et l'Éthiopie, soumise jusqu'au mont Barkal. En même temps il ajouta à la prospérité du pays en le dotant d'une foule de nouveaux canaux. Le plus remarquable de tous fut celui qu'il fit creuser à travers le désert, depuis le pays de Gosen, depuis le Nil jusqu'au lac des Crocodiles, et que des rois postérieurs continuèrent jusqu'à la mer Rouge. Aux deux extrémités de ce canal, qui rendit la fertilité et la vie à un vaste territoire, il fonda deux villes, dont il est mention dans l'Ancien Testament, parce qu'à cette occasion il imposa aux Israélites le travail des corvées, savoir *Pithous* (appelé Πάτουμος dans Hérodote), située à l'extrémité occidentale, et *Ramsès* à l'est. Le roi donna à cette dernière son propre nom, et s'y fit élever à lui-même un temple comme dieu Ramsès, du culte duquel on retrouve encore quelques traces sur les monuments de l'ancienne ville. C'est à la cour de Ramsès que fut élevé Moïse, et c'est sous le règne de son fils et successeur, Menephthès, que, vers l'an 1314 av. J.-C., ce même Moïse sortit du pays avec les Israélites. C'est encore de ses expéditions que proviennent les célèbres sculptures égyptiennes que l'on sait aux environs de Beyrout, à l'embouchure du Nahr-el-Kebb (le *Lycos* des anciens). Elles portent la date de la deuxième et de la quatrième année du règne de ce roi, qui, suivant Manéthon et les monuments, régna pendant soixante-six ans. Son quatrième successeur légitime fut *Ramsès III*, le premier roi de la vingtième dynastie. Ce roi se distingua aussi par ses expéditions guerrières et par ses immenses constructions. C'est le riche *Rampsinit* dont parle Hérodote. Tous ses onze successeurs, appartenant à la même dynastie, se nommèrent comme lui *Ramsès*, et ne diffèrent entre eux que par les prénoms qui leur furent ajoutés. Sous eux le royaume, affaibli par sa richesse, tomba en décadence, de sorte qu'à l'extinction de cette dernière dynastie thébaine, la souveraineté passa à une famille de rois de la basse Égypte.

RAMSGATE, ville d'Angleterre, dans la presqu'île de Thanet (comté de Kent). Elle a un grand port, pouvant contenir 300 bâtiments, et protégé par une jetée en pierres, de 18 mètres de largeur, avec un développement de 266 mètres. En été on vient y prendre les bains de mer; et sa population est de 8,200 habitants. A peu de distance en mer sont situés les *Goodwin Sands*, banc de sable extrêmement dangereux.

RAMUS (PETRUS), nom latinisé, suivant l'usage de l'époque, d'un des plus célèbres penseurs du seizième siècle, *Pierre* DE LA RAMÉE, né en 1512, dans un village du Vermandois. Appartenant à des parents trop pauvres pour faire les frais de l'éducation que réclamait son génie, il ne dut qu'à son courage et à sa persévérance la culture qui développa enfin ses heureuses facultés. Poussé par le désir d'apprendre, la première à l'âge de huit ans; deux fois la misère l'en chassa. Admis enfin comme domestique au collège de Navarre, il y fit, presque sans maîtres, de rapides progrès dans la littérature et dans les sciences.

A cette époque d'imminente réforme, un homme soutenu dans sa vie laborieuse par l'insatiable besoin de savoir ne pouvait demeurer étranger au mouvement qui poussait l'esprit contemporain. Aussi Ramus, à peine sorti de son cours de philosophie, qui avait duré trois ans et demi, ayant obtenu le grade de maître ès arts, se déclare-t-il l'adversaire d'Aristote. C'était moins Aristote qu'attaquaient les novateurs que l'étrange abus qu'avaient fait depuis plusieurs siècles du nom de ce grand homme les chefs de l'enseignement, aidés dans leurs prétentions exclusives par les conciles et la Sorbonne. Aristote, aussi profond que Platon, son maître, mais profond d'une autre manière, fournissait, contre son intention, dans sa doctrine analytique et positive, des moyens d'imposer de sévères entraves à l'esprit, toujours aventureux, des libres penseurs. Il avait donc servi d'instrument involontaire à ce besoin du pouvoir religieux, et il fut dès lors attaqué avec tout l'emportement inspiré à ses adversaires par mille motifs qui lui étaient complètement étrangers.

Malgré la supériorité de son génie, Ramus n'a certainement compris ni la logique ni la métaphysique d'Aristote. Il avait jugé ses ouvrages avec la partialité irréfléchie d'un réformateur enthousiaste, sans pénétrer jusqu'au génie profondément analytique duquel ils témoignent, quelles que fussent d'ailleurs les critiques légitimes qu'on eût pu leur adresser dès lors. La témérité ne manqua point aux réformateurs; elle était justifiée à leurs yeux par leur enthousiasme, elle l'était dans le fait par la faiblesse de leurs adversaires. Ramus, qui en 1543 avait publié ses *Institutionum Dialecticorum Libri III* et ses *Animadversationes in dialecticam Aristotelis, libri XX*, s'engagea à disputer tout un jour contre Aristote. Disons-le franchement, ce défi était imprudent. On ne dispute pas contre les subtilités de la scolastique, on la laisse. Dans l'artificieux enlacement de ces arguments captieux, il est impossible de savoir quel est celui des adversaires qui a raison. Offrir le combat, c'est reconnaître la valeur des armes à employer. Ramus, toutefois, triompha complètement; mais Govea, son adversaire, irrité de sa défaite, le peignit comme un impie et un séditieux. Le parlement informa sur cette grave affaire, et prit sous la protection l'amour-propre blessé d'un pédant vaniteux; enfin, le roi évoqua à son conseil le jugement de ce duel aristotélique. Ce ridicule procès se termina par un arrêt plus ridicule encore. Forcé d'abandonner dès le commencement la partie, par la mauvaise foi de ses adversaires, Ramus fut condamné pour avoir osé dire qu'Aristote n'avait pas bien défini la logique. Le chevaleresque François I*er*, l'ami des dames, le poëte élégant, le troubadour couronné, apposa sa signature à un arrêt digne de l'arrêt burlesque de Boileau, et qui déclarait Ramus téméraire, arrogant, impudent, ignorant, homme de mauvaise volonté, médisant, menteur. Pour que rien ne manquât au ridicule, cet étrange arrêt, publié à son de trompe dans les rues de Paris, y excita une joie qui n'eût pas été plus grande pour la plus brillante victoire.

Le loisir que donna à Ramus l'arrêt qui le condamnait fut consacré de sa part à de nouvelles études, et à préparer l'édition des Éléments d'Euclide, qu'il publia en 1544, et qu'il dédia au cardinal de Lorraine.

Après avoir professé la rhétorique au collège de Presles à Paris, avec l'autorisation du parlement et contre le gré de la Sorbonne, il vit enfin, à la prière du cardinal, le roi annuler, en 1545, l'arrêt qui lui défendait d'enseigner la philosophie. Ses ennemis lui disputaient encore le droit de professer à la fois les mathématiques et la rhétorique, lorsque Henri II le nomma professeur de philosophie et d'éloquence au Collège de France, en 1551. Cette faveur du prince ne devait pas toutefois mettre un terme aux malheurs de Ramus. Son esprit hardi et inquiet le poussa bientôt à se déclarer partisan enthousiaste de la réforme. Dans l'ardeur de son zèle, il enleva de la chapelle du collège de Presles les images des saints, et s'exposa ainsi à la colère de ses collègues. Retiré à Fontainebleau, sur l'invitation et sous la protection de Charles IX, dont ses plans sur la réforme de l'université en 1562 avaient attiré l'attention, il y mit sa personne à couvert des effets de leur haine; mais sa maison et sa riche bibliothèque furent pillées. Il reparut au Collège de France l'année suivante (1563), où il empêcha bientôt Jean Dampestre, qu'il convainquit d'incapacité, d'occuper une chaire de mathématiques due à la faveur. Il fut moins heureux contre Charpentier, successeur de Dampestre, auquel il avait en secret acheté sa charge. Ramus voulait le punir, en le privant de son emploi, de cette sorte de simonie littéraire. Il ne réussit pas; Charpentier resta, et lui garda rancune.

L'édit d'Amboise maintenait, depuis 1563, une sorte de paix entre les réformés et les catholiques. Ramus vivait tranquille à l'abri de cette transaction passagère; mais lorsque les troubles religieux recommencèrent, en 1567, il fut obligé de se réfugier dans le camp du prince de Condé. Le rétablissement de l'édit de janvier 1562 le ramena encore une fois au Collège de France; mais l'état des esprits ne lui ayant pas paru rassurant, il prit le parti de voyager. Il parcourut l'Allemagne, où partout il reçut les honneurs dus à sa haute capacité. Ce fut à Heidelberg qu'il fit profession publique de protestantisme. Ramené en France par une sorte de fatalité, en 1571, il périt l'année suivante, victime de la Saint-Barthélemy, à l'instigation de son rival, Charpentier.

Ramus a écrit sur de nombreux sujets (réforme grammaticale, mathématiques, antiquités, philosophie). Ses principaux ouvrages sont ceux qu'il a composés contre Aristote. Comme philosophe, il a beaucoup plus renversé qu'édifié. Il ne reste aucune doctrine de quelque importance qui lui soit due. Cependant, il ne laissa pas de devenir chef d'école; et le *ramisme* fut longtemps la seule philosophie professée dans la plupart des États protestants; longtemps les *ramistes* furent en France de la part des autorités l'objet d'une foule de petites persécutions. Consultez Waddington, *Ramus, sa vie, ses écrits et ses opinions* (Paris, 1855). H. BOUCHITTÉ.

RANBRAS (Le). *Voyez* FINISTÈRE (département du).

RANCÉ (ARMAND-JEAN LE BOUTHILIER DE), célèbre par la réforme de l'abbaye de La Trappe, avait passé la première moitié de sa vie au sein des plaisirs mondains, quoiqu'il eût été de bonne heure revêtu du caractère ecclésiastique. Né à Paris, le 9 janvier 1626, d'une famille dont les membres avaient été élevés à d'éminentes fonctions dans le ministère et dans le clergé, il avait eu le cardinal de Richelieu pour parrain, et pour marraine la marquise d'Effiat, femme du surintendant des finances. On le destinait d'abord à la profession des armes; mais la mort de son frère aîné ayant laissé vacants de riches bénéfices, il reçut la tonsure à dix ans pour pouvoir y succéder. Doué de facultés brillantes, il reçut une éducation propre à les développer. L'astrologie judiciaire, qui excitait alors une curiosité générale, l'occupa quelque temps ; mais la théologie devint sa principale étude ; il se livra à la lecture de l'Écriture Sainte et des Pères de l'Église. Dès son début dans la prédication, il se fit remarquer par une élocution facile et par l'autorité de sa parole. Une grande fortune, des avantages extérieurs, un esprit agréable, le firent rechercher dans le monde, et les succès qu'il y obtint le détournèrent longtemps de cette vie régulière que doit imposer le sacerdoce. Il passait alors pour avoir des liaisons très-intimes avec le parti de Port-Royal, qui commençait à soutenir son ardente controverse contre les jésuites. D'un autre côté, il était en relation avec le coadjuteur, depuis cardinal de Retz, ce qui ne contribuait pas à le faire bien venir du cardinal Mazarin, ministre dirigeant. Ses liaisons dans le parti de la Fronde ne se bornaient pas là. La duchesse de Montbazon, appelée *la belle des belles*, avait inspiré au jeune abbé de Rancé une vive passion, que l'on disait même partagée. On a prétendu que la mort de cette dame avait été un des principaux motifs de sa conversion et de sa retraite du monde. Quoi qu'il en soit, ce fut peu de temps après cette mort, arrivée le 8 avril 1657, que l'abbé de Rancé se retira d'abord à la campagne pour réfléchir au parti qu'il devait prendre. De cette époque date la réforme qu'il commença par opérer sur lui-même et sur sa vie dissipée. Il bannit de sa maison le luxe et les plaisirs ; il congédia la plupart de ses domestiques, vendit sa vaisselle et ses meubles précieux pour en distribuer le prix aux pauvres ; il régla sa table de la manière la plus frugale, et s'interdit jusqu'aux récréations les plus innocentes, pour ne s'occuper que de la prière et de l'étude des choses saintes. Regardant tous ses biens comme le patrimoine des pauvres, il se hâta de les leur distribuer ; et se démit de tous ses bénéfices, à la réserve de l'abbaye de La Trappe, que le roi lui permit de tenir non plus en commende, mais comme abbé régulier : ce fut en 1662 qu'il s'y retira.

L'ancienne discipline monacale s'était relâchée depuis longtemps dans cette maison, et des abus s'y étaient introduits. L'abbé de Rancé entreprit de les réformer. Pour mieux se préparer à l'entreprise qu'il méditait, il s'enferma dans le monastère de Notre-Dame de Persécigne, et le 13 juin 1663 il y prit l'habit de l'étroite observance de Citeaux. Il passa tout le temps de son noviciat dans les pratiques de la règle la plus austère, et il n'en voulut rien relâcher, malgré le mauvais état de sa santé. De là il revint à La Trappe, où il jeta les fondements de sa célèbre réforme. Il borna d'abord à interdire à ses religieux l'usage du vin et du poisson, et à leur prescrire le silence et le travail des mains. En 1664 il se rendit à une assemblée des supérieurs de l'observance de Citeaux, et il fut député à Rome pour y soutenir la nécessité d'étendre la réforme à tous les monastères de l'ordre ; mais son opinion ne put prévaloir dans le collège des cardinaux. A son retour à La Trappe, il assembla ses religieux, et leur fit part de son projet de rétablir la règle primitive dans toute sa sévérité. Tous y consentirent, et renouvelèrent leurs vœux entre ses mains. Dès lors les pratiques de la pénitence la plus rigoureuse, jointes à la prière et au travail des mains, se partagèrent le temps de ses moines. Cette austérité même de La Trappe attira bientôt des religieux des autres ordres en si grand nombre que les supérieurs recoururent au pape pour obtenir un bref qui défendît de les y recevoir. L'abbé rétablit à La Trappe l'usage de l'ancienne hospitalité, pratiquée par les premiers fondateurs. Quoique l'abbaye n'eût pas 10,000 livres de revenu, cette somme lui suffit pour subvenir aux dépenses des visiteurs, qui venaient s'édifier dans cette solitude et pour fournir aux besoins des pauvres du voisinage.

Les relations qu'il avait eues autrefois avec Port-Royal semblaient devoir le mêler aux querelles du jansénisme, et l'on essaya de l'amener à y prendre part ; mais il se contenta de signer le formulaire, sans y joindre aucune explication. L'excessive austérité du régime auquel les solitaires de La Trappe étaient soumis fit naître parmi eux diverses maladies, qui provoquèrent des représentations de la part de plusieurs évêques ; ceux-ci engageaient l'abbé à se relâcher un peu de la rigueur de sa règle, mais il ne voulut pas y consentir. Au nombre des ouvrages qu'il composa dans sa retraite, on distingue le traité *De la sainteté et des devoirs de la vie monastique*, qui parut être une critique de la vie studieuse des bénédictins de la congrégation de Saint-Maur, et qui suscita plusieurs réfutations.

Tout en passant ses jours au fond du désert, l'abbé de Rancé ne put jamais se détacher complétement du monde, où il avait laissé un grand nombre d'amis ; il entretenait une correspondance très-active avec eux, et une foule de personnes, même étrangères, lui écrivaient pour lui demander des conseils de conduite et pour le consulter sur les intérêts de leur salut. Enfin, il mourut, comme tous les religieux de La Trappe, couché par terre sur la paille et la cendre, à l'âge de soixante-quinze ans, le 26 octobre 1700.

ARTAUD.

RANCHEROS (de l'espagnol *rancho*, compagnonnage). On appelle ainsi au Mexique les gens des campagnes provenant d'un mélange de sang espagnol et de sang indien, et qui, toujours en selle depuis leur enfance, sont aussi intrépides cavaliers que bons chasseurs, et forment la plus grande partie des troupes à cheval, une espèce de cavalerie irrégulière. Dans la dernière guerre contre les États-Unis on a eu la preuve que cette cavalerie pouvait rendre de bons services. Les *rancheros*, hommes à la taille maigre, à la figure rembrunie, aux membres musculeux, sobres et durs à la fatigue, sont toujours prêts à tenter les entreprises les plus audacieuses. Ils vivent dans la polygamie.

RANCIO. Voyez GRENACHE (Vin de).

RANÇON (de l'allemand *ramsion*). Jadis il fallait racheter les prisonniers de guerre moyennant une somme d'argent que payait à celui qui les avait pris. Cet usage dura jusqu'aux guerres de la révolution. En 1780 un traité avait encore été conclu entre la France et l'Angleterre pour l'échange des prisonniers de guerre. On y spécifiait les rapports des différents grades entre eux et les sommes à payer comme *rançon*. Un vice-amiral français, un amiral commandant en chef anglais, un maréchal de France ou un feld-maréchal anglais, étaient évalués valoir soixante matelots ou simples soldats. La somme à payer pour un simple soldat était 25 fr., et elle augmentait en raison du grade. Mais à l'époque des guerres de la révolution, la France déclara qu'elle ne payerait plus de *rançon* ; et depuis lors on n'a plus échangé de prisonniers qu'à égalité de grade. Il n'y a aujourd'hui que les forbans ou, en temps de guerre, les corsaires qui exigent des *rançons*.

RANELAGH. Quelques années avant la révolution, lorsque l'anglomanie était devenue générale, on emprunta ce nom à un établissement de divertissements publics existant alors aux environs de Londres pour le donner à une vaste rotonde construite dans le bois de Boulogne, à peu de distance du château de la Muette, et destinée à des bals publics. Il n'y a pas longtemps encore que les *bals du Ranelagh* étaient en possession presque exclusive de l'été d'attirer les *Rigolette*, les *Frisette*, les *Brididi* et autres célébrités du quartier Bréda. Mais depuis que les chemins de fer ont mis à cinq minutes de Paris les fêtes d'Enghien et celles du parc d'Asnières, les *lorettes* qui se respectent rougiraient autant d'être aperçues au Ranelagh qu'à la *Closerie des Lilas*. C'est vers un autre point du bois de Boulogne, régénéré, que se porte maintenant la foule ; et les fêtes champêtres du *Pré Catelan* ont fait oublier les splendeurs du Ranelagh.

RANELLE, genre de mollusques de la famille des canalifères. L'animal étant semblable à celui des rochers, ce genre est caractérisé seulement par la forme de la coquille ovale ou oblongue, subdéprimée, canaliculée à sa base, et ayant à l'extérieur des bourrelets distiques, c'est-à-dire formant une rangée longitudinale de chaque côté à intervalle d'un demi-tour. On connaît près de quarante espèces de ce genre.

RANG. Ce mot est synonyme d'*ordre*, de *disposition* de plusieurs choses ou de plusieurs personnes sur une même ligne. En termes d'art militaire, c'est une suite de soldats placés à côté les uns des autres, soit qu'ils marchent, soit qu'ils se tiennent rangés en bataille; ou bien encore l'ordre établi pour la marche et le commandement des différents corps.

Au figuré, c'est la place qui appartient, qui convient à chacun ou à chaque chose parmi plusieurs autres. Les questions de préséance, parfois très-difficiles à résoudre, et si fréquentes en France entre fonctionnaires publics, proviennent des classifications de rang introduites dans la société, et consacrant d'une manière plus ou moins formelle les d i s t a n c e s s o c i a l e s. Les souverains se considèrent tous comme égaux entre eux, et d'ordinaire bannissent toute étiquette dans les occasions où il leur arrive de se rencontrer. Dans les congrès l'usage s'est établi depuis 1815 qu'on suivrait toujours l'ordre alphabétique pour les signatures de traités et autres pièces officielles.

Les États de l'Europe ont été classés par les publicistes en puissances de premier, de second, de troisième et de quatrième ordre. Les États de premier rang sont ceux qui comptent une population de dix à douze millions d'âmes et au-dessus; les États de second rang sont ceux qui ont depuis trois millions jusqu'à dix millions d'habitants; les États de troisième rang, ceux qui n'ont que d'un à trois millions d'habitants. Enfin, les petits souverains d'Allemagne et d'Italie composent les États de quatrième rang.

Il n'y a pas de pays au monde où l'ordre des rangs entre les différentes classes de fonctionnaires et d'habitants soit aussi rigoureusement tracé et déterminé qu'en Angleterre. Sans parler des princes de la famille royale, on y compte soixante-deux degrés de classification, depuis l'archevêque de Cantorbéry et le lord chancelier jusqu'aux simples manœuvres. Les fils aînés de barons y ont encore le pas sur les *membres du conseil privé*, et les fils aînés de simples *baronets* ou chevaliers sur les colonels, après lesquels viennent les docteurs en droit et ceux des diverses facultés, les *esquires*, les *gentlemen*, etc. Il en résulte qu'on n'y voit jamais éclater dans les occasions officielles, entre fonctionnaires publics, de ces querelles de préséance qui sur le continent prêtent tant à rire aux spectateurs désintéressés. En Russie le rang des fonctionnaires de l'ordre administratif est complètement assimilé à la hiérarchie militaire.

RANGIER (*Blason*). Voyez MEUBLES.

RANGOUN (Les Anglais écrivent *Rangoon*; les Birmans écrivent *Rankong* et prononcent *Yangong*), c'est-à-dire *ville de la paix*; ville du Pégu, province de l'Empire Birman, dans l'Inde au delà du Gange, incorporée à l'Inde Britannique depuis le 20 décembre 1852, jusque alors le principal port de mer et la seule ville maritime importante des Birmans, est située à quatre myriamètres de la mer, sur le bras oriental de l'embouchure de l'Irrawaddy, qui, communiquant dans toutes les saisons avec la principale artère de ce vaste système de navigation intérieure, et offrant à marée basse 6 mètres d'eau, et de 8 à 10 à marée haute, y forme un excellent port, capable de recevoir les navires de commerce des plus fortes dimensions et même des vaisseaux de guerre. En outre, par le voisinage de riches forêts de *teaks*, dont le bois de charpente peut commodément y être amené par la simple voie du flottage, Rangoun est devenu le premier chantier de construction de l'Inde Anglaise, où, sous la direction de constructeurs anglais, se sont formés de très-laborieux et très-adroits charpentiers, qui ont déjà construit pour les Européens une foule de bâtiments jaugeant jusqu'à 1,000 tonneaux inclus. La ville est entourée de palissades; elle a des rues étroites, traversées par des canaux, de misérables maisons bâties sur pilotis de bambous, un fort ou plutôt un retranchement entouré d'un côté de pieux de *teak*, et de l'autre de marais. On n'y voit point d'édifices importants et d'utilité publique, mais en revanche une foule de constructions inutiles, comme des monuments à Bouddha et des couvents. Les données sur le chiffre de la population varient depuis 12,000 jusqu'à 30,000 habitants.

Rangoun était autrefois le seul point de l'Empire Birman où il fût permis aux Européens de séjourner et le seul ouvert au commerce étranger, un port libre pour tous les pavillons, quoique le commerce s'y trouvât depuis longtemps pour la meilleure partie aux mains des Anglais. Parmi les nombreux articles d'exportation figure en première ligne le bois de *teak*, dont il se consomme dans l'Inde Anglaise d'immenses quantités comme matériaux de construction. La plus grande curiosité de Rangoun est la vaste pagode qui l'avoisine, et qu'on appelle *Schœ-Dagong*, c'est-à-dire maison d'or; massif et imposant édifice, avec une tour d'environ 100 mètres de hauteur, dont le couronnement, haut de 12 mètres, est en or. Toutefois, elle le cède encore pour la grandeur et la magnificence à la bien autrement grande *Schœ-Mandou*, à Pégu, quoiqu'elle soit plus célèbre à cause de ses reliques (huit cheveux de Gautama ou du quatrième Bouddha) que par sa cloche, du poids d'environ 25,000 kilogrammes. Aussi est-ce un lieu de pèlerinage très-fréquenté, auquel se rattache une foire des plus actives, tenue au printemps. C'est seulement après la destruction des villes de Pégu et de Syriân, en 1755, par le despote Alompra, que Rangoun fut érigée en capitale du Pégu; et depuis lors elle forma la seconde ville de l'Empire Birman. Une amende dont le gouvernement birman de la ville frappa, en juin 1851, deux négociants anglais et son refus d'en donner satisfaction servirent de prétexte au renouvellement de la guerre entre les Anglais et les Birmans; guerre dans laquelle les premiers, aux ordres du général Godwin et de l'amiral Austin, s'emparèrent après une opiniâtre résistance, le 14 avril 1852, de la grande pagode, et peu de jours après de la ville elle-même.

RANKE (LÉOPOLD), l'un des plus célèbres historiens de notre époque, professeur d'histoire à l'université de Berlin et historiographe de Prusse, né le 21 décembre 1795, en Thuringe, se destina de bonne heure à l'enseignement, et consacra les rares loisirs que lui laissaient ses fonctions de professeur au gymnase de Francfort-sur-l'Oder, à l'étude de l'histoire. Le premier fruit de ses travaux historiques fut son *Histoire des Populations Romaines et Germaines*, de l'an 1494 à l'an 1535 (Berlin, 1824); et tout de suite après il fit paraître un *Essai sur la Critique des nouveaux Historiens* (1824); ouvrages qui attirèrent tellement sur lui l'attention, que dès l'année suivante on lui offrit le titre de professeur agrégé près l'université de Berlin. Les secours que le gouvernement mit à sa disposition lui permirent ensuite de visiter Vienne, Venise et Rome, où il recueillit de précieux documents historiques, notamment dans les archives de Venise. Il consigna le résultat des travaux que ce voyage lui fournit occasion de faire, dans le livre intitulé *Les Princes et les Peuples de l'Europe méridionale aux seizième et dix-septième siècles* (Berlin, 1827) et dans sa *Conspiration contre Venise en 1688* (1831); deux productions où il a fait preuve d'un rare talent d'exposition, d'une sagacité toute particulière et de la connaissance approfondie de la situation où se trouvaient à cette époque la monarchie espagnole et l'empire des Osmanlis. Le livre qu'il publia ensuite sous le titre de : *Les Papes de Rome, leur Église et leur politique au seizième et au dix-septième siècle* (3 vol., Berlin, 1834-36; 2e édition, 1837-30), eut une portée encore plus élevée. Mais de toutes les productions que M. Ranke a publiées jusqu'à ce jour, celle qui occupe le rang le plus distingué sous le rapport de la profondeur des recherches, comme aussi pour la distinction de la forme, est son *Histoire d'Allemagne à l'époque de la Réformation* (1839-1843). On peut considérer comme la suite de cet important ouvrage les neuf livres de l'*Histoire de Prusse*, que l'auteur fit paraître en 1847, et qu'il acheva au milieu des tempêtes de 1848. Élu alors député au parlement de Francfort, il y fit partie de la députation chargée d'aller offrir à l'archiduc Jean le vicariat de l'Empire. En 1852 il a commencé la publication d'une *Histoire de France pendant le seizième et le dix-septième siècle* (tomes I et II; Stuttgard, 1853).

RANTZAU (Famille de). Cette maison illustre, qui prétend remonter au huitième siècle, compte des branches établies en Danemark, en Holstein et en Mecklembourg.

Henri de RANTZAU, de la branche de Breitenbourg en Holstein, né en 1526, mort en 1599, fils de Jean de Rantzau, et qui lui succéda dans ses fonctions de gouverneur général des duchés de Schleswig-Holstein, ordinairement désigné par le surnom de *le Savant*, fut aussi célèbre par ses richesses que par le noble emploi qu'il en fit pour récompenser les savants et encourager les sciences. Il composa lui-même divers ouvrages en latin, et fit les frais de la publication de divers autres livres, par exemple de la première édition du *Chronicon* d'Albert de Stade, d'après un manuscrit qui se trouvait dans sa magnifique bibliothèque.

Daniel de RANTZAU, né en 1529, le membre le plus illustre de cette famille, avait fait ses études à Wittemberg, et servit plus tard dans les armées de l'empereur Charles-Quint. A son retour dans sa patrie, il prit part aux expéditions du roi de Danemark, Frédéric II, contre les Dithmarses et ensuite contre les Suédois; plus tard ce monarque lui confia le commandement de toutes ses troupes. Il fut tué en 1569, au siège de Warburg.

Josias de RANTZAU, né en 1609, maréchal de France et gouverneur de Dunkerque, avait d'abord été au service du Danemark, et vint à Paris en 1635, avec Oxenstierna. Son courage personnel et ses rares talents comme général le rendirent célèbre à bon droit. Dans ses nombreuses campagnes il n'avait été blessé moins de soixante fois; il avait perdu un bras et une jambe. Il mourut en 1650.

Christophe de RANTZAU, petit-fils de Henri, né en 1625, fut créé comte de l'Empire par l'empereur Ferdinand III; après s'être converti à la foi catholique, il remplit à la cour de ce prince la charge de grand-chambellan.

Christian-Detlew, comte de RANTZAU, périt en 1721, assassiné, à l'instigation de son frère cadet, qui expia ce crime par un emprisonnement perpétuel. Le comté de Rantzau fit alors retour à la couronne de Danemark.

La famille de Rantzau est partagée aujourd'hui en trois branches, à savoir: celles de *Rastorff*, de *Breitenburg* et de *Schmoll et Hohenfelde*. La première et la dernière se subdivisent en deux rameaux.

RANZ DES VACHES (en allemand *Kuhreihen* ou *Kuhreigen*). C'est le nom qu'on donne à l'antique mélodie nationale que les bergers de la Suisse ont l'habitude de chantonner ou de faire résonner dans leurs pipeaux en menant paître leurs troupeaux; air bucolique, sans art, grossier même, mais devenu fameux, européen, par les effets sympathiques qu'il exerçait sur les montagnards helvétiens, au temps de l'âge d'or de l'Helvétie, il y a un siècle. Dans les régiments suisses à la solde de France, sitôt que la cornemuse s'enflait pour jouer cet air, une douce joie brillait dans les yeux de ces fiers soldats; mais aussi ils n'entendaient pas plus tôt ces sons rustiques et si connus que répétaient si souvent les échos de leurs montagnes, que la patrie, leurs chalets, leurs rochers, leur enfance, leurs sœurs, leur vieux père, leur fiancée, que se reflétaient sur leur âme avec tant de vivacité, qu'une mélancolie profonde succédait à cette première joie. La plupart d'entre eux n'y pouvaient résister; les uns désertaient, d'autres tombaient dans une langueur incurable, et beaucoup mouraient. Dès lors le code militaire défendit de jouer cet air, sous peine de mort. Telle est la puissance des chants nationaux qu'elle électrise comme le feu du ciel. Que de pleurs ruisselaient sur les joues des Juifs captifs à Babylone, si au pied des saules pâles de l'Euphrate quelques voix mélancoliques qu'ils avaient entendues dans le temple venaient à leur tour chanter un des cantiques des *Montées*, c'est-à-dire le chant du départ si désiré pour Jérusalem, bâtie sur les hauteurs de Sion! On nous dira que le *Ranz des Vaches*, tout rustique, com-

posé sans doute par quelque ancien bouvier inconnu, ne peut être comparé aux magnifiques cantiques des enfants de Coré. Nous répondrons que villanelle sans art, il n'en a pas moins une des conditions voulues par toute musique, l'art de toucher. C'est dans le trois-huit qui commence d'abord par un adagio plaintif, où quatre mesures de suite redisent les mêmes notes, et rien n'est plus mélancolique que ces répétitions; les grands compositeurs l'ont bien senti: Mozart et Beethoven surtout, génies aimant la solitude, en eurent le sentiment comme le bouvier helvétien: tous les trois l'avaient pris dans la nature. Après l'adagio du *Ranz des Vaches*, vient un allégro où l'âme semble secouer sa mélancolie; puis elle y retombe par un court adagio, puis elle se relève par un allégro, puis, enfin, elle semble s'absorber à jamais dans sa tristesse, sous les notes d'un adagio de vingt-et-une mesures qui termine l'air. DENNE-BARON.

Depuis Viotti jusqu'à Lafont, la plupart de nos virtuoses ont essayé d'introniser le *Ranz des Vaches* dans nos concerts; la reine Anne avait fait aussi de vains efforts pour le naturaliser à sa cour; mais il est pareil à une fleur bien indigène, qui ne veut briller que sur le sol où Dieu l'a mise et qui se fane partout ailleurs. C'est dans les Alpes qu'il faut l'entendre, c'est « dans les lieux mêmes où il fut fait, dit Bridel, au milieu des rochers des Alpes, sur la porte d'un chalet. Il lui faut les accompagnements de la nature, le fracas d'un torrent et le bruissement des sapins agités, qui sert de basse continue, la voix de l'écho qui le répète et le prolonge, les beuglements des vaches qui y répondent, le carillon de leurs cloches qui y jette au hasard des sons aigus à intervalles inégaux; il est du plus grand effet dans nos hautes solitudes, et semble donner aux paysages alpestres quelque chose de solennel et de mystérieux, surtout quand il est exécuté de nuit sur les flancs de l'Alpe opposée, sans qu'on aperçoive ni les chanteurs ni les instruments, et que le silence absolu de l'heure ou du lieu est brusquement rompu par des modulations simples, tristes et presque sauvages, dont la répétition n'est point monotone. »

Il ne faudrait pas croire que le *Ranz des Vaches* fût le même pour toute la Suisse; au contraire, sans rien perdre de sa nationalité, on a varié à l'infini le type primitif qui le caractérise. Chaque canton a le sien, marqué de son génie particulier. Ainsi, celui de l'Oberhasli, composé sans doute originairement dans le canton d'Appenzell, est doux et suave comme le lait de ces vallées, sa longue énumération des vaches du troupeau; *Brauni*, *Gyge*, *Rami*, *Braudi*, *Chaggi*, etc., fait souvenir des érodes de la Bresse, qui se terminent aussi par l'appel nominal des attelages. Le *kuhreihen* de l'Emmenthal peint la gaieté des vachers de cette contrée, dont il nomme joyeusement les magnifiques prairies. Les pâtres du Niesen ont également le leur, qui semble se bercer, s'ébattre mollement comme la brise dans les pâturages boisés du Siebenthal. Mais de tous les *ranz* c'est celui du canton de Vaud qui prend le pas sur les autres pour la beauté de la mélodie, c'est aussi le plus fameux de tous. G. OLIVIER.

RAOUL ou **RODOLPHE**, duc de Bourgogne, fils de Richard, usurpa la couronne de France après la mort de Robert, son beau-père, qui s'en était emparé au détriment de Louis d'Outre-mer, fils de Charles le Simple. Raoul était monté sur le trône du consentement de Hugues, son beau-frère, en 923, et mourut en 936. Sa mort fut suivie d'un interrègne.

RAOULX, l'un des quatre sergents de La Rochelle. *Voyez* BORIES.

RAOUSSET-BOULBON (GASTON RAOULX, comte de), aventurier contemporain, né à Avignon, en 1817, d'une bonne famille noble de Provence, fut élevé au collège des jésuites de Fribourg, et arrivé à l'âge de sa majorité, se trouva mis par son père en jouissance de la fortune considérable laissée par sa mère, qu'il avait eu le malheur de perdre au berceau. Le jeune homme, ainsi prématurément émancipé, et qui dès son enfance avait témoigné d'une humeur impétueuse et passionnée, accourut à Paris dissiper cette fortune dans les plaisirs du monde élégant, où un nom brillant, une figure belle et expressive et d'insouciantes prodigalités l'eurent bientôt fait remarquer. Compté pendant plusieurs années au nombre des *viveurs* de l'époque, il s'aperçut un beau jour qu'il ne lui restait presque plus rien de l'héritage maternel, grossi pourtant encore depuis par l'héritage paternel. Alors, il recueillit les derniers débris de fortune qui lui restaient, et renonçant au tourbillon parisien, il partit bravement en 1845, à l'âge de vingt-huit ans, pour l'Algérie, où par son activité et son intelligence il espérait parvenir à se reconstituer une grande et belle existence. Il y tenta sur une vaste échelle des travaux de colonisation, que la révolution de Février ruina complètement, et s'en revint alors en France, où il se jeta dans le mouvement républicain. Il fonda à Avignon un journal intitulé *La liberté*, où il défendit d'abord avec ardeur les idées du jour; mais comme il avait l'âme honnête, il eut encore une fois perdu bien vite ses illusions, et se vit réduit à combattre énergiquement dans ce même journal les démagogues, qui déjà étaient en train de perdre la pauvre république, à laquelle il avait cru un instant, sur la foi de M. de Lamartine. Dégoûté du gâchis effroyable résultat de la lutte de la démagogie et de la réaction contre-révolutionnaire, Raousset-Boulbon, qui avait épuisé toutes ses ressources, était de retour à Paris en 1850. Les quatrièmes pages de journaux n'étaient à ce moment remplies que des mirobolantes promesses des sociétés en commandite qui se créaient à l'envi pour aller exploiter les fabuleuses richesses aurifères de la Californie. Raousset-Boulbon avait de bonnes raisons pour ne pas songer à devenir actionnaire de l'une de ces sociétés, de l'avenir prospère desquelles il ne doutait pourtant pas; c'est seulement comme *settler*, comme pionnier, comme chercheur d'or dans les *placers*, qu'il pouvait avoir sa légitime part dans les bénéfices de quelques-unes de ces associations. Son parti fut donc bientôt pris; et après s'être équipé du mieux qu'il put, fort à la légère comme il est facile de le penser en raison du profond dénûment dans lequel il était tombé, il débarqua à San-Francisco en août 1850. Ainsi que tant d'autres il n'y eut pendant quelque temps d'autres moyens d'existence que le produit de son travail comme portefaix. Ensuite, il s'associa avec quelques autres aventuriers pour aller se procurer au Mexique un troupeau de vaches, qu'ils ramenèrent en Californie en le chassant devant eux de savane en savane. La spéculation réussit médiocrement; mais elle fit naître dans l'esprit éminemment aventureux de Raousset-Boulbon une grande et féconde pensée. Il avait vainement apprécié de l'état de décomposition où le Mexique en est successivement arrivé à force de passer par d'incessantes et éphémères dictatures militaires; il avait compris qu'avant peu ce beau pays devait être entièrement absorbé par les yankees des États-Unis, et il conçut le projet de grouper dans la Sonora, longtemps l'une des plus fertiles et des plus populeuses provinces du Mexique, l'émigration française qui végétait en Californie. Sur ses indications, une compagnie française se forma en Californie pour l'exploitation des mines de la Sonora, et notamment des riches mines d'Arrizona, longtemps abandonnées, à cause du voisinage immédiat des Indiens Apaches, dont les dévastations s'étendaient sur toute la Sonora. Un traité régulier fut passé avec le gouvernement mexicain pour la constitution d'une association commerciale et militaire à la tête de laquelle on plaça le comte de Raousset-Boulbon. Celui-ci réunit sous ses ordres 270 hommes déterminés, et débarqua à Guaymas; mais une cruelle déception l'attendait à la petite expédition. Manquant à la parole donnée, le gouvernement mexicain avait concédé à une autre compagnie les pouvoirs précédemment accordés à la compagnie française de Californie. La place était donc déjà prise, et les autorités locales avaient ordre de s'opposer, même par la force des armes, à ce que le comte de Raousset-Boulbon tentât de revendiquer l'exercice de ses droits. Après un délai de cinq à six semaines, passées d'une part à protester contre la violation du contrat, à invoquer la garantie et la protection du représentant de la France à Mexico contre le manque de foi du gouvernement mexicain, et de l'autre à user de tous les moyens pour répandre la discorde et le découragement dans les rangs des 270 aventuriers, Raousset-Boulbon prend la résolution d'obtenir par la force des armes ce qu'on lui refuse par la voie amiable, et il *déclare la guerre au Mexique!* Les lettres qu'il écrivit à cette époque à ses amis en Californie et en Europe prouvent qu'il avait songé dès lors à doter la France de la province dont il entreprenait la conquête, et qui serait facilement devenue la plus magnifique de nos colonies. Après avoir battu en diverses rencontres, et notamment à Hermosillo, les troupes mises par le gouvernement mexicain à la disposition du général Blanco, ainsi que les gardes nationales réunies par celui-ci pour repousser l'invasion de la petite armée d'aventuriers français, Raousset-Boulbon vit misérablement avorter son entreprise, parce que la compagnie dont il était l'agent consentit à l'abandon de ses droits moyennant une indemnité de 40,000 piastres. Il revint alors à San-Francisco, rêvant plus que jamais aux moyens de mettre à exécution ses grands projets sur la Sonora. Bientôt lui arriva une lettre du ministre de France à Mexico, qui l'invitait de la manière la plus pressante à se rendre dans cette capitale. Santa-Anna, triomphant, venait d'y réinstaller pour la troisième ou quatrième fois sa dictature. Il offrit le commandement d'un régiment mexicain à notre aventurier, qui se mêla imprudemment à un complot de généraux contre le dictateur. Prévenu à temps de la découverte de ce complot, Raousset-Boulbon fut assez heureux pour pouvoir s'échapper de Mexico et arriver sain et sauf à Francisco, où il reprit de plus belle l'exécution de ses projets sur la Sonora, que semblait favoriser la résolution prise par le gouvernement mexicain d'engager lui-même en Californie quelques milliers d'aventuriers français comme colons-militaires, à l'effet d'exploiter la Sonora. Ce projet fut pourtant abandonné, lorsque déjà un bataillon de ces aventuriers était arrivé à Guaymas. Trompant alors la surveillance des autorités de San-Francisco, Raousset-Boulbon s'embarque avec quelques centaines d'hommes déterminés, débarque de nouveau à Guaymas, et se met à la tête du bataillon français qui s'y trouve caserné. La population mexicaine s'insurge contre les envahisseurs, qui finissent par être accablés sous le nombre et sont contraints de mettre bas les armes. Raousset-Boulbon était du nombre des prisonniers; comme chef du soulèvement, il fut traduit devant un conseil de guerre, condamné à mort et fusillé le 12 août 1854. Il mourut avec le plus grand calme. Consultez Jules de La Madelène, *Le comte Gaston de Raousset-Boulbon, sa vie et ses aventures* (Paris, 1855).

RAPACES, premier ordre de la classe des oiseaux. Les rapaces, que l'on appelle encore *oiseaux de proie*, *accipitres*, etc., se nourrissent presque tous de chair, soit qu'ils attaquent les animaux vivants, soit qu'ils se repaissent de cadavres. Leur organisation répond parfaitement à ce but : ainsi, doués de moyens puissants de locomotion aérienne, ils offrent pour principaux caractères un bec robuste, crochu à la pointe et couvert à sa base d'une membrane [voyez CIRE (*Ornithologie*)]; des jambes charnues, emplumées jusqu'au talon et quelquefois jusqu'aux doigts; des doigts au nombre de quatre, trois devant, un en arrière, libres, très-flexibles, verruqueux en dessous; des ongles mobiles, plus ou moins rétractiles, épais à la base, comprimés latéralement, et généralement très-crochus.

Les méthodistes divisent les rapaces en deux grandes familles, celles des *diurnes* et celle des *nocturnes*, division basée sur une différence de mœurs. La famille des diurnes renferme les *vautours* (*vautours* proprement dits, *cathartes*, *pérenoptères*, *griffons*), les *faucons* (*faucons* proprement dits, *gerfauts*), et les *aigles* (*aigles* proprement dits, *aigles-pêcheurs*, *balbu-*

zards, *circaètes, harpies, aigles-autours autours, éperviers, milans, élanions, bondrées, buses, busards, messagers*), tous ayant les yeux dirigés sur les côtés. La famille des nocturnes, caractérisée par de grands yeux dirigés en avant, entourés d'un cercle de plumes effilées, dont les antérieures recouvrent la cire du bec, et les postérieures l'ouverture de l'oreille, se compose des chouettes (*hiboux, chouettes* proprement dites, *effrayes, chats-huants, ducs, chevêches, scops*).

RAOUX (JEAN), peintre français, et l'un des chefs de l'école trop facile qui eut tant de succès au dix-huitième siècle, était né à Montpellier, en 1677. Il eut d'abord pour maître le portraitiste Ranc le père, mais l'ayant quitté fort jeune, il vint à Paris, et entra dans l'atelier de Bon Boullogne. C'était faire choix d'un guide peu sûr ; heureusement qu'un prix remporté à l'Académie, en 1704, conduisit Raoux à Rome, puis à Venise, où il apprit, en matière de couleur et de lumière, ce que Bon Boullogne n'aurait pas su lui enseigner. Rentré en France en 1714, il peignit avec un grand succès des têtes de fantaisie, des pastorales, des portraits de femmes et quelques compositions un peu plus sérieuses, sinon par le faire, du moins par le sujet. L'Académie de Peinture le reçut, en 1717, comme peintre d'histoire, sur un tableau de *Pygmalion amoureux de sa statue*. L'argent pas plus que la gloire ne manqua à Raoux. Le grand-prieur de Vendôme, qu'il avait connu en Italie, lui donna un logement en son hôtel du Temple avec une pension de mille livres. Quand le prieur vint à mourir, le chevalier d'Orléans, son successeur, accorda à Raoux les mêmes libéralités. Se sachant fort goûté en Angleterre, l'artiste alla faire un voyage à Londres, et il y laissa plusieurs ouvrages importants. Puis il revint mourir à Paris, en 1734.

La renommée n'est pas demeurée fidèle à Raoux. C'est qu'en effet sa peinture est molle et sans consistance : il a poussé le *flou* bien au delà des limites permises. Mais sa couleur ne manque pas d'une certaine fraîcheur, séduisante et fine. Grâce à ces qualités, dont les gens du monde seront toujours touchés, les tableaux de Raoux ont conservé de la valeur. Le musée du Louvre ne possède de Raoux qu'une fade composition, *Télémaque chez Calypso* ; le musée de Versailles conserve le portrait de Mme Boucher en Vestale (1733). Paul MANTZ.

RAPATEL (PAUL-MARIE, baron), général de division, ancien représentant de la Seine à l'Assemblée législative, ancien pair de France, etc., naquit à Rennes, le 13 mars 1782. Entré au service sous l'empire, il était lieutenant lorsqu'en 1806 il reçut la décoration de la Légion d'Honneur. Nommé colonel le 22 juin 1814, baron en 1816, il commandait le 5e léger lors des troubles de Nantes, le 15 juillet 1822, et fut alors accusé par la presse royaliste de n'avoir pas agi avec toute la vigueur nécessaire ; assertion contre laquelle le baron Rapatel réclama par une lettre où il protestait de sa fidélité envers *le roi et son auguste famille*. Quelques jours après, il paraissait comme témoin dans l'affaire de Saumur. Il accusa Berton de lui avoir offert d'entrer dans un complot contre le gouvernement royal, en lui promettant le grade de maréchal de camp et une dotation de 10,000 fr. de rentes. Berton protesta contre cette déposition, s'étonnant que le colonel ne l'eût pas fait arrêter. Rapatel répondit qu'il avait averti le ministre de la marine, et le procureur général félicita le colonel en lui disant : « Nous sommes pénétré de l'excellente conduite que vous avez tenue dans cette circonstance. » Le gouvernement prouva encore sa satisfaction à Rapatel en le nommant maréchal de camp, le 11 août 1823, et en lui donnant un commandement dans l'expédition d'Espagne. Mis ensuite en disponibilité, il fut nommé lieutenant général le 9 janvier 1833, et employé à l'armée d'Afrique. En 1836, après le départ du maréchal Clauzel, il fut appelé à la place de gouverneur général par intérim en attendant le général Damrémont. En 1837 il fut rappelé en France, reçut le cordon de grand-officier de la Légion d'Honneur, et fut élevé à la dignité de pair de France le 4 juillet 1846. La révolution de Février lui fit prendre sa retraite. Après la journée du 15 mai, la 2e légion de la garde nationale de Paris le choisit pour colonel. Dans les événements de juin, il se battit bravement à la tête de sa légion contre les insurgés. Porté sur la liste de l'union électorale, il fut élu le dernier, dans le département de la Seine, représentant à l'Assemblée législative par 107,827 voix. Il est mort en 1852.

RAPHAEL. Devant le trône et la face de Dieu, une multitude d'anges, ou messagers (en hébreu, *melakein*), attendent prosternés, et le front ombragé de leurs ailes, les ordres du Seigneur. Mais parmi ces anges il en est sept principaux, au nombre desquels on compte Raphael. Il tire son nom de la racine hébraïque *rapha* (il guérit) et de *El* (Dieu), comme qui dirait médecin divin. Le nom de cet ange ne se trouve que dans l'histoire de Tobie ; en effet, les appellations hébraïques des messagers célestes ne furent connues qu'après la captivité de Babylone. Dans cette touchante légende de Tobie, si simple, si naïve, si patriarcale, Raphael jette un merveilleux divin, tout caché qu'il est sous la figure d'un guide à un drachme par jour.

RAPHAEL SANTI ou SANZIO, le prince de la peinture moderne, naquit le 6 avril 1483, à Urbino, et mourut à Rome, le vendredi saint, 6 avril 1520. Son père, *Giovanni* SANTI, peintre assez remarquable, mourut le 1er août 1494, lorsque Raphael n'avait encore que onze ans, mais annonçait déjà les plus rares dispositions pour l'art. Son tuteur, *Bartolommeo* SANTI, le plaça donc dans l'atelier du célèbre *Pérugin*, à Pérouse ; et sous la direction bienveillante de ce grand maître, Raphael s'appropria si bien sa manière, que plusieurs de ses tableaux de 1500 à 1504 peuvent être confondus avec ceux du Pérugin. De ce nombre sont *Le Christ crucifié* de la galerie de lord Ward, à Londres, *La Résurrection du Christ* et *Le Couronnement de Marie*, tous deux placés au Vatican, et *Le Mariage de la Vierge* de 1504, à la Brera de Milan. Une petite toile fort originale de Raphael, qui fait aujourd'hui partie de la Galerie nationale à Londres, représente un jeune chevalier endormi, à qui apparaissent les figures allégoriques de l'Étude et de La Lutte, en opposition aux plaisirs sensuels, tandis qu'un petit laurier qui pousse derrière lui indique sa résolution d'obéir à la première des deux. Il mettait constamment avec la plus aimable prévenance son inépuisable fonds d'invention au service de ses condisciples, et en donna surtout la preuve à l'égard de Bernardino Pinturicchio, lorsqu'en 1502 celui-ci fut chargé d'orner la salle des Antiphonaires de la cathédrale de Sienne de peintures à fresque représentant l'histoire d'Æneas Sylvius Piccolomini (le pape Pie II). Raphael lui composa à cette occasion divers projets, dont quelques-uns existent encore aujourd'hui. Venu en 1504 visiter sa ville natale, il peignit pour le duc Guidubaldo d'Urbino un *Christ en prières sur la montagne des Oliviers*, d'une exécution pareille à celle d'une miniature, puis un *Saint Michel* et un *Saint Georges*, qui font tous deux aujourd'hui partie de la collection du Louvre, à Paris. Raphael reçut encore une autre preuve de la faveur toute particulière de la cour ducale ; la sœur du duc, Jeanne, duchesse de Sora, afin de seconder le vif désir qu'il exprimait d'aller se perfectionner à Florence, lui remit pour le gonfalonier Soderini une lettre conçue dans les termes les plus chaleureux, et grâce à laquelle il put tout aussitôt se créer les relations les plus utiles. Il ne fréquenta donc pas seulement à Florence de jeunes peintres du plus grand talent, mais il se trouva encore lancé dans la société des vieux artistes et des amis de l'art les plus distingués de cette ville. Il se lia d'amitié pour le restant de sa vie avec plusieurs jeunes peintres, et étudia dans leur compagnie avec tant d'enthousiasme les œuvres du Masaccio, que plus tard à Rome il reproduisit encore de la manière la plus exacte sa composition de l'expulsion d'Adam et d'Ève du paradis. Il recherchait avec d'autant plus d'ardeur à faire la connaissance de

Léonard de Vinci, cet admirable maître, qu'à ce moment-là même celui-ci exécutait l'une de ses plus magnifiques créations, son célèbre carton de la lutte pour le drapeau, dans le tableau représentant la bataille d'Anghiari. Raphael fit de cette composition une esquisse qui existe encore, et pour perfectionner ses études il s'efforça de s'approprier en général la manière de Léonard. Admis de la manière la plus amicale aux soirées de l'architecte et sculpteur Baccio d'Agnolo, il s'y trouva en relation avec un grand nombre d'hommes distingués, parmi les artistes avec Michel-Ange, parmi les savants avec Taddeo Taddei, qui conçut pour lui l'amitié la plus vive. Raphael y répondit en lui donnant deux madones, *La Sainte Famille sous les palmiers* (aujourd'hui propriété de lord Ellesmere, à Londres) et la Vierge dite *au vert* (aujourd'hui au Belvédère, à Vienne). Chez Baccio d'Agnolo Raphael se lia en outre avec un jeune et riche Florentin, appelé Lorenzo Nari, pour lequel il peignit *La Vierge au chardonneret*, aujourd'hui l'une des plus gracieuses toiles de la Tribune, à Florence. C'est aussi à cette époque qu'appartient l'admirable *Madonna del Granduca* du palais Pitti, où se trouvent en outre les portraits du riche ami des arts Agnolo Doni, et de son aimable femme, Maddalena. Raphael finit cette dernière toile avec un amour tout particulier. Pendant ce temps-là il était retourné en 1505 à Pérouse, afin d'y exécuter pour la famille Ansidei un tableau d'autel (aujourd'hui dans la galerie du château de Blenheim) et de commencer dans l'église *San-Severo* la fresque représentant La Trinité entourée de six saints camaldules, et que pour la composition on peut déjà regarder comme le modèle de sa célèbre fresque de la *Disputa* au Vatican. Toutefois, il laissa inachevée la partie inférieure du tableau de Pérouse, qui ne fut terminée qu'après sa mort par le Pérugin et d'après son plan. Raphael acheva encore dans cette ville, pour les religieuses du couvent de *San-Antonio* de Padoue, un beau tableau d'autel précédemment commencé et représentant la vierge Marie avec quatre saints à ses côtés. Il se trouve aujourd'hui dans le palais du roi, à Naples, avec la toile représentant *Dieu le Père adoré par les Anges*. En 1506 Raphael répéta sa visite à la cour d'Urbino, qu'il trouva alors extrêmement brillante, par suite de la présence de la fine fleur de la noblesse italienne et des savants les plus distingués de l'époque. Dans ce cercle poli il n'arriva pas seulement à connaître les hautes sphères de la civilisation et de la vie sociale, il se fit en outre des amis qui, fidèles jusqu'à la mort, lui furent plus tard d'une extrême utilité à la cour pontificale, on doit mentionner entre autres le comte Baldassare Castiglione, Pierre Bembo et Bernardo Divizio de Bibiena, dont le dernier voulut même lui faire épouser une de ses nièces. Parmi les toiles qu'il exécuta alors à Urbino se trouvait le portrait, aujourd'hui disparu, du duc Guidubaldo lui-même. Il peignit en outre pour le prince deux petites madones et un second saint Georges, aujourd'hui à Saint-Pétersbourg. C'est vraisemblablement pour l'un de ses amis de la cour d'Urbino que Raphael exécuta cette ravissante petite toile des *Trois Grâces*, pour laquelle le groupe antique de Sienne, en marbre, lui servit de motif, et dont il existe encore une esquisse dans son album. Enfin, il fit encore à Urbino son propre portrait, qui est aujourd'hui l'un des ornements de la partie de la galerie de Florence consacrée aux portraits d'artistes peints par eux-mêmes. Revenu à Florence, il exécuta pour le Florentin Canigiani *La Sainte Famille* qu'on voit aujourd'hui à la Pinacothèque de Munich. A cette époque de sa carrière appartient également la délicieuse petite toile représentant la vierge Marie faisant chevaucher l'Enfant-Jésus sur un agneau, appartenant aujourd'hui au musée de Madrid, et la demi-figure de sainte Catherine, qui, pleine d'une céleste extase, lève les yeux au ciel (aujourd'hui dans la Galerie nationale, à Londres). Cependant, la plus grande étude que fit alors Raphael fut un carton représentant l'ensevelissement du Christ, parce qu'il avait à y lutter avec les maîtres florentins pour la perfection du dessin et parce qu'il voulait montrer ce qu'il avait gagné à les fréquenter. A Florence Raphael se rattacha à l'illustre maître Frà Bartolommeo, en cherchant à s'approprier son brillant coloris ainsi que sa manière grandiose de peindre les plis. L'influence exercée sur son talent par Frà Bartolommeo apparaît tout de suite dans la *Madonna del baluchino*, qui se rapproche infiniment de la manière de ce maître. Toutefois, Raphael laissa à l'état d'ébauche ce tableau d'autel, ainsi que d'autres petites toiles représentant des madones, entre autres le gracieux portrait dit *La belle Jardinière* (aujourd'hui au Louvre), parce que dans l'été de 1508 la protection de Bramante le fit appeler à Rome par le pape Jules II; invitation à laquelle il s'empressa de se rendre.

C'est à Rome que s'ouvrit pour la première fois l'immense cercle d'activité qui convenait au génie de Raphael. Jules II et son successeur Léon X lui confièrent les entreprises les plus remarquables et les plus grandioses. Le premier travail dont le chargea le pape fut d'orner de peintures la salle du Vatican dite *della Signatura*; et l'artiste s'arrêta à l'idée d'y représenter les quatre directions de l'esprit répondant à l'ensemble des connaissances humaines, à savoir La Théologie, La Philosophie, La Jurisprudence et La Poésie, dans leurs inspirations les plus élevées. Si ce plan sourit tout aussitôt au souverain pontife, celui-ci fut encore bien autrement satisfait lorsque le maître eut exécuté sa première peinture murale, représentant La Théologie. Son attente fut tellement dépassée et il reconnut si bien alors la supériorité du génie de Raphael, qu'il le chargea d'orner de peintures tous ses appartements du Vatican. Toutefois, Raphael, prenant en considération les belles divisions qu'Antonio Razzi avait exécutées dans ses tableaux mythologiques peints sur le plafond de la première salle, laissa subsister ces conceptions, et se borna à remplir les panneaux de compositions répondant à ses autres sujets. Dans les quatre panneaux ronds du plafond il plaça, comme autant d'épigraphes pour ses grandes peintures murales, quatre figures allégoriques de femmes, dont celle de La Poésie notamment est l'une des plus ravissantes beautés. Dans les petits panneaux d'encoignure il peignit, en rapport avec les grands tableaux, *La Chute de l'Homme*, *Le Jugement de Salomon*, *La Punition de Marsyas par Apollon*, et *L'Observation des corps célestes*. Le grand tableau mural de La Théologie, dit *la Disputa*, montre dans sa partie supérieure La Trinité entourée des saints de l'ancienne et de la nouvelle Alliance, tandis que dans la partie inférieure les chrétiens d'une époque postérieure sont réunis autour d'un autel placé au centre et sur lequel le saint sacrement est posé dans un ostensoir. Tout à côté sont assis les quatre grands Pères de l'Église latine, entourés de beaucoup d'autres ecclésiastiques distingués, parmi lesquels figurent aussi le Dante et Savonarola. Plus loin sont agenouillés des hommes du peuple en adoration, et l'on aperçoit jusqu'à des prêtres séparés de l'Église et des sectaires. Ainsi se trouve représentée sous une multitude de faces l'existence de l'Église sur cette terre, et c'est là en même temps un tableau qui fait facilement comprendre l'essence de la théologie chrétienne. Pour le second tableau, La Poésie, Raphael représenta le Parnasse dont ont pris possession tout à la fois des poètes antiques et des poètes italiens. Il nous y donne une image des plus gracieuses de la vie intellectuelle, telle qu'elle existait alors en Italie. Le tableau de La Philosophie, dit *L'École d'Athènes*, nous introduit dans une réunion de philosophes grecs, qui, avec Platon et Aristote à leur centre, sont rangés de telle façon qu'ils offrent un aperçu du développement historique de la philosophie grecque depuis ses sublimes commencements jusqu'à sa décadence. La dernière des peintures murales exécutées par Raphael, avec une fenêtre à son centre, est partagée en trois compartiments. Celui d'en haut contient les figures allégoriques de La Prudence, de La Modération et de La Force, qui avec La Justice contemplent dans le tableau rond servant d'épigraphe les quatre Vertus cardinales soutenant l'autorité judiciaire. Les compartiments latéraux inférieurs montrent à gauche l'empereur Justinien remettant le droit romain à Tribonien, et à droite le pape Grégoire X remettant les décrétales à un avocat consistorial. Que si Raphael s'est montré ici maître consommé de l'art, en faisant voir de la manière la plus simple et en même temps la plus saisissante ces sujets, qu'on aurait crus à peine présentables aux sens, il n'est pas moins admirable par le grandiose de ses dispositions, par la plénitude et la profondeur des caractères qu'il représente, par la beauté et la perfection de son dessin et de son coloris. On remarque une certaine diversité dans ces tableaux les uns à l'égard des autres ; dans le premier, celui de *La Disputa*, Raphael n'était pas encore complétement passé maître dans l'art si difficile de la peinture à fresque ; il tenait encore à la disposition compassée et au mode de représentation en forme de portraits de l'ancienne école de Florence ; mais c'est précisément pour cela que son exécution est si soignée, sa composition si bien tenue et si calme, comme il convient au sujet, et c'est aussi pour cela que les différents personnages n'en ont qu'une plus frappante individualité. Il se montre maître accompli dans *L'École d'Athènes*, aussi bien sous le rapport des procédés matériels de l'art que sous celui d'une ordonnance plus facile, et qui, quoique plus grandiose et plus riche, n'en est pas moins de la symétrie la plus calme. Le coloris de ce tableau est éclatant, vrai et harmonieux. L'art de la peinture à fresque a atteint ici l'apogée de la perfection.

Dans la seconde salle peinte par Raphael, il a représenté la Protection accordée directement par Dieu au genre humain et à l'Église. Le plafond avait été partagé par d'anciens maîtres en quatre grands compartiments, pour lesquels Raphael composa quatre sujets tirés de l'Ancien Testament, à savoir *Dieu apparaissant à Noé, bénissant le genre humain dans sa postérité et lui promettant de le conserver* ; *Le Sacrifice d'Abraham* ; *Le Rêve de Jacob* ; et *Dieu apparaissant à Moïse dans le buisson ardent*. Dans le dernier de ces tableaux on voit pour la première fois l'influence du style de Michel-Ange sur Raphael. En effet, vers 1511, saisi à la vue d'une partie des figures du plafond de la chapelle Sixtine, du grandiose et de la puissance des créations de son rival, il s'efforça d'adopter une manière analogue, et l'imita dans son *Prophète Isaïe*, fresque exécutée à l'église des Augustins. Si dès lors Raphael conserva un dessin plus complet du nu, il ne tarda pas à s'abandonner à son génie particulier, comme on en est tout de suite frappé à la vue de sa magnifique fresque des *Sibylles*, qu'il peignit pour Agostino Chigi dans sa chapelle de *Santa Maria da Croce*, à Rome, et où brillent une foule de beautés originales. Dans la seconde salle du Vatican les peintures murales exécutées sous le pontificat de Jules II sont encore fort remarquables. L'une représente *Héliodore*, le ravageur de temples, chassé du temple de Jérusalem par un messager céleste ; l'autre, la sainte tenue en 1263 à Bolzena, et à l'occasion de laquelle eut lieu l'institution de la fête du Saint-Sacrement. Dans ces deux toiles l'ordonnance et le dessin sont encore aussi grandioses qu'ils me l'ont encore été dans les œuvres de Raphael ; mais ce qui y domine surtout, c'est la recherche des effets de lumière et d'ombre, ainsi que la large couche de couleur ou le principe du coloris. Or, comme à cette même époque Raphael traita dans la même manière le ravissant portrait de femme de 1512 qu'on voit à la Tribune à Florence et le portrait de Bindo Altoviti, aujourd'hui à la Pinacothèque de Munich, en même temps que de l'arrivée à Rome de Sébastien del Piombo il apprit à connaître la manière du Giorgione, qui le premier suivit ce principe en peinture, on est bien aise que ce soit cette circonstance qui porta Raphael à adopter sa nouvelle manière. Mais il s'y montra tout aussitôt maître supérieur, surpassant tout ce qu'on avait encore en fait de coloris et de peinture à fresque. En même temps, son dessin, son modelé et ses caractères sont si vrais et si vivants que la peinture à l'huile elle-même ne saurait atteindre une plus haute perfection. Raphael n'exécuta ces deux autres peintures murales que sous le règne de Léon X, qui, à son avénement au trône pontifical, l'en chargea aussitôt. Léon X choisit pour sujets *La Délivrance de prison de l'apôtre saint Pierre*, et *L'Expulsion d'Attila*. Ces fresques appartiennent également aux chefs-d'œuvre de l'immortel artiste.

Dans la troisième salle du Vatican peinte par Raphael, dite *torre Borgia*, le plafond est décoré par Perugino ; notre artiste, par respect pour son maître n'ayant pas permis qu'on le détruisit. Les sujets saints qui y sont représentés n'ont donc aucun rapport avec les peintures murales, représentant des sujets tirés des règnes de deux papes du nom de *Léon*, et dont le but général est de donner une idée de la dignité et de la puissance de la papauté. L'une représente le couronnement de Charlemagne par Léon III, et signifie que la puissance temporelle n'est qu'une émanation de la puissance spirituelle. Le pape voulut en même temps par ce tableau perpétuer le souvenir de son entrevue avec François Ier à Bologne, dans l'hiver de 1515 à 1516, et les principales figures du tableau reproduisent ses traits et ceux du roi. Dans un autre tableau on voit Léon III, en présence de Charlemagne, au lieu de se justifier, comme celui-ci l'aurait voulu, devant une assemblée tenue dans l'église Saint-Pierre, au sujet des accusations élevées contre lui par les neveux du pape défunt Adrien Ier, se borner à un simple serment prêté sur l'Évangile : circonstance dans laquelle on entendit une voix prononcer ces paroles : « C'est à Dieu, et non aux hommes, qu'il appartient de juger les évêques ! » La troisième fresque représente la défaite de son Sarrasins dans le port d'Ostie, opérée par la prière mentale de Léon IV ; après quoi, une violente tempête fit sombrer les navires ennemis. Pour toutes ces peintures murales, Raphael, surchargé de travaux, eut recours à l'assistance de ses élèves bien plus qu'il ne lui était encore arrivé. Elles ont en outre beaucoup souffert et ont été grossièrement restaurées ; aussi sont-elles de beaucoup inférieures aux peintures des deux premières salles. Au contraire, la quatrième peinture murale de la dernière salle est dans un bien meilleur état, et constitue à l'origine l'une des œuvres les plus remarquables du maître. Elle représente l'incendie qui éclata en 847 dans le quartier des Saxons, au voisinage de l'église Saint-Pierre. Les magnifiques groupes de peuple qu'on voit dans cette grande page, animés des passions les plus diverses, la variété infinie des figures suivant le sexe et l'âge, depuis l'enfance la plus tendre, la florissante jeunesse et le vigoureux âge mûr, jusqu'à l'impuissance de la vieillesse, sont quelque chose de vraiment admirable.

Le pape eut encore recours à l'inépuisable talent de Raphael pour beaucoup d'autres ouvrages. Il dessina pour l'antichambre des appartements pontificaux les figures isolées du Christ et des douze apôtres, qui, détruites aujourd'hui, ne nous sont plus connues que grâce au burin de Marc-Antoine. Il dirigea en outre la décoration des loges du troisième étage du Vatican. Elles se composent de treize divisions avec de petites coupoles, pour lesquelles il dessina 52 sujets tirés de l'Ancien et du Nouveau Testament (c'est ce qu'on appelle la *Bible* de Raphael), et il en entoura d'ornements dans le goût antique et du genre le plus grandieux les encadrements, qui souvent sont d'étroites relations avec les tableaux principaux, déployant dans ce travail une richesse d'imagination et un sentiment du beau auxquels l'art ancien et l'art moderne n'ont rien à comparer. Il en abandonna l'exécution à ses élèves. Ce fut Jules Romain qui fit les cartons des principales figures, et Giovanni de Udine la partie ornementale. Une œuvre de Raphael bien autrement importante encore, ce sont les dix cartons représentant des traits de la vie des apôtres, exécutés en détrempe et qui servirent de modèles à des tapisseries fabriquées en Flandre. Les sujets que Raphael emprunta pour cela à l'Histoire des apôtres, sont : *La Pêche miraculeuse* ; « *Paissez, mes brebis* » ; *La Guérison du Paralytique* ; *La Mort d'Ananias* ; *La Lapidation de saint Étienne* ; *La Conversion de saint Paul* ; *Élymas frappé de cécité* ; *Saint Paul et Barnabé à Lystra* ; *Le Sermon de saint Paul à Athènes et sa captivité*. Pour l'autel il composa un *Couronnement* de la *Vierge Marie*, qui fut également tissé en Flandre en tapisserie mêlée de fil d'or. Sept des cartons originaux se trouvent aujourd'hui en Angleterre, à Hamptoncourt. Toute cette suite de tapisseries, qui arrivèrent à Rome en 1519 et excitèrent une admiration extrême, orne aujourd'hui le Vatican. Enfin, Raphael avait encore dessiné pour la chapelle d'un château de chasse appartenant au pape, appelé *La Magliana*, et situé dans les domaines du couvent de Sainte-Cécile, un tableau du martyre de la sainte, qui fut exécuté en fresque par un de ses élèves et qui est universellement connu par la belle gravure de Marc-Antoine désignée sous le nom de *Martyre de sainte Félicité*.

Ces immenses travaux, qui semblent avoir dû exclusivement occuper toute l'activité d'une longue vie d'artiste, n'empêchèrent pas Raphael, quoiqu'il n'eût que trente-sept ans, de se charger de beaucoup d'autres commandes faites par des princes et des particuliers. Cependant, pour un grand nombre de ces ouvrages il se borna à composer les cartons, qu'il chargeait ensuite ses élèves d'exécuter, se contentant le plus souvent de leur donner un dernier coup de pinceau. C'est de sa propre main que furent peintes à fresque les magnifiques figures déjà mentionnées des *Sibylles*, dans la chapelle d'Agostino Chigi, et pour le même ami des arts la belle *Galatée*, dans son petit palais, appelée aujourd'hui *La Farnesina*. Pour le vestibule du même édifice il fit les cartons des magnifiques sujets tirés de la fable de L'Amour et Psyché, et il exécuta aussi à fresque l'une des trois Grâces, puis il fit terminer le reste par ses élèves Jules Romain et Giovani de Udine. Pour la salle de bain du cardinal Bibiena il dessina d'après ses indications les petits sujets mythologiques qui représentent à la manière antique la puissance de l'amour, et pour une maison de campagne, qui n'existe plus aujourd'hui et qu'on désigne à tort sous le nom de *Villa Raphaele*, un dessin représentant Alexandre et Roxane, l'une des plus ravissantes créations de ce grand artiste en ce genre. Il peignit à l'huile pour Sigismondi Conti le tableau d'autel connu sous le nom de *Madonna de Foligno*, aujourd'hui au Vatican; pour la chapelle des aveugles de l'église des Dominicains, à Naples, la Vierge dite aux *Poissons*; pour Giovanni Batista Branconi d'Aquila, *La Visitation*; pour Palerme, *Jésus portant sa croix*, tableau connu aujourd'hui sous le nom de *Lo Spasimo di Sicilia*; pour *San-Giovanni in Monte*, à Bologne, il envoya une *Sainte Cécile* à Francesco Francia, avec qui il était lié d'amitié depuis 1506, en le chargeant de réparer quelques endommagements et de veiller à ce que le tableau fût convenablement placé. Raphael envoya en outre à Bologne le petit tableau de *La Vision d'Ezéchiel*, où il a prouvé qu'on pouvait représenter quelque chose de grand dans un très-petit cadre; et au comte Canossa, à Vérone, une *Naissance du Christ*, avec une Aurore, toile dont on a perdu aujourd'hui toutes traces. Il nous suffira sans doute de mentionner ici dans la foule de grandes et de petites toiles représentant tantôt des Sainte Famille, tantôt des madones, celles dont il avait donné l'indication. On ne connaît aujourd'hui que des copies la Sainte Famille de Loreto; en revanche, la belle *Sainte Famille* qu'il avait peinte pour Lionello Pio da Carpi s'est conservée : elle orne maintenant le musée de Naples. *La Madone aux trois enfants*, peinte en 1506 chez le duc de Terranuova, et celle provenant de la maison d'Albe, qui se trouve aujourd'hui à Pétersbourg; une petite Madone provenant de la maison Tempi, aujourd'hui à Munich; la sainte Vierge au diadème, de la galerie du Louvre; la Vierge à l'enfant couché, provenant de la galerie d'Orléans, aujourd'hui propriété de lord Ellesmere, à Londres; la madone aux Candélabres, chez Munro, à Londres; ce qu'on appelle *La petite Sainte Famille*, du Louvre; et surtout la ravissante, la délicieusement belle *Madonna della Sedia*, du palais Pitti, sont autant de chefs-d'œuvre.

Raphael est demeuré aussi sans rival pour le portrait. On conserve au palais Pitti l'original des nombreux exemplaires qui existent du portrait de Jules II : c'est là aussi que se trouvent l'admirable portrait de Léon X avec les cardinaux Jules de Médicis et Lodovico de Rossi ainsi que celui de Phædra Inghirami. Par contre, on ignore ce que sont devenus les portraits de Giuliano et de Lorenzo de' Medici tant vantés par Vasari; ceux de Tibaldeo, du Parmesan, de Navagero et de Beazzano. En fait de portraits délicieux, il faut encore citer ceux du *Joueur de violon*, de 1518, au palais Sciarra Colonna; de Lorenzo Pucci, appartenant à lord Aberdeen; et du cardinal Bibiena, aujourd'hui à Madrid; la belle Jeanne d'Aragon; le *Portrait de femme*, en date de 1512, qu'on voit à la Tribune, à Florence, qui vraisemblablement n'est autre que la *Béatrice de Ferrare* dont parle Vasari; enfin, le portrait de la maîtresse de Raphael, aujourd'hui au palais Barberini, à Rome. Une foule d'assertions contradictoires ont été avancées et écrites au sujet de cette jeune fille, plus généralement désignée dans l'histoire de l'art par le surnom de *La Fornarina*. Tout ce que nous savons d'elle, c'est qu'elle s'appelait *Margarita*, et que Raphael lui resta attaché jusqu'à la fin de sa vie. Parmi les derniers grands tableaux à l'huile peints par Raphael figurent un *Saint Michel* et une *Sainte Famille*, tous deux exécutés en 1518 par ordre de Lorenzo de Médicis pour le roi François Ier, qu'on voit au musée du Louvre. Il peignit sur toile un jeune saint Jean-Baptiste dans le désert, qu'on voit aujourd'hui à la Tribune, à Florence, et dont il existe de nombreuses copies. Enfin, le tableau d'autel de *La Madonna de San-Sisto*, qu'il exécuta de sa propre main pour Plaisance, aujourd'hui l'un des principaux ornements de la galerie de Dresde.

Raphael mérite aussi notre admiration comme architecte. A la mort du Bramante, et sur sa recommandation expresse, il fut nommé architecte de l'église Saint-Pierre. Il conçut pour cette basilique un nouveau plan, dont il fit exécuter un modèle, qui excita la plus vive admiration. Mais, par suite du peu de temps qu'il lui fut donné de vivre, on n'en mit à exécution que les constructions fondamentales : et plus tard son plan subit une complète transformation. Déjà auparavant Raphael avait fait le plan de sa propre maison, et il avait chargé le Bramante de la construire. Il éleva pour Agostino Chigi une chapelle funéraire à *Santa-Maria del Popolo*, et non-seulement il l'orna de mosaïques représentant la création des étoiles, mais encore il fit exécuter d'après ses dessins les statues des prophètes Jonas et Élie, qu'il voulut retoucher lui-même. Toutefois, après s'être essayé à travailler le marbre en exécutant un groupe représentant un *Enfant mort porté par un dauphin*, il ne termina que la statue de Jonas, qui sous le rapport de la beauté du dessin et de la perfection du modelé est l'une des œuvres les plus remarquables que la sculpture eût encore produites. Raphael fit aussi des plans pour l'église *San-Giovanni de' Fiorentini*, à Rome, et pour la façade de celle de *San-Lorenzo*, à Florence; mais on préféra ceux que présentèrent d'autres architectes. En revanche, ce fut sur ses données qu'on construisit la cour *San-Damaso* du Vatican, qui a trois loges superposées et qui est l'une des plus belles qui aient jamais été faites. Les édifices suivants furent encore bâtis d'après ses plans : le palais Pandolfini et la maison Uguccioni à Florence; les Palais de Giovanni-Battista Branconi d'Aquila, et Coltroni près *San-Andrea della Valle*, à Rome; enfin, il est aussi l'auteur du plan de la grande salle de la Villa-Madama au Monte-Mario, qu'après sa mort Jules Romain acheva pour le cardinal Jules de Médicis. Vers la fin de sa vie Raphael apporta une ardeur extrême à rechercher les anciens édifices de Rome et à en lever les plans, afin de pouvoir ainsi dresser un plan complet de la Rome du temps des empereurs et dans toute sa magnificence. Il existe encore un projet de rapport au pape à ce sujet, et la bibliothèque de Munich en possède un exemplaire. Les contemporains de Raphael parlent avec la plus vive admiration de la manière dont il avait ainsi relevé la Rome antique; malheureusement ces dessins sont perdus.

Il apporta tant d'ardeur à ces divers travaux au printemps de l'an 1520, qu'il fut pris d'une fièvre qui l'emporta en quelques jours, à la fleur de l'âge, au moment où il avait entrepris le plus de tableaux. On ne saurait décrire la douleur que Rome tout entière éprouva à la nouvelle de cette irréparable perte, mais qui fut ressentie encore plus profondément par le pape en personne, ainsi que par ses amis et ses élèves. On plaça au chevet du lit sur lequel eut lieu l'exposition mortuaire de Raphael la dernière œuvre sortie de ses mains, quoique encore inachevée, *La Transfiguration*, toile dont la perfection ne fit que rendre plus pénible encore la perte du grand artiste. Il fut enterré au Panthéon, dans un caveau qu'il avait choisi et désigné lui-même à cet effet, derrière un autel de sa composition; et il avait ordonné que dans la niche du tabernacle on plaçât une statue de la sainte Vierge en marbre par Lorenzetto. Son ami Pietro Bembo composa son épitaphe.

L'immense réputation que Raphael s'est assurée dans tous les siècles à venir a pour base autant ses talents extraordinaires comme artiste, les remarquables qualités de son esprit et la noblesse ainsi que l'amabilité de son caractère, que l'heureux développement de toutes ces qualités à une époque où la peinture avait atteint son apogée et où il put passer pour en être la dernière expression. Tous ses contemporains parlent avec la plus grande admiration de son amabilité, et racontent comment avec la plus charmante bienveillance il aidait de ses conseils ses élèves et les autres artistes, retouchant au besoin les tableaux des uns et des autres; comment il secourut jusqu'à des savants et entre autres Marco Calvo, homme profondément érudit et très-vertueux, mais brisé par l'âge, dont il prenait volontiers les avis, et qu'il recueillit à son propre foyer, où il lui prodigua les soins les plus touchants. Dans les querelles survenant entre artistes, on le choisissait souvent pour arbitre, en raison de la nature éminemment conciliante de son esprit. Très-bienveillant dans ses appréciations, il savait reconnaître le talent des autres, et être juste même à l'égard de Michel-Ange, quoique celui-ci eût avancé que tout ce que Raphael savait en fait d'art c'était de lui qu'il l'avait appris. Ce propos ayant été rapporté à Raphael, celui-ci répondit qu'il remerciait Dieu de l'avoir fait vivre dans un siècle qui comptait des artistes tels que Michel-Ange. Il faisait profession d'une estime toute particulière pour Albert Dürer, dont il avait peut-être fait la connaissance en 1506, à Bologne. Celui-ci lui avait envoyé plusieurs de ses gravures ainsi que son propre portrait, peint en détrempe sur toile; hommage auquel Raphael se montra très-sensible et auquel il répondit en adressant à Albert Dürer un de ses dessins, qui existe encore, et sur lequel se trouve cette mention de la main d'Albert Dürer, « que Raphael le lui a envoyé en 1515, pour lui donner un échantillon de son savoir-faire ». Peut-être est-ce la vue des gravures d'Albert Dürer qui lui donna l'idée de faire graver beaucoup de ses dessins par Marco-Antonio Raimondi, venu à Rome en 1510; circonstance à laquelle seule nous devons la conservation de ces compositions.

Parmi les artistes distingués que la réputation de Raphael attira à Rome, et qui dès lors suivirent sa direction, il faut citer Benevenuto Garofalo de Ferrare, Timoteo Viti d'Urbino, et Gaudenzio Ferrari, un Lombard; ces deux derniers travaillèrent en commun avec lui. Les plus remarquables d'entre ses élèves furent Jules Romain, qui plus tard fonda à Mantoue une école particulière, et Giovanni Francesco Penni, de Florence, qu'il institua aussi héritiers de tous les objets garnissant son atelier, et qu'il chargea de terminer tous les tableaux qu'il laissait inachevés. Dans le nombre se trouvait un Couronnement de la vierge Marie c'est pour les religieuses du couvent de Monte-Luce, près de Pérouse, dont Jules Romain exécuta la partie supérieure, et Penni la partie inférieure. Ce tableau est aujourd'hui au Vatican. Raphael avait déjà, en manière d'essai, fait peindre par ces deux élèves, à l'huile, sur muraille, pour la salle Constantin du Vatican, deux figures allégoriques, exécuter le carton de la bataille de Constantin contre Maxence, et tracer l'esquisse d'un tableau représentant l'empereur haranguant son armée au moment de l'apparition de la croix qui lui promettait la victoire. L'ornementation de cette salle ne fut reprise par Jules Romain et par Penni que sous le pontificat de Clément VII, et seulement à fresque. La plus importante des peintures murales qu'on y trouve est la Bataille de Constantin, page sur laquelle par la richesse de sa composition et par son ordonnance grandiose surpasse tout ce qui existe en ce genre et a toujours excité la plus vive admiration. Il faut encore mentionner parmi les élèves de Raphael Caldara, dit le Caravage, Maturino et Giovanni de Udine. Le beau Perino del Vaga et Vincenzo de San-Geminiano firent preuve aussi d'un vrai talent. Bagnacavallo et Tommaso Vincitore rapportèrent la manière de Raphael dans leur ville natale, Bologne, Carlo Pellegrino Munari à Modène, Andrea Sabatini à Naples. Bernard d'Orley et Pedro Campaña, ce dernier né à Bruxelles, de parents espagnols, sont deux peintres flamands qui vinrent à Rome suivre l'atelier de Raphael. A Rome même, l'école de Raphael ne tarda point à prendre fin, quand le siège et le sac de cette ville, en 1527, dispersèrent dans toutes les parties du monde les artistes qui y résidaient. La notice biographique publiée par Vasari sur Raphael, dans son ouvrage sur les artistes italiens, est la source commune à laquelle ont puisé tous ceux qui ont écrit l'histoire de ce maître. Guglielmo della Valle et Bottari l'ont complétée par les notes qu'ils ont ajoutées aux éditions qu'ils en ont données; et Pungileoni, dans son *Elogio storico di Giovanni Santi* (Urbino, 1820), a rapporté des détails fort curieux sur la naissance et la jeunesse de Raphael.

RAPHAEL DES CHATS (Le). *Voyez* MIND.

RAPHELENGH ou **RAPHELING** (FRANÇOIS), célèbre comme imprimeur et comme érudit, naquit le 27 février 1529, à Lanoy, près de Lille. Il avait commencé ses études à Gand, lorsque la mort prématurée de son père le contraignit à embrasser la carrière commerciale, à laquelle toutefois il ne tarda pas à renoncer, pour suivre le penchant qui l'entraînait vers la culture des lettres et des sciences. Il vint alors à Paris, afin d'y apprendre à fond les langues grecque et hébraïque; et ses progrès furent tels qu'à peu de temps de là on le chargea d'une chaire de langue grecque à Cambridge. Mais il ne séjourna que peu de temps en Angleterre. Revenu dans les Pays-Bas, il y épousa, en 1565, la fille aînée du célèbre imprimeur Christophe Plantin; et ce mariage le conduisit à se faire imprimeur. La rare correction des éditions plantines est due en grande partie à ses soins. Quand Plantin, pour suite des troubles de la guerre, transféra à Leyde une partie de son imprimerie, Raphelengh resta à Anvers, et dirigea seul l'imprimerie de son beau-père. Puis quand celui-ci revint à Anvers, en 1585, Raphelengh alla prendre la direction de la maison de Leyde, qui jouit bientôt d'une grande prospérité. Sa réputation d'érudit était telle qu'on lui confia la chaire des langues arabe et hébraïque à l'université de Leyde, qu'il occupa jusqu'à sa mort, sans pour cela abandonner son imprimerie. Il mourut le 20 juillet 1597. On a de lui, entre autres, *Variæ Lectiones et Emendationes in Chaldaicam bibliorum paraphrasin*, une grammaire arabe, un dictionnaire chaldéen et un dictionnaire arabe.

RAPIDES (du latin *rapidus*, violent, impétueux). On appelle ainsi certains endroits d'un fleuve, par exemple du Saint-Laurent, où l'eau descend avec une telle rapidité, qu'il y a impossibilité non pas seulement de remonter, mais même de descendre, et qu'il y a alors nécessité de faire *portage*, c'est-à-dire de transporter par terre les marchandises, et parfois jusqu'aux embarcations.

RAPIN (NICOLAS), né vers 1540, à Fontenay-le-Comte (Poitou), fut pourvu de la charge de vice-sénéchal de sa province, puis, sur la recommandation du président Achille de Harlay, de celle de lieutenant de robe courte à Paris. Le zèle qu'il montra pour le service du roi Henri III lui valut la haine des Ligueurs, qui le chassèrent de la capitale. Ayant pris avec ardeur parti pour Henri IV, il coopéra à la *Satire ménippée*. Quelques écrivains lui en ont même attribué tous les vers. En 1599 il se démit de ses fonctions, et mourut à Poitiers, en 1608. Il avait composé diverses poésies, dont le recueil parut sous le titre d'*Œuvres latines et françaises de Nicolas Rapin* (Paris, 1620). On y trouve deux livres d'épigrammes latines estimées, des élégies, des odes, des stances et des sonnets; des traductions ou imitations en vers français des satires et épîtres d'Horace, de *L'Art d'aimer* d'Ovide, des *Psaumes de la Pénitence*, et quelques écrits en prose. On a encore de lui une traduction en vers français du 28e chant de *Roland le Furieux* (Paris, 1572), une pièce charmante intitulée *la Puce de madame Desroches*, et les *Plaisirs du Gentil homme champêtre* (1583). Rapin est un des poètes de cette époque qui essayèrent sans succès de supprimer la rime dans les vers français et de les construire à la manière des Grecs et des Latins.

RAPIN (RENÉ), né à Tours, en 1621, entra à l'âge de dix-huit ans chez les jésuites. Il professa les belles-lettres à Paris pendant neuf ans, et mourut dans cette ville; le 27 octobre 1687. Il avait débuté dans les lettres par quelques pièces en vers latins, qui eurent le plus grand succès à cette époque où l'on faisait cas de ce genre de littérature, aujourd'hui si dédaigné. La plupart de ces pièces étaient inspirées par la circonstance. La première en date s'adresse *A la sérénissime République de Venise, sur sa victoire sur les Turcs et le rappel de la Société de Jésus* (Paris, 1657); une autre de la même année a pour titre : *Trophée à la gloire de S. Em. le cardinal Mazarin*. Il adressa à ce même cardinal un *Chant triomphal sur la paix des Pyrénées* (Paris, 1659). Ses *Églogues sacrées*, accompagnées d'une dissertation sur le poëme pastoral (Paris, 1659), accrurent encore sa réputation. Les beaux esprits du temps, entre autres Santeuil et Huet, lui prodiguèrent des éloges; Costar le prochama *Théocrite second*, d'autres le comparèrent à Virgile. La renommée des églogues de Rapin s'est si bien maintenue que vers la fin du siècle dernier elles ont encore trouvé un traducteur en Italie, Pietro Alpini (Turin, 1790). Deux autres pièces en vers latins, dignes de leurs aînées, *La Paix entre Thémis et les Muses*, et *Le Dauphin pacificateur* (Paris, 1659); précédèrent la publication du poëme des *Jardins* (*Hortorum Libri IV*) en quatre chants (Paris, 1665), qui est demeuré le principal titre littéraire du père Rapin. La latinité en est pure, et le style plein de grâce. On a critiqué avec raison le peu d'intérêt et de variété du plan, et surtout la profusion des détails mythologiques, mêlés d'ailleurs à des allusions au christianisme : ainsi, l'auteur, à côté du nom de tant de divinités païennes, a placé celui de Jésus-Christ, à propos du lis et de la fleur. Quoi qu'il en soit, le poëme des *Jardins* de Rapin jouit encore de sa première réputation. La dissertation latine sur la culture des jardins qui accompagne le poëme du père Rapin mérite d'être lue; ainsi que son poëme, on l'a traduite en plusieurs langues. On a dit que les vers de Rapin « n'approchent pas de la délicatesse et de la pure latinité de ceux du père Commire, ni de la grandeur et de la majesté de ceux du père De la Rue, ni de la facilité et de la netteté de ceux du père Cossart, etc. » Aujourd'hui, on fait peu de cas de ces parallèles, qui supposent un sentiment si délicat des beautés et des nuances de la langue latine. Après la publication de ses *Jardins*, le père Rapin composa encore un grand nombre de pièces de vers latins. Il fit aussi dans cette même langue des livres de théologie polémique, entre autres une *Dissertation sur la nouvelle doctrine, ou l'Évangile des jansénistes* (Paris, 1658). Au mérite de bien faire le vers latin, ce savant jésuite joignait celui d'écrire avec pureté et avec goût dans sa propre langue. Ses *Réflexions sur l'Éloquence et sur la Poésie*, ses *Instructions pour l'Histoire*, ses *Réflexions sur la Poétique d'Aristote* sont des productions didactiques remarquables par la précision du style et la sagacité des observations; mais on y trouve peu de profondeur et une érudition souvent superficielle. Comme ce jésuite laborieux travaillait alternativement sur des sujets littéraires et sur des matières de religion, on disait de lui qu'il servait Dieu et le monde par semestre. Toutes les poésies latines du père Rapin ont été réunies en deux tomes in-12 (Paris, 1781); ses *Parallèles et Réflexions sur l'Éloquence*, la *Poétique*, etc., en deux tomes in-4° (Paris, 1784) ; enfin, ses traités de piété, en un volume in-12 (Amsterdam, 1795).

Charles Du Rozoir.

RAPIN-THOYRAS (PAUL DE), né à Castres, en 1661, d'une famille protestante originaire de la Savoie, fut d'abord destiné au barreau, reçu avocat, et plaida une cause; mais les chambres de l'édit ayant été supprimées, il s'attacha à l'étude des langues et des littératures anciennes et modernes, ainsi qu'à celle des mathématiques et de la musique. L'édit de Nantes ayant été révoqué en 1685, deux mois après la mort de son père, il ne tarda pas, pour éviter la persécution, à se rendre avec son plus jeune frère en Angleterre, où il arriva au mois de mars 1686. Il passa bientôt après en Hollande. Son cousin germain y commandait à Utrecht une compagnie de cadets français. Paul de Rapin y entra, passant ainsi du barreau dans la carrière des armes. Ayant suivi en Angleterre le prince d'Orange, devenu en peu de temps le roi Guillaume III, il servit avec beaucoup de courage et de distinction en Irlande, combattit à la bataille de la Boyne, fut grièvement blessé à l'assaut de Limerick, et contraint, par suite de ses blessures, à quitter les drapeaux. Il eut pour récompense du roi Guillaume une pension de 100 livres sterling, convertie après la mort de ce prince en une charge dont la vente ne lui valut qu'un mince capital. Mais lord Galloway lui procura l'éducation du fils du comte de Portland; et quoiqu'il se fût marié en 1699, il continua cette éducation, accompagnant son élève en Allemagne, en Italie et en France. De retour à La Haye, auprès de sa famille, il transporta, par raison d'économie, sa résidence à Wesel, en 1707. Ce fut là qu'il composa ses ouvrages, dont le plus important est son *Histoire d'Angleterre* (8 vol., La Haye, 1724). Elle ne conduit que jusqu'à la mort de Charles Ier. Un travail presque sans relâche pendant dix-sept ans ruina sa santé, quoiqu'il tînt de la nature un tempérament robuste : il succomba le 16 mai 1725, à l'âge de soixante-quatre ans.

On n'a jamais refusé à cet historien une grande connaissance des faits, l'art de les débrouiller et d'en déduire les causes avec netteté et exactitude. Son ouvrage, même après ceux de Hume et de Lingard, est encore regardé comme celui où les annales anglaises sont déroulées avec le plus de fidélité et de franchise. Quant à son style, s'il est trop fréquemment ou sec ou prolixe, il a du moins le mérite de la clarté. On lui a reproché de la partialité contre son pays natal : les malheurs de ses ancêtres et les siens expliqueraient son ressentiment sans le justifier.

Aubert de Vitry.

RAPP (JEAN, comte), né à Colmar, le 29 avril 1772, entra au service en 1788. Il fit les premières guerres de la révolution avec distinction aux armées du Rhin, sous Custines, Pichegru, Moreau, Desaix, et reçut plusieurs blessures. Devenu aide de camp de Desaix, il le suivit en Égypte, où de nouvelles blessures, reçues sous les ruines de Memphis et de Thèbes, témoignèrent assez que le jeune aide de camp ne reculait point devant l'ennemi. Ce fut après la bataille de Marengo, où il eut la douleur de voir Desaix expirer dans ses bras, qu'il devint aide de camp du premier consul Bonaparte, et, nous pouvons le dire, un de ses favoris. Ce fut lui qui décida de la bataille d'Austerlitz; à la tête des Mamelucks, de deux escadrons de chasseurs et d'un escadron des grenadiers de la garde, il se précipita sur la garde impériale russe, enfonça et culbuta tout devant lui, infanterie, cavalerie, artillerie, et fit prisonnier le prince Rapnin; ce beau fait d'armes lui valut le grade de général de division. A Iéna, il poursuivit avec Murat les débris de l'armée prussienne; à Golymin, il fut blessé au bras pour la neuvième fois. Dans la campagne de 1809 il contribua puissamment à la prise d'Essling, dont dépendait le salut de l'armée. A Schœnbrunn il fit arrêter le jeune Allemand qui voulait assassiner Napoléon, dans lequel son patriotisme germanique voyait le tyran de la patrie. A la Moskowa, il reçut sa vingt-deuxième blessure. Après la désastreuse retraite de Moscou, il se jeta dans Dantzig, et y soutint pendant un an un siége glorieux, qui suffirait à la gloire de son nom. Conduit prisonnier à Kiew, en violation de la capitulation qu'il avait signée, il ne revint en France qu'après la restauration. Appelé pendant les cent jours au commandement de la cinquième division, Rapp eut à arrêter, avec de faibles forces, la marche d'une armée autrichienne, et ne se retira dans Strasbourg qu'après une glorieuse résistance. Après le licenciement de l'armée, il jugea prudent de se rendre en Suisse, et ne rentra en France qu'en 1818. Louis XVIII lui rendit alors la dignité de pair que Napoléon lui avait conférée dans les cent jours, et bientôt l'admit dans son intimité. Rapp se trouvait à Saint-Cloud lorsqu'on y reçut la première nouvelle de la mort de Napoléon, et ne put retenir ses larmes en l'apprenant. Louis XVIII lui en sut gré, et le félicita hautement d'être du nombre de ces hommes si rares qui ont la mémoire du cœur. Rapp ne survécut pas longtemps à l'Homme du Destin. Affaibli par les nombreuses blessures dont son corps était couvert, il mourut le 8 novembre 1821. On a de lui, outre une *Relation du siége de Dantzig*, d'intéressants *Mémoires*, qui ont été publiés dans la collection des *Mémoires contemporains* (1 vol.; Paris, 1823).

RAPP (GEORGES), paysan fanatique, fondateur de la secte des *harmonites*, né en Wurtemberg, en 1770, crut dès sa première jeunesse ressentir des inspirations divines et être appelé à rétablir la religion chrétienne dans sa pureté primitive. Le rétablissement de la religion des Apôtres impliquait, suivant lui, la communauté des biens. Géné par le gouvernement dans ses prédications, il passa aux États-Unis en 1803, et y fonda l'année suivante, près de Pittsburgh, la colonie d'*Harmony*, parmi les membres de laquelle devait régner l'*harmonie complète*, c'est-à-dire l'unité et l'égalité. Plus tard il vendit cette colonie à Robert Owen, et alla s'établir dans l'État d'Indiana. Mais il revint en 1811 à Pittsburgh, et fonda alors, sur la rive droite de l'Ohio, la colonie d'*Economy*, devenue bientôt le principal établissement des *Harmonites*. Pour être admis dans l'association, il fallait faire un noviciat d'un mois et abandonner tout son bien à la société. S'il y avait communauté absolue de biens entre les sociétaires, il y avait aussi entre eux égalité de travail. Rapp remplissait les fonctions de président et de grand-prêtre, prêchait tous les dimanches, exigeait de ses fidèles une foi absolue, ne leur permettait pas de contracter mariage sans son consentement, et était naturellement possesseur des biens de la communauté. Vers 1831 un aventurier allemand, appelé Proli, qui se donnait pour un soi-disant comte Maximilien de Léon, se fit admettre dans l'association des *harmonites*, et parvint à se faire bien venir de Rapp, qui le déclara prophète. Ce Proli ne tarda point à déserter *Economy* avec trois cents *harmonites*, et, emportant prudemment avec lui la plus grosse partie du trésor social, s'en alla fonder à Philippsburgh la *Nouvelle Jérusalem*, en faisant appel d'ailleurs à tous les vrais croyants. L'opération ne réussit pas : Proli dépensa follement le trésor commun; toutefois, ses dupes, enfin désabusées, ne l'abandonnèrent que lorsqu'il n'était plus temps de rien sauver. Beaucoup périrent de faim, et l'apôtre lui-même se noya dans le Missouri. Cette désertion, tout en portant un coup fatal à la colonie d'*Economy*, ne la détruisit pas; et Rapp, qui est mort le 7 août 1847, a eu pour successeur comme grand-prêtre et chef supérieur des *harmonites* un marchand appelé Becker.

RAPPEL, contraction de *ré-appel*. Ce mot est pris dans diverses acceptions. Au propre, c'est l'action par laquelle on rappelle : Cet envoyé a obtenu son *rappel*. Dans les assemblées délibérantes, on nomme *rappel à l'ordre*, *rappel au règlement*, l'action de rappeler à l'ordre, au règlement, l'orateur qui y manque.

En termes d'administration, *rappel* se dit lorsqu'après avoir payé à un employé ou à un fournisseur une somme qui libérerait l'État envers lui, intervient ultérieurement une décision aux termes de laquelle on lui paye encore quelque chose de surplus : Ses appointements ayant été augmentés à partir de cette époque, il y a lieu de lui faire un *rappel*.

En termes d'art militaire, *rappel* est une manière de battre le tambour pour rassembler sur-le-champ une troupe de soldats et la grouper autour du drapeau : Les temps sont heureusement passés où nous entendions chaque jour *battre le rappel* dans nos rues.

RAPPEL (Association du). *Voyez* REPEAL'S ASSOCIATION.

RAPPOLTSTEIN. *Voyez* RIBEAUPIERRE.
RAPPOLTSWEILER. *Voyez* RIBEAUVILLÉ.
RAPPORT. Ce mot est pris dans notre langue dans de nombreuses acceptions : il signifie, suivant l'occurrence, *revenu*, *produit*, *récit*, *témoignage*, *convenance*, *conformité*, *liaison*, *relation*. C'est aussi le compte que l'on rend à quelqu'un d'une chose, d'une mission dont on a été chargé. Les chefs de troupes envoient tous les jours un de leurs soldats au *rapport*, c'est-à-dire qu'ils envoient au commandant de place l'exposé de ce qui s'est passé dans leurs postes respectifs. Les agents, de police font des *rapports* à leurs chefs sur ce qu'ils ont vu et entendu. Les ministres font des rapports à l'empereur sur les questions qu'ils veulent soumettre à son examen. Dans les assemblées délibérantes, les projets de lois, les propositions, les pétitions sont renvoyés à une commission qui les examine, les discute et charge un de ses membres de présenter un *rapport* à l'assemblée ; ce rapport n'est autre que le résumé de la discussion préliminaire qui a eu lieu dans la commission.

Le *rapport de juge* est l'exposé sommaire que fait un juge à l'audience des faits et des moyens contradictoires qui se rattachent à un procès.

Le *rapport d'experts* est le témoignage que rendent par ordre de justice, ou autrement, les médecins, chirurgiens, architectes, écrivains, teneurs de livres ou experts en quelque sorte d'art que ce soit, sur un sujet soumis à leurs lumières.

Le *rapport pour minute* est un acte par lequel un notaire constate la mise au rang de ses minutes d'un acte dont il n'avait point gardé minute, parce qu'il avait été délivré en brevet.

Rapport se dit encore, en arithmétique et en géométrie, de la comparaison de deux quantités, relativement à leur grandeur; mais l'on emploie plus généralement dans ce cas, quoique à tort, le mot *raison*.

Les *pièces de rapport*, en termes de marqueterie et de mosaïque, sont les pièces de bois ou de pierre de couleurs diverses à l'aide desquelles l'artiste parvient à représenter toutes espèces de dessins et de figures.

RAPPORT (*Arithmétique*), résultat de la comparaison de deux quantités. Cette comparaison pouvant s'effectuer de diverses manières, il y a plusieurs sortes de rapports. On en reconnaît généralement deux : le *rapport arithmétique* ou *rapport par différence*, et le *rapport géométrique* ou *rapport par quotient*. Le rapport arithmétique s'obtient en cherchant de combien l'un des *termes* du rapport (c'est-à-dire l'une des quantités que l'on compare) surpasse l'autre. Le rapport géométrique exprime combien de fois l'un des termes du rapport contient l'autre. Par exemple, le rapport arithmétique de 12 à 4 est 8, et le rapport géométrique des mêmes nombres est 3. Le premier terme du rapport se dit *antécédent*, le second *conséquent*.

Wronski, qui nomme le premier de ces rapports *rapport de sommation*, et le second *rapport de reproduction*, admet avec raison une troisième sorte de rapport, le *rapport de graduation*, qui exprime à quelle puissance il faut élever l'un des termes du rapport pour obtenir l'autre.

La théorie de ces trois sortes de rapports est basée sur les principes suivants :

1° Si l'on ajoute ou si l'on retranche une même quantité

aux deux termes d'un *rapport de sommation*, ce rapport ne change pas.

2° Si l'on multiplie ou si l'on divise par un même nombre les deux termes d'un *rapport de reproduction*, ce rapport ne change pas.

3° Si l'on élève à une même puissance entière ou fractionnaire les deux termes d'un *rapport de graduation*, ce rapport ne change pas. E. MERLIEUX.

RAPPORT A SUCCESSION. C'est la réunion réelle ou fictive à la masse d'une succession des objets donnés par le défunt à l'un des héritiers, pour le tout être partagé entre les divers cohéritiers. L'article 843 du Code Civil soumet au *rapport* tout héritier, qu'il soit pur et simple, ou sous bénéfice d'inventaire, en ligne directe ou collatérale. Le donateur peut dispenser l'héritier du *rapport* en exprimant, soit dans l'acte de donation, soit dans un acte postérieur, que les dons ou legs sont faits expressément à titre de préciput et hors part ou avec *dispense de rapport*, pourvu, toutefois, que ces dons ou legs ne dépassent pas la quotité disponible. Le *rapport* n'a pas lieu non plus de la part du successible qui renonce à la succession. Le rapport n'est dû que par le cohéritier à son cohéritier, et non aux légataires ou aux créanciers de la succession. La loi veut que l'héritier *rapporte* tout ce qu'il a reçu du défunt, par donation entre vifs, directement ou indirectement; cette disposition admet toutefois beaucoup de restrictions. Les frais de nourriture, d'entretien, d'éducation, d'apprentissage, les frais ordinaires d'équipement, ceux de noces et présents d'usage, ne doivent pas être *rapportés*.

RAPPORTEUR, instrument en cuivre ou en corne, formé d'un limbe demi-circulaire, divisé en 180 degrés. Il sert à tracer sur le papier des angles dont la mesure est donnée, et aussi à mesurer ceux qui ont été tracés.

RAPSODES, RAPSODIES, RAPSODISTES (du grec ῥάπτω ᾠδειν, chanter avec un rameau à la main, suivant Mme Dacier, ou encore de ῥάψοντες ᾠδάς, ceux qui cousent des chants les uns aux autres). Les premiers *rapsodes* ou *rapsodistes* composaient eux-mêmes des poëmes en l'honneur des hommes illustres, puis, un rameau d'olivier à la main, allaient de ville en ville, chantant leurs ouvrages, pour gagner leur vie. Ceux qui croient à l'existence d'Homère (nous sommes de ce nombre) pensent que le chantre d'Achille faisait ce métier, et regardent Homère comme le plus sublime des *rapsodistes*; mais des savants, entre lesquels il faut citer pour le siècle précédent le célèbre Wolf, et pour notre temps Dugas-Montbel, ne veulent point qu'il ait jamais existé un poëte du nom d'Homère, et s'efforcent de prouver que les deux poëmes qu'on lui attribue sont les ouvrages de plusieurs *rapsodistes*; ouvrages d'abord épars, mais plus tard recueillis et mis dans l'ordre où nous les voyons.

Quand les poëmes d'Homère furent répandus, les rapsodes, renonçant à composer eux-mêmes, se bornèrent à chanter les divers épisodes de l'Iliade et de l'Odyssée. Ils *cousaient* ces chants l'un à la suite de l'autre, suivant les désirs de leurs auditeurs : par exemple, ils faisaient suivre la *Colère d'Achille*, devenue le premier chant de l'Iliade, par le *Combat de Pâris et de Ménélas*, qui en forme le troisième; chacun de ces chants, pris à part, s'appelait une *rapsodie*. Les nouveaux rapsodes étaient fort recherchés par les Grecs, si passionnés pour les arts et les jouissances qu'ils procurent. On donnait des prix et de magnifiques gratifications à ceux qui, par leur habileté à exprimer les différentes passions, réussissaient à les faire passer dans l'âme de leurs auditeurs ; ils chantaient ordinairement assis sur un théâtre , et s'accompagnaient eux-mêmes de leur luth. Ils étaient fort soigneux de leur parure extérieure, et ne se montraient jamais qu'avec de riches habits, quelquefois même, à l'imitation des poëtes, avec une couronne d'or sur la tête. Mais le soin de leur parure n'était rien en comparaison de la peine qu'ils prenaient pour prononcer chaque morceau de poésie suivant le rhythme qui lui était propre,

aussi bien que pour entrer dans l'esprit du poëte; car la récompense était proportionnée au succès.

Aux chantres si élégants de l'ancienne Grèce ont succédé d'abord les gondoliers de Venise, puis, ce qui est cent fois pis, nos chanteurs publics, aussi dégoûtants de leur personne que par les chansons qu'ils font entendre; et tandis que dans la plus belle langue qui fut jamais parlée une *rapsodie* faisait naître l'idée d'un chant délicieux, tel que les *Adieux d'Hector et d'Andromaque*, le même mot, dans notre moderne idiome, ne signifie plus qu'un mauvais ramas soit de vers, soit de prose; de même que ce titre de *rapsodiste*, dont le peuple le plus poli honorait le plus grand des poètes, n'est plus de nos jours qu'une injure jetée au faiseur de mauvaises compilations, dans n'importe quel genre. E. LAVIGNE.

RAPT, enlèvement, du latin *raptus*. Ce mot, sous l'ancienne législation, s'appliquait exclusivement à tout enlèvement de fille mineure ou de femme mariée. Il se dit encore dans le langage juridique pour spécifier l'enlèvement avec violence. On distinguait jadis le *rapt par violence* et le *rapt par séduction*, que le droit romain appelait *raptus in parentes*, parce qu'alors la violence était exercée contre les parents, auxquels le ravisseur arrachait une fille qui ne pouvait pas encore disposer d'elle. Ce crime de rapt était ordinairement puni de mort. L'Église avait à l'origine ajouté à ces rigueurs la peine de l'excommunication, et elle avait eu à punir un nouveau genre de rapt, celui d'une religieuse enlevée à l'autorité ecclésiastique. En France la peine de mort était prononcée non-seulement pour le rapt exercé sur des jeunes filles, mais pour celui des fils de famille, dans le but de prévenir des mésalliances. Cependant, chaque parlement modifiant à son gré la législation criminelle, le rapt avait donné naissance en Bretagne à l'usage bizarre des *mariages par autorité de justice*. Le suborneur condamné à mort, *si mieux n'aimait*, ajoutait l'arrêt, *épouser la plaignante*. Et comme le condamné préférait toujours le mariage à la potence, un commissaire du parlement le conduisait à l'église les fers aux mains, et l'on procédait au mariage par la seule autorité des juges séculiers. Ailleurs on appliquait rarement la peine de mort, si ce n'est dans le cas où le coupable se trouvait de condition fort inférieure à la personne ravie, comme le domestique qui avait enlevé la fille de son maître, et dans le cas où il exerçait quelque poste de confiance auprès d'elle, quelque autorité, par exemple l'instituteur vis-à-vis de son élève, le tuteur vis-à-vis de sa pupille.

RAQUETTE (ARTILLERIE). On désigne ainsi dans les armées du Nord ce qu'on appelle dans la nôtre fusée.

RAQUETTE (*Botanique*). On donne vulgairement les noms de *raquette*, *nopal*, à plusieurs plantes de la famille des cactées. Ce nom de *raquette* rappelle la forme aplatie, ovale ou oblongue de leur tige ou de leurs rameaux articulés. Ces autres caractères de ces plantes, que Decandolle range dans le genre *opuntia*, sont : des feuilles réduites à l'état de petites écailles; une fleur rosacée, non tubuleuse; des écailles calicinales naissant également sur toute la surface de l'ovaire, de sorte que le fruit porte aussi leur empreinte ou leurs débris. Les articulations de la tige et des rameaux sont tantôt nues, tantôt munies d'aiguillons plus ou moins grands.

L'une des espèces les plus importantes est la *raquette à cochenilles* (opuntia coccinellifera, Mill.), sur laquelle vit principalement ce précieux insecte. On la reconnaît à sa tige dressée, rameuse ; à ses articulations ovales-oblongues, presque sans épines ; à ses fleurs rouges, peu ouvertes, où les étamines et le style sont plus longs que les pétales.

La *raquette figue d'Inde* (opuntia ficus indica, Haw.) a des fleurs jaunes, auxquelles succède un fruit violet, connu sous les noms de *figue d'Inde*, *figue de Barbarie*, et offrant un aliment assez agréable au goût. La plupart des *opuntia* ne se trouvent que dans l'Amérique équatoriale; mais cette dernière espèce s'est depuis longtemps acclimatée en Grèce, dans l'Espagne méridionale et dans le nord de l'Afrique.

RARÉFACTION (du latin *rarum fieri*, devenir rare). On appelle ainsi, en physique, l'action par laquelle un corps arrive à occuper plus d'espace, sans que pourtant il reçoive une addition de matière nouvelle. Quoiqu'il y ait une grande analogie d'effets entre la *raréfaction* et la *dilatation*, ces deux mots ne sont point synonymes. La *dilatation* est le plus souvent le résultat de l'action du calorique qui augmente le volume des corps, soit solides, soit liquides, soit gazeux, en écartant et disjoignant leurs molécules; tandis qu'il peut y avoir *raréfaction*, par exemple pour les gaz, sans accroissement de la température. Les effets de la poudre à canon sont le résultat de la *raréfaction*; et c'est sur le principe de la *raréfaction* qu'est basée la construction des éolipiles, des thermomètres, etc. Le degré de raréfaction auquel l'air peut parvenir dépasse la puissance de l'imagination; peut-être même sa force d'expansion est-elle illimitée; mais plus il se raréfie, plus il devient impropre à la vie; et à une certaine élévation, il cesse même d'être propre à la combustion.

RASCHI, dont le véritable nom était *Salomon-Ben-Isaac*, et que quelques-uns appellent à tort *Jarchi*, savant juif, né en 1040, à Troyes en Champagne, suivit les cours des écoles rabbiniques de Mayence et de Worms, devint premier docteur de la loi et rabbin dans sa ville natale, et y mourut, le 13 juillet 1105. Il s'est fait un nom dans la littérature juive par son commentaire sur les trente traités du Talmud de Babylone, ouvrage resté indispensable, car on n'a jamais rien fait de mieux jusqu'à ce jour, et qu'on ajoute au texte dans toutes les éditions du Talmud. Il est aussi l'auteur d'une Interprétation de la Bible hébraïque (la chronique exceptée), qui, maintes fois réimprimée, a été traduite en latin par Breithaupt (3 vol., Gotha, 1714). Il règne dans les écrits de Raschi une brièveté intelligible, beaucoup de clarté et de naïveté; ils annoncent un caractère humble et bienveillant.

RASCIENS. *Voyez* RAITZES.

RAS DE MARÉE, phénomène assez mal dénommé, puisqu'il n'a aucun rapport avec les marées, et qu'on observe plus particulièrement dans les contrées intertropicales. Il consiste en une élévation subite des eaux de la mer aux abords de ses rivages, alors pourtant qu'elle est calme au large et que, aussi loin que l'œil peut s'étendre, aucune brise, si légère qu'elle soit, n'en trouble la surface. Près de la côte, au contraire, elle soulève des lames furieuses qui viennent battre le rivage comme dans la plus effroyable des tempêtes. Les navires au mouillage en deçà du point où commence le *ras de marée* ne peuvent le plus souvent résister à ce mouvement extraordinaire. Ils chassent sur leurs ancres et viennent se jeter et se briser à la côte malgré tous les efforts des équipages, car le calme absolu qui règne dans l'atmosphère ne leur permet pas de tirer parti de leurs voiles pour essayer de gagner le large. On a vu des *ras de marée* se prolonger pendant une semaine, mais le plus ordinairement ils ne durent que vingt-quatre heures. La cause de cet effrayant phénomène est demeurée jusqu'à ce jour inexpliquée; la baisse énorme du mercure dans le baromètre, qui en est toujours le corollaire, permet de l'attribuer avec quelque apparence de raison à une perturbation atmosphérique assez éloignée pour ne pouvoir être observée aux lieux où le ras de marée se manifeste, mais agitant assez la masse des eaux pour que le mouvement se communique en rayonnant, par la seule force ondulatoire, jusqu'au moment où il rencontre un obstacle qui l'arrête et le brise; obstacle qui serait la déclivité de la côte. On a remarqué en outre qu'il précède assez souvent les effroyables ouragans auxquels sont si sujettes les régions intertropicales.

On appelle *ras de courant* certains passages étroits en mer, entre des terres et des îles, où la marée entravée dans son cours, produit des courants irréguliers et violents, qui en rendent la navigation très-dangereuse.

RASK (RASMUS-CHRISTIAN), philologue distingué, naquit en 1787, près d'Odensée, en Fionie, fit ses études à Copenhague, où il s'occupa surtout des anciennes langues du Nord, et plus tard il entreprit dans le même but divers voyages scientifiques en Suède, en Islande, en Finlande et en Russie. En 1814 il eut terminé son grand ouvrage de philologie comparée, *Recherches sur l'Origine de l'ancienne Langue du Nord ou de l'islandais*, qui ne fut imprimé qu'en 1817. Pendant le séjour qu'il fit en Finlande et en Russie, dans les années 1818 et 1819, il étudia le finnois, le russe, l'arménien, le persan et l'arabe. Il se rendit ensuite par Astrachan à Tiflis, et de là, en 1820, en Perse, où il séjourna à Eriwan, à Téhéran, à Ispahan, à Schiraz et à Persépolis. Dans l'Inde, outre l'hindoustani et le sanscrit, il s'occupa surtout de l'étude de l'ancienne langue persane, comme en témoigne sa *Dissertation sur l'antiquité de la langue zend et l'authenticité du Zendavesta*. Dans les Grandes Indes et dans l'île de Ceylan, il recueillit une précieuse collection de manuscrits en langue pali et en langue cingalaise, dont plus tard il fit don à la Bibliothèque royale de Copenhague. De retour à Copenhague en 1823, il s'occupa exclusivement de mettre en ordre et d'utiliser les matériaux qu'il avait réunis sur l'origine des diverses langues. C'est ainsi qu'il publia successivement une *Grammaire Espagnole* (1824), une *Grammaire Frisone* (1825) et une *Grammaire Islandaise*; qu'il travailla à un *Dictionnaire Mœso-Gothique*, et qu'il entreprit de vastes travaux pour débrouiller l'ancienne chronologie des Égyptiens et des Hébreux.

Il avait été nommé professeur des langues orientales et bibliothécaire en chef de l'université de Copenhague, lorsqu'il mourut, le 14 novembre 1832.

RASKOLNIKS ou ROSKOLNIKS. C'est en Russie une qualification équivalant à celle d'*hérétiques* ou de *schismatiques*, et qu'on applique à une secte qui s'est séparée de l'Église dominante. Les membres de cette secte se nomment eux-mêmes la qualification de *starowerzi*, vieux croyants, ou encore celle de *prawoslawnije*, orthodoxes. Cette secte surgit vers le milieu du dix-septième siècle, à la suite de la résolution prise en 1642 par Nikon, patriarche de Moscou, de faire procéder à une révision et à une correction de la traduction de la Bible, défigurée suivant lui, ainsi que des livres de prières et de cantiques en usage dans l'Église russo-grecque. Dans ce travail on eut garde, au reste, de toucher en rien aux dogmes reçus par cette Église; mais beaucoup de Russes ne voulurent point entendre parler de cette révision, qu'ils considérèrent comme une profanation des Saintes Écritures, et dans un concile tenu à Moscou, en 1666, ils se séparèrent de l'Église russo-grecque dominante. Toutefois, d'autres querelles éclatèrent bientôt entre ces *séparatistes*, et donnèrent lieu à de nouvelles sectes, dont les plus remarquables sont celle des *duchoborzes* et celle des *popoftschini*, leurs adversaires, qui ont des prêtres et qui adoptent, outre la Bible, les ouvrages des docteurs de l'Église russe qui ont écrit jusqu'au milieu du dix-septième siècle. Les *philippons* constituent une secte à part. Le nombre des *raskolniks* est assez considérable; car, en dépit des persécutions et de l'oppression dont ils ont maintes fois été l'objet, notamment sous le règne de Pierre le Grand, ils ne s'en sont pas moins répandus dans la plupart des provinces de l'empire, surtout dans la Petite-Russie, en Sibérie et en Pologne; mais il a diminué dans la Russie proprement dite. En 1762 Catherine leur accorda le libre exercice de leur culte; en 1781 elle les assimila, en matières d'impôts, aux fidèles de l'Église dominante, et en 1783 elle leur permit de bâtir des temples. Ce qui les distingue de l'Église dominante, c'est qu'ils n'admettent pas plus le sacrement de la communion que ceux de la confirmation et du mariage; que c'est un *storik*, c'est-à-dire un ancien, qui dirige les cérémonies du culte et administre le baptême; c'est que la prière ils ne disent que deux ALLÉLUIAH, et substituent au troisième les mots *Gloire à Dieu*; qu'ils font le signe de la croix non pas avec les trois premiers doigts de la main, mais seulement avec l'index et le doigt du milieu, entendant par là symboliser la double nature de Jésus-Christ. Ils portent la barbe et les cheveux longs.

RASOIR, instrument d'acier au tranchant très-fin, et dont on se sert pour raser la barbe. Les Juifs se coupaient la barbe avec des ciseaux, et dans beaucoup de pays ils ont encore conservé de nos jours cet usage. Une lame sans ressort, avec un manche appelé *châsse*, formée de deux côtés réunis à leur extrémité par un clou, voilà le rasoir dans sa plus simple expression. Pour qu'il soit bon, il faut que la lame en soit d'un acier fondu de première qualité; que cette qualité n'ait point souffert de l'opération de la fonte non plus que par celle de la trempe; enfin, que l'épaisseur du dos soit proportionnée à la largeur de la lame, et cela dans toute sa longueur. La supériorité des rasoirs anglais est depuis longtemps incontestée; toutefois, voilà une trentaine d'années que nos fabricants de Langres et de Thiers sont parvenus à en fabriquer d'assez bonne qualité, et surtout à assez bon marché, pour pouvoir exporter de leurs produits. Le prix moyen d'une bonne douzaine de rasoirs ordinaires varie aujourd'hui, dans ces deux grands centres de la coutellerie française, entre 10 et 11 francs. Les couteliers des grandes villes, qui vendent des rasoirs et autres instruments tranchants comme provenant directement de leur fabrication, tirent leurs lames de Langres et les y font frapper à leur nom. Les manches sont l'objet d'une industrie spéciale. Ceux en os et en baleine viennent de Méru, en Picardie, ou bien de Paris; ceux de corne fondue, de Thiers. C'est à Paris seulement qu'on fabrique des manches en ivoire. Les beaux manches tout incrustés d'or et d'argent ne se font aussi que dans la capitale.

Au figuré, on dit familièrement d'un homme arrogant qu'il *est tranchant comme un rasoir*.

RASORI (JEAN), célèbre médecin italien, l'un des plus heureux réformateurs de la thérapeutique, naquit à Parme, le 20 août 1766, et fut reçu docteur en médecine à l'université de cette ville dès l'âge de dix-neuf ans. Le célèbre Girardi, l'élève de Morgagni et l'héritier de ses manuscrits, le prit en affection, le dirigea dans ses études, et lui procura l'amitié de Spallanzani. Bientôt il obtint du duc de Parme une pension pour aller perfectionner ses études dans les universités étrangères.

Rasori, qui n'avait encore que vingt-et-un ans, se rendit d'abord à Florence, et durant les trois ans qu'il y séjourna il étudia la chirurgie sous les célèbres Ange et Laurent Nannoni. C'est là aussi que pour la première fois il entendit parler de la doctrine médicale de J. Brown. Le professeur Giannetti lui procura un exemplaire du livre de cet auteur anglais, et il en entreprit immédiatement la traduction. En 1791 il se rendit de Florence à l'université de Pavie, où brillaient alors les Volta, les Spallanzani, les Franck, les Scarpa, etc.; et il y séjourna deux ans. Il alla ensuite visiter l'Angleterre et l'Écosse, toujours pensionné par le duc de Parme. Après dix-huit mois de séjour en Angleterre, il revint en Italie, sans passer par la France, et se fixa vers la fin de 1795 à Milan, qui moins d'un an après tombait au pouvoir de Bonaparte. Rasori, comme tous les hommes au cœur généreux, à l'esprit noble et élevé, pensa que les gouvernements absolus avaient fait leur temps, et avec les autres patriotes italiens il favorisa par tous les moyens en son pouvoir les entreprises de l'armée républicaine, qui occupa Milan dans le mois de mai 1796. Vers la fin de la même année 1796, on réorganisa l'université de Pavie, dont il fut nommé recteur; en même temps, il fut appelé à y occuper la chaire de pathologie. Au commencement de 1798 il accepta les fonctions de secrétaire général du ministère de l'intérieur, à Milan; mais dès l'année suivante il revint à sa chaire. Contraint à la fin de cette même année 1799 par les victoires des armées austro-russes de se réfugier à Gênes avec les débris de l'armée française, il y resta jusqu'à la reddition de cette place. Une maladie épidémique s'étant développée durant le siége, il employa pour la combattre une méthode de traitement basée sur sa doctrine particulière,

et publia ensuite son *Histoire de la Fièvre pétéchiale de Gênes*, qui eut plusieurs éditions et fut traduite en diverses langues. La bataille de Marengo le ramena à Milan. En 1802 il publia les *Annales de Médecine*, journal qui ne parut que six mois, et où il attaquait peut-être avec trop peu de ménagements des ouvrages et des auteurs qui jouissaient alors d'une certaine réputation. Il mit ensuite au jour sa traduction de la *Zoonomie de Darwin* (6 vol.). Vers cette époque, il fut nommé inspecteur général de salubrité pour la République Cisalpine, transformée bientôt après en *royaume d'Italie*. Il obtint, en 1806, l'autorisation de créer une clinique médicale gratuite au grand hôpital de Milan, et l'année suivante il en fonda également une à l'hôpital militaire de Saint-Ambroise. Les observations nombreuses qu'il eut lieu d'y faire sur l'action des médicaments lui servirent à fonder sa nouvelle doctrine médicale, connue sous le nom de *Théorie du Contre-Stimulisme*, et qui opéra une réforme complète dans la thérapeutique, mais qui n'en fut pas moins d'abord l'objet des attaques les plus passionnées.

Le royaume d'Italie disparut en 1814, avec celui qui l'avait fondé, et on reconstitua alors autant que possible l'Italie telle qu'elle était avant 1796, sauf bien entendu Venise. Redevenu sujet du duc de Parme et *étranger* au Milanais, Rasori perdit toutes ses fonctions publiques, et fut réduit à vivre de la pratique de son art.

Après avoir gardé le silence jusqu'en 1830, il publia à cette époque, en deux volumes, la collection de ses *Opuscules cliniques*, qu'il fit précéder de l'*Examen d'un jugement de Sprengel*, etc. Enfin, dans les premiers mois de 1837, il mit sous presse sa *Théorie de la Phlogose ou inflammation*, dernier fruit de longues années de recherches et d'expériences. L'impression de cet ouvrage n'était pas encore complétement terminée, lorsqu'une violente affection catharrale l'enleva à ses amis et à la science, le 13 avril 1837. FOSSATI.

RASORISME. *Voyez* CONTRE-STIMULISME.

RASOUMOFFSKY (ALEXEI GRIGORJEWITSCH, comte), feld-maréchal général russe et grand-veneur de l'impératrice Élisabeth, fils d'un paysan de la Petite-Russie, naquit en 1709, dans un village du gouvernement de Tschernikoff, et fut destiné au service de la chapelle de la cour, où la beauté de sa voix et sa bonne tournure frappèrent tellement l'impératrice Élisabeth, alors encore simple grande-duchesse, qu'elle le prit pour favori et qu'elle finit même par l'épouser secrètement dans l'église de Perowo, village voisin de Moscou. Après avoir obtenu en 1744 de l'empereur Charles VII qu'il l'élevât au rang de comte de l'Empire, elle le créa comte russe. Tous les enfants issus de son union avec l'impératrice moururent en bas âge.

RASOUMOFFSKY (CYRILLE GRIGORJEWITSCH, comte), frère du précédent, né le 30 mars 1728, fut également créé comte par l'impératrice Élisabeth, en 1744; et en 1750, âgé de vingt-deux ans à peine, il obtint les dignités de *hetman* de la Petite-Russie et de feld-maréchal de l'Empire. Il espérait déjà les voir déclarer toutes deux héréditaires dans sa famille, lorsque l'impératrice Catherine II l'en dépouilla, en 1764.

Les deux frères, quoique parvenus de si bas à une position si brillante et entourée de tant de séductions, se distinguèrent par la noblesse de leur caractère, par leur loyauté, leur générosité, ainsi que par le digne usage qu'ils firent constamment de leur immense influence et de leur grande fortune. *Alexei* mourut à Pétersbourg, le 18 juin 1771; *Cyrille* survécut à son frère jusqu'en 1803, et laissa deux fils : *Pierre*, comte RASOUMOFFSKY, ministre de l'instruction publique sous Alexandre, mort en 1837, à Odessa, sans laisser de descendance; et *Andrei*, comte RASOUMOFFSKY, ancien ambassadeur à Vienne, créé *prince* en 1815, et mort en 1836, sans laisser non plus d'enfants; de sorte que la famille Rasoumoffsky se trouve aujourd'hui éteinte.

RASPAIL (François-Vincent), chimiste distingué et l'un des chefs de file du parti républicain, est né à Carpentras, le 20 janvier 1794, et s'adonna de bonne heure à l'étude des sciences naturelles. Les journaux spéciaux s'occupèrent plus d'une fois de découvertes intéressantes faites par lui dans différents domaines de la science objet de ses travaux particuliers. Toutefois, ce ne fut guère avant 1825 qu'un peu de célébrité s'attacha à son nom. A cette époque, il devint l'un des collaborateurs du *Bulletin des Sciences*, fondé par feu Férussac; et bientôt celui-ci lui confia la direction de la partie de ce recueil spécialement consacrée aux sciences physiques et à l'analyse des ouvrages y relatifs. Chargé dès lors de rendre compte des travaux et des découvertes de tous les hommes voués à l'étude de la chimie, de la botanique, de la physique, etc., il apporta dans l'accomplissement de cette tâche un esprit de critique proche voisin de l'esprit de dénigrement, et réussit, par ses assertions tranchantes, par ses appréciations acerbes et le plus souvent empreintes de la personnalité la plus haineuse, à se rendre généralement odieux au monde savant, qui, tout en rendant justice à l'étendue et à l'originalité de ses connaissances, déplora l'abus que faisait le jeune chimiste de facultés vraiment supérieures. M. Raspail est en effet un de ces hommes, si communs de nos jours dans les différentes carrières où s'exercent l'activité et l'intelligence humaines, qui en entrant dans la société se sont pris tout aussitôt à la maudire, parce qu'elle ne s'empressait pas de tresser des couronnes et d'élever des statues à leur immense orgueil, sans attendre qu'un peu de renommée eût mis en relief leur nom, leur individualité, et appelé l'attention publique sur leur mérite personnel. La politique, avec les sentiments haineux, égoïstes, qu'elle inspire trop souvent, était en outre venue de bonne heure favoriser chez M. Raspail le développement d'idées et d'opinions qui lui faisaient voir autant d'ennemis dans les hommes qui ne partageaient pas sa manière de penser sur différentes questions morales ou scientifiques. C'est ainsi que dès 1822 il s'affiliait à la société secrète des *carbonari*. Quand éclata la révolution de Juillet, il s'agita beaucoup alors pour figurer au nombre des hommes qui voulaient entraîner le gouvernement sur les barricades dans la voie franchement révolutionnaire. Une ordonnance royale, insérée au *Moniteur* dès les premiers mois de 1831, lui accorda la croix de la Légion d'Honneur; cette distinction n'était que la fort juste récompense des beaux travaux dont les sciences chimiques lui étaient redevables; mais elle n'avait point été sollicitée. M. Raspail la refusa avec ostentation. Toutefois, il ne tarda pas à vouloir dominer, régenter et au besoin flageller ses frères en républicanisme, comme il faisait naguère des botanistes, des chimistes, etc. Aussi, quoiqu'il eût été l'un des fondateurs et des membres les plus ardents de la société des *Amis du peuple* et de quelques autres sociétés ayant pour but le renversement du trône de Juillet, devint-il bientôt en réalité un dissolvant actif pour ces agrégations d'ambitieux vulgaires, que révoltèrent ses prétentions à la dictature. Arrêté avec quelques autres meneurs, à la suite des événements dont la ville de Lyon fut le théâtre en 1835, le ministère public fut réduit, faute de preuves suffisantes, à abandonner l'accusation en ce qui le concernait; et peu de temps après, M. Raspail fonda *Le Réformateur*, journal des républicains purs, où l'on professait tout autant de mépris pour les républicains *tièdes* et *timorés* de *La Tribune* et les *traîtres* du *National*, que pour les *mouchards* chargés de rédiger le *Journal de Paris* et autres feuilles dynastiques. Vint le moment où d'autres républicains que M. Raspail ne trouva plus que lui seul qui fût digne du titre de *républicain*; aussi fut-il exclu dès lors de toutes les ventes, de tous les conciliabules, et devint-il l'objet de répulsions tout aussi vives parmi ses coreligionnaires que dans le parti opposé. Fatigué de la lutte, peut-être bien même découragé, M. Raspail parut donc renoncer à la politique, vers 1837, pour se consacrer désormais exclusivement à la science, que ses préoccupations ne l'avaient pas empêché d'enrichir pendant ce temps-là d'un *Essai de Chimie microscopique appliquée à la Physiologie* (1831), d'un *Nouveau Système de Chimie organique* (1833), d'un *Nouveau Système de Physiologie végétale et de Botanique* (1837), d'un *Mémoire comparatif sur l'histoire naturelle de l'insecte de la gale* (1834), etc. Puis il essaya de faire de l'industrie médicale, et entreprit de faire fortune en vendant un remède souverain pour toutes les maladies. La panacée dont il imagina de recommander l'usage n'était autre chose que le c a m p h r e, qu'il fallait respirer dans certaines proportions (il se réservait de les fixer suivant les cas), et surtout n'acheter que chez le droguiste recommandé par lui. Inutile sans doute d'ajouter que chez ce droguiste la vente du camphre avait lieu à son profit; et de scandaleux procès portés au tribunal de commerce apprirent en outre au public que M. Raspail n'était pas moins difficultueux, querelleur et processif en affaires commerciales qu'en matières scientifiques et politiques. Les *cigarettes de camphre*, auxquelles son nom est resté, firent un instant fureur en France; et les médecins, voyant qu'on leur enlevait leur clientèle, firent traduire M. Raspail en police correctionnelle, sous prévention d'exercice illégal de la médecine. Le délit était flagrant, puisqu'à l'instar des Chaumonot, dit *Charles-Albert*, des *Giraudeau de Saint-Gervais* et autres enfants perdus d'Esculape, dont on n'ose pas indiquer la spécialité, M. Raspail avait ouvert un cabinet de *consultations gratuites* où affluait la foule et où on vendait, avec son traité pour se guérir soi-même de toutes les maladies possibles, les doses de camphre et les préparations camphrées, base de la nouvelle thérapeutique de son invention. Les poursuites provoquées par la Faculté entraînèrent des saisies, des amendes, et même quelques mois d'emprisonnement prononcés contre M. Raspail, mais ajoutèrent encore à la vogue de sa panacée et de son commerce. Il était donc en train de devenir millionnaire avec ses *cigarettes*, lorsque éclata si inopinément la révolution de Février. Cet événement lui rendit toutes ses illusions de jeunesse. Le 24 au soir il était à la tête du rassemblement qui envahit la salle des séances du gouvernement provisoire à l'hôtel de ville, et qui le contraignit à proclamer la république. Trois jours après il faisait paraître le premier numéro de *L'Ami du Peuple*, titre renouvelé de la feuille de Marat, si odieusement célèbre. Le 15 mai il était encore à la tête du rassemblement qui envahit le local de l'Assemblée nationale et la déclara dissoute. Arrêté avec Barbès, Blanqui et consors, et traduit devant la haute cour nationale convoquée à Bourges, il fut condamné à cinq ans de détention. De scandaleuses voies de fait survenues entre lui et ses co-détenus donnèrent bientôt une preuve nouvelle de l'insociabilité absolue qui fait le fond du caractère de ce grand réformateur social. Il fallut séparer ces *frères et amis*; et M. Raspail subissait sa peine à Douliens, lorsqu'en avril 1853 l'empereur la commua en celle de l'exil. Depuis lors M. Raspail habite la Belgique.

Son fils aîné, *Benjamin* RASPAIL, envoyé par les démocrates du département du Rhône à l'Assemblée législative, a été banni de France en 1852.

RASSEMBLEMENT, action de réunir dans un lieu donné des troupes éparses. Ce mot s'applique aussi à un concours, à un a t t r o u p e m e n t de personnes, surtout à ceux que la loi interdit. (*voyez* MARTIALE [Loi]).

RASTADT ou **RASTATT**, chef-lieu du cercle du Rhin central (grand-duché de Bade) et forteresse fédérale, sur la Murg et le chemin de fer badois, à 14 kilomètres de Carisruhe, possède 6,500 habitants non compris la garnison, trois faubourgs, deux ponts, un beau château avec parc, trois églises catholiques, une église évangélique, un couvent de femmes, un hôtel de ville, un lycée, un musée et divers établissements d'instruction publique, des fabriques très-actives de quincaillerie, d'armes à feu, de tabac, etc., et un commerce d'expédition considérable.

Rastadt n'était autrefois qu'un gros bourg, que les Français incendièrent en 1689. Le célèbre général des armées impériales Louis de Bade le reconstruisit bientôt après dans sa forme actuelle de ville ; et ce fut sa femme, la margrave Sibylle-Augusta, qui termina le château commencé par lui et qui construisit aussi, en 1725, le château de plaisance des grands-ducs de Bade, *La Favorite*, situé à environ deux kilomètres de Rastadt. A partir de ce moment jusqu'en 1771 cette ville fut la résidence des margraves de Bade.

Par suite du cri de guerre poussé par la France en 1840, sous le ministère de M. Thiers, la diète germanique érigea Rastadt en quatrième place forte fédérale. Les travaux commencèrent immédiatement, sous la direction d'ingénieurs autrichiens, et ils étaient presque terminés en mars 1848.

C'est à Rastadt qu'éclata, le 11 mai 1849, l'insurrection militaire de Bade, qui amena l'intervention de la Prusse et qui se trouva comprimée dès le 23 juillet, quand les troupes prussiennes se furent emparées de Rastadt.

Il s'est tenu à Rastadt deux congrès célèbres :

Le *premier* s'ouvrit en 1713. Les négociations, commencées du côté de l'Autriche par le prince Eugène de Savoie et du côté de la France par le maréchal de Villars, amenèrent la fin de la guerre de succession d'Espagne au moyen de la *paix de Rastadt*, signée le 6 mars 1714. L'Empire n'y ayant point été compris, un second congrès eut lieu à Baden, en Suisse, entre les mêmes négociateurs, et amena, le 7 septembre 1714, la signature de la paix entre la France et l'Empire; paix qui valut à la France la cession de Landau, qui rétablit les électeurs de Cologne et de Bavière dans leurs États, et confirma toutes les stipulations de la paix d'Utrecht, à l'exception de ce qui concernait l'Espagne. Cette puissance demeura seule alors en état de guerre avec l'Autriche.

Le *second* congrès de Rastadt s'ouvrit le 9 décembre 1797. L'Autriche y était représentée par le comte de Metternich ; l'Empire, par une députation que présidait le baron d'Albini, subdélégué directorial de l'électeur de Mayence ; la Prusse, par le comte Gœrz, par Jacobi et par Dohm ; la France, par Treilhard et Bonnier, ce dernier ayant été appelé à faire partie du Directoire, par Roberjot et par Jean Debry. La vieille dignité allemande se montra en cette occasion scrupuleusement fidèle à un vain et inutile cérémonial, qui contrastait étrangement avec la brusquerie et le ton par trop franc, par trop sans gêne, des plénipotentiaires français. Au reste, la négociation elle-même pourrait être comparée à un homme dont on aurait lié les bras et les jambes et bandé les yeux, car les articles secrets du traité de Campo-Formio et de la convention secrète de Rastadt, du 1er décembre 1797, étaient inconnus aux négociateurs, qui se heurtaient à chaque instant à une foule d'obstacles. Si la diplomatie française, à Rastadt, méprisa toutes les formes, parfois même les convenances, la diplomatie allemande se montra mesquine et pusillanime. Les négociations ne furent qu'une lutte confuse et impuissante contre les intérêts secrets d'une part, et contre l'orgueil républicain de l'autre. Le tout aboutit à un odieux attentat. Ce congrès fut déclaré dissous par le plénipotentiaire de l'Empire, au moyen d'un décret de commission, le 7 avril 1799. La députation de l'Empire chargée de négocier la paix s'étant déclarée suspendue le 23 avril, les plénipotentiaires français Roberjot, Bonnier et Jean Debry partirent de Rastadt le 28 avril à neuf heures du soir, munis de passe-ports signés du baron d'Albini. Ils n'étaient guère encore qu'à cinq cents pas du faubourg de la ville, sur la route de Rastadt à Plittersdorf, lorsqu'ils furent assaillis par une troupe de hussards barbaczy. Roberjot et Bonnier furent assassinés. Jean Debry, quoique grièvement blessé, et le secrétaire Rosenstiel, furent assez heureux pour s'échapper et pouvoir regagner Rastadt, d'où un détachement de hussards-szeckers les reconduisit ensuite jusqu'à la frontière.

Les Français accusèrent de cet attentat le gouvernement autrichien, qui aurait fait ainsi assaillir les plénipotentiaires de la France sur une grande route pour s'emparer de certains papiers d'une haute importance ; et les soldats brutaux, chargés de l'accomplissement de ce guet-apens diplomatique, auraient poussé le zèle inintelligent jusqu'à l'assassinat. C'est là une question qui ne fut jamais bien éclaircie, et la diète de l'Empire siégeant à Ratisbonne ordonna vainement une enquête. Un rapport bien curieux, toutefois, c'est celui dans lequel l'envoyé prussien, Dohm, parlant au nom de tous les plénipotentiaires, émet au sujet de cet assassinat deux suppositions, ou plutôt deux accusations, auxquelles on ne se serait guère attendu. La première, c'est que le crime aurait été organisé et commis par ordre du gouvernement français lui-même ; la seconde, c'est que le coup pourrait avoir été le fait des émigrés français.

RAT (de l'allemand *ratt*, ou du celte bas-breton *ract*, qui signifie la même chose). Les naturalistes donnent le nom de *rat* à un nombre assez considérable d'espèces animales appartenant à l'ordre des rongeurs, et constituant un genre distinct dans l'immense famille que Linné et Pallas avaient jadis créée sous cette même dénomination, et qui renfermait, outre les rats véritables, les loirs, les campagnols, les gerbilles, etc. Ils différencient les rats des autres genres de la même famille par les caractères suivants : à chaque mâchoire, deux dents incisives et tranchantes, et six molaires à couronne tuberculeuse ; aux pattes antérieures quatre doigts et un pouce rudimentaire ; aux pattes postérieures, cinq doigts non palmés ; une queue nue, longue et couverte d'écailles épidermiques furfuracées : des mamelles dont le nombre varie de quatre à douze. Ainsi limité, le genre *rat* renferme encore un assez grand nombre d'espèces distinctes, et la plupart de ces espèces comptent elles-mêmes de nombreuses variétés. Les plus communes et les plus répandues sont le *rat noir*, la *souris*, le *mulot*, le *surmulot* ou *rat brun*, etc.

Nous ne parlerons ici que du *rat noir* (*mus rattus*, L.). Cette espèce n'est point autochthone : elle paraît s'être introduite pour la première fois en Europe vers le quatorzième ou le quinzième siècle, et nous ignorons complètement le pays où elle a pris naissance. Aristote ne fait aucunement mention du rat ; Pline le naturaliste, Élien et même tous les zoologistes anciens ne s'en occupent pas davantage ; et Conrad Gesner de Zurich, qui écrivait vers le milieu du seizième siècle, nous paraît être à peu près le premier naturaliste qui se soit arrêté à le décrire.

Le rat est essentiellement un animal domestique ; il aime la vie de famille ; il affectionne la demeure du pauvre, et il préfère de beaucoup aux palais de nos rois la chétive masure aux murs de boue et d'argile, à la toiture de chaume. Les mœurs du rat sont patriarcales : sa longue moustache blanche, ses sourcils proéminents, son regard vif et pénétrant, ses habitudes sournoises, lui donnent une physionomie à la fois fine et respectable. Son pelage est noirâtre, et ce caractère, sur lequel on ne saurait trop insister, le différencie du surmulot, dont le pelage est brun-fauve, et avec lequel le vulgaire des mortels le confond sans cesse.

La malédiction de Caïn semble peser sur la famille entière des rats, et « quiconque les rencontre cherche à les détruire ». L'homme leur fait une guerre d'extermination ; il les circonvient par des pièges, il les poursuit par le fer, par le feu, par le poison ; notre tigre domestique, le chat, ne leur accorde ni paix ni trêve ; le milan, l'épervier, le hibou, s'engraissent de leur sang, et en repaissent leurs petits ; mais la marte, le furet, la belette, les tuent pour les tuer, froidement, scientifiquement, par pure haine : ils leur incisent d'un coup de dent les veines du cou, et les laissent mourir baignés dans leur sang. La belette n'a qu'un cri de guerre : *Mort aux rats!* Enfin, les dieux eux-mêmes leur ont déclaré la guerre : Minerve les a anathématisés pour avoir rongé ses filets et mangé ses sacrifices ; et Apollon en a exterminé des colonies entières, comme nous l'apprend son épithète de *Sminthéus* (exterminateur des rats), et ainsi que le confirment les monnaies frappées à son honneur par les habitants de Ténédos.
BELFIELD-LEFÈVRE.

Le mot *rat* a donné naissance à un grand nombre d'expressions figurées et proverbiales : *La mort-aux-rats* est une composition où il entre de l'arsenic, et dont on se sert pour détruire les rats; *Être gueux comme un rat d'église*, *gueux comme un rat*, c'est être fort pauvre; *A bon chat, bon rat*, c'est-à-dire : Bien attaqué, bien défendu; *Un nid à rats*, c'est un logement étroit, obscur et sale; *Avoir des rats en tête*, c'est avoir des caprices, des bizarreries, des fantaisies; donner des *rats*, c'est, de la part des enfants, marquer dans la rue, en temps de carnaval, les habits des passants avec de la craie dont on a frotté un petit morceau de drap ou de feutre coupé en forme de rat.

Enfin, depuis une trentaine d'années, on donne figurément le nom de *rat* aux filles d'opéra, à *ces damés* du corps de ballet de l'Académie impériale de Musique. Les uns expliquent cette dénomination par la maigreur osseuse qui est le plus généralement le partage de ces dames; les autres y voient un trope destiné à faire comprendre que le propre de l'espèce trotte-menu à laquelle on l'applique est de ronger et dévorer rapidement la fortune de ceux qui se plaisent dans leur compagnie.

RAT (Queue de). *Voyez* FÉTUQUE.

RATAFIAT, liqueur qu'on obtient par l'addition des principes odorants ou sapides de plusieurs végétaux à de l'alcool et du sucre. On la prépare de trois manières : ou par le mélange de sucre avec l'alcool, ou par l'infusion et la macération des substances dont on veut extraire les principes solubles, ou encore par la distillation de l'alcool sur des matières odorantes. On fabrique du *ratafiat* aux framboises, aux cerises, aux groseilles, aux coings, au marasquin, etc. Quant à l'étymologie du mot *ratafiat*, qu'aucuns écrivent sans *t*, elle est fort incertaine. Il en est qui veulent absolument qu'il soit d'origine persane; d'autres l'expliquent ainsi : Chez nos ancêtres, disent-ils, les libations étaient en usage dans toutes les négociations et conventions; et c'est là une pratique dont on retrouve encore maintes traces dans les classes inférieures. Au moyen âge, les tabellions ou notaires terminaient toujours une affaire avec leurs clients en choquant ensemble un godet de vin, et en prononçant ensemble cette formule latine *rata fiat* (que la chose soit ratifiée). Tel est le nom de ratafiat, gardé, par certaines liqueurs, rien moins que fines, mais fort prisées dans les cabarets.

RATATINÉ. *Voyez* CRISPATION.

RATCHIMBOURGS. *Voyez* RACHIMBOURGS.

RAT D'EAU, espèce du genre campagnol, de l'ordre des rongeurs. Il est un peu plus gros que le rat commun : son corps a généralement de 18 à 20 centimètres de longueur; sa tête large, à museau court et épais, est longue de 54 millimètres; ses yeux petits, ses oreilles courtes; sa queue, qui a un peu plus de 14 centimètres, est écailleuse comme celle du rat, mais plus velue; de petites écailles couvrent également la peau de ses pieds. Son poil est long et hérissé, la tête et le dessus du corps sont noirs avec un mélange de roussâtre; cette dernière teinte, nuancée de gris, est celle du ventre; les poils de la queue sont noirs et terminés par du blanc. Le mâle se distingue de sa femelle par sa couleur plus foncée, son poil plus long, sa lèvre inférieure blanche, que l'extrémité de sa queue. Les quatre incisives sont d'un jaune orangé, comme celles de l'écureuil, mais plus longues et plus grosses. Les mamelles sont peu apparentes dans les deux sexes : on en compte huit, dont une moitié est sur le ventre, et l'autre sur la poitrine. Cet animal se trouve dans toutes les parties de l'Europe, et son nom indique sa manière de vivre. Il ne fréquente pas nos habitations, comme le rat commun, et on ne le rencontre pas non plus dans les terres sèches et élevées ; il établit sa demeure au bord des eaux douces et dans les vallons humides et marécageux. Il nage avec facilité, quoiqu'un peu pesamment; il plonge aussi, et peut rester une demi-minute au fond de l'eau. Le frai de poisson, les petits poissons eux-mêmes, les grenouilles, les insectes aquatiques, composent une partie de sa subsistance; mais il mange principalement des herbes et des racines, qu'il cherche en creusant dans les terrains marécageux : les racines de *typha*, par exemple, sont un des aliments qu'il préfère. Quoique la chair de ces animaux ne soit pas bonne, on s'en nourrit pourtant dans quelques pays : c'est probablement le seul usage dont ils puissent être pour l'homme.

DÉMÉZIL.

RAT DE CAVE. *Voyez* CAVE (Rat de).
RAT DE PHARAON. *Voyez* MANGOUSTE.
RAT DES CHAMPS et **RAT FOUISSEUR.** *Voyez* CAMPAGNOL.

RATDOLT (ou RATHOL D'ERHART), célèbre imprimeur du quinzième et du seizième siècle, natif d'Augsbourg, alla vers 1475 s'établir à Venise, où il publia des livres de toute beauté et appartenant aujourd'hui aux plus précieuses raretés bibliographiques. Jusqu'en 1480 il imprima en société avec Pierre Loslein et Bernard Pictor ou Maler, d'Augsbourg; mais plus tard il dirigea seul la maison. Son édition d'Appien, qui parut en 1477, témoigne de la perfection des produits de ses presses, et sous le rapport des types l'emporte même sur la première édition de cet historien, publiée à Venise en 1472, par Vindelinus de Spira. Son édition d'Euclide, de 1482, le premier ouvrage dans le texte duquel soient intercalées des figures de mathématiques, est précédée d'une dédicace au doge Giovanni Mocenigo, imprimée, suivant un procédé alors nouveau, en lettres d'or. En 1486 il revint dans sa ville natale, où l'année suivante il imprima en rouge et en noir le beau Rituel du diocèse d'Augsbourg. On lui attribue l'invention des *lettres ornées*, c'est-à-dire des lettres enrichies de fleurs ou formées à l'aide de fleurs, ce qu'on appelait alors *litteræ florentes*. Ratdolt exerça son art jusqu'en 1516. A partir de l'an 1490 ses éditions portent au frontispice un fleuron représentant un homme nu, qui de la main droite tient deux serpents enlacés, et de la gauche une étoile. Le casque fermé, placé au-dessus de le fleuron, est surmonté de deux cornes de buffle entre lesquelles se trouve également une étoile.

RATE, organe spongieux et vasculaire, appelé par les Grecs σπλήν, dont les fonctions, peu connues, paraissent liées à celles du système veineux abdominal. Profondément située dans l'hypochondre gauche, la rate est maintenue dans sa position par plusieurs vaisseaux et replis du péritoine, qu'on peut nommer, d'après leurs insertions, gastrospléniques, spléno-phréniques et spléno-coliques; en sorte que suspendue à des parties mobiles, la rate doit participer à leurs mouvements, et ressentir une influence non équivoque de la contraction du diaphragme et des alternatives de distension et de relâchement de l'estomac. La rate est *unique* dans l'espèce humaine; cependant, il n'est pas rare de rencontrer dans son voisinage quelques petites rates surnuméraires, disposition qui peut être considérée comme le vestige de celle qui existe chez un grand nombre d'animaux, dont la rate est *multiple*. Le volume de la rate est assez considérable; sa longueur, terme moyen, est d'environ dix centimètres, sa masse est à celle de tout le corps comme un est à deux cents. Ce volume est susceptible de beaucoup de variétés relatives à l'âge, aux conditions physiques, et surtout aux maladies.

On ne connait pas encore d'une manière positive les fonctions de cet organe, et les opinions qu'on a émises à ce sujet sont aussi nombreuses que diverses; ainsi, sans parler de plusieurs, qui sont évidemment hypothétiques, comme celles, par exemple, qui en font le siège de l'âme sensitive, celui du rêve, de la mélancolie, du sommeil, des appétits vénériens, etc., nous nous restreindrons à trois opinions ou conjectures plus raisonnables. La première, soupçonnée par Malpighi et Keil, et admise par plusieurs physiologistes modernes, c'est que la rate est un organe excréteur du foie. Mais quel est le rôle que joue la rate dans la sécrétion biliaire? Nous l'ignorons complètement. Ce n'est donc là qu'une supposition probable. La deuxième opinion, qui fait de la rate un ganglion vasculaire, lymphatique ou sanguin, compte aussi de nombreux partisans. Chaussier considérait la rate comme un corps ganglioforme, dans l'intérieur du quel était sécrété un suc, ou séreux ou sanguin, qui repris par l'absorption allait concourir à la lymphose. Selon Tiedmann et Gmelin, la rate serait un ganglion destiné à préparer un fluide qui sert à animaliser le chyle. Enfin, une troisième opinion, admise par Haller, Sœmmering, Blumenbach, soutenue par Broussais, et adoptée par Cruvelhier, c'est que la rate est un *diverticulum* du sang; elle est fondée sur la structure spongieuse et vasculaire de cet organe, et sur l'absence de valvules, qui permet au sang veineux de refluer dans la rate lorsqu'il existe quelque obstacle à la circulation, et de rétablir ainsi l'équilibre du système veineux abdominal. Un moyen de connaître les véritables usages de la rate serait son extirpation; et d'après Pline, elle aurait été pratiquée sur des hommes pour les rendre plus aptes à la course, ce qui serait un argument en faveur de la dernière opinion, puisque c'est au gonflement de la rate produit par l'afflux du sang dans cet organe, et à la compression qu'exerce sur lui le diaphragme, qu'on doit attribuer la douleur que l'on éprouve à la région splénique à la suite d'une course forcée. Le fait est que la rate peut être enlevée impunément chez les animaux, et qu'ils ne succombent quelquefois que des suites de l'opération. Nous conclurons donc en disant : *Que la rate n'est qu'un organe accessoire, et dont la nécessité n'est pas l'entretien de la vie.*

Figurément et familièrement, *Désopiler, épanouir la rate*, c'est divertir, réjouir, faire rire : Les songes drolatiques de Rabelais *désopilent, épanouissent la rate.*

D' HUGUIER.

RÂTEAU, instrument de culture et de jardinage, qui sert à de nombreux usages. Une pièce de bois traversée par des coutres légers en fer ou en bois, et portant sur son milieu un long manche : tel est le râteau au moyen duquel on peut gratter légèrement la terre. On se sert aussi de cet instrument pour réunir en tas les pailles, les fourrages, etc., dispersés sur le sol. Dans ces derniers cas on emploie souvent un large râteau, auquel on attelle un cheval.

RATEAU (Proposition). La majorité qui avait porté Louis-Napoléon Bonaparte à la présidence de la république appelait de ses vœux l'élection d'une Assemblée législative. Un membre de l'Assemblée constituante, M. Rateau, formula une proposition dans ce but. Elle fut prise en considération et renvoyée au comité de justice et de législation, qui nomma M. Grévy pour rapporteur. Le rapport concluait à ce que l'assemblée actuelle fit toutes les lois organiques qu'elle avait inscrites sur son programme, et qu'elle s'occupât ensuite de grandes réformes financières. Le vendredi 12 janvier 1849 le débat s'ouvrit à l'Assemblée. M. de Montalembert, tout en ne méconnaissant aucun des services rendus depuis huit mois qu par l'Assemblée, essaya de prouver que l'heure de la retraite était sonnée. Le scrutin repoussa les conclusions de celui-ci à la majorité de 400 voix contre 396. Le lendemain on décida que les bureaux procéderaient à la nomination d'une commission chargée de se livrer à un nouvel examen de la proposition, ainsi que l'exigeait le règlement, et qu'on y renverrait à cette même commission les sous-amendements proposés. Tous les bureaux nommèrent des commissaires opposés à la fixation d'un terme pour la dissolution de l'Assemblée.

Le lundi 29 janvier, au milieu de l'appareil militaire qui annonçait l'orage du dehors, la discussion s'ouvrit. M. Fresneau, Victor Hugo, etc., parlèrent en faveur de la proposition, que M. Jules Favre combattit avec énergie : « L'assemblée est gênante, s'écria-t-il, il est vrai; savez-vous pourquoi ? C'est qu'elle défend la république! Voire retraite serait une désertion, et peut-être une désertion *devant l'ennemi.* » Le vote au scrutin secret donna 416 voix pour rejeter les conclusions Grévy et 405 seulement pour les adopter. Ce dernier résultat constituait la troisième lecture de la proposition et préjugeait son succès définitif. Le mardi 6 mars les débats recommencèrent, sur la motion de M. Laujuinais, qui proposait de procéder immédiatement aux délibérations sur la loi électorale, après le vote de laquelle il serait aussitôt procédé à la formation des listes électorales, les élections devant avoir lieu le dimanche qui suivrait la clôture définitive desdites listes. M. Rateau lui-même donna son adhésion à la proposition Lanjuinais, qui fut adoptée, malgré un sous-amendement de M. Senard, à une majorité de 133 voix, après des discours prononcés par MM. Félix Pyat, Lamartine, Dufaure, etc. L'Assemblée décida en outre que dans le même laps de temps elle voterait le budget de 1849.

RATELIER. *Voyez* ÉCURIE.
RATELIER D'ARMES. *Voyez* FAISCEAU D'ARMES.
RATIONAL. *Voyez* PECTORAL et PONTIFE (tome XIV, p. 750.)

RATIONALISME (du latin *ratio*, raison). C'est, par opposition au *supernaturalisme*, l'opinion qui n'autorise pas seulement l'usage de la raison en matières de religion, mais encore le croit nécessaire ; le rôle de la raison devant consister, d'une part, à comprendre et à s'approprier ce qui lui est présenté comme *révélation*, et de l'autre à en apprécier la *vérité*. Le rationalisme, comme on peut bien le penser, est proscrit par le catholicisme; au sein du protestantisme lui-même il a provoqué et provoque encore tous les jours les plus vives controverses, et ses adversaires n'hésitent pas à le qualifier de pur d é i s m e.

RATIONALISTES (Les). *Voyez* COMMUNISME.
RATIONNEL (du latin *ratio*, raison, intelligence). Ce mot signifie *raisonné*. Il s'applique à tout système , à tout précepte fondé sur des principes avoués par la raison, et qui déduit de ces principes leurs conséquences naturelles et rigoureuses. On dit par exemple agriculture *rationnelle*, médecine *rationnelle*, pratique *rationnelle*.

L'opposé de *rationnel* ou raisonné est *irrationnel*.
En mathématiques, un nombre est dit *rationnel* quand il peut s'exprimer complétement par l'unité et ses fractions ; un nombre est dit *irrationnel* quand au contraire il ne peut pas être exprimé par des chiffres précis.

RATISBONNE, en allemand *Regensburg*, chef-lieu du Haut-Palatinat bavarois, autrefois ville libre impériale et siége de la diète de l'Empire, sur la rive droite du Danube, au confluent du Regen. On y compte 23,000 habitants, dont 3,000 protestants, 18 églises catholiques, 3 églises protestantes et 3 couvents. Les rues en sont, pour la plupart étroites et tortueuses, garnies de hautes maisons à pignon, mais ne laissent pas que de présenter beaucoup de remarquables édifices de l'architecture gothique, entre autres l'hôtel de ville, où la diète impériale siégea pendant cent quarante-trois ans, la cathédrale, les églises Saint-Pierre et de La Trinité, etc. On y trouve plusieurs bibliothèques publiques, diverses collections de tableaux, entre autres celle du palais de la Tour et Taxis, de nombreux établissements d'instruction publique, des fabriques de sucre, de faïence, de savon, de chandelles, d'articles de bijouterie et de quincaillerie, d'importantes brasseries et distilleries, etc. Elle est le centre d'un actif commerce d'expédition en bois, en céréales et surtout en sel. C'est une des plus antiques cités de l'Allemagne. Fondée par les Romains, qui la nommèrent *Reginum*, c'était dès le deuxième siècle de notre ère un grand centre commercial. En l'an 749 elle fut érigée en évêché ; et c'est l'empereur Frédéric 1er qui lui accorda le titre et les privilèges de ville libre impériale. Assiégée et prise tour à tour pendant la guerre de trente ans par les Suédois et par les impériaux, elle devint à partir de 1663,et resta jusqu'en 1806 le siége de la diète de l'Empire. En 1684 on y transféra le congrès ouvert à Francfort en 1681, et où fut conclue une trève de vingt années entre l'Empire et la France ; néanmoins, dès 1688 une armée française envahissait de nouveau l'Allemagne. En 1803 la ville et l'évêché avaient été érigés en principauté en faveur de l'électeur de Mayence, Charles de Dalberg. Mais en 1810, Napoléon ayant créé Dalberg grand-duc de Francfort, l'un et l'autre passèrent sous la souveraineté de la Bavière.

RAT MUSQUÉ ou ONDATRA. Cet animal forme à lui seul, dans la classification de Cuvier, un sous-genre du genre *campagnol*. Il est caractérisé par ses pieds de derrière à demi palmés et par sa queue longue, comprimée et écailleuse. Ce rongeur est à peu près de la taille des lapins; mais ses jambes sont plus courtes. Le poil qui le couvre est de deux sortes; l'un, soyeux et long, de couleur brune, traversé le second, formé par un duvet très-serré, plus court, plus fin, et dont la teinte est grise. Les doigts de l'ondatra sont armés d'ongles robustes. Près des organes de la génération existe une glande, qui secrète un liquide laiteux, dont l'odeur musquée est excessivement pénétrante à l'époque du rut.

Le rat musqué, dont les mœurs rappellent celles du castor, habite l'Amérique du Nord, où on lui fait la chasse pour s'emparer de sa peau. Mais celle-ci, conservant toujours une odeur de musc, ne donne qu'une fourrure peu estimée.

RATON, genre de carnassiers plantigrades, voisin des blaireaux. Les ratons, que Linné avait réunis aux ours, ont une forme générale beaucoup moins massive; leur tête, large à la région des tempes, est terminée en un museau effilé; les oreilles sont médiocrement prolongées, droites et terminées en pointe obtuse; les yeux sont assez ouverts et à pupille ronde; les pattes, peu fortes et à peu près dans les proportions de celles des chiens, sont terminées par cinq doigts; la queue est cylindrique, longue et pollue. Les ratons habitent l'Amérique, où ils vivent principalement de fruits et de racines. Leur fourrure est douce et épaisse comme celle du renard.

On ne connaît bien que deux espèces du genre raton.

Le *raton laveur* (*ursus lotor*, L.; *procyon lotor*, Storr) doit, dit-on, ce surnom à la singulière habitude qu'il aurait de toujours plonger ses aliments dans l'eau et de les rouler ensuite quelque temps avant de les avaler. Cet animal, que l'on trouve dans toutes les parties de l'Amérique septentrionale, a le corps long d'environ 0^m,60, avec une queue de 0^m,23. Sa couleur générale est le gris noirâtre, sauf le ventre et les jambes, qui sont plus pâles.

Le *raton crabier* (*ursus cancrivorus*, L.; *procyon cancrivorus*, Et. Geoff.), un peu plus grand que le précédent, mange volontiers les crustacés qu'il trouve sur les rivages. Il habite l'Amérique méridionale, et principalement la Guiane. Son pelage est d'un gris fauve mêlé de noir et de gris.

La fourrure des ratons, employée autrefois dans nos fabriques de chapeaux, est encore recherchée par la pelleterie.

RATRAPOURA. *Voyez* AVA.

RATZEBOURG, principauté d'environ 30 kilomètres carrés, enclavée dans le territoire du duché de Holstein et dans celui de Lubeck, avec environ 16,500 habitants, et dépendant du grand-duché de Mecklembourg-Strelitz. A l'origine, c'était un évêché qui avait été fondé en 1154, par Henri le Lion, après qu'il eut fait la conquête du pays des Wendes. En 1554 son dernier évêque catholique l'abandonna au duc Christophe de Mecklembourg.

Ratzebourg, ville admirablement, située dans une île du lac du même nom, reliée à la terre ferme d'un côté par un pont et de l'autre par une jetée, appartient (à l'exception de la cathédrale et du terrain qui l'entoure, restés tous deux mecklembourgeois) au duché de Saxe-Lauenbourg, dont elle est la capitale. On y compte environ 3,500 habitants; et il s'y fait un commerce de transit assez actif.

RATZES. *Voyez* RAITZES.

RAUCH (CHRISTIAN), l'un des plus célèbres sculpteurs de ce temps-ci, est né en 1777, à Arolsen, dans la principauté de Waldeck, et apprit les éléments de son art à Cassel, sous la direction du sculpteur Kuhl. Le hasard l'amena en 1797 à Berlin, où il eut à triompher de grandes difficultés, mais où il fit d'importants progrès. En 1804 il accompagna le comte Sandreczky dans un voyage au midi de la France, à Gênes et à Rome, où il se fit un protecteur de Guillaume de Humboldt et un ami de Thorwaldsen, sans cependant jamais avoir été son élève. Pendant son séjour à Rome il exécuta les deux bas-reliefs *Hippolyte et Phèdre*, *Mars et Vénus blessée par Diomède*, ainsi que la statue d'une jeune fille de onze ans, qui plus tard fut exécutée en marbre; le buste colossal du roi de Prusse, et le buste de la reine Louise, de grandeur naturelle; celui du comte Wengerski, et enfin celui de Raphael Mengs pour le roi de Bavière. En 1811 le roi de Prusse l'appela à Berlin, afin de présenter, avec d'autres artistes, des projets pour le monument qu'il avait l'intention d'élever à la mémoire de la reine Louise. Son projet ayant réuni tous les suffrages, l'exécution du monument lui fut confiée. A peine les travaux en étaient-ils commencés que l'artiste fut atteint d'une fièvre nerveuse; et il obtint du roi la permission d'aller exécuter son œuvre en Italie. Il travailla d'abord à Carrare, et termina la statue de la reine à Rome, en 1813. Dans l'hiver de 1814 il revint à Berlin pour y exposer son œuvre, qu'on voit aujourd'hui à Charlottenbourg, dans un mausolée en forme de temple d'ordre dorique, construit à cet effet. En 1815 il fut chargé d'exécuter les statues des généraux Scharnhorst et Bulow, qu'il dégrossit à Carrare même et qu'il exposa en 1822. En 1824 il existait déjà de lui 70 bustes en marbre, dont 20 de grandeur colossale. Durant son séjour à Carrare, il fut chargé par la province de Silésie d'exécuter, en bronze, une statue colossale en l'honneur du feld-maréchal Blucher et de son armée; statue qui fut exposée en 1827. Les difficultés qu'offrait cette image en costume moderne n'étaient pas sans charme pour le talent créateur de l'artiste. Il fit choix du moment où Blucher, tenant l'épée de la main droite, levant la gauche au ciel, s'élance en criant aux peuples de la Silésie : *Avec Dieu, pour le roi et la patrie!* La fonte de cette statue réussit complétement; sa hauteur est de 3 mètres 36 centimètres. Elle fut solennellement érigée à Breslau, le 9 juillet 1827. Après la mort du maréchal, il en lui en commanda une seconde, qui fut érigée à Berlin en 1826. Il a aussi coopéré à l'érection des douze statues qui ornent le monument national élevé sur le Kreuzberg, aux portes de Berlin. En 1829 il acheva, à Munich, la statue en bronze du roi Maximilien de Bavière. La statue de Gœthe est encore son ouvrage. En 1840 il termina aux frais du comte Raczynski, pour la cathédrale de Posen, les statues des rois de Pologne Mieclislas et Boleslas Chrobry. La colonne qui orne la place de Belle-Alliance, à Berlin, est surmontée d'une statue de la Paix, de sa composition. Outre une foule de bustes, dont beaucoup de grandeur colossale, il exécuta, à partir de 1840, le monument à la mémoire de Frédéric le Grand, qui a été inauguré à Berlin en 1851. Depuis cette époque, les statues en bronze de Gneisenau et d'York, et une Danaïde en marbre, sont encore sorties de son atelier.

RAUCOURT (FRANÇOISE-MARIE-ANTOINETTE SAUCEROTTE), célèbre actrice de la Comédie-Française, naquit à Nancy, en 1756. Son père, François-Éloi Saucerotte, qui avait débuté deux fois sans succès au Théâtre-Français, et qui s'était résigné au triste emploi de comédien ambulant, l'emmena avec elle en Espagne, n'étant encore âgée que de douze ans. Elle y joua, dit-on, quelques rôles tragiques. Ce qu'il y a de certain, c'est que vers la fin de 1770, étant à Rouen, du Belloy lui donna à créer, bien qu'elle n'eût pas quinze ans, le rôle d'Euphémie dans sa tragédie de *Gaston et Bayard*, qui n'avait pas encore été jouée à Paris. L'essai qu'il en fit sur le théâtre de Rouen surpassa ses espérances, et le succès de sa pièce fut surtout attribué au talent de l'actrice. Avertis, les gentilshommes de la chambre donnèrent aussitôt à la jeune artiste un ordre de début; et après avoir encore pris quelques leçons et reçu quelques conseils de Brizard, elle parut pour la première fois en 1772 sur la scène du Théâtre-Français, dans le rôle de Didon. Jamais il ne s'était vu plus belle femme au théâtre, jamais début n'avait annoncé plus de talent : aussi l'enthousiasme fut-il à son comble. Elle joua ensuite, et avec le même succès, Émilie, Idamé, Monime; et chaque nouveau rôle était pour elle l'occasion d'un nouveau triomphe. Cette vogue se soutint constante une année durant, au bout de laquelle vinrent les tribulations, causées par la jalousie de quelques autres artistes. Mais les applaudissements du parterre vengeaient amplement la jeune débutante de toutes ces intrigues de coulisses. Rien ne lui manqua, pas même de petits vers à son adresse signés *Voltaire*. L'engouement qu'elle excitait passa de la ville à la cour, et elle reçut de Louis XV, de la dauphine et de monsieur le comte de Provence, des témoignages de satisfaction et des preuves de munificence. Il n'y eut pas jusqu'à madame Dubarry, qui lui remit un fort joli écrin, en lui recommandant *d'être sage*. Bientôt, cependant, il courut sur son compte les bruits les plus injurieux, œuvre de la calomnie ou de la médisance, mais qui lui aliénèrent tellement l'opinion publique qu'elle ne pouvait plus paraître en scène sans être outrageusement sifflée. Ses plus fervents adorateurs eux-mêmes l'abandonnèrent. Le prince d'Hénin, celui qu'on appelait *le nain des princes*, fit seul tête à l'orage, et demeura fidèle à la beauté injuriée et délaissée. Peu après, cependant, elle eut un retour de fortune dans le rôle de Galatée. La Rive, qui jouait Pygmalion, partagea avec elle les applaudissements de toute la salle; et en effet il était difficile de réunir pour ces deux rôles deux plus belles personnes et qui eussent plus de talent. Mais les tribulations ayant recommencé après ce succès d'un jour, Mlle Raucourt, d'ailleurs criblée de dettes, il faut bien le dire, disparut du théâtre, et alla se réfugier dans l'enclos du Temple, asile ouvert alors aux débiteurs insolvables. C'était le bon temps : aujourd'hui leur seul asile est la prison de Clichy. Après quelques jours de retraite, Mlle Raucourt s'évada du Temple pendant la nuit, alla voyager quelque temps dans les cours du Nord, et revint en France, où Marie-Antoinette, alors, pour son malheur, reine de France, l'accueillit avec sa bonté ordinaire, paya généreusement ses dettes et la fit rentrer à la Comédie-Française. Elle y reparut en 1777, dans ce même rôle de Didon qui lui avait valu ses premiers succès. Ce fut alors qu'elle se livra entièrement à des études sérieuses sur son art, et qu'elle reconquit à force de talent les suffrages du public, qui cette fois ne l'abandonnèrent plus. A l'époque de la révolution, bien différente de sa camarade Mme Vestris, de Dugazon, de Laïs, de Trial, et autres histrions, qui, comblés des bienfaits de la cour, s'étalent jetés à corps perdu dans le parti jacobin, Mlle Raucourt n'oublia pas les bontés qu'avait eues pour elle Marie-Antoinette, et lui resta constamment attachée. Aussi, lorsqu'à propos des représentations de *Paméla*, la Convention ordonna l'incarcération en masse des Comédiens Français, Mlle Raucourt alla occuper une cellule aux Madelonnettes, en compagnie de Saint-Phal, de Saint-Prix, de Larive, de Naudet, et de Mlles Lange, Joly, Devienne et Contat. Elle sortit de prison avec eux après le 9 thermidor ; ils obtinrent la permission de rouvrir leur théâtre, qu'on appelle aujourd'hui l'*Odéon*, et ils y jouèrent jusqu'au premier incendie de cette salle, arrivé en 1796. Ce fut alors que Mlle Raucourt fonda un second théâtre français à Louvois, où la suivirent quelques-uns de ses camarades. La faveur publique s'attacha à elle, en raison des persécutions dont elle avait été la victime sous le règne des jacobins ; et son théâtre était en voie de prospérité, quand la journée du 18 fructidor ayant remis pour un moment le sceptre aux mains des jacobins, elle vit toutes ses espérances détruites de nouveau. Le Directoire en effet se hâta de l'exproprier. Lorsque Napoléon ordonna, en 1799, la réunion de tous les Comédiens Français dans la salle qu'ils occupent maintenant, il donna des marques de bienveillance particulières à Mlle Raucourt, dont il admirait le jeu vivant et profond ; et il lui assigna une forte pension sur sa cassette. Quelque reconnaissance qu'elle éprouvât pour lui, elle se souvenait toujours que la famille royale exilée l'avait comblée de bienfaits. Aussi vit-elle une véritable joie à la restauration. Monsieur, comte d'Artois, lui accorda une audience, et il l'assura de toute sa protection. Elle ne devait pas en jouir longtemps. Une maladie inflammatoire l'enleva presque subitement, le 15 janvier 1815, à l'âge de cinquante-neuf ans. On sait le scandale auquel donnèrent lieu ses obsèques. Le curé de Saint-Roch, dont elle avait refusé les secours spirituels, crut devoir à son tour refuser à sa dépouille mortelle l'entrée de son église. Une multitude furieuse en enfonça les portes, et après s'y être livrée aux plus tristes excès, accompagna *religieusement* le cercueil de la grande actrice jusqu'au cimetière du Père Lachaise.

Mlle Raucourt manquait de sensibilité au théâtre, mais elle y suppléait à force d'art ; et dans l'emploi des reines, comme dans tous ceux qui demandent de la vigueur et de la majesté, elle était sans rivale. Athalie, Cléopâtre, Agrippine étaient ses rôles de prédilection. Son organe était naturellement dur et voilé, quelquefois même rauque, malgré les efforts qu'elle faisait pour l'assouplir ; mais on s'apercevait à peine de ce défaut lorsqu'elle se livrait à son inspiration.
Georges Duval.

RAUGRAVES. C'était, au moyen âge, un titre particulier à certaines familles de comtes allemands. Il y avait des *raugraves* à Dassel et sur les bords du Rhin (appelés aussi *Rheingraves*), aux environs de Trèves, de Kreuznach et d'Alzey.

RAUMER (Frédéric-Louis-Georges de), historien allemand distingué, est né en 1781, à Wœrlitz, dans le duché de Dessau. En 1801, ses études universitaires terminées, il entra dans l'administration des domaines, et en 1810 il fut nommé à un emploi dans le cabinet de M. de Hardenberg. Tout en s'acquittant de ses devoirs administratifs, il ne négligeait pas pour cela ses travaux littéraires ; et le moment vint où il aima mieux pouvoir s'y livrer exclusivement, que de courir les chances d'honneurs et de fortune que lui présentait la carrière où déjà il était arrivé à une belle position. Il sollicita donc et obtint, en 1811, une chaire à l'université de Breslau. De 1815 à 1817 il fit aux frais du gouvernement un voyage scientifique en Allemagne, en Suisse et en Italie ; et en 1819 il fut nommé professeur d'économie politique et d'histoire à l'université de Berlin. Après avoir été longtemps membre de la commission supérieure de censure, il se démit de cet emploi en 1831 ; et cette démarche produisit alors une vive sensation. On a de lui, entre autres, un *Manuel des morceaux les plus remarquables des historiens du moyen âge* (1813) ; un *Cours d'Histoire ancienne* (1821 ; 2e édit., 1847) ; une *Histoire des Hohenstaufen et de leur époque* (1823 ; 2e édit., 1842), ouvrage qui témoigne d'une grande profondeur d'aperçus, du jugement mûri de l'homme versé dans les affaires, d'un esprit exempt de préjugés, et de savantes investigations ; *Lettres de Paris et de France*, écrites en 1830 (1831) ; *Lettres de Paris sur l'histoire du quinzième et du seizième siècle* (1831) ; *Histoire de l'Europe depuis la fin du quinzième siècle* (8 vol., 1832-1850). Des voyages faits en 1835 en Angleterre, en 1839 en Italie, en Amérique en 1841, lui ont fourni la matière de livres intitulés *D'Angleterre* en 1835 (Leipzig, 1836 ; 2e édit., 1841), *D'Italie* (1840), et *Les États-Unis de l'Amérique du Nord* (1845), où l'on retrouve toutes les qualités qui distinguent cet écrivain, la sagacité et l'originalité de la pensée, la justesse d'observation, la clarté et l'élégance du style.

Le mauvais effet produit en haut lieu par un discours prononcé par M. de Raumer en 1847 en l'honneur de Frédéric le Grand le détermina à donner sa démission des fonctions de secrétaire perpétuel de l'Académie des Sciences de Berlin. Aussi l'année suivante fut-il élu par cette capitale l'un de ses représentants au parlement de Francfort, où il vota constamment avec la droite. En 1853 il a été, sur sa demande, nommé professeur émérite de l'université.

RAUPACH (Ernest-Benjamin-Salomon), l'un des poëtes dramatiques les plus féconds qu'ait produits l'Allemagne, naquit le 21 mai 1784, aux environs de Liegnitz (Silésie). Précepteur pendant dix ans en Russie, il finit par être nommé professeur de philosophie à l'université de Pétersbourg ; mais en 1822 il dut quitter la Russie, par suite d'une enquête de police dont il était l'objet avec quelques-uns de ses collègues. Depuis lors il habita successivement divers points de l'Allemagne ; et après un voyage en Italie, il se fixa à Berlin, où il travailla pour le théâtre jusqu'à sa mort, arrivée le 18 mars 1852. Ses principaux drames sont *Les princes Chawansky* (1818), *Les Prisonniers* (1821), *Le Cercle magique de l'Amour* (1824), *Les Amis* (1825), *Isidore et Olga* (1826), *Rafaële* (1828), *La Fille de l'Air* (1829), d'après Calderon, pièce qui se rattache à toute une série de poésies dramatiques qui ont les Hohenstaufen pour sujet. Raupach a aussi abordé la scène comique, et il faut surtout citer de lui en fait de comédies : *Critique et Anticritique*, *Les contrebandiers*, *L'Esprit du Temps*, *Le Sonnet* ; et les farces *Pense à César*, *L'Échelle dans la Lune*. Dans les dernières années de sa vie il fit paraître *Jacqueline de Hollande*, drame (1852), le conte *Le joueur de Boule* et la tragi-comédie *Mulier taceat in Ecclesia* ! Ces différentes productions se font remarquer des situations neuves et intéressantes, un style énergique, l'empreinte de passions fortes, une poésie aussi riche de pensées que brillante d'ornements, et un rhythme non moins harmonieux qu'habilement varié.

RAURACIENNE (République). *Voyez* PORENTRUY.
RAUZAN (Les). *Voyez* CHASTELLUX et DURAS.
RAVAILLAC (FRANÇOIS), l'assassin de notre bon roi Henri, IV, naquit à Angoulême, vers l'an 1578. D'abord scribe chez divers jurisconsultes, il fit aussi lui-même de la procédure pratique, puis finit par s'établir maître d'école dans sa ville natale. Emprisonné pour dettes, il tomba dans le mysticisme, s'occupa beaucoup d'affaires de religion, et eut des visions. Dans un voyage qu'il fit à Paris, il entra dans l'ordre des Feuillants ; mais ces religieux le renvoyèrent bientôt après, comme visionnaire et insensé. Il s'en revint alors à Angoulême, où son état de misère s'accrut avec son fanatisme, qui s'exprimait surtout par une haine profonde pour les protestants. Telle était la disposition de son esprit, lorsqu'il fut déterminé (très-vraisemblablement par les jésuites) à assassiner Henri IV, qu'il tenait pour le principal ennemi du catholicisme. Le 14 mai 1610 il trouva l'occasion de mettre enfin son projet à exécution. Ce jour-là le roi sortit en carrosse, vers les quatre heures de l'après-midi, pour aller visiter Sully, malade, à l'Arsenal, et en même temps voir les préparatifs qui se faisaient pour le couronnement de la reine. Dans l'étroite rue de la Féronnerie le carrosse du roi fut arrêté par un embarras de charrettes. Ravaillac, arrivé depuis lors à Paris, monta sur la roue de derrière de droite, plongea un couteau dans la poitrine du roi, assis au fond du carrosse, sur la gauche, à côté du duc d'Épernon. Le premier coup manqua, mais au second Ravaillac atteignit Henri IV au cœur. L'assassin prit la fuite, mais il fut bientôt arrêté avec son couteau encore tout sanglant à la main, et ne chercha point à nier le crime. Par sentence du parlement Ravaillac fut soumis à la question ordinaire et extraordinaire, tenaillé, puis écartelé, le 27 mai, en place de Grève, après avoir eu la main droite brûlée. Il crut mourir de la mort des martyrs. On n'a jamais bien su à l'instigation de qui il avait commis son crime. Les juges chargés de l'instruction du procès n'osèrent point émettre d'opinion, et évitèrent toujours de répondre aux questions qu'on leur adressa à ce sujet. Les uns l'attribuèrent à la reine et à son favori Concini ; les autres au duc d'Épernon et à la marquise de Verneuil. Le plus grand nombre accusa de cet attentat la cour d'Espagne, dont les jésuites, incontestablement mêlés à l'affaire, n'auraient été que les complaisants instruments.

RAVE. *Voyez* RADIS.
RAVE (Chou-). *Voyez* CHOU.
RAVEAUX (FRANZ), l'un des chefs du parti démocratique allemand en 1848, né à Cologne, en 1810, avait mené auparavant une existence assez agitée. Après avoir servi en 1834 comme officier dans l'armée de la reine d'Espagne, il était revenu se fixer dans sa ville natale, où il se livra au commerce, et où il ne tarda pas à se signaler comme l'un des meneurs le plus remuants de l'opinion libérale. Nommé membre du parlement préparatoire, en 1848, il fit partie du fameux *comité des cinquante*, puis alla représenter la ville de Cologne à l'Assemblée nationale allemande, où il se montra orateur éloquent. Plus d'une fois il électrisa l'assistance par sa chaleureuse parole ; et s'il avait toutes les sympathies de la gauche démocratique, il ne laissait pas aussi que d'inspirer par sa tenue et sa modération une grande confiance à la droite. Lors de l'établissement d'un ministère de l'Empire, il accepta d'abord les fonctions d'envoyé de l'Empire en Suisse ; mais il donna sa démission après la signature de l'armistice de Malmoë, qu'il regardait avec raison comme la désertion de la cause éminemment allemande des duchés de Schleswig-Holstein. A partir de ce moment il se rattacha d'une manière encore plus étroite au parti démocratique, mais sans pourtant partager ses extravagances. Lorsque la réaction l'emporta sur toute la ligne, il se réfugia en Belgique, où il acheta une propriété modeste, aux environs de Bruxelles. C'est là qu'il mourut, frappé d'apoplexie, le 13 septembre 1851. Il venait d'être condamné à mort par contumace, sous l'accusation de haute trahison, par les tribunaux prussiens.

RAVELIN. *Voyez* DEMI-LUNE.
RAVENNE, l'une des plus anciennes villes d'Italie, dans la délégation du même nom, formant la partie septentrionale de la Romagne (22 myr car. et 170,000 hab.), siège d'archevêché, compte une population de 16,000 âmes. Elle est entourée de marais, dont l'étendue a été dans ces derniers temps diminuée considérablement par des travaux de dérivation ayant pour but de donner aux eaux stagnantes une issue dans la Montone et le Ronco. Le port de Ravenne sur l'Adriatique, jadis station d'hiver des flottes de Pompée et d'Octave, a été tellement détérioré par des atterrissements successifs ainsi que par le retrait de la mer vers la côte d'Illyrie, que cette ville, située jadis au voisinage de la mer, s'en trouve aujourd'hui éloignée de près d'une heure de marche. Les principaux édifices sont la cathédrale, avec une magnifique coupole, et la riche chapelle Aldobrandini ; l'église *Santa-Maria della Rotonda*, à l'origine mausolée élevé à sa fille par Théodoric, roi des Ostrogoths, et l'église de Minorites de Saint-François, où se trouve le tombeau du Dante. La ville possède une bibliothèque publique et un musée d'antiquités, un séminaire, une académie des beaux-arts, un hospice d'orphelins et plusieurs couvents. C'est dans ses environs, sur la route de Forli, qu'est situé le champ de bataille où le célèbre général français Gaston de Foix trouva la mort, le 11 avril 1512, après avoir battu les troupes espagnoles, vénitiennes et pontificales commandées par Pietro Navarro. « Jamais dans ce siècle, dit Sismondi, champ de bataille ne fut couvert de plus de morts que celui de Ravenne. Les plus modestes affirment que l'armée française y perdit six mille hommes, et l'armée espagnole douze mille. »

Ravenne fut la résidence des empereurs d'Occident, puis, après la chute de l'empire romain d'Occident, des rois goths, et enfin des exarques. Ces derniers en furent chassés en 752 par les Lombards, à qui le roi de France Pépin l'enleva, ainsi que tout l'exarchat, pour en faire don au saint-siège. Au moyen âge, de l'an 1440 jusqu'à l'an 1508, Ravenne appartint aux Vénitiens, à qui la ligue de Cambray l'enleva, en 1508 ; et depuis lors elle est demeurée sous la domination des papes.

RAVENNE (L'Anonyme de), auteur inconnu d'une géographie fort curieuse, publiée pour la première fois par dom Placide Porcheron, bénédictin et bibliothécaire de l'abbaye Saint-Germain-des-Prés, sous le titre de : *Anonymi Ravennatis, qui circa sæculum septimum vixit, De Geographia libri quinque*, etc. (Paris, 1688). J. Gronovius a fait paraître de nouveau cet ouvrage, à la suite de Pomponius Mela, avec une préface toute parsemée d'invectives contre dom Porcheron.

RAVENNE (JEAN DE), célèbre professeur, en Italie, lors de la renaissance des lettres, était né vers 1350, de parents pauvres et obscurs, dans un village situé non loin de Ravenne, dont il prit le nom. Très-jeune encore, il devint le secrétaire et l'ami de Pétrarque. Ce grand poète se plaisait à l'appeler son fils; et dans les lettres qu'il écrivait à son ami Boccace il exaltait avec effusion de cœur la tempérance, la gravité virile, la douceur et le désintéressement de son adolescent secrétaire. D'après le conseil de son maître, Jean prit l'état ecclésiastique; et, sur la foi d'une lettre de recommandation écrite par Pétrarque, l'archevêque de Ravenne lui promit un bénéfice dont le revenu suffirait à ses besoins. Jean, dont l'inconstance était le principal trait de caractère, habitait depuis quatre ans avec Pétrarque, lorsqu'il lui prit fantaisie de parcourir le seul monde alors civilisé, la précoce Italie. Il exécuta son projet grâce aux recommandations, et même aux secours en argent que lui donna Pétrarque. Après la mort de Pétrarque, ce maître si indulgent, qui ne se vengea de son fantasque élève qu'en lui écrivant une lettre portant pour suscription : *Vago cuidam* (à un certain vagabond), Jean ouvrit une école à Bellune; mais il fut renvoyé de cette ville au bout de quelques années, parce qu'on le trouvait trop savant pour enseigner les éléments de la grammaire. Appelé à Udine, il y reçut un traitement annuel de quatre-vingt-quatre ducats, et l'on fit fermer une école où dirigeait un certain Gregorio, pour donner plus d'éclat à celle de Jean de Ravenne. Toutefois, son caractère inconstant le poussa bientôt vers Florence, où en 1412 encore il expliquait le poème du Dante. On conjecture qu'il mourut en 1420, à l'âge de soixante-dix ans.

Jean de Ravenne avait beaucoup écrit, comme le prouvent ses nombreux manuscrits déposés à la Bibliothèque impériale de Paris, à celle du Vatican, à Rome, et à celle du collége Balliol, à Oxford. Le cardinal Querini a publié, d'après le manuscrit du Vatican les prologues de deux nouvelles de Jean de Ravenne; ce sont les seuls fragments de cet écrivain qui aient été imprimés jusqu'à ce jour.

E. LAVIGNE.

RAVESTEYN (JAN VAN), portraitiste, né en 1572, à La Haye, et mort en 1657, ou suivant d'autres en 1660. Ses toiles les plus célèbres sont trois grands tableaux représentant des officiers et des arquebusiers à la maison de tir (*Schutters doele*) de La Haye, exécutés de 1616 à 1618, ainsi qu'un grand tableau placé à l'hôtel de ville de cette capitale, et où il représenta, en 1636, différents magistrats éminents. Il existe en outre de lui des portraits dans beaucoup de galeries. Ses tableaux sont vigoureux, pleins de vie et de vérité, bien modelés et savamment exécutés. La couleur en est claire et harmonieuse. On a son portrait par Van Dyck.

RAVEZ (SIMON), homme d'État distingué de la Restauration, sous laquelle il remplit de 1819 à 1827 les fonctions de président de la chambre des députés, naquit en 1770, à Rive-de-Gier, d'un père marchand de parapluies, et qui dans cette humble profession trouva les ressources nécessaires pour donner à son fils une éducation distinguée et lui faciliter ainsi l'accès des carrières libérales. En 1791 le jeune Ravez était avocat à Lyon. Deux ans plus tard, par suite des tristes événements qui avaient ensanglanté cette ville, il alla s'établir à Bordeaux. Il y conquit en peu de temps une des premières places au barreau, et garda pendant tout l'empire sa plus entière indépendance en même temps que dans son cœur le culte de la légitimité. Les événements de 1814 lui permirent de faire hautement profession de royalisme et de s'associer, le 12 mars, au mouvement anti-impérialiste de Bordeaux. Il était difficile que dans la foule de dévouements ardents qui surgissent immédiatement en France en faveur de tout nouveau gouvernement Ravez fût sur le champ distingué et apprécié par les Bourbons. L'année 1814 s'écoula donc sans modifier en rien sa position. Mais les cent jours et la catastrophe qui les termina le mirent en relief. A ce moment, oubliant ce qu'il se devait à lui-même, ce qu'il devait à son titre d'avocat, il refusa en effet de défendre les infortunés *fumeaux de la Réole* (*voyez* FAUCHER [Les frères]), ses amis, ses parents, lui depuis longues années le défenseur habituel de tous leurs intérêts. Ce refus, qu'il fût une lâcheté ou qu'il lui eût été dicté par les passions politiques de cette époque, est une tache dans sa vie. Cette désertion du devoir sacré de la défense le signala au pouvoir réactionnaire d'alors comme un homme sur qui on pouvait compter. A quelques jours de là, il fut nommé président du collège électoral de la Gironde. C'était le désigner aux électeurs comme le député le plus agréable au gouvernement. Ravez fit donc partie de la *chambre introuvable*. Quand un système plus modéré sembla vouloir l'emporter dans les conseils de la Restauration, il appuya de son influence les tendances semi-libérales du favori de Louis XVIII, M. Decazes. Mais bientôt aussi la réaction ultra-royaliste provoquée par le crime de Louvel compta peu de soutiens plus ardents. Ravez, par l'autorité de sa parole, facile et élégante, était déjà devenu l'un des hommes les plus influents de la chambre élective, et la majorité l'avait successivement porté aux fonctions de vice-président et de président. La session de 1821 fut l'une des plus orageuses de la Restauration. Homme du pouvoir et de la majorité, chargé, à ces titres, de diriger les débats d'une assemblée qui renfermait une minorité composée de bon nombre d'hommes à talent et à convictions énergiques, et redoutable par les sympathies populaires sur lesquelles elle s'appuyait au dehors, Ravez fit preuve alors d'une grande présence d'esprit dans plus d'une circonstance décisive. Nous mentionnerons, entre autres, l'affaire Grégoire et l'expulsion de Manuel; inqualifiables actes de la majorité, dans l'accomplissement desquels le président eut à déployer une énergie qu'on regrette de voir si mal employée, qui lui aliéna profondément l'opinion, mais qui fit désormais de lui un des hommes indispensables du parti ultra-royaliste. Ce parti arriva bientôt aux affaires, incarné dans la triade si déplorablement célèbre formée par MM. de Corbière, de Peyronnet et de Villèle. Ravez, toujours porté dès lors à la présidence, fut comblé de grâces par la cour, anobli et même nommé chevalier du Saint-Esprit.

Les élections de 1827, on se prononçant en faveur du parti libéral, renvoyèrent Ravez à Bordeaux, quoique le gouvernement lui donna pour fiche de consolation la première présidence de la cour royale. Son refus de serment à la royauté nouvelle, en 1830, le fit rentrer dans la vie privée. Il vécut d'ailleurs assez pour voir s'écrouler dans la boue de Paris le trône élevé en juillet. Nommé représentant du peuple à l'Assemblée législative, dans la Gironde, en 1849, il mourut à Bordeaux, le 3 septembre de la même année.

RAVIGNAN (JULES-ADRIEN DELACROIX DE), célèbre orateur sacré contemporain, né à Bayonne, en 1793, fut nommé en 1816 auditeur à la cour royale de Paris. Cinq ans après il devint l'un des substituts du procureur du roi, et les talents oratoires dont il fit preuve alors comme organe du ministère public lui permettaient d'espérer un avancement aussi brillant que rapide dans la magistrature *debout*. Mais alors un changement total s'opéra dans la direction de ses idées; et un beau jour le monde ne fut pas peu surpris d'apprendre que l'habile avocat général, renonçant à une carrière déjà faite, venait d'entrer au séminaire de Saint-Sulpice. Après deux années de séjour dans cette maison, il se retira chez les jésuites de Montrouge, où il fut ordonné prêtre. Quelque temps après, M. de Quélen le chargea de remplacer le père Lacordaire aux célèbres conférences de Notre-Dame. Son premier sermon produisit une telle sensation, qu'au second on vit figurer parmi ses auditeurs toutes les notabilités de l'époque, Châteaubriand, Dupin, Berryer, La Mennais, Guizot, etc. Quoique jésuite, le père Ravignan se fit fort goûter des Parisiens. Logicien plus serré que le père Lacordaire, il s'adresse moins à l'esprit qu'à la raison de ses auditeurs; et, tandis que chez son confrère c'est l'imagination qui l'emporte, lui il brille par la dialectique. Ses sermons sont des thèses et ceux de Lacordaire des morceaux d'éloquence religieuse. Le père Ravignan a écrit pour la défense de son ordre *L'institut des Jésuites* (1846).

RAVIN, RAVINE. La *ravine* en général est une espèce de torrent formé d'eaux qui tombent subitement et impétueusement des montagnes ou d'autres lieux élevés, après une grande pluie. Le *ravin* est le lieu que la ravine a creusé, ou quelquefois un simple chemin creux, quelle qu'en soit l'origine. Les récits d'actions de guerre, les relations de siéges offensifs, présentent fréquemment ces deux mots sans en caractériser d'une manière satisfaisante le sens. En campagne, les troupes qui parcourent des lieux accidentés s'assurent s'il n'est pas recélé d'embuscades dans les ravins. Si une place que des *ravins* avoisinent est attaquée, l'assiégeant s'empare de ces *ravins*, les occupe, s'en fait un lieu d'appui, de dépôt, de sauvegarde, et les relie à ses tranchées. C'est pour parer à ce désavantage que les constructeurs de forteresses ou de camps retranchés s'appliquent à rester maîtres des *ravins*, à y avoir des vues, à y plonger, ou même se décident à les combler, s'il y a possibilité. Un jour de bataille, les ambulances s'établissent, si faire se peut, dans des *ravins*. Les cartes topographiques dressées à l'usage des armées ne sauraient énoncer les ravins transitoires, mais elles doivent signaler ceux qui sont d'une nature permanente ou finiraient en fondrières.   Gal BARDIN.

RAVISSEMENT, enlèvement exécuté avec violence; il n'est guère d'usage que dans ces locutions : « Le *ravissement* d'Hélène; le *ravissement* de Proserpine. » Il signifie plus ordinairement l'état d'extase, d'exaltation, où se trouve l'esprit lorsqu'il est saisi d'admiration ou transporté de joie (*voyez* EXTASE).

RAVITAILLEMENT. Ce mot, réduplicatif d'*avitaillement*, est resté en usage dans la langue de la guerre de siége, tandis que son primitif simple a cessé depuis longtemps d'y être employé. Du mot latin *victualia* on a formé d'abord *victaillement*, *vituaillement*, *vitaillement*, *avictuaillement*. On trouve dans *Le Rozier des Guerres*, livre attribué à Louis XI, le substantif *vituailles*, pris sous l'acception de *vivres militaires* ; cette expression est tombée en désuétude, ainsi que tous ses dérivés, hormis *ravitaillement*. Sous François Ier, le chancelier de France avait le ministère des approvisionnements de guerre : il *envitaillait*, suivant l'expression du *Dictionnaire de Trévoux*.

Le *ravitaillement* d'un lieu fort était regardé, depuis Louis XIV, comme une importante opération d'une armée de secours ; on a dit dans le même sens : *Rafraichir une garnison*, c'est-à-dire la pourvoir de troupes fraîches et de munitions.   Gal BARDIN.

RAWLINSON (HENRY-CRESWICKE), célèbre archéologue anglais, était major et servait dans l'armée des grandes Indes, où il acquit une profonde connaissance des langues orientales. Dans ses voyages en Perse et en Asie turque, entrepris d'abord à ses propres frais, mais à partir de mars 1844 en qualité de consul d'Angleterre à Bagdad, les nombreux monuments de l'antiquité qu'il en rencontre dans ces contrées frappèrent son attention. Après avoir publié en 1839 et en 1841, dans le *Journal de la Société de Géographie de Londres*, de curieuses recherches sur la situation de l'ancienne Ecbatane, puis sur les habitants du Koussistân, il s'appliqua à déchiffrer l'écriture cunéiforme, et consacra plusieurs années de travail assidu. C'est ainsi qu'il réussit à déchiffrer la grande inscription de Darius de Behistoûn, qui est d'une si haute importance pour la connaissance de l'ancienne langue perse, à arriver aux merveilleux résultats qui ont été le fruit des découvertes faites par Layard à Kojoundschik à Nimrud, et qu'il fit connaître en 1850 à la Société Asiatique de Londres dans son Mémoire *On the inscriptions of Assyria and Babylonia*. Bien que les explorations de M. Rawlinson aient été vivement critiquées dans le monde savant, le public n'en a pas moins dû rendre justice à son zèle pour la science. Son gouvernement lui décerna la croix du Bain, le promut au grade de lieutenant-colonel et le renvoya à Bagdad en 1851, avec le titre de consul général.

RAYAH. *Voyez* RAÏAH.

RAY-GRASS, désignation générique sous laquelle on comprend en agriculture moderne diverses herbes importantes pour l'agriculture, et parmi lesquelles on distingue le *ray-grass* de France, celui d'Angleterre et celui d'Italie. Le *ray-grass* français ou avoine lisse (*arrhenotherum elatius*) est une herbe haute, croissant vite et très-abondante dans les prairies. Il atteint de 66 centimètres à 1 mètre 66 centimètres d'élévation, croît dans les prairies, les pâturages et aux bords des chemins. Le *ray-grass* anglais (*lolium perenne*) donne un des gazons les plus épais et les plus unis qu'on puisse voir, et convient dès lors particulièrement aux boulingrins. Le *ray-grass* italien (*lolium italicum*) n'en diffère que par ses feuilles radicales, qui ne restent enroulées que dans leur première jeunesse, et par ses fleurs, généralement granulées.

RAYMOND. Toulouse, avant sa réunion à la France (en 1271), a eu *sept* comtes de ce nom. Les plus célèbres furent :

RAYMOND IV, dit *Raymond de Saint-Gilles*, né vers 1042, mort en 1105. Après avoir envoyé ses ambassadeurs au concile de Clermont, où fut décidée la première croisade (1096), il prit la croix lui-même. Il reçut à Toulouse le pape Urbain II, qu'il accompagna au concile de Nîmes, vendit une partie de ses domaines, et quitta l'Europe à la tête de cent mille vassaux pour s'en aller délivrer le saint Sépulcre. C'était le plus puissant et le plus riche de tous les princes qui passèrent en Asie. Après la prise de Jérusalem, où il planta sur la tour de David l'étendard de Toulouse, de gueules, à la croix vidée, cléchetée et pommetée, il refusa deux fois la couronne, d'abord huit jours après que la ville fut tombée au pouvoir des croisés, et ensuite à la mort de Godefroid. Il se contenta d'appeler son fils Bertrand en Syrie, et d'y établir sa dynastie, et mourut en Syrie, près de Tripoli.

RAYMOND VI, dit *le vieux*, né en 1156, qui régna de 1194 à 1222, eut à soutenir avec la cour de Rome de violents démêlés à l'occasion des albigeois, qu'il protégeait. Le pape Innocent III envoya vainement des commissaires et des légats pour extirper l'hérésie. Raymond VI, peu fidèle à ses promesses, agissant toujours avec lenteur et mauvais vouloir. Pierre de Castelnau, l'un des légats du souverain pontife, finit par lui reprocher publiquement dans l'église Saint-Gilles ses hésitations, et l'excommunia. Innocent III désavoua son envoyé, qu'il rappela auprès de lui, mais qui périt assassiné au moment où il se disposait à passer le Rhône. Raymond fut accusé d'avoir commandé le crime, et une croisade fut prêchée contre lui en France. Simon de Montfort, comte de Leicester, fut le chef des nouveaux croisés, et s'empara des États de Raymond, dont il resta maître de 1212 à 1218, et où il fit régner la plus horrible tyrannie. Une insurrection des habitants de Toulouse les délivra de l'oppresseur, et Raymond VI, dont les cheveux avaient blanchi, dont l'âge, l'exil et les malheurs inspiraient d'universelles sympathies, put rentrer dans sa capitale. Simon de Montfort fut tué au siége qu'il vint mettre devant Toulouse, mais Raymond VI ne put jamais obtenir son pardon du saint-siége. Il mourut excommunié, et ses ossements, frappés par l'anathème, ne reposèrent jamais dans un tombeau.

RAYMOND VII, dit *le jeune*, fils du précédent, né à Beaucaire, en 1197, partagea l'excommunication dont avait été frappé son père. A la mort de celui-ci, il poursuivit bravement la guerre contre Amaury de Montfort, fils de Simon. Cependant Raymond, fatigué de la lutte, finit par faire sa paix avec le pape et avec le roi de France, et par accepter toutes les conditions qu'on lui imposa. C'est ainsi que pour arriver à l'extirpation complète de l'hérésie, on exigea de lui qu'il consentît à l'établissement de l'inquisition à Toulouse (1233), dont on chargea l'ordre des Frères prêcheurs. Raymond VII assista souvent aux jugements rendus par ce tribunal; et cependant il voulut quelquefois essayer de reconquérir l'indépendance dont ses aïeux avaient joui à l'égard du pouvoir spirituel. Ses efforts furent vains. Déjà le pouvoir central s'établissait, et la puissance royale brisait successivement la résistance de tous les grands vassaux. Il mourut à Milhau, en 1149. En lui Toulouse vit s'éteindre la race de ses valeureux comtes. Jeanne, sa fille unique, avait épousé Alfonse, comte de Poitiers et frère de Louis IX. C'est par ce mariage que le comté de Toulouse se trouva finalement réuni à la couronne de France.

Ch^{er} Alexandre DU MÈGE.

RAYMOND-BÉRENGER. Quatre comtes de Barcelone ont porté ce nom :

RAYMOND-BÉRENGER Ier, législateur et guerrier célèbre, rendit tributaires douze rois maures d'Espagne (1048), affranchit Tarragone de leur domination, et fut le premier prince chrétien qui fit rédiger par écrit les lois constitutionnelles de ses États en règle et en préchant la réforme de son peuple (1068). Ses deux fils, RAYMOND-BÉRENGER II et Bérenger-Raymond II lui succédèrent, en 1076. Tous deux furent renommés par leurs exploits contre les Maures. Le premier fut assassiné en 1082, le second mourut à la Terre Sainte, en 1093.

RAYMOND-BÉRENGER III n'avait que onze ans lorsqu'il succéda à son oncle. L'héritage qu'il fit en 1111 des comtés de Besalu, Fenouillèdes, Vallespir et Pierre-Pertuse, puis plus tard (1120) des comtés de Cerdagne, de Conflans et de Capcir, compensa amplement la perte du Carcassès, du Rasès et du Lauragais, que lui avait enlevés Bernard-Aton, vicomte d'Albi, nonobstant la cession qui en avait été faite par le père de ce dernier à Raymond-Bérenger Ier, en 1068. Raymond-Bérenger III ayant entrepris la conquête des îles Baléares, les Sarrasins, pour faire diversion, firent assiéger Barcelone (1114). Le comte vole au secours de la place, taille en pièces les infidèles, et, secondé par les Génois et les Pisans, il va s'emparer des îles d'Ivica et de Majorque (1116). Il commence ensuite une guerre très-animée contre Alfonse Jourdain, comte de Toulouse, avec lequel il s'accorde enfin par un traité (1125) sur le partage de la Provence. Le caractère belliqueux de ce comte est peint à grands traits jusque dans le dernier acte de sa vie. De son temps, lorsqu'un prince sentait les approches de la mort, il se faisait agréer dans une communauté religieuse, pour être enseveli dans des habits sacrés. Raymond-Bérenger imita cet exemple; mais pour ne pas démentir sa prédilection pour les armes, il embrassa l'institut des Templiers, le 14 juillet 1431, et mourut à la fin du même mois.

RAYMOND-BÉRENGER IV, son fils, dernier comte de Barcelone et premier roi d'Aragon de sa race, par son mariage avec Pétronille, fille et héritière du roi Ramire le Moine, continua avec la plus grande activité la guerre contre les Maures d'Espagne, auxquels il enleva d'assaut Almeria et Tortose (1147). Il soumit les vicomtes de Carcassonne à sa suzeraineté, mais il échoua dans la guerre qu'il entreprit de concert avec Henri II, roi d'Angleterre, contre Raymond V, comte de Toulouse. Il conduisait une armée en Provence contre la maison de Baux, lorsque la mort le surprit, le 26 août 1162.

LAINÉ.

RAYMOND-BÉRENGER V, comte de Provence, mort en 1245, cultivait la poésie provençale et protégeait ceux qui se distinguaient dans les lettres et les sciences. Béatrix, sa femme, partageais ses goûts éclairés; tous deux figurent au nombre des troubadours de leur époque.

RAYMOND-LULLE. Voyez LULLE (Raymond).

RAYNAL (GUILLAUME-THOMAS-FRANÇOIS), l'un des philosophes qui firent le plus de bruit dans la seconde moitié du dix-huitième siècle, naquit à Saint-Geniez, petite ville du Rouergue, le 11 mars 1711. Élève des jésuites, il entra dans leur société, et obtint d'abord quelques succès, en province, dans l'enseignement et comme prédicateur. En 1747 il quitta les jésuites, et vint à Paris, où il vécut d'abord uniquement du produit de ses messes, comme prêtre attaché à la paroisse de Saint-Sulpice. Peu à peu, il se fit bien venir auprès de quelques seigneurs en crédit, qui lui firent obtenir la rédaction du Mercure de France. Ce fut en 1748 qu'il publia ses premiers ouvrages, une Histoire du Stathoudérat et une Histoire du Parlement d'Angleterre. Grimm reproche à ces écrits un style fatigant et entortillé, la fureur des antithèses et des portraits faits au hasard. En 1753 il fit paraître deux volumes, sous le titre d'Anecdotes historiques, militaires et politiques de l'Europe, depuis l'élévation de Charles-Quint au trône de l'Empire jusqu'au traité d'Aix-la-Chapelle, en 1748; ouvrage réimprimé avec des additions en 1754 et en 1772, sous le titre de Mémoires historiques, militaires et politiques de l'Europe. Par ces publications et par le genre d'esprit qui y domine, l'abbé Raynal se trouva enrôlé parmi les écrivains qui sous le nom de philosophes donnaient alors le ton à la société française, en attaquant le vieux régime et en prêchant la réforme des abus. A ce titre, il fut accueilli dans les salons à la mode où se faisaient les succès littéraires, et qui dispensaient la gloire, chez madame Geoffrin, Helvétius, le baron d'Holbach.

Dans les premiers mois de 1772 parut l'Histoire philosophique et politique des établissements et du commerce des Européens dans les deux Indes, en 6 volumes in-8°. « Ce livre, tel qu'il est, disait alors Grimm, est certainement d'un parfaitement honnête écrivain, d'un grand ennemi du despotisme, d'un homme qui a de vastes connaissances des forces politiques et commerçantes des différentes puissances de l'Europe, et qui ne manque pas de vues. Vous trouverez peut-être, dans un ouvrage de si longue haleine, quelquefois de l'inégalité dans le style, souvent un ton déclamatoire et de prédication, peu d'art dans les transitions, des idées d'un bonhomme plutôt que d'un vrai philosophe, et des vues plus humaines que vraiment philosophiques pour ceux qui ont étudié la nature humaine avec un certain soin; quelquefois aussi des vues plus conformes à la politique établie qu'à la justice. Je ne doute pas qu'il n'y ait aussi beaucoup d'inexactitudes dans un ouvrage qui renferme des détails si immenses. Avec tous ces défauts, dont j'ai entrevu quelques-uns, et d'autres peut-être que je n'ai pu apercevoir encore; c'est un livre capital. » Les éditions s'en multiplièrent; celle de 1774 était déjà fort augmentée, elle contenait un volume de plus. Grimm, qui tout en vantant le livre n'en dissimule pas les défauts, ajoute : « Que de livres brûlés et persécutés, même de nos jours, qui ne sauraient être comparés pour la hardiesse à l'Histoire philosophique! Cependant, elle s'est vendue partout assez publiquement : serait-ce parce que ce livre attaque toutes les puissances de la terre avec la même audace, que toutes l'ont supporté avec la même clémence? Rois, ministres, prêtres, il dit à tous les vérités et souvent les injures les plus dures; il a de n'y sacré à ses yeux que la morale, les femmes et les philosophes. J'en félicite l'auteur, et j'en bénis le ciel, mon siècle et ma patrie. »

Mais il semble que cette tolérance n'était pas tout à fait le compte de l'abbé Raynal, qui se serait fort bien arrangé d'un peu de persécution, pourvu qu'elle enflât un peu le bruit de sa renommée. Après avoir encore retouché son livre, il en prépara donc à Genève, en 1780, une édition beaucoup plus hardie que toutes celles qui l'avaient précédée. Mais les digressions inutiles ou déplacées y causaient toujours la même fatigue; de plus l'abbé Raynal, pour vouloir être sûr d'exciter une grande sensation, s'était laissé emporter au delà de toute mesure; tout ce que lui et ses amis pouvaient penser de plus hardi sur les différentes puissances du ciel et de la terre, sur les prêtres, sur les ministres, il n'avait pas craint de l'imprimer et de le signer. Cette édition parut en 1781. Dès ordres rigoureux avaient été envoyés sur toutes les frontières pour en défendre l'entrée dans le royaume. Malgré la surveillance, on trouva cependant moyen d'en introduire un très-grand nombre d'exemplaires. Le 21 mai 1781, le parlement, sur le réquisitoire de l'avocat général Séguier, rendit un arrêt qui condamnait l'*Histoire philosophique* et ordonnait que *le nommé* Raynal, dénommé au frontispice dudit livre, serait saisi et appréhendé au corps, et amené ès prisons de la Conciergerie du Palais, pour y être ouï et interrogé par-devant le conseiller rapporteur sur les faits dudit livre, ses biens saisis et confisqués, etc.

Raynal se réfugia d'abord à Bruxelles. Le prince Henri de Prusse, auquel il s'était adressé pour y obtenir un asile, en fit, à Spa, la demande au comte de Falkenstein, qui s'empressa de l'accorder.

Ce fut précisément depuis cette dernière édition de l'*Histoire philosophique*, à laquelle Raynal avait mis son nom et son portrait, que l'on s'obstina à nommer ses collaborateurs, et à leur faire honneur des parties de l'ouvrage dont il s'était montré le plus jaloux. En effet, il est à peu près avéré que plusieurs mains étrangères travaillèrent à ce livre : Diderot surtout paraît en avoir fait des parties importantes ; parmi les autres coopérateurs, on citait Naigeon, d'Holbach, Pechmeja, etc.

De Bruxelles Raynal passa en Allemagne, et séjourna quelque temps à Berlin. Thiébaut, dans ses *Souvenirs*, a raconté l'entrevue du philosophe avec Frédéric. Celui-ci avait conservé un vif ressentiment de l'apostrophe dirigée contre lui dans l'*Histoire philosophique* : Raynal, au bout de plusieurs mois, voyant que Frédéric ne l'avait point fait appeler, se rendit à Potsdam, et demanda une audience, qui lui fut accordée. Le roi lui dit : « Monsieur l'abbé, asseyons-nous ; nous sommes vieux l'un et l'autre. Il y a bien longtemps que je vous connais de nom ; j'ai lu, il y a de longues années, et je m'en souviens bien, votre *Histoire du Stathoudérat* et votre *Histoire du Parlement d'Angleterre*. — Sire, dit l'abbé, j'ai fait depuis des ouvrages plus importants. — Je ne les connais pas, dit le roi. » Cette réplique fut vive comme l'éclair, et elle eut le degré de fermeté nécessaire pour faire comprendre qu'il ne fallait pas parler de ces ouvrages *plus importants*.

Raynal obtint en 1787 la permission de rentrer en France. Mais l'arrêt du parlement subsistant toujours, il ne put habiter Paris, ni même dans le ressort du parlement. Il se retira d'abord à Saint-Geniez, lieu de sa naissance, où le besoin de société et de livres l'en fit bientôt sortir. Malouet, intendant de la marine à Toulon, lui offrit l'hospitalité. Lors de la convocation des états généraux, Raynal, élu député du tiers état de Marseille, n'accepta pas, à cause de son grand âge, et il fit élire Malouet à sa place. En présence de la crise qui annonçait une grande rénovation sociale, le philosophe, autrefois si ardent, était revenu à des opinions plus modérées. En décembre 1789 parut une *Lettre de l'abbé Raynal à l'Assemblée nationale*, qui contenait une vive critique des travaux de l'assemblée. Cette lettre, qui n'était pas de lui, mais de M. le comte de Guibert, paraît avoir exprimé du moins ses propres sentiments. En effet, le 31 mai 1791 il adressa au président de l'Assemblée nationale (alors Bureau de Puzy) une lettre qui désapprouvait formellement les actes et les doctrines de la Constituante, et qui contenait le désaveu des principes qu'il avait avancés lui-même autrefois dans ses ouvrages. La lecture de cette lettre excita un violent orage dans l'assemblée : Robespierre se borna à dire qu'il fallait pardonner à l'auteur, à cause de son grand âge ; mais Rœderer demanda le rappel à l'ordre du président qui l'avait lue.

Raynal traversa les années de la révolution dans une retraite à Montlhéry. Le Directoire le nomma membre de la troisième classe de l'Institut. Lors d'un petit voyage qu'il avait fait à Paris, il mourut, le 6 mars 1796, à l'âge de quatre-vingt-cinq ans.   ARTAUD.

RAYNOUARD (François-Just-Marie) naquit le 8 septembre 1761, à Brignolles (Var). Il se livra à l'étude du droit, et se fit recevoir avocat. Les lettres l'attiraient, il est vrai, mais il résolut de ne s'y livrer qu'après s'être préalablement assuré une existence qui le mît à l'abri des protecteurs. Sous ce rapport, il réussit complètement ; car il parvint en peu de temps à se faire non pas seulement de l'*otium cum dignitate*, mais encore une grande fortune, que des habitudes de rare économie, jointes à la prise de parts d'intérêt dans des affaires d'escompte, accrurent encore singulièrement vers les derniers temps de sa vie.

En 1791 il fut nommé suppléant à l'Assemblée législative. Arrêté par le parti de la Montagne, après le 31 mai 1793, il fut amené à Paris en charrette, et jeté dans les prisons du Plessis. La réaction thermidorienne le sauva. Le calme étant rétabli vers 1800, il se fixa définitivement à Paris, et le 6 nivôse an XII il vit couronner par l'Académie Française son poëme de *Socrate au temple d'Aglaure*. Ce premier succès fut suivi d'un autre, plus flatteur encore : le 14 mai 1805 *Les Templiers* parurent, et le Théâtre-Français retentit d'applaudissements qu'on avait cessé d'entendre depuis Voltaire. Ce succès ouvrit à Raynouard les portes de l'Académie Française : il y fut reçu le 24 novembre 1807. Enfin, il fut nommé membre du corps législatif, et élu l'un des cinq candidats pour la présidence. Les *États de Blois*, tragédie composée dès 1804, furent joués à Saint-Cloud par ordre de Napoléon, le 22 juin 1810, à l'époque de son mariage avec Marie-Louise ; mais il faut ajouter que la représentation en fut défendue à Paris. Cette pièce fut publiée en 1814. Le public l'accueillit assez froidement au Théâtre-Français, où elle fut donnée alors. Raynouard avait été appelé une seconde fois, en 1811, au corps législatif. A la fin de 1813, choisi le premier pour faire partie de la commission de la rédaction de l'adresse, il fut chargé de la rédiger avec ses collègues, Gallois, Lainé, Maine de Biran et Flaugergues. Jusque alors ces harangues n'avaient été que des cérémonies vaines, que Napoléon souffrait sans y faire trop d'attention. Le discours de Raynouard, plein de hardiesse cette fois, excita la colère de l'empereur. L'opportunité de cet acte a été diversement appréciée. Dans les cent jours, il fut maintenu à la nouvelle chambre par le collège électoral de Draguignan, et Carnot, alors ministre de l'intérieur lui offrit le portefeuille de la justice. Raynouard n'accepta qu'un siège au conseil de l'instruction publique. La destitution dont il fut frappé à la seconde restauration le blessa : dès lors il renonça à la politique et à tous ses dégoûts, et voua sans retour ce qui lui restait de vie à l'achèvement d'une œuvre qui l'occupait alors, l'exhumation, pour ainsi dire, de la langue et de la littérature romanes. Quelques lectures qu'il fit sur ces matières, nouvelles alors, excitèrent un vif intérêt au sein de l'Académie, et celle des Inscriptions le reçut parmi ses membres en 1816. L'année suivante, il fut nommé secrétaire perpétuel de l'Académie Française, en remplacement de Suard ; et depuis lors il demeura entièrement étranger aux affaires publiques, uniquement livré à ses études sur les troubadours. L'année 1821 vit paraître le dernier des six volumes de son *Choix des Poésies originales des Troubadours*. C'était la première fois qu'on voyait la philologie reconstruire une langue dans ses principes, fixer sa place parmi toutes les autres langues sorties du latin, apprécier en passant, et comme en se jouant, les mérites des nombreuses productions enfantées par la littérature de cette langue, déterminer la forme et les règles de ces productions, poser enfin d'une main ferme la base entière d'un édifice dont à sa mort il allait élever le couronnement. Ce couronnement, c'est le *Lexique Roman, ou dictionnaire de la langue des troubadours* (6 vol., Paris, 1836-1845). L'auteur nous montre dans la langue romane l'intermédiaire entre le latin et les langues qui en sont venues, telles que l'italien, l'espagnol, le français et le portugais. Ce système (car on lui a donné ce nom) fut vivement et ingénieusement combattu. Quelque parti que l'on prenne sur cette question, il reste toujours dans ce qu'a donné Raynouard, outre le matériel des publications, la partie qu'on peut appeler *philosophique*, c'est-à-dire cette poursuite étymologique de la signification des mots, cet effort pour pénétrer dans le sens intime des vocables, lequel n'est autre que l'étude de l'esprit humain, dans son produit le plus élevé, le langage.

Ces études philologiques, on les retrouve encore dans nombre d'articles donnés par Raynouard au *Journal des Savants*. Cependant, la langue romane ne l'occupait pas tellement qu'il ne trouvât du temps à donner à autre chose. Chemin faisant, il avait écrit l'*Histoire du Droit municipal en France* (2 vol. in-8°, 1829), qui contient tout ce que l'érudition peut fournir sur ce sujet et tout ce que la sagacité connue de l'écrivain pouvait tirer des données que lui seul peut-être était capable de rassembler; du reste, les formes en sont peu attrayantes. On a encore de lui des *Recherches sur l'Ancienneté de la Langue Romane* (1816), des *Éléments de la Grammaire de la Langue Romane avant l'an 1000* (1816), des *Observations grammaticales sur le roman de Rou* (1829), qui témoignent qu'il n'avait pas moins bien étudié la langue et la littérature du nord de la France; enfin, des *Monuments historiques relatifs à la condamnation des chevaliers du Temple*. L'un des rédacteurs du *Journal des Savants*, depuis sa reprise, en 1816, il a donné 192 articles à ce recueil. Raynouard est mort dans sa maison de Passy, le 20 octobre 1836.

RAYON et RAYONNEMENT. Dans le langage géométrique, le *rayon* est la ligne allant du centre d'un cercle à la circonférence. Quelques courbes, telles que l'ellipse et l'hyperbole, ont aussi des rayons qui vont de leur centre à leur contour; mais on y joint généralement l'épithète de *vecteur* pour les distinguer du rayon du cercle qui a seul la propriété de rester égal à lui-même dans une même circonférence.

La propriété générale des rayons, dans leur signification géométrique est, comme on voit, d'émaner d'un centre unique pour diverger dans tous les sens : c'est de là que sont venues les diverses acceptions du mot dans les sciences physiques, où l'on nomme *rayon* toute émission en ligne droite d'un agent naturel, pondérable ou impondérable, et, en particulier, du feu, de la lumière et de la chaleur.

On appelle *rayon direct* celui qui arrive à l'œil en ligne droite; *rayon rompu*, celui qui s'écarte de cette ligne en passant d'un milieu dans un autre; *rayon réfléchi*, celui qui, après avoir rencontré une surface polie, est renvoyé par elle suivant une nouvelle direction; *rayons parallèles*, ceux qui partant de divers points conservent toujours la même distance entre eux; *rayons convergents*, ceux qui partant de divers points, aboutissent à un même centre; *rayons divergents*, ceux qui partant du même point s'écartent et s'éloignent les uns des autres, et *rayons visuels*, ceux qui partent des objets et par le moyen desquels les objets sont vus.

C'est aussi par des raisons du même genre, quoique moins précises, que l'on se sert vulgairement de certaines expressions, telles que *rayons de soleil*, *rayons de miel*, etc. Il serait plus difficile de faire rentrer dans l'idée qui précède le sens du mot *rayon* employé pour désigner les divers compartiments horizontaux d'une bibliothèque ou d'une armoire.

Rayon se dit, par analogie, de certaines choses qui partent d'un centre commun, et vont en divergeant : Une étoile à cinq *rayons*. En botanique : Les *rayons* d'une ombelle; les *rayons médullaires*; Certaines fleurs composées ont des demi-fleurons ou *rayons* à leur circonférence.

On entend par *rayons* d'une roue les rais, ou bâtons qui vont du moyeu de la roue aux jantes; et par *rayon* en agriculture, un petit sillon tracé le long d'un cordeau tendu sur une planche labourée et passée au râteau, ou sur le bord d'une allée pour en fixer la largeur.

Rayon s'emploie, enfin, figurément au sens moral, et signifie *émanation*, *lueur*, *apparence* : Un *rayon* de la sagesse divine éclaira son âme; Il ne faut qu'un *rayon* de la grâce pour éclairer le pécheur.

Le sens de *rayon* en physique, tel que nous l'avons défini plus haut, trouve surtout de fréquents emplois dans la théorie de la lumière; il est moins employé dans la théorie de la chaleur, pour laquelle on a cependant presque exclusivement créé le mot de *rayonnement*.

Par *rayonnement* l'on doit entendre en général l'action d'émettre des rayons, et lorsqu'il s'agit de chaleur, l'action d'un corps qui transmet aux autres sa chaleur à travers l'espace par une sorte d'émission ou de projection de ses propriétés calorifiques. Du mot *rayon* vient aussi l'adjectif *rayonnant*, qui s'emploie pour qualifier la chaleur de *rayonnement*.

L.-L. VAUTHIER.

RAYONNANTS (Animaux). *Voyez* ANIMAUX RAYONNANTS.

RAYON VECTEUR (du latin *vector*, qui voiture). *Voyez* ELLIPSE.

RAZOUMOWSKI. *Voyez* RASOUMOFFSKY.

RAZZI ou RAGGI (GIOVANNI ANTONIO), dit *Sodoma*, l'un des peintres les plus remarquables qu'ait produits l'Italie, naquit en 1479, à Verceil, en Piémont, et suivant d'autres à Vergelle, village du pays de Sienne, et appartint d'abord à l'école milanaise, mais passa ensuite la plus grande partie de sa vie à Sienne. Il peignit pour Jules II au Vatican, et Léon X le créa chevalier. On voit aussi de lui dans la partie supérieure du palais Chigi plusieurs portraits ravissants et d'une parfaite conservation; mais c'est à Sienne que se trouvent ses plus importants ouvrages. Il faut citer entre autres *La Flagellation du Christ*, dans le couvent des Franciscains; *Sainte Catherine de Sienne évanouie*, dans la chapelle Saint-Dominique; les peintures murales de la confrérie de San-Bernardino, et surtout la *Descente de croix* de l'église San-Francisco. Vasari a beaucoup nui à sa réputation en le traitant avec une antipathie injuste. Les modernes ont reconnu en lui l'un des plus importants et des plus gracieux peintres de son époque, qui pour la suavité et la délicatesse peut quelquefois être comparé à Léonard de Vinci. S'il n'a pas tout le renom qu'il devrait avoir, c'est que ses ouvrages, ne consistant guère qu'en fresques, sont peu connus hors d'Italie.

RAZZIA, mot d'origine arabe, par lequel on désigne sur toute la côte septentrionale d'Afrique des sortes d'invasions de troupes sur un territoire hostile, dans le but d'enlever les troupeaux, les grains, les richesses enfin d'une peuplade qu'on veut châtier. C'est, à bien dire, le pillage des tentes de peuples nomades qu'il est impossible d'atteindre autrement que par la perte de leur récoltes et de leurs troupeaux. Les *razzias* étaient déjà en usage du temps du gouvernement turc à l'égard des tribus qui refusaient l'impôt. Souvent, à la suite de ces expéditions, les chefs viennent demander l'*aman* et offrir leur soumission. Des Arabes du goum soumis sont quelquefois adjoints à la colonne expéditionnaire; et c'est un moyen de récompenser les alliés fidèles, que de leur livrer ainsi les richesses des tribus hostiles qu'ils aident alors volontiers à combattre et à dépouiller, dans l'espoir du butin qu'on leur laissera s'approprier.

RÉ, note de musique que les Allemands et les Anglais appellent D dans leur solmisation. C'est le second degré de notre échelle musicale. Il porte accord parfait mineur, et s'emploie en harmonie comme second degré de la gamme majeure naturelle d'*ut*, ou comme quatrième degré du relatif mineur de cette même gamme. Dans ce dernier cas, on le fait quelquefois majeur, pour éviter la mauvaise relation que ferait la tierce mineure avec la sensible du ton (*voyez* MODE).

Ré est aussi le nom qu'on donne quelquefois à la troisième corde du violon et à la seconde de l'alto, du violoncelle et de la contrebasse parce que, dans l'accord ordinaire ces cordes sonnent l'unisson ou l'octave de cette même note.

Charles BECHEM.

RÉ (Ile de). Située sur la côte du département de la Charente-Inférieure, en face de La Rochelle, dans l'océan Atlantique, elle n'est séparée du continent que par un bras de mer de 400 mètres de largeur, et comprend une superficie d'environ deux myriam. carrés avec une population de 18,000 âmes. On n'y trouve ni sources, ni prés, ni bois (elle en était encore couverte au dixième siècle), peu de terres labourables, mais en revanche beaucoup de marais salants et de vignes, dont les produits sont transformés en eaux-de-vie, qui avec le sel constituent ses principaux articles d'exportation. La mer la divise presque en deux parties, la langue de terre sur laquelle est situé le Martrai n'a que 70 mètres de largeur. Au nord de cette langue de terre, la mer forme un vaste bassin peu profond, appelé *la Mer du Fur d'Ars*, duquel partent et se prolongent dans les terres des bras nombreux qui vont alimenter les marais salants.

L'île a pour chef-lieu la ville de *Saint-Martin*, avec 2,400 hab., fortifiée, de même que son port, sur les plans de Vauban.

RÉACTIFS (de la particule itérative *ré*, et du latin *agere*, agir). On appelle ainsi, en chimie, les substances dont on se sert dans les analyses, et qui opèrent sur les corps avec lesquels on les met en contact un changement qui frappe les sens et sert à les faire reconnaître. Lorsque, par exemple, l'on ajoute une dissolution de savon dans de l'eau renfermant du sulfate ou du carbonate de chaux, il se forme à l'instant un précipité blanc, qui indique la présence des sels terreux; dans ce cas, le savon joue le rôle de *réactif*. Le contraire arrive lorsqu'il s'agit de reconnaître quelques traces de savon à l'aide d'une dissolution des mêmes sels calcaires; bien que le phénomène soit absolument le même, ce sont alors les sels calcaires qui sont considérés comme *réactifs*, parce que ce sont réellement eux qui servent à démontrer la présence du savon. En un mot, deux corps qui par leur *réaction* moléculaire manifestent des caractères bien tranchés peuvent être considérés l'un à l'égard de l'autre comme des *réactifs*.

Le nombre de réactifs employés dans les laboratoires des chimistes n'est pas aussi considérable qu'on pourrait le croire de prime abord; dans la plupart des cas un petit nombre suffit pour déterminer rigoureusement la nature et les proportions des divers éléments renfermés dans les composés que l'on soumet à l'analyse. Les principaux sont le sous-acétate de plomb, le protosulfate de fer, le proto et le deutohydrochlorate d'étain, la teinture d'iode, la teinture alcoolique de noix de galle, le sous-carbonate de potasse, le sous-carbonate d'ammoniaque, le bicarbonate de potasse, le prussiate de potasse et de fer, l'hydrosulfate sulfuré de potasse, l'hydrosulfate de potasse, le muriate de platine, l'arséniate de potasse, l'eau de chaux, l'eau de baryte, l'ammoniaque, le nitrate d'argent, le nitrate de mercure, le chromate de potasse, le sulfate de soude, l'hydrochlorate de soude, le sulfate de cuivre ammoniacal, le sous-carbonate de soude, les acides sulfurique, nitrique, hydrochlorique, oxalique, hydrosulfurique, tartrique et gallique, la potasse, la soude, l'éther, l'alcool, le chromate de potasse.

Grâce aux travaux d'Orfila, Barruel et autres savants, les *réactifs* sont devenus aujourd'hui des moyens infaillibles d'éclairer les tribunaux dans presque tous les cas de médecine légale. L'usage des *réactifs* n'est pas encore très-répandu; quelques-uns cependant sont d'un emploi très-facile, et pourraient rendre à chaque instant de grands secours, même dans l'économie domestique. C'est ainsi qu'à l'aide de l'iode on pourrait s'assurer si le lait renferme de la fécule; à l'aide du muriate de baryte, si le vinaigre est allongé avec de l'acide sulfurique étendu d'eau; à l'aide de la potasse caustique, si certains tissus renferment de la laine.

Les jongleurs font un fréquent usage de réactifs pour frapper les yeux des personnes peu familiarisées avec les phénomènes chimiques; leurs principales expériences consistent à mêler des liquides incolores, et qui par leur réunion donnent lieu à des composés fortement colorés, ou bien à combiner des liquides très-fluides et qui jouissent de la singulière propriété de former instantanément une masse compacte. Tout le monde a pu voir transformer une foule de fois la teinture d'indigo en liquide bleu ou rouge, selon que l'on ajoute alternativement un acide ou bien un alcali. Personne n'ignore que la vapeur de soufre donne aux fleurs bleues une belle couleur blanche; que l'on rougit les violettes en les trempant dans de l'eau acidulée, que le borax colore les immortelles en rouge, etc., etc. Ce qui précède nous dispense de donner l'explication de ces diverses expériences, que l'on peut multiplier à l'infini. TOURNAL.

RÉACTION (de la particule itérative *ré* et du latin *agere*, agir). Le phénomène de résistance, en opposition avec la puissance lorsqu'il donne lieu à un mouvement en sens contraire de celui qui a été d'abord communiqué, est désigné par les physiciens sous le nom de *réaction*; en d'autres termes, lorsqu'un corps agit sur un autre, ce dernier réagit à son tour sur lui, et lui communique un mouvement en sens inverse, c'est-à-dire de *réaction.* La loi qui régit les phénomènes de ce genre peut être réduite à deux propositions principales: 1° la réaction est toujours égale à l'action ou à la compression; 2° elle double le mouvement communiqué, et réciproquement.

Les corps célestes présentent un exemple très-curieux des mouvements occasionnés par l'*action* et la *réaction* des corps les uns sur les autres. Chacun sait que leur translation à travers l'espace est due à une force primitive d'impulsion, et que leur mouvement se continue en vertu de la loi d'inertie et de la nature du milieu dans lequel ils se meuvent. La direction qu'ils suivent dépend donc de l'action et de la réaction qu'ils exercent les uns sur les autres. C'est ainsi que la puissance d'attraction exercée sur la Lune par la Terre, combinée avec sa force impulsive, oblige cet astre à suivre la Terre dans son mouvement autour du Soleil; mais la Lune à son tour exerce une grande influence sur la Terre, puisqu'elle détermine les mouvements réguliers de la mer connus sous les noms de *flux* et de *reflux*.

Ce mot *réaction* s'applique figurément au mouvement des partis opprimés qui cherchent la vengeance et agissent à leur tour comme leurs oppresseurs. TOURNAL.

RÉAL, nom d'une petite pièce de monnaie d'argent ayant cours en Espagne, et valant la vingtième partie d'un *douro* ou piastre d'argent (0 fr., 54,30). On frappait autrefois des monnaies de ce nom de diverses valeurs, et les plus anciennes datent de 1497. Le réal d'argent (*real de plata*) valait la huitième partie de la piastre, et le réal de billon ou de cuivre (*real de vellon*), équivalant à la vingtième partie du *douro*, représentait par conséquent la même valeur que le réal actuel. Le réal provincial d'argent (*real de plata provincial*) valait un dixième de piastre. Aujourd'hui encore dans divers États de l'Amérique, par exemple au Mexique, la piastre est divisée en huit *réaux*, et on y frappe en argent des pièces d'un réal.

Real est encore le nom d'une monnaie de compte portugaise, équivalant à 40 reis. Enfin, *réal* est encore à Batavia le nom d'un poids pour les matières d'or et d'argent, répondant à 27 grammes 343 milligrammes.

RÉAL (PIERRE-FRANÇOIS, comte), ancien préfet de police à Paris, était né vers 1765, dans les Pays-Bas autrichiens. Il vint de bonne heure s'établir à Paris, où en 1784 il était *procureur au Châtelet*. Il embrassa avec ardeur les idées de la révolution, et à la suite du 10 août fut élu accusateur public près le tribunal exceptionnel tout aussitôt établi par les vainqueurs, et qui était destiné à devenir, très-peu de temps après, le tribunal révolutionnaire, de sanglante mémoire. Réal ne laissa pourtant pas que de faire preuve d'une certaine modération dans l'exercice de ces fonctions, et rompit même ouvertement en visière à Robespierre, qui bientôt le destitua et le fit même décréter d'accusation. Les vives sympathies qu'il avait excitées et les puissants amis qu'il s'était faits par la manière dont il avait compris son rôle d'accusateur public le sauvèrent de l'échafaud. En 1795 il fonda une feuille politique intitulée: *Journal de l'Opposition*, et quelque temps après le *Journal des Patriotes de 1789*, qui acquit rapidement assez d'importance pour que le Directoire jugeât utile à ses intérêts d'en attacher le rédacteur à sa cause. En 1796 Réal fut donc nommé *historiographe de la république*; et, suivant l'usage, de gros émoluments furent attachés à cette sinécure. Nommé ensuite commissaire du gouvernement directorial près le département de la Seine, il rendit des services essentiels à Bonaparte lors de la révolution du 18 brumaire, et en fut récompensé par sa nomination au poste de conseiller d'État. Plus tard, le premier consul le nomma adjoint au ministre de la police générale. Dans ces fonctions, Réal fit partie avec Savary et Dubois d'une espèce de triumvirat chargé de tous les détails relatifs à l'organisation et à la direction de la police de sûreté, et se trouva mêlé à l'infâme guet-apens à la suite duquel le malheureux duc d'Enghien fut fusillé dans les fossés du château de Vincennes. Plus tard, Napoléon accorda à Réal une dotation de 100,000 fr. et le titre de *comte*. Privé de tout emploi sous la Restauration, l'empereur pendant les cent jours l'appela à diriger la préfecture de police; et il fut en conséquence inscrit par la Restauration sur la liste des hommes qu'elle condamna au bannissement. Réal passa d'abord dans les Pays-Bas, puis se retira aux États-Unis, où il acheta des terres et établit une fabrique de liqueurs. Mais dès 1818 il obtint l'autorisation de rentrer en France; cette faveur s'explique facilement par les secrets dont restent toujours en possession les hommes qui ont tenu les fils directeurs de la police, secrets qui les rendent toujours redoutables à certaines gens, heureux d'acheter leur silence. Réal après la révolution de Juillet devint l'un des visiteurs assidus du Palais-Royal. Il avait la promesse formelle de rentrer au conseil d'État, quand il mourut, à Paris, au mois de mars 1834.

RÉAL (Saint-). *Voyez* SAINT-RÉAL.

RÉALGAR, mot d'origine arabe, et qui est le nom vulgaire du protosulfure d'arsenic, appelé aussi *arsenic rouge* ou *soufre de rubis*. On l'obtient en grand par la distillation de la pyrite de soufre avec la pyrite d'arsenic, ou bien encore par une combinaison d'acide arsénieux avec du soufre; mais on le rencontre aussi dans la nature à l'état de cristallisation, en Chine, au Japon, en Bohême, dans les produits volcaniques, etc. Il est fusible. Il forme alors une masse solide, transparente, vitreuse, à cassure conchoïde, de teinte aurore, qui ne se dissout point dans l'eau. Mêlé à trois fois et demie son poids de fleur de soufre et douze parties de salpêtre, il sert aux artificiers à produire les feux blancs.

RÉALISME, RÉALISTES (du latin barbare *realitas*, réalité). Qui n'a remarqué que jamais deux hommes ne se ressemblent de telle sorte qu'on puisse les confondre; que du côté du corps et du côté de l'âme il se trouve toujours une multitude de différences qui les distinguent; que cependant ils ont la même nature, puisqu'ils sont également hommes? Cette nature est ce qu'on appelle un *universel*, parce qu'étant commune à tous les individus, elle est leur unité et l'opposé de ce qu'il y a de particulier dans chacun d'eux. L'*universel* n'est donc que le *général*, et ce que nous disons de la nature humaine s'applique de soi-même à toutes les autres choses générales, comme l'animal, le végétal, la vertu, le vice, le triangle, le cercle, etc., etc. Mais cet *universel* a-t-il quelque réalité, ou n'est-il qu'une chimère, qu'une œuvre pure de l'esprit, qu'un mot enfin? Ceux qui soutiennent l'un s'appellent *réalistes*, ou encore *réaux*; ceux qui soutiennent l'autre s'appellent *nominaux*, et mieux *nominalistes* (*voyez* NOMINALISME), quoique le premier soit seul consacré par l'usage; car les dénominations de *réaux* et de *nominaux* conviennent aux objets, celles de *réalistes* et de *nominalistes* aux adeptes.

Voilà les sectes fameuses qui de leurs querelles, quelquefois sanglantes, ont agité la scolastique du moyen âge. La fin du onzième siècle vit paraître les *nominalistes*, et entre eux et les *réalistes* commencer la lutte. Depuis l'origine de la scolastique, la réalité des universaux n'avait point été mise en doute. Le premier auteur de renom qui se prononça contre fut Roscelin. Portant sa doctrine dans la théologie, il débita que les trois personnes de la Trinité étaient trois choses séparées, indépendantes, comme le sont trois anges, trois âmes; de façon que si l'usage le permettait, on pourrait les appeler trois dieux. Cette application néanmoins ne faisait pas elle-même. Si l'*universel* n'est rien, si le *particulier* est tout dans l'individu, il ne saurait exister un être divin commun à plusieurs personnes : chacune d'elles doit avoir son être à part, comme chaque ange, chaque âme. Seulement, on est curieux de savoir ce que Roscelin faisait des trois personnes divines, ainsi que des anges, des âmes, en un mot des individus, quels qu'ils soient. Il saute aux yeux que le principe par lequel il anéantissait l'être divin anéantit l'être de chacune des personnes divines, et celui de chaque ange, de chaque âme, de chaque individu; car l'*universel* étant l'une des deux parties intégrantes de l'individu, dont le *particulier* est l'autre, dès qu'il périt, l'individu périt avec lui. Qui ne reconnaît là, pour le fond, l'opinion de Protagoras, soutenant que rien n'existe en soi, que tout n'est qu'apparence, si bien réfutée dans le *Théétète* de Platon, le système sensualiste, qui nie les idées générales, et par suite la réalité des substances? Roscelin, vivement combattu par saint Anselme, archevêque de Cantorbéry, fut condamné dans un concile à Soissons, en 1092. Le *réalisme*, qui auparavant régnait comme préjugé, triomphe dès lors comme doctrine raisonnée; mais ses partisans se divisent bientôt. Tandis que les uns, comme Guillaume de Champeaux sur ses derniers jours, saint Thomas et ses disciples, soutiennent que l'*universel* ne subsiste que dans les individus, ou dans les esprits, en tant qu'idée, les autres, comme paraissent être Amaury de Chartres et David de Dinant, prétendent qu'il a une existence indépendante. De cela seul qu'ils lui attribuent une pareille existence, ils supposent qu'il ne se multiplie point; car s'il se multipliait, il ne pourrait le faire que pour se fondre, ou plutôt qu'en se fondant avec le particulier dans les individus, puisque ces reproductions de lui-même, parfaitement identiques et qui ne se trouveraient plus différenciées par leur fusion avec le particulier, impliqueraient contradiction, étant contradictoire de donner comme plusieurs des choses qui ne se distinguent absolument en rien, et qui, par cette absence complète de différence, se réduisent nécessairement à une seule. Mais si l'*universel* a une existence indépendante, s'il est immultipliable ou unique, il s'en suit qu'il est une substance dont participent tous les individus, c'est-à-dire qu'il est leur substance commune, et qu'ils ne diffèrent entre eux que par les accidents ou apparences. Or, ce qui a lieu des individus hommes, des individus animaux, des individus végétaux, des individus minéraux, à l'égard des universaux humanité, animalité, végétalité, minéralité, selon les expressions de la scolastique, a lieu de l'humanité, de l'animalité, de la végétalité, de la minéralité, à l'égard de l'universel être, par rapport auquel elles sont comme des individus, et qui est lui-même l'être nécessaire ou Dieu, puisque rien de plus universel que Dieu. Voilà donc Dieu substance de tous les autres êtres, lesquels ne trouvent simplement des accidents, des modifications de lui, comme au nihilisme sa négation.

Abeilard, tout en étant cause que Guillaume de Champeaux est arrivé à la vérité, ne peut y parvenir lui-même. Il veut un milieu entre la doctrine des *réalistes* et celle des *nominalistes*, et il donne naissance au *conceptualisme*, qui n'est qu'un *nominalisme* déguisé, et qui conduit droit au *sensualisme*. A l'instar de Roscelin, il attaque la Trinité; et non moins inconséquent que lui, qui niait la réalité de l'être divin, sans nier celle des personnes divines, il nie ou tend à nier, car il est embarrassé, hésitant, il tend à nier la réalité des personnes divines sans nier celle de l'Être divin. Il est condamné dans deux conciles de Soissons, l'un de 1121, l'autre de 1141.

Frappé dans le disciple, après l'avoir été dans le maître (Abeilard avait étudié sous Roscelin), le nominalisme demeure longtemps abattu. Duns Scot et ses adhérents soutiennent contre saint Thomas et les siens que l'*universel* est bien dans l'individu, mais non point tellement fondu avec le *particulier* qu'il ne reste jusqu'à un certain degré indifférent à faire partie d'un individu plutôt que d'un autre. Or, ce commencement, au moins cette possibilité de désunion, là où doit régner une parfaite et indissoluble unité, équivaut à la séparation effective, et ce n'est que par inconséquence ou par timidité que Scot et ceux qui le suivent refusent de la prononcer. Cependant, au plus fort de cette lutte, où les deux écoles, surtout celle de Scot, à cet égard passée en proverbe, s'arment de toutes les subtilités qui se peuvent inventer, le nominalisme, un peu masqué de conceptualisme, se relève avec bruit en la personne d'Occam; mais, enfin, ces interminables discussions tombent devant la révolution que Descartes opère dans la philosophie. Toutefois, le problème qui en formait l'objet n'est point abandonné. D'une façon ou de l'autre, l'esprit humain se le pose, parce que c'est le problème même de la philosophie, et au fond il en donne toujours les mêmes solutions.

L'*universel* ne répond-il pas aux *idées générales* relevées par Descartes? Qu'est-ce qui, dans les esprits, constitue le penser, et par suite le vouloir, commun à tous, sinon les idées générales, ainsi que nous l'avons déjà remarqué? Dans les autres êtres, l'*universel* n'est pas à leur égard les idées, puisque les idées sont relatives à la pensée, et que ces êtres ne pensent point; mais il l'est à l'égard des esprits, qui ne le saisissent dans les êtres non pensants que par les idées, lesquelles se trouvent ainsi pour eux l'*universel* qu'elles leur représentent (*voyez* PENSÉE). C'est pourquoi les nominalistes tombaient dans le sensualisme en niant la réalité de l'*universel*, comme on y tombe quand on nie la réalité des idées. C'est pourquoi Amaury de Chartres et David de Dinant se perdaient dans le panthéisme en isolant des êtres l'*universel*, comme on s'y perd quand de la pensée, soit humaine, soit divine, on isole les idées (*voyez* MALEBRANCHE, FICHTE, KANT). Et c'est pourquoi les thomistes échappaient à ces deux erreurs souveraines et se soutenaient dans le vrai, en affirmant que l'*universel* est réel et inséparable des choses, comme on le dit aujourd'hui que les idées sont réelles et inséparables de notre pensée et de celle de Dieu.

Dans les œuvres inédites d'Abeilard, publiées par M. Cousin, se trouvent plusieurs morceaux importants, jusque ici inconnus, sur le *réalisme* et le *nominalisme*. L'introduction offre une histoire succincte, mais soignée, de ces systèmes. Suivant nous, M. Cousin est pour la vraie doctrine; aussi convient-il de ne point prendre dans leur rigueur quelques expressions où il semble exagérer à l'excès le rôle de l'*universel*.
BORDAS-DEMOULIN.

RÉALITÉ, RÉEL, (du latin barbare *realitas*). La langue philosophique oppose ordinairement le mot *réalité* à ces expressions : conception *idéale*, *idée*, *pensée*, *abstraction*, etc. *Réalité* emporte le plus souvent avec lui la supposition d'une existence physique. Ainsi, on dit : le *monde réel*, c'est-à-dire le monde physique, par opposition au *monde intellectuel* ou *monde des idées*. Cependant, on ne doit pas méconnaître que le monde des idées a aussi une réalité propre, quoiqu'elle soit d'une autre nature.

Plusieurs écoles de philosophie, les sceptiques en particulier et les idéalistes, ont mis en question la réalité du monde extérieur, et ont prétendu que l'homme vivait dans une espèce d'illusion continuelle, toujours trompé par le rapport de ses sens. Ici le mot *réalité* exprime incontestablement l'existence physique du monde, existence qui se montre comme indépendante des sensations qu'elle cause et qui la font connaître. Cependant, le mot de *réalité* ne peut pas se borner à exprimer l'existence des objets physiques; il doit s'étendre nécessairement aux êtres spirituels.

Dieu, par exemple, est la plus haute des *réalités*. Aucune autre ne saurait exister sans cette *réalité* première qui en est la source et le soutien. Entendu de cette manière, le mot *réalité* s'applique à tous les êtres-substances, quel que soit d'ailleurs l'ordre auquel ils appartiennent, et qui sont l'objet de la science appelée *ontologie*.

Il y a cette différence entre les mots *vérité* et *réalité*, que le premier s'applique aux idées, le second aux choses. On dit d'une idée qu'elle est *vraie*, on ne dit pas qu'elle est *réelle*. Elle est *vraie* toutes les fois qu'elle exprime un jugement conforme à la vérité; pour être *réelle*, il faudrait qu'elle cessât d'être idée pour devenir un être substantiel. Le mot *réalité* contient donc toujours l'idée d'existence, et d'existence substantielle, tandis que le mot *vérité* exprime la conformité entre le jugement porté et la nature même des choses. La théologie n'emploie guère le mot de *réalité* que dans la question de l'eucharistie.
H. BOUCHITTÉ.

RÉATE, antique ville d'Italie, l'une des places principales des Sabins, qui l'avaient enlevée aux aborigènes, était sous la domination romaine le chef-lieu d'une préfecture. C'est là qu'était né Marcus Terentius Varro, qui en avait reçu le surnom de *Reatinus*. Les environs de Réate étaient célèbres chez les anciens par leur beauté et leur fertilité, surtout lorsque Curius, vers l'an 280 av. J.-C., en perçant une montagne qui fermait la vallée à quelques milles au nord, eut procuré au *Velinus* un écoulement qui forme aujourd'hui les célèbres cascades de Terni, et eut desséché par ce travail les étangs et les marais que ce cours d'eau formait autrefois dans cette contrée. Les mulets de Réate étaient en grand renom, à cause de leur constance.

Aujourd'hui cette ville s'appelle *Rieti*; elle est située à peu de distance des frontières napolitaines, et compte environ 12,000 habitants. C'est le chef-lieu d'une des délégations des États de l'Église (16 myr. carrés, avec 70,000 hab.) et le siège d'un évêque. On y trouve un château fortifié, une cathédrale avec huit autres églises, douze couvents, une source d'eau minérale et quelque industrie en lainages, cuirs et étoffes de soie.

RÉAUMUR (RENÉ-ANTOINE FERCHAULT DE), membre de l'Académie des Sciences et l'un des physiciens les plus distingués de son siècle, naquit à La Rochelle, en 1683, et mourut en 1757, des suites d'une chute, à sa terre de La Bermondière, dans le Maine. Destiné à succéder à son père dans le présidial de La Rochelle, les sciences l'emportèrent sur le Digeste et le Code; et à l'âge de vingt ans il quitta sa province, et vint étonner les savants de la capitale par la multitude et la nouveauté des sujets traités dans les mémoires qu'il apportait. En 1708 l'Académie des Sciences l'admit au nombre de ses membres. Le travail des forges, la fabrication de l'acier, l'emploi de la fonte de fer, lui durent le premier ouvrage que l'on ait produit en France sur cette partie importante de l'industrie nationale; et il indiqua des procédés auxquels on a peu ajouté depuis que la chimie a mieux éclairé le travail du fer. Plusieurs autres travaux analogues à celui que Réaumur avait fait sur le fer attirèrent l'attention du gouvernement; une pension de 12,000 fr. fut accordée au laborieux académicien, qui fit transférer à l'Académie des Sciences le don que le prince destinait au bienfaiteur de plusieurs industries d'une haute importance. Le nom de Réaumur n'est plus attaché de nos jours qu'au thermomètre, qu'il a perfectionné et régularisé; on ne se rappelle déjà plus qu'il introduisit en France les fabriques de fer-blanc, et de porcelaine aussi belle que celle de Saxe; qu'il perfectionna l'art du verrier, et parvint à donner au verre la blancheur et toutes les apparences extérieures de la porcelaine. On a tout à fait oublié ses recherches sur les rivières *aurifères de la France* et l'histoire qu'il en a écrite. Les nombreux mémoires où il a consigné ses observations et ses expériences sur la chaleur, ses effets, sa propagation, etc., ne sont plus consultés, et l'on sera peut-être contraint de *réinventer* beaucoup de choses qu'il nous avait apprises; cependant, quelques-uns de ces mémoires offrent une lecture des plus intéressantes, où des faits imprévus sont révélés à chaque page, où la curiosité n'est pas moins satisfaite que le désir d'une instruction solide; tel est par exemple le récit des expériences sur des animaux soumis à l'action d'un air beaucoup plus chaud que l'eau bouillante, et que Réaumur fit sur lui-même, etc. On a reproché à l'*Histoire naturelle des Insectes*, le plus volumineux des écrits de notre savant (6 vol. in-4°), la diffusion du style, quelques détails trop minutieux; on s'accommode mieux aujourd'hui de la sécheresse des abrégés, de ce qui fait acquérir promptement et sans peine une instruction superficielle. Si le goût des études approfondies peut revenir en France, on ne redoutera plus la prolixité de Réaumur; ses œuvres sur l'histoire naturelle deviendront classiques, parce qu'on y trouve l'exposition complète des faits tels qu'ils ont été vus par un observateur très-attentif et très-exercé. Quant aux écrits du même savant sur les arts, dont il s'occupa spécialement, comme ils ne sont plus au niveau des connaissances acquises, ils ne serviront désormais qu'à fournir des matériaux pour l'histoire de ces arts, destinée commune des ouvrages scientifiques. On voit même approcher l'époque où le *thermomètre centigrade*, substitué généralement à celui de Réaumur, dont on se sert encore aujourd'hui dans une partie de l'Europe, fera perdre à ce savant le peu de célébrité qui lui reste. Cette sorte d'ingratitude, que l'on serait tenté de reprocher à la génération actuelle, n'est que l'inévitable résultat de causes qui subsisteront dans tous les temps, quel que soit notre état social.

Réaumur, entièrement absorbé par les objets qui attiraient son attention, ne vécut que pour l'observation des phénomènes de la nature, et pour faire le bien qui était en son pouvoir. Il ne passait point, comme Buffon, des jours entiers à polir quelques phrases. Son style a dû se ressentir de la précipitation de l'écrivain, du peu de soin qu'il accordait à tout ce qui ne concourait pas à rendre l'expression plus exacte, à représenter plus correctement les observations et les faits.

FERRY.

REBAPTISTANS. *Voyez* ANABAPTISTES.

REBEC, vieux mot qui signifiait autrefois un violon à trois cordes, accordé de quinte en quinte. Ménage le fait venir de l'arabe *rebab*, *rebaba*, dont la signification est la même. Borel le dérive de l'hébreu *reblac*, qui est l'équivalent de *sistrum*. D'autres, enfin, trouvent son origine dans le celte *reber* (violon) et *rebeter* (jouer du violon). Les Portugais désignent encore cet instrument par le vieux mot *rebeca*. On menait autrefois les épousées à l'église avec *rebec* et tambourin. Regnier a dit :

Bref, vos paroles, non pareilles,
Résonnent doux à mes oreilles
Comme les cordes d'un rebec.

RÉBECCA. Abraham, fort vieux et vivant dans la terre de Chanaan, fait jurer au plus ancien de ses serviteurs, Eliézer, qu'il ira chercher une épouse pour son fils dans le pays où il laissa ses parents; le serviteur se dirige vers la Mésopotamie, mais Dieu doit toujours intervenir quand il s'agit de la race d'où sortira son Christ, et il désigne lui-même Rébecca, que le serviteur reconnaît près du désert à ses gracieuses et prévenantes manières : c'est la fille de Nachor, frère d'Abraham. Le serviteur rend grâce au Très-Haut. Sa suite, ses chameaux, les présents qu'il offre, annoncent la richesse de son maître. Les parents de Rébecca accordent leur fille, qui part avec sa nourrice et ses suivantes. Après un voyage rapide, sur le déclin du jour, Rébecca aperçut de loin un homme qui méditait dans la campagne : « C'est mon jeune maître, lui dit le serviteur. » Alors Rébecca se couvre de son voile. Isaac la fait entrer dans la tente de Sara, sa mère, dont il pleurait encore la mort, la prend pour femme, et l'affection qu'il conçoit pour elle est si grande que sa douleur filiale en est tempérée. Deux fils naissent de Rébecca : Esaü et Jacob. Sa préférence pour le dernier est dans l'ordre de la Providence, et Jacob la justifie par son amour et son obéissance envers sa mère.

Les mœurs bibliques l'emportent ici sur les mœurs homériques par la délicatesse et la chasteté des sentiments, la naïveté des peintures et la fidélité des détails. Rébecca, fille, épouse et mère, est le type de la femme dont le naturel n'a point été altéré. Son histoire est une des plus intéressantes de celles qui sont renfermées dans la Bible.

Ctesse DE BRADI.

RÉBECCA (Fils et filles de), et encore **RÉBECCAITES.** C'est le nom que prirent, à partir de 1843, en Angleterre, et plus particulièrement dans le pays de Galles, les réfractaires qui essayèrent de s'opposer à la perception des droits de chaussées. Ils l'avaient emprunté au Deutéronome, liv. 1er, v. 42 et 60.

REBECQUE (BENJAMIN CONSTANT DE). *Voyez* CONSTANT DE REBECQUE.

RÉBELLION (du latin *rebellium*, fait de *retro*, en arrière, et *bellare*, faire la guerre), révolte, soulèvement, résistance ouverte aux ordres de l'autorité légitime, action de se mettre en guerre, *iterum bellare*. La loi qualifie ainsi, selon les circonstances, toute attaque, toute résistance avec violence et voies de fait envers les officiers ministériels, les gardes champêtres et forestiers, la force publique, les préposés à la perception des taxes et des contributions, leurs porteurs de contraintes, les préposés des douanes, les officiers ou agents de la police administrative ou judiciaire, agissant pour l'exécution des lois, des ordres ou ordonnances de l'autorité publique, des mandats de justice ou jugements. Le Code Pénal détermine les faits qui constituent le *crime de rébellion* et les peines qui doivent punir ceux qui s'en rendent coupables. Il doit être dressé procès-verbal de rébellion par tout officier public insulté dans l'exercice de ses fonctions. Lorsque la rébellion est commise par un débiteur soumis à la contrainte par corps, et qui oppose de la résistance à l'exécution du jugement, l'huissier peut établir garnison aux portes pour empêcher l'évasion, et le débiteur est poursuivi conformément à la loi.

REBOISEMENT. Le *reboisement des montagnes* a longtemps été la panacée préconisée contre les inondations. La nature prévoyante, disait-on, avait couvert de végétaux de toutes tailles les pentes des montagnes. Dans son lent mais incessant travail la végétation accroissait par ses débris la couche de terre dont elles étaient couvertes. Mais l'homme, à qui le sol de la plaine ne suffit pas longtemps, rompit les gazons, arracha les végétaux des pentes et ameublit, pour le cultiver, le sol qui les couvrait. Qu'arriva-t-il? Les pluies entraînèrent ce sol, et le rocher mis à nu aujourd'hui laisse couler instantanément les eaux, qui avant le défrichement étaient retenues, divisées par les terres gazonnées, par les tiges, les feuilles et les racines nombreuses des petits et des grands végétaux. Elles s'infiltraient dans les profondeurs, et alimentaient les réservoirs des sources, qui manquant d'aliment ont pour la plupart tari. Ainsi, toutes les eaux de pluie qui tombent à la surface ne s'y arrêtent plus; elles s'écoulent en masses torrentueuses et deviennent un fléau, au lieu d'être un bienfait comme dans leur destination primitive. Par l'écoulement en quelques heures de quantités énormes d'eau qui se distribuaient au moyen des sources dans tout le cours de l'année, les torrents et tous les cours d'eau grandissent instantanément, et produisent d'effroyables inondations. Il faut donc reconstituer l'œuvre de la nature et détruire le mal en recouvrant toutes les pentes de montagnes de petits et de grands végétaux.

A ces arguments les adversaires du reboisement des montagnes répondent par ces considérations : il est vrai que la dénudation croissante des pentes les rendent de moins en moins aptes à retenir les eaux; mais les inondations ont une autre cause, bien autrement puissante, dans les progrès de la culture, la rectification et la régularisation des cours des ruisseaux et des petites rivières, les nombreux fossés d'assèchement établis depuis peu, et qui débarrassent le sol des eaux jadis stagnantes, qui s'y infiltraient lentement. D'ailleurs les déboisements imprudents qui ont été faits sur les pentes sont déjà anciens ; voilà longtemps que la loi les interdit, et le mal empire tous les jours. Pour que l'opération du *reboisement* produisît quelques effets, il faudrait qu'elle fût générale et immédiate ; ce qui exigerait des dépenses énormes pour un résultat qui ne serait produit que dans quinze ou vingt ans. D'ailleurs, elle aurait peu d'influence sur la rapidité de l'écoulement des eaux lors des pluies très-abondantes ou continues, ou des fontes de neiges subites, qui sont la cause réelle des débordements.

W.-A. DUCKETT.

REBORD. *Voyez* BORDAGE.
REBOUILLAGE. *Voyez* DÉCREUSAGE.
REBOUILLES. *Voyez* ÉTOUPE.

REBOUL (JEAN-CHARLES-DOMINIQUE), né vers 1565, dans le Dauphiné, appartenait à l'opinion réformée, mais ne tarda pas à se brouiller avec divers ministres languedociens, et dirigea contre eux les traits de la satire la plus âcre. Ses *Actes du Synode de la sainte Réformation*, sa *Cabale des Réformés*, ses *Salmoniennes*, sont de longs écrits où il y a beaucoup de verve, d'entrain, d'érudition, de cynisme, de colère. L'auteur emploie alternativement le latin, le français et le patois, afin de vouer ses adversaires au ridicule. Il semble parfois avoir pris Rabelais pour modèle, et cette imitation est encore plus flagrante dans deux écrits qui ne portent point le nom de Reboul, mais qu'il est difficile de ne point lui attribuer : l'un, *Le Nouveau Panurge*, quoique rare, n'est cependant pas introuvable ; mais l'autre, *Premier Acte du Synode des Lemanes et Propétides*, peut figurer au premier rang des livres les moins communs : on assure qu'il n'en existe qu'un seul exemplaire, celui de la Bibliothèque impériale. Au milieu d'une foule de citations, de quolibets, de hardiesses trop *pantagruélines*, on distingue dans ces compositions des traits fort plaisants et une originalité réelle.

Reboul avait embrassé le catholicisme ; mais son style ne donne pas une très-favorable idée de ses mœurs. Fatigué de la polémique à laquelle il s'était consacré, il se rendit à Rome, et il y composa un écrit plein de virulence contre Jacques Ier. Le roi d'Angleterre, le champion du protestantisme, ne paraissait pas devoir trouver au Vatican un appui bien actif ; ce livre fut toutefois le motif ou le prétexte des rigueurs extrêmes déployées contre son auteur. Mis en prison et condamné à mort, Reboul fut, l'an 1611, décapité dans le château Saint-Ange. On a dit que la véritable cause d'une fin aussi tragique fut l'esprit de dénigrement, de raillerie injurieuse, qui semble avoir constamment possédé toutes les facultés intellectuelles de Reboul ; après avoir criblé de ses traits empoisonnés les pasteurs de Montpellier et de Nîmes, il ne put s'empêcher de diriger ses coups contre le saint-siège. Une lettre insérée dans la Correspondance de Casaubon, lettre qui ne dissipe pas toutes les ténèbres, est le seul renseignement qu'on possède sur cette mystérieuse et tragique affaire. G. BRUNET.

REBOUL (JEAN), le poëte de Nîmes, est né dans cette ville, le 23 janvier 1796. Son père exerçait la profession de serrurier. L'honnête aisance que lui procurait son travail lui permit de donner quelque éducation à son fils. Jean Reboul fut donc placé dans un pensionnat de Nîmes, et apprit ce qu'il fallait savoir pour exercer avec profit une profession manuelle. À l'âge de treize ans, Reboul fut employé pendant quelque temps à des transcriptions chez un avoué ; mais le métier de copiste ne pouvait convenir à son âme ardente, et puis il fallait s'assurer un avenir. Sa mère, restée veuve avec quatre enfants, dut restreindre ses dépenses. Reboul eut à choisir un état : il prit celui de boulanger. Dans cette condition le goût de la lecture lui vint, et sous cette culture toute spontanée, toute libre, son instinct poétique s'éveilla et se manifesta bientôt par diverses productions. Dès 1820 Reboul était membre d'un cercle de joyeux vivants qui se réunissaient dans un café de Nîmes. Il y apporta des chansons et des satires qui ne sortaient pas de ce cercle ami, et qu'il a depuis condamnées à l'oubli. En 1824 il composa une cantate sur la guerre d'Espagne, qui fut chantée aux applaudissements du public sur le théâtre de Nîmes. Marié de bonne heure, Reboul perdit sa première femme après quelques mois de mariage. Une seconde union ne lui donna encore qu'un bonheur sans durée. Cette solitude plusieurs fois renouvelée autour de lui par la perte d'un père, d'une mère et de deux femmes, toute cette série de douleurs domestiques tourna son esprit vers les tristes méditations, et changea le caractère de ses productions poétiques. Les révolutions politiques contribuèrent encore à répandre sur sa poésie des teintes sérieuses et mélancoliques. Mais au lieu de maudire ou de chercher dans les doctrines nouvelles un remède aux maux de la terre, il le cherche dans le sein du Christ, défend l'Église, l'autorité, et dit à sa lyre :

. . . . C'est du ciel que tu descends.

En 1828 *La Quotidienne* publia, et divers journaux répétèrent avec éloges *L'Ange et l'Enfant*. Nul chant n'eut plus de succès. La peinture, la musique et la sculpture s'inspirèrent à l'envi de cette composition, d'un sentiment si pur et si religieux. M. de Lamartine applaudit dans une Harmonie *le génie dans l'obscurité*. Châteaubriand, Alexandre Dumas rendirent visite au poëte de Nîmes, et gravèrent son nom dans l'airain de leurs œuvres. Alexandre Dumas décida Reboul à publier son premier recueil de poésies. Il parut en 1836, et il a eu huit éditions depuis. En 1839 M. Reboul vint à Paris publier son poëme du *Dernier Jour*. Il fut accueilli et fêté dans la capitale par les notabilités de l'époque ; mais le poëte ne se laissa pas éblouir, et bientôt il retourna à sa laborieuse existence, à ses anciennes habitudes. Après la révolution de Février, M. Reboul fut élu représentant à l'Assemblée constituante, dans le département du Gard, par 51,470 voix. Il n'y brilla pas toutefois d'un vif éclat, et ne fut pas réélu à la Législative.

Légitimiste et catholique dans ses tendances, M. Reboul a gardé cette foi religieuse et le caractère classiques à ses poésies. Ses vers sont inégaux, brillants parfois, fortement imaginés, et quelquefois d'un prosaïsme extrême ou d'une grande dureté. Une teinte philosophique se répand toujours sur ses vers et les allangit. Ce qui a fait surtout le succès de M. Reboul, c'est donc sa foi religieuse et politique, qui lui valut le patronage de Lamartine et de Châteaubriand, étonnés de rencontrer un homme du peuple dont la muse, reflet de leur âme, maudissait l'impiété et la révolution, chantait les louanges de Rome et priait pour un royal exilé.

L. LOUVET.

REBOUTEURS. C'est ainsi qu'on appelle dans quelques parties de la France les guérisseurs sorciers, faisant encore métier en plein dix-neuvième siècle de guérir bêtes et gens par la puissance de leurs sortiléges mêlés à des pratiques superstitieuses.

RÉBUS. C'est l'expression figurée d'une pensée par une suite d'images d'objets dont les noms rappellent des mots et des mots selon le besoin, et le tout disposé souvent de manière à produire un son effet particulier. Quelquefois de simples lettres mises en ligne et prononcées par leurs noms alphabétiques font un *rébus* : G, A, C, D, O, B, I, A, L. La suite des noms de ces lettres fait entendre ces mots : *J'ai assez obéi à elle*..... Ingénieuse et sublime exclamation d'un amant, lassé du joug de sa maîtresse ! Quelquefois la disposition de certaines syllabes, mises les unes sur les autres, ou les unes sous les autres, ou les unes entre les autres, fait tout le mystère du *rébus*, qui s'explique par les prépositions *sur*, *sous*, *entre*, etc. :

Pir vent venir
Un vient d'un ;

un sous *pir vient* sous *vent d'un* sous *venir*, c'est-à-dire un soupir vient souvent d'un souvenir. Dans quelques *rébus*, on joint aux mots la peinture de certains objets, afin qu'en nommant ces objets on fasse entendre les mots qu'on n'écrit pas. C'est cette espèce de *rébus illustrés* qu'on voit encore sur quelques écrans, sur des assiettes, et sur le papier qui enveloppe les bonbons du premier de l'an : manière adroite de flatter le goût et de développer l'intelligence des enfants.

Les clercs de la Bazoche faisaient tous les ans, au carnaval, certains libelles, qu'ils appelaient : *De rebus quæ gerantur*; c'étaient des espèces de satires où l'impudence se cachait un peu sous le voile de l'équivoque et de l'expression grotesque qui constitue la nature de cet amusement de l'esprit ; le peuple, qui entendait dire en latin *de rebus*, croyait que c'étaient en français *des rebuts*. Telle est l'origine du *rébus* ; elle n'est pas noble, mais il en est de plus honteuses.

Jules SANDEAU.

RÉCAMIER (JEANNE-FRANÇOISE-JULIE-ADÉLAÏDE BERNARD), née à Lyon, le 3 décembre 1777, morte à Paris, à l'âge de soixante-douze ans, le 11 mai 1849, était fille d'un employé des postes, et avait épousé, le 24 avril 1793, à l'âge de seize ans, le banquier Jacques-Rose Récamier, homme déjà arrivé à l'âge mûr, que d'heureuses spéculations d'agiotage ne tardèrent pas à ranger au nombre des puissances financières de l'époque, et qui pendant longtemps habita le magnifique hôtel qu'on aperçoit encore aujourd'hui (1857) à l'entrée de la rue de la Chaussée-d'Antin, à l'extrémité d'une ombreuse avenue de vieux tilleuls.

Julie ou *Juliette* BERNARD était douée d'une beauté peu commune. Mais elle avait apporté en naissant une secrète et incurable infirmité ; en se mariant avec elle malgré la grande disproportion de leurs âges réciproques, le banquier n'obéissait point, comme on pourrait d'abord être tenté de le croire, à une folle passion. Il aimait Juliette de cet amour pur et désintéressé qu'un père porte à sa fille, et savait parfaitement qu'en retour de la brillante existence et des éléments de bonheur qu'il assurait à cette jeune femme, objet d'une si tendre affection, il n'avait à en espérer qu'un sentiment de gratitude toute filiale, auquel jamais les sens ne viendraient prêter leurs ravissements.

Sous le Directoire Mme Récamier était l'une des reines de la société parisienne ; société au sein de laquelle régnait la plus étrange, la plus naïve corruption de mœurs, mais à tous les travers de laquelle il lui fut donné, par grâce d'état, de pouvoir prendre part sans rien perdre de cette pureté et de cette honnêteté qui constitueront toujours le charme le plus réel et le plus puissant d'une femme. Ceci explique comment, en se rappelant avoir vu Mme Récamier danser avec Mme Tallien et Mme Hainguerlot aux fêtes par souscription de l'hôtel Thélusson ou de l'hôtel Beaujon, et toutes trois vêtues avec une *légèreté* qui aujourd'hui scandaliserait même dans les coulisses de l'Opéra, recevoir avidement les hommages empressés et peu délicats des *merveilleux*, quelques contemporains ont presque toujours confondues dans la même appréciation. De ces trois femmes, dont les charmes exercèrent de si puissantes fascinations sur les principaux personnages d'une époque où on ne se piquait pas précisément d'une grande sévérité de mœurs, Mme Récamier est d'ailleurs celle qui se survécut le plus longtemps à elle-même, et qui inspira les sentiments les plus vifs et les plus durables.

Nous n'en finirions jamais s'il nous fallait essayer de nombrer les hommes célèbres de notre siècle que Mme Récamier enchaîna à son char, et qui, après avoir longtemps brûlé de l'amour le plus ardent pour cette belle et insensible statue, restèrent attachés jusqu'à leur dernier soupir à l'être charmant et bon dont ils avaient fini par reconnaître et apprécier l'angélique nature, espèce de terme moyen, disaient-ils, entre la faible et malheureuse humanité et les célestes hiérarchies.

La brillante existence que la position financière de son mari permettait à Mme Récamier de mener à Paris dura peu. Des crises commerciales et des faillites anéantirent au bout de quelques années une fortune basée surtout sur le crédit. L'opulent banquier fut un jour réduit à se déclarer en faillite, et alla se réfugier au fond d'une province pour y cacher sa honte et ses chagrins ; mais ses créanciers, reconnaissant la loyauté qui avait présidé à toutes ses opérations, se montrèrent généreux. Sur le produit de la liquidation, ils constituèrent en sa faveur une rente viagère, modeste sans doute, mais qui, à la rigueur, mettait la vieillesse de leur débiteur à l'abri des poignantes privations de la misère. Ils respectèrent en outre les libéralités que, par contrat de mariage, il avait assurées à sa jeune femme, et qui permirent à celle-ci de vivre dans une honorable indépendance à Paris, où elle continua à fréquenter les cercles les plus brillants.

Pendant ce temps-là l'empire était venu ; et une opposition sourde, mais profondément malveillante, s'était tout aussitôt formée contre l'heureux César dans certains salons dont Mme de Staël était l'âme. Mme Récamier, par toutes ses relations sociales, appartint à cette opposition, à laquelle elle se fût instinctivement rattachée alors même qu'elle n'eût pas été l'une des amies intimes de Mme de Staël. Elle fit donc constamment, sous le consulat comme sous l'empire, partie de la coterie de libres penseurs qui reconnaissaient Mme de Staël pour chef, et qui allaient régulièrement en pèlerinage à Coppet, s'y retremper dans la bonne et franche haine qu'ils avaient vouée à Napoléon. Quand vint la Restauration, elle était encore trop femme à la mode pour ne pas se faire dévote. Sa conversion fut aisée à opérer autant qu'elle fut sincère, dit-on. Il ne lui fut d'ailleurs que bien peu pardonné, par l'excellente raison qu'elle n'avait que bien peu péché. Grâce à un heureux privilége, qui fut sans doute le résultat et en même temps la compensation de ce qu'il y avait d'exceptionnel dans sa conformation, elle resta jeune et belle jusqu'à l'âge où d'ordinaire les autres femmes font preuve de tact et d'esprit en avouant tout franchement qu'elles sont vieilles. Cependant, l'heure fatale sonna aussi pour elle ; et s'il vint bien tard, le moment n'en fut pas moins cruel. Mme Récamier, toutefois, s'y résigna de la meilleure grâce du monde. Vers 1819, par suite de nouveaux revers, qui ébrèchèrent singulièrement sa fortune, elle se retira dans un modeste appartement de la rue de Sèvres dépendant du couvent de l'Abbaye-aux-Bois. Son salon devint alors tout à la fois un bureau d'esprit et un salon politique ; et elle sut admirablement lui conserver ce double caractère jusqu'à la fin de ses jours. Pour qui sait *lire* il y a dans la plupart des recueils périodiques publiés à Paris depuis cette époque comme l'histoire du salon de Mme Récamier ; et on retrouve la preuve de l'influence toute-puissante de cet aréopage politico-littéraire dans les élections et les concours académiques, comme dans la distribution des portefeuilles ministériels ou celle des chaires de faculté, voire dans la collation des emplois administratifs à tous les degrés de la hiérarchie. Être protégé par Mme Récamier fut en effet pendant plus de trente ans la plus infaillible des recommandations ; et il n'y avait pas jusqu'aux bâtards de son apothicaire et de son portier que cette femme essentiellement bonne et obligeante ne trouvât moyen de convenablement caser dans les bureaux des ministres. Rarement, en effet, ceux-ci pouvaient lui refuser quelque chose ; et le plus souvent même ils s'en seraient bien gardés. Être admis dans le petit cénacle de la rue de Sèvres fut toujours une faveur et une distinction singulièrement recherchées et enviées parmi la gent littéraire ; mais, suivant l'usage, cette faveur et cette distinction n'allièrent pas toujours trouver les plus dignes et les plus méritants. Pour un Chateaubriand ou un Ballanche, que de Trissotin et de Vadius !

RECCARED. *Voyez* GOTHS.

RECEL ou **RECÉLÉ**, **RECÉLEUR** (du latin *retro*, en arrière, et *celare*, cacher). Le *recel* ou *recélé* consiste à recevoir en tout ou en partie, à quelque titre que ce soit, des choses enlevées, détournées ou obtenues à l'aide d'un crime ou d'un délit, si au moment où l'accusé a reçu la chose recélée il savait qu'elle provenait d'une source illicite. Le coupable de recel est puni comme complice du crime ou du délit par suite duquel l'objet recélé est tombé entre ses mains. Aux termes de l'article 40 de la loi du 21 mars 1832, quiconque sera reconnu coupable d'avoir *recélé* ou d'avoir pris à son service un soldat *insoumis* sera puni d'un emprisonnement qui ne pourra excéder six mois ; et cette peine pourra être portée à deux ans si le délinquant est fonctionnaire public.

RECÈLEMENT (du latin *retro*, en arrière, et *celare*, cacher), action de celui qui s'approprie frauduleusement, en ne les faisant pas connaître, des objets dépendant soit d'une succession, soit d'une communauté au partage de laquelle il a droit de concourir. Si les objets sont enlevés ou détournés, l'action prend alors le nom de *divertissement*.

Les héritiers qui auraient *diverti* ou *recélé* des effets d'une succession sont déchus de la faculté d'y renoncer ; ils demeurent héritiers purs et simples, nonobstant leur renonciation, sans pouvoir prendre aucune part dans les objets divertis ou recélés. L'héritier bénéficiaire qui s'est rendu coupable de recélé, ou qui a omis sciemment et de mauvaise foi de comprendre dans l'inventaire des effets de la succession, est déchu du bénéfice d'inventaire.

En ce qui concerne le *recélé* ou *divertissement* des objets dépendant d'une communauté, la loi statue que la veuve qui a diverti ou recélé quelques effets de la communauté est déclarée *commune* nonobstant la renonciation qu'elle aurait faite; il en est de même à l'égard de ses héritiers. Le mari ne pouvant jamais répudier la communauté dont il a été le chef et l'administrateur, ces dispositions ne sauraient lui être appliquées; mais il est atteint par l'article 1477, lequel dit : Celui des deux époux qui aurait diverti ou recélé quelques effets de la communauté est privé de sa portion dans lesdits effets. De simples omissions dans l'inventaire, si elles étaient faites sciemment et dans un but frauduleux, constitueraient le recélé. Lorsque la fraude n'est pas constante, on peut seulement demander que les objets omis soient rapportés à la masse. Mais, en cas de fraude, la modicité de ces objets ne saurait servir d'excuse ni de justification.

RECENSEMENT (de la particule itérative *re*, et du latin *censere*, faire le cens, supputer), dénombrement de personnes, d'effets, de droits, de suffrages, etc. C'est dans la première acception surtout que ce mot est le plus fréquemment employé. Il y eut une pensée profonde dans le recensement fait d'une population pour y chercher l'appréciation des forces de l'État et les moyens de répartir également les charges. De ce premier essai devaient jaillir, comme d'un germe fécond, toutes les théories de l'économie politique. La France sous ce point de vue, comme sous beaucoup d'autres, a une grande obligation à sa révolution de 89, qui, transférant les registres de l'état civil des mains du clergé dans celles des magistrats du peuple, fonda à côté de la société religieuse une société civile, et fournit ainsi aux recensements bien plus d'éléments d'exactitude et de vérité.

RECENSEMENT (Affaire du) à Toulouse. L'opération du *recensement* des propriétés bâties et des portes et fenêtres, prescrite par les chambres pour l'exécution des dispositions de l'article 2 de la loi du 14 juillet 1838, dans le but d'arriver à une répartition plus équitable de l'impôt entre tous les départements, rencontra une vive opposition sur quelques points du midi, et surtout à Toulouse. Les fractions les plus ardentes du parti républicain et du parti légitimiste se saisirent de ce prétexte pour agir sur l'esprit des populations. Ils traitèrent d'*illégale*, d'*arbitraire* et de *vexatoire* cette mesure, toute dans l'intérêt des contribuables. C'était s'élever contre les droits des chambres plus encore que contre ceux du gouvernement, et vouloir les subordonner à des prétentions municipales mal entendues; c'était mettre la représentation suprême du pays au-dessous des représentations locales. L'opération du recensement, rendue impossible par le mauvais vouloir des habitants de Toulouse, fut suspendue par le préfet, M. Floret, et ne reprit que le 5 juillet 1841, après l'arrivée d'un nouveau préfet, M. Mahul. Des tentatives de désordre eurent lieu dans la soirée du 6 et dans celles du 7 et du 8. Après avoir paru calmée pendant quelques jours, l'émeute se ranima tout à coup dans les journées du 12 et du 13 avec un caractère plus sérieux. Elle en voulait surtout au préfet et au procureur général, M. Plougouhn. Le lundi 12 un rassemblement considérable, composé d'ouvriers en majeure partie, se dirigea vers la porte Saint-Étienne. Dix barricades furent élevées avec des matériaux pris dans les maisons des particuliers. Les insurgés marchèrent alors sur la préfecture. Ils furent repoussés, et se replièrent derrière les barricades. Des forces imposantes étaient arrivées. Les séditieux avaient envahi les toits des maisons de la place de la préfecture, d'où ils faisaient pleuvoir sur la troupe une grêle de pierres et de tuiles. Le lieutenant général commandant la division fut blessé à la cuisse d'un coup de pierre; le général commandant le département eut son cheval blessé. Du côté de l'émeute un jeune homme, le sieur Charvadès, garçon de caisse, fut percé d'un coup de baïonnette par un chasseur de Vincennes; il ne survécut que quelques instants à sa blessure. Sur ces entrefaites la municipalité provisoire demanda au préfet la convocation de la garde nationale, qui releva la troupe de la plupart des positions qu'elle occupait. Alors les séditieux réclamèrent la mise en liberté des individus arrêtés les jours précédents. Le détachement de la garde nationale qui se trouvait à la maison d'arrêt fut forcé, et l'on allait en briser les portes, lorsque le maire provisoire promit la délivrance sans caution des détenus pour le lendemain. Le 13 les rues furent envahies de bonne heure par des rassemblements plus menaçants que ceux de la veille. De nouvelles barricades furent élevées. Ce fut alors que le préfet prit la résolution de quitter la ville. Le procureur général en avait fait autant, et son domicile fut deux fois forcé par une bande animée de sinistres desseins. Les individus arrêtés avaient été remis en liberté.

A la réception de ces graves nouvelles, le gouvernement fit diriger sur Toulouse de nombreux renforts, et y envoya M. Maurice Duval en qualité de commissaire extraordinaire. Dans l'intervalle M. Bocher, préfet du Gers, avait été chargé de l'administration provisoire du département de la Haute-Garonne. L'un des premiers actes de M. Maurice Duval fut la dissolution de la garde nationale et du conseil municipal de Toulouse. Une nouvelle administration provisoire fut formée et installée malgré l'opposition de celle dont M. Arzac était le chef, et qu'il fallut sommer, par commissaire, d'obéir à la loi. Le recensement reprit le 15 août, et fut terminé en quelques jours, grâce à un appareil militaire formidable qu'avait fait déployer l'autorité. Des piquets de troupes occupaient tous les endroits où des rassemblements auraient pu se former. Des canons avaient été braqués sur les points principaux, comme la place Royale, la place La Fayette, la place Saint-Étienne, le pont, l'Esplanade, etc. Cet épisode de l'histoire contemporaine se termina par la condamnation à quelques mois de prison de gens appartenant pour la plupart à la classe ouvrière.   W.-A. DUCKETT.

RECENSEMENT (Conseil de). *Voyez* CONSEIL DE RECENSEMENT.

RÉCÉPISSÉ, mot latin signifiant *avoir reçu*, et qui est souvent employé comme synonyme de *décharge*, de *reçu* : Donner *récépissé* d'un envoi de marchandises, c'est reconnaître l'avoir reçu.

RECETTE (du latin *recepta*, ce qui est reçu en argent ou autrement), action de recevoir, de recouvrer ce qui est dû, soit en denrées, soit en espèces. C'est, par extension, le lieu, le bureau où l'on reçoit.

Ce mot sert encore à désigner la formule suivant laquelle sont composés certains médicaments, ce qui veut dire dans le même temps *recette* pour la fièvre. Il se dit aussi dans les deux acceptions de certaines méthodes, de certains procédés employés dans les arts, dans l'économie domestique :

Une *recette* pour conserver les fruits, une recette pour faire l'encre, etc. En ce sens *recette* est synonyme de *moyen*, et c'est ainsi qu'on dit : Une excellente *recette* pour se faire des amis, c'est d'être obligeant.

RECEVEURS GÉNÉRAUX et PARTICULIERS. Avant la révolution de 1789, la gestion des deniers publics était livrée à un petit nombre d'agents supérieurs, dont les uns, appelés *fermiers généraux*, prenaient à bail les gabelles, la vente du tabac, l'octroi de Paris et plusieurs taxes de ce genre, et dont les autres percevaient la taille et la capitation. Ceux-ci portaient le titre de *receveurs généraux*.

On sait que la France se divisait en *pays d'états* et en *pays d'élection* : les premiers se taxaient eux-mêmes, les autres l'étaient par le bon plaisir du souverain. Or, chaque pays d'états avait son *receveur particulier*, indépendamment des *receveurs généraux*, dont les fonctions consistaient à recevoir le produit des impôts versés entre leurs mains par les *collecteurs* et *fermiers*. Mais il n'existait aucun moyen de vérifier les opérations des gens de finance. Desmarets essaya de combler cette lacune en créant des charges d'*inspecteurs*; mais les receveurs généraux obtinrent la permission de les acheter, et s'investirent ainsi du droit de se contrôler eux-mêmes. Après avoir encaissé les sommes puisées par les collecteurs, ils fournissaient en retour de l'argent ou des *rescriptions*, sorte de mandats à l'ordre du contrôleur général. Sous Louis XVI, le nombre des *généralités* s'élevait à vingt-deux, et celui des *receveurs généraux* au double; mais ils n'exerçaient leurs fonctions que tous les deux ans, arrangement bizarre et qui devait enfanter de graves inconvénients. Quelquefois ils faisaient des avances au gouvernement, qui en 1714 les substitua aux *traitants*, chargés de pourvoir à ce qu'on appelait les *affaires extraordinaires*. On voit que les finances formaient dans leur ensemble un véritable dédale, dont un petit nombre d'adeptes seuls avaient la clef de son organisation mystérieuse.

A l'article Décima nous avons dit quel était le rôle que le *receveur général* du clergé jouait dans la machine administrative et financière de l'ancien régime.

Quand l'Assemblée constituante porta la hache de la réforme dans tout notre édifice social, elle imagina une nouvelle division du territoire, qui fut partagé en *départements* et un *districts*; elle créa en même temps des agents financiers, sous la dénomination de *receveurs des départements* et des *districts* : ce sont aujourd'hui les *receveurs généraux* et *particuliers*. Traçons en peu de mots les attributions des premiers de ces comptables.

Au chef-lieu de chaque département réside un *receveur général*, ayant sous sa direction des *receveurs particuliers* et des *percepteurs*; il est responsable de la gestion des receveurs particuliers, lesquels cautionnent à leur tour celle des percepteurs. En entrant en exercice, il est tenu de verser une somme plus ou moins forte, appelée *cautionnement*; elle sert de garantie pour ses opérations, et ne lui est remise, s'il perd ou abdique son office, que sur la présentation de son *quitus*, délivré par la cour des comptes. Il faut de plus qu'il mette à la disposition du trésor une somme à titre de fonds particuliers, c'est-à-dire que le crédit de son compte soit toujours égal au montant de son cautionnement. Les receveurs doivent verser *par avance* les revenus des contributions directes et indirectes, car s'ils ne perçoivent pas par eux-mêmes certaines taxes, telles que les douanes, les droits d'enregistrement, les frais de justice, leur caisse en recueille le produit par les mains des collecteurs de ces mêmes droits. Depuis 1806 ils sont devenus les banquiers du trésor, pour le compte duquel ils font des payements de toutes espèces. Cette mesure a pour but d'éviter les frais de déplacement de fonds et de servir les intérêts des particuliers, qui, munis de mandats à terme, touchent sur tous les points du territoire l'argent dont ils ont besoin, sans aucun déboursé de leur part. Ils sont encore autorisés à opérer des virements, en d'autres terme, à tirer des effets les uns sur les autres, afin d'être toujours en état de faire face aux besoins du service.

Chargés de faire l'avance des impôts et d'effectuer des payements pour le compte de l'État, les receveurs généraux obtiennent en retour certains avantages, sous les dénominations suivantes : *taxations*, *intérêts* et *commissions*. Les premières sont prélevées sur les contributions directes et indirectes, les seconds sur les mêmes impôts recouvrés par anticipation, et les troisièmes sur les recouvrements, payements et remises de fonds pour le compte du trésor. Le receveur général touche encore un traitement de 6,000 francs en qualité de receveur particulier, car il en exerce les fonctions dans l'arrondissement du chef-lieu du département. Quoique très-succinct, cet aperçu des attributions des receveurs généraux suffit pour apprécier cette institution, dont le mécanisme est aussi habile qu'avantageux à l'État et aux contribuables. Il importe en effet tout autant aux gouvernants qu'aux gouvernés de posséder un bon système de recouvrement des impôts. Est-il vicieux, le pays paye en plus ce que le trésor reçoit en moins. Chez les Romains, le pouvoir rendait le corps municipal ou la curie de chaque ville responsable des contributions, et faisait peser sur quelques-uns un poids qui les écrasait. Aussi les provinces de l'empire s'appauvrissaient de jour en jour. Les Turcs ont adopté le même expédient, et recueillent le même résultat; car les impôts ruinent bien moins les peuples que le mode de les percevoir. Les impôts sont les nerfs de l'État, puisqu'ils donnent le mouvement à toute la machine; il faut donc prendre garde de gêner leur action. Ce but a été atteint par la création des receveurs généraux; on peut perfectionner certains détails, mais l'excellence du principe est désormais hors de doute, puisqu'il a produit les plus heureux effets, et qu'il a reçu la sanction d'une longue expérience.

SAINT-PROSPER jeune.

Indépendamment des receveurs généraux et particuliers, il y a encore des receveurs des douanes, de l'enregistrement et des domaines, des contributions indirectes, de l'octroi, etc.

RECEZ DE L'EMPIRE. On appelait ainsi (par corruption du latin *recessus*, fait de *recedere*, se retirer), dans l'Empire d'Allemagne, le registre dans lequel, à la fin de la réunion des diètes impériales, on consignait les différents arrêtés qui y avaient été pris, ainsi que les résolutions de l'empereur à ce sujet. Les plus anciens *recez de l'Empire* n'existent plus ; mais on en trouve des extraits, ainsi que les recez postérieurs à partir du règne de Maximilien 1er, dans la collection de Senkenberg et d'Oehlenschlaeger (4 vol.; Francfort, 1747). A partir de 1663 jusqu'à la fin de l'existence de l'Empire d'Allemagne, la diète impériale n'ayant pas cessé d'être réunie, il ne put plus y avoir de *recez de l'Empire* proprement dits.

RÉCHAUD, ustensile de cuisine propre à contenir de la braise ardente et à faire chauffer ou réchauffer les mets.

Les chimistes et les teinturiers se servent aussi de *réchauds*, et ces derniers se servent des expressions *donner le premier réchaud*, ou le *second réchaud*, pour dire passer une première ou une seconde fois l'étoffe qu'on veut teindre dans une chaudière où est la teinture chaude.

RECHUTE (*recidivus morbus*), retour des phénomènes caractéristiques d'une maladie qui avait disparu en apparence ou réellement. Le plus souvent les *rechutes* n'ont lieu qu'en raison de la disposition intérieure de tout l'organisme. Il n'y avait point eu de guérison réelle; l'organe malade était resté affecté d'un principe morbide, dont les symptômes apparaissent avec une nouvelle énergie. L'organisme étant plus affaibli, dès lors plus prédisposé à des *rechutes*, chez l'individu qui sort de maladie que chez l'individu en état de santé, on doit dans la marche de la guérison apporter une attention extrême à prévenir les *rechutes*.

Dans le sens figuré, *rechute* se dit du retour au péché, ou en général à la même faute.

RÉCIDIVE (de la particule itérative *re* et du latin *cadere*, tomber). C'est, dit l'Académie, la rechute dans une faute; dans le langage des lois, c'est l'action de commettre un délit du même genre que celui à raison duquel on a déjà été condamné.

La raison, d'accord avec la loi, veut que celui qui retombe dans les mêmes délits soit puni plus sévèrement que la première fois. Aussi le Code Pénal contient-il à cet égard des dispositions expresses, et prévoit-il les différents cas d'aggravation : « Quiconque, ordonne l'art. 56, ayant été condamné pour crime, aura commis un second crime emportant la dégradation civique sera condamné à la peine du bannissement. Si le second crime emporte la peine de la réclusion, il sera condamné au *maximum* de la même peine. Si le second crime entraîne la peine de la détention, il sera condamné au *maximum* de la même peine, qui pourra être élevée jusqu'au double. Si le second crime entraîne la peine des travaux forcés à temps, il sera condamné au *maximum* de la même peine. Si le second crime entraîne la peine de la déportation, il sera condamné aux travaux forcés à perpétuité. Si, après une condamnation motivée par un crime, le condamné se rend coupable d'un délit passible d'une peine correctionnelle, cette peine doit être appliquée dans son *maximum*, et même elle peut être élevée jusqu'au double (art. 57). Pareillement, les coupables condamnés correctionnellement à un emprisonnement de plus d'une année doivent être en cas de nouveau délit condamnés au *maximum* de la peine portée par la loi ; et cette peine peut de même être élevée jusqu'au double : de plus, ils doivent être mis sous la surveillance spéciale du gouvernement pendant au moins cinq années et dix au plus (art. 58). » La rigueur de ces dispositions ne peut pas être adoucie : le maximum de la peine doit toujours être appliqué au cas de récidive.

RÉCIF. Ce mot, qui n'est plus d'usage que dans la géographie, désigne soit une roche continue, soit une chaîne de rochers peu éloignés les uns des autres, à peine élevés au-dessus de la mer, à une petite distance le long de laquelle cette chaîne s'étend. Un récif offre en quelques lieux un bon mouillage, aujourd'hui les vaisseaux peuvent stationner en sûreté; on rencontre surtout cette disposition avantageuse dans les côtes discontinues et qui ne laissent entre elles que des passes assez étroites. Plusieurs îles du grand Océan équinoxial n'eussent offert aux navigateurs que des côtes inhospitalières, si les récifs n'avaient point formé autour d'elles des ports très-commodes, en leur procurant en même temps des ressources d'une pêche facile et abondante. Les récifs paraissent en général appartenir à une formation postérieure aux côtes qu'ils bordent. La plupart de ceux que des naturalistes ont visités sont des roches de madrépores, même autour de quelques îles granitiques.

FERRY.

RÉCIPIENT (du latin *recipere*, recevoir). L'étymologie indique suffisamment que ce mot est susceptible d'un très-grand nombre d'applications. On voit qu'il peut trouver sa place dans l'anatomie, la physiologie animale et végétale, l'hydrographie, etc., etc. En physique, on connaît le *récipient* de la machine pneumatique. Dans la chimie du laboratoire, le *récipient* est un vase dans lequel on recueille à l'état de condensation les produits vaporeux d'une distillation, qui s'y transforment en liquides, ou les produits gazeux permanents. La forme du récipient est très-variable, et dans beaucoup de cas il est muni d'appendices : ce sont le plus souvent des *tubulures* pratiquées dans la fabrication même des *ballons* ou récipients. Ces tubulures servent à recevoir des tubes de verre qu'on y lutte. PELOUZE père.

RÉCIPROQUE (du latin *reciprocare*, renvoyer). Ce mot est synonyme de *mutuel*, et s'applique aussi bien aux faits de l'ordre intellectuel qu'à ceux de l'ordre physique. On appelle *idées*, *jugements réciproques*, les idées, les jugements qui peuvent facilement se substituer les uns aux autres, où le sujet peut à volonté remplacer l'attribut, et l'attribut prendre la place du sujet (*voyez* CONVERSION [logique]). En grammaire, on distingue des pronoms et des verbes *réciproques*, c'est-à-dire exprimant l'action réciproque de plusieurs sujets les uns sur les autres.

RÉCIPROQUE (*Mathématiques*). Une proposition est dite *réciproque* d'une autre lorsque ses conclusions sont les données de celle-ci, et *vice versa*. Par exemple, cette proposition : *Toute parallèle à l'un des côtés d'un triangle divise les deux autres côtés en parties proportionnelles*, a pour réciproque celle-ci : *Si deux côtés d'un triangle sont divisés en parties proportionnelles, la droite qui unit les points de division est parallèle au troisième côté*.

En algèbre, deux quantités sont dites *réciproques* l'une de l'autre lorsque leur produit est l'unité ; telles sont $\frac{b}{a}$ et $\frac{b}{a}$.

RÉCIT (*Rhétorique*), du latin *recitare*, réciter. *Voyez* NARRATION.

En *musique*, cette expression a vieilli, et n'est plus guère en usage aujourd'hui ; elle est remplacée par le mot italien *solo* (seul), qui paraît plus convenable, puisque *réciter*, dans le langage suranné, signifiait *chanter* ou *jouer seul*, par opposition au chœur ou à la symphonie.

RÉCITATIF (*Musique*). Un opéra entièrement composé d'airs chantés sans interruption nous ennuierait et nous fatiguerait à la seconde scène, malgré le charme, la beauté, l'expression, qui pourraient se trouver réunis dans ces airs. Pour remédier à ce grave inconvénient, il faut avoir recours au dialogue parlé, ou imaginer un langage de convention qui tienne le milieu entre la parole ordinaire et la parole musicale, un moyen d'union, enfin, qui fasse disparaître ce qui nous choque dans la transition immédiate de la parole au chant. Le *récitatif* semble remplir toutes ces conditions. C'est une sorte de déclamation notée, soutenue par une basse qui accompagne l'orchestre, et contre laquelle il n'y aurait rien à dire sans la monotonie de son accentuation, sans la pauvreté de ses formes musicales, dont les combinaisons sont extrêmement restreintes. Tel qu'il est encore aujourd'hui, le *récitatif* offre cependant quelquefois des passages remarquables, surtout lorsqu'il est entremêlé de traits de symphonie qui lui donnent de l'expression, et lui impriment ce caractère énergique qui nous le rend supportable.

Il y a deux espèces de *récitatifs* : celui qui n'est accompagné que par la basse ou le piano, quelquefois par tous les deux ensemble, et qu'on appelle *récitatif libre* ou *simple*, et celui qui est accompagné par l'orchestre, et dont les intervalles de repos sont remplis par des traits de symphonie ; il prend alors le nom de *récitatif obligé*. Les Italiens font grand usage du premier dans leurs opéras bouffes ; le second est plus particulièrement usité dans les tragédies lyriques, les drames et les opéras d'un caractère mixte, tels que nos opéras comiques français.

Tout le mérite du récitatif réside dans l'expression et l'énergie de l'accentuation. Il diffère des airs en plusieurs points. D'abord le rhythme y est presque nul ; il faut même qu'il s'y fasse peu ou point sentir, puisque le récitatif doit se rapprocher autant que possible de la parole ordinaire, en imiter les accents et les diverses inflexions. Ensuite, il n'est pas aussi rigoureusement soumis à la mesure, quoiqu'il ne soit pas exact de dire qu'il faille entièrement l'affranchir de ses lois, puisque dans ce cas il serait impossible de l'accompagner. Ainsi, quand on dit que le *récitatif ne se mesure pas*, cela doit s'entendre uniquement de la liberté laissée à l'auteur dans la déclamation récitative de presser ou de ralentir la mesure et de modifier à son gré les différentes valeurs des notes. Charles BECHEN.

RECKE (ÉLISA *von der*), l'une des femmes les plus distinguées de son siècle, née le 20 mai 1754, en Courlande, était fille du comte Frédéric de Médem. A l'âge de seize ans, sa rare beauté la fit rechercher en mariage par le baron *von* der Recke, dont le caractère et les habitudes formaient avec les siens le plus choquant contraste. Au bout de six ans, une séparation amiable entervint entre les deux époux; et Élisa vou der Recke vécut dès lors dans le plus complet isolement, à Mittau, avec une fille, unique fruit de cette union mal assortie. La mort de cette fille, puis celle de son frère, la prédisposèrent à admettre les doctrines des illuminés sur le monde des esprits; et quand Cagliostro vint à Mittau, en 1779, il ne lui fut pas difficile de faire de la baronne von der Recke une de ses dupes. L'opinion ne tarda pas à être parfaitement édifiée sur ce charlatan; mais Élisa persista longtemps encore à croire à la possibilité d'avoir des rapports avec les trépassés. Un voyage à Karlsbad, en 1784, lui fit faire la connaissance de divers hommes distingués, tels que Bürger et les deux Stolberg, dont la société contribua à la guérir de ses idées mystiques. Quand ses yeux furent complétement dessillés sur le compte de Cagliostro, elle écrivit son *Cagliostro démasqué* (Berlin, 1787), avec une préface de Nicolaï : ouvrage qui fut traduit en russe par ordre de l'impératrice Catherine. En 1795 cette princesse l'invita à se rendre à Saint-Pétersbourg, et lui accorda l'usufruit d'une grande terre en Courlande; mais dès l'année suivante l'affaiblissement de sa santé la força d'aller habiter un climat plus doux. Elle mourut à Dresde, le 13 août 1833. On a d'elle, outre un *Voyage en Italie*, un recueil de *Cantiques et de Prières*, dont un grand nombre ont été admis dans les livres liturgiques des églises réformées de Brême, de Dresde et de Leipzig, et divers ouvrages ascétiques.

RÉCLAME. Dans l'argot des courtiers d'annonces appellent ainsi un certain nombre de lignes placées à la fin d'un journal, mais séparées de la partie de la feuille ostensiblement consacrée à la publicité payée à prix fixe, et qui sont censées contenir une recommandation particulière du journaliste signalant spontanément et impartialement à ses lecteurs l'importance ou l'excellence du livre, de la marchandise, dont ils verront l'annonce un peu plus bas. Dans l'usage, la *réclame* est une bonification que le journal fait aux individus qui achètent sa publicité. Cette bonification est calculée sur le pied de 10 p. 100, c'est-à-dire que le client qui fait une annonce de 100 lignes, a droit à une *réclame* gratuite de 10 lignes. Les *bons clients*, c'est-à-dire ceux qui dépensent beaucoup d'argent en annonces, obtiennent que leurs *réclames* ne passent que le lendemain du jour où paraissent leurs annonces. Le grand art est de rédiger ces *réclames* de telle façon qu'elles puissent à la rigueur valoir une seconde annonce. Quand la *réclame* prend les proportions du *fait-Paris*, il lui est bien difficile de garder un ton humble et modeste, et de ne point affecter les allures superbes et les grands airs du *puff*; aussi, dans l'usage, ces deux mots en sont-ils venus à être presque synonymes.

Le *puff* et la *réclame* se fourrent aujourd'hui partout, même au théâtre, dans le vaudeville nouveau; et souvent il vous arrive d'y rire d'un bon mot qui n'est qu'une annonce déguisée. Que de procès en contrefaçon, en diffamation, qui ne sont en réalité que d'habiles *réclames*.

RÉCLAME (Liturgie). Voyez RÉPONS.

RÉCLUSION (du latin *recludere*, enfermer), peine qui ne peut être infligée que par les cours d'assises : elle est *afflictive et infamante*. Elle consiste à être détenu dans une maison de force, et à être astreint dans l'intérieur de cet établissement à des travaux déterminés par les règlements administratifs; une partie du salaire affecté aux travaux est appliquée aux condamnés, et leur est remise au moment de leur libération. La durée de cette peine est de cinq ans au moins, et de dix ans au plus. La réclusion emporte nécessairement la dégradation civique et l'interdiction légale : il est donc nommé au condamné un tuteur, dont les fonctions cessent avec la peine.

RÉCOGNITIONS. Voyez CLÉMENTINES.

RÉCOLEMENT (du latin *recolere*, revoir, examiner une seconde fois) se dit, en jurisprudence, de la lecture de leur déposition faite à des témoins qui ont été entendus dans une procédure criminelle, pour voir s'ils y persistent.

Faire le *récolement* de meubles et d'effets saisis, c'est vérifier s'ils sont tous portés sur le procès-verbal de saisie, ou s'assurer si tous ceux qui ont été portés sur un procès-verbal antérieur existent encore. On nomme *procès-verbal de récolement* l'acte que l'on dresse en remplissant cette formalité.

Aux termes de l'article 611 du Code de Procédure civile, l'huissier qui, se présentant pour saisir, trouve une saisie déjà faite et un gardien établi, ne peut saisir de nouveau; mais il peut procéder au *récolement* des meubles et effets sur le procès-verbal, que le gardien est tenu de lui représenter. Il saisit les effets omis, et fait sommation au premier saisissant de vendre dans la huitaine. Le procès-verbal de récolement vaut opposition sur les deniers de la vente.

Dans l'administration forestière, le *procès-verbal de récolement* est celui que dressent les agents de l'administration de la visite qu'ils font pour vérifier si une coupe de bois a été faite conformément aux ordonnances.

RÉCOLLETS, *Recollecti fratres, ordinis Minorum regularis* et *strictioris Observantiæ*. Dès la fin du quatorzième siècle, des moines scrupuleux, désirant revenir à la règle de Saint-François, dont on ne s'était que trop écarté, s'assemblèrent dans un nouvel ordre, appelé *de l'Observance*. Les plus timorés d'entre eux jugèrent bientôt qu'on ne s'était point encore assez rapproché de l'austérité primitive, et formèrent la résolution de se réunir pour vivre dans des maisons de *récollection* ou de *recueillement* selon la stricte rigueur des anciennes institutions : ils prirent le nom de *frères de l'étroite observance* ou de *récollects*, mot que l'euphonie adoucit par la suite en celui de *récolets*. En Italie on leur donne aussi le nom de *Zoccolanti*, parce qu'ils vont nu-pieds, avec des sandales. Cette nouvelle réforme prit commencement en Espagne, vers l'an 1484, par le zèle de Jean de la Puebla et Sottomajor, comte de Bellalcazar, et fut admise en Italie dès 1525. Elle eut plus d'efforts à faire pour pénétrer en France; mais, en 1592, Louis de Gonzague, duc de Nevers, parvint à l'y introduire. Le premier couvent de récollets de France fut fondé à Tulle, en Limousin; peu de temps après, il s'en ouvrit deux autres à Montargis, et à Murat, en Auvergne. Partout les anciens frères de l'Observance montraient une vive opposition à l'établissement de la nouvelle réforme. Afin de mettre un terme aux tracasseries qu'on leur suscitait, les récollets eurent recours au pape Clément VIII, qui, par un bref adressé au cardinal de Joyeuse, lui commanda d'affermir par autorité apostolique l'institut des *frères de l'étroite observance*; le cardinal rendit, en 1600, un mandement conforme aux ordres du souverain pontife. Désormais à l'abri de toute atteinte, les récollets vinrent, en 1603, former un nouvel établissement à Paris. D'abord, ils se logèrent au Sépulcre, dans la rue Saint-Denis; mais ils ne tardèrent pas à se transporter au faubourg Saint-Martin, dans une maison qu'ils devaient à la piété généreuse de deux notables bourgeois. Henri IV augmenta cette modeste demeure d'une grande pièce de terre, en joignant à ce don le privilége de la prise d'eau à la fontaine placée devant le monastère. Par suite des libéralités du bon roi, les nouveaux moines purent bâtir, en 1605, une église plus grande que l'ancienne. Le couvent des récollets du faubourg Saint-Martin a été transformé depuis la révolution en hospice pour la vieillesse.

E. LAVIGNE.

RÉCOLTE. Ce mot désigne et l'action de recueillir les biens de la terre, et les fruits récoltés. Dans le premier sens, on dit : « Le temps de la *récolte*; » dans le second : « *Récoltes* de blé, de vin, de pommes, etc. » La récolte des différents produits du sol dure à peu près toute l'année dans les climats tempérés, si l'on y comprend les végétaux cultivés dans les jardins. Pourtant, il est pour la grande culture quatre ou cinq récoltes principales qui méritent spécialement ce nom : ce sont la *coupe des foins* et autres fourrages (voyez

Foin, Fenaison), la *moisson*, les *vendanges*, la récolte des pommes à cidre, dans les pays où la vigne n'est pas cultivée, et celle des pommes de terre. La première a lieu vers la fin du printemps, la seconde en été, et les autres en automne. Les pluies, contraires pour toutes, sont surtout funestes à celle des foins et à celle des céréales.

On appelle *récoltes améliorantes* celles qui, coupées avant la floraison, ou avant la maturité des graines, n'épuisent pas le sol par les derniers actes de la végétation ; les plantes qui produisent ces récoltes, telles que les prairies artificielles, fertilisent la terre par l'humidité qu'elles y maintiennent, par la stagnation de l'air au collet des racines, par les débris de leurs feuilles et de leurs tiges, par la destruction des mauvaises herbes, etc.

Les *récoltes enterrées pour engrais* sont les plantes que l'on sème dans l'intention de les enterrer vertes pour la bonification du sol ; celles qui ont les racines épaisses, les tiges charnues, les feuilles nombreuses conviennent surtout pour cet objet : ce sont les raves, le sarrasin, le trèfle, les fèves de marais, le lupin, etc. Français de Nantes, par la succession intelligente des assolements, a fait produire à une terre vingt-quatre récoltes en vingt-et-un ans, sans autres engrais que quelques *récoltes enterrées*.

Les *récoltes épuisantes* sont celles qui sont cultivées pour leurs graines, telles que l'orge, le froment, le seigle, le chanvre, etc.

On dit, au figuré : Ce savant a fait une brillante *récolte* de faits, d'observations, de coquilles nouvelles, d'antiquités, etc.
P. GAUBERT.

RÉCOLTES ALTERNÉES. *Voyez* ASSOLEMENT.

RECOMMANDATION (*Droit féodal*), pratique au moyen de laquelle une foule d'alleux furent convertis en bénéfices. Le propriétaire d'un alleu se présentait devant l'homme puissant qu'il voulait choisir pour patron, et tenant à la main soit une touffe de gazon, soit une branche d'arbre, il lui cédait son alleu, qu'il reprenait aussitôt à titre de bénéfice, pour en jouir selon les règles et les charges, mais aussi avec les droits de cette nouvelle condition. La *recommandation* avait pris naissance dans les forêts de la Germanie : elle n'était alors que le choix d'un chef, acte libre de tout guerrier germain, qui établissait entre le guerrier et le chef qu'il avait choisi un lien personnel fondé sur des obligations et des engagements réciproques. Après l'établissement territorial, le même usage subsista : la relation du compagnon, ou *recommandé*, à son chef ou *seigneur* demeura d'abord purement personnelle et aussi libre qu'auparavant. Cependant, les effets nécessaires de la substitution de la vie fixe à la vie errante, et cette influence de la propriété territoriale qui attache l'homme au sol, commençant à se faire sentir, ils devaient restreindre la liberté de se choisir un patron. Aussi lit-on dans un capitulaire de Pépin, roi d'Italie : « Quant aux hommes qui ici quittent leur seigneur, nous ordonnons que personne ne les reçoive sous son patronage sans le congé dudit seigneur, et avant de savoir au vrai pour quelle cause ils l'ont quitté. » Cette séparation n'était donc plus tout à-fait arbitraire ; on voulait qu'elle eût des causes légitimes. Charlemagne les détermina : « Que tout homme, dit-il, qui a reçu de son seigneur la valeur d'un *solidus* ne le quitte point, à moins que son seigneur n'ait voulu le tuer ou le frapper du bâton, ou déshonorer sa femme ou sa fille, ou lui ravir son héritage. » Les liens qui résultaient de la *recommandation* se resserraient donc de jour en jour, et les lois dirigeaient leur puissance contre ces hommes qui, changeants sans cesse de seigneur et de séjour, semblaient vouloir mener au milieu d'une société que la propriété commençait à rendre stable la vie errante et aventurière de leurs sauvages aïeux. Vers la même époque, en Angleterre, les lois anglo-saxonnes exigeaient que tout homme libre fût engagé sous le patronage d'un seigneur ou dans quelque corporation, responsable, jusqu'à un certain point, de sa conduite. Charlemagne paraît avoir tenté une mesure analogue et imposé à tout homme libre l'obligation de se *recommander* à un supérieur, qu'il ne pourrait plus quitter sans cause légale : « Nous autres, écrivent les évêques à Louis le Germanique, nous ne sommes point, comme les laïques, obligés de nous *recommander* à quelque patron. » La pratique de la *recommandation* diminuait le nombre des vagabonds, et promettait à ceux qui voulaient vivre dans leurs champs l'appui d'un supérieur. Son extension fut donc très-rapide, car tout y poussait, les lois aussi bien que les intérêts individuels, que la propriété avait rendus permanents. On *recommanda* ses terres pour en jouir avec quelque sécurité, comme on avait jadis *recommandé* sa personne pour suivre un chef à la guerre et avoir sa part du pillage. A quelle époque la *recommandation* commença-t-elle à s'appliquer aux terres ? quelles furent dans l'origine les obligations réciproques qu'elle fit naître entre le *recommandé* et le seigneur qu'il se donnait ? On ne peut répondre à ces questions d'une manière précise : ce qu'on voit clairement, c'est que par cet usage un grand nombre d'alleux passèrent dans une condition qui les assimilait aux bénéfices.
F. GUIZOT, de l'Académie Française.

RECOMMANDATION (*Procédure*). Acte par lequel un débiteur déjà incarcéré pour dettes peut être retenu en prison par ceux qui ont le droit d'exercer contre lui la contrainte par corps. Celui qui est arrêté comme prévenu d'un délit peut aussi être *recommandé* ; et il est retenu par l'effet de la *recommandation*, encore que son élargissement soit prononcé et qu'il soit acquitté du délit. Le *recommandant* est dispensé de consigner des aliments, s'il y en a déjà de consignés ; mais alors le créancier qui a fait emprisonner le débiteur peut se pourvoir contre le *recommandant* à l'effet de le faire contribuer au payement des aliments par portion égale.

RÉCOMPENSE NATIONALE, sorte de pension extraordinaire accordée pour des services hors ligne par une loi expresse, votée par le corps législatif et le sénat. Tous les gouvernements ont accordé des *récompenses nationales*. On a gardé le souvenir de la *commission des récompenses nationales* établie par un décret du gouvernement provisoire en date du 1er mars, pour gratifier de pensions viagères un certain nombre de condamnés politiques du règne de Louis-Philippe. Le projet élaboré par cette commission fut présenté et soutenu sous l'administration du général Cavaignac par les ministres de l'intérieur Senard et Recurt. La veuve de l'assassin Pépin y était portée pour douze cents francs. La divulgation de ces faits nuisit singulièrement à l'élection du général à la présidence de la république.

RECONNAISSANCE, action par laquelle on se remet dans l'esprit l'idée, l'image d'une chose ou d'une personne, quand on vient à la revoir. Dans un grand nombre de pièces de théâtre, le dénoûment se fait par une *reconnaissance*.

Reconnaissance se dit aussi de l'action d'examiner en détail et avec soin certains objets pour en constater l'espèce, le nombre : *Faire la reconnaissance* des lieux, des meubles et des papiers.

En termes d'*art militaire*, c'est une opération ayant pour objet d'examiner la topographie et la statistique du théâtre de la guerre, de découvrir et de vérifier la force, l'emplacement, les dispositions, les projets de l'ennemi que l'on doit combattre. Les *reconnaissances militaires* peuvent se diviser en deux grandes classes : 1° celles qui ont pour objet l'exploration de l'ennemi ; 2° celles qui ont pour but plus spécial l'étude et la connaissance du terrain (*voyez* COMBAT).

En termes de *marine*, c'est l'action d'apercevoir, de découvrir, de reconnaître, d'explorer des côtes, des rades, des baies inconnues. Ce mot désigne aussi des marques, telles que *balises*, qui indiquent des passes ou quelque danger. Avant de s'exposer à mouiller dans un lieu peu fréquenté, on envoie un officier faire la *reconnaissance*. Ceci a lieu surtout dans les voyages d'observation ou de découvertes. Les vaisseaux de la marine impériale ont des *signaux de reconnaissance* de jour et de nuit : le jour avec des pavillons, la nuit avec des feux. Le signal change tous les jours, et suit un ordre indiqué pour revenir à jour nommé. On en dresse un tableau qui n'est confié qu'au capitaine.

En termes de *droit*, c'est l'acte écrit, contenant l'aveu d'un fait ou d'une obligation préexistante. Ainsi, on *reconnaît* avoir reçu une chose soit par emprunt, soit en dépôt; on *reconnaît* qu'on est obligé à quelque chose. Plusieurs *reconnaissances* conformes, soutenues de la possession, et dont l'une a trente ans de date, dispensent de représenter le titre primordial. La *reconnaissance de promesse* ou *d'écriture* est une déclaration contenue dans un acte authentique ou faite en jugement, par laquelle celui à qui un écrit privé est représenté reconnaît qu'il émane de lui ou qu'il l'a souscrit. La *reconnaissance d'enfant* est une déclaration par laquelle on reconnaît être le père ou la mère d'un enfant naturel. Elle doit être inscrite sur les registres de l'état civil (*voyez* ÉCRITURES, ENFANT NATUREL).

En termes de *diplomatie*, c'est l'action de reconnaître un gouvernement étranger : Pour les nouvelles républiques de l'Amérique du Sud, la *reconnaissance* des États-Unis a précédé celle de toutes les autres puissances.

RECONNAISSANCE (*Morale*), souvenir des bienfaits reçus. « Les branches d'un arbre, dit la Bramine inspiré, rendent à la racine la sève qui les nourrit; les fleuves rapportent à la mer les eaux qu'ils en ont empruntées. Tel est l'homme reconnaissant; il rappelle à son esprit les services qu'il a reçus, il chérit la main qui lui fait du bien; et s'il ne peut le rendre, il en conserve précieusement le souvenir. Mais ne reçois rien de l'orgueil ni de l'avarice! la vanité de l'un te livre à l'humiliation, et la rapacité de l'autre n'est jamais contente du retour, quel qu'il puisse être. » « Il ne faut point subtiliser en matière de reconnaissance, dit Nicole; la reconnaissance s'évapore en subtilisant. » Selon La Rochefoucauld, ce qui fait qu'on se trompe dans la reconnaissance d'un bienfait, c'est que celui qui donne et celui qui reçoit ne conviennent point du prix du bienfait.

La *reconnaissance* est le souvenir, l'aveu d'un service, d'un bienfait reçu. La *gratitude* est le sentiment, le retour inspiré par un bienfait, par un service. Il suffirait, ce semble, d'être juste pour avoir de la reconnaissance; il faut être sensible pour avoir de la gratitude; la reconnaissance est le commencement de la gratitude; la gratitude est le complément de la reconnaissance. La gratitude peut être considérée comme la reconnaissance d'un bon cœur. La reconnaissance rend ce qu'elle doit; elle s'acquitte. La gratitude ne compte pas ce qu'elle rend; elle doit toujours. La reconnaissance est la soumission à un devoir; la gratitude est l'amour de ce devoir.

On a beaucoup vanté cette réponse du sourd-muet Massieu : *La reconnaissance est la mémoire du cœur.* On se serait beaucoup moins extasié sur cette définition si l'on avait su qu'elle n'est que la traduction littérale dans la langue des sourds-muets du mot français *reconnaissance*, et que pas un de ces enfants n'eût fait une autre réponse que Massieu.

RECONVENTION (*Droit*). La *reconvention* consiste à opposer pour défense à une demande également principale. C'est le cas d'un débiteur qui, sans nier la dette qu'on lui réclame, revendique de son côté une somme au moins égale que lui devrait son créancier. Si cette somme est liquidée, il y a compensation de plein droit. Mais si la répétition qu'élève le défendeur est de nature à entraîner quelques débats, et qu'il y ait compte à faire, il y a *reconvention*, c'est-à-dire qu'avant toute procédure ultérieure, on doit débattre le compte présenté par le défendeur primitif, qui sous ce rapport devient *reconventionnellement* demandeur. La demande reconventionnelle a pour effet de proroger la juridiction du tribunal et de lui attribuer une compétence qu'il n'aurait pas sans cela : c'est ainsi que les juges de paix peuvent prononcer sur des réclamations supérieures à celles que la loi laisse à leur compétence quand ils en sont saisis par une *demande reconventionnelle*.

RECORD (en basse latinité *recordum*). On appelle ainsi dans le droit anglais un document écrit sur parchemin, conservé dans une cour de justice à ce autorisée (*court of record*) et relatif à une instance introduite en justice ainsi qu'à la décision dont elle a été l'objet. Ces documents font tellement foi en justice, qu'ils ne sauraient être sujets à contestation. Mais il n'y a que les cours supérieures qui possèdent le droit de *record* (*jus archivi*); les tribunaux inférieurs en sont exclus. Les archives judiciaires de l'Angleterre remontent jusqu'à l'époque de Guillaume le Conquérant, et de tous temps elles y furent l'objet de bien plus de soins que dans les autres pays. En 1800 le parlement établit une commission (*record commission*) chargée d'inventorier les trésors de ses archives; et plus tard cette commission publia aux frais de l'État une grande quantité d'antiques *records*, notamment les statuts du parlement, les traités, etc. Consultez Cooper, *Account of the most important Records of Great Britain* (2 vol., Londres, 1832).

RECORDER, titre d'un fonctionnaire établi dans les grandes villes d'Angleterre pourvues du droit de juridiction et où existe une *court of record*, dont la mission est de veiller en matières judiciaires à l'exacte observation des lois. Le *recorder* de Londres est un des magistrats les plus éminents de cette capitale. Chef suprême de la justice dans la cité, il assiste aux délibérations de la cour des *aldermen*, soumet au roi les condamnations capitales, et public tous les jugements rendus par les cours de justice de Londres.

RECORS (du latin *recordari*, se souvenir, être témoin). C'est ainsi qu'on qualifie les individus dont tout huissier se fait assister dans tous les actes qu'il signifie, dans toutes les saisies qu'il pratique, pour lui servir de témoins et au besoin pour lui prêter main forte si on prétendait mettre obstacle à l'exercice de son ministère.

RECOUPE, débris de pierres qu'on taille; farine grossière que l'on tire du son remis sous la meule, et avec laquelle on fait de mauvais pain, nommé *pain de recoupe*. C'est aussi le nom que l'on donne à la chapelure de pain.

Pour ce que l'on entend par *recoupe*, en termes de gravure sur bois, *voyez* COUPE.

RECOUPETTE, troisième sorte de farine plus grossière encore que la recoupe, et qu'on tire de cette dernière; grain tombé en bas du bluteau.

RECOURS (du latin *recurrere*, courir de nouveau), action par laquelle on recherche de l'assistance, du secours : Avoir *recours* à Dieu, à la justice, à la clémence du prince. Il signifie aussi *refuge* : Tout mon *recours* est en Dieu, Dieu seul est mon *recours*; Il ne faut pas attendre à l'extrémité pour avoir *recours* aux médecins du corps et de l'âme.

En termes de jurisprudence, c'est le droit de reprise par voie légale, l'action qu'on peut avoir contre quelqu'un pour être garanti et indemnisé.

Le *recours en cassation* est l'acte par lequel on attaque devant la cour de cassation les jugements ou arrêts rendus en dernier ressort, pour violation de formes ou pour infraction à la loi (*voyez* CASSATION et POURVOI).

Le *recours en grâce* est la demande par laquelle on s'adresse au prince pour obtenir la remise ou la commutation d'une peine infligée par jugement.

RECRUE, nouvelle levée de gens de guerre, pour remplacer les fantassins ou les cavaliers qui manquent dans une compagnie, dans un régiment. *Recruter*, c'est l'action de lever des recrues. Ce mot se dit familièrement en parlant des personnes qu'on attire dans une association, dans un parti : Les sociétés politiques se *recrutent* d'ordinaire parmi les hommes à imagination exaltée.

RECRUTEMENT. Le principe fondamental de notre état militaire se trouve inscrit pour la première fois dans la loi de l'an VI, qui porte : Tout Français doit le service à sa patrie. Confirmé par la loi de 1818, qui substitua les nom de *recrutement* à celui de *conscription*, ce principe fut consacré de nouveau et organisé d'une manière complète par la loi du 21 mars 1832. En vertu de cette loi, le service militaire personnel et gratuit est obligatoire pour tous les Français âgés de vingt ans. Tous les jeunes gens ayant atteint cet âge sont soumis au *recrutement*; des listes sont dressées à cet effet dans chaque canton, et l'ensemble des jeunes gens portés sur ces listes forme ce que l'on appelle la *classe de l'année*. Une loi, votée comme l'impôt, détermine annuellement le nombre d'hommes mis à la disposition du gouvernement pour entrer dans les rangs de l'armée. Un *tirage au sort* fixe l'ordre dans lequel les jeunes gens doivent être examinés par les conseils de révision, pour savoir s'ils sont propres au service. Ceux qui sont reconnus aptes au service forment la liste du contingent jusqu'à concurrence du nombre fixé par la loi. Les conseils de révision arrêtent cette liste et proclament libérés du service tous ceux qui par le bénéfice du sort ne s'y trouvent pas compris. La loi reconnaît à tout individu faisant partie du contingent le droit de fournir un autre homme à sa place, c'est le droit de remplacement.

Le recrutement a lieu dans toute l'Allemagne d'une manière analogue à celle qui est suivie en France, c'est-à-dire que les jeunes gens se présentent spontanément. Mais en Pologne le terme du recrutement reste un profond secret; il est porté à la connaissance des autorités compétentes sans avis préalable. L'opération commence à l'heure de minuit et est terminée à six heures du matin. Les hommes désignés sont tirés de leur lit et conduits immédiatement au dépôt provisoire.

RECRUTEMENT MARITIME. *Voyez* INSCRIPTION MARITIME.

RECTANGLE (du français *angle*, et de l'adjectif latin *rectus*, droit). Ce mot, tantôt substantif, tantôt adjectif, désigne sous sa première forme une figure de quatre côtés dont tous les angles sont droits; et sous sa seconde il qualifie diverses figures planes ou divers solides contenant des angles droits. Le *rectangle* est une espèce du genre des parallélogrammes, figure de quatre côtés dont les côtés opposés sont égaux et parallèles deux à deux, et qui font partie de la famille des quadrilatères. Un très-grand nombre d'objets façonnés de la main de l'homme ont pour contour un *rectangle*; tels sont surtout les produits de l'art du menuisier, qui ne procède guère que par figures de cette sorte. Ainsi, les cadres, les châssis de portes et de croisées, les tables de nos appartements sont *rectangles*.

Comme qualificatif, le mot *rectangle* se joint surtout fréquemment au mot *triangle*, pour désigner une figure de trois côtés, dont un angle est droit, et qui jouit alors de propriétés particulières.

RECTANGULAIRE, adjectif destiné à qualifier les figures ou les solides contenant des *rectangles*.

RECTEUR (du latin *rector*, dérivé de *regere*, régir, gouverner). Tel était le titre que portait sous l'ancien régime le chef de l'université. Il n'était élu que pour trois mois; mais on le continuait communément pendant deux ans. Il ne pouvait être pris que dans la faculté des arts, et cette faculté seule le nommait. Pour obvier à toute intrigue, chaque nation chargeait un électeur de faire la nomination, en se réservant le droit de la confirmer. Le recteur portait une marque distinctive, même hors de ses fonctions : c'était une ceinture violette, avec un bourdaloue d'or au chapeau. Quand le recteur se présentait chez le roi, on ouvrait les deux battants; dans ces occasions solennelles, le recteur marchait suivi des massiers de chaque faculté : de là ce trait si connu de Boileau :

.... marchant à pas comptés,
Comme un *recteur* suivi des quatre facultés.

Le recteur avait le titre d'*amplissime* ; on appelait *mandements* les actes émanés de son autorité: ils étaient publiés en latin. Dans les universités allemandes, le recteur porte encore aujourd'hui le titre de *rector magnificus*. Malgré tous les honneurs attachés chez nous à cette dignité, le fonctionnaire qui en était revêtu, hâtons-nous de le dire, ne renonçait pas aux devoirs ni même aux habitudes modestes du professorat. L'institution du *rectorat* est fort ancienne ; mais on ne peut pas en fixer l'époque. Dans nos temps modernes, les plus illustres recteurs de l'université ont été Rollin, Coffin, Guérin : le dernier recteur, en 1789, était Dumouchel, qui devint évêque constitutionnel, en 1791. Après lui Binet exerça les fonctions de *vice-recteur* jusqu'en 1792.

Dans l'organisation de son université impériale, Napoléon plaça les diverses *académies* de France, au nombre de vingt six, chacune sous l'administration d'un *recteur*, nommé, par le ministre grand-maître de l'université, pour cinq ans, et choisi parmi les officiers de l'université : il peut être renommé autant de fois que cela est jugé utile pour le bien du service. Chaque recteur est assisté par des *inspecteurs* particuliers, auxquels il donne des instructions pour la visite des colléges, des institutions, des pensions et des écoles primaires. Dans la circonscription académique à laquelle il est préposé, on peut dire que pour tout ce qui a trait à l'administration personnelle et temporelle, il est revêtu des attributions du ministre, et qu'il les exerce *au petit pied*. Le *maximum* des appointements de recteur est de 6,000 fr.

Recteur signifie dans quelques provinces de France un curé qui administre une paroisse. Les jésuites qualifiaient ainsi les supérieurs de leurs colléges. Enfin, à Venise, ce nom était donné au podestat ou au capitaine d'armes de la république. Charles DU ROZOIR.

RECTIFICATION (du latin *rectus*, droit, juste, et *facere*, faire, rendre), action de rendre droit, juste. En termes de chimie, on appelle ainsi une opération par laquelle on soumet à une nouvelle *distillation* un liquide quelconque, pour en dégager les parties impures qu'il peut encore contenir. Les liquides ainsi traités sont dits *rectifiés*. Ainsi on appelle *esprits rectifiés* des esprits qu'une seconde distillation a débarrassés des parties aqueuses qu'ils pouvaient contenir. La rectification s'opère souvent par l'addition d'un corps étranger, comme la chaux, le chlorure de chaux, la potasse, etc.

RECTIFICATION (*Géométrie*). *Rectifier* une courbe, c'est mesurer un arc de cette courbe, ou encore construire une ligne droite de longueur égale à celle de cet arc. Jusque ici la géométrie n'est parvenue à rectifier qu'un très-petit nombre de courbes, telles que la seconde parabole cubique et la cycloïde. Mais le calcul infinitésimal donne une méthode générale : s désignant la longueur d'un arc de courbe rapportée à des coordonnées rectangulaires, on a : $s = \int dx \sqrt{1+p^2}$, p représentant le coefficient différentiel du premier ordre, $\frac{dy}{dx}$, qui se déduit immédiatement de l'équation de la courbe. Le problème est donc ramené à une intégration que l'on peut toujours effectuer soit exactement, soit à l'aide des séries.

RECTILIGNE. Cet adjectif, composé avec le mot français *ligne*, et le latin *rectus*, désigne généralement toutes les figures géométriques dont la surface est terminée par des lignes droites. Il s'emploie souvent dans la trigonométrie, par opposition à l'adjectif *sphérique*.

RECTO. *Voyez* FOLIO.

RECTRICES (Plumes). *Voyez* PLUME.

RECTUM. De ce nom, qui en latin signifie *droit*, à la troisième et dernière portion du gros intestin, à raison de sa direction presque droite. Le *rectum* occupe la partie postérieure du bassin, et termine les voies digestives en s'ouvrant à l'extérieur par un orifice appelé l'anus. Le *rectum* reçoit les matières fécales, qui s'y accumulent comme dans une sorte de réservoir, avant d'être chassées par l'acte de la défécation. Plusieurs animaux ont des glandes odoriférantes à cette extrémité. Chez plusieurs ruminants, des insectes s'introduisent dans le *rectum* pour y déposer leurs œufs, comme les œstres. Dans l'homme les vaisseaux hémorroïdaux s'y engorgent assez souvent d'un sang veineux, qui s'écoule quelquefois.

RECTUM (Chute du). *Voyez* CHUTE.

RECUEIL. *Voyez* COLLECTION.

RECUEILLEMENT, concentration volontaire de la pensée dans une disposition favorable à la *réflexion*.

RECUIRE, RECUIT (*Métallurgie*). *Voyez* ÉCROUIR.

RECURT (N....), né vers 1798, dans le département des Hautes-Pyrénées, étudia la médecine à la Faculté de Paris, où il se fit recevoir docteur. Fixé dans le faubourg Saint-Antoine, il ne tarda pas, grâce à son humanité et à son désintéressement, à acquérir une grande notoriété dans ce quartier populeux. Animé de convictions républicaines très-ardentes, il figura dans la plupart des luttes politiques de la Restauration et du gouvernement de Juillet, et fut même compromis dans l'affaire Fieschi. Ami de Théodore Pépin, il paraît avéré que ce dernier lui avait confié l'attentat qu'il méditait contre Louis-Philippe; c'est du moins ce qui résulte d'une révélation faite par Pépin lui-même, le 15 février 1836, par devant M. Pasquier, et relatée dans le *Moniteur* à la date du 21 du même mois. Dans les dernières années de la monarchie de Juillet, M. Recurt prit part à la rédaction de *La Réforme*; et il fut nommé le 24 février 1848 adjoint au maire de Paris. Élu à l'Assemblée nationale par le département de la Seine, le 28° sur la liste, avec 118,075 suffrages, et par le département des Hautes-Pyrénées le 3° sur la liste, avec 25,987 voix, il opta pour ce dernier mandat. Le 5 mai il fut élu vice-président de l'Assemblée, et nommé ministre de l'intérieur six jours plus tard. M Recurt ne se montra pas homme de tribune; mais il fit preuve de zèle dans l'accomplissement de ses éminentes fonctions. Le général Cavaignac le fit passer le 28 juin aux travaux publics, poste qu'il occupa jusqu'à l'époque où le chef du pouvoir exécutif se crut obligé de chercher des soutiens de la république ailleurs que dans les rangs des républicains. Le 28 octobre M. Recurt était nommé préfet de la Seine; il conserva ce poste jusqu'à l'élection du 10 décembre. Non réélu à l'Assemblée législative, il rentra alors dans la vie privée.

RÉCUSATION (du latin *recusatio*, refus), action de refuser un juge, un juré, un expert, etc. Le Code de Procédure civile détermine les cas où il y a lieu à *récuser* les juges de paix, un juge commissaire, les experts, des membres d'un tribunal ou d'une cour, des arbitres, et le mode suivant lequel la récusation doit être proposée. Les causes de récusation relatives aux juges sont applicables au ministère public, lorsqu'il est partie jointe; mais il n'est pas récusable quand il est partie principale.

Le Code d'Instruction criminelle détermine le mode de récusation des jurés, et les causes et la forme de la récusation de l'interprète donné à l'accusé ou aux témoins, lorsqu'ils ne parlent pas la même langue.

REDAN ou REDENT (par contraction du latin *recedens*, se retirant, rentrant). On appelle ainsi, en termes de fortification, ou encore *ouvrages à scie*, des lignes ou des faces qui forment des angles rentrants et sortants, pour se flanquer les unes les autres. D'ordinaire, le parapet du chemin couvert est conduit par *redans*. On fait également des *redans* du côté d'une place qui regarde le bord d'un marais ou d'une rivière. Les lignes de circonvallation et de contrevallation sont aussi flanquées de *redans*. De sanglants et glorieux souvenirs se rattachent à l'attaque et à la défense du *grand redan* devant Sébastopol.

En termes d'architecture, on appelle *redans* les ressauts qu'on pratique de distance en distance à la retraite d'un mur que l'on construit sur un terrain en pente, pour le mettre de niveau dans chacune de ses distances; ou dans une fondation, à cause de l'inégalité de la consistance du terrain ou d'une pente escarpée

REDCLIFFE (Vicomte de), titre que porte depuis 1853 le diplomate anglais connu auparavant sous le nom de Stratford-Canning.

RÉDEMPTEUR, RÉDEMPTION (du latin *redemptio*, rachat). Dans l'Écriture Sainte, comme dans le langage ordinaire, *rédemption et rachat* sont synonymes; et *rédempteur* signifie celui qui rachète. Les Juifs appelaient Dieu leur *rédempteur*, parce qu'il les avait retirés de l'esclavage d'Égypte et, plus tard, de la captivité de Babylone. Ils rachetaient leurs premiers-nés en mémoire de ce que Dieu les avait délivrés de l'ange exterminateur. L'Écriture nomme aussi *rédempteur* du sang celui qui avait droit de venger le meurtre d'un de ses parents en mettant à mort le meurtrier.

Nous lisons de même dans le Nouveau Testament que Jésus-Christ est le *rédempteur* du monde; qu'il a donné sa vie sur l'arbre de la croix pour la *rédemption* de plusieurs, ou plutôt pour la *rédemption* de la multitude des hommes (Saint Matth., c. xx, v. 28); qu'il s'est livré pour la *rédemption* de tous (I Tim., c. II, v. 6); que notre rachat n'a point été fait à prix d'argent, mais par le sang de l'Agneau sans tache, qui est Jésus-Christ (I Petr., c. I, v. 18).

Ainsi, le mot *rédempteur* est particulièrement consacré à désigner Jésus-Christ, qui a racheté les hommes par son sang. La *rédemption* est en général le rachat, et en particulier celui du genre humain par Jésus-Christ.

On entendait par *rédemption* des captifs le rachat des captifs chrétiens qui étaient au pouvoir des infidèles. Les ordres des Mathurins et de la Merci se vouaient principalement à cette œuvre de charité.

RÉDEMPTORISTES (Les), ou ordre du Saint-Rédempteur (*Santo-Redentore*). On appelle ainsi les membres de l'ordre religieux fondé par Liguori; et on leur donne aussi à cause de cela le nom de *liguaristes*. Très-proche parente de la Société de Jésus, cette congrégation se propose aussi la conversion des infidèles à la foi catholique et romaine, et se consacre surtout à l'éducation de la jeunesse. Cette nouvelle congrégation fit de rapides progrès dans le royaume de Naples et en Sicile, et ses premières maisons furent établies à Salerne, à Conza, à Noura et à Bovino. Bornée d'abord à l'Italie, elle réussit bientôt à se propager dans les États autrichiens et en Pologne; mais pendant l'occupation de ce pays par les troupes françaises elle fut l'objet d'une foule de tracasseries, et obligée d'en déguerpir en 1809. En revanche, quelques-uns des membres de la congrégation réussirent à s'établir à Fribourg, en Suisse, où on leur abandonna la chartreuse des trappistes de Saint-Val. En 1820 elle fut officiellement autorisée en Autriche, et elle fonda à Vienne une maison où ne tarda pas à se faire recevoir Zacharias Werner. Quoiqu'il l'eût quittée peu de temps après, il n'en institua pas moins le supérieur de l'ordre son légataire universel. Les rédemptoristes, généralement regardés comme les pionniers chargés de préparer la voie aux jésuites, ont déployé depuis une trentaine d'années une activité des plus vives, non seulement en Allemagne, mais encore en France et en Belgique. Ils ont aujourd'hui des maisons en Autriche, en Bavière, dans le grand-duché de Bade, dans le duché de Nassau et en Prusse, où depuis 1850 ils font preuve d'un zèle des plus ardents, entreprenant des missions en tous lieux et opérant force conversions.

RÉDHIBITION (du latin *redhibitio*, action de rendre). C'est, en termes de jurisprudence, l'action attribuée dans certains cas à l'acheteur d'une chose mobilière défectueuse pour en faire résilier la vente.

RÉDHIBITOIRES (Cas). Les jurisconsultes comprennent sous cette dénomination les vices propres à la chose qui a fait l'objet d'un contrat, que le vendeur ou le bailleur a eu soin de cacher ou de dissimuler au moment de la convention, et dont la découverte *instantanée* permet à l'acquéreur ou au preneur de rompre le contrat, par lequel il vient de s'engager. C'est une action résolutoire fondée sur une cause déterminée, qui rend nulle l'obligation souscrite, parce que celui qui a contracté, dans l'ignorance où il était du vice qu'affectait la chose livrée, n'a point donné un consentement volontaire, et qu'ainsi le contrat qui a été surpris est le produit de l'erreur ou du dol. Toutes les actions résolutoires et particulièrement celles qui se basent sur quelque *cas redhibitoire* doivent être intentées dans un très-bref délai, aussitôt que le vice de la chose a été découvert, sans quoi il y aurait de la part de celui qui aurait pu invoquer l'exception ratification tacite mais formelle du contrat.

REDI (FRANÇOIS), médecin italien, né à Arezzo, le 18 février 1626, mort le 1er mars 1694, fut successivement *archiâtre* des grands-ducs de Toscane Ferdinand II et Côme III. Très-versé dans les lettres et dans les sciences naturelles, Redi s'est surtout fait un nom comme entomologiste. Dans l'un de ses plus importants ouvrages, *Esperienze intorno alla Generazione degl' Insetti* (Florence, 1668, in-4°), il donna une série de bonnes observations, d'où il conclut, contrairement à l'opinion alors adoptée, qu'aucune espèce n'est reproduite par la pourriture. On doit encore à Redi : *Osservazioni intorno agli animali viventi che si trovano negli animali viventi* (Florence, 1684, in-4°); etc.

RÉDIF, mot turc signifiant *qui vient après*. On appelle ainsi aujourd'hui, dans l'organisation militaire de la Turquie, et par opposition au *nizam* (c'est-à-dire *nouvel ordre*), une force armée ayant à peu près les mêmes bases que la *landwehr* prussienne. Pour l'organisation du *redif*, qui, de même que l'armée active, est constitué sur le pied européen, *voyez* la partie statistique de l'article OTTOMAN (Empire).

RÉDIMÉS (Pays). *Voyez* GABELLE.

REDITE, REDONDANCE. On appelle *redite* la répétition fréquente et fastidieuse d'une chose qu'on a déjà dite. Il ne faut pas la confondre avec la *répétition*, figure de rhétorique qui consiste bien à répéter plusieurs fois le même ou les mêmes mots, mais pour insister sur quelque pensée, pour exprimer avec plus de force une passion vive, un sentiment profond. Les répétitions de mots qui n'ont pas la vertu de produire l'un ou l'autre de ces effets sont oiseuses et fatigantes ; ce sont là des *redites*, et cette dénomination semble en quelque sorte les flétrir. Malheur à l'auteur, malheur au discoureur qui tombent fréquemment dans l'ornière des *redites* ; mais malheur aussi à ceux qui sont obligés de les lire ou de les écouter ! Le défaut des *redites* provient presque toujours ou d'une excessive négligence, ou d'une grande préoccupation, quelquefois aussi, et surtout dans la conversation, il est le résultat de l'habitude. Ainsi le fameux comte d'Aranda, ambassadeur d'Espagne à la cour de France dans le siècle dernier, avait un tic étrange, et même un peu ridicule : presque à chaque phrase il ajoutait ces mots : *Entendez-vous ? Comprenez-vous ?*

La *redondance* est un autre défaut, moins choquant peut-être, mais encore plus soporifique. Ce mot *redondance*, comme le remarque fort bien Ch. Nodier, est une dérivation figurée du son que rend un corps dur qui rebondit dans sa chute. « Ainsi, ajoute-t-il, on a dit *redondance* d'une vicieuse superfluité de paroles, qui ne fait que nuire à la netteté du discours, parce que c'est une espèce de bondissement de la pensée qui, après avoir frappé l'esprit, rejaillit et retombe avec moins de force. » Elle n'a plus souvent pour objet que de cacher le vide des pensées sous l'ampleur des mots, ou bien encore elle a la prétention d'épuiser un sujet, alors qu'elle néglige le principal pour ne s'occuper que des futiles accessoires.

Évitez de Bervis la stérile abondance,

disait le grand et malicieux Frédéric, et tout en décochant une poignante épigramme il proscrivait la redondance.

CHAMPAGNAC.

REDON, ville de France, chef-lieu d'arrondissement dans le département d'Ille-et-Vilaine, jolie petite ville bâtie au pied d'une montagne, sur la rive droite de la Vilaine, à environ 50 kilomètres de l'embouchure de cette rivière, avec 5,882 habitants, un tribunal civil, un port de commerce, qui peut contenir une centaine de bâtiments et joint la ville au département de la Loire-Inférieure par le pont fixe de Saint-Nicolas, deux typographies, un entrepôt réel du commerce de vins de Bordeaux et de marchandises, des chantiers de construction de navires, des tanneries, une exploitation d'ardoisières. On récolte dans ses environs quelques vins blancs communs. Le commerce consiste en miel, châtaignes, cire, beurre, bois de marine, fer de Lurde, sel, grain, etc. Cette ville doit son origine à un monastère fondé au neuvième siècle et célèbre dans toute l'Europe. Il fut pillé en 869 par les Normands. En 1588 elle fut entourée de murailles, et soutint pendant la Ligue un siège contre le duc de Mercœur.

REDOUTE, pièce de fortification détachée, petit fort fermé, construit en terre ou en maçonnerie, et propre à recevoir de l'artillerie : *Redoute* revêtue, *redoute* frisée et palissadée.

Redoute se dit aussi¹, dans quelques villes, d'un endroit public où l'on s'assemble pour jouer ou danser.

REDOUTÉ (PIERRE-JOSEPH), célèbre peintre de fleurs, naquit à Saint-Hubert, dans les Ardennes, le 10 juillet 1759. Il était le second fils d'un peintre de quelque mérite, et montra dès l'enfance le goût le plus vif pour le desein. A treize ans, emportant pour tout bagage sa palette et ses pinceaux, il voyagea en Flandre et en Hollande, et s'arrêta un an à Vilvorde. Il fit dans cette petite ville des décors d'appartement, des dessus de porte et des tableaux d'église qui lui fournirent les moyens d'aller à Luxembourg. Une princesse amie des arts qu'il y rencontra lui donna une lettre de recommandation pour Paris. Mais Redouté eut le malheur de perdre ce passe-port, qui lui eût ouvert les portes du grand monde. Il fut alors obligé de se créer des ressources en peignant des décors pour le Théâtre-Italien. Il acquit ainsi cette manière large et expéditive qui le distingue de tous les peintres de fleurs. Il avait peint quelques essais en ce genre, qui tombèrent entre les mains du célèbre botaniste Lhéritier. Frappé de son talent, celui-ci le détermina à se consacrer exclusivement à la peinture de fleurs. Redouté a porté l'iconographie botanique à un degré inconnu avant lui, et dans sa spécialité il a fait honneur à l'école française. On lui doit les planches de plus de vingt grands ouvrages, dont les plus célèbres sont les *Liliacées* et les *Roses*. Sa fécondité était prodigieuse ; il est peu de cabinets d'amateur qui ne possédent quelques-unes de ses productions. Ses fleurs sont admirables par leur exactitude parfaite sous le rapport scientifique, par l'éclat du coloris et la délicatesse de la touche. Ses contemporains le comparaient à l'Aurore, *qui sème des roses* (style de l'époque). Quoique la plupart de ses ouvrages soient des aquarelles, on a de lui quelques peintures à l'huile, qui ne sont pas sans mérite. Dessinateur du cabinet de la reine avant la révolution, Redouté fut nommé par concours en 1793 peintre de fleurs du Muséum d'Histoire naturelle, puis dessinateur de la classe de physique et de mathématiques de l'Institut, et en 1805 peintre de fleurs de l'impératrice Joséphine. Il avait été membre de l'Institut d'Égypte. Il mourut le 19 juin 1840.

REDOWA, danse de caractère importée dans nos salons à la suite de la polka, dont elle n'est qu'une modification. La mesure est la même, trois temps, mais avec un rhythme moins précipité.

RÉDUCTION (du latin *reductio*, dérivé de *reducere*, réduire), action de diminuer, de réduire ou de se réduire, résultat de cette action : *Réduction* d'impôts ; *réduction* d'un liquide par l'évaporation. C'est encore l'action de soumettre, de subjuguer, et le résultat de cette action : La *réduction* de cette ville fut un fait important. En termes de jurisprudence, c'est l'action de ramener à moindre valeur une disposition, une libéralité dans laquelle a été excédée la faculté permise par la loi. Les libéralités par actes entre vifs ou à cause de mort qui excèdent la quotité disponible sont *réductibles* à cette quotité lors de l'ouverture de la succession. L'*action en réduction* ne peut être exercée que par les héritiers à réserve, leurs successeurs ou ayants cause. Elle peut être dirigée, tant contre les donataires entre vifs que contre les tiers détenteurs des immeubles faisant partie de la donation. Le Code Civil règle la forme et les effets de l'*action en réduction*.

En peinture, la *réduction* est l'opération par laquelle on copie un objet dans une grandeur moindre que celle de l'original, en conservant toujours la même forme et les mêmes proportions (*voyez* COPIE). On dit, dans un sens analogue, la *réduction* d'un plan.

En termes de logique, la *réduction* à l'impossible, à l'absurde, est un argument par lequel on démontre une proposition en faisant voir que le contraire serait impossible ou absurde, ou que la proposition elle-même contient quelque chose d'absurde ou d'impossible, ou conduit nécessairement à des conséquences qui auraient ces mêmes vices.

La *réduction* en chimie est une opération par laquelle on enlève l'oxygène aux oxydes métalliques. Il est des oxydes qui se *réduisent* par la chaleur seule; il en est d'autres pour lesquels il faut, outre la chaleur, un corps avide d'oxygène, comme le charbon. Enfin, il en est qui ne peuvent être *réduits* par aucun de ces moyens, et que la pile électrique seule peut désoxyder.

En chirurgie, la *réduction* est une opération qui a pour but de remettre à leur place les parties déplacées. Ainsi on fait la *réduction* d'une luxation, d'une fracture, lorsqu'on rétablit les rapports articulaires des os luxés ou qu'on affronte des fragments d'un os fracturé.

RÉDUCTION (*Mathématiques*). En arithmétique et en algèbre, on appelle ainsi les opérations qui ont pour but de transformer l'expression d'une quantité en une expression plus simple ou plus convenable pour le but que l'on se propose : la réduction d'une fraction à sa plus simple expression et la réduction de plusieurs fractions à un dénominateur commun en sont les exemples les plus usuels.

Pour résoudre certaines questions que l'on traitait autrefois par les proportions, on emploie aujourd'hui une méthode dite de *réduction à l'unité*. Soit, par exemple, proposée cette question : 30 *ouvriers ont fait* 50 *mètres d'un certain ouvrage en* 14 *heures* ; *combien faudra-t-il d'heures à* 25 *de ces ouvriers pour faire* 60 *mètres du même ouvrage*. On raisonne ainsi : Si 30 ouvriers ont fait 50 mètres d'ouvrage en 14 heures, 1 seul ouvrier aurait mis 14 × 30 heures pour faire ces 50 mètres; 1 seul ouvrier aurait donc mis $\frac{14 \times 30}{50}$ heures pour faire 1 mètre;

1 seul ouvrier aurait donc mis $\frac{14 \times 30 \times 60}{50}$ heures pour faire ces 60 mètres; enfin, 25 ouvriers mettront donc pour faire ces 60 mètres $\frac{14 \times 30 \times 60}{50 \times 25}$ heures, ou 20 h., 16.

La *réduction* d'une figure géométrique consiste dans la construction d'une figure semblable, mais de plus petites dimensions.

La *réduction d'un angle à l'horizon* est une opération géodésique ayant pour but de déterminer la grandeur de la projection horizontale d'un angle observé, lorsqu'on connaît en même temps les angles que font les directions de ses côtés avec la verticale.   E. MERLIEUX.

RÉDUCTION (Élimination par [*Algèbre*]). *Voyez* ÉLIMINATION.

RÉDUCTION (Quartier de). *Voyez* QUARTIER DE RÉDUCTION.

RÉDUIT, retraite, petit logement : *réduit* agréable, commode, tranquille.

En termes de fortification, on appelle *réduit* un corps-de-garde ou poste crénelé situé dans les demi-lunes des places fortes et près de la place. Les assiégés s'y enferment et s'y retranchent lorsque la demi-lune est enlevée. Du *réduit*, l'assiégé peut, par un feu vivement soutenu, inquiéter l'ennemi, l'empêcher de s'établir dans la demi-lune, et peut-être même le forcer à l'abandonner. Le *réduit* est encore, à défaut de citadelle, une demi-lune, ou tout autre ouvrage fortifié à la gorge, du côté de la place, et pouvant au besoin agir contre elle. On conçoit dès lors combien les abords extérieurs de ce réduit doivent être difficiles, combien ils doivent être forts, puisque l'ennemi, en s'en rendant maître, pourrait de ce point agir plus facilement contre la place.
     Martial MERLIN.

RÉELS (Droits). *Voyez* DROIT, tome VIII, page 34.
REFENDS. *Voyez* BOSSAGE.
REFENTE. *Voyez* FENTE.
RÉFÉRÉ (de *referre*, rapporter, s'en rapporter à l'avis de quelqu'un). Le *référé* est une procédure sommaire, qui a pour but de faire juger provisoirement et avec rapidité soit les difficultés survenues dans le cours de l'exécution d'un jugement, soit toute autre affaire *urgente*. Ce recours est porté devant le président d'un tribunal, jugeant seul. La loi a pris soin d'indiquer elle-même la plupart des cas d'urgence pour lesquels il y a lieu à référé; ce sont notamment : les décharges de séquestration; les ouvertures de portes, lors des saisies-revendications; les contestations sur la délivrance ordonnée d'actes imparfaits; les difficultés en matière de saisie, scellés, inventaires, ventes judiciaires; la mise en liberté ou l'incarcération d'un débiteur qui se prétend arrêté illégalement; le privilège du propriétaire sur les deniers saisis, etc. Sous l'ancienne jurisprudence il n'existait aucune loi générale sur les *référés*, qui n'étaient usités qu'au Châtelet de Paris.

Il ne faut pas confondre les *cas d'urgence* avec ceux qui requièrent *célérité*; dans ces derniers, on peut assigner à bref délai devant le tribunal composé comme il l'est ordinairement; mais lorsqu'il y a urgence, c'est-à-dire lorsqu'il faut faire cesser sur-le-champ des entraves, aplanir des difficultés sur l'exécution d'un acte, ou empêcher un préjudice irréparable en définitive, on peut alors assigner *en référé*, directement et sans permission préalable, à l'audience tenue par le président du tribunal seul, ou par le juge qui le remplace; toute la procédure consiste dans l'assignation et dans l'exposé verbal des moyens des parties. La décision qui intervient s'appelle *ordonnance de référé*. Ces ordonnances ne préjugent point le fond de l'affaire; elles sont exécutoires par provision, et ne sont pas susceptibles d'opposition lorsqu'elles ont été rendues par défaut. L'appel est le seul mode de recours admis contre elles; il doit être interjeté dans la quinzaine, et jugé sommairement sans nouvelle procédure.   A. HUSSON.

RÉFÉRENDAIRE (du latin *referre*, rapporter). C'est le titre que prenait autrefois un officier chargé du rapport des lettres royaux dans les chancelleries, pour qu'on décidât si elles devaient être signées et scellées. Dans le langage administratif de divers pays de l'Europe, il est aujourd'hui donné à certains fonctionnaires spécialement chargés de mettre en état, de préparer les affaires au sujet desquelles des commissions ou des cours spéciales sont appelées à prendre des décisions. Il y a en France, au ministère de la justice, douze *référendaires au sceau*. Ces officiers, dont les titres sont transmissibles, sont chargés exclusivement de la poursuite des demandes relatives aux majorats et aux dotations, ainsi que du versement au trésor des droits de sceau sur les ordres de versement qui leur sont délivrés par le directeur des affaires civiles.

Il y a à la cour des comptes deux classes de *conseillers référendaires*.

Dans les premiers temps de la monarchie, on appelait grand-référendaire un officier dont les fonctions avaient beaucoup d'analogie avec celles des ministres de la justice d'aujourd'hui. Nous avons expliqué en son lieu le rôle que jouait sous le gouvernement constitutionnel ce dignitaire de la chambre des pairs.

RÉFLECTEUR. Dans l'acception la plus générale, tous les corps de la nature sont des *réflecteurs*, car tous ont la propriété de réfléchir ou de renvoyer la lumière et la chaleur qui tombent à leur surface ; mais on n'emploie ce mot que pour ceux qui jouissent à un degré élevé de cette propriété. Encore n'en fait-on guère usage que pour les corps réfléchissants ayant une forme particulière, propre à donner à la lumière ou à la chaleur qui leur arrive une direction déterminée d'avance. Ainsi, l'on nomme plus spécialement *réflecteurs* les miroirs métalliques au moyen desquels on concentre la lumière d'une lampe sur un point donné. Les formes de ces corps, qui, d'après les lois connues de la réflexion de la lumière et de la chaleur, peuvent être déterminées géométriquement, doivent varier avec l'usage qu'on en attend. Avant l'invention de Fresnel, la plus belle application des réflecteurs était celle destinée à l'éclairage des phares. A la partie postérieure des becs de lampe produisant la lumière étaient placés des réflecteurs de forme parabolique, qui réunissaient en un faisceau de rayons parallèles, dirigés vers l'horizon de la mer, les rayons divergents émanés de la source lumineuse. Ce sont maintenant des lentilles de verre qui produisent, avec une bien plus grande puissance, la concentration de la lumière en faisceau.

Le son se réfléchissant comme la lumière, et d'après des lois analogues, il y a des *réflecteurs* pour lui comme pour elle ; mais dans la théorie du son l'on trouve rarement des applications de ce mot.   L.-L. VAUTHIER.

RÉFLET. On appelle *reflet*, en peinture, l'effet de la lumière réfléchie sur des surfaces placées dans l'ombre. Les reflets se produisent toujours d'une manière déterminée, et donnent au clair-obscur de la vie et du mouvement. D'après les lois de la réflexion, il arrive généralement dans un corps cylindrique que la partie la plus fortement ombrée est près de la ligne de passage de la lumière à l'ombre, laquelle va en décroissant successivement d'intensité jusqu'au contour extrême où il y a *reflet*.

On emploie ce mot au figuré, pour désigner le vague souvenir d'un fait presque oublié, ou l'impression que produit en nous, au physique ou au moral, une action ou un fait extérieur.   L.-L. VAUTHIER.

RÉFLEXION [*Philosophie* [du latin *retro flecti*, se plier en arrière]), faculté de l'esprit humain au moyen de laquelle il se *replie* sur lui-même pour observer les divers phénomènes dont il est le théâtre. Son importance est telle, que celui qui en est dépourvu, incapable par lui-même de comprendre la mission qu'il a reçue, devient infailliblement le jouet et la victime de ses passions ou de l'erreur, et qu'elle assure à celui chez lequel elle s'est développée une immense supériorité sous le rapport intellectuel et moral. C'est une faculté complexe (*voyez* FACULTÉS [Psychologie]), c'est la *conscience* elle-même, devenant *active* pour éclaircir et compléter les connaissances que l'état de spontanéité avait laissées dans l'obscurité et la confusion. Ce n'est donc point un pouvoir de l'entendement à part et distinct de la faculté chargée de nous faire connaître les faits internes, c'est cette faculté elle-même passant de l'état spontané à l'état actif, et se portant au-devant de la connaissance des phénomènes spirituels, au lieu de la laisser venir à elle. Elle ressemble à l'observation en ce qu'elle est comme elle une faculté intellectuelle mue par l'activité pour se porter au-devant des connaissances qui sont de son domaine, c'est cette ressemblance qui a fait réunir ces deux facultés sous une dénomination commune, celle *d'attention*. Mais elle en diffère en ce que les faits dont elle s'occupe n'appartiennent pas au monde extérieur et matériel, qu'ils appartiennent à l'âme seule, et qu'ils ne sont accessibles qu'à l'œil de la conscience. Ce qui distingue le plus d'évidence la *réflexion* de l'*observation*, c'est la différence, on peut dire l'opposition des moyens employés pour exercer ces deux facultés. En effet, l'homme qui *observe*, c'est-à-dire qui veut connaître et analyser les phénomènes du monde physique, s'oublie tout entier pour se porter en dehors de lui-même, et est sans cesse occupé d'exercer ses sens et de les appliquer aux objets extérieurs. L'homme qui *réfléchit*, au contraire, loin de s'oublier ainsi, n'est occupé que des faits qui se passent au sein de sa pensée ; il est obligé de s'isoler le plus possible des faits extérieurs qui l'assiègent, et de leur fermer tout accès, en suspendant l'action des organes chargés de les percevoir. Il lui faut la retraite, le repos, l'obscurité, le silence ; et c'est alors seulement qu'il peut saisir ces phénomènes de l'esprit, et distinguer clairement ces objets invisibles et impalpables que la lumière lui cachait, que le silence et la nuit lui révèlent.

La réflexion n'est point l'observation ; elle n'est pas non plus le raisonnement ni l'imagination. La méditation est presque synonyme de la réflexion ; cependant, une légère nuance l'en distingue. *Méditer*, c'est bien réfléchir, mais c'est réfléchir à un objet déterminé et dont l'étendue ou l'importance nous oblige à rassembler un grand nombre d'idées. Ainsi, on dira : *Méditer une vérité*, c'est-à-dire réfléchir à son importance, aux conséquences qu'elle renferme, aux applications qu'on en peut faire. On dira : *Méditer un sujet*, un poëme, une entreprise ; c'est-à-dire préparer et rassembler par la réflexion les éléments d'un sujet, d'un poëme, d'une entreprise. On voit que le mot *méditation* offre un sens plus restreint et plus précis. Le *recueillement* diffère davantage de la réflexion. Se *recueillir*, c'est se mettre dans une disposition favorable à la réflexion, c'est se préparer à rentrer en soi-même, c'est se dégager de tous les obstacles qui peuvent entraver ce mode d'action de l'esprit, c'est s'isoler du monde extérieur ; c'est apaiser le bruit des passions, imposer silence à toute préoccupation qui gênerait le libre exercice de la pensée, et concentrer toute son activité sur le spectacle intérieur de l'âme. Le recueillement est une préparation à la réflexion ; il en est la condition, il n'est pas la réflexion elle-même.

La réflexion est la faculté dont l'exercice est le plus difficile pour l'homme. Ce retour de l'esprit sur l'esprit, ce travail de la pensée sur la pensée, quand il est sérieux et prolongé, exige de lui des efforts plus pénibles que l'application de ses forces physiques aux plus rudes travaux, ou que l'observation la plus attentive. L'état valétudinaire de la plupart des hommes livrés par leurs habitudes à la méditation en est une preuve manifeste. Aussi Rousseau a-t-il dit avec raison que l'homme qui pense est un *animal dégénéré*. Mais si la réflexion nous coûte tant de fatigues et de peines, nous ne payons pas encore trop chèrement ses bienfaits ; car tout ce que l'homme possède de plus grand et de plus précieux, c'est à elle qu'il en est redevable. Énumérer tous ses résultats importants, ce serait dire presque tout ce que l'humanité doit à la religion, à la philosophie, aux beaux-arts : nous ne pouvons ici qu'en rappeler les plus généraux.

De même que de l'observation scrupuleuse des faits de la nature physique sont sorties et les sciences physiques et leurs merveilleuses applications, de même de l'attention donnée par l'homme aux phénomènes de son esprit est sorti tout ce qui peut contribuer à l'éducation et à l'amélioration de son être moral. Et en effet, la morale est fille de la réflexion ; c'est par la réflexion seule que l'homme arrive à dessiner nettement dans sa pensée les idées de liberté, de bien et de mal, de droit et de devoir, de mérite et de démérite ; c'est la réflexion seule qui lui révèle les sentiments généreux ou pervers que la nature a placés dans son cœur ou que les circonstances y ont développées. C'est avec son secours qu'il connaît de ses propres actions, les examine, en pèse les bonnes ou les mauvaises conséquences, en apprécie le caractère moral ; et c'est ce que le christianisme a compris quand il a recommandé à ses enfants de se recueillir à la fin de la journée pour faire *l'examen de leur conscience*. C'est par la réflexion que l'homme est conduit à distinguer le principe immatériel qui l'anime, de l'organisation matérielle qui l'enveloppe ; c'est elle qui lui révèle toutes ces nobles facultés de l'âme qui le placent au-dessus de tous les êtres créés ; c'est elle qui en lui montrant le but où l'appellent ces glorieux attributs lève en même temps à ses yeux le voile qui lui cachait sa destinée. Pour le philosophe, c'est-à-dire pour celui qui a consacré sa vie à l'étude de la vérité, et qui a pour but principal la connaissance complète et scientifique de la nature humaine, de ses lois, de sa destinée et des moyens propres à l'accomplissement de cette destinée, tout est dans la réflexion. C'est elle qui d'abord lui a donné l'existence, c'est elle qui lui a inspiré sa noble mission, c'est elle qui sera son guide, ce n'est que par ses yeux qu'il pourra voir ; c'est elle qui deviendra dans sa main un levier puissant, qui remuera le monde et en changera la face. Armé de la réflexion, le philosophe tracera sa route à l'esprit humain, donnera aux sciences leur méthode, posera les fondements de l'éducation, éclairera la religion, constituera la morale, dictera à la société ses lois, apprendra leurs droits aux peuples, aux gouvernants leurs devoirs.

Mais parler de la philosophie, qui ne vit que par la réflexion, que ne doivent point à cette faculté les arts eux-mêmes ? que ne lui doit point la poésie, qui semble ne vivre que des couleurs et des images fournies par le monde extérieur, et qui va puiser à la même source que la philosophie ses beautés les plus réelles, ses inspirations les plus sublimes ? On a fait une remarque fort juste : c'est que les peuples du Nord, dont l'imagination est plus froide et la pensée plus sérieuse, ont néanmoins une poésie plus touchante et plus élevée que les peuples du Midi. Et en effet, contraints par la nature sombre de leur climat à mener une vie plus retirée, plus méditative, et à se réfugier pour ainsi dire en eux-mêmes, c'est-à-dire à *réfléchir*, ils sont beaucoup plus préoccupés de tout ce qui est relatif à la nature de l'homme et à sa destinée. Or, c'est cette préoccupation d'idées toutes philosophiques qui a donné à leur poésie plus de vérité, de sentiment et de profondeur, et qui a fait que leurs chants entraînent la pensée dans une sphère plus élevée, nous font rêver davantage, et trouvent dans les âmes plus de retentissement et de sympathie. Témoin Milton, Shakespeare et Byron, témoin l'Allemagne tout entière, en un mot, le véritable romantisme. Un immortel génie a consacré bien des pages à prouver l'excellence de la poésie inspirée par le christianisme et sa supériorité sur la poésie des anciens. Rien de plus vrai, car le christianisme, qui avait résumé et développé l'œuvre intellectuelle de la Grèce, a eu pour but et pour résultat principal d'arracher l'humanité au monde matériel pour la transporter entièrement dans le monde de la pensée par la réflexion. Mais la poésie grecque elle-même, qui semble s'être étudiée avant tout à reproduire avec fidélité les beautés de la nature physique, ne doit-elle pas à un de ses plus grands charmes aux fables ingénieuses de sa mythologie, où sous des emblèmes sensibles se cachent des idées philosophiques, des vérités morales qui accusent chez ces poëtes une étude profonde de la nature humaine, et qui prouvent qu'en Grèce comme en Allemagne la poésie et la philosophie étaient sœurs et se donnaient la main ?   C.-M. PAFFE.

RÉFLEXION (*Physique*). La *réflexion* est une sorte de répulsion et de brisement qu'éprouvent la lumière ou la chaleur lorsqu'elles rencontrent dans leur marche un corps quelconque d'une nature différente de celle du milieu où elles se trouvent. Mais pour les corps dont la surface est irrégulière et raboteuse l'effet de la réflexion étant très-faible, et ses lois n'ayant rien de précis, on dit généralement que la réflexion ne s'opère qu'à la surface des corps polis. Dans toutes les circonstances où l'on a pu l'observer, on a trouvé que la chaleur se réfléchit d'après les mêmes lois que la lumière ; aussi né traiterons-nous ici que de cette dernière.

Lorsqu'un rayon lumineux tombe à la surface d'un corps poli, il se réfléchit sans sortir du plan mené par ce rayon et par la normale à la surface du corps au point d'incidence. De plus, il repart en ligne droite en faisant de l'autre côté du plan un angle égal à celui sous lequel il est tombé, ce qu'on exprime généralement en disant que *l'angle de réflexion est égal à l'angle d'incidence*. Ainsi, par exemple, un rayon lumineux qui se réfléchit sur un miroir plan horizontal ou sur la surface d'une eau tranquille ne sort pas du plan vertical où il se trouve, et fait, après sa réflexion, mais en sens inverse, le même angle avec l'horizon. Ce fait unique contient toutes les lois géométriques de la réflexion, et il ne s'agit pour chaque cas particulier que d'en déduire des conséquences logiques.

Il ne faudrait pas croire, du reste, trompé par les expressions que nous avons été obligé d'employer, que pour aucun corps la lumière réfléchie soit toute la lumière incidente. Il s'en perd toujours beaucoup dans ce changement de direction, et d'autant plus que la lumière incidente se rapproche davantage de la perpendiculaire à la surface réfléchissante. C'est au physicien Bouguer que l'on doit ce sujet les premières expériences dont les résultats ont été vérifiés ensuite, avec des appareils plus précis, par Fresnel et Arago. La quantité de lumière réfléchie varie beaucoup aussi avec le poli et la nature de la surface réfléchissante. Les miroirs métalliques en général, et particulièrement la surface du mercure, produisent une réflexion beaucoup plus intense que les autres corps de la nature. C'est pour cela qu'on enduit d'un amalgame d'étain et de mercure l'une des faces des glaces dont on veut faire des miroirs. C'est à une réflexion d'un genre particulier, s'opérant à la surface des couches d'air de différentes densités et contiguës l'une à l'autre, qu'est dû le phénomène du *mirage*.
VAUTHIER.

RÉFLEXION (*Quartier de*). *Voyez* OCTANT.
REFLUX. *Voyez* FLUX et MARÉE.
REFONTE, action de refondre les monnaies pour en fabriquer de nouvelles espèces. Ce mot se dit aussi en parlant d'un ouvrage d'esprit, d'une législation, etc., dont on change la forme, l'ordre : Ce n'est pas une simple correction, c'est une *refonte* totale ; La législation fut soumise à une *refonte* complète.

RÉFORMATION ou **RÉFORME**. Ces deux mots sont synonymes, et s'employaient indifféremment à peu près dans la même acception. Tous deux, ils désignent le rétablissement d'une chose dans son ancienne forme, ou plutôt dans une forme meilleure, un changement de mal en bien : La *réformation* des mœurs, de la discipline ; La *réforme* des finances, des désordres administratifs, etc.

Pris absolument, l'un et l'autre ont pendant longtemps signifié les changements que les protestants introduisirent au seizième siècle dans les dogmes et la discipline de l'Église chrétienne. Mais de nos jours on emploie de préférence dans ce sens le mot *réformation*, (*voyez* RÉFORMATION [*Histoire ecclésiastique*]); tandis qu'au mot *réforme* s'attache plutôt alors une idée politique. Dans les écrivains orthodoxes du dix-septième et dix-huitième siècle, le protestantisme est le plus ordinairement appelé la *religion prétendue réformée*, la *prétendue réforme* : expressions maintenant surannées, et qu'on ne rencontrerait plus que dans les ouvrages de controverse catholique.

La *réforme* des monnaies était jadis l'acte de rétablir la valeur réelle des espèces dont on avait fictivement surhaussé le prix ; leur *réformation* est l'acte de les refrapper, sans les fondre, soit pour en changer la valeur, soit pour en changer l'empreinte.

Le mot *réforme* s'applique aussi à une réduction opérée dans des dépenses exagérées, comme frais d'équipage, de table, de domestiques, etc. ; et à une diminution dans le personnel trop nombreux d'une administration : On annonce de grandes *réformes* au ministère des finances ; Il vient d'opérer une grande *réforme* dans sa maison. En ce sens, *réformation* est peu usité.

La *réforme* d'un ordre religieux est le rétablissement dans son sein de l'ancienne discipline dont on s'était à la longue relâché.

RÉFORMATION ou **RÉFORME** (*Histoire ecclésiastique*). On désigne indifféremment ainsi dans l'histoire le grand mouvement du seizième siècle dirigé contre la papauté et l'Église du moyen âge, qui, parti d'Allemagne, ébranla la plus grande partie de l'Europe, mais plus violemment encore les pays du Nord et les contrées germaniques. La résistance contre la puissance extérieure des papes et contre la décadence de la discipline ecclésiastique remonte fort avant dans le moyen âge; elle est aussi ancienne que les prétentions de Rome à la domination universelle. Le droit de souveraineté absolue sur tous les princes et les peuples chrétiens que les papes s'attribuaient comme représentants de Dieu sur la terre; l'insolence avec laquelle ils frappaient les rois et les empereurs d'excommunication, essayant de les déposer et déliant leurs sujets de leur serment de fidélité envers eux; la politique machiavélique, qui ne leur faisait envisager en tout et partout que leurs propres intérêts; la juridiction exclusive qu'ils s'arrogeaient sur toutes les personnes et tous les biens du clergé, entravant ainsi la marche de la justice et affranchissant une grande partie de la richesse nationale de toute participation aux charges publiques; les énormes richesses et les propriétés immenses que les prêtres et les ordres monastiques avaient acquises, et qui rendaient presque impossible la moindre amélioration dans l'administration; les impôts sans nombre et toujours plus écrasants que les papes trouvaient moyen de prélever dans les pays étrangers; l'orgueil, l'arrogance et l'insolence des prêtres et des moines, unis le plus souvent à la plus crasse ignorance et aux débauches auxquelles les entraînait le célibat et qui les rendaient aussi méprisables qu'odieux : tous ces griefs avaient déjà été signalés à diverses époques antérieures, alors même que la puissance morale du saint-siége était encore à son apogée, au temps des Hohenstaufen. Depuis le renversement de la papauté romaine et la translation du pape à Avignon; depuis les attaques aussi violentes qu'injustes du saint-siége contre l'empereur d'Allemagne Louis IV, et le schisme qui en était résulté, la corruption s'était propagée avec une extrême rapidité et menaçait de détruire l'organisation hiérarchique, la discipline et les mœurs de l'Église. Cet état de choses amena au commencement du quinzième siècle la convocation des conciles de Pise, de Constance et de Bâle, qui, indépendamment des mesures à prendre pour faire cesser le schisme, s'occupèrent aussi de réformer l'Église, « chef et membres ». Ces tentatives de réforme, parties du sein même de l'Église, n'avaient pas pour but de limiter l'autorité de l'Église, mais au contraire de la transporter du pape aux conciles. L'abus de la puissance pontificale, la prépondérance des Italiens, l'exploitation financière des autres pays, la décadence de la discipline ecclésiastique et des mœurs, tels étaient les principaux griefs autour desquels s'agitaient les tendances réformatrices des conciles. Ils n'allaient pourtant pas au delà de la constitution extérieure et de la discipline, et ne s'attaquaient ni aux dogmes de l'Église ni au principe même de son autorité. Aussi bien les papes réussirent à éluder en grande partie les réformes concédées sous ces restrictions, en Allemagne surtout, où l'on ne se fit pas faute de recourir aux plus indignes manœuvres pour mettre à néant les résolutions des conciles de Constance et de Bâle. La situation de l'Église ne devint pas meilleure avec le temps. La papauté, la discipline, les mœurs continuèrent à être en aussi complète décadence qu'elles avaient pu jamais le paraître aux conciles. Il en résulta que ces assemblées de l'Église laissèrent de vifs regrets dans les esprits, surtout en Allemagne; les griefs élevés par l'Église allemande contre les abus et les violences de la cour de Rome furent un thème qu'on n'oublia jamais et qu'on reprit même avec une nouvelle vivacité au commencement du seizième siècle, en pleine diète. Tout annonçait la dissolution complète et prochaine de l'organisation sociale du moyen âge. Un nouvel ordre s'établissait parmi les États; les différences de race qui avaient jusque alors séparé les diverses classes de la société perdaient de leur importance. La chevalerie était en décadence, tant sous le rapport militaire que sous celui de la richesse. Dans les villes, la bourgeoisie arrivait au faîte de sa puissance matérielle et morale. La découverte de mers et de contrées jusque alors inconnues ouvrait des horizons complètement nouveaux au monde de l'Ouest. En même temps arrivait d'Orient en Occident une civilisation nouvelle, la civilisation classique des anciens, qui ébranlait le monopole monacal et religieux de la civilisation du moyen âge, et qui, secondée par l'imprimerie, découverte toute récente, provoquait une transformation complète de la pensée ainsi que de la manière d'envisager la vie. La littérature de cette époque, notamment la guerre d'opposition littéraire faite au monachisme, l'antagonisme théologique qui s'établit entre les mystiques et la scolastique du moyen âge, la direction didactique et satirique de la littérature populaire, ce sont là autant d'indices de la force et de l'extension qu'avait prises la direction nouvelle des idées. Il ne s'agissait plus seulement de résistance à la hiérarchie et à la discipline de l'Église, mais il avait surgi contre toutes les idées et la poésie du moyen âge une opposition qui devait ébranler toutes les bases de l'autorité du saint-siége.

C'est au milieu de cette fermentation générale des intelligences que survint la querelle commencée à propos des indulgences par le moine augustin Luther. Les papes s'étaient attribué au moyen âge le pouvoir d'absoudre dans l'éternité des peines encourues pour les péchés de tous genres. Au nombre des pénitences qu'on imposait en donnant l'absolution figuraient des amendes pécuniaires, destinées à des œuvres pies, et dont le taux se graduait suivant la gravité des fautes. Il en résulta que les indulgences devinrent la source d'un revenu considérable, et que les papes furent portés à en abuser à l'effet de se créer de plus gros revenus. On n'attendit plus que les pécheurs vinssent à Rome solliciter en personne le pardon de leurs fautes; les papes maintenant firent prêcher tantôt dans une province, tantôt dans un autre, des indulgences générales par des fondés de pouvoirs spéciaux, autorisés à les accorder moyennant la remise d'une somme d'argent; et après l'accomplissement de cette formalité, le vendeur d'indulgences remettait à l'impétrant une attestation en bonne et due forme qui devait avoir pour effet de mettre sa conscience en repos pour tous les péchés et méfaits qu'il avait pu commettre jusque alors. Sans doute les décrets des papes déclaraient toujours que le repentir sincère du pécheur et son désir d'en faire pénitence étaient des conditions nécessaires pour l'efficacité des indulgences obtenues; mais les vendeurs s'inquiétaient peu de savoir si ceux qui venaient à eux avaient réellement satisfait à ces conditions, chose d'ailleurs assez difficile à constater, et ils distribuaient leur marchandise à quiconque se soumettait au payement de la redevance exigée. Léon X, pape ami du faste et qui avait besoin de beaucoup d'argent pour sa cour, désireux en outre de doter sa sœur Marguerite en princesse, avait de 1514 à 1516 fait prêcher dans les royaumes du Nord des indulgences, dont le produit, disait-on, était destiné à faire les frais d'une guerre à entreprendre contre le Turc et de la construction de l'église Saint-Pierre, à Rome. Cette indulgence fut prêchée aussi en 1517 dans le diocèse de Magdebourg, par le moine dominicain Jean Tezel, de Wittemberg, homme fort habile en ces sortes d'affaires, et qui en était venu à exercer ce trafic en grand. Quelques bourgeois de Wittemberg étant venus se confesser de péchés graves au moine Luther, qui avait en outre reçu l'ordre de la prêtrise, refusèrent d'accomplir la pénitence que celui-ci leur avait imposée, en tout pour justifier leur refus lui produisirent l'indulgence qu'ils avaient achetée à Tezel. Cette circonstance détermina Luther non-seulement à prêcher contre les indulgences et à imprimer son sermon, mais encore à faire afficher aux portes de l'église du château de Wittemberg des thèses sur la pénitence et les indulgences, en offrant de les défendre en dispute publique contre le premier venu. Ces thèses étaient dirigées contre Tezel, et Luther y soutenait que le pape n'avait pas le pouvoir de remettre les *peines* des péchés dans l'éternité, mais seulement celui de remettre les *pénitences* imposées par les lois de l'Église pour les péchés et les peines canoniques; que quant au pardon des péchés auprès de Dieu et à la remise des peines éternelles, le pénitent ne pouvait pas les obtenir par des actes de pénitence, mais seulement par la foi en la satisfaction donnée à Dieu par la mort de Jésus-Christ. Luther terminait en demandant pourquoi le pape, s'il possédait réellement le pouvoir d'affranchir des peines éternelles, n'accordait pas ce bienfait indistinctement et gratuitement à tous les fidèles, comme l'exigeaient incontestablement de lui les prescriptions de la charité chrétienne. Par cette levée inattendue de boucliers, l'autorité de l'Église romaine se trouvait singulièrement ébranlée; car la conséquence naturelle de tels principes était le retour à la lettre et à l'esprit de l'Écriture, placée désormais au-dessus de l'autorité des papes. Dans les luttes précédentes, c'est à l'édifice extérieur de l'Église qu'on s'en prenait; maintenant c'est la constitution intérieure de l'Église et le principe même de son autorité qu'on mettait en question. Ainsi s'ouvrit la grande lutte qui devait remplir tout le seizième siècle et une partie du suivant. La manière dont Rome essaya d'imposer silence à l'audacieux moine ne fut pas précisément habile, et ne servit qu'à attiser la flamme de ce commencement d'incendie. La guerre de plume faite par Tezel, Eck et Sylvestre de Prierias, servit mal la cause du saint-siège; et tout aussi inutiles furent les efforts du cardinal Cajétan (1518) pour déterminer Luther à demeurer tranquille. La courte trêve œuvre de Miltiz fut rompue par l'impatience des partis en présence et qui brûlaient d'en venir aux mains. Dès lors Luther crut être dégagé de tout engagement. Le colloque de Leipzig (1519) donna à la discussion le caractère le plus grave; c'est la question de l'autorité même du pape qu'on agita, et Luther, afin de demeurer conséquent avec lui-même, dut finir par rejeter l'autorité du pape et des conciles pour ne plus reconnaître que celle de l'Écriture. Un mouvement analogue (*voyez* RÉFORMÉE [Église]) se manifestait en même temps en Suisse, et gagna bientôt les contrées voisines, surtout les contrées germaniques.

En ce qui est du développement intérieur de la réformation, il fut des plus rapides. Une fois qu'il eut rejeté le joug de l'autorité papale, Luther apporta dans la lutte une vigueur et une passion extrêmes. En 1520 il composa ses célèbres ouvrages: *A la noblesse chrétienne de la nation allemande* et *De la Captivité babylonienne de l'Église*. Dans le premier il insistait sur une réformation complète de l'Église, il invitait les princes à y prêter les mains, et exposait les motifs qui devaient les y déterminer. Dans le second il attaquait avec les armes les plus acérées la puissance pontificale et les abus de l'Église. S'appuyant sur le texte de l'Écriture, il rejetait l'autorité du pape, l'adoration des anges, des saints et de leurs reliques, l'existence de sept sacrements, la communion sous une seule espèce pour les laïcs, et le célibat des prêtres. Toujours avec l'Écriture et d'accord avec sa doctrine sur la justification par la foi, il rejetait l'efficacité expiatoire de toutes les œuvres de pénitence, telles que le jeûne, le célibat, la vie et les vœux monastiques, le sacrifice sacerdotal de la messe, les messes pour le repos des trépassés, le purgatoire, l'extrême-onction, etc. Mélanchthon, Ulrich de Hutten, etc., représentaient auprès de lui les nouvelles tendances civilisatrices de la littérature et réveillaient la vieille hostilité de la nation allemande pour les artifices politiques et financiers de la cour de Rome. La bulle d'excommunication lancée par le pape contre Luther ne servit qu'à démontrer au monde l'impuissance actuelle de cette arme, jadis si redoutable; et l'autorité impériale elle-même se trouva trop faible pour étouffer le mouvement. Le nouvel empereur, Charles Quint, que des motifs politiques décidèrent alors à prendre parti pour Rome, cita le réformateur à comparaître devant la diète impériale, à Worms. Luther vint le 22 avril 1521 s'y justifier en présence de l'empereur et des états de l'Empire. Il refusa avec fermeté de rien rétracter, et se laissa mettre au ban de l'Empire. La bulle pontificale ne produisit point d'effet en Allemagne; et l'électeur de Saxe, Frédéric le Sage, protégea Luther contre les premières suites de sa mise au ban de l'Empire, en le faisant conduire en sûreté à la Wartburg. Luther abandonna bientôt cet asile, à l'effet de défendre efficacement à Wittemberg l'œuvre de la réformation contre les extravagances de sauvages fanatiques. Dès 1523 il publia une nouvelle liturgie, qui ne tarda pas à être adoptée en beaucoup d'endroits. En 1524 il quitta son couvent, renonça à l'habit monacal et publia son important ouvrage intitulé: *Avis aux échevins de toutes les villes d'Allemagne, pour qu'ils aient à fonder et à entretenir des églises chrétiennes*. En 1525 il ordonna pour la première fois un prêtre réformateur, Rosarius, affranchissant ainsi la consécration des prêtres nouveaux de l'ordination jusque alors donnée par les seuls évêques catholiques. Une autre démarche non moins hardie, non moins importante de Luther, ce fut de se marier la même année, brisant ainsi pour toujours les chaînes du célibat dans la nouvelle Église. Toutefois, l'événement le plus grave de cette année 1525, ce fut la mort de l'électeur Frédéric le Sage, lequel eut pour successeur son frère Jean, partisan décidé de la réformation. Luther l'engagea alors à prendre le gouvernement de l'Église, et ce prince suivit son conseil. C'est ainsi qu'en Saxe la réformation se trouva légalement sanctionnée par le pouvoir temporel. Désormais il n'y avait plus qu'à marcher en avant. De 1527 à 1529 l'électeur ordonna une visite générale des églises, et y fit organiser tout ce qui tenait au culte et à l'Église d'après les principes des réformateurs. Les progrès de la réformation dans la Hesse, dans d'autres principautés et dans les villes impériales, ne furent pas moins rapides. Toutefois, il lui manquait encore une déclaration publique de ses principes, reconnue par tous les États de l'Empire qui avaient accueilli la réformation. La *Confession d'Augsbourg*, rédigée par Mélanchthon et approuvée par Luther, souscrite par tous les États protestants comme contenant la profession de foi de leur clergé et de leurs sujets, en tint lieu; et on la présenta solennellement à l'empereur, à la diète d'Augsbourg. Ces États y répétaient ce qu'ils avaient déjà déclaré l'année précédente dans une protestation (*voyez* PROTESTANTISME) remise à la diète de Spire, le 25 avril 1529, à savoir: qu'ils ne pouvaient regarder comme règle de foi que l'Écriture; et ils y annonçaient en outre expressément ce qu'on enseignait dans leurs églises en conformité avec l'Écriture, de même que ce qu'ils rejetaient et avaient dû supprimer du culte comme contraire à l'Écriture Sainte. L'électeur Jean de Saxe, le margrave Georges de Brandebourg, le duc Ernest de Lunebourg, le landgrave Philippe de Hesse, le prince Wolfgang d'Anhalt et les deux villes impériales de Nuremberg et de Reutlingen, furent, il est vrai, les seuls États de l'Empire qui souscrivirent la Confession; mais plus tard elle fut acceptée et fermement défendue par tous ceux qui se rattachèrent à la réformation allemande. Aussi, dans les diètes impériales, les États attachés à la réformation furent-ils désignés sous la dénomination d'*alliés de la Confession d'Augsbourg*. Les pays étrangers où la réformation entreprise par Luther avait trouvé accès, comme la Prusse, la Courlande, la Livonie, la Finlande, la Suède, la Norvège et le Danemark, adhérèrent également à la Confession d'Augsbourg.

Un autre fait bien important dans l'histoire de la réformation, c'est la publication de la traduction de la Bible en allemand par Luther; travail auquel Mélanchthon prit aussi une grande part. C'est en 1534 que la Bible fut pour la première fois complètement imprimée. Une Église qui avait proclamé l'Écriture règle suprême de la foi et de la vie, et qui regardait tous les chrétiens comme tenus de la lire assidûment, avait indispensablement besoin d'une traduction de ce livre des livres dans la langue nationale. Pour l'époque où elle parut, la traduction de Luther était un chef-d'œuvre; elle contribua puissamment à la propagation de la réformation, et devint tout aussitôt d'un usage universel. La ligue de

Schmalkade, alliance défensive des États protestants, à la tête de laquelle se mirent l'électeur de Saxe et le landgrave de Hesse, et ayant pour but de se défendre mutuellement contre toute attaque dont l'un des contractants serait l'objet pour cause de religion, eut encore une influence immense sur les destinées de la réformation. Cette ligue succomba, il est vrai, lorsqu'en 1546 et 1547 l'empereur eut recours à la force des armes contre les protestants; mais plus tard le nouvel électeur de Saxe, Maurice, battit à son tour l'empereur; et sous le règne d'Auguste, son successeur, fut signée, le 25 septembre 1555, à la diète d'Augsbourg, la paix dite de *religion* entre l'empereur et les États catholiques d'une part, et de l'autre les *États alliés de la Confession d'Augsbourg*. La réformation obtint de la sorte la reconnaissance de son existence légale dans l'Empire, et la juridiction des évêques catholiques et du pape sur les protestants se trouva désormais supprimée en Allemagne.

Toutefois, le développement intérieur de la réformation ne fut point aussi pacifique qu'on aurait pu le souhaiter. Luther et Zwingle s'étaient déjà aigrement divisés au sujet de l'eucharistie, le premier admettant encore au sujet de ce sacrement le dogme de la présence réelle, et l'autre le rejetant absolument; et toutes les tentatives faites pour les concilier demeurèrent infructueuses. Après la mort de Luther, il s'éleva encore une querelle autrement violente entre les rigides partisans de Luther et l'école de Mélanchthon, qui fut accusée d'avoir, en ce qui touche la doctrine de l'eucharistie, du libre arbitre de l'homme et de sa coopération à l'œuvre de son amélioration morale, déserté le véritable type de la théorie luthérienne. Pour mettre un terme à ces discussions les princes firent rédiger ce qu'on appelle la *formule de concorde*; puis, en 1580, ils la promulguèrent avec la Confession d'Augsbourg non modifiée et son apologie, en même temps que les deux catéchismes de Luther et les articles arrêtés dans l'assemblée de Schmalkade, comme livres symboliques, et introduisirent le *serment de religion*, par lequel les prêtres s'engageaient sous la foi du serment à n'enseigner que conformément aux livres symboliques. Il en résulta un coup funeste porté au développement du principe réformateur et à l'union de ses défenseurs. La terrible guerre de trente ans, attisée par Rome et par les jésuites et entretenue même du côté protestant par l'antagonisme fanatique des confessions, faillit disparaître toute vie religieuse au milieu du cliquetis des armes. Mais les stipulations de la paix de Westphalie (1648) consolidèrent l'existence légale de la nouvelle religion, à des conditions et dans des circonstances, il est vrai, qui entravèrent encore pendant bien longtemps le complet rétablissement de la tranquillité et de la paix en Allemagne.

Les reproches faits à la réformation par les catholiques sont de natures très-diverses. L'un des plus fréquents, c'est que la réformation ne procède que par négation et n'enseigne rien de positif. La *Confession d'Augsbourg* y répond déjà suffisamment, quand bien même il ne serait pas réfuté par l'élan intellectuel et moral dont la réformation fut l'âme au seizième et au dix-huitième siècle, et dont les effets ont exercé une influence décisive sur la régénération de l'Église catholique elle-même. On accuse encore la réformation d'avoir brisé depuis le seizième siècle l'unité de l'Église et de la chrétienté; mais on peut répondre que cette unité avait déjà été brisée par les discordes de l'Église romaine avec l'Église grecque; qu'elle n'exista même jamais, rigoureusement parlant, au sein de l'Église romaine, comme le prouvent les schismes, les condamnations d'hérétiques, l'inquisition, etc. Une autre vieille accusation, et qu'on reproduit toujours contre la réformation, c'est encore d'avoir, par sa révolte contre la légitime autorité du pape, ébranlé le principe d'autorité en général et éveillé l'esprit de révolution politique. On peut répondre qu'au temps où la papauté était toute-puissante, il se passa déjà bien des faits révolutionnaires, et que ce furent des jésuites, tels que Laïnez et Bellarmin, qui les premiers proclamèrent le dogme essentiellement révolutionnaire de la souveraineté du peuple. En outre, l'histoire de nos jours ne montre-t-elle pas que le foyer de la fermentation révolutionnaire n'a pas été dans les pays qui s'étaient rattachés à la réformation, mais tout au contraire dans ceux où elle n'avait pas pu pénétrer? Et beaucoup de bons esprits attribuent même à l'alliance qui s'opéra dans l'Allemagne protestante entre les réformateurs et le pouvoir temporel devenu chef suprême du spirituel l'extension et la force qu'y a prise en général la puissance souveraine. Un fait incontestable, d'ailleurs, c'est que dans les États scandinaves le régime monarchique pur ne date, à bien dire, que de la réformation. Il n'est pas plus vrai que la réformation ait rompu l'unité de la nationalité allemande. En effet, il y avait déjà longtemps que cette unité n'existait plus lorsque vint la réformation. La royauté ou la dignité impériale, comme représentant de l'unité nationale, y était en complète dissolution depuis plusieurs siècles. Une grande partie du sol allemand dépendait de Rome ou appartenait à l'Église. Quatre archevêchés, un grand nombre d'évêchés, de chapitres et d'abbayes, investis de droits de souveraineté, y constituaient un État ecclésiastique qui ne pouvait qu'entraver le développement intellectuel et moral de la nation. A son début, la réformation sembla au contraire devoir provoquer la renaissance politique et l'unité de l'Allemagne; et elle y eût réussi sans la politique anti-allemande de la maison de Habsbourg. Qu'on n'oublie pas non plus que la traduction de la Bible par Luther a singulièrement contribué à donner à l'Allemagne une seule et même langue; enfin, qu'elle a été le point de départ de sa civilisation commune et de tout le développement de sa culture intellectuelle au dix-huitième siècle.

REFORM BILL, nom de la célèbre loi qui en 1832 élargit la base du système électoral de la Grande-Bretagne, qui changea complétement les éléments constitutifs de la chambre des communes et qui modifia profondément la nature du parlement. Quoique le bill de réforme ait aussi peu répondu aux terreurs des tories qu'aux espérances des radicaux, on n'en doit pas moins le considérer comme la mesure la plus importante et la plus décisive que la législature et le gouvernement de l'Angleterre aient jamais prise. Ce n'est que de ce moment-là que l'influence oppressive de la plus puissante des aristocraties a cessé de peser sur la législature et le gouvernement de ce pays, et que la classe moyenne, classe éclairée, riche et augmentant incessamment en nombre, a pu devenir la base de la vie politique de la nation. Sans la modification du système électoral opérée en 1832, les mesures libérales du ministère Melbourne eussent infailliblement échoué; et la réalisation des vastes plans économiques du ministère Peel, qui succéda à ce cabinet, n'eût pas davantage été possible. *Voyez* GRANDE-BRETAGNE.

RÉFORME (*Administration militaire*). On comprend dans l'acception générale de ce mot tout ce qui est hors d'état de servir activement dans les rangs de l'armée. La *réforme* atteint le personnel et le matériel. On *réforme* un soldat en lui donnant son *congé*, pour cause d'infirmités graves ou d'incapacité. Ce congé, délivré par le conseil d'administration du corps, sur un certificat émanant d'officiers de santé délégués à cet effet, puis visé par l'intendant ou sous-intendant militaire, doit être approuvé par le général commandant la division. Les jeunes gens soumis à la conscription peuvent être *réformés* pour défaut de taille ou pour infirmités prévues par la législation. On *réforme* les chevaux d'artillerie et de cavalerie lorsqu'ils sont jugés impropres au service. Les voitures, les caissons, les armes, les effets de campement et de casernement, etc., sont mis *à la réforme* pour cause de vétusté et autres cas prévus par les règlements. On opère quelquefois des *réformes* dans l'armée pour diminuer les charges de l'État. C'est ordinairement à la suite d'une longue guerre que l'on procède à cette opération, soit par la réduction des cadres, soit par la suppression de corps entiers. Après la première restauration (1814), on réforma 188 régiments d'infanterie de ligne ou légère, et 37 régiments de cavalerie, non compris la garde impériale, les régiments étrangers (les suisses exceptés) et les troupes auxiliaires.

Pris absolument, le mot *réforme* est la position de l'officier sans emploi qui, n'étant plus susceptible d'être rappelé à l'activité, n'a pas de droits acquis à la pension de retraite : elle peut être prononcée pour cause d'infirmités incurables, qui empêchent de faire un service actif, et par mesure de discipline. Depuis la loi du 19 mai 1834, nul officier n'a droit à un *traitement de réforme* s'il n'a accompli sept ans de service. Tout officier *réformé* ayant moins de vingt ans de service reçoit, pendant un temps égal à la moitié de la durée de ses services effectifs, une *solde de réforme* égale aux deux tiers du *minimum* de la pension de retraite de son grade. L'officier ayant au moment de sa réforme plus de vingt ans de service actif reçoit une *pension de réforme* dont la quotité est déterminée d'après le *minimum* de la retraite de son grade, à raison d'un trentième pour chaque année de service effectif.

RÉFORME (*Histoire ecclésiastique*). Voyez RÉFORMATION.

RÉFORME (*Politique*). On appelle ainsi une amélioration de l'état de choses existant, qui n'en change pas les bases fondamentales, et qui, comme le veut la nature, rattache le nouveau à l'ancien, développe sans bouleverser, et dont tous les actes sont autant que possible marqués au coin de la sagesse et de l'équité. Les *réformes politiques* sont le moyen de prévenir les révolutions et d'introduire lentement, sans léser injustement les intérêts privés existants, les innovations qui sont devenues réellement nécessaires. Le principe même de la réforme doit donc un principe essentiellement anti-révolutionnaire ; tandis que le principe de *stabilité*, qui prétend maintenir dans toutes ses formes et avec toutes ses iniquités un état de choses qui le plus souvent n'a d'autre origine que le hasard, conduit inévitablement avec le temps à l'*abîme des révolutions*. Pour qu'une réforme politique produise les résultats bienfaisants qu'on en doit attendre, il faut que gouvernants et gouvernés persévèrent dans la voie de progrès qui convient à leur caractère national et à leur degré de civilisation, sans apporter dans leurs actes cette précipitation qui prétend ne pas tenir compte des moyens termes et des transitions indispensables ; sans jamais non plus porter atteinte à ce qui est vraiment national et encore moins essayer de le détruire.

RÉFORMÉE (Église). On désigne par cette dénomination générique l'ensemble des communautés religieuses qui se séparèrent de Rome dans la première moitié du seizième siècle, et plus particulièrement celles qui adoptèrent au sujet du dogme de l'Eucharistie les opinions de Zwingle, d'Œcolampadius, de Calvin, en contradiction formelle à celles de Luther.

Le même besoin d'une réforme à opérer dans l'Église, qui s'éveilla en Allemagne au commencement du seizième siècle, et auquel Luther vint donner satisfaction, se manifesta presque simultanément en Suisse, dans les Pays-Bas, en Angleterre et en France. Le moine franciscain Bernard Samson, chargé en 1518 de prêcher les indulgences en Suisse, comme Tezel l'était en Allemagne, étant arrivé, en 1519, à Zurich, Zwingle s'éleva avec tant d'énergie contre le scandale du trafic des indulgences, que par délibération expresse du conseil municipal de Zurich l'entrée de la ville fut interdite à l'envoyé pontifical. L'évêque de Constance lui-même, Hugues de Landenberg, et son vicaire général, Jean Faber, furent des premiers à approuver les prédications de Zwingle contre le trafic des indulgences ; mais ils devinrent ses violents adversaires quand il parla de réformer l'Église. Énergiquement soutenu par le conseil de Zurich, Zwingle fit de cette ville le foyer du mouvement réformateur en Suisse, qui bientôt, en dépit de toutes les manœuvres des partisans de l'ancienne Église, gagna de proche en proche. Dès 1523 on avait supprimé dans les églises les autels, les baptistères, les images et jusqu'à la musique, en même temps qu'on ouvrait les couvents et qu'on permettait aux religieux et aux religieuses de rentrer dans la vie civile et de se marier. En 1525, la messe était abolie, ainsi que le culte des saints ; et on publiait la première partie de la traduction allemande de la Bible, dite de Zurich, qui ne fut complétement terminée qu'en 1531. Les luttes soutenues en Suisse par le protestantisme contre le catholicisme forment une partie importante de l'histoire de la Confédération helvétique.

En 1536 apparut à Genève un réformateur d'un caractère organisateur au plus haut degré, qui donna à la réformation la législation qui lui manquait. Ce fut un bénéficier prieur de Noyon, en Picardie, Jean Calvin. Ce puissant génie rédigea le corps de doctrine qui régna si longtemps dans presque toutes les *églises réformées* ; et d'une main faite pour gouverner, il traça les bases du gouvernement presbytérien, gouvernement attrayant et fécond comme toutes les institutions républicaines, mais défiant et souvent tyrannique comme elles.

L'*Église réformée* se constitua de la manière la plus diverse dans les contrées où il lui fut donné de s'établir ; et malgré tous les essais et tous les efforts on ne put jamais arriver à l'unité non plus qu'à former de toutes ces différentes Églises un tout homogène. Aucune confession de foi n'y régna jamais exclusivement à telle ou telle autre. Chaque pays, pour ainsi dire, eut la sienne ; et il y eut même de grands corps de dissidents, qui y eurent chacun les leurs, notamment en Suisse et en Angleterre. C'est Zwingle qui tout d'abord avait imprimé à l'*Église réformée* cette direction qui devait nécessairement la séparer de l'*Église luthérienne*. Sous le rapport de la foi comme sous celui du culte, il prétendit ramener l'Église suisse à la première organisation apostolique. Il en résulta que ce fut dans cette Église que le culte prit les formes les plus simples, simplicité qui alla même jusqu'à remplacer l'autel par une simple table, à supprimer dans les églises les images et les orgues, et à abolir le costume ecclésiastique. La confession auriculaire fut abolie en même temps que l'usage des cierges à la communion, des hosties, etc. ; et la constitution du pays favorisa l'introduction de synodes et de presbytères, tandis que Luther transportait au souverain la dignité épiscopale et favorisait ainsi l'introduction de la *constitution consistoriale*. Ce fut la querelle relative à l'eucharistie qui fit éclater la rupture entre l'*Église réformée* suisse et l'*Église luthérienne* allemande. Zwingle rejeta complétement avec le dogme de la transsubstantiation celui de la présence réelle de Jésus-Christ dans la sainte communion, et ne vit plus dans le pain et le vin que des symboles du corps et du sang de Jésus-Christ. La violente discussion qu'il soutint à ce sujet contre Luther et divers autres réformateurs n'eut d'autre résultat que de le faire persister plus opiniâtrément dans ses opinions ; et sa doctrine, sur l'essence de la communion, répondue avec une rare sagacité, trouva un grand nombre d'adhérents, en même temps qu'elle fit prévaloir dans l'Église réformée ce principe de mettre la justification au-dessus de la foi. C'est en partant de ce principe que, de même qu'au sujet de la communion, on décida des autres articles de foi et qu'on rattacha notamment la croyance à ces articles de foi à la justification. Lors de la diète réunie à Augsbourg, en 1530, Zwingle fit sa confession de foi ; mais les villes de Strasbourg, de Constance, de Memmingen et de Lindau en adressèrent à ce prince une particulière et connue sous le nom de *Confessio tetrapolitana*. Dès 1532 Bâle à son tour publiait sa confession de foi particulière. Calvin ne réussit pas davantage à faire adopter un principe unitaire en matières de foi et de doctrine, encore bien que son grand et son petit catéchisme (1536,1541) eussent produit une sensation des plus vives, notamment dans l'église de Genève. Cela tenait d'une part à ce qu'il ne s'était posé en réformateur que longtemps après que l'œuvre était commencée, et de l'autre parce qu'en s'écartant des doctrines de Zwingle il provoqua à son tour de nouvelles divisions. Sa doctrine sur la communion différait même de celle de

Zwingle en ce qu'il admettait que le corps et le sang de Jésus-Christ sont spirituellement présents dans l'eucharistie et agissent d'une façon surnaturelle sur l'esprit de celui qui la reçoit. Mais il insista encore plus vivement sur une autre doctrine à lui, celle de la grâce et de la prédestination, qui établit une ligne de démarcation bien tranchée entre ses adhérents et les autres protestants.

Dans les provinces du midi des Pays-Bas, la réforme expira sous l'inquisition espagnole; mais dans les provinces du nord la résistance religieuse aboutit à l'établissement d'une république, longtemps puissante, toujours savante et respectée des amis du progrès moral et des lumières.

En Écosse, Jean Knox imprima à la réformation un profond caractère dogmatique; ses déclamations aiguisèrent la hache qui plus tard immola Marie Stuart.

En Angleterre, la réforme offrit un caractère entièrement exceptionnel, sans action morale du peuple, sans science, sans véritable mouvement dogmatique; un roi pédant et cruel, mais consciencieux dans ses actes, et chéri du peuple, la modela au gré de ses convictions scolastiques, de son esprit absolu et de ses caprices voluptueux; il massacra et tortura ses sujets, et éleva l'Angleterre à un haut degré de puissance; plus tard, un enfant sur le trône, Édouard VI, fonda la vraie réforme anglaise, et une femme, Élisabeth, la consolida sans retour.

En Espagne, en Italie, la réforme échoua; partout les bûchers dévorèrent les novateurs, une foule d'Italiens émigrèrent, et les sociniens allèrent porter leur doctrine philosophique en Transylvanie et en Pologne.

En France, le mouvement calviniste eut des phases plus dramatiques et plus sanglantes peut-être que partout ailleurs (*voyez* Huguenots); il commença par le peuple, et fut protégé par les nobles, qui plus tard se laissèrent séduire par la cour. Le peuple fut plus fidèle; au sein d'une certaine masse populaire, surtout dans le midi de notre patrie, la réforme fut toujours persécutée, toujours punie, mais jamais vaincue, ni jamais déracinée; la France, on peut le dire, est la seule contrée où la réforme, poursuivant victorieusement ses conséquences, ait abouti à faire proclamer l'égalité absolue de tous les cultes et la séparation radicale de l'Église et de l'État, deux principes contre lesquels Rome a toujours lutté et luttera toujours. La discipline des Églises calvinistes françaises est proprement presbytérienne synodale; mais elles se sont considérablement relâchées, et suivant nous, avec raison, de la rigidité de cette organisation presque despotique; elles sont arrivées à la forme de congrégations indépendantes, et chacune maîtresse d'elle-même, sauf soumission aux lois de l'État. Les Églises luthériennes, principalement de la ci-devant province d'Alsace et alentours, sont régies par une discipline particulière, sous la haute autorité d'un *directoire* central.

RÉFORME ÉLECTORALE ou **PARLEMENTAIRE**, question qui après avoir agité les esprits en Angleterre pendant plus de quarante ans, fut enfin résolue en 1832 dans le sens du progrès. Jusque alors la capacité électorale, le droit d'élire les membres de la chambre des communes, avaient tenu à une foule de conditions soumises le plus souvent au hasard le plus aveugle, et parmi lesquelles régnait la plus bizarre confusion, legs des priviléges et des souvenirs des temps féodaux. Pour être électeur, il fallait tantôt pouvoir justifier de la propriété tout au moins viagère d'une parcelle de terre rapportant 40 shilling (50 fr.) par an, et tantôt il suffisait d'être né dans la localité où avait lieu l'élection. Ici étaient électeurs tous ceux qui contribuaient aux dépenses générales de l'État et aux dépenses particulières de la commune; là il n'y avait d'électeurs que les *aldermen* ou les membres du conseil municipal. Dans tel endroit, était admis à voter quiconque possédait depuis trois ans une maison, quelle qu'en fût la valeur; en tel autre, tout individu possesseur d'un bail de trois ans. Beaucoup de grandes et populeuses villes, comme Birmingham et Manchester, qui à l'époque où les rois accordaient des franchises électorales, étaient des villages sans aucune importance, ou bien même n'existaient pas encore du tout, n'envoyaient pas de représentants à la chambre des communes; tandis qu'une foule de petites localités, jadis foyers d'une certaine activité sociale, mais depuis longtemps complétement déchues et devenues ce qu'on appelait des *rotten boroughs* (bourgs pourris), en élisaient jusqu'à deux. Dans ces *bourgs pourris*, dont la population se composait presque uniquement des domestiques et des vassaux du propriétaire terrien, c'était en réalité celui-ci qui faisait l'élection, puisque tous les électeurs dépendaient de lui; et, en dépit des peines portées par une loi rendue en 1783 sur la motion du célèbre William Pitt, la plupart des *propriétaires de bourgs pourris*, quand ils ne faisaient pas l'élection au profit d'eux-mêmes ou d'un membre de leur famille, ne se gênaient pas pour trafiquer ouvertement de leur influence électorale et la vendre au plus offrant. Sur les 658 membres dont se composait la chambre basse, 97 étaient élus en Angleterre par 48 bourgs, où l'on ne comptait pas plus de *cent* habitants (sur ces 48 bourgs il y en avait 27 où le nombre des électeurs variait de 10 à 27, et 9 où il était même inférieur à 10), et 28 autres par autant de bourgs dont la population ne s'élevait pas à plus de 1,000 habitants. Les mêmes faits se reproduisaient en Écosse et en Irlande. Il en résultait que 158 lords ou grands propriétaires élisaient en réalité 248 membres de la chambre des communes. En Écosse, les conditions électorales étaient tellement bizarres et arbitraires que le nombre total des électeurs en 1830 allait au plus de 4,500 à 5,000. Dès la fin du dix-huitième siècle, des voix éloquentes s'étaient élevées contre un pareil état de choses et avaient démontré la nécessité de *réformer* le parlement, c'est-à-dire de modifier complétement les bases du système électoral en vigueur; mais toutes les tentatives de *réforme parlementaire* avaient toujours échoué contre les intrigues et l'égoïsme de l'aristocratie territoriale, si intéressée au maintien de ce scandaleux état de choses. La guerre générale provoquée par la révolution française donna encore plus de force au parti tory pour éluder les vœux des *reformers*; mais au rétablissement de la paix, la profonde misère à laquelle se trouvèrent en proie les classes laborieuses par suite des crises commerciales résultant de l'essor pris alors sur le continent par l'industrie manufacturière appela l'attention de tous les hommes amis de leur pays, et les fit réfléchir aux moyens de l'alléger. La diminution des charges publiques en général rencontrant une opposition systématique de la part des majorités parlementaires, dont disposait l'oligarchie, l'idée de la réforme de la chambre des communes, où le ministère continuait toujours à disposer d'une majorité compacte, parut à tous le meilleur remède à employer pour guérir les maux du corps social. Parmi les hommes qui contribuèrent à faire pénétrer cette idée dans les masses il faut surtout citer lord Brougham, sir Francis Burdett, William Cobbett, O'Connell, lord Grey, lord John Russell, etc., etc. L'avénement au trône de Guillaume IV, prince éclairé et libéral, en favorisa le triomphe. Il constitua sous la présidence de lord Grey un ministère partisan de la *réforme*, et qui en dépit de toutes les manœuvres employées par les tories pour faire échouer cette grande et utile mesure, parvint enfin à la réaliser, le 7 juin 1832 (*voyez* Réform Bill et Grande-Bretagne).

En France, la question de la *réforme électorale* surgit tout aussitôt après la révolution de Juillet; et c'est pour n'avoir pas su la comprendre, pour s'être opiniâtrement refusé à donner satisfaction à ce qu'il y avait de légitime dans les réclamations qui s'élevaient de toutes parts pour obtenir l'élargissement des bases électorales, seul remède à apporter au régime de corruption et d'influences illicites dans lequel le monopole électoral avait fini par faire dégénérer chez nous le gouvernement représentatif, que Louis-Philippe perdit sa couronne. La loi électorale en vigueur sous l'empire de la charte de 1814 fixait le cens obligatoire à 300 fr.

de contributions *directes*; et jusqu'en 1830 le nombre des censitaires ne dépassa guère 180,000. Celui des députés à nommer était de 250. Le système antinational suivi tant à l'intérieur qu'à l'extérieur par la branche aînée de la maison de Bourbon indisposa si profondément l'opinion publique, qu'en dépit de toutes les manœuvres employées par les ministres pour conserver la majorité dans la chambre élective et en écarter systématiquement les libéraux, ceux-ci finirent par l'emporter aux élections générales de 1827, qui amenèrent le renversement du ministère Villèle et l'avénement aux affaires du cabinet Martignac, auquel succéda en août 1829 une administration nouvelle présidée par M. de Polignac. Celui-ci ayant cru devoir, l'année suivante, en appeler à des élections nouvelles pour vaincre l'opposition systématique à toutes ses mesures qu'il rencontrait de la part de la chambre élective, une majorité libérale plus nombreuse et plus compacte encore se forma dans la chambre nouvelle; et c'est alors qu'enivré par le succès de l'expédition d'Alger, Charles X tenta son fameux coup d'État, connu sous le nom d'*ordonnances du 25 juillet 1830*, qui cassait la chambre et introduisait de nouvelles bases électorales calculées de manière à assurer au pouvoir la majorité dans la chambre élective. On sait ce qui en advint. Après la révolution des trois jours, le nouveau gouvernement modifia la charte de 1814, ainsi que la loi électorale. Le cens fut abaissé à 200 fr. de contributions directes, mais il en résulta à peine une addition de 80,000 électeurs aux listes électorales; de sorte qu'en réalité il n'y avait que 250,000 citoyens investis de droits politiques et appelés à prendre part à l'élection des 450 membres dont se composait maintenant la chambre des députés. Le nouveau roi, oubliant bientôt le fameux *programme de l'hôtel de ville*, crut consolider sa dynastie en combattant de tout son pouvoir les aspirations aux réformes politiques et administratives qui se manifestaient avec une force toujours croissante dans la presse et l'opinion publique; et ses ministres eurent à leur tour à combattre au sein de la chambre élective une opposition aussi vive que celle qu'y avaient rencontrée les ministres de la restauration. Pour conserver la majorité et triompher à coups de *boules blanches* de la réprobation de plus en plus générale qui s'attachait à leurs actes et à leurs tendances, ils eurent recours à toutes les manœuvres de la corruption sur le corps électoral pour faire triompher aux élections les candidats de leur choix. Les places, les sinécures, les croix, furent prodiguées aux électeurs *bien pensants*; et pendant plus de seize années la France eut sous les yeux le déplorable spectacle de tous les scandales administratifs impunis, et de la corruption de plus en plus radicale du gouvernement représentatif, qui avait fini par ne plus être que l'exploitation en grand du pays au profit d'un petit nombre de privilégiés. La *réforme électorale*, l'abaissement du cens, l'adjonction des capacités à la liste électorale, toutes mesures qui auraient décuplé le nombre des électeurs et rendu impossible l'exploitation du monopole électoral, furent réclamées avec instance dès 1835 au sein même des conseils généraux. Rien n'y fit; et un beau jour, à la suite d'un irritant et bien inutile parlage de vingt jours consécutifs sur une adresse de la chambre élective en réponse à un discours du trône, la branche cadette de la maison de Bourbon s'en alla rejoindre en exil son aînée (*voyez* FÉVRIER [Révolution de]).

REFORMERS (en français *réformistes*). On désigna ainsi en Angleterre, lors des longues luttes qu'y provoqua la question de la réforme parlementaire, tous ceux qui se montraient partisans d'une mesure ayant pour but d'élargir les bases du système électoral et de remédier aux vices de la représentation nationale (*voyez* GRANDE-BRETAGNE et REFORM BILL); mais qui ne croyaient pourtant pas qu'il fût nécessaire ou même utile d'aller au delà en fait de *réformes;* à la différence de ceux qui ne voyaient dans une transformation de la représentation nationale que le point de départ de toute une série de réformes autrement larges et *radicales* à opérer dans toute la machine gouvernementale, et même dans la constitution du pays. On appela ces derniers *radical reformers*, ou radicaux. C'est par milliers qu'on comptераitles *meetings* tenus de 1789 à 1832 sur les différents points de l'Angleterre pour aviser aux moyens de faire triompher par les seules voies légales une mesure législative considérée comme la sauvegarde de la constitution britannique. Cette question agita l'opinion pendant plus de quarante ans; et depuis un quart de siècle qu'elle a été résolue conformément aux vœux de la population, quelques bons esprits n'ont pas laissé que de s'apercevoir, non sans une vive surprise d'ailleurs, que la machine administrative de l'Angleterre était tout aussi usée, tout aussi vermoulue que pouvait l'être en 1830 sa machine législative; que c'était un nid dans lequel la routine, le favoritisme et le népotisme vivaient grassement et nonchalamment avec toute l'aisance que donne une possession séculaire. Les désastres essuyés par l'armée anglaise pendant l'expédition de Crimée, désastres provenant uniquement de l'impéritie et du manque absolu d'unité hiérarchique de l'administration, firent ouvrir les yeux à ceux-là même qui jusque alors avaient le plus contesté les avantages de la centralisation et de la hiérarchie. Il a donc surgi dans ces derniers temps en Angleterre une nouvelle classe de *reformers*, dont les meetings ont pour but la réforme complète d'un système administratif qui à la première vue paraît d'une simplicité extrême, mais dont en y regardant de plus près on reconnaît bien vite les complications sans fin et presque inextricables. On s'est mis alors hardiment à l'œuvre. Le ministère de la guerre a donné lui-même l'exemple des réformes les plus *radicales*; or, une fois sur cette pente, il est évident qu'on ne s'arrêtera plus, et qu'avant quelques années les nouveaux *reformers* auront atteint le but de leurs efforts : *la réforme administrative*.

RÉFORMÉS (Les). *Voyez* PROTESTANTISME et RÉFORMÉE (Église).

REFOULOIR, sorte de bâton garni à l'une de ses extrémités d'un gros bouton aplati, et qui sert à bourrer les pièces de canon.

RÉFRACTAIRE (du latin *refragor*, résister ; rebelle, désobéissant) se dit en chimie des substances minérales qui ne peuvent point se fondre ou qui fondent très-difficilement : Terre *réfractaire*, mine *réfractaire*.

Dans le langage militaire, l'emploi de ce mot ne date que des premières années du consulat. On appela alors *conscrit réfractaire* ou simplement *réfractaire* celui qui après être tombé au sort refusait d'obéir à la loi de la conscription, ou qui, ayant fait partie d'un détachement de conscrits, avait déserté avant d'arriver à sa destination. Les réfractaires étaient poursuivis par la gendarmerie, arrêtés et ramenés à leur corps, de brigade en brigade, pour y être jugés comme déserteurs, conformément aux lois en vigueur. Vers la fin du consulat, le nombre en était devenu si considérable qu'on se vit obligé de créer (12 octobre 1803) onze dépôts destinés à les recevoir. Réduits à huit en 1808, ils furent établis à Flessingue (et plus tard au fort Lillo); à Cherbourg; au château de Nantes (et plus tard à Port-Louis); à Saint-Martin-de-Ré; à Bordeaux; à Bayonne (plus tard à Blaye); au fort Lamalgue; à Gênes. Les *réfractaires* n'avaient pas d'autre coiffure que le bonnet de police : leurs fusils étaient sans baïonnette. Constamment consignés dans les casernes, ils n'en sortaient que pour les corvées, les exercices et les travaux auxquels ils étaient assujettis. On les employait à la réparation des fortifications, aux travaux de route et de canalisation. Ils ne recevaient pour ces travaux ni solde ni traitement. Le terme *retardataire* paraît aujourd'hui avoir remplacé le mot *réfractaire*. La loi du 10 mars 1818 et celle du 21 mars 1832, qui abrogent toutes les dispositions antérieures relatives au recrutement de l'armée, déferent aux tribunaux civils et militaires l'application des lois pénales sur le fait de la désertion des *retardataires*.

SICARD.

RÉFRACTAIRE (Clergé). *Voyez* ASSERMENTÉS Prêtres).

RÉFRACTEUR (*Astronomie*). Voyez TÉLESCOPE PARALLACTIQUE.

RÉFRACTION. C'est au passage de la lumière à travers les corps diaphanes que se manifeste le phénomène de la *réfraction*, qui change, d'après des lois déterminées, la marche de la lumière. Les milieux diaphanes les plus communs, tels que l'eau et tous les liquides transparents, le verre et tous les milieux homogènes, brisent seulement les rayons lumineux sans les diviser. Il n'en est pas de même des milieux cristallisés non homogènes dans toutes leurs parties. Nous n'examinerons ici que le phénomène tel qu'il s'opère dans les milieux de la première espèce : il porte alors le nom de *réfraction simple*. Quant à la *réfraction double*, il en a été parlé à l'article POLARISATION.

La *réfraction simple* consiste en une déviation du rayon lumineux qui s'opère à son entrée dans le second milieu, et qui, sans le faire sortir du plan perpendiculaire à la surface du milieu, le rapproche ou l'éloigne de la normale au point d'incidence, suivant que le second milieu est plus ou moins dense que le premier. Ainsi, quand un rayon de lumière passe de l'air dans l'eau, il se brise sans sortir du plan vertical qui le contient; mais il se rapproche de la verticale, parce que l'eau est plus dense que l'air. Inversement, lorsqu'un rayon passe de l'eau dans l'air, il s'éloigne de la verticale, ou, ce qui revient au même, il se rapproche de la surface du liquide. La déviation dont nous venons de parler n'est pas seulement variable avec la densité des corps; elle dépend aussi de l'angle que fait avec leur surface la lumière qui y tombe. Mais la loi qui régit cette seconde partie du phénomène est la même pour tous les corps et de la plus grande simplicité, de sorte qu'on peut facilement, connaissant la déviation produite par un corps pour un certain angle, en conclure pour ce corps toutes les autres déviations.

C'est au phénomène de la *réfraction* que sont dues les illusions auxquelles donnent lieu les objets plongés dans l'eau. On doit voir, par ce que nous venons de dire, que lorsqu'on regarde un objet plongé, on le voit au-dessus de la position qu'il occupe réellement. C'est pour cela qu'un bâton plongé à moitié, et qu'on regarde à peu près dans le sens de sa longueur, paraît brisé à son entrée dans l'eau et relevé vers la surface. Une expérience bien simple, et que l'on fait toujours pour convaincre du fait que nous venons d'énoncer, consiste à mettre au fond d'un vase une pièce de monnaie ou un corps quelconque. Si l'on se place dans une position telle que les bords du vase cachent l'objet en effleurant son contour, et qu'on y verse de l'eau sans changer sa situation, on verra peu à peu l'image de l'objet se relever au-dessus des bords et paraître même tout à fait, suivant la grandeur et la profondeur du vase. Sans s'en rendre compte, les gens habiles à tirer un poisson dans l'eau, de viser au-dessous de la position qu'il leur paraît occuper.

Nous avons dit que la *réfraction* était d'autant plus forte que les milieux étaient plus denses; il résulte de là qu'un rayon lumineux qui traverse une suite de couches d'air d'une densité différente, comme elles le sont lorsqu'on s'élève dans l'atmosphère, doit nécessairement ne pas progresser en ligne droite. C'est en effet ce qui arrive, et tous les rayons lumineux qui nous viennent de la voûte céleste sont déviés de leur direction, excepté cependant ceux qui traversent l'atmosphère dans la ligne du zénith, c'est-à-dire perpendiculairement à sa surface. Cette déviation, qui est d'autant plus sensible que l'on s'éloigne davantage du zénith, se nomme *réfraction atmosphérique*; elle a pour effet constant de recourber les rayons lumineux vers la terre, et de nous montrer alors les astres d'où ils émanent au-dessus de leur position réelle. Ainsi, le soir, le soleil est déjà au-dessous de l'horizon que nous l'apercevons encore. Ces fausses apparences doivent nécessairement entacher d'erreur les observations astronomiques. On les corrige maintenant au moyen de tables dressées à cet effet, mais qui ne pourront de longtemps être parfaitement exactes, eu égard à la grande variabilité des circonstances atmosphériques.

La loi générale de la réfraction simple, telle que nous l'avons énoncée plus haut, est l'unique point de départ que l'on puisse et que l'on doive prendre pour étudier la marche de la lumière à travers les milieux diaphanes. Tous les phénomènes auxquels donnent lieu les lentilles, les modifications qu'elles produisent dans les objets que l'on regarde à travers, découlent comme des conséquences mathématiques de cette loi unique. Nous remarquerons seulement que, pour pouvoir suivre avec certitude la marche d'un rayon lumineux à travers divers corps diaphanes successifs, il faut avoir la mesure exacte des déviations successives que ces corps sont susceptibles de lui imprimer. On y arrive facilement lorsqu'on connaît pour chacun d'eux la déviation qu'éprouve un rayon lumineux qui passe de l'air dans leur intérieur, ou ce qu'on nomme l'*indice de réfraction*. Les physiciens ont employé et emploient chaque jour des procédés particuliers pour arriver à la mesure de ces éléments indispensables de toutes les questions d'optique. On connaît maintenant, avec la plus grande exactitude, l'indice de réfraction de presque tous les corps transparents de la nature.

Ainsi que nous l'avons remarqué à propos de la réflexion, il ne faut pas croire que dans la réfraction toute la lumière passe d'un des milieux dans l'autre. Il y a toujours des réflexions produites à chaque surface que la lumière traverse, ce qui diminue d'autant la portion qui se réfracte; de plus, une autre portion est éteinte ou absorbée par le milieu lui-même. Cette dernière perte varie beaucoup avec la nature du milieu; ainsi, un morceau de verre à glace de huit centimètres d'épaisseur affaiblit d'environ moitié la lumière qui le traverse perpendiculairement à ses faces, tandis que $3^m,25$ d'eau de mer en absorbent tout au plus les deux cinquièmes. Dans l'air, la lumière perd à peu près un tiers de son intensité sur une longueur de 1,500 mètres. Cette perte, qui varie beaucoup d'un lieu à l'autre, change beaucoup aussi avec l'état de l'atmosphère; elle diminue lorsque l'air est pur et tranquille. Un fait naturel qui arrive chaque jour est propre à démontrer la vérité de ce que nous venons de dire, c'est l'affaiblissement rapide de la lumière solaire, lorsque l'astre s'abaisse vers l'horizon. L.-L. VAUTHIER.

REFRAIN (de l'espagnol *refran*, fait de la basse latinité *referaneus cantus*, chant qui revient toujours). On appelle ainsi, en poésie et en musique, un ou plusieurs mots, ayant toujours quelque chose de sentencieux et le même temps d'agréable, qui se répètent à chaque couplet d'une chanson, d'une ballade, d'un rondeau, etc. Les anciens ont, eux aussi, connu les *refrains*, et ils les employaient pour mieux exprimer la forme et la vivacité de la passion. On en trouve notamment des exemples dans l'idylle de Bion sur la mort d'Adonis.

RÉFRANGIBILITÉ, propriété que possède un corps de subir la réfraction. Ce mot est surtout employé dans la partie de l'optique où l'on traite de la dispersion qui se manifeste dans la lumière lorsqu'elle traverse un prisme transparent et qu'elle se sépare en faisceaux de couleurs différentes. On dit alors que les divers rayons colorés jouissent de réfrangibilités différentes (*voyez* SPECTRE SOLAIRE).

RÉFRIGÉRANT. En thérapeutique, on donne le nom de *réfrigérants* à des médicaments que l'on appelle aussi *rafraîchissants*.

En physique, les frigorifiques sont souvent nommés *mélanges réfrigérants*.

REFROIDISSEMENT, diminution de la chaleur d'un corps et plus particulièrement de celle que lui communique l'atmosphère. Pour le *refroidissement de la terre*, voyez CHALEUR TERRESTRE.

RÉFUGIÉS. C'est le nom qu'on donna aux protestants

français qui, lors des persécutions religieuses par lesquelles Louis XIV laissa déshonorer la dernière partie de son règne, durent abandonner leur patrie pour conserver la liberté de leur conscience. En 1685 le grand roi révoqua expressément l'édit de Nantes, œuvre de la sagesse de son immortel aïeul Henri IV; et pour échapper à l'oppression qui les menaçait avec la peine de mort pour sanction, les protestants abandonnèrent dès lors à l'envi un pays où ils n'étaient plus libres d'adorer Dieu à leur façon. La plupart de ces fugitifs appartenaient aux classes instruites et éclairées de la nation, car c'étaient celles qui avaient fourni le plus de recrues au protestantisme. Cette émigration enleva en outre à la France ses fabricants et ses ouvriers les plus habiles, qui portèrent leur industrie et leurs capitaux à l'étranger, où on les accueillit à bras ouverts. « C'est là révocation de l'édit de Nantes, dit M. de Sacy, qui en 1688 donna le trône de Jacques II à Guillaume d'Orange; et elle ne lui rendit pas moins de services en Hollande. Elle la réconcilia tout à coup avec le parti républicain, et détruisit en un jour tout l'effet des longues manœuvres de l'ambassadeur de France, le comte d'Avaux, pour entretenir la discorde entre le prince et les vieux ennemis du stathoudérat. C'est en Hollande surtout qu'abondèrent les réfugiés. C'est là que les Bayle, les Claude, les Jurieu vinrent chercher un asile, là que prêchait Saurin; les presses de Hollande multipliaient avec une activité infatigable et jetaient dans toute l'Europe les pamphlets des exilés contre Louis XIV, leurs écrits de polémique religieuse, leurs journaux, leurs revues, leurs histoires. La Hollande devint ainsi comme une seconde France sur la frontière même du royaume, mais une France libre, une France hardie jusqu'à la licence, protestante, philosophique, frondeuse. Pendant tout un siècle les presses de la Hollande furent la voix de l'opposition. En Suisse, la vieille amitié qui unissait ce pays au nôtre s'altéra sensiblement. Quant au Brandebourg, on pourrait presque dire que la grandeur de la Prusse est l'ouvrage de Louis XIV, tant ce pays profita de la révocation, grâce à l'habile et profonde politique du grand électeur Frédéric-Guillaume et de ses successeurs. Nulle part les exilés français ne furent accueillis avec plus de faveur, attirés avec plus de persévérance. Berlin se peupla de nos ouvriers, s'enrichit de nos manufactures, s'instruisit et se polica par nos hommes de lettres et par nos savants. » Ces réfugiés formèrent pendant longtemps au milieu des pays qui les avaient accueillis, notamment en Prusse, en Saxe et dans la Hesse, de véritables colonies françaises, au sein desquelles la langue nationale se conserva pendant plus d'un siècle. Bon nombre de descendants de ces réfugiés ont laissé un nom distingué comme savants, comme hommes d'État, comme militaires.

L'esprit de parti a pu seul en Allemagne être assez injuste pour reprocher à cette émigration si morale et si religieuse d'avoir corrompu les mœurs nationales, en y introduisant la légèreté et la frivolité qui sont le propre du caractère français. Il n'y a quelque chose de vrai dans un reproche de ce genre que lorsqu'on l'applique aux résultats produits au-delà du Rhin par l'irruption des émigrés à la suite des événements de 1789, époque où l'on vit effectivement des nuées de hobereaux, de prêtres et de chevaliers d'industrie s'abattre sur l'Allemagne, et y transporter les vices, les ridicules, les principes et les préjugés d'une cour corrompue. Consultez Ancillon, *Histoire de l'Établissement des Réfugiés français dans les États de Brandebourg* (Berlin, 1690); Erman et Reclam, *Mémoires pour servir à l'histoire des Réfugiés français* (9 vol., Berlin, 1782-1800); Ch. Weiss, *Histoire des Réfugiés protestants de France depuis la révocation de l'Édit de Nantes jusqu'à nos jours* (Paris, 1852).

A la suite des commotions politiques qui eurent lieu sur différents points de l'Europe après la révolution de Juillet, un certain nombre de Polonais, d'Allemands, d'Italiens et d'Espagnols vinrent demander à la France un asile contre les persécutions et les vengeances qui les attendaient sur le sol natal, et furent dès lors compris aussi sous la dénomination générique de *réfugiés*. La légion étrangère se recruta en grande partie parmi ces réfugiés, qui, sous le gouvernement constitutionnel, figurèrent constamment au budget de l'État pour une somme de plus de deux millions, répartis entre les nécessiteux à titre de *secours*.

RÉFUTATION (du latin *refutare*, repousser un argument). La réfutation dans l'art oratoire consiste à répondre aux objections de la partie adverse et à détruire les preuves qu'elle a alléguées. Elle participe à la nature de la confirmation, car on ne peut réfuter les moyens d'un adversaire sans établir les siens. C'est dans le genre judiciaire que la réfutation a le plus d'importance. On conçoit qu'elle peut se faire sous les formes les plus diverses. Lorsqu'elle se produit sous celle de l'ironie et de la plaisanterie, elle s'appelle *mieux confutation*.

REGAIN. *Voyez* Coupe.

RÉGALE (Droit de). « La régale, a dit Voltaire, est un droit que les rois ont de pourvoir à tous les bénéfices simples d'un diocèse pendant la vacance du siège et d'économiser à leur gré les revenus de l'évêché. » Une foule de documents constatent que ce droit appartenait aux rois des deux premières races et aux successeurs de Hugues Capet. Mais l'autorité faible et incertaine des souverains dans le douzième siècle laissa plusieurs papes l'usurper à leur profit. Philippe-Auguste revendiqua ce qui n'était qu'un acte d'administration dans son propre royaume, et Innocent III le lui reconnut par une bulle de 1210. Philippe le Bel, dans ses démêlés avec Boniface VIII, Philippe de Valois, Charles VII et Louis XII rappelèrent aussi dans leurs ordonnances ce *droit de régale*. De nouvelles contestations ayant été élevées à ce sujet par Innocent XI, Louis XIV déclara que la *régale* lui appartenait dans tous les évêchés du royaume, à l'exception seulement de ceux qui en étaient exempts à titre onéreux. *Voyez* GALLICANE (Église), tome X, page 101. En 1681 le clergé de France demanda que le roi fixât lui-même par une loi la manière dont il entendait exercer ce droit de succéder aux archevêques et évêques pour la collation des bénéfices autres que les cures, pendant la vacance des sièges. La déclaration du 24 janvier 1682 lui accorda à peu près tout ce qu'il demandait, malgré les conclusions de l'avocat général Talon, qui avait donné des détails très-curieux sur l'origine de la régale et démontré que ce droit n'avait d'autre but que de soumettre les évêques au serment de fidélité.

RÉGALE (Jeu de). On appelle ainsi dans l'orgue un jeu dont les tuyaux sont fermés par le haut, et qui imitent la voix humaine.

RÉGALIENS (Droits), *jura regalia*. On comprend sous cette dénomination générique l'ensemble des droits attachés à l'exercice de la souveraineté, et, qui diffèrent suivant qu'ils découlent naturellement du principe et du but de cette souveraineté, ou bien qu'ils ne sont que le résultat accidentel d'une organisation politique particulière. Les publicistes distinguaient autrefois les grands droits régaliens (*majora jura regalia*) des petits droits régaliens (*minora jura regalia*). Les premiers appartiennent au souverain, *jure singulari et proprio*, et sont incommunicables à autrui; ils constituent les attributs essentiels de la souveraineté; ce sont par exemple le droit de légiférer, d'interpréter les lois, de connaître en dernier ressort des jugements de tous magistrats, de créer des offices, de faire la guerre ou la paix, de battre monnaie, de prélever des contributions sur les sujets, de gracier des condamnés pour crimes ou délits, etc.; les seconds, assez mal définis, consistent, suivant ces mêmes casuistes politiques, dans les divers priviléges et prérogatives dont un souverain peut déléguer l'exercice à des tiers, et dont il peut même affermer le produit.

REGARD, action de la vue qui se porte sur l'objet qu'on veut voir (*voyez* ŒILLADE). En termes de peinture, on appelle *regard* deux portraits de grandeur égale ou à peu près, qui sont peints de telle manière que les deux figures représentées se regardent l'une l'autre : *Un regard du Christ et de la Vierge.*

Regard se dit encore d'une ouverture maçonnée, pratiquée pour faciliter la visite d'un conduit, d'un égout, d'un aqueduc, et où sont parfois établis des robinets servant à la distribution des eaux : *Regard de fontaine.*

RÉGATTES, en italien *Regatta*. On appelait ainsi autrefois les joutes de gondoles qui avaient lieu de temps à autre à Venise. La place Saint-Marc était le point de départ, et des prix étaient accordés aux patrons des gondoles qui avaient conduit avec le plus de rapidité leurs légères embarcations à travers les nombreux canaux dont cette ville est entrecoupée. Aujourd'hui on donne indifféremment ce nom aux joutes de toutes espèces qui ont lieu sur l'eau, que ce soit celle de la mer ou celle d'une rivière. Les *régattes* du Havre ont acquis dans ces dernières années une certaine importance : figurer sans trop de défaveur à côté des loups de mer de la basse Seine est le *nec plus ultra* de l'ambition du canotier parisien. On ne saurait nier que ces fêtes entretiennent et provoquent parmi les maîtres et patrons de bateaux un esprit d'émulation qui peut avoir son côté utile sous le rapport des soins plus grands à donner à la construction, au gréement et à l'entretien des embarcations; et c'est aussi ce qu'aura pensé le ministre de la marine lorsqu'en 1853 il a pris un arrêté portant qu'à l'avenir il pourrait être accordé aux régattes qui ont lieu sur le littoral des prix du *ministère de la marine.*

RÉGENCE (du latin *regere*, gouverner), administration de l'État confiée à une ou plusieurs personnes chargées de suppléer le souverain dans les cas où il ne peut gouverner par lui-même, soit à cause d'absence, de captivité ou de maladie, soit à cause de minorité. Ceux qui furent revêtus de ce pouvoir furent appelés d'abord *gardiens du royaume, administrateurs, lieutenants du roi ou du prince, mainbourgs, bailes*, etc. Ce ne fut qu'au commencement du quatorzième siècle qu'on les désigna sous le titre de *régents*. Les premières régences qu'on trouve dans l'histoire de France sont celles de Brunehaut, pendant la minorité de Childebert, et celle de Frédégonde pendant la minorité de Clotaire II. Les reines disparaissent bientôt pour faire place aux maires du palais. Dagobert Ier nomma en mourant, pour *gardien* de la personne et du royaume de Clovis II et de Sigebert III, ses fils mineurs, Pépin, a été, le premier de ses noms. Nous trouvons encore, tant en Neustrie qu'en Austrasie, les régences d'Erchinoald, de Wulfoad, d'Ebroïn, de Pépin d'Héristal, de Théodoald, mis lui-même sous la tutelle de son aïeule Plectrude, de Charles Martel et de Pépin le Bref. La seule régence de l'époque carlovingienne, celle de Gerberge pendant la minorité de Lothaire, fut très-favorable à l'agrandissement des ducs de France, et contribua avec d'autres causes à la chute de la dynastie carlovingienne. La dynastie des Capétiens, de 987 à 1792, et de 1814 à 1848, ne présente que *huit* régences produites par la minorité des rois, et quelques autres causées par leur incapacité ou leur absence. La première régence fut celle de Baudouin, comte de Flandre, pendant la minorité de Philippe Ier. Suger fut régent du royaume pendant la croisade de Louis le Jeune. Lorsque Philippe-Auguste partit pour la Terre Sainte il confia l'administration des affaires à la reine Adèle, sa mère, et à son oncle Guillaume, archevêque de Reims. A la mort de Louis VII, la régence appartenait, selon le droit féodal, à l'oncle du jeune roi, Philippe Hurepel, comte de Boulogne; mais sa mère, Blanche de Castille, l'en évinça en vertu d'un testament oral de feu roi; on sait la sagesse et la fermeté que déploya cette princesse dans l'exercice du pouvoir. Blanche de Castille fut encore régente du royaume pendant la première croisade de son fils; et au moment de partir pour sa seconde expédition, le saint roi confia le gouvernement à Matthieu, abbé de Saint-Denis, et à Simon de Nesle. Pendant la captivité du roi Jean la régence fut exercée par son fils, le dauphin Charles, qui plus tard fixa lui-même (1374) la majorité des rois à quatorze ans;

mesure impuissante, qui n'empêcha pas son fils Charles VI de rester en minorité presque toute sa vie. Les oncles du roi exercèrent d'abord le pouvoir, et après eux le duc d'Orléans, son frère, et le duc de Bourgogne, son cousin, commencèrent cette rivalité funeste qui divisa la France en deux factions, les Bourguignons et les Armagnacs. Les ordonnances de 1403 et de 1407 offrent au sujet des régences une législation précise. Les reines mères sont appelées à régler l'État si elles vivent, ainsi que *les plus prochains du lignage*. A la mort de Louis XI Charles VII avait atteint sa quatorzième année, mais il eût été impuissant à continuer l'œuvre de son père. Celui-ci nomma *régente* sa fille, Anne de Beaujeu, qui joua alors à peu près le même rôle que Blanche de Castille sous Louis IX, et qui rendit des services semblables. Madame de Beaujeu fut encore investie de la régence pendant tout le temps de l'expédition de Charles VIII en Italie. Les fréquentes absences de Louis XII et de François Ier pendant les guerres d'Italie nécessitèrent souvent des régences, si l'on peut donner ce nom aux courts *intérims* causés par ces expéditions. Pendant la captivité de François à Madrid, l'autorité fut aux mains de sa mère Louise de Savoie, duchesse d'Angoulême. La régence de Catherine de Médicis sous Charles IX vit naître les calamiteuses *guerres de religion*; celle de Marie de Médicis, sous Louis XIII, fit descendre la France du rang où l'avait placée Henri IV, exposa la royauté aux attaques des grands et des huguenots, et suspendit l'abaissement de la maison d'Autriche; celle de la mère de Louis XIV, Anne d'Autriche, fut le temps de la Fronde; enfin, la régence du duc d'Orléans sous Louis XV, la moins troublée de toutes celles que présente notre histoire, est aussi la plus fertile en scandales, celle où les mœurs furent le plus corrompues.

On appelle encore *régences* le gouvernement des petites principautés germaniques et les administrations municipales d'Allemagne, de Hollande et de Belgique. La banque de France est également administrée par une régence. Enfin, par ce mot on désigne aussi les États Barbaresques.

La *loi de régence* du 30 août 1842 fixait la majorité du roi à dix-huit ans accomplis. Elle investissait de la régence pendant la minorité du roi le prince le plus proche du trône dans l'ordre de succession établi par la charte de 1830. Le régent avait le plein et entier exercice de l'autorité royale au nom du roi mineur. Le régent était tenu de prêter devant les chambres le serment d'être fidèle au roi des Français, d'obéir à la charte constitutionnelle et aux lois du royaume, et d'agir en toutes choses dans la seule vue de l'intérêt, du bonheur et de la gloire du peuple français. La garde et la tutelle du roi mineur appartenaient à la reine ou princesse sa mère non remariée, et, à son défaut, la reine ou princesse son aïeule paternelle également non remariée.

Aux termes du sénatus-consulte du 8 juillet 1856, l'empereur est mineur jusqu'à l'âge de dix-huit ans accomplis. Si l'empereur mineur monte sur le trône sans que l'empereur son père ait disposé par acte rendu public avant son décès de la régence de l'empire, l'impératrice mère est régente et a la garde de son fils mineur. L'impératrice régente qui convole à de secondes noces perd de plein droit la régence et la garde de son fils mineur. A défaut de l'impératrice mère ou d'un régent nommé par l'empereur par acte public ou secret, la régence appartient au premier des princes français, dans l'ordre de l'hérédité à la couronne. Si aucun prince français n'est habile à exercer la régence, c'est le sénat qui défère subsidiairement ce mandat. Bien que la régence entraîne avec elle la plénitude de l'exercice de l'autorité impériale, certains actes du gouvernement d'une gravité exceptionnelle, tels que les questions relatives au mariage de l'empereur, les sénatus-consultes organiques, les traités de paix, d'alliance ou de commerce, sont soumis à la délibération du conseil de régence. Ce conseil, formé des princes français et d'un petit nombre de personnages choisis par l'empereur ou par le sénat, ne peut être convoqué et présidé que par l'impératrice régente, le régent ou leurs délégués.

RÉGENT, titre qu'on donne à celui qui est investi de la régence pendant l'incapacité ou la minorité d'un souverain.

C'est aussi la qualification des membres du conseil supérieur d'administration de la Banque de France et des maîtres chargés de l'enseignement dans les colléges communaux. Le titre de *professeur* ne se donne qu'à ceux qui enseignent dans les lycées et les facultés.

Régent est encore le nom d'un des diamants de la couronne de France (*voyez* DIAMANT).

REGGIO, ancien duché d'Italie, d'une superficie d'environ 14 myriamètres carrés, et qui fait aujourd'hui partie intégrante de la province du même nom (24 myr. carrés, 161,646 hab.) du duché de Modène, fut dès le treizième siècle soumis aux marquis d'Este, et passa successivement sous l'autorité des Correggio, des Gonzaga, des Visconti, etc.; mais après la prise de Rome, en 1527, il fut restitué par l'empereur Charles-Quint à la maison d'Este, qui en est restée jusqu'à ce jour en possession, sauf l'intervalle de 1796 à 1814, époque pendant laquelle le territoire de Reggio fit d'abord partie de la *république cisalpine*, puis, sous le nom de département du Crostolo, fut compris dans le *royaume d'Italie*. En 1809, Napoléon créa *duc de Reggio* l'un de ses maréchaux, Oudinot.

Le chef-lieu du duché, qui porte le même nom, le *Regium Lepidi* des Romains, ville bien bâtie, sur la petite rivière du Crostolo, avec de larges rues où l'on remarque beaucoup d'arcades et de vastes édifices, siége d'un évêché, compte environ 20,000 habitants. On y trouve un séminaire épiscopal, un collége de jésuites, un lycée avec la collection de minéraux de Spallanzani, une bibliothèque publique, un beau théâtre, une citadelle et un vieux château, une cathédrale digne d'être vue et quarante-huit églises paroissiales ou chapelles. Elle possède des fabriques assez importantes de soieries et de toiles; et il s'y tient chaque année, au mois d'avril, une foire importante. L'Arioste naquit à Reggio, et c'est à un village de ce duché que le *Corrége* emprunta son nom. Aux environs sont situées les ruines du château de Canossa.

REGGIO, chef-lieu de la province de la Calabre ultérieure Première, dans le royaume de Naples, le *Rhegium* des anciens, dans une magnifique et fertile plaine baignée par le détroit de Messine, jadis l'une des villes les plus considérables de la Grande-Grèce, fut presque complétement détruite par un tremblement de terre, en 1783. Depuis elle a été rebâtie sur un bon plan, et compte environ 17,000 habitants, qui font un grand commerce en huile et en savons.

RÉGICIDE. Dans les États monarchiques, la question du *régicide*, celle de savoir s'il est licite de faire périr un roi, est toujours grave en elle-même, et toujours funeste quand elle surgit dans les débats publics. Pour les hommes qui considèrent les sociétés comme établies par Dieu et indépendantes des volontés de l'homme, le régicide est un sacrilége. Le crime qui porte la main sur l'homme de Dieu s'attaque à Dieu même. Mais dans cette hypothèse le roi n'est que l'instrument de Dieu; il existe au-dessus des rois un représentant de Dieu, et le chef de la religion, jugeant les princes selon leurs œuvres, a le droit d'affermir ou de briser leur sceptre. La monarchie veut bien régner de *droit divin*, mais la monarchie ne veut pas s'asservir à la théocratie; elle adopte tout le pouvoir du pape *par le roi*, moins le pouvoir du pape *sur le roi*. Ces débats causèrent la perte de la branche de Valois, suscitèrent la Ligue, assassinèrent Henri III, et finirent par le meurtre de Henri IV. Cette puissance des conciles sur les papes, des papes sur les rois et des rois sur les peuples, fut en partie réfrénée par la *déclaration du clergé de France de* 1682; mais l'esprit sacerdotal ne voulut pas abdiquer sa souveraineté: la querelle existe encore en théorie, et l'impuissance du Vatican le rend peu redoutable aux couronnes. L'autel ne menace plus le trône; et cependant, par cela seul que dans le droit divin la suprématie du prince a été contestée par le prêtre il en est résulté que dans le droit national l'inviolabilité du roi a été contestée par le peuple. Le droit du peuple étant substitué au droit de Dieu, ce résultat était inévitable. Les prétentions sont pareilles, les arguments les mêmes, et les juges de Charles Ier et de Louis XVI ont employé les arguments des ligueurs, des Guise et de la cour de Rome. Lorsqu'on établit une doctrine au profit d'un pouvoir, toutes les forces s'en emparent.

La question se complique lorsqu'on l'envisage selon le droit national séparé du droit divin: il faut d'abord savoir dans quelles mains est tombé l'exercice actif de la souveraineté. Si dans les mains du roi, le *régicide* est admis par toutes les puissances: Romulus frappe Rémus, Henri de Transtamare frappe don Pèdre, Élisabeth frappe Marie Stuart; si dans les mains de l'aristocratie, le fait s'érige encore en droit: les rois de la Grèce furent tous expulsés ou meurtris par les sénats des villes de l'Hellénie, Romulus tomba sous le fer des sénateurs, et Tarquin fut chassé par la révolte des patriciens; si dans les mains de l'armée, la victoire légitime l'attentat: prétoriens, janissaires, streltzi, soldats de tous les pays, ont joué pendant deux mille ans le drame à la tête des rois. Triste effet du crime lorsqu'il tombe de haut! sa semence est vivace et féconde, et il s'élève ensuite pour la ruine des puissances qui n'en voulaient qu'à leur profit. Le protestantisme, aidé de presque tous les rois, de presque toute la féodalité de l'Europe, suscite la démocratie chrétienne contre la souveraineté et la hiérarchie catholiques. Les puissances ne virent que le fait. Aveugles et sans prévision, elles ne virent pas la doctrine révolutionnaire, qui par la paix put étendre ses conquêtes futures, devenues légitimes par la sanction de ses conquêtes accomplies et acceptées. Tout l'avenir de l'Europe était là: la presse, arme terrible et invincible; la plume, glaive plus redoutable que l'épée, sapa toutes les hiérarchies religieuses et politiques. L'opinion, puissance née de la publicité, s'éleva sur toutes les puissances. L'ennemi commun fut la stabilité; le monde se mit en marche: ici par le progrès, révolution lente; là par la révolution, progrès abrupte. La démocratie combattit partout, tantôt par la parole et tantôt par l'épée, hérita des droits que toutes les supériorités s'étaient arrogés avant elle, et le *régicide* entra avec bien d'autres crimes dans ce redoutable héritage.

Malheureusement pour les nations modernes, aucune n'avait ni mœurs, ni lois, ni littérature qui lui appartinssent en propre: chacune d'elles puisait sa science à des sources étrangères. L'éducation religieuse s'inspirait plus de la Bible que de l'Évangile. Le prêtre préférait le Dieu fort au Dieu bon, celui qui brise toutes les résistances à celui qui s'insinue dans tous les cœurs. Là se trouvait un dédain profond pour la royauté. L'instruction scientifique n'avait que deux sources, la Grèce et Rome, pays républicains, terre natale du régicide. L'histoire écrite de la Grèce commence à l'expulsion ou au meurtre de ses rois. Rome nous apparaît avec une haine plus prononcée encore contre la monarchie. Quel triste récit nous ont transmis ses historiens de ses rois et de ses triumvirs! Comme l'histoire fait vibrer toutes les cordes généreuses du cœur humain entre la tombe du despotisme expirant et le berceau de la liberté naissante! comme la gloire, la puissance, l'immortalité s'amoncèlent sur ce Capitole républicain! comme un Brutus et un Caton terminent avec un patriotique courage ce grand drame de l'humanité ouvert par un autre Brutus, illustré par un autre Caton! Et voyez après, d'Auguste à Augustule, comme Rome s'éteint, comme le genre humain s'abaisse, comme la royauté s'offre dégoûtante de débauche, de rapines, d'impuissance et d'atrocité! L'instruction politique, je veux dire le livre du monde contemporain, est souillé de pages plus hideuses encore. C'est le prêtre réprouvant la race de Clovis pour consacrer l'usurpation des carlovingiens, c'est le prêtre déposant le fils de Charlemagne, lançant l'anathème sur Philippe et l'interdit sur son royaume. C'est le vassal sans cesse armé contre son maître, et la féodalité en révolte ouverte et permanente contre la souveraineté, jusqu'au jour où elle fait passer le sceptre de la seconde à la troisième race. Et je n'exhume pas des jours de barbarie, quoiqu'ils soient l'unique instruction des siècles barbares. Dans notre époque de civilisation, dans cette France classique en Europe pour l'amour de ses rois, Henri III meurt assassiné, Henri IV meurt assassiné, Louis XIII, Louis XIV, chassés par la révolte, sont presque sans asile dans leur royaume; Louis XV est frappé d'un fer meurtrier.

On s'étonne, on s'indigne toutefois lorsque la démocratie, héritant de ces fatales traditions, ose imiter ces funestes exemples. Il faut gémir, mais non s'étonner. Tout est dans les décrets de la Providence; et ici tout est encore dans l'enchaînement inévitable des choses humaines, qui déduit l'effet de la cause, et ce qui suit de ce qui précède. Sans doute les moyens sont différents : la démocratie, forte comme un peuple, n'a besoin ni d'une coupe empoisonnée, ni d'un poignard assassin, ni d'une révolte d'un jour. Son émeute à elle est une *révolution*. Ce n'est pas un meurtrier, c'est par un arrêt qu'elle envoie la mort. Qui n'est glacé d'angoisse et d'effroi à l'aspect de Charles Ier, de Louis XVI, devant ces corps politiques qui se transforment en bourreaux nécessaires, par cela seul qu'ils se disent juges légitimes ! Telle est la justice des peuples quand ils osent juger ! Et depuis cet arrêt, et sous nos yeux!, quel mépris aveugle de la royauté par les rois ! Napoléon jetant du trône ou jetant au trône, au gré de son désir, les princes qu'il craint ou les soldats qu'il aime; Murat fusillé comme un caporal; l'Amérique répudiant ses rois; la France qui le prend ou le chasse au souffle d'une émeute; les couronnes en suspens devant le glaive en Portugal, en Espagne, en Belgique, et le droit attendant sa consécration de la force; ces monarques qui fuient, ces princes qui mendient, ces royautés que chacun coudoie, mesure, insulte dans la rue! Tout est éteint, et la réalité, et les mystères, et les fictions de la puissance. L'un a tué des rois, l'autre a tué des royautés; le fer, la presse, la parole, le siècle, l'état social, tout est *régicide*, complice du *régicide*, fauteur de *régicide*.

J.-P. Pagès (de l'Ariége).

RÉGIE, économat, garde, administration et direction d'un revenu, à la charge d'en rendre compte : La *régie* d'un bien, d'une succession. Jadis les fermiers généraux mettaient en *régie* les droits qui se prélevaient à Paris et affermaient ceux des provinces.

Régie se dit particulièrement de certaines administrations chargées de percevoir les impôts indirects ou de certains services publics : La *régie* des contributions indirectes; Les tabacs de la *régie* sont toujours détestables.

RÉGILLE (Lac), petit lac situé à l'est de Rome, dont le nom est célèbre dans l'histoire par la bataille que les Romains, sous les ordres d'Aulus Posthumius, gagnèrent dans son voisinage, l'an 496 av. J.-C., sur les Latins. Ceux-ci avaient pris fait et cause pour Tarquin *le Superbe*, dont les espérances de restauration se trouvèrent anéanties à la suite du désastre essuyé par ses alliés.

REGILLO DA PORDENONE, dont le véritable nom était *Giovanni Antonio* Regillo Licinio, peintre de l'école vénitienne et rival du Titien, né en 1484, à Pordenone, peignit un grand nombre de tableaux pour sa ville natale et quelques autres toiles pour Mantoue, Vicence et Gênes; mais ses œuvres principales furent exécutées à Venise. Il y décora entre autres la chapelle de Saint-Roch et, en société avec le Titien, la salle des *Pregadi* de l'église Saint-Jean; travaux qui excitèrent entre les deux artistes la plus noble rivalité. Appelé à Ferrare par le duc Hercule II, afin d'y dessiner les cartons destinés à des tapisseries qui devaient être fabriquées en Flandre, Regillo da Pordenone y mourut, en 1540, empoisonné, à ce qu'on prétend. Les compositions grandioses et passionnées ne sont pas le côté fort de ce peintre; en revanche, il l'emporte sur la plupart des autres artistes de l'école vénitienne, et ne le cède même point au Titien sous le rapport de la beauté et de la viva-

cité extraordinaire du coloris et de la *morbidezza* du nu. Il aimait particulièrement à peindre plusieurs portraits sur une même toile.

RÉGIME (du latin *regimen*, dérivé de *regere*, gouverner). C'est l'usage raisonné des aliments et de toutes les choses essentielles à la vie, tant dans l'état de santé que pendant la maladie : Un bon, un mauvais *régime*; Se mettre au *régime*, Renoncer au *régime*, etc. (*Voyez* Hygiène et Diète.)

Régime signifie aussi la manière de gouverner, d'administrer les États : *Régime* paternel ou despotique. Le *régime féodal*, c'était l'organisation, la constitution féodale; le *régime représentatif*, c'est celui où la nation concourt par ses représentants à l'exercice de la puissance législative. Le *nouveau*, l'*ancien régime*, c'est la nouvelle, l'ancienne forme de gouvernement. En jurisprudence, il y a le *régime dotal* et le *régime de la communauté*. Le premier est l'ensemble des dispositions législatives qui régissent la société conjugale lorsque la dot reste la propriété de la femme; le second est l'ensemble de ces dispositions lorsque les époux vivent en communauté (*voyez* Contrat de Mariage).

RÉGIME (*Grammaire*). La plupart des grammairiens distinguent par cette dénomination un mot qui restreint la signification du verbe et qui lui sert de complément; et comme un mot peut restreindre un verbe directement ou indirectement, il suit de là que l'on reconnaît deux régimes, l'un *direct*, l'autre *indirect*. Dans cette phrase : « Il sert bien la patrie; » la *patrie* est le régime du verbe *servir*; c'est là un régime direct. Il sert bien *qui* ? ou *quoi* ? Réponse : La *patrie*. Toutes les fois que le régime répond aux questions *qui* ? ou *quoi* ? il est *direct*. S'il ne répond qu'à l'une des questions *à qui* ? ou *à quoi* ? *de qui* ? ou *de quoi* ? alors il est nécessairement *indirect*, comme dans les phrases suivantes : « Envoyer de l'argent à ses créanciers; Convenir à ses lecteurs; Se venger d'une injure. » Ces mots, *à ses créanciers*, *à ses lecteurs*, *d'une injure*, sont les régimes indirects des verbes *envoyer*, *convenir*, *se venger*. De savants grammairiens ont donné d'autres noms à cette partie constitutive de la phrase. Celui-ci reconnaît des régimes *absolus* et des régimes *relatifs*; celui-là nomme *complément* ce que nous avons appelé *régime*. Suivant d'autres, on doit lui donner le nom de *modicatif*, ou de *déterminatif*, ou d'*adjonctif*, etc., etc. Une pareille anarchie dans les termes et la prétention d'en créer toujours de nouveaux ne sont pas de nature à mettre l'ordre et de la lucidité dans les choses. C'est là un inconvénient qui n'est que trop commun dans l'enseignement des sciences.

Champagnac.

RÉGIME (*Botanique*), nom que l'on donne vulgairement aux grappes de fleurs et de fruits du palmier. Avant leur épanouissement, ces grappes de fleurs sont enveloppées dans une spathe coriace et quelquefois ligneuse. Après leur fécondation, ces fleurs se changent en fruits. Le nombre de fleurs qui naissent sur certains palmiers est énorme. On estime à environ douze mille le nombre de fleurs contenues dans un *régime* de dattier (*voyez* Cocotier).

RÉGIMENT, division de troupes formant un tout indépendant et composé d'un certain nombre de bataillons, d'escadrons ou de batteries, et de compagnies. Dès lors il y a des régiments d'infanterie, de cavalerie et d'artillerie. Les premiers n'ont en général que trois bataillons. En France ils en ont quatre lorsque l'armée est portée sur le pied de guerre; en Russie ce nombre est parfois porté à cinq ou à six. Dans les régiments de cavalerie, le nombre des escadrons varie suivant les armées; il est tantôt de quatre, tantôt de six et même de huit. Dans les régiments de cavalerie légère, il était même autrefois de dix. Les régiments d'artillerie comprennent plusieurs batteries de divers calibres, ou bien sont organisés en régiments d'*artillerie à pied*, et en régiments d'*artillerie à cheval*. Quant au mot même de *régiment*, il ne remonte pas au delà du seizième siècle. Il ne désignait point alors de corps particulier, tactiquement organisé. Il n'était alors encore que synonyme de *forte bande*, dont le commandement ou *régiment* était remis à un chef investi de certains droits, comme par exemple de celui de nommer les officiers chargés de servir sous ses ordres. Peu à peu au mot *régiment* s'attacha l'idée d'un corps tactiquement organisé et d'une certaine force. En France, ce fut Henri II qui le premier donna cette dénomination aux légions qu'il institua en 1558. *Voyez* ARMÉE, COMPAGNIE, GARNISON, LÉGION et ORGANISATION MILITAIRE.

REGIOMONTANUS (*Jean* MULLER, dit), à cause du lieu de sa naissance, mathématicien distingué, né le 6 juin 1436, à Kœnigsberg, en Franconie, fut initié à la connaissance des mathématiques par le célèbre Georges de Purbach, et enseigna ensuite cette science pendant plusieurs années avec le plus grand succès à Vienne. Le désir d'apprendre la langue grecque le décida, en 1461, à accompagner le cardinal Bessarion en Italie. A son retour de la péninsule, il séjourna à la cour du roi de Hongrie, Matthias Corvin, jusqu'en 1471, époque où il alla s'établir à Nuremberg. Intimement lié avec Bernard Walther, il fonda dans cette ville une imprimerie, devenue célèbre par la correction des éditions sorties de ses presses. En 1474 le pape Sixte IV l'appela à Rome, pour travailler à la réforme du calendrier, et ensuite il fut nommé évêque de Ratisbonne. Il mourut dans cette ville, le 6 juillet 1476, suivant les uns de la peste, suivant d'autres assassiné par les fils de Georges de Trébizonde, qui voulurent venger dans le sang du critique la honte projetée sur le nom de leur père par les fautes grossières que Regiomontanus avait signalées dans ses traductions. Regiomontanus fut le premier qui s'occupa sérieusement en Allemagne de l'étude de l'algèbre, jusque alors complètement négligée, et d'en améliorer les méthodes. Il perfectionna également les procédés scientifiques de la trigonométrie, et y introduisit l'emploi des tangentes. La mécanique lui doit aussi d'importantes innovations. Ses nombreux ouvrages relatifs aux conduites d'eau, aux miroirs ardents, aux poids et mesures, et à d'autres sujets encore, témoignent d'une vaste érudition et d'une rare sagacité. Ses observations astronomiques, *Ephemerides ab anno 1475-1506* (Nuremberg, 1474), sont très-exactes et le mirent en grand renom. Elles furent continuées par Bernard Walther (qui à la mort de Regiomontanus acheta ses papiers), et publiées par Schonerus (1474). On a de Regiomontanus une foule d'ouvrages, parmi lesquels nous nous bornerons à citer: *Tabula magna primi Mobilis* (1474); *De Reformatione Calendarii* (Venise, 1489); *De Cometæ Magnitudine Longitudineque* (Nuremberg, 1531), et *De Triangulis omnimodis* (1533). Les traités de *Chiromancie* et de *Physiognomonie* publiés en latin sous son nom sont vraisemblablement apocryphes.

RÉGION. *Voyez* CONTRÉE.

RÉGISSEUR, celui à qui est confiée la garde, l'administration, la *régie* d'un bien, d'un revenu quelconque, à la charge de rendre compte des produits au propriétaire, à la différence du fermier, qui moyennant une redevance fixe l'administre à son profit et comme bon lui semble.

Au théâtre, les fonctions de *régisseur* consistent tantôt à choisir et à monter les pièces qu'il s'agit de représenter, tantôt à les proposer à la direction. Mais c'est toujours lui qui est chargé de les mettre en scène; mission dans l'accomplissement de laquelle il doit prouver qu'il a la connaissance des caractères et de l'époque dont il est question dans la pièce, en même temps que son habileté doit consister à grouper toutes les forces diverses de la troupe de manière à produire un effet saisissant. Tout cela demande autant d'expérience que de sagacité, d'imagination et de force de volonté. De la mise en scène dépend l'illusion, et par suite le succès d'un ouvrage. Le plus ordinairement le régisseur est un comédien encore en service actif; mais sur les grandes scènes on confie maintenant cet emploi à un comédien en retraite, parfois même à un homme qui sans avoir jamais été comédien ne laisse pas que de bien connaître l'art du comédien et toutes les traditions des coulisses. Souvent alors on lui donne le titre de *directeur de la scène*.

REGISTRE (du latin du moyen âge, *regesta*, dont on se servait dans le même sens), livre où l'on écrit les actes, les affaires de chaque jour, pour y avoir recours au besoin. De *registre* on a fait enregistrement.

Registre est encore un terme de musique, dont l'explication a été donnée à l'article ORGUE, t. XIII, p. 794; et un terme de typographie. *Voyez* PRESSE, page 66.

RÈGLE (du latin *regula*), instrument fort simple, de bois ou de métal, dont on se sert pour tirer des lignes droites.

Au figuré, ce sont les principes, les maximes, les lois, tout ce qui sert, en un mot, à conduire et à diriger l'esprit et le cœur : Les *règles* du devoir, de la morale, de la bienséance, de la politesse; ou bien encore, ce sont les lois humaines, les coutumes, les ordonnances, les usages : Les *règles* de la justice, de la procédure; agir en *règle*, procéder selon les *règles*.

En parlant des sciences et des arts, *règle* désigne les préceptes qui servent à les enseigner, les principes et les méthodes qui en rendent la connaissance plus facile et la pratique plus sûre : Les *règles* de la grammaire, de la logique, de la poésie, de la peinture, etc.

Enfin, ce mot signifie encore les statuts que les religieux d'un ordre sont tenus d'observer : La *règle* de saint Benoît, de saint François, de saint Augustin, etc., etc.

RÈGLE (*Arithmétique*). On donne ce nom à toute opération que l'on exécute sur des nombres donnés. Toutes les règles de l'arithmétique peuvent se ramener à l'addition, la soustraction, la multiplication, la division, l'élévation aux puissances et l'extraction des racines, qui pour cela sont dites *règles primitives*. On pourrait même se dispenser de l'emploi des quatre dernières, et se borner à l'addition et à la soustraction; mais ce serait au grand préjudice de la rapidité du calcul.

On a donné le nom de *règle de trois* à l'opération qui a pour but de calculer l'un des termes d'une proportion géométrique, quand on connaît les trois autres. La *règle de trois* était *simple* ou *composée*, suivant que la quantité inconnue dépendait d'une ou de plusieurs proportions. On résout maintenant ces questions par la méthode de réduction à l'unité, et nous avons donné un exemple se rapportant à un cas où la *règle de trois* serait composée. La réduction à l'unité s'applique à toutes les questions qu'embrassait la règle de trois, telles que les *règles d'intérêts*, *d'escompte*, *de compagnie*, etc.

RÈGLE DE SOCIÉTÉ. *Voyez* COMPAGNIE (Règle de).

RÈGLE DE TROIS. *Voyez* RÈGLE.

RÈGLEMENT, statut qui détermine et prescrit ce que l'on doit faire, action d'appliquer les règles, acte qui est fait pour leur exécution. Les décrets impériaux sont des *règlements* : ils obligent les citoyens comme les lois elles-mêmes. Les *règlements de police*, qui sont faits par le préfet de police à Paris, par les préfets dans les départements, par les maires des communes, sont aussi obligatoires pour leurs administrés.

Les tribunaux peuvent faire des *règlements* pour le service intérieur, et pour l'ordre et la distribution des causes; mais il leur est défendu de prononcer par voie de disposition générale et réglementaire sur les causes qui leur sont soumises.

Règlement se dit encore des statuts d'un corps délibérant et de ceux d'une société savante, d'une communauté, d'une manufacture, etc. Enfin, ce mot s'applique encore à l'action de *régler* les mémoires des fournisseurs ou des ouvriers, c'est-à-dire d'en réduire les divers articles à leur juste valeur; mission la plus ordinairement confiée à un expert vérificateur.

RÈGLEMENT D'ADMINISTRATION PUBLIQUE. Les décrets portant *règlement d'administration publique* sont des décrets organiques établissant de quelle manière la loi doit être exécutée. Ce sont en quelque sorte des lois *secondaires* destinées à déterminer le sens de la loi principale.

Les décrets rendus en forme de *règlements d'administration publique* interviennent dans certains cas particuliers, lorsqu'on veut soumettre la décision à des formes solennelles et approfondies. C'est ainsi, par exemple, que les concessions de mines et tout autre acte important du chef de l'État sont l'objet de décrets rendus en la forme des *règlements d'administration publique*. Dans les deux cas le conseil d'État doit proposer le projet de décret, et ce décret contient la mention qu'il a été entendu.

RÈGLEMENT DE JUGES. C'est, en *procédure*, l'arrêt qui décide devant quels juges un procès doit être porté. Il y a lieu à *règlement de juges*, en matière civile et en matière criminelle, lorsque deux ou plusieurs tribunaux se trouvent saisis du même différend, de la même contravention, ou de délits et de contraventions connexes. Le Code de Procédure civile et le Code d'Instruction criminelle prescrivent les formes qui doivent y être observées et déterminent les tribunaux qui doivent en connaître.

RÈGLEMENTS D'EAU. *Voyez* Cours d'eau.

RÉGLISSE. Cette racine, fort connue dans les besoins de la vie domestique, porte en latin le nom de *glycyrrhiza glabra*, et appartient à la grande famille des légumineuses. La *réglisse officinale*, la plus importante de toutes les variétés de racines qui portent ce nom, est ordinairement de la grosseur du doigt, jaune en dedans, roussâtre à l'extérieur; elle ne peut jamais se rompre dans le sens de sa largeur, mais se tire au contraire très-bien en fils. On la trouve en grande quantité en Italie, en Espagne et dans le Languedoc; elle est vivace, et se cultive en grand dans les jardins : on la multiplie très-facilement par rejetons qu'on détache des vieilles racines. Elle a une saveur douce et mucilagineuse, qui la rend précieuse pour les classes indigentes, puisqu'elle peut remplacer le sucre dans les tisanes et en diminuer l'amertume; outre sa saveur douce et mucilagineuse, elle a encore une action marquée sur les voies urinaires; elle est d'un puissant secours dans les rhumes et dans toutes les maladies de poitrine. Mais on ne doit jamais la faire bouillir, à moins que le médecin ne le prescrive d'une manière formelle; au contraire, toutes les fois qu'on l'emploie à édulcorer une tisane, il faut verser celle-ci toute bouillante sur la racine coupée en petits morceaux, et la laisser infuser quelques heures. De cette manière, le principe sucré seul se dissout, et la tisane n'a que la saveur agréable de la racine de réglisse, et non point son âcreté.

L'emploi de la réglisse ne se borne point là; on en prépare encore un extrait connu sous le nom de *suc* ou *jus de réglisse*, qui nous vient ordinairement de Calabre, d'Espagne et surtout de Catalogne. C'est un très-mauvais produit, qui, loin d'avoir l'efficacité qu'on lui attribue, n'est nullement propre au traitement des affections de poitrine; mais cela tient à sa mauvaise préparation. Il se trouve dans le commerce sous forme de bâtons cylindriques, longs d'environ six pouces, et enveloppés de feuilles de laurier. Il contient une énorme quantité de fécule et un peu de cuivre. Ce n'est point ce médicament qu'on trouve dans l'officine du pharmacien, qui pour le préparer traite par l'eau froide le suc de réglisse du commerce. Après que l'eau froide a épuisé tout le principe sucré et le principe mucilagineux qui sont solubles, il filtre et fait évaporer le liquide au bain-marie. Quand il est en consistance convenable, il l'aromatise avec un peu d'essence d'anis, et le coule sur une table de marbre où il l'étend avec soin ; puis il le coupe avec des ciseaux en petits fragments. La supériorité de ce médicament sur le mauvais extrait, qu'on désigne dans le commerce sous le nom de *suc de réglisse*, est incontestable. C. FAVROT.

REGNARD (Jean-François), notre premier auteur comique après Molière, naquit le 8 février 1655, à Paris, sous les piliers des halles, comme l'immortel écrivain auquel il devait succéder. Jusqu'à l'âge de quarante ans, Regnard, livré tout entier aux hasards d'une vie de plaisirs, de voyages et d'aventures, n'annonçait pas que la comédie, veuve depuis longtemps du génie de Molière, trouverait encore en lui un digne interprète. Quelques pièces de vers d'un style et d'un jet faciles, mais entachées de négligences trop répétées; un assez grand nombre de comédies spirituelles, mais ébauchées, faites la plupart en collaboration avec Dufresny pour le théâtre italien, telles étaient les seules preuves qu'il eût données de son talent, lorsque parut *Le Joueur*, cette comédie de haut goût qui le plaça immédiatement après l'auteur du *Misanthrope*. La passion pour les voyages, pour le jeu, pour le luxe d'une vie dissipée, explique naturellement le retard qu'il mit à prendre la place que lui assuraient les facultés éminentes de son esprit. Maître, à la mort de son père, marchand fort aisé, d'une fortune de plus de 40,000 écus, Regnard put satisfaire fort jeune ses goûts dominants du côté de l'Italie. Il rapporta de ce premier voyage 10,000 écus gagnés au jeu, et ce succès l'engagea à en faire un second dans les mêmes lieux. A Bologne, il conçut une passion très-vive pour une dame provençale : cette dame retournait en France, Regnard se décida à s'embarquer avec elle et son mari sur une frégate anglaise qui faisait route de Civita-Vecchia à Toulon. La frégate fut attaquée, à la hauteur de Nice, par deux corsaires barbaresques, prise après trois heures de combat, et conduite à Alger. Regnard fut vendu 1,500 livres et la Provençale 1,000, « ce qui pourrait, dit La Harpe, faire naître des suppositions peu avantageuses sur sa beauté, quoique son amant la représente partout comme une créature charmante ». Grâce à son *talent*, Regnard sut adoucir sa captivité : son goût pour la bonne chère lui avait acquis un fonds de connaissances culinaires qui ne lui furent pas médiocrement utiles en cette occasion. Son maître, Achmet-Talem, le nomma son cuisinier, et cette charge de confiance rendit sa position moins insupportable. Sa famille lui fit passer 12,000 livres à Constantinople, où son patron l'avait conduit, et cette somme servit à sa rançon et à celle de sa maîtresse, dont le sort avait dû être plus triste encore pendant cette captivité. Regnard rapporta en France la chaîne qu'il avait traînée lors de son esclavage, et la conserva toujours dans son cabinet. Rendu, après cette longue mésaventure, à son heureuse vie de Paris, aimé de la belle Provençale, qu'il avait ramenée de Constantinople, il était sur le point de s'unir avec cette dame, pour laquelle il avait tant souffert, lorsque le retour du mari, qu'on avait cru mort à Alger, vint rompre tout à coup ces projets de bonheur. Pour se distraire de ses chagrins, Regnard recommença à voyager. Il alla d'abord en Flandre et en Hollande, de là en Danemark, de Danemark en Suède et de Suède en Laponie. Deux gentilshommes français, qui avaient voyagé en Asie, nommés, l'un Fercourt, l'autre Corberon, l'accompagnèrent. Parvenus à Tornéo, la dernière ville du globe du côté du Nord, ils continuèrent leur route en avant de sept à huit lieues, et arrivés au pied d'une montagne, ils la gravirent, le 22 août 1681, et écrivirent sur le roc ces vers latins, que l'antiquité n'eût pas désavoués :

Gallia nos genuit, vidit nos Africa, Gangem
Hausimus, Europamque oculis lustravimus omnem ;
Casibus et variis acti terraque marique,
Sistimus hic tandem, nobis ubi defuit orbis.

De retour à Paris en 1682, après avoir encore été visiter la Pologne, Regnard acheta une charge de trésorier au bureau des finances : les plaisirs, surtout ceux de la table, occupèrent alors ses loisirs; ses soupers eurent une grande vogue, et il eut l'honneur de compter quelquefois les princes de Condé et de Conti au nombre de ses convives. La maison qu'il possédait au coin de la rue Richelieu, quartier alors le plus reculé de Paris, devint le rendez-vous d'une société élégante, spirituelle et des mieux choisies. Regnard a fait en vers fort heureux la description de cette

. . . . . . maison modeste et retirée,
Dont le chagrin surtout ne connut pas l'entrée.

Plus tard, il alla habiter sa belle terre de Grillon, près Dourdan, et c'est là qu'il composa la plupart de ses comédies et ses voyages : il y mourut, le 4 septembre 1709.

Il n'y a rien à dire des relations de voyage de Regnard : à l'exception de celle de son voyage en Laponie, elles ne renferment rien de curieux et qu'on ne trouve partout ailleurs. Sa nouvelle intitulée *La Provençale*, et dans laquelle il raconte, sous des noms d'emprunt et avec des couleurs tant soit peu romanesques, ses amours avec la voyageuse de Civita-Vecchia, sa captivité et son retour, n'offre également qu'un fort médiocre intérêt : tout y est pris sur le ton chevaleresque et semi-épique des romans d'alors. Ses épîtres, ses satires et ses premières comédies, bien que remarquables par quelques endroits, n'auraient certes pas suffi pour faire passer son nom à la postérité. *Le Joueur* est sans contredit le chef-d'œuvre de Regnard, et l'une des meilleures comédies qu'on ait vues depuis Molière. Dufresny voulut en revendiquer le plan, et Gacon les plus heureux vers : le temps a fait justice de ces prétentions contemporaines. Après *Le Joueur* vient *Le Légataire universel*, la pièce la plus gaie sinon la plus comique de notre répertoire; puis, par gradation décroissante, *Les Ménechmes*, *Le Distrait*, *Les Folies amoureuses*, *Démocrite amoureux*, *Le Retour imprévu*, toutes pièces inégalement bonnes, mais dignes de figurer en seconde ligne sur la scène française. On prétendait un jour devant Boileau que l'auteur du *Joueur* était un médiocre auteur : « Il n'est pas médiocrement gai », répondit celui-ci. Le grand talent de Regnard fut en effet de n'être pas *médiocrement gai* : il n'a ni la profondeur, ni la philosophie, ni l'éloquence, ni l'esprit d'observation de Molière, mais il en a la gaieté, et cela a suffi pour lui donner le second rang parmi les auteurs comiques.

JONCIÈRES.

REGNAULT (JEAN-BAPTISTE), peintre d'histoire, a longtemps partagé avec D a v i d l'honneur de guider l'école française. Plus jeune que lui de six ans, plus timide dans ses réformes, il est resté moins célèbre que l'auteur du *Léonidas*, bien qu'il ait eu une grande part dans la révolution qui, aux dernières années du dix-huitième siècle, mit fin aux faciles exagérations des élèves de Lemoine et des Vanloo. Regnault était né à Paris, le 17 octobre 1754. Des malheurs de famille le conduisirent d'abord en Amérique, et tout enfant il erra longtemps au hasard sans trop songer à la peinture. De retour en France, et son goût pour les arts commençant à se déclarer, il entra dans l'atelier de Bardico, artiste sage et froid, qui conduisit son jeune élève à Rome. Regnault n'avait guère alors plus de quatorze ans. Après avoir travaillé plus sérieusement qu'on n'avait coutume de le faire en ce temps de décadence, il revint à Paris en 1774, et prit part au concours de cette année. Le sujet proposé était *L'Entrevue d'Alexandre et de Diogène*. Regnault remporta le prix, et retourna à Rome, cette fois en qualité de pensionnaire du roi. Dès lors la carrière était ouverte devant lui, et rien dans le goût public, déjà préparé par Vien et par David, ne put lui être contraire. En 1782 il fut agréé à l'Académie, ayant pour son tableau d'*Andromède et Persée*, et l'année suivante il fut reçu membre de la docte compagnie, à laquelle il présenta son *Éducation d'Achille*, composition doublement célèbre, et par sa propre valeur et par la gravure que Bervic en a faite. Ce tableau est aujourd'hui au Louvre, avec la *Descente de Croix*, qu'il avait peinte pour Fontainebleau, l'*Origine de la Peinture* et le *Pygmalion*. Les œuvres de Regnault sont trop nombreuses pour qu'il soit possible de les énumérer ici toutes. Il nous suffira de rappeler *Les Trois Grâces*, *L'Amour et Psyché* (musée d'Angers), *Hercule sauveur d'Alceste*, *Iphigénie*, *Le Déluge*, *Danaé*, *La Mort d'Adonis*, *L'Enlèvement d'Orythie*, *Mars désarmé par Vénus*, etc. Regnault a également peint diverses compositions historiques, *La Mort de Kleber*, *La Mort de Desaix*, et quelques allégories, dans le goût de l'époque, *Louis XVI acceptant la constitution*, *Le Triomphe de la France*, etc. Tous les gouvernements employèrent son pinceau. Lors de l'organisation de l'Institut en 1795, Regnault, qui avait fait partie de l'ancienne académie, entra dans la Classe des Beaux-Arts. Professeur très-écouté, il a vu passer dans son atelier Hersent, Blondel, Pierre Guérin, le graveur Richomme, d'autres encore, qui, à tort ou à raison, étaient illustres hier ou qui le sont encore aujourd'hui. On peut dire pourtant que Regnault a pu assister à la décadence de l'école dont il avait vu la splendeur. En effet, il a vécu jusqu'au 12 octobre 1829, et à cette date la tradition impériale, de toutes parts menacée, s'écroulait déjà sous l'effort de ceux que Regnault et ses amis traitaient volontiers de barbares. Aujourd'hui le peintre de l'*Éducation d'Achille* est définitivement jugé : coloriste, il est terne, sans éclat et harmonieusement triste; dessinateur, il ne manque pas d'un certain goût élégant, mais fade et mesquin; peintre, il reste pour nous sans vigueur, sans émotion, sans génie.

Paul Mantz.

REGNAULT DE SAINT-JEAN-D'ANGÉLY (MICHEL LOUIS-ÉTIENNE), naquit en 1762, dans la petite ville dont il prit le nom. Il était avocat à l'époque de la révolution, dont il embrassa avec ardeur la cause, et fut nommé député aux états généraux. Après s'être un instant rapproché du parti de la cour et avoir publié une feuille monarchique *Le Courrier de Versailles*, il revint à ses premiers principes dans le cours de l'année 1790. Après la fuite du roi, il prit la parole pour demander des mesures d'urgence. En 1791 il se prononça contre les pétitionnaires du champ de Mars. La session de la Constituante terminée, il écrivit dans le *Journal de Paris*, à la rédaction duquel il participa jusqu'au 31 mai. Proscrit à cette époque par les jacobins, il eut l'adresse de se faire employer dans les charrois militaires, et fut néanmoins arrêté à Douay, en août 1793. Le 9 thermidor le sauva, et il fut bientôt nommé administrateur des hôpitaux des armées. Cette place commença sa fortune, que devait achever la munificence de Napoléon, auquel il s'attacha dès les premières campagnes d'Italie. Devenu membre du conseil d'État dès l'origine de ce corps, il en fut l'organe habituel auprès du sénat toutes les fois qu'il fallut motiver de nouvelles levées de conscrits ou justifier par d'éloquents sophismes les actes de la politique impériale. Depuis cette époque jusqu'à la première abdication de l'empereur, en 1814, Regnault ne cessa de faire entendre sa voix adulatrice; et il conserva tout le clinquant de son style de courtisan, même après les désastres de Moscou et de Leipzig. Nommé pendant la campagne de France chef de légion de la garde nationale, il ne fit pas plus preuve alors de courage militaire que de courage civil. Simple académicien pendant la première restauration, il fut fait ministre d'État aux cent jours. Après Waterloo, il eut une grande part à la proclamation de Napoléon II. Proscrit en 1815, le ministère Decazes lui permit de revenir en France. Il mourut la nuit même de son arrivée à Paris; son fils est aujourd'hui général commandant en chef de la garde impériale et sénateur.

RÈGNE (du latin *regnum*). Ce mot a différentes significations. Il sert d'abord à désigner le g o u v e r n e m e n t d'un roi, d'une reine, ou de tout autre souverain. Il s'emploie ensuite au figuré en parlant des choses qui ont de l'autorité, de l'influence, comme la raison, la justice; ou qui sont en vogue, en crédit, comme la mode, les arts, les usages. Pour exprimer le pouvoir de la grâce et l'empire du péché sur les hommes, la théologie a depuis longtemps consacré ces deux locutions : *le règne de la grâce*, le *règne du péché*.

Mais c'est surtout en *histoire naturelle* que ce mot joue un rôle important. Lorsque les hommes s'occupèrent à reconnaître les objets qui les environnaient, ils comprirent que leur multitude empêchant de les étudier, il était nécessaire d'abord de les ranger dans un ordre propre à faciliter les opérations de l'esprit. Les substances qui présentaient des caractères communs furent réunies sous le même titre, et l'on disposa sous différents chefs celles qui jouissaient de propriétés diverses. De ce premier mode de généralisation résultèrent trois grandes divisions parmi les corps de la nature, et on leur donna le nom de *règnes*, comme formant des espèces de royaumes. On observa que les terres, les métaux et les matières fossiles ne donnant aucun indice de vie, de mouvement spontané, de nutrition intérieure et de génération, n'ayant aucun organe destiné à des fonctions spéciales, étaient des corps bruts ou *minéraux*. D'autres corps enracinés dans la terre, pourvus d'organes, prenant une nourriture intérieure, croissant et se reproduisant, furent reconnus doués de vie; mais comme ils ne donnent aucun signe de sentiment, on les nomma *végétaux*. Enfin, d'autres corps vivants, capables de sentir et de se mouvoir d'eux-mêmes, se nourrissant et se reproduisant, furent désignés sous le nom d'*animaux*. Cependant une distance infinie semble séparer le végétal et l'animal de la pierre la plus parfaite, du fossile le plus travaillé. La vie, les fonctions de la génération, la forme régulière des parties, l'harmonie de l'ensemble, cette sorte d'instinct qui se manifeste dans les plantes comme chez les bêtes, tout annonce que ces êtres ont reçu des qualités bien supérieures à celles du minéral. En conséquence, il était bien plus logique de ranger les corps naturels en deux principales divisions, et les trois grandes classes anciennes ont été réduites à deux : le *règne organique*, comprenant les animaux et les végétaux, et le *règne inorganique*, comprenant les minéraux (*voyez* ANIMAL, BOTANIQUE, HISTOIRE NATURELLE, MINÉRALOGIE, etc.).

RÉGNIER (MATHURIN), né à Chartres, en 1573, poëte satirique français, qui non moins que Malherbe contribua à *réduire* la muse gauloise *aux règles du devoir*, selon l'expression de Boileau. On a peu de renseignements biographiques sur Regnier. Destiné à l'état ecclésiastique, nommé chanoine de Notre-Dame de Chartres, en remplacement de son oncle Desportes, sa conduite n'en fut pas plus édifiante. Ses poésies nous apprennent qu'il fit deux voyages à Rome, l'un à la suite du cardinal François de Joyeuse, le second avec l'ambassadeur Philippe de Béthune. Il n'eut pas à se louer de ces deux protecteurs, et il est probable qu'il n'aurait pu en accuser que ses mœurs, qui le conduisirent au tombeau en 1613, pendant un voyage qu'il fit à Rouen dans sa quarantième année.

Il est à regretter que les ouvrages de Regnier, par la nature des sujets qu'il affectionnait, ne puissent être mis entre les mains des jeunes gens. On a dit de notre langue que c'était une *gueuse fière* : je crois qu'on n'eût point émis cette opinion si nos grands écrivains du dix-septième siècle, au lieu de prendre Malherbe pour seul guide, eussent aussi attentivement étudié les ouvrages de Regnier. Malherbe, exclusivement livré à la poésie lyrique, a constamment tendu son style à une hauteur souvent sublime ; Regnier, plus simple, plus naturel, eût donné à notre langue un aspect moins dédaigneux : son expression est énergique et pittoresque ; sa pensée force le rire par ses conséquences inattendues, ou étonne par la profondeur qu'elle cache sous une apparence frivole. Pardonnons-lui son langage, qui était celui de son temps, peut nous offrir d'étrange et de grossier ; passons-lui quelques scènes qui offensent la pudeur, mais qui, en ne les considérant pas comme objet d'étude, ne toucheront pas plus nos sens que le modèle nu de l'académie ne fait rougir l'élève des arts. Ne peut-on d'ailleurs excuser la licence de ses peintures et de ses expressions en remarquant que de son temps le nom seul de *satire* indiquait un ouvrage obscène. VIOLLET-LE-DUC.

Les éditions des œuvres de Mathurin Regnier faites de son vivant sont criblées de fautes, parce qu'il était trop insouciant pour en surveiller attentivement l'impression. Brossette le premier en donna une édition critique (Londres, 1729 ; réimprimée en 1735), avec commentaire sur les passages obscurs. La plus récente et la meilleure est celle qu'en a donnée (Paris, 1829) notre honorable collaborateur, M. Viollet-le-Duc.

REGNIER (N...), artiste sociétaire de la Comédie-Française. S'il suffisait pour devenir un comédien de premier ordre d'être intelligent, instruit et distingué, Regnier serait digne d'être inscrit, dans les annales du Théâtre-Français, au rang des artistes les plus illustres. Mais l'esprit et le génie même ne suffisent pas pour faire un éminent comédien; il faut avoir reçu de la nature un extérieur avantageux, le *physique*, comme on dit dans le langage laconique des coulisses, un organe agréable, une rare facilité d'élocution; et ce sont là des qualités dont Regnier n'a pas lieu de s'enorgueillir. Sa physionomie est vive, expressive, mais elle le relègue dans l'emploi trivial des petits bourgeois et de la petite livrée ; il n'a pas un masque assez ample, assez vigoureux pour recueillir la succession de Monrose, dont l'originalité, l'audace, le feu, la verve folle et fantasque étaient incomparables, et qui de bien longtemps ne sera pas remplacé. Samson, Regnier et Got, dans l'emploi des grands valets, ne sont que l'ombre de Monrose, qui, comme l'a dit un homme d'esprit, était le premier valet de l'Europe. J'ajouterai, pour faire tout de suite la part de la critique, que Regnier n'a de valeur que dans la comédie de genre. L'ancien répertoire ne lui va pas. Il a une diction tudesque, une action d'outre-Rhin, qui doivent lui interdire l'ancien répertoire et surtout les comédies en vers. Il n'est à l'aise que dans la prose moderne, qu'il peut hacher à son gré et où son talent peut s'épanouir par saccades. Il rend d'ailleurs à la Société du Théâtre-Français de grands services ; Regnier est un juge excellent, et ses conseils ont toujours une légitime influence sur le comité. Il est considéré comme une des lumières de cet aréopage qui décide du sort de la jeune littérature. C'est, d'ailleurs, un artiste zélé, qui met le soin le plus consciencieux dans les plus petits rôles, et qui, en sa qualité d'archiviste de la Comédie-Française, tient les registres avec cet ordre exact et ponctuel qu'avait Lagrange, ce comédien qui remplissait si scrupuleusement les mêmes fonctions au temps de Molière. Comme acteur, Regnier est spirituel, éveillé, franc, mordant, incisif, soigneux, qualités qui lui tiennent lieu de celles qu'il n'a pas. Il a, du reste, en suivant la carrière du théâtre, cédé à une vocation irrésistible. Né à Paris, le 1er avril 1807, Regnier a fait d'excellentes études au collège de Juilly. Il étudia ensuite la peinture, et il eut pour maître l'un des peintres les plus gracieux de la restauration, Hersent, dont les charmantes compositions ont été tant de fois reproduites par la gravure. Mais Regnier se dégoûta bien vite de la palette et du pinceau, et il pensa qu'il valait mieux se faire architecte. Il commença cette nouvelle carrière sous le patronage de MM. Peyre et Debret. Il était ainsi à vingt ans élève de l'Académie des Beaux-Arts ; mais il n'avait pas une bien grande aptitude à la géométrie, et il eut la douleur, le jour de son examen, d'être refusé. Que faire? Le théâtre seul lui était ouvert, et il s'y jeta corps et âme. Il avait des modèles dans sa famille, et il comptait sur les conseils et l'exemple de sa mère. Il débuta donc au théâtre Montmartre, cette scène *extra-muros* où tant d'artistes renommés ont fait leurs premières armes, et obtint dans le courant de 1826 un engagement au théâtre de Metz. L'année suivante il fut engagé au grand théâtre de Nantes, où il passa trois ans. En 1831 M. Dormeuil, qui venait d'ouvrir le théâtre du Palais-Royal, lui proposa un engagement, sur la recommandation de Gontier ; et il y avait quatre mois qu'il jouait sur cette nouvelle scène, quand il trouva l'occasion d'entrer comme pensionnaire à la Comédie-Française, où ses débuts eurent lieu le 6 novembre 1831, par le rôle de Figaro du *Mariage*. Cet artiste excelle surtout à traduire les personnages que M. Scribe et les auteurs qui n'écrivent qu'en pensant soin d'esquisser à son intention. Comme homme privé, Regnier est, ainsi que son camarade Samson, l'un des hommes qui par leur caractère, leurs mœurs et leur savoir-vivre, honorent le plus la profession de comédien. DARTHENAY.

REGNIER-DESMARAIS (FRANÇOIS-SÉRAPHIN),

grammairien justement estimé, né à Paris, le 13 août 1632, mourut en la même ville, le 6 septembre 1713. Il fit ses études au collége Montaigu. Dès cette époque il traduisit en vers français la *Batrachomyomachie*. Ne recevant que peu de secours de sa famille, il rechercha la protection de personnages influents, avec lesquels il exécuta plusieurs voyages, aussi agréables qu'instructifs. C'est ainsi qu'en 1662 le duc de Créquy l'emmena avec lui à Rome, en qualité de secrétaire. Pendant le séjour qu'il fit dans la ville éternelle, il parvint à s'assimiler si complètement le génie de la langue italienne, que l'Académie de *la Crusca* attribua d'abord à Pétrarque une de ses odes, qu'il lui fit présenter par l'abbé Strozzi ; et quand elle fut détrompée, elle s'empressa de l'admettre au nombre de ses membres. Il était parvenu également à acquérir une connaissance tout aussi parfaite de la langue espagnole. A l'âge de trente-six ans, ayant obtenu le prieuré de Grand-Mont, il embrassa l'état ecclésiastique, et deux ans plus tard, en 1670, il fut élu membre de l'Académie Française, dont il devint le secrétaire perpétuel à la mort de Mézerai, en 1684. On lui confia plus particulièrement la publication du *Dictionnaire de l'Académie*, dont la première édition parut en 1694. Il rendit d'importants services à l'Académie dans sa lutte contre Furetière, exclu de cette savante corporation en raison du dictionnaire auquel il a attaché son nom. Regnier-Desmarais est également l'auteur de la *Grammaire Française* (2ᵉ vol., 1705) publiée sous le nom de l'Académie. C'est le premier bon traité composé sur l'orthographe de notre langue. On en blâme d'ailleurs avec raison la prolixité. On a de lui des traductions de divers traités de Cicéron, une traduction d'Anacréon en vers italiens, et une assez médiocre *Histoire des Démêlés de la France avec la cour de Rome, au sujet de l'affaire des Corses* (Paris, 1704). A l'âge de quatre-vingts ans, il publia le recueil de ses œuvres poétiques, sous le titre de : *Poésies françaises, latines, italiennes et espagnoles* (Paris, 1708). Ses poésies italiennes et espagnoles sont beaucoup plus estimées en Italie et en Espagne que nous ne faisons cas de celles qu'il composa dans notre propre langue.

REGRATTIERS. Voyez BLATIER.

REGRET, souvenir pénible d'avoir fait, dit ou perdu quelque chose. Au pluriel ce mot est synonyme de *plaintes*, de *lamentations* et de *doléances* (voyez DOULEUR MORALE).

RÉGULATEUR. On donne ce nom à un appareil de la plus haute importance dans les machines où la force motrice est soumise à des variations. Il n'est pas en effet de force motrice qui agisse toujours également ; et si l'on ne possédait pas le moyen d'équipoller les irrégularités plus ou moins fortes qui se manifestent dans la production des forces motrices, il serait impossible de faire marcher avec régularité une machine quelconque. Ces appareils sont naturellement de différentes espèces, suivant les fonctions de la machine à laquelle ils appartiennent. Ainsi, le *régulateur d'une montre* est le ressort spiral ; celui d'une horloge est le pendule. A l'article CHARRUE, nous avons décrit le mécanisme du régulateur particulier à cet instrument aratoire.

L'un des plus anciens régulateurs dont on fasse usage dans les machines est le *pendule conique* ou *régulateur à force centrifuge*. Il se compose d'une couple de tiges rigides, égales, également chargées à leur extrémité libre, et fixées à charnière à l'autre extrémité à l'axe d'un arbre vertical dépendant de la machine, de manière à tourner avec lui. Les variations de vitesse dans le mouvement de rotation de l'arbre se manifesteront par des variations correspondantes dans l'écartement entre les tiges et l'axe vertical auquel elles sont fixées ; écartement dû à la force centrifuge. On peut employer cet appareil à serrer ou à déployer les ailes d'un moulin à vent, à augmenter ou à diminuer la quantité de grain qui vient s'engager entre les meules, etc. ; de sorte que son action s'exerce tantôt sur les organes qui transmettent la puissance, tantôt sur ceux qui produisent la résistance. Dans les machines à vapeur, le *pendule conique* ou *régulateur à force centrifuge* peut être employé de plusieurs manières différentes à régler le mouvement du feu, soit à l'aide d'un *registre* qui fait varier le tirage de la cheminée, soit en agissant sur le distributeur mécanique lui-même, pour augmenter ou diminuer la quantité de charbon fournie à chaque instant.

Les ventilateurs de sûreté adaptés aux chaudières à vapeur, aux gazomètres, aux machines hydrauliques et aux machines à air comprimé sont aussi, à bien dire, des *régulateurs*, puisqu'ils ont pour but d'empêcher la pression de la vapeur, des gaz, de l'eau ou de l'air, d'être trop forte, ce qui amènerait l'explosion des récipients.

Dans beaucoup de métiers à tisser il y a un *régulateur*, composé d'un mécanisme ayant pour but de ranger et de tenir à distances égales les fils dont se compose la trame.

REGULATORS, *Régulateurs*. C'est la dénomination que prit dans l'État d'Arkansas (Amérique du Nord) une association qui se forma en 1839 pour suppléer à l'insuffisance des lois dans cette partie lointaine de l'Union, qu'on commençait alors à défricher pour la première fois. Une foule d'aventuriers et de chevaliers d'industrie des États de l'Est et du Sud étaient venus se réfugier au milieu des forêts et des marais impénétrables de ces contrées, et y pratiquaient plus spécialement le vol des chevaux ; d'où résultait des pertes sensibles pour les colons, car les chevaux constituaient leurs principales richesses. En l'absence de toute répression judiciaire de ces méfaits, les *régulateurs* organisèrent une manière de justice de Lynch, et se mirent à la chasse des voleurs de chevaux. Le moindre châtiment qu'on leur infligeait était la peine du fouet ; mais le plus ordinairement on les pendait ou on les fusillait. On conçoit que bien des erreurs regrettables, bien des cruautés révoltantes étaient inséparables d'une telle manière de procéder ; mais le but de l'association des *régulateurs* fut du moins atteint. Ainsi traqués sans merci, les voleurs de chevaux finirent par être forcés de se réfugier dans les districts indiens ou au Texas ; et dès lors l'État d'Arkansas jouit d'un peu plus d'ordre et de tranquillité.

RÉGULE (du latin *regulus*, petit roi). On a donné ce nom aux substances métalliques qui par la fusion ont été séparées du soufre, de l'arsenic ou d'autres matières étrangères. Cette dénomination, qui appartient aux alchimistes, est peu usitée aujourd'hui ; cependant on nomme encore dans le commerce *régule d'antimoine* le métal recueilli au fond du creuset par l'affinage de l'oxyde métallique obtenu après le grillage du minerai ou *sulfure d'antimoine* qui le constitue.

RÉGULIERS, *Regulares*. On donne ce nom, dans l'Église catholique, à tous ceux qui ont fait vœu de vivre suivant une certaine règle, par conséquent à tous les membres d'un ordre, d'une congrégation, etc.

RÉGULUS (MARCUS ATTILIUS), Romain de race plébéienne, aussi pauvre que Curius et que Cincinnatus, mais célèbre par son dévouement et son amour pour sa patrie, obtint le consulat pour la première fois l'an 267 av. J.-C., et subjugua au sud-est de l'Italie les Salentins. En 256, neuvième année de la première guerre punique, il fut réélu consul avec Lucius Manlius Vulso, et chargé de transporter en Afrique le théâtre de la guerre. Les deux consuls, à la tête de trois cent trente navires montés par 140,000 hommes, battirent à Ecnôme, près d'Agrigente, sur la côte de Sicile, la flotte carthaginoise, forte de 350 navires et portant 150,000 hommes. C'est l'une des plus grandes batailles dont il soit mention dans l'histoire ancienne. A la suite de cette victoire, Régulus et Vulso débarquèrent sans obstacle en Afrique, et s'emparèrent de Clupea, d'où leur armée se répandit dans le pays. Même après le départ pour l'Italie de Manlius Vulso avec une grande partie de l'armée expéditionnaire, Régulus réussit à conserver sa supériorité sur l'ennemi. Il battit successivement les différents généraux que les Carthaginois envoyèrent contre lui, et se rendit maître de Tunis, près de Carthage, où il passa l'hiver. Les négociations entamées pour la paix échouèrent, parce que Régulus refusa de modifier en rien les conditions hautaines qu'il avait tout d'abord posées, à savoir : la soumission entière et absolue des Carthaginois, qui devaient livrer aux Romains leur flotte et en outre leur abandonner la Sicile et la Sardaigne. En face de telles exigences, les Carthaginois résolurent de pousser la guerre avec plus de vigueur que jamais, et conférent la direction supérieure des opérations militaires au Spartiate Xantippe, qui venait d'arriver avec un corps de mercenaires grecs. Capitaine consommé, Xantippe battit complétement, en l'an 255, Régulus, dont l'armée fut exterminée, à l'exception de 2,000 hommes seulement, qui parvinrent à se réfugier à Clupea. Fait prisonnier sur le champ de bataille, Régulus resta à Carthage jusqu'en l'an 250, époque où, à la suite de la victoire remportée à Panormus en Sicile par Lucius Cæcilius Metellus sur les Carthaginois, il fut envoyé à Rome avec une ambassade chargée de traiter de la paix, ou tout au moins de l'échange des prisonniers. Il s'était engagé à revenir si les négociations échouaient. Mais préoccupé seulement de la grandeur de Rome, il dissuada le sénat d'accepter les propositions de Carthage, et cette assemblée adopta son avis. Fidèle à sa promesse, et sans se laisser toucher par les larmes des siens, qui le suppliaient de rester à Rome, il s'en retourna à Carthage, où la tradition veut qu'on l'ait fait périr dans les plus horribles supplices. On lui aurait coupé les paupières ; on l'aurait, au sortir d'un sombre cachot, exposé tout enduit de miel à l'ardeur d'un soleil dévorant et aux piqûres des insectes ; on l'aurait attaché à une croix, on l'aurait roulé du haut en bas d'une montagne enfermé dans un tonneau hérissé de pointes de fer. Suivant Florus, il aurait souffert ces divers supplices l'un après l'autre. Cicéron, Horace, Tite Live, Valère Maxime, Silius Italicus et Dion Cassius le font aussi mourir dans l'un ou l'autre de ces supplices ; mais Polybe et Diodore de Sicile gardent à ce sujet le plus profond silence. Les compilateurs modernes se sont à l'envi emparés des circonstances de cette mort, et vraie ou fausse, c'est une version qu'il n'est pas permis d'ignorer. Le dévoûment de Régulus a inspiré plusieurs poëtes. Métastase l'a produit sur la scène italienne lyrique. Chez nous, Pradon, Dorat, et plus tard Arnault fils, en ont fait le sujet de tragédies. Le rôle de Régulus fut un des derniers créés par Talma.

RÉHABILITATION. Le *Dictionnaire de l'Académie* ne voit dans la *réhabilitation* que le rétablissement dans le premier état ; mais dans le langage vulgaire on a altéré le sens de ce mot, et beaucoup de personnes estiment que la *réhabilitation* est l'anéantissement de la condamnation prononcée contre un accusé, et en quelque sorte sa rétractation. Il n'en est pas ainsi. Les *lettres de réhabilitation* de l'ancien régime pouvaient jusqu'à un certain point autoriser cette interprétation ; données par le roi, elles faisaient mention expresse de la volonté de S. M. que pour la condamnation prononcée contre l'impétrant il ne lui fût imputé aucune incapacité ou note d'infamie. Aujourd'hui les condamnés aux travaux forcés et à la réclusion peuvent demander leur réhabilitation cinq ans après l'expiration de la peine, et les condamnés à la dégradation civique cinq ans après l'exécution de l'arrêt ; il faut avoir demeuré cinq ans dans le même arrondissement communal, être depuis deux ans dans la même commune ; enfin, la demande déposée au greffe est rendue publique, les cours impériales donnent leur avis, et l'empereur prononce en conseil privé. La *réhabilitation* fait cesser toutes les incapacités qui résultaient de la condamnation. C'est faute de comprendre ces idées, c'est pour avoir toujours confondu la *réhabilitation* avec la *révision* que l'on a fait si souvent des motions, très-généreuses sans doute, mais très-peu rationnelles, sur la *réhabilitation* de quelques condamnés célèbres. Dans nos lois, il n'y a point de *réhabilitation de la mémoire*, puisqu'il ne s'agit que de réintégration dans l'exercice de droits personnels, abstraction faite du bien ou mal jugé et sans aucun retour vers le procès... C'est une récompense offerte à la bonne conduite du condamné ; elle s'applique au coupable comme à l'innocent.

La réhabilitation des *faillis* a des règles particulières ; celle des banqueroutiers frauduleux est interdite dans le commerce. Enfin, dans l'ancien droit civil, on connaissait la *réhabilitation de mariage*, que les parlements ordonnaient quelquefois pour réparer quelque vice de forme dont un mariage était entaché, quand les parties consentaient à demeurer unies ; on procédait alors à une nouvelle célébration. Nous terminerons cet article par une anecdote qu'on lit dans un registre du *Trésor des Chartes*, et qui est rapportée par le président Hénault. Le roi Charles VI voulant réhabiliter un coupable nommé Jean Mauclerc, habitant de Senlis, à qui le poing avait été coupé pour avoir frappé un Flamand nommé Jean Le Brun, lui permit, par lettres du 20 juin 1383, de remplacer ce poing par un autre, fait de la manière qu'il voudrait.
DE GOLBÉRY.

RÉHABILITATION DE LA CHAIR. *Voyez* ÉMANCIPATION DE LA FEMME et SAINT-SIMONISME.

REICHA (ANTOINE-JOSEPH) naquit à Prague, le 27 février 1770. Il perdit son père tout jeune encore ; mais un oncle se chargea de diriger les heureuses dispositions qu'il annonçait dès lors pour la musique. Cet oncle ayant été nommé maître de chapelle de l'électeur de Cologne, obtint pour lui une place d'instrumentiste dans son orchestre.

Les événements politiques ayant dissous la chapelle de l'électeur, Reicha alla se fixer pour cinq ans à Hambourg ; et ce fut dans cette ville, alors asile d'une foule d'émigrés, que Reicha, qui possédait à fond notre langue, s'essaya à composer un opéra sur des paroles françaises. *Obaldo*, ou *les Français en Égypte*, tel était le titre de cet ouvrage, qui était à la veille d'être représenté sur le théâtre de Hambourg, lorsque Bonaparte revint d'Égypte. A cette nouvelle, Reicha partit pour Paris dans l'espoir de pouvoir y faire jouer un ouvrage qui, par son titre et le sujet, était tout de circonstance ; mais le poëme ne valait pas grand'chose. Aussi fut-il refusé aux théâtres Favart et Feydeau. Reicha, pour s'en consoler, fit exécuter en 1800, au Concert des Amateurs de la rue de Cléry, une symphonie à grand orchestre, écrite avec une remarquable pureté de style. Garat, qui ne refusait jamais aux jeunes compositeurs l'appui de son beau talent, chanta souvent dans le monde des cantates italiennes de Reicha. Mais, découragé, il se décida bientôt à s'en retourner en Autriche, et arriva à Vienne en 1802. Haydn l'y prit en affection, et lui donna d'excellents conseils. Ce fut pendant les six années qu'il passa à Vienne que Reicha se lia étroitement avec Beethoven. Les publications successives d'un recueil de trente-six *fugues*, de la cantate *Burgers Lenore*, d'un opéra *seria*, d'un *oratorio* et d'un *Requiem*, établirent alors sa réputation en Allemagne sur des bases solides. De retour à Paris, en 1808, il s'y fixa pour toujours ; et dès 1809 il ouvrit ses cours de composition, où tous les instrumentistes de cette époque, féconde en talents, se rendirent en foule.

Reicha, qui s'occupait toujours de composition pratique, donna à Feydeau, en société avec Dourlen, l'opéra comique en trois actes de *Cagliostro*. Mais ce fut surtout par ses beaux *quintetti* d'instruments à vent qu'il popularisa son nom parmi nous. Ce genre, dont il est le créateur, l'a fait placer à côté de Haydn. En 1818 il fut nommé professeur de contre-point au Conservatoire. Deux ans auparavant, en 1816, il avait fait représenter au grand Opéra, *Natalie*, ou *la famille suisse*. En 1822 le même théâtre donna son opéra de *Sapho*. Ces deux ouvrages n'obtinrent pas tout le succès qu'on était en droit d'en attendre ; mais si Reicha ne put jamais réaliser les rêves brillants d'un compositeur dramatique, nous devons dire que comme didacticien il s'est placé en première ligne. Son *Traité de Mélodie*, ouvrage entièrement neuf, est d'une haute portée ; ses cours d'*harmonie pratique*, de *composition*, et de *composition dramatique*, firent une véritable révolution dans l'art des accords. Naturalisé français en 1829, décoré de l'ordre de la Légion d'Honneur en 1831, et appelé en 1835 à remplacer Boïeldieu dans la section de musique de la Classe des Beaux-Arts de l'Institut de France, Reicha allait jouir enfin du fruit de ses nombreux travaux, lorsqu'une pleurésie l'enleva en quelques jours à l'amour de sa famille, le 28 mai 1836.

A. ELWART, professeur au Conservatoire.

REICHENAU, île avec un château, située au milieu du lac de Constance, longue de 4 kilomètres environ et large de 2 kilomètres, et dépendant de l'arrondissement de Constance (grand-duché de Bade), était autrefois célèbre par sa riche abbaye de bénédictins, fondée en l'an 724 et où Charles le Gros fut enterré. En 1538 cette abbaye fut réunie à l'évêché de Constance, puis en 1802 au grand-duché de Bade, auquel Louis-Philippe fut attaché pendant près d'un an en qualité de professeur de langue et de littérature françaises.

REICHENBACH, nom commun à diverses villes d'Allemagne. La plus importante est un chef-lieu de cercle dans l'arrondissement de Breslau (Silésie Prussienne); elle est située d'une façon romantique, au pied du mont Eulen, à 14 kilomètres au sud-est de Schleidnitz, et compte environ 6,000 habitants, qui se livrent sur une assez large échelle à la fabrication des toiles et des draps.

Cette ville est célèbre par la victoire que Frédéric II y remporta, le 16 août 1762, sur les Autrichiens commandés par Loudon, et par le congrès qui se tint dans ses murs en 1790 pour mettre un terme à la guerre qui avait éclaté en 1787 entre l'Autriche et la Russie d'une part, et la Porte de l'autre. La Prusse y joua le rôle de médiateur; et la Pologne, l'Angleterre ainsi que la Hollande s'y firent représenter. Pour éviter une guerre avec la Prusse, l'Autriche se détermina à accepter l'*ultimatum* du cabinet prussien. Alors fut arrêtée, le 27 juillet 1791, la *convention de Reichenbach*, par suite de laquelle l'Autriche conclut avec la Porte, le 4 août 1791, à Szistowe, où s'était tenue dès le mois de janvier une conférence entre les plénipotentiaires d'Autriche et de Turquie, et à laquelle assistèrent les ministres de la Grande-Bretagne, de la Prusso et de la Hollande. Les puissances médiatrices négocièrent ensuite en secret à Saint-Pétersbourg la paix de la Russie avec la Porte : néanmoins, les articles préliminaires en furent arrêtés immédiatement entre le grand-vizir et le comte Repnin, le 11 août 1791, à Galiaczz, d'où résulta la *paix de Jassy*, du 9 janvier 1792.

Ce fut aussi dans cette même ville, au quartier général de l'empereur de Russie et du roi de Prusse, qu'eurent lieu, pendant l'armistice de juin 1813, entre les ministres de ces deux souverains et les plénipotentiaires anglais, lord Cathcart et sir Charles Stuart, des négociations à la suite desquelles fut signé, le 14 et le 15 juin 1813, un double traité de subsides, qui amena immédiatement la rupture des négociations entamées à Prague avec la France. Par le premier traité, que sir Charles Stuart signa avec M. de Hardenberg, l'Angleterre s'engagea à payer à la Prusse un subside de 666,666 livres sterling, pour les six derniers mois de l'année courante. Par un article secret, l'Angleterre s'obligeait à faire tous ses efforts pour agrandir la monarchie prussienne, ou du moins pour lui rendre une position équivalant à celle qu'elle occupait en 1806. Le roi de Prusse, de son côté, promettait de céder, y compris une partie de la province prussienne de la basse Saxe et de la Westphalie, avec une population de 300,000 têtes, et notamment l'évêché de Hildesheim, dont effectivement l'Angleterre prit dès le 5 novembre 1813 possession au nom de l'électeur de Hanovre. Par le second traité, signé le 15 juin, au château de Peterswaldau, près de Reichenbach, par lord Cathcart, le comte de Nesselrode, et le baron d'Anstett, plénipotentiaires russes, il fut décidé que l'empereur de Russie mettrait en campagne une armée présentant un effectif net de 160 mille hommes, indépendamment des forces nécessaires pour les garnisons; et que l'Angleterre lui payerait, pour la fin de l'année, une somme de 1,333,334 liv. sterl., et en outre qu'elle fournirait aux besoins de la flotte russe, qui à cette époque stationnait dans les ports de la Grande-Bretagne : cette dernière dépense était évaluée à environ 500,000 liv. sterl. L'Autriche, elle aussi, comme puissance médiatrice, conclut vers cette époque à Reichenbach avec la Russie et la Prusse un traité éventuel, mais qui fut ratifié dès le 27 juillet à Prague.

REICHENBACH (GEORGES DE), l'un des mécaniciens et des opticiens les plus distingués des temps modernes, naquit le 24 août 1772, à Durlach, dans le pays de Bade. Élevé à l'école militaire de Manheim, il se distingua tellement dans ses études que l'électeur Charles-Théodore voulut être accompagné par lui dans le voyage qu'il fit en 1791 en Angleterre, et au retour duquel il le nomma lieutenant d'artillerie. En 1811 il entra au service de Bavière en qualité d'inspecteur des Salines, et il ne tarda pas à fonder à Munich et à Benedictbeurn, en société avec Joseph d'Utzschneider, le mécanicien Liebherr et Fraunhofer, un établissement de mécanique et d'optique, des ateliers duquel sortirent bientôt une foule d'instruments nécessaires aux grands calculs astronomiques et géodésiques, fabriqués avec une perfection dépassant de beaucoup tout ce qui avait été fait jusque alors en ce genre. Esprit éminemment inventeur, Reichenbach excellait à mettre en pratique les données de la théorie. Les grands cercles méridiens à trois pieds, les cercles répétiteurs de douze pouces, les théodolites et autres instruments provenant de cet établissement touchaient aux dernières limites de la perfection par la simplicité et l'utilité de l'organisme intérieur, pour la précision et la finesse des divisions. Avec les grands télescopes et réfracteurs astronomiques, entre autres le réfracteur gigantesque de Fraunhofer pour l'observatoire de Dorpat, on obtint les plus magnifiques résultats, à cause de l'excellence du flint-glass fabriqué à l'établissement même, et de tous les détails de leur fabrication. Son équatorial et l'héliomètre de Fraunhofer ne sont pas moins célèbres. En 1812 Reichenbach se sépara d'Utzschneider, et fonda avec Ertel un établissement particulier pour la fabrication des instruments de mathématiques et d'astronomie ; mais nommé en 1820 directeur des salines et canaux de Bavière, il le céda l'année suivante à Ertel. En 1821 il établit aussi à Vienne une fonderie de canons d'après ses propres plans. La fabrique d'armes d'Amberg, les hauts fourneaux et les fonderies de fer de Bavière lui doivent en outre de notables améliorations. Il mourut le 24 mars 1826, membre de l'Académie des Sciences de Munich.

REICHSTADT (NAPOLÉON-FRANÇOIS-JOSEPH-CHARLES, duc DE), fils unique de l'empereur Napoléon 1er et de Marie-Louise, archiduchesse d'Autriche, naquit le 20 mars 1811, à Paris, au château des Tuileries, et fut baptisé le 11 juin suivant. Le jeune prince, dans lequel Napoléon voyait un gage de la durée de sa domination sur l'Europe, reçut en naissant le titre de *roi de Rome*. Il eut pour gouvernante la comtesse de Montesquiou, qui se montra digne à tous égards d'une telle mission. Lorsqu'à l'approche des armées alliées Marie-Louise quitta Paris pour se retirer à Blois, ce ne fut pas sans résistance que madame de Montesquiou put faire quitter au jeune prince son appartement des Tuileries : il pleura à chaudes larmes plus d'une heure. « *Maman Quiou*, disait-il, laisse-moi, je t'en prie, à Paris! » Avant de se décider à signer l'acte d'abdication absolue de Fontainebleau, l'empereur fit de vaines tentatives pour assurer à son fils la transmission de sa couronne.

Tandis que Napoléon, déchu, gagnait l'île d'Elbe, on conduisit son fils et la mère au château de Schœnbrunn, près de Vienne. Le congrès de Vienne adjugea le duché de Parme en toute souveraineté à l'impératrice Marie-Louise, avec droit de transmission à son fils. Au retour de l'île d'Elbe, en 1815, Napoléon fit auprès de son beau-père l'empereur d'Autriche d'inutiles démarches pour que sa famille lui fût rendue. Toutes ses ouvertures ayant été repoussées, le fils de la comtesse Montesquiou forma le plan d'enlever le jeune prince de Schœnbrunn et de le conduire en France; mais son projet fut découvert peu de temps avant sa mise à exécution, et on conduisit alors le jeune Napoléon au château impérial de Vienne, où il fut placé sous la garde exclusive d'Allemands. On sait qu'après la seconde abdication de l'empereur, à la suite des funérailles de Waterloo, la chambre des représentants proclama *Napoléon II empereur des Français.* La rentrée de Louis XVIII à Paris, le 8 juillet, mit fin à ce règne éphémère d'un enfant absent et prisonnier. Le 29 mai 1815 on rendit, il est vrai, à Marie-Louise son fils; mais lorsque, l'année suivante, elle alla prendre en Italie le gouvernement de ses États, le jeune Napoléon dut rester à Vienne, sous la tutelle de son grand-père, qui lui donna pour précepteur Matthieu de Collin et pour gouverneur le comte de Dietrichstein. Par suite d'une convention intervenue en 1817 entre les grandes puissances, le jeune prince perdit ses droits d'hérédité au duché de Parme; et l'empereur d'Autriche, pour l'en dédommager, lui assura, après la mort du grand-duc de Toscane, la seigneurie de Reichstadt en Bohême, ancienne propriété de la famille de Deux-Ponts. En même temps son grand-père lui accorda le rang venant immédiatement après les princes de la famille impériale, avec le titre *d'altesse sérénissime* et les armoiries particulières. C'est le 22 juillet 1818 que le jeune Napoléon prit le titre de *duc de Reichstadt*, qui lui faisait perdre tout espoir de régner un jour. Quand il eut atteint l'âge de douze ans, il obtint le grade d'enseigne. En 1828 il fut nommé capitaine, et en 1830 il fut placé avec le grade de major à la tête d'un bataillon du régiment de Giulay. Le jeune prince s'était livré avec ardeur à l'étude des sciences militaires, et avait appris le métier des armes dans ses moindres détails. En 1829 le poëte Barthélemy se rendit à Vienne pour lui remettre en personne son poëme de *Napoléon en Égypte*, mais ne put jamais parvenir jusqu'à lui. Ce fait donna lieu en France à des rumeurs erronées de tous points sur la prétendue ignorance dans laquelle le jeune Napoléon aurait été laissé au sujet de sa glorieuse origine. On prétendait notamment qu'il ignorait complètement l'histoire de son père. Cela était faux : le jeune Napoléon connaissait la merveilleuse épopée impériale; il avait pour la mémoire de son père la vénération la plus enthousiaste, et il brûlait du désir de se faire, lui aussi, un nom dans l'histoire. Toutes les personnes à qui il fut donné de l'approcher affirment qu'il était doué des plus brillantes facultés. Au mois d'avril 1832, les premières traces de phthisie pulmonaire apparurent chez le jeune prince, et le mal fit des progrès tellement rapides que sa mère eut à peine le temps d'accourir pour lui donner ses soins. Il mourut dans ses bras, le 22 juillet 1832, à Schœnbrunn, dans la même pièce où, en 1809, son père avait rendu le mémorable décret qui décidait du sort de l'Autriche et de celui des États de l'Église. Il fut enterré dans le caveau de la famille impériale, à Vienne. Consultez Montbel, *Le duc de Reichstadt* (Paris, 1333).

[Le duc de Reichstadt avait acquis à quinze ans les notions que nous appelons *les études classiques*. Peut-être savait-il plus de latin qu'il n'en eût jamais appris aux Tuileries sous l'œil de son glorieux père. Il apprit en outre plusieurs langues vivantes. Il a parlé *l'allemand* et le *français* comme on les parle dans les meilleures sociétés de ces deux pays. La *langue polonaise* lui était aussi familière que le français, et il s'en servait avec un plaisir particulier. Le prince fit à seize ans un cours de droit public et de droit privé.

A cet âge, on le rencontrait tous les jours à Vienne, et souvent, en hiver, aux réceptions du soir à la cour. En été, il aimait les riantes allées du *Prater*, et il y conduisait lui-même son cabriolet parmi les équipages des Viennois. Il montait très-bien à cheval, et aimait beaucoup cet exercice, quoiqu'il parût le fatiguer. Le théâtre de ses courses était toujours ces vertes allées du *Prater* et les bords pittoresques du Danube. Le duc était né très-agile, et avait su conduire un cheval dès l'âge de dix ans. Dans la haute société de Vienne, on citait de lui une foule de reparties charmantes et de mots spirituels. Ses traits, dans l'expression d'une première joie, offraient d'abord une grande candeur; et lorsque cette expression s'y était épanouie, elle était remplacée par je ne sais quoi de soucieux, de grave, de douloureusement imposant, qui annonçait de profondes souffrances internes et une réflexion dominée par une pensée pénible et habituelle. Ses yeux étaient bleus, pleins de tristesse et d'ardeur, son nez fin : les traits de son père et de sa mère étaient rappelés dans les siens.

Dans l'éducation à études si fortes qu'on lui avait donnée, les sentiments n'étaient pas négligés. L'archiduc Charles, le protecteur et l'ami du duc de Reichstadt, le conduisait chaque année, le 5 mai, dans une petite église de Vienne, où un service commémoratif était célébré pour son père. La douleur du vieux guerrier et du jeune duc était frappante. Ce jeune homme, qu'on nous peignait à Paris *glacé par une éducation autrichienne, sans idées ni sentiments élevés, ignorant sa naissance*, ne sortait jamais de ce service funèbre qu'épuisé, malade pour plusieurs jours, et les traits affaissés par la douleur. Pendant sa vie, il a tourné sans cesse ses regards vers la France; il avait suivi nos discussions parlementaires depuis 1827, et s'était mis au courant de tout ce qui arrivait.

Les personnes qui l'entouraient l'ont vu sans cesse pendant quatre années reprendre la lecture des *Mémoires dictés par Napoléon* et le *Journal* de M. de Las Cases et de M. O'Meara, livres où l'empereur a jeté en causant les grandes idées qui lui avaient donné le gouvernement de la France, et qu'il comptait appliquer longtemps encore. Il parlait avec attendrissement de cet immortel père, et disait *que ce serait l'objet capital de sa vie de n'en paraître pas indigne*. Il est positif qu'il a désiré vivement un rôle, et qu'il a songé à la France, même durant la *restauration*. Nous avons à effacer de nos *biographies* l'assertion contraire, qu'il n'y pensait pas. C'est pour être prêt à commander aux événements et à gouverner, qu'il s'était tant passionné pour les études utiles; c'est parce qu'il prévoyait de prochaines batailles, qu'il se jetait avec tant d'ardeur au milieu des revues, même malade. Les jeunes gens distingués qui surent sa pensée nous ont dit depuis sa mort que sa crainte était d'être pris à l'improviste par les événements, etc., « et qu'il avait une foi vive dans l'avenir ». Ces amis l'ont vu suivre tous les événements de la France, méditer sur tous, s'informer avec détail de la lutte des partis, et comparer sans cesse les paroles aux actes. Lorsqu'il arrivait à Vienne des nouvelles importantes de Paris, il courait les méditer dans la solitude de ses appartements de Schœnbrunn, en face du portrait de son père; et là, comme un général compte ses régiments, il comptait ses partisans de France, les drapeaux, sa présence au moment venu y rallieraient, les généraux qui étaient tout gagnés à cause. Le plus intime de ses amis a écrit qu'il « était convaincu que tôt ou tard, à un moment venu, il se serait échappé de l'Autriche pour passer en France, mais seulement quand sa raison aurait conseillé ce parti ». Il discuta souvent cette action en sa présence. Lorsque les difficultés s'étaient grossies dans sa pensée, il venait préoccupé dire à quelque officier retournant en France : « Monsieur, quand vous reverrez la *colonne*, présentez-lui mes respects ! » Lorsqu'on lui disait que son nom avait retenti quelque part en France, l'espérance lui était rendue. Malgré sa discrétion habituelle, il a laissé croire qu'il avait la certitude que « son élévation aurait l'assentiment de l'Europe ». Enfin, il jugeait cette éventualité immense avec un calme bien supérieur à son âge et avec le sentiment de sa force. A la cour de Vienne, les jeunes archiducs croyaient à sa fortune, et ne le lui cachaient point.

La fragilité de la constitution et les souffrances internes du duc, qui se développèrent tout à coup à la suite de sa rapide croissance, attaquèrent sa vie aux sources mêmes. Au commencement de 1832 il tomba malade, malgré les soins de son médecin, le docteur Malfatti, praticien d'une grande habileté, et qui lui était fort attaché. C'est à cette époque que le duc cessa son service militaire. Il le regretta, car l'empereur venait de le nommer colonel en second du régiment où il avait fait ses premières armes. Le médecin ordonna le doux voyage de Naples, et l'empereur approuva ce déplacement avec beaucoup de sensibilité ; mais déjà le malade était par trop épuisé pour en profiter. Quand il se releva, toujours très-faible, quelques semaines après, il y renonça entièrement. Pendant cette apparente convalescence, il voulut recommencer, malgré les prières des siens, ses courses à cheval au Prater. S'étant refroidi à la fin d'une journée, au milieu d'un vent fort et humide qui soufflait le long des eaux du Danube, il n'en fallut pas davantage pour le remettre au lit. Une fluxion de poitrine survint, accompagnée des symptômes les plus graves ; l'art si attentif à conserver en lui l'étincelle de vie parvint un instant à suspendre le progrès du mal : malgré cela, on vit cette fois qu'il était mortel. A la suite des premières souffrances, le prince perdit l'usage de l'oreille gauche. Son médecin appela à son secours trois de ses collègues les plus habiles. L'état du malade empira toujours ; bientôt il ne laissa plus d'espoir : tout s'éteignit en lui. Lui, resta presque indifférent aux derniers soins qui lui étaient donnés, ne paraissant pas regretter la vie qui lui échappait. Quand il vit personnellement que le mal prenait des caractères mortels, il fit demander sa mère. L'arrivée de la duchesse de Parme causa une scène déchirante dans la chambre du mourant : la mère et le fils s'embrassèrent avec une émotion convulsive, on entendit longtemps leurs sanglots. Cette mère, qui était accourue de l'Italie, ne pressait plus dans ses bras qu'un cadavre desséché, presque vert, et ce cadavre était naguère le plus beau des jeunes gens ! Marie-Louise fut emportée à moitié morte. Quel coup que cette mort qui la séparait à jamais de son beau passé et d'un être si généreux, objet de tant d'espérances !

Frédéric FAYOT.]

REID (THOMAS), philosophe écossais, naquit le 26 avril 1710, à Strachan, dans le comté de Kincardine, et fut mis à douze ans au collège d'Aberdeen, où il resta assez longtemps pour y obtenir l'emploi de bibliothécaire ; et il n'en sortit qu'en 1736, pour visiter Londres, Cambridge et Oxford, et occuper ensuite le bénéfice ou la paroisse de New-Machar. Cette paroisse, il la desservit avec des sermons faits par d'autres, lui lisant tour à tour, au lieu de ses propres compositions, celles d'Evans et de Tillotson, et donnant à la philosophie morale beaucoup trop de moments dérobés à la cure des âmes. Toutefois, il philosopha longtemps pour lui seul, et ce ne fut qu'au bout de onze ans qu'il se mit en relation avec le public. On essayait alors d'appliquer à toutes les études la méthode ou les principes des mathématiques. Cela était déjà fait pour la médecine ; cela se faisait pour la morale, par le célèbre Hutcheson, qui évaluait en *fractions* les rapports de nos actions à nos dispositions. Reid, dont le bon sens se révoltait contre cette manie d'assimilation, inséra dans les *Transactions philosophiques* un mémoire intitulé : *Essai sur l'application des mathématiques à la morale* , où il combattait l'erreur d'Hutcheson, en démontrant la différence fondamentale qui existe entre l'objet de la morale et les matières auxquelles s'appliquent les mathématiques. Cependant, Reid sut apprécier dans toute sa valeur philosophique une étude qui dans ses inductions et ses déductions à la rigueur du raisonnement géométrique, j'entends la logique. Peu d'années après son premier essai de philosophie, il imprima une *Analyse de la Logique d'Aristote*, en 1752. Mais depuis longtemps un ouvrage de Hume, un livre presque mort-né de ce grand écrivain, préoccupait le ministre de New-Machar, et Reid devait trouver dans la réfutation de ce volume sa mission philosophique et sa gloire. Dans son traité *De la Nature humaine* (1739) et les volumes qui étaient venus expliquer et développer ce premier essai, Hume avait complétement anéanti la bonne œuvre de Berkeley, c'est-à-dire que de l'idéalisme même, que Berkeley avait opposé à l'empirisme si séduisant de l'école de Locke, Hume avait fait jaillir un scepticisme mille fois plus dangereux. Le scepticisme philosophique allait donc venir renforcer l'indifférence et l'incrédulité pratique, qui déjà de toutes parts envahissaient la religion et la morale : c'est ce que Reid vit avec douleur, et c'est ce qu'il vint combattre avec constance. Cependant, il ne se hâta pas d'entrer dans l'arène. Après son second ouvrage, le collège d'Aberdeen l'avait nommé professeur de *philosophie*, c'est-à-dire de métaphysique, de morale, de mathématiques et de physique , car alors en Écosse comme ailleurs, comme chez nous encore dans quelques petites villes, il n'y avait pour toutes les sciences qu'une seule chaire. Reid occupait depuis douze ans celle d'Aberdeen lorsqu'il porta devant le public sa première attaque contre Hume. Ce fut dans son ouvrage intitulé : *Inquiry on human Understanding* (Recherches sur l'esprit humain [1763]). Comme Berkeley avait aspiré à détruire l'empirisme jusque dans sa racine, Reid aspirait à détruire le scepticisme jusque dans la sienne. Pour réfuter Hume, il fallait réfuter Berkeley ; il fallait même réfuter Malebranche et Descartes, et pour ne par retomber, en sortant des hauteurs de l'idéalisme, dans les régions basses de l'empirisme, il fallait encore réfuter Épicure, Gassendi et Locke. Reid n'entreprit rien moins que cela. Mais il lui semblait que pour accomplir sa tâche il n'avait qu'à débarrasser les écoles de l'erreur où elles étaient sur la *nature de nos idées*. Son ouvrage fit une révolution profonde. Il n'anéantit pas l'empirisme, l'idéalisme et le scepticisme, car rien ne saurait anéantir la vérité, et chacun de ces systèmes a un côté vrai qui en soutient les exagérations ; mais Reid affaiblit ces systèmes. Il affaiblit surtout le scepticisme de Hume, car il démontrait, comme on démontre dans ces matières, que la perception externe est directe, et qu'au lieu de saisir les objets au moyen d'images, l'intelligence les saisit immédiatement par les organes des sens. En analysant toutes les idées qui nous viennent par les cinq sens, Reid prouva qu'elles nous donnent réellement non pas la connaissance d'images dont l'existence serait concentrée dans notre esprit, mais celle d'objets existant au dehors. Nul philosophe n'a mieux enseigné que lui ce curieux chapitre de la perception, qui dans ses espérances devait trancher tant de questions. L'ouvrage de Reid en trancha peu dans l'origine ; il ne fit sensation que dans les écoles , et Hume, l'historien, l'écrivain politique, l'homme du monde, qui s'était exprimé sur ce livre avec la bienveillance d'un protecteur avant même qu'il parût, continua de régner sur sa sphère. Cependant, Reid aussi se trouvait désormais sur un plus vaste théâtre et lié avec quelques-uns des hommes les plus éminents de son pays. Dès l'an 1762 l'université de Glasgow l'avait appelé à la chaire de philosophie morale, que venait de quitter le célèbre Adam Smith. Il y embrassait dans ses leçons non-seulement ce que nous appelons la *philosophie* proprement dite, c'est-à-dire la psychologie, la logique et la métaphysique, mais encore la morale , la jurisprudence, ou le droit naturel , le droit politique, et même la rhétorique ; toutefois, il ne livra rien au public sur ces dernières études, et dans les mémoires qu'il donna sur les premières il ne présenta guère d'idées nouvelles. Son *Examen des opinions de Priestley sur l'esprit et la matière*, ses *Observations sur l'Utopie de Thomas Morus* , ses *Réflexions physiologiques sur le système* *musculaire*, écrit composé dans la quatre-vingt-sixième année de l'auteur, n'ajoutèrent rien à sa renommée ni à la science. S'étant survécu à lui-même, il ne fut à peine s'il laissa un vide lorsqu'il mourut à Glasgow, le 7 octobre 1796. Sans avoir jeté un grand éclat, soit par ses leçons, soit par ses ouvrages, il avait pourtant joui d'une haute considération dans les écoles. Son grand tort, à côté de son incontestable mérite, a été son défaut de science et d'érudition. Ce défaut était capital. En effet, contemporain de tout ce que le dix-huitième siècle a produit de philosophes éminents en France et en Allemagne, Reid a ignoré les uns comme les autres. Les uns comme les autres lui ont rendu dédain pour dédain, et il a fallu la parole des trois premiers penseurs de nos jours pour lui assurer chez nous le rang qui lui appartient. On peut dire que Royer-Collard a découvert Reid, que M. Cousin l'a établi, et que Jouffroy l'a légitimé parmi nous.

Les œuvres complètes de Reid furent réunies par son disciple Dugald-Stewart, qui a aussi publié *The Life and Writings of Th. Reid* (4 vol., Édimbourg, 1803; et maintes fois réimprimés depuis). Jouffroy a donné une traduction des *Œuvres complètes de Reid*, avec des fragments de Royer-Collard et une belle introduction de l'éditeur (Paris, 1828).

MATTER.

REIFFENBERG (FRÉDÉRIC, baron de), l'un des polygraphes les plus laborieux de notre époque, et zélé collaborateur du *Dictionnaire aide de la Conversation*, ne saurait être oublié ici. Né à Mons, en 1795, et issu d'une maison de vieille chevalerie allemande, alliée aux Nassau, aux Schwartzenberg, aux Metternich, aux Reventlow, etc., il embrassa d'abord la carrière militaire; mais il ne tarda pas à consacrer son existence aux lettres, et fut nommé en 1818 professeur de littérature à Louvain. En 1835 il fut appelé à occuper une chaire à l'université de Liége; puis, à quelque temps de là, on le rappela à Bruxelles, où on le plaça avec le titre de conservateur à la tête de la Bibliothèque royale que le gouvernement belge venait de fonder dans cette capitale, et qui lui est redevable de son excellente organisation. Peu de personnes ont autant lu, autant écrit, autant fait d'extraits et de notes, autant aimé à se faire imprimer. S'il manque parfois de profondeur, en revanche il est toujours exact, correct; et il excelle à rendre l'instruction amusante. Le seul reproche qu'on pût lui adresser, c'était de trop étendre ses recherches, d'accumuler trop de détails, de renseignements, de citations. Il péchait par excès de savoir et de zèle : c'est une faute bien digne d'indulgence. Il a publié plusieurs grands ouvrages historiques, où il accumulait dans de longues introductions et dans de copieuses notes les résultats d'une immense lecture. Citons en ce genre les éditions de l'*Histoire des Troubles des Pays-Bas* de Van der Vinkt, des *Mémoires* de Jacques du Clercq, de l'*Historia Brabantix diplomatica* de Petrus a Thymo (Bruxelles, 1830) et de la *Chronique rimée* de Philippe Mouskes, évêque de Tournay, au treizième siècle (1836-1838, 2 vol. in-4°). N'oublions pas la publication d'une épopée relative à Godefroy de Bouillon, et mentionnons aussi son *Histoire de l'Ordre de la Toison d'Or* (Bruxelles, 1830), son *Histoire du Commerce et de l'Industrie des Pays-Bas aux quinzième et seizième siècles* (Bruxelles, 1822); ses *Documents pour servir à l'histoire des provinces de Namur, de Hainaut et de Luxembourg* (5 vol., Bruxelles, 1844-1848); son *Histoire du Comté de Hainaut* (1849); les *Notices des Manuscrits de la Bibliothèque dite de Bourgogne*; série d'in-4° qui auraient fait honneur à l'infatigable patience d'un bénédictin.

Le culte plein de ferveur qu'il avait voué aux études bibliographiques le porta à fonder un journal mensuel dont il fut le principal rédacteur (le *Bulletin du Bibliophile belge*); et il publia aussi, à partir de 1840, un *Annuaire de la Bibliothèque royale de Bruxelles*, curieux répertoire de pièces inédites et de dissertations littéraires. Membre de l'Académie royale de Bruxelles, il inséra une foule de mémoires dans les *Actes* de cette société savante; il collabora à un grand nombre de journaux, de revues, de publications historiques et littéraires. La poésie fut un de ses délassements favoris; et il chercha aussi dans la composition de quelques *Nouvelles* une distraction à ses graves études habituelles. Il mourut le 18 avril 1850.

G. BRUNET.

REIKIAVIK. Voyez REYKJAVIK.

REILLE (HONORÉ-CHARLES-MICHEL-JOSEPH, comte), maréchal de France, est né à Antibes, le 17 septembre 1775. Entré au service à l'âge de dix-sept ans comme sous-lieutenant dans un régiment de ligne, il devint plus tard l'aide de camp de Massena, avec qui il fit les campagnes d'Italie; et après le traité de Campo-Formio il fut promu au grade d'adjudant général. En 1800 il passa à l'armée d'Italie, et plus tard il fut employé, sous Murat, à l'expédition de Naples. Nommé général de brigade en 1803, il obtint un commandement au camp de Boulogne. Deux ans après il commandait en second, sous les ordres de Lauriston, les troupes embarquées à Toulon sur l'escadre du vice-amiral Villeneuve. Après le combat du cap Finistère, il rejoignit la grande armée, et à la tête d'une brigade du cinquième corps il assista aux affaires de Saalfeld, d'Iéna et de Pulstuck. A la suite de cette dernière affaire, il fut nommé général de division et chef d'état-major du corps d'armée du maréchal Lannes. A la tête de douze bataillons, il s'illustra par sa défense d'Ostrolenka. Napoléon l'appela auprès de lui comme aide de camp, et il assista en cette qualité à la bataille de Friedland. En 1808 il passa en Espagne. Rappelé en Allemagne, l'année suivante, il combattit encore à Wagram. Ensuite, il fut envoyé à Anvers, et en 1810 il fut chargé du commandement de la Navarre espagnole. Il assista au siège de Valence, avec deux divisions, commanda l'armée de l'Èbre, puis celle de Portugal, à la bataille de Vittoria, combattit encore à la Bidassoa, à Saint-Jean-de-Luz, à Orthez et à Toulouse, sous les ordres du maréchal Soult, et fut ainsi un des derniers à défendre le midi de la France contre l'invasion étrangère.

Au retour de l'île d'Elbe, Napoléon donna au général Reille le commandement du deuxième corps d'armée sur la frontière du nord, et le nomma pair de France, le 15 juin. Il combattit ensuite vaillamment à l'affaire des Quatre-Bras, et après le désastre de Waterloo il vint couvrir Paris avec son corps d'armée du côté de Gonesse. Bientôt il dut suivre l'armée sur la Loire, et après le licenciement il fut mis en demi-solde. L'ordonnance du 22 juin 1818 le replaça sur la liste des lieutenants généraux disponibles. En 1819 il fut rappelé à la chambre des pairs, et en 1820 il fut nommé gentilhomme de la chambre du roi. Charles X ajouta encore à ces faveurs en le décorant de ses ordres, en 1829. Le général Reille apporta à la chambre haute des opinions libérales modérées et une grande indépendance. Après la révolution de Juillet, il continua de siéger à la chambre. Il était le plus ancien des lieutenants généraux du cadre de l'état-major général, quand Louis-Philippe lui donna le bâton de maréchal de France, en 1847.

REIMARUS (HERMAN-SAMUEL), érudit allemand, auteur des *Fragments de Wolfenbuttel*, naquit le 22 décembre 1694, à Hambourg, où il fut attaché, en 1727, au gymnase de cette ville en qualité de professeur de langue hébraïque, chaire qu'il cumula plus tard avec celle des sciences mathématiques. Il mourut dans cette ville, en 1765. Son édition de Dion Cassius témoigne de l'étendue de ses connaissances philologiques; et il n'était pas moins versé dans les sciences philosophiques et naturelles. Son principal ouvrage dans cette direction d'idées est intitulé *Les principales Vérités de la Religion naturelle* (Hambourg, 1754; 6° édition, 1792). Il faut encore citer en ce genre ses *Considérations sur l'Industrie des Animaux* (1762) et sa *Théorie de la Raison* (1756). Il fit l'application des principes qu'il y posait dans l'ouvrage intitulé *Fragments de Wolfenbuttel*, d'un inconnu (1777), dirigé contre les vérités de la religion chrétienne, qu'il n'avait communiqué qu'à quelques amis intimes, et qui fut publié par Lessing, qui s'en était procuré une copie.

REIMS ou **RHEIMS**, chef-lieu d'arrondissement du département de la Marne, sur la rive droite de la Vesle, avec une population de 45,754 habitants. C'est une station du chemin de fer de l'Est (d'Épernay à Reims). Siège d'un archevêché métropolitain des évêchés de Soissons, Châlons-sur-Marne, Beauvais et Amiens, dont le diocèse se compose de l'arrondissement de Reims et du département des Ardennes, cette ville est le lieu où se tient la cour d'assises du département de la Marne. On y trouve un tribunal civil, un tribunal de commerce, un conseil de prud'hommes, une bourse, une chambre de commerce, une chambre consultative des arts et manufactures, un lycée, une école préparatoire de médecine et de pharmacie, une école de dessin, une école de commerce, une académie des sciences, arts et belles-lettres, une caisse d'épargne, un mont-de-piété, etc.

Reims est un des principaux entrepôts des vins de Champagne et un des grands centres de l'industrie des étoffes de laine pure ou mêlée à la soie ou au coton, flanelle, drap, casimir, châles, tissus mérinos, mousselines laine, nouveautés dont les produits sont connus dans le commerce sous la désignation d'*articles de Reims*.

Ceinte de remparts de 4 kilomètres de circuit, et dont les plantations forment les plus agréables promenades, la ville de Reims est percée de rues larges, ornées de places régulières et de beaux édifices, parmi lesquels on distingue l'hôtel des comtes de Champagne, décoré d'une foule de statues et de sculptures du moyen âge; l'hôtel de Joyeuse, l'hôtel de Chevreuse. Sur l'hôtel de la Maison-Rouge, on lit : « L'an 1429, au sacre de Charles VII, dans cette hôtellerie, nommée alors l'*Ane Rayé*, le père et la mère de Jeanne d'Arc ont été logés et défrayés par le conseil de la ville. » Sur l'ancienne maison dite le *Long-Vêtu*, rue de Cérès : « Jean-Baptiste Colbert, ministre d'État sous Louis XIV, est né dans cette maison, le 29 août 1619. » La place royale est ornée d'une statue de Louis XV. L'hôtel de ville a une façade de 59 mètres 75 centimètres de longueur; la statue équestre de Louis XIII s'élève dans le pavillon du milieu ; la bibliothèque occupe l'aile gauche. On voit à Reims quelques antiquités romaines, entre autres les restes d'un arc de triomphe enclavé dans le mur d'enceinte, et qui ne présente qu'une de ses façades. L'église de Saint-Remy, construite en 1041, et où l'on sacra longtemps les rois de France, est un vaisseau de 110 mètres de longueur. Dans l'intérieur on remarque le mausolée circulaire de saint Remy, entouré des douze pairs du royaume; le prélat est représenté catéchisant Clovis. Mais ce qui fait la gloire de Reims, c'est sa cathédrale, un des plus beaux monuments gothiques qui soient en Europe. Détruite par le feu en 1210, elle fut rebâtie, telle à peu près qu'elle est aujourd'hui, par Robert de Coucy, architecte de Reims; on y célébra l'office divin en 1241. Cet édifice a 142 mètres de long, 30 de large; sa hauteur est de 42 mètres. Trois arcades en ogive composent le portail, qui contient 530 statues de toutes grandeurs. Les deux tours, chacune de 7 mètres, carrées, sont formées d'arcades, de piliers, de chapiteaux, de pyramides à jour et en découpures; 35 statues d'évêques règnent autour des chapiteaux. La rose du portail est d'une grande magnificence. Un tombeau porté sur deux colonnes de granit est adossé au côté droit de la nef. Il a été érigé dans le quatrième siècle à Flavius Jovinus, Rémois, préfet des Gaules, chef des armées, consul romain, et transféré à l'église Saint-Nicaise, l'an VIII de la république. Ce sépulcre est un superbe morceau de sculpture antique. Neuf chapelles occupent le pourtour du rond-point. En face du sanctuaire est un orgue de 20 mètres de hauteur, regardé comme un chef-d'œuvre. Il a été fait en 1481, et réparé en 1647 ; 7,250 kilogrammes d'étain y ont été employés. Sous le nom de *Durocortorum*, Reims fut au temps de la conquête romaine la principale cité de la Gaule Belgique; elle prit ensuite le nom de la peuplade gauloise qui l'avait fondée, les *Remi* ou *Remigi*. Capitale de la deuxième Belgique, les empereurs la décorèrent de plusieurs beaux édifices. Convertie, en 360, à la religion chrétienne, saint Remy, son évêque, y donna, en 496, le baptême à Clovis et à trois mille chefs des Francs. C'est là qu'il joignit à l'eau salutaire la cérémonie du sacre et l'onction d'huile bénite, cérémonie renouvelée par Philippe-Auguste (*voyez* CHAMPAGNE, tome V, page 127), et depuis lui par tous ses successeurs jusqu'à Louis XVI inclusivement, excepté Henri IV, qui se fit sacrer à Chartres. Charles X est le dernier de nos rois qui ait reçu l'onction sainte à Reims, en 1825. C'est en 774 que Reims fut érigé en archevêché.

REIN. *Voyez* REINS.

REINAUD (JOSEPH-TOUSSAINT), membre de l'Académie des Inscriptions et Belles-lettres, professeur d'arabe à l'École spéciale des Langues orientales, est né le 4 décembre 1795, à Lambesc (Bouches-du-Rhône). Parmi les ouvrages dont on lui est redevable, il faut surtout mentionner : *Monuments arabes, persans et turcs du cabinet de M. le duc de Blacas et d'autres cabinets* (2 vol., Paris, 1828); *Extraits des historiens arabes relatifs à l'histoire des croisades* (1829); *Roman de Mahomet, en vers du treizième siècle, par Alexandre Dupont*, et *Livre de la Loi au Sarrazin, en prose du quatorzième siècle par Raymond Lulle*, publié en société avec M. Francisque Michel (1831) ; *Invasion des Sarrasins en France et de France en Savoie, en Piémont et dans la Suisse, pendant les huitième, neuvième et dixième siècles de notre ère, d'après les auteurs chrétiens et mahométans* (1836). Chargé avec Slane par la Société Asiatique de Paris de publier une édition de la géographie d'Aboulféda, il l'a enrichie d'une intéressante introduction et de cartes (1827-1840). Beaucoup de ses travaux ont trait à l'histoire de l'Inde, entre autres ses *Fragments arabes et persans relatifs à l'Inde antérieurement au onzième siècle* (1843) et une *Relation des Voyages faits par les Arabes et les Persans dans l'Inde et à la Chine* (1845). Sa dissertation *Du feu grégeois, des feux de guerre et des origines de la poudre à canon* (1844) est d'une importance toute particulière pour l'histoire de la guerre. Tout récemment il a publié en société avec M. Derenburg une nouvelle édition de la traduction des *Séances de Hariri* par Sylvestre de Sacy (1851-1853).

REINECKE FUCHS. *Voyez* RENARD (Le roman du).

REINES BLANCHES, surnom donné autrefois en France aux reines douairières, parce qu'elles avaient le privilège de porter leur deuil en *blanc*. Anne de Bretagne fut la première qui renonça à cet usage, dont la suppression, ratifiée par les autres reines, fit tomber en désuétude une appellation qui désormais n'avait plus de sens.

REINETTE, nom vulgaire d'une variété de pommes.

REINHART (FRÉDÉRIC-CHARLES, comte de), diplomate distingué et membre de l'Institut depuis 1795, naquit en 1761, à Schorndorf, en Wurtemberg, où son père remplissait les fonctions de ministre protestant ; et après avoir fait ses études à Tubingue, il vint séjourner quelque temps à Vevay, près de Lausanne, pour se perfectionner dans la connaissance de notre langue.

Il avait trente ans et j'en avais trente-sept quand je le vis pour la première fois. Il entrait aux affaires avec un grand fonds de connaissances acquises. Il savait bien cinq ou six langues, dont les littératures lui étaient familières. Il eût pu se rendre célèbre comme poète, comme historien, comme géographe ; et c'est en cette qualité qu'il fut membre de l'Institut, dès que l'Institut fut créé. Il était déjà à cette époque membre de l'Académie des Sciences de Gœttingue. Né et élevé en Allemagne, il avait publié dans sa jeunesse quelques pièces de vers qui l'avaient fait remarquer par Gessner, par Wieland, par Schiller. Plus tard, obligé pour sa santé de prendre les eaux de Karlsbad, il eut le bonheur d'y trouver et d'y voir souvent le célèbre Gœthe, qui apprécia assez son goût et ses connaissances pour désirer d'être averti par lui de tout ce qui faisait quelque sensation dans la littérature française. Reinhart le lui promit : les engagements de ce genre entre les hommes d'un ordre supérieur sont toujours réciproques et deviennent bientôt des liens d'amitié; ceux qui se formèrent entre Reinhart et Gœthe donnèrent lieu à une correspondance qui a été imprimée et a paru en Allemagne. On y voit qu'arrivé à cette époque de la vie où il faut définitivement choisir l'état auquel on se croit le plus propre, Reinhart fit sur lui-même, sur ses goûts, sur sa position et sur celle de sa famille un retour sérieux, qui précéda sa détermination; et alors (chose remarquable pour le temps) à une des carrières où il eût pu être indépendant il en préféra une où il ne pouvait l'être. C'est à la carrière diplomatique qu'il donna la préférence, et il fit bien. Propre à tous les emplois de cette carrière, il les remplit tous successivement et tous avec distinction. Je hasarderai de dire à ce propos que ses études premières l'y avaient heureusement préparé. Celle de la théologie surtout, où il se fit remarquer dans le séminaire de Denkendorf et dans celui de la faculté protestante de Tubingue, lui avait donné une force et en même temps une souplesse de raisonnement que l'on retrouve dans toutes les pièces qui sont sorties de sa plume. Et pour m'ôter à moi-même la crainte de me laisser aller à une idée qui pourrait paraître paradoxale, je me crois obligé de rappeler ici les noms de plusieurs de nos grands négociateurs, tous théologiens, et tous remarqués par l'histoire comme ayant conduit les affaires politiques les plus importantes de leur temps : le cardinal chancelier Duprat, aussi versé dans le droit canon que dans le droit civil, et qui fixa avec Léon X les bases du concordat dont plusieurs dispositions subsistent encore aujourd'hui. Le cardinal d'Ossat, qui, malgré les efforts de plusieurs grandes puissances parvint à réconcilier Henri IV avec la cour de Rome. Le recueil de lettres qu'il a laissé est encore prescrit aujourd'hui aux jeunes gens qui se destinent à la carrière politique. Le cardinal de Polignac, théologien, poëte et négociateur, qui, après tant de guerres malheureuses, fit conserver à la France, par le traité d'Utrecht, les conquêtes de Louis XIV. C'est aussi au milieu des livres de théologie qu'avait été commencée par son père, devenu évêque de Gap, l'éducation de M. de Lyonne, dont le nom a reçu un nouveau lustre par une récente et importante publication.

Les noms que je viens de citer me paraissent justifier l'influence qu'eurent, dans mon opinion, sur les habitudes d'esprit du comte Reinhart les premières études vers lesquelles l'avait dirigé l'éducation paternelle.

Les connaissances à la fois solides et variées qu'il y avait acquises l'avaient fait appeler, en 1787, à Bordeaux pour remplir les honorables et modestes fonctions de précepteur dans une famille protestante de cette ville. Là il se trouva naturellement en relation avec plusieurs des hommes dont le talent, les erreurs et la mort (*voyez* GIRONDINS) jetèrent tant d'éclat sur notre première assemblée législative. Reinhart se laissa facilement entraîner par eux à s'attacher au service de la France. Je ne m'astreindrai point à le suivre pas à pas à travers les vicissitudes dont fut remplie la longue carrière qu'il a parcourue. Dans les nombreux emplois qui lui furent confiés, tantôt d'un ordre élevé, tantôt d'un ordre inférieur, il semblerait y avoir une sorte d'incohérence, et comme une absence de hiérarchie que nous aurions aujourd'hui de la peine à comprendre. Mais à cette époque il n'y avait pas plus de préjugés pour les places qu'il n'y en avait pour les personnes. Dans d'autres temps la faveur, quelquefois le discernement appellaient à toutes les situations éminentes. Dans le temps dont je parle, bien ou mal, toutes les situations étaient conquises. Un pareil état de choses mène bien vite à la confusion. Aussi nous voyons Reinhart premier secrétaire de la légation à Londres en 1791, occupant le même emploi à Naples, ministre plénipotentiaire auprès des villes hanséatiques, Hambourg, Brême et Lubeck, chef de la troisième division au département des affaires étrangères, ministre plénipotentiaire à Florence, ministre des relations extérieures, ministre plénipotentiaire en Helvétie, consul général à Milan, ministre plénipotentiaire près le cercle de la basse Saxe, résident dans les provinces turques au delà du Danube et commissaire général des relations commerciales en Moldavie, ministre plénipotentiaire près du roi de Westphalie, directeur de la chancellerie du département des affaires étrangères, ministre plénipotentiaire auprès de la diète germanique et de la ville libre de Francfort, et enfin ministre plénipotentiaire à Dresde.

Que de places, que d'emplois, que d'intérêts confiés à un seul homme; et cela à une époque où les talents paraissaient devoir être d'autant moins appréciés que la guerre semblait à elle seule se charger de toutes les affaires ! On n'attend pas de moi qu'ici je rende compte en détail, et date par date, de tous les travaux du comte Reinhart dans les différents emplois dont on vient de lire l'énumération. Il faudrait faire un livre. Je ne dois parler que de la manière dont il comprenait les fonctions qu'il avait à remplir, qu'il fût chef de division, ministre ou consul. Bien que Reinhart n'eût point alors l'avantage, qu'il aurait eu quelques années plus tard, de trouver sous ses yeux d'excellents modèles, il savait déjà combien de qualités et de qualités diverses devaient distinguer un chef de division des affaires étrangères. Un tact délicat lui avait fait sentir que les mœurs d'un chef de division devaient être simples, régulières, retirées; qu'étranger au tumulte du monde, il devait vivre uniquement pour les affaires et leur vouer un secret impénétrable; que, toujours prêt à répondre sur les faits et sur les hommes, il devait avoir sans cesse présents à la mémoire tous les traités, connaître historiquement leurs dates, apprécier avec justesse leurs côtés forts et leurs côtés faibles, leurs antécédents et leurs conséquences; savoir, enfin, les noms des principaux négociateurs, et même leurs relations de famille; que, tout en faisant usage de ces connaissances, il devait prendre garde d'inquiéter l'amour-propre, toujours si clairvoyant, du ministre, et d'alors même qu'il l'entraînait à son opinion, son succès devait rester dans l'ombre : car il savait qu'il ne devait briller que d'un éclat réfléchi ; mais il savait aussi que beaucoup de considération s'attachait naturellement à une vie aussi pure et aussi modeste.

L'esprit d'observation de Reinhart ne s'arrêtait point là ; il l'avait conduit à comprendre combien la réunion des qualités nécessaires à un ministre des affaires étrangères est rare. Il faut en effet qu'un ministre des affaires étrangères soit doué d'une sorte d'instinct qui, l'avertissant promptement, l'empêche, avant toute discussion, de jamais se compromettre. Il lui faut la faculté de se montrer ouvert en restant impénétrable ; d'être réservé avec les formes de l'abandon, d'être habile jusque dans le choix de ses distractions ; il faut que sa conversation soit simple, variée, inattendue, toujours naturelle et parfois naïve ; en un mot, il ne doit pas cesser un moment, dans les vingt-quatre heures, d'être ministre des affaires étrangères.

Cependant, toutes ces qualités, quelque rares qu'elles soient, pourraient n'être pas suffisantes, si la bonne foi ne leur donnait une garantie dont elles ont presque toujours besoin. Je dois le rappeler ici, pour détruire un préjugé assez généralement répandu : non, la diplomatie n'est point une science de ruse et de duplicité. Si la bonne foi est nécessaire quelque part, c'est dans les transactions politiques, car c'est elle qui les rend solides et durables. On a voulu confondre la *réserve* avec la *ruse*. La bonne foi n'autorise jamais la ruse, mais elle admet la réserve; et la réserve a cela de particulier, qu'elle ajoute à la confiance. Dominé par l'honneur et l'intérêt de son pays, par l'honneur et l'intérêt du prince, par l'amour de la liberté, fondé sur l'ordre et sur les droits de tous, un ministre des affaires étrangères, quand il sait l'être, se trouve ainsi placé dans la plus belle situation à laquelle un esprit élevé puisse prétendre.

Après avoir été un ministre habile, que de choses il faut encore savoir pour être un bon consul, car les attributions d'un consul sont variées à l'infini ; elles sont d'un genre tout différent de celles des autres employés des affaires étrangères : elles exigent une foule de connaissances pratiques pour lesquelles une éducation particulière est nécessaire. Les consuls sont dans le cas d'exercer dans l'étendue de leur arrondissement, vis-à-vis de leurs compatriotes, les fonctions de juges, d'arbitres, de conciliateurs ; souvent ils sont officiers de l'état civil ; ils remplissent l'emploi de notaires, quelquefois celui d'administrateurs de la marine ; il surveille et constate l'état sanitaire ; ce sont eux qui, par leurs relations habituelles, peuvent donner une idée juste et complète du commerce, de la navigation et de l'industrie particulière au pays de leur résidence. Aussi le comte Reinhart, qui ne négligeait rien pour s'assurer de la justesse des informations qu'il était dans le cas de donner à son gouvernement et des décisions qu'il devait prendre comme agent politique, comme agent consulaire, comme administrateur de la marine, avait-il fait une étude approfondie du droit des gens et du droit maritime. Cette étude l'avait conduit à croire qu'il arriverait un temps où, par des combinaisons habilement préparées, il s'établirait un système général de commerce et de navigation dans lequel les intérêts de toutes les nations seraient respectés, et dont les bases fussent telles, que la guerre elle-même n'en pût altérer les principes, dût-elle suspendre quelques-unes de ses conséquences. Il était parvenu aussi à résoudre avec sûreté et promptitude toutes les questions de change, d'arbitrage, de conversion de monnaies, de poids et mesures, et tout cela sans que jamais aucune réclamation se soit élevée contre les informations qu'il avait données et contre les jugements qu'il avait rendus. Il est vrai aussi que la considération personnelle qu'on l'a suivi dans toute sa carrière donnait du poids à son intervention dans toutes les affaires dont il se mêlait et à tous les arbitrages sur lesquels il avait à prononcer.

Mais, quelque étendues que soient les connaissances d'un homme, quelque vaste que soit sa capacité, être un diplomate complet est bien rare ; et cependant le comte Reinhart l'aurait peut-être été s'il eût eu une qualité de plus : il voyait bien, il entendait bien ; la plume à la main, il rendait admirablement compte de ce qu'il avait vu, de ce qui lui avait été dit. Sa parole écrite était abondante, facile, spirituelle, piquante : aussi de toutes les correspondances diplomatiques de mon temps, il n'y en avait aucune à laquelle l'empereur Napoléon, qui avait le droit et le besoin d'être difficile, ne préférât celle du comte Reinhart.

Mais le même homme qui écrivait à merveille s'exprimait avec difficulté. Pour accomplir ses actes, son intelligence demandait plus de temps qu'elle n'en pouvait obtenir dans la conversation. Pour que sa parole interne pût se reproduire facilement, il fallait qu'il fût seul et sans intermédiaire.

Malgré cet inconvénient réel, Reinhart réussit toujours à faire, et à bien faire tout ce dont il était chargé. Où donc trouvait-il ses moyens de réussir, où prenait-il ses inspirations ?

Il les prenait dans un sentiment vrai et profond qui gouvernait toutes ses actions, dans le *sentiment du devoir*. On ne sait pas assez tout ce qu'il y a de puissance dans ce sentiment. Une vie tout entière au devoir est bien aisément dégagée d'ambition. La vie de Reinhart était uniquement employée aux fonctions qu'il avait à remplir, sans que jamais chez lui il y eût trace de calcul personnel ni de prétention à quelque avancement précipité. Cette religion du devoir, à laquelle Reinhart fut fidèle toute sa vie, consistait en une soumission exacte aux instructions et aux ordres de ses chefs ; dans une vigilance de tous les moments, qui, jointe à beaucoup de perspicacité, ne les laissait jamais dans l'ignorance de ce qu'il leur importait de savoir ; en une rigoureuse véracité dans tous ses rapports, qu'ils dussent être agréables ou déplaisants ; dans une discrétion impénétrable, dans une régularité de vie qui appelait la confiance et l'estime ; dans une représentation décente ; enfin, dans un soin constant à donner aux actes de son gouvernement la couleur et les explications que réclamait l'intérêt des affaires qu'il avait à traiter. Quoique l'âge eût marqué pour lui le temps du repos, il n'aurait jamais demandé sa retraite, tant il aurait craint de montrer de la tiédeur à servir dans une carrière qui avait été celle de toute sa vie. Il fallut que la bienveillance royale fût prévoyante pour lui, et donnât à ce grand serviteur de la France la situation la plus honorable en l'appelant en 1832 à la chambre des pairs.

Le comte Reinhart ne jouit pas assez longtemps de cet honneur, et mourut presque subitement, le 25 décembre 1837, à l'âge de soixante-seize ans. On a de lui une traduction allemande de *Tyrtée* et de *Tibulle* (Zurich, 1783), et une *Collection d'Épîtres* en vers allemands (Zurich, 1785). Il s'était marié deux fois.

Prince TALLEYRAND-PÉRIGORD, de l'Institut.

REINS (en grec νεφρός). On appelle ainsi deux organes glanduleux placés dans le ventre au niveau des deux premières vertèbres lombaires et des deux dernières dorsales, reposant sur les dernières fausses côtes à droite et à gauche de la colonne épinière, à laquelle ils touchent. Ils sont plongés dans un tissu cellulaire très-extensible, et ordinairement surchargé d'une grande quantité de graisse. Les reins sont enveloppés d'une tunique de nature fibreuse, qui pénètre dans leur intérieur avec les vaisseaux. Leur forme est celle d'un haricot, et leur longueur est de quatre pouces chez un adulte. Leur côté externe est arrondi, l'interne est échancré, et c'est par cette échancrure, que l'on nomme la *scissure du rein*, que parviennent dans l'intérieur de l'organe les artères, les veines, les nerfs, et que sortent les uretères.

Lorsqu'on fend un rein pour examiner son intérieur, on le trouve composé de deux substances, l'une externe, ou *corticale*, de deux lignes d'épaisseur, de couleur rouge brun, d'où semblent partir une foule de petits canaux excréteurs, qu'on appelle *conduits des reins* ; l'autre, à l'intérieur de la première, est la substance *tubuleuse* : celle-ci est jaunâtre ; elle reçoit tous les conduits de la substance corticale, et n'est presque entièrement composée, comme celle-ci, que de tubes creux qu'on nomme *conduits de Bellini*. Ils se terminent bientôt vers la scissure du rein, par de petits mamelons qui viennent s'ouvrir dans les calices. Ces calices sont des canaux membraneux d'une autre espèce, qui se réunissent pour former une sorte d'entonnoir qu'on appelle le *bassinet* ; celui-ci s'allonge enfin de manière à former l'uretère, conduit excréteur qui se rend dans la vessie. Les reins sont chargés de sécréter l'urine, qu'ils transmettent à la vessie au moyen des *uretères*. Il existe entre la transpiration et la sécrétion urinaire une sympathie remarquable : quand l'une augmente ou diminue, l'autre diminue ou augmente en même temps ; ainsi, l'on sue davantage et l'on urine moins l'été que l'hiver ; l'urine aussi, par cette raison, est moins abondante dans la jeunesse parce qu'on transpire davantage. Hippocrate supposait qu'il existe une communication directe entre l'estomac et la vessie, à cause de la rapidité avec laquelle certaines boissons, comme les eaux gazeuses, la bierre, les diurétiques, passent de l'un à l'autre de ces organes ; mais l'anatomie a démontré que les reins étaient l'intermédiaire indispensable (*voyez* URINE).

Les reins sont sujets à un grand nombre de maladies, qui leur sont propres : la plus fréquente est la gravelle, qui cause des douleurs néphrétiques très-vives. La plus remarquable des affections des reins est le *diabètes*, maladie durant laquelle les malades rendent d'énormes quantités d'urine sucrée.

C'est sous le nom de *rognons* que l'art culinaire s'empare des reins des animaux ; la saveur urineuse qui les caractérise est ce que recherchent les amateurs de cette sorte de mets.

Reins, dans l'acception vulgaire, signifie cette partie du bas du dos que les médecins appellent la *région lombaire*; on dit aussi *la chute des reins*. Avoir *mal aux reins* n'est donc pas une expression juste, si elle se dit d'une personne qui s'est tenue longtemps courbée, par exemple, ou qui a fait un effort. On devrait dire : *avoir mal aux lombes*, mais l'usage a prévalu. Il est vrai toutefois que les reins répondent à peu près à cette partie, mais à l'intérieur.

L. LABAT.

Reins s'emploie dans une foule d'acceptions figurées. *Poursuivre*, *presser quelqu'un l'épée dans les reins*, c'est le presser vivement de conclure, d'achever une affaire, ou le presser dans la dispute par de si fortes raisons qu'il ne suit que répondre. *Avoir les reins forts* se dit d'un homme riche, ayant les moyens de soutenir la dépense qu'exige une affaire, une entreprise.

En architecture, *les reins d'une voûte* sont cette partie extérieure de voûtes ou de cintres qu'on laisse quelquefois vide pour alléger leur charge, et qu'on remplit souvent de maçonnerie.

REINS (Tour de). *Voyez* ENTORSE.

RÉINTÉGRANDE. *Voyez* POSSESSOIRE (Action).

REIS, *Rees*, unité de compte du Portugal et du Brésil, d'une valeur réelle extrêmement minime, qui à l'origine se frappait en cuivre, mais qui aujourd'hui ne circule qu'en pièces assez fortes. Ainsi on frappe encore en Portugal des pièces de cuivre de 5, de 10 et de 20 *reis*, et des pièces d'argent de 100, de 200, de 500 et de 1,000 *reis*, des pièces d'or de 2,500 et de 5,000 *reis*; mais ces pièces d'or gagnent sur l'argent. Le *milreis* équivaut à 1,000 *reis*.

Au Brésil on ne frappe plus de monnaie de cuivre depuis 1832. Avant cette époque on avait fini par y frapper en cuivre des pièces de 10 et de 20 *reis*. Aujourd'hui on y frappe en argent des pièces de 500, de 1,000 et de 2,000 *reis*, et en or des pièces de 10,000 et de 20,000 *reis*. Le titre des monnaies du Brésil est aujourd'hui de beaucoup inférieur à celui des monnaies du Portugal; et le *reis* n'y vaut pas la moitié du *reis* portugais.

Le nom de l'unité du *reis* est à bien dire *real*; mais en Portugal *real* est aussi la dénomination de 40 *reis*.

REIS EFFENDI. On appelle ainsi dans l'Empire Ottoman le chancelier d'État, ministre des affaires étrangères. Il est le chef de la chancellerie d'État du grand-seigneur, et se trouve presque toujours auprès du grand-vizir, afin de pouvoir expédier les ordres, les décisions et les rapports relatifs soit aux diverses provinces, soit aux négociations avec les puissances étrangères. Il est en outre chargé de la direction exclusive et immédiate des relations diplomatiques de l'Empire Ottoman. Ses attributions sont donc aussi vastes qu'importantes.

REISCH (GEORGES), prieur d'un couvent de chartreux, auprès de Fribourg, à la fin du quinzième siècle. Oublié durant plus de trois siècles, ce moine a récemment été l'objet de l'attention et des éloges de quelques penseurs du premier ordre. Il a laissé un recueil de dialogues intitulé *Margarita philosophica*, et partagé en douze livres : c'est une encyclopédie des plus remarquables pour l'époque. M. de Humboldt a signalé (*Cosmos* , p. 444) la grande influence qu'elle exerça sur la diffusion des connaissances mathématiques et physiques au commencement du seizième siècle. M. Chasles, le savant auteur de l'*Aperçu historique des Méthodes en Géométrie*, a fait voir combien cet écrit est important pour l'histoire des mathématiques au moyen âge. On y trouve en germe bien des idées qui passent pour être d'origine moderne : le système phrénologique du docteur Gall y est déjà développé tout au long. L'édition originale (Fribourg, 1503), renferme des figures en bois très-bien gravées. Elle fut réimprimée sept ou huit fois durant le seizième siècle, et une traduction italienne vit le jour à Venise en 1599. Gustave BRUNET.

REISKE (J.-J.), philologue et orientaliste distingué, né en 1716, à Zœrbig, en Saxe, était fils d'un tanneur, qui ne put lui faire donner qu'une éducation fort incomplète. Il y suppléa par son travail assidu, et ses progrès remarquables lui valurent des protecteurs. Épris d'une passion des plus vives pour la langue et la littérature arabes, il alla, malgré l'exiguïté de ses ressources, les étudier à Leyde, alors le grand centre des études orientales. D'Orville et Burmann, qui y professaient, l'employèrent à des traductions et à des corrections ; et ses travaux philologiques ne l'empêchèrent pas de mener de front l'étude de la médecine. Il passa ses examens avec une telle distinction , que la faculté lui conféra sans frais le diplôme de docteur. Il refusa les places qui lui furent offertes à Leyde, et revint en 1746 à Leipzig, où deux ans plus tard il obtint une chaire d'arabe. Les faibles émoluments attachés à cette place rendaient son existence des plus difficiles, et la gêne contre laquelle il avait à lutter ne cessa que lorsqu'il eut été nommé, en 1758, recteur de l'école Saint-Nicolas, fonctions qu'il conserva jusqu'à sa mort, arrivée en 1774. La littérature grecque doit à Reiske d'excellentes éditions de Théocrite, des orateurs grecs (Leipzig, 1770-1775), de Plutarque (1774-1779), de Denys d'Halicarnasse (1774-1777), de Maxime de Tyr (1774). Il a corrigé et rétabli dans ses *Animadversiones in græcos auctores*, un grand nombre de passages d'auteurs grecs défigurés par d'ignorants copistes. Sa traduction des discours de Démosthène et d'Eschine (Lemgo, 1764) manque de goût et d'élégance, quoiqu'elle soit fidèle et exacte.

REITRES, cavaliers allemands qui combattaient en troupes ou en *cornettes* de forces diverses, du treizième au dix-septième siècle. A Moncontour les *cornettes* étaient de mille *reitres*. L'histoire des *reitres* serait à faire, et jetterait du jour sur celle des lansquenets, qui n'étaient dans le principe que des valets de pied attachés au service individuel des reitres ; ils s'en détachèrent par la suite, pour former, à part, des corps mercenaires qu'on appelait *enseignes* ou *bandes*. La forme primitive des corps de *reitres* rappelle celle des aventuriers germaniques qui combattaient sous les condottieri ; ils étaient, comme la chevalerie, comme toutes les cavaleries du moyen âge , un composé de maîtres et de valets, semblables par conséquent aux mameloucks, aux *chevauchées* féodales, aux *lances fournies*; c'était d'abord des vassaux anoblis par leur maître, qui les vendait avec armes et chevaux aux souverains ou aux États qui se faisaient la guerre. Quand la révolution helvétique, quand les fameuses *terces* castillanes régénérèrent l'infanterie dans toute l'Europe, les reitres, qu'on appelait aussi *maîtres*, jusque là espèce de gendarmerie, ne furent plus que de simples soldats pourvus d'un seul cheval et tenus de le panser en personne. Cette transition d'une forme à l'autre, cette substitution du système de l'*escadron* au système de la *lance fournie*, apportèrent, dans le seizième siècle, un changement immense dans l'art de la guerre, et furent le rétablissement de la vraie cavalerie, devenant, de principal agent qu'elle était , l'agent auxiliaire de l'infanterie; ses hommes de troupe conservèrent cependant bien plus tard ce nom allemand de maître, *meister*, quoiqu'en réalité ils ne fussent plus que soldats. Mais le nom de *soldats* répugnait aux successeurs des maîtres; un reste d'orgueil, autrefois légitime, les dominait, et ils se firent appeler *pistoliers*, parce qu'ils combattaient du pistole, arme qu'il ne faut pas confondre avec le pistolet.

Les *reitres* du temps de la féodalité marchaient conduits par leur suzerain ; les reitres dépourvus de leurs *lansquenets* étaient conduits par des puînés de grandes maisons, par des bâtards de grands seigneurs ; la troupe était un ramas d'aventuriers de tous pays , de serfs échappés à la glèbe et ayant contracté le goût du pillage. Le luthéranisme s'étant répandu principalement dans les provinces peu distantes du Rhin, et dans les cercles, qui étaient des pépinières d'aventuriers, les *reitres* appartinrent en général à la religion réformée; et ce fut peu après cette révolution que la France commença à recourir à leur épée. Leur nom, que des écrivains ont corrompu en l'écrivant *reytre* et *reistre*, dérivait de *ritter*, chevalier, ou de *reiter*, cavalier; ces deux substantifs répondent aux époques où les reitres, d'abord vassaux d'un ordre un peu relevé, n'étaient plus devenus que de simples hommes de cheval; comme chevaliers, ou hommes de tenure, ils avaient eu la lance; comme soldats volontaires, ils portaient le pistole, arme d'abord à rouet, et ensuite à pierre. Ce pistole à silex devint l'arme des mousquetaires à cheval, qui furent institués sur le modèle des reitres. Au temps de Montluc, ils portaient la barbe longue sous un casque ouvert, et montaient de petits chevaux non bardés; ils avaient une épée longue, qui au besoin leur servait de lance, comme en servait l'épée des hussards; mais rarement ils y recouraient, parce qu'étant devenus porteurs d'armes à feu, ils étaient surtout, par cette raison, devenus voltigeurs. Ils avaient, à la manière orientale, des atiabales : c'était un souvenir des croisades. Déjà les reitres français étaient soumis à un colonel général, alors que ce mot *colonel* était inconnu encore dans la langue française; ils en avaient apporté l'usage d'Italie. Les auteurs ne sont pas d'accord touchant les services que rendaient les reitres aux partis dont ils épousaient la querelle; il y en a qui les peignent comme des pillards incapables de tenir tête aux hommes d'armes d'Espagne ou de France. Montluc les préconise, au contraire, comme habiles à se garder, et courant aux armes avec une remarquable célérité. Les reitres du quinzième siècle, formés en bandes noires, s'appelaient les *diables noirs*. Dans les dissensions religieuses de nos pères, des reitres vinrent prêter leur secours à leurs co-religionnaires, tandis que d'autres embrassaient le parti des catholiques; il y en avait à Ivry dans les deux partis adverses.

La langue française doit aux reitres et aux lansquenets le mot barbare *abresac* ou *havresac*; voici comment. Les reitres chargeaient de l'administration du *hafer-sack* ou *habersack*, ou sac à avoine, leurs valets, les lansquenets; ceux-ci, devenus fantassins par émancipation, continuèrent à appeler, par routine, *havresac* leur carnassière, leur canapsa. L'infanterie française, car ainsi s'est faite la langue des armes, eut la bonhomie de les en croire, et plus d'un grenadier est mort à la peine, en ignorant qu'il avait porté pendant vingt campagnes un sac à avoine sur son dos.

Gal BARDIN.

RÉJOUISSANCE, démonstration de joie : Il y a eu à cette occasion de *grandes réjouissances*. Au jeu du lansquenet, ce mot désigne la carte que le joueur qui donne tire après la sienne, et sur laquelle tous les coupeurs et autres peuvent mettre de l'argent.

Réjouissance, en termes de boucher, se dit encore d'une certaine partie d'os ou de basse viande que l'acheteur est obligé de prendre avec sa viande et de payer au même prix. Voici, dit-on, l'origine de ce terme. Sous le règne de Henri IV sur la proposition du prévôt des marchands Nuiron, parut une ordonnance qui, vu le prix extraordinaire de la viande, décidait que les basses viandes seraient à l'avenir vendues au peuple *débarrassées des os*; les os devaient être répartis sur la vente des viandes de qualités supérieures, achetées dès lors par les seules classes riches ou aisées. Le peuple, ajoute-t-on, accueillit cette ordonnance par de vives réjouissances, de grandes démonstrations de joie, et Paris fut illuminé le soir. De là ce nom de *réjouissance* donné à un usage qui *réjouit* plus que les bouchers, parce qu'à la longue on les a partout laissés glisser dans la balance des os pour compléter les pesées de viande, quelle qu'en fût la qualité. Le renchérissement excessif survenu depuis quelques années dans cet objet de première nécessité a fait vivement sentir ce qu'il y avait d'abusif dans une pratique que les bouchers ne manquent pas de justifier en disant qu'ils achètent les os comme la viande de l'animal qu'ils abattent; et on a vu souvent les tribunaux obligés de condamner à l'amende et à la prison des bouchers qui l'avaient tellement perfectionnée, qu'ils en étaient arrivés à donner au consommateur, au lieu d'os pour compléter une *pesée de viande*, un petit morceau de viande pour compléter une *pesée d'os*. Partout l'autorité municipale s'est émue des plaintes élevées à ce sujet par le public; des arrêtés d'administration publique ont décidé que les os ne pourraient être ajoutés à la pesée pour compléter le poids, et qu'il fallait, pour que le consommateur les payât, qu'ils adhérassent au morceau vendu. Les bouchers n'y ont rien perdu, à Paris du moins, car alors ils se sont arrangés de façon à débiter leur viande en parfaite conformité avec les ordonnances de police.

Les questions de *réjouissance* amènent donc encore chaque jour à Paris des querelles entre les bouchers et les consommateurs; peut-être le meilleur moyen de mettre un terme à ces discussions serait-il de proclamer libre le commerce de la boucherie, qui dans la capitale, sous prétexte d'en mieux assurer l'approvisionnement, continue à être l'objet d'un fructueux monopole.

REKHTA (Langue). *Voyez* INDIENNES (Langues), tome XI, p. 363.

RELAIS, station de poste, lieu où l'on réunit plusieurs chevaux frais, soit de selle, soit d'attelage, pour que les voyageurs ou les chasseurs s'en servent à la place de ceux qu'ils quittent (*voyez* POSTES). Il se dit aussi des chiens que l'on poste à la chasse au cerf ou à la chasse au sanglier.

C'est encore le terrain que laisse à découvert l'eau courante qui se retire insensiblement de l'une de ses rives en se portant sur l'autre. Il se dit de même des terrains que la mer abandonne entièrement (*voyez* LAIS).

RELAPS, hérétique qui retombe dans une erreur qu'il avait abjurée. L'Église accorde plus difficilement l'absolution aux hérétiques *relaps* qu'à ceux qui ne sont tombés qu'une fois dans l'hérésie; elle exige des premiers de plus longues, de plus fortes épreuves, parce qu'elle craint avec raison de profaner les sacrements en les leur accordant. Dans les pays d'inquisition, les hérétiques *relaps* étaient condamnés au feu, et dans les premiers siècles les idolâtres *relaps* étaient pour toujours exclus de la société chrétienne.

RELATIF (du latin *relatum*, supin de *referre*, avoir relation ou rapport à). L'idée que présente ce mot est l'opposé de celle dont le mot *absolu* est l'expression (*solutus ab*, sans relation). Il s'applique à ce qui n'existe ou n'est affirmé que dans de certains rapports. Toute grandeur, tout signe particulier des choses d'ici-bas, n'existe pour nous que *relativement*. Par exemple, la terre est relativement grande en comparaison d'un grain de mil, mais elle est relativement petite par rapport au soleil. Les *idées relatives* sont donc celles qui ne proviennent que de la comparaison d'un objet avec un autre.

En termes de grammaire, on a pendant des siècles appelé *pronoms relatifs*, les mots *qui*, *que*, etc., qu'on appelle aujourd'hui *adjectifs conjonctifs*. Mais on distingue encore les verbes, les adjectifs, les noms *relatifs*, de ceux qui sont *absolus*. Par exemple, *dormir* est un verbe absolu, car il indique un sens complet; tandis que *faire* est un verbe *relatif*, c'est-à-dire ayant besoin d'un complément, d'un rapport, pour exprimer un sens complet. Il en est de même des propositions, dont les unes sont dites *relatives* et les autres *absolues*.

RELÉGATION (du latin *relegare*, exiler, bannir), peine publique qui s'introduisit à Rome, surtout au temps des empereurs et qui durait tantôt toute la vie, tantôt un certain nombre d'années seulement. L'*exil*, qui, de même que le bannissement, impliquant encore le mépris public, était un degré supérieur de relégation.

Dans les universités d'Allemagne la *relégation* est aujourd'hui une peine disciplinaire dont on frappe les étudiants qui se sont rendus coupables de quelque faute ou délit; le simple *consilium abeundi* (conseil de s'en aller) en est une forme plus adoucie. La perte des droits civils n'est pas attachée à cette espèce de relégation, comme elle l'était à celle des Romains; et il y a longtemps que la *relegatio cum infamia* a disparu du code des universités allemandes. Toutefois, cette peine est aujourd'hui plus rigoureuse qu'elle ne l'a jamais été, parce que rien n'est plus difficile à un éodiant qui en a été frappé que de se faire admettre à suivre les cours d'une autre université ; pour peu qu'on le soupçonne de faire partie d'associations illicites, il est partout impitoyablement repoussé, et voit dès lors se fermer pour lui la carrière dans laquelle il avait espéré assurer son avenir.

RELEVAILLES. *Voyez* Couches.

RELEVÉS (*Art culinaire*). *Voyez* Entrées.

RELIEF, ouvrage de sculpture plus ou moins relevé en bosse (*voyez* Bas-Relief). On appelle *plan en relief* un plan géométral sur lequel on place le modèle, la représentation en bois ou en plâtre de chaque objet.

Relief s'applique figurément à l'éclat que certaines choses reçoivent de l'opposition ou du voisinage de quelques autres : Certaines couleurs opposées les unes aux autres se donnent du *relief*. Il se dit aussi figurément de l'éclat, de la considération que donne une dignité, un emploi, une bonne action : Les emplois qu'un homme a occupés donnent souvent du *relief* à sa famille.

Reliefs, au pluriel, signifie ce qui reste des mets qu'on a servis :

> Autrefois le rat de ville
> Invita le rat des champs,
> D'une façon fort civile,
> A des reliefs d'ortolans.

RELIEF (Droit de). *Voyez* Féodalité, t. IX, p. 343.

RELIGIEUX, RELIGIEUSE, celui ou celle qui se sont consacrés à Dieu par un vœu solennel, qui ont embrassé la vie monastique, qui se sont enfermés dans un cloître pour y mener une vie pieuse, austère, sous quelque règle ou institution. Il y avait des religieux *profès*, des religieux *réformés*, des religieux *rentés*, des religieux *mendiants*. *Voyez* Communautés, Congrégations, Couvents, Monastères.

RELIGION, satisfaction donnée aux plus mystérieux besoins de l'âme, expression des rapports qui unissent la créature au Créateur. Lien du ciel et de la terre, la religion forme le nœud le plus ferme et le plus haut placé des sociétés humaines. Par ses dogmes, par les préceptes moraux qui en découlent, par la sanction que leur réserve l'inévitable justice d'un Dieu rémunérateur et vengeur, elle harmonise sous la loi du devoir les volontés que mettraient incessamment en conflit les passions et les intérêts terrestres. Aussi est-elle appelée la loi par excellence, le premier des liens sociaux : *Religio*, *religare*. *Lex est religio*, disait énergiquement la sagesse romaine.

Si la religion touche en plus d'un point à la philosophie par la matière de ses enseignements, elle n'en diffère pas seulement en ce que par le culte elle organise extérieurement la vérité sacrée et incline devant elle toutes les puissances de l'homme, le corps non moins que l'intelligence ; elle en diffère surtout par les titres d'autorité qu'elle invoque. Travail solitaire de l'esprit humain, réagissant sur lui-même et sur les objets extérieurs, la philosophie ne se communique qu'à la condition de soumettre au contrôle de chacun de ses disciples la vérité intrinsèque de chacune de ses conceptions. Le doute, l'examen; son unique moyen d'action, deviennent en même temps la source de sa faiblesse. Inaccessible aux masses, elle ne peut même (l'histoire de ses plus florissantes époques l'atteste) conserver dans le cercle restreint de l'école l'unité traditionnelle d'un système. Se formant et se déformant incessamment par le libre travail des opinions individuelles, elle n'abdique cette perpétuelle mobilité que lorsque l'esprit de foi s'est subrepticement introduit dans son sein, a enchaîné son indépendance propre, dénaturé son principe; le moyen âge en offre un exemple frappant.

Ce n'est point comme issues du génie de l'homme, et laborieusement enfantées par sa raison, que les religions se produisent au milieu des peuples. Vraies ou fausses, elles commandent la foi à leurs enseignements au nom de l'autorité surhumaine dont elle les prétendent émanés. Le polythéisme grec ou romain se gardait de discuter rationnellement les droits de ses fabuleuses divinités aux hommages des mortels ; il plaçait leur manifestation terrestre dans la nuit des origines nationales, sous le prestige de lointaines et poétiques traditions. M a h o m e t s'élance dans la carrière de conquérant, tout illuminé des visions de la solitude; il dit ses entretiens avec l'ange Gabriel, et des prodiges d'audace et de fortune, le sacrant définitivement *p r o p h è t e* aux yeux de ses belliqueux disciples, érigent en religion nouvelle un mélange de traditions juives et chrétiennes, modifiées par les prétendues inspirations de l'homme de génie ; puis le glaive fait taire les incrédules. Si une religion a confiance dans les titres qui établissent son origine surnaturelle ; si elle est en mesure de prouver l'authenticité des lettres de créance qui lui confèrent mission de la part du ciel près de la terre, elle appellera sur ces documents l'examen de ceux dont elle sollicite l'adhésion, elle leur présentera le motif de la foi ; mais l'objet même de cette foi elle déniera à l'homme le droit de le mesurer, de le juger, de l'accommoder aux vues de sa raison bornée. Saint A u g u s t i n, cet homme si grand et par le génie et par le cœur, se promenait un jour sur le bord de la mer, pensif, absorbé dans une méditation laborieuse. Il scrutait le mystère de la sainte Trinité, et ses pensées se perdaient dans les ténébreuses profondeurs de l'être divin. Il aperçoit un petit enfant qui, muni d'une coquille et allant du rivage à la mer et de la mer au rivage, semblait vouloir déverser l'océan dans une petite fosse que ses mains avaient pratiquée au milieu du sable. Augustin, souriant du spectacle de ses puérils efforts : « Es-tu moins présomptueux, ô homme, dont l'esprit, faillible et borné, prétend contenir et épuiser la sagesse infinie! » Ce disant, l'enfant déploie des ailes d'ange et prend son vol vers les cieux. Leçon donnée, sous le voile d'une gracieuse allégorie, aux téméraires questions que la curiosité humaine adresse à Dieu !

L'existence de croyances religieuses chez tous les peuples est un fait qui ne trouve plus de contradicteurs sérieux. « Jetez les yeux sur la surface du globe, disait Plutarque, vous y verrez des villes sans fortifications, sans magistrature régulière, sans lettres; des peuples sans habitations fixes, sans l'usage des monnaies ; vous n'en verrez point sans connaissance des dieux. » L u c r è c e félicitait Épicure, son maître, d'avoir été comme le premier qui eût osé s'affranchir de l'*universelle superstition* du genre humain. Les peuples du Nouveau Monde offrirent également aux regards des navigateurs européens un culte, plus ou moins grossier, par lequel se manifestait leur foi à une puissance surnaturelle. Des observations superficielles avaient fait d'abord soupçonner d'athéisme quelques peuplades : les Otaïtiens, les Souriquois, les Hurons. Bayle et Helvétius ne se tenaient pas d'aise. Triste et éphémère triomphe! Cook, Vancouver et d'autres auteurs de relations subséquentes, plus fidèles et plus circonstanciées, constatèrent chez ces peuplades des linéaments, bien imparfaits et bien grossiers, il est vrai, mais non équivoques, de religion ; et l'on peut dire aujourd'hui avec le savant Schœll : « Il n'est pas prouvé qu'il existe un peuple sans religion. » Que signifieraient après tout, dans l'immense concert du genre humain élevant la voix vers le ciel, le silence de quelques sauvages habitants des bois, êtres abrutis qui n'ont d'homme que la forme et le nom ? Dans l'étude des lois qui régissent l'organisation de notre espèce, tient-on compte des cas exceptionnels et monstrueux ?

Les plus anciens monuments historiques connus et les traditions antérieures dont ils sont l'écho nous montrent les religions assises près du berceau des sociétés, dictant leurs premières lois, présidant à leur formation. Rechercher l'origine de la religion, c'est donc rechercher l'origine de la société elle-même.

Une école philosophique, qui tend à ruiner le christianisme par sa base, en éliminant complètement la notion de révélation surnaturelle et divine, et qui, dans la philosophie de l'histoire, efface Dieu derrière l'humanité, veut que l'homme soit parti de l'état sauvage, du mutisme, de la promiscuité, de l'abrutissement, d'un état voisin de celui des orangs-outangs, pour inventer successivement le langage, la famille, la société, la religion. Toutes ces conquêtes auraient été un développement spontané, un progrès purement naturel de l'humanité. La religion, en particulier, n'est dans ce système qu'une création *subjective* de l'esprit humain, ou tout au plus un instinct de notre nature, s'épurant chaque jour davantage par le progrès de la civilisation et de l'activité intellectuelle. Les phases successives de l'épuration religieuse auraient été celles-ci : primitivement, le f é t i c h i s m e, forme grossière du culte des éléments; puis le s a b é i s m e, l'adoration des corps célestes; ensuite le p o l y t h é i s m e, sous des castes sacerdotales; le polythéisme indépendant; le m o n o t h é i s m e, sous forme théocratique; enfin, le monothéisme libre.

Cette hypothèse d'une stupidité primitive, la philosophie matérialiste du dix-huitième siècle l'admettait hardiment: non pas qu'elle l'étayât sur aucun fait, puisque, au contraire, tous les faits connus la démentent, mais elle l'admettait comme une conséquence forcée du rejet préalable de la révélation primitive, proclamée par le christianisme. Aujourd'hui elle n'est plus combattue seulement par les écrivains orthodoxes; elle est à peu près désavouée par d'illustres représentants de cette philosophie spiritualiste du dix-neuvième siècle, qui hésite et s'arrête quand elle se voit conduite à des conclusions décidément chrétiennes, et qui semble avoir peur de trouver les enseignements du catéchisme à la dernière page du grand livre de la science. Benjamin Constant, dans son ouvrage *De la Religion considérée dans sa source, ses formes et ses développements*, s'est posé la question : « L'état sauvage a-t-il été l'état primitif de notre espèce? » Voici le résumé de sa réponse : « Des philosophes du dix-huitième siècle se sont prononcés pour l'affirmative avec une grande légèreté. Tous leurs systèmes religieux et politiques partent de l'hypothèse d'une race réduite primitivement à la condition des brutes, errant dans les forêts, et s'y disputant le fruit des chênes et la chair des animaux ; mais si tel était l'état naturel de l'homme, par quels moyens l'homme en serait-il sorti? Les raisonnements qu'on lui prête pour lui faire adopter l'état social ne contiennent-ils pas une manifeste *pétition de principe ?* Ces raisonnements supposent l'état social déjà existant. On ne peut connaître ses bienfaits qu'après en avoir joui. La société dans ce système serait le résultat du développement de l'intelligence, tandis que le développement de l'intelligence n'est lui-même que le résultat de la société. Invoquer le hasard, c'est prendre pour cause un mot vide de sens. Le hasard ne triomphe point de la nature. Le hasard n'a point civilisé des espèces inférieures qui, dans l'hypothèse de nos philosophes, auraient dû rencontrer aussi des chances heureuses. La civilisation par les étrangers laisse subsister le problème. Vous me montrez des maîtres instruisant des élèves, mais qui a instruit les maîtres? »

Mais si l'homme n'a point débuté par l'état sauvage, comment a-t-il pu naître civilisé? Si les développements naturels de son intelligence, sous la seule incitation de ses besoins et du spectacle de la nature, n'ont pu l'élever aux notions sociales et religieuses, de qui les a-t-il reçues? Sous peine de tourner éternellement dans un cercle vicieux, il faut dire avec Fichte (*Droit de la Nature*): « Qui a instruit les premiers hommes? Car nous avons prouvé que tout homme a besoin d'enseignement. Aucun homme n'a pu les instruire, puisqu'on parle des premiers hommes. Il faut donc qu'ils aient été instruits par quelque être intelligent qui n'était pas homme, jusqu'au moment où ils pouvaient s'instruire réciproquement eux-mêmes. »

Ainsi, la révélation primitive serait encore la conception la plus philosophique, lors même qu'elle ne serait pas un fait traditionnel consigné dans les livres de Moïse, qui l'emportent incontestablement sur tous les monuments écrits du genre humain, par l'authenticité, l'antiquité, l'intégrité. Ils nous enseignent que Dieu, qui s'était complu dans la création d'un être intelligent et libre, ne dédaigna point de l'instruire lui-même par un mode de communication approprié à sa double nature, spirituelle et corporelle. « Qu'importe, dit avec raison un écrivain catholique (M. l'abbé Gerbet), que nous ne nous représentions pas clairement ce genre de communication? Nous représentons-nous mieux la création elle-même? Et qui ne voit que dans toutes les suppositions imaginables le commencement des choses implique l'extraordinaire? En rejetant les prodiges de la bonté divine, on n'échappe pas au *miracle;* on ne fait que leur substituer des prodiges d'un autre genre. »

L'homme ne commença donc point par un état d'abrutissement et de stupide ignorance, mais, au contraire, il connut dès le principe le Dieu unique et immatériel. Ses notions ne s'altérèrent, suivant le récit de la Genèse, qu'après que, soumis à une épreuve, il eut mésusé du libre arbitre qui lui avait été donné pour glorifier le Créateur et se faire à lui-même ses destinées. Il aspira à devenir le centre indépendant de la vie et de la science, et, en châtiment de cette révolte de l'orgueil, il fut livré en proie aux passions sensuelles, aux erreurs, aux misères physiques et morales. De là l'obscurcissement croissant de sa raison et de son cœur : le culte des astres et des éléments substitué à celui du Dieu-Esprit; puis le culte des idoles de bois et de métal, des images d'hommes, d'animaux et de reptiles; les vices eux-mêmes et les plus honteuses passions divinisés. Cependant, pour conserver au milieu du chaos des cultes idolâtriques les vérités révélées au père de la race humaine et la promesse de rédemption qu'emportèrent les exilés d'Éden, Dieu se choisit quelques familles fidèles, puis un peuple, dont il prit soin de garantir la nationalité et la foi par la plus forte législation qui fut jamais. Tandis qu'ailleurs les ténèbres s'ajoutent aux ténèbres, et que les nations chez lesquelles la civilisation et le génie humain brillent d'un vif éclat sont livrées aux plus grossières superstitions, ce petit peuple adore le Dieu unique ; ses prophètes annoncent de jour en jour plus clairement le Sauveur salué de loin par les patriarches.

On sait les efforts tentés, à une époque peu éloignée, pour infirmer l'autorité du récit mosaïque. D'équivoques systèmes, imposant à la multitude par un appareil scientifique, des témoignages suspects, des assertions où l'audace de l'affirmation suppléait à la solidité de la preuve, semblèrent d'abord réduire au silence la religion contristée. Mais de haineux préjugés ont disparu tandis que la science marchait, et voici qu'appelée à déposer contre la Genèse, elle confond les accusateurs et fait justice des témérités ou des mensonges produits en son nom. Par la bouche de l'illustre et vénérable Ampère, la science a proclamé « que la formation du globe, telle que l'expose la Genèse, est la plus plausible des hypothèses que l'on puisse adopter dans l'état actuel de nos connaissances ; de sorte que si l'on ne reconnaît pas Moïse pour divinement inspiré, il faut admettre qu'il possédait toutes les notions conquises depuis lui par l'observation et le calcul ».

Avec l'imposante autorité de Cuvier, la science met au néant toutes les objections élevées contre l'unité originelle de notre espèce. Elle refuse positivement aux Hindous, aux Égyptiens, aux Chinois, les centaines de siècles qui leur avaient été si libéralement octroyés par l'école voltairienne. Elle lit sur les murs où sont sculptés les zodiaques d'Esné et de D e n d e r a h, auxquels on avait attribué une si haute antiquité, des inscriptions qui nomment les empereurs romains du règne desquels ils datent.

La Bible nous enseigne que Dieu, pour punir une nouvelle et sacrilège tentative de l'orgueil humain, mit la confusion dans le langage des hommes et les dispersa sur la surface de la terre. Sur ce point encore, les résultats de la science moderne semblent converger vers la donnée fournie par la révélation. Car, ainsi que le remarque un judicieux écrivain, M. Edmond de Cazalès, « les travaux philologiques de la science contemporaine, en ramenant de plus en plus toutes les langues connues à un très-petit nombre de familles, et en constatant entre ces familles des similitudes essentielles et des différences non moins essentielles, conduisent à cette conclusion : qu'il y eut d'abord unité de langage, et que cette unité, au lieu de s'altérer par des modifications graduelles, a dû se rompre par une séparation brusque et instantanée ».

Ce que nous savons de l'histoire et de la doctrine des anciennes religions n'est nullement d'accord avec le système du perfectionnement naturel et incessant de l'idée religieuse. Tout conspire au contraire contre le système de l'école philosophique qui représente l'humanité comme aspirant et expirant tour à tour, en vertu des lois propres de son organisation, l'aliment de sa vie religieuse, de plus en plus épuré à mesure que la civilisation progresse.

Empreintes, dans leur diversité, du cachet des circonstances locales au sein desquelles chacune s'est développée, les religions présentent, d'autre part, des traits de similitude qui deviennent un nouveau titre de parenté entre les membres dispersés de la grande famille humaine. Dans plusieurs de ces croyances communes à tous les peuples, et non moins remarquables par leur caractère mystérieux que par leur universalité, on reconnaît les vestiges des dogmes révélés, des souvenirs et des espérances que l'humanité déchue emporta de son berceau. Le paganisme ne détruisait pas radicalement la vérité, il l'altérait ou l'intervertissait. Tous les anciens peuples gardèrent un confus souvenir du *paradis terrestre*, de *l'âge d'or*, où les dieux ne dédaignaient pas de descendre parmi les hommes innocents et heureux. Le *péché originel* par lequel fut interrompu l'ordre primordial des communications et des grâces divines, mystère sans lequel, dit Pascal, l'homme est beaucoup plus inexplicable à lui-même que ce mystère n'est inexplicable à l'homme, n'a pas seulement été entrevu par quelques génies méditatifs cherchant le nœud du dualisme qui travaille douloureusement l'homme et le monde. Non-seulement Platon, le théologien par excellence du paganisme, a écrit « que la nature et les facultés de l'homme ont été changées dans son chef dès sa naissance (*Tim.*) ». Mais les religions de presque tous les anciens peuples ont pour fondement la chute de l'homme dégradé, et l'attente d'un réparateur était générale (Voltaire, *Phil. de l'Hist.*). » L'espoir d'une régénération par un médiateur est l'idée mère de toutes les religions sacerdotales, comme de toutes les doctrines philosophiques traditionnelles.

Lorsque se furent accomplis les temps annoncés pour la venue du Messie, tout l'univers, faisant silence sous César comme dans l'attente d'un grand événement, Jésus-Christ parut. Réduite d'abord à chercher dans la nuit des catacombes un asile contre la sanglante publicité de l'amphithéâtre, sa religion vit au bout de quelques siècles l'empire à genoux devant ses autels. L'école philosophique dont nous avons parlé salue dans le christianisme un grand progrès social ; elle lui concédera même l'épithète de *divin*, car pour elle toute manifestation de l'esprit humain est par cela seul une *révélation* de Dieu, et ce sens qu'il fait *progresser* l'humanité vers la notion de la vérité pure. Pour infirmer le prodige de l'établissement du christianisme et écarter l'idée d'une assistance directe et surnaturelle de la Providence, elle attribue les succès rapides de la foi chrétienne au scepticisme général qui régnait à l'époque où elle vint rallier les intelligences et les cœurs ; elle montre l'humanité se dépouillant spontanément de ses anciennes croyances, comme d'un manteau usé, et revêtant des croyances nouvelles, mieux appropriées à ses besoins nouveaux. Attribuer au scepticisme les étonnants progrès de la foi chrétienne, ce n'est pas seulement méconnaître que le scepticisme, presque toujours fils de l'orgueil et de la volupté, est l'état moral le plus rebelle aux efforts de la charité évangélique ; ce n'est pas seulement reléguer dans l'ombre les noms de Julien, Libanius, Symmaque et autres personnages haut placés dans l'histoire, qui défendirent le paganisme à outrance ou pleurèrent son agonie comme s'il allait emporter la civilisation dans sa tombe ; c'est aussi oublier les longues et terribles persécutions qui protestent avec une trop réelle énergie contre les envahissements du christianisme. Les divinités étrangères introduites dans les murs de Rome, à la suite des peuples vaincus, étaient à ses yeux comme autant de témoins sacrés de la suprématie qui lui avait été promise par d'antiques oracles. Elle s'honorait elle-même dans ces images de la fortune des nations, dans ces représentants du monde groupés autour du Capitole. Seul, le Dieu des chrétiens fut traité sans merci. Il ne voulait point subir des hommages partagés : ces disciples du *Nazaréen* refuser un grain d'encens à la statue de la Victoire, aux aigles qui avaient porté par toute la terre la domination romaine, aux dieux solidaires des destinées de la ville éternelle ! c'était une chose inouïe et sacrilège. De là un acharnement général contre la *séditio chrétienne*. L'orgueil chez les empereurs, la sensualité chez la multitude, étaient deux terribles zélateurs de l'ancien culte. La mollesse des convictions, la ductilité de croyances attiédies que l'on présente comme facilement malléables aux enseignements du christianisme, contre lui, et contre lui seul, se tournaient en fureur.

Au surplus, l'universalité des triomphes de la foi chrétienne exclut toute cause purement locale et passagère. Elle avait pénétré au sein d'une société savante, efféminée et sceptique, elle eut prise sur la nature vierge et abrupte des barbares. Œuvre de celui qui a formé le cœur et l'intelligence de l'homme, elle s'est montrée supérieure aux influences de climat, d'histoire, de mœurs, de civilisation, par lesquelles s'explique le développement des religions fausses, dans ce qu'elles ont d'étranger aux traditions primitives et universelles. Malgré les larges blessures faites à l'Église par le glaive de l'islamisme, le christianisme n'a pas cessé de présider aux destinées de l'humanité ; il éclaire de sa lumière les peuples qui marchent à la tête de la civilisation, et il est de toutes les religions du monde, celle qui embrasse dans ses ramifications le plus grand nombre de croyants.

La religion ne se laisse point imposer comme chose simplement utile. Semblable aux enfants, le peuple voit, entend et commente avec une merveilleuse sagacité ce qui se passe au-dessus de sa tête. Croyez et pratiquez ; *édifiez* par l'exemple et par la foi, sinon n'espérez point que l'intérêt de votre sécurité et l'empire des considérations administratives fassent pleuvoir sur les âmes la rosée qui rafraîchit et féconde. Ou plutôt, contentez-vous de laisser libre carrière à ceux qui portent en eux-mêmes la chaleur des convictions communicatives, la source divine du dévouement, la charité qui se donne tout entière et place au ciel son repos, ses espérances, le prix de ses efforts. N'entravez point par de mesquines et jalouses défiances l'action de l'Église et des merveilleux instruments qu'elle sait organiser pour son œuvre morale. L'Église bénira les événements en France la séparation du pouvoir spirituel et du pouvoir temporel si, en échange de priviléges enviés et d'une dangereuse tutelle, il est admise dans la plénitude du droit commun, et peut déployer librement toutes ses puissances contre l'esprit d'indifférence et de doute au sein duquel grandissent les jeunes générations.

Donner satisfaction à la matière, dans le sens où l'entendent les épicuriens, ce ne peut être ici-bas l'affaire de la religion ; sa mission est au contraire de former contre-poids à ces instincts toujours trop dominateurs et trop volontiers obéis, à ces appétits de chair et de sang qui tendent incessamment à ravaler l'homme au rang des brutes. Aux monstrueux excès de corruption dans lesquels s'était abîmé le monde antique, le christianisme, venant renouveler la face de la terre, opposa les prodiges d'austérité et de pénitence. La Thébaïde expia Carthage, Antioche, Rome, Parthénope et Alexandrie. La chair, la matière, fut domptée au désert par des légions de saints athlètes, et le spiritualisme chrétien

22.

y puisa le souffle puissant de vie qui a transformé le monde barbare, et qui soutient aujourd'hui ce qui reste de vigueur et de noblesse dans les âmes allanguies. L'Église ne cesse point d'inviter des hommes d'élite à montrer par leur exemple jusqu'à quel point la volonté humaine, aidée de la grâce, peut dompter les sens et s'affranchir de la tyrannie de la matière. Dans un but analogue à celui des Spartiates, qui, pour inspirer à leurs fils le dégoût de l'ivresse, livraient à leurs risées des esclaves dégradés par cette grossière passion, l'Église agit en sens inverse; elle propose aux respects des peuples les représentants de la liberté morale élevée à sa plus haute puissance. Mais demander si elle espère que le monde prononce entre ses mains les vœux de pauvreté, d'humilité, de chasteté, et endosse pieusement le cilice des anachorètes, c'est confondre à plaisir le précepte et le conseil, la vocation commune et la vocation privilégiée. La religion bénit la fécondité de l'épouse et toutes les joies pures de la famille. Elle place la paresse au rang des péchés capitaux, érige le travail en loi divine, et ennoblit, en la stimulant, l'activité humaine. Comment l'Église commanderait-elle au monde d'abjurer entre ses mains son savoir et ses richesses, elle qui en a conservé ou préparé les premiers éléments, elle qui a sauvé les lettres et les arts d'une ruine totale, défriché les landes et les intelligences incultes de l'Europe, édifié les plus magnifiques monuments dont s'enorgueillissent nos cités, fondé les grands centres d'instruction, fait prévaloir la notion de supériorité intellectuelle et morale sur l'empire de la force et la fatalité de la naissance? *Voyez* ATHÉISME, CATHOLICISME, CHRISTIANISME, CULTE, DEVOIR, DIEU, DOGME, FÉTICHISME, FOI, MONOTHÉISME, POLYTHÉISME, SABÉISME, etc.   Louis de CARNÉ.

Le sentiment religieux qui a pour source le caractère de la nature humaine en général, et qui se produit dans des circonstances données, a reçu le nom de *religion de la raison* ou *religion naturelle*. La croyance que Dieu a communiquée à certains hommes par des voies surnaturelles, et dès lors incompréhensibles pour nous, des dogmes religieux et les a appelés à une contemplation intellectuelle de sa nature, a reçu la dénomination de *religion surnaturelle*, *révélée* ou *positive*. La *philosophie religieuse* est l'examen des motifs d'une telle autorité et la comparaison de leurs enseignements avec ceux de la religion naturelle.

L'*histoire des religions* est une des plus importantes parties de l'histoire de la civilisation humaine, mais présente des difficultés presque insurmontables, à cause de l'obscurité qui règne sur la source du sentiment religieux chez l'homme.

Religion se dit aussi de l'état des personnes engagées par des vœux à suivre une certaine règle autorisée par l'Église. Mettre une fille en *religion*, c'est la faire religieuse; entrer en *religion*, c'est se faire religieux ou religieuse.

Religion a encore plusieurs acceptions: se faire un point de *religion* de ne point divulguer un secret, c'est s'en faire une obligation sacrée; violer la *religion* du serment, c'est manquer à sa parole, se parjurer; surprendre la *religion* de quelqu'un, c'est le tromper par de fausses paroles.

RELIGION (Édit de). On donne ce nom à une ordonnance ou décret du souverain qui a trait à la foi religieuse de ses sujets. C'est ainsi qu'en l'an 313 Constantin le Grand rendit l'*édit de Milan* en faveur des chrétiens, et Henri IV, en 1598, l'*édit de Nantes*, dans l'intérêt des huguenots. On trouvera à l'article ÉDIT l'indication des *édits de religion* les plus célèbres qui aient été publiés en France.

RELIGION (Guerres de). De 1562 à 1629, on en compte onze dans l'histoire de France. *Voyez* HUGUENOTS.

RELIGION (Paix de). *Voyez* PAIX DE RELIGION.

RELIGION RÉFORMÉE. *Voyez* CALVINISME.

RELIGIONNAIRES, nom que l'on donnait, au temps des guerres de religion qui suivirent la réformation, à ceux qui professaient les nouvelles doctrines et pratiquaient le culte réformé. *Voyez* PROTESTANTS et HUGUENOTS.

RELIQUAIRE. Boîte, coffret, vase ou cadre varié de formes et de dimensions, dans lequel on consacre et on expose à la vénération quelques reliques, telles que: une dent, une phalange, un fragment, ou même l'esquille d'un os, quelquefois aussi des morceaux d'étoffes provenant des vêtements d'un martyr, ou ayant seulement enveloppé ou touché quelques précieuses reliques.

La différence entre une c h â s s e et un reliquaire ne consiste donc pas seulement dans la forme, mais aussi en ce que la *châsse* peut contenir le corps entier ou au moins des fragments d'assez grande proportion, tandis que les *reliquaires* ne contiennent que des parcelles toujours minimes.

Les reliquaires sont très-multipliés; il s'en trouve souvent plusieurs sur le même autel; quelques personnes pieuses en ont chez elles, soit dans leur oratoire, soit même sur une console.   DUCHESNE aîné.

RELIQUAT, RELIQUATAIRE (du latin *reliquiæ*, restes). On appelle *reliquat*, en termes de jurisprudence, de comptabilité et de commerce, le reste de compte ou *débet* dont le rendant compte se trouve redevable par la clôture ou l'arrêté de son compte. Le *reliquataire* est celui qui doit ce *reliquat*.

RELIQUES (du latin *reliquiæ*, restes). On appelle ainsi les restes que les chrétiens ont conservés, ou croient avoir conservés, du corps de Jésus-Christ ou de ceux de ses saints, notamment des martyrs. C'est surtout à partir des croisades que le nombre des *reliques* devint considérable. A l'origine, les divers objets considérés comme reliques n'avaient qu'une valeur historique et religieuse; mais à partir du pontificat de Grégoire le Grand on leur attribua en outre diverses guérisons merveilleuses; croyance qui donna lieu à bon nombre d'impostures et au culte presque divin des reliques. L'Église romaine étendit ce culte aux reliques saints canonisés par elle.

RELIURE, RELIEUR. Il n'est personne qui n'ait remarqué à quelles détériorations sont exposés les livres brochés, dont les feuilles réunies par une couture légère ne sont protégées que par une fragile couverture de papier. Les volumes manquant de soutien s'affaissent sur les rayons de la bibliothèque, le dos se fendille, et chaque page cédant à l'action réitérée de la main se crispe et se sépare de manière à compromettre l'ouvrage entier. Le *relieur* est l'artiste chargé de prévenir ou de réparer ce désordre. Son premier soin, après avoir *débroché* le volume, doit être d'en *collationner* les feuilles, de replier celles qui auraient été mal pliées, de redresser les coins et d'intercaler les tableaux, les planches, les cartons ou feuilles à remplacer. Ces préparatifs terminés, il divise son volume en plusieurs cahiers, qu'il *bat* successivement sur un bloc de pierre ou de marbre avec un marteau à tête convexe. Les cahiers battus sont ensuite mis entre deux ais sous une presse fortement serrée. De là ils passent entre les mains de la couseuse, qui les réunit. Il s'agit alors de fixer à chaque face externe du volume une feuille de carton de même grandeur, et de l'*endosser* en égalisant tous les feuillets, en les *trempant* à plusieurs reprises avec de la colle de farine pour qu'ils ne puissent bouger, et en les polissant avec un *frottoir*. Il faut encore rogner la tranche, et la couvrir d'une couleur unie, jaspée ou marbrée, ou bien d'une dorure, puis l'orner d'une *tranchefile*, espèce de cordonnet de soie de deux couleurs, qui se pose à chacune des extrémités près du dos. En cet état, le volume est soumis à un second battage, qui rend le carton à la fois plus fini et plus mince. Quand on a appliqué sur le dos une bande de parchemin mouillé ou de toile, on colle la couverture. Cette couverture est empruntée à toutes sortes de substances, au parchemin, à la basane, au maroquin, au satin, etc. Cette dernière opération demande beaucoup de propreté et de précaution pour conserver à la reliure son élégance et sa fraîcheur. Il ne doit y avoir ni pli, ni rides, ni bosses. Enfin, après avoir imprimé les titres en or, bruni la tranche, on polit avec un fer chaud, ou l'on vernit. Dans les reliures de luxe, on imprime à froid sur chaque côté de la couverture des vignettes en creux, qui sont d'un fort bon effet. Les principales qualités d'une bonne reliure sont d'être à la fois solide, légère, gracieuse et élastique ; les marges doivent être égales, ni trop larges, ni trop étroites ; le livre doit s'ouvrir facilement.

L'histoire authentique de la reliure remonte jusqu'au neuvième siècle. Il existe dans la collection de Stowe, en Angleterre, un psautier latin-saxon de cette époque. C'est un volume grossier, lié avec des courroies en cuir et revêtu de planches de chêne, dont les coins sont protégés par des plaques de cuivre. Hugues Capet possédait, dit-on, un almanach écrit sur parchemin en lettres d'or et d'argent, et relié en peau de serpent avec des lames d'argent. Quand les congrégations religieuses s'occupèrent de multiplier les copies des ouvrages de l'antiquité échappés à plusieurs siècles d'entière barbarie, il y eut dans chaque monastère un lieu appelé *scriptorium*, et où travaillaient les *copistes* et les *relieurs*. Les moines qui se livraient au travail de la reliure n'étaient pas moins estimés que ceux qui se livraient au travail de la copie ; et on cite surtout le frère Herman, habile relieur venu en Angleterre avec les conquérants normands, et qui devint évêque de Salisbury. L'invention de l'imprimerie fut d'abord fatale à l'art de la reliure. Les manuscrits ayant, en raison de leur rareté même, une grande valeur, une splendide reliure en velours, en or, en argent et ornée de pierres précieuses en était l'ornement ordinaire. Mais l'imprimerie ayant multiplié les livres à l'infini, on ne les revêtit plus que d'un habit grossier. Les premiers *incunables* sont reliés en bois et en cuir épais, comme ce psautier saxon dont il est question plus haut. C'est à Mathias Corvin, roi de Hongrie, grand ami des livres et qui possédait une bibliothèque de plus de 50,000 volumes, qu'on est redevable de l'emploi du maroquin pour la reliure. Les relieurs français avaient acquis dès le seizième siècle une supériorité incontestée sur les relieurs étrangers de cette époque. On cite surtout les reliures qui ornaient les livres de la bibliothèque de Grolier, trésorier de François Ier. L'histoire n'a pas conservé le nom de l'artiste qui les lui reliait ; mais ceux qui existent encore aujourd'hui atteignent toujours dans les ventes des prix fort élevés. Il y avait, disent les écrivains du temps, pour vingt mille écus de reliure (somme énorme alors) dans la bibliothèque de M. de Thou. Les plus célèbres relieurs français du dix-huitième siècle furent Le Gascon Desemble, Padeloux, Derome, Bauzonnès, Bozérian, qui ont eu de nos jours de dignes successeurs dans les Simier, les Thouvenin, les Keller, les Despierres, etc. ; en Angleterre on citait surtout à cette époque Robert Payne. Ses reliures sont un modèle de bon goût et d'élégance ; il affectionnait surtout un certain maroquin olivâtre, qu'il appelait *maroquin à la vénitienne*. Il était aussi maître passé dans l'art de restaurer les vieux livres, porté de nos jours à un si haut degré de perfection. On ne nomme pas le relieur du siècle dernier qui avait confectionné la reliure d'un petit volume in-12 de 103 pages, vendu à la vente du feu Villenave, intitulé : *Constitution de la république française*, et imprimé à Dijon, en 1793, chez P. Causse. Il est sur papier vélin et doré sur tranche. La reliure, avec trois filets dorés sur plat, imite le veau fauve, et une note écrite de la main de Villenave, sur un feuillet placé avant le titre, indique que le livre est relié en *peau humaine*. On a parlé à la même époque de culottes, de bottes, de pantoufles en cuir humain. Aussi bien, ce n'était pas là un *premier* essai, comme on serait tenté de le croire ; et une vingtaine d'années auparavant le célèbre Hunter avait absolument tenu à faire relier en peau humaine un traité sur les maladies de la peau. C'est un procès entre lui et son relieur qui révéla cet acte d'excentricité.

REMBRANDT van Ryn, dont le nom complet était *Rembrandt Harmensz van Ryn*, l'un des plus célèbres peintres et graveurs, naquit le 15 juin 1606, à Leyde, en Hollande, où son père, *Harmen Gerritsz van Ryn*, était un riche meunier. Le dernier de six enfants, le jeune Rembrandt annonçait les plus heureuses dispositions ; aussi ses parents l'envoyèrent-ils au collège, dans l'intention de lui donner une profession savante. Au bout de quelques mois, sa répugnance pour la grammaire et la littérature latine devint manifeste ; il montrait au contraire un goût si prononcé pour la peinture, que son père finit par ne plus contrarier sa vocation. Il fréquenta les ateliers de divers maîtres, parmi lesquels Pieter Lastinan fut celui qui exerça l'influence la plus décisive sur le jeune artiste. Après avoir terminé son temps d'apprentissage, il revint à Leyde, où il se mit bravement à travailler d'après ses propres inspirations et où il ne tarda pas à se faire une certaine réputation, qui parvint jusqu'à Amsterdam. Les commandes de plus en plus nombreuses qui lui arrivèrent d'amateurs de cette ville le déterminèrent à y transférer son domicile, vers 1630. Rembrandt fut pour Amsterdam ce que Rubens avait été pour Anvers, le fondateur d'une florissante école de peinture, de laquelle sortirent plusieurs maîtres importants. Il eut pour protecteurs et pour amis les hommes les plus considérables de son époque. En 1631 il épousa une jeune fille frisonne d'une des plus honorables familles de Leeuwarden, Saskia Vilenburg, et se trouva bientôt à la tête d'une grande fortune, provenant partie de ses talents et de son ardeur au travail, et partie de son mariage ainsi que de l'économie de sa femme. En 1642 il eut le malheur de perdre sa femme et de rester veuf avec un fils âgé d'un an seulement. Ayant, au milieu de ses nombreux travaux d'art, à s'occuper en outre de l'éducation de son fils et de la gestion de leur commune fortune, d'ailleurs naturellement peu porté à une sage économie, on ne doit pas s'étonner que le désordre ait fini par se mettre dans ses affaires. Il lui fallut donc en 1653 et 1654 recourir à divers emprunts et contracter des dettes hypothécaires. Deux années plus tard il convola en secondes noces ; et alors, en vertu du testament de sa première femme, il se vit dans la nécessité de rendre à son fils sa part de l'héritage de sa mère. N'ayant pu s'exécuter, et en vertu de ce jugement on dressa, au mois de juillet 1656, inventaire de tout ce qu'il possédait. De ce document, qu'on conserve encore aujourd'hui à la chambre de commerce d'Amsterdam, il appert que Rembrandt avait dans sa maison un riche cabinet d'objets d'art. Les fruits de l'activité de sa vie tout entière, ses fantaisies, ses tableaux et ses dessins d'anciens maîtres, ses précieuses gravures sur cuivre et sur bois d'anciennes écoles, ses costumes, ses armes, ses ustensiles et curiosités de tous genres, jusqu'à ses propres esquisses et à ses études, qui lui étaient indispensables et que rien ne pouvait lui remplacer, tout cela lui fut impitoyablement enlevé ; et par suite des circonstances fâcheuses où se trouvait la Hollande, tout cela lui fut vendu en vente publique, pour la dérisoire somme de 4,964 florins 4 stuber. La vente de sa maison même ne produisit que 11,218 florins ; de sorte que tous ses créanciers ne purent être désintéressés. Ces circonstances de la vie de Rembrandt, constatées par des actes authentiques, montrent quel compte il faut savoir tenir des récits controuvés qui représentent ce grand artiste comme un banqueroutier frauduleux, comme un avare sordide, comme un ignoble escroc, comme un homme bizarre et désordonné, etc. Quoique dépouillé de tout ce qu'il possédait et de tout ce qu'il aimait le mieux au monde, Rembrandt n'en continua pas moins à travailler avec plus d'ardeur que jamais ; mais il paraît avoir vécu depuis ses malheurs dans un grand isolement, et avoir fini par être si complétement oublié de ses contemporains, que pendant longtemps il fut impossible de dire avec certitude où et quand il était mort. C'est tout récemment seulement que des investigations faites avec soin dans les registres des diverses paroisses d'Amsterdam ont établi qu'il était mort le 8 octobre 1669, à Amsterdam, et qu'il avait été enterré dans le cimetière de l'ouest de cette ville. Son fils, *Titus van* Ryn, qui avait appris la peinture dans l'atelier de son père, sans jamais s'y beaucoup distinguer, était mort une année avant lui, le 4 septembre 1668. En 1852 un monument lui a été érigé à Amsterdam.

Rembrandt est incontestablement le plus grand et le plus original des peintres de l'école hollandaise. Jamais un autre artiste ne l'égala pour le charme admirable du clair-obscur, pour la manière libre, hardie et délicate de conduire le pinceau et le burin, pour la vérité, la rigidité et la vivacité de l'expression, pour l'énergie et l'harmonie de l'effet. Ses premières toiles sont d'une exécution extrêmement soignée, et ont en outre la vigueur et la chaleur qui le distinguèrent toujours. Sa seconde manière (les marchands de tableaux ont l'habitude de l'appeler *manière beurrée*, par opposition à sa première, qu'ils nomment *manière fondue*) est plus rude et unit à un sévère dessin de toutes les parties une manipulation plus libre, plus hardie, plus osée, qui peu à peu arrive à la suprême habileté de faire particulière aux ouvrages de sa troisième et dernière manière. Rembrandt peignit surtout le portrait et les sujets bibliques. Dans le premier de ces deux genres il a montré une vigueur extraordinaire et une supériorité incontestée. Les artistes et les connaisseurs admirent infiniment ses tableaux historiques, à cause de ce qu'ont d'admirable leur expression et leur exposition; mais de savants critiques les ont singulièrement dépréciés; ils leur reprochent une conception vulgaire et d'innombrables fautes de costume, d'idéal, de temps et de localité. La vérité est que Rembrandt a souvent confondu d'une façon assez bizarre les costumes et les mœurs de contrées et d'époques bien différentes, alors qu'il ne choisissait pas ses sujets précisément dans son époque et dans son entourage. Mais la manière dont il enjoliva ses figures bibliques, auxquelles il prête notamment un costume de fantaisie, composé de vêtements espagnols, portugais, écossais, turcs, etc., ne provient pas du parti pris de faire du bizarre et de l'extraordinaire, mais du désir sincère de faire de la vérité historique et de la couleur locale. Rembrandt croyait sérieusement donner ainsi un caractère plus oriental, c'est-à-dire plus hébraïque à ceux de ses tableaux dont les sujets sont empruntés à l'Ancien Testament. Si dans la conception des sujets bibliques il se montre en quelque sorte peintre de genre, il ne faut l'attribuer qu'au même désir. On vante toujours à bon droit la magie de son clair-obscur, mais c'est à tort qu'on fait consister en cela l'excellence de sa peinture. Il ne brille pas moins par la simplicité et la précision de l'expression, par la profondeur et la vérité du sentiment, par la connexion et la netteté de l'ordonnance, par l'originalité, la plénitude et la richesse de la composition, que par ses admirables effets de lumière et d'ombre. Son dessin, s'il n'est pas sévèrement correct, noble et choisi, est toujours plein d'expression et de caractère, parfaitement exact et réussi en ce qui est du mouvement des figures. Rembrandt fut le premier qui donna des bases fixes à l'harmonie, à la vigueur, à l'effet et à la tenue. Il forma d'après ses principes en matière de peinture un grand nombre d'élèves, dont les plus distingués et les plus célèbres furent Gérard Dow, Ferdinand Bol, Gerbraud van Eeckhout, Govart Flinck, Nicolas Maes et Philippe de Koningk.

Les plus célèbres tableaux de Rembrandt sont: *Le Guet* et *L'Inspecteur du Stahlhot* (à Amsterdam); *La Leçon d'Anatomie* et *La présentation de l'Enfant-Jésus* (à La Haye); *La famille de Tobie*, *Le bon Samaritain*, *Le Ménage du menuisier* (à Paris); *La Femme adultère* (dans la Galerie nationale, à Londres); *L'Adoration des Mages*, *La dame à l'Éventail*, *Le Constructeur de Navires et sa Femme* (dans la collection particulière de la reine d'Angleterre); *La Visitation de Marie* et *Le Fauconnier* (dans la galerie de lord Grosvenor, à Londres); *Samuel et Anne* (dans la galerie Bridgewater, même ville); *Le Vaisseau de saint Pierre* (appartenant à l'Anglais Hope); *Le Moulin de Rembrandt* (dans la collection du marquis de Lansdowne, au château de Boward); *Samson furieux* (à Berlin, où on l'appelle à tort *Le duc Adolphe de Gueldre*); *Les Noces de Samson* (à Dresde, sous le faux nom de *La fête d'Ahas-*

verus); *Jacob bénissant les fils de Joseph*; *Samson fait prisonnier*; *La Famille du Bûcheron* et *Le Lancier* (à Cassel); la série de cinq tableaux tirés de *La Passion de Jésus-Christ* (à Munich); *Diane et Endymion* (dans la galerie Liechtenstein, à Vienne); *Le Sacrifice d'Abraham* et *La Descente de Croix* (dans la galerie de l'Ermitage, à Pétersbourg). Les meilleures gravures d'après les tableaux de Rembrandt sont celles qui ont pour auteurs J. de Frey, Claessens, J.-G. Schmidt, Hess, etc. Rembrandt a aussi produit bon nombre de dessins, qui de tous temps ont été extrêmement recherchés des amateurs. La plupart sont dessinés à la plume, lavés au bistre et repoussés avec du blanc; et souvent ils ne produisent pas moins d'effet que ses tableaux à l'huile.

Enfin, Rembrandt est encore célèbre comme graveur. Incorrect, mais original et prime-sautier, il savait mettre dans ses eaux-fortes la même harmonie la même chaleur, la même *morbidezza* de clair-obscur, la même vigueur d'effets, que dans ses tableaux. Son poinçon libre, capricieux, pittoresque, ne s'inquiétait pas plus des règles de l'art que des procédés de l'école; mais sa manière facile, spirituelle, expressive, offre des beautés et des qualités qui font toujours les délices et l'admiration des vrais connaisseurs. Il ne faut pas cependant dissimuler que le prix excessif auquel certaines estampes de Rembrandt sont arrivées, à cause de quelques beautés particulières ou bien de leur rareté, tient à une monomanie chalcographique. Le nombre des eaux-fortes de Rembrandt est très-considérable; il monte à environ 350, parmi lesquelles il faut surtout citer: celle qui est connue sous le nom de la feuille aux cent florins (*Jésus-Christ guérissant les malades*), *La grande descente de Croix*, deux grands *Ecce Homo*, *Le Samaritain*, *L'Annonciation aux Bergers*, *Le Juif à la Rampe*, *Joseph racontant ses Songes*, *La Résurrection de Lazare*, *Le portrait du bourgmestre Six*, *Le grand Copenol*, *Le vieux Lutina*, *Le vieux Haring*, *Le Medecin juif* (*Ephraim bonus*), *Le collecteur Witenbogaert*, *Le Prédicateur Sylvius*, *le portrait de Rembrandt lui-même*, *Le paysage aux trois arbres*, *Les Moulins*, et *La maison de campagne du peseur d'or*. Les plus célèbres collections de ses eaux-fortes se trouvent au cabinet des Estampes de la Bibliothèque impériale à Paris, à Amsterdam, à Londres, à Dresde et à Vienne. L'*Œuvre de Rembrandt*, reproduit *par la Photographie* par M. Benjamin Delessert, a été décrit et commenté par M. Ch. Blanc. On trouvera les renseignements les plus authentiques sur la vie de Rembrandt dans l'ouvrage de Scheltema, intitulé *Redevoering over het leven van Rhein* (Amsterdam, 1853). John Smith, dans son *Catalogue raisonné* (tome VII, Londres, 1836), et G. Bathylber, dans ses *Annales de la Peinture hollandaise* (en allemand; Gotha, 1844), ont donné des catalogues des tableaux de Rembrandt, mais incomplets et rédigés sans critique. Les meilleurs catalogues des eaux-fortes de Rembrandt sont : le catalogue français de Gersaint, avec des additions par A. Bartsch (2 vol.; Vienne, 1797); le même catalogue, avec des additions par de Claussen (2 vol.; Paris, 1822 et 1828); *A descriptive Catalogue of the Prints of Rembrandt* (Londres, 1836), par Wilson.

[Le procédé de Rembrandt ne ressemble à aucun autre procédé connu avant lui dans l'histoire de la peinture. Ce qui le préoccupe en effet dans la composition et l'exécution d'un tableau, ce n'est jamais ni la beauté des lignes, ni la riche ordonnance des groupes, ni la pureté des types; il n'emprunte jamais aux chefs-d'œuvre d'un maître ni aux marbres de l'antiquité l'élévation et la majesté d'une tête, la grâce et l'énergie d'une attitude. Sa pensée se laisse bien rarement séduire aux projets solennels, sa volonté ne s'en prend guère à la poésie de la forme. Et ainsi il se sépare plus nettement encore que Rubens des grandes écoles d'Italie. Bien qu'il rivalise avec les Vénitiens pour l'éclat et le charme de la couleur, on ne peut pas, sans injustice ou sans ignorance, identifier ces deux manières; car ce qui distingue les maîtres de Venise, c'est une couleur franche, vive, mais nette, et l'on peut même dire, dans un grand nombre de cas, saisissante jusqu'à la crudité. Rembrandt n'a pas suivi leur exemple, il s'en faut de beaucoup. Il se complait surtout dans l'étude attentive et minutieuse des détails de nature, que les imaginations italiennes dédaignent constamment, comme vulgaires et placées en dehors de la mission poétique et presque divine de la peinture, que l'esprit moqueur de la France couvrirait de risées. Comme il n'a pas promené ses yeux sur un grand nombre d'objets, il tire de tout ce qu'il voit un parti merveilleux, et apporte dans l'emploi de ses moyens une sorte d'avarice. Dans l'imitation de ses modèles, il n'omet aucune circonstance, frivole en apparence, mais importante dans l'exécution; il se défend de négliger un seul des éléments qui composent en se réunissant une vérité complète. La critique vulgaire, celle qui ne voit dans l'histoire de l'art qu'une époque déterminée à l'exclusion de toutes les autres, qui nomme la poésie latine Virgile, la prose française Fénelon, et la peinture Raphaël, accuse les plus belles compositions de Rembrandt de trivialité. *La Descente de croix*, une des plus admirables créations de la fantaisie humaine, lui semble volontiers un tableau de genre, et même, si on la pousse à bout, elle ne se fera guère prier pour traiter de *caricatures* la figure, l'attitude et le costume des principaux acteurs de ce beau drame. A cette sorte d'opinion, qui veut cacher son ignorance et sa niaiserie sous un triple rempart de négations, qui déclare inutile la connaissance de toutes les parties du passé qu'elle ne soupçonne pas et qu'elle ne devinera jamais, il n'y a vraiment rien à répondre. La compassion est le seul devoir. N'est-ce pas en effet un malheur très-réel que cet aveuglement obstiné qui ne voit dans la biographie de l'humanité qu'un siècle ou deux tout au plus dignes d'étude ou d'analyse, qui se prend à des vétilles, et qui refuse à Rembrandt le titre glorieux qu'il a mérité, parce que dans sa préoccupation pour la vérité il lui a plu de copier, jusque dans l'exécution des sujets bibliques, les costumes qu'il avait sous les yeux, parce qu'il a naïvement affublé un proconsul romain de la redingote à brandebourgs d'un bourgmestre hollandais? Comme si l'art élevé, l'art vrai, l'art profond, dépendait de pareilles vétilles! comme si *Phèdre* et *Cinna* n'étaient pas des chefs-d'œuvre de grandeur, d'énergie et de passion, parce que Pierre Corneille et Jean Racine n'avaient pas étudié le costume grec et romain, parceque la belle-mère d'Hippolyte et la généreuse Émilie portaient de la poudre et des paniers ! Comme si le *Jules César* de Shakespeare n'avait pas rang entre Euripide et Sophocle, parce qu'il a négligé de demander aux savants de la cour d'Élisabeth comment étaient coupées les tuniques et les toges des tribuns et des sénateurs ! N'est-ce pas une pitié de ravaler au métier de costumier le rôle de l'artiste?

A coup sûr aujourd'hui, avec les moyens populaires d'instruction qui sont à notre usage, ce serait un étrange et ridicule caprice d'omettre volontairement une étude qui prend quelques jours à peine; mais au temps de Rembrandt, où ces renseignements vulgaires étaient assez rares, je conçois très-bien qu'un maître tel que lui s'en soit passé sans trop de répugnance. Qu'est-ce à dire, en effet ! La vérité humaine n'est-elle pas la première et la plus indispensable condition d'une œuvre pittoresque? Est-on peintre pour avoir feuilleté pendant deux ou trois matinées les volumes poudreux d'une bibliothèque et calqué servilement quelques vieilles gravures?

Mais cette objection n'est pas la seule qui ait été faite contre Rembrandt. On lui a reproché de manquer d'élévation, de prodiguer à tous propos et jusque dans les sujets les plus graves les types de taverne. Cette inculpation me paraît très-acceptable, si l'on entend par élévation les lignes pures, mais systématiques, qui se voient aux loges. Je comprends très-bien qu'on accuse de trivialité la canaille qui regarde mourir Jésus en croix, si l'on a décidé à l'avance que *La Vierge à la chaise* doit servir de modèle à toutes les femmes, que tous les hommes devront ressembler aux hommes du Vatican. Mais je m'inscris en faux de toutes mes forces contre une pareille doctrine; car c'est une sotise impardonnable de vouloir parquer le génie humain dans un type donné ; de dire à sa fantaisie : « Tu feras ceci, et rien de plus. Tu inventeras sans jamais t'éloigner des lignes et des tons que voici : hors de là il n'y a que désordre et impiété. » Il est réservé à Rembrandt, comme à toutes les imaginations d'élite, de rencontrer bien des exclusions, parce qu'il est exquis dans la forme qu'il a choisie, et qu'il n'est accessible et pénétrable qu'aux esprits à qui cette forme agrée pour elle-même et par elle-même, non pas pour la pensée qu'elle enveloppe, mais pour la combinaison qu'elle exprime. Par sa naïveté même, par son incomparable simplicité, il s'éloigne de toutes les inteligences vulgaires, et aussi de tous les effets démonétisés depuis longtemps par l'usage. Le mécanisme de sa composition n'appartient qu'à la peinture, et n'a aucune parenté avec les autres expressions de la pensée. Il ne trouve pas à l'avance une idée qui pourrait au besoin se traduire en marbre, et devenir statue, ou en paroles et devenir poëme. Non : il aperçoit du premier coup un groupe lumineux, mais d'une lumière mystérieuse et capricieusement découpée, puis au centre une tête ou deux tout au plus éclairées en plein, vives, saillantes, et sur lesquelles convergent tous les rayons. Cette idée, qui ne peut être ni ciselée en Carrare, ni versifiée dans aucune langue humaine, il demande à sa palette les moyens de la rendre, et sa volonté toute-puissante la confie à la toile. Ainsi faisait Beethowen, quand ses oreilles ne pouvaient plus entendre les sons que son génie avait prévus et combinés. La *Symphonie pastorale* et la *Symphonie héroïque*, malgré le titre qu'elles portent, n'auraient pas impunément cédé le germe idéal qu'elles renferment au ciseau de Phidias, aux harmonies doriennes de Théocrite, ni au pinceau de Michel-Ange. Les idées écloses dans un cerveau tel que celui de Rembrandt ou de Beethowen participent fatalement du caractère et des habitudes intellectuelles de celui qui les conçoit et les met en œuvre. Avant de s'échapper du front pour descendre sur les lèvres, sur le piano, le marbre ou la toile, elles sont déjà complètes et armées comme la Minerve qui s'échappa du front de Jupiter. Il est dans la destinée de la pensée de n'être puissante qu'autant qu'elle est volontaire, et volontaire qu'autant qu'elle est circonscrite et spéciale. Il lui faut des habitudes, des goûts, des prédilections. Autrement, elle demeure à l'état de rêverie, et se prête avec une égale et constante facilité à toutes les formes qu'on veut lui donner. Ainsi faite et menée, elle pourra, selon le caprice ou le hasard, devenir tout ce qu'on voudra, poëme ou tableau, excepté une belle et grande chose.

Pour réfuter les objections dont j'ai parlé, il serait fort inutile de rappeler l'admirable portrait de deux époux qui se voyait encore il y a quelques années dans la précieuse galerie de Sébastien Érard, et qui maintenant a quitté la France, peut-être pour aller s'enfouir dans quelque château de l'aristocratie anglaise, pour reposer les yeux dédaigneux du landlord au retour d'une chasse au renard. Tout en reconnaissant la beauté du velours et du satin, la vérité des chairs et du regard, on me contesterait l'élévation et la dignité des personnages. Je ne perdrai pas mon temps à réfuter ces accusations puériles. Je prie seulement qu'on veuille bien vérifier sur la belle composition de *Tobie* les conjectures que je hasarde sur le mécanisme de la pensée dans le cerveau des grands artistes prédestinés à des missions diverses. Qu'on étudie attentivement chaque figure de cette toile inestimable, qu'on essaye de remonter par la réflexion à l'existence primitive de chacun des acteurs avant que son rôle ne fût réalisé, et qu'on se demande, après une sévère et patiente analyse, si Rembrandt n'a pas dû voir au dedans de lui-même, comme dans un rêve, une lumineuse auréole, comme celle dont il est parlé dans la Bible; s'il n'a pas dû voir la masse avant de voir les figures. Cette manière de procéder est la plus difficile, je le sais bien ; mais c'est la seule à l'usage des hommes éminents. C'est une méthode que l'enseignement ne pourra jamais révéler, méthode instinctive, immédiate, à qui le travail et la réflexion peuvent venir en aide, mais qu'ils ne peuvent jamais suppléer. Depuis Homère jusqu'à Byron, elle s'appelle *l'inspiration*.

Gustave PLANCHE.]

REMÈDE (du latin *remedior*, fait de *medicari*, guérir), ce qui sert à guérir un mal, une maladie, et que l'on emploie dans ce dessein. On appelle *remède de bonne femme* un remède simple et populaire. Ce mot a donné naissance à plusieurs expressions proverbiales : Il y a *remède* à tout, fors à la mort ; Le *remède* est pire que le mal ; Aux grands maux les grands *remèdes*.

Au figuré, ce mot se dit de ce qui sert à guérir les maladies de l'âme, de ce qui prévient, surmonte, détruit un mal : La connaissance de soi-même est un *remède* contre l'orgueil ; La sagesse est un *remède* contre les accidents de la vie.

En termes de monnayage, on entend par *remède de loi* la quantité d'alliage dont la loi tolère l'emploi dans la fabrication des espèces d'or et d'argent, et par *remède de poids* la quantité de poids dont elle permet de faire les espèces plus légères. Ces mots ont vieilli : on dit aujourd'hui *tolérance*.

REMÈDES SECRETS. On comprend sous cette dénomination générique les médicaments dont les inventeurs ou importateurs gardent par devers eux la formule, et dont ils entendent se constituer une propriété que, le plus ordinairement, ils n'exploitent qu'aux dépens de la crédulité publique ; car, en dépit de l'expérience, partout et toujours on se laissera prendre aux belles promesses des charlatans, grands préconiseurs de remèdes annoncés comme autant d'infaillibles panacées pour tous les maux, passés et futurs.

La vente et la distribution des *remèdes secrets*, les annonces et affiches qui les concernent, sont aujourd'hui prohibées par la loi. Elles constituent un *délit* punissable d'une amende de 25 à 600 fr., et en outre, lorsqu'il y a récidive, d'une détention de trois à dix jours. Les auteurs et inventeurs de remèdes doivent préalablement avoir obtenu la permission de les débiter ; à cet effet, ils sont tenus d'en remettre la recette au ministre de l'intérieur avec l'énumération des maladies auxquelles ils sont applicables et l'indication des expériences qui en ont été faites. Le ministre nomme une commission pour examiner la composition du remède et déterminer, dans le cas où il serait bon en soi et où il aurait produit des effets utiles à l'humanité, quel prix il conviendrait de payer à l'inventeur pour sa découverte. En cas de réclamation de la part de ce dernier, il est nommé une seconde commission pour examiner le travail de la première, entendre les parties et donner un nouvel avis. Les procureurs impériaux et les officiers de police sont chargés de poursuivre les contrevenants à la loi qui prohibe la vente des *remèdes secrets*.

RÉMÉRÉ (du latin *iterum emere*, acheter de nouveau, racheter). On appelle *vente à faculté de réméré* celle dans laquelle le vendeur se réserve le droit de racheter l'objet vendu dans un temps déterminé par l'acte (*voyez* RACHAT).

REMI (Saint), *sanctus Remigius*, archevêque de Reims, convertit le roi des Francs Clovis (Chlodowig) au christianisme, en 496. On le fait naître vers l'an 438 et mourir en janvier 533, à l'âge de quatre-vingt-quinze ans. Il avait composé divers ouvrages, entre autres des sermons, dont Sidoine Apollinaire a eu connaissance ; mais il ne reste aujourd'hui de lui que quatre *lettres*, insérées dans les divers recueils de conciles et d'actes relatifs à l'histoire de France. C'est dans la *Vita Remigii* écrite au neuvième siècle par Hincmar qu'il est pour la première fois fait mention de la légende relative à la sainte ampoule, avec laquelle l'archevêque de Reims sacra Clovis.

Un autre REMI, archevêque de Lyon en 852, prit parti pour le moine Gottschalk dans la querelle qu'il suscita à Hincmar, et fit reconnaître par le synode tenu à Valence, en 855, l'orthodoxie du dogme de la double prédestination. Il mourut en 875.

RÉMIGES. *Voyez* PLUMES.
RÉMINISCENCE. *Voyez* MÉMOIRE.
REMINISCERE (Dimanche de). C'est le second dimanche de Carême. Ce nom lui vient du premier mot de la messe qu'on dit ce jour-là : *Reminiscere miserationum tuarum* (Ps. 25, v. 6).

REMIREMONT, chef-lieu d'un arrondissement du département des Vosges, dans lequel on ne compte pas moins de 10,000 métiers à tisser le coton en activité, sur la rive gauche de la Moselle, dans une situation des plus pittoresques, au pied des Vosges, avec un tribunal civil, un collège, une bibliothèque publique, deux typographies et 4,350 habitants. Au quinzième siècle cette ville, aujourd'hui centre d'un grand commerce de fromages, façon *Gruyère*, appartenait en toute souveraineté aux comtes de Vaudemont, de la maison de Lorraine. Prise par La Hire, sous le règne de Charles VII, les fortifications en furent démolies en 1670. Avant la révolution on y voyait un célèbre chapitre de chanoinesses, dont l'abbesse était princesse de l'Empire.

RÉMISSION (du latin *remittere*, pardonner), synonyme de *pardon* : La *rémission* des péchés. Dans une acception plus étendue, ce mot se dit de l'indulgence dont use une personne qui a autorité sur une autre : Il a usé de *rémission* envers ses débiteurs. C'est un homme qu'il faut payer *sans rémission*, c'est-à-dire sans attendre de lui de grâce ni de merci.

En termes de médecine, *rémission* signifie modification, diminution d'une fièvre continue, d'une affection aiguë, qui subsiste toujours.

Dans notre ancienne législation on appelait *lettres de rémission*, ou *lettres de grâce*, et encore absolument *rémission*, des lettres patentes expédiées en chancellerie ou adressées au juge et par lesquelles le prince accordait à un criminel la rémission, c'est-à-dire le pardon de son crime, en cas que ce qu'il avait exposé à sa décharge se trouvât vrai, et de son autorité privée le déchargeait de toutes poursuites. *Voyez* GRÂCE.

RÉMIZ. *Voyez* MÉSANGE.
REMONTE, achat de nouveaux chevaux pour un corps de cavalerie afin de remplacer ceux qui sont morts ou devenus impropres au service ; répartition de ces chevaux dans ces corps ; chevaux eux-mêmes donnés à des cavaliers pour les remonter. La *remonte* française se fait principalement en Normandie, Bretagne, Poitou, Limousin, Basse-Navarre, Franche-Comté et Lorraine ; mais le plus souvent, la production chevaline de ces contrées ne suffisant point aux besoins de l'armée, il y a nécessité de recourir, surtout en temps de guerre, à des achats faits à l'étranger (*voyez* CAVALERIE et CHEVAL).

REMONTRANCE, discours par lequel on représente à quelqu'un les inconvénients d'une chose qu'il a faite ou qu'il est sur le point de faire. Le mot *remontrance* implique toujours d'ailleurs une idée de blâme.

Remontrer à quelqu'un ses fautes, c'est lui faire des représentations, des *remontrances* ; c'est lui donner des avis utiles pour qu'il vienne à résipiscence. On dit d'un ignorant qui prétend faire la leçon à qui en sait plus que lui que « c'est gros Jean qui veut *remontrer* à son curé ».

Sous l'ancienne monarchie le *droit de remontrance* constituait l'un des plus importants priviléges des parlements ; et ces corps ne se faisaient pas faute d'en user, lorsque le pouvoir se trouvait en des mains faibles ou affaiblies.

REMONTRANTS ou **REMONSTRANTS.** C'est le nom qu'on donna au dix-septième siècle aux théologiens protestants qui embrassèrent les doctrines émises sur le dogme de la prédestination par Jacques Herman ou Arminius, et combattues par les *gomaristes*. La querelle roulait sur le sens qu'il fallait attacher à l'opinion émise par Calvin sur la prédestination. Arminius soutint, le 7 février 1607, quelques thèses où il posait en principe que tous les hommes *pouvaient* renoncer à leurs péchés, et que tous ceux qui parviendraient à y renoncer seraient reçus en la gloire éternelle : ces propositions impliquaient nécessairement le *libre arbitre*, qui choisit entre le bien et le mal, et qui préfère le bien. Aussitôt, et dès la même année, son collègue, l'orthodoxe François G o m a r ou Gomarus, soutint au contraire que le décret éternel en vertu duquel les hommes sont sauvés ou réprouvés est *absolu*, qu'il est subi et nullement consenti ou discuté par les créatures en vertu de leur libre arbitre. On voit que les deux théologiens ne se plaçaient chacun aux antipodes de la question. Diverses conférences, soit devant le grand conseil, soit devant les états, ne firent qu'aigrir la controverse ; cependant, si le clergé en général penchait pour Gomar, le pouvoir civil semblait au contraire se ranger du côté d'Arminius, qui pouvait compter sur l'appui des premiers penseurs de son pays, entre autres Jean Uytenbogart et G r o t i u s, et dont les partisans furent appelés de son nom *arminiens*. La *remontrance* des arminiens aux états de Hollande, qui les fit nommer par la suite *remontrants*, est de 1609. Arminius venait de mourir, jeune encore, sans avoir vu les controverses obstinées et sanglantes auxquelles ses idées donnèrent lieu. Mais à la même époque parurent deux hommes, illustres par leur constance et leur savoir, qui, venus comme pour remplacer le chef du parti rationnel, allèrent plus loin que lui : ce furent Simon E p i s c o p i u s et Conrad Vorstius, qui furent nommés, l'un ministre près Rotterdam, et l'autre successeur d'Arminius à Leyde. La destitution de ce dernier ne tarda pas à être imposée aux états par l'ombrageuse orthodoxie du roi d'Angleterre. Car outre les ministres orthodoxes, qui appelaient en chaire les remontrants *mamelouks et diables*, un plus formidable ennemi se déclara contre eux. Un pédant couronné, Jacques 1er d'Angleterre, traita le professeur de Leyde de *peste*, de *monstre*, et *d'archi-hérétique*, non moins digne du feu que son livre. Malgré la nomination d'un autre savant et pacifique théologien à la régence de Leyde, Gérard-Jean Vossius, ce fut vers cette époque que les magistrats d'Amsterdam, irrités des sages conseils de l'un d'eux, Pierre H o o f t, inclinèrent de plus vers les voies de rigueur. D'un autre côté, le prince Maurice, homme d'État et de guerre, assez indifférent sans doute au fond de toutes ces querelles, mais voyant que l'irritation faisait des progrès alarmants, prit parti pour les *contre-remontrants* ou *gomaristes*, comme ennemis de tout changement de religion et de gouvernement. Les arminiens ne tardèrent pas à être représentés aux ennemis comme des novateurs politiques, d'autant plus que B a r n e v e l d t avait beaucoup insisté auprès des états généraux sur la nécessité d'imposer silence à tout docteur fanatique. Bientôt une sédition grave éclata contre les arminiens dans Amsterdam même (1617). En vain le sage Duplessis-Mornay écrivait aux états et à l'ambassadeur de France du Mourier, à La Haye, les plus sages avis de modération et de paix : tout céda à l'entraînement du parti gomariste, aux conseils de Jacques 1er, et à la défiance du prince Maurice envers les novateurs. Il ne paraît pas d'ailleurs douteux que les partis républicain et arminien ne se fussent alliés pour opposer une résistance commune à l'orage. La prise d'armes des mécontents fut partout déjouée par l'activité de Maurice ; Olden Barneveldt, Hogerbeets et Grotius furent arrêtés et bientôt traduits devant le fameux synode de D o r d r e c h t.

Charles COQUEREL.

REMORDS, reproche secret que la conscience adresse au coupable, regret poignant qu'inspire le souvenir d'une faute grave, d'un crime. C'est le remords qui venge la justice humaine impuissante, car jamais le criminel ne parvient à s'y soustraire ; et cet homme, que le vulgaire croit heureux parce qu'il est riche, souffre souvent plus que le pauvre obligé de lui tendre la main, parce qu'il a le cœur rongé de remords qui empoisonnent toutes les délices dont il s'efforce d'entourer son existence. Son supplice est de tous les instants. En vain, pour s'y soustraire, il se jette dans toutes les dissipations, dans tous les excès qu'il croit propres à lui faire oublier ses souffrances secrètes, l'ivresse qu'il se procure par des moyens artificiels ne dure qu'un instant ; et au réveil il n'en sent que plus vivement l'aiguillon du remords.

Voyez CONSCIENCE et REPENTIR.

REMORQUE, action de faire avancer sur l'eau un bateau, un vaisseau ou tout autre corps flottant au moyen d'une corde, appelée *remorque* ou *câble de remorque*, et attachée à un autre bateau ou vaisseau mis en mouvement par des rames ou des voiles.

REMORQUEUR, bateau ou vaisseau qui en conduit un autre à la r e m o r q u e. Depuis l'application de la vapeur à la navigation, l'emploi des *remorqueurs* s'est considérablement étendu. Dans beaucoup de ports et de rivières, des bateaux à vapeur sont spécialement établis pour prendre à la remorque les bâtiments qu'un vent contraire empêche d'entrer dans le port à la voile, ou ceux qui, voulant remonter la rivière, ne pourraient le faire qu'en se faisant hâler par des bateaux à rames, des chevaux ou autrement.

Par analogie, depuis l'invention des chemins de fer, on a donné également ce nom de *remorqueur* à la machine l o c o m o t i v e.

REMOUS. On donne ce nom, en marine, au tournoiement et à l'agitation partielle des eaux, provenant soit d'un choc, soit du passage d'un bâtiment, ou encore de quelques dispositions du fond, des rochers ou des courants.

REMPART (de l'italien *amparo*, défense). On appelle ainsi la hauteur des terres qui couvrent le corps d'une place ou le terre-plein d'un ouvrage, et qui porte le parapet du côté de la campagne. On a d'abord nommé *terrail*, *terraux*, les remparts non revêtus : c'étaient des massifs en terrasse, qui ont succédé aux murailles en maçonnerie pleine du moyen âge ; car le système de fortification changeant depuis l'invention de la poudre, le temps et les bras manquaient pour construire des remparts à chaux et à ciment. Un *rempart* a son terre-plein formé de la terre extraite du fossé ; il consiste en une e n c e i n t e rasante, composée de bastions et de courtines, couronnée d'un *parapet*, garnie d'artillerie ou susceptible d'en recevoir, entourée d'un fossé polygonal, et percée de p o r t e s et de p o t e r n e s. La fortification ancienne avait son fossé accessible à l'ennemi ; la fortification moderne en interdit l'approche par la construction du c h e m i n c o u v e r t, protégé lui-même par des *dehors* : une dissemblance aussi marquée a totalement changé la forme des sièges et la marche des attaques, puisque le cordon du rempart n'est aperçu que du chemin couvert, et que l'*escarpe* et la c o n t r e - e s c a r p e sont masquées par les ouvrages extérieurs. Un rempart était originairement le produit d'une tranchée et du travail des constructeurs que le langage ancien appelait *trancheurs*, quelques-uns ont pris comme synonymes *rempart* et *retranchement* ; mais il y a maintenant cette différence, qu'un retranchement est un travail plus général, et qu'un rempart est la pièce principale d'un retranchement.

Les remparts sont gardés par des guérites, qu'on appelait jadis *échauguettes* et *nids de pie* ; ils sont à fossé sec ou inondé ; ils recèlent, s'il y a lieu, des contre-mines ; il y en a de *casematés* ; ils surmontent tant soit peu les dehors, rasent le glacis, couvrent les casernes, et doivent être à l'abri de tout commandement qui les dominerait.

Rempart se dit aussi figurément : Cette place est le rempart de la province ; ce soldat a fait à son capitaine un *rempart* de son corps.

Gal BARDIN.

REMPLACEMENT, action de substituer une chose à une autre ; résultat de cette substitution. Ce mot se dit de l'emploi utile de deniers provenant d'un immeuble vendu, d'une rente rachetée, etc., et qu'on est obligé de placer ailleurs. L'obligation de faire le *remplacement* des biens dotaux est une clause ordinaire des contrats de mariage.

REMPLACEMENT (*Législation militaire*). La loi de 1832 sur le service militaire avait consacré la faculté du remplacement. Le remplacement, en lui-même, était juste, parce qu'il profitait à ceux qui s'en servaient sans nuire à ceux qui ne s'en servaient pas. Il ne créait pas d'inégalité entre ces deux classes; mais il était seulement la conséquence de l'inégalité des conditions humaines. D'ailleurs, à un autre point de vue l'intérêt de l'agriculture et de l'industrie, celui des professions libérales, des fonctions et des carrières civiles, des progrès des sciences et des arts, défend hautement d'imposer à tous indistinctement l'obligation de passer dans une caserne, à faire le métier de soldat, les années les plus fécondes de la vie. Mais la plus fausse et la plus injuste de toutes les méthodes de remplacement est celle qui fut en usage jusqu'à la loi de 1855 et qui le laissait à la charge de celui qui voulait se faire remplacer, car il en résultait que le remplacement était devenu une spéculation purement mercantile, une véritable traite d'hommes, avec concurrence et avec des chances de baisse et de hausse, qui retombaient sur les citoyens les moins aisés et doublaient ou triplaient l'impôt pour eux. On sait quels abus résultaient de ces espèces de marchés d'hommes appelés *compagnies d'assurances pour le recrutement*. Les agents de remplacement cherchaient les hommes au meilleur marché possible, des hommes affectés de défauts physiques qu'on déguisait à l'aide de fraudes et de ruses infiniment variées, ou, à peu d'exceptions près, des vagabonds, des débauchés et des paresseux. Après un certain temps passé au corps, les infirmités déguisées reparaissaient; il fallait réformer ceux qui en étaient atteints, et l'État payait les frais de la fraude. Dans l'échelle des qualités morales, les remplaçants étaient généralement placés fort au-dessous des jeunes soldats servant pour eux-mêmes. Aujourd'hui on a substitué au remplacement le système de l'*exonération* et du r e n g a g e m e n t.

REMUS. *Voyez* ROMULUS.

RÉMUSAT (JEAN-PIERRE-ABEL), sinologue distingué, né à Paris, le 5 septembre 1788, n'eut d'autre instituteur que son père, qui était chirurgien, et qu'il eut le malheur de perdre à l'âge de dix-sept ans. Pour se conformer à la volonté paternelle, il étudia la médecine, et un herbier chinois, qu'il eut occasion de voir chez l'abbé de Tersan, lui inspira le désir d'apprendre la langue qui pouvait lui en expliquer toutes les planches. Encouragé par l'abbé de Tersan, qui lui prêta plusieurs livres chinois, il se mit à l'étude sans maître, et avec le seul secours de la grammaire de Fourmont, des ouvrages des missionnaires en Chine et des livres chinois, que Sylvestre de Sacy lui faisait venir de Berlin et de Saint-Pétersbourg. Fils de veuve, il échappa aux rigueurs de la conscription, et put mener de front l'étude de la médecine avec celle des langues orientales. Dès 1811 il faisait paraître son *Essai sur la Langue et la Littérature chinoises*, ouvrage qui malgré l'incohérence et la précipitation qui s'y font sentir, obtint un succès qu'il n'aurait pas aujourd'hui, où l'étude de cette langue a fait tant de progrès. A la même époque il publia un *Mémoire sur l'étude des langues étrangères chez les Chinois*, où il nous apprend que depuis six siècles il existe à Pékin un collège pour l'enseignement des langues de l'Occident. Il ne négligeait pas pour cela l'étude de la médecine, et en 1813 il fut reçu docteur. Sa thèse d'inauguration roulait sur la médecine des Chinois. Cette même année, les désastres de la guerre de Russie ayant nécessité le rappel des conscrits libérés des six dernières années, il obtint d'entrer dans le service de santé militaire, et, grâce à son protecteur Sylvestre de Sacy, d'être nommé chirurgien-aide major des hôpitaux militaires de Paris. Abel Rémusat salua avec enthousiasme la Restauration, qui lui sut gré de l'ardeur de ses opinions monarchiques et religieuses, et qui créa en sa faveur une chaire de langue et de littérature chinoises au Collège de France. En même temps il fut chargé de faire le catalogue de tous les livres chinois de la Bibliothèque royale. Admis en 1818 au nombre des rédacteurs du *Journal des Savants*, il publia en 1820 des *Recherches sur les Langues Tatares*, son principal ouvrage, et en 1822 des *Éléments de la Grammaire Chinoise*. En 1825 il fut aussi l'un des fondateurs de la *Société Asiatique* de Paris, dont il fut longtemps le secrétaire, puis le président. A cette époque aussi il était l'un des *lecteurs* habituels de la *Société des Bonnes Lettres* (cercle littéraire fondé, rue de Grammont, en concurrence à l'Athénée, établissement suspect de libéralisme et de voltairianisme), et il lut successivement à l'auditoire musqué et dévot qui s'y réunissait des épisodes de son roman chinois *Iu-Kiao-li, ou les deux cousines*, et diverses dissertations relatives à l'histoire et aux mœurs de l'Asie, publiées depuis sous le titre de *Mélanges Asiatiques* (1825 et 1829), et où il trouvait toujours moyen d'intercaler les tirades, alors de rigueur, contre les libéraux et les philosophes. Le pouvoir l'en récompensa en le nommant conservateur des manuscrits orientaux à la Bibliothèque royale, sinécure qu'il cumula avec sa chaire du Collège de France. Abel Rémusat fut l'un des fondateurs de *L'Universel*, journal politique et littéraire rédigé avec beaucoup de talent, dont le premier numéro parut le 1ᵉʳ janvier 1829, et qui ébranla un instant l'omnipotence scientifique et littéraire du *Journal des Débats* et de sa coterie. *L'Universel* était devenu journal semi-officiel, l'organe du cabinet Polignac; il disparut dès le 27 juillet 1830, et ses rédacteurs allèrent se cacher prudemment dans leurs sinécures. Ainsi fit Abel Rémusat, dont il ne fut plus question dès lors que le jour où on apprit qu'il avait été enlevé par le choléra, le 2 juin 1832.

RÉMUSAT (FRANÇOIS-MARIE-CHARLES DE), ancien député et ministre de l'intérieur sous Louis-Philippe, est né en 1797, à Paris, d'une famille honorablement connue en Provence depuis cinq siècles. Il est le fils du comte de Rémusat, premier chambellan et sous-intendant des spectacles sous le premier empire, puis préfet de la Haute-Garonne et du Nord sous la restauration, par alliances le petit-fils de La Fayette et le neveu de Casimir Périer. Reçu avocat en 1819, il s'occupa de politique et de littérature, fit ses premières armes dans le *Lycée Français* et dans *Les Tablettes universelles*, puis fut admis à donner quelques articles au *Courrier Français*. En 1825 il fit partie de la petite coterie qui fonda *Le Globe*; et après la révolution de Juillet les électeurs de Muret (Haute-Garonne) l'envoyèrent à la chambre, où il prit tout naturellement place au banc des doctrinaires. Cependant, quelques années après, il se rattacha à M. Thiers, et alla s'asseoir au centre gauche. En septembre 1836 il fut nommé sous-secrétaire d'État de l'intérieur, en remplacement de M. de Gasparin, appelé lui-même à prendre le portefeuille de ce département. L'avénement du ministère Molé (17 avril 1837) le jeta dans les rangs de l'opposition, et l'année suivante il fit avec M. Guizot partie de la fameuse *coalition* qui amena le renversement du seul cabinet de la branche cadette qui eût osé se montrer conciliant et ami du progrès. Lorsque M. Thiers fut appelé à constituer sous sa présidence, le 1ᵉʳ mars 1840, un nouveau cabinet, il y confia le ministère de l'intérieur à M. de Rémusat, de l'administration duquel on ne saurait citer une de ces mesures grandes et généreuses qui perpétuent le souvenir d'un homme d'État. Notons toutefois que ce fut pendant son passage aux affaires que le gouvernement présenta aux chambres le projet de loi qui ordonnait la translation des restes de Napoléon à Paris; mais chacun sait que l'initiative de cette mesure revient à M. Thiers. Fidèle à la fortune politique de M. Thiers, M. de Rémusat donna en même temps que lui sa démission en octobre de la même année; et depuis lors il fit constamment partie dans la chambre élective de l'opposition dite *dynastique*. Après la révolution de Février, les électeurs du suffrage universel le choisirent à Toulouse pour leur représentant à l'Assemblée constituante, et lui renouvelèrent leur mandat à l'Assemblée législative. Au 2 décembre 1851 il se rendit chez M. Odilon Barrot, à l'effet d'y protester contre le coup d'État qui mettait fin au gouvernement républicain. Arrêté alors et conduit à la prison de Mazas, un décret en date du 9 janvier 1852 l'expulsa momentanément de France. Il se rendit à Bruxelles; mais dès le mois de septembre suivant la situation plus calme du pays permettait au gouvernement du Président de se montrer généreux à l'égard de tant d'hommes qui lui avaient témoigné naguère une si profonde hostilité; et, avec une foule d'autres bannis, M. de Rémusat obtenait l'autorisation de rentrer dans sa patrie. Depuis cette époque il a complétement renoncé à la politique, et semble avoir demandé à la littérature des compensations pour ses espérances déçues et ses illusions perdues. Dès 1834 il avait publié sous le titre d'*Essais de Philosophie* (2 vol. in-8°) les divers articles fournis précédemment par lui au *Globe*, et qui lui valurent en 1841 d'être élu membre de l'Académie des Sciences morales et politiques. Après la publication de son *Abélard* (2 vol. 1845) il fut nommé membre de l'Académie Française. En 1853 il a fait paraître *Saint-Anselme de Canterbury*, tableau intéressant de la vie monacale et de la lutte du pouvoir spirituel contre le pouvoir temporel au quinzième siècle; puis, en 1856, *L'Angleterre au dix-huitième siècle*, études et portraits pour servir à l'histoire du gouvernement anglais depuis la fin du règne de Guillaume III.

RÉMUSAT (CLAIRE-ÉLISABETH-JEANNE, comtesse DE), née Gravier de Vergennes, mère du précédent, naquit à Paris, le 5 janvier 1780, et épousa en 1796 le comte de Rémusat, devenu plus tard l'un des chambellans de Napoléon. En 1803 elle fut attachée à la personne de Joséphine, dont plus tard elle devint dame du palais. Femme aussi remarquable par les charmes de sa personne que par les qualités de son cœur, elle mourut jeune encore, le 21 décembre 1821, laissant inédit un ouvrage intitulé *Essai sur l'Éducation des Femmes*, que son fils publia en 1824, et auquel l'Académie Française décerna une médaille d'or. Il a obtenu les honneurs de nombreuses éditions, et c'est un des livres qu'on ne saurait trop recommander aux mères.

RENAISSANCE (La), c'est-à-dire *la renaissance de l'art*. C'est le nom qu'en France on donne particulièrement au style d'architecture, de peinture et d'ornementation, qui, vers la fin du quinzième siècle, remplaça peu à peu le style gothique. Il faut se garder de confondre, comme on le fait trop souvent aujourd'hui, le *style de la renaissance* avec le *style rococo*.

La statuaire était parvenue en Grèce à un tel degré de beauté qu'elle est toujours le but vers lequel on tend et qu'on n'a encore pu atteindre. L'architecture aussi arriva à la perfection. La peinture seule resta toujours dans un état inférieur à ce que nous ont offert les temps modernes. Mais tous les arts déclinèrent peu à peu pendant le Bas-Empire, et ils arrivèrent même partout à une décadence complète. Cependant, l'empire de Byzance semblait en conserver encore quelques traces, quand la prise de Constantinople par Mahomet II, en 1403, força les artistes à quitter une ville et un pays où le sabre était la seule puissance et la seule raison. La religion des Turcs ne permettait de faire ni d'avoir aucune figure, les artistes émigrèrent en hâte; quelques-uns se réfugièrent en Allemagne, d'autres en Italie, à Venise ou à Florence. C'est donc cette époque qu'on a regardée généralement comme celle de la *renaissance*; mais on est encore loin de pouvoir préciser ce qu'on entend par là, même en y joignant la désignation de *renaissance des arts* ou *des lettres, en France* ou *en Italie*. Il reste même à savoir si l'on veut parler du siècle où vivaient Giotto, le Dante, ou bien si on veut parler du règne des Médicis ou de celui de François I*er*, car toutes ces époques sont désignées comme celle de la *renaissance*.

C'est en Italie surtout que la *renaissance* doit être étudiée, puisque c'est là que se réfugièrent les artistes byzantins qui conservèrent le feu sacré. Dès le commencement du quatorzième siècle on vit Giotto, berger des environs de Florence, abandonner la houlette et la garde de son troupeau pour prendre la palette. Vers le même temps, nous citerons Buffalmacco, Bernard Orcagna et Bernard Nelli, qui ont peint plusieurs fresques dans le cimetière de Pise. Vient ensuite Puccio Capanna, qui peignit en détrempe *La Vierge tenant l'Enfant-Jésus et entourée de saints et de saintes*. On trouve à la même époque Thaddée Gaddi, André Orcagna, frère de Bernard, né au moment où mourait le Dante, et qui dans l'église de Sainte-Marie-Nouvelle, à Florence, peignit *L'Enfer* d'après les idées émises par le célèbre poète; Gérard Starnina, qui travailla entre 1354 et 1403; Simon Memmi, mort à Avignon, en 1344, et dont on remarque à Sainte-Marie-Nouvelle, à Florence, une fresque représentant *Saint Dominique et ses compagnons disputant contre les hérétiques*; Pierre Cavallini, qui avait peint plusieurs fresques dans cette célèbre église de Saint-Paul hors les murs, que le feu dévora presque entièrement; Thomas et Barnabé de Modène, auquel, par cette raison, on a cru devoir donner le surnom de *Mutina*, et dont on trouve aussi des fresques très-remarquables, soit à Trévise, dans le chapitre du couvent des dominicains, soit à Vienne, dans la galerie du Belvédère; Stammatico, dont on voit plusieurs peintures à Subiaco; Jean-Ange de Fiésole, dont les peintures à fresque ont tant de célébrité; et enfin André Mantegna, Masaccio, Ghirlandajo, Jean et Gentil Bellin, auxquels nous nous arrêterons, comme arrivé à l'époque où l'art de la peinture touchait à son plus grand développement en Italie.

La *sculpture* n'étant pas tombée dans une aussi forte décadence que la peinture, l'époque de sa *renaissance* est plus difficile à constater; cependant, nous croyons pouvoir citer comme remarquables dans le quatorzième siècle les mausolées des princes Angevins à Naples, entre autres celui de Robert d'Anjou, par Thomas, fils d'Étienne, ordinairement désigné sous le nom de *Masuccio*. Nous indiquerons ensuite Albert Arnold, dont une statue de *la Vierge* se voit dans l'église de la Miséricorde à Florence; Orcagna, qui a fait un très-beau bas-relief au maître autel de Saint-Michel de Florence; deux sculpteurs de Pise, désignés sous les noms de Jean et de Nicolas; leurs ouvrages se voient dans l'église de Saint-Dominique à Bologne, au baptistère de Pise, à Florence dans l'église de Saint-Jean et dans celle du Dôme. Nous terminerons en citant les portraits de *Pétrarque* et de la *divine Laure*, sculptés par Simon de Sienne en 1344.

L'*architecture* n'eut pas, pour ainsi dire, de décadence; mais le style grec, le style romain, furent remplacés par l'architecture dite *gothique*, dans laquelle on retrouve le goût mauresque et le goût arabe. Celle-ci fut à son tour abandonnée, et c'est là ce qu'on nomme la *renaissance*. Nous n'entrerons dans aucun détail à cet égard, nous citerons seulement la tour de Sainte-Claire à Naples, par Thomas, dit *Masuccio*, dont nous venons déjà de parler comme sculpteur; le palais de Saint-Marc à Rome, par Julien de Maiano; les églises de Saint-Thomas et du Saint-Esprit à Florence, par Philippe Brunelleschi; celles de Saint-François à Rimini, de Saint-André, de Saint-Sébastien à Mantoue, par Léon-Baptiste Alberti; et enfin la célèbre basilique de Saint-Pierre de Rome, dont le plan est dû à Bramante, qui en commença la construction en 1513.

La *renaissance* se fit aussi sentir en Allemagne, et on peut citer comme des artistes de cette époque les peintres Théodoric de Prague, et Nicolas Wurmser de Strasbourg.

Nous donnons aussi en France cette dénomination de *renaissance* au siècle de François I*er* et de Henri II, sous lesquels nous avons vu fleurir comme architectes Pierre de Lescot, dont le talent se démontre si bien dans l'ancien Louvre, dans la fontaine des Innocents, et Philibert Delorme, né à Lyon, où il construisit le portail de Saint-Nizier. Nous voyons encore de lui le château des Tuileries, dont il ne fit que le pavillon du milieu avec les deux arrière-corps et les pavillons maintenant intermédiaires, et qui alors terminaient le palais. Ce fut lui aussi qui construisit à Fontainebleau la cour du Cheval-Blanc, et à Anet le château récemment relevé dans la cour de l'école des beaux-arts de Paris. Jacques Androuet Du Cerceau vint ensuite, et nous avons de lui le pont Neuf, l'hôtel de Carnavalet et une partie de la galerie du Louvre, ainsi que les deux ailes et les pavillons de chaque bout des Tuileries.

Parmi les sculptures françaises, nous aurions sans doute à nommer beaucoup de monuments funéraires qui ornaient autrefois plusieurs églises, mais nous aurions bien souvent le regret de ne pouvoir faire connaître les artistes qui ont exécuté ces sculptures. Nous nous bornerons donc à rappeler les noms de Jean Goujon, Germain Pilon, Jean Bleuch et son élève Jean de Douay, connu sous le nom de Jean de Bologne, parce qu'il résida quelque temps dans cette ville, où il se maria, mais que la France peut revendiquer comme lui ayant donné naissance ; Pierre Francaville et Jean-Juste de Tours.

Pour la peinture, c'est plutôt l'*importation* que la *renaissance* dont nous pourrions parler, car c'est de l'école de Fontainebleau, où se sont trouvés les maîtres italiens Rosso, Primatico, Nicolo del Abbate, André del Sarte et Léonard de Vinci, que sont sortis plus ou moins directement les peintres français Claude Baudoin, Simon Le Roy, Charles et Thomas Dorvigny, Charles Carmoy, Jean et Guillaume Rondelot, Louis Du Breuil, Germain Musnier, Michel Rochetet. La plupart des travaux de ces artistes étaient dans des plafonds ou dans des églises ; ils sont maintenant détruits, mais on trouve un assez grand nombre de portraits peints ou dessinés qui sans doute sont dus aux talents de François Clouet de Tours, plus connu sous le nom de Janet : Nicolas du Moustier et Foulon, dont je n'ai trouvé le nom qu'une seule fois sur le portrait du fils de Henri IV, César, duc de Vendôme, fort enfant. Ce portrait fait partie d'une suite nombreuse de dessins aux crayons rouge et noir sur papier blanc, et dans lesquels on trouve une extrême naïveté et un vrai talent. Ambroise Dubois, Étienne Duperac, Jacques Bunel, Martin Freminet et Jean Cousin, dont on peut encore admirer les vitraux peints à Saint-Gervais de Paris, dans la chapelle de Vincennes et dans l'église Saint-Romain de Sens. Nous aurions quelque peine à donner une connaissance exacte des tableaux faits par tous les peintres de la *renaissance* ; on sait qu'ils ont travaillé à Fontainebleau, au Louvre et dans d'autres châteaux royaux, tels que ceux de Chambord, Blois, Vincennes et aussi le château de Beauté ; mais beaucoup de leurs ouvrages sont détruits ; ceux qui existent ne portent pas de nom : il serait donc difficile de désigner avec certitude quels sont positivement les travaux qui leur appartiennent.

DUCHESNE aîné.

RENARD, quadrupède *carnassier*, du genre chien, qui se distingue par sa queue longue et très-touffue, sa tête plus large, son museau plus pointu que dans les chiens proprement dits, et surtout par ses prunelles, qui de jour sont en fente verticale. C'est un animal nocturne, généralement plus petit et plus bas sur jambes que le chien et le loup, qui répand une odeur fétide, se creuse des terriers, n'attaque que des animaux faibles, montre peu de courage et beaucoup de ruse, et cherche, en cas de danger, son salut dans la fuite, ou du moins ne se défend qu'à la dernière extrémité, lorsqu'on le poursuit jusque dans sa retraite. Nous signalerons seulement ici les plus remarquables espèces.

Le RENARD COMMUN (*canis vulpes*, Lin.), dont la longueur est de 80 centimètres environ, le pelage fauve semé de poils blanchâtres et de quelques taches noires, avec la gorge, le devant du cou, le ventre, l'intérieur des cuisses et les bords de la mâchoire supérieure blancs, le derrière des oreilles noir, le museau roux, les pattes brun foncé en avant, la queue touffue et terminée par des poils noirs. Cet animal est fameux par ses ruses, et mérite en partie sa réputation ; ce que le loup ne fait que par la force, il le fait par adresse, et réussit le plus souvent, sans chercher à combattre les chiens ni les bergers. Fin autant que circonspect, ingénieux et prudent, il ne se fie pas entièrement à la vitesse de sa course ; il sait se mettre en sûreté en se pratiquant un asile où il pénètre dans les dangers pressants, où il s'établit, où il élève ses petits : il n'est point animal vagabond, mais animal domicilié. Il se loge au bord des bois, à portée des hameaux ; il écoute le chant des coqs et le cri des volailles ; il les savoure de loin. S'il peut franchir les clôtures, ou passer par dessous, il ne perd pas un instant ; il ravage la basse-cour ; il y met tout à mort, se retire ensuite lestement, en emportant ou dans divers voyages sa proie, qu'il cache sous la mousse, ou porte à son terrier, jusqu'à ce que le jour ou le mouvement dans la maison l'avertisse qu'il faut ne plus revenir. Il fait la même manœuvre dans les pipées et dans les boqueteaux, où l'on prend les grives et les bécasses au lacet. Il chasse les jeunes levrauts en plaine, saisit quelquefois les lièvres au gîte, ne les manque jamais lorsqu'ils sont blessés ; déterre les lapereaux dans les garennes, découvre les nids de perdrix, de cailles, prend la mère sur les œufs, et détruit une quantité prodigieuse de gibier. Aussi vorace que carnassier, il mange de tout avec une égale avidité : des œufs, du lait, du fromage, des fruits, et surtout des raisins. Lorsque les levrauts et les perdrix lui manquent, il se rabat sur les rats, les mulots, les serpents, les lézards, les crapauds, etc. Il en détruit en grand nombre. C'est là le seul bien qu'il procure. Très-avide de miel, il attaque les abeilles sauvages, les guêpes, les frelons, les oblige à abandonner le guépier ; alors il le déterre et en mange le miel et la cire. Il produit une seule fois par an : les portées sont ordinairement de quatre ou cinq, rarement de six, et jamais moins de trois. Ses petits naissent les yeux fermés ; ils sont, comme les chiens, dix-huit mois ou deux ans à croître, et vivent de même treize ou quatorze ans. Le renard glapit, aboie, et pousse un son triste, semblable au cri du paon ; il a des tons différents, selon les différents sentiments dont il est affecté : il a la voix de la chasse, l'accent du désir, le son du murmure, le ton plaintif de la tristesse, le cri de la douleur, qu'il ne fait jamais entendre qu'au moment où il reçoit un coup de feu qui lui casse quelque membre, car il ne crie point pour toute autre blessure. L'on fait peu de cas de la peau des jeunes renards ou des renards pris en été. La chair du renard est moins mauvaise que celle du loup ; les chiens et même les hommes en mangent en automne, surtout lorsqu'il s'est nourri et engraissé de raisins ; sa peau d'hiver fait de bonnes fourrures.

L'ISATIS OU RENARD BLEU (*canis lagopus*, Linné) est un peu plus petit que le précédent. Il est cendré foncé et a le dessous des doigts garni de poils. Souvent en hiver il devient blanc. On le trouve dans le nord des deux continents, surtout en Norwège et en Sibérie. Ses poils sont longs, épais et doux, et sa fourrure est très-recherchée, surtout dans sa couleur d'été.

Le RENARD ARGENTÉ (*canis argentatus*, Geoffroy) se trouve dans l'Amérique septentrionale, et aussi, dit-on, dans les contrées froides de l'ancien continent ; il est de la grandeur du renard commun. Son pelage est noir de suie, légèrement glacé de blanc, parce que l'extrémité des poils est blanche ; l'extrémité de la queue est également d'une blancheur parfaite ; le poil est extrêmement fin et léger, et la fourrure de cet animal est la plus précieuse de toutes que fournissent les renards.   DEMÉZIL.

Le nom moderne de cet animal, que nos ancêtres appelaient GOUPIL, du latin *vulpes*, date du commencement du treizième siècle. Ménage le dérive du nom propre *Reginardus*, en se fondant sur ce que, dit-il, on a souvent donné des noms d'hommes aux animaux ; mais il serait plus exact de renverser cette proposition. Huet regarde également comme une contraction des noms propres d'hommes *Renald* et *Renauld*. On le fait encore venir, dit Roquefort, du tudesque *reinhart*, cœur ou esprit subtil, et ces deux mots réunis ont formé en effet le surnom de plusieurs personnages historiques. Suivant Legrand d'Aussy, l'histoire parle d'un certain *Réginald* ou *Reinard*, politique très-rusé, qui vivait au neuvième siècle, dans le royaume d'Austrasie, et qui fut conseiller de Zwentibold. Exilé par son souverain, il alla, au lieu d'obéir, se mettre à couvert dans un château fort, dont il était le maître et d'où il suscita au prince toutes sortes d'affaires fâcheuses, armant contre lui tantôt les Français, tantôt le roi de Germanie. Cette conduite fausse et artificieuse rendit son nom odieux. Son siècle fit sur lui différentes chansons, dans lesquelles il est appelé *Vulpecula*; et dans les siècles suivants, on composa plusieurs poëmes allégoriques satiriques en langue romane où il est toujours désigné sous l'emblème de l'animal auquel dans la nôtre il a donné son nom.

Le mot *renard* figure dans différentes expressions proverbiales : *Prendre martre pour renard*, c'est se tromper, prendre une chose pour une autre d'après une sorte de ressemblance. *Coudre la peau du renard à celle du lion*, c'est ajouter la ruse, la finesse, à la force. *Se confesser au renard*, c'est découvrir son secret à un homme qui est intéressé à en retirer un avantage personnel.

RENARD (Le roman ou poëme du). Le r e n a r d a été dès la plus haute antiquité considéré comme le type de la ruse et de la fourberie. Les fables indiennes et celles d'Ésope lui conservent ce caractère. Mais à qui appartient l'idée de choisir cet animal pour le héros principal d'une longue suite d'aventures? En second lieu, ces aventures sont-elles une perpétuelle allusion historique?

La donnée fondamentale du poëme du *Renard* n'appartient à personne; c'est une de ces fictions cosmopolites qui font le tour du monde, et que chaque peuple accommode à son caractère; un de ces sujets auxquels s'applique la sentence d'Horace : *Difficile est proprie communia dicere*, et auquel il est toujours possible d'ajouter.

Les poëtes du moyen âge semblent avoir pris de bonne heure le renard pour sujet de leurs fictions burlesques ou satiriques. Les fables où cet animal figure se sont insensiblement multipliées; suivant leur génie, les trouvères et rattachaient des allusions soit aux mœurs, soit aux événements ou aux personnages de leur époque, et chacun donnait à ce fonds commun la couleur particulière de son pays. Plus tard, de ces contes populaires on songea à former un tout. De là ces poëmes dont le renard est le héros, et où les intentions des poëtes antérieurs se confondent, s'altèrent et s'effacent, mais pas assez cependant pour ne pas laisser aux commentateurs et aux interprètes le prétexte de faire dominer l'une d'elles aux dépens de toutes les autres, et de réduire en système quelques traits fugitifs ou même involontaires. De là chez les uns l'idée que le roman du *Renard* n'est qu'une histoire déguisée de la Basse-Lorraine à la fin du neuvième siècle, chez les autres la persuasion que c'est une œuvre philosophique, tandis qu'ailleurs on ne veut y voir qu'une bouffonnerie continue. Mais que le *Renard* soit d'un bout à l'autre une histoire bien liée où le moindre détail réponde à une réalité, c'est ce qu'il n'est pas permis de croire, malgré le talent qu'ont déployé les partisans de ce système d'interprétation. Il y a plus: dans les *branches* françaises, l'intention de retracer des faits véritables et précis sous une forme emblématique a disparu entièrement, on n'y remarque qu'une malignité plaisante, qui s'attaque à des abus et à des ridicules généraux.

Il semble, en examinant les plus anciennes rédactions, que ce poëme ait été conçu primitivement dans les provinces belges; du moins, la philologie et l'étude approfondie des mœurs aux différentes époques paraissent autoriser à le penser. Les auteurs des versions en bas-saxon, même de celle en flamand, retrouvée il y a une vingtaine d'années à Londres, déclarent expressément avoir puisé à des sources françaises. De son côté Perrot de Saint-Cloud, l'auteur de la plus ancienne *branche* en français, annonce avoir travaillé d'après un livre qu'il appelle *Aucupre*.

J.-G Eccard, en publiant le *Collectanea etymologica* de Leibnitz, a prétendu que le *Renard* mettait en scène Zwentibold, qui fut roi de Lorraine à la fin du neuvième siècle, et Renier au long Col, comte de Hainaut; opinion combattue par Raynouard, dans le *Journal des Savants* de juillet 1834.

En 1826 Méon donna une édition du *Renard* français de Perrot de Saint-Cloud, avec toutes ses *branches*; et l'on proclama que le *Renard* était d'origine française. Six ans plus tard, en 1832, Mone, savant philologue, chargé de la direction des archives de Bade, fit paraître une version en vers élégiaques latins, qu'il donnait comme du neuvième siècle avec des interpolations du douzième; opinion qui n'a pas été adoptée par Jacob Grimm et autres critiques d'un grand poids. En 1835 Chabaille donna des suppléments à l'édition de Méon, qu'il corrigea souvent heureusement.

Il faudrait un volume pour rappeler tout ce qui concerne le poëme du *Renard*, appelé assez inconsidérément *épopée*. Henri d'Alkmaar l'a donné en bas-saxon, en 1498. Ce texte a été reproduit, avec plus ou moins de fidélité, par Gottsched, Scheltema, Hoffmann de Fallersleben, etc. En 1834 Jacob Grimm, le Varron de la moderne Allemagne, a gratifié le monde savant de son *Reinhart Fuchs*. En 1836, à l'une des ventes de sir Richard Heber, M. Van de Weyer, ministre de Belgique à Londres, acheta 4,000 fr., pour le compte de son gouvernement, l'unique manuscrit flamand complet du poëme du *Renard*. Le gouvernement belge ne s'en tint pas là; jaloux de conserver les monuments de l'ancienne illustration littéraire du pays, il chargea M. Willems de mettre en lumière le précieux manuscrit, et ce littérateur s'acquitta de cette flatteuse commission de manière à mériter tous les suffrages. DE REIFFENBERG.

RENARD (*Technologie*). *Voyez* FONTE.

RENARDS (Les). *Voyez* DEVOIR (Compagnons du).

RENAU D'ELIÇAGARAY, né en 1652, en Béarn, d'une ancienne famille de Navarre, entra de bonne heure dans les bureaux de l'intendance de Rochefort, et fut placé en 1679 auprès du comte de Vermandois, l'un des bâtards de Louis XIV, dont ce prince avait fait un grand-amiral de France. Dans cette position Renau d'Eliçagaray parvint à faire prévaloir les vues nouvelles qu'il avait conçues relativement à la construction des navires, et dont D u q u e s n e fut le premier à reconnaître la supériorité. Lorsqu'en 1680 on songea à châtier le dey d'Alger, Renau d'Eliçagaray démontra la possibilité de bombarder cette ville par mer, en établissant sur des galiotes dont il indiqua le genre de construction des mortiers, auxquels jusque alors on n'avait cru pouvoir donner qu'une assiette solide. Chargé de réaliser ses idées, il fit construire à Dunkerque et au Havre cinq galiotes à bombes, dont l'effet tint tout ce qu'avait promis l'inventeur; et terrifié par les résultats de ce nouvel engin de destruction, le dey d'Alger se hâta de faire sa soumission. Après avoir été employé dans l'expédition entreprise contre Gênes, Renau d'Eliçagaray alla servir en 1688 sous les ordres de Vauban en Flandre, et sur les bords du Rhin. Tout en demeurant attaché au service de terre, il fut nommé inspecteur général de la marine. A la suite du désastre de La Hogue, il fut envoyé en Bretagne mettre les côtes de cette province en état de défense, et préserva la ville de Saint-Malo, menacée par les Anglais victorieux. Pendant la guerre de succession d'Espagne, il fut autorisé à prendre du service dans les armées de Philippe V, qui le chargea de la direction des travaux de réparation d'un grand nombre de places fortes de son royaume. Il avait publié en 1709 une *Théorie de la Manœuvre des Vaisseaux*, qui le fit appeler dix ans plus tard à siéger à l'Académie des Sciences. Il fit aussi paraître diverses lettres dans le *Journal des Savants*. Il mourut en 1719. Le régent l'avait nommé conseiller d'État pour la marine et lui avait conféré la grand'croix de Saint-Louis.

RENAUD DE BEAUNE. *Voyez* BEAUNE (Renaud de).

RENAUD DE CHATILLON, prince d'Antioche. *Voyez* CHATILLON (Renaud de).

RENAUDIE (GODEFROY DE BARRY, seigneur de LA). *Voyez* AMBOISE (Conjuration d').

RENAUDOT (THÉOPHRASTE), médecin qui, en société avec le généalogiste d'Hozier, fonda la *Gazette de France*, le plus ancien de nos journaux politiques, naquit à Loudun, en 1584, vint s'établir à Paris en 1623 , et obtint du cardinal de Richelieu d'abord la charge de commissaire général des pauvres du royaume et celle de maître général des bureaux d'adresses, puis en 1631 le privilége de la *Gazette*, et enfin l'autorisation d'ouvrir une maison de jeu. S'étant mêlé en outre de débiter des remèdes secrets, la Faculté le fit interdire ; mais il continua de braver ses foudres jusqu'à sa mort, arrivée en 1653.

RENCHIER. *Voyez* BLASON et MEUBLES.

RENCONTRE, hasard qui fait trouver fortuitement une personne, une chose. Le choc de deux corps de troupes, lorsqu'il est produit par le hasard, prend le nom de *rencontre* (*voyez* COMBAT). On donne aussi le nom de *rencontre* à un duel.

Autrefois *rencontre* était encore synonyme de trait d'esprit, de bon mot ; c'est que souvent en effet ces prétendus jeux d'esprit ne sont que des jeux du hasard. *De rencontre* se dit encore d'une chose qu'on a achetée d'occasion.

RENDSBOURG, ville forte, bâtie sur l'Eider, en Holstein, à l'extrême limite septentrionale de l'Allemagne. Sa population s'élève à plus de 10,000 habitants, qui se livrent à une navigation fort active et à un commerce de transit des plus importants, que favorisent singulièrement l'Eider et surtout le canal de Schleswig-Holstein. Cette ville doit son origine et son nom à la forteresse de *Reinholdsburg*, que le comte Adolphe III de Holstein y construisit, en 1196. Elle se compose de trois quartiers distincts, l'*Altstadt* (vieille ville), le *Neuwerk* et le *Kronwerk*, où se trouvent les différents bâtiments de la manutention militaire.

L'importance politique et commerciale de Rendsbourg s'est encore accrue depuis la construction du chemin de fer de Neumünster à Rendsbourg, et ira toujours en augmentant, attendu que toutes les grandes routes de la Chersonèse Cimbrique y convergent du nord et du sud, de même que toutes les communications par eau aboutissent à Kiel. Rendsbourg est la principale place d'armes des duchés de Schleswig-Holstein, qui par leur situation dominent toute la côte allemande de la mer du Nord. Le sort du Schleswig-Holstein ne tient pas seulement à la possession de cette place ; on peut dire encore que Rendsbourg domine tout le cours de l'Elbe et par suite Hambourg, le grand centre du commerce de l'Allemagne. Comme c'est la seule place forte qu'on rencontre au nord de l'Allemagne jusqu'à Magdebourg et Erfurt, son importance stratégique s'étend même au delà de l'Elbe. Lors de l'insurrection nationale des duchés de Schleswig-Holstein, en 1848, cette ville tombait dès le 24 mars, à la suite d'un hardi coup de main, au pouvoir des Holsteinois commandés par le prince Frédéric de Holstein-Augustenburg-Noer, et devint aussitôt un boulevard redoutable. Depuis que la contre-révolution a aussi triomphé dans ces contrées, les Danois, appréciant l'importance de cette ville, chaque fois que les limites du Holstein et du Schleswig, se sont efforcés d'en faire une ville du duché de Schleswig, pour la soustraire au duché de Holstein, et dès lors à la juridiction de la Confédération Germanique. Leurs prétentions ont été victorieusement contredites par divers publicistes ; mais que peut aujourd'hui le droit contre la force ?

RENÉ Ier D'ANJOU, surnommé *le Bon*, roi titulaire de Naples et comte de Provence, né à Angers, en juin 1408, était fils puîné du duc Louis II, de la branche cadette de la maison d'Anjou, et de Iolande, fille du roi d'Aragon Jean Ier. Il porta d'abord le titre de *comte de Guise*, et après la mort de son père, arrivée le 29 avril 1417, fut élevé par son grand-oncle maternel, le cardinal et duc de Bar. Son grand-père Louis Ier, duc d'Anjou, second fils du roi de France Jean le Bon, avait été adopté, en 1380, par Jeanne, reine de Naples, qui l'institua son héritier. Celui-ci étant venu à mourir en 1384, le père de René, Louis II, fut couronné roi de Naples par le pape Clément VII à Avignon, mais ne put pas se mettre en possession de ses États. A sa mort, le frère aîné de René, Louis III, prit le titre de roi de Naples, et, après avoir été adopté, en 1423, par Jeanne, prit possession de son trône ; puis, à sa mort (15 novembre 1434), il légua l'Anjou et la Provence ainsi que ses droits à la couronne de Naples, de Sicile et de Jérusalem, à son frère René, que Jeanne, morte en 1435, institua également pour héritier. Comme héritier de son grand-oncle, René était déjà devenu *duc de Bar* en 1430 ; et par sa femme Isabelle, fille aînée du duc Charles Ier de Lorraine, il se trouva en outre, à la mort de son beau-père, arrivée le 25 janvier 1431, *duc de Lorraine* en vertu des droits de succession qui lui avaient été garantis par les états de ce duché. Mais dès la même année l'agnat de Charles Ier, son beau-frère, le comte de Vaudemont, exclu de sa succession, lui déclarait la guerre et le faisait prisonnier. En suite de quoi la noblesse du duché de Lorraine soumit la question de succession à l'arbitrage de l'empereur Sigismond. Le 1er mai 1432 René fut remis en liberté pour un an, mais à charge de laisser ses fils en otage. Les deux parties invoquèrent la décision arbitrale du duc Philippe de Bourgogne, qui ne parvint qu'à faire conclure le mariage de Iolande, fille aînée du duc René, avec Antoine, fils aîné du comte de Vaudemont. L'empereur Sigismond cita alors les parties contendantes à comparaître devant lui pour vider le litige. La décision fut favorable à René, et Sigismond lui conféra l'investiture du duché de Lorraine. Cependant le comte Antoine s'adressa au duc de Bourgogne, qui assigna René à comparaître devant lui ; et le duc de Lorraine ayant fait défaut fut condamné par contumace, en même temps qu'il lui était enjoint de venir se constituer prisonnier à Dijon. René obéit ; mais à peu de temps de là une députation vint l'inviter à prendre possession du trône de Naples et de Sicile. Le duc de Bourgogne refusa de le remettre en liberté. La députation ayant offert la couronne à la duchesse Isabelle, le duc captif l'institua régente d'Anjou, de Provence, de Naples et de Sicile. Isabelle débarqua à Naples le 18 octobre 1435, et eut tout aussitôt à y lutter contre le parti à la tête duquel se trouvait le roi Alphonse d'Aragon. Pendant ce temps-là René avait obtenu sa mise en liberté moyennant une rançon de 400,000 florins. Il entreprit alors en personne une expédition en Italie, et débarqua à Naples, le 9 mai 1438. Il avait du courage et quelque génie pour la guerre. Longtemps il tint la fortune en balance entre Alphonse et lui ; mais, trop faible pour faire tête à la puissance de l'Aragonais, il perdit pied à pied son royaume, et se vit contraint de retourner en Provence. Il fut rappelé à Naples une seconde fois quelques années plus tard ; mais il eut encore moins de succès, et ce royaume fut perdu pour lui sans retour. Après avoir rétabli l'ordre en Lorraine, il céda ce duché à son fils, Jean, duc titulaire de Calabre. Dès lors il ne songea plus qu'à gouverner son comté de Provence et ses duchés d'Anjou et de Bar et à rendre heureux les peuples que la Providence lui avait confiés. Jamais prince ne réussit mieux dans cette noble tâche ; son règne est unique dans l'histoire, et doit apprendre aux rois que quand ils ne se font pas aimer, c'est la volonté qui leur manque. Il appela d'Italie des savants, établit des collèges, fonda des bourses gratuites, encouragea les hommes instruits et expérimentés à faire de bons livres élémentaires, les examina lui-même, et s'appliqua à répandre la lumière parmi ses peuples. Les beaux-arts, les sciences, l'agriculture, le commerce, furent également l'objet de ses encouragements. Lui-même s'exerça avec succès à la peinture. On dit qu'il peignit un grand tableau à l'huile représentant *Le Buisson ardent*. Montaigne raconte qu'il vit à Bar-le-Duc présenter au roi François II un portrait que René avait fait de lui-même. Il aimait la poésie, et y réussissait ; il composa *L'Abusé en cour*, roman en prose et en vers ; le roman de *Très douces merci au cœur d'amour épris*, et le *Traité d'entre l'âme dévote et le cœur*. Rien de plus simple que sa vie privée. Un financier de nos jours dépense plus en six mois que ce bon roi ne dépensait en un an pour sa maison. Il sortait presque toujours à pied, aimait à s'entretenir familièrement avec les gens du peuple, et se réfugiait contre le froid sous ces abris appelés en Provence aujourd'hui encore *cheminées du roi René*. Jamais celui-là n'engloutit la substance des peuples dans de vastes parcs, dans de magnifiques châteaux ; il avait une simple maison des champs, *la Bastide*. La Provence fut une fois désolée par une grande sécheresse ; René exempta le peuple d'impôts pour un an.

Ce bon prince ne fut pas heureux comme il le méritait dans ses enfants. Sa fille M a r g u e r i t e d'Anjou remplit le monde de ses infortunes, dans les guerres de la Rose-rouge et de la Rose blanche qui désolèrent si longtemps l'Angleterre ; et son fils aîné, le duc de Calabre, périt dans une expédition en Espagne, où il avait été appelé par les Catalans. René chérissait ses enfants : qu'on juge de sa douleur ! Quelques-unes de ses lettres, qui nous restent, nous montrent la profonde affliction de son cœur paternel, et en même temps sa résignation à se soumettre sans murmure aux épreuves qu'il plaisait à Dieu de lui envoyer. Il mourut à Aix, le 10 juillet 1480, à l'âge de soixante-douze ans. Jamais prince ne fut plus regretté de ses peuples ; son nom vit encore dans la mémoire des Provençaux, et ils ne parlent qu'avec vénération du *bon roi René* et de ses vertus, qui firent le bonheur de leurs aïeux. En 1819 la ville d'Aix a élevé un monument à sa mémoire, et en 1853 la ville d'Angers lui a rendu le même hommage. A. Og.

RENÉGAT, celui qui a renié la religion chrétienne pour embrasser une autre religion et particulièrement le m a h o m é t i s m e (*voyez* APOSTASIE).

RENFREW, comté de la côte occidentale de l'Écosse méridionale, contenant une population de 159,064 habitants, sur une superficie de 8 myriamètres carrés seulement. A l'ouest, du côté de la mer, où se trouvent de vastes marais et plusieurs lacs, le sol est plat ; mais à l'est il devient montagneux, et au *Misty-Law* il atteint 392 mètres d'élévation. La Clyde, devenue là un fleuve d'une grande largeur, reçoit le *Cart* blanc et le *Cart* noir. Le climat, quoique très-humide et très-variable, n'est ni âpre ni malsain, et permet la culture d'un grand nombre de plantes utiles, même celle du froment. L'agriculture locale est d'ailleurs loin de suffire aux besoins de la population, et pour l'habiller on est obligé de recourir à l'importation. Comme le sol est riche en houille, ce comté est essentiellement manufacturier.

Son chef-lieu, *Renfrew*, bâti sur le Cart blanc, à peu de distance de la Clyde, qui y porte des bâtiments de 150 tonneaux, relié par des chemins de fer à Glasgow et à Paisley, compte 3,000 habitants. P a i s l e y, l'une des villes manufacturières d'Écosse les plus peuplées, a bien autrement d'importance.

RENGAGEMENT. Dans le but d'améliorer notre organisation militaire, la loi de 1855 a substitué au r e m p l a c e m e n t libre, tel qu'il existait depuis la loi de 1832, le système du *rengagement* des anciens militaires. La supériorité de ce qu'on appelle *vieille armée* sur une armée de conscrits est un fait incontestable. En temps de guerre, les armées trop jeunes *fondent*, suivant l'expression consacrée, et disparaissent presque entièrement, laissant leurs hommes sur les routes et dans les hôpitaux, tandis que les armées éprouvées arrivent intactes sur le champ de bataille et ne trompent ni les calculs du général ni la confiance et les besoins de la patrie. Une armée qui se compose d'un grand nombre d'anciens soldats et sous-officiers contient des cadres toujours prêts à recevoir et à s'assimiler de nouvelles levées de conscrits ; les anciens soldats communiquent aux jeunes leur expérience, soutiennent leur moral, leur apprennent le métier, et entre eux il y a un véritable assaut de bravoure.

Les *rengagements* sont d'une durée de trois ans au moins et de sept ans au plus. Ils ne peuvent être contractés que par les militaires qui accomplissent leur septième année de service, soit dans l'armée active, soit dans la réserve, ou par les engagés volontaires qui sont dans leur quatrième année de service. Leur durée est réglée de manière que les militaires ne soient pas maintenus sous les drapeaux après l'âge de quarante-sept ans. Le premier rengagement de sept ans donne droit : 1° à une somme de 1,000 francs, dont 100 francs payables le jour du rengagement ou de l'incorporation ;

200 francs soit au jour du rengagement ou de l'incorporation, soit pendant le cours du service, sur l'avis du conseil d'administration du corps ; et 700 francs à la libération du service ; 2° à une *haute paye de rengagement* de 10 centimes par jour.

Tout rengagement contracté pour moins de sept ans donne droit, jusqu'à quatorze ans de service :

1° A une somme de 100 fr., par chaque année, payable à la libération du service ;

2° A la haute paye de rengagement de 10 c. par jour.

Après quatorze ans de service, le rengagé n'a droit qu'à une haute paye de rengagement de 20 c.

L'engagement volontaire après la libération, contracté dans les mêmes conditions et moins d'un an après cette libération, donne droit suivant sa durée aux avantages précédemment spécifiés. Les allocations autres que la *haute paye* peuvent en outre être augmentées par arrêté du ministre de la guerre sur la proposition de la commission supérieure de la dotation de l'armée.

Les sous-officiers nommés officiers, ou appelés à l'un des emplois militaires qui leur sont dévolus en vertu des lois et règlements, ont droit, sur les sommes allouées pour rengagements, à une part proportionnelle à la durée du service qu'ils ont accompli. Ces dispositions sont également applicables aux militaires réformés et aux militaires passant dans un corps qui ne se recrute pas par la voie des appels. Néanmoins, les sommes dues à ces derniers ne leur sont payées en tout ou en partie que sur l'avis du conseil d'administration de leur nouveau corps.

La loi de 1855, réalisant sous ce rapport un incontestable progrès, a substitué au *remplacement libre* le système du rengagement effectué par une grande institution, fonctionnant sous la surveillance et la garantie de l'État, la caisse de la dotation de l'armée.

Moyennant le payement d'une prestation déterminée conformément à la loi, les jeunes gens faisant partie du contingent appelé obtiennent leur exonération et leur libération définitive sans autres formalités, sans responsabilité, sans courir les chances de faillite, comme il arrivait si souvent avec les *compagnies de remplacement*.

Toutefois, le mode de remplacement établi par la loi du 21 mars 1852 est conservé entre frères, beaux-frères et parents jusqu'au 4ᵉ degré. La *substitution de numéro* est également maintenue.

Les sommes attribuées aux *rengagés* et aux *engagés volontaires* après libération sont incessibles et insaisissables. En cas de mort, une part de ces sommes, proportionnelle à la durée du service, est dévolue aux héritiers et ayant-cause des militaires. En cas de désertion, ces sommes dues profitent à la dotation de l'armée. La condamnation à une peine afflictive ou infamante, à la peine du boulet, aux travaux publics, ou à peine correctionnelle de plus *d'une année*, entraîne la déchéance de tout droit aux allocations non soldées résultant du rengagement dans le cours duquel cette condamnation aura été prononcée. Le droit à la haute paye est suspendu par l'absence illégale, par l'envoi, à titre de punition, dans une compagnie de discipline, et pendant la durée de l'emprisonnement subi en vertu d'une condamnation correctionnelle.

Pour les jeunes soldats, la proportion était de 1 prévenu sur 80 et de 1 condamné sur 132 ; pour les remplaçants elle s'élevait à 1 prévenu sur 44 et à 1 condamné sur 62, c'est-à-dire à peu près au double. Cette proportion différente augmentait avec la gravité des peines. Ainsi, pour les condamnations capitales ou à des peines afflictives et infamantes, les jeunes soldats représentaient 1 condamné sur 1,954, tandis que les remplaçants en avaient 1 sur 371. Ce mode de remplacement était la cause et l'occasion d'actes nombreux d'immoralité et d'exploitation. Sur 42 millions payés par les familles, 18 seulement arrivaient entre les mains des remplaçants ; la différence devenait la proie des intermédiaires. En outre, les remplaçants, soldats par un contrat vénal, restaient marqués aux yeux de leurs camarades et de leurs chefs d'une tache originelle que le sang versé pour la patrie ne parvenait pas toujours à effacer.

RENI (Guido). *Voyez* Guide (Le).

RENNE (*cervus tarandus*, L.). Ce ruminant, de la taille du cerf, au genre duquel il appartient, a les jambes plus courtes et plus grosses, les oreilles plus longues, le museau plus élargi; le poil épais, d'un brun fauve en été, et devenant presque blanc en hiver. Ses bois sont divisés en plusieurs branches, d'abord grêles et pointues, puis se terminant, avec l'âge, en palmes élargies et dentelées. La femelle en porte comme le mâle. Ils tombent chaque année, et sont refaits en quelques mois. Ce mammifère vit par troupes nombreuses, dans les régions glaciales des deux continents. Il est surtout très-commun en Amérique, où on lui donne le nom de *caribou*.

Le renne est la principale ressource des peuplades du Nord, particulièrement en Laponie, où on l'a réduit en domesticité. Il n'est point de Lapon qui n'en possède quelques couples. Les plus riches élèvent des troupeaux composés de plusieurs centaines d'individus, qu'ils mènent paître dans les plaines, et en été dans les montagnes, où l'on trouve un air plus frais et moins de mouches. Quand la terre est couverte de neige, on les attèle à des traineaux, dans lesquels on parcourt quelquefois plus de douze myriamètres en un jour, grâce à l'agilité de ce quadrupède, merveilleusement secondé par d'épais sabots, conformés de la manière la plus propre à courir sur un sol neigeux sans s'y enfoncer. Mais ce n'est pas là le seul service que le Lapon tire de cet utile animal : il boit son lait ou en fait de bons fromages, il mange sa chair, qui est d'une saveur agréable, se fait de son pelage d'excellentes fourrures, et un cuir très-souple de sa peau. Il n'est pas jusqu'à ses excréments qu'il ne lui serve pour brûler. En échange de tant de services, ce pauvre animal, aussi doux que laborieux, aussi laborieux que sobre, se contente de quelques mousses ou de quelques lichens, qu'il va chercher sous la neige. SAUGEROTTE.

RENNEL (John), géographe anglais, né en 1742, à Chudleigh, dans le Devonshire, entra à l'âge de treize ans dans la marine, puis passa au service de la Compagnie des Indes, où il eut maintes occasions de se distinguer. Toutefois, il ne tarda point à quitter la marine et à entrer comme ingénieur dans l'armée de terre de la Compagnie. Il y franchit rapidement les grades inférieurs, et parvint à celui de major. C'est vers cette époque que parut son premier ouvrage, une carte aussi exacte que magnifiquement dessinée des bancs de roches et des courants qui environnent le cap Logulhas. A quelque temps de là il fut nommé ingénieur géomètre en chef du Bengale. En 1781 il publia son Atlas du Bengale et une dissertation hydrographique sur le Gange et le Brahmapoutra. Il revint la même année en Angleterre, et y fit paraître son *Memoir of a Map of Hindostan* (Londres, 1782). Plus tard, il donna une carte de l'Hindostan (1788) et son *Memoir on the Geography of Africa* (1790), auquel il ajouta des suites en 1798 et en 1800. Son plus important ouvrage est *The Geographical System of Herodotus* (Londres, 1800), où il défend avec beaucoup de talent l'exactitude des données géographiques d'Hérodote. Les derniers fruits de ses savantes recherches furent ses *Observations on the Topography of the plain of Troy* (1814) et ses *Illustrations of the History of the Expedition of Cyrus* (1816), ouvrage presque tout géographique. Il mourut à Londres, le 28 mars 1830.

RENNES, ville de France, sur la Vilaine, à son confluent avec l'Ille, avec 39,505 habitants. C'est une station du chemin de fer de l'Ouest. Elle a en outre un débouché sur le port de Saint-Malo par le canal d'Ille-et-Rance. Siège d'une cour d'appel, à laquelle ressortissent les départements des Côtes-du-Nord, du Finistère, d'Ille-et-Vilaine, de la Loire-Inférieure et du Morbihan, Rennes possède un tribunal civil, un tribunal de commerce, une chambre consultative des arts et manufactures, une direction des subsistances militaires, une direction des télégraphes, un bureau de l'inscription maritime, un arsenal de construction, un entrepôt des tabacs et des poudres, une école d'artillerie, une maison centrale de force et de correction pour les condamnés des deux sexes. C'est le siége de la seizième division militaire, d'un évêché suffragant de Tours, dont le département d'Ille-et-Vilaine forme le diocèse, d'une académie universitaire, d'une faculté de droit, d'une faculté des lettres, d'une faculté des sciences ; elle possède un lycée, une école normale primaire départementale, une école préparatoire de médecine et de pharmacie, une école de peinture, de sculpture et de dessin, une bibliothèque publique de 30,000 volumes, un musée de tableaux, un cabinet d'histoire naturelle, un jardin des plantes, des sociétés d'agriculture et d'industrie, des sciences et des arts, une caisse d'épargne, une société de charité maternelle, un hospice pour les aliénés à Saint-Méen, quatre journaux politiques, quatre typographies. On y trouve des fabriques de toile à voiles, de fil retors dit de Rennes, de lacet, de tricot, de bonneterie, de dentelle, de broderies, de faïence, de produits chimiques, d'eaux minérales, d'amidon, de colle forte; des filatures de laine, des tanneries, des corroieries, des teintureries. Le commerce consiste en toile, fil, lin, cuirs, marrons, miel roux très-estimé, beurre de la Prévalais, de Bréquigny et du Pacé, cire, etc.

Bâtie sur la croupe d'une colline, à l'ouverture d'une vaste et fertile plaine, cette ville est divisée par la Vilaine, rivière aux eaux jaunes et terreuses, en deux parties, la *haute* et la *basse*. La première, la plus belle et la plus considérable, dévastée en 1720 par un incendie qui dura huit jours et détruisit 850 maisons, fut reconstruite sur un plan régulier par l'architecte Robelin; les rues en sont pour la plupart spacieuses, propres, quoique mal pavées, et tirées au cordeau. La seconde, sur la rive gauche de la Vilaine, est en voie d'une transformation complète. Rennes possède une belle ligne de quais et plusieurs ponts élégants. Ses seuls monuments remarquables sont la cathédrale, édifice du treizième siècle, le palais de justice, ancien palais du parlement, d'une architecture sévère et grandiose, l'hôtel de ville, la préfecture, où était autrefois l'intendance, l'église Saint-Pierre, l'ancienne abbaye de Saint-Georges, convertie en caserne, la salle de spectacle, la Porte-Mordelaise, et sur la rive gauche l'église Toussaints et le bâtiment universitaire, de construction toute récente. Les promenades sont fort belles, telles que le Mail, quoiqu'un peu humide, à cause du voisinage de la rivière ; le Champ de Mars, plus vaste que beau ; la Motte, petite, mais agréable par son aspect, et surtout le Thabor, point élevé d'où la vue s'étend très-loin, qui communique avec le jardin des plantes, et où l'on remarque la statue de Duguesclin et le cénotaphe des Rennois morts en combattant pour la liberté à la fin de juillet 1830. Rennes compte cinq hospices : l'hôpital général, Saint-Yves, Saint-Méen, les Incurables et l'hôpital militaire. Rennes du temps des Celtes s'appelait *Condate* (confluent). Elle prit ensuite le nom de la peuplade des *Redones*, dont elle était la ville principale. Rennes conserve peu de traces du séjour des Romains. Après leur expulsion de l'Armorique par les Francs de Clovis, elle cessa de faire partie de la Troisième Lyonnaise, et devint alors la capitale du duché de Bretagne. C'était autrefois une place très-forte. Elle soutint plusieurs siéges, notamment en 843 contre Charles le Chauve, en 873 contre un compétiteur à la couronne de Bretagne, en 1155 contre Conan le Petit, qui finit par s'en emparer, en 1336 contre les Anglais commandés par le duc de Lancaster. Duguesclin la défendit et la délivra. En 1487 le duc de La Trémouille ne put la soumettre; elle refusa d'embrasser le parti de la Ligue, quoique le duc de Mercœur s'en rendit maître un moment par la ruse. En 1675 il y éclata une émeute au sujet du timbre et du tabac, que madame de Sévigné a rendue fameuse. En 1788 elle se prononça en faveur du mouvement de liberté, et servit fidèlement la cause de la révolution pendant toute la durée de la guerre civile dans l'ouest.

RENNIE (John), l'un des plus célèbres architectes et ingénieurs qu'ait produits la Grande-Bretagne, était né le 7 juin 1761, en Écosse, et attira déjà l'attention comme constructeur de moulins, par les améliorations qu'il apporta à la construction de ses usines. Mais ce ne fut que plus tard, et lorsque le gouvernement lui eut confié la direction des travaux des ports et des établissements de la marine, qu'il put exécuter les plans grandioses qu'il avait conçus comme ingénieur. A ses heures de loisir, il s'occupait d'astronomie. C'était un ami de jeunesse de l'illustre Watt, et on dit qu'il fut pour beaucoup dans les importants perfectionnements que celui-ci apporta à la construction des machines à vapeur. Parmi les canaux qu'il construisit, l'un des plus remarquables est celui d'Avon et de Kennet, qui passe sous une montagne pendant près de quatre kilomètres. Rennie exécuta aussi des travaux immenses dans les ports de Portsmouth, de Chatam et de Plymouth; et pour la construction d'une digue à Sheerness, dont les fondations se trouvent à plus de dix-sept mètres de profondeur dans la mer, il tira un admirable parti de la cloche à plongeur, instrument qu'il perfectionna sous plusieurs rapports. En fait de constructions maritimes, la jetée qui s'avance au loin dans la rade de Plymouth, et qui sert à abriter le port, est son ouvrage le plus grandiose. On peut la comparer à notre gigantesque digue de Cherbourg. Les ponts de Waterloo et de Southwark, à Londres, sont de magnifiques monuments de son génie comme architecte. Il avait créé à Londres un vaste établissement pour la construction des machines de tous genres. Celles qu'il exécuta pour l'hôtel des monnaies de Londres sont surtout remarquables. On doit encore mentionner la grande fabrique d'ancres qu'il fonda à Portsmouth, et de laquelle sortent les ancres colossales à l'usage des vaisseaux de guerre. Il mourut à Londres, le 2 octobre 1822.

RENOM, RENOMMÉE. C'est ainsi que nous avons qualifié le bruit que fait un *nom*, dans l'impuissance où fut notre langue à traduire le *fama* des Latins, qui eux-mêmes l'avaient emprunté aux Doriens, dont le dialecte sonore était passé en Italie. Φῆμα ou φήμη en grec signifie proprement le *bruit* des paroles. Les Anglais, si hardis dans leurs emprunts philologiques, ont gardé ce mot; *fame* chez eux veut dire renommée. Le *nom* sert à distinguer les personnes et les choses, surtout dans leur absence. Un nom qui, par quelque célébrité populaire, court de bouche en bouche est mille fois redit, et empruntant la syllabe itérative *re*, devient un *renom*. Ce mot ne s'applique d'ailleurs qu'aux petites célébrités, surtout à celles des professions. Ainsi, Mignot était un cuisinier en *renom* du temps de Boileau; sans le poëte, cet artiste culinaire eût été à jamais oublié. Le berger Daphnis eut un grand *renom* dans la Sicile; sans Théocrite, sans Virgile, son renom se serait perdu avec ses cendres dans quelque grotte de l'Etna. Mais il n'y a point d'îles, de continents, de mers, d'Alpes, de Pyrénées, de Cordillères, d'Himalaya, dont les cimes, de 9,000 mètres de haut, sont plus le ciel, que ne franchisse la *renommée*. C'est avec raison que les poëtes, en la personnifiant, lui ont donné d'immenses ailes. Laissant dans les carrefours, dans les marchés, sur les tréteaux, le renom, nain timide, que caresse le vulgaire, elle prend son vol dans les airs, fait le tour du globe, ne s'attache qu'aux héros, aux conquérants, aux écrivains illustres, aux grands artistes. Alexandre, César, Napoléon, étaient précédés de leur *renommée* quand ils entrèrent, l'un dans les Indes, l'autre dans les Gaules, et le dernier.... dans les mers du Tropique.

Le philosophe chrétien, l'honnête homme, se soucient peu du renom et encore moins de la renommée; mais ils tiennent à la *réputation*. La réputation, comme son étymologie (*rursum putare*) l'indique, est ce que l'on pense encore de vous. Modeste souvent, elle se cache; le Renom chemine en bourdonnant; la renommée remplit les cités, la terre et l'espace du bruit de son vol; la gloire éblouit de ses rayons, mais toujours elle a besoin de la renommée pour la porter sur ses ailes : sans cette dernière, elle périrait consumée dans ses propres feux. Capricieuse comme la Fortune, que de fois la renommée échappe à ceux qui veulent la saisir ! que de fois l'a-t-on vue, après plusieurs siècles, s'arrêter sur la cendre oubliée d'un mort, la sanctifier ou la consacrer éternellement !

Disons aussi qu'il y a mille diverses *renommées*. Un traître traiteur, le *perfidus caupo* d'Horace, n'a-t-il pas osé mettre pour enseigne de son taudis : *A la renommée des pieds de mouton !* Rappelons, en terminant, ce proverbe de nos pères, si juste, si applicable en tous temps, mais dont nous n'avons pas à redire ici le sens : « *Bonne renommée vaut mieux que ceinture dorée.* »   DENNE-BARON.

RENOMMÉE (*Mythologie*). Dans la foule des divinités subalternes écloses de l'imagination des Grecs, cette déesse est au premier rang. Les Athéniens lui avaient élevé un temple, et l'honoraient d'un culte particulier; longtemps après, les Romains lui en consacrèrent un sous les auspices de Furius Camillus. Virgile fait de la Renommée un monstre horrible, d'une taille gigantesque; il lui donne pour mère la Terre, qui l'engendra pour dévoiler les turpitudes des dieux de l'Olympe, vengeant ainsi les géants, ses fils, foudroyés par l'arme des Cyclopes. « De tous les fléaux, dit le poëte, il n'en est pas de plus rapide que la Renommée; elle tire toutes ses forces de sa mobilité; c'est en courant qu'elle les accroît (*vires acquirit eundo*). D'abord de crainte se faisant petite, bientôt elle s'élève dans les airs; les pieds dans la poudre, elle cache son front dans les nues. La Terre, dans son ressentiment contre les dieux, l'enfanta, à ce que l'on raconte; sa mère lui donna des ailes rapides et des pieds non moins légers. Monstre horrible, immense, autant qu'il a de plumes sur le corps, autant d'yeux veillent sous ses ailes, et, chose merveilleuse, autant de langues, autant de bouches s'y font entendre, autant d'oreilles s'y dressent. La nuit, il vole entre le ciel et la terre, bruissant dans l'ombre; et jamais le doux sommeil n'abaisse sa paupière. Le jour, il se tient en sentinelle ou sur le faîte des palais élevés ou sur les hautes tours, et de là terrifie les grandes cités, non moins opiniâtre à semer le mensonge que la vérité. »

Ovide ne fait point de la Renommée un monstre, mais une déesse. « Au centre de l'univers, dit ce poëte, est un lieu à égale distance de la terre, de la mer et des célestes régions; il est la limite de ces trois empires. Malgré son éloignement de toutes contrées habitables, on y découvre tout ce qui se passe dans le monde; et toutes les voix de la terre y viennent frapper l'oreille. Là demeure la Renommée; c'est le haut d'une tour élevée qu'elle a choisi pour séjour; elle y pratiqua d'innombrables avenues, elle y perça mille issues, dont pas une seule porte ne le clôt lo seuil : jour et nuit elles sont ouvertes. Toutes les murailles en sont faites d'un airain sonore; elles bourdonnent sans cesse, répercutent les voix et répètent ce qu'elles entendent. Dans l'intérieur, nul repos, pas un moment de silence; toutefois, ce n'est point une clameur qui s'en élève, c'est le murmure d'une voix affaiblie, semblable à celui des flots de la mer qu'on entend dans l'éloignement, ou au bruit d'un tonnerre lointain quand gronde Jupiter dans la nue ténébreuse. Les vestibules de ce palais sont encombrés d'une foule immense, populace légère, qui toujours va et vient. Des paroles confuses et vraies y circulent de tous côtés; des paroles confuses y roulent continuellement. Ceux-ci remplissent de rapports leurs oreilles vides; ceux-là courent les redire à d'autres. Le mensonge, sans mesure, y va croissant; et celui qui transmet une nouvelle ne manque jamais d'ajouter quelque chose à ce qu'il a entendu. Dans ce palais habitaient aussi la Crédulité, l'Erreur imprudente, la vaine Joie, les Craintes consternées, la Sédition instantanée, les incertains Babils. Du haut de la tour, la déesse voit tout ce qui se passe dans le ciel, sur la mer et sur la terre, et fait l'enquête de tout le globe. »

Le poëte anglais Dryden a traduit en vers, avec beaucoup de talent, ce beau fragment du XIIe livre des *Métamor-*

phoses. Stace, Valerius Flaccus, Boileau, J.-B. Rousseau, Voltaire, dans leur peinture de cette déesse, se sont traînés sur les pas du chantre mantouan. L'auteur de *La Henriade* a tronqué Ovide de deux vers ; et tous n'ont produit que de pâles imitations de deux grands poètes.

Pour l'ordinaire, la Renommée est représentée sous la figure d'une femme pleine de fierté, mais vierge, forte, d'une haute stature, les ailes déployées et volant une trompette à la bouche, et quelquefois avec deux emblèmes de la vérité et du mensonge qu'elle va semant indifféremment. Nous devons au ciseau de Coysevox une belle Renommée en marbre, jetée à cru sur un cheval ailé, Pégase sans doute, et d'un art si merveilleux qu'il semble fendre la plaine éthérée. Ce chef-d'œuvre orne l'entrée des Tuileries par le Pont-Tournant. Il a pour pendant un Mercure, également jeté à cru sur Pégase.

DENNE-BARON.

RENONÇANTS (Les), hérétiques des premiers siècles. *Voyez* APOTACTITES.

RENONCIATION (Droit). Rien de plus simple et de plus naturel en apparence que la faculté de s'abstenir d'exercer des droits acquis ou éventuels. Cependant, les différentes espèces de *désistements*, soit formels et conventionnels, soit tacites et présumés, ont été entourés de formes tutélaires par la législation de tous les peuples. Il ne fallait pas seulement veiller aux intérêts des tiers, ni à la conservation des principes d'ordre public, il était bon encore de prémunir les personnes intéressées elles-mêmes contre un entraînement trop aveugle.

La *femme mariée* ne peut répudier la communauté de biens, et ses héritiers ne peuvent y renoncer pour elle, que suivant certaines formes et dans certains délais après la dissolution du mariage survenue, soit par un jugement de séparation, soit par la mort de l'un des conjoints. Il en est de même de la renonciation aux successions. L'article 181 du Code Civil défend de *renoncer*, même par un contrat de mariage, à la succession d'une personne vivante. On ne peut plus faire ce qu'on faisait autrefois en s'engageant dans les ordres monastiques, se frapper de mort civile et d'incapacité absolue de recevoir aucune espèce d'héritage. Il ne dépend pas non plus d'un héritier d'abdiquer une succession opulente, et de frustrer ainsi ses créanciers du meilleur gage sur lequel ils ont dû compter. Le créancier peut, en cas de négligence ou de mauvais vouloir de son débiteur, exercer les droits qui lui appartiennent. C'est ainsi que les créanciers des émigrés et des colons de Saint-Domingue ont pu demander, en leur propre nom, les indemnités accordées par les lois de 1825 et 1826.

La renonciation à un héritage, lors même que le droit n'en est pas contesté, est soumise à des règles protectrices de l'intérêt des tiers. Il serait trop commode, après s'être emparé des valeurs les plus fructueuses, les plus précieuses, d'abandonner aux créanciers du défunt les chétifs débris de la succession, et de s'affranchir ainsi de toutes espèces de charges.

BRETON.

RENONCULE, genre de plantes de la famille des *renonculacées*, ayant pour caractères : Calice presque toujours à cinq sépales, très-rarement trois, tombant en cadres, en préfloraison imbriquée; corolle formée de cinq à dix pétales pourvus intérieurement et à leur base d'une fossette nectarifère, nue ou plus généralement couverte d'une petite lame pétaloïde, étamines nombreuses, hypogynes; pistils nombreux, libres, uniloculaires, à un seul ovule dressé, auxquels succèdent autant de petits akènes groupés sur un réceptacle proéminent, globuleux ou oblong. Le genre *renoncule* se compose de plantes herbacées annuelles ou vivaces, dispersées sur toute la surface du globe, mais principalement dans les parties tempérées et froides de l'hémisphère boréal; leurs feuilles, alternes et simples, sont entières ou divisées plus ou moins profondément; leurs fleurs sont blanches ou jaunes, très-rarement teintées de rouge ou rouges. La plupart de ces plantes sont très-caustiques et vénéneuses.

Le genre *renoncule* renferme de nombreuses espèces; les principales sont : les *renoncules rampante*, *âcre*, et *bulbeuse* (*voyez* BOUTON D'OR), la *renoncule à feuilles d'aconit* (*voyez* BOUTON D'ARGENT), la *renoncule ficaire* (*voyez* ÉCLAIRE), etc. Citons aussi la *renoncule aquatique* (*ranunculus aquatilis*, L.), qui, née au milieu des eaux, étend à leur surface de vastes tapis de verdure, émaillés d'une multitude de fleurs blanches. Mais la plus belle de toutes est la *renoncule asiatique* (*ranunculus asiaticus*, L.), la rivale de l'Anémone: originaire de l'Asie, elle était cultivée avec soin à Constantinople, sous le règne de Mahomet IV ; sa culture, importée en Occident vers le milieu du seizième siècle, a donné d'innombrables variétés, qui formèrent longtemps une branche de commerce lucrative pour les Hollandais.

RENOUÉE (Polygonum, L.), plante de la famille des *polygonacées*, dont les caractères essentiels sont : Calice coloré, à quatre, cinq ou six divisions, persistant autour de la graine; cinq à neuf étamines; ovaire surmonté de deux à trois styles. Le fruit consiste en une seule semence ovale ou triangulaire.

La *renouée bistorte* (*Polygonum bistorta*, L.) doit son nom spécifique (deux fois torse) à sa racine grosse, fibreuse, repliée plusieurs fois sur elle-même. Il en sort des tiges très-simples, garnies de feuilles distantes, assez grandes, ovales, oblongues; les supérieures sessiles, les stipules cylindriques et roussâtres; les fleurs sont rougeâtres, disposées en un épi touffu, imbriqué d'écailles luisantes. Cette plante, qui fleurit en juin et juillet, fuit les pays chauds, habite les contrées tempérées de l'Europe, s'avance jusque dans les Alpes et les Pyrénées, et fournit un bon fourrage dans les pays de montagnes. La racine en est la partie la plus importante. Elle est très-astringente, et on la prescrit pour donner du ton aux organes affaiblis, dans la dyssenterie ou la diarrhée prolongée.

La *renouée ovipare* offre de grands rapports avec la précédente. Beaucoup plus petite dans toutes ses parties, elle affectionne les régions froides, s'étend jusqu'en Laponie, et fleurit en juillet. Cette renouée des mêmes propriétés que la bistorte.

La *renouée persicaire* (*polygonum persicaria*, L.) doit son nom spécifique à la ressemblance de ses feuilles avec celles du pêcher (*persica*). Commune dans les lieux humides, sur les bords des fossés et des chemins, elle affectionne les régions froides et s'étend jusqu'en Suède. On la rencontre rarement dans les pays chauds. Cette plante, légèrement acide, passe pour astringente, vulnéraire et détersive. On la recommande, surtout extérieurement, pour nettoyer les plaies et arrêter les progrès de la gangrène. Elle fournit une assez grande quantité de potasse pour engager à l'exploiter dans les pays où elle abonde.

On compte encore un grand nombre de renouées, telle que la renouée *amphibie*, ainsi dénommée parce qu'elle a la double faculté de produire dans l'eau et sur la terre, la renouée *poivre d'eau*, dont les semences peuvent être substituées au poivre dans la préparation des aliments ; aucun animal domestique n'y touche; la renouée *d'Orient*, cultivée dans tous les jardins comme plante d'ornement; la renouée *sarrasin*, vulgairement connue sous les noms de *blé noir*, *blé sarrasin*. Originaire de Perse, il est peu de nos plantes économiques qui produisent un plus bel effet (*voyez* SARRASIN).

RENTE (du latin *reditus*, revenu). En langage très-précis, la *rente* est ce qu'on vous rend, ce qu'on vous paye annuellement comme prix ou intérêt d'un fonds ou d'un capital aliéné ou cédé. Mais dans l'usage, le sens est moins limité, et on confond assez habituellement la *rente* avec le *revenu* et l'*intérêt*. Les jurisconsultes définissent la rente *un revenu annuel en argent ou en denrées*.

La rente stipulée pour intérêt des prêts d'argent est celle qui se reproduit le plus souvent dans les transactions. Seule, elle soulève des questions curieuses ; elle occupe une grande place dans l'histoire, et elle présente les plus intéressants problèmes de finance et d'économie politique. Ce fut surtout dans l'ancienne Rome que les rentes eurent une haute importance politique. L'histoire romaine est remplie des querelles, entre les débiteurs et les créanciers, sur le taux des rentes, sur les garanties de leur payement. Il en résulta souvent des troubles, quelquefois des séditions, et toujours des plaintes très-vives. Ce fut la cause de la retraite du peuple sur le Mont-Sacré. Il n'y eut d'abord point de loi à Rome pour régler le taux de la rente. Les citoyens, toujours engagés dans des expéditions militaires, n'offraient pour gage à leurs prêteurs qu'une vie exposée à toutes les chances de la guerre. Naturellement, les créanciers cherchaient à se couvrir de ce risque par un gain plus considérable; et comme une seule bataille heureuse donnait les moyens de s'acquitter avec les dépouilles de l'ennemi, les emprunteurs s'obligeaient assez volontiers à des intérêts très-forts. De là l'usage général d'un prix très-élevé pour le loyer de l'argent. Mais les débiteurs qui avaient à servir de si lourdes rentes ne tardaient pas à se plaindre. Alors, comme le peuple, par sa grande puissance, dominait ses magistrats, ceux-ci, pour lui plaire, commencèrent à proposer des lois contre l'usure. D'abord ces lois n'avaient pour but que la situation du moment. C'était une exemption contre les poursuites des créanciers en faveur de ceux qui s'enrôlaient pour la guerre; c'était l'ordre de délivrer les débiteurs retenus dans les fers, ou de les envoyer dans des colonies. Puis, on retrancha une portion de la dette; on diminua les intérêts, dont on fixa le taux à un pour cent, et plus tard à demi seulement; enfin, on alla jusqu'à défendre d'en stipuler, et même il fut souvent question de prononcer l'extinction des dettes. Toutes ces mesures, imaginées par le peuple pour son soulagement, tournèrent au contraire à sa ruine. Il s'établit à Rome une usure effrénée. Les riches, qui d'après la constitution portaient seuls tout le fardeau des charges publiques, étaient obligés de chercher un revenu de leur argent; mais comme ils ne pouvaient le prêter qu'avec de grands risques et sous une menace perpétuelle de spoliation, ils se payaient de ce danger par le taux immense de la rente. Outre le loyer de la somme prêtée, il fallait l'indemnité du péril qu'il y avait à braver les peines de la loi. Et comme l'intérêt privé dépasse toujours en subtilité le législateur, on inventa toutes sortes de fraudes pour éluder les prohibitions. A l'aide de ces subterfuges, les Romains se livrèrent sans mesure à leur penchant pour l'avarice et la rapacité. Les plus illustres donnèrent l'exemple. Le vieux Caton fut un *usurier*, et le second des Brutus prêtait aux Salaminiens à *quarante-huit pour cent*.

Plus tard, les princes établirent un droit plus conforme à la nature des choses. Il devint licite de stipuler des intérêts, et l'usure tomba avec les prohibitions.

Dans l'Europe moderne, le régime des rentes a subi les variations les plus singulières. D'abord, lorsque le christianisme prévalut chez les barbares, et que le clergé, devenu souverain, s'institua, avec plus de foi que de lumières, juge de toutes les questions, un doute s'éleva dans les consciences. Était-il licite de stipuler une rente pour le prêt d'une somme de deniers? La question occupa plusieurs conciles et les hommes les plus saints. Il fut décidé, par les conciles de Milan et de Bordeaux, que ce qui de soi ne rapportait pas de fruits ne pouvait pas non plus être l'objet d'une constitution de rentes. Le prêt à intérêt fut déclaré *usuraire* dans tous les cas. La loi civile, alors écho fidèle de la loi religieuse, le réprouva également. Saint Louis publia, en 1254, une ordonnance par laquelle il défendit non-seulement aux chrétiens, mais aussi aux juifs, ces stipulations, afin, disait-il, d'extirper de son royaume un crime exécrable entre les péchés qui s'élèvent contre le ciel. Ses successeurs renouvelèrent à diverses reprises les mêmes défenses.

Cependant, cette législation civile et religieuse devenait de plus en plus gênante. Ceux qui avaient amassé de l'argent désiraient ne pas le garder stérile; mais les placements e immeubles étaient alors fort difficiles, en raison du droit politique qui régissait les terres; en outre, il n'existait encore presque aucune valeur mobilière productive; quant à prêter leur argent sans en retirer un profit, ils aimaient autant le garder. D'un autre côté, il y avait des gens qui avaient besoin d'emprunter ces mêmes deniers que d'autres désiraient placer. L'Église commença alors à transiger avec ces intérêts. Le pape Martin V approuva, en 1425, par une *extravagante* restée célèbre, la stipulation des rentes pour prêt d'argent, dites dès lors *rentes foncières*, pourvu que cette stipulation fût voilée sous la fiction que voici : Le créancier de la rente constituée était censé devenir propriétaire du fonds qui lui était hypothéqué pour sa garantie, jusqu'à concurrence d'une portion en rapport avec le capital prêté. Dès lors la rente était considérée comme lui tenant lieu de sa part dans les fruits de l'héritage; et on conciliait ainsi les besoins nouveaux avec les prohibitions antérieures de l'Église. On doit en convenir, cela ressemblait beaucoup à une *capitulation de conscience*. Néanmoins, il paraît que la concession fut bientôt insuffisante, et qu'on négligea la fiction; car le pape Pie V fut obligé de publier, en 1569 et 1570, deux nouvelles bulles pour déclarer illégitime tout prêt fait à des personnes qui ne posséderaient pas de terres. Ces bulles ont encore force de loi dans plusieurs parties de l'Europe.

Mais comme le culte des intérêts matériels était en ce point plus loin qu'on ne le dit de nos jours, dès le temps de cette grande ferveur il se trouvait des gens de négoce qui ne se souciaient nullement de se soumettre à de pareilles entraves. La puissance spirituelle et la puissance temporelle furent obligées de fléchir devant l'indépendance cosmopolite du commerce. Une première exception fut consentie en faveur des marchands fréquentant les foires de Lyon; d'autres dispositions semblables eurent lieu successivement.

Enfin, lorsqu'on commença à avoir une connaissance plus exacte de ces matières, et que, par une séparation nécessaire entre l'ordre spirituel et l'ordre temporel, la législation civile eut acquis plus d'indépendance, nos lois consacrèrent un nouveau progrès. Elles admirent la constitution des rentes *à prix d'argent*, à la seule condition que les deniers, au lieu d'être prêtés pour un temps, seraient aliénés pour toujours; ce qui ne répondait encore que bien incomplètement aux exigences des affaires. C'est cependant ce régime qui a régi la partie de la France soumise au droit coutumier a suivi jusqu'à l'époque de la révolution. La partie du royaume qui était régie par le droit écrit, c'est-à-dire par la loi romaine, admettait purement la rente pour prêt d'argent.

On a beaucoup discuté sur les motifs qui avaient porté le clergé à proscrire le prêt à intérêt. On a prétendu qu'il avait pour cela des raisons toutes mondaines; rendre impossible un placement fructueux de l'argent, c'était, a-t-on dit, un moyen de tourner les esprits vers les œuvres pies et les donations religieuses, dont le clergé profitait. C'est là une explication du dix-huitième siècle. Ce que proclamait alors le clergé, tout le monde le croyait aussi. L'homme de loi pensait sur ce point comme le prêtre. La recherche d'une perfection excessive, peut être aussi la haine et le mépris contre les juifs, qui faisaient seuls le commerce de l'argent; enfin, l'ignorance universelle des principes de l'économie, voilà des causes palpables et bien suffisantes. Il n'est pas inutile d'ajouter que beaucoup de membres du clergé persévèrent encore dans ces doctrines, bien qu'elles ne puissent guère plus leur profiter aujourd'hui; c'est donc une opinion de conviction. A l'époque où prévalait la doctrine que la rente provenant de l'argent prêté était une usure, la même opinion régnait partout. Mahomet aussi avait défendu dans le Coran le prêt à intérêt; prohibition que l'Orient respecte encore.

Pour achever ce qui touche à la législation générale des rentes avant la révolution, il faut ajouter que la nature et

23.

la forme de ces rentes variaient alors à l'infini. Il y avait les rentes *convenancières*, *albergues*, *colongères*, *obituaires* pour le service des morts; la rente de la *frésange*, consistant, dit l'ancien droit, en un *pourcel farci* ou un *cochon de lait farci*. Enfin, il y en avait d'autres bien autrement importantes, c'étaient les *rentes foncières* et les *rentes seigneuriales*.

Autrefois, les *rentes foncières* n'étaient pas rachetables; en 1789, on décréta la faculté de rachat. Les *rentes seigneuriales* représentaient quelquefois la terre vendue, quelquefois les droits politiques ou féodaux attachés à cette terre, souvent ces deux choses réunies. A l'époque de la grande rénovation de la France, ces rentes devaient nécessairement changer de nature. En effet, dans la fameuse nuit du 4 août 1789 elles furent non pas abolies, mais converties en rentes foncières, et partant rachetables. En 1792 on alla plus loin; on conserva celles qui avaient pour cause une concession primitive de fonds, mais on abolit sans indemnité celles d'une origine purement féodale; mesure dure peut-être, mais cependant juste, puisque l'obligation n'avait pas d'autre cause que l'aliénation des droits souverains de la nation, droits inaliénables et imprescriptibles. Arriva 1793, et la borne fut dépassée. La Convention éteignit sans distinction toutes les rentes d'origine seigneuriale; ce qui fut une véritable spoliation à l'égard de celles qui avaient été constituées en payement d'une terre, puisque cette terre était bien la propriété de celui qui l'avait vendue.

Aujourd'hui le droit nouveau de la France sur les rentes est en grande partie basé sur les vrais principes de l'économie politique. L'argent est le signe de toutes les valeurs, et il est lui-même une valeur. S'il ne produit pas directement et matériellement des fruits, il est un instrument de production et le premier de tous. Son emploi intelligent assure un bénéfice; il est donc parfaitement légitime d'exiger un loyer de celui qui emprunte ou loue des deniers, puisque celui-ci doit en recueillir un avantage, et que cet avantage doit se payer. Partant de ces principes, nos lois permettent maintenant la stipulation d'une rente pour le prêt d'argent. Quant aux anciennes complications de tant de natures de rentes, elles ont toutes été effacées. Il n'y a plus désormais que la rente improprement appelée *perpétuelle*, puisqu'elle est essentiellement rachetable, et la rente *viagère*, dont la durée est bornée au temps de la vie d'une ou de plusieurs personnes. Toutes les deux n'ont plus qu'un caractère purement mobilier.

Cependant, il est un point sur lequel notre législation me parait laisser désirer un dernier progrès; je veux parler de la fixation du taux des intérêts ou de la rente. Un taux constamment uniforme dans l'intérêt suppose un risque toujours égal pour le prêteur, et des probabilités toujours semblables de réussite et de bénéfice chez l'emprunteur. Mais est-ce la marche que suivent les affaires? Lorsque je confie mon argent à un homme qui entreprend une industrie nouvelle, et qui ne m'offre d'autre garantie que son intelligence ou sa probité, n'ai-je pas loyalement le droit, en raison des chances que je cours, d'avoir des conditions meilleures que lorsque je prête sur hypothèque à un propriétaire qui emprunte pour améliorer son fonds? Ce qui est encore défendu sur terre est déjà permis depuis longtemps sur mer. Le *prêt à la grosse aventure* n'est pas soumis aux restrictions des emprunts ordinaires (*voyez* PRÊT A LA GROSSE).

Le taux licite de la rente a du reste beaucoup varié. A Rome, avant qu'il fût fixé par la loi, et lorsque l'usage seul en décidait, il partait qu'il était généralement de douze pour cent par an. Plus tard, on l'a vu tout à l'heure, il fut abaissé à un, et même à demi pour cent. En France, il a subi des variations tout aussi considérables. Avant Charles IX l'intérêt était au denier dix, c'est-à-dire à dix pour cent. Ce prince le réduisit au denier douze; Henri IV l'abaissa au denier seize, Louis XIII au denier dix-huit, et Louis XIV enfin au denier vingt, c'est-à-dire à cinq pour cent, chiffre auquel on est constamment revenu depuis, quoiqu'on ait souvent essayé d'abaisser le taux légal à quatre et jusqu'à trois et demi pour cent. En 1720 la rente fut même fixée à *deux pour cent* pour porter secours au système de Law, en forçant les capitaux à entrer dans la spéculation. Mais cette mesure violente n'eut pas de suite; l'édit ne fut pas même enregistré. Aujourd'hui, l'intérêt légal en France est de cinq en affaires civiles, et de six en affaires commerciales. En réalité, il varie entre trois et sept, et même huit en raison des garanties offertes, du crédit de l'emprunteur, ou de l'abondance de l'argent. Dans le monde commercial, l'intérêt paraît flotter entre trois et six.

Après avoir dit ce que sont les rentes consenties par les particuliers, il reste à parler des *rentes sur l'État*. Par la grandeur des capitaux qu'elles représentent, par les nombreux intérêts auxquels elles se rattachent, par leur influence directe sur la force et l'existence même des peuples, ce sont assurément les plus importantes de toutes.

La *rente sur l'État* est la somme annuellement payée par le gouvernement pour les intérêts des emprunts publics. Il serait difficile de trouver chez les anciens quelque institution qui offrit de la ressemblance avec les dettes fondées des modernes. Cette application du crédit appartient aux derniers siècles. De tous temps, sans doute, les princes et les États ont emprunté; mais de tels emprunts n'avaient autrefois que le caractère d'un fait isolé; ils ne constituaient pas encore un moyen systématique de gouvernement. Dans les deux derniers siècles, tous les pays de l'Europe sont successivement entrés dans la voie des *dettes publiques*. Le besoin de crédit a amené peu à peu plus de fidélité dans les engagements, et cette fidélité a donné plus de facilité pour de nouveaux emprunts. On s'est abandonné à la pente, et la plupart des peuples ont ainsi plus ou moins engagé leur avenir. Quelques nations sont endettées pour des sommes qui effrayent vraiment l'imagination, pour des masses de capitaux dont on aurait autrefois regardé comme impossible de soutenir le faix. Afin de donner une idée de l'immensité de ces opérations, il suffira de rappeler l'exemple de l'Angleterre, récemment chargée d'une dette de vingt milliards de francs, et encore débitrice aujourd'hui d'environ dix-huit milliards. Ce serait maintenant une question oiseuse de demander quel sera le terme de ces anticipations continuelles, et si la dernière conséquence d'un tel système ne sera pas une catastrophe. Il y a désormais une impulsion plus forte que les volontés, qui entraîne fatalement les peuples. Quel que soit le danger des emprunts, dès que l'une des grandes puissances est entrée dans cette voie, toutes les autres ont dû l'y suivre, sous peine, en cas de lutte, de périr sous son effort. Nulle nation ne peut plus soutenir la guerre avec ses ressources ordinaires. Est-ce lorsqu'un État demanderait un milliard à son crédit, que son adversaire pourrait penser à lui résister avec quelques millions péniblement arrachés à ses revenus? Ainsi est constituée l'Europe. Pas d'indépendance sans grandes armées, pas de grandes armées sans crédit. Les *rentes publiques* sont donc devenues une inévitable nécessité.   Théodore BENAZET.

On trouvera à l'article GRAND-LIVRE, sur la constitution de la dette publique en France depuis la révolution, sur ce qu'on appelle *rentes sur l'État*, de même que sur le payement des *arrérages* qui y sont attachés, des détails que nous ne répéterons pas ici.

Sous l'empire, le taux le plus élevé des *rentes sur l'État* ne dépassa jamais 84 fr. Le 22 juin 1815, pendant les cent jours, la certitude de l'abdication de Napoléon fit monter le 5 pour 100 à 60 fr. La veille, aux premières rumeurs de déchéance ou d'abdication, il s'était porté à 55 fr., ayant été la surveille ou le 20, à la première nouvelle de la bataille de Waterloo, à 53 fr. Le 2 janvier 1830 le 5 p. 100 était à 109 fr., et le 3 p. 100 à 84 fr. 70 c. Le taux des rentes décrut jusqu'au 26 juillet. Ce jour-là elles étaient, le 5 p. 100 à 101 fr. 50 c., le 3 p. 100 à 76 fr. Le 27 juillet le 5 p. 100 tomba à 99 fr., le 3 p. 100 à 72 fr. Cependant la Bourse ferma avec le 5 p. 100 au pair. Dès le 5 août le choix d'un roi faisait reprendre le 5 p. 100 à 102 fr. 50 c., et le 3 p. 100 à 75 fr. La rente perdit pourtant de nouveau, et le 17 décembre 1830 le 5 p. 100 était à 84 fr. 50 c., le 3 p. 100 à 55 fr. Elle se releva comme on sait, et le 23 février 1848, le 5 p. 100 était coté 116 fr. 25 c., le 3 p. 100, 73 fr. 75 c. Le 7 mars suivant, à la réouverture de la Bourse, le 5 p. 100 ne valait plus que 73 fr. 25 c., le 3 p. 100, 57 fr. La rente tomba encore, et du 1er au 8 avril on la voit à 50 fr. 25 c. le 5 p. 100, le 3 p. 100 est à 33 fr. 15 c. Bientôt pourtant elle se relève, faiblement d'abord, et après les événements de juin le 5 p. 100 revient à 80 fr., le 3 p. 100 à 51 fr. 50 c. On sait l'immense amélioration que l'élection de Louis-Napoléon à la présidence de la république apporta au cours de toutes les valeurs publiques. Après le coup d'État du 2 décembre 1851, le 5 p. 100 ne tarda pas à dépasser le pair et même à osciller vers le cours de 110 fr. C'est alors que s'agita de nouveau une question qui depuis plus d'un quart de siècle était vivement controversée, nous voulons parler de la *réduction du taux de la rente* payée par l'État à ses créanciers.

Déjà, sous l'administration de M. de Villèle, les développements pris par le crédit public avaient permis de songer aux moyens d'alléger les charges du trésor en *réduisant le taux* de l'intérêt ou en offrant le *remboursement au pair* de leurs titres à ceux des créanciers qui ne consentiraient pas à la *réduction*. L'opposition libérale combattit alors cette utile et juste mesure de la plus insigne mauvaise foi, et prétendit qu'elle équivaudrait à une *banqueroute*. Laffitte faillit perdre son auréole de popularité pour avoir voulu essayer d'en démontrer tout à la fois la légalité et la possibilité pratique. Le ministre s'arrêta devant les clameurs générales soulevées par la simple annonce de son projet ; et la loi du 1er mai 1825 se borna à commencer une *conversion volontaire*, d'où résulta du moins pour le trésor une économie annuelle de *six millions*. Par cette loi, les porteurs de rentes 5 p. 100 pouvaient convertir leurs titres soit en 4 1/2 p. 100 au pair, avec garantie de non-remboursement pendant quinze années, soit en rentes 3 p. 100 émises au taux de 75 fr. Ce fonds, qui était celui qui offrait le plus de marge aux oscillations des jeux de Bourse, fut aussi celui qui fut l'objet du plus grand nombre de *demandes de conversion*. On a vu plus haut que le 3 pour 100 avait atteint sous la restauration le cours de 84 fr. 70 c.

Après la révolution de Juillet, l'opposition ne tarda point à se faire contre le gouvernement de Louis-Philippe une arme de cette question de la *réduction* et du *remboursement des rentes*, qu'elle qualifiait de *banqueroute* quelques années auparavant, mais sur laquelle elle savait que le chef de l'État partageait personnellement les idées étroites qui avaient prévalu en 1825. A diverses reprises la chambre élective vota alors à une forte majorité des propositions faites dans son sein pour ce qu'on appelait le *remboursement*, la *conversion* ou la *réduction de la rente*, et qui toutes consistaient à offrir aux créanciers de l'État, c'est-à-dire aux *rentiers*, le *remboursement* de leurs titres au taux de 100 fr. pour chaque 5 fr. de rente, s'ils n'aimaient mieux les *convertir* en nouveaux titres à 4 p. 100, fonds qui dépassait aussi alors le pair. Mais toujours la chambre des pairs repoussa cette utile mesure ; et en cela elle n'était que l'instrument docile du ministère, qui ne croyait pas à la possibilité et encore moins à l'opportunité de la mesure. En effet, ce qu'il redoutait avant tout, c'était de se faire des rentiers, *remboursés* ou *réduits*, d'implacables adversaires, avec qui il faudrait compter aux plus prochaines élections.

Après la révolution de 1848, les rentiers eussent été bien heureux qu'on leur offrit le *remboursement au pair* de leurs titres qui avaient perdu 50 p. 100 de leur valeur nominale. L'amélioration successive produite dans les cours par la présidence de Louis-Napoléon, et surtout par la réussite du coup d'État du 2 décembre 1851, permit enfin de songer à réaliser une mesure de laquelle devait résulter pour le trésor public une économie de près de vingt millions, mais dont l'exécution demandait autant de prudence que d'énergie. Le 14 mars 1852, un décret ordonna le remboursement au pair des titres de rentes 5 pour 100 dont les porteurs n'accepteraient pas la conversion en titres à 4 1/2, avec garantie pendant dix ans contre tout remboursement ; et sur une dette de près de *six milliards*, la somme des remboursements demandés s'éleva à peine à *trente millions*. Le trésor, par des traités passés avec de puissantes maisons de banque, s'était pourtant mis en mesure de satisfaire à des exigences bien autrement importantes ; on peut dès lors s'imaginer combien profonde fut la déception des frondeurs, à la vue de la complète réussite d'une opération à laquelle ils s'étaient hâtés de prédire un insuccès absolu, suivi des plus déplorables catastrophes industrielles et commerciales.

Discuter aujourd'hui la *légalité* du remboursement des rentes sur l'État, argumenter du mot *perpétuel*, dont s'était servi la loi du 9 vendémiaire an VI, constitutive du *tiers consolidé*, pour établir qu'un privilège de plus avait été créé en faveur des rentes sur l'État, déjà déclarées *insaisissables* en violation des principes de la plus vulgaire équité que la raison d'État avait dû faire taire ; prétendre en conséquence que l'État avait implicitement renoncé au droit de les racheter, c'est-à-dire de jamais se libérer, tandis que le Code Civil déclare expressément toutes autres rentes essentiellement rachetables, serait peine perdue. Les faits ont irrévocablement tranché une question qui n'intéressait en définitive qu'environ 250,000 individus ; et en 1862, si le trésor se trouvait en mesure de rembourser *au pair* la rente actuelle de 4 1/2 p. 100, ou d'en offrir la conversion à 4 ou même à 3 p. 100, aucune réclamation ne pourrait s'élever contre une opération financière qui a soulevé de nos jours tant de critiques injustes et passionnées, parce que c'était l'égoïsme qui les dictait et la malveillance seule qui se plaisait à les répéter.

RENTE CONSTITUÉE (*Droit*). Sous l'ancienne législation, la *rente constituée* était un contrat par lequel l'une des parties vendait à l'autre une rente annuelle et perpétuelle dont celle-ci se constituait débitrice, moyennant une somme d'argent qu'elle ne pouvait jamais être contrainte de rembourser. Ce contrat avait été imaginé pour qu'on pût échapper aux prohibitions du prêt à intérêt, défendu par les lois de l'Église et par celles des princes catholiques, et pour lui substituer un moyen de trouver de l'argent sans être obligé de vendre ses fonds (*voyez* Rente). Les *rentes constituées* différaient des *rentes foncières* en ce qu'elles formaient une dette purement personnelle de ceux qui les avaient constituées, tandis que les *rentes foncières* étaient attachées, inhérentes à l'héritage et dues par lui. Les *rentes constituées* étaient réputées *meubles*, dans les pays de droit écrit et dans quelques coutumes ; ailleurs elles étaient *immobilières*. Il était de leur essence d'être rachetables, et le débiteur pouvait toujours se libérer d'une pareille obligation, indépendamment de toute stipulation dans le contrat, en remboursant au créancier la somme payée à l'origine pour la constituer. Les rentes constituées ont été consacrées par le Code Civil, dont l'article 1909 porte que l'on peut stipuler un intérêt moyennant un capital que le prêteur s'interdit d'exiger. Cette sorte de prêt prend le nom de *constitution de rentes*. La rente peut être constituée de deux manières, en *perpétuel* ou en *viager*. La rente constituée en perpétuel est essentiellement *rachetable*. Les parties peuvent seulement convenir que le rachat ne sera pas fait avant un délai qui ne pourra excéder dix ans, ou sans avoir averti le créancier au terme qu'elles auront déterminé d'avance.

Le débiteur d'une rente constituée en perpétuel peut être contraint au rachat : 1° s'il cesse de remplir ses obligations pendant deux années ; 2° s'il manque à fournir au prêteur les sûretés promises par le contrat. Le capital de la rente constituée en perpétuel devient aussi exigible en cas de faillite ou de déconfiture du débiteur. Les rentes ne peuvent être constituées à un intérêt au-dessus de 5 pour 100. Dans le cas où le taux légal a été dépassé, le débiteur de la rente a le choix, ou de demander la nullité du contrat, ou de le faire réduire au taux légal. Les arrérages des rentes perpétuelles se prescrivent par cinq ans. Les rentes peuvent s'éteindre par la prescription trentenaire, c'est-à-dire s'il s'est écoulé trente années depuis leur création sans aucun payement d'arrérages.

RENTES VIAGÈRES. On appelle ainsi celles dont la durée est subordonnée à l'événement du décès d'une ou plusieurs personnes indiquées au contrat. L'incertitude de l'époque à laquelle arrivera cet événement a fait ranger la *rente viagère* au nombre des contrats *aléatoires*. La *rente viagère* peut être constituée à titre onéreux ou à titre gratuit. La loi ne fixe point le taux d'intérêt auquel la rente viagère peut être constituée; les parties sont complètement libres à cet égard. La rente viagère n'est point rachetable comme la rente perpétuelle. Le créancier peut toutefois demander la résiliation du contrat si le constituant ne donne pas les sûretés convenues. La *rente viagère* ne s'éteint que par la mort naturelle; la mort civile ne l'anéantit pas. La *rente viagère* ne peut être déclarée *insaisissable* dans le contrat que lorsqu'elle est constituée à *titre gratuit*. Elle se prescrit d'ailleurs comme la rente perpétuelle.

RENTOILAGE. On désigne ainsi une opération jadis longue et difficile, inventée par Hacquin, vers le milieu du dix-huitième siècle, perfectionnée dès lors par Picault, et tellement améliorée aujourd'hui qu'elle semble ne plus offrir le moindre risque. La peinture à l'huile se ressent peu des variations de l'atmosphère, mais il n'en est pas de même du panneau ou de la toile sur laquelle elle est appliquée; aussi arrive-t-il assez souvent qu'un tableau ayant éprouvé des alternatives de chaleur et d'humidité, l'impression quitte l'objet sur lequel elle est supportée et se détache ou s'*enlève* par écailles. On a quelquefois voulu remédier à ces accidents en cherchant à fixer ces parties. Mais ce travail, qu'on appelle quelquefois *enlevage*, ne réussissait pas toujours, ou réussissait d'une manière incomplète; ces moyens, d'ailleurs, ne pouvaient être employés avec succès lorsque le bois du panneau était vermoulu ou lorsque la toile, pourrie, tombait en lambeaux. Hacquin et Picault, habiles restaurateurs de tableaux, imaginèrent d'*enlever* entièrement la peinture et de la transporter ensuite sur une toile neuve préparée à cet effet. Pour cela, au moyen d'un bon encollage fait avec de la farine de seigle bien cuite et une ou deux gousses d'ail, ils couvraient entièrement leur tableau, d'abord avec de la gaze, ensuite avec du papier fin, puis avec du papier commun, ce qui se nomme *cartonnage*. Cela fait, Hacquin retournait son tableau et arrachait avec précaution la toile par morceaux et quelquefois fil par fil. Lorsque la peinture était sur un panneau en bois, avec des scies, des gouges, des ciseaux, des rabots avec fers, puis même des morceaux de verre, pour faire des copeaux plus fins, il détruisait tout le bois et l'enlevait par petites portions. Cette opération offrait d'autant moins de difficultés que le panneau était plus détérioré; cependant, elle exigeait beaucoup d'intelligence et d'adresse de la part des ouvriers dont on se servait. Picault, pour éviter les lenteurs et les inconvénients de ces opérations, imagina d'*enlever* d'un seul coup la peinture, qui par la bonté de son encollage se trouvait fixée plus fortement sur la nouvelle superficie que sur l'ancien fond. On donne plus spécialement à cette opération le nom d'*enlevage*. Il est facile de comprendre que, par une opération semblable, on réappliquait de nouveau la peinture sur une autre toile neuve et bien tendue; et, au moyen de fers chauds, que l'on passait plusieurs fois sur la peinture, on lui rendait assez de souplesse pour qu'elle s'appliquât parfaitement à la nouvelle toile. C'est en 1750 que le public put admirer les résultats de cette invention, en voyant exposer au Luxembourg le vieux panneau sur lequel André del Sarto avait, en 1518, peint son tableau de *La Charité*, et la peinture enlevée, transportée et restaurée par Picault. Ce précieux ouvrage s'écaillait à tel point que l'on osait à peine y toucher; et, comme il semblait devoir être bientôt entièrement perdu, on risqua l'opération, qui réussit parfaitement, ainsi qu'on peut s'en convaincre encore en examinant ce tableau, qui est maintenant dans la galerie du Louvre, sous le n° 728. Plusieurs des tableaux italiens apportés au musée de Paris, au commencement de ce siècle, eurent besoin d'être *rentoilés* ou *enlevés*. Une des opérations de ce genre que l'on peut citer comme un prodige de patience et d'adresse est celle dont se chargea Hacquin fils pour enlever et restaurer le célèbre tableau de Raphaël désigné sous le nom de *Vierge de Foligno*: le panneau était brisé; d'anciennes restaurations recouvraient le travail de Raphaël; tout fut rétabli comme il convenait et avec le plus grand succès.

L'opération du *rentoilage* est moins difficile que celle de l'*enlevage*, et souvent même, lorsque la toile est encore bonne, elle suffit pour maintenir la peinture qui commence à s'écailler. Pour bien faire un *rentoilage*, on commence par exposer le tableau pendant quelques jours à l'humidité d'une cave; puis, comme pour l'*enlevage*, on colle du papier sur la peinture, mais avec une colle légère, et seulement pour éviter que le tableau éprouve quelque accident pendant les mouvements et les frottements qu'il doit éprouver. Alors, ayant tendu une toile neuve sur un châssis, on passe dessus une couche de la bonne colle dont on fait usage pour enlever les tableaux; on passe ensuite une autre couche de la même colle sur l'envers de la vieille toile. Cela étant fait promptement, on pose le revers du tableau sur la toile neuve, puis, avec un tampon de linge, on appuie fortement, en partant toujours du centre vers les bords, afin de faire échapper l'air qui pourrait rester entre les deux toiles et y occasionner des *cloches*. Ensuite, on retourne le tableau et on continue à le presser fortement sur la toile neuve au moyen d'un fer chaud, qui, rendant la colle plus liquide, la force à s'introduire dans les plus petits interstices des deux toiles, consolide ainsi l'impression mise originairement sur l'ancienne toile, et fait sortir l'excédant de la colle à travers le tissu de la toile neuve. Lorsque le tableau entoilé est bien sec, on humecte avec une éponge imbibée d'eau tiède le papier que l'on avait posé sur la peinture, et on procède alors au nettoyage ou à la restauration du tableau.

DUCHESNE aîné.

RENTRÉE (de la particule itérative *re* et du latin *intrare*), entrer une seconde fois. Ce mot, en termes de commerce, est synonyme de *recouvrement*. En musique, c'est le retour du sujet, surtout après quelques pauses de silence dans une figure, une imitation, ou dans quelque autre dessein. En marine, ce mot se dit du rétrécissement d'un navire par ses hauts, de sa largeur moindre sur le pont que sous l'eau.

Pour le sens de ce mot en vénerie, *voyez* CHASSE.

RENVERSEMENT, synonyme de ruine, de destruction, de chute, de décadence totale: *Le renversement des autels*, *le renversement des lois*.

En termes d'astronomie, c'est une manière de vérifier les *quarts de cercle* en mettant en bas la partie supérieure, pour observer la hauteur du même objet dans les deux sens différents.

En termes de musique, *renversement* est le changement d'ordre dans les sons qui composent les accords, et dans les parties qui composent l'harmonie, ce qui se fait en substituant à la basse par des octaves les sons ou les parties qui sont en dessus, aux extrémités celles qui occupent le milieu, et réciproquement.

RENVOI, addition à un corps d'écriture en marge ou à la fin. Les renvois dans les actes notariés doivent être écrits en marge, et chacun d'eux doit être particulièrement signé ou paraphé, tant par l'officier public que par les parties contractantes et les témoins instrumentaires. Le défaut d'approbation des renvois et apostilles, soit en marge, soit à la fin de l'acte, n'emporte que la nullité de ces renvois, et non celle de l'acte lui-même. Dans les actes sous signature privée, il est également nécessaire que les renvois soient approuvés, signés ou paraphés par les parties contractantes.

On entend par *demande en renvoi*, au civil, les conclusions d'une partie qui demande que le tribunal, mal à propos saisi, la renvoie devant les juges compétents ; au criminel, la *demande en renvoi* a pour objet d'obtenir, soit pour cause de sûreté publique, soit pour cause de suspicion légitime, soit à défaut d'un nombre suffisant de juges pouvant connaître de l'affaire, que le jugement soit déféré à un autre tribunal. C'est la cour de cassation, chambre criminelle, qui statue sur cette dernière sorte de *demande en renvoi*.

RÉOLE (LA). *Voyez* GIRONDE (Département de la).

RÉPARATION D'HONNEUR, déclaration que l'on fait de vive voix ou par écrit pour rétablir l'honneur de quelqu'un qu'on avait attaqué. Comme il n'y a rien de plus cher que l'honneur, tout ce qui y donne la plus légère atteinte mérite une satisfaction ; mais on la proportionne à la qualité de l'offensé, et à la nature de l'injure, ainsi qu'à la qualité de l'offenseur. Lorsqu'on veut la rendre plus authentique, elle a lieu en présence de plusieurs témoins ; et notre ancienne législation ordonnait même qu'elle eût lieu en présence d'un juge commis à cet effet, et qui en faisait dresser procès-verbal. Aujourd'hui, c'est à la juridiction correctionnelle qu'on peut demander *réparation* de tout ce qui a porté atteinte à l'honneur et à la considération ; mais trop souvent le préjugé exige de l'offensé qu'il demande les armes à la main satisfaction à celui qui l'a offensé. *Voyez* DUEL et POINT D'HONNEUR.

RÉPARATIONS LOCATIVES. Ce sont en général toutes les menues réparations d'entretien qui ne proviennent ni de la vétusté ni de la mauvaise qualité des choses à réparer. Elles sont à la charge du locataire. On dit qu'une chose est en bon état de *réparations locatives* lorsqu'elle est convenablement préparée à recevoir le locataire, qui est tenu de rendre l'objet loué, ou encore les lieux loués, dans le même état qu'ils lui ont été livrés, sauf le dépérissement naturel arrivé par le simple usage.

REPARTIE. Ce mot a une énergie propre et particulière pour faire naître l'idée d'une apostrophe personnelle contre laquelle on se défend, soit sur le même ton, en apostrophant aussi de son côté, soit sur un ton plus honnête, en émoussant seulement les traits qu'on nous lance : on fait des *reparties* aux gens qui veulent se divertir à nos dépens, à ceux qui cherchent à nous tourner en ridicule, et aux personnes qui n'ont dans la conversation aucun ménagement pour nous. La *meilleure repartie* ne vaut pas une *réponse judicieuse*.

On confond souvent dans la conversation les mots *réponse*, *réplique*, *repartie* ; et pourtant il y a entre eux des nuances qu'il ne faudrait pas oublier. La *réponse* se fait à une demande ou à une question ; la *réplique*, à une réponse ou à une remontrance ; la *repartie*, à une raillerie ou à un discours offensant. Une *repartie* se fait toujours de vive voix, une *réponse* se fait quelquefois par écrit. Les réponses, les répliques et les *reparties* doivent être justes, promptes, judicieuses, convenables aux personnes, aux temps, aux lieux et aux circonstances. Une *repartie* peut être sentencieuse, spirituelle, flatteuse, galante, noble, belle, bonne, heureuse, héroïque. La vivacité et la promptitude en sont les caractères essentiels.

RÉPARTITION (de la particule itérative *re*, et du latin *partiri*, diviser, distribuer), action de faire des parts, de diviser, de distribuer. En matière de faillite, le Code de Commerce règle le mode de *répartition* de l'actif mobilier du failli entre ses créanciers : ils doivent être avertis de l'époque fixée pour l'opérer. Ceux d'entre eux qui n'ont point fait l'affirmation de leurs créances ne sont pas admis à y prendre part ; néanmoins, la voie de l'opposition leur est ouverte jusqu'à la dernière distribution inclusivement ; mais ils ne peuvent rien prétendre aux répartitions consommées.

On appelle impôt de *répartition* celui par lequel on détermine d'abord ce que chaque commune doit payer, pour que la *répartition* s'en fasse ensuite au prorata des facultés de chacun entre tous les habitants de cette commune.

REPARTITION (Blason). *Voyez* ÉCU.

REPAS (du latin *pastus*, d'où les Italiens et les Espagnols ont tiré *pasto*, et les Anglais *repast*). L'homme est un *animal dégénéré*. Prenez la Bible, lisez la description des repas que faisaient les patriarches, et cette vérité, qui n'est pas neuve du reste, vous sera clairement démontrée. Deux exemples suffiront. Le vénérable Abraham reçoit un beau matin la visite de trois anges à figure humaine ; il leur sert un magnifique veau tout entier, plus trois mesures de farine pétries et cuites sous la cendre, ce qui, en réduisant à un quintal le poids du quadrupède, établit un total de 26 kilogrammes par tête, vin, potage, entremets et dessert non compris. Plus modeste dans ses goûts, Isaac, l'époux de la tendre Rébecca, se contentait pour déjeûner d'une couple de chevreaux ; hélas ! hélas ! deux mauviettes et un filet de sole au gratin révolutionnent aujourd'hui nos estomacs les plus robustes. Quant aux héros d'Homère, la moitié d'un bœuf, un grand porc de cinq ans et une demi-douzaine de moutons, grillés à la pointe des piques, tels étaient les hors-d'œuvre qui remplaçaient à leur dîner nos huîtres, nos crevettes et notre salade d'anchois.

Les Grecs faisaient habituellement trois repas, qu'ils nommèrent d'abord ἀκρατισμός, ἄριστον et δεῖπνον ou δόρπος ; entre les deux derniers, quelques appétits impérieux en intercalèrent un troisième, appelé δεῖπνητον ou ἑσπέρισμα. Ces dénominations changèrent dans la suite : le mot ἄριστον désigna le premier repas, δόρπος le second, et δεῖπνον le troisième. On croit que le premier était le principal, et que les deux autres étaient de simples *collations*. Il était rare de voir un seul individu faire les frais d'un grand festin ; le plus souvent c'étaient des *pique-niques*, ou des festins par écot comme ceux dont parle Homère. Les Lacédémoniens avaient des salles publiques où, en vertu d'une ordonnance de Lycurgue, ils étaient forcés de manger en commun. Dans ces repas, les tables étaient d'environ quinze convives, et chacun fournissait par mois 1 boisseau de farine, 8 mesures de vin, 5 livres de fromage, 2 livres et demie de figues, et quelque peu de monnaie pour l'apprêt et l'assaisonnement des vivres. Dans le principe, les Athéniens furent aussi sobres que leurs rudes émules ; mais lorsqu'ils eurent étendu leurs conquêtes en Asie, lorsque leur commerce les eut approvisionnés de ce qu'il y avait chez les nations étrangères de plus exquis et de plus rare, ils s'abandonnèrent sans réserve à tous les raffinements du luxe et de la gastronomie. Alors trois parties distinctes composèrent leur souper. La première, nommée προοίμιον (*prélude*), consistait en œufs, huîtres, herbes amères et autres apéritifs ; la seconde, en mets solides étalés à profusion ; et la troisième appelée *second service*, en confitures et pâtisseries d'une délicatesse exquise. Le maître de la maison se faisait même apporter d'avance le menu du repas, et chaque convive choisissait ensuite les mets à sa convenance, comme chez les restaurateurs de nos jours. Les coupes étaient ornées de guirlandes, et toujours pleines jusqu'aux bords ; le caprice du *roi du festin* décidait du nombre de rasades que chacun devait boire ; tantôt c'étaient trois en l'honneur des trois Grâces, ou neuf en l'honneur des Muses ; tantôt il fallait vider un nombre de coupes égal au nombre de lettres contenues dans le nom de sa maîtresse. Puis on se livrait à des délassements de tous genres, tels que les chants de table nommés *scolies*, et le jeu chéri du *cottabos*, qui consistait à jeter de haut et avec bruit quelques gouttes de vin dans de petits vases placés sur l'eau, et à les y faire enfoncer.

Les Romains avaient l'habitude de ne faire par jour qu'un repas, appelé *cœna* (*voyez* CÈNE), qui avait lieu à trois heures en été et à quatre en hiver. S'ils prenaient quelque chose vers midi, ce léger dîner, nommé *prandium*, ne peut être regardé comme un repas, puisqu'il ne consistait qu'en un morceau de pain sec ou quelques fruits. Plus tard, l'usage s'introduisit de faire le matin un déjeûner (*jentaculum*), et le soir, en buvant, une collation, *commessatio*; quelques-uns mangeaient également entre le *prandium* et la *cœna*, et ce goûter fut nommé *merenda* ou *antecœna*. Dans les premiers temps, à l'exemple des Grecs, les Romains mangeaient assis sur des bancs de bois rangés autour de la table; ils vivaient d'œufs, de laitage, et de légumes, qu'ils apprêtaient eux-mêmes. Mais l'austérité de ces mœurs républicaines ne résista pas longtemps à l'or pernicieux des conquêtes; et désormais la seule ambition du peuple de Romulus fut d'écraser de toute la supériorité de son luxe et de son sybaritisme les nations les plus efféminées de l'Orient. Des lits magnifiques, chargés de coussins et de matelas couverts d'étoffes de pourpre et de broderies, et resplendissants d'or et d'argent remplacèrent le banc modeste des aïeux. Les tables, en bois de citronnier venu de la Mauritanie, étaient vernies de couleur pourpre et or, et supportées par des pieds d'ivoire du plus riche travail. De même que chez les Grecs, on prit le bain avant le souper. Les guirlandes et les parfums, dont la vogue était si répandue chez la *fashion* d'Athènes, furent prodigués à pleines mains par l'élégante société de Rome. La plus minutieuse délicatesse vint présider au choix des fleurs et des feuillages qui composaient la couronne des c o n v i v e s. Alors on vit des salles à manger dont les lambris, imitant les conversions du ciel par un mouvement circulaire, représentaient les diverses saisons de l'année, qui changeaient à chaque service, et faisaient pleuvoir les essences les plus rares. Alors eurent lieu ces repas mythologiques dont la dépense ferait pâlir nos plus fastueux aristocrates. Là, près du mulet, du turbot, du sarget, de la lamproie, du loup-marin et des coquillages les plus rares, figuraient en seconde ligne le paon, la poule de Guinée, le faisan, le rossignol, et le chevreau d'Ambracie. Toutes ces pièces étaient servies au son de la flûte par des esclaves couronnés de fleurs, dont les attributions respectives étaient sévèrement réglées; ainsi, un maître d'hôtel (*structor*) était l'ordonnateur en chef du service; un écuyer-tranchant (*captor*) découpait les viandes, tandis que la foule subalterne remplissait les coupes, chassait les mouches et rafraîchissait la salle avec des éventails. Le roi du festin, ordinairement désigné par le sort, présidait la fête et réglait, comme en Grèce, le nombre des rasades. Des chanteurs, des jongleurs, des danseurs, des gladiateurs, venaient développer en présence des convives toute l'habileté et souvent toute l'atrocité de leur art. Dans tous ces repas il y avait assaut général de *gulosité*, et il était de bon goût de se *faire vomir* après chaque service, afin de recommencer sur nouveaux frais.

La frugalité primitive des Grecs et des Romains se retrouve chez les Francs et les Gaulois : du porc et de grosses viandes ; pour boisson de la bière, du poiré, du cidre et du vin d'absinthe, tel était l'ensemble de leur repas. Nos aïeux sous François Iᵉʳ dînaient à neuf heures du matin et soupaient à cinq heures du soir, suivant cette rime :

Lever à cinq, dîner à neuf,
Souper à cinq, coucher à neuf,
Font vivre d'ans nonante-neuf.

Sous Louis XII, on dînait à huit heures du matin ; mais pour plaire à sa dernière femme, le monarque changea de régime ; il ne dîna plus qu'à midi, et au lieu de se coucher à six heures du soir, il se coucha souvent à minuit. Cette nouveauté ne fit pas fortune à la cour de France ; aussi après la mort de ce roi continua-t-on à dîner de neuf à dix heures du matin, et à souper à cinq ou six heures du soir. Sous Henri IV et sous Louis XIV, la cour dînait à onze heures du matin. Aujourd'hui, on le voit, nous déjeûnons à l'heure où l'on dînait autrefois, et nous dînons à l'heure du souper (*voyez* CULINAIRE [Art] et DÎNER).

REPEAL, REPEALERS. *Voyez* REPEAL'S ASSOCIATION.

REPEAL'S ASSOCIATION, dénomination d'une société politique fondée à Dublin par O'Connell, et qui avait pour but avoué et patent la dissolution de l'union législative opérée en 1800 entre l'Angleterre et l'Irlande. L'*émancipation* des catholiques n'eut pas plus tôt été obtenue, en 1829, qu'à l'effet d'entretenir en Irlande le *système d'agitation* qui faisait sa force et son importance, O'Connell déclara que cette tardive concession arrachée à l'oligarchie britannique n'était point une réparation suffisante des maux qui depuis tant de siècles pesaient sur l'Irlande, et que son pays ne pouvait espérer de complète justice que le jour où on lui aurait rendu sa législature propre. En conséquence, d'accord avec ses amis politiques, il fonda l'Association pour le Rappel (*Repeal's Association*). Cette idée se propagea avec une rapidité extrême dans les masses, et provoqua une agitation non moins menaçante que celle à laquelle avait mis fin le *bill d'émancipation*. Dès 1831 le ministère Grey, pour y mettre un terme, était obligé de demander au parlement des mesures d'exception, entre autres le *bill de coercition*; et armé de pouvoirs extraordinaires il faisait mettre en accusation les principaux chefs du mouvement. Mais comme l'appoint de la députation catholique irlandaise était nécessaire dans la chambre des communes aux whigs pour se maintenir aux affaires et triompher des tories, on laissa tomber ce procès dans l'oubli. Enhardi par l'impunité, O'Connell proposa formellement en 1834 à la chambre des communes un bill ayant pour objet de faire abolir l'union législative des deux pays ; mais la chambre le rejeta à une forte majorité. La retraite de lord Grey, l'abolition du bill de coercition, et surtout la crainte de voir le pays subir une administration tory, diminuèrent pendant quelque temps l'intérêt qui s'attachait à la *question du rappel*. Mais quand, au commencement de 1840, on dut prévoir comme très-prochain le retour des tories au pouvoir, O'Connell entreprit de réorganiser complètement l'association sous la dénomination d'*Association loyale et nationale pour le Rappel*. On la divisa en trois classes : celle des *confédérés*, celle des *membres* et celle des *volontaires*. La classe des *confédérés* devait comprendre le pauvre peuple, les gens du commun. Quiconque se faisait recevoir dans l'association versait un shilling dans la caisse de l'association et recevait en échange une carte qui le faisait reconnaître comme *repealer* (rappeleur). Les *membres* payaient une livre sterling en entrant dans la société. Ils constituaient à proprement parler la force de l'association, et recevaient comme signe distinctif de leur admission une carte tout à fait caractéristique, car à chaque coin se trouvait mentionné le nom d'une bataille dans laquelle les Irlandais avaient triomphé de leurs oppresseurs, *les étrangers saxons*. Les *volontaires*, évidemment destinés à former le noyau d'une armée révolutionnaire, portaient également une carte sur laquelle on voyait ces mots : « Les volontaires de 1782 sont ressuscités », ainsi que les portraits d'O'Connell, de Grattan, d'O'Neil et autres Irlandais célèbres. L'association avait en outre ses *inspecteurs généraux*, ses *tuteurs* ; les premiers, chargés de la surveillance des districts ; les seconds, plus spécialement de ce qui avait trait aux finances de l'association. On organisa sur différents points du pays de *meetings de repealers*; dans ces réunions, les *tuteurs* du rappel provoquaient les assistants à des contributions volontaires, désignées sous le nom de rente du Rappel (*Repeal's rente*). L'emploi devait en être fait dans l'intérêt de la cause commune ; mais c'est à un point à l'égard duquel il ne fut jamais donné d'explications bien catégoriques. Au commencement de 1843, le clergé catholique irlandais ayant pris ouvertement parti pour le *rappel*, cette question prit en Irlande les proportions les plus effrayantes. O'Connell convoqua alors des assemblées auxquelles était conviée la nation tout entière. La première de ces assemblées-monstres (*monster-meetings*) eut lieu, le 16 mars 1843, à Trim. Partout et toujours O'Connell avait bien soin de recommander le plus grand respect pour la paix publique, car il possédait à un haut degré l'art de prêcher l'insurrection tout en parlant de légalité ; mais d'autres orateurs, moins prudents ou moins habiles, n'hésitaient point à engager le peuple irlandais à briser le joug que lui avaient imposé ses oppresseurs. Le 6 août 1843 il se tint à Baltinglass une assemblée à laquelle assistèrent plus de cent cinquante mille *repealers*. Quelques semaines après il y en eut encore une tout aussi nombreuse à Tara, lieu où avait lieu jadis l'élection des rois du pays. O'Connell y proposa d'établir dans chaque commune des arbitres, amiables compositeurs, chargés de décider de toutes les contestations qui surviendraient entre les habitants, lesquels dès lors n'auraient plus besoin d'invoquer l'appui de la magistrature et de la justice *officielles* ; ce qui enlèverait par le fait au pouvoir royal l'une de ses plus importantes prérogatives, la distribution de la justice. Dans un meeting tenu le 20 août à Roscommon, O'Connell recommanda encore à ses compatriotes de s'abstenir à l'avenir de faire usage de tous objets de consommation sujets au droit d'*accise* ; moyen infaillible de diminuer les recettes du trésor, par conséquent les ressources fournies par l'impôt à l'oligarchie anglaise pour maintenir les Irlandais en servage. Déjà plus de vingt assemblées analogues avaient eu lieu sur différents points de l'Irlande, quand le comité directeur de l'association convoqua pour le 8 octobre, à Clontarf, un autre *meeting-monstre* ; et le gouvernement anglais estima alors prudent de concentrer 30,000 hommes de troupes en Irlande. Au moment où des milliers de *repealers* affluaient vers la plaine de Clontarf, parut, dans l'après-midi du 7 octobre, une proclamation qui interdisait toute réunion publique pour ce jour-là et les suivants. O'Connell, tout en protestant contre cette interdiction, qu'il déclarait être une violation de la constitution, dépêcha immédiatement dans toutes les directions des affidés chargés de donner contre-ordre aux *repealers* et de les engager à s'en retourner paisiblement dans leurs foyers. Le 8 octobre au matin de nombreux détachements de troupes pourvus de munitions étant venus occuper la plaine de Clontarf, les bandes de *repealers* qui s'y trouvaient n'hésitèrent pas à se disperser ; et l'obéissance muette de ces masses grossières et si vivement irritées témoigne de la toute-puissance que le grand agitateur était parvenu à exercer sur ses concitoyens. Le ministère ne s'en tint pas là, et traduisit les chefs de l'association pour le Rappel devant les tribunaux. Le 2 novembre suivant, les débats du procès criminel s'ouvrirent devant le jury. L'acte d'accusation incriminait plus spécialement O'Connell et son fils, John Steele, *repealer* protestant, les prêtres catholiques Tyrrel et Tierney, Ray, le secrétaire de l'association, Gray, le propriétaire du *Freeman's Journal*, Duffy, le propriétaire du journal *The Nation*, et Barret, le propriétaire du journal *The Pilot*. Ils étaient accusés d'avoir cherché à exciter dans les masses le sentiment de la désaffection et à les pousser à la révolte, enfin d'avoir en outre conspiré contre l'ordre public. Les débats du procès commencèrent le 15 janvier 1844, par devant le *Queen's Bench*. Quoique O'Connell eût présenté lui-même de la manière la plus brillante sa défense et celle de l'association, et quoique les aigles du barreau irlandais se fussent chargés de la défense des autres accusés, les jurés n'en rendirent pas moins, le 12 février, un verdict de culpabilité. Le prêtre Tierney, mort pendant le cours du procès, fut le seul des accusés à l'égard duquel les faits signalés et incriminés par l'acte d'accusation ne parurent pas tous parfaitement établis. Le gouvernement, poursuivant la victoire qu'il venait de remporter, destitua alors les juges de paix et les fonctionnaires publics qui s'étaient fait affilier à l'Association pour le Rappel. O'Connell, dans d'éloquentes adresses à ses compatriotes, leur recommanda de nouveau de ne rien faire qui fût de nature à troubler la paix publique, puis se constitua prisonnier pour un an avec ses coaccusés. Mais alors les condamnés arguèrent d'un vice de forme pour introduire auprès de la cour des pairs une demande en nullité de toute la procédure ; et le 1er septembre cette cour rendit un arrêt qui cassait le jugement rendu par la cour du *Queen's Bench*, et qui en conséquence ouvrait aux *martyrs* les portes de leur prison.

Quoique O'Connell laissât toujours subsister l'Association et continuât comme par le passé à en présider les réunions hebdomadaires, il témoigna à partir de ce moment des dispositions plus conciliatrices et se conduisit avec une extrême réserve. Il en résulta au sein de l'Association une opposition de plus en plus vive contre la circonspection de sa conduite. Un parti se forma, sous la dénomination de *Jeune Irlande*, qui prit pour bases les idées démocratiques et proclama la nécessité d'employer au besoin la force matérielle pour faire triompher le principe de l'indépendance nationale. La *Jeune Irlande* se prononça énergiquement en outre contre la continuation de la perception de la rente de l'Association (*Repeal's rente*), lourd impôt prélevé sur la bonne volonté de populations souffrantes, et qui de 1840 au 4 août 1846 n'avait pas, dit-on, produit à l'Association moins de 132,168 liv. stel. (3,316,200 fr.). Enfin, le parti de la *Jeune Irlande* n'hésita point à condamner comme une faute et une déception les rapports intimes d'O'Connell avec le clergé catholique, et ses infatigables efforts pour amener le triomphe de l'idée ultramontaine, d'où il ne pouvait que résulter à la longue l'annihilation complète du sentiment irlandais. La scission entre les *repealers* devint encore plus profonde en juillet 1846, lors de la retraite du ministère Peel. Tout en promettant de maintenir l'association, O'Connell prit ouvertement en main la défense du nouveau ministère whig, et, de même que tous ses collègues précédemment destitués, il accepta de nouveau les fonctions de juge de paix, en même temps que divers membres de sa famille recevaient du ministère des places salariées. Cette réconciliation évidente avec le gouvernement anglais et la condamnation formelle des principes du journal *The Nation*, que, dans la séance du 11 août 1846 de l'Association, O'Connell fit prononcer par ses partisans, amena une rupture complète avec les dissidents. La *Jeune Irlande* déclara que toute la conduite d'O'Connell n'avait été qu'une indigne momerie, jouée dans l'intérêt de son ambition particulière, et se sépara de l'Association pour en fonder une autre, qui eut pour chef le représentant de la ville de Limerick au parlement, Smith O'Brien (*voyez* GRANDE-BRETAGNE).

REPENTIR. Lorsqu'un homme a commis un crime, d'abord il s'étourdit avec le fruit de son forfait. Mais quand le feu de la vengeance vient à s'éteindre, ou quand l'or s'est dissipé, il se prend à repasser dans sa mémoire la vie de l'homme qui fut sa victime, et ce qui le porta à se rougir ainsi du sang d'un de ses frères. Au milieu du silence de recueillement dans lequel il se plonge, il lui vient une pensée pénible : c'est d'abord un regret ; il n'y a plus le danger de la justice outragée ou du châtiment qui menace : c'est un commencement de remords. Peu à peu la conscience se trouble ; bientôt l'ombre de la victime vient plaider sa cause devant le coupable ; puis le nuage se dissipe, l'ombre s'efface, et le remords apparaît. Alors, si l'âme du coupable est faible, il a peur, il tremble ; il voudrait à tout prix n'avoir pas commis son crime. Dans sa terreur, il se déteste lui-même ; il maudit l'instant où sa fatale passion l'a poussé. Si l'âme du coupable est forte, il réfléchit, et il se dit : J'ai mal fait ; et lui aussi voudrait à tout prix se débarrasser du poids de ce crime qui l'écrase ; et l'âme de tous deux est pleine de *repentir*. Si le mal est réparable, l'homme qui se repent le réparera ; s'il ne l'est pas, l'homme qui se repent est presque absous. Car le *repentir* est le regret amer et réfléchi d'une âme qui a commis une faute et qui voudrait la réparer. Le *repentir* est le dernier degré ; il vient après la pitié et la peur, le regret et le remords. C'est une chose admirable que d'avoir fait du *repentir*, un mérite ; et le christianisme, qui appelait à lui les Gentils et les pécheurs, a appelé aussi le *repentir* d'un baptisé chrétien, répondant en cela au besoin de notre cœur ; car si le *repentir* est près de l'aveu, il renferme aussi une certaine honte. L'homme qui se repent veut une âme pour épancher son âme, pour confier sa honte et son regret. On peut dire ici avec le philosophe de Genève : « Vous qui pûtes pardonner mes égarements, comment ne pardonnerez-vous pas la honte qu'a produite leur *repentir.* » Et c'est en cela que la religion catholique a bien compris le cœur de l'homme ; elle lui a fait un devoir de la confession, et quand le *repentir* a mené le coupable à l'aveu, il est absous.   Théodore LE MOINE.

RÉPÉTITEURS. C'est, depuis un décret de 1853, la dénomination officielle de cette classe d'humbles fonctionnaires de notre système d'instruction publique qu'on désignait auparavant dans les lycées et collèges sous les noms de *maîtres d'étude* ou de *maîtres de quartier*. Ils ne sont plus maintenant seulement chargés de veiller au maintien de la discipline, mais aussi de concourir à l'enseignement. Les candidats aux fonctions de *répétiteurs* doivent être aujourd'hui pourvus du diplôme de bachelier ès lettres ou ès sciences.

Autrefois on appelait *répétiteurs* les maîtres particuliers qui se chargeaient de *répéter* aux élèves la leçon du professeur, de les exercer, de corriger leurs devoirs, de leur signaler les fautes qu'ils avaient commises contre la grammaire, les erreurs où ils étaient tombés pour l'interprétation des textes grecs ou latins, en un mot de les faire *travailler* et de les préparer à écouter utilement l'enseignement du professeur, qui au lieu d'être individuel est nécessairement général. Il y a encore des *répétiteurs en droit*, *en médecine*, qui préparent les étudiants à subir leurs examens en repassant avec eux les matières qui font partie de l'enseignement spécial des professeurs dont ils suivent les cours.

RÉPÉTITION, redite, retour de la même idée, du même mot. C'est aussi le nom d'une figure de rhétorique qui consiste à employer plusieurs fois, soit les mêmes mots, soit le même tour. Racine a dit :

Je le pardonne au roi, qu'aveugle sa colère,
Et qui de mes chagrins ne peut être éclairci :
Mais vous, seigneur, mais vous, me traitez-vous ainsi ?

C'est encore l'exercice des écoliers qu'on *répète* (*voyez* RÉPÉTITEURS), et l'action d'essayer en particulier une symphonie, un ballet, une pièce de théâtre, pour les mieux exécuter en public. La *répétition générale* est celle qui précède la première représentation.

Répétition, en termes de jurisprudence, *iterum petere*, est l'action par laquelle on réclame ce qu'on a donné par erreur, ce qu'on a payé de trop, ce qu'on a avancé pour un autre.

Une *montre à répétition* est celle qui lorsqu'on presse un ressort répète l'heure indiquée sur le cadran.

REPIC (*Jeux de cartes*). *Voyez* PIC ET REPIC.

REPNIN (NICOLAS WASSILIÉWITCH, prince), feld-maréchal russe, l'un des généraux, des diplomates et des hommes d'État les plus célèbres de l'époque de l'impératrice Catherine II, naquit le 23 mars 1734 ; et fut d'abord ministre plénipotentiaire à Berlin, près Frédéric le Grand, puis à Varsovie. Lors de la guerre contre les Turcs, en 1770, il assista aux batailles livrées sur les bords de la Larga et du Kagoul. Il enleva d'assaut Ismaïl, le 7 août, et Kilia le 30 du même mois. Le 22 juillet 1774, il signa la paix de Koutschouk-Kaïnardschi, qui coûta aux Turcs une grande partie de la Nouvelle-Russie et la Crimée. L'année suivante, il alla remplir les fonctions d'ambassadeur à Constantinople. Lors du congrès tenu à Teschen en 1779, ce fut lui qui détermina l'Autriche à conclure la paix. Le 19 septembre 1789 il battit le séraskier sur les bords de la Schlatscha, et en 1791 il mit complètement en déroute le grand-vizir, dans une bataille livrée sur la rive droite du Danube. Pendant les dernières années de sa vie il remplit les fonctions de gouverneur général des provinces de la Baltique, et il mourut à Riga, le 24 mai 1801. Le prince Repnin fut l'un des hommes les plus remarquables de son siècle. Aux talents d'un homme d'État de premier ordre il joignit ceux de grand général et de grand administrateur. On n'admirait pas moins sa prudence et sa sagacité que la vivacité de son intelligence, l'énergie de sa volonté et la résolution de son esprit. Comme son nom s'éteignait avec lui, l'empereur Alexandre autorisa son petit-fils, le prince Wolkonski, à s'appeler à l'avenir *Nicolas* REPNIN-WOLKONSKI.

Celui-ci, né en 1780, avait de bonne heure embrassé l'état militaire. A la bataille d'Austerlitz, où il commandait l'un des régiments de la garde impériale, il fut fait prisonnier par le général R a p p. En 1809 il fut ambassadeur à la cour de Westphalie. En 1812 et 1813 il commanda la cavalerie comme lieutenant général, sous les ordres de Wittgenstein. Quand le vieux roi de Saxe eut été fait prisonnier par les alliés, le prince Repnin-Wolkonski fut nommé gouverneur de la Saxe jusqu'au moment où ce pays passa sous l'administration prussienne. Il assista ensuite au congrès de Vienne et, en 1815, à la seconde entrée des alliés à Paris ; en 1816 il fut nommé gouverneur de Pultawa. Il mourut en 1845.

RÉPONS (*Liturgie*), en basse latinité *responsorium*, espèce de motet composé de paroles de l'Écriture relatives à la solennité qu'on célèbre. Il est chanté par deux choristes, à la fin de chaque leçon de matines ; on en chante aussi un à la procession et aux vêpres. Il est ainsi appelé, parce que tout le chœur y répond en répétant une partie appelée *réclame* ou *réclamation*.

RÉPONSE DES PRIMES. *Voyez* BOURSE (Opérations de).

REPORT. *Voyez* BOURSE (Opérations de).

REPORTERS. C'est le nom qu'on donne en Angleterre à ceux des écrivains attachés à la rédaction d'un journal qui sont chargés d'y rendre compte des séances du parlement, des audiences des cours et tribunaux, enfin des *meetings* publics et des discours qu'on y prononce ; et le plus ordinairement ils ont recours à la sténographie, afin de pouvoir rapporter les discours *in extenso*.

Les *penny-a-liners* (un sou à la ligne) forment une classe inférieure de *reporters*. Ce sont eux que le rédacteur en chef charge de lui apporter des nouvelles locales, comme accidents, incendies, vols, etc., et à défaut de nouvelles piquantes, d'en inventer et de fabriquer ce que dans les journaux français on appelle des *canards*. Le rédacteur en chef revoit ce qu'on lui apporte ainsi, en prend ce qu'il trouve à sa guise et le paye à raison d'un sou à la ligne (tantôt plus et tantôt moins, suivant les circonstances).

Ben Jonson avait déjà esquissé le portrait de ces manœuvres du journalisme sous le nom de *the emissaries* ; mais les *reporters* du parlement ne datent à bien dire que de la seconde moitié du siècle dernier. Jusque alors en effet les journaux s'étaient bornés à publier, et encore seulement par exception, de très-courtes notices sur les séances de l'une et l'autre chambre. Aujourd'hui tout journal quotidien paraissant à Londres doit attacher à sa rédaction un certain nombre de sténographes habiles, qui se relayent successivement pendant les longues séances du parlement. Un tel emploi n'exige pas seulement de l'habileté mécanique, mais encore des connaissances générales et du tact en politique ; et par suite de l'importance que les délibérations du parlement ont prise depuis la réforme parlementaire pour toutes les classes de la population, les *reporters* en sont arrivés peu à peu à former une corporation distinguée, qui à l'occasion sait défendre ses droits contre le parlement lui-même. Plusieurs écrivains remarquables de notre époque, tels que le lord grand-juge Campbell, Dickens, Grant, etc., ont débuté dans la carrière comme *reporters*.

REPOUSSOIR, cheville de fer qui sert à expulser une autre cheville de fer ou de bois. Ce mot sert encore à désigner divers instruments de chirurgie, d'arts et de métiers.

En termes de peinture, *repoussoir* se dit des objets vigoureux de couleur ou très-ombrés qu'on place sur le devant d'un tableau pour *repousser* les autres objets dans l'éloignement (*voyez* EFFET, OPPOSITION, COLORIS).

REPRÉSAILLES (de l'italien, *represaglia*, formé

du latin barbare *repræsalia*, dérivé de *reprehendere*, reprendre ce qui a été pris). On entend par ce mot, employé plus ordinairement au pluriel, les actes d'hostilité que les États exercent les uns contre les autres, quand ils ne sont pas en guerre ouverte, en reprenant ce qu'on leur a enlevé ou des choses équivalentes, pour s'indemniser du dommage qu'ils ont éprouvé. C'est l'application de la loi du talion, et de la vieille maxime *par pari refertur*. Quand une nation dans ses rapports avec un autre peuple oublie les préceptes du droit des gens, une telle conduite autorise ce peuple à lui rendre la pareille, mais à la condition de ne point aller au delà du degré de molestation dont il a eu à se plaindre lui-même. Si un État dans l'exercice de ses droits légitimes cause un dommage à un autre État, celui-ci sera en droit d'agir de même, à l'effet d'essayer de le faire par là revenir sur les mesures qu'il a prises; et à cet égard il n'a d'autres limites que celles du droit des gens.

C'est à la guerre et surtout dans les guerres civiles, dans les guerres entre les peuples sauvages ou peu civilisés, que les *représailles* sont fréquentes. Tous les genres de représailles ne sont cependant pas possibles. Ainsi on ne peut ne point accorder de quartier à un ennemi qui n'en accorde pas lui-même; mais on ne saurait se servir d'armes empoisonnées contre un ennemi qui pourtant en use, attendu que si dans l'espèce le droit absolu de l'adversaire n'est point outrepassé, il n'y en a pas moins là quelque chose qui blesse le sens moral. Il faut en pareil cas recourir à des *représailles* d'une autre nature.

REPRÉSAILLES (Droit de). *Voyez* COURSE EN MER, tome VI, page 662.

REPRÉSENTANT, celui qui tient la place d'un autre, et qui a reçu de lui des pouvoirs pour agir en son nom. Les ambassadeurs sont les *représentants* des souverains qui les accréditent.

Dans quelques assemblées législatives, les députés prennent le titre de *représentants*, qu'ils soient élus par certaines classes d'électeurs ou bien par la totalité du peuple. Les membres de la Convention nationale se qualifiaient de *représentants du peuple*. A l'époque des cent jours, Napoléon avait transformé son sénat conservateur en *chambre des pairs* et son corps législatif en *chambre des représentants*. A l'instar de la Convention, l'Assemblée nationale de 1848 donna à ses membres la qualification de *représentants du peuple*.

En termes de jurisprudence, *représentant* se dit de celui qui est appelé à une succession du chef d'une personne prédécédée et dont il exerce tous les droits.

REPRÉSENTATIF (Gouvernement). Il n'y a dans le monde que deux gouvernements possibles, celui d'un seul, et celui de plusieurs; le premier est désigné aujourd'hui sous le nom d'*absolutisme*; les inconvénients en sont manifestes et incontestables. Nous ne nous arrêterons pas à les décrire, il suffit d'ouvrir les pages de l'histoire; et peut-être ceux qui voudraient s'épargner la peine de lire trouveraient-ils sous ce rapport le présent pour le moins aussi instructif que le passé. Le second est celui où soit la nation tout entière, soit seulement une partie de la nation offrant plus de garanties de lumières et d'indépendance, est appelée à élire des **représentants** ou **députés** chargés de contrôler les dépenses publiques, de voter l'impôt, et de concourir avec le souverain à la confection des lois. On lui donne le nom de *gouvernement représentatif*. Grâce aux progrès des lumières et de la raison publique, c'est aujourd'hui le seul qui soit possible. L'expérience a démontré qu'une assemblée législative unique avait les plus graves inconvénients; et que la meilleure garantie contre les entraînements possibles de l'esprit d'autorité et ceux de l'esprit démocratique était l'établissement d'un corps modérateur, chargé, sous le nom de *pairie* ou de *sénat*, de tenir en équilibre ces deux pouvoirs trop naturellement enclins à entrer en lutte. Mais il n'y a point de vrai gouvernement représentatif sans liberté de la presse et sans publicité des discussions qui ont lieu au sein des assemblées chargées de participer à la confection des lois. A bien dire, l'ère du gouvernement représentatif en France ne date que de 1814 (consultez le comte Louis de Carné, *Histoire du Gouvernement représentatif* en France 1789 à 1848 (Paris, 1855)); c'est pour avoir voulu le renverser que la branche aînée des Bourbons perdit le trône en 1830; c'est pour en avoir faussé l'esprit, pour avoir voulu en faire un gouvernement oligarchique de privilégiés, que la branche cadette le perdit dix-huit ans après. Malgré les déceptions dont il fut la source pour la nation, elle lui est demeurée profondément attachée parce qu'en dépit de l'abus qu'en pouvaient faire ses gouvernants, elle avait reconnu ce qu'il avait d'éminemment rationnel et pratique. Sans doute ce gouvernement a ses dangers, et l'histoire ne nous l'apprend que trop; mais on se lasse bientôt des prétendus bienfaits du despotisme, et on répète alors avec le patriote polonais: *Malo periculosam libertatem quam tutum servitium* (J'aime mieux une liberté pleine de périls qu'un esclavage plein de sécurité). *Voyez* CHAMBRES, DÉPUTATION, PARLEMENT,, etc.

REPRÉSENTATIF (Système). Inconnu au monde antique et produit à la longue en Angleterre par de tout autres institutions, ce système est devenu le moyen de donner à des pays étendus des institutions libres et surtout de larges droits politiques. L'essence caractéristique du *système représentatif* ne consiste pas dans la participation d'une partie du peuple au gouvernement, non plus que dans cette participation au moyen de l'envoi de députés, mais dans le caractère représentatif de ces députés. Dans l'ancienne organisation des États d'origine germanique, les individus investis de droits les exerçaient eux-mêmes. Des classes entières, par exemple, la noblesse, les villes, qui possédaient des droits seulement comme *communes*, et non pas comme agrégations de bourgeois isolées, assistaient aux anciennes diètes. Mais alors même qu'elles n'y assistaient que partiellement par l'intermédiaire de députés, ce qui, était inévitable quand il s'agissait d'agrégations formant un être moral, le député n'exerçait la fonction de son mandant qu'au nom de celui-ci, et d'après ses instructions spéciales. C'était autrefois la règle générale, même en Angleterre. Toutefois, il arriva de bonne heure et peu à peu dans ce pays, sans qu'on puisse en indiquer d'une manière bien précise l'époque ni par suite de causes extérieures, que le *mandat* se transforma en *système de représentation*, en ce sens qu'on arriva dans la pratique à penser que les élus, les mandataires, pouvaient absolument obéir à leurs propres inspirations sans avoir à suivre des instructions, et qu'ils n'en obligeaient pas moins leurs électeurs, le peuple. Dès lors le représentant ne fut plus à l'égard du mandant comme son simple mandataire, mais bien chargé de le représenter, et à ce titre investi d'un droit propre, encore bien que ce droit et son exercice découlassent de l'élection. C'est alors seulement que les délibérations parlementaires dépouillèrent le caractère d'une simple lutte du caprice arbitraire de quelques-uns contre les droits et les privilèges de quelques autres, pour prendre celui d'une discussion sage et patriotique sur ce qui importe au bonheur et au salut du peuple et du pays; c'est aussi seulement alors que les assemblées électorales devinrent le moyen d'assurer la prépondérance sur le *nombre* à ceux qui réunissaient le plus de *suffrages*. Il n'y avait qu'un tel état de choses qui pût répondre à l'idée supérieure d'un État comme création morale. Sans doute la spéculation chercha encore à rattacher ce système aux théories du contrat, en partant de cette idée que le droit appartient bien aux électeurs, mais que ceux-ci le transmettent, sans réserves ni limites, à leurs élus. C'est là une induction forcée et contre nature, et dont l'expérience a déjà maintes fois démontré la fausseté. Une conception plus haute de l'État, qui lui donne pour bases non pas les caprices de ses membres temporaires, mais les prescriptions éternelles du droit, de la morale et de la sagesse, donne aussi pour mission à ses institutions de reconnaître et de maintenir aussi fidèlement que possible tout ce qui constitue le bon et le vrai, d'assurer tout ce qui répond aux besoins du temps. Aux électeurs le droit d'élire; quant aux autres droits, ils appartiennent aux élus, non pas comme droits de propriété personnelle non plus que comme droits dérivant du mandat de leurs électeurs, mais comme droits inhérents à la constitution. Toutes les constitutions où l'on retrouve ce caractère représentatif appartiennent au *système représentatif*, quelque différentes qu'elles puissent d'ailleurs être les unes des autres. On devra même reconnaître le caractère de *système représentatif* à une représentation d'après le *système d'états*, comme il en existe dans divers pays de l'Allemagne, du moment où les membres de cette représentation sont autorisés et même astreints à voter suivant leurs libres convictions, et non point en conformité expresse avec les instructions de leurs électeurs.

Pour l'origine du *système représentatif*, voyez DROIT CONSTITUTIONNEL. Son histoire en France a été faite au mot DÉPUTATION.

REPRÉSENTATION (du latin *repræsentatio*, pour *rei præsentatio*, image, peinture de quelque chose). Ce mot est synonyme d'*exhibition*, de *production*, d'*exposition* : Représentation de titres, de passe-port. On dit, en termes d'optique, que la *représentation* d'un objet, ou son image, se peint sur la rétine. Dans la même acception, on dit encore qu'une estampe, une statue, un tableau sont des *représentations* de tel ou tel sujet, d'une bataille, d'un personnage, d'une tempête, d'un fait historique.

On désigne encore par *représentation* l'état que tient une personne distinguée par son rang, par sa dignité : On alloue à certains fonctionnaires des frais de *représentation*.

Représentation est aussi l'action de jouer une pièce de théâtre, avec tous ses accompagnements, la déclamation, le geste, les machines, le chant, les instruments : Telle tragédie, tel opéra ont eu jusqu'à cinquante *représentations* consécutives; Il est d'autres qui obtiennent bien plus de succès à la lecture qu'à la *représentation*.

REPRÉSENTATION (Droit de). C'est, en matières de succession, une fiction de la loi qui a pour effet de faire entrer les *représentants* à la place, dans le degré et dans les droits du *représenté*.   E. de CHABROL.

REPRÉSENTATION À BÉNÉFICE. On appelle ainsi, au théâtre, les représentations données tantôt au profit d'un artiste, tantôt à celui d'une institution de bienfaisance ou dans un but de charité, pour venir au secours des victimes de quelque accident. Il est rare qu'il arrive un incendie, une inondation, un tremblement de terre ou quelque autre calamité de ce genre, sans que les théâtres s'empressent d'annoncer des représentations *au bénéfice* des malheureux que le fléau a privés de toutes ressources. Cette initiative de la charité publique, ce sont d'ordinaire les comédiens qui se font un devoir de la prendre. Il ne faut toutefois pas oublier que sur le produit brut de la recette de toute représentation donnée *au bénéfice* des victimes d'un accident quelconque, le directeur du théâtre commence par prélever ses frais généralement quelconques. Or, comme les spectacles ne font pas, à beaucoup près, leurs frais tous les soirs, on ne peut s'empêcher de disconvenir que le mérite de cet acte de charité diminue quelque peu, puisque c'est là pour le théâtre qui l'annonce un moyen presque certain d'assurer sa recette du soir. S'il y a excédant, les *victimes* en touchent le montant; mais si la recette ne s'élève juste qu'au *prorata* des frais, elles sont encore trop heureuses que le directeur n'ait pas l'habileté d'enfler ses chiffres de manière à s'établir leur créancier. On citera longtemps à ce propos une représentation *au bénéfice des Polonais* par le théâtre des Nouveautés, à Paris. Le directeur convoqua à cet effet les artistes en tous genres dont les noms étaient le plus propres à attirer la foule, suspendit des drapeaux polonais à toutes les loges de sa salle, doubla le prix des places et fit *chambrée* complète. La recette alla à près de 9,000 francs; mais le mémoire de ses *frais* s'élevait à 9,500 fr. Il avait donc un *déficit* de quelques centaines de francs. En rendant compte au comité polonais du résultat négatif de ses efforts, le directeur ajoutait que le comité n'avait pas d'ailleurs à se préoccuper du soin de combler cette différence; que c'était là une *perte* qu'il voulait seul supporter, et qu'il en faisait hommage *aux malheureuses victimes de l'insupportable tyrannie du czar*. On devine sans doute que si le préfet de police avait daigné intervenir dans l'examen de cette affaire, il eût fait rendre gorge de trois ou quatre mille francs au moins à cet habile homme; mais sous tous les régimes les directeurs de théâtre, tant que leur salle n'est pas fermée, sont de puissants personnages. Ils ont le secret des coulisses, et tant de gens ont intérêt à ce qu'il ne soit pas divulgué!

REPRÉSENTATION NATIONALE. C'est le nom générique sous lequel on désigne les assemblées représentatives élues par tout ou partie d'une nation et ayant mission de concourir avec le souverain à la confection des lois. *Voyez* DÉPUTATION.

RÉPRIMANDE, peine disciplinaire que portent les lois ou les règlements particuliers des conseils de discipline des avocats, des chambres d'avoués, des chambres des notaires, de la garde nationale, de l'université, etc., contre les manquements légers de leurs justiciables.

REPRIS DE JUSTICE, homme qui a déjà subi une condamnation criminelle. Tout individu prévenu d'un délit, et qui déjà aurait été *repris de justice*, ne peut être mis en liberté provisoire dans le cas où la loi accorde cette faculté au juge.

REPRISE (du latin *reprehendere*, prendre une seconde fois, reprendre). En termes de droit, on appelle *reprise d'instance* l'acte par lequel on reprend un procès contre une nouvelle partie.

Par *reprises de la femme* on entend tout ce que la femme qui a renoncé à la communauté a droit de reprendre en vertu de son contrat de mariage sur les biens communs ou sur les biens de son mari prédécédé.

La *reprise* est aussi la réparation qu'on fait à une étoffe, à une dentelle, qui a été déchirée, à un tissu dont une maille s'est échappée. En termes de *art*, c'est une partie composée d'un certain nombre de coups limités; en architecture, la réparation qu'on fait à un mur, à un pilier, etc., soit à la surface, soit aux fondations : Reprise en sous-œuvre.

Reprise se dit encore des vers d'un rondeau, d'une ballade, d'un couplet de chanson que l'on reprend, que l'on répète pour refrain.

REPRISE (*Art dramatique*). Méfiez-vous de ce mot *Reprise* sur un affiche de théâtre; ce mot-là ne vous promet rien de bon. *Reprise*, cela veut dire : Je n'ai pas une pièce nouvelle à mettre sous la dent, pas un poète qui consente à me confier ses vers, pas un faiseur de drames ou de comédies qui songe à m'apporter les enfants de sa muse ! *Reprise*, ça veut dire : Je renonce au présent, je renonce à l'avenir; j'en suis réduit, comme l'ours, à sucer ma patte engourdie par le froid. *Reprise*, c'est un mot qui sonne presque aussi mal à l'oreille du poète *repris* qu'à l'oreille du théâtre *repreneur*. Je reviens, dit le théâtre au poète, à tes vieilles comédies, parce que, à tout prendre, j'aime encore mieux ce que tu faisais il y a vingt ans que ce que tu fais aujourd'hui ; ton esprit d'avant-hier était déjà bien vieux, mais de ton esprit de demain, que veux-tu que je fasse? Fais-moi grâce de tes inventions présentes, et je consens à me souvenir de tes inventions oubliées. Aussitôt le théâtre se met à la recherche de l'œuvre enfouie. Où se cache-t-elle? dans quel recoin du grenier, du vestiaire ou du garde-meuble? Le temps a tout emporté, les comédiens d'abord, et ensuite les hardes; on retrouverait difficilement même la table, même le fauteuil qui ont servi à. *monter* la pièce. Tout est mort autour de cet événement passé de mode. La jeune-première a perdu depuis ce jour les cheveux de sa tête et les dents de son sourire; l'amoureux, alerte et vif, est devenu un gros bonhomme à demi poussif ; seule, la duègne a résisté, car la vieillesse, même au théâtre, c'est la pièce de résistance ; elle gagne quelque chose chaque jour, c'est-à-dire une ride de plus. En même temps, on refait les costumes, on rapetasse les vieux habits, on recherche quelle était la mode en ce moment fugitif d'une comédie nouvelle; on donnerait tout au monde pour retrouver la même robe, le même chapeau et la même façon de les porter; même les gravures de Martinet ont disparu, et les comédiens, abandonnés à eux-mêmes, s'enharnachent au hasard des habits de ce matin et des chapeaux de ce soir. Tout cela, ces vieux comédiens et ces vieilles comédies, c'est fantômes sur fantômes.

Amuse-nous tout un soir, comédie que tu es , ton but est atteint; nous te demandons un sourire , et , ceci fait, tu t'évanouis comme une blanche fumée emportée par le premier rayon du jour! D'ailleurs, il nous siérait mal d'être difficiles en fait de durée, dans un temps où la gloire, la popularité, le livre, le journal, le discours, la bataille, la paix, la calomnie, la satire, la louange, les fortunes qui s'élèvent, les fortunes qui tombent, ne semblent faits que pour notre amusement d'un instant. Demander de la durée à la comédie, autant vaudrait nous forcer par décret à rester les mêmes hommes que vous connaissiez il y a six mois, il y a huit jours. Prenez donc les œuvres dramatiques comme elles sont faites, au jour le jour; profitez-en quand elles sont dans leur jeunesse, tant qu'elles restent sur l'horizon, tant qu'elles sont vêtues de ce surtout de jeunesse qui rend tout possible. Mais aussitôt que monsieur le Théâtre-Français a remisé le nouveau chef-d'œuvre sous ses vastes remises, gardez-vous, ô poëte, de rêver pour les vieilleries de votre esprit un effet rétroactif; soyez prudent et soyez modeste; ne demandez pas à feu votre ouvrage ce qu'il ne peut pas vous donner ; il s'est heureusement plongé dans l'abîme du silence, laissez-le s'envieillir tout à l'aise dans la renommée sous laquelle il est enseveli. C'est une suite nécessaire des lois du mouvement qui nous emporte, que rien ne soit resté debout dans ce tableau fait à la détrempe; les mœurs ont changé aussi bien que les costumes, vos héros ont disparu de la scène du monde, à plus forte raison du théâtre; vos comédiens, les créateurs primitifs, sont rentrés dans le repos pour n'en plus sortir. Voyons , de bonne foi ! sur quoi comptez-vous pour revivre ainsi à la façon de Lazare ressuscité? La seule chose qui fait que l'on se survit à soi-même , le style , ce vernis qui colore la pensée et qui la conserve , est absent de votre comédie ; homme habile , vous vous êtes bien gardé de faire du style, c'est peine perdue. L'esprit ! vous êtes trop habile pour avoir mis dans votre pièce plus d'esprit que le nécessaire; l'épigramme ! vous savez que les mots dont nous nous servons aujourd'hui changent par trait de temps, et que les pointes les mieux acérées s'émoussent si fort qu'elles sont bonnes à faire de vieux clous tout au plus ; la malice , cet admirable savouret de la comédie ! une fois que votre malice a produit son effet, elle vous représente un vieux pot de confitures entamées et moisies sur les bords. D'où je conclus qu'il faut être bien cruellement imbibé de la bonne opinion que l'on a de soi-même pour s'exposer de gaîté de cœur à se *désim-mortaliser* ainsi tout net. Jules JANIN.

REPRISE (*Musique*). Au sens propre , c'est toute partie d'un morceau de musique qui doit être jouée ou chantée deux fois; mais généralement on applique cette dénomination à la première ainsi qu'à la seconde division d'un morceau , quoique cette dernière ne s'exécute presque jamais qu'une fois. Dans un sens plus restreint, on entend quelquefois par *reprise* la seconde partie seulement ; c'est dans ce sens qu'on dit : La *reprise* de cette ouverture est mieux faite que la première partie. La séparation des reprises se marque par deux barres perpendiculaires tracées sur la hauteur de la portée et accompagnées de points (:||:). Lorsque ces points ne sont marqués que d'un côté, on ne répète que la partie qui suit ou précède, selon sa position à l'égard de la barre pointée : d'où il suit que dans les morceaux à plusieurs *reprises*, comme les scherzo, les menuets, etc., on ne répète que les parties comprises entre deux barres pointées, l'une à gauche et l'autre à droite. Il arrive souvent que dans l'enchaînement de la première à la seconde reprise les notes finales de la partie qui précède ne correspondent pas exactement aux notes initiales de la partie qui suit : on est alors obligé d'écrire deux fois les dernières mesures de la première partie, l'une avant le signe de séparation, l'autre après,. pour commencer la seconde reprise. Puis on trace une ligne circulaire au-dessus de la première version pour avertir l'exécutant qu'à la seconde fois il doit passer tout ce qui est compris sous cette ligne. Pour éviter, en outre, toute méprise, on écrit ordinairement au-dessus de chaque variante des mesures finales, *prima*, et *seconda volta*, ou n° 1 et n° 2. Charles BEUHM.

REPRODUCTEURS (Corps). Il convient , en l'état actuel de l'histoire des êtres vivants , de réunir et de grouper sous cette dénomination les œufs ou graines, les bourgeons et les boutures des animaux et des végétaux. Ces corps peuvent et doivent être divisés en trois grandes catégories, déjà consacrées et connues sous les noms usuels et scientifiques : 1° d'œufs et ovules, 2° de bourgeons et gemmes ou gemmules, et 3° de fragments ou boutures. Le célèbre Harvey, voulant condenser toutes les notions particulières relatives à la reproduction des corps organisés en un seul aphorisme, avait proposé de rapporter toutes les notions de détail connues de son temps à une seule conception générale d'un *primordium vegetabile*, et le mot *œuf* lui avait semblé jouir d'une élasticité de signification assez grande pour formuler tout ce qui a trait à l'origine première quelconque des corps organisés en général. On ne peut s'empêcher de reconnaître que son aphorisme *omne vivum ex ovo*, c'est-à-dire tout ce qui vit vient d'un *œuf*, a été assez généralement admis et a pu jouir d'un assez grand crédit pour être considéré comme un axiome par la plupart des physiologistes. Les découvertes successives de Regnier, de Graaf, et surtout de Purkinje ont conduit à constater que les *bourgeons* ou gemmules et les *boutures* sont dès leur origine première de véritables embryons, et que n'ayant point passé par l'état d'œufs , on ne peut et on ne doit les comparer logiquement et pratiquement qu'aux embryons ovulaires, c'est-à-dire aux œufs embryonnés et en voie de développement plus ou moins avancé. L. LAURENT.

REPRODUCTION, faculté que possèdent tous les êtres vivants, animaux et végétaux, de multiplier leur espèce sur la terre, pour remplacer les individus qui succombent. Il est un fait constamment observé dans les deux règnes , c'est que la quantité des êtres produits chaque année surpasse immensément (sauf les circonstances extraordinaires de mortalité ou de dépopulation par maladies épidémiques, intempéries de l'atmosphère, inondations, etc.) le nombre des êtres qui périssent. Il y a donc beaucoup de germes, d'œufs, de semences qui avortent ou ne trouvent point l'occasion de se développer.

Le simple calcul suivant montre l'inadmissibilité du système de l'emboîtement des germes, ou de leur préexistence à l'infini. Prenons, par exemple, un hareng, et ne lui accordons que 2,000 œufs, bien qu'il en produise davantage. Admettons que le diamètre de chaque œuf soit seulement la centième partie de la longueur d'un pouce. Réduisons ce nombre d'œufs à la moitié pour les femelles. Chacune de celles-ci, après être parvenue à sa taille ordinaire, pondra pareillement 2,000 œufs, dont moitié pour le sexe femelle. Donnons cinq ans à chacune de ces femelles pour s'accroître avant que de pondre. Certes, on ne peut pas faire des calculs plus modérés. Cependant, après cinq mille ans il est prouvé par le calcul que le nombre des œufs engendré par un seul hareng femelle et sa postérité sera l'unité augmentée de trois mille chiffres, c'est-à-dire un nombre presque impossible à désigner. Ces œufs réunis occuperaient un espace plus considérable que l'étendue d'une sphère dont le diamètre serait celui d'une étoile fixe à une autre étoile fixe opposée, et la plus reculée. Or, comment le premier hareng femelle, ou la mère Ève de ces poissons, pouvait-elle contenir dans son sein les germes, quelque petits et imperceptibles qu'on les suppose, de toute sa postérité, qui pourtant n'est pas près de s'éteindre, et qui doit se multiplier encore bien des milliers d'années, sans doute? Et si l'on considère qu'un seul ovule du hareng fécondé peut produire une génération de deux mille œufs, lesquels se multiplieront à l'infini à leur tour, sans s'épuiser jamais, si le monde dure, on verra qu'admettre l'hypothèse de Bonnet et d'autres auteurs, c'est avancer la chose la plus incompréhensible ou la plus absurde qui ait jamais été prononcée en ce genre; car au lieu du hareng si nous prenions la moindre vesse-loup (*lycoperdon*), dont la poussière intérieure se compose de millions de semences d'une ténuité capable de se dissiper dans les airs, nous comprendrions tout ce qu'offre d'abîmes mystérieux cette puissance de reproduction dans l'univers : ce sont des flots qui s'écoulent d'une urne intarissable. Comment et pourquoi ?

Tes *pourquoi*, dit le Dieu, ne finiraient jamais.

Ceux-là sont bien aveugles qui ne voient pas dans cette étrange machine de l'univers que nous sommes les instruments involontaires d'une suprême puissance et d'une haute intelligence qui nous crée et nous brise à son gré, pour ses desseins inconnus.

Frappé de terreur à ce débordement de productions, Malthus voyant que le nombre des naissances dans l'espèce humaine surpasse de beaucoup la quantité des subsistances qu'on peut obtenir dans un territoire borné, s'écrie qu'on n'a pas le droit de donner l'existence à ceux qu'on ne peut pas nourrir, et que celui qui ne trouve pas à subsister par son travail dans la société *n'a pas le droit de vivre*. Il ne veut pas que les pauvres engendrent cette foule de prolétaires malheureux et sans fortune, cause de bouleversements et de révolutions politiques, ou de guerres et d'exterminations, à moins que par des colonies, des exportations, l'on ne se décharge de temps à autre de cette vermine et engeance, qui finirait par tout dévorer, comme les sauterelles sur la terre d'Égypte. Plusieurs statisticiens soutiennent que les subsistances se multiplient dans la progression arithmétique seulement, et la population dans une progression géométrique, ou celle-ci comme le cube, la première comme le carré. Toutefois, cette évaluation, fût-elle réelle, n'aurait pas lieu dans le même espace de temps, car les subsistances végétales se reproduisent chaque année, tandis que l'espèce humaine ne renouvelle complètement ses générations qu'après une période de vingt-cinq à trente ans. Toutefois, d'autres causes modifient encore ces résultats (*voyez* POPULATION).

Les relevés de naissances en Europe constatent : 1° que les villages et les bourgs habités par le bas peuple sont plus féconds que les villes riches; 2° que les années de disette sont nuisibles à la *reproduction*; 3° que les mois d'été et de printemps sont les plus heureux pour la fécondation des femmes; 4° que dans nos climats on compte 1 naissance par 25 personnes, tandis que le nombre des morts varie du 35° dans les villes à un 39° dans les campagnes.

J.-J. VIREY.

RÉPROUVÉS. *Voyez* DAMNÉS.

RÉPTILES. Dans l'état actuel de la science, les zoologistes désignent sous le nom de *reptiles* la troisième classe de l'embranchement des vertébrés (*voyez* ANIMAL). Ce sont des animaux à respiration pulmonaire, à température variable, dépourvus de plumes, de poils et de mamelles. La forme générale de leur corps n'est pas facile à déterminer, car ils offrent à peu près toutes les formes que comporte une organisation symétrique, depuis celle des serpents jusqu'à celle des tortues. Le nombre et la disposition de leurs membres ne présentent pas davantage de caractères constants; car les serpents sont tous apodes, les tortues et les lézards ont quatre pattes, et les batraciens, qui sont en général apodes dans la première période de leur vie, ont après leur métamorphose tantôt deux et tantôt quatre pattes. Leur enveloppe tégumentaire présente également toutes les variétés possibles, depuis la peau nue et muqueuse des grenouilles jusqu'à la peau squammeuse des lézards et des serpents, jusqu'à la peau complètement cornée des tortues. Enfin, dans leur mode de reproduction existe la même négation de tout caractère général; car on les trouve tantôt ovipares et tantôt ovo-vivipares, tantôt à métamorphoses et tantôt sans métamorphose. Ainsi, l'on se trouve dans l'impossibilité complète de définir les *reptiles* par des caractères généraux, déduits soit de leur mode de locomotion, soit de leur forme générale, soit du nombre de leurs appendices, soit de l'apparence de leur peau, soit du mode de leur reproduction : or, ce sont là précisément les caractères les plus saillants, et ceux que l'esprit saisit le plus facilement. Nous nous trouvons donc contraints de chercher dans l'anatomie générale et dans la physiologie des reptiles les caractères généraux qui sont communs aux quatre ordres dans lesquels cette classe se divise, savoir : les *chéloniens*, les *sauriens*, les *ophidiens*, et les *batraciens*.

Les reptiles sont des animaux *vertébrés* : l'appareil passif de la locomotion se compose donc essentiellement chez eux d'une colonne vertébrale, formée par la juxtaposition bout à bout, on l'*empilation*, d'un nombre plus ou moins considérable de vertèbres distinctes : et c'est là à peu près tout ce qu'il est possible de dire de général à ce sujet. En effet, quant au nombre de ces vertèbres, il n'y a rien de fixe; car on en compte quelquefois jusqu'à trois cents chez quelques serpents, tandis que chez quelques batraciens on en compte à peine dix. Il n'y a rien de fixe encore quant à leur mode d'articulation; car cette articulation est très-imparfaite chez la plupart des sauriens : elle est transformée en une ankylose complète pour toutes les vertèbres dorsales chez tous les chéloniens; et dans tous les serpents au contraire elle offre une élégance et une perfection que l'on ne trouve dans aucune autre classe de la série animale. Il n'y a rien de fixe non plus quant aux formes relatives de ces vertèbres; car les sauriens ont des vertèbres cervicales, dorsales et caudales parfaitement distinctes de forme; tandis que chez les serpents toutes les vertèbres, depuis celle qui s'articule avec la tête jusqu'à celle qui termine la queue, ont une forme très-analogue, sinon identique. Il n'y a rien de fixe enfin quant aux appendices annexés à ces mêmes vertèbres, car nous trouvons chez quelques ophidiens jusqu'à deux cents vertèbres à côtes, tandis que chez quelques batraciens nous n'en trouvons pas une seule.

Les appendices locomoteurs ne présentent pas de caractères plus constants : les pattes manquent totalement chez tous les vrais serpents : elles existent à l'état rudimentaire chez les ophisaures et les orvets : les pattes antérieures existent seules chez les chirotes et les sirènes, les pattes postérieures chez les hystéropes : enfin, les sauriens et les chéloniens ont tous quatre pattes.

Une multitude d'expériences communes dans la science, surtout depuis Swammerdam, constatent que les muscles des reptiles, lorsqu'ils ont été détachés du corps, conservent leur contractilité et leur irritabilité bien plus longtemps que ne le font ceux des autres vertébrés. Ainsi, le cœur continuera à battre pendant bien des heures après qu'il aura été arraché du corps; la queue, que perdent si facilement les lézards, se contracte et se tord longtemps après son évulsion; enfin, les pattes arrachées à une grenouille peuvent encore, dans quelques circonstances, se contracter convulsivement quarante-huit heures après qu'elles ont été séparées du corps.

Le système nerveux est très-peu développé dans toute la classe des reptiles, et la centralisation en est extrêmement imparfaite : l'existence même de cette centralisation est à nos yeux fort douteuse. Nous avons lieu de croire que si l'ablation du cerveau était faite avec un soin suffisant, cette ablation n'empêcherait aucunement un reptile de vaquer encore, et pendant longtemps, à toutes ses fonctions de locomotion, de nutrition et de reproduction ; et l'on sait parfaitement que ces animaux vivent et produisent des mouvements volontaires longtemps après leur décollation.

Parmi les sens spéciaux, la vue seule paraît avoir acquis chez les *reptiles* quelque perfection ; encore les organes de la vision sont-ils souvent très-petits et fort incomplets quant à leurs annexes, comme dans les pipas et les amphisbènes, si même ils ne disparaissent pas complétement, comme dans les cœcilies et le protée anguillard. Quelques espèces cependant, parmi les chéloniens, les sauriens et les batraciens, ont des lames osseuses développées dans la portion antérieure de la sclérotique, et cette structure coïncide généralement avec une vision assez parfaite. L'oreille externe manque à peu près chez tous les reptiles, les crocodiles exceptés : l'oreille interne, si elle ne fait pas complétement défaut, est peu développée. Néanmoins, comme la plupart des reptiles ne sont pas muets, on est presque fondé à admettre qu'ils ne sont pas non plus absolument sourds. L'appareil olfactif est un peu plus parfait, et il est assez probable qu'un grand nombre de reptiles n'ont pour découvrir leur proie d'autres indications que celles qui leur sont fournies par leur odorat. Quant aux sens du goût et du toucher, nous n'avons absolument aucun moyen d'en apprécier chez eux le degré de perfection.

Les *reptiles* sont presque en totalité *carnivores*, et parmi ceux-ci la grande majorité s'attaque exclusivement aux animaux vivants. Les chélonées, toutefois, ainsi que les tortues terrestres et lacustres sont généralement phytophages. Les chéloniens sont tous complétement dépourvus de dents, et dans les autres ordres on trouve rarement des dents qui soient composées d'un cément et d'une partie éburnée : presque toujours elles sont acérées, légèrement courbes et coniques, et elles sont implantées en nombre considérable, non-seulement sur les maxillaires, mais encore sur les os du palais, et jusqu'à l'origine de l'œsophage. Les dragones seules, parmi les sauriens vivants, présentent de véritables dents tuberculeuses. Le canal intestinal est d'autant plus long et plus flexueux que le reptile lui-même est moins exclusivement carnivore ; ainsi, les tortues, qui sont phytophages, ont des intestins sinueux et longs, tandis que les serpents qui tous sont carnassiers, les ont au contraire grêles et courts : ainsi, le canal alimentaire des batraciens anoures, qui est extrêmement allongé dans la première période de la vie de ces animaux, alors qu'ils se nourrissent de végétaux, perd les quatre cinquièmes de sa longueur lorsque ces animaux subissent leur métamorphose et deviennent carnassiers.

Les reptiles ne divisent pas leurs aliments et ne les triturent pas par la mastication, ils les *engloutissent*. Mais leurs forces digestives sont extrêmement énergiques, et ils épuisent complétement de toute matière assimilable la proie qu'ils ont ainsi engloutie, et qu'ils ne remplacent qu'à de longs intervalles de temps. La grande puissance d'absorption dont sont doués les intestins des reptiles devient surtout évidente lorsque l'on examine ce qui est survenu à la proie avalée. Il n'est pas rare, par exemple, de rencontrer dans nos forêts des éjections fécales de serpents qui ne sont autre chose que le résidu épuisé, le *caput mortuum* d'un animal tout entier. Toutes les parties assimilables ont été absorbées : les parties *inabsorbables* sont demeurées intactes, et elles occupent dans le résidu les positions relatives qu'elles occupaient dans l'animal avant qu'il n'eût traversé le canal intestinal du serpent.

A cette grande puissance digestive s'unit, chez les reptiles, la faculté de supporter des jeûnes extrêmement prolongés, des abstinences vraiment incroyables. M. Duméril a vu une émyde au long col demeurer une année entière sans prendre un atome de nourriture ; il en est de même des tortues vertes qui nous viennent des Indes pour le service de nos tables, et qui, ce qui est plus singulier encore, s'engraissent souvent en ne mangeant pas. Une s a l a m a n d r e supportera sans aucune espèce d'inconvénient un jeûne de six mois ; et un protée s'abstiendra pendant deux ou trois ans de toute nourriture. Mais l'abstinence des c r a p a u d s, s'il faut en croire certaines traditions et même certains savants, dépasse véritablement toute créance, car il ne s'agit plus d'une abstinence de quelques années, mais d'un jeûne absolu prolongé pendant plusieurs siècles.

Les reptiles sont des *vertébrés à respiration pulmonaire*, c'est-à-dire que l'air atmosphérique est reçu chez eux dans une cavité spéciale, le p o u m o n, et que leur sang est dirigé vers cette même cavité pour y être mis en contact médiat avec l'air. Mais la circulation pulmonaire des reptiles est fort incomplète : leur cœur est disposé de telle façon qu'à chaque contraction il n'envoie vers le poumon qu'une faible portion du sang qu'il a reçu du corps ; le reste de ce sang retourne d'où il vient sans avoir subi une nouvelle oxygénation. La respiration pulmonaire ne semble donc pas absolument indispensable à la vie des reptiles ; aussi trouvons-nous qu'ils ont la faculté de rendre cette respiration arbitraire en quelque sorte : tantôt, en la suspendant pour un temps assez considérable, ils se plongent dans une espèce de somnolence léthargique ; et tantôt, au contraire, en l'accélérant outre mesure, ils s'excitent à une énergie véritablement frénétique. Ainsi, l'on remarque assez généralement que les reptiles avant de tenter quelque effort musculaire surnaturel s'y préparent par une respiration accélérée et profonde ; c'est ce qui explique le sifflement du c r o t a l e, sifflement qui précède toujours et qui annonce son fatal élan.

Parce que la respiration des reptiles est incomplète, leur température est variable ; elle dépend toujours de la température du milieu dans lequel ils se trouvent plongés. Aussi l'élévation et l'abaissement de cette température exercent-elles sur toutes leurs fonctions une puissante influence. Tous par l'action du froid tombent dans une léthargie comateuse qui simule la mort ; et l'excès de chaleur dans les terres intertropicales produit chez quelques espèces un effet semblable. Toutefois, la vie, quoique dissimulée, n'est point éteinte ; et dans cet état de mort apparente les reptiles, comme tous les animaux h i v e r n a n t s, absorbent encore la graisse déposée à cet effet dans les replis de péritoine, dans les feuillets du mésentère, et dans certains appendices spéciaux, que les anatomistes regardent comme analogues aux épiploons des mammifères.

Il nous reste à nous occuper d'un phénomène extrêmement curieux que présente, d'une manière plus ou moins complète, toute la classe des reptiles. Pline et Élien avaient déjà remarqué que les reptiles qui sont sujets à perdre leur queue, les lézards, les scinques, les orvets, etc., etc., reproduisaient fort peu de temps l'organe qu'ils avaient perdu de manière à faire disparaître toute trace de mutilation : mais ce n'est que plus récemment que des expériences ont été tentées dans le but d'établir les limites et les conditions de cette reproduction. Blumenbach, après avoir extirpé les yeux à un lézard vert, vit ces yeux intégralement reproduits au bout d'un temps fort court. Platerretti, Spallanzani, Murray et Charles Bonnet ont pleinement constaté que les salamandres aquatiques, les tritons, etc., reproduisaient constamment, quoique avec des déviations considérables du plan normal, les bras et les cuisses qui leur avaient été amputés ; et quelquefois l'expérience fut répétée jusqu'à quatre fois sur le même membre. Enfin, M. Duméril a extirpé les trois quarts de la tête à un triton marbré ; et non-seulement l'animal a survécu à cette opération, mais encore le travail de reproduction était déjà fort avancé lorsqu'une négligence fit périr l'animal.

BELFIELD-LEFÈVRE.

RÉPUBLIQUE (du latin *res publica*, la chose publique). Pris dans un sens absolu, ce mot désigne une constitution aux termes de laquelle la puissance suprême dans l'État ne se transmet pas en vertu du droit d'hérédité ou encore par suite d'une désignation faite en mourant par le dernier titulaire, mais est confiée par l'élection populaire à une assemblée élue et représentant le peuple. Suivant les bases données à cette élection et le cercle comprenant les électeurs ainsi que les éligibles, le caractère d'une république peut varier à l'infini, depuis celui de l'aristocratie la plus orgueilleuse jusqu'à celui de la démocratie la plus absolue. On donnait jadis à la Pologne la dénomination de *république*, parce que le roi y était *élu* par les membres de la noblesse; et dans les actes publics du siècle dernier, il n'est pas rare non plus de voir l'Empire d'Allemagne désigné sous le nom de *république des princes*. On appelait les grandes villes commerciales d'Italie, Gênes et Venise, des *républiques*, parce qu'elles étaient gouvernées par une aristocratie de familles nobles qui instituaient, en vertu d'une élection faite dans leur sein, un chef suprême de l'État, appelé doge. Les constitutions républicaines de la plupart des États grecs et celle de Rome, du moins dans les temps postérieurs, eurent un caractère plus démocratique. Dans l'Europe moderne, sauf les républiques-villes dont nous venons de parler, la confédération des sept provinces-unies des Pays-Bas, après leur séparation d'avec l'Espagne, offre le premier exemple digne d'être mentionné de l'organisation d'un État en forme de république. La Suisse, quand elle se fut complètement soustraite à la souveraineté de l'Empire d'Allemagne, en accrut le nombre. Dans le cours de sa révolution, l'Angleterre fut aussi pendant quelque temps en république (1649-1660); mais la restauration des Stuarts ramena bientôt ce pays à la forme de la monarchie héréditaire. C'est précisément le même espace de temps, c'est-à-dire onze ans, de 1793 à 1804, que dura la première république française. La France a encore fait il n'y a pas longtemps un nouvel essai de cette forme de gouvernement, qui n'a pu durer tout à fait cinq ans (de 1848 à 1852). Les républiques créées en Hongrie, en Italie, dans le pays de Bade et dans la Bavière Rhénane, à la suite des mouvements révolutionnaires de 1848, furent encore plus éphémères. Comme depuis 1815 les Pays-Bas ont adopté la forme de la monarchie héréditaire, il n'y a plus aujourd'hui en Europe (sauf les quatre villes libres d'Allemagne, Bremen, Francfort, Hambourg et Lubeck, et encore le diminutif de république de San-Marino en Italie) qu'un seul État constitué en république, la Suisse. En revanche, l'Amérique, à l'exception des territoires qu'y possèdent encore diverses nations européennes et de l'empire du Brésil, a partout adopté la forme du gouvernement républicain. Dans l'Amérique du Nord, ce furent d'abord les États-Unis, après leur séparation d'avec l'Angleterre (1785). Au sud, les anciennes colonies espagnoles, devenues successivement indépendantes de leur ancienne métropole à partir de 1820, imitèrent cet exemple. Il s'en faut d'ailleurs que dans ces derniers États la forme du gouvernement républicain ait pris un grand caractère de fixité et de solidité; et c'est aux États-Unis qu'elle a poussé les plus vigoureuses racines et produit les résultats les plus féconds, parce que l'élément démocratique a toujours gardé l'empreinte féconde des bases solides de l'antique constitution anglo-saxonne.

En théorie, la république est la forme de gouvernement la plus parfaite et la plus conforme à la nature, à la condition que le principe du gouvernement du peuple par le peuple y soit réellement mis en pratique. Elle offre en outre de nombreux avantages sur la souveraineté héréditaire, par exemple : la possibilité d'un gouvernement à meilleur marché, l'éloignement des dangers qu'entraînent pour un pays les vacances du trône, sa réunion en vertu du droit d'hérédité aux États d'une dynastie étrangère, les troubles qui prennent leur source dans les régences qu'il faut instituer pendant la minorité des légitimes héritiers du trône, ou encore lorsqu'ils se trouvent frappés de toute autre incapacité. Mais en pratique l'histoire est là pour démontrer que l'introduction du gouvernement républicain dans la plupart des États, notamment dans ceux de l'ancien monde, est entourée des plus graves difficultés, suivi d'inconvénients périlleux, provenant des habitudes profondément enracinées par tant de siècles les populations au gouvernement monarchique, de l'i-

négalité des classes sociales, provenant des mêmes causes et ne pouvant pas être détruite par la proclamation du principe d'égalité que la république inscrit sur son fronton, enfin de l'existence d'un nombreux prolétariat qui doit toujours faire redouter la transformation de la démocratie en ochlocratie, etc., etc.

[En nous appuyant sur ce qu'il nous plaît de nommer les *leçons de l'histoire*, nous résolvons très-lestement des questions politiques d'une extrême complication, sans prendre la peine de les soumettre à l'analyse afin d'étudier avec plus de succès chacun des éléments dont elles sont composées. Mais que nous apprennent ces annales du temps passé? Peut-on y trouver autre chose que d'inutiles répétitions des mêmes faits, des résultats parfaitement identiques, et auxquels on devait s'attendre, puisque rien n'avait changé dans toutes les causes qui concouraient à leur production? L'art de gouverner peut, aussi bien que les autres, atteindre son but par des procédés très-différents en apparence, et réellement équivalents : s'il en est un qui mérite la préférence comme plus simple, plus court et plus sûr que tous les autres, aucune science ne l'indique, et même il y a tout lieu de croire que ce *maximum* est encore à découvrir; l'État qui aurait eu le bonheur de le mettre en pratique eût résisté plus que tous les autres aux agents de destruction, il subsisterait encore aujourd'hui. Le meilleur gouvernement serait sans contredit celui qui gouvernerait le moins, qui laisserait à chacun le plus d'indépendance, en garantissant à tous une entière sécurité. Une république offre-t-elle la solution de ce beau problème social? ou si les devoirs imposés aux citoyens sont plus onéreux que les charges supportées par les sujets d'une monarchie, la liberté civique a-t-elle assez de charmes, est-elle une source d'assez grandes jouissances pour faire pencher la balance du côté de ce titre de *citoyen*? On le croit dans la jeunesse; dans l'âge mûr on examine, on reste indécis; mais on espère encore que le premier jugement sera confirmé par les observations ultérieures, et malgré ce que l'on voit dans les républiques autant que dans les monarchies, on fait des vœux pour que le Nouveau Monde parvienne, avec ses gouvernements républicains, à la haute félicité que tout semble lui promettre. En attendant, sachons nous borner aux légers perfectionnements qui se trouveront à notre portée. Lorsque nous aurons tout ce qu'il faut pour fonder l'édifice social sur une base immuable, de le construire et de le distribuer convenablement, alors seulement il sera temps de procéder à quelques démolitions si elles sont jugées absolument nécessaires.

Quelques peuplades barbares ont formé des républiques avant le temps où leur civilisation a commencé : tels furent, en Amérique, les Tlascalans, les Araucaniens, etc. Si l'on s'en rapporte à Tacite au sujet des anciens Germains, l'Allemagne fut couverte autrefois de petites républiques. Lorsque à cette époque, suivant le même historien, les mœurs de ces peuples, que les Romains nommaient *barbares*, eussent dû servir de modèle à cette Rome si fière d'être la capitale du monde civilisé. Les républiques de la Grèce perdirent leurs vertus à mesure qu'elles firent des progrès dans la culture des lettres, des beaux-arts, des sciences, de la philosophie; ce fut au prix de leur indépendance qu'elles obtinrent l'honneur de civiliser leurs vainqueurs. Lorsque les Romains se mirent à fréquenter les écoles des Grecs, à *gréciser* (*græcari*), la chute de leur république devint inévitable; ils abdiquèrent le titre d'*hommes libres*, et restèrent au-dessous de leurs instituteurs, quoique leur puissance s'accrût beaucoup au dehors, et que Virgile pût leur dire :

Excudent alii spirantia mollius æra;
Tu, regere imperio populos, romane, memento.

Lorsque Rome eut cessé d'être vertueuse, des richesses immenses s'y accumulèrent et la corrompirent; des monstres souillés de tous les crimes y exercèrent leur affreuse domination, et l'abandonnèrent enfin aux barbares. « La vertu est le mobile du gouvernement républicain, » dit Montesquieu ; et l'histoire justifie cette assertion. Mais en détournant nos regards de ce triste passé pour nous occuper d'un avenir qui n'interdit point l'espérance, on demandera si les républiques modernes peuvent être assimilées à celles d'autrefois ; si les observations de l'auteur de l'*Esprit des Lois* leur sont également applicables. Comme l'effet d'un bon gouvernement est de rendre les vertus moins nécessaires, si les États républicains avaient, plus que tous les autres, besoin de ce supplément à la puissance des lois et à l'autorité des magistrats, on douterait qu'ils fussent bien gouvernés, on contesterait les avantages attribués à leur organisation. On est donc réduit à solliciter de nouvelles observations, non sur les faits accomplis et appartenant au domaine de l'histoire, mais sur ceux que le temps amènera. Que les différentes formes de gouvernement établissent entre elles la plus noble concurrence au profit de l'humanité ; le prix de louanges, d'actions de grâces et de bénédictions sera décerné par une postérité plus heureuse que nous ne le fûmes. On saura mieux alors par quelle voie la plus grande somme de bien peut arriver à la société tout entière, et comment il convient de la répartir entre les membres suivant les lois de la justice et pour l'intérêt commun.

L'effervescence des passions politiques a mis en mouvement en France un parti républicain dont l'intolérance ne peut être excusée. Ennemi déclaré de tout gouvernement qui ne lui semble pas conforme à ses vues, il ne craint pas de s'exposer en l'attaquant, brave les lois et la volonté nationale, va droit à son but, et, en cas de non-succès, accepterait le supplice comme une couronne civique. Sa conduite décèle trop l'aveuglement du fanatisme pour qu'on ne le reconnaisse point. Malheureusement, ces écarts des âmes fortes et pures, égarées par de fausses notions du juste, du bon et de l'utile, passeront longtemps encore pour des actes d'une vertu de l'ordre le plus élevé. La doctrine de Montesquieu sur les républiques devrait être modifiée pour les temps modernes, et il nous faudrait aussi une définition plus exacte et plus précise du mot *vertu*, que nous chargeons souvent d'emplois fort au-dessous de sa dignité.   FERRY.]

RÉPUDIATION (du latin *repudiare*, repousser comme avec le pied), action par laquelle on congédie une femme, on fait divorce entier avec elle. Dans la loi de Moïse, la répudiation fut jugée légitime pour le cas d'adultère. Elle est généralement permise chez tous les peuples qui ne sont pas chrétiens (*voyez* DIVORCE). Au moyen âge, la répudiation était chose commune. Aussi on voit Philippe-Auguste répudier successivement Ingeberge, fille du roi de Danemark, et Agnès de Méranie. Par son contrat de mariage avec Marie de Montpellier, Pierre d'Aragon s'engageait non-seulement à ne jamais la répudier, mais encore à ne jamais en épouser une autre de son vivant.

La *répudiation* est aussi l'action de renoncer à une succession.

RÉPUGNANCE. *Voyez* RÉPULSION.

RÉPULSION. Lorsqu'une ou plusieurs forces agissent sur deux corps de manière à les écarter l'un de l'autre, comme le ferait un ressort bandé qu'on interposerait entre eux, on nomme *répulsion* l'effet de ces forces. On nomme au contraire *attraction* l'effet des forces qui tendent à rapprocher deux corps les uns des autres. On conçoit que, suivant leur position par rapport aux corps qu'elles sollicitent, les mêmes forces peuvent produire tantôt une attraction, tantôt une répulsion.

Dans la nature, une lutte continuelle existe entre les forces *répulsives* et *attractives*, et c'est de leur égalité que résulte l'équilibre du monde. Elles agissent partout, dans l'infiniment grand comme dans l'infiniment petit, dans le mouvement des astres comme dans l'équilibre de la moindre parcelle de matière.

La matière est *inerte*, c'est-à-dire qu'elle ne jouit pas du mouvement par elle-même. D'après cela, lorsqu'on imprime à un corps un certain mouvement, il doit y persévérer en ligne droite. Aussi, lorsque, par une cause quelconque, un corps est forcé de se mouvoir en ligne courbe, il doit toujours et à tous les points du chemin qu'il décrit tendre à suivre la tangente de la courbe au point où il se trouve. Il doit donc résulter du mouvement curviligne une force tendant à éloigner le corps qui en est doué du centre autour duquel il se meut. C'est cette force répulsive, nommée généralement *force c e n t r i f u g e*, qui dans les mouvements des astres fait équilibre à la force attractive qui les attire à travers l'espace les uns vers les autres.

Outre les répulsions dont nous venons de parler, il y en a d'autres particulières, qui naissent entre les corps sous l'action de l'*é l e c t r i c i t é*, du m a g n é t i s m e, de la c h a l e u r, de la l u m i è r e. Nous ne traiterons pas ici de ces phénomènes, dont on doit chercher le détail aux articles relatifs à ces agents physiques.

Le mouvement que l'on fait instinctivement pour s'éloigner des objets qui inspirent de la *répugnance* a rendu le mot *répulsion* synonyme de ce dernier. D'ailleurs, ici comme dans toute synonymie, il y a quelque légère différence entre le sens des deux mots : *répulsion* s'applique plutôt aux personnes qu'aux choses, et s'entend aussi plus particulièrement des répugnances instinctives que de celles qui sont raisonnées.   L.-L. VAUTHIER.

RÉPUTATION (du latin *rursum putare*), renom, estime, opinion que le public a d'une personne. Lorsqu'il s'emploie absolument et sans épithète, ce mot se prend toujours en bonne part. Rien, dit Duclos, ne rendrait plus indifférent sur la *réputation* que de voir comment elle s'établit souvent, se détruit, se varie, et quels sont les auteurs de ces révolutions. Il arrive souvent en effet que le public est étonné de certaines *réputations* qu'il a faites ; il en cherche la cause, et ne pouvant la découvrir, parce qu'elle n'existe pas, il n'en conçoit que plus d'admiration et de respect pour le fantôme qu'il a créé. Ces *réputations* ressemblent aux fortunes qui, sans *fonds réels*, portent le crédit, et n'en sont que plus brillantes. Comme le public fait des *réputations* par caprice, des particuliers en usurpent par manége, ou par une sorte d'impudence qu'on ne doit pas même honorer du nom d'amour-propre. On entreprend de dessein formé de se faire une *réputation*, et l'on en vient à bout. Quelque brillante que soit une telle *réputation*, il n'y a quelquefois que celui qui en est le sujet qui en soit la dupe : ceux qui l'ont créée savent à quoi s'en tenir ; quoiqu'il y en ait aussi qui finissent par respecter leur propre ouvrage. D'autres, frappés du contraste de la personne et de sa *réputation*, ne trouvant rien qui justifie l'opinion publique, n'osant manifester leur sentiment propre, acquiescent au préjugé par timidité, complaisance ou intérêt, de sorte qu'il n'est pas rare d'entendre quantité de gens répéter le même propos, qu'ils désavouent tous intérieurement. Les *réputations* usurpées qui produisent le plus d'illusion ont toujours un côté ridicule, qui devrait empêcher d'en être flatté. Cependant, on voit quelquefois employer les mêmes manœuvres par ceux qui auraient assez de mérite pour s'en passer. Quand le mérite sert de base à la *réputation*, c'est une grande maladresse que d'y joindre l'artifice, parce qu'il nuit plus à la *réputation* méritée qu'il ne sert à celle d'un ambitieux. Une sorte d'indifférence sur son propre mérite est le plus sûr appui de la *réputation*. Si les réputations se forment et se détruisent avec facilité, il n'est pas étonnant qu'elles varient et soient souvent contradictoires dans la même personne. Tel a une réputation dans un lieu qui dans un autre en a une toute différente ; il a celle qu'il mérite le moins, et on lui refuse celle à laquelle il a le plus de droit. Ces faux jugements ne partent pas toujours de la malignité : les hommes font beaucoup d'injustices sans méchanceté, par légèreté, précipitation, sottise, témérité, imprudence. Les décisions hasardées avec le plus de confiance font le plus d'impression. Eh ! qui sont ceux qui jouissent du droit de prononcer ? Des gens qui à force de braver le mépris viennent à bout de se faire respecter et de donner le ton ; qui n'ont que des opinions, et jamais de sentiments, qui en changent, les quittent et les reprennent sans le savoir et sans s'en douter, et qui sont opiniâtres sans être constants. Voilà cependant les juges des *réputations :* voilà ceux dont on méprise le sentiment et dont on cherche le suffrage, ceux qui procurent la *considération* sans en avoir eux-mêmes aucune (*voyez* Célébrité, Opinion et Renommée).

REQUESENS (Don Luis de Zuniga y) a laissé un nom dans l'histoire, comme ayant été le compagnon et le guide de don Juan d'Autriche dans ses diverses expéditions contre les Maures et les Turcs. Après avoir assisté à la bataille de Lépante, il remplit pendant quelque temps les fonctions de gouverneur du Milanais , puis alla remplacer le farouche duc d'Albe dans le gouvernement des Pays-Bas (1573). L'esprit de modération et de conciliation qu'il y montra le fit bien venir des populations ; et il put dès lors apporter une grande énergie dans sa lutte contre les insurgés des provinces septentrionales. Une maladie l'enleva en 1576, pendant qu'il était occupé au siège de Ziriksée.

REQUÊTE (du latin *requirere*, demander), demande par écrit présentée à qui de droit et suivant certaines formes établies. On donne aussi ce nom aux mémoires fournis par les avoués des parties dans les causes qui sont instruites par écrit , et l'acte par lequel une partie qui s'est laissé condamner par défaut forme son opposition motivée au jugement rendu contre elle.

La *section des requêtes*, à la cour de cassation, est celle qui statue sur l'admission ou le rejet des requêtes en cassation.

Néant à la requête est une locution familière exprimant un refus, par allusion au mot *néant* qu'on apposait autrefois sur les requêtes rejetées.

REQUÊTE CIVILE. On appelle ainsi un mode extraordinaire de requérir justice contre les arrêts des cours , contre les jugements contradictoires rendus en dernier ressort par les tribunaux , et contre les arrêts et jugements en dernier ressort qui, étant rendus par défaut , ne sont plus susceptibles d'opposition. Le Code de Procédure civile en règle la forme ; il indique le délai dans lequel elle doit être signifiée, le tribunal devant lequel elle doit être portée , les formalités dont elle doit être accompagnée et ses effets ; il signale aussi les jugements qui ne peuvent être attaqués par cette voie.

REQUÊTES (Maîtres des). C'est le titre qu'on donnait autrefois à des magistrats chargés de faire, dans le conseil du roi , présidé par le chancelier de France, le rapport des requêtes présentées par les parties qui en appelaient des arrêts du parlement à l'autorité administrative. Au mot Conseil d'État on peut voir ce qu'est aujourd'hui un *maître des requêtes.*

REQUIEM (du latin *requies*, repos). C'est le nom qu'on donne dans l'Église catholique à une messe solennelle en musique qu'on célèbre pour le repos de l'âme d'un défunt , et dont l'introït commence par les mots *Requiem æternam dona eis*. Les principaux morceaux qui viennent ensuite sont le *Dies iræ*, le *Domine*, le *Sanctus* et l'*Agnus Dei*. Le *Benedictus*, le *Lux æterna* et le *Libera* n'en sont que des sous-divisions. Les messes de *Requiem* composées par Mozart, Jomelli , Winter, Cherubini , Neukomm et Vogler sont justement célèbres.

REQUIN. *Voyez* Squale.
REQUIN D'EAU DOUCE. *Voyez* Brochet.
REQUINT (Droit de). *Voyez* Quint.

RÉQUISITION (du latin *requirere*, demander). C'est, en termes de jurisprudence, une demande incidente formée à l'audience , soit par l'organe du ministère public, soit par l'avoué ou l'avocat de l'une des parties, soit par la partie même. Cette demande a pour objet l'apport au greffe ou la communication d'une pièce, de requérir acte d'une assertion, d'un fait articulé dans les plaidoiries ou les actes d'un procès, etc., etc.

En termes d'administration, *réquisition* est l'action de requérir, la demande faite par une autorité publique, pour le service de l'État de denrées et autres objets appartenant à des particuliers. C'est surtout au début des guerres de la révolution que l'État fut contraint de recourir à cette ressource extrême, car tout manquait alors : vivres, armes, munitions , et il s'agissait de défendre et de sauver l'indépendance nationale. Le *droit de réquisition* pour cause d'utilité publique réelle ou supposée n'est, du reste, pas nouveau. Au temps de la féodalité les habitants des lieux par où passaient les rois et les princes avec leurs principaux officiers étaient obligés de leur fournir, sous le titre de *droit de prise*, tout ce qui leur était nécessaire, et les objets fournis n'étaient jamais payés. Si notre législation moderne l'a conservé, elle en a restreint l'usage à des cas d'utilité publique bien constatés , et elle stipule expressément le payement d'une juste indemnité. L'autorité a encore aujourd'hui le droit de *mettre en réquisition* des hommes dans certains cas urgents, comme lorsqu'il s'agit d'arrêter les progrès d'un incendie, d'une inondation, etc.

En termes d'art militaire , on entend par *système de réquisitions* le mode d'approvisionnement qui consiste à tirer de gré ou de force les objets nécessaires à l'entretien d'un corps d'armée des localités mêmes où il se trouve campé ou bien où il passe. Autrefois les corps d'armée ne tiraient leurs approvisionnements que de magasins formés longtemps à l'avance ; ce nouveau système ne s'introduisit qu'à partir de la révolution. Napoléon l'organisa de la manière la plus large, surtout dans la campagne de 1811. Cette méthode a sans doute de grands avantages ; les opérations en sont devenues plus libres et plus rapides ; mais à côté de ces avantages , il y a aussi de notables inconvénients. Il est impossible qu'il y ait toujours beaucoup d'ordre et de régularité dans les distributions de vivres, de fourrages, etc., ainsi faites ; le pays souffre énormément, et se trouve bientôt épuisé. Les *réquisitions* vont toujours au delà du nécessaire ; de là beaucoup de gaspillage, et la démoralisation toujours croissante des troupes, qui contractent des habitudes de pillage et se livrent à des excès de tous genres. Le système de réquisition ne doit donc être mis en pratique que là où il y a impossibilité de pourvoir à l'approvisionnement des troupes par la création de magasins, ou encore lorsque la rapidité des opérations l'exige absolument. Quand la grande armée s'enfonça dans l'intérieur de la Russie en 1812, le système de réquisitions devint une nécessité ; mais les suites déplorables ne tardèrent pas à s'en faire sentir.

RÉQUISITION (*Histoire militaire*). Lors de la première invasion des armées coalisées, une loi, du 24 février 1793, ordonna la levée de trois cent mille hommes. Tous les Français de dix-huit à quarante ans non mariés ou veufs sans enfants furent mis en état de réquisition permanente jusqu'à la concurrence du nombre de soldats requis par cette loi. Les citoyens compris dans ce recrutement extraordinaire reçurent le nom de *réquisitionnaires* ; de même des autorités mirent encore en *réquisition* des officiers de santé, des médecins, des chirurgiens et des pharmaciens pour le service des armées. Cette levée extraordinaire rencontra sur quelques points du pays une forte opposition et rendit nécessaires des mesures sévères pour en assurer l'exécution. L'opposition se fit surtout sentir dans les départements de l'Ouest ; elle contribua beaucoup aux progrès effrayants de la guerre civile ; et il fallut, pour en atténuer les funestes résultats, suspendre, par des ordres secrets, l'exécution de la mesure dans ces contrées.

Sous le consulat et l'empire les *réquisitions* de personnes donnèrent lieu à une foule de lois dont il est heureusement inutile de faire la vaste nomenclature et de motiver les dispositions. Ces lois et les causes qui les ont produites appartiennent à l'histoire de cette époque. La *réquisition d'hommes* pour le service militaire fut remplacée par la c o n s c r i p t i o n , formulée dans des limites plus restreintes, mais dont l'objet était le même ; il n'y eut de changé que le nom. Les premières proclamations des Bourbons (1814) promettaient l'abolition de la conscription et des droits réunis : c'était un puissant moyen de popularité. Cependant il n'y eut encore qu'un changement de mots dans le vocabulaire. La conscription fut appelée *recrutement*, les conscrits *jeunes soldats*, et les droits réunis *contributions indirectes*.

RÉQUISITIONNAIRE. *Voyez* Réquisition.

RÉQUISITOIRE. *Voyez* Conclusions et Ministère public.

RESCHID-PACHA (Reschid-Mustapha-Méhémet-Pacha), célèbre homme d'État turc, chef du parti de la réforme en Turquie, est né en 1800. Sa carrière publique commença dès l'année 1820, époque où il obtint au divan des affaires étrangères une place d'*amedi* (rapporteur). Lors de la guerre de la Porte contre l'Égypte, il fut chargé à la fin de 1832, après la bataille de Konieh (21 décembre), d'une mission diplomatique auprès d'Ibrahim-Pacha, qui se trouvait à Koutahia. Plein de talents, plus initié que tout autre Turc à la civilisation de l'Occident, d'ailleurs d'un caractère aussi ferme que modeste, il fut élevé en novembre 1837 par le sultan Mahmoud aux fonctions de ministre des affaires étrangères. Reschid-Pacha devint ainsi l'âme des opérations de réforme à l'aide desquelles le sultan Mahmoud comptait régénérer l'empire ottoman; et ce fut lui qui réussit, mais non sans avoir dû préalablement triompher d'une foule de difficultés, à conclure en 1838 avec l'Angleterre un traité de commerce auquel la France ne tarda point à accéder. Toutefois, dans l'automne de 1838, on vit tout à coup Reschid-Pacha succomber sous les intrigues du vieux parti turc, et aussi, à ce qu'il paraît, de la diplomatie russe, et être contraint d'abandonner son portefeuille pour aller remplir les fonctions d'ambassadeur de la Porte Ottomane successivement à Londres, à Berlin et à Paris, où il fut chargé de défendre les intérêts de la Porte contre le vice-roi d'Égypte. Il se trouvait ainsi à Paris avec ses trois fils, qu'il s'efforçait de gagner à la cause de la civilisation européenne, lorsque dans le courant de l'été de 1839 le sultan Mahmoud recommença sa lutte contre le vice-roi d'Égypte. Mais ce prince étant venu à mourir dans cette même année 1839, et le désastre de Nisib ainsi que la trahison du capoudan-pacha ayant alors placé l'empire turc à deux doigts de sa ruine, Reschid fut rappelé en toute hâte à Constantinople, où, le 5 septembre, il reprit le ministère des affaires étrangères. Sous le grand-vizirat de Khosreff-Pacha, puis sous celui du vieil Halil-Pacha, Reschid-Pacha eut en mains les destinées de l'Empire Ottoman, et au milieu des circonstances les plus critiques on le vit déployer une zèle extrême pour favoriser et hâter son progrès intérieur en même temps que pour maintenir son indépendance extérieure. Charmé du système parlementaire et constitutionnel de l'Occident, notamment de celui dont la France était alors en possession, c'est à son instigation que fut rendu, le 3 novembre 1839, le célèbre *hatti-schérif de Gulhané*, espèce de constitution dont il avait sincèrement à cœur la mise à exécution, rendue impossible cependant par la situation générale des choses. Ses efforts pour amener en 1840 la conclusion de la quadruple alliance de Londres, l'expédition de Syrie et l'humiliation finale du vice-roi d'Égypte, furent couronnés de plus de succès. Toutefois, il n'était pas réservé à Reschid-Pacha de conclure lui-même la paix extérieure; en mars 1841 des intrigues de sérail amenèrent sa chute. Il fut pour successeur aux affaires étrangères Rifat-Pacha, partisan moins habile du principe de réforme; et dès le mois de décembre de la même année il s'effectua un changement complet de système dans la politique turque, par suite de la nomination d'Izzet-Mehemed-Pacha, chef du vieux parti turc, aux fonctions de grand-vizir. Reschid-Pacha, qui dans sa chute s'était vu abandonné et attaqué par tout le monde, avait été envoyé de nouveau dès le mois de juillet 1841 à Paris en qualité d'ambassadeur. En janvier 1843 il fut rappelé à Constantinople, où il arriva avec ses deux fils en février, après avoir traversé l'Allemagne et passé par Vienne. Rendu suspect au sultan comme méprisant le vieux système turc, comme partisan exagéré de l'Occident et en particulier de la France, il ne fit pas partie du ministère; mais au mois de mai il fut nommé gouverneur d'Andrinople. On ne tarda pourtant pas à avoir besoin de ses talents dans les relations de l'empire avec les puissances européennes, et à l'accréditer de nouveau à Paris en qualité d'ambassadeur. A la chute de Riza-Pacha, vers la fin de 1845 il lui fallut encore une fois quitter ce poste et venir reprendre à Constantinople la direction des affaires étrangères. Quoique dès le mois de septembre 1846 Reschid-Pacha eût été appelé à remplir les fonctions de grand-vizir et de président du conseil du grand-seigneur son influence ne laissa pas que d'être toujours singulièrement diminuée par celle que le vieux parti turc continuait d'exercer. Le sultan sut, il est vrai, apprécier les services qu'il lui rendit alors pour le rétablissement de la tranquillité générale de l'empire, et en janvier 1848, indépendamment des traitements attachés à ses différents emplois, il lui accorda une pension viagère de 600,000 piastres. Cependant Reschid-Pacha se vit tout à coup, le 27 avril 1848, mis à la retraite en même temps que Rifat-Pacha, ministre des affaires étrangères. C'est l'influence de la camarilla qui l'emportait encore une fois. Au milieu des intrigues du sérail et de celles de la diplomatie étrangère, dont le sultan Abd-ul-Meschid se trouvait maintenant plus que jamais le jouet, Reschid-Pacha fut alors à diverses reprises nommé et révoqué, suivant le parti qui l'emportait dans les conseils de la Porte. Dès le 25 juillet 1848 il était appelé de nouveau à faire partie du ministère, mais sans portefeuille. Puis, le 11 août suivant, il fut encore une fois nommé grand-vizir. Il garda ce poste jusqu'au 25 janvier 1852; trois jours après il était nommé président du conseil d'État; puis, le 25 mars, il reprenait le poste de grand-vizir. Cinq mois après, le 5 août, c'est le parti de la réaction qui l'emportait : il lui fallait alors céder la place à Ali-Pacha, ennemi acharné de toute idée de réforme. Mais quand, au printemps de 1853, les complications des affaires russo-turques prirent un caractère sérieux, Reschid-Pacha obtint de nouveau le portefeuille des affaires étrangères dans le changement partiel de cabinet qui s'effectua alors. Comme c'était là un échec visible pour le vieux parti turc, qui avait conseillé de résister aux exigences de la Russie, on crut un moment que la politique turque allait encore une fois changer de direction. La seule modification survenue pourtant dans la situation, c'est que la grosse affaire des relations de la Turquie avec la Russie se trouvait désormais confiée à des mains plus habiles et plus fermes.

En mars 1854, Ali-Galib-Pacha, fils de Reschid-Pacha et âgé alors de dix-huit ans, épousa Fatime, fille aînée du sultan Abdul-Meschid. Manar-Pacha, autre fils de Reschid-Pacha, de quelques années plus âgé, obtint au printemps de 1854 le commandement d'un petit corps d'observation sur les frontières de la Servie.

RESCHT, chef-lieu de la province persane de Ghilân, située à l'extrémité nord-ouest de la mer Caspienne, à deux heures de marche de la mer, sur la rive occidentale du Delta et le bras principal du Sefiroud, tout près d'*Enselli*, qui lui sert de port, l'une des villes d'industrie et de commerce les plus florissantes de la Perse, est enveloppée en grande partie par d'épais groupes d'arbres. Avant les ravages que le choléra a exercés depuis une vingtaine d'années dans ces contrées, on n'y comptait pas moins de 60,000 habitants. La ville a des rues pavées, des maisons fort proprement bâties pour la plupart, un aqueduc, des caravansérails, de grands bazars contenant 1,200 boutiques et qui attirent une foule de marchands étrangers, persans, arméniens, turcs, juifs, banians de l'Inde, mais en même temps une foule de mendiants, de fakirs, de derviches, etc. Les marchandises de l'Inde y arrivent de Balfrousch par le Masanderân; celles d'Europe viennent d'Astrachan, et sont apportées par des Arméniens russes. Rescht est le grand entrepôt de la Perse pour la soie, l'endroit où la production en est le plus abondante. On n'y compte pas moins de 2,000 métiers battants constamment en activité pour répondre aux demandes de l'intérieur et de l'étranger. Elle n'est la capitale du Ghilân que depuis environ 135 ans (depuis le règne de Pierre le Grand, qui, en 1722 et 1723, enleva aux Persans le Ghilân et le Masandcrân, et qui les conserva pendant quelque temps). Auparavant, c'était *Lahidschân*, au sud de l'embouchure du Sefiroud et à l'ouest du port de *Langaroud* ou *Langheroud*, lieux que les navires russes fréquentaient autrefois et qui étaient alors plus importants qu'aujourd'hui. Rescht lui-même a beaucoup perdu de son ancienne prospérité, et présente des traces visibles de sa décadence. Des traités de paix furent signés entre la Perse et la Russie à Rescht, en 1729 et en 1732.

RESCIF. Voyez RÉCIF.

RESCISION (du latin *rescindere*, retrancher, annuler). On appelle *action en rescision* celle qui a pour but de faire annuler un acte. Elle doit toujours reposer sur des vices radicaux de l'acte attaqué, tels que la *violence*, le *dol*, l'*erreur*, la *fraude*, la *lésion*. Pour l'exercer, il fallait autrefois obtenir des *lettres de rescision*, dont les tribunaux prononçaient l'entérinement après examen des faits. Dans l'état actuel de la législation, les causes de cette espèce sont directement déférées au juge, qui rend un jugement interlocutoire si les faits l'exigent, ou prononce immédiatement sur le fond de la contestation.

Il existe trois catégories principales de cas où la rescision peut être demandée; 1° *par les mineurs* : la simple lésion donne lieu à la rescision en faveur du mineur non émancipé contre toutes sortes de conventions qui excèdent les bornes de sa capacité; 2° *par les vendeurs d'immeubles* : pour qu'il y ait lieu à rescision dans ce cas, il faut qu'une lésion d'outre moitié, soit des sept douzièmes de la valeur de l'objet vendu, soit prouvée, ou qu'il y ait eu dol ou fraude lors de la vente : 3° *par les cohéritiers d'une succession à l'occasion du partage* : la rescision peut avoir lieu pour cause de dol ou de violence, ou si l'un des cohéritiers établit à son préjudice une lésion de plus d'un quart. La simple omission d'un objet de la succession ne donne pas lieu à l'action en rescision, mais seulement à un supplément à l'acte de partage. Pour juger s'il y a eu lésion, on estime les objets suivant leur valeur à l'époque du partage. Le défendeur à la demande en rescision peut en arrêter le cours, et empêcher un nouveau partage, en offrant et en fournissant au demandeur le supplément de sa portion héréditaire, soit en nature, soit en numéraire.

Les effets de la *rescision* sont de rendre nul l'acte qui a été attaqué et de placer les choses dans l'état où elles étaient avant cet acte. La prescription contre toute action en rescision est acquise deux ans après la date de l'acte que l'on voudrait attaquer, si elle n'a été interrompue pour cause de *minorité* du poursuivant.

RESCRIPTIONS MÉTALLIQUES. Voyez MÉTALLIQUES.

RESCRIT (du latin *rescribere*, récrire), littéralement : réponse par écrit à une demande, ou consultation aussi présentée par écrit. On appelle ainsi, dans le droit romain, les réponses que les empereurs faisaient par écrit aux requêtes des particuliers ou aux questions sur lesquelles ils étaient consultés par les magistrats. Les rescrits des papes s'appellent aussi *bulles* ou *monitoires*, et portent sur des points de théologie.

Les empereurs, mettant leur autorité à la place des lois et des sénatus-consultes, adressaient leurs réponses aux magistrats des provinces, aux corporations, ou même aux particuliers : ces réponses étaient d'abord des *lettres* (*epistolæ seu litteræ*), ou des *sanctions pragmatiques*, ou encore des *annotationes*. Quelquefois le prince rendait la sentence lui-même, en pleine connaissance de cause; et quand l'affaire semblait d'un intérêt plus général, les rescrits devenaient des *édits* ou des *constitutions*. Vespasien paraît avoir le premier donné un rescrit de ce genre, mais ses successeurs ne l'imitèrent que fort rarement. Adrien, au contraire, en fit un grand usage; et c'est le plus ancien des empereurs dont les constitutions ont pris place dans le Code. Les Antonins et les autres empereurs continuèrent à faire eux-mêmes, ou dans leur conseil, ces réponses, qui souvent sont des monuments de jurisprudence. Les rescrits particuliers n'étaient pas loi pour tous les cas semblables, mais ils formaient un grand préjugé; ceux que Justinien admit dans son Code acquirent une grande autorité. Les *rescrits des papes* concernent ou les bénéfices, ou les procès, ou la pénitencerie en toute matière. En France, ils ne sont reçus que sous réserve des libertés de l'Église gallicane, DE GOLBÉRY.

RÉSÉDA, genre type des *résédacées*. En voici les principaux caractères : Calice à quatre ou six divisions; quatre ou six pétales irréguliers; ovaire presque sessile, avec trois ou cinq styles, très-courts; dix à vingt étamines; capsule anguleuse, monoculaire, s'ouvrant au sommet : graines nombreuses, attachées aux parois de la capsule.

Le réséda odorant (*reseda odorata*, L.) est l'espèce la plus importante de toute cette famille. Tout le monde connaît cette plante au parfum délicieux, qui ne nous fut pourtant apportée de l'Égypte et de la Barbarie qu'il y a environ un siècle. On la sème au printemps, en pleine terre, où elle fleurit tout l'été, ou dans des pots, que l'on peut forcer sur couche. Le réséda, rentré dans la serre, dure deux ou trois ans, et forme alors un petit arbuste; mais il est plutôt considéré comme plante annuelle, et semé partout comme tel. Il produit tout le printemps, l'été et l'automne, une telle abondance de fleurs qu'elles embaument l'air.

RÉSERVATS ou **RÉSERVES** (*Reservata cæsarea*). On désigne ainsi, dans l'histoire d'Allemagne, certaines prérogatives inhérentes à la dignité impériale, dont le conseil aulique, institué en 1501 par l'empereur Maximilien Ier, était spécialement chargé de maintenir l'exercice contre les empiétements des électeurs. Ces prérogatives étaient ou ecclésiastiques ou politiques. Parmi les premières on comptait le droit de protéger l'Église romaine, le droit de convoquer le concile, le droit de nommer aux premiers bénéfices venant à vaquer après l'avènement au trône; et parmi les secondes, le droit de légitimer les bâtards, le droit de réhabiliter, de relever du serment, d'accorder des foires, l'inspection générale des postes et grandes routes, etc.

RESERVATUM ECCLESIASTICUM ou **RÉSERVE ECCLÉSIASTIQUE**. Voyez PAIX DE RELIGION.

RÉSERVE. Ce mot, pris au moral, est synonyme de *discrétion*, *circonspection*, *retenue*. La réserve est l'armure des femmes; on n'en peut retrancher une pièce que la partie qu'elle était destinée à couvrir ne reçoive quelque blessure. C'est une précaution que commande leur propre sûreté; elle assure la vertu, avertit la pudeur, et garantit la décence, que l'honnêteté même ne sait pas toujours suffisamment conserver. La grande différence qui existe entre un homme et une femme *réservés*, c'est que l'homme le sait et s'en fait un devoir, tandis que la femme l'ignore; c'est là son instinct, sa disposition, son habitude; le naturel vient chez elle avant le devoir, et le charme de l'un se joint à la solidité de l'autre. L'indiscrétion est le contraire de la *réserve*.

En droit, le mot *réserve* signifie en général une exception, une restriction au moyen de laquelle une chose n'est pas comprise soit dans la loi, soit dans un jugement ou dans un acte; il signifie en même temps la chose *réservée*. La *réserve des dépens*, *des dommages et intérêts* a lieu de la part du juge lorsque, en rendant quelque jugement préparatoire ou interlocutoire, il remet à faire droit sur les dépens, dommages et intérêts après qu'on aura fait quelque instruction plus ample.

Sous toutes réserves est une formule qui se trouve presque invariablement à la fin de tous les actes de procédure.

RÉSERVE (*Art militaire*). On entend par *réserve*, sur un champ de bataille, la partie de l'armée qui en est distraite momentanément par le général en chef pour se porter sur tous les points où son action devient nécessaire. La *ré-*

serve est ordinairement placée en arrière de la ligne de bataille, mais surtout au centre, et à portée du point sur lequel on doit principalement avoir à faire effort pour attaquer ou se défendre; elle est, autant que possible, formée de corps d'infanterie et de cavalerie; son objet est d'achever la défaite de l'ennemi, ou de faciliter la retraite. La *réserve* doit être composée des meilleures troupes, et commandée par un homme capable et audacieux. Dans nos guerres de la république et de l'empire, le gain de plusieurs batailles et leurs résultats les plus importants furent dus à l'action décisive de la *réserve*.

On applique également la dénomination de *réserve* à des corps de troupes qui sont destinés à n'entrer en ligne que pour suppléer à l'insuffisance de ceux qui ont été les premiers engagés, ou que des revers forceraient à chercher un appui. La force de cette réserve, les positions qu'elle doit occuper, ses points de liaison avec l'armée qui combat en ligne, rentrent dans la sphère des combinaisons stratégiques arrêtées par le général en chef au début de la campagne.

On donne encore le nom de *réserve* à une armée qui aurait une organisation à part, ou qui réunirait tous les éléments et toutes les conditions pour combattre seule dans une campagne. Le projet de créer pour la France une *réserve* de ce genre est devenu l'une des questions les plus importantes de notre organisation militaire. « Si les armées gagnent les batailles, a dit un grand homme de guerre, les *réserves* sauvent les empires. » EM. PILLIVUYT.

RÉSERVE APOSTOLIQUE ou **ECCLÉSIASTIQUE**, faculté que, depuis Clément IV, les papes prétendent avoir de retenir la collation des bénéfices, au préjudice des collateurs ordinaires. Mais il faut que les bénéfices vacants soient conférés dans le mois de la vacance; sans quoi le collateur ordinaire peut en disposer comme s'il n'y avait pas de *réserve*.

On a aussi donné le nom de *réserve ecclésiastique* ou *apostolique* à des droits d'annates exigés par les papes sur les bénéfices transférés ou résignés en cour de Rome.

RÉSERVE LÉGALE. On appelle ainsi, en droit, la portion de biens que la loi déclare non disponibles en les réservant à certains héritiers. Les articles 913 et 915 du Code Civil réglementent cette matière. On disait autrefois, dans un sens analogue : *réserves coutumières*.

RÉSERVOIR, récipient qui contient une quantité d'eau quelconque, *réservée* pour divers ouvrages. Si le réservoir est pratiqué dans un corps de bâtiments, il consiste ordinairement en un bassin revêtu de plomb. En plein air, c'est un grand bassin de forte maçonnerie avec un double mur, appelé *mur de douve*, et glaisé ou pavé dans le fond, où l'on conserve de l'eau pour élever du poisson ou alimenter les fontaines jaillissantes des jardins. On cite parmi les plus grands réservoirs celui du château de Versailles, qui est revêtu de lames de cuivre étamé, et soutenu par trente piliers de pierre. Pour les questions de droit qui se rattachent à l'existence des réservoirs, voyez EAUX (Législation).

On donne aussi, en anatomie, le nom de *réservoirs* à diverses cavités du corps humain où s'amassent des liquides. Ainsi, la vessie est le *réservoir de l'urine*, le vésicule du fiel le *réservoir de la bile*, le sac lacrymal le *réservoir des larmes*. Le *réservoir du chyle* est une dilatation considérable que présente le canal thoracique au-devant de la région lombaire de la colonne vertébrale. On lui a donné aussi le nom de *réservoir de Pecquet*, parce que Pecquet de Dieppe en a fait la découverte.

RÉSIDENCE (du latin *residere*, demeurer), la demeure ordinaire et habituelle d'une personne, *sedes ejus*. La *résidence* diffère quelquefois du *domicile*; on ne *réside* pas toujours dans le lieu où l'on est *domicilié*. Au domicile sont attachés des droits qui n'ont rien de commun avec la *résidence*.

Ce mot se dit aussi du séjour actuel et obligé d'un évêque, d'un préfet, d'un administrateur dans le lieu où ils exercent leurs fonctions. Un des premiers décrets du concile de Trente sur la discipline ordonne la *résidence* à tous les ecclésiastiques pourvus d'un bénéfice ayant charge d'âmes.

C'est aussi le nom ordinaire de la *résidence* d'un prince, d'un seigneur : Rarement les voyageurs manquent d'aller visiter les *résidences* impériales ou royales.

RÉSIDENT (Ministre). On donne ce nom, en diplomatie, depuis le congrès d'Aix-la-Chapelle, à une classe d'agents accrédités près d'un État étranger, qui diffèrent peu des ministres plénipotentiaires (qualifiés en outre ordinairement du titre *d'envoyés extraordinaires*), mais accrédités seulement par le ministre des affaires étrangères d'un État auprès de celui d'un autre État, occupant dans l'ordre des puissances un rang inférieur; choisis dès lors parmi les personnages de moindre importance, et astreints aussi à de moindres frais de représentation. Les *ministres résidents* n'ont pas droit à la qualification *d'Excellence*, qui n'appartient qu'aux ambassadeurs et aux envoyés extraordinaires, représentant les uns le souverain lui-même, les autres seulement son gouvernement.

RÉSIGNATION, entière soumission, sacrifice absolu de sa volonté à celle d'un supérieur. Le chrétien se *résigne* à la volonté de Dieu, parce qu'il envisage les événements de la vie comme dirigés par une providence paternelle et bienfaisante, et qu'il accepte les afflictions sans murmures, comme un moyen de satisfaire à la justice divine, d'expier le péché et de mériter un bonheur éternel. Il sait qu'il n'est aucun malheur auquel Dieu ne puisse remédier; que quand il nous afflige, il nous donne aussi la force de souffrir, et que s'il ne nous délivre pas de nos maux en ce monde, il nous en dédommagera dans une autre vie. La *résignation*, dit Bossuet, n'éteint pas la volonté; elle la captive seulement. Quand la religion chrétienne n'aurait produit aucun autre bien dans le monde que de consoler l'homme dans ses souffrances, elle serait encore le plus grand bienfait que Dieu ait pu accorder à l'humanité.

En termes de jurisprudence, *résignation* est synonyme d'abandon fait en faveur de quelqu'un. Il se dit aussi de la démission d'une charge, d'un office, d'un bénéfice.

RÉSILIATION (du latin *resilire*, rebrousser chemin, se retirer), action d'annuler un acte. La *résiliation* est une faculté que la loi accorde à l'une des parties contractantes, et quelquefois à toutes les deux, de se faire replacer dans la même situation où elles se trouvaient avant le contrat.

En matière de vente, il y a lieu à prononcer la *résiliation* quand l'acquéreur se trouve évincé d'une partie du fonds acquis tellement considérable qu'il n'eût point acheté s'il eût prévu devoir en être privé. La *résiliation* peut encore être demandée par lui si le fonds se trouve grevé de servitudes non apparentes, qui n'aient pas été déclarées par le vendeur, lorsque ces servitudes sont d'une telle importance qu'il est à présumer aussi que l'acquéreur n'aurait point acheté s'il les eût connues.

Le bail est résilié de plein droit lorsque la chose louée est détruite en totalité pendant sa durée. Si elle n'est détruite qu'en partie, le preneur aura le droit de le faire résilier. Il peut avoir du même droit dans le cas où les réparations dont la chose louée a besoin la rendraient inhabitable. La faculté de faire résilier le bail est accordée au bailleur lorsque le preneur fait servir la chose louée à un usage auquel elle n'était pas destinée et pouvant lui causer du dommage.

RÉSINES. De toutes les substances fournies aux arts et à la médecine par les végétaux, les résines sont sans contredit les plus nombreuses et les plus susceptibles d'applications. On désigne sous ce nom générique toutes celles qui découlent des arbres de la famille des conifères et de celle des térébinthacées, ou que l'on en extrait à l'aide de procédés chimiques ou physiques.

Dans le langage ordinaire, on désigne ainsi le résidu de la distillation de la térébenthine connu sous le nom de *poix-résine* : c'est par analogie que l'on a appliqué à toutes les autres substances la même dénomination; seulement, pour les distinguer, on ajoute au mot *résine* un nom particulier, tel que *résine animé, mastic, sandaraque,* etc.

En général, elles contiennent une assez forte proportion d'huile volatile, qui leur communique l'odeur propre à chacune d'elles; ce sont des substances solides, dont la cassure est vitreuse et transparente; quelques-unes cependant se ramollissent facilement. Les résines brûlent très-bien, en répandant une fumée fuligineuse, que l'on recueille dans des tuyaux disposés à cet effet : c'est ce que l'on nomme le *noir de fumée*. L'eau est sans action sur elles, leur dissolvant est l'alcool ou l'éther et les huiles fixes; les huiles volatiles et les lessives alcalines possèdent également la propriété de les dissoudre : c'est ce qui les a fait considérer comme des acides.

Les substances végétales ne sont pas les seules qui donnent des résines : on en a trouvé dans les corps organisés animaux; mais leurs propriétés diffèrent sous certains rapports des résines végétales; elles sont peu nombreuses, mais jouent un grand rôle en médecine. Les principales sont : l'*ambre gris*, le *propolis*, le *castoreum*, le *musc*, la *civette*. On trouve également dans le sein de la terre deux substances résineuses dont l'origine paraît organique, ce sont : le *succin* ou *ambre jaune*, et la résine *highgate*, qui n'est peut-être qu'une variété de succin. Les térébinthacées et les conifères ne sont pas les seuls végétaux qui fournissent des résines; la chimie est parvenue à tirer de quelques autres familles des substances tout à fait semblables : telles sont les résines de *gaïac*, *jalap*, *turbith*, etc.

Les résines les plus importantes à connaître sont la résine *élemi* (*voyez* BALSAMIER), qui découle par des incisions faites au tronc d'un arbre de la famille des térébinthacées, et le *mastic*, originaire d'Orient et des bords de la Méditerranée.

On donne, avons-nous dit, le nom de *résine* au résidu de la distillation de la térébenthine : c'est là la véritable résine du commerce, celle qu'on désigne encore sous le nom de *braisec*, de *colophane*, et qui est employée pour frotter les crins des archets. On a reconnu que l'on pouvait l'utiliser pour faire un gaz très-lumineux. Le produit de la distillation de la résine, séparé de l'eau et des acides, porte le nom d'*huile de résine*, et est très-propre à l'éclairage au gaz; elle ne pourrait directement brûler dans les lampes, parce qu'elle est peu fluide, et donne beaucoup de noir de fumée. On fait avec la résine des vernis communs, du mastic de fontaine ou de réservoir, du brai américain, de la poix jaune, des savons jaunes, de la cire à bouteilles, des chandelles pour le pauvre et des torches pour le riche.

C. FAVROT.

RÉSISTANCE (du latin *resistere*, fait de *retro* et de *sistere*, demeurer en arrière, résister), défense que les hommes opposent à ceux qui les attaquent : Les assiégés ont fait une belle *résistance*. Il a fait une belle *résistance* se dit aussi de quelqu'un qui s'refuse longtemps aux propositions, aux instances qu'on lui faisait. Il signifie encore *opposition* aux desseins, aux volontés, aux sentiments d'un autre. « La vérité, dit Nicolle, trouve toujours de la *résistance* dans notre cœur : elle n'y entre point sans violence et sans effort. »

Il n'y a pas longtemps que les deux partis qui se partagent le monde politique étaient signalés dans les chambres et dans les journaux par les deux mots *mouvement* et *résistance*.

RÉSISTANCE (*Physique*). La mobilité appartient à tous les corps; elle est une de leurs propriétés essentielles; mais comme aucun de ces corps n'est absolument indépendant des autres, et que de cette dépendance résulte nécessairement une résistance plus ou moins grande au mouvement, il s'ensuit que physiquement il n'y a pas de mouvement possible sans résistance. Le premier genre de résistance se présente lorsqu'on veut séparer l'une de l'autre les molécules d'un corps, c'est-à-dire le diviser par une rupture. Ces molécules tiennent l'une à l'autre par une force appelée *force de cohésion*, qu'il s'agit de surmonter. C'est par la force de cohésion que les corps durs résistent aux forces de traction et deviennent capables de supporter des poids considérables sans se rompre. Sous ce rapport, les corps présentent autant de résistances particulières que de propriétés spécifiques différentes. Chaque corps, chaque substance est douée d'une force de résistance qui lui est propre; mais une question digne d'intérêt, et qui n'a cependant pas même encore été posée, est la connaissance du rapport qui existe entre la force qui surmonte la résistance et la vitesse initiale que prennent les parties séparées immédiatement après leur rupture. La science est beaucoup plus avancée, relativement à la résistance que les corps de diverses natures opposent au mouvement les uns des autres. Ici on est presque entièrement débarrassé de la considération des forces moléculaires, et de plus la question a des applications pratiques qui lui donnent un attrait bien plus puissant. Ainsi, il était extrêmement important, pour la navigation par exemple, de connaître les lois suivant lesquelles s'exerce la résistance de l'air et de l'eau au mouvement des corps solides. Eh bien, le raisonnement comme l'expérience n'ont pas tardé à nous apprendre que cette résistance augmente proportionnellement au carré de la vitesse du solide. C'est cette loi importante qui s'oppose à ce qu'on puisse augmenter indéfiniment la vitesse d'un mobile.

F. PASSOT.

RÉSOLUTION (du latin *resolutio*, fait de *resolvere*, délier, détacher), cessation totale de consistance, réduction d'un corps en ses premiers principes. En médecine, ce mot se dit de l'action par laquelle une partie tuméfiée, engorgée, revient peu à peu et sans suppuration à son état normal.

En termes de jurisprudence, la *résolution* est l'action de rompre un contrat, une convention, d'en faire cesser l'existence. Elle résulte soit du consentement des parties, soit d'une décision du juge. La *résolution* des contrats est une peine que la loi prononce contre celle des parties qui manque à remplir ses engagements. Celle envers laquelle l'obligation prise n'est pas tenue a le droit de forcer l'autre à l'exécuter, si l'exécution en est possible, ou d'en demander la résolution en justice avec dommages et intérêts. En matière de ventes, la résolution a lieu de plein droit faute de payement du prix dans le terme convenu, lorsqu'il y a à cet égard stipulation expresse entre le vendeur et l'acquéreur.

Résolution signifie aussi *décision* d'une question, d'une difficulté : Il a donné de ce problème une *résolution* parfaitement claire.

Ce mot signifie encore *dessein* qu'on prend (*voyez* DÉTERMINATION), et par extension *fermeté*, *courage*.

RÉSOLUTOIRE (Clause). *Voyez* CLAUSE.

RÉSORPTION. On désigne ainsi un mode particulier d'*absorption*. Le système des vaisseaux sanguins et des vaisseaux lymphatiques possède à un haut degré la puissance d'absorption; et au moyen de l'*endosmose*, qui est à dire de la vertu qu'ont les liquides, ou, ce qui revient au même, les corps en dissolution dans les liquides, de pénétrer les tissus organiques, il reçoit dans toutes les parties du corps où se trouvent des vaisseaux les parties liquides en contact avec eux. Quand il est question de matières amenées dans les vaisseaux par les voies ordinaires et dans l'état régulier du corps, par exemple de parties nutritives, de substances gazeuses ou à l'état de vapeurs, la fonction des vaisseaux s'appelle dans ce cas *absorption*. Mais quand on parle de la disposition de substances complètement étrangères au corps, ou bien n'appartenant ordinairement qu'à quelques-unes de ses parties, par exemple du sang extravasé, du pus, des tumeurs, on donne à ce phénomène le nom de *résorption*. Toutes les matières qui doivent être recueillies par les vaisseaux ont besoin, pour que le phénomène de la résorption de même que celui de l'absorption puissent avoir lieu, d'être en complète dissolution. En égard à cette condition, et en raison des organes qui président à cette fonction, on peut dire qu'il n'y a pas de différence bien essentielle entre l'*ab-*

sorption et la *résorption*, quoique dans l'usage on soit habitué à en faire une.

RESPECT, égard, déférence, vénération, qu'on a pour quelqu'un, pour quelque chose, à cause de son excellence, de son caractère, de sa qualité, de son âge. L'enfant à tout âge, dit le Code Civil, doit honneur et *respect* à ses père et mère. « Il y a depuis longtemps, dit Duclos, deux sortes de *respects* : celui qu'on doit au mérite, et celui qu'on rend aux places, à la naissance. Cette dernière espèce de *respect* n'est plus qu'une formule de paroles ou de gestes, à laquelle les gens raisonnables se soumettent et dont on ne cherche à s'affranchir que par sottise ou par orgueil puéril. Mais en même temps rien de si triste qu'un grand seigneur sans vertus, accablé d'honneurs et de *respects*, à qui l'on fait sentir à tous moments qu'on ne les rend, qu'on ne les doit qu'à sa naissance, à sa dignité, et qu'on ne doit rien à sa personne. Heureusement l'amour-propre, qui est le plus grand des flatteurs, sait le plus souvent lui cacher son insuffisance. » Tenir quelqu'un en *respect*, c'est le contenir, lui imposer : La crainte du châtiment tient quelquefois le coupable en *respect*; Une bonne citadelle tient souvent une ville rebelle en *respect*.

Le *respect humain* est la crainte qu'on a des discours et du jugement des hommes.

RESPIRATION. C'est le nom qu'on donne à la fonction des corps organiques consistant dans l'aspiration et l'expiration alternatives de matières gazeuses ; et on définit cette fonction l'acte par lequel le sang s'approprie les éléments gazeux du monde extérieur. Dans les plantes et les animaux inférieurs, comme les animaux rayonnés, les mollusques et les crustacés, de même que dans les œufs des animaux, elle semble n'être pas attachée à un organe particulier, mais s'exercer par toute la surface du corps. Toutefois, chez le plus grand nombre d'animaux, il existe, pour l'opération de la respiration, un appareil particulier, dont la construction et l'organisation varient suivant les diverses classes d'animaux (*voyez* Branchies, Poumons, Trachées). Presque toujours l'activité de cet appareil se rattache à quelques mouvements extérieurs, plus ou moins visibles, de certaines parties du corps. Ces mouvements sont le plus visibles chez les êtres qui possèdent des poumons, par conséquent chez l'homme, chez les mammifères, les oiseaux et les amphibies. Chez l'homme l'introduction de l'air dans les poumons, l'*aspiration* ou *inspiration*, a lieu en ce que la cavité de la poitrine se dilate; attendu que, par l'activité de divers muscles respiratoires, le fond de cette cavité, le diaphragme voûté vers la partie supérieure, s'abaisse et descend vers la cavité du bas-ventre, et que de l'autre côté les parois latérales de la cavité de la poitrine, formées par les côtes et les parties molles qui les rattachent, et les recouvrent, se soulèvent et se voûtent davantage. Or, comme les poumons, organe élastique, touchent avec leur surface extérieure la surface intérieure des parois de la poitrine partout remplie d'air, il faut nécessairement qu'ils suivent les mouvements de celles-ci et se dilatent avec la dilatation de la cavité de la poitrine, ce qui a lieu par une extension plus forte des innombrables petites vésicules ou cellules dont le tissu des poumons se compose pour la plus grande partie. L'air contenu dans ces cellules ou vésicules (car après la première inspiration par laquelle commence la vie, le poumon ne devient plus jamais vide d'air) devrait alors se raréfier en proportion de l'extension qu'elles ont prise, si en même temps l'air extérieur, en vertu de la propriété qu'il possède de se distribuer également dans tous les espaces où il peut pénétrer, ne s'y précipitait pas par les conduits aériens et leurs ramifications qui viennent aboutir aux petites cellules des poumons ; de sorte que l'air y perd aussi bien de sa densité qu'il y gagne en quantité. Comme après une très-courte durée, l'activité des muscles respiratoires cesse de nouveau, il en résulte, par l'élévation du diaphragme et l'abaissement des parois latérales de la poitrine, un nouveau rétrécissement de la cavité de la poitrine, et de la même manière les poumons, en vertu de l'élasticité de leur tissu, se contractent de nouveau en un volume moindre. De là une pression exercée sur l'air qui y est contenu, et qui le contraint à en sortir dans une quantité répondant au rétrécissement de la cavité de la poitrine. C'est cette sortie de l'air qu'on nomme *expiration*.

Les poumons, avec les parois de la cavité de la poitrine qui les entoure, se comportent par conséquent dans l'acte de l'*aspiration* et de l'*expiration* absolument comme un soufflet qu'on enfle et qu'on comprime alternativement. Au reste, la cavité de la poitrine, dans l'aspiration, ne se dilate pas également dans toutes ses parties, et il y a à cet égard des différences qui tiennent à l'âge et au sexe. Dans l'enfance, elle se dilate surtout au moment où le diaphragme s'abaisse, acte qui fait décrire à l'abdomen une courbe convexe; chez l'homme, plutôt au moment où a lieu l'extension de la partie inférieure, et chez la femme l'extension de la partie supérieure des côtes. L'air s'introduit dans les conduits aériens par le nez et la cavité buccale dans l'acte de l'aspiration et en sort par la même voie dans l'acte de l'expiration. La cavité nasale forme seule à bien dire le commencement des conduits aériens, et dans l'état calme la plupart des hommes respirent la bouche fermée. C'est seulement lorsque les poumons se dilatent tellement que, pour les remplir, l'air qui entre par le nez est insuffisant, ou bien lorsque le passage de l'air par le nez est rendu difficile ou même complétement obstrué (ainsi qu'il arrive dans diverses maladies du nez, comme rhumes, etc., ou encore à la suite de mauvaises habitudes, que l'air entre et sort par la bouche). Il en résulte, lorsque cela dure longtemps, la sécheresse et un enduit blanchâtre des parties de la cavité buccale, et surtout des poumons, avec lesquels il se trouve en contact. L'observation des mouvements respiratoires démontre facilement que tout ce qui s'oppose à la dilatation de la cavité de la poitrine doit nuire à la respiration, par conséquent non pas seulement les vêtements qui compriment la poitrine et l'abdomen, mais encore le devoir de remplir immodérément l'estomac de mets ou de matières à évacuer.

D'ordinaire, les mouvements de la respiration ont lieu indépendamment de notre volonté. Celle-ci n'exerce sur eux d'influence qu'autant que l'activité des muscles, qui les produit, est rendue par nous plus grande (respirer plus profondément) ou bien que nous la suspendons momentanément (retenir sa respiration), de même qu'on peut les accélérer ou les retarder, les répéter plus fréquemment ou plus rarement. Aussi bien l'intensité et la fréquence des mouvements respiratoires se règlent sur les besoins de l'organisme, c'est-à-dire la mesure où ils nous rend nécessaires aux fonctions de la vie l'échange de gaz qui a lieu dans les poumons. L'air inspiré entre en effet en contact avec les vaisseaux sanguins, très-fins et très-délicats, qui forment un épais réseau dans les parois des vésicules des poumons, et, par la membrane extrêmement mince de ces vaisseaux, communique une partie (environ le quart) de son oxygène au sang qui y coule, tandis que le sang fait passer dans les poumons une partie de gaz acide carbonique avec des vapeurs aqueuses et un peu d'azote ; et par l'acte de l'expiration ces gaz se trouvent expulsés des poumons avec les parties d'air inspiré qui y étaient restées. C'est cet échange de gaz qui donne une couleur rouge clair au sang, lequel à son entrée dans les plus petits vaisseaux des poumons paraît noirâtre, et qui lui fait subir d'ailleurs des modifications d'une importance extrême pour l'existence de tout l'organisme. La respiration appartient en effet aux conditions vitales des corps organisés ; plus leur organisation est élevée, moins ces corps peuvent se passer, même momentanément, de respirer. Un homme ne peut guère rester plus d'une minute sous l'eau. Dans beaucoup d'états de maladie, au contraire, par exemple dans l'évanouissement, la respiration est souvent suspendue bien plus longtemps, parce qu'alors le besoin de respirer et la vie en général sont presque tombés à zéro ; tandis que les maladies qui n'amènent d'abord qu'une détérioration de l'air et du sang dans les poumons, lorsqu'elles persistent, ont pour suite un dérangement dans toutes les autres fonctions du corps. Quand le besoin de respirer n'est pas satisfait d'une manière suffisante, il se manifeste un sentiment d'oppression et d'inquiétude.

Pour la conservation de la santé, il est nécessaire que l'air qu'on respire réunisse les conditions requises, c'est-à-dire que ce soit de l'air atmosphérique pur. La corruption de l'air par certains gaz, comme le gaz carbonique, l'hydrogène carbonique, le gaz hydrogène sulfureux, etc., opèrent, tout au moins sur les corps de l'organisation la plus élevée, l'effet du poison. Mais l'air atmosphérique complétement pur devient lui-même peu à peu impropre à la respiration dans un espace fermé et où il ne peut pas se renouveler, rien déjà que par l'effet de la respiration, attendu qu'il perd de plus en plus de son oxygène, tandis que son contenu d'acide carbonique va toujours en augmentant. De là la nécessité de veiller à ce que les appartements habités par des gens en bonne santé, et même ceux des malades, soient toujours entretenus dans un bon état d'aération.

Quant au nombre d'aspirations et d'expirations qui ont lieu dans un temps donné (fréquence de la respiration), il varie à l'infini chez les individus, même à l'état de santé et dans des conditions extérieures exactement pareilles. Les adultes respirent en moyenne de douze à seize fois par minute; les enfants plus souvent. La fréquence de la respiration est plus grande quand on est debout ou assis que lorsqu'on est couché. Dans les maladies elle peut offrir de très-grands écarts. La quantité d'air aspiré et expiré chaque fois (la grandeur des aspirations) chez l'adulte de taille moyenne, dans un état de calme parfait, est d'environ cinquante décimètres cubes, tandis qu'il y a des poumons d'homme qui dans leur plus grande dilatation (la plus grande aspiration) possible peuvent contenir jusqu'à 400 décimètres cubes. Le nombre et la grandeur des aspirations diminuent tous deux pendant le sommeil; deux ou trois heures après le repas (par conséquent pendant la digestion), elles sont plus grandes qu'aux autres moments de la journée. Le mouvement du corps l'augmente, et l'élévation de la chaleur atmosphérique la diminue. Après l'ingestion de boissons spiritueuses de même que du café et du thé, la grandeur tout au moins des aspirations diminue visiblement.

[C'est par une *inspiration* que la vie commence, mais une *expiration* la termine; l'existence des animaux, à dater de leur naissance, n'est pour ainsi dire qu'une grande *respiration*. Cette vérité a toujours paru si évidente pour tous, que le langage de chaque nation l'a consacrée de l'antiquité. *Vie et respiration* sont deux mots équivalents dans tous les idiomes, et *expirer* est synonyme de *mourir*.

L'expiration alterne sans relâche, et quinze à vingt fois par minute, avec l'inspiration. La première rend à l'atmosphère la portion d'air que le poumon lui avait empruntée; mais cet air est plus chaud, plus humide, moins oxygéné, et il renferme par compensation du gaz acide carbonique, lequel provient de l'union de l'oxygène de l'air avec le carbone du sang veineux. C'est par l'expiration que l'air se trouve corrompu, et que plusieurs hommes renfermés dans le même lieu s'asphyxient les uns les autres.

Chaque expiration ne rend pas exactement tout l'air renfermé dans les poumons : il reste toujours dans la poitrine, même après l'expiration la plus profonde, environ 40 à 36 centimètres cubes d'air, qui ne se renouvelle que peu à peu. Voilà même quel est le motif le plus plausible des quarantaines et des lazarets dans les pays où l'on croit encore abusivement à la contagion du choléra, de la fièvre jaune et de la peste.

Au moment où l'on s'endort, il se fait une expiration convulsive comme au moment du trépas. Ensuite, tant que dure le sommeil, les expirations sont plus profondes, plus rares, plus brusques et plus bruyantes; et cela même est favorable au cours du sang, que l'immobilité du corps ralentirait. La même chose a lieu dans l'apoplexie, dans le narcotisme et le délire.

Une vive surprise est toujours accompagnée d'une expiration brusque, tout comme l'assoupissement. Le besoin de soupirer, qui se manifeste alors, résulte à la fois de cette expiration soudaine et des battements plus rapides du cœur.

L'un des bienfaits de l'exercice du corps provient des expirations plus profondes et plus parfaites que déterminent les mouvements : la marche, les courses à pied, à cheval ou en voiture, ont l'utile effet de renouveler le vieil air que l'immobilité accumule dans les poumons. Les personnes sédentaires devraient, dès qu'elles respirent le grand air, exécuter de ces expirations forcées, qui nettoient les poumons, stimulent le cœur et accélèrent la digestion.

C'est pendant l'expiration et par l'effet du choc de l'air contre les lèvres contractées du larynx (la glotte) que s'effectuent la voix, la toux, le rire et les autres bruits respiratoires. Les efforts eux-mêmes, quel qu'en soit le but, ne sont que des expirations à glotte fermée, ainsi que nous l'avons démontré à l'Institut en 1819.

L'expiration fait cheminer le sang dans les artères et en retarde le cours dans les veines. Aussi voit-on des vieillards en qui les veines se gonflent et palpitent comme les artères à chaque expiration. Voilà même ce qu'on appelle le *pouls veineux*. Si les hémorrhagies augmentent souvent durant l'expiration, si une veine ouverte donne alors un jet de sang plus rapide, la cause de ces phénomènes est celle que nous venons d'énoncer, la compression des poumons.

L'expiration à glotte fermée, quand elle est portée à un certain degré, peut donner lieu à l'apoplexie, à des ruptures de vaisseaux : elle a du moins pour effet constant d'entraver le cours du sang. C'était ainsi que les esclaves se donnaient la mort en présence de leurs maîtres couronnés ou de tyrans cruels : nos recherches et nos expériences ne nous laissent aucun doute sur ce point (*voyez* nos *Mémoires sur la respiration*, couronnés par l'Institut en 1820).

Si le cœur continue de palpiter après le dernier soupir, cela est dû à cette profonde *expiration* qui termine la vie. L'engorgement des veines après la mort est un autre effet de la même cause. Isidore BOURDON.

RESPONSABILITÉ. En droit, c'est l'obligation imposée à chacun par la loi (article 1382 du Code Civil) de *répondre* du dommage qu'il cause à un tiers par ses actions et de le réparer, comme aussi de réparer celui qui a été commis par les personnes que l'on a sous son autorité, sous sa surveillance, et par les choses que l'on a sous sa garde. Cette obligation s'étend aux fonctionnaires publics, administratifs et judiciaires, à raison de leurs fonctions; mais l'autorisation de les poursuivre doit être préalablement obtenue du conseil d'État. La loi déclare en outre les communes responsables des délits commis dans leur territoire et non réprimés par leurs habitants. Consultez Sourdat, *Traité général de la Responsabilité civile, ou de l'action en dommages-intérêts en dehors des contrats* (Paris, 1853).

En politique, la *responsabilité* est l'obligation morale ou légale de répondre de ses actions, de ses discours et de ses écrits. Dans les États représentatifs, le souverain, placé par une fiction légale en dehors des discussions, est déclaré *irresponsable*, inviolable, parce que, ne pouvant agir sans l'assistance de ministres solidairement *responsables* de leurs œuvres, son rôle doit se borner à sanctionner les lois. Dans les États absolus, il ne saurait être question de *responsabilité* pour le souverain. Il n'est justiciable que de l'opinion, laquelle quelquefois ne se fait pas faute d'user de ses pouvoirs pour flétrir et déshonorer l'homme devant la volonté de qui tout fléchit. Quant à la *responsabilité* des ministres, elle diffère essentiellement dans les États absolus et dans les États constitutionnels. Dans les premiers, ils ne sont responsables qu'envers le prince, et doivent obéir sans restriction à ses ordres. Dans les États constitutionnels, à cette responsabilité à l'égard du prince vient s'en ajouter une autre, d'une importance bien plus grande en pratique, leur responsabilité à l'égard de la représentation nationale. Il en résulte qu'ils peuvent être attaqués pour tous les actes du gouvernement aux lieu et place du prince, déclaré *irresponsable*. Cette responsabilité des ministres est en partie parlementaire ou politique, et en partie se rattache au droit criminel. Au premier de ces points de vue, elle consiste en ce que comme conseillers de la couronne, compte peut être demandé aux ministres, tant dans les délibérations des chambres que dans la presse, aux yeux de leur pays et de l'étranger, de tous leurs actes et de toutes leurs fautes politiques. Dans les États à système constitutionnel perfectionné, comme en Angleterre, le principe essentiel de cette responsabilité ministérielle, c'est qu'un ministère dont la majorité de la représentation nationale blâme décidément la politique et les actes doit céder la place à des hommes qui s'accordent mieux avec les vues de cette majorité. C'est là ce qu'on appelle un gouvernement r e p r é s e n t a t i f. Le souverain y nomme bien pour la forme ses ministres, mais en réalité il est limité dans ses choix par la majorité de la représentation nationale, attendu qu'un ministère qui ne sait pas l'avoir pour lui ne peut ni se maintenir au pouvoir, ni faire convertir ses propositions en lois, ni enfin obtenir le vote des subsides nécessaires à la marche du gouvernement. Prise dans l'acception qu'on lui donne en droit criminel, la *responsabilité ministérielle* est quelque chose de plus grave. Il s'agit alors d'actes ou de fautes du gouvernement qui semblent ou simplement dangereux pour les intérêts de l'État. Le droit constitutionnel en déclare les ministres responsables, et d'abord celui d'entre eux au département duquel se rattache l'acte incriminé ou qui l'a laissé commettre en y apposant sa signature. Aucun acte gouvernemental n'étant valable qu'autant qu'il est contresigné par un ministre, et chaque ministre en assumant la responsabilité du moment où il le contresigne, il ne saurait alléguer pour excuse qu'il a dû exécuter les ordres du souverain. De là, dans les États constitutionnels, une grande indépendance des ministres à l'égard du prince. Les principes en vigueur relativement à l'application de la responsabilité ministérielle, au droit de mettre les ministres en accusation, à la juridiction chargée de juger ces accusations, à la procédure qu'il faut instruire au sujet des actes, objets d'une accusation, enfin aux conséquences pénales et politiques d'une condamnation, varient extrêmement dans les différents États constitutionnels. Le plus ordinairement, c'est la chambre élective qui exerce le droit d'accusation, et c'est l'autre partie de la représentation nationale (chambre haute, chambre des pairs, sénat) qui en est juge. Souvent aussi c'est une cour spéciale; et dans les États du continent qui possèdent des institutions représentatives, il faut le concours des deux chambres pour mettre un ministre en accusation. A l'égard des crimes et délits susceptibles de devenir l'objet d'une mise en accusation, et aussi des peines à infliger en cas de condamnation, deux systèmes sont en présence : celui de l'Amérique du Nord, où tout se borne à faire perdre son emploi au ministre reconnu coupable et à le déclarer incapable de jamais remplir à l'avenir des fonctions publiques, mais qui élargit beaucoup le cercle des délits punissables et qui y comprend les simples fautes d'administration ou erreurs commises en politique extérieure; et le système anglais, qui domine généralement sur le continent. Celui-ci n'admet d'accusation contre un ministre qu'en raison d'actes tombant réellement sous le coup de loi pénale, mais en fait de pénalités à prononcer il admet même la mort.

RESSAC. C'est le choc des vagues de la mer qui se déploient avec impétuosité contre une terre, un obstacle quelconque, et s'en éloignent de même.

RESSEMBLANCE, similitude de conformation, de traits ou d'habitudes de corps et parfois d'esprit entre des individus, soit qu'ils appartiennent à la même famille ou race, soit qu'ils émanent d'une tige différente. Dans ce dernier cas, la c o n f o r m i t é des ressemblances est fortuite ou résulte d'un concours d'analogies qui peut se rencontrer parmi une grande multitude née sous des circonstances semblables. Ainsi l'on rapporte des exemples d'hommes parvenant à se faire passer pour les maris, les fils, les frères dans le sein d'une autre famille, après l'absence de plusieurs années ou la mort de la véritable personne qui lui appartenait. On a fondé sur ces similitudes et sur les quiproquos qu'elles amènent des pièces de théâtre, comme la comédie des *Ménechmes*, etc. On cite des frères parfaitement ressemblants et dont les goûts, les manières de penser, d'agir, étaient si bien correspondants, que leur destinée est devenue pareille. De tous temps on a signalé en effet les fréquentes ressemblances des jumeaux entre eux, et cette règle s'étend aux produits des animaux multipares. On comprend que, nés du même père, par le même acte et sous des influences parfaitement identiques, les petits se développent égaux de forme, de structure, de couleur, etc. Mais ce qui a lieu d'ordinaire sous l'état sauvage ou de nature change beaucoup dans l'état de domesticité. Néanmoins, cette prétendue uniformité ne paraît telle qu'à des yeux inattentifs. Il n'y a nulle part de parfaite ressemblance, comme il n'y a point de synonymes absolus. Il est certain, au contraire, que la civilisation ou plutôt les immenses modifications nées de tant de genres de vie différents par l'état de la fortune, les conditions sociales, la variété des nourritures, des vêtements et logements, des habitudes, des métiers ou arts, etc., ont transformé les individus à tel point qu'on ne saurait rencontrer deux hommes exactement semblables. Joignez-y les mélanges de sang ou des races de peuples tant de fois conquérants et conquis, incorporés par les migrations, irruptions, colonisations, etc., vous aurez des motifs suffisants pour expliquer les dissemblances ou plutôt la filiation de certaines ressemblances originelles. Ainsi, tel homme retient les traits avec les cheveux crépus du nègre, tel autre rappelle l'habitude du corps des anciens Cimbres ou Teutons. Les habitants de Marseille et de la Provence offrent encore les caractères des figures grecques. Malgré les prodigieuses transformations de nos races à travers les siècles et les coutumes imposées par des régimes successifs, politiques ou civils, l'antique trace de leurs aïeux ressuscite parfois comme l'empreinte ineffaçable du type originel. Le Russe ne peut pas toujours abjurer le sang tatare qui se manifeste avec ces grosses pommettes, ce nez épaté des *Mougiks*, commun aux paysans moscovites. Les familles patriciennes ou nobles, qui ne s'allient qu'entre elles, bien que leur race ne se transmette toujours de *Lucrèce en Lucrèce*, gardent longtemps les attributs qui leur sont propres (*voyez* Physionomie) : on cite avec de certaines familles régnantes d'Europe, comme à Rome on citait sous ce rapport les Catons, les Domitius, les Flavius, etc.

La *civilisation* pour les peuples, comme la *domesticité* pour les animaux, la *culture* pour les plantes, ont pour effet de mélanger les races, de modifier les formes, d'altérer plus ou moins profondément les qualités des êtres. De là résultent leur variété et la perte de leurs ressemblances, soit entre eux, soit avec. leur tige primordiale. Mais si ces causes modificatrices viennent à cesser, l'être ressaisit son type originel, et les individus rentrent dans l'assimilation à l'espèce pure, qui est l'harmonie dans les ressemblances générales. J.-J. VIREY.

RESSOUVENIR. *Voyez* Mémoire.

RESSORT. En physique, ce mot peut être appliqué à tous les corps élastiques susceptibles de changer considérablement de forme ou de volume lorsqu'ils sont soumis à la pression, au choc, ou à toute autre force qui manifeste leur élasticité. Ainsi, entre la dureté absolue et le premier degré de mollesse, les solides peuvent être considérés comme des *ressorts*; mais en mécanique industrielle le sens de ce mot est restreint aux corps dont la forme se prête à des changements visibles, comme les lames métalliques qui peuvent être courbées plus ou moins, le bois dont on fait les arcs, etc., etc. On sait qu'un très-grand nombre d'arts font usage de *ressorts métalliques* ; l'horloger y trouve la force motrice des montres et des petits instruments qu'il fabrique, quelle que soit leur destination ; le serrurier, l'arquebusier, le carrossier, etc., composent aussi, pour leur usage, des *ressorts*, dont la forme varie suivant l'effet à produire et la place assignée à ces parties du mécanisme. Il arrive même quelquefois que des motifs étrangers à la mécanique et à la composition des machines font introduire quelques modifications dans les ressorts ; ceux des voitures suspendues, par exemple, pourraient et devraient même être d'une seule pièce, et non un assemblage de lames superposées, si l'on n'avait en vue de résoudre le problème d'une suspension douce, opérée par le moyen le plus simple et le plus économique ; mais lorsqu'il s'agit du transport des personnes, on doit s'occuper avant tout de leur sûreté, prévoir les accidents, faire en sorte qu'ils ne causent ni danger ni crainte. Les ressorts composés de lames ne cassent jamais en totalité, et conservent toujours assez de force pour que les voyages puissent être achevés : l'art du carrossier les a conservés.

Les *ressorts* donnent le moyen de lancer des projectiles avec une grande vitesse, en accumulant dans une petite masse une quantité de mouvement que l'on peut augmenter à volonté, et dans un temps très-court, car il n'est que la durée de la détente des ressorts. On sait qu'avant l'invention de l'artillerie moderne, la balistique des anciens n'était pas dépourvue de machines assez puissantes (*voyez* BALISTE, CATAPULTE) ; mais aucun de ces instruments de destruction n'était comparable à ceux d'aujourd'hui. Le ressort des fluides élastiques comprimés et chauffés peut devenir une force limitée seulement par les parois qui les renferment. Quelques onces d'eau vaporisée peuvent fournir une force motrice supérieure à celle que le volume entier des eaux de la Seine procurait à l'ancienne machine de Marly. Les fluides élastiques (gaz ou vapeurs) sont les ressorts capables des grands effets, et lorsqu'on n'a besoin que d'un effort médiocre ou très-peu durable, ce sont des corps élastiques solides qu'il faut mettre en œuvre.

En passant aux sens figurés du mot *ressort*, on voit qu'il se prête à des analogies que la raison ne désapprouve point. Les intrigants font *jouer des ressorts*, moteurs cachés jusqu'au moment où il devient utile de les faire agir. Plusieurs autres locutions familières assignent à ce mot des emplois plus nobles : Les caractères forts et généreux ne manquent point de *ressort* ; c'est-à-dire que sachant unir la prudence au courage, ils ne cèdent que lorsque l'honneur le permet, et que le calme les retrouve tels qu'ils étaient avant l'orage.

La jurisprudence, qui ne se pique point toujours de précision ni de lucidité dans son langage, désigne par le mot *ressort* deux choses très-différentes : l'étendue territoriale de la juridiction d'un tribunal, et l'ensemble des objets soumis à ses décisions. On comprend très-bien ce que sont les jugements *en dernier ressort*. L'usage a cependant prévalu, pour le premier degré de juridiction, de substituer le mot *instance* à celui de *ressort* ; mais quoique les deux expressions soient, quant au fond, réellement *équivalentes*, elles ne sont pas synonymes ; car le mot *instance* exprime la part que les plaideurs prennent à un procès, au lieu que le mot *ressort* ne convient qu'à ce qui appartient aux juges. FERRY.

RESSORT (*Jurisprudence*). Juger en *dernier ressort*, c'est la même chose que juger *souverainement et sans appel*. Il peut arriver, et il arrive en effet qu'un tribunal, quelles que soient les lumières des hommes qui le composent, quelle que soit l'intégrité des magistrats chargés d'appliquer la loi, ne puisse saisir exactement la vérité au milieu des efforts multipliés que l'intérêt personnel, aidé de l'esprit de chicane, peut essayer pour l'obscurcir. Une première décision peut être le résultat d'une erreur ou d'une surprise : une seconde épreuve, environnée d'une plus grande solennité, faite devant un tribunal composé d'un plus grand nombre de juges,

des anciens de la magistrature, doit donc présenter une dernière, une plus complète garantie. Ce n'est pas que l'erreur ne puisse encore se glisser dans cette assemblée d'hommes graves, éclairés par une longue expérience ; mais si l'erreur est une infirmité attachée à l'espèce humaine, du moins quand on a remis le jugement des contestations dans des mains pures, quand on a confié la justice à des consciences éclairées, on a fait tout ce que commandait la prudence, tout ce qu'exigeait la raison ; il faut que les discussions aient un terme, il faut que les querelles s'éteignent : les juges supérieurs ont prononcé en *dernier ressort* : *Res judicata pro veritate habetur*.

L'ordre judiciaire se compose aujourd'hui : 1° des juges de paix ; 2°, et dans l'ordre supérieur, des tribunaux de première instance, chargés de prononcer en *dernier ressort* sur toutes les contestations relatives aux impôts indirects, tels que les droits d'enregistrement et de timbre, les patentes, les *droits* sur les tabacs, sur les boissons, etc., ainsi que de toutes les affaires personnelles et mobilières, jusqu'à la valeur de 1,000 fr. de principal, et des affaires réelles dont l'objet principal est de 50 fr. de revenu déterminé, soit par prix de bail ; 3° enfin, des cours impériales, qui, sur l'appel des jugements rendus par les tribunaux de première instance et de commerce, connaissent souverainement de toutes les affaires civiles que ces tribunaux ne jugent pas en dernier ressort. Ce n'est pas qu'il n'existe, ainsi que nous venons de le dire, un tribunal supérieur aux cours impériales et dont la juridiction embrasse toute l'étendue du territoire français ; mais la cour de cassation, instituée plus spécialement pour veiller à l'application des lois, et pour maintenir parmi tous les tribunaux l'uniformité de jurisprudence, ne forme point un *degré de juridiction*, dans l'acception ordinaire de ce mot : elle est le premier tribunal de l'empire, mais ses attributions tiennent plus du législateur que du juge, de la discipline judiciaire que de la distribution de la justice.

Il nous reste à parler du *dernier ressort* en ce qui concerne les matières criminelles. Il y a trois sortes de procès criminels : ceux du *grand criminel*, ceux de *police correctionnelle*, ceux de *simple police*. En général, dit Merlin, l'appel n'a lieu ni dans les procès du grand criminel ni dans ceux de simple police, mais il est admis dans les affaires de police correctionnelle (art. 199 du Code d'Instruction criminelle) : cet appel doit être interjeté par les parties auxquelles le Code en accorde le droit, dans les dix jours, à dater de sa prononciation ; il est porté, suivant les cas déterminés par les art. 200 et 201, soit devant la cour impériale, soit devant le tribunal du chef-lieu du département, et c'est là qu'interviennent les décisions en dernier ressort. DUBAND.

RESTAURANT, RESTAURATEUR. Le premier de ces deux mots, qui dans leur acception actuelle ne datent que de la révolution, s'applique à des établissements qui furent longtemps particuliers à Paris, et qu'encore aujourd'hui on trouve seulement dans les grandes villes. Partout ailleurs l'homme pressé par la faim n'a d'autre ressource que la vulgaire *auberge* ou bien l'*hôtel* à sa *table d'hôte*.

Le *restaurateur* est l'industriel qui tient un *restaurant*, c'est-à-dire une boutique, plus ou moins brillamment décorée, où il vend à tous venants à boire et à manger, en d'autres termes de quoi *rétablir*, *restaurer* les forces d'un estomac vide. Il est proche parent de l'humble *traiteur*, qui dans les beaux quartiers usurpe le plus souvent la qualification de son confrère ; ce qui les différencie, c'est le nombre, la diversité, la délicatesse et le prix des mets, ainsi que le luxe et le comfort du service. Chez le restaurateur, on ne peut dîner qu'en dépensant quatre fois plus que chez le traiteur ; et pour peu qu'il ait mal dîné, ou seulement mal digéré, le consommateur n'hésite pas à les confondre tous deux sous la dénomination avilissante de *gargotiers*.

Les premiers *restaurateurs* furent des maîtres d'hôtel

et des cuisiniers de grands seigneurs, à qui l'émigration faisait perdre leur gagne-pain, et qui, ne sachant plus à quel saint se vouer, imaginèrent d'ouvrir boutique et de mettre désormais leurs talents au service de la démocratie. C'était de leur part évidemment déroger ; aussi, pour sauvegarder la question d'amour-propre et ne pas être confondus avec les *traiteurs*, inventèrent-ils les mots *restaurant* et *restaurateur*, qui avaient l'avantage d'ennoblir leur industrie. Les rares contemporains ne parlent qu'avec componction des succulents dîners qu'on faisait chez Méot, de l'air avenant et sémillant de sa femme, qui trônait au comptoir. Le *restaurant* de ce Méot, ancien chef des cuisines de M. le prince de Condé, occupait les brillants salons de la ci-devant chancellerie d'Orléans, rue Neuve-des-Bons-Enfants et rue de Valois. A la mort de Méot, on n'eut plus en fait de restaurateurs que la *petite monnaie* de ce grand artiste culinaire ; et c'est seulement alors qu'il commença d'être question des Beauvilliers, des Véry, des Grignon, des Godeau, des Legacque, des Borel, des Hardy, des Ledoyen, des Riche, etc., qui jamais d'ailleurs ne parvinrent à faire oublier leur illustre maître.

Il y a Paris deux classes de *restaurants :* les restaurants *à la carte*, et les restaurants *à prix fixe*. Dans les premiers, le consommateur choisit ce qui lui plaît sur une carte où sont indiqués les mets et leur prix, et paye au prorata de sa consommation ; mais on n'y dîne guère qu'à la condition de dépenser à un seul repas ce qui ferait vivre une nombreuse famille toute une semaine. Dans les seconds, moyennant une dépense fixe, qui, suivant la propreté et l'élégance des établissements, varie depuis quatre-vingts centimes jusqu'à deux francs par tête, on lui sert un potage, une demi-bouteille de vin, trois plats et un dessert, qu'il choisit sur une carte tout aussi variée que celle de l'autre restaurant. Seulement, il ne devra y entrer qu'armé d'une foi robuste ou complaisante en ce qui touche les dénominations données aux ragoûts qu'on lui servira et d'un courage à toute épreuve à l'égard de leur provenance. C'est *ostentation et misère*. Une révolution importante s'est tout récemment opérée dans les *restaurants à prix fixe* : c'est la suppression de cette *carte des mets du jour*, dont la seule lecture rassasie déjà, mais qui n'est plus ou moins une vérité que dans les restaurants de premier ordre ; et l'honneur de cette suppression, hâtons-nous de le proclamer, revient à un journaliste contemporain. En 1830 on avait vu Maréchal, restaurateur rue Montorgueil, éteindre ses fourneaux pour se faire vaudevilliste-journaliste, et devenir l'un des fournisseurs habituels du *Journal de Paris*, du *Messager* et autres feuilles de police. En 1854 Placide Justin, ancien rédacteur du *Courrier français*, se trouvant sans ouvrage à la suite du coup d'État du 2 décembre 1851, imagina lui de se faire restaurateur. Il n'était pourtant ni maître d'hôtel ni cuisinier, mais tout simplement *homme de progrès et d'initiative*. Il n'eut garde d'ailleurs d'attacher à sa création le nom vulgaire et passablement décrié de *restaurant*. En fondant *Le Dîner de Paris*, dans un immense local situé boulevard Montmartre, il annonça hardiment au public qu'il faudrait dîner chez lui *à la fortune du pot*, et se contenter d'un potage et de quatre plats avec dessert, qu'il s'efforcerait du reste de varier autant que possible ; mais que pour la bagatelle de 3 fr. 50 c., payés d'avance, avant toute consommation (précaution et innovation qui peignent bien l'état des mœurs publiques au dix-neuvième siècle), on trouverait en tous temps chez lui un dîner abondamment servi, sainement composé, aussi délicatement apprêté que dans la meilleure cuisine de Paris, et arrosé d'une bouteille de vin naturel. Or, notre homme tint religieusement toutes les conditions de son programme ; et l'immense succès de son établissement, à l'instar duquel il s'en est créé aussitôt nombre d'autres, prouva qu'il avait calculé juste en pensant qu'il restait, en fait de *restaurants*, à trouver un sage milieu entre les ignobles gargotes où l'on empoisonne impunément le public à raison de 2 fr. par tête, et les établissements tout étincelants de glaces et de dorures où le consom-

mateur est servi en damassé et en vaisselle plate, mais d'où il ne peut sortir qu'après avoir dépensé de quinze à vingt francs.

San-Francisco, en Californie, est peut-être la ville du monde où relativement au chiffre de la population on trouve aujourd'hui le plus grand nombre de restaurants de toutes les catégories. Il y existe jusqu'à des restaurants chinois, et nous noterons ici les prix de quelques articles qui figurent sur la carte de ces établissements : *côtelette de chat*, 25 cents (environ 1 fr.) ; *soupe au chien*, 12 cents ; *rôti de chien*, 18 cents ; *pâté de chien*, 6 cents ; *rats braisés*, 6 cents. Dans la rue Saint-Jacques et dans la Cité, à Paris, on n'est pas si sincère.

RESTAURATION, action de réparer une chose, de la rétablir dans son état primitif. En politique, ce mot indique le retour absolu à un régime qui avait été une fois détruit, à des personnes dynastiques qui avaient été repoussées par la violence des révolutions, à des principes qui avaient été complétement renversés dans une crise gouvernementale. Le plus ordinairement les *restaurations* prennent pour devise : « Point de concessions, point de transactions avec ce que nous avons remplacé ! » ; et en conséquence elles cherchent à rétablir tout ce qui a été, les mêmes abus, les mêmes principes, bons ou mauvais, qu'au moment où a commencé la révolution, sans tenir aucun compte des idées émises et des progrès accomplis dans l'intervalle qui a existé entre la chute et le retour de la dynastie. Les restaurations ont rarement lieu dans l'intérêt des peuples, et ceux-ci ont tout à perdre dans ces réactions de temps qui ne sont plus et d'hommes qui veulent y ramener, en détruisant ce qui les a avantageusement remplacés. Charles Fox, dans son *Histoire des Révolutions d'Angleterre*, dit avec raison qu'une *restauration* est d'ordinaire la plus dangereuse et la pire des révolutions. Telles furent les *restaurations* qui eurent lieu en Angleterre en 1660, après la mort de Cromwell, par le rappel de Charles Stuart au trône de ses pères, et en 1814 en France, par le retour des Bourbons à la suite des armées de la coalition qui venait de détrôner Napoléon. Cette dernière avait été précédée ou fut suivie des *restaurations* d'Espagne, de Naples, de Hollande, de Sardaigne et d'une foule de petits États allemands ou italiens, dont les souverains avaient été dépossédés à la suite des guerres de la révolution.

Nous avons encore eu la *restauration* de la république, en 1848 ; puis la *restauration impériale*, en 1852. Mais dans l'usage ordinaire le mot *restauration* pris absolument s'applique aujourd'hui au rétablissement du trône des Bourbons, d'abord en 1814, puis en 1815 après le court épisode des cent jours ; et quand il est question de l'*époque de la Restauration*, on entend désigner l'intervalle compris entre 1814 et 1830, où partout en Europe les gouvernants s'efforcèrent de reconstruire le passé et ne réussirent par là qu'à provoquer de nouvelles *révolutions*.

RESTAURATION (*Beaux-Arts*), mot également employé en architecture, en sculpture, en peinture et en gravure ; sa valeur n'est pourtant pas tout à fait la même dans ces différents arts.

La *restauration d'une gravure* consiste à la recoller avec assez d'adresse pour faire disparaître les déchirures, à remettre une petite pièce dans les angles, à boucher les trous de vers, à donner au nouveau papier une teinte pareille à celle de l'estampe, et enfin à refaire quelques tailles ou des portions un peu plus importantes.

Faire la *restauration d'un tableau* ou le *restaurer*, c'est rétablir quelques parties enlevées, remplir les craquelures, ou seulement rejoindre les points où la toile se trouve à nu. Souvent la *restauration* consiste à faire disparaître une déchirure, un trou ; alors on applique par derrière un morceau de toile collé, ce que l'on nomme *maroufler*, on rétablit les fils cassés le mieux possible, on met sur cette partie une impression ou pâte semblable à celle qu'a reçue primitivement toute la toile, et on repeint en imitant le mieux possible le ton, la manière du maître ; travail qui exige une connaissance approfondie des procédés employés dans les différentes écoles et une longue expérience pour prévoir, dans le choix et l'emploi des couleurs, ce que le temps peut apporter de changement dans les teintes nouvelles afin de prévenir la discordance qui arriverait bientôt. Si la pourriture a gagné la toile, si le panneau est vermoulu, si la vétusté fait écailler le tableau, alors il faut *rentoiler* ou plutôt *enlever* le tableau (*voyez* RENTOILAGE). Un habile *restaurateur* est un homme précieux sans doute, mais on ne peut se dissimuler que souvent par de mauvaises *restaurations* on a entièrement perdu ce qui restait d'un ancien tableau, et qu'en place des débris du talent d'un ancien et habile maître on ne voit plus maintenant qu'un travail moderne et sans mérite.

Dans la sculpture, la *restauration* est aussi de plusieurs natures : souvent elle consiste à réunir les parties brisées, et dans ce cas c'est une opération bien simple ; mais quelquefois il faut aussi réparer des parties mutilées, telles que le nez, le menton, ou bien des draperies. Là encore on a souvent lieu d'être satisfait de la restauration ; mais s'il faut aller plus loin, s'il faut non pas *réparer*, mais *restituer* des parties importantes, les mains, les bras, même la tête, alors quelle habileté devrait avoir le *restaurateur* pour bien saisir le style du statuaire ancien ! Souvent avec les extrémités ont disparu les symboles, les emblèmes caractéristiques ; en en remettant de nouveaux, la sagacité du *restaurateur* s'est souvent trouvée en défaut, le manche d'un miroir a été pris pour le fragment d'un arc, et d'une Vénus on a fait une Diane ; ou bien des têtes de pavots ont été prises pour des pommes, et Morphée est devenu Vertumne ; un prêtre égyptien avec une longue robe a reçu une tête de femme, et on lui a donné le nom de l'impératrice Sabine. Beaucoup de statues furent probablement brisées et restaurées dans l'antiquité. Pendant les guerres civiles de la Grèce, surtout celle des Achéens contre les Étoliens, les monuments publics furent souvent dévastés ; d'autres ont pu être brisés lors de leur transport à Rome. Combien de statues grecques doivent avoir souffert dans le grand incendie de cette ville sous Néron, et lors des troubles de Vitellius, pendant lesquels on se défendit dans le Capitole en lançant des statues sur les assaillants ! Combien d'autres l'ont été lors des invasions des barbares et dans le sac de Rome, en 1529 ! A toutes ces époques, il s'est fait des restaurations, et alors elles se faisaient comme aujourd'hui par le moyen d'un tenon que l'on introduisait dans des trous pratiqués dans la partie endommagée et dans la portion que l'on ajoutait ; puis on assujettissait le tout en coulant du plomb fondu. Quelquefois, soit par erreur, soit pour éviter la peine de refaire une jambe, on en prenait une antique, mais qui n'avait jamais appartenu à cette statue ; et on doit penser qu'alors il était presque impossible que le mouvement fût le même et qu'elle s'adaptât parfaitement.

Les artistes modernes auxquels on doit les plus habiles restaurations sont : Guillaume della Porta, Sansorino Tutta, François-Jean Agnolo, Pierre Tacca et Salvetti. On sait que Michel-Ange Buonarotti a aussi fait des restaurations, entre autres le bras élevé du magnifique groupe de Laocoon, mais il le déposa au pied de la statue sans oser le mettre en place. Lorsque ce groupe vint à Paris, Napoléon mit ce travail au concours, et donna un prix de dix mille francs pour celui dont le travail serait jugé digne d'être mis en place.

En architecture, on dit bien qu'une maison a besoin d'être *restaurée* ; pourtant on ne dit pas qu'il faut y faire des *restaurations*, mais des *réparations*, de *grosses réparations*. S'il est question d'un grand édifice tombé en ruine, alors au contraire on dit que tel architecte a été chargé de la *restauration* de tel monument, telle église, tel palais.

Il existe une autre sorte de *restauration* à laquelle le nom de *restitution* conviendrait beaucoup mieux : il s'agit de suppléer, d'imaginer ce que le temps a détruit et fait disparaître dans un édifice antique. Les élèves d'architecture qui ont obtenu le grand prix de l'Académie sont obligés, pendant le cours de leur pensionnat à Rome, de composer la *restauration* de quelqu'une des plus fameuses ruines de l'Italie. DUCHESNE aîné.

RESTAUT (PIERRE), grammairien français, né à Beauvau, en 1694, et mort à Paris, en 1764, fut d'abord pourvu d'une charge d'avocat au conseil du roi. Il était très-laborieux ; et quand il voulait se distraire un moment des travaux de sa profession, c'était aux sciences, aux belles-lettres et aux beaux-arts qu'il allait demander ses seuls délassements. Ses *Principes généraux et raisonnés de la Grammaire Française* sont le fondement de sa réputation de grammairien. Les principes de la langue y sont en général exposés avec justesse et netteté ; quelquefois aussi on y désirerait moins de longueur dans les développements. Quelques critiques l'ont blâmé d'avoir adopté pour sa grammaire le système des demandes et des réponses. Sans doute, cette forme doit donner lieu à des répétitions ; mais dans un livre destiné à l'instruction élémentaire, c'est plutôt un avantage qu'un inconvénient ; car par la question que leur adresse le maître, les enfants, si cette question est bien posée, se trouvent mis pour ainsi dire sur la voie ; l'éveil est donné à leur intelligence, et la réponse leur devient plus facile. Il est un autre reproche dont il ne serait pas aussi aisé de justifier Restaut ; c'est celui d'avoir manqué quelquefois de tact en faisant étalage d'une métaphysique obscure, plus propre à rebuter les intelligences vulgaires qu'à les éclairer. Sans doute Restaut ne saurait être comparé aux Dumarsais, aux Beauzée, aux Court de Gébelin et autres esprits du premier ordre qui ont cherché à résoudre les questions les plus abstraites et les plus ardues de la grammaire générale ; mais il a sur eux l'avantage d'avoir rendu de grands services à l'enseignement public. Le judicieux Rollin trouvait dans son livre toutes les notions élémentaires qu'il désirait ; les membres les plus éclairés de l'université l'adoptèrent comme ouvrage classique.
CHAMPAGNAC.

RESTIF DE LA BRETONNE. *Voyez* RÉTIF DE LA BRETONNE.

RESTITUTION. Ce mot exprime généralement l'action de *restituer* ou de *rétablir*. En termes d'architecture, la *restitution* d'un édifice antique est le dessin par lequel on tâche de le représenter tel qu'il était jadis (*voyez* RESTAURATION).

En droit, on entend spécialement par *restitution* : 1° la remise, volontaire ou forcée, de ce qui a été induement exigé ; 2° l'action de se faire relever d'un engagement qu'on n'avait pas la capacité de contracter. Le Code Civil énumère, sous les différents titres qui concernent la *minorité*, le *régime dotal*, les *quasi-contrats*, la *vente*, le *dépôt*, le *gage*, etc., les causes de restitution légale ou conventionnelle. Ces causes résultent pour la plupart soit de la nature même des contrats, soit de l'incapacité des contractants, soit de l'absence du libre consentement des personnes, soit enfin du dommage dont elles se déclarent lésées. La disposition la plus générale du Code sur ce point est celle qui pose en principe (art. 1376) que celui qui, sciemment ou par erreur, reçoit ce qui ne lui est pas dû, est soumis à l'obligation de restituer. Ici toutefois, quant au mode de *restitution*, une distinction essentielle est nécessaire : s'il a reçu de *bonne foi*, il n'est tenu de rendre la chose qu'autant qu'elle existe encore en sa possession, ou qu'il s'en est enrichi, et dans l'état où elle se trouve. Mais s'il s'agit d'une somme d'argent, ou d'autres choses qui se consomment par l'usage, il doit toujours restituer en somme pareille ou en égale quantité. S'il a reçu de *mauvaise foi*, il est soumis à des obligations beaucoup plus rigoureuses : il doit tenir compte des intérêts du jour même du payement ; et s'il s'agit d'une chose de nature à produire des fruits, il doit faire raison et de ceux qu'il a perçus, et de ceux même qu'il a manqué de percevoir. Enfin, de quelque manière qu'une chose volée ait péri, ou ait été perdue, sa perte ne dispense pas celui qui l'a soustraite de la restitution du prix (art. 1302). Cependant, la loi a voulu que le propriétaire réclamant tint compte, même au possesseur de mauvaise foi, de toutes les dépenses utiles et nécessaires qui auraient été faites pour la conservation de la chose (art. 1381). Mais c'est surtout à l'égard des *mineurs* que la restitution est, dans une foule de cas, impérieusement exigée par la loi; le moindre dommage suffit pour la rendre obligatoire, contre toute espèce de conventions; elle ne l'est pas moins en faveur même du mineur émancipé, contre toutes les conventions qui excèdent les bornes de sa capacité, à moins que le dommage ne résulte d'un événement casuel et imprévu. Toutefois, la loi ne pouvait se dispenser d'admettre des exceptions légitimées par des motifs graves qu'il est facile de comprendre : c'est ainsi qu'elle a statué que le mineur commerçant, banquier ou artisan, n'était restituable, ni contre les engagements pris par lui à raison de son commerce ou de son art, ni contre les conventions légalement stipulées en son contrat de mariage (art. 1305 et suiv.). Les interdits et les femmes mariées non autorisées jouissent à peu près du même privilége que les mineurs.

Le *dépositaire* doit rendre identiquement la chose même qu'il a reçue ; ainsi le dépôt de sommes monnayées doit être restitué dans les mêmes espèces qu'il a été fait, soit dans le cas d'augmentation, soit dans le cas de diminution des valeurs (art. 1932). Les notaires, avoués, huissiers et autres officiers publics, qui auraient exigé de plus forts droits que ceux qui leur sont accordés par les tarifs sont soumis à la restitution, et même, s'il y a lieu, punis de l'interdiction.

Le mot *restitution* désigne en physique le retour d'un ressort au repos, en astronomie le retour d'une planète à son apside. En numismatique, on appelle *médailles de restitution* celles qui représentent un ancien édifice restauré. A. HUSSON.

RESTITUTION (Édit de). On désigne ainsi, dans l'histoire d'Allemagne, un édit rendu par l'empereur Ferdinand II, le 6 mars 1629, à l'époque de la guerre de trente ans, par lequel il était ordonné aux protestants de rendre aux catholiques tous les biens de l'Église dont ils s'étaient emparés depuis le traité de Passau de 1552, et en vertu duquel les réformés étaient exclus de la p a i x d e r e l i g i o n. Il ne fut d'ailleurs que partiellement exécuté.

RESTOUT (JEAN), élève et neveu de J o u v e n e t, est de tous les peintres français celui qui a le plus approché de la manière de ce maître. Fils et petit-fils de peintres dont la renommée n'a pas dépassé les limites de la Normaudie, il naquit à Rouen, le 26 mars 1692, et vint fort jeune à Paris, travailler chez son oncle, dont il adopta les procédés expéditifs, la manière lâchée et le coloris roux et chaud. Agréé à l'Académie en 1717, il ne fit pas le voyage de Rome : aussi son œuvre resta-t-elle toute française, on pourrait presque dire *normande*. Son morceau de réception fut un tableau d'*Aréthuse poursuivie par Alphée* (1720). Bientôt professeur, recteur, directeur, chancelier, il passa par toutes les dignités académiques, et mourut couvert de gloire et d'honneurs, le 1ᵉʳ janvier 1768. Peu d'artistes ont été plus laborieux : à la fois peintre de sujets religieux et de galanteries pastorales, il a travaillé pour les églises et les couvents, pour les châteaux et les boudoirs. Parmi les ouvrages qui le caractérisent le mieux, je citerai le *Christ guérissant le Paralytique* (Musée du Louvre) ; le plafond de l'ancienne bibliothèque Sainte-Geneviève, *Saint-Benoît en extase* (1730), et la *Mort de sainte Scholastique* (1730, musée de Tours) ; la *Présentation de la Vierge au Temple* (musée de Rouen) ; *Le Bon Samaritain* (musée d'Angers) ; et *Les Pèlerins d'Emmaüs* (1735, musée de Lille). Restout était plein d'imagination et d'idées ; mais son dessin, ses types sont toujours de la plus déplorable vulgarité. Sur ce point il a trouvé moyen de renchérir encore sur son maître. Sa couleur, je le répète, abonde, comme celle de Jouvenet, en tons jaunis, bruns et sales. Si au moment où brilla Restout l'école française n'avait déjà été à demi perdue, nul mieux que lui n'eût été en mesure de hâter sa décadence.

RESTOUT (JEAN-BERNARD), fils et élève du précédent, est resté moins habile et moins célèbre que lui. Né vers 1733 et mort en 1796, il fut, on peut le dire, le dernier des peintres de l'école normande, sur laquelle Jouvenet avait jeté tant d'éclat. Il a eu tous les défauts de son père, sans avoir une seule de ses rares qualités. Ses tableaux, d'ailleurs, ne sont pas très-nombreux ; les meilleurs, et ils ne sont pas bons, sont le *Saint Bruno* du Louvre et *Jupiter et Mercure chez Philémon et Baucis* (musée de Tours).

Paul MANTZ.

RESTRICTIFS (Droits). *Voyez* DOUANES, PROHIBITIF (Système), PROHIBITION, et PROTECTION.

RESTRICTION (*Jurisprudence*). *Voyez* RÉDUCTION.

RESTRICTION MENTALE, *reservatio mentalis*. On appelle ainsi la réserve d'une partie de ce que l'on pense, pour induire en erreur celui à qui l'on parle. Partout et toujours on a vu des hommes plaçant la main sur leur cœur pour attester et jurer la vérité de ce qu'ils disaient, penser tout le contraire, et mettre leur conscience en repos au moyen de quelque subtilité ou réserve mentale. Rien évidemment de plus contraire à la morale ; cependant, les jésuites sont accusés d'avoir autorisé ces mensonges, surtout quand il s'agissait des intérêts de leur ordre. En diplomatie et en politique, les *restrictions mentales* sont chose ordinaire ; et ceux qui en usent n'ont certes pas cru nécessaire de lire préalablement les casuistes de la Société de Jésus ; c'est chez eux une inspiration toute naturelle.

RÉSULTANTE, terme de dynamique. *Voyez* FORCE (Mécanique).

RÉSURRECTION (du latin *resurgere*, se relever), retour à la vie avec le même *moi individuel*, et dans les mêmes organes matériels qu'auparavant. En ce sens, la *résurrection* ne peut être que le fait d'un miracle, comme on en vit beaucoup dans l'origine du christianisme. Jésus-Christ en a opéré trois, entre lesquelles la *résurrection* de Lazare est regardée comme la plus éclatante. C'est en l'honneur de la *résurrection* de Jésus-Christ lui-même, fait prouvé par les témoignages les plus irréfragables et qui raffermit invinciblement la foi ébranlée des apôtres en sa mission divine, que se célèbre encore aujourd'hui la fête de P â q u e s.

La *résurrection* des morts est une croyance commune aux Juifs et aux chrétiens. Toutefois, cette idée demeura étrangère aux Juifs jusqu'à la captivité de Babylone, et ils pensaient qu'après la mort les âmes des bons et des mauvais descendaient dans les ténèbres du monde souterrain (*scheol*), où elles sommeillaient sans vie et sans conscience. C'est à l'époque de l'exil qu'ils connurent la doctrine de Zoroastre. Ils se l'approprièrent, mais prétendirent alors que ceux qui mouraient martyrs pour l'adoration du vrai Dieu et de sa loi ne descendaient point dans le monde souterrain, mais, comme Enoch et Elie, allaient droit à Dieu en reprenant leur corps primitif, et étaient transfigurés. Ces idées se retrouvent également dans le Nouveau Testament, à l'égard des premiers martyrs. Les pharisiens et très-certainement aussi les docteurs de la loi croyaient, au rapport de Josèphe, que les âmes des hommes pieux obtenaient pour récompense de quitter le monde souterrain et de renaître comme hommes avec de nouveaux corps ; ce qui explique les questions adressées à Jésus-Christ dans saint Matthieu (13, 16 et suiv.), dans saint Luc (9,19) et saint Jean (1, 21). Les Sadducéens n'admettaient point cette résurrection. L'on rattacha aussi ce dogme à l'attente du règne du Messie ; et l'on pensa que les justes décédés seraient réveillés d'entre les morts au moment où commencerait le règne du Messie, qu'ils régneraient avec lui (*première résurrection*), et qu'à la fin de ce règne aurait lieu la résurrection générale (la *seconde*) des bons et des méchants, ainsi que le jugement par suite duquel les bons seraient admis dans le ciel à partager la vie éternelle avec le Christ, tandis que les méchants seraient précipités dans l'enfer.

L'Église rejeta plus tard cette première résurrection, comme une idée juive, et n'admit comme dogme que la seconde, c'est-à-dire la nouvelle animation à la fin des choses des corps des morts et leur réunion nouvelle et perpétuelle avec les âmes. Toutefois, cette doctrine rencontra des adversaires dès les temps des apôtres, ainsi que plus tard au sein de l'Église, et même à l'époque de la Réformation. Ce dogme appartient en réalité à la doctrine de la rémunération, et non à celle de l'immortalité de l'âme, avec laquelle elle n'est point identique. C'est une idée préparatoire, une idée de transition à l'idée de l'immortalité, parce qu'elle pose l'important principe qu'après la mort l'âme doit aller au ciel et y revêtir un nouvel organe pour la perception du monde des sens.

On dit figurément : *C'est une résurrection, une vraie résurrection,* d'une guérison inopinée, surprenante.

RÉSURRECTIONNISTES, *resurrection-men.* On appelle ainsi en Angleterre les individus qui déterrent les cadavres pour les vendre à des anatomistes. Le préjugé qui règne dans ce pays et empêche de livrer à la dissection le corps de ses proches a rendu de plus en plus difficile aux anatomistes de se procurer des sujets pour leurs travaux de dissection; et il en est résulté que le vol des cadavres est devenu une véritable industrie. Le prix des sujets a toujours été en augmentant avec le besoin de plus en plus grand d'instruction générale; et la valeur des cadavres, qui avait commencé par être de 2 liv. st. (50 fr.), ayant successivement monté jusqu'à 16 liv. st. (400 fr.), l'immorale industrie du vol de cadavres prit un essor incroyable. Les *resurrection-men* volaient surtout les cadavres des individus morts dans les hôpitaux, parce que leurs tombes creusées moins profondément étaient aussi l'objet d'une surveillance moindre. Souvent l'appât du gain porta des individus à commettre des assassinats rien que pour se procurer des cadavres (*voyez* BURKE). Une loi spéciale a fini par prononcer de six à douze mois de prison contre le vol des cadavres. Une mesure plus efficace pour arriver à la suppression de cet abus, ç'a été l'acte du parlement qui, en 1828, a permis de livrer aux amphithéâtres d'anatomie les corps d'individus morts dans les hôpitaux ou les prisons qui ne seraient pas réclamés par leurs proches. Depuis lors le nombre des crimes de cette espèce a beaucoup diminué. En 1831, cependant, on vit encore à Londres un certain Bishop voler des enfants pour les assassiner et vendre leurs cadavres à de jeunes étudiants en médecine.

RETABLES, motifs d'architecture religieuse qui servent de décoration aux autels de nos églises catholiques. Le marbre, la pierre, le stuc et le bois sont les matériaux employés à ces sortes de constructions, qui en Italie et en Espagne sont parfois des œuvres importantes, et dans l'exécution desquelles les architectes, les peintres et les sculpteurs ont rivalisé de génie. Les *retables* sont le plus souvent d'une ordonnance très-variée, et de plusieurs styles mélangés : ainsi, les colonnes, corniches, entablements qui les composent, etc., sont, au gré des artistes, de tel ou tel ordre, et accompagnés d'un choix d'ornements qui peut varier à plaisir, pourvu qu'il soit d'un effet harmonieux.

Il y a dans l'ensemble de tout *retable* un détail distinct, qu'on appelle *contre-retable*; c'est le fond placé au-dessus de l'autel, en manière de panneau ou de lambris, dans lequel on enchâsse un tableau, un bas-relief ou une statue, et contre lequel sont adossés le tabernacle et les petits gradins.

Il est à remarquer que les maîtres autels, toujours isolés, ne sont pas surmontés de *retables,* parce que ces décorations n'ont été inventées que pour servir de revêtement aux murs contre lesquels sont appuyés les autels des chapelles latérales d'une église.

Les *retables* n'ont rien de commun avec l'art chrétien ou gothique; ils sont tous exécutés dans un style moderne et quasi païen : ce n'est qu'au temps de la renaissance qu'on les voit apparaître et figurer dans l'ornementation des églises. Pendant les deux derniers siècles, ces ouvrages d'architecture furent en grande vogue; mais la variété plutôt que le bon goût caractérise les nouvelles formes que leur donnèrent les capricieux artistes d'alors. Nous ne voyons dans les édifices religieux modernes que les *retables* des chapelles latérales de La Madeleine qui méritent d'être cités avec éloge: ils sont riches, mais d'un style lourd et par trop païen. Le plus beau *retable* que nous ayons à Paris est celui de la chapelle de la Vierge, à Saint-Sulpice ; il fut exécuté sur les dessins de l'architecte De Wailly. On voit aujourd'hui au musée des Thermes le *retable d'or* donné à la cathédrale de Bâle par notre roi Henri II ; il a fourni à M. Prosper Mérimée la matière d'une notice insérée dans le *Moniteur* du 20 juin 1854.
A. FILLIOUX.

RÉTENTION (Droit de). On appelle ainsi le droit en vertu duquel le détenteur d'un objet qu'il est tenu de remettre à un tiers peut cependant en conserver la possession jusqu'à ce qu'il ait été indemnisé de certaines avances ou dépenses qu'il a faites dans l'intérêt de cet objet.

RÉTENTION D'URINE, maladie dont le principal caractère est un défaut plus ou moins complet d'évacuation d'urine. Un sentiment de pesanteur vers l'anus accompagne de fréquentes envies d'uriner; des douleurs, qui se propagent le long du dos, et qui augmentent lorsque le malade marche ou fait quelque effort, amènent souvent une fièvre violente. La rétention d'urine est un accident grave : lorsqu'elle persiste, la vessie, distendue, perd son ressort; son tissu peut se déchirer et l'urine s'épancher dans les parties environnantes. Cette maladie, lorsqu'elle est prise à temps et qu'elle ne provient pas d'une paralysie complète de la vessie, cède fréquemment à l'usage des sondes de gomme élastique et à l'emploi des bains. La rétention d'urine est souvent causée par l'âge; souvent aussi, elle est le produit d'une altération de la moëlle épinière, l'effet d'un rétrécissement du canal de l'urètre, ou la suite d'habitudes vicieuses.

RETENUE, en termes de finance et de droit, se dit de ce qu'on retient sur un traitement, un salaire, ou sur une rente, en vertu d'une loi ou d'une convention. Avant la loi du 5 septembre 1807, les débiteurs des rentes constituées étaient autorisés à faire la retenue du cinquième de la rente en représentation de la contribution foncière payée par eux, à moins que par le titre constitutif la rente ne fût déclarée exempte de retenue. Cette retenue n'existe plus aujourd'hui, à moins qu'elle n'ait été formellement stipulée dans le titre.

Dans les lycées et collèges, on dit d'un écolier qu'il est en *retenue* quand pour quelque faute on l'empêche de sortir ou de prendre part à une récréation.

RETENUE (*Morale*). *Voyez* CIRCONSPECTION.

RETHEL, ville de France, chef-lieu d'arrondissement dans le département des Ardennes, à 50 kilomètres de Mézières, sur la rive droite de l'Aisne, avec une population de 7,500 habitants, un tribunal civil, une chambre consultative des manufactures, un conseil de prud'hommes, un collège, une caisse d'épargne, une maison de correction, une typographie. On y trouve de nombreuses fabriques de tissus de laine, flanelle, mousseline-laine, mérinos, drap, des filatures de laine peignée et cardée, des fabriques de laine et de cachemire peignés, des ateliers de construction de machines et de mécaniques spéciales à l'industrie des laines, des tanneries, des fabriques de savon gras et d'huile, une fonderie de fer et de cuivre. C'est une ville très-ancienne, et qui doit son origine à un fort ou *castrum* bâti par les Romains ; une grosse tour très-élevée, dont on voit encore les ruines, paraît en avoir fait partie : elle est mal bâtie, et ne renferme aucun monument. Rethel fut prise en 1653 par les Espagnols, qui en furent chassés la même année par le maréchal du Plessis-Praslin, mais qui s'en emparèrent de nouveau en 1654. Peu de mois après Turenne les força de capituler.

RÉTIAIRES, gladiateurs dont l'art consistait à envelopper leurs adversaires avec un filet (*rete*) et à les tuer avec un trident.

RÉTICENCE, figure de rhétorique, qu'on appelle

aussi souvent *interruption*, par laquelle on s'interrompt brusquement, mais de manière à laisser très-bien comprendre ce qu'on affecte de taire. Cette figure exprime quelquefois très-énergiquement la colère et l'indignation. Tout le monde connaît le fameux *quos ego...* que Virgile met dans la bouche de Neptune haranguant les vents mutinés ; c'est un des plus heureux modèles de réticence. Mais nous en pouvons citer aussi de beaux exemples dans notre langue. Athalie dit au grand prêtre Joad :

En l'appui de ton Dieu tu t'étais reposé;
De ton espoir frivole es-tu désabusé ?
Il laisse en mon pouvoir et ton temple et ta vie.
Je devrais sur l'autel où ton bras sacrifie
Te..., mais du prix qu'on m'offre il faut me contenter.

La réticence est une figure fort adroite, en ce qu'elle fait entendre non-seulement ce qu'on ne veut pas dire, mais souvent beaucoup plus qu'on ne dirait. Telle est la réticence suivante dans le rôle d'Agrippine de la tragédie de *Britannicus* :

J'appelai de l'exil, je tirai de l'armée
Et ce même Sénèque et ce même Burrhus
Qui depuis..., Rome alors estimait leurs vertus.

Dans la conversation, l'esprit de médisance et de dénigrement emploie fréquemment la réticence avec une adresse et une perfidie qui manquent rarement leur effet. « La malignité et la haine, dit La Harpe, ont bien connu tout ce que pouvait la réticence par le chemin qu'elle fait faire à l'imagination : aussi n'ont-elles point d'armes mieux affilées ni de traits plus empoisonnés. C'est la combinaison la plus profonde de la méchanceté de savoir retenir ses coups et de les porter par la main d'autrui, et malheureusement c'est aussi la plus facile. Rien n'est si aisé et si commun que de calomnier à demi-mot, et rien n'est si difficile que de repousser cette espèce de calomnie ; car comment répondre à ce qui n'a pas été énoncé ? »

RÉTIF DE LA BRETONNE (NICOLAS-EDME), l'un des auteurs les plus féconds, les plus originaux, mais aussi les plus décriés du dernier siècle, naquit à Sacy, près d'Auxerre, en 1734, d'honnêtes cultivateurs. Il eut son frère aîné, honnête ecclésiastique, pour premier maître de grammaire française et latine; mais son esprit trop précoce, son imagination ardente et son caractère indomptable, rendirent son éducation incomplète. Une intrigue amoureuse qu'il eut à quinze ans dans son village, et qui pouvait avoir des suites fâcheuses, força ses parents de le placer à Auxerre pour y apprendre l'état d'imprimeur. Il y séduisit la femme de son maître, fut chassé, et, n'ayant pu retourner dans sa famille, vint à Paris, où il ne tarda pas à tomber dans la misère, se livra à des liaisons et à des habitudes crapuleuses, exerça plusieurs métiers honteux, et trouva enfin de l'ouvrage dans une imprimerie. Il commença alors à publier des romans qui obtinrent une certaine vogue, parce qu'à travers des fautes d'ignorance et de mauvais goût on y trouve de la verve, du naturel et de la sensibilité. Fier de ses succès, il se crut un homme supérieur, et quitta l'imprimerie pour mettre au jour tout ce qu'il avait pensé, vu ou appris. La désobéissance de sa vie désordonnée, sans cesser de fréquenter les petits spectacles, les tavernes et les lieux de débauche : il y cherchait des sujets de composition, qu'il traitait pour une inconcevable rapidité. Après vingt-cinq ans d'un mariage mal assorti, il se sépara scandaleusement de sa femme. La désobéissance de sa fille aînée, qui avait épousé malgré lui un homme méprisable, ses malheurs et les turpitudes de son gendre lui fournirent le sujet de plusieurs romans, où il ne rougit pas de se mettre lui-même en scène, comme il l'avait fait déjà, se sacrifiant ainsi avec sa famille, disait-il, à l'*instruction de ses concitoyens*. Rétif vit avec peine la révolution de 1789, qu'il se vantait pourtant d'avoir préparée par ses écrits. Deux banqueroutes qu'il essuya et les nombreuses contrefaçons de ses ouvrages lui firent haïr le nouveau régime, qui lui semblait tolérer de tels abus. Dénoncé par son gendre pour ses opinions politiques, poursuivi souvent par la populace à coups de pierres, mandé chez le commissaire de son quartier, il fut forcé de rentrer comme ouvrier dans une imprimerie. Sa femme ayant été assassinée, en 1793, par son gendre, il se remaria l'année suivante avec une femme de soixante-trois ans, qu'il aimait dès sa première jeunesse. Il fut compris pour 2,000 francs, en 1795, parmi les gens de lettres auxquels la Convention accorda des secours. Quand ses infirmités l'empêchèrent d'écrire, il obtint un emploi subalterne dans une administration, et mourut oublié, en 1806, à soixante-douze ans. Dans ses dernières années, il reçut des bienfaits de la comtesse Fanny Beauharnais; mais il aimait trop son indépendance pour consentir à être son commensal, comme l'avait été Dorat, comme l'était encore Cubières-Palmezeaux. Quoique Rétif écrivît pour le peuple, il avait tout à la fois l'orgueil personnel et provincial. Il se vantait de compter parmi ses ancêtres des *Cœur-de-Lion*, des *Courtenay*, etc. Faisant allusion à la signification latine de son nom, il se disait issu de l'empereur *Pertinax*.

Rétif de La Bretonne a écrit près de 250 volumes. Il n'a pas seulement fait des romans et des ouvrages dramatiques, il a eu la prétention d'être moraliste et législateur. Il a publié entre autres : *Le Pornographe, ou idée d'un honnête homme sur un projet de règlement pour les prostituées* (1770); cet ouvrage, où l'auteur propose de donner une position sociale aux filles publiques, est encore recherché; *Le Mimographe, ou théâtre réformé* (1770); *Le Gynographe, ou la femme réformée* (1777); *L'Andrographe ou Anthropographe, ou l'homme réformé* (1782); *Le Thesmographe, ou les lois réformées* (1789). Ces cinq livres, publiés sous le titre commun d'*Idées singulières*, devaient être suivis d'un sixième, *Glossographe, ou projet de réforme de la langue*, qui heureusement n'a jamais vu le jour. L'auteur s'est donné dans quelques-uns de ses ouvrages un échantillon de son orthographe baroque.

Le roman le meilleur, le plus décent de Rétif de La Bretonne, c'est *La Vie de mon Père*. Celui qui a eu le plus de vogue, c'est *Le Paysan perverti*, qui contient, dit-on, une partie de ses propres aventures, et dont *La Paysanne pervertie* est la suite. Dans *Les Contemporaines* (42 vol.), dans *Les Nuits de Paris* (14 vol.), dans *Les Provinciales* (qui en forment 12), l'auteur a mérité le reproche d'avoir divulgué des anecdotes scandaleuses, où à des noms méprisables il a accolé ceux de plusieurs femmes du grand monde, dont quelques-unes mourraient de chagrin d'avoir vu révéler des erreurs de jeunesse que leurs remords avaient expiées. Nous croyons inutile de rapporter ici les titres de ses autres romans; la plupart, publiés sous le voile de l'anonyme ou du pseudonyme, obtinrent de la vogue, surtout dans les pays étrangers, où on les regardait comme un tableau fidèle des mœurs de Paris, tandis qu'ils ne peignent le plus souvent que les turpitudes des basses classes. Les détails obscènes qu'ils contiennent ont fait croire que la police, qui en autorisait la publication, n'y était pas étrangère. On l'a surnommé le *Rousseau du ruisseau*. H. AUDIFFRET.

RÉTINE. *Voyez* ŒIL et OPTIQUE (Nerf).

RETIRATION, terme de typographie. *Voyez* PRESSE, p. 66.

RETONDEURS. *Voyez* ÉCORCHEURS et GRANDES COMPAGNIES.

RÉTORSION (du latin *retorsio*, dérivé de *retorquere*, retorquer), terme de dialectique par lequel on désigne l'emploi que l'on fait contre son adversaire, des raisons, des arguments, des preuves dont il s'est servi. Certains économistes s'en servent aussi pour désigner les mesures nuisibles aux intérêts des sujets d'une puissance étrangère qu'un État adopte par esprit de réciprocité et comme juste application de la loi du talion, pour des mesures analogues que cette même puissance étrangère a cru devoir prendre et qui lèsent les intérêts de ses voisins. La *rétorsion* a beaucoup de ressemblance avec les représailles; elle n'en diffère que par un caractère moins franchement hostile et n'excédant jamais d'ailleurs les limites de la stricte légalité.

RETORTE. *Voyez* CORNUE.

RETOUR. Au propre, c'est l'action de revenir sur ses pas, de retourner au lieu d'où l'on était parti. Au figuré, ce mot entre dans une foule de locutions. Ainsi, l'on dit : *Être sur le retour*, pour exprimer que l'on commence à vieillir, comme si l'on revenait alors sur ses pas; cette locution s'est appliquée surtout à la beauté qui s'enfuit. *Faire un retour sur soi-même*, c'est scruter sa propre conduite pour retourner à de meilleures voies. Pris au pluriel, il se dit des vicissitudes de la fortune et aussi des ressources de l'adresse et de l'habileté. En termes de vénerie, on appelle *retours du cerf* la ruse de l'animal qui, pour faire perdre ses voies, retourne sur ses premières traces.

Dans la langue du droit on connaît le *droit de retour* (*voyez* l'article suivant) et l'*esprit de retour*. On considère l'esprit de retour par rapport aux établissements faits à l'étranger, qui produisent aux yeux de la loi des effets divers, suivant que l'on suppose qu'ils ont été formés ou non par les nationaux avec l'intention de retourner un jour dans leur patrie. Si l'établissement a un caractère permanent, si des circonstances qui l'ont accompagné on peut induire la volonté formelle d'abandonner la patrie, on dit qu'il a été fait sans *esprit de retour*, et il entraîne alors aux yeux de la loi française l'abdication de la qualité de français. Les établissements de commerce ne peuvent jamais être considérés comme ayant été faits sans *esprit de retour*.

On donne aussi le nom de *retour* ou de *soulte*, en matières de partage, à ce qui est fourni par l'un des copartageants à l'autre en rentes ou en argent, à titre de compensation de l'inégalité des lots en nature.

En matières de commerce, on appelle *retour* le renvoi qui est fait après protêt d'une lettre de change, du lieu sur lequel elle était tirée à celui d'où elle était tirée ; on *compte de retour* celui qui contient la liquidation des sommes dues à cette occasion, lesquelles se composent du principal de la lettre de change, du prix du change et des frais de protêt, commission de banque, courtage, timbre et ports de lettres. Le Code de Commerce (art. 180-182) indique les formalités qui doivent y être observées et ses effets relativement aux tireurs et endosseurs. Il peut être fait plusieurs *comptes de retour* sur une même lettre de change. L'indication de *retour sans frais* se place souvent au bas d'une lettre de change ou de tout autre effet de commerce transmissible par la voie de l'endossement; elle a pour but d'éviter des frais et des poursuites en cas de non-payement. Elle dispense le porteur du protêt et lui fait même une loi de son omission.

RETOUR (*Droit de*). C'est le droit en vertu duquel un donateur rentre dans la possession des objets par lui donnés en cas de prédécès du donataire et de ses descendants. On distingue le retour *conventionnel* et le retour *légal*.

Le droit de *retour conventionnel* est celui qui est stipulé dans l'acte de donation soit pour le cas du prédécès du donataire seul, soit pour le cas du prédécès du donataire et de ses descendants. Il ne peut avoir lieu qu'au profit du donateur seul; cette prescription de la loi a pour but d'éviter qu'on n'élude les dispositions qui prohibent les substitutions. L'effet du droit de retour conventionnel est de résoudre toutes les aliénations des biens donnés, et de faire revenir au donateur les biens francs et quittes de toutes charges et hypothèques, sauf néanmoins l'hypothèque de la dot et des conventions matrimoniales de la femme du donataire, si les autres biens de ce dernier ne suffisent pas, et encore dans le cas seulement où la donation lui a été faite par le même contrat de mariage duquel résultent ces droits et hypothèques. L'action pour exercer le droit de retour conventionnel dure trente ans, à partir du jour où il s'est ouvert.

Le droit de *retour légal* est celui en vertu duquel les ascendants succèdent à l'exclusion de tous autres, aux choses mobilières ou immobilières par eux données à leurs enfants ou descendants décédés sans postérité, lorsque les biens donnés se retrouvent en nature dans la succession. Si les objets ont été aliénés, les ascendants recueillent le prix qui peut en être dû; ils succèdent aussi à l'action en reprises que pourrait avoir le donataire. Le droit de retour légal ou de *réversion* a été établi, dit la loi romaine, pour épargner aux ascendants le désagrément de supporter la perte de leurs enfants et du bien dont ils s'étaient dépouillés en leur faveur, et pour ne pas refroidir leur bienfaisance par la crainte de cette double privation. Il a lieu à titre de succession, d'où la conséquence que les objets retournent à l'ascendant grevés des charges et hypothèques créées par le donataire durant sa vie. Par suite de sa qualité d'héritier l'ascendant devient obligé aux dettes, et doit avoir la précaution de n'accepter que sous bénéfice d'inventaire, s'il veut éviter d'en payer au delà de la valeur de l'objet recouvré. Lorsque l'ascendant est en concours avec d'autres héritiers, il commence par prélever les objets donnés et partage ensuite dans le surplus suivant ses droits.

RÉTRACTATION (de *iterum tractare*, traiter de nouveau). C'est dans ce sens que saint Augustin a intitulé un livre *Rétractations*, ce qui ne veut pas dire qu'il se soit *rétracté* ou *dédit*, mais qu'il a traité *une seconde fois* la même matière.

La *rétractation* pourtant, en général, est plutôt un acte, un discours, un écrit contenant le désaveu formel de ce qu'on a fait, dit ou écrit précédemment : Rétractation publique, volontaire, forcée ; Signer une *rétractation* (*voyez* PALINODIE). Ce mot s'applique aujourd'hui spécialement, en jurisprudence, à l'action de révoquer un jugement rendu par défaut.

RÉTRACTER. *Voyez* DÉDIRE.

RETRAIT (du latin *retrahere*, retirer). Dans son acception vulgaire, ce mot indique la diminution de volume du mortier, de la terre, et autres corps humides, lorsqu'ils sont secs, et des métaux lorsqu'ils se refroidissent après la fusion.

En termes de droit, c'est l'action de reprendre un bien qu'on avait aliéné. Anciennement on comptait un grand nombre de *retraits*, par exemple :

Le *retrait féodal* ou *seigneurial*, droit que la coutume donnait au seigneur de retirer et de retenir, par puissance de fief, le fief mouvant de lui, lorsque ce fief avait été vendu par son vassal, en remboursant à l'acquéreur le prix de son acquisition et les coûts loyaux. On l'appelait aussi *prélation* et *retenue féodale*.

Le *retrait lignager*, action par laquelle, en cas de vente d'un héritage, les parents de la ligne d'où provenait cet héritage pouvaient le *retirer* des mains de l'acquéreur en lui remboursant le prix dans un délai fixé et à la charge d'observation de certaines formalités.

Le *retrait conventionnel* ou *coutumier*, qui s'exerçait en vertu de la faculté conventionnelle de réméré.

Tous ces droits, qui avaient leur principe dans le système féodal, ont disparu avec la féodalité.

Le Code Civil ne reconnaît plus que trois sortes de retraits : le *retrait conventionnel*, qui résulte, comme nous venons de le dire, d'une convention spéciale stipulée dans le contrat de vente (*voyez* RACHAT); le *retrait de droits litigieux*, qui est la faculté accordée par l'article 1699 du Code Napoléon à celui contre lequel on a cédé un droit litigieux de s'en faire tenir quitte par le cessionnaire en lui remboursant le prix de la cession ; enfin, le *retrait successoral*, consacré par l'article 841 du Code, et qui consiste dans la faculté accordée aux héritiers ou à l'un d'eux, d'écarter du partage toute personne, même parente du défunt, si elle n'est pas son successible, qui s'est rendue cessionnaire d'une part de l'héritage, en lui remboursant le prix de la cession.

RETRAITE (du latin *retrahere*, retirer). C'est l'action de se retirer. Ce mot se dit en morale de la séparation du monde pour mener chez soi une vie tranquille et privée. On demande quand cette retraite doit se faire. Ce n'est pas dans la force de l'âge, où l'on peut servir la société et remplir un poste qu'on occupe avec fruit, mais quand la vieillesse vient graver ses rides sur notre front : c'est là le vrai temps de la *retraite*; il n'y a plus qu'à perdre à se montrer dans le monde, à rechercher des emplois et à faire voir sa décadence. Le public ne se transporte pas à ce que vous avez été : c'est un travail et une justice qu'il ne rend guère ; il ne s'arrête qu'au moment présent et ne voit que votre incapacité. Ayons donc alors le courage de nous rendre heureux par des goûts paisibles et convenables à notre état. Il faut savoir se retirer à propos ; il conviendrait même que notre *retraite* fût un choix du cœur plutôt qu'une nécessité.

Ch^{er} DE JAUCOURT.

Par extension, *retraite* signifie aussi le lieu où on se retire : J'irai le visiter dans sa *retraite*; et figurément un refuge : Ce lieu sert de *retraite* aux animaux sauvages ; Donner *retraite* à quelqu'un. Ce mot se dit encore d'un emploi tranquille, d'une pension, d'une récompense accordée à quelqu'un qui se retire du service militaire ou administratif.

La *retraite* du soir, qui s'annonce ordinairement aux militaires par le son du tambour, de la trompette ou du clairon, se fait dans les ports de l'État au moyen de ce qu'on appelle le *coup de canon de retraite*, qui indique plus particulièrement le commencement du service de nuit, dont la fin s'annonce également à la pointe du jour par un autre coup de canon, celui de *diane*.

Retraite est aussi dans plusieurs arts et métiers synonyme de *retrait*.

Retraite, en architecture, se dit de la diminution progressive d'épaisseur d'un mur, à mesure qu'il s'élève, ou plutôt de l'angle que forme le plan d'une construction légèrement inclinée en arrière avec la verticale du lieu. Un mur fait ainsi souvent *retraite* sur son empattement ; et en général toute partie est en *retraite* d'une autre quand elle est en dedans du plan de cette dernière.

RETRAITE (*Art militaire*). Rigoureusement parlant, tout mouvement d'un corps de troupes en arrière de son front est une *retraite*; mais dans la langue stratégique, on ne donne ce nom au mouvement en arrière d'un corps d'armée que lorsqu'il s'étend au moins à une marche de distance.

De toutes les opérations de la guerre, une retraite est la plus délicate et la plus difficile ; et ses difficultés augmentent à mesure qu'elle se prolonge. Tout mouvement rétrograde en présence de l'ennemi a pour effet naturel d'augmenter la confiance et l'audace de cet ennemi, en même temps qu'il inquiète et intimide nos propres troupes. Il en résulte une cause de désordre, qui elle-même ne peut que tendre à augmenter successivement et à amener la désorganisation de notre armée. Le danger est plus imminent si la retraite a lieu après une bataille perdue, parce qu'alors il y a non-seulement dans l'armée vaincue le découragement de la défaite, mais encore un commencement de désorganisation. Si la poursuite de l'ennemi est vive et soutenue, le temps et les moyens de réorganisation manquent. Mais même lorsque la retraite est causée par les manœuvres de l'ennemi, ou qu'elle est faite dans le dessein d'éviter une bataille, si elle se prolonge, les conséquences en sont toujours désavantageuses. Dans le premier cas, il est évident que l'ennemi aura gagné sur nous des avantages de position qui nous menacent ; que pour nous dégager nous serons contraints à des sacrifices, et que pendant ce temps même, s'il est entreprenant, il aura regagné de nouveaux avantages, en sorte que nous serons obligés de suivre l'impulsion, ou, si nous voulons l'arrêter, de livrer une bataille avec des chances désavantageuses. De même, si nous nous retirons pour éviter une bataille, nous risquons de nous placer dans une situation pire que si nous l'eussions livrée et perdue ; car si la victoire a été disputée avec vigueur, il est très-probable qu'elle aura assez affaibli l'ennemi pour que sa poursuite ne puisse être ni vive ni soutenue. Nous lui donnerions donc gratuitement des avantages qu'il n'aurait pas eus. Il ne faut dès lors pas s'étonner si, tandis que l'histoire présente un grand nombre de batailles gagnées par une armée inférieure, on n'y voit qu'un bien petit nombre de retraites qu'on puisse citer comme modèles, car une retraite sans bataille est d'autant plus désavantageuse qu'elle sera nécessairement forcée. On marche toujours plus lentement en retraite, parce que tout ce qu'on laisse en arrière étant perdu, nous sommes obligés de tout rallier et de proportionner notre marche à celle de ce qu'il y a de plus lent dans notre armée ; que nous sommes forcés de nous éclairer, afin de n'être pas surpris par un mouvement rétrograde de flanc : il en résulte que nous sommes rarement dans la possibilité de choisir nos positions de halte. D'un autre côté, comme celui qui avance couvre ce qui est derrière lui, il n'est pas gêné dans sa marche : ce qu'il laisse momentanément en arrière peut facilement le rejoindre ; il ne s'éclaire qu'en avant et sur les flancs, ce qui ne le retarde pas. Il ne peut donc manquer de nous atteindre que par sa propre faute, et il doit se trouver le maître de choisir le terrain où il nous forcera à combattre.

On peut distinguer deux espèces de *retraites*, l'une qui rentre dans la classe des manœuvres stratégiques, et l'autre qui est un mouvement rétrograde simple et prolongé. Si, par une cause quelconque, la position que nous occupons cesse d'être bonne, c'est-à-dire de nous donner des avantages sur notre adversaire, il n'y a que deux manières de remédier à cet inconvénient : livrer bataille ou changer de position. Si celle qui doit nous donner les avantages que nous cherchons est en arrière de notre front, nous ferons un mouvement rétrograde pour nous y placer. Lorsque cette nouvelle position n'est qu'à deux ou trois marches, tout au plus quatre, de celle que nous occupons, la retraite que nous faisons peut ne présenter aucun danger, parce qu'il nous est facile de dérober une marche à l'ennemi, qui ne pourra nous atteindre que lorsque nous serons placés. Si, au contraire, cette position où nous devons pouvoir livrer avec succès une bataille, s'il le faut, est plus éloignée de nous, et que la retraite se prolonge pour y arriver, nous ne pouvons guère éviter de tomber dans les inconvénients que nous avons signalés ci-dessus. La retraite de Jourdan en 1796, des bords de la Naab jusque sur la Lahn, appartient à ce dernier genre, et peut servir de preuve à ce que nous venons d'avancer.

Un livre qui a fait assez de bruit, l'*Esprit des Systèmes de Guerre moderne* de Bulow, donne sur les retraites des règles que nous nous contenterons d'appeler *originales*. Il est facile de se convaincre en lisant ce livre, qui renferme au reste de fort bonnes choses, que l'auteur, quoique homonyme d'un général assez médiocre, n'était pas militaire. Nous laisserons donc reposer les *règles de retraite* qu'il veut établir, avec les leçons théoriques qu'il impatientèrent tant Annibal à la cour d'Antiochus. Nous croyons qu'il est impossible d'établir des règles méthodiques d'exécution, et moins encore d'établir des règles géométriquement, relativement aux retraites, parce que ce problème repose sur une foule d'éléments variables, non-seulement d'un lieu à l'autre, mais souvent même d'un instant à l'autre. On ne peut ici que tracer quelques principes généraux, qu'il ne faut point perdre de vue, mais dont l'application, mobile comme les circonstances qui peuvent se présenter, dépend de l'appréciation du général d'armée, et par conséquent de ce qu'on peut appeler *génie militaire*.

1° Il faut avoir ses troupes sous la main, de manière à pouvoir toujours, quelque mouvement que fasse l'ennemi, opposer le fort au faible, c'est-à-dire être au moins assez fort au point menacé. Il n'est cependant pas nécessaire pour cela de rester pelotonné : ce serait un mal, parce qu'on ne couvrant que l'espace qu'on occupe, on finirait par s'y trouver comme bloqué ; mais il faut savoir calculer avec justesse les mouvements possibles à l'ennemi, et proportionner les distances de nos corps entre eux, et l'étendue du terrain que nous occupons au temps qu'il faudrait à l'ennemi pour se concentrer en forces sur un point de notre ligne, de manière à pouvoir prévenir et à ne jamais être prévenus.

2° Nous avons déjà dit qu'une retraite ne peut jamais se prolonger au delà de peu de jours sans ébranler le moral des troupes, augmenter progressivement les pertes, et compromettre l'armée qui y est contrainte, en multipliant les éléments de dissolution.

3° Nous avons également vu qu'une bataille perdue, si elle avait été vivement disputée, pouvait affaiblir l'ennemi assez pour retarder sa poursuite, ou au moins l'obliger à la mesurer, et nous laisser le temps de mieux régler nos mouvements. Il résulte de ces considérations qu'on pourrait poser les principes généraux des retraites d'armée de la manière suivante : Dans quelque position qu'on se trouve, tant qu'on n'a pas remporté une victoire décisive, il faut être, pour ainsi dire, échelonné derrière soi par une série de positions avantageuses, à deux ou trois marches l'une de l'autre, désignées à l'avance, et en quelque sorte préparées à recevoir une armée. La chose peut être facile, parce que ces positions peuvent être celles où sont échelonnés les magasins et dépôts qui doivent exister sur nos communications.

Il faut que chaque mouvement de retraite ne nous conduise qu'à la position la plus prochaine, et le plus possible en dérobant une marche.

Dans une de ces positions, où il est possible de multiplier les moyens matériels de défense, afin de ménager les défenseurs, et qui soit une des plus rapprochées du point de départ, il est utile de livrer une bataille, surtout si l'on s'applique encore plus à augmenter la perte de l'ennemi qu'à remporter une simple victoire de champ de bataille. Si l'on réussit, même en perdant une ou deux batailles de ce genre, il sera possible de poser un terme à la retraite; mais pour cela il faut savoir évacuer le champ de bataille à propos, et sans trop s'y obstiner; c'est ce que fit Jourdan à Wurtzbourg. Alors, on peut le quitter en bon ordre, et, par un effet du désordre inévitable où se trouve le vainqueur, on gagne encore une marche. Gal G. DE VAUDONCOURT.

RETRAITE DES DIX MILLE. *Voyez* DIX MILLE (Retraite des).

RETRAITES (Caisse des). Une loi de mai 1851 a créé sous cette dénomination une institution de prévoyance destinée à garantir à l'ouvrier laborieux et économe, moyennant un prélèvement minime, mais complétement libre de sa part, sur son salaire pendant tout le temps qu'il est dans la force de l'âge et capable de travailler, des ressources qui mettent sa vieillesse à l'abri de l'indigence, en lui constituant une rente viagère dont le maximum a été fixé à 600 francs. Depuis six ans que cette institution fonctionne, on a toujours vu le nombre des souscripteurs déposants augmenter; et il y a dans ce fait une preuve de la prospérité croissante du pays, en même temps que des progrès que les idées d'ordre, d'économie et de prévoyance font dans les masses.

RETRANCHEMENT (du latin *truncare,* trancher). Ce mot désigne également l'*action de retrancher* quelque partie d'un tout, ou l'ouvrage par lequel on se fortifie contre un mode quelconque d'attaque. Dans le premier de ces cas, on l'emploie aussi, par extension, à désigner la suppression ou le retranchement total de la chose dont il s'agit, comme quand on dit : Le *retranchement* des abus; Le *retranchement* de ces fêtes du calendrier a rendu autant de jours au travail; L'emplacement et la construction de *retranchements* pour fortifier un poste ou en accroître la défense, constituent l'une des parties les plus importantes de la science militaire.

L'acception du mot *retranchement* est la même, en jurisprudence, que celle de *réduction*; c'est l'action de réduire, de ramener à moindre valeur une disposition, une libéralité, dans laquelle a été excédée la faculté permise par la loi; ainsi, les libéralités par actes entre vifs ou à cause de mort, qui excèdent la quotité disponible, sont réductibles, à cette quotité lors de l'ouverture de la succession.

RÉTROACTIVITÉ (du latin *retro agere,* agir en arrière), terme de jurisprudence qui exprime l'acte de revenir sur le passé : La *rétroactivité* des lois est formellement interdite par le Code Napoléon, qui, à l'article 2, dit : « La loi ne dispose que pour l'avenir; elle n'a point d'*effet rétroactif.* » C'est en voulant, dans des intérêts politiques du moment, violer ce grand et salutaire principe de toute législation, qu'un gouvernement court à sa perte.

En jurisprudence, cette maxime, regardée aujourd'hui comme fondamentale, n'a pas laissé que d'avoir quelque peine à s'établir : et c'est précisément parce qu'il régnait encore à cet égard beaucoup de vague et d'incertitude dans les esprits, que le législateur a cru devoir inscrire cette grande et salutaire maxime au frontispice du Code. Dans toute contestation qui leur est soumise, les tribunaux doivent avoir égard à la législation particulière, au temps et au lieu auxquels peuvent appartenir les faits sur lesquels ils ont à prononcer. Le jugement qu'ils rendent doit attribuer à chaque partie ce qui lui était dû au moment où ont commencé ses droits, sans avoir égard à la législation particulière qui serait intervenue depuis sur la matière et qui ne saurait avoir de *rétroactivité*. Il ne peut y avoir d'exception que pour les cas formellement prévus par le législateur lui-même, comme firent par exemple la loi de 1792 qui abolissait toutes les substitutions, même celles qui n'étaient pas encore ouvertes, et la loi de l'an II qui faisait remonter au 14 juillet 1789 l'égalité absolue des partages entre tous les cosuccessibles.

Pour qu'un délit puisse encourir une pénalité, il faut, aux termes formels de l'article 4 du Code Pénal, que cette pénalité soit déjà édictée et en vigueur au moment où le délit a été commis. A plus forte raison l'accusé doit-il être absous si avant le jugement la loi a complétement effacé le caractère de délit ou de crime attribué à son action.

RETS, lacet de plusieurs ficelles qui forment des mailles carrées, et dont on se sert pour la chasse et la pêche. Au figuré, *Amener quelqu'un dans ses rets*, c'est le faire tomber dans les piéges qu'on lui tend.

RETTINO. *Voyez* CANDIE.

RETZ (GILLES DE LAVAL, baron et maréchal DE). Ce nom s'écrivait, de son temps, *Rayz, Reys* et même *Réez*, en latin *Radesiarum dominus*. Ce seigneur puissant, qui combattit vaillamment auprès de Jeanne d'Arc, et qui obtint le bâton de maréchal de France, périt misérablement sur le bûcher, convaincu, d'après ses propres aveux, des crimes les plus atroces comme les plus infâmes. Né vers 1396, d'une des illustres familles de la Bretagne, Gilles de Retz avait vingt ans lorsqu'il perdit son père, Gui II de Laval, seigneur de Retz. Après avoir passé quelques années au service du duc de Bretagne, son souverain, il entra vers 1426 au service du roi de France Charles VII, et se distingua dans plusieurs circonstances mémorables. Il aida Jeanne d'Arc à secourir Orléans, assiégé par les Anglais (1429). Cette même année, le 17 juillet, il assista au sacre du roi dans la ville de Reims, où il fut un des quatre seigneurs de haute distinction qui apportèrent la sainte ampoule de l'abbaye de Saint-Rémy à la cathédrale pour la cérémonie. Le même jour il fut promu au grade de maréchal de France. En 1420 il avait épousé Catherine de Thouars, de laquelle il n'eut qu'une fille, qui, quoique mariée deux fois, mourut sans laisser d'enfants.

Le maréchal touchait à sa quarante-quatrième année, comblé d'honneurs et d'apparentes félicités, n'encourant encore de reproches que pour ses prodigalités. Tout à coup, au mois de juillet 1440, l'évêque de Nantes (Jean III de Malétroit), qui avait eu à se plaindre du maréchal, accueillit dans une visite diocésaine les réclamations qui s'élevaient sourdement contre ce seigneur, et ne négligea pas l'occasion favorable d'attaquer son justiciable. Des témoins entendus, presque tous pères et mères des victimes, révélèrent, au milieu des sanglots et des pleurs, les atrocités dont le baron de Retz avait depuis longtemps coutume de se rendre coupable. L'inquisition s'en mêla. Dans ses mandements du 30 juillet et du 13 septembre 1440, l'évêque accusa le baron des plus abominables excès, de débauches contre nature, d'enlèvement et d'égorgement d'enfants des deux sexes, d'hérésie, et de violence contre un abbé Ferron, dans l'église de Maiemort. Le maréchal refusa d'abord de reconnaître le tribunal devant lequel il était traduit, et qui était composé d'un grand nombre de personnages ecclésiastiques, prétendant que ceux qui voulaient le juger étaient « des simoniaques et des ribauds, le tribunal de l'inquisition », et déclarant qu'il aimait mieux être étranglé que de reconnaître de tels juges ». Enfin, il se détermina à mettre un terme à son opposition, et, les larmes aux yeux, il fit l'aveu de ses forfaits, aussi nombreux qu'épouvantables. Il fut constaté, tant par ses déclarations que par d'irrécusables témoignages, que depuis quatorze ans, c'est-à-dire depuis 1426 environ, le baron de Retz avait attiré dans ses châteaux ou fait enlever par des affidés plusieurs centaines d'enfants et de jeunes gens des deux sexes; qu'il les avait tous violés contre nature (*more sodomitico*), presque tous au milieu des tortures les plus cruelles, dans les angoisses de l'agonie, quelquefois même après leur mort; qu'il les avait égorgés de sa propre main ou fait massacrer sous ses yeux, en poussant de grands éclats de rire, se repaissant avec délices du spectacle de leurs tourments, baisant tendrement celles des têtes coupées dont les traits lui semblaient agréables. Les principaux théâtres de tant d'horreurs avaient été les châteaux de Machecoul, de Tiffauges, de Chantocé, l'hôtel de la Suze, à Nantes (tous appartenant à l'accusé); la ville de Vannes, l'auberge de la Croix-d'Or, à Orléans, le couvent des frères mineurs du Bourg-Neuf, à Retz, et d'autres lieux. Ce monstre s'était, en 1439 (dix-huit mois avant son procès), associé un prêtre italien, François Prelati, âgé de vingt-trois ans, pour faire des actes de magie et invoquer les diables Barron, Orient, Béelzébuth, Satan et Bélial. Ainsi, Retz croyait réparer le désordre de ses finances en obtenant de puissances surnaturelles l'argent qui lui manquait souvent et dont il avait sans cesse besoin. A ces actes de superstition, et à des sacrifices aux esprits infernaux, il mêlait des aumônes aux pauvres, des prières et de fastueuses cérémonies religieuses exécutées par sa riche chapelle. Rétractant bientôt ses premières déclarations, l'accusé voulut désavouer tout ce qu'il avait dit; mais, menacé d'être mis à la question, il se détermina à faire une confession extra-judicielle (*extra-judicialis confessio*), qui offre en détail le récit de tous les horribles forfaits spécifiés tant dans les accusations des juges que dans les dépositions des quarante-neuf témoins, et dans les déclarations de Corvillaut et de Griard, ses complices. Le bénédictin Lobineau (*Hist. de Bretagne*, I, 616) dit en propres termes : « Il s'abandonnait aux plus infâmes débauches que l'imagination puisse se représenter, et, par un dérèglement inconcevable, les malheureuses victimes de sa brutalité n'avaient de charme pour lui que dans le moment qu'elles expiraient, cet homme abominable se divertissant aux mouvements convulsifs que donnaient à ces innocentes créatures les approches de la mort qu'il leur faisait lui-même souffrir assez souvent de sa propre main. » La sentence prononcée le mardi 25 octobre 1440 déclara le baron de Retz convaincu d'apostasie, d'hérésie, d'invocation des démons, de sodomie exercée sur des enfants des deux sexes, et du sacrilège de violation des immunités ecclésiastiques. En conséquence, le tribunal condamna le coupable à être puni et salutairement corrigé. Livré au bras séculier, le criminel fut bientôt exécuté. La peine encourue était celle du feu. L'exécution eut lieu dans la prairie de Nantes; mais en considération de ses dignités, que tant de crimes devaient pourtant faire oublier, il fut étranglé et seulement déposé un instant sur le bûcher, d'où sa famille eut la permission de le faire enlever.

On voit que dans ce qu'on est convenu si légèrement d'appeler le *bon vieux temps*, plus de trois cent cinquante ans avant l'apparition de l'affreux roman de *Justine*, un grand seigneur du quinzième siècle en avait par avance réalisé les plus atroces conceptions. On souffre en pensant que sans ses altercations avec l'évêque de Nantes le monstrueux exécuteur de tant de cruelles infamies serait vraisemblablement mort honoré, qu'il était déjà souillé d'innombrables crimes quand il combattait devant Orléans à côté de la Pucelle et assistait au sacre de son roi, portant dans ses mains la sainte ampoule, et participant, sous les insignes des plus éminentes dignités, à la plus auguste des solennités de notre ancienne monarchie. Louis du Bois.

RETZ (Jean-François-Paul de Gondi, cardinal de), naquit, en 1614, à Montmirail. Sa noblesse ne remontait pas très-haut; mais sa famille occupait dans l'État un rang distingué. Son père, *Emmanuel* de Gondi, était général des galères, fonction dont il se démit pour se retirer à l'oratoire. L'illustration des Gondi remontait à Albert, devenu maréchal de France par la faveur de Catherine de Médicis; il était fils d'un banquier de Florence, qui était venu s'établir à Lyon. Le sang florentin qui coulait dans les veines des Gondi ne se démentit pas en la personne du jeune Paul de Gondi, et lui transmit cet esprit d'intrigue qu'il développa avec éclat pendant la F r o n d e. Son éducation fut confiée à Vincent de Paul; mais le saint confesseur d'Anne d'Autriche ne put former à sa guise le caractère peu évangélique de son élève; et il en fit un saint à peu près comme les jésuites firent de Voltaire un dévot.

La vocation de Paul de Gondi n'était point l'état ecclésiastique ; mais il y avait eu deux archevêques de Paris dans sa famille, et il en était devenu le cadet, par la mort du second de ses frères. Pour se soustraire à cette obligation, il se fit duelliste, galant, conspirateur, se battit deux fois, tenta d'enlever sa cousine et conspira contre R i c h e l i e u. Admirateur passionné de F i e s q u e, dont il se fit l'historien, ou plutôt le panégyriste, à dix-huit ans, et des grands hommes de Plutarque, il voulait, par tous les moyens, se faire un nom dans l'histoire. Ses galanteries, malgré leur éclat, ses duels et ses conspirations, ne purent détacher de ses épaules la soutane qu'il portait avec tant de répugnance. Condamné à être homme d'église, il voulut du moins se distinguer dans cet état. Comme il étudia la théologie avec ardeur, avec succès, passa des thèses brillantes, fut reçu docteur en Sorbonne en 1643, se fit convertisseur, eut des conférences publiques avec un protestant, et le ramena dans le sein de l'Église catholique. Cette conversion fit grand bruit, et Louis XIII, à son lit de mort, le nomma coadjuteur de l'archevêque de Paris. Il prêcha dans la cathédrale aux applaudissements de tout Paris ; cette éloquence n'a pas laissé de traces après elle, mais on ne peut la mettre en doute. Balzac, dans un ouvrage intitulé *Le Socrate chrétien*, le compare à saint Jean Chrysostôme. C'est par la discussion théologique et la prédication qu'il se forma à cette éloquence qu'il déploya dans ses conférences avec le parlement et vis-à-vis du peuple. Pour augmenter sa popularité, il répandit de nombreuses largesses; et comme autrefois César avait intéressé à son succès, dans l'espoir d'un remboursement, ses créanciers, qui formaient la majorité de la république, le coadjuteur fit des dettes pour imiter un des héros de Plutarque. Toutefois, il ne se jeta pas de gaieté de cœur dans les factions. Il refusa d'entrer dans les cabales formées par le duc de Beaufort contre Mazarin ; et dans les premières émotions soulevées par la lutte du parlement et de la cour, il parut disposé à servir noblement les intérêts de la régente Anne d'Autriche. Mais provoqué par une injustice, son caractère l'emporta naturellement dans la faction. Le jour de l'emprisonnement de B r o u s s e l, il sortit en habit pontifical, avec son rochet, courut les plus grands dangers, calma le peuple ; le soir, quand il se présenta à la cour, la reine lui dit : « Vous devez être fatigué, allez vous reposer. » Il ne se reposa point, et le lendemain Paris était en armes ; il devint le chef de la Fronde avec le duc de Beaufort, mais en réalité il dirigeait seul le mouvement ; le blocus, qui

25.

ne coûta la vie à personne, lassa la patience des Parisiens; le parlement fit des ouvertures. Le coadjuteur pouvait soulever le peuple contre le parlement, mais son but n'était pas révolutionnaire. Il acquiesça au traité qui détruisait son influence; et, après cette transaction, la période brillante de sa vie politique fut promptement terminée. Après la rentrée de la cour à Paris (1650), il obtint de la cour de Rome le chapeau de cardinal.

Ayant abdiqué son rôle de tribun et de chef du parti populaire, il s'exposait, malgré les ressources de son génie, à voir la paix définitive se faire à ses dépens.

Ce n'est plus le représentant énergique des intérêts démocratiques; il louvoie entre les princes, la bourgeoisie et la cour, se tournant, suivant les besoins du moment, vers le côté qui peut lui conserver une importance politique.

Le cardinal de Retz, malgré l'importance que tous les partis lui accordèrent successivement, ne prit racine nulle part, tout en laissant partout des traces profondes, et l'arrangement des factions fut le signal de sa disgrâce. Comme il avait perdu terre au milieu de ses mille intrigues, cet homme habile, qui avait tenu dans ses mains les destinées de la monarchie, fut enlevé par un coup de main et jeté à la Bastille sans que personne fût ému de cet étrange dénouement (1652). Transféré au château de Nantes, il s'évada au bout de quinze mois; mais, mauvais cavalier qu'il était, il tomba dans sa fuite, se démit l'épaule, et cette épaule démise lui ôta l'énergie nécessaire pour reparaître sur l'ancien théâtre de sa gloire. On ne saurait prévoir ce qu'eût produit alors son arrivée à Paris. Mais le reste de sa vie active, près de quinze années, fut dépensé en courses vagabondes; l'Espagne, l'Italie, la Hollande, le virent essayant vainement de nouer de nouvelles intrigues, et, si l'on en croit Guy Joli, souillant son caractère de prêtre et la poupre romaine par de vulgaires débauches. Enfin, après la mort de Mazarin, il obtint de Louis XIV la permission de rentrer en France, et consentit à échanger l'archevêché de Paris contre l'abbaye de Saint-Denis. Dès lors il paraît se ranger, comme tous les héros et les héroïnes de la Fronde, qui firent en général une fin si pieuse ou si monarchique.

Il offrit même de quitter le chapeau de cardinal pour se retirer chez les chartreux, proposition qui fut repoussée par le pape (et surtout par le sacré collége, qui aurait craint qu'un tel précédent n'autorisât plus tard des *démissions forcées*), et paya bourgeoisement les dettes qu'il avait contractées en sa qualité de factieux et de grand seigneur. La résipiscence sincère du cardinal de Retz n'a pas été mise en doute par ses contemporains; cependant, il est permis d'admettre que ce n'est qu'en désespoir d'ambition qu'il donna officiellement ce spectacle d'une vie rangée et régulière, qui devenait encore dramatique par le contraste, et offrait ainsi un dernier aliment à son désir immodéré d'être en scène.

Telle fut la carrière de cet homme singulier, doué au plus haut degré du génie de l'intrigue, éloquent, intrépide, indifférent aux petits intérêts, et jouant ainsi le désintéressement parce qu'il visait plus haut. Il ne lui manqua pour prendre place parmi les hommes d'État qu'un système de conduite et un but déterminé.

Il est temps de dire quelques mots de l'écrivain.

Le cardinal de Retz était un de ces esprits lucides, comme Malherbe et Pascal, débrouillant les questions dans un style plein de netteté et d'une merveilleuse transparence. Nourri de la lecture des anciens, il a imité leur manière dans trois discours qu'il a placés dans sa Conjuration de Fiesque. Le seul côté qui trahisse l'inexpérience et la jeunesse de l'écrivain, c'est l'abondance des détails, le luxe des incidents. Quelques réflexions jetées sans ordre dans le cours de cet ouvrage dénotent sa profonde préoccupation du rôle politique qu'il était appelé à jouer; il semble que ce livre soit un manifeste de parti. Fiesque, voilà le héros du coadjuteur. Pour ce grand conjuré sont les éloges les plus ardents, les sympathies les plus vives. La veille du jour des barricades, le 25 août 1648, il prononça devant la cour

l'éloge de saint Louis, seul monument en ce genre qui nous soit resté de lui. La question qui préoccupait alors tous les esprits était celle de la paix; le coadjuteur se fit l'organe des vœux populaires. Le style de son discours est soutenu et clair, sans être très-élevé ni très-persuasif; le sentiment religieux manque.

L'œuvre capitale du cardinal, ce sont ses *Mémoires*, qui, outre l'intérêt toujours soutenu d'une narration animée, contiennent une foule de maximes et de portraits dignes de La Bruyère et des plus grands moralistes. Rien n'égale la puissance d'intelligence avec laquelle l'écrivain saisit l'ensemble des idées, la manière convenable dont il traite chaque sujet, la sagacité qu'il déploie pour apprécier les événements, pour en montrer les ressorts; enfin, la touche délicate et énergique qui lui sert à caractériser, à peindre, à faire revivre les principaux personnages de son temps. L'homme politique, le moraliste, l'écrivain, sont réunis dans la personne de l'auteur des mémoires sur la Fronde. Le cardinal de Retz a poussé à l'excès ce talent de démêler et d'expliquer les faits. Comme moraliste, il sème son récit de sentences et de maximes qui ne dépareraient pas le recueil du duc de La Rochefoucauld. Comme publiciste, l'auteur des *Mémoires*, qui a étudié à fond et sur le terrain la marche des partis, les retours et les caprices de la faveur populaire, donne d'excellents conseils qui rendraient moins entreprenants les hommes de parti si les conseils de l'expérience pouvaient quelque chose sur les passions. Il y a dans ces admirables *Mémoires* toute une poétique à l'usage des partis politiques, poétique mise au rebut comme les poétiques littéraires, et qui toutefois préviendrait bien des fautes et des malheurs. Comme narrateur, le cardinal de Retz est incomparable; nul ne ménage mieux que lui l'intérêt, nul ne met mieux en scène ses personnages, et ne conduit les faits jusqu'au dénouement avec plus de naturel et de clarté. Il y a loin de cette manière aisée à l'art grossier de la plupart des narrateurs contemporains, qui remuent l'attention par de violentes secousses et de brusques interruptions. Ici, le fil ne s'interrompt point, et l'intérêt ressort de l'enchaînement des faits, tandis que dans le procédé moderne l'attention est tenue en haleine par des solutions de continuité qui remuent les lecteurs en rapprochant sans transition les circonstances et les faits; méthode vulgaire, qui fatigue promptement par la monotonie du procédé et des effets.

On a souvent tracé le portrait du cardinal de Retz. Personne n'a mieux peint son caractère politique que le président Hénault : « On a de la peine à comprendre, dit l'auteur de l'*Abrégé chronologique de l'Histoire de France*, comment un homme qui passa sa vie à cabaler n'eut jamais de véritable objet. Il aimait l'intrigue pour intriguer : esprit hardi, délié, vaste et un peu romanesque; sachant tirer parti de l'autorité que son état lui donnait sur le peuple, et faisant servir la religion à sa politique; cherchant quelquefois à se faire un mérite de ce qu'il ne devait qu'au hasard, et ajustant après coup les moyens aux événements. Il fit la guerre au roi; mais le personnage de rebelle était ce qui le flattait le plus dans la rébellion. Magnifique, bel esprit, turbulent, ayant plus de saillies que de suite, plus de chimères de vues, déplacé dans une monarchie, et n'ayant pas ce qu'il fallait pour être républicain, parce qu'il n'était ni sujet fidèle ni bon citoyen. Aussi vain, plus hardi et moins honnête homme que Cicéron; enfin, plus d'esprit, moins grand et moins méchant que Catilina. »

La vie politique du cardinal de Retz se termina, en 1661, par sa démission de l'archevêché de Paris déposée sur la tombe de Mazarin, qui n'avait pu l'obtenir pendant sa vie. Le cardinal, devenu abbé de Saint-Denis, passa ses dernières années dans la retraite, occupé de régler ses comptes avec ses créanciers, qu'il satisfit complétement, et avec la postérité, qu'il mit en demeure de le juger d'après ses *Mémoires*. Il fit plusieurs voyages à Paris, et il y passait son temps dans la société de Mme de Sévigné, qui a laissé dans sa correspondance des traces de sa vive affection.

Le cardinal de Retz mourut à Paris, à l'hôtel de Lesdiguières, le 24 août 1679, trente-et-un ans jour pour jour après la prédication de son panégyrique de saint Louis.

GÉRUZEZ.

REUCHLIN (JEAN), l'un de ceux qui cultivèrent les premiers et avec le plus de succès la littérature ancienne en Allemagne, naquit en 1455, à Pforzheim, résidence du margrave de Bade. Comme la mode était alors de gréciser les noms propres, on le trouve fréquemment désigné sous le nom de *Capnio*. C'est ainsi que Mélanchthon, son parent, avait traduit en grec son nom allemand *Schwarz-Erde* (terre noire). Le jeune Reuchlin, né d'une famille honnête, reçut une éducation soignée. Sa voix agréable et son goût pour le chant le firent attacher comme enfant de chœur à la chapelle du margrave Charles de Bade. Plus tard, celui-ci le donna pour compagnon de voyage à son fils, qui fut depuis évêque d'Utrecht. En 1473 ils vinrent tous deux à Paris étudier aux écoles les plus célèbres de ce temps-là. En 1475 il quitta Paris avec le jeune prince, mais sans interrompre ses études. Pendant le séjour qu'il fit alors à Bâle, son savoir dans les langues excita l'admiration; il donna des leçons publiques de grec. Le dictionnaire qu'il composa à cette époque, sous le titre de *Breviloquus, sive dictionarium singulas voces Latinas breviter explicans* (Bâle, 1478), et sa grammaire grecque (*Micropædia, sive grammatica græca*) sont presque les premiers ouvrages élémentaires de ce genre qui parurent en Allemagne. En 1478 le désir d'apprendre le ramena en France; il alla étudier le droit à Orléans, tout en enseignant les langues anciennes, et à Poitiers il reçut le titre de docteur. Il revint en Allemagne en 1481, et se fixa d'abord à Tubingue, où il se proposait d'enseigner le droit. Eberhard le Barbu, comte de Wurtemberg, étant allé à Rome en 1482, l'emmena avec lui comme secrétaire. Reuchlin saisit avec empressement cette occasion de visiter l'Italie et de se lier avec les savants que la protection des Médicis y attirait en foule, tels que Georges Vespuce, Ange Politien, Marsile Ficin, Démétrius Chalcondyle, Ermolao Barbaro, etc. A son retour en Allemagne, le comte Eberhard le garda auprès de lui; et l'empereur lui octroya des titres de noblesse. Après la mort d'Eberhard, Reuchlin se retira auprès du prince palatin, qui protégeait les sciences, et il vécut plusieurs années dans la société du chancelier Dalberg et d'autres savants d'Allemagne. Il enrichit la bibliothèque de Heidelberg de manuscrits et de livres imprimés qui étaient encore rares, car l'invention de l'imprimerie était toute récente.

L'électeur palatin ayant eu quelques démêlés avec Rome, où il eut même à se défendre de l'excommunication, y envoya Reuchlin, qui fit au pape Alexandre VI l'apologie de son maître et obtint pour lui l'absolution. Reuchlin profita de ce nouveau séjour à Rome pour étendre ses connaissances en grec et en hébreu.

De retour en Allemagne, il remplit alors pendant onze années les fonctions de président du tribunal de la Ligue de Souabe, chargé de réprimer les usurpations de l'électeur de Bavière. Mais tout en remplissant les devoirs attachés à cette place, il ne laissa pas que de trouver le temps de travailler à une traduction des Psaumes de la Pénitence, à une grammaire et à un dictionnaire hébraïques; il corrigea aussi la traduction de la Bible. Sa qualité d'érudit très-versé dans les langues anciennes l'impliqua dans des controverses suscitées contre la langue hébraïque par quelques zélateurs aveugles et fanatiques. Un juif converti, Jean Pfefferkorn, soutenu par Hoogstraten, moine dominicain et inquisiteur à Cologne, persuadèrent à l'empereur Maximilien que tous les livres hébreux, l'Ancien Testament excepté, ne contenaient que des choses pernicieuses et condamnables; en conséquence, ils obtinrent un édit impérial, du 19 août 1509, pour faire brûler tous les livres juifs comme contraires à la religion chrétienne. Reuchlin représenta que ces ouvrages, loin de nuire au christianisme, tournaient au contraire à son honneur, parce que leur lecture suscitait des esprits savants et profonds, qui employaient leurs veilles à faire triompher la vérité. Cette guerre de plume dura dix ans.

Les universités de Paris, Louvain, Erfurt et Mayence se prononcèrent contre Reuchlin; mais les hommes les plus savants et les plus éclairés de tous les pays prirent parti pour lui. C'est lorsque la lutte en était arrivée à son plus haut point d'irritation, après l'insuccès de démarches conciliatrices faites auprès du pape par l'empereur Maximilien lui-même pour y mettre un terme, que le noble chevalier François de Sickingen et le spirituel Ulrich de Hutten s'élevèrent avec énergie contre ses persécuteurs et ses détracteurs; et vers l'an 1515 parurent les fameuses *Epistolæ obscurorum virorum*, qui couvrirent de ridicule les adversaires de Reuchlin, hommes voulant trouver partout des hérétiques pour se donner la satisfaction de les brûler. Ce pamphlet étincelant d'esprit a survécu à la circonstance. Ulrich de Hutten passe pour en être le principal auteur. Toutefois, de nouveaux déboires étaient encore réservés à Reuchlin. Quoiqu'il eût cessé de faire partie du tribunal de la Ligue de Souabe, il se trouva mêlé aux querelles des ducs de Bavière contre cette ligue, et fut fait prisonnier lors de la prise de la ville de Reutlingen, qui en faisait partie. Heureusement, le duc Guillaume de Bavière le remit noblement en liberté, et en 1520 il lui donna même une chaire à l'université d'Ingolstadt. On lui offrit vainement une chaire d'hébreu et de grec à Wittemberg, mais il recommanda Mélanchthon pour l'occuper. La peste ayant éclaté en 1522 à Ingolstadt, il se rendit à Tubingue afin de pouvoir y vivre loin du monde et des affaires et tout entier à la science : mais il ne tarda point à tomber malade, et se fit transporter à Stuttgard, où il mourut, le 30 juin 1522, léguant à sa ville natale sa bibliothèque, qui était considérable pour l'époque.

Déjà les controverses entre Luther et le moine Tezel au sujet des indulgences avaient éclaté et partageaient les esprits. Reuchlin ne paraît pas avoir pris une part active à ces débats, mais il avait préparé les voies par ses attaques contre l'ignorance monacale; et s'il a exercé quelque influence sur ces grands événements, ce ne peut avoir été que par les leçons qu'il avait données à son jeune parent Mélanchthon, qui joua un si grand rôle à côté de Luther. Comme philologue, il introduisit dans la prononciation des diphthongues de la langue grecque un système à lui, se rapprochant beaucoup de la prononciation des grecs modernes, et qu'on appelle *prononciation Reuchlin*, ou encore *iotacisme*, à cause de la fréquence avec laquelle le son de l'*iota* y revient. On a de lui, outre les ouvrages que nous avons déjà cités, une édition de l'*Apologie de Socrate* de Xénophon, des *Rudimenta Hæbraica* (Pforzheim, 1506) et un livre intitulé : *De Accentibus et Orthographia Hebræorum, libri III* (Haguenau, 1518). L'édition qu'il a donnée des Sept Psaumes de la Pénitence (Tubingue, 1512) est regardée comme le plus beau livre en langue hébraïque qui ait paru en Allemagne. Il a traité de la doctrine secrète des Juifs dans les ouvrages qui ont pour titre *De Arte Cabalistica, libri III* (Haguenau, 1517) et *De Verbo mirifico* (Bâle, 1494). Sa comédie satirique, *Sergius, sive capitis caput* (Pforzheim, 1507), où il signale tous les inconvénients du régime sacerdotal, fut beaucoup lue.

RÉUNION (Chambre de). *Voyez* CHAMBRE DE RÉUNION.

RÉUNION (Droit de). Nulle association de plus de vingt personnes dont le but est de se réunir tous les jours ou à certains jours marqués, pour s'occuper d'objets religieux, littéraires, politiques ou autres, ne peut se former qu'avec l'agrément du gouvernement et sous les conditions qu'il plaît à l'autorité publique d'imposer à cette société.

La loi du 10 avril 1834 prévit le cas où les associations seraient partagées en sections de moins de vingt personnes, et traita comme complices les individus qui prêtaient ou louaient leurs maisons et appartements pour la réunion de ces associations non autorisées. Après 1848 le gouvernement provisoire, dans une proclamation du 19 avril, prit sous sa protection les c l u b s qui s'étaient établis spontanément dans toute la France, en proscrivant toutefois celles de ces réunions dans lesquelles on délibérerait en armes. Le 28 juillet de la même année, une loi fut rendue pour organiser le *droit de réunion* des citoyens, et pour réglementer la tenue des clubs. L'effet de cette loi fut suspendu à deux reprises successives par les lois du 19 juin 1849 et 6 juin 1850. Enfin, la loi du 28 juillet 1848 a été abrogée par le décret du 25 mars 1852, à l'exception de l'article qui interdit les sociétés secrètes. En conséquence, quiconque fait partie d'une association non autorisée est aujourd'hui puni de deux mois à un an d'emprisonnement et de cinquante francs à mille francs d'amende. En cas de récidive, les peines peuvent être portées au double ; et le condamné peut, dans ce dernier cas, être placé sous la surveillance de la haute police pendant un temps qui n'excédera pas le double du *maximum* de la peine.

On désigne aussi, dans l'histoire de France, sous le nom de *droit de réunion* celui en vertu duquel Louis XIV réunit à la France, en 1680, diverses dépendances des villes et des contrées qui lui avaient été cédées par les traités de Westphalie, d'Aix-la-Chapelle et de Nimègue. L'Alsace fit partie de la France à titre de *réunion*. Le roi avait établi trois chambres de réunion, à Metz, à Besançon et à Brisach.

RÉUNION (Ile de La). Elle fut découverte en 1505, par des navigateurs portugais, qui la nommèrent *Mascarenhas*, du nom de leur chef. Ils n'y trouvèrent ni hommes ni quadrupèdes. De Pronis, agent de la compagnie française des Indes orientales, y exila, en 1646, quelques Français révoltés. Sept années après, Flacourt, son successeur, prit solennellement possession de l'île, au nom du roi de France, et changea le nom de *Mascareigne*, qu'elle portait, en celui d'*île Bourbon*. Pendant assez longtemps l'île ne fut fréquentée que par des flibustiers de la mer des Indes ; mais Louis XIV, par sa déclaration du mois de mai 1664, ayant concédé Madagascar et *ses dépendances* à la Compagnie des Indes, cette compagnie envoya dès l'année suivante à Bourbon vingt-deux ouvriers français sous les ordres d'un chef nommé Regnault. La santé, l'aisance, la liberté qui furent bientôt le partage des nouveaux colons, attirèrent et fixèrent sur leur territoire plusieurs matelots des navires qui relâchaient dans l'île, et même quelques flibustiers. Ce commencement de colonisation détermina le gouvernement de Louis XIV à y envoyer des orphelines pour être mariées aux habitants. Un petit nombre de Français qui, lors des massacres du Fort-Dauphin, en 1673, eurent le bonheur d'échapper à la fureur des naturels de Madagascar, vinrent encore accroître la population. Pourtant, la prospérité de l'île ne date à bien dire que de l'introduction du café (1718). Les premiers plants furent tirés d'Arabie. C'est de l'île Bourbon que partit, en 1720, l'expédition française qui alla prendre possession de l'île M a u r i c e, que les Hollandais venaient d'abandonner, et à laquelle on imposa désormais le nom d'*île de France*, qu'elle devait perdre encore. Sous l'administration de La Bourdonnaye (1735-1746), l'île Bourbon parvint à un haut degré de prospérité. Elle demeura entre les mains de la Compagnie des Indes jusqu'en novembre 1767, époque où elle rentra sous la domination directe de la couronne. Une nouvelle ère de prospérité s'ouvrit alors pour la colonie, lorsque le gouverneur P o i v r e y introduit la culture des épices des îles Moluques. A la révolution on changea son nom en celui d'*île de La Réunion*, qu'elle porta jusqu'en 1800, époque où le nom d'*île Bonaparte* lui fut donné par le gouvernement impérial. Prise en 1810 par les Anglais, ainsi que l'Ile de France, elle nous fut restituée par le traité de Paris du 30 mai 1814 ; elle reprit alors le nom d'*île Bourbon*, qu'elle garda jusqu'en 1848. Mais alors sa dénomination officielle redevint celle d'*île de La Réunion*, qu'elle a conservée jusqu'à ce jour.

L'île de La Réunion, située dans la mer des Indes, par le 21° de latitude sud et le 73° de longitude, est à 14 myriamètres au sud-ouest de l'île Maurice (autrefois *Ile de France*), à 56 myriamètres à l'est de Madagascar, à 120 myriamètres des côtes d'Afrique et à 1,400 myriamètres de France. Elle doit son origine à des éruptions volcaniques. Deux cratères principaux s'y font remarquer : au nord, celui de la montagne du *Gros-Morne* (2,400 mètres d'altitude), éteint depuis longtemps ; au sud-est, celui du *Piton de Fournaise* (2,500 mètres), qui brûle encore, qui est même l'un des plus puissants volcans qu'on connaisse, et dont les feux ont rendu entièrement stérile une vaste portion de terrain (à peu près la cinquième de la superficie totale de l'île), que les habitants nomment *Pays-Brûlé*. L'île a la forme elliptique et renflée d'une écaille de tortue. Une chaîne de montagnes escarpées la traverse dans son centre, du nord au sud, et la divise en deux grands districts naturels, différant de formation, de climat et de production, et appelés, l'un, au nord-est, PARTIE DU VENT, et l'autre, au sud-ouest, PARTIE SOUS LE VENT. On a partagé ces deux districts en six *quartiers*, subdivisés en douze *communes*, qui sont : pour la Partie du Vent, *Saint-Denis*, sur la côte nord-ouest, chef-lieu de toute la colonie (avec 9,000 habitants, un collége, un jardin botanique et une rade exposée à tous les vents), Sainte-Marie, Sainte-Susanne, Saint-André, Saint-Benoît et Sainte-Rose ; et pour la Partie sous le Vent, *Saint-Paul*, chef-lieu, avec un meilleur ancrage que Saint-Denis, et où les Français créèrent leur premier établissement, Saint-Leu, Saint-Louis, Saint-Pierre, Saint-Joseph et Saint-Philippe. On évalue la superficie de l'île à 29 myriamètres carrés, sa plus grande longueur, du nord au sud, à 10 myriamètres, sa largeur à environ 4 myriamètres, et sa circonférence, en suivant la route de ceinture qui longe les bords de la mer et dont la construction, entreprise en 1825, ne fut terminée qu'en 1854, à un peu plus de 22 myriamètres. Les sommités de ses plus hautes montagnes sont couvertes de neige presque toute l'année : l'une d'elles, le *Piton de neige*, n'a pas moins de 3,166 mètres d'élévation. Les navigateurs l'aperçoivent de loin en mer ; et elle est pour eux une indication utile, car les côtes sont entourées d'une foule de récifs, et on n'y rencontre en tout que deux rades, peu sûres d'ailleurs.

Un grand nombre de petites rivières encaissées, pour la plupart guéables en été, mais devenant dans la saison des pluies des torrents impétueux, descendent parallèlement et presqu'en droite ligne de la chaîne des hauteurs, et viennent se décharger dans la mer : aucune n'est navigable.

Rafraîchie par l'abondance de ses eaux et par des brises perpétuelles, l'île de La Réunion, quoique située entre l'équateur et le tropique du Capricorne, jouit d'une température moyenne qui ne dépasse pas 20° Réaumur. Son beau ciel, son air pur, la douceur de son climat, en font un pays délicieux, et qui passe pour le plus sain de l'univers. C'est ce pays favorisé de la nature qui a donné le jour à deux de nos poètes les plus gracieux et les plus suaves, B e r t i n et P a r n y, et à un savant mulâtre, Listet Geoffroy. On n'y connaît guère d'autre fléau que les ouragans ; mais ils y sont terribles, et dévastent quelquefois en peu d'heures les plus riches récoltes. Le sol de La Réunion est très fertile, particulièrement sur le littoral. Les terres cultivées s'élèvent en pays incliné jusqu'aux deux tiers environ des hauteurs, c'est-à-dire de 800 à 1,000 mètres au-dessus du niveau de la mer. On estimait en 1847 leur étendue à 85,000 hectares, c'est-à-dire à environ le quart de la superficie totale, tandis que les riches parties de l'intérieur demeuraient encore incultes. Tous les produits de l'Arabie, de l'archipel Asiatique et de l'Europe méridionale y croissent à merveille, notamment le café, le sucre, le cacao, le coton, le girofle, le muscade, la cannelle, le tabac, le froment, le riz, le maïs, les ignames, les patates, les bois de teinture et d'ébénisterie, etc. En 1806 un violent ouragan ayant bouleversé une grande partie des caféteries, on substitua, en beaucoup d'endroits, à la culture du café, que ce sinistre avait ruinée, celle de la canne à sucre, qui a fait depuis lors des progrès si considérables qu'aujourd'hui sa récolte dépasse de plus de quarante fois celle du café. Sous le régime de la Compagnie des Indes, les Iles de France et de La Réunion avaient chacune leur destination propre : la première, favorisée de deux ports et d'un abord facile, était le comptoir ; la seconde, dépourvue de ports et n'ayant que des rades mal abritées, était le lieu de production ; les colons de La Réunion déposaient, dans de vastes magasins, bâtis exprès, leur café, leur coton, leur blé, achetés par la compagnie ; ces denrées étaient envoyées à l'Ile de France et de là expédiées en Europe. Aussi le développement du commerce de La Réunion ne date-t-il que de 1815, époque où l'Ile de France cessa de nous appartenir. Il est arrivé aujourd'hui à représenter un mouvement annuel de près de cinquante millions de francs. Le sucre, dont la culture y a pris depuis ce siècle de si vastes développements, en constitue la principale partie.

Le chiffre de la population s'élève à environ 105,000 habitants. Sur ce nombre on comptait en 1847 31,100 blancs, 11,500 hommes de couleur libres, et 62,200 nègres esclaves (représentant une valeur de 84 millions de francs) ; le reste se compose de Malais, d'Hindous et de Chinois introduits dans l'île comme travailleurs libres, surtout depuis 1848, époque où le gouvernement républicain abolit l'esclavage et rendit leur complète liberté aux nègres, qu'une ordonnance royale du 21 juillet 1846 avait déjà déclarés faire partie du domaine de l'État. Comme depuis 1815 le produit des plantations n'avait pas cessé de figurer pour la plus grosse partie dans le chiffre des exportations, de beaucoup supérieur à celui des importations, les planteurs de La Réunion étaient généralement peu favorables à l'émancipation des esclaves, question qui alors préoccupait tant les esprits dans la métropole. D'ailleurs, on leur rendait la justice de reconnaître qu'ils traitaient leurs esclaves avec la plus grande humanité. Il est facile de croire que la brusque abolition de l'esclavage en 1848 apporta une perturbation profonde dans les conditions du travail et dans ses produits. Comme toutes les révolutions, elle entraîna des ruines et des catastrophes ; mais une fois revenus de leur première émotion, les colons se remirent à la culture du sol avec une ardeur nouvelle. Aidés de travailleurs libres, qu'ils ont fait venir de l'Inde ou de l'archipel Asiatique pour suppléer aux nègres, qui, maintenant libres, ne voulaient plus travailler à aucun prix, ils sont parvenus en moins de huit années à accroître de moitié la superficie du sol cultivé ; et le produit des nouvelles cultures, qui en 1847, avant l'émancipation, était de 12,517,551 francs, s'était élevé en 1856 à 22,758,674 francs.

Différente des autres colonies françaises, qui toutes reçoivent une subvention de la métropole, l'île de La Réunion pourvoit sans secours étrangers, et par le seul produit de ses impôts, à ses dépenses intérieures. La solde et l'entretien de sa garnison, forte d'environ 1,800 hommes, sont les seuls frais à la charge de l'État.

REUS (on prononce *Re-ous*), industrieuse et commerçante ville d'Espagne, dans la province de Tarragone (principauté de Catalogne). Ce n'était encore qu'un village il y a une soixantaine d'années, tandis qu'on y compte aujourd'hui plus de 28,000 habitants. Située à environ un myriamètre de la mer, son commerce se fait au moyen de la rade de Salon. Le tissage de la soie et du coton constitue la principale industrie de la ville, son commerce consiste en vin, eau-de-vie, anisette, amandes et avelines. Beaucoup de négociants de Barcelone y ont des factoreries.

REUSS, nom de deux principautés souveraines situées au cœur de l'Allemagne, entre le royaume et les duchés de Saxe. Le cercle de Neustædt du grand-duché de Saxe-Weimar les divise en deux parties inégales. Leur superficie, jadis beaucoup plus considérable, n'est que aujourd'hui que de 20 myriamètres carrés, avec une population de 115,000 âmes, qui, à l'exception de 400 herrnhutes et 200 catholiques, professe la religion protestante. La maison des princes de Reuss remonte fort avant dans l'histoire d'Allemagne ; et il en est question dès le commencement du douzième siècle. Elle se partage aujourd'hui en deux lignes. Aux termes d'une convention de famille en date de 1668, tous les princes de Reuss portent le nom de *Henri* ; ils se distinguent entre eux par les chiffres I,II,III, etc., allant jusqu'à C. dans la ligne aînée, où alors on reprend la numération I,II,III, etc. Dans la branche cadette on recommence chaque siècle à compter par I, II, III, etc. La qualification officielle est donc toujours *Henri* (Ier, II, III, etc.), prince souverain de Reuss (branche aînée, ou branche cadette), comte et seigneur de Plauen, seigneur de Greitz, de Kranichfeld, de Gera, de Schleiz et de Lobenstein. Pour toutes les affaires communes aux deux lignes, il existe un *droit de séniorat*, dont est toujours investi celui des deux souverains qui règne depuis le plus long espace de temps, et qu'il exerce en commun avec le prince régnant le plus âgé de l'autre ligne. Les deux lignes fournissent en commun à l'armée fédérale un contingent de 751 hommes, qui en cas de besoin doit servir à renforcer les garnisons des places fortes fédérales et former avec les contingents des autres petits États la réserve de la Confédération. Dans le *petit conseil* de la Confédération, la maison de Reuss exerce conjointement avec les maisons de Hohenzollern, de Liechtenstein, de Schaumbourg-Lippe de Lippe-Detmold et de Waldeck, la seizième voix curiale ; mais dans le *grand conseil* chacune des deux lignes jouit d'une voix particulière. En vertu d'une convention passée en 1816 avec les maisons ducales de Saxe, les deux principautés relèvent, pour ce qui est des affaires judiciaires, d'une cour d'appel commune, établie à Iéna ; d'ailleurs, elles ont chacune leur ordre judiciaire particulier. Tout ce qui concerne l'administration des postes dépend, en vertu de traités, de la maison de La Tour et Taxis.

Le territoire de la *ligne aînée* de la maison de Reuss, ou principauté de *Reuss-Greitz*, se compose de la principauté de Greitz, ville du même nom pour capitale, une superficie de 6 myr. carrés, une population de 35,000 âmes, et un revenu d'environ 400,000 francs.

La *ligne cadette* possède un territoire de 15 myriamètres carrés environ, avec plus de 85,000 habitants et plus d'un million de francs de revenu. Sa ville la plus importante est Gera. Jusqu'en 1848 ce territoire avait été partagé entre les trois branches de *Reuss-Schleitz*, *Reuss-Lobenstein-Ebersdorf*, et *Reuss-Gera* ; mais par suite de l'abdication du prince Henri LXXII de Lobenstein-Ebersdorf, qui eut lieu le 1er octobre 1848, les trois principautés, qui avaient auparavant chacune leur administration particulière, sont aujourd'hui réunies.

Les princes de *Reuss-Kœstriz* forment une ligne collatérale et apanagée de la maison de Schleitz.

REUTLINGEN, ville du cercle de la Forêt-Noire (royaume de Wurtemberg), dans une contrée qui produit beaucoup de fruits et de vin, sur l'Echaz, compte 12,250 habitants, qui se distinguent par leur industrieuse activité. On y trouve des tanneries importantes, des fabriques de colle, de drap, de couleurs, de toile métallique, de papier, de pompes à incendie, des filatures de coton, des fonderies de cloches, etc. Les femmes y confectionnent en outre beaucoup de dentelle. La ville a trois églises protestantes et une église catholique. La principale église, qui est d'architecture gothique, est ornée d'une tour de 108 mètres d'élévation ; son vaisseau en a 20. Commencée en 1267, elle fut achevée en 1343.

Reutlingen, érigée en ville libre impériale par l'empereur Frédéric II, en 1240, perdit ses privilèges en 1803 et fut alors adjugée au Wurtemberg. Ce fut la première ville de la Souabe qui adopta la réformation ; et à la diète d'Augsbourg de 1530, elle figurait au nombre des villes impériales qui présentèrent la célèbre *Confession d'Augsbourg*.

REVACCINATION. On sait que la découverte de la vaccine ne fut bien connue et utilisée sur le continent qu'en 1800. On vaccina en France et en Suisse qu'à partir des premiers jours de mai de cette année-là. Or, pendant trente et quelques années on eut lieu de penser que la vaccine préservait constamment de la petite vérole. Cependant, vers 1834 et 1835, il se montra quelques incrédules. Mais les hommes prudents attendirent pour se prononcer que l'inoculation préservatrice du vaccin eût la sanction d'un demi-siècle. Comment en effet se prononcer sur la préservation viagère du vaccin, lui qu'on n'avait encore étudié que durant un quart de siècle? Des médecins attentifs, à quelque temps de là, observèrent dans le Wurtemberg, que 630 personnes, sur une population de 1,600,000, avaient eu la petite vérole. C'est peu; mais sur ce nombre de 630 varioliés, il fut constaté que 39 avaient déjà eu la petite vérole, et que 186 avaient été vaccinés. On dut arguer de là que pour quelques individus la vaccine ne préserve que pour un temps et non pas jusqu'à la mort; conclusion qui n'a rien de particulier au vaccin, puisque la petite vérole elle-même récidive en quelques personnes. Comment exiger du vaccin qu'il préserve mieux que la variole même?

Toutefois, l'observation faite en Allemagne eut de promptes conséquences en plusieurs contrées. En Prusse, on revaccina l'armée entière. Sur 47,300 militaires nouvellement vaccinés qu'on étudia avec soin, on vit que 44,000 portaient des traces d'une première vaccine, des cicatrices incontestables. Or, sur les 47,000 vaccinés, le vaccin, a-t-on assuré, se développa régulièrement sur 21,300; et sur les autres 26,000, l'éruption avorta. Vite on s'empressa de conclure que les 21,000 sur qui l'éruption avait bien pris étaient aptes, si non destinés, à être affectés tôt ou tard de la petite vérole. Cette manière d'expérimenter et de raisonner fit impression sur les médecins de toute l'Europe, et surtout en France. Les hommes d'État eux-mêmes se préoccupèrent des *revaccinations*. M. de Salvandy, alors ministre, consulta l'Académie de Médecine sur la convenance qu'il pouvait y avoir à revacciner les pensionnaires de l'université à leur sortie des collèges. Influencé par l'inébranlable confiance des premiers vaccinateurs de 1800, l'Académie opina négativement, attribuant au vaccin une vertu de préservation sans limites. Mais cette réponse, plus politique que sincère, n'empêcha pas qu'un certain nombre de médecins, même à l'Académie, ne se fissent revacciner. Des princes, et même quelques bourgeois, imitèrent cette prudence. En effet, pourquoi craindre de répéter une opération qui ne comporte ni péril ni douleur, et dont le seul inconvénient serait d'être inutile? Si d'ailleurs on consulte la théorie, c'est-à-dire la raison s'appliquant à l'incertain, on y trouve des motifs favorables aux revaccinations. Voyez en effet si le vaccin de Jenner a dû être altéré, épuisé, usé, corrompu, depuis 1798, où il fut définitivement découvert et une première fois inoculé! Depuis le 11 mai 1800, époque de sa première introduction en France (pour ne citer que notre pays), un enfant est à peine vacciné depuis une semaine, qu'on pique les boutons bombés de ses bras pour inoculer d'autres enfants; et toujours ainsi, sans interruption, depuis mai 1800, c'est-à-dire depuis près de 3,000 semaines. Serait-il impossible que la vaccine, instillée dans nos humeurs d'une pureté si contestable, ne possédât plus après tant de générations, les vertus merveilleuses que lui reconnut Jenner, quand il la puisa aux trayons des vaches, à sa première origine? Ne sait-on pas que plusieurs filiations d'arbres ou d'arbustes engendrées successivement l'un de l'autre sans greffes, mais de graine en graine, finissent par dégénérer ou par ne plus produire? Ne sait-on pas qu'un certain nombre de végétaux hybrides et d'animaux adultérins ou métis ou ne produisent plus aucun rejeton, ou n'en ont plus que de stériles? Or, pourquoi ne serait-il pas ainsi du vaccin? Puisque le *cow-pox* fut primitivement tiré du pis d'une vache pour être inséré dans les chairs et le sang du premier vacciné, qui l'a transmis depuis plus de cinquante ans, à des milliards d'individus, ne serait-il pas urgent de le renouveler en le repuisant à sa source primitive? C'est ce qu'a proposé dans le temps l'estimable docteur Bousquet.

Ceux qui pensent que le corps humain se renouvelle intégralement au bout de quelques années, ceux-là ont un autre motif pour conseiller les *revaccinations*. Ce motif, que personne encore n'a fait valoir, et qui s'applique à la petite vérole comme au vaccin, le voici. Si l'homme est incessamment soumis à une rénovation totale de ses organes et de ses humeurs, le même individu après un temps plus ou moins long n'a plus une seule parcelle des organes ni un atome des humeurs qui constituaient autrefois son être. C'est toujours la même identité morale et nominale, mais ce n'est plus absolument la même identité physique, puisque chaque partie du corps a été peu à peu détruite et insensiblement renouvelée. Que pourrait-il encore subsister du vaccin autrefois inoculé, et qu'elle préservation pourrait-on s'en promettre? Rien ne subsiste plus ni du vaccin préservateur ni des organes contemporains à son insertion et qu'il devait garantir des atteintes de la petite vérole. Donc, il y aurait lieu de revacciner non-seulement après une vaccine datant de vingt ans, mais après une petite vérole qui remonterait à l'enfance.   Isid. BOURDON.

RÉVAL (en esthonien *Tallin*, en letton *Dannupils* et *Rehwele*, en russe *Revel* et aussi jadis *Koliwan*), chef-lieu de gouvernement d'Esthonie, sur le golfe de Finlande. Son origine remonte aux premières années du treizième siècle; dès cette époque l'élément allemand domina dans sa population, et en 1248 Erich Plogpennig y mit en vigueur le droit commercial de Lubeck. Par son commerce et sa navigation elle devint dès lors le grand centre d'activité de l'Esthonie. En 1561 les chances de la guerre en firent une ville suédoise, pour devenir une ville russe à partir de 1710. Reval a tout à fait la physionomie d'une vieille ville de l'Allemagne du nord, des rues étroites et irrégulières, bordées de maisons noirâtres à pignon, avec force tours et vieilles murailles noircies par le temps. On y compte 24,000 habitants. Près de la ville se trouve un port militaire construit par Pierre le Grand, parfaitement fortifié et organisé de manière à pouvoir contenir la moitié d'une des trois divisions dont se compose la flotte russe de la Baltique. Autrefois siège d'évêché catholique, Reval possède aujourd'hui, en fait d'églises luthériennes, trois églises allemandes, une église esthonienne et une église suédoise, une église catholique, une église grecque, et diverses chapelles consacrées à ce dernier culte dans les faubourgs, où les Russes et les Esthoniens sont bien plus nombreux que les Allemands. Le palais de Katharinenthal, construit par Pierre le Grand pour l'impératrice Catherine, à peu de distance de la ville, sur un charmant coteau, et son parc, orné d'arbres de toute beauté, servent de but de promenade et de lieu de divertissement habituel aux habitants de Reval. On y a établi des bains de mer, qui sont extrêmement fréquentés dans la saison.

RÊVE, RÊVERIE, RÊVASSERIE, ou SONGE. Ces termes expriment des états fort analogues entre eux, qui peuvent comme mélange de veille et de sommeil; selon l'étymologie, le *rêve* est plus voisin du *réveil*, et le *songe* appartient davantage au *sommeil*; mais l'usage fait employer indifféremment ces mots comme synonymes, et nous traitons des uns et des autres en cet article.

Un songe... me devrais-je inquiéter d'un songe,

dit Athalie. Sans doute c'est la plupart du temps chose bien frivole; cependant, il n'en est pas ainsi pour beaucoup de personnes : dirai-je du peuple? Mais de grands personnages y ont ajouté foi, comme Brutus, qui aux champs de Philippes crut voir son génie lui prédisant sa défaite. L'antique sagesse des Égyptiens, des Chaldéens, des Arabes, des Perses, cultiva la science de l'*oneiromantie*; Daniel, après Joseph, connut l'art d'interpréter les songes; et quoique le livre de *l'Ecclésiaste* dise que les seuls imprudents s'attachent à ces *rêveries*, comme ceux qui s'efforcent de saisir une ombre ou d'atteindre le vent, ne voyons-nous point parmi nous encore de bonnes femmes s'enquérir de leurs songes, soit pour deviner l'avenir, soit pour connaître leur signification? L'illustre Bacon de Verulam assurait que notre âme, recueillie et ramassée sur elle-même dans le sommeil, possède alors une prénotion ou sorte de connaissance du futur, comme dans l'état d'extase des prophètes et des devins.

Le sommeil est principalement déterminé, selon les ingénieuses recherches de Bichat, par la prédominance du sang noir ou veineux dans les vaisseaux et sinus de l'encéphale, comme le réveil est dû à celle du sang artériel. Quand toutes les parties de l'encéphale sont également assouplies par l'accès du sang noir, le sommeil devient complet, sans aucun songe, et tous les sens qui reçoivent du cerveau des cordons nerveux restent fermés, inertes comme fenêtres closes, aux impressions extérieures. Mais si quelque partie du cerveau, fortement ébranlée par certaines impressions de l'état de veille, conserve de l'excitation, celle-ci ne s'engourdit guère, ou n'admet que faiblement du sang veineux : de là vient qu'elle ne s'endort pas et qu'elle continue (quoique irrégulièrement, faute du concours des autres parties) à reproduire les images ou impressions diverses qui l'agitèrent si vivement. Ces ébranlements persistants peuvent même avoir assez d'intensité pour se transmettre par les cordons nerveux aux organes des sens et aux muscles, pour les faire agir automatiquement comme dans l'état de veille. Tel est le phénomène si remarquable du *somnambulisme naturel* faisant sortir du lit les individus, les faisant parler, se mouvoir, et opérer avec beaucoup de précision et d'assurance, d'autant mieux qu'ils sont isolés ainsi de toute idée étrangère du danger, qu'ils n'aperçoivent pas, et des obstacles environnants. Et c'est ainsi qu'on peut accorder à Descartes que *l'âme pense toujours*, alors que le sommeil l'obscurcit complétement, et que nous n'en avons aucun souvenir à notre réveil. De même, il est certaine élaboration tacite de nos idées qui fait souvent trouver à notre réveil la solution d'un problème qui nous avait embarrassé la veille précédente. Il y a plus, comme l'a remarqué Darvin (*Zoonomie*), c'est qu'on se souvient d'autant moins d'un rêve qu'on a davantage parlé et agi pendant sa durée, tandis qu'on se rappelle mieux les songes qui n'ont pas été ainsi *exhalés au dehors*. Pareillement, les songes profonds du premier sommeil restent d'ordinaire inaperçus ou enfouis, tandis que les rêves du matin, plus voisins de la veille, se retracent plutôt à la mémoire, selon Formey (*Mémoires de l'Acad. de Berlin*). Quant aux rêves qui agitent si manifestement les chiens, les chevaux, les perroquets, etc. (et déjà signalés par Aristote), ils ne sont guère qu'une reproduction imparfaite de ce qui leur est arrivé, ou diffèrent peu en cela de la réalité, comme l'a remarqué Buffon.

De là s'explique naturellement pourquoi toutes nos impressions dominantes, ou les plus familières et répétées, se reproduiront fréquemment dans nos rêves. Les habitudes en effet de nos occupations, surtout de la fin des journées, se continuent en quelque sorte dans nos agitations mentales nocturnes. Alors, dit avec raison Hippocrate, si nos actions quotidiennes sont retracées dans notre esprit, si elles conservent la teneur et l'allure ordinaires, on en doit conclure que l'organisme conserve son heureux équilibre de santé.

Les gens d'esprit, dont le système nerveux est plus impressionnable et plus mobile que celui des manouvriers, épais et grossiers, éprouvent par cette cause bien plus de songes et d'agitations nocturnes que ces derniers; car il est même des êtres brutaux, idiots, ou stupides et inoccupés, qui, ronflant profondément chaque nuit, sans souci ni inquiétude, n'ont jamais rêvé, ou ne s'en souviennent pas. L'innocence enfantine rêve peu, et cependant il est des enfants qui rient dans leurs petits rêves : quant aux songes d'effroi qui réveillent d'autres enfants en sursaut, ce sont ou des vers intestinaux qui leur causent des coliques, ou les douleurs de la dentition qui suscitent au cerveau ces rêves pénibles, avec des spasmes ou des terreurs nocturnes.

L'état de rêve peut être comparé, dit-on, dans l'homme endormi, au *délire*, qui est le songe de l'homme éveillé. Ces deux états, l'un maladif, l'autre en santé, ont de commun en effet l'incoercibilité de l'association des idées : ils divaguent à qui mieux mieux. On a dit qu'alors les idées étaient jetées au hasard, éparses comme ces phrases ou lettres mêlées formant tantôt un sens, tantôt un autre par leur mélange fortuit; mais il n'en est pas tout à fait ainsi : quelques images ou impressions restent dominantes et mènent les autres. A la vérité, les *rêvasseries* sont souvent des groupements de scènes incohérentes : c'est ce qu'on éprouve par l'état de somnolence, comme dans les voyages en voiture, ou en se berçant dans un hamac, ou par ces légers délires que procurent le thé, une pointe de vin, ou l'ivresse des préparations d'opium et de bendjé chez les Orientaux, etc. La prolongation des veilles amène encore cet état rêveur dans lequel voltigent des ombres passagères, chimériques, étranges, qui s'associent ou se brisent, et se divisent avant de disparaître.

Ainsi, le songe peut être défini : un drame défectueux, sans unité de temps et de lieu : c'est pourquoi l'on peut le comparer à ces pièces de théâtre qu'Horace dit être *velut œgri somnia*, aussi bizarres et décousues qu'aucune de celles de nos modernes romantiques.

Dans nos songes, les images sensibles prévalent sur les idées abstraites; c'est pourquoi l'on croit apercevoir tant de fantômes, de spectres, de visions, et notre imagination ou fantaisie est principalement en jeu (Aristote, *De Insomniis*, c. 1). Les hallucinations sensoriales sont donc plus fréquentes que celles de l'intelligence, et celles de la vue plus que celles de l'ouïe ; probablement les peintres doivent plus rêver que les musiciens. Les vestiges des images, plus puissants que ceux des sons, et persistant davantage dans nos nerfs, se transmettent mieux dans le *sensorium* intérieur; ils s'éveillent plus facilement. Plus les impressions sont tenaces, plus elles peuvent se reproduire ; c'est pourquoi les vieillards rêvent plutôt aux choses agréables de leur jeunesse qu'aux impressions amorties de leur caducité. D'ailleurs, pendant que les impressions actuelles de la vie journalière détournent de divers côtés notre sensibilité, nous sommes distraits de la plupart des sensations intérieures de nos viscères ; nous nous ignorons ou nous déguisons ; mais pour nous rendre à notre individualité, il n'est rien tel que l'isolement du sommeil et le rêve. Alors surgit ce murmure secret de nos douleurs intimes. C'est en quoi l'étude de nos songes devient un examen digne de la philosophie et de la psychologie. L'homme réduit à sa vie primitive se dépouille de tout mensonge, et le scélérat, en présence de ce tribunal auguste et sacré, fait l'aveu de son crime. L'activité intérieure s'accroît de tout ce qui lui manque alors du côté du monde extérieur, et l'obscurité de celui-ci ajoute à la lucidité de celle-là.

Y a-t-il des *songes prophétiques* et des rêves qui présagent des maladies?

Pourquoi donc un esprit profondément absorbé d'affaires ne se trouverait-il point dans un tel état de concentration nocturne qu'il lui ferait prévoir ou habilement conjecturer des événements à venir? Franklin crut avoir été instruit de cette manière de l'issue des négociations qui le tourmentaient, dit Cabanis, comme la voix de Jupiter retentissait encore à l'oreille d'Agamemnon, soucieux des combats dès le lever l'aurore, dit Homère. Ainsi, Cardan et Paracelse, ces fous parfois sublimes, se vantaient de composer des ouvrages sous l'inspiration de leurs rêves. Voltaire cite un charmant impromptu en vers, fait dans un songe; et qui ne connaît la fameuse *sonate du diable* de Tartini? Ce musicien, dans la fatigue d'une composition, s'endort préoccupé. Plein d'agitation, il rêve que le diable lui apparaît, lui demande s'il veut abandonner son âme pour une sonate ravissante. Tartini accepte, et le démon aussitôt, saisissant un violon, exécute la plus délicieuse musique. Dans son enchantement, Tartini se réveille en sursaut, encore ému, retrouve les motifs du chant qui l'enivrait, et il produit ainsi l'œuvre la plus étonnante de son talent. Car l'extase peut naître d'un songe ou le précéder; elle ferme comme lui les portes extérieures de la maison humaine pour s'isoler toute au dedans. Ce mode appartient surtout aux constitutions immodérées, grêles, hypocondriaques ou hystériques, qui sentent profondément les passions et concentrent leurs amours, leurs folies. A peine si elles dorment d'esprit; leurs membres, leurs sens s'assoupissent seuls; mais ces âmes toujours brûlantes les consument, soit de jouissances et de douleurs dans le jour, soit de tourments et de délices durant leurs rêves. On a vu des cataleptiques, dans un état analogue (*catochus*) d'exaltation encéphalique, par la mort apparente des sens externes, se monter au ton de la prophétie, réciter des vers, même en une langue étrangère qu'on sait à peine, comme sainte Thérèse, qui expliquait le latin dans ses paroxysmes ascétiques.

Telle est parfois aussi l'exaltation dans les mourants, signalée déjà par Arétée, et dont a traité Alberti. La sagacité et le discernement qui les distinguent, et dont nous avons vu un singulier exemple chez l'illustre géomètre Lagrange, à la veille de sa mort, annoncent que les forces se concentrent au cerveau, mais au détriment des autres organes, qui tombent ensuite dans l'abattement le plus complet.

Cette disposition chez les hommes qui ont le plus exercé leurs facultés encéphaliques complique dangereusement leurs maladies; l'état de *rêvasserie*, la fréquence des songes est un funeste prélude de la concentration au cerveau, dans les fièvres ataxiques, les convulsions, les manies, l'apoplexie, etc., qu'elles rendent imminentes, et plusieurs somnambules finissent par l'apoplexie ou la démence. Esquirol les a signalées au début de la folie, Hildebrand à celui du typhus. Les rêves de plusieurs blessés ou d'autres malades font souvent découvrir quel organe latent est souffrant et lésé, qu'on ne devinerait point dans les distractions de l'état de veille; car ces songes deviennent des vérités. Le médecin doit donc la plus grande attention à ces indices de notre nature intérieure (Double, *Considérations sémiologiques sur les Songes*).

Les rêves pénibles, tels que le *cauchemar*, dénoncent pour l'ordinaire l'oppression abdominale, la plénitude de l'estomac, l'embarras des viscères, surtout en dormant sur le dos. De même, l'engorgement variqueux des gros vaisseaux artériels ou veineux, l'obstruction des organes circulatoires, les spasmes du cœur suscitent des songes horribles ou funestes.

Il y a tel état de constipation, telle disposition spasmodique des organes utérins, etc., qui sollicitent les émissions de sperme froides et énervantes par leurs répétitions.

Ainsi, nos rêves varient d'après les diverses conditions de l'organisme, suivant la nature des aliments; de là vient, assure-t-on, qu'on rêve davantage en automne, à cause de l'abondance et de la variété des fruits. La jeunesse a des songes gais, la femme éprouve ceux analogues à son sexe, surtout à l'époque des règles; la vie célibataire engendre des rêves voluptueux. Les vapeurs de l'ivresse peuvent exciter des sommeils furibonds chez les hommes robustes. Les temps pluvieux même apportent des songes plus tristes que n'en font naître les beaux jours, et si quelque excrétion accoutumée ne s'opère pas, les rêves deviennent plus inquiets. C'est donc dans ces anomalies qu'on peut découvrir les signes des dérangements même les plus secrets de l'économie, ou le défaut d'un parfait équilibre dans la santé. Les préludes d'une hémorrhagie se prévoient par une couleur rouge, comme un excès de bile par des apparences jaunes, dans les images des rêves, dit-on. Les incendies vus en rêve dénoncent les inflammations; les sensations d'eau glacée, une prédominance de lymphe ou l'imminence d'une paralysie, etc. La faim rend le cerveau *creux* ou fait divaguer davantage, et les rêves de précipices, de chutes en des abîmes, ou de pénibles voyages sous des voûtes, menacent la vie de quelque danger. Nous pensons donc qu'il ne faut point absolument mépriser tous les songes, et qu'un mauvais rêve parfois peut donner un bon avis.

J.-J. VIREY.

RÉVEIL, cessation de sommeil : Un doux *réveil*, un *réveil* pénible. Il a eu un fâcheux *réveil*, se dit figurément d'un homme qui a été détrompé cruellement de quelque espérance, de quelque illusion flatteuse.

Réveil signifie encore une machine d'horlogerie appelée aussi *réveille-matin*, laquelle a une sonnerie battant à l'heure précise sur laquelle on a mis l'aiguille quand on l'a montée.

RÉVEIL ou RÉVEILLE-MATIN (*Art militaire*). *Voyez* DIANE.

RÉVEILLE-MATIN (*Botanique*). *Voyez* EUPHORBE.

RÉVEILLÈRE-LEPAUX. *Voyez* LA RÉVEILLÈRE-LEPAUX.

RÉVEILLON. *Voyez* NOEL.

RÉVEILLON (N...), riche fabricant de papiers peints du faubourg Saint-Antoine, au nom duquel se rattache le souvenir de la première émeute qui ait signalé l'année 1789. Il s'était montré partisan enthousiaste des découvertes aérostatiques, et avait prêté, en octobre 1783, le jardin de sa maison à Pilâtre des Rosiers pour une de ses ascensions. Le 28 avril 1789 sa maison fut pillée et dévastée par la populace, à laquelle il était signalé comme un *accapareur* et comme hostile au mouvement des esprits qui avait amené la convocation des états généraux. C'est huit jours après ces scènes déplorables que cette assemblée se réunissait pour la première fois à Versailles.

REVEL. *Voyez* REVAL.

RÉVÉLATION. On appelle ainsi l'action de *révéler*, c'est-à-dire de lever le voile qui dérobait la connaissance d'une chose, demeurée dès lors inconnue et secrète.

En termes de droit, ce mot est synonyme de *dénonciation*, avec cette différence que la révélation suppose toujours complicité dans le crime dénoncé, tandis que le dénonciateur peut avoir été étranger aux faits, dont le plus souvent il n'a eu connaissance que par l'effet du hasard. La loi fait un devoir de la *révélation* des crimes qui compromettent la sûreté de l'État, et punit ceux qui, en ayant eu connaissance, ne les auraient pas révélés. Elle punit également la *non-révélation* du crime de fausse monnaie et de contrefaçon des sceaux de l'État, des effets publics, et des poinçons-timbres et marques destinés à être apposés au nom du gouvernement.

RÉVÉLATION (*Philosophie* et *Théologie*). Les religions positives (christianisme, mahométisme, bouddhisme, etc.), qui se partagent les croyances du genre humain, sont toutes fondées sur des *révélations*. La révélation est *immédiate* ou *transmise*. Elle est immédiate pour le législateur religieux ou révélateur auquel elle est communiquée directement par Dieu lui-même; elle est transmise quant à la masse des fidèles, qui la reçoit de sa bouche et la puise après sa mort dans le livre où il en a consigné la doctrine; livre qui demeure en général entre les mains du corps sacerdotal, héritier de sa mission. Ces deux sortes de *révélations* ne sauraient donc être confondues. La première est la condition nécessaire de la seconde, et la seconde la conséquence de la première. La première porte en elle-même sa certitude pour l'homme privilégié qui en est l'objet. La nature de l'inspiration qu'il reçoit, la manière dont elle s'éveille en lui, les circonstances qui l'accompagnent, sont pour lui des garants qu'il ne peut qu'imparfaitement faire apprécier aux autres. Mais comme une révélation n'arrive pas sans être amenée par une phase nécessaire du développement de la loi providentielle qui régit le monde, la multitude est en quelque sorte préparée à la recevoir, et elle y acquiesce comme à une chose qui s'adapte parfaitement à sa conscience, et que réclamaient depuis longtemps ses besoins moraux. C'est à cette cause, plus qu'à toute autre, que furent dus les progrès rapides et sûrs que fit le christianisme à sa naissance, malgré les obstacles de tous genres qui lui furent opposés.

Y a-t-il un moyen de distinguer une révélation véritable

des prédications d'un imposteur habile, ou de celles d'un enthousiaste qui commence par se tromper lui-même sur sa mission imaginaire avant d'en saisir la crédulité des autres? La distinction nous paraît quelquefois difficile. Néanmoins, nous sommes disposé à admettre qu'à diverses époques, sur des points éloignés du globe, il y a eu des révélations partielles, proportionnées aux besoins et aux dispositions des peuples auxquels elles s'adressaient, et qui ont pu avoir lieu sans infirmer en rien la supériorité absolue de la révélation chrétienne. A nos yeux Mahomet, en proclamant au milieu des tribus idolâtres de l'Arabie l'unité de Dieu, a remplacé une doctrine grossière par un dogme plus élevé et plus pur. Pourquoi nous obstinerions-nous à ne voir qu'une imposture dans l'établissement d'une vérité supérieure à l'état religieux du peuple auquel il s'adressait et qu'il parvint à façonner à ce dogme nouveau? De quelle manière Mahomet était-il arrivé lui-même à cette connaissance? Était-ce par l'étude, par la connaissance des livres de Moïse, par quelques traditions mystérieuses, ou par une lumière soudaine? C'est ce qu'il est impossible de décider.

Ici se place naturellement cette question, fort difficile à résoudre : « Que doit-on entendre par *révélation* ? » Est-il nécessaire, pour qu'une révélation ait lieu, de faire intervenir entre Dieu et l'humanité quelque être intermédiaire qui se revête d'une forme angélique ou de toute autre? Est-ce à l'oreille physique de l'homme qu'une révélation doit être annoncée par ces ministres de la volonté divine? La voix de Dieu ne peut-elle pas se faire entendre dans notre intérieur avec un caractère de certitude auquel nous ne puissions nous soustraire? La pensée seule ne serait-elle pas le plus légitime intermédiaire entre Dieu et l'âme humaine? Bien plus, ne l'est-elle pas réellement? Newton, après de longues méditations, découvrant instantanément la loi de la gravitation dans un fait qui se passait sous ses yeux, n'a-t-il pas eu le droit de regarder cette lumière soudaine comme une inspiration d'en haut, comme une *révélation* ? Disons mieux : homme pieux et sincère ne devait-il pas en remercier Dieu, et par cet acte de reconnaissance ne le considéra-t-il pas comme la source de l'inspiration qu'il avait reçue? Il est donc évident que, dans l'intervalle compris entre la plus simple pensée et l'intervention d'êtres surnaturels, il est difficile de déterminer où commence la révélation et où se termine l'action naturelle de la raison. Cette limite, impossible à poser d'une manière précise, varie nécessairement selon les diverses intelligences. Nous savons que l'on répondra de deux manières à ce que nous venons de dire. Les uns nieront qu'il y ait dans la pensée de l'homme autre chose que le fruit spontané de son intelligence et de sa raison ; d'autres admettant partout la présence de Dieu, la verront sous la moindre pensée comme sous la doctrine la plus formellement inspirée. A force de ne voir que *révélations*, ceux-ci en feront disparaître l'importance. Malgré ces prétentions opposées, et quoiqu'on ne puisse en déterminer les caractères d'une manière bien précise, on reconnaîtra toujours que certaines idées et certaines doctrines portent un caractère d'inspiration particulière, et semblent le résultat d'une intervention spéciale de la Providence, soit par leur nature même, soit par les résultats immenses qui ont suivi dans le monde leur apparition, toujours opportune.

Mais, dit-on, où est la nécessité d'une *révélation* ? Pourquoi la raison humaine, sortie des mains du Créateur avec toutes les conditions nécessaires à son développement, ne satisferait-elle pas à tous les besoins intellectuels et moraux de l'homme? Pourquoi admettre la nécessité d'avoir sans cesse recours à l'intervention extraordinaire de Dieu lui-même, lorsqu'il est plus naturel de croire que le monde, dépositaire de tous les éléments nécessaires à son existence et à son développement, n'a qu'à marcher dans la voie qui lui est ouverte? Quelle que soit la force apparente de ces réflexions, nous croyons cependant que l'on peut démontrer la possibilité, la nécessité même, d'une *révélation* par de solides arguments. Nous ne nous appuierons pas, comme on l'a fait souvent, sur la faiblesse de la raison. Cette allégation nous paraît sans force. La raison est ce que Dieu l'a faite, et les conditions bornées ou étendues qu'elle a reçues sont l'œuvre de la Providence. Mais la raison n'a pour s'élever à la vérité absolue des choses que l'expérience et l'induction. Elle part d'axiomes ou de principes innés en elle, qu'elle doit à sa constitution même. Or, avec ces ressources elle s'élèvera à quelques vérités importantes, toutes les fois que celles-ci se présenteront comme des déductions rigoureuses de principes admis; mais elle ne pourra deviner des faits qui ont lieu jusqu'à un certain point quelque caractère de contingence. Ainsi, elle s'élèvera jusqu'à la notion de Dieu, mais elle n'en atteindra la connaissance comme essence trinitaire que par une lumière spéciale. Elle obtiendra également la connaissance de l'antagonisme du bien et du mal, mais le fait contingent et libre de la chute du premier homme ne saurait sortir d'une déduction, quelle qu'elle soit ; il doit être à la lettre *révélé* pour être connu, ou il se présente comme une hypothèse plus ou moins heureuse, mais sans valeur absolue. Il en est de même du système de rédemption sur lequel est fondé le christianisme. Incontestablement il ne saurait être conclu des données actuelles de la raison. Il faut pour parvenir à le connaître une véritable *révélation*. Ceci, nous le répétons, n'accuse point la raison de faiblesse. Il suffit pour s'en convaincre de n'attribuer à la raison que ce qui lui appartient. Elle est constituée pour induire, déduire, en un mot raisonner ; elle ne l'est pas pour deviner les faits passés ou prophétiser les faits à venir. Or, toutes les révélations consistent dans un système de faits nécessaires peut-être aux yeux de la Providence, mais qui, vu l'infinie liberté que nous attribuons au Créateur, ont pour nous un véritable caractère de contingence ; car nous ne pouvons refuser à Dieu le pouvoir de créer le monde sur un plan tout autre que celui qu'il lui a plu de réaliser, et la raison, appelée à former des déductions nécessaires, n'a rien qui puisse lui faire connaître les motifs de déterminations libres placés hors de sa portée légitime. Il y a donc des choses de la plus grande importance que nous ne pouvons connaître que par *révélation*. Quant à la possibilité d'un fait de cet ordre, ceux-mêmes qui ne seraient pas disposés à admettre l'intervention d'êtres surnaturels, ne peuvent refuser de reconnaître la légitimité de la pensée considérée comme intermédiaire entre Dieu et l'homme, intermédiaire qui dans certaines conditions peut s'ouvrir aux inspirations supérieures. H. BOUCHITTÉ.

REVENANT. On désignait autrefois par ce mot les morts qui quittaient l'autre monde et venaient faire des apparitions sur la terre; on disait alors qu'ils *revenaient*. On se servait encore de cette dernière expression en parlant des esprits ; mais il existait néanmoins une assez grande différence entre ces deux sortes d'êtres mystérieux : les *esprits* étaient les âmes des défunts qui manifestaient leur présence ici-bas, soit par des flammes voltigeantes, soit par le son de la voix humaine, par des cris inconnus et lugubres. Les *revenants* n'étaient autres que ces mêmes âmes, mais placées dans un corps d'homme ou d'animal, le plus souvent dans l'enveloppe matérielle qu'elles avaient habitée durant leur vie. Au reste, le but de ces différentes apparitions était toujours le même : c'était tantôt de réclamer l'exécution d'une volonté dernière oubliée ou mal accomplie, tantôt d'annoncer quelque fâcheuse nouvelle, ou seulement d'effrayer les téméraires qui osaient troubler la demeure des morts. Non contents d'être pour les hommes un objet de terreur, plusieurs de ces revenants s'attachaient à certaines personnes en particulier, et causaient infailliblement leur mort (*voyez* VAMPIRE).

Ainsi que les esprits, les *spectres* avaient avec les revenants une grande analogie : aussi les a-t-on souvent confondus. Au lieu d'être tangibles, palpables, presque semblables à un homme ou à un autre être animé comme le revenant, le *spectre*, au contraire, ainsi que l'indique l'étymologie, n'était qu'une apparence formée habituellement par l'air ou le feu. Le *revenant*, distinct en cela du *spectre*, ne pouvait être évoqué; s'il se montrait, c'était par une permission divine, peut-être aussi par une punition céleste, mais jamais par une œuvre infernale. Sa nature n'était point différente de celle de l'homme, puisque c'est presque toujours l'homme lui-même. L'origine des *spectres*, plus mystérieuse, plus impénétrable, fut pour les philosophes de l'antiquité, les démonographes et les astrologues du moyen âge, un sujet de controverse. La plupart des anciens ont penché à croire que c'étaient des ombres échappées des enfers, et, en adoptant cette manière de les définir, ces spectres offriraient beaucoup d'analogie avec les *esprits* des superstitions chrétiennes. Cependant, telle ne fut pas l'opinion des modernes, qui les ont presque universellement regardés comme formés par la puissance du démon. Ces spectres pouvaient, il est vrai, avoir des formes presque humaines; mais ces ossements désunis, ces chairs décomposées qui se rapprochaient momentanément, ce n'était qu'une matière inerte à laquelle le pouvoir satanique donnait le mouvement et des apparences de vie; la preuve, c'est que si la voix de l'exorciste se faisait entendre, tout s'évanouissait, et l'on ne trouvait plus à ses pieds qu'un assemblage immonde de chairs et d'ossements. Ce qui n'est plus aujourd'hui que le patrimoine des esprits faibles a jadis arrêté les pensées des esprits les plus élevés.

Chez quel peuple la croyance aux *revenants* a-t-elle pris naissance? C'est ce qu'il est presque impossible de décider. On peut cependant affirmer avec assez de certitude que la foi aux revenants, telle que nous les avons définis, est postérieure à l'avénement du christianisme. Ces retours des morts sur la terre, c'étaient comme des résurrections anticipées du corps humain que devait suivre la résurrection dernière et définitive; cette superstition se liait intimement au dogme chrétien; elle lui doit probablement sa naissance, non pas toutefois sans se rattacher à des croyances païennes analogues. Quand une religion nouvelle est remplacée la vieille religion romaine, on vit les vieux dogmes du paganisme venir se ranger sous forme de superstitions autour des dogmes nouveaux. C'est ainsi que les *larves*, les *lémures* ont été remplacés par les *esprits* et les *revenants*, ou plutôt se sont fondus avec eux. On retrouve dans les idées attachées à ces génies inquiets et malfaisants, sortis des enfers, un grand nombre d'idées qu'on reporta ensuite sur les revenants et apparitions analogues. On pourrait pour ainsi dire suivre la généalogie de ces superstitions depuis les temps les plus reculés jusqu'à nos jours, sans de bien nombreuses transformations. Hobbes, cet écrivain paradoxal qui avait arraché de son cœur toute croyance consolante, qui avait cherché à confondre la vertu et le crime dans un chaos commun, voyait ses sens s'entourer de *revenants*, tandis que sa bouche niait la Divinité. Maintenant la croyance aux revenants a presque disparu, la foi superstitieuse a fui devant la foi raisonnable : à peine dans les chaumières trouveriez-vous encore quelques croyants; les revenants sont partis quand les esprits sont devenus moins crédules: ils ont entraîné avec eux, ils entraînent encore bien des idées analogues, car à mesure que la civilisation vieillit, les véritables croyances religieuses se détachent des superstitions qui les étouffaient presque à leur enfance.
A. MAURY.

REVENDICATION (du latin *vindicare rem*, réclamer une chose qui nous appartient), c'est l'action de *revendiquer*, c'est-à-dire de réclamer une chose dont on est légitime propriétaire, et qui se trouve momentanément entre les mains d'un tiers, qu'il soit ou non de bonne foi. Ce mot est donc synonyme d'*action en répétition* ou en *restitution*. Il s'emploie plus spécialement lorsqu'il s'agit de meubles. Le détenteur de la chose revendiquée est toujours tenu de la rendre au légitime propriétaire; il doit de plus lui faire compte des produits qu'il en a retirés lorsqu'il a été possesseur de mauvaise foi.

Le propriétaire n'est pas tenu d'indemniser le possesseur actuel du dommage que peut lui causer l'action en revendication. On applique alors cet adage populaire qui permet de reprendre son bien partout où on le trouve, parce que l'on suppose qu'il y a faute, ou tout au moins négligence coupable, de la part de celui qui est possesseur d'une chose perdue ou volée: si le recours contre le précédent détenteur est illusoire, il doit s'imputer d'avoir traité trop légèrement avec quelqu'un par qui il a été trompé.

En matières de faillite, l'exercice de l'*action en revendication* du vendeur, à raison de marchandises par lui vendues et livrées, et dont le prix ne lui a pas été payé, est soumis à des règles particulières. Le Code de Commerce en détermine les conditions et les effets (voyez SAISIE-REVENDICATION). Les syndics peuvent d'ailleurs empêcher son recours en exécutant eux-mêmes le contrat au profit de la faillite par le payement de marchandises dont on pourrait trouver le placement avantageux.

REVENTLAU ou **REVENTLOW** (Les comtes de). Cette famille, originaire du pays des Dithmarses, et dont il est question dans l'histoire de ces contrées dès le douzième siècle, est établie en Danemark et dans les duchés de Schleswig-Holstein. Elle est partagée aujourd'hui en ligne aînée et ligne cadette. La première a pour auteur *Henning de Reventlau*, né en 1640, mort en 1705, créé comte danois en 1765; la seconde fut fondée par *Conrad de Reventlau*, né en 1644, mort en 1708, et créé comte danois en 1672. Elle possède la terre de Christiansade dans l'île de Laaland, et celle de Sandberg en Schleswig. La fille cadette de Conrad Reventlau, *Anne-Sophie de Reventlau*, née en 1693, morte en 1743, après avoir vécu depuis l'année 1712 en mariage morganatique, sous le titre de *duchesse de Schleswig*, avec le roi Frédéric IV de Danemark, épousa formellement ce prince et fut couronnée reine après la mort de la reine Louise.

Les *Reventlow-Criminil* proviennent du mariage contracté à l'époque de l'émigration par un comte de Criminil, attaché autrefois à la maison militaire de M. le comte d'Artois, qui s'était réfugié en Danemark et qui y épousa la fille unique d'un comte de *Reventlow-Emkendorf*. Les enfants issus de ce mariage ont pris le nom de leur mère et celui de leur père. L'aîné est mort en 1850, *préfet* d'Altona; le cadet, d'abord bailli, fut ensuite nommé ministre plénipotentiaire à Vienne, et ne quitta ce poste que pour revenir prendre à Copenhague le portefeuille des affaires étrangères peu avant la révolution de 1848, qui le mit à la retraite. Plus tard, il fut nommé ministre dirigeant pour le Holstein.

REVENU. Il se compose de la somme de tous les profits que chaque personne retire des fonds productifs qu'elle possède; c'est-à-dire de sa capacité industrielle, de ses capitaux et de ses terres, ou de la valeur entière de tous les produits; car les frais qu'un producteur déduit de son produit brut pour connaître son produit net font partie des revenus de quelque autre producteur. L'importance des revenus est proportionnée à la quantité des produits qu'ils procurent. Ainsi, par exemple, le *revenu* d'un verger, si le possesseur en consomme les produits en nature, est proportionné à la quantité de fruits qu'il en tire; s'il vend ses fruits, à la quantité de produits qu'il peut acheter avec le prix qu'il a tiré de ses fruits. Dans les deux cas, l'importance du *revenu* est proportionnée à la quantité de produits obtenue. La monnaie ne fait pas partie du revenu de la nation, puisqu'elle ne présente aucune nouvelle valeur créée; mais les valeurs qui composent les revenus se transmettent souvent sous forme de monnaie. La monnaie est alors le prix de la vente qu'on a faite d'un service productif ou d'un produit dont la valeur constituait le revenu. Cette monnaie, acquise par un échange, est bientôt cédée par un autre échange, lorsqu'on s'en sert pour acheter des objets de consommation. Les mêmes écus dans le cours d'une année servent ainsi à payer des portions de revenus successivement acquises; mais leur plus ou moins grande abondance ne rend pas les revenus plus ou moins considérables. En somme, le *revenu* est ce qu'on retire annuellement d'un domaine, d'un emploi, d'une pension, d'une constitution de rente.

On entend par *revenus casuels* certains profits qui ne sont point compris dans les *revenus* ordinaires, et par *revenus publics*, ou *revenus de l'État*, tout ce que l'État retire soit des contributions, soit des propriétés.

J.-B. SAY, de l'Institut.

REVENUS INDIRECTS. Voyez CONTRIBUTIONS INDIRECTES, tome VI, p. 443.

RÉVERBÉRATION, réfléchissement, réflexion.
Il ne se dit guère que de la lumière et de la chaleur.

RÉVERBÈRE, miroir réflecteur, ordinairement de métal, que l'on adapte à une lampe pour ramener vers les objets qu'on veut éclairer la portion de sa lumière qui se perdrait dans l'espace. Ce mot se dit, par extension et plus ordinairement, des lanternes de verre, qui contiennent une lampe munie d'un ou plusieurs réflecteurs, et qui servent à l'éclairage de la voie publique pendant la nuit dans les villes où l'éclairage au gaz n'est pas encore parvenu. En 1766 l'introduction des réverbères à Paris et leur substitution aux simples lanternes passèrent pour un triomphe notable du parti des lumières; et il y eut même un poëme composé à cette occasion.

En termes de chimie, on appelle *feu de réverbère* celui qui est appliqué de manière que la flamme est obligée de se rabattre et de se rouler sur les matières qu'on expose à son action, comme dans un four ou sous un dôme.

RÉVERBÈRE (Fourneaux à). On appelle ainsi, en chimie et en métallurgie, des fourneaux où les corps qu'on veut soumettre à l'action de la chaleur sont directement exposés à la flamme concentrée et repoussée par la coupole et les parois en vertu de la construction particulière de l'appareil. Ces fourneaux jouent un grand rôle dans la métallurgie anglaise, parce qu'ils se prêtent parfaitement à être chauffés à la houille.

REVERE (GIUSEPPE), l'un des poëtes dramatiques les plus importants qu'il y ait aujourd'hui en Italie, est né en 1812, à Trieste. Destiné d'abord au commerce, il montra tant de goût pour les lettres que ses parents se décidèrent à l'envoyer à Milan, où il reçut une éducation soignée. Les études historiques et philosophiques et la poésie charmèrent sa jeunesse, et de bonne heure il se fit un nom par ses romans et par les articles qu'il publia dans les journaux. Son premier drame historique, *Lorenzino de' Medici*, obtint un immense succès; et de 1829 à 1840 il en fit encore paraître trois autres à Milan : *J. Piagnoni e gli Arrabiati*, *Sampiero di Cartelica*, et *Il Marchese di Bedmar*. Tous ces ouvrages, dont le but est surtout d'inspirer l'amour de la patrie, se distinguent par un style noble, par des situations fortes et des caractères heureusement tracés. Un travail historique, *La Cacciata degli Spagnuoli da Siena* (Milan, 1847) prouva qu'il était éminemment propre à écrire l'histoire. Vers la fin de 1847 il quitta Milan, et vint s'établir à Turin, où il prit part à la rédaction du journal *La Concordia*, et s'efforça de préparer le soulèvement de la Lombardie. Quand la révolution eut lieu, il revint en 1848 à Milan, où il joua un rôle dans les événements de ce moment-là. Obligé de se réfugier en Piémont, après l'avortement des espérances de 1848 et 1849, il vit depuis lors dans une retraite profonde. On a de lui un grand nombre de sonnets remarquables, qui ont été publiés sous les titres de *Sdegno e affetto* et de *Nemesii, nuovi sonetti* (Turin, 1851). Les drames de Revere se jouent encore souvent sur les différentes scènes de l'Italie. Son *Lorenzino de' Medici* a été traduit en français par Alexandre Dumas.

RÉVÉRENCE. Ce mot, assez peu usité au propre, indique le respect, la vénération qu'on a ou qu'on doit avoir pour certains hommes ou certaines choses : Traiter la religion avec *révérence*. Il s'applique, par extension, au signe par lequel se manifeste quelquefois la *révérence* : faire la *révérence* à quelqu'un, lui tirer sa *révérence*. Cette politesse a lieu chez nous, soit en se décoiffant, soit en faisant un léger mouvement de flexion de la tête, des genoux et de tout le corps. La manière de faire la *révérence* ou de saluer, ce qui est à peu près la même chose, a varié d'ailleurs à l'infini, suivant les lieux et les temps.

Révérence est encore un titre d'honneur, qu'on donnait autrefois aux religieux qui étaient prêtres : « Je prie votre *révérence* de...

RÉVÉREND (du latin *venerandus*, respectable), titre qui ne se donne qu'aux religieux : Mon *révérend* père. On l'emploie aussi au superlatif : *Révérendissime*, très-respectable ; il se donne alors aux évêques, archevêques et généraux d'ordre.

RÊVERIE, genre de *rêve*; les *rêves* extravagants et continuels du délire sont des *rêveries*. La *rêverie* est d'un *rêveur*; le *rêve* est d'un homme *rêvant*. Le *rêve* vous a fait voir un objet comme présent; la *rêverie* vous ferait croire qu'il est réel. Un bon esprit fait quelquefois des *rêves* comme un autre; mais, au rebours d'un esprit faible, il ne les prend que pour des *rêveries*. On est distrait par des *rêves* ; à force de *rêveries* on devient fou. Il faut bien des *rêves* avant de découvrir une vérité; combien de *rêveries* ne débite-t-on pas avant de dire une chose sensée! Aux yeux de l'homme le plus intelligent quelques ouvrages de J.-J. Rousseau peuvent bien n'être que les *rêves* d'un homme de bien; aux yeux d'un sot ils passent pour des *rêveries*.

Dans une autre acception, la *rêverie* est l'état de l'esprit occupé d'idées vagues qui l'intéressent, la situation de l'âme qui s'abandonne doucement et se livre tout entière à des pensées riantes ou tristes, selon le caprice de l'imagination. Ordinaire et dangereux apanage des organisations tendres et privilégiées, cette investigation mystérieuse et réfléchie dévaste plus d'existences à elle seule que les théories sceptiques les plus absolues. On veut poétiser toutes choses, et l'on subit nécessairement tous les mécomptes d'une extravagante utopie; car le vrai ne s'invente pas, il existe essentiellement, et ne dépend point des caprices d'une imagination fantasque et maladive. C'est pour avoir dédaigné ces premiers rudiments de la science de la vie que tant de *Werther* manqués se trouvent réduits, lorsqu'a sonné l'heure du réveil, à réclamer lâchement l'hospitalité d'une tombe creusée par le suicide.

REVERMONT (Pays de). Voyez BRESSE.

REVERS. Voyez MALHEUR et MÉDAILLE.

REVERSI ou **REVERSIS**, jeu d'origine espagnole, ainsi que l'indiquent le nom primitif *reversino* et le nom d'*espagnolette*, donné à l'un de ses coups les plus rares. Son grand attrait est dans ses vicissitudes. On se sert de quarante-huit cartes, c'est-à-dire d'un jeu entier dont on a retranché les dix. Les quatre joueurs ont chacun un panier carré à compartiments remplis de jetons, contrats et fiches; celui qui donne a de plus à sa droite un panier rond où l'on dépose les remises ou *bêtes*. Le panier se grossit à chaque coup d'un jeton, et il est doublé quelquefois par celui dont on a forcé le *quinola*.

La règle générale est de ne faire aucune levée ou de réunir le moins de points possible dans celles qu'on s'est vu forcé de prendre. Ces points sont formés par les grosses cartes : l'as compte pour quatre, le roi pour trois, la dame pour deux, le valet pour un; de là résulte naturellement le besoin de se débarrasser en *renonce* de ses plus grosses cartes, et le désir quelquefois décevant et dangereux de *s'esquicher* en jouant toujours sur les cartes moyennes des cartes basses de la même couleur, et en ne prenant la levée qu'à la dernière extrémité.

Nous venons de parler du *quinola*, c'est le valet de cœur. Il ne faut ni le jouer le premier ni le donner sur du cœur, mais toujours en *renonce*. Placé à propos, le *quinola* vaut à celui qui a réussi non-seulement le panier, mais une rétribution convenue de la part de l'adversaire qui l'a reçu. Le payement est double si le *quinola* est placé à *la bonne*, c'est-à-dire à la dernière levée. Si l'on a eu l'imprudence de ne point écarter le *quinola* lorsqu'il n'était pas soutenu d'un nombre de cœurs suffisants, c'est-à-dire de quatre ou de cinq, ou lorsqu'on était dépourvu de sorties, c'est-à-dire de basses cartes pour faire rentrer un des adversaires, on fait la *bête*, et l'on donne encore une *consolation* à celui par qui l'on a été forcé. Aussi le *quinola* est rarement sur le jeu; il arrive quelquefois qu'on le prend à l'écart et qu'on est forcé dès les premiers coups. En effet, ceux qui le prennent ont soin de jouer cœur, à moins qu'ils ne méditent le *reversis*. Ce coup brillant consiste à faire toutes les levées. Si ce *reversis* est interrompu à l'une des neuf premières levées, on en est quitte pour la perte de la partie, à cause de l'énormité des points que l'on a nécessairement accumulés et qui peuvent aller jusqu'à quarante. Mais interrompue à la bonne, c'est-à-dire à la dixième ou à la onzième levée, la tentative coûte fort cher. A ces deux dernières levées, le *quinola* ne compte plus que comme un simple valet de cœur, n'a plus droit au panier, et, par réciprocité, il ne fait plus encourir le payement de la remise. Lorsque le reversis a eu un plein succès, le *quinola*, qui aurait été placé sur l'une des premières levées, devient nul : le premier est réintégré dans son état primitif, et les fiches de consolation sont restituées. Il est possible que le joueur qui entreprend le reversis ait lui-même le *quinola*. Dans ce cas, pour profiter du panier, il doit le jouer à l'une des neuf premières levées, sans qu'il ait été pris par l'as, le roi ou la dame de cœur.

L'*espagnolette* consiste dans la réunion des quatre as, ou seulement de trois as et du valet de cœur.

La vogue du jeu de *reversis* est un peu passée aujourd'hui ; on a préféré les combinaisons plus faciles et plus variées du boston, et les calculs plus froids, mais plus savants du whist. D'autres préfèrent les chances plus rapides, mais aussi infiniment plus ruineuses, de la bouillotte et de l'écarté.

BRETON.

REVÊTEMENT, espèce de placage de plâtre, de mortier, de bois, de marbre, de stuc, etc., qu'on fait à une construction pour la rendre plus agréable, ou plus riche, ou même plus solide. « Le revêtement est donc, dit Quatremère de Quincy, selon le sens propre du mot, une sorte d'habit qui cache la nudité des constructions et souvent la pauvreté de leur matière. »

On donne aussi ce nom à un mur, soit en pierres, soit en moellons, qui sert à fortifier l'escarpe ou la contrescarpe d'un fossé, ou à retenir les terres d'un fossé, d'un bastion, d'une terrasse. Ces derniers revêtements sont ordinairement en talus, afin de mieux soutenir la poussée des terres.

RÉVISION (de la particule itérative *re*, et de *videre*, voir), action par laquelle on revoit, on examine de nouveau. Ce mot se dit particulièrement en matière de comptes et de procès. En politique, on s'en sert pour désigner les modifications qu'on fait subir par des voies légales, et par des autorités investies de pouvoirs spéciaux, aux traités, aux lois, aux constitutions dont on a reconnu les inconvénients. En ce qui est des actes constitutionnels, c'est là un moyen amiable dont la réaction s'est plus d'une fois servie dans ces derniers temps. C'est pour prévenir les dangers qui peuvent résulter que certaines constitutions, telles que celles des Etats de la Suisse et la constitution française de 1848 fixent une époque avant laquelle il ne peut être procédé à la révision de la constitution. Mais c'est là une règle dont les partis vainqueurs ne s'inquiètent guère.

On appelle en jurisprudence *révision* le nouvel examen d'un procès qui a été jugé en dernier ressort. Dans quels cas et pour quelles causes y a-t-il lieu à la *révision* des procès? C'est ce que les articles 443 et suivants du Code d'Instruction criminelle ont réglé pour ce qui concerne la justice criminelle. Ainsi, lors que deux *accusés* sont condamnés par deux tribunaux différents, et chacun comme unique auteur du même crime, il est évident que ces deux arrêts ne peuvent se concilier et qu'ils sont la preuve de l'innocence de l'un ou de l'autre condamné. Alors l'exécution des deux arrêts doit être suspendue ; le ministre de la justice, soit d'office, soit sur la réclamation des condamnés, ou de l'un d'eux, ou du procureur général, charge le procureur général près la cour de cassation de dénoncer les deux arrêts à cette cour ; et celle-ci, après vérification, casse les deux arrêts et renvoie les accusés devant une autre cour. Lorsque après une condamnation pour homicide on découvre des pièces propres à faire naître de suffisants indices sur l'existence de la personne dont la mort supposée a donné lieu à la condamnation, la cour de cassation, saisie de la connaissance de ces pièces, désigne une cour impériale pour vérifier l'identité et l'existence de la personne qu'on croyait homicidée, et les constater par l'interrogatoire de cette personne, par audition de témoins, et par tous les moyens propres à mettre en évidence le fait destructif de la condamnation, qui, cela va sans dire dans ce cas, doit être suspendue jusque après la décision définitive de la cour de cassation, rendue après que la cour impériale désignée a prononcé simplement sur l'identité ou la non-identité de la personne. Enfin, lorsqu'on découvre qu'une personne qu'on croyait homicidée est vivante, si l'individu condamné comme l'auteur de l'homicide n'existe plus, la cour de cassation doit nommer un curateur à sa mémoire, avec lequel se fait l'instruction ; et si par le résultat de la nouvelle procédure la première condamnation est reconnue injuste, la cour de cassation décharge la mémoire du condamné de l'accusation qui avait été portée contre lui.

Il est un cas où la révision peut être ordonnée par la cour d'assises elle-même ; c'est celui qui est prévu par l'article 352 du Code d'Instruction criminelle. « Lorsque les juges, dit cet article, seront convaincus que les jurés, tout en observant les formes, se sont trompés au fond, la cour déclarera qu'il est sursis au jugement, et renverra l'affaire à la session suivante pour être soumise à un nouveau jury. » Cette mesure ne peut être prise qu'en faveur de l'accusé, jamais contre lui. Elle n'a reçu que rarement une application, mais elle n'en est pas moins précieuse dans l'intérêt de l'innocence.

Ajoutons que, dans une acception plus étendue, les cours impériales ou d'appel ne font autre chose, en matière civile, que *réviser* les décisions des tribunaux inférieurs, quand ces jugements leur sont dénoncés.

Les lois militaires elles-mêmes ont établi une juridiction supérieure sous le nom de *conseil de révision*. La révision, suivant les principes proclamés par la loi créatrice du 17 germinal an IV, n'est pour les jugements des conseils de guerre et des tribunaux maritimes que ce qu'est la cassation pour les jugements des tribunaux ordinaires. Elle a pour objet non de faire juger de nouveau les accusés qui ont été condamnés, mais de faire décider s'ils ont été jugés suivant les formes légales, et si les peines qui leur ont été appliquées sont celles que la loi détermine.

DUBARD.

RÉVOCATION DE L'ÉDIT DE NANTES. *Voyez* ÉDIT DE NANTES.

RÉVOLTE, rébellion, soulèvement des sujets contre le souverain, ou d'un inférieur contre son supérieur. Ce mot s'emploie figurément, au sens moral : La *révolte* des passions, la *révolte* des sens contre la raison, de l'esprit contre la chair.

RÉVOLUTION (du latin *revolvere*, rouler, tourner autour, revenir sur soi). Ce mot s'applique au propre mouvement régulier de tous les corps circulant dans l'espace, aux cieux, aux astres, au globe terrestre, aux figures géométriques, aux mécaniques que l'horlogerie emploie pour mesurer le temps.

En géométrie, on appelle *révolution d'une figure* le mouvement qu'elle exécute autour d'un axe immobile. La *révolution d'un triangle rectangle*, qui tourne autour d'un de ses côtés, engendre un cône ; celle d'un demi-cercle une sphère.

En astronomie, la *révolution* d'un astre, d'une planète,

d'une comète, s'entend du chemin qu'a fait chaque corps céleste depuis le point d'où il est parti jusqu'à ce qu'il y soit revenu. C'est ainsi que la course circulaire elliptique de la Terre autour du Soleil, en 365 jours environ, accomplit sa *révolution* chaque année, et que la rotation de ce globe comme de chaque autre planète autour de leur axe produit leur *révolution diurne*.

Les *révolutions de la Terre* quant à son sol, révolutions dont les traditions signalent et dont les savants s'efforcent d'expliquer les causes et d'indiquer les époques, rappellent les événements ou les phénomènes naturels qui ont changé et qui peuvent encore altérer la face du globe.

On entend par *révolution*, en horlogerie, les effets produits par l'action des roues les unes sur les autres au moyen des engrenages.

Pris au figuré, le mot *révolution* désigne tous les grands changements qui s'opèrent dans les mœurs, dans les sciences, dans les arts, dans les lois et le gouvernement des nations. Dans ces acceptions métaphysiques, pour qu'il y ait *révolution générale* il faut que l'état d'une société, sous le rapport moral, intellectuel ou politique, soit complétement changé et renouvelé.

La souveraine intelligence, en douant l'homme de l'instinct social, en lui donnant des besoins et lui prescrivant des devoirs, l'a doté de sentiments qui les lui révèlent et les lui font aimer; d'une raison qui, en éclairant sa conscience, les lui fait connaître, et d'une volonté pour les accomplir. Mais les passions des vices altèrent et corrompent les sentiments, obscurcissent les lumières de la raison, égarent ou paralysent la volonté. De là les vicissitudes des mœurs dans les sociétés humaines, la santé, la vigueur morale des nations, aux époques où dominent les bons instincts sociaux, dirigés par une raison droite et ferme. De là le relâchement, la corruption, la dépravation des mœurs quand les passions égoïstes, étouffant les sentiments généreux, éteignent le flambeau de la raison. Les annales des peuples sont remplies de ces *révolutions*. Mais c'est surtout à l'empire des croyances morales et religieuses qu'est attaché le triomphe des nobles et purs instincts sur les penchants pervers. Si ces croyances sont saines, elles ne dominent les âmes que pour les épurer et les enflammer d'une sainte ardeur pour tout ce qui est beau et bon, grand et utile. C'est alors que, chez les peuples libres de l'antiquité, l'amour de la patrie, de ses institutions, de la gloire, enfante des merveilles. En vain chez ces peuples l'abus de la force et de la victoire a-t-il rivé les fers de l'esclave; en vain le fanatisme national a-t-il proscrit l'étranger comme un ennemi : à des moments imprévus le cri de l'humanité se fait encore entendre à leurs cœurs. Quand l'affranchi Térence proclame au théâtre cette vérité éternelle dont l'Évangile allait faire la seconde table de la loi : « *Homo sum, humani nil a me alienum puto*, » le peuple romain, ce peuple habitué à repaître ses yeux de luttes sanglantes et de la mort des vaincus se lève tout entier, et répond par ses acclamations à l'élan du cœur du poëte. Mais les croyances et le dévouement à la patrie une fois affaiblis, et enfin étouffés par la passion du pouvoir et de l'or, ou par la fureur des jouissances, Athènes ne lèvera plus de tributs que pour s'enivrer du plaisir des spectacles. Bientôt sa gloire s'ensevelira dans les plaines de Chéronée. Marius, Sylla, César, Antoine, Octave se baigneront dans le sang des Romains ; et la lâche dépravation de ces maîtres du monde ne connaîtra plus de bornes. Il faudra qu'une religion descende du ciel et vienne, par la sublimité de sa morale, renouveler la face du monde à force de prodiges d'abnégation, de dévouement et de charité. Il faudra que le chrétien, les yeux sans cesse tournés vers les cieux, sacrifie chaque jour avec joie tous les biens de la terre et sa vie même à Dieu et à ses semblables. Ce sera désormais la lutte constante des vertus chrétiennes contre les passions de l'humanité, dans ces alternatives de triomphe et de chute, qui décidera les *révolutions dans les mœurs* des peuples de l'Europe. Le christianisme, bien ou mal compris, tolérant ou fanatique, éclairé ou obscurci par la rouille des superstitions, rendra ces mœurs ou douces, honnêtes et polies, ou licencieuses, cruelles et même atroces.

Les *révolutions dans l'ordre intellectuel* commencent pour les sciences, les lettres et les arts, avec les premiers efforts de l'esprit humain, et se continuent tous les jours sous nos yeux. Chez les Hébreux, la philosophie, la morale, la science, la sagesse, la poésie, tout est dans le temple; tout en sort pour instruire et régler le peuple et ses chefs. Les traditions antiques des patriarches, la loi de Moïse, les chants sacrés de David, les maximes de Salomon, sont pour le peuple hébreu les sources de toute lumière, jusqu'au moment où le Christ, accomplissant l'enseignement des siècles, vient renouveler Israël et l'univers par la révélation complète des lois morales de la nature. Un voile épais, à peine soulevé aujourd'hui, couvre l'histoire des révolutions de la philosophie et des sciences dans l'antique Égypte et dans l'Inde. Concentrées d'ailleurs au sein de castes dominantes, enchaînées dans les liens du privilége, que pouvaient ces Muses de l'Asie, aux ailes coupées, pour les progrès des lumières et de la félicité générale? A la Chine, l'esprit humain, plus libre d'entraves, fait des efforts plus heureux pour la première des sciences, celle de l'ordre et du bonheur publics, qu'il fonde sur l'amour et le respect de la famille, l'un de nos meilleurs instincts moraux. De grandes découvertes, celles de la boussole, de l'imprimerie et des armes à feu, la perfection de l'agriculture, y ont devancé les conquêtes scientifiques de l'Europe. Mais l'orgueil chinois, qui méprise et repousse toute race étrangère, une vénération superstitieuse pour les habitudes, les usages, les rites consacrés par le temps, une excessive timidité de caractère, paralysent toute émulation, retiennent le Chinois dans l'ornière tracée par ses ancêtres. Si quelquefois il invente, presque toujours il se montre inhabile à perfectionner; Religion, morale, science, humanité même, tout chez ce peuple est resté incomplet. Toutefois, l'ordre social, tel du moins que ses lumières, demeurées imparfaites dans un isolement trop absolu, lui ont permis de le concevoir, se signale par de belles époques. Mais la domination des Tatars, une ardeur effrénée pour l'or et les voluptés, ont perverti les mœurs de ce peuple immense. Aux vertus créées par l'amour de la famille ont succédé un attachement hypocrite aux rites, aux cérémonies, la fourberie, l'égoïsme sans entrailles.

Pour l'Europe, la religion et la morale viennent de la Judée. Notre science des mœurs s'est cependant aussi formée à l'école de la Grèce; mais ce qu'est surtout pour nous cette contrée privilégiée, c'est le foyer primitif de la philosophie, des sciences, des lettres et des arts.

» *Salve, magna parens virum, pelasgica tellus!* »

O contrée bénie du ciel, partout où fleuriront les arts, les lettres, le génie et le goût, tu recueilleras à jamais les hommages des hommes !

Reflet du génie grec, le génie romain ne fait guère que reproduire en disciple habile et en digne émule les belles œuvres du maître. Rivaux et imitateurs des Grecs, les philosophes, les orateurs, les historiens, les poëtes de Rome se sont formés à leur école. Fidèles aux doctrines et à l'exemple de ces instituteurs, ils marchent sur les voies qu'ils ont tracées. Principes, croyances, manière de sentir et de raisonner, méthode de composition, art d'écrire, tout est à peu près commun aux deux peuples. Il y a diversité dans les physionomies ; mais d'une époque à l'autre il n'y a pas eu de *révolution dans les idées*. Un grand mouvement dans la pensée ne se fait toutefois remarquer dans les écrivains de la seconde époque, et ce sont les plus originaux de la société romaine. Sénèque, Tacite, Juvénal, Perse, Lucrèce, qui les a devancés, Lucain, n'ont point d'analogues parmi les Grecs venus jusqu'à nous. A l'école du malheur, ces rares esprits avaient pressenti des idées nouvelles, une morale plus épurée et plus humaine. Il y a en eux l'augure d'un avenir prochain.

C'est à la foi, c'est à l'esprit de la loi chrétienne qu'il a été donné de changer en même temps le cœur et la pensée humaine. Le renouvellement du vieil homme, voilà le vrai miracle du christianisme ; et quoi en effet de plus merveilleux? Déraciner du fond des âmes et des esprits les illusions de la gloire et du bonheur terrestres, appeler tous les hommes à une communauté de croyances et d'idées, à une fraternité universelle, leur montrer la patrie véritable dans les cieux, leur apprendre à compter pour peu, à mépriser au besoin tout ce qui ne sert pas à rendre l'âme humaine digne de cette patrie, tout ce qui ne contribuerait pas à éclairer notre conscience et notre raison sur nos devoirs, à adoucir les maux de nos frères, à lier notre bonheur au bonheur du genre humain, quelle œuvre prodigieuse ! et c'est celle de la révélation évangélique aux premiers siècles de notre ère ! En vain répète-t-on sans cesse que, les philosophes et les sages ayant déjà professé toutes les vérités de la religion et de la morale, le Christ n'a rien enseigné de nouveau. Sans doute ces vérités avaient été aperçues, énoncées. Comment, si le germe n'en eût pas existé dans la raison, dans le cœur de l'homme, dans les doctrines reçues, eût-il pu se former une seule société durable? Mais les philosophes n'avaient pu conquérir que quelques disciples. Le Christ parlant à tous les hommes au nom de la Divinité leur a commandé la foi avec l'autorité céleste; et partout il s'est fait croire et obéir. Quel philosophe avant lui avait convaincu les hommes de tous les pays qu'ils étaient tous frères, tous enfants du même Dieu, tous égaux devant lui, tous obligés de s'aimer, de se protéger, de s'entr'aider les uns les autres; que tous, étant faibles et sujets à l'erreur, se devaient réciprocité d'indulgence et le pardon de leurs torts? Qui avant lui avait ordonné de faire du bien à ses ennemis, donnant l'exemple de cette générosité sublime en priant pour ses bourreaux? Qui avant lui avait imposé tous ces devoirs, avait prescrit la pureté de l'âme et du corps, une piété humble et douce, comme les lois éternelles de la morale, les règles inflexibles de la vie et les conditions obligatoires d'une immortelle félicité?

Entre les écoles de philosophie avec le petit nombre de leurs adeptes, entre des doctrines professées par des hommes de science pour des auditeurs et des lecteurs d'élite, et une religion aussi simple que sublime dans sa morale, prêchée par des hommes sans lettres à des multitudes d'hommes, sans distinction de savants ou d'ignorants, de grands ou de petits, de riches ou de pauvres; entre des maximes souvent sans liaison, souvent sèches et froides, et l'enseignement complet de l'Évangile portant la conviction dans les âmes par sa grandeur naïve, par l'autorité d'une raison exquise autant que profonde, et par les inspirations de la plus ardente charité, il y a une *révolution* immense, il y a le plus grand des miracles. Ce ne sont plus de vains applaudissements ; ce n'est plus une orgueilleuse renommée que sollicitent ces savants et éloquents apôtres du christianisme, à qui l'Église a décerné l'auguste nom de *Pères* : les Paul, les Irénée, les Justin, Tertullien, Augustin, Jérôme, Clément d'Alexandrie, Origène, Jean Chrysostome; c'est la perfection des mœurs dans la pensée, dans le cœur et dans les actes par les doctrines chrétiennes. Ce que les philosophes enseignaient doctoralement dans les écoles comme l'œuvre de leur intelligence, les missionnaires du Christ le prêchent avec une humble et ardente conviction comme une doctrine émanée du ciel, et la sanction de cette doctrine, ils la manifestent dans leurs vertus et dans leur exemple. Et gardez-vous de croire que dans tout ce travail pour la propagation de la foi nouvelle l'esprit humain demeure inactif. Jamais, au contraire, toutes les questions les plus ardues de la philosophie sur la nature de Dieu, de l'homme et de l'univers, n'ont été débattues avec un intérêt plus vif, plus de savoir et de logique, avec une intelligence plus pénétrante et plus profonde. Jamais on n'a creusé plus à fond tous ces mystères qui inquiètent de tous temps la pensée, dès qu'elle veut se rendre compte d'elle-même et du monde. Les lois qui régissent l'esprit et la matière, les rapports de la souveraine puissance avec l'univers et avec l'homme, la liberté, la nécessité, tous ces problèmes dont l'esprit humain cherche sans cesse la solution, toutes ces difficultés de la plus haute métaphysique sont exposées, discutées par les Pères avec autant de sagacité et de profondeur pour le moins que dans les livres les plus renommés de philosophie. Qui mieux que les philosophes chrétiens a sondé les abîmes du cœur et de la pensée humaine? qui en a mieux révélé les secrets? qui a mieux expliqué la lutte de nos penchants avec la raison, mieux signalé les caractères éternels du bien et du mal, du beau et du laid en morale, mieux tracé les limites qui séparent à jamais les vices des vertus? Quelle plus grande, quelle plus féconde révolution pouvait-il se faire dans l'esprit humain !

Cette connaissance, ce sentiment parfait de la vertu ou de la volonté mue par l'amour embrassant dans son zèle d'abord Dieu, comme le père des hommes, ensuite le genre humain, ce double amour donné pour pivot à la morale, pour mobile et pour guide à nos penchants, pour régulateur à nos actions; c'était une *révolution* complète dans l'homme intérieur, dans cette créature sensible et pensante, œuvre mixte de la chair et de l'esprit. Aussi une nouvelle flamme va-t-elle désormais animer le génie humain ; aussi une nouvelle lumière va-t-elle éclairer la raison humaine, dès que l'intelligence s'élancera sur les ailes de l'imagination dans l'immense carrière des arts et de la poésie, ou tentera des routes inconnues pour les recherches de la science. C'est cet esprit nouveau qui au moyen âge préside aux chants des poëtes, à toutes les études, à tout essor de l'imagination, à tout effort de la pensée.

La dangereuse manie des controverses, la manie non moins funeste d'expliquer les mystères inexplicables, l'oubli de la morale pour des questions oiseuses et insolubles, l'intolérance née de ces égarements, fomentée par l'esprit de contention et de dispute, accrue par la fureur de dominer, par la soif toujours ardente des richesses et des jouissances, par toutes les passions rebelles à la loi chrétienne, neutralisent en vain, pendant des siècles trop lents à s'écouler, les bienfaits de l'Évangile. En vain ces fatales erreurs s'efforcent-elles trop longtemps d'en dénaturer l'esprit et le but, d'en corrompre les doctrines, d'asservir même par le fer des bourreaux et par la flamme des bûchers la pensée, toujours active, toujours ardente à la poursuite de la vérité. L'intelligence et la conscience briseront toutes ces entraves. Telle est la *révolution* qui éclate au seizième siècle, d'abord dans les questions religieuses, et bientôt après dans les sciences et dans les lettres. Le sentiment moral et la raison réclament leurs droits. Les peuples veulent enfin que l'autorité des traditions et des enseignements dogmatiques se mette d'accord avec nos instincts primitifs de justice et de lumière.

C'est vers la fin du seizième et au commencement du dix-septième siècle que s'accomplit, dans la philosophie et dans les sciences, l'émancipation de l'intelligence. Kepler et Copernic avaient donné le signal par de sublimes découvertes. Mais c'est un fils de l'Angleterre, c'est Bacon de Vérulam qui secoue le premier sans réserve le joug de l'autorité. Le premier il ose protester contre un enseignement qui compte trois mille ans de règne; le premier il ose soumettre à un examen sévère les méthodes que le temps semble avoir à jamais consacrées, et sa critique hardie les condamne toutes comme convaincues d'erreur et d'impuissance. C'est par une méthode toute nouvelle que son génie éclaire toutes les routes de la science. Avant lui, on a demandé la vérité à la logique, à une contemplation méditative, à d'audacieuses hypothèses. Tous ces moyens, il les signale comme autant de sources d'illusions et de déceptions. C'est l'expérience, c'est l'observation attentive des faits ; c'est l'induction lente et habile à en tirer les conséquences et à en déduire les résultats généraux, que Bacon invoque comme les uniques procédés légitimes à l'usage de l'esprit humain. Dans cette idée de Bacon il y avait toute une série de *révolutions* pour les sciences. Cette méthode, quoique inconnue à peu près à l'époque où il la révéla au monde, ne fut cependant pas complétement étrangère aux grands génies qui l'avaient précédé. D'anciens philosophes y avaient eu recours avec plus ou moins d'exactitude et de succès. L'*Histoire des Animaux* atteste qu'Aristote ne l'avait point ignorée. L'art des expériences n'avait pas non plus échappé à l'homonyme, au compatriote de Bacon, l'infortuné moine Roger. Tandis que Verulam rouvrait la route des études en la perfectionnant, une autre victime de la science, méconnue par Bacon lui-même, Galilée, complétant la doctrine de Copernic, rétablissait les lois du mouvement de notre globe. Mais c'est par notre grand Descartes que s'opère une *révolution* immense dans la philosophie, et cette œuvre sublime est encore celle d'une nouvelle méthode créée par ce rare génie. C'est un doute absolu, c'est la négation de toute connaissance qu'il ose invoquer comme point de départ. Ainsi, de prime abord il rompt avec toute autre autorité que la raison, et fait table rase de toute notion d'emprunt. Le premier pas à faire pour sortir du doute absolu, c'est de se reconnaître soi-même; nécessité évidente, puisque notre faculté de connaître ne saurait être hors de nous. Cette aptitude se révèle donc à nous par la pensée dont nous nous sentons investis. C'est donc sa pensée que l'homme interrogera sur son existence individuelle et sur celle de tout ce qui est hors de lui. Le caractère de certitude pour les opérations de sa raison se trouvera dans l'évidence des idées dont son esprit aura la perception claire, et qui se déduiront nettement les unes des autres. Ainsi, l'univers sera créé pour nous par la pensée. Toutes les *révolutions* faites ou à faire dans la philosophie et dans les sciences prennent leur origine dans les deux méthodes de Bacon et de Descartes.

Au point où nous sommes parvenus, il s'agit de sceller l'accord entre les raisons individuelles et la raison universelle, entre l'autorité des traditions et l'examen, entre la conscience intelligente du genre humain et les croyances, entre les lois morales de la nature et les lois sociales. *Hoc opus, hic labor.*

C'est dans Thucydide et dans Plutarque, c'est dans les œuvres immortelles de Salluste et de Tacite, c'est surtout dans les chefs-d'œuvre de Bossuet et de Montesquieu, qu'il faut étudier les *révolutions politiques* de l'antiquité. Machiavel, Guichardin, de Thou, Montesquieu, Voltaire, Hume, Jean de Müller, Grotius, Schiller, et tant d'autres doctes écrivains, dérouleront sous nos yeux le tableau de tous ces grands mouvements qui ont renouvelé à plusieurs époques l'aspect de notre Occident. On a vu aux articles spéciaux de cet ouvrage (*voyez* ANGLETERRE, ÉTATS-UNIS, CONSTITUANTE [Assemblée], CONVENTION, DIRECTOIRE EXÉCUTIF, JUILLET 1830 [Révolution de], FÉVRIER 1848 [Révolution de]) par quelles phases politiques ont passé, entre autres depuis 1776, 1789, 1830, et 1848, l'Amérique, l'Angleterre et notre pays. Puissent les esprits plus éclairés, les passions mieux dirigées, ne pas chercher plus longtemps en vain dans ces contrées favorisées de tant de lumières, et dans toutes les régions qu'éclairera le flambeau de l'intelligence, cette grande loi de l'harmonie entre la force et le droit, entre la puissance et la liberté, à laquelle aspire le genre humain depuis l'origine du monde ! AUBERT DE VITRY.

RÉVOLUTION (Guerres de la). On comprend sous cette dénomination générale les diverses guerres que la France révolutionnaire eut à soutenir contre l'Europe coalisée, de 1792 à 1802, et auxquelles succédèrent les guerres de l'empire, de 1805 à 1815. Tandis que l'Autriche et la Prusse, en vertu de la convention de Pillnitz, faisaient leurs préparatifs pour attaquer la France, celle-ci, prenant elle-même l'initiative, déclara fièrement la guerre en avril 1792 à l'empereur François II en sa qualité de roi de Hongrie; et de tous les alliés de ce prince il n'y eut d'abord que la Prusse, puis la Sardaigne, qui prirent fait et cause pour lui. Ce fut seulement lorsque les Prussiens eurent été forcés d'évacuer la Champagne et après l'entrée victorieuse des Français dans les provinces rhénanes et en Savoie, que se conclut par divers traités, signés sous l'intervention de l'Angleterre, la première coalition des grandes puissances de l'Europe, qui étendit le théâtre de la guerre dans les Pays-Bas, sur le Rhin, en Italie, en Espagne et même en France. Malgré les alternatives très-variées de cette lutte, les Français déployèrent une telle énergie, que la Toscane se détacha de la coalition dès le 15 avril 1795; la Prusse, épuisée, le 5 avril suivant, par la paix de Bâle; et l'Espagne, le 22 juillet suivant. La France ne se trouva donc plus avoir affaire qu'à l'Autriche, à l'Allemagne du sud et à la Saxe, tandis qu'en organisant la *république batave* en Hollande, elle se créait un utile allié. A partir de ce moment la guerre eut le caractère d'une lutte décisive et toute personnelle entre l'Autriche et la France. Elle avait recommencé avec un nouvel acharnement dès la fin de 1795 sur les bords du Rhin et en Italie. Toutefois, dans l'un et l'autre pays elle ne prit des proportions vraiment formidables qu'à partir de 1796. Sur le Rhin, Jourdan et Moreau firent obtenir à l'armée française d'éclatants avantages, qui eurent pour résultat de détacher dans le cours de cette même année le Wurtemberg, Bade, les cercles de Souabe, de Franconie et de la haute Saxe, ainsi que la Bavière, de l'alliance autrichienne, quoique, grâce aux talents de l'archiduc Charles, l'armée autrichienne eût fini par forcer les Français à se replier jusque sur les bords du Rhin. En Italie, la campagne ne s'ouvrit pas plus tôt que le génie et la fortune militaire de Bonaparte firent essuyer à l'Autriche une suite non interrompue d'immenses désastres, dont le résultat fut aussi de lui faire perdre ses alliés de ce côté-ci; et il n'y eut pas jusqu'à la Sardaigne qui ne finit par signer avec la république française un traité d'alliance offensive et défensive. Cependant, après un armistice factice de six semaines, la lutte recommença dès le mois de mars 1797 dans la haute Italie. Bientôt ce fut par delà les Alpes, au cœur même de l'Autriche, que le théâtre des opérations militaires fut transporté; et qui donna à la France encore un allié de plus. Le congrès de Rastadt, ouvert le 9 décembre 1797, avait pour but l'arrangement des affaires intérieures de l'Allemagne; mais après de longues délibérations il se sépara sans résultats autres que des défiances et des haines. De ce moment date la troisième période des guerres de la révolution, dont le théâtre et l'énergie semblent toujours s'agrandir. Tandis que par l'envoi d'une expédition en Égypte la France portait ses armes jusque sur la terre d'Afrique, qu'elle fondait dans l'Italie centrale une *république romaine*, et dans la basse Italie une *république parthénopéenne*; tandis qu'elle envahissait la Suisse et y instituait une *république helvétique*, l'Angleterre, la Russie, l'Autriche, Naples, le Portugal et la Porte concluaient dans le courant de l'année 1798 une nouvelle coalition pour détruire la prépondérance de la république française. La lutte éclata tout à la fois sur les bords du Rhin et du Danube, dans toute l'Italie, en Hollande, à cette fois encore, après avoir duré plus de deux années, elle n'eut d'autre résultat que d'accroître les forces de la France et de consolider son gouvernement. Le 9 février 1801 la France signa la paix à Lunéville avec l'Autriche et l'Allemagne; et le 27 mars 1802 on conclut enfin à Amiens le traité qui mettait momentanément un terme à la lutte de l'Angleterre contre la France, la république batave et l'Espagne; traité auquel la Porte accéda aussi le 13 mai suivant. La guerre avait également ravagé les colonies européennes d'Afrique, d'Asie et d'Amérique; mais elle n'avait abouti qu'à agrandir la puissance de l'Angleterre. On devra consulter, pour ce qui se rapporte aux épisodes, aux campagnes, aux événements et aux généraux des guerres de la révolution, les articles spéciaux qui leur sont consacrés dans ce dictionnaire, de même qu'aux pays, aux États, aux batailles et aux traités de paix qui s'y rattachent.

RÉVOLUTION DE FÉVRIER. Voyez FÉVRIER (Révolution de).

RÉVOLUTION DE JUILLET. Voyez JUILLET 1830 (Révolution de).

RÉVOLUTION FRANÇAISE, après la Réformation le plus important événement des temps modernes. On en trouvera l'histoire aux articles CONSTITUANTE (Assemblée), CONVENTION NATIONALE, DIRECTOIRE, FRANCE, etc., etc. Tous les hommes qui ont figuré dans ce grand drame, de même que les principaux épisodes, sont d'ailleurs dans ce dictionnaire l'objet d'articles spéciaux, auxquels nous renvoyons également le lecteur.

RÉVOLUTIONNAIRE (Tribunal). C'est la qualification que reçut et prit lui-même, au temps de la terreur, le tribunal de sang à l'aide duquel les hommes qui avaient détourné la révolution française de son cours régulier et légitime pour la jeter dans les voies de la violence, s'efforcèrent de consolider l'œuvre de leur politique. Ce fut Danton qui, le 9 mars 1793, entre autres motions, en présenta une pour la création d'un *tribunal extraordinaire*, qui serait chargé de veiller à la répression de tous les crimes et délits commis contre la sûreté de la république, et de les punir sans appel ni sursis. Les girondins combattirent avec énergie cette mesure, qui obtint les suffrages unanimes de la Montagne. A la suite d'une longue discussion, la Convention l'adopta, en faisant subir au projet primitif de très-légères modifications. Au tribunal devaient être adjoints des jurés présentés par les départements et choisis par la Convention. Dès le 11 mars 1793 le tribunal fut installé; mais ce ne fut qu'au mois d'octobre, et après la chute du parti de la Gironde, qu'il reçut la dénomination si significative de *tribunal révolutionnaire*.

Le parti de la terreur attacha alors à ce tribunal, en qualité d'accusateur public, le trop fameux Fouquier-Tinville ; et bientôt le tribunal révolutionnaire ne fut que l'aveugle exécuteur des ordres de mort donnés par Robespierre et par les membres du comité de salut public. Il n'y eut plus d'audition de témoins, plus de défense; et les infortunés qu'y envoyaient les hommes auxquels la France abandonnait ses destinées étaient immanquablement condamnés à mort et exécutés quelques instants après. Robespierre, trouvant que cette procédure sommaire était encore entourée de trop de formalités et entraînait trop de lenteurs, insista, à diverses reprises, dans le sein de la Convention, pour que le tribunal eût ordre d'abréger tous délais inutiles. Fouquier-Tinville comprit alors dans les mêmes poursuites des prévenus n'ayant jamais eu de rapports entre eux, mais accusés du même crime, c'est-à-dire d'avoir *conspiré contre la république*. On les tirait des prisons où ils étaient entassés ; on leur donnait lecture d'un même acte d'accusation, lequel d'ailleurs n'établissait pas la moindre connexité entre les faits mis à leur charge, puis de l'arrêt commun qui les condamnait tous à mort. Du 11 mars 1793 au 27 juillet 1794, jour où la guillotine dévora son tour Robespierre lui-même, le fatal instrument dressé sur la place de la Révolution avait abattu 2,774 têtes ! Au nombre des victimes avaient figuré un vieillard de quatre-vingt-dix-sept ans et un enfant de quatorze ans. Le tribunal révolutionnaire, après avoir par représailles envoyé à la guillotine les hommes de la terreur, leurs suppôts et jusqu'à l'affreux Fouquier-Tinville, cessa de rendre des arrêts de mort, et se borna à prononcer des condamnations à la détention ou à la réclusion. Un décret de la Convention le supprima formellement, le 22 mai 1795.

La plupart des départements imitèrent, eux aussi, l'exemple de Paris, et voulurent avoir chacun leur *tribunal révolutionnaire*, dont les commissaires, à l'instar de l'infâme Carrier, abrégeaient, suivant leur caprice, les formalités de la procédure, et faisaient fusiller ou noyer en masses leurs victimes.

REVOLVERS, nom d'une nouvelle espèce d'armes à feu ayant la forme d'un pistolet à plusieurs canons avec lequel on peut tirer rapidement plusieurs coups l'un après l'autre, inventée par le colonel Colt aux États-Unis, et dont on se sert déjà beaucoup dans ce pays. Les canons sont tournants, et quand on monte le chien cela met en mouvement un levier qui opère la rotation, de telle sorte que le canon chargé le plus proche peut partir tout de suite après que l'autre a fait feu.

REVUE. Au sens propre, et suivant la stricte étymologie, ce mot signifie *voir une seconde fois*, bien que dans une acception plus générale il soit pris à peu près pour synonyme de *recherche*, *inspection*, *examen*, etc. *Faire la revue de ses livres*, *de ses papiers*, signifie les examiner avec soin afin d'y découvrir quelque chose qu'on y cherche. C'est dans un sens figuré que *revue* s'emploie pour désigner l'examen de quelques situations morales, de choses appartenant à ce qu'on appelle l'ordre des êtres métaphysiques : c'est ainsi qu'on dit : *Faire la revue de sa vie passée*, *de sa conscience*. On dit de ceux qui ont souvent occasion de se revoir, qu'ils sont *gens de revue*.

Le mot *revue* s'emploie particulièrement pour désigner l'examen ou inspection qu'un chef fait de ses troupes rangées en bataille; opération où le soldat doit déployer tout le luxe de sa condition, sa bonne tenue, sa propreté, le brillant de ses armes et le soin de sa toilette.

On désigne au théâtre, sous le nom de *revues*, des pièces de circonstance jouées ordinairement à la fin de chaque année sur les théâtres de vaudeville, et où les auteurs passent en revue les bévues, les ridicules, les modes, les grands succès de l'année écoulée, et en font la critique avec plus ou moins de bonheur. Il est rare d'ailleurs qu'une *revue* aille bien loin ; au bout d'une vingtaine de représentations, elle est déjà vieille de plusieurs siècles.

Enfin, on a donné, d'abord en Angleterre, puis en France, le nom de *revues* à des recueils périodiques consacrés à la critique scientifique et littéraire. Les *revues* abondent de l'autre côté du détroit, et occupent un rang distingué parmi les productions de la presse anglaise. En France, elles ont toujours eu beaucoup de peine à s'acclimater ; et elles ne sont jamais parvenues à exercer une influence morale comparable à celle dont jouissent par exemple l'*Edinburgh-Review*, le *Quarterly-Review* et une foule de *Magazines*, autres recueils absolument analogues quant au fond et à la forme, mais publiés avec un titre différent. Peut-être le succès moindre des *revues* publiées en France tient-il à leur caractère essentiellement frivole; car toujours, et aujourd'hui plus que jamais, le roman, la nouvelle, y tiennent le premier rang. Ce sont autant de tribunes ouvertes le plus souvent à tout écolier qui quitte les bancs, et qui veut livrer au public les premiers bégayements de sa pensée philosophique et humanitaire. Jadis il débutait par une tragédie calquée sur le modèle des Grecs et des Romains ; aujourd'hui c'est par une nouvelle, contrefaçon plus ou moins adroite de celles qui ont fait la réputation des Mérimée, des Sand, des Balzac, des Sandeau, des Musset, etc., etc., et insérée dans quelque *revue*, qu'il révèle son existence au monde littéraire; mais en définitive on ne voit pas trop ce que le public y a gagné. Les écrivains qui alimentent les *revues* anglaises mettent d'ailleurs autant de soin à garder l'anonyme que leurs confrères français à imprimer leur nom dans nos revues, où la personnalité joue évidemment un trop grand rôle pour être longtemps intéressante.

RÉVULSION, RÉVULSIFS (*Médecine*). On appelle *révulsion* l'action de divers moyens thérapeutiques désignés par le mot *révulsifs*, l'un et l'autre dérivés du verbe latin *revellere* (rappeler), et comportant l'idée d'une médication ayant pour objet de déplacer le foyer d'une maladie. Les médecins tentent d'abord de guérir une affection morbide sur le lieu même où elle a pris naissance. A cet effet, ils ont recours à une série de moyens compris sous les noms de *sédatifs, résolutifs, calmants*, etc., et qui se composent principalement de saignées générales et locales, de spécifiques, de préparations opiacées, de substances émollientes et réfrigérantes, etc. Ce premier effort est le plus rationnel s'il échoue, si la maladie passe à l'état chronique, alors les médecins ont recours aux *révulsifs*. En employant ces agents thérapeutiques, puisés parmi les irritants, ils se proposent de produire une excitation locale, soit afin de faire dévier le foyer d'une affection, soit aussi pour ranimer le ressort des sympathies. La liste des révulsifs est aussi nombreuse que variée : les uns, employés extérieurement, sont les *vésicatoires*, les *cautères*, les *moxas*, les *sétons*, les *sinapismes*, les *frictions* rubéfiantes, l'*urtication*, en général toutes les irritations qu'on peut produire artificiellement sur la surface cutanée. D'autres révulsifs sont appliqués à l'intérieur : tels sont les *purgatifs*, les *émétiques*, les divers liquides irritants, qu'on administre par injection. Quand une affection se transporte du dehors au dedans, chacun comprend combien il est nécessaire de la rappeler à son siège primitif. Ainsi, dans les rétrocessions communes de la goutte et de la rougeole, on n'hésite pas à tenter le rappel appelé *révulsion*; on tente d'autres fois pour déplacer une affection de son siège primitif : ainsi, quand une dartre apparaît au visage, on s'efforce de la transporter en irritant une partie moins visible.

Les grandes vues des sympathies exposées par Bichat et le dogme de l'irritation rectifié si fructueusement par Broussais ont notablement amélioré la théorie des *révulsions* : c'est aujourd'hui une des parties de l'art de guérir qui sont les mieux éclairées. Chaque jour on emploie utilement les *révulsifs*, mais parfois aussi on en abuse. On croit trop généralement que l'application d'un vésicatoire, d'un cautère ou d'un séton n'expose pas à des inconvénients graves : cette persuasion est malheureusement erronée.

CHARRONNIER.

REWBELL (JEAN-BAPTISTE), qui fit partie du gouvernement directorial de la France, lors de sa première révolution, naquit à Colmar, en 1746. Il était bâtonnier des avocats de sa ville natale quand le suffrage des bailliages de Colmar et de Schelestadt l'appela aux états généraux. L'Assemblée nationale constituante le vit se rallier aux quelques républicains qu'elle renfermait déjà dans son sein; cependant, il manifesta plusieurs fois d'étroites opinions peu en harmonie avec celles des hommes les plus avancés de cette assemblée. C'est ainsi qu'il vota contre la loi qui accordait aux juifs les droits de citoyen, et qu'il voulut faire accorder aux colonies l'initiative sur les décisions qui devaient fixer l'état politique des hommes de couleur. A part ces questions, Rewbell se prononça toujours avec énergie contre ceux qu'il regardait comme coupables d'entraver la révolution. Procureur syndic à Brisach lorsque la Convention nationale fut convoquée, ses concitoyens le choisirent pour les y représenter; mais il ne tarda pas à être envoyé en mission aux armées; il s'y trouvait lors du jugement de Louis XVI. Pendant la glorieuse défense de Mayence, Rewbell assistait, en qualité de représentant, les généraux qui commandent notre armée dans cette place. A son retour, il fut accusé par Montaut de n'y avoir pas bien fait son service; mais le comité de salut public déclara qu'il n'avait point démérité, et l'envoya en mission aux armées de la Vendée. Là il se montra chaud montagnard ; mais après le 9 thermidor, à son retour des armées, il prit part à toutes les mesures réactionnaires des thermidoriens, qui l'appelèrent successivement à la présidence de la Convention, au comité de sûreté générale , et à celui de salut public, où il s'occupa d'une manière spéciale des relations extérieures. L'influence que Rewbell avait exercée dans la Convention, lui aplanit sans doute beaucoup le chemin du Directoire, dont il devint même le président. Homme de loi, administrateur et diplomate, il eut dans ses attributions la justice, les finances et les relations extérieures. Lors du coup d'État du 18 fructidor, il fut du nombre des directeurs qui ne voulaient point que le sang coulât, et Barras ne se rallia qu'à grand'peine à cette opinion. Ce ne fut qu'en 1799 que le sort désigna Rewbell comme devant sortir du Directoire, où il fut remplacé par Sieyès. « Pendant les quatre années de ses fonctions directoriales, dit un biographe, la roideur extrême de son caractère, l'opiniâtreté avec laquelle il tenait à ses opinions se signalèrent dans toutes les circonstances importantes. Ses ennemis, dont le nombre s'accrut de jour en jour, l'accusèrent d'une morgue et d'une hauteur excessives. » Aussi dès qu'il fut sorti du Directoire et entré dans le conseil des Anciens, l'opinion se prononça-t-elle avec force contre lui : de toutes parts on lui reprochait les malheurs de la patrie; de nombreuses dénonciations l'accusaient de s'être enrichi, lui et les siens, aux dépens de la nation, en participant aux malversations et aux concussions des généraux et des fournisseurs. Plusieurs séances furent consacrées à ces débats honteux ; il se défendit pourtant avec assez d'éloquence et de dignité pour obtenir de ses collègues un verdict d'acquittement; mais il n'en fut pas lavé dans l'opinion publique. Ce fut vraisemblablement à cette tache que Rewbell dut de ne point être appelé par le consulat à ces fonctions sénatoriales que Bonaparte donnait si généreusement à tous les débris corrompus du Directoire. Retiré dans le Haut-Rhin, il y mourut obscurément, en 1810.

REX, c'est-à-dire *roi*. Tel est le titre que porta le magistrat suprême de Rome pendant les deux cent cinquante premières années qui s'écoulèrent après la fondation de cette ville par Romulus. Il était élu à vie par le peuple dans les comices de curies; auxquels Servius Tullius substitua à cet effet les comices de centuries, dirigés par un *interrex*, qui en vertu d'un décret du sénat proposait les candidats. Après l'élection on procédait à une inauguration propitiatoire, de même que pour la dignité de grand-prêtre sacrificateur jointe à cette magistrature. Ensuite, une loi que le roi présentait lui-même aux comices de curies déterminait l'étendue de ses pouvoirs (*lex curiata de imperio*). La puissance royale comprenait les pouvoirs illimités du général d'armée, ceux de juge supérieur, mais des décisions duquel on pouvait appeler au moyen de la *provocation* au peuple, la prérogative de convoquer et de présider les assemblées du sénat et du peuple. C'est dans ces dernières qu'on délibérait sur l'élection des magistrats, sur la guerre et sur la paix, ainsi que sur les lois proposées par le roi et appelées en conséquence *leges regiæ*. Les insignes du pouvoir royal étaient les douze licteurs armés de faisceaux, le siège d'ivoire (*sella curulis*), la toge de pourpre, le cercle frontal d'or (*corona*), et un bâton d'ivoire (*scipio eburneus*, *sceptrum*). Quand Servius Tullius se fut fait élire roi sans préalablement consulter le sénat, son successeur, que la tradition désigne comme le septième roi de Rome, Tarquin le Superbe, usurpa le trône par le meurtre et la violence. Les Romains le chassèrent, en l'an 509 av. J.-C.; et alors, au lieu de *rex*, il y eut des consuls à la tête d'un État républicain. La charge de grand-prêtre, que le roi avait revêtue concurremment avec les flamines, fut maintenue; et on la réunit à celle de roi des sacrifices (*rex sacrificulus* ou *rex sacrorum*), qui était toujours confiée à vie à un patricien. Il habitait un logement particulier dans la *Via sacra*, et était affranchi du service militaire ; mais il ne pouvait exercer aucune magistrature.

REYKJAVIK (c'est-à-dire *baie de la fumée*), capitale de l'Islande, sur la côte sud-ouest de cette île, située dans un golfe, sur un cap, entre deux montagnes basses. Elle se compose de petites maisons de bois, qui lui donnent à peine l'air d'une ville, et ne compte que 700 habitants. Elle est le siége du bailli, du tribunal supérieur et de l'évêque de l'île. On y trouve un lycée, une école d'enseignement mutuel, une bibliothèque publique d'environ 8,000 volumes, avec une collection de cartes géographiques, une imprimerie, une pharmacie (la seule qu'on trouve dans toute l'Islande), une société savante, qui forme une section de la Société royale des Antiquaires de Copenhague, ainsi qu'une autre Société savante affiliée à la Société de Littérature Islandaise existant à Copenhague, une société pour la propagation des connaissances utiles, une société biblique et un observatoire. La prison est le plus vaste et l'église cathédrale le seul édifice en pierre qu'on y voye

REYNIER (Jean-Louis-Ebenezer, comte) naquit à Lausanne, le 14 janvier 1771. Élevé à Paris, il y reçut une éducation assez solide pour pouvoir à dix-huit ans gagner sa vie comme ingénieur civil. En 1792 la recommandation de La Harpe lui valut son admission dans l'état-major de Dumouriez, en qualité d'ingénieur en second. Devenu bientôt après aide de camp de Pichegru, il assista en 1794 à la conquête de la Hollande par ce général, et obtint le grade de général de brigade. Il fut nommé ensuite chef de l'état-major de l'armée du Rhin, commandée par Moreau. En 1798 il fut attaché à l'armée expéditionnaire d'Égypte. Bonaparte lui confia le commandement d'une division, à la tête de laquelle il se comporta vaillamment à la journée des Pyramides. Après la prise du Caire, il fut chargé de refouler Ibrahim-Bey en Syrie et de prendre le commandement supérieur de la province de Charki, sur les confins du désert de Syrie. La sincérité et la loyauté dont en toutes circonstances il fit preuve dans ses rapports avec les populations musulmanes le mirent parmi elles dans la plus haute estime. Quand Kleber succomba sous le poignard d'un fanatique, ce fut à Menou qu'échut à l'ancienneté le commandement en chef; mais le choix de l'armée, si les règles de la discipline eussent permis de le consulter à cet égard eût infailliblement porté sur Reynier. Un jour Menou fit arrêter à l'improviste son rival, qui fut conduit à bord d'un bâtiment et renvoyé en Europe sans autres explications.

A son arrivée en France, Reynier trouva le premier consul extrêmement prévenu contre lui par les rapports accusateurs de Menou. Il fut envoyé en résidence dans la Nièvre, où pour sa justification il écrivit l'ouvrage intitulé : *De l'Égypte après la bataille d'Héliopolis* (Paris, 1802).

Napoléon, malgré sa répugnance instinctive pour un caractère à la fois ferme et fier comme celui de Reynier, le remit cependant en activité dans la campagne de 1805, et lui confia alors en Italie le commandement d'un corps à la tête duquel il opéra, sous les ordres de Joseph Bonaparte, la conquête du royaume de Naples. En dépit de son expérience consommée et de toute sa bravoure, il perdit, le 4 juillet 1806, la bataille de Maida, et, par suite de cet échec, se trouva dans la nécessité d'évacuer la Calabre. Après le départ de Jourdan, ce fut lui que l'empereur investit du commandement supérieur de l'armée française dans le royaume de Naples. Lorsque les hostilités recommencèrent, en 1809, entre l'Autriche et la France, il fut rappelé et placé à la tête d'un corps avec lequel il se distingua à l'affaire de Wagram. Au rétablissement de la paix, l'empereur l'envoya en Espagne, où il commanda le deuxième corps de l'armée destinée à opérer en Portugal. Pendant la campagne de Russie, en 1812, Napoléon lui confia le commandement du septième corps, composé en grande partie de troupes saxonnes et stationné en Volhynie. La campagne de 1813 lui fournit l'occasion de se signaler sous tous. Après la rupture de l'armistice, il eut ordre, ainsi que Bertrand, d'aller rejoindre le corps d'armée d'Oudinot. Mais ces forces réunies furent battues à Grossbeeren d'abord, et ensuite à Dennewitz. A la bataille de Leipzig, où son corps d'armée fut presque anéanti, il fut fait prisonnier. Échangé à peu de temps de là, il revint en France, et mourut des suites de ses fatigues, le 27 février 1814, à Paris.

Son frère aîné, *Jean-Louis-Antoine* Reynier, fut un botaniste, un orientaliste, un historien et un économiste distingué, qui travailla d'abord à l'*Encyclopédie méthodique*, et qui à l'époque de la révolution vint se fixer en France, dans la Nièvre, où il acheta la terre de Garchy, dont il fit bientôt un modèle de culture rationnelle. Bonaparte l'attacha à l'expédition d'Égypte pour la partie administrative et financière. Plus tard, il accompagna Joseph Bonaparte à Naples,

où bientôt il fut nommé directeur général des postes ; fonctions qu'il conserva sous Murat. A la restauration de Ferdinand, il se retira dans le pays de Vaud, où il mourut, en 1824.

REYNOLDS (Sir Joshua), célèbre peintre anglais, né en 1723, à Plymton (comté de Devonshire), manifesta dès son jeune âge pour les arts du dessin un goût très-prononcé, que son père, qui était ministre, favorisa de tout son pouvoir. Il le confia aux soins de Hudson, peintre distingué de cette époque. Reynolds fit, sous les yeux de ce maître, des progrès rapides ; mais il paraît qu'il se brouilla avec lui, et il revint en 1743 dans le Devonshire, où, de son propre aveu, son amour pour la peinture sembla sommeiller pendant quelques années. Cependant, il fit en 1746 le portrait d'un jeune homme lisant à la lueur d'un flambeau ; et, soit que son talent eût été animé par le feu de l'amitié, soit que l'âge et les méditations auxquelles s'abandonne toujours un esprit vivement préoccupé eussent mûri et développé les études qu'il avait faites, il n'en est pas moins vrai que, trente ans après, Reynolds, en revoyant ce portrait, ne put se défendre de l'admirer.

En 1749 le capitaine Keppel, depuis amiral, l'emmena en Italie ; il confesse, dans ses propres écrits, qu'à la vue des ouvrages de Raphael il fut obligé de reconnaître qu'il était bien loin de pouvoir même en apprécier l'excellence : « N'ayant pas eu, dit-il dans un écrit trouvé dans ses papiers, après sa mort, l'avantage de recevoir de bonne heure une éducation académique, je n'ai jamais possédé cette facilité de dessiner le nu qu'un artiste doit avoir. Ce fut lors de mon voyage en Italie que je m'en aperçus, mais il était trop tard. » C'est ce qui explique peut-être pourquoi Reynolds s'attacha principalement à imiter le coloris des Vénitiens.

Après un séjour de quelques années en Italie, il vint s'établir à Londres ; le portrait en pied de son bienfaiteur, l'amiral Keppel, fut l'objet de l'admiration générale. De ce moment son pinceau fut toujours occupé, et il acquit une grande réputation. Il ne faisait pas de portrait à moins de 200 liv. st. Il avait pris l'habitude de réunir à sa table les hommes les plus distingués en tous genres de l'Angleterre ; il faisait aussi partie d'un club littéraire composé des gens de lettres les plus célèbres de son époque. Tels étaient les seuls délassements qu'il crût pouvoir se permettre : le reste de sa vie était tout entier consacré à son art. L'Académie royale des Arts, dont il avait vivement souhaité et poursuivi l'établissement, ayant été créée, il en fut nommé président, à l'unanimité. Dans toutes les séances solennelles, Reynolds lisait des discours où il traitait des questions relatives à la peinture.

Après une longue carrière, Reynolds fit, en 1783, deux voyages sur le continent pour étudier les ouvrages des peintres hollandais et flamands ; il visita aussi la galerie de Dusseldorff. En 1784 il fut, après Ramsay, qui venait de mourir, nommé peintre ordinaire du roi ; dans ses dernières années, il perdit presque l'usage de la vue, et il mourut le 23 février 1792, laissant une fortune considérable, et revêtu depuis longtemps du titre de *baronet*.

P.-A. Coupin.

REZAT, nom commun à deux petites rivières de Bavière. La *Rezat de Franconie* passe par Anspach, la *Rezat de Souabe* prend sa source à Weissenburg ; toutes deux se réunissent à Petersgmünd, et forment alors la Rednitz.

REZ-DE-CHAUSSÉE. Voyez ÉTAGE.

REZZONICO (Charles). Voyez CLÉMENT XIII.

RHABDOLOGIE (du grec ῥάβδος, baguette, et λόγος, discours). Voyez CALCULER (Instruments à).

RHABDOMANTIE (du grec ῥάβδος, baguette, et μαντεία, divination), l'art de deviner au moyen de baguettes. Voyez BAGUETTES DIVINATOIRES.

RHADAMANTHE ou **RADAMANTHE** est l'un des trois juges infernaux. Assis à la droite de Minos, qui à sa gauche voit siéger Éaque, il terrifie les Ombres par ses pressants interrogatoires. Les seuls Asiatiques et Africains sont du ressort de son tribunal, les Européens sont du ressort du tribunal d'Éaque; Minos, qui les préside tous deux, revise leurs jugements, les casse ou ordonne de les mettre à exécution. Généralement les mythes font Rhadamanthe fils de Jupiter et d'Europe et frère de Minos Ier, le législateur; ils lui donnent pour berceau Gnosse, ville fameuse de Crète; selon quelques-uns, il aurait, on ne sait comment, tué son frère, ce qui le força de s'expatrier. Il passa en Béotie, alla à Thèbes, où il épousa Alcmène, récemment veuve d'Amphitryon. De la Béotie, ce héros descendit dans la plupart des Cyclades, alors presque toutes à l'état sauvage. Il les conquit encore plus par sa douceur et sa justice que par la force de ses armes, puis en distribua la souveraineté à plusieurs héros de l'époque.

Plusieurs prétendent que Rhadamanthe était le frère de Minos II, le conquérant, qu'il était le fils non d'Europe et de Jupiter, mais de Lycaste, roi de Crète, et d'Ida, fille de Corybas; qu'il disputa le trône à son frère, et que, vaincu, il s'exila comme nous venons de le dire. Sa justice était non moins célèbre par toutes les îles de la mer Égée que celle de Minos Ier. C'est à lui que l'on doit la plus équitable des peines, celle contre laquelle le coupable même ne peut élever aucun murmure, celle du talion. Ses belles institutions, sa justice et sa vertu, non sans quelques taches d'ambition, comme nous l'avons vu, méritèrent à ce prince l'amour et la reconnaissance des peuples, et la seconde place de juge aux enfers à côté de Minos le législateur, son frère ou son oncle.
DENNE-BARON.

RHAMSÈS. *Voyez* RAMSÈS et ÉGYPTE, t. VIII, p. 424.
RHAPSODES. *Voyez* HOMÈRE et RAPSODES.
RHAPSODOMANTIE (du grec ῥαψῳδία, poëme, et μαντεία, divination), divination qui se faisait en tirant au sort dans un poëte. Chez les anciens, c'était ordinairement Homère et Virgile qu'on choisissait. On la pratiquait de plusieurs manières. Tantôt on ouvrait le livre, et l'on prenait l'endroit sur lequel on tombait pour une prédiction. On rapporte que l'élévation d'Alexandre Sévère à l'empire avait été prédite par ce vers de Virgile, qui s'offrit à l'ouverture du livre : *Tu regere imperio populos, Romane, memento.* (Romain, souviens-toi de gouverner les peuples). Tantôt on écrivait sur de petits morceaux du poëme, et après les avoir ballottés dans une urne, le premier qu'on en tirait donnait pour prédiction la sentence qu'il portait. D'autres fois on écrivait des vers sur une planche ; on y jetait des dés, et les vers sur lesquels les dés s'arrêtaient passaient pour contenir la prédiction. On appelait ces sortes de divinations *sorts virgiliens*. Le plus souvent les sorts étaient des espèces de dés sur lesquels étaient gravés quelques caractères ou quelques mots dont on allait chercher le sens ou l'explication dans des tables faites exprès. Dans quelques temples, on les jetait soi-même; d'où est venue cette expression : *Le sort est tombé.* Dans d'autres temples on les faisait sortir de l'urne, où ils étaient conservés. Cette superstition passa dans le christianisme, seulement, ce fut dans les livres sacrés qu'on chercha les sorts. Saint Augustin parait ne désapprouver cet usage que pour ce qui concerne les affaires du siècle. Grégoire de Tours nous apprend comment il pratiquait lui-même cette manière de connaître l'avenir. Ce mode de divination par les Écritures se nommait le *sort des saints*. Il fut très-usité dans le moyen âge. Il est même employé de nos jours dans les classes ignorantes de plusieurs sectes chrétiennes.

RHAZÈS, célèbre médecin arabe, né à Raï, dans le Khoraçan, s'adonna particulièrement dans sa jeunesse à l'étude de la musique, et plus tard à celles de la médecine et de la philosophie. Attaché comme médecin aux hôpitaux de Bagdad et de Raï, il enseigna également son art avec une grande distinction dans la première de ces villes, et mourut en 926.

Rhazès est le médecin arabe dont nous possédons le plus d'écrits. Cependant, on n'a encore imprimé en langue arabe que sa dissertation sur la petite vérole volante et sur la rougeole, avec traduction latine par Channing (Londres, 1766). On considère comme son œuvre capitale son traité de la guérison des maladies, *Elhâwy* (Brescia, 1468 ; Venise, 1500) ; ouvrage qu'il ne fit sans doute que commencer, que d'autres achevèrent, et qui n'est parvenu jusqu'à nous que fort incomplet. On a aussi de lui un Aperçu général de la Médecine (Milan, 1481; Bâle, 1544).

RHÉA ou RHÉIA était la fille d'Uranus et de la Terre, par conséquent une Titanide, l'épouse de Cronos (Saturne), qui la rendit mère d'Hestia, de Déméter, de Héra, de Hadès, de Poséidon et de Zeus. On confondit de bonne heure, vraisemblablement dans l'île de Crète même, cette déesse, dont le culte était originaire de Crète et qui n'était à bien dire que la Nature personnifiée, avec Cybèle, plus tard fit complétement oublier Rhéa, laquelle ne figure plus seule que dans un petit nombre de mythes.

RHÉA-SYLVIA ou ILIA. Ainsi s'appelait, suivant l'ancienne tradition de la fondation de Rome, la fille de Numitor, que son oncle Amulius, usurpateur du trône d'Albe, contraignit à se consacrer au service de Vesta et par suite à faire vœu de virginité, mais que les embrassements de Mars rendirent mère de deux jumeaux, Romulus et Rémus.

RHÉE. *Voyez* RHÉA.
RHEGIUM, ville située à l'extrémité sud-est de l'Italie, dans le pays des Bruttiens, sur les bords du détroit de Sicile, et qui avait été fondée, l'an 743 av. J.-C., par des Grecs, des Chalcidiens d'Eubée et des Messéniens. Le commerce la fit prospérer, et elle fut puissante sur mer jusqu'à l'époque où elle fut conquise par Denis l'Ancien, l'an 387 av. J.-C. Toutefois, elle recouvra son indépendance sous Denis le jeune. Les soldats originaires de la Campanie, que les Romains envoyèrent tenir garnison à Rhegium, pour la défendre contre Pyrrhus, en s'emparèrent traîtreusement, en l'an 280, comme les Mamertins firent de Messana ; mais les Romains les mirent à la raison, en l'an 271. Depuis cette époque, Rhegium obéit toujours à Rome, et acquit une grande importance comme place de commerce et comme point stratégique dans les guerres maritimes, par exemple à l'époque de la première guerre punique, et aussi de celle qu'Auguste eut à soutenir contre Sextus Pompée.

Aujourd'hui, cette ville s'appelle *Reggio*.

RHEIMS. *Voyez* REIMS.
RHEINA WOLBECK. *Voyez* LOOZ ET CORSWAREM.
RHEINGAU (Le), c'est-à-dire *gau du Rhin*, contrée d'environ 4 myriamètres de long sur 2 de large, s'étendant le long de la rive droite du Rhin, autrefois dépendance de l'archevêché de Mayence et faisant aujourd'hui partie du duché de Nassau. Elle commence au-dessous de Mayence, au village de Niederwalluf et se termine au village de Lorch. L'antique et jolie petite ville d'Elfeld ou Eltville, résidence ordinaire des archevêques de Mayence au quatorzième et au quinzième siècle, avec 2,200 habitants, est la localité la plus importante du Rheingau. En font également partie Erbach, Hattenheim, Œstrich, Mittelheim, Winckel, Johannisberg, Geissenheim, Rudesheim, Asmannshausen, Dreickshausen, Niederheimbach et Lorch. Cette contrée, l'une des plus belles de l'Allemagne, est justement célèbre par les ravissants points de vue qu'elle offre à chaque pas. Protégée par de hautes montagnes contre l'influence des vents du nord et de l'est, et admirablement située pour recevoir les rayons vivifiants du soleil, elle se prête merveilleusement à la culture de la vigne ; et c'est là que se récoltent les plus célèbres vins du Rhin. Sous ce rapport on la divise en *haut* et en *bas Rheingau*, à savoir les villages des hauteurs et ceux qui sont bâtis sur les bords du fleuve. Les vins du Rhin les plus spiritueux proviennent du haut Rheingau, et les plus sains sont ceux qu'on récolte à mi-côte. On y cultive aussi beaucoup d'arbres fruitiers.

A partir du onzième siècle, le Rheingau fut entouré à l'est par une haie pour ainsi dire impénétrable, formée d'arbres et de broussailles, et protégée, en outre, par un fossé profond et différents ouvrages de défense. Il était interdit, sous peine de mort, de se frayer un passage à travers cette haie. Mais en 1631 le duc Bernard de Saxe-Weimar, n'ayant pas tenu compte de cette défense et, pour s'emparer du Rheingau, ayant franchi la haie avec ses troupes, on rasa et on détruisit successivement un rempart que ne pouvait plus désormais protéger la vénération publique, et aujourd'hui il n'en existe presque plus de traces.

RHÉNANE (Bavière). *Voyez* BAVIÈRE et PALATINAT.

RHÉNANE (Hesse), *Rheinhessen*, l'une des trois provinces du grand-duché de Hesse, compte sur une superficie de 18 myriamètres carrés 220,000 habitants, dont 111,000 catholiques, 100,000 protestants, 8,000 juifs et 1,000 mennonites. Ce pays est généralement fertile; il produit surtout beaucoup de vin, et son commerce sur le Rhin a une grande importance. Cette province a été composée de la réunion des divers territoires qui faisaient autrefois partie de l'archevêché de Mayence, du Palatinat et de l'évêché de Worms. De 1801 à 1813 elle fit partie du territoire français, et le Code Napoléon y est encore aujourd'hui en vigueur.

RHÉNANE (Province) ou **PRUSSE RHÉNANE**, celle des huit provinces dont se compose la monarchie prussienne qui est située le plus à l'ouest. Sur une superficie de 341 myr. car., elle renferme, suivant le recensement de 1852, une population de 2,906,496 hab. (et y compris le territoire de Hohenzollern, 2,972,140 hab. sur une superficie de 355 myr. car.). Elle est limitée au nord par les Pays-Bas, à l'est par la province de Westphalie, le duché de Nassau, le grand-duché de Hesse, le Palatinat bavarois et la principauté de Birkenfeld, appartenant au grand-duc d'Oldenbourg et qu'elle enclave presque entièrement; au sud et au sud-est, par la France; à l'ouest, par le Luxembourg, la Belgique et les Pays-Bas. Une décision rendue en 1815 par le congrès de Vienne en adjugea la possession à la Prusse, et le second traité de Paris y ajouta encore diverses parties de territoire. Elle comprend aujourd'hui les anciens duchés de Clèves, de Gueldre et de Mœurs, les principautés de Mœurs et de Lichtenberg, le duché de Juliers, la partie septentrionale et centrale de l'ancien archevêché de Cologne, et les seigneuries de Hombourg, de Noustadt et de Gimborn, toutes contrées que la Prusse possédait déjà avant 1806; plus, des parties de territoire acquises des princes de Nassau, au moyen d'échanges; les seigneuries de Neuwied, de Solms et de Wildemburg; le territoire des anciennes villes libres impériales, Wetzlar et Aix-la-Chapelle; une partie du Limbourg et des parcelles des anciens départements français de Rhin-et-Moselle, de la Moselle, des Forêts et de la Saar. On l'avait d'abord divisée en deux provinces distinctes: celle de *Clèves-Berg*, et celle du *Bas-Rhin*; mais en 1824 on les fusionna. Elle forme adjourd'hui les arrondissements de *Cologne, Dusseldorf, Coblentz, Aix-la-Chapelle* et *Trèves*, auxquels il faut ajouter l'arrondissement récemment créé de *Sigmaringen*. Les uns et les autres relèvent d'une autorité centrale, résidant à Coblentz. Le plus important de ces cours d'eau est le Rhin, qui la traverse dans une étendue de 30 myriamètres, et qui reçoit à gauche les eaux de la Nahe, de la Moselle, de la Nette, de l'Ahr et de l'Erft, et à droite, celles de la Lahn, de la Sayn, de la Wied, de la Sieg, du Wupper de l'Emsche et de la Lippe. Il faut encore citer comme se rattachant au bassin de la Meuse: la Roër, la Schwalm et la Niers ou Neers. On y trouve de nombreux lacs et canaux. A l'exception de la partie septentrionale, le sol est généralement montagneux et d'une fertilité très-diverse. Ses richesses minérales consistent en plomb, cuivre, calamine, zinc, houille; on y trouve, en outre, du marbre, du plâtre, de la pierre à bâtir, de la pierre meulière, de la terre de pipe et de la terre à potier, de la chaux, du sel et de la tourbe. On y compte trente-et-une sources d'eaux minérales, parmi lesquelles les eaux sulfureuses chaudes et froides d'Aix-la-Chapelle et de Burtscheid jouissent d'une célébrité européenne. On doit encore mentionner les eaux minérales de Godesberg, Roisdorf, Kœnigstein, Daun, Zissen, Mendis, Ehrenbreitstein, Biresborn et Kreuznach. La population de ce pays est presque exclusivement allemande; les Français qui s'y établirent autrefois n'ont plus rien qui les distingue des autres habitants; il existe cependant encore un petit pays où le français est la langue dominante. On y compte environ 30,000 juifs, et on rencontre quelques familles de Bohémiens dans les environs de Cologne. La majorité des habitants professent la religion catholique; les protestants y sont au nombre d'environ 670,000, et il y existe 1,350 mennonites. En 1849 on comptait dans la province Rhénane (non compris le pays de Hohenzollern) 124 villes, 118 bourgs, 4,274 villages, 443 métairies, 3,992 colonies, et 8,920 établissements divers. C'est la province la plus peuplée de toute la monarchie prussienne; on y compte en effet 8,526 hab. par myr. carré, et même 13,751 dans l'arrondissement de Dusseldorf. L'industrie manufacturière a atteint un haut degré de prospérité dans cette province. Les fabriques de drap et de toiles peintes de la vallée du Wupper, les manufactures de soierie de Crefeld, celles de drap et de casimir d'Aix-la-Chapelle l'emportent, sous le rapport de l'importance des affaires comme sous celui de la perfection de la main-d'œuvre, sur toutes les manufactures du même genre qui existent en Prusse, et peut-être même dans le reste de l'Allemagne. Les fabriques de quincaillerie et d'acier de Solingen, Reimscheid, Kronenberg et Luttringhausen; les fabriques de toile, les ateliers de construction de machines de Gladbach, de Sterkrad, Isselburg et Mulheim; les fabriques de cuirs de Malmedy et de Saint-Vith; les fabriques d'aiguilles et d'épingles d'Aix-la-Chapelle, Burtscheid et Stolberg, ne sont pas moins célèbres. Le commerce est favorisé partout par de bonnes routes et, depuis 1841, par divers chemins de fer (le chemin de fer de Dusseldorf à Elberfeld, celui du Rhin de Cologne par Dûren à Aix-la-Chapelle jusqu'à Herbesthal, ceux de Cologne par Bruhl à Bonn, de Cologne à Minden, de Deutz à Dusseldorf, Duisburg et Essen avec l'embranchement d'Oberhausen à Ruhrort, celui du prince Guillaume entre Steele et Rohwink, celui d'Aix-la-Chapelle à Dusseldorf, celui d'Aix-la-Chapelle à Maestricht, et celui de Sarrebourg). Le Rhin et les nombreux affluents de ce beau fleuve contribuent aussi singulièrement à faciliter les relations commerciales. Il existe une université à Bonn, une école des beaux-arts à Dusseldorf, une école d'architecture et de commerce à Aix-la-Chapelle, des séminaires catholiques à Trèves et à Bonn, et 18 collèges répartis entre les principales villes de la province. Les états provinciaux se composent des princes de Solms-Braunfels, de Solms-Hohensolms-Lich, de Wied, de Hatzfeld et de Salm-Reifferscheid-dyck, de 25 députés de la noblesse, de 25 députés des villes et de 25 députés des communes rurales. Ils se réunissent à Dusseldorf. Le Code Napoléon est encore en vigueur dans la plus grande partie de la province Rhénane.

RHÉOMÈTRE. *Voyez* GALVANOMÈTRE.

RHÉTEUR. *Voyez* DÉCLAMATION et RHÉTORIQUE.

RHÉTIE, en latin *Rætia*. C'est le nom que porta d'abord, chez les anciens, le pays des Rhétiens (*Rœti*). Il était séparé, à l'ouest, des habitants de la vallée supérieure du Rhône par le mont Adula (le Saint-Gothard), à l'ouest du Rhin, des Helvétiens par la chaîne des Alpes; à l'est, du Noricum par le cours de l'Enus (l'Inn). Au nord, il s'étendait jusqu'au lac de Constance et au plateau habité par les Vindéliciens, au midi, jusqu'à la Gaule Cisalpine et jusqu'au territoire des Vénètes, et par conséquent comprenait le canton actuel des Grisons, le Tyrol avec le Vorariberg et les montagnes de la Bavière depuis les versants des Alpes italiques jusqu'aux lacs du nord.

Les Rhétiens, dont le nom est pour la première fois mentionné dans Polybe, étaient regardés par les anciens comme des Étrusques, qui avaient abandonné les plaines du Pô et s'étaient réfugiés dans les montagnes à l'approche des Gaulois. Tout récemment, Niebuhr et Ottfried Muller ont voulu voir dans les Rhétiens la souche des Rasena, qui à une certaine époque furent les dominateurs de l'Étrurie.

Les brigandages commis par les peuplades rhétiennes et leurs irruptions en Helvétie amenèrent la conquête de leur pays par les Romains, l'an 15 avant Jésus-Christ, sous Auguste, qui y envoya deux armées. Ce ne fut que beaucoup plus tard que cette province de l'empire fut subdivisée en *Rætia Prima* et *Rætia Secunda*. Vers la fin du cinquième siècle, la Rhétie proprement dite passa sous les lois de Théodoric, roi des Ostrogoths ; plus tard, les Bojoares s'établirent à l'est de cette contrée, les Alemanni à l'ouest, et les Lombards au sud.

RHÉTIZITE. *Voyez* DISTHÈNE.

RHÉTORIQUE, RHÉTEUR, RHÉTORICIEN. La rhétorique est une science d'observation, déduite de l'étude de l'esprit humain et des chefs-d'œuvre de l'éloquence. Elle est à l'éloquence ce que les poétiques sont à la poésie, ce que la logique est au raisonnement. Elle est fille de l'art qu'elle enseigne, et elle lui prête de nouvelles forces par ses principes et sa méthode.

On définit ordinairement la rhétorique *l'art de bien dire et de persuader*. Cet art, tel que l'ont fait les philosophes qui en ont enseigné la théorie, renferme un certain nombre de préceptes utiles, que les rhéteurs ont multipliés outre mesure et obscurcis par des distinctions subtiles, qui fatiguent l'esprit au lieu de l'éclairer et de le fortifier. L'effet de l'éloquence est d'émouvoir les passions en opérant la conviction. Quels sont les moyens qu'elle emploie pour arriver à ce résultat ? Telle est la question complexe à laquelle doit répondre la rhétorique.

Toutes les œuvres de l'esprit s'accomplissent par trois opérations successives : 1° la recherche des idées ; 2° l'ordre dans lequel elles doivent se produire ; 3° l'expression. Ces trois opérations sont distinctes, et cependant elles dépendent étroitement l'une de l'autre. En effet, si l'esprit a réuni avec soin tous les éléments qui doivent entrer dans le corps de l'ouvrage, s'il a déterminé par un examen approfondi leur importance relative et leurs rapports de génération, ces éléments s'uniront en vertu de leurs affinités réelles, et trouveront d'eux-mêmes leur enchaînement naturel ; et de plus, par une conséquence rigoureuse, l'intelligence maîtresse des matériaux de l'œuvre qu'elle médite, assurée de l'ordre dans lequel ils doivent se disposer, les produira au dehors avec une expression puissante et colorée, qui reflétera ses clartés intérieures et l'animera de sa chaleur. Ainsi, l'ordre dépend de l'*invention*, et la *forme* est l'image de l'un et de l'autre. Ces trois opérations communes à tous les travaux de l'esprit ont reçu des rhéteurs, dans la théorie de l'art oratoire, les noms d'*invention*, de *disposition* et d'*élocution*.

L'*invention*, ou la recherche des idées qui doivent former le corps du discours, se divise pour le genre oratoire en trois chefs : les *arguments*, les *passions*, et les *mœurs*. Les arguments sont du ressort de la logique : on les emploie pour convaincre ; les *arguments directs* se tirent des entrailles de la cause, les *arguments indirects* ou *exemples* sont empruntés à des sujets analogues, et opèrent la conviction par voie d'autorité, tandis que les *arguments directs* agissent sur la raison. Les *passions* sont le plus puissant levier de l'éloquence ; il faut les éprouver pour les communiquer. Les *passions* génériques sont l'amour et la haine, dont toutes les passions spéciales, telles que la colère, la pitié, etc., sont des variétés et des dépendances. On doit rechercher dans l'invention quelles sont les passions qu'il importe d'émouvoir pour assurer le succès de la cause qu'on défend. Démosthène, dans tous ses discours politiques, ne songe qu'à réveiller le patriotisme des Athéniens et à raviver dans leur cœur la haine de la tyrannie. L'emploi de ce puissant moyen dépend de la cause qu'on traite et de l'auditoire auquel on s'adresse. Les *mœurs* sont personnelles à l'orateur ; on entend par ce mot le caractère moral de celui qui parle : lorsque l'orateur sait convaincre ceux qui l'écoutent de son intégrité, de son patriotisme, de son désintéressement et de sa modestie, ses paroles ont plus d'autorité, et trouvent dans la conscience des auditeurs un accès plus facile. Ce sont les *mœurs* qui ont assuré le triomphe de Démosthène sur Eschine dans le mémorable débat de ces deux orateurs, où le vaincu avait pour lui la légalité. Trois mots résument la destination oratoire de ces divers moyens : on *convainc* par les arguments, on *émeut* par les passions, on *s'insinue* par les mœurs.

Les *lieux communs* font aussi partie de l'invention : ce sont des catégories qui aident au développement des idées et à la recherche des arguments, tels que la cause, l'effet, le lieu, le temps, les circonstances, les contraires, etc.

La *disposition* est l'ordre et l'enchaînement des parties fournies par l'invention. Les discours se disposent naturellement d'une manière uniforme déterminée par l'objet même de l'éloquence. En effet, on parle pour se faire écouter, pour se faire comprendre et pour entraîner à son opinion. De là trois parties distinctes également importantes. Il faut d'abord commander l'attention, ensuite exposer son sujet, et donner la preuve de ses assertions, et enfin récapituler les moyens et arracher l'assentiment de ses auditeurs par l'émotion. Ces trois parties, dans le langage de la rhétorique, sont l'*exorde*, l'*exposition* et la *péroraison*. L'exposition est complétée par la *confirmation*, et la péroraison renferme la *récapitulation*. La *confirmation* est le lieu des arguments ; les *mœurs* se placent plus spécialement dans l'*exorde*, et les *passions* dans la péroraison : toutefois, les mœurs doivent se peindre dans tout le discours, et les passions peuvent dans certains cas régner depuis l'exorde jusqu'à la péroraison. Lorsque l'orateur prend la parole devant une assemblée dont les passions sont déjà échauffées, il peut débuter avec emportement : c'est ainsi que Cicéron procéda contre Catilina lorsqu'il lui adressa cette apostrophe fameuse : *Quousque tandem*. Mais à part cette circonstance, le début doit être modéré, et l'orateur ne s'échauffera que par degrés ; car s'il commençait avec véhémence devant des auditeurs de sang-froid, il produirait l'effet d'un homme ivre devant une assemblée à jeun : *ebrius inter sobrios*. L'*exposition* comprend le récit des faits et demande beaucoup d'adresse, car si elle manque de vraisemblance et de clarté, la confirmation, quelle que soit la force des arguments, manquera son effet sur des esprits mal préparés. La péroraison, sous le coup de laquelle l'auditoire demeure et qui détermine l'impression définitive, doit être à la fois logique et passionnée ; il faut qu'elle résume les faits et redouble les émotions.

Des trois divisions de la rhétorique, la plus développée et la plus importante est sans contredit l'*élocution*. Elle comprend la théorie du style et des figures. Les rhéteurs ont reconnu trois sortes de styles : le *style sublime*, le *style tempéré*, et le *style simple* ; ils ont ensuite énuméré les qualités générales du langage et les qualités propres aux différents genres d'éloquence. Toutes ces qualités peuvent se réduire à une seule : la convenance du langage aux idées exprimées, qualité qui relève exclusivement du goût, ce sens intérieur sans lequel les plus puissants esprits ne peuvent rien produire d'irréprochable. La division en style sublime, simple, et tempéré, n'est pas rigoureuse, parce que la simplicité s'unit souvent au sublime et au tempéré ; mais dans les théories littéraires on est bien souvent réduit à se contenter de divisions un peu arbitraires ; il convient alors de s'entendre sur le sens des mots, et d'avertir de ce qu'ils présentent de trop exclusif. La théorie des figures n'est pas plus irréprochable ; il n'y a pas toujours une limite rigoureuse entre les *figures de mots* et les *figures de pensées*, et celles qu'on appelle *tropes* tiennent des unes et des autres.

Parmi les figures de mots, on distingue d'abord la *périphrase*, qui substitue une espèce d'énumération ou de définition à un mot unique. On a souvent abusé de cette figure par horreur du mot propre ou par impuissance. Legouvé, dans sa *Mort de Henri IV*, se sert de cette périphrase curieuse pour rendre la fameuse *poule au pot* du Béarnais :

Je veux que dans les jours marqués pour le repos
(*le dimanche*)
Le modeste habitant des paisibles hameaux
(*le paysan*)
Sur sa table, moins humble, ait, par ma bienfaisance,
Quelques-uns de ces mets réservés à l'aisance
(*la poule*).

L'*ellipse* est le contraire de la périphrase ; elle supprime, et celle-ci ajoute. On en fait une figure de mots, parce qu'elle porte sur les mots; mais on pourrait tout aussi bien la ranger parmi les figures de pensées, puisqu'elle tient à la vivacité de l'intelligence, qui, pour atteindre plus rapidement son but, supprime les mots parasites. On pourrait, par un raisonnement analogue, ramener à la même classe la périphrase, qui n'est qu'une longue métonymie. On cite volontiers comme exemple de l'ellipse ce vers de Racine :

Je l'aimais inconstant : qu'eussé-je fait, fidèle ?

On pourrait en rapprocher la comparaison suivante, tirée de l'*Alaric* de Scudéry, où l'ellipse n'est ni moins hardie ni moins heureuse :

Comme on voit l'Océan recevoir cent rivières,
Sans être plus enflé, ni ses ondes plus fières.

L'*antithèse* est-elle figure de mots ou d'idées ? C'est une figure rebelle, qui se classe difficilement, puisqu'elle fait jouer les mots et les idées ; sa perfection consiste dans le rapport des mots et le contraste des idées, comme dans cet admirable vers de Sénèque le tragique :

Ducunt volentem fata, nolentem trahunt.

Cette figure est la principale lumière du discours lorsqu'on l'emploie avec discrétion ; si on la prodigue, elle éblouit et trouble l'esprit par la confusion des étincelles qu'elle fait jaillir. Son faux éclat obscurcit les meilleurs ouvrages des époques de décadence.

Parmi les figures que les rhéteurs appellent *figures de pensées*, il faut mettre au premier rang la *prosopopée*, qui ranime les morts et qui prête la vie aux choses inanimées. Les grands orateurs de la chaire en présentent de nombreux exemples, trop souvent cités pour qu'on les reproduise ici ; il faut les aller chercher dans Bossuet, Massillon et Fléchier. A côté de la prosopopée, il faut placer l'*hypotypose*, qui met sous les yeux du lecteur des tableaux vivants qui rivalisent avec le spectacle de la nature. Cette figure est le triomphe de l'éloquence et de la poésie. On peut encore citer, parmi les figures de pensées, l'*ironie*, forme familière à la passion, et que la raillerie et l'indignation emploient également. L'ironie exprime le contraire de ce qu'elle veut faire entendre, et par ce détour elle donne plus d'énergie et de relief à la pensée. Racine l'a employée dans *Les Fureurs d'Oreste*, et Voltaire l'a prodiguée dans ses amères railleries contre ses adversaires. Les premières *Provinciales* de Pascal offrent les meilleurs modèles de cette forme ingénieuse et puissante de la pensée.

Il est temps d'arriver à la troisième classe de figures établies par les rhéteurs, je veux dire les *tropes*, par lesquels les mots sont détournés de leur sens habituel par similitude, exagération, extension ou restriction. On peut rapporter tous les tropes à deux figures principales, la *métaphore*, qui transporte les mots d'un objet à un autre en vertu d'une comparaison mentale, et la *métonymie*, qui restreint ou étend le sens des mots.

La *métaphore* est née de l'indigence des langues, elle en est devenue la principale richesse. Lorsqu'un mot manque à l'expression d'une idée, au lieu de se mettre en frais d'invention, on applique à un usage nouveau un mot déjà connu. C'est ainsi qu'Horace a dit *chevaucher sur un bâton* (*equitare in arundine longa*), et que nous disons tous les jours une *feuille de papier*. La métaphore découle d'une comparaison complète dans l'intelligence, et dont les termes sont supprimés dans le langage. Quand Voltaire, au lieu de nommer Fénelon et Bossuet, écrit :

Le Cygne de Cambray, l'Aigle brillant de Meaux,

il fait entrer deux métaphores dans sa périphrase, et ces métaphores expriment sous une forme abrégée la comparaison qu'il a faite, d'un côté entre la pureté, l'harmonie et la grâce du style de Fénelon et le chant du cygne, et de l'autre entre l'élévation et l'audace des idées de Bossuet et le vol de l'Aigle. Ainsi la comparaison engendre la métaphore ; mais l'esprit va plus loin, il ne se contente pas de supprimer la formule de comparaison, il fait ellipse de l'objet même et s'élève jusqu'au langage symbolique. C'est ainsi que Victor Hugo a dit, en parlant de Napoléon :

Il a placé si haut son aire impériale.

Le poète n'a pas même donné métaphoriquement le nom d'*aigle* à son héros ; mais, franchissant deux degrés, il fait de son trône une aire qu'il place au-dessus des nuages, tant est rapide l'essor de sa pensée. La métaphore est partout, nous en faisons à chaque instant et sans le savoir, car il en est que l'usage nous a rendues si familières que le sentiment de la figure s'est effacé pour nous. Le besoin de donner du relief au langage amène sans cesse dans la circulation des métaphores nouvelles, dont l'empreinte s'efface avec plus ou moins de rapidité. Il en est de ces figures comme des livres, elles ont leurs destinées ; il y en a d'excellentes qui passent inaperçues, et d'autres deviennent bientôt ridicules par l'abus. De nos jours, on a vu briller et périr *l'arche sainte*, métaphore de la charte, *la lance d'Achille*, métaphore de la liberté de la presse, *le lit de Procuste*, métaphore des restrictions légales, et tant d'autres que Paris dédaigne aujourd'hui, et que la province lui renvoie quelquefois comme des nouveautés.

La *métonymie* est la plus multiple des figures, j'allais dire, c'est le Protée de la langue, si *Protée* n'avait pas eu le sort de l'arche sainte, du *lit de Procuste* et de la *lance d'Achille* : je me résigne donc à en énumérer les formes, *sans métaphore*. La métonymie prend : 1° la cause pour l'effet : Bacchus pour le *vin*, Cérès pour le *grain*, Pallas pour l'*huile*, et autres métonymies mythologiques ; 2° l'effet pour la cause : Pélion n'a plus d'*ombres*, pour n'a plus d'*arbres* ;

Sa main désespérée
M'a fait *boire la mort* dans la coupe sacrée :

la mort, pour le *poison* qui cause la mort; 3° le contenant pour le contenu : Il boit la *coupe* écumante : coupe pour *breuvage* ; 4° le lieu pour la chose qui s'y fait : *Le portique*, pour la philosophie de Zénon ; le *lycée*, pour celle d'Aristote, etc. ; 5° le signe pour la chose signifiée : *Le sceptre*, pour l'autorité royale ; l'*épée*, pour la profession militaire ; la *robe*, pour la magistrature, etc.

Telles sont les principales figures dont la rhétorique recommande l'emploi. Ces indications suffisent pour en donner une idée sommaire et signaler les vices de la classification adoptée dans la plupart des traités.

Les *rhéteurs* anciens ont donné place dans leurs traités à une partie de l'éloquence qui a dans la pratique une grande importance ; c'est l'*action*, qui comprend les règles du geste et de la prononciation. L'action est la parole du corps au corps ; mais la secousse qu'elle donne à l'intelligence, la puissance qu'elle prête à la pensée, justifient le mot de Démosthène, qui lui assigne dans l'éloquence le premier, le second et le troisième rang. Cette exagération, par laquelle l'orateur plaçait dans cette partie extrinsèque toute la vertu de l'art oratoire, montre au moins combien qu'elle est indispensable au succès de l'éloquence.

Aristote a divisé l'éloquence en trois genres : le *délibératif*, le *judiciaire*, et le *démonstratif* ; genres qui se confondent souvent et ne pouvaient produire qu'une division défectueuse, car il est rare qu'un sujet n'embrasse pas le conseil, la discussion, le blâme et la louange; il vaut mieux diviser les genres d'après un signe extérieur, comme la *tribune*, la *chaire*, le *barreau*, et l'*académie*, et assigner à chacun quelque caractère spécial tiré du style et du sujet.

Les *rhéteurs* sont les philosophes ou les littérateurs qui enseignent la rhétorique : ce mot a pris une acception défavorable, parce que l'enseignement de la rhétorique a souvent dégénéré en une étude puérile des mots et des formes, sans égard à la pensée que tous les arts doivent tendre à fortifier, s'ils veulent conserver leur dignité. On donne aussi le nom de *rhéteurs* aux orateurs qui font des mots l'unique objet de leurs discours, et qui sacrifient à l'arrangement des phrases et à la vaine harmonie des mots la solidité des pensées.

Tout le monde sait ce que c'est qu'un *rhétoricien*; c'est le commencement et la matière d'un rhéteur ou d'un orateur, suivant la place que les mots ou la pensée prendront plus tard dans ces intelligences novices.

Quant à la rhétorique en elle-même, elle est, comme toutes les sciences, utile aux bons esprits, nuisible aux esprits faux; c'est la liqueur que le vase améliore ou corrompt, selon sa nature. L'étude sérieuse de la rhétorique donnera aux esprits bien faits de nouvelles forces; mais il faut la digérer avant de s'en servir, et la posséder si bien qu'elle pénètre dans les habitudes de l'esprit pour s'y confondre; qu'elle y soit présente et invisible tout à la fois, comme la lumière qui éclaire et qu'on ne voit pas. GÉRUZEZ.

RHÉTORIQUE (Chambres de). *Voyez* CHAMBRES DE RHÉTORIQUE.

RHIGAS ou **RIGHAS** (CONSTANTINOS), né à Velestini (le *Pheræ* des anciens), en Thessalie, vers 1753, est célèbre par la part qu'il prit au réveil de la nationalité grecque. En 1796 il quitta le service de l'hospodar de Valachie, et se rendit à Vienne, d'où il alla à Venise pour y faire la connaissance personnelle de Bonaparte. Retiré à Trieste en 1797, quelques propos indiscrets le rendirent suspect à la police autrichienne, qui l'arrêta et l'envoya à Vienne. L'année suivante on le livra au commandant turc de Belgrade; mais il avait eu la prudence de brûler tous ses papiers, qui auraient pu compromettre une foule de personnages haut placés et faisant même partie de l'entourage du sultan, et il eut le courage de ne nommer personne. Quoique le ministre de l'intérieur turc eût promis de le sauver moyennant une somme de 150,000 fr., il fut condamné à mort et exécuté. Aujourd'hui encore on le considère comme l'un des précurseurs de l'insurrection grecque. On lui attribue la fondation de l'hétairie. Homme doué d'une vaste instruction classique, il composa des poésies populaires et patriotiques en grec moderne, et traduisit entre autres *La Marseillaise*.

RHIN, le *Rhenus* des anciens, en allemand *Rhein*, le plus beau fleuve d'Allemagne et en même temps l'un des plus importants de l'Europe, car sur un parcours de 105 myriamètres, il reçoit les eaux de 12,200 rivières ou ruisseaux qu'il déverse dans l'Océan, et comprend un bassin de 2,856 myriamètres carrés. Il prend sa source en Suisse, dans le canton des Grisons, et provient de la réunion de trois sources principales, dites le *Rhin antérieur*, le *Rhin du milieu* et le *Rhin postérieur*. Le *Rhin antérieur* prend sa source au mont Crispalt, au nord-est du Saint-Gothard, et provient de trois sources différentes. La première provient des lacs de Toma et de Palidulca, au pied du Mainthalerstock, et s'accroît du tribut du glacier de Badus; la seconde est située au *Monte de la Sceina de la Reveca*; la troisième au pied de la *Cresta alta*. La réunion de ces trois sources, dont la première parcourt d'abord le *Val cornera* et la troisième la vallée de Kœmer, a lieu à Camot (Chiamut). La source du *Rhin du milieu* est dans le lac de Skur, vallée de Dim, à l'ouest du mont Lukemanier. Elle traverse la vallée de Medels, et se réunit au Rhin postérieur à Dissentis. A partir de Dissentis les deux bras du Rhin antérieur et du Rhin du milieu réunis portent le nom de *Rhin antérieur*. Ils continuent à couler dans la direction de l'est, et se réunissent à Reichenau au Rhin postérieur, qui se grossit au Vogelberg des eaux d'un glacier, appelé le *glacier de Rheinwald*, et parcourt pendant six myriamètres la vallée de Rheinwald avant d'arriver à Reichenau. Dès lors réunies, les trois sources prennent le nom commun de *Rhin* et forment un cours d'eau large de 40 à 45 mètres, et déjà flottable. Toutefois, ce n'est qu'à Coire que le Rhin devient à bien dire navigable, après avoir reçu le tribut des eaux de la Plessur. En même temps il se dirige dès lors au nord, et ce n'est qu'après s'être grossi des eaux de la Lanquart, qu'il abandonne le canton des Grisons. Il forme alors la limite du canton Suisse du Saint-Gall d'une part et des territoires de Liechtenberg et de Vorarlberg de l'autre, dont le dernier lui envoie l'Ill; réuni à divers autres cours d'eau, il forme ensuite de Rheinecke à Constance le *lac de Constance*, d'où il sort entre Stiegen et Eschenz pour former aussitôt le lac de Zell ou lac inférieur (*Untersee*); et après en être ressorti à l'ouest et en séparant la Suisse du territoire de Bade, il continue son cours jusqu'à Schaffhouse et à Bâle, recevant à sa gauche la Goldach, la Their, la Thœss, la Glatt et l'Aar, et à sa droite les eaux des montagnes de la Forêt-Noire, la Wutach et l'Alb. A partir de Bâle, il se dirige de nouveau au nord, sépare les départements français du Haut- et du Bas-Rhin (la ci-devant province d'Alsace) du territoire badois, forme ensuite la délimitation entre ce pays et le duché de Nassau; puis plus loin, entre le duché de Nassau et la province prussienne du Rhin, jusqu'à ce qu'à partir d'Oberlahnstein et de Coblentz il traverse complètement cette partie du territoire prussien. Dans ce parcours il reçoit de France les eaux de l'Ill et de diverses petites rivières; de Bade, la Wiese, l'Else, la Kinzig, la Murg, la Pfinz et le Neckar; de la Bavière rhénane, la Lauter et la Queich; de la Hesse rhénane, le Main; et du duché de Nassau la Lahn, en même temps qu'il baigne les villes de Brisach, de Strasbourg, de Germersheim (où il se divise en plusieurs bras, qui se réunissent un peu plus loin), de Spire, de Manheim, de Worms, d'Oppenheim, de Mayence, de Biberich, et de Bingen. Dans la Prusse Rhénane, il reçoit à sa droite la Wied, la Sieg, la Wupper, la Ruhr et la Lippe, à sa gauche la Nahe, la Moselle, l'Ahr et l'Erft, en baignant les villes de Coblentz, de Neuwied, de Bonn, de Cologne, de Dusseldorf et de Wesel. Après quoi, au-dessous d'Emmerich, il entre dans la province de Gueldre (royaume des Pays-Bas). Il s'y divise bientôt, à Schenkenschanz, en deux bras, le *bras méridional* et le *bras septentrional*. Le *bras méridional*, qu'on appelle la *Waal*, lui enlève les deux tiers de ses eaux, se réunit ensuite deux fois avec la Meuse, et va comme vieille Meuse se jeter dans la mer du Nord sous le nom de *Merwe*. Le *bras septentrional*, après avoir fait divers détours jusqu'à Arnheim, coule en conservant le nom de Rhin pendant quelque temps dans un canal qui date de 1720 (le *canal de Paunerden*); mais avant d'arriver à Arnhem, il se divise de nouveau à Westervoort en deux bras. Celui de droite, auquel on donne le nom de *nouvel Yssel*, coule dans le lit du canal que Drusus fit construire pour unir le Rhin au *vieil Yssel*, jusqu'à Doesborg, où il mêle ses eaux avec celles du vieil Yssel; et leurs masses d'eau, désormais confondues, vont se jeter dans le Zuyderzée. Le bras droit coule sous le nom de Rhin et à peu près parallèlement à la Waal devant Wageningen et Rhenen, où il prend le nom de *Leck*, en se dirigeant vers Wyk by Durslede. De ce point, il envoie un faible bras, considéré toutefois comme le bras principal, et auquel on donne le nom de *Rhin tortu*, à Utrecht, où un canal, appelé la *Vaart*, le relie au Leck. Tandis maintenant que le Leck coule à partir de Vianen jusqu'à Schoohoven et se mêle avec la Meuse au-dessus de Crimpen-op-de-Leck, un autre bras se sépare des eaux du Rhin à Utrecht, prend le nom de *La Vecht*, et, après un parcours de six myriamètres environ, va se jeter dans le Zuyderzée à Muyden. Le reste du Rhin, qui maintenant n'a plus que les proportions d'un simple fossé, se dirige depuis Utrecht, en passant devant

Leyde à Rhynsburg, jusqu'à Katwyck-op-Rhyn, où trois kilomètres plus loin il se perdait encore dans les sables au commencement de ce siècle. Autrefois il se jetait dans la mer à Kattwyck-op-Zee. Dans ces derniers temps on est parvenu, non sans avoir eu à triompher de nombreuses difficultés, à réunir dans un canal les eaux qui auparavant se perdaient dans les sables, et à l'aide de trois écluses, à rendre au Rhin son embouchure.

La source la plus élevée du Rhin est à 2,080 mètres au-dessus du niveau de l'Océan; à Reichenau il n'a plus que 615 mètres d'élévation, à Bâle 254, à Mayence 82, à Bingen 72, à Coblentz 59, à Cologne 37, à Wesel 16 et à Arnheim 10. Dans ce long parcours la largeur du fleuve et la nature de son lit varient beaucoup. A Bâle il a en temps ordinaire 250 mètres de large, à Strasbourg 367, à Manheim 400, à Mayence dans la partie haute de la ville 600 mètres et dans la partie basse 833, à Bingen 667, à Coblentz 373, à Unkel seulement 275, à Bonn 633, à Cologne 433, à Wowingen 650, à Dusseldorf 400, et à Schenkenschanz sur les frontières de Hollande 683. Sa profondeur varie d'un mètre 66 centimètres à 10 mètres; elle est même à Dusseldorf de 16 mètres 66 centimètres. Depuis le lac de Constance jusqu'à Bâle, il coule à travers les gorges du Jura sur un lit rocailleux. Plus loin il est entrecoupé par un grand nombre d'îles formées de bancs de sable et de cailloux. A partir de Brisach, les îles commencent à se couvrir de végétation et même à être cultivées. Entre Strasbourg et Germersheim elles sont couvertes de broussailles.

Le Rhin est très-poissonneux. On y pêche des saumons, des esturgeons, des lamproies, des brochets et des carpes. Ses îles abondent en gibier à plume de toutes espèces. Ce fleuve roule aussi dans son sable quelques parcelles d'or, provenant des montagnes de la Suisse et de la Forêt-Noire.

La navigation du Rhin est d'une importance extrême pour l'ouest de l'Allemagne. Sa navigabilité commence à partir de Coire, dans le pays des Grisons; mais ce n'est seulement à partir de Bâle que la navigation devient facile et régulière. La grande navigation ne commence toutefois qu'à Spire. De Strasbourg à Mayence le fleuve peut porter des bateaux chargés de 2,000 à 2,500 quintaux, de Mayence à Cologne des bateaux chargés de 2,500 à 4,000, et depuis Cologne jusqu'en Hollande des bateaux chargés de 6,000 à 9,000 quintaux. Les cataractes, désignées sous le nom de *chutes du Rhin*, offrent beaucoup de difficultés à la navigation. Elles sont au nombre de quatre. La plus importante est située à quelques kilomètres au-dessous de Schaffhouse, au village suisse de Laufen. Il est impossible de la franchir, et il faut en conséquence décharger les bateaux et charrier leurs cargaisons jusqu'à Schaffhouse. La chute est de 20 à 23 mètres d'élévation, 100 de largeur; et le bruit qu'elle produit s'étend la nuit jusqu'à 14 kilomètres de là. Les autres chutes sont celles de Zurzach, de Laufenburg et de Rheinfelden. Le *Bingerloch*, près de Bingen, présente aussi à la navigation des difficultés toutes particulières. Les montagnes qui encaissent le fleuve s'y rapprochent tellement qu'on peut même voir dans son lit des traces évidentes de l'ancienne liaison des rochers dont elles se composent. Les premiers travaux entrepris pour faciliter la navigation sur ce point remontent à Charlemagne : et les vastes travaux exécutés en 1836 par le gouvernement prussien en ont fait disparaître à peu près tous les dangers.

En raison de sa largeur et de sa rapidité, le Rhin offre de grandes difficultés au passage des armées. Jules César, dans ses guerres des Gaules, fit jeter un pont de pilotis sur le Rhin. Dans la guerre de trente ans ce fleuve fut à diverses reprises franchi à l'aide de ponts de bateaux; et un obélisque indique à Oppenheim l'endroit où Gustave-Adolphe le fit passer à son armée. Les campagnes de la fin du siècle dernier offrent divers exemples du passage du Rhin. Lorsque Jourdan effectua le sien, en 1795, à Urdingen et Neuwied, les Autrichiens avaient établi sur la rive droite 98 batteries présentant un total de 411 bouches à feu; et les Français leur opposèrent 476 canons et mortiers. L'année suivante Jourdan effectua encore une fois le passage du Rhin, et avec moins de difficultés, quoique les Français eussent encore à soutenir le feu de la formidable artillerie des Autrichiens. La même année (1796) Moreau franchit le Rhin à Kehl, et sans grande perte, grâce à une diversion par laquelle il trompa l'ennemi en faisant vivement attaquer la tête du pont de Manheim. En 1797 il éprouva plus de difficultés à effectuer son passage au-dessous de Strasbourg, à Sinzheim.

Le Rhin ne se distingue pas moins par la beauté de ses rives que par la richesse et la fertilité des contrées qu'il traverse. Aussi est-ce de tous les fleuves de l'Allemagne, surtout depuis l'introduction de la navigation à vapeur, celui qui est parcouru par le plus grand nombre de voyageurs. C'est en 1827 que la compagnie des bateaux à vapeur de Cologne commença son service, et elle transporta cette année là 18,000 voyageurs; dix ans plus tard, ce chiffre était plus que décuplé. Aujourd'hui, grâce à l'abaissement des prix qui a été le résultat de la concurrence, le mouvement des voyageurs dépasse chaque année le chiffre d'*un million*. Les principales compagnies de bateaux à vapeur ont leur siège à Rotterdam et à Cologne; il en existe aussi à Ruhrort, à Dusseldorf, à Mayence, à Manheim, à Ludwigshafen et à Francfort. Le Rhin n'est pas seulement le plus majestueux, mais encore au point de vue commercial le fleuve le plus important de l'Europe, bien que le Danube et le Volga le dépassent en longueur et en largeur. Traversant les contrées les plus peuplées, les plus industrieuses et les plus riches du continent, aboutissant à l'une des mers les plus fréquentées de la terre, en face de la Grande-Bretagne, il est relié par ses affluents à l'intérieur de l'Allemagne, à la France, à la Belgique et aux Pays-Bas. Le canal de Louis rattache son bassin à celui du Danube; et les canaux du Rhône et du Rhin, de la Marne et du Rhin, tous deux aboutissant à Strasbourg, le mettent en communication avec le midi et le centre de la France. En outre, de nombreux chemins de fer parallèles à ses rives ou venant y aboutir, favorisent un mouvement de circulation tel qu'n'en offre aucun autre fleuve du monde. Les mouvements réunis du Danube et du Volga n'en approchent même pas. On conçoit que, traversant un grand nombre d'États différents, sa navigation ait constamment été une question de première importance pour tous les riverains. Le congrès de Vienne posa en principe la complète liberté de la navigation du Rhin. La Hollande essaya de s'y opposer, et éleva à ce sujet difficulté sur difficulté; mais à la suite de la séparation de la Belgique, le gouvernement hollandais se montra enfin plus accommodant. Une commission centrale siégeant à Mayence est chargée de prononcer sur toutes les difficultés de détail auxquelles peut donner lieu l'interprétation des traités spéciaux qui règlent les droits de tous les États intéressés.

RHIN (Cercles du). Il existait autrefois dans l'Empire d'Allemagne un *cercle du Haut-Rhin*, un *cercle électoral du Rhin* et un *cercle du Bas-Rhin*.

Aujourd'hui encore le Rhin donne son nom dans le grand-duché de Bade aux cercles du Haut-Rhin, du Rhin central et du Bas-Rhin.

RHIN (Confédération du). *Voyez* CONFÉDÉRATION DU RHIN.

RHIN (Département du BAS-), l'un des deux que possède la France en Alsace. Il est borné au nord par la Bavière rhénane et par le département de la Moselle, à l'est par le Rhin, au sud par le département du Haut-Rhin, à l'ouest par ceux des Vosges, de la Meurthe et de la Moselle.

Divisé en 4 arrondissements, 83 cantons et 543 communes, sa population est de 587,434 individus; il envoie quatre députés au corps législatif; il est compris dans la sixième division militaire, le diocèse de Strasbourg et le ressort de la cour d'appel de Colmar.

Sa superficie est de 455,034 hectares, dont 180,921 en terres labourables; 117,755 en bois; 56,024 en prés; 19,995 en landes, pâtis, bruyères; 13,124 en vignes; 5,924 en vergers; pépinières, jardins; 3,890 en propriétés bâties; 762 en oseraies, aulnaies, saussaies; 206 en cultures diverses; 47 en étangs, abreuvoirs, mares et canaux; 41,893 en forêts, domaines non productifs; 20,689 en routes, chemins, places publiques, rues; 2,781 en rivières, lacs, ruisseaux; 460 en cimetières, églises, presbytères, bâtiments publics. Il paye 1,899,587, francs d'impôt foncier.

Situé dans le bassin du Rhin, sur la rive gauche de ce fleuve et arrosé par un très-grand nombre de ses affluents ou sous-affluents, dont les principaux sont la Lauter, le Moder avec le Torn, l'Ill avec la Brusche et l'Andlau, arrosé à l'ouest par la Sarre, affluent de la Moselle, c'est un pays de plaines dans toute sa partie orientale; à l'ouest il s'appuie à la chaine des Vosges qui le sillonne de ses contre-forts. Les points culminants sont le Champ-du-Feu (1,095 mètres au-dessus de la mer), le Climont (935), et l'Ungersberg (856). La hauteur des autres varie de 856 à 936. Il y a de belles vallées, celle de Villers, entre autres; elle s'ouvre vers le val de Liepvre, et découvre les pittoresques châteaux d'Ortenberg et de Ramstein; à l'opposite, elle est dominée par celui de Frankenbourg, et s'enfonce vers Steig jusqu'au pied de la montagne qui porte le Champ-du-Feu et le ban de la roche. La vallée d'Andlau, arrosée par la rivière de ce nom, et celle de Barr que parcourt le Kirneck, sont peuplées d'usines et de scieries. Le Klingenthal est célèbre par la manufacture d'armes blanches qui y existait naguère. Il n'est point de plus beaux sites que ceux que l'on admire dans les vallées de la Bruche et de Haslach; à la séparation de ces deux embranchements se trouve le vieux château de Nideck, qui pèse sur la roche escarpée; on s'enfonce dans une noire forêt de sapins qui va se rétrécissant toujours; enfin, l'on entend, avant de l'apercevoir, un torrent qui se précipite de la hauteur de 33 mètres, le long d'une belle paroi de porphyre. Il y a encore dans les environs deux autres cascades, mais moins belles. Derrière la jolie petite ville de Wasselonne est le Cronenthal, vallée assez solitaire, mais fort jolie, et près de Reichshofen, le Bœrensthal, le Iægerthal; les montagnes ne sont pas aussi élevées, elles s'abaissent toujours à mesure qu'on avance vers le nord; mais les vallées retentissent au loin du bruit des forges. Il y a près de Kuttolsheim des ruisseaux dont les eaux ont la singulière propriété de pétrifier les objets qu'on y dépose. Les sources minérales abondent; celles de Niederbronn, Brumath, Sulzbad, sont ferrugineuses : il en existe une infinité d'autres. Le Bas-Rhin ne possède point de lacs; les hauteurs sont occupées par des forêts; néanmoins, celle de Haguenau, qui est en plaine, compte plus de 15,000 hectares.

Le pays est riche, agricole et manufacturier, mais surtout agricole. La culture y est fort avancée et très-variée; on y récolte des céréales, des avoines, des vins en grande surabondance, des pommes de terre, des légumes, du chanvre, du tabac, du houblon, des graines oléagineuses, des fourrages, des betteraves à sucre. Les vins de ce département, comme ceux du département du Haut-Rhin, appartiennent à l'espèce de vins secs dits *vins du Rhin*, mais sont en général inférieurs en qualité à ceux du Haut-Rhin. Les rouges, peu abondants, ne sont que des vins communs; les blancs les plus estimés, ceux de Molsheim et de Wolxheim, sont classés parmi les meilleurs vins du Rhin que produit la France et parmi les bons vins fins; quelques crus donnent des vins muscats et des vins liquoreux estimés. Il se fait dans ce département une élève importante de gros bétail, et les races d'animaux domestiques y sont belles.

L'exploitation minérale est assez considérable. On y trouve des mines de fer, de houille, de lignite, d'ocre, d'asphalte, etc., des carrières d'ardoises, de pierre, de plâtre, de marne, de sable, de pierre à bâtir, d'argile propre à la fabrication de la poterie, des tourbières considérables.

Le département du Bas-Rhin possède un grand nombre de manufactures et de fabriques, telles que forges, ateliers de construction, fabriques d'acier, manufactures impériales d'armes à feu et d'armes blanches, verrerie, machines, grosse quincaillerie, taillanderie, chaudronnerie, orfévrerie, carrosserie, filatures de coton, fabriques de calicot, percale, toile à voiles, tabac, sucre indigène, garance, draps, pelleteries, tanneries, chamoiseries, fabriques d'amidon, de produits chimiques, papeteries, fabriques de faïence, poteries, tuiles, briques.

Les principales branches du commerce du département sont l'exportation des productions naturelles et industrielles du pays, l'importation des marchandises françaises et étrangères, l'expédition et la banque. Les principaux articles importés sont : avoine houblon, vin et eau-de-vie, liqueurs fines, huile d'olive, soieries, chapeaux de paille, indiennes.

Les canaux de la Bruche, du Giesen, de Mossig, le canal Français, le canal du Rhône, le chemin de fer de Paris à Strasbourg, de Strasbourg à Wissembourg, de Strasbourg à Bâle, 7 routes impériales, 33 départementales, sillonnent ce département, dont le chef-lieu est *Strasbourg*, les villes et endroits principaux : *Saverne, Schelestadt, Wissembourg*; Brischwiller, chef-lieu de canton, station du chemin de fer de Strasbourg à Wissembourg, avec 7,862 habitants, un conseil des prud'hommes, d'importantes fabriques de drap et un commerce de laine et de houblon; *Haguenau*, chef-lieu de canton, jolie ville, place de guerre de cinquième classe, située près de la forêt de son nom, sur la Moder, station du chemin de fer de Strasbourg à Wissembourg, avec 11,351 habitants, un collége, une bibliothèque publique, un théâtre, une maison de détention, des savonneries, des filatures, une culture importante de houblon et de garance; *Wasselone*, chef-lieu de canton, petite ville sur la Mossig, avec 4,731 habitants; *Obernay*, chef-lieu de canton, petite ville située au pied du Hohembourg, avec 5,356 habitants; *Klingenthal*, etc.

Le département du Bas-Rhin est riche en antiquités celtiques et romaines; il a de nombreuses enceintes de pierre et de murailles, parmi lesquelles la plus célèbre est celle de Saint-Odile, sur laquelle Schweighœuser a publié un très-savant *Mémoire*. Les routes romaines, les pierres calcaires, les inscriptions, les autels, les statues et les vases y abondent; sous ce rapport les lieux les plus célèbres étaient *Argentoratum* (Strasbourg), *Brocomagus* (Brumath), *Tabernæ* (Saverne), *Concordia* (Altstadt), etc. Le docteur Schmœringer a fait fl y a quelques années de très-belles découvertes à Oberbronn, à une lieue des eaux thermales de Niederbronn, où les Romains paraissent avoir eu des établissements. De magnifiques châteaux du moyen âge bordent la ligne des Vosges. DE GOLBÉRY.

RHIN (Département du HAUT-), formé d'une partie de l'Alsace et de la ci-devant république de Mulhouse. Il est borné au nord par les départements du Bas-Rhin et des Vosges, à l'est par l'Allemagne et la Suisse, au sud par la Suisse et le département du Doubs, à l'ouest par les départements du Doubs, de la Haute-Saône et des Vosges.

Divisé en 3 arrondissements, 29 cantons, 490 communes, sa population est de 494,147 individus. Il envoie trois députés au corps législatif, est compris dans la sixième division militaire, le diocèse de Strasbourg et le ressort de la cour d'appel de Colmar.

Sa superficie est d'environ 410,720 hectares, dont 155,571 en terres labourables; 115,216 en bois; 52,567 en prés; 28,637 en landes, pâtis, bruyères; 11,141 en vignes; 5,819 en vergers, pépinières, jardins; 1,975 en propriétés bâties; 1,770 en étangs, abreuvoirs, mares, canaux; 1,202 en cultures diverses; 104 en oseraies, aulnaies, saussaies; 23,092 en forêts, domaines non productifs; 7,089 en routes, chemins, places publiques, rues, etc.; 3,595 en rivières, lacs, ruisseaux; 254 en cimetières, églises, presbytères, bâtiments publics. Il paye 1,600,981 fr. d'impôt foncier.

Situé pour la plus grande partie dans le bassin du Rhin et pour une petite fraction dans celui du Rhône, il est baigné dans toute sa longueur par le Rhin, qui le sépare du grand-duché de Bade. Après le Rhin, le principal cours d'eau est l'Ill, qui lui porte toutes les eaux du département. Dans la partie méridionale les rivières prennent une autre direction ; l'Alaine et la Savoureuse sont des affluents du Doubs. C'est un pays de plaines à l'est, assez élevé au sud, où se trouvent les contre-forts du Jura, et qui s'appuie à l'ouest au faîte des Vosges. Les points culminants sont le ballon de Soultz, dont l'altitude est de 1,433 mètres au-dessus du niveau de la mer ; le Bærenkopf ou Tête-de-l'Ours en a 1,400, le Graisson 1,300, le Bressoir 1,239. On cite encore le ballon de Giromagny, le grand Ventron et le Rotabac. Les vallées des Vosges sont fort belles ; les principales sont celles de Giromagny, Masvaux, Saint-Amarin, Florival, Soultzmatt, Munster, la Poutroie, Ribauviller et Liepvre. Les Vosges contiennent des lacs, mais ils sont très-petits, et on les remarquerait à peine s'ils n'offraient cette singularité qu'ils sont sur le sommet des montagnes. Au-dessus des ruines de l'abbaye de Pairis est le lac Noir, qui se présente comme dans un profond entonnoir de roches de couleur foncée, et dont on ne peut approcher que d'un seul côté ; plus loin est le lac Blanc, qui repose sur un sable blanc et quartzeux : il y a de beaux échos qui se répètent dans les rochers dont il est environné. Du reste, il n'a pas tout-à-fait 25 hectares de superficie. Le lac de Daren, ou lac Vert, est entouré de sapins : on le voit près de Soultzern. Enfin, il est un autre lac au ballon de Guebwiller, et l'on en compte quelques-uns dans la vallée de Masvaux. Il y a dans la vallée de Saint-Amarin, derrière la verrerie de Wildenstein, une belle cascade, qu'on appelle *Heidenbad*, ou *Bain des Païens*. Il y en a une autre encore dans la vallée de Masvaux. On compte dans le Haut-Rhin plusieurs sources d'eaux minérales, à Soultzbach, à Soultzmatt et à Wattwiller.

Le sol est fertile dans les vallées, le pays riche, agricole et surtout manufacturier. L'agriculture y est très-avancée ; la récolte, ordinairement suffisante en grains et en pommes de terre, est surabondante en vins, les meilleurs de l'espèce dite vins du Rhin qui soient récoltés en France. Les plus estimés, les blancs de l'arrondissement de Colmar et surtout le *Kitterle* de Guebwiller, le *Brond* de Turckheim et les *vins gentils* de Requewihr et Ribauviller, sont classés parmi les bons vins fins de France. Les vins de paille des vignobles de Colmar, Olwiller, Kientzheim, Kaisersberg et Ammerschwihr sont aussi de très-bons vins de liqueur. Les vins rouges sont peu abondants ; les meilleurs, ceux de Requewihr, Ribauviller, Ammerschwihr et Kaiserberg, ne sont que d'excellents vins d'ordinaire. On fait dans ce département une élève assez importante de gros bétail de belle espèce et d'abeilles.

Les productions minérales sont importantes et variées dans le département du Haut-Rhin. Le granit des vallées de Munster, d'Orbeg, et des environs de Giromagny est estimé. On remarque aussi du porphyre, des cristaux de roche, du grès, du marbre, de la pierre à chaux en grande abondance, de l'ardoise, du jaspe, de l'agate, des cailloux roulés du Rhin, dont on fabrique les pierres de strass, de la terre glaise, de la marne. Le sol produit aussi du charbon de terre, de la tourbe. L'or se trouve accidentellement par petits morceaux aux environs de Giromagny, et par paillettes assez rares dans les sables du Rhin ; l'argent et surtout le plomb, dans la vallée de Sainte-Marie-aux-Mines, qui fournit aussi du cuivre, du cobalt et de l'arsenic ; le fer se rencontre en divers endroits, et supporte la comparaison avec les fers de Suède. L'exploitation minérale est d'ailleurs peu importante, mais l'industrie métallurgique, surtout celle du fer, est considérable. Les usines à fer, avec des martinets et des lamineries de cuivre, alimentent des fabriques considérables d'outils d'horlogerie et autres ustensiles et outils de tous genres, de clous, de cardes, d'horlogerie commune, etc.

Mais l'industrie manufacturière est une des plus considérables et des plus renommées de France. Son centre est Mulhouse, et ses branches principales sont le filage du coton, la fabrication des tissus de coton de toutes espèces et des étoffes de laine, l'impression sur étoffes diverses et surtout sur toile de coton, dite *toile d'Alsace*, la fabrication de riche papier de tenture et autres. Parmi les autres produits importants de l'industrie, nous citerons les cuirs, le verre, la faïence, la poterie, la bière. Les vins et les bois sont les principaux articles d'exportation.

2 rivières navigables, le Rhin et l'Ill ; 1 canal, celui du Rhône et du Rhin ; les chemins de fer de Strasbourg à Bâle, de Paris à Mulhouse, et de Mulhouse à Thann ; 7 routes impériales, 17 routes départementales et 1,115 chemins vicinaux sillonnent ce département, dont le chef-lieu est Colmar ; les villes et endroits principaux : *Altkirch*, chef-lieu d'arrondissement, jolie et forte ville, avantageusement située pour le commerce, dans un pays riche en manufactures, sur la rive gauche de la Savoureuse, avec 7,510 habitants, un collège, une bibliothèque publique, des tribunaux civil et de commerce, une chambre consultative d'agriculture ; *Belfort*, *Neuf-Brisach* ; *Ensisheim*, avec une maison centrale de détention ; *Ribauviller*, chef-lieu de canton et station du chemin de fer de Strasbourg à Bâle, avec 7,338 habitants ; *Sainte-Marie-aux-Mines*, chef-lieu de canton, avec 11,613 habitants, une chambre consultative des arts et manufactures, un conseil de prud'hommes ; *Saint-Hippolyte*, *Mulhouse* ; *Thann*, chef-lieu de canton, sur la Thure, avec un collège, un conseil de prud'hommes et 5,864 habitants. L'antiquité a laissé quelques débris sur ce sol si fertile : des tombelles s'élèvent du milieu de la plaine ou dans le sein des forêts ; et sur la crête des montagnes, une longue muraille part du Taennchel, pic qui s'élève au-dessus de Ribauviller et s'étend jusqu'au-dessus de la vallée de Liepvre, c'est-à-dire l'espace de 8 kilomètres. Ces débris sont encore appelés *Heidenmauer* ou *Muraille des Païens* : il n'y est point entré de ciment. Le moyen âge a laissé ses châteaux forts sur le versant oriental de la chaîne des Vosges qui borde l'Alsace à l'ouest, de Belfort à Wissembourg.

DE GOLBÉRY.

RHIN (Vins du). On appelle ainsi en général tous les vins qu'on récolte sur les bords du Rhin, mais plus spécialement ceux qui proviennent du *Rheingau*. Les sortes les plus estimées et les plus chères sont celles du *Château de Johannisberg*, de *Hochheim* (provenant des coteaux de ce nom, autrefois propriété du chapitre de Mayence, et situés en dehors du Rheingau), du *couvent d'Erbach*, de *Rudesheim*, de *Steinberg*, de *Græfenberg*, de *Ruenthal*, de *Rothenberg*, *Scharlachberg* et de *Markobrunn*. Les vins rouges du Rhin, dont l'*Asmannshæuser* est le plus distingué, sont bien moins estimés que les blancs, et n'en ont ni le feu ni le bouquet. On comprend souvent parmi les vins du Rhin le *Liebenfraumilch*, qu'on récolte aux environs de Worms ; mais c'est un vin du Palatinat. Les vins qu'on récolte dans le bas Rhin, aux environs de Dusseldorf et plus bas encore sont de qualités médiocres ; cependant, il en est encore quelques sortes assez estimées des connaisseurs.

Dans l'acception la plus étendue on comprend aussi sous la dénomination de *vins du Rhin* tous les vins du Palatinat et de la Moselle. Au point de vue hygiénique, on admet généralement aujourd'hui que les qualités supérieures de vins du Rhin doivent être consommées après trois ou quatre années de soins. Les vins vieux ne trouvent plus de débit qu'en Russie et en Angleterre.

RHINIQUE. *Voyez* CLAVECIN OCULAIRE.

RHINOCÉROS (de ῥίν, ῥινός, nez, et κέρας, corne), genre de mammifères de l'ordre des pachydermes, caractérisé par une, deux et quelquefois trois cornes sur le nez, trois doigts et trois grands sabots, et divisé en deux espèces principales, celle d'Afrique et celle d'Asie. Ces deux espèces, que la science ne connaît bien que depuis quelques années, offrant l'une et l'autre une grande analogie de caractères, on ne parvient à les distinguer que par le nombre et la position de leurs dents : ainsi, le rhinocéros d'Afrique en a 28 toutes molaires, et celui d'Asie 34, savoir 28 molaires et 6 incisives. D'après Cuvier, cependant, tout porterait à croire qu'il y a encore au moins deux espèces vivantes parfaitement distinctes de l'africaine et de l'asiatique. Quoi qu'il en soit de cette assertion, il reste toujours prouvé que les rhinocéros fossiles d'Allemagne, de Sibérie et de France, différaient essentiellement des espèces aujourd'hui existantes.

A bien considérer les habitudes et les mœurs brutes du rhinocéros, on lui trouvera plusieurs traits de ressemblance avec l'éléphant, l'hippopotame, le tapir et nos sangliers; même activité dans les sens de l'odorat et de l'ouïe, même insensibilité de tact, même faiblesse de vue, même rudesse de goût. Tous ont une peau très-épaisse, garnie en dessous d'un tissu cellulaire graisseux; la forme de leur corps est grossière et mal dessinée; au lieu de poils ils portent des soies roides et clair-semées. Espèces voraces en général, ils vivent de racines, de fruits, de jeunes rejetons d'arbres; tous ont les pieds terminés par des sabots; tous craignent la sécheresse et l'extrême chaleur, aiment à se vautrer dans la fange et nagent avec assez de facilité. Indépendamment de ces caractères, qu'il réunit à un très-haut degré, ce qui est surtout remarquable dans le rhinocéros, c'est l'épaisseur et la dureté de sa peau, lâche sur le cou et pendante en fanon vers la gorge. Cette peau, brune, presque nue, âpre et ridée comme l'écorce d'un vieux chêne, forme d'abord un pli aux épaules, puis elle s'étend sur le dos assez uniformément, et reforme de nouveaux plis sur les hanches, à l'origine de la queue, terminée par un bouquet de soies rudes et noires, et dans les quatre membres. Ses oreilles, semblables à celles du cochon, sont droites, longues et nues. Sa corne, brune, olivâtre, conique, recourbée en arrière et composée d'une multitude de fibres ou de poils réunis et collés ensemble, est lisse à son extrémité: elle n'est jamais creuse, tient seulement à la peau, et sa longueur est de $0^m,30$ à $0^m,65$. Chez les races à corne double, l'antérieure, placée sur le devant du museau, lequel est fort allongé, est la plus grosse et la plus conique; la postérieure, placée plus avant et entre les yeux, est ordinairement plus courte, et s'aplatit sur les côtés comme une lame. Quoique moins gros que l'éléphant, et malgré la brièveté de ses jambes, massives, le rhinocéros n'en occupe pas moins en grandeur le second rang parmi les quadrupèdes; sa hauteur est de 2 mètres à $2^m,30$, sur une longueur de $3^m,30$ à 4 mètres; sa taille, plus épaisse que celle de deux bœufs, atteint dans une quinzaine d'années toutes ses dimensions, d'où il résulte que la durée de sa vie peut être limitée entre quatre vingts et quatre vingt-dix ans. Si nous parlons maintenant des épaules larges et puissantes, du cou ramassé, de la tête massive, contenant à peine le tiers de la cervelle d'un homme, des yeux, placés très-bas, enfoncés, petits, ternes, du regard stupide, des narines basses, de la lèvre supérieure, extensible et mobile à volonté, de la langue, qui acquiert avec l'âge la rudesse d'une lime, et du ventre, gros et pendant jusqu'à terre, assemblage hideux qui complète la description de ce redoutable animal, qui pourrait s'étonner de l'effroi qu'il inspire et de son imbécillité proverbiale? Et cependant, dans l'état de nature, le rhinocéros est paisible, à moins qu'on ne l'inquiète. Voyez-le dans ses solitudes du Bengale, du Mogol, ou bien dans ses marais fangeux du pays des Shangallas et des Anzicos : il se roule philosophiquement dans la boue, qui se durcit au soleil sur sa peau nue; et bravant sous cette cuirasse improvisée la piqûre des insectes, il broute en paix les buissons épineux, et s'amuse à déraciner les jeunes arbres qu'il tord sous ses dents puissantes comme nous tordrions une feuille de laitue.

La femelle du rhinocéros met bas ordinairement un seul petit. Il paraît que le temps de la gestation ne s'étend pas au delà de neuf mois; le fœtus à terme a déjà plus d'un mètre de longueur, et porte sur le chanfrein une callosité qui est la marque de sa corne naissante.

On est fondé à croire que cet animal n'était pas connu d'Aristote et des autres anciens Grecs; cependant, nous le trouvons désigné sous le nom de *réem* dans le livre de Job. Les premiers que l'on vit en Europe parurent à Rome, dans un triomphe de Pompée; plus tard, les Romains s'en servirent jusqu'au règne d'Héliogabale pour les faire combattre contre des éléphants. Le sang, les dents et les ongles de cet animal ont passé pour des remèdes alexipharmaques, qui ne le cédaient point en efficacité à la thériaque. Les Africains et les Asiatiques font encore le plus grand cas de ses cornes; ils les considèrent comme un antidote excellent contre les poisons.   Charles Dupouy.

RHINOPLASTIE (du grec ῥίν, nez, et πλασσειν, former), art de refaire le nez à ceux qui l'ont perdu, partie de la *greffe animale*, ou transplantation sur le corps humain d'un morceau de peau d'un lieu dans un autre, pour corriger une difformité naturelle ou accidentelle. L'horreur et le dégoût qu'inspirent les individus qui sont privés du nez expliquent la préférence sur les moyens purement mécaniques, qui l'on a donnée à la réparation de cette mutilation. Du reste, les occasions de pratiquer cette opération ont dû se présenter souvent, soit à cause des maladies internes qui peuvent détruire cet organe, telles que la syphilis, les dartres, les scrofules; soit à cause des blessures qui ont pu amener le même résultat; soit, enfin, à cause du genre de punition que certains peuples infligeaient aux voleurs pour les signaler à l'animadversion publique, et qui consistait dans l'ablation du nez : on sait que Sixte Quint punissait ainsi les voleurs qui infestaient les campagnes de Rome, et que les Grecs et les Romains infligeaient le même châtiment aux adultères. Cette pratique était surtout usitée chez les Indiens de temps immémorial ; aussi on doit rapporter à ce peuple l'origine de la *rhinoplastie*. Les brahmes, qui pratiquaient cette opération depuis longtemps nous ont laissé un procédé qu'on emploie encore aujourd'hui. En Europe, un médecin sicilien appelé Branca exerçait la rhinoplastie dès l'an 1442; et son fils porta cette art spécialité dans la famille Bajani. Les procédés employés étaient tenus secrets, et nous n'en connaissons donc que le résultat. Le dernier rejeton de la famille Bajani mourut en 1571 ; et peu de temps après Tagliacozzi, transportait cette opération du midi de l'Italie à Bologne, et la faisait connaître dans son livre intitulé *De Curtorum Chirurgia* (Venise, 1597). Mais après la mort de Tagliacozzi, arrivée en 1799, la *rhinoplastie* semble être retombée dans l'oubli. On cite comme le dernier qui s'en soit occupé Molinetti, qui vivait à Venise au commencement du dix-septième siècle. Quelques années plus tard on la tenait pour inexécutable; et cette opinion se maintint jusqu'en 1816, époque où Graefe la renouvela avec succès. Aujourd'hui on suit trois procédés pour refaire le nez, et Graefe leur a donné les noms de procédés *indien*, *italien* et *allemand*. Tous ont cela de commun que l'opérateur applique sur les débris du nez, dont les rebords ont été mis au vif, et consolide au moyen d'une suture, la partie saignante d'un morceau de peau coupé sur une autre partie du corps, qui doit avoir la grandeur convenable et, à cause de la nutrition, se rattacher par un point à la peau voisine, afin que de l'inflammation adhésive des deux parties blessées qui a lieu alors résulte la cicatrisation. Cette opération une fois opérée, la peau employée pour refaire le nez est complétement séparée de la partie à laquelle elle appartenait auparavant; et peu à peu on arrive par l'emploi de moyens chimiques et mécaniques à lui donner la configuration d'un nez. Suivant la méthode indienne, on coupe une partie de la peau du front de telle façon qu'après avoir ravivé le pourtour du nez mutilé, on incise la peau dans le point correspondant aux ailes du nez et de la lèvre supérieure, puis après avoir fait exécuter une demi-rotation au lambeau de la manière à ramener l'épiderme en dehors, on l'applique sur le tronçon du nez en mettant les bords en contact, et l'on maintient le tout avec un bandage approprié, qu'on n'enlève que le quatrième jour; la réunion n'est complète que le vingt-cinquième. Suivant le procédé italien ou de Togliacozzi, on taille le nez futur dans la peau du haut du bras ; mais on laisse d'abord le morceau de peau se cicatriser complétement, après quoi on l'avive de nouveau et on l'applique sur le nez, en ayant soin de maintenir le bras dans une position convenable sur le nez et la tête jusqu'à ce qu'on puisse couper la communication du nouveau nez avec le bras sans qu'il y ait lieu de craindre pour sa nutrition. La méthode allemande ou de Græfe consiste à prendre un morceau de la peau du haut du bras, mais à l'appliquer immédiatement sur le tronçon du nez ; et pour le reste on procède de même. Chacune de ces trois méthodes a ses avantages. La méthode indienne est la plus expéditive ; mais elle a l'inconvénient de défigurer le visage par une cicatrice du front qu'on ne peut diminuer que par diverses opérations supplémentaires.

Les chirurgiens français ne se sont point bornés à la restauration du nez, ils ont encore fait une application ingénieuse de cette *ente animale* à la régénération plus ou moins complète de l'une ou l'autre lèvre et au rétablissement de l'ouverture antérieure de la bouche. Cette opération a pris le nom de *cheiloplastie*. Ainsi, une des lèvres peut avoir été détruite par une affection gangréneuse, un ulcère ou une brûlure profonde. Dans ce cas un lambeau a été détaché du cou, surtout pour la réparation de la lèvre inférieure, et après l'avoir retourné sur son pédicule, on l'a appliqué et maintenu sur la partie à réparer, et la réunion a eu lieu. Il faut avoir vu l'état de marasme du malade par la perte continuelle de la salive pour comprendre l'utilité de pareilles restaurations.

RHODE-ISLAND, le plus petit, mais après le Massachusets le plus peuplé des États-Unis de l'Amérique du Nord, compris dans ce qu'on appelle la Nouvelle-Angleterre, renferme sur une superficie de 44 myriamètres carrés la partie la plus tempérée, la plus saine et la plus agréable de l'Amérique. Cet État, composé de trois grandes îles de la baie de Narraganset et de deux prolongements formés par la côte le long de ces îles, est borné à l'est et au nord par l'État de Massachusetts, à l'ouest par le Connecticut et au sud par l'Océan. Il est divisé en cinq comtés, et comptait en 1850 une population de 147,544 habitants, dont 3,544 hommes de couleur libres. La baie de Narraganset, qui s'enfonce dans les terres sur une profondeur d'environ 21 myriamètres, abonde en îles et en lieux d'ancrage. Le pays, généralement plat, ne devient montagneux et pierreux qu'au nord-ouest ; il est arrosé par le Pawtucket, par la Providence ou Seekonk, par le Pawtuxet, le Pawcatuk et le Wood, qui n'ont guère d'importance, il est vrai, pour la navigation, mais qui rendent d'excellents services pour l'établissement de moulins à eau et d'usines en tous genres. À l'exception des côtes et des îles, où il est fertile, le sol est sablonneux, et convient moins en général à l'agriculture qu'à l'élève du bétail. Ce pays est célèbre par sa production de bœufs, de moutons, de beurre et de fromage. On y récolte assez de maïs, de seigle, d'avoine, d'orge et de pommes de terre pour la consommation *locale* ; plus, du chanvre, du lin, un peu de vin et de soie, et beaucoup de foin, de fruits et de légumes. En 1850 on comptait déjà plus de 18 myriamètres carrés du sol de l'État mis en culture et répartis entre 5,385 fermes représentant une valeur de plus de 17,000,000 dollars. Les fabriques n'y ont pas pris un développement moindre. En 1850 on y comptait 1,144 usines, dont 158 fabriques de coton (relativement plus que dans tout autre État de la confédération), roulant sur un capital de 6,673,000 dollars et fabriquant pour 6,447,120 dollars d'étoffes et de cotons filés, plus 45 fabriques d'étoffes de laine, 20 fonderies de fer, 1 fabrique de fer en barres, 10 tanneries et 16 imprimeries. Le commerce et la navigation ainsi que la pêche y ont pris de grands développements. L'exportation consiste surtout en chevaux, gros bétail, viandes salées, gibier à plume, beurre, fromage, graine de lin, oignons, cotonnades, lainages et articles de quincaillerie. Le commerce extérieur donne lieu annuellement à un mouvement d'environ 30,000 tonneaux. En 1850 l'exportation par mer s'était élevée à 235,777 dollars, et l'importation à 310,610 dollars. En 1852 on y comptait 50 milles de chemin de fer en exploitation et 32 étaient en construction. Il existait 60 banques avec un capital de 13,000,000 dollars. Les finances de l'État se trouvaient dans la situation la plus florissante : il n'avait d'autre dette qu'une somme de 382,255 dollars, empruntée au fond de dépôts de l'Union. En 1852 les recettes de l'État montaient à 124,945 dollars, et ses dépenses à 115,855 dollars. Sur ce chiffre l'instruction publique figurait pour 56,314 dollars. En fait d'établissements d'instruction publique, on remarque surtout la *Brown-University*, et on compte de 50 à 60 écoles secondaires et de 4 à 500 écoles primaires. Les principaux partis religieux en présence sont les anabaptistes, les congrégationalistes, les épiscopaux et les méthodistes.

Le premier établissement fondé à Rhode-Island remonte à l'an 1636 ; il fut l'œuvre du prêtre Roger William et de ses adhérents, qui réclamaient la liberté absolue en matières de conscience et qui avaient été expulsés du Massachusetts par les calvinistes. En 1663 Rhode-Island obtint du roi Charles II une charte qui était demeurée jusque dans ces derniers temps la base de la constitution du pays, sans avoir été modifiée par la révolution. C'est seulement en 1842 qu'après avoir été vivement agité par le *suffrage party*, c'est-à-dire le parti qui réclamait une plus grande extension du droit électoral, cet État a obtenu une constitution nouvelle, mise en activité en 1843, et qui a encore subi depuis quelques modifications. Le pouvoir exécutif est confié à un gouverneur élu annuellement et recevant un traitement de 400 dollars. L'assemblée législative, qui se réunit tous les six mois, en mai à *Providence* et en octobre à *Newport*, se compose d'une chambre des représentants de 69 membres et d'un sénat de 31 membres, les uns et les autres élus annuellement. L'État envoie au congrès de l'Union deux membres de chacune de ces deux assemblées. *Providence*, alternativement la capitale politique avec *Newport*, est la ville la plus importante de l'État, et l'une des plus florissantes de la Nouvelle-Angleterre. On y compte 43,000 habitants, qui se distinguent par leur esprit industrieux, possèdent de grandes fabriques de cotonnades, de lainages, de fer, de cuivre, d'étain et de machines, et font un commerce d'exportation considérable avec l'Ouest, notamment avec la Chine. Elle fut fondée en 1636, sur les deux rives du *Providence-River* et à l'extrémité du *Blackstone-Canal* ; son port est situé à l'extrémité nord de la baie de Narraganset. Un service quotidien de bateaux à vapeur existe entre New-York et Providence. On compte dans la ville 26 banques, 21 églises, un bel hôtel de ville ; et on y remarque les bâtiments de la *Brown-University*, qui a 10 professeurs, 120 étudiants et une bibliothèque de 31,000 volumes avec un beau cabinet de physique, ainsi que le *Providence Athænæum*, institut littéraire fondé en 1850, avec une bibliothèque de 12,000 volumes, et le collége des *quakers*, où se tiennent les assemblées annuelles de ces sectaires de la Nouvelle-Angleterre, un beau théâtre, un établissement d'aliénés, une maison de correction, fondée en 1850 et une prison.

RHODES, île de la Méditerranée, célèbre déjà dans l'antiquité par l'excellence de ses fruits, et située à 15 kilomètres de la côte sud-ouest de l'Asie Mineure, présente une superficie de 15 myriamètres carrés. Elle a 21 kilomètres de large sur 56 de long. Suivant la tradition elle aurait été peuplée d'abord par les Telchines et les Héliades, ou descendants du dieu du Soleil, puis par des Phéniciens et des Crétois. Elle formait plusieurs republiques une république dorique, très-puissante sur mer, et qui avait fondé des colonies en Sicile, en Italie et en Espagne. Les lois maritimes des Rhodiens, reconnues pour être parfaitement appropriées aux besoins du commerce, étaient en vigueur sur toutes les côtes et dans tous les parages de la Méditerranée comme base du droit des gens ; et aujourd'hui encore on en applique quelques dispositions (*lex Rhodia de Jactu*). À l'époque d'Alexandre l'île de Rhodes subit, elle aussi, la domination des Macédoniens ; mais après la mort du conquérant elle recouvra son indépendance ; et grâce à la sagesse de son gouvernement ainsi qu'à la prospérité intérieure dont elle jouissait, elle la conserva longtemps encore. Les Romains adjugèrent même aux

Rhodiens la Carie et la Lycie. Mais bientôt Rhodes éveilla les jalouses défiances de Rome. On lui enleva alors ses possessions de l'Asie Mineure; puis Vespasien la priva de son indépendance et du droit de se gouverner d'après ses propres lois. La capitale de l'île devint à partir de ce moment le point central d'une province romaine, composée de toutes les îles voisines de la même côte; et dès lors l'île de Rhodes partagea toutes les destinées de l'Empire Romain.

Elle ne reprit quelque importance qu'au moyen âge. Le khalife Moawiah s'en empara, en l'an 651. Les croisades la remirent aux mains des chrétiens; et en l'an 1309, après la perte de la Palestine, on l'abandonna pour résidence aux chevaliers de l'ordre de Saint-Jean de Jérusalem, qui dès lors prirent la qualification de *chevaliers de Rhodes*. L'ordre abandonna cette île en 1522, et l'échangea contre celle de Malte, parce qu'il lui était impossible de s'y maintenir plus longtemps contre les entreprises du sultan Soliman.

Aujourd'hui, avec huit petites îles qui l'avoisinent, entre autres Stanchio, l'île de Cos des anciens, Rhodes forme un sandjak de l'éialot turc de Djésair. Elle est la résidence d'un pacha et d'un archevêque grec, et relève du gouverneur des îles de l'Archipel. On y compte 20,000 habitants, dont 14,000 Grecs et environ 500 Juifs. La richesse de ses forêts en fait un des principaux chantiers de construction des Turcs, et on en exporte du vin, des graines, de l'huile, du bois de Rhodes (*voyez* l'article ci-après), du coton, des fruits secs, de la cire, du miel, du bétail, etc. Traversée par une chaîne de montagnes volcaniques, elle a été fréquemment ravagée par d'horribles tremblements de terre, et tout récemment encore, en 1851.

RHODES, sa capitale, bâtie en amphithéâtre sur la côte nord-est, pourvue de deux ports, dont le plus petit seul était sûr et fortifié, était célèbre dans l'antiquité par son colosse et par l'école de rhéteurs qu'Eschine y avait fondée, en l'an 324 av. J.-C. Sa population est aujourd'hui d'environ 10,000 âmes (moitié Turcs et moitié Grecs), et elle est défendue par une ligne de triples remparts flanqués de fossés.

RHODES (Bois de). Le bois ainsi appelé est celui d'une racine que l'on tirait autrefois de Rhodes (d'où il a pris son nom), de Chypre et de quelques autres îles de l'archipel grec. Il nous vient aujourd'hui principalement des Canaries. Produit d'une espèce arborescente de liseron, c'est une racine noueuse et contournée de deux à dix centimètres de diamètre, couverte d'une écorce un peu fongueuse, d'un gris rougeâtre. Elle est dure, pesante, à couches concentriques très-serrées, d'un jaune fauve, ou couleur feuille morte, plus foncée au centre qu'à la circonférence. Sa saveur est un peu amère, son odeur de la plus d'une extrême intensité, surtout quand on l'échauffe en la râpant; elle semble huileuse sous la scie; la poussière de sciage s'enflamme facilement à l'approche d'une bougie allumée. Par la distillation, on en extrait une huile dont il ne faut qu'une goutte pour parfumer de grandes masses. On s'en sert quelquefois pour aromatiser le tabac à priser, auquel elle communique un parfum qui approche de celui du *macoubac* naturel. Dans le commerce, on confond quelquefois cette racine avec le *bois de rose* proprement dit. Dans la marqueterie et les ouvrages de tour, on emploie quelquefois la racine de Rhodes pour très-petits ouvrages, qui conservent indéfiniment l'odeur de cette racine.
PELOUZE père.

RHODES (Chevaliers de). *Voyez* JEAN-DE-JÉRUSALEM (Ordre de Saint-).

RHODIUM, métal découvert en 1804, par Wollaston, dans la mine de platine, où il existe pour environ quatre millièmes, dans un état de combinaison avec ce métal même. La séparation en est difficile. A l'état de pureté, il est d'un blanc grisâtre, solide, cassant, très-dur, un peu moins ductile que le platine, le plus infusible des métaux après l'iridium, inaltérable à l'air, inattaquable par les acides, même par l'eau régale concentrée, à moins qu'il ne soit allié à quelque autre métal. Réduit en poudre, et chauffé à une chaleur rouge, il se convertit en un oxyde qui se réduit à une température plus élevée. Son poids spécifique est de 11. Il se combine avec le soufre, le phosphore et l'arsenic, ainsi qu'avec beaucoup de métaux, qu'il rend très-durs et cassants; il donne lieu quelquefois à quelques alliages malléables. Ses oxydes s'unissent aux acides, et produisent divers sels.
JULIA DE FONTENELLE.

RHODODENDRON (du grec ῥόδον, rose, et δένδρον, arbre). *Voyez* AZALÉES et ROSAGE.

RHODOPE, l'une des chaînes du mont *Hæmus*, aujourd'hui le Balkan, dont, vers la source du Nestus, elle se détache, à la hauteur de la Thrace; qu'elle séparait de la Mœsie par un rempart de rochers escarpés, auxquels l'éclat qu'ils jettent au soleil levant et couchant ont mérité des Italiens le nom de *Monte-Argentaro*. Ses mines, qui n'existent plus, mais dont parlent Pline et Ptolémée, lui valurent des Grecs celui de *Basilissa*, la Reine. Ajoutons que *Rhodope*, en grec, signifie *front de rose*, et que ce nom charmant s'accorde merveilleusement avec les teintes pourprées dont le soleil à son lever et à son coucher colore ces cimes fameuses.
DENNE-BARON.

RHODOPE, célèbre courtisane, native de Thrace, vivait du temps d'Ésope, avec lequel elle fut esclave. Charax de Lesbos, pirate et frère de Sapho, la racheta; plusieurs prétendent qu'il en fit sa maîtresse, sous le nom de Dorica. Peu de temps après, elle passa à Naucratis, ville luxueuse d'Égypte, où elle fit le métier de courtisane avec tant de succès qu'Hérodote raconte, bien qu'il en doute, qu'elle éleva, dit-on, une des fameuses pyramides de Memphis à ses frais, tant ses charmes et ses faveurs étaient à haut prix. Toutefois, il parait que cette courtisane fleurissait sous Amasis, roi d'Égypte, et que la pyramide dont il s'agit avait été bâtie bien avant le règne de ce prince.
DENNE-BARON.

RHOMBE (en grec ῥόμβος). En géométrie, ce terme est synonyme de *losange*: il désigne tout parallélogramme dont les quatre côtés sont égaux. D'après cette définition, le carré serait un *rhombe*; mais on ne lui applique guère cette dénomination que dans les ornements d'architecture où il est placé de manière à avoir une de ses diagonales verticale et l'autre horizontale.

Rhombe, en histoire naturelle, se dit d'un genre de poissons de l'ordre des acanthoptérygiens, famille des scombéroïdes.

RHÔNE, le *Rhodanus* des anciens et le principal cours d'eau du midi de la France. Il prend sa source au milieu des Alpes, dans le glacier du Furca, à l'ouest du Saint-Gothard, à une élévation de 1,800 mètres, traverse d'abord la grande vallée de Længen, du haut Valais, longue de 11 myriamètres, avec une largeur variant entre 1 et 2 kilomètres, s'étendant entre les Alpes Penniennes et celles de Berne, où de nombreuses vallées latérales lui envoient le tribut de leurs ruisseaux, provenant des glaciers et formant une suite de cascades. A Martinach (l'élévation n'est plus que de 477 mètres), la vallée se rétrécit; et à Saint-Maurice (424 mètres), la Dent de Morcle et la Dent du Midi se rapprochent tellement qu'il ne reste plus au fleuve qu'un étroit passage. Cette vallée transversale du bas Valais s'ouvre peu à peu dans une vallée de 7 myriamètres de long et de 14 kilomètres de large, dont le lac de Genève occupe le fond. Le Rhône traverse le lac, dont il exhausse incessamment le lit dans sa partie supérieure par les dépôts de la vase qu'il charrie. Il en sort à l'extrémité sud-ouest, à Genève (383 mètres d'élévation); mais sa vitesse se rétrécit tout aussitôt de nouveau. Il traverse alors les prolongements occidentaux du Jura dans un étroit sentier en zigzag et avec des rapides, quelque fois même souterrainement, car il disparaît tout à coup un peu au-dessous du fort L'Écluse, en formant ce qu'on appelle la *Perte du Rhône*. Au-dessous de Saint-Génis (207 mètres) le Rhône atteint une vallée plus basse; mais c'est seulement à l'embouchure de l'Ain, au delà des hauteurs du Jura, que cette vallée s'élargit. Le Rhône coule alors dans la direction de l'ouest jusqu'à Lyon, où il reçoit la Saône, venant du nord. Un peu au-dessous de cette ville, à Pierre-Encise, il coule au sud à travers une étroite vallée, avec de nombreux rapides, et sur un lit rocheux ; et il conserve cette direction méridionale dans son cours par Vienne, Saint-Vallier, Valence, Montélimart, Pont-Saint-Esprit, Avignon et Arles jusqu'à son embouchure dans le golfe de Lyon. Sa vallée, célèbre par le charme de ses paysages, par sa végétation méridionale et sa grande fertilité, ne s'élargit qu'au-dessous de Pont-Saint-Esprit, et ce n'est qu'après Avignon qu'elle se transforme en une plaine horizontale, large, uniforme, aride et d'une pauvre végétation, où le fleuve, jusque alors profond et rapide, se traîne désormais lentement entre des rives marécageuses, dans un lit aplati par des dépôts considérables de détritus de montagnes et de cailloux. A Arles, au-dessous de Beaucaire et de Tarascon, commence le delta formé par les deux principales embouchures du Rhône, le *Grand-Rhône* à l'est, et le *Petit-Rhône* à l'ouest, ce qu'on appelle l'île de la C a m a r g u e. A l'est de cette île on trouve la C r a u, et à l'ouest une vaste contrée marécageuse. La longueur du Rhône est de 42 myriamètres ; mais le développement total de son cours est de 73 myriamètres, et même de 88 en tenant compte de ses nombreux zigzags. La superficie de son bassin tout entier est de 1,232 myriamètres carrés. Ses affluents les plus importants sont, à droite, l'Ain, la Saône avec le Doubs, l'Ardèche et le Gard ; à gauche, l'Arve, l'Isère, la Drôme et la Durance. Il devient navigable pour les bateaux à vapeur comme pour les bateaux à voiles à partir de Le Parc, au-dessous de la Perte du Rhône ; mais dans les montagnes le courant est si rapide qu'il faut un vent favorable pour pouvoir le descendre. Là même où il devient moins rapide, des ensablements et des bancs de gravier en rendent très-pénible la navigation, qui à partir de Lyon cependant devient extrêmement active. C'est pour y remédier qu'on a eu le projet de creuser un canal latéral de Lyon à Arles ; et les canaux déjà exécutés d'Arles à Port-de-Boux et de Beaucaire à Aigues-Mortes permettent d'éviter les dangers que présente la navigation des deux bras formant l'embouchure du fleuve. D'Aigues-Mortes diverses voies artificielles de communication par eau conduisent à la mer ; la plus importante se relie au canal des Étangs, qui traverse les lagunes des côtes et se relie par des embranchements aux villes de Lunel, de Montpellier et de Cette, et non loin d'Agde au canal du Languedoc ou du Midi. D'un autre côté, le bassin du Rhône est relié à la mer du Nord par le canal du Rhône et du Rhin (appelé autrefois canal de Napoléon, puis *canal de Monsieur*), qui n'a été terminé qu'en 1832. Son développement total est de 30 myriamètres. Il commence à Saint-Jean-de-Lône, sur la Saône, et aboutit à l'Ill, rivière navigable, à peu de distance de Strasbourg. Le canal de Bourgogne conduit également de Saint-Jean-de-Lône à Dijon, et de cette manière au bassin de la Seine, tandis que le canal du Centre, partant de Châlons-sur-Saône, conduit à Digoin, sur la Loire. Ces deux canaux mettent le Rhône en communication avec Paris et le centre de la France.

RHÔNE (Département du). Formé d'une partie de l'ancien Lyonnais et du Beaujolais, il est borné au nord et au nord-ouest par le département de Saône-et-Loire, à l'est par les départements de l'Ain et de l'Isère, au sud et au sud-ouest par celui de la Loire.

Divisé en 2 arrondissements, 26 cantons, 258 communes, sa population est de 574,745 habitants ; il envoie quatre députés au corps législatif, et est compris dans la huitième division militaire, le diocèse de Lyon et le ressort de la cour impériale de la même ville.

Sa superficie est de 281,356 hectares, dont 143,120 en terres labourables ; 35,399 en prés ; 34,466 en bois ; 30,552 en vignes ; 12,239 en landes, pâtis, bruyères ; 4,499 en cultures diverses ; 3,384 en vergers, pépinières, jardins ; 1,791 en propriétés bâties ; 670 en oseraies, aulnaies, saussaies ; 9,166 en routes, chemins, places publiques, rues ; 3,620 en rivières, lacs, ruisseaux, etc. Il paye 2,254,646 francs d'impôt foncier.

Situé en grande partie dans le bassin du Rhône et sur la rive droite de ce fleuve, à l'ouest dans le bassin de la Loire, il est arrosé à l'est par le Rhône, la Saône et un grand nombre d'autres petits affluents et sous-affluents du Rhône, parmis lesquels l'Azergue, la Brevanne, l'Ardière et le Gier sont les principaux ; à l'ouest par de petits affluents de la Loire. C'est un pays presque entièrement montagneux, traversé dans toute sa longueur, à l'est par la chaîne des Cévennes, dont les contre-forts s'étendent jusqu'au Rhône et à la Saône. Le sol est en général peu propre à la culture des céréales ; il est cependant riche dans le fond de quelques vallées. Les principales cultures sont celles de la vigne et du mûrier. La récolte des céréales est insuffisante, mais celles des pommes de terre et des châtaignes, dites *marrons de Lyon*, sont très-considérables. Les vins sont de qualité excellente ; ceux du nord du département ou de l'ancien Beaujolais sont des vins de Mâcon ; ceux du sud sont des vins du Rhône ; les plus estimés, parmi les premiers, sont les vins fins rouges de Chénas, et parmi les seconds les rouges de Côte-Rôtie et les blancs de Condrieu. L'élève la plus importante est celle des vers à soie ; les chèvres sont la grande richesse des habitants du Mont-Dor. L'exploitation minérale est assez considérable ; ses deux produits principaux sont le cuivre, dont les mines à Chassy et à Saint-Bel sont les plus riches de la France, et la houille. On y exploite encore du plomb argentifère, de beaux marbres, de belles pierres de taille, de la marne, des grès et de l'argile à poterie.

Par l'importance de son industrie manufacturière, ce département est l'un des premiers de l'empire ; et la ville de Lyon en particulier est le centre et le siége principal de l'industrie la plus considérable et la plus renommée de la France, celle des soieries de toutes espèces. Une autre industrie qui occupe un grand nombre de bras est celle des mousselines brodées et autres, dont Tarare est le centre de fabrication. Le filage et le tissage du coton ont encore une grande importance, et les autres produits renommés sont les cuirs, la bière, les verres, les poteries, les fromages du Mont-Dor, la chapellerie et la charcuterie de Lyon. Les grands articles d'exportation sont les vins, les soies et les mousselines.

Deux rivières navigables, le Rhône et la Saône, un canal, celui de Givors, les chemins de fer de Paris à Lyon, de Lyon à Roanne, 6 routes impériales, 9 routes départementales, 1,118 chemins vicinaux sillonnent ce département, dont le chef-lieu est L y o n ; les villes et endroits principaux : *Villefranche; Condrieu*, chef-lieu de canton, avec 3,200 habitants ; *Givors*, chef-lieu de canton, jolie petite ville, avec 9,118 habitants ; *T a r a r e*).

RHÔNE (Département des BOUCHES-DU-). *Voyez* BOUCHES DU RHÔNE (Département des).

RHUBARBE. Cette racine, employée si fréquemment et à si juste titre en médecine, appartient à la famille des polygonées. La plante qui la produit est remarquable par ses feuilles, larges et grandes, par ses fleurs, réunies en panicules, et dans lesquelles résident des propriétés efficaces. Venue des contrées les plus sauvages, on a été longtemps sans pouvoir désigner la plante qui la fournit ; on l'a successivement attribuée à quatre espèces de *rheum* ; maintenant on la croit produite principalement par le *rheum palmatum*, ou *rhubarbe palmée*. Elle est l'objet d'un commerce très-important en Russie et en Chine. Le commerce en distingue deux espèces : la *rhubarbe de Chine* et la *rhubarbe de Moscovie*.

Voici comment Murray raconte la culture et la récolte de la rhubarbe. Le *rheum palmatum* croit spontanément sur une longue chaîne de montagnes, en partie dépourvues de forêts, qui, bordant à l'occident la Tartarie Chinoise, commence au nord non loin de Selin, et s'étend au midi jusque vers le lac Kooonor, voisin du Thibet. L'âge propre à la récolte des racines est indiqué par la grosseur des tiges (c'est ordinairement la sixième année). On les arrache dans les mois d'avril et de mai, quelquefois en automne. On les nettoie, on les coupe par morceaux, et après les avoir percées et enfilées, on les suspend, soit aux arbres voisins, soit dans les tentes, soit même aux cornes des brebis. Lorsque la récolte est finie, on les porte aux habitations, où l'on achève de les faire sécher. Selon Duhalde, les Chinois terminent cette dessiccation sur des tables de pierre chauffées en dessous par le moyen du feu.

Il y a encore d'autres racines de rhubarbe, dont les produits n'entrent pas dans le commerce. La plus importante est le *rheum ribes* des Persans, remarquable par l'acidité agréable de ses pétioles, de ses feuilles et de ses jeunes tiges ; on la vend sur les marchés de la Perse comme plante potagère, et on en consomme des quantités considérables. On la confit au sucre, et on en fait une gelée qui ressemble beaucoup à celle de groseilles.

Voici les caractères que présente la vraie rhubarbe du commerce. La *rhubarbe de Chine*, qui nous vient du Thibet, et traverse la Chine méridionale pour arriver à Canton, où les vaisseaux européens viennent la chercher, est en morceaux arrondis, d'un jaune sale à l'extérieur, d'une texture compacte, d'une marbrure serrée, d'une odeur prononcée qui lui est particulière, d'une saveur amère. Elle colore la salive en jaune orangé et croque fortement sous la dent. Elle est en général plus pesante que celle de Moscovie, et sa poudre tient le milieu entre le fauve et l'orangé. La rhubarbe de Chine est souvent percée d'un petit trou dans lequel on trouve encore la corde qui a servi à la suspendre pendant la dessiccation. Sa couleur, plus terne que celle de la rhubarbe de Moscovie, peut provenir du long voyage qu'elle a fait sur mer. C'est à la même cause qu'il faut attribuer les altérations que l'on trouve dans l'intérieur.

Quant à la *rhubarbe de Moscovie*, qui est à juste titre la plus estimée dans le commerce, elle est originaire de la Tatarie Chinoise, d'où elle est transportée en Sibérie par des marchands boukares, qui la vendent au gouvernement russe. Là des commissaires l'examinent scrupuleusement, la font monder avec soin, et l'expédient à Pétersbourg, où elle subit encore un nouvel examen avant d'être livrée au commerce. Elle est en morceaux irréguliers, percés de grands trous, d'un jaune plus pur à l'extérieur, d'une cassure moins compacte que celle de la rhubarbe de Chine, marbrée de veines rouges et blanches très-apparentes et très-irrégulières ; son odeur est très-prononcée, et sa saveur est astringente et amère. Elle colore fortement la salive en jaune safrané, et croque sous la dent. Sa poudre est d'un jaune plus pur que celle de la rhubarbe de Chine ; elle est très-estimée. Une troisième variété de rhubarbe est celle que l'on connaît sous le nom de *rhubarbe plate* ou *de Perse*. Elle vient de l'Inde par la Russie, et appartient à la même espèce que la rhubarbe de Chine, dont elle se rapproche beaucoup par ses caractères physiques.

La rhubarbe opère comme tonique lorsqu'elle est administrée à faible dose, tandis qu'à la forte dose de quatre grammes environ elle agit comme purgatif et tonique à la fois. La médication qu'elle produit est douce ; aussi administre-t-on journellement cette substance, particulièrement aux enfants et aux femmes. On en fait également usage pour combattre les faiblesses d'estomac et d'intestins, les diarrhées, etc. Enfin, on la recommande comme vermifuge pour les enfants. On administre la rhubarbe, soit en poudre, en suspension dans un liquide, ou incorporée dans une autre substance, soit en infusion, soit en décoction ; quelquefois aussi on la donne à mâcher, en recommandant d'avaler la salive avec tout ce qu'elle a dissous.

La rhubarbe était une racine trop importante dans ses applications médicales pour ne pas exciter l'attention des chimistes ; aussi l'a-t-on soumise plusieurs fois à l'analyse. On y a trouvé une substance nommée *rhubarbarine*, une huile douce fixe, du surmalate de chaux, de la gomme, de l'amidon, du ligneux, de l'oxalate de chaux, du sulfate de chaux et de l'oxyde de fer. C. FAVROT.

RHULLIÈRES. *Voyez* RULHIÈRES.

RHUM. C'est ainsi que les Anglais ont appelé l'alcool qu'ils retirent des sirops de sucre fermentés ; ce nom, comme on sait, a prévalu en Europe, sur celui de *tafia*, son synonyme français d'outre mer. A quel titre le tafia, cet élixir de nègre abâtardi, aurait-il pu réclamer un passavant à l'octroi des nations civilisées ? Serait-ce par hasard son appellation barbare ou son goût érugineux et empireumatique qui lui auraient valu cette singulière faveur? Aussi le rhum, quoique d'origine essentiellement anglaise, n'a-t-il pas eu de peine à triompher de notre susceptibilité nationale, et à trouver chez nous, au préjudice de son indigne rival, l'hospitalité la plus chaude et la plus constante. Il n'est pas inutile d'ailleurs de rappeler ici que le rhum est d'abord un liquide blanc, et que c'est à l'aide de pruneaux, de râpures de cuir tanné, de clous de girofle et d'une certaine quantité de goudron, qu'on lui donne la couleur jaune et ambrée et la saveur qui le caractérisent. Après le kirschwasser les amateurs tiennent le rhum pour la première liqueur du monde ; et lorsqu'il est *majeur*, ils le mettent même au-dessus du kirsch : malheureusement la *majorité* du rhum ne commence guère avant trente ans. A cet âge, il est aussi doux que fort, huileux, plein d'esprits balsamiques ; et on ne le rencontre tel à Paris que dans quelques caves privilégiées. Quant à celui des cafés et estaminets, anathème, anathème sur lui ! C'est un liquide âcre, corrosif, qui, par des mélanges répétés, est devenu un *je ne sais quoi* qui échappe à toute définition, à toute analyse.

Charles DUPOUY.

RHUMATISME. Est-il une expression, sauf toutefois celle d'*affection nerveuse*, dont on ait autant abusé que du mot *rhumatisme*, qu'on emploie chaque jour pour désigner des douleurs qui en diffèrent essentiellement, et par leur siège et par leur nature? Jusqu'au dix-septième siècle, on a rattaché à cette dénomination (son étymologie ρεύμα, écoulement, le dit assez) l'idée d'une f l u x i o n humorale. Jusque là, sous le nom d'*arthrite*, de *podagre*, etc., on confondait le g o u t t e et le rhumatisme, maladies encore aujourd'hui séparées par des caractères peu précis. Sous le nom de *rhumatisme*, on désigne une affection très-sujette à se déplacer et à récidiver, dont le principal symptôme est la douleur, et qui affecte les articulations, les muscles et aussi les membranes séreuses, fibreuses et musculaires qui entrent dans la composition de certains viscères. Dans l'état actuel de la science, elle est considérée soit comme une *inflammation* franche, soit comme une inflammation ayant un caractère spécial (MM. Chomel, Louis, etc.), ou comme une *névrose*, ou encore comme le résultat d'un état maladif du sang. Rare dans l'enfance, le rhumatisme se montre surtout de quinze à quarante ans, peu après cet âge, comme première attaque. Les hommes en sont plus souvent affectés que les femmes. L'hérédité semble y prédisposer. Commun dans tous les pays du globe, le rhumatisme l'est davantage dans les climats tempérés, où règne une atmosphère variable, humide et froide. Il a été décrit comme *e n d é m i q u e* et aussi par quelques auteurs comme *é p i d é m i q u e*. Parmi ses causes, comme pour beaucoup de phlegmasies, on indique l'usage des boissons excitantes, l'abus des plaisirs vénériens, l'oisiveté, surtout après une vie active. D'autres causes lui sont plus particulières ; telles sont l'habitude d'un lit renfermé et d'un appartement très-chaud, un exercice violent et inaccoutumé, un refroidissement brusque, général ou partiel, le repos et surtout le sommeil sur le sol humide ou dans une chambre dont les plâtres ne sont pas suffisamment secs, enfin des vêtements mouillés.

Les prodromes dans le *rhumatisme articulaire aigu* manquent ou sont de courte durée : ce sont des frissons vagues, l'inappétence, la soif, la courbature, un appareil fébrile d'une médiocre intensité. Bientôt les douleurs surviennent, dans une ou plusieurs articulations, ordinairement plus intenses la nuit que le jour. Si elles sont superficielles, il s'y développe du gonflement parfois avec fluctuation, de la chaleur et de la rougeur, quelquefois un bruit de craquement pendant le mouvement. Le rhumatisme se porte souvent d'une articulation à une autre, particulièrement pendant la nuit. Toutes peuvent être successivement envahies. Si la fièvre s'accompagne de sueurs, c'est sans aucun soulagement; si elle se prolonge après la cessation de la douleur, on doit croire à une complication phlegmasique ou à un retour prochain de la douleur. Quand la fièvre est intense, la maladie s'étend fréquemment aux membranes séreuses du cœur, plus rarement des poumons, etc., d'où résulte la nécessité d'une surveillance assidue. On voit quelquefois, dans le cours ou au déclin de l'arthrite aiguë, même la plus régulière, survenir inopinément une série d'accidents qui donnent le plus ordinairement la mort et semblent se passer dans le système nerveux central ou dans ses enveloppes (MM. Bouillaud, Gubler, etc.). Le sang tiré de la veine dans le rhumatisme se couvre, comme dans certaines phlegmasies, d'une couche jaunâtre, dite *couenne pleurétique*, due à la proportion très-augmentée de la fibrine (MM. Andral et Gavarret) et à sa séparation des globules rouges. La *durée* du rhumatisme aigu varie beaucoup; celui qui est limité à une articulation dure généralement beaucoup plus : si la maladie est très-aiguë et fort intense, rarement elle se prolonge au delà de vingt-et-un jours. Le rhumatisme peut manquer de phénomènes généraux et se montrer sous forme *chronique*, rarement après avoir été aigu : il est alors très-opiniâtre, et n'attaque qu'un petit nombre d'articulations. Souvent à sa suite les jointures restent empâtées, à demi ankylosées, et même sont le siège de déformations et de lésions plus ou moins graves, qui à tort ont été confondues avec les concrétions de la goutte. Quant à la dégénérescence en tumeurs blanches, elle résulte d'une complication avec la scrofule. Le rhumatisme chronique est plus commun chez les femmes que chez les hommes : généralement il attaque des individus de constitution lymphatique ou affaiblis par les chagrins, les privations ou l'action prolongée du froid humide. Les saignées sont ici inutiles, à moins de recrudescence très-aiguë, plus souvent l'opium est nécessaire; mais c'est surtout à la médication externe, à la stimulation de la peau qu'il faut recourir. L'on obtient alors surtout de bons résultats de l'hydrothérapie et des eaux thermales. Dans le choix de celles-ci, il ne faut pas oublier que la température des eaux a une grande importance. Ainsi à Ems, où l'on obtenait autrefois de grands succès en provoquant la transpiration par des bains très-chauds et prolongés, on ne voit presque plus de rhumatisants depuis que l'on donne les bains courts et tempérés. Le *diagnostic* du rhumatisme articulaire est rarement difficile : toutefois, l'empoisonnement par le plomb, la syphilis, le ramollissement sénile (Astley Cooper), la morve et la phlébite donnent lieu à des douleurs arthritiques qui pourraient tromper. Il est bon, dans le rhumatisme fixe, de s'assurer qu'une blennorrhagie n'a pas précédé la douleur articulaire. La *terminaison* du rhumatisme dans l'immense majorité des cas a lieu par la guérison, souvent après une convalescence accompagnée d'une grande faiblesse. La mort ne survient guère que par l'extension de la maladie aux séreuses des viscères. Aussi n'a-t-on que très-rarement occasion de rechercher les lésions anatomiques, nulles souvent ou de nature inflammatoire, que la maladie laisse à sa suite.

Le *traitement* diminuerait bien plus souvent la violence et la durée du mal, s'il était plus tôt et plus énergiquement administré. L'affection est-elle accompagnée d'une fièvre intense, le malade est-il robuste, il faut débuter par des saignées générales, pour recourir ensuite aux saignées locales, si le rhumatisme n'est pas très-mobile. Dans tous les cas des cataplasmes simples ou laudanisés, les boissons tempérantes et tièdes, quelques laxatifs, les opiacés en cas d'insomnie ou de vives douleurs, une diète vigoureuse, le repos et une position des membres qui n'y fasse point affluer le sang, devront être conseillés. Le tartre stibié à haute dose est aujourd'hui peu employé; le sel de nitre à dose élevée l'est plus souvent, mais moins que le sulfate de quinine (M. Briquet). Il ne faut pas oublier en prescrivant ces médicaments énergiques, l'opium, le sulfate de quinine, etc., que l'action toxique est à côté de l'action thérapeutique : il faut donc tâter la susceptibilité médicamenteuse des malades.

Dans le *rhumatisme musculaire*, la douleur siège dans un ou plusieurs muscles : elle est augmentée par le mouvement, c'est-à-dire par la contraction des organes malades. Sa *durée*, très-variable, peut se prolonger même pendant des années. Cette maladie a le plus grand rapport avec les *névralgies*; seulement, au lieu d'être disséminée par points ou par lignes dans une direction déterminée, elle est étendue à une grande surface. Quelques auteurs (Scudamore, M. Roche, etc.) n'assignent pas au rhumatisme musculaire d'autre siège que le système nerveux lui-même. Le *traitement* consiste en applications locales de sangsues, puis de cataplasmes émollients ou narcotiques, en douches, bains de vapeur, frictions et eaux thermales. Le rhumatisme de la tête ou *épicrânien* peut être confondu avec l'érysipèle, qui cependant est reconnaissable par de l'œdème et une coloration rosée ou bleuâtre. Il cède parfois à quelques précautions contre le froid, par exemple en remédiant à l'absence des cheveux. Le *torticolis* (rhumatisme du cou), quand il se prolonge, peut occasionner une inclinaison permanente de la tête. Le rhumatisme des muscles de la poitrine, ou *pleurodynie*, serait souvent confondu avec la pleurésie si l'on n'avait recours à l'auscultation. Au ventre, le rhumatisme *préabdominal* a été souvent méconnu et traité comme le serait une inflammation plus profonde. Le *lumbago* (rhumatisme de la région lombaire) est très-opiniâtre et très-douloureux : il récidive souvent et passe facilement à l'état chronique. Il peut occasionner des erreurs de diagnostic, car on retrouve la douleur lombaire au début d'une variole, dans les maladies des vertèbres, des reins, de l'utérus, etc. Aux *membres*, le rhumatisme affecte particulièrement les muscles voisins du tronc, le deltoïde, etc. Il a pu quelquefois, en se prolongeant, déterminer une atrophie difficile à guérir. Le rhumatisme peut-il s'étendre aux *viscères*, au cœur, au pharynx, à l'estomac, aux intestins, à la vessie, à l'utérus ? MM. Chomel et Bouillaud, dans ces derniers temps, n'ont pas hésité à admettre certains rhumatismes viscéraux.

Quel que soit le siège du rhumatisme, il faut, si l'on veut se garantir des récidives, stimuler, activer les fonctions de la peau. Si cette maladie est rare chez les enfants et même chez les jeunes gens, s'ils peuvent guérir radicalement, n'est-ce point à la grande vitalité de la peau entretenue par l'activité de la circulation qu'il faut l'attribuer ? Tandis que les causes d'affaiblissement telles qu'une vie sédentaire, l'état puerpéral, la convalescence, par leur action sur le système nerveux et sur les fonctions de la peau, prédisposent au rhumatisme, celui-ci cède à l'exaltation artificielle de l'activité cutanée obtenue par l'hydrothérapie et la médication thermale. Les individus sujets à cette maladie devront donc se soustraire le plus possible aux causes indiquées du rhumatisme, notamment au froid humide. Ils porteront des vêtements chauds et légers et sur la peau de la flanelle. Ils auront fréquemment recours aux frictions sèches, au massage, aux bains alcalins et sulfureux. Quelque exercice sera pris chaque jour.

Ceux-là, dit Hofmann, sont exempts du rhumatisme qui font beaucoup d'exercice, vivent sobrement et ne boivent que de l'eau. En 1745 Belloc, dans sa thèse sur cette question singulière : La paume est-elle un préservatif du rhumatisme ? répondait par l'affirmative. Terminons cet article, qui demanderait d'amples développements, en conseillant d'opposer aux causes nuisibles, si souvent inévitables, moins des vêtements très-épais que la stimulation de la peau par tous les moyens possibles et des essais gradués pour s'habituer à l'influence de ces causes. Quand même on ne parviendrait pas ainsi à se préserver entièrement des attaques, tout au moins on les éloignera et on les rendra moins violentes. Dr Auguste GOUPIL.

RHUMB ou **RUMB**. On donne ce nom à chacune des trente-deux directions qu'indique la rose des vents. A la mer on nomme aussi *quarts* chacun des ces rhumbs, et c'est ainsi qu'on dit d'un vaisseau *qu'il a plus ou moins de quarts dans sa voile*, suivant la manière dont il est orienté entre le vent arrière et le plus près. On appelle aussi *pointe de compas*, ou simplement *pointe*, cette trente-deuxième partie du cercle. C'est à l'aide d'une très-légère girouette ou d'un fil garni de plumes, le *penaud*, que se reconnaît à la mer le *rhumb*, d'où souffle la brise toujours opposée à la direction suivant laquelle se soulève cet instrument, à part la petite variation que lui fait subir la force du sillage.

RHUME (du grec ῥεῦμα, écoulement, fluxion). Les anciens désignaient ainsi de prétendues fluxions humorales qui s'opéraient de la tête vers les parties inférieures; aussi ce terme générique a-t-il reçu diverses dénominations, suivant les parties affectées, comme le constate ce distique de l'école de Salerne :

« Si fluat ad pectus, dicatur *rheuma* catarrhus;
Si ad fauces, *branchos*; si ad nares, esto *coryza*. »

Les gens du monde emploient encore aujourd'hui la même expression pour désigner ce qu'ils appellent *rhume de poitrine*, ou *catarrhe*, et *rhume de cerveau*, ou *coryza*. Pour les médecins modernes, les rhumes ne sont plus que le résultat de l'inflammation ou du moins de l'irritation sécrétoire de la membrane muqueuse qui tapisse soit les fosses nasales (*coryza*), soit les bronches (*bronchite*, *catarrhe pulmonaire*).

Le rhume est dans la plupart des cas plutôt une incommodité, une simple indisposition, qu'une maladie proprement dite. La nature suffit pour en opérer la guérison, dans un temps plus ou moins court, et sans l'assistance du médecin. Cette fréquente innocuité des rhumes inspire malheureusement une sécurité qui dans certains cas peut devenir fatale. C'est un rhume qui souvent est le principe ou le point de départ du croup, de la pneumonie, etc., et surtout de cette funeste maladie qui figure pour une si grande part dans la mortalité des contrées septentrionales, la phthisie tuberculeuse, que l'observation vulgaire fait ordinairement dériver d'un *rhume négligé*. C'est le passage du *rhume* à l'état chronique qui constitue ces catarrhes secs, humides, suffocants, dont sont tourmentés tant de vieillards, et qui amènent à leur suite de si graves accidents.

La cause principale des rhumes est le froid. Il engendre les rhumes avec d'autant plus de facilité, qu'il alterne avec l'impression de la chaleur, qu'il surprend la surface du corps dans un état de transpiration, qu'il agit localement sur certaines parties, telles que les pieds, la tête, la poitrine, et qu'il se trouve joint à l'humidité. C'est donc surtout dans les climats et pendant les saisons où la température est froide, humide, et surtout variable, que les rhumes sont le plus fréquents et le plus opiniâtres. Pour ce qui est du *rhume de cerveau*, nous nous contenterons de renvoyer le lecteur à l'article CORYZA. Quant au *rhume de poitrine* (bronchite), qu'il ait débuté par le coryza, ou qu'il se manifeste d'emblée, il s'annonce par une sensation gêne, de chaleur dans la région antérieure du thorax. Le besoin de tousser se fait sentir, la toux devient fréquente, quinteuse, sonore ou rauque, douloureuse, même déchirante, d'abord sèche, fatigante, puis plus humide, plus facile, à mesure que le rhume mûrit; elle est suivie de l'expulsion de crachats de quantités et de caractères variables. S'il s'y joint des crachats striés de sang, un point de côté, de la fièvre, le rhume est grave et voisin de la pneumonie ou de la pleurésie, si celles-ci n'existent déjà. Lorsque le rhume sévit sur une personne de constitution grêle, de tempérament lymphatique, issue de parents poitrinaires, sujette à s'enrhumer, si surtout cette personne a craché ou crache actuellement du sang, il est bien à craindre que le rhume ne soit un symptôme de phthisie pulmonaire.

Le *rhume*, avons-nous dit, se termine le plus souvent de lui-même, ou à l'aide de moyens très-simples, tels que la chaleur, le repos, la diète, quelques boissons émollientes, calmantes ou diaphorétiques, des bains de pieds, etc. Mais lorsqu'il se prolonge, qu'il se montre avec une certaine intensité ou accompagné de symptômes insolites, il est prudent et même urgent de recourir aux conseils d'un homme de l'art. Quant aux moyens préservatifs, chez les personnes sujettes à s'enrhumer, nous en indiquerons un seul qui consiste à éviter l'impression du froid, de l'humidité et surtout des variations de température. Les vêtements de flanelle portés immédiatement sur la peau ont suffi pour prévenir ou dissiper des rhumes opiniâtres et leurs graves conséquences. FORGET.

RHYNCOPS. *Voyez* BEC-EN-CISEAU.

RHYTHME (*Poésie*). Ce mot vient du grec ῥυθμός, qui signifie *nombre*, *mesure*, *cadence*. En poésie, il désigne généralement la mesure complète d'un vers. Un pied de moins dans un vers est une faute contre le *rhythme*, et une longue à la place d'une brève une faute contre la *quantité*; donc ils sont loin d'être les mêmes : la quantité constitue le rhythme, et le rhythme le vers. Les langues d'Athènes et du Latium, dont les longues et les brèves étaient si déterminées, étendirent l'application du mot *rhythme* à chaque pied de leurs vers : ainsi, dans cet hexamètre si connu :

Tityre, tu patulæ recubans sub tegmine fagi,

chacune des césures ou plutôt des mesures constitue un rhythme. Le dactyle *Tityre*, formé d'une longue et de deux brèves, et le spondée *fagi*, fait de deux longues, sont tous deux des rhythmes, mais deux rhythmes divers seulement quant à la disposition des longues et des brèves: ainsi, l'iambique (brève et longue) et le trochée (longue et brève) sont deux rhythmes bien opposés : le premier, vif et saccadé, fait assaut à l'oreille et à la pensée; il est propre à l'indignation ou à la furie de la satire; le second, lent dans sa marche, est propre à la douce émotion; du reste, l'art des poëtes anciens mêlait ces deux rhythmes, selon leur convenance, dans le corps des vers de la poésie lyrique. Sapho inventa le vers *saphique*, Alcée l'*alcaïque*; Pindare et Horace y furent les plus habiles. Nous venons de citer des rhythmes égaux entre eux en durée de temps, tels que sont aussi l'*anapeste* (deux brèves et une longue), l'*amphibraque* (une longue entre deux brèves), le double *pyrrhique* (quatre brèves); mais un rhythme est différent si, comme celui du double *spondaïque* (quatre longues [*incrementum*]) il double sa mesure, ainsi que ferait en musique la mesure à deux temps large, à côté d'un *deux quatre* tant soit peu animé. Admirons donc ici la poésie des anciens, qui sans chœurs, sans flûtes et sans lyres, était déjà toute une mélodie : pleurons notre pauvreté, et étonnons-nous des obstacles que ont eu à vaincre nos grands écrivains. Le rhythme ou mesure est si bien caractérisé dans notre antique qu'il est impossible de déclamer le vers de Virgile que nous avons cité plus haut sans battre, malgré soi, comme en musique, la mesure à deux temps. Dans le vers antique, la voix, l'accent d'un déclamateur exercé sont un véritable bâton de mesure.

La poésie française n'est point *rhythmée*; son seul rhythme est la césure, exigée seulement dans l'alexandrin et le dissyllabe, la césure, dont trop de nos jeunes poëtes du jour s'affranchissent. Tout rhythme ne peut se bannir de la prose; il faut nécessairement qu'il y en ait. Une période de prose est composée de phrases et de membres de phrases et de mots, et nécessairement aussi elle est pleine de rhythmes infiniment variés. Il semblerait qu'ils se sèment au hasard, mais il en est autrement; l'oreille de l'homme est

27.

naturellement rhythmique; elle cherche sans en s'apercevoir l'harmonie, comme l'œil cherche à son insu les proportions et l'accord des lignes. En effet, si une période n'était point rhythmée, l'orateur perdrait haleine, et l'auditeur l'attention. C'est pourquoi la prose a subi, comme la poésie, les règles d'un art, mais beaucoup plus larges et plus libres. On sait de quelle subite recrudescence de douleur fut frappé l'auditoire de Bossuet à cette seule phrase, si merveilleusement rhythmée : « O nuit désastreuse! ô nuit effroyable, où retentit tout à coup comme un coup de tonnerre cette étonnante nouvelle : Madame se meurt! madame est morte! »
Denne-Baron.

RHYTHME (*Musique*). Ce n'est autre chose que la symétrie appliquée au mouvement, la différence de vitesse ou de lenteur modifiée d'une manière symétrique, et dont les formes se reproduisent à certains intervalles disposés dans un ordre assez régulier pour former une sorte de mesure cadencée. Tout mouvement qui se succède ainsi nous affecte déjà agréablement, même sans le secours d'aucune espèce de sonorité musicale, comme nous en pouvons faire l'expérience par les battements réguliers du tambour. Quel charme n'aura pas ce même mouvement si nous appliquons à chacun des temps qui le composent des sons choisis et dont la succession soit telle qu'elle flatte l'oreille! L'utilité du rhythme une fois établie, reste à en distinguer les espèces, à en énumérer les modifications faciles. Et d'abord constatons la parfaite analogie qui existe entre le *rhythme* et la *mesure* ordinaire; remarquons que le rhythme est à la mesure comme la mesure elle-même est aux temps simples qui la composent. On peut donc considérer les *mesures* comme les éléments simples qui rentrent dans la composition du *rhythme*, et les divisions de celles-là comme des subdivisions ou des fractions de celui-ci. Le rhythme est de deux espèces, ou *binaire* ou *ternaire*; il est *simple* ou *composé*: simple lorsqu'il ne renferme qu'un seul genre de mouvement, composé lorsqu'il en renferme plusieurs. On conçoit que si un rhythme simple est facilement appréciable, il n'en est pas de même de celui dont les éléments sont multipliés et combinés de différentes manières. Mais si la symétrie rhythmique s'affaiblit peu à peu par la continuité, l'oreille n'en est pas moins affectée, quoique moins sensiblement, et de nouveaux rapports s'établissent pour former de nouvelles combinaisons au moyen de certains repos qui se reproduisent à des intervalles correspondants. De là un nouvel ordre symétrique qu'on peut appeler la *phraséologie* musicale ; car les rhythmes composés qui ont une certaine étendue sont de véritables *phrases*. Ainsi, lorsque la symétrie s'affaiblit dans les éléments rhythmiques des temps, elle se reforme nécessairement dans le nombre des mesures correspondantes; c'est ce qu'on appelle improprement *carrure des phrases*, parce que cette expression, consacrée par l'usage, semblerait faire croire qu'il n'existe de véritable rhythme que celui de quatre mesures, ce qui n'est pas. Il n'y a en musique aucune proscription absolue; car ce qui est mauvais dans une circonstance donnée peut produire un effet agréable dans des conditions différentes ; on ne doit donc rejeter aucune combinaison rhythmique. Il y en a de paires et d'impaires, les unes de 2, 4, 6 et 8 mesures; les autres de 3 et de 5. D'ailleurs, un rhythme quelconque peut toujours, malgré son éloignement, être régularisé par une phrase correspondante analogue.

On donne aussi en musique le nom de *rhythme* à certaines formules ou dessins d'accompagnement, qui se reproduisent synétriquement pendant un certain espace de temps.
Ch. Bechem.

RIBAGE ou **BROYAGE**, l'une des préparations qu'on fait subir au chanvre pour le réduire en fils.

RIBAUDEQUIN, arbalète de grande dimension. *Voyez* aussi Canon.

RIBAUDS. « Les progrès du mal sont sensibles, fait dire Marchangy à *Tristan le Voyageur*, le héros de sa France au quinzième siècle ; je n'en veux pour preuve que les variations qu'ont subies dans leur acception coutumière quelques-uns des termes de notre langue. Il y a cent ans qu'on appelait *ribauds* les chevaliers les plus distingués ; c'était un vrai titre d'honneur que Philippe-Auguste donnait aux barons qui méritaient le mieux sa confiance et qui approchaient de sa personne. Aujourd'hui, on appelle *ribauds* les ivrognes, libertins, experts aux jeux de dés et de brelan. » Cette assertion est peu exacte. Il y avait bien dans l'armée de Philippe-Auguste des espèces d'enfants perdus, dont l'intrépidité était connue, et qu'on appelait *ribauds*; mais ce n'étaient pas les plus distingués des chevaliers, puisque Guillaume le Breton, chapelain de Philippe-Auguste, les relègue avec les *piquenaires* et les *marchands* qui suivaient l'armée.

Roi des ribauds était autrefois le titre que prenait le *prévôt de l'hôtel*, officier de police attaché aux maisons du roi de France, du duc de Bourgogne, etc. Il faisait le soir la visite du palais, se tenait à la porte le jour, et exerçait avec des sergents une sorte de juridiction sur les jeux et les filles de joie ; les mauvais garçons et les femmes perdues ayant avec lui et les siens de fréquentes relations, ce commerce trop intime avilit insensiblement sa charge.
De Reiffenberg.

RIBAUDS (*Clercs*). *Voyez* Clercs.

RIBBONISME, *Riband-lodges*. On a désigné ainsi en Irlande des sociétés secrètes exclusivement composées de paysans catholiques, et dont le but, plus ou moins avoué, est d'*extirper l'hérésie du sol irlandais*, en d'autres termes, de faire rentrer la propriété du sol aux mains des catholiques. Ce serait tout à la fois une société religieuse et une société agraire. Dès que pour un motif ou un autre l'Irlande s'agite, on peut être sûr de voir les journaux anglais évoquer le monstre du *ribbonisme*, et montrer les *riband-men* promenant le fer et le feu sur cette terre désolée, choisissant d'ailleurs prudemment la nuit pour se livrer à leurs dévastations et à leurs assassinats. A en croire les o r a n g i s t e s et les journaux organes de leur parti, les *ribbonistes* ou *riband-men* seraient des espèces de francs-juges au petit pied, chargeant l'un d'eux de l'exécution de la sentence de pillage ou de mort que dans un conciliabule ils ont rendue contre un protestant.

RIBE ou **RIPEN**, le plus méridional des évêchés du J u t l a n d (Danemark), compte une population de 161,000 habitants sur une surface de 120 myriamètres carrés. Le sol en est généralement marécageux, et dès lors peu fertile. L'évêché est divisé en trois bailliages : *Ribe*, *Veile* et *Rinkjøbing*. Le bailliage de Ribe compte 45,000 habitants sur une surface de 38 myram. carrés. Son chef-lieu n'a guère que 2,500 habitants. Dans sa cathédrale, dont la construction remonte au douzième siècle, se trouve les tombeaux du roi Erich Edmond, assassiné en 1137, et du roi Christophe le Bavarois, qui y fut couronné, en 1252, et qui mourut dans cette ville, en 1259. C'est à Ribe, ville alors d'une tout autre importance qu'aujourd'hui, que le roi Christophe conclut, en 1330, la paix avec Waldemar III, et que le grand-électeur de Brandebourg y signa avec le roi de Danemark Frédéric III, le 21 janvier 1659, un traité d'alliance offensive et défensive.

RIBEAUPIERRE, en allemand *Rappoltstein*, château avec parc, situé sur une hauteur, à l'entrée d'une belle vallée du département du Haut-Rhin, était autrefois la résidence des seigneurs de Rappoltstein, dont la ligne mâle s'éteignit sous le règne de Louis XIV.

Une famille du même nom quitta l'Alsace au temps de la révocation de l'édit de Nantes, et alla se fixer dans le pays de Vaud. C'est à cette famille Ribeaupierre qu'appartiennent les Ribeaupierre aujourd'hui établis en Russie. Elle a pour chef le comte *Alexandre* de Ribeaupierre, né en 1783, diplomate distingué, qui prit une part importante aux négociations à la suite desquelles fut reconnue l'indépendance de la Grèce. En 1831 il alla remplir à Berlin les fonctions d'ambassadeur. Rappelé en 1839, il fut nommé membre du sénat dirigeant, et grand-chambellan en 1846.

RIBEAUVILLER, en allemand *Rappoltsweiler*, industrieuse petite ville du département du Haut-Rhin, située au pied de la montagne sur laquelle s'élève le château de Rappoltstein ou Ribeaupierre. On y compte 7,500 habitants, et elle est le centre d'une très-active fabrication de cotonnades et de siamoises. Aux environs on récolte un vin (le *rappoltsweiler*) qui jouit d'un certain renom.

RIBERA (Juseppe), dit *l'Espagnolet*, naquit en 1589, à Jativa, dans le royaume de Valence, en Espagne, et vint très-jeune encore en Italie; circonstance qui l'a fait considérer à tort comme italien par quelques auteurs. En dépit d'une extrême misère, il travailla assidument à Naples, notamment dans l'atelier du Caravage, qui fut aussi constamment son modèle. Plus tard il se perfectionna à Rome et à Parme par l'étude des œuvres de Raphaël et du Corrège. Mais il revint bientôt à la manière du Caravage, qu'il essaya toutefois de perfectionner par un emploi plus agréable des couleurs. Revenu à Naples, le vice-roi duc d'Ossuña le nomma peintre de la cour et inspecteur des beaux-arts. En cette qualité il agit avec beaucoup de hauteur à l'égard des autres artistes; le Dominiquin et les autres éclectiques de l'école de Bologne notamment eurent plus d'une fois à souffrir de son mauvais vouloir, qui mit même leur vie en danger. Un jour il lui arriva, dans un accès de jalousie, de détruire en y jetant de l'eau forte un tableau composé par Massimo Stangioni, peintre napolitain qui s'était formé à son école, mais qui le surpassa sous le rapport de la noblesse du style.

Il mourut à Naples, en 1659, dans une grande aisance. Suivant d'autres, il serait tombé dans un état de profonde mélancolie par suite du chagrin qu'il aurait éprouvé d'avoir vu sa fille séduite par don Juan d'Autriche, fils naturel de Philippe IV, puis renfermée dans un couvent de Palerme; et il serait disparu sans qu'on ait jamais su depuis ce qu'il était devenu.

Ribera n'a peint que des tableaux de chevalet. Il excellait surtout à représenter les scènes horribles et effrayantes que lui suggérait une imagination capricieuse et désordonnée, comme on en a un exemple dans son *Saint Barthélemy écorché*, qui fait partie du musée espagnol du Louvre. Sa représentation est la nature même prise sur le fait, et il excellait à reproduire les diverses parties du corps humain, par exemple la peau, les rides, les cheveux, etc. Il y a de lui de magnifiques toiles dans les collections de Naples, de Paris, de Vienne et de Dresde. Ses feuilles gravées appartiennent aux productions les plus distinguées de l'école italienne. Luc Giordano et Salvator Rosa furent les plus remarquables d'entre ses élèves.

RIBÉRAC. Voyez Dordogne.

RIBES (François), un des médecins de Napoléon, naquit à Bagnères-de-Bigorre, le 4 septembre 1764, et mourut à Paris, le 21 février 1845. Troisième et dernier fils d'un paysan aisé du Béarn, F. Ribes se voua à l'art de guérir. Il quitta Bagnères à dix-huit ans (en 1783), et ne vint à Paris qu'à vingt, après avoir passé deux années dans les écoles et les hospices de Bordeaux. Ce voyage, il le fit à pied, ayant pour compagnon le jeune Bérot, mort il y a quelques années doyen de la faculté de médecine de Strasbourg : ils furent reçus et d'abord guidés dans la capitale par leur ami Larrey, compatriote de Ribes, que son noble caractère et les circonstances ont conduit à une grande célébrité. Ribes commença par compléter aux grandes écoles de Paris des études littéraires qu'il n'avait qu'ébauchées à Bagnères.

Doux et timide encore plus que modeste, aussi dévoué que facile à vivre, il eut de bonne heure pour amis des hommes du premier ordre pour l'intelligence : de ce nombre étaient Bichat, Antoine Dubois, Chaussier, Larrey, Dupuytren, le peintre Girodet, etc.; il eut en même temps l'utile protection d'une dame de Bagnères, sa marraine, qui plus d'une fois le soutint de son crédit. Il s'adonna non sans succès au professorat et aux démonstrations publiques; mais sa supériorité ne fut en rien moins contestée qu'en anatomie, science qu'il a enrichie de ses observations et découvertes. Il faisait ses cours et ses dissections comme Bichat lui-même, dans cette vieille tour des commandeurs de Saint-Jean-de-Latran, qui existait naguère encore près du Collège de France. Il avait surtout suivi les leçons de Desault. Plusieurs fois il s'y était trouvé voisin d'un tout jeune homme qui, même au plus fort de l'hiver, attendait patiemment le matin l'ouverture de l'amphithéâtre de l'hôtel-Dieu; et l'on découvrit que ce jeune homme était le duc de Chartres, depuis Louis-Philippe.

Le docteur Ribes, comme médecin militaire, passa dans les camps une partie de sa vie. En sa qualité de médecin de la maison de l'empereur, il assista à de nombreux combats, eut pour clients Duroc, Moncey, Masséna. Napoléon le décora de sa main à la journée d'Eylau; Duroc blessé aurait voulu que le maître le nommât baron, titre alors fort ambitionné et que plus d'un titulaire mérita moins que lui. C'est Ribes que l'empereur chargea en 1813 d'évacuer les blessés sur la ligne du Rhin. Alors régnait le typhus. Il fut également chargé, en février 1814, d'accompagner jusqu'à Savonne Pie VII, qui souffrait beaucoup d'un catarrhe vésical aggravé de fièvre hectique ou de consomption.

Avant la campagne de Moscou, dans laquelle il suivit l'empereur comme partout, il avait brûlé de nombreux manuscrits qu'il jugeait trop imparfaits pour mériter d'être publiés. Il se persuadait que l'empereur, toujours victorieux, pousserait ses entreprises jusqu'aux possessions anglaises de l'Inde, et ne s'attendait point à revoir Paris.

Si modeste qu'il pût être, il devint un des médecins de quatre souverains, savoir : l'empereur Napoléon, Pie VII, Louis XVIII et Charles X. Ce fut Ribes qui ouvrit le corps de Louis XVIII, et qui publia l'autopsie instructive de ce roi. Devenu enfin médecin en chef des Invalides, il eut la douleur sur ses vieux jours de se voir évincé de ce glorieux établissement, où il était entré sous-aide le 24 septembre 1792.

Ribes comptait onze campagnes, et il s'était trouvé comme médecin et chirurgien actif et zélé à quarante-cinq affaires, batailles, sièges ou prises de capitales, pansant des plaies et partageant des privations et des fatigues.

Il était officier de la Légion-d'Honneur, et avait été reçu docteur en 1808. Ginguené, directeur de l'instruction publique, l'avait nommé en 1796 prosecteur de l'École de Santé. En trois points sa légitime ambition se trouva déçue : il ne fut ni du conseil de santé des armées, ni de l'Institut, ni baron. Son principal ouvrage, en trois volumes in-8°, a pour titre : *Mémoires et observations d'Anatomie, de Physiologie et de Chirurgie* (Paris, 1841-1845).

On a de lui : *Exposé des recherches faites sur quelques parties du cerveau* (1839). Bagnères, maintenant enrichie d'un musée, doit un monument quelconque à François Ribes. Isid. Bourdon.

RIBÉSIACÉES. Voyez Grossulariées.

RICARDO (David), économiste anglais, né en 1772, descendait d'une famille de juifs portugais venue de Hollande s'établir en Angleterre. Son père était un riche banquier de Londres, et en embrassant le christianisme il se brouilla avec lui. Quoique presque sans aucune fortune, il n'en réussit pas moins par son habileté, son activité et sa loyauté en affaires à devenir, lui aussi, un des premiers banquiers de l'Angleterre. En 1819 il fut élu membre de la chambre des communes, où, sans se rattacher spécialement à aucun parti, il exerça une influence efficace sur l'adoption de sages mesures d'économie dans les finances publiques et du principe de libre concurrence en matière de législation industrielle et commerciale. Il mourut en 1853, généralement regretté, à cause de sa bienfaisance et de la modestie aimable qui formait le fond de son caractère : Voici les titres de ses principaux ouvrages : *The high Price of Bullion, a proof of the depreciation of banknotes* (1810), où il fait justice des erreurs et des préjugés alors en crédit au sujet de la banque d'Angleterre; *On the Influence of a low Price of Corn on the profits of Stock* (1815), où il développe les lois naturelles du revenu foncier exposées par Malthus et par West, en même temps qu'il y défend la libre importation des grains; *Proposals of an economical and secure Currency* (1816), où il expose le meilleur système à suivre pour rétablir les payements en espèces de la banque, qu'elle s'était trouvée forcée de suspendre, et que Peel mit plus tard en pratique; *Principles of Political Economy and taxation* (1812); enfin, son principal ouvrage systématique, *On the funding System* (1820), où il recommande de demander à l'impôt direct les ressources nécessaires pour couvrir des dépenses extraordinaires, au lieu de se les procurer par la création de dettes nouvelles.

Ricardo est généralement reconnu comme l'économiste le plus remarquable que l'Angleterre ait produit depuis Adam Smith, et il appartient sans conteste aux plus savants hommes du dix-neuvième siècle. Cela est d'autant plus remarquable que son éducation première avait été très-défectueuse, et que pour étudier plus tard il lui fallut trouver le moyen d'épargner sur le temps qu'exigeaient de lui les affaires. Ricardo excelle à ramener les éléments les plus simples les questions les plus compliquées, et ce talent tout spécial l'a conduit à la découverte d'une foule de nouvelles lois naturelles : par exemple, celle de la division de la richesse nationale en revenu de la terre, salaire du travail et loyer du capital; celle du prix de l'argent; celle de la balance du commerce international, et celle de l'influence de l'impôt sur le prix des marchandises. Ses ouvrages ne peuvent d'ailleurs, en raison de leur concision et de leur abstraction extrêmes, être lus que par des lecteurs exercés, que n'effraye pas la nécessité de sérieusement méditer pour comprendre. Ricardo aime à développer toutes les conséquences d'une loi naturelle qui se peuvent déduire en partant d'un principe donné. Des disciples et des compilateurs maladroits ont cherché à généraliser d'une manière absurde quelques-unes de ses théories, et par là ils ont valu à leur maître la réputation très-mal fondée d'être d'une exagération qui rend ses idées inapplicables. Quoique praticien distingué, Ricardo n'a pas voulu écrire un manuel *à l'usage des commençants*; il n'a eu en vue que des hommes compétents sur les matières qu'il traite et auxquels il communique sous une forme concise le résultat de ses recherches, afin qu'ils l'utilisent pour leurs propres travaux ultérieurs. Par exemple, la célèbre proposition sur laquelle tant d'Anglais sont habitués à jurer, que le prix de toute marchandise ne provient que du travail nécessaire pour sa production, est précisément fausse sous cette forme. Mais qu'on lise l'ouvrage de Ricardo en entier, et on comprendra bientôt qu'il savait parfaitement tout ce qu'on pouvait objecter contre cette proposition, et qu'il ne l'a émise que sous des suppositions qui la rendent soutenable de tous points. La chaire d'économie politique à l'université de Londres porte le nom de Ricardo.

RICARDOT. *Voyez* PEIGNE (*Malacologie*).

RICCI (SCIPION), réformateur de l'Église catholique en Toscane, sous le règne du grand-duc Léopold Ier, né à Florence, en 1741, et élève du séminaire de Rome, voulut d'abord entrer dans l'ordre des Jésuites, mais en fut empêché par ses parents. D'abord auditeur du nonce à Florence, puis vicaire général de l'archevêque Incontri, il fut nommé en 1780 évêque de Pistoie et de Prato. Léopold donnait alors à la Toscane ces institutions libérales qui ont immortalisé son nom, et qui auraient préservé l'Europe de révolutions et de guerres si les princes avaient su faire à propos ces concessions que la raison publique réclamait de toutes parts. Le grand-duc fut sagement secondé par Ricci pour ce qui regardait la réforme, si urgente, à introduire dans les couvents, et principalement au milieu de ces horreurs obscènes et impies qui rappelaient au fond les désordres des ursulines de Loudun et de Louviers. On sait d'ailleurs que beaucoup plus anciennement les fabliaux et les contes du moyen âge, plus véridiques souvent que l'histoire même, avaient signalé l'inconduite des moines et des religieuses, contre laquelle avaient échoué les canons, pourtant si formidables et si réitérés, des synodes et des conciles. Grâce au zèle que l'évêque déploya pour seconder le prince, plusieurs confréries ridicules furent abolies, le vagabondage, protégé par le titre de *processions*, fut réprimé, et le culte replacé dans des sages limites, en même temps qu'on interdisait au faux zèle et à l'hypocrisie le trafic d'un mysticisme abrutissant. Les ennemis des réformes auraient trop perdu à la destruction des abus pour ne pas faire une opposition systématique : leurs menées, d'abord sourdes et ménagées avec art, devinrent bientôt insolentes. Ils suscitèrent en mai 1787, dans la ville de Pistoie même, une émeute scandaleuse, dans laquelle le trône épiscopal et les livres du prélat furent brûlés; puis, au mois d'avril 1790, on souleva une partie du diocèse. Le pacifique Ricci ne tarda pas à donner sa démission : c'est ce que voulaient ses ennemis, ses calomniateurs, qui toutefois ne cessèrent de le persécuter. Ses actes et ses principes furent condamnés par une bulle du 28 août 1794 : c'était le moment de la plus violente exaspération de la cour de Rome contre toute espèce d'innovation, contre tout ce qui pouvait ébranler son omnipotence, contre tout ce qui n'était pas soumission aveuglément servile à ses volontés. Accablé de dégoûts, emprisonné, affaibli par l'âge et le malheur, le bon prélat céda à de prépondérantes obsessions : il signa une rétractation, le 9 mai 1805.

Devenu libre, Ricci, homme de conviction sincère et de lumières supérieures, n'hésita pas à rentrer dans ses premières voies, et ne donna pas le démenti à ses anciens principes et à son ancienne conduite : il y mourut fidèle, en 1810. M. De Potter a publié à Bruxelles, en 1827, la *Vie de Scipion Ricci*, composée sur les manuscrits autographes de ce prélat et suivie de pièces justificatives tirées des archives de M. le commandeur Lapo de Ricci, à Florence. L'édition donnée à Paris, en 1826, avait été mutilée par de nombreux retranchements.

Louis Du Bois.

RICCIARELLI (DANIEL), peintre et sculpteur, naquit en 1509, à Volterra; c'est pourquoi il est plus généralement connu sous le nom de *Daniel* DA VOLTERRA. Formé d'abord à Sienne par Baldassare Peruzzi et par Sodoma, plus tard, à Rome, il suivit la direction de Perin del Vaga, et surtout de Michel-Ange. Ce dernier prit le jeune artiste en amitié, le seconda dans ses travaux et plus tard l'admit au nombre de ses plus actifs collaborateurs. Ricciarelli avait en effet réussi à s'approprier au plus haut degré le faire de son maître, et à arriver à une remarquable perfection de dessin, notamment dans les raccourcis les plus difficiles, sans pourtant atteindre à la hauteur originale de Michel-Ange. Son coloris est aussi un peu froid. Ricciarelli travailla surtout aux travaux exécutés au Vatican et à la *Farnesina*. On vante surtout sa *Descente de croix* de *Trinità de' Monti*. Cette toile, endommagée par la chute de la coupole, n'a pas été très-heureusement restaurée par Palmaroli. Elle a été à diverses reprises reproduite par la gravure. On voit aujourd'hui, au musée de Naples une autre *Descente de croix* de Ricciarelli ; il en existait une troisième dans la galerie d'Orléans, qui se trouve maintenant en Angleterre. Il faut encore citer de lui un *Ensevelissement du Christ*, d'après Michel-Ange, à Castle-Howard, en Angleterre, une *Sainte Vierge auprès du Christ* dans la galerie de Schleissheim, une *Sainte Famille* dans la galerie de Dresde, *Le Massacre des Innocents*, toile célèbre, contenant plus de soixante-dix figures, à la Tribune, à Florence, *David et Goliath* dans la galerie du Louvre. Les toiles de Ricciarelli sont rares, parce qu'il peignait lentement, afin de mettre plus de perfection dans ses œuvres. Plus tard il s'adonna aussi à la plastique, et de même sous la direction de Michel-Ange. Plusieurs ouvrages en stuc dans le *San-Trinità de' Monti* sont de lui. Vers la fin de sa vie il commença une statue de saint Michel pour la grande porte du château Saint-Ange; mais elle est restée inachevée. Chargé d'exécuter la statue équestre de Henri II, il ne l'acheva qu'en partie. Il n'y eut de fondu en bronze que le cheval, sur lequel on plaça plus tard Louis XIII, et qu'on voyait avant la révolution au milieu de la place Royale, à Paris. Ricciarelli mourut en 1567. Il faut encore remarquer que c'est à lui qu'on est redevable que le *Jugement dernier* de Michel-Ange n'ait pas été enduit d'une couche de blanc ; il fit à la pruderie le sacrifice des nus, ce qui lui valut le sobriquet de *il Braghettone* (le peintre de culottes).

RICCIOLI (GIOVANNI-BATTISTA), savant astronome, né à Ferrare, en 1598, entra de bonne heure dans la société de Jésus, où il professa longtemps l'histoire et les belles-lettres. Plus tard il se consacra exclusivement à l'astronomie. Il combattit par ordre de ses supérieurs le système de Copernic, et prétendit faire tourner la Lune, le Soleil, Jupiter et Saturne autour de la Terre, que par ordre aussi il déclarait immobile au centre de l'univers malgré Galilée. S'il ne fut pas très-heureux dans ses travaux pour mesurer exactement la Terre, il fit du moins d'excellentes observations sur la Lune. On a de lui, entre autres ouvrages importants, un *Almagestum novum* (Bologne, 1651), livre encore classique aujourd'hui en astronomie et contenant la liste de toutes les éclipses citées par les historiens depuis celle qui arriva à la naissance de Romulus (an 772 av. J.-C.) jusqu'à l'année 1647; et de précieuses recherches sur les longitudes et les latitudes observées et déduites des meilleures observations faites jusque alors. Il les consigna dans un livre intitulé : *Geographiæ et Hydrographiæ reformatæ Libri XII* (Bologne, 1661), qui contribua beaucoup au perfectionnement des cartes, tant géographiques qu'hydrographiques. Le père Riccioli mourut à Bologne, en 1671.

RICCOBONI (M. et Mme). Un acteur et une actrice, tous deux italiens, également distingués par leurs talents mimiques et littéraires, et qui, après avoir réussi sur la scène à Paris, où ils avaient été appelés en 1716, par le régent, se retirèrent du théâtre pour vivre et mourir chrétiennement, donnèrent le jour à *Antoine-François* RICCOBONI. Né à Mantoue, en 1707, et amené par ses parents à Paris, il y débuta à son tour dans la troupe que l'on appelait alors *italienne*. Il eut moins de succès que son père dans les rôles de *Lelio* ou d'amoureux, et s'en consola en composant plusieurs pièces, qui réussirent, et dont une, entre autres, *Les Coquets*, fut reprise avec succès en 1802. Les gais écrivains de son temps le recherchèrent, et il fut de la société du Caveau avec Collé, Gentil-Bernard, etc. Mais les sciences n'ayant pas moins d'attraits pour lui que les lettres, il passa de l'étude de la chimie à celle de l'alchimie, et dépensa plus qu'il ne possédait en voulant découvrir la pierre philosophale. Il ne réussit pas davantage dans l'établissement d'une magnanerie, et n'eut pour consolation dans sa vieillesse que les succès de sa femme.

Celle-ci, *Marie-Jeanne* LABORAS DE MÉZIÈRES, née à Paris, en 1714, d'une famille ruinée par le système de Law, avait reçu une excellente éducation, et contracté dès sa jeunesse l'habitude du travail. Orpheline sans fortune, laissée maîtresse d'elle-même par une tante qui lui servait de mère et abusée par quelques succès de société, elle crut réussir à la Comédie-Italienne, et parut dans *La Surprise de l'amour*, comédie de Marivaux. On la trouva médiocre ; et Riccoboni, qui ne l'était pas moins, comme acteur, que la débutante, l'épousa. Chagrinée par le froideur du public, les tracasseries de ses camarades et les infidélités de son mari, Mme Riccoboni chercha à se distraire en composant des romans, qui furent plus ou moins bien accueillis du public, et quitta le théâtre, en 1761, pour ne plus s'occuper qu'à écrire. La Harpe, Grimm, Sainte-Foix, Palissot et les écrivains de son temps s'accordèrent pour louer dans ses ouvrages la pureté et les agréments du style, la finesse des réflexions, la délicatesse des sentiments, le charme des détails. Son esprit flexible, piquant et naturel, joint à des qualités solides, telles que l'ordre, l'économie, l'amour du travail, le désintéressement et la droiture, lui fit beaucoup d'amis, quoiqu'on lui reprochât une inégalité d'humeur, qui ne provenait peut-être que d'une sensibilité trop souvent froissée. Sa physionomie, peu expressive, était douce et pleine de candeur; elle avait les yeux noirs, le teint blanc, une belle taille. La révolution, qui fit supprimer la pension qu'elle recevait de la cour, l'aurait réduite à l'indigence, si elle n'était morte en 1792, âgée de soixante-dix-huit ans, après vingt ans de veuvage.

Les œuvres de Riccoboni sont oubliées, tandis que Mme Riccoboni occupe dans la littérature agréable une place très-distinguée, qu'elle conservera. Ses meilleurs ouvrages, selon quelques critiques, sont *Lettres de Fanny Butler*, qui contiennent, dit-on, l'histoire de l'auteur ; les *Lettres de Julie Catesby* ; les *Lettres de la comtesse de Sancerre*, dont Monvel tira la comédie de *L'Amant bourru*, et *Ernestine*. La plupart ont été traduits en anglais et en italien.

C^{sse} de BRADI.

RICHARD Ier, dit *Cœur de Lion*, roi d'Angleterre (1189-1199), fils du roi Henri II, de la maison de Plantagenet, naquit en 1157. De même que ses frères et à l'instigation de sa méchante mère, Éléonore de Poitou, il prit les armes contre son père, à la mort duquel il monta sur le trône, en 1189. Son couronnement, auquel il était défendu à tout juif d'assister, lui servit de prétexte pour persécuter et dépouiller les juifs dans toute l'étendue de ses possessions. Ce ne fut pas l'esprit de religion, mais l'amour des aventures et des prouesses chevaleresques qui le détermina à entreprendre une croisade tout aussitôt après son avénement à la couronne. L'immense trésor amassé dans ce but par son père ne lui suffisant pas, il eut recours aux exactions les plus inouïes pour l'augmenter. Il vendit tout : domaines, dignités, charges ; et il disait lui-même qu'il eût vendu la ville de Londres s'il s'était rencontré à cet effet un assez riche acquéreur. Enfin, il imagina de dire qu'il avait perdu le sceau de l'État, en fit sceller à nouveau et à grands frais tous leurs sujets à faire sceller de quelque importance. Pendant la croisade, il confia la régence à l'évêque d'Ely, Guillaume de Longchamp, qui était en même temps légat du pape. Après une entrevue qu'il eut avec le roi de France Philippe II, ces deux princes mirent sur pied une armée de 100,000 hommes parfaitement équipés. Richard s'embarqua le 7 août 1190, à Marseille, et débarqua le 23 septembre suivant à Messine, où son allié était déjà arrivé quelques jours auparavant. Tous deux, en raison de l'état avancé de la saison, résolurent de passer l'hiver en Sicile, où le roi Tancrède les avait accueillis avec empressement. Mais l'arrogance de Richard suscita bientôt d'ignominieuses querelles entre les trois rois. Tandis que Philippe débarquait à Ptolémaïs, le 30 mars 1191, Richard resta à Messine pour attendre sa fiancée, 'la princesse Bérengère de Navarre, par qui il voulait être accompagné en Palestine. Enfin, il quitta la Sicile le 10 avril avec 150 grands navires et 53 galères : mais une violente tempête le contraignit de relâcher, d'abord à Candie, et ensuite à Rhodes. Quelques-uns de ses navires, jetés sur les côtes de Chypre, y furent pillés et incendiés par le prince Isaac Comnène, qui y régnait. Le 6 mai Richard arriva avec toute sa flotte devant Chypre, conquit cette île, s'empara de la personne et du trésor de Comnène, et déclara Chypre province anglaise. Après avoir déployé un magnificence extrême lors de la célébration de son mariage avec sa fiancée, il arriva à Ptolémaïs le 8 juin. La présence des deux rois imprima une activité nouvelle aux opérations du siège, qui durait déjà depuis trois ans ; et il s'y distingua par des actes d'une brillante bravoure. Les affaires des chrétiens en Orient prenaient à ce moment la meilleure tournure ; mais la jalousie et la rivalité des deux rois vinrent alors perdre tout. Philippe prétendait placer sur le trône de Jérusalem Gui de Lusignan, et Richard destinait cette couronne à Conrad, marquis de Montferrat. Dès lors l'armée des croisés se divisa en deux grands partis. Ptolémaïs étant tombée, le 12 juillet 1191, au pouvoir des assiégeants, Philippe prétexta de sa santé pour s'en retourner en France. Il dut, il est vrai, s'engager par serment à ne point attaquer les États de Richard tant que celui-ci n'y serait pas de retour; mais c'était là une promesse qu'il était résolu d'avance à ne pas tenir. Avec 10,000 Français restés en Palestine sous les ordres du duc de Bourgogne, Richard continua alors la croisade. Arrivé le

7 septembre sous les murs de Césarée, il remporta une brillante victoire sur Saladin, à Assour, et s'empara de Joppé, d'Ascalon et d'autres places évacuées par les Arabes. Avec sa protection, le marquis de Montferrat monta enfin sur le trône de Jérusalem; mais dès le 27 avril 1192 celui-ci périssait à Tyr, égorgé à l'instigation du prince des Assassins, dit *le Vieux de la Montagne*. Richard conféra alors la couronne de Jérusalem à son neveu, le comte Henri de Champagne, et indemnisa Lusignan en lui donnant Chypre en échange. Le roi de France, mécontent à divers égards de cet arrangement, fit répandre en Europe le bruit que Richard avait assassiné le marquis de Montferrat, et se prépara à attaquer les possessions de son rival, tant en France qu'en Angleterre. Cette circonstance, le manque de vivres et aussi les mauvaises nouvelles qu'il recevait d'Angleterre, déterminèrent Richard à s'en retourner précipitamment; et le 8 octobre 1192 il s'embarqua à Ptolémaïs pour Corfou. N'osant pas traverser la France, il songea à passer par l'Italie et l'Allemagne, déguisé en pèlerin. Mais le hasard le jeta sur la côte autrichienne, à Aquilée; et ce fut alors par les États du duc Léopold VI d'Autriche, qu'il avait grossièrement offensé à Ptolémaïs, qu'il lui fallut passer. Le duc, apprenant la présence de Richard, le fit enlever, le 11 décembre 1192, dans les environs de Vienne et conduire prisonnier au château de Dürrenstein. Cependant, l'empereur Henri VI contraignit Léopold à lui livrer le prisonnier, sous la promesse de 60,000 marcs; et pour en obtenir à son tour une plus forte rançon, il fit détenir étroitement Richard pendant plus d'une année, d'abord à Mayence, puis à Worms et au château de Triefel. Le parlement d'Angleterre et le pape Célestin III intervinrent inutilement en faveur de Richard. Au mois d'avril 1193 l'empereur fit conduire son prisonnier à Haguenau, et là, en présence des états de l'Empire, il l'accusa du meurtre du marquis de Montferrat, de s'être allié avec Tancrède et d'avoir insulté en toutes occasions la nation allemande. Richard se défendit avec bonheur, et parvint à gagner les princes de l'Empire à sa cause. Comme en définitive l'empereur n'avait d'autre vue que d'obtenir de lui une plus grosse rançon, Richard s'engagea enfin à lui payer une somme de 150,000 marcs, dont les deux tiers furent prélevés en Angleterre à l'aide des plus violentes exactions. Le 2 février 1194 il obtint enfin sa mise en liberté, à Mayence. C'est tout à fait gratuitement que Roger Hoveden a avancé que Richard pour prix de sa liberté avait reconnu tenir la couronne d'Angleterre à titre de fief de l'Empire. Après quatre années d'absence, Richard arriva, le 13 mars 1194, au port de Sandwich, et fut accueilli par les Anglais avec des démonstrations de la joie la plus vive. L'évêque d'Ely, Longchamp, avait été chassé par les grands, à cause de son abominable tyrannie, et s'était ligué avec Philippe II pour détrôner Richard. Le prince Jean sans Terre, frère de Richard, avait aussi formellement accédé à ce pacte, en promettant au roi de France de lui abandonner la Normandie à la condition qu'il lui aiderait à usurper la couronne d'Angleterre. Philippe avait en conséquence fait diverses irruptions en Normandie, mais il y avait toujours rencontré la plus opiniâtre résistance. Une fois de retour dans ses États, Richard eut de nouveau recours à toutes sortes d'extorsions à l'effet de se procurer les ressources nécessaires; et après s'être fait couronner pour la deuxième fois, le 17 avril 1194, à Winchester, il passa en France, où il rattacha tout aussitôt à ses intérêts son lâche frère; et, au mois de juin, il fit essuyer à l'armée française une grande déroute à Fréteval, près de Vendôme. Cette guerre meurtrière dura avec diverses interruptions pendant plusieurs années, jusqu'à ce que enfin le pape détermina les deux rois à signer, le 13 janvier, 1199 une trêve de cinq ans. Après être sorti sain et sauf de tant de batailles, Richard *Cœur de Lion* devait trouver la mort en France. L'un de ses vassaux, le vicomte Vidomar de Limoges, avait trouvé un trésor, dont il livra le tiers à son suzerain. Mais Richard en exigea la totalité, et s'en vint assiéger le château de Limoges, où se trouvait ce trésor. Le 28 mars 1199, en allant faire la reconnaissance des murs du château, il fut blessé au bras par un arbalétrier ennemi, Bertrand Gordon. La maladresse avec laquelle le chirurgien retira la flèche de la blessure amena une fièvre inflammatoire à laquelle Richard succomba, le 6 avril 1199. Son goût pour la guerre, en développant un orgueilleux esprit de galanterie et d'aventures chevaleresques, nuisit singulièrement à la prospérité et au bien-être du peuple anglais. Néanmoins, la nation révéra le héros, et la poésie chevaleresque entoura son nom d'une auréole brillante que l'histoire ne justifie aucunement.

Richard Ier doit ce surnom de *Cœur de Lion* à une romance qui, dans un défi, lui fait briser d'un coup de poing la mâchoire du fils de l'empereur, et qui le représente ensuite comme terrassant un lion affamé qu'on avait lâché contre lui. Il eut pour successeur sur le trône d'Angleterre son frère Jean sans Terre.

RICHARD II, roi d'Angleterre (1377-1399), petit-fils d'Édouard III, et fils d'Édouard, dit *le Prince Noir*, naquit en 1366, et succéda à son grand-père à l'âge de onze ans. La jalousie des lords et des communes eut pour résultat d'empêcher de créer une régence régulière, et la puissance souveraine tomba aux mains des oncles du roi, les ducs de Lancastre, d'York et de Glocester (*voyez* PLANTAGENET). Ces princes continuèrent d'abord avec vigueur, mais sans succès, la guerre contre la France. Les dépenses nécessitées par cette guerre, jointes aux profusions de la cour, firent établir en 1380 un impôt de capitation qui opprima cruellement les pauvres gens. A la voix d'un ancien prêtre, appelé John Bill, qui les appelait à la liberté, cent mille paysans prirent les armes; commandés par un forgeron du comté d'Essex, nommé *Wat-Tyler*, et par un certain *Jack Straw*, ils parcoururent le pays en incendiant tout sur leur passage et en massacrant les nobles et les fonctionnaires royaux. Le jeune roi marcha en personne contre les révoltés, les apaisa en leur faisant délivrer des lettres d'affranchissement, et fit arrêter leurs principaux chefs. Mais quand le calme fut une fois rétabli, la noblesse sut bien s'arranger de façon à rendre plus insupportable que jamais le joug qui pesait sur le bas peuple. La résolution et l'habileté dont le roi avait fait preuve dans cette circonstance firent naître des espérances que la suite ne réalisa pas. Richard II reçut une mauvaise éducation; doué de peu de moyens, il fréquenta la société la plus corrompue, et se jeta dans tous les excès. En 1385 les Écossais, secondés par un corps auxiliaire français, ayant envahi le Northumberland, Richard se mit à la rencontre de l'ennemi; mais il ne fit rien, et se hâta de dissoudre sa nombreuse armée, pour pouvoir s'en revenir vivre au sein de ses plaisirs. Tandis que le duc de Lancastre partait avec la flotte et une armée de 20,000 hommes pour conquérir le trône de Castille, Richard essaya de se soustraire à la tutelle de ses oncles, notamment du duc de Glocester. A cet effet, il se jeta dans les bras d'un favori, Robert de Vere, qu'il créa aussi duc d'Irlande. Les lords se liguèrent en conséquence avec Glocester pour renverser le favori; ils commencèrent par déposer le chancelier de La Pole, et, appuyés par le parlement, instituèrent un comité de quatorze personnes chargées d'exercer pendant une année la puissance souveraine, sous la direction du duc de Glocester. Richard II et Robert de Vere essayèrent bien de s'opposer à cet arrangement; mais Glocester et les comtes d'Arundel et de Warwick parurent aux portes de Londres avec 40,000 hommes, et contraignirent le roi à céder. Roi et peuple durent ensuite s'engager par serment à suivre l'avis des barons. Dès l'année suivante Richard II, profitant des divisions des barons, mettait fin à un pareil état de choses et déclarait qu'à partir de ce moment il prenait l'exercice du pouvoir royal. Sa nonchalance et sa vie crapuleuse l'empêchèrent de conserver ces avantages. Sa cour, alors la plus brillante de l'Europe, ne se composait pas de moins de 10,000 individus, dont 300 employés dans ses cuisines. Pour mener une vie pareille, il contracta des dettes et exerça d'odieuses exactions sur les habitants de la ville de Londres. Fatigué de guerroyer, il conclut, en 1396, avec la France, et à des conditions très-désavantageuses, une trêve de vingt-huit ans. Sa première femme, Anne de Bohême, fille de l'empereur Charles IV, étant venue à mourir, il se fiança, dans le but de consolider ainsi la paix, avec la fille du roi de France Charles VI, Isabelle, qui n'était encore âgée que de onze ans. Le duc de Glocester profita de cette démarche du roi pour le rendre de plus en plus méprisable aux yeux du peuple et en même temps pour se populariser lui-même. Richard osa enfin faire arrêter le duc, qui visait évidemment au trône, ainsi que les comtes d'Arundel, de Warwick, etc. Arundel périt sur l'échafaud, et Warwick fut condamné au bannissement. Quant à Glocester, on le conduisit à Calais, où, vers la fin de 1397, on l'étouffa entre des matelas, dans sa prison. En même temps le roi faisait déclarer par un parlement à sa dévotion le *comité des quatorze* dissous pour toujours, mettait à néant ses décisions, et, en violation de l'amnistie, faisait intenter un grand nombre de procès. Il bannit en France les ducs de Norfolk et de Hereford, et dépouilla ce dernier de l'héritage de son père, après la mort du vieux duc de Lancaster, arrivée en 1399. Ce nouvel acte de violence, contre un prince qui jouissait de l'estime générale, révolta le peuple et la noblesse. Dans la situation critique où il se trouvait, Richard II commit l'imprudence de se rendre en Irlande, à la tête d'une nombreuse armée, pour y venger le meurtre de son cousin, le comte Roger Mortimer de la Marche. Pendant ce temps-là Hereford débarquait, le 4 juillet 1399, dans le comté d'York, avec une poignée d'hommes ; et, appelant à son aide les comtes de Northumberland et de Westmoreland, il ne tardait pas à se trouver à la tête d'une armée de 60,000 combattants. Déjà un nombre presque aussi considérable de troupes royales étaient venues se ranger sous les drapeaux de Hereford, quand Richard revint en Angleterre ; et il se vit bientôt abandonné de tous ses partisans. Ne sachant plus que faire ni que devenir, il se livra lui-même, au mois d'avril 1399, à son ennemi, qui le fit conduire d'abord à Flintcastle, puis au mois de septembre à la Tour de Londres. Le 29 septembre le parlement contraignait Richard à signer son acte d'abdication. Tandis que Hereford, sous le nom de Henri IV, usurpait le trône sans rencontrer de résistance, Richard II était transféré au château de Pomfret, dans le comte d'York. Il y mourut de faim, le 14 février 1400, privé depuis quinze jours de toute espèce de nourriture, et ne laissa point d'héritier. Consultez Knyghton, *Historia Vitæ et regni Ricardi II* (publiée par Hearne ; Oxford, 1729).

RICHARD III ou *le Bossu*, roi d'Angleterre (1483-1485), né en 1450, était le plus jeune des fils du duc Richard d'York (*voyez* PLANTAGENET), mort en 1460, à la bataille de Wakefield. Quand son frère aîné Édouard IV eut usurpé le trône, il fut créé duc de Glocester. Quoique mal conformé, il était doué de grands moyens, d'un caractère résolu, rusé et ambitieux. Dans les luttes de sa maison contre celle de Lancastre, il montra beaucoup de courage, de même qu'il fit preuve de fidélité et de dévouement envers Édouard IV. En revanche, on l'accuse de complicité dans l'assassinat de Henri VI, après que ce prince eut été déposé, de même que d'avoir contribué par un tissu d'intrigues au supplice de son frère le duc de Clarence. A la mort d'Édouard IV, arrivée le 9 avril 1483, Richard prit la régence au nom de son neveu Édouard V, qui n'avait que douze ans. Il le fit proclamer roi ; mais chacun savait que son ambition était de ceindre lui-même la couronne. Ce projet fut favorisé par le besoin que le peuple éprouvait de la paix et d'un gouvernement fort, de même que par les divisions des seigneurs. Il y avait deux partis à la cour : l'un composé des partisans de la reine douairière Élisabeth et de ceux dont elle avait fait la fortune, aux ordres du frère de cette princesse, le comte Rivers ; l'autre, de la vieille noblesse, et ayant à sa tête le duc de Buckingham et lord Hastings. Richard, demeuré neutre jusque alors, se décida pour le parti de la noblesse, et s'efforça surtout de se rattacher Buckingham, ennemi mortel de la reine. Avec son secours il enleva à Rivers le jeune roi, de même qu'à la reine mère son second fils, le duc Richard d'York, âgé de huit ans. Tandis qu'il forçait le conseil privé à lui décerner le titre de *protecteur*, il faisait enfermer à la Tour les deux princes ses neveux, sous prétexte de plus de sûreté. Quant à Rivers, il fut décapité sans autre forme de procès ; et ses principaux adhérents furent jetés en prison. Richard fit ensuite répandre le bruit que les deux fils d'Édouard IV étaient des bâtards, attendu que ce prince aurait été déjà marié secrètement lorsqu'il avait épousé la reine Élisabeth. Mais comme alors même les enfants auraient eu droit au trône, il prétendit en outre que sa mère, la duchesse d'York, femme estimable, qui vivait encore, avait eu des deux fils aînés, Édouard IV et Clarence, d'un commerce adultère, et qu'il n'y avait que lui d'enfant légitime du duc Richard d'York. Il fit même débiter ces infamies du haut de la chaire. Le lord maire de Londres eut ordre en outre de convoquer une assemblée de bourgeois dans laquelle Buckingham, après un discours emphatique, demanda aux assistants s'ils voulaient avoir le *protecteur* pour roi. Des acclamations soldées répondirent affirmativement à cette question ; et Buckingham accourut avec le lord maire offrir au nom du peuple la couronne à Richard, qui ne l'accepta qu'après d'hypocrites hésitations. Après cette comédie, eut lieu à Londres, le 6 juillet 1483, le couronnement du nouveau roi, suivi tout aussitôt après de l'assassinat des deux fils d'Édouard IV. Le coup fut d'abord proposé au gouverneur de la Tour, sir Robert Brankenbury ; et sur son refus de s'en charger, on lui retira les clefs de la Tour pour les confier au chevalier Tyrrel. Celui-ci ordonna à trois coupe-jarrets de pénétrer la nuit dans la chambre des deux jeunes princes, qui, dit-on, furent étouffés dans leur lit et au milieu de leur sommeil, puis enterrés sous un escalier, où le hasard fit découvrir leurs restes en 1674. Richard III combla ses complices de présents, et s'efforça en général de gagner le clergé à ses intérêts. Mais l'avide Buckingham se sentit bientôt si offensé, qu'il conspira secrètement avec les partisans et les adhérents de la maison de Lancastre, à laquelle il était allié par sa mère, pour renverser Richard III. D'abord il jeta les yeux sur le comte de Richmond (*voyez* HENRI VII), qui séjournait en France ; et ses droits à la couronne en qualité de prince de la maison de Lancastre ne paraissant pas parfaitement établis, il chercha à lui faire épouser Élisabeth, fille aînée d'Édouard IV. Élisabeth, la reine douairière, consentit, elle aussi, à entrer dans le complot, et procura à Richmond de l'argent pour lever des troupes. Mais l'usurpateur fut instruit à temps de la conspiration, que Buckingham paya de sa tête. En janvier 1484 Richard III convoqua un parlement, qui reconnut ses droits à la couronne, et auquel il fit la concession qu'à l'avenir la nation ne pourrait plus être chargée de taxes illégales. En même temps il chercha à se réconcilier avec la maison d'York ; et par ses protestations de respect et d'attachement il réussit à inspirer une telle confiance à la reine douairière, que celle-ci abandonna son asile, l'abbaye de Westminster, pour venir avec ses filles se placer sous sa protection. Une occasion de faire tourner cette hypocrite réconciliation à son profit se présenta bientôt au rusé Richard III. Douze années auparavant, il avait épousé la fille du comte de Warwick, Anne de Neville, veuve du fils de Henri VI, qu'après la bataille de Tewkesbury il avait tué de sa propre main (*voyez* MARGUERITE D'ANJOU) ; et il avait eu d'elle un fils. Ce prince mourut, à son grand regret, au mois d'avril 1484 ; mais peu de temps après Anne de Neville mourut également, et, à ce qu'on prétendit, du poison que son mari lui avait présenté lui-même. Richard III demanda alors à la reine douairière la main de sa fille aînée Élisabeth, afin d'accroître par cette union ses droits à la couronne et de primer ceux du comte de Richmond. La mère consentit facilement, il est vrai, à cet arrangement ; mais sa fille repoussa avec horreur la main ensanglantée que lui offrait son oncle. Pendant ce temps-là Richmond terminait à la hâte les préparatifs de son expédition projetée; et le 6 août 1485, il débarquait à la tête de 2,000 hommes à Milford-Haven, au sud du pays de Galles. Tandis qu'il marchait sur Schrewsbury en voyant sa petite armée se grossir à chaque instant, Richard III ordonnait des préparatifs de défense dans tous les comtés; puis il marcha contre son adversaire, à la tête de 12,000 hommes. Les deux armées se rencontrèrent, le 22 août 1485, à Bosworth. Avant que la bataille s'engageât, le lord Stanley, qui jusqu'à ce moment ne s'était prononcé pour aucun des deux partis en présence, rejoignit Richmond à la tête de 7,000 hommes; ce qui porta les armées au même nombre, mais en même temps découragea profondément l'armée royale. Dans la situation critique où il se trouvait, Richard III fit preuve de courage et de résolution : il se précipita au plus épais des bataillons ennemis, dans l'espoir d'y rencontrer son rival et de terminer la lutte par un duel avec lui; mais il n'y rencontra que la mort. Son corps fut retiré de dessous un monceau de cadavres et enterré dans la chapelle du couvent de Leicester. Cette lutte mit fin aux guerres des deux Roses; et la maison de Plantagenet perdit alors le trône d'Angleterre, sur lequel, profitant de la lassitude de la nation, Tudor Richmond s'assit sans conteste, sous le nom de Henri VII.

Shakespear, dans une de ses tragédies, a représenté Richard III comme un illustre criminel; les historiens anglais, au contraire, qui voulaient justifier l'usurpation de Tudor, le dépeignent comme un criminel vulgaire et crapuleux : portrait qui paraît moins que l'autre se rapprocher de la vérité historique. C'est ce qui a fourni à Horace Walpole le sujet de ses *Historic Doubts on the life and reign of king Richard III* (Londres, 1768).

RICHARD, comte de Cornouailles et de Poitou, empereur d'Allemagne (1256-1276) pendant ce qu'on appelle l'*interrègne*, appartenait à la maison de Plantagenet, était le fils cadet du roi d'Angleterre Jean sans Terre, et naquit en 1209. Dans sa jeunesse il commanda avec succès en France l'armée de son frère, le roi Henri III d'Angleterre. En 1256 il prit la croix, s'embarqua pour Ptolémaïs contre la volonté du pape Grégoire, qui l'eût volontiers dispensé de son vœu moyennant finances; mais il fit peu de chose en Orient, quoique fort considéré des croisés, en sa qualité de neveu de Richard Cœur de Lion. Il revint à Londres en 1242, en passant par la Sicile, où, dans une entrevue qu'il eut avec l'empereur Frédéric II, il chercha inutilement à amener un rapprochement entre ce prince et le pape; et il reprit alors les armes contre les Français pour la défense de son frère Henri, qui cependant confisqua ses domaines situés en France et menaça même sa liberté. En 1243 Richard épousa Sanche de Provence. A la mort de Conrad IV, aucun prince allemand n'ayant voulu accepter la couronne impériale, et le pape Alexandre IV ayant interdit l'élection du jeune Conradin de Hohenstaufen, les archevêques de Cologne et de Mayence, d'accord avec quelques autres princes de l'Empire, élurent le riche Richard empereur d'Allemagne, en même temps que les électeurs de Trèves, de Bohême, de Saxe, etc., lui opposaient comme concurrent Alphonse X de Castille. Alphonse ne mit jamais le pied en Allemagne : il lui fut impossible d'y faire passer les riches présents qu'il avait promis, et il ne fit jamais acte de souveraineté. Richard au contraire se montra d'une munificence extrême. Favorisé par le pape, il réussit par son affabilité et son habileté à se faire aimer, et le 17 mai 1287 il fut solennellement couronné avec sa femme, à Aix-la-Chapelle. Bien qu'il soit démontré par des diplômes et autres documents qu'il exerça tous les droits d'un empereur, les historiens ne l'ont cependant pas admis sur la liste des empereurs d'Allemagne, parce que son autorité ne fut en réalité reconnue que par les princes et les seigneurs qui y avaient intérêt. Une fois couronné, il se hâta de revenir à Londres, pour délivrer son frère des mains des barons anglais. Il reparut ensuite une seconde fois, en 1260, en Allemagne avec ses immenses richesses; il y convoqua une diète, rendit d'excellentes lois pour la sûreté des routes, intervint comme médiateur dans les querelles entre les villes et les seigneurs, et indemnisa à ses propres frais ceux qui se crurent lésés par ses décisions. En 1262, pendant son séjour en Allemagne, il conféra à Ottokar de Bohême l'investiture de la Styrie, confirma en même temps les priviléges de diverses villes impériales, par exemple de Strasbourg, et augmenta le trésor impérial d'Aix-la-Chapelle de la couronne, du sceptre, du globe impérial et de précieux vêtements impériaux. Les troubles qui éclatèrent en Angleterre en 1264 le rappelèrent dans son pays natal, où il fut fait prisonnier lors de la défaite des troupes royales à Lèves, par l'armée de Simon de Montfort. Ce ne fut qu'au bout de quatorze mois qu'il recouvra sa liberté. En 1268 il retourna encore en Allemagne; l'année suivante il tint à Worms une diète à laquelle se firent représenter les électeurs de Trèves, de Mayence et quelques autres encore, et il rendit des lois très-sages sur la navigation du Rhin. Devenu veuf, il épousa, le 16 juin 1269, une Allemande, la belle Béatrice de Falckenstein, et la ramena avec lui en Angleterre. L'assassinat de son fils Henri, prince de la plus belle espérance, par les fils de Simon de Montfort, attrista et abrégea ses derniers jours. Il mourut le 2 avril 1272, et fut enterré dans l'abbaye d'Hayles, qu'il avait fondée. L'année suivante Rodolphe de Habsbourg fut élu empereur, et une nouvelle ère commença pour l'Empire d'Allemagne.

Richard, le prince le plus riche qu'il y eût alors dans toute la chrétienté, était remarquable par de belles qualités. Il devait ses richesses à l'exploitation intelligente des mines d'étain et de plomb du pays de Cornouailles ; et malgré la magnificence extrême qu'il déployait partout et en toutes occasions, il apportait une rigoureuse économie dans la gestion de sa fortune.

RICHARD Ier, troisième duc de Normandie, surnommé *Sans Peur*, succéda à Guillaume *Longue épée*, son père, assassiné, en 944, par quatre gentilshommes qu'avait apostés Arnoul. Richard n'avait que dix ans; son éducation et l'administration de son duché furent confiées par l'assemblée des états à Bernard le Danois, vicomte de Rouen et premier comte d'Harcourt; à Raoul, seigneur de La Roche, aux sires de Briquebec, et à Osmond de Centvilles. Louis d'Outre-mer voulut profiter de cette minorité pour s'emparer du prince et réunir la Normandie à la France. Mais toutes ses tentatives furent rendues inutiles par la sagesse et le dévouement de Bernard le Danois. Le courage de Richard grandit avec l'âge. Il avait épousé en premières noces Agnès, fille de Hugues Capet, comte de Paris, et en secondes noces Gonor, fille d'un chevalier danois, dont il eut un fils, qui lui succéda. Il fonda les riches abbayes de Fécamp, du mont Saint-Michel et de Saint-Ouen; fit construire son tombeau dans le cimetière de Fécamp, et ordonna que chaque vendredi l'enceinte de ce tombeau fût remplie de froment destiné aux pauvres qui se présenteraient. Suivant l'usage adopté par les rois de France, il fit reconnaître son fils pour son successeur. Quelques historiens fixent l'époque de sa mort à 996 ; Dudon indique 1002. Il est le héros d'une légende du moyen âge, qui fait partie de la collection de contes populaires connue sous le nom de *Bibliothèque bleue*.

RICHARD II, fils du précédent, lui succéda. Son règne fut paisible. Il eut trois fils de son premier mariage, avec Judith de Bretagne, et deux du troisième ; Mauger, qui fut archevêque de Rouen, et Guillaume, comte d'Arques. Il mourut en 1026. Il avait légué les deux tiers de ses meubles aux pauvres, et fut inhumé auprès de son père.

RICHARD III fut reconnu duc de Normandie du vivant de son père Richard II, auquel il succéda, en 1026. Il était alors fort jeune, et prit néanmoins le gouvernement de ses États. Son règne fut très-court. Robert, son frère, réduit à son comté d'Hiesmes, et humilié de n'être que le vassal de son aîné, se révolta contre lui, succomba dans son entreprise, et obtint son pardon. Il fut plus qu'ingrat, et, ne pouvant par la force parvenir au trône qu'il ambitionnait, il ne recula pas devant le plus lâche fratricide. Richard mourut empoisonné, le 3 février 1028. Il fut inhumé dans l'église abbatiale de Saint-Ouen.

RICHARD IV, douzième duc de Normandie et roi d'Angleterre. *Voyez* RICHARD *Cœur de Lion*.

DUFEY (de l'Yonne).

RICHARD (LOUIS-CLAUDE-MARIE), botaniste célèbre, fils de *Claude* RICHARD, jardinier du roi à Auteuil, naquit à Versailles, le 4 septembre 1754. Il avait à peine quinze ans, et allait entrer en rhétorique, lorsque l'archevêque de Paris lui proposa d'embrasser la carrière ecclésiastique ; mais déjà Richard avait une vocation décidée, et il résista à toutes les instances de son père, qui en cédant aux vœux de l'archevêque espérait acquérir un puissant protecteur. Les choses en vinrent à un tel point que Richard dut quitter la maison paternelle et se réfugier à Paris, où il se livra sans relâche à sa passion pour l'histoire naturelle. Son courage fut mis à une rude épreuve lorsqu'il se trouva là sans autre ressource qu'une pension dérisoire (*douze francs* par mois) que lui fit son père. Celui-ci comptait sans doute sur la misère pour faire plier la résistance de son fils ; d'ailleurs, Claude Richard avait quinze enfants, et peut-être ne pouvait-il faire davantage. Le jeune naturaliste ne recula devant aucune privation, et fit sa rhétorique et sa philosophie au collège Mazarin. Son talent dans l'art du dessin lui fit bientôt trouver des ressources : il s'employa à copier des plans pour les architectes. La nuit était consacrée à ces travaux, qui grâce à son habileté lui étaient assez bien payés ; le jour il cultivait à la fois les diverses branches de l'histoire naturelle.

Richard avait déjà présenté plusieurs mémoires à l'Académie des Sciences, lorsque, en 1781, cette compagnie le proposa au roi pour une expédition scientifique dans la Guyane française et aux Antilles. Richard mit huit ans à accomplir ce voyage, fécond en résultats. Il revint au mois de mai 1789 ; les événements dont la France fut alors le théâtre expliquent comment au milieu des graves préoccupations du moment il resta sans récompense. Cependant, à la réorganisation de l'enseignement, il fut appelé à remplir la chaire de botanique à l'École de Médecine. Quelques années après l'Institut voulut se l'attacher, et, n'ayant pas de place vacante dans la section de botanique, il lui en offrit une dans la section de zoologie, où, du reste, ses profondes études dans cette dernière science lui donnaient droit de siéger. Il mourut le 7 juin 1821.

Parmi les principales publications de Richard, nous citerons : *Dictionnaire élémentaire de Botanique* (Amsterdam, 1800, in-8°), édition entièrement refondue du travail de Bulliard ; *Démonstrations Botaniques, ou analyse du fruit considéré en général* (Paris, 1808, in-8°) ; et d'importants mémoires insérés dans divers recueils scientifiques, notamment un *Mémoire sur les hydrocharidées*, dans les *Mémoires de l'Institut* (1811) ; *Annotationes de Orchideis europæis*, dans les *Mémoires du Muséum* (t. IV, p. 23), etc.

RICHARD (ACHILLE), fils du précédent et, comme lui, botaniste, naquit à Paris, le 27 avril 1794. Il remplaça en 1834 son père. *Nouveaux Éléments de Botanique et de Physiologie, végétale*, rangés au nombre des ouvrages classiques les plus estimés, ont eu depuis 1819 de nombreuses éditions. On doit à Achille Richard de nombreux mémoires, lus à l'Académie des Sciences, à la Société Philomatique et à la Société d'Histoire naturelle de Paris, dont il était membre. On y remarque entre autres une excellente *Monographie des Orchidées des Iles de France et de Bourbon*. Nommé professeur de botanique à la faculté des sciences de Paris, Richard remplaça en 1834 La Billardière dans la section de botanique de l'Académie des Sciences. Il mourut le 6 octobre 1852.

RICHARD CROMWELL. *Voyez* CROMWELL et GRANDE-BRETAGNE, t. X, p. 465.

RICHARDSON (SAMUEL), célèbre romancier anglais, né en 1689, était fils d'un menuisier du comté de Derby. L'exiguïté de ses ressources ne lui permettant pas de le faire étudier, celui-ci le mit en apprentissage chez un imprimeur, de sorte que si le jeune Samuel ne sut jamais que sa langue maternelle, du moins il eut ainsi occasion de satisfaire le goût pour la lecture qu'il avait témoigné dès sa plus tendre enfance. De bonne heure aussi il s'était fait remarquer par son talent pour raconter des histoires, et par sa facilité à écrire des lettres. La sagesse de sa conduite lui mérita la main de la fille de son patron. En relation directe dès lors avec des libraires de Londres, il essaya son talent littéraire en écrivant des préfaces, des notices. Un libraire lui demanda un recueil de *modèles de lettres* pouvant s'appliquer aux diverses circonstances de la vie ordinaire. Il était occupé de ce travail, lorsqu'il lui vint à l'idée de lui donner plus d'intérêt en y intercalant un récit et des préceptes de morale. Ainsi naquit, en 1740, le roman de *Paméla* : le succès de ce livre fut immense, et la lecture en fut recommandée même du haut de la chaire sacrée. Certes, ce premier roman de Richardson n'est pas sans défaut ; il y a dans la conduite de Paméla un égoïsme habile qui révolte, et la délicieuse parodie de Fielding (*Joseph Andrews*) fit ressortir les défauts de l'héroïne. Mais enfin c'était un début dans une nouvelle route, et toute l'Angleterre applaudit. Richardson eut bientôt gagné assez d'argent pour pouvoir acheter une imprimerie, et s'enrichit par la publication de divers recueils périodiques.

Paméla fut suivie de *Clarisse*, qui est certainement l'un des plus beaux livres qui soient sortis de la main des hommes. Il ne parut pas d'abord complet, mais on pouvait pressentir la fin. Aussi les femmes, pour qui surtout ce roman est fait, s'émurent ; elles écrivirent à l'auteur de ne pas accomplir la perte de Clarisse, et s'intéressant ainsi à ce Lovelace, qu'elles auraient dû tant détester, elles suppliaient Richardson de sauver au moins son âme. Richardson fut inexorable : Clarisse succomba, et Lovelace ne se convertit pas. Mais que cette fin est belle, que Lovelace meurt bien ! Il souffre tant sur la terre en présence de ce Morden, providence vengeresse, froide, calme, prenant son temps pour la vengeance, qu'on espère qu'il lui sera tenu plus tard compte de ce supplice ; et surtout, ce qui est très-probable, la faible Clarisse intercède pour lui là-haut.

A *Clarisse* succéda *Grandisson*. Sir Charles Grandisson est un caractère trop parfait, trop exempt de passion pour être aimable ; et de quelques beautés que ce roman soit rempli, quel que soit l'intérêt qu'y jette Clémentine, on le placera toujours au-dessous de *Paméla* et de *Clarisse*.

La vie de Richardson ne fut pas exempte de chagrins domestiques ; il n'y avait d'immoral dans ses livres, il était comme révolté de cette admirable verve qui contrastait avec la pensée calme et digne de l'auteur de *Clarisse*. D'un autre côté, Fielding, ce romancier varié, animé, vif, entraînant, s'impatientait des compositions savantes de Richardson, et il a manifesté l'humeur qu'il en ressentait dans *Joseph Andrews*, satire excellente, qu'on lit plus que *Paméla*. Samuel Richardson mourut le 4 juillet 1761, à l'âge de soixante-douze ans.

Ernest DESCLOZEAUX.

RICHARDSON (Sir JOHN), célèbre par ses voyages aux mers du pôle Arctique, né en 1787, à Dumfries, en Écosse, étudia la médecine à Glasgow, et entra dans la marine en qualité de chirurgien. De 1819 à 1822 et de 1825 à 1827 il fut chargé d'accompagner Franklin dans ses expéditions à la recherche d'un passage au pôle Nord, et il en rapporta de précieuses collections d'histoire naturelle et d'observations scientifiques, qu'il déposa dans sa *Fauna Borealis Americana*. En 1838 il fut nommé médecin en chef de la flotte, en 1840 inspecteur de l'hôpital de la marine, et six ans plus tard il fut créé *baronet*. En 1848 et 1849 il entreprit à la recherche de son ami Franklin un voyage en bateaux sur le Mackensie, et par terre jusqu'au cap Krusenstern et à la Terre de Wollaston. Si cette expédition demeura inutile, elle lui fournit du moins l'occasion de recueillir de précieux matériaux pour l'histoire naturelle des régions hyperboréennes. Consultez l'ouvrage qu'il a publié sous le titre de *Boat Voyage through Rupert's Land, along the central artic coasts, in search of sir John Franklin* (2 vol., Londres, 1851).

RICHARDSON (JAMES), connu par ses voyages de découvertes dans l'intérieur de l'Afrique, naquit en Écosse, vers 1810, et embrassa l'état ecclésiastique. Le désir de contribuer à l'abolition de l'esclavage des nègres le conduisit en Afrique, dans le but d'établir des relations d'amitié et de commerce avec les peuples de l'intérieur de ce continent. Il visita d'abord l'empire de Maroc, puis en 1845 il entreprit une exploration du grand désert, pour laquelle le consul d'Angleterre à Tripoli parvint à lui faire fournir une escorte par le dey. Richardson pénétra jusqu'au cœur du Sahara, séjourna quelque temps chez les Ghadamés et les Ghats, où il recueillit des détails intéressants sur les Touariks, et s'en revint à Tripoli à travers le Fezzan, non sans avoir à triompher de dangers de toutes espèces. Le résultat de cette expédition fut d'ouvrir aux Anglais le marché de Ghat, et il en a raconté les détails, sous le titre de *Travels in the grand desert of Sahara* (Londres, 1849). En 1850 James Richardson, richement aidé cette fois par son gouvernement, repartit de Tripoli, pour une expédition au Soudan et au lac de Tschad, dans laquelle il était accompagné par les Allemands Barth et Overweg. Pour la seconde fois il était arrivé à Ghat, et il avait été le premier Européen qui eût encore traversé le désert pierreux d'Hormadah. De là il s'était dirigé par les royaumes d'Aïr et de Bornou, et ne se trouvait plus fort éloigné de ce mystérieux lac de Tschad, lorsqu'il mourut de fatigue, le 4 mars 1851, à Oungouratoug, village à six jours de marche de Kouka. Bayle Saint-John a publié le journal de son voyage, sous le titre de *Narrative of a Mission to central Africa* (Londres, 1853).

RICHELET (PIERRE), né en 1632, à Cheminon, en Champagne, s'est fait un nom parmi les lexicographes, moins par son talent que par les grossièretés satiriques dont son dictionnaire fourmille. Il vint à Paris en 1660, et s'y fit recevoir avocat. L'étude des mots de la langue française fit longtemps sa principale occupation. D'une humeur inquiète et vagabonde, il quitta ensuite Paris, et visita successivement différentes villes de province. Son penchant à la satire lui fit des ennemis partout. A Lyon il publia une nouvelle édition de son *Dictionnaire*, dans laquelle il dit « que les Normands seraient les plus méchantes gens du monde s'il n'y avait pas de Dauphinois; » addition qui prêterait quelque vraisemblance à l'anecdote suivant laquelle, à la suite d'un souper, il aurait été chassé de nuit à coups de canne de la ville de Grenoble, où il se trouvait de passage. De là l'expression proverbiale de *faire à quelqu'un la conduite de Grenoble*, pour dire le chasser à coups de bâton. Richelet mourut à Paris, le 18 novembre 1698. Son *Dictionnaire français*, contenant l'explication des mots, plusieurs remarques sur la langue française, les expressions propres, figurées et burlesques, n'est pas un bon ouvrage; et pourtant il a été beaucoup plus heureux que d'autres dictionnaires que nous pourrions citer, et qui montrent partout l'harmonieux accord de la science, de la raison et du goût; les éditions s'en succédèrent rapidement; la première était de Genève (1688). L'abbé Goujet publia lui-même une édition (Lyon, 1759, 3 vol. in-fol.), puis un abrégé de ce *Dictionnaire*, en un volume in-8°; cet abrégé a été réimprimé depuis en 2 vol. in-8° par les soins de De Wailly. Comme on avait justement reproché à Richelet son orthographe vicieuse, on avait eu soin de purger cet abrégé de toutes inutilités et de toutes grossièretés malignes. Aussi les curieux préférent-ils les éditions *pures*, à cause des méchancetés qu'elles renferment. On a encore de Richelet : Un *Choix des plus belles Lettres des meilleurs auteurs français*, avec notes; une traduction de *l'Histoire de la Floride*, traduite de Garcias-Laso de la Vega; enfin, un *Dictionnaire des Rimes*, qui eut aussi quelque réputation dans son temps, et qui fut longtemps le seul Apollon de nombre de rimeurs. En résumé, Richelet, très-médiocre grammairien et pauvre écrivain, ne dut qu'à la malignité de son esprit la vogue passagère de ses compilations mal digérées.   CHAMPAGNAC.

RICHELIEU. *Voyez* INDRE-ET-LOIRE (Département d').

RICHELIEU (ARMAND-JEAN DUPLESSIS, cardinal de) était fils de *François* DUPLESSIS, seigneur de Richelieu, et naquit au château de Richelieu, quelques auteurs disent à Paris, le 5 septembre 1585. Destiné d'abord à la profession des armes, il reçut, sous le nom de *marquis du Chillon*, l'éducation convenable à cette carrière. Son frère aîné *Amand-Louis* DUPLESSIS DE RICHELIEU, évêque de Luçon, renonça, dans un accès de piété, aux dignités de l'Église, et se fit chartreux. Les parents du jeune Armand lui représentèrent que l'évêché de Luçon était depuis longtemps dans leur famille, qu'il fallait conserver soigneusement une si honorable partie de leur héritage. Ce motif le détermina à entrer dans la carrière ecclésiastique. Il étudia en toute hâte, mais avec ardeur, la théologie, et fut nommé évêque à l'âge de vingt-deux ans. En 1614 le clergé du Poitou le députa aux états généraux, où par ses manières insinuantes il réussit à gagner les faveurs de la cour. Burbin, contrôleur général des finances, et Léonora Galigaï, marquise d'Ancre, le présentèrent à Marie de Médicis, qui le nomma son aumônier et le fit entrer au conseil avec le titre de secrétaire d'État. Louis XIII avait naturellement de la répugnance pour le nouveau ministre; mais cette antipathie céda par degrés à l'ascendant d'un esprit supérieur et fécond en ressources. Richelieu affecta pour la reine mère, sa bienfaitrice, un dévouement sans bornes. Après la fin tragique du maréchal d'Ancre et la disgrâce de Marie de Médicis, il résista aux instances du favori triomphant. Le duc de Luynes voulait le retenir à la cour; mais il suivit la princesse dans son exil. Retirés tous les deux à Blois, il entreprit le rôle difficile de conciliateur entre la mère et le fils. Louis XIII ayant conçu quelques soupçons de la bonne foi du prélat, le renvoya dans son diocèse. Là il se livra entièrement aux méditations scolastiques, et se mit à composer des ouvrages destinés à l'instruction des réformés. Le duc de Luynes, peu rassuré par cette chaleur de prosélytisme, le fit reléguer dans les États du pape, à Avignon. Le désir d'apaiser les soupçons du roi et de son favori fit reprendre à Richelieu avec un zèle très-apparent ses travaux d'apôtre; il composa le livre *De la Perfection du Chrétien*, d'une morale austère, dans lequel il ne puisa pas toujours des règles de conduite, mais qui lui valut une réputation utile à son avancement dans le monde.

Pendant que Richelieu s'efforçait de ramener les protestants au giron de l'Église, Marie de Médicis cherchait les moyens d'échapper au pouvoir du duc de Luynes. Des négociations s'ouvrirent entre elle et le duc, et se terminèrent par le traité d'Angoulême; la reine revint à la cour, et fit rappeler Richelieu, dont le premier soin fut de gagner les bonnes grâces du favori. Il maria sa nièce de Pont-Courlay au marquis de Combalet, neveu du duc de Luynes, nommé connétable de France, et se contenta de l'emploi modeste de surintendant de la maison de la reine mère. Elle sollicitait pour lui le chapeau de cardinal; mais il ne l'obtint, en 1622, qu'après la mort du connétable. Le duc d'Épernon s'aperçut bientôt que son crédit s'affaiblissait devant celui de Richelieu; c'est probablement à cette époque qu'il faut rapporter l'anecdote suivante, racontée par Voltaire. Le duc, descendant l'escalier du Louvre, rencontra le cardinal, qui lui demanda s'il ne savait point quelques nouvelles : « Oui, lui répondit-il : vous montez, et je descends. »

L'élévation de Richelieu était contrariée par la répugnance qu'il inspirait à Louis XIII; mais Marie de Médicis, à force de persévérance, triompha de cette antipathie, et parvint à faire rentrer au conseil l'homme qui allait désormais régner en souverain et condamner sa vieillesse aux ennuis et aux misères de l'exil.

Après avoir enlevé à la domination autrichienne les passages de la Valteline, Richelieu songea aux affaires de l'intérieur, et fit convoquer à Paris une assemblée de notables (1626), dont le résultat fut d'accroître sa puissance. Sa politique se proposait surtout trois objets : 1° la concentration du pouvoir royal aux dépens des priviléges oppressifs d'une noblesse impatiente du joug des lois; 2° la soumission entière des protestants, qui tendaient à élever un État dans l'État; 3° l'abaissement de la maison d'Autriche, qui n'avait pas encore abandonné ses idées de domination universelle. De puissants obstacles, dont le moindre n'était pas le caractère même du roi, s'opposaient à l'exécution de ses desseins; il fallait à Richelieu une résolution inébranlable, un mélange d'audace et de finesse qui s'allient difficilement, une parfaite connaissance des hommes et des choses, une inflexible fermeté que les affections humaines ne pussent affaiblir; toutes ces qualités se rencontrèrent dans l'homme qui disait à l'un de ses confrères : « Je n'entreprends rien sans y avoir bien pensé; mais quand une fois j'ai pris une résolution, je vais à mon but, je renverse, je fauche tout, et ensuite je couvre tout de ma soutane rouge. »

Fidèle à son système, Richelieu songea d'abord à soumettre le parti protestant, qui trouvait des sympathies et des appuis en Allemagne et en Angleterre. La Rochelle était le boulevard de la réforme; c'est dans les murs de cette ville que les chefs protestants tenaient leurs conférences et bravaient l'autorité du roi. Le dernier édit de pacification n'était observé ni par les catholiques ni par les protestants. Des noms injurieux, tels que de ceux de *huguenots* et de *papistes*, enflammaient les haines mutuelles. Les tribunes des temples, les chaires des églises retentissaient d'anathèmes, d'accusations et de paroles menaçantes; tous infidèles à leurs promesses, impatients de la guerre civile, invoquaient la foi des serments et le Dieu de paix. Cet état de choses ne pouvait durer. Il fallait que le gouvernement expirât dans l'anarchie ou qu'il rétablît son autorité sur les débris des factions. Comme le pouvoir des lois n'était plus respecté, la force était l'unique moyen de commander l'obéissance, sinon la fidélité des sujets; car, à la honte de l'espèce humaine, le *despotisme a été jusqu'ici le seul remède à l'anarchie*. Dans cette effervescence des esprits, il ne fallait qu'une étincelle pour tout embraser; elle partit de la Grande-Bretagne. Ce pays était alors gouverné par le duc de Buckingham, qui conservait sur l'esprit de Charles Ier le même empire qu'il avait exercé sur son prédécesseur. Sa première jeunesse avait été livrée à la séduction des plaisirs; le goût des aventures romanesques ne l'abandonna jamais. Lorsque Charles Ier épousa, par procuration, la princesse Henriette, fille de Henri IV, le duc de Buckingham fut chargé de conduire la nouvelle reine en Angleterre. Arrivé à Paris, il fixa tous les regards. La beauté remarquable de sa figure, les grâces de ses manières, la finesse de son goût, le faste de sa dépense, justifièrent les rapports de la renommée. Au milieu des caresses et des fêtes dont il était l'objet, l'audace de ses vœux s'éleva jusqu'à la reine de France. Anne d'Autriche, élevée dans les idées d'une galanterie chevaleresque, permise en Espagne, ne regarda, dit un historien célèbre, les témérités du duc de Buckingham que comme un hommage à ses charmes, qui ne pouvait offenser sa vertu. Le duc se laissa bercer d'espérances si flatteuses, qu'après son départ il retourna secrètement à Paris, sous quelque vain prétexte, et, s'étant présenté chez la reine, il fut congédié avec un reproche où il entrait moins de ressentiment que de bonté. Richelieu fut bientôt instruit de cette audacieuse démarche. On assure que sa vigilance était excitée par un sentiment de jalousie. La politique ou la vanité lui avait fait, dit-on, désirer de plaire à la reine. Repoussé avec dédain, Richelieu ne songea qu'à déconcerter les projets de son rival. Pendant que le duc faisait des préparatifs pour une nouvelle ambassade à Paris, il reçut de France un courrier qui lui interdisait ce voyage. Dès ce moment la guerre fut résolue.

La maison de Rohan était alors à la tête du parti protestant. Les deux frères, le duc Henri de Rohan et le duc de Soubise, se trouvaient à Londres. Le duc de Buckingham se concerta avec eux; il fit armer une flotte de cent voiles avec sept mille hommes de débarquement, prit le commandement de la flotte et de l'armée, et alla descendre dans l'île de Ré (20 juillet 1627). Toiras, gouverneur de l'île, et depuis maréchal de France, se défendit avec courage et avec succès. Buckingham leva le siége, et se retira sans gloire en Angleterre.

Cependant, la capitale du protestantisme, La Rochelle, était investie. Richelieu, jaloux de se signaler dans cette guerre, plus politique encore que religieuse, dirigeait les opérations. La Rochelle fut prise. Le mercredi 1er novembre 1628, le cardinal, qui venait de faire le métier de capitaine et d'ingénieur, célébra la messe dans l'église de Sainte-Marguerite. Le roi fit, l'après-midi, son entrée dans la ville. Les rues étaient encombrées de cadavres, plusieurs étaient inhabitées. Le nombre des habitants, qui l'année précédente s'élevait à près de 30,000, n'était plus que de 5,000; la famine, plus meurtrière que le glaive, avait presque tout moissonné. La réduction de La Rochelle mit fin aux guerres de religion. L'un des grands objets de la politique de Richelieu était désormais accompli. Le parti protestant abattu lui permettait de disposer de toutes les forces de la monarchie contre des ennemis extérieurs; mais il lui restait une tâche plus grande et plus pénible à remplir; c'était de réduire à l'obéissance les grands de l'État, toujours prêts à négocier avec l'Espagne et à se mettre en révolte contre l'autorité royale.

L'emprisonnement du maréchal d'Ornano, confident et favori de Gaston, duc d'Orléans, frère du roi, fut le premier acte qui souleva la haine des grands contre Richelieu : le maréchal, soupçonné de se servir de son influence auprès du prince pour lui faire refuser la main de mademoiselle de Montpensier, alliance agréable au roi et surtout à son ministre, fut conduit au château de Vincennes. Ce coup d'autorité mit toute la cour en mouvement. Les seigneurs qui se trouvaient à Paris accoururent à Fontainebleau, et résolurent d'assassiner un prélat ambitieux et vindicatif. Le comte de Chalais, de l'illustre maison de Périgord, jeune étourdi, séduit par la duchesse de Chevreuse, qu'il aimait, se chargea de porter le premier coup. Le grand-prieur, le duc de Vendôme, le comte de Chalais, furent arrêtés. Les deux frères furent détenus au château d'Amboise; le comte fut traduit devant une chambre extraordinaire de justice. L'instruction, les interrogatoires, tout se passa dans le secret. Le cardinal s'abaissa jusqu'à pénétrer lui-même dans le cachot où sa victime était plongée; et faisant luire à ses yeux un rayon illusoire d'espérance, il en tira d'infâmes révélations. On assure que la reine Anne d'Autriche se trouva compromise dans ces aveux, arrachés par la perfidie. Elle avait, dit-on, avoué l'espérance d'épouser le duc d'Orléans après la mort du roi, que les médecins et les astrologues, alors fort en crédit, croyaient peu éloignée. Cette délation resta gravée dans le cœur de Louis XIII; la sentence du comte fut exécutée, le 19 août 1726. Le supplice fut long et terrible : l'exécuteur, inexpérimenté et tremblant, frappa Chalais à diverses reprises avant de pouvoir séparer la tête du corps. Tous les complices du comte furent arrêtés ou dispersés. L'année suivante, la duchesse d'Orléans mourut, en donnant le jour à une fille, qui fut depuis célèbre, sous le nom de *mademoiselle de Montpensier*.

Quelque temps après, François de Montmorency, duc de Boutteville, et le comte de Chapelles furent arrêtés pour avoir enfreint l'ordonnance du roi contre les duels. Le duc d'Orléans, le prince et la princesse de Condé, les ducs de Montmorency et d'Angoulême s'efforcèrent en vain d'obtenir leur grâce; Richelieu fut inexorable; leurs têtes roulèrent sur l'échafaud.

Ce fut au retour de l'expédition de La Rochelle que se manifestèrent les premiers signes de division entre Richelieu et Marie de Médicis. Cette princesse commençait à se repentir d'avoir introduit Richelieu dans le conseil; l'un et l'autre se ménageaient encore, mais il régnait entre eux une contrainte qu'ils parvenaient à peine à dissimuler. Le cardinal de Bérulle remplaça Richelieu dans la confiance de la reine mère. La rupture entre Marie et le cardinal n'éclata complètement qu'à l'occasion de la guerre d'Italie. Il s'agissait de l'héritage du duc de Mantoue, mort en 1627. L'héritier légitime était Charles de Gonzague, duc de Nevers, qui n'avait d'autre appui que celui de la France. Les avis étaient partagés dans le conseil. Marie de Médicis et Anne d'Autriche auraient voulu qu'on abandonnât le duc, Richelieu s'y opposa avec énergie. La guerre fut résolue; et malgré les larmes des deux reines, le roi quitta Paris pour aller se mettre à la tête de son armée. Cette guerre fut heureuse : le nouveau duc de Mantoue fut maintenu dans son duché.

La haine de Marie de Médicis contre le cardinal n'était plus un mystère; elle obtint de la faiblesse du roi, à force d'importunités et d'obsessions, la promesse d'éloigner Richelieu de ses conseils et de la cour. Ici se place l'événement si connu dans l'histoire sous le nom de *journée des dupes* (11 novembre 1630). Le cardinal se croyait déjà perdu, et se disposait à partir pour Le Hâvre-de-Grâce. Mais le cardinal de La Valette, fils du duc d'Épernon, le détermina à s'en aller trouver le roi, qui venait de partir pour Versailles. L'ascendant de la reine mère semblait décidé. Le bruit de la disgrâce de Richelieu était devenu public. Marie s'occupait à recevoir des félicitations sur un triomphe si ardemment désiré; des flots de courtisans inondaient le palais du Luxembourg, et les plus vils adulateurs du ministre disgracié se répandaient en reproches contre son administration, en injures contre sa personne. Pendant que Marie, enivrée de son succès, distribue des places et des faveurs, Richelieu arrive à Versailles, et se présente devant le roi, qui déjà regrettait la résolution qu'il avait prise et qui lui rend toute sa faveur. On était bien éloigné du Luxembourg de soupçonner ce qui se passait à Versailles. Marie de Médicis croyait son fils uniquement occupé du plaisir de la chasse. Elle commençait à régler avec ses confidents les affaires de l'État. Les salles du palais n'étaient plus assez vastes pour contenir la foule des seigneurs, des valets, des intrigants de toutes espèces, qui venaient mendier une parole gracieuse ou un regard de bienveillance. Tout à coup le bruit se répand que le roi a rappelé Richelieu, que ce ministre est plus puissant que jamais; l'inquiétude se peint aussitôt sur tous les visages, et lorsque le doute n'est plus permis, le Luxembourg devient désert, la nouvelle cour se disperse, se précipite sur Versailles, et va fatiguer Richelieu de serviltés expiatoires.

Le jour des vengeances ne se fit pas longtemps attendre. Marillac, garde des sceaux, désigné ministre, est arrêté et conduit à Lisieux. Il finit sa vie dans ce lieu d'exil. Son frère, le maréchal, attendait à chaque instant un courrier qui devait lui annoncer la promotion du garde-des-sceaux. Le courrier arrive, mais adressé au maréchal de Schomberg, avec ordre de se saisir de Marillac et de l'envoyer comme prisonnier d'État dans une citadelle de France : l'ordre est exécuté; le maréchal périra de la main du bourreau.

Marie de Médicis, opiniâtre dans sa haine, ne put se résoudre à céder au génie de Richelieu; elle trame contre lui de nouveaux complots, et y fait entrer son second fils, le duc d'Orléans, prince de mœurs licencieuses, d'une imagination désordonnée, et possédé d'un besoin de mouvement qui n'était pas de l'activité. A l'instigation de sa mère, il s'était retiré dans les terres de son apanage. Bientôt, il distribua des commissions pour lever des troupes dans plusieurs provinces, rassembla autour de lui tous les mécontents, tous les jeunes seigneurs curieux de nouveautés. Louis, irrité de ces démarches, accuse Marie de Médicis de conspirer avec les factieux, et prend enfin la résolution de l'éloigner définitivement de la cour. Il était à Compiègne, où les deux reines et les secrétaires d'État l'avaient suivi. Sur le point de prononcer l'exil de sa mère, il se sentit arrêté par quelques scrupules de conscience, dont triomphèrent le fameux père Joseph et le père Achille Harlay de Sancy, de l'Oratoire, théologiens du cardinal, chargés officiellement d'examiner cette difficulté. Après une mûre délibération, ils décidèrent que la loi de Dieu n'oblige point les enfants à garder toujours leurs mères auprès d'eux; que le premier devoir d'un souverain est de travailler au repos et au bonheur de ses peuples : qu'il peut exiler, emprisonner même ses plus proches parents quand ils troublent la tranquillité publique par leurs intrigues et leurs factions. Tous les scrupules de Louis XIII furent levés. Le 25 février 1631 le roi s'éloigne de Compiègne, de grand matin, avec la jeune reine, les ministres et les seigneurs qui l'avaient accompagné. Le maréchal d'Estrées, avec des forces imposantes, fut chargé de surveiller Marie et de lui annoncer le départ du roi. A cette nouvelle elle écrit à son fils des lettres remplies de plaintes, de reproches et de supplications. On lui répond froidement qu'elle peut se rendre à Moulins ou à Angers, et qu'elle y sera traitée avec les attentions et le respect qui lui sont dus. On lui offre même le gouvernement du Bourbonnois ou celui de l'Anjou; rien ne peut la satisfaire. Plusieurs mois s'écoulent en négociations infructueuses, pendant lesquelles la plupart de ses partisans sont arrêtés ou exilés. Le maréchal de Bassompierre est mis à la Bastille. La reine, cédant à de perfides conseils, se décide alors à quitter la France; elle se réfugie à Bruxelles, où elle est reçue en grande pompe : cette fuite imprudente était l'un des vœux secrets du cardinal.

Quelque temps après, un nouvel orage se forme contre Richelieu, en faveur de qui le mois de septembre 1631 Louis XIII avait érigé une nouvelle duché-pairie. Le maréchal duc de Montmorency, renommé entre les braves et réuni dans son gouvernement de Languedoc, s'était joint au parti des mécontents : il promit au duc d'Orléans, qui, après avoir épousé secrètement à Nancy Marguerite de Lorraine, s'était rendu à Bruxelles auprès de la reine sa mère, de se joindre à lui s'il parvenait à pénétrer en France : cette promesse combla de joie Gaston et Marie de Médicis. Le duc d'Orléans rassemble son armée; elle était composée de 2,000 hommes de cavalerie allemande, liégeoise et napolitaine, et de quelques bataillons d'infanterie, rebut de l'armée espagnole. A la nouvelle de cet armement, l'armée royale se réunit et marche vers le Languedoc : Louis XIII et son ministre l'accompagnent. La noblesse française attendait avec impatience le résultat de cette lutte; elle voyait dans le duc de Montmorency le dernier soutien de son autorité expirante, et faisait en secret des vœux pour la réussite de ses projets. Le duc d'Orléans se flattait que, à son entrée en France, une foule de mécontents viendraient se ranger sous ses drapeaux; l'événement trompa son espoir : les populations restèrent immobiles. Après de pénibles marches, il parvint en Auvergne : la réunion des deux chefs se fit à Lunel, le 30 juillet 1632. Le maréchal de Schomberg assiégeait Saint-Félix de Carmain, petite ville du Languedoc; ils résolurent d'en faire lever le siège, mais ils rencontrèrent l'armée royale à une demi-lieue de Castelnaudary. Pressé par sa destinée, le duc de Montmorency engagea l'action avec une témérité sans exemple (1er septembre 1632). Après avoir fait des prodiges de valeur, et vu tomber près de lui ses meilleurs amis, il eut le malheur d'être fait prisonnier. Le duc d'Orléans, frappé de consternation, cherche un refuge à Béziers, et ne songe plus qu'à désarmer la colère du roi par des actes de repentir et de nouvelles promesses de fidélité.

Le duc de Montmorency, encore souffrant de ses blessures, fut conduit à Toulouse pour y subir un procès comme criminel de lèse-majesté. Il parut devant ses juges avec la même grâce et la même fermeté qui avaient accompagné toutes les actions d'une vie glorieuse ; la religion lui prêta son dernier secours ; les lois étaient précises : il fut condamné à mort. Quand l'heure fatale fut venue, Montmorency monta sans faiblesse et sans ostentation sur l'échafaud, tendit, avec sa constance ordinaire, ses mains pour être liées, parla au bourreau avec douceur, et reçut le coup mortel en recommandant à haute voix son âme à Dieu. Avec lui finit la branche aînée de cette maison de Montmorency, si féconde en héros.

Tandis que Richelieu déconcertait les factions intérieures et livrait ses ennemis à la hache du bourreau, son génie veillait au dehors, et suivait les mouvements de la politique autrichienne dans tous les États de l'Europe. Son attention se porta principalement sur l'Allemagne, destinée à servir de théâtre aux plus grands événements du siècle. L'empereur Ferdinand, élevé par des prêtres, avait résolu de rétablir dans ce pays l'unité de religion, ou du moins d'arrêter les progrès de la réforme. L'exécution de ces vastes desseins amena la fameuse guerre de trente ans, si féconde en catastrophes, guerre politique autant que religieuse, et dont l'influence sur le sort de l'Europe n'est peut-être pas encore épuisée. Walstein fut l'homme le plus étonnant de cette époque; Gustave-Adolphe en fut le héros.

Richelieu, qui avait abattu le parti protestant en France, l'encouragea et le soutint en Allemagne. On s'étonnait de voir un cardinal, un prince de l'Église catholique, favoriser au delà du Rhin la cause de la réforme ; ses ennemis lui en faisaient un crime ; il s'en faisait un mérite et un honneur. L'intérêt politique l'emportait en lui sur l'intérêt religieux ; il était revenu au système de François Ier, de Henri IV et de tous les hommes d'État qui avaient eu en vue la grandeur et la gloire de la France.

Pendant que la guerre sévissait en Allemagne, deux incidents, que l'histoire ne peut oublier, signalèrent l'immense pouvoir et l'esprit vindicatif du cardinal de Richelieu : la querelle du duc d'Épernon avec le cardinal de Sourdis, archevêque de Bordeaux, et l'épouvantable supplice du prêtre Urbain Grandier, qui marque d'une éternelle flétrissure la mémoire du ministre de Louis XIII. Je me bornerai à parler ici du premier de ces incidents, le second étant l'objet d'un article spécial dans ce dictionnaire.

Le duc de d'Épernon, gouverneur de Guienne, n'avait jamais vécu en bonne intelligence avec Henri de Sourdis, l'un de ces prélats guerriers que Richelieu aimait à favoriser ; l'étroite liaison de Sourdis avec le cardinal-ministre augmentait l'aversion du duc, qui haïssait cordialement Richelieu et ses créatures ; ils en vinrent à une guerre ouverte pour une cause assez frivole. L'anecdote peut servir à faire connaître les mœurs et les usages de cette époque. Le duc d'Épernon jouissait sur la vente du poisson à Bordeaux d'un ancien droit féodal, qui consistait à pouvoir exclure les habitants de la ville de l'entrée du marché au poisson. Il fit usage de ce privilège à l'égard des gens de l'archevêque ; cette interdiction arbitraire força le prélat de dîner sans poisson un vendredi : l'offense ne pouvait se pardonner ; l'archevêque se plaint juridiquement, et menace ; si on néglige de faire droit à ses justes plaintes, d'abandonner la ville avec tout le clergé. Le duc, de son côté, envoie le lieutenant de ses gardes braver le prélat jusque dans son palais : celui-ci excommunie l'officier et les soldats qui l'accompagnent, et dans la sentence d'excommunication *implore le secours de la divine bonté pour la conversion des pécheurs*. D'Épernon, irrité de cette allusion, rend une ordonnance par laquelle il interdit toute assemblée extraordinaire dans le palais de l'archevêque. La querelle s'envenime ; et dans une rencontre entre ces deux fiers rivaux, le duc lève sa canne, et fait sauter le chapeau du prélat : on ne sait comment cette scène scandaleuse se serait terminée, si quelques gentilshommes qui se trouvaient présents n'eussent séparé les deux champions. Les suites de cette aventure furent fâcheuses pour le duc. Le cardinal de Richelieu prit, comme on devait s'y attendre, le parti de l'Église ; l'orgueilleux d'Épernon fut obligé de se retirer dans ses terres, confus et excommunié. Pour rentrer en grâce, il lui fallut écrire une lettre d'excuses et se rendre dans la petite ville de Coutras, où il reçut à genoux, devant l'église, la réprimande et l'absolution de l'archevêque. L'habitude de la soumission à l'autorité royale était prise : il fallait obéir. Dix ans auparavant, une telle aventure aurait excité une guerre civile.

Richelieu, alors au plus haut point de sa puissance, comblé d'honneurs et de dignités, semblait gouverner non-seulement la France, mais l'Europe entière ; son génie était partout présent et partout actif. Tout fléchissait devant lui ; le duc d'Orléans lui-même, fatigué de son exil, était venu se remettre sous le joug. Le cardinal n'avait jamais perdu de vue les affaires de l'extérieur. Mécontent de Charles Ier, roi d'Angleterre, qui avait donné un asile dans sa cour à Marie de Médicis, il souleva par ses agents la révolte d'Écosse, encouragea les factieux de l'Angleterre, et prépara l'échafaud où devait tomber cette tête royale. Ce fut lui aussi qui attira en Allemagne Gustave-Adolphe, et lui fournit les subsides nécessaires pour ébranler le trône impérial. Puis, quand le roi de Suède eut remporté de grands avantages, Richelieu retira de lui sa main puissante, parce qu'il redoutait maintenant de voir les protestants prendre trop d'ascendant en Allemagne ; et lorsque ce prince trouva la mort à Lutzen, glorieusement enseveli dans sa victoire, ses intrigues assurèrent à la France les conquêtes qu'il avait faites sur la rive gauche du Rhin, en même temps que son or décidait le corps d'armée du duc de Saxe-Weimar à passer au service de France. Enfin, croyant que l'heure favorable était arrivée pour humilier la cour de Madrid, il envoya un héraut à Bruxelles déclarer solennellement la guerre à l'Espagne. Ses premiers efforts ne furent pas heureux : l'armée espagnole pénétra en France, et y fit quelques conquêtes. Mais la constance de Richelieu ramena la fortune ; les Espagnols, repoussés de toutes parts, furent réduits à craindre pour leur royaume de Navarre, et la Catalogne se sépara violemment de la monarchie. Louis XIII se rendit lui-même en Roussillon pour surveiller les opérations militaires ; la prise de Perpignan attesta la supériorité des généraux et des armées de la France.

Cependant, les intrigues de cour étaient toujours dirigées contre Richelieu. Ses ennemis avaient gagné le P. Caussin, et ce fut à l'aide de ce jésuite, confesseur de Louis XIII, qu'ils résolurent d'attaquer sa conscience. Le confessionnal était le théâtre de cette nouvelle conjuration ; et l'oppression de la religion catholique en Allemagne était le prétexte mis en avant. La conscience du roi ne laissait pas d'être alarmée. En outre, Louis, malgré la froideur de son tempérament, était épris de Mlle de La Fayette, fort jolie brune qui avait la confiance d'Anne d'Autriche, auprès de qui elle était placée. Anne d'Autriche, qui savait que sa fille d'honneur n'aurait pas de violents combats à soutenir, voyait sans jalousie ces pudiques amours. Le P. Caussin confessait Mlle de La Fayette, et suivait avec intérêt les progrès de l'affection mutuelle qui unissait ses deux pénitents ; il ne s'arma point d'un front sévère ; et, loin de chercher à briser ces liens, il engageait Mlle de La Fayette, tourmentée de quelques scrupules, à rester à la cour. « Si vous êtes attachée au roi, lui disait-il, vous devez penser à son salut. Le prince est entièrement livré au cardinal de Richelieu, qui écarte de sa personne ses amis les plus dévoués, et ne songe qu'à se rendre nécessaire en troublant la France et l'Europe. Quelle gloire pour vous de rendre un fils à sa mère, une femme à son époux, un frère à son frère, et de faire cesser les horreurs d'une guerre dont la religion est affligée! Mlle de La Fayette était parfaitement disposée à seconder les projets du P. Caussin, et dans ses fréquents entretiens avec le roi, elle saisissait toutes les occasions de perdre dans son esprit le cardinal-ministre. Louis, ainsi placé entre son confesseur et sa favorite, ne pouvait dissimuler entièrement ses inquiétudes et les peines de son cœur; mais il ne prenait aucun parti. Soit secret dépit de ne pouvoir inspirer plus de fermeté au roi, soit qu'elle fût alarmée de son amour, qui arrivait à prendre plus de vivacité, soit enfin qu'elle fût véritablement animée d'un zèle pieux, elle se retira au couvent de la Visitation, à Chaillot. Le roi ne pouvait se détacher de cette jeune et jolie visitandine, et ils avaient à la grille du couvent de fréquentes entrevues, qui donnaient à Richelieu plus d'inquiétudes que toutes les affaires de l'Europe. Il sentit l'imminence du danger; il écrivit une lettre au roi, lui offrant la démission de ses emplois et manifestant le désir de s'ensevelir dans une profonde retraite. Cette lettre produisit une révolution complète dans l'esprit de Louis XIII. Il congédia son confesseur, et le P. Sirmond, autre jésuite, âgé de quatre-vingts ans, qui s'était jusque alors uniquement occupé de littérature et d'érudition, fut nommé directeur de la conscience royale. L'intrigue se retira du confessionnal.

Il est temps d'examiner quels furent les effets de l'administration du cardinal sur la situation intérieure de la France. Le commerce maritime prenait de nouveaux développements. Richelieu favorisait l'industrie, et cherchait à faire fleurir les sciences et les arts. Il était impossible qu'un homme de cette trempe n'aperçût pas le mouvement qui depuis la réformation entraînait l'esprit humain, et il voulut que dans cette nouvelle carrière les Français fissent de nobles efforts pour devancer les autres peuples. Le cardinal, au milieu de ses immenses travaux politiques, s'occupait de littérature; il savait que sans la gloire des lettres les nations n'arrivent jamais au premier rang. Ce fut une des raisons qui le décidèrent à fonder l'Académie Française (1635). Cet établissement, qui a survécu à toutes les révolutions, marque l'époque où le génie national prit un essor sublime, et fonda cette domination littéraire que la France a exercée pendant deux siècles sur les autres peuples de l'Europe, et qui n'est encore aujourd'hui contestée que par des écrivains sans talent et sans avenir. La philosophie avait fait ailleurs des progrès rapides : Bacon, en Angleterre; Galilée, en Italie; Kepler, en Allemagne, avaient déjà porté un coup d'œil rapide et profond dans les sciences exactes; mais à peine l'impulsion fut-elle arrivée en France, qu'elle s'éleva dans les lettres, dans les sciences et dans les arts à un point de perfection qui ne cessera jamais d'exciter la surprise et l'admiration. Trois génies du premier ordre, dont un seul suffirait à l'illustration d'un siècle : Corneille, Descartes et Pascal, parurent presque en même temps, et ouvrirent cette grande époque du dix-septième siècle, à jamais célèbre dans les annales de l'esprit humain.

Je ne dissimulerai pas une autre vue toute personnelle de ce grand politique. Il avait trop de sagacité pour ne pas s'apercevoir que depuis l'invention de l'imprimerie l'opinion publique devenait une puissance dirigée par les hommes éclairés ou éloquents. En favorisant les hommes de lettres, il agissait par eux sur l'opinion; et leur reconnaissance était intéressée à soutenir sa réputation. Aussi, nul ministre n'a-t-il été en butte à plus d'éloges que Richelieu. L'Académie naissante lui avait voué une admiration sans bornes, et cette habitude d'adulation ne s'est jamais entièrement perdue. Le prince qui règne, le ministre qui gouverne, ou qui a l'air de gouverner, sont toujours, quels qu'ils soient, d'habiles ministres et de grands princes. On ne saurait cependant sans injustice méconnaître les éminents services que l'Académie Française a rendus à la langue et à la littérature nationales, moins par ses travaux collectifs que par ceux qu'elle a inspirés en offrant un objet d'émulation et une noble récompense aux hommes qui se vouent à la culture des lettres. Presque tous les grands écrivains dont la France s'honore ont été membres de ce corps illustre; et si quelques-uns ont été privés de cet honneur, c'est par un orgueil déplacé ou par des circonstances qui enchaînaient la bonne volonté de l'Académie.

Les mœurs françaises éprouvèrent à cette même époque un changement remarquable; elles perdirent beaucoup de cette rudesse dont l'habitude se forme si aisément au milieu des révolutions et des guerres civiles. Elles se polirent sans s'épurer. L'esprit de galanterie était général; et tandis que la passion de l'amour s'affaiblissait, la courtoisie envers les dames faisait des progrès dans toutes les classes de la société. On doit attribuer quelque chose de ce raffinement social à l'influence des reines de la maison de Médicis et de celle d'Autriche. Le respect presque religieux des Italiens et des Espagnols pour les dames modifièrent l'inconstante vivacité française, et il en résulta une manière d'être entre les deux sexes qui leur plaisait également. Le rigorisme de Louis XIII tranchait avec les manières de sa cour. Ce prince, que les terreurs religieuses n'abandonnèrent jamais, et dont la conscience avait constamment besoin d'être rassurée, n'adressait qu'en tremblant ses timides vœux aux dames qui devenaient l'objet de sa tendresse. Il se conduisait en héros respectueux de roman, tandis que le cardinal de Richelieu, qui avait peu de temps à perdre en assiduités et en soupirs, déposait souvent la pourpre, et, vêtu en cavalier à bonnes fortunes, soupait chez Marion Delorme et obtenait les premières faveurs de Ninon de Lenclos. Ce n'est pas qu'il ne fût versé dans tous les mystères du platonisme amoureux. Il assistait souvent à des thèses d'amour; mais ces doctrines sublimes ne convenaient ni à ses penchants ni à ses occupations. Il approuvait, comme tant d'autres, des théories qu'il ne mettait jamais en pratique.

Les grands seigneurs vivaient à la cour, devenue le centre des intrigues et de la politique, et dont leur présence augmentait l'éclat. C'était là qu'ils se disputaient la faveur, les places, les pensions, et qu'on se familiarisant avec les favoris de la fortune et du pouvoir, ils effaçaient peu à peu ces distinctions nobiliaires dont leurs nobles ancêtres étaient si orgueilleux. On ne parlait alors que de la cour; les beaux esprits ne travaillaient que pour obtenir ses suffrages.

A l'époque dont je parle l'esprit de controverse religieuse était une passion dominante; la partie dogmatique du christianisme occupait l'attention plus que la morale, elle en est la partie essentielle; et, par une conséquence nécessaire, on s'attachait à la pratique des cérémonies religieuses plus qu'à celle des vertus et du devoir; aussi, les idées superstitieuses triomphaient, même à la cour. La puissance de la magie était généralement admise; le cardinal y croyait tout comme un autre, de même qu'à l'astrologie et aux revenants; et il n'arrivait point d'événement remarquable qui n'eût été l'objet des révélations particulières du ciel. Lorsque la grossesse d'Anne d'Autriche fut déclarée, en 1638, les prophètes parurent en foule. Celui qui approcha le plus de la vérité fut un gardeur de troupeaux, nommé Pierre Roger, du village de Sainte-Geneviève des Bois. Étant venu à Paris, il déclara que la reine accoucherait le samedi 4 septembre, se fondant sur une révélation dont sainte Anne l'avait favorisé. Cet homme, ayant été interrogé par l'archevêque de Paris, demeura depuis ce temps dans l'abbaye de Saint-Lazare, avec les pères de la mission. Sur les onze heures du soir du même jour, la reine commença à sentir quelques douleurs; mais elle n'accoucha que le 6. Sainte Anne ne s'était trompée que de deux jours. Ce fut à l'occasion de ce grand événement que Louis XIII, par un vœu solennel, mit la France sous la protection spéciale de la sainte Vierge.

La naissance d'un petit-fils n'apporta aucun changement dans les dispositions du roi à l'égard de la reine mère. Cette princesse, dont l'infortune excitait la pitié, même des étrangers, errait alors en Europe, sans asile et sans consolation. L'inimitié de Richelieu la poursuivait en tous lieux. Elle avait demandé un refuge à sa fille Henriette, reine d'Angleterre ; arrivée à Londres, elle tenta, pour se rapprocher de son fils, des démarches qui n'eurent aucun succès. Les troubles qui agitaient l'Angleterre rendirent bientôt sa présence importune; et l'épouse de Henri IV, devenue presque étrangère à sa propre famille, privée de son douaire, accablée de dettes, abandonnée des anciens adorateurs de sa fortune, alla vivre à Cologne, dans l'obscurité et dans une détresse qui accuse la mémoire du cardinal de Richelieu, et surtout celle de Louis XIII. Marie de Médicis traîna encore pendant trois ans sa malheureuse existence, et mourut à Cologne, le 3 juillet 1642. On assure qu'à son lit de mort cette princesse pardonna à son persécuteur. Le nonce du pape, qui remplissait auprès d'elle les devoirs que la religion impose à ses ministres, voulant l'engager à une parfaite réconciliation, lui proposa d'envoyer à Richelieu un bracelet où le portrait de la reine était enchâssé ; elle se retourna en disant : « C'est trop! » et rendit le dernier soupir.

Les ennemis du cardinal disparaissaient successivement devant lui. Le comte de Soissons, prince du sang, s'arma contre lui, rassembla des troupes, livra à l'armée royale, aux environs de Sedan (6 juillet 1641), une sanglante bataille, où il eut l'avantage. Mais comme il se préparait à profiter de ce succès, il fut tué, ainsi que Gustave-Adolphe à Lutzen, sans qu'on ait jamais pu savoir de quelle main il reçut la mort. Quelques historiens rapportent qu'on vit passer devant lui un cavalier qui, plus prompt que l'éclair, lui porta le coup mortel et disparut. Cette dernière opinion a prévalu, comme offrant un champ plus vaste aux conjectures désavantageuses à la mémoire du cardinal de Richelieu. La mort de ce prince était nécessaire au ministre ; elle nécessité a fait croire qu'il l'avait procurée. Mais l'histoire n'admet point de si graves accusations sur de simples conjectures. Assez de crimes dont il n'est pas permis de douter souillent les annales des peuples.

La politique de Richelieu avait porté ses fruits. Toute l'Europe était en feu : la maison d'Autriche avait enfin perdu sa prépondérance, elle était humiliée en Allemagne ; le Portugal s'était séparé de la monarchie espagnole, et le parti français dominait dans la Catalogne ; l'Angleterre, en proie aux discordes civiles, poursuivait sa sanglante révolution. La France seule était tranquille et florissante ; elle avait réparé toutes ses pertes, et son ascendant sur le reste de l'Europe ne pouvait être contesté. Mais les ennemis que Richelieu avait à la cour ne lui pardonnaient ni son influence ni son élévation. Les complots formés contre sa personne naissaient les uns des autres. Il fallait qu'il se tînt constamment sur ses gardes. Il ne pouvait même compter sur la gratitude des hommes qu'il accablait de bienfaits. La fameuse catastrophe de l'infortuné de Thou et du jeune Cinq-Mars, favori du roi, en est une preuve mémorable.

Cinq-Mars, élevé par Richelieu lui-même à la dignité de grand-maître de la garde-robe du roi, pour lui servir d'espion auprès de ce prince, entra dans les intrigues du duc d'Orléans et du duc de Bouillon pour renverser le tout-puissant ministre. Les conjurés résolurent, pour perdre leur ennemi, d'avoir recours à une guerre civile, car à cette époque rien ne semblait encore plus naturel ; et à cet effet ils négocièrent en mars 1642 avec la cour d'Espagne un traité par lequel cette puissance leur promettait des subsides et des troupes. Dès le mois de mai suivant Richelieu était instruit du complot. Il se trouvait alors malade à Narbonne, tandis que le roi était avec Cinq-Mars à l'armée du Roussillon et paraissait lui avoir retiré ses bonnes grâces. Une défaite que l'armée française essuya, le 26 mai 1642, à Honnecourt, et que le cardinal fut accusé d'avoir facilitée, lui fournit l'occasion de se remettre en faveur auprès de Louis XIII. Il envoya au défiant monarque une copie du traité secret conclu avec l'Espagne par les conjurés, et dès lors Louis ne vit plus en lui que le seul homme capable de le tirer de ce péril. Il accourut à Narbonne auprès de son ministre, pour se concerter avec lui sur les mesures à prendre et pour décider quelles victimes on choisirait. Le duc d'Orléans, suivant son habitude, fit les révélations les plus complètes, et livra ses complices à la vengeance du terrible cardinal. Le 12 septembre de Thou et Cinq-Mars périrent sur l'échafaud, à Lyon.

Richelieu partit de Lyon le jour même de l'exécution, et se rendit à Paris comme un triomphateur, porté par ses gardes dans une chambre où étaient son lit, une table et une chaise pour une personne qui l'accompagnait pendant la route ; les porteurs ne marchaient que la tête découverte, à la pluie comme au soleil ; lorsque les portes des villes et des maisons se trouvaient trop étroites, on les abattait avec des pans entiers de muraille, afin que son éminence n'éprouvât ni secousse ni dérangement. Arrivé à Paris, il alla descendre au Palais-Cardinal, où se trouvaient une foule de gens empressés, les uns de voir, les autres d'être vus. Il adressa la parole à plusieurs d'entre eux, et congédia la foule d'un coup d'œil obligeant. Sur son visage, jauni par la maladie, on aperçut un rayon de joie lorsqu'il se vit dans sa maison, au milieu de ses parents et de ses amis, qu'il avait appréhendé de ne plus revoir, et encore maître de cette cour où ses ennemis s'étaient flattés qu'il ne reparaîtrait plus.

Lorsque enfin l'ascendant de Richelieu, au dedans et au dehors de la France, ne parut plus douteux ; lorsqu'il eut fait tomber sur l'échafaud la dernière tête ennemie et porté les armes françaises au sein de l'Espagne ébranlée ; lorsqu'il eut vaincu toutes les résistances, qu'il ne lui restait plus qu'à jouir de ses triomphes et à user librement d'un pouvoir sans limites, la mort vint le surprendre, et d'un souffle éteignit ce génie dont la vive lumière éclairait les plus sombres détours de la politique et dont les conceptions agitaient le monde. Il cessa de vivre justement à l'époque de sa plus haute élévation, laissant dans le souvenir des hommes une renommée qu'aucun revers n'avait obscurci ; dernier bienfait de la fortune, qui a manqué à tant de personnages illustres.

Louis XIII, instruit du danger qui menaçait le cardinal, lui rendit visite (2 décembre 1642) : « Sire, lui dit Richelieu, voici le dernier adieu. En prenant congé de Votre Majesté, j'ai la consolation de laisser son royaume plus puissant qu'il n'a jamais été et vos ennemis abattus. La seule récompense de mes peines et de mes services que j'ose vous demander, c'est la continuation de votre bienveillance pour mes neveux et mes parents, que le ciel donnerai ma bénédiction qu'à condition qu'ils vous serviront toujours avec une fidélité inviolable. Le conseil de Votre Majesté est composé de personnes capables de la servir, elle fera sagement de les retenir auprès d'elle. » On prétend qu'il parla aussi du cardinal Mazarin, comme de l'homme le plus propre à remplir la place de premier ministre. Louis promit d'avoir égard aux avis de Richelieu ; ensuite, comme on apportait au malade deux jaunes d'œuf, le roi les prit et les lui présenta de sa propre main.

Richelieu remplit avec exactitude les cérémonies religieuses recommandées par l'Église. Le 3, au point du jour, il voulut recevoir l'extrême-onction. Le curé de Saint-Eustache lui dit qu'une personne de son rang pouvait se dispenser de remplir toutes les formalités auxquelles le commun des fidèles est soumis. Richelieu, averti par la nature du néant des grandeurs et peu touché à sa dernière heure des illusions de l'orgueil, repoussa la flatterie, qui le poursuivait jusqu'à son lit de mort, et accomplit toutes les formalités requises ; enfin, il n'omit rien de ce que la religion, la décence et l'esprit du siècle exigeaient d'un homme de son caractère et de sa profession. Il mourut le 4 décembre 1642, à l'âge de cinquante-sept ans. Son titre de duc et pair passa à son neveu, Armand-Jean de Vignerod. Quelques mois après, le 14 mai 1643, Louis XIII descendit au tombeau.

Jamais ministre n'a été l'objet de plus d'éloges et de plus d'accusations que le cardinal de Richelieu. C'est le sort de tous les hommes qui vivent dans des temps agités par les factions. La postérité reproche à Richelieu d'avoir trop souvent exercé ses vengeances personnelles sous le prétexte des intérêts de l'État, et donné même à la justice les formes de la tyrannie. Le maréchal de Marillac, Urbain Grandier, de Thou, exciteront toujours la pitié pour leur infortune, l'indignation pour leur implacable ennemi. Mais les grands services qu'il a rendus au peuple ne seront jamais oubliés; il le délivra de l'oppression, courba une insolente aristocratie sous le joug des lois, favorisa le mouvement de la civilisation en protégeant les lettres et les arts, plaça la France à la tête des nations européennes, et, pour tout dire en un mot, prépara les destinées du grand siècle.

A. JAY, de l'Académie Française.

Outre les écrits religieux dont il est question dans l'article qu'on vient de lire, le cardinal de Richelieu est généralement regardé comme l'auteur d'un livre intitulé : *Histoire de la Mère et du Fils*, qui parut à Amsterdam en 1730. Petitot a tiré des archives de l'État et publié dans sa collection de Mémoires relatifs à l'histoire de France, d'après un manuscrit corrigé de sa main, et qui existe encore au dépôt des affaires étrangères, mais rédigés par Soulavie, les *Mémoires du Cardinal de Richelieu*, qui embrassent l'intervalle compris entre les années 1632 et 1635. On considère aussi comme authentique le *Testament politique du Cardinal de Richelieu* (2 vol., 1734), ainsi que le *Journal du Cardinal de Richelieu, qu'il a fait durant le grand orage de la cour* (2 vol., Amsterdam, 1664).

Le frère aîné du cardinal, qui s'était fait chartreux, arraché vingt-un ans plus tard, bien malgré lui, à sa solitude par Richelieu, fut nommé archevêque d'Aix en 1626, et passa l'année suivante sur le siège de Lyon. Créé, lui aussi, cardinal, en 1629, il fut nommé grand-aumônier de France en 1632, et mourut en 1653, à l'âge de soixante-onze ans.

Richelieu avait eu deux sœurs, *Françoise* et *Nicole*; la première épousa René de Vignerod. Elle en eut un fils, François, mort en 1646, à l'âge de trente-sept ans, laissant deux fils, dont l'aîné, Armand-Jean, fut substitué par son grand-oncle à la duché-pairie de Richelieu. Nicole épousa le maréchal de Maillé-Brezé, dont elle eut un fils, mort en 1646, sans avoir été marié.

RICHELIEU (LOUIS-FRANÇOIS-ARMAND DUPLESSIS, maréchal DE), né le 13 mars 1696, mort le 8 août 1788, à plus de quatre-vingt-douze ans, était fils d'Armand-Jean de Vignerod, duc de Richelieu, qui se maria en troisièmes noces avec la veuve du marquis de Noailles, se brouilla avec elle, alla loger chez Cavoie et sa femme, qui prirent soin de lui, et mourut, en 1715, à quatre-vingt-six ans. Témoin ou acteur dans toutes les intrigues de la cour et de la diplomatie, sous la régence et sous Louis XV, Richelieu appartient à l'histoire par la part tantôt brillante, tantôt honteuse, qu'il prit aux événements de cette longue période. Petit-neveu du grand cardinal, il était surtout destiné à rendre, pour ainsi dire, populaire ce nom que le redoutable ministre de Louis XIII avait rendu historique.

A peine sorti de l'enfance, le jeune *Fronsac*, car c'est le nom qu'il portait alors, fixe l'attention d'un vieux monarque à qui une longue expérience avait appris à connaître les hommes. Il excite l'intérêt presque maternel de la marquise de Maintenon, reine sans en avoir le titre; enfin, il inspire à la jeune duchesse de Bourgogne un autre genre d'intérêt, et Fronsac, que la princesse n'appelait pas *jolie poupée*, est mis à la Bastille. Ce n'était pas son seul crime ; marié malgré lui, dès l'âge de quatorze ans à Mlle de Noailles, femme sans attraits, d'un caractère acariâtre et plus âgée que lui, il lui témoignait un éloignement invincible; mais celle-ci trouva dans son écuyer un consolateur. Telles étaient alors les mœurs de la cour; personne n'y trouvait à redire, pas même Richelieu, qui n'en fit qu'un sujet de plaisanterie.

Après sa sortie de la Bastille (1712), il servit sous Villars, et fut blessé au siège de Fribourg. Sous la régence, il se montra peu empressé de plaire au duc d'Orléans ; mais il n'en fut pas de même à l'égard des filles de ce prince, la duchesse de Berry, Mlle de Charolais et Mlle de Valois, qui prodiguèrent à ce jeune seigneur leur amour avec un éclat qui a retenti d'une manière authentique dans l'histoire. Il semblait d'ailleurs se plaire à désoler le régent et son âme damnée, le cardinal Dubois, en leur enlevant toutes leurs maîtresses, ou du moins en partageant avec eux les faveurs de ces courtisanes titrées. Philippe d'Orléans et Dubois ne furent sans doute pas fâchés de saisir le prétexte d'un duel, dans lequel Richelieu fut blessé, pour le mettre à la Bastille (1716). Au sortir de prison, il entra dans la conspiration de Cellamare, dont la découverte le conduisit pour la troisième fois dans cette prison, où il fut plongé d'abord au fond d'un cachot. L'amour cependant trouva moyen de forcer les verrous de sa prison; deux des filles du régent, Mlle de Valois et Mlle de Charolais, abjurant leur rivalité, réunirent leurs efforts pour obtenir sa liberté. Il fut d'abord transféré dans une chambre plus saine, puis il obtint la permission de prendre l'air, pendant une heure chaque jour, sur une des tours de la Bastille. Cette distraction devint pour lui l'occasion d'un triomphe : les femmes qu'il avait séduites, oubliant ses torts et le soin de leur propre réputation, prirent l'habitude de venir se promener dans la rue Saint-Antoine pour le voir. Pendant une heure, une foule de voitures élégantes parcouraient à la file l'espace qui s'étendait depuis le pied des tours jusqu'à la porte Saint-Antoine. Des gestes expressifs établissaient une espèce de dialogue entre les belles promeneuses et le fortuné captif. Enfin, la duchesse de Valois obtint d'abord la délivrance, puis la grâce entière de Richelieu, en consentant à donner sa main au duc de Modène, après avoir eu pour son père ces complaisances incestueuses que ce prince, si souvent alors comparé au patriarche Loth, exigea, dit-on, de toutes ses filles.

Les amis de Richelieu, ou plutôt la cabale des femmes, lui procurèrent un honneur assez bizarre pour un seigneur qui jamais ne sut l'orthographe : il fut élu membre de l'Académie Française, le 12 décembre 1720, à l'âge de vingt-six ans, vingt-trois ans avant Voltaire, qui n'y fut admis qu'à cinquante ans. Trois académiciens, Fontenelle, Destouches et Campistron, se chargèrent à l'envi de composer la harangue du noble récipiendaire; Richelieu prit les principaux traits de chacune de ces compositions, et, guidé par ce tact exquis que la nature lui avait donné, il en tira un discours qu'il écrivit de sa main, et qui avait le mérite rare de la concision jointe à la convenance du style.

En 1722 Richelieu reçut une première faveur du régent : il fut nommé gouverneur de Cognac ; mais il ne tarda pas à être disgracié pour quelques propos trop libres qu'il s'était permis sur la politique de ce prince.

Avec la régence finit la première partie de la vie de Richelieu, qui est comme divisée en trois portions égales : la première, entièrement livrée aux plaisirs, à tous les genres de débauche et à quelques intrigues de cour, sans autre résultat que les disgrâces de ce seigneur ; la seconde se partage entre l'ambition, les affaires, la guerre et les plaisirs; la troisième est marquée par tous les abus du pouvoir, par les intrigues les plus avilissantes, et quelquefois même par le mépris des convenances. A quatorze ans il avait débuté par une galanterie qui le rapprochait de l'héritière présomptive. A seize ans il développa, dans son intrigue avec l'infortunée Mme Michelin, une atrocité froide, monstrueuse à cet âge. Mme Michelin, femme d'un tapissier du faubourg Saint-Antoine,. n'était qu'une bourgeoise : faut-il s'étonner de la conduite du jeune duc à son égard? Mais souvent il ne traitait pas avec plus d'égards les femmes de la plus haute qualité. Mme de Guébriant lui avait écrit un billet, daté du Palais-Royal, pour lui indiquer un rendez-vous à la cour des Cuisines : « Restez-y, lui répondit Richelieu, et charmez-y les marmitons, pour lesquels vous êtes faite. Adieu, mon ange,... » Imbu d'un orgueil nobiliaire qui le rendait capable de la plus froide cruauté envers qui n'était pas de sa caste, il fit enfermer à Bicêtre une femme du peuple qui se plaignait de ce que son mari avait été battu jusqu'à mort d'homme par un des gens du duc de Richelieu. Une autre fois, il fit incarcérer au Fort-l'Évêque un de ses valets de chambre à qui une jolie ouvrière avait donné sur lui la préférence; il fit aussi mettre pour six mois à l'hôpital cette fille, « pour la punir, disait-il, d'avoir un mauvais goût, et de préférer un valet à un grand seigneur ». Les désordres dans lesquels se plongeait la jeunesse du duc de Richelieu lui étaient communs avec toute la jeune noblesse de France; mais il surpassait tous ses rivaux dans l'art de revêtir le vice de l'agrément des manières, de toutes les grâces de l'esprit. On peut le regarder comme un des plus brillants adeptes d'une école d'immoralité prétendue agréable et d'une perversité réputée charmante. Mais il joignait à ses vices quelques qualités heureuses; et aux préjugés de caste, qui dégradaient sa raison, il unissait un esprit fin, une sagacité supérieure, un tact heureux et prompt, qui en toute affaire lui faisait saisir le point juste de la difficulté et chercher les moyens de la vaincre. Rechercher tous les plaisirs, tirer de leur publicité même une sorte de gloire et une source de richesse, courir à la fortune par tous les moyens à son usage, se maintenir auprès du maître, avoir une place à la cour et un gouvernement où il pourrait agir en souverain, voilà les idées qui l'occupaient dans le sein même des plaisirs; et c'est ce mélange d'ambition et de dissipation qui va marquer la seconde partie de sa vie. La mort du régent lui ouvre cette nouvelle carrière.

Nommé ambassadeur à Vienne (1724), par le crédit de la marquise de Prie, maîtresse du duc de Bourbon, premier ministre, il s'acquitte avec autant de bonheur que d'habileté d'une mission difficile, fait échouer les folles espérances de Ripperda, ambassadeur d'Espagne, enfin contribue à faire obtenir le chapeau de cardinal à Fleury, devenu premier ministre après la disgrâce du duc de Bourbon. Celui-ci ne vit pas sans étonnement Richelieu suivre avec constance les détails d'une négociation épineuse, travailler souvent pendant quinze heures par jour, et, pour triompher des préventions de Charles VI, assister assidûment à vêpres, aux longs offices, qui étaient d'une longueur insupportable à tout autre que le dévot empereur. Quelques intrigues qu'il employa pour connaître et détourner les projets hostiles au prince Eugène sortaient des procédés ordinaires de la diplomatie. C'étaient toujours des femmes qu'il faisait servir à ses desseins. Ainsi, après avoir, à son début militaire comme aide de camp de Villars, attaché à son char la femme de son général; à son entrée dans la carrière diplomatique, il souffla au prince Eugène madame Badiani, sa maîtresse. De retour à Versailles (1729), il fut nommé chevalier des ordres, et jouit d'un crédit réel auprès du vieux cardinal de Fleury. Au mois de novembre 1732 il fut nommé membre honoraire de l'Académie des Inscriptions, à la place du président de Maisons, dont il fut aussi le successeur auprès de sa tendre veuve. En 1733, lors de la guerre pour le trône de Pologne, il servit en Allemagne à la tête de son régiment, se distingua au siège de Kehl, et fut nommé brigadier des armées du roi, en janvier 1734. Veuf de sa première femme depuis quinze ans, il s'allia alors (7 avril 1734) au sang impérial en épousant Mlle de Guise, princesse de Lorraine, à laquelle il fut fidèle six mois, ce qui parut une merveille. Il eut d'elle un fils, appelé le *duc de Fronsac*, et une fille, qui épousa le comte d'Egmont.

Malgré tout l'orgueil de Richelieu, on peut dire qu'une princesse de Lorraine s'était mésalliée en entrant dans la famille des Vignerod, soi-disant Duplessis de Richelieu; du moins une partie des parents de Mlle de Guise pensaient ainsi, entre autres le comte de Lixen, qui se trouvait au siège de Philipsbourg avec Richelieu. Celui-ci, venant de commander un détachement, arriva un soir, couvert de sueur et de poussière, pour souper chez le prince de Conti. Irrité de quelques épigrammes du duc, Lixen lui dit de s'essuyer, ajoutant qu'il était surprenant qu'il ne fût pas *décrassé* après l'avoir été en entrant dans sa famille. Il fallut sur-le-champ mettre l'épée à la main. Lixen fut tué dans cette même tranchée où quelques jours après Richelieu, qu'on n'osa punir, fut blessé en faisant tête à l'ennemi; et la querelle que lui avait suscitée ce mariage disproportionné ne servit qu'à rehausser sa gloire.

Toutes les faveurs de cour se réunirent alors sur lui. Élevé au grade de maréchal de camp en mars 1738, il fut nommé quelques mois après lieutenant général du roi en Languedoc. Il s'honora dans cette province en refusant de se prêter à des mesures violentes contre les protestants. Il eut assez d'adresse pour déterminer les états, au commencement de la sanglante guerre de 1741, à offrir au roi de lever, armer, équiper, monter et entretenir à leurs frais un régiment de dragons, sous le nom de *Septimanie*. Flatté de ce présent, le roi nomma colonel de ce beau régiment Fronsac, fils du duc de Richelieu, quoiqu'il eût à peine neuf ans, et conféra au père la charge de premier gentilhomme de la chambre (février 1744). Richelieu paya tant de faveurs en se faisant ce qu'on appelle l'*ami du prince*. Au surplus, il mettait peu d'importance à cette sorte de complaisance: il disait que c'était bien la moindre qu'on puisse avoir pour son roi, et qu'il y avait peu de différence entre lui procurer une maîtresse ou lui faire agréer un bijou. A Fontenoy (1745) la fortune, qui ne cessait de le favoriser, lui fit saisir, dans la mêlée, une heureuse idée émise par le comte de Lally, officier d'artillerie, et le conseil d'emprunt que Richelieu donna au roi décida la victoire. Après avoir eu une heureuse ambassade à Dresde (1746), il prit part à la victoire de Laufeld, où il fut blessé. Demandé par les Génois, il délivra leur ville, assiégée par les Anglais (1748), vit son nom inscrit parmi les nobles Génois et sa statue placée dans le palais du sénat; enfin, il fut créé maréchal de France, à la sollicitation des Génois.

De retour en France, il sut se maintenir dans la faveur de Louis XV, et fut le courtisan assidu de la marquise de Pompadour; mais il eut le malheur de lui déplaire en témoignant peu d'empressement pour le mariage qu'elle lui proposait entre le duc de Fronsac et une fille qu'elle avait eue de Lenormand d'Étioles, son époux. Par malheur, ces méprisables tracasseries décidèrent trop souvent du sort d'une campagne et de la destinée de l'État; elles pensèrent faire échouer l'entreprise de Minorque, dont Richelieu avait la conduite (1756); mais, toujours heureux à force d'audace, le vainqueur de Mahon, dépourvu du matériel nécessaire à une aussi grande entreprise, s'assura le plus beau triomphe en mettant de côté les règles de la vieille tactique pour tirer tout le parti possible de l'héroïsme du soldat français.

Envoyé, l'année suivante, en Allemagne, Richelieu s'empara de tout le Hanovre, et dicta au duc de Cumberland la capitulation de Closter-Seven, qu'il eut l'imprudence de changer en une sorte de traité politique dont l'exécution dépendait des puissances belligérantes. Ses bons *amis* de Versailles mirent un délai perfide dans le renvoi du courrier dépêché au roi par Richelieu; et quand la ratification arriva, Frédéric avait vaincu les Français à Rosbach; puis le prince Ferdinand de Brunswick, qui avait remplacé Cumberland, prit une attitude hostile contre Richelieu, qui toutefois, par ses habiles dispositions, ne se laissa pas entamer. La cour, qui affectait de juger la convention de Closter-Seven d'après ses résultats, rappela le maréchal, qu'on accusait en outre de s'être tenu dans l'inaction au lieu de se joindre au comte de Soubise. Quoi qu'il en soit, Richelieu aurait mérité son rappel par les horribles brigandages qu'il commit dans le Hanovre, laissant d'ailleurs la discipline se corrompre et permettant tout à ses soldats, qui le surnommèrent le *petit père de la maraude*. Il revint à Paris jouir d'une gloire contestée, mais réelle. Il ajouta à son hôtel un pavillon magnifique, à qui le public donna le nom de *pavillon de Hanovre*, dénomination adoptée par Richelieu lui-même soit pour la faire tourner

28.

à sa gloire, soit pour braver le public, plaisir auquel il n'était pas indifférent.

Là se termine la seconde partie de la vie de Richelieu ; désormais en commence la troisième partie, et ici durant trente années on voit dans Richelieu, à Versailles, le courtisan le plus souple et le plus intrigant ; à Paris, un despote redouté des comédiens ; dans son gouvernement de Guienne, un tyran qui foule aux pieds toutes les lois et toutes les convenances ; d'ailleurs, livré dans sa vieillesse à tous les goûts d'une jeunesse débauchée, il semble à la fois braver les lois de la nature et celles de la morale. Ce fut en 1758 qu'il alla prendre possession de son gouvernement de Guienne. Son entrée à Bordeaux fut celle d'un souverain. Accueilli d'abord avec un enthousiasme motivé par sa brillante réputation militaire, il s'aliéna bientôt les cœurs par son faste, sa hauteur, par des vexations et des actes arbitraires, qui l'ont fait comparer au trop fameux duc d'Épernon, comme lui gouverneur de Guienne, et qui comme lui s'était poussé à la cour par la dépravation de ses mœurs. Il scandalisa tous les honnêtes gens par les encouragements qu'il donnait au libertinage et au jeu le plus effréné. Partageant son temps entre son gouvernement et le service de premier gentilhomme, il n'était pas à Versailles lorsque Mme du Barry y prit rang de favorite. Après lui avoir témoigné durant quelque temps une froideur calculée, il se voua à elle corps et âme, et emporta par sa décision et sa présence d'esprit la présentation de celle-ci à la cour. Ennemi personnel des C h o i s e u l, il forma contre eux une sorte de triumvirat avec son neveu, le duc d'Aiguillon, et le chancelier Maupeou ; mais la chute du duc de Choiseul fut inutile à l'ambition de Richelieu. En vain Mme du Barry demanda pour lui une place au conseil : Louis XV refusa. Lors de la suppression des parlements, il se montra très-chaud partisan de cette mesure ; il avait eu plusieurs démêlés avec le parlement de Bordeaux, qui avait opposé une résistance ferme à son despotisme : ce fut pour lui un triomphe d'aller à Bordeaux faire enregistrer l'édit qui supprimait cette cour. Incapable de dissimuler sa joie, il mêla le sarcasme aux rigueurs qu'il était chargé d'exercer. Il montra la même hauteur lorsque, le 9 avril 1771, il alla dissoudre la cour des aides de Paris. A la Comédie Italienne, dont il s'était attribué la direction, il se montrait le protecteur intéressé des actrices qui avaient de la figure, et pour elles le vieux sultan était toujours disposé à commettre des injustices. Tout allait mal, là comme en Guienne ; et quand on s'en plaignait : « Ce sera bien pis, répondait-il, sous mon successeur, » faisant ainsi les honneurs du duc de Fronsac, son fils, qui promettait d'avoir tous les vices de son père, sans posséder aucune de ses brillantes qualités.

Louis XV, sans estimer Richelieu, s'attachait de plus en plus à lui par l'effet de l'habitude. La mort si subite de ce monarque fut un coup bien funeste pour le vieux courtisan. Louis XVI, dont les mœurs étaient pures, dédaignait de jeter les yeux sur lui quand il se présentait à Versailles : il en était de même de la reine. Richelieu partit alors pour son gouvernement, où son orgueil s'enivra de nouveau des honneurs qu'il exigeait impérieusement ; mais un procès scandaleux avec une Mme de Saint-Vincent, qui, voulant se payer de quelques faveurs passagères accordées au maréchal, avait contrefait ou du moins mis en circulation pour plus de trois cent mille francs de billets souscrits par lui, hâta le retour de Richelieu ; et le roi lui fixa pour une défense expresse de retourner en Guienne. Cependant, une légère incommodité l'ayant averti qu'il vieillissait, il se maria une troisième fois, en 1780 ; calcul bien entendu, qui intéressait à sa conservation une femme vertueuse, dont les soins prolongèrent probablement sa vie. C'était Mme de Rothe, veuve d'un gentilhomme irlandais. Le plaisir de punir son fils, qui témoignait trop souvent à l'égard de son père l'avidité d'un héritier, entra, dit-on, pour beaucoup dans ses motifs. Le duc de Fronsac n'apprit ce mariage qu'avec peine : « Soyez tranquille, lui dit Richelieu avec ironie, si j'ai un fils, j'en ferai un cardinal ; et vous savez que cela n'a pas nui à notre famille. » Si le duc de Fronsac était un vaurien dans toute la force du terme, il faut convenir aussi que le vieux maréchal se montra toujours à son égard un fort mauvais père. Au mariage de son fils avec Mlle de Galiffet, Richelieu, qui était l'avarice personnifiée, ne lui avait accordé que six mille livres de pension. Il se plaisait à le désoler par ses railleries et par la perspective de sa longue vie. On a prétendu que pour mieux prouver sa jeunesse, il se battit en duel, ou offrit de se battre, à soixante dix-huit ans. La troisième duchesse de Richelieu avait tout ce qu'il fallait pour fixer son époux ; il fut infidèle néanmoins : on le vit même balbutier de vils hommages à des beautés vénales ; et le rebut des passants ne fut pas toujours le sien. C'était, au reste, le seul chagrin qu'il donnait à son épouse, pour laquelle il montra toujours les plus grands égards. Grâce à la protection du premier ministre M a u r e p a s, Louis XVI avait fini par recevoir avec bonté ce courtisan octogénaire, qui n'avait qu'à puiser dans ses souvenirs pour lui apprendre beaucoup de choses. Dans les trois dernières années de sa vie, ses organes commencèrent à s'altérer ; il devint sourd et sujet à des absences. Cependant, quel homme avait fait plus d'efforts que lui pour déguiser sa vieillesse ? Chaque matin, pour cacher ses rides, il se faisait tirer et attacher en tampon sur le sommet de la tête la peau de son front et de ses bajoues. Pour conserver en apparence un visage frais et plein, il se faisait tous les soirs appliquer sur chaque joue un ris de veau qu'on enlevait le lendemain. Qui ne se rappelle avec quel soin il se chargeait d'odeurs, faible que, dans un but plus innocent, nous avons vu partager par son petit-fils, le vertueux duc de R i c h e l i e u ministre de Louis XVIII ? Si l'on considère que le maréchal de Richelieu, venu au monde à sept mois, était faible de complexion, on s'étonnera de la multiplicité de ses aventures ; mais le plus souvent, dit-on, il cherchait plutôt le scandale que le plaisir ; et là, comme ailleurs, il n'était qu'un *avare fastueux*. Les mémoires du temps attestent ses prodigalités dans les ambassades, dans la construction de bâtiments, mais ils ne parlent pas de ses bienfaits. Jusqu'à ses derniers jours, il se permit, comme par habitude, des injustices odieuses, des vexations coupables et d'énormes abus de crédit. Malgré l'odieuse arrogance de son caractère, il y avait de l'entraînement et du progrès dans ses idées ; et ce n'était pas vainement qu'il se disait *le disciple de Voltaire*. Plus heureux que son maître, il vit approcher la mort sans faiblesse, et termina sans souffrance, le 8 août 1788, une vie qui, si elle se fût prolongée, aurait exposé sa décrépitude à la tempête révolutionnaire. Soulavie a publié les *Mémoires du Maréchal de Richelieu* (10 vol., Paris, 1794), qui contiennent souvent des choses précieuses pour l'histoire, mais dont la plus grande partie est apocryphe.

Charles Du Rozoir.

Le *duc de Fronsac* dont il est question dans l'article précédent, singe maladroit de son père, et qui a laissé une si triste réputation par les mémoires scandaleux du dix-huitième siècle, où l'on peut aller chercher l'histoire de ses *fredaines*, ne porta pas longtemps le titre de *duc de Richelieu*, et ne survécut que quelques années à son père. Ses débauches avaient de bonne heure ruiné sa santé, et il était tout perclus de goutte et de rhumatismes. Il mourut en émigration, en 1792, laissant un fils, qui du vivant du maréchal porta le titre de *comte de Chinon*. Devenu duc de Fronsac en 1788, en même temps que son père hérita du titre de duc de Richelieu, il fut envoyé à Vienne au commencement de la révolution par Louis XVI, et entra ensuite au service de Russie, qu'il ne quitta qu'en 1814, pour rentrer en France. C'est à lui qu'est consacré l'article qui suit.

RICHELIEU (A r m a n d - E m m a n u e l DUPLESSIS, duc de), connu d'abord sous le nom de *comte de Chinon*, naquit à Paris, le 25 septembre 1766 ; son père était le duc de Fronsac, fils de ce maréchal de Richelieu, vieillard à la coquetterie effrontée, dont il est question dans l'article qui précède; sa mère était issue des Hautefort. Il fit ses premières études au collége Duplessis, où il obtint quelques succès, et parvint dès lors à parler avec facilité l'allemand, l'anglais et l'italien, puis, plus tard, la langue russe. A quatorze ans, il épousa une fille des Rochechouart. On convint qu'il voyagerait pendant quelques années. Il partit pour l'Italie, où il se trouvait encore lors des premiers troubles de la révolution, et se hâta de retourner à Paris. Quelques jours après, Louis XVI le chargea d'une mission auprès de Joseph II; il avait pris depuis la mort de son grand-père, c'est-à-dire depuis une année environ, le titre de *duc de Fronsac*. Les intrigues politiques ne convenaient pas à son caractère, loyal et plein de franchise; il résolut de quitter Vienne et d'aller assister, en 1790, aux opérations du siège d'Ismaïl, sous les ordres de Souwarow. Il y fut légèrement blessé. L'impératrice Catherine lui envoya une épée d'or et la décoration de l'ordre de Saint-Georges; il accepta aussi le grade de colonel dans l'armée russe. Le duc de Fronsac, qui venait d'hériter du titre de *duc de Richelieu*, par la mort de son père, alla en 1792 remplir près les cours de Berlin et de Vienne les fonctions d'agent secret des princes émigrés, et en 1793 il assista au siège de Valenciennes par les armées coalisées. Il s'en retourna ensuite en Russie, où l'empereur Paul lui témoigna peu de sympathie. Son régiment lui fut ôté, et il reçut même l'injonction de ne pas se présenter dans la capitale. Le duc de Richelieu produisit une impression plus favorable sur l'esprit du jeune Alexandre. En 1801 le duc de Richelieu profita du rétablissement de la paix entre la France et la Russie pour rentrer en France, recouvrer quelques débris de sa fortune et s'acquitter avec les créanciers de son père et de son aïeul. De l'immense héritage du cardinal de Richelieu il lui resta à peine 10,000 fr. de rente. Bonaparte, alors dans toutes les gloires du consulat, et qui toujours montra un grand faible pour les noms historiques, lui offrit de prendre du service dans ses armées : le duc refusa. Faut-il lui en faire un reproche? Il était gentilhomme, vivement attaché à la maison des Bourbons; il ne voulait combattre que pour son drapeau. Le duc de Richelieu vint rejoindre l'empereur Alexandre, qui lui confia une grande tâche dans l'administration des provinces méridionales de son vaste empire. La barbare ignorance des musulmans, les ravages de la guerre avaient converti en déserts incultes toutes les provinces qui avoisinent la mer Noire. Les vieilles colonies romaines du Palus-Méotide n'existaient plus que de nom; il fallait rappeler des habitants et y ramener la civilisation européenne. Au commencement de 1803 le duc de Richelieu fut nommé gouverneur d'Odessa, puis appelé à l'administration générale de la Nouvelle-Russie. La colonie d'Odessa remontait à Catherine; quand le duc de Richelieu vint en prendre l'administration, aucun établissement n'y était achevé : on y comptait à peine 5,000 habitants. Le nouveau gouverneur reçut de l'empereur Alexandre le pouvoir le plus absolu ; il put tout faire mouvoir dans son administration. C'est toujours à l'aide de ce pouvoir absolu que les grandes choses ont été faites! A peine le duc de Richelieu avait-il pris le gouvernement de la Nouvelle-Russie, que tout revêtit une face de rajeunissement. Le commerce, débarrassé d'entraves, avait pris l'essor le plus rapide ; à Odessa la population avait décuplé. L'administration du gouverneur s'étendait dans les vastes contrées du Dniéper au mont Caucase. Plus de cent villages peuplés par des colons étrangers donnèrent l'exemple des pratiques les plus éclairées de l'agriculture, au milieu des plaines qui naguère offraient à peine aux Tatars quelques herbages pour leurs troupeaux. Il fallut établir là une sorte de système féodal pour défendre le pays contre les invasions des Circassiens. Le duc de Richelieu devint le chef militaire de sa colonie. Les établissements de la mer Noire ne pouvaient réussir avec sécurité qu'après la soumission de la Circassie au système russe, plan militaire que le cabinet de Saint-Pétersbourg a accompli aujourd'hui. Plusieurs fois, pour mettre un terme aux déprédations des Circassiens, le duc de Richelieu fut obligé de pénétrer dans leurs montagnes à la tête de quelques régiments russes ; il fallait les civiliser et les dominer tout à la fois. Le duc de Richelieu ne négligea rien pour étendre dans ces pays barbares les bienfaits de la civilisation européenne. Plusieurs jeunes Circassiens, que le cours des événements avait mis entre ses mains, furent élevés sous ses yeux, façonnés à nos mœurs, instruits dans nos arts; ils retournèrent au milieu de leurs compatriotes, dont ils commencèrent à adoucir les coutumes. Cette administration si active agissait au milieu de la peste, qui dépeupla Odessa en 1813.

Bientôt une carrière nouvelle se montra devant lui; les événements de 1814 avaient amené la restauration des Bourbons. Louis XVIII nomma le duc de Richelieu à la pairie : il retrouva aussi auprès du roi la charge de premier gentilhomme de la chambre, que son père avait remplie. Il ne fut d'ailleurs mêlé en rien aux négociations de cette époque. La catastrophe de 1815 força de nouveau le duc de Richelieu à s'exiler. A la seconde restauration, Louis XVIII forma un ministère présidé par M. de Talleyrand, qui proposa le duc de Richelieu pour ministre de la maison du roi. Le duc n'accepta point; il avait quelque répugnance à siéger à côté de Fouché. Quand le ministère Talleyrand fut dissous, Louis XVIII nomma le duc de Richelieu ministre des affaires étrangères et président du conseil. Pour apprécier les services qu'il rendit alors au pays il faut se reporter à l'affligeant tableau qu'offrait la France en 1815. Sept cent mille soldats couvraient notre sol ; les populations germaniques étaient profondément irritées; on achevait avec peine, de l'autre côté de la Loire, de dissoudre les restes de l'armée ; le trésor était vide, et la rentrée de l'impôt interrompue par un long abus de la force. C'est dans cette position critique que le duc de Richelieu accepta la direction des affaires. Après de longues discussions, les alliés avaient réduit leurs demandes à quatre points : une cession de territoire, comprenant les places de Condé, Philippeville, Mariembourg, Givet et Charlemont, Sarre-Louis, Landau et les forts de Joux et de l'Écluse ; la démolition des fortifications d'Huningue; le payement d'une indemnité de 800 millions, et l'occupation pendant sept ans d'une ligne, le long des frontières, par une armée de 150,000 hommes entretenus aux frais de la France. L'Angleterre insistait surtout pour que la ligne des forteresses au nord fût tellement restreinte, que Dunkerque en devînt le dernier point. Au delà du Rhin, un parti né au milieu de cette énergie nationale qui souleva l'Allemagne contre Napoléon insistait pour que l'Alsace et la Lorraine fussent réunies à la Confédération germanique. Déjà la carte qui représentait la France dépouillée de ces belles provinces était dessinée. C'est au milieu de ces tristes circonstances que le nouveau ministre de Louis XVIII adressa à l'empereur Alexandre un mémoire dans lequel il peignait avec l'énergie de la conviction le désespoir d'un grand peuple et les effets qu'on pouvait en redouter. Cette note fit une grande impression sur l'esprit de l'empereur, et s'il ne fut pas possible d'en faire adopter les bases générales, au moins le duc de Richelieu obtint-il que les importantes places de Condé, de Givet et de Charlemont, les forts de Joux et de l'Écluse, ne seraient point compris dans les cessions territoriales ; que l'indemnité pécuniaire serait diminuée de 100 millions ; enfin, que l'occupation ne durerait que cinq ans, et pourrait finir même à l'expiration de la troisième année. Ce fut le 21 novembre 1815 qu'il signa ce traité mémorable. Le discours qu'il prononça cinq jours après en le communiquant aux chambres est empreint d'une patriotique douleur, d'une noble résignation; on sentait, en l'écoutant, que le négociateur n'avait cédé que parce que la nécessité était inflexible.

Ici se présente le procès du maréchal Ney, auquel est mêlé le nom du duc de Richelieu. Aujourd'hui que les idées politiques sont plus nettes, on s'explique très-bien les motifs qui aux yeux des hommes de la Restauration justifiaient de telles poursuites. Le maréchal fut traduit devant un conseil de guerre, qui se déclara incompétent. Dès lors il dut être jugé par la cour des pairs. Le duc de Richelieu porta, le 4 novembre, à la chambre l'ordonnance royale qui la constituait en cour de justice. La condamnation fut sévère, parce que les circonstances étaient impérieuses : il eût été habile et surtout plus utile de faire grâce. Après la condamnation du maréchal, le duc de Richelieu présenta aux chambres un projet d'amnistie générale, ne comprenant d'autres exceptions que les noms compris dans la liste de Fouché. C'est d'après ce projet que la chambre de 1815 imagina son fameux *système des catégories*, et que les régicides furent bannis du royaume. Dans le cours de la discussion, il fut même proposé de *confisquer* les biens des bannis et des condamnés; mais M. de Richelieu repoussa cette mesure : « Les confiscations, dit-il, rendent irréparables les maux des révolutions. »

Ici commence la belle partie de la vie du duc de Richelieu. Le noble but qu'il s'était proposé, c'était la cessation de l'occupation étrangère pour la France. La situation du royaume faisait pourtant naître bien des inquiétudes à l'étranger. Pour rassurer les cabinets, le duc leur représentait que les divisions qui s'élevaient dans les chambres n'étaient qu'une agitation peu dangereuse, suite naturelle du jeu des institutions constitutionnelles accordées spontanément et librement à la France par son roi. Qui ne se rappelle encore aujourd'hui les tristes années 1816 et 1817, la cherté des grains, la famine et la révolte en plusieurs provinces? Au milieu de ces calamités, le duc de Richelieu proposa aux alliés de diminuer leur armée d'occupation; cette négociation ouvrait la route à un plus grand résultat. Le 11 février 1817 il lui fut donné de pouvoir annoncer aux chambres que 30,000 hommes allaient repasser la frontière, et que la dépense de l'armée d'occupation serait diminuée de 30 millions. Il était indispensable de recourir au recrutement forcé pour assurer l'indépendance et la dignité du pays; à l'ouverture de la session de 1817, une loi nouvelle de recrutement fut donc proposée et adoptée comme formant un système militaire complet; cette loi existe encore dans ses bases. En signant la paix de 1814, les divers gouvernements avaient déclaré éteintes toutes leurs dettes et réclamations respectives; mais en renonçant aux droits du fisc, on réservait ceux des particuliers. Quand l'Europe dicta le traité du 20 novembre 1815, les réclamations vinrent de tous côtés; et on stipula que les payements seraient effectués en inscriptions sur le grand-livre. Neuf millions de rente furent d'abord affectés à cette destination. Le terme fixé pour les réclamations n'expirait que le 28 février 1817; le total s'en éleva à la somme fabuleuse de 9 milliards 600 millions. Que faire au milieu de tant d'exigences? L'empereur Alexandre, convaincu que si la négociation n'était pas dirigée par un modérateur commun, elle échouerait par la divergence des vues et des prétentions, proposa de confier cette mission au duc de Wellington; le modérateur fixa à 10,400,000 francs de rente la somme destinée aux payements des dettes de la France. Le duc de Richelieu obtint en même temps que les souverains signataires du traité de 1815 se réuniraient à Aix-la-Chapelle pour examiner si l'occupation finirait au bout de trois années, ou si elle serait prolongée comme le traité en laissait l'alternative. Alexandre arriva à Aix-la-Chapelle le 26 septembre; les obstacles furent aussitôt presque entièrement levés. Les vues pacifiques de l'empereur de Russie avaient dominé la Prusse et l'Angleterre. Dès le 2 octobre l'évacuation des provinces françaises fut décidée, et les dernières traces de l'invasion disparurent. Le duc de Richelieu obtint en outre une réduction notable sur la partie de l'indemnité que la France n'avait point encore acquittée.

Cependant, une autre crise se préparait; le cours des rentes, par l'effet de spéculations exagérées, s'était élevé à un taux exorbitant; en 1818, il baissa rapidement, et les alliés pouvaient abîmer le crédit en jetant sur la place les rentes qu'on leur avait données comme payement de subsides. La parole du duc de Richelieu suffit pour obtenir que les délais fixés pour les payements à faire aux puissances fussent doublés; et les embarras de la bourse ayant continué, il obtint encore que 100 millions en inscriptions de rentes, qui étaient entrés dans les payements, fussent restitués et remplacés par des bons du Trésor à échéance de dix-huit mois. On n'eût jamais osé l'espérer; mais aussi que de sueurs pour obtenir de tels résultats! Ce fut le terme des belles négociations du duc de Richelieu avec l'étranger; désormais il avait atteint le but de sa vie. Il avait organisé l'armée et fondé le crédit, il avait réconcilié la France avec l'Europe. Souvent on l'avait entendu déclarer à ses amis que lorsque le crédit personnel dont il jouissait auprès des souverains étrangers ne serait plus nécessaire, il descendrait du poste qu'il avait été contraint d'accepter, pour rentrer dans la vie privée; il offrit donc alors sa démission, mais elle ne fut point acceptée. Le vieil esprit libéral se réveillait; beaucoup d'hommes, sans autre capacité que le partage politique, avaient cherché à s'emparer des élections; le résultat des opérations de plusieurs colléges électoraux excita, et à bon droit, l'inquiétude du gouvernement. M. de Richelieu dut rester aux affaires. Mais quelques mois plus tard l'homme d'État qui avait si puissamment contribué à délivrer notre territoire de l'occupation étrangère fut obligé de se retirer devant de petites combinaisons de politique doctrinaire. Les chambres, néanmoins, comprirent que le pays devait récompenser tant de services, et M. de Lally demanda à la chambre des pairs que le roi fût supplié d'accorder au duc de Richelieu une récompense nationale. La même proposition fut faite dans l'autre chambre, au moment même où, dans une lettre pleine de noblesse, le duc de Richelieu déclarait au président de cette assemblée « qu'il serait fier d'un témoignage de bienveillance donné par le roi avec le concours des deux chambres, mais que comme il s'agissait de lui décerner aux frais de l'État une récompense nationale, il ne pouvait se résoudre à voir ajouter à cause de lui quelque chose aux charges qui pesaient sur la nation ». Tout le monde savait que le duc de Richelieu était sans fortune; cela n'empêcha pas qu'il y eût des petitesses commises dans la chambre des députés quand il s'agit de lui constituer un majorat de 50,000 fr. de revenu. On changea ce majorat en une *pension viagère*. Le duc accepta cette récompense de ses services par déférence pour la volonté du roi, mais il en consacra noblement le produit tout entier à la fondation d'un hospice dans la ville de Bordeaux.

Son rôle politique n'était point fini. Le ministère Decazes était de toutes parts attaqué par le vieux libéralisme; on exploitait la loi des élections, M. Decazes n'en pouvait plus; les concessions succédaient aux concessions. Le forfait de Louvel vint plonger la France dans la douleur et la consternation. M. Decazes donna sa démission. Ce fut dans ces circonstances que le roi rappela pour la seconde fois M. de Richelieu à la direction des affaires. Le duc ne céda qu'aux plus vives instances, car la situation était triste: le pays était dans l'alarme, et l'irritation des partis à son comble; au dehors, l'Europe était effrayée, et il fallait d'abord la rassurer. Tout fut prévu : à la suite d'une longue et pénible discussion, les chambres votèrent des lois exceptionnelles. L'opposition crut alors pouvoir intimider le gouvernement et les chambres; des rassemblements séditieux se formèrent contre des intentions évidentes de bouleversements politiques. La moindre hésitation pouvait entraîner d'affreuses calamités. On déploya un appareil militaire formidable, et on acquit alors la preuve de l'existence d'un complot au fond duquel se trouvaient des noms exaltés depuis dans une autre révolution. Aujourd'hui on s'étonnerait de lire les déclamations que le vieux libéralisme proféra contre les mesures indispensables à la sûreté publique que force fut de prendre alors. Après avoir miné tous les liens de l'ordre civil, la révolution voulait affaiblir le sentiment de l'obéissance chez le soldat. Dans presque tous les corps les officiers se montrèrent loyalement décidés à tenir leur serment ; il n'y en eut qu'un très-petit nombre qui ne surent pas résister. Une conspiration dont les ramifications s'étendaient sur divers points fut traînée dans quelques régiments, à Paris ; elle devait éclater le 20 août 1820 dans les casernes. Le conseil des ministres décida que les conspirateurs seraient arrêtés avant qu'ils eussent pris un étendard ; les chefs de ce complot militaire sont aujourd'hui connus, quelques-uns même ont été récompensés et glorifiés pour la part qu'ils avaient prise à cette conjuration ; mais la réalité du complot n'en fut pas moins audacieusement niée alors par le parti libéral. La chambre des pairs se montra d'ailleurs indulgente, comme font toujours les pouvoirs d'expérience et de capacité, quand il n'y a pas indispensable nécessité de punir.

Les élections de 1820 furent faites sous l'heureuse impression de la naissance de M. le duc de Bordeaux. Il arriva alors dans la chambre un côté droit fort et puissant. MM. de Villèle et de Corbière s'en étant posés comme les chefs, l'un et l'autre ne tardèrent pas à être appelés à faire partie du conseil.

A cette époque, les grandes puissances se réunirent à Carlsbad pour arrêter un vaste projet de répression contre la révolte armée. L'Orient aussi s'était agité : les Grecs avaient relevé l'étendard de la croix. La France se décida à envoyer des forces navales imposantes dans les mers de la Grèce pour y protéger efficacement son commerce. C'est au moment où il était ainsi tout occupé des relations avec l'extérieur, que le cabinet Richelieu fut menacé dans sa propre existence. La réponse au discours de la couronne de 1821 devint le champ de bataille des grandes passions. La commission insista pour que dans le projet présenté à la chambre on insérât la phrase suivante : « Nous nous félicitons, sire, de vos relations amicales avec les puissances étrangères, dans la juste confiance qu'une paix si précieuse n'est point achetée par des sacrifices incompatibles avec l'honneur de la nation et avec la dignité de la couronne. » C'était une rupture ouverte avec le cabinet. M. de Richelieu soutint qu'une pareille insinuation était offensante pour la dignité de la couronne, et les ministres offrirent leur démission ; la chambre persista dans son évidente hostilité, et vota l'adresse ; dès lors qu'on ne voulait plus du ministère Richelieu : le cabinet se retira donc tout entier et fut remplacé par MM. de Montmorency et de Villèle.

Ce fut la fin de la vie politique du duc de Richelieu ; sa sensibilité avait été fortement ébranlée par les injustices des partis. Bientôt on s'aperçut chez lui d'une décadence rapide, et dans un voyage au château de Courteille, qu'habitait la duchesse de Richelieu, le duc se trouva mal, perdit tout d'un coup connaissance, et mourut à Paris, dans la nuit du 16 mai 1821. Il n'avait encore que cinquante-cinq ans. Sa taille était élevée, ses traits simples et réguliers, tels qu'ils sont reproduits dans le beau portrait de Lawrence. Tous les partis se sont accordés à faire l'éloge des nobles qualités du duc de Richelieu ; ce n'était pas une capacité éminente, mais l'homme d'État probe et loyal par excellence ; il est des époques où la probité est la plus grande habileté des caractères publics ; il y a une grande force dans les intentions loyales : il est une puissance infinie dans l'homme qui fait peser les vertus et l'honneur dans la grande balance des affaires politiques. CAPEFIGUE.

RICHEMOND. Voyez RICHEMOND.

RICHEMONT (ARTHUR III, comte de), connétable de France, était né en 1393 et fils du duc Jean V de Bretagne. Entraîné d'abord dans le parti anglais, il ne tarda point à se détacher du duc de Bedford, qu'il détestait. Charles VII, qui fut instruit de ses dispositions, l'engagea à son service en lui offrant la dignité de connétable, qu'il accepta à Chinon, en 1425. Richemont s'appliqua tout aussitôt à opérer un rapprochement entre son nouveau maître et son frère le duc de Bretagne Jean VI, et il y réussit. Il rendit ensuite d'importants services à Charles VII ; et contribua avec Jeanne d'Arc et Dunois à relever la fortune de la France. Devenu duc de Bretagne en 1457, par la mort de son neveu Pierre II, il voulut garder sa charge de connétable de France, malgré ses nobles, qui la trouvaient inconciliable avec son nouveau rang. Toutefois, il refusa alors l'hommage lige au roi de France, prétendant qu'il ne le devait que simple. Il ne porta qu'un an la couronne ducale de Bretagne, et mourut en 1458.

RICHEMONT (Le baron de). C'est sous ce nom qu'était généralement désigné l'un des nombreux aventuriers qui de nos jours essayèrent de se faire passer pour le fils de Louis XVI, mort au Temple (voyez DAUPHINS [Faux]). Il se fit tour à tour appeler colonel Saint-Julien, Legros, Renard, Victor, colonel Lemaître, prince Gustave, Henri de Transtamare, Charles-Louis de France, duc de Normandie, enfin baron de Richemont ; et toujours il avait rencontré des imbéciles pour croire à la royale origine qu'il cachait sous l'un de ces noms. Suivant les dossiers de la police, il serait né aux environs de Rouen ; ses véritables noms auraient été Henri-Ethelbert-Louis-Hector HÉBERT ; il aurait d'abord été pendant longtemps employé subalterne à la préfecture de Rouen, puis verrier à Lisuire, et, en cette qualité, il aurait été condamné comme banqueroutier. Quoi qu'il en ait été, dès 1828 et 1829 il adressait des pétitions aux chambres pour faire reconnaître ses droits ; et en 1833 La Tribune, la feuille de l'époque la plus hostile à toute idée monarchique, le prit ouvertement sous sa protection, parce que le prétendu fils de Louis XVI déclarait revendiquer le trône, non par ambition personnelle, mais pour le renverser et ne vouloir être que le dernier roi de sa race, attendu, disait-il, que le meilleur roi ne vaut rien. A l'en croire, il avait été élevé par Kleber, et avait même été son aide de camp. En 1808 il serait passé aux États-Unis, et ne serait revenu en France qu'en 1814. Fort bien accueilli alors par Louis XVIII, il aurait été froidement repoussé par sa sœur, la duchesse d'Angoulême, qui aurait refusé de le reconnaître et l'aurait forcé à s'éloigner de France. Constamment persécuté depuis lors par la police française, il aurait été, en 1821, arrêté à Milan et jeté dans la prison de Sainte-Marguerite, où le hasard lui fit rencontrer Silvio Pellico, qui dans ses Mémoires raconte effectivement qu'il eut un instant pour compagnon de captivité un individu qui prétendait être le duc de Normandie, fils de Louis XVI, et qui se donnait pour la victime de la police française acharnée contre l'héritier légitime du trône de France. Pellico n'est pas au reste le seul qui se soit appliqué ce témoignage de Pellico ; et Naundorff, autre faux dauphin dont nous avons raconté les aventures, en revendiquait également le bénéfice.

Traduit en 1834 devant la cour d'assises de la Seine, sous la prévention d'usurpation de nom et de complot tendant à renverser le gouvernement établi, le baron de Richemont refusa de répondre aux interpellations du président, mais présenta lui-même sa défense dans une improvisation curieuse et qui ne manquait pas d'une certaine chaleur. Déclaré par le jury coupable sur tous les points, sauf celui de complot contre la vie de Louis-Philippe et celui d'escroquerie, il fut condamné à douze années de détention. Or, par une de ces inexplicables bizarreries qui se rattachent à la vie de la plupart des faux dauphins, celui-là réussit aussi, on ne sait comment, à s'échapper de prison ; et dès le mois de mai 1835 il était à Londres, où il vivait dans une grande aisance. Trois ans plus tard il rentrait encore en France, et se faisait arrêter de nouveau en 1840. Mais on le relâcha après un court interrogatoire. A cette époque on nommait parmi ses plus fidèles croyants le comte de Bruges, ancien aide de camp de Charles X et lieutenant général en retraite, et le chevalier d'Auriol, introducteur des ambassadeurs sous la Restauration. Richemont lutta alors contre Naundorff, et publia mémoire sur mémoire pour démontrer que son rival n'était qu'un intrigant ; et au journal de celui-ci, La Justice, il opposa L'Inflexible. Après la révolution de 1848 notre baron continua d'habiter Paris, sans être autrement inquiété par la police, changeant très-souvent de logement, et vivant avec beaucoup d'économie, quoiqu'il affectât en payant sa dépense de montrer toujours une bourse bien garnie d'or. En 1849 il s'en alla trouver le pape à Gaëte; et ses *croyants* firent alors grand bruit de l'accueil que lui avait fait le saint-père. Ils y voyaient une preuve que la cour de Rome était prête à reconnaître les droits de leur prétendant, oubliant sans doute que le premier venu peut en tous temps obtenir audience du père commun des fidèles; et que dès lors l'audience accordée au prétendu duc de Normandie ne préjugeait rien sur son origine.

Le *baron* de Richemont mourut en 1853, aux environs de Villefranche; et comme le gouvernement crut devoir faire mettre les scellés sur ses papiers, ses partisans virent dans cette précaution, assez singulière, la confirmation des droits légitimes de leur *prince*, en même temps que la justification de leur intrépide crédulité.

RICHERAND (ANTHELME-BALTHAZAR) a été un des premiers chirurgiens du commencement de ce siècle et un des meilleurs écrivains de la médecine. Né à Belley, le 4 février 1779, il eut pour compatriotes contemporains Xavier Bichat et Brillat-Savarin. Après avoir fait ses humanités au collège de Belley, il voua son zèle aux graves études d'amphithéâtre, où Bichat brillait et régnait déjà et dès son début. Quoique sans élocution et prompt à s'embarrasser dans sa parole, à se troubler au seul bruit de sa voix, il avait à peine deux années d'études en médecine, que déjà il enseignait à ses condisciples ce qu'il venait d'apprendre et quelquefois même ce qu'il ignorait. Il eut de bonne heure l'esprit meublé, un jugement prompt, une plume alerte, le goût et l'accès du monde, l'applaudissement de ses maîtres et leur protection. Ami d'Alibert, et comme lui pressé de produire, il composa comme eux quelques ouvrages précoces, et ce furent les siens dont le style fut le plus goûté, comme plus sobre et plus substantiel. Jamais les phrases de Richerand ne vont à vide; il s'adresse constamment à l'esprit, ou au moins à la passion. Sa première production a suffi à sa renommée, et si arriérée qu'elle soit, elle compte encore des admirateurs. Je veux parler de ses *Nouveaux Éléments de Physiologie*, ouvrage dont il composa l'ébauche à vingt ans, qui compte dix éditions, et dont il s'est écoulé environ 30,000 exemplaires; qu'on a traduit dans la plupart des langues, même, dit-on, en hébreu et en chinois.

C'est un livre d'une lecture attachante, comme une nouvelle ou un pamphlet, dans lequel on trouve assez de philosophie terrestre pour avoir valu à l'auteur des partisans sceptiques et l'avoir fait passer pour mécréant, ce qu'a suffisamment démenti son orthodoxie finale. On y rencontre un nombre tel d'épisodes romanesques et de souvenirs poétiques, que ce luxe de fictions dégénère en défaut; mais ce défaut même a fait la fortune de l'ouvrage, dont la vogue a duré près de quarante ans. La science de Richerand ressemble le moins possible à celle de la Sorbonne et de l'Institut. Peu difficile sur les preuves, insouciant des objections du jugement comme des démentis des sens, il interprète et systématise sa manière de ce qu'il ne put démontrer. Là où les faits manquent, il en suppose; s'ils se taisent, il les fait parler; ses arguments sont des images, ses analogies, des démonstrations: dédaignant d'instruire, il veut plaire, et ses enseignements, traduits dans tous les idiomes, font errer l'univers. Richerand a publié plusieurs autres ouvrages, dont le principal mérite est de rappeler de loin en loin le rare talent du premier. Dans le nombre nous citerons son livre intitulé : 1° *Des Erreurs populaires relatives à la Médecine*, et dont la 2e édition remonte à 1812; 2° la *Nosographie chirurgicale* (4 vol., 1821), ouvrage d'une partialité passionnée, composé à l'imitation et comme en parallèle de celui de Pinel (la *Nosographie philosophique*); 3° l'*Histoire des Progrès récents de la Chirurgie*, (1825); 4° un pamphlet politique *sur la population dans ses rapports avec la nature des gouvernements* (1837).

Mais dans la plupart de ces ouvrages on ne retrouve plus cette mesure tempérante des *Éléments de Physiologie*. On s'aperçoit que l'auteur, devenu une célébrité et un personnage, a cessé d'être indulgent, convenable et impartial, et qu'il néglige d'observer les plus vulgaires bienséances. Quelquefois il se montre jaloux, haineux, vindicatif, querelleur, emporté, et ses critiques vont jusqu'à l'outrage, sa sévérité jusqu'à l'injustice. Lui qui témoigne de ses prétentions comme historien, il ne craint pas d'appeler Montesquieu un *Gascon cauteleux*, O'Connell un *Thersite révolutionnaire*, et ainsi du reste. Enfin, il a des épithètes désobligeantes pour tous et pour toutes choses, même pour le *pain blanc* de Paris: Nous sommes loin de compte avec son aîné et ami Brillat-Savarin, qui, dans la préface de la *Physiologie du Goût*, dit à Richerand en le tutoyant : « Je n'aurai garde de révéler au public que personne plus que toi n'a la parole consolante, la main douce, l'acier *rapide*...; mais je te perdrai de réputation en divulguant ton grand et unique défaut. — Vous m'effrayez! quel est-il donc? — Tu manges trop vite! » Le grand défaut de Richerand, bien qu'homme distingué par l'éducation et le talent, ce fut la jalousie. Cependant son ambition, d'ailleurs fort modérée, reçut toute satisfaction par beaucoup de succès, de hautes fonctions, de titres, d'honneurs même et de richesses. Il était chirurgien en chef de l'hôpital Saint-Louis, professeur de médecine opératoire à l'École de Médecine, décoré des ordres de la Légion d'Honneur et de Saint-Michel, commandeur de Sainte-Anne de Russie, chevalier de Saint-Wladimir et de l'ordre du Mérite civil de Bade, membre des Académies de Médecine de Paris, de Saint-Pétersbourg, de Lisbonne, de Palerme, de Naples, etc. Le gouvernement de la restauration l'avait créé baron. Ne pratiquant plus son art qu'à son hôpital, Richerand cessa de vivre le 23 juin 1840, après avoir reçu des mains de l'archevêque d'Auch, son ami, les secours religieux qu'appelait sa foi. Il voulut, comme son premier maître le baron Boyer, que la voix de la religion eût seule à dire adieu à ses funérailles, qui eurent lieu à Saint-Sulpice, non sans regrets, non sans larmes, car il était aimé. Ses restes furent transportés à sa campagne de Villecresne.

Isid. BOURDON.

RICHESSE. Selon Hobbes, *richesse* veut dire *pouvoir*. C'est confondre la cause avec l'effet. Mais Hobbes a raison s'il entend seulement que la richesse donne non une autorité directe, mais la puissance d'obtenir tout ce qui peut s'échanger avec la chose possédée. Smith définit la richesse un *droit de commandement sur tout le travail d'autrui*; il serait plus exact de dire que c'est la faculté d'acquérir par échange le produit de ce travail offert sur le marché.

Lorsqu'on a recherché la source de la richesse, on a beaucoup différé d'opinions. Les uns ont voulu la trouver uniquement dans l'*argent*; c'était le système de l'école mercantile, qui date de Colbert. Les autres, tout aussi exclusifs, ont placé cette source dans les seuls *produits de la nature*; théorie mise en honneur par la fameuse école française dite des *économistes*, l'école des Quesnay, des Turgot, des Mirabeau le père; d'autres, enfin, disciples de Smith, ont proclamé après lui qu'il n'y avait de richesse que dans le *travail*, parce que le travail seul servait de mesure à toutes les autres valeurs. Chacune de ces trois écoles s'est renfermée dans des principes trop restreints; elles ont eu le tort de prendre la partie pour le tout. C'est la réunion des divers éléments qu'elles avaient signalés qui concourt à former l'ensemble de la richesse générale.

Pour qu'un objet, de ceux qu'on range parmi les capitaux, entre dans le compte de la richesse, il ne suffit pas qu'il existe matériellement: à cet égard, une chose inconnue ou délaissée est comme si elle n'existait pas. Un peuple n'est riche que des capitaux qu'il connaît et qu'il exploite. Supposez incultes les plus fertiles terres, que ces mines les plus abondantes soient ignorées; la nation qui possédera ces éléments de richesse sans en tirer parti n'en recevra aucun accroissement dans sa fortune aussi longtemps que subsistera ce délaissement.

On distingue entre les richesses celles *qui produisent* de celles *qui ne produisent pas*. Les premières forment ce qu'on appelle le *capital fixe*, c'est-à-dire le capital qui donne un revenu sans changer de maître, comme la terre; les secondes composent le *capital circulant* : c'est celui qui ne peut rapporter de fruit qu'en étant consommé ou échangé, comme l'argent, les vivres et les autres approvisionnements propres à être usés par les hommes.

Ce n'est pas une condition essentielle de la richesse de donner un revenu ou de procurer un avantage matériel. Il y a des choses qu'il faut incontestablement ranger parmi les capitaux, bien qu'elles ne produisent aucune rente ; tels sont les tableaux, les objets d'art, destinés à l'ornement et à l'agrément de la vie. Ils ne rapportent d'autre fruit que le plaisir qu'ils procurent. Aussi les appelle-t-on communément *capitaux morts*, désignation assez impropre cependant. Tous les besoins de l'homme ne sont pas circonscrits à la vie matérielle. N'est-ce donc pas un emploi utile de la richesse que de la faire servir au charme de l'existence, de la destiner à procurer à l'âme les jouissances les plus nobles et les plus élevées, celles qui ont leur source dans l'intelligence et dans le sentiment du beau?

On peut envisager les richesses sous quatre aspects principaux. Elles sont *matérielles* ou *intellectuelles*, *réelles* ou *fictives*.

Examinons d'abord les *richesses matérielles*. Il y en a de deux sortes. Les unes sont offertes par la nature, les autres sont produites par l'art des hommes. Les premières comprennent les terres, les forêts, les mines, les animaux ; les secondes se composent des machines et des instruments de travail de toutes espèces, des constructions et des grands travaux d'amélioration de la terre, des métaux mis en œuvre, enfin de tout ce qui a reçu de l'industrie humaine une forme nouvelle. Il faut remarquer que toutes les richesses matérielles procèdent à la fois de cette double origine; aucune n'appartient exclusivement à l'une des deux espèces. Le produit de la nature ne devient *richesse* que par l'exploitation de l'homme; et l'œuvre de l'industrie a toujours pour base une matière naturelle. Le classement ne peut donc s'opérer qu'en appréciant pour chaque chose la cause principale de sa valeur.

Quelquefois le travail de l'homme ne compte que pour une part très-minime dans l'exploitation des richesses naturelles ; par exemple, dans la découverte des pierres précieuses, où le salaire de la recherche n'entre que pour une proportion insignifiante. Quelquefois, au contraire, un produit naturel d'une valeur tout à fait méprisable acquiert un prix immense par le travail de l'homme. Il n'est pas même question ici d'un travail d'art ou d'intelligence ; souvent une industrie toute matérielle suffit pour produire ce résultat. Je me bornerai à en citer une preuve, mais la plus frappante de toutes peut-être. On connaît ces ressorts de montre amenés à la ténuité d'un cheveu. Le fer qui sert à les former vaut à peine quelques centimes le demi-kilogramme ; mais ce même demi-kilogramme de fer préparé en ressorts représente une valeur de plus de quatre cent mille francs. Dans ce cas, la part de l'industrie dépasse dans une proportion infinie la part de la nature.

Par opposition aux richesses matérielles, il y a les *richesses intellectuelles*, c'est-à-dire celles qui résident purement dans les facultés de l'esprit. Quelquefois la nature seule les donne directement en dot à certains hommes, prodigue lorsqu'elle crée leur intelligence comme lorsqu'elle forme l'or et les diamants. Il y a des esprits éminents, des génies exceptionnels, qui ont une valeur propre en dehors de toute éducation ; il y a des hommes qui naissent grands poètes, grands orateurs, grands guerriers. Mais c'est l'exception : plus habituellement la richesse intellectuelle s'acquiert par le bienfait d'une éducation libérale. Lorsque, par des avances de temps, de travail, et souvent d'argent, on s'est initié à la connaissance d'une profession intellectuelle, on s'est constitué un capital véritable, quoique d'un ordre particulier. L'homme versé dans l'art de construire, de naviguer, de guérir ou d'instruire, celui qui sait les lois, celui qui peut expliquer les problèmes de l'économie ou de la politique, tous ceux-là possèdent une fortune intellectuelle qui prend réellement place dans l'ensemble de la richesse.

Ici, je ne peux pas m'empêcher de faire remarquer une erreur bien étrange du code électoral qui a régi la France depuis 1814 jusqu'en 1848. Il fondait, comme on sait, les droits politiques sur la *propriété*, qu'il regardait comme la seule présomption légale de capacité et d'indépendance. C'était une base parfaitement raisonnable et légitime. Mais par la plus fausse application d'un excellent principe, d'un principe vraiment social, la loi n'avait admis à la jouissance des droits politiques que la *richesse matérielle*, et elle en avait exclu la *richesse intellectuelle*. Une telle exclusion n'avait pu être dictée que par une science économique bien peu avancée.

La *richesse intellectuelle* a des inconvénients particuliers. Elle ne peut pas se mesurer exactement ; elle n'est pas susceptible d'être transmise à la famille ; elle périt avec son possesseur. Mais aussi elle a des avantages qui lui sont propres : elle ne peut être ni ravie ni perdue ; elle est à l'abri des révolutions, des banqueroutes, des sinistres de toutes sortes ; elle suit partout son possesseur, et elle dure autant que l'intelligence de celui-ci. C'est la plus indépendante et la plus noble des fortunes.

Il faut maintenant distinguer entre les richesses celles qui sont *réelles* de celles qui sont *fictives*.

Au premier aperçu, rien ne semble plus facile que de reconnaître la différence entre les capitaux *réels* et les capitaux *fictifs*. Le caractère matériel, l'existence saisissable des uns paraissent les séparer, par des signes incontestables, des autres, qui n'ont d'autre base que le commun consentement des hommes. Cependant, de profondes dissidences ont éclaté entre les économistes qui ont voulu tracer cette démarcation, et ces dissidences sont loin d'avoir entièrement cessé. La seule règle infaillible peut-être pour reconnaître les *richesses réelles*, c'est d'examiner si la condition où on recherche la nature a une valeur intrinsèque en dehors de toute convention des hommes. Tout ce qui n'est pas dans cette condition doit être rejeté dans la classe des *capitaux fictifs*.

Parmi les richesses réelles, il y en a qui sont entièrement positives, parce que le rapport de leur valeur avec tous les autres objets d'échange est constant et reconnu. On peut calculer d'une manière précise combien il faut de blé, d'huile ou de vin pour payer un bœuf, une maison, un navire. Mais il y a d'autres capitaux dont la valeur est moins fixe, et est déterminée en grande partie par la convention, bien que ce soient certainement des capitaux réels. Le prix d'un bon tableau se détermine par mille circonstances extérieures. Et cependant, malgré toutes les variations que peut éprouver sa valeur vénale, il est impossible de nier qu'il ait une valeur propre et intrinsèque. Aussi, toutes les éventualités qui peuvent modifier son cours dans le commerce n'empêchent pas que ce tableau soit un *capital réel*; à la différence d'un billet de banque, qui, cessant d'être monnaie, n'est plus qu'un chiffon de papier.

Il y a des richesses qu'on a longtemps rangées à tort parmi les *capitaux fictifs*, ce sont les *pierres précieuses*, *l'or* et *l'argent*. Par le salaire de leur recherche et de leur extraction, par le travail de leur taille, les pierres précieuses représentent déjà une grande valeur industrielle. Elles ont en outre leur rareté et leur beauté admirable, double qualité que les hommes priseront toujours très-haut. L'or et l'argent sont non-seulement les plus beaux, mais aussi les plus utiles des métaux. Le fer seul l'emporte sur eux sous le rapport de l'utilité. Peut-être même ne doit-il cet avantage qu'à son extrême abondance, qui permet de l'appliquer aux usages les plus variés ; tandis que la grande rareté de l'argent, et surtout de l'or, n'a guère permis de destiner ces métaux précieux qu'aux objets de luxe et à la monnaie. Et néanmoins, malgré l'élévation de prix qui empêche que leur application ne devienne vulgaire, la qualité que seuls ils possèdent d'être à peu près incorruptibles rend inestimable leur emploi dans une infinité d'occasions. La valeur attribuée d'un commun accord à l'or et à l'argent n'est donc pas de convention, comme on l'a répété si souvent; elle est basée sur l'utilité la plus grande, la plus incontestable, sur les qualités qui leur sont propres, sur le privilège qu'ils ont de ne pouvoir être remplacés par aucun métal pour certains emplois essentiels. La plupart des économistes n'ont pas assez tenu compte de cette vérité que l'or et l'argent avaient une valeur intrinsèque. Enfin, ce qui a achevé de porter la confusion dans les esprits sur la véritable nature de cette sorte de capitaux, c'est l'emploi constant qu'on a fait de l'argent et de l'or pour former le signe monétaire; emploi tellement exclusif que leur nom est devenu synonyme de monnaie et entraîne la même signification.

Mieux que tous les raisonnements, l'expérience démontre qu'un État d'un territoire stérile et borné peut arriver à une grande richesse par la seule possession des *métaux précieux*. Dans l'antiquité, Tyr et Carthage, dans les temps modernes, Venise, la Hollande, ont dû à l'accumulation du numéraire une haute splendeur. On peut en dire autant de l'Espagne, puisqu'à l'époque de sa puissance elle négligeait ses richesses naturelles; et l'Angleterre même fournit un exemple contemporain de la même vérité : en effet, sa fortune est hors de toute proportion avec l'étendue et la fertilité de son territoire. Parmi les États modernes que je viens de citer, deux surtout, la Hollande et l'Espagne, ont été riches par la seule abondance de leurs capitaux monnayés, indépendamment de leurs sources propres d'opulence. Mais il y avait entre les deux nations une grande différence dans la manière dont elles entraient en possession des métaux précieux, et il en résultait des conséquences dignes d'être remarquées.

L'Espagne recueillait l'or et l'argent; c'était sa nature de récolte. Mais comme ce produit ne se consomme presque pas, la masse en augmentait chaque année. Dès lors, par une loi commune à toutes les productions, à mesure que cette sorte d'objet d'échange se multipliait, elle perdait de sa valeur, par cela seul qu'elle se présentait en plus grande abondance sur le marché. Ainsi, il y avait dans le mode même de production des richesses de l'Espagne une cause de détérioration. La Hollande, au contraire, ne se livrait pas à l'extraction des métaux précieux. Elle se bornait, par son *commerce de commission* et d'économie, à faire affluer chez elle le numéraire des autres États, sans en jeter continuellement de nouveau dans la circulation. Ainsi, plus elle en accumulait, moins les autres en possédaient, et la valeur de cette sorte de capitaux augmentait entre ses mains en raison de leur rareté plus grande sur les marchés étrangers. La Hollande était donc dans les conditions les meilleures pour l'acquisition de la richesse en numéraire. Plus elle était opulente, plus le mode par lequel elle accroissait sa masse de capitaux tendait à agrandir encore son opulence. La prospérité de l'Espagne devait, au contraire, décroître sans cesse, puisqu'elle ne pouvait développer son élément de richesse sans l'avilir, et qu'en augmentant l'abondance de son moyen d'échange, de ses métaux, elle en diminuait nécessairement la valeur. Cette affluence, toujours plus grande, de numéraire, qui enrichissait la Hollande, tendait donc au contraire à appauvrir l'Espagne.

Les progrès de la science économique rangent donc désormais parmi les richesses réelles l'or, l'argent, et beaucoup d'autres valeurs que des connaissances moins avancées rejetaient dans la classe des capitaux fictifs.

Maintenant, après avoir constaté le caractère des *richesses réelles*, il reste à examiner la nature et les conditions d'existence des *richesses fictives*.

Le nom même de ces capitaux en indique assez bien l'essence. Ce sont toutes les valeurs purement de crédit, toutes celles qui n'ont d'autre base que la confiance, qui ne forment aucune richesse intrinsèque, et qui n'ont de prix que par le consentement ou la convention; tels sont les effets de commerce et les billets des banques de circulation. Ainsi, un négociant qui n'a que cent mille francs, et qui au moyen de sa signature et de la confiance qu'elle inspire fait pour deux cent mille francs d'affaires, ce négociant, dis-je, opère avec un capital réel de cent mille francs et un capital fictif de cent mille francs. De même, lorsqu'une banque, avec cent millions de réserve, émet deux cents millions de billets, cette banque met en circulation une masse fictive de cent millions. Cela n'empêche pas d'ailleurs que très-fréquemment ces capitaux fictifs ne remplissent tout à fait l'office de capitaux réels, et n'en tiennent complètement lieu. Lorsque le commerçant fait honneur à sa lettre de change, lorsque la banque rembourse son billet, le détenteur de ce billet ou de cette lettre de change en retire le même profit que d'une somme équivalente de numéraire. Mais qu'une banqueroute survienne, alors paraît le caractère fictif de ces valeurs. La richesse s'évanouit, et il ne reste qu'un titre sans force, une feuille de papier qui ne représente plus rien. Les capitaux fictifs ne valent que comme moteurs des forces productives de la société. Définir ainsi leur véritable destination, c'est faire pressentir leurs avantages, leurs inconvénients, et l'abus qu'on en peut faire. Il est inutile de s'arrêter sur les richesses fictives que crée une simple particulier. Le négociant, toujours surveillé par la vigilance inquiète des gens qui traitent avec lui, ne peut guère abuser de son crédit; ceux qui se laisseraient surprendre n'en devraient accuser que leur négligence ou une confiance déplacée. D'ailleurs, les opérations restreintes d'une personne privée ne sauraient fournir l'occasion d'observer les grands phénomènes des capitaux fictifs. C'est principalement dans les banques qu'il faut étudier les lois de la richesse fictive. Là seulement se développe en entier le principe de sa génération, le mécanisme de sa puissance; là aussi se trouve l'exemple des terribles conséquences de son abus (*voyez* BANQUE, LAW, et PHYSIOCRATIQUE [Système]).

Théodore BÉNAZET.

Le mot *richesse* s'applique aussi à certaines choses dont la matière ou les ornements sont précieux : *richesse* d'un ameublement, d'une parure, etc. La *richesse d'une langue* est l'abondance d'une langue en tours et en expressions. On appelle *richesse de rimes* l'exactitude, la justesse des rimes portée au delà de ce qui suffit. En peinture, *la richesse d'une composition* est le nombre et la belle ordonnance des figures d'un tableau, la beauté de leur expression, de leurs formes, de leurs attitudes.

Richesses, au pluriel, signifie grands biens : Sénèque, dans l'abondance, exaltait *le mépris des richesses*.

RICHMOND (Familles de). En 1343 Édouard III, roi d'Angleterre, donna le titre de *comte de Richmond* à son fils, Jean de Gand, devenu ensuite duc de Lancastre. Edmond Tudor épousa en 1452 Marguerite de Beaufort, fille du duc de Somerset et arrière-petite-fille de Jean de Gand; mariage qui lui valut le titre de *comte de Richmond*, que porta également son fils avant de monter sur le trône d'Angleterre sous le nom de Henri VII.

En 1525 Henri VIII conféra à son fils naturel, Henri, comte de Nottingham, le titre de *duc de Richmond*. Celui-ci épousa Marie Howard, fille du duc de Norfolk, et mourut en 1536, sans laisser de descendance.

En 1623 Jacques Ier renouvela le titre de *duc de Richmond* en faveur de son cousin Lodowick Stuart, duc de Lennox et comte de Darnley, mais qui mourut dès le mois de février 1624. En 1641 Charles Ier fit passer ce titre au neveu du défunt, James; mais cette branche collatérale de la maison des Stuarts s'éteignit dès l'an 1672 dans sa descendance mâle. Ensuite de quoi Charles II conféra les titres de duc de Richmond et de Lennox, de comte de March et de Darnley, au fils naturel, *Charles*, qu'il avait eu, en 1670, de Louise-Renée de Quérouailles, créée en 1673 duchesse de Portsmouth. Celle-ci, issue d'une famille noble de Bretagne, était dame d'honneur de la duchesse Henriette d'Orléans, et devint la maîtresse de Charles II. Comme elle rendait de notables services à la politique de Louis XIV, ce prince lui fit don, en 1684, de la duché-pairie d'Aubigny, en Normandie, avec droit de transmission. Le fils de la duchesse de Portsmouth mourut le 27 mai 1723. Son petit-fils, Charles, troisième duc de Richmond et de Lennox, né le 22 février 1735, prit part à la guerre de sept ans, alla en 1765 remplir les fonctions d'ambassadeur en France, et fut nommé secrétaire d'État l'année suivante. Il joua un grand rôle dans les luttes politiques de son temps, et se rendit redoutable à la chambre haute par l'implacable dureté avec laquelle il attaquait le grand Chatham lui-même. Il finit par être nommé feld-maréchal, et mourut en 1806. Son neveu, Charles Lennox, lui succéda comme quatrième duc de Richmond. Il était né en 1764, et mourut gouverneur du Canada, en 1819, à Montréal, des suites de la morsure d'un renard enragé. Par son mariage avec l'héritière des Gordon, une grande partie du riche héritage de cette maison passa, en 1836, à son fils, le duc de Richmond actuel, né en 1791, qui en conséquence prend le nom de *Gordon-Lennox*, et qui y joint le titre de *duc d'Aubigny* en France. Il a été longtemps directeur général des postes, mais a montré un caractère assez vacillant en politique. Marié depuis 1817, à la fille du marquis d'Anglesey, il a eu d'elle plusieurs filles et cinq fils, dont l'aîné, *Charles*, comte de March, né en 1818, est membre de la chambre des communes.

RICHMOND, chef-lieu de l'État de Virginie (Amérique du Nord), dans une belle et salubre position, sur la rive gauche du James-River, immédiatement au-dessous de ses cataractes, et relié à Manchester par deux ponts, possède un port situé à 19 myriamètres de la baie de Chesapeak, et où les navires tirant 10 pieds d'eau peuvent entrer avec la marée haute. Les cataractes du fleuve ont environ 1 myriamètre de long et se terminent par une chute de 27 mètres d'élévation. On les franchit au moyen d'un canal commençant près de la ville et conduisant à Lynchburg, à 16 myriamètres de distance. Par suite de cette situation avantageuse, la navigation est très-active à Richmond, et il s'y fait un grand commerce en blé, farine, chanvre, tabac, etc. La chute d'eau dont on dispose a permis d'y établir un grand nombre d'usines. Plus de trois mille nègres sont employés dans les quarante fabriques de tabac qu'on y compte. On trouve à peu de distance de la ville de la houille, du fer et du cuivre. La fondation de Richmond date de 1742. En 1800 on n'y comptait encore que 5,557 âmes. D'après le recensement de 1850 le chiffre de la population était déjà à cette époque de 27,487 habitants, dont les deux cinquièmes sont nègres et parmi lesquels se trouvent 3,500 Allemands. Richmond possède 3 banques, plus de 300 maisons de commerce, 3 écoles supérieures et un grand nombre d'écoles primaires. Les principaux édifices sont le capitole, où l'on voit une statue en pied de Washington, le palais de justice, l'arsenal, et le séminaire des anabaptistes.

RICHMOND *sur Swale*, bourg du *North-Riding* du comté d'York (Angleterre), dans une contrée pittoresque, avec 4,500 habitants, qui se livrent à la fabrication des étoffes de laine, ou bien vivent de leur travail dans les mines de plomb, situées à peu de distance. Cet endroit est remarquable par les ruines majestueuses d'une forteresse construite par Allan, comte de Richmond, neveu de Guillaume le Conquérant, et par celles d'un couvent dont la fondation remonte à l'an 1158.

RICHMOND *sur Tamise*, paroisse du comté de Surrey (Angleterre), célèbre par sa magnifique terrasse et par son avenue conduisant au parc, d'où l'on a un des plus admirables points de vue qu'on puisse trouver en Angleterre. Avec les débris de son château royal et le beau parc qui l'entoure, ce bourg rappelle encore aujourd'hui les temps où il était la résidence favorite des rois d'Angleterre. L'église offre quelques tombeaux remarquables. La population de Richmond, forte d'environ 6,000 âmes, vit en grande partie de l'argent qu'y versent les nombreux visiteurs qui s'y rendent de Londres, où on l'appelle le *Frascati d'Angleterre*. Autrefois ce bourg était le siége d'une assez importante fabrication d'articles de bonneterie.

RICHOMME (Joseph-Théodore), membre de la section de gravure à l'Académie des Beaux-arts, n'était malgré son titre qu'un artiste médiocre. Né à Paris, le 28 mai 1785, il avait d'abord voulu faire de la peinture, et dans ce but il était entré dans l'atelier de Regnault. C'est là qu'il apprit à dessiner; mais c'est J.-J. Coiny qui fit de lui un graveur. Richomme obtint en 1806 le prix de gravure, et partit pour Rome. Là il étudia beaucoup Raphael; on le dit du moins, car son œuvre est loin de prouver qu'il ait eu une exacte notion de la grandeur du peintre dont il a reproduit le plus volontiers les admirables compositions. Richomme a gravé d'après lui la *Vierge de Lorette* et l'*Adam et Ève* (1814), *Les Cinq Saints* (1819), le *Triomphe de Galatée* et la *Sainte Famille* (1822). On lui doit aussi *Neptune et Amphitrite*, d'après Jules Romain (1817); *Andromaque et Pyrrhus*, d'après Guérin (1824); et *Thétis portant les armes d'Achille*, d'après Gérard (1827). Ces planches firent tant d'honneur à Richomme, que l'Institut crut devoir l'admettre, en 1826, au nombre de ses membres. Il passa du reste les dernières années de sa vie à se reposer sur les lauriers de sa jeunesse, et mourut à Paris, en 1849, laissant à l'Académie une place qui a été donnée à M. Henriquel Dupont. Les gravures de Richomme sont soignées et consciencieuses, mais elles sont inexactes, en ce sens qu'il a singulièrement amoindri, arrondi, féminisé les types virils et grandioses du maître immortel qu'il a essayé de traduire. — Paul Mantz.

RICHTER (Jean-Paul-Frédéric), connu en Allemagne sous le nom de *Jean-Paul*, né le 21 mars 1763, à Wunsiedel, dans le pays de Baireuth, mort à Baireuth, le 14 novembre 1825, a écrit soixante volumes, dont la bizarrerie égale la spirituelle profondeur. Contemporain de Gœthe et de Schiller, aussi grand qu'eux peut-être, et non moins célèbre, il passe à juste titre pour l'écrivain le plus original de son pays et de son temps. Sa vie fut naïve, simple, candide et toute livrée aux études et aux rêveries de l'homme de lettres.

Voici une grande salle enfumée. Au centre est un vaste poêle, avec deux niches propres à s'asseoir, en hiver, pour y fumer, y sommeiller ou y rêver. Les solives noires sillonnent le plafond jauni. Des pigeons domestiques voltigent çà et là, en murmurant leur roucoulement mélancolique. Une vieille femme, armée de ses lunettes, tricote des bas près du poêle; une jeune femme fait la cuisine près de la grande fenêtre à gauche; le cliquetis des ustensiles de ménage se mêle, sans s'accorder, avec la voix sourde et monotone des pigeons qui ramassent, en coquetant, leur grain sur le carreau. Il y a une petite table de bois blanc vers la droite et un large coffre de chêne tout à côté. L'homme assis à cette petite table, c'est *Jean-Paul*, génie admirable, un Sterne si vous voulez, un Rabelais s'il vous plaît encore, quelque chose de plus ou de moins que tout cela, le plus original des écrivains modernes. Il est enveloppé d'une grosse redingote dont la boutonnière est ornée d'une fleur des champs. Observez ses traits, c'est une étude physionomique curieuse: rien ne s'y accorde; ils sont gigantesques et irréguliers; le feu jaillit de ses yeux mal fendus; et sur cette figure osseuse, vous trouvez un mélange de bonhomie et de fougue. Il tire à chaque instant du coffre ouvert à ses pieds de petits morceaux de papier qu'il arrange et rattache bout à bout : citations, rêveries, extraits, recherches d'érudition, roqueries, recoupes, amalgame de toutes ses études, fragments de mille couleurs, arlequinade savante, mystique, rêveuse, cynique, mélancolique. C'est ainsi qu'il compose ses ouvrages! Et ses ouvrages ne seront pas oubliés.

Les Allemands l'ont surnommé l'Unique (*Jean-Paul Der Einzige*). Ils ont raison. Son isolement est tel que, dans toutes les langues de l'Europe, pas une traduction de ses œuvres n'a été tentée. Madame de Staël a esquissé son portrait littéraire; on y remarque plus d'éclat que de fidélité. Lui-même s'en est plaint avec assez d'amertume. « Ah, madame ! s'écrie-t-il avec une bonhomie railleuse, laissez-moi barbare; vous me faites trop beau ! » Les traducteurs ont reculé devant ce phénomène complexe. Jamais on ne vit style pareil. C'est un chaos de parenthèses, d'ellipses, de sous-entendus; un carnaval de la pensée et du langage; une population de mots nouveaux, qui viennent, sous le bon plaisir de l'auteur, prendre droit de bourgeoisie dans le discours; des périodes de trois pages, composées de cent phrases singulièrement juxtaposées, et se heurtant sans s'éclairer; images sur images, empruntées aux arts, aux métiers, à l'érudition la plus obscure. Dans ce labyrinthe, point de fil d'Ariane pour vous guider; une géographie toute nouvelle; des villes qui n'ont existé nulle part : Haarau, Scheerau, Blenloch, Flachsenferigen; un lexique, une grammaire, une esthétique imaginaires; des princes dont on n'a jamais entendu parler, et qui viennent, comme dit Molière, *montrer le bout de leur nez* on ne sait pourquoi; des conseillers d'État qui arrivent on ne sait d'où, et se laissent patiemment railler; le tout curieusement entrelacé, bardé de citations, d'interjections, d'exclamations, de calembours, d'épigrammes, mêlé d'élans inattendus, de scènes pathétiques, de feuilles blanches, de digressions qui s'enflent démesurément, d'épisodes qui envahissent le sujet. *Jean-Paul* ne procède que par dissonances. Il ne sait ou ne veut point le sauver. Avant de le traduire, force est de le comprendre, et ce n'est pas le plus facile.

Ce philosophe, ce poëte, ce bouffon, ce moraliste, dont le génie est un hiéroglyphe confus et continuel, nous essayerons de pénétrer dans sa pensée, de lui demander ses secrets. Nous extrairons de ses œuvres tout ce qui peut faciliter la connaissance d'un si bizarre auteur, Titan de la plaisanterie et Rabelais de la métaphysique. Richter avait bien apprécié le ridicule de son temps : il a créé *Schmelzle*. Mais il faut lire *Titan*, *Levana* et dix autres ouvrages du même Jean-Paul, pour connaître toute sa folie; cette pensée, qui semble un carnaval, un travestissement puéril et gigantesque; cette imagination triviale, fantastique, bouffonne, immense, infinie, qui se moque de tout, et mêle les instruments du ménage à la danse des planètes; qui plonge un regard dans les abîmes de l'être, et revient esquisser une caricature de Callot. Vous diriez un colosse qui se joue, tant ses mouvements sont pesants et capricieux; il parcourt *sans transition*, par élans irréguliers, l'échelle entière de ses idées les plus disparates. A propos d'un aumônier en voyage, voici la lune qui bombarde la terre. Dans un autre de ses romans, Mars devient prédicateur, et tient aux autres mondes un discours hétérodoxe. Entre les mains de Richter, l'univers est un jouet frivole, dont il brise et réunit tour à tour les fragments; ses idées les plus métaphysiques revêtent un costume bouffon; il prête une marotte au temps et à l'espace. Débauche immense et incroyable, anarchie sans frein, atelier magique, forge cyclopéenne, où, au milieu des vapeurs de la fumée, vous voyez apparaître de petites caricatures humaines, finement esquissées, telles que celle de Schmelzle l'aumônier; puis des formes vagues, sombres, inouïes, tantôt éclatantes, tantôt lugubres; puis des traits de sensibilité profonde, tels que nous les avons admirés dans *Siebenkæse*, l'histoire déchirante d'un pauvre étudiant qui s'est marié par amour.

Jean-Paul ressemblerait à R a b e l a i s s'il n'y avait pas chez l'auteur allemand d'émotion, une sympathie avec l'humanité qui manquait au grand comique du seizième siècle, au Pantagruel des bouffons. Richter est aussi profondément sensible à la beauté, à la grâce, à l'harmonie, qu'il est frappé de la laideur. Accessible à l'ironie, une tendresse de cœur intime l'associe à toutes les actions humaines, à toutes les mélodies de la nature; il nous intéresse même à la poltronnerie de Schmelzle et à la vanité de sa femme, Teuloberge. Quand il a présenté l'humanité sous un aspect ridicule, il nous contraint à la plaindre et à l'aimer, toute ridicule et toute vicieuse qu'elle soit.

Dans l'histoire de l'aumônier esthétique, il se moque évidemment de tout son pays, de tant de travaux qui n'aboutissent à rien, de tant de rêveries scientifiques, républicaines, titaniques. Mais comparez cette douce ironie à celle de Swift et de Voltaire. Si l'on suivait jusqu'au bout la chaîne logique des idées, si l'on croyait aveuglément à Voltaire et à Swift, qui nous présentent le monde comme une prison remplie d'esclaves qui s'entre-tuent, on n'aurait qu'un parti à prendre : quitter bien vite cette caverne de brigands. Richter ne nous désespère pas ainsi. Comme eux, il aime à pénétrer dans les profondeurs, il analyse les détails, il cherche le ridicule du sublime et le sublime du ridicule. Voilà l'homme : ange et démon, néant et génie, ver de terre et intelligence, objet de compassion et de risée, le voilà; pleurez, raillez, plaignez-le, méprisez-le, pardonnez-lui. Sous ce rapport, Richter s'approche de Cervantes; chez eux, point de mépris, point de haine; ils ont un sourire et des larmes; leur gaieté émane d'une sensibilité vraie. Ne croyez pas qu'ils dédaignent leurs héros : ne voyez-vous point qu'ils les aiment avec tendresse, et qu'il y a dans leur moquerie un mélange de pitié et de douleur.

Si l'on considère *Jean-Paul* sous le rapport de l'art et de l'exécution, il reste inférieur à C e r v a n t e s. La fusion, l'ensemble, la cohérence, manquent aux productions de Richter. Leur lecture laisse une impression confuse et hétérogène : le voyage de l'aumônier est une de celles où l'unité, la grande loi des œuvres de l'esprit, est le moins hardiment violée. De ce chaos de pensées et de sentiments jaillissent, comme du fer embrasé, des milliers d'étincelles ardentes, sublimes, comiques; mais c'est un chaos. Le style de ces incroyables œuvres est lui-même un phénomène : une forêt vierge, dont toutes les branches forment un inextricable rempart et vous offrent un obstacle invincible. Langage, métaphores, orthographe, tout se revêt chez *Jean-Paul* de cet habit de saturnales. Il a des phrases de trois pages sans virgules, et des mots de trois lignes sans traits d'union. Il a des parenthèses, des sous-parenthèses, mères à leur tour de petites parenthèses. Il vous jette des allusions sans nombre à ce que vous ne savez pas, à ce que vous ne saurez jamais, à une ligne égarée d'un auteur hébreu inconnu, à une expérience physique tentée par un savant d'Odessa. Le ciel, la terre et l'enfer sont convoqués dans une période de *Jean-Paul*; non-seulement les mots, mais les idées se heurtent chez lui d'une manière inouïe : saillies épigrammatiques lancées au milieu d'une narration sentimentale; allusion grossière, licencieuse, au milieu d'une idée profonde ou mystique; mélange sans égal de calembours, de jurons, d'images gracieuses, de rébus, de citations savantes, de dissonances, de fantaisies. Il n'y a pas jusqu'à la géographie européenne que notre auteur travestit à son gré. Il invente des altesses, crée des marquisats, plante des rois à la Rabelais sur des trônes fictifs, fait des ministres pour se moquer d'eux, s'embarque dans des digressions qui usurpent des volumes, et fait un volume d'un *erratum*.

Philarète Chasles.

RICHTER (Jérémie-Benjamin), chimiste distingué, né en 1762, à Hirschberg, en Silésie, après avoir étudié les sciences naturelles et la médecine fut reçu docteur en médecine, et s'adonna ensuite plus particulièrement à la chimie et à la minéralogie. Il mourut à Berlin, en 1807, employé à la manufacture royale de porcelaine de cette ville. Ses principaux ouvrages, publiés de 1789 à 1802, ont trait à la partie mathématique de la chimie.

RICIMER, fils d'un Suève et de la fille de Wallia, roi des Visigoths, commandait les mercenaires étrangers avec le secours desquels Avitus s'empara, en 455, du trône de l'empire d'Occident; et il l'en précipita dès l'année suivante pour élever à sa place Majorien, homme autrement digne d'exercer le souveraine puissance. Pendant que celui-ci était occupé dans de lointaines guerres, Ricimer, élevé par l'empereur de Byzance, Marcien, à la dignité de patrice, gouverna l'empire. Au retour de ses expéditions, Majorien ayant désapprouvé les mesures qu'il avait cru devoir prendre, Ricimer le fit assassiner, et le remplaça par le faible Sévère, à la mort de qui le trône resta vacant, de l'an 465 à l'an 467, époque où, d'accord avec Léon, empereur de Byzance, il revêtit de la pourpre impériale Anthémius, gendre de Marcien, et dont lui-même épousa la fille. L'expédition qu'ils entreprirent en commun contre les Vandales ne fut point heureuse; et tandis que les Visigoths conquéraient tout le midi de la France et franchissaient les Pyrénées, en Italie la mésintelligence du gendre et du beau-père dégénérait en une guerre ouverte, qui finit par la prise et le sac de Rome, ainsi que par le meurtre d'Anthémius (an 472). Après quoi, Ricimer proclama empereur Olybrius, gendre de Valentinien III; mais tous deux, le protecteur et le protégé, moururent dès la même année.

RICIN (*Botanique*), genre de plantes de la famille des euphorbiacées, de la monœcie-monadelphie du système sexuel. Sa principale espèce est le *ricin commun* (*ricinus communis*, L.), qui embellit les forêts de l'Inde et de l'Amérique, où il acquiert jusqu'à 10 mètres d'élévation; mais cet arbre ne conserve point son port majestueux et sa longévité dans nos climats; il n'y a que les serres qui puissent prolonger son existence au delà d'une année. Ses feuilles, larges et palmées, lui ont mérité le nom de *palma-christi*. Ses fleurs occupent la partie supérieure des tiges et des rameaux, sous forme de longs épis ramifiés, accompagnés de petites bractées membraneuses. Les mâles sont à la partie inférieure ; leur calice est d'un vert glauque; les étamines forment un gros paquet presque globuleux ; les filaments, réunis à la base, se ramifient vers le sommet. Les fleurs femelles sont nombreuses, situées à la partie supérieure de l'épi; ce qui est contraire à la disposition habituelle des monoïques, dont les femelles sont toujours situées à la partie inférieure, afin que le pollen des mâles tombe aisément sur leurs stigmates. Ces fleurs femelles sont pourvues d'un ovaire surmonté de trois styles et d'autant de stigmates, de couleur purpurine. Le fruit est formé de trois coques conniventes, ovales, hérissées de pointes subulées ; chaque coque renferme une semence marquée de taches inégales. Ce fruit, lorsqu'il est parvenu à sa maturité, s'ouvre avec explosion, et les graines s'en échappent.

Il y a plusieurs variétés de *ricins*, mais deux seulement doivent fixer notre attention, celui d'Amérique et celui de France ; le premier, parce qu'il fournit presque toute l'huile de ricin employée en médecine ; le second, parce qu'il décore nos jardins. Pendant longtemps on a confondu avec les ricins plusieurs fruits de la famille des conifères et des euphorbiacées, dont les semences produisent une huile très-âcre et très-purgative, ce qui justifie les propriétés toxiques que les anciens attribuaient au ricin, dont quelques semences pouvaient, disaient-ils, donner la mort. On sait cependant aujourd'hui par expérience qu'on peut prendre impunément jusqu'à 60 grammes d'huile de ricin sans éprouver de superpurgation. Cette huile est en effet un purgatif très-doux. La meilleure qualité, incolore et inodore, doit se dissoudre dans l'alcool. Celle qu'on expédie d'Amérique est souvent colorée en brun, parce qu'on en fait torréfier les graines avant de les soumettre à la presse ; ce procédé est vicieux, il développe un principe âcre, qui porte à un très-haut degré l'énergie purgative de l'huile. Pour extraire l'huile de ricin, on broie les graines dans un mortier, et on en exprime la pulpe à froid. Ainsi, elle n'éprouve aucune altération, se conserve beaucoup mieux, et rancit difficilement. On a prétendu que les feuilles du ricin possédaient la propriété de calmer les douleurs de tête et les souffrances de goutte en les appliquant sur la partie malade; cette propriété est trop merveilleuse pour qu'on y croie.

Quant au ricin de France, il possède comme celui d'Amérique des vertus purgatives, mais à un degré bien inférieur, et cependant la plus grande partie de l'huile employée chez nous en médecine vient du midi de la France, de l'Italie et de l'Espagne. On peut reconnaître aisément le mélange de l'huile de ricin avec une autre huile fixe : c'est la seule qui se dissolve en totalité dans l'alcool, et sa solution est parfaitement transparente. C. FAVROT.

RICIN (*Zoologie*), insecte parasite de la nombreuse famille des *mandibulés*. Il ressemble tellement au pou, que longtemps les naturalistes les ont confondus. Cependant, il y a entre eux des différences notables; ainsi le pou n'a que deux yeux, le ricin en a quatre; la bouche de ce dernier est composée de deux mandibules écailleuses en forme de crochets, de deux lèvres rapprochées, et de deux mâchoires portant chacune une très-petite palpe, et cachées sous ces lèvres. La lèvre inférieure est en outre pourvue de deux autres palpes, et l'insecte est muni d'une langue. D'après M. Leclerc de Laval, le ricin ne se nourrit que de fragments de plumes d'oiseaux ; un autre naturaliste a trouvé du sang dans l'estomac de l'un de ces animaux, ce qui semblerait les classer dans l'ordre des suceurs; mais un fait assez remarquable, c'est qu'une fois attachés à un animal, leur vie semble liée à la sienne, et si l'un meurt, le parasite ne tarde pas à éprouver le même sort; on le voit bientôt errer autour du bec de l'oiseau mort, manifestant une inquiétude causée par la prévision de sa fin prochaine. C'est presque toujours sur les oiseaux que le ricin se rencontre ; il se fixe principalement sous les ailes, aux aisselles, à la tête, et s'y cramponne au moyen de ses deux crochets robustes et égaux qui terminent ses tarses. Il faut avoir le soin de nettoyer souvent les animaux qui en sont atteints, car le ricin se multiplie avec une rapidité effrayante, fatigue les oiseaux, les amaigrit et les tue. C. FAVROT.

RICIN D'AMÉRIQUE. *Voyez* MÉDICINIER.

RICOCHET. Ce mot se dit en mécanique d'une espèce de mouvement par sauts que fait un corps jeté obliquement sur une surface, et dont la cause est la résistance de cette surface. On dit qu'une pierre fait des *ricochets* lorsque, ayant été jetée obliquement sur la surface de l'eau, elle s'y réfléchit au lieu de la pénétrer, et y retombe pour se réfléchir de nouveau. Avec une pierrre ou tout autre corps convenablement taillé, il est aisé de produire jusqu'à une série de dix et douze *ricochets*.

En termes d'artillerie, *battre en ricochet*, c'est charger des pièces d'une quantité de poudre suffisante pour porter leurs volées dans les ouvrages qu'elles enfilent. C'est le maréchal de Vauban qui inventa le *ricochet*. Il en fit usage pour la première fois en 1679, au siège d'Ath. Les propriétés des *batteries à ricochet* et toutes les autres pièces montées le long des faces des bastions et des demi-lunes ; 2° de chasser l'ennemi des défenses de la place que les pièces qui sont opposées aux attaques; 3° de plonger dans les fossés, y couper les communications de la place aux demi-lunes ; 4° de tourmenter l'ennemi dans le chemin couvert, au point de le forcer de l'abandonner ; 5° de prendre de derrière des flancs et des courtines et rendre leur communication inutile. On place ordinairement ces batteries sur la ligne d'une face ou d'un flanc, afin que le boulet enfile et nettoie toute la longueur.

RICOS-HOMBRES, *hommes riches*. C'est le titre que de temps immémorial on donna en Espagne aux grands feudataires de la couronne, ou barons, qui de même que les grands d'Espagne de nos jours, jouissaient du privilége de parler couverts au roi. On connaît la fameuse formule dont se servaient les *ricos-hombres* d'Aragon pour déférer la couronne au nouveau roi qu'ils venaient d'élire : *Nos que valemos tanto como vos, os hasemos nuestro rey y senor, con tal que vos guardies nuestros fueros y libertades ; y sino no* (Nous qui valons autant que vous, nous vous faisons notre roi et seigneur, à condition que vous respecterez nos lois et nos priviléges ; sinon, non).

RICOTTE. *Voyez* FROMAGE.

RIDE (*Médecine*). L'extérieur du corps humain, si

mollement arrondi, et coloré d'un rose si frais dans l'enfance, d'une forme si gracieuse, si noble et si élégante dans la jeunesse, se dégrade par la succession des années. Ces époques de beauté et de décadence, que les poëtes assimilent aux destins des fleurs, se lient à des conditions anatomiques sur lesquelles nous devons jeter un coup d'œil. Le tissu *cellulaire* prédomine chez les enfants et chez les jeunes gens, et il est en outre baigné chez eux par une grande quantité de fluides, surtout de sang ; c'est ce tissu qui concourt principalement à donner au corps de l'enfant les formes et les couleurs avec lesquelles les peintres représentent les anges et les amours. C'est l'inégale répartition de ce tissu qui, après la puberté, dessine le modelé différent qu'on remarque entre les deux sexes, et dont la *Vénus de Médicis* et l'*Apollon du Belvédère* sont les types. Ces conditions de la beauté se perdent graduellement ; le tissu cellulaire s'affaisse, la vascularité diminue avec l'âge ; alors, la peau, n'étant plus soutenue, se plisse et se couvre de sillons qu'on nomme *rides*. Cet effet produit par le temps peut être prématuré chez des enfants malades ; mais à leur âge, avec le retour de la santé, le tissu cellulaire renaît et reçoit de nouveau des fluides abondants. Pour le vieillard, ces avantages sont plus ou moins perdus sans retour. L'insufflation du tissu cellulaire sur des cadavres démontre très-clairement la part qu'il prend à l'état extérieur de la peau.

Les outrages du temps, auxquels nous sommes condamnés en naissant, sont hâtés et favorisés par les tempéraments, par les affections de l'âme et par les maladies. Les personnes sanguines se rident moins promptement que celles qui sont bilieuses : les passions, qui se rattachent si étroitement aux tempéraments, creusent surtout et plissent l'enveloppe de notre corps. En général, tous les individus qui conservent de l'embonpoint se rident tardivement et peu, comparativement aux autres : ils conservent une apparence qui révèle leur naturel au premier aspect ; aussi dit-on proverbialement : « Grosses gens, bonnes gens. » Les personnes passionnées se rident plus vite, parce que chez elles les muscles du visage sont souvent contractés, et notez bien qu'il n'est aucune partie où cet effet soit aussi marqué, parce que le visage, tissu en grande partie de nerfs cérébraux, reflète les diverses actions dont le cerveau est le théâtre. Il faut que la pluralité subisse avec résignation la condamnation prononcée contre les fils d'Adam. C'est en vain qu'on a recours à l'art pour préserver la peau des rides ; aucun cosmétique n'a la propriété que le charlatanisme lui attribue. Les principes hygiéniques peuvent seuls affaiblir les effets du temps dans la jeunesse, nous les recommandons ; mais c'est un devoir qui, nous le craignons bien, aura été stérilement rempli. CHARBONNIER.

RIDEAU, voile ou pièce d'étoffe qu'on étend pour couvrir ou fermer quelque chose, qu'on attache à des anneaux coulant sur une tringle, et servant à la tirer facilement pour l'ouvrir et le fermer. Par extension, c'est la toile qu'on lève ou qu'on baisse pour montrer ou cacher la scène aux spectateurs.

Dans l'intérieur des maisons et des palais des anciens l'entrée des chambres n'était quelquefois fermée qu'au moyen d'un *rideau* ou tapis, appelé *velum cubiculare*, *aulæum*. C'est derrière un semblable rideau que, selon Lampride, Héliogabale se cacha lorsque les soldats entrèrent dans sa chambre pour l'assassiner. Selon Suétone, Claude, de peur d'être assassiné, s'était aussi caché derrière de semblables rideaux, lorsqu'il y fut découvert par un soldat et proclamé empereur. Quand l'empereur donnait audience, on levait le tapis ou rideau, placé devant sa porte. Les juges dans les causes criminelles, et qui demandaient un examen réfléchi, avaient coutume de laisser tomber un voile devant leur tribunal, pour se dérober aux regards des coupables et du peuple. C'était une marque de la difficulté qu'ils trouvaient dans l'affaire qui demandait à être discutée. Cette coutume donna lieu à l'expression *ad vela sisti*, pour dire comparaître devant les juges ; au contraire, dans les affaires de peu d'importance, on levait le voile, et elles se jugeaient *levato velo*, c'est-à-dire en présence de tout le monde.

Dans les temples, on suspendait souvent un rideau devant la statue de la divinité, pendant le temps qu'on ne sacrifiait point.

Dans les théâtres des Romains, c'était l'usage de fermer la scène au moyen d'un rideau, avant le commencement du spectacle. Ce rideau était appelé *aulæum* et *siparium*. Il ne paraît pas que dans les anciens temps les Grecs aient eu de pareils rideaux devant la scène. Le *peripetasma* dont Pollux fait mention était plutôt une toile qu'on étendait par-dessus le théâtre pour mettre les spectateurs à l'ombre. Lorsque le spectacle commençait, on ne levait pas la toile ou le rideau, comme cela se pratique aujourd'hui, mais on le baissait. Pendant la représentation, on le laissait sur la partie antérieure du *proscenium*, ou bien il pendait devant *Phyposcenium*, auquel il servait en même temps d'ornement, ou bien on le faisait entrer par une trappe sous le proscenium. Lorsque le spectacle était fini, on levait lentement le rideau pour refermer la scène. Un passage d'Ovide, dans le troisième livre de ses *Métamorphoses* (vers 9 et suiv.), prouve évidemment que le rideau se levait insensiblement, et que les différentes parties du corps paraissaient successivement, à commencer par la tête. On l'ornait communément de représentations historiques, et les Romains choisissaient toujours de préférence des événements de la dernière guerre qu'ils avaient soutenue, et les figures des héros de ces deux peuples récemment soumis. Ces figures étaient ou peintes, ou brodées, ou tissues.

En termes de jardinage, on appelle *rideaux* des palissades de charmille qu'on pratique dans les jardins pour arrêter la vue, afin qu'elle n'en saisisse pas tout d'un coup l'étendue.

En termes d'art militaire, *rideau* se dit d'une petite éminence qui règne en longueur sur une plaine, et qui est quelquefois comme parallèle au front d'une place : Cacher l'infanterie derrière un *rideau*. MILLIN, de l'Institut.

RIDEAU (Canal). *Voyez* ONTARIO (Lac).

RIDICULE. Je me demande, dit le chevalier de Jaucourt, ce qu'on entend par *ridicule* ; car c'est un de ces mots qu'on n'a point encore bien définis, c'est un terme abstrait dont le sens n'a pas été fixé. Il varie perpétuellement ; et, pareil à la mode, il relève du caprice et de la fantaisie. Chacun applique à son gré l'idée du ridicule ; chacun la change, la modifie, l'étend, la restreint, et toujours arbitrairement. Un homme est taxé de ridicule dans un certain cercle pour n'avoir pas adopté certaine mode. L'adopte-t-il, un autre cercle le gratifiera de la même épithète. Ainsi va le monde. Le ridicule devrait se borner aux choses indifférentes, aux habits, au langage, aux manières, au maintien. L'usurpation commence quand il s'attaque au mérite, à l'honneur, aux talents, à la vertu ; et malheureusement sa caustique empreinte est ineffaçable. Le ridicule est plus fort que la calomnie, qui peut se détruire en retombant sur son auteur. Aussi est-ce le moyen que l'envie emploie le plus sûrement pour ternir l'éclat d'une réputation. Le pouvoir de son empire est si fort que quand l'imagination en est une fois frappée, elle n'obéit plus qu'à sa voix. On sacrifie souvent son honneur à sa fortune, et quelquefois sa fortune à la crainte du ridicule. Le ridicule s'attache fréquemment à la considération, parce qu'il en veut aux qualités estimables ; il pardonne aux vices, parce que les hommes s'accordent à lui passer ses opprobres, ayant tous plus ou moins besoin de se faire grâce les uns aux autres. Il y a, suivant Duclos, un essaim de petits hommes qui, s'ils ne s'étaient pas emparés de l'emploi de distributeurs de ridicules, en seraient accablés. Ils ressemblent à ces criminels qui se font exécuteurs pour sauver leur vie.

Le ridicule est essentiellement l'objet de la comédie. Un philosophe disserte contre le vice, un satirique le reprend aigrement, un orateur le combat avec feu ; le comédien l'attaque par des railleries, et il réussit quelquefois mieux qu'on ne ferait avec les plus forts arguments. La difformité qui constitue le ridicule sera donc une contradiction des pensées de quelque homme, de ses sentiments, de ses mœurs, de son air, de sa façon de faire avec la nature, avec les lois reçues, avec ce que semble exiger la situation présente de celui qui en est la difformité. Il faut observer que tout *ridicule* n'est pas *risible*. Il y a un ridicule qui nous ennuie, qui est maussade; c'est le *ridicule grossier*. Il y en a un qui nous cause du dégoût, parce qu'il tient à un défaut qui prend sur notre amour-propre : tel est le sot orgueil. Celui qui se montre sur la scène comique est toujours agréable, délicat; il ne nous cause aucune inquiétude secrète. Le comique, ce que les Latins appelaient *vis comica*, est donc le *ridicule vrai*, mais chargé plus ou moins, selon que le comique est plus ou moins délicat. Il y a un point exquis en deçà duquel on ne rit point, et au delà duquel on ne rit plus, du moins les honnêtes gens. Plus on a le goût fin et exercé sur les bons modèles, plus on le sent ; mais c'est de ces choses qu'on ne peut que sentir. Le *ridicule* se trouve partout ; il n'y a pas une de nos actions, de nos pensées, pas un de nos gestes, de nos mouvements, qui n'en soient susceptibles. On peut les conserver tout entiers, et les faire grimacer par la plus légère addition. D'où il est aisé de conclure que quiconque est vraiment né pour être poète comique a un fonds inépuisable de *ridicules* à mettre sur la scène, dans tous les caractères des gens qui composent la société.

RIEGO Y NUÑEZ (Don RAPHAEL DEL), général espagnol, célèbre par sa fin tragique, était né en 1786, à Tuna, en Asturie, et entra au service dans les gardes du corps. Lors de la révolte d'Aranjuez, dans la nuit du 19 mars 1808, il protégea contre la fureur du peuple le favori renversé, Godoï. Arrêté par ordre de Murat, comme ayant pris part à ces scènes, il parvint à s'échapper et à rejoindre son frère, le chanoine don Miguel, pour défendre la patrie contre Napoléon, et servit dans le régiment d'Asturie avec le grade de capitaine. Fait prisonnier, il fut conduit en France, où il s'occupa d'art militaire, d'histoire et d'économie politique. Remis en liberté au rétablissement de la paix, il alla voyager en Allemagne et en Angleterre, puis revint dans sa patrie, où il obtint le grade de lieutenant-colonel. Quand, par suite de l'affreuse tyrannie de Ferdinand VII, des projets de révolution se formèrent en 1819 au sein de l'armée, Riego s'y rattacha. Le général en chef lui-même, O'Donnell, semblait partager ces plans ; mais levant tout à coup le masque, le 8 juillet 1819, il désarma contre des troupes, et fit arrêter les chefs de la conspiration. Riego ne fut pas compris dans cette mesure : et alors, avec des officiers qui pensaient comme lui, il se mit en devoir de poursuivre l'œuvre commencée. Le 1er janvier 1820 son bataillon se réunit au village de Las Cabezas de San-Juan, et proclama la constitution des cortès. Cet exemple ayant été suivi par divers autres corps, Quiroga se mit à la tête du mouvement, et occupa l'île de Léon, près de Cadix, où le 6 janvier Riego opéra sa jonction avec lui. Peu de temps après le général Freyre vint investir l'île à la tête de forces dix fois plus considérables. Le 27 Riego, à la tête de 500 hommes, entreprit une pointe audacieuse sur Algesiras et Malaga, d'où il atteignit, vivement poursuivi, Cordoue avec 350 hommes. La constitution comptant dans cette ville un grand nombre de partisans, les troupes royales restèrent tranquilles spectatrices de ce qui se passait, de même que les autorités n'osèrent rien faire, et Riego avec sa petite bande parvint à gagner la Sierra Morena. Ici les hommes se dispersèrent pour tâcher de gagner isolément l'île de Léon. C'est depuis cette expédition que l'hymne patriotique composé à Algesiras par Riego devint le chant national de l'Espagne. Quand le roi eut reconnu la constitution de 1812, Quiroga confia à Riego le commandement de l'armée de l'île de Léon ; et au mois de septembre celui-ci fit à Madrid une entrée presque triomphale. Toutefois, à l'admiration dont il était l'objet Riego ne tarda pas à voir succéder toutes sortes de persécutions, parce qu'aux yeux de la cour il était suspect de républicanisme. L'armée de l'île de Léon fut dissoute et Riego exilé ; cependant, quelques mois plus tard il se vit appelé aux fonctions de capitaine général de l'Aragon. Quand il perdit cette position, il se retira à Lerida. Élu peu de temps après en Asturie député aux cortès, il revint à Madrid en février 1822. L'assemblée des cortès l'élut pour président, et en cette qualité il fit preuve d'une grande modération. Lorsqu'au commencement de juillet 1822 la garde royale tenta de renverser la constitution, Riego entra comme simple soldat dans les rangs des constitutionnels. Lors de l'invasion de l'Espagne par les Français, Ferdinand le nomma commandant en second de l'armée constitutionnelle sous les ordres de Ballesteros. Quand celui-ci eut conclu une capitulation avec les troupes françaises, Riego refusa d'y adhérer ; mais poursuivi de près par l'ennemi, force lui fut bientôt d'évacuer Malaga et de se retirer sur Jaen. Après le combat livré à Jodar, il licencia le petit noyau de troupes qui lui restaient ; et malgré les périls évidents d'une pareille entreprise il résolut d'aller rejoindre Mina en Catalogne. Mais il n'eut pas plus tôt atteint la Sierra Morena, que des paysans le reconnurent, l'arrêtèrent et le livrèrent aux Français ; et ceux-ci, conformément aux ordres du duc d'Angoulême, le remirent aux autorités espagnoles, le 21 septembre. Condamné à être pendu, il subit son supplice à Madrid, le 7 novembre 1823. En 1835 la reine-régente Christine réhabilita solennellement sa mémoire. Consultez Miguel del Riego, *Memoirs of the Life of Riego and his family* (Londres, 1824) ; Nard et Perala, *Vida militar e politica de Riego* (Madrid , 1844).

RIEN, le néant, le non-être, *nihil*. Ce mot, d'après Pasquier et Ménage, vient du latin *res*, chose. On disait autrefois *nuls riens* et *tous riens* pour *nulles choses* et *toutes choses*. Dieu a créé toutes choses de rien. Les philosophes anciens soutenaient qu'on ne fait *rien de rien* : *ex nihilo nihil*, et Socrate prétendait qu'il ne savait qu'une chose, c'est qu'il ne savait rien. Dans le siècle où nous sommes, dit Molière, *on ne donne rien pour rien*. Suivant Boileau :

Qui vit content de rien possède toutes choses.

La devise d'Enguerrand de Marigni était :

Chacun soit content de ses biens !
Qui n'a suffisance, il n'a riens.

Un anonyme a fait l'*Éloge de rien, dédié à personne, avec une postface* (Paris, 1730). C'est une des plus jolies bagatelles de l'époque. *Un homme de rien* était autrefois un homme d'obscure naissance. Depuis notre immortelle révolution de 1789, les *hommes de rien* sont devenus *quelque chose*.

Riens, au pluriel, signifie bagatelles, choses de peu d'importance : les enfants s'amusent à des *riens* ; le monde est plein de diseurs de *riens*. La Fontaine a peint les amants s'occupant de mille *riens* amoureux, pour eux seuls importants ; et Boileau a blâmé les auteurs qui mettent au jour des *riens* enfermés dans de grandes paroles.

RIENZI (COLA DI), dont le véritable nom était *Nicolas Gabrini*, Romain appartenant à la classe moyenne et qui vers le milieu du quatorzième siècle tenta de rétablir dans sa patrie l'ancienne constitution républicaine. A une intelligence des plus vives il unissait de vastes connaissances en histoire et en archéologie, et forma de bonne heure le plan d'arracher sa patrie à l'oppression des grands et des nobles. Remplissant les fonctions de notaire public, il s'acquit à ce point par sa loyauté, son désintéressement et sa chaleureuse éloquence l'amour des classes inférieures, qu'on l'élut pour président de la députation que Rome envoyait au pape Clément VI à Avignon pour le supplier de revenir habiter la ville éternelle et de mettre par là un terme à l'insupportable oppression que la noblesse faisait peser sur le peuple. Mais le pape s'y étant refusé, et la tyrannie des seigneurs devenant de plus en plus intolérable ainsi que le mécontentement du peuple plus profond, Rienzi crut le moment enfin venu de mettre ses projets à exécution. Le 20 mai 1347 il convoqua le peuple, l'enflamma par un discours passionné, so fit proclamer *tribun du peuple*, et chassa les nobles de Rome. Il apporta d'abord tant de sagesse dans tous ses actes de même que dans les lois qu'il rendit, que les Romains se montrèrent extrêmement satisfaits des résultats de la révolution, et que Clément VI lui-même ainsi que plusieurs princes étrangers lui promirent leur appui. Toutefois, il ne tarda pas à s'éloigner des règles de prudence et de modération qu'il s'était tracées en entreprenant son œuvre. Au lieu de traiter avec égard les adhérents du pape, il les priva peu à peu de toute participation aux affaires. Beaucoup d'actes arbitraires qu'il se permit en outre vis-à-vis du peuple lui enlevèrent son affection; résultat auquel ne contribua pas peu la création d'une garde particulière qu'il crut devoir attacher à sa personne. Par son orgueil, toujours croissant, il s'aliéna les cours étrangères, tandis qu'il ne soupçonnait rien des dangers qui le menaçaient. C'est ainsi qu'au bout de sept mois, les nobles qu'il avait chassés de Rome purent à opérer *une contre-révolution*, dont le résultat fut d'en chasser à son tour Rienzi. Il chercha alors un asile en Allemagne, auprès de l'empereur Charles IV, qui le livra à Clément VI. Après la mort de ce souverain pontife, son successeur Innocent VI crut que le meilleur moyen de dompter la noblesse romaine, devenue aussi insolente que jamais, était d'employer contre elle Rienzi. Effectivement, celui-ci réussit encore en 1354 à chasser une seconde fois les nobles de Rome; et il se fit alors décerner le titre de *sénateur romain*. Mais cette fois encore, par son faste et ses actes arbitraires, il finit par s'aliéner complètement la classe populaire; et bientôt une conspiration nouvelle se forma contre lui à l'instigation de l'aristocratie. Expulsé successivement de divers quartiers de la ville, poursuivi par une populace furieuse, qui ne voyait plus en lui qu'un oppresseur, Rienzi s'échappa déguisé en mendiant; mais on courut après lui, et bientôt il se vit aux mains d'une bande d'hommes armés. Il parla alors pendant près d'une heure à la foule qui hésitait encore entre la haine et l'admiration, et qui ne savait trop si elle devait lui obéir ou le massacrer. Enfin, survint un domestique de la maison des Colonna, qui plongea son glaive dans la poitrine de l'infortuné. La foule se rua aussitôt sur ce cadavre sanglant, et le suspendit au gibet. La vie et le caractère de Rienzi ont été étrangement défigurés par les poètes et les romanciers, et même par certains historiens.

RIESENGEBIRGE (*Montagnes des Géants*, en langue bohême *Krkonossy*), la partie centrale et la plus élevée des monts Sudètes. Cette chaîne s'étend, sur une longueur de 35 kilomètres, entre la Bohême et la Silésie, depuis les sources du Queisi jusqu'à celles du Bober. La partie supérieure de tout ce plateau se trouve sur le versant qui regarde la Silésie, où ces montagnes s'élèvent presque à pic, sur une grande étendue, entrecoupées par d'effrayants précipices, tandis que le versant qui regarde la Bohême offre des pentes inclinées, dont l'élévation n'augmente que graduellement. La base de ces montagnes se compose de couches de granit recouvertes de terre végétale et plus ou moins fertiles. Du reste, plus on approche des cimes, plus cette couche de terre devient mince. Aux environs des pics, elle se change en tourbières. Les bois situés à la base se composent en majeure partie d'essence de hêtres, de bouleaux, d'ormes et d'aulnes. Sur les flancs, on rencontre des bouquets considérables de sapins et de pins. Dans les régions supérieures, on ne voit que quelques arbres rares et rabougris. A mesure qu'ils disparaissent, ils font place à de vastes prairies remplies d'anfractuosités, de mares, de marais, et même de lacs, sources de plusieurs cours d'eau importants, tels que l'Elbe, l'Isser, l'Aupe, le Bober, le Queis, etc. Le *Schneekoppe* (1,652 mètres) est le pic dont les voyageurs entreprennent de préférence l'ascension, du côté de Schmiedeberg. On y voit une chapelle, placée autrefois sous l'invocation de saint Laurent, mais abandonnée depuis quelques années et tombant en ruines. On rencontre sur ces montagnes les *pierres de violette*, ainsi nommées parce qu'en les frottant l'une contre l'autre, il s'en

exhale une odeur suave, absolument semblable au parfum de cette fleur. On attribue ce phénomène à la fine mousse de violette qui recouvre ces pierres. Du haut de la crête du Koppe, on découvre un panorama d'un aspect vraiment ravissant : à l'ouest, les plaines de la Silésie s'étendant jusqu'aux frontières du grand-duché de Posen; vers la Bohême, une vallée étroite, située à plus de 509 mètres de profondeur de l'observateur, et nommée *Teufelsgrund*.

RIETI. *Voyez* REATE.

RIEUR, RIEUSE, c'est tour à tour celui ou celle qui rit, celui ou celle qui fait rire, celui ou celle qui raille, qui se moque. Scarron prétend qu'il n'y a pas de petite ville qui n'ait son *rieur* : Boileau dit :

Mais un malin auteur, qui rit et qui fait rire,
De ses propres *rieurs* se fait des ennemis.

Mettre les rieurs de son côté, c'est avoir l'approbation du plus grand nombre. N'a pas qui veut les rieurs de son côté, et les gouvernements en général y réussissent moins que ceux qui les frondent (*voyez* RIRE).

RIEUX (Famille de). Cette maison, l'une des plus anciennes de la Bretagne, tirait son nom d'une seigneurie de cette province. Elle formait trois branches : 1° celle des marquis d'Asserac, du chef de François de Rieux; 2° celle des comtes de Châteauneuf, issue de Jean de Rieux; 3° celle des comtes de Sourdéac. Parmi ses plus illustres membres, figure *Jean*, deuxième du nom, sire de Rieux, Rochefort et autres lieux, l'un des plus vaillants capitaines de son temps et qui servit glorieusement sous Charles VI. Il avait d'abord accompagné le prince de Galles, lorsque ce prince marcha au secours de don Pèdre, roi de Castille, en guerre ouverte avec Henri de Transtamare. Changeant de bannière, il devint le compagnon d'armes de Du Guesclin, rejoignit à Saint-Malo le roi Charles VI, et fit la campagne de ce prince contre le duc de Bretagne. L'un des négociateurs de la seconde paix de Guérande, il commanda une partie de l'armée envoyée par le roi au secours du comte de Flandre, et se fit remarquer par son courage et son habileté à la bataille de Rosebecq. Son dévouement et son zèle pour le service de Charles VI ne restèrent pas sans récompense; et lorsque Louis de Sancerre fut élevé au rang de connétable, Jean de Rieux fut nommé maréchal (19 décembre 1397), aux gages de 2,000 livres. Il battit peu d'années après les Anglais, qui ravageaient la Bretagne. La démence du roi livra le gouvernement à Isabeau de Bavière et aux rivalités des grands vassaux. Le vieux Breton, plus guerrier que courtisan, fut suspendu de ses fonctions de maréchal, en 1411, et rétabli l'année suivante. Fatigué des intrigues d'une cour sans mœurs, sans religion et sans pudeur, il se démit de sa charge en faveur de son fils, et se retira dans son château de Rochefort, où il mourut, le 7 septembre 1417, à l'âge de soixante-quinze ans.

RIEUX (PIERRE DE), son fils, ne conserva pas longtemps le bâton de maréchal. Révoqué par suite des intrigues de la faction de Bourgogne, il embrassa le parti du dauphin (depuis Charles VII), alors malheureux, et obligé de défendre les derniers débris du royaume, envahi par les Anglais. Pierre de Rieux eut foi dans l'avenir de Charles : quelques faits d'armes honorables encouragèrent ses efforts et son dévouement. Il défendit avec succès Saint-Denis en 1435, chassa ensuite les Anglais de Dieppe, et les força, en 1437, de lever le siège de Harfleur. Il revenait heureux et fier de sa dernière victoire, et se dirigeait sur Paris, lorsque Guillaume Flavi, commandant de Compiègne, et vendu, comme tant d'autres seigneurs, aux Anglais, le fit arrêter et jeter dans les prisons du château, où il mourut de douleur et de misère, en 1439.

RIEUX (JEAN DE), petit-neveu de Jean II, né en 1447, n'avait que dix-sept ans quand il suivit le duc François dans la guerre du *bien public*. Il fut nommé maréchal de Bretagne en 1470, et lieutenant général en 1472. Obligé de se réunir aux mécontents en 1484, il saisit la première occasion d'abandonner ce parti ; et le duc lui confia la tutèle de sa fille, Anne de Bretagne. Aussi habile négociateur que brave guerrier, il conclut le mariage de cette princesse avec Charles VIII, et suivit ce roi à la guerre de Naples. Louis XI le nomma commandant du Roussillon. Une maladie qu'il avait contractée au siége de Saluces minait sa vie ; il mourut en 1518, à l'âge de soixante-et-onze ans.

RIEUX (RENÉE), plus connue sous le nom de *la belle Châteauneuf*, l'une des filles d'honneur de Catherine de Médicis, longtemps célèbre à la cour par sa merveilleuse beauté, qui était devenue proverbiale, naquit vers 1550, reçut les hommages de Charles IX, puis de Henri III, dont elle fut la maîtresse pendant plusieurs années. Elle épousa ensuite un Florentin, appelé Antinotti, qu'elle poignarda dans un accès de jalousie. L'ancien amour du roi la fit absoudre de ce crime; et elle épousa en secondes noces Philippe Altoviti, capitaine de galère, que Henri III créa à cette occasion comte de Castellane. Ce second mari périt encore de mort violente; il fut assassiné par Henri d'Angoulême, grand-prieur de France, contre lequel il avait conspiré (1586). On ignore ce que devint après cela la belle Châteauneuf.

RIEUX, ligueur fameux, végéta d'abord employé subalterne dans l'administration des vivres; mais, s'étant enrôlé dans les troupes de la Ligue, il parvint par son intelligence et son courage, au commandement de Pierrefonds, entre Senlis et Compiègne, et obtint plusieurs succès contre le duc d'Épernon et le maréchal de Biron. Il ne sortait de ce repaire que pour piller et massacrer les royalistes. Surpris dans une de ses expéditions par un nombreux détachement de l'armée royale, il fut pris dans les environs de Compiègne, en 1594, et pendu comme *voleur insigne*. Ce sont les expressions de l'historien de Thou.

DUFEY (de l'Yonne.)

RIFF (Le), partie de la côte du Maroc qui s'étend à l'entrée de la Méditerranée depuis le détroit de Gibraltar jusqu'au voisinage d'environ 53 myriamètres et une largeur sur une longueur d'environ 53 myriamètres et une largeur moyenne de 5 myriamètres. Ce nom est moins celui d'une contrée que la désignation en langue berbère d'un littoral montueux. Les montagnes du Riff, généralement boisées et verdoyantes, sont coupées, comme en Kabylie, par des vallons fertiles ou d'étroits ravins, au fond desquels coulent des ruisseaux qui descendent vers la Méditerranée. Une belle et fertile plaine, arrosée par divers cours d'eau, sépare cette zone montagneuse (dont les points extrêmes sont Tanger à l'ouest, et les rives de la Montonia à l'est) de la chaîne secondaire de l'Atlas, au pied de laquelle est bâtie la ville de Fez, l'une des résidences impériales.

RIFLOIR, espèce de lime, dont se servent les sculpteurs, les graveurs, les ciseleurs, les serruriers, les arquebusiers, les orfévres, etc., et dont la forme varie suivant la spécialité des artistes ou des ouvriers qui l'emploient.

RIGA, chef-lieu et place forte du gouvernement de Livonie (Russie), siége du gouverneur général des trois provinces de la Baltique (Livonie, Esthonie et Courlande), qui est en même temps gouverneur militaire de la ville, après Pétersbourg la ville de commerce la plus importante de la Russie sur la Baltique, bâtie sur la rive droite de la Duna, qu'on traverse depuis 1701 sur un pont de bateaux long d'environ 500 mètres, est située à quelques kilomètres du golfe de Riga, dans une contrée autrefois sablonneuse. Après s'être allégés, les navires peuvent remonter jusqu'à la ville; mais le véritable port se trouve à l'embouchure du fleuve, que défend la forteresse de *Dünamünde*. La ville, entourée de remparts, de forts bastions, et du côté de la terre de fossés profonds remplis d'eau, comprend trois faubourgs, celui de Mittau, celui de Pétersbourg, et celui de Moscou. Les deux premiers en sont séparés depuis 1812 par un glacis et d'autres espaces libres. La construction en est généralement moderne, mais les maisons sont en bois. Les rues d'ailleurs en sont droites et larges, et contrastent avantageusement avec celles de la ville, qui sont étroites, tortueuses et obscures. Les principaux édifices sont l'hôtel de ville, le château, construit en 1515 et souvent réparé depuis, où habite le gouverneur général et où sont établies les principales administrations locales; l'hôtel de la noblesse livonienne, la nouvelle maison des orphelins, la bourse, les deux maisons des *guilds*, le grand magasin de la couronne, sur la place de la Parade, servant d'entrepôt aux marchandises qui n'ont pas encore acquitté les droits de douane, et le grand hôpital militaire. En 1853 on y comptait 65,833 habitants, dont 7,756 *raskolniks*. On y trouve un collége, deux écoles de cercle, de nombreuses écoles élémentaires et beaucoup d'établissements particuliers d'instruction publique, 12 églises en pierre (dont 4 russes, 1 catholique, 1 réformée, 1. anglicane, et parmi les églises luthériennes la belle église Saint-Pierre, remarquable par ses hautes tours), et 11 églises en bois (dont 3 luthériennes), 1 chapelle de herrnhutes, 1 chapelle de raskolniks et 1 synagogue. Il existe un séminaire pour l'éducation de prêtres lettons, esthoniens et russes, placé sous la direction d'un archimandrite; diverses sociétés littéraires, scientifiques et artistiques; un théâtre et un grand nombre d'établissements de bienfaisance. Entre la ville et le faubourg de Pétersbourg se trouve le parc Wœhrman ; et la ville est entourée de belles promenades. Les habitants, pour la plupart Allemands et protestants, se distinguent par leur richesse et l'élégante urbanité de leurs mœurs. Ils sont très-industrieux, et font un commerce considérable, surtout en grains, qu'ils expédient dans toutes les parties du continent, de même qu'en chanvre, lin et bois. En 1853 le nombre des navires entrés dans le port de Riga s'était élevé à 2,113, et celui des navires sortis à 2,109, dont 820 pour l'Angleterre et 300 pour la Hollande. La valeur des exportations s'était élevée cette même année à plus de 19 millions de roubles argent, et celle des importations à 7 millions seulement. En 1854 la commerce de Riga possédait 10 bâtiments à vapeur et 62 navires au long cours. On y compte 62 fabriques.

Riga fut fondée en 1201, au confluent du Rigebach et de la Duna, par l'évêque de Livonie Albert d'Apeldorn, ancien chanoine de Brême, après que des navigateurs de Brême eurent fait connaître cette contrée dès l'an 1150. Ce même évêque y établit en 1202 l'ordre livonien des chevaliers du Glaive, que le pape réunit en 1257 à l'ordre Teutonique. Dès 1522 Riga avait adopté les doctrines de la réformation. Aux termes d'un traité intervenu en 1561 entre la Pologne et le dernier grand-maître de l'ordre Teutonique, Conrad Kettler, celui-ci se reconnut vassal de la couronne de Pologne, et prêta foi et hommage en qualité de duc de Courlande. C'est ainsi que la Livonie passa sous l'autorité de la Pologne; mais Riga conserva encore son indépendance pendant vingt ans, et ne devint une ville polonaise qu'en 1681. Gustave-Adolphe s'en empara en 1621. En 1700 elle fut assiégée, sous Auguste II, par les Saxons ; et les Suédois, aux ordres de Charles XII, s'en emparèrent le 18 juillet 1701. Après le désastre de Charles XII à Pultawa, elle passa sous la domination russe, le 4 juillet 1710, à la suite d'un siége opiniâtre soutenu contre le feld-maréchal Scheremeteff.

RIGA (Golfe de). *Voyez* BALTIQUE.

RIGAS (CONSTANTIN). *Voyez* RHIGAS.

RIGAUD (HYACINTHE), l'un des plus célèbres portraitistes de l'école française, naquit à Perpignan en 1659 suivant les uns, en 1663 selon d'autres, d'un peintre distingué de cette ville, fils lui-même d'un peintre en réputation. Par des dispositions naturelles cultivées avec soin, par un travail assidu, que fortifièrent les leçons de son père, il parvint sans doute au premier rang de son époque; mais il est inconvenant, ridicule même de le comparer à Van Dyck, comme Pont fait tous les écrivains qui en ont parlé. Poussé par le désir de se perfectionner, il vint à Paris en 1651, et remporta le grand prix de l'Académie. Sur l'avis de Le Brun, il n'alla pas à Rome, s'adonna exclusivement au portrait, et fut reçu membre de l'Académie en 1700, pour un tableau représentant un crucifiement. Le caractère distinctif de cet artiste, est sans doute l'extrême fini de ses compositions ; il ne négligeait aucun détail dans l'ombre ni dans la lumière, et cherchait à imiter la nature, plutôt dans la précision de ses formes que dans la variété de ses teintes. Son coloris est vigoureux, mais il manque souvent d'harmonie, et tend au rouge et au ton de brique : en général, ses tons n'ont ni finesse ni légèreté; on y désire cette transparence agréable que produit le clair-obscur bien entendu. Cet artiste, auquel la nature avait refusé le sentiment du coloris, s'est particulièrement attaché à l'étude des contours : on peut dire de son dessin qu'il est parfait. Cependant, il mettait tant de précision dans son travail qu'on peut lui reprocher d'avoir terminé les choses les moins importantes autant que les plus essentielles. Si l'affectation des belles mains on ajoute la recherche des contrastes pittoresques et des riches accessoires, on devinera les causes qui impriment aux portraits de Rigaud je ne sais quoi de théâtral, et en écartant toute simplicité naturelle. Exiger du peintre de Louis XIV ce laisser-aller d'attitude et cette naïveté du faire qu'on admire dans les portraits de Van Dyck, au talent duquel il se flattait de ressembler, c'eût été demander une chose impossible, une chose contraire au sentiment qui le faisait agir ; c'eût été lui demander ce qu'il ne soupçonnait pas. Rigaud voulait, au contraire, que dans son tableau rien ne fût négligé. La mode, sous le grand roi, était de faire parade de ses mains; l'artiste n'a jamais négligé de les mettre en évidence dans ses portraits, assez souvent même aux dépens de l'attitude. Mme de Maintenon fut cause du succès de cette mode : elle avait les mains fort belles.

Malgré le beau talent de Rigaud, ce qui écarte maintenant ses ouvrages des galeries de tableaux, ce sont ses énormes perruques, aujourd'hui passées de mode, et qui font de ses personnages autant de caricatures. Elles seraient plus supportables si elles ne coiffaient que des médecins ou des magistrats ; mais les voir figurer sur la tête d'un artiste, d'un homme de lettres, les voir orner le visage d'un petit-maître, ou celui d'un mâle guerrier armé de son épée et revêtu de sa cuirasse, c'est le comble du ridicule. Il suffit de voir dans la galerie de Versailles Louis XIV vêtu à la romaine et coiffé d'une perruque in-folio : on donnait ce nom aux plus belles comme aux plus considérables. Elles étaient si volumineuses que les boucles qui en descendaient couvraient les épaules, tandis que le toupet s'élevait d'environ un pied. Les belles perruques blondes in-folio coûtaient jusqu'à mille écus. Plus tard, dans la vieillesse du roi, on les porta blanches ; elles étaient d'un prix encore plus élevé. Rigaud a mis infiniment d'art dans l'imitation de ces immenses et sottes coiffures ; il a donné beaucoup de légèreté aux groupes de leurs boucles. Largillière, son contemporain et son rival, les a peintes avec plus de légèreté encore. Rigaud avait un goût sûr, formé par la bonne compagnie qu'il fréquentait. Une excellente méthode le dirigeait dans son travail : les portraits de Louis XIV en pied et assis sur son trône, et celui de Bossuet, en fournissent la preuve. Le dernier est sans doute un des plus remarquables qui soient sortis de son pinceau. Au milieu du pompeux appareil qui environne l'évêque de Meaux, représenté debout et de grandeur naturelle, le peintre a su lui donner cet air à la fois aisé, simple et grand, apanage ordinaire des hommes de génie. Rigaud n'a jamais rien produit de plus parfait. L'acquisition faite en 1816 de ce chef-d'œuvre, que l'on voit au musée, est due au goût éclairé de Louis XVIII, qui voulut que le plus célèbre des orateurs chrétiens du règne de son aïeul parût avec éclat au milieu des peintures de l'école française. Le portrait en pied de Louis XIV, vêtu de ses habits royaux, figure également au musée du Louvre; il est si inférieur à celui de Bossuet, qu'on se persuade difficilement qu'il soit de la même main.

Enfin, quoique Rigaud n'ait pas toujours égalé dans les diverses parties de son art ceux qui ont suivi la même carrière, il a pourtant un mérite très-grand, et qui lui est particulier, celui de reproduire avec dignité les choses les plus ordinaires, et de donner de la noblesse aux figures les plus communes. Louis XIV lui témoigna sa munificence par d'honorables pensions, et des lettres patentes confirmèrent les lettres de noblesse qu'il avait reçues (1709) de la ville de Perpignan, laquelle avait le droit d'anoblir tous les ans un des plus distingués de ses citoyens. Au commencement du règne de Louis XV, le régent choisit Rigaud pour peindre le nouveau monarque, qui était à Vincennes. Il le représenta de grandeur naturelle, avec tous les ornements de la royauté. Le prince, quoique très-jeune, lui donna des marques de sa satisfaction, en le créant chevalier de l'ordre de Saint-Michel et en lui assurant une pension de 3,000 livres sur sa cassette. Avant sa mort, il peignit encore une *Présentation au Temple*, morceau très-fini, qui se trouve dans la collection du Louvre.

Rigaud mourut à Paris, directeur de l'Académie de Peinture, à l'âge de quatre-vingt-quatre ans, le 27 décembre 1743. Ch^{er} Alexandre Lenoir.

RIGAUDON ou **RIGODON**, sorte de danse dont l'air, qui porte aussi le nom de *rigaudon*, d'un mouvement vif et gai, se bat à deux temps et se divise ordinairement en deux reprises phrasées de quatre en quatre mesures, et commençant par la dernière note du second temps. Dans les ballets, le *rigaudon* est également employé dans les caractères sérieux, dans le comique élevé, et dans le bas comique.

RIGHI ou **RIGI**, montagne isolée, de cinq à six myriamètres de circuit, qui s'élève à 1,850 mètres au-dessus du niveau de la mer, dans le canton de Schwyz, entre les lacs de Zug, de Lucerne et de Lowerz, l'un des pics de la Suisse qui attirent le plus grand nombre de voyageurs, présente surtout au nord et à l'est les points de vue les plus pittoresques. Au pied de la montagne on trouve un grand nombre de villages et hameaux, et plus de 150 chalets sur ses hauteurs : Les plantes alpestres y abondent. Du côté du lac de Zug les pics du Righi sont froids, déserts et escarpés. Au sud, où les pentes sont plus douces, on trouve des châtaigniers, des amandiers et des figuiers. La montagne se compose de couches alternatives et très-régulières de brèche et de grès. Au bas de la montagne, elles ont de 17 à 20 mètres d'épaisseur, et plus haut leur puissance dépasse souvent encore 10 mètres. Diverses routes et sentiers pour les piétons et les cavaliers y ont été pratiqués, et conduisent au faîte de la montagne, sur l'un des versants de laquelle se trouvent un hospice (*Klasterli*) et plusieurs auberges. Quand on a atteint le point culminant, appelé *Righikulm*, on découvre toute la partie orientale et septentrionale de la Suisse jusqu'à la Souabe, le Jura jusqu'à Biel, les Alpes jusqu'à la *Jungfrau* de Berne, ainsi que dix grands et sept petits lacs. De cet endroit, l'aspect du soleil levant ou du soleil couchant est un des plus sublimes spectacles qui puissent frapper l'imagination. L'air pur et vivifiant qu'on y respire, joint au traitement par le petit lait, y rend la santé à une foule de malades.

RIGHINI (VINCENZO), l'un des plus remarquables compositeurs que l'Italie ait produits dans les temps modernes, né à Bologne, en 1760, entra comme enfant de chœur au conservatoire de sa ville natale, à cause de la beauté de sa voix. Plus tard sa voix fut celle d'un ténor ; et sa méthode de chant eut un tel succès, qu'il devint bientôt l'un des maîtres les plus en renom. En 1788 le dernier électeur de Mayence le nomma son maître de chapelle ; et en 1793 il devint celui du roi de Prusse. Il mourut en 1812, dans sa ville natale, pendant une visite qu'il était venu y faire. Ses œuvres tiennent plus du caractère de la musique allemande que de celui de la musique italienne. Son principal ouvrage est l'opéra de *Tiprane*. En fait de musique d'église, on n'a de lui qu'une messe exécutée le jour du couronnement de l'empereur à Francfort, en 1790, et un *Te Deum* écrit en 1810 à l'occasion de l'anniversaire de la naissance de la reine Louise de Prusse. Ses solfèges sont pleins de l'instruction la plus solide et du goût le plus pur ; ils réunissent la gravité des anciens maîtres à la grâce des maîtres modernes. Ses duos, ses canzone, ses morceaux avec accompagnement de piano se distinguent par une mélodie expressive soutenue par une riche harmonie.

RIGIDITÉ (du latin *rigiditas*, dureté), grande sévérité, exactitude rigoureuse, austérité : Il est des lois que les magistrats font exécuter avec trop de *rigidité* ; Nous n'avons plus la *rigidité* de mœurs des puritains et des jansénistes.

RIGNY (Henri, comte de), vice-amiral, naquit à Toul, en 1782. Neveu de l'abbé Louis, il entra dans la marine en 1798 ; mais quoique porté comme novice-timonier sur les matricules de la frégate *L'Embuscade*, il obtint, par le crédit de quelques amis de sa famille, la permission de rester à terre pour compléter ses études spéciales ; et en moins d'une année se trouvant en état de passer son examen, il fut reçu aspirant de deuxième classe. Embarqué en 1799 sur la frégate *La Bravoure*, il passa sur le vaisseau *Le Formidable*, puis sur *Le Muiron*, qui suivit l'amiral Linois au combat d'Algésiras, et croisa deux ans dans les Antilles et sur les côtes d'Espagne. C'est en 1803, au retour de cette croisière, qu'il obtint le grade d'enseigne et reçut l'ordre d'aller prendre à Boulogne le commandement d'une péniche. Entré en 1804 dans les marins de la garde, il suivit par terre la fortune du conquérant de l'Autriche et de la Prusse, assista à la bataille d'Iéna, au siége de Stralsund, aux combats de Pultusk et de Graudentz, où il fut blessé. Passé en Espagne, à la suite du maréchal Bessières, il combattit à Rio-Secco, Somosierra, et Sepulveda. Il reprit la mer en 1810 sur le brick *Le Railleur*, à bord duquel il gagna, après dix-huit mois de navigation, les épaulettes de capitaine de frégate ; et on lui confia le commandement de la frégate *L'Erigone*. Ce fut sur cette frégate que la Restauration le surprit. Il naviguait alors dans la mer des Antilles ; et le grade de capitaine de vaisseau lui fut conféré le 10 juillet 1816, entre un voyage aux îles du Vent et une croisière dans l'Archipel. Un travail important sur le commerce du Levant, dont il venait d'explorer les différentes échelles, lui fit une spécialité de cette navigation. Il fut renvoyé en février 1822 sur la frégate *La Médée*, pour commander les forces navales qui croisaient dans l'Archipel. Cette mer était devenue le théâtre de grands événements. L'insurrection des Grecs avait éclaté. A l'exception des derniers six mois de 1824, Rigny y commanda pendant huit années, d'abord sur *La Médée*, ensuite sur *La Syrène*, enfin sur le vaisseau *Le Conquérant*, et y gagna les grades de contre-amiral et de vice-amiral. Sa mission fut d'abord de protéger notre commerce et de servir les intérêts de l'humanité envers et contre les deux partis. Plus tard, il eut à soutenir en secret, et bientôt plus ouvertement, la cause des Grecs. Pour dire ce qu'a fait l'amiral de Rigny dans ces parages, il faudrait raconter l'histoire entière de cette grande insurrection, retracer la lutte du Péloponnèse et de l'Attique contre les Turcs, les exploits de tant de héros improvisés, leurs siéges, leurs assauts, leurs épouvantables désastres, leur dévouement sublime, l'énergie de leur désespoir, l'irruption d'Ibrahim et de ses barbares, le triomphe des Grecs enfin, résultat de leur longue persévérance et de la journée de Navarin. L'amiral de Rigny était partout, recueillant les victimes échappées aux massacres qui ensanglantaient ces rivages, forçant les pirates à restituer les vaisseaux, les richesses qu'ils dérobaient aux navigateurs de tous les pays, à ceux-là même dont les gouvernements leur prodiguaient des secours, offrant sa médiation aux factions acharnées que ne réconciliaient ni l'imminence du danger ni l'intérêt de la patrie. On a dit qu'il était peu favorable à cette grande cause : on s'est trompé. Il était arrivé dans l'Archipel avec tout l'enthousiasme dont son caractère froid et observateur pouvait être susceptible. Le spectacle des atrocités, des ingratitudes, dont les Grecs se rendaient coupables avait refroidi son cœur, il n'en désirait pas moins leur triomphe. Ce fut sur ses données qu'on rédigea à Londres le traité du 6 juillet 1827. La bataille de Navarin fut enfin le résultat de sa détermination. Ce fut lui qui décida les amiraux anglais et russe à se lancer dans la rade, et Codrington lui dit le lendemain : « Vous avez dirigé votre escadre d'une manière qui ne pourrait être surpassée par personne. » Tous ces actes ne sont pas d'un ennemi des Grecs. Mais il faisait fort peu de cas des comités philhellènes, qui envoyaient aux Grecs des armes et des vêtements dont ils ne voulaient pas se servir, qui créaient des généraux, des officiers civils et militaires, que les Grecs ne voulaient pas reconnaître. Les Grecs éventraient les ballots, cherchaient de l'argent, et jetaient ce qui n'en était pas. Ces comités remplissaient les gazettes de récits de batailles imaginaires ; leurs émissaires ne songeaient qu'à se faire valoir. On parlait d'*enseignement mutuel*, de *constitution* à des hommes qui se battaient tous les jours, et qui ne pouvaient songer qu'à se battre. L'amiral se moquait des charlatans, qui nous couvraient de ridicule, et les charlatans de philanthropie publiaient que l'amiral n'aimait pas les Grecs.

La réputation de Rigny avait fixé sur lui les yeux de Charles X. A son retour de l'Archipel, il reçut, en passant à Moulins, le numéro du *Moniteur* qui lui donnait le portefeuille de la marine dans le ministère Polignac ; mais il écrivit immédiatement à Charles X que ses convictions ne lui permettaient point d'accepter.

Après la révolution de 1830, il prit le portefeuille de la marine, le 13 mars 1831, dans le ministère Périer. Il y resta après la mort de ce grand citoyen, et jusqu'au jour où les embarras d'un remaniement lui imposèrent le sacrifice de sa spécialité pour entrer aux affaires étrangères. Mais son nouveau portefeuille faisait envie ; et quelques jours après avoir signé le traité de la *quadruple alliance*, il dut le céder au duc de Broglie (mars 1835). Le repos lui était depuis longtemps devenu nécessaire. Il voulut et crut en vain profiter de sa liberté pour aller prendre les eaux de Savoie ; la politique vint lui enlever ce soulagement. Une impertinence du roi de Naples exigeait une explication. Rigny fut chargé d'aller la demander, et s'acquitta de sa mission avec l'énergie d'un soldat à qui le moindre ménagement eût semblé de la faiblesse. Son langage fut noble, sévère, dur même ; et au sortir d'un palais dont il avait humilié le maître, il monta sur une frégate qui l'attendait dans le port de Naples pour le ramener en France. L'excuse officielle l'y avait déjà devancé par la voie de terre. Ce fut là son dernier service. Un ou deux mois après, en novembre 1835, une maladie aiguë, que les bains et les eaux auraient prévenue peut-être, conduisit l'amiral au tombeau. Il était peu riche par lui-même ; mais un mariage honorable venait de lui donner une grande fortune et une femme digne de lui. Il se livrait à l'espoir d'être père. La mort vint le frapper au moment où il avait tant de motifs de tenir à une vie qu'il avait si souvent exposée pour son pays.

Viennet, de l'Académie Française.

RIGNY, (Alexandre, comte de), frère du précédent, fit à partir de 1807 les campagnes de Pologne et d'Autriche. A la suite de la bataille de Wagram, il fut nommé aide de camp du maréchal Suchet, qui l'emmena avec lui en Espagne. Promu en 1813 au grade de chef d'escadron, il faisait partie à la bataille de Leipzig de l'état-major de Berthier, et fut fait prisonnier. Dans la campagne d'Espagne de 1823, il commandait un régiment. Nommé plus tard maréchal de camp, il fit partie en 1836 de la première expédition de Constantine ; et le maréchal Clauzel rejeta sur lui la responsabilité du désastre qui la termina. Traduit devant un conseil de guerre à Marseille, il fut après une longue instruction honorablement acquitté, le 1er juillet 1837. Il n'obtint cependant de nouveau un commandement que quelques années plus tard.

RIGORISME. Ce mot est ancien : il semble même ne plus appartenir à nos mœurs. Il est probable qu'il reçut le jour dans un cloître, et qu'il fut baptisé français, sinon chrétien, par un moine. Il désigne cette sévérité dans l'appréciation des actions de la vie humaine que certaines gens arrivent à pousser si loin, qu'à leurs yeux les actes les plus indifférents acquièrent une immense importance au point de vue de la règle morale. Le *rigoriste* s'efforce de réduire la morale à un ensemble de règles essentiellement liées entre elles et excluant toute liberté individuelle. Nous pensons que si les mots *rigorisme* et *intolérance* ne sont pas toujours identiques, ils sont du moins bien souvent corrélatifs. Or, qu'y a-t-il de plus antichrétien que l'intolérance prise dans un certain sens? L'homme *rigide*, *austère*, roide (*rigidus*), qui se fait fondateur d'une secte, d'une association quelconque, en déduisant des principes qu'il pose des conséquences *rigoureuses*, bases de la morale ou des idées qu'il veut faire prévaloir, trouve d'ordinaire dans la *rigidité* de sa propre conduite, c'est-à-dire dans la conformité parfaite de toutes ses actions avec la loi donnée, un motif pour faire preuve à l'égard des autres de plus d'inflexibilité. Il n'admet pas que la règle qu'il veut imposer à une grande agglomération d'hommes ne puisse convenir qu'à un petit nombre d'individus pensant comme lui. Les aspérités de sa morale, jusqu'à un certain point surmontables pour ce caractère de fer, ne sont-elles pas souvent inabordables pour les hommes à passions bien différentes? Que si donc il lui arrive ensuite de les voir manquer aux prescriptions de la règle qu'il leur a imposée, il devra bien vivement déplorer son *rigorisme*, car il se trouvera placé dès lors dans la triste alternative ou de les laisser entraîner par le débordement de la licence, ou de les soumettre aux excessives rigueurs de la sanction qu'il aura imposée à soi. Théodore LEMOINE.

RIGSDALE. *Voyez* RISDALE.

RIGUEUR, sévérité, dureté, austerité : Bien des gens, dans un accès de dévotion, se jettent dans un cloître, qu'ils abandonnent ensuite, sous prétexte qu'ils ne peuvent s'habituer à la *rigueur* de la règle; beaucoup se plaignent aussi des *rigueurs* du sort, des *rigueurs* d'une belle, etc. Ce mot s'applique également à la température : La *rigueur* de la saison, de l'hiver, du climat.

Rigueur signifie encore grande exactitude, sévérité dans la justice : Les jurés s'efforcent souvent de tempérer la *rigueur* des lois. La loi de Moïse est appelée la *loi de rigueur*, par opposition à la *loi de grâce*, qui est la loi nouvelle.

RIKIKI. *Voyez* BOISSONS.

RIME, RIMEUR, RIMAILLEUR. La *rime* est l'uniformité de son dans la finale de deux mots dont chacun termine un vers : c'est une corruption euphonique du substantif grec ῥυθμός, *rhythme*, *cadence*. On dit d'un vers qu'il est en *rime masculine* lorsque la dernière syllabe du son dernier mot ne comprend point un *e* muet, par exemple *fierté*, *beauté*, *soupirs*, *désirs*, etc. Dans cette sorte de rime, on ne considère que la dernière syllabe pour la ressemblance du son, et c'est cette syllabe qui fait la rime. Les mots qui ont un *e* ouvert rimeraient très-mal avec ceux qui ont un *e* fermé à la dernière syllabe. Par exemple, *enfer* et *étouffer* seraient des rimes vicieuses. La rime est dite *féminine* quand le vers se termine par un mot dont la dernière syllabe a pour voyelle un *e* muet (excepté dans les imparfaits, *aimaient*, *charmaient*), par exemple, *victoire*, *gloire*, *armes*, *charmes*. Dans la rime *féminine* la ressemblance de son se tire de la pénultième syllabe, parce que l'*e* muet ne se faisant point sentir, n'est compté pour rien. Dans le dernier hémistiche des vers à *rime féminine* il y a toujours une syllabe de plus que dans les vers masculins, qui est la syllabe formée par cet *e* muet. On appelle *rimes régulières* ou *plates* celles de deux vers qui se suivent et qui sont terminées de même, c'est-à-dire de deux masculins et deux féminins, toujours continués de même. On s'en sert dans la haute poésie. Quand on entrelace les deux espèces, un masculin après un féminin, ou deux masculins de même rime entre deux féminins qui riment ensemble, ainsi qu'on en voit dans le rondeau, le sonnet, l'ode, etc., de telles rimes sont dites *rimes croisées*.

Quelle est l'origine de la rime? C'est encore une question. D'abord, elle est dans la nature; la voix répercutée, souvent multipliée par les antres, les bois, les voûtes, les ruines, et que nous nommons *écho*, a pu en donner l'idée à quelque poëte pasteur; ainsi que les roseaux de Ladon, harmo-

niés par le souffle des vents, passent pour avoir donné à Pan l'idée de la syrinx ou flûte. La rime existait de toute antiquité dans les Gaules; on attribue son invention au roi Bardus, qui donna son nom aux bardes. Ce cinquième roi de nos ancêtres vivait, dit-on, sept cents ans avant la guerre de Troie. Il est avéré d'ailleurs par la Bible, ses psaumes et ses cantiques, que la *rime* était une des parties constituantes de la poésie hébraïque, dont le *rhythme* est resté à peu près inconnu. Chez les Juifs, les scribes ou calligraphes affectaient même à chaque fin de verset d'allonger la figure de la dernière lettre, qui, à raison de la consonnance ou écho, est la même, comme s'ils eussent voulu y reposer les yeux en même temps que l'esprit et l'oreille. La rime existait aussi dans l'Inde et dans la Chine, et on la retrouva encore dans le Nouveau Monde, avec les colonnes à chapiteau grec. Au temps classique d'Ennius, de Virgile et de Properce, elle s'introduisait parfois dans l'hexamètre et le pentamètre; elle ne déplaisait point à l'oreille de ces poëtes harmonieux, qui la toléraient et peut-être la recherchaient. Aux siècles de la chrétienté, dans les hymnes sacrés, l'ignorance ou la simplicité abandonna comme profanes les rhythmes d'Horace, que la rime remplaça entièrement. Une chanson attribuée à Clotaire II, quand le septième siècle commençait à peine, est toute rimée. Mais bientôt on abusa de la rime, ce délicieux écho des Muses; elle devint pour le poëte et fureur et fatigue; on alla jusqu'à faire consonner un vers quatre fois avec lui-même; poëmes latins, chansons romanes, tout alors était rimé. Quant à la combinaison, aux entrelas et aux noms de toutes ces rimes gauloises, ils sont si variés que nous renvoyons les versificateurs au *Dictionnaire des Rimes* de Richelet. On trouvera ci-après quelques-unes de leurs burlesques appellations. Peu de poëtes on beaux esprits se servaient alors des rimes *plates* ou *régulières*; elles furent mises en vigueur non par Marot, comme on le veut généralement, mais par un poëte médiocre qui vivait au commencement du seizième siècle. Depuis ce temps elles constituent nos poëmes dramatiques, héroïques, élégiaques, satiriques et autres. L'ode conserva les enlacements, mais réguliers, et la fable, si libre dans son allure, les irréguliers. Aujourd'hui, cependant, un de nos grands poëtes rime jusqu'à quatre fois de suite sur la même consonnance : c'est une licence qui doit faire frémir, et avec raison, l'ombre de Malherbe et de Boileau. Dans ces combinaisons de la rime, il y en avait de bien bizarres; mais il en était de charmantes, et qui convenaient merveilleusement à la naïveté gauloise.

Ces combinaisons de la rime, ces tours de force plus ou moins heureusement mis en œuvre sont tous aujourd'hui tombés en désuétude. Nos versificateurs sont donc d'obligation des *rimeurs*, bons ou mauvais. Toutefois, *rimeur* n'est plus, ainsi que du temps de Boileau, synonyme de *poëte*, pas plus que *versificateur* ne l'est. Le *rimailleur* est au dernier échelon de la littérature. Rimer est pour lui une fureur, une manie, un besoin. Le *Dictionnaire des Rimes* est toute sa bibliothèque; il parle en rimes à sa femme, à ses domestiques, à son chien, à ses chevaux s'il en a. Ou préfère le *n'vent*, et la pluie et la grêle, à sa rencontre. C'est une tête vide, une langue automate, un écho ambulant. DENNE-BARON.

Nous devons tenir compte ici de différents usages de la rime, que nos anciens poëtes avaient imaginés, et qu'ils regardaient comme merveilleux. Dans l'espoir de jeter du ridicule sur ces futilités brillantes, on a raconté souvent la manière dont Alexandre récompensa ce cocher qui avait appris, après bien des soins et des peines, à tourner un char sur la tranche d'un écu. Que fit-il? Il le lui donna... C'est qu'en vérité Alexandre le Grand ne pouvait pas trouver de cadeau plus riche à lui faire.

La *rime annexée*, *concaténée*, *enchaînée*, n'est autre chose que l'*anadiplosis* des Latins. Elle consiste à commencer un vers par la dernière syllabe du vers précédent, ou par une partie considérable du dernier mot, ou par le dernier mot tout entier.

> Dieu gard' ma maitresse et *régente*,
> Gente de corps et de *façon* ;
> Son cœur tient le mien dans sa *tente*,
> Tant et plus d'un ardent frisson.

Rime bâtelée. C'est le nom qu'on donnait autrefois aux vers dont la fin rimait avec le repos du vers suivant. Voici un exemple de Clément Marot :

> Quand Neptunus, puissant dieu de la *mer*,
> Cessa d'*armer* caraques et galées,
> Les Gallicans bien le durent *aimer*
> Et réclamer ses grands ondes salées.

Rime brisée. Cette rime consistait à construire des vers de façon que les repos des vers rimassent entre eux, et qu'en les brisant ils fissent d'autres vers. Lisez Octavien de Saint-Gelais, qui a fait en ce genre des choses fort remarquables.

Rime couronnée. La rime était *couronnée* lorsqu'elle se présentait deux fois à la fin de chaque vers.

> Ma blanche Colom*belle*, *belle*,
> Souvent je vais *priant*, *criant* ;
> Mais dessous la cor*delle d'elle*
> Me jette un œil *friant riant*,
> En me con*sommant* et *sommant*.

Rime empérière. C'était le nom de celle qui au bout du vers frappait l'oreille jusqu'à trois fois.

> Bénins lecteurs, très-dili*gens gens*,
> Prenez en gré mes impar*faits faits*, faits.

Rime équivoque. Clément Marot se servait souvent de cette gentillesse, qui veut que les dernières syllabes de chaque vers soient reprises en une autre signification au commencement ou à la fin du vers qui suit :

> En m'ébattant, je fais rondeaux en *rime*,
> Et en *rimant* bien souvent je m'*enrime*.
> Bref, c'est pitié entre nous *rimailleurs*,
> Car vous trouvez assez de *rime ailleurs*.
> Et quand vous plaît, mieux que moi *rimassez*,
> Des biens avez et de la *rime assez*.

Nous pensons que le lecteur est parfaitement de l'avis du dernier vers, et nous lui faisons grâce du reste.
Jules SANDEAU.

RIMIER. *Voyez* JACQUIER.

RIMINI, l'*Ariminum* des anciens, ville des États Pontificaux, dans la délégation de Forli, en Romagne, à l'embouchure de la Marecchia dans la mer Adriatique, et siège d'un évêché, compte environ 18,000 habitants, et est surtout célèbre par ses antiquités romaines. A la porte San-Giuliano, on admire le pont magnifiquement orné qui y fut construit avec le plus beau marbre des Apennins, sous les règnes d'Auguste et de Tibère, à l'endroit où venaient se confondre les deux voies consulaires, *via Flaminia* et *via Æmilia*. C'est l'un des monuments de l'antiquité les mieux conservés que nous ayons en ce genre. A une autre porte de la ville existe encore un arc de triomphe élevé en l'honneur d'Auguste. La cathédrale de Rimini a été construite sur les ruines d'un temple de Castor et Pollux, et, comme plusieurs autres églises, avec le même marbre qui avait servi à la construction du pont. L'église San-Francisco, qui date de la moitié du quinzième siècle, se distingue par son architecture noble et grandiose. Elle fut bâtie par Pandolfo Malatesta, dont la famille régna pendant longtemps sur Rimini, au moyen âge, et embellit la ville d'un grand nombre d'édifices publics. Sur la *Piazza del Commune* on voit une belle fontaine jaillissante ainsi qu'une statue de bronze du pape Paul V; et sur la place du Marché, un piédestal du haut duquel la tradition veut que César ait harangué son armée après qu'il eut franchi le Rubicon. Neuf arcades du couvent des capucins sont considérées comme les débris d'un amphithéâtre construit par le consul Publius Sempronius. Il nous faut encore mentionner la riche bibliothèque du comte Gambalunga et la collection d'inscriptions et autres antiquités intéressantes fondée par Bianchi.

RIMINI (FRANÇOISE DE). *Voyez* FRANÇOISE DE RIMINI.

RINALDO RINALDINI, titre d'un roman fameux, écrit dans le genre qui charmait tant nos mères, tout rempli de brigands, de trappes, de cavernes, etc. *Voyez* VULPIUS.

RINCEAU. On appelle ainsi, en termes d'architecture, une espèce de branche d'ornement prenant naissance d'un culot, formée de grandes feuilles naturelles ou imaginaires et de fleurons, graines et boutons, dont on décore les frises, les gorges, les rudentures, etc.

On appelle aussi *rinceau* un ornement de parterre formant une espèce de ramage ou de grand feuillage. Il prend naissance d'un culot, et se porte vers le milieu du tableau, en rejetant d'espace en espace des palmettes, des fleurs, des graines, et autres ornements. Les rinceaux sont à peu près passés de mode.

RIO, mot commun à la langue espagnole et à la langue portugaise, qui signifie *rivière*, et forme le commencement d'un grand nombre de noms géographiques, notamment de fleuves et de rivières de l'Amérique espagnole et portugaise. On devra chercher sous la seconde partie de leur nom ceux dont l'indication manque ici ; par exemple, pour *Rio de la Plata*, *voyez* PLATA.

Le RIO-BRANCO ou RIO-PARIMA, dans la Guyane brésilienne, prend sa source dans la Sierra-Parima, sur les frontières de Venezuela, coule d'abord à l'est, puis au sud, et, après avoir formé plusieurs cataractes, se jette dans le RIO-NEGRO, l'un des plus grands affluents du fleuve des Amazones, provenant de la Nouvelle-Grenade et coulant dans la direction du sud-est, qui vers son embouchure n'a pas moins de 12 à 15 kilomètres de large, et qui communique avec l'Orénoque par le Cassiquiare.

Le RIO-BRAVO ou RIO-GRANDE-DEL-NORTE traverse le Nouveau-Mexique, et forme ensuite la frontière entre le Mexique et les États-Unis de l'Amérique septentrionale (*voyez* NORTE).

RIO-COLORADO est le nom d'un fleuve de 182 myriamètres de parcours, qui prend sa source sous le nom de *Green-River* (Rivière Verte) au *Fremonts-Park*, dans les Montagnes Rocheuses, qui coule au sud à travers les Territoires de l'Orégon, d'Utah, du Nouveau-Mexique et l'État de Californie, et qui, après avoir reçu au nord-est les eaux du *Grand-River*, puis à l'est celles du *Rio-Gila*, rivière formant la limite de l'Union du côté du Mexique, se jette dans le golfe de Californie.

Un autre RIO-COLORADO, de 114 myriamètres de parcours, traverse le Texas, et va se jeter dans le golfe du Mexique, à Matragorda.

Un troisième RIO-COLORADO, appelé aussi *Cabou-Leouwou*, prend sa source dans les Cordillères, coule dans la direction du sud-est à travers l'extrémité méridionale de la république Argentine, parallèlement au *Rio-Negro* ou *Cousou-Leouwou*, qui forme la frontière de cet État vers la Patagonie.

RIO-GRANDE est le nom d'un grand nombre de cours d'eau autres que celui dont il vient d'être question plus haut ; il y a, par exemple, un *Rio-Grande* dans la Sénégambie méridionale ; un *Rio-Grande do Norte* ou *do Sul*, dans la province du Brésil du même nom ; un *Rio-Grande* ou *Parana* du Brésil, célèbre par ses cataractes et ses rapides, qui occupent une étendue de 14 myriamètres, et qui, après avoir confondu ses eaux avec celles du Paraguay, forme la Plata. Citons encore le *Rio-Grande-Saintiago*, ou *Rio-de-Lerma*, le fleuve le plus important qu'il y ait au Mexique, qui prend sa source sur le plateau de Toluca, traverse le lac Chapala, forme de nombreuses cataractes, et, après un parcours de 63 myriamètres, va se jeter dans l'océan Pacifique.

Le *Rio-Roxo* ou *Red-River* prend sa source sur la frontière du Nouveau-Mexique, sépare l'*Indian-Territory* du

Texas, traverse l'extrémité sud-ouest de l'Arkansas, puis l'État de la Louisiane, où il se jette dans le Mississipi, après un parcours de 225 myriamètres, dont 60 seulement navigables.

Le RIO-SAN-FRANCISCO, l'un des plus grands cours d'eau du Brésil, traverse, dans la direction du nord, la province de Minas-Geraës, entre la Serra-Geral à l'ouest, et la Serra do Espinhaço à l'est, franchit en formant un grand nombre de rapides les dernières ramifications de cette chaîne, tourne à l'est sur les frontières des provinces de Sergipe et d'Alagoas, et se jette par plusieurs embouchures dans l'océan Atlantique. Sa vallée forme un plateau onduleux, de 300 à 550 mètres d'élévation, exposé à de fréquentes inondations, en raison des rives basses du fleuve, et qui le serait encore bien davantage sans les cataractes de son cours supérieur.

RIO DE BOGOTA. Voyez BOGOTA.

RIO-DE-JANEIRO, capitale du Brésil, est située dans la province et à l'embouchure du fleuve du même nom, dans une baie formée d'un vaste bassin, tout entouré de montagnes et où l'on ne pénètre que par une passe étroite. De hautes montagnes, entrecoupées de bois d'orangers, l'environnent en amphithéâtre; et rien en général de plus beau et de plus grandiose que la contrée d'alentour. Elle est défendue sur l'une des pointes du promontoire par un fort, et sur l'autre par un couvent de bénédictins parfaitement fortifié. L'un et l'autre dominent la rade, qui avoisine l'île des Serpens (*Illia da Cobras*), également fortifiée. Rio-de-Janeiro a 6 faubourgs, 2 grandes places et 11 moindres, et environ 270,000 habitants, dont plus de 100,000 esclaves il est vrai, et un grand nombre d'étrangers. Les rues sont pavées et garnies de trottoirs, mais la plupart très-étroites. Les maisons, généralement bâties en granit, ont le plus ordinairement deux étages; mais on en trouve aussi beaucoup de plus considérables, notamment dans la ville neuve, qui forme le plus beau quartier de Rio-de-Janeiro. En fait d'édifices publics, on remarque la cathédrale, l'arsenal, le ministère de la guerre, la douane, le palais de l'empereur et celui de l'archevêque, qui d'ailleurs réside à Bahia, tandis qu'il n'y a à Rio-de-Janeiro qu'un évêque et un chapitre. Il faut encore mentionner la chapelle impériale et la monnaie, ainsi que le couvent des bénédictins, dans une magnifique situation. Les marchés sont ornés de fontaines jaillissantes, et la ville est alimentée d'eau par un aqueduc composé de deux rangs d'arcades superposées et qui amène l'eau de plus d'un myriamètre de distance. On trouve à Rio-de-Janeiro un grand nombre d'établissements de bienfaisance, une université, une école des beaux-arts, une école de marine, une académie des sciences et des arts, des écoles du génie, d'artillerie, de droit, de médecine et de chirurgie, divers établissements d'instruction du degré supérieur, plusieurs imprimeries, un musée, une bibliothèque nationale, riche de 70,000 volumes, une bibliothèque impériale, la bibliothèque du couvent des bénédictins et plusieurs autres encore, un observatoire, un grand jardin botanique, une société historique, une société de géographie, une société pour l'encouragement de l'industrie nationale, etc., etc. L'industrie, surtout en ce qui regarde la navigation et la préparation à donner aux divers produits coloniaux, a fait de notables progrès dans ces derniers temps. Rio-de-Janeiro est d'ailleurs le grand marché du Brésil. Indépendamment du commerce avec l'intérieur de l'empire, il s'y fait de grandes affaires avec les ports du nord et du sud, et un cabotage des plus actifs. Rio-de-Janeiro est un des ports les plus heureusement situés et les plus fréquentés de la terre, la grande étape du commerce de l'Amérique méridionale, un point de relâche pour la navigation de la mer du Sud de même que pour celle du sud-ouest de l'Afrique et des Indes orientales. En 1850 il y entra 3,652 navires, venant de tous les pays, et la valeur des importations s'éleva à cent millions de francs. Les principaux articles d'exportation sont les produits du sol du Brésil; l'importation consiste surtout en produits manufacturés de l'Europe, en vivres provenant de la zone tempérée, et aussi, il faut bien le dire, en nègres; car, bien que la traite soit formellement prohibée au Brésil, Rio de Janeiro continue toujours à être en fait le plus important marché à esclaves du monde. Le commerce y est aux mains d'un grand nombre de maisons allemandes, anglaises et françaises, qui s'y sont fixées. Depuis 1829 on y trouve une église protestante, entretenue surtout par la Prusse. Aux environs de Rio de Janeiro, on trouve le palais impérial de Saint-Christophe.

[L'expédition de Duguay-Trouin contre Rio-Janeiro, en 1711, est un modèle admirable d'une descente opérée contre une place forte, dans une rade dominée par des batteries et des forts dont les feux se croisent en tous les sens; c'est, croyons-nous, la plus glorieuse page de l'histoire de la marine française. La voici : La baie de Rio-Janeiro est fermée par un goulet, d'un quart plus étroit que celui de Brest; au milieu de ce détroit est un gros rocher, qui met les vaisseaux dans la nécessité de passer à portée de fusil des forts qui en défendent l'entrée des deux côtés. A droite était un fort garni de 48 gros canons, et une batterie de 8 pièces de siége; à gauche, deux batteries de 48 canons et un fort; au dedans, à l'entrée de la rade à droite, sur une presqu'île, un autre fort, armé de 18 canons, puis vis-à-vis un bastion de 20 pièces, et en avant de ce dernier un fort de 16 canons qui battaient la plage; ensuite, une petite île, à portée de fusil de la ville, défendue par une batterie et un fort armé de 14 canons, et vis-à-vis de l'île, à une des extrémités de la ville, le fort de La Miséricorde, muni de 18 pièces de canon et s'avançant dans la mer; enfin, plusieurs autres batteries de l'autre côté de la rade. C'était à faire frissonner le plus intrépide. Duguay-Trouin avait sept vaisseaux de ligne et huit frégates. Le 12 septembre, à la pointe du jour, il forma sa ligne de bataille, et se présenta à l'entrée du goulet: le vent était favorable. Quatre vaisseaux et trois frégates portugaises s'embossèrent à l'entrée du port pour lui barrer le passage; il força tout. L'officier qui commandait le navire de tête s'appelait de Courserac. Ce fut une rude et glorieuse tâche que de guider une pareille ligne : la première volée est toujours foudroyante ! Il fallut une journée entière pour forcer l'entrée du port: le lendemain matin Duguay-Trouin enleva l'île et arbora son pavillon sur l'un des quatre vaisseaux qui avaient été s'échouer près de la ville; les Portugais eux-mêmes en firent sauter deux autres en l'air. Tout cela se passait au milieu des boulets et de la mitraille. Afin de donner le change à l'ennemi sur le point qu'il avait choisi pour opérer le débarquement de ses troupes, il fit quelques fausses attaques et diverses manœuvres; le 14 septembre, au matin, les 2,200 soldats, soutenus par 800 matelots, armés et exercés, se formaient en bataille sur le rivage sans confusion et sans danger. Le reste de cette expédition, qui fut admirablement conduite, montre quel courage et quels talents de l'officier de marine il joignait encore la valeur du soldat et la capacité du général.

Théogène PAGE.]

RIO-DE-JANEIRO (Province de), appelée aussi, par abréviation, *Rio*. Sur une superficie de 598 myriamètres carrés, elle compte environ 560,000 habitants, dont plus de la moitié sont des nègres esclaves. Elle est presque entièrement montagneuse et occupée par le *Serro do Mar* et par le *Serro de Mantiqueira*; son cours d'eau le plus important est le Parahyba do Sul, de 70 myriamètres de parcours. Ses produits consistent principalement en sucre, café, coton, indigo, épices, riz, maïs, patates, légumes, fruits, bois précieux et plantes médicinales.

En 1845 on a fondé aux frais de l'empereur et de la province, à environ cinq myriamètres de la capitale, sur une montagne dont le climat peut être comparé à celui de l'Italie méridionale, mais moins chaud en été, la colonie allemande de *Petropolis*, qui compte déjà plus de 4,000 habitants. Il y a aussi été construit un château où l'empereur dom Pedro II réside pendant l'été.

RIO DE LA PLATA. Voyez PLATA.

RIO-GRANDE DO NORTE, l'une des provinces de la côte orientale du Brésil, située entre celles de Ceara et de Paraïyba, d'une superficie de 560 myriamètres carrés, avec 100,000 habitants. A l'exception d'une étroite plaine de côtes, qui se termine au cap Saint-Roque, et forme l'extrémité orientale de l'Amérique du Sud, elle présente partout ailleurs un sol montagneux, et est traversée par divers cours d'eau, dont les plus importants sont le *Rio-Grande* ou *Potengi*, le *Serido* et le *Japanema* ou *Massacro*. Le climat en est chaud, mais l'air pur et sain. Les produits du sol sont les mêmes que ceux des autres parties du Brésil tropical. L'éducation du bétail, un peu d'agriculture et l'exploitation des bois constituent les principales ressources de la population. Le cheflieu, *Natal* ou *Natal do Rio-grande*, fondé le jour de Noël 1599, circonstance à laquelle il doit son nom, et situé à l'embouchure du Rio-Grande, possède un petit port et compte 3,000 habitants.

RIO-GRANDE DO SUL ou **RIO-GRANDE DE SAO-PEDRO DO SUL**, la province qui forme l'extrémité méridionale du Brésil compte, sur une superficie de 2,842 myriamètres carrés 310,000 habitants, dont 190,000 libres et 120,000 esclaves. Sur une côte plate s'étendent une suite de lagunes formant deux vastes lacs, assez semblables aux haffs de la Prusse sur les bords de la Baltique, le *Lagoa dos Patos* et le *Lagoa de Mirim* ou *Merim*, qui dépend en partie de l'Uruguay, et communiquant avec l'Océan par le Rio-Grande de Sao-Pedro, dont on peut considérer les nombreux cours d'eau qui se jettent dans les lacs comme autant d'affluents. Au versant occidental de ce système appartiennent l'Uruguay, qui y prend sa source, de même que le Porana et ses affluents; aussi cette partie de la province est-elle comprise dans le bassin de la Plata. Elle forme au total trois zones : celle du nord, comprenant la partie traversée par la Serra-Geral jusqu'au 30° degré de latitude sud, et la ville de *Porto-Alegre*, où des forêts vierges couvrent encore de vastes étendues de territoire, et qui, favorisée par l'humidité chaude du climat, produit encore les végétaux particuliers aux régions tropicales. La seconde s'étend au sud jusqu'à la ville de Rio-Grande, ou le 32° degré de latitude sud, et contient déjà beaucoup de pays plat entremêlé de montagnes, une végétation moins luxuriante, mais cependant encore sous-tropicale, et tous les éléments qui peuvent fonder le bien-être et la prospérité d'une population agricole. La troisième, qui s'étend jusqu'à l'extrême frontière méridionale de l'empire, se compose généralement de plaines onduleuses peu boisées, où domine la végétation des prairies; de sorte que cette contrée se rattache aux Pampas, et est particulièrement propre à l'élève du bétail. Les principaux produits de cette province, qui se distingue par son climat et la nature de son sol, sont le café, le sucre, les noix de coco, les bananes, les ananas, les olives, les oranges, les coings, les pêches et autres fruits, les céréales, notamment le froment et l'orge. Les plantations de vignes y ont aussi réussi à souhait, et le *yerba mate*, ou thé du Paraguay, est l'objet d'un commerce considérable. Le cactus nopal croît spontanément dans les plaines sablonneuses, et se couvre de cochenille. On y récolte aussi diverses plantes officinales. Avec une forte administration et une population plus nombreuse, cette province deviendrait bientôt l'atours de la plus importantes de l'empire. Jusqu'à ce jour, c'est l'éducation du bétail qui constitue sa principale industrie. Autrefois elle avait pour chef-lieu *Rio-Grande* ou *Sao-Pedro do Sul*, à l'embouchure du lac de Patos, avec 6,000 habitants, une navigation à vapeur et un cabotage assez actif; depuis 1773, c'est *Porto-Alegre*, situé sur une hauteur, du côté de ce lac qui regarde le continent, avec 14,000 habitants, un port, une rade, des chantiers de construction et un commerce fort actif. Le troisième port de mer de la province est *Sao-Jose do Norte*; il admet les navires du plus fort tonnage, qui ne sauraient entrer à Porto-Alegre. On remarque dans cette province diverses florissantes colonies allemandes, qui se distinguent par l'habileté de leurs ouvriers, de leurs cultivateurs et de leurs vignerons; à savoir : *Sao-Leopoldo*, avec 11 à 12,000 habitants, fondé en 1824, à environ 4 myriamètres au nord de Porto-Alegre; *Torquilhas*, à l'est, avec 800 habitants; et *Torres*, à trois myriamètres plus au nord, avec 600 habitants. La première de ces colonies est dans l'état le plus florissant; les deux autres ne manquent que de débouchés pour les riches produits de leur sol.

RIOJA (FRANCISCO DE), poëte lyrique espagnol, naquit vers 1600, à Séville, et étudia d'abord le droit, puis, plus tard, la théologie. Olivarez, dont il était devenu le favori, lui fit obtenir une prébende à la cathédrale de Séville. Ensuite, il le fit successivement nommer historiographe du royaume, inquisiteur à Séville, et enfin inquisiteur du tribunal suprême du saint-office. Mais à la chute de son protecteur il fut jeté en prison, et ne recouvra sa liberté qu'après une minutieuse enquête. Il devint alors directeur de la bibliothèque royale, et fut en outre nommé représentant du clergé de Séville à Madrid, où il mourut, en 1659. Ses *Silvas*, tableaux de la vie des champs pleins de grâce et de vérité, sont de ravissantes compositions ; et dans son ode si célèbre *aux ruines d'Italica* (nom d'une ville d'Andalousie), il fait preuve d'un profond sentiment élégiaque uni à une grande force de pensées, à tout le charme d'une versification délicieuse et à un style vraiment classique. Ses poésies n'ont paru qu'assez tard, réunies avec celles de quelques autres poètes andalous, dans la *Colleccion* de don Ramon Fernandez (dix-huitième volume, Madrid, 1797).

RIOM, petite ville de l'ancienne Auvergne, assez importante par son industrie et son commerce de serges, de quincaillerie, etc., aujourd'hui chef-lieu d'arrondissement du département du Puy-de-Dôme, siège d'une cour impériale, à laquelle ressortissent les départements du Puy-de-Dôme, du Cantal, de l'Allier, de la Haute-Loire, avec 12,386 habitants. On y trouve un collége, une bibliothèque publique, de 9,000 volumes, une chambre consultative d'agriculture, deux imprimeries, un théâtre, une maison centrale de détention, des fabriques de peluche, de chapeaux de paille, et il s'y fait un commerce assez important en blé, vin, chanvre, fil de chanvre, pâtes façon d'Italie, pâtes d'abricots, fécule, eau-de-vie, huile de noix et de chenevis, etc. Les rues, éclairées au gaz, sont larges et bordées de trottoirs. On y voit quelques belles fontaines, et elle est environnée de belles promenades. On y remarque les restes du palais ducal, bâti par Jean Ier de Berry, duc d'Auvergne, en 1382. Elle fut longtemps la capitale de l'Auvergne, avant Clermont.

RION (Le comte de). Tel était le titre que portait dans le monde un des amants de la duchesse de Berry, fille du régent, qui finit par l'épouser de la main gauche. Après maintes passades, nous dit Saint-Simon, la duchesse s'était tout de bon éprise de Rion, jeune cadet de la maison d'Ardic, fils d'une sœur de Mme de Biron, qui n'avait ni figure ni esprit. C'était un gros garçon court, jouffiu, pâle, qui avec force bourgeons ne ressemblait pas mal à un abcès. Il avait de belles dents, et n'avait jamais imaginé causer une passion, qui en moins de rien devint effrénée et qui dura toujours, sans néanmoins empêcher les passades et les goûts de traverse. Il n'avait rien vaillant, mais force frères et sœurs, qui n'avaient pas davantage. M. et Mme de Pons, dame d'atours de la duchesse de Berry, étaient de leurs parents et de même province. Ils firent venir ce jeune homme, qui était lieutenant de dragons, pour tâcher d'en faire quelque chose. A peine fut-il arrivé que le goût se déclara, et qu'il devint le maître au Luxembourg. M. de Lauzun, dont il était petit-neveu, en riait sous cape. Il était ravi, il se croyait renaître au Luxembourg du temps de Mademoiselle; il lui donnait des instructions. Rion sentit bientôt le pouvoir de ses charmes, qui ne pouvaient captiver que l'incompréhensible fantaisie dépravée d'une princesse. Il fut bientôt paré des plus belles dentelles et des plus riches habits, plein d'argent, de boîtes, de joyaux et de pierreries,

Il se faisait désirer, il se plaisait à donner de la jalousie à la princesse, à en paraître lui-même encore plus jaloux. Il la faisait pleurer souvent. Peu à peu il la mit sur le pied de n'oser rien faire sans sa permission, non pas même les choses les plus indifférentes. Enfin, elle en était venue à lui envoyer des messages par des valets affidés, car il logea presqu'en arrivant au Luxembourg, et ses messages se réitéraient plusieurs fois pendant la toilette, pour savoir quels rubans elle mettrait; ainsi de l'habit, et des autres parures, et presque toujours il lui faisait porter ce qu'elle ne voulait point. Si quelquefois elle osait se licencier à la moindre chose sans son congé, il la traitait comme une servante, et les pleurs duraient quelquefois plusieurs jours. Cette princesse si superbe, et qui se plaisait tant à montrer et à exercer le plus démesuré orgueil, s'avilit à faire des repas avec lui et des gens obscurs, elle avec qui nul homme ne pouvait manger s'il n'était prince du sang. Un jésuite, qui s'appelait le père Réglet, qu'elle avait connu enfant, et qui l'avait toujours cultivée depuis, était admis dans ces repas particuliers, sans qu'il en eût honte ni que la duchesse de Berry en fût embarrassée. Cette vie était publique : tout au Luxembourg s'adressait à M. de Rion, qui de sa part avait grand soin d'y bien vivre avec tout le monde, même avec un air de respect qu'il ne refusait même en public qu'à la seule princesse. La duchesse de Berry mourut, comme on sait, le 21 juillet 1721. Rion, en apprenant à l'armée une si terrible nouvelle, fut plus d'une fois sur le point de se tuer, et longtemps gardé à vue par des amis que la pitié lui fit. Il vendit bientôt, après la fin de la campagne, son régiment et son gouvernement. Comme il avait été doux et poli avec ses amis, il en conserva, et fit bonne chère avec eux pour se consoler. Mais au fond il demeura obscur, et cette obscurité l'absorba.

La race des *Rion* est de celles qui ne finissent jamais. Le *Rion* du siècle dernier portait, tant bien que mal, une épée, et se faisait entretenir par une princesse du sang. Le *Rion* de nos jours manie tant bien que mal une brosse, un ciseau ou une plume. Homme de lettres, journaliste, toute son ambition est d'arriver à être entretenu par une actrice ou par quelque Phryné de haut parage, à défaut d'une princesse du sang. Alors il fonde un journal ou achète une part de journal, devient de la sorte un personnage avec qui on compte, et consent quelquefois, par reconnaissance, à donner son nom à la créature qui a fait sa fortune, et qui devient ainsi une manière de grande dame.

RIONI, nom actuel du Phase.

RIPAILLE, bourg et château du duché de Savoie, à deux kilomètres de Thonon, sur le lac de Genève, fondé en 1434, par le duc Amédée VIII de Savoie, et où ce prince, alors qu'il se croyait guéri de toute ambition, établit la principale commanderie de son ordre de Saint-Maurice. C'est là qu'il se retira, en 1438, lorsqu'il eut abdiqué pour mener sous l'habit d'ermite une vie voluptueuse et tranquille; d'où l'expression vulgaire de *faire ripaille* employée pour désigner des habitudes de bombance et de plaisirs. C'est là aussi que les pères du concile de Bâle allèrent prendre pour le faire pape, sous le nom de Félix V, au lieu d'Eugène IV, qu'ils avaient déposé. Voltaire a dépeint le caractère inconstant de ce prince dans ces jolis vers :

O bizarre Amédée !
De quel caprice ambitieux
Ton âme est-elle possédée ?
Ah ! pourquoi t'arracher à ta douce carrière ?
Comment as-tu quitté ces bords délicieux,
Ta cellule, ton vin, ta maîtresse et tes jeux,
Pour aller disputer la barque de saint Pierre ?

RIPEN. Voyez RIBE.

RIPON (FRÉDÉRICK-JOHN ROBINSON, vicomte GODERICH, comte DE), frère cadet de lord Grantham, est né en 1781. Il entra en 1804 aux affaires en qualité de secrétaire de lord Hardwick, son parent, alors gouverneur de l'Irlande. En 1806 il revint en Angleterre, où il fut élu membre de la chambre des communes, et accompagna, en 1807, lord Pembrocke à Vienne, comme secrétaire de légation. L'énergie avec laquelle, en 1809, il insista dans le parlement pour que la guerre d'Espagne fût conduite avec vigueur, fut récompensée par une place de sous-secrétaire d'État; successivement trésorier de la marine et vice-président du bureau du commerce, après la bataille de Leipzig il accompagna Castlereagh sur le continent, où il prit part aux négociations de Châtillon et de Chaumont. En 1815 il fit adopter un bill sur les céréales qui, dans l'intérêt des grands propriétaires de terres, mettait des restrictions à la libre importation des grains. Cette loi excita une vive irritation dans les masses, et provoqua même à Londres plusieurs émeutes. L'hôtel de Robinson fut un jour envahi par la foule, qui saccagea sa collection de tableaux. Cependant, il appartenait dès lors au parti des tories modérés, et sympathisait avec les idées libérales de l'époque. Aussi, après la mort de Castlereagh, se rallia-t-il complètement aux principes de Canning. Quand celui-ci devint, en 1822, ministre des affaires étrangères, Robinson fut nommé chancelier de l'Échiquier; et lorsque, en avril 1827, son chef de file passa premier ministre, il eut le portefeuille des colonies et fut créé pair, sous le titre de vicomte *Goderich de Nocton*. Il put alors défendre dans la chambre haute la politique libérale de Canning, notamment l'émancipation catholique; et à la mort de cet homme d'État (août 1827), ce fut lui que Georges IV chargea de composer un nouveau cabinet, dont il devint le chef en qualité de premier lord de la trésorerie. Quoiqu'il apportât aux affaires les dispositions les plus loyales, il n'avait pas l'énergie et l'habileté nécessaires pour déjouer les intrigues de ses adversaires. Il avait pour antagoniste au sein même du conseil Herries, tory par sang et ennemi prononcé de l'émancipation, et dans l'intimité royale lord Lyndhurst, ultra-tory. Aux complications qu'entraînèrent la question de l'émancipation, les lois sur les céréales ainsi que les affaires de Portugal et d'Orient, vint se joindre l'embarrassante victoire de Navarin. Pressé de tous côtés par les tories, lord Goderich reconnut qu'il n'était pas de taille à dominer les difficultés de la situation, et, en décembre 1827, il remit au roi une démission qui ne fut acceptée que quelques semaines plus tard. Quand, en 1830, Wellington dut abandonner la direction des affaires à un cabinet whig présidé par lord Grey, Goderich fut encore une fois appelé au ministère des colonies, et défendit contre les tories le bill de la *réforme parlementaire*. C'est après le succès de cette grande et sage mesure qu'il fut créé *comte de Ripon*. En 1833 il abandonna le portefeuille des colonies à lord Stanley, et fut créé lord du sceau privé, en remplacement de Durham. Mais dès le 29 mai 1834, et avant la retraite de lord Grey, il se sépara de ses collègues avec Graham, Stanley et Richmond, par suite d'un grave dissentiment survenu dans le sein du cabinet au sujet de la clause d'*appropriation*. Dès lors on le vit se rapprocher de nouveau des tories, qui, disciplinés par Peel, en étaient venus à prendre, sous le nom de *parti conservateur*, une attitude moins hostile à l'idée de progrès; et en 1841, quand ce parti prit la direction des affaires, il entra dans le nouveau cabinet comme président du bureau de commerce; mais par suite d'un dissentiment survenu entre lui et Peel sur des questions commerciales, il échangea ces fonctions contre celles de président du contrôle de l'Inde, qu'il conserva jusqu'en 1846, époque où il renonça à la vie politique.

Son fils unique, Georges-Frédérick-Samuel ROBINSON, vicomte GODERICH, né en 1827, s'est rattaché au parti radical, et est depuis 1853 membre de la chambre des communes.

RIPPERDA (JOHANN WILHELM, baron DE), aventurier fameux du siècle dernier, était né en 1680, et appartenait à une vieille famille de la Frise orientale possessionnée dans l'évêché de Minden et dans le nord des Provinces-Unies. Élevé chez les jésuites de Cologne, il embrassa plus tard le calvinisme, afin de pouvoir épouser une riche protestante.

Suivant d'autres, son père, après avoir acheté la terre de Roolgerst, dans la province de Groningue, se serait d'abord converti à la foi réformée, et aurait ensuite fait élever ses enfants dans sa nouvelle religion. Quoi qu'il en ait été, ce changement de religion permit à Ripperda de jouer en Hollande un rôle qui lui eût été interdit comme catholique. Il parvint au grade de colonel; et lors de la guerre de succession il se trouva par son service en fréquents rapports avec le prince Eugène. Il prit une part importante aux délibérations des états de la province de Groningue, et acquit aux yeux des états généraux une telle importance, qu'après la paix d'Utrecht ils le chargèrent d'aller en Espagne négocier un traité de commerce. En Espagne, Ripperda fit encore autrement fortune qu'en Hollande, où son génie pour l'intrigue se trouvait mal à l'aise en présence d'hommes d'État mesurés, froids et timorés. Il réussit à jouir du plus grand crédit auprès du cardinal del Giudice, tant que celui-ci fut ministre, et ensuite auprès d'Alberoni. Les dispositions à rentrer dans le giron de l'Église catholique qu'il témoigna alors le firent bien venir de la reine et même admettre dans l'intimité du roi. Revenu en Hollande pour y rendre compte de sa mission, on ne tarda pas à y soupçonner qu'il avait l'intention de s'établir en Espagne et d'y changer de religion; projet qu'il réalisa en effet à quelque temps de là. D'abord ce parti ne parut pas le mener à grand' chose. Alberoni se borna à l'employer dans des affaires financières. On le chargea entre autres de fonder une manufacture royale de draps, et d'aller à cet effet acheter des métiers et recruter des ouvriers en France et en Hollande. Mais il ne put mettre le nez dans les affaires de la grande politique; et il semble qu'Alberoni, tout en le comblant d'égards et de distinctions, l'ait toujours vu avec une certaine défiance. Après la chute du tout-puissant cardinal, Ripperda se retira dans un domaine qu'il avait acheté aux environs de Ségovie, et ne fit plus que de rares apparitions à la cour.

A quelque temps de là une grande et générale en Europe lorsqu'on apprit, au milieu des longues et inutiles négociations du congrès de Cambray, ouvert au mois d'avril 1724, qu'un rapprochement, aussi inexplicable qu'inattendu, s'était opéré entre les cabinets de Vienne et de Madrid; or, il paraît à peu près certain que Ripperda, qui touchait en secret une pension de l'Autriche, en fut l'instigateur et l'instrument. En effet, en novembre 1724 il fut envoyé avec le plus profond mystère à Vienne, où il prit le nom de baron de Pfaffenberg et se logea modestement dans un faubourg. Longtemps il ne négocia que directement avec l'empereur, auprès duquel on l'introduisait dans le plus strict incognito et par un escalier dérobé; les seuls tiers admis aux conférences étaient le marquis de Realp et le comte de Sinzendorf. Les autres ministres de l'empereur et l'impératrice elle-même ignoraient complètement ce qui se passait. L'Espagne proposait le mariage de l'infant don Carlos avec une archiduchesse ; on lui promettait à l'Autriche de voir renaître les temps où deux lignes collatérales de la maison de Habsbourg régnaient en Autriche et en Espagne. L'empereur Charles VI est représenté par quelques historiens comme ayant dans tout cela dupé le cabinet de Madrid, et n'ayant eu d'autre but que de détacher l'Espagne de l'alliance de la France et des puissances maritimes. L'intrigue fut singulièrement secondée dans ses progrès par l'incident qui amena la rupture du mariage projeté entre Louis XV et la princesse espagnole Marie-Anne-Victoire de Bourbon (née en 1718); projet de mariage qui avait scellé la réconciliation des deux branches de la maison de Bourbon, à la suite de la découverte de la conspiration de Cellamare. Le gouvernement français se décida tout à coup à renvoyer en Espagne l'infante, âgée alors de sept ans; et Louis XV, qui en avait quinze, épousa Marie Leczinska, fille de l'ex-roi de Pologne. L'abbé de Livry, ambassadeur de France à Madrid, reçut l'ordre de quitter cette capitale dans les vingt-quatre heures; et par représailles, Mlle de Beaujolais, qui avait été envoyée en Espagne afin d'y être élevée et d'épouser plus tard l'infant don Carlos, fut renvoyée, elle aussi, à ses parents. En même temps, Ripperda eut ordre de presser par tous les moyens possibles la conclusion de l'alliance projetée entre l'Espagne et l'Autriche. C'est à ce moment seulement que l'impératrice et les autres ministres de l'empereur furent mis au courant de ce qui se tramait, et ils élevèrent alors de nombreuses objections, dont Ripperda ne triompha qu'en dépensant plus d'un million en cadeaux diplomatiques. Le 5 avril 1725 un premier traité fut signé, qui renouvelait toutes les stipulations de la quadruple alliance relativement à la reconnaissance de Philippe V et aux renonciations, et par lequel l'Espagne adhérait à la pragmatique sanction. Un second traité, en date du 2 mai, ouvrait les ports de l'Espagne aux sujets de l'empereur, confirmait les priviléges de la compagnie d'Ostende, et accordait en Espagne les mêmes droits aux villes anséatiques qu'à l'Angleterre et à la Hollande. Enfin, un quatrième traité, à la date du 7 juin, renouvelait toutes les stipulations relatives aux États d'Italie. On convint verbalement du mariage de deux archiduchesses avec deux infants, de la reprise de Gibraltar et même de la restauration éventuelle des Stuarts. Le 29 novembre 1725 Ripperda quitta Vienne, puis alla s'embarquer à Gênes pour Barcelone. Philippe V avait tellement hâte de le voir, qu'à son arrivée à Madrid, il voulut le recevoir immédiatement et sans même lui laisser le temps de quitter ses vêtements de voyage. Ce prince se montra si satisfait du résultat de toute cette négociation qu'il créa Ripperda duc et grand d'Espagne, et le nomma en outre ministre de la guerre, de la marine et des finances. En même temps il donna à son fils l'ambassade de Vienne. Mais aucune des belles promesses qu'apportait Ripperda n'aboutit. Sa haute et inconcevable fortune lui donna le vertige; il blessa les grands par son insolence, et ne montra pas assez d'égards pour le ministre de l'empereur, le comte de Kœnigseck, de qui la reine attendait beaucoup plus que des hâbleries de Ripperda. En outre, de fausses opérations financières excitèrent les murmures du peuple, en même temps que des réformes et des réductions faisaient pousser les hauts cris aux courtisans; et un beau jour de mai 1726 Philippe V se décida à congédier son ministre, tout en lui conservant ses titres et en lui promettant même une pension de 30,000 fr.

Il semble que ce brusque revirement de fortune ait achevé de tourner la tête à Ripperda, qui, croyant alors sa sûreté personnelle compromise, imagina d'aller demander asile à l'envoyé de Hollande à Madrid, Van der Meer. Celui-ci le lui refusa, mais lui conseilla de se réfugier chez l'ambassadeur d'Angleterre, lord Stanhope, à l'hôtel de qui il le conduisit dans son propre carrosse, en même temps qu'il lui prêta ses mulets pour y faire transporter en toute hâte ses objets les plus précieux. Stanhope, qui se trouvait alors à Aranjuez, n'apprit tout cela qu'à son retour, et ne consentit à la chose que sur l'assurance formelle de Ripperda qu'il n'était plus au service d'Espagne, et qu'il n'était prévenu d'aucun crime ni délit. Stanhope demanda une audience au roi, lui raconta tout, et ce prince approuva sa conduite. Mais à la cour on se ravisa bientôt. On vit de graves dangers dans les relations que Ripperda irrité pouvait avoir avec le représentant de l'Angleterre ; en vertu d'un décret rendu par le conseil de Castille, l'hôtel de l'ambassade fut cerné par un détachement de troupes, en même temps que sommation était faite à Stanhope à l'avoir à livrer Ripperda; et après quelques difficultés, l'envoyé dut céder à la force.

Ripperda fut conduit alors au château de Ségovie, où il resta enfermé pendant plus de deux ans. Une belle Castillane, dont il avait fait sa maîtresse, facilita en septembre 1728 son évasion. Il réussit à gagner le Portugal; et de Lisbonne il revint en Hollande, où il reprit publiquement l'exercice du culte réformé. A La Haye, il se lia avec un juif appelé Perez, que l'empereur de Maroc, Muley-Abdallah, venait de charger d'une mission en Hollande. Les entretiens qu'il eut avec cet envoyé lui donnèrent à penser que le nord de l'Afrique était le terrain le plus sûr d'où il pût porter des coups à l'Espagne et assouvir la soif de vengeance dont il était tourmenté. Pour préparer les voies à l'exécution des projets qu'il méditait, il passa en Angleterre, où il obtint bien une audience de Georges Ier; mais il semble que ce prince ait montré des défiances que justifiaient les antécédents de son visiteur, et Ripperda partit d'Angleterre presque aussi irrité contre ce pays que contre l'Espagne. De retour en Hollande, il se munit de lettres de recommandation de Perez, et s'embarqua avec sa belle et fidèle Castillane, qui lui donna plus tard plusieurs enfants, et avec un valet de chambre, pour Tanger, où il fut très-gracieusement reçu par l'empereur de Maroc. Il réussit bientôt à exercer une grande influence sur Muley-Abdallah; mais pour obtenir une position officielle il lui fallut embrasser l'islamisme, parti devant lequel il recula assez longtemps, moins par scrupule religieux que par répugnance pour la circoncision, à laquelle pourtant il finit par se soumettre. Il prit alors le nom d'*Osman-Pacha*, et un décret du roi d'Espagne lui enleva (1732) sa grandesse et son titre de duc. Des préparatifs formidables ne tardèrent pas à être faits par les Marocains sous la direction d'Osman-Pacha contre les possessions espagnoles du nord de l'Afrique. Mais l'Espagne se décida à y envoyer, sous les ordres du marquis de Villadarias, une armée qui châtia sévèrement les bandes indisciplinées des Marocains. Une tentative pour s'emparer de Ceuta de vive force ou par surprise leur réussit tout aussi mal. Osman-Pacha, à la suite de ces revers, se vit très-froidement accueilli à Méquinez, et à quelque temps de là il fut même arrêté et jeté en prison. Toutefois, l'adresse qu'il mit à se justifier et les influences qu'il s'était créées dans le sérail, le tirèrent de ce mauvais pas; et il s'occupa alors d'un projet de fusion entre le judaïsme et le mahométisme. A la suite des troubles qui éclatèrent dans le Maroc, et qui finirent par amener un changement de règne, Ripperda jugea prudent de se retirer auprès du pacha de Tétouan (1734), dont il s'était fait un ami et avec qui il mena désormais une vie tout épicurienne, troublée uniquement de temps à autre par quelques attaques de goutte. On prétend que, cédant aux sollicitations de sa Castillane, il s'était secrètement réconcilié avec l'Église par l'intermédiaire d'un père Zacharie, chef du couvent de La Trinité, entretenu par la France à Méquinez. Ce qu'il y a de certain, c'est que lorsqu'il mourut, à Tétouan, le 17 octobre 1737, il fut enterré suivant le rite mahométan. Ripperda avait acquis une grande fortune par les moyens les moins honorables, et avait su la mettre en sûreté au milieu des péripéties dont sa vie avait été mêlée; mais il finit par en dissiper la plus grande partie, dit-on, en voulant aider Théodore Neuhof, autre aventurier du même genre, à se faire roi de la Corse.

RIPUAIRES, tribu de la nation des Francs. Elle était, après celle des Francs Saliens, la plus puissante de la confédération Franque. Ils habitaient la rive occidentale du Rhin, et reçurent évidemment leur nom des Romains (*a ripa*). A mesure que les Francs Saliens s'avancèrent vers le sud-ouest dans la Belgique et dans la Gaule, les Francs *Ripuaires* se répandirent aussi à l'ouest, et occupèrent le pays entre le Rhin et la Meuse jusqu'à la forêt des Ardennes. Les Saliens sont devenus à peu près les Francs de Neustrie, les Ripuaires les Francs d'Austrasie. Au temps de Clovis, ils avaient pour roi Sigebert, qui résidait à Cologne, et qui avait combattu contre les Allemands, comme auxiliaire de Clovis, à la journée de Tolbiac, où il fut grièvement blessé; de là son nom de *Claude* (Boiteux). Vers la fin de son règne, Clovis, voulant établir l'unité de l'armée barbare en Gaule, fit périr tous les petits rois des Francs, par une suite de perfidies. Il commença par Sigebert, qu'il fit assassiner par son fils Chlodovic, après quoi il se débarrassa du parricide par un autre meurtre, et se fit élever sur le pavois à Cologne par les Francs Ripuaires. Cette réunion des deux peuples ne fut pas de longue durée. A la mort de Clovis (511), son fils Théodoric fut roi des Francs orientaux, c'est-à-dire des Francs Ripuaires; il résidait à Metz.

On attribue à ce prince, qui régna de l'an 511 à l'an 534, la rédaction de la *Loi des Ripuaires*, qui est parvenue jusqu'à nous. Des auteurs, entre autres M. Guizot, retranchent à cette législation un siècle de vie, et soutiennent que ce fut seulement sous Dagobert Ier, de l'an 628 à l'an 638, qu'elle reçut la forme sous laquelle elle nous est parvenue. Elle contient 89 ou 91 titres et (selon les distributions diverses) 234 ou 277 articles, savoir 164 de droit pénal et 113 de droit politique ou civil, de procédure civile ou criminelle. Sur les 164 articles de droit pénal, on en compte 94 pour violences contre les personnes, 16 pour cas de vol, et 64 pour délits divers. Législation essentiellement pénale, la loi ripuaire ressemble assez à la loi salique, et révèle à peu près le même état de mœurs. Cependant, on y découvre des différences essentielles. Le combat judiciaire est plus souvent mentionné dans la loi ripuaire que dans la loi salique; le droit civil y tient plus de place. La royauté apparaît bien plus que dans l'autre législation; le roi y est considéré comme propriétaire ou patron, comme ayant de nombreux domaines et toute autorité sur les colons qui les exploitent. L'Église est partout assimilée au roi; les mêmes privilèges sont accordés à ses terres et à ses colons. La loi ripuaire admet quelques dispositions de la législation romaine, entre autres pour l'affranchissement des esclaves.

Charles Du Rozoir.

RIQUET (PIERRE-PAUL DE), le créateur du canal de Languedoc (*voyez* MIDI [Canal du]), né à Béziers, en 1604, descendait du Florentin Gérard Arrighetti, lequel ayant été proscrit de sa patrie comme gibelin, vint s'établir en Provence en 1268. Avec le temps, ce nom d'Arrighetti se modifia en celui de *Riquetti*, qu'on francisa plus tard, et dont on fit *Riquet*.

La famille *Riquetti* était destinée à illustrer la France. Deux branches, dont chacune a eu ses hommes célèbres, sortirent d'Antoine Riquetti, sixième du nom. Cet Antoine, mort en 1508, eut sept enfants. L'aîné, Honoré *Riquetti*, donna naissance à la branche des marquis de Mirabeau; Regnier, le quatrième des enfants, est la souche des comtes de Caraman. Celle-ci vint se fixer en Languedoc, où elle ne prit plus désormais que le nom de *Riquet*. C'est d'elle qu'est sorti l'homme à qui la France est redevable de l'un de ses monuments les plus gigantesques; la communication de l'Océan à la Méditerranée.

Doué d'une intelligence vaste, d'un caractère persévérant, naturellement géomètre, suppléant la science par la perspicacité, Paul de Riquet avait toutes les qualités nécessaires pour entreprendre une pareille œuvre. L'idée d'un canal qui unit les deux mers n'était point nouvelle. Dès l'antiquité la plus reculée, le besoin avait été senti. Tacite dit que les Romains eurent ce projet, vers l'an 18; Charlemagne, ce prince à qui toutes les grandes pensées étaient familières, y songea; on le suggéra à François Ier; la même question fut agitée dans le conseil de Charles IX; le cardinal de Joyeuse, ministre d'Henri IV, donna des ordres en 1598 pour examiner la possibilité d'un semblable projet; on s'en occupa sous Louis XIII; mais il était réservé au règne de Louis XIV de recueillir la gloire d'une pareille entreprise. Elle exigeait une intelligence qui comprît l'ensemble et pénétrât dans les détails; qui devinât les difficultés, et eût une parfaite connaissance de la nature des localités; qui possédât assez de fortune pour faire des expériences, eût assez de foi dans ses plans pour les croire possibles, et assez d'attachement à son œuvre pour la poursuivre jusqu'au bout. Tel était Paul de Riquet.

Placé au pied de la montagne Noire, par la situation d'une partie de ses propriétés, il avait pu étudier la marche des eaux, leur pente naturelle, l'abondance des sources, leur déviation générale ou particulière. Accompagné de son fontainier, homme fort entendu dans les nivellements, il allait souvent dans la montagne Noire se livrer à ses observations. On dit même qu'il avait construit en petit, dans ses châteaux du Petit-Mouravo et de Bonrepos, ce qu'il devait un jour exécuter sur une échelle colossale. Déjà avant lui des tentatives avaient été faites et n'avaient point réussi. La distance qui sépare les deux mers, la nature du terrain, l'absence apparente des eaux, et surtout leur conduite aux pierres de Naurouse, élevées au-dessus de l'une et l'autre mer de plus de 200 mètres, avaient fait regarder toute espèce de plan comme impossible. Cette persuasion où l'on était devait nécessairement créer de grands obstacles à Riquet. Il ne l'ignorait pas; mais il eut la satisfaction de voir Colbert entrer dans ses vues avec enthousiasme, et ce grand ministre fit passer son admiration dans l'âme de Louis XIV. Cependant, le peu de succès des premières tentatives rendait encore méfiant. On nomma, en 1663, des commissaires chargés de procéder à une enquête. Elle fut terminée en 1665 et la possibilité du canal reconnue. Dès lors on s'occupa de faire les fonds nécessaires. Riquet fut autorisé à prendre toutes les terres qu'exigeait la construction du canal. Bientôt le roi l'érigea en un fief, relevant immédiatement de la couronne, sous la foi et l'hommage d'un louis d'or à chaque mutation. Il le déclara *bien propre, non domanial et non sujet à rachat*, mais à la charge par le possesseur de satisfaire aux travaux d'entretien. Il fut concédé à ce titre à Riquet, pour en jouir, lui et ses successeurs à perpétuité, incommutablement. En 1666 la construction du canal fut définitivement arrêtée : il était presque achevé au bout de quatorze ans. Huit mille ouvriers y travaillaient habituellement, et quelquefois ce nombre s'éleva à douze mille. Plusieurs fois, pour pousser les travaux avec ardeur, Riquet avait été obligé de recourir à ses propres fonds. Il touchait enfin au terme de son entreprise, et il ne restait plus qu'environ trois kilomètres de canal à faire encore près du Somail, lorsqu'il mourut, le 1er octobre 1680. Ses fils, Jean-Mathias de Riquet de Bonrepos, maître des requêtes, et Pierre-Paul de Riquet, comte de Caraman, ainsi que ses gendres, M. de Grammont, baron de Santa, et de Lombrail, trésorier de France, achevèrent son œuvre. Le 15 mars 1681, M. d'Aguesseau, père du chancelier, fit l'expérience de la première navigation. Enfin, le 19 novembre 1684, le conseil du roi déclara que les travaux du canal de communication entre les deux mers étaient achevés et reçus.

On évalue que la construction du canal du Languedoc coûta environ 17 millions de ce temps-là, rien qu'en premiers frais de construction, ce qui fait plus de 34 millions de notre monnaie. Riquet y dépensa 3 millions de ses deniers, et laissa en mourant à ses enfants au delà de 2 millions de dettes. Ce ne fut guère qu'en 1724 que ses héritiers en retirèrent quelque revenu; et pour cela ils avaient dû dépenser encore près de 3 millions en frais d'améliorations.

La longueur du canal, depuis l'étang de Than jusqu'à Toulouse, où il finit, est d'environ 250 kilomètres. Sa largeur à la surface de l'eau est presque partout de 20 mètres et de 10 mètres 66 centimètres dans le fond. L'eau n'a pas moins de 2 mètres de profondeur dans toute l'étendue. Les chemins, y compris les francs-bords, ont environ 12 mètres de chaque côté; ils servent au dépôt des terres provenant du creusement. Des bermes de 2 et 3 mètres pour le tirage des barques longent ces chemins. Les glacis sont couverts de gazon. Des peupliers d'Italie et des frênes bordent le canal dans presque toute sa longueur. Extérieurement, des fossés servent de contre-canaux pour conduire les eaux des pluies aux aqueducs. Le point de partage d canal est à Naurouse, près de Castelnaudary. Il y a 101 bassins, formant 62 corps d'écluses. L'eau, dans les bassins d'écluse, s'élève à près de 5 mètres. On y compte 55 aqueducs, 150 cales de maçonnerie, 21 déversoirs ou passelis, 38 ponts, dont 12 de grande route, et 26 de communication. Les eaux de la montagne Noire sont rassemblées dans deux grands bassins successifs, celui de Lampy et celui de Saint-Ferréol. Le premier, creusé en 1782, contient 2,300,000 mètres cubes d'eau, et le second 6,950,000. En outre du bassin de Lampy, plusieurs autres améliorations ont été opérées depuis la construction primitive; l'aqueduc Saint-Agnet, construit en 1765, et le superbe pont-aqueduc de Fresquet, terminé en 1810.

On évalue, terme moyen, les transports sur le canal à 75,000 tonneaux, dont le produit, joint à d'autres revenus accessoires, forme une somme de 1,500,000 fr. D'après les statuts de l'administration, la moitié de cette somme est ordinairement prélevée pour les dépenses d'entretien et de personnel. Le mode de régie suivi encore de nos jours, et dont on ne peut s'empêcher d'admirer la sagesse, est celui dont Riquet avait posé les règles et fait une loi à ses descendants.

Louis DE TOURREIL.

RIQUETTI, nom de famille des Mirabeau (*voyez* MIRABEAU et RIQUET.)

RIRE ou **RIS**. Il existe deux sortes de rires bien distincts. Le premier est ce rire doux et tranquille par lequel se manifeste la joie de l'âme en présence d'un événement heureux et inattendu, ou bien à la vue ou à la pensée d'un objet qui nous intéresse vivement. C'est le rire d'un père qui retrouve son fils après une longue absence, de l'exilé qui revoit sa patrie, du prisonnier à qui l'on rend la lumière et la liberté; dans un ordre de sentiments moins élevé, c'est le rire du gastronome en présence d'une table couverte de mets exquis, du buveur au bruit du champagne qui pétille. C'est encore à cette espèce de rire que se rattache le rire de bienveillance, que l'on appelle aussi *sourire*, et par lequel on témoigne à une personne le plaisir qu'on trouve à la voir. On a dû remarquer que les hommes animés de sentiments affectueux et bienveillants ont presque toujours le sourire sur les lèvres. Au reste, la bienveillance est tellement en honneur parmi les hommes que tous se montrent jaloux de la manifester, et qu'il est passé en habitude de sourire en abordant une personne que l'on connaît. Si la plupart du temps il ne se trouve rien dans le cœur qui réponde au sourire qu'on a sur les lèvres, avouons du moins que c'est un secret hommage rendu par l'indifférence au plus noble des sentiments.

Le rire de la seconde espèce est l'expression d'un sentiment bien différent ; aussi se produit-il d'une autre manière : il est énergique, bruyant, quelquefois même nous ne sommes point maîtres d'en modérer la vivacité et les éclats. Le sentiment dont il est la manifestation est le plaisir momentané que nous fait éprouver *la perception d'un rapport d'opposition entre ce qui est et ce qui doit être*. Prenons pour premier exemple ces aberrations de la nature que nous présente quelquefois la structure du corps humain. Une des plus remarquables, c'est assurément la déviation de la colonne vertébrale : et plus cette déviation est prononcée, plus est grande la gaieté qu'elle excite. Pourquoi donc ne pouvons-nous regarder un bossu sans rire? N'est-ce pas parce que nous sommes frappés de l'opposition qui existe entre cette forme anormale et la forme régulière du corps chez tous les autres hommes ? Il en sera de même d'une tête énorme ou affectant une forme conique, d'un nez d'une proéminence démesurée; en un mot, de toutes les anomalies que présente une disproportion outrée des membres ou des traits du visage. De là ces imitations burlesques et ces exagérations des erreurs de la nature, par lesquelles on cherche à provoquer le rire dans les jours consacrés aux plaisirs et à la folie. Et à ce sujet demandons-nous encore pourquoi le rire est excité par ces costumes bizarres et extravagants dont s'affublent alors les enfants de Momus? C'est qu'ils contrastent étrangement avec ceux que nous voyons tous les jours, et que de plus nous remarquons une opposition frappante entre ces travestissements et les personnages qui les portent, entre les mœurs, les habitudes qu'ils rappellent et la réalité qu'ils déguisent.

Avant d'aller plus loin, remarquons que l'opposition qui existe entre l'état accidentel et l'état normal n'excite pas toujours le rire. Ainsi, un personnage de carnaval habillé en malade nous amusera beaucoup, parce que nous savons du reste que le malade se porte bien. Mais nous ne serons pas disposés à rire à la vue d'une difformité qui cause un mal réel à celui qui en est affecté. Pour que le sentiment dont le rire est l'expression puisse avoir accès dans notre âme et se manifeste au dehors, il faut que l'âme soit dégagée de toute préoccupation pénible. La joie seule engendre le rire et en est l'indispensable condition. Vient-elle à s'éloigner de nous, le rire s'enfuit avec elle.

Mais ce qui provoque le plus fréquemment le rire et fournit le plus de ressources à notre gaieté, ce sont les contradictions si nombreuses que l'on peut remarquer entre l'homme et la raison; ce sont ses infirmités morales et intellectuelles, ses erreurs, ses travers, ses manies, ses extravagances, ses ridicules de toute espèce. La nature se trompe quelquefois; mais l'homme se trompe si souvent! Nous rions du distrait qui s'arrête à la porte d'un salon, où il laisse nombreuse compagnie, et qui, se croyant à la porte de la rue, s'écrie : « Le cordon, s'il vous plaît ! » Nous rions de l'homme crédule qui craint de plaider un vendredi, ou qui, sur la foi d'une pompeuse annonce, plantera chez lui le *chou colossal* (*voyez* PUBLICITÉ) pour se reposer sous son ombre; nous rions du fat qui fait consister le mérite de l'homme dans la couleur de ses gants et les plis de sa cravate ; nous rions d'une vieille coquette croyant encore au pouvoir de ses appas surannés; nous rions de l'avare qui entasse des trésors pour vivre dans l'indigence ; nous rions de l'auteur qui voit dans ses platitudes boursouflées un gage de triomphe et d'immortalité; en un mot, toutes les méprises, tous les mécomptes, toutes les niaiseries, toutes les sottises dont l'humanité fourmille, voilà la pâture du rieur, voilà l'excuse de Démocrite.

L'art s'est emparé de bonne heure de ce moyen de plaire : les poëtes ont senti qu'ils intéresseraient vivement en offrant sur la scène le spectacle de nos erreurs, et la comédie a été créée. Elle s'est emparée de tous les travers, de tous les ridicules dont la société, cette grande comédie, lui offrait une si ample moisson, et tous les jours elle nous fait rire de nous-mêmes, et elle ne nous fait jamais si bien rire que quand elle reproduit avec une fidélité scrupuleuse quelques-unes de ces innombrables absurdités qui caractérisent cet être doué par la nature du privilège de la raison.

Nous rions quelquefois nous-mêmes de nos propres malheurs, mais c'est alors cette *ironie amère* que Racine a prêtée avec tant d'art à Oreste, frappé du contraste qu'il aperçoit entre la justice prétendue des dieux et l'excès des maux dont l'accable un injuste destin.

Un des moyens les plus fréquemment employés pour exciter le rire, ce sont les contradictions apparentes que nous présentons à dessein entre nos paroles et la raison : c'est ce qu'on appelle des *bons mots*. Un bon mot en effet doit être une véritable absurdité, ou du moins une absurdité dans l'expression. La facilité à trouver de ces sortes d'absurdités qui cachent une pensée fine, une observation pleine de sens, est ce qu'on appelle de l'*esprit*.

Pourquoi, d'un autre côté, les calembours nous font-ils rire? C'est qu'à la faveur d'une certaine ressemblance dans les mots on accouplera des idées entre lesquelles il n'existera pas le moindre rapport : ainsi l'on vous dira que pour n'avoir pas froid l'hiver il suffit d'avoir chez soi une figure de Napoléon à laquelle on aura en soin de casser un bras; et si vous demandez pourquoi, on vous répondra que vous ne sauriez avoir froid si vous avez un *Bonaparte manchot* (un bon appartement chaud). C.-M. PAFFE.

RIRE CANIN ou **CYNIQUE**. *Voyez* CANIN.
RIRE SARDONIQUE. *Voyez* SARDONIQUE.
RIS. *Voyez* RIRE.
RIS (corruption de l'anglais *reef*). Les *ris* des voiles sont une partie de leur surface destinée à être repliée quand le vent est trop fort. A cet effet, on y pratique en ligne droite un rang d'œillets dans chacun desquels on passe des *garcettes* ou de petites cordes, arrêtées par un nœud de chaque côté de l'œillet. Les basses voiles n'ont qu'un *ris*, mais les huniers en ont trois. De là ces expressions : *Être au bas ris*, pour avoir tous les ris pris lorsque la violence du vent augmente; *Larguer les ris*, pour détacher les garcettes qui tiennent cette partie de la voile repliée sur la vergue, lorsque le vent devient plus modéré.

RISDALE, **RIGSDALE** ou **RIXDALE**, monnaie de Suède et de Danemark, d'une valeur de 5 fr. 50 c. environ.

RISÉE, grand éclat de rire que font plusieurs personnes ensemble, en se moquant de quelqu'un ou de quelque chose : Ce discours provoqua d'universelles *risées*.

Ce mot est aussi synonyme de *moquerie* : Il est l'objet de la *risée* publique.

RISÉE (*Marine*). *Voyez* RAFALE.

RISQUE (de l'espagnol *risco*), hasard ou chance qu'on court d'une perte, d'un dommage (*voyez* DANGER) : Il courut *risque* de la vie. Entreprendre une chose à ses *risques et périls*, c'est l'entreprendre en s'exposant sciemment à toutes les chances défavorables, à toutes les pertes, à tous les périls qui peuvent en résulter. Familièrement, *à tout risque* est synonyme de *à tout hasard*. Qui ne *risque* rien n'a rien, dit la sagesse des nations.

Les *risques locatifs* sont les risques ou la responsabilité encourus par le locataire vis-à-vis du propriétaire pour les dommages qu'il peut causer par sa faute à la propriété de ce dernier. L'incendie est au nombre des *risques locatifs*, ou dont la responsabilité incombe aux locataires; et des compagnies spéciales d'assurance se sont établies pour, moyennant une prime annuelle, garantir à cet égard le locataire et se charger en son lieu et place de ses *risques locatifs* généralement quelconques.

En droit maritime, on appelle plus spécialement *risques* les chances résultant du contrat d'assurance par lequel l'assureur s'engage à indemniser l'assuré de toutes pertes qui peuvent résulter pour lui en ses marchandises d'un voyage de mer. Ce mot en est venu à s'appliquer également aux autres contrats d'assurance, pour désigner la chance que court l'assureur.

RISQUONS-TOUT (Affaire de). *Voyez* BELGIQUE, tome II, page 735.

RIT ou **RITE**, terme de dogmatique indiquant la manière ou l'ordre suivant lequel doivent se pratiquer les cérémonies du culte, notamment en ce qui regarde la religion chrétienne. Les rites diffèrent suivant les croyances, quelquefois même suivant les diocèses : ainsi, ceux de l'Église romaine ne sont pas ceux de l'Église grecque; et le rit de Paris diffère de celui de Lyon.

Il y a à Rome une *congrégation des rites*, chargée de fixer dans toute l'étendue du monde catholique les cérémonies ecclésiastiques et les canonisations.

RITOURNELLE (de l'italien *ritornello*, petit retour), au propre *phrase qu'on répète*, parce qu'autrefois l'accompagnement se bornait à répéter la dernière phrase du chanteur. La *ritournelle* a acquis avec le temps en musique un plus grand degré d'importance, et ne s'en tient plus à ces monotones répétitions qu'autrefois l'on ne se donnait même la peine de noter, et qu'on abandonnait le plus souvent au goût de l'accompagnateur. C'est aujourd'hui une sorte de prélude instrumental, un trait de symphonie plus ou moins développé qui annonce le début d'un chant vocal ou remplit les repos et les silences que, dans toute musique bien sentie, le compositeur a su ménager à la voix ; ou bien encore une réflexion complète d'une manière brillante, expressive ou piquante, le morceau après que la voix a cessé de se faire entendre. Les *ritournelles* ont un effet admirable dans la musique dramatique : elles expriment souvent les affections de l'âme avec bien plus de sensibilité, de force ou d'énergie que la parole; mais c'est surtout dans les airs déclamés et le récitatif qu'elles montrent jusqu'à quel degré de puissance elles peuvent atteindre, en traduisant merveilleusement la pantomime, le jeu de physionomie, et même jusqu'aux regards de l'acteur à ces moments suprêmes d'une scène pathétique où la parole devient impuissante à exprimer les émotions de l'âme. Charles BECHEM.

Dans la poésie italienne on désigne aussi sous le nom de *ritournelles* de petits chants populaires composés de trois lignes, le plus ordinairement locaux et chantés par des montagnards, et sur lesquels il arrive souvent aussi à l'improvisateur de broder. Le rhythme en est complétement arbitraire ; le premier vers est ordinairement le plus court, et les deux autres ont rarement moins de cinq pieds. Les mélodies qu'on y adapte ont un caractère simple et mélancolique.

RITTER (CHARLES), créateur d'une science toute nouvelle, la *géographie comparée*, est né le 7 août 1779, à Quedlimbourg. Destiné de bonne heure à l'instruction publique, il fut d'abord chargé de l'éducation des fils d'un riche banquier de Francfort, qu'il accompagna plus tard à l'université et dans ses voyages en Suisse, en Italie, en Savoie et en France. En 1819 il fut nommé professeur d'histoire au gymnase de Francfort; mais dès l'année suivante il était appelé à remplir les fonctions de professeur agrégé de géographie à l'université de Berlin, où ses travaux ne tardèrent pas à le faire apprécier et à le mettre en renom. Son principal ouvrage est : *La Géographie dans ses rapports avec la nature et l'histoire de l'homme* (2 vol., Berlin, 1817-18). Dans une seconde édition, il agrandit ce livre d'après un plan nouveau, de telle sorte que la première partie (Berlin, 1821 ; 3ᵉ édition, 1834), qui traite de l'Afrique, forme un tout séparé. Les parties suivantes publiées jusqu'à ce jour (tomes 2 à 17, Berlin, 1832-1854) sont consacrées à la description de l'Asie. Nous citerons encore de lui : *L'Europe*, tableau historique, géographique et statistique (2 vol., 1807), et une *Introduction à l'histoire des peuples avant Hérodote* (1820).

RITUEL, livre qui contient les cérémonies, les instructions, les prières, etc., relatives à l'administration des sacrements, et particulièrement aux fonctions curiales. Le Rituel paraît avoir été autrefois le même livre qu'on nommait le *Sacramentaire*, car on trouve dans celui de saint Grégoire non-seulement la liturgie, ou les prières et les cérémonies de la messe, mais aussi celles par lesquelles on administre plusieurs sacrements : aujourd'hui, les premières composent ce qu'on nomme le *Missel*, les secondes forment le *Rituel*, qui contient également les bénédictions et les exorcismes en usage dans l'Église catholique.

RITZEBUTTEL, bailliage dépendant du territoire de la ville libre de Hambourg, limité par l'embouchure de l'Elbe, la mer du Nord et le duché hanovrien de Brême. Avec l'île de *Neuwerk*, située en avant de l'embouchure du fleuve, il comprend une superficie d'environ un myriamètre carré, avec 6,000 habitants, qui vivent du jardinage, de la pêche et de l'exploitation des tourbières. Son chef-lieu, Ritzebuttel, qui se rattache à Cuxhaven, compte 1,800 habitants. On y trouve un château entouré de remparts et de fossés, avec un parc, une église nouvelle, un corps-de-garde et une prison. L'île de *Neuwerk*, qu'on peut gagner à pied à marée basse, est déserte et dépourvue d'arbres. On y a élevé un phare, haut de 33 mètres.

RIVAGE, RIVE. *Voyez* CÔTE.

RIVAROL (ANTOINE, comte DE), fut un des hommes les plus spirituels de la fin du dix-huitième siècle, de cette époque où l'esprit était la première des puissances, où les plaisirs de l'esprit étaient le premier des besoins. Né à Bagnols, en Languedoc, au mois de juin 1753, il prétendait descendre d'une famille noble d'Italie. Destiné d'abord à l'état ecclésiastique, des goûts plus mondains l'emportèrent bientôt, et il vint à Paris à l'âge de vingt-deux ans. Accueilli avec bienveillance par D'Alembert, il fut admis dans quelques-uns de ces salons de la capitale où se faisaient les réputations. Il ne tarda pas à s'y faire remarquer par un tour d'esprit caustique. Ses saillies, ses bons mots et ses épigrammes, tout en lui valant des succès, ne laissèrent pas de lui faire des ennemis. Il s'était d'abord produit sous le nom de de Parcieux, illustre dans les sciences : son aïeul avait épousé, en 1720, une nièce de ce savant : c'était là son seul titre au nom qu'il avait pris. Un neveu du véritable de Parcieux força Rivarol à reprendre le nom de sa famille. Mais alors même on contesta sa prétention de descendre des *Rivarola* d'Italie, puisque son père, aventurier piémontais, n'était qu'un simple aubergiste; et on disait la vérité. Il serait dès lors difficile de dire d'où lui venait son titre de *comte*. Il s'était marié à l'âge de vingt-sept ou vingt-huit ans; il avait épousé Louise Materflint, auteur elle-même de quelques écrits. Mais il ne paraît pas que cette union ait été fort heureuse; car on lit dans les mémoires du temps que l'Académie Française décerna, en 1783, le prix de vertu à une garde-malade qui avait nourri et soigné la femme de Rivarol : ce qui attira à celui-ci bon nombre d'épigrammes.

Le premier écrit par lequel il s'annonça dans la littérature fut une critique amère et très-piquante du poëme des *Jardins* de l'abbé Delille, qu'il publia au mois d'août 1782, sous le titre de *Lettre de M. le Président *** à M. le comte de****. Un dialogue en vers intitulé *Le Chou et le Navet*, autre critique du poëme de Delille, est aussi de lui.

Ce fut en 1784 que parut son chef-d'œuvre, le *Discours sur l'universalité de la langue française*, couronné par l'Académie de Berlin. Le grand Frédéric, à qui il avait envoyé son discours, avec une épître en vers, lui répondit : « Depuis les ouvrages de Voltaire, je n'ai rien lu de meilleur en littérature que votre discours, et j'ai trouvé vos vers aussi spirituels qu'élégants. » Sans partager toute l'admiration exagérée des contemporains, on ne peut méconnaître dans cet écrit des aperçus d'une rare finesse et des pages étincelantes d'esprit. La question était d'ailleurs alors toute neuve, et l'on peut pardonner à l'auteur de s'être montré plus tranchant que profond. En 1785 Rivarol publia sa traduction de l'*Enfer* du Dante. Aujourd'hui le public est devenu beaucoup plus exigeant en fait de traductions.

La réputation que Rivarol s'était acquise comme écrivain ne fit qu'ajouter à son succès comme homme du monde. Vers cette époque, il fit courir des parodies du songe d'Athalie et du récit de Théramène, contre Mᵐᵉ de Genlis et Beaumarchais. Dans toutes ces plaisanteries, il avait pour collaborateur son ami Champcenetz, qui passait pour lui servir de compère dans les salons. Le *Petit Almanach de nos grands Hommes*, imprimé au commencement de 1788, était un cadre satirique très-commode pour flageller toutes les médiocrités littéraires. « Depuis les satires de Swift et de Pope, dit Grimm, nous n'avons rien vu de plus original et de plus gai que ce petit ouvrage. » Pendant la même année parurent ses *Lettres* à Necker, apologie assez hardie du système d'Épicure, où il cherche à prouver qu'il existe une morale indépendante de tout culte et de toute religion, et où il parle de l'Évangile avec une irrévérence que ne se permettrait pas aujourd'hui un écrivain incrédule.

Dès les premiers jours de la révolution, Rivarol se déclara un des plus fougueux adversaires de toute réforme politique. Peut-être était-il dans l'ordre que ce rôle fût choisi par un petit gentilhomme dont la naissance avait été suspectée. On raconte qu'aux approches de la révolution, Rivarol, dans un cercle de personnes titrées, s'écriait avec importance : *Nos droits, nos priviléges sont menacés*. Un des assistants, le duc de Créqui, répétait avec une sorte d'affectation : *Nos droits!... nos priviléges!...* — Eh oui, reprend Rivarol, que trouvez-vous là de singulier ? — C'est, répliqua le duc, votre *pluriel* que je trouve *singulier*.

Quoi qu'il en soit, Rivarol travailla aux *Actes des Apôtres* avec Peltier et Champcenetz; il fit le *Journal politique et national* avec de La Porte. Les résumés politiques insérés dans cette feuille par Rivarol ont été réunis et réimprimés en 1797, sous le titre de *Tableau historique et politique de l'Assemblée constituante*. On les a insérés depuis dans la collection des mémoires sur la révolution française. En 1790 il fit paraître le *Petit Dictionnaire des grands Hommes de la révolution, par un citoyen actif, ci-devant rien*.

L'épître dédicatoire à Mᵐᵉ de Staël, *ambassadrice de Suède auprès de la nation*, est un amer persiflage. Il émigra en 1792 : réfugié d'abord à Bruxelles, il y écrivit ses *Lettres au duc de Brunswick et à la noblesse française émigrée*. De là il passa à Londres, où il fut accueilli par

Pitt et par Burke. Il se rendit ensuite à Hambourg, en 1796. Dans le dénûment où il se trouvait, ses talents auraient pu lui offrir des ressources, si sa paresse naturelle lui eût permis d'en tirer parti. Cependant, il prit des arrangements avec un libraire pour la composition d'un nouveau dictionnaire de la langue française. Le libraire lui payait pour cet ouvrage mille francs par mois. Mais l'ouvrage avançait peu : déjà le terme fixé pour l'impression était arrivé, sans que l'auteur eût écrit le premier article. Il n'en parut jamais que le *discours préliminaire* (Hambourg, 1797), le libraire s'étant lassé de faire des avances pour un travail dont il était impossible de prévoir le terme. Sur ces entrefaites, Rivarol quitta Hambourg, où son humeur caustique avait indisposé les esprits. Ce fut dans cette ville que, voyant à un souper les convives embarrassés pour comprendre un trait qui venait de lui échapper, il dit en se tournant vers un Français placé à côté de lui : « Voyez-vous ces Allemands, ils se cotisent pour entendre un bon mot! » De là il se rendit à Berlin, où il vécut quatre ans. Il fit auprès du Directoire plusieurs tentatives infructueuses pour obtenir sa rentrée en France. Le 18 brumaire ranima ses espérances; elles allaient, dit-on, se réaliser lorsqu'il fut atteint à Berlin d'une maladie mortelle. Il mourut, le 11 avril 1801, à l'âge de quarante-sept ans, après six jours de maladie.

En somme, Rivarol, après avoir eu pendant sa vie de brillants succès comme homme du monde, n'a laissé qu'une réputation destinée à décroître avec les années, parce qu'il ne l'a fondée sur aucun travail sérieux, et que les écrits qui restent de lui ne contiennent que d'ingénieuses bagatelles ou des ébauches incomplètes.   ARTAUD.

RIVE. *Voyez* CÔTE.

RIVE DE GIER, ville importante, sur le Gier, à l'endroit où commence le canal de Givors, qui communique au Rhin, station du chemin de fer de Saint-Étienne, et chef-lieu de canton du département de la Loire, avec 23,186 habitants, une importante exploitation de houille, des verreries, des manufactures de miroirs à l'instar de l'Allemagne, des fabriques d'acier fondu, cémenté et corroyé, des ressorts de voiture, de machines à vapeur, des filatures de laine, des fonderies de fer et de cuivre, des forges, des laminoirs pour tôle et grosse quincaillerie, etc. Elle possède une chambre consultative de manufactures et une caisse d'épargne.

RIVERAINS (*Droit*). *Voyez* FLEUVE.

RIVERAINS (*Histoire naturelle*). *Voyez* MÉSANGE.

RIVESALTES, chef-lieu de canton du département des Pyrénées-Orientales, sur la rive droite de l'Agly, avec 3,839 habitants et un important commerce de vin et eau-de-vie. On récolte aux environs un excellent vin muscat, le meilleur de ce genre que produise la France et qui soutient avantageusement la comparaison avec ceux de l'Espagne et de l'Italie. On le désigne généralement sous le nom de *vin de Grenache* et dans le nord de l'Europe sous celui de *Rancio*.

RIVIÈRE. *Voyez* FLEUVE.

RIVIÈRE (CHARLES-FRANÇOIS de RIFFARDEAU, d'abord *marquis*, puis *duc* DE) naquit en 1765, à La Ferté-sur-Cher, et émigra en 1789, à Turin, où il rencontra le comte d'Artois. Celui-ci le prit en amitié, l'attacha à sa personne, et lui confia diverses missions dans l'intérêt de la cause royale. Arrêté en Vendée, il parvint à s'échapper des prisons de Nantes et à rejoindre Charette. En 1804 il entra dans la conspiration de Pichegru, et fut condamné à mort, le 10 juin. Les supplications de sa famille auprès de Joséphine lui sauvèrent la vie ; la peine capitale fut commuée en détention au fort de Joux. La Restauration le rendit à la liberté, et lui conféra le grade de maréchal de camp. Nommé après les cent jours au commandement de la huitième division militaire (Marseille), il ne fit rien pour s'opposer aux sanglantes réactions commises alors dans tout le midi de la France par les volontaires royalistes. Chargé ensuite d'aller traquer Murat en Corse, il dut abandonner cette île sans avoir atteint le but de sa mission. En 1819 il fut nommé à l'ambassade de Constantinople, et y fit preuve de peu de capacité. Après avoir négocié et signé un tarif de douanes rien moins qu'avantageux au commerce français, il revint en France, fut créé duc et pair, et nommé capitaine des gardes de *Monsieur*. A l'avénement de Charles X au trône, il se trouva tout naturellement ainsi capitaine des gardes, et à la mort de Matthieu de Montmorency, ce fut sur lui qu'on jeta les yeux pour le remplacer dans les fonctions de gouverneur du duc de Bordeaux. Il ne les exerça pas longtemps, mourut en 1828, à l'âge de soixante-trois ans, et eut pour successeur M. de Damas. C'était au total une nullité, et il ne dut qu'à l'amitié du comte d'Artois la haute position qu'il occupa sous la Restauration.

RIVOLI, village de la province vénitienne d'Udine, au pied et au sud-est du mont Baldo, sur les versants abruptes et occidentaux de la vallée de l'Adige, non loin du défilé de Chiusi, par lequel passe, sur les bords de l'Adige, la grande route de Trente à Vérone, est célèbre dans l'histoire par la sanglante bataille qui s'y livra, le 14 et le 15 janvier 1797, entre les Autrichiens et les Français, et qui décida du sort de l'Italie. Wurmser était enfermé dans Mantoue, et de cette place dépendait en quelque sorte la possession de la Lombardie et de Venise. Alvinczy avait réuni des forces considérables dans le Tyrol : son intention était de marcher sur Rivoli, tandis qu'il ferait traverser le pays de Vicence à un second corps d'armée, aux ordres de Provera, pour de là gagner Mantoue, et qu'il ferait attaquer Vérone pour relier ses deux opérations. Bonaparte pénétra ce plan, et marcha d'abord en toute hâte sur Rivoli, avec tout ce qu'il avait de troupes disponibles. Pendant qu'il faisait observer les Autrichiens par Augereau sur son aile droite, à Ronco, par Serrurier devant Mantoue, et par un autre petit corps à Vérone, Bonaparte arriva avec Masséna et 22,000 hommes à Rivoli, où Alvinczy pensait ne trouver que Joubert avec 9,000 hommes. Alvinczy avait pris toutes les dispositions nécessaires pour écraser ce faible corps ; la division Lusignan, forte de 4,000 hommes, se détourna sur sa droite, et un autre corps, fort de 22,000 hommes et marchant en deux colonnes, sur sa gauche. Le reste de ses troupes prit position entre Caprino et Sarco, en face des Français. Bonaparte sut admirablement profiter de la faute qu'avait commise son adversaire en divisant ses forces. Joubert et Vials s'emparèrent de San-Marco, clef de la position des Autrichiens. Par contre, les Français perdirent du terrain sur leur gauche, et leur centre commençait même déjà à fléchir. Mais Berthier rétablit bientôt l'équilibre, et Masséna donna à l'aile gauche une nouvelle fermeté. Pendant ce temps, la colonne autrichienne qui avait pénétré par la vallée de l'Adige se développait sur le plateau situé devant Rivoli, et inquiétait les Français. Mais cette manœuvre ne fut pas seulement tout à fait déjouée par la cavalerie française, aux ordres de Leclerc et de Lasalle, ainsi que par un mouvement en arrière fait de San-Marco par Joubert ; la colonne autrichienne fut en outre taillée en pièces, dispersée et rejetée dans la vallée de l'Adige. La division Lusignan ne fut pas plus heureuse dans son mouvement. Elle se croyait déjà sûre de la victoire, lorsqu'elle se trouva placée entre la réserve des Français et le corps de Ney, et dut mettre bas les armes. Alvinczy lui-même fut rejeté jusque dans la position de Corona, et Bonaparte eut encore le temps de se retourner pour écraser Provera, qui, le 15, se vit enfermé à La Favorite, près de Mantoue, battu et fait prisonnier avec 6,000 hommes ; ce qui amena la reddition de Mantoue même. Les Français firent plus de 20,000 prisonniers, et s'emparèrent de 45 pièces de canon.

En récompense des services qu'il lui avait rendus dans cette journée, Napoléon créa en 1807 Masséna *duc de Rivoli*.

RIXDALE. *Voyez* RISDALE.

RIZ (*oryza sativa*), plante de la famille des graminées, de l'hexandrie-digynie, originaire des Indes ou de la Chine, cultivée en Asie, en Afrique, en Amérique, et dans les parties méridionales de l'Europe. Son grain (riz) nourrit plus de la moitié des habitants du globe; d'une conservation facile, il se mange cuit à l'eau, souvent sans autre apprêt, avec un peu de sel ou de sucre.

On compte plusieurs espèces et variétés de riz; c'est une plante annuelle, à racines fibreuses, assez semblables à celles du froment; à tiges d'un peu plus d'un mètre, plus grosses et plus fermes que celles du blé; à feuilles longues, étroites, embrassant la tige par la base, à fleurs terminales, purpurines, en panicules comme celles du millet, composées chacune d'un calice à deux valves inégales, creusées en forme de bateau, l'extérieure surmontée d'une arête, de six étamines et d'un ovaire muni à sa base de deux écailles opposées, et soutenant deux styles à stigmate plumeux; à graine dure, obtuse, demi-transparente, ordinairement blanche.

La culture du riz varie suivant les pays. A la Caroline, la terre destinée à cette plante est labourée à la bêche et en sillons, à la profondeur de vingt à vingt-deux centimètres; le riz est semé dans les raies des sillons; cette opération est faite par une femme : les nègres recouvrent aussitôt le grain avec la terre des sillons. La semence commence à lever au bout de dix à douze jours. Dès que la plante est haute de seize à dix-huit centimètres et que les nègres l'ont nettoyée à la bêche des plantes étrangères qui lui nuisent, on fait entrer l'eau dans le champ de manière à ne laisser à découvert que la cime de la plante. Le riz profite et s'élève, tandis que les mauvaises herbes ne poussent plus et meurent en partie. Après trois ou quatre semaines, on laisse couler l'eau; on pratique un nouveau sarclage, puis une dernière inondation du champ qui dure jusqu'à la veille de la récolte. Les indices de la maturité du riz sont la couleur jaune de l'épi et la consistance de la paille. Dans l'Inde, le riz est d'abord semé dans un coin de rivière ou d'étang, et ensuite transplanté dans les champs. Au Japon, la submersion du champ précède l'ensemencement : le riz est aussi transplanté le plus souvent. Les inondations ultérieures sont pratiquées, en tout cas, comme à la Caroline. En Égypte, de petits champs sont ensemencés de grains germés, puis incultes : la plante s'élève à quelques centimètres, et est alors transplantée dans les rizières.

L'époque de la récolte du riz varie aussi beaucoup : elle a lieu, selon les climats et le temps des semailles, du mois d'août au mois de novembre. Le riz est coupé à la faucille, mis en meule ou serré dans les granges. On le bat au fléau ou on le sépare de la paille par l'action des pieds du bétail; mais cette opération n'isole pas le riz de sa balle : il doit être soumis, pour cette dernière préparation, à des moulins dont les meules sont en bois, ou placé dans des auges et battu avec des pilons.

Il est une autre espèce de cette graminée appelée *riz sec*, qui se cultive dans les champs, ne recevant aucune préparation spéciale, et arrosé seulement par les pluies. Si, par les progrès de la culture, le *riz sec* pouvait remplacer celui des rizières (*riz humide*), on ferait disparaître les marais infects où sur tant de points du globe le riz prospère, au milieu d'une population qu'empoisonnent chaque année les miasmes des eaux stagnantes.

Comme médicament, le riz a des propriétés adoucissantes; sa décoction convient dans la diarrhée en boisson et en lavements; les cataplasmes de cette graine sont préférables à ceux de graine de lin pour être appliqués sur les parties fines de la peau, sur les organes délicats, dans les ophthalmies aiguës, par exemple; la farine de riz sert à préparer des potages maigres à l'eau ou au lait, de facile digestion dans les convalescences. Le riz, comme aliment, se mange en potages, en gâteau, préparé de mille manières selon les pays, et aussi mêlé à la plupart des viandes.

P. GAUBERT.

RIZOPHORA. *Voyez* PALÉTUVIER.

RIZZIO (DAVID), confident de la reine d'Écosse Marie Stuart, s'appelait en réalité *Ricci*, et était le fils d'un pauvre musicien de Turin. Il embrassa la profession de son père, et ayant eu occasion, à Nice, de donner des preuves de son talent devant la cour de Savoie, qui résidait alors dans cette ville, il entra au service du comte Moretto, qui l'emmena avec lui dans son ambassade en Écosse. Marie Stuart le trouva bon chanteur, et en 1564 lui donna un emploi dans sa chapelle. Plus tard elle en fit son secrétaire pour ses affaires de France. Par son zèle et sa fidélité, Rizzio obtint au plus haut degré la confiance et la faveur de la reine; et peu à peu il s'empara tellement de son esprit qu'on ne put parvenir auprès d'elle que grâce à lui. Il ne paraît pas du reste qu'il y ait eu de liaison d'amour entre lui et Marie Stuart, car il était déjà assez âgé et plutôt laid que beau. Mais par son arrogance et sa cupidité il s'attira la haine des courtisans. Darnley, l'époux de la reine, et à la fortune de qui Rizzio avait beaucoup contribué, vit en cet étranger la cause de la froideur que Marie Stuart avait fini par lui témoigner. Il résolut donc de se débarrasser de son prétendu rival, se ligua à cet effet avec les ennemis particuliers de Rizzio, le chancelier Morton, le secrétaire d'État Lethington, les lords Rutven et Lindsay et Georges Douglas. Dans la soirée du 9 mars 1566, comme la reine soupait au château d'Holyrood avec la comtesse d'Argyle, quelques courtisans et son favori, les conjurés envahirent l'appartement, armés d'épées et de poignards. La reine, qui était enceinte à ce moment, parut vivement effrayée; on la rassura en lui disant que ce n'était pas à elle qu'on en voulait, mais à l'infâme Rizzio. Tandis que Darnley relevait Marie Stuart, Douglas enfonçait son poignard dans le cœur du favori. Le malheureux fut ensuite traîné, mourant, dans l'antichambre, où cinquante-six coups de poignard l'achevèrent.

Rizzio excellait à exécuter les vieilles mélodies écossaises, et on lui attribue la haute perfection à laquelle sont parvenus ces chants nationaux.

RJÆSAN ou **RÆSAN**, gouvernement de la Russie d'Europe, d'une étendue de 534 myriamètres carrés, et comptant une population de plus de 1,366,000 âmes. Il comprend l'ancienne principauté du même nom, et est situé entre les gouvernements de Moscou, de Wladimir, de Tambof et de Toula. C'est l'une des provinces les plus fertiles et les plus tempérées de l'empire. En raison de la bonté toute particulière de son sol, elle est partout cultivée avec le plus grand soin et produit plus particulièrement des céréales, des fruits, parmi lesquels on vante à bon droit les pommes de Rjæsân. On estime aussi beaucoup les cailles de Rjæsân. Le principal cours d'eau est l'Oka, sur les rives de laquelle s'élèvent les importantes cités de *Rjæsân Spask* et *Kassimof*. Les habitants se livrent avec succès à l'éducation des bestiaux, des chevaux, des moutons et des abeilles; les haras de Rjæsân sont justement renommés, et leurs produits appréciés dans tout l'empire. En fait de productions minérales, on peut citer en première ligne le fer, le vitriol et le soufre. En fait d'industrie, il faut surtout mentionner la fabrication des draps, des cuirs et des articles de quincaillerie, ainsi que la verroterie. Le paysan y est généralement aussi plus industrieux que dans beaucoup d'autres parties de l'empire. Il s'occupe du filage de la laine et du lin, ainsi que de la fabrication de tous les meubles et outils propres aux exploitations agricoles. Le commerce, favorisé par l'Oka, qui déverse ses eaux dans le Volga, et par de belles routes, y est très-florissant et a pour centres principaux Rjæsân et Kassimof. Indépendamment des Russes, qui forment la partie la plus considérable de la population, beaucoup de Tatares y prennent aussi une part active.

RJÆSAN, chef-lieu de ce gouvernement, appelé autrefois *Pereslawl-Rjæsansky*, au confluent de la Lebeda dans le Trubesch, non loin de l'Oka, est une belle ville, régulièrement construite, avec des rues droites, larges, bien pavées et garnies de trottoirs, et de jolies maisons ayant presque toutes des jardins. On y trouve un séminaire, un gymnase, une école noble et huit autres écoles, quarante fabriques, vingt églises, environ 25,000 habitants, qui se livrent surtout à la fabrication des draps et des toiles, et font un actif commerce en objets de quincaillerie avec Moscou et les autres villes de l'empire.

ROANNE, ville de France, chef-lieu d'arrondissement dans le département de la Loire, à 92 kilomètres au nord de Montbrison, sur la rive gauche de la Loire, à la jonction du chemin de fer d'Andrézieux avec le canal de Roanne à Digoin, communiquant avec ceux de Digoin à Briare et de Digoin à Châlons-sur-Saône; c'est une station du chemin de fer de Roanne à Lyon. Sa population est de 18,397 habitants; elle possède un tribunal de première instance, un tribunal de commerce, un collége, une école gratuite de dessin, une bibliothèque publique de 10,000 volumes, des sociétés d'agriculture et de commerce, deux journaux, deux typographies, des fabriques importantes de cotonnades, d'indiennes, de calicots, de mousselines; des filatures de coton, des teintureries, des fabriques d'huile, de liqueurs, des brasseries, des tanneries, des corroieries, des confiseries, une fabrique de faïence, des fonderies de cuivre et des chaudronneries. Le commerce principal consiste en quincaillerie et en rouennerie en gros, en charbon de terre, en coton en bourre, filé, écheveaux pelotonnés, moulinés, et laine, en lin, huile, épiceries, quincailleries, ardoises. Roanne sert d'entrepôt aux marchandises de Paris, des départements méridionaux et du Levant, spécialement à destination de Paris. C'est une ville avantageusement située, bien percée, bien bâtie et propre. Quelques restes de monuments antiques attestent son importance du temps des Romains ; mais elle en était depuis singulièrement déchue, car ce n'était encore il y a un siècle qu'un village, qui s'accrut par les fabriques que vint y établir un Anglais.

ROB ou ROBUB, mot arabe conservé en latin et en français, et dont on se servait dans l'ancienne pharmacie pour désigner des extraits ou gelées de fruits ou d'autres substances appelées aussi *sapa* ou *defrutum*, mots barbares, qui ont peut-être le mérite de ne rien signifier du tout.

Accompagné d'une épithète très-caractéristique, le mot *rob* indique des pilules confectionnées pour la cure de certaines maladies contre lesquelles la faculté s'obstine à croire qu'il n'y a guère d'autres spécifiques que les préparations mercurielles. Ces *robs* ont eu beaucoup de vogue lorsque la composition en était un secret. A présent que les brevets d'invention sont périmés, et que toutes les pharmacopées en donnent la recette, il semble que la mode se soit fixée sur d'autres espèces de médicaments, qui cependant reviennent à peu près au même résultat.

ROBBIA (Les *Della*), célèbre famille d'artistes italiens.

Luca DELLA ROBBIA, dit l'*ancien*, né en 1400, à Florence, inventeur des terres cuites émaillées ou de la sculpture revêtue d'émail, prit une part importante à l'exécution des bas-reliefs qu'on admire sur les célèbres portes du Baptistère de Florence. On remarque dans ces œuvres une grande sobriété de coloration, une couche d'émail très-fine, tournant dans les blancs au ton de l'ivoire vieilli, et surtout une grâce particulière qui fait de lui en sculpture ce qu'était le Pérugin en peinture. Vasari lui attribue le médaillon des *Emblèmes des ouvriers en bâtiments* placé encore aujourd'hui sur une des façades d'Orsan-Michele. C'est à tort qu'on lui attribue l'invention de la peinture sur majolique; il ne fit que perfectionner les moyens déjà connus et employés pour décorer et protéger la faïence; et il eut le mérite d'appliquer à la sculpture polychrome la glaçure à l'étain pratiquée dès le treizième siècle par les Arabes d'Espagne. Luca della Robbia mourut en 1481.

Andrea DELLA ROBBIA, son neveu, fut aussi l'héritier de son talent. Ses œuvres sont celles qu'on rencontre le plus souvent dans les collections. De la maigreur dans les extrémités, plus de manière que de style, des entourages formés de têtes de chérubins et de lourdes guirlandes, tels sont les caractères des monuments sortis de ses ateliers.

Giovanni, *Luca* et *Girolamo* DELLA ROBBIA, fils d'*Andrea*, continuèrent l'art et les traditions de la famille, mais en en exagérant les défauts et en en atténuant les qualités. En 1525 Luca quitta Florence pour aller s'établir à Rome, et Girolamo vint chercher fortune en France. En 1528 il construisait le château de *Madrid*, dans le bois de Boulogne, près Paris, qui n'existe plus malheureusement depuis longtemps (il fut démoli en 1792), et que nous ne pouvons juger que par la description qu'en a donnée Androuet du Cerceau. Les sculptures émaillées dont Girolamo della Robbia avait orné cet édifice furent adjugées à un maître paveur, qui les pulvérisa et les couvertit en ciment. Après avoir commencé les travaux de *Madrid* et les avoir longtemps dirigés, Girolamo, disgracié par Philibert Delorme, que Henri II nomma en 1550 intendant de ses bâtiments, retourna en Italie, vers 1553. Il ne revint en France qu'en 1559, lorsque François II donna le Primatice pour successeur à Philippe Delorme, et fut alors réintégré dans la direction des travaux de *Madrid*, qu'il eut la gloire de terminer en 1557. Il mourut en France, vers 1567. Consultez Laborde, *Le Château du bois de Boulogne* (Paris, 1855) ; Barbet de Jouy, *Les Della Robbia* (Paris, 1855).

ROBE D'ARMES. *Voyez* CASAQUE.
ROBE PRÉTEXTE. *Voyez* PRÉTEXTE (Robe).

ROBERT, dit *le Pieux*, roi de France, succéda à Hugues Capet, son père, en 996. Il fut d'abord sacré à Orléans, où il était né, et ensuite à Reims, après l'emprisonnement et la mort de Charles de Lorraine, à qui appartenait la couronne, en sa qualité d'oncle et de plus proche parent de Louis V, décédé sans postérité. Robert avait épousé sa cousine Berthe, princesse de la maison de Bourgogne. Le pape Grégoire V déclara le mariage nul, et excommunia le roi Robert. Cette excommunication produisit l'effet que le pape s'en était promis. Le roi Robert se vit abandonné par toute sa cour. Deux seuls valets restèrent pour le servir ; et ils faisaient passer par le feu tout ce qui avait été servi au roi, les plats de sa table et les vases dans lesquels il avait bu. Le cardinal Pierre Damien raconte sérieusement qu'en punition de l'inceste prétendu, la reine Berthe était accouchée d'un monstre qui avait la tête et le cou d'un canard. Le roi, épouvanté, se sépara spontanément de sa femme. Il se remaria avec Constance de Provence. Ce mariage fut fatal au roi et à la France. Constance porta le désordre dans la famille royale et dans le gouvernement. Tous les genres de calamités pesèrent sur le roi et sur les peuples. Robert n'aimait le faste et la magnificence que dans les cérémonies religieuses. Il se plaisait à chanter au lutrin, et il a composé quelques hymnes que la tradition a respectés. Il fit bâtir un grand nombre d'églises, et fut restituer au clergé les dîmes et les biens donnés à la noblesse pour l'indemniser de ses pertes dans les guerres d'Orient et celles de l'intérieur. Robert avait fait couronner à Reims son second fils, Henri, qui lui succéda. Son règne eût été heureux et paisible, sans l'injustifiable excommunication fulminée par le pape. Robert mourut à Melun, en 1031.

DUFEY (de l'Yonne).

ROBERT ou RUPRECHT, dit *le Bon*, électeur palatin, né en 1352, fut élu empereur d'Allemagne, en 1400, après la déchéance prononcée contre Wenceslas; mais beaucoup d'États de l'Empire refusèrent de le reconnaître. Il dut se faire couronner à Cologne, faute d'avoir pu entrer dans Aix-la-Chapelle, qu'il mit au ban de l'Empire. En 1401 il franchit les Alpes, pour aller se faire couronner à Rome et soumettre son rival, le duc Galeas de Milan. Mais battu par celui-ci sur les bords du lac de Garda, il lui fallut repasser les monts et revenir en Allemagne, sans avoir atteint le but de son expédition. Quoique Wenceslas continuât toujours à être retenu prisonnier par son frère Sigismond, Robert ne réussit pas à faire reconnaître universellement son autorité. Les populations de l'Allemagne lui furent redevables de la destruction d'un grand nombre de châteaux forts de la Wettéravie, dont les nobles possesseurs avaient fait autant de repaires des brigands. En 1406 il tenta de réunir à l'Empire les fiefs impériaux du Limbourg et du Brabant, tombés en déshérence; mais il en fut empêché par la maison de Bourgogne. En 1409 il se fit représenter au concile fort inutilement convoqué pour faire cesser le schisme. Il s'était remarié en secondes noces avec Élisabeth, fille du burgrave de Nuremberg. Il mourut à Oppenheim, en 1410. Après sa mort, Jodonis de Moravie fut choisi pour empereur par les électeurs de Mayence et de Cologne, tandis que Sigismond, roi de Hongrie et frère de Wenceslas, était élu par l'électeur de Trèves et l'électeur palatin. La Saxe seule continua à tenir pour Wenceslas.

ROBERT I, II et III, comtes de Dreux. *Voyez* DREUX.

ROBERT (NICOLAS), peintre en miniature et graveur à la pointe, né à Langres, vers le commencement du dix-septième siècle, mort en 1684, excella surtout dans la peinture des fleurs, des plantes, des animaux, des insectes, et fit pour Gaston d'Orléans une magnifique collection de ce genre. Ce prince, non content de pensionner quelques botanistes célèbres et de faire fleurir dans ses jardins les fleurs les plus rares, voulut encore orner son cabinet de leurs peintures. Dans ce dessein, il y employa Robert, dont personne n'a jamais égalé le pinceau en cette partie. Cet habile artiste peignit chaque fleur sur une feuille de vélin, in-folio, et représenta les oiseaux et les animaux rares de la collection du prince, en sorte que Gaston se trouva insensiblement posséder un assez grand nombre de ces miniatures, pour en former divers portefeuilles, dont la vue lui servait de récréation. A sa mort (1660), ces portefeuilles furent acquis par Louis XIV, qui nomma Robert peintre de son cabinet; et à l'instar de Gaston, il lui donna cent francs de chaque miniature. C'est ainsi que Robert, pendant les vingt années qu'il vécut encore, composa un recueil de peintures d'oiseaux et de plantes aussi singulières par leur rareté que par la beauté et l'exactitude de leur dessin. Son œuvre fut continuée après lui par Joubert et Aubret.

C'est lui qui avait dessiné les fleurs de la célèbre *Guirlande de Julie* (*voyez* ANGENNES [Julie d']).

ROBERT (HUBERT), peintre d'architecture et de paysage, né à Paris, en 1733, annonça dès sa jeunesse un talent si remarquable pour le dessin que ses parents, qui le destinaient à l'état ecclésiastique, consentirent à le laisser aller à Rome, où pendant douze ans ses crayons retracèrent les plus beaux sites et les plus précieux monuments de l'Italie. De retour à Paris, en 1867, il fut reçu de l'Académie du Peinture à l'unanimité, et nommé garde des tableaux du roi et dessinateur des jardins royaux. La révolution le dépouilla de ses places et lui ravit sa liberté. Enfermé à Sainte-Pélagie, il y dessina ce portrait de Roucher que le poète envoya à sa femme en allant à l'échafaud. Robert, rendu à la liberté après dix mois de détention, fut nommé en 1800 conservateur du musée du Louvre, et mourut subitement dans son atelier, en 1808. On loue la variété des sites qu'il a peints, l'agencement des figures, l'observation des costumes. On cite parmi ses tableaux la *Vue du pont du Gard, Le tombeau de Marius. Le Temple de Vénus, la Maison-Carrée de Nîmes, L'incendie de l'Hôtel-Dieu de Paris, L'Escalier du Vatican, Les Catacombes de Rome, Le Château de Meudon*, etc. Le musée possède plusieurs de ses compositions : on lui doit aussi un plan de réunion des galeries du Louvre aux Tuileries.

ROBERT (LÉOPOLD), célèbre peintre de genre, contemporain, naquit le 13 mai 1794, à la Chaude-Font (canton de Neufchâtel). Destiné d'abord au commerce, il vint à Paris, en 1810, pour étudier la gravure en taille-douce. Quoiqu'à son arrivée à Paris il fût loin de posséder complétement les principes du dessin, il s'aperçut bientôt cependant que les leçons de Girardet, son maître, ne pourraient lui suffire. Aussi, tout en continuant de s'exercer à la pratique de la gravure, il fréquenta l'atelier de David. En 1814 il obtint le second grand prix de gravure. L'année suivante, il concourut, dans l'espérance d'obtenir le premier prix; mais après la chute de Napoléon, en 1815, le comté de Neufchâtel ayant été rendu à la Prusse, Léopold Robert n'appartenait plus à la France, et perdait le droit d'exposer son ouvrage. Ce fut pour lui sans doute une cruelle épreuve, car sa famille avait fait de nombreux sacrifices pour l'entretenir à Paris pendant cinq ans, et la pension accordée par le gouvernement français aux lauréats de l'Académie était alors toute l'ambition de Léopold Robert. Toutefois, il ne perdit pas courage; sans démêler encore bien nettement sa véritable vocation, il se remit à l'étude de la peinture avec une nouvelle ardeur. L'enseignement de David, impérieux, systématique, étroit sans doute en quelques parties, ne décourageait que la médiocrité ; et il est permis de croire que sans ses conseils l'élève de Girardet fût demeuré graveur. En 1816 David fut condamné à l'exil, et Robert alla retrouver sa famille. Il fit à Neufchâtel un assez grand nombre de portraits, remarquables surtout par la finesse de l'expression ; mais, malgré le succès de ses ouvrages, il eût sans doute attendu longtemps l'occasion de montrer tout ce qu'il pouvait faire, si quelques-uns de ces portraits n'eussent appelé l'attention d'un amateur distingué de Neufchâtel, M. Roullet-Mézerac. Frappé du talent de Robert, celui-ci conçut la généreuse pensée de l'envoyer en Italie, en faisant pour ses études toutes les avances nécessaires; et pour mettre à l'aise la conscience de son protégé, il lui offrit non pas de lui *donner*, mais de lui *prêter* l'argent nécessaire à ses études. Robert devait pendant trois ans étudier la peinture en Italie, sans chercher à tirer de son travail aucun profit immédiat ; au bout de trois ans, il devait ne plus compter que sur son talent; M. Roullet n'exigeait le remboursement de ses avances que dans un avenir indéterminé, et se fiait sans réserve à la loyauté de Robert. C'est en 1818 que fut conclu ce traité généreux, et dix ans plus tard, en 1828, non-seulement Robert s'était acquitté avec M. Roullet-Mézerac, mais il avait rendu à sa famille tout ce qu'elle avait dépensé pour ses études.

Outre M. Roullet-Mézerac, qui fut pour lui un protecteur si utile, Léopold Robert eut encore le bonheur de rencontrer dans M. M...e un ami qui lui demeura fidèle jusqu'au dernier jour. En 1825, après l'exposition de *L'Improvisateur napolitain*, qui parut au salon de 1824, il reçut de Paris une lettre signée d'un nom qu'il ne connaissait pas. Dans cette lettre, M. M...e, après l'avoir félicité sur son talent et ses succès, lui témoignait le désir de posséder quelques-uns de ses ouvrages. Dès lors s'engagea entre Léopold Robert et M. M...e une correspondance active, qui a duré jusqu'à la mort de Robert, c'est-à-dire pendant dix ans, et qui est d'autant plus remarquable, qu'ils ne se fussent jamais vus. M. M...e sut inspirer à Robert une vive et solide amitié; aussi Robert n'a-t-il pas hésité à lui confier, dans ses lettres, ses chagrins et ses espérances. *L'Improvisateur napolitain* et *La Madone de l'Arc* avaient ouvert à Léopold Robert les premiers salons de Rome et de Florence. Son nom, sans avoir encore l'éclat que devait lui donner la belle et harmonieuse composition des *Moissonneurs*, devenait de jour en jour plus célèbre. Parmi les nobles familles qui s'empressèrent de l'accueillir, une surtout sut inspirer à Robert une vive et durable sympathie. C'est là où de cette famille qu'il puisa le germe de la passion qui l'a conduit au suicide. Mme Z., pour qui Robert conçut un amour violent, était d'origine française, et cultivait elle-même la peinture; peu à peu une familiarité presque fraternelle s'établit entre le jeune peintre et les diverses personnes de cette famille, qui se composait alors de Mme Z., de son mari et d'une parente. Pour encourager la timidité de Robert et triompher de sa réserve, ils entreprirent avec lui une suite de compositions. Cette communauté de travaux, ce rapide échange de questions et de conseils, ne permirent pas à Robert de pénétrer d'abord la nature du sentiment qui l'animait. Il était heureux auprès de Mme Z., il se sentait compris à demi-mot, et cette rapide interprétation de sa pensée était pour lui une joie toute nouvelle, car jusque alors il n'avait connu d'autre amour que celui d'une *Fornarine* ignorante et naïve. Il ignorait complètement la partie intellectuelle de la passion. Tant que vécut le mari de Mme Z., Robert ne soupçonna pas le véritable caractère des liens qui l'unissaient à elle. D'après le témoignage de son frère, d'après sa correspondance, il n'eut pas besoin de se faire violence pour retenir l'aveu de sa passion, car il ne savait pas lui-même jusqu'à quel point il aimait Mme Z. Il la voyait souvent, il lui confiait ses projets, ses espérances, il vivait, il pensait sous ses yeux; mais il ne songeait pas à se révolter contre les devoirs qui enchaînaient Mme Z. à un autre. Dans ses rêves de bonheur, il ne la séparait jamais de son mari; la voir et l'entendre, être de moitié dans ses travaux, suffisait à son ambition. Il ne désirait rien au delà de cette amitié sainte; mais la mort du mari l'éclaira tout à coup sur l'amour qu'il avait conçu et qu'il ignorait encore. Après avoir prodigué à la veuve les consolations les plus assidues et les plus sincères, il s'aperçut, avec une joie qui l'effraya lui-même, qu'elle était libre, et qu'elle pouvait lui offrir, en échange de son dévouement, autre chose que l'amitié. Quand Robert comprit que Mme Z. ne partageait pas sa passion et qu'elle n'aurait jamais pour lui qu'une amitié sincère, mais paisible; quand il se fut démontré que les lois de la société au milieu de laquelle vivait Mme Z. ne permettraient pas à une femme riche et noble d'épouser un artiste, si célèbre qu'il fût, et que l'amour n'imposerait jamais silence à ces lois impérieuses, ne comblerait jamais l'intervalle qui séparait la patricienne du plébéien, il n'essaya pas de lutter contre son malheur, et se coupa la gorge à Venise, le 20 mars 1835.

Quoique la popularité de Léopold Robert ne remonte pas au delà du salon de 1831, époque où parut au Louvre le beau tableau des *Moissonneurs*, il est utile cependant d'étudier avec attention deux compositions envoyées aux salons de 1824 et 1827, je veux dire *L'Improvisateur napolitain* et *La Madone de l'Arc*. Nous sommes loin de partager l'admiration des amis de Robert pour ces deux compositions; mais nous reconnaissons qu'il y a dans ces deux ouvrages une vérité qui les recommande à la sympathie, sinon à l'approbation des juges éclairés. Dans *L'Improvisateur napolitain*, assurément le dessin des figures laisse beaucoup à désirer; mais l'improvisateur est bien posé, et tous les personnages groupés à ses pieds écoutent bien. Si ce n'est pas un bon tableau, c'est du moins une scène copiée naïvement. Quoique la couleur soit crue, quoique les têtes soient modelées avec une gaucherie évidente, quoique les mains et les pieds soient à peine dégrossis, on ne peut se défendre d'une vive sympathie pour l'improvisateur et son auditoire, car il règne sur tous les visages un bonheur sérieux. Dans *La Madone de l'Arc*, la disposition des personnages révèle chez Robert l'intention d'échapper à la reproduction littérale de ses souvenirs; mais il est malheureusement vrai que cette intention est demeurée inaccomplie. Les figures placées sur le char manquent de simplicité dans leurs mouvements, et celles qui entourent le char posent plutôt qu'elles n'agissent. Je n'ignore pas tout ce qu'il y a de théâtral dans la physionomie et les attitudes du peuple napolitain; mais je crois que Robert, animé du désir d'inventer, a voulu imposer silence à ses souvenirs, et que, livré sans guide aux caprices impuissants de son imagination, il n'a pas su créer des mouvements simples et vrais. Les personnages de ce tableau sont nombreux, et la composition manque d'intérêt. Le regard ne sait où s'arrêter. Quant à la couleur de ce tableau, elle a quelque chose de criard; on a peine à comprendre comment l'Italie, si justement célèbre par la pureté de son ciel et par la variété harmonieuse de ses costumes, a pu inspirer à Léopold Robert une composition partagée en tons si crus. Le dessin des figures n'est ni plus savant ni plus pur que celui de la toile précédente. Si Robert, au lieu de se moquer des études anatomiques, comme nous le voyons dans les fragments de sa Correspondance qu'a publiés M. Delécluze, eût consenti à examiner attentivement tous les éléments dont se compose le corps humain, sauf à ne traduire sur la toile que les éléments qui appartiennent à la peinture, *L'Improvisateur napolitain* et *La Madone de l'Arc*, au lieu de choquer le goût par leur incorrection, résisteraient à l'épreuve sévère de l'analyse.

Le succès obtenu par *Les Moissonneurs* est-il complétement légitime? Nous n'hésitons pas à nous prononcer pour l'affirmative. Les admirateurs passionnés de Léopold Robert ont pu ne pas apercevoir les défauts de cet ouvrage et déclarer excellents plusieurs morceaux qui donneraient lieu à de graves reproches; mais les juges les plus sévères, tout en faisant dans leur conscience de nombreuses réserves, ont compris qu'ils ne devaient pas protester contre l'enthousiasme populaire, puisqu'en cette occasion la foule couronnait un tableau vraiment digne d'admiration. Le sujet tel que l'a compris Léopold Robert rappelle les plus beaux ouvrages de la statuaire antique, et n'a rien cependant de l'immobilité commune à la plupart des tableaux inspirés par les marbres grecs ou romains. L'attention se porte et se concentre sans effort sur le char, qui occupe le centre de la toile. Le maître du champ, placé au sommet du char, la femme qui tient son enfant dans ses bras, le vigoureux paysan assis sur l'un des buffles, celui qui s'appuie sur le timon, composent un groupe plein d'élévation et d'intérêt. Les jeunes moissonneuses qui occupent la partie gauche de la toile ont la grâce et les gravité des canéphores du Parthénon. Le moissonneur qui danse armé de la faucille et le piffararo qui souffle dans sa cornemuse remplissent dignement la partie droite du tableau. Les personnages du fond, sans être nécessaires, garnissent la scène et ne distraient par l'attention. Il est donc évident, pour les esprits les plus difficiles à contenter, que le tableau des *Moissonneurs* mérite les plus grands éloges. Nous savons, par la correspondance de Robert, qu'il trouvait ses tableaux plutôt qu'il ne les inventait. Mais lors même que le tableau des *Moissonneurs* ne serait qu'une trouvaille, lors même que l'imagination ne jouerait aucun rôle dans cette œuvre, nous ne serions pas dispensés d'applaudir à la beauté, à la vérité des personnages, à la naïveté des mouvements, à la grâce élégante et grave des jeunes moissonneuses, à la mâle vigueur de l'homme assis sur l'un des buffles du char, et de celui qui s'appuie sur le timon. Le visage de la mère qui tient son enfant dans ses bras est empreint d'une tendresse rêveuse et contraste heureusement avec le visage du vieillard, à demi couché, qui ordonne de dresser la tente. Sur quelque point de cette toile que s'arrêtent nos regards, ils ne rencontrent ni un personnage inutile ni un mouvement contraire au caractère général de la scène; si donc Léopold Robert en peignant ses *Moissonneurs* n'a rien inventé, s'il a transcrit ses souvenirs dans les interpréter, sans les agrandir, sans y graver l'empreinte de sa personnalité, nous devons le féliciter du choix de son modèle et de la fidélité avec laquelle il a su le reproduire.

Les Pêcheurs de l'Adriatique, dernier ouvrage de Robert, n'ont pas obtenu et ne devaient pas obtenir le même succès que *Les Moissonneurs*. Cet ouvrage en effet manque de clarté. M. M...e a bien voulu laisser graver la première esquisse peinte des *Pêcheurs*, et cette esquisse est assurément beaucoup plus obscure que la composition définitive, qui appartient à M. Paturle. Mais, tout en reconnaissant que Robert a fait subir à sa pensée d'heureuses modifications, nous sommes forcé d'avouer que le tableau exposé à Paris en 1835 ne s'explique pas par lui-même comme *Les Moissonneurs*. Dans la première esquisse, il est vrai, le spectateur pouvait à peine deviner si les pêcheurs de l'Adriatique arrivaient ou partaient, et la composition définitive a résolu ce doute. Il est évident, dans le tableau que nous connaissons, que les pêcheurs vont quitter le port; mais cette indication est loin de suffire à contenter le spectateur. Les sentiments qui animent les différents personnages de cette toile demeurent indécis, ou du moins ne se révèlent pas assez franchement et surtout assez vite pour répandre sur la composition entière l'intérêt qui domine *Les Moissonneurs*. L'attention, au lieu de se concentrer sur le groupe qui entoure le patron, interroge successivement toutes les parties de la toile et ne sait où se fixer. Or, c'est là un grave défaut. Si Robert, égaré par le désespoir, n'eût pas cherché dans le suicide un refuge contre ses douleurs, il est permis de croire qu'il eût encore fait de nombreux progrès; car pour ses travaux il était doué d'un courage et d'une patience à toute épreuve, et pour s'en convaincre il suffit de comparer *L'Improvisateur napolitain* aux *Pêcheurs de l'Adriatique*. Éclairé par la destinée si diverse des *Moissonneurs* et des *Pêcheurs*, il eût compris la nécessité de ne pas diviser l'attention, et tout en ralliant à l'unité poétique et linéaire les éléments de ses tableaux, il eût cherché, il eût réussi sans doute à élever de plus en plus son style.

Que si l'on nous demande quel rang occupe Léopold Robert dans l'école française, nous répondrons que notre admiration pour lui ne va pas jusqu'à le placer, comme font ses amis, entre Lesueur et Nicolas Poussin. La postérité, nous en avons l'assurance, ne ratifiera pas cette flatterie de l'amitié. L'habile historien de *Saint Bruno*, le peintre des *Sabines* et du *Déluge*, sont séparés de Robert par un immense intervalle ; car ils possédaient une faculté qui lui a toujours manqué, et que le travail le plus persévérant ne peut conquérir : la *fécondité*. Il a fait dans l'espace de seize ans un beau tableau, dont la peinture n'est pas excellente ; c'est assez pour que son nom prenne un rang honorable dans l'histoire de l'école française. Mais ce tableau, si beau qu'il soit, est loin de valoir la biographie de saint Bruno et les *Sacrements* de Nicolas Poussin. Gustave PLANCHE.

ROBERT BRUCE, roi d'Écosse. *Voyez* BRUCE et ÉCOSSE.

ROBERT D'ALENÇON, quatrième du nom, dernier héritier mâle des comtes d'Alençon, mort en l'année 1309. Sa sœur, Élie du Hella, donna cette principauté à Philippe-Auguste. Cette donation était inutile, puisque cette province revenait de plein droit à la couronne, comme toutes celles qui en avaient été détachées par apanage, dans le cas d'extinction de la ligne masculine ; elle en fut ensuite détachée pour apanage à François II et au dernier duc d'Alençon, son frère.

ROBERT D'ANJOU, dit *le Sage* et *le Bon*, roi de Naples et de Sicile, était le troisième fils de Charles II, le Boiteux. Le roi de Hongrie, Charibert, son neveu, lui disputait le trône. Le pape Clément V, pris pour arbitre, décida en faveur de Robert. Ce prince mérita le double surnom de *Sage* et de *Bon* par sa bienveillance pour les savants et les artistes et par son dévouement pour le bien-être de ses sujets. Convaincu que la guerre était toujours un fléau, il détermina par ses conseils, en 1339, Philippe de Valois à éviter d'en venir aux mains avec les Anglais. Marié deux fois, il survécut deux enfants qu'il avait eus d'Yolande d'Aragon, et n'en eut point de la fille du roi de Hongrie, sa seconde épouse. Il institua pour héritière Jeanne, sa petite-fille, et mourut le 19 janvier 1343, âgé de soixante-quatre ans, en la trente-quatrième année de son règne.

ROBERT D'ARBRISSEL. *Voyez* ARBRISSEL.

ROBERT D'ARTOIS, premier du nom, fils de Louis VIII, roi de France, et frère de saint Louis, qui érigea en sa faveur l'Artois en comté-pairie, en 1237. Lors de sa querelle avec l'empereur Frédéric II, le pape Grégoire IX, qui, comme ses prédécesseurs, s'arrogeait le droit de disposer des trônes, offrit la couronne impériale à Robert d'Artois. L'offre du pape fut refusée; et les seigneurs français que Robert avait consultés répondirent au souverain pontife que le comte Robert se tenait assez honoré d'être frère d'un roi de France, qui surpassait en puissance et en dignité tous les autres potentats du monde. Dans la première croisade de Louis IX, Robert d'Artois, qui y accompagna son frère, contribua puissamment à l'éclatante victoire de Damiette (4 juin 1249) et à la prise de cette célèbre et opulente cité. N'alliant pas toujours à l'intrépidité du guerrier la prudence et le sang-froid qui doivent avant tout être le propre d'un chef d'armée, aussi bien dans les conseils que sur les champs de bataille, il s'opposa à toutes les ouvertures de paix faites par les Sarrasins ; et, contre les ordres exprès de son frère, se laissant entraîner par l'impétuosité de son courage, ce fut lui qui, par une charge imprudente, occasionna le désastre de la Massoure, où il périt (8 janvier 1240) et à la suite duquel le roi saint Louis tomba au pouvoir des infidèles.

ROBERT D'ARTOIS II, fils du précédent, hérita de sa valeur et de sa témérité. La noblesse de son caractère lui fit donner le surnom d'*Illustre*; il fut tué à la bataille de Courtray (11 juillet 1302), qu'il engagea, malgré l'opposition du connétable de Nesle, contre les Flamands. Armé chevalier dès l'âge de dix-sept ans, en 1267, il avait guerroyé avec succès en Palestine, en Navarre, en Sicile, en Guienne et en Flandre. Le pape Boniface VIII, arbitre d'une querelle entre l'Angleterre et la France, rendit son jugement le 28 juin 1298. Le comte d'Artois, révolté de la partialité du souverain pontife, arracha la bulle des mains de l'évêque de Durham, qui la lisait en plein conseil, et la jeta au feu; jurant que le roi de France ne souscrirait jamais à des conditions honteuses ni ne recevrait la loi de personne. Mahaud, sa sœur, hérita du comté d'Artois, qu'elle apporta en dot à Othon V, duc de Bourgogne.

ROBERT D'ARTOIS III, petit-fils de Robert II, disputa à sa tante Mahaud le comté d'Artois. Deux arrêts de 1302 et 1318 rejetèrent ses prétentions. Il renouvela sa réclamation en 1329, sous le règne de Philippe de Valois. Il s'appuyait sur de nouveaux titres, qui furent déclarés faux. Condamné au bannissement en 1331, et retiré auprès d'Édouard III, roi d'Angleterre, il n'eut pas de peine à déterminer ce prince à se déclarer roi de France. Telle fut l'origine des guerres désastreuses qui ont si longtemps affligé la France. Robert, blessé au siège de Vannes, en 1342, se fit transporter en Angleterre, où il mourut.

ROBERT DE COURTENAY, empereur latin de Constantinople. *Voyez* COURTENAY.

ROBERT DE GENÈVE. *Voyez* CLÉMENT VII, antipape.

ROBERT DE LUZARCHES, célèbre architecte de la fin du douzième siècle, ainsi appelé d'un bourg de l'Ile de France où il naquit, est regardé comme ayant fourni les plans d'après lesquels a été construite la cathédrale d'Amiens.

ROBERT DE NORMANDIE, surnommé *le Diable*, était le fils cadet du duc de Normandie Richard II et de Judith, fille du comte Godfroy de Bretagne. Il succéda en 1027 à son frère aîné, Richard III, qu'on l'accuse d'avoir empoisonné. Il employa les premières années de son règne à faire rentrer dans le devoir ses vassaux insoumis. Brave jusqu'à la témérité, il dédaignait de négocier avec les récalcitrants, s'emparait de leurs châteaux et les détruisait. Il enleva la ville d'Évreux à son oncle Robert, archevêque de Rouen, et l'évêque de Bayeux fut obligé à se rendre à lui à discrétion. Après avoir complètement soumis le territoire de son duché, son humeur guerrière le porta à entreprendre des expéditions à l'extérieur. Il ramena dans ses États le comte Baudoin de Flandre, qui en avait été chassé par ses propres fils. Il secourut aussi d'une manière énergique le roi Henri 1er de France contre sa mère Constance, et humilia notamment le comte Odon de Champagne. Le roi Henri, voulant le récompenser de ses bons services, lui donna l'investiture du Vexin ; acte de générosité qui plus tard amena de sanglantes luttes entre les ducs de Normandie et la France. De retour dans ses États, le duc Robert marcha contre le duc Alain de Bretagne, qu'il vainquit et qu'il déclara son vassal. En l'an 1034 il arma pour venir en aide à ses deux neveux, Alfred et Édouard, que le roi Canut de Danemark avait exclus de la succession au trône d'Angleterre. Mais il fut battu avec sa flotte à la hauteur de l'île de Jersey, où il conclut avec Canut un traité aux termes duquel les deux princes obtinrent des droits sur la moitié d'Angleterre. Arrivé à l'apogée de sa fortune, il éprouva des remords au sujet des fautes de sa jeunesse et des cruautés dont il s'était rendu coupable à l'égard des vaincus ; et suivant l'esprit du temps il résolut de les expier par un pèlerinage aux lieux saints. Après avoir veillé à ce que ses États fussent bien gouvernés pendant son absence, il partit pour Rome avec une suite nombreuse. Il fit son entrée dans la ville éternelle sur une mule dont tout le harnachement était d'or et arrangé de façon que les pièces s'en détachassent l'une après l'autre pour rester la propriété de ceux qui les ramasseraient. L'année suivante, il s'embarqua pour Constantinople, d'où il gagna Jérusalem à pied. A son retour, il mourut de mort subite à Nicée, le 2 juillet 1035, on soupçonna qu'il avait été empoisonné par ses serviteurs. Son fils unique, enfant naturel qu'il avait eu d'Herlotte, on Herleva, fille d'un pelletier de Falaise, Guillaume, surnommé le *Conquérant*, lui succéda comme duc de Normandie sous la tutelle du roi Henri. Le courage bouillant et irrésistible de Robert est vraisemblablement l'origine du surnom que lui donne l'histoire. Ses exploits et ses œuvres expiatoires ont servi de sujet à une foule de récits romanesques. Dès 1496 il parut à Paris un roman intitulé : *La vie du terrible Robert le Diable, lequel fut après l'homme de Dieu*, qui eut de nombreuses éditions et imitations, mais qui s'éloigne beaucoup de l'histoire. C'est là que l'auteur du vaudeville de *Robert le Diable*, joué à Paris en 1813, a trouvé son sujet ; c'est là aussi que M. Scribe a trouvé celui du célèbre opéra qu'il fit représenter en 1831 et dont Meyer Beer composa la musique.

ROBERT II DE NORMANDIE, dit *Courte-Cuisse*, duc de Normandie (1087-1134), fils aîné de Guillaume le Conquérant, se révolta contre son père, pour le forcer à lui abandonner son duché. Après avoir disputé la couronne d'Angleterre à Guillaume le Roux, son frère, il prit part à la première croisade, où il se signala par de nombreux exploits, et à son retour il eut à défendre son duché contre son autre frère, Henri, qui avait succédé à Guillaume le Roux. Battu à la bataille de Tinchebray, en 1106, il fut fait prisonnier, et mourut en 1134, au château de Cardiff, après une captivité de vingt-huit années.

ROBERT DE VAUGONDY (GILLES), géographe ordinaire de Louis XV, naquit à Paris, où il mourut, en 1766, âgé de soixante-dix-huit ans. Les services qu'il a rendus à la géographie par ses nombreux ouvrages lui ont assuré un rang honorable dans la science. Nous signalerons notamment son *Petit Atlas*, contenant 293 cartes (1848, 2 vol. in-8°) ; son *Atlas portatif* (in-4°), de 54 cartes ; son *Grand Atlas universel* (1758, in-fol.), renfermant 108 cartes, parmi lesquelles on remarque surtout celle de Bretagne.

ROBERT-FLEURY (JOSEPH-NICOLAS), malgré la nature des sujets qu'il a reproduits d'ordinaire, ne saurait être considéré comme un peintre d'histoire. La dimension de ses tableaux, et plus encore le style vulgaire qui les dépare, nous oblige à le ranger parmi les peintres de genre : nous reconnaissons d'ailleurs les qualités sérieuses de son talent. Les débuts de M. Robert-Fleury datent déjà de 1824, et depuis cette époque il fut l'un des plus assidus aux expositions publiques. Les ouvrages de cet artiste qui ont laissé le plus de traces dans le souvenir des connaisseurs paraissent être : *Le Tasse au monastère de Saint-Onufre* (1827) ; une *Scène de la Saint-Barthélemy* (1833, musée du Luxembourg) ; *Henri IV rapporté au Louvre* (1836) ; *l'Entrée de Clovis à Tours* (1838, musée de Versailles) ; le *Colloque de Poissy* (1840, Luxembourg) ; une *Scène d'inquisition* (1841) ; un *Auto-da-fé* (1845) ; *Christophe Colomb, Galilée* (1847), *Jane Shore, Le Sénat de Venise* (1850) ; *Derniers moments de Montaigne* (1853), etc. Il y a, nous le répétons, un mérite réel d'expression et d'arrangement dans ces compositions diverses, mais le dessin, la forme y sont d'une regrettable banalité. La couleur aussi, uniformément bistrée et chaude, est d'une monotonie fâcheuse. M. Robert-Fleury, chevalier de la Légion d'Honneur le 1er mai 1836, officier du même ordre le 23 octobre 1845, a été élu le 19 janvier 1850 membre de l'Académie des Beaux-arts. Il a succédé à Granet.

ROBERT GUISCARD. *Voyez* GUISCARD (Robert).

ROBERT LE FORT, duc de France et abbé de Saint-Martin de Tours. *Voyez* CAPÉTIENS.

ROBERT MACAIRE. *Voyez* MACAIRE (Robert).

ROBERTSON (WILLIAM), historien anglais, naquit en 1721, à Borthwick en Écosse, paroisse dont son père était le ministre, et étudia la théologie à Édimbourg. Reçu lui-même ministre à l'âge de vingt-deux ans, il se fit un grand renom d'éloquence, dans la paroisse de Gladsmuire, qui lui fut confiée.

Cette nomination lui permit d'élever ses sœurs et son frère, que la mort prématurée de son père et de sa mère venait de laisser à sa charge. Il n'avait que 100 liv. st. de revenu ; cette faible somme lui suffit pourtant, et ce ne fut qu'après avoir rempli les devoirs d'une piété fraternelle et établi tous les petits êtres que la Providence lui avait confiés, qu'il osa songer à son propre bonheur. Il épousa sa cousine, Marie Nisbet, fille d'un ministre d'Édimbourg. En 1755 il prit rang parmi les plus savants prédicateurs de l'Angleterre, par le célèbre discours qu'il prononça à la société de la propagation de l'instruction chrétienne. Cependant à cette époque Robertson hésitait; il ne savait point à quel travail littéraire il pouvait se livrer avec le plus de succès. Une circonstance fortuite le jeta dans la polémique. Un peintre d'Édimbourg, Allan Ramsay, s'imagina de former une société dans laquelle on devait traiter différents sujets ; Robertson fut appelé à faire partie de cette association savante, qui fonda la *Revue d'Édimbourg*. Les principaux rédacteurs étaient D. Hume, Smith, Blair, et Robertson ; malheureusement, ils commencèrent leur tâche d'un ton si sec et si dogmatique, qu'ils s'attirèrent une foule d'ennemis, et, au bout de quelques années leur *Revue* cessa de paraître. Robertson entreprit alors d'écrire l'*Histoire d'Écosse*. Le sujet était difficile : il fallait rester vrai, patriote, et ne pas déplaire aux Anglais. Deux points de l'histoire d'Écosse présentaient surtout d'immenses difficultés à l'auteur : l'un était la réformation, l'autre Marie Stuart. Robertson, presbytérien zélé, se servit trop dans ses recherches de l'autorité de Jean Knox et de G. Buchanan ; aussi sent-on continuellement sa ferveur religieuse et l'opinion de ses guides. Toutefois, comme il est historien honnête, et, ainsi qu'il le disait lui-même, comme il se croit toujours en présence d'une cour de justice, il se garde bien de faire le panégyrique d'Élisabeth, dont il décèle avec un rare bonheur et une rare dignité toutes les petites faiblesses. S'il n'intéresse pas son lecteur pour Marie Stuart, s'il ne la passionne pas pour l'Écosse, il déroule gravement sa vie de femme, et proclame avec orgueil tout ce qu'il y a de fort et de brillant dans le génie des enfants de la Tweed. Aussi l'*Histoire d'Écosse*, qui parut en 1759, obtint-elle dans les trois royaumes un succès d'enthousiasme : et Hume, Gibbon, Lyttelton, H. Walpole, le sévère Warburton, en parlèrent comme d'un chef-d'œuvre de savoir et de style. Un succès pareil devait naturellement faire la fortune de Robertson ; en effet, en 1760, chapelain de lady Yester, bientôt après chapelain du château de Stirling, en 1761 chapelain ordinaire du roi en Écosse, en 1762 principal de l'université d'Édimbourg, il vit toutes ces sources d'honneur et de fortune couronnées, en 1764, par le titre d'historiographe du roi Georges III pour l'Écosse.

Lord Bute, premier ministre du cabinet de Saint-James, engagea Robertson à écrire l'histoire d'Angleterre ; il mettait à sa disposition toutes les archives du royaume : la crainte d'une rivalité avec Hume, et la retraite du ministre empêchèrent Robertson d'entreprendre ce grand ouvrage. Hume voulut alors le dissuader d'écrire l'*Histoire de Charles Quint*; mais depuis longtemps Robertson avait été frappé par ce sujet, et il crut pouvoir persister dans le projet qu'il avait formé de le traiter. L'*Histoire de Charles Quint* parut en 1769. Sous la main puissante de Robertson, toute cette grande époque devient nette et précise, les faits se tiennent et se coordonnent naturellement; partout la pensée est profonde, le style vigoureux; l'introduction surtout est d'une science et d'une rapidité remarquables. Comme toujours, Robertson est dessinateur ferme et puissant, mais la couleur manque. Nulle part de l'émotion, nulle part de ces teintes fortes qui font ressortir une tête; jusqu'à Luther lui-même, dont les traits ne sont pas chaudement accusés. Quoi qu'il en soit, l'œuvre dans son ensemble forme un des plus beaux livres qui existent en histoire.

Huit ans après parut l'*Histoire d'Amérique*, ouvrage plein d'érudition et de patience, qu'attaqua vainement le jésuite mexicain Clavigera. Les *Recherches historiques sur la connaissance que les anciens avaient des Indes* occupèrent les derniers instants de l'illustre savant. William Robertson mourut à sa campagne de Grange-House, près d'Édimbourg, le 11 juin 1793, à l'âge de soixante-dix ans.

A. GENEVAY.

ROBERVAL (GILLES PERSONNE DE) naquit en 1602, dans un petit village près de Beauvais, à Roberval, dont il prit le nom. Il vint en 1627 à Paris, où il fit la connaissance des principaux géomètres de l'époque, tels que Pascal, Descartes, Fermat, le père Mersenne, et il ne tarda pas à tenir parmi eux un rang distingué. Ainsi, il fut pendant près de quarante ans titulaire de la chaire de mathématiques du collége Gervais, qui, suivant les statuts de son fondateur, Ramus, était remise au concours tous les trois ans.

En examinant avec soin les travaux de Roberval, il paraît hors de doute que le géomètre français possédait la théorie des indivisibles avant la publication du livre de Cavalieri. Seulement, il la tenait secrète, pour conserver parmi les géomètres la supériorité qu'elle lui donnait pour la résolution des problèmes qu'elle le mettait en état de résoudre. « Mais, dit Montucla, il éprouva ce qui arrive souvent à ceux qui cachent un secret que mille autres cherchent avec empressement. Pendant qu'il se réjouissait *juveniliter*, c'est son expression, Cavalieri publia ses indivisibles, et le frustra de l'honneur que lui aurait fait sa méthode s'il l'eût publiée; juste punition de ceux qui, par des motifs aussi peu dignes d'un philosophe, font un mystère de leurs inventions. »

Roberval eut de vifs démêlés avec Torricelli et Descartes. Mais le premier eut tort envers lui. Roberval montra vis-à-vis du dernier beaucoup plus de passion que de science, en se livrant à d'injustes critiques contre la *Géométrie* du créateur de l'analyse moderne. Nommé membre de l'Académie des Sciences lors de sa fondation, en 1665, il mourut en novembre 1675.

Les principaux ouvrages de Roberval, publiés presque tous après sa mort, par l'abbé Galois, et reproduits depuis dans les *Mémoires de l'Académie*, sont un *Traité des Mouvements composés*, un autre intitulé *De Recognitione et constructione Æquationum*, le *Traité des Indivisibles*, et le *Traité de la Trochoïde*. Le style de tous laisse beaucoup à désirer sous le point de vue de la netteté et de la précision.

Le nom de Roberval est resté attaché à certaines courbes que Torricelli a nommées *robervalliennes*. On appelle encore *balance de Roberval* une machine singulière, dont il eut l'idée, et qui présente une espèce de levier où deux poids égaux se font toujours équilibre, quoiqu'on les suspende à des bras de levier quelconque inégaux : de là résulte une espèce de paradoxe, dont M. Poinsot a donné une explication complète dans ses *Éléments de Statique*.

E. MERLIEUX.

ROBESPIERRE (FRANÇOIS-MAXIMILIEN-JOSEPH-ISIDORE) naquit à Arras, en 1759. Son père, avocat au conseil supérieur d'Artois, après avoir dissipé une partie de la fortune qu'il avait acquise au barreau, passa aux colonies, laissant dans une médiocre aisance sa femme et ses trois enfants. On n'a jamais su depuis ce qu'il était devenu. Madame Robespierre mourut peu après. Maximilien, l'aîné de ces trois orphelins, alors âgé de neuf ans, fut recueilli, ainsi que son frère, par M. de Conzié, évêque d'Arras, qui lui fit obtenir une bourse au collége Louis-le-Grand à Paris. Robespierre fit de bonnes études, et plus d'une fois son nom fut proclamé aux distributions de prix du concours général. Il est à remarquer que dès le collége il professait des opinions quasi-républicaines. Au surplus, cet enthousiasme pour les républiques anciennes n'était point particulier à Robespierre, tous les écoliers à peu près en étaient là ; et à force d'entendre vanter par nos professeurs Sparte, Rome et Athènes, nous sortions des colléges plutôt Grecs et Romains que Français. Il en est encore un peu ainsi. Ce fut au collége Louis-le-Grand qu'il contracta avec Camille Desmoulins cette amitié qui s'est maintenue constamment jusqu'au jour où il l'abandonna enfin à sa fatale destinée.

Lorsqu'il eut terminé ses études, il fit son droit, et après s'être fait recevoir avocat, il revint en exercer la profession dans sa ville natale. En 1784 on le voit remporter le prix décerné par l'Académie d'Arras au mémoire établissant le mieux l'injustice du préjugé qui fait rejaillir sur une famille entière la honte du supplice infligé à l'un de ses membres. Vers le même temps, il gagna un procès contre les échevins de Saint-Omer, qui voulaient s'opposer à ce qu'on plaçât dans leur ville des paratonnerres. Mais l'époque de la convocation des états généraux était arrivée; et Robespierre, grâce à la position honorable qu'il s'était faite dans la littérature et au barreau, parvint aux honneurs de la députation. Il avait alors trente ans. Dès l'abord il se fit peu remarquer à l'assemblée; et ce ne fut guère qu'après la prise de la Bastille qu'il se mit tout à fait en évidence. Mais son éloquence produisait encore peu d'effet sur ses collègues. Que lui importait? C'était le peuple qu'il voulait émouvoir, le peuple dont il se déclara dès lors le protecteur, et dont il ne tarda pas à devenir l'idole.

Néanmoins, nous ne le voyons prendre aucune part aux 5 et 6 octobre; mais quand dans cette dernière journée la famille royale eut été frappée à mort, il parut un des siens. Après le meurtre du boulanger François, Bailly, maire de Paris, vient demander à l'Assemblée une loi contre les attroupements. Robespierre combat cette proposition, et malgré lui la loi martiale est décrétée. Une chose plus digne encore de remarque peut-être, c'est qu'il proposa dans le même temps d'augmenter le traitement des ecclésiastiques avancés en âge, et que, dans un discours empreint des plus nobles sentiments d'humanité, il s'opposa de toutes ses forces à l'adoption d'un projet de loi présenté par Alquier contre les prêtres, et empêcha en effet l'Assemblée de l'adopter. Lorsqu'on créa le jury, il demanda que la peine de mort ne pût être prononcée qu'à l'unanimité, et cet homme qui plus tard, maîtrisé par les circonstances et le danger de la patrie, devait en faire un si fréquent et si terrible usage, proposa même de l'abolir entièrement, disant que cette loi de sang *altérait le caractère national et entretenait des préjugés féroces*. On ne l'écouta pas, et la peine de mort resta inscrite dans nos codes.

Toutefois, jusqu'à l'époque où nous sommes arrivés, Robespierre était demeuré sans beaucoup de crédit à l'Assemblée. Il ne brillait guère davantage à la société des Jacobins. Mais il avait pour lui le peuple, près duquel ses discours avaient un immense retentissement. Il en devenait peu à peu l'idole : les journaux de l'opinion la plus avancée proclamaient dans toutes les colonnes son ardent patriotisme, son noble désintéressement, et lui décernaient déjà le nom d'*incorruptible*. Ce fut dans le même temps qu'ils donnèrent à Pétion, son ami alors, et qui marchait sur la même ligne, celui de *vertueux*. Chaque soir on entendait les colporteurs annoncer dans les rues les discours de Robespierre en faveur du peuple. Ainsi sa popularité allait chaque jour en augmentant, et plus d'une fois, au sortir de l'Assemblée, il fut reconduit jusqu'à sa demeure aux acclamations de la foule. Lorsque Louis XVI eut été ramené de Varennes par Pétion, le 25 juin 1791, Robespierre parut à la tribune, réclamant des couronnes civiques pour Drouet et pour tous ceux qui avaient arrêté le monarque fugitif. Le lendemain il demanda que le roi et la reine fussent jugés selon les formes ordinaires de la justice, c'est-à-dire la reine comme simple citoyenne, et le roi comme fonctionnaire public responsable.

Après les troubles qui éclatèrent le 16 juillet au Champ-de-Mars, troubles comprimés par La Fayette et Bailly, il publia une pièce assez peu connue, qui a pour titre : *Adresse de Maximilien Robespierre, député à l'Assemblée nationale*, justification complète de la conduite qu'il a tenue jusque alors. Il terminait cet écrit en déclarant que si dans la nouvelle Assemblée qu'il serait utile de créer, *il sa trouve seulement dix hommes d'un grand caractère, qui sentent tout ce que leur destinée a d'heureux et de sublime, fermement déterminés à sauver la liberté ou à périr avec elle, la liberté sera sauvée*. Cette dernière phrase a ceci de remarquable, qu'elle est une sorte de prophétie de la création du comité de salut public de la Convention nationale, lequel fut en effet régi par *dix hommes d'un grand caractère, déterminés à tout pour sauver la liberté*, et qui reconnurent si longtemps pour chef Maximilien Robespierre lui-même.

La dernière fois qu'il prit la parole à l'Assemblée constituante, ce fut le 21 août. On venait de lire une lettre de M. de Blanchelande, gouverneur de Saint-Domingue, annonçant à l'Assemblée que le décret sur les hommes de couleur avait répandu la consternation et le désespoir parmi les colons de Saint-Domingue; que les nègres avaient rompu leurs fers, et que tout était perdu si on ne les forçait à les reprendre. Robespierre alors ne se posséda plus, il prend parti pour les nègres poussés par la misère à la révolte, non-seulement excusa leurs excès, mais y applaudit, et, après avoir formulé un acte d'accusation contre leurs incorrigibles oppresseurs, il prononça ces fameuses paroles : « Périssent les colonies plutôt qu'un principe ! »

La dernière séance de la Constituante eut lieu le 30 septembre. Au moment où Robespierre en sortait, la foule, qui l'attendait à la porte, lui posa sur la tête une couronne de chêne, et le porta en triomphe jusque dans une voiture qui stationnait à la cour des Feuillants. Il y fut placé avec Pétion; et le peuple, attelé au char des deux triomphateurs, parcourut une partie de la rue Saint-Honoré aux cris redoublés de : *Vive Robespierre ! Vive Pétion ! Vivent les amis du peuple !*

Peu après la clôture de la session, on songea à faire quelque chose pour lui; et on le nomma accusateur public près le tribunal criminel du département de la Seine. Il refusa; et l'on devait s'y attendre. Ici l'histoire le perd pendant quelque temps de vue. Tandis que l'Assemblée législative détruit pièce à pièce l'édifice de la vieille monarchie, Robespierre, se réduisant au rôle d'observateur, se tient soigneusement à l'écart, et semble éviter de faire parler de lui. A aucune époque, il ne mit dans sa conduite autant de circonspection : il publia même alors un journal, intitulé : *Le Défenseur de la Constitution*, rédigé en termes assez modérés. On ne voit pas qu'il ait été question de lui au 20 juin, dont il abandonne la responsabilité tout entière à Pétion et aux autres membres de la commune. Il ne paraît pas, et Danton lui en a fait publiquement le reproche, aux conciliabules de Charenton, où se préparaient les éléments de la conjuration du 10 août. Mais les Tuileries emportées d'assaut et le trône renversé dans des flots de sang, Robespierre se rend en toute hâte à l'hôtel de ville, où il est proclamé membre de la *commune régénérée*. La république n'est pas encore décrétée que déjà les yeux se tournent vers lui et qu'on songe à le placer à sa tête. La place de président du tribunal criminel extraordinaire du 10 août lui ayant été offerte au moment de sa création, il la refusa, comme il avait refusé en 1791 celle d'accusateur public. Quoique membre de la commune du 10 août, Robespierre demeura entièrement étranger aux massacres de septembre. Il y a plus, il les désapprouva hautement au sein de la Convention; ce qui lui valut, quelques jours après, de violents reproches de la part de Danton, qui les regardait comme le seul moyen qu'il y eût alors à employer pour sauver la patrie.

Quand vinrent les élections pour la Convention nationale, Robespierre fut nommé député de Paris. Le 21 septembre, jour où la Convention tint sa première séance, il y prit place entre Marat et Danton, et garda le silence pendant toute la discussion qui eut lieu relativement à l'abolition de la royauté et à l'établissement de la république. Le premier assaut sérieux qu'il eut à soutenir, ce fut dans la séance du 19 octobre, où Louvet l'accusa très-positivement d'aspirer à la dictature. Son discours, fort de preuves et d'argumentation, produisit sur l'assemblée une impression profonde. Robespierre, pris au dépourvu, demanda à l'assemblée de lui accorder quelques jours pour préparer une réponse. On y consentit. Au jour dit, il ne fit pas faute. Il s'empara tout d'abord de l'attention de l'Assemblée, même de ceux qui étaient le plus prévenus contre lui. Il repoussa avec beaucoup d'adresse et de modération l'attaque dont il venait d'être l'objet, parla de lui avec modestie, noblesse et dignité ; et avant qu'il eût terminé son discours sa cause était gagnée des trois quarts de ses auditeurs. Il y eut néanmoins un moment d'hésitation, pendant lequel la victoire parut indécise. Des cris tumultueux s'élevèrent, demandant la mort de Robespierre et de ses complices ; d'autres, plus tumultueux, proclamaient Robespierre le sauveur du pays. En ce moment critique, le cauteleux Barrère, qui jusque là avait marché ou paru marcher dans les rangs des girondins, demanda l'ordre du jour, qui fut adopté. Cette levée de boucliers de la Gironde ne servit donc qu'à augmenter la popularité et la gloire de Robespierre, qui à compter de ce jour de victoire fut rapidement porté vers le pouvoir suprême, et devint en réalité dictateur, après s'être défendu d'avoir aspiré à la dictature.

A compter de ce jour aussi, en lui se révèle un autre homme, sous le double rapport de la logique et du talent. En effet, le discours qui venait de lui valoir absolution et triomphe ne ressemblait en rien à ceux qu'il avait prononcés depuis qu'il siégeait dans les Assemblées politiques ; et un grand nombre de pages éloquentes, telles qu'il n'en avait jamais écrit, prouvèrent qu'il s'était grandement formé aux combats de la tribune, et que son talent avait grandi avec les circonstances. Oui, il faut le dire, parce que cela est vrai, l'obscur tribun de la Constituante devint alors un homme d'État, d'une haute portée politique, et digne en tous points du rôle qu'on lui avait confié, pour en rendre compte plus tard.

Robespierre, bien que continuant à venir assidûment aux séances de la Convention, y garda quelque temps le silence. Il le rompit quand l'Assemblée en fut venue à délibérer sur la question de savoir si Louis XVI serait jugé par elle. Il prit la parole après Couthon, Ichon et Saint-Just, et débita un discours fort étendu, dans lequel il se prononça pour l'affirmative, et prétendit que la Convention ne devait pas s'astreindre aux règles ordinaires. Malgré l'ascendant déjà immense de Robespierre et les clameurs des tribunes, la Convention fut ramenée à des formes plus rapprochées de la jurisprudence criminelle ; et la discussion dura jusqu'aux premiers jours de décembre. Il n'est pas nécessaire de dire qu'il prit plusieurs fois la parole dans cette discussion, et qu'il proposa toujours les moyens les plus prompts d'en finir. Dans la question de l'appel au peuple, Guadet avait prononcé un discours qui renfermait tous les moyens imaginés par un grand nombre de députés pour sauver le roi, sans trop compromettre leur popularité. Ce discours, fort adroit avait produit une impression capable d'entraîner un assentiment général. Robespierre vit le danger, et, dans une improvisation de plus d'une demi-heure, il détruisit l'un après l'autre les arguments de Guadet, et ramena insensiblement la majorité de l'Assemblée à son opinion. Mais ce fut sur la question de la peine à infliger à Louis que Robespierre exerça une immense influence; et la harangue qu'il prononça à cette occasion rallia à la peine de mort une foule de députés. Cependant, les députés qui ne voulaient pas que le monarque pérît ne se tinrent pas pour battus, et imaginèrent la *question du sursis*. Robespierre, voyant que, malgré les vociférations des tribunes publiques, cette proposition de *sursis* prenait faveur dans l'Assemblée, monta de nouveau à la tribune, encombrée de députés, parlant les uns pour, les autres contre, mais ne pouvant les uns ni les autres parvenir à se faire entendre; et, après avoir obtenu du silence, il combattit le sursis, et le fit rejeter. Alors fut résolue la mort immédiate de Louis XVI; et Robespierre, celui de tous les députés qui y avait le plus contribué, vit son influence augmenter d'autant au sein de la Convention. De cette époque date la scission complète entre Pétion et Robespierre. Peu de temps après, c'est-à-dire vers les derniers jours de février, une pareille scission eut lieu entre lui et Danton, qui restait à Paris le véritable chef des orléanistes.

Un pillage général des épiciers ayant ou lieu dans les premiers jours de mars, Robespierre s'en plaignit hautement : « Quand le peuple s'insurge, dit-il, ce ne doit pas être pour piller du sucre. » Il ne se mêla point à l'insurrection qui précéda de deux jours et amena le 10 mars la création du *tribunal révolutionnaire*. Au 31 mai il laisse à Danton, Hérault de Séchelle et Lacroix l'honneur et les fatigues de la journée. Son règne commençait; de fait il était déjà par son ascendant le dominateur de la Convention, et par la Convention le dominateur de la France.

Devenu maître absolu de la république, il faucha sans pitié sur sa route tout ce qui portait obstacle à la consolidation de cette terrible unité; il envoya pêle-mêle à l'échafaud les *girondins*, les *hébertistes*, les *dantonistes*; et quand cette grande hécatombe fut consommée au bruit des applaudissements de toutes les sociétés populaires de France, une idée lui surgit, idée étrange, idée hors de toutes les prévisions de l'époque : il rêva qu'au bout du compte il était possible que l'univers ne fût pas précisément l'effet du hasard, et qu'une cause première eût débrouillé le chaos et arrangé le monde tel que nous le voyons. De là à l'idée de Dieu il n'y avait qu'un pas, Robespierre le franchit; le 7 prairial de l'an II de la république il monta à la tribune, et après avoir foudroyé, dans un discours vraiment éloquent, la faction athée dont Hébert était le chef, il demanda qu'on voulût bien abjurer le sensualisme et le matérialisme pour en revenir à l'idée d'un Être suprême. Robespierre, mal jugé sous le rapport du talent, a laissé de très-belles pages, les pages les plus empreintes de spiritualisme et de sensibilité qui soient sorties des presses de la Convention. A part quelques inspirations touchantes de Brissot, et qui respirent une tendre et touchante mélancolie, ce n'est pas à la Gironde qu'il faut demander ce genre d'impressions qui descendent de haut. Essentiellement classique, elle ne représente l'esprit de la nature vue sous les formes matérielles; son langage est l'expression élégante et forte de la philosophie et de la littérature du dix-huitième siècle, animées de toutes les ressources d'un beau génie qui réunit quelquefois la véhémence entraînante de Rousseau à la piquante ironie de Montesquieu ; mais il n'y a point de Dieu dans sa froide mythologie, et Robespierre accusait Guadet de n'avoir jamais entendu sans sourire le nom de Providence. Robespierre, au fond, n'était nullement organisé en homme religieux, et son éducation, sèchement philosophique, n'avait certainement fait de lui qu'un athée ; mais les circonstances, en le portant sur un terrain tout à fait nouveau, le forcèrent à pénétrer dans les mystères de l'organisation des peuples. Sa popularité, acquise par deux grandes qualités de l'homme d'État, l'austérité des mœurs et le désintéressement le plus éprouvé, lui donnait le pouvoir presque sans son aveu; et pour assumer sur sa tête toute cette puissance qui régénère les [nations, il n'avait plus besoin que de la faire écrire dans la loi. Ce fut alors qu'il rêva sans doute aux éléments essentiels des institutions politiques, et qu'en suivant les conséquences d'une ambition qu'il pouvait croire salutaire avec quelque motif, il arriva jusqu'à un Dieu. Une fois cette pensée acquise, il dut sentir intimement que la civilisation recommençait; et la France répondit à cette révélation de son cœur par un cri de joie unanime.

Les orgies scandaleuses des athées, le mythisme impur et dégoûtant des *fêtes de la Raison*, les stupides emblèmes de cette idolâtrie absurde qu'on essayait de substituer à des traditions au moins respectables par leur ancienneté, toutes les extravagances d'un temps extravagant parmi tous les temps, avaient ouvert à Robespierre les avenues d'un trône. Médiocre peut-être, mais exhaussé par l'opinion et les événements, il comprit les avantages de sa position et de sa fortune, comme Bonaparte dut le comprendre un peu plus tard. Robespierre n'était pas parvenu au temps de souscrire un concordat avec le pape, il le fit avec le ciel; il rendit la France à Dieu pour le prendre, et ce charlatanisme solennel, renouvelé de tous les voleurs de couronnes anciens et modernes, n'eut pas moins de succès chez le peuple le plus perfectionné des temps modernes qu'il n'en avait eu chez les peuples barbares des temps anciens. J'ai entendu souvent ridiculiser la déclaration du peuple français, *qui reconnaissait l'Être suprême et l'immortalité de l'âme*. J'avoue que, les dogmes admis, le côté bouffon de cette formule m'échappe tout à fait; et, pour compléter ma pensée, j'avoue que je la trouve très-convenable et très-belle. Seulement, pour l'apprécier, il faut prendre la peine de se transporter au temps. *Rien n'était plus*. C'est donc ici la pierre angulaire d'une société naissante ; c'est le renouvellement d'un monde ; c'est le cri de ce monde éclos d'un autre chaos, qui se rend compte de sa création, et qui en fait hommage à son auteur; l'élan de la société entière, le jour où elle a retrouvé les titres oubliés de sa destination éternelle. Quand on juge ces choses-là dans de petites circonstances, avec de petits organes, dont les petites impressions se réfléchissent dans de petites âmes, on a peut-être le droit de trouver ridicule ce qui serait effectivement ridicule dans les temps ordinaires; mais telle n'était pas la situation de Robespierre. Au point où il était placé et où il était venu, il fallait recommencer, et il recommençait, en homme sensé, par le commencement.

Tout se ressentit de ce mouvement immense ; et la parole de l'homme, qui est le signe essentiel de l'esprit social, s'en ressentit plus que tout le reste. Il y a une éloquence de temps, une éloquence d'événements, de passions et de sympathies qui ressemble à celle du génie dans ses causes et dans ses effets, parce que son génie, à elle, réside dans la pensée universelle et qu'elle ne jette pas un son du haut de la tribune qui n'aille exciter un long retentissement et un enthousiasme simultané dans l'âme de la multitude.

Je n'ai pas dissimulé que c'était là tout au plus l'éloquence de Robespierre, et cependant je conviens que son talent a grandi à mes yeux dans une proportion indéfinissable depuis que je l'ai comparé. La nature n'avait rien fait pour lui qui semblât le prédestiner aux succès de l'orateur. Qu'on s'imagine un homme assez petit, aux formes grêles, à la physionomie effilée, en front comprimé sur les côtés comme une bête de proie, à la bouche longue, pâle et serrée, à la voix rauque dans le bas, fausse dans les tons élevés, et qui se convertissait dans l'exaltation et la colère en une espèce de glapissement assez semblable à celui des hyènes : voilà Robespierre. Ajoutez à cela l'attirail d'une coquetterie empesée, prude et boudeuse, et vous l'aurez presque tout entier. Ce qui caractérise l'âme, le regard, c'est en lui je ne sais quel trait pointu qui jaillit d'une prunelle fauve entre deux paupières convulsivement rétractiles, et qui vous blesse en vous touchant. Vous devinez tout au plus au frémissement nerveux qui parcourt ses membres palpitants, au tic habituel qui tourmente les muscles de sa face, et qui leur prête spontanément l'expression du rire ou de la douleur, au tressaillement de ses doigts qui jouent sur la planche de la tribune comme sur les touches d'une épinette, que toute l'âme de cet homme est intéressée dans le sentiment qu'il veut communiquer, et qu'à force de s'identifier avec la passion qui le domine, il peut devenir de temps en temps grand et imposant comme elle. C'est une singulière méprise d'avoir appelé Bonaparte la *révolution incarnée*. Il n'y a rien de plus dissident dans toutes les combinaisons des événements et de la pensée. Bonaparte était tout simplement le *despotisme incarné*. La révolution incarnée, c'est Robespierre avec son horrible bonne foi, sa naïveté de sang et sa conscience pure et cruelle.

Les combinaisons de Robespierre devenu maître de la terreur n'étaient pas même le calcul d'une ambition spéculative. Il avait senti que ce système ne pouvait pas durer, et il croyait sa main assez forte pour retenir le char de la révolution sur la pente où il descendait dans l'abîme. Quant à s'en faire à lui un char d'ovation et de triomphe, je doute qu'il y ait pensé avec une grande puissance de résolution, puisqu'il ne profita point de la fête religieuse du 20 prairial pour franchir ce qui restait de barrières entre la dictature et lui.

J'ai le malheur d'être assez vieux pour me rappeler distinctement cette cérémonie, et j'étais, grâce au ciel, assez jeune pour en jouir sans mélange des terribles impressions de l'époque. Je n'y voyais qu'une pieuse solennité, à laquelle je portais toute l'effusion d'un cœur disposé à croire, et que l'idée de Dieu a toujours charmé, même dans ces moments d'amère déception où elle ne l'a pas convaincu. Jamais un jour d'été ne s'était levé plus pur sur notre horizon. Le peuple y voyait du miracle, et s'imaginait qu'il y avait dans cette magnificence inaccoutumée du ciel et du soleil un gage certain de la réconciliation de Dieu avec la France. Les supplices avaient cessé; l'instrument de mort avait disparu sous des tentures et des fleurs. Un bruit d'amnistie se répandait de tous côtés, et si Robespierre avait osé confirmer cette espérance, toutes les difficultés s'aplanissaient devant lui. Mais il s'enivra de la joie publique, et, trop confiant dans cette faveur mobile dont aucun homme ne fut investi au même degré, il remit peut-être à d'autres jours un projet dont l'exécution ne paraissait plus lui offrir aucun obstacle.

Il avait pourtant fait tous les frais de la tentative, et la foule comprenait, sans s'étonner, qu'elle allait avoir un maître. C'était partout un sentiment d'ordre qui faisait sentir à tout le monde le besoin de la sécurité, et sans doute celui d'un pouvoir modéré qui maintient la société avec sagesse dans des bornes légales. Il n'y avait pas une seule croisée de la ville qui ne fût pavoisée de son drapeau, pas un seul batelet de la rivière qui ne voguât sous des banderoles. La plus petite maison portait sa décoration de draperies ou de guirlandes, la plus petite rue était semée de fleurs, et, dans l'ivresse générale, les cris de haine et de mort s'étaient évanouis comme la dernière rumeur d'une tempête à l'aspect d'une matinée pacifique. On se rapprochait sans se connaître, on s'embrassait sans se nommer; les banquets publics servis dans les rues réunissaient le riche au pauvre, l'aristocrate au jacobin; et cette cohue énorme fut sans confusion, sans dispute, sans accident. Le repos était une nécessité et universelle! Les uns avaient si grande hâte de jouir sans trouble de ce qu'ils avaient conquis, les autres étaient si fatigués de douleurs et si altérés de consolations, le peuple si las d'émotions que le sort n'en pas faites pour sa simple et saine intelligence!

Enfin, le cortége arriva. C'était la première fois qu'on voyait les membres de la Convention astreints à un costume uniforme, et cette particularité, propre à la monarchie et aux gouvernements aristocratiques, pouvait passer pour une espèce de révélation. Léonard Bourdon avait presque de la tournure, et Armonville lui-même ne manquait pas d'une sorte de dignité. L'habit de cérémonie des conventionnels faisant la Fête-Dieu par l'ordre de Robespierre était bleu barbeau, noué de la ceinture tricolore. Leurs sabres, leurs chapeaux, leurs rubans, leurs panaches, la majesté affectée de leur marche processionnelle, ce mélange d'hiérophantisme et de patriciat sauvages, ces cris d'un peuple émerveillé à qui l'on vient de rendre Dieu par décret, il faut avoir vu tout cela pour le croire et pour comprendre que tout cela était très-beau. Chaque député tenait un bouquet de fleurs. Robespierre portait seul un habit bleu foncé. Il avait un bouquet sur le cœur et un bouquet énorme à la main. Il lui était trop difficile de donner à sa morne physionomie l'expression du sourire qui n'a peut-être jamais effleuré ses lèvres; mais je me souviens qu'il tenait levés avec fierté sa tête blême et son front lisse, et que son œil, ordinairement voilé, exprimait quelque tendresse et quelque enthousiasme. Ce sont ces qualités qu'on lui conteste, même comme orateur, et dont j'ai dit qu'il restait des traces dans ses discours, surtout depuis l'époque dont je parle, et où il avait nécessairement compris la nécessité de rattacher la France révolutionnaire à la société européenne. Celui du 20 prairial est si connu qu'il serait superflu d'en rapporter quelques fragments. C'est le seul qu'on ait jamais cité; mais il y a de beaux mouvements dans les autres, des sentiments qui n'avaient jamais été rendus avec cet air d'énergie et de nouveauté, et dont le développement ne manque pas, je pense, de ce mérite du style que notre délicatesse française fait passer avant toutes les autres puissances de la parole. Ce que j'y remarque, c'est ce sentiment de courageuse tristesse et de prévision tragique qui me paraît l'expression tout entière de l'époque, et dont cependant je trouve peu d'autres exemples dans les orateurs révolutionnaires.

Les esprits absolus, qui ne veulent rien accorder à Robespierre, ont été obligés de recourir à la supposition commune et commode d'un *faiseur* obligeant qui fournissait à ses travaux oratoires, et aussi sans doute à ses improvisations, le fruit de quelques veilles éloquentes dont il n'a jamais trahi le secret. Robespierre avait pour secrétaire à l'époque de sa mort un jeune homme nommé Duplay, fils de son hôte le menuisier, et dont on prétend qu'il avait secrètement épousé la sœur. On l'appelait Duplay *le Boiteux*, parce qu'il avait été grièvement blessé à Valmy, dans une des premières journées militaires de la révolution. C'était un de ces esprits jeunes et fervents en qui la fermentation des idées nouvelles avait hâté le développement de quelques facultés que toute autre époque aurait laissées stériles et méconnues; mais rien n'a prouvé dans le reste de sa vie, et il a survécu de beaucoup à Robespierre, que la nature l'eût doué à un degré remarquable du talent de parler et d'écrire. C'est d'ailleurs sur des lambeaux écrits en entier de la main de Robespierre, et qui avaient toute la soudaineté, tout l'abandon, tout le désordre même d'une composition hâtive, qu'a été imprimé le fameux discours du 8 thermidor, qui précéda la catastrophe de moins de vingt-quatre heures; et ce discours est certainement ce que Robespierre a laissé de plus remarquable. Il est surtout vraiment monumental, vraiment digne de l'histoire, en ce point qu'il révèle d'une manière éclatante les projets d'amnistie et les théories libérales et humaines qui devaient faire la base du gouvernement à venir, sous l'influence modératrice de Robespierre, si la terreur n'avait triomphé le 9 thermidor, et qui triomphèrent à leur tour, malgré ce sanglant coup d'État, parce que la nation, fatiguée d'oppression et de massacres, ne comprenait plus de coup d'État qui ne dût être le signal de son affranchissement.

« Je ne connais que deux partis, » dit Robespierre (et il n'est pas inutile de rappeler aux lecteurs prévenus que c'est lui qui parle ainsi), « je ne connais que deux partis, celui des bons et celui des mauvais citoyens.... Le cœur flétri par l'expérience de tant de trahisons, je crois à la nécessité d'appeler la probité et tous les sentiments généreux au secours de la république. Je sens que partout où se rencontre un homme de bien, en quelque lieu qu'il soit assis, il faut lui tendre la main et le serrer contre son cœur. Je crois à des circonstances fatales, qui n'ont rien de commun avec les desseins criminels; je crois à la détestable influence de l'intrigue, et surtout à la puissance sinistre de la calomnie..... Ce sont les méchants seulement qu'il faut punir des crimes et des malheurs du monde... Ceux qui nous font la guerre ne sont-ils pas les apôtres de l'athéisme et de l'immoralité? Que m'importe qu'ils poursuivent l'aristocratie, s'ils assassinent la vertu. »

Je continue à copier, et je m'y crois autorisé: le dernier discours de Robespierre est devenu si rare qu'il peut passer pour inédit :

« On veut, s'écrie-t-il, m'arracher la vie avec le droit de défendre le peuple! Oh! je leur abandonnerai ma vie sans regret. J'ai l'expérience du passé, je vois l'avenir! Quel ami de la patrie peut survivre au moment où il n'est plus permis de la servir et de défendre l'innocence opprimée?... Comment supporter le supplice de voir cette horrible succession de traîtres, plus ou moins habiles à cacher leurs âmes hideuses sous le voile de la vertu ou sous celui de l'amitié, et qui laisseront à la postérité l'embarras de décider lequel des persécuteurs de mon pays fut le plus lâche et le plus atroce? En voyant la multitude des crimes que le torrent de la révolution a roulés pêle-mêle avec les vertus civiques, j'ai craint quelquefois, je l'avoue, d'être souillé aux yeux de l'avenir par le voisinage impur de tant de pervers, et je m'applaudis de voir la fureur des Verrès et des Catilina de mon pays tracer une profonde ligne de démarcation entre eux et les gens de bien. J'ai vu dans toutes les histoires les défenseurs de la liberté accablés par la calomnie, égorgés par les factions; mais leurs oppresseurs sont morts aussi. Les bons et les méchants disparaissent de la terre, mais à des conditions différentes... Non, Chaumette, non, la mort n'est pas un sommeil éternel : *la mort est le commencement de l'immortalité.* »

Les probabilités de la haute fortune politique de Robespierre étaient changées. Il devait se défendre, le 8 thermidor, de ce plan, vrai ou faux, de dictature réparatrice, qu'il aurait trouvé, six semaines auparavant, trop facile à exécuter. Sa réponse à cette accusation est un de ces modèles d'ironie spirituelle dont on citerait à peine l'équivalent dans les meilleurs discours de Mirabeau. Il n'y a rien nulle part de plus ingénieux, de plus fin, de plus noble à la fois : « Quel terrible usage les ennemis de la république ont fait, dit-il, du seul nom d'une magistrature romaine! Et si leur érudition nous est si fatale, que n'avons-nous pas à redouter de leurs intrigues et de leurs trésors! Je ne parle pas de leurs armées. Mais qu'il me soit permis de renvoyer au duc d'York et à ses écrivains royaux les patentes de cette dignité ridicule qu'ils m'ont expédiées les premiers. Il y a trop d'insolence à des rois qui ne sont pas sûrs de conserver leurs couronnes de s'arroger le droit d'en distribuer si largement. » Ce trait sublime : *Je ne parle pas de leurs armées*, est de la hauteur de Nicomède et de Corneille.

Le chant du cygne de Robespierre ne manque pas, comme on voit, de beautés de style et de beautés de sentiment; mais il est vague et mal ordonné : ce qui le prouve rien, à la vérité, contre la logique de l'orateur, car on s'aperçoit qu'il a été composé d'un jet et qu'il n'a pu être revu. C'est un plaidoyer improvisé en face de l'échafaud, et qui n'offre au total que la paraphrase diffuse, mais éloquente, d'une seule pensée. « Eh quoi!.. je n'aurais passé sur la terre que pour y laisser le nom d'un tyran... Un tyran ! Si je l'étais, ils ramperaient à mes pieds; je les gorgerais d'or, je leur assurerais le droit de commettre tous les crimes, et ils seraient reconnaissants !... Qui suis-je, moi que l'on accuse? Un esclave de la liberté, un martyr vivant de la république, la victime encore plus que le fléau du crime.... Ôtez-moi ma conscience..., je suis le plus malheureux de tous les hommes. »

Ces citations sont choisies dans les meilleures pages de Robespierre; elles donnent sa mesure la plus large comme personnage politique et comme écrivain. Aussi la seule induction que je prétende en tirer, je le répète, c'est que Robespierre n'était pas tout à fait si nul qu'on l'a fait au gré des thermidoriens, et que la tribune a souvent retenti depuis d'accents moins imposants et de périodes moins sonores; mais encore une fois il n'a jamais figuré qu'au second rang parmi les orateurs de la Montagne. Jusqu'au mois d'avril 1794, il y fut dominé de très-haut par l'ascendant de Danton, l'homme à la voix stentorée, aux improvisations jaculatoires, aux idées abruptes, aux images fortement colorées, espèce de tribun voluptueux, dans lequel il y avait l'étoffe d'Aristippe et de Démosthène. Depuis la mise en accusation de Danton, la première place appartient à Saint-Just, écolier aventureux, qui était sorti tout formé du moule d'une révolution; type unique chez les modernes du Spartiate de Lycurgue et du légiste de Dracon; âme stoïque et inflexible, que la nature n'avait peut-être pas faite cruelle, mais qui ne répugnait pas à la rigueur, ni même à la cruauté, quand il s'agissait d'attester son impassibilité par quelque résolution féroce; l'homme le plus puissamment organisé de cette partie de l'assemblée, et qui, séide fidèle et sincère de Robespierre, dont l'intègre et incorruptible austérité l'avait soumis, s'exerçait dans une carrière plus forte à la vocation de Mahomet.

Pour ne plus revenir sur cette question, dont je ne me dissimule pas l'étrangeté; pour justifier de cette justification tout à fait relative d'un homme qu'on ne peut défendre de tout sans démence; pour en finir avec la polémique excitée par cette hypothèse que j'ai hasardée le premier, et qui ne pouvait pas, à la vérité, être admise sans contestation, il suffit de reporter le lecteur sur la statistique et la physionomie morale de la Convention au 9 thermidor. Si la tyrannie méthodique, si la terreur organisée en système avaient un siège quelque part, c'était dans ces comités de gouvernement, depuis longtemps déjà désertés par Robespierre. L'attaque du sommet de la montagne, des hommes les plus aveuglément dévoués aux excès furieux de la démocratie en délire : de Billaud-Varennes, le lion des jacobins; du farouche Colliot-d'Herbois, le plus cruel de leurs proconsuls; d'Amar, de Vadier, de Voulland, de Legendre, de Fréron, ligue de furieux ou de malades, qui sauva la patrie sans le vouloir, et dont le seul but était d'exploiter la révolution au profit de la dévastation et de la mort. Tels étaient les chefs de cet exécrable parti des thermidoriens, qui n'arrachait la France à Robespierre que pour la donner au bourreau, et qui, trompé dans ses sanguinaires espérances, a fini par la jeter à la tête d'un officier téméraire; de cette faction, à jamais odieuse devant l'histoire, qui a tué la république au cœur, dans la personne de ses derniers défenseurs, pour se saisir sans partage du droit de décimer le peuple, et qui n'a pas même eu la force de profiter de ses crimes. Robespierre la connaissait si bien qu'il dédaigna de lui adresser la parole, et que, se tournant vers une autre partie de l'assemblée, pure, mais mobile et méticuleuse, qui renfermait beaucoup de vertus privées, mais peu de forces politiques, il implora de cette majorité flottante l'appui des honnêtes gens; elle ne répondit pas. Brutus, plus expert que Robespierre dans la science des révolutions, ne serait point tombé dans cette erreur. Il n'attendit rien de la vertu dans les champs de Philippes; il la nia, et livra son cœur au poignard amical de Straton. L'histoire montre partout quelle espèce de secours il y a lieu d'attendre des honnêtes gens dans les circonstances extrêmes comme celle-ci, où il ne s'agissait de rien moins que du triomphe de la tyrannie des comités sur la cause de l'humanité et de la justice. Un chef de parti qui n'a plus de ressources que dans le dévouement et l'énergie de ce qu'on appelle les *honnêtes gens*, doit s'envelopper de son manteau et se brûler la cervelle.

On connaît l'issue fatale, pour Robespierre, de la séance du 9 thermidor. On sait qu'après avoir lutté vainement contre les deux factions acharnées à sa perte, il succomba avec Saint-Just, Couthon, Le Bas, et tous ceux qui s'étaient déclarés ses partisans. Le décret d'arrestation ayant été rendu contre lui et les siens, il fut conduit au comité de sûreté générale. Pendant ce temps, Henriot, à la tête de son état-major, parcourait les rues de Paris, en criant : « Aux armes! réunion à la municipalité; on égorge les patriotes. » Le conseil municipal s'assemblait sur l'invitation du maire, Fleuriot-Lescot, et rédigeait une proclamation par laquelle on sommait tous les citoyens de courir à la délivrance de Robespierre. Elle eut lieu en effet, et il alla se réfugier à l'hôtel de ville. Mais les portes en ayant été forcées vers minuit, par les troupes de la Convention, Robespierre arrêté par un gendarme, et voulant se défendre, reçut un coup de feu qui lui brisa la mâchoire inférieure, et la détacha entièrement de la supérieure. On fut obligé, pour les rapprocher l'une de l'autre, de lui passer sous le menton une bande de toile et de la nouer sur la tête. Il se vit porté en cet état au comité de sûreté générale, et couché sur une table, où il resta étendu une partie de la nuit. Au point du jour, on le transporta à l'hôtel-Dieu, au milieu des flots du peuple accouru sur son passage. Là un chirurgien mit un appareil sur sa blessure, et il fut envoyé dans les prisons de la Conciergerie. Le lendemain, 10 thermidor, il allait à l'échafaud. Une dernière et horrible souffrance l'y attendait : le bourreau, après lui avoir bouclé sur la planche, arracha brusquement l'appareil mis sur sa blessure. Il jeta un cri affreux; et les deux mâchoires se détachant tout à coup, une fontaine de sang jaillit par la bouche béante de la plaie; c'était affreux à voir. Ainsi périt, âgé de trente-cinq ans, Maximilien Robespierre; il avait régné environ quinze mois. Charles Nodier, de l'Académie Française.

ROBESPIERRE (Auguste-Bon-Joseph), dit *le jeune*, né à Arras, en 1764, fut, comme son frère, le protégé de l'évêque d'Arras, et comme lui il obtint par les soins du prélat une bourse au collège Louis-le-Grand. Nommé au commencement de la révolution procureur de la commune d'Arras, il suivit à Paris son aîné, alors à l'Assemblée constituante. Modeste, retiré, jusqu'à l'époque des élections de septembre 1792, il dut alors au renom populaire de ce frère l'honneur de siéger à la Convention comme député de Paris. Assis dans l'assemblée à côté de Maximilien, il parla une première fois pour demander qu'une gratification de 300 fr. fût accordée à chacun des insurgés blessés dans la journée du 10 août. Peu de jours après il dénonça Roland pour avoir employé l'argent de l'État à répandre les écrits de son ami Brissot. Au 31 mai il fit décréter que la commune avait bien mérité de la patrie; et le 2 juin il se joignit à Legendre pour arracher Lanjuinais de la tribune. Envoyé deux fois en mission à l'armée d'Italie, il se trouvait dans le département de la Haute-Saône au mois de mai 1794, trois mois à peu près avant le 9 thermidor. A Vesoul, après avoir prononcé dans le sein de la société populaire de cette ville un discours dans lequel il déclarait qu'on s'était trompé dans les départements sur la juste et bonne direction du gouvernement révolutionnaire, qui n'avait pour objet que le bien de tous, et qu'on ne devait se faire connaître que par des bienfaits, il fit mettre en liberté huit cents détenus pour opinion politique. L'aspect de la ville changea en un moment; elle offrit le tableau d'une fête. Les cris de *vive Robespierre!* se firent entendre partout. Des jeunes filles en robes blanches, des épouses consolées, des mères qui revoyaient leurs enfants qu'elles croyaient perdus à jamais, entourèrent la modeste retraite du représentant, et la décorèrent de fleurs et de rubans. Cet acte de clémence fut dénoncé à la société populaire de Besançon par Bernard de Saintes, qu'on avait adjoint à Robespierre jeune pour collègue dans sa mission. Robespierre s'y défendit avec esprit et talent. Il commença par rappeler les faits de son passage à Vesoul, et par expliquer la conduite qu'il y avait tenue; puis, entrant franchement dans le fond de la question, il déclara, comme il l'avait fait, qu'à l'exception de quelques grandes communes il n'y avait point de fédéralistes dans les départements, et que le nombre des suspects avait été multiplié par une extension cruelle des lois et porté beaucoup au delà de son expression raisonnable. Il insinua adroitement que c'était une manœuvre de l'aristocratie, cachée sous le masque d'une fausse ferveur patriotique et qui cherchait à prouver à l'Europe que ce n'était pas l'immense majorité de la France, la France presque unanime, qui voulait la révolution. Il termina cette déduction adroite de principes en déclarant que le devoir des patriotes était de faire *adorer la montagne* et non de la faire craindre. Il n'évita pas de laisser échapper le nom de la *terreur*, terme alors sacramentel, et de lui rendre des actions de grâce, mais en ajoutant, ce sont ses termes, que ce système était sauveur et non conservateur, et qu'utile au triomphe de la liberté, il ne pouvait que nuire à son affermissement. Il passa ensuite à ce qui lui était particulier, c'est-à-dire à ses rapports avec Bernard de Saintes et à la dénonciation que celui-ci avait portée contre lui. A ce moment, le président de la société populaire, Viennot de Vaublanc, crut devoir faire intervenir son autorité conciliatrice. Il interrompit Robespierre, et conjura sa colère au nom des intérêts de la liberté, dont les défenseurs ne se divisaient pas sans danger pour elle; au nom de l'harmonie des citoyens, qui était troublée par ces débats; au nom de sa propre gloire et de l'illustration *d'une famille appelée à de hautes destinées*. Cette phrase, échappée à une mauvaise habitude de cour ou à un faux calcul de convenances, suggéra à Robespierre jeune un mouvement remarquable; il me parut éloquent, et c'est une raison pour que je ne cherche pas à rendre ses paroles. Il s'éleva contre cette *illustration* et ces *destinées* promises à une famille. Il s'indigna contre le penchant de certains hommes à rétablir dans l'opinion les privilèges qu'on venait d'arracher à la noblesse; il indiqua cette tendance comme un des plus grands obstacles qu'on pût opposer à la liberté. Il ajouta que si son frère avait rendu quelques services à la cause de la patrie, son frère en avait reçu le prix dans la confiance et l'amour du peuple, et qu'il n'avait, lui, rien à réclamer. « Ces acceptions de noms, continua-t-il, sont une des calamités de l'ancien régime! Nous en sommes heureusement délivrés; et tu présides cette société, toi qui es d'une famille d'aristocrates et qui es le frère d'un traître!... Si le nom de mon frère me donnait ici un privilège, le nom du tien l'enverrait à la mort. » Il descendit de la tribune au milieu des acclamations générales, traversa l'enceinte, et rejoignit sa chaise de poste, dans laquelle l'attendait une femme que je ne trouvai ni belle ni jolie, et dont l'aspect fit cependant sur moi une profonde impression. Il y avait quelque chose de pénétrant, de caustique et presque d'infernal dans son regard et son sourire. On supposait à peine qu'elle fût la maîtresse de Robespierre, dont l'âpreté cénobitique et la physionomie pâle et macérée semblaient exclure l'idée de l'amour. Chose étrange! dans ce temps où l'idée de Dieu passait pour un préjugé, le bruit se manifestait que la compagne de Robespierre était une créature d'une organisation supérieure, qui avait le privilége de lire dans les âmes, et qu'il la conduisait avec lui pour le seconder dans un mystère de rédemption, où elle était chargée de la séparation des bons et des mauvais. J'atteste ce fait pour l'avoir entendu répéter cent fois. Pauvre peuple!

Mais revenons à Robespierre. La cour de l'auberge était pleine de femmes qui l'attendaient avec impatience pour lui présenter les réclamations des détenus de Besançon. Il n'avait qu'un mot à dire pour éteindre toutes ces espérances qui se manifestaient par mille démonstrations de tendresse; car il était dans ce temps-là facile d'être aimé. Malheureusement les pouvoirs de sa mission avaient cessé aux bornes du département, il ne pouvait plus rien pour personne; mais il promit à la foule, si émue par son refus, qu'il porterait sa plainte à la Convention ; qu'il dévoilerait devant elle les injustes et horribles rigueurs des proconsuls, et finit par cette phrase, que je n'ai pu oublier : « Je reviendrai ici avec le rameau d'or, ou je mourrai pour vous ; car j'ai à défendre à la fois ma tête et celles de vos parents. » La voiture partit, suivie de cris de douleur ; toute la famille des proscrits pleurait, et, chose qu'on aurait peine à croire si on ne le savait pas de toute la certitude du souvenir, *elle pleurait Robespierre !*

J'ai très-peu lu l'histoire contemporaine, parce que je sais comment elle se fait. Il peut donc arriver que je me trouve quelquefois en contradiction avec le *Moniteur*, avec le *Bulletin* ou avec quelque autre autorité de la même force, et j'avoue sincèrement que je ne m'en soucie guère : ce que j'ai à cœur, moi qui écris pour moi, moi qui n'écris que pour moi et pour ceux-là seulement qui consentent à sentir comme moi parce qu'ils m'estiment, parce qu'ils m'aiment, parce qu'ils me croient, ce qui m'importe par-dessus toutes choses, c'est de ne pas être en contradiction avec ma conscience. Aussi bien, par un hasard tout à fait inattendu, Robespierre jeune lui-même s'est chargé, à mon insu, de raconter cette séance de la société populaire de Besançon dans le feu et sous l'action d'une émotion récente. Ce fragment précieux de notre histoire révolutionnaire est tiré d'un grand recueil de pièces authentiques publié cinq mois après sa mort. C'est une lettre adressée à son frère et datée de *Commune affranchie*, le 3 ventôse an II de la république. Ce n'est donc plus moi qui parle cette fois ; c'est Robespierre, le terrible Robespierre jeune, l'expression jumelle d'une âme de tigre ; c'est lui qui, au juste milieu de cette sanglante époque de la terreur qui sépare le 31 mai du 9 thermidor, dans une communication dont la nature et la forme annoncent tout l'abandon qui résulte d'une parfaite simultanéité de sentiments ; c'est lui qui, dans cette intimité confidentielle du frère avec le frère, dont ses assassins devaient seuls violer un jour le secret, reconnaît franchement qu'on l'a traité de *contre-révolutionnaire*, qu'on l'a accusé de mettre les villes en *contre-révolution*, et de méditer des moyens d'oppression contre les *patriotes*, c'est-à-dire contre les agents de l'épouvantable système qui désolait alors le pays ; c'est lui qui repousse avec horreur une popularité acquise *aux dépens de l'innocence*, qui manifeste l'intention trop tardive et trop impuissante *de la défendre* ; c'est lui qui se flatte d'avoir fait *adorer la montagne* ; LA MONTAGNE ! Et cela était vrai, car la reconnaissance la plus vive que puisse éprouver le cœur de l'homme, il la ressent pour un pouvoir cruel qui se désarme, qui se dépouille, en faveur du malheur, de l'instinct et du besoin de faire le mal. Et, remarquez-le bien, c'est à dater de ce moment, de cette lettre peut-être, que Robespierre l'aîné disparaît tout à coup des comités de la Convention, et cherche à étendre au dehors l'influence qu'il avait perdue dans l'enceinte de son *pandæmonium* en brisant violemment son pacte avec le crime ! Et c'est trois mois après que cet homme, qu'on charge aujourd'hui de toutes les iniquités, comme la victime piaculaire des anciens, ose proférer le nom de DIEU, et rappeler à l'âme son immortalité parmi les saturnales sauvages d'une société ivre et délirante, qui a érigé l'athéisme en culte ; et c'est deux mois plus tard qu'il monte à l'échafaud, comptable, sans le savoir, de tous les attentats d'une génération de cannibales ! Que m'importe après cela qu'on vienne infirmer encore que le 9 *thermidor* ait été fait, comme je l'ai sincèrement écrit, dans l'intérêt de la terreur ! L'histoire a dit le contraire, sans doute, et je sais bien qu'elle le dira. Pauvre autorité que l'histoire ! Quoi qu'il en soit, au 9 thermidor Robespierre jeune, qui n'était pas accusé, s'écria qu'il voulait partager le supplice de son frère, puisqu'il avait été complice de ses vertus. Dans ce temps-là on faisait beaucoup de phrases à effet ; mais les phrases à effet ne sont pas ridicules quand l'homme qui les prononce a un pied sur le seuil de la tribune et l'autre sur le premier degré de l'é-

chafaud. Maintenant, cela fait pitié ; on avouera que le dévoûment de Robespierre jeune respirait quelque chose de l'antiquité. Prisonnier à la commune, quand il vit son frère mutilé et agonisant sur une table, il s'élança des hautes croisées sur les baïonnettes de la troupe qui entourait l'hôtel de ville, et s'y roula comme Régulus. Il ne vécut que ce qu'il fallait de temps pour mourir sous la main du bourreau ; et cette mort a sans doute expié tout ce qu'on reproche à sa vie.

La nouvelle du 9 thermidor, parvenue dans les départements de l'est, développa un vague sentiment d'inquiétude parmi les républicains exaltés, qui ne comprenaient pas le secret de cet événement, et qui craignaient de voir tomber le grand œuvre de la révolution avec la renommée prestigieuse de son héros ; car derrière cette réputation d'incorruptible vertu qu'un fanatisme incroyable lui avait faite, il ne restait pas un seul élément de popularité universelle, un nom auquel les doctrines flottantes de l'époque pussent se rattacher. Mais ce fut bien autre chose dans les rangs opposés : Hélas ! se disait-on à mi-voix, qu'allons-nous devenir ! Nos malheurs ne sont pas finis, puisqu'il nous reste encore des amis et des parents, et que MM. Robespierre sont morts ! Et cette crainte n'était pas sans motif ; car le parti de Robespierre venait d'être immolé par le parti de la terreur. Ce que je dis là est si bizarre, si abrupt, si inopiné, que tout mon scepticisme politique ne saurait me dispenser d'une espèce de profession de foi. Ce n'est pas moi, grâce au ciel, qui viendrai déterrer les linceuls couverts de boue et de sang de ces tribuns frénétiques de la montagne, à la tête d'un parti. Il n'y en a pour les ériger en drapeau, là ou là. pas un qui puisse exciter une noble sympathie ; et c'est tout au plus si quelque attraction involontaire me déciderait aujourd'hui entre la larve hideuse de Marat et le spectre gigantesque de Danton. J'ai besoin de répéter que je suis loin de plaider pour Robespierre, et que je cherche l'intelligence des faits. Jetez cent assassins ensemble sur une terre déserte avec quelques moyens d'existence : au bout de dix ans ils auront un chef, des institutions et des mœurs ; c'est ainsi que finissent toutes les grandes aberrations sociales. C'est ainsi que Robespierre avait entrepris de refaire les mœurs ; c'est ainsi que Bonaparte a exécuté Robespierre. Sa fête de l'Être suprême est l'ébauche du concordat ; ses pages, plus belles qu'on ne l'a dit communément, sur les vertus républicaines ; cette vaste et confuse improvisation du 8 thermidor, où il accuse les excès et les fureurs passées, rappellent l'interpellation de Bonaparte aux infracteurs de la constitution ; son recours du 9 thermidor à la partie calme et saine de l'assemblée, le cri de Bonaparte qui atteste les acclamations de reconnaissance et d'amour que l'ont accueilli aux Anciens. Voilà la marche éternelle des sociétés : Œdipe qui règne après avoir vaincu le Sphinx, Alexandre qui tranche le nœud gordien, le héros après le sophiste, et le sabre après la parole. Il ne s'agit pas ici de comparaison de facultés, quoique je ne m'abuse pas sur ces grandeurs contemporaines qu'on bâtit à coups de plume pour la postérité, et qu'elle adoptera niaisement comme nous en avons adopté tant d'autres. Je ne vois dans Robespierre qu'un homme médiocre, porté par des événements, et je vois dans Napoléon un homme pour lequel mon imagination conçoit à peine la possibilité d'une vie vulgaire. Cette comparaison ne repose que sur un fait qui leur est commun : leur nom exprime, à deux époques très-rapprochées, *le pouvoir absolu.*

Je le crois dans toute la sincérité de mon cœur, les Robespierre avaient été, de leur mauvaise nature, les premiers instruments de la terreur ; mais, doués d'un esprit d'observation et de finesse qui s'explique par leurs études, par leurs mœurs, par leur physionomie, ils avaient prévu à la longue la solution nécessaire des choses, et ils avaient eu l'envie assez naturelle de s'en emparer, parce qu'ils étaient, comme je l'ai dit, les seuls représentants de la popularité révolutionnaire. Leurs adversaires déjouèrent cette manœuvre, à laquelle se rattache essentiellement le voyage de Robespierre le jeune, la désertion de Robespierre l'aîné du comité de salut public, et sa théocratie sacrilége, et la philantropie tardive de ses discours patelins. Le parti de Robespierre périt sous l'action de la terreur, représentée par quelques membres du comité de salut public; et cependant la terreur ne triompha point, parce qu'elle avait mal calculé. Dans tous les États possibles, depuis le despotisme le plus absolu, où cela ne fait plus de doute, jusqu'à la démocratie la plus diffuse, l'opinion, c'est un homme; et quand cet homme n'est pas là, tout n'est rien, et quand cet homme n'est plus là, tout s'en va. Barrière, disert et poli, monta inutilement à la tribune veuve de Robespierre, qui n'était ni l'un ni l'autre. La pierre de la voûte était tombée, l'arc de Nemrod était rompu, et la terreur se trouva toute surprise d'avoir enfanté la contre-révolution.

Ces pensées, que j'émettais sous la Restauration, avec une liberté dont je souhaite que la tradition se conserve en France, appartiennent à l'histoire morte, ou que je regardais comme morte d'un âge de démence qui menace parfois de se renouveler. J'avais trouvé ces éléments bons à remuer dans leur grandeur sauvage, sous les yeux d'un pouvoir oublieux et mal conseillé, qui marchait témérairement sur cette terre de liberté comme dans un pays de conquête, parce que j'espérais qu'il en surgirait pour lui quelques utiles leçons. Il se fâcha un peu, et n'apprit rien du tout. C'est sa faute et son affaire; mais je ne veux pas qu'on tire de mon consciencieux dévouement des inductions qui trahiraient ma pensée. Je répudie formellement la solidarité de ces fureurs, dont la licence de mon imagination pourrait bien avoir trop embelli le principe. On dit maintenant que j'ai étendu Robespierre sur le lit de Procuste; cela est possible, mais j'ai peur de l'y avoir grandi. Malédiction sur la tyrannie populaire! C'est la pire de toutes.

Charles NODIER, de l'Académie Française.

ROBESPIERRE (CHARLOTTE), née à Arras, vers la fin de 1761, aimait tendrement ses deux frères, sans partager leurs idées. Elle obtint de Bonaparte une pension de 2,000 fr., que les Bourbons de la branche aînée lui conservèrent noblement, mais que la révolution de Juillet lui supprima. Elle mourut à Paris, le 1er août 1834, âgée de plus de soixante-quatorze ans. Quelque temps auparavant, la plupart des journaux de Paris avaient reproduit une lettre où elle repoussait l'accusation d'avoir *vendu ses souvenirs non effacés* à l'éditeur des prétendus *Mémoires* de son frère.

Voici cette lettre :

« Il est vrai, monsieur, que la sœur de Maximilien Robespierre, non son aînée, mais sa puînée d'une vingtaine de mois, végète, accablée de misère, d'années, et vous auriez pu ajouter de graves et douloureuses infirmités, dans un coin obscur de la patrie qui la vit naître; mais elle a constamment repoussé les offres des intrigants qui, dans le laps de trente-six ans, ont tenté à diverses reprises de trafiquer de son nom; mais elle n'a rien vendu à personne; elle n'a aucun rapport direct ni indirect avec l'éditeur des prétendus *Mémoires* de son frère; et ceux qui ont dit que Maximilien Robespierre avait connu le besoin dans son enfance et qu'il avait été enfant de chœur à la cathédrale d'Arras sont des imposteurs. »

« Je regarde, monsieur, comme injurieuse à mon honneur et à ma probité l'idée qu'on ait pu *acheter* de moi des *souvenirs non effacés*. J'appartiens à une famille à laquelle on n'a pas reproché la vénalité. Je vais rendre au tombeau le nom que je reçus du plus vénérable des pères, avec la consolation que personne au monde ne peut me reprocher un seul acte, dans le cours de ma longue carrière, qui ne soit conforme à ce que prescrit l'honneur. »

« Quant à mes frères, c'est à l'histoire à prononcer définitivement sur eux; c'est à l'histoire à reconnaître si mon jeune frère réellement Maximilien est coupable de tous les excès révolutionnaires dont ses collègues l'ont accusé après sa mort. J'ai lu dans les annales de Rome que deux frères aussi furent mis hors la loi, massacrés sur la place publique; que leurs cadavres furent traînés dans le Tibre, leurs têtes payées au poids de l'or; mais l'histoire ne dit pas que leur mère, qui leur survécut, ait jamais été blâmée d'avoir cru à leur vertu. DE ROBESPIERRE. »

La particule aristocratique qui précède la signature de cette lettre, parfaitement authentique, donne raison à ceux qui prétendent que la famille Robespierre était d'extraction noble, et qu'elle descendait d'un gentilhomme irlandais, qui se réfugia en France après la chute des Stuarts. En 1747 le prétendant Charles-Édouard admit le grand-père de Robespierre, qui était aussi avocat, dans une loge de rose-croix, composée de ses partisans, qu'il institua sous la dénomination d'*Écosse Jacobite*. La particule *de* précède également le nom de Robespierre sur les registres de l'université, de même que sur l'original de la protestation du Jeu de Paume, déposée aux archives du corps législatif.

Le dernier représentant de ce nom à jamais fameux dans l'histoire, *Isidore-Justin* DE ROBESPIERRE, mourut à un âge très-avancé, en juin 1852, au Chili, où il s'était retiré depuis près de soixante ans. Il y possédait aux environs de Santiago un petit domaine, qu'il faisait valoir lui-même.

ROBINIER ou **FAUX ACACIA**, genre de légumineuses, tribu des papillonacées, ainsi nommé en l'honneur du botaniste Robin, qui apporta du Canada à Paris les premières graines de cet arbre, en 1655. Le père de tous les *robiniers* ou faux acacias qu'on voit aujourd'hui en Europe existe encore, mais accablé de caducité, dans un carré du Jardin des Plantes, du côté de la rue de Buffon, près du café. Dans son jeune natal, cet arbre s'élève au-dessus de trente-quatre mètres; son bois est dur, et ne peut être altéré ni par l'air ni par l'eau, et il fournit les échalas les plus durables que l'on puisse employer. Il est fort commun dans les forêts du Maryland, de l'État de New-York, de la Pennsylvanie, etc. C'est un des plus beaux arbres que l'on puisse employer à l'ornement des jardins et des bosquets, et son accroissement est des plus rapides. Les usages nombreux auxquels il peut servir lui assignent un des premiers rangs parmi les végétaux utiles qui nous ont été apportés de l'étranger. Les troupeaux mangent avec avidité les feuilles du robinier nouvellement cueillies; et lorsqu'elles sont sèches, elles fournissent un excellent fourrage pour l'hiver. Ses fleurs, qui répandent une odeur des plus suaves, sont employées en médecine comme antispasmodiques; elles entrent dans la préparation d'un sirop agréable et rafraîchissant. On est aussi parvenu à en tirer une teinture jaune. Il fut d'abord fort recherché en France, où M. François de Neufchâteau le mit à la mode; mais depuis on s'en est un peu dégoûté à cause de ses épines, et parce que son bois est sujet à être brisé par le vent. Lorsqu'on veut cultiver l'acacia pour fourrage, il faut en couper tous les ans les pousses près de terre avant qu'elles soient devenues ligneuses.

ROBINSON (FREDERICK JOHN). *Voyez* RIPON.

ROBINSON CRUSOÉ est le héros d'un roman de l'Anglais Daniel De Foë, qui parut sous le titre de *The Life and prising Adventures of Robinson Crusoë* (Londres, 1719), et dont le succès fut tel que l'auteur se détermina à en publier une suite, puis une troisième partie toute morale sous le titre de *Serious Reflexions during the life of Robinson Crusoë, with his vision of the angelic World* (Londres, 1719). Cette dernière partie réussit peu, tandis que le roman proprement dit non-seulement eut une foule d'éditions en Angleterre, mais encore se répandit rapidement à l'étranger. Dès 1720 on le traduisait en français, puis en allemand. À partir de 1722 on ne compte pas moins d'une cinquantaine d'imitations. Rousseau, en signalant *Robinson Crusoé* dans son *Émile* comme un livre qui présentait le tableau réel de la vie primitive, propre dès lors à faire comprendre à l'enfant les moyens que la nature a mis entre les mains de l'homme pour subvenir à tous ses besoins, contribua à le populariser encore davantage parmi nous. On prêta au livre une idée philosophique et pédagogique à laquelle l'auteur n'avait jamais songé en l'écrivant. La meilleure imitation qu'on en ait faite à ce point de vue est sans contredit celle de Campe (*Le jeune Robinson* [Hambourg, 1780; 46ᵉ édition, illustrée, 1853]). L'ouvrage de Campe, traduit à son tour dans toutes les langues vivantes, a provoqué une foule d'imitations, qui sont loin d'ailleurs d'avoir eu le même succès.

On croyait autrefois que Daniel De Foë avait frauduleusement tiré le sujet de son *Robinson*, en se bornant à changer les noms et les dates, du journal d'un matelot écossais, Alexandre SELKIRK, né en 1676, à Largo, qui, à la suite d'une querelle avec son capitaine, aurait été abandonné par celui-ci, en février 1704, dans l'île Juan-Fernandez avec quelques provisions et outils, et qui y aurait vécu solitaire jusqu'en 1709, époque où le capitaine Wood Rogers l'aurait recueilli et ramené en Angleterre. C'est ce que le capitaine Rogers a raconté lui-même dans le récit de ses voyages insérés dans la *Collection of Voyages* (Londres, 1756). Consultez Howell, *The Life ad Adventures of Alexander Selkirk* (Londres, 1828). Des recherches plus récentes n'ont point confirmé cette opinion, quoiqu'il soit possible que les aventures de Selkirk aient fourni à De Foë l'idée première de son roman. Consultez Philarète Chasles, *Le dix-huitième siècle en Angleterre* (Paris, 1845), et la traduction du roman de De Foë par le même (Paris, 1835).

ROBOTES (du slave *robota*, travail). C'est ainsi qu'on nomme les corvées dans les pays slaves, notamment dans les provinces slaves de la monarchie autrichienne. Elles ont été tout récemment supprimées en Autriche, après indemnité préalable.

ROBRE, que l'on a souvent le tort de prononcer *rob*, se dit au whist d'une certaine manière de lier les parties. On a fait un *robre* lorsqu'on a gagné deux parties de suite, ou lorsqu'après avoir réussi dans la première et perdu la seconde (ou *vice versâ*), on gagne la troisième.

ROBUSTI (JACQUES). *Voyez* TINTORET.

ROC. *Voyez* ROCHES.

ROC ou **RUC**, oiseau gigantesque, dont parlent plusieurs contes orientaux. Marco-Polo cite le roc comme habitant Madagascar et quelques autres îles. L'existence du roc, longtemps regardée comme une fable digne de figurer parmi les récits de Simbad le marin, est devenue admissible depuis la découverte faite à Madagascar des débris de l'épyornis.

ROCAILLE, assemblage de plusieurs coquillages avec des pierres inégales et mal polies, qui se trouvent autour des rochers. On donne aussi ce nom à une composition d'architecture rustique qui imite les rocailles naturelles, et qui représente des grottes, des fontaines. On appelle encore *rocaille* des petits morceaux de verre de différentes couleurs, qui ont la forme de grains de chapelet, dont se servent les peintres sur verre pour faire leurs couleurs.

On donne le nom de *rocailleur* à l'ouvrier qui met les rocailles en œuvre, et qui fait des grottes, des fontaines, etc.

ROCAMBOLE ou **ÉCHALOTTE D'ESPAGNE** (*allium scorodoprasum*, L.), espèce d'ail qui croît naturellement dans les contrées méridionales de l'Europe. On la rencontre aussi en Allemagne, en Hongrie, en Danemark, etc. Les bulbes sont employés dans la cuisine comme assaisonnement; elles sont plus douces que celles de l'ail commun. Les petites bulbes qui se trouvent parmi les fleurs se servent sur table : on les mange crues.

Au figuré, *rocambole* s'emploie familièrement pour désigner ce qu'il y a de plus piquant dans quelque chose : Les plaisanteries sont la *rocambole* de la conversation.

ROCANTIN, chanson composée de fragments de plusieurs autres, en forme de centon. Destouches en fait le synonyme de *vieillard*, et le peuple dit encore en ce sens *vieux rocantin*. C'est également une ancienne expression militaire, qui a précédé celle de *morte paye*. Les rocantins, institués par François 1ᵉʳ, étaient de vieux militaires en retraite, qui jouissaient d'une demi-paye dans les châteaux, les citadelles, les lieux forts, les *rocs*, où on leur faisait tenir garnison. Le soir, à la veillée, chaque *rocantin* chantait sa vieille chanson ; de là peut-être la première acception de ce mot.

ROCH (Saint) naquit en 1225, à Montpellier, d'un riche négociant de cette ville; sa mère, Libère, appartenait à une très-noble famille. Restée veuve de bonne heure, elle prit à tâche d'incliner le cœur de son fils unique vers la loi divine, et non point vers l'avarice. Aussi Roch, quand il eut perdu, à l'âge de vingt ans, cette mère tendre et pieuse, distribua-t-il aux pauvres tout ce qu'il put recueillir de ses revenus, et, laissant à un oncle l'administration des biens dont la loi ne lui permettait pas de disposer, partit pour l'Italie. Il trouva cette contrée en proie aux ravages de la peste, et se dévoua sans réserve au service des pestiférés. Aquapendente, Césène, Rimini, Rome, proclamèrent hautement tout ce qu'elles devaient à sa courageuse charité. Les mêmes dangers l'attirèrent à Plaisance. Le mal, qui jusque alors l'avait respecté, l'assaillit ici avec une violence extrême. Réduit par sa pauvreté volontaire à chercher un refuge dans l'hôpital de cette ville désolée, il s'y rendit presque mourant. Les cris que lui arrachait la douleur troublaient le repos des malheureux excédés par la contagion ; sa bonté l'en avertit, et, sans vouloir écouter aucune remontrance, il se retira dans une solitude voisine. Il y fut découvert par le chien d'un noble voisin, qui, guidé par l'animal intelligent et fidèle, accourut pour donner au vénérable malade des soins qu'il continua jusqu'à parfait rétablissement. Le chien auquel Roch fut redevable de sa conservation devint dès lors son inséparable compagnon.

Délivré de son mal, Roch se mit en route pour sa ville natale. Montpellier, cédée en fief par le roi de France Philippe le Bel au roi de Majorque, était alors revendiquée par le roi d'Aragon, comme partie de son domaine : la guerre sévissait autour de ses murs. En s'y présentant Roch fut pris pour un espion, et conduit devant le juge de Montpellier, qui n'était autre que son oncle, le curateur préposé à l'administration des biens. Sous les haillons hideux, tristes produits d'une trop insouciante charité, le magistrat ne put reconnaître son neveu; et il le fit conduire en prison. Roch, refusant toujours de se faire connaître, supporta pendant cinq ans les fers dont on l'avait chargé; il mourut accablé de leur poids. Ce ne fut qu'à sa mort, le 13 août 1327, qu'on trouva dans le cachot où il était renfermé des papiers constatant son nom, ses qualités et le lieu de sa naissance. De grands honneurs funèbres, auxquels son oncle présida, lui furent rendus par la population de Montpellier. La ville d'Arles obtint une partie de ses reliques; et des aventuriers vénitiens courant sur les restes de saint Roch préservateur à jamais leur patrie de toute maladie contagieuse, enlevèrent furtivement en 1485, de Montpellier ce que cette ville possédait encore des dépouilles mortelles de ce bienheureux. Tout le clergé, le sénat et le peuple allèrent les recevoir avec d'indicibles transports de joie. Une église magnifique fut bientôt bâtie en l'honneur du saint préservateur de la peste, et l'on y déposa ses ossements avec toute la ferveur de ces temps religieux.

Quoi qu'on puisse en dire, il est certain que pour la canonisation de saint Roch la voix publique prit une précoce et glorieuse initiative. Du moment qu'il expira, le peuple lui décerna le culte dont nous rendons aux saints. Le clergé refusa longtemps de participer à ces hommages ; encore en 1666, Hardouin de Péréfixe, archevêque de Paris, défendait de célébrer la fête de saint Roch, et même, en 1670, François de Harlay, successeur immédiat d'Hardouin de Péréfixe, réitérait cette défense. Mais enfin la sacrée congrégation des rites ecclésiastiques permit, par deux décrets, de fêter le saint vénéré du peuple au 16 du mois d'août, concurremment avec saint Hyacinthe, jusque alors possesseur exclusif de cette journée.   E. LAVIGNE.

ROCHAGE. Ce curieux phénomène, qui a été étudié et décrit par Gay-Lussac, est causé par la propriété que possède l'argent pur en fusion d'absorber jusqu'à vingt-deux fois son volume d'oxygène, qu'il abandonne ensuite en se solidifiant. Si l'on opère sur une masse d'argent un peu considérable, vingt ou vingt-cinq kilogrammes par exemple, et qu'après l'avoir longtemps maintenue à l'état de fusion, on la laisse refroidir, la partie supérieure commence par se solidifier. Il se forme une croûte; mais elle se fendille bientôt, et de l'argent très-fluide s'échappe par les fissures, se répandant en couche mince sur la croûte solide. Ce n'est que quelques instants après que commence le dégagement gazeux : la croûte est soulevée en plusieurs points; il se forme de véritables petits cratères, par l'ouverture desquels s'échappe un courant d'oxygène, tandis que des laves d'argent fondu se répandent par-dessus leurs bords. A mesure que le dégagement gazeux continue, la hauteur de ces cratères augmente et peut atteindre jusqu'à deux ou trois centimètres, le cône d'éruption ayant à la base six ou huit centimètres de diamètre. Avec la quantité d'argent que nous avons supposée, la durée de ce phénomène est d'une demi-heure à trois quarts d'heure. Le rochage ne se produit qu'autant que l'argent est très-pur : la présence de quelques centièmes de cuivre, d'or ou de plomb, suffit pour empêcher l'absorption de l'oxygène par l'argent.

ROCHAMBEAU (Jean-Baptiste-Donatien de VIMEUX, comte de), maréchal de France, célèbre par le commandement qu'il exerça dans l'Amérique du Nord, à l'époque de la guerre de l'indépendance, naquit en 1725, à Vendôme, dont son père était gouverneur. Comme tous les cadets de famille, il fut voué à l'état ecclésiastique. Mais, son frère aîné étant mort, le petit abbé abandonna les autels pour les camps, et à dix-sept ans entra en qualité de cornette dans le régiment de cavalerie de Saint-Simon. Capitaine en 1744, aide de camp du duc d'Orléans en 1745, Rochambeau était colonel du régiment de La Marche en 1747, brigadier d'infanterie en 1756, et maréchal de camp en 1761. Il s'était distingué dans plusieurs occasions périlleuses, en Allemagne, au siége de Maëstricht, lors de l'expédition de Minorque, et il avait été blessé à la bataille de Lanfeldt et au combat de Closterkamp. Les services de Rochambeau durant cette période lui valurent à la paix les grades de major général et d'inspecteur de l'infanterie d'Alsace. Le cordon rouge, l'inspection de la Bretagne et de la Normandie, enfin, en 1780, le grade de lieutenant général, témoignaient assez qu'il possédait les bonnes grâces de la cour. Cependant, personne ne s'avisera de le classer parmi ces généraux de l'ancien régime qui gagnaient paisiblement leurs épaulettes à essuyer la poussière des antichambres royales et ministérielles. C'est à lui que fut confié le commandement du corps auxiliaire que Louis XVI se décida, en 1780, à envoyer aux insurgés d'Amérique. Le 10 août il débarqua à Rhode-Island; mais le général Clinton l'empêcha d'aller plus en avant. Ce ne fut qu'à l'arrivée d'une formidable flotte française aux ordres de l'amiral de Grasse, qu'il put opérer (7 août 1781) sa jonction avec Washington. Tous deux pénétrèrent alors rapidement en Virginie, et ils acculèrent dans Yorktown l'armée anglaise de 7,000 hommes aux ordres de Cornwallis, tandis que la flotte française l'y bloquait par mer; et force lui fut alors de capituler, le 24 octobre. Le congrès américain jugea ne pouvoir donner au général trop de preuves de reconnaissance pour les services qu'il avait rendus à la cause de l'indépendance; il lui fit don de deux pièces d'artillerie prises aux Anglais, et le recommanda vivement, ainsi que son armée, au roi de France. Louis XVI acquitta généreusement cette lettre de change tirée sur lui par ses nouveaux alliés : Rochambeau obtint tout ce qu'il demanda pour son armée et ses officiers, et reçut lui-même le cordon bleu ainsi que le gouvernement de Picardie et de l'Artois. A l'époque de la révolution il obtint le commandement de l'armée du nord, et fut nommé maréchal de France en même temps que Luckner, le 28 décembre 1791. En persistant à garder la défensive, en raison de l'état de désorganisation où se trouvait son armée par suite de l'émigration du plus grand nombre des officiers, il perdit la confiance du parti révolutionnaire, et se vit en butte à tant de tracasseries et d'accusations, qu'il donna sa démission, le 15 juin 1792, pour se retirer dans une terre qu'il possédait aux environs de Vendôme. Après la chute des girondins il fut arrêté et traduit devant le tribunal révolutionnaire, c'est-à-dire condamné à mort. On raconte qu'il avait déjà pris place dans la fatale charrette qui menait au supplice le vertueux Malesherbes et quelques autres victimes, lorsque le bourreau, trouvant la voiture trop pleine, l'en fit descendre en disant : « Va-t'en, vieux, ton tour viendra une autre fois ! » A quelque temps de là le 9 thermidor rendait la liberté au vieux guerrier. En ceignant la couronne impériale, Napoléon lui reconnut le titre de maréchal de France, et lui accorda le grand cordon de la Légion d'Honneur avec une pension considérable. Il mourut en 1807; il avait écrit ses *Mémoires*, qui parurent en 1809 avec une préface de Luce de Lancival.

ROCHAMBEAU (Donatien-Marie-Joseph DE VIMEUX, vicomte de), fils du précédent, naquit en 1750, au château de Rochambeau, et dès l'âge de douze ans il avait embrassé la carrière militaire. En 1779 on le trouve déjà colonel du régiment de Royal-Auvergne (infanterie), et plus tard on le voit suivre son père aux États-Unis, et s'y distinguer à ses côtés. Maréchal de camp en 1791, lieutenant-général en 1792, il fut appelé au commandement des îles du Vent, où il eut successivement à combattre les nègres révoltés, les colons royalistes et les troupes anglaises, venues pour détruire le système républicain. Assiégé dans Fort-Royal par les Anglais, quand sonna l'heure d'une honorable capitulation, il n'avait plus avec lui que 300 hommes, malades ou blessés presqu'en totalité. En 1796 il fut nommé gouverneur général de Saint-Domingue; mais les luttes qu'il y eut à soutenir sans relâche avec l'administration civile et avec ses propres officiers le firent bientôt rappeler. Il commandait, lors de nos revers en Italie en 1800, la division chargée de défendre la tête du pont du Var, et fit la campagne suivante sur la Piave et dans le Tyrol. L'expédition de Saint-Domingue ayant été décidée, il fut appelé à en faire partie. Après la mort de Leclerc, il prit le commandement des débris de cette malheureuse armée de 30,000 hommes, décimée par le climat, la fièvre jaune et les maladies, plus que par le boulet ennemi; il fut forcé de se renfermer avec eux au Cap-Français, où lui-même fut attaqué par la fièvre jaune. Réduit à la plus déplorable situation, il fallut bien se remettre avec ses troupes à la discrétion de l'escadre anglaise, qui, le 30 novembre 1803, les transporta comme prisonniers de guerre à La Jamaïque, en Angleterre. Ce ne fut qu'en 1811 que le général fut remis en liberté, par suite d'un échange; il vint en France assez à temps pour voir le commencement de nos désastres, et tomba à Leipzig (18 octobre 1813), frappé d'un boulet ennemi : il commandait une division du cinquième corps, avec laquelle il s'était distingué à Bantzen.

ROCHDALE, gros bourg du comté de Lancastre, bâti sur les bords d'une rivière, qu'on appelle *Roch* et d'un canal du même nom, se compose, à proprement parler, des villes de Spotsland, Oatleton et Wardleworth. Autrefois propriété de la famille de lord Byron, c'est aujourd'hui le grand centre de la fabrication des flanelles d'Angleterre. Sa population est de 20,195 habitants (et y compris son district, de 72,522). A l'aide de nombreuses machines à vapeur, on y fabrique chaque semaine plus de 8,000 pièces de flanelle, chacune d'environ cinquante mètres de long, et on y tisse plus de 40,000 kilogrammes de fils de coton.

ROCHE AUX FÉES (La). *Voyez* DRUIDIQUES (Monuments).

ROCHECHOUART (Famille de). *Voyez* MORTEMART

ROCHEFORT, grande, belle et forte ville maritime de l'ancien Aunis, aujourd'hui chef-lieu de sous-préfecture du département de la Charente-Inférieure et chef-lieu de préfecture maritime, avec des tribunaux de première instance et de commerce, sur la rive droite de la Charente, à 8 kilomètres de son embouchure dans l'Océan, compte 24,330 habitants, possède un collége, une école d'hydrographie de deuxième classe, une école de médecine navale, une société des arts et des sciences, et présente un port magnifique, l'un des trois plus vastes de France. Rochefort n'était encore au milieu du dix-septième siècle que le château d'une terre de ce nom, lorsqu'en 1666 il fut retiré des mains du propriétaire, comme domaine engagé de la couronne. Louis XIV, qui venait de créer la marine française, sentit la nécessité d'établir dans le golfe de Gascogne un port militaire où l'on pût préparer les expéditions qui devaient porter des secours de toutes natures dans nos colonies et attaquer les possessions ennemies dans les deux Indes. Louis XIV ordonna que ce port fût construit à Rochefort, et dès l'origine rien ne fut négligé pour le rendre aussi sûr que commode. Il a 2,200 mètres de longueur, et contient assez d'eau pour que les vaisseaux de haut bord y restent à flot pendant la marée basse. Des navires de 600 tonneaux peuvent avec leur cargaison entrer et circuler dans le port marchand. De vastes chantiers de construction, des magasins d'armement, des bassins de carénage, une belle corderie, ajoutent encore à tant d'avantages et à celui qu'offre sa proximité de l'Océan. La ville est bâtie avec régularité. Ses rues, tirées au cordeau, sont bien pavées et bordées de maisons élégantes mais peu élevées, et se coupent à angle droit. Les trois principales, larges chacune de 20 mètres, sont plantées de deux rangs de peupliers et d'acacias. Au centre est la place d'armes, parallélogramme régulier, qu'embellit une fontaine et que borde une double rangée d'ormes. En fait d'établissements publics on y remarque surtout l'*hôpital de la marine*, situé hors la ville, pouvant recevoir 1,200 malades, avec jardin botanique, amphithéâtre et cabinet d'anatomie, etc.; l'*hôtel de la marine*, sur le port, avec un superbe jardin servant de promenade publique; l'*école d'artillerie de marine*; la *corderie*, édifice d'une architecture sévère, à deux étages, de 400 mètres de long sur 8 de large; l'*hôpital civil et militaire*; l'*hospice pour les aliénés du département*; le *moulin à draguer*; la *scierie*; le *bagne*, qui peut contenir 2,400 forçats; la *fonderie de canons*; l'*arsenal*, qui renferme une belle salle d'armes; la *salle de spectacle*, etc. Un vaste réservoir sert, à l'aide d'une pompe à feu, aux arrosements journaliers, précaution d'autant plus utile que depuis le mois d'août jusqu'au mois d'octobre l'air de Rochefort n'est rien moins que salubre. La défense de cette place consiste dans les remparts dont elle est entourée et dans les forts construits à l'embouchure de la Charente. Au moyen d'une belle route, elle communique par terre avec La Rochelle, chef-lieu du département.

ROCHEFORT (Famille de). *Voyez* ROHAN.
ROCHEFOUCAULD (LA), *Voyez* LA ROCHEFOUCAULD.
ROCHEJAQUELEIN (LA), *Voyez* LA ROCHEJAQUELEIN.
ROCHELLE (LA). *Voyez* LA ROCHELLE.
ROCHER. *Voyez* ROCHES.
ROCHIER (*Malacologie*), genre de mollusques gastéropodes pectinibranches, de la famille des canalifères, ayant pour caractères : Coquille ovale ou oblongue, canaliculée, portant à l'extérieur des bourrelets rudes, épineux ou tuberculeux, formant trois ou un plus grand nombre de rangées continues depuis le dernier tour jusqu'au sommet, où elles deviennent plus ou moins obliques; corps ovale, enveloppé dans un manteau dont le bord droit est garni de lobes plus ou moins nombreux; pied ovale, assez court; yeux situés à la base externe de longs tentacules coniques et contractiles; bouche pourvue d'une trompe extensible armée de petites dents.

Le genre *rocher* renferme plus de 170 espèces vivantes, et on en compte 100 ou 120 fossiles. Ce sont généralement de belles coquilles; parmi les espèces vivantes, nous citerons : le *rocher cornu*, de la mer des Indes, long de 16 centimètres, et nommé autrefois la *grande massue d'Hercule*; le *rocher droite-épine* (*murex brandaris*, L.), long de 8 à 10 centimètres, très-commun dans la Méditerranée, et qu'on regarde comme ayant dû fournir aux anciens leur plus belle teinture pourpre; le *rocher forte-épine* (*murex crassispina*, Lam.), de la mer des Indes, long de 12 centimètres, et nommé vulgairement la *grande bécasse épineuse*; etc.

ROCHES. Les géologues donnent le nom de *roche* à toute association de parties minérales homogènes ou hétérogènes qui se trouvent dans l'écorce solide du globe en masses assez considérables pour être regardées comme parties essentielles de cette écorce. Malgré la multiplicité des éléments minéralogiques et de leurs combinaisons possibles, la science a reconnu que roches ne sont guère formées que d'une trentaine d'éléments constituants, les autres ne se rencontrant qu'en dépôts accessoires ou accidentels. Il résulte, en effet, des calculs de M. Cordier, que si l'on suppose à l'écorce terrestre consolidée une épaisseur de 80 kilomètres environ, on trouve, pour 100 parties de cette croûte solide : 48 parties de feldspath, 35 de quartz, 8 de mica, 5 de talc, 1 de carbonate de chaux et de magnésie, 1 de péridot, diallage, amphibole, pyroxène et gypse, 1 d'argile sous toutes ses formes, et enfin 1 pour tous les autres minéraux.

M. Cordier range toutes les roches connues en trente-quatre familles, comprises sous quatre classes.

1re *Classe* : ROCHES TERREUSES. — 1re *Famille*, Roches feldspathiques; 2e, Roches pyroxéniques; 3e, Roches amphiboliques; 4e, Roches épidotiques; 5e, Roches granitiques; 6e, Roches hypersthéniques; 7e, Roches diallagiques; 8e, Roches talqueuses; 9e, Roches micacées; 10e, Roches quartzeuses; 11e, Roches vitreuses; 12, Roches argileuses.

2e *Classe* : ROCHES SALINES OU ACIDIFÈRES NON MÉTALLIQUES. — 13e *Famille*, Roches calcaires; 14e, Roches gypseuses; 15e, Roches à base de sous-sulfate d'alumine; 16e, Roches à base de chlorure de sodium; 17e, Roches à base de carbonate de soude.

3e *Classe* : ROCHES MÉTALLIFÈRES. — 18e *Famille*, Roches à base de carbonate de zinc; 19e, Roches à base de carbonate de fer; 20e, Roches à base d'oxyde de manganèse; 21e, Roches à base de silicate de fer hydraté; 22e, Roches à base d'hydrate de fer; 23e, Roches à base de peroxyde de fer; 24e, Roches à base de fer oxydulé; 25e, Roches à base de sulfure de fer.

4e *Classe* : ROCHES COMBUSTIBLES NON MÉTALLIQUES. — 26e *Famille*, Roches à base de soufre; 27e, Roches à base de bitume gris; 28e, Roches pissasphaltiques; 29e, Roches graphiteuses; 30e, Roches anthraciteuses; 31e, Roches à base de houille; 32, Roches à base de lignite.

APPENDICE. — 33e *Famille*, Roches anomales; 34e, Roches météoriques. Ces deux dernières familles ne peuvent se placer dans aucune des classes précédentes.

Cette classification repose sur l'étude des principaux caractères des roches, tels que la composition, l'adhérence des parties élémentaires, la contexture, le délit, la porosité, la couleur, la translucidité, la phosphorescence, l'odeur, etc., etc.

[Dans le langage ordinaire, les mots *roc*, *roche*, *rocher*, sont à peu près synonymes, quoique les écrivains aperçoivent quelques légères différences. Au propre et au figuré, le mot *roc* rappelle spécialement les notions de dureté. Toutes choses d'ailleurs égales, les édifices fondés sur le *roc* durent plus que ceux qui reposent sur un terrain moins ferme. Quelques forteresses ont des fossés taillés dans le *roc*; l'assiégeant ne dirigera pas ses attaques vers cette partie de leur enceinte.

La *roche* se borne au mot *roche*, qui lui suffit pour ses classifications et sa nomenclature méthodique. La topographie, ainsi que les détails géographiques, conserve le nom de *roche* aux masses pierreuses d'une grande étendue, mais peu saillantes, qui disparaissent même quelquefois sous des couches de terre végétale ou sous les eaux de la mer; le nom de *rocher* est réservé pour les parties de ces masses qui se font le plus remarquer par leur élévation et leurs formes imposantes.

Roche et *rocher* s'emploient au figuré : *Il y a quelque anguille sous roche* signifie il y a dans cette affaire quelque chose de secret, de suspect : *Un cœur de roche*, *de rocher*, est un cœur dur, insensible; *Un homme de la vieille roche* est un homme d'une probité reconnue; *La noblesse de vieille roche* est une noblesse ancienne et patriarcale; enfin, on entend par *amis de la vieille roche* des amis solides, éprouvés.   FERRY.]

ROCHESTER, le *Durobrivæ* des Romains, ville et siége d'évêché du comté de Kent (Angleterre), sur la rive gauche de la Medway, qu'on y traverse sur un vieux pont de onze arches et long de 187 mètres, est reliée à Chatam par une rangée de maisons, et, quoique bien bâtie, a l'air antique. La cathédrale, fondée vers l'an 600, par le roi Ethelred, et reconstruite presque entièrement en 1089, n'a de remarquable que sa haute antiquité. Il n'existe plus qu'une seule tour du magnifique château fort qu'on y voyait autrefois. On y compte 14,000 habitants. La pêche des huîtres est la grande industrie locale; et pour régler tout ce qui s'y raporte on élit chaque année dans le sein du conseil communal un tribunal d'amirauté.

ROCHESTER, ville de l'État de New-York (États-Unis de l'Amérique du Nord), chef-lieu du comté de Monroe, sur l'une et l'autre rive du Genesee, qu'on y passe sur trois ponts, non loin de son embouchure dans le lac Ontario, est située aussi à proximité du grand chemin de fer de l'Ouest et du canal d'Erié et reliée au territoire du Mississipi par le *Genesee-Valley-Channel*. Elle est généralement bien bâtie, et possède depuis 1850 une université d'anabaptistes. Il y existe en outre un séminaire d'anabaptistes, deux hospices d'orphelins, un musée et un grand nombre d'écoles. Rochester est, après Lowell dans le Massachusetts, la ville des États-Unis dont le développement a été le plus rapide. En 1812 on n'y voyait encore que quelques maisons de bois. En 1817 c'était déjà un beau village; en 1834 on lui donnait le rang et les droits de ville, et en 1850 on y comptait 43,603 habitants, dont plus de 5,000 Allemands. Elle en est surtout redevable aux immenses forces motrices que mettent à la disposition de l'industrie les chutes du Genesee, qui dans l'intérieur même de la ville ont 189 mètres, et qui se composent de trois chutes principales, de 32 mètres de hauteur perpendiculaire. Rochester est donc une importante ville manufacturière.

ROCHESTER (JOHN WILMOT, comte DE), un des plus spirituels satiriques anglais, et aussi l'un des libertins les plus effrénés de la cour licencieuse de Charles II, naquit en 1647, et fut élevé à *Wadham-College*. Reçu maître ès arts, il alla voyager en France et en Italie, et ne servit pas non plus sans quelque distinction sur mer; mais bientôt il s'abandonna tellement aux plus dégradants excès, que de son propre aveu il ne *dessoula* pas pendant cinq années de suite. Cette conduite désordonnée ruina tellement sa santé, qu'il mourut dès l'an 1680. Pécheur repentant, il manda à son lit de mort l'évêque de Salisbury, Burnet, qui plus tard publia les édifiants détails de cette conversion, quelque peu tardive. Les *Poésies* de Rochester (Londres, 1631; l'édition la plus complète est celle de 1756), quoique faciles, sont composées sans soin, et à peu d'exceptions près ne valent pas grand'chose. Ses *Satires* sont ce que contredit ce qu'il a fait de mieux; mais le plus souvent la licence en est extrême. Ses *Lettres*, dans lesquelles il se montre tendre époux et bon père, offrent le plus frappant contraste avec sa vie et ses poésies.

ROCHET (du latin *rochettus*, dérivé suivant Ménage de l'allemand *rock*, vêtement), ornement de lin que portent les évêques et les abbés. Il ressemble à un surplis, sauf qu'il a des manches et à poignets, tandis que le surplis est entièrement ouvert et sans manches.

ROCHE TARPÉIENNE. *Voyez* TARPEIA.

ROCHETTE (DÉSIRÉ-RAOUL), naquit en 1790, à Saint-Amand (Cher). A vingt ans il épousa la fille du sculpteur Houdon, et entra dans l'instruction publique comme professeur attaché au lycée impérial. En 1815 il fut appelé à suppléer dans sa chaire d'histoire, à la faculté des lettres, M. Guizot, qui avait déserté l'enseignement pour se jeter dans les intrigues de la politique. L'année suivante l'Académie des inscriptions lui ouvrait ses portes après avoir couronné l'*Histoire des Colonies grecques*, restée son meilleur ouvrage. Presqu'en même temps il fut admis au nombre des rédacteurs du *Journal des Savants*; et à la mort de Millin, arrivée en 1818, ce fut lui qui lui succéda comme conservateur du cabinet des médailles et des antiques à la Bibliothèque royale. Nommé censeur en 1820, Raoul Rochette, l'un des lecteurs habituels de la *Société des Bonnes Lettres*, fut toujours compris au nombre des partisans exaltés de la branche aînée des Bourbons, et la rapidité de sa fortune administrative et littéraire le rendit le point de mire d'une foule d'attaques trop souvent justifiées par la précipitation et la légèreté de ses appréciations. Un voyage archéologique qu'il fit en Italie et en Sicile, en 1826 et en 1827, lui a fourni le sujet de magnifiques ouvrages publiés aux frais de l'État. En 1839, l'Académie des Beaux-Arts l'élut pour sociétaire perpétuel. En 1848 le gouvernement provisoire le destitua de ses fonctions de conservateur du cabinet des médailles; mais en dépit de la foule de *dévouements* intrépides qui s'offraient alors au pouvoir pour être mis à *toutes sauces*, on ne trouva personne pour le remplacer. Il est mort le 5 juillet 1854, laissant la réputation méritée de profond érudit et d'infatigable travailleur. La liste de ses ouvrages et de ses mémoires, qui tous ont trait à quelque point d'archéologie, occuperait plusieurs colonnes de ce dictionnaire.

ROCHEUSES (Montagnes), *Rocky* ou *Stony-Mountains*, dénomination commune sous laquelle on désigne un système de montagnes de l'Amérique du Nord qui dans sa vaste étendue présente la configuration la plus diverse. Prolongation septentrionale des Cordillères centrales du Mexique, il traverse tout le territoire des États-Unis, ainsi que l'Amérique anglaise du Nord dans la direction du nord-ouest depuis le 36° et même le 32° degré de latitude septentrionale jusqu'aux côtes de la mer Glaciale du Nord et à l'embouchure du Mackensie, c'est-à-dire jusqu'au 70° degré de latitude septentrionale, par conséquent sur une étendue de 357 à 399 myriamètres, en formant la limite entre la grande plaine centrale de l'est et les montagnes ainsi que les plateaux de la haute Californie, d'Utah, d'Orégon, et de la Nouvelle Calédonie, en même temps qu'il constitue sur un immense développement de pays et de déserts une ligne de démarcation remarquable aux points de vue géologique, hydrographique, climatologique, botanique et ethnographique. Du massif de la *Sierra Valdo*, entre le 38° et 40° degré de latitude nord, se détachent deux chaînes dans la direction sud-sud-est vers le Nouveau-Mexique. La chaîne occidentale forme la ligne de partage entre le Rio-Grande del Norte et le Rio-Colorado, et sous les noms de *Sierra de las Grallas*, *Sierra de los Mimbres* ou de *Mogollon*, se prolonge jusqu'à la *Sierra Madre* du Mexique, nom sous lequel elle est aussi comprise quelquefois, mais elle en est séparée par le plateau du Rio-Gila; la chaîne orientale, ou la *Sierra de los Comanches*, renferme plusieurs longues vallées, dont la plus importante est celle du Rio-Pesos, et ne se termine que par le 20° degré de latitude nord, au Texas, sous le nom de mont *Guadalupe*. Toutes deux ont pour base un plateau dont l'altitude varie entre 700 et 2,400 mètres. La chaîne orientale, qui au nord du 30° de latitude prend aussi le nom de Montagnes Rocheuses (*Rocky Mountains*), porte sur son versant oriental d'énormes pics de granit. Plus au nord, au delà de l'immense solution de continuité de l'Arkansas, s'élèvent le *James-Peak* ou *Pike's-Peak*, et le *Long's-Peak* ou *Bighorn*, qui est peut-être la plus haute de toute la partie des *Rocky Mountains* comprise dans le territoire des États-Unis. A partir du James-Peak la grande chaîne orientale et occidentale est reliée par diverses chaînes transversales à des montagnes presque aussi élevées. Il en résulte diverses grandes vallées profondément encaissées, appelées *parks*, et dont trois se trouvent entre le 39° et le 40° de latitude nord : le *South-Park* ou *Bayou-Salade*, au pied du Pike's-Peak, et au nord-ouest de la source principale de l'Arkansas, le *Middle-Park* ou *Old-Park*, où sont situées les sources du Grand-River et du Rio-Colorado; et le *North-Park* ou *New-Park*, contenant les sources du Nebraska ou North-Fork, et du Platte-River. Au nord, s'élève dans la direction du nord-ouest le mont *Windriver*, autre massif remarquable, duquel sourdent le Windriver du Missouri, le Green-River ou Colorado supérieur ainsi que le Lewis-Fork, affluent du Columbia, et dont le point culminant, le *Frémont's-Peak*, atteint 4,244 mètres d'altitude. Au nord-ouest, du côté de l'Orégon, le mont *Salmon-River*, contenant les sources du Salmon-River ou Lewis-River, North-Fork, situées seulement à quelques kilomètres des sources les plus élevées du Missouri, se détachent de ce massif. Plus loin, vers le nord-est, les bas *Black-Hills*, ou Montagnes Noires, se prolongent jusqu'à l'embouchure du Yellowstone, dans le Missouri. Dans la direction du sud-sud-ouest, s'étend vers le territoire d'Utah, le *Timpanogos* ou mont *Wasatsch*, formant un plateau dont la hauteur ne dépasse guère 1,500 à 2,300 mètres, et qui le divise en versant oriental et versant occidental. Le premier occupe tout l'espace des *Rocky-Mountains* compris entre le 37° et le 43°, et le second celui qui est compris entre le 34° et le 45° de latitude nord jusqu'aux montagnes maritimes de la haute Californie, appelées *Sierra-Nevada*. Au nord du mont Windriver la chaîne principale des *Rocky-Mountains* continue à présenter un caractère aussi sauvage et abrupte, et atteint ses points extrêmes d'élévation entre le 52° et le 53° de latitude nord, au voisinage des sources du Saskatchewan, sur le territoire britannique. Mais alors elle va toujours en s'abaissant davantage, de sorte que du 56° au 65°, où elle prend le nom de *Chippewayan-Mounts*, elle ne dépasse plus 1,300 mètres, et même au voisinage de la mer Glaciale 6 à 700 mètres d'altitude. Les passages les plus connus pour franchir les *Rocky-Mountains* sont au nombre de six : 1° le passage le plus septentrional, entre l'*Unigah* ou *Peace-River* et le *Takutschessih* ou *Frazer's-River*; 2° le passage le plus dangereux, entre les sources du Saskatchewan et du Columbia, situé comme le précédent sur le territoire britannique, et trop au nord pour être bien fréquenté ; 3° le passage du nord, entre les sources du Missouri et le Bitter-Root-River, assez commode et cependant peu fréquenté, parce que la route qui y conduit se trouve trop éloignée du centre des États-Unis; 4° le passage du sud ou route de l'Orégon, qui d'*Independance*, dans l'État et sur les bords du fleuve Missouri, conduit à travers le Kansas à Lewis : c'est le plus fréquenté de tous; 5° la route du Green-River (*Rio-Colorado*), conduisant à travers les trois *Parks* dans la vallée de l'Arkansas ; 6° la route ordinaire des caravanes, partant d'*Independance*, franchissant l'Arkansas, et aboutissant à Santa-Fé, dans le Nouveau Mexique. C'est cette route que le général Kearney suivit avec ses troupes dans la guerre contre le Mexique, en 1846.

ROCKY-MOUNTAINS. *Voyez* ROCHEUSES (Montagnes).

ROCOCO (Style). On désigne sous ce nom le complet abâtardissement dans lequel tomba au dix-huitième siècle le style de l'architecture et de l'ornementation. Ce mot vient-il du nom d'un architecte appelé *Rococo*, ou bien faut-il le dériver de *rocaille?* C'est ce qu'il serait difficile de décider. La meilleure définition qu'on en puisse donner à notre avis, c'est que le style rococo commence là où l'artiste perd de vue la signification intime des formes, tout en l'employant mal à propos et uniquement en vue de l'effet. De telles œuvres peuvent sans doute flatter encore la vue, mais elles sont la fin de l'art. En ce sens, il serait exact de dire que les Romains, eux aussi, eurent un style *rococo*, comme en témoignent les constructions élevées sous Dioclétien. Tout style d'architecture qui s'efforce d'innover en matière de décoration tombe de même dans le *rococo*. Ce qui caractérise plus particulièrement le style *rococo* du dix-huitième siècle, qui prit naissance en Italie et fleurit surtout en France, ce sont les façades hérissées de lignes courbes, les frontons recourbés et brisés, les encadrements tout à fait arbitraires des fenêtres et des portes; et à l'intérieur, la profusion d'ornements insignifiants; dans l'ornementation même, la préférence donnée aux *rocailles*, aux guirlandes de fleurs enlacées d'une manière affectée; les sophas, les fauteuils, les tables, aux formes tourmentées, etc., etc.; enfin, la prédilection pour les chinoiseries, genre d'ornements dont la délicatesse barbare convient parfaitement à un style sans nom. Vers la fin du dix-huitième siècle une violente réaction s'opéra contre le *rococo*; elle fut occasionnée par le succès qu'obtint alors dans les diverses branches de l'art un nouveau style classique, qui mit à la mode dans l'ameublement comme dans les vêtements tout ce qui était *à la grecque*. Dans ces dernières années, si on a vu le style rococo envahir de nouveau toutes les productions des arts, ce n'a été là qu'une mode éphémère, à laquelle en a bientôt succédé une autre, d'un goût plus pur, et puisant ses inspirations à ce qu'on appelle la *renaissance*. Cette résurrection du *rococo* provint surtout de la manie qu'eurent un instant les heureux du jour de vouloir à toute force faire preuve de noblesse de race, en contrefaisant plus ou moins heureusement dans leur intérieur les meubles qu'eussent pu leur léguer, à la rigueur, leurs prétendus aïeux.

ROCOU ou **ROUCOU**, matière tinctoriale d'un rouge orange. On l'obtient par la fermentation et la cuisson de la pulpe qui enveloppe les graines du rocouyer (*bixa orellana*, L.), arbrisseau de la famille des liliacées, croissant spontanément dans l'Amérique méridionale et aux Antilles. Le bois du rocouyer possède la propriété de s'enflammer assez vite par le frottement, et les nègres ont habituellement recours à cet expédient pour se procurer du feu. Le rocou est d'un grand usage dans la teinture, et arrive en Europe en pains ou gâteaux, enveloppés dans des feuilles de bananier. Le rocou est un des principaux produits de la Guyane Française; pour être de bonne qualité, il faut qu'il présente une pâte ferme et une belle couleur rouge sombre. Le rocou ne s'emploie pas seulement par les peintres et les teinturiers; en Espagne, on en met dans le chocolat et dans les ragoûts, parce qu'on le considère comme stomachique; en Angleterre, il sert à colorer les fromages de Chester; et c'est un des nombreux moyens employés pour frelater la couleur du beurre.

ROCROI ou **ROCROY**, chef-lieu d'arrondissement, dans le département des Ardennes, et place de guerre de quatrième classe, dans une belle et vaste plaine entourée de toutes parts par la forêt des Ardennes, avec 2,869 habitants et un tribunal civil. Cette ville, située à 27 kilomètres de Mézières, est célèbre par la bataille qui s'y livra en 1643 entre les Français et les Espagnols, et qui est l'une des plus importantes dont fasse mention l'histoire de l'ancienne monarchie. Don Francisco de Mellos, qui commandait l'armée espagnole, y fut tué. La victoire resta aux Français sous les ordres du grand Condé, alors duc d'Enghien, qui, s'il faut en croire les chroniques du temps, dut beaucoup moins ce succès à son habileté de capitaine qu'à l'impétuosité toute française avec laquelle lui et ses soldats se précipitèrent sur les lignes ennemies.

RODE (PIERRE), violon célèbre, né à Bordeaux, le 26 février 1774, de parents allemands, annonça dès sa plus tendre jeunesse des dispositions extraordinaires pour la musique et un goût particulier pour le violon. En 1787 il vint à Paris, où Viotti lui donna des leçons, et où, en 1790, il fut admis comme second violon à l'orchestre du théâtre Feydeau. En 1798 il entreprit un voyage artistique, parcourut une partie de la Hollande et de l'Allemagne, puis se rendit à Londres, où, par suite des haines nationales, alors si prononcées, on ne l'accueillit que très-médiocrement. A son retour à Paris, il fut nommé professeur de violon au Conservatoire.

A la suite d'un voyage en Espagne et d'un assez long séjour à Madrid, il fut attaché comme violon solo à la chapelle du premier consul. En 1803 les offres brillantes que la cour de Russie lui fit faire ainsi qu'à Boïeldieu les déterminèrent tous deux à se rendre à Saint-Pétersbourg. Cette époque est celle où son talent jeta le plus vif éclat. Rode séjourna cinq ans en Russie; mais alors les soupçons de toutes espèces et les haines dont les étrangers y étaient devenus l'objet le forcèrent encore une fois à revenir en France. Il avait souffert moralement et physiquement. Son jeu s'en ressentit, et n'ayant pas reçu à Paris l'accueil sur lequel il croyait pouvoir compter, il résolut de ne plus paraître en public dans cette capitale. A partir de ce moment ce ne fut donc plus que devant un petit nombre d'amis qu'il se fit entendre; et rien n'était plus délicieux que les quatuors qu'il exécutait avec Baillot et Lamarre. A la suite d'un nouveau voyage artistique en 1811, il retourna dans sa ville natale, où il demeura jusqu'en 1828, s'occupant surtout de la publication de ses œuvres. Cédant enfin aux sollicitations de ses amis, il consentit à se faire encore une fois entendre en public à Paris; mais il s'était laissé dépasser par des rivaux plus jeunes, et subit alors les déceptions les plus amères. Il était malade quand il revint à Bordeaux. Vers la fin de 1829, il y fut frappé d'une attaque d'apoplexie, aux suites de laquelle il succomba, le 25 novembre 1830.

Rode s'est fait également un nom comme compositeur. Ses douze concertos, qu'exécutent tous les maîtres de l'art, sont à bon droit célèbres. On a encore de lui vingt-quatre caprices en forme d'études. Il est aussi auteur, avec Baillot et Kreutzer, de la méthode de violon adoptée par le Conservatoire de Paris.

RODENBACH (ALEXANDRE), membre distingué de la chambre des représentants belges, est né en 1786, à Roulers, dans la Flandre occidentale. A l'âge de onze ans, il perdit la vue sans retour; mais son père ne lui en fit pas moins donner une éducation distinguée, et le confia à cet effet aux soins du célèbre Valentin Haüy; aussi sous le gouvernement hollandais fut-il l'un des rédacteurs habituels du journal d'opposition publié à Gand. En cette qualité il prit une part importante aux actes qui précédèrent la révolution belge de septembre 1830. Il rédigea alors un grand nombre de proclamations et d'appels au peuple conçus dans les termes les plus énergiques, et qui ne contribuèrent pas peu à rendre l'insurrection de plus en plus populaire et générale. Le peuple belge se montra reconnaissant; quand un congrès ou assemblée nationale eut mission de décider des destinées de la Belgique indépendante, M. Alexandre Rodenbach, malgré son état de cécité, fut appelé à en faire partie; et voilà plus de vingt-cinq ans qu'il est l'un des membres les plus actifs et les plus influents de la chambre des représentants. A la tribune, où sa parole est toujours religieusement écoutée, il s'est constamment montré, comme dans tous ses écrits, le défenseur zélé des libertés nationales et de la liberté de la presse. C'est le premier aveugle qu'on ait vu faire partie d'une assemblée délibérante. Le calme que cette infirmité donne à son extérieur contraste si fortement avec la vivacité brillante de son esprit, avec son langage pittoresque et animé produit sur ses auditeurs l'impression la plus durable. On a de lui un livre aussi instructif qu'intéressant, intitulé *Lettre sur les aveugles*; une notice sur la *Phonographie ou langue universelle télégraphique*, une *Statistique politique et géographique de la Belgique*, un grand nombre de discours prononcés à la tribune nationale sur diverses questions d'économie sociale, et tout récemment encore il a publié : *Les Aveugles et les Sourds-Muets* (Bruxelles, 1855).

RODERICH ou RODRIGUE, dernier roi des Visigoths en Espagne, à qui les Espagnols reprochent tous les malheurs qui désolèrent dans ce temps leur pays (*voyez* CAVA, tome IV, p. 715). Il est permis de se défier de leur partialité quand ils cherchent à ternir jusqu'au dernier acte de sa vie, dont l'authenticité, constatée par le témoignage de deux grandes armées, semble cependant inattaquable : nous suivrons donc dans notre récit la version, beaucoup moins suspecte, des historiens arabes. Roderich était fils de Théodefred, duc de Cordoue, à qui le roi Witiza avait fait crever les yeux ; Roderich, indigné, prit les armes, attaqua, vainquit Witiza, et fut proclamé roi à sa place, en l'an 710. Les partisans du monarque détrôné se joignirent à quelques seigneurs visigoths, et sollicitèrent l'appui de Mouza-ben-Nozen, gouverneur de l'Afrique septentrionale. Celui-ci leur envoya une armée sous les ordres de Tarik-ben-Zeiad, un de ses généraux, qui avait déjà conquis toute la Mauritanie. Ce furent les premiers Arabes armés qui pénétrèrent en Espagne. Leur débarquement eut lieu à Algésiras, le 28 avril 711, et ils campèrent d'abord sur le mont *Calpé*, là où est aujourd'hui *Gibraltar*. Roderich envoya contre eux l'élite de sa cavalerie, qui fut mise en déroute par la cavalerie arabe. Le prince visigoth marcha lui-même contre Tarik avec une armée de près de cent mille hommes. La bataille fut livrée le 17 juillet 711, sur les bords de la rivière Lethe, nommée depuis *Guadalète*, et continua trois jours avec acharnement ; mais Tarik, pendant la dernière journée, ayant reconnu le roi visigoth à l'éclat de ses vêtements et à la pompe de son entourage, fondit sur lui, et parvint à le percer de sa lance : il put même lui couper la tête, qu'il fit embaumer pour l'envoyer à Mouza, comme signe et trophée de sa victoire. Les chrétiens cependant, furieux de la mort de leur chef, se battirent encore six jours comme des lions, mais sans plus de succès. Ce ne fut que le 26 juillet, après neuf jours de carnage, que le triomphe de Tarik fut complet et que se trouva définitivement perdue pour les chrétiens la bataille de Guadalète, qui ouvrit l'Espagne aux Maures et leur en livra la plus grande partie.

RODEZ, ancienne capitale du Rouergue, chef-lieu actuel du département de l'Aveyron. On la nommait autrefois *Segodunum*, ou encore d'après les *Rutheni*, dont elle était la capitale, *Ruthena*, d'où son nom actuel. Bâtie sur le penchant d'une colline dont l'Aveyron baigne la base, elle compte 10,280 habitants. Siège d'évêché, d'un tribunal civil et d'un tribunal de commerce, elle possède des chambres consultatives d'agriculture, des arts et du commerce, un dépôt d'étalons, une bibliothèque publique de 16,000 volumes, avec un cabinet d'histoire naturelle et de physique, et deux typographies. On y fabrique des serges, des tricots et des couvertures de laine. Il s'y fait un commerce assez important en bestiaux, cadis, cuirs, grosse draperie, fromages, toile, cire, paille tressée, etc.

Rodez s'enorgueillit à bon droit de sa belle cathédrale et des noms célèbres dont l'histoire du Rouergue s'honore. C'est de cette contrée que sont sortis les héroïques d'Estaing ; c'est dans Rodez que, durant le dix-septième siècle, un généreux citoyen, Jean de Tuillier, imitant Clémence Isaure, fonda une seconde académie des Jeux Floraux. De profonds penseurs, des philosophes vraiment dignes de ce nom, des moralistes célèbres, en tête desquels il faut placer Bonald, mettent encore le petit pays des *Rutheni*, bien inconnu, bien dédaigné par les hommes frivoles de ce temps-ci, au petit nombre des provinces qui contribuent le plus aujourd'hui à illustrer la France.

RODNEY (GEORGES BRYDGES), l'une des gloires de la marine britannique, naquit en 1718, et entra de bonne heure au service. En 1751 il était déjà commodore, et en 1759 amiral. A cette époque il commanda l'expédition dirigée contre le Havre, et il bombarda cette ville en dépit de la flotte française. En 1762 il s'empara de la Martinique ; et à la paix il fut nommé gouverneur de l'hôpital militaire de Greenwich. Sa passion pour le jeu l'avait ruiné et obéré de dettes. Se trouvant dans l'impossibilité de les acquitter, il se réfugia en France, où le maréchal de Biron l'accueillit et le secourut généreusement. Le roi d'Angleterre, cédant aux instantes recommandations dont il était l'objet, lui confia de nouveau, en 1779, le commandement de la flotte des Indes. Au mois de janvier 1780 il enleva un nombre considérable de bâtiments de transport espagnols, et huit jours après il battit la flotte ennemie, commandée par Langara; victoire qui lui permit de ravitailler Gibraltar. Au mois de mai de la même année, il rencontra à la hauteur de la Martinique la flotte française aux ordres du comte de Guiche, et engagea avec elle trois combats successifs, dont l'issue resta indécise. L'expédition que Rodney tenta, en décembre, contre l'île Saint-Vincent échoua; mais les opérations qu'il entreprit au commencement de l'année suivante n'en furent que plus brillantes. Au mois de février, il s'empara successivement des îles Saint-Eustache, Saint-Martin et Saba, et enleva environ deux cents bâtiments, tant navires marchands, que vaisseaux de guerre. Ces succès éclatants furent immédiatement suivis de la soumission des colonies hollandaises, Esséquébo, Démérary et Berbice, et de celle de l'île Saint-Barthélemy. Sa victoire la plus brillante fut cependant celle qu'il remporta, le 12 avril 1782, sur la flotte française commandée par le brave comte de Grasse, à la hauteur de Saint-Domingue et des îles Saintes, en brisant la ligne de bataille de son adversaire. La perte des Français fut considérable : cinq vaisseaux de ligne, et dans le nombre le vaisseau amiral, *La ville de Paris*, devinrent la proie du vainqueur. Le comte de Grasse lui-même fut fait prisonnier. En récompense de cette victoire, qui sauva la Jamaïque, Georges III nomma Rodney pair et baron du royaume, sous le titre de *Rodney de Rodneystocke*, en même temps que le parlement lui votait une pension de 2,000 livres sterling. Il mourut le 12 mai 1792.

RODOLPHE DE HABSBOURG ou **RODOLPHE I**er, empereur d'Allemagne (1273-1291), le fondateur de la monarchie autrichienne, né le 1er mai 1218, était le fils d'Albert IV, comte de Habsbourg et landgrave d'Alsace. Dès l'an 1236 il guerroya en Italie sous les ordres de l'empereur Frédéric II, et, en 1255, il fit partie de la croisade entreprise contre les Prussiens, alors encore idolâtres, par le roi de Bohême Ottokar. A la mort de son père (1240), il hérita de ses possessions, et les agrandit successivement en Suisse aux dépens de ses oncles, le comte de Habsbourg-Laufenbourg et le comte de Kybourg, ainsi que par son mariage avec Gertrude, fille du comte de Hombourg ou Homberg, de sorte que, lorsqu'il fut élu empereur, il possédait déjà, outre son manoir héréditaire de Habsbourg en Argovie, les comtés de Kybourg, de Bade et de Lenzbourg, et le landgraviat d'Alsace. Son renom de vaillance et de justice détermina d'abord, en 1257, Uri, Schwitz et Unterwald à le choisir pour leur protecteur, de même que plus tard les Strasbourgeois, et en 1264 les Zurichois à le prendre pour leur général; situation par suite de laquelle il se trouva entraîné dans de longues et sanglantes querelles avec l'évêque de Strasbourg et avec Ludolf de Regensberg, mais dont il finit par sortir victorieux. Il eut aussi à soutenir, pour une querelle de femme, une guerre contre l'abbé de Saint-Gall; mais il ne tarda point à faire sa paix avec lui pour, avec son assistance, mettre à la raison la ville de Bâle et son évêque, qui avaient expulsé le parti patricien, dévoué à Rodolphe. Après une trêve de trois ans, il avait recommencé en 1273 la guerre contre Bâle et assiégeait la ville, lorsque le burgrave Frédéric de Nuremberg vint lui apprendre au milieu de la nuit qu'il avait été élu, le 30 septembre, à Francfort empereur d'Allemagne. Tout aussitôt la ville de Bâle fit sa soumission et rouvrit ses portes aux exilés. Quant à Rodolphe, il partit pour Aix-la-Chapelle, où son couronnement eut lieu le 28 octobre. Son premier soin alors, pour se faire des alliés contre ses rivaux, Alfonse de Castille et Ottokar de Bohême, fut de gagner ses intérêts le pape Grégoire X en concluant avec lui un concordat qui confirmait tous les privilèges et usurpations de l'Église, contre la promesse que le comte palatin Louis et le duc Albert de Saxe, en leur faisant épouser ses deux filles. Il marcha ensuite contre Ottokar et Henri de Bavière, qui tous deux persistaient à lui refuser foi et hommage; par son invasion subite de la Bavière, il contraignit Henri à se soumettre; la conquête de l'Autriche et la prise de Vienne déterminèrent ensuite Ottokar à implorer la paix. Pour l'obtenir, il dut céder l'Autriche, la Styrie, la Carinthie et la Carniole à Rodolphe, et le reconnaître en qualité d'empereur. En 1276 celui-ci accorda à Ottokar l'investiture de la Bohême et de la Moravie. Mais dès l'année suivante Ottokar rompait le traité, et il fut tué à la bataille de Marchfeld, en 1278. Rodolphe rendit, il est vrai, à son fils Wenceslas la Bohême et la Moravie; mais, du consentement des autres électeurs, il incorpora alors définitivement aux possessions de sa maison, l'Autriche, la Styrie et la Carniole; et le 1er juin 1283 il en investit son fils Albert, tandis qu'il donnait la Carinthie au comte Meinhard du Tyrol, en récompense de ses services. Rodolphe se trouva plus facilement débarrassé de son autre rival, Alfonse de Castille, attendu que le pape, flatté de l'obéissance que lui témoignait l'empereur, contraignit le roi de Castille à renoncer à la couronne impériale en le menaçant de l'excommunication. A partir de ce moment, tous les efforts de Rodolphe tendirent à ramener en Allemagne l'ordre et la tranquillité, qui avaient tant souffert de ce qu'on appelle l'*interrègne* et de la lutte des deux prétendus empereurs Alfonse et Richard de Cornouailles, à consolider la puissance impériale, à faire fleurir le commerce et l'industrie, et à augmenter les lumières générales. Rien qu'en Thuringe, il détruisit soixante-six manoirs féodaux, dont les nobles possesseurs avaient fait autant de véritables repaires de brigands; et il parcourait souvent les diverses parties de l'Empire afin d'aplanir les différends qui surgissaient entre les princes et les peuples; aussi l'appelait-on *la loi vivante*. Respectant les droits des électeurs, il n'entreprenait rien d'important sans leur consentement et savait l'obtenir toutes les fois que cela était nécessaire. L'attention que Rodolphe donnait aux affaires intérieures ne l'empêchait pas de faire respecter l'Empire à l'extérieur. Il contraignit le comte de Savoie à restituer différents fiefs relevant de l'Empire dont il s'était emparé en Suisse, et le comte Othon de la haute Bourgogne, qui, avec l'aide du roi de France, prétendait se soustraire à la suzeraineté de l'Empire, à la reconnaître solennellement. Toutefois, à la mort de Wenceslas, il échoua dans le plan qu'il avait conçu de réunir la Bohême et la Hongrie à l'Empire, de même que dans ses efforts pour faire élire son fils Albert *roi des Romains*. Il était déjà âgé de soixante-quatre ans, lorsqu'il épousa une princesse de Bourgogne qui n'en avait encore que quatorze. Il mourut le 30 septembre 1291, à Germersheim, comme il se rendait à Spire, où on l'enterra. Il était simple dans ses mœurs et sa manière de vivre, bon et affable envers chacun, juste, généreux et d'une bravoure à toutes épreuves. C'est lui qui introduisit le premier l'emploi de la langue allemande pour la rédaction des chartes et documents. Il eut pour successeur Adolphe de Nassau.

RODOLPHE II, empereur d'Allemagne (1576-1612), fils de l'empereur Maximilien II, né en 1552 et élevé par des jésuites à la cour d'Espagne, succéda, le 12 octobre 1576, à son père en qualité d'empereur, après avoir déjà obtenu en 1572 la couronne de Hongrie, et en 1575 celle de Bohême ainsi que le titre de *roi des Romains*. Mis ainsi en possession des nombreux pays appartenant à la maison d'Autriche, il ne céda point, comme il avait été d'usage jusque alors, l'administration de certains d'entre eux à ses frères, et les dédommagea en leur constituant des apanages. Timide et irrésolu, d'ailleurs adonné à l'alchimie et à l'astrologie, ses occupations favorites, et grand amateur de chevaux, il s'inquiétait peu des affaires de l'État, mais ne tolérait pas non plus que d'autres que lui s'en mêlassent. Les jésuites, qui sous le règne de son père avaient été obligés d'observer une grande réserve, acquirent maintenant complète liberté d'action, grâce surtout à l'appui de son frère Ernest. Le culte protestant fut aboli à Vienne et dans les autres villes de l'archiduché, on ferma les écoles des protestants, et l'exercice du culte nouveau ne fut permis qu'aux nobles et à leurs vassaux. En même temps on expulsait du pays un grand nombre de prêtres protestants, et on rétablissait le catholiques en possession exclusive de toutes les fonctions publiques. Rodolphe prit également en mains les intérêts catholiques dans l'Empire. C'est ainsi que l'archevêque Gebhard de Cologne, qui avait embrassé le protestantisme, fut chassé de son siége, en 1584, et remplacé par le prince Ernest de Bavière; que, lors d'une querelle survenue, en 1592, entre les chanoines catholiques et les protestants, le prince protestant Jean-Georges de Brandebourg, qui avait été élu évêque, dut céder la place au prince catholique Charles de Lorraine; et que le duc Maximilien de Bavière put, en 1607, s'emparer de la ville libre impériale de Donauwœrth, dont les habitants protestants étaient en querelle avec leur abbé, la réunir à ses États, et y rendre le culte catholique obligatoire. Cette manière d'agir avec une ville libre impériale protestante, de même qu'en 1608, lors de la diète tenue à Ratisbonne, la résistance à la demande de renouvellement de la paix de religion faite par les protestants, déterminèrent ces derniers à former, le 4 mai 1608, sous la direction de l'électeur palatin Frédéric IV, une confédération à laquelle, dès le 10 juin 1609, les princes catholiques en opposèrent une autre, présidée, sous le nom de ligue, par le duc Maximilien de Bavière, « pour le maintien de l'ancienne religion et de la constitution de l'Empire ». Les hostilités venaient d'éclater entre les deux partis, lorsque l'assassinat de Henri IV, qui s'était déclaré pour la confédération protestante, et la mort de l'électeur palatin, qui en était l'âme, vinrent empêcher la guerre de prendre plus de développement.

Les affaires de Rodolphe avaient pris mauvaise tournure en Hongrie. Il avait cédé le territoire formant la frontière de ce pays à son oncle, qui y avait donné asile à une foule d'aventuriers de tous pays, et notamment aux Uscoques, chrétiens expulsés de Turquie. Les brigandages commis en Turquie par ces différentes hordes amenèrent une guerre avec le sultan Amurat III; guerre suivie de graves revers, qui ajouta encore aux calamités de toutes espèces provenant de l'oppression religieuse ainsi que de l'inutilité des plaintes portées à l'empereur, et détermina une révolte en Hongrie. Déjà Bocskaï, le chef des révoltés, s'était rendu maître de la Transylvanie et de la haute Hongrie; déjà il menaçait les provinces autrichiennes, lorsque le frère puîné de l'empereur, Matthias, muni des pleins pouvoirs de ses autres frères, rétablit la paix par un traité signé d'abord à Vienne le 23 juin 1606 avec les Hongrois, puis le 11 novembre de la même année avec le sultan Achmet. En raison de la continuation de l'état d'incapacité de l'empereur, Matthias profita de ce qu'il avait été déclaré chef de la maison d'Autriche pour forcer bientôt après son frère, le 11 juillet 1609, avec l'aide des protestants, à lui céder la Moravie, l'Autriche au-dessus et au-dessous de l'Ens et le royaume de Hongrie. Les calixtins et les protestants de Bohême se soulevèrent à cause des nombreuses atteintes portées à leurs droits; et, le 11 juillet 1609, ils contraignirent l'empereur à signer l'acte appelé *lettre de majesté*, qui leur accordait le libre exercice de leur culte; puis, l'archiduc Léopold étant entré en Bohême à la tête d'une armée, ils finirent par invoquer le secours du roi Matthias, qui, en 1611, obligea l'empereur à lui céder en outre la Bohême, la Silésie et la Lusace. Ainsi dépouillé de tous ses États héréditaires, Rodolphe fut réduit à implorer l'intervention des électeurs; et, ceux-ci ne l'ayant bercé que de vaines promesses, à se contenter de quelques seigneuries et d'une rente annuelle de 300,000 florins. Il mourut de chagrin, sans s'être jamais marié, le 10 janvier 1612.

RODOLPHE DE SAXE (Les). *Voyez* ASCANIENNE (Maison).

RODOLPHINES (Tables). C'est le nom sous lequel on désigne les tables que Tycho-Brahé commença pour calculer le cours des astres, et qui furent ainsi nommées en l'honneur de l'empereur Rodolphe II. Plus tard, Kepler les compléta d'après les observations de Tycho-Brahé, mais en suivant une théorie à lui propre. Elles parurent en latin (Ulm, 1627, in-folio).

RODOMONT, nom d'un personnage de l'*Orlando Furioso* de l'Arioste, dont on se sert pour désigner un fanfaron qui, pour se faire valoir ou se faire craindre, se vante d'actes de bravoure qu'il n'a pas accomplis. Ses forfanteries se nomment *rodomontades*. Le rodomont peut à la rigueur ne point être lâche, quoiqu'en général la modestie soit l'apanage de la vraie bravoure comme du vrai mérite : mais c'est un rôle qui expose parfois celui qui le joue à bien des avanies, à bien des déboires.

RODRIGUE. *Voyez* RODERICH.

RODRIGUES (OLINDE), juif de Bordeaux, d'origine portugaise, né vers 1790, faisait la place de Paris comme courtier marron en marchandises et denrées coloniales, lorsque le hasard le mit en rapport avec le fameux Saint-Simon. Il devint l'un de ses visiteurs habituels et bientôt l'un de ses premiers disciples. Avec Bazard, il coopéra en 1826 à la rédaction du *Producteur*; et en 1831 il devint l'un des *cardinaux* de l'église Saint-Simonienne. D'heureuses spéculations d'agiotage lui avaient procuré une douce indépendance, lorsqu'il mourut en 1851, avant d'avoir pu être témoin des merveilleuses fortunes qu'ont faites depuis tels et tels saint-simoniens qui à Ménilmontant s'estimaient fort honorés de cirer ses bottes.

RODRIGUEZ (Le Père JEAN), jésuite portugais, célèbre par ses missions au Japon, était né en 1559. C'est en 1583 qu'il partit pour ce pays, où il passa plusieurs années, qu'il employa non-seulement en travaux apostoliques, mais encore à étudier la langue du pays. Il était parvenu à la parler si parfaitement qu'il prêchait publiquement en japonais. Il a même composé en portugais une grammaire de cette langue, qui fut imprimée en 1604, à Nangasaki. Il mourut en 1633, à l'âge de soixante-quatorze ans.

ROEBUCK (JOHN-ARTHUR), membre du parlement d'Angleterre et l'un des principaux chefs du parti ultra-radical, est le petit-fils d'un médecin distingué du comté de Sheffield, et naquit en 1801, à Madras, aux Grandes Indes. Tout jeune encore il suivit sa famille au Canada, d'où il alla, en 1824, étudier le droit en Angleterre. Il devint bientôt dans la presse et les *meetings* l'un des plus chauds avocats de la réforme parlementaire; et après l'adoption de cette grande mesure il fut élu membre de la chambre des communes par la ville de Bath. Il fonda alors, en société avec Molesworth, la *Westminster Review*, destinée à devenir la tribune littéraire du parti radical. Toutefois, il réussit peu comme orateur à la chambre basse, tant que les troubles du Canada ne lui eurent pas fourni l'occasion de prendre une attitude faite nécessairement pour attirer sur lui tous les regards. D'accord avec Hume, il s'était prononcé de la manière la plus énergique en faveur des réclamations élevées au Canada par le parti français. En 1836 l'assemblée législative du Bas-Canada lui en témoigna sa gratitude, en le nommant son agent en Angleterre. A ce titre, il combattit avec une grande violence dans le sein du parlement, en mars 1837, la résolution prise par le gouvernement anglais de briser à coups de lois rendues par les chambres de la métropole la résistance de l'assemblée législative contre les décrets et décisions du pouvoir central; mais il ne fut soutenu que par les enfants perdus du radicalisme. Également mal vu des whigs et des tories, il échoua aux élections de 1837; cependant, en 1841, les électeurs de Bath lui renouvelèrent leur mandat. Il soutint alors énergiquement la croisade entreprise en faveur du libre échange par Cobden, et l'indépendance qu'il témoigna en cette occasion lui fit perdre encore une fois en 1847 son siège au parlement; mais en 1849 il fut élu par la ville de Sheffield. Quoiqu'il se fût précédemment prononcé avec énergie contre toute intervention de l'Angleterre dans les affaires du continent, il contribua beaucoup en 1857 au vote qui approuva formellement la politique d'intervention de lord Palmerston; vote qui valut au ministère, battu à la chambre haute. Frappé d'apoplexie en 1852, il n'a plus fait depuis, en raison de l'état débile de sa santé, que de rares apparitions à la chambre basse, où il continue de représenter les électeurs de Sheffield. L'irritabilité de son caractère et la rudesse de ses manières l'ont rendu assez peu agréable à ses collègues ; mais par sa loyauté, sa résolution et sa franchise il jouit d'une grande popularité hors du parlement. Comme jurisconsulte, c'est un homme instruit.

ROEDERER (Pierre-Louis, comte) était fils d'un procureur de Metz, et naquit en cette ville, le 15 février 1754. Après avoir acheté en 1779 une charge au parlement de Metz, il se fit remarquer quelques années plus tard par des brochures écrites dans le mouvement d'idées alors dominant, et fut élu en 1789 par le tiers état de sa province député aux états généraux. A l'Assemblée nationale, il fit preuve de connaissances spéciales en matières de finances. Après la dissolution de la Constituante il fut élu avocat général dans le département de la Seine, fonctions dans l'exercice desquelles il se montra assez modéré. Au 10 août ce fut lui qui conseilla à la famille royale de se réfugier au sein de l'Assemblée législative ; et quoique ce conseil ait déterminé la chute du trône, mal vu des jacobins, il crut devoir se cacher, et ne reparut sur la scène qu'après le règne de la terreur, comme rédacteur du *Journal de Paris*. En 1795 il publia une brochure intitulée *Des Réfugiés et des Émigrés*, qui produisit une certaine sensation. L'année suivante il fut désigné pour faire partie de l'Institut, et le Directoire le nomma en même temps professeur d'économie politique à l'école centrale. Au 18 fructidor, l'intervention de Talleyrand le sauva de la déportation. Grand admirateur du génie de Bonaparte, Roederer contribua beaucoup dans la presse à favoriser l'établissement du consulat. Il en fut récompensé par une place au conseil d'État, et fut chargé d'organiser les préfectures ; on lui confia ensuite la direction de l'instruction publique. Roederer encourut cependant tout à coup la disgrâce du premier consul, ce qui ne l'empêcha pas de continuer à travailler activement dans ses intérêts. Nommé sénateur, ce fut sur la proposition qu'on décréta le consulat à vie. En 1806 Napoléon l'envoya en mission auprès de son frère Joseph, roi de Naples, dont il devint en même temps le ministre des finances. Napoléon le créa bientôt après *comte de l'empire*. En décembre 1810 il fut nommé ministre secrétaire d'État du grand-duc de Berg ; et vers la fin de 1813 l'empereur l'envoya en mission extraordinaire à Strasbourg. Pendant les cent jours, il déploya un grand zèle pour l'armement des populations de la Bourgogne et de la Bretagne. Nommé pair de France bientôt après, il se prononça, à la suite du désastre de Waterloo, pour Napoléon II. Pendant toute la seconde restauration, il disparut complètement de la scène politique et écrivit alors ses *Mémoires pour servir à l'histoire de Louis XII et de François Ier* (2 vol., Paris, 1825). L'ouvrage qu'il publia après la révolution de Juillet sous le titre de *Esprit de la révolution de 1789, et sur les événements du 20 juin et du 10 août 1792* produisit une vive sensation. En 1832 Louis-Philippe, dont il était devenu le grand admirateur, le comprit dans une *fournée* de pairs. Il mourut, le 17 décembre 1835, laissant des Mémoires qui, dit-on, furent brûlés pour se conformer à un désir exprimé en haut lieu.

ROENNE. *Voyez* Bornholm.

ROËR ou **RUHR**, affluent de la rive droite de la Meuse, qui prend sa source dans l'arrondissement d'Aix-la-Chapelle, de la province Rhénane (Prusse), dans le plateau des *hohen Veen*, à environ 10 kilomètres de Malmédy, coule en décrivant de nombreux détours dans la direction du nord-est en baignant les murs de Montjoie, Duren et Juliers, se dirige ensuite au nord-ouest vers le territoire hollandais, et, après un parcours de douze myriamètres, va se jeter dans la Meuse, à *Ruhremonde*, chef-lieu du duché hollandais de Limbourg, avec une population de 6,000 âmes, dont la fabrication des draps et la navigation constituent les principales industries. La Roër n'est pas navigable, et elle déborde souvent. Elle est très-poissonneuse, et alimente un grand nombre de canaux servant de force motrice à une foule d'usines. Ses eaux conviennent aussi beaucoup au blanchiment et à la teinture.

Sous le premier empire, elle donnait son nom à un département, *le département de la Roër*, chef-lieu Aix-la-Chapelle, et formant quatre arrondissements : Aix-la-Chapelle, Cologne, Crevelt et Clèves.

ROESKILDE, ville de l'île de Séelande (Danemark), sur un golfe appelé *Isifjord*, à 28 kilomètres au nord-ouest de Copenhague, et reliée à cette capitale par un chemin de fer, ne se compose que d'une rue unique, et compte 3,000 habitants. On y trouve quelques fabriques de drap, de cotonnades et de papier, un collége, et un chapitre pour les filles nobles. Sa cathédrale, où sont enterrés une vingtaine de rois et de reines de Danemark, est surtout célèbre. Autrefois résidence des rois de Danemark, Roeskilde était aussi le plus ancien siége épiscopal du royaume ; et ce n'est que tout récemment qu'on l'a supprimé. Le 28 février 1658 il s'y signa un traité de paix entre le Danemark et la Suède. De nos jours, c'est à Roeskilde que se réunit l'assemblée des états des îles danoises.

ROGATIONS (*Liturgie*). On appelle ainsi des prières publiques qui se font dans l'église catholique pour demander à Dieu la conservation des biens de la terre. Saint Mamert, évêque de Vienne, qui vivait au cinquième siècle, fut le premier qui institua cet usage de parcourir les champs en procession, chantant des psaumes, des litanies, des antiennes, et invoquant la miséricorde de Dieu pour qu'il bénisse les travaux de l'agriculture. Pendant le lundi, le mardi et le mercredi des *Rogations*, on s'abstient de viande, en esprit d'une pénitence qui doit désarmer la colère du Seigneur (*voyez* Litanies). C'est au mois de mai, dans la semaine de l'Ascension, que l'on célèbre les *Rogations*. Les curés des campagnes, suivis de leur clergé et des fidèles, font processionnellement, précédés de la croix et des bannières des confréries, le tour de leur paroisse ; on part au lever du soleil, et l'on rentre quelques heures après dans l'église, où l'on offre le saint sacrifice. Les curés des grandes villes et de Paris, bien que les limites de leur paroisse ne s'étendent pas au-delà des murs, n'en font pas moins la procession dans les champs, et c'est un devoir pour les fidèles d'y assister, quand nul empêchement ne s'y oppose. On trouve dans le *Génie du Christianisme* une description des *Rogations* où la majesté de la religion et ces scènes champêtres acquièrent sous la plume de Châteaubriand une nouvelle majesté et de nouveaux charmes.

C^{sse} de Bradi.

ROGATIONS (*Droit romain*), en latin *rogationes*. *Voyez* Comices.

ROGATOIRE (Commission), du latin *rogare*, interroger, s'enquérir. Ces mots désignent, en procédure, le mandat spécial donné par un tribunal à un tribunal voisin ou à un juge, pour procéder à un examen de lieux, à une vérification de registres, à une perquisition, à une réception de caution ou de serment, à une enquête, etc., lorsque les justiciables, les lieux ou les objets en litige, étant trop éloignés du siége du tribunal saisi de l'affaire, l'opération judiciaire ordonnée exigerait un déplacement considérable et coûteux. Les cas principaux qui peuvent rendre nécessaire une *commission rogatoire* sont indiqués dans les articles 1035 du Code de Procédure civile, 16 du Code de Commerce et 90 du Code d'Instruction criminelle.

A. Husson.

ROGER Ier, comte de Sicile, était l'un des douze vaillants fils du Normand Tancrède de Hauteville, qui, vers le milieu du onzième siècle, quittèrent la Normandie pour aller servir comme mercenaires dans la basse Italie, où Roger, le plus jeune, et Robert Guiscard, l'aîné de ses frères, firent des conquêtes qui donnèrent lieu plus tard à la création du royaume des deux Siciles. En 1060 Roger se rendit maître de Messine, et l'année suivante il remporta à Enna une victoire signalée sur les Sarrasins. La Calabre, qu'il avait aidé son frère Guiscard à conquérir, devint entre eux la cause d'une sanglante querelle, Guiscard ayant refusé de lui en donner la moitié ainsi qu'il s'y était engagé. Quand ils se furent réconciliés et que la Sicile eut été complétement subjuguée, Roger fut créé comte de Sicile ; puis à la mort de son frère (1185) il devint le chef des Normands en Italie. Il aida ses neveux, les fils de Robert, à se maintenir en possession de la Pouille, et considéra la Sicile comme devenue sa propriété. Il y remplaça le culte grec par le culte romain, mais en même temps il accorda à ses sujets sarrasins complète liberté de conscience. Il s'empara ensuite de Malte. Une bulle du pape Urbain II, en date du 2 juillet 1098, mais dont l'authenticité est contestée, lui conféra la dignité de légat-né du saint-siége ; dignité qui servit de base au célèbre tribunal de la monarchie sicilienne. En conséquence, Roger se déclara souverain en toutes matières ecclésiastiques n'intéressant pas directement la foi, et se juge suprême en matières religieuses, investi du droit de censure et même d'excommunication, sauf approbation subséquente du pape. Roger, l'un des héros de son temps, mourut le 22 juin 1101, à Mileto, en Calabre, où il résidait habituellement. Il eut pour successeur Roger II, son fils.

ROGER II, roi de Sicile (1101-1154), était fils de Roger Ier, comte de Sicile, et n'avait encore que cinq ans quand il perdit son père. Ce fut d'abord sa mère, Adélaïde, fille du marquis Boniface de Montferrat, qui exerça la régence en son nom. Mais elle se fit tant détester des Siciliens par son orgueil et sa tyrannie, qu'elle fut contrainte de nommer son gendre, le prince Robert de Bourgogne, tuteur du jeune roi et gouverneur de Sicile. Quand Roger prit lui-même les rênes du gouvernement, il fit preuve d'autant d'habileté en politique que d'intrépidité dans les combats. Il réduisit à l'obéissance les barons révoltés, remit de l'ordre dans les finances, ramena la prospérité dans le pays, dont le commerce avec Gênes, Pise, etc., prit alors d'importants développements. Il contraignit Malte à se reconnaître de nouveau tributaire de la Sicile ; et en 1127, à la mort de son cousin Guillaume, petit-fils de Robert Guiscard, il s'empara de la Pouille et de la Calabre. Il échangea alors son titre de *comte de Sicile* contre celui de *roi*, puis fut sacré et couronné en cette qualité à Palerme, le 25 décembre 1130. Malgré toutes les révoltes tentées par les barons, malgré l'empereur d'Allemagne Lothaire et l'empereur grec Comnène, ligués contre lui, quoique excommunié même en 1139 par le pape Innocent II, il fit si bonne résistance, que le pape se vit forcé de le reconnaître comme roi et d'abandonner à lui et à ses héritiers la Pouille, la Calabre et Capoue à titre de fiefs. Ayant exercé avec vigueur en Sicile les droits que lui conféraient son titre de *légat-né* du saint-siége, et ayant en conséquence enlevé aux couvents une partie de leurs richesses, il se trouva entraîné avec le pape dans de nouvelles difficultés, qui ne furent aplanies qu'en 1146. Par suite d'une insulte qu'il essuya à son envoyé l'empereur grec Emmanuel, il ravagea en 1146 l'Épire et la Dalmatie, s'empara de Corfou et dévasta la Grèce. L'année suivante il attaqua en Afrique l'empire des Zoraïdes ; et ses conquêtes sur ce continent furent si importantes, qu'à sa mort, arrivée le 26 février 1154, l'empire des Normands en Afrique s'étendait depuis Tripoli jusqu'à Tunis, et de Mogreb à Kaïrvin. Quatre vaillants fils l'avaient précédé dans la tombe. Il eut pour successeur l'incapable Guillaume Ier, dit *le Mauvais*, qui deux années avant la mort de son père avait été admis par lui à partager les soins du gouvernement. De sa cinquième femme, *Béatrice*, née comtesse de Rethel, il laissa une fille, *Constance*, qui, par son mariage avec l'empereur Henri IV, porta le trône de Sicile dans la maison de Hohenstaufen.

ROGER (Pierre). *Voyez* CLÉMENT VI.

ROGER ou ROGIER dit *Van der Weyd* ou *Wyd*, peintre remarquable de l'ancienne école flamande, qu'on a souvent confondu avec l'ancien peintre *Roger de Bruges*, élève de Van Eyck, était né à Bruxelles, et mourut en 1529. Ses toiles, remarquables par leur exactitude et leur vérité de détails, sont très-rares. La galerie impériale de Vienne en possède deux. Il existe de lui au musée de Berlin une *Descente de croix*, sujet que cet artiste semble avoir affectionné ; et on voyait autrefois à l'hôtel de ville de Bruxelles quatre tableaux allégoriques de sa composition. Roger Van der Weyd excella aussi dans la peinture sur verre. Les portraits de Charles Quint et de François Ier qu'on voit dans l'église Sainte-Gudule sont de remarquables preuves de son talent en ce genre.

ROGER-DUCOS. *Voyez* DUCOS (Roger).

ROGERS (SAMUEL), poète anglais, né en 1762, était fils d'un riche banquier de Londres, dont il prit la suite d'affaires dès qu'il eut terminé ses études universitaires. Ses débuts comme poète datent de 1786, époque où il fit paraître son *Ode to Superstition and other poems*. En 1792 il publia ses *Pleasures of Memory*, qui fondèrent sa réputation sur des bases solides ; en 1798, son *Epistle to a Friend* ; en 1812, après un long silence, *Voyage of Columbus, a fragment* ; en 1814, le récit poétique *Jacqueline* ; en 1819, *The human Life*, et enfin en 1822 *Italy*, poème descriptif dont un voyage en Italie lui fournit le sujet et les matériaux. Il mourut à Londres, le 18 décembre 1855, à l'âge de quatre-vingt-treize ans. Pendant plus d'un demi-siècle la maison qu'il habitait dans *Saint-James Place* fut le rendez-vous des illustrations en tous genres. On était sûr d'y rencontrer les jeunes peintres et les jeunes poètes d'avenir, les voyageurs célèbres de tous les pays. La bonté du poète n'avait pas de bornes, et il serait trop long de citer tous ceux auxquels sa bourse ouvrit le chemin de la gloire et de la fortune. Il avait la voix faible, la prononciation embarrassée ; malgré son teint pâle et son apparence maladive, il a joui jusqu'à la fin de sa vie d'une excellente santé.

Samuel Rogers brille bien moins par la vigueur de l'invention et la puissance de l'imagination que par la grâce de son style et la sûreté de son goût. Ses vers ressemblent à un fleuve au cours toujours paisible ; mais jamais on n'y rencontre de grandes et saisissantes inspirations. Le plus gracieux de ses ouvrages est son poëme sur les *Plaisirs de la Mémoire* ; et celui dans lequel il ait le mieux réussi, ses poèmes sur l'*Italie*, où l'on trouve de délicieuses descriptions des mœurs et des paysages de cette contrée. Ses ouvrages ont obtenu les honneurs de nombreuses éditions. La dernière est de 1853 ; elle se compose de deux volumes, magnifiquement imprimés.

ROGIER (CHARLES), homme d'État belge, est né en 1800, à Saint-Quentin (France) ; et à l'âge de douze ans il suivit ses parents à Liége, où il reçut son éducation de collége, et où il fit ses études universitaires. Reçu avocat à Liége, il ne pratiqua guère, et s'établit bientôt maître de pension, en même temps qu'avec ses amis, Lebeau et Devaux, il s'associait à la rédaction de diverses feuilles d'opposition. Quand éclata à Bruxelles la révolution de septembre 1830, on le vit à la tête d'une troupe de volontaires prendre part aux différents combats dont les rues de la capitale furent alors le théâtre. Nommé membre du gouvernement provisoire, il conserva ses fonctions jusqu'en février 1831. Au mois de juin suivant, il fut appelé au poste de gouverneur d'Anvers, et en 1832 à celui de ministre de l'intérieur. Il conserva ce portefeuille jusqu'au 4 août 1834, pour redevenir alors gouverneur d'Anvers et le rester jusqu'en 1840, époque où, à la chute du cabinet de Theux, il fut appelé avec MM. Lebeau et Nothomb à faire partie d'un cabinet libéral, qui ne dura qu'une année. Chef de l'opposition libérale de 1842 à 1847, il revint alors à la direction des affaires, et prit le ministère de l'intérieur. C'est cette administration habile, ferme et éclairée, qui en 1848 eut la gloire de préserver la Belgique de l'imitation ou contrefaçon de la révolution dont Paris venait d'être le théâtre, et d'avoir ainsi sauvé l'indépendance du pays. Les événements survenus en France en 1852 ayant amené la chute du cabinet dont il faisait partie, depuis lors son activité politique s'est bornée au rôle éminent qu'il joue dans le sein de la représentation nationale, où les prétentions de l'ultramontanisme et du parti prêtre n'ont pas d'adversaire plus prononcé.

ROGIER (Firmin), frère aîné du précédent, né en 1791, à Cambray, fut de 1811 à 1814 professeur à Liége. Lié depuis longtemps avec les principaux instigateurs de la révolution belge, il fut à la suite des événements de 1830 chargé à diverses reprises de missions diplomatiques. Successivement secrétaire de légation du comte Lehon, puis du prince de Ligne, il fut nommé en 1848 ministre plénipotentiaire à Paris; et il en remplit encore aujourd'hui les fonctions.

ROGNAT (Joseph, vicomte), lieutenant général du génie et pair de France, né à Vienne en Dauphiné, en 1767, fut élevé à Lyon, et après avoir terminé ses études entra à l'Ecole du Génie, à Metz. Dès le début des guerres de la révolution, il fut attaché à l'armée active, où il obtint en très-peu de temps le grade de capitaine. En 1808 il fut envoyé en Espagne, avec le grade de colonel. Nommé en 1809 général de brigade, il fut appelé en Allemagne et attaché, comme commandant du génie, au corps du duc de Montebello. Une fois la paix conclue à Vienne, Napoléon le renvoya en Espagne, où il prit une part active au siége de Tortose, en 1810, ainsi qu'à tous les siéges entrepris par l'armée d'Aragon pendant le courant de l'année 1811. Général de division en 1812, il fut envoyé en Allemagne dans les premiers jours de 1813 comme commandant du corps du génie. C'est sous ses ordres que furent exécutés les nombreux travaux entrepris sur la Saale et sur l'Elbe, particulièrement aux environs de Dresde. Après la bataille de Leipzig, il eut avec l'empereur, à l'occasion d'un pont qu'il avait été chargé de faire sauter, quelques difficultés à la suite desquelles il donna sa démission. Il resta à Metz, quand l'armée française eut été forcée de repasser la Moselle. Au retour de l'île d'Elbe, Rognat oublia sa querelle personnelle avec Napoléon, et accepta le commandement du génie à l'armée de Belgique. A la seconde restauration, Louis XVIII le nomma inspecteur général du génie. Il présida le conseil de guerre qui, en 1816, condamna à mort le général Brayer et fit partie de celui qui acquitta le général Drouot. En 1817 il fut nommé vicomte, en 1829 membre de l'Institut, et en 1832 pair de France. Il mourut en 1840. On a de lui, entre autres, une *Relation des siéges de Saragosse et de Tortose* (1814), et des *Considérations sur l'Art de la Guerre*, ouvrage dans lequel il s'est permis une vive critique des opérations stratégiques de Napoléon. Elle a été réfutée par celui-ci dans ses Mémoires. Son *Mémoire sur l'emploi des petites armes dans la défense des places* a été rédigé par le capitaine Villeneuf.

ROGNON. Voyez REINS.

ROGNON (*Minéralogie*). On donne ce nom à des portions de roches cohérentes, d'une forme plus ou moins arrondie, souvent étranglées sur plusieurs points, se rapprochant assez de la figure des rognons des animaux, et d'un volume généralement supérieur à celui du poing, qu'on trouve englobées dans l'épaisseur des couches de la terre, ou dans d'autres masses minérales plus ou moins considérables.

ROHAN (Les), famille française célèbre par son ancienneté, ses richesses et ses alliances, qui, en raison de sa descendance de maison souveraine, jouissait à la cour de Versailles, avant la révolution, du rang et des honneurs de *princes étrangers*, et dont on connaît l'orgueilleuse devise :

> Roi je ne puis,
> Prince ne daigne ;
> Rohan je suis.

Elle descend des anciens ducs de Bretagne, et tire son nom d'une petite ville du département du Morbihan. On lui donne pour souche *Guéthénoc*, cadet de la maison de Bretagne, qui, vers l'an 1021, reçut comme apanage le comté de Porrhoët et le vicomté de Rennes. Son descendant *Jean*, fut en l'an 1100, créé vicomte de Rohan. Il épousa d'abord l'héritière de Léon, et en secondes Jeanne d'Evreux. Le second mariage le rendit le beau-frère de Philippe de Valois, ainsi que des rois d'Aragon et de Navarre. Du premier mariage de Jean provint la *branche aînée* de la maison de Rohan, qui s'éteignit en 1540, avec deux filles, dont l'une porta sa portion d'héritage à la ligne de *Rohan-Gié* et l'autre à la ligne de *Rohan-Guémené*.

La ligne de ROHAN GUÉMENÉ est issue du second mariage de Jean. Elle tire son nom d'une petite ville du département du Morbihan, qui en 1570 fut érigée en principauté. Tous les Rohan postérieurs descendent de cette ligne de Guémené, qui dans ces derniers temps est allée s'établir en Autriche, où, en 1803, elle a obtenu le rang et le titre de *prince* ainsi que la qualification d'*altesse sérénissime*.

En 1588 *Louis de* ROHAN-GUÉMENÉ fut, en récompense de ses services, créé duc de Montbazon et pair de France. Son fils *Hercule*, duc de MONTBAZON, porta comme son père les armes contre la ligue, jouit sous Henri IV d'une grande considération à la cour, et mourut en 1654. Sa fille fut la duchesse de *Chevreuse*, aussi célèbre par sa beauté et son esprit que par son influence. Le chevalier *Louis* de ROHAN, à qui nous consacrons plus loin un article spécial, était un des petits-fils d'Hercule de Rohan-Guémené, duc de Montbazon.

Le dernier rejeton mâle de la ligne aînée des Rohan-Guémené fut le feld-maréchal lieutenant autrichien *Victor-Louis-Mériadec*, prince de ROHAN-GUÉMENÉ, duc de Montbazon et de Bouillon, né le 20 juillet 1766, mort sans laisser de postérité, le 10 décembre 1846. Il avait adopté les fils d'une branche cadette de la ligne de Rohan-Guémené, les *Rohan-Rochefort*, de sorte qu'à sa mort il a eu pour successeur, comme chef de toute la famille de Rohan-Guémené, l'aîné des Rochefort, *Camille-Philippe-Joseph-Idesbald*, duc de Bouillon et de Montbazon, prince de Guémené, de Rochefort et de Montauban, né le 19 décembre 1801. Il réside à Prague et à Paris. Pour ce qui est du titre de Bouillon, *voyez* BOUILLON (Duché de).

Les ROHAN-ROCHEFORT, branche collatérale de la maison de Guémené, datent de 1611. Cette ligne fut fondée par un fils cadet des Guémené, qui obtint le titre de *comte de Montauban* ; en 1718, l'un de ses descendants fut créé *prince de Rohan-Rochefort*.

La ligne de ROHAN-GIÉ, issue des Guémené, fut fondée par le célèbre maréchal Rohan de Gié, qui fut gouverneur de François I*er* et qui joua un rôle important à la cour de Louis XII. Son fils, qui portait les mêmes noms, périt à la bataille de Pavie.

*René I*er, petit-fils du maréchal, fut tué, le 28 octobre 1552, sous les murs de Metz. Il avait épousé Isabelle d'Albret, grand'tante du roi Henri IV ; alliance qui rapprochait les Rohan de la couronne de Navarre. *René II*, son fils, épousa, en 1557, Catherine de Parthenay, héritière de la maison de Soubise, femme célèbre par son esprit et par ses poésies. Elle soutint le siége de La Rochelle avec la plus grande intrépidité, et mourut en prison à Niort, en 1631. Elle eut de son mariage avec René *Henri*, duc de ROHAN (*voyez* l'article spécial qui lui est consacré plus loin), en faveur de qui Henri IV érigea en 1603 le comté de Rohan en duché-pairie, et *Benjamin*, prince de Soubise, considérés tous deux sous le règne de Louis XIII comme les chefs des huguenots et demeurés les grandes figures héroïques de leur race. L'aîné avait épousé, en 1605, Marguerite de Béthune, fille de Sully, qui accompagna son mari dans toutes les guerres des huguenots, défendit même, avec un rare courage Castres, en 1635, et mourut à Paris, en 660. Malgré ses vertus guerrières, elle ne jouissait pas précisément comme femme de la meilleure réputation. De son mariage avec *Henri*, elle eut une fille, qui épousa après la mort de son père le descendant d'une ancienne famille française, *Henri de* CHABOT, à qui elle apporta en dot les biens immenses de sa maison, à la condition de prendre le nom de Rohan-Chabot. Sa mère, Marguerite de Béthune, duchesse douairière de Rohan, protesta contre cette transmission d'héritage. Elle prétendit être accouchée en 1630, à Paris, pendant le séjour de son mari à Venise, d'un fils légitime appelé *Tancrède*, dont elle avait alors dissimulé l'existence, de peur que le cardinal de Richelieu ne le lui enlevât pour le faire élever dans la religion catholique. Le duc Henri de Rohan, revenu à Paris en 1634, aurait vu son fils et consenti à ce que la mère continuât à le cacher dans un château de la Normandie. Tancrède aurait été enlevé plus tard de cette retraite par ordre de sa sœur Marguerite, qui entendait demeurer l'unique héritière de sa maison, et aurait fini par être mis en apprentissage chez un marchand de Leyde. Les mémoires du dix-septième siècle sont remplis de particularités romanesques sur l'existence de ce Tancrède, fils putatif du duc Henri de Rohan. Ce jeune homme, vraisemblablement quelque enfant naturel de Marguerite de Béthune, soutint contre sa sœur, sur sa possession d'état, un grand procès, qu'il perdit devant le parlement de Paris, mais non devant l'opinion publique. Cela ne l'empêcha pas d'embrasser la cause parlementaire pendant la guerre de la Fronde; il périt blessé d'un coup de pistolet, dans une embuscade, au bois de Vincennes (1er février 1649). C'est ce qui a fait dire à un poëte :

Il est mort glorieux pour la cause d'autrui;
C'est pour le parlement qu'il entra dans la lice.
Il a tout fait pour la justice,
Et la justice rien pour lui.

La duchesse de Rohan-Chabot, sa sœur (car elle l'était bien certainement, par sa mère du moins), ne laissa pas même reposer en paix les cendres de l'infortuné jeune homme. Ce ne fut qu'en 1654, après cinq ans de contestations, que la duchesse douairière de Rohan obtint de Louis XIV la liberté de faire inhumer son fils Tancrède à Genève, auprès du tombeau de son père, avec une épitaphe qui le qualifiait *duc de Rohan*. Mais Marguerite de Béthune, duchesse douairière de Rohan, étant morte en 1660, les Rohan-Chabot obtinrent que l'épitaphe serait effacée. Consultez Griffet, *Histoire de Tancrède de Rohan* (Leyde, 1767).

Le chef actuel de la famille de Rohan-Chabot est *Anna-Louis-Fernand de Rohan-Chabot*, né le 14 octobre 1789, duc de Rohan, prince de Léon, veuf le 23 mars 1844, de Joséphine-Françoise de Gontaut-Biron. Son fils, *Charles-Louis-Joseph*, prince de Léon, né en 1819, a épousé en 1843 la fille du marquis de Boissy.

Le comte de *Rohan-Chabot*, issu d'une ligne collatérale, et créé en 1843 *comte de Jarnac* par Louis-Philippe, s'était rallié à la maison d'Orléans, et a rempli longtemps les fonctions de premier secrétaire d'ambassade puis de chargé d'affaires de France à Londres.

En 1714 Louis XIV avait érigé la terre de Fontenay en duché-pairie de ROHAN-ROHAN, en faveur de la ligne de *Rohan-Soubise*, qui s'éteignit en 1787, en la personne du maréchal Charles de Soubise.

ROHAN (HENRI, DUC DE), chef du parti protestant sous Louis XIII, et qui dans ce siècle si fécond en grands capitaines mérita d'être comparé aux Gustave-Adolphe et aux Weimar, était fils de René II de ROHAN-Gié et de Catherine de Parthenay, et naquit le 21 août 1571, au château de Blain, en Bretagne. Il débuta dans la carrière sous Henri IV, et se signala à ses côtés au siège d'Amiens. Ce grand roi lui témoigna d'autant plus d'affection que, n'ayant pas d'enfant de la reine Marguerite de Valois, sa première femme, il regardait Rohan comme son héritier présomptif pour le royaume de Navarre (*voyez* à l'article ROHAN [Les], le paragraphe relatif à *René Ier*). Après la paix de Vervins, Henri de Rohan parcourut l'Europe, et fut en Angleterre remarqué par Élisabeth, qui l'appelait son *chevalier*; en Écosse, il fut parrain du prince Charles, fils de Jacques VI. De retour en France, il fut créé duc et pair et colonel général des Suisses et Grisons par Henri IV, qui lui fit épouser la fille de Sully, Marguerite de Béthune, « dont je louerais avec plus de plaisir l'esprit mâle et le grand courage, dit l'historien Le Vassor, si elle avait mieux ménagé sa réputation sur le chapitre de la fidélité conjugale » (*voyez* à l'article

ROHAN [Les], le paragraphe relatif à *René II*). Ce mariage, sous le règne suivant, plaça Rohan à la tête du parti calviniste. Il prit une part assez peu active aux troubles de la régence de Marie de Médicis. Condé et d'autres seigneurs avaient pris les armes pour des intérêts de cour : ces motifs touchaient assez peu le religieux duc de Rohan. En 1620, lorsque l'édit qui réunissait le Béarn à la couronne et y rétablissait la religion catholique souleva les protestants, qui virent dans cette mesure une violation manifeste de l'édit de Nantes, ce seigneur, après s'être opposé d'abord à cette prise d'armes, n'en soutint pas moins avec vigueur une guerre qu'il aurait voulu empêcher. Il jeta un secours dans Montauban, qu'assiégeait Louis XIII en personne, accompagné du connétable de Luynes et de six maréchaux. Luynes, qui voulait sauver l'honneur des armes du roi, offrait à Rohan tout ce qu'il pourrait demander pour lui et pour sa maison s'il consentait à ce que la place fût rendue : « Ma conscience ne me permet pas d'accepter autre chose qu'une paix générale pour mon parti, » répondit le duc, et Louis XIII se vit forcé de lever le siège après avoir perdu huit mille hommes. Dès ce moment presque tout le midi se déclara pour Rohan, et il trancha du souverain en Guienne et en Languedoc, levant des contributions, altérant les monnaies pour subvenir aux frais de la guerre; mais tous les efforts du duc de Montmorency, qui commandait pour le roi en Guienne, lui suscitèrent moins d'embarras que l'humeur inquiète de certains ministres brouillons et indocilité des gens de son parti. « Tel est le malheur des guerres civiles, dit-il dans ses *Mémoires*, qu'elles mettent entre le chef et ses partisans une égalité trop grande. » Toutefois, il sut triompher des obstacles, tenir face à quatre armées, et, malgré la défection des autres chefs de son parti, dicter à Louis XIII le traité de Montpellier (19 octobre 1622), qui confirmait l'édit de Nantes. L'infraction de cette paix en tous ses articles devint le sujet d'une seconde guerre (1625), dans laquelle Rohan déploya la même habileté, et ne négligea rien pour réchauffer l'enthousiasme des calvinistes. On le voyait faire porter publiquement l'Évangile devant lui, et prononcer de longues prières du ton d'un inspiré. Les protestants eux-mêmes virent de l'affectation dans ces pratiques extérieures.

Richelieu, alors premier ministre, plus occupé de se délivrer de ses rivaux à la cour que d'accabler les protestants, leur donna la paix, le 6 février 1626. Rohan, pressentant que cette pacification n'était qu'une trêve, s'occupa de fortifier son parti; il comptait sur les secours de l'Angleterre, et se tint prêt pour une troisième guerre civile, qui commença en 1627. Le ton religieux qui régnait dans son manifeste le fit comparer à Machabée; et tout en le plaignant d'avoir été pour son pays un artisan de révolte, on ne peut s'empêcher d'admirer les talents divers qu'il déploya alors comme homme d'État, comme administrateur et comme général. Des atrocités furent commises de part et d'autre dans la guerre de chicane qu'il eut à soutenir en Vivarais et dans les Cévennes; mais jamais il n'en donna l'exemple le premier; seulement, il usait du terrible droit de représailles. Aussi habile à manier la plume que l'épée, on le voit dans sa correspondance avec Montmorency, son antagoniste, non moins supérieur en politesse et en esprit que sous le rapport militaire, et, selon l'expression d'un biographe, *mettre les rieurs de son côté*. Loin de se laisser abattre par la prise de La Rochelle, il redoubla d'efforts au dedans, puis entama avec l'Angleterre, avec l'Espagne, des négociations tendant à troubler le triomphe de Richelieu : *mais*, dit-il lui-même dans ses *Mémoires*, *Dieu, qui en avait tout autrement disposé, souffla sur tous ces projets*. Après avoir résisté pendant une année, tant contre les troupes du roi en personne que contre le découragement de ses coreligionnaires, il se montra enfin disposé à jeter les armes après la prise de Privas et d'Alais. La cour voulait bien lui accorder, aux conditions les plus brillantes, un accommodement particulier : il répondit *qu'il mourrait gaiement plutôt que de n'avoir pas une paix générale*; et ce chef de parti, que le parlement de Toulouse avait condamné à être écartelé, força Louis XIII de traiter avec lui *de couronne à couronne* (Voltaire), et lui imposa l'édit de juillet 1629, qui laissait l'exercice de leur culte aux protestants, désormais privés de leurs places de sûreté. Les trois cent mille livres que reçut Rohan furent presque entièrement distribuées par lui comme indemnités à ceux qui avaient servi le parti : il consacra les soixante mille livres restant à la réparation de ses châteaux, ruinés par la guerre. Il se retira ensuite à Venise, où il rédigea ses *Mémoires sur les choses advenues en France depuis 1610 jusqu'en 1629*; puis une partie de ses *Discours politiques*. En 1631, étant à Padoue, il composa son *Parfait Capitaine*; enfin, un *Traité de la Corruption de la Milice ancienne*. Ces divers écrits, ainsi que ses *Lettres sur la guerre de la Valteline*, trop peu lus aujourd'hui, sont comparables aux *Commentaires de César*. On y trouve cette netteté, cette franchise de style qui caractérisa depuis l'école de Port-Royal. Pendant son séjour à Venise, il négocia avec la Porte l'achat de l'île de Chypre, dans le dessein d'y établir des familles protestantes de France et d'Allemagne.

Richelieu, appréciant la capacité de Rohan, ne le laissa pas longtemps sans emploi. En 1631 il l'envoya à Coire, capitale des Ligues-Grises, pour les défendre contre les agressions de la maison d'Autriche. Cette mission fut d'abord toute pacifique; en 1633 un ordre du roi le condamna de nouveau à l'oisiveté, et il employa ce loisir forcé à composer son ouvrage *Sur les intérêts des princes*, qu'il dédia à Richelieu. Enfin, en 1635, une armée de 15,000 hommes lui fut confiée pour conquérir la Valteline. Dans cette campagne, il agit comme César et parla comme Cicéron : la harangue qu'il adressa à ses troupes, à la journée de Cossiano, est comparable aux plus belles des Romains, et est, avec le discours d'Henri IV aux notables de Rouen, un des plus anciens monuments de notre éloquence nationale. La conquête de la Valteline, celle des trois vallées du Milanais l'année suivante, en mettant le comble à la gloire de Rohan, réveillèrent contre lui toutes les défiances de la cour. Il se vit obligé, en 1638, de chercher un asile dans le camp du duc de Saxe-Weimar, son ami, dont il se promettait de faire son gendre. Ce fut en combattant à Rhinfeld auprès de ce héros que Rohan reçut, le 28 février, la blessure qui, six semaines après, le conduisait au tombeau (13 avril 1638). Il avait soixante-six ans. Guerrier comparable à Coligny, car personne ne sut se montrer plus redoutable après une défaite, son désintéressement égalait son courage; il dépensait prodigieusement en espions : *Ce sont*, disait-il, *les yeux de l'armée*. Son activité, sa persévérance, étaient telles qu'il pouvait, dit-on, travailler quarante heures de suite. On sait qu'il voulait diviser la France en une grande fédération à la fois féodale et républicaine, projet qui, sous le rapport exclusivement démocratique, s'est renouvelé pendant les troubles de 1791 et des années suivantes, et qui, je crois, fermente encore aujourd'hui dans quelques têtes bordelaises.

Henri de Rohan avait eu une sœur, *Anne de Rohan*, née vers l'an 1684, qui fut une des lumières de la communion calviniste, et qui se conduisit aussi en héroïne au siège de La Rochelle. Elle savait l'hébreu, lisait l'Ancien Testament, et faisait des vers d'une manière très-distinguée pour le temps. Ses stances sur la mort de Henri IV, qui commencent ainsi :

Quoi ! faut-il que Henri, ce redouté monarque,
Ce dompteur des humains, soit dompté par la Parque ?

eurent une grande réputation. Son esprit, dit l'historien D'Aubigné, avait été *trié entre les délices du ciel*. Elle mourut en 1646. Charles Du Rozoir.

ROHAN (Louis, prince DE), connu sous le nom de *chevalier* de Rohan, né vers 1635, était fils de Louis de Rohan-Guémené, duc de Montbazon. Doué de toutes les grâces extérieures, ne manquant ni d'esprit ni de courage, il remplit la cour de Louis XIV de l'éclat de ses galanteries. Il eut les bonnes grâces de Mme de Thianges, sœur de Mme de Montespan; il osa même adresser ses vœux à cette favorite; il enleva à son mari la célèbre Hortense Mancini, duchesse de Mazarin, et le scandale de cette aventure fut consigné jusque dans les registres du parlement. Le chevalier triomphait de ses succès; mais Louis XIV ne prit pas aussi plaisamment la chose, et Rohan fut obligé de se démettre de sa charge de grand-veneur. Perdu de dettes, méprisé à la cour, où l'on n'admire que le vice qui triomphe, il forma, avec un officier nommé La Truaumont, un complot tendant à livrer Quillebeuf aux Hollandais pour leur donner accès en Normandie, qu'ils se flattaient de faire révolter. Divers indices éventèrent ce projet, que le président Hénault traite avec raison de *folie*. Rohan et ses complices furent arrêtés. Son procès s'instruisit : Il nia d'abord tout ce qu'on lui imputait; mais le conseiller d'État Bezons, usant d'un subterfuge indigne d'un juge, lui arracha son secret en lui promettant sa grâce. Rohan, ainsi convaincu, fut condamné et exécuté avec ses complices, devant la Bastille, le 27 novembre 1674. Il montra d'abord quelque faiblesse, mais les exhortations de Bourdaloue l'amenèrent à mourir avec une résignation chrétienne.

On cite de lui un trait qui donne une idée exacte des mœurs de l'époque. Il jouait chez le cardinal Mazarin avec le jeune roi Louis XIV, qui lui gagna une somme considérable, payable seulement en louis d'or. Rohan en compta 7 ou 800 et y ajouta 200 pistoles d'Espagne. Le jeune roi, âpre au jeu comme tant de princes de sa race, ne voulut pas recevoir ces espèces, et dit qu'il lui fallait des louis. Alors, Rohan jeta les pistoles par la fenêtre en disant : « Puisque V. M. ne les veut pas, elles ne sont bonnes à rien. » Louis XIV, mortifié, s'en plaignit au cardinal, qui lui fit cette leçon méritée : « Sire, le chevalier de Rohan a joué en roi, et vous en chevalier de Rohan. »

Charles Du Rozoir.

ROHAN-GUÉMENÉ (Louis-René-Édouard, prince DE), cardinal-évêque de Strasbourg, né en 1734, fut d'abord connu sous le nom de *prince Louis*. Évêque de Canope (*in partibus*), puis coadjuteur de son oncle au siège de Strasbourg, il obtint l'ambassade de Vienne après la disgrâce du duc de Choiseul. Arrivé dans cette ville en janvier 1772, il fut froidement accueilli par l'impératrice Marie-Thérèse, et crut effacer l'impression de cette défaveur en déployant un luxe scandaleux; mais ce vain éclat, pour lequel il contracta des dettes énormes, fut en partie la cause de sa ruine. Sa conduite d'ailleurs n'était rien moins qu'édifiante. C'est ainsi, dit-on, qu'un jour de Fête-Dieu lui et tout le personnel de son ambassade, en habit vert de chasse, coupèrent une procession qui se trouva sur leur passage. En outre, l'ambassadeur s'exprimait avec peu de réserve sur le compte de Marie-Thérèse et se faisait à Vienne l'écho complaisant de toutes les médisances que les frondeurs de Versailles et de Paris se permettaient sur le compte de Marie-Antoinette. L'impératrice, justement mécontente, finit par demander et obtenir son rappel. Toutefois, Rohan ne quitta Vienne qu'à la mort de Louis XV; et tel était le crédit de sa famille que, quoique peu estimé de Louis XVI et de Marie-Antoinette, il n'en fut pas moins nommé grand-aumônier de France, abbé de Saint-Waast (bénéfice qui rapportait 300,000 fr. de rente), proviseur de Sorbonne et administrateur de l'hôpital des Quinze-Vingts. Il obtint même, sur la recommandation du roi de Pologne, Stanislas Poniatowski, le chapeau de cardinal. Écrasé de dettes, malgré les 1,200,000 livres de rentes que lui rapportaient ses divers emplois et bénéfices, il se montra aussi peu délicat dans ses liaisons que dans ses plaisirs. Ici trouve sa place la fameuse affaire du collier, qui jeta un si triste reflet sur sa vie (*voyez* COLLIER [Procès du]).

A sa sortie de la Bastille, il fut d'abord exilé en Auvergne; puis il obtint la permission de rentrer dans son évêché de Strasbourg. Là il fut élu député du clergé du bailliage de Haguenau aux états généraux. Admis dans l'assemblée des trois ordres réunis sous le nom d'*Assemblée constituante* le 23 juillet 1789, il prêta le serment civique après quelque hésitation. Plus tard, il se sépara des partisans de la révolution, et quitta l'assemblée pour rentrer dans son diocèse. Il y fut accusé de correspondre avec les émigrés et d'exciter les fidèles de son diocèse à la désobéissance aux lois nouvelles. Le président de l'Assemblée constituante lui écrivit même pour lui intimer l'ordre de revenir à son poste. Il y répondit par une offre de démission, qui ne fut point acceptée. Bientôt il déclara au procureur syndic du département du Bas-Rhin que sa *conscience* ne lui permettait pas d'établir la constitution civile du clergé dans son diocèse, et qu'il protestait contre les atteintes portées à la discipline de l'Église. En 1791 un décret de l'Assemblée nationale lui ordonna de rendre ses comptes de l'administration des Quinze-Vingts, et un acte d'accusation fut proposé contre lui par Victor de Broglie, en raison de sa conduite anti-révolutionnaire sur la rive droite du Rhin, où il s'était retiré. Cette motion fut rejetée, attendu que Rohan était prince de l'Empire. Depuis, son nom cessa d'être prononcé dans les assemblées françaises. Réduit à la portion de son diocèse située sur la rive droite du Rhin, et par suite privé de la plus grande partie de ses revenus, il mena dès lors une vie obscure, et se démit de l'évêché de Strasbourg lors du concordat de 1801. Il mourut à Ettenheim, en 1803.

C'est son frère aîné, *Jules-Hercule Mériadec*, prince DE ROHAN-GUÉMÉNÉ, qui en 1783 fit cette honteuse faillite de trente-trois millions dont il est tant question dans les mémoires du temps. Né en 1726, il était entré dans la marine, et était parvenu au grade de vice-amiral.

Son frère cadet, archevêque de Cambrای et grand-aumônier de l'impératrice Joséphine, mourut en 1815.

ROHAN-SOUBISE. *Voyez* SOUBISE.

ROI (du latin *r ex*), souverain héréditaire ou électif d'un État ayant le titre de *royaume*. On écrivait autrefois *roy*, d'où l'on a fait *royaume*, *royauté*, *royal*, *royaliste*. Avec les empereurs les rois partagent le droit exclusif à la qualification de *majesté*. Au titre de roi se rattachent en outre divers autres privilèges, la plupart relatifs au cérémonial, et désignés en diplomatie sous le nom d'*honneurs royaux*. Ces honneurs royaux (*honores regii*) appartiennent cependant quelquefois aussi à des États dont les souverains ne portent pas le titre de *roi*. L'ancienne république de Venise et les Provinces-Unies des Pays-Bas en étaient jadis en possession, comme aujourd'hui la Suisse, l'électeur de Hesse et tout au moins une partie des *grands-ducs*. En Europe le titre de roi n'est porté que par des princes qui règnent réellement ou qui ont abdiqué.

Dans l'ancien Empire d'Allemagne, le successeur élu d'un empereur portait pendant la vie de ce prince le titre de *roi des Romains*; et Napoléon, quand il réunit les États de l'Église au territoire français, donna à son fils le titre de *roi de Rome*.

A Athènes, on donnait le titre de *roi* (βασιλεύς) au second des neuf archontes chargés de l'administration de la république. Ses attributions consistaient à présider aux fêtes publiques et aux cérémonies religieuses et à rapporter à l'Aréopage les causes criminelles.

ROI D'ARMES. *Voyez* HÉRAUT.
ROI DE LA FÈVE. *Voyez* FÈVE (Roi de la).
ROI DES GOBE-MOUCHES. *Voyez* MOUCHEROLLE.
ROI DES SACRIFICES, à Rome. *Voyez* REX.
ROI DU FESTIN. La coutume d'avoir pour chaque festin public ou privé un ordonnateur, qui en règle tous les détails et maintient l'ordre parmi les convives, est fort ancienne. Le mot *régal* (de *regalia*) n'a point d'autre origine. Les Israélites choisissaient un *roi du festin*; il portait une couronne de fleurs ou de feuillage, et recevait en cérémonie cet insigne de sa puissance de quelques heures. Le *roi du festin* chez les Grecs avait la suprême inspection sur tout ce qui concernait l'ordre des services, et chaque convié était, sous peine d'amende, obligé de déférer à ses ordres, de boire, de chanter, de haranguer même la compagnie, de l'amuser s'il possédait quelque talent agréable (*voyez* REPAS). Le même usage se conserva longtemps chez les Romains. Aujourd'hui en France et en Angleterre celui qui préside à un banquet prend le titre de *président*.

ROIS (Jour ou Fête des). *Voyez* ÉPIPHANIE.

ROIS (Le livre des). Les deux livres de l'Ancien Testament qui portent ce titre sont vraisemblablement un extrait des annales des rois de Juda et d'Israel; et tout porte à croire qu'ils furent composés vers la fin de l'exil ou peu de temps après. L'auteur en est resté inconnu. Les deux livres ne font qu'un seul et même ouvrage; ce sont les Septante qui le divisèrent en deux parties. Le récit se rattache aux livres de Samuel, et va jusqu'à l'an 570 av. J.-C. environ. D'après leur contenu, ils forment trois parties distinctes : 1° le livre Ier (chapitres 1 à 17) commence à la mort de David, comprend le règne de Salomon, et montre le commencement de la décadence de l'État juif; 2° suite du livre Ier (chapitres 20 à 22), et livre II (chapitre 8), histoire synchronique des royaumes de Juda et d'Israel, jusqu'à la ruine de celui-ci; 3° livre II (chapitres 8 à 25), contenant l'histoire des rois de Juda jusqu'à Zédéchias. Les fragments du livre Ier (chapitres 17 à 20) et du livre II (chapitres 1 à 7) racontent d'un ton profondément mythique, et avec une prédilection toute particulière, l'histoire des prophètes Élie et Élisée. Des motifs tirés du fond même des deux ouvrages rendent peu probable la supposition émise par quelques critiques que les livres des Rois et les livres de Samuel appartiendraient au même auteur et à la même époque.

ROIS (Les trois), légende chrétienne qui se rattache au récit de saint Matthieu (II, 1 et suiv.). Il y est question de mages qui, sous la conduite d'une étoile, arrivèrent vraisemblablement d'Arabie à Bethléem pour adorer le Christ, nouveau-né, et lui offrir de l'or, de l'encens et de la myrrhe. Plus tard on induisit de cette triple offrande qu'ils étaient au nombre de trois, et des psaumes 70, 10, Isaïe, 49, 7, qu'ils étaient des rois. On alla même jusqu'à préciser leurs noms (*Melchior*, *Gaspar* et *Balthasar*).

Le silence de toutes les histoires laissant la carrière libre à l'imagination des commentateurs, ils se sont demandé d'où venaient ces mages, quelle était leur profession, combien ils étaient, en quel temps ils arrivèrent à Jérusalem, et enfin ce qu'était l'étoile qui leur apparut. Le texte sacré dit bien que les mages vinrent de l'orient de la Judée, mais il ne détermine pas le pays. Quelques-uns les amènent des trois parties du monde connu alors, d'autres de la Perse; mais nous ne voyons pas pourquoi on irait les chercher si loin. Il est très-probable qu'ils partirent du pays situé à l'orient de la mer Morte, habité autrefois par les Madianites, par les Moabites et par les Ammonites. Dans ces contrées, voisines d'Israel, la tradition du Messie futur devait s'être conservée, puisque nous la trouvons chez tous les peuples. On pouvait de plus y avoir gardé le souvenir de la prophétie de Balaam, qui annonçait l'*étoile sortie de Jacob*. On croit communément que les mages étaient des rois; mais cette opinion, dont on ne trouve presque point de traces dans l'antiquité, pourrait bien n'être fondée que sur la considération dont jouissaient ces sages à cause de leur science.

L'Église, considérant que parmi les étrangers idolâtres ils avaient été les premiers à qui la venue du Christ avait été annoncée par l'apparition d'une étoile extraordinaire, a institué une fête en leur honneur (*voyez* ÉPIPHANIE), appelée aussi à cause de cela *fête des trois Rois* ou *fête des Rois*, qui se célèbre dans les trois jours qui viennent immédiatement après le nouvel an.

ROJAS-ZORILLO (FRANCISCO DE), l'un des plus célèbres poëtes dramatiques qu'ait produits l'Espagne, naquit à Tolède, en 1601. Tout ce qu'on sait de sa vie privée, c'est qu'il était chevalier de l'ordre de Saint-Jacques et qu'il habita presque constamment Madrid. Il réussit aussi bien dans la comédie que dans la tragédie. Ses pièces les plus célèbres sont : *Del Rey abajo, ninguno y Garcia del Castañar; Donde hay agravios no hay zelos* et *Entre bobos anda el Inego*. On les trouvera toutes trois dans le *Tesoro del Teatro Español* d'Ochoa (Paris, 1838). Les œuvres de Rojas-Zorillo sont si inégales, qu'on serait tenté de les attribuer à deux poëtes différents. Tantôt il est plein de feu, d'énergie et de précision, et offre tous les charmes du style; tantôt non-seulement il sacrifie au mauvais goût de son époque, mais encore il pousse à l'excès l'enflure, l'exagération et les redondances.

ROJAS (FERNANDO DE), auteur de la *Celestina*, vivait vers la fin du quinzième siècle. Il n'y a dans la littérature de l'Europe de cette époque rien à comparer à ce roman dramatique, œuvre pleine de vie et de mouvement, et qui ne contribua pas peu à créer le drame espagnol.

ROJAS VILLANDRANDO (AUGUSTIN DE), comédien, né vers 1577, est auteur du roman comique *Viage entretenido* (Madrid, 1603), où il décrit les mœurs des anciennes troupes de comédiens espagnols, et fournit de précieux renseignements sur l'histoire de l'art dramatique en Espagne jusqu'à Lope de Vega.

ROKOSZ. On appelait ainsi en Pologne les confédérations armées que la noblesse formait contre le roi dès que celui-ci encourait le soupçon de manquer aux engagements qu'il avait pris lors de son élection, ainsi qu'il arriva aux rois Sigismond III et Jean Sobieski. Le *rokosz* donnait lieu à tant d'excès de tous genres, qu'il était un objet d'horreur pour tous les bons citoyens.

ROLAND ou ROTLAND, le plus célèbre d'entre les héros de la légende carlovingienne, des paladins de Charlemagne, mais dont l'existence historique ne repose que sur un passage d'Éginhard, lequel au nombre des seigneurs qui périrent au milieu des Pyrénées, en l'an 778, lors d'une attaque tentée par les Vascons contre l'arrière-garde de l'empereur Charles, à son retour d'une expédition en Espagne, mentionne un certain *Hruodlandus, Britannici limitis præfectus*. Cette mention ne se trouvant pas dans tous les manuscrits de la *Vita Caroli Magni* d'Éginhard parvenus jusqu'à nous, il ne serait pas impossible que ce fût à la légende que l'histoire eût emprunté ce personnage.

D'après les chroniques, Charlemagne, à la sollicitation de l'émir de Saragosse (*Cæsar-Augusta*) Ibn-el-Arabi, qui tenait pour le khalife de Bagdad et qui menaçait le khalife ommeyade de Cordoue Abd-er-Rahman, désireux aussi peut-être de rétablir la religion chrétienne en Espagne, aurait franchi les Pyrénées au commencement de l'année 778, et avec toute son armée se serait dirigé sur Saragosse, dans l'espoir qu'Ibn-el-Arabi lui livrerait cette place. Mais ce chef, que les chroniques représentent comme ayant été de bonne foi dans ses négociations avec Charlemagne, ne put décider les musulmans placés sous son autorité, ni les émirs de plusieurs villes voisines, à se soumettre à un Frank, à un infidèle, à préférer *Karilah*, nom sous lequel ils désignaient le grand Charles, à Abd-el-Rahman, quoique ce dernier ne fût qu'un avide et sanguinaire tyran. Dans la pensée de Charlemagne, tout le succès de l'expédition dépendait de la prise de Saragosse. Trompé dans son espoir, et instruit en outre que Witikind venait de reparaître et d'appeler les Saxons à la révolte, l'empereur résolut de retourner au plus vite dans ses États, et commença à opérer sa retraite. Il détruisit en passant les fortifications de Pampelune; puis, suivant les vallées d'Engui et d'Erro, il entra dans celle de Roncevaux. Son armée était partagée en deux corps : le premier, auquel s'étaient joints sans doute les Arabes qui avaient embrassé le parti de la France, marchait à une assez grande distance du second, qui formait l'arrière-garde. Le premier avait déjà franchi le port d'Ibayetta, ou les *ports de Césarée*, et les têtes de colonne étaient déjà dans la vallée de la Nive, lorsque les Vascons, qui, sous la conduite de leur duc, Loup II, s'étaient embusqués dans les forêts de la vallée de Roncevaux, fondirent avec impétuosité sur la seconde division, qui marchait en désordre, et en triomphèrent sans peine. Éginhard affecte de ne présenter cette défaite que comme une simple affaire d'arrière-garde; mais elle produisit cependant une si vive impression sur les contemporains que pendant plusieurs siècles le souvenir s'en conserva dans les traditions populaires, au nord et au midi de la Loire. Voici en quels termes l'historien du grand Charles raconte cet événement : « L'empereur, dit-il, ramena ses troupes saines et sauves. Mais néanmoins il eut, lors de ce retour, et dans les Pyrénées, à souffrir de la perfidie des Vascons; l'armée était forcée de défiler sur une ligne étroite et longue, à cause de la configuration du terrain; les Vascons se placèrent en embuscade sur les hauteurs, protégés par l'étendue et l'épaisseur des bois qui en recouvraient les déclivités. Ce fut de là que, se précipitant sur les bagages et sur l'arrière-garde, ils culbutèrent celle-ci au fond de la vallée, tuèrent, après un combat opiniâtre, tous les hommes jusqu'au dernier, pillèrent les bagages, et profitant des ombres de la nuit qui déjà couvraient la terre, ils s'enfuirent dans diverses directions. Les Vascons eurent pour eux en cette circonstance la légèreté de leurs armes et l'avantage de la position qu'ils occupaient. Outre les difficultés du terrain, les Franks eurent encore contre eux la pesanteur de leurs armes. Egghiard, maître d'hôtel du roi, Anselme, comte du palais, Rotland, commandant de la frontière de Bretagne (*Hruodlandus, Britannici limitis præfectus*), et plusieurs autres, périrent dans cette occasion. »

Ici finit le domaine de l'histoire. Nous allons entrer dans celui des fictions et de la poésie.

La légende fait de Roland un chevalier accompli, un neveu de Charlemagne, le fils de sa sœur Berthe et de Milon d'Anglant, l'un des barons les plus distingués de la cour du grand empereur. De toutes les aventures qu'elle lui prête la plus célèbre d'ailleurs est celle qui fait le sujet de la *chanson de Roland*, si longtemps chantée en chœur dans les armées françaises. Suivant *La Spagna*, poëme en vieille langue italienne, dont l'auteur, Sostegno di Zanobi, puisa le sujet aux sources françaises ou provençales, Charlemagne, après avoir vaincu tous les mécréants du Nord, conçoit le projet de conquérir la Péninsule et d'en chasser les Sarrasins. Il assemble ses barons, Il leur rappelle qu'en mariant son neveu, le beau Roland, avec Alde la Belle, il lui avait promis la couronne d'Espagne; et il ajoute qu'il est temps d'accomplir cette promesse. Mais tout à coup Roland manque de respect à l'empereur; celui-ci jette son gantelet de fer au travers du visage de son neveu. Cet affront met le paladin en fureur; il veut tuer Charlemagne; on le retient avec peine, et s'il consent à ne point tirer sa redoutable épée, c'est qu'il conçoit le projet de la rougir bientôt dans le sang des infidèles. Il part, et fait en courant la conquête de la Syrie, de la Palestine, de tout le pays que l'auteur nomme *la terre de Lameth*; il tue ou convertit les nations, les rois, les armées, et revient, « après avoir ainsi passé son humeur, se réconcilier avec son oncle ». Ces conquêtes, ces exploits dignes d'une éternelle mémoire, n'étaient pas d'ailleurs les premiers faits d'armes qui eussent honoré Roland. Bien jeune encore, il était parti avec son frère Thierry pour combattre les Huns, et avait fait dans cette guerre des prodiges de valeur. « Il ne s'était pas moins distingué contre les Bretons, qui, s'ils n'étaient pas des mécréants, étaient des rebelles. » Mais il allait bientôt conquérir une palme que le temps ne devait pas flétrir. Excité par la résolution qu'il avait de placer la couronne d'Espagne sur le front de son neveu, le grand Charles désira encore plus d'entrer dans cette partie de l'Europe lorsqu'une vision surnaturelle parut lui en faire un devoir. Une nuit, saint Jacques, fils de Zébédée, lui apparut pour lui dire qu'on était « moult esmerveillé qu'il n'eust pas encore conquis la terre de Galice, » et se plaindre que son corps restât sur cette terre inconnu au milieu des mécréants, au lieu d'y être révéré. C'est cette vision qui détermina Charlemagne à porter la guerre en Galice, tandis qu'il voulait marcher sur Cordoue, pour y couronner son neveu bien aimé. Il partit enfin avec Roland. Rien ne lui résista. Les murailles de Pampelune et de beaucoup d'autres forteresses tombèrent devant lui. Il bâtit à Compostelle une magnifique église en l'honneur de saint Jacques, et, revenu sur les limites d'Espagne, il ficha sa lance dans la mer, et rentra dans ses États. Bientôt Aygoland reconquit les terres conquises par les Franks. Charlemagne envoya contre lui Miles ou Milon, son beau-frère. Tout fut merveilleux dans cette expédition, où Roland paraît comme le plus brave parmi les braves. L'armée y contempla avec un saint respect les lances des chrétiens, qui devaient obtenir en combattant les couronnes du martyre, prendre racine et se couvrir de feuilles et de fleurs; le comte Milon fut du nombre de ceux qui perdirent la vie dans cette mémorable action ; Roland le vengea; Aygoland abandonna le champ de bataille, et les Franks, vainqueurs, rentrèrent dans leur pays. Cette retraite encouragea Aygoland; il envahit l'Aquitaine; il assiégea Agen et s'en empara. Le grand Charles marcha lui-même contre le prince infidèle. Aygoland avait pris Saintes; Charles le chassa de cette ville, le poursuivit jusqu'en Espagne, et d'un coup de son *espée Joyeuse*, *tua et occit* cet ennemi des chrétiens. Roland combattit ensuite et vainquit le terrible Ferragus. Il fallut se mesurer aussi avec les rois de Séville et de Cordoue. Le succès accompagna encore les armes de l'empereur. Mais celui-ci se ressouvenant que Marsille et Belligant, maîtres de la cité de Saragosse, étaient encore musulmans, et qu'on ne pourrait se fier à leurs promesses, il voulut que, renonçant à l'alliance du soudan de Babylone (le sultan de Bagdad), ils se fissent tous baptiser. Ganes ou Ganelon fut envoyé vers eux ; et sa trahison prépara le dénouement de l'épopée dont Roland est le héros. Il demanda, après son retour de Saragosse, le commandement de l'arrière-garde pour Roland. Le chevalier félon a déjà fait préparer dans la vallée de Roncevaux des embûches où doit tomber cette partie de l'armée française. Roland n'avait avec lui que vingt mille hommes. Il est tout à coup attaqué par l'ennemi. Olivier, l'un de ses compagnons, l'engage à sonner de son fameux cor d'ivoire ou *olifant*; signal auquel Charlemagne ne manquera pas d'accourir à son secours. Roland ne s'y décide qu'à la dernière extrémité. L'empereur, qui l'entendit, voulut revenir sur ses pas ; mais il en fut dissuadé par le traître Ganelon. Abandonné ainsi à lui-même et déjà blessé de quatre coups de de lance, Roland continua dans le meilleur ordre qu'il put le mouvement de retraite, et « doient de la mort de tant de nobles hommes qu'il voyait, s'en alla droit à la voye, disent les *Grandes Chroniques*, tirant après Charlemaigne parmi le bois. Tant alla qu'il vint jusqu'au pied de la montaigne de Césarée , au dessoubs de la vallée de Roncevault, où il trouva un beau préau d'herbe verte, auquel avoit un bel arbre et un grand perron de marbre. Là descendit de cheval et s'assit pour soy reposer, car il estoit si las des grands coups qu'il avoit donnés et receus, qu'il se trouva si malade que plus ne se pouvoit soustenir, et se mist le visaige vers Espaigne , en faisant de griefves complainctes, et surtout regrestoit son oncle Charlemaigne, et dist que pour le reconforter il vouloit qu'il le trouvast mort le visaige devers ses ennemis, afin qu'il ne dist qu'il avoit fui. » Roland tira alors son épée *Durandal* toute nue, et après l'avoir contemplée avec tristesse il essaya vainement de la briser pour empêcher qu'elle ne tombât aux mains des infidèles. « Quant il vist qu'il ne la povoit briser, son cor d'ivoire mist en sa bouche, et commença de corner de si grant force comme il put, affin que s'il y avoit illec près aucuns chrétiens, qu'ils allassent à lui , et que ceux qui avoient là passé les ports retournassent et prinssent son espée et son cheval, et sonna son dit cor de si grant force et vertu qu'il se fendit par la force du vent, et tant s'esforça de souffler qu'il se rompit les nerfs et veines du col... A son frère Beauldouin , qui à lui estoit survenu au son du cor, fait signe qu'il lui donnast à boire. En grant peine se mist d'en chercher ; mais trouver n'en peust, et quant il retourna à luy, il le trouva prenant mort. Il benist l'âme de luy, son cor, son cheval et son espée print, et s'en alla droit à l'ost de Charlemaigne. Thierry semblablement survint là où Roland estoit avant qu'il mourust. Fermement le commença à plaindre et regrester, et luy dist qu'il garnist son corps et son ame de confession à Dieu. Ce jour mesme, avant la bataille, s'estoit le bon Roland confessé et reçeu le corps de Jésus-Christ ainsi que de coutume estoit lors aux vaillants batailleurs. Lors Roland leva les yeux vers le ciel, à Dieu se confessa et cria mercy, et sa benoiste ame partist de son corps; et l'emportèrent les anges en perdurable repos. »

Les poëtes et les chroniqueurs n'ont pas terminé par la mort de Roland leurs récits épiques sur ce paladin : quelques-uns ont montré le désespoir d'Alde la Belle, tous la douleur du grand Charles et la punition du traître Ganelon.

Roland devint le sujet de chants en langue française et en langue provençale demeurés longtemps populaires ; et en 1066, avant le commencement de la fameuse bataille de Hastings, Taillefer entonna *la chanson de Roland* devant les lignes de l'armée de Guillaume le Conquérant pour enflammer son courage. On a d'un certain Théroulde ou Thur-old un poëme en langue franco-normande, intitulé : *La Chanson de Roland*, dont feu Génin a publié une édition, avec traduction du texte original et notes critiques. Le nom et les aventures de Roland vivent encore aujourd'hui dans les Pyrénées. La *Brèche de Roland* est, selon les uns, ce *perron de marbre* qu'il perça alors qu'il voulut briser sa terrible épée ; mais, suivant d'autres, qui ont observé que cette brèche est trop éloignée de la vallée de Roncevaux, on doit y reconnaître le passage que, dans son impatience d'entrer sur les terres ennemies, Roland aurait ouvert dans les Pyrénées. On montre encore le *Pas de Roland*, près le village d'Itsaxoit, dans le Roussillon ; les bergers indiquent aux voyageurs les empreintes des pas du cheval du paladin : ils leur donnent le nom de *ferraduras del cavall de Roland*. Si l'on montrait en Turquie, au temps de Belon, l'épée du neveu de Charlemagne, qu'on croyait encore posséder à Blaye et dans d'autres lieux, Toulouse montrait aussi et montre même aujourd'hui l'*oliphant* ou le cor de ce guerrier. Les poëtes, les romanciers du moyen âge et ceux qui ont paru après la renaissance des lettres ont célébré avec enthousiasme Roland, Olivier, Renaud et les autres paladins ; et leurs ouvrages sont remplis de ces traditions pyrénéennes que l'on retrouve encore dans la bouche des habitants de nos vallées. C'est de ces divers chants populaires que s'est formé vers le milieu du douzième siècle *la chanson de geste* de Roland ou de Roncevaux, dont M. Francisque Michel a publié une édition en 1837. L'auteur de *La Spagna* n'est pas le premier qui ait puisé dans les *Chroniques* ou dans *Li Romans de Roncivals* le sujet d'une composition épique : les poëmes de Beuve d'Antone et de la reine Ancroyn sont des compositions romanesques dont les aventures, attribuées à Charlemagne et à ses douze pairs, forment le sujet. *Il Morgante maggiore*, de Luigi Pulci, et le *Mambriano*, de Cieco di Ferrara, poésies antérieures à l'*Orlando inamorato* de Boyardo, et à l'*Orlando furioso* de l'Arioste, dont Roland est le héros, retracent également une partie des aventures des guerriers du cycle carlovingien.

Ch^{er} Alexandre DU MÈGE.

ROLAND, nom de l'un des principaux chefs des Camisards.

ROLAND DE LA PLATIÈRE (M. et Mme). Nous réunissons dans un même article les deux vies de Roland et de sa femme , parce que l'une est invinciblement liée à l'autre. Quoi qu'ait pu dire la modestie habile de Mme Roland, Roland ne commença à être un homme historique qu'après s'être placé sans s'en douter sous une tutelle ingénieuse et tendre. Mme Roland trouva dans son mari un esprit sérieux et réfléchi, qu'elle éleva, par un entretien assidu, dont la raison non moins que l'amour faisaient le charme, à la hauteur du sien. Quand la révolution vint les surprendre et les enthousiasmer tous deux, le citoyen courageux se trouva dans cet homme mûr, dont une jeune femme vive et passionnée, et pourtant réfléchie et austère, avait développé l'intelligence et assoupli le caractère. Si, quand Roland eut un rôle politique, sa femme eut le talent admirable de s'effacer derrière lui, et de parler par sa bouche sans qu'on la vît et peut-être sans qu'il s'en doutât, il n'en reste pas moins démontré que la femme seule pensait et agissait: Voilà ce qui nous a fait confondre ces deux vies, réunir dans un seul tout ces deux parties, et dans un seul tableau ces deux têtes, dont l'une était la lumière et l'autre le reflet.

Vers le milieu du dix-huitième siècle, un artiste, obscur aujourd'hui, mais alors assez célèbre, *Gratien* PHLIPON, graveur et peintre, qui avait plus de cœur que de tête, épousa une jeune femme douce et belle, *Marguerite* BIMONT. De ce mariage sept enfants naquirent; ils périrent tous en bas âge, excepté une fille, *Manon-Jeanne*, qui était venue au monde en 1756. Cette paisible famille vécut longtemps à Paris, dans la Cité, d'une vie moitié bourgeoise et moitié artiste. Marguerite idolâtrait son unique enfant. A quatre ans, sans l'avoir jamais sérieusement appris, dit-elle, Manon savait lire. Dès lors un besoin immense d'apprendre qui germait en elle se développa et dépassa merveilleusement les limites de son âge. Elle avait découvert une cachette où un des élèves de son père mettait des livres. Elle en prenait au hasard pour les lire en cachette, et ce fut ainsi qu'elle lut le Plutarque de Dacier. Le génie de l'historien grec, qui faisait revivre sous ses yeux l'admirable antiquité, la rendit dès lors républicaine, nous dit-elle dans ses *Mémoires*.

L'esprit de cette enfant, qui l'avait été si peu, arrivait à une de ses phases les plus importantes. La religion, que sa mère pratiquait sévèrement, lui avait toujours paru grande et respectable. Sur le point de faire sa première communion, elle qui devait être philosophe à seize ans et sceptique à vingt, elle ne se crut pas suffisamment préparée à cette œuvre sainte; et frappée de l'idée qu'en restant dans le monde elle serait trop profane pour s'approcher de la table de Dieu, elle supplia ses parents en pleurant de permettre qu'elle entrât pour un an dans un couvent. On céda à ses vœux, et on choisit pour elle une congrégation établie rue Neuve-Saint-Étienne, faubourg Saint-Marceau. Il faut lire dans ses Mémoires le récit de ses extases religieuses, et avec quelle ardeur elle offrait à Dieu son sacrifice volontaire. Mme Roland en reçut des impressions qu'elle garda toute sa vie. Au milieu des philosophes fougueux dont elle fut entourée plus tard, et malgré le scepticisme dont elle se vantait, elle garda toujours une conviction spiritualiste, qui fut sa meilleure égide. Elle le dit elle-même; dans sa triste et ignoble prison, deux mois avant de porter sa tête sur l'échafaud, elle se rappelait souvent sa première nuit passée au couvent, à sa fenêtre, quand la lune, quand le vent qui passait sous les grands arbres, quand la nuit pure et douce, lui révélèrent plus intimement Dieu, le créateur suprême de la nature.

Mlle Phlipon, en sortant du couvent au bout d'un an, ne retourna pas aussitôt à la maison paternelle. On la plaça chez son aïeule paternelle. Dans cette tranquille maison, la jeune Manon se trouvait heureuse d'aller le jour à l'église et de passer la soirée avec quelques voisins et quelques prêtres. Elle avait formé en secret le dessein de se consacrer au cloître. Elle nourrissait mystérieusement cette pensée, qui traverse la tête de tant de jeunes filles, et y rapportait toutes ses actions et toutes ses études. Saint François de Sales, le plus aimable saint du paradis, comme elle l'appelle, avait en elle une admiratrice ardente et déjà convertie. Mais ce n'était cependant pas l'unique lecture de la jeune néophyte. Souvent, dans ses livres de controverse religieuse,

à côté d'une réponse se trouvait une objection philosophique à laquelle on n'opposait pas toujours des armes bien fortes. Ainsi elle commença malgré elle à raisonner sa croyance; et ce fut de ses livres même de piété que le doute s'introduisit dans son esprit. Elle retourna, au bout d'un an, chez son père. Mme Roland raconte et place à cette époque de ses Mémoires certaines sensations involontaires qui annonçaient une constitution ardente et hâtive. Nous glisserons légèrement sur ces premières années si tranquilles d'une vie dont la fin devait être si orageuse. Nous renvoyons donc à la lecture de ses Mémoires pour le récit des dimanches passés à Meudon; pour les portraits ingénieux et caustiques de tous les prétendants, bourgeois de Paris, ou gentilshommes de province à demi ruinés, qui se présentèrent pour obtenir la main d'une belle jeune fille de dix-sept ans, et auxquels son père la chargeait elle-même d'écrire une réponse sérieuse et motivée, qu'il ne faisait que signer. Elle fut alors gravement atteinte de la petite-vérole, qui ne lui ôta rien de sa beauté, mais qui menaça ses jours. Celle au chevet de qui on venait de passer bien des nuits devait se traîner bientôt au chevet d'une autre mourante : la jeune fille perdit sa mère. Dès que le deuil fut entré dans cette maison, le malheur, la ruine l'y suivirent bientôt. Le père rechercha les ressources habituelles des âmes faibles contre la douleur : il se jeta dans les distractions. Il négligea son état; sa vue baissait, sa main tremblait, et chaque jour il enlevait quelque chose du patrimoine de sa fille pour le donner à une maîtresse ou aux exigences de la vie de café. Les élèves s'en allaient, il n'en restait plus que deux. La pauvre orpheline se mit courageusement à combattre cette ruine, mais elle y parvint mal. Son père s'ennuyait chez lui : sa partie de piquet avait peu d'intérêt pour lui, faite avec une belle jeune fille qui cachait ses bâillements sous les cartes. Comme distraction, elle écrivit quelques essais qui ont été recueillis depuis sous le titre d'*Œuvres diverses*. Elle composait un sermon *sur l'amour du prochain* : elle construisait dans son imagination la chimère d'une nation républicaine. De temps en temps aussi elle allait chez une de ses cousines, Mme Trudet, tenir un comptoir d'orfèvrerie. Malgré toutes ses résistances, la misère faisait chaque jour un pas dans la maison paternelle. Elle avait été obligée de sousigner légalement à son père, pour se réserver la possibilité de le nourrir, ce qui lui restait de sa fortune particulière. Quelque forte contre la misère, l'espoir d'abandonnait souvent : ce fut dans ces circonstances qu'elle connut Roland.

Roland *de la Platière* était né en 1732, à Villefranche, près de Lyon. Sa famille était ancienne dans le pays. Roland était si riche; mais des malheurs imprévus ruinèrent inopinément ses parents, et lui, le dernier de cinq enfants, se trouva à l'âge de dix-neuf ans sans aucune ressource et sans avenir. On lui proposa d'entrer dans les ordres, il aima mieux prendre, presque sans argent, le bâton de voyage, et il traversa la France à pied. Il arriva à Nantes. Un armateur qui le vit par hasard remarqua en lui un esprit posé et solide, et le fit entrer dans sa maison. Il passa de là dans l'administration des manufactures, dont il devint par la suite inspecteur : les travaux et les voyages partageaient sa vie. Lui aussi de son côté lisait Plutarque et Platon, rêvait aux anciennes républiques, et écrivait en même temps des mémoires sur l'éducation des troupeaux. Il vint à Paris plusieurs fois, et il eut occasion de voir la charmante jeune fille qui devait être sa femme plus tard. Ces deux esprits étaient trop sympathiques pour ne pas se rencontrer sur bien des sujets communs. Roland fut obligé de partir pour l'Italie. En faisant ses adieux, il osa demander un baiser qu'on accorda sans peine à un homme qui se posait comme philosophe. Il écrivait des notes de voyage, qu'il adressait à son frère, prieur au collège de Cluny, à Paris, et le prieur les faisait lire à Mlle Phlipon. Ce commerce de longues et rares visites, de lettres communiquées, dura cinq ans. Roland ne lutta pas davantage contre une passion irrésistible, et il eut l'esprit de s'adresser directement à Mlle Phlipon. Elle lui répondit qu'elle était honorée de sa demande, mais qu'elle était obligée de le refuser. « Je n'ai rien, lui dit-elle, 500 livres de rente au plus, et ma garde-robe : comment vivrions-nous? » Roland persista, il écrivit à M. Phlipon; cet artiste, aux mœurs faciles, n'aimait pas cet homme austère, dont la parole était pure et correcte comme la conduite, et dont l'abord était un peu hautain. Il ne voulait pas avoir un censeur dans son gendre, et il fit une réponse sèche et presque impertinente, qu'il lut à sa fille. Elle prit alors un parti violent : elle rentra dans cette congrégation, lieu rempli pour elle du souvenir de ses douces extases religieuses. Roland revint à Paris. Quand il revit à la grille ce visage toujours gracieux et souriant, tout son amour revint, et, après de longues et nouvelles réflexions, Mlle Phlipon, qui ne dépendait plus que d'elle-même, devint Mme Roland (1779). Il n'y avait pas d'amour dans la résolution qu'elle prit; elle estimait seulement beaucoup son mari : vingt ans de plus qu'elle, et un caractère dominant et absolu étaient des obstacles à l'amour. « Mariée, dit-elle, dans tout le sérieux de la raison, je ne trouvai rien qui m'en tirât. A force de ne considérer que la félicité de mon partner, je m'aperçus qu'il manquait quelque chose à la mienne. » Ainsi, cette âme passionnée et ardente comprit bien tout de suite qu'elle avait fait un sacrifice. Elle avait besoin d'aimer quelque chose, et peut-être fut-ce pour cela qu'elle exagéra un peu son amour pour la liberté. Dans la solitude, avec son mari, elle trouvait souvent, dit-elle, certaines heures bien longues. Dans le monde, aussitôt qu'elle paraissait, les cœurs s'élançaient vers elle, les regards suivaient cette jeune femme attachée au bras d'un homme sévère et presque soucieux : « Je sentais, dit-elle, que parmi ces hommes je pourrais un aimer quelques-uns. » Alors elle était effrayée : pour rien au monde elle n'aurait voulu tromper la loyauté de son mari. Elle n'avait rien connu des principes frivoles de son siècle : la religion et la philosophie sérieuse sont deux sauvegardes pour la vertu. Mais pour éviter et combattre les tentations, elle eut besoin de se replonger dans le travail. Elle s'associait à toutes les études, à toutes les occupations de Roland : « Notre malheur, dit-elle, fut qu'il s'habitua à ne penser, à n'écrire rien que par moi. »

La première année du mariage se passa à Paris. Roland fut alors nommé inspecteur à Amiens, et Mme Roland y devint mère. En 1784 Roland passa de ce qu'on appelait alors la *généralité* de Lyon. Il habitait cette ville pendant deux mois de l'hiver, et le reste du temps Villefranche et Thésée, village voisin, où étaient les propriétés de sa famille. Une âme comme celle de Mme Rolland était faite pour apprécier les charmes de la campagne et d'un pays pittoresque. Elle décrit admirablement, dans quelques lettres qui ont été reproduites, le coin du feu dans une petite ville ignorée, quand la neige tombe et que le vent souffle; et les belles journées d'automne à l'époque des vendanges assez médiocres, qui se changeaient en bien peu d'argent.

Cependant l'heure de la révolution était sonnée; bientôt des préoccupations politiques vinrent remplacer tout autre soin chez Mme Roland. Elle avait établi par hasard des relations épistolaires, et sans l'avoir jamais vu, avec un des révolutionnaires les plus ardents, Brissot. Des voyages en Suisse et en Angleterre, deux pays où la liberté régnait sous des modes différents, avaient achevé son éducation politique. Les idées de Roland se dirigeaient aussi du même côté ; et tous les deux ils étaient prêts pour l'action, tant il est vrai que les études solitaires et fortes sont les plus utiles.

L'hiver de 1791 fut rude. A Lyon vingt mille ouvriers se trouvèrent tout d'un coup nus et sans pain, sur le pavé de la ville. Les métiers n'allaient plus, l'argent était gaspillé. Roland fut envoyé en députation extraordinaire pour exposer à l'Assemblée les plaintes des fabricants et des ouvriers. Ce fut le premier pas qu'il fit dans la carrière politique. Mme Roland vit Brissot. L'appartement qu'elle prit alors était grand et commode : elle et son mari prirent quatre jours par semaine, où ils recevaient tous ceux que leur nommait Brissot, et avec lesquels une sympathie d'opinion les avait liés d'avance. Toute la Gironde afflua dans ce cercle, où présidait une jolie femme, qui, malgré le silence qu'elle s'imposait, dit-elle, dans les discussions politiques, laissait deviner ses sympathies par le mouvement involontaire de ses lèvres et le regard de deux beaux yeux, tour à tour approbateurs et courroucés. Quelques hommes, qui devinrent terribles plus tard, mais qui n'étaient pas encore fortement dessinés, tels que Robespierre et Danton, se mêlaient aux groupes sans s'y faire remarquer. On décidait dans ces réunions ce que l'on ferait le lendemain, et comme l'influence de la Gironde était la plus forte dans l'Assemblée, c'était, par le fait, du salon de Mme Roland que l'impulsion était donnée.

Cette femme, illustre par ses malheurs et la générosité de son cœur, était-elle faite pour donner un caractère fort et sage en même temps à ce mouvement? Nous ne le croyons pas; nous sommes forcé d'avouer que si l'amour du bien public et le patriotisme dominaient dans son cœur, il s'y trouvait trop de place aussi pour la haine : pour une haine instinctive et irréfléchie, qui s'attachait à tout ce qui subsistait des vieilles institutions; qui n'accordait jamais un caractère auguste et respectable à tout ce qui n'était pas nouveau et philosophique; qui voulait tout détruire, et n'acceptait pas même les vieux débris pour rebâtir ; et qui enfin ne se changea en une pitié profonde que lorsque les horribles massacres de septembre vinrent démentir ses rêves par d'effrayantes réalités. Mme Roland haïssait, nous persévérons dans le mot, et haïssait, pour ainsi dire, innocemment la famille royale et tout ce qui tenait au parti aristocratique. Elle fut sans commisération pour sa chute, elle y aida même; et nous avons assez d'admiration pour son caractère pour pouvoir en toute liberté lui faire cet unique et sérieux reproche.

La mission de Roland finie, il retourna à Lyon : l'Assemblée supprima bientôt après ces inspecteurs des manufactures; et le mouvement révolutionnaire ramena bientôt Roland et sa femme à Paris. Or, précisément à cette époque, le ministère de Delessart et de Bertrand de Molleville était en dissolution. La cour tenta de se rapprocher du parti extrême, et de modérer quelques-uns de ses chefs en les appelant au ministère. La probité, les talents administratifs de Roland étaient connus de tout le monde. Brissot le mit en avant ; des propositions lui furent faites, et, d'après les conseils de sa femme, il les accepta. Mme Roland, qui était l'esprit et le bras du ministère, se posa tout de suite comme antagoniste de la cour. Louis XVI refusait sa sanction au décret contre les prêtres et pour le camp de 20,000 hommes. A chaque instant des rassemblements se formaient dans les rues et les jardins publics autour d'orateurs vagabonds débitant d'infâmes invectives contre la famille royale. Le péril était imminent des deux côtés. Il fallait réunir et non diviser ; ce fut dans ces circonstances que Mme Roland eut l'idée d'écrire au roi, sous le nom de son mari, cette lettre devenue célèbre, où elle donne de cruels conseils au roi sans un seul mot de bienveillance et d'encouragement. La lettre fut envoyée. Comme Roland n'obtenait pas de réponse, il la lut en plein conseil. Deux jours après, lui et trois de ses collègues signataires reçurent leur démission. Dumouriez, qui se sépara alors nettement de Roland, garda le portefeuille. Mme Roland envoya sa lettre à l'Assemblée, et les transports qu'elle y excita vengèrent suffisamment à ses yeux l'affront que son mari venait de recevoir de la cour. Cette lettre devait avoir un long retentissement : on sait qu'elle fut l'occasion de la journée du 20 juin. Celle-ci fut en quelque sorte la préface du 10 août. Après cette sanglante journée, le ministère girondin fut constitué de nouveau. Roland accepta avec de grandes espérances pour la liberté. Entre ce second ministère et le premier il y a un abîme. Dans le premier, la conduite de Mme Roland ne fut ni grande ni énergique; elle fut toujours dans une fausse voie : elle voulait le juste, mais elle n'arrivait qu'à des hostilités funestes. Dans le second, lorsqu'elle eut à lutter avec le crime et avec tous les principes anarchiques et sanguinaires, elle fut sublime de courage tant que le combat fut possible, de résignation quand elle fut définitivement vaincue.

Une des premières douleurs de Mme Roland fut de voir Danton collègue de son mari : Danton, homme publiquement déshonoré, qui ne renouvelait son patriotisme que pour le revendre, lui fit plus de mal que Robespierre lui-même. Roland était sévère et d'une probité en quelque sorte puritaine : c'était un collègue gênant pour Danton. Le parti jacobin se prononça presque aussitôt contre Roland ; il n'y avait sorte de calomnie qui ne retentît contre sa femme dans les clubs ; les *sans-culottes* ne lui pardonnaient pas d'être belle ; c'était une aristocratie qu'ils ne pouvaient lui contester ; elle était distinguée dans ses manières : tout cela, suivant eux, était fierté et despotisme. Elle voyait souvent Barbaroux : c'était le plus beau de ses amants, disait-on dans les sociétés populaires. La femme d'un ministre républicain était devenue aristocrate et altière en mettant le pied dans l'hôtel du ministère ; elle donnait tous les soirs des festins où *l'or du peuple* se gaspillait, où les plus infâmes débauches étaient pratiquées, où cette nouvelle Circé répandait pour tous l'ivresse du vin, de ses charmes et de son esprit. L'hôtel du ministère de l'intérieur était devenu un lieu de saturnales ; la cour de Louis XV était remplacée, et la Gironde avait son parc-aux-cerfs. Danton cessa bientôt d'aller chez Mme Roland : « Il se préparait, dit-elle énergiquement, à chanter les matines de septembre, et il craignait Roland et ses entours. » Et en effet septembre se préparait : Danton et ses créatures n'épargnaient rien pour effrayer le peuple. La prise de Verdun les servit merveilleusement : les ennemis n'étaient plus qu'à six jours de distance de Paris ; on parlait de sourdes conspirations qui se tramaient dans les prisons, d'armes secrètes qui y étaient renfermées, et on ne disait pas que la plupart des prisonniers étaient des femmes et des vieillards. Le drapeau noir fut déployé à Notre-Dame ; et dans toutes les rues des bourreaux aiguisèrent des armes contre les victimes.

Nous voici arrivés au moment où Mme Roland touche à l'héroïsme. A dater de ces hideuses journées de septembre, elle abandonna des spéculations hasardées et fausses, et ne se livra plus qu'aux nobles inspirations de son âme. Écrire à la Convention, dénoncer l'infamie des massacres, provoquer des mesures de sûreté et de justice, c'était se dévouer pour l'humanité, et dans une lutte dont l'issue était très-incertaine, attirer sur sa tête, en cas de non-succès, d'effroyables représailles. M. et Mme Roland eurent ce courage ; ils l'eurent spontanément. La lettre de Roland à l'Assemblée eut presque un retentissement égal à celui de sa fameuse lettre au roi. L'Assemblée eut le courage inerte des courages faibles et dominés. Elle osa applaudir à certains passages de la lettre, mais écouta indifféremment les rapports qui lui furent faits, et ne prit aucune mesure en faveur de la justice et de l'humanité. Du moment qu'il ne réussit pas à faire partager sa noble indignation, Roland était perdu sans retour : il se l'avoua parfaitement ; sa femme et lui entrevirent dès lors le rôle de victimes et de martyrs qui les attendait, et ne reculèrent pas devant cette noble et terrible perspective. Le drapeau de la justice et de la liberté avait été déployé par eux ; il fallait le soutenir d'une main forte : c'est ce que firent les deux illustres époux. La lettre de Roland se terminait par ces mots : « Je reste à mon poste jusqu'à la mort si j'y suis utile et qu'on me juge tel. Je demande ma démission et je la donne si quelqu'un est reconnu pouvoir mieux l'occuper, ou si le silence de nos m'interdit toute action. » Les massacres durèrent quatre jours ; l'Assemblée fut avertie officiellement dès le second ;

et, comme nous l'avons dit, elle n'osa prendre aucune mesure. Bien plus, septembre eut son apologiste dans le ministre de la justice. La lutte courageuse que Roland soutenait au sein du ministère n'aboutissant à rien, tous ses efforts restant vains et inutiles, le 22 janvier 1793, le lendemain d'une date funèbre, le ministre girondin envoya sa démission. En se retirant, Roland avait envoyé à la Convention ses comptes, où sa conduite politique était justifiée, et où sa probité était démontrée dans tous ses scrupules et toute sa délicatesse. Il insista éloquemment pour qu'un rapport fût fait sur ses comptes, et pour que l'Assemblée les connût. Il écrivit huit fois à la Convention, et n'obtint ni réponse ni mention de sa lettre. On répandait des bruits sinistres dans la ville sur le sort qui était réservé au courageux girondin et à sa famille. Ses amis lui conseillèrent unanimement de se soustraire à une vengeance certaine. Roland devait aller dans le Nord, et Mme Roland partir pour Villefranche, où des intérêts de fortune la réclamaient. Elle fait demander des passeports : on ne les livre pas sans peine. Au moment du départ, elle se sent atteinte de coliques nerveuses, auxquelles elle était très-sujette. Elle reste au lit six jours. Quand elle se releva et voulut partir, il était trop tard (31 mai 1793). Le tocsin sonnait, six hommes armés se présentèrent chez Roland, et lui signifièrent un ordre du comité de salut public. Roland déclina la compétence et l'existence légale du comité. Un de ces hommes sort pour aller chercher la prétendue justification des pouvoirs qu'on lui a confiés, les autres gardent Roland. Mme Roland eut alors l'idée d'aller en personne dénoncer à la Convention l'arbitraire de la mesure dont son mari était victime. Elle relevait d'une grave maladie : mais elle n'hésita pas, et se fit conduire aux Tuileries. Les canons encombraient la cour, mèche allumée ; l'émeute faisait entendre tout autour du palais ses clameurs sinistres ; des pétitionnaires de toutes sortes assiégeaient la barre. Mme Roland trouve assez de force pour percer toute cette foule : elle arrive jusqu'aux huissiers, aux sentinelles qui gardaient toutes les portes : partout l'entrée lui est interdite ; elle fait appeler Vergniaud : Vergniaud est pâle, absorbé ; c'est un grand homme éteint, et qui n'aura plus de courage que pour monter à l'échafaud. Il ne sait que lui dire, ne lui conseille rien. Mme Roland attendit vainement toute la journée : les portes ne s'ouvrirent pas pour elles ; elle revint dans la nuit : la séance était levée ! Quand, épuisée de fatigue, elle rentra chez elle, rue de la Harpe, le portier lui annonça que Roland s'était débarrassé de ses gardiens, en leur envoyant porter une protestation contre l'illégalité qui s'exerçait sur lui, et avait pu fuir. Il était allé à Rouen demander asile à d'anciens amis. Elle aurait pu elle aussi quitter une maison où sa notoriété la compromettait : elle le négligea. A minuit, on la réveille, lui présentant un ordre d'arrêter son mari, la sommant de désigner sa retraite. Elle parvient à renvoyer tous ces hommes armés. A six heures du matin, une nouvelle bande se présente : ce n'est plus son mari, c'est elle qui est décrétée par la commune. Elle résista peu ; sa douceur, sa résignation, furent admirables. Ses papiers furent saisis, les scellés furent mis partout. Elle obtint de passer dans sa chambre ; là elle prit une robe élégante, noua ses beaux cheveux noirs, et fit une toilette qui ne lui était pas habituel à sa toilette. Ce n'était pas qu'elle espérât aucune séduction de sa beauté ; mais elle voulait faire voir à ces hommes de quelle noble victime ils s'emparaient. Quand elle fut prête, deux cents personnes à figures sinistres circulaient dans toutes les pièces, regardaient et touchaient à tout. Un fiacre s'avança ; les cris hideux : *A la guillotine !* retentirent et accompagnèrent sa marche terrible. Ce fut au milieu de ce cortège sinistre et menaçant que les commissaires et Mme Roland arrivèrent à l'Abbaye. Mme Roland obtint de la femme du concierge une chambre séparée. Rien n'égala la tranquillité de son âme en entrant dans cette étroite et solitaire demeure. Elle arrange, avec un soin minutieux les meubles chétifs de sa cellule, et il faut le bruit des verrous et les cris des sentinelles pour lui rappeler que cette retraite est une prison, et que cette prison est la mort. Son âme compatit bientôt à toutes les misères que renfermaient les murs de l'Abbaye. En arrivant à la prison, elle avait quelque argent et les habitudes sinon du luxe, au moins d'une large aisance. Elle diminua peu à peu ses dépenses personnelles, et finit par déjeûner avec du pain et de l'eau et dîner avec quelques légumes. Ce qu'elle épargna ainsi sur ses besoins particuliers, elle le faisait distribuer *incognito* aux pauvres prisonniers qui couchaient sur la paille, pratiquant ainsi toutes les vertus de l'Évangile : la patience et la charité. Il y a des détails pleins de charme dans les notes sur la prison, sur l'emploi que Mme Roland faisait de son temps. L'étude, toujours l'étude, un peu de dessin ; plus tard, elle put jouer du piano. Cependant, la marche du procès qu'elle aurait à subir ne s'annonçait pour rien : il ne transpirait rien du motif qui l'avait fait arrêter. On parlait vaguement auprès d'elle d'une conspiration en faveur du duc d'Orléans, conspiration qu'au contraire son mari avait été le premier à déjouer. Quelques curiosités banales venaient sous divers prétextes observer la figure de l'héroïne de la Gironde sous les fers ; quelques vrais amis venaient aussi dans cette prison répandre des larmes sincères devant un beau visage, toujours calme et toujours animé d'un bienveillant sourire. Un jour (il y en avait vingt-quatre qu'elle était à l'Abbaye), Mme Roland est mandée à la geôle : « Vous êtes en liberté, lui dit-on : il n'y a plus aucune charge contre vous. » Cette nouvelle était si brusque, que Mme Roland y crut à peine. Elle demanda un fiacre et se fit conduire chez elle. Quand elle vit que sa mise en liberté n'était pas un rêve, son cœur tressaillit : elle allait revoir sa fille, ses amies. Elle était si contente, qu'elle descendit en sautant de sa voiture, et traversa la cour en courant. Elle montait l'escalier quand deux hommes l'accostent. « Vous êtes la citoyenne Roland ? Au nom de la loi nous vous arrêtons. » Elle lut en tremblant le mandat d'arrêt ; elle était transférée à Sainte-Pélagie. Ainsi le gouvernement révolutionnaire usait envers ses victimes d'infâmes et vulgaires raffinements de cruauté : celle qui le matin était mise en liberté, parce qu'il n'y avait aucune charge contre elle, était reprise le soir. A Sainte-Pélagie, Mme Roland obtint en la payant bien cher une chambre pour elle seule. La résignation stoïque l'attendait dans sa nouvelle prison. Cependant elle avait autour d'elle un hideux voisinage : des filles publiques de son côté, et aux grilles d'en face des assassins ! Là, quoique fermant les oreilles, elle entendait d'ignobles propos ; et il y avait aux fenêtres une correspondance monstrueuse de libertinage. Eh bien, au milieu de ces cris, de ces obscénités de toutes natures, dont ses yeux étaient les involontaires témoins, telle était la force de concentration de Mme Roland, qu'elle ne vécut plus que dans le monde de ses lectures, qu'elle commentait dans la politique de Shaftesbury, ou qu'elle errait dans les paysages de Thompson ! Elle reprit ses crayons, et elle était réellement heureuse, dit-elle sans aucune affectation. On était au mois de juillet : le soleil rendait intolérable le séjour d'une cellule de six pieds. La femme du concierge la reçut dans son appartement. Bientôt (car elle était douce et compatissante) elle obtint pour Mme Roland une chambre au rez-de-chaussée, presque jolie et isolée. Des pots de fleurs sur la fenêtre, un piano près du lit, des crayons, tels étaient les objets qui révélaient la femme : ce fut là qu'elle écrivit ses *Mémoires*, où il y a tant d'âme, tant d'imagination, tant de style ; ses *Notes* sur la révolution, si pleines d'aperçus profonds ; des portraits d'une esquisse nette et forte ! On se confondra qu'elle ait tant écrit en si peu de temps, et encore une partie de ses *Mémoires* a-t-elle été perdue.

Mme Roland enfermée depuis quelque temps dans cette retraite presque douce. Un jour, un inspecteur passe dans le corridor : il entend frémir un piano, il ouvre brusquement, et il n'est pas touché à la vue de la belle et paisible tête qui lui apparaît. Il appelle la femme du concierge, la blâme sévèrement d'avoir permis que Mme Roland habitât cette chambre : il lui donne l'ordre de déménager ; et elle dut retourner près de son infâme voisinage. Mme Roland se soumit de nouveau. Les mauvaises nouvelles lui arrivèrent en foule. Tous ses amis étaient proscrits ; une lettre d'elle, un regard bienveillant qu'elle avait pu autrefois accorder, étaient des titres de proscription. Elle n'était pas certaine de la retraite de son mari ; elle pressentait qu'elle allait laisser sa fille sans appui au milieu d'une révolution qui engloutissait tout. De quelque côté qu'elle regardât, elle voyait des malheurs. A chaque instant elle reconnaissait des figures amies parmi les prisonniers qu'on amenait. Chaque jour sa prison devenait plus rude ; et tous les matins quelques-uns de ses amis allaient porter leur tête dans une mer de sang. Ce fut alors qu'elle prit et discuta froidement avec elle-même la résolution de se donner la mort. Déjà, ses derniers et déchirants adieux étaient écrits à sa fille, à son ancienne bonne, aux rares amis que l'échafaud n'avait pas encore immolés. Le poison était prêt, et l'âme stoïque était préparée. Le procès des girondins avançait, Mme Roland est appelée comme témoin. Dès lors, puisqu'il lui reste des compagnons de misère à défendre, puisqu'elle n'est pas inutile à tous comme elle l'a dit elle-même, sa résolution est changée.

Le tribunal révolutionnaire appela bientôt Mme Roland pour elle-même. Les accusations qu'on avait amassées contre elle étaient vagues et contradictoires : les formes de procédure furent impudemment violées. La plaidoirie de M. Chauveau-Lagarde, son avocat, fut chaleureuse et éloquente. Rien ne put la sauver. Du jour où elle s'était séparée de Danton et Robespierre, Mme Roland était condamnée. Cette condamnation devint irrévocable le 18 brumaire an II.

Nous nous arrêterons ici : nous n'aurons pas le courage de faire voir sur les degrés hideux de l'échafaud révolutionnaire une femme belle encore, pleine de toutes les vertus du cœur. Le jour de son exécution, elle mit une robe blanche, sur laquelle retombèrent les anneaux de ses beaux cheveux noirs. Elle salua en passant la statue de la Liberté, en s'écriant tout haut : « Que de crimes on commet en ton nom ! » Ceux qui virent pour la dernière fois cette charmante tête admirèrent pieusement le calme qui y régnait, le sourire qui l'animait et le regard doux et bienveillant qui sollicitait la pitié et les larmes de la foule. C'était le 8 novembre 1793. Ce noble front se coucha sur la même planche chaude encore du sang de Marie-Antoinette.

Huit jours ne s'écoulèrent pas sans que Roland s'associât au sort de sa sublime compagne. Il était caché depuis huit mois à Rouen, comme nous l'avons dit. A la nouvelle de la mort de sa femme, toutes les résolutions qui avaient traversé la tête de la prisonnière de Sainte-Pélagie assaillirent Roland ; et il écouta sur le dernier acte de sa vie cette voix qui l'avait toujours dirigé. Il embrassa en pleurant ses vieilles amies, et sortit muni d'une canne à épée. Il fit quatre lieues sur la grande route, et, se détournant dans une avenue de château, il se donna la mort de Caton, puisant un dernier exemple dans cette antiquité qui avait toujours été son culte et sa passion. On retrouva son corps : on injuria ses restes ; on exécra sa mémoire. Roland s'était donné la mort le 15 novembre 1793. LACRETELLE, de l'Académie Française.

RÔLE (de *rutulus* ou *rotulus*, rouleau, car autrefois on roulait les rôles comme toutes les expéditions de justice), une ou plusieurs feuilles de papier, de parchemin, collées bout à bout, sur lesquelles on écrivait des actes, des titres : *grand rôle*, *petit rôle*. C'est aujourd'hui, en termes de pratique, un feuillet ou deux pages d'écriture : il y a tant de *rôles* de minute, tant de *rôles* à cette grosse.

Rôle signifie encore *liste, catalogue* : Le *rôle* des contributions. Au Palais, c'est l'état, la liste sur laquelle on inscrit les causes dans l'ordre où elles doivent être plaidées : *Rôle ordinaire*, *rôle extraordinaire* ; cause inscrite au *rôle*. Au figuré, *à tour de rôle* veut dire chacun à son tour, à son rang.

RÔLE (*Art dramatique*). C'est la partie d'une œuvre dramatique qui doit être récitée par tel ou tel acteur. Dans la copie qui lui en est remise, on a soin d'écrire non-seulement les tirades et les phrases qu'il a à débiter, mais aussi les derniers mots de celles qui les précèdent, et qui lui indiquent l'instant où il doit prendre la parole : c'est ce que, dans la langue théâtrale, on nomme les *répliques*. Son *rôle* doit également renfermer les diverses indications des actions et des mouvements qu'il aura à exécuter sur la scène.

Depuis que, tombant d'un excès dans un autre, nous avons donné aux acteurs, traités autrefois en *parias* de la société, une importance exagérée, tous ceux qui ont ou croient avoir quelque talent ne veulent accepter que ce qu'ils appellent de *bons rôles*. Or, pour plusieurs d'entre eux, afin qu'un rôle soit *bon*, il faut d'abord qu'il soit *long*, et c'est au poids qu'ils en jugent le mérite. Qui ne sait cependant que tel rôle qui n'a que quelques pages, ou même quelques lignes, peut être du plus grand effet? Il suffira de citer pour exemple celui de Victorine dans *Le Philosophe sans le savoir*. D'autres appellent *mauvais rôles* ceux où ils ne dominent pas toute l'action, et ils voudraient que tout fût sacrifié au leur. Il n'en était pas ainsi au temps où la Comédie-Française possédait une réunion de talents que nous sommes loin d'y retrouver aujourd'hui. Bons ou mauvais, de grande ou de petite dimension, l'acteur était astreint à jouer tous les rôles de son *emploi*. En toutes choses, en effet, ne faut-il pas prendre les charges avec les bénéfices ?

Un désir très-naturel, très-légitime chez un acteur, c'est celui de *créer un rôle*, c'est-à-dire de le jouer le premier, sans avoir à consulter ce que l'on nomme au théâtre la *tradition*, et en s'abandonnant à ses seules inspirations, sans craindre de comparaison avec celles d'un autre, ou sans se laisser entraîner à leur imitation. C'est en effet pour le comédien un si grand avantage, que l'on a vu parfois un rôle *créé* par un sujet médiocre avoir moins d'attrait pour le public, si quelque circonstance le faisait passer entre les mains d'un acteur plus habile. Mais ce qui n'est que le partage du véritable talent, c'est l'art de *composer un rôle*. Cet art consiste d'abord à se pénétrer du personnage qu'on représente, de manière à ce que tout dans le jeu, la démarche, les gestes, le costume, la voix, soit empreint de la physionomie spéciale de ce personnage. Il faut en outre, dans cette composition, savoir sacrifier quelques parties du rôle pour faire mieux valoir les principales. Il est de plus une foule de nuances délicates, qui ne seraient très-difficiles à détailler dans un art qui fut celui de Talma et de Mlle Mars.

On appelle *rôles muets* ceux où l'acteur paraît seulement pour entendre ou exécuter ce que disent ou commandent ceux qui sont chargés du dialogue.

Le terme de *rôle*, dans le sens que lui a donné le théâtre, a passé de là dans la société, où l'on dit tous les jours de tel homme peu sincère dans ses paroles, que c'est un *rôle* qu'il joue; de tel autre, qu'il a un beau, un mauvais *rôle* à remplir. OURRY.

ROLLIN (CHARLES), l'un de nos historiens les plus populaires, né le 30 janvier 1661, à Paris, était le fils cadet d'un pauvre coutelier, originaire de Montbéliard. La protection d'un bénédictin blanc-manteau, dont il avait souvent servi la messe comme enfant, lui valut une bourse au *collège des Dix-Huit*, établissement qu'il ne quitta que pour aller étudier la théologie en Sorbonne. Sans avoir encore obtenu tous ses grades, il fut nommé en 1683 professeur de seconde au collège du Plessis, en 1687 professeur de rhétorique, et l'année suivante professeur au Collège de France, où il occupa activement sa chaire pendant quarante-huit ans (de 1688 à 1736). Recteur de l'université en 1694, et continué alors pendant deux ans, il fut nommé en 1699 principal du collège de Beauvais. En 1701 l'Académie des Inscriptions l'admit au nombre de ses membres, et en 1720 il fut de nouveau élu recteur de l'université. Dans son enseignement au collège, Rollin commença une utile réforme en étendant le cercle des études, en y introduisant les lettres françaises, trop ignorées, en y rappelant la littérature grecque, trop négligée, en y mêlant l'histoire à la critique. Recteur, il remit en vigueur cet usage qui ordonnait au chef de l'université de faire la visite des colléges. Ses beaux *mandements* (ainsi l'on appelait les actes émanés du recteur) attestent son zèle pour la religion et les mœurs, le maintien de la discipline, l'avancement des études. Dans le principalat du collège de Beauvais, il releva les études et la discipline, entièrement tombées, au sein de cet antique établissement; les sacrifices pécuniaires sur ses économies personnelles ne lui coûtèrent point pour arriver à ce but, pour s'entourer de jeunes maîtres pleins de savoir et de vertu, entre autres de Guérin, Coffin, Crevier, dont la renommée vit encore dans nos colléges. Rollin avait trouvé ce collège presque désert; sous sa direction, cette maison devint bientôt trop étroite pour la jeunesse qui y affluait. Que manquait-il à une vie si bien remplie ? Le stygmate glorieux de certaines persécutions du pouvoir. Nourri des doctrines de Port-Royal, ami de plusieurs de ces pieux et savants solitaires, Rollin était un janséniste zélé, trop zélé peut-être. En 1712 il reçut l'ordre de quitter le collège de Beauvais; il avait à peine cinquante-deux ans lorsqu'on prétendit priver l'université d'un serviteur si utile. La manière dont il employa les loisirs forcés qu'on lui avait faits trompa les espérances de ses persécuteurs, et a véritablement été la source de sa gloire. Il s'occupa d'abord d'une édition classique de Quintilien, l'un de ses auteurs favoris, qu'il expliquait au Collège royal. Plus tard, la publication de son *Traité des Études* (1726-1728) mit le comble à sa réputation. Dans ce livre immortel, Rollin n'a pas la prétention d'innover ; il se borne modestement à rappeler les pratiques d'enseignement les plus approuvées chez les anciens et les modernes. Il s'y est peint lui-même, sans le vouloir, dans le tableau qu'il a tracé d'un excellent principal, d'un zélé et judicieux professeur. Il y renversait l'échafaudage des anciennes rhétoriques et tout cet artifice de procédés oratoires que le génie grec lui-même avait trop réduit en système, et qui était devenu le plus fausse et la plus puérile des sciences. Son *Traité des Études* est une continuation de l'enseignement de Port-Royal ; seulement, son âme affectueuse adoucit l'austérité de cette grave école, et rend la même pureté plus aimable. Le succès du *Traité des Études* l'encouragea à écrire l'histoire ancienne. Il avait alors soixante-sept ans. Il se mit à l'œuvre avec toute la diligence d'un homme qui n'a pas de temps à perdre, et, comme il le dit lui-même, avec toute l'ardeur d'un ouvrier qui attend sa subsistance du travail de sa journée. De 1730 à 1738, les onze volumes dont se compose cette histoire se succédèrent rapidement et avec la plus grande faveur publique. Le nom de Rollin devint alors célèbre dans l'Europe. Un prince polonais traduisait dans sa langue les volumes de l'histoire ancienne à mesure qu'ils paraissaient. « Je ne sais, disait le duc de Cumberland, comment fait M. Rollin, partout ailleurs les réflexions m'ennuient; elles me charment dans son livre, et je n'en perds pas un mot. » On félicitait Rollin de toutes parts; et le jeune prince royal de Prusse, qui rendit bientôt si célèbre le nom de *Frédéric*, lui écrivit une suite de lettres dans lesquelles il rend hommage à son talent, à sa vertu, et le compare à Thucydide. Voltaire alors rendait les mêmes respects à Rollin, pour lequel plus tard il ne fut pas toujours juste. Qui n'a retenu ces vers du *Temple du Goût* :

Non loin de là Rollin dictait
Quelques leçons à la jeunesse,
Et quoiqu'en robe on l'écoutait.

C'est encore Voltaire qui, dans le *Siècle de Louis XIV*, a dit de l'*Histoire Ancienne* : « C'est encore la meilleure compilation qu'on ait faite en aucune langue, parce que les compilateurs sont rarement éloquents, et que Rollin l'était. »

Ce fut à soixante-seize ans que Rollin entreprit le pénible

tâche d'écrire l'histoire romaine. En trois années, il publia cinq volumes, laissant le sixième et le septième prêts à paraître, le huitième achevé et le neuvième fort avancé. Crevier eut peu de chose à faire pour conduire cette histoire au terme fixé par l'auteur, c'est-à-dire jusqu'à la bataille d'Actium.

Croirait-on que lorsque Rollin s'occupait si activement d'instruire par ses écrits et la jeunesse et le public, l'autorité, qui déjà l'avait éloigné des fonctions du principalat et du rectorat, vint encore le troubler dans le champêtre asile qu'il avait choisi dans un des faubourgs de la capitale. On accusa Rollin de prêter les mains à la publication de quelques pamphlets jansénistes ; et une descente de justice eut lieu dans sa modeste maison (rue Neuve Saint-Étienne, n° 28); on visita tout jusqu'aux combles; on descendit dans le puits, et l'on explora surtout les caves, que le lieutenant de police appelait *souterrains*. Cette recherche inquisitoriale fit éclater l'innocence de Rollin, qui, dans une lettre adressée au cardinal de Fleury,' se plaignit avec ce ton de respectueuse liberté qu'il savait si bien prendre avec les grands. Ce fut dans cet asile que Rollin termina ses jours, le 14 septembre 1741. J'ai plus d'une fois visité avec respect cette maison si petite d'un grand homme. Elle est aujourd'hui (1857) habitée par un nourrisseur de bestiaux. On y lit encore, au-dessus d'une porte intérieure, cette inscription, dans laquelle Rollin s'est peint tout entier.

Ante alias dilecta domus, qua, ruris et urbis
Incola tranquillus, mequa Deoque fruor.

(Asile chéri, où, hôte paisible des champs et de la ville, je jouis de moi-même et de Dieu).

Plus riche que le roi, comme il le disait lui-même, il s'était formé de ses économies et de ses pensions une petite fortune de mille écus de rente. C'était le patrimoine du pauvre : chaque mois il donnait cent francs pour eux, outre les libéralités extraordinaires. Son vieux domestique Dupont, devenu son ami, était le distributeur de ses charités.

Grâce au mauvais vouloir de l'autorité, Rollin ne fut pas de l'Académie Française ; et il fut interdit à l'université de lui consacrer une oraison funèbre comme à tous les recteurs ; mais la postérité ne lui a pas failli. Louis XVI voulut que Rollin eût sa statue parmi les grands hommes de la France ; il est pour ainsi dire devenu le patron de notre nouvelle université, son nom a été donné à un des collèges de Paris; enfin , c'est avec applaudissements que , dans une chaire de la Sorbonne, une bouche éloquente le proclamait le *saint de l'enseignement*. Charles du Rozoir.

ROLLON, HROLF ou RAOUL, premier duc de Normandie, était l'un de ces chefs norwégiens qui, expulsés de Norwège par Harald Haarfager (875), s'en vinrent à la tête de nombreux Danois chercher fortune sur les côtes d'Angleterre et de France. Repoussé par le roi Alfred, Rollon débarqua sur les côtes de France, dont il ravagea plusieurs provinces. Charles le Simple, par un traité conclu avec lui à Saint-Clair-sur-Epte, lui céda une partie de la Neustrie, appelée depuis *Normandie*, et lui donna sa marriage sa fille *Gisle* ou *Giselle*, à condition, disent quelques chroniqueurs, qu'il se ferait chrétien et qu'il lui ferait hommage de son duché. Il prit alors le nom de *Robert*. Il suffisait, ajoutent-ils, de prononcer son nom pour être appelé en justice ; de là l'origine de ce cri de *haro* (Ha raoul), resté longtemps en Normandie la dénomination d'un privilége particulier à cette province (*voyez* CLAMEUR).

Rollon abdiqua en 927, en faveur de son fils Guillaume.

ROMAGNE, *Romagna*, ancienne province des États de l'Église, dont les principales villes étaient Imola , Faenza, Forli, Cesena, Rimini, et le chef-lieu Ravenne, et qui est comprise aujourd'hui dans les délégations de Ravenne et de Forli. Sous l'empire romain , c'était une portion de la *Flaminia*. Au sixième siècle et après l'invasion des Lombards , elle constitua la province centrale de l'exarchat de Ravenne. Elle avait été donnée par Pépin au pape Étienne II ; mais Charlemagne l'érigea en comté particulier. En 1221 l'empereur Frédéric II en disposa en faveur de deux comtes de Hohenlohe : et cinquante ans plus tard les Polenta se l'approprièrent. En 1441 Venise leur en ravit une partie. Aidé de Louis XII, Jules II enleva la Romagne à Oscar Borgia, qu'Alexandre VI avait créé *duc de la Romagne*, et réunit cette province aux autres possessions du saint-siège.

ROMAIN, à moins qu'il ne s'agisse de la religion , ne se dit guère que des citoyens de l'ancienne Rome. On ne les appelle aujourd'hui , sans doute par un sentiment de pudeur, que les *habitants de la Rome moderne*.

Romain désigne aussi figurément tout ce qui rappelle la grandeur d'âme, le courage, les vertus patriotiques ; et ce n'est que par une bien pitoyable parodie qu'on emploie ce mot dans les prisons ou dans le bas peuple à signaler quelqu'un d'extrêmement misérable , ou bien encore à qualifier les claqueurs en titre qui se chargent dans les théâtres d'assurer le succès d'une première représentation.

On appelle *chiffres romains* des lettres majuscules de l'alphabet auxquelles on a donné des valeurs déterminées, soit qu'on les prenne séparément, soit qu'on les considère relativement à la place qu'elles occupent avec d'autres lettres. Les chiffres romains sont surtout usités dans les inscriptions , sur les cadrans, etc.

En typographie on donne le nom de *romain* à une espèce particulière de caractères (*voyez* CARACTÈRE [Imprimerie]).

ROMAIN (GALLESIN), pape, connu sous le nom de), successeur d'Étienne VI, en 897, cassa la procédure de son prédécesseur contre Formose , et mourut le 8 février 898. Il fut remplacé par Théodose II. On a de lui une *Épître*. Lenglet-Dufresnoy le traite d'usurpateur.

ROMAIN. On compte quatre empereurs d'Orient de ce nom.

ROMAIN Ier, né en Arménie, avait eu le bonheur de sauver la vie à l'empereur Basile, dans une bataille contre les Sarrasins. Cet exploit lui ouvrit la carrière des honneurs. Constantin X lui donna la main de sa fille , et l'associa à l'empire en 919. Romain fut bientôt maître de l'État, et Constantin n'eut plus que le titre d'empereur. Aussi habile politique que vaillant homme de guerre, Romain s'unit par un traité avec les Bulgares, tailla en pièces l'armée moscovite qui avait envahi la Thrace, et contraignit les Turcs à cesser leurs incursions sur les terres de l'empire. Il ne fut pas moins heureux dans l'administration intérieure. Enfin , voulant prouver qu'il ne s'était arrogé le pouvoir suprême que dans l'intérêt public , il se disposait à rendre à son beau-père toute l'autorité impériale, quand Étienne, l'un de ses fils, informé de sa généreuse résolution, le fit arrêter et confiner dans un monastère, où il mourut, en 948.

ROMAIN II, dit *le jeune*, fils de Constantin Porphyrogénète, succéda à son père, qu'il avait fait empoisonner. Il ne s'arrêta point à ce premier crime ; il chassa Hélène, sa mère, du palais ; et l'on vit avec horreur ses sœurs , réduites à la plus affreuse misère, forcées de se prostituer pour ne pas mourir de faim. Ce monstre ne jouit pas longtemps d'un trône acheté par tant de forfaits. Épuisé de débauches, il mourut en 963, après un règne de trois ans.

ROMAIN III, surnommé *Argyre*, fils de Léon , général des armées impériales, dut son avènement au trône à son mariage avec la princesse Zoé, fille de Constantin le jeune. Proclamé empereur le 9 novembre 1028, il se distingua d'abord par les plus heureuses qualités, et surtout par une générosité et une magnificence qui lui concilièrent tous les cœurs ; mais il changea bientôt, et l'avarice devint sa passion dominante. Zoé, dont l'âge n'avait pas amorti l'impudique lubricité, se prit d'une passion ridicule pour son argentier Michel. Résolue de donner sa main, et le trône à son amant, elle empoisonna son époux. Le breuvage agissant trop lentement au gré de ses désirs, elle l'étrangla dans le bain, le jeudi saint, 11 avril 1034. Romain était âgé de quarante-six ans, et avait régné cinq ans et six mois.

ROMAIN IV, dit *Diogène*, était en exil à l'époque de la

mort de l'empereur Constantin Ducas, qui avait laissé trois fils sous la tutelle de leur mère Eudoxie. Cette princesse avait promis de ne point se remarier, mais elle oublia bientôt ses serments, rappela Romain de l'exil, et lui donna sa main et le trône. Romain fut couronné le 1er janvier 1068. Il marcha immédiatement contre les Turcs, qui ravageaient les frontières de l'empire, et les vainquit. Moins heureux en 1071, il fut pris par Azan, chef des infidèles. Le vainqueur lui demanda quel sort il lui aurait fait s'il fût tombé entre ses mains. « Je t'aurais fait percer de coups, répondit Romain. — Je n'imiterai point, répliqua Azan, une cruauté aussi contraire aux préceptes de ton législateur Jésus-Christ ; » et il le renvoya sans rançon. De retour à Constantinople, Romain eut à disputer le trône à Michel, fils de Constantin Ducas, qui pendant sa captivité s'était fait proclamer empereur. Romain fut vaincu : on lui creva les yeux, et ce supplice lui coûta la vie. Ses blessures ne furent point pansées, sa tête enfla, et, à la suite d'une longue et douloureuse agonie, il expira, après un règne de trois ans et quelques mois.   DUFEY (de l'Yonne).

ROMAIN (Droit). *Voyez* DROIT ROMAIN.
ROMAIN (Empire). *Voyez* ROME.
ROMAIN (JULES). *Voyez* JULES ROMAIN.
ROMAINE ou **BALANCE ROMAINE**. On ignore pourquoi cet instrument porte le nom particulier de *romaine* : est-ce pour avoir été inventé à Rome, ou parce que les Romains le répandirent dans toutes les provinces de leur vaste empire? Quoi qu'il en soit, l'inventeur de la *romaine* se proposa de remédier à l'inconvénient de la multiplicité des poids qu'exigent les balances ordinaires; pour cela il plaça le point de suspension de son fléau entre deux bras inégaux, puis il divisa la totalité de sa longueur en un certain nombre de parties égales : supposons que c'était en 144, et que le bras le plus court contenait 12 de ces divisions ; en suspendant à l'extrémité de ce bras un corps pesant une, deux, trois........ onze livres, on pouvait lui faire équilibre avec un seul poids d'une livre. En effet, si le corps pesait une livre, on plaçait le contre-poids sur la douzième division du bras le plus long, à partir du point de suspension, et l'équilibre s'établissait. Le corps pesait-il trois livres, on portait le contre-poids sur la 36e division du bras le plus long ; pesait-il 2 livres 7 onces, on portait le contre-poids sur la 31e division, parce que la livre romaine contenait 12 onces, et que dans la supposition que nous avons faite chaque division du fléau aurait répondu à une once.

Les *romaines* ont ordinairement deux points de suspension ; par là le fléau est divisé en trois bras, deux petits et un beaucoup plus long. Pour les grandes pesées on suspend la marchandise au bras le plus court, mais quand le poids des matières à peser est peu considérable, on suspend ces matières au plus long des deux petits bras : par ces deux suspensions, on peut doubler, tripler les usages de la romaine, ce qu'explique parfaitement la théorie du levier. Les mathématiques enseignent des moyens directs pour diviser le fléau d'une romaine en parties d'une longueur convenable; mais il est plus court et plus sûr d'employer des poids parfaitement équivalents aux étalons.

Les ouvriers qui fabriquent ces instruments marquent les divisions par des crans qu'ils font sur les arêtes du fléau : cette méthode est vicieuse, parce que l'anneau qui soutient le contre-poids s'use lui-même, et altère la régularité de ces crans en courant dessus. Il serait mieux de suspendre le contre-poids à une coulisse qui coulerait à frottement sur le fléau, et de diviser celui-ci par des traits.

L'emploi de la *romaine* est souvent plus commode que celui de la balance ordinaire. Mais aussi il favorise plus facilement la fraude, ainsi que le constatent tous les jours des jugements rendus par la police correctionnelle. Parmi les moyens de fausser le pesage, on cite l'emploi de l'aimant, le changement de crochet, le soulèvement de la marchandise avec le pied ou avec une sorte d'hameçon habilement disposé, l'appui du genou contre la marchandise, etc.

Pour se faire une idée approximative du poids de gros ballots de marchandises, on fait usage dans les magasins de la *balance-bascule*. C'est une espèce de plate-forme, sur laquelle il suffit de rouler le ballot pour connaître la quantité de matière qu'il contient, au moyen d'un petit nombre de poids ; le principe de cette machine est le même que celui de la romaine, seulement elle se compose d'un système de plusieurs leviers agissant les uns sur les autres de telle sorte qu'un poids d'un kilogramme suspendu à l'extrémité d'un des bras du dernier peut faire équilibre à un poids 100, 200, 1,000 fois plus fort qui agirait sur l'un des bras du premier levier. Les machines qui servent à peser les voitures aux bureaux d'octroi sont construites sur ces principes.   TEYSSÈDRE.

ROMAINE (École). *Voyez* ÉCOLES DE PEINTURE.
ROMAINE (Histoire). *Voyez* ROME.
ROMAINE (Laitue). *Voyez* LAITUE.
ROMAINES (Langue et Littérature). *Voyez* ROME et LATINES (Langue et Littérature).
ROMAINS (États). *Voyez* ÉGLISE (États de l').
ROMAINS (Jeux) ou GRANDS JEUX. *Voyez* CIRQUE.
ROMAN. On désigne sous ce nom un genre de la littérature moderne qui s'est surtout développé à partir de la seconde moitié du dix-huitième siècle, et dont la forme et le sujet ont subi d'ailleurs les vicissitudes les plus diverses. Dans l'acception la plus large, on appelle ordinairement ainsi le récit d'un événement imaginaire, mais présenté comme une réalité. Quant au nom même, l'étymologie en est facile à trouver. On voit tout de suite qu'il vient de *langue romance*, ou de *roman*, nom de la langue (corruption de la langue latine) en usage dans les pays conquis autrefois par les Romains, et qui fut longtemps la langue dominante en France, ou du moins celle qu'on parlait à la cour des princes.

[Il est un titre de gloire qu'on n'a jamais contesté au roman, c'est l'antiquité de son origine. Mais, quelque éloignée de nous qu'on la suppose, on pourra toujours remonter à une origine antérieure. Comme tous les genres vraiment dignes de ce nom, le roman existait, avant d'être découvert, par une sorte de disposition naturelle de l'esprit humain. Par une sorte d'indépendance, dans laquelle Bacon trouvait un témoignage de la force et de la dignité de notre être, nous aimons à nous soustraire au cours ordinaire des choses, à nous créer un ordre imaginaire d'événements, plus varié, plus éclatant, où le hasard ait moins d'empire, où nos facultés trouvent un plus libre exercice. C'est le penchant involontaire de toutes les intelligences ; il n'en est pas de si grossière qu'un rêve passager n'ait transportée de la vie réelle au sein d'un monde idéal ; et l'auteur du premier roman avait été devancé par les imaginations les plus vulgaires. Le roman n'est donc pas, comme on l'a prétendu, une conception arbitraire ; c'est un genre nécessaire, en quelque sorte, et qui a des droits légitimes au respect de la critique. Il tient de la nature qui l'a fait naître un charme universel, dont ne préservent pas toujours la gravité du caractère et la maturité des années.

Je sais que des esprits sévères se sont révoltés contre un empire auquel eux-mêmes n'avaient peut-être pas échappé. Oubliant que la fable emprunte à la vérité son attrait le plus puissant, ils ont accusé de mensonge les fictions du roman, et, pour en faire ressortir la frivolité, ils se sont plu à les mettre en parallèle avec les récits de l'histoire. Serait-il vrai que l'histoire fût la condamnation du roman? Les limites de ces deux genres, qui se touchent quelquefois, ne sont-elles pas tout à fait distinctes? Si, pour donner un fond à ses tableaux, le romancier se transporte au sein d'une époque réelle, au milieu d'événements et de personnages connus, il n'usurpe pas en cela les droits de l'historien ; car il se propose de peindre un tout autre ordre de choses. L'historien ne recueille dans ses annales que ce qui a laissé quelques traces dans la mémoire des peuples. Il n'en est pas ainsi du romancier : il va chercher ses héros dans cette multitude sans nom où ne pénètre point le regard de l'his-

32.

torien; il fait revivre dans ses peintures ce qui passe, ce qui périt, ce qui change et varie sans cesse, ces rapports d'un moment qu'établissent entre les hommes leurs intérêts et leurs passions, ces accidents de tous les jours qui se pressent et se succèdent sur la scène changeante du monde. Le romancier écrit en quelque sorte l'histoire de la vie privée; et s'il lui est permis d'en retrouver les faits dans son imagination, il n'est pas dispensé de donner à ses récits, à la place de la vérité qui leur manque, cette autre vérité, qui est le besoin commun de tous les arts. Il faut que l'homme se reconnaisse dans son image, qu'elle lui offre l'expression fidèle de ses passions, de ses vertus, de ses vices, de ses ridicules, et, sous l'apparence inconstante des mœurs et des usages, les inaltérables traits de la nature humaine.

La vérité et la fiction, voilà les conditions premières du roman, comme de toutes les productions de l'art. Ce n'est pas que pour la force et la profondeur de la peinture on puisse le comparer ni au poëme ni au drame : il s'empare moins vivement de l'imagination, il la retient dans une région moins idéale; réduit à la simplicité du langage ordinaire, il place ses héros sur le théâtre de la vie commune, presqu'au niveau des spectateurs. Mais aussi quelle liberté il permet à l'écrivain! Le romancier n'est soumis qu'à ce petit nombre de lois générales dont l'empire est universel, parce qu'elles sont fondées sur la nature même de notre esprit; pour tout le reste, il ne reçoit de règles que de lui-même, ou plutôt que de son sujet. Cette matière inépuisable que le spectacle du monde présente à son imitation, il en dispose à son gré; il choisit du noble ou du familier, du pitoyable ou du ridicule, du terrible ou du bouffon; rien ne lui est étranger de tout ce qui appartient à la nature humaine. Il peut même tenter de la rendre avec toute sa diversité, rassembler dans un même ouvrage ce que séparent les autres genres, associer tous les contrastes, mêler tous les tons, prétendre à tous les effets. Une vaste carrière lui est ouverte, carrière toujours nouvelle et cependant toujours la même. Sous quelque variété de formes que se produisent ses innombrables compositions, elles ont toutes pour objet commun d'embrasser dans un seul tableau le cours entier d'une destinée, d'en rapprocher et d'en réunir, par une sorte de perspective, les moments les plus intéressants, ceux qui la caractérisent le mieux. C'est là l'unité du roman; mais quelle unité féconde! Loin de borner le domaine de l'écrivain, elle l'étend et l'agrandit. Plus libre que le poëte, le romancier pourra prodiguer les développements et les détails; il ne lui sera pas interdit de mêler au langage de l'imagination celui de la critique, de peindre et d'expliquer tout à la fois, de développer le jeu des ressorts secrets qui nous font agir, parler et sentir. Le roman est en effet parmi toutes les compositions littéraires une de celles qui cachent le moins le dessein de nous instruire. C'est une forme vivante donnée aux leçons du philosophe et du moraliste. Les vérités spéculatives y prennent une apparence sensible, qui les révèle aux esprits les moins attentifs. Forcé de les apercevoir, le lecteur croit les découvrir; l'artifice du romancier le transforme en observateur; ce qui se passe tous les jours sous nos yeux et que nous ne voyons jamais, le romancier le fait voir. Ses fictions ont même en cela quelque avantage sur la réalité : elles attirent plus vivement notre attention; elles rendent à notre jugement cette indépendance que lui retirent trop souvent nos intérêts et nos passions; elles nous permettent d'observer la nature morale un esprit plus libre et plus entier. Une lecture de quelques heures nous donne l'expérience d'une longue vie; nous acquérons en nous jouant cette science des hommes et du monde qui s'achète d'ordinaire par tant d'erreurs et d'infortunes. C'est ainsi que dans le roman plus que dans tout autre genre de composition, les plaisirs de l'imagination peuvent tourner au profit de l'instruction pratique.

Des ouvrages qui répondent aux besoins les plus impérieux de notre esprit; qui, offrant à la raison la représentation de ce qui est, transportent en même temps l'imagination au delà des limites de la réalité; qui réunissent ainsi la vérité et l'idéal; qui participent en quelque chose à la gravité de l'histoire et de la philosophie, et ne sont point étrangers aux charmes de la poésie; qui touchent à tant de genres sans se confondre avec eux, qui s'en distinguent par plus d'un caractère; qui ont surtout cet avantage de captiver la frivolité des lecteurs, et de les conduire à leur insu vers un but sérieux et utile; de tels ouvrages ne peuvent être relégués dans les rangs inférieurs de la littérature : ils forment un genre qui ne manque point d'importance et que sa difficulté place bien au-dessus des efforts de la médiocrité.

On fait naître le roman chez ces peuples ingénieux qui les premiers jetèrent sur la vérité le voile transparent de la fiction. Ils durent naturellement lui donner, comme aux autres productions de leur littérature, la forme de l'apologue et de l'allégorie. Une leçon morale est en effet le but caché vers lequel semblent tendre les romanciers orientaux; mais ils choisissent pour y arriver une route bien détournée, et aux soins qu'ils prennent de l'embellir il est facile de juger que le terme sérieux qu'ils se proposent est bien plutôt le prétexte que l'objet réel du voyage. Ils appartiennent à cette classe nombreuse de conteurs qui cherchent dans l'agrément de la fiction le principal intérêt de leurs récits; c'est à l'imagination qu'ils s'adressent, et ils possèdent le secret de la charmer. Quelle fertilité d'invention! quelle disposition ingénieuse! quel art d'attacher l'esprit au développement d'une fable souvent invraisemblable, de l'introduire sans efforts dans un monde surnaturel! Transportées dans notre Occident, ces compositions ravissantes n'ont rien perdu de leur attrait; nous les avons accueillies avec cette sorte de curiosité, cette crédulité docile que les peuples de l'Orient apportent aux récits des histoires fabuleuses. Elles ont même pour nous, grâce à l'éloignement des lieux, une sorte d'intérêt qu'elles ne pouvaient offrir dans leur première patrie, celui d'une peinture de mœurs. Nous y recherchons ces traits d'une vérité locale que leurs auteurs y ont exprimés sans dessein; nous croyons en les lisant voyager dans les contrées lointaines où elles ont pris naissance.

Les romans que les Grecs nous ont laissés doivent à l'éloignement des temps un intérêt du même genre. Comme tous les ouvrages de l'art, ils ont acquis en vieillissant une valeur historique tout à fait indépendante de leur mérite littéraire. Si le goût les rejette, la critique les recueille comme des monuments curieux, qui peuvent aider ses recherches. Les Grecs n'ont connu le roman qu'à l'époque de leur décadence. Ces jouissances oisives que donne la lecture leur furent longtemps étrangères; des ouvrages uniquement destinés à distraire aux heures de loisir, à remplir les vides de l'existence par un délassement agréable, auraient difficilement trouvé place au milieu de cette littérature active, et pour ainsi dire vivante, qui se produisait par la parole dans les temples, sur les théâtres, dans les jeux, dans les festins, à la tribune politique, dans les écoles des rhéteurs et des philosophes; qui se mêlait aux institutions du pays et participait à leur dignité; qui était une sorte de langage public parlé pour un peuple dans les circonstances solennelles! Il est d'ailleurs permis de douter que l'état des mœurs eût offert une matière favorable à ce genre de composition. L'égalité républicaine devait effacer en partie cette variété de caractères que présentent, sous d'autres formes de gouvernement, les diverses conditions de la société, et que font ressortir le poëte comique et le romancier. Une vie dont la cours, tracé d'avance, se partageait nécessairement entre les affaires de l'État et les soins domestiques, ne se prêtait pas plus aux jeux de l'imagination qu'aux caprices du hasard. La vie publique appartenait aux pinceaux de l'histoire et à ceux de la comédie, qui fut d'abord, dans la démocratie d'Athènes, un des organes de l'opposition populaire ou aristocratique. La vie privée s'accomplissait sous les regards, dans une sorte de sanctuaire soustrait à l'observation. Que restait-il donc au roman? Les désordres particuliers que la morale facile des Grecs ne se mettait pas en peine de cacher, des aventures d'esclaves et de courtisanes, des travers et des ridicules peu nombreux dont se contentait le poëte comique, mais qui n'eussent pu suffire au cadre plus vaste du romancier. Il eût cherché bientôt hors de la réalité d'autres intérêts, d'autres sentiments, un ordre nouveau de personnages et d'événements. C'est en effet dans cette carrière que s'engagea le roman lorsqu'il parut pour la première fois chez les Grecs, après le siècle d'Alexandre. Mais dans le monde qu'il s'était créé, il se trouva plus à l'étroit qu'il n'eût pu être dans le monde véritable. Ses productions se succédaient sans offrir autre chose que la répétition insipide d'un méchant original, des peintures sans vérité, et, ce qui en est la suite nécessaire, des fictions sans intérêt. La naïveté de Longus, naïveté un peu factice, à laquelle notre Amyot prêta des grâces trop négligées peut-être, mais aussi plus naturelles; l'élégance assez froide d'Héliodore, qui charma, dit-on, la jeunesse de Racine, jetèrent seules quelque éclat au milieu de cette longue nuit dans laquelle s'éteignait par degrés une littérature autrefois si brillante; car nous ne louerons pas le talent qui se montre encore dans ces tableaux où sont exposées sans voile les mœurs dépravées de l'antiquité. Le temps les a purifiés en leur donnant le caractère d'une satire morale; mais ils n'étaient alors que des ouvrages licencieux, par lesquels la Grèce esclave cherchait à amuser la vieillesse dissolue de l'empire romain.

Les romans grecs nous ont fait voir que toute littérature qui n'a pas son fondement dans les mœurs de l'époque où elle prend naissance, en perdant tout rapport avec la vie réelle, se condamne elle-même à manquer de chaleur et d'intérêt. Le moyen âge a vu sortir du sein des mœurs chevaleresques une littérature plus originale et plus naturelle. Ses romanciers ne retraçaient pas un état de choses imaginaire et des folies sans réalité : leurs paladins, leurs dames, et jusqu'à leurs enchanteurs, avaient eu plus d'un modèle; et de merveilleuses aventures avaient intéressé le sentiment populaire avant que l'ingénieux trouvère en eût fait le sujet de ses chants. Aussi une critique éclairée doit-elle voir dans les monuments trop peu connus de cet âge une des parties les plus précieuses de nos richesses littéraires. Mais les mœurs chevaleresques passèrent; les auraient dû passer les romans de chevalerie; et cependant, par une fatalité bizarre, ce fut alors qu'ils se multiplièrent et se répandirent dans le monde : tristes imitations de temps écoulés sans retour, qui, sans avoir retenu le charme attaché à une peinture fidèle, avaient pris en quelque sorte sur leur compte le ridicule des mœurs chevaleresques outrées et flétries.

Enfin, vint un homme de génie, qui fit pour le roman ce qu'avait fait Socrate pour la philosophie : il le ramena sur la terre. Il sut placer dans un jour comique les extravagances banales de la chevalerie errante. Il les mit aux prises avec la réalité; il opposa, dans une fable ingénieuse, les réclamations du bon sens aux froides visions d'un enthousiasme suranné, Sancho Pança à Don Quichotte. La vérité était depuis si longtemps exilée de la littérature que lorsqu'on la vit reparaître dans l'œuvre de Cervantes, elle excita une surprise et une admiration universelles. Cette production originale eut pour les contemporains tout l'attrait d'une découverte : elle leur offrait quelque chose de plus qu'une excellente satire littéraire : elle leur révélait un genre à peu près inconnu. Il y avait eu jusque là des romanciers, mais un roman était à faire, et le *Don Quichotte* est le premier qu'on puisse citer. Peinture piquante des mœurs, développement profond des caractères et des passions, artifice habile de l'intrigue, ton naturel et vrai de la narration, presque toutes les caractères du genre, presque toutes les formes qu'il peut revêtir, cet ouvrage les réunit. Cervantes possède à lui seul les mérites divers que se sont partagés depuis ses successeurs. Mais avant qu'ils profitassent de ses exemples il devait s'écouler encore un assez grand nombre d'années. Quelque éclatant qu'eût été son triomphe, la défaite du mauvais goût n'avait pas été complète : la chevalerie vaincue s'était retirée dans un dernier retranchement.

Un écrivain spirituel a peint dans une fable charmante Don Quichotte devenu berger : le roman avait subi au commencement du dix-septième siècle cette métamorphose. La fadeur de la pastorale avait en partie remplacé les folles peintures de la chevalerie errante; aux *Amadis* avaient succédé les *Artamène*, race de héros langoureux et fanfarons aussi peu conformes à l'histoire qu'à la nature. Cette nouvelle espèce de fictions était moins merveilleuse que celle qui l'avait précédée, mais elle n'était pas moins chimérique. Il fallait un nouveau Cervantes pour rappeler le roman à la vérité : Le Sage acheva cette révolution, commencée avant lui par les plaisanteries de Boileau, et plus encore par les ouvrages de deux écrivains dont les noms (*voyez* LA FAYETTE [Mme DE] et SCARRON) offrent un rapprochement bizarre, mais qui emprunteront tous deux à un modèle commun ces traits d'une vérité grossière ou d'une exquise délicatesse qui distinguent, dans des genres si divers, la *Princesse de Clèves* et le *Roman comique*. Les auteurs de ces deux romans s'étaient du reste renfermés dans des limites assez étroites : l'un n'avait exprimé qu'une seule situation, l'autre n'avait crayonné que quelques scènes grotesques. En peignant comme eux la nature, Le Sage sut se proposer un sujet plus vaste et d'un intérêt plus général. Il entreprit de rassembler dans un même tableau les travers et les ridicules de l'humanité tout entière, ces imperfections nombreuses qui appartiennent à l'infirmité primitive de notre être et auxquelles nous avons ajouté toutes celles de l'ordre social. Il créa le *roman de mœurs*, genre fécond, dont la matière existait pour ainsi dire dès l'origine du monde, que d'autres avaient dû entrevoir et essayer avant lui, mais dont ses ouvrages offrent le premier comme le plus parfait modèle.

L'exemple qu'il avait donné ne fut pas sans influence sur les destinées du roman : on le vit se renouveler aux sources, jusque alors négligées, de la vérité et de la nature. Il avait d'ailleurs rencontré des circonstances bien favorables à ses progrès. Au moment où l'esprit philosophique menaçait de prévaloir sur le génie des beaux-arts, où la poésie commençait à se retirer d'un domaine épuisé par la culture, où les recherches spéculatives attiraient à elles tous les esprits, dans ce moment de crise qui marquait le passage du siècle de l'imagination au siècle de la critique, on dut se porter avec ardeur vers un genre de composition qui, satisfaisant aux besoins de tous les deux, pouvait accueillir à la fois les méditations du philosophe et les conceptions du poëte, et prêter aux découvertes de l'observation morale tous les charmes de la fiction. Tantôt, dans une suite de scènes fidèlement imitées du cours ordinaire de la vie, on s'attachait à retracer les progrès naturels des passions et leurs effets inévitables; tantôt du développement de quelques caractères et de leur habile opposition on faisait naître une intrigue qui captivait l'esprit par la variété des situations et l'attente du dénoûment. Quelquefois une fable ingénieuse servait d'emblème à une vérité morale; plus tard, l'imagination, s'emparant des connaissances rassemblées par l'érudition, entreprit de ranimer cette froide poussière du passé, de faire revivre dans ses peintures, à l'aide de personnages et d'événements supposés, les usages, les mœurs, l'esprit d'une époque historique. A côté de l'histoire s'éleva une histoire nouvelle, chargée de nous apprendre ce que la première avait dû omettre ou ce qu'elle n'avait pas dû nous dire. Ces formes générales du roman se trouvèrent, il est vrai, confondues plus d'une fois dans une même composition. La plupart des écrivains qui s'y exercèrent tour à tour lui donnèrent l'empreinte particulière de leur génie; mais dans cette longue succession d'ouvrages remarquables, dont chacun a son caractère, et qui semblent former à eux seuls, dans le genre auquel ils appartiennent, une classe distincte, il en est peu qui ne puissent se rapporter aux types originaux créés par les Richardson, les Fielding, les Voltaire, les Walter-Scott.

Patin, de l'Académie Française].

ROMAN ou **RHÆTO-ROMAN** (Dialecte). On appelle ainsi l'idiome, branche des langues romanes, qu'on parle dans une partie du canton des Grisons, mais dont l'usage a été insensiblement circonscrit par le néo-allemand, sans presque jamais se mêler avec lui. Il forme deux dialectes; dont l'un, parlé dans la partie haute du canton des Grisons, a beaucoup d'analogie avec le provençal, et dont l'autre, en usage dans l'Engadine, se rapproche davantage de la langue italienne. Ce dernier dialecte, désigné sous le nom de *ladin* (latin) et sensiblement distinct du premier, se subdivise à son tour en deux patois différents : celui du haut Engadine et celui du bas Engadine. Un grand nombre d'anciens monuments écrits dans ce dialecte qu'on conservait à l'abbaye de bénédictins de Disentis, fondée au septième siècle, furent brûlés en 1799 par les troupes françaises en même temps que ce monastère. Il n'en subsiste plus aujourd'hui qu'un fragment du mystère *Les Vierges folles et les Vierges sages*, et un poème *La nobla Leyzon*. Le premier livre imprimé en *ladin* d'Engadine est une traduction du catéchisme (1551). Au reste, il n'existe qu'un fort petit nombre de livres imprimés dans ce dialecte. Le curé Matthias Conradi a publié une grammaire allemande et romane (Zurich, 1820) et un *Dictionar de Tosca dilg linguaing romansch-tudisc* (Zurich, 1823).

ROMANA (Pietro Caro y Silva, marquis de la), général espagnol, né vers 1770, dans l'île de Majorque, étudia quelques années à Leipzig, et entra ensuite au service de son pays. Il se distingua dès la première campagne qu'il fit, en 1793, contre les Français. Au rétablissement de la paix, il alla voyager en Europe. En 1807 il fut chargé du commandement des 15,000 Espagnols que Napoléon envoya en Allemagne. Placé sous les ordres de Bernadotte, il protesta alors de sa fidélité et de celle de son armée à la cause de Joseph; mais bientôt, profitant de son séjour en Fionie, il entra en pourparlers avec le commandant des forces britanniques qui croisaient dans ces parages. Du 17 au 20 août 1808 il embarqua à Nyborg à Swenborg, à bord de navires anglais, les 15,000 hommes sous ses ordres, et vint débarquer avec eux à La Corogne. Dès lors il déploya la plus infatigable activité pour repousser du sol espagnol les envahisseurs étrangers. Le premier il eut l'idée féconde d'armer les populations rurales, et d'en former les bandes, devenues depuis si fameuses sous le nom de *guerillas*, afin d'intercepter les routes et de rendre ainsi de plus en plus difficiles les communications des différents corps français entre eux. Au commencement de 1811 il se disposait à quitter le Portugal pour marcher contre les Français, quand il mourut, à Cartaxo, des suites de ses fatigues.

ROMANCE (*Littérature*). On donne le nom de *romances* aux chants populaires de l'Espagne, c'est-à-dire à ces chants dans lesquels sont célébrés les principaux événements de l'histoire nationale, les hauts faits des héros et des rois dont le nom a mérité de vivre dans la mémoire des hommes. L'Espagne sans doute n'a pas eu seule dans l'Europe méridionale le privilège de posséder de ces chants nationaux ; mais c'est le seul pays où, par certaines circonstances qu'il serait trop long de rappeler ici, les romances ont eu une existence durable, qui a permis de les recueillir de la bouche du peuple. Le même phénomène s'est reproduit au Nord, dans l'Angleterre, l'Écosse et l'Irlande, où les ballades ont tant de renommée; on trouve des traces de chansons de ce genre en Suisse et en Allemagne, et même dans l'Inde.

D'où vient le nom de *romance*? Probablement du nom de la langue dans laquelle ont été composées les premières poésies de cette espèce. La langue *romane* ou *romanza* était alors en vigueur en Espagne aussi bien qu'en France, et l'on sait qu'on donnait le nom de *romans* aux poëmes composés dans cette langue, où l'on célébrait les exploits d'un héros historique ou imaginaire. Des jongleurs allaient les chanter en pompe de cour en cour, de ville en ville, de château en château. Rien n'égalait la célébrité de ces poëmes dans le moyen âge, car ils composaient à eux seuls tous les plaisirs dramatiques de ces populations enthousiastes, qui ont un si grand besoin d'émotions vives et poétiques. Tel était aussi le rôle des rhapsodes dans l'antiquité. Un nom propre manque aux romances espagnoles, mais elles n'en sont pas moins pour cela des chants épiques, des épopées du genre de toutes les épopées natives. L'art y est bien moins parfait, les combinaisons bien moins savantes, les développements moins complets, le faire en somme bien plus grossier, mais le fond, le mouvement, et même parfois la forme, en sont approchants; par où l'on peut comprendre ce que doit signifier ce nom de *romance* ou de *roman* (c'est presque la même chose). Elles se partagent en deux classes, qui ne sont peut-être pas aussi distinctes qu'on l'a prétendu ; savoir, les romances *historiques* et celles qu'on peut appeler *de chevalerie* : celles-ci sont, à un moindre degré, les romances de chevalerie des troubadours provençaux. Les romances historiques sont presque innombrables. Quelques-unes se rapportent au temps de la domination romaine et même aux époques antérieures ; mais la plupart célèbrent des événements contemporains. Fixer l'âge des plus anciennes n'est pas chose facile ; il paraît pourtant qu'elles ne remontent guère plus haut que le règne des derniers rois visigoths. Ces romances, en passant de génération en génération dans la bouche du peuple, ont dû sensiblement s'altérer et se modifier à l'égard du langage, selon les besoins du moment. Les dernières datent de la chute du trône musulman de Grenade. Depuis lors la muse nationale ne se fit plus entendre ; la liberté et l'indépendance avaient cessé de l'inspirer : Ferdinand-le Catholique régnait. Corneille a eu raison de dire, dans la préface du *Cid*, que ces poëmes sont comme les originaux décousus de l'histoire d'Espagne ; cela est si vrai qu'ils ont servi à composer certaines chroniques. La plupart ne sont guère que des chroniques en *redondillas*. Le poète ne se met pas trop en frais d'imagination. Il raconte simplement les faits sans autre peine que de se soumettre à la mesure. Quelques pièces cependant ont de la grâce, de l'attrait, et leur simplicité sans apprêt empêche qu'on ne sente en les lisant la fatigue ou l'ennui que donnent souvent les compositions étudiées de poëtes plus exercés.

Ces romances sont généralement divisées en couplets (*coplas*) de quatre vers de huit syllabes chacun : c'est ce qu'on appelle *redondillas* ; elles ne sont point rimées, mais assonantes. Aussi la facilité de ce genre de composition est probablement la cause de la multiplicité des pièces et même de leurs variantes ; car il est bien rare qu'une même romance n'ait pas en certains couplets cinq ou six leçons différentes. Les plus fameuses sont celles où sont chantés les exploits de Bernard del Carpio, de Fernando Gonzalez, et surtout du Cid. On en a fait des imitations dans presque toutes les langues de l'Europe, et les principales de celles du Cid ont été traduites en allemand par l'illustre Herder.

Quant aux romances *chevaleresques*, la forme en est la même que celle des romances historiques ; mais la matière en est généralement empruntée aux romans provençaux et français. Néanmoins, il faut ajouter qu'elles ont reçu une teinte particulière du commerce des Espagnols avec les Maures. Toutefois, l'imitation n'a rien de servile ; le poëme français, en passant dans la *redondilla*, est devenu espagnol : n'y cherchez plus l'agrément et la finesse du récit avec ses longueurs, la naïveté malicieuse et les détails piquants : il est maintenant bref, simple, grave, et légèrement emphatique ; il n'a plus rien de français.   A. Oc.

ROMANCE (*Musique*). Dès le dixième siècle, alors que la langue vulgaire commence à balbutier ses premiers mots, elle s'allie à la musique. Aux douzième et treizième siècles, à la suite du mouvement qui entraîne les populations à la croisade, ces chansons se multiplient et se répandent dans toute l'Europe. Comme les rhapsodes, comme les bardes et tous les poëtes primitifs et populaires, les trouvères et les troubadours chantaient les vers que leur avaient inspirés soit un fait historique, soit quelque événement intéressant de la vie domestique. La plupart du temps ils ajustaient ces vers sur une *cantilène* déjà connue, comme le font encore de nos jours les chansonniers, ou bien ils inventaient une mélodie qu'ils allaient ensuite faire inscrire par un musicien de profession, qu'on appelait *harmoniseur*. Cette division dans le travail du *gai sçavoir* subsista jusqu'à la fin du treizième siècle. Quoiqu'on ne sache rien de positif sur la partie musicale de l'art des troubadours et des trouvères, il y a tout lieu de présumer que la mélodie de leurs romances était de courte haleine, d'un rhythme indécis et sans tonalité précise, consistant en quelques notes plaintives et monotones, dont la persistance finissait par saisir l'oreille et toucher le cœur. Dès le quinzième siècle, l'art d'écrire fait de très-grands progrès sous la main des contre-pointistes. La mélodie s'avise, s'étend et se dégage des obstacles que lui opposait l'immobilité tonale du plain-chant. Elle participe aussi à ce grand mouvement de l'esprit humain qu'on appelle la *renaissance*, qui réveille la fantaisie assoupie par l'ascétisme catholique et donne l'essor à toutes les puissances de la vie. La romance s'égaye, elle emprunte aux airs de ballet un rhythme plus accusé. La galanterie française du seizième siècle lui communique sa grâce exquise. Les poëtes, les beaux-esprits, les nobles dames, les princes, les rois, toute la société polie de la France, rime, compose et chante de tendres et naïves romances. Les poëtes les plus fameux de la pléiade ont laissé de vrais chefs-d'œuvre dans ce genre, éminemment français. Ils ajustaient leurs vers sur des airs déjà connus et que tout le monde pouvait chanter. L'air de *Charmante Gabrielle*, attribué à Henri IV, est un vieux noël de Gustave de Caurroy, son maître de musique. Nous avons aussi des romances de Louis XIII. Son maître de musique, Pierre Guedron, en a composé également de charmantes. Citons encore les airs de cour de Boisset, surintendant de la musique de Louis XIII, les cantates de Lambert, beau-père de L u l l i. Bernier, Colin de Boismont, de Bury, Campra, Colas et beaucoup d'autres cultivent la romance avec succès sous la régence; mais c'est surtout dans la seconde moitié du dix-huitième siècle qu'on la voit se multiplier et s'épanouir avec une grâce charmante, exhalant un parfum d'adorable mélancolie. Écoutez donc ce doux ramage de poëtes et de musiciens faciles qui chantent, au déclin d'une société qui va disparaître, la beauté du soir, les charmes de la vie champêtre, le bonheur d'aimer à l'ombre d'un frais bocage, au bord d'un ruisseau paisible! Qui n'a présent à la mémoire le passage des *Confessions* où Rousseau, vieux, pauvre, infirme, le cœur rempli de cette tristesse profonde qui a fait sa gloire et son malheur, verse des larmes abondantes en se rappelant une romance naïve que sa bonne tante lui chantait dans les jours fortunés de son enfance :

Tircis, je n'ose écouter ton chalumeau
Sous l'ormeau,
Car on en cause déjà dans le hameau.

C'est au dix-huitième siècle qu'appartient l'adorable petit chef-d'œuvre :

De mon berger volage
J'entends le chalumeau.

Pourquoi ne puis-je vous citer le nom de celui qui a trouvé dans le fond de son âme ce chant presque digne d'un Pergolèse ou d'un Paisiello? Mais voici le ciel qui s'obscurcit, l'orage gronde, la révolution approche : adieu ! adieu ! siècle charmant, où régnaient la grâce et l'urbanité françaises, où l'on savait aimer, causer et rire dans un coin paisible de la vie ; adieu, femmes charmantes que Watteau faisait danser sous la charmille au son du tambourin et du chalumeau, à qui Greuze arrachait des pleurs. Quels sont ces cris tumultueux, ces hourrahs qui montent et sifflent comme les vagues de la mer? C'est la France qui se lève et marche contre l'ennemi qui la menace, en chantant la *Marseillaise*. Puis vient le Directoire, rayon de soleil après une horrible tempête. Victimes et bourreaux, oubliant leurs crimes et leurs malheurs, se livrent au plaisir avec frénésie. C'est une scène de la régence qui éclate tout à coup comme un dernier reflet du dix-huitième siècle ; on court les spectacles, les concerts, les bals , on s'enivre de sensualité dans les bosquets de Tivoli, dans le parc de Monceaux, dans les jardins de Paphos. Alors on voit paraître G a r a t , chanteur admirable, dont les romances : *Je t'aime tant*, *Bélisaire*, *Le Ménestrel*, dites par cet artiste incomparable, enlèvent tous les cœurs. P l a n t a d e , Carbonel, Lambert , B o i e l d i e u , Pradher, se disputent l'attention publique et chantent sur un ton anacréontique *La Feuille de rose*, *L'Haleine du printemps*, au milieu des éclats de rire de cette génération étourdie, dansant et chantant sur les débris d'une société qui a été la merveille du monde. Une autre grande célébrité de la romance, ce fut Martin-Pierre d'Alvimare, harpiste de l'Opéra. On ne peut compter le nombre de mélodies tendres, vives et coquettes qui sont sorties de sa plume facile. Les éditeurs se les arrachaient, et une romance nouvelle de d'Alvimare était un événement pour les jolies femmes des années 1806 et 1807, dont les maris ou les amants faisaient la campagne de Prusse.

Si depuis Lulli jusqu'à Rossini les Italiens ont largement contribué à la naissance et au développement de notre grande musique dramatique, ils ont aussi cultivé la romance française avec beaucoup de distinction. Après Albanèze et Mengozzi, B i a n g i n i est celui qui a infusé dans la romance française quelque chose de la morbidezza qui caractérise la *canzonetta* italienne. Doué d'un physique agréable et d'une jolie voix de ténor, chanteur exquis, bon accompagnateur et musicien instruit, il fut à la mode, et devint le professeur de chant de toutes les grandes dames de la première période de l'empire. On se le disputait comme un vrai *cherubino d'amore*. Une illustre princesse de la maison impériale l'enleva bientôt à ses nombreuses concurrentes, et l'emporta dans un coin retiré du monde, à Nice. C'est là, loin des soucis de la grandeur et du fracas de la guerre, à l'ombre des orangers en fleurs et sous les tièdes brises de la Méditerranée, que Blangini a composé ces délicieux nocturnes qu'on chantait dans toute l'Europe, depuis Londres jusqu'à Saint-Pétersbourg.

Au milieu des splendeurs de l'empire, on vit une femme charmante, une reine comme il y en eut autrefois sous la race de Valois, qui joignait au prestige de la grandeur les grâces de la personne et le goût des talents aimables. Blonde, bonne et tendre, la reine H o r t e n s e quittait souvent la Hollande pour Paris, où son cœur venait chercher un aliment qui lui manquait dans son froid royaume. Elle réunissait dans son hôtel tout ce qu'il y avait alors d'artistes distingués, de poëtes, de musiciens et d'hommes de loisir que le tourbillon des affaires n'avait point absorbés. Là on causait beaucoup de galanterie, de théâtre, et surtout de musique. Lorsqu'un sentiment doux ou pénible, une espérance ou un regret traversaient le cœur de la reine, elle se mettait au piano, et cherchait à exprimer dans une mélodie simple, les soucis dont son âme était pénétrée. Le chant une fois trouvé, on le communiquait aux initiés avec liberté entière de blâmer ou d'approuver, puis on le passait à Carbonel ou à Plantade pour qu'ils fissent un accompagnement. Les choses se passaient chez la reine Hortense absolument comme au douzième et treizième siècles, alors qu'une noble châtelaine allait chez un *harmoniseur* faire *noter* la romance que son cœur lui avait inspirée. On pense bien que celles de la reine Hortense étaient recherchées des amateurs. On les chantait dans tous les salons, et les orgues de Barbarie les faisaient retentir dans tous les carrefours de l'Europe. Celles qui ont eu le plus de succès sont les suivantes : *Quoi ! vous partez pour aller à la gloire? Colin se plaint de ma rigueur* ; *Partant pour la Syrie*, et surtout *Reposez-vous*, bon chevalier, mélodie simple et touchante.

Au début de la Restauration, nous voyons s'épanouir une des gloires les plus vives de la romance. Romagnesi débuta en effet vers 1807. Modeste amateur, il préludait dès lors à une réputation qui ne prit de l'éclat qu'à partir de 1816. En 1820 il était en pleine floraison, et depuis le salon de la marquise jusqu'à l'échoppe de l'artisan on entendait partout retentir ses mélodies gracieuses. Il a composé plus de trois cents romances et chansonnettes. A côté de lui il faut placer Amédée Rousseau, dit *de Beauplan*, compositeur plein de verve, de fraîcheur et de gaieté. Édouard Bruyère appartient aussi à cette époque. On doit se rappeler ses romances, parmi lesquelles *Mon léger bateau* et *Laissez-moi le pleurer, ma mère*, firent couler de si douces larmes.

La femme qui sous la Restauration a eu le plus de célébrité comme compositeur de ce genre aimable, c'est Mme Duchambge. *La Brigantine*, *Le Bouquet de bal*, *L'Ange gardien*, chaste et douce prière, ne sont pas oubliées, ainsi que *Penses-tu que ce soit aimer?* cri suprême d'un cœur que les illusions abandonnent.

A la suite de l'explosion de 1830 il y eut un grand mouvement littéraire, qui en fut l'expression et le complément inévitable. La romance n'en resta pas en arrière de ce mouvement, et ce fut Hippolyte Monpou qui lui imprima son nouveau caractère. Monpou est vif, hardi et coloré dans ses petits tableaux, où il excelle surtout à peindre l'espace lumineux, le lointain azuré de la mer, les doux mystères du crépuscule, les béatitudes de l'amour voguant sur l'onde docile à la recherche d'une île fortunée. Vers 1832, alors que Monpou était en pleine popularité, on vit surgir une jeune fille blonde, vive, spirituelle, qui s'acquit bientôt une grande renommée parmi les compositeurs de romances. Elle se mit à chanter les petits épisodes de la vie bourgeoise, la modération des désirs, le contentement du cœur dans une humble condition, la paix, l'innocence, l'amour du travail et la résignation à la Providence, qui veille sur l'enfant du pauvre et donne la pâture aux petits des oiseaux. Ses mélodies, claires, vives, d'un rhythme guilleret, bien pointées, bien prosodiées, ne montant pas trop haut, ne descendant pas trop bas, et pouvant être abordées par la moindre écolière, eurent une vogue étonnante. Le règne de Mlle Loïsa Puget a duré à peu près dix ans. Elle a composé un nombre considérable de romances et chansonnettes, qui forment toute une épopée de la vie bourgeoise. M. Masini a un talent d'un genre tout différent. Il a été le troubadour chéri des femmes de la haute finance et de cette portion de la classe moyenne qui tournait à l'aristocratie sous la dernière monarchie. C'est le barde des cœurs attristés, des âmes froissées par la discipline du mariage ; c'est le musicien des nuances, des soupirs refoulés, des regrets inconsolables : c'est le Bellini de la romance. M. Th. Labarre a un talent plus franc et plus direct. Ses belles mélodies, *La jeune Fille aux yeux noirs*, *La pauvre Négresse*, *Le Klephte*, ont balancé le succès de celles de Monpou. M. Béral, qui a tant chanté sa *Normandie*, où il a vu le jour, est un compositeur naturel et facile, très-aimé du peuple, dont il sait toucher le cœur. Viennent ensuite un grand nombre de noms plus ou moins connus, qui se sont illustrés dans ce genre modeste et charmant.

P. Scudo.

ROMANCERO. On donne ce nom à une collection, à un livre de *romances* comme il en a paru en Espagne depuis le milieu du seizième siècle. Les romances étaient publiées d'abord en feuilles détachées, et non point tirées de *romanceros* pour circuler sous forme de feuilles volantes. La première collection de romances proprement dite fut la *Silva de Romances* qui parut pour la première fois en 1550, à Saragosse, en deux parties, qui se suivaient. Un petit nombre de romances avaient déjà été imprimées dans le *Cancionero de Castillo* (1511). La *Silva de Romances* obtint un tel succès que dans l'espace de cinq ans il en fut fait trois éditions, dont la dernière (Anvers, 1555), dite ordinairement le *Cancionero d'Anvers*, est la plus complète et la plus connue. En même temps que la *Silva*, mais cependant seulement après sa première partie, parut un *Cancionero de Romances* (Anvers, 1550) qui dès la même année obtint les honneurs d'une seconde édition. D'autres collections de romances furent publiées par Sepulveda (1551), Timoneda (1573), Linares (1573), Padilla (1583), Maldonado (1586) et Cueva (1587) ; mais elles consistent surtout en romances composées par les éditeurs eux-mêmes. Le *Flor de varios y nuevos Romances*, dont les neuf parties parurent de 1592 à 1597, en diverses localités, constitue le premier essai fait pour composer un *romancero* puisé à toutes sources. Sauf un petit nombre de modifications, il servit à composer la première édition du *Romancero general* (Madrid, 1600), la plus vaste collection de ce genre, suivie des éditions de 1602, 1604 et 1614. Déjà Miguel de Madrigal en avait publié une seconde partie (Valladolid, 1605). Ces collections générales de romances étant trop étendues pour l'usage du peuple, on en imprima de moindres, comme le *Jardin des Amadores* de Juan de la Puente (1611), la *Primavera y flor* de Pedro Arias Perez (1526, souvent réimprimée depuis), les *Maravillas del Parnaso y flor de los mejores romances* (1637) de Pinto de Morales, les *Romances varios* (1655) de Pablo de Val, et beaucoup d'autres plus moindres encore, ne se composant même que d'une ou deux feuilles d'impression, presque continuellement réimprimées jusqu'à nos jours. Pour satisfaire les goûts belliqueux de l'époque, d'autres collections furent composées en partie avec des matériaux tirés des collections générales ; telles par exemple que la *Floresta de Romances de los doce pares de Francia* de Tortajada (Alcala, 1608), et le *Romancero del Cid* de Juan de Escobar (1re édition, Alcala, 1612).

L'intérêt pour les anciennes romances espagnoles ne se réveilla que vers la fin du dix-huitième siècle. Tandis que les efforts de Ramon Fernandez et de Quintana ne produisaient qu'une médiocre sensation en Espagne, on faisait beaucoup dans cette direction à l'étranger, notamment en Allemagne. A la *Silva de Romances* de Grimm (Vienne, 1815) succéda bientôt le *Romancero Castillano* de Depping (Leipzig, 1817 ; 2e édition, 2 vol., 1844, avec une troisième partie, *Rosa de Romances*, par Ferdinand Wolf, 1846), tandis que Diez (Francfort, 1818) et Geibel (Berlin, 1843) traduisaient en allemand des romances espagnoles. Toutefois, c'est encore en Espagne qu'a paru la meilleure de toutes ces collections, le *Romancero general* de Duran (5 vol., Madrid, 1828-1832), dont la seconde édition (2 vol., Madrid, 1849-1851, formant aussi les tomes 10 et 16 de la *Biblioteca de Autores Españoles*), peut être considérée comme un ouvrage entièrement neuf.

ROMANE (*Architecture*). C'est le nom de plus en plus généralement adopté pour désigner le style d'architecture qui se forma à partir du dixième siècle, lors de l'extinction des réminiscences directes de l'antique, et qui se maintint jusqu'au treizième siècle. Cette expression, dérivée par analogie de celle de *langues romanes*, sert également à désigner la transformation subie, chez les nations d'origine germaine, par l'élément romain pour en constituer un nouveau. Elle a le mérite de convenir à tout l'Occident chrétien ; tandis que les expressions de styles *lombard*, *saxon* ou *normand*, dont on s'était servi jusqu'à présent, étaient et trop étroites et trop vagues. Mais de toutes celles qu'on ait pu employer, celle de *style byzantin*, la plus fausse et la plus inexacte, en usage d'ailleurs, est pourtant la plus fausse, attendu qu'il est parfaitement établi aujourd'hui que Byzance n'a pu influer que par exception, et en tous cas d'une manière imperceptible, sur l'architecture de l'Europe occidentale.

ROMANÉE (LA) ou LA ROMANÉE-CONTI, village du département de la Côte-d'Or, arrondissement de Beaune, près de Vosnes, est célèbre par ses vins, dont les premiers crûs appartiennent aujourd'hui à la famille Ouvrard, qui en fait opérer la vente pour son compte. On regarde les vignobles de La Romanée comme les premiers de la Bourgogne.

ROMANELLI (Jean-François), peintre de l'école florentine, né en 1617, à Viterbe, mort dans la même ville, en 1662, entra dans l'atelier de Pietro da Cortona, et s'y fit bientôt remarquer. Il fut au nombre des artistes italiens que Mazarin attira en France. Ses principaux ouvrages sont à fresque; on en voit encore au vieux Louvre, dans les lambris du cabinet de la reine. Dessinateur habile, bon coloriste, et gracieux dans ses airs de tête, Romanelli manque cependant de feu et d'expression dans ses compositions.

ROMANES (Langues). On désigne ainsi les idiomes particuliers dérivés de la langue latine, qui se formèrent dans les contrées soumises à la domination romaine, telles que l'Italie, la Gaule, l'Espagne, une partie de la Rhétie, et la Dacie, devenue romaine pendant l'espace d'environ cent cinquante ans, grâce aux victoires de Trajan. Ces idiomes empruntèrent leurs éléments, non à la langue écrite des Romains, à la langue que parlaient les hautes classes, mais à la langue populaire (*lingua romana rustica*), dialecte moins choisi pour ce qui était des mots, de leur application, et aussi plus libre, dont se servirent d'abord dans le Latium, puis peu à peu dans le reste de l'Italie, les paysans, de même que les basses classes de la population des villes, et par suite l'énorme quantité de soldats qui se recrutaient dans leur sein. Ceux-ci lui firent franchir les limites de l'Italie et le transportèrent dans les pays conquis. C'est là que du latin populaire, et par suite du contact avec les peuples vaincus, tels que les diverses peuplades de l'Italie, les Celtes, les Ibères, les Daces et les Gètes, se formèrent, par un travail long et obscur, les diverses *langues romanes* que nous trouvons tout à coup au neuvième siècle arrivées à une certaine richesse, et séparées de leur mère commune par de profondes différences. La transformation de cette *lingua romana rustica* en idiome roman, point de départ de diverses langues aujourd'hui complètement distinctes les unes des autres, s'opéra dès le sixième siècle, sous l'influence d'éléments étrangers, notamment du germain ou de l'allemand, langue parlée par les conquérants. En opposition à la langue latine (*lingua latina*), demeurée la langue des classes élevées et instruites, la langue de l'Église, du droit et des sciences, on donna à la nouvelle langue populaire et des relations ordinaires de la vie le nom de *lingua romana*; dénomination à laquelle divers ouvrages de littérature écrits dans la langue populaire, comme le roman et la romance, doivent leur nom. De ces différentes langues romanes se sont formées à leur tour six langues particulières, séparées les unes des autres par des différences bien tranchées, à savoir : l'italien, l'espagnol, le portugais, le provençal, le français et le daco-romain ou langue valaque. L'élément germain n'a pas laissé que d'exercer une influence puissante sur la formation des cinq premières de ces langues; tandis que l'élément slave a prédominé dans la formation de la sixième. L'arabe a d'ailleurs laissé aussi quelques traces dans la langue espagnole et dans la langue portugaise. Par la publication du sa *Grammaire comparée des Langues de l'Europe latine* (Paris, 1821), Raynouard a mérité d'une manière toute particulière de l'histoire et de la grammaire des langues romanes; mais la *Grammaire des Langues Romanes* de Diez (en allemand ; 3 vol., Bonn, 1836-1843) et son *Dictionnaire étymologique des Langues Romanes* (en allemand ; Bonn, 1853) sont les livres les plus complets qu'on ait encore publiés sur cette matière.

ROMANIE ou ROUMANIE. *Voyez* Roumélie.

ROMANIE (Assises de). Lorsque les Francs se furent établis dans l'empire de Constantinople, dans le royaume de Salonique et dans la principauté de Morée, au treizième siècle, leur première pensée fut d'examiner quelles lois étaient nécessaires au maintien de leur conquête. Le pays avait été divisé en grands fiefs pour satisfaire les hommes puissants. Il fallait convenir de la défense de ces fiefs et de leurs droits, en même temps que de la défense générale du pays, et régler leur transmission. Sur ce point des précédents étaient établis en France : on n'eut qu'à les appliquer. Les seigneurs francs avaient établi suivis d'une nombreuse population des villes de France et de leurs propres domaines, et cette armée victorieuse avait aussi des droits à faire valoir. De plus, il existait une grande quantité d'indigènes grecs domiciliés dans le pays, partie de la population dont il fallait constater les droits. Les conquérants du royaume de Jérusalem, fondé en 1097, s'étaient trouvés dans la même situation, et une suite de règlements royaux et de décisions féodales avait été la première base sur laquelle s'était ensuite fondé le code des *Assises de Jérusalem*. Des décisions du même genre, quelquefois empruntées à l'expérience, plus vieille, des Francs de Jérusalem, quelquefois fondées sur des besoins locaux, devinrent aussi la base sur laquelle se fonda le code des *Assises de Romanie* ou des lois qui régissaient toutes les conquêtes des Francs dans l'Empire Grec. Dès que les assises de Jérusalem eurent été rédigées, au quatorzième siècle, elles furent traduites en grec pour l'usage de la principauté française de Morée. Ce code était composé de deux parties : le code de la haute cour, ou cour féodale, présidée par le prince ; le code de la basse cour, ou cour des bourgeois, présidée par le vicomte.

Lorsque après l'affaiblissement de la principauté française de Morée, vers la fin du quatorzième siècle, les Vénitiens étendirent leur domination sur toute l'île d'Eubée ou Négrepont, ils comprirent la nécessité d'accommoder à leur propre usage les *Assises de Romanie*, qui faisaient la loi du pays. Devenus maîtres de l'île de Chypre, en 1489, par la cession de la reine Catherine Cosme, veuve du roi Jacques, ils y établirent aussi le code de Romanie, qu'ils firent traduire en italien. Buchon.

ROMANISTES. On appelle ainsi, en Allemagne, les jurisconsultes qui se livrent à l'étude spéciale du droit romain.

ROMANO (Giulio). *Voyez* Jules Romain.

ROMANOFF (Famille). C'est la maison dont la descendance mâle a régné en Russie de 1613 à 1730, et dont la descendance féminine a depuis lors continué d'occuper ce trône. Elle est issue d'une illustre et antique race de boyards, dont le fondateur fut *André*, surnommé *Kobyla* (la cavale), que la fable fait descendre d'un prince de Lithuanie, Weydewied, qu'on prétend avoir régné au quatrième siècle. Cet André serait venu en 1341 de Prusse à Moscou, où il serait entré au service du grand-prince Siméon le Fier. Le fils d'André, *Fedor*, surnommé *Koschka* (le chat), jouissait d'une grande considération sous Démétrius Donskoi et sous Wassilii II, et eut cinq fils, dont descendent, outre les Romanoff, les familles de Suchowo-Kolylin, de Kalytscheff et de Scheremetieff. Son petit-fils, *Sacharii Iwanowitsch* Koschkin, boyard du grand-prince Wassilli III (1425-1462), laissa deux fils. *Jakoff Sachariewitsch*, général célèbre, dont la descendance prit le nom de *Sachariin Iakoffleff*, et *Jurii*, dont la descendance porta le nom de *Sachariin Jurieff*, et dont le fils, le boyard *Roman Jurjewitsch*, mourut en 1543. Par le mariage de la fille cadette de ce dernier, *Anastasia* Romanoffna, avec le tsar Iwan Wassiliewitsch II, en 1567, et de son frère, *Nikita* Romanowitsch, avec *Eudoxie Alexandroffna*, née princesse de Susdal, qu'il faisait remonter son origine au grand-prince André Iaroslawitsch, frère d'Alexandre Newski, la famille se trouva directement rattachée à la maison régnante des Rourick.

Après la mort d'Iwan II, et sous le règne de ses successeurs, Féodor I*er*, son fils, Boris Godunof l'usurpateur, et les quatre faux Démétrius, la Russie devint en proie à la plus anarchique confusion, augmentée encore par les projets de conquête des rois de Pologne et de Suède. C'est alors que les seigneurs et le haut clergé, d'accord avec les députés des villes, élevèrent au trône, le 21 février 1613, *Michaïl Feodorowitsch* Romanoff, jeune homme âgé de dix-sept ans, fils du métropolitain de Rostoff, Filarète (nommé auparavant, comme boyard, *Féodor Nikititsch* ROMANOFF), qu'à son lit de mort le dernier des Rouriks, Féodor Wassiliéwitsch, avait désigné pour lui succéder. Filarète, que Godunof avait contraint d'embrasser l'état ecclésiastique, reçut le titre de patriarche de Moscou, et seconda son fils dans les affaires de gouvernement jusqu'à sa mort (octobre 1634). Michaïl, prince bon et bienveillant, qui s'efforça de guérir les plaies faites au pays par la guerre civile, mourut le 12 juillet 1645. Il eut pour successeur le fils qu'il avait eu d'Eudoxie Lukianoffna Stretschneff, *Alexis Michaïlowitsch*, qui combattit avec des succès divers les Polonais et les Suédois, et qui acquit plus de gloire comme souverain et comme législateur. Il mourut le 10 février 1676. De sa première femme, Maria Ilinischna Miloslaffsky, il laissa deux fils, *Féodor III Alexejewitsch*, prince à l'intelligence puissante, qui brisa le pouvoir de l'aristocratie, mais faible de corps, et qui mourut à l'âge de vingt-cinq ans, le 27 avril 1682, sans laisser de postérité, et *Iwan III*. Au mépris des droits de son frère Iwan, issu du même père et de la même mère que lui, Féodor avait désigné pour lui succéder sur le trône son frère consanguin Pierre Ier. Mais la czarine Sophie, sœur d'Iwan, femme d'esprit et d'ambition, éleva sur le trône Iwan, en lui adjoignant Pierre, encore mineur. Elle se nomma régente avec l'intention de s'emparer de la couronne à la première occasion favorable; mais ses plans furent déjoués. Iwan III abdiqua volontairement, et en 1689 Pierre Ier devint seul souverain. A Pierre le Grand succéda, en 1725, sa femme, *Catherine Ire*; et à celle-ci, en 1727, le petit-fils de Pierre Ier, Pierre II, dernier rejeton mâle de la maison de Romanoff, mort le 29 janvier 1730.

La descendance féminine d'Ivan III, issue de son mariage avec Proskowia Féodoroffna Soltikoffa, monta alors sur le trône de Russie en la personne d'*Anne Iwanoffna*; puis le petit-fils de sa sœur, *Iwan IV*. Celui-ci ayant été renversé du trône en 1741, *Élisabeth Petrowna*, fille de Pierre le Grand et de Catherine, monta sur le trône, qu'elle légua, à sa mort, à *Pierre III*, fils de sa sœur Anne Petrowna, morte en 1728. C'est depuis cette époque que règne en Russie la maison de *Holstein-Gottorp* ou *Oldenbourg-Romanoff*. A cette ligne appartiennent, outre Pierre III, assassiné l'année même de son avènement (1762), *Catherine II* (1762 à 1796), *Paul Ier* (1796-1801), *Alexandre Ier* (1801-1825), *Nicolas Ier* et l'empereur aujourd'hui régnant. Consultez Dolgorouski, *Notice sur les principales Familles de la Russie* (Bruxelles, 1843).

ROMANOFFSKI (Prince). *Voyez* LEUCHTENBERG.

ROMANS, sur la rive droite de l'Isère, chef-lieu de canton, à 18 kilomètres au nord-est de Valence, avec 10,869 habitants, un tribunal de commerce, un collège, un séminaire diocésain, une caisse d'épargne, une salle de spectacle, une typographie. L'industrie de la soie y a une haute importance. Cette ville doit son origine à une ancienne abbaye, fondée vers le commencement du neuvième siècle par saint Bernard et un nommé Romain. Aussi la ville s'appela-t-elle d'abord Saint-Romain. Elle est maintenant très-bien bâtie, environnée de jolies promenades, et se distingue par l'activité de son commerce.

De l'autre côté de l'Isère est un gros bourg, nommé le *Bourg-du-Péage*, propre et bien construit, et réuni à Romans par un superbe pont en pierre. Il renferme 4,258 habitants.

ROMANS DE CHEVALERIE. De même que la chevalerie fut le produit de la fusion du germanisme et du christianisme, le but idéal de la nouvelle direction intellectuelle du moyen âge, et reçut des nations romano-germaines sa forme et son génie, la poésie chevaleresque devint l'expression que cet esprit nouveau devait chercher et trouver aussitôt qu'il eut la conscience de lui-même: l'expression de la fusion du génie des castes nobles et guerrières germaniques, du respect des Germains pour les femmes et de l'enthousiasme de ces populations si bien disposées à recevoir la nouvelle doctrine religieuse, le spiritualisme chrétien. Aussi l'amour, l'honneur et la religion en sont-ils les principaux sujets. Il suffisait dès lors d'un mouvement religieux comme les croisades, cette forme effective de la chevalerie, pour donner naissance au besoin d'exprimer poétiquement l'idée qui enthousiasmait les esprits et qui était arrivée à avoir conscience d'elle-même, enfin pour l'ériger en forme d'art, soit dans la construction de cathédrales et de manoirs, soit dans les chants choraux des églises ou encore dans les aventures de la chevalerie. Il était par conséquent naturel que la poésie chevaleresque naquît là où l'esprit chevaleresque s'était le plus développé, où il avait pris déjà des formes précises et arrêtées, et où, en outre, s'offrait à elle un organe déjà propre à lui servir d'expression. Comme c'est dans le midi de la France qu'existait la société chevaleresque la plus polie, qu'on trouvait des mœurs adoucies et policées par l'influence des cours et des femmes (courtoisie et galanterie), ainsi que cette *langue d'oc*, si harmonieuse et si douce, la poésie des troubadours fut la plus ancienne des poésies chevaleresques de cour. Le système germano-chevaleresque de la féodalité ayant pris ses formes les plus précises et les plus régulières au nord de la France, et son esprit aventureux et guerrier ayant encore été accru par les Normands, la *langue d'oïl*, quoique moins douce et moins riche que sa sœur méridionale, se trouva cependant assez développée pour servir d'expression à cet esprit du temps. Aussi est-ce le plus ancien berceau des *chansons de gestes* et des *romans d'aventures*, d'où provinrent plus tard les *romans de chevalerie*. A ces éléments chrétiens, germains et romans, se joignirent plus tard, d'une part, les *traditions* et les mythes antiques rapportés de Byzance et d'Orient par les croisés, ainsi que les histoires merveilleuses et les apologues des contrées les plus lointaines de l'est; et de l'autre, les traditions du druidisme provenant des Celtes, la croyance aux fées, et même encore quelques traditions nationales de géants et de nains conservées par les Normands. Cette poésie chevaleresque se répandit de France dans le reste de l'Europe, et trouva en Angleterre et en Allemagne le sol le mieux préparé et où elle n'avait pour ainsi dire qu'à revêtir les vieilles traditions locales du costume de la chevalerie. C'est là ce qui fait que toutes les nations policées du moyen âge eurent en commun diverses épopées chevaleresques, dont il est souvent difficile de déterminer la patrie primitive. Le plus ordinairement elles roulent dans le cycle des traditions relatives à Arthur et à sa Table Ronde, parce que des traditions populaires celtiques, revêtues du costume des mœurs et de la chevalerie, étaient à l'origine employées à glorifier la chevalerie, la courtoisie et la galanterie, comme par exemple dans le *Roman de Brut* de Wace; on y ajoutait aussi des doctrines soit druidiques, soit gnostico-chrétiennes, pour célébrer le génie de la chevalerie, de celle du Temple surtout, comme dans les *Romans de la Quête du saint Graal*. Viennent ensuite les traditions relatives à Charlemagne et à ses paladins (*Romans des douze Pairs*), dont les plus anciennes branches ont trait à des traditions frankes et carlovingiennes sur l'origine des peuples (comme le *Roman des Lorrains*), puis se rattachent aux croisades (par exemple les *Chansons de Ronceveaux*, les romans relatifs à Godefroy de Bouillon, etc.), et qu'on amalgama ensuite avec des mythes celtes et orientaux (tels qu'*Ogier*, *Huon de Bordeaux*); enfin, le cycle des vieilles traditions classiques, des sujets grecs et romains affublés du costume de la chevalerie (comme la guerre de Troie, les expéditions imaginaires d'Alexandre le Grand, l'*Énéide*, etc.). Toutes ces épopées chevaleresques se transformèrent par la suite en romans en prose, et furent encore imitées et parodiées plus tard par les poètes d'art italiens, comme l'Arioste, Luigi Pulci, etc. C'est seulement lorsque l'esprit chevaleresque se fut évanoui et qu'il ne resta plus de la chevalerie que de vaines formes, que naquirent les romans en prose relatifs à Amadis et à sa race. Ces romans, n'ayant point de base populaire, portaient déjà depuis longtemps en eux-mêmes le germe de leur mort, ayant que la chevalerie ironique de *don Quichotte* les eût rendus complétement ridicules. C'est ainsi que la poésie chevaleresque, comme toute forme d'art dont l'existence ne se peut justifier par le principe qui l'anime, devait finir en imitations ridicules et en parodies. Consultez Dunlop, *History of Fiction* (2 vol., Édimbourg, 1816).

ROMANTISME. L'origine de ce mot est la même que celle de roman. Les populations romanes ayant les premières nourri et développé le génie du moyen âge, le mot *romantisme* arriva bientôt à être employé pour désigner tout ce qui a trait au moyen âge. C'est ainsi qu'on a donné à l'art du moyen âge le nom *d'art romantique* par opposition à l'art antique ou classique ainsi qu'à l'art moderne, quoique dans certains cas il appartienne au style roman ou germain et même à l'art mahométan. A cette acception générale on en a ajouté beaucoup d'accessoires. Si le calme, la tranquille simplicité, la noblesse et la clarté constituent l'essence de l'art antique, l'art du moyen âge, en visant à représenter l'infini, tourne volontiers au sublime, au merveilleux, au fantastique. C'est ainsi qu'on qualifie de *romantique* ce qui terrifie, et en général ce qui est extraordinaire et ce qui frappe l'imagination : Une contrée *romantique*, des aventures *romantiques*.

Ce mot, né en Allemagne, où depuis longtemps il était en usage, reçut au commencement de ce siècle une signification nouvelle, lorsque quelques jeunes poètes et critiques, tels que les frères Schlegel, Novalis, Ludwig Tieck, etc., eurent créé ce qu'ils appelèrent l'*école romantique*; expression par laquelle ils voulaient faire comprendre qu'ils cherchaient l'essence de l'art et de la poésie dans le merveilleux et dans le fantastique, par conséquent dans l'admiration et l'imitation de ce qui appartient au moyen âge et même aussi à l'Orient.

On adopta également en France, au commencement de la Restauration, les mots *romantisme* et *romantique*, pour désigner une nouvelle direction donnée au goût, la prétention de s'affranchir des règles étroites de l'ancien classicisme de Corneille et de Racine, pour adopter des formes plus libres, et pour ainsi dire plus capricieuses, plus prime-sautières. Consultez Michiels, *Histoire des Idées littéraires* (Paris, 1841); Tenuet, *Prosodie de l'École moderne* (Paris, 1844).

Les développements pris par ce néo-romantisme allemand et français firent ajouter une nouvelle acception aux mots *romantisme* et *romantique*, employés désormais pour désigner un parti littéraire, et aussi comme sobriquet railleur. En Allemagne l'école dite *romantique*, sortant des limites de la littérature et de l'art, prétendit envers et contre tous ramener le moyen âge non pas seulement dans la poésie, mais encore dans la vie sociale, la religion et la politique; et de ces tentatives de réaction religieuse et politique il résulta que par *romantisme* on désigna tout ce qui tendait à rééditer le passé et à le glorifier. Ainsi compris, le *romantisme*, l'*école romantique*, ont rencontré en Allemagne des adversaires aussi acharnés qu'en France.

ROMANZOFF. Voyez ROUMIANZOF.

ROMARIN (en latin *rosmarinus*, dérivé de *ros*, rosée, et *marinus*, maritime, parce qu'en général les rochers sur lesquels croissent ces plantes sont peu éloignés de la mer), genre de plantes de la famille des labiées, qui exhale une odeur fortement aromatique, soit à l'état frais, soit à l'état de dessication, et dont les caractères sont : Calice comprimé au sommet, à deux lèvres; corolle labiée à lèvre supérieure bifide; deux étamines fertiles; filets arqués, munis chacun d'une dent latéral. Le *rosmarinus officinalis*, L., est un arbuste d'un à deux mètres de hauteur, qui abonde sur les côtes de l'Europe méridionale, de l'Asie Mineure et du nord de l'Afrique. De ses feuilles, toujours vertes, on obtient par la distillation une huile volatile, limpide et très-odorante, renfermant même du camphre en telle quantité qu'on en obtient jusqu'à une drachme par livre. C'est à cette huile volatilisée qu'il faut attribuer le parfum et la vertu fortifiante des feuilles du romarin, qu'on emploie en médecine comme tonique et excitant : à l'extérieur, dans les relâchements des parties solides, pour diviser les tumeurs, pour prévenir la gangrène et rétablir la sensibilité dans les membres frappés d'atonie; et à l'intérieur, en fusion théiforme, contre les diarrhées chroniques, etc. L'*huile de romarin*, qui se distingue de toutes les huiles éthérées par l'énergie avec laquelle elle dissout le copal et le caoutchouc, mais que dans le commerce on rencontre trop souvent falsifiée avec de l'huile de térébenthine, entre dans la préparation de divers cosmétique. C'est notamment l'un des principaux ingrédients de l'esprit concentré du romarin connu sous le nom d'*Eau de la reine de Hongrie*, qu'on prétend avoir été inventée par une reine de Hongrie, qui disait en avoir reçu la formule d'un ange.

En Italie, le romarin sert d'aromate au riz, et chez nous au jambon. Il est fréquemment cité dans les vieilles chansons érotiques, dans les fabliaux et dans les chants des troubadours. Son arome, en exaltant le cerveau, favorisait l'enthousiasme et ajoutait à l'ivresse des fêtes de l'amour. Dans certains pays, on en plaçait une branche dans la main des morts; ailleurs, on le plantait sur les tombeaux. Au midi de la France on forme avec cet arbuste de jolies palissades. Les anciens l'avaient surnommé *herbe aux couronnes*, parce qu'ils le faisaient entrer dans la composition des bouquets, et que dans les couronnes ils l'entrelaçaient avec le myrte et le laurier.

ROME (*Roma*), que les anciens déjà avaient surnommée la *Ville Éternelle* (*Urbs æterna*), autrefois la dominatrice de l'univers, d'abord par le glaive et ensuite par les armes de la foi, capitale des États de l'Église, est située sur les bords du Tibre, qui, à son entrée dans la ville, peut avoir 100 mètres de large, et qui se jette à Ostie dans la mer Tyrrhénienne, à environ 5 myriamètres de là. C'est dans une plaine onduleuse, appelée aujourd'hui *Campagne de Rome*, sur la rive gauche ou orientale du fleuve, où se trouvait située l'*Urbs Roma* proprement dite, de même qu'aujourd'hui la plus grande partie de la Rome moderne, au sud de la *Collis Hortorum* (Colline des Jardins), haute d'environ 70 mètres au-dessus du niveau de la mer et appelée plus tard *Mons Pincius*, que s'élèvent les Sept-Collines (suivant l'ancienne appellation cinq d'entre elles portaient le nom de *Montes*, et deux, le Quirinal et le Viminal, celui de *Colles*), dont le nombre a fait surnommer Rome *urbs septicollis*, c'est-à-dire la ville aux sept collines. Trois de ces collines, le Quirinalis et derrière lui le Viminalis et l'Esquilinus, semblent être les contreforts sud-ouest d'une plaine élevée (le *Campus Viminalis* et l'*Esquilinus*), où Servius Tullius, pour protéger la ville, fit construire un haut rempart (appelé *Agger Servi Tullii* et aussi *Tarquinii*), où le point culminant de cette partie de Rome, situé dans la Villa Massimo, ci-devant Negroni, à l'endroit où se trouve la statue de la déesse *Roma*, atteint une élévation de 79 mètres. Les quatre collines situées plus au sud sont séparées par des vallées autrefois marécageuses. La plus rapprochée du fleuve est le *Capitolinus*, dont le sommet nord-est, appelé autrefois *Arx*, et aujourd'hui *hauteur d'Aracœli*, est séparé par un assez large intervalle du sommet nord-ouest, qui se trouvait le Capitole proprement dit et la Roche Tarpéienne. Vient ensuite le *Palatinus*, puis, au sud de celui-ci, l'*Aventinus*, au delà duquel s'élève encore au sud la montagne artificielle appelée *Monte Testaccio* (montagne des Tessons); et enfin, au sud-est du *Palatinus*, le *Cœlius*. En avant du Quirinal s'étend vers le fleuve, qui se détourne au loin à l'ouest en une vaste plaine, l'ancien *Champ de Mars*, avec le *Circus Flaminius*. Au sud, à l'endroit où le fleuve, après avoir formé une île (*Insula Tiberina*), décrit un nouveau détour à l'ouest, cette plaine se relie en avant du mont Capitolin avec la petite plaine située devant le mont Aventin, et appelée autrefois *Forum Boarium* et

Velabrum. Entre l'Aventin, qui touche presque au fleuve, et le Palatin, se trouve la *Vallis Murciæ*, la vaste vallée du Cirque. Au nord-est du Palatin, où se trouve l'arc de Titus, une hauteur, appelée *Velia*, se prolonge vers l'extrémité méridionale de l'Esquilin, et portait le nom de *Carinæ* (c'est là que s'élève aujourd'hui *San-Pietro in Vincoli*); elle sépare la vallée sud-est du *Colosseum*, de la vallée nord-ouest du *Forum Romanum*, d'où partait la grande rue de l'ancienne Rome, la *via Sacra*. La vallée du Forum s'élargit au nord entre le mont Capitolin et le mont Quirinal pour devenir le Champ de Mars, et au sud-ouest, entre le Capitolin et le Palatin, pour former le Velabrum. Ce bas-fond, entouré par les Carinæ, par l'extrémité septentrionale de l'Esquilin, et qui formait autrefois la partie la plus vivante de Rome, s'appelait *Subura*. Sur la rive droite du Tibre s'élève au nord le mont Vatican, qui de même que la plaine qui le sépare du fleuve', ne faisait pas partie de l'ancienne Rome. Au sud s'étend le Janicule, qui à la *Fontana Paolina* atteint 90 mètres de hauteur, et sur le versant duquel, compris dans l'intérieur de la courbe décrite par le fleuve, avait déjà lieu du temps de la république, et surtout sous les empereurs, la construction de la ville, là où se trouve aujourd'hui ce qu'on appelle au propre le *Trastevere*. Au nord de la ville, au delà du Teverone (*l'Anio*) est situé le mont Sacré (*mons Sacer*), et derrière le Vatican s'élève le *monte Mario*. Les environs de Rome, aussi bien que l'emplacement de la ville même, étaient déjà considérés du temps des anciens comme malsains, non pas seulement les vallées et les bas-fonds, mais encore les hauteurs, notamment le mont Vatican et le mont Esquilin, où il avait se trouvait un bois sacré avec un temple de la déesse Méphitis. Il existait un grand nombre d'autels consacrés à la déesse de la Fièvre (*Febris*), entre autres sur le mont Palatin; et, comme de nos jours, les fièvres y étaient très-communes, surtout vers la fin de l'été.

Le point de départ d'où l'ancienne Rome s'étendit successivement dans diverses directions est le mont P a l a t i n ; c'est là qu'au dire de la tradition romaine R o m u l u s avait fondé la plus ancienne ville latine, le jour de la fête des Palilies (le 21 avril de l'an 753 av. J.-C., suivant l'ère de Varron, et 752 suivant celle de Caton). Autour de la ville qu'il y construisit, *Roma*, qui reçut le surnom de *quadrata*, à cause de la forme de cette montagne, il avait tracé sur ses versants le premier p o m œ ; i u m. Il est cependant très-vraisemblable que déjà avant la Rome de Romulus il existait sur cette montagne un bourg pélasgique, confédéré avec six petites localités situées sur les hauteurs boisées environnantes, qui, en s'agrandissant successivement, arrivèrent par leur juxta-position à constituer ce qu'on appela Rome proprement dite, et dont le souvenir se retrouve dans la fête nommée *Septimontium*. Des Sabins s'étaient établis sur le sommet du Quirinal. Il en résulta avec eux une lutte, suivie d'une réunion pacifique, et dès lors le premier agrandissement de la ville, dont firent désormais partie comme citadelle le mont Saturnin ou Capitolin (sur lequel la tradition, il est vrai, fait déjà fonder par Romulus la citadelle, l'Asile et le temple de Jupiter Feretrius), et comme marché (*Forum Romanum*) le bas-fond situé au nord-est du mont Palatin. Tullus Hostilius renferma dans la ville le mont Cœlius, ainsi appelé, dit-on, de Cœles Vibenna, chef d'une bande de *Tusci*; il y transféra les habitants de la ville d'Albe, qu'il venait de détruire ; Ancus Marcius y ajouta le mont Aventin, et l'assigna pour demeure à des Latins. Ancus éleva aussi sur le Janicule, du côté des Étrusques, une fortification pour protéger la ville, et unit les deux rives du fleuve par un pont de poteaux (*Pons sublicius*). La construction du grand égout (*cloaca maxima*) par Tarquin l'ancien, qui éleva aussi le Cirque, entre l'Aventin et le Palatin, fut d'une grande importance pour le dessèchement des bas-fonds. Ce ne fut que sous Auguste qu'il y eut besoin de le réparer ; et il existe encore aujourd'hui en partie (très-visiblement près de *San-Georgio in Velabro*). Ses triples voûtes, hautes cha-

cune de quatre mètres, avec les fondations du temple du Capitole construit par Tarquin le Superbe (on considère en effet à bon droit comme telles les ruines qui se trouvent sous le palais Caffarelli), et avec la prison (*carcer Mamertinus* et *Tullianus*) située sur le rocher formant l'extrémité nord-est du mont Capitolin, constituent les seules ruines de la Rome antique datant de l'époque des rois. Servius Tullius entoura de retranchements tout l'emplacement de la ville, maintenant considérablement accru par l'adjonction du reste du mont Quirinal, du Viminal et de l'Esquilin, où était située sa demeure, et qui très-certainement comprenait encore divers champs en culture et prairies. Ces retranchements se composaient du rempart en terre dont il a déjà été question, large de 16 à 17 mètres, pourvu de murailles, de tours et de fossés, et situé au nord-est de la partie la plus faible de Rome, ainsi que d'une muraille garnie de tours, pour la construction de laquelle on avait utilisé les roches taillées à pic ; muraille qui se prolongeait le long de la montagne, de sorte qu'elle ne comprenait pas la plaine du Champ de Mars, et qui vraisemblablement rejoignait le fleuve en deux endroits, à l'ouest du mont Palatin. En même temps on recula le *Pomœrium*, qui pourtant ne renfermait pas encore l'Aventin, sur lequel Remus avait autrefois pris des auspices défavorables ; et le territoire de la ville fut divisé en quatre arrondissements (*regiones*), qui ne comprenaient ni l'Aventin ni le Capitolin, à savoir : 1° le quartier *Suburana* (Cœlius, Subura et Carinæ); 2° l'*Esquilina* ; 3° le *Collina* (Viminal et Quirinal) ; 4° le *Palatium*. Les plus connues d'entre les portes par lesquelles on sortait de la ville de Servius, qui avait environ sept kilomètres de circuit, étaient : sur le rempart, la *porta Collina*, la *porta Viminalis* et la *porta Esquilina* ; sur le mont Cœlius, la *porta Capena* ; à l'extrémité nord-est du mont Aventin, la *porta Trigemina* ; enfin, à l'extrémité sud-ouest du Capitolin, la *porta Carmentalis* et la *Flumentana*.

A l'époque de la république, la ville, à l'exception du Capitole, fut détruite par les Gaulois, qui y étaient entrés par la porte *Collina*. On la reconstruisit à la hâte et irrégulièrement ; travail pour lequel on utilisa les pierres de la ville de Véies, précédemment détruite. Plus tard l'institution des censeurs et des édiles fut d'une grande importance pour la construction des édifices publics et pour celle des maisons particulières. Il faut à cet égard citer surtout la censure d'Appius Cœcus (315 av. J.-C.), qui construisit, à partir de la *porta Capena*, la première bonne chaussée (la *via Appia*), et qui le premier aussi fournit la ville de bonne eau potable, au moyen d'un aqueduc (*aqua Appia*) alimentaient des sources découvertes par son collègue Plautius, à environ un myriamètre de Rome. Cet aqueduc était presque entièrement souterrain. L'aqueduc de l'*Anio vetus*, construit quarante ans plus tard, par Marcus Curius Dentatus, avec le butin fait sur P y r r h u s, évitait les collines au moyen de nombreux détours, et n'était supporté par des arcades que pendant quelques centaines de mètres. C'est peu de temps après la première guerre punique qu'eut lieu l'établissement d'un lieu de débarquement et d'un *emporium* sur le mont Aventin. Au voisinage du cirque Flaminien, construit vers l'an 220, il se forma un petit faubourg, puis un autre en avant de la *porta Capena*. Sous les censeurs en exercice pendant l'année 174 on commença à paver les rues. Lorsque plus tard la république arriva au faîte de sa puissance politique, l'État de même que les particuliers tirèrent des guerres et des provinces d'immenses richesses, qui désormais contribuèrent pour une partie aux frais de construction des monuments, et surtout des routes et des aqueducs, auxquels on donna maintenant les plus larges proportions. Dans la ville, dont la population s'augmenta incessamment d'Italiens et de provinciaux, l'influence de l'architecture gréco-macédonienne s'était manifestée dès l'an 184 dans la construction de la première basilique par Caton l'ancien ; c'est sous cette influence que se développa ensuite une architecture particulière aux Romains et du caractère le plus grandiose. Les premiers temples dans lesquels on employa le marbre au lieu de pierre, celui de Jupiter Stator et celui de Junon, furent construits en l'an 149, par Metellus, avec le produit de la guerre de Macédoine; mais c'est seulement depuis Sylla que le luxe des constructions fit de rapides progrès. Le temple du Capitole, qu'il construisit en l'an 80, d'après les plans de l'ancien, mais avec de plus précieux matériaux, demeura, malgré sa toiture en airain doré et ses cinquante colonnes de marbre rapportées d'Athènes, de beaucoup inférieur à des édifices plus grandioses et plus magnifiques construits plus tard. Parmi les hommes qui après Sylla élevèrent des édifices consacrés aux dieux, ou à l'utilité publique, ou encore aux plaisirs du peuple, édifices qui en vinrent bientôt à remplir tout l'espace environnant le Cirque de Flaminius et le Forum, on distingue surtout Pompée et César. Pompée, trois ans après avoir déployé un luxe extraordinaire dans l'ornementation d'un théâtre en bois, construisit le premier théâtre en pierre qu'ait eu Rome; il pouvait contenir 40,000 spectateurs. Les ruines de cet édifice, qui existent dans les souterrains du *Palazzo Pio*, appartiennent aux débris du petit nombre d'édifices de la république qui se sont conservés jusqu'à ce jour. Parmi les constructions de César, il faut citer en première ligne son forum, avec le temple de *Venus Genitrix*. L'acquisition des bâtiments qu'il fallait démolir pour lui faire de la place ne coûta pas moins de 20 millions de francs. Sa mort arrêta l'exécution des vastes plans qu'il avait conçus pour agrandir et embellir le Champ de Mars. Le luxe des constructions particulières devint extrême aussi, quoiqu'un peu plus tard. L'usage de construire en briques crues les grands bâtiments donnés en location (*insulæ*) se perpétua, il est vrai, jusqu'au temps des empereurs; et au commencement du septième siècle de la fondation de Rome les maisons particulières (*domus*) des riches étaient encore dépourvues de tout luxe. C'est ainsi que Lucius Crassus, dont la maison revenait à environ 180,000 fr., et qui l'orna de six petites colonnes provenant du mont Hymette, fut considéré comme un dissipateur; mais à la fin de ce même siècle Mamurra possédait sur le mont Cœlius la première maison toute revêtue de marbre qu'on eût vue à Rome. Clodius mit plus de 2,200,000 fr. à l'acquisition d'une habitation; celle de Cicéron, et pourtant il n'était pas compté à beaucoup près parmi les riches, lui revenait à plus de 600,000 fr. On ne dépensait pas moins pour l'ornementation des *villas* que pour la construction des habitations de ville.

La première époque impériale ne le céda point sous le rapport de la magnificence des constructions aux derniers temps de la république. Pendant son règne, si long et si paisible, Auguste, secondé à cet égard par Agrippa, apporta notamment une sollicitude extrême et une générosité tenant de la prodigalité dans tout ce qui pouvait contribuer à l'embellissement et à l'utilité de la ville ainsi qu'à y maintenir le bon ordre. Le temple d'Apollon avec sa bibliothèque, construit sur le mont Palatin, où était situé le palais d'Auguste lui-même, et celui de *Mars Ultor*, construit dans le magnifique forum qu'il avait créé, étaient comptés au nombre des plus magnifiques édifices de Rome. Agrippa transforma le Champ de Mars, resté jusque alors un espace vide, en une ville nouvelle de temples et d'édifices consacrés soit aux services publics, soit aux divertissements du peuple. On restaura une foule de temples qui tombaient en ruines; les belles habitations particulières devinrent de plus en plus nombreuses; et Auguste put dire avec raison qu'il laissait une ville de marbre au lieu de la ville de briques qu'il avait trouvée. On dépensa six millions de francs pour réparer le grand égout, et on le prolongea. De nouveaux aqueducs furent ajoutés à ceux qui existaient déjà. Tout le territoire de la ville, qui s'était étendue dans toutes les directions au delà du mur de Servius Tullius, dont il ne reste maintenant presque plus de traces, fut divisé par Auguste en quatorze arrondissements (*regiones*): 1° *Porta Capena*, le plus méridional de tous, en avant au mont Cœlius; 2° *Cœlimontana*; 3° *Isis et Serapis* (cette dénomination ne lui fut donnée que par la suite) ou les *Carinæ*; 4° *Sacra Via*, dit plus tard *Templum Pacis*; 5° *Esquilina*; 6° *Alta Semita*, le Quirinal, le Viminal et une partie du *collis Hortorum*; 7° *Via Lata*, versant occidental du Quirinal, avec la partie du champ de Mars qui l'avoisine, et que traversait cette *via*, appelée aujourd'hui *Corso*; 8° *Forum Romanum*, avec le Capitole; 9° *Circus Flaminius*, comprenant le reste du Champ de Mars; 10° *Palatium*; 11° *Circus Maximus*, entre le mont Palatin et le mont Aventin; 12° *Piscina Publica*, entre le mont Aventin et la *porta Capena*; 13° *Aventinus*, comprenant l'*emporium* et s'avançant au sud jusqu'au mont des Tessons; 14° *Transtiberina*, entre le Tibre et le Janicule. Des institutions de police se rattachaient à cette division, à laquelle vint s'ajouter à la fin du huitième siècle la division ecclésiastique en sept régions, mais qui subsista pendant tout le moyen âge dans les treize *rioni* citérieurs. Pour chacun des quartiers (*vicus*) dont se composait une *regio*, il existait deux curateurs et quatre *magistrats* élus annuellement au sein de la population plébéienne. Une cohorte du guet (*vigiles*), forte de 700 hommes, et commandée par un préfet, était chargée de veiller à tout ce qui concernait la police de sûreté, les cas d'incendie, etc., dans deux arrondissements (*regiones*). Les règlements d'édilité fixaient à 23 mètres 33 centimètres le maximum de hauteur que pouvaient avoir les constructions nouvelles. Des calculs approximatifs, qui paraissent présenter tous les caractères de la vraisemblance, évaluent la population de Rome à cette époque à deux millions d'âmes environ. Tibère fit construire à l'extrémité nord-est de Rome le grand camp retranché des Prétoriens, et Claude deux aqueducs gigantesques. L'incendie de Néron (en 64 de notre ère), qu'on ne maîtrisa qu'au bout de six jours, qui dura encore pendant trois jours entiers, dévora complètement trois arrondissements, vraisemblablement le troisième, le dixième et le onzième, et atteignit aux trois quarts. Il n'y en eut que quatre d'épargnés, le quatorzième, et à ce qu'il paraît le premier, le cinquième et le sixième, ainsi que le Capitole. La ville fut reconstruite par Néron lui-même et par ses successeurs jusqu'à Domitien d'une manière plus magnifique, plus solide, avec de larges rues ornées d'arcades. Elle s'agrandit encore ainsi, de même que par la construction du palais (*Domus Aurea*), qui, d'après le plan de Néron, devait s'étendre, avec une foule de constructions magnifiques et de vastes jardins, depuis le Palatin jusqu'à la porte Esquiline. Les Flaviens réduisirent ce plan; mais jusqu'au commencement du troisième siècle on continua toujours de travailler sur le mont Palatin et dans ses environs à la construction des palais impériaux, dont les ruines imposantes existent encore dans les jardins Farnèse et dans la villa Smith (autrefois Mills, « et avant Spada), et dont faisait vraisemblablement partie le *Septizonium* de Septime Sévère, dont on fit disparaître les ruines au seizième siècle. Sous Vespasien, qui reconstruisit le Capitole, détruit par les adhérents de Vitellius, qui bâtit en outre le superbe temple de la Paix, qu'ornaient des chefs-d'œuvre de l'art en tous genres, et qui commença l'amphithéâtre du Colisée (*Colosseum*), terminé seulement par Domitien, on mesura la ville. Le passage de Pline qui parle de cette opération, bien interprété, indique que l'enceinte de la ville proprement dite était alors d'un peu plus de quatorze kilomètres; et en dehors de cette enceinte on trouvait encore toute la Campagne, qui avec ses *villas*, ses maisons et ses jardins, formait comme un immense faubourg de Rome. Sous Titus, un second incendie, qui dura trois jours, détruisit de nouveau une partie notable de la ville, notamment le Champ de Mars et le Capitole; et il éclata encore plus tard, sous Commode, un troisième incendie, qui ravagea plus particulièrement le quatrième arrondissement. Mais le goût des empereurs pour les constructions se montra infatigable jusqu'à Alexandre Sévère. Ceux qui se distinguèrent le plus sous ce rapport furent Titus, Domitien, Trajan, Adrien, qui lui-même était architecte, les Antonins, Septime Sévère qui s'occupa surtout du Janicule, Caracalla et Alexandre Sévère, sous le règne duquel on construisit pour la première fois des maisons particulières dans le Champ de Mars. A partir des Antonins l'architecture dégénéra, par l'exagération apportée dans la décoration et par la confusion des formes. C'est à partir de Caracalla qu'elle arriva au point extrême de sa décadence, encore bien qu'on ne puisse nier le caractère grandiose des derniers monuments dont Rome fut redevable à Dioclétien et à Constantin. C'est à l'intervalle compris entre l'incendie de Néron et le règne de Constantin, à partir duquel Rome fut effacée par Byzance, devenue la nouvelle capitale de l'empire, qu'appartiennent la plus grande partie des restes encore visibles aujourd'hui de l'ancienne Rome. A partir de Constantin commença la construction des églises chrétiennes, pour laquelle on employa le style des basiliques, et beaucoup plus rarement la forme en rotonde, comme à *San-Stefano-Rotondo*, sur le mont Cœlius, qui date du cinquième siècle. Parmi les églises dont la fondation est antérieure à la chute de l'Empire Romain, il faut mentionner *Santa-Agnese* et *San-Lorenzo fuori le mura*, qu'on prétend avoir été bâties par Constantin lui-même; *Santa-Croce in Gerusalemme*, l'ancienne église Saint-Pierre, *San-Clemente-San-Giorgio in Velabro*, *San-Pietro in Vincoli*, et surtout la magnifique basilique de *San-Paolo fuori le mura*, au sud du mont Aventin et en avant de la porte Saint-Paul. Construite vers la fin du quatrième siècle, par Valentin II et Théodose, en remplacement de la petite église que Constantin avait fait élever sur le tombeau de saint Paul, elle subsista avec sa charpente en bois de cèdre, sa foule de superbes colonnes, ses portes d'airain fondues en 1070, à Constantinople, et ses richesses en mosaïques, en sculptures et en peintures, jusqu'au 15 juin 1823, qu'elle devint la proie des flammes. La reconstruction ne tardera point, il est vrai, à en être terminée; mais elle n'a pas eu lieu sur le modèle de l'ancienne église. Malgré les sommes énormes qu'on y a dépensées et la magnificence extrême qu'on y a déployée, cet édifice aux proportions immenses satisfait peu aux exigences d'un goût pur et éclairé.

Les dangers dont Rome était menacée par les invasions des peuples germains, qui dès l'an 255 étaient parvenus jusque sous les murs de Milan, déterminèrent l'empereur Aurélien à entourer d'une muraille la ville, après depuis plusieurs siècles sans aucune espèce d'ouvrage de défense. Le travail commencé par cet empereur fut terminé bientôt après lui par Probus, en l'an 276; et comme ce mur était tombé en ruines, Honorius le releva en l'an 400. Le mur de ceinture de Rome formait un circuit de près de 18 kilomètres; la muraille actuelle, où l'on peut remarquer des traces des quatorze anciennes portes, n'est autre que cet ancien mur, sauf que celui-ci ne comprenait point encore l'emplacement du Vatican, et qu'il décrivait pour renfermer le Janicule une courbe plus restreinte. En dépit de cette muraille, Rome fut prise plusieurs fois au cinquième siècle, la première fois ce fut en 410, par le roi des Visigoths Alaric, auquel elle avait déjà dû payer une rançon deux années auparavant. Il la livra au pillage; mais le Vandale Genséric, en 455, et Ricimer en 472, y commirent bien d'autres dévastations.

Parmi les monuments publics de l'ancienne Rome, nous mentionnerons d'abord les *ponts*. L'ancien *pons Sublicius*, qui vraisemblablement conduisait du *forum Boarium* au Janicule, resta en bois même au temps des empereurs. On présume qu'à peu de distance de là, à l'endroit où est aujourd'hui le *ponte Rotto*, qu'un pont moderne en chaînes a malheureusement défiguré, se trouvait le *pons Æmilius*, construit en pierre, vers l'an 179 av. J.-C. Plus loin, au nord, le *pons Fabricius* (aujourd'hui *ponte di Quatro-Capi*) conduisait à l'île du Tibre, d'où l'on gagnait le Janicule par le *pons Cestius* (aujourd'hui *ponte di San-Bartolommeo*). Venait ensuite le *pons Aurelius*, appelé aussi *Janiculensis* (aujourd'hui *ponte Sisto*). Un pont construit par Néron, et des piles duquel il ne reste plus que quelques vestiges, conduisait au territoire du Vatican; plus loin se trouvait le *pons Ælius* (aujourd'hui *ponte Sant'Angelo*) construit par Adrien, et le *pons Triumphalis*, dont il ne reste plus maintenant de traces. Les débris de pont qu'on voit près de l'Aventin proviennent du pont de Probus. L'ancien *pons Melvius* (aujourd'hui *ponte Molle*) est situé au nord de la ville.

Les *aqueducs* sont au nombre des constructions les plus grandioses des Romains. Aux plus anciens, que nous avons déjà mentionnés, l'*aqua Appia* et l'*Anio Vetus*, on ajouta, en l'an 146 av. J.-C., l'*aqua Marcia*, qui avait plus de 100,000 mètres de longueur, dont 11,666 sur arcades; en l'an 127, l'*aqua Tepula*; sous Auguste, l'*aqua Julia*, l'*aqua Virgo*, le seul ancien aqueduc existant sur la rive gauche du Tibre, et qui aujourd'hui encore amène de l'eau à la ville, et l'*Alsietina*, destinée aux jardins et aux naumachies du Janicule; sous Claude, l'*aqua Claudia*, de 83,333 mètres de long, dont 16,000 sur arcades, et l'*Anio Novus*, d'environ 100,000 mètres, avec les arcades les plus élevées (quelques-unes ont jusqu'à 36 mètres 33 de hauteur). Des cinq aqueducs construits postérieurement, on ne peut indiquer avec certitude que l'*aqua Trajana* (aujourd'hui *aqua Paola*) et l'*aqua Alexandrina*, qui commençait à peu de distance de l'*aqua Felice* d'aujourd'hui. Avec les nombreux et énormes réservoirs (*castella*) où les aqueducs amenaient de l'eau, on alimentait une foule de bassins (*lacus*) et de fontaines. Dans l'année de son édilité, Agrippa créa 130 réservoirs, 700 bassins et 105 fontaines jaillissantes (*salientes*), et employa pour les décorer 400 colonnes de marbre. A l'un de ces réservoirs on voit les trophées que la tradition prétend, mais à tort, avoir été élevés par Marius au retour de son expédition contre les Cimbres, et qui depuis le pontificat de Sixte Quint ornent la balustrade du Capitole. Ce qu'on appelle la *Meta sudans*, près du Colisée, n'est autre que le reste d'une fontaine jaillissante construite par Domitien.

Les *campi* étaient des places publiques; le plus célèbre et le plus vaste de tous était le *campus Martius*. Venaient ensuite les *areæ*, avant-places qui se trouvaient devant les *fora*, outre l'ancien *forum Romanum*, les uns véritables marchés, les autres *fora* de parade, bâtis par les empereurs, dont les bâtiments à construire alentour demeuraient d'ailleurs toujours la grande affaire.

Dans la foule innombrable de *temples* construits à Rome dans le cours des siècles, nous signalerons surtout les suivants : Sur le mont Capitolin s'élevait le principal sanctuaire de la religion d'État de Rome, le temple de *Jupiter Optimus Maximus*, avec les chapelles de Junon et de Minerve. Construit par le dernier roi, il brûla en l'an 84 av. J.-C., et fut reconstruit plus beau par Sylla : puis, à la suite de deux autres incendies, par Vespasien d'abord et ensuite par Domitien. Près du lui étaient situés les vieux sanctuaires de *Terminus* et de *Juventas*. A côté de ce temple Scipion en éleva un autre, à *Jupiter Tonans*, et Domitien un autre encore, à *Jupiter Custos*. Dans la citadelle (*arx*), où se trouvait aussi l'*Auguraculum*, la pierre où se plaçait l'augure pour observer les présages, s'élevait le temple de *Juno Moneta* : et tout près de là étaient situés les ateliers de la monnaie. Dans le Forum, près du *Clivus Capitolinus*, on trouvait le temple de la Concorde, bâti pour la première fois par Camille, et le temple de Saturne, qui, après avoir été consacré en l'an 498 av. J.-C., fut reconstruit l'an 44 av. J.-C., puis encore une fois par Septime Sévère. C'est à ce temple qu'appartenaient les colonnes que l'on voit à l'extrémité du Forum, et que l'on attribue ordinairement à un temple de *Jupiter Tonans*. Il reste encore des débris importants des voûtes du bâtiment, qui contenait le trésor et les archives (l'*Ærarium* et le *Tabularium*), attenant à ce temple, ainsi que ce qu'on appelait la *Schola Xantha*. En avant se trouvait le *Milliarium Aureum* d'Auguste, et au sud le temple de Vespasien, dont il subsiste encore aujourd'hui huit colonnes. Il ne faut pas omettre ici de dire qu'une autre version, tout aussi accréditée, attribue ces huit colonnes au temple de Saturne, et les trois qui sont devant au temple de Vespasien. Plus loin on rencontrait le temple de Castor, construit en accomplissement d'un vœu fait à la bataille de Régille, le temple de Minerve, les *Ædes Vestæ* avec la *Regia*, habitation du *pontifex maximus*, à l'extrémité sud-est du forum de *divus Julius*, et tout près de là le temple de Faustine (où s'élève aujourd'hui *San-Lorenzo in Miranda*) ; à l'extrémité nord-est du Forum, l'ancien et célèbre petit temple de Janus Geminus, servant de passage pour arriver au forum Julium, où était situé le temple élevé par César à Vénus *Genitrix*. Dans le forum d'Auguste on voyait le magnifique temple de Mars *Ultor*, dont il reste encore trois colonnes près du couvent de *Santa-Annunziata;* dans le forum de Nerva, un temple de Minerve, dont Paul V fit disparaître les ruines; et dans le forum de Trajan, le temple de Trajan. Dans la *Velia* était le temple des Pénates, et dans le forum de Vespasien, près de la *via Sacra*, le magnifique *templum Pacis* construit par cet empereur, qui l'avait richement orné d'œuvres d'art. Entre l'église *Santa-Francesca Romana* et le Colisée on trouve les ruines du temple de Rome et de Vénus, construit par Adrien, d'après ses propres plans, dont la critique hasardée par Apollodore coûta la vie à ce célèbre architecte de Trajan, et qui était peut-être le plus magnifique temple qu'il y eût à Rome. Sur le mont Palatin existaient un antique sanctuaire de la Victoire, le temple d'Idæa, la *Magna Mater*, ainsi que le célèbre temple d'Apollon, construit par Auguste et auquel était adjointe une bibliothèque publique. Sur le versant nord-est de ce mont, du coté de la *via Sacra*, Romulus avait construit le premier temple consacré à Jupiter *Stator*. Sur le mont Aventin Servius Tullius avait construit le temple de Diane, sanctuaire de la confédération latine, Camille celui de *Juno Regina* enlevée de Véies, et Gracchus celui de la Liberté. Près et dans la vallée du Cirque on trouvait l'ancien temple plébéien de Cérès, l'*ara Maxima*, consacrée à Hercule, un temple de Mercure et de Flore. Dans le *forum Boarium*, où se trouvait le temple d'*Hercules Victor*; il s'est conservé dans l'église *San-Stefano delle Carosse* ou *Santa-Maria del Sole* un autre temple de forme ronde et consacré à Hercule (ordinairement désigné sous le nom de temple de Vesta), ainsi que le temple de *Pudicitia patricia*, qui appartenait à l'époque républicaine, dans l'église de *Santa-Maria Egiziaca*. On y voyait aussi, sur l'emplacement occupé aujourd'hui par *Santa-Maria in Cosmedin*, le temple élevé à la Fortune par Servius Tullius; puis, près de la *porta Capena*, celui que Metellus, après la prise de Syracuse, avait élevé à l'Honneur et à la Vertu, et en avant de cette église le temple de Mars, où le sénat avait habitude de donner audience à ceux qui réclamaient les honneurs du triomphe. Dans les *Carinæ* on voyait le temple d'Isis et de Sérapis, qui après Auguste donna son nom au troisième arrondissement de la ville, et sur le mont Esquilin, un temple de *Minerva Medica*, mais qui ne s'est point conservé dans le vieil édifice de forme ronde qu'on donne aujourd'hui pour lui, ainsi que le temple de Méphitis et de Juno Lucina. Sur le mont Quirinal, outre l'ancien Capitole et un ancien sanctuaire consacré à Jupiter, à Junon et à Minerve, il y avait les temples de Quirinus, de Dius Fidius, de Flore, de *Pudicitia plebeia*, le temple du Salut, orné de peintures par Fabius Pictor, en l'an 302 av. J.-C., et celui du Soleil, construit par Aurélien; près du *circus Flaminius*, le seul temple d'Apollon datant de l'époque de la république, le temple de Bellone avec la colonne Guerrière (*columna Bellica*), d'où, lorsqu'on déclarait la guerre, le fécial, d'après un usage symbolique, feignait de jeter la lance dans le territoire ennemi, et le temple d'*Hercules Musarum*. Dans le Champ de Mars se trouvaient le P a n t h é o n, sur l'emplacement occupé aujourd'hui par *Santa-Maria sopra Minerva*, le temple de *Minerva Chalcidica*, construit par Domitien, ainsi qu'un temple dédié à Isis et à Sérapis. Dans l'île existait, depuis l'an 222 av. J.-C., un temple consacré à Esculape. Après le règne d'Antonin les mystères de Mithras trouvèrent un asile sur le territoire du Vatican.

Pour les réunions du sénat, qui avaient souvent lieu aussi dans les temples, Tullus Hostilius, construisit dans le Forum la célèbre *Curia Hostilia*. Reconstruite par Sylla, elle fut incendiée lors des funérailles de Clodius, l'an 52 av. J.-C.; elle fut encore réédifiée, puis définitivement démolie par César, qui sur son emplacement fit construire un temple du Bonheur ainsi qu'une nouvelle *Curia Julia*, à laquelle appartenaient peut-être les trois colonnes situées à l'extrémité sud-ouest du Forum, à moins qu'elles ne fissent partie du temple de Minerve, qui l'avoisinait. Pompée avait construit aux environs du *circus Flaminius* la Curie, dans laquelle César fut assassiné. Derrière le temple de Janus, près de *Santa-Martina*, Domitien fit construire un palais pour les assemblées du sénat. Dans le *forum Romanum* on voyait la plus ancienne des basiliques, la *basilica Porcia*, dont la construction remontait à l'an 184 av. J.-C., la *basilica Æmilia* et la basilique de Jules César: du côté de la Velia, près *San-Cosma-e-Damiano*, la basilique de Constantin, construite par Maxence, et entre le Forum et le temple de Trajan la grande basilique *Ulpia*, exhumée presque tout entière en 1812.

En fait d'édifices consacrés à des jeux scéniques, le plus ancien était le *circus Maximus*, construit entre le mont Aventin et le mont Palatin par Tarquin l'ancien; et il resta le seul jusqu'à ce que, en l'an 220 av. J.-C., Flaminius en eut construit un autre, auquel il donna son nom. Néron en éleva un troisième sur le territoire du Vatican; et il s'en trouvait un quatrième en avant de la ville, que Maxence avait fait bâtir, et qui est faussement attribué à Caracalla (*voyez* CIRQUE). Ce qu'on appelait le *circus Alexandrinus*, situé où est aujourd'hui la piazza Navona, était probablement un stade construit par Domitien pour les jeux gymniques. Le premier théâtre en pierre fut celui de Pompée, dont nous avons déjà parlé (*palazzo Pio*), qui brûla à diverses reprises, mais qu'on reconstruisit toujours, jusqu'aux derniers temps de l'empire. Rome possédait en outre deux autres théâtres, tous deux inaugurés l'an 13 av. J.-C., celui de Cornelius Balbus, et celui qu'Auguste avait commencé César, qu'Auguste dédia à Marcellus, qui pouvait contenir vingt mille spectateurs assis, et sur les ruines duquel s'élève aujourd'hui près de la *piazza Montanara* le palais Orsini. L'*Odeum*, dans le Champ de Mars, était un théâtre plus petit, destiné à la musique, dès lors couvert; peut-être avait-il été construit par Domitien. Le premier a m p h i-t h é â t r e en pierre fut construit dans le Champ de Mars, l'an 29 av. J.-C., par Statilius Taurus; vint ensuite, en l'an 80 après J.-C., le C o l i s é e. Il est en outre fait mention d'un *amphitheatrum Castrense*, qui doit avoir été situé dans le voisinage du champ des Prétoriens, et pour lequel on donne à tort les ruines d'un vieil amphithéâtre qui se trouvent près de *Santa-Croce* dans la muraille de la ville. Il y avait des n a u m a c h i e s sur le mont Janicule.

Agrippa construisit les premiers *bains publics*, au sud du Panthéon. A l'ouest de cet édifice se trouvaient les *thermæ Neronianæ*. Parmi les autres, dont il existe encore d'imposantes ruines, il faut mentionner les thermes de Titus (c'est là que fut trouvée la statue de Laocoon); et tout près de là les petits thermes de Trajan, sur le mont Esquilin ; les *thermæ Antoninianæ*, construits par Caracalla, en avant de la *porta Capena*, au-dessous de l'église *Santa-Balbina*, et ceux de Dioclétien, dont on voit les immenses ruines entre le Quirinal et le Viminal, près de l'église *Santa-Maria-degli-Angeli*. C'est dans les ruines, aujourd'hui disparues, des thermes de Constantin, sur le Quirinal, dans l'emplacement occupé par le palais Rospigliosi, que fut trouvé le célèbre colosse de *monte Cavallo*. Les vastes ruines d'un édifice situé sur le mont Esquilin passent, mais à tort, pour les thermes de Caïus et de Jules César.

Parmi les *portiques* les plus fameux nous indiquerons celui que Lutatius Catulus fit construire sur le mont Palatin, après une victoire remportée sur les Cimbres, près du théâtre de Marcellus; le portique de Metellus, qui renfermait deux temples, celui de Jupiter et celui de Junon, construit l'an 149 av. J.-C., et sur l'emplacement duquel Auguste fit bâtir le portique d'Octavie, qui contenait une bibliothèque, et qu'il ne faut pas confondre avec le portique d'Octavius construit par Cneius Octavius après la victoire remportée par lui sur le roi Persée de Macédoine, parce que ce fut peut-être le premier exemple qu'on eut à Rome d'une disposition de colonnes d'ordre corinthien : d'où le nom de *porticus Corinthia*, qu'on lui donnait aussi. Tout près de là et du théâtre se trouvait le portique de Pompée, ainsi qu'un autre, appelé *Hecatostylon*, en raison du nombre de ses colonnes. Il faut encore citer le portique d'Europe, ainsi nommé d'après un tableau qui représentait les amours de Jupiter et d'Europe, appelé aussi, du nom de son constructeur, portique de Vipsanius Agrippa; le portique Julia de Caius et de Jules César, celui de Livie et celui dit des Mille Pas (*Milliarensis*) dans les jardins de Salluste.

Il faut, à ce qu'il paraît, ranger parmi les arcs de triomphe (*arcus*) la *porta triumphalis* qui s'élève isolée à l'extrémité du Champ de Mars, du côté du cirque de Flaminius, et sous laquelle passaient les triomphateurs lorsqu'ils faisaient leur entrée solennelle dans la ville. On a conservé les arcs de triomphe ornés de bas-reliefs qui furent élevés en l'honneur : de Titus, dans la Velia, à l'occasion de la destruction de Jérusalem (an 70 après J.-C.); de Septime Sévère, à l'extrémité nord-est du Forum, à l'occasion de la victoire qu'il remporta, en l'an 203 de notre ère, sur les Parthes et les Arabes; de Constantin, près du Colisée, à l'occasion de sa victoire sur Maxence (312), et dont les bas-reliefs proviennent en grande partie du forum de Trajan. Il existe aussi près de la *porta San-Sebastiano* des ruines de l'arc de triomphe élevé en l'honneur de Drusus, à l'occasion de sa victoire sur les Germains (an 9 av. J.-C.). Enfin, on voit encore l'arc de triomphe de Dolabella sur le mont Coelius (construit en l'an 12 après J.-C.); celui de Gallien, bâti vers l'an 260 après J.-C., sur le mont Esquilin; celui qu'on appelle *Arcus Argentariorum*, près de *San-Giorgio in Velabro*, construit en l'an 204 de notre ère, en l'honneur de Septime Sévère, par les changeurs et les marchands du *forum Boarium*. Il s'est également conservé en cet endroit un *Janus*, c'est-à-dire un arc de triomphe servant de passage, avec des salles intérieures, comme il en existait aussi dans le Forum, et qu'on appelait *quadrifrons* parce qu'il présentait quatre faces.

Déjà, dans les anciens temps de la république, il était d'usage d'exposer des *statues* de dieux et d'hommes célèbres non-seulement dans les édifices publics, dans les temples, mais encore dans les places publiques. C'est ainsi que la statue d'Horatius Coclès décorait le Forum, où l'on voyait aussi celle de l'augure Attus Navius, celles des Sibylles et de Marsyas, symbole de la liberté urbaine. Au temps des empereurs, on exposa surtout des statues d'empereur. Nous nous bornerons à mentionner la statue équestre d'Auguste sur le pont du Tibre, celle de Domitien dans le *forum Romanum*, celle de Trajan dans le forum qui portait son nom, et celle de Marc Aurèle qui existe encore, qui fut retrouvée dans ses jardins près de Latran, et qui orne aujourd'hui la place du Capitole.

L'usage d'ériger des *colonnes* honorifiques (*columnæ*) existait déjà à l'époque de la république; c'est ainsi qu'on en avait érigé une dans le Forum à Mænius (*columna Mænia*), vainqueur des Antiates (an 338 av. J.-C.), et que la fameuse *columna Rostrata* avait été dressée en l'honneur de Duilius. C'est à l'époque impériale qu'appartient la magnifique colonne de marbre dite de Trajan, haute de 39 mètres, ornée de superbes bas-reliefs, sur laquelle la statue de l'apôtre saint Pierre remplace aujourd'hui celle de l'empereur, ainsi que la colonne de marbre de Marc Aurèle, appelée ordinairement colonne *Antonine*, ornant la place qui en a reçu le nom de *piazza Colonna* et que surmonte la statue de l'apôtre saint Paul. La colonne de granit d'Antonin le Pieux n'est plus qu'une ruine. C'est de fragments d'anciennes colonnes qu'a été composée celle qui orne le Forum, et que l'exarque Smaragdus érigea l'an 608 de l'ère chrétienne à l'empereur Phocas.

Auguste érigea dans le Champ de Mars un obélisque d'Égypte pour servir de *gnomon*. Pie IV le transféra sur le *monte Citorio*, petite éminence située au nord-ouest de la *piazza Colonna*. Des deux autres obélisques qui se trouvaient devant le Mausolée d'Auguste, l'un est aujourd'hui dressé devant *Santa-Maria-Maggiore*, et l'autre sur le *monte Cavallo*. C'est aussi Auguste qui fit transporter à Rome l'obélisque qu'on voit encore aujourd'hui à la *piazza del Popolo*. C'est de Caligula que provient celui qu'on voit au Vatican, de Caracalla celui de la *piazza Navona*, de Constance (an 357) le plus grand de tous, placé aujourd'hui devant Saint-Jean-de-Latran. Les petits obélisques placés devant *Trinità de' Monti* et le Panthéon appartiennent aussi à l'ancienne Rome; celui d'Aurélien est en morceaux, près du Vatican.

Suivant l'usage romain la voie Appienne, qui dans ces dernières années a été retrouvée jusqu'aux environs de l'ancien *Bovillæ*, était garnie de tombeaux devant la *porta Capena*, et par suite de l'agrandissement de la ville, il s'en trouva beaucoup de placés en deçà des portes. On y montrait les tombeaux d'Horatia, des Servilii, des Metelli, des Furii; et c'est là aussi que Septime Sévère avait placé son tombeau, qui était dans le style du *Septizonium*. On a retrouvé près des thermes de Caracalla l'un des tombeaux les plus intéressants, celui des Scipions. En dehors des murs, et en avant de la *porta Sebastiano*, on voit la célèbre rotonde du tombeau de Cœlia Metella, femme du triumvir Crassus, appelé aujourd'hui par le peuple *Capo di Bove*, à cause des têtes d'animaux qui en ornent la frise. On a retrouvé également en avant de la porte Esquiline, dans le *campus Esquilinus*, de nombreux monuments funéraires, entre autres le tombeau des Arruntii. C'est là qu'étais se trouvait le cimetière commun, et qu'avaient lieu les exécutions, transportées ensuite plus loin, à cause de l'agrandissement de la ville, en avant de la porte de Tibur et de la porte de Preneste; et c'est on y voyait le tombeau d'Hélène, mère de Constantin. Dans le Champ de Mars on voit encore aujourd'hui le tombeau de Bibulus, qui date de l'époque de la république. Tout au nord Auguste fit bâtir pour lui et sa famille un mausolée dont les fondations ont été conservées dans l'*amphiteatro Correa*, situé près de la *strada Rippetta*. Près des thermes de Dioclétien se trouvait le tombeau des Flaviens, le *templum gentis Flavia*. Au delà du Tibre Adrien fit construire son énorme mausolée, terminé par Antonin, utilisé en l'an 537 par Bélisaire contre les Goths comme forteresse, et qui, d'une chapelle qu'au septième siècle Grégoire le Grand érigea sur son sommet à l'archange saint Michel, a reçu le nom de *château Saint-Ange*. A l'extrémité sud du *monte Testaccio*, il reste encore du tombeau de Cestius, construit vers l'an 13 av. J.-C., la pyramide, à l'endroit où se trouve aujourd'hui le cimetière des protestants. En fait de tombeaux ornés de diverses constructions, et élevés au milieu de jardins traversés souvent par des routes, on citait surtout celui de Lucullus, sur le *collis Hortulorum*, celui de Salluste dans la vallée située entre cette colline et le Quirinal, celui de Jules César sur le Janicule avec sa naumachie, celui de Mécène sur le rempart et dans la plaine Esquiline, celui de Pallas, l'affranchi de Claude, au même endroit encore, et ceux de la première Agrippine et de Domitien sur le territoire du Vatican.

En fait d'endroits considérés comme sacrés ou célèbres autrefois, nous citerons, outre celui qui se trouvait sur le mont Palatin, l'autel d'Évandre, l'antre de Cacus, la *Remuria*, où Remus avait placé des auspices, le *Lauretum*, où le roi Tatius était enterré, sur le mont Aventin; la vallée d'Égérie, l'amie de Numa, avec le bois des *Camenæ*, la grotte et la source sacrée près de la *porta Capena*; le *tigillum Sororium* et le *vicus Sceleratus*, où Tullie, épouse de

Tarquin, fit fouler aux pieds par ses chevaux le cadavre de son père, Servius Tullius, aux *Carinæ* près du Colisée; le *Vulcanal*, près du *Comitium*, espace libre consacré à Vulcain, où Romulus et Tatius s'étaient réunis, et où existait encore du temps de Pline un vieux lotus, dernier débris de la forêt qui couvrait cet endroit avant la fondation de la ville; le *lacus Curtius*, auquel se rattachait la double tradition de l'enlèvement des Sabines et du sacrifice de Marcus Curtius, dans le Forum; le *palus Capræ*, dans le Champ de Mars, où Romulus, disait-on, avait disparu; l'*ara fontis*, sur le Janicule, où l'on prétendait que se trouvait le tombeau de Numa; et enfin le *campus Sceleratus*, près de la porte Collina, où les vestales qui manquaient à leur vœu étaient enfermées vivantes dans une fosse murée, qui devenait leur tombeau. La maison paternelle de Jules César était située dans la *Subura*, et celle de Pompée aux *Carinæ*; les maisons de Cicéron, de Clodius et de Scaurus sur le mont Palatin; celle d'Atticus sur le Quirinal; celles de Virgile, de Properce et de Pline le jeune sur l'Esquilin, et celle de Marc Aurèle sur le Cœlius. Consultez Donatus, *Roma vetus ac recens* (Rome, 1638); Nardini, *Roma antica* (Rome, 1600; 4ᵉ édition, 1818); Venuti, *Descrizione topografica dell'Antichità di Roma* (Rome, 1763; 4ᵉ édition, 1824); Fea, *Nuova Descrizione di Roma antica e moderna* (Rome, 1820); Canina, *Indicazione topografica de Roma antica* (Rome, 1831; 3ᵉ édition, 1810); le même, *Del Foro Romano* (1834; 2ᵉ édition 1835); et en fait d'ouvrages à gravures, du Pérac, *I Vestigi dell' Antichità di Roma* (Rome, 1674); Desgodets, *Les Édifices de Rome* (Paris, 1682); Michel d'Overbeck, *Les Restes de l'ancienne Rome* (La Haye, 1763); Piranesi, *Antichità Romane* (Rome, 1784); Rossini, *Antichità Romane* (Rome, 1823); Canina, *Gli Edifici di Roma* (Rome, 1849-1852).

Après la chute de l'empire d'Occident et la défaite d'Odoacre, Rome passa sous la domination des Ostrogoths. Leur grand roi veilla à la conservation et à la restauration de la ville, qui ne présentait plus de traces de faubourgs, et était réduite à une enceinte, dans l'intérieur de laquelle il s'en fallait encore de beaucoup qu'elle fût partout habitée. Rome fut prise six fois dans les guerres des Goths et des Byzantins; cependant, la ville fut épargnée par Bélisaire, qui, il est vrai, renfermé en 537 dans le château Saint-Ange, repoussa les assauts des Goths en faisant tomber sur eux une pluie de pierres provenant du bris des statues antiques, de même que fit Totila, lorsque la ville tomba en son pouvoir, en l'an 546. Pendant l'époque byzantine, de 553 à 720, où le pape Grégoire II se rendit indépendant de Byzance, beaucoup de causes contribuèrent à la décadence et à la dépopulation de Rome, notamment au sixième siècle les inondations, les famines et la peste. Les rapines de quelques empereurs, celles de Constance II, entre autres, exerça aux dépens du Panthéon en l'an 663, et le zèle chrétien qui laissait tomber en ruines les monuments de l'antiquité païenne et qui employait leurs pierres et leurs ornements à bâtir et à décorer des églises, furent encore d'autres causes de destruction. Mais devenue au huitième siècle, grâce à la protection accordée aux papes par les Francs, la capitale d'un État ecclésiastique, où vers l'an 850 il se forma sur le territoire du Vatican, près de l'église Saint-Pierre et sous le pontificat de Léon IV, un faubourg (*borgo*) qui reçut de là le nom de *civitas leonina*, Rome souffrit encore bien davantage des luttes de partis qui y éclatèrent déjà de bonne heure, mais surtout à partir du dixième siècle, où les guerres privées des nobles eurent pour théâtre le territoire même de la ville; guerres pendant lesquelles les anciens édifices furent utilisés comme autant de citadelles. Vinrent ensuite, après que l'empereur Henri IV eut occupé Rome pendant quelque temps et eut restreint Grégoire VII à la possession du château Saint-Ange, les dévastations commises dans la ville par Robert Guiscard et son armée, qui était composée de Normands et de Sarrasins, pour se venger des adversaires de Grégoire VII, et qui atteignirent surtout le Champ de Mars, dont tous les édifices furent détruits, ainsi que la partie de la ville qui s'étend de Saint-Jean-de-Latran au Colisée, qu'on livra aux flammes. Ces guerres privées continuèrent encore, même après que le sénateur Brancaleone degli Andalo eut démoli, en 1227, une foule de châteaux forts qui avaient été élevés dans la ville, et qu'il eut dompté et maîtrisé pour quelque temps l'orgueil et l'insolence des castes nobles. Vinrent ensuite, vers le milieu du quatorzième siècle, où l'effroyable peste de 1348 n'épargna pas non plus Rome, les luttes qui résultèrent de la tentative faite par Nicolas de Rienzi pour rétablir à Rome la forme du gouvernement républicain, puis les désordres et la confusion produits par le schisme, et qui plus d'une fois provoquèrent au sein même de la ville des guerres sanglantes, et qui atteignirent leur apogée sous le pontificat d'Urbain VI, jusqu'à ce que Boniface IX fut parvenu en 1389 à rétablir l'ordre dans Rome, aux dépens, il est vrai, d'une foule de monuments antiques, dont les pierres servirent à fortifier le château Saint-Ange et le Vatican. C'est ainsi que, sauf de bien courts intervalles de repos et de tranquillité, Rome se trouva pendant plusieurs siècles sous l'action incessante d'une foule de causes de décadence et en même temps livrée à une série de destructions auxquelles on ne saurait comparer celles qui eurent lieu plus tard dans le but de contribuer à la construction de nouveaux édifices, encore bien que ces destructions modernes n'aient pas laissé que d'être assez importantes. On s'explique dès lors comment de l'accumulation d'une si énorme masse de débris, il a pu arriver que des bas fonds qui séparaient autrefois des hauteurs aient insensiblement été comblés, et comment il a pu se former de nouveaux monticules, tels que le *monte Citorio*, le *monte Cesarina*, etc.; enfin, comment l'ancien sol se trouve aujourd'hui de beaucoup au-dessous du sol actuel, par suite de l'accumulation successive des décombres. Quand le pape Martin V revint à Rome, après la terminaison du schisme, il trouva une ville récemment dévastée et où on ne comptait plus qu'un petit nombre d'habitants. C'est très certainement alors qu'on donna le nom de *campo Vaccino* au *forum Romanum*, parce qu'il était devenu un lieu de pacage pour les bestiaux. Eugène IV (1431-1437) est désigné par l'histoire comme le pape qui commença la grande œuvre de la restauration de la ville, laquelle se releva de ses ruines, mais comme cité nouvelle. Son exemple fut imité par Nicolas V (1447-1455), qui commença la construction du Vatican, et par Paul II, qui, il est vrai, pour construire le palais de Venise se servit de pierres arrachées du Colisée, comme il fit encore au seizième siècle Paul III pour construire le palais Farnèse. Une époque bien importante pour l'art, c'est celle qui est comprise entre la fin du quinzième et le commencement du seizième siècle, celle des règnes d'Alexandre VI, de Pie III, où des mesures sévères furent prises pour empêcher la démolition des anciens monuments, de Jules II et de Léon X, où des architectes tels que Bramante et Balthazar Peruzzi créèrent une nouvelle architecture romaine d'après les modèles antiques; époque où l'art italien atteignit son apogée avec Raphael, lequel dressa un plan pour régulariser les fouilles dans l'ancienne Rome, et avec Michel-Ange; enfin, où la chrétienté tout entière contribua aux dépenses immenses qu'entraîna la seule construction de l'église Saint-Pierre. Les dévastations qu'entraînèrent le siége et la prise de Rome, en 1527, sous le pontificat de Clément VII, par les mercenaires aux ordres du connétable de Bourbon, ne furent pas à beaucoup près aussi graves qu'on veut bien le dire. Une nouvelle ville s'était formée alors dans le Champ de Mars. Les papes suivants, tels que Paul III, Pie IV, Grégoire XIII et surtout Sixte Quint, firent preuve d'une sollicitude toute particulière pour ce qui pouvait contribuer à embellir et à agrandir Rome; on améliora les voies publiques et on répara les fortifications, même celles que Léon X avait construites, qui protégeaient le Vatican et le reliaient au Janicule. On sauva alors beaucoup de débris de l'antiquité; c'est ainsi que Sixte Quint fit dresser trois obélisques sur leurs bases. Cependant on en détruisit encore bien davantage, notamment Sixte-Quint, pour en employer les matériaux à des constructions nouvelles. Les édifices bâtis par Fontana sous le règne de ce pape témoignent déjà de la décadence de l'architecture, qui devient autrement visible dans ceux de Maderno (1557-1629), auteur de la façade de Saint-Pierre, et enfin au dix-septième siècle, sous le règne d'Urbain VIII et d'Innocent XI, dans les monuments élevés par Bernini. C'est Urbain VIII qui dépouilla le portique du Panthéon (auquel Bernini ajouta deux tours, qu'on appela *les oreilles d'âne*) de sa toiture en cuivre doré, du poids de 250,000 kilogrammes, pour en faire des canons et aussi pour que Bernini pût employer le reste à la construction du baldaquin de mauvais goût que l'on voit à Saint-Pierre. Parmi les papes du dix-huitième siècle on cite surtout comme ayant contribué à embellir Rome Benoît XIV, qui préserva le Colisée de toutes dégradations ultérieures, en en dédiant l'intérieur à la Passion de Jésus-Christ; Clément XIV, qui créa la belle collection d'objets d'art connue sous le nom de *Muséum Pio-Clementinum*, et Pie VI. Les Français, pendant leur domination à Rome, en enlevèrent une foule de tableaux et de statues; mais en revanche Napoléon fit exécuter d'immenses déblayements pour rendre l'ancienne Rome à la lumière, travaux dont le résultat fut de complètement restituer le *forum Trajani*, quelques parties du *forum Romanum* et l'arène du Colisée. En même temps il fut alors beaucoup fait pour la conservation des débris de l'antiquité encore existants. Pie VII, après sa restauration sur le trône pontifical, et son ami le cardinal Consalvi se signalèrent également par la sollicitude éclairée qu'ils témoignèrent pour tout ce qui avait trait à cet objet. Un décret rendu en 1849 par le gouvernement républicain pour déblayer tout le Forum n'eut d'autre résultat que de détruire les magnifiques allées qui l'ornaient. Dans ces derniers temps le gouvernement pontifical a entrepris de déblayer l'emplacement occupé dans le Forum par la basilique *Julia*. De même, ainsi que nous l'avons déjà dit, la *via Appia* a pu être reconnue jusqu'à *Bovillæ*; et on n'a pas montré moins de zèle pour conserver les anciens monuments. Il est seulement à regretter qu'on cède trop souvent à la manie de restaurer; car les travaux de ce genre qu'on a exécutés au Colisée, par exemple, l'ont en quelque sorte défiguré. En revanche, les démolitions de maisons opérées autour du Panthéon ont dégagé cet édifice de la manière la plus heureuse pour la perspective.

Par l'adjonction du territoire du Vatican et l'agrandissement de celui du Janicule, la Rome moderne se trouve d'environ deux myriamètres plus grande que l'ancienne. Depuis Sixte Quint toute sa superficie est de nouveau divisée en quatorze arrondissements (*rioni*), très-inégaux : 1° *Rione de' Monti*, au sud-est; 2° *di Trevi*, au nord-est; 3° *di Colonna*, et 4° *di Campo Marzo*, au nord; 5° *di Ponte*, 6° *di Parione*, 7° *della Regola*, à l'ouest vers la courbe que décrit le Tibre derrière ces arrondissements; 8° *di San-Eustachio*, et 9° *della Pigna*; 10°, vers l'île du Tibre, *di Sant'Angelo*; 11°, sur le Capitolin et autour du Palatin, *di Campitelli*; 12° la partie sud-ouest du mont Aventin, *di Ripa*; 13°, sur la rive droite du Tibre, *Trastevere* (le Janicule); et 14° *Borgo* (le Vatican). Mais il n'y a guère qu'un tiers de cet espace qui soit couvert de constructions, lesquelles, sur la rive gauche du fleuve, occupent principalement la superficie de l'ancien Champ de Mars et de l'ancien *circus Flaminius*, le mont Capitolin, l'espace situé entre le Palatin et le fleuve, la partie sud-ouest du *mons Pincius*, les parties ouest et sud du Quirinal, et le bas-fond situé entre le Quirinal, le Viminal et l'Esquilin jusqu'au Forum. Au sud et à l'est, les maisons sont disséminées au milieu de vignes et de jardins traversés par des rues. Sur la rive droite une longue ruelle, la *via Lungara*, réunit à partir de la *porta Settimania* le *Trastevere* (habité encore aujourd'hui, comme du temps les empereurs, par les basses classes de la population) au *Borgo* contenant les constructions du territoire du Vatican. Nous avons déjà parlé des quatre ou cinq ponts de Rome, du *ponte Rotto* de 1598, remplacé aujourd'hui par un pont suspendu, des deux ponts de l'île, du *ponte San-Sisto*, construit en 1475, par Sixte IV, et du *ponte Sant' Angelo*. Parmi les portes on remarque au nord la *porta del Popolo*, près de l'ancienne *porta Flaminia*, avec la place du même nom, ornée d'un obélisque, et d'où partent les trois principales rues de la ville : la *Ripetta*, qui longe le Tibre, le *Corso*, long de 2,700 pas, et à l'est la *strada del Babbuino*; à l'est, la *porta Pia*, entre l'ancienne *porta Salaria* et l'ancienne *porta Nomentana*, la *porta San-Lorenzo* (l'ancienne *Tiburtina*) et la *porta Maggiore* (l'ancienne *porta Prænestina*); au sud, la *porta San-Giovanni*, de Latran, la *porta San-Sebastiano* (l'ancienne *porta Appia*), la *porta San-Paolo* (l'ancienne *porta Ostiensis*); à l'ouest du Janicule, la *porta San-Pancrazio* (l'ancienne *porta Aurelia*), et sur le Vatican la *porta Cavalleggieri*, conduisant à Civita-Vecchia. En fait de rues, outre celles que nous avons déjà citées, il faut encore mentionner la *via della Quattro Fontana*, qui se dirige au sud-est en traversant le Quirinal jusqu'à *Santa-Maria-Maggiore*, et la *strada Giulia*, qui conduit du *ponte San-Sisto* au nord-ouest, par delà le Tibre. En fait de places citons, outre la *piazza del Popolo*, la *piazza Navona*, après la place Saint-Pierre la plus grande de Rome, ornée d'un obélisque, et qu'on remplit d'eau à volonté au mois d'août; la *piazza del Monte-Cavallo*, devant le palais Quirinal, avec un obélisque et les deux célèbres colosses des Dioscures; la *piazza Colonna*, avec la colonne d'Antonin; la *piazza del Pantheon*, avec un obélisque; la place d'Espagne, où vient aboutir la rue *Babbuino* et d'où un escalier célèbre conduit à *Trinità de' Monti*; la *piazza di Termini*, près des bains de Dioclétien, et la place du Capitole. Là Rome moderne possède trois aqueducs : l'antique *aqua Vergine*, reconstruit en 1450, qui alimente de la meilleure eau la plus belle fontaine jaillissante qu'il y ait à Rome, la *fontana di Trevi*, au nord de la place du Quirinal; l'*aqua Felice*, construit par Sixte Quint, dont le nom de moine était Fra Felice, qui alimente la fontaine de la place *Termini*; et sur la rive droite du Tibre, l'*aqua Paola*, construit par Paul V, et qui alimente la *fontana Paolina*, située sur le sommet du Janicule, ainsi que les deux fontaines du Vatican sur la place Saint-Pierre. Outre celles que nous avons déjà nommées, il faut encore citer dans cette foule de fontaines, toutes richement sculptées, que possède Rome, celles de la place Navona, de la place Barberini et de la place d'Espagne, ainsi que la petite *fontana della Tartarughe*, qui l'emporte de beaucoup sur celles-ci comme œuvre d'art.

On compte à Rome 364, et suivant d'autres 328 églises. La plus célèbre de toutes, et la plus grande de la chrétienté, est Saint-Pierre du Vatican. A l'endroit où Saint-Pierre avait souffert le martyre, et sur l'emplacement même de son tombeau, Constantin et Hélène avaient déjà construit la riche basilique dans laquelle Léon III couronna Charlemagne. Elle menaça ruine, et Nicolas V la fit démolir; mais son projet de reconstruire à sa place une nouvelle église ne reçut un commencement d'exécution que sous le pontificat de Jules II, qui confia ce travail à Bramante. La première pierre en fut posée le 18 avril 1506. Après la mort de Bramante (1514) plusieurs maîtres y travaillèrent, entre autres Raphaël jusqu'en 1520, Peruzzi jusqu'en 1536, et Michel-Ange de 1546 à 1564. C'est d'après son plan que la forme de la croix grecque fut invariablement adoptée par Paul III, et que la coupole fut exécutée sous Sixte Quint. Maderno construisit la façade, large de 124 m. et haute de 50, assez peu favorable à l'effet total de l'édifice, où se trouve le porche et au-dessus la *loggia* du haut de laquelle, à Pâques, le pape donne sa bénédiction *urbi et orbi*, et où le pape nouvellement élu est couronné en présence du peuple. Le bâtiment de la sacristie fut construit sous le pontificat de Pie VI (1776-1784). La dédicace de l'église, dont les frais de construction dépassèrent la somme de 46 millions de *scudi*, et dont l'entretien coûte annuellement 30,000 *scudi*, eut lieu le 18 novembre 1626. La longueur totale de l'édifice est de 207 mètres 33 centimètres, et celle du vaisseau transversal de 153 mètres 66 centimètres; l'élévation du vaisseau central est de 50 mètres, et celle de la coupole, à l'intérieur, de 137 mètres 66 centimètres. Les dalles de porphyre dont est revêtu le sol proviennent de l'ancienne église où les empereurs venaient s'agenouiller avant leur couronnement. Le maître autel, où le pape seul a le droit d'officier, est revêtu d'une table de marbre de 4 mètres 66 cent. et surmonté de ce tabernacle en bronze dont nous avons déjà parlé; il pèse 93,000 kilogrammes et a 85 m. 66 c. d'élévation. Parmi les œuvres de sculptures qu'on y admire nous citerons l'ancienne statue en bronze de l'apôtre saint Pierre, la *Pieta* de Michel-Ange, le tombeau de Clément XIII par Canova et celui de Pie VII par Thorwaldsen. On conserve dans la *stanza Capitolare*, ornée de peintures par Giotto, la vieille dalmatique dont on revêtait l'empereur le jour de son couronnement, en sa qualité de chanoine de saint Pierre. Parmi les reliques, les plus célèbres sont les ossements de saint Pierre et le suaire de Sainte-Véronique; dans les caveaux se trouvent beaucoup d'antiquités provenant de l'ancienne église. La coupole a une double voûte, surmontée d'une lanterne au sommet de laquelle un globe de 2 m. 66 c. soutient une croix haute de 4 m. 06 cent. et dont l'extrémité est à 160 mètres 66 c. au-dessus du sol. La place, de forme ovale, longue de 266 mètres et large de 183 m. 66 c., qui se développe devant l'église Saint-Pierre, décorée d'un obélisque dressé par Sixte Quint et de deux fontaines jaillissantes, est bordée de chaque côté d'une triple rangée de colonnades construites par Bernini. La première des sept grandes églises de Rome, l'église épiscopale ou paroissiale proprement dite du pape, *omnium urbis et orbis ecclesiarum mater et caput*, ainsi que la qualifie une inscription, est l'église de Latran, laquelle tire son nom de l'ancienne famille romaine des *Plautii Laterani*, dont la magnifique habitation, déjà mentionnée par Juvénal, devint plus tard le palais de Constantin, et dont, à ce que rapporte la tradition, ce prince fit don à l'évêque de Rome avec l'église y attenant. Vers l'an 900 le pape Serge III remplaça l'ancienne église qu'avait détruite un tremblement de terre, par une église nouvelle, placée sous l'invocation de saint Jean-Baptiste (d'où son nom de *San-Giovanni-in-Laterano*); et c'est sur les fondements de cette église que fut commencée, vers l'an 1570, l'église actuelle, qui ne fut complétement terminée qu'au dix-huitième siècle. On y voit la belle chapelle Corsini avec une foule de reliques. Le maître autel, avec son tabernacle d'Urbain V, restauré depuis peu, provient, ainsi qu'une vieille image du Christ et les deux statues de saint Pierre et de saint Paul, de l'ancienne église, dont beaucoup de débris sont conservés dans la cour du cloître. Près de l'église se trouve le baptistère, édifice octogone, construit, dit-on, par Constantin, mais rebâti depuis par Léon III et nombre de fois restauré, où jadis le samedi, veille de Pâques, le pape baptisait, et où l'on baptise aujourd'hui encore les juifs convertis ainsi que tous les mécréants en général. Devant cette église se trouve l'obélisque le plus haut qu'il y ait à Rome. Jusqu'au quatorzième siècle l'église de Latran fut le lieu de sépulture des papes, et après son élection chaque nouveau pape vient en prendre solennellement possession. C'est dans cette église que l'ancienne liturgie romaine s'est conservée avec le plus de pureté. Parmi les autres églises, généralement ornées d'œuvres d'art, nous nous bornerons à mentionner : *Santa-Maria-del-Popolo*, sur la place du même nom, dans le couvent de laquelle Luther fit quelque séjour, ornée de fresques de Pinturicchio, et où on voit la chapelle *Chigi* avec des mosaïques exécutées d'après les dessins de Raphael; *Santa Trinita de' Monti*, avec la célèbre descente de croix de Daniel da Volterra;

dans le voisinage de la piazza Navona, *Santo-Agostino*, avec le prophète Isaïe par Raphael et une bibliothèque, ainsi que *Santa-Maria-della-Pace*, avec les Sibylles de Raphael; *San-Luigi-de'-Francesi*, avec les fresques du Dominiquin, tirées de la légende de sainte Cécile; *Santo-Antonio*, où le 17 janvier on asperge d'eau bénite les animaux qu'on y amène, et *Santo-Andrea-della-Valle*, avec les quatre évangélistes du Dominiquin; *Santa-Maria ad Martyres* ou *della Rotunda*, où l'on voit les tombeaux de Raphael et d'Annibal Carrache, ainsi que le tombeau du cardinal Consalvi, par Thorwaldsen; *Santa-Maria-sopra-Minerva*, la seule grande église à ogives qu'il y ait à Rome, avec une statue du Christ par Michel-Ange, placée sur un antique autel, le tombeau d'Angelico da Fiesole, auteur du tableau d'autel, une Annonciation, et celui de Léon X, qu'on voit dans la sacristie, autrefois chambre de sainte-Catherine de Sienne, transformée en chapelle (c'est à cette église qu'appartient la précieuse *Bibliotheca Casanatensis*); sur le mont Capitolin : la basilique *Santa-Maria-d'Ara-Cœli*, à laquelle on arrive par un escalier de 124 marches, avec des fresques de Pinturicchio, le tombeau de Sainte-Hélène et une image miraculeuse de la Vierge Marie, qu'on prétend être l'œuvre de l'évangéliste saint-Luc; près et sur le mont Palatin : *San-Cosma-e-Damiano*, *Santa-Francesca-Romana*, *San-Teodoro*, qu'on prétend être l'ancien temple de Romulus et de Remus, toutes trois ornées de mosaïques provenant d'anciennes églises du sixième, du huitième et du neuvième siècle; sur le versant occidental du mont Palatin : *San-Giorgio-in-Velabro*, l'une des plus anciennes diaconies de Rome, ornée de peintures à fresque attribuées à Giotto; l'église de Léon II, construite en 652, avec son porche bâti au neuvième siècle, par Grégoire IV, et *Santa-Maria-in-Cosmedin*, construite sur les fondations de l'ancien temple de la Fortune d'Adrien 1er, reconstruite au neuvième siècle, pour une communauté grecque, d'où son nom de *Schola Græca*, appelée aussi dans la langue du peuple *Bocca della Verita*, à cause d'un masque qui se trouve scellé dans le porche, et qui suivant la tradition servait à reconnaître les faux serments; elle a été modernisée dans le courant du dix-huitième siècle, mais son église souterraine est la plus ancienne de Rome. La basilique *Santa-Sabina*, modernisée au seizième siècle, qu'on voit sur le mont Aventin, est un antique édifice datant du cinquième siècle; au sud-est on trouve *San-Saba*, avec 14 colonnes antiques, et *Santa-Balbina*; au sud du mont Cœlius : *San-Nereo-ed-Achilleo*, œuvre de Léon III (en 800), et *San-Sebastiano*; sur le mont Cœlius : *San-Gregorio*, construit au septième siècle, par saint Grégoire le Grand, sur l'emplacement où il avait transformé en couvent son palais paternel, et complétement modernisé au dix-huitième siècle; *San-Giovanni-e-Paolo* (dans le jardin du couvent y attenant s'élevait autrefois le plus beau palmier qu'on pût voir, abattu il y a longtemps par un orage); *San-Stefano-Rotondo*, l'une des plus anciennes et jadis des plus magnifiques églises de Rome, datant du cinquième siècle, aujourd'hui déserte et abandonnée; *Santi-Quattro-Coronati*, construit au septième siècle, reconstruit au douzième, époque de Saint-Sylvestre qu'on y voit, modernisé au dix-septième siècle; au nord de cette église, la basilique *San-Clemente*, mentionnée déjà par saint Jérôme, en l'an 392, restaurée au huitième, au douzième et enfin au dix-huitième siècle, la seule des basiliques de Rome qui ait conservé son ancien portique. Dans la chapelle *Della Passione* existent des fresques de Masaccio. L'église *Santa-Maria-in-Gerusalemme*, dont la fondation est attribuée à l'impératrice Hélène, fut reconstruite au huitième et au douzième siècle, et a été complétement modernisée au seizième siècle. Sur le mont Esquilin on trouve *San-Pietro-in-Vincoli*, ainsi appelée des chaînes de Saint-Pierre qu'on y conserve, bâtie au cinquième siècle, reconstruite par Sixte IV et par Jules II; *San-Martino-ai-Campi*, appelée aussi *San-Silvestro-e-Martino*, datant du sixième siècle, modernisée au dix-septième, avec des peintures du Poussin; *Santa-Prassede*, où la belle chapelle latérale *della Colonna*, appelée autrefois *Orto de Paradiso*, a été conservée à peu près telle qu'elle avait été bâtie, au neuvième siècle, par Pascal I*er*, dans l'église nouvelle construite plus tard sur l'emplacement de l'ancienne; *Santa-Maria-Maggiore*, bâtie au quatrième, et reconstruite au cinquième siècle, puis de nouveau, sans aucun changement, vers le milieu du douzième siècle, et très-modernisée à la fin du seizième siècle, avec quarante-deux colonnes en marbre d'ordre ionique, de belles mosaïques, les chapelles de Sixte-Quint et des Borghèse et un antique clocher. Devant elle se dresse une colonne d'ordre corinthien de 5 m. 33 c. de haut, et derrière un obélisque. Sur le Viminal : *Santa-Maria-degli-Angeli*, la grande salle des bains de Dioclétien, que Michel-Ange transforma en église, en 1561, en forme de croix grecque, longue de 184 m. 66 c., large de 102 m. 66 c., haute de 28 m., et ornée de seize massives colonnes antiques de granit. En avant de la *porta Pia*, au nord de la ville, se trouve l'église *Sant'-Agnese fuori le mura*, dont le vaisseau est soutenu par seize colonnes antiques d'ordre ionique, construite, suivant la tradition, par Constantin sur le tombeau de la sainte, restaurée au cinquième siècle, et décorée au septième siècle de mosaïques par Honorius I*er* ; tout près de là, *Santa-Costanza*, édifice antique, peut-être un ancien mausolée; en avant de la *porta San-Lorenzo*, on rencontre l'église *San-Lorenzo fuori le mura*, bâtie à l'est de la ville par Constantin, sur le tombeau du saint, reconstruite plus tard, et décorée au sixième et au huitième siècle, ainsi qu'au treizième par Honorius III, d'anciennes mosaïques, de vingt-deux colonnes antiques d'ordre ionique, et de douze colonnes d'ordre corinthien dans l'ancienne partie de derrière; *Santa-Cecilia*, sur l'emplacement de la maison de la sainte, reconstruite au neuvième siècle, par Pascal I*er*, et de nos jours dans le style moderne avec beaucoup de goût. Au delà de l'église saint Paul, sur la route conduisant à Ostie, on trouve l'abbaye *alle tre Fontane*, avec trois églises, dont la plus grande, *San-Vincenzo-ed-Anastasio*, date du septième siècle. Dans l'île s'élève *San-Bartolommeo*. Dans le *Trastevere* on remarque: *Santa-Maria-in-Trastevere*, bâtie dès l'an 340 suivant la tradition, avec de nombreuses antiquités et vingt-deux colonnes antiques; *Santa-Cecilia*, sur l'emplacement de la maison de la sainte, rebâtie au neuvième siècle, par Pascal I*er*; *San-Pietro-in-Montorio*, édifice du quinzième siècle, avec des tableaux de Sébastien del Piombo, orné autrefois de la célèbre Transfiguration de Raphaël, bâti à l'endroit où cet apôtre fut crucifié, dit-on, petit temple œuvre de Bramante; près de la villa Barberini, *Sant'-Onofrio*, contenant le tombeau du Tasse. Des places qui précèdent ces deux dernières églises, on découvre les plus magnifiques points de vue sur Rome. Dans plusieurs églises, comme *Santa-Agnese* et *San-Lorenzo*, mais surtout *San-Sebastiano*, surnommée *delle Catacombe*, et située au sud de Rome, en avant de la porte du même nom (l'ancienne *porta Appia*), on trouve des entrées conduisant aux **catacombes**, galeries creusées dans le tuf, le sable et la pouzzolane, composées de plusieurs étages superposés et reliés par des escaliers, intéressantes comme lieu d'asile et de méditation, et aussi comme lieu de sépulture des premiers chrétiens. Les monuments et les inscriptions qu'on y trouve, et dont les plus anciens remontent au deuxième siècle, ont été réunis dans le musée chrétien du Vatican.

Le *Vatican* occupe la première place parmi les *palais* de Rome, comme résidence du souverain pontife et à cause du caractère grandiose de ses proportions et des trésors artistiques qu'il renferme. C'est Nicolas V qui résolut de rebâtir l'ancien palais, qui autrefois servait, alternativement avec le palais de Latran, d'habitation aux papes, et devenu, après la fin du schisme, leur résidence exclusive. Son plan fut continué par Alexandre VI et par ses successeurs; et sous le règne de Pie VI on y ajouta encore une nouvelle partie (*braccio nuovo*). Parmi les divers corps de bâtiment dont il se compose nous mentionnerons : la *chapelle Sixtine*, construite sous Sixte IV, en 1473, par Pintelli, comme chapelle de cour, où le pape officie en personne le jour de la Toussaint, aux dimanches de l'Avent et à Pâques, et où on exécute alors les anciennes compositions musicales de Palestrina, Allegri, etc. Les peintures qui en ornent les murailles, œuvres de Signorelli, de Botticelli et du Perugin, artistes de l'époque de Sixte IV, sont éclipsées par les fresques du plafond (les histoires de la Genèse, les prophètes et les Sibylles) et celles de la muraille de derrière (le Jugement dernier), œuvres de Michel-Ange. Il existe aussi des fresques de lui dans la chapelle Saint-Paul, construite sous Paul III, par San-Gallo, où l'on expose le corps de Jésus-Christ pendant la semaine sainte, et des fresques de Fiesole dans la chapelle particulière de San-Lorenzo, construite par Nicolas V. Les *loges*, commencées sous Jules II, par Bramante, furent terminées sous Léon X, par Raphaël. C'est d'après ses dessins que furent exécutés à fresque les arabesques et les tableaux des treize premières coupoles du second étage, par Jean d'Udine, qui peignit aussi les arabesques du premier étage, de même que par Jules Romain, Penni, etc. Dans le nombre on distingue surtout, dans les appartements de gala de Léon X, quatre salles dite *stances* (chambres) de Raphaël, et ainsi appelées du nom du maître dont l'art divin, secondé dans l'exécution de sa pensée par ses élèves, les décora en 1511 et années suivantes. La première, où se trouvent la *Disputa*, le Parnasse et l'École d'Athènes, porte le nom de *stanza della Segnatura*; les trois autres sont dénommées, d'après les tableaux principaux qu'on y voit, *stanza d'Eliodoro*, *stanza del Incendio* et *sala de Costantino*. Parmi les chefs-d'œuvre de la collection du Vatican, nous mentionnerons seulement la Transfiguration et la Madonna di Foligno, de Raphaël. Les antiques sont exposées dans l'*appartemento Borgio* (celui d'Alexandre VI), où se trouvent également depuis 1840 les livres imprimés de la bibliothèque (au nombre de 30,000 seulement), mais surtout au *Belvedere*, à bien dire la villa d'Innocent VIII, que Jules II réunit au Vatican et qui fut alors augmentée. C'est là qu'on a réuni de grandes collections : la *galeria Lapidaria*, contenant plus de 3,000 inscriptions; le *museo Chiaramonti*, établi en grande partie par Pie VII, avec la nouvelle salle construite par ordre du même pape (*braccio nuovo*); le *museo Pio-Clementino*, la première collection d'antiques du monde, ainsi nommé en l'honneur de Clément XIV et de Pie VI, qui donnèrent son étendue et son éclat actuel à la collection fondée par Jules II, enrichie par Léon X, Clément VII et Paul III, et où on admirait déjà le Torse, le Laocoon, l'Apollon, le Nil; la *galeria de'Candelabri*; le *museo Gregoriano*, collection d'antiquités étrusques fondée en 1837, par Grégoire XIV ; la *tor de'Venti*, contenant des antiquités égyptiennes; et le *giardino della Pigna*, où l'on voit la pomme de pin-pignier de 3 m. 66 c. qui surmontait le mausolée d'Adrien. C'est aussi au Belvédère que se trouve le local construit par Sixte Quint pour la bibliothèque, dont les divisions, portant chacune un nom particulier, contiennent plus de 23,000 manuscrits. Elle fut fondée par Sixte IV, après que Calixte III eut dispersé celle qu'avait créée Nicolas V; et à partir du dix-septième siècle elle a reçu de notables agrandissements; elle contient en outre les onze salles occupées par les Archives que fonda Sixte Quint. A l'extrémité méridionale de la galerie, longue de 318 mètres, et dont le côté occidental est l'œuvre de Jules II, se trouve le *musée chrétien*, fondé en 1756, par Benoît XIV. Dans une salle voisine on admirait les *Noces de Cana*; dans une autre on voit les tapisseries que Léon X fit exécuter en Flandre, d'après les dessins de Raphaël, pour la chapelle Sixtine. Enfin, il faut encore mentionner les salles d'audience, *sala regia* et *ducale* (c'est dans cette dernière qu'a lieu la cérémonie du lavement de pieds), et les jardins du Vatican. Sur le territoire du Vatican et près de l'église Saint-Pierre, on trouve le *palazzo del*

Sant'Officio, ou palais de l'Inquisition, et en avant du pont le château Saint-Ange (*castello Sant'Angelo*), aujourd'hui prison d'État, originairement mausolée d'Adrien, utilisé autrefois comme forteresse, détruit, autant que possible en 1379, par les Romains, dans leur guerre contre l'anti-pape Clément VII, de telle sorte qu'il n'en restait plus que le centre de la rotonde, de 61 mètres de diamètre, où se trouvait la grande salle sépulcrale. La forteresse fut ensuite rebâtie sous Boniface IX. C'est Urbain IX qui en fit élever les imposants ouvrages extérieurs; et c'est sous Benoît XIV qu'on plaça l'ange qui en occupe le faîte. On y remarque surtout les salles où furent détenus prisonniers Cagliostro, Ricci, etc., et celle où, en 1561, le cardinal Caraffa fut égorgé par ordre de Pie IV. Un chemin couvert conduit de là au Vatican; c'est par ce passage secret que lors du siége de 1527 Clément VII parvint à s'évader.

Sur le Capitole (*Campidoglio*), où on arrive du nord et du sud par des escaliers et des voies carrossables, et dont la place est décorée aujourd'hui de la statue équestre de Marc Aurèle, on trouve au sud le *Palazzo Senatorio*, où avaient lieu au moyen âge les réunions du sénat, qui sert aujourd'hui d'habitation au *sénateur*, le magistrat le plus élevé qu'il y ait à Rome; ainsi qu'une prison, avec une tour dont la cloche annonce la mort du pape et le commencement des mascarades du Corso. A l'ouest se trouve le palais des conservateurs (*magistrati*), avec une collection d'antiquités, entre autres les fastes Capitolins, et des tableaux; à l'est, du côté de l'*ara Cœli*, le bâtiment du musée Capitolin, avec une riche collection d'antiquités créée par Innocent X, et successivement enrichie par Clément XII, Benoît XIV et Clément XIII. En fait de palais appartenant au pape, il faut encore mentionner le *palazzo Quirinale* ou *di Monte-Cavallo*, préféré par les papes, comme résidence d'été, à cause de la salubrité de l'air qu'on y respire, à l'insalubre Vatican, aux constructions duquel on travailla depuis Grégoire XIII jusqu'à Alexandre VII, orné de tableaux et de sculptures, entre autres du triomphe d'Alexandre par Thorwaldsen, d'une *loggia* du haut de laquelle le pape donne sa bénédiction, de même qu'on y proclame le pape nouvellement élu lorsque le conclave s'y réunit, et de jardins magnifiques, créés sous Urbain VIII; le palais de Latran, avec le *museo Lateranense* (de création récente et consacré aux antiques), construit par Sixte Quint et restauré par Grégoire XIV. Il ne reste plus de l'ancien palais, résidence habituelle des papes jusqu'au moment où ils transférèrent le saint-siége à Avignon, que la *capella sancta Sanctorum*, reconstruite à la fin du treizième siècle dans le style germano-italien, mais qui date du quatrième siècle. Sixte Quint y transféra du palais la *Scala-Santa* l'escalier par lequel, dit-on, Jésus-Christ arriva autrefois auprès de Ponce-Pilate. Citons encore le *palazzo della Cancellaria*, au sud de la piazza Navona, construit avec des pierres du Colisée, d'après les dessins de Bramante; de même que le palais Vénitien, aujourd'hui propriété du gouvernement autrichien, et situé à l'extrémité du *Corso*. Parmi les palais appartenant à des particuliers, les plus remarquables sont: près de la Ripetta, le palais *Borghèse*, terminé sous Paul V, contenant une riche collection de tableaux, et les fresques retirées de la villa de Raphaël; le palais *Braschi*, à l'extrémité sud de la piazza Novona, où l'on voyait autrefois une superbe collection de tableaux, aujourd'hui vendue, entre autres *La femme adultère* du Titien, et la statue colossale d'Antonin (aujourd'hui au musée de Latran). C'est au coin de ce palais que se trouve le fragment du groupe de Ménélas et Patrocle, connu sous le nom de *Pasquino*. On voit aussi de précieuses collections de tableaux au palais *Colonna*, sur le Quirinal, dans le jardin duquel se trouvait le plus beau pin qu'il y eût à Rome et qui a été fracassé par la foudre; au palais *Doria-Pamfili*, sur le Corso; au palais *Rospigliosi*, où l'on voit *L'Aurore* par le Guide; au palais *Barberini*, sur le Quirinal, où *La Fornarina* de Raphaël, avec une salle peinte par Pietro da Cortona et une bibliothèque. Nommons encore le palais *Sciara*, près du Corso; le palais *Farnèse* (appartenant aujourd'hui au roi de Naples, qui a fait transporter à Naples, à très-peu d'exceptions près, les antiquités qu'il contenait autrefois, entre autres le célèbre sarcophage de Cæcilia Metella), situé sur la place du même nom et la rue *Giulia*, avec une galerie peinte à fresque par Annibal Carrache; la maison du baron *Camuccini*; le palais *Torlonia*, avec des sculptures modernes; le palais *Spada*, où se trouve la statue de Pompée près de laquelle, dit-on, César fut assassiné, dans la *strada Giulia*; le palais *Mattei*, dans le *circus Flaminius*; le palais *Massimi*, le palais *Valentini* (autrefois *Imperiali*), le palais *Bidoni*, près Sant'Andrea-della-Valle (où se trouvent des fragments des Fastes de Préneste); le palais *Corsini*, qu'habita la reine Christine de Suède et où elle mourut, dans le Trastevere, avec une riche collection de gravures, de tableaux et de sculptures, une bibliothèque et de vastes jardins; le palais *Albani*, sur le Quirinal, avec une bibliothèque à laquelle Winckelmann fut attaché; le palais *Falconieri*, dans la *strada Giulia*, où l'on voyait autrefois la riche collection de tableaux du cardinal Fesch; enfin, le palais *Giustiniani*, dont les antiques sont aujourd'hui au Vatican, et le palais *Chigi*, avec une bibliothèque riche en manuscrits.

Parmi les charmantes *villas* construites dans les parties désertes de Rome ou aux environs, l'une des plus importantes est la *Villa Albani*, construite par Alessandro Albani, le protecteur de Winckelmann, au nord de la *porta Salara*, tant en raison de sa situation et de la beauté de ses jardins qu'à cause de la riche collection d'antiques réunie dans le palais et les bâtiments contigus. En avant de la *porta del Popolo* on trouve la *villa Poniatowski*, dévastée malheureusement pendant le siége de 1849, sous prétexte de travaux de défense élevés pour protéger Rome; la *villa Borghese*, construite sous Paul V, par le cardinal Borghèse, avec de vastes jardins, qui servaient autrefois de promenade publique, mais qui depuis les dévastations qu'y ont commises les républicains en 1849 ne sont plus ouverts que le dimanche; tout près de là, la *villa de Raphaël* (*villa Olgiati*), démolie pendant la même année; dans les jardins de Salluste, la *villa Ludovisi*, aujourd'hui propriété du prince de Piombino; près de la *porta del Popolo*, la *villa Medici*, avec un beau palais, où est aujourd'hui établie l'académie de peinture que la France possède à Rome, avec de vastes jardins; sur le mont Palatin, au milieu des ruines des palais impériaux, la *villa Smith*, ci-devant *Mills*, et autrefois *Spada*, et les jardins Farnèse, créés par Paul III, aujourd'hui dévastés; sur le mont Cœlius, la belle *villa Mattei*, la *villa Massimi* (ci-devant *Giustiniani*), avec des fresques exécutées par Koch, Veyt, J. Schnorr et Overbeck, d'après le Dante, l'Arioste et le Tasse; sur la rive droite du Tibre, près du mont Marco, la *villa Madama* (ainsi appelée parce que Marguerite d'Autriche, épouse d'Octavio Farnèse), depuis 1731 la propriété du roi de Naples, et maintenant fort délabrée, avec une vue de toute beauté sur la campagne de Rome; la *villa Doria Pamfili*, située en avant de la porte San-Pancrazio, avec des antiques et de grands jardins; la *villa Farnesina*, sur les bords du Tibre, propriété du roi de Naples, construite par Peruzzi pour Agostino Chigi, ornée de fresques par Raphaël; et à l'ouest de celle-ci, la *villa Lante*, construite et peinte par Giulio Romano, habitée aujourd'hui par des religieuses. Nous terminerons cette énumération avec les restes du moyen âge: la maison de Crescentius, appelée aussi maison de Pilate ou de Rienzi, sur les bords du Tibre, près du *ponte Rotto*, construite au commencement du onzième siècle par le fils de l'adversaire du pape Jean XV et de l'empereur Othon III; la *torre Mesa* ou *delle Milizia*, dans le jardin Colonna, sur le mont Quirinal, appelée aussi autrefois la tour de Néron ou de Mécène, et la *torre Conti*.

La Rome actuelle, dont les rues sont éclairées au gaz depuis le 1er janvier 1854, compte environ 35,000 maisons et, d'après le recensement de 1852, 175,838 habitants, dont 4,000 juifs, auxquels est assigné pour demeure, dans le dixième *rione*, un très-petit quartier, appelé le *Ghetto*. La plus grande partie de cette population descend d'émigrés, entre lesquels ce qu'on appelle les *églises nationales* continuent à entretenir des rapports. La plupart proviennent de Naples ; beaucoup sont lombards, et ont pour église *San-Carlo-Borromeo*, dans le *Corso*. Les Français, qui ont l'église San-Luigi, et les Allemands *Santa-Maria-dell'-Anima*, sont moins nombreux. Les anciennes familles romaines se trouvent surtout parmi la petite noblesse, et dans certaines basses classes du peuple, comme les charretiers et les corroyeurs. La population du *Trastevere* surtout passe pour être de pur sang romain. On compte environ 5,300 ecclésiastiques, dont 2,000 moines et 1,500 religieuses. Les couvents sont au nombre de trente. Les généralats de la plupart des ordres habitent Rome. Dans les dix-neuf hôpitaux, parmi lesquels on remarque celui de *Santo-Spirito*, pouvant contenir 3,000 malades, avec une division spéciale pour les aliénés et une maison d'orphelins, il entre environ 20,000 malades par an et 4,400 dans les maisons de pauvres et d'orphelins. De 1829 à 1833, il fut exposé 3,840 enfants, dont les deux tiers moururent. 50,000 individus reçoivent des secours de la charité publique ; et à *Trinità dei Pellegrini* les pèlerins étrangers trouvent le gîte et la nourriture. Parmi plus de 350 établissements d'instruction publique en tous genres vient en première ligne l'*archiginnasio della Sapienza*, ou l'université, fondé par Boniface VIII, en 1303, et par Clément V, organisé par Léon X, divisé depuis 1830 en écoles spéciales, et comptant environ 900 étudiants ; viennent ensuite le *collegium Romanum*, l'école des jésuites avec l'église de *Sant'-Ignazio* et la précieuse collection d'antiques créée par le père Kircher, le *museum Kircherccanum* ; le *collegium* de *Propaganda Fide*, situé au sud de la place d'Espagne et destiné à former des missionnaires (*voyez* PROPAGANDE) ; le *collegio Inglese*, maison d'éducation pour les prêtres anglais ; le collège allemand, le collège grec, etc., etc.

Les plus remarquables d'entre les académies existant à Rome sont l'Académie de Peinture de San-Luca, non loin du Capitole, avec des tableaux du Poussin et de Salvator Rosa, et un Saint-Luc attribué à Raphaël ; l'académie de peinture des Français, établie à la *Villa Medici* ; l'*Accademia d'Arcadia*, société poétique dans laquelle Goethe fut reçu ; l'Académie d'histoire naturelle *de' Lincei* ; l'*Accademia d'Archeologia*, et l'Institut Archéologique, fondé à Rome par des savants allemands, sous la protection du roi de Prusse, et situé derrière le Capitole. Il existe également à Rome un certain nombre de manufactures, plus particulièrement pour les cuirs, les étoffes de soie et de coton. On y fabrique aussi des cordes de boyau, des articles d'orfévrerie, des fausses perles, des mosaïques, des impressions en soufre, des ouvrages en coquillages, des fleurs et des essences. Le commerce est assez important. Le port, situé à l'extrémité sud du *Trastevere*, et appelé *Ripa Grande*, ne peut recevoir que des navires du plus faible tonnage ; la *Ripetta* reçoit les embarcations provenant du haut Tibre. La vie sociale se concentre surtout sur la *piazza Colonna*, près de laquelle se trouvent la bourse et la douane, tandis que la poste a été transférée au palais Madama, près la *piazza Navona*. La *piazza Montanara*, près du théâtre de Marcellus, dans l'ancien *forum Olitorium*, est le grand marché pour les gens de la classe inférieure. Parmi les cafés il faut citer le célèbre *café del Greco*, dans la *via Condotti*, le lieu de réunion des Allemands, et le *café Nuovo*, au palais Ruspoli. Les théâtres sont ceux d'*Alberti*, d'*Argentina*, d'*Apollo*, ou *Tordinone*, *della Valle*, *della Pace*, *Metastasio* et *Cesarini*. Le célèbre théâtre de marionnettes *de' Burrattini* a été transféré du *palazzo Fiano* au *palazzo Capranica*. Les fêtes religieuses font une partie importante de la vie publique, surtout Pâques, les cérémonies de la semaine sainte dans la *Sistina*, la grande procession du pape à Saint-Pierre, le jour de Pâques, le soir l'illumination de la coupole avec 4,400 lampes, 700 torches, et le bouquet composé de 4,500 fusées qui se tire du château Saint-Ange. Les mêmes démonstrations de joie ont lieu à la fin de juin pour la fête de saint Pierre et de saint Paul. En fait de fêtes populaires, on doit mentionner le carnaval (la semaine qui précède le mercredi des Cendres) ; les fêtes des dimanches et des jeudis, où la population romaine se réunissait autrefois au jardin Borghèse et au *monte Testaccio* pour danser et se divertir, sont maintenant bien déchues, et se bornent à des visites aux guinguettes situées aux portes de la ville. N'oublions pas les jeux du ballon à *Quattro-Fontane* et au Vatican. On joue avec fureur au loto, sur le *monte Citorio*. Les sermons du Carême, à une époque où tous les théâtres sont fermés et la musique interdite, sont très-courus. Parmi les promenades, les plus fréquentées sont la *Passeggiata* sur le *monte Pincio* et le *Corso*, ainsi que le jardin *San-Gregorio*, près du Colisée.

[On éprouve en franchissant les portes de Rome une émotion qu'on ne rencontre point ailleurs. Ses murailles renferment des feuilles éparses de l'histoire de toutes les nations, son nom a rempli l'adolescence studieuse et passionné la jeunesse ; ses portraits ont longtemps arrêté les regards et les désirs du voyageur qui la contemple enfin. Il y a quelque chose de solennel dans les premiers pas qu'on fait à travers les rues désertes pour aller toucher du doigt les pierres qu'on connaît si bien. Beaucoup en restent à ce tourbillon de souvenirs classiques, à ces ruines qui font revivre l'histoire sous un jour nouveau. D'autres vont plus loin ; ceux-là seuls ne perdent rien des grandes pensées que Rome fait concevoir. Un des plus illustres et des plus malheureux pèlerins qui vinrent y mourir, le Tasse s'écriait : « Ce ne sont pas les colonnes, les arcs de triomphe, les thermes que je recherche ici, mais le sang répandu pour le Christ et les os dispersés sous cette terre maintenant consacrée. » Là en effet est la grandeur, là est le miracle, là est la beauté. Rome chrétienne, si longtemps et si souvent infortunée, saccagée par tant de barbares, attaquée par tant d'impies, mais vivante et victorieuse, est le symbole d'éternité terrestre le plus frappant qui soit dans l'univers. Sur tous ces temples élevés près des ruines, entre les débris de la puissance qui pesait sur la terre comme une ferme et l'humanité comme un bétail, je ne sais quoi est écrit qui dit que la promesse ne tombera pas. Les restes mutilés qui s'élèvent çà et là, les fûts de colonnes triomphales placés comme des bornes au coin des rues, les murailles impériales enfouies dans les champs où la charrue se promène, trophées du paganisme qui font cortége à l'Église triomphante, servent de thèmes aux lieux communs philosophiques du passant, et lui sont une belle occasion de pleurer la courte durée des choses humaines. Ils offrent une leçon plus salutaire au chrétien, en lui rappelant combien sont rapides les destinées d'ici-bas. Il y a là une pensée qui éperonne la paresse, terrasse l'égoïsme, allège le malheur, et vous élève au-dessus des choses éternelles. Travaillez, faites bien, ayez courage : la vie est courte aux vaines espérances, aux ineptes vouloirs, aux joies de l'orgueil, aux voluptés de la matière ; mais aux belles œuvres de l'âme, à l'action haute et noble de l'esprit, elle est pleine, elle est longue, elle ne finit pas. Pour la foi, qui fait des jours de l'homme un instant d'épreuve et d'attente, aux portes d'une éternité glorieuse, ces pierres qui crient si haut : *Tout passe*, ont un accent consolateur bien énergique et bien solennel en ces lieux. Il faut plaindre ceux qui ne l'entendent pas.

Rome brille du monde catholique comme une étoile, vers laquelle se sont à toutes les époques dirigés de nombreux pèlerins. Il y venait jadis de véritables armées de Francs, de Saxons, de Frisons, pour lesquelles on avait bâti toute une ville, qui fut plus tard renfermée dans les murailles par Sixte Quint. Ils se rendaient processionnellement au tombeau de saint Pierre en chantant un cantique dont cette strophe est restée : « O noble Rome, maîtresse du monde, la plus excellente des villes, rouge du sang des martyrs, blanche de la blancheur des vierges, nous te saluons, nous te bénissons, à travers tous les siècles, à jamais ! » La célébration d'un jubilé y réunissait jusqu'à 200,000 de ces fervents voyageurs. Aujourd'hui ce nombre a bien diminué sans doute, mais il est immense encore, comparé au troupeau qu'y poussent la science et la curiosité. Ceux qui viennent ainsi prier devant la croix du Colisée ou s'agenouiller aux marches de Saint-Pierre ne sont pas seulement des pauvres paysans d'Italie, de Hongrie, d'Allemagne et de France; on voit parmi eux beaucoup de leurs compatriotes dont la dévotion ne saurait être plus sincère, mais qui pour le rang et le savoir n'ont rien à envier aux plus élevées de toutes les nations civilisées.

Rome est une terre de repos, de résignation et d'espérance. C'est un séjour doux aux fortunes abattues, un asile, cher aux âmes troublées. On y a des respects pour toutes les infortunes, des consolations pour toutes les souffrances, des solutions pour tous les doutes. Le souverain tombé du trône, l'homme obscur déchu de ses croyances, trouvent là des amis qui leur rendent courage, des trésors qu'ils ne connaissaient pas, une paix qu'ils n'espéraient plus. Lorsque l'on a parcouru cette cité, pleine de tant de ruines et de souvenirs, où les arts parlent un si noble langage, où tant d'hommes ont fait d'eux-mêmes une si entière abnégation, l'âme est prédisposée à prendre en pitié mille choses qui la préoccupaient ; les projets qu'on nourrissait avec le plus de complaisance paraissent mesquins, la passion s'apaise, le désir s'amortit, on conçoit une autre grandeur, on devine quelque chose à travers le mur d'airain de la destinée. Vienne alors une main qui vous conduise, il ne vous reste plus qu'un pas à franchir, et la vie est changée. Beaucoup d'hommes ont eu ce bonheur sur la terre des grands martyrs. A ceux-là restent des souvenirs éternels, et du foyer lointain où les a ramenés la Providence ils contemplent Saint-Pierre de Rome comme l'exilé dans ses rêves contemple son berceau.   Louis VEUILLOT.]

HISTOIRE.

1° *Sous les rois*. La ville de Rome et par conséquent l'État Romain furent fondés suivant la tradition romaine par Romulus, fils de Mars et de Rhéa Sylvia, fille du roi d'Albe. L'ouverture d'un asile sur le mont Capitolin, qui l'avoisinait, y attira, dit-on, les premiers habitants. La ville s'accrut ensuite par l'adjonction de la tribu naguère hostile des Sabins, qui était fixée sur le mont Quirinal, ainsi que d'autres habitants, vraisemblablement d'origine étrusque, qui occupaient le mont Cœlius. Il en résulta que le peuple forma trois races ou tribus, dont chacune renfermait dix curies, provenant de la réunion des familles de citoyens libres auxquelles se trouvaient subordonnés des clients qu'elles protégeaient. Organisés en trente curies, les communes populaires se réunissaient en comices de curies (*voyez* COMICES), auxquels appartenaient l'adoption ou le rejet des propositions de lois (*leges*), le droit de décider de la guerre ou de la paix et le choix des magistrats, notamment celui du chef de l'État, élu à la vie, auquel on donnait le titre de *rex* ou de roi, et auquel était adjoint le sénat comme conseil des anciens. Toute l'organisation civile de l'État était, suivant la tradition, l'œuvre de Romulus; tandis que le second roi, le Sabin Numa Pompilius, passait pour le fondateur des diverses institutions relatives au culte et à la religion; institutions dont l'esprit réagissait sur le droit public et privé, et auxquelles présidaient le collège des *pontifes*, chargé avec celui des augures d'interroger et d'interpréter la volonté directrice et sanctifiante des dieux. On assure qu'une paix profonde exista pendant toute la durée du règne de Numa Pompilius (716 à 673 av. J.-C.); mais sauf cette exception Rome fut sous ses rois constamment en guerre avec les localités latines, sabines et étrusques du voisinage. Tullus Hostilius, son troisième roi (673 à 640), vainquit et détruisit Albe (*Alba-Longa*), dont les habitants furent transportés sur le Cœlius, peut-être bien pour renforcer la troisième tribu. La puissance de Rome s'accrut encore davantage sous le règne du successeur de Tullus Hostilius, Ancus Marcius (640-617), qui fonda le port d'*Ostie* et soumit une partie du Latium. Une partie des habitants de cette contrée furent transférés sur le mont Aventin, tandis que le reste était autorisé à demeurer dans ses foyers. Mais au lieu d'être admis dans l'ordre des patriciens, les uns et les autres formèrent dans les environs de Rome, comme agriculteurs personnellement libres et astreints au service militaire, mais dépourvus de droits politiques, un tout qui fut à bien dire l'origine de la *plebs*. Tarquin l'Ancien (617-578) agrandit le territoire par ses guerres contre les Sabins et les Latins, et construisit à Rome même d'importants édifices; mais l'opposition des patriciens et de l'augure Attus Navius l'empêcha de réaliser les changements politiques qu'il avait projetés. Son successeur Servius Tullius (578-534), qui fit admettre Rome dans la confédération des Latins, introduisit le premier dans l'État une nouvelle organisation politique, devenue ensuite la base de la constitution républicaine. La division du territoire et de ses habitants en trente tribus locales, dont quatre furent fixées par lui dans la ville, agrandie et fortifiée, et vingt-six dans la campagne, convint peut-être également aux patriciens et aux plébéiens; mais il paraît qu'à cette division se rattachaient des combinaisons par suite desquelles les plébéiens se trouvèrent former une commune populaire proprement dite, à côté des anciennes races patriciennes investies de droits politiques. Une nouvelle division opérée par Servius Tullius fit de ces deux parties constitutives de l'État, les patriciens et leurs clients, et les plébéiens, à qui il fut donné de participer à l'exercice de la puissance du peuple. Ce but fut atteint par la création des centuries et l'établissement du cens, qui en fut le résultat. Tout le peuple en état de porter les armes composa alors cent quatre-vingt-treize centuries, très-inégales en nombre, dont dix-huit formèrent la chevalerie ou cavalerie, et les autres l'infanterie. Celles-ci furent subdivisées en cinq classes, déterminées par le taux de l'impôt qu'elles payaient au trésor public ; les *assidui* ou *locupletes*, c'est-à-dire ceux qui possédaient des terres; et dans la dernière centurie on rangea les prolétaires. C'est d'après la position qu'il occupait dans ce classement que se déterminaient son rang et son armement dans la guerre, de même que la proportion dans laquelle il était tenu de contribuer aux dépenses publiques (*tributum*) et sa valeur personnelle dans la commune populaire. Car c'est là le rôle que jouaient les centuries dans les comices de centuries qui se tenaient dans le Champ de Mars, à l'effet d'exercer les droits suprêmes de la puissance publique, transférés par Servius Tullius des curies aux centuries. Comme dans ces comices chaque centurie avait une voix en propre, et que la première classe des citoyens possesseurs de terres comprenait à elle seule quatre-vingts centuries, les riches étaient sûrs d'y avoir la prépondérance. Toutefois, cette direction timocratique n'effaça pas tout à fait ce qu'il y avait de génocratique dans la constitution. Servius accorda, du moins aux patriciens dans la chevalerie, des centuries particulières ; de même qu'aux comices de curies, demeurés après comme avant des institutions toutes patriciennes, il réserva le privilège, resté pendant longtemps important, de conférer par leur vote l'*imperium* aux magistrats élus. Servius Tullius périt assassiné par sa fille Tullia et son mari, Tarquin le Superbe, qui fut le septième roi. Celui-ci fit preuve d'autant de cruauté que d'orgueil, mais déploya comme roi une grande énergie. Les Latins, les Herniques et les Volsques durent reconnaître la souveraineté de Rome; des alliances furent conclues avec les Étrusques et avec les Grecs de l'Italie méridionale, notamment ceux de Cumes, avec les Phocéens de Massilia ; et des relations commerciales s'établirent avec les Carthaginois. L'attentat commis sur Lucrèce par Sextus, fils du roi, fit éclater une conspiration tramée parmi les patriciens. Le roi et son fils furent chassés; on rétablit la constitution de Servius Tullius, que Tarquin avait supprimée, et on abolit la royauté.

II. *A l'époque de la république.* Devenue une république (an 509 av. J.-C.), Rome eut alors à sa tête deux consuls patriciens, élus pour un an, et dont les premiers furent les chefs de la conspiration qui venait d'aboutir, Lucius Junius B r u t u s et Lucius Tarquinius Collatinus; et le sénat, qui resta d'abord un corps essentiellement patricien, prit alors dans l'État un rôle bien plus important qu'auparavant, attendu que les consuls, que des intérêts de caste lui rattachaient étroitement, n'étaient en quelque sorte que ses organes et les exécuteurs de ses volontés. Dès la première année de la république on conclut un traité de commerce avec Carthage. On défendit courageusement contre les tentatives de restauration de Tarquin la liberté qu'on venait d'acquérir. Brutus lui sacrifia même ses fils, qui avaient noué de secrètes intelligences avec le tyran; et son collègue dans les fonctions de consul dut quitter la ville parce qu'il appartenait à la même famille que le roi détrôné. On le remplaça par Publius V a l e r i u s Publicola; et Brutus, qui trouva la mort dans la victoire qu'il remporta dans la forêt d'Arsia contre le roi, qui avait pour auxiliaires les Étrusques de Véies et de Tarquinii, eut pour successeur Spurius Lucretius, à la mort de qui on élut Marcus Horatius Pulvilus. P o r s e n n a, roi de Clusium, ville d'Étrurie, étant venu assiéger Rome pour le compte de Tarquin, la république naissante, malgré le courage héroïque d'Horatius C o c l è s et de Mucius S c œ v o l a, dut acheter la retraite de l'agresseur et la paix (en 507) par la cession d'une partie de son territoire; de sorte que le nombre des tribus se trouva diminué d'un tiers. En l'an 501 des périls intérieurs amenèrent, dans l'intérêt des patriciens, la création d'un nouveau magistrat, à élire dans des circonstances extraordinaires et investi alors d'une autorité absolue. On lui donna le nom de *d i c t a t e u r*. Trois ans plus tard, en l'an 498 av. J.-C., un magistrat de cette espèce, Aulus Posthumius Albus, remporta auprès du lac Régille une victoire complète sur les Latins, qui, comme les autres peuples voisins, s'étaient affranchis de la domination de Rome et avaient pris parti pour Tarquin. En 493 le consul Spurius Cassius renouvela l'alliance avec les Latins, qui obtinrent de nouveau les mêmes droits que les Romains. Peu de temps auparavant une lutte avait éclaté dans Rome même entre les deux ordres; lutte qui, après avoir duré plus d'un siècle, se termina par la victoire remportée par les plébéiens, dont le nombre s'accroissait avec tous les agrandissements de territoire, sur les patriciens, qui n'accueillaient que bien rarement de nouvelles familles dans leur ordre, ainsi qu'il arriva en l'an 509 des plébéiens admis au sénat, et en l'an 506 du Sabin Claudius. Cette lutte, au milieu de laquelle grandit et se développa la constitution même de Rome, et qui n'empêcha pas les Romains d'être toujours unis entre eux dans leurs perpétuelles guerres contre leurs voisins, rarement d'accord entre eux et heureusement pour Rome, jamais unis par une alliance durable, les Sabins, les Herniques, les Èques, les Volsques et les Véiens, et pour origine l'oppression que les patriciens commencèrent à exercer tout de suite après l'abolition de la royauté, sur la classe des plébéiens qui portaient déjà la plus grande partie du poids des charges résultant de la guerre, et qui avaient contracté des dettes envers eux. L'appel au peuple (p r o v o c a t i o n), accordé dès l'an 509 par Valerius Publicola, n'offrait pas de garantie suffisante contre la sévérité avec laquelle les magistrats patriciens faisaient exécuter les lois cruelles relatives aux dettes ainsi qu'au recrutement, tant que les plébéiens n'auraient pas obtenu des représentants officiellement reconnus par l'État, et auxquels pussent s'adresser les individus molestés. Ils les obtinrent dans les tribuns du peuple, *tribuni plebis*, dont l'élection fut accordée par le sénat, l'an 494 av. J.-C., lorsque l'armée plébéienne, au retour d'une expédition militaire, eut pris une position menaçante (c'est là ce qu'on appelle la première *sécession*). Assurés par le caractère sacré d'inviolabilité attaché à leurs fonctions, les tribuns, à qui on adjoignit aussi des édiles plébéiens pour la direction des affaires particulières de la *plebs*, usèrent de leur droit d'*intercession* contre les résolutions des magistrats et bientôt même contre celles du sénat, non-seulement comme protecteurs de quelques individus isolés, mais encore comme représentants de l'ordre des plébéiens tout entier et de ses intérêts. C'est ainsi qu'on les voit dès l'an 491 traduire le patricien Coriolan, coupable d'actes de violence à l'égard du peuple, devant un tribunal populaire pour la formation duquel ils ne convoquèrent pas le peuple en *comices de centuries*, parce que ces comices étaient présidés par des patriciens et placés sous des influences patriciennes, mais par tribus, en *comices de tribus*, qu'ils dirigeaient eux-mêmes. Coriolan fut banni. Il revint avec l'armée des Volsques; mais sa générosité sauva alors Rome d'une ruine qui paraissait inévitable. A quelque temps de là (486) Spurius Cassius admit aussi les Herniques dans la confédération romano-latine. Les membres de son ordre lui firent payer de sa vie la tentative qu'il fit pour procurer aux plébéiens une part dans la propriété des terres de l'État, *ager publicus*; mais la loi agraire, dont le premier il avait eu l'idée, devint une arme nouvelle aux mains des tribuns, bien que d'abord ils n'aient pas réussi à obtenir ce qu'ils espéraient avoir en l'employant. La guerre contre les Véiens, dans laquelle les F a b i u s s'étaient sacrifiés pour la patrie, ayant momentanément cessé en 474, les Romains n'en continuèrent pas moins à lutter contre les Èques, les Sabins et les Volsques. Pendant ce temps-là, en l'an 472, le tribun Popilius Volero fit passer en loi que l'élection des tribuns et des édiles plébéiens serait désormais transférée des comices de centuries aux comices de tribus; et en l'an 462 le tribun Terentillus Arsa proposa de déterminer par une loi l'étendue précise des pouvoirs des consuls; et malgré l'opposition des patriciens, les tribuns subséquents étendirent cette mesure à l'ensemble de la législation générale. Ils l'emportèrent en l'an 461. On supprima alors tous les autres magistrats, et on remit leurs attributions aux mains de dix individus, qualifiés de *decemviri* (*voyez* DÉCEMVIR), qu'on chargea de rédiger un corps de loi comprenant toute la législation alors existante. L'attentat commis en l'an 449 sur la personne de Virginie par A p p i u s C l a u d i u s amena une seconde *sécession* du peuple. Les décemvirs furent renversés; mais les Douze Tables, et les lois constituèrent la base de tout le droit romain postérieur, furent publiquement reconnues et exposées sous les consuls Lucius Valerius Publicola et Marcus Horatius Barbatus, élus après le rétablissement de l'ancienne constitution. Une loi rendue sous les mêmes consuls rendit obligatoires pour tout le peuple, sans distinction de classes, les résolutions prises dans les comices de tribus, auxquels assistèrent désormais les patriciens. La prohibition des mariages entre patriciens et plébéiens, que les décemvirs de la seconde année, appuyés sur l'antique usage, avaient formellement érigée en loi, fut supprimée en l'an 445 par la loi du tribun Canuleius, qui déclara ces mariages valables en eux-mêmes et dans leurs résultats; de sorte que les divers ordres se trouvant maintenant sur un pied complet d'égalité dans ce qui touchait les relations de la vie civile et religieuse, elle mit fin au rigoureux isolement dans lequel s'étaient tenues jusque alors les *gentes* patriciennes, et prépara la fusion complète des ordres. En revanche, la proposition faite pour admettre les plébéiens au consulat fut rejetée; et, soit modération de la part des plébéiens, soit résultat des intrigues des patriciens, ce ne fut qu'en l'an 400 que les plébéiens profitèrent de la concession qui leur fut faite alors par la loi qui les déclarait éligibles à la magistrature d'institution récente des tribuns militaires, investis de pouvoirs consulaires, en même temps qu'une nouvelle magistrature patricienne était créée dans les censeurs, chargés de tout ce qui était relatif au cens; ils n'en usèrent que vingt-deux ans après qu'ils eurent été déclarés admissibles aux fonctions de questeurs, qui donnaient droit à être appelé par le sénat à l'exercice de la censure.

La continuation non interrompue des guerres avec les peuples voisins rendit alors nécessaire l'établissement de la solde. Le plus grand et le plus proche ennemi de Rome était surtout à ce moment la ville étrusque de Véies. A la suite de la dernière guerre, qui avait duré dix années consécutives, elle fut enfin prise et détruite par Marcus Furius Camillus (*voyez* CAMILLE). Quant aux autres ennemis de Rome, les uns avaient été subjugués, ou bien des traités de paix et d'alliance avaient été conclus avec le reste; quand, en l'an 390, elle faillit être anéantie par les Gaulois Senonais (*voyez* GAULE). Après avoir battu l'armée romaine sur les bords de l'Allia, ils s'emparèrent de la ville, qu'ils pillèrent et livrèrent aux flammes. La forteresse de Rome, le Capitole, que sauva Marcus Manlius, leur résista; Camille, oubliant les injustices qui l'avaient condamné à l'exil, délivra les assiégés, qui étaient prêts à se rendre et chassa les Gaulois. Les années suivantes, lorsque les Latins et les Herniques, et ses anciens ennemis les Èques, les Volsques et les Étrusques, profitèrent des revers de Rome pour se détacher de son alliance et l'attaquer de nouveau, ce fut lui encore qui protégea sa patrie et lui rendit sa prééminence politique. La ville fut bientôt reconstruite; mais la *plebs*, appauvrie, se trouva alors plus que jamais en proie à l'oppression et à l'usure des patriciens. En 384 Manlius paya de sa vie une tentative faite pour lui venir en aide, ainsi qu'il était déjà arrivé, en l'an 440, à Mælius, sous la dictature de Cincinnatus. Toutefois, le peuple rencontra des défenseurs dans les tribuns Lucius Licinius et Lucius Sextius, qui pendant dix ans luttèrent contre la résistance des patriciens, mais qui finirent par voir leurs *rogations* obtenir, en l'an 467, le caractère de lois (*leges Liciniæ*). Une limite fut fixée à la possession des terres publiques, que les plébéiens purent aussi acquérir ; la législation relative aux dettes fut revisée. Mais de ces lois celle qui eut les résultats les plus importants fut la troisième; elle accorda une des charges de consul aux plébéiens, qui maintenant se trouvèrent exclus du tribunal militaire. Ce fut là le terme des querelles des deux ordres. Les patriciens cherchèrent bien à se dédommager en faisant déclarer que l'édilité et la préture constituaient des charges exclusivement patriciennes; et il leur arriva souvent aussi de parvenir, en violation formelle de la loi, à faire élire consuls deux des leurs à la fois. Mais leurs efforts pour se maintenir en possession de leurs priviléges furent en définitive impuissants; et les plébéiens réussirent toujours de plus en plus à partager avec eux les honneurs et les dignités. Déjà éligibles au consulat, la plus élevée des charges qu'il y eût dans l'État, ils obtinrent successivement l'édilité, la dictature (en 356), la censure (en 351), la préture (en 337) ; et lorsque la loi Ogulnia (en 300) eut déclaré les plébéiens admissibles aux fonctions de *pontifices* et d'augures, il n'y eut plus désormais au point de vue politique de différence essentielle entre les deux ordres. Le patriciat fut même effacé par la nouvelle noblesse qu'arrivèrent à constituer les familles, tant plébéiennes que patriciennes, de ceux qui étaient parvenus à des fonctions curules; et le sénat se remplit de plus en plus de plébéiens, attendu que l'exercice des grandes charges publiques, depuis la questure jusqu'au consulat, donna le droit d'y être admis. Quant aux comices de curies, ce ne fut plus qu'un vain simulacre, lorsque la loi rendue en l'an 339 par le dictateur Publilius Philo eut restreint l'approbation qu'ils devaient donner aux résolutions des centuries, et la loi de Mænius en 286 la confirmation de leurs diverses élections, à ne plus être que de simples formalités. La loi Valeria-Horatia sur la validité des résolutions prises dans les tribus fut renouvelée par le même Publilius, et en 286 par le dictateur Hortensius, lorsque celui-ci eut apaisé la troisième et dernière *sécession* des plébéiens, causée par la dureté impitoyable dont les créanciers en usaient avec leurs débiteurs. En l'an 304 l'édile Cneius Flavius publia les *fastes* ; l'ancienne loi Valeria relative à la *provocation* fut renouvelée en l'an 300, puis confirmée et corroborée encore plus tard par les lois porciennes.

Enfin, il est probable qu'il s'effectua au troisième siècle avant notre ère dans la division en centuries une modification ayant pour but de donner aux comices de centuries un caractère plus démocratique.

Une fois que les luttes intérieures eurent cessé, la puissance de Rome à l'extérieur devint bien vite plus grande qu'elle n'avait encore été. Des guerres heureuses contre les Tiburtins, les Herniques, les Étrusques et les bandes gauloises ouvrirent une série d'expéditions, où les héros patriciens et plébéiens luttèrent entre eux de courage et de dévouement à la patrie, où la tactique militaire des Romains se perfectionna, et qui, après avoir duré pendant près d'un siècle, se terminèrent par la soumission complète de l'Italie. La première guerre contre les Samnites, de tous les peuples italiques le plus brave et le plus attaché à ses libertés, éclata en l'an 343, lorsque les Sidicins et les Campaniens implorèrent contre eux l'assistance de Rome. Marcus Valerius Corvus les vainquit dans les batailles livrées sur le mont Gaurus et dans les plaines de Suessula ; et en l'an 341 Rome conclut avec eux un traité de paix et d'amitié. Les Latins ayant pris ensuite les Campaniens sous leur protection et ayant rompu l'alliance qu'ils n'avaient renouvelée en 358, la guerre dite *latine* éclata alors entre les deux peuples; guerre qui, décidée déjà à bien dire en l'an 340 par la victoire que remportèrent Titus Manlius Torquatus et Publius Decius, se termina en l'an 338 par la complète soumission des Latins et des Volsques, leurs alliés. La seconde guerre samnite éclata en l'an 326, et, interrompue par diverses trêves, dura jusqu'en 304. Les succès obtenus d'abord par le dictateur Lucius Papirius Cursor et son général de la cavalerie, Quintus Fabius Maximus Rullianus, furent annulés en l'an 321, par le Samnite Caius Pontius, aux défilés de Caudinæ. Bientôt on vit aussi se soulever les Ausones, qui furent exterminés en 314, les Étrusques, que Fabius battit en 310, à Sutrium et sur les bords du lac Vadimona, les Ombriens, vaincus en 308 à Mevania, et les Herniques, subjugués en 306. En 304, époque où Rome conclut la paix avec les Samnites et les Marses, ainsi que les Peligniens, peuples de même race que les Samnites et leurs alliés, les Èques, qui avaient pris de nouveau les armes contre Rome, furent aussi vaincus et subjugués. L'alliance contractée en 298 par les Lucaniens avec les Romains donna lieu à la troisième guerre samnite. Commandés par Gellius Egnatius, les Samnites trouvèrent des alliés chez les Étrusques, les Gaulois, les Ombriens et les Apuliens. Mais grâce à la bravoure de ses soldats et de ses généraux, entre autres de Quintus Fabius, du jeune Decius, de Lucius Volumnius, et de Lucius Papirius Cursor, Rome sortit également victorieuse de cette guerre, que signalèrent les batailles décisives livrées à Sentinum, en 295, à Aquilonia, en 293, et pendant laquelle elle eut l'art de diviser ses adversaires en concluant une paix séparée avec les Samnites en 290, époque où Curius Dentatus réussit également à soumettre les Sabins révoltés. Une nouvelle guerre éclata en 283 entre les Étrusques et les Gaulois, qui battirent à Arretium une armée romaine commandée par le préteur Lucius Cæcilius ; mais la même année Publius Cornelius Dolabella subjugua le territoire des Gaulois Senonais. Les Gaulois Boiens et les Étrusques, qui marchaient sur Rome, furent battus sur les bords du lac Vadimona, et de nouveau, en 282, par Quintus Æmilius Papus; après quoi la république conclut en 280 la paix avec les premiers, et un traité d'alliance avec les derniers. Pendant ce temps-là, les Samnites, les Lucaniens et les Bruttiens avaient de nouveau pris les armes. Fabricius les vainquit : mais alors ils se liguèrent avec Tarente, qui, par suite de la guerre injuste que lui déclara Rome, invoqua les secours de Pyrrhus, roi d'Épire. Celui-ci, grâce à son habileté stratégique et aussi à l'effroi causé par la vue de ses éléphants, vainquit les Romains à Héraclée, et encore une fois, en l'an 279, à Asculum, dans la Pouille, après s'être avancé jusqu'à Préneste et après avoir vu ses ouvertures de paix rejetées par le sénat, sur l'avis du vieux Appius Claudius. Pendant que ce prince était allé guerroyer en Sicile contre les Carthaginois, les Romains faisaient la guerre avec succès contre les peuples de l'Italie; et à son retour, la défaite que Curius lui fit essuyer à Bénévent, en l'an 275, le contraignit à s'en retourner dans ses États. Les Samnites, les Lucaniens et les Bruttiens furent alors subjugués. Tarente fut prise en l'an 272; et par suite de la soumission des Salentins de Brundusium et de celle des Ombriens de Sarcinatum, en l'an 266, l'Italie se trouva entièrement subjugée par les Romains depuis la Gaule cisalpine jusqu'à son extrémité méridionale. Les situations faites alors aux vaincus variérent beaucoup. Beaucoup de villes furent admises, à titre de municipes, à la jouissance du droit civil et à faire partie de l'État Romain; les autres, comprises sous la dénomination d'alliés (*socii*) ou de *nomen Latinum*, eurent cela de commun entre elles que privées extérieurement de toute indépendance politique, elles furent soumises à la souveraineté de Rome et astreintes à lui payer tribut ainsi qu'à lui fournir des troupes. Les diverses villes conservèrent bien leurs anciennes institutions particulières, et la plupart même demeurèrent libres de s'administrer elles-mêmes; mais leurs rapports entre elles furent ou détruits entièrement ou très-affaiblis. Des colonies, jouissant les unes du droit romain et les autres seulement du droit latin, furent envoyées dans certaines villes pour y tenir garnison, et, avec l'institution des municipes, contribuèrent à assurer la domination des Romains sur l'Italie vaincue.

Depuis l'an 509 les rapports d'amitié entre Rome et Carthage avaient été confirmés à diverses reprises par des traités, et en dernier lieu, en l'an 278, par un traité qui les liguait contre Pyrrhus. Quand les Romains furent maîtres de toute la basse Italie, ils virent un danger pour eux dans la domination exercée sur la Sicile par les Carthaginois, et la demande de secours que leur adressèrent les Mamertins leur offrit le prétexte de rupture qu'ils cherchaient. Les immenses efforts et l'inébranlable constance déployée par les Romains de l'an 264 à l'an 242, dans la *première guerre punique* (voyez CARTHAGE), où pour la première fois ils armèrent une véritable flotte, dont le commandement fut confié à Duilius, et pendant laquelle ils éprouvèrent un grand désastre en Afrique, sous les ordres de Regulus, eurent pour résultat après la victoire de Lutatius Catulus, près des îles Ægades, l'acquisition de la première possession qu'ils aient eue hors d'Italie, les Carthaginois ayant été contraints par la paix signée en l'an 241 de leur abandonner une partie de la Sicile. Les Romains enlevèrent ensuite, tout court, la Sardaigne et la Corse à Carthage, qui avait à lutter contre ses mercenaires révoltés; cependant, il leur fallut encore soutenir une lutte acharnée contre les populations de ces deux îles avant de réussir à les subjuguer. C'est de la même époque que datent la conquête de la Ligurie et le commencement des guerres heureuses entreprises par Rome contre les pirates de l'Illyrie; la première, en l'an 228, contre leur reine Teuta, puis, en 219, contre le tuteur de son fils, Démétrius de Pharos. L'origine de la première guerre désignée de préférence dans l'histoire sous le nom de *guerre des Gaules*, et que Rome eut à soutenir de 225 à 222 contre les Boïens et les Insubriens, qui avaient envahi l'Étrurie, fut la proposition de partager entre les citoyens le territoire des Gaulois Senonais; proposition à l'occasion de laquelle, en l'an 232, le tribun Caïus Flaminius donna pour la première fois depuis bien longtemps l'exemple d'une attitude systématiquement hostile prise à l'égard du sénat par les tribuns. Les Gaulois furent, il est vrai, vaincus, après une résistance opiniâtre, mais Rome reperdit la possession de la Gaule Cisalpine, qu'elle venait d'acquérir, lorsqu'elle se trouva entraînée dans une guerre qui plus que toute autre la menaça dans sa propre existence.

Ce fut la *seconde guerre punique*, laquelle éclata lorsque par la prise de Sagonte, en l'an 219, Annibal eut déchiré le traité qui fixait des limites à l'extension de la domination carthaginoise en Espagne. L'année suivante (218), Annibal parut avec son armée en Italie même, où il rallia les Gaulois à ses drapeaux. A la suite des victoires qu'il remporta la même année sur les bords du Ticinus et de la Trebia, en 217, sur les rives du lac Trasimène, et en l'an 216, à Cannes, après avoir rencontré en Fabius Cunctator un redoutable adversaire, la perte de Rome semblait inévitable. Elle fut sauvée par la prudence et la fermeté avec lesquelles le sénat usa de toutes les ressources possibles pour continuer la guerre, et par l'inébranlable constance dont il fit preuve dans cette lutte, d'accord en cela avec le peuple et fidèle à sa vieille maxime de n'accepter jamais la paix et seulement de l'accorder. Laissé sans secours par Carthage, Annibal se vit bientôt réduit à ne déployer ses talents de capitaine que dans une simple guerre défensive, jusqu'au moment où sa patrie, menacée elle-même par de graves dangers, le rappela dans son sein. Syracuse et en même temps tout le reste de la Sicile furent subjugués par Metellus, en l'an 212. En Espagne, le grand Publius Cornelius Scipion vengea la mort de son père et de son oncle en chassant les Carthaginois de la péninsule; et en l'an 202, à la bataille de Zama, livrée sur le sol africain même, il remporta sur Annibal une victoire qui mit fin à la guerre et fut suivie d'une paix qui anéantit à toujours la puissance de Carthage en la plaçant sous la domination de Rome.

Rome, dont la politique, dirigée par le sénat et favorisée par la passion du peuple pour les constructions, se dessina de plus en plus, et à partir de ce moment visa ouvertement à l'empire du monde, s'occupa alors des affaires de l'Orient, dans lesquelles sa première intervention eut pour objet de tirer vengeance des secours prêtés à Annibal par le roi Philippe III de Macédoine. Elle lui déclara la guerre dès l'an 200, à la suite de son refus d'obéir à l'ordre que lui donnait le sénat pour avoir à s'abstenir de toutes hostilités contre Athènes, Attale de Pergame et les Rhodiens. Le roi de Macédoine fut vaincu, en l'an 197, à la bataille de Cynoscéphales par Quintus Titius Flaminius, dont la politique cauteleuse fonda ensuite l'influence de Rome sur les États grecs, qui célébrèrent en lui le restaurateur de leurs libertés. La guerre éclata contre Antiochus III de Syrie, lorsqu'en 192 ce roi répondit à l'appel des Étoliens, qui ne se tenaient pas pour suffisamment récompensés par les Romains de l'assistance qu'ils leur avaient prêtée dans la guerre de Macédoine, et envahit la Grèce. Il en fut bientôt chassé, et en 190 Lucius Cornelius Scipion termina la guerre en Phrygie par la victoire de Magnésia. Les Romains donnèrent la partie de l'Asie Mineure située au delà du mont Taurus, qu'Antiochus fut obligé de leur céder, à leur allié Eumène II, roi de Pergame, et aux Rhodiens. Quant aux Étoliens, ils furent châtiés et soumis, en 189, par Marcus Fulvius. A la même époque, la Gaule Cisalpine fut de nouveau assujettie. On combattit encore contre les Liguriens, dont la résistance continua opiniâtrement jusqu'en l'an 150, et en Espagne. La seconde guerre de Macédoine contre le fils de Philippe, Persée, avec qui Gentius, roi d'Illyrie, faisait cause commune, et contre qui Eumène et les Rhodiens avaient porté plainte à Rome, fut commencée par les Romains sans succès, en 170, mais se termina en 168 par l'éclatante victoire que remporta Paul Émile, qui ramena à Rome les deux rois prisonniers et en même temps un butin si considérable, que le trésor public put faire remise aux citoyens du payement du *tributum*, complètement supprimé à partir de ce moment. La Macédoine et l'Illyrie furent déclarées pays libres; les Rhodiens, accusés d'avoir secrètement secouru Persée, en furent punis par la perte de leurs possessions sur le continent. On se débarrassa d'Eumène par la ruse. Antiochus IV de Syrie dut se conformer à l'orgueilleuse volonté de Rome, qui lui fit défendre par Popilius Lænas de faire la guerre à l'Égypte; mille Achéens, accusés d'avoir secondé Persée, furent conduits comme otages à Rome; et lorsque après le retour dans leur patrie des trois cents qui restaient encore, la ligue des Achéens, commandée par Diæus et Critolaus, déclara la guerre à Sparte, l'alliée des Romains, elle fut vaincue à la bataille de Scarphée, par Quintus Cæcilius Metellus, qui venait de châtier le pseudo-Philippe de Macédoine, puis une seconde fois, à Leucopetra, par Mummius, qui, en l'an 146, détruisit Corinthe. La Grèce devint alors, sous le nom d'*Achaïre*, une province romaine, à l'exception des deux villes de Sparte et d'Athènes, qu'on déclara libres. La Macédoine et l'Illyrie eurent le même sort. Carthage fut détruite la même année que Corinthe, par Publius Cornelius Scipion, à la suite de la *troisième guerre punique*, déclarée surtout à l'instigation de Caton l'ancien, et dans laquelle les Carthaginois combattirent avec toute l'énergie du désespoir. On érigea son territoire en province romaine, sous le nom d'*Afrique*. En Espagne, dont le midi et l'est appartenaient aux Romains depuis la seconde guerre punique, les Lusitaniens à l'ouest, ainsi que les Celtibériens et autres peuples au nord, continuaient toujours à défendre leur indépendance. En l'an 150, Servius Sulpicius Galba ayant fait traîtreusement massacrer plusieurs milliers de Lusitaniens, la guerre prit sous le commandement de Viriathe le caractère le plus horrible; et ce ne fut qu'en l'an 140, et en recourant à l'assassinat, que Quintus Servilius Cæpio put y mettre un terme. Junius Brutus soumit ensuite au nord-ouest les Galæciens, en l'an 138 ; mais Numance, place d'armes des Celtibériens, ne fut prise qu'à la suite d'une guerre de dix ans, entremêlée de graves revers pour les Romains, par le vainqueur de Carthage, Scipion, en l'an 133. L'organisation provinciale des Romains fut alors étendue à toute l'Espagne; mais plus tard des révoltes y éclatèrent encore souvent, et ce ne fut que sous Auguste qu'on parvint à complètement dompter les Cantabres de la côte septentrionale. En Asie, le royaume de Pergame, légué aux Romains par le dernier roi, Attale III, fut érigé en province romaine, en l'an 133.

Pendant ce temps-là d'importants changements s'étaient opérés à Rome, tant dans sa civilisation que dans sa situation politique intérieure. Dans ces guerres incessantes, dont la conquête formait le but pour l'État, et où les individus n'avaient en vue que le pillage et le butin, le peuple n'avait pu que contracter de plus en plus des mœurs grossières. Les armées, à leur retour à Rome, et les flots d'étrangers qui y arrivaient incessamment, parce qu'elle était devenue le siège de la domination du monde, y rapportèrent, surtout d'Asie, des débauches et des vices de toutes natures. D'immenses richesses entrèrent dans le trésor public, et les particuliers s'enrichirent dans la même proportion. L'orgueil et la perfidie signalèrent maintenant en toutes occasions la politique de l'État. C'est dire que peu de temps après la seconde guerre punique disparurent, surtout dans la capitale, cette sévérité de mœurs, ces habitudes d'hospitalité et de simplicité, qui avaient autrefois caractérisé le peuple romain, tandis qu'elles se maintinrent un peu plus longtemps dans les villes provinciales d'Italie. En l'an 186, la prohibition des bacchanales avait encore été une digue contre la démoralisation étrangère. Caton lui-même lutta énergiquement pour le maintien de l'antique discipline; mais pas plus lui que la censure, ni les lois rendues encore au deuxième siècle avant J.-C. contre le luxe, ne purent réprimer les progrès incessants de la corruption. Sous l'influence de la littérature grecque, qui pénétra pour la première fois à Rome peu après la première guerre punique, il se forma une littérature romaine qui prit d'abord la forme de la poésie dramatique et épique, puis celle des narrations historiques. L'ambassade envoyée en l'an 155 à Rome par les Athéniens contribua surtout à y faire connaître la philosophie des Grecs, avec laquelle la civilisation grecque s'infiltra dès lors de plus en plus parmi les classes supérieures, mais au détriment des antiques mœurs nationales. L'éloquence politique et judiciaire, pratiquée depuis longtemps, ne fut pourtant érigée formellement en art que plus tard.

Les progrès incessants de la corruption des mœurs eurent pour corollaire un état de choses intérieur qui, à partir de la chute de Numance, provoqua des troubles et des luttes qui continuèrent d'ébranler Rome jusqu'à la résurrection de la monarchie, sans toutefois arrêter les progrès ni la consolidation de sa puissance à l'extérieur. Deux choses contribuèrent surtout à ce résultat : la position prise dans l'État par la noblesse, et l'inégalité qui s'était introduite dans le partage de la propriété. Les nobles composaient audessus du peuple une aristocratie de familles; et comme les fonctions publiques étaient presque toutes le partage des nobles, chargés aussi le plus souvent de l'administration des provinces, c'est entre les mains de cette aristocratie que se trouvaient agglomérées les richesses provenant de ces deux sources. En outre, il se constitua dans la chevalerie, chargée de la ferme des revenus publics, un ordre tenant le milieu entre les sénateurs et les plébéiens; ordre auquel donnait facilement accès la possession d'une certaine fortune, et dans lequel se confondaient les riches, qu'ils fussent nobles ou non. Les richesses s'accumulèrent d'autant plus dans cette petite fraction du peuple, qu'on n'y reculait pas pour s'enrichir devant l'emploi des moyens les plus honteux, tels que les exactions commises au détriment des provinces et des alliés, et qui donnèrent lieu, en l'an 145, à l'établissement de la première cour de justice permanente qu'il y ait eu à Rome (*quæstio perpetua repetundarum*), ou encore le péculat et les malversations. Par contre, une grande partie du reste de la masse du peuple, formant maintenant la *classe plébéienne*, s'appauvrit de plus en plus; et ce qui y contribua surtout, ce fut la manie des riches de posséder en Italie d'immenses domaines (*latifundia*), qu'on parvenait à constituer tantôt par l'acquisition licite ou illicite de diverses propriétés particulières, tantôt en s'emparant illégalement de terres appartenant à l'État, domaines qu'on faisait ensuite exploiter par des esclaves, dont les guerres accrurent successivement le nombre hors de toutes proportions. La plupart des citoyens et des alliés, ainsi expulsés de leurs terres et détournés de l'agriculture, jadis en Italie la grande occupation des hommes libres, vinrent s'établir à Rome, dont le nombre d'habitants ne pouvait qu'augmenter, et qui alla toujours en augmentant, surtout depuis qu'au milieu de ces troubles civils l'usage s'introduisit de faire des *distributions de blé*, d'abord (en l'an 123) à bas prix, mais plus tard (à partir de l'an 59) gratuites. Des affranchissements de plus en plus fréquents accrurent aussi ce qu'on appela la *factio forensis*, la masse d'individus dont des chefs de parti pouvaient se servir, soit qu'ils eussent recours ouvertement à la violence, soit qu'ils employassent leur influence dans les comices. Les comices, où une suite de lois (*leges tabellariæ*) rendues de 139 à 131 introduisirent le vote par écrit, devinrent le théâtre de la lutte des deux grands partis politiques qui avaient fini par se former à Rome, celui des *optimates* et celui des *populares*, lesquels surtout à l'occasion des élections employèrent à l'envi l'un contre l'autre la corruption et les autres pernicieuses pratiques désignées sous le nom d'*ambitus*. Dès l'an 118 ces pratiques devinrent l'objet d'un grand nombre de lois, et on chercha tout aussi inutilement à les réprimer en instituant une cour de justice permanente, chargée de les punir. Or, comme pour voter dans les comices il fallait que les citoyens comparussent en personne, la population de la capitale conserva toujours une grande supériorité sur les municipes lointains, où le génie de l'ancienne *plebs* romaine se maintint longtemps dans toute sa pureté.

Pour mettre un terme à la disproportion existant entre les riches et les pauvres, situation dans laquelle il voyait une cause de ruine pour l'État, et aussi pour augmenter en Italie le nombre des propriétaires libres, le généreux Tiberius Sempronius Gracchus, qui appartenait pourtant à l'ordre de la noblesse, proposa, lorsqu'il eut été nommé tribun, en l'an 133, une *loi agraire*, qui fixait un *maximum* d'étendue à la propriété en terres provenant du domaine public; et il la fit adopter, non sans violer les anciennes formes légales. Mais s'étant mis de nouveau l'année suivante sur les rangs pour le tribunat, et ayant alors annoncé de nouvelles rogations, il fut assassiné avec bon nombre de ses partisans dans le Forum, le jour même où avait lieu l'élection, par les sénateurs, ayant à leur tête Publius Scipio Nasica. Tel fut le sanglant début de la lutte qui s'établit dès lors entre les *optimates* et les *populares*; et il arriva souvent à ceux-ci de trouver des chefs dans les rangs de la noblesse elle-même. Caïus Gracchus, frère de Tiberius, plus jeune et plus violent que lui, mû non pas seulement par l'amour de la patrie, mais aussi par le désir de la vengeance, éprouva le même sort, après avoir, dans la première année de son tribunat (en 123), renouvelé la loi agraire, introduit l'usage des distributions de blé et attaqué directement le sénat, par des lois, dont l'une transférait à l'ordre des chevaliers les fonctions judiciaires, que jusque alors les patriciens seuls avaient pu remplir. Le sénat réussit à lui faire perdre une partie de la faveur du peuple et à la reporter sur un autre tribun, Marcus Livius Drusus. Tiberius Gracchus ne fut point réélu, et périt dans la révolte provoquée par la proposition que le consul Opimius fit en l'an 121 d'abolir ses lois. La plupart de ses partisans furent massacrés en même temps que lui, entre autres Marcus Fulvius Flaccus, qui dès l'an 125 avait voulu accorder les droits de citoyens aux alliés (proposition par laquelle Caïus Gracchus s'aliéna le peuple), et que le sénat avait alors envoyé dans la Gaule, dont il commença la conquête. Peu de temps après cette victoire remportée par les *optimates*, la profonde corruption du parti dominant apparut d'abord dans la manière dont on agit à l'égard de Jugurtha, et enfin lorsque le tribun Mummius fut parvenu, en l'an 112, à faire déclarer la guerre à ce roi de Numidie. Le tribunal que le tribun Caïus Mamilius fit créer pour rechercher ceux à la vénalité et à la négligence desquels Jugurtha devait ses succès ébranla la considération dont jouissait la noblesse. A partir de l'an 109 Quintus Cæcilius Metellus exerça, il est vrai, avec succès le commandement de l'armée envoyée contre le roi de Numidie; mais Caïus Marius, un homme nouveau (*novus homo*), déjà l'adversaire prononcé des prétentions des nobles, lui enleva ce commandement lorsqu'il eut été nommé consul, en l'an 107, et termina la guerre l'année suivante. L'invasion de deux peuples du Nord, les Cimbres et les Teutons, qui anéantirent les armées romaines envoyées contre eux, d'abord dans le *Noricum*, en l'an 113, puis, en l'an 109 et en l'an 105, dans la Gaule, frappa alors les Romains de terreur, et les détermina à investir des fonctions consulaires pendant quatre années successives, de 104 à 101, ce même Marius en qui ils voyaient le seul homme capable de les préserver de ces redoutables ennemis. Ce fut en l'an 102 seulement que celui-ci osa attaquer les Teutons, qui traversaient la province de Gaule en se dirigeant vers l'Italie, et il les extermina dans un bataille livrée à *Aquæ Sextiæ*. En l'an 101, avec le proconsul Quintus Lutatius Catulus, il battit les Cimbres dans la Gaule cisalpine. Il obtint encore le consulat pour l'année 100, et se ligua alors avec le tribun Saturninus et le préteur Servitius Glaucia, pour attaquer le sénat; mais il dut combattre lui-même ses propres amis, lorsqu'ils eurent recours au meurtre et à la révolte ouverte. C'est à la même époque qu'eut lieu en Sicile la seconde révolte des esclaves (en 103), qui fut étouffée comme l'avait déjà été celle qui avait éclaté en l'an 135 et avait duré jusqu'en 132. Rome ne jouit alors que de quelques années de repos, pendant lesquelles le territoire romain s'accrut de la Cyrénaïque, léguée, en l'an 96, aux Romains par son roi. Ce calme ne tarda pas à être troublé par la *guerre des alliés*, par de nouvelles luttes de partis et par une expédition en Orient. Depuis l'insuccès des tentatives faites en leur faveur par Fulvius et par Gracchus, les alliés d'Italie n'en aspiraient qu'avec plus d'ardeur à obtenir les droits de citoyens; et ils furent vivement blessés par la loi *Licinia Mucia*, qui expulsait de Rome tous ceux qui n'étaient pas citoyens et empêchait ainsi toute inscription subreptice sur les rôles des citoyens. Une grande partie d'entre eux s'étaient ligués pour faire réussir un plan d'après lequel on aurait mis fin à la domination de Rome. L'Italie ne devait plus former désormais qu'un seul État, dont la capitale aurait été *Cor-*

sintum, dans le pays des *Peligni*, qui aurait pris le nom d'*Italica*, et qui serait devenue le siège du sénat, des consuls et des préteurs. L'assassinat par les *optimates* de Marcus Livius Drusus, qui proposa de nouveau d'accorder les droits de citoyens aux alliés, donna, en l'an 91, le signal de l'insurrection, qui éclata d'abord à Asculum dans le Picenum. Rome s'assura le concours efficace de ceux de ses alliés qui lui étaient demeurés encore fidèles, en faisant admettre, aux termes de la loi de Lucius Julius César, les Latins, les Étrusques, et bientôt aussi les Ombriens parmi les citoyens. Par cette mesure elle n'eut plus à combattre que les peuples de race sabellienne. La guerre, faite de part et d'autre avec un acharnement extrême, fut d'abord malheureuse pour les Romains; mais lorsque les Picéniens, les Marses (de là le nom de *guerre des Marses*, qu'on donne aussi quelquefois à cette lutte), après la mort de leur général Pompædius Silo, les Marrucins et les Vestins eurent été soumis par Cneius Pompeius Strabo, et les Hirpins de même que les Apuliens par Sylla, et lorsque la loi de Papirius et de Plautius les eut admis au nombre des citoyens, il ne resta plus sous les armes, en l'an 88, que les Samnites et les Lucaniens; et la guerre contre eux prit fin par la victoire que remporta Sylla sur le parti de Marius, auquel ils s'étaient rattachés. L'hostilité qui existait depuis longtemps déjà entre ces deux hommes dégénéra en guerre ouverte, lorsque Sylla, regardé par les *optimates* comme leur chef, eut obtenu, en l'an 88, le consulat et le commandement contre Mithridate, roi de Pont, qui avait déclaré en Asie une guerre acharnée aux Romains. Marius voulut lui enlever le commandement au moyen du tribun Publius Sulpicius Rufus; mais Sylla rentra à la tête de son armée dans Rome, où il vainquit ses adversaires, dont il proscrivit les chefs, entre autres Marius lui-même; et ce ne fut qu'alors qu'il passa en Grèce pour y diriger les opérations de la première guerre contre Mithridate, puis de là en Asie, où il conclut la paix, en l'an 84. Mais pendant ce temps-là le parti de Marius l'avait de nouveau emporté. En l'an 87, Lucius Cornelius Cinna rappela Marius, et les plus horribles excès furent commis alors dans Rome, tombée en son pouvoir. Marius mourut en l'an 86, peu de temps après avoir été investi du consulat pour la septième fois; et Cinna, lui aussi, trouva la mort en l'an 84, avant le retour de Sylla. Celui-ci débarqua à Brindes (*Brundisium*), en 83. Metellus Pius et le jeune Pompée lui amenèrent des renforts. Après la défaite du jeune Marius à Sacriportus, celle de Cneius Papirius Cursor en Étrurie, celle des Samnites commandés par Pontius Telesinus, à peu de distance de Rome, et après la reddition de Préneste, Sylla se trouva décidément, en l'an 82, maître de Rome. Il se fit nommer dictateur pour un temps illimité et satisfit ses vengeances par les plus horribles proscriptions. Il distribua des terres en Italie à ses 120,000 soldats, qu'il concentra en colonies militaires, et renforça à Rome sa faction en faisant accorder les droits de citoyens à 100,000 esclaves affranchis. Après avoir dépouillé les tribuns de leur puissance ou leur interdisant de délibérer avec le peuple, après avoir au contraire augmenté celle du sénat, notamment en lui rendant l'exercice exclusif des fonctions judiciaires; enfin, après avoir pourvu au rétablissement de la sécurité publique par une législation aussi vaste que sévère, en matière criminelle surtout, il déposa la dictature, en l'an 79. Sylla mourut simple particulier, l'année suivante, à Puteoli; et tout aussitôt le consul Lépide essaya, mais vainement, de renverser sa constitution. Pompée, qui avec Quintus Lutatius Catulus le vainquit et déjoua ses projets, passa ensuite en Espagne pour combattre le plus redoutable des partisans de Marius, Sertorius, qui y résidait depuis l'an 83 et à qui Metellus avait inutilement fait la guerre. Ce ne fut qu'en l'an 72, lorsque Sertorius eut été assassiné par Perpenna, que l'Espagne se trouva pacifiée. Pendant ce temps-là le calme avait régné dans Rome, obligée de soutenir contre les esclaves révoltés, sous les ordres de Spartacus, une guerre commencée dès l'an 73. Marcus

Licinius Crassus défit Spartacus, en 71; et à son retour d'Espagne Pompée massacra les derniers débris des esclaves. Pour gagner la faveur du parti populaire, redevenu tout puissant, Pompée, consul en l'an 70, rétablit la puissance tribunitienne, et fit décider par la loi *Aurelia* que les fonctions judiciaires seraient à l'avenir partagées entre les trois ordres. Il en fut récompensé, en l'an 67, par la loi de Gabinius, qui, malgré l'opposition du sénat, lui conféra des pouvoirs illimités pour diriger la guerre contre les pirates qui infestaient la Méditerranée. Il la termina en quarante jours. L'année suivante il fut investi par la loi de Manilius de pouvoirs identiques pour diriger la guerre contre Mithridate, contre qui Licinius Lucullus avait lutté avec succès depuis l'an 74. Il recueillit ainsi la gloire qui appartenait à Lucullus. Mithridate fut chassé de ses États, et mourut peu de temps après. Mais tandis que Pompée réduisait la Syrie et la Phénicie en provinces romaines, qu'il soumettait la Judée, et s'occupait de pacifier l'Asie Mineure, dont les parties nord et est devinrent alors presque des provinces romaines, sous le nom de *Bithynie* et de *Cilicie*, Rome se trouva gravement menacée à l'intérieur par la conjuration de Lucius Sergius Catilina. Marcus Tullius Cicéron, qui par son éloquence, que jamais autre Romain ne surpassa, avait déjà fait rejeter la pernicieuse loi agraire proposée par le tribun Publius Servilius Rullus, sauva encore, lorsqu'il eut été élu consul en l'an 63, par son éloquence et sa vigilance l'État de la ruine dont la réussite des projets de Catilina eût été le résultat. Cependant, déjà la république marchait rapidement vers le pouvoir d'un seul. Sans doute l'antique constitution était toujours debout ; mais en réalité un petit nombre d'individus en étaient venus à posséder de telles richesses et une telle puissance, que la république ne pouvait plus durer, rien ne devant leur être plus facile que de se débarrasser des entraves mises à l'exécution de leurs projets par les formes de la constitution. Tel, entre autres, était Pompée, qui revint d'Asie en l'an 61. Toutefois, Pompée ne se jugea pas de taille à lutter seul contre les *optimates*, dans les rangs desquels Caton le jeune, républicain sincère, se montrait son ardent adversaire. En conséquence, il se ligua, en l'an 60, avec Jules César, revenant de Lusitanie, où il avait rempli les fonctions de préteur, et avec le riche Crassus, pour constituer un tr i u m v i r a t. César obtint le consulat en l'an 59. Il réalisa immédiatement les désirs de Pompée, sans consulter le sénat, par un simple décret du peuple rendu malgré l'opposition de son collègue, Marcus Calpurnius Bibulus, et celle de Caton, qui ne put que lorsqu'il eut éloigné ce dernier de Rome, en le faisant charger par l'audacieux tribun Publius Claudius de déposer dans l'île de Cypre le roi Ptolémée et de transformer cette île en province romaine, de même que lorsqu'il eut exilé Cicéron, qu'il se rendit dans les provinces (la Gaule Cisalpine avec l'Illyricum, et la Gaule Narbonnaise) qu'il s'était fait assurer pour cinq ans. Parti de la Gaule Narbonnaise, il soumit dans l'espace de huit années (an 58 à 51) tout le reste de la Gaule, rehaussa ainsi, de même qu'en franchissant le Rhin et en passant en Bretagne, l'éclat de son nom aux yeux de ses concitoyens, acquit les richesses dont il avait besoin pour l'exécution de ses plans, et se forma une armée nombreuse, brave et aguerrie, qu'il attacha à sa fortune par ses qualités personnelles autant que par ses succès. Une réunion des triumvirs eut lieu à Lucques, en l'an 56. Avec l'assistance de César, Pompée et Crassus obtinrent le consulat pour l'année 55 ; et les propositions de Trebonius de confier de nouveau à César ses provinces pour cinq ans, l'Espagne à Pompée et la Syrie à Crassus pour le même espace de temps, furent enlevées de vive force à l'assemblée du peuple. Mais quand la mort de Crassus, tué en l'an 55, dans l'expédition contre les Parthes, vint dissoudre le triumvirat, Pompée, à qui Cicéron s'était rattaché depuis son rappel, se rapprocha des *optimates*, et revint au milieu d'eux en l'an 52, lorsque le sénat le chargea de mettre fin aux brigandages des bandes de Milon et de Claudius, et le nomma consul unique pour cette année. Toutefois, il n'éclata de rupture ouverte entre lui et César qu'en l'an 50, lorsque celui-ci, ayant annoncé l'intention de briguer le consulat pour l'an 49, le sénat lui intima l'ordre de déposer son commandement. Après d'inutiles négociations, et César n'ayant point obtempéré aux sommations réitérées qui lui étaient adressées, il fut procédé à son égard, au commencement de l'an 49, comme vis-à-vis d'un ennemi public ; et le sénat chargea les consuls et Pompée de veiller au salut de l'État. César franchit le Rubicon, qui formait les limites de sa province, commença ainsi la guerre civile, et eut bientôt expulsé d'Italie ses adversaires, qui n'avaient pas fait de préparatifs de défense. Il contraignit les légats de Pompée en Espagne et la ville de Massilia à se rendre, se fit proclamer dictateur à Rome, rétablit les exilés et les descendants des proscrits de Sylla dans la jouissance de leurs droits, et débarqua en Illyrie au commencement de l'an 48. La bataille livrée à P h a r s a l e en Thessalie, le 9 août, lui donna l'avantage sur Pompée, qui périt peu de temps après en Égypte. Après avoir terminé la guerre d'Alexandrie et subjugué Pharnace, roi de Pont, il rentra, en l'an 47, à Rome, où il fut de nouveau élu dictateur. En lui accordant pour toujours la puissance tribunitienne, ainsi que le droit de faire la guerre et la paix, on avait fait les premiers pas vers la monarchie et le renversement de l'ancienne constitution. Après la guerre d'Afrique, à laquelle mit fin, en 46, la victoire de Thapse, on lui conféra la dictature pour dix ans et la surveillance des mœurs, partie importante de la censure, pour trois ans ; puis, après que la bataille de Munda en Afrique eut anéanti en Espagne les derniers débris du parti de Pompée, en l'an 45, le titre d'*imperator* (empereur) comme signe de la puissance souveraine. A tous ces honneurs le sénat, qui s'engagea par serment à veiller sur sa vie, ajouta la *divinisation*. L'intention qu'il avait de se faire décerner la puissance et le titre de *roi*, que les populations lui avaient déjà donné, dit-on, hors de l'Italie, dans son expédition contre les Parthes, provoqua une conspiration ayant à sa tête Marcus Brutus et Caïus Cassius Longinus, sous le poignard de qui César succomba, le 14 mars de l'an 44, avant d'avoir pu réaliser les vastes plans qu'il avait conçus pour la réorganisation intérieure de l'État.

Ce crime ne sauva point la république, qui se trouva livrée de nouveau pendant treize années consécutives à toutes les horreurs de la guerre civile. Les conjurés, à ce qu'il semble, n'avaient arrêté aucun plan pour l'avenir, et durent chercher au Capitole un refuge contre la fureur du peuple. Sur la proposition de Marc Antoine, qui d'accord avec Lépide s'était emparé du pouvoir, les dispositions de César furent confirmées par le sénat, en même temps qu'on accordait à ses meurtriers une amnistie qui leur permit de quitter la ville. On ne tarda pas à y voir arriver Octavianus ou Octave (*voyez* AUGUSTE), fils adoptif et principal héritier de César, qui en réclamant sa succession se brouilla avec Antoine, parce que celui-ci reconnut bientôt en lui un rival. Le sénat, que dirigeait Cicéron, considéra Octave comme son sauveur ; et Antoine ayant voulu enlever à Decimus Brutus sa province, la Gaule Cisalpine, fut déclaré ennemi public, en même temps qu'on confiait, en l'an 43, à Octave et aux consuls la mission de le poursuivre. Grâce à Hirtius, Antoine fut battu à Mutina. Il s'enfuit en Gaule, où il se ligua avec Lépide, Asinius Pollion et Munatius Plancus. Mais à Rome Octave se fit décerner le consulat avec Pedius, qu'il fit rendre une loi contre les meurtriers de César et rapporter le décret qui bannissait Antoine et Lépida. Puis à quelque temps de là il se rencontra avec eux dans une île près de Bononia pour constituer un nouveau triumvirat et rétablir l'ordre dans la république, dont ils se partagèrent le territoire. Le triumvirat fut ensuite confirmé par le peuple, comme une charge publique dont la durée devait être de cinq années, et inauguré par de sanglantes proscriptions, dont Cicéron fut l'une des premières victimes. A la bataille livrée à P h i l i p p e s en Macédoine,

Cassius et Brutus furent battus par Antoine et Octave. Leur chute décida de la défaite du parti républicain dès l'automne de l'an 42. Les triumvirs se partagèrent de nouveau les provinces. Pendant qu'Antoine se rendait en Orient, Octave restait en Italie, contrée qui avait été déclarée commune aux trois triumvirs. Par là il conserva son influence sur Rome, et ses généraux, Marcus Vipsanius Agrippa et Salvidienus, le tirèrent du mauvais pas où il avait été entraîné dans la guerre de Pérouse par Fulvia, femme de Marc Antoine, et son frère, Lucius Antonius. Le traité conclu à Brindes, en l'an 39, mit fin à la mésintelligence d'Octave et d'Antoine, qui se partagèrent de nouveau les provinces. Dans la même année un arrangement amiable fut également conclu à Misène avec Sextus Pompée, qui y commandait une flotte formidable. En l'an 37 le peuple confirma de nouveau pour cinq ans l'existence du triumvirat, et les hostilités, qui dès l'an 38 avaient encore une fois éclaté entre Antoine et Octave, furent encore une fois apaisées. Le premier s'occupa d'une expédition contre les Parthes, qui ne réussit pas, et le second d'une guerre contre Sextus Pompée, qui dès l'an 38 avait repris les armes. Pompée fut vaincu par Agrippa, à la bataille de Mylæ, et on se débarrassa ensuite de Lépide. Mais une guerre ouverte ne tarda pas à éclater entre Antoine et Octave, lorsque le premier, accompagné de sa maîtresse, la reine d'Égypte Cléopatre, passa en Grèce avec son armée et envoya une lettre de divorce à sa noble épouse, Octavie, sœur d'Octave. Agrippa gagna encore à Octave la bataille navale d'Actium, le 2 septembre de l'an 31. Antoine et Cléopatre se donnèrent la mort, quand le vainqueur vint les poursuivre en Égypte, qui fut alors érigée en province romaine. Après avoir mis ordre aux affaires d'Orient, Octave revint, en l'an 29, à Rome, où en son absence Mécène avait dirigé les affaires. Trois triomphes et la fermeture du temple de Janus signalèrent la fin de la guerre.

III. *Sous les empereurs.* C'est à partir de ce moment que commence la période de l'histoire romaine désignée sous le nom de *période de l'empire*. En ce qui touche la constitution, elle se divise en deux parties, dont les limites sont déterminées par la disparition des formes républicaines et la transformation, sous Dioclétien et Constantin, de l'État en une monarchie différant fort peu du dispotisme. Dès l'an 29 Octave ou Auguste, pour nous servir désormais du nom honorifique qui lui fut donné en l'an 27, avait créé et entouré de formes légales cette position d'empereur, qui, malgré la puissance illimitée qui y était attachée, demeura toujours, dans la première partie de la période à laquelle nous sommes arrivés, la magistrature suprême mais viagère de l'État. Il se fit décerner l'*imperium* dans le même sens que César l'avait déjà eu, et se trouva de la sorte investi en sa qualité d'*imperator* de la puissance suprême en matières militaires et criminelles; de même que du droit de prendre toutes les mesures d'administration publique qui lui paraîtraient nécessaires (*constitutiones*). Il cumulait en outre les attributions des plus hautes magistratures républicaines, celles de consul, de censeur, de tribun et de proconsul, ainsi que la dignité de grand-pontife. Refusant prudemment les titres de *dictator*, et de *rex*, il se contenta de la qualification de *princeps* ou prince, qui d'abord, en l'an 28, eut l'avantage d'indiquer sa prééminence sur le sénat, et en même temps de le désigner comme le premier d'entre les citoyens; qualification devenue ensuite la véritable dénomination donnée aux empereurs par les Romains. Mais comme il ne se saisit pas de tous ces différents pouvoirs à la fois, qu'au contraire il se les fit successivement accorder, il conserva ainsi l'ombre des formes républicaines. Indépendamment des préfets, nouveaux fonctionnaires impériaux qu'il créa pour l'exercice de sa puissance particulière, il laissa subsister toutes les anciennes magistratures populaires, qui ne furent plus conférées qu'en vertu d'élections faites dans les comices, tandis que César s'était mêlé de les distribuer; et par là il ajouta à la considération et à l'éclat du sénat. Quant aux provinces, placées maintenant sous la surveillance du prince, laquelle comprenait toutes les matières, et dès lors bien plus à l'abri qu'autrefois contre les actes arbitraires et les exactions des gouverneurs, il en partagea l'administration particulière entre le prince, le sénat et le peuple; division qui eut pour corollaire la distinction établie entre le trésor impérial (*fiscus cæsaris*) et l'*ærarium* du peuple. Le commandement supérieur qu'il exerçait par ses légats sur la force armée était la prérogative exclusive du prince. D'ailleurs, sous le règne long et doux d'Auguste, secondé jusqu'à l'an 12 av. J.-C. dans sa tâche de gouvernant par Agrippa, les plaies de l'État Romain se cicatrisèrent. On rétablit l'ordre dans l'administration des diverses parties de l'empire, on améliora le système judiciaire, on rétablit la discipline militaire; et pour porter remède au célibat, qui devenait de plus en plus général, on rendit des lois restées célèbres (*lex Julia* et *lex Poppia Poppæa*). L'Italie fut partagée en onze régions; Rome, où l'on prit toutes les mesures propres à maintenir l'ordre et la sécurité au milieu d'une si énorme population, composée presque tout entière de prolétaires, témoigna du goût de l'empereur pour les arts et le luxe, encore bien que ce prince fût doué d'un sage esprit d'économie. Sous son règne sans doute l'éloquence dut garder le silence; mais grâce à la protection d'Auguste, de Mécène et d'autres patrons, aussi généreux qu'éclairés, la littérature romaine jeta son plus vif éclat. On subjugua, l'an 25 av. J.-C., dans la Gaule Cisalpine, réunie maintenant à l'Italie, les Salassiens, et en Espagne, de l'an 25 à l'an 19, les Cantabres et les Asturiens; en Asie, la Galatie et le Lycaonie furent érigées en provinces romaines. En l'an 22, l'Égypte reçut de notables agrandissements de territoire vers l'Éthiopie; la Rhétie et le Noricum furent subjugués en l'an 16, ainsi que la Dalmatie et la Pannonie, en l'an 9, à la suite de nombreuses guerres. Drusus fonda également la puissance romaine en Germanie, où le Chérusque Hermann la détruisit, il est vrai, dès l'an 9. Après la mort d'Auguste, arrivée l'an 14 de J.-C., Tibère, son beau-fils par Livie, lui succéda, et régna de l'an 14 à l'an 37. La révolte des légions en Pannonie et sur le bas Rhin fut comprimée par Drusus, son fils aîné, et par Germanicus, son fils adoptif, qui rétablit ensuite le prestige des armes romaines en Germanie. Tibère enleva les élections aux comices; et dès l'an 16 commencèrent les accusations de lèse-majesté et les odieuses menées des délateurs. Toutefois, le génie tyrannique de l'empereur ne se manifesta que peu à peu, surtout à partir de l'an 23, lorsqu'il eut pris pour favori le préfet du prétoire Séjan, sous l'administration de qui les prétoriens furent concentrés à Rome, pour servir de garnison permanente à cette ville. Tibère lui abandonna complètement l'administration de l'empire, comme il fit encore après sa chute, en 31, à Macron, pour pouvoir, quoique la tête blanchie déjà par les neiges de la vieillesse, se livrer en toute liberté, à Caprée, aux plus révoltantes débauches. Après lui régna, de 37 à 41, le fils de Germanicus, Caligula, prince dissipateur, voluptueux et cruel. Quand il eut été assassiné, il eut pour successeur le frère de Germanicus, l'imbécile Claude (de l'an 41 à l'an 54), que dominèrent complètement deux infâmes épouses, Messaline et Agrippine, et sous le règne duquel on commença la conquête de la Bretagne (en 43), on réduisit la Mauritanie en province romaine, et on combattit avec succès en Germanie. Claude périt empoisonné, et eut pour successeur son beau-fils Néron (54 à 68), qui surpassa encore Caligula, et du règne duquel datent les premières persécutions des chrétiens, qui se renouvelèrent ensuite fréquemment, même sous le règne de princes vertueux. Néron se donna la mort à la nouvelle de la révolte des légions de la Gaule et des prétoriens, et avec lui s'éteignit la maison des Césars. Mais ce nom de césar fut conservé par ses successeurs comme un titre d'honneur. Galba, qu'on éleva alors sur le trône, en fut renversé dès le mois de janvier de l'an 69, à l'aide des prétoriens, par Othon, qui dès le mois d'avril cédait la place à Vitellius, proclamé en même temps par lui par les légions de Germanie; et celui-ci à son tour fut renversé au mois de décembre suivant par Vespasien, proclamé au mois de juillet par les légions qu'il commandait en Judée. Ce dernier s'empressa de faire légalement consacrer ses pouvoirs par une *lex de imperio*, administra avec une prudente économie, rétablit la discipline militaire, et fit entrer quelques hommes de mérite dans le sénat, dont la déconsidération était devenue extrême. C'est sous son règne qu'eut lieu la formidable insurrection du Batave Civilis, que Petilius Cerealis parvint à comprimer. Jérusalem fut conquise par son fils Titus, qui régna après lui, de l'an 79 à l'an 81, avec autant de sagesse que de modération. Le frère et successeur de Titus, le cruel Domitien (81 à 96), interrompit seul la suite de bons princes que l'Empire Romain eut le bonheur d'avoir depuis l'avénement de Vespasien jusqu'à Marc Aurèle, intervalle de plus d'un siècle de calme et de prospérité. Sous le règne de Domitien, Agricola termina complétement la conquête de la Bretagne, tandis que l'empereur entreprenait lui-même d'inutiles et honteuses expéditions contre les Germains, et contre Décébale, roi de la Dacie. Il fut assassiné en l'an 96, et en lui s'éteignit la maison des Flaviens. A Nerva (96-98) succéda son fils adoptif Trajan (98-117), qui réduisit la Dacie à l'état de province romaine, et qui, à la suite de ses guerres contre les Parthes, en fit autant de l'Arménie, de l'Assyrie et de la Mésopotamie. Pline le jeune a célébré les vertus de cet empereur. Son successeur fut Adrien (117-138), prince ami des arts, zélé pour le bien de l'État, et veillant attentivement à la bonne administration de la justice, qui ramena de nouveau les frontières orientales de l'empire sur les bords de l'Euphrate, et qui diminua l'influence exercée par le sénat sur les affaires d'État, en instituant un conseil particulier de l'empereur. Après lui régna Antonin (138-161), qui fut sur le trône preuve des sentiments les plus humains. Son fils adoptif Marc Aurèle (161-180), qui jusqu'en 172 partagea le pouvoir suprême avec Lucius Vérus, et sous le règne duquel des guerres contre les Parthes, mais plus encore contre les Marcomans et les Quades, interrompirent la paix dont le monde avait joui sous ses prédécesseurs, termine la belle époque de l'Empire Romain. Commode, son fils et successeur, prince débauché et cruel, fut assassiné en décembre 192 par des conjurés, et en mars 193 le sévère Pertinax par les prétoriens, à qui Didius Julianus acheta l'empire, qu'il ne conserva que jusqu'en juin de la même année, époque où il périt assassiné, à l'approche de Septime Sévère, que les légions de la Pannonie venaient de proclamer empereur. Celui-ci vainquit en 194 et en 197 les concurrents que les armées de Syrie et de Bretagne lui avaient opposés, Pescenius Niger et Clodius Albinus, puis fit avec succès la guerre aux Parthes et aux Calédoniens. Sous sa domination, à laquelle il donna pour base principale la force armée, notamment le corps des prétoriens, dont l'effectif s'éleva jusqu'à 50,000 hommes, Ulpien, Paul, Papinien et Modestinus donnèrent un éclat encore inouï à la jurisprudence, qui atteignit alors sa perfection. Ses fils, le cruel et dissipateur Caracalla et Géta, lui succédèrent; mais dès l'an 212 le second fut assassiné par son frère, qui périt à son tour, en 217, sous les coups de Macrin, à qui le vicieux Héliogabale enleva le trône. Après l'assassinat de ce dernier, en 222, Alexandre Sévère monta sur le trône. C'est sous son règne que commencèrent les guerres contre le nouvel empire des Perses, fondé par les Sassanides. Il rendit d'ailleurs pour quelque temps la paix et la prospérité au monde romain. Après sa mort, qu'il reçut en l'an 235, de la main du Thrace Maximin, alors qu'il était occupé à combattre sur les bords du Rhin les Germains, dont les invasions dans la Gaule et au delà du Danube datent de cette époque, commença pour l'empire une déplorable époque d'anarchie et de confusion, où les empereurs, élus tantôt par le sénat et tantôt par a soldatesque, se succédaient rapidement, et pendant laquelle les provinces, qui jusque alors n'avaient que peu souffert du règne des mauvais princes, éprouvèrent toutes sortes de misères et de dévastations, par suite des luttes des différents rivaux à l'empire de même que des invasions réitérées des barbares qui les avoisinaient, et aux yeux desquels le prestige du nom romain était désormais effacé. Le titre d'empereur fut disputé à Maximin (235-238) en Afrique par Gordien I et II, qui succombèrent en 237, sous les efforts du gouverneur de Mauritanie. Pupienus et Balbinus, proclamés en 237 par le sénat, périrent égorgés par les prétoriens, lorsque Maximin lui-même eut été tué par ses propres troupes, peu de temps après être entré en Italie. Gordien III, proclamé alors par les prétoriens, fut tué en l'an 244 par Philippe, dit l'*Arabe*, qu'on lui avait donné pour collègue, en 243. Philippe régna avec vigueur jusqu'en 249, époque où les légions stationnées en Mésie proclamèrent empereur le centurion Marinus; puis lorsque leur candidat à l'empire eut été vaincu par le brave Decius, que Philippe avait envoyé contre lui, ce fut Decius lui-même qu'elles contraignirent à accepter la couronne impériale. Decius vainquit Philippe à Vérone, mais périt dès l'an 251, dans une expédition contre les Goths qui avaient envahi la Mésie, trahi par Gallus, qui assassina le fils de Decius, Hostilianus, proclamé empereur en même temps que lui, et qui conclut avec les Goths la paix la plus déshonorante. Il éclata sous son règne une peste effroyable, qui sévit dans l'empire pendant quinze années. Gallus fut renversé du trône en l'an 253, par Émilien, que Valérien, à son tour, détrôna la même année; et celui-ci s'associa à l'empire son fils Gallien, puis fut fait prisonnier en l'an 260 par les Perses, qui, sous les ordres de Sapor, avaient envahi la Syrie. Les Goths dévastèrent alors l'Asie Mineure, les îles de l'Archipel et les côtes de la Grèce, en même temps que les Alemani, traversant l'Helvétie, pénétrèrent en Italie jusque sous les murs de Milan, et que les Franks parcouraient la Gaule et arrivaient en Espagne jusque sous les murs de Tanaco. Chaque province eut alors son empereur; c'est ce qu'on appelle *l'époque de trente tyrans* (260-270), parmi lesquels on doit une mention particulière à celui de la Gaule, Posthumius, qui eut pour successeur Tetricus; à celui de la Syrie, Odénat, qui se défendit contre les Perses, et à qui son épouse Zénobie succéda dans la souveraineté de Palmyre. Gallien ayant fini par être assassiné (268), Claude II, prince capable (268-270), qui battit les Goths, commença à rétablir un peu d'ordre dans l'empire. Aurélien (270-275) acheva son œuvre avec autant de vigueur que d'énergie. Il expulsa les Marcomans et les *Alemani* d'Italie, où Rome fut alors entourée d'un mur de défense, et les Goths de la Mésie, en leur abandonnant la Dacie. Il mit fin à la domination de Tetricus dans les Gaules, et à celle de Zénobie à Palmyre, ville qu'il détruisit. Son successeur, Tacite, que le sénat ne se décida à proclamer qu'après six mois d'hésitation, et qui mourut dès l'an 276, fut aussi un prince capable, de même que Probus, qui détrôna le frère de Tacite, Florianus, après trois mois de règne, et qui fut l'un des meilleurs empereurs qu'ait eus Rome (276-282). Vainqueur des Germains et d'autres ennemis qui avaient envahi l'Empire Romain, dont la bien-être et la tranquillité lui furent toujours à cœur, il commit la faute d'y établir des barbares à titre de colons et d'en admettre aussi dans les rangs des légions. Assassiné par ses soldats, impatients du joug de la discipline, il eut pour successeur Carien, qui périt dans une expédition contre les Perses, en 284; et à celui-ci succéda son fils Numérien, qui mourut peu de temps après. Son second fils, Carinus, qu'il avait chargé de l'administration de l'ouest de l'empire, fut égorgé par ses troupes, en 285, lorsque Dioclétien, proclamé empereur, en 284, par l'armée de Carus, marcha contre lui. Dioclétien s'associa Maximien à l'empire, en 286; et six ans après, en 292, tous deux partagèrent encore avec Galère et avec Constance-Chlore, par qui ils se firent aider dans l'administration de l'empire, sous le titre de *césars*. Les Germains furent alors expulsés des provinces formant de ce côté les frontières de l'Empire Romain ; Constance soumit de nouveau la Bretagne, où Carausius et Allecius avaient successivement pris la pourpre, et en même temps Galère étendit jusque par delà le Tigris les frontières de l'empire du côté de la Perse. L'ordre fut reconstitué à l'intérieur ; mais tous ces résultats ne purent être obtenus sans qu'une écrasante augmentation d'impôts n'en fût la conséquence forcée pour les populations. Plusieurs autres villes étant devenues alors autant de résidences impériales, Rome cessa d'être le grand centre du gouvernement de l'empire. L'apparence de gouvernement républicain qui s'était conservée dans la forme de la constitution s'effaça complétement. Désormais ce fut l'empereur qui, même dans les formes, concentra entre ses mains toute l'autorité et toute la puissance ; et bientôt il se fit adorer à l'instar des despotes de l'Orient. Les deux empereurs Dioclétien et Galère ayant abdiqué le pouvoir souverain, en l'an 305, Constance prit le titre d'empereur en Occident, et Galère en Orient. Le premier mourut dès la seconde année de son règne, en 206 ; et son fils Constantin, surnommé plus tard *le Grand*, lui succéda comme *césar*. Valerius Severus fut déclaré *auguste* par Galère ; et à Rome Maxence prit le même titre, en concurrence contre son père Maximien. Severus périt en combattant ce dernier (307), et on éleva à sa place Licinius, en même temps que Maximin Daza et Constantin se faisaient proclamer empereurs. Après la mort de Maximien et de Galère, Maxence périt, en 312, dans une bataille livrée contre Constantin, et Maximin en 313, en combattant Licinius. En 314 Constantin conclut la paix avec ce dernier ; mais dans une seconde guerre, qui éclata en 232, Licinius fut vaincu, fait prisonnier et mis à mort. Constantin se trouva dès lors souverain unique (324-337). C'est comme tel qu'il se prononça en faveur du christianisme, érigé par lui en religion d'État. En 330 il transféra le siége de l'empire à Byzance, qui fut appelée d'après lui *Constantinople*, et il exécuta dans les moindres détails l'œuvre de la transformation de la constitution politique déjà commencée par Dioclétien. L'empereur fut proclamé et reconnu maître absolu de l'État et des sujets : ses courtisans devinrent en même temps les principaux fonctionnaires de l'État ; mais, de même que la nuée d'employés supérieurs et inférieurs de l'administration de l'empire, divisé maintenant en diocèses, subdivisés chacun en petites provinces, ils ne furent plus tous que de simples instruments aux mains du maître suprême. Pour sa sécurité personnelle, mais au grand détriment de la défense des frontières, l'administration civile, jusque alors réunie à l'administration militaire, en fut soigneusement séparée. Les villes qui, par leur admirable constitution, remontant à l'organisation des *municipes* par Jules César, avaient été jusque alors les plus fermes soutiens de l'empire, furent ruinées par l'exagération des impôts dont on les accabla. A la mort de Constantin, ses trois fils, Constantin, Constance et Constans, se partagèrent l'empire, sous le titre d'*augustes*, après avoir assassiné les neveux de leur père, qui avait aussi songé à eux. Constantin périt assassiné, en 340, dans la guerre qu'il avait déclarée à Constans, et celui-ci fut tué par Magnence, qui, en 350, s'était fait proclamer empereur dans les Gaules. Autant en advint à Nepotianus, qui essaya de se faire proclamer empereur à Rome. Constance, après avoir confié à son cousin, le *césar* Gallus, la conduite de la guerre des Perses, qui l'avait jusque alors occupé, contraignit Vetranio, qui s'était fait proclamer empereur en Illyrie, à abdiquer, et battit en 351 Magnence, qui se donna la mort, en 353. Demeuré *auguste* unique, Constance fit alors assassiner Gallus, et mourut lui-même, en 361, au milieu de l'expédition qu'il avait entreprise contre son autre cousin Julien, lequel, en qualité de *césar*, avait heureusement combattu dans les Gaules depuis l'année 355 les *Alemani* et les Francs, et qui avait été proclamé empereur par les légions, en 360. Julien, qui mourut en 363, dans une expédition contre les Perses, livra à une persécution passagère le christianisme,

que Jovien, désigné par les troupes pour lui succéder, et mort dès le mois de février 364, s'empressa de rétablir comme religion de l'État. Il eut pour successeur Valentinien, lequel s'associa à l'empire son frère Valens, en lui confiant l'administration de l'Orient. Il régna lui-même avec énergie et sévérité jusqu'en 375, et son règne profita à l'empire, dont il vainquit les ennemis en Bretagne, dans les Gaules, sur les bords du Danube et en Afrique, tant par lui-même que par Théodose, général de ses armées. A sa mort, arrivée en 375, dans une expédition contre les Quades, il eut pour successeurs en Occident ses deux fils, Gratien, qu'il avait lui-même proclamé *auguste* dès l'année 368, et Valentinien II, âgé alors de quatre ans seulement. En Orient Valens avait vaincu Procope, qui s'était fait proclamer empereur à Constantinople, et il était allé ensuite guerroyer contre les Perses et les Visigoths. En 376 ces derniers, à l'approche des Huns, se réfugièrent sur le territoire de l'empire ; et une guerre ne tarda point à s'engager avec les nouveaux venus, guerre dans laquelle Valens périt en 378. Gratien, prince capable, qui en 377 avait vaincu les *Alemani*, donna en 379 l'empire d'Orient à Théodose, dit *le Grand*, et fut vaincu en 383 par Maxime, que les légions de la Bretagne avaient proclamé empereur, et que Théodose, vainqueur des Visigoths, s'empressa de reconnaître, mais qu'il battit ensuite et fit mettre à mort, en 388, lorsqu'il essaya d'enlever à Valentinien l'Italie et l'Afrique, qui lui avaient été garanties. Eugène, que le Franc Arbogaste avait fait empereur, en 392, après la mort de Valentinien, éprouva le même sort, en 394. Mais Théodose mourut dès l'année suivante, après avoir auparavant partagé l'empire entre ses deux fils, Arcadius et Honorius.

Le premier eut pour lot l'empire d'Orient ou de Byzance, qui, après avoir eu des destinées diverses, ne fut complétement anéanti que vers le milieu du quinzième siècle. Honorius (395-423) eut en partage l'empire d'Occident, qui comprenait l'Italie avec l'ouest de l'Illyrie, l'Afrique, les Gaules, la Bretagne et l'Espagne, et il établit sa résidence d'abord à Milan, puis à partir de 403 à Ravenne. Le Vandale Stilicon, qui vainquit le Visigoth Alaric, en 397 en Grèce, puis en 403 en Italie, et qui en 406 extermina sous les murs de Florence Radegis et ses bandes de Germains, gouverna avec une grande énergie en son nom jusqu'en 408, époque où il périt assassiné. L'Italie fut alors dévastée par Alaric, qui en 410 s'empara de Rome. En 409 l'Espagne passa sous la domination des Vandales et des Suèves, qui à partir de 407 avaient pu avec les Alains traverser la Gaule sans obstacle. Au nord de la Gaule ses possessions furent diminuées par les Francs, et à l'est par les *Alemani* et les Bourguignons. Au sud, les Visigoths commandés par Ataulf, qui épousa Placidie, sœur d'Honorius, fondèrent un empire qui plus tard comprit aussi l'Espagne. Constance avait vaincu Constantin, qui s'était fait proclamer empereur en Bretagne, et dont la puissance s'étendait aussi sur la Gaule. Quant à la Bretagne même, elle fut abandonnée en 421 par Honorius, qui mourut en 423. Constance, le second mari de Placidie, était mort avant lui, en 421, l'année même où Honorius se l'était associé à l'empire. Jean, qui s'empara de la souveraineté en 423, se vit enlever en 425 par Valentinien III, fils de Constance, que l'empereur d'Orient Théodose II plaça sur le trône, et que sa mère Placidie dirigea jusqu'à sa mort, arrivée en 450. En 429 l'Afrique tomba au pouvoir des Vandales. Les Romains, commandés par le brave Aétius et unis aux Visigoths, remportèrent, en 451, dans les champs Catalauniques, une glorieuse victoire sur les Huns et sur Attila, que cette défaite n'empêcha pourtant pas d'entreprendre l'année suivante une expédition en Italie. Après avoir fait mourir en 454 Aétius, qui avait encore une fois relevé le prestige du nom romain, Valentinien fut assassiné en 455, par Petronius Maximus. La veuve de Valentinien, Eudoxie, qui avait été contrainte à l'épouser, se vengea dès la même année en appelant en Italie les Vandales, qui, sous les ordres de Genséric, pillèrent Rome. Maxime avait été égorgé dans une révolte. Le Visigoth Ricimer renversa en 456 Avitus, qui avait pris la pourpre dans la Gaule, puis en 461 Majorien, qu'il avait lui-même fait empereur en 457 : après quoi, il donna le trône à Sévère, et après la mort de celui-ci, arrivée en 465, il laissa s'écouler un espace de deux années avant d'en disposer encore une fois, en 467, en faveur d'Anthemius. En 472 il détrôna aussi ce fantôme d'empereur, et mourut la même année, peu de temps avant Olybrius, le nouvel empereur qu'il avait créé. Le successeur de ce dernier, Glycère, dut céder la place dès l'an 474 à Julius Nepos, remplacé lui-même, en 475, par Romulus Augustulus, élevé au trône par Oreste, son père, général romain. Un autre chef, le Rugien Odoacre, marcha contre eux à la tête de son armée, composée de mercenaires germains. Oreste fut fait prisonnier, et en août 476 Romulus Augustulus abdiqua à Ravenne la dignité impériale. Telle fut la fin de l'empire romain d'Occident. Odoacre régna avec le titre de roi sur l'Italie, où l'empereur d'Orient Zénon prétendit à un droit de suzeraineté. Il subsista encore dans la Gaule un débris de la puissance romaine sous Syagrius jusqu'en 486, époque où le Franc Chlodwig le détruisit. Consultez Montesquieu, *Considérations sur les Causes de la Grandeur et de la Décadence des Romains* (Paris, 1734); Gibbon, *History of the Decline and Fall of the Roman Empire* (6 vol., Londres, 1782); Niebuhr, *Histoire Romaine* (traduite de l'allemand par de Golbéry; 3 volumes, allant jusqu'aux guerres puniques); le même, *History of Rome, from the first Punic War to the death of Constantine* (2 vol., Londres, 1844); le même, *Leçons sur l'Histoire Romaine* (3 vol., Berlin, 1847).

INSTITUTIONS POLITIQUES ET ADMINISTRATIVES, MOEURS.

C'est par une *sécession* des Latins d'Alba-Longa que la ville de Rome fut fondée comme *urbs quadrata*, sur le mont Palatin, près des bords du Tibre. Des Sabins et des Étrusques vinrent augmenter le nombre des premiers habitants; et leur réunion constitua le *Populus Romanus Quiritinum* (ce dernier nom provenait de la ville de Cures). La période des rois (754 à 510 av. J.-C.) offrit les rudiments d'une constitution dans laquelle le peuple, en raison de la réunion de ces trois races, était partagé en autant de tribus : *Ramnes*, le peuple primitif de Romulus; *Tities*, les Sabins; et *Luceres*, les Étrusques et les Albains. Chacune de ces trois tribus se divisait en dix curies, chaque curie en dix races, et chaque race en dix et peut-être même en trente familles. Cette division était donc basée sur des rapports d'affinité, si non réels, du moins fictifs. C'est seulement comme membre de l'une de ces corporations de races que le citoyen était apte à exercer ses droits. Ces corporations (les *patriciens*), fondées sur certains rapports de nombre, devaient naturellement rester isolées, et rendre très-difficile à un étranger l'acquisition des droits de citoyen. C'est sur cette division qu'étaient basées toutes les institutions religieuses et militaires de l'État, ou relatives à l'exercice des droits politiques proprement dits. Les sacrifices et autres actions saintes étaient attachés à certaines races et curies. Trois légions, chacune forte de 3,000 hommes, et trois centuries de cavaliers, chacune de 300 hommes, composaient l'armée, qu'on formait rigoureusement d'après les tribus. Les chefs des familles se réunissaient dans l'assemblée du peuple, où l'on votait par curies (*comitia curiata*); les chefs des races formaient le sénat, qui dès lors se composait de trois cents membres, et qui, à l'instar des trente curies, se divisait en trente décuries. Le roi était le grand prêtre, le commandant suprême en temps de guerre, le juge principal; il était investi de toute la puissance gouvernementale, qui fut plus tard divisée entre divers magistrats. Le peu de fonctionnaires publics qui existaient au temps de la royauté étaient nommés par le roi lui-même, et exerçaient dès lors leurs pouvoirs en son nom et par son ordre. Mais le sénat et l'assemblée du peuple, quoique leur convocation et la détermination des objets sur lesquels ils auraient à délibérer dépendit du roi ou de ses représentants, ne laissaient pas que d'exercer une grande influence, par le droit qu'ils avaient de rejeter les lois proposées, et surtout par l'élection du roi. En effet, à la mort du roi, sa puissance faisait retour à l'État, qui dans l'intervalle l'exerçait par des *interreges*; le sénat procédait à l'élection préliminaire du nouveau roi, et une résolution du peuple la confirmait. Entre ces patriciens et les esclaves, une partie de la population formait encore une classe intermédiaire, celle des clients, colons libres, sans droits de citoyens, qui étaient tenus de prendre certains patriciens pour patrons, et qui se trouvaient à leur égard dans la position du fils mineur vis-à-vis de son père. Mais quand une grande quantité de Latins eurent été admis dans la commune politique, sans toutefois faire partie des corporations patriciennes, il se forma une classe de plébéiens astreinte à remplir tous les devoirs des citoyens, mais ne jouissant d'aucun de leurs droits. C'est ainsi que les patriciens et les plébéiens formèrent comme deux peuples différents, et que le désir d'acquérir des droits égaux à ceux des premiers dut devenir d'autant plus vif chez les seconds que leur nombre était de beaucoup supérieur à celui des anciens citoyens. Tarquin l'ancien avait déjà songé à faire participer les plébéiens aux principaux privilèges dont étaient investis les patriciens; mais n'ayant pu mettre son projet à exécution, il admit du moins les plus nobles races des nouveaux citoyens dans les anciennes tribus, et les divisa en *primi* et *secundi*, en *majores* et *minores gentes*. Servius Tullius eut le premier la gloire de poser dans une nouvelle constitution la base d'un progrès successif, et, en accordant des droits aux corporations d'agriculteurs et d'artisans, d'avoir conféré à tous les autres citoyens un commencement de droits civils. Il sépara le territoire de la ville de celui de la campagne, et partagea la ville en quatre divisions locales (appelées également *tribus*), et tout le reste de l'*Ager Romanus* en vingt-six tribus. Il répartit ensuite l'ensemble des citoyens, d'après leur fortune, en cinq classes, communes aux deux ordres, afin de pouvoir déterminer d'après cette mesure l'étendue des charges publiques que chacun aurait à supporter pour la guerre et celle de ses droits politiques. Dans la première de ces classes il rangea tous ceux qui possédaient 100,000 asses; dans la seconde, ceux dont l'impôt (*census*) comportait une fortune d'au moins 75,000 asses; et les chiffres de 50,000, de 25,000, de 12,500 (suivant quelques auteurs de 11,000) asses, constituèrent la gradation décroissante pour les autres classes. Tout le reste de ceux qui possédaient moins que cela forma la masse des prolétaires, des *capite censi*, c'est-à-dire de ceux qui n'étaient évalués que d'après le nombre de têtes qu'ils formaient. Chacune de ces classes était divisée en un certain nombre de centuries : la première en 80; la seconde, la troisième et la quatrième chacune en 20; la cinquième en 30; tandis que les prolétaires n'en formaient qu'une seule. A ces 171 centuries on ajouta 18 centuries de chevaliers, 2 centuries de charpentiers (*fabri*) pour le service de l'armée, et autant de musiciens (*cornicines* et *liticines* ou *tubicines*), de sorte que leur nombre total fut de 193. Dans les assemblées du peuple, constituées d'après ces bases (*comitia centuriata*), on votait par centuries; de sorte que le rapport des voix dans les diverses centuries était très-inégal et exactement calculé sur la fortune. C'est d'après la même division que se réglait la contribution de guerre (*tributum*), base de l'organisation de l'armée. On peut même dire que le peuple réuni dans les centuries formait, à proprement parler, l'armée romaine. C'est aussi pour cela que dans les diverses classes on divisait les citoyens en *vieux* et en *jeunes*, ceux qui avaient plus et ceux qui avaient moins de quarante-six ans; ces derniers étaient seuls astreints au service militaire. On confia aux nouveaux comices (*comitia centuriata*) des magistrats dont les pouvoirs s'étendaient sur les deux ordres, le droit de décider en dernier ressort de la guerre et de la paix, la confirmation ou le rejet des propositions législatives du sénat. Tel fut le terrain sur lequel les plébéiens purent s'organiser en opposition aux patriciens. Le dernier roi, Tarquin le Superbe, supprima la constitution de Servius Tullius. Il fut renversé. A la royauté succéda, en l'an 509, la république, qui se maintint pendant cinq siècles, et qui, au milieu des luttes intestines des deux ordres, parvint à une hauteur à laquelle l'histoire n'a rien à comparer.

Le fractionnement de la puissance souveraine et sa répartition entre diverses fonctions caractérisent la république romaine. On partagea tout d'abord les trois attributions essentielles de la royauté. La dignité de grand-prêtre fut conférée au *rex sacrificus*, et les autres fonctions à des hommes élus annuellement, qui portaient comme généraux d'armée le titre de *prætores*, comme présidents de sénat celui de *consules*, et comme juges celui de *judices*. L'élection des consuls se faisait tout à fait de la même manière que celle des rois; chaque élection avait lieu dans les comices de centuries. Successivement on établit d'autres magistratures, qui, à l'exception de la dictature seule, étaient choisies *per suffragia populi*. Les patriciens seuls avaient le droit de se mettre sur les rangs pour en être revêtus, et ce ne fut qu'à la suite des luttes les plus violentes que les plébéiens obtinrent aussi le droit d'y participer. La *rogatio* licipienne fut la première loi qui déclara (an 376) que l'un des deux consuls devrait toujours à l'avenir appartenir à l'ordre des plébéiens; elle réserva aux patriciens la préture, magistrature judiciaire. La première *sécession* de la *plebs* lui avait donné des défenseurs et par suite de sûres garanties dans les *tribuni plebis* (an 493), auxquels on adjoignit ensuite les *ædiles plebis*. De courtes interruptions du consulat par les *decemviri legibus scribundis* (451-449), par les *tribuni militares consulari potestate* (446), contribuèrent au développement de la liberté. En 443 on établit la censure, fonction à l'origine exclusivement patricienne, en 367 la préture et l'édilité curule ; et comme les *quæstores* existaient depuis longtemps, là se termina la série des magistratures républicaines.

On distinguait les *magistratus patricii* et *plebeii* d'après les auspices qui reposaient sur eux ; les *majores* (consuls, préteurs et censeurs) et les *minores*, les *curules* et les *non curules*, enfin les *extraordinarii*, parmi lesquels on comprenait le dictateur et le *magister equitum*, l'*interrex*, les décemvirs et les tribuns consulaires. Les consuls, qui exerçaient alternativement pendant un mois l'*imperium*, convoquaient le peuple et le sénat, commandaient l'armée à la guerre (*imperium*) et administraient les acquisitions qui en étaient le fruit (*provincia*), où ils jouissaient alors d'un pouvoir illimité. Leur entrée en fonctions avait d'abord lieu à diverses époques ; plus tard, vers la fin de la république, on fixa une époque précise, celle des *Kalendæ Januariæ*. Dans les circonstances difficiles les consuls étaient remplacés par un dictateur armé d'un pouvoir absolu, devant lequel s'effaçaient toutes les autres magistratures. Il n'y avait que les anciens consuls qui pussent être élus dictateurs ; la nomination en était due par l'un des deux consuls (*dicere dictatorem*). La durée de la dictature était limitée à six mois. En tous temps on adjoignait au dictateur un *magister equitum*, dont la nomination était laissée à son choix, et qui était chargé du commandement supérieur de la cavalerie. On suppléait à la dictature par la formule *Videant consules ne quid respublica detrimenti capiat*, qui investissait les consuls de pouvoirs extraordinaires. Le préteur, établi à l'origine afin que les patriciens plaçassent la juridiction entre les mains d'un homme de leur ordre, fut d'abord unique ; en 247, à cause des affaires de la Sicile, on en créa un second, qu'on chargea de décider des procès entre étrangers, et entre étrangers et Romains (*qui inter peregrinos jus dicit*), tandis que le premier portait le titre de *prætor urbanus*, *qui jus inter cives dicit*. En 227 le nombre en fut porté à quatre, à cause de la Sardaigne, et en l'an 177 on en ajouta encore deux autres. La constitution de Sylla en porta le nombre à huit,

et il en fut ainsi jusqu'à la chute de la république, où César en créa d'abord dix, puis quatorze et enfin seize. Quand le nombre des provinces s'accrut, on les y envoya aussi à l'expiration de l'année de leurs fonctions officielles dans la ville. En l'an 443 la censure fut établie comme une fonction particulière, dont la durée fut d'abord fixée à cinq années, jusqu'à ce que la *lex Æmilia* l'eut limitée à six mois. Les patriciens demeurèrent assez longtemps en possession exclusive de cette magistrature, qu'en raison de ses attributions, aussi importantes qu'influentes, on considérait comme la clôture d'une carrière publique. Il y eut toujours deux censeurs, chargés de la taxation des citoyens (*census*), attribution à laquelle se rattachaient la *lectio senatus* et la *recognitio equitum*, le *regimen morum* (police des mœurs) et l'administration des biens de l'État ; et sous ce rapport c'étaient eux qui en fait établissaient le budget de chaque lustre. L'édilité plébéienne fut créée en même temps que le tribunat populaire : on nommait deux édiles, chargés de représenter le peuple en ce qui concernait l'administration des deniers publics et la police, et subordonnés aux tribuns. Il paraît toutefois que leur action s'étendait sur toute la ville et sur toute la population. Les *ædiles curules* partagèrent plus tard avec eux la gestion des affaires. Ce fut la direction des jeux publics qui donna plus d'éclat à ces fonctions, et qui, à cause des préparatifs grandioses que nécessitaient ces solennités, ouvrirent aux édiles la voie des magistratures supérieures. Les questeurs, qui fonctionnaient déjà à l'époque de la royauté comme juges d'instruction (*quæsitores*), étaient chargés de l'administration du trésor public. Ils n'étaient d'abord qu'au nombre de deux, et toujours patriciens ; mais en 421 on en doubla le nombre, et les plébéiens purent aussi être élus à ces fonctions. Deux d'entre eux restaient dans la ville (*quæstores urbani*), et tenaient compte des revenus de l'État (*tabulæ publicæ*) ; les deux autres accompagnaient les consuls à l'armée. En l'an 267 leur nombre fut porté à huit. Sylla l'éleva à vingt, et César même à quarante. Les stations régulières des questeurs étaient Ostie, grand centre de l'importation des grains, Cales et la Gaule Cisalpine ; les autres étaient répartis suivant les besoins dans les provinces. L'accession à ces fonctions était considérée comme le premier degré pour arriver aux honneurs (*primus gradus ad honores*).

A l'origine les tribuns du peuple (*tribuni plebis*) n'appartenaient point à la série des magistrats : c'était une concession obtenue en l'an 493 par les plébéiens lors des *sécessions*. Les tribuns (d'abord au nombre de cinq, et plus tard de dix) étaient chargés de protéger les plébéiens contre toute molestation et à cet effet d'assurer surtout l'appel au peuple. En conséquence, ils ne devaient jamais s'éloigner de la banlieue de la ville, et étaient tenus de tenir la porte de leur maison toujours ouverte. Pour pouvoir protéger, ils étaient revêtus d'une inviolabilité absolue (*sacrosancti*). Ils ne tardèrent pas non plus à exercer une grande influence sur le sénat par leur intervention (*intercessio*), au moyen du mot *veto*. Le principal théâtre de leur activité était dans les *comitia tributa*, qu'ils présidaient et dirigeaient, auxquels ils donnèrent insensiblement la valeur de la représentation du peuple, et au moyen desquels ils s'arrogèrent une puissance qui domina tout. La constitution de Sylla limita cette puissance, devenue excessive ; Pompée la rétablit ; et cette magistrature subsista même sous les empereurs. Il va sans dire qu'à côté de ces diverses magistratures il en existait encore beaucoup d'autres, en vertu de commissions régulières ou extraordinaires, de même qu'elles rendaient nécessaires une foule de fonctionnaires subalternes (*scribæ*, *accensi*, *lictores*, *viatores*, *præcones*), dont les titulaires servaient, les uns de la tête et de la main, les autres du bras, des pieds ou de la voix. Un nombre immense d'esclaves étaient en outre à la disposition des magistrats. Telle était l'organisation du pouvoir exécutif.

Le sénat exerçait le pouvoir délibératif, et son influence dut s'augmenter dès l'époque des rois, à cause du renouvellement annuel des magistrats, qui, à l'expiration de leurs fonctions, entraient dans son sein. A l'époque de sa toute-puissance, il fut l'âme de l'État et le véritable fondateur de la grandeur romaine. Le nombre de trois cents membres dont il se composait primitivement fut augmenté dès la première année de la république par l'admission des plus notables d'entre les plébéiens (*conscripti*, c'est-à-dire choisis); et c'est depuis lors qu'en s'adressant au sénat on employa la formule de *patres (et) conscripti*. Aux censeurs appartenait la *lectio senatus*. On exigea d'abord des candidats à ces fonctions un certain âge, et plus tard aussi une grande fortune. L'exercice de la censure donnait droit à une place dans le sénat. Les magistrats supérieurs (et aussi les tribuns) pouvaient seuls convoquer le sénat, qui le plus souvent se réunissait dans la *curia hostilia*. Le droit de proposition (*referre ad senatum*) appartenait au magistrat qui convoquait le sénat, où on allait aux voix d'après un ordre déterminé à l'avance. La déclaration de la décision prise s'appelait *auctoritas*, et la rédaction écrite d'une résolution régulière *senatus-consultum*. Comme autorité politique suprême, le sénat était particulièrement chargé de la direction des affaires étrangères, de la solution à donner aux questions du droit des gens, de la surveillance du culte, de la religion et des finances; et l'extérieur des sénateurs répondait à leur haute position.

Le peuple exerçait la puissance déterminatrice; les termes de *majestas* et d'*imperium* désignaient sa souveraineté. Il l'exerçait dans les *comitia*, qui, comme *comitia curiata*, conféraient l'*imperium* au nom des anciens citoyens, accomplissaient les consécrations sacerdotales et prenaient des décisions dans les affaires de famille jusqu'à ce que le patriciat eut été éclipsé, à partir des guerres puniques, par la *nobilitas*, c'est-à-dire par la noblesse provenant de l'exercice des fonctions publiques. Depuis la constitution de Servius Tullius, les *comitia curiata* furent remplacés par les *comitia centuriata*. C'est là qu'avait lieu l'élection des magistrats supérieurs, qu'on décidait de la guerre et de la paix, et qu'on exerçait la juridiction sur les actes dangereux pour l'État. Les *comitia tributa*, provenant d'assemblées locales, avaient le choix des magistrats inférieurs, notamment des tribuns du peuple, et des attributions législatives, surtout depuis que les *plebiscita* eurent reçu force de lois. Les décisions ne pouvaient être rendues qu'au moyen de votes émis dans les comices. Il existait en outre des assemblées du peuple (*conciones*), que tous les magistrats avaient le droit de convoquer pour proposer ou conseiller quelque chose au peuple, ou encore pour l'en dissuader (*suadere, dissuadere*). Les tribuns surtout y exerçaient une grande influence. Il n'y avait que les seuls citoyens (*cives*) qui possédassent de tels droits, par exemple: en ce qui touchait la vie publique, le *jus suffragii*, droit de vote; le *jus honorum*, droit de pouvoir prétendre à toutes les magistratures, accordé à tous indistinctement depuis l'an 300; le *jus provocationis*, droit d'appeler des décisions d'un magistrat au peuple, et exemption des peines infamantes; le *connubium*, droit de contracter un mariage complètement valable; *commercium*, droit d'acquérir de la propriété et de la vendre valablement. On désignait sous le nom de *caput* l'ensemble des droits politiques, de race et de famille; de celui de *manus* ceux qui avaient trait au mariage, à la puissance paternelle et à la propriété. Toute modification de ces droits était ce qu'on nommait *capitis diminutio*; comme *maxima*, elle entraînait la perte de la liberté et celle des droits de citoyen, et par suite l'extinction du droit de famille; comme *media*, la perte des droits de citoyen, et par suite des droits de famille; comme *minima*, la perte des droits de *gens* et d'*agnatio*. L'extraction, la collation et la manumission pouvaient conférer le droit de *civitas*; des citoyens unis en *justum matrimonium* donnaient naissance à des citoyens. Les villes subjuguées, quand elles obtenaient le droit de citoyen, prenaient le nom de *municipia*; et on leur assimilait les colonies, ou les villes qui étaient tenues à certains services, comme par exemple de servir de position militaire pour des troupes, *civitates foederatæ*, au nombre desquelles il faut aussi comprendre les *coloniæ latinæ*. La sanglante guerre sociale eut pour résultat de faire accorder, en l'an 91, les droits de *civitas* à tous les Italiens; les habitants de la Cispadane les obtinrent en 89, et ceux de la Transpadane en 49. Enfin, sous les empereurs toutes différences disparurent peu à peu entre les divers éléments de la population.

Quand la puissance romaine s'étendit au delà de l'Italie, il devint de plus en plus nécessaire d'organiser l'administration des provinces. Celles qui étaient encore le théâtre de la guerre furent placées sous l'autorité de consuls, à qui on donna le titre de *proconsuls*; on confia les autres à des préteurs.

C'est le sénat qui décidait quelles provinces seraient administrées par des consuls ou des préteurs; et ceux qui étaient nommés à ces fonctions s'en rapportaient au sort pour le choix de la province qu'ils devaient administrer, ou bien s'entendaient amiablement à cet égard avec leurs collègues. Ces fonctions n'étaient conférées que pour une année, mais elles pouvaient être prolongées. Les fonctionnaires inférieurs se composaient de légats, *quos comites et adjutores negotiorum dedit ipsa respublica*, d'un questeur chargé de l'aministration de la caisse et de nombreux aides (*cohors*) et subordonnés. L'autorité absolue dont les fonctionnaires publics étaient investis dans les provinces donnait lieu à une foule d'actes tyranniques, pour la répression desquels toutes les lois demeurèrent impuissantes, et contre lesquels les provinciaux ne furent véritablement garantis que sous les empereurs.

L'organisation de l'armée était d'une importance toute particulière pour les provinces. La légion se composait de quatre espèces de soldats : 1,200 *hastati*, autant de *principes*, 600 *triarii* et 1,200 *velites*, ce qui portait à 4,200 hommes son chiffre normal, élevé parfois dans certaines circonstances à 5,200 et même à 6,200. 300 cavaliers en faisaient en outre partie. Les trois premières espèces de soldats avaient un armement complet et portaient l'épée et la lance. L'infanterie d'une légion était divisée en *manipuli*, subdivisés, chacun en deux *centuriæ*, placées sous le commandement de deux centurions. Les 300 *equites* formaient 10 *turmæ*. La légion se formait régulièrement sur trois rangs, le premier comprenant les *hastati*, le second les *principes*, le troisième les *triarii*. Le commandement alternait entre six *tribuni militum*, dont chacun commandait deux mois toute la légion. Le peuple s'en était attribué la nomination. Il n'y avait que les citoyens des *cives* qui servissent dans la légion. Le temps légal du service durait depuis l'âge de dix-sept ans jusqu'à quarante-cinq ans accomplis; et il y avait obligation pour le citoyen d'avoir fait vingt ou tout au moins seize campagnes. En outre, les nombreux contingents fournis par les alliés (*socii*) formaient à l'état normal quatre légions présentant un effectif de 21,160 hommes d'infanterie et de 3,600 cavaliers. Ils ne constituaient qu'une partie de l'armée romaine combinée, et en bataille ils prenaient position sur les ailes. C'est sur ces bases qu'était réglé l'ordre à suivre au camp, en bataille et en marche.

A partir de Marius, le cens cessa d'être la base de la constitution. Les hautes classes abandonnèrent alors le service militaire, qui devint un métier pour les classes inférieures. L'armée ne se composa plus, au lieu de citoyens, que de mercenaires, toujours à la disposition du chef qui les payait, ne se souciant, au lieu des intérêts de la patrie, que de solde et de butin. Avec la monarchie, l'armée se transforma en armée permanente, qui demeura réunie en temps de paix et prêta serment à l'empereur. Aux légions on ajouta des corps auxiliaires plus solidement constitués, surtout la garde des empereurs (*prætoriæ cohortes*), et la garnison de la

34.

capitale, ainsi que les forces navales, dont Ravenne et Misène étaient les principales stations.

Nous ne possédons pas sur l'administration financière des Romains les riches matériaux qui ont jeté une si vive lumière sur celle des Athéniens. Le culte, les constructions publiques, et depuis la guerre de Véies la solde des troupes d'infanterie, formaient les principaux chapitres du budget des dépenses publiques. Les plus anciens revenus du trésor provenaient de la propriété foncière de l'État et d'une taxe particulière prélevée sur le revenu (*tributum*).

Les provinces conquises offrirent de si larges ressources que dès l'an 167 on put songer à la suppression du *tributum*. Toutes les dépenses étaient à la charge des provinces, où les domaines (*ager publicus*), les terres destinées au pacage (*pascua*) et les mines étaient affermés à des fermiers publics (*publicani*); et on prélevait en outre des contributions directes sur les propriétés particulières des habitants. Il y avait encore, comme impôts indirects, les droits de douane perçus à l'importation et à l'exportation (*portoria*), et diverses autres recettes extraordinaires.

L'organisation du culte (*jus divinum*), due à Numa, fut de toutes les institutions romaines celle qui se maintint le plus longtemps. Il avait été pourvu à l'entretien des temples et des prêtres au moyen de propriétés territoriales et de domaines. Il existait une nombreuse corporation de prêtres, sous la surveillance du *collegium pontificum*, et parmi lesquels venaient en première ligne les prêtres des diverses divinités (*flamines* et *sacerdotes*), le collège des vingt féciaux, pour l'observation du droit des gens, et les augures, qui faisaient connaître à de certains signes la volonté de la divinité. Ils tiraient leurs observations *de cælo*, par conséquent de la foudre et des éclairs; *ex avibus*, c'est-à-dire du vol et du cri de certains oiseaux; *ex tripudiis*, c'est-à-dire de plus ou moins de voracité avec lequel les poulets qu'on avait à dessein fait jeûner se jetaient sur la nourriture qu'on leur présentait, ou encore suivant certains pronostics fournis par des quadrupèdes; et enfin *ex diris*, de signes extraordinaires ne rentrant dans aucune des classes ci-dessus mentionnées. Les conservateurs des livres sibyllins et les *haruspices* faisaient également partie des autorités sacerdotales.

Les jugements étaient ou des *judicia privata* (procès civils) ou *judicia publica* (procès criminels). Pour ces derniers, ce fut le peuple réuni en comices qui décida jusqu'à l'introduction de tribunaux particuliers (*quæstiones perpetuæ*), institués par diverses lois pour certains crimes. Les jugements civils étaient rendus, d'après les *legis actiones*, en stricte conformité avec des formules établies, d'où résulta la procédure formulaire. Les juges chargés de prononcer d'après le principe de droit exposé par le magistrat étaient tantôt des jurés (*judices*), d'abord élus parmi les sénateurs, puis à partir de Gracchus parmi les chevaliers, et plus tard parmi les sénateurs et les chevaliers; tantôt des arbitres (*arbitri*), choisis par les parties elles-mêmes; tantôt des *recuperatores* (en matière de différends avec des étrangers); tantôt, enfin, c'était le tribunal centumviral, qui avait particulièrement dans ses attributions les procès relatifs aux propriétés et aux successions. C'est surtout à l'époque des empereurs que le droit devint une science, et qu'on lui donna pour base des codes, restés la règle et le modèle des âges postérieurs.

Dans le dernier siècle de la république, la constitution fut l'objet de profondes modifications, d'abord de la part de Sylla, qui fonda une oligarchie, et ensuite de la part de César, qui chercha à détruire peu à peu la république. Comme tout le monde était fatigué de la guerre civile, Auguste réussit à fonder la monarchie et à la consolider. Il conserva les formes républicaines; mais en se conférant les divers pouvoirs politiques en qualité de consul, d'*imperator*, de censeur, de tribun et de *pontifex*, il se trouva de fait en possession de la puissance souveraine, et put dès lors sans inquiétude laisser une ombre de pouvoir au sénat, aux comices et à des divers fonctionnaires publics, qui relevaient uniquement de lui. Les souverains, qui prenaient les titres de *principes*, d'*imperatores*, d'*augusti*, de *cæsares*, nommèrent leurs successeurs jusqu'au moment où l'armée s'attribua cette prérogative, et avaient auprès d'eux pour délibérer sur les affaires d'État un *consilium*. Mais les attributions de ces conseils passèrent bientôt au sénat, qui était entièrement à la discrétion de l'empereur. On introduisit un recensement général de l'empire, afin de fixer la quote-part d'impôt que devait acquitter chaque citoyen, et le trésor public (*ærarium*) fut séparé du trésor impérial (*fiscus*).

Aux magistratures républicaines on ajouta les magistratures impériales, celles du *præfectus urbi*, chargé de la police et de l'administration de la justice, des *præfecti prætorio*, du *præfectus vigilum*, et du *præfectus annonæ*. On confia la tenue des registres du fisc à des *procuratores*, et l'administration des provinces impériales simultanément à des *legati* et à des *procuratores*. Quand Rome, en l'année 248 de l'ère chrétienne, célébra l'anniversaire de sa fondation, il y avait longtemps que toute nationalité romaine avait péri; et c'en était déjà fait de la ville autrefois dominatrice du monde bien avant que surgît l'empire d'Occident et que les hordes germaines entrassent victorieuses à Rome.

La constitution romaine est un des phénomènes les plus importants et les plus curieux de l'antiquité; elle provint, dans son continuel développement, du fond même du caractère romain et des instructives expériences de la vie publique. L'esprit de moralité et le principe d'ordre qu'on y remarque apparaissent également dans la vie privée, qui à notre sens n'est pas l'opposition naturelle de la vie publique. C'est là qu'on trouve, pour bien comprendre l'organisation civile et politique des Romains, une source inépuisable de renseignements. Les familles, constituées sur le mariage (*justæ nuptiæ*) et sur une vie commune continuelle (*connubium*), avaient pour principal but politique de donner des citoyens à l'État. La femme prenait à l'égard du mari la position de fille; fils et filles étaient sous la *patria potestas*, la puissance paternelle, en vertu de laquelle le père avait droit de vie et de mort sur son enfant à partir de la troisième année de sa naissance. Une éducation sévère, d'abord dans le giron maternel, confiée ensuite à des maîtres, et rendue pratique par la fréquentation des hommes publics, conservait les vertus indigènes, et même temps que la considération dont on entourait l'agriculture maintenait en honneur le goût pour cette occupation ainsi que la simplicité des mœurs. Mais lorsque Rome cessa d'être pauvre, elle tomba dans l'esclavage des jouissances; et en raison des énormes richesses qui s'y trouvaient accumulées, cet esclavage se produisit sous la forme du raffinement inouï des délicatesses de la table et des autres voluptés. Une partie des campagnes fut transformée en *villas*, en parcs, en viviers, et le reste en pâturages, parce qu'on cessa de cultiver soi-même le sol, et que de paresseux esclaves ne l'auraient qu'imparfaitement utilisé.

[On a beaucoup vanté la paix profonde dont l'Empire Romain a joui sous Auguste. Mais il ne faut pas que cette apparence de calme extérieur nous fasse illusion sur les vices monstrueux de l'organisation sociale. Jamais oppression plus universelle ne pesa sur les peuples, jamais le mépris de l'espèce humaine ne fut poussé plus loin, jamais aussi le despotisme n'engendra plus de misère et de corruption. La conquête romaine, en étendant son joug sur l'univers, avait porté partout l'extermination ou la servitude : tel était alors le droit de la guerre; et Rome avait fait des déserts là où elle ne pouvait garder des provinces. Au nord, les forêts de la Germanie, où erraient les hordes barbares; au midi, les gorges de l'Atlas, asile de quelques tribus de Numides; en Asie, l'empire des Parthes, tels étaient les limites où s'arrêtait sa domination. Au centre s'agitaient tous les désordres de la tyrannie la plus effrénée. Le despotisme des empereurs semble avoir été permis pour montrer au monde l'exemple des excès auxquels l'enivrement du pouvoir absolu peut emporter les hommes. Le règne des Tibère, des Caligula, des Néron, des Domitien, le dévergondage d'une Messaline, présentent, en fait de cruautés et de débauches, tous les écarts auxquels peut s'emporter une imagination délirante au service d'une autorité qui ne connaît pas de frein.

La tyrannie sous laquelle était courbé l'univers enfantait tous les vices odieux qui forment son cortège ordinaire. Armée du crime de lèse-majesté pour se défaire de tout citoyen qui lui portait ombrage ou dont les biens étaient à confisquer, elle avait suscité la délation, empressée de lui fournir des victimes. Alors s'élève le crédit de ces affranchis, bas adulateurs, insolents parvenus et pourvoyeurs des tyrans; pour contre-poids à la tyrannie, un sénat servile, dont la bassesse a fatigué Tibère; le règne de la soldatesque, les séditions militaires et les prétoriens mettant l'empire à l'encan. Puis, au-dessous, une populace grossière, sans nulle habitude de travail, vivant des largesses des empereurs, recevant chaque jour les distributions des blés de l'Afrique et de la Sicile; et, dans les intervalles de sa vie oisive, se repaissant des jeux sanglants du cirque. Là tout un peuple que la misère et le vice avaient blasé sur les sentiments naturels cherchait à réveiller sa langueur par la vue du sang et de l'agonie, et puisait des émotions passagères dans les convulsions des gladiateurs expirants. Voilà le spectacle qu'offrait la capitale de l'empire. Les provinces étaient en proie à l'avidité des proconsuls, pressés de se gorger de richesses pour rapporter à Rome le fruit de leurs déprédations. Les Verrès exerçaient impunément leurs rapines, et les populations dépouillées restaient sans secours contre la tyrannie qui les écrasait. Jamais on ne vit plus révoltante disproportion entre les diverses classes sociales. Ce que nous appelons aujourd'hui les classes moyennes existait à peine. Les Lucullus étalaient un luxe monstrueux à côté de la disette d'une multitude qui mourait de faim. Tout ce qui n'avait pas le titre de citoyen, c'est-à-dire l'immense majorité des habitants, déshérités de toute garantie sociale, vivait à la merci d'une petite minorité. Pour se faire une idée de l'état misérable des classes laborieuses, il suffit de se rappeler quelles étaient la condition des esclaves et la condition des femmes. L'empire était peuplé d'esclaves, que leurs maîtres ne regardaient pas comme des hommes. Condamnés à un travail dont le produit ne leur appartenait pas, vendus sur les marchés comme du bétail, assimilés par la loi à une chose, dont le propriétaire pouvait user et abuser, leur personne, leurs enfants, étaient la propriété de leurs maîtres, qui en disposaient selon leur bon plaisir. Il n'était pas extraordinaire de compter dans une maison opulente deux mille ou trois mille esclaves, destinés à servir tous les caprices du luxe le plus extravagant. Si l'on rapportait les lois et les règlements des États les plus civilisés de l'antiquité concernant les esclaves, si l'on retraçait le traitement qu'ils recevaient des personnes les plus renommées pour leur vertu, il y aurait de quoi frémir de pitié et d'indignation. Les esclaves infirmes étaient rejetés par leurs maîtres. On les livrait aux tortures pour éclaircir le moindre soupçon. Sous le prétexte le plus frivole, pour un vase fêlé, le chevalier romain les faisait jeter dans ses viviers pour engraisser ses lamproies.

L'esclavage, vice radical des sociétés antiques, était un germe de destruction qu'elles recélaient dans leur sein, une institution inique, non moins funeste aux maîtres qu'aux esclaves : car si l'état dépendant de ceux-ci, dégradés, sans espérance, éteignait dans leur cœur les principes de tout sentiment noble et généreux, aux maîtres il inspirait l'orgueil, l'insolence, la cruauté, la débauche et tous les vices qu'engendre le pouvoir arbitraire. Ces désordres nés de la satiété devaient fausser jusqu'aux relations de famille et appesantir la tyrannie domestique. Le règne de la corruption

pour effet immanquable d'empirer la condition des femmes et de la faire déchoir. Un double fléau, la polygamie dans l'Orient, et l'excessive facilité du divorce dans l'Occident, ruinait l'esprit de famille. La facilité des séparations rendait les époux peu soigneux des vertus qui font le charme de la vie intérieure. Le mariage devint une honteuse prostitution ; il tomba dans le mépris, et il fallut contraindre les hommes par des lois pénales à une union qui ne promettait que le malheur. Qu'on juge ce que devait être l'éducation des enfants. L'indifférence ou la misère encourageait l'usage barbare de les exposer. Saint Basile retrace le désespoir d'un père forcé de vendre les siens pour avoir du pain.

Que si des mœurs et des relations sociales nous en venons aux doctrines, nous les verrons en parfait accord. L'épicuréisme, qui n'avait guère été chez les Grecs qu'une doctrine spéculative, passa dans la pratique chez les Romains, et régla la vie d'une foule de voluptueux opulents, qui cherchaient dans la débauche l'oubli de la liberté et des nobles emplois de la vie. Ces patriciens si riches, effrénés dans leurs voluptés comme dans leur pouvoir, puisèrent dans la philosophie épicurienne un nouveau raffinement de corruption. A son tour, la dépravation engendrée par cette doctrine accrédita le scepticisme. Si pour les patriciens pervertis l'incrédulité naissait de la corruption des mœurs, pour la populace elle naissait de l'ignorance et de l'imitation. De part et d'autre la philosophie sceptique faisait alliance avec une sensualité brutale. Quelques âmes plus fortement trempées, cherchant un asile dans une philosophie plus mâle, se réfugiaient dans le stoïcisme ; noble consolation pour les âmes solitaires, mais stérile pour la société. Le courage des grandes âmes aboutissait à s'affranchir de l'esclavage par la mort ; le stoïcisme les conduisait au suicide. Tels étaient les Romains les plus éclairés. Quant à la populace, elle avait à la fois tous les vices de la superstition et ceux de l'incrédulité. Avec son insouciance ou son mépris pour les anciennes divinités, la foule n'était pourtant pas affranchie des superstitions les plus grossières. Le polythéisme en décadence était tombé dans un décri profond parmi les esprits éclairés. Cependant, le besoin de croire à quelque chose vivait toujours au fond des âmes : mais cette disposition religieuse n'était pas satisfaite.

Cet état du monde, tel que nous venons de le retracer, était évidemment intolérable : ses vices monstrueux, la disposition des esprits, les besoins nouveaux qui travaillaient l'humanité, appelaient un changement. L'époque d'une grande révolution était arrivée. Au milieu du malaise universel, c'était dans l'enthousiasme religieux que les âmes, entourées de ruines et de misères, et dégoûtées du monde réel, devaient chercher un asile et une consolation. Une crise religieuse était donc nécessaire. En effet, le polythéisme avait parcouru toutes ses phases ; il était usé, il ne suffisait plus aux esprits. Le sacerdoce avait perdu toute puissance : quelques fanatiques errants d'Égypte et de Syrie, vivant des crédules superstitions de la populace, étaient le seul ordre de prêtres qui trouvât dans le culte un moyen de subsistance. On peut voir dans Apulée les artifices, les mœurs scandaleuses et les vices de la prêtresse syrienne. Avant Tertullien et Lactance, Cicéron et Lucien avaient déjà bien décrédité le paganisme. Le respect extérieur que l'on témoignait encore pour le culte public couvrait un mépris secret ; l'incrédulité s'était répandue dans tous les rangs. Mais le scepticisme pèse à l'esprit de l'homme ; il ne peut s'y résigner ; un penchant invincible lui porte toujours à chercher ses espérances et ses craintes au delà du monde visible. A cette époque donc, le sentiment religieux, cette corde de notre âme qui vibre surtout aux époques de souffrance générale, réclamait une forme plus pure, plus en rapport avec l'état des intelligences. L'espèce humaine ne pouvait retrouver le calme et rentrer dans l'ordre que lorsqu'il aurait conquis la forme religieuse qu'appelaient ses besoins. Sous les observations des pratiques superstitieuses s'agitait le pressentiment d'un culte meilleur. L'esprit humain, dévoré du besoin d'espérer et de croire, et révolté par les absurdités de la mythologie, aspirait à l'unité ; un instinct puissant, né du progrès des lumières, le portait vers le théisme.

A la même époque, une rénovation universelle s'opérait dans toutes les sectes : toutes les religions se transformaient, polythéisme grec et romain, judaïsme, doctrines égyptienne, persane, orientales, tous ces cultes avaient traversé l'époque sacerdotale et l'époque poétique ; ils en étaient alors à l'époque philosophique, c'est-à-dire à cet âge où l'on recherche le sens moral des mystères, l'interprétation mystique des théogonies, où l'on allégorise les dogmes, les rites et les symboles. Pour le polythéisme grec, cette époque remonte jusqu'à Socrate. Le judaïsme lui-même se modifiait dans les écrits de quelques-uns de ses enfants. Les doctrines juives se transformaient par le contact de la Grèce et le mélange des dogmes platoniciens. P h i l o n travaillait à concilier la Bible et Platon. La loi mosaïque était ébranlée à la fois par l'orientalisme de Babylone et par le mysticisme alexandrin. Les Juifs revenus de Babylone, après une longue captivité, en rapportaient les doctrines orientales, qui laissèrent leur empreinte sur les croyances judaïques. En même temps les livres juifs étaient traduits en grec, et la version des Septante faisait connaître le théisme juif à l'Occident.

Considéré de ce point de vue, le gnosticisme n'est pas une secte particulière : c'est un esprit général, qui à certaines époques transforme les doctrines religieuses, c'est l'âge philosophique des religions. Ce temps est celui du syncrétisme ou des tentatives faites pour amener la fusion de toutes les doctrines. Une inscription grecque trouvée dans la Cyrénaïque, et attribuée aux carpocratiens, réunit les noms d'Osiris, de Zoroastre, de Pythagore, d'Épicure et de Jésus-Christ. L'empereur Alexandre Sévère avait dans son palais une chapelle où il avait placé la statue de Jésus-Christ à côté de celles d'Abraham, d'Orphée et d'Apollonius de Tyane. Il n'était pas rare de voir des esprits ardents, inquiets, comme Grégoire de Nazianze, Origène, saint Augustin, parcourir toutes les écoles, Alexandrie, Athènes, Antioche, explorer tout le domaine de la philosophie grecque, avant de chercher un dernier refuge au sein de l'Évangile. Le père de saint Grégoire de Nazianze avait été gnostique avant de devenir évêque. Au fond de toutes ces agitations et de toutes ces recherches était le besoin de se reposer dans une croyance fixe, fondée sur des dogmes plus raisonnables.

Ainsi, quoique le sensualisme fût la loi du monde grec et romain, déjà cependant ce monde recelait dans son sein le germe du principe contraire, qui devait lutter contre le sensualisme et le remplacer un jour. Dans les mystères, on révélait aux initiés les grandes vérités du théisme et du spiritualisme, mais enveloppées de voiles et à travers d'obscurs symboles. En ce sens, tous les sages qui ont prêché ou pressenti le spiritualisme et le théisme, Anaxagore, Socrate, peuvent être regardés comme les précurseurs de Jésus-Christ. Cicéron, qui dans ses discours a quelquefois nié l'immortalité de l'âme et une seconde vie, finit pourtant son traité de la *Divination* par une magnifique profession de théisme. La morale stoïcienne était une gravitation vers l'Évangile ; Marc Aurèle était à moitié chrétien, et tout ce qu'il y avait d'âmes élevées dans le paganisme l'étaient avec lui. D'un autre côté, le peuple juif avait conservé le théisme au milieu des nations idolâtres : nous avons vu que les livres de Moïse, traduits en grec, avaient contribué à propager cette doctrine. Néanmoins, la croyance d'un Dieu unique et de l'immortalité de l'âme n'avait revêtu chez les païens que la forme d'une doctrine philosophique. Jésus s'empara de cette doctrine, et en fit un principe social. Il y joignit cet autre principe : Les hommes sont tous frères, comme enfants d'un même Dieu ; et il travailla avec ses disciples à réaliser ce double principe dans la société. A une mythologie sensuelle, qui n'était que l'apothéose des forces de la nature, et qui descendait souvent jusqu'au fétichisme, le christianisme substitua l'adoration d'un Dieu pur esprit, d'un être unique, pure intelligence, source de toute vie, qui veille avec une providence infatigable sur le monde qu'il a créé : au *Dieu-nature* il substitua un *Dieu spirituel et moral*. Il proclama clairement le dogme de l'immortalité de l'âme, confusément pressenti par quelques philosophes, obscurément révélé aux initiés dans les mystères, sous le voile des mythes et des symboles. Il remplaça les sacrifices sanglants par un sacrifice mystique ; les symboles grossiers disparurent ; et si les besoins de l'imagination et de notre nature sensible en ont conservé encore quelques-uns, ils sont plus épurés et une raison plus sévère tend à faire prévaloir l'adoration de Dieu en esprit et en vérité. Il parla de vie à venir, d'égalité et de salut, et il changea la face du monde.

ARTAUD.]

LANGUE.

Les habitants de l'ancienne Italie formèrent de bonne heure plusieurs races, dont chacune se divisa en plusieurs langues. Dans la haute Italie nous trouvons des Étrusques, des Ombriens et des Liguriens, auxquels vinrent se mêler des Celtes. Dans le reste de l'Italie on peut parfaitement déterminer le territoire de la langue osque, celui de la langue latine, celui de la langue ombrienne et celui de la langue étrusque. Le premier comprend toutes les races samnites ; les autres se bornent aux contrées correspondantes. Toutes ces langues ont de l'affinité entre elles et appartiennent à la grande famille des langues indo-germaniques, dont elles forment autant de branches plus ou moins développées (à cet égard la langue osque était la plus avancée). Les philologues modernes sont parvenus à mieux connaître que leurs devanciers ces différents dialectes et à en démontrer l'affinité. Les travaux de Grotefend (*Rudimenta Linguæ Oscæ* [Hanovre, 1839] et *Rudimenta Linguæ Umbricæ* [Hanovre, 1835]) ont été dépassés par les ouvrages, plus récents, d'Aufrecht et Kirchhoff (*Monuments de la Langue Ombrienne* [Berlin, 1849]) et de Mommsen (*Dialectes de la basse Italie* [Leipzig, 1850]). La *Grammatica Celtica* de Zeuss (Leipzig, 1853) a jeté un grand jour sur l'influence des éléments celtes. Quand les Romains étendirent leur puissance et subjuguèrent les autres peuples de l'Italie, la langue de ceux-ci tomba bientôt dans l'oubli ; et sous ce rapport encore la force des armes imposa l'unité. La langue qui domina dès lors, et qu'on désigna sous le nom de *langue latine*, se développa lentement dans l'espace de cinq siècles et sous des influences diverses, parmi lesquelles manque toutefois celle d'une littérature. Quelques monuments linguistiques (l'inscription en l'honneur de Dullius, les inscriptions provenant des tombeaux des Scipions ; le décret du sénat relatif aux bacchanales) nous montrent une langue encore grossière et irrégulière, ne témoignant d'aucun effort fait pour arriver à l'harmonie. Les poètes épiques et dramatiques commencèrent à la dégrossir, jusqu'au moment où, à partir de la première moitié du troisième siècle av. J.-C., se fit sentir l'influence grecque, qui alla toujours en grandissant depuis la seconde guerre punique. Des hommes d'État, tels que le grand Scipion, favorisèrent ce mouvement, qui rencontra une résistance énergique de la part des partisans de l'antique sévérité de mœurs, tels que Caton. Ennius fit tomber en désuétude l'ancien vers accentué ; et en adoptant l'hexamètre des Grecs il n'introduisit pas seulement la prépondérance du rhythme dactylien, mais encore la mesure calculée d'après la durée du temps. A partir du deuxième siècle av. J.-C., la *lingua urbana*, langue de la capitale en opposition à la langue des provinces ; et une société raffinée s'en appropria d'elle-même les formes, désormais consacrées. Cicéron donna à cette langue le caractère oratoire en y introduisant le nombre et la construction harmonieuse des périodes ; elle lui est aussi redevable de l'observation rigoureuse des lois de la grammaire. C'est en effet de l'époque de Cicéron que date une correction commune et générale dans la langue écrite. Avec la chute de la république et la fondation de l'empire on voit apparaître le génie d'une ère nouvelle, et depuis Auguste l'élégance de formes travaillées délicatement, caractérisée surtout par l'adoption des locutions grecques, mais qui contribue à la faire dégénérer en recherche et en afféterie. Les écrivains les plus célèbres de ce qu'on appelle *l'âge d'argent* de la latinité étaient originaires des provinces. La langue ne servit plus dès lors à des buts politiques ; elle ne fut plus que l'organe de l'érudition ; elle passa à l'état de langue écrite moderne, dont les contemporains discernaient parfaitement les différences avec l'ancienne. Après Trajan le développement intérieur de la langue s'arrêta. Il y entra une foule d'éléments étrangers ; l'élément chrétien lui-même dut la modifier profondément ; et ce furent surtout les écrivains originaires d'Afrique qui contribuèrent à ce résultat et à donner à la langue un caractère oriental. Elle porta alors l'empreinte d'un mysticisme aimant à s'entourer de symboles, et témoignant de la corruption générale du goût. Quand enfin l'Empire Romain se trouva anéanti et que la nation se fut mêlée aux barbares, la langue romaine resta bien encore celle des églises, des écoles et des cours de justice ; mais à partir du septième siècle on ne voit plus un seul écrivain qui ne l'emploie toute défigurée. De nouvelles langues naquirent alors de la langue latine, qui par suite du contact avec tant de langues barbares, avait constamment admis de nouveaux éléments, jusqu'à ce qu'à la fin du moyen âge le réveil de la littérature classique ait eu pour résultat d'engager les savants à entreprendre la recherche des trésors perdus et à poser des règles de style, grâce auxquelles la langue romaine put rester la langue des sciences jusqu'à notre temps, après avoir été celle de la diplomatie jusqu'au dix-septième siècle.

Les Romains commencèrent de bonne heure à étudier et à poser les règles grammaticales de leur langue ; ils eurent un grand nombre de grammairiens, parmi lesquels brillent surtout Varron et César. Sous ce rapport le moyen âge ne nous offre que l'ouvrage, beaucoup trop succinct et trop sec, connu sous le nom de *Donatus*. C'est à partir du quatorzième siècle qu'on voit les grands humanistes italiens s'occuper spécialement de travaux relatifs à la grammaire latine. C'est ainsi que Laurent Valla composa ses *Libri VI Elegantiarum*, collection d'observations pleines de finesse sur la grammaire et la phraséologie, mais décousues et sans ordre, et qu'Alde Manuce, l'Anglais Thomas Linacer, puis l'Allemand Mélanchthon, l'Espagnol Alvarez, coordonnèrent successivement au seizième siècle. Plus tard il faut citer les travaux de J. Perizonius, de Scaliger, de Scioppius, de Vossius, etc. Tout aussi nombreux furent les lexicographes. En 1498 Perotti donna son *Cornu copiæ* ; en 1531, Robert Étienne son *Thesaurus*. Au dix-huitième siècle Forcellini fit paraître son *Totius Latinitatis Lexicon*, sans parler de la foule de compilations dont ces grands ouvrages furent et sont encore tous les jours la base et la source communes dans les différents pays où la culture de la langue latine est demeurée en honneur.

LITTÉRATURE.

Pendant plusieurs siècles les sciences furent une chose inconnue des Romains ; et il ne pouvait en être autrement dans un État fondé à l'origine par des bergers, des agriculteurs et des fugitifs. Toute l'éducation s'y bornait à former de braves soldats, d'habiles cultivateurs et de courageux citoyens. Des notions sur les lois civiles, sur les institutions et sur le culte religieux, que le plus souvent on savait formuler en préceptes concis et animer de bons exemples, de même que sur les éléments les plus simples de l'arithmétique et de la géométrie, furent données de bonne heure dans les écoles de Rome. Les premières sciences idéales à la culture desquelles on s'appliqua avec plus de soin furent la poésie et l'éloquence. La poésie eut pour point de départ des chants qu'on chantait tantôt dans les repas pour célébrer la mémoire des hommes vertueux, tantôt dans un but religieux pendant les sacrifices, notamment à l'occasion des fêtes agraires, et dans les processions. On mentionne surtout parmi les chants de cette dernière espèce ceux des Saliens, les *Carmina Saliaria*, recueillis et mis en ordre par Numa, ainsi que les chants liturgiques d'une autre corporation sacerdotale, celle des *fratres arvales*. Les fescennins avaient une égale valeur poétique, mais le contenu en était différent. C'est de la campagne qu'ils arrivaient dans la capitale, où on les chantait soit dans les noces, soit dans les triomphes, et finalement sur le théâtre avec toute la licence qui caractérisait les comiques grecs. Il en était de même des atellanes, espèces de comédies de polichinelle. On désignait généralement sous le nom de *vers saturnins* le genre de vers qu'on y employait.

Une véritable littérature romaine ne naquit que vers l'an 240 av. J.-C., lors de l'introduction à Rome de la poésie grecque, qui provoqua d'abord la création d'une poésie romaine formée sur le modèle de la grecque, et suivie bientôt après d'essais en prose. Son histoire se divise en quatre périodes, dont la première comprend les temps les plus anciens jusqu'à la mort de Sylla (an 78 av. J.-C.). Dans la seconde période (de l'an 78 av. J.-C. à l'an 14 de notre ère), se trouve *l'âge d'or* de la littérature romaine, celui où règne l'influence de la civilisation grecque. C'est à cette époque en effet que l'éloquence se développa de la façon la plus indépendante et la plus originale, et qu'elle influa sur tous les autres genres de la littérature d'une manière si décisive, que le caractère de la rhétorique y domine généralement. A l'exception de la satire, les différents genres de poésie prirent pour modèle la poésie grecque : ce fut même à la mythologie grecque qu'on en emprunta les sujets, et on chercha à suppléer à l'originalité de l'invention par une construction savante et élégante de la langue. La troisième époque, qui est *l'âge d'argent* de la littérature romaine, va depuis la mort d'Auguste jusqu'à Adrien (de l'an 14 à l'an 130 de J.-C.) ; ce qui la signale, c'est la tendance générale à remplacer par l'enflure et l'exagération le caractère simple, beau et sublime de la littérature de l'époque classique. Cette dépravation du goût ne se manifeste pas seulement dans la poésie, qui a perdu sa grâce naturelle, et dans l'éloquence, demeurée toujours la principale occupation des Romains et la base de toute éducation lettrée, mais se communique encore aux autres sciences et donne aux œuvres de cette époque un caractère essentiellement déclamatoire. Dans la dernière période, *l'âge de fer* de la littérature romaine (de l'an 130 à l'an 410 ou 476 de J.-C.), les sciences, manquant de tout appui et de tout encouragement extérieurs, perdirent toujours davantage de leur importance et de leur dignité, jusqu'au moment où une enflure, portée à la plus ridicule exagération, acheva de faire complètement oublier les traditions du bon goût, et amena une corruption et un abâtardissement de la langue et de la littérature qui coïncidèrent avec la chute de l'Empire d'Occident.

En ce qui est de la poésie, l'épopée et le drame furent les premiers genres qu'on cultiva. Pour l'épopée, on se contenta d'abord tantôt de traductions de poésies grecques, notamment de poésies homériques, tantôt de récits versifiés des guerres et des actes héroïques de la république. C'est ainsi que, sous le titre d'*Annales*, Ennius composa la plus ancienne histoire politique de Rome, et qu'en même temps il introduisit l'hexamètre chez les Romains. Quand on connut mieux les savantes doctrines de l'école d'Alexandrie, il se forma dans la poésie épique deux grandes directions, l'épopée historique et l'épopée didactique. Virgile travailla ces deux genres à l'époque d'Auguste, et le genre didactique a plus particulièrement pour organes Lucrèce et Ovide. Dans la période suivante, où l'on revint surtout à l'épopée historique, on chercha à suppléer au manque d'originalité par la pompe du langage, comme on peut le voir dans Lucain, Stace, Valerius Flaccus et Silius Italicus ; et Claudien nous apparaît presque comme un prodige dans la dernière période. Quant à la poésie dramatique, les Romains ne s'élevèrent pas dans la tragédie beaucoup au-dessus de la traduction ou de l'imitation des originaux grecs, soit à la première époque avec Livius Andronicus, Cneius Naevius et Pacuvius, soit à l'époque d'Auguste avec Asinius Pollion, ou bien encore sous Néron avec Sénèque. En effet, chez un peuple qui prenait plaisir aux sanglants jeux des gladiateurs et aux combats d'animaux, il ne fallait pas s'attendre à l'épurement des passions, but de la tragédie attique, ni dès lors à voir ce genre fleurir et se perfectionner. De même, dans la comédie, on se borna d'abord à l'imitation ou à la traduction libre de ce qu'on appelait la nouvelle comédie grecque, ainsi que firent Plaute et Térence. Mais la différence même qu'on établissait entre la *Comœdia togata* et la *Comœdia palliata* prouve qu'il existait un drame véritablement romain, puisque par la première de ces expressions on désignait le drame national, et par la seconde l'imitation des modèles grecs. Les mimes semblent avoir constitué le genre particulier de drame national dont nous parlons. Ils ne représentaient que des scènes de la vie romaine, mais dans une langue bien plus formée, et avec autrement d'art et d'unité dramatiques que les *atellanes*; et il en fut ainsi jusqu'au moment où ils dégénérèrent en un simple jeu de gestes, accompagné de danse et de musique, la pantomime, ce ballet du monde romain.

Le développement de la poésie lyrique, quoique coïncidant avec l'époque où l'influence grecque était déjà devenue prédominante, ne représente pas toujours une simple imitation grecque. Parmi les productions les plus remarquables en ce genre, il faut citer les poëmes élégiaques de Catulle, de Tibulle, de Properce et d'Ovide, ainsi que les odes et les épodes d'Horace. La satire naquit au contraire sur le sol romain; elle eut pour point de départ un ancien divertissement populaire et théâtral des Romains, désigné sous le nom de *satura*, dont Lucilius fit un genre à part, et auquel une forme plus sévère et plus noble fut donnée par Horace, qui peint avec gaieté les travers et les ridicules humains et flétrit d'un juste blâme les vices du temps. L'épigramme fut cultivée aussi depuis l'époque d'Auguste; mais il n'existe qu'une seule collection de poésies de ce genre, celles de Martial. En revanche, la fable ne fut traitée que par un petit nombre de poëtes; et Phèdre est presque le seul qui ait revêtu les fables grecques d'Ésope d'un costume romain. Avianus, qui ne vint que beaucoup plus tard, mérite à peine d'être mentionné, à cause de son style obscur et entortillé. De même l'idylle ne rencontra que dans Virgile un heureux imitateur de Théocrite, tandis qu'après lui Calpurnius, Némésien et Ausone s'éloignèrent plus ou moins de la simplicité du coloris dans le style et dans l'exposition.

La prose parvint chez les Romains à un bien plus haut degré de perfection que la poésie; l'histoire, l'éloquence, la philosophie et la jurisprudence sont les principaux genres dans lesquels ils se distinguèrent. Les débuts de l'histoire furent des récits secs et ternes des événements les plus importants, entre autres les *Annales Maximi* ou *Pontificum*, remontant jusqu'à l'époque des Gracques, les Fastes consulaires, ou *Fasti capitolini*, ainsi que les éloges funèbres, *Laudes funebres*, où les auteurs d'ouvrages historiques postérieurs puisèrent les triomphes et autres distinctions honorifiques attribués aux ancêtres, mais le plus souvent inventés. Nous ne connaissons non plus que par les citations qu'en font des écrivains postérieurs les nombreux ouvrages des premiers annalistes, notamment ceux de Quintus Fabius Pictor et de Lucius Cincius Alimentus, qui dataient de l'époque de la seconde guerre punique. Ennius traita de façon poétique les événements de l'histoire romaine jusqu'à son temps. Marcus Porcius Cato Censorius fit déjà preuve d'une critique plus sagace dans ses *Origines*; mais le véritable art historique ne date à bien dire que de l'*âge d'or* de la littérature romaine, où il est représenté par César et par Salluste. L'histoire générale de Rome depuis sa fondation jusqu'à l'époque où ils vivaient fut traitée dans un vaste ouvrage par Tite-Live, et dans un résumé succinct par Velleius Paterculus, dans des extraits insuffisants par Florus, Eutrope et même Justin. César, Salluste, Tacite, et beaucoup plus tard Ammien Marcelin, en traitèrent des parties séparées. Cornelius Nepos, Suétone, les *Scriptores Historiæ Augustæ* et Aurelius Victor écrivirent des biographies. Dans sa *Vita Agricolæ* Tacite nous offre le modèle le plus achevé du genre biographique. On a de Valère Maxime une intéressante collection de traits caractéristiques et d'anecdotes.

Le côté le plus brillant et le plus influent de la littérature romaine fut l'éloquence. Dès l'époque où, après l'abolition de la royauté, Rome se transforma en république, on attacha une haute valeur au don de la parole. Le peuple, appelé maintenant à prendre une part plus directe à la législation et au gouvernement, devait être éclairé et convaincu sur ses véritables intérêts. On écoutait dans ce but les discours prononcés au sein des assemblées du peuple, dans le Forum, au sénat et en tête des armées. C'est ainsi qu'on vit de bonne heure des généraux, des hommes d'État, des amis du peuple, tels que Menenius Agrippa, Appius Claudius, Brutus, Camille, Caton l'ancien, Scipion l'Africain le jeune, Gracchus le jeune, et beaucoup d'autres encore, chercher à influer sur leurs contemporains par la puissance d'une éloquence naturelle, bien avant que des rhéteurs, en dépit des nombreux décrets rendus contre eux par le sénat, enseignassent à Rome l'art de l'éloquence. On vit paraître alors au Forum toute une suite d'orateurs distingués, entre autres Crassus, Antoine, Hortensius, etc.; mais la palme en ce genre appartient à Cicéron. Quand l'influence de l'éloquence sur les affaires publiques disparut à Rome avec la république, l'éloquence se borna peu à peu aux harangues prononcées devant les cours de justice et aux exercices soutenus dans les écoles de rhétorique. Enfin, les panégyriques des empereurs se réduisirent plus tard à un état de complète décadence, quoique le panégyrique de Trajan par Pline puisse jusqu'à un certain point être considéré comme un chef-d'œuvre. Que si on négligea la pratique de l'éloquence, il n'en fut pas de même de sa théorie, que Cicéron d'abord et plus tard Quintilien exposèrent en partie d'après les systèmes grecs.

A ce genre se rattache une autre branche de littérature, le genre épistolaire, dans lequel brillèrent surtout Cicéron, et ensuite ses imitateurs, Pline le jeune et Sénèque. Toutefois, leurs lettres ont encore plus d'importance par le contenu que par la forme, parce qu'elles nous fournissent, surtout celles de Cicéron, les renseignements les plus précieux sur les circonstances intérieures de la vie politique des Romains et sur le caractère d'une foule de personnages.

Dans la philosophie, les Romains adoptèrent les divers systèmes grecs, et s'attachèrent plus particulièrement à l'étude des ouvrages des académiciens, d'Épicure et des stoïciens, sans tenter de continuer d'une manière originale l'un de ces systèmes; car ce qu'ils y cherchaient surtout, c'étaient des applications à la vie pratique, et particulièrement à l'éloquence. Ce fut notamment Cicéron qui par une nombreuse série d'ouvrages fit connaître et propagea cette philosophie grecque. Dans les premiers temps de l'empire Sénèque fit preuve d'une tendance marquée vers le stoïcisme, qui plus tard trouva dans l'empereur Marc Aurèle un sectateur zélé et convaincu, mais qui finit par être remplacé par le néo-platonisme.

L'histoire naturelle se rattacha à la philosophie; et, indépendamment de Sénèque, Pline l'ancien chercha à en agrandir le domaine tout en mettant à profit dans son *Historia naturalis* les recherches faites avant lui. Les autres sciences pratiques ne furent cultivées que par un petit nombre d'écrivains; par exemple l'architecture par Vitruve, la science militaire par Végèce, la géographie par Pomponius Méla, la médecine par Celse, la théorie de l'agriculture par Porcius Caton, Marcus Terentius Varron, et Columelle. Enfin, l'étude de la grammaire, qui dans une large acception comprenait la langue, la littérature et l'archéologie, fut excitée à Rome par l'érudition de l'école d'Alexandrie. Varron composa le premier ouvrage important sur la grammaire. Cette étude prit de plus grands développements sous les empereurs; et avec la décadence de la langue on vit s'augmenter le nombre des grammairiens, parmi lesquels il faut citer Aulu-Gelle, Festus, Donatus, et surtout Priscien. Consultez Schœll, *Histoire de la Littérature Romaine* (4 volumes, Paris, 1813); Demlop, *History of Roman Literature, from the earliest period to the Augustan age* (2 vol., 2° édit., Londres, 1824).

RELIGION.

Il n'est pas invraisemblable que dans le mélange des trois peuples duquel provint la population romaine chacun avait ses dieux et ses usages religieux à lui, dont la fusion ne put s'opérer qu'à la longue. C'est à l'égard des Sabins que nous possédons sous ce rapport le plus de renseignements. Chez eux, en tête de tout le système de dieux, figuraient le Firmament (*Divm*), la Lune, le Soleil, Vesta, Vulcain et le nocturne Summanus, qui lançait les éclairs. C'est une religion du feu et des astres, en tant que représentants du feu. De là la doctrine de fulguration qui réglait la vie du peuple, les augures dans la connaissance desquels consistait surtout la science des prêtres. *Junon Quiritis* et *Quirinus* sont les divinités de la réunion du peuple, *Mavors* et *Neriana* les représentants de la guerre, *Vacuna* la déesse de la paix, *Minerva* et *Egeria* les déesses de l'activité dans la paix et de la science. *Saturnus*, *Ops* et *Feronia* sont les dieux de l'agriculture et de la terre. Les Étrusques avaient partagé leurs dieux en trois ordres. Ils donnaient à ceux du premier ordre le nom de dieux *cachés* (Junon, Summus, Jupiter); le second ordre contenait les dieux inférieurs, au nombre de douze (*dii consentes*); le troisième, les génies, dont le nombre était indéterminé, et qui se divisaient en bons et mauvais. C'est de leur culte que provenait la *disciplina haruspicina*, c'est-à-dire l'art de connaître la volonté des dieux à la forme des entrailles des animaux qu'on leur offrait en sacrifice, comme aussi de se les concilier par des sacrifices et autres usages sacrés. Nous ne savons rien du culte des Latins. Leur religion était une religion de la nature; et ils adoraient comme divinités non des êtres personnels, mais des choses de la nature. La statue de Jupiter exposée à Rome sous le dernier roi est la première qu'on y ait érigée. Une pierre était adorée comme Jupiter; Janus était une porte et par suite l'objet d'une adoration divine. Le dieu des limites (*Terminus*) était une pierre, Vesta le feu sacré; et Mars est représenté par des lances saintes. C'est ainsi seulement qu'on peut expliquer comment très-tard encore les Romains érigèrent en divinités des situations et des faits de la vie, des vertus et des attributs purement humains. On dressa des autels sous Numa à la bonne foi (*Fides*), sous Tullus Hostilius à la terreur et à l'inquiétude (*Pavor* et *Pallor*). Il y avait une déesse de l'inquiétude et une déesse du plaisir (*Angeronia* et *Volupia*). Il y avait encore, en fait de dieux *Salus* (le salut), *Felicitas* (le bonheur), *Faustitas* (le succès), le *Bonus*, l'*Eventus*. La Liberté et la Concorde avaient des temples, de même que *Victoria* et *Pollentia*; et il y avait une déesse du repos (*Quies*) à côté d'une déesse de la fatigue (*Fessonia*). Les dieux préservateurs des troupeaux, des seuils et des hameçons (*Fornilus*, *Limentinus*, *Cardea*), et surtout une foule de divinités présidant à la naissance (*Vitumnus*, *Sentinus*, *Vagitanus*, *Cuba* et *Cunina*, *Rumina* et *Potina*, *Ossipaga* et *Statanus*, *Fabulinus*), au mariage (*Talassus*) et à la mort, et notamment des divinités morales, telles que *Mens*, *Pietas*, *Pudicitia*, *Virtus*, *Honos*, *Mundities*, *Æquitas*, *Clementia*, etc., lesquelles témoignent combien cette coutume avait pris d'extension.

La conséquence naturelle de ces faits, c'est que les pratiques religieuses, le culte proprement dit, devaient avoir une haute importance; et on s'explique ainsi la sévérité et la scrupuleuse exactitude dans les cérémonies, qui demeure le trait caractéristique de Rome. Elles se rattachaient intimement à l'État, et la religion avait une tendance essentiellement politique, ainsi que le prouvent le système d'auspices et d'haruspices, bref tous les actes du culte (*sacra*), dont les plus importants étaient les sacrifices. Ils étaient ou *publica* ou *privata*. Les premiers avaient lieu pour l'État : les frais en étaient supportés par le trésor public; le sénat et le peuple y prenaient part. Les *sacra privata*, au contraire, n'étaient point payés par les caisses de l'État, et se divisaient eu *gentilicia*, *familiaria* et *pro singulis hominibus*, dont les deux premiers dépendaient de la fortune des races et des familles. Ils revenaient à des époques déterminées; aussi l'autorité chargée de ce service, le corps des *pontifices*, avait-elle mission de régler tout ce qui était relatif au calendrier, de désigner les *dies festi* et les *feriæ*, où l'on donnait une preuve de respect à la divinité, et les *dies atri*, où par esprit de religion il fallait s'abstenir de toute entreprise. En raison de la grande tolérance que les Romains montraient à l'égard des autres dieux, il ne faut pas s'étonner qu'ils aient commencé par adopter dans leur culte certains éléments grecs, parmi lesquels le culte d'Apollon et celui de Bacchus, par exemple, leur vinrent de la basse Italie. C'est ainsi que s'accrut le nombre des dieux, et qu'avec les progrès de la civilisation grecque les antiques divinités italiques s'effacèrent de plus en plus. Il n'y eut pas jusqu'au culte de l'Égypte qui ne vînt s'établir à Rome; et il résulte d'une foule d'allusions d'auteurs contemporains de la chute de la république, que les Juifs, avec le zèle pour les conversions qui les caractérisaient, y avaient aussi fait des prosélytes. Le panthéon, qui réunissait tous les dieux alors connus, et qui exprimait en même temps la domination de Rome sur tout l'univers, en est une autre preuve. Les efforts tentés par Auguste pour remettre en honneur l'antique religion, tombée en discrédit, furent impuissants. La philosophie et le christianisme détruisirent la religion romaine. Tibère avait déjà eu l'intention d'admettre Jésus-Christ au nombre des dieux. L'enthousiasme avec lequel les martyrs marchaient à la mort pour leur foi, la résignation avec laquelle les chrétiens supportèrent les plus atroces persécutions, forcèrent leurs bourreaux à les respecter, jusqu'à ce qu'en l'année 311 parut en faveur des chrétiens le premier édit de tolérance, suivi bientôt après de mesures encore plus favorables. Enfin, déterminé avant tout par des motifs politiques, l'empereur Constantin se déclara ouvertement chrétien, et marqua ainsi la transition du monde ancien au monde nouveau.

ROME (Cour de), *Curia Romana*. On désigne ainsi l'ensemble des cours de justice des États pontificaux, de même que le gouvernement des papes et son esprit, notamment par rapport aux affaires générales de l'Église. L'organisation des autorités supérieures de l'empire de Byzance fut le modèle sur lequel on organisa les autorités pontificales. Léon X, Pie IV, Innocent XI et Benoît XIV sont les souverains pontifes qui ont fait subir à cette organisation les plus importantes modifications.

La cour de Rome comprend aujourd'hui deux grandes divisions : La *curia gratia*, pour les affaires de gouvernement, et la *curia justitiæ*.

A la première appartiennent : 1° la *cancellaria romana* (chancellerie romaine), chargée surtout de l'expédition des affaires provenant du consistoire des cardinaux; 2° la *dutaria romana* (*voyez* DATERIE); 3° la *pœnitentiaria romana* (pénitencerie romaine), qui expédie les absolutions et les dispenses que se réserve le pape dans certains cas ténus secrets; 4° la *camera romana* (chambre romaine), chargée de l'administration des finances pontificales; 5° le cabinet du pape, où s'expédient les affaires d'État et la correspondance avec les puissances étrangères.

A la *curia justitiæ* appartiennent : 1° la *rota romana*, cour suprême de la justice, réorganisée sous Sixte IV, et qui à l'époque où on y apportait des affaires de toutes les parties de la terre jouissait d'une grande considération ; c'est pourquoi ses décisions ont été publiées dans de grandes collections; 2° la *signatura di giustizia*, qui connaît de l'admissibilité des appels, des délégations et des récusations, et dont le nom vient de ce que c'est le pape en personne qui signe ses rescrits : et 3° la *signatura di grazia*, pour les affaires de droit dans lesquelles une décision directe du pape est sollicitée comme grâce, et que le pape préside en personne. Les affaires générales de l'Église, les ordonnances importantes, les béatifications et les fondations d'ordres sont traitées dans les assemblées de cardinaux (*consistoires*), que le pape préside. Pour beaucoup d'affaires il y a des congrégations composées de cardinaux, et fonctionnait soit comme colléges permanents, soit comme congrégations passagères.

ROMEITSCHAL. *Voyez* BOHÉMIENS.

ROMIGUIÈRE (LA). *Voyez* LAROMIGUIÈRE.

ROMILLY (Sir SAMUEL), célèbre jurisconsulte anglais et orateur distingué de la chambre des communes, descendait d'une famille française réfugiée en Angleterre à la suite de la révocation de l'édit de Nantes, et naquit à Londres, vers 1758. Ses débuts au barreau eurent lieu en 1783 ; et ses remarquables facultés oratoires ainsi que sa science profonde ne tardèrent pas à lui faire une brillante et lucrative clientèle. En 1789, pour rétablir sa santé délabrée, il entreprit un voyage en Suisse et en France, où il eut des rapports intimes avec Mirabeau. Celui-ci le détermina à publier sur les formes observées par le parlement anglais dans la discussion et l'expédition des affaires un mémoire qui produisit une vive sensation. A la recommandation de son ami le marquis de Lansdowne, autrefois lord Shelburne, Romilly obtint, en 1806, du ministère Fox-Grenville les fonctions de *sollicitor general* et le titre de baronet. Ses amis lui procurèrent en même temps un siège à la chambre des communes, où, dans l'intérêt du parti whig, auquel il appartenait, il put déployer son éloquence, toujours entraînante que claire et persuasive. A la mort de Fox, arrivée en septembre 1806, il perdit sa place de *sollicitor general*, et alla s'asseoir sur les bancs de l'opposition, où il défendit chaleureusement la politique des ministres démissionnaires. En 1815 il somma le gouvernement d'intervenir en faveur des protestants du midi de la France, alors en butte aux plus cruelles persécutions ; mais cette généreuse initiative fut repoussée par la majorité ministérielle. En 1818 il fut élu par la ville de Londres : mais il ne jouit pas longtemps de cet honneur ; car, à la suite de la perte de sa femme, morte le 29 octobre, il tomba dans une noire mélancolie, et le 2 novembre il profita d'un instant où on s'était relâché de la surveillance dont il était objet pour se donner la mort. Son livre intitulé *Observations on the criminal Law of England* (Londres, 1810) a exercé une grande influence sur les réformes ultérieures du droit criminel anglais.

ROMNEY (NEW-), petite ville du comté de Kent (Angleterre), comprise au nombre de celles qu'on désigne sous le nom de *Cinq-Ports*, avec 1,000 habitants, et un port comblé depuis longtemps.

ROMORANTIN, chef-lieu d'arrondissement du département de Loir-et-Cher, au confluent de la Sauldre et du Rantin, avec 7,962 habitants, un tribunal de commerce, une chambre consultative des arts et manufactures, un conseil de prud'hommes, une chambre consultative d'agriculture, un théâtre. Une douzaine de fabriques lui donnent de l'importance ; mais la stérilité générale de son territoire indique assez qu'elle était jadis la capitale de la Sologne. Elle a donné le jour au célèbre théologien Pajou et à la reine Claude, femme de François Ier. C'est à Romorantin que le chancelier L'Hôpital fit rendre le célèbre édit qui sauva la France des hontes de l'Inquisition.

ROMUALD (Saint), fondateur de l'ordre des Camaldules, était né à Ravenne, et descendait de la maison des ducs de cette ville; son père se nommait Serge. Sa résolution de quitter le monde, où il menait une vie fort dissipée, devint irrévocable, par suite de l'impression qu'il reçut de la mort d'un de ses parents, tué par Serge, son père, dans un combat singulier, auquel celui-ci l'avait forcé d'assister. Il se retira au Mont-Cassin, pénétré de repentir d'avoir consenti à être témoin d'une pareille action. Quelque temps après, il prit l'habit, et s'adonna à la vie érémitique ; avec un solitaire nommé Marin, qui habitait Venise et était devenu célèbre par l'austérité de sa vie. Il fit quelques prosélytes, dont il devint le chef. Son père s'étant fait religieux dans le monastère de Saint-Sévère, près de Ravenne ; il vint pour l'affermir dans sa vocation, où il chancelait, et après sa mort fut désigné par l'empereur Othon III pour réformer le nouveau monastère de Classe, voisin du précédent. Après avoir parcouru plusieurs couvents, il essaya d'en établir un à *Val-de-Castro*, dans les terres des comtes de *Camerino* ; mais sa règle n'y ayant point été observée, il s'arrêta dans l'Apennin, dans la vallée de *Camaldoli*, où il fonda son ordre, en 1012. Après avoir parcouru plusieurs monastères et fait de nombreux prosélytes, saint Romuald se retira dans l'abbaye de Classe pour y attendre la mort ; à laquelle il parvint après un silence et une réclusion de sept années, l'an 1027.
H. BOUCHITTÉ.

ROMULUS, suivant la tradition romaine le fondateur de Rome et son premier roi, était fils de Rhéa Sylvia, fille de Numitor, que son oncle Amulius, après avoir dépouillé son père de la souveraineté d'Albe, avait fait entrer dans l'ordre des Vestales, afin qu'elle n'eût jamais de descendance capable de la venger et de le renverser du trône. Elle eut néanmoins de Mars deux jumeaux, Romulus et Remus. La corbeille dans laquelle par ordre d'Amulius les deux nouveaux-nés furent abandonnés sur les ondes du Tibre fut entraînée par le courant vers la rive voisine du mont Aventin. Une louve les y nourrit ; un pic, oiseau consacré à Mars comme la louve, leur apportait aussi d'autre nourriture. Plus tard le berger Faustulus les recueillit, et sa femme Acca Laurentia les éleva. Devenus grands, les deux jumeaux eurent querelle avec les bergers de Numitor, qui faisaient paître leurs troupeaux sur le mont Aventin. Remus fut fait prisonnier par eux, et envoyé comme un brigand à Numitor. Faustulus accourut prévenir Romulus ; c'est alors que se révéla l'origine des jumeaux. Aidés de leurs compagnons, ils tuèrent Amulius et restituèrent à Numitor sa légitime souveraineté. Quant aux deux frères, ils s'en retournèrent sur les bords du Tibre pour y fonder une ville. Une querelle s'éleva sur la question de savoir le lieu qu'on choisirait, d'après qui on la nommerait, et qui y régnerait. On s'en rapporta à la décision des auspices ; et du mont Aventin Remus aperçut six vautours, tandis que Romulus en vit douze sur le mont Palatin. Le sort s'était prononcé en faveur de ce dernier. Remus ayant ensuite franchi par raillerie le misérable rempart dont Romulus avait entouré sa ville, celui-ci le tua dans un mouvement de colère. Un asile ouvert sur le mont Saturnin, appelé plus tard mont Capitolin, donna à la ville nouvelle pour surcroît de citoyens un grand nombre de fugitifs et de vagabonds : mais on manquait de femmes. D'après l'ordre de Romulus, les Romains en enlevèrent à leurs hôtes latins et sabins, venus assister à la célébration de la fête des *Consualia*. Les Latins d'Antemna, de Cænina et de Crustumerium déclarèrent alors la guerre aux Romains ; mais ils furent battus par Romulus, qui consacra à Jupiter Feretrius, sur le mont Capitolin, les dépouilles d'Acron, roi de *Cænina*. La guerre que les Romains eurent ensuite à soutenir contre les Sabins de Cures fut plus dangereuse pour eux. Commandés par Titus Tatius, les Sabins occupèrent le Quirinal, et s'emparèrent, grâce à la trahison de Tarpéia, de la forteresse construite sur le mont Capitolin. La bataille qui s'engagea dans la vallée du Forum se termina par un traité de paix, à la suite de l'intervention des Sabines. La ville palatine de Romulus et la ville quirinale de Tatius, ayant toutes deux la forteresse en commun, demeurèrent confédérées jusqu'à ce que Tatius eut été tué par les Laurentins ; après quoi, Romulus les réunit, et régna seul. Plus tard, l'organisation et les règlements de la ville furent attribués à Romulus, qui d'ailleurs par des guerres heureuses mit son petit État en grande considération auprès des Étrusques de Véies, peuple alors beaucoup plus puissant que le sien. Romulus régnait déjà depuis longtemps, quand tout à coup, aux nones de Quintil ou aux Quirinales (au mois de février), pendant qu'il passait le peuple en revue, on vit surgir un nuage, le soleil s'obscurcir et alors Mars, son père, l'enlever au ciel dans un char de feu. D'après une tradition postérieure, il aurait été assassiné par les sénateurs, qui auraient fait disparaître son corps en morceaux. L'endroit du champ-de-Mars, appelé le *Marais des Chèvres*, où il avait disparu, demeura sacré. Mais Romulus ne tarda pas à apparaître à Proculus Julius, pour le charger d'annoncer qu'il allait gouverner et protéger son peuple comme dieu *Quirinus*.

L'histoire de Romulus et celle de son successeur Numa sont purement mythiques. Quand on les fait régner pendant trente-sept ans, de l'an 753 à l'an 716 av. J.-C., on ne s'appuie que sur des suppositions chronologiques.

ROMULUS AUGUSTULUS, nom du dernier empereur de l'empire d'Occident, qui finit lorsqu'il eut été déposé, l'an 476 de J.-C. Romulus, dont le nom se trouve quelquefois défiguré en *Momyllus*, était le fils d'Oreste, patrice et général romain, originaire de la Pannonie. Après avoir forcé l'empereur Julius Nepos à fuir devant lui et à se réfugier à Salona en Dalmatie, où il vivait encore en 480, Oreste proclama empereur ou *Auguste*, à Ravenne, son fils, à qui on donna par dérision le sobriquet d'*Augustulus*, à cause de son extrême jeunesse. Oreste mourut dès l'année suivante, à Pavie, et Paul, son frère, fut vaincu par Odoacre, le 31 août 476, dans une bataille livrée sous les murs de Ravenne. Romulus Augustulus fut fait prisonnier, et déposa la pourpre impériale. Le vainqueur lui fit grâce de la vie, et lui assigna encore pour demeure un château fort de Campanie avec une pension de 6,000 écus d'or.

RONCE, arbuste sarmenteux, de la famille de rosacées, de l'icosandrie-polygynie, forme un genre composé d'une trentaine d'espèces, dont deux ou trois seulement présentent un véritable intérêt. La *ronce commune* (rubus fruticosus), dont tout le monde connaît les racines traçantes, les tiges anguleuses, garnies irrégulièrement d'épines recourbées et soutenues par les branches des autres arbustes, les fruits noirs à la maturité, si recherchés des enfants, se trouve dans les haies, les lieux incultes et les bois de toute l'Europe. Ses fleurs blanches, disposées en grappes terminales, paraissent vers la fin du printemps; ses fruits mûrissent dans le courant de l'été. Lorsque l'extrémité d'une tige touche la terre, elle prend racine et donne naissance à un nouveau sujet; de nombreux rejetons naissent en outre des racines; enfin, la ronce se reproduit de semence. Sa tige dégarnie d'épines, fendue et amincie, sert à former des liens dans plusieurs de nos départements; ses feuilles, que mangent la plupart des animaux domestiques, ont une saveur astringente; la médecine en prépare des décoctions pour lotions légèrement toniques ou pour gargarismes détersifs; ses fruits servent en quelques endroits à faire du vin d'un goût assez agréable, des confitures et des sirops.

Ronce se dit au figuré des difficultés qui se rencontrent dans les affaires, dans la vie, etc. : la vie est semée de *ronces* et d'*épines*. P. GAUBERT.

RONCE ODORANTE. *Voyez* FRAMBOISIER.

RONCEVAUX, vallée de la Navarre, située entre l'ampioune et Saint-Jean Pied-de-Port, est surtout célèbre par la tradition suivant laquelle l'arrière-garde de l'armée de Charlemagne, revenant d'une expédition contre les Arabes d'Espagne, y fut assaillie et complètement mise en déroute par les Vascons, désastre dans lequel périt le brave Roland. On y montre encore le champ de bataille, où s'élevait jadis une église nommée *Notre-Dame de Roncevaux*. Don Sanche le Fort fit bâtir au bourg de Roncevaux l'église royale de Roncevaux pour sa sépulture, et y établit un prieuré et des chanoines. La *bataille de Roncevaux* joue un grand rôle dans l'histoire légendaire de Charlemagne et de ses paladins, et elle est le sujet d'une foule de poëmes. Le défilé qui de cette vallée conduit à travers les Pyrénées y garde le nom de *Porte de Roland*. En 1794 les Français aux ordres de Moncey y battirent les Espagnols; et le 28 juillet 1813 le maréchal Soult fut forcé par Wellington d'évacuer la forte position qu'il y avait prise.

RONDACHE. *Voyez* BOUCLIER.

RONDE, visite qui se fait, surtout la nuit, dans une place de guerre, dans une ville, dans un camp, pour s'assurer que les sentinelles et les corps de garde font leur devoir, et pour voir si tout est en bon état. Les rondes se désignent par le grade de celui qui le fait. Ainsi il y a la *ronde officier*, la *ronde major*, la *ronde commandant*, etc. Les rondes ordinaires d'officiers sont *reconnues* par le caporal de consigne, qui en reçoit le mot d'ordre. Les rondes major et d'officiers supérieurs sont reconnues par le chef du poste, qui donne le mot d'ordre après avoir reçu le mot de ralliement. Dans ce cas seulement la troupe prend les armes. Lorsque deux rondes se rencontrent, la moins élevée en grade donne le mot d'ordre à l'autre, qui lui rend celui de ralliement. Les sentinelles isolées *reconnaissent* les rondes sans les arrêter.

RONDE (Musique). *Voyez* NOTES et RONDO.

RONDEAU, très-petit poëme méritant à peine un nom si pompeux, *né gaulois*, selon l'expression de Despréaux, mais avant Marot, qui ne fut donc pas le premier, comme l'assure l'auteur de l'*Art poétique*, qui

Aux refrains mesurés asservit les rondeaux.

Ce léger poëme, tombé de bonne heure en désuétude, se ranima toutefois sous la plume ingénue de La Fontaine, puis mourut sans doute à jamais, satisfait de ses honneurs et des pensions considérables qu'il avait valus à ses auteurs.

On compte trois genres de *rondeaux*. Le plus en vogue et le premier tout, est celui qui est composé de treize vers sur deux mêmes rimes; après le cinquième, il doit y avoir un repos, ainsi qu'à la fin d'une stance, et après le huitième doivent revenir les deux ou trois premiers mots du premier vers, mots obligés de se retrouver encore après le treizième; c'est ce que l'on appelle le *refrain*. En voici un exemple que nous empruntons à Marot, et que Voltaire critique bien ridiculement suivant nous:

> Au bon vieux temps, un trait d'amour régnoit,
> Qui sans grand art et sans se démencoit;
> Si qu'un bouquet donné d'amour profonde,
> C'étoit donner toute la terre ronde;
> Car seulement au cœur on se prenoit.
> Et si par cas à jouir on venoit,
> Savez-vous bien comme on s'entretenoit?
> Vingt ans, trente ans : cela duroit un monde
> Au bon vieux temps.
> Or, est perdu ce qu'amour ordonnoit,
> Rien que pleurs feints, rien que ruses on n'oit;
> Qui voudra donc qu'à aimer je me fonde,
> Il faut premier que l'amour on refonde,
> Et qu'on la mène ainsi qu'on la menoit
> Au bon vieux temps.

Le second est le *rondeau redoublé* : il est composé de six quatrains également sur deux mêmes rimes; dans les quatre quatrains qui suivent le premier, un vers complet de ce dernier doit s'y retrouver et s'enchaîner à l'idée générale; quant au sixième quatrain, il suffit qu'après le quatrième vers les premiers mots du premier vers de la première stance viennent se placer naturellement. La troisième espèce de rondeau est le *rondeau simple*; il consistait en deux quatrains sur mêmes rimes, et séparés par un distique auquel le refrain était attaché jusqu'à la fin du dernier quatrain. On n'y employait que des vers de huit syllabes. Dans les deux autres espèces de rondeaux, l'alexandrin seulement était banni comme trop pompeux. Nos vieux poètes affectionnaient beaucoup ce genre de petits poëmes, dont la naïveté et l'aimable badinage ne conviennent guère à un

siècle positif comme le nôtre. Nous croyons, malgré l'opinion de Boileau, que le rondeau devait de beaucoup surpasser en difficulté le sonnet, que de nos jours on a ressuscité.
DENNE-BARON.

RONDEAU (*Musique*). *Voyez* RONDO.
RONDE-BOSSE. *Voyez* BOSSE.
RONDELLE. *Voyez* BOUCLIER.
RONDELLE (*Botanique*). *Voyez* CABARET.
RONDELLE DE SÛRETÉ, RONDELLE FUSIBLE. On donne ces noms à l'une des soupapes de sûreté dont sont munies les chaudières à vapeur. C'est une plaque qui crève ou qui se fond pour donner issue à la vapeur lorsque la température de celle-ci dépasse la limite correspondant à la pression que la machine peut supporter. Les meilleures rondelles fusibles sont celles que l'on obtient avec l'alliage de Darcet.

RONDE MAJOR. *Voyez* RONDE.
RONDO ou **RONDEAU**, sorte d'air vocal né en Italie, qui de là passa en Allemagne et en France, et qui à cause de son origine doit s'écrire *rondo*. C'est un des ornements de la scène lyrique, la volupté des dilettanti. Le rondo est composé ordinairement d'une première, d'une seconde et d'une troisième parties ou reprises, dont la première se rejette après la seconde et la troisième. Les grands coryphées du rondo scénique sont les Gluck, les Piccini, les Sacchini, les Paisiello, les Cimarosa, les Mozart, les Rossini. Le premier air de ce genre qui fut entendu à notre grand Opéra fut celui de Gluck, dont les paroles commencent par ces vers :

J'ai perdu mon Eurydice ;
Rien n'égale ma douleur.

Il fit tant d'effet que tous les spectateurs mêlèrent leurs larmes à celles d'Orphée. Que d'opéras sans intérêt dont l'action languissante fut sauvée par un rondo ressortant délicieux et pittoresque sous les notes d'un génie de feu !

Quant au rondo instrumental, dont les maîtres sont Haydn, Mozart, Onslow, Beethoven, il suit les règles du rondo vocal. Beethoven seulement, que débordait sa fécondité, multiplia souvent les reprises de ses rondos.
DENNE-BARON.

RONFLEMENT. Le sommeil est une heureuse trêve accordée à nos peines, même à nos plaisirs. On a eu raison de l'appeler *la meilleure partie de notre vie* : on ne peut toutefois disconvenir que, sauf les petits enfants, il enlaidit. Ce qui y contribue surtout, c'est le bruit qui accompagne la respiration, surtout durant l'inspiration, et qu'on désigne sous le nom de *ronflement*. Ce bruit, qui se fait entendre chez plusieurs personnes habituées à dormir la bouche ouverte, est attribué à la vibration des parties que l'air rencontre lors de son entrée dans la poitrine, et lors de sa sortie de cette cavité. Cette explication n'est pas entièrement satisfaisante : les physiologistes ont autant de notions précises à désirer sur ce sujet que sur le mécanisme de la voix ; toutes les personnes qui ont la bouche ouverte durant leur sommeil ne ronflent d'ailleurs pas.

Le bruit qui nous occupe est monotone et fatigant pour ceux qui l'entendent : devenu trop fort, il réveille même celui dont il émane en frappant son tympan ; son réveil dépend aussi de la sécheresse de son gosier, qui est produite par le passage d'une forte colonne d'air. On n'observe aucun effet convulsif durant cette respiration bruyante ; on reconnaît que le bruit provient des voies extérieures, tandis que dans le râle on voit que les mouvements de la poitrine sont gênés, et que le bruit a une source profonde. D'après l'observation banale, le ronflement n'est point réputé pouvoir être un signe de danger ; on le considère même plutôt comme l'indice d'un sommeil profond. Le ronflement, nous le voulons bien, n'est pas dangereux ; toutefois, il se rattache à l'état du cerveau ; il entraîne à nos yeux l'idée d'une congestion de sang dans l'encéphale. On l'entend, par exemple, chez les personnes qui se sont endormies après des repas copieux, appesanties par les aliments et les boissons : tel qui se trouve dans cet état ne ronfle pas quand il n'a pas enfreint les lois de la tempérance.
Dr CHARBONNIER.

RONGE (JEAN), l'un des principaux fondateurs de l'Église *catholique allemande*, est né en 1813, en Silésie. Son père, petit cultivateur, le destina à l'Église. Après des études préparatoires faites à Neisse, il entra, en 1839, au séminaire de Breslau, qu'il quitta en 1840 pour aller remplir les fonctions de chapelain à Grottkau. Destitué en 1843, à l'occasion d'un écrit qu'il avait publié à propos du long retard que Rome apportait à l'expédition des bulles du nouvel évêque de Breslau, il écrivit l'année suivante un pamphlet sur les cérémonies auxquelles avait donné lieu à Trèves l'adoration de la prétendue robe de Jésus-Christ, et fut alors interdit par ses supérieurs. Cette mesure le détermina à faire paraître une suite de pamphlets dans lesquels il se séparait ouvertement de la communion romaine, pour se rattacher au *catholicisme dit allemand*, imaginé quelques années auparavant de l'autre côté du Rhin, à l'imitation de l'*Église catholique française*, fondée à Paris, en 1830, par le trop fameux abbé Châtel. On sait que ce *catholicisme allemand* n'a pas laissé que de faire un certain nombre de prosélytes dans les contrées de l'Allemagne habitées par des catholiques. Ronge devint l'un des plus actifs prédicants du nouveau culte ; puis en 1848 il se jeta à corps perdu dans la politique, sans jamais parvenir à acquérir une bien grande influence. Membre du parlement préparatoire de Francfort, il y figura parmi les membres les plus exaltés du parti radical. Enveloppé en 1849 dans la déroute des *frères et amis*, il vit depuis lors à Londres, où il fait partie, avec Struve, Kossuth et autres, du fameux comité européen présidé par Mazzini.

RONGEBOIS. *Voyez* COSSUS.
RONGEURS. Ordre de mammifères dont le type est le rat, et qui comprend une foule de petites espèces dont les formes, les mœurs et l'organisation se rapprochent plus ou moins de celles de cet animal. Les rongeurs se caractérisent par la présence à chaque mâchoire de deux longues incisives, taillées en biseau et propres à ronger les substances dures. Ils n'ont pas de canines, et les dents antérieures sont séparées des molaires par un espace vide. Presque tous les animaux de cet ordre sont de petite taille ; leur corps, étroit en avant, est ordinairement renflé en arrière. Leurs membres postérieurs sont en général plus longs que ceux de devant ; aussi ces quadrupèdes sautent-ils plutôt qu'ils ne marchent. Les rongeurs sont herbivores ou omnivores. Leur intelligence est fort bornée ; cependant, on rencontre dans quelques espèces des instincts surprenants. Leurs pattes sont, dans le plus grand nombre, armées d'ongles acérés ; ils se creusent des terriers inaccessibles aux carnassiers qui leur font la guerre, ou bien ils grimpent sur les arbres avec une grande agilité. D'habitudes sédentaires, il est peu de rongeurs qui voyagent. Plusieurs espèces passent l'hiver en léthargie. On trouve des rongeurs dans toutes les parties du globe. Ils sont d'une fécondité extrême. Les espèces qui vivent dans le Nord sont recherchées pour leur fourrure.

L'ordre des rongeurs se divise en deux sections ; la première comprend celle des *clavicules*, et renferme ceux des animaux qui ont des clavicules, et par cela même des mouvements plus variés et plus étendus. On y trouve l'*écureuil*, la *marmotte*, le *loir*, le *chinchilla*, les *rats*, le *castor*, la *gerboise*, etc. La seconde section se compose des rongeurs *acléidiens*, ou dépourvus de clavicules ; elle comprend les *porcs-épics*, les *lièvres* et les *cabiais*.

RONSARD (PIERRE DE), naquit dans le Vendômois, en 1524, d'une famille noble, originaire de Hongrie. On lui fit, conforme aux plus grands hommes, des fastes héroïques : on lui donna des rois pour ancêtres ou pour alliés ; on lui trouva une parenté au dix-septième degré avec Élisabeth d'Angleterre ; par malheur, à ce degré on n'hérite plus. On lui constitua un marquisat dans le *pays de Thrace*, vulgairement appelé *Bulgarie*; enfin, on fixa sa naissance au samedi 11 septembre 1524, date de la bataille de Pavie, afin qu'on pût dire que le jour où la France avait été frappée du plus grand malheur, Dieu lui avait donné en compensation le plus grand de ses poëtes. Ce n'est pas tout : il eut, comme les poëtes de l'antiquité, un berceau mystérieux. En le portant au baptême, la porteuse le laissa choir; mais heureusement ce fut sur des fleurs : une boîte damoiselle lui versa sur la tête un vase plein d'eau de rose et de jus d'herbes odoriférantes, symbole de sa douce et savoureuse poésie. Ronsard dès sa jeunesse était devenu sourd; cela lui valut d'être comparé à Homère : il n'y avait entre eux de différence que celle de l'organe affecté.

Ces flatteries devaient l'aveugler étrangement sur son mérite, outre le penchant qu'il y avait déjà. Sa vie fut celle d'un béat, d'un saint adoré dans sa niche, bien plus que d'un poète militant. Couronné aux Jeux floraux, où on lui donne, au lieu de la modeste églantine, une Minerve d'argent massif, avec un décret daté du Capitole... de Toulouse; doté successivement par Henri II, Charles IX, et Henri III, par l'un d'une cure, par l'autre de pensions, par celui-ci de prieurés et d'abbayes, riche, heureux, flatté, adulé comme un roi, admiré par des hommes d'une grande science, et qui, judicieux et sévères pour d'autres, furent aveugles pour lui, Pasquier, Scaliger, Pithou, Turnèbe, Muret, De Thou, etc. ; à peine inquiété dans sa gloire universelle par des poëtes débutants, auxquels il pouvait dire, aux applaudissements de l'Europe lettrée, moins l'Italie peut-être :

Vous êtes mes sujets : je suis seul votre roi ;

commenté (et il avait besoin de l'être) comme Dante, comme Homère, dans le même temps et dans les mêmes écoles ; qualifié de *prodige de la nature* et de *miracle de l'art*; décernant des prix aux poëtes contemporains, de son droit de législateur et de souverain du Parnasse, et composant, à l'instar de la pléiade grecque, une pléiade française de sept à huit satellites destinés à accompagner dans sa chute ; aimé des dames, encore qu'il en ait dit à ce sujet beaucoup plus qu'il n'y en avait ; loué par Montaigne et consulté par le Tasse, qui lui montra les premiers chants de *La Jérusalem*, et qui en reçut des encouragements; admiré par Marie Stuart, qui se consolait de sa captivité en le lisant, et qui lui envoyait un Parnasse d'argent avec cette inscription :

A RONSARD, L'APOLLON DE LA SOURCE DES MUSES ;

attaqué par les protestants, à cause de son zèle catholique, mais dans ses mœurs, non dans ses vers, et remercié publiquement par le pape et par la cour, pour s'être donné la peine de répondre à je ne sais quels *prédicantereaux* et *ministreaux* de Genève; d'ailleurs, bien fait de sa personne, possédant la santé, ayant la satisfaction d'esprit qui l'entretient, sinon la donne; du reste, comme il arrive, ayant abusé de tout, Ronsard mourut dans son prieuré de Saint-Côme, le 17 décembre 1585, après quelques années de retraite pieuse, ayant, dit-on, de légères inquiétudes sur la solidité de sa gloire, quoique son nom fût encore intact et qu'on pût dire de lui aussi qu'il avait été *enseveli dans son triomphe*. Exemple unique, dans l'histoire de la poésie, d'un auteur que la gloire, ou au moins la vogue, vient trouver d'elle-même, comme un courtisan son roi, et qui n'a guère qu'à se laisser faire; exemple instructif, qui prouve que les hommes d'un vrai génie ne sont si attaqués et si méconnus quelquefois, dans le temps où ils vivent, que parce qu'ils sont supérieurs à leur époque et leur voyant plus loin qu'elle, ils n'en sont pas compris; au lieu qu'un homme de talent, qui n'a du génie que l'apparence et les honneurs, est l'idole de son époque, parce qu'il en représente la mesure exacte, et, comme on dit en termes de science, la *moyenne*, qui n'est jamais du génie.

Ronsard est bien le représentant complet de son époque :
savant comme ceux qui l'étaient le plus, poëte par l'érudition, qui est la seule muse de ce temps, et d'ailleurs aussi bien doué, si ce n'est mieux, que les hommes éminents qui l'admiraient, sauf Montaigne et le Tasse, il a pourtant laissé une réputation relativement moins solide que plusieurs d'entre eux, parce que la postérité ne juge pas les poëtes sur l'étoffe ni sur ce qu'aurait pu valoir l'homme dans d'autres circonstances ou avec une autre direction, mais sur ses écrits ; et ensuite, parce que les Pasquier, les Scaliger, les De Thou, n'eurent pas un rôle au-dessus de leur force, à la différence de Ronsard, qui voulut être Pindare, Homère, Virgile et Pétrarque tout à la fois, et qui ne fut pas même autant que M a r o t (*voyez* FRANCE [Littérature]). D. NISARD, de l'Académie Française.

RONSDORFFIENS. *Voyez* ELLER, ELLÉRIENS.
ROOSEBEKE (Bataille de). *Voyez* ROSEBEC.
ROOTHAAN (JEAN-PHILIPPE DE), *général* des jésuites, né à Amsterdam, le 25 novembre 1785, descendait d'une famille originairement protestante. Son grand-père abandonna le calvinisme pour le catholicisme. Son père était chirurgien. Roothaan fut élevé à Amsterdam, et passa en Russie à l'âge de dix-neuf ans. C'est là qu'il entra dans l'ordre des Jésuites. Après deux ans de noviciat il alla étudier la théologie à Polock. Ordonné prêtre en 1812, il était curé d'Orszan, lorsque les jésuites furent expulsés de Russie. Il fut conduit sur les frontières de la Gallicie, d'où son intention était de se rendre en France. Son supérieur en Suisse, Gobinot, le détermina à se fixer à Brieg, dans le Valais, où il s'occupa d'abord d'instruire dans la rhétorique les novices de l'ordre. Chargé ensuite du ministère de la parole et de diverses missions, il accompagna le père provincial dans sa visite générale des maisons de l'ordre, et parcourut la France à deux reprises à cette occasion. En 1823 le général de l'ordre, Louis de Fortis, le préposa à la direction du collège Saint-François de Paule, fondé à Turin, par le roi Charles-Félix, où il eut pour élèves les jeunes gens appartenant aux familles les plus distinguées du royaume. En 1829, à la mort de Fortis, le vicaire général Pavani le nomma vicaire provincial d'Italie; et le 9 juillet de la même année la congrégation générale l'élut pour *général* de l'ordre. Son *généralat* a été surtout remarquable, par l'extension que la Société de Jésus prit sous sa direction. Il créa pour elles huit nouvelles *provinces* : deux en Italie (Turin et Venise), deux en France (Lyon et Toulouse), une en Allemagne (l'Autriche, sans la Gallicie), une en Belgique, une en Hollande et une au Maryland (États-Unis). Quand, en 1846 et 1847, une réaction violente se manifesta contre l'action des jésuites en Suisse, et même à Rome, Roothaan chercha à triompher de cette crise par beaucoup de réserve et de souplesse. Il publia alors diverses déclarations où il représente son ordre comme une simple association religieuse, et repousse comme mal fondées les accusations d'intervention dans les affaires temporelles dont elle est l'objet. Des temps meilleurs revinrent pour la Société de Jésus lorsque la politique de restauration l'emporta partout sur le continent, la plupart des gouvernements ayant compris que cette Société ne pouvait être qu'un instrument propre à en assurer de plus en plus le succès. Il mourut le 8 mai 1853, après avoir eu la satisfaction de voir l'ordre des Jésuites remis presque partout en possession de son ancienne influence. Il a eu pour successeur le père Jean Berckx.

ROQUEBRUNE. *Voyez* MONACO.
ROQUEFORT. *Voyez* AVEYRON.
ROQUEFORT (Fromage de). *Voyez* FROMAGE.
ROQUELAURE (Les), famille française, issue de la maison d'Armagnac.

Antoine, baron de ROQUELAURE, maréchal de France, né en 1543, entra au service de Jeanne d'Albret, reine de Navarre, et aida Henri IV à conquérir son trône. C'est d'après ses conseils que ce prince se détermina à embrasser le catholicisme. Après la pacification il demeura l'un des intimes de Henri IV, et se fit aimer à la cour par son humeur joviale.

Il se trouvait dans le carrosse du roi lorsque celui-ci fut assassiné par Ravaillac. Sous la régence de Marie de Médicis, il se retira dans son gouvernement de Guyenne. Il reçut en 1615 de Louis XIII le bâton de maréchal, et mourut à Lectoure, en 1625.

Gaston-Jean-Baptiste, marquis et puis duc de ROQUELAURE, fils du précédent, également célèbre par son esprit, sa laideur et ses brillants faits d'armes, naquit en 1617, et entra de bonne heure dans la carrière militaire. Ses débuts n'y furent point heureux. Blessé et fait prisonnier au combat de La Marfée, en 1641, et l'année suivante à la bataille de Honnecourt, il fut employé deux ans après en qualité de maréchal de camp au siège de Gravelines; il figura de même au siège de Courtray, en 1646, et obtint en récompense de sa belle conduite le grade de lieutenant général. Une nouvelle blessure qu'il reçut pendant les guerres de la Fronde, à l'attaque du faubourg Saint-Severin, à Bordeaux, lui valut, en 1652, la dignité de *duc et pair*. Ayant essuyé vers cette époque une légère disgrâce pour avoir dit au prince de Condé qu'il regrettait de ne s'être point déclaré en sa faveur, il ne tarda pas à être rappelé par le cardinal Mazarin, qui l'envoya cueillir sa part de lauriers dans la Franche-Comté, la Hollande, et enfin au siège de Maëstricht, en 1673. Ici se termine l'éclatante période de la vie de Roquelaure. Il mourut gouverneur de Guienne, en 1683, emportant les regrets de la cour et du roi qu'il avait tant de fois charmés par ses saillies spirituelles. Nous croyons inutile d'ajouter que les plates et stupides bouffonneries réunies sous le titre de *Momus français, ou les Aventures divertissantes du duc de Roquelaure* (Cologne, 1727), lui sont complétement étrangères; le dernier des Gascons les désavouerait.

Antoine-Gaston-Jean-Baptiste, duc de ROQUELAURE, fils du précédent, suivit l'exemple de son père, et, comme lui, entra fort jeune au service. Après s'être signalé dans presque toutes les guerres de Louis XIV, après avoir gouverné le Languedoc, pacifié les Cévennes en 1709, et repris aux Anglais le port de Cette, il mourut en 1738, à Lectoure; il était âgé de quatre-vingt-deux ans, et avait reçu en 1724 le bâton de maréchal de France. Avec lui s'éteignit la maison de Roquelaure; des deux filles qu'il avait laissées, l'une fut mariée au duc de Rohan-Chabot et l'autre au prince de Pons.

Jean-Armand de BOSSEJOULS de ROQUELAURE, archevêque de Malines, né en 1725, à Roquelaure, près de Rodez, n'appartenait point à la famille de Roquelaure. Au moment où éclata la révolution française il était évêque de Senlis. Il échappa par hasard à la guillotine, et après la chute de Robespierre fit preuve d'un grand zèle pour le rétablissement du culte catholique. En 1801 Bonaparte lui conféra le siège archiépiscopal de Malines, auquel il dut renoncer en 1808, sans autres explications, pour accepter en échange une place au chapitre de Saint-Denis. Il mourut le 24 avril 1818, âgé de quatre-vingt-dix-sept ans. Il avait été élu de l'Académie Française, en 1770, sans avoir jamais rien écrit.

ROQUEPLAN (CAMILLE-JOSEPH-ÉTIENNE), peintre de genre contemporain, mort en octobre 1855, était né à Mallemart (Bouches-du-Rhône), le 18 février 1802. Arrivé très-jeune à Paris, il commença par suivre la carrière administrative. Mais sa passion, dominant bientôt tous les obstacles de famille ou de position, le poussa vers la peinture. Après avoir quelque temps travaillé chez Abel de Pujol, où il ne dut guère trouver ce qu'il cherchait, il entra, en 1819, dans l'atelier de Gros, refuge de tous les jeunes coloristes. Bonington lui-même y arriva presque à la même date. Roqueplan exposa pour la première fois, au salon de 1822, un *Soleil couchant* et un *Routier dans une écurie*; mais son talent ne fut sérieusement remarqué qu'en 1827. *La Marée d'équinoxe*, et *La Mort de l'espion Morris* le signalèrent à l'attention de tous ceux qui aimaient la couleur et le sentiment. Ce dernier tableau, placé aujourd'hui au musée de Lille, est d'un dessin singulièrement imparfait; on ne se fit pas faute de le lui dire: aussi Roqueplan s'abstint-il désormais de traiter des sujets si ambitieux ou du moins d'une si haute dimension. On vit successivement de sa main *Les Côtes de Normandie* (1831), précieuse marine, qui fut achetée pour le musée du Luxembourg; *J.-J. Rousseau et M*lle *Galley* (1833), une *Scène de la Saint-Barthélemy* , *L'Amateur de curiosités* (1834), *J.-J. Rousseau cueillant des cerises*, *Le Lion amoureux* (1834), *La Bataille d'Elchingen* (1837), destinée au musée de Versailles; *Van Dyck à Londres* (1838), etc. Nous ne rappelons que les œuvres les plus applaudies ou les plus discutées. Indépendamment de ces tableaux, Camille Roqueplan composait des paysages, des aquarelles ou des vignettes. On a même dit qu'il n'était pas étranger à l'exécution du décor du troisième acte du ballet de *La Tentation*. Cette fécondité dut pourtant s'arrêter : atteint d'une maladie de poitrine qui inquiéta longtemps ses amis, Roqueplan s'abstint d'exposer pendant plusieurs années. On disait même qu'il avait renoncé à la peinture, lorsqu'il reparut au salon de 1847 avec quatre tableaux, dont les sujets étaient empruntés à la vie des montagnards des Pyrénées. Ces petites toiles révélèrent dans la manière de l'auteur un changement fâcheux. Son coloris, si brillant jadis qu'il en était presque faux, avait perdu tout éclat; ses tons ternes et crayeux firent regretter les scintillantes nuances du *Lion amoureux* et de *Van Dyck à Londres*. Il faut tout dire cependant. Moins agréable, moins aimée que la première, la seconde manière de Roqueplan est plus sérieuse et plus vraie. La touche d'ailleurs est restée spirituelle et vive. On peut dire que l'école moderne a eu dans Camille Roqueplan un de ses plus charmants coloristes. Walter-Scott, J.-J. Rousseau, Mérimée, ont trouvé en lui un commentateur ingénieux et vif; la nature elle-même lui doit plus d'une reproduction fidèle, car, j'aurais tort de l'oublier, Roqueplan a signé plus d'une belle marine, plus d'un paysage lumineux. Paul MANTZ.

ROQUER. *Voyez* ÉCHECS (Jeu des) et FORTERESSE.

ROQUET, race de chien de la famille des dogues. Le roquet, qui ressemble beaucoup au petit danois, en diffère par son museau plus gros, plus court et un peu retroussé.

ROQUETTE (N.....). Ce nom est à retenir, car il appartenait au drôle qui posa devant Molière lorsque cet immortel peintre des travers et des vices de l'humanité traça son admirable caractère de *Tartufe*. Voici à cet égard ce que nous apprend Saint-Simon : « Il mourut alors un vieil évêque, qui toute sa vie n'avait rien oublié pour faire fortune et être un personnage; c'était *Roquette*, homme de fort peu, qui avait attrapé l'évêché d'Autun, et qui à la fin, ne pouvant mieux, gouvernait les états de Bourgogne à force de souplesse et de manéges autour de M. le Prince. Il avait été de toutes les couleurs : à Mme de Longueville, à M. le prince de Conti, son frère, au cardinal Mazarin, surtout abandonné aux jésuites. Tout sucre et tout miel, lié aux femmes importantes de ce temps-là, et entrant dans toutes les intrigues, toutefois grand béat. C'est sur lui que Molière prit son *Tartufe*, et personne ne s'y méprit. L'archevêque de Reims passant à Autun avec la cour, et admirant son magnifique buffet : « Vous voyez là, lui dit l'évêque, le bien des pauvres. — Il me semble, lui répondit brutalement l'archevêque, que vous auriez pu leur en épargner la façon. » Il emboursait accortement ces sortes de bourrades, il n'en sourcillait pas; il n'en était que plus obséquieux envers ceux qui les lui avaient données, mais allait toujours à ses fins sans se détourner d'un pas. Malgré tout ce qu'il put faire, il demeura à Autun, et ne put arriver à une plus grande fortune. »

ROQUAL. *Voyez* BALEINE et BALEINOPTÈRES.

ROS. *Voyez* PEIGNE.

ROSA (SALVATOR), dit *Salvatoriello*, célèbre peintre et graveur de l'école napolitaine, et en même temps poëte satirique remarquable et musicien, l'un des artistes dont la vie romanesque offre le plus d'attraits, bien qu'il n'ait pas en l'honneur, ainsi que l'a fait croire une fausse tradition, de vivre parmi les brigands, ou d'être brigand lui-même. Né à Renella, près de Naples, en 1615, d'une pauvre famille, il avait été destiné à l'état ecclésiastique; mais son penchant l'entraînait vers l'art du dessin, et privé de leçons, d'après la volonté expresse de son père, il s'en vengea en faisant la caricature de ses maîtres ou des autres personnages qui donnaient prise à son crayon. Arrivé à la classe de philosophie, cette étude, telle qu'on l'avait affublée à cette époque, lui parut si ridicule qu'il ne voulut pas aller plus loin, et qu'on fut obligé de le reprendre dans sa famille. Là, au milieu des privations de toutes espèces, son imagination, loin de s'amortir, sembla prendre de nouvelles forces. Il s'adonna à la poésie et à la musique, et avec un tel succès que plusieurs de ses chants, qu'il faisait entendre lui-même dans ses sérénades, devinrent populaires à Naples. Quant à ses poésies d'alors, elles furent perdues; mais des œuvres de plus haute portée, satires, sonnets, cantates, les remplacèrent, et ont mérité d'être conservées. Il y a apparence que le Greco continuait à lui donner en secret quelques leçons, qui développèrent son talent naturel pour le dessin; et bientôt, plus habile que son oncle, il commença à travailler sous la direction de Francanzano, élève de Ribera, qui était devenu son beau-frère. Son temps se partageait entre les causeries et les études dans l'atelier de Francanzano, et des courses longues et fréquentes dans les lieux les plus sauvages. C'est vers ce temps que l'on a prétendu, sans preuve aucune, qu'il avait été pris par les brigands des Abruzzes, et qu'il s'était même associé à leurs méfaits.

Au moment où son talent commençait à prendre un véritable caractère, bien qu'il n'eût encore que dix-huit ans, son père mourut. Salvator se vit chargé de subvenir aux besoins de sa famille; et comme ses tableaux n'avaient encore aucune réputation et par conséquent ne lui rapportaient rien, il fut longtemps en butte à la plus complète misère, souffrant et voyant souffrir autour de lui ce qu'il avait de plus cher. Mais c'est à tort qu'on le fait recevoir membre de la *Compagnia della Morte*, qui joua un si grand rôle dans l'insurrection de Masaniello. Il continua pourtant de travailler, et produisit des paysages qui lui assuraient à peu près du pain; mais son talent prit dès lors la teinte sombre que le malheur avait répandue si opiniâtrement sur son existence. Rien n'annonçait qu'elle dût être un jour plus douce, lorsque Lanfranc, habile peintre de l'école bolonaise, appelé à Naples pour décorer l'église de *Jesu-Nuovo*, vit avec surprise un tableau du jeune peintre gisant dans une échoppe : c'était *Agar dans le désert*. Lanfranc l'acheta en en faisant l'éloge; et dès ce moment on rechercha ses tableaux. Lanfranc l'engagea à aller se perfectionner à Rome, et lui facilita ce voyage. Salvator n'avait alors guère plus de vingt ans. Arrivé à Rome, à peine avait-il commencé le cours de ses études, que les privations et les fatigues lui donnèrent une fièvre ardente. Son dénûment continuait d'être affreux, et cependant son talent poétique ne perdait pas de sa verve. C'est au milieu de ces souffrances physiques et morales qu'il écrivit une cantate profondément triste et touchante, dont lady Morgan a donné une traduction. Dès qu'il fut en état de marcher, il reprit la route de son pays natal, pensant qu'elle seulement le pourrait rétablir. De retour à Naples, il travailla de nouveau avec courage, et peignit des paysages sévères, ainsi que des batailles, sujets en harmonie avec son esprit sombre et inquiet; ses œuvres furent goûtées, et la misère s'éloigna enfin. Une place lui fut donnée, suivant les usages du temps, dans la maison d'un prélat, le cardinal Brancaccio; mais il quitta bientôt le prélat, afin de recouvrer son indépendance. Lancé tout à fait dans le monde artiste, il reçut des conseils de Ribera, dit *l'Espagnolet*, et n'en prit que ce qu'il pouvait approprier à son genre de talent; puis son humeur voyageuse le fit retourner à Rome. Homme d'esprit, poëte satirique, en même temps que peintre habile, sa double réputation le fit rechercher, soit par plaisir, soit par crainte.

Une farce de carnaval, en 1639, augmenta la célébrité de Salvator. Déguisé en marchand d'orviétan, il se mit à débiter sur la place publique des remèdes contre toutes les calamités publiques; c'étaient des satires aussi spirituelles les unes que les autres contre les puissants et contre ses rivaux. Cette incartade fit du bruit, et lui suscita force ennemis. Persécuté, menacé de l'inquisition à cause de ses tableaux de *L'Umana Fragilita* et de *La Fortuna*, il se vit ensuite obligé de fuir à Florence, où il trouva enfin une existence brillante. Le grand-duc le chargea de décorer le palais Pitti; il vécut entouré de gens de lettres, reçut même les grands seigneurs, et travailla pour divers souverains. Après dix ans de travaux, que n'épargnèrent pas cependant l'envie et la cabale, il retourna à Rome, où les mêmes tracasseries le suivirent; et ce qui le prouve, c'est que ce ne fut que trente ans après son début dans sa laborieuse carrière, qu'il fut admis à mettre trois grands tableaux à l'exposition publique de la Saint-Jean, en 1663, à exposer son *Catilina* au Panthéon, et à faire un tableau d'autel pour la basilique de Saint-Pierre. Ce fut vers cette époque aussi qu'il fit son grand tableau de bataille, destiné à être offert à Louis XIV par la cour de Rome, et qui figure aujourd'hui dans la galerie du Louvre. Les dernières années de sa vie furent à peu près marquées par les mêmes vicissitudes; et sa vue finit par faiblir ainsi que ses facultés morales. Le travail le fatiguait; il se délassa en exécutant des gravures à l'eau-forte, qui sont aujourd'hui fort recherchées. Ses amis l'engagèrent à exécuter une suite de caricatures, au moyen de quoi ils espéraient le ranimer et le distraire; mais il ne put le continuer. Tombé sérieusement malade, il mourut en 1673.

Salvator Rosa a une manière de peindre à lui, et qui n'a été bien imitée par aucun autre artiste. Sans doute ce n'est pas par le dessin des personnages qu'il brille; mais ils sont toujours bien conçus et bien posés dans ses paysages, dont ils augmentent l'effet. Sa touche est large, heurtée, fière; sa couleur, toujours sévère, tombe parfois dans la monotonie, et cependant se fait pardonner ce défaut. Les sites qu'il choisit ou qu'il invente sont grands, âpres, sauvages, et empreints du caractère distinctif qui a fait la réputation de l'auteur. Il est difficile de signaler le plus beau de ses nombreux paysages, dont la plupart sont en Angleterre et en Italie. La plus belle de ses peintures d'histoire est *L'Ombre de Samuel*, et sa plus belle bataille celle qu'on voit au musée du Louvre.
Charles FARCY.

ROSA BONHEUR (Mlle), un de nos premiers peintres d'animaux et de paysages est née en 1821, à Bordeaux. Son père, Raymond BONHEUR, peintre de quelque talent, fut son seul professeur. Sa vocation d'artiste se révéla dès son enfance. Après avoir consacré quatre années à l'étude des grands maîtres, elle débuta au salon de 1841 avec deux tableaux intitulés : *Chèvres et Moutons* et *Deux Lapins*. L'année suivante elle exposa trois nouvelles toiles : *Animaux dans un pâturage*, *Vache couchée dans la prairie*, *Cheval à vendre*; en 1843 *Chevaux dans un pré* et *Chevaux sortant de l'Abreuvoir*; en 1844 trois petits tableaux; en 1845 douze toiles capitales; en 1846 cinq tableaux, dont un, *Les Trois Mousquetaires*, sortait de son genre habituel; en 1847 Rosa Bonheur envoya au salon nombre de tableaux remarquables, parmi lesquels on doit citer le *Labourage nivernais*, aujourd'hui au musée du Luxembourg, et un *Effet du Matin*. Les dernières grandes œuvres qu'elle ait offertes au public sont *Le Marché aux Chevaux* et *La Fenaison*. Après l'exposition universelle, cette dernière toile fut achetée pour le Musée du Luxembourg, et Mlle Rosa Bonheur obtint une médaille de première classe, « l'auteur du tableau ne pouvant pas être décoré, » disait le rapport. Mlle Bonheur a succédé à son père, mort en 1849, dans la direction de l'école communale de dessin pour les jeunes filles, située rue Dupuytren.

Ses frères *Auguste* et *Isidore*, l'un peintre et l'autre sculpteur, marchent sur ses traces.

La peinture de Mlle Rosa Bonheur est étudiée, grave, admirablement consciencieuse, pleine d'un charme naïf et d'un sentiment profond. Son talent ne brille pas par la fougue, l'audace et l'excès d'éclat; elle n'a point débuté par un coup de théâtre et n'a apporté dans son art ni procédé nouveau ni système subversif; mais elle réussit par sa simplicité même auprès de ce public blasé des ragoûts bizarres qu'on lui sert depuis si longtemps. La touche de Mlle Bonheur est loin d'être magistrale; au contraire, cette artiste trahit une inexpérience parfaite dans ses compositions où entrent des figures humaines. Pris à part, chacun de ses personnages est satisfaisant; mais ils ne sont jamais d'accord pour l'ensemble du tableau. Toutefois, elle rachète ce défaut par un sentiment très-exquis et très-poétique. W.-A. DUCKETT.

ROSAGE, nom vulgaire des plantes du genre *rhododendron*, de la famille des éricacées, tribu des rhodoracées, de la décandrie-monogynie du système sexuel. On compte environ quarante-cinq espèces de rosages, qui habitent les montagnes de l'Europe, de l'Asie moyenne, de l'Amérique septentrionale, de l'Inde et des îles qui l'avoisinent. Ce sont de petits arbres, ou plus souvent des arbustes, remarquables par la beauté de leurs feuilles alternes, entières, persistantes, ordinairement coriaces, et surtout par leurs fleurs grandes et brillantes, groupées en un magnifique bouquet à l'extrémité de chaque branche. Elles ont pour caractères : Calice à cinq divisions; corolle infundibuliforme, plus rarement campanulée ou rosacée, à cinq lobes inégaux; dix étamines hypogynes. Ce dernier caractère distingue les rosages des azalées, de plus, les feuilles de ces dernières sont tombantes.

L'une des plus belles espèces cultivées dans nos jardins est le *rhododendron en arbre* (*rhododendron arboreum*, Smith), originaire de l'Himalaya, où elle forme un arbre de six à sept mètres de haut; chez nous elle s'élève rarement au-dessus de trois mètres. Ses grandes et belles fleurs sont d'un rouge écarlate rembruni; mais on en a obtenu de nombreuses hybrides de nuances diverses. Introduite en Europe en 1817, cette espèce exige la serre tempérée.

Le *rhododendron du Pont* (*rhododendron Ponticum*, L.) réussit très-bien en pleine terre de bruyère. Il croît spontanément dans l'Asie Mineure, et aussi près du détroit de Gibraltar. Ses fleurs purpurines, fréquemment tachetées sur leur lobe supérieur, sont larges de cinq à six centimètres.

Le *rhododendron du Pont* et le *rhododendron élevé* (*rhododendron maximum*, L.), vulgairement *rhododendron d'Amérique*, *grand rhododendron*, *arbre du Canada*, etc., sont les deux espèces les plus recherchées pour l'ornement des massifs.

ROSAIRE, formulaire de prières fort utile aux personnes dévotes qui ne savent pas lire. On en attribue l'invention à saint Dominique durant la guerre des Albigeois, au huitième siècle. C'est une pieuse combinaison du Symbole des Apôtres, de l'Oraison Dominicale et de la Salutation Angélique, à laquelle est jointe la prière *Sancta Maria*, instituée par le concile d'Éphèse; une espèce de couronne composée de grains de différentes matières plus ou moins précieuses, commençant par une croix sur laquelle on dit le Symbole des Apôtres. Sur le grain qui suit on dit le *Pater* ; sur les quatre autres la prière de la sainte Vierge, sur le cinquième le *Pater*. Suivent quinze dixaines, pendant lesquelles on répète autant de fois qu'il y a de grains la prière de la sainte Vierge, et à chaque grain plus gros que les autres on récite le *Pater*. Le tiers du rosaire s'appelle *chapelet*. Le pape Grégoire XIII en a fixé la solennité au premier dimanche d'octobre.

L'ordre militaire des chevaliers de *Notre Dame du Rosaire*, institué peu après la mort de saint Dominique, a été confondu par quelques auteurs avec l'association de croisés qui combattit contre les Albigeois, sous les ordres de Simon de Montfort. Il est plus généralement attribué à Frédéric, archevêque de Tolède, qui organisa une corporation armée pour garantir son diocèse des incursions des Maures. Mais l'ordre ne reçut point l'autorisation pontificale, et sa durée fut si courte que quelques écrivains ont mis en doute son existence. DUFEY (de l'Yonne).

ROSALBA (ROSA ALBA CARRIERA, dite), célèbre peintre de pastels et de miniatures, née à Venise, en 1675, ou, suivant Zanetti, à Vicence, en 1672, morte à Venise, à l'âge de quatre-vingt-deux ans, a joui de la réputation la plus brillante et la plus méritée. Dans tous les musées de l'Europe ses portraits occupent aujourd'hui le premier rang. Celui de Dresde en possède à lui seul cent quarante-trois, tous historiques et intéressants. Rosalba vint aussi en France à l'époque de la Régence; et pendant l'année qu'elle passa à Paris, il n'est pas un personnage de la cour du régent qui n'ait voulu avoir son portrait de la main de la célèbre *pasteliste*. De toutes les parties de l'Allemagne et de l'Italie et même de l'Angleterre on se rendait à Venise pour voir cette femme célèbre et obtenir la faveur de poser dans son atelier. Sa manière est naïve, gracieuse, et d'une couleur chaude, qui approche de celle des grands Vénitiens. Ses ouvrages, devenus fort rares aujourd'hui, par la raison que toutes les grandes collections publiques se les arrachent, atteignent toujours dans les ventes des prix très-élevés. *Voyez* MINIATURE (t. XIII, p. 199), et à l'article ÉCOLES DE PEINTURE le paragraphe relatif à l'école vénitienne.

ROSALIE (Sainte), patronne de Palerme, était dit-on, une princesse espagnole. Suivant une autre version elle aurait vu le jour dans la ville de Rosalia, de l'intendance de Girgenti (Sicile), et serait morte en 1160 sur le *monte Pellegrino*, près de Palerme, après avoir vécu de la vie contemplative. Ses ossements y ayant été retrouvés au moyen âge, au milieu d'une peste qui sévissait cruellement en Sicile, et la maladie ayant alors disparu tout à coup, elle fut déclarée patronne de la ville de Palerme, où sa fête, qui se célèbre le 15 juillet, donne lieu tous les ans à de magnifiques processions et à de grandes réjouissances. Une chapelle, bâtie sur le *monte Pellegrino*, a été placée sous son invocation.

ROSAMEL (CLAUDE-CHARLES-MARIE DU CAMPE DE), né en 1776, à Rosamel, entra dans la marine en 1792, et parvint rapidement au grade de lieutenant de vaisseau. En 1796 il fit partie de l'expédition qui sous les ordres de Morard de Galles et de Hoche devait opérer un débarquement en Irlande. Promu dès 1801 au grade de capitaine de vaisseau, ce ne fut qu'en 1809 qu'il obtint le commandement d'une frégate. Le 29 novembre 1809 il fut fait prisonnier par les Anglais, à la suite d'un brillant combat soutenu dans les eaux de l'Adriatique, à la hauteur de Palagasa, et ne revit la France qu'après la chute de Napoléon, en 1814. En 1815 on lui confia le commandement d'un vaisseau de ligne. Promu en 1818 au grade de contre-amiral et nommé membre du conseil de l'amirauté, il rendit sous la Restauration des services essentiels à la marine française. En 1830 il commandait sous les ordres de Duperré une partie de la flotte chargée de l'expédition d'Alger. Quand l'armée marcha à l'assaut du fort l'Empereur, il vint mouiller dans la baie d'Alger et ouvrit le 29 juin contre les forts et les batteries du port un feu si effroyable que bientôt il ne resta plus au dey d'autre ressource que de capituler. Après la révolution de Juillet il fut nommé préfet maritime à Toulon. Dans le ministère formé le 25 août 1836, sous la présidence du comte Molé, il accepta le portefeuille de la marine, et dirigea ce département avec une remarquable habileté. Après avoir préparé en 1838 le blocus des côtes du Mexique, il se retira avec ses collègues, le 9 mars 1839, devant le triomphe de la coalition. Il mourut en 1846, avec le grade de vice-amiral.

ROSAS (Don Juan Manuel de), ancien gouverneur et capitaine général de Buenos-Ayres, né en 1793, à Buenos-Ayres, passa sa jeunesse dans les domaines de sa famille, originaire de l'Asturie, parmi les Gauchos, dont il adopta le genre de vie; ce qui lui fit obtenir une grande influence sur ces populations. C'est en 1820 qu'il parut pour la première fois sur la scène politique, à la tête d'un régiment de milice, pour défendre le gouverneur Rodriguez. En 1828 il prit le commandement de la population des campagnes, et figura comme chef des fédéralistes dans leur lutte contre les unitaires; ensuite de quoi, le 8 décembre 1829, il fut nommé gouverneur de Buenos-Ayres. Bien déterminé à user de tous les moyens pour consolider sa domination, il commença par faire dans les provinces la chasse aux unitaires, contre qui il se mit en campagne dès le mois de novembre 1830. Sa dictature légale étant venue à expirer le 24 janvier 1832, il entreprit une expédition contre les Indiens de la partie méridionale de Buenos-Ayres. Les succès qu'il y remporta entourèrent son nom d'un nouveau prestige aux yeux du peuple, de sorte que dans l'état d'anarchie où Buenos-Ayres était tombé en son absence, chacun vit en lui celui qui seul pouvait sauver la chose publique; et le 7 mars 1835 il fut pour la seconde fois élu gouverneur et capitaine général pour cinq ans. Il fit un calcul très-sage en refusant d'abord cette dignité, qu'il finit par accepter à la condition qu'on l'investirait temporairement de pouvoirs extraordinaires, qui faisaient de lui un véritable dictateur; et tous les cinq ans la même comédie se renouvela entre Rosas et les chambres. Toujours confirmé sous ces conditions dans sa haute position, il gouverna de la manière la plus machiavélique et la plus cruelle jusqu'en 1852. Après avoir profité de circonstances favorables pour se débarrasser successivement de ses divers rivaux, il consacra toutes ses forces et toute son énergie à exterminer les unitaires, c'est-à-dire le parti opposé au sien. Malgré ces luttes, il avait ce pendant réussi à rétablir l'ordre ainsi que la sécurité et à organiser la justice d'une manière assez satisfaisante. Grâce à lui, l'agriculture prit aussi un remarquable essor dans la province de Buenos-Ayres; mais tant qu'il fut à la tête du gouvernement, la chambre des représentants n'eut d'autre mission que d'écouter le rapport annuel qu'il lui adressait. Sur quatre ministères il y en avait deux de placés immédiatement sous sa direction, celui de l'intérieur et celui de la guerre; et en même temps les ministères des finances et des affaires étrangères étaient entre les mains d'hommes entièrement à sa dévotion. Don Felipe Arana, ministre des affaires étrangères, excellait surtout à traduire dans ses notes et ses dépêches la politique cauteleuse et perfide de Rosas. Comme homme privé, Rosas ne laissait pas que de faire preuve d'une certaine dignité, de simplicité et même de sévérité de mœurs; et par le charme de sa parole il réussissait à fasciner non pas seulement les Gauchos, mais encore des hommes instruits et éclairés. Objet des respects fanatiques de ses partisans, il était en général exécré par les classes éclairées, à cause de ses actes arbitraires et sanguinaires. On calcule qu'en 1843 Rosas avait déjà envoyé à la mort 5,884 individus (c'est à pour 100 du chiffre total de la population de Buenos-Ayres); et l'immense masse de papier-monnaie qu'il mit successivement en circulation indisposa toujours de plus en plus l'opinion publique contre lui. Après s'être encore une fois fait attribuer le pouvoir suprême, le 12 septembre 1849, ce qu'il y avait d'insoutenable dans sa position se traduisit au grand jour, quand l'Angleterre, la France et le Brésil eurent été obligés d'intervenir dans les affaires de Buenos-Ayres (*voyez* PLATA [Rio de la]).

Le 1er août 1851 le général brésilien Coxeas franchit la frontière brésilienne, tandis qu'une flotte aux ordres de Grensel remontait le Parana. Le gouverneur et capitaine général d'Entre-Rios, Justus Joseph de Urquizza, fatigué de l'état de dépendance dans lequel il était tenu par Rosas, gouverneur de Buenos-Ayres, se détacha de lui, et envahit à son tour l'Uruguay, où, le 12 octobre 1851, il contraignit le général et président Oribe, allié de Rosas, à signer une capitulation. Rosas réussit pour le moment à se maintenir à Buenos-Ayres; et lorsque Urquizza eut franchi avec l'armée alliée le Parana, en janvier 1852, il quitta même la capitale pour aller prendre en personne le commandement de l'armée. Mais la bataille livrée le 3 février 1852 à Santos-Lugares, près de Buenos-Ayres, bataille au succès de laquelle les troupes allemandes recrutées pour le compte du Brésil prirent une part importante, décida du sort du dictateur. Rosas, réduit à se déguiser en *Gaucho*, s'enfuit à Buenos-Ayres, où, travesti cette fois en matelot, il se sauva avec ses deux filles, *Manuelita* et *Mercedes*, et ses deux fils, *Juan* et *Manuel*, à bord du vapeur anglais *Locust*, qui le débarqua le 26 avril 1852 à Cork en Irlande. L'accueil prévenant que Rosas éprouva de la part des autorités anglaises provoqua beaucoup de surprise. Ses immenses richesses, consistant en fermes et en troupeaux, furent confisquées au profit de l'État, le 4 février 1852, par le gouvernement provisoire constitué à Buenos-Ayres par Urquizza.

Rosas a été l'objet d'appréciations très-contradictoires. Tandis que ses partisans voient en lui un héros supérieur même à Washington, les autres le tiennent avec plus de raison pour un *Gaucho* pur sang, représentant au plus haut degré d'énergie, l'opiniâtreté, la finesse et la cruauté de sa race.

ROSAT (Miel). *Voyez* MIEL ROSAT.

ROSBACH (Bataille de). *Voyez* ROSSBACH.

ROSCELIN (Jean), théologien et philosophe scolastique de la fin du onzième siècle, qu'on prétend avoir été le maître d'Abailard, était chanoine à Compiègne, et appliqua le premier, à ce qu'il paraît, les doctrines du nominalisme au dogme de la Trinité, et prétendait que les idées générales n'ayant rien de réel hors de notre esprit, il fallait comprendre les trois personnes comme trois individualités (*tres res per se*). Accusé pour cela d'hérésie par Anselme de Canterbury, il fut obligé de se rétracter au synode tenu à Soissons en 1092; mais il n'en continua pas moins de professer cette doctrine hétérodoxe et d'autres encore. Il passa en Angleterre; puis, expulsé de ce pays, il revint en France, où il mourut, en 1120, sans s'être réconcilié avec l'Église.

ROSCIUS (Quintus), l'un des plus célèbres acteurs de l'ancienne Rome, naquit, suivant l'opinion commune, à Lanuvium, ville municipe du Latium. Il avait reçu en partage la grâce et la beauté, avantages qui lui valurent d'abord à Rome la faveur des grands. Cependant, un défaut malheureusement trop remarquable déparait sa beauté : il était louche. On prétend que ce fut pour cacher en partie cette difformité qu'il usa le premier d'un masque sur le théâtre. Au reste, le masque n'empêchait pas de voir dans les yeux de l'acteur l'expression passionnée des divers sentiments du personnage. Doué de tous les autres dons extérieurs, Roscius était bien fait de sa personne; il avait l'air noble, et respirait en tout la convenance et la grâce. Le théâtre n'était pas moins honoré que la tribune dans la ville de Romulus, devenue l'émule d'Athènes. Un invincible attrait entraîna Roscius vers la carrière dramatique. Admirable dans la tragédie, où la noblesse de sa personne, l'élévation de ses sentiments, la sensibilité communicative de son âme et la beauté de sa diction et de ses gestes, jointes à des inspirations sublimes, transportaient les spectateurs, il réussissait également dans la comédie par la fidélité de l'imitation et la vivacité d'un jeu plein de verve et de gaieté : son seul aspect déridait les fronts les plus sévères; mais guidé par le goût et par un sentiment délicat des convenances de l'art, il ne rabaissait pas la comédie jusqu'à la charge et à la caricature : il était plaisant sans être bouffon. A la fois chéri et estimé du public, il acquit bientôt une telle renommée que, au témoignage de Cicéron, tout homme qui excellait dans sa profession en était appelé *Roscius*. Comme au temps où nos prédicateurs eux-mêmes allaient écouter le célèbre Baron pour profiter à son école et apprendre à toucher les cœurs, les élèves accoururent en foule autour de Roscius, qui eût la gloire de compter parmi ses disciples l'illustre Cicéron. Il acquit des richesses immenses par ses talents ; il recevait des magistrats jusqu'à mille sesterces par jour, et finit par jouer gratuitement, pour le seul plaisir de cultiver un art dont il faisait sa gloire et ses délices, et d'obtenir les applaudissements des Romains, qui ne pouvaient se lasser de l'admirer. Cicéron a rendu ainsi hommage à ce noble désintéressement : « Dans les dix dernières années, il aurait pu acquérir six millions de sesterces, il ne l'a pas voulu : il a accepté le travail et refusé le salaire. » Roscius joignait les honneurs aux richesses ; le dictateur Sylla, qui l'estimait beaucoup, le décora d'un anneau d'or. Cicéron le défendit dans un plaidoyer qui est parvenu jusqu'à nous contre un certain Cherea, espèce de fripon, qui essaya d'attaquer la probité du grand et estimable acteur.

Roscius, après avoir parcouru la plus brillante carrière, adoré du public, chéri des gens de bien, recherché de tout ce que Rome renfermait d'illustre par la naissance, par le rang, les lumières et la vertu, mourut dans une extrême vieillesse, vers l'an 61 avant J.-C.

P.-F. TISSOT, de l'Académie Française.

ROSCOE (WILLIAM), écrivain anglais, né à Liverpool, en 1753, de parents pauvres, fut d'abord scribe chez un jurisconsulte de Liverpool, et trouva au milieu de ses occupations le temps d'apprendre lui-même le latin, le français et l'italien. Dès l'âge de seize ans il composa un poëme descriptif, intitulé : *Mount Pleasant*. Après avoir longtemps travaillé sous la direction de son patron, celui-ci finit par le prendre pour associé ; et bientôt ce fut lui qui mena presque seul et avec le plus grand succès le cabinet. Quand Clarkson souleva la question de l'abolition de la traite, Roscoe s'en émut profondément ; et en 1788 il publia son poëme *The Wrongs in Africa*, où il cherchait à gagner l'opinion publique, à la cause de l'humanité. En 1795 il fit paraître le premier et le meilleur fruit de ses travaux historiques : *The Life of Lorenzo de Medici*. Bientôt il abandonna son cabinet d'affaires, pour se faire avocat plaidant ; puis il renonça à cette carrière, et ouvrit une maison de banque à Liverpool. C'est à cette époque qu'il fit les travaux préparatoires nécessaires pour composer son grand ouvrage *The Life and Pontificate of Leo X* (4 vol., Liverpool, 1805), inférieur peut-être au précédent, mais qui témoigne de profondes et consciencieuses recherches. Dévoué au parti whig, il siégea quelque temps au parlement comme représentant de la ville de Liverpool. Des spéculations malheureuses, qui amenèrent en 1816 la chute de sa maison de banque et le forcèrent même à vendre sa précieuse bibliothèque, l'empêchèrent de réaliser le projet qu'il avait conçu d'écrire une histoire générale de l'art et de la littérature. Toutefois, il continua toujours à s'occuper de sciences et de belles-lettres, et fut l'un des fondateurs de la *Royal Institution* de Liverpool. Il mourut le 30 juin 1831.

ROSCOFF. *Voyez* FINISTÈRE.

ROSCOMMON, comté de la province de Connaught (Irlande), qui en 1851, sur une superficie d'environ 32 myriamètres carrés, ne contenait plus que 173,798 habitants, c'est-à-dire 79,743 de moins qu'en 1841. Près du tiers de sa surface est couvert de marais et de landes, et son climat est très-humide. Son principal cours d'eau, le Shannon, l'expose à de fréquentes inondations, quoique ses rives en sont très-basses. Sur sa frontière septentrionale, près du lac Allen, on trouve un peu de houille et de minerai de fer. Faute de bois, on y brûle généralement de la tourbe. La fabrication des toiles, jadis importante, est aujourd'hui bien déchue. Traversé par le Shannon et par le chemin de fer de Dublin à Galway, ce comté exporte surtout de la laine brute, des bêtes à cornes, des porcs et des viandes salées.

Son chef-lieu, *Roscommon*, vieux bourg mal construit, compte environ 3,300 habitants. On y voit un vieux château fort, construit en 1268, autrefois résidence des comtes de Roscommon, les ruines d'un couvent de dominicains avec le tombeau du roi de Connaught O'Connor, une maison d'aliénés et une belle église anglicane.

ROSCOMMON (DILLON WENTWORTH, comte DE), poëte anglais remarquable par la correction de sa versification, et qu'on regarde en Angleterre comme l'un des restaurateurs du bon goût. Né en 1633, en Irlande, il étudia en France pendant l'émigration des Stuarts, et ne rentra dans sa patrie qu'après la restauration. Capitaine des gardes de Charles II, sa vie fut celle de tous les hommes qui entouraient ce prince voluptueux. Il mourut en 1684. On a de lui un *Essai sur l'art de traduire en vers*, et des traductions de l'*Art poétique* d'Horace et de la sixième églogue de Virgile.

ROSE, fleur du rosier, type de la famille des rosacées : elle est ordinairement d'un rouge pâle et d'une odeur agréable, et était autrefois consacrée à Vénus. Les poëtes de tous les temps et de tous les pays en ont usé et abusé, par imitation des Grecs et des Latins. Si nous les en croyons,

C'est la reine des fleurs dans le printemps éclose,
Le produit des baisers de Flore et de Zéphyr.

Suivant Aphtonius, les roses devraient leur couleur vermeille au sang de Vénus. Bien prétend au contraire que la rose naquit du sang d'Adonis ; et ce poëte a pour lui non-seulement Ovide, mais l'auteur si gracieux du *Pervigilium Veneris*.

Tous les faiseurs de vers se sont plaints du peu de durée de la rose. Il y a là-dessus une charmante épigramme latine, que Malherbe a habilement imitée dans une ode qui ne périra pas :

Mais elle était du monde où les plus belles choses
Ont le pire destin ;
Et rose elle a vécu ce que vivent les roses,
L'espace d'un matin.

Les Romains aimaient passionnément cette fleur, et faisaient d'excessives dépenses pour en avoir l'hiver. « Les plus délicats, dit Pacatus, dans le temps même de la république, n'étaient pas contents si au milieu des frimats les roses ne nageaient pas dans le falerne qu'on leur versait. » Ils appelaient leurs maîtresses *mea rosa*, et la liturgie donne encore le nom de *rosa mystica* à la sainte Vierge.

Les couronnes de roses étaient chez les anciens des emblèmes de joie et de plaisir. Horace n'a garde de les oublier dans la description de ses repas. Saint Basile dit qu'à la naissance du monde les roses étaient sans épines, et qu'elles eurent des pointes à mesure que les hommes méprisèrent leur beauté.

Rose se dit de différentes fleurs qui par l'aspect et la forme se rapprochent de la rose : *roses pivoines*, *roses trémières*, etc.

Les joailliers appellent *rose de diamants*, *de rubis*, des diamants et des rubis montés en forme de rose. La *rose* d'une guitare est l'ouverture circulaire pratiquée au milieu de sa table.

Les grands vitraux circulaires placés dans les églises gothiques, aux extrémités de la nef et au-dessus des portails, ont reçu le nom de *rose* : La *rose* du portail de Notre-Dame à Paris est fort belle.

Rose est employé dans plusieurs façons de parler, figurées et proverbiales : « *Cette vie n'est pas semée de roses*, n'est pas heureuse ; *il n'est pas de roses sans épines*, c'est-à-dire de plaisirs sans peine ; ni de joie sans quelque mélange de chagrin ; *teint de roses et de lis*, c'est-à-dire teint frais et vermeil ; *découvrir le pot aux roses*, découvrir une chose que l'on voulait cacher. »

ROSE (Bois de). Il nous vient des Antilles, et est le produit de l'*amyris balsamifera*, de l'octandrie-monogynie ; il sert également dans la parfumerie et l'ébénisterie. L'arbre qui le fournit est un *térébinthacé*. Il nous arrive aussi de Cayenne, sous le même nom de bois de rose, un bois que dans le pays les naturels appellent *licari*, et que Lamarck a soupçonné être un laurier.

Quoi qu'il en soit, le bois de rose du commerce est recouvert d'une écorce mince ; il n'a point d'aubier apparent ; il est dur, compacte, serré, pesant, résineux, d'un grain fin, et d'une couleur rouge pâle ou jaunâtre, veiné de rouge vif ou de noir ; il exhale une odeur agréable de rose. Il nous vient en bûches de dix à quinze centimètres de diamètre.

ROSE (Ile), découverte dans l'un de mes voyages autour du monde, au milieu de l'archipel de Bougainville (Océanie). « Terre ! terre ! » crie la vigie. Nous consultons la carte : la carte est muette, il ne doit pas y avoir de terre devant nous. La voilà pourtant, elle monte, elle se dessine maintenant ; nous faisons une découverte. Oh ! si c'était une île comme Bornéo, comme Sumatra, seulement comme Timor ! Si c'était un archipel nouveau, une colonie comme on en rêvait une au quinzième siècle ! Si c'était un continent échappé depuis peu du fond des abimes ! La voilà ! La terre découverte se déploie dans toute sa majesté : elle a, ni plus ni moins, un kilomètre de diamètre. Et c'est pour cela que nous regardons notre découverte comme fort importante pour la marine. Un navire s'ouvre sur une terre vaste et féconde, mais les hommes y vivent ; le vaisseau se perd sur un rocher isolé, la mort plane sur tout l'équipage, et le rocher devient une tombe. L'îlot est entouré de récifs sur lesquels la vague se promène avec fracas ; la cime est couronnée de quelques arbustes, et les flancs déchiquetés semblent vaincus par les ouragans océaniques. Un nombre considérable d'oiseaux pélasgiens viennent chercher un refuge sur cette terre isolée, et les navires voyageurs veilleront bien à ne pas la heurter dans leur route. Quel nom donnerons-nous à notre découverte ? Le nom est trouvé : Rose est la patronne de la femme courageuse qui achève avec nous ce long pèlerinage, cette jeune et vertueuse épouse dont tant de larmes ont accompagné le départ, dont tant de joies ont salué l'arrivée. Pauvre voyageuse ! qui a survécu si peu de temps à l'épreuve qu'elle avait acceptée avec tant de dévouement ! L'île s'appellera île *Rose*, et c'est en effet le nom qu'elle porte dans les nouvelles cartes marines. Elle est seule, basse, désolée, sommet presque invisible d'une immense montagne sous-marine dont le pied repose dans le centre de la terre.

Jacques Arago.

ROSE (Noble à la), *Rosatus nobilis*, monnaie d'or que le roi d'Angleterre Édouard III fit frapper de 1343 à 1377, et ainsi appelée à cause du nom qu'on voit sur chaque côté de ces pièces, et de la finesse de leur titre. Sur l'un des côtés on voit un vaisseau dont le flanc est armé d'une rose, et sur lequel se trouve le roi tenant une épée et un bouclier. Le revers contient la devise en huit feuilles, et pour légende : *I H S Aut Transiens Per Medium Illorum Ibat*, paroles qui peuvent aussi se rapporter aux querelles qu'Édouard III eut à soutenir contre le saint-siége. Le titre de ces monnaies est en général de 23 carats 1/2 grain, et il faut trente pièces pour faire un marc. La valeur en est ordinairement de 24 francs. La difficulté de déchiffrer la légende, jointe à la rareté des *nobles à la rose*, les fit longtemps considérer par la superstition populaire comme des amulettes qui préservaient de tous les enchantements, et notamment de tous malheurs en mer.

Sous d'autres rois d'Angleterre, on frappa également des pièces d'or semblables aux *nobles à la rose* d'Édouard III. Dans le nombre, on distingue surtout les *nobles au vaisseau* frappés sous Henri VIII. Ils sont moins fins d'un carat et en même temps plus légers ; aussi leur valeur intrinsèque ne va-t-elle guère au delà de 20 francs.

ROSE (Roman de la), poëme célèbre du treizième siècle, commencé par Guillaume de Lorris et terminé par Jehan de Meung, dit Clopinel. C'est l'art d'aimer réduit en principes, et mis en action. Une rose qu'un amant veut cueillir est tout le sujet de ce long poëme, qui a plus de 22,000 vers de huit syllabes et qui foisonne de traits satiriques. Cent ans après la publication du *Roman de la Rose*, Gerson, chancelier de l'université de Paris, attaqua les deux poëtes à qui on en est redevable, dans un livre intitulé : *Contra romancium de Rosa, qui ad illicitam Venerem et libidinosum amorem excitabat*. A la cour de la sainte chrétienté, devant la *Justice*, l'*Éloquence théologique*, il fait comparaître le malheureux roman, que condamnent l'*Esprit subtil*, la *Raison*, la *Prudence*, etc. C'est aussi sous le voile de l'allégorie que Martin le Franc, dans son *Champion des Dames*, s'efforce de les venger des malices de Jean de Meung. Du reste, si le *Roman de la Rose* eut des détracteurs, il compta force admirateurs enthousiastes, entre autres Marot et Pasquier. Ce dernier, dans ses *Recherches*, met Guillaume de Lorris et Jean de Meung au-dessus de Dante et de *tous les poëtes italiens*.

Depuis longtemps le *Roman de la Rose* souffrait des maladresses successives des copistes, lorsque Molinet s'avisa de le mettre en prose :

> C'est le *Roman de la Rose*
> Moralisé clair et net,
> Translaté de vers en prose
> Par votre humble Molinet.

Les premières éditions remontent à la fin du quinzième siècle, et sont très-recherchées des bibliophiles. Marot en donna une en 1526 ; mais en voulant rajeunir l'ouvrage, il en altéra la grâce et l'originalité. Pasquier lui en adresse de vifs reproches. Parmi diverses éditions est enfin venue celle de Méon, la meilleure de toutes (4 vol. in-8° ; Paris, 1814). Chaucer a imité notre *Roman de la Rose*. Piron y a puisé le sujet d'un opéra comique.

[Figurez-vous, parmi beaucoup d'abstractions, d'allégories, de subtilités scolastiques, quelques traits piquants de mœurs contemporaines, quelques railleries assez fortes contre les moines, les plastrons de cette époque, des souvenirs récents et indigestes de l'antiquité, quelque chose qui tient de *La Somme de saint Thomas* et de *L'Art d'aimer* d'Ovide, de l'alchimie et des morceaux d'histoire ; les cruautés de Néron, la mort de Lucrèce et de Virginie, Samson et Dalila, Zeuxis, Jason, Pygmalion : comme si les deux poëtes eussent mis en vers toutes leurs connaissances historiques et mythologiques au fur et à mesure qu'ils les acquéraient ; du reste, nulle suite, nul plan ; des dialogues amenés tellement quellement entre des personnages allégoriques, Dangier, Bel-Accueil, Faux-Semblant, dame Nature, Aage et autres ; nulle pensée religieuse ni philosophique, quelque effort qu'on ait fait pour l'y trouver ; des traits d'esprit français et un certain sens ironique, goguenard, naïf, qui brillent dans ce fouillis ; une langue plus facile qu'originale, même en ne la jugeant que relativement, et si on peut appeler langue ce qui n'est encore qu'un *patois* ; un livre, enfin, très-bon à consulter pour l'histoire des mœurs, mais insipide à lire : voilà le *Roman de la Rose*. Ce livre plaisait pourtant et devait plaire au public de ce temps-là, aux seigneurs chât lains, à ceux du moins qui savaient lire ; ils trouvaient là de quoi s'amuser et s'instruire en gros : ce poëme les mettait au courant du mouvement intellectuel et littéraire de leur époque. J'ai peur que dans l'admiration ou peu factice que les érudits de notre temps ont montrée pour le *Roman de la Rose* il n'y ait de la manie *moyen âge*, outre que c'est assez l'habitude qu'on admire un livre en proportion de la peine qu'on a eue à le lire, nul ne voulant passer pour dupe de sa curiosité.

Pour le roman en lui-même, pour ses personnages étranges, pour cet amant qui veut jouir du bouton de rose, qui va consulter le dieu des amours, qui n'est point rebuté par les conseils de dame Raison, ni par les hypocrisies de Faux-Semblant, ni par les menaces de Dangier ; qui se fait suivre et aider dans son expédition par Bel-Accueil ; qui est tour à tour si subtil et si positif dans son amour, si métaphysique et si matériel, personne n'a su dire ce qu'il représente, et si c'est un homme ou une allégorie. Quant à la Rose, du temps même de Marot, lequel n'avait pas beaucoup plus

35.

que nous la vraie clef de cette langue, on variait sur ses significations emblématiques. Marot lui-même en a donné quatre explications. La rose, « qui tant est appetée de l'amant, » est tantôt *l'état de sapience*, « conforme à la rose pour les valeurs, douceurs et odeurs qui sont en lui ; » tantôt *l'état de grâce*, « tant bien spirant et réfragrant, qu'on peut comparer aux roses, par la vertu desquelles le grand Apulée revint en sa première forme ; » tantôt la *glorieuse vierge Marie* elle-même, la blanche rose, qu'on doit trouver en Jéricho, comme dit le Sage : *Quasi plantatio rosæ in Jericho*; tantôt, enfin, c'est le souverain bien infini et la gloire d'éternelle béatitude, « laquelle, comme vrais amateurs de sa douleceur et aménité perpétuelle, pourrons obtenir, en évitant les vices qui nous empêchent, et ayant secours des vertus qui nous introduiront au verger d'infinie lyesse, jusqu'au rosier de tout bien et gloire, qui est la béatifique vision de l'essence de Dieu. » La Fontaine aimait le *Roman de la Rose*, et le feuilletait souvent. La Fontaine, moraliste moqueur, très-peu ami de l'espèce moine, à laquelle il ne manque jamais de lancer quelques traits directs ou détournés,

Femmes, moines, vieillards, tout était descendu...

devait aimer les premiers bégayements de cet esprit français, qu'il devait élever jusqu'au génie. Il y cherchait et il y trouvait son bien. Mais Guillaume de Lorris et Jean de Meung n'ont été Français que dans La Fontaine.

D. NISARD, de l'Académie Française.]

ROSEAU (*arundo*, L.), genre de graminées comprenant un grand nombre d'espèces. On distingue d'abord le *roseau à quenouille*, appelé aussi roseau-canne, ou encore *roseau des jardins* (*arundo donax*), qui croît dans le midi de la France, et dont on mange les jeunes pousses. Il se multiplie aisément de lui-même par ses drageons enracinés ; il aime la chaleur et les terrains forts qui sont légèrement humides. Planté le long des ruisseaux et des rivières, il protège leurs bords contre l'impétuosité des eaux, et, mêlé par groupes dans les bosquets avec les arbustes et les grandes plantes à fleurs, il produit, par la singularité de son port, un effet très-pittoresque. On tire un grand parti des tiges de ce roseau. On en fait des peignes pour tisser les toiles, des supports de ligne pour la pêche, des claies, des échalas, des treillages, de jolies quenouilles, des hanches de hautbois et de musette, et enfin des instruments de musique champêtre connus sous le nom de *chalumeaux*. Fendues sur leur longueur et aplaties à coups de maillet, ces tiges sont encore employées comme lattes, soit pour couvrir les maisons, soit pour faire des plafonds qu'on veut enduire de plâtre. Cette espèce offre une variété à feuilles panachées qui est plus délicate : on la nomme *roseau panaché*, *roseau-ruban*. Les feuilles sont rayées de vert et de blanc, et sa tige s'élève quelquefois jusqu'à deux mètres.

Le *roseau à balai* (*arundo phragmites*) croît dans les marais, sur les bords des rivières, dans les endroits fangeux. Ses tiges noueuses, fistuleuses, hautes de 1 mètre 39 cent. à 2 mètres, sont de la grosseur environ du petit doigt. De chacun des nœuds sortent des feuilles tranchantes, larges d'un pouce, longues d'un pied, et qui enveloppent en partie la tige. Les fleurs, de couleur d'abord brune, puis cendrée, formant au sommet des tiges des panicules lâches de 27 centim. à peu près de longueur, sont réunies au nombre de cinq dans chaque balle et s'environnent de poils longs et soyeux. C'est quand ils sont en fleurs que l'on coupe ces roseaux pour en faire de petits balais d'appartement.

Le *roseau plumeux* (*arundo calamagrostis*) se trouve dans les lieux couverts, dans les marais des bois, et quelquefois dans des bois très-secs. Sa tige est rameuse et haute de 1 mètre à 1 mètre 33 cent. ; sa panicule longue de 20 à 30 c., étroite et formant l'épi ; les fleurs, en grand nombre, sont serrées contre l'axe, et il n'y en a qu'une dans chaque balle.

Le *roseau des sables* (*arundo arenaria*), à fleurs en épis,

à balles uniflores, se distingue par ses feuilles, roulées sur elles-mêmes, pointues et piquantes, et par la longueur de ses racines, propres à arrêter les sables au bord de la mer.

ROSEAU DES ÉTANGS. *Voyez* MASSETTE.

ROSEAU ou **CHARLOTTEVILLE.** *Voyez* LA DOMINIQUE.

ROSEBEC ou **ROSEBECQUE** (Bataille de). Rosebecque, en flamand *Roosbeke*, est une petite ville de 1,500 âmes, qui fait aujourd'hui partie de la province de la Flandre occidentale, royaume de Belgique. Elle est célèbre dans l'histoire par la victoire que notre roi Charles VI y remporta, en 1382, sur les Flamands, révoltés contre leur comte, qui s'était vu forcé d'invoquer le secours de la France. Malgré les difficultés de sa propre situation, ayant aussi, lui aussi, à lutter dans ses propres États contre des révoltes provoquées sur divers points par ses oncles, le roi de France n'hésita point à entreprendre une expédition coûteuse et lointaine, pour aller porter secours à un souverain son allié, Louis de Mâle, que ses sujets avaient battu et chassé de ses États. Charles VI, qui n'était alors âgé encore que de quatorze ans, avait hâte de paraître à la tête d'une armée et de gagner ses éperons. Instinctivement ou on comprenait déjà à cette époque que les exemples d'insurrection victorieuse donnés par des populations même éloignées ne pouvaient que provoquer dans les autres pays des imitations entreprises avec plus ou moins de chances de succès, mais offrant toutes des dangers égaux pour le principe d'autorité. Si divisée qu'elle fût, et malgré son état de guerre continuel contre la royauté, la féodalité nobiliaire pressentait aussi ce qu'il pouvait y avoir de contagieux, et par conséquent de redoutable pour la durée de ses priviléges, dans l'exemple de ces vils bourgeois flamands prenant audacieusement la liberté grande de battre et d'expulser leur seigneur et maître ; elle prévoyait que le jour pouvait venir où ce serait le tour des manants de France à briser leurs fers sur la tête de leurs oppresseurs. L'appel que Charles VI adressa à sa *fidèle* noblesse fut donc parfaitement accueilli. Sur tous les points du pays, ce ne fut qu'un long cri de joie à la nouvelle de l'expédition qui se préparait ; et il n'y eut pas de gentilhomme qui ne briguât l'honneur d'en partager les dangers et la gloire. Après avoir forcé à Comines le passage de la Lys, l'armée française marcha sur Ypres, qui se rendit sans coup férir ; et le 26 novembre 1382 elle se trouva en face de l'armée mise en ligne par les marchands flamands qui avaient osé se révolter contre leur souverain et seigneur. Les Flamands étaient commandés par Philippe d'A r t e v e l d, déjà vainqueur de Louis de Mâle sous les murs de Bruges, dont il comptait sans doute sur un succès identique. Mais il avait affaire à forte partie, à l'élite de l'armée française, et non à des milices inexpérimentées comme celles avec lesquelles Louis de Mâle avait essayé de défendre ses droits. Le carnage fut affreux ; on ne compta pas moins de vingt-six mille cadavres sur le champ de bataille. Philippe d'Arteveld, digne fils de ce brasseur célèbre qui avait été l'allié du roi Édouard, fut trouvé gisant sous les cadavres d'une foule de Gantois, ses compatriotes, morts en défendant bravement leur chef.

ROSE BLANCHE, ROSE ROUGE. On désigne par le nom de *guerres de la Rose Blanche et de la Rose Rouge*, l'horrible lutte qui exista pendant trente ans entre les maisons d'York et de Lancastre pour la possession du trône d'Angleterre, et qui amena l'extermination de toute la race royale des Plantagenets. Cette dénomination provint de ce que les adhérents de la maison d'York portaient en signe de ralliement une rose blanche, symbole de cette famille, et les partisans des Lancastre une rose rouge, symbole de celle-ci. La lutte commença en 1452, sous le règne de Henri VI, de la maison de Lancastre, qu'Édouard IV, de la maison d'York, détrôna, et se termina en 1485, par la chute de Richard III et l'avénement au trône de la maison de Tudor, en la personne de Henri VII. Un million d'hommes, dont une grande partie de la noblesse et plus de quatre-vingts princes ou parents de la maison de Plantagenet, périrent victimes de l'ambition et des crimes de quelques individus. Si ces guerres firent horriblement souffrir le peuple, la ruine de la noblesse eut du moins pour résultat d'amener le rapide développement de la puissance de la bourgeoisie. Le comte de Warwick fut le héros de la *rose blanche*, et Marguerite d'Anjou, femme de Henri VI, l'héroïne de la *rose rouge*.

ROSE CHÉRI. *Voyez* MONTIGNY.

ROSE-CROIX. C'est le nom que prirent les membres d'une société secrète (*Société des Frères de la Rose-Croix*), dont l'existence se révéla tout à coup au commencement du dix-septième siècle par la publication d'une foule d'écrits bizarres. Elle prétendait avoir but l'amélioration générale de l'Église et la fondation d'une prospérité durable pour les États et pour les simples particuliers. Mais après examen plus attentif on reconnut que la recherche de la pierre philosophale avait d'abord été le véritable but que se proposait l'ordre, au quel on donne pour fondateur un certain Christian *Rosenkreuz* qui aurait vécu au quatorzième siècle et qui aurait passé une grande partie de sa vie parmi les brahmanes, dans les pyramides d'Égypte et en Orient, où il aurait appris une foule de secrets et de recettes magiques. Il se pourrait que le véritable fondateur des *Rose-Croix*, ne fût autre que J.-V. Andreæ, qui essaya en 1614 de reconstituer une association mystérieuse déjà fondée autrefois par Agrippa de Nettesheim, lequel avait eu, à ce qu'il paraît, en vue de maintenir dans sa pureté la religion, déshonorée par de vaines querelles scolastiques. La *Fama fraternitalis R. C.*, incontestablement l'œuvre d'Andreæ, donna lieu plus tard aux rêveries des *Rose-Croix*, ainsi qu'à la création d'un ordre qui se répandit dans toute l'Europe, et qu'on rattacha comme degré suprême à la franc-maçonnerie. En 1745 le prétendant Charles-Édouard fondait à Arras, en qualité de franc-maçon, et sous le titre distinctif d'*Écosse jacobite*, un souverain chapitre de Rose-Croix, qui devait être régi et gouverné, dit la charte de fondation, déposée aujourd'hui dans les archives de la ville d'Arras, par les *chevaliers* de Lagneau et de Robespierre, tous deux avocats.

La devise des Rose-Croix était une croix de Saint-André posée sur une rose entourée d'épines, et avec cette légende : *Crux Christi Corona Christianorum*. Toutefois, l'ordre des Rose-Croix retomba dans la profonde obscurité qui avait été son partage pendant si longtemps; et s'il en fut de nouveau question à la fin du dix-huitième siècle, il faut attribuer ce fait à l'influence de plus en plus grande des jésuites et à leurs intrigues secrètes, de même qu'aux friponneries mystiques de Cagliostro.

ROSE DE CHIEN. *Voyez* ÉGLANTIER.
ROSE DE DAMAS. *Voyez* GUIMAUVE.
ROSE DE JÉRICHO. *Voyez* JÉRICHO (Rose de).
ROSE DE LA CHINE. *Voyez* CAMÉLIA.
ROSE DE MER. *Voyez* GUIMAUVE.
ROSE DE NOEL. *Voyez* ELLÉBORE.

ROSE DES VENTS. On appelle ainsi, en marine, un morceau de carton ou de corne, coupé circulairement, qui représente l'horizon et qui est divisé en trente deux parties pour représenter les trente deux aires de vent. On suspend sur ce cercle une aiguille aimantée, ou bien on l'attache à ce cercle, qu'on suspend dans une boîte, et l'on écrit à chaque division, en commençant par le Nord, le nom des vents.

ROSE D'INDE. *Voyez* ŒILLET D'INDE.

ROSE D'OR (Présentation de la), cérémonie dont l'origine remonte au pontificat de Léon IX, au onzième siècle, et qui consiste dans le présent fait par le pape à un prince ou à une princesse catholique d'une rose d'or ou, pour parler plus exactement, d'un bouquet de roses d'or enrichies de pierres précieuses, et bénies par le souverain pontife le quatrième dimanche du Carême, appelé à cause de cela *dimanche des Roses*. Il est d'usage de rendre en retour de riches présents. Parmi les princesses qui l'ont reçue dans ces dernières années on cite la reine douairière de Piémont, veuve de Charles-Albert, et la reine de Naples.

ROSE D'OUTRE-MER. *Voyez* GUIMAUVE.
ROSE DU JAPON. *Voyez* CAMÉLIA et HORTENSIA.

ROSÉE. On dit communément : *Il tombe de la rosée*, du serein, de la pluie, de la neige. Pour les personnes instruites, ces mots *il tombe* ne présentent qu'une expression impropre et cependant consacrée par l'usage. Pour les autres, et c'est le plus grand nombre, ils renferment une opinion fondée sur l'analogie; et cette opinion est une erreur. La rosée n'est autre chose que la vapeur des plus basses couches atmosphériques qui se dépose pendant la nuit à la surface des corps, par suite de leur refroidissement. Elle ne vient réellement pas de plus haut que ces petites gouttelettes qui mouillent en été la surface extérieure d'une carafe d'eau fraîche. La rosée se produit toujours lorsqu'il existe une assez grande différence entre la température du sol ou des corps qui le recouvrent et celle de l'air environnant. La terre, absorbant la chaleur de la couche de l'air qui l'environne, force celle-ci de laisser à sa surface l'eau que cette chaleur y tenait en dissolution. Elle est quelquefois très-abondante, surtout pendant la nuit et le matin. Cependant, il s'en forme aussi quelquefois en plein jour, lorsqu'un lieu échauffé se trouvant dans l'ombre vient à perdre la chaleur qu'il avait acquise. La rosée n'étant que de la vapeur contenue dans les couches inférieures de l'atmosphère qui se dépose sur le sol refroidi, sa production sera d'autant plus abondante que l'air sera plus chargé de vapeur et qu'il existera une plus grande différence de température entre cet air et le sol. Voilà pourquoi il s'en forme plus en été que dans toute autre saison, ce qu'il est facile d'apprécier à l'aide du droscoscope. Durant les grandes chaleurs, la terre et tous les corps qui sont à sa surface s'échauffent pendant le jour; mais après le coucher du soleil tous ces corps n'étant séparés des espaces planétaires que par l'atmosphère, très-perméable à la chaleur, y envoient continuellement de cette chaleur par le rayonnement, la différence de leur température avec celle de l'espace est d'environ 70 degrés. Ils se refroidissent donc très-rapidement, et prendraient eux-mêmes la température 60 degrés au-dessous de 0 si l'absence du soleil se prolongeait assez pour cela. L'air rayonne aussi, mais il rayonne beaucoup moins; en sorte qu'il arrive souvent que la différence de température est assez grande pour qu'il y ait production de rosée. Ce rayonnement des corps composant la surface de la terre vers l'espace peut éprouver des obstacles, tels que les nuages, qui, recouvrant la terre comme une sorte d'écran, arrêtent les rayons de chaleur, et les renvoient vers le sol, en sorte que la terre se refroidit peu.

Il en est de la rosée comme de la gelée : quand le temps est couvert, elle ne se forme pas. Le vent s'oppose aussi à sa formation, ou plutôt à son accumulation, en l'entraînant à mesure qu'elle dépose. La rosée ne se distribue pas également sur tous les corps, parce que leur pouvoir rayonnant n'est pas le même pour tous. La terre végétale rayonne mieux que les autres corps; les végétaux qui la recouvrent se refroidissent plus facilement encore que les pierres et les rochers, et ceux-ci que les métaux; ainsi, s'il y avait peu de rosée, elle tomberait sur le sol plutôt que sur d'autres corps; s'il y en avait davantage, les végétaux en seraient mouillés, et les autres corps en seraient privées; enfin, les métaux polis seraient les derniers corps sur lesquels se déposerait. Le rayonnement nocturne est si fort dans certains lieux que l'on est obligé d'abriter les végétaux par un léger tissu qui fait l'office d'un nuage en réfléchissant sur eux la chaleur qu'ils perdraient sans cet abri. On observe quelquefois une différence de 10 degrés entre un thermomètre placé sur le sol et un autre placé quelques mètres au-dessus. Aussi a-t-on su mettre à profit ce grand refroidissement au Bengale et ailleurs, pour se procurer de la glace durant l'été dans des lieux où la température atmosphérique ne descend jamais à zéro. Cependant, on conçoit que tous les corps qui peuvent fournir le moindre abri, tels que les murs, les cloisons, les haies, les rochers, les coteaux, doivent diminuer ce refroidissement, et que ce n'est qu'au milieu des plaines qu'on peut tenter l'expérience faite au Bengale.   F. PASSOT.

Comme il n'y a point d'avantage sans inconvénient, la rosée est la cause d'une maladie qu'on appelle *brûlure*. Chaque goutte de rosée, étant sphérique et transparente, forme autant de miroirs ardents, qui, pénétrés par les rayons, brûlent tous les points où ils établissent leurs foyers, ou bien l'évaporation rapide de chaque gouttelette a produit le froid, et par conséquent une suspension de transpiration qui nuit à la santé du végétal. L'abbé Rozier, le plus instruit et en même temps le plus circonspect de nos anciens agriculteurs, n'a pas osé se décider sur la préférence à accorder à l'un de ces deux systèmes. Le fondateur et le père de notre agriculture conseille de promener avant le point du jour une longue corde tendue sur les céréales abreuvées de rosée, afin que le soleil ne puisse pas les brûler, et de secouer les arbres à fruit pour obtenir le même avantage. Mais ces deux procédés, applicables à un jardin, ne le sont pas à un domaine. On peut facilement garantir de la brûlure les espaliers exposés au levant, en les protégeant contre la rosée par des paillassons.

On a tort d'attribuer la rouille aux rosées du printemps ; il est aujourd'hui prouvé que la rouille, la carie, ainsi que le charbon, sont produits par des plantes microscopiques de la famille des *uredo*. Je ne dois point omettre de noter ici, puisque l'occasion s'en présente, que les terres émiettées par de fréquents labours, par des plâtras et des marnes calcaires, attirent beaucoup de rosée, qui pénètre jusqu'aux racines des plantes, et concourt ainsi à la prospérité de l'agriculture.   Cte FRANÇAIS de Nantes.

ROSE-GORGE. *Voyez* GROS-BEC.

ROSELLINI (IPPOLITO), orientaliste, né en 1800, fit partie en 1829, avec son frère Gaetano, de l'expédition scientifique qu'à la sollicitation du duc de Blacas en France et la Toscane envoyèrent en Égypte pour y étudier les monuments hiéroglyphiques, et Champollion étant mort peu de temps après son retour, ce fut lui qui publia les résultats de leurs recherches communes sous le titre de *I Monumenti dell' Egitto* (1re section : *Monumenti Storici* [3 parties en 5 vol.] ; 2e section : *Monumenti civili* [3 parties] ; Pise, 1832-1841 ; avec atlas). Mais il mourut à Pise, où il était professeur des langues orientales et d'archéologie, avant d'avoir pu terminer ce livre. Ses *Elementa Linguæ Ægyptiacæ, vulgo Copticæ* (Rome, 1837), ne sont, dit-on, que la traduction littérale d'un Essai de Champollion.

ROSELET. *Voyez* HERMINE.

ROSEMONDE, fille du baron d'Heresford, maîtresse de Henri II, roi d'Angleterre, fameuse par sa beauté et par ses malheurs. L'ambition et le désir d'ajouter à ses États héréditaires les plus belles provinces de France avaient seuls déterminé ce prince à épouser Éléonore de Guienne, répudiée par Louis le Jeune, roi de France, et fameuse par le désordre de ses mœurs. Henri aimait éperdument la jeune et belle Rosemonde ; il savait tout ce qu'il avait à craindre de la jalousie et de la violence de sa femme : aussi avait-il fait construire au château de Woodscott une espèce de labyrinthe où l'on ne pouvait pénétrer sans un guide, et où il tenait sa maîtresse cachée aux yeux de tout le monde, même à ceux de ses plus intimes favoris. Il eut d'elle deux enfants. Éléonore de Guienne surprit le secret des amours de son époux, et la fit périr pendant une absence de Henri II.

ROSENMULLER (JEAN-GEORGES), célèbre théologien protestant allemand, né en 1736, à Ummerstadt, dans le pays d'Hildbourghausen, mort en 1815, introduisit à Leipzig une liturgie plus conforme à l'esprit du temps, et jouit de son vivant d'une grande réputation comme prédicateur. On a de lui différents recueils de sermons et d'homélies, des livres de dévotion, une *Scholia in Novum Testa-*

mentum (6 vol., 6e édition, Leipzig, 1831) et une *Historia interpretationis librorum sacrorum in Ecclesia christiana* (2 vol., Leipzig, 1795-1814).

ROSÉOLE, variété de la rougeole.

ROSÉRÉS. *Voyez* CABASSON.

ROSES (Baillée ou Droit des). *Voyez* BAILLÉE DES ROSES.

ROSES (Eau de). *Voyez* EAU DE ROSES.

ROSES (Essence de). On la recueille en gouttes figées à la surface de l'eau de roses refroidie. La qualité et la quantité varient selon l'espèce et surtout selon le climat : aucune essence n'est comparable à celle qui nous vient d'Orient dans de petits flacons dorés, fermés hermétiquement.

ROSES (Guerre des Deux). *Voyez* ROSE BLANCHE, ROSE ROUGE.

ROSE TRÉMIÈRE. *Voyez* GUIMAUVE.

ROSETTE, en arabe *Raschid*, ville de la basse Égypte, à l'embouchure du grand bras occidental du Nil, dans une belle situation et offrant avec ses nombreuses mosquées et les jardins qui l'entourent l'aspect le plus riant. Avant que la construction du canal Mahmoudié eût attiré à Alexandrie la plus grande partie de son commerce, on y comptait jusqu'à 40,000 habitants. Aujourd'hui le nombre en est réduit à 16,000, dont la principale industrie consiste dans la fabrication de l'huile et celle de quelques tissus.

C'est à Rosette qu'a été trouvée la célèbre *inscription* qui a été d'une si grande utilité pour le déchiffrement des hiéroglyphes.

ROSIER, genre qui renferme un grand nombre d'arbustes épineux, quelques-uns à l'état sauvage, la plupart cultivés dans les jardins pour la beauté et la douce odeur de leurs fleurs, et dont voici les caractères : Tige ligneuse, garnie d'épines insérées sur l'épiderme, feuilles alternes, ailées, de sept folioles ; pétiole élargi et membraneux à sa base et parsemé d'épines ; fleurs disposées en corymbes terminaux et présentant un calice persistant, ovoïde ou sphérique, resserré à l'orifice, à cinq divisions ; une corolle à cinq pétales, des étamines nombreuses, plusieurs styles ; le calice, d'un rouge jaune ou couleur vermillon à sa maturité, est charnu et renferme plusieurs semences osseuses, hérissées de poils.

La culture des rosiers remonte à la plus haute antiquité : plusieurs espèces ont été acclimatées en France de temps immémorial. Une terre légère et fraîche est celle qui leur convient le mieux ; un labour d'hiver, des binages pendant l'été, sont toutes les façons qu'ils exigent. Les rosiers épuisent la terre à la longue ; c'est pour cela qu'il est bon de les changer de place tous les dix ou douze ans : on peut d'ailleurs les transplanter sans aucun inconvénient au commencement de l'hiver. Leur multiplication a lieu par toutes les méthodes connues : par semences, par rejetons, par déchirement des vieux pieds, par marcottes, par boutures, par racines et par greffe. Cette dernière méthode, offrant plus de promptitude et de facilité, est presque seule employée dans les pépinières des environs de Paris. La greffe s'y fait sur églantier, en écusson, et à œil dormant le plus souvent.

Le nombre des espèces et des variétés du rosier est considérable ; voici les principales :

Le *rosier des haies, sauvage, de chien*, qui donne la *rose de chien* (voyez ÉGLANTIER), ainsi nommé parce qu'on lui croyait le pouvoir de guérir la rage.

Le *rosier velu*, qui croît sur les collines et dans les lieux montueux de toute la France ; ses fleurs, d'un rouge plus ou moins vif, naissent sur des pédoncules courts, hérissés d'aiguillons droits, en même temps que les fruits : ses fruits, gros, arrondis, pulpeux et d'un rouge de sang, servent à faire une très-bonne confiture : on le cultive dans les bosquets.

Le *rosier jaune*, à fleurs nuancées du jaune au ponceau et de plus de six centimètres de diamètre ; fort répandu dans les montagnes de l'Allemagne et de l'Italie, il donne par la culture un grand nombre de variétés, dont les principales sont :

la *rose rouge ponceau*, la *rose à fleurs rouges et jaunes*, la *rose à fleurs doubles* (églantier jaune, rose tulipée).

Le *rosier à feuilles simples*, arbuste grêle, originaire de Perse, qui s'accommode peu de notre climat;

Le *rosier de mai*, qui porte la *rose cannelle*; il est originaire de l'Europe méridionale, a les fleurs rouges, réunies en bouquets, d'une odeur douce, mais peu en rapport avec celle de la cannelle. Cette espèce a plusieurs variétés, et est précieuse dans les jardins paysagers, où elle se passe bien de culture.

Le *rosier des champs*, le *rosier très-épineux*, le *rosier à épines rouges*, le *rosier luisant*, le *rosier turneps*, le *rosier à petites fleurs*, le *rosier de la Caroline*, le *rosier en corymbe*, le *rosier de Pennsylvanie*, le *rosier glauque*, le *rosier hérisson*, le *rosier cilié*, le *rosier de Provence*, sont des espèces qui méritent pour leurs belles fleurs une place distinguée dans les livres spéciaux ; mais nous ne pouvons que les indiquer ici.

On distingue encore le *rosier cent feuilles*, qui donne la *rose cent feuilles* (cent pétales), la rose par excellence, arbrisseau vigoureux, à tige forte, divisée en rameaux nombreux, verdâtres, garnis d'aiguillons presque droits; à feuilles composées de cinq à sept folioles, d'un vert foncé en dessus; à fleurs terminales, d'un rouge tendre. Cultivé dans tous les jardins, il a produit une foule de variétés. Les pétales de la rose cent feuilles sont doués de propriétés légèrement purgatives ; on en prépare un petit lait et un sirop qui relâchent et purgent doucement. L'eau distillée des roses qu'elles fournissent a une vertu antispasmodique sensible ; elle est le résolutif le plus employé dans les inflammations légères des yeux. C'est son parfum délicieux qui se retrouve dans une foule de mets, de gâteaux, de plats légers ; il pénètre aussi la plupart de nos cosmétiques.

Le *rosier de Provins*, transporté, dit-on, de Syrie à Provins, par un comte de Brie, au temps des croisades, est toujours cultivé avec un grand succès dans les environs de cette ville; ses fleurs sont d'un rouge foncé, et forment, au nombre de deux, trois ou cinq, une sorte de corymbe à l'extrémité des rameaux ; elles font un bel effet dans les jardins paysagers; dans la culture elles donnent trois variétés principales : rouge foncé, rouge pâle et panaché de blanc. On prépare avec les roses de Provins des conserves, des sirops, des infusions, des décoctions, des teintures vineuses et alcooliques, toutes préparations qui exercent sur les organes vivants une impression plus ou moins tonique.

Le *rosier pompon* ne s'élève guère à plus de trente-trois centimètres ; il se couvre de fleurs très-nombreuses et d'une odeur agréable ; il se reproduit surtout par le déchirement des pieds. La *rose gros pompon*, *rose de Bordeaux*, ne diffère de la précédente que par la grandeur.

Le *rosier de Damas* est cultivé dans les environs de Paris pour l'usage des parfumeurs : on le plante à un mètre de distance ; on coupe ses tiges à trois centimètres de terre environ lorsqu'elles ont atteint leur quatrième année, on arrête à un mètre celles de deux ans ; un labour d'hiver et un binage d'été leur suffisent.

Le *rosier des quatre saisons* a les fleurs réunies en bouquets, d'une odeur très-agréable ; il fleurit au moins deux fois par an, au printemps et en automne ; cultivé en pot ou en caisse avec des soins convenables, il peut porter des fleurs en toutes saisons.

Le *rosier blanc*, qui s'élève jusqu'à quatre et cinq mètres, a un nombre considérable de variétés, la *cuisse de nymphe*, à couleur de chair, avec ses sous-variétés, est la plus intéressante ; ses arbrisseaux robustes s'arrangent de toute espèce de terrain.

Le *rosier du Bengale*, originaire de l'Inde, acclimaté en France, où il passe l'hiver en pleine terre sans inconvénient, offre une riche végétation et des fleurs nombreuses, qui se succèdent sans interruption pendant une grande partie de l'année. Ce charmant arbuste compte aujourd'hui plus de cinquante variétés, dont les principales sont le *Bengale à odeur de thé*, le *Bengale blanc*, le *Bengale sans épines*, le *Bengale pourpre*, et le *Bengale à bouquets*. On ne peut trop le répandre dans les parterres et les jardins paysagers, où ses touffes font le plus bel effet de verdure.

Les rosiers que nous avons mentionnés ici et tous les autres, tels que le *rosier de la Chine*, le *rosier multiflore*, le *rosier Macarthney*, le *rosier à fruits pendants*, le *rosier à fruits en calebasse*, le *rosier des Alpes*, le *rosier tomenteux*, le *rosier à feuilles odorantes*, le *rosier muscade*, etc., ont une ressemblance, un air de famille, qui frappent à la première vue ; leurs habitudes et les soins que demande leur culture présentent la même analogie. Tous jouissent des mêmes propriétés : leurs fleurs, en infusion, en poudre, en sirops, sont plus ou moins purgatives ; le rosier de Provins seul fait exception ; ses pétales ont une vertu tonique et astringente.
P. GAUBERT.

ROSIER DE CHIEN. Voyez ÉGLANTIER.

ROSIÈRES. Au cinquième siècle, un prélat, que visitaient les rois et qui visitait les chaumières, saint Médard, fonda, dit-on, à *Salency*, village situé près de Noyon (Oise), un prix de vertu, que tous les ans on décernait à la jeune fille la plus digne de cet honneur, et dont le premier fut donné par lui à sa sœur, qui le méritait. Le 8 juin, jour de la fête de ce bienheureux, fut ensuite fixé pour cette cérémonie. La *rosière* tirait ce nom gracieux de la charmante fleur dont on parait son front pudique en récompense de ses modestes vertus.

Quelque respectable que puisse être la tradition qui attribue à saint Médard l'institution des *rosières*, il est beaucoup plus vraisemblable qu'elle ne date que du règne de Louis XIII. Des documents authentiques établissent qu'à cette époque le seigneur de Salency était dans l'usage de choisir la fille la plus méritante de tout le canton, de la conduire solennellement à son château, où elle était couronnée comme *rosière* et recevait un prix. Un repas et un bal, que le seigneur ouvrait lui-même avec la *rosière*, terminait cette cérémonie. Vers le milieu du siècle dernier, quand le trône donnait à la France le déplorable et contagieux exemple du libertinage et de la corruption, nos campagnes étaient presque seules devenues le refuge des bonnes mœurs. Quelques philosophes eurent l'idée de restaurer la touchante solennité de la fête des rosières. Le mot d'ordre une fois donné, tous les théâtres célébrèrent à l'envi la rosière de l'humble village de Salency : le marquis de Pezai donna, en 1774, sa *Rosière*, pour laquelle Grétry composa une excellente partition ; et on institua des *rosières* dans un grand nombre d'autres localités. A l'étranger même cet exemple a eu beaucoup d'imitateurs.

ROSIÈRES-AUX-SALINES. Voyez MEURTHE.

ROSINI (GIOVANNI), poëte et historien italien, né le 24 juin 1776, à Lucignano, bourg de la vallée de Chiana (grand-duché de Toscane), fut nommé, en 1803, professeur de littérature ancienne à l'université de Pise, fonctions qu'il conserva jusqu'à sa mort, arrivée le 16 mai 1855. A l'occasion du mariage de Napoléon avec Marie-Louise, il composa son poème des *Nozze di Giove et di Latone*, admis par le jury au partage du prix de 10,000 fr. fondé par l'empereur. Le premier recueil de ses *Poésies* parut en 1819. Il y a des choses précieuses pour l'histoire de l'art et de la littérature dans ses Essais sur Guichardin, publiés à la suite d'une nouvelle édition de la *Storia d'Italia* de cet écrivain célèbre, qu'il fit paraître en 1819 (10 vol.). Il donna ensuite une édition du Tasse (33 volumes ; Pise, 1821-1832), dont son *Saggio sugli amore di Tasso e sulle cause della sua prigione* (Pise, 1832) forme le complément nécessaire, mais qui lui valut de nombreuses querelles littéraires. Dès 1818 il avait conçu le plan d'un roman historique, *Érasme*; mais ce ne fut qu'après les *Promessi Sposi* de Manzoni, qu'il fit paraître ses romans historiques *Monaca di Monza* (3 vol., Pise, 1829), *Luiza Strozzi, storia del secolo XIV* (4 vol., Pise, 1833) et *Il conte Ugolino della*

Gehrardesca ed i Ghibellini (3 vol., Milan, 1843). Parmi ses œuvres dramatiques, il faut citer son *Torquato Tasso*. On a aussi de lui une *Storia della Pittura italiana* en 7 volumes, avec des dessins faits par lui-même ; et dès 1810 il avait publié un excellent Guide au *Campo-Santo* de Pise.

ROSKOLNIKS. *Voyez* RASKOLNIKS.

ROSNY, village du département de Seine-et-Oise, sur les bords de la Seine, où naquit Sully, lequel, comme on sait, porta d'abord le titre de *marquis de Rosny*. Sous la Restauration, les débris de la terre de Rosny avaient été achetés par la duchesse de Berry, qui lorsqu'elle voyageait incognito prenait le titre de *comtesse de Rosny*. Cette terre a été depuis lors vendue et morcelée.

ROSOGLIO, nom d'une liqueur qu'on fabrique en Italie, et dont une infusion de feuilles de roses dans de l'esprit forme la base.

ROSPIGLIOSI (JULES). *Voyez* CLÉMENT IX.

ROSS (Sir JOHN), naquit en 1777, en Écosse, et entra dès 1786 dans la marine. L'habileté et la capacité dont il donna de nombreuses preuves lui firent franchir rapidement les grades inférieurs jusqu'à celui de capitaine de vaisseau. Il s'est illustré par deux expéditions au pôle nord. La première eut lieu en 1818, et la seconde en 1829. Il a publié le récit de ces deux voyages de découvertes sous le titre de *Narrative of a second voyage in search of a north-west passage* (Londres, 1834). Plus tard il fut nommé consul d'Angleterre à Stockholm. Dans l'été de 1846, il entreprit la périlleuse traversée de Stockholm en Angleterre, dans une petite barque et sans autre équipage qu'un seul matelot ; trait de courage passablement inutile et dans lequel l'*excentricité* entre évidemment pour beaucoup. En 1850 il offrit ses services pour aller à la recherche de Franklin, et partit le 23 mai avec le vaisseau *The Felix* et le transport *Mary*. Arrivé au mois de septembre dans le *Wellington's Channel*, il hiverna dans l'*Assistance's Bay*, qu'il ne put quitter qu'en août 1851. Alors, reconnaissant l'impossibilité de franchir le canal Wellington, il dut bientôt songer à s'en retourner ; et le 25 septembre 1851 il atteignait la côte nord-ouest de l'Écosse, ne rapportant d'autres résultats de son expédition que de vagues rumeurs suivant lesquelles Franklin aurait été tué par des Esquimaux. Pendant son absence il avait été promu contre-amiral à l'ancienneté. Il mourut au mois de septembre 1856.

ROSS (Sir JAMES-CLARK), neveu du précédent, et comme lui capitaine dans la marine royale, s'était déjà fait connaître avantageusement par le voyage qu'il exécuta de 1829 à 1834, sous les ordres de son oncle, au nord de l'Amérique septentrionale. C'est lui qui dans cette expédition, dont on ne reçut aucune nouvelle pendant quatre ans, parvint, au milieu des plus dures privations et des souffrances les plus inouïes, à explorer toute la côte occidentale du détroit de *Prince-Régent*, comme aussi la presqu'île totalité de la terre *Boothia-Felix*, sur laquelle il descendit ; c'est lui qui détermina, par des observations directes et rigoureuses, la position du pôle magnétique boréal, ou, pour mieux dire, la position du point de la surface de l'hémisphère boréal où l'aiguille aimantée, librement suspendue par son centre de gravité, prend exactement la direction de la verticale. Mais ce qui fonde la gloire du capitaine sir James Clark Ross sur une base impérissable, ce sont les trois voyages qu'il a exécutés de 1839 à 1844, sur les navires de l'État *L'Érèbe* et *La Terreur*, et dont il a si habilement dirigé les opérations parmi les glaces et dans les latitudes les plus élevées de l'hémisphère austral. Dans ces trois voyages, uniquement consacrés aux progrès de la géographie et des sciences physiques et naturelles, le capitaine Ross est parvenu à atteindre le 78° degré de latitude sud, où personne encore ne l'avait précédé, et cela, après avoir franchi sans hésitation ces formidables banquises de 150 à 200 milles de largeur qu'on rencontre toujours au delà du cercle polaire antarctique, et dans lesquelles aucun navigateur, sans en excepter même les Cook et les Bellinghausen, n'avait osé s'aventurer, dans la crainte, qui paraissait légitime alors, de ne pouvoir jamais en sortir. Les trois expéditions dont nous venons de parler ont doté la géographie de deux découvertes importantes : celle de la *Terre Victoria*, qui forme la partie orientale des *nouvelles Terres antarctiques* situées dans le prolongement du méridien de la Nouvelle-Hollande, et que le capitaine Ross a explorées depuis le 68° jusqu'au 78° degré de latitude australe ; et celle d'un vaste golfe, qui se trouve être, quant à présent, la partie la plus méridionale de la *Terre de Pasnia*, située dans le prolongement du méridien du Sud. De toutes les observations qui ont été faites par le capitaine Ross et par ses collaborateurs dans le cours de ces périlleuses explorations, nous ne connaissons encore que celles qui sont relatives au magnétisme terrestre. Ces dernières ont été publiées d'abord dans les *Philosophical Transactions* de la Société royale de Londres. Elles se composent des variations diurnes de l'aiguille aimantée et de séries de déclinaison, d'inclinaison et d'intensité du magnétisme recueillies en très-grand nombre tant à la mer que dans toutes les relâches des deux bâtiments. Terminons ce que nous avons à dire des travaux de cet habile et intrépide navigateur, par un fait qui nous paraît mériter encore de fixer l'attention : c'est que le capitaine Ross, au milieu des glaces et des dangers de toutes sortes qui rendaient la manœuvre de ses navires excessivement difficile, a eu néanmoins le rare bonheur d'atteindre les régions les plus voisines du pôle austral sans qu'aucune maladie se soit déclarée dans les deux équipages qu'il commandait.

DUPERREY, de l'Académie des Sciences.

En 1848 le capitaine Ross fut appelé au commandement des vaisseaux *Enterprise* et *Investigator*, envoyés à la recherche de Franklin. Après avoir hiverné dans le port Léopold, il organisa au printemps de 1849 plusieurs expéditions en *patins*, dont la plus importante, opérée sous sa direction personnelle, avait pour but l'exploration des côtes septentrionales et occidentales de North-Somerset ; exploration qu'il poussa jusqu'au 72° 38' de latit. nord. Revenu à ses bâtiments avec ses infatigables compagnons, son intention était d'explorer encore le *Wellington's Channel* ; mais il ne put se dégager des glaces qu'au milieu d'août, et il lui fallut alors reprendre le chemin de l'Angleterre à travers des périls de toutes espèces. Le 27 septembre 1849 ses deux navires arrivaient aux îles Orcades, sans avoir éprouvé d'avaries. Dans toutes les expéditions ultérieures entreprises à la recherche de Franklin, on a toujours eu soin de consulter le capitaine Ross, dont l'expérience et l'habileté étaient d'un si grand poids en pareille question.

Créé *baronet* en 1844, au retour de son expédition au pôle antarctique, il a publié le résultat de ses recherches sur le magnétisme terrestre et la géographie dans l'ouvrage intitulé : *Voyage of discovery and research in the Southern and Antarctic Seas* (2 vol., Londres, 1846), dont la partie botanique est du Dr Hooker.

ROSSBACH, village de l'arrondissement de Mersebourg (Saxe prussienne), situé entre Weissenfels et Mersebourg, célèbre par la victoire complète que Frédéric II y remporta le 5 novembre 1757, dans le court espace d'une heure et demie, sur l'armée française aux ordres du prince de Soubise et sur l'armée impériale commandée par le prince de Saxe-Hildbourghausen (*voyez* GUERRE DE SEPT ANS). La déroute de Rossbach couvrit les armées françaises d'une honte restée longtemps proverbiale.

Frédéric II avait été contraint de laisser le gros de ses forces en Silésie ; sous le commandement du duc de Brunswick-Bevern pour observer de ce côté les mouvements de l'armée autrichienne, et n'avait guère plus de 22,000 hommes à opposer aux 60,000 que comptait l'armée combinée du prince de Soubise et du duc de Saxe-Hildbourghausen. En même temps, le duc de Richelieu, après avoir réduit le duc de Cumberland à l'inaction, marchait sur Magdebourg, à la tête d'un corps fort d'environ 30,000 hommes ; et Haddik, général de Croates, par une marche audacieuse sur Berlin, avait dû rançonner cette ville; de sorte que pour venir au secours de la capitale, le roi avait dû quitter Leipzig et s'avancer jusqu'à Annabourg, sur la route de la marche de Brandebourg. Pendant ce temps-là Soubise et Hildbourghausen profitaient de l'absence du roi pour marcher sur Leipzig, en annonçant avec une présomptueuse confiance qu'ils auraient bientôt délivré la Saxe de la présence de tout corps prussien. Mais à peine Frédéric, revenu d'Annabourg, eut-il rejoint son armée, que l'armée combinée, suivie de celle du roi, traversa la Saale à Mersebourg et à Weissenfels, et prit position à Mucheln. Reconnaissant qu'il était difficile de les en déloger, le roi se décida à opérer un mouvement en arrière et à établir un camp temporaire entre Rossbach et le village de Bedla.

Persuadés que Frédéric II était en pleine retraite, les généraux de l'armée combinée, ou plutôt Soubise, qui en dirigeait les mouvements, n'eurent pas plus tôt aperçu le mouvement rétrograde que la cavalerie prussienne dut faire pour prendre sa place de campement, qu'ils passèrent d'une réserve pusillanime à une imprudente présomption, qu'on ne peut guère comparer qu'à celle des généraux de Crécy et d'Azincourt. Ils crurent que le roi s'était effrayé à leur vue et ne songeait qu'à leur échapper; ils n'eurent pas même assez d'intelligence pour concevoir qu'il était hors de toute probabilité que Frédéric, qui avait osé diviser son armée pour forcer le passage de la Saale, ne s'était avancé jusqu'où il était que pour s'en retourner sur-le-champ. Cette folle idée enfin tellement le courage de Soubise, qu'il crut pouvoir finir la campagne par une victoire complète. Ordinairement les intelligences bornées, quand elles arrivent à former des projets, les conçoivent toujours sur une échelle des plus vastes. Aussi, Soubise ne prétendait-il à rien moins qu'à détruire toute l'armée prussienne, en la tournant pour se placer entre elle et la Saale, et la couper tout à la fois de Weissenfels et de Mersebourg, en l'attaquant en flanc par sa gauche. Il décida donc que l'armée combinée parcourrait un vaste cercle, en se dirigeant par Bettstædt et Reicherswerben sur Wendorf, où l'armée prussienne avait eu sa droite le 2.

Le 5, vers onze heures du matin, l'armée combinée se mit en mouvement en trois colonnes, la cavalerie allemande en tête, toute l'infanterie au centre, et la cavalerie française derrière. M. de Saint-Germain reçut l'ordre de se prolonger par la droite et de suivre le mouvement de manière à couvrir le centre et la gauche qu'on supposait réunis à la droite. Aucune reconnaissance n'avait été faite pour s'instruire de la position des Prussiens, aucune avant-garde ne couvrait la tête des colonnes; les troupes s'étaient mises en marche à mesure qu'elles avaient rompu leur camp sans qu'on se fût même occupé de les faire serrer dans les colonnes. Toute l'armée semblait suivre une préoccupation fixe, comme si elle eût craint qu'une fuite précipitée pût lui dérober l'ennemi, et sans s'occuper de ce qui se passait à côté d'elle. Lorsqu'elle fut arrivée vers Buttelstædt, à la hauteur de la gauche prussienne, la cavalerie française passa à la tête des colonnes, et se réunit à la cavalerie allemande.

Il était à peu près une heure après midi lorsque Frédéric fut averti que l'armée combinée, en marche, paraissait à la hauteur de son flanc gauche. Il fit prendre les armes à ses troupes, sans les mouvoir de place : il attendait encore que le mouvement fût mieux décidé. A deux heures, son flanc gauche était dépassé, et il vit que le mouvement continuait dans la direction de Mersebourg. Il est difficile qu'il ait pu, même alors, deviner les véritables projets de Soubise, tant ils étaient en désaccord avec le bon sens; mais il est certain qu'il aperçut la possibilité d'attaquer dans leur marche les troupes manœuvrant mal; et de les battre pendant qu'elles essayeraient de passer de l'ordre de marche à l'ordre de bataille. Le roi ordonna donc au général Seidlitz de s'avancer avec toute la cavalerie et l'artillerie, et de se diriger à couvert des collines appelées Janus-Hügel, qui sont entre Lundlstædt et Braunsdorf, à hauteur de Reicherswerben, sur la tête des colonnes ennemies. L'infanterie suivit dans la même direction.

De l'armée combinée lorsqu'on aperçut des mouvements dans les troupes prussiennes et qu'on les vit disparaître derrière les hauteurs, on les crut en pleine retraite. Craignant de perdre le fruit de ses belles dispositions, Soubise se porta précipitamment en avant avec toute la cavalerie, laissant l'infanterie assez loin en arrière, afin d'atteindre au moins l'arrière-garde des Prussiens. Arrivé à la hauteur de Reicherswerben, il vit bien quelque cavalerie en arrière du village, mais, sans s'en inquiéter, il continua son mouvement. Cependant le général Seidlitz, arrivé contre Reicherswerben, déploya rapidement ses quarante-trois escadrons sur deux lignes, plaça son artillerie sur un mamelon à sa droite, et chargea sans balancer les têtes de colonne de l'armée combinée. La brigade autrichienne qui les précédait fut culbutée et rejetée sur les brigades françaises qui la suivaient. Les régiments français de Fitz-James, Bourbon et Lameth, se présentèrent en bon ordre, et auraient peut-être obtenu des succès sur les six escadrons par qui Seidlitz les fit attaquer, s'ils n'eussent pas été chargés en même temps en flanc par des hussards et des dragons. Ils furent culbutés, ainsi qu'une brigade autrichienne qui s'avança pour les soutenir. Le canon prussien, auquel ne pouvait pas répondre l'artillerie française, laissée en arrière avec l'infanterie, contribua encore à augmenter le désordre qui commençait à régner dans l'armée combinée.

Dès que le roi vit le bon succès des charges de sa cavalerie, il se disposa à en profiter pour attaquer l'infanterie alliée, qui commençait à arriver sur le champ de bataille. Il était important que cette attaque fût rapide et eût lieu avant que les colonnes fussent parvenues à se déployer. Il se contenta donc de faire rapidement former les six bataillons de la tête. Le prince Henri en prit le commandement, et les porta sur le flanc de l'infanterie alliée, tandis que Seidlitz, qui avait reformé sa cavalerie, s'étendant à gauche, la menaçait par l'autre flanc. Cette double attaque eut tout le succès que le roi pouvait désirer. A peine quelques bataillons purent-ils se former avant d'être abordés, et encore sans pouvoir se serrer entre eux; les grands intervalles qui les séparaient les isolaient et leur ôtaient tout appui. Ils furent vivement culbutés. En vain la brigade de Piémont, qui était un peu plus en ordre, essaya de résister; chargée en flanc par la cavalerie prussienne, elle fut également enfoncée et mise en déroute.

Soubise ne perdit cependant pas l'espérance de rétablir l'ordre dans ses troupes; il essaya de rallier les fuyards et de déployer son infanterie sur les hauteurs, en avant de Lustschiff. La réserve de cavalerie, composée de cinq régiments, reçut l'ordre de se porter en avant, et de couvrir ce déploiement. Mais il était trop tard; le point de ralliement était trop rapproché, et la réserve trop faible pour arrêter les Prussiens. Foudroyée par l'artillerie ennemie, et chargée vivement par Seidlitz, cette réserve fut rompue et chassée du champ de bataille. L'infanterie, abandonnée, se retira avec assez de précipitation, couverte par la brigade Withmer; et bientôt, cette brigade ayant été elle-même rompue, le désordre le plus complet se mit dans tous les corps.

Ainsi finit la bataille de Rossbach, où dans moins d'une heure 22,000 hommes bien dirigés défirent plus de 50,000 hommes conduits par des chefs ineptes. Les Prussiens ne perdirent que 300 hommes; les alliés eurent plus de 1,200 morts, et perdirent 6,000 prisonniers, dont 11 généraux et 300 officiers, 72 canons et beaucoup d'autres trophées militaires. Les soldats si honteusement battus à Rossbach appartenaient cependant à la même nation qui a fourni les soldats et les généraux d'Iéna. Mais alors et dans toute cette malheureuse guerre ces soldats n'avaient point de généraux; car on ne saurait donner ce nom aux chefs improvisés l'un après l'autre par une camarilla de courtisans avides et corrompus. La France, gouvernée par un vieillard débauché, qui ne régnait lui-même que sous la pantouffe des catins, était tombée dans une dégradation dont la révolution seule put la relever pendant vingt-cinq ans. Les mêmes intrigues qui faisaient et défaisaient les généraux influaient également sur les choix des officiers. On ne voyait presque aux armées que des petits-maîtres ignorants et efféminés, plus occupés de toilette, de jeu et d'orgies, que de l'art de la guerre. Les troupes étaient nécessairement les victimes de ce désordre.

Une seule anecdote qui appartient à l'époque de Rossbach servira de preuve à ce que nous venons de dire :

Le 12 septembre précédent, Frédéric II avait forcé l'armée alliée à se retirer d'Erfurt à Eisenach, et, arrêtant là son mouvement, s'était replié sur la Saule, laissant le général Seidlitz à Gotha avec dix-neuf escadrons, appuyé un peu en arrière par les dragons de Zetteritz. Soubise forma le projet d'enlever le corps de Seidlitz, et fit marcher pour cela tous les grenadiers de l'armée et deux régiments de cavalerie. Mais Seidlitz ne dormait pas ; averti par les reconnaissances, il évacua la ville, et se retira un peu en arrière, où les dragons de Zetteritz le joignirent. Les généraux alliés, fiers de leur triomphe, vinrent à Gotha, où ils s'occupèrent de leur dîner sans s'inquiéter de ce qu'étaient devenus les Prussiens, ni se couvrir par la moindre patrouille ; leurs postes les plus avancés étaient sous les murs de la ville. Seidlitz ne laissa pas échapper une si belle occasion de prendre sa revanche. Ayant fait pousser les postes alliés par ses hussards, il se précipita sur la ville avec ses dragons sur un seul rang. Soubise allait se mettre à table lorsqu'on lui annonça l'arrivée de l'ennemi. La seule disposition qu'il prit fut de donner l'ordre et l'exemple de la retraite, en partant sur-le-champ avec toute sa suite. Les grenadiers qui occupaient le château l'évacuèrent sans combat. Ainsi Seidlitz avec 1,500 cavaliers chassa d'une ville fermée 8,000 hommes de toutes armes. Il prit dans Gotha un grand nombre de secrétaires, valets de chambre, cuisiniers, comédiens, coiffeurs, marchands de modes, etc., et une grande quantité de bagages, dont une bonne partie se composait de caisses d'eau de lavande et d'autres parfums, de nécessaires de toilette, de parasols, de manchettes brodées, de singes et de perroquets.

Les temps où sont arrivées ces belles choses sont-ils passés sans retour? Espérons-le. Mais toutes les fois que les généraux se fabriqueront dans les antichambres et non dans les camps, que leur choix sera dicté par les caprices ou des intrigues de cour, et soumis à l'influence d'une camarilla quelconque, nous pouvons être sûrs de voir nos armées commandées par des chefs jetés dans le même moule que ceux de Crécy, d'Azincourt, de Poitiers et de Rossbach.

Gal G. DE VAUDONCOURT.

ROSSE (WILLIAM PARSONS, comte DE), le Tycho-Brahé de notre temps, est né le 17 juin 1800, en Irlande, et porta d'abord le nom de lord Oxmantown, jusqu'à la mort de son père, arrivée en 1841. Après avoir fait ses études à l'université de Dublin, il entra à la chambre basse et fut nommé plus tard lord lieutenant du King's County. Porté dès sa jeunesse vers l'étude des sciences, il consacra sa fortune et son activité intellectuelle au perfectionnement de l'optique et de l'astronomie. En 1826 il construisit dans son château de Parsonstown un observatoire, dont les instruments furent tous fabriqués sous sa direction ; travail dans lequel il apporta un soin tout particulier au perfectionnement des télescopes. Ses efforts avaient eu d'abord pour but la construction de lentilles à échelons ; mais il n'y réussit pas. En revanche, ses succès dans la construction des réflecteurs furent tels, qu'après avoir confectionné d'abord un objectif d'un mètre de diamètre, il termina en 1844 la construction d'un télescope gigantesque, qui lui revint à plus de 12,000 liv. sterl. (300,000 f.), dont l'objectif n'a pas moins de 2 mètres de diamètre et possédait une force à peu près cinq cents fois plus grande pour l'œil nu. Le comte de Rosse employa dès lors ce puissant instrument à l'observation des nébuleuses, et parvint à des résultats d'une haute importance. Dès 1845 quarante nébuleuses, jusque alors tenues pour insolubles, étaient complétement résolues. Ce qui renversait la théorie de la condensation de Herchell, base de la cosmogonie de Laplace. Des observations ultérieures donnèrent de nouvelles preuves de l'existence de nébuleuses en forme de spirales, et établirent d'une manière non moins convaincante l'existence de rayons obscurs dans la matière lumineuse, en même temps qu'elles mirent presque hors de doute la possibilité de résoudre toutes les masses nébuleuses en étoiles. C'est par ces beaux travaux que le comte de Rosse a eu la gloire d'ouvrir une nouvelle ère dans l'histoire de l'astronomie, tandis qu'il continuait à déployer le zèle le plus infatigable pour accroître par d'ingénieux perfectionnements la puissance du colossal instrument dont il se servait dans ses observations. Ses travaux scientifiques ne l'ont pas empêché de songer aux moyens à employer pour diminuer l'horrible misère à laquelle est en proie son pays natal, sujet sur lequel il a publié ses Letters on the state of Ireland (Londres, 1847). Depuis 1849 il est président de la Société royale de Londres.

ROSS ET CROMARTHY, comté du nord de l'Ecosse, qui en formait autrefois deux, réunis aujourd'hui en un seul, et comptant une population de 82,600 âmes, sur une surface de 88 myriamètres carrés. Ross, dont fait partie le groupe des îles Hébrides, forme la plus grande partie de ce territoire, où Cromarthy ne comprend que la presqu'île de Black-Isle à l'est, le pays de Croygach à l'extrémité de la côte nord-ouest, et diverses enclaves disséminées dans le pays de Ross. La côte orientale, composée du district de Black-Isle ou de la presqu'île qui s'étend entre les golfes de Beauley et de Moray, et située elle-même entre la baie de Cromarthy et celle de Dornoch, depuis Alness-Kirk jusqu'à Tarbet-Ners et à Tain, est relativement plate et assez fertile. La côte occidentale, remarquable par ses nombreuses anfractuosités formant autant de baies et de fjords, de même que l'intérieur du pays, est une contrée couverte d'âpres montagnes, moins romantiques que sauvages et sombres, avec des crêtes très-ardues, de profondes vallées et un grand nombre de lacs. Le mont Loch-Brown y atteint 1094 mètres d'altitude ; et le Ben-Wyvis, haut de 1,163 mètres, le point le plus élevé de tous les High-lands du nord, reste couvert de neiges pendant la plus grande partie de l'année. Le système d'irrigation de ce pays est des plus riches. Ses cours d'eau, le plus souvent décharges de ses lacs, aboutissent généralement à la mer. Le climat en est très-humide.

Ross a pour chef-lieu Tain, sur la baie de Dornoch, avec 2,600 habitants, une école, une filature de coton et quelques tanneries ; Cromarthy, la ville du même nom, à l'entrée du lac Cromarthy, avec 1952 habitants, un port sûr, des chantiers de construction, une fabrique de toile à voiles, une pêche assez importante, etc. Ullapool, village de pêcheurs situé au fond du golfe de Broom (Loch-Broom), sur la côte nord-ouest, est la principale station de la société anglaise pour la pêche du hareng.

ROSSI (PELLEGRINO, comte), homme d'État italien, célèbre par sa fin tragique, né à Carrare, duché de Modène, le 13 juillet 1787, se consacra à l'étude du droit à Bologne ; et après avoir exercé pendant quelque temps comme avocat dans cette ville, y fut nommé professeur de droit romain et de droit criminel en 1812. Partisan de la domination française, il s'éloigna d'Italie après la chute de Napoléon et se rendit d'abord en Angleterre, puis à Genève, où en 1819 il devint professeur de droit criminel et de droit romain à l'Académie. En même temps il épousa une femme appartenant à l'une des familles les plus considérées de cette ville. Membre du grand conseil depuis 1820, il fut après 1830 nommé député de Genève à la diète fédérale, où il se montra partisan zélé de la centralisation de la puissance fédérale. La diète l'envoya à Paris, négocier avec le gouvernement de Louis-Philippe au sujet de l'émigration polonaise. Dans cette capitale il se lia avec MM. De Broglie et Guizot, qui le déterminèrent en 1833 à venir s'établir en France, où dès 1834 le gouvernement l'appelait à occuper la chaire d'économie politique au Collége de France, et bientôt après le nommait professeur de droit public à la Faculté de Droit de Paris. En dépit de son savoir et de son habileté, Rossi réussit peu comme étranger ; mais ses écrits, un *Traité du Droit pénal* [Paris, 1829], un grand nombre d'articles et de dissertations insérés dans la *Revue des Deux Mondes*, une introduction à la théorie de la population de Malthus, et son *Cours d'Économie politique* [1840] fixèrent particulièrement l'attention de Louis-Philippe, qui le nomma pair de France en 1840. Rossi se démit alors de ses deux chaires, et obtint par compensation une place au conseil d'État, position qui lui donna des rapports si fréquents et si directs avec le roi que M. Guizot finit, assure-t-on, par concevoir quelque inquiétude mêlée de jalousie au sujet de ce crédit toujours ascendant. Louis-Philippe, ajoute-t-on, croyait avoir reconnu dans Rossi l'homme dont la main ferme et vigoureuse serait capable de conserver la couronne à son petit-fils, et qui pourrait jouer le rôle d'un Mazarin sous une autre régence. Les affaires des États de l'Église ayant rendu nécessaire l'envoi à Rome d'un ambassadeur habile, ce fut sur Rossi que se porta le choix de Louis-Philippe. Rossi réussit assez bien à Rome comme diplomate, mais au total se tira médiocrement de l'affaire des jésuites. Après l'exaltation de Pie IX, il seconda de tout son pouvoir et de toute son influence la politique libérale du nouveau pape ; puis, lorsque Louis-Philippe se prit à redouter les suites que pourraient avoir pour lui-même et son gouvernement les tendances réformatrices de Pie IX, Rossi eut ordre de modérer le zèle progressiste du souverain-pontife ; rôle dont il s'acquitta parfaitement, mais qui lui valut la haine des libéraux. Dépouillé de ses emplois et de ses honneurs en France par la révolution de Février, Rossi se retira à Carrare, où il se donna pour un vieux patriote italien ; et après l'entrée des Autrichiens dans les États pontificaux il revint à Rome, où, en promettant au pape de réorganiser les États de l'Église sans violence et sans l'assistance de l'étranger, il réussit à se faire considérer comme un sauveur. Pie IX finit même par le charger de la formation d'un cabinet, qui entra en fonctions le 18 septembre 1848, et dans lequel Rossi eut le portefeuille de l'intérieur en même temps qu'il acceptait provisoirement ceux des finances et de la police. Il s'efforça de remettre de l'ordre dans les finances, et surtout de réprimer l'anarchie ; mais par là il devint l'objet des haines les plus ardentes de la part des radicaux fanatiques, qui dans ce rôle de médiateur pris par Rossi n'avaient jamais vu que le jeu d'un homme trahissant les intérêts de la liberté. En dépit de divers avis menaçants qui lui étaient parvenus, Rossi persista à faire au palais de la *Cancellaria*, le 15 novembre 1848, l'ouverture de la chambre des députés, retardée par son prédécesseur, Fabbri. Une foule nombreuse attendait le ministre avec une vive anxiété sur la place, dans le vestibule et la cour, et jusque dans les escaliers du palais. Quand sa voiture arriva près de l'escalier, Rossi en descendit, et aussitôt les cris de *Tuez-le!* partirent de tous les côtés. On se précipita sur lui, et il reçut un coup de stylet à la carotide gauche. Relevé mourant et transporté dans l'appartement du cardinal Gazzoli, situé au premier étage du palais, il expira quelques minutes après, sans avoir pu proférer une seule parole. Cet assassinat fut le signal de la révolution qui éclata aussitôt à Rome, et par suite de laquelle Pie IX dut fuir de cette ville, le 19 novembre. Le procès ultérieurement intenté aux auteurs de l'attentat, et dans lequel se trouvèrent impliqués les principaux meneurs du parti radical, ne se termina qu'en 1854. Un certain Constantini, déclaré coupable d'avoir porté le coup de stylet, fut condamné à mort le 17 mai, et exécuté en juillet suivant.

ROSSI (Comtesse). *Voyez* SONTAG.

ROSSIGNOL, petit oiseau dont tout le monde parle et que peu de personnes ont vu. On entend partout son éloge, on le lit en prose et en vers, il est le sujet de chants populaires, et cependant quelques petites villes, dans les contrée montagneuses, ont appris avec surprise que cet oiseau n'a jamais visité leurs environs, et que par conséquent leurs habitants sédentaires n'ont pu ni le voir ni l'entendre ; en effet, par un contraste dont la cause mériterait qu'on l'étudiât, quoique le rossignol semble rechercher la solitude, qu'il ne se rapproche volontiers d'aucune espèce des autres oiseaux, pas même des individus de la sienne, il n'habite point les grandes forêts, et préfère les bosquets, les taillis voisins des habitations ; au lieu de rechercher les majestueux ombrages des hautes futaies, il choisit pour son habitation le feuillage plus modeste, mais plus épais, des arbres médiocrement élevés. On ne le rencontre point dans les jardins de nos cités, où d'autres oiseaux chanteurs ne craignent point de placer leur nid : il n'y trouverait pas le repos et la sécurité dont il a besoin, et dans la saison où il chante presque sans cesse, de trop fréquentes interruptions lui seraient intolérables. Il cache son nid encore plus soigneusement que sa personne ; mais il n'a pas toujours le bonheur de soustraire sa progéniture aux infatigables recherches des enfants de village.

On connaît en France deux espèces de rossignols, l'une un peu plus petite, d'un plumage plus varié, mais dont le ramage n'a rien de remarquable : c'est le *rossignol de muraille*, ainsi nommé parce qu'il construit son nid dans les trous de mur ; l'autre est celle du *rossignol franc*, dont les accents printaniers ont tant de charme pour nous et rendent la saison des fleurs encore plus agréable. Cet oiseau n'est pas tout à fait aussi gros que le moineau, son habillement est des plus modestes ; une couleur fauve en dessus, un gris cendré en dessous, sont toute sa parure, et ces couleurs sont encore plus ternes sur la femelle que sur le mâle, qui possède seul le talent qui rend son espèce si digne d'attention. Son bec, allongé, grêle, un peu courbé et flexible, indique assez clairement qu'il se nourrit d'insectes et de vermisseaux, et que, loin de subsister à nos dépens, il nous rend des services trop méconnus, qui devraient au moins lui assurer une protection qu'il n'obtient pas. Malheureusement pour l'agriculture et pour cet oiseau si précieux à tant d'égards, les Apicius anciens et modernes ont trouvé sa chair excellente, quelquefois préférable à celle de l'ortolan. C'est un oiseau de passage, disent les amateurs de ce mets ; par quel motif le réserverions-nous pour la consommation des pays où il se retire après nous avoir quittés ?

Malgré les goûts de solitude et l'humeur un peu sauvage de cette espèce de rossignols, on réussit à leur faire supporter la captivité, quand même ils auraient joui des douceurs d'une vie libre ; mais pour vaincre ainsi des instincts fortement caractérisés, il faut des soins minutieux, des observations attentives et continuelles, qui ne sont pas à la portée de tout le monde. L'art de soumettre, de nourrir et d'élever ces captifs pour les entendre durant plus des deux tiers de l'année, de conserver leur santé, de guérir quelques-unes de leurs maladies ; enfin, de faire disparaître autant qu'il est possible tout ce qui déplaît dans une prison, en sorte qu'un couple de ces oiseaux puisse s'y livrer aux inspirations de la nature, construire un nid, élever une famille, tous ces résultats de longues et difficiles expériences sont exposés dans un traité spécial publié vers le milieu du siècle passé. L'auteur de cet ouvrage y a joint un recueil d'observations et de faits dont l'histoire naturelle du rossignol a profité. L'éducation des rossignols en cage paraît abandonnée en France ; on leur préfère les granivores, et surtout les serins, dont le ramage est sans doute beaucoup moins agréable, mais que l'on peut considérer aujourd'hui comme un esclave résigné et docile, dont la nourriture est toujours prête et ne s'altère point, au lieu que celle du rossignol exige des apprêts et un renouvellement quotidien.

Quelques musiciens ont entrepris de noter le chant du rossignol. Mais ils n'en ont fait que de très-mauvaise musique. Les sons et les modulations de cet oiseau ne sont point soumis à nos divisions régulières, et par conséquent elles ne peuvent être représentées par les signes de ces divisions. Que

l'on se contente d'écouter le rossignol sans essayer de le contrefaire.
FERRY.

Par une bizarrerie de langage, que nous ne nous chargerons pas d'expliquer, on donne aussi le nom de *rossignol* à une cruelle et dégoûtante opération que les vétérinaires pratiquent sur les chevaux poussifs dans l'espoir de les soulager ; et à un instrument à l'aide duquel le serrurier ouvrira la porte dont vous aurez égaré la clef.

ROSSINI (GIOACHINO), le premier des compositeurs italiens modernes, est né le 29 février 1789, à Pesaro, en Romagne. Son père était musicien ambulant, et sa mère une cantatrice subalterne des petits théâtres. Déjà comme enfant il chanta avec sa mère sur le théâtre de Bologne. Plus tard le père Mattei contribua dans cette ville à son éducation musicale. Toutefois, il semble n'avoir pas fait d'études fondamentales, et s'être borné à la connaissance des ouvrages des compositeurs modernes, de même que pour arriver il compta avant sur son remarquable talent de chanteur. En 1808 il écrivit à Bologne ses premiers symphonies et la cantate *Il pianto d'Armonia*. C'est en 1812 qu'on exécuta son premier opéra, *Demetrio e Polibio*, suivi la même année de *L'Ingano felice*. Depuis lors, outre une foule d'autres compositions, il a écrit plus de *quarante* opéras, parce que la réputation de son talent lui attira des demandes de toutes les scènes lyriques de l'Italie. Les plus célèbres sont *Tancredi* (1813); *L'Italiana in Algeri* (1815); *Aureliano in Palmira* (1815); *Elisabetta*, *Il Barbiere di Siviglia*, et *Otello* (1815); *Cenerentola*, *La Gazza ladra* et *Armida* (1817); *Mose in Egitto*, *Riccardo e Zoraide* (1818); *Odoardo e Cristina*, *La dona del Lago* et *Bianca e Faliero* (1819); *Maometto secondo* (1820); *Matilde de Chabran* (1821); *Zelmira* (1822); *Semiramide* (1823); *Le Siége de Corinthe*, refonte du *Maometto* (1825); *Le Comte Ory* (1826) et *Guillaume Tell* (1829).

De 1813 à 1822 Rossini eut un emploi à Naples, dans la direction de Barbaja. Quand ses chants furent devenus populaires, il obtint un triomphe encore plus grand à Vienne, où il vint en 1822 avec la remarquable troupe d'opéra dirigée par Barbaja, et dans laquelle se trouvait une cantatrice appelée madame Colbran, que Rossini épousa plus tard. A Vienne il exécuta lui-même avec le plus grand succès *Zelmira* et plusieurs autres de ses opéras, en même temps qu'il gagnait tous les cœurs par son amabilité personnelle et par les agréments de sa voix. En 1823 il visita la France et l'Angleterre, puis en 1829 il obtint une position fixe à Paris. A partir de 1829 il habita alternativement l'Italie et une maison de campagne aux environs de Paris, cédant la place sans le moindre sentiment de regret ni d'envie à ses successeurs Bellini, Donizetti, etc. Plus tard, il vint se fixer à Bologne, puis définitivement à Florence.

Quant au caractère et à la valeur des compositions de Rossini, on peut dire qu'il est dans notre siècle le représentant par excellence de la musique italienne d'opéra. Ses ouvrages participent des qualités et des défauts du caractère italien. Son côté le plus brillant, c'est l'art avec lequel il sait écrire pour le chant ; et il doit la souveraineté musicale qu'il a exercée depuis 1813 jusqu'en 1830 à sa puissance d'invention, à son inépuisable richesse d'harmonieuses mélodies, qui caressent délicieusement l'oreille et se gravent tout aussitôt dans la mémoire. En revanche, il a beaucoup trop négligé la profondeur d'expression en général, et on peut lui reprocher en particulier de peindre trop superficiellement les caractères et de ne pas se préoccuper assez du progrès dramatique. Rossini est le musicien de la nature ; il a fait de la musique comme on fait des vers sous le ciel pur et chaud de l'Italie, sans se soucier des lois sévères de l'art musical et même parfois des lois de l'esthétique. Avec tout cela, c'est un génie de premier ordre, qu'il faut classer sur la même ligne que Beethoven; et malgré les différences essentielles qui les séparent, ils représentent tous deux l'apogée de l'art musical dans la première moitié du dix-neuvième siècle. Le triomphe de Rossini est surtout le genre comique, et sous ce rapport on peut dire que son *Barbier de Séville* est un chef-d'œuvre plein de la plus intarissable originalité.

Rossini est le compositeur de l'époque de la Restauration. Après les grandes agitations politiques du commencement de ce siècle, le monde aspirait au repos et aux joies tranquilles de l'existence. Rossini donna satisfaction à ce besoin ; et c'est ce qui explique comment sa royauté musicale a cessé le jour où de nouvelles convulsions dans la vie politique des peuples réveillèrent leur énergie. Il ne pouvait pas suivre des tendances nouvelles, il n'était pas l'homme capable de devenir l'expression musicale d'une époque de rénovation et de répondre à ses exigences. Inutile sans doute d'ajouter qu'en raison de la nature même de son talent et de la direction qu'il avait prise, Rossini n'était pas propre à écrire de la musique d'église. Son *Stabat Mater*, dont on parla pendant quelque temps, ne pouvait offrir d'intérêt qu'en raison du nom de l'auteur.

[L'histoire du *Barbier de Séville* de Rossini ne sera pas sans intérêt pour le lecteur. Le *Barbier* de Paisiello était à Rome en grande vogue ; il arriva que l'entrepreneur du théâtre *Argentina*, se trouvant dans un grand embarras, parce que tous ses libretti avaient été rejetés par la censure, il proposa à Rossini de prendre le même sujet, et d'en refaire la musique. Notre compositeur, qui se sentait de force à lutter de génie avec Paisiello, était cependant effrayé de l'irritation que pourrait faire naître son audace. Il lui restait peu de temps : donc il fallait se décider. Rossini écrivit au vieux maître, qui se trouvait à Naples, pour lui rendre compte de la position dans laquelle il se trouvait. On n'a pas eu un succès comme Paisiello sans croire à la prééminence de son talent. Paisiello répondit ironiquement à Rossini qu'il applaudissait de tout son cœur au choix qu'il avait fait, et il annonça dans tout Naples la chute prochaine du jeune maestro. Rossini plaça une préface modeste à la tête du libretto, montra la lettre de Paisiello à tous les dilettanti de Rome, et se mit à l'ouvrage. Un biographe assure, comme une chose prodigieuse et incroyable, que la partition du *Barbier* fut écrite en treize jours. Néanmoins, j'affirme tenir de Manuel Garcia, pour qui l'ouvrage fut écrit, qu'il le fut en huit jours. Mais Garcia ajoutait que les récitatifs avaient été confiés à un compositeur dont le nom m'échappe. Quoi qu'il en soit, la pièce fut représentée dans les premiers jours de janvier 1816. Les principaux acteurs étaient, avec Garcia, Rotticelli, Zambonni et Mme Giorgi Righetti. Les Romains se souvinrent de Paisiello ; ils trouvèrent mauvais qu'on portât atteinte à sa gloire, et firent baisser le rideau avant le milieu du second acte. Mais dès le lendemain, honteux de ce qu'ils avaient fait, ils écoutèrent la pièce, l'applaudirent avec transport, et ramenèrent Rossini en triomphe chez lui.

Même chose, ou à peu près, arriva à Paris en 1820, quand Garcia fit entendre le *Barbier de Séville*, au retour de Londres. Il y avait parmi les dilettanti du théâtre Louvois de vieux amateurs dont le cœur battait encore au souvenir de l'opéra de Paisiello. Les journaux retentirent d'exclamations contre le sacrilége qui s'allait commettre l'administration du Théâtre-Italien. Par malheur, la *Rosine* qu'on avait choisie pour le *Barbier* de Rossini n'était point capable de chanter ce rôle ; le public n'était point fait à cette musique vive et pétillante de traits ; la pièce ne réussit pas. Les vieux amateurs triomphaient ; mais leur satisfaction fut de courte durée. On employa le seul moyen de les réduire au silence, en faisant jouer le *Barbier* de Paisiello ; en effet, l'auditoire s'endormit. L'opéra de Rossini fut repris quelques jours après. Mme Fodor fut chargée du rôle de Rosine, et la pièce fut reçue avec acclamations. Tel fut le commencement de cette fièvre rossinienne qui s'empara du public parisien, et qui pendant dix ans ne s'est point calmée.

C'est dans *Il Barbiere di Siviglia* que le génie comique de Rossini s'est le plus particulièrement caractérisé. Cet ouvrage est le chef-d'œuvre de l'auteur, et parce qu'il est le plus original, et parce qu'il résume en quelque sorte les qualités qui brillent dans *Cenerentola*, *Il Turco in Italia*, *L'Italiana in Algeri*, et autres ouvrages du compositeur appartenant au même genre. L'ouverture avait été écrite pour un des premiers opéras de l'auteur; elle est aujourd'hui inséparable de celui dont nous parlons, et il faut convenir qu'elle en est digne. C'est pour cette raison qu'on ne remarque pas dans cette symphonie des motifs de l'opéra, comme on retrouve dans *La Gazza*, dans *Semiramide*, dans *Cenerentola*, les *tutti*, ou l'introduction de celles composées tout exprès pour ces œuvres. La phrase de chant du basson et de la clarinette a été souvent employée par Rossini, et notamment dans le duo entre Pippo et Ninetta de *La Gazza*. L'*andante*, bien qu'il renferme une incorrection d'harmonie qui prouve la négligence du compositeur, est remarquable par son originalité, son chant élégant et gracieux, et par la manière dont le motif est conduit. Tout l'*allegro* étincelle de verve, d'esprit, de coquetterie : les divers motifs en sont liés avec beaucoup d'art. Gardez-vous pourtant de chercher dans cette symphonie une seconde partie, la moindre intention de développement. Rossini est expéditif dans sa manière : les applaudissements du parterre lui suffisent. La scène de la sérénade est pleine de suavité et d'entraînement. La *canzonetta*, que Rubini nous avait rendue, est un morceau ravissant; mais la ritournelle de Figaro se fait entendre dans la coulisse, l'orchestre la redit, et le malin barbier commence et achève son air au milieu d'un délire universel. Cet air n'est pas le produit du travail, c'est le jet du génie; il est écrit de verve, et Rossini en traçant si bien le caractère de l'adroit et entreprenant *factotum* s'est peint lui-même, c'est-à-dire la vivacité prodigieuse de son esprit. Même entrain, même saillie, se font remarquer dans le duo du comte et de Figaro : *All'idea di quel metallo*. Jusqu'ici pétillant, plein de mordant et de rondeur, le compositeur se montre sublime dans l'air de *la calunnia*. Ce trait en tierce des violons, qui se poursuit sous la mélodie lourde et martelée des chanteurs, et les *grupetti* des altos; ce *crescendo*, cette explosion de toutes les forces de l'orchestre, ce silence d'abattement, et cette harmonie en sens inverse des violons et des basses, qui procède par demi-tons et se traîne sous les tenues des instruments à vent, pour opérer sa résolution sur la cadence; tout cela porte l'empreinte de l'inspiration la plus puissante, et contraste merveilleusement avec la mélodie élégante et malicieuse de la cavatine de Rosine. Rien de mieux approprié au personnage que les couplets de Marceline. Le finale offre la réunion de toutes les beautés que nous avons déjà remarquées. C'est une scène à la fois de commérage, d'ironie et de stupeur. Comme ce trait de Figaro : *Guarda, don Bartolo !* repose sur cette harmonie lente et sévère! Toutefois, la *stretta*, quoi qu'on en dise, me parait indigne de ce qui précède. Le motif en est emprunté à *La Vestale*. Elle manque de proportions; les transitions en sont brusques; il n'y a à louer que la chaleur.

Le second acte est remarquable surtout par le duo de *pace e gioja*, qui est un chef-d'œuvre; par ce trait de violon, pendant que le docteur livre son menton au rasoir du barbier, et le *terzetto* de la fin. Malgré cela, quelques parties de ce second acte se ressentent un peu de la précipitation du travail. La *tempête* est un morceau nul. Celle de Paisiello est bien supérieure, quoique l'instrumentation fût moins avancée de son temps. Il y a plus d'éclat, plus de masses, plus d'effets, plus d'animation dans Rossini : l'un et l'autre ont fait époque dans leur art. Encore un siècle, et Paisiello et Rossini seront au même niveau.

J. D'ORTIGUE.]

ROSSO (ROSSO DEL), célèbre peintre italien que nous avons nommé *maître Roux*, en raison du privilége que nous nous sommes arrogé d'estropier ou de défigurer la plupart des noms étrangers, naquit à Florence, en 1496, et finit ses jours à Fontainebleau, en 1541. Cet artiste, qui n'eut de maître que l'étude particulière des ouvrages de Michel-Ange et du Parmesan, est un des restaurateurs de la peinture en France, où se trouve aussi la plus grande partie de ses œuvres. La galerie de Fontainebleau, construite d'après ses dessins, fut décorée de ses peintures; et il était également l'auteur des frises et des ornements en stuc qu'on y voyait, mais dont la plus grande partie fut détruite après sa mort par le Primatice, jaloux du talent de son rival. C'est François 1er qui, sur la grande réputation que cet artiste s'était faite en Italie, l'attira en France. Il lui accorda le revenu d'un des canonicats de la Sainte-Chapelle.

Le *Rosso* possédait le clair-obscur, ne manquait pas de génie et d'originalité dans ses compositions, dans ses expressions et ses attitudes; mais il travaillait à caprice, consultait peu la nature et aimait le bizarre et l'extraordinaire. On a gravé d'après lui, entre autres pièces, les *Amours de Mars et de Vénus*, qu'il fit pour le poëte Aretino.

ROSTACISME. *Voyez* GRASSEYEMENT.

ROSTAN (LÉON), médecin distingué de Paris, qui a fait son chemin vers la haute clientèle de l'aristocratie, en passant par la clinique des hôpitaux et l'enseignement officiel de la Faculté. M. Rostan est en effet professeur en titre à l'École de Médecine de Paris et médecin de l'hôtel-Dieu, après avoir passé de longues années, des années studieuses, dans le grand hospice de la Salpétrière. Personne n'a montré plus de dévouement que lui lors du typhus de 1814 et 1815, époques où les armées étrangères vinrent encombrer de leurs maux et les soldats français de leurs nobles fatigues et de leurs blessures les hôpitaux et hospices de Paris. M. Rostan signala alors son active intelligence en dirigeant la vaste infirmerie de la Salpétrière, où 12 à 15,000 Français furent traités dans l'espace de quelques mois. Élu professeur après concours, M. Rostan professe la clinique médicale à l'hôtel-Dieu. Il plaît aux étudiants, non-seulement par son élocution élégante, mais par ses opinions et son indépendance. Il s'est longtemps partagé la foule avec Chomel, qu'il rivalisait amicalement, autant du moins que cela était possible. On a de lui un certain nombre d'ouvrages, dont aucun n'a atteint au grand succès qu'il avait dû s'en promettre, et que des soins extrêmes à les parfaire semblaient leur présager. La préface, fort romantique, de ses *Éléments d'Hygiène* provoqua de nombreuses et mordantes critiques, dont l'effet et le souvenir rejaillirent un peu sur les autres publications. Son *Cours de Médecine clinique*, en 3 vol., a eu deux éditions, et il a fixé les regards de la commission Montyon. Mais son travail le mieux accueilli a été le mémoire intitulé : *Recherches sur le Ramollissement du Cerveau*, altération qu'il a été un des premiers à bien décrire. Il a publié aussi des opuscules sur l'*asthme des vieillards*, maladie qu'il envisage comme étant toujours organique et comme n'étant jamais nerveuse; des mémoires *sur les anévrysmes*, *sur les hydropisies*, *sur les effets fébriles des toniques dans les fièvres graves*, *sur le zona*, etc. Sa thèse sur les trois espèces de *charlatanisme* a été remarquée et même critiquée. M. Rostan, écrivain méditatif et professeur estimé, est un médecin homme du monde et d'une amabilité renommée. Il a longtemps fréquenté les salons plus volontiers que les sociétés savantes; mais aujourd'hui l'Académie compte peu de membres aussi assidus : aussi est-il du petit nombre de ceux qui ont eu l'honneur de présider ce corps savant.   Isid. BOURDON.

ROSTOCK, l'une des plus importantes villes commerciales de la partie de l'Allemagne qui baigne la Baltique, et la plus grande ville du Mecklembourg, est située dans la seigneurie de Rostock (35 kilomètres carrés, avec 35,000 habitants). Par la Warnow, qui se jette dans la mer, à quatorze kilomètres plus au nord, au bourg de Warnemunde. Elle est entourée de murailles, de remparts et de fossés, divisée en trois parties, la *vieille ville*, la *ville neuve*, et la *ville du milieu*, au total bien bâtie, et compte plus de 25,000 habitants. Parmi ses six églises, on remarque celle de Notre-Dame, où se trouve le tombeau de Grotius; et la plus belle de ses places publiques est la place *Blucher*, avec la statue en bronze de Blucher par Schadow. La ville possède environ 300 bâtiments au long cours, avec lesquels elle fait un commerce des plus actifs. Deux vapeurs en fer et à hélice entretiennent un service régulier de communication avec Saint-Pétersbourg, et trois autres bateaux à vapeur font un service continuel entre Rostock et Warnemünde. On trouve à Rostock diverses manufactures de tabac, de savon et de cuir; et il s'y tient chaque année une foire importante. Elle est le siège du consistoire, d'un tribunal d'appel et d'une chancellerie de justice. L'université de Rostock, fondée en 1419, fut transférée de 1437 à 1443 à Greifswald, puis en 1760 à Butzow. Mais les professeurs nommés par la ville étant restés à Rostock, il y eut là bien dire deux universités restés dans le pays jusqu'en 1789, époque où on les réunit et réorganisa. Elle compte vingt-trois professeurs et une centaine d'étudiants, et possède une bibliothèque riche de 80,000 volumes.

ROSTOPCHINE (Fénon, comte), gouverneur général de Moscou à l'époque de la guerre de 1812, était né en 1765, d'une vieille famille russe. Entré de bonne heure dans la garde impériale avec le grade de lieutenant, il alla voyager à l'étranger, et jouit de la faveur toute particulière des deux comtes Roumianzoff. Il réussit à se faire si bien venir de l'empereur Paul, qu'on le vit en peu de temps passer successivement général, grand-maréchal de la cour et ministre des affaires étrangères; et en 1799 il fut créé comte. Mais ayant désapprouvé l'alliance conclue alors par l'empereur avec la France, il tomba en disgrâce et dut s'éloigner de la cour. Il rentra au service sous Alexandre, mais resta sans influence politique jusqu'en 1812, époque où il fut nommé, quelque temps avant le commencement des hostilités, aux importantes fonctions de gouverneur général militaire de Moscou. Après la furieuse et sanglante bataille de la Moskowa, et après la retraite de Koutousoff, la seconde capitale de l'empire, la *ville sainte*, se trouva absolument sans défense; et c'est alors que l'idée d'un sacrifice héroïque, dont l'histoire des nations n'offrait pas encore d'exemple, commença à germer dans les esprits. Il serait difficile de décider si l'incendie de Moscou fut la suite de l'exécution d'un plan arrêté d'avance par Rostopchine. Lui-même le nia formellement, dans un écrit intitulé: *La vérité sur l'incendie de Moscou*, qu'il fit paraître en 1824 à Paris, en réponse à une *Histoire de la Destruction de Moscou* publiée en Allemagne par M. de Blumenbach, ancien officier au service russe, qui accusait Rostopchine d'un acte qui fut très-certainement la cause première de la destruction de l'armée française, du salut de la Russie, et par suite de la chute de Napoléon et de la délivrance de l'Europe, mais qu'il n'en qualifiait pas moins de *crime aussi épouvantable qu'inutile*. Déjà en 1822 un journal anglais, *The British Monitor*, avait formellement accusé Rostopchine d'avoir été assisté pour l'exécution de cette entreprise par le fameux sir Robert Wilson; et dans une lettre insérée quelques jours après dans la même feuille, Rostopchine s'était borné à répondre qu'il avait vu pour la première fois de sa vie sir Robert Wilson dix jours *après l'événement*, et que par conséquent *il eût été trop tard* et inutile de l'aider. Dans sa réponse à M. de Blumenbach, Rostopchine repousse formellement l'accusation dont il est l'objet devant l'histoire. Il évalue la perte totale éprouvée par le gouvernement et par les particuliers à la suite de l'incendie de Moscou à 321 millions de francs, et non à plusieurs milliards, comme on l'avait prétendu. Il réduit à presque rien la *destruction du Kremlin*, essayée par les Français au moment d'évacuer la ville. Selon lui, les réparations n'auraient pas coûté plus de 500,000 fr. Enfin, il fait observer avec raison que la ville, reconstruite comme par enchantement, est beaucoup plus belle qu'autrefois; et que ses vieilles maisons de bois ont partout été remplacées par des habitations entièrement en briques et par de splendides palais. Quoi qu'il en soit de cette dénégation, il est certain que c'est lui qui donna l'ordre de brûler la maison de campagne qu'il possédait aux environs de Moscou dans la forêt de Sokolnicki, et qui fit prendre les mesures nécessaires pour assurer la destruction des magasins existants dans la ville; or, son exemple ayant trouvé aussitôt un nombre toujours croissant d'imitateurs, on peut à bon droit le considérer comme celui qui eut le premier l'idée de l'horrible incendie à la propagation duquel Russes et Français contribuèrent plus tard comme à l'envi, attendu que l'épouvantable confusion qui en fut la suite, et au milieu de laquelle les habitants chassés de chez eux par l'approche des flammes entassaient précipitamment dans les rues et les places publiques ce qu'ils avaient de plus précieux, ne favorisait que trop le pillage et le vol.

En 1814 Rostopchine se démit de ses fonctions de gouverneur général de Moscou, et accompagna l'empereur Alexandre au congrès de Vienne. Il employa ensuite plusieurs années à voyager, et passa plusieurs années à Paris, où il maria sa fille au petit-fils du comte de Ségur. « Il faut convenir, dit notre collaborateur feu Breton, que pendant son séjour parmi nous le comte Rostopchine ne justifia, ni par ses manières ni par son extérieur, les portraits hideux qu'avaient tracés de lui les bulletins de la *grande armée*. C'était un homme de haute taille, d'une forte complexion, avec une physionomie très-expressive et des yeux kalmoucks, qui semblaient grands à force d'être vifs. Il était admis à la cour et dans les salons les plus distingués; mais il paraissait se complaire davantage à se promener seul aux Tuileries ou au Palais-Royal. Il ne manquait jamais une première représentation de Potier ou de Brunet aux Variétés; et on l'a vu souvent spectateur dans les grandes affaires à la cour d'assises. Lorsqu'on le questionnait avec réserve sur les causes de l'immense calamité qui avait momentanément fait disparaître une des grandes capitales de l'Europe, Rostopchine se défendait avec chaleur et sensibilité d'en être l'auteur. »

En 1825 Rostopchine retourna en Russie; mais il mourut dès l'année suivante, au mois de janvier, à Moscou, laissant la réputation d'un homme aussi aimable que spirituel; et sa mémoire est encore honorée et respectée aujourd'hui par le plus grand nombre de ceux qui perdirent dans l'incendie de Moscou tout ce qu'ils possédaient. En 1853 Smerden a publié à Saint-Pétersbourg ses œuvres diverses, en russe et en français, entre autres deux comédies, des observations recueillies pendant un voyage en Allemagne et les ingénieux *Mémoires écrits en dix minutes*.

Sa belle-fille, la comtesse *Elena* ROSTOPCHINE, née JOUSCHKOFF, s'est fait un nom honorable dans la littérature russe, par ses poésies.

ROSTRAL. *Voyez* ROSTRES.

ROSTRES, en latin *rostra*. On appelait ainsi à Rome la *tribune aux harangues* et l'espace du Forum qui l'environnait. Ce nom provenait des proues ou *rostra* des navires enlevés par les Romains aux Antiates, lors de la conquête du Latium, l'an 338 av. J.-C. On peut présumer que ce trophée temporaire fut converti dans la suite en une matière plus durable, et que les proues de vaisseau devinrent dans l'architecture romaine un ornement courant. Il y avait à Rome deux rostres : *Vetera* et *Nova* ; ces derniers furent aussi appelés *Julia*, soit qu'ils fussent près du temple d'Auguste, soit que cet empereur ou Jules César en eut ordonné la restauration.

Rostral, adjectif dérivé de *rostres*, ne s'emploie guère qu'avec les mots *couronne* ou *colonne* : La colonne *rostrale*, ornée de proues de navire, était érigée pour consacrer le souvenir des victoires navales. La couronne *rostrale*, également revêtue de proues de navire, se donnait au capitaine ou au soldat qui le premier s'était élancé sur un vaisseau ennemi ou l'avait accroché.

Tout ornement ayant la forme de bec ou d'éperon de navire ancien se nomme *rostre* en sculpture et en architecture.

ROTANG, genre de plantes de la famille des palmiers, comprenant plus de quarante espèces propres à l'Asie et à l'Afrique intertropicales. Les rotangs offrent une tige très-grêle, atteignant souvent une longueur considérable, et s'étendant ordinairement sur les arbres comme les lianes. Cette tige, articulée de distance en distance, porte une feuille à chaque articulation. L'inflorescence est un spadice rameux, composé de petites fleurs rosées ou verdâtres, distiques, dioïques ou polygames-dioïques.

Le *rotang à cannes* (*calamus rotang*, L.), qui croît dans les Indes orientales, a la tige très-longue, épaisse de plus d'un centimètre, à entre-nœuds longs de cinq à dix centimètres. C'est de lui que proviennent les cannes que l'on nomme vulgairement *rotins*, *joncs de l'Inde*, etc.

Le *rotang a cordes* (*calamus rudentum*, Lour.), dont la tige atteint, dit-on, jusqu'à trois cents mètres de longueur, croît dans les Moluques, dans les Iles de la Sonde, et en Cochinchine. On réduit cette tige en filasse, et on en fabrique des câbles très-forts.

Le *rotang sang-dragon* (*calamus draco*, Wild.) fournit à la médecine l'une des substances résineuses rouges confondues sous la dénomination commune de *sang-dragon*.

Le *rotang à cravaches* (*calamus equestris*, Wild.) et le *rotang flexible* (*calamus viminalis*, Wild.), qui croissent tous deux dans les Iles de la Sonde, ont des tiges plus grêles que les espèces précédentes. Ces tiges divisées en lanières minces, servent à faire les garnitures des chaises et fauteuils qu'on appelle vulgairement *cannés*. On les emploie également, en guise d'osier, pour de nombreux ouvrages de vannerie. Aussi forment-elles l'objet d'un commerce assez important.

ROTATION. Ce mot, dérivé de *rota*, roue, *rotare*, tourner, ne désigne pas seulement le mouvement circulaire d'un corps qui tourne sur son centre ou sur son axe, comme le mouvement diurne de la Terre, celui d'une roue de voiture, mais encore tout mouvement d'un corps quelconque autour d'un ou de deux centres, c'est-à-dire autour d'un cercle ou d'une ellipse, ou décrivant même une section conique quelconque; et dans ce sens il peut être considéré comme l'expression du phénomène le plus universellement répandu peut-être dans la nature et dans l'action des ouvrages mécaniques de l'homme. L'espace immense qui nous entoure, ou plutôt les innombrables sphères qui le sillonnent dans tous les sens avec une si effrayante et si harmonieuse rapidité (puisque notre petite Terre, dans son seul mouvement annuel, décrit déjà plus de sept lieues par seconde), toutes ces sphères, disons-nous, se trouvent invariablement enchaînées les unes aux autres par des mouvements de rotation de ce genre, dont Kepler a tracé la forme, et dont Newton, après lui, a décrit les forces mécaniques. L'action de presque toutes les machines sorties de la main des hommes se formule en mouvements circulaires de ce genre; et c'est là peut-être la plus belle quoique la plus abstraite étude qu'ait tentée l'intelligence humaine.

ROTE (Tribunal de la), juridiction établie à Rome vers le commencement du quatorzième siècle, en remplacement des anciens juges du sacré palais, par le pape Jean XXII, pour juger par appellation les matières bénéficiales et patrimoniales de tout le monde catholique qui n'a point d'induits pour les agiter devant ses propres juges, comme aussi tous les procès entre sujets des États de l'Église dont l'importance s'élève au-dessus de 500 écus. La *rote* se compose de douze docteurs ecclésiastiques, nommés *auditeurs de rote*, et pris entre les quatre nations d'Italie, de France, d'Espagne et d'Allemagne, dans les proportions suivantes : trois Romains, un Toscan, un Milanais, un Bolonais, un Ferrarais, un Vénitien, un Français, deux Espagnols et un Allemand (*voyez* ROME [Cour de].) Il y a un recueil célèbre de leurs jugements, intitulé : *Décisions de la Rote* (*voyez* DÉCISIONS).

Ce mot, dérivé de *rotare*, rouler, vient, dit-on, de ce que les plus importantes affaires passent à tour de rôle devant eux, ou de ce qu'ils s'assemblent en cercle pour rendre leurs décisions, ou plutôt encore de ce que le pavé de la salle où ils se réunissent représente une sorte de mosaïque en forme de roue.

ROTHSAY. *Voyez* BUTE.

ROTHSCHILD, la plus grande et la plus riche maison de commerce qu'il y ait au monde, fut fondée par *Mayer-Anselme* ROTHSCHILD, né en 1743, à Francfort-sur-le-Mein. Fils d'un vulgaire brocanteur juif, il appartenait à une famille restée fidèle encore aujourd'hui à toutes les prescriptions les plus sévères du judaïsme. Après avoir perdu son père dès l'âge de onze ans, il fut placé à l'école israélite de Furth, et entra ensuite comme teneur de livres dans une maison de Francfort. Au bout de quelques années passées à Hanovre dans une grande maison de change, il revint à Francfort, où il se maria et où, à l'aide d'un petit capital acquis à force de travail et d'économie, il fonda une maison de commerce à lui. Bientôt ses connaissances, son infatigable activité et sa loyauté, devenue proverbiale, lui gagnèrent la confiance des principales maisons de cette ville commerçante. Il reçut des ordres considérables, et son crédit et sa fortune augmentèrent dans une égale proportion. Ce qui contribua surtout à l'extension prodigieuse que ses affaires arrivèrent à prendre plus tard, ce furent les rapports qui s'établirent dès 1801 entre lui et le landgrave, devenu plus tard l'électeur, Guillaume Ier de Hesse. Ce prince, qui avait eu occasion d'apprécier sa loyauté et sa probité, le nomma son agent particulier à Francfort. Quand, en 1806, l'électeur se vit obligé d'abandonner précipitamment ses États à l'approche de l'armée française, c'est à Rothschild qu'il se confia pour sauver sa fortune particulière, montant à plusieurs millions de florins; et Rothschild réussit à le lui conserver, non sans subir pour cela des pertes considérables, ni même sans courir des risques personnels. Quand Dalberg, créé grand-duc de Francfort par Napoléon, eut rendu aux israélites l'exercice complet de leurs droits civils et politiques, il appela Rothschild à faire partie du collège électoral de Francfort.

Rothschild mourut en 1812, laissant dix enfants, dont cinq fils, qui prirent alors la suite d'affaires de sa maison de banque, savoir :

1° *Anselme* DE ROTHSCHILD, chef de la maison-mère de Francfort, né le 12 juin 1773, consul de Bavière à Francfort depuis 1835, mort en décembre 1855, laissant une fortune évaluée à plus de 50 millions de florins, dont a hérité son neveu *Anselme Salomon* de ROTHSCHILD, fils de *Salomon*, né en 1803, consul général d'Autriche à Francfort depuis 1836;

2° *Salomon* DE ROTHSCHILD, né le 9 septembre 1774, qui, depuis 1816 résidait le plus ordinairement à Vienne, mort à Paris, le 28 juillet 1855;

3° *Nathan-Meyer* DE ROTHSCHILD, né le 16 septembre 1777, fonda dès 1798 une maison à Manchester, qu'il transféra cinq ans plus tard à Londres, où à partir de 1813 il obtint la confiance des hommes d'État les plus distingués de l'Angleterre, et où en 1820 il fut nommé consul, puis en 1822 consul général d'Autriche. Il mourut le 28 juillet 1836, à Francfort, laissant quatre fils. L'aîné, *Lionel* de ROTHSCHILD, né le 22 novembre 1808, succéda à son père comme chef de la maison de Londres et en qualité de consul général d'Autriche;

4° *Charles* DE ROTHSCHILD, né le 24 avril 1788, chef de la maison de Naples, habite alternativement cette capitale et Francfort, où depuis 1829 il est consul général de Naples;

5° *Jacob* (James) DE ROTHSCHILD, né le 15 mai 1792, chef depuis 1812 de la maison de Paris, et depuis 1822 consul général d'Autriche dans cette capitale, est marié avec la fille de son frère Salomon, l'une des femmes les plus distinguées de notre époque.

L'accord le plus parfait, l'union la plus étroite, ont constamment régné entre les cinq frères, qui se sont fait un devoir sacré d'obéir en cela aux dernières injonctions de leur père mourant. Lorsque l'électeur de Hesse revint dans ses

États, en 1813, la maison Rothschild offrit non-seulement de lui restituer les sommes dont elle était dépositaire, mais encore de lui en payer les intérêts, alors qu'aux termes de la loi romaine en vigueur en Allemagne, c'était elle qui eût été en droit de réclamer du déposant un droit de garde qui eût notablement diminué le capital primitif. L'électeur refusa les intérêts qu'on lui offrait; mais il sut parfaitement apprécier les sentiments de loyauté et de probité qui avaient dicté une pareille proposition (*voyez* LAFFITTE), et il laissa encore pendant plusieurs années, et à un très-faible intérêt, ses capitaux dans la maison qui avait répondu d'une manière si honorable à la confiance qu'il lui avait témoignée. Les recommandations que l'électeur donna alors en toutes occasions à la maison Rothschild, notamment lors de la réunion du congrès de Vienne, ne contribuèrent pas peu non plus à l'extension prodigieuse que prirent dès lors ses affaires. Il est inutile de rappeler ici la série de grandes opérations de crédit qui depuis 1813 jusque aujourd'hui ont été entreprises par la maison Rothschild, et qui lui ont valu la place éminente qu'elle occupe dans le monde financier. Ces opérations l'ont successivement mise en rapport avec tous les États de l'Europe, grands ou petits, et furent pour beaucoup dans les progrès incessants et dans la consolidation du crédit public, dont l'immense développement en tous pays donnera toujours une haute importance historique à la maison de commerce qu'on peut à bon droit considérer comme ayant été en quelque sorte la créatrice de cette source de richesses jusque alors méconnue. Presque toutes les puissances de l'Europe se sont plu à donner aux chefs de cette maison des preuves publiques de leur estime et de leur reconnaissance. Dès 1815 l'empereur d'Autriche leur conféra la noblesse héréditaire; sept ans après, il leur accordait le titre de *barons*. Les croix de tous les ordres de chevalerie de l'Europe chamarrent leur poitrine, et les cinq maisons de Francfort, de Paris, de Londres, de Vienne et de Naples, dirigées la plupart aujourd'hui par les fils de leurs fondateurs, continuent à donner l'exemple de cette fraternelle union qui fit leur force et de cette loyauté qui fut la base de leur crédit.

ROTIN. *Voyez* ROTANG.

ROTISSEUR. *Voyez* CUISINIER.

ROTONDE. *Voyez* COUPOLE.

ROTROU (JEAN DE), un des créateurs du théâtre français, naquit à Dreux, le 19 août 1609, d'une famille qui exerça longtemps dans ce pays des charges de magistrature. Il ne nous reste presque aucun détail sur sa personne et sur sa vie. Il n'est guère connu aujourd'hui que par une belle tragédie qui est restée à la scène, et par l'acte de dévouement qui a causé sa mort. Le premier renseignement que les contemporains nous fournissent sur lui est de 1632; il avait alors vingt-trois ans, et il avait déjà produit sept ou huit pièces de théâtre : *L'Hypocondriaque*, *La Bague de l'oubli*, *Cléagénor et Doristée*, *La Diane*, *Les Occasions perdues*, peut-être *Les Ménechmes*, et *Hercule mourant*. A cette époque, le comte de Fiesque le présenta à Chapelain, qui dans une lettre, du 13 octobre 1632, rend compte de cette visite à Godeau. « C'est dommage, dit-il, qu'un garçon de si beau naturel ait pris une servitude si honteuse; il ne tiendra pas à moi que nous ne l'en affranchissions bientôt. » De quelle nature était cette servitude dont parle Chapelain? C'est ce que rien n'a pu éclaircir. On a conjecturé avec quelque vraisemblance que ce pouvait bien être un engagement dans une troupe de comédiens en qualité d'auteur. Ces sortes d'engagements, dont Hardy avait donné le premier exemple, n'étaient pas rares alors. Mais comment accorder ce genre de vie précaire avec le rang de sa famille et l'aisance honorable dont elle devait jouir? On sait que Rotrou avait la passion du jeu, et nous apprenons par l'histoire littéraire du temps que lorsqu'il avait de l'argent, le seul moyen qu'il eût de le conserver était de le jeter dans un tas de fagots; et la difficulté qu'il avait ensuite à le retrouver l'aidait à échapper à la tentation de perdre au jeu. Il n'y a rien d'extraordinaire à supposer que ce goût dominant s'alliait à d'autres passions qui ont pu entraîner Rotrou dans quelques désordres de jeunesse qui l'auront réduit à chercher des ressources momentanées en se mettant à la solde d'une troupe de comédiens. On sait encore qu'au moment où il venait d'achever *Venceslas*, il fut arrêté pour une petite dette qu'il était hors d'état de payer. Dans sa détresse, il offrit son *Venceslas* aux comédiens, et le livra pour vingt pistoles. Il est probable que la bienveillance de Chapelain l'aida à sortir de cet état de gêne, car il fut bientôt au nombre des cinq auteurs que le cardinal de Richelieu pensionnait pour composer sous ses ordres. Le roi lui accorda aussi une pension de mille livres; on ignore à quelle époque.

L'histoire de Rotrou n'est plus que l'histoire de ses ouvrages. Dans l'espace de vingt-et-un ans, de 1628 à 1649, il produisit trente-cinq pièces. Cependant jusqu'à *Venceslas*, qui parut dans ses dernières années (en 1647), rien n'annonçait en lui un génie original, fait pour se frayer une route nouvelle. Presque tous ses drames sont un tissu d'aventures romanesques ou d'intrigues banales, d'enlèvements, de reconnaissances, de combats, enfin de tous les incidents si usés qui défrayaient alors la scène. Toutefois, on peut déjà remarquer chez lui un ton moins faux, des inventions moins plates, et surtout un style plus soutenu, plus spirituel. Il imita d'abord le théâtre espagnol, ainsi que les farces italiennes; mais il lisait aussi les classiques grecs et latins; il paraît même avoir eu un goût particulier pour Sophocle, auquel il emprunta son *Antigone*. Ce fut quand Richelieu l'eut attaché à sa personne, qu'il connut Corneille, qui était un des cinq auteurs chargés de travailler sous les ordres du cardinal. Corneille, quoique plus âgé que lui de trois ans, l'appelait son *père* ou son *maître*, si l'on en croit une tradition contemporaine. Leur début datait à peu près de la même époque, puisque le premier ouvrage de Corneille, sa *Mélite*, est de 1629 et, que *L'Hypocondriaque*, *ou le mort amoureux*, de Rotrou, date de 1628. Les premiers essais de l'un et de l'autre attestent une égale inexpérience. L'espèce de patronage que semble indiquer ce nom de *père* ne peut guère s'expliquer que par la différence de caractère des deux poëtes. On sait combien Corneille était simple, timide, emprunté dans le monde; il est donc très-possible que Rotrou, doué d'un caractère plus ferme et plus décidé, ait eu plus d'une fois l'occasion de protéger ou de faire valoir son modeste confrère. Rotrou paraît d'ailleurs avoir occupé le premier rang parmi les auteurs, et avoir joui sans trouble de la réputation que sa fécondité lui avait acquise.

Enfin, Rotrou rencontra le sujet de *Venceslas*. Là il mit en œuvre des ressorts vraiment tragiques; il eut l'art d'intéresser par le développement d'un caractère énergique et par la peinture des passions. Joignez à cela le mérite d'un style qui, parmi quelques négligences, qu'il faut rapporter surtout à l'époque, réunit à la fois la fermeté, la noblesse et la simplicité, et l'on comprendra le succès de cet ouvrage, qui s'est soutenu à la scène et s'y soutient encore de nos jours. Corneille, seul jusque alors, avait fait parler la passion avec autant de naturel et de vérité.

Rotrou, après avoir traversé une jeunesse orageuse, avait trouvé une vie plus calme dans le mariage; il avait acheté la charge de lieutenant particulier de la ville de Dreux. Il se trouvait par hasard à Paris, lorsqu'il apprit qu'une maladie contagieuse exerçait ses ravages dans la ville de Dreux, et que les autorités chargées de veiller au maintien de l'ordre avaient pris la fuite à l'approche du danger. Il retourne aussitôt à son poste, pour veiller par lui-même à l'exécution des mesures que réclamait la santé de ses concitoyens; et atteint lui-même du mal peu de jours après, il succomba victime de son dévouement, le 27 juin 1650, avant d'avoir achevé sa quarante-unième année. ARTAUD.

ROTRUENGE, mot de notre vieille langue, synonyme d'*air*, *chanson*, pièces de vers. *Voyez* MÉNESTREL.

ROTTECK (CHARLES DE), historien allemand à bon droit populaire, naquit le 18 juillet 1775, à Fribourg en

Brisgau. Aussitôt que la constitution représentative octroyée à ses sujets par le grand-duc de Bade fut mise en activité, Rotteck, professeur d'histoire à l'université de Fribourg, fut élu par cette corporation pour le représenter dans la première chambre (1819); et à partir de cette époque on voit constamment figurer son nom dans la lutte soutenue en Allemagne par l'esprit de progrès et de liberté contre le génie de la routine et du despotisme. Si Rotteck devint alors un des hommes les plus populaires de l'Allemagne, en revanche l'aristocratie et les classes privilégiées lui vouèrent une haine acharnée. Un journal qu'il publiait sous le titre de *Der Freisinnige* fut supprimé; et lui-même se vit brutalement destitué de la chaire qu'il occupait avec tant de distinction depuis plus de trente ans. Ses concitoyens le vengèrent de ces criantes injustices du pouvoir. De toutes parts les populations votèrent des couronnes, des médailles et des coupes d'honneur au professeur dont on venait de briser la carrière. A deux reprises, les habitants de la ville de Fribourg l'élurent pour leur bourgmestre; mais à deux reprises aussi le gouvernement annula cette élection, éclatante protestation contre les indignes traitements qu'il faisait subir à un écrivain coupable de croire au progrès et à la liberté. Rotteck fit preuve d'une patriotique abnégation, en se refusant à servir de prétexte à la prolongation d'un état d'hostilité flagrante entre l'administration et les administrés. Il refusa les honneurs qu'on voulait lui décerner une troisième fois, et se condamna à l'abstention et à l'inaction. Il mourut le 26 novembre 1840. On a de lui, une *Histoire universelle* (9 vol., 16e édition, 1845), de tous ses ouvrages le plus important et celui qui obtint le succès le plus éclatant.

ROTTEN BOROUGHS. *Voyez* BOURGS POURRIS.

ROTTENHAMMER (JEAN) est un des peintres les plus remarquables d'entre les peintres allemands qui se formèrent au seizième siècle sous l'influence italienne. Né en 1564, à Munich, Rottenhammer entra en 1582 dans l'atelier du maître Donauer, et après y avoir passé six ans se rendit à Venise, où il devint l'élève zélé du Tintoret, qui était alors dans tout l'éclat de son talent. Il fit beaucoup de tableaux à Venise, tous de petite dimension; plus tard il alla passer quelque temps à Rome, où il exécuta de grandes toiles, notamment des tableaux d'église. De retour en Allemagne, il habita d'abord Munich; puis il se fixa à Augsbourg. C'est la Bavière qui possède les meilleurs tableaux qu'il ait peints à cette époque. L'électeur palatin lui en commanda un grand nombre, qu'il lui payait bien; ce qui n'empêcha pas Rottenhammer, habitué à une vie de luxe, de mourir dans la misère, en 1623. Quoique l'on puisse reconnaître dans toutes ses œuvres l'influence de l'école vénitienne, il ne laisse pas que d'avoir un style à lui. Il dessine avec grâce et compose avec esprit. Toutes les fois qu'il exécutait un tableau d'église commandé par l'électeur, il y apportait le plus grand soin; mais quand il travaillait pour quelque marchand de tableaux payant mal, il avait l'habitude de se contenter de brosser ses ouvrages. De là la valeur différente des tableaux qu'on a de lui. Les meilleurs sont ceux qu'il exécuta pour l'empereur Rodolphe, et dans le nombre desquels il y en a beaucoup dont les sujets sont empruntés à la mythologie. On en voit au Belvédère, à Vienne, à la Pinacothèque de Munich, dans la cathédrale de cette ville et dans les églises d'Augsbourg. Le musée du Louvre a de lui un *Christ portant sa croix* et une *Mort d'Adonis*.

ROTTERDAM, dans la province de Hollande méridionale, la plus belle, et après Amsterdam la plus importante ville commerciale des Pays-Bas, a la forme d'un triangle dont la base s'appuie sur la Meuse, un bras des embouchures du Rhin, et compte 162,000 habitants. Un canal la met en communication directe avec Helvoetsluis. Elle tire son nom de la Rotte, petite rivière qui s'y jette dans la Meuse, au moyen d'une écluse. C'est en 1272 qu'elle obtint les droits de ville, et jusqu'à la fin du seizième siècle elle alla toujours en prenant plus d'importance, à tel point qu'il fallut à plusieurs reprises élargir son enceinte. En 1480 elle fut prise par Franz de Brederode, capitaine de l'île *Hœksche-Word*, dans le district de Dordrecht, qui la défendit pendant longtemps avec la plus opiniâtre valeur contre l'archiduc Maximilien. En 1563 un incendie en détruisit la plus grande partie. En 1572 les Espagnols s'en emparèrent par trahison et la livrèrent au pillage. C'est Guillaume Ier qui, en 1580, lui fit obtenir une voix délibérative aux états généraux de Hollande, comme la première de ce qu'on appelait alors *les petites villes*. Depuis, sa prospérité a été presque constamment en augmentant. Dans l'intervalle de 1795 à 1813, Rotterdam souffrit même, toutes proportions gardées, beaucoup moins que les différentes autres villes des Provinces-Unies; et après les événements de 1830 son commerce et sa prospérité s'accrurent encore, surtout aux dépens d'Anvers. Cela tient à l'heureuse position de cette ville, qui en fait le port naturel, le grand entrepôt de commerce des contrées baignées par le Rhin et par la Meuse.

La ville intérieure (*Binnenstad*) est séparée par la rue haute de la ville extérieure (*Buitenstad*), située sur la Meuse. La première a une foule de ruelles étroites, et se compose presque uniquement de maisons habitées par les basses classes. La seconde, au contraire, renferme les somptueuses habitations à l'usage du haut commerce. La plupart des rues y sont bâties le long de larges canaux toujours encombrés de vaisseaux, dont les cargaisons peuvent être ainsi directement déchargées dans les magasins des négociants et armateurs; elles forment comme autant de quais plantés d'arbres séculaires, parmi lesquels on remarque surtout celui qui longe la Meuse (*de Boompjes*), et sont traversées de distance en distance par des ponts qui se lèvent à volonté pour laisser passer les vaisseaux. L'eau est de moitié avec la terre pour faire une ville, pour l'enrichir et y entretenir l'active circulation du commerce comme par autant d'artères qui versent la vie; des maisons magnifiques aux croisées garnies de vitres larges et brillantes, toutes entourées d'un encadrement de bois blanc verni, orné de sculptures en relief et invariablement garnies d'un de ces miroirs, qu'on appelle des *espions*, et qui permettent d'apercevoir les gens à plus de cent pas de distance, dès lors de leur faire fermer sa porte pour peu qu'ils soient importuns : tel est l'aspect général de cette partie de Rotterdam. Ajoutez que là, comme dans toute la Hollande, on a planté partout où l'on a pu planter. Partout où il y a place pour un arbre, vous êtes sûr de le trouver. Ces canaux indispensables, ces ponts nécessaires, bien entretenus, ces quais ombragés, spacieux, sont une décoration de la ville qui lui donnent de prime abord une physionomie particulière; cette ville rejointe, rattachée par des ponts, cette verdure, cette brique rouge encadrant les croisées après leur cadre en bois blanc, c'est comme une mosaïque jetée sur les eaux. Il ne faut pas oublier l'autre ville, la ville flottante, qui est dans les canaux entre les ponts; ces vaisseaux qui arrivent de tous les pays du monde, et qui s'arrêtent dans l'intérieur de Rotterdam, dans les bassins que leur ouvrent les canaux; tous ces vaisseaux, aux voiles détendues, sont là calmes, immobiles, et au-dessus de leurs voiles un long concert se fait entendre : ce sont les matelots qui se répondent de vaisseau en vaisseau; c'est la population flottante de cette ville flottante, qui jette sa voix mâle et sonore au milieu de Rotterdam. Cela n'est pas harmonieux, sans doute; ce chant n'est que la mesure et la cadence du travail. Cette grande loi du travail se fait si bien sentir à Rotterdam, qu'on dirait qu'un même mouvement, qu'un même ressort agit sur cette population, tant il y a de pression, de suite et d'ensemble dans le cercle de travaux dont on a partout le spectacle sous les yeux.

Rotterdam fut de bonne heure le grand centre du commerce de la Hollande avec l'Angleterre et l'Écosse, et elle est aujourd'hui le point de départ d'une foule de lignes de communications régulières par bateaux à vapeur. Ses principaux édifices sont la Bourse, l'Amirauté et l'église Saint-Laurent, où l'on voit les tombeaux des plus illustres héros qui s'enorgueillisse la marine hollandaise. Outre cette belle église, on y trouve un grand nombre de temples et de chapelles à l'usage des différents cultes et des diverses sectes. Le *Nieuwe-Werk* et la *Plantaadje* (Plantation) sur les bords de la Meuse, sont de magnifiques promenades. La ville possède d'immenses chantiers de construction, des raffineries de sucre, des distilleries d'eau-de-vie de grain, des manufactures de tabac, de cotonnades, de produits chimiques, de savon, d'aiguilles, d'épingles, de bouchons, etc. Indépendamment d'écoles en tous genres et d'une société des sciences, on y trouve divers autres établissements scientifiques. Sur la place du marché s'élève la statue en pied et en bronze d'Érasme, qui naquit à Rotterdam.

ROTTERDAM (Fort). *Voyez* CÉLÈBES.

ROTULE, en latin *rutella*, diminutif de *rota*, roue. C'est un os *sésamoïde*, arrondi, situé au-devant du genou, et complétant l'articulation. Convexe en avant, et légèrement concave en arrière, la *rotule* sert d'attache en haut à l'aponévrose du muscle triceps fémoral, en bas au ligament rotulien qui s'insère au tibia; la peau recouvre la *rotule* en avant. Sa face postérieure est articulaire et glisse sur les condyles du fémur. Son tissu est presque entièrement spongieux, et recouvert d'une mince couche de tissu compacte. Dans la très-grande jeunesse, la *rotule* n'existe presque pas, ce qui rend la marche et la station difficiles; elle ne devient entièrement osseuse qu'à un âge assez avancé. Son usage est de compléter l'articulation du genou, d'en défendre l'accès en avant, et surtout d'écarter la puissance du centre des mouvements, afin de les rendre plus faciles. Cet os peut être luxé, et le plus souvent cela a lieu en dehors; mais cet accident est fort rare. La fracture de la *rotule* est la suite d'une violence extérieure, comme un coup, ou un effort très-considérable pour retenir le corps prêt à tomber en arrière : cette accident est plus fréquent chez les danseurs. Aussitôt que la *rotule* est fracturée, le blessé tombe, ne peut se tenir debout sur la jambe malade. Toutefois, il pourrait la traîner sur la plante du pied, et marcher par ce moyen à reculons. On reconnaît aisément avec le doigt la division en travers de l'os; il est facile de rapprocher les fragments avec la main; mais leur coaptation continue est difficile, à cause des contractions musculaires qui tendent sans cesse à les éloigner. Aussi Pibrac osait-il défier tous les chirurgiens de l'Europe de montrer une fracture de la *rotule* remise d'une manière exacte comme dans les autres os. D' L. LABAT.

ROTURE, un de ces mots dont la révolution de 1789 a singulièrement modifié sinon l'acception, du moins le caractère. Il n'a fallu rien moins en effet que cette terrible commotion politique pour effacer à peu près la ligne de démarcation si rigoureusement maintenue jusque là entre les habitants d'un même pays, sous les noms de *noblesse* et de *roture*; deux ordres dont les attributs divers contrastaient d'une manière on ne peut dire si monstrueuse. Ce mot, dérivé de *ruptura*, usité dans la basse latinité pour dire *culture de la terre*, constatait non-seulement alors l'état des personnes, mais même celui des terres qui n'étaient pas nobles. Celles-ci, considérées comme *héritages*, se partageaient également.

ROUAGE. Comme dans la plupart des machines que l'on a le plus souvent sous les yeux les pièces les plus remarquables sont les *roues*, leur ensemble a reçu le nom de *rouage*, quand même il y aurait aussi des parties d'une toute autre forme.

Cette expression du langage vulgaire a passé facilement dans la littérature; elle indiquait des analogies instructives, se prêtait à des comparaisons admises par les esprits justes. Les vices d'une administration compliquée, surchargée d'agents et de formalités, rappellaient naturellement la mauvaise organisation des machines auxquelles on peut faire les mêmes reproches, qui multiplient en pure perte les actions intermédiaires entre la force motrice et l'effet à produire. L'économie publique prescrit de simplifier, autant qu'il est possible, les *rouages* de toute administration; le gouvernement despotique va encore plus loin, suivant Montesquieu : il imite les sauvages, qui coupent un arbre par le pied pour en cueillir les fruits. Il faut donc pour la gestion des affaires publiques et pour les grands travaux particuliers une organisation qui maintienne et régularise le mouvement, qui fasse arriver au but par la voie la plus courte et la plus facile: Si cette organisation est bien établie, on n'y trouvera point de *rouages* inutiles. Il n'y a peut-être encore aucun mécanisme gouvernemental qui ait atteint ce degré de perfection. FERRY.

ROUBAIX, ville de France, chef-lieu de canton du département du Nord, avec une population de 39,145 habitants, un conseil de prud'hommes et d'importantes fabriques de belles étoffes de laine et de soie, de châles, d'étoffes pour gilets, pantalons, orléans. Roubaix est une des principales villes manufacturières de France; une grande médaille d'or lui a été décernée lors de l'exposition universelle de 1855 pour l'importance de la fabrication, l'éclat et le bon marché de ses tissus de laine purs et mélangés. C'était un simple bourg il y a cinquante ans; en 1800 sa population n'était encore que de 8,700 âmes, et dès 1830 on y comptait 18,187 habitants. Avant la révolution cette ville, placée sous la dépendance de la maison Rohan-Soubise, possédait déjà quelques établissements manufacturiers, qui rivalisaient avec ceux de Tourcoing. Elle est située sur le nouveau canal de La Marque, à 11 kilomètres au nord-est de Lille. C'est une station du chemin de fer de Lille à Douay. La ville est en général bien bâtie et d'une propreté remarquable.

ROUBLE. Ce n'est guère que vers le commencement du quinzième siècle que les fourrures et pelleteries cessèrent d'être en Russie le moyen ordinaire des échanges, et qu'on commença à se servir d'espèces de barres d'argent pour les payements de quelque importance. On en retranchait le poids nécessaire pour faire l'appoint d'un payement. Ce retranchement, en russe *rubat*, est l'origine de la dénomination de l'unité monétaire russe le *rouble*.

Le rouble d'argent actuel, divisé en 100 *kopeks* ou 10 *grives*, au titre légal de 750 et du poids de 24 gr. 011, vaut 4 francs de notre monnaie. On frappe aujourd'hui en argent des pièces d'un rouble, d'un demi-rouble, d'un quart, d'un cinquième, d'un dixième et d'un vingtième de rouble; en or, des demi-impériales, d'une valeur nominale de 5 roubles, mais représentant également une valeur de 5 roubles et 15 kopeks, de même que des impériales-ducats, de 3 roubles. Le papier-monnaie russe actuel, *billets de crédit de l'empire*, est au pair. L'ancien, au contraire, les *assignations de banque*, était beaucoup au-dessous.

ROUCHER (JEAN-ANTOINE). Ce poète, qui conserve aujourd'hui quelque célébrité que par son poëme des *Mois*, qu'on ne lit presque plus, et par la mort qu'il subit sur l'échafaud révolutionnaire, était né en 1745, à Montpellier. Au collège, il montra de si heureuses dispositions, que, vers la fin de sa première année de rhétorique, les jésuites qui dirigeaient cet établissement cherchèrent à s'attacher leur jeune élève. Roucher, quoique destiné à l'état ecclésiastique, ne céda point à leurs sollicitations. Après avoir reçu la tonsure à dix-huit ans, il prononça à Montpellier, et dans quelques villages d'alentour, des sermons qui eurent du retentissement. Fier de ses premiers succès, il pensa que la province n'était pas un théâtre digne de lui; et pour se perfectionner dans l'éloquence de la chaire, il partit, à l'âge de vingt ans, pour Paris, dans le dessein de suivre les cours de la Sorbonne. Mais il en devait être autrement, et Roucher n'était pas destiné à continuer Bourdaloue et Massillon. Il jeta bientôt le froc aux orties, et se mit à fabriquer des vers avec la même ardeur qu'il fabriquait autrefois des sermons. De 1772 à 1787; il fut constamment la providence de l'*Almanach des Muses*. Une cantate qu'il avait composée à l'occasion du mariage du Dauphin, devenu depuis Louis XVI, lui valut la protection de Turgot, qui le nomma receveur des gabelles à Montfort-l'Amaury, et le mit ainsi à l'abri du besoin. Le poëte s'en montra reconnaissant; et dans son poëme des *Mois*, qui parut peu après la disgrâce de Turgot, il consacra au ministre déchu une douzaine de vers, qui sont au nombre des meilleurs de l'ouvrage. Quand ce poëme, dont l'auteur faisait depuis plus d'un an la lecture dans des sociétés particulières, où il était accueilli avec l'enthousiasme obligé en pareil cas, fut enfin publié, les uns l'élevèrent aux nues, *usque ad astra*, les autres le rabaissèrent à proportion. La Harpe fut un de ceux qui le déchirèrent avec le plus de brutalité; et l'on sait combien sa critique était acerbe quand il s'y mettait : il s'acharna pendant plus de six mois, dans *le Mercure de France*, qu'il dirigeait alors, avec une verve de méchanceté chaque jour croissante contre ce pauvre Roucher: et dans son *Cours de Littérature*, il revient encore sur ce malheureux poëme, pour le déchirer avec plus de fureur encore; oubliant que l'homme qu'il attaquait ainsi avait été l'une des victimes de la terreur, et n'était plus là pour répondre à ses injures. Ce n'est pas que La Harpe, quand il critique Roucher, n'ait souvent raison; mais s'il a raison dans le fond, il a constamment tort dans la forme, qui est aigre, dure, brutale. Le poëme des *Mois*, quoique rempli de défauts, est le seul titre littéraire de Roucher. La Harpe lui-même est obligé de convenir qu'on y trouve quelques parties heureusement traitées, des pages entières bien écrites, une foule de vers bien frappés. Mais il y règne en général un jargon philosophique qui en fit le succès lorsqu'il parut pour la première fois, en 1779, et qui plus tard lui a valu les rudes diatribes de La Harpe converti.

Quand vint la révolution, Roucher, par suite de ses liaisons avec les hommes qui l'avaient préparée et des opinions qu'il professait, dut s'en montrer partisan. Mais, comme tant d'autres honnêtes hommes de l'époque, quand il eut vu à l'œuvre tous ces prétendus régénérateurs, il recula. Nommé président de l'une des sections de Paris, vers la fin de 1791, il n'y fit entendre que des paroles de paix et de modération. A l'époque des élections de 1791, il fonda le club de la Sainte-Chapelle, où il réunit le plus grand nombre qu'il lui fut possible d'amis de l'ordre, pour contrebalancer l'influence d'un autre club, formé dans le sein de l'assemblée électorale à l'hôtel de ville, créé par Danton et peuplé de coupe-jarrets à ses ordres. Danton, comme on pense bien, ne pardonna point à Roucher d'avoir osé élever autel contre autel. Le temps approchait d'ailleurs où les *forfaits* contre-révolutionnaires de Roucher ne devaient pas rester impunis. Sous le règne de la terreur il s'efforça de se faire oublier. Livré uniquement à l'étude de la botanique et à l'éducation de sa fille, l'intéressante Eulalie, il ne sortait de chez lui que pour aller herboriser. Averti un soir qu'on devait l'arrêter pendant la nuit, il alla se réfugier tantôt chez un ami, tantôt chez un autre. Las enfin de cette vie errante, il revint chez lui, où il fut arrêté dès le lendemain, mais presque aussitôt remis en liberté, grâce aux actives sollicitations de son ami Guyot-Desherbiers. Arrêté une seconde fois, le 4 octobre 1793, il fut conduit à Sainte-Pélagie. Aussi tranquille là que s'il eût été dans sa maison, il s'occupait de poésie, de botanique, et dirigeait l'éducation de sa fille, alors âgée de dix-sept ans. Après sept mois de séjour à Sainte-Pélagie, on le transféra à Saint-Lazare, où il lui fut permis d'embrasser son jeune fils. Mais il ne devait pas jouir longtemps du bonheur de l'avoir avec lui : le 24 juillet 1794 (6 thermidor an II) on le prévint que son nom était sur la liste fatale; il renvoya son fils à sa femme, pendant ses apprêts, fit faire son portrait par un de ses compagnons d'infortune, et traça au bas ces quatre vers, si connus :

Ne vous étonnez point, objets sacrés et doux,
Si quelque air de tristesse obscurcit mon visage :
Lorsqu'un savant crayon dessinait cette image,
On dressait l'échafaud, et je songeais à vous.

Il partit bientôt pour la Conciergerie, parut le lendemain devant le tribunal révolutionnaire, et fut condamné et exé-cuté avec trente-sept autres, parmi lesquels André Chénier, le marquis de Roquelaure et Créqui de Montmorency.

Roucher était un homme estimable sous tous les rapports. Il faisait le plus noble usage de sa fortune, et répandait partout des bienfaits. Le traducteur d'Homère, le respectable Bitaubé, lui dut de ne pas mourir dans la misère. Outre le poëme des *Mois* et une traduction de *La Richesse des Nations* d'Adam Smith, il a laissé une foule de poésies insérées dans *l'Almanach des Muses* et dans d'autres recueils. , Georges DUVAL.

ROUCOU. *Voyez* Rocou.

ROUE (du latin *rota*), machine simple, consistant en une pièce ronde de bois, de métal ou d'autre matière, et qui tourne autour d'un essieu ou axe. L'art des machines a tellement diversifié les roues et leur emploi que la seule énumération des formes connues serait très-volumineuse. Quelques-unes changent de nom suivant leur destination spéciale ou la manière dont elles produisent leur effet ; ainsi, par exemple, les *roues d'engrenage* d'un très-petit diamètre, introduites dans un mécanisme pour accélérer le *mouvement de rotation*, sont des *pignons* : on nomme *turbines* des roues hydrauliques où le liquide moteur prend un mouvement verticulaire, etc.

Quelle fut la première application des roues? Servirent-elles d'abord à faciliter les transports, ou les employa-t-on comme forces motrices? Il est vraisemblable que l'on commença par les chariots, dont les premières ébauches furent très-grossières ; l'usage des roues massives sans *rais* ni *moyeu* subsista jusqu'aux temps historiques. Les chars qui parurent avec éclat aux grandes solennités de la Grèce ne méritaient certainement pas d'être comparés aux équipages modernes, même en mettant à part les simples embellissements, que l'on ne peut considérer comme des améliorations. Les progrès de l'art du charron durant une longue suite de siècles ont amené la construction des roues très-près de la perfection qu'elles peuvent dépasser. Les sciences n'ont rien à revendiquer dans ces acquisitions faites par un art qu'elles peuvent cependant éclairer. Il n'en est pas ainsi de l'horlogerie ; pour qu'elle produisit ses chefs-d'œuvre, ces instruments qui donnent exactement la mesure du temps malgré toutes les causes de variations, les secours de la mécanique et de la physique étaient indispensables.

Dans les machines destinées à l'application d'une puissante force motrice, la transmission et les modifications du mouvement sont opérées le plus souvent par des *systèmes de roues*, dont les formes ont été l'objet de savantes recherches : toutes les ressources de la géométrie descriptive, de l'hydrodynamique et de l'analyse mathématique, ont été mises à contribution, ainsi que les autres connaissances qui en dirigent l'emploi. La théorie des roues d'engrenage est terminée; cette partie de la tâche imposée aux savants par les besoins des arts était la plus facile. Les services qu'elle a rendus ne peuvent être bien appréciés que par le petit nombre de personnes actuellement vivantes qui ont pu connaître l'ancien état de quelques manufactures. Le perfectionnement des *roues hydrauliques*, moteurs d'un si grand nombre d'usines, est maintenant à l'ordre du jour, et ses progrès sont rapides. Disons un mot des *turbines*, roues horizontales qui tournent par conséquent autour d'un axe vertical, et remplaceraient avantageusement celles que l'on voit adaptées aux moulins, puisqu'elles imprimeraient directement aux meules le même mouvement de rotation rapide et régulière. On serait porté à considérer cette forme de roues comme une invention due aux sciences mathématiques, si son origine très-ancienne ne se perdait point dans la nuit des temps, si on ne la trouvait pas attachée parmi des peuples asiatiques dont l'industrie est très-bornée, et si le midi de la France ne la montrait point déjà mieux construite que celles des Tatars, quoique si loin encore de la perfection qu'elle a atteinte depuis quelques années. Ainsi, l'histoire des roues occupe une place dans celle des sciences mathématiques ; on y voit que les conceptions

36.

du génie inventeur ont quelquefois besoin d'être rectifiées, et peuvent être considérablement améliorées par les travaux des savants; heureusement, cette ressource ne leur manquera plus.

Le mot *roue* s'emploie souvent au figuré. *Pousser à la roue*, c'est aider quelqu'un à réussir dans une affaire; *Mettre, jeter des bâtons dans les roues*, c'est susciter des obstacles, entraver, retarder une affaire; la *cinquième roue d'un carrosse*, c'est la mouche du coche, la personne inutile faisant toujours valoir son utilité; la *roue de la fortune* est une allusion mythologique aux révolutions, aux vicissitudes des événements humains. FERRY.

ROUE (Supplice de la). Les historiens et les criminalistes ne sont point d'accord sur l'époque où remonte l'origine de ce supplice, l'un des plus atroces qu'ait pu imaginer la barbarie la plus sauvage. Les uns en attribuent l'invention à l'empereur Commode, dans le second siècle de l'ère chrétienne; d'autres prétendent qu'il fut infligé pour la première fois aux assassins du comte de Flandre, sous le règne de Louis VI, dit *le Gros*; d'autres, enfin, lui assignent une origine moins reculée. Suivant eux, sous le règne de l'empereur Albert, pendant la guerre qu'il faisait aux Suisses (quatorzième siècle), Rodolphe de Wœrth, condamné à la peine capitale pour attentat contre ce prince, aurait été roué. Ce qu'il y a de certain, c'est que ce supplice ne fut légalement institué en France que par un édit du roi François Ier, du 4 février 1534, sous le ministère du cardinal Duprat. Il ne devait être appliqué qu'aux voleurs de grands chemins et à ceux qui se seraient introduits dans les maisons avec toutes les circonstances aggravantes. Le supplicié était d'abord couché sur quatre soliveaux disposés en X en croix de Saint-André, les bras et les pieds assujéttis par des cordes; le bourreau brisait les os à coup de barre. Ainsi disloqué, le corps était porté sur la roue et plié en rond; la foule stupide contemplait avec une avide curiosité ce hideux spectacle, et ne se retirait qu'après avoir entendu le dernier râlement de la victime. Ainsi, par une injustifiable contradiction, le supplice le moins cruel, la potence, était réservé aux assassins, et le supplice le plus horrible, la roue, aux voleurs. Cette contradiction disparut par un édit de Henri II, de juillet 1547, mais dans un sens non moins opposé aux principes de justice et d'humanité : le supplice de la roue fut appliqué aux assassins comme aux voleurs ; le vol fut puni comme le parricide ; et l'ordonnance de Louis XIV, de 1670, maintint dans toutes leurs dispositions les édits de François Ier et de Henri II. L'ancienne législation criminelle appliquait la peine de mort à cent quinze sortes de crimes ou délits. Les magistrats, liés par le texte de la loi, en atténuaient souvent les rigueurs : ils ordonnaient par une disposition spéciale que le condamné serait étranglé après avoir reçu les coups de barre du bourreau. On a vu souvent des suppliciés robustes survivre aux tourments de la roue et faire retentir le lieu d'exécution de cris de rage et de désespoir.

L'opinion publique condamnait les rigueurs excessives d'une aussi barbare législation. Les cahiers des assemblées électorales imposèrent aux députés aux états généraux de 1789 le devoir de l'abolir : et ce vœu général fut converti en loi par l'Assemblée constituante.

DUFEY (de l'Yonne).

ROUÉ. *Voyez* ROUERIE.
ROUE D'ANGLE. *Voyez* ENGRENAGE.
ROUE DE CARRIÈRE. *Voyez* CARRIÈRE.
ROUE DENTÉE. *Voyez* ENGRENAGE.
ROUE HYDRAULIQUE. On appelle ainsi une roue tournant sans se déplacer autour d'un axe, mue par une eau courante, et destinée à mettre en mouvement une machine quelconque. Pour qu'elle puisse recevoir la percussion de l'eau, on garnit sa circonférence de palettes appelées *aubes*, ou de cavités qu'on nomme *auges*. Les unes et les autres, frappées par le liquide qui les entraine, font tourner la roue ainsi que son axe, lequel, au moyen d'engrenages, communique le mouvement à la machine. La forme en varie suivant que l'eau tombe sur le haut de la roue, ou la frappe soit à sa partie inférieure, soit à sa partie moyenne, ou encore selon que le mouvement ne lui est imprimé que par le courant.

ROUEN, ville de France, autrefois capitale de la Normandie, aujourd'hui chef-lieu du département de la Seine-Inférieure, à 136 kilomètres de Paris, sur la rive droite de la Seine et traversée par les trois petites rivières le Robec, l'Aubette et la Renelle, avec une population de 100,265 habitants. C'est la cinquième ville de France après Paris, Lyon, Marseille et Bordeaux et mise au rang des villes maritimes par son port, auquel la marée procure l'avantage de recevoir des bâtiments marchands ; son véritable port, toutefois, c'est Q u i l l e b œ u f. Rouen, station du chemin de fer de Paris à Rouen, au Havre et à Dieppe, est le siège d'un archevêché, qui a pour suffragants les évêchés de Bayeux, Coutances, Évreux et Séez, d'un consistoire protestant, d'une cour impériale, de tribunaux de première instance et de commerce ; d'un bureau de conservation des hypothèques ; de directions de l'enregistrement, du timbre et des domaines, des douanes, des contributions directes et indirectes ; c'est aussi la résidence d'agents consulaires, et le chef-lieu de la deuxième division militaire et du deuxième arrondissement forestier. Cette ville possède quatorze églises, dont six paroissiales, une église consistoriale, une synagogue, un grand et un petit séminaire, une faculté de théologie, une école préparatoire de médecine et de pharmacie, un lycée, une bibliothèque publique de 111,000 volumes, un musée de tableaux, un musée d'antiquités, une galerie d'histoire naturelle, une académie de dessin et de peinture, de nombreuses écoles primaires, un jardin botanique avec de belles serres, une société centrale d'agriculture, une académie des sciences, belles-lettres et arts, une société libre d'émulation, un hôtel des monnaies, une banque, une chambre de commerce, une chambre consultative d'agriculture, un conseil de prud'hommes, un asile des aliénés pour femmes et un pour hommes, à Quatremares, près Rouen, trois théâtres et quatre journaux, dont deux politiques et quotidiens. L'industrie manufacturière a pris à Rouen un prodigieux développement, et cette ville est aujourd'hui connue dans le monde entier pour ses tissus de coton dits *rouenneries*. On y fabrique une immense quantité de nankin très-estimé, de basins, guinées, siamoises, coutils, indiennes, madras, molletons, flanelles, étoffes pour pantalons et gilets, velours de soie, toiles cirées et vernies, de la bonneterie, de la rubannerie de laine, de la faïence pour les colonies, des produits chimiques ; et il y a de nombreuses imprimeries sur toiles, des raffineries de sucre, des fonderies de fer et de cuivre, des moulins à huile, des teintureries, des tanneries, des blanchisseries, etc. Les confitures, les gelées et les sucres de pomme que l'on y prépare sont en grand renom. Le commerce est proportionné aux nombreux besoins de cette industrie ; favorisé par la Seine, qui donne les plus grandes facilités pour communiquer avec Paris et les autres villes importantes situées dans son bassin, par de nombreuses routes qui lui ouvrent l'intérieur, par le port du Havre, il est devenu considérable. Les importations et les exportations avec l'Amérique, le Levant, l'Italie, l'Espagne, le Portugal, le nord de l'Europe, sont de la plus haute importance.

Rouen est divisé en six cantons, y compris le faubourg de Saint-Sever, sur la rive gauche de la rivière, et ceux de Bouvreuil et Beauvaisine, Saint-Hilaire, Martainville, Eauplet et Cauchoise. La partie centrale de Rouen est surtout consacrée au commerce de détail ; le haut commerce occupe les parties qui avoisinent le port vers l'ouest ; les bas quartiers, les faubourgs Saint-Hilaire, Martainville, et Saint-Sever, sont remplis d'usines ; au nord, dans le voisinage de Saint-Ouen et de Saint-Patrice, dans le nouveau quartier du faubourg Cauchoise, habitent, loin du bruit et de l'agitation, la noblesse et la magistrature.

ROUEN

Rouen s'élève des bords du fleuve sur la déclivité d'un plateau qui s'abaisse de toutes parts autour d'elle en un amphithéâtre de riantes collines. De là elle se présente aux regards avec un certain caractère de grandeur sévère, auquel la fraîcheur et la grâce des paysages qui l'entourent prêtent un charme tout particulier. En arrivant de Paris, on passe avant d'y entrer au pied d'un promontoire couvert de verdoyantes pelouses, appelé la montagne de *Sainte-Catherine*, et qui joue un grand rôle dans son histoire. La partie de la ville qu'il domine immédiatement est arrosée par la petite rivière de Robec et embellie par cette magnifique promenade du Grand-Cours, l'une des plus belles peut-être de la France. A l'extrémité tout à fait opposée, les constructions s'arrêtent à la rivière de Cailly. Entre ces deux limites, un beau quai s'étend le long de la Seine et rappelle tout à fait dans le voisinage de la rue Grand-Pont les portions neuves des quais de Paris. La bourse, devant laquelle s'étend une petite promenade entourée d'une grille, est l'un des édifices qu'on y remarque. De ses fenêtres l'œil se promène sur le cours de la Seine, dont les eaux profondes forment un port commode, recevant un grand nombre de navires marchands jaugeant jusqu'à 200 tonneaux. Les anciens remparts de Rouen ont été transformés en larges et beaux boulevards, qui ne le cèdent en rien à ceux de la capitale, ni pour la grandeur, ni pour les constructions qu'on y a élevées. La partie de la ville qui s'étend entre les boulevards et les quais est malheureusement fort loin de jouir de ce dernier avantage. Que l'on se représente une ville du moyen âge, avec ses hautes et vieilles maisons de bois et de pierre, les unes sur les autres, séparées par des rues étroites, tortueuses, sales et fatigantes au marcher, à cause de la pente du sol et du plus détestable pavé. Tout n'y est cependant pas ainsi, par exemple la rue Grand-Pont et la place immense où s'élèvent l'hôtel de ville et Saint-Ouen.

Du moment où Rouen prit quelque importance, et pendant toute la durée de son accroissement, on y éleva une foule de monuments gothiques, qui depuis ont disparu ou ont été modifiés et remplacés par d'autres. De tout ce que le zèle religieux des populations avait fait surgir du sol, il ne reste que la cathédrale, l'église Saint-Ouen, une des merveilles de l'art gothique, celles de Saint-Maclou et de Saint-Gervais, le palais de justice, et l'ancien hôtel de ville. Parmi les autres édifices, nous citerons Saint-Patrice et Saint-Vincent, œuvres de la renaissance; la tour de l'Horloge, Saint-Romain, le nouvel hôtel de ville, le palais archiépiscopal, la *romaine*, ou la douane, le tribunal de commerce, ou des *consuls*, l'hôtel des monnaies, l'hôpital général, l'hôtel-Dieu, le lycée, l'hôtel Bourgtheroulde, la fontaine de Lisieux, celles de la Crosse, de la Grosse-Horloge, de la Croix-de-Pierre, qui est d'un aspect infiniment gracieux; celle dite de la Pucelle, élevée sur le lieu même du supplice de Jeanne d'Arc, laquelle est surmontée d'une mauvaise statue de l'héroïne.

Il est difficile de dire l'effet que l'on éprouve à la vue de Saint-Ouen, cette nef si séduisante et si aérienne, où l'harmonie de l'ensemble le dispute au fini, à la délicatesse des détails, pour en faire l'une des plus exquises productions du moyen âge. L'édifice a 135 mètres de long, 25 de large, et 33 sous clef de voûte; il est éclairé par 125 fenêtres. Au centre s'élève une magnifique tour, dont la partie supérieure, de forme octogone, est flanquée de quatre tourelles qui se rattachent aux angles par de légers arcs-boutants, et surmontée d'une couronne ducale, travaillée à jour, de l'effet le plus pittoresque. Dans l'intérieur, les regards s'arrêtent particulièrement sur trois belles roses, composées avec un art singulier, et qui ornent le portail et les deux extrémités de la croisée. Elles furent exécutées en 1439, l'une par Alexandre Berneval, l'autre par son apprenti. La dernière ayant été jugée plus belle et d'une exécution plus hardie que celle du maître, celui-ci en conçut tant de jalousie qu'il tua son élève. Saint-Ouen a été commencé en 1318, et les travaux durèrent jusqu'au seizième siècle; son superbe jubé fut détruit en 1791.

La cathédrale est un peu plus vaste que Saint-Ouen dans certaines parties, moins dans d'autres. Sa façade offre un majestueux ensemble de grandeur et de richesse, mais elle est plus lourde que celle de Saint-Ouen : elle a 55 mètres de largeur et 75 dans sa plus grande élévation. Au centre de l'édifice règne la lanterne, haute de 52 mètres sous clef de voûte, et soutenue par quatre gros piliers supportant le soubassement d'une tour carrée, de laquelle s'élançait vers les cieux, à la hauteur de 128 mètres, un clocher pyramidal que la foudre consuma le 15 septembre 1822. Rétablie depuis, elle est, par la nature de la matière employée à sa reconstruction, à l'abri d'un événement semblable à celui qui a renversé l'ancienne flèche; elle est en fonte, travaillée à jour et du poids de 531,172 kilogrammes. Après la façade, l'une des parties les plus curieuses de la cathédrale, est la tour de Georges d'Amboise ou *Tour de Beurre*, où résonnait jadis l'énorme cloche de ce nom, du poids de 18,000 kilogrammes, laquelle fut, en 1793, convertie en canons. La troisième des basiliques de Rouen, qui mérite le plus d'être remarquée, est celle de Saint-Maclou, avec son bel escalier travaillé en filigrane et ses portes sculptées en bois par le célèbre Goujon; le clocher est aussi une des beautés de ce grand édifice. L'église de l'hôtel-Dieu est d'ordonnance corinthienne et bâtie dans une des positions les plus heureuses pour les effets de la perspective; le dôme et la coupole sont d'une construction très-hardie. De tous les autres édifices que nous avons cités, il en est peu qui soient vraiment remarquables. Le palais de justice, achevé en 1499, est un vaste bâtiment, d'un gothique extrêmement délicat et très-hardi dans son exécution. La principale salle, dite *des Procureurs*, a 55 mètres de long sur 16 de large; sa voûte est très-curieuse, en ce qu'elle représente parfaitement la carcasse d'un vaisseau renversé; au fond, à droite, s'ouvre une porte qui communique à l'ancienne grand'chambre, regardée comme l'une des plus belles du royaume. Le fronton de la Douane, sculpté par Coustou, est un morceau d'une exécution précieuse quant au fini. Les halles passent pour les plus belles de l'Europe; elles sont aussi spacieuses que commodes, tant par leur distribution que par leur proximité du port. La halle aux rouenneries, au premier étage, est une salle voûtée à plein cintre, de 87 mètres de long sur 16 de large. Du reste, chaque espèce de marchandise a sa halle particulière. L'ancien hôtel de ville n'a rien de bien remarquable; le nouveau est une vaste construction, d'une architecture simple, mais qui n'est cependant pas sans majesté; il occupe le fond d'une vaste place dont Saint-Ouen décore l'un des côtés; c'est là que se trouvent le musée, fondé par Napoléon en 1809, et la bibliothèque publique. Excepté la place de l'hôtel de ville, dont nous avons parlé, les autres sont très-peu dignes d'attention. L'hôtel de la préfecture, qui occupe les bâtiments de l'ancienne généralité de Rouen, la Monnaie, la Bourse, le Théâtre des Arts, le Théâtre-Français, perdu dans un carrefour au bas de la rue Grand-Pont, et quelques autres édifices, méritent à peine un regard. L'archevêché n'offre d'intéressant qu'une galerie dite *des États*, ornée de quatre vues de Rouen, du Hâvre, de Dieppe et de Gaillon. Il ne reste plus que deux tours et quelques ruines du Vieux-Château, forteresse élevée par Philippe-Auguste, en 1205.

La Seine forme à Rouen plusieurs îles, entre autres l'île Lacroix ou de la Moucque; on la passe sur deux ponts, l'un de bateaux, qui s'élève et s'abaisse avec la marée, et s'ouvre pour le passage des bateaux; l'autre en pierre et terminé il y a fort peu de temps. Il est formé de deux parties de trois arches chacune, qui s'appuient sur l'extrémité de l'île où s'étend une place circulaire décorée d'une colonne; les deux arches du milieu ont 31 mètres d'ouverture; deux larges rues, alignées entre elles, ont été percées à travers la ville et le faubourg Saint Sever, et aboutissent à chacune de ses extrémités. Ce beau monument, commencé sur les ordres de Napoléon, lors d'un voyage qu'il fit à Rouen en 1810, a donné au port plus d'étendue, en permettant de rejeter le pont de bateaux au bas de la ville.

Charles de Bourbon, que la Ligue couronna sous le nom de Charles X, était archevêque de Rouen.

On a tout lieu de croire que Rouen était de peu d'importance lors de l'arrivée des Romains dans la Gaule, car elle ne joua aucun rôle dans l'histoire de la conquête, quoique chef-lieu d'une cité qui comprenait le territoire des *Vellocasses* et des *Caletes* (le Vexin et le pays de Caux). Elle ne prit d'ailleurs le nom ni de l'un ni de l'autre des peuples dont elle était la capitale commune, et conserva toujours celui de *Rotomagus*, latinisation de deux mots celtiques *ro* (rivière), et *tomagh* (tribut), appellation qui lui venait des droits qu'y payaient les bâtiments naviguant sur le fleuve.

Comme toutes les cités (*civitates*) de la seconde Lyonnaise elle fut plus ou moins exposée à toutes les vicissitudes qui marquèrent l'histoire de ces contrées durant la longue décadence de l'empire; et lorsque les Francs envahirent la Gaule, elle ne lui était plus attachée, ainsi que toute l'Armorique, que par des liens dont la faiblesse ne paraissait pas à l'épreuve de l'épée des barbares. En 840 elle n'occupait qu'un espace oblong, très-peu vaste. Cependant, sous les rois de la première dynastie, *la ville du tribut* était un de ses chefs-lieux de gouvernement, la résidence de grands-juges et commissaires royaux (*missi dominici*). Sous les successeurs de Charlemagne, les Normands en firent l'un des points de mire de leurs incursions, et en 841 ils la détruisirent de fond en comble. La Neustrie ayant été cédée par Charles le Simple à Rollon, ce chef fameux établit sa résidence (910) à *Rotomagus*, qui prit alors le nom qu'il porte encore. La ville fut entourée de fortifications, qui en firent une des premières places de guerre de l'Europe; et les mémorables sièges de 1418, 1449, 1563 et 1591 le prouvent suffisamment. L'histoire de Rouen se lie d'ailleurs intimement à celle de la Normandie. En 1087, Guillaume le Conquérant y mourut, et ce fut dans une des tours du palais qu'en 1203 Jean sans Terre assassina le jeune Arthur; crime qui fut cause de la réunion du duché à la France par Philippe-Auguste, auquel Rouen ouvrit ses portes le 1ᵉʳ juin 1204. Henri V d'Angleterre, profitant des dissensions qui désolaient la France, l'occupa en 1417. Les portes lui en furent ouvertes par la trahison du gouverneur, Gui Le Bouteillier, car la cité avait été vaillamment défendue par le célèbre Alain Blanchard. L'héroïque capitaine des bourgeois fut envoyé au supplice; et ce crime devint le prélude de l'attentat, bien plus infâme, que les Anglais y commirent sur la personne de l'immortelle Jeanne d'Arc. Le 30 mai 1430, celle à qui Charles VII devait son trône y expira sur un bûcher, après avoir subi pendant plusieurs mois, de la part de ses lâches vainqueurs, les plus indignes traitements. Les Anglais conservèrent Rouen jusqu'en 1449, que Charles VII les en chassa avec l'aide des habitants. Lors des guerres de religion, les calvinistes s'emparèrent de cette ville, et y commirent de grands désordres; ils ne la conservèrent pas longtemps : le duc de Guise y entra le 26 octobre 1562, et la livra pendant huit jours au pillage. L'année suivante, Charles IX y fut déclaré majeur, et en 1588 Henri III, forcé de s'y réfugier, y signa le fameux pacte d'union. Dans l'intervalle qui sépare ces deux événements avait eu lieu la Saint-Barthélemy; la ville en souffrit peu, grâce à la courageuse humanité de François de Montmorency, son gouverneur. Henri IV, en l'année 1591, vint mettre le siège devant Rouen; mais l'arrivée du duc de Parme le força de le lever, et la ville ne reconnut le Béarnais qu'en 1593. Depuis on n'a plus guère à citer dans ses annales que quelques séditions et quelques visites de souverains. La révocation de l'édit de Nantes fut fatale à sa prospérité, qui s'était accrue par la protection que Colbert accordait aux manufactures. Louis XIV y séjourna en 1650, pendant les troubles de la Fronde. Le règne de Louis XV vit commencer les améliorations et les embellissements actuels, qui datent surtout de la visite de Napoléon. En 1836 on éleva une statue de bronze à Corneille, dont la maison, située rue de la Pie, près du Vieux-Marché, est religieusement conservée par ses compatriotes. Si on n'a pas rendu le même hom-

mage à la gloire de Fontenelle, le lieu qui le vit naître est l'objet du même culte. La partie la plus belle du grand quai a pris le nom de Boïeldieu. En 1835 son cœur y fut déposé, dans un monument élevé par souscription publique. Les environs de Rouen offrent de charmantes promenades, des sites où les beautés de la nature se marient aux souvenirs de l'histoire.
Oscar Mac-Carthy.

ROUERGUE, ancienne province de France, qui avait pour capitale Rodez, et qui forme aujourd'hui le département de l'Aveyron. Bornée au nord par l'Auvergne, au sud et au sud-ouest par le Languedoc, à l'est par les Cévennes et le Gévaudan, à l'ouest par le Quercy, elle comptait 100 kilomètres de long sur 60 de large, et se divisait en Comté et en Haute et Basse-Marche. Dans le Comté se trouvait Rodez; dans la Haute-Marche, Milhau, Saint-Affrique; dans la Basse-Marche, Villefranche, Saint-Antonin, etc.

Le Quercy et le Rouergue formaient ensemble la généralité de Montauban et la Haute-Guienne.

ROUERIE, c'est l'action d'un *roué*, le tour d'un *roué*; mais qu'est-ce qu'un *roué*, dans cette acception-là? Certes il n'est question ici ni du cadavre de condamné qui a subi le supplice de la roue, ni de l'expression *roué de coups*, qui dans le langage familier, se dit d'un homme assommé à coups de canne, de bâton, ou de tout autre instrument contondant. Notre *roué* est un homme de sac et de corde, infecté des vices les plus honteux, un capable de tous les genres de crime; un homme sans pudeur, sans foi, sans respect humain : un intrigant rusé, astucieux qui ne recule devant aucune considération pour tromper les autres, et assez habile pour ne pas se laisser tromper.

Cette expression injurieuse est montée des halles aux palais. Le duc d'Orléans appelait ses *roués* les courtisans complices de ses débauches. Duclos a su, sans altérer la vérité et sans alarmer la pudeur de ses lecteurs, esquisser ce cynique tableau. « Vers l'heure du souper, dit-il, il se renfermait avec ses maîtresses, quelquefois des filles d'opéra, ou autres de pareille étoffe, et dix ou douze hommes de son intimité, qu'il appelait tout uniment *des roués*. Les principaux étaient Broglie, puîné du maréchal de France, premier duc de son nom; le duc de Brancas; Biron, qu'il fit duc; Canillac, cousin du commandant des mousquetaires, et quelques gens obscurs par eux-mêmes, mais distingués par un esprit d'agrément ou de débauche. Il faut ajouter à ces nobles noms ceux de Nocé, du maréchal Richelieu, etc.; la duchesse de Berry, mesdames de Parabère, de Phalaris, Émélie de l'Opéra et d'autres *impures*. Chaque souper était une orgie. Là régnait la licence la plus effrénée; les ordures, les impiétés, étaient le fonds ou l'assaisonnement de tous les propos, jusqu'à ce que l'ivresse complète mît les convives hors d'état de parler et de s'entendre; ceux qui pouvaient encore marcher se retiraient, l'on emportait les autres; et tous les jours se ressemblaient. »

L'abbé Dubois était le principal acteur de ces scènes de scandale et d'immoralité effrénée; le maréchal de Richelieu, qui avait accepté le sobriquet de *roué* avec toutes ses conséquences, a été le dernier des *roués* de la Régence.
Dupey (de l'Yonne).

ROUET, instrument propre à filer la soie, la laine, le chanvre, le coton et autres matières textiles, consistant en quatre pièces principales, savoir : le *pied*, la *roue*, la *fusée* et l'*épinglier*.

Les anciennes armes à feu étaient munies d'une roue d'acier, qui, étant appliquée sur la platine de l'arquebuse ou du pistolet, et montée avec une clef, faisait du feu en se débandant sur une pierre de mine. Il y a plus de trois siècles que les armes *à rouet* ont été abandonnées, et elles ne figurent plus dans les panoplies qu'à titre de curiosités.

ROUGE. Ce mot désigne la première et la plus éclatante, sinon la plus belle, des couleurs du spectre solaire, produit par la décomposition de la lumière. C'est aussi la couleur du sang et du feu, ces deux principaux et énergiques agents de la vie dans toute la nature. Le rouge, comme toutes les autres couleurs simples ou composées, ne résulte souvent que de très-légères modifications apportées par la lumière sur la surface des corps, comme on le voit dans la coloration des fruits, des fleurs, des insectes, etc., dont la couleur varie souvent par suite même du moindre mouvement. Il suffit d'ailleurs du plus léger changement de proportion dans les parties constituantes d'un corps composé, pour le faire passer de la teinte rouge au bleu, au jaune, au noir, etc., comme on le voit dans la combinaison avec un métal, de différentes proportions d'oxygène. Mais que la couleur rouge soit considérée comme un corps réel existant sur les surfaces qui en sont teintes, ou plutôt comme le résultat de la faculté dont jouissent les molécules d'un corps de réfléchir cette couleur par la décomposition du faisceau lumineux qui tombe sur leur surface, elle n'en joue pas moins un grand rôle dans les arts et métiers, notamment dans celui de la teinture, où sa préparation et son application doivent être considérées comme un des précieux résultats des travaux de la chimie moderne. Ce que nous aurions à dire sur la mise en œuvre des substances qui produisent cette couleur, s'appliquant également à tous les corps d'où s'extraient des principes colorants quelconques, ainsi qu'aux procédés de cette extraction et à la mise en œuvre de ses produits, constituerait un thème général que nous ne traiterons point à propos du cas particulier à la couleur rouge : nous renvoyons donc le lecteur aux traités spéciaux.

Le mot *rouge* fournit à la langue un grand nombre d'expressions familières, figurées ou proverbiales. Un *rouge bord* est un verre plein de vin jusqu'au bord. On appelle *rouge trogne* un homme dont le visage est devenu rouge et bourgeonné à force de boire. *Méchant comme un âne rouge* se dit de quelqu'un de très-méchant ; *Le rouge lui monte au visage*, d'un homme qui rougit de pudeur, de honte ou de colère ; *Tirer sur quelqu'un à boulets rouges*, c'est l'attaquer sans ménagement, etc.

Dans la langue du blason la couleur rouge reçoit le nom de *gueules*.

ROUGE (Cosmétique). *Voyez* FARD.
ROUGE (Le Livre). *Voyez* LIVRE ROUGE.
ROUGE (Maladie du). *Voyez* DINDON.
ROUGE (Mer) ou GOLFE D'ARABIE, appelée dans l'Écriture *mer Marécageuse* et par les mahométans *mer de La Mecque*, golfe du nord-ouest de la mer des Indes, large d'environ 20 myriamètres et long d'environ 230 myriamètres, situé entre l'Asie et l'Afrique, pénétrant dans l'intérieur des terres dans la direction du nord-ouest, et séparant l'Arabie de l'Égypte jusqu'à l'isthme de Suez. Le détroit de Bab-el-Mandeb, large de 42 kilomètres et situé par 12° 40' de latitude nord, en est l'extrémité méridionale. Il rattache la mer Rouge au golfe d'Aden, et lui sert d'entrée quand on arrive par la mer des Indes. A son extrémité septentrionale la mer Rouge forme deux golfes, séparés par la presqu'île de Sinaï ; à l'est le *Golfe d'Akaba*, appelé par les anciens *Ælaniticus Sinus*, du nom de la ville d'Ælana ou d'Elath, qu'on y trouve ; et à l'ouest le *golfe de Suez*, auquel la Bible donne de préférence le nom de *mer Marécageuse*, qui s'avance jusqu'au 30° degré de latitude septentrionale et constitue ainsi l'extrémité nord de la mer Rouge, laquelle sur ce point n'est séparée de la Méditerranée que par l'isthme de Suez, large d'environ 20 myriamètres.

La mer Rouge, généralement peu profonde, ne reçoit pas un seul fleuve de quelque importance et est bordée dans toute sa longueur tantôt par des rivages sablonneux, tantôt par de grandes chaînes de montagnes de nature volcanique, s'étendant du 11° au 16° parallèle nord, et du district d'Aden jusqu'à environ 20 myriamètres en Abyssinie, et se prolongeant sous l'eau en récifs nombreux, extrêmement dangereux pour la navigation. On trouve en outre près de ses côtes une innombrable quantité de bancs de corail, souvent de couleur rougeâtre, et qui vraisemblablement lui ont valu ce nom de *mer Rouge*, parce qu'on aura pensé qu'ils communiquaient à l'eau la teinte particulière qu'elle offre parfois aux yeux des navigateurs. Mais suivant des observations toutes récentes, cette coloration particulière tiendrait à la présence d'une algue, de la tribu des oscillariées, à laquelle on a donné le nom botanique de *trichodesmium*, et dont les caractères distinctifs sont : Filaments simples, membraneux, d'un rouge de sang, tranquilles, cloisonnés, réunis en petits faisceaux ou en bottelettes par une substance mucilagineuse, et nageant à la surface des mers, qu'ils colorent dans d'immenses espaces. Ce n'est pas d'ailleurs exclusivement dans la mer Rouge que le genre *trichodesmium* a été observé. On l'a rencontré également dans les parages des îles *Abrolhos* et le long des côtes de la Californie. Ainsi s'expliquerait cette dénomination de *mer Rouge* donnée depuis un temps immémorial au bassin qui nous occupe, et qui a été l'objet de tant de systèmes et de suppositions.

La *mer Rouge* est sujette à un courant périodique : d'octobre à mai, il se dirige du sud-est au nord-ouest, et de mai à octobre du nord-ouest au sud-est. D'après les calculs de Le Père, le niveau de la Méditerranée à Alexandrie serait de 8 mètres inférieur à celui de la mer Rouge à Suez, par la marée basse, et même de 10 mètres par la marée haute ; mais les nivellements opérés récemment dans l'isthme de Suez, sous la direction de Bourdaloue, rendent ces données très-douteuses. Des côtes périlleuses et les vents du nord qui règnent presque constamment sur cette mer, en rendent la navigation des plus périlleuses et des plus pénibles, de sorte qu'il n'y a guère que les bâtiments à vapeur qui puissent la parcourir avec facilité. Néanmoins, le commerce y eut toujours une importance énorme dans l'antiquité et au moyen âge ; et de nos jours, après plus de trois cents ans d'interruption, il a repris avec une activité nouvelle.

La mer Rouge était l'une des plus anciennes voies de communication entre l'Inde, l'Égypte, et tous les États riverains de la Méditerranée en général. Déjà au temps de Salomon les relations commerciales des Juifs et des Phéniciens avec Ophir avaient lieu par les ports d'Ezeongeber et d'Élath ou Ælana. A l'époque de la domination des Ptolémées en Égypte le port de Bérénice jouissait d'une prospérité toute particulière. Au temps des Romains la navigation entre Myos, Hormos et l'Inde prit un immense essor ; et le canal de communication que Ptolémée Philadelphe avait fait creuser entre le delta du Nil et la mer Rouge, réparé ensuite par l'empereur Adrien, puis par les Arabes, demeura en pleine activité jusqu'à l'an 767. Au moyen âge Venise, Gênes, Pise, Marseille, et quelques autres villes maritimes de la Méditerranée, faisaient un grand commerce de transit par cette mer. Ce ne fut qu'après la découverte du Cap de Bonne-Espérance, qui donna dès lors une tout autre direction au commerce de l'Orient, et à partir de l'établissement de la domination des Turcs en Égypte, arrivée à peu près à la même époque, que cette voie commerciale tomba peu à peu dans l'oubli. Mais quand les efforts de Méhémet-Ali eurent rouvert l'Égypte aux Européens, et lorsque la création d'un service régulier de poste entre Bombay et Suez eut ramené le commerce de l'Orient sur son ancienne route, la mer Rouge et les contrées qu'elle baigne, oubliées pendant plusieurs siècles, reprirent toute leur ancienne importance.

ROUGE (République). *Voyez* ROUGES (Les).
ROUGE (Russie), voïvodie particulière de l'ancien royaume de Pologne. Elle formait les provinces de Lemberg, Przemysl, Halicz, Chelmno et Lidaczeff, et comprenait la Gallicie actuelle. On y ajoute souvent aussi la Volhynie et la Podolie.
ROUGE BRUN D'ANGLETERRE. *Voyez* COLCOTAR.
ROUGE DE PRUSSE. *Voyez* COLCOTAR.
ROUGE-GORGE (*Sylvia rubecula*, L.), l'un des oiseaux les plus familiers et les plus faciles à apprivoiser. Ce

joli petit passereau, dont le plumage est gris-brun en dessus, blanc en dessous, avec la gorge et la poitrine rousses, forme l'espèce la plus répandue et la mieux connue du genre *rubiette*. Il n'est pas rare de le voir hiverner dans nos contrées, et il se réfugie alors quelquefois dans nos habitations, sans témoigner la moindre crainte du voisinage de l'homme. Il niche dans les bois, près de terre; et pendant l'incubation le mâle fait entendre un chant doux et agréablement modulé.

ROUGEOLE (en latin *rubeola*), affection très-commune de la peau, exanthème caractérisé par de petites taches rouges, de forme particulière, accompagné de fièvre et de symptômes d'irritation des membranes muqueuses des yeux, du nez et des bronches; sa durée moyenne est de dix à quinze jours; elle attaque particulièrement les enfants, et se communique par contagion; elle peut être simple, bénigne ou bien maligne, compliquée, avec ou sans fièvre; l'éruption même peut manquer, dit-on, et la fièvre éruptive exister seule. La rougeole est une des maladies de la peau dont nous devons la description aux médecins arabes; ce fut Rhazès qui la décrivit le premier, au onzième siècle : ce qui ne prouve pas qu'elle n'existât point avant cette époque.

La *rougeole simple* ou *bénigne* apparaît avec les symptômes suivants : frisson, malaise, abattement, rougeur de la langue, soif, nausées, etc.; puis la fièvre s'allume, les yeux deviennent larmoyants, éternûment, toux, douleur à la gorge; assoupissement, et parfois, convulsions chez les petits enfants. Tous ces symptômes vont s'accroissant jusqu'au quatrième jour, époque à laquelle se montre l'éruption. Celle-ci débute sous forme de petites taches rouges, semblables à des morsures de puce, apparaissant d'abord au visage, puis s'étendant successivement au reste du corps, avec chaleur et démangeaison; puis ces petites taches se rapprochent et forment des groupes ordinairement dessinés en forme de croissant, entre lesquels la peau conserve sa couleur naturelle. Des rougeurs analogues apparaissent en même temps sur la muqueuse de la bouche, et causent une sensation douloureuse. Lorsque l'éruption est achevée, les symptômes énoncés plus haut s'amendent et disparaissent : la toux seule persiste le plus souvent. Vers le quatrième jour de l'éruption, huitième de la maladie, les taches commencent à pâlir dans l'ordre de leur éruption, et l'épiderme se détache sous forme de petites écailles, desquamation accompagnée souvent d'un prurit incommode. La maladie est complétement terminée vers le dixième ou douzième jour à dater de l'invasion. Les suites de la rougeole peuvent être la diarrhée chronique, l'ophthalmie chronique, la phthisie, etc. Cette affection peut être sporadique; elle règne plus souvent elle-même épidémiquement, principalement au printemps. Elle n'attaque ordinairement qu'une fois, mais les faits de récidive ne sont pas rares. Plus commune chez les enfants, après la première dentition, on l'observe pourtant chez les adultes; et on a vu des fœtus naître avec la rougeole.

Peu grave dans son état de simplicité, cet exanthème devient mortel par le fait de complications telles que des inflammations des intestins, des poumons, du cerveau, etc., survenant dans son cours ou à sa suite.

Le traitement de la *rougeole bénigne* est des plus simples : température modérée, diète, boissons adoucissantes, surveillance attentive à l'égard des complications; tels sont les moyens qui dans la plupart des cas amènent une solution heureuse. FONGET.

ROUGEOLE, l'un des noms vulgaires de la plante que les botanistes désignent sous le nom de mélampyre.

ROUGE-QUEUE(*Sylvia tithys*), nom d'une espèce de *rubiette*, qui habite l'Europe, l'Asie et le nord de l'Afrique, très-commune en France sur les Alpes et les Pyrénées, dont voici les caractères : Plumage en dessus d'un cendré bleuâtre; joues, gorge et poitrine d'un noir profond ; les barbes des pennes secondaires d'un blanc pur, qui forme une sorte de miroir sur l'aile, queue d'un roux ardent. C'est un oiseau de passage, qui s'enfonce souvent vers le Nord, et qui se montre peu craintif. Il niche dans les haies, au voisinage des villages et des villes. Il se nourrit d'insectes et de baies. Il arrive dans nos climats vers le milieu d'avril, et fait aussitôt entendre son chant, qui est fort agréable. La femelle pond de cinq à sept œufs, d'un bleu verdâtre, et fait souvent deux couvées dans les étés favorables.

ROUGES (Les). Lors des agitations politiques qui éclatèrent,dans la plus grande partie de l'Europe à la suite de notre révolution de Février 1848, on donna le nom de *rouges* aux partisans du radicalisme le plus absolu, aux démagogues qui se proposaient de fonder la *république démocratique et sociale*, dans laquelle régnerait entre les citoyens la plus entière égalité de droits, d'obligations et de fortune. Cette qualification, dont les démagogues se firent tout aussitôt eux-mêmes un titre d'honneur et de gloire, provenait de l'emblème qu'ils avaient adopté. Ils entendaient en effet substituer la cocarde *rouge*, le drapeau *rouge*, au drapeau tricolore, à la cocarde tricolore, devenus depuis 1789 les glorieux emblèmes de notre régénération politique; régénération incomplète, insuffisante à leurs yeux tant que la loi n'aurait pas consacré l'égalité des salaires et surtout la communauté des biens. En adoptant pour signe de ralliement le rouge, couleur du sang, on a prétendu qu'ils voulaient que chacun fût bien averti qu'ils ne reculeraient pas au besoin devant l'emploi de la violence pour arriver à leur but. C'est ainsi qu'il fut alors question en France et ailleurs de *républicains rouges*, par opposition aux *républicains modérés*; mais après le triomphe de la réaction, les uns et les autres, malgré les profondes dissidences qui les divisent, ont été confondus par les vainqueurs dans les mêmes anathèmes et les mêmes mépris ; et la *république rouge* restera sans doute longtemps encore entre les mains des gouvernants un commode épouvantail, destiné à tenir en respect les populations qui viendraient à douter des bienfaits incommensurables et des douceurs ineffables du despotisme, soit militaire, soit monacal.

ROUGET, espèce de poisson du genre *mulle*, qui habite surtout la Méditerranée, où on le pêche dans tous les parages, d'ordinaire sur les fonds limoneux. On le rencontre aussi sur les côtes de l'Océan, notamment dans la Manche; mais il y devient de plus en plus rare. C'est un des poissons que les anciens prisaient le plus, autant pour l'excellence de son goût que pour la beauté de ses couleurs. Les Romains en avaient fait un objet de grand luxe, et pour s'en procurer ne reculaient pas devant les dépenses les plus folles. M. d'Orbigny rapporte, d'après Pline, qu'Asinius Celer en acheta un huit mille sesterces (1,558 fr.) au temps de Caligula. Suétone parle de trois rougets payés trente mille sesterces (5,844 fr.), ce qui obligea Tibère à rendre des lois somptuaires et à faire taxer les vivres apportés au marché. Varron dit qu'Hortensius avait dans ses étangs une immense quantité de rougets, et qu'il les faisait venir dans de petites rigoles jusque sous les tables où il mangeait pour les voir mourir dans des vases de terre et observer tous les changements que leurs brillantes couleurs éprouvaient pendant leur agonie. Beaucoup de riches Romains imitèrent cet exemple, non pas seulement pour le plaisir des yeux, mais aussi pour manger le rouget plus frais. Si le rouget n'est pas aujourd'hui l'objet de folles prodigalités comme dans la Rome ancienne, les gourmets ne savent pas moins l'apprécier, et recherchent surtout ceux des côtes de la Provence, dont la chair, blanche, ferme, friable, agréable, se digère aisément, parce qu'elle n'est pas grasse.

ROUGET-DE-L'ISLE (JOSEPH), le Tyrtée moderne, l'auteur de la *Marseillaise*, de cet hymne guerrier qui fera passer son nom à la postérité, naquit le 10 mai 1760, à Lons-le-Saulnier. Officier du génie à l'époque de la révolution, il se trouvait en garnison à Strasbourg lorsque la guerre fut déclarée, au commencement de 1792. Un bataillon de volontaires allait partir de cette ville. On savait que Rouget-de-l'Isle, dans les loisirs que lui laissaient ses fonctions militaires, cultivait la poésie et la musique; et le maire

de Strasbourg, Dietrich, lui demanda pour ces jeunes gens une marche nouvelle. Rouget se met à l'ouvrage dans la soirée; sa tête fermente et avant l'aurore il a composé les paroles et la musique de son admirable *Chant de guerre de l'armée du Rhin*, car c'était là le titre qu'il lui avait donné. Dès le matin quelques artistes du théâtre vinrent l'étudier chez lui. Plus tard il fut exécuté sur la place publique où les volontaires s'assemblaient, et tel fut l'effet qu'il produisit qu'au lieu des six cents hommes de la veille il s'en trouva neuf cents pour le départ. Ce n'était que le prélude des prodiges opérés par cet hymne sublime, qui a peut-être fait accourir sous le drapeau national plus de cent mille guerriers. Déjà il était connu dans tous les régiments du nord, mais n'avait point encore été entendu à Paris; ce furent les Marseillais de Barbaroux qui l'y firent connaître : on l'appela dans la capitale l'*Hymne des Marseillais*, et ensuite *la Marseillaise*, nom populaire qui lui est resté. Son auteur aurait été loin d'adopter ce titre, et pouvait dire, comme Lully, de son motet religieux joué à l'Opéra : « Je ne l'avais pas fait pour eux. » En effet, ami sincère de la constitution de 1791, Rouget, dont un des motifs, dans sa belle composition, avait été de détrôner l'ignoble *Carmagnole*, refusa après le 10 août, comme contraire au serment qu'il avait prêté, le nouveau serment qu'on lui demandait. Il fut destitué ; ensuite la terreur le jeta dans ses prisons, et le 9 thermidor, qu'il a célébré dans un de ses chants, le rendit à la liberté. Revenu sous cet étendard, que n'avait procuré tant de défenseurs, Rouget fit partie des troupes qui repoussèrent les émigrés descendus sur nos côtes, et il se distingua à l'affaire de Quiberon, où il fut blessé. Son nom fut honorablement cité dans les rapports adressés à la Convention; un décret lui promit même une récompense nationale, qu'il n'obtient point. De retour à Paris, cet homme simple et modeste ne rappela point ses services, qui furent oubliés. A l'exception d'un seul, tous les gouvernements qui se succédèrent chez nous devaient être ingrats, ou du moins peu bienveillants pour lui. L'empire le mit à la retraite, où le laissa la Restauration. Ce fut seulement après la révolution de Juillet que le roi des Français acquitta la dette de la France, en plaçant sur la poitrine de ce vieillard une croix d'Honneur depuis si longtemps méritée, et en lui donnant une pension de 1,200 fr. Retiré à Choisy-le-Roi, il se faisait aimer du peu de personnes qu'il voyait par son exquise politesse et le laisser-aller, où pourrait dire la bonhomie de sa conversation. Rouget-de-l'Isle y est mort, le 27 juin 1836.
OURRY.

ROUGET-VOLANT. Voyez DACTYLOPTÈRES.
ROUGE VÉGÉTAL, ROUGE VERT D'ATHÈNES. Voyez CARTHAME.
ROUGEUR (*Morale*), suffusion ou coloration involontaire des joues en rouge produite par différentes causes et le plus ordinairement par un sentiment de honte provenant de la conscience de quelque faute ou de quelque imperfection. Pompée ne pouvait s'empêcher de rougir toutes les fois qu'il paraissait dans l'assemblée du peuple. Fabianus, célèbre orateur, éprouvait la même chose quand dans une affaire le sénat l'appelait en qualité de témoin. Ce n'était pas chez eux une faiblesse d'esprit, c'était un effet de surprise qu'ils ne pouvaient vaincre, car ce à quoi l'on n'est pas accoutumé, dit Sénèque, frappe vivement les personnes qui ont de la disposition à rougir. Quoique la *rougeur* soit en général un apanage de la décence et de la modestie, elle n'en est pas toujours une démonstration. Sempronia, cette femme d'une naissance illustre, qui entra dans la conjuration de Catilina, avait une beauté incomparable, rehaussée par cette apparence de pudeur qui n'aurait jamais fait soupçonner le désordre de sa conduite et les crimes dont elle était coupable. Au siècle dernier, on citait une actrice d'un des grands théâtres de Londres qui avait le don de verser des larmes et de rougir à volonté, sans que personne se fît d'ailleurs illusion sur la licence de ses mœurs.

Suivant quelques physiologistes, ce phénomène serait produit par une espèce d'accord ou de sympathie entre les diverses parties du corps, provenant de ce que le même nerf se trouve étendu à tous les autres. Ainsi la cinquième paire de nerfs s'embranchant du cerveau à l'œil, à l'oreille, aux muscles des lèvres, aux joues et au palais, à la langue et au nez, une chose vue ou entendue, si elle est de nature à produire un sentiment de honte, colore les joues en rouge, en poussant le sang dans les petits vaisseaux des joues, en même temps qu'elle affecte l'œil ou l'oreille. Une chose sapide affectera les glandes et les parties de la bouche. Si la chose qu'on entend est agréable, elle affectera les muscles de la face et leur fera produire ce qu'on appelle le rire; si c'est quelque chose de triste, son action portera sur les glandes de l'œil, et fera pleurer, etc.

ROUILLE (du latin *rubigilla*, diminutif de *rubigo*). On donne ce nom à l'oxyde de fer hydraté qui se forme quand on expose ce métal pendant quelque temps à l'action réunie de l'air et de l'humidité. La rouille se trouve en couche plus ou moins épaisse sur la surface du métal, et peut à la longue le transformer entièrement.

Par extension, on applique le nom de *rouille* à tous les oxydes, soit purs, soit hydratés ou carbonatés, que l'on rencontre à la surface d'un grand nombre de métaux : c'est ainsi que le *vert de gris* prend quelquefois le nom de *rouille de cuivre*.

En agriculture, on donne le nom de *rouille* à une maladie des végétaux, notamment du blé, dans laquelle les feuilles et le chaume sont recouverts d'une poussière d'un jaune rougeâtre approchant de la couleur de la rouille de fer. Cette maladie est produite par une sorte de cryptogame parasite (*uredo rubigo*), dont le mode de propagation n'est pas mieux connu que celui de la carie et du charbon. Il se développe sur les feuilles d'un certain nombre de plantes, notamment sur celles des céréales, se nourrit de leur sève, les rend languissantes, altère leur couleur verte, et les fait parfois périr avant la maturité des grains. Il commence ordinairement à se montrer vers le mois de juin, et dure jusqu'à la fin de juillet. Les désastres occasionnés par la *rouille* sur les blés sont considérables; on en attribue l'apparition à la trop grande humidité du sol ou de l'atmosphère. C'est à la suite des pluies ou des brouillards suivis d'un soleil ardent que ce champignon se développe avec le plus d'intensité, et on n'a malheureusement pas trouvé jusqu'à présent de moyen efficace pour en combattre les progrès. M. de Gasparin recommande aux cultivateurs de ne pas prendre pour semence des blés attaqués de la *rouille*.

ROUISSAGE (du latin barbare *rohiare*, dérivé de *rivus*, ruisseau, ou de *ros*, rosée). On donne ce nom à l'opération la plus généralement pratiquée pour faciliter la séparation de l'écorce filamenteuse des plantes textiles telles que le chanvre, le lin, l'ortie, de la tige ligneuse qu'elle recouvre. Lorsque la récolte de ces plantes a été faite, soit en les arrachant, soit en les coupant avec la faux, on en forme des bottes de grosseur moyenne, que l'on met, après les avoir liées avec de la paille, dans une rivière, un ruisseau, un étang, ou même une mare, de manière à ce qu'elles se trouvent entièrement couvertes d'eau, et on les maintient dans cette situation en les chargeant de poids assez forts pour les y retenir. Elles y restent pendant un temps plus ou moins long, depuis huit à dix jours jusqu'à trois semaines ou même un mois, selon que la saison est plus ou moins froide, que l'eau dans laquelle elles trempent est plus ou moins chaude, plus ou moins active pour dissoudre la substance gommeuse contenue dans l'écorce de la plante et détruire l'adhérence qui existe pendant la végétation entre l'écorce et la partie ligneuse. On les fait ensuite sécher au soleil ou à l'ombre, et lorsqu'elles sont sèches, on les met en magasin. Le *rouissage* ne se fait pas d'une manière également avantageuse dans toutes les localités. Il est facile de comprendre que du lin ou du chanvre mis à rouir dans un étang bourbeux ou une mare fangeuse n'en sortira jamais aussi blanc que celui qu'on a fait rouir dans un ruisseau dont l'eau limpide coule sur un fond sablonneux.

Le *rouissage* du chanvre a le très-grave inconvénient d'être dangereux pour la santé des populations voisines des eaux dans lesquelles il se fait, surtout lorsque les eaux sont stagnantes. On sait avec quelle promptitude s'opère la décomposition des végétaux plongés dans l'eau, et qu'il s'en émane alors beaucoup de gaz délétères. Aussi la saison du *rouissage* est-elle pour un grand nombre de localités celle où l'on voit s'y déclarer des fièvres intermittentes, souvent tenaces, et dont la terminaison est très-lente quand elle n'est pas funeste. Le désir de remédier à ce mal a fait imaginer différents moyens pour obtenir sans *rouissage* la filasse des plantes textiles, ou pour les faire rouir de manière à ce qu'on n'eût rien à craindre de leurs émanations. On a essayé des lexivations avec des dissolvants chimiques. Différentes machines, plus ou moins ingénieuses, ont aussi été proposées ; mais il est à craindre qu'aucun procédé mécanique ne réussisse à remplacer l'action chimique naturellement opérée par le *rouissage* ordinaire.

V. DE MOLÉON.

ROUJOUX (LOUIS-JULIEN, baron DE), né à Landerneau, en 1753, d'une famille noble, originaire d'Écosse et réfugiée en France par suite de la condamnation à mort d'un de ses membres, capitaine des gardes du roi d'Angleterre Charles Ier, fut élu en 1791 député du Finistère à l'Assemblée législative, où il parla plusieurs fois pour recommander à ses collègues la tolérance à l'égard des prêtres qualifiés d'*insermentés*, c'est-à-dire qui refusaient le serment à la constitution civile du clergé. Élu en septembre 1792 membre de la Convention, il refusa d'y siéger, et se réunit à Puisaye et au général Wimpfen pour tenter un mouvement contre-révolutionnaire. Mis hors la loi par un décret spécial de la Convention, il parvint à se soustraire à toutes les recherches ; et lorsque le règne de la terreur fut fini, il rentra dans les fonctions publiques. Membre du Conseil des Anciens en 1797, il passa ensuite au Tribunat, et fut nommé en 1802 préfet de Saône-et-Loire, place qu'il conserva jusqu'en 1814. La Restauration le laissa sans emploi, et il mourut en 1829.

Son fils, *Prudence-Guillaume*, baron de ROUJOUX, né à Landerneau, en 1779, fut attaché en 1800 à l'état-major du contre-amiral Lacrosse, qu'il suivit à La Guadeloupe. Rentré en France, il fut nommé sous-préfet de Dôle, puis de Saint-Pol, et enfin préfet du département du Ter, en Catalogne. Revenu en France en 1814, la Restauration n'agréa pas ses offres de service. Après la révolution de Juillet, Louis-Philippe lui confia la préfecture du Lot ; mais il la conserva fort peu de temps. Il mourut à Paris, en 1836. Il a attaché son nom à une traduction de la grande histoire d'Angleterre du docteur J. Lingard. On a aussi de lui une *Histoire des Rois et des Ducs de Bretagne* (Paris, 1829, 4 vol.).

ROULADE. C'est le nom vulgaire donné, en musique, à des traits rapides, imités de la musique instrumentale, et qu'on place ordinairement dans les points d'orgue pour faire briller le talent du chanteur, ou dans toute autre circonstance pour donner plus de grâce à la mélodie ou plus de force à l'expression (voyez CHANT). Les Italiens sont prodigues de cet ornement de la musique vocale ; il est vrai que la langue italienne est remplie de syllabes sonores sur lesquelles on peut prolonger la voix ; mais les chanteurs ultramontains mettent trop souvent à profit les occasions qui leur sont offertes pour qu'une oreille délicate ne se fatigue pas de ces éternelles vocalisations. En français, nous n'avons que les *a* et les *o* sur lesquels on puisse convenablement placer un trait de chant, et comme ces voyelles ne se présentent pas assez fréquemment dans notre versification lyrique, on est souvent obligé de passer plusieurs notes sur des *i*, des *u* et même des *e* muets, ce qui est fort disgracieux.

On appelle *air à roulades* un morceau composé pour faire briller le talent du chanteur, et dans lequel on fait entrer une infinité de broderies vocales qui sont le mieux dans sa voix et dans ses moyens. C'est ce que nos anciens appelaient *air de bravoure*.
Charles BROUN.

ROULAGE. Mode de transport des marchandises expédiées d'une place à une autre, et pour lequel on emploie des voitures traînées par des chevaux. Dans les grandes villes, et principalement dans celles qui ont des manufactures ou qui font un commerce considérable, on trouve des entrepreneurs de roulage qui se chargent de conduire les marchandises, et en général tous les objets qu'on leur confie, au lieu de leur destination, quel qu'il soit, et à quelque distance qu'il soit placé de la ville d'où se fait l'expédition, pourvu qu'il ne se trouve pas dans un autre royaume ou État que celui dont cette ville fait partie : il arrive même assez souvent que les entrepreneurs se chargent de conduire en pays étrangers les marchandises dont les lois de ces pays ne prohibent pas l'entrée. L'établissement des chemins de fers a presque tué cette industrie, ou du moins l'a contrainte à se profondément modifier ; et partout où il y en a, les entrepreneurs de roulage ne sont plus aujourd'hui que les courtiers des administrations de chemins de fer.

Le *roulage* emploie des chariots, des charrettes et d'autres voitures plus ou moins fortes ou légères, suivant la nature des marchandises à transporter et l'état des routes à parcourir ; et comme le bénéfice des entrepreneurs est nécessairement proportionné au poids ou au volume des objets qu'ils chargent, il est de leur intérêt que le chargement de chaque voiture soit le plus fort possible. Mais ces voitures lourdement chargées dégradent inévitablement les routes qu'elles parcourent, et y nécessitent des réparations continuelles.

En France, on a cherché à atténuer autant que possible cet inconvénient par des lois et des règlements d'administration publique, désignés sous le nom de *police du roulage*, qui fixent la limite de poids que ne peut dépasser la charge d'un chariot à quatre roues, celle d'une charrette, et en général celle de toute voiture de roulage ; qui déterminent en même temps la largeur que doivent avoir les jantes de ces voitures, et qui punissent par des amendes les infractions à ces lois et règlements.

Des différents modes de transport maintenant en usage, le *roulage* est évidemment celui qui offre le moins d'avantages ; mais partout où il n'y a ni rivières, ni canaux, ni communications maritimes, ni chemins de fer, le commerce se trouve dans la nécessité de s'en servir.

ROULEAU (*Agriculture*). On donne ce nom à un instrument auxiliaire de la charrue, qui agit par son poids en écrasant, plombant et aplanissant les mottes de terre que le scarificateur et la herse ont déjà brisées et par le travail duquel le sol se trouve apte à recevoir la semence. Son diamètre varie selon la matière dont il est formé, et qui est le bois, la pierre ou la fonte. La longueur la plus convenable est entre trois et cinq mètres.

ROULEAU-COMPRESSEUR. Voyez MACADAMISAGE.

ROULETTE. Voyez CYCLOÏDE.

ROULETTE (*Jeu*). On ne pouvait imaginer de conception plus infernale pour achever de séduire ceux qu'aurait pu retenir encore la crainte d'être dupés par des banquiers fripons. Au *pharaon*, toute fraude n'est pas impraticable, soit de la part de celui qui fait la taille, soit de la part des pontes eux-mêmes. Au *biribi*, les poules numérotées que l'on tire d'un sac n'offrent pas une sécurité entière. Au *krabs*, les dez peuvent être pipés. Même au *trente-un*, on ne saurait garantir les joueurs contre tout artifice de prestidigitation. Il n'en est pas ainsi à la roulette, où la chute purement fortuite d'une bille d'ivoire détermine seule la perte et le gain. Le vaste tapis vert autour duquel se rangent les joueurs à droite et à gauche du banquier et de ses croupiers se divise en plusieurs compartiments. Au

ROULETTE — ROUMÉLIE 571

centre, dans un enfoncement circulaire, est contenu l'appareil rotatoire. Les compartiments du tapis présentent de chaque côté trente-six numéros, inscrits chacun dans un petit carré et dans cet ordre :

```
 1  2  3
 4  5  6
 7  8  9
10 11 12
```

Les numéros dans l'ordre des tranches verticales sont alternativement rouges et noirs. Au-dessus se trouvent d'un côté un zéro rouge et de l'autre un double zéro noir. Au bas sont trois cases latérales. On lit à droite, en gros caractères, les mots : *rouge*, *impair*, *manque*; à gauche, les mots : *noir*, *pair*, *passe*. Nous en expliquerons tout à l'heure la signification.

La roulette consiste en un cylindre de 66 centimètres environ de diamètre, au centre duquel est suspendu un plateau mobile. Les bords du cylindre sont garnis de petites cases numérotées. Les numéros 1 à 36, le zéro simple et le zéro double y sont mélangés, et alternativement inscrits en rouge et en noir comme sur les tableaux dont nous venons de parler.

Le banquier, après avoir donné une impulsion au plateau, qui doit être, ainsi que les bords du cylindre, dans une situation parfaitement horizontale, y lance une petite bille d'ivoire. La bille, après un certain nombre d'ondulations et de soubresauts, va nécessairement se loger dans une des trente-six cases. Celle où elle s'arrête détermine à la fois un numéro, la couleur rouge ou noire de ce numéro, le nombre pair ou impair, le manque s'il est au-dessous du 19, c'est-à-dire de 1 à 18, la passe s'il excède 18, et par conséquent s'élève de 19 à 36.

Il va sans dire qu'avant que la roulette soit mise en mouvement les pontes ont fait leur jeu. Il y a plusieurs manières de courir les risques et les profits de la roulette. Si l'on a spéculé sur la sortie d'un numéro de l'un des zéros simple ou double, le banquier paye trente-six fois votre mise. Si vous avez mis votre pièce sur votre pile d'écus à cheval sur deux numéros voisins, la sortie d'un seul vous rend dix-huit fois votre enjeu. Vous recevez neuf si vous avez placé sur quatre à la fois (ce qu'on appelle un *carré*), et six sur un sixain. On voit par là que si toutes les mises étaient égales, le banquier, ayant reçu trente-huit, ne rembourserait que trente-six : il aurait donc un dix-septième de bénéfice; mais des chances encore plus profitables lui sont ménagées. Les joueurs déterminés poursuivent rarement les numéros; ils aiment beaucoup mieux les combinaisons, plus simples et plus rapides, de rouge et noir, de pair ou impair, de passe ou manque. Cela se réduirait à la chance vulgaire de croix ou pile, ou de contre un, si le banquier, sous prétexte de défrayer sa maison, de payer son prix de ferme à la ville ou à l'État, qui autorisent ces spéculations immorales, n'avait pas trouvé moyen de s'assurer la complicité du sort pour dépouiller ses victimes. A cela servent merveilleusement les *zéros* rouge et noir. Les pontes éprouvent alors le même préjudice que leur occasionnent le *doublet* du *pharaon* et le *refait* du *trente-un*. La moitié des enjeux appartient au banquier, ou, pour parler la langue technique, l'argent des joueurs *mis en prison* est réservé pour le coup suivant; en cas de perte, banquier prend tout; en cas de gain, il rend seulement la mise. S'il survient un nouveau *refait* (et il y en a des exemples), la moitié de cette même moitié lui appartient encore à son bénéfice. Quel est l'insensé qui voudrait risquer la plus faible somme à un *jeu de combinaisons* tel que le whist ou le piquet, si son adversaire, à forces égales, se réservait un avantage aussi énorme ?

C'est à l'époque du consulat que l'infernale *roulette* commença à faire fureur à Paris; et jusqu'au 1er janvier 1838 elle régna dans les tripots privilégiés établis au Palais-Royal, à Frascati, sur les boulevards. C'est par milliers qu'on pourrait compter ses victimes dans ce long intervalle de temps. Aujourd'hui encore elle est le grand attrait des prétendus bains établis sur les bords du Rhin, à Hombourg, en Savoie, à Monaco, etc.; et les *annonces* que les fermiers de ces divers tripots font constamment dans les *grands journaux* de Paris pour attirer les joueurs autour de leurs *tables de roulette* équivalent à une subvention d'au moins 200,000 fr. qu'encaissent stoïquement ces incorruptibles organes de l'opinion publique, ces vertueux champions du progrès et de la liberté.

ROULEUR, terme de compagnonage.

ROULIER, voiturier qui conduit d'une place à une autre les chariots, fourgons, etc., chargés de marchandises (*voyez* ROULAGE). Cet état exige des hommes sains, robustes, et d'une probité éprouvée. Marchant presque constamment à côté de ses chevaux, faisant journellement à pied trois à quatre myriamètres, ayant souvent à réparer quelque dérangement dans le chargement de sa voiture, obligé parfois de la décharger et de la recharger seul sur la route, exposé à toutes les intempéries des saisons, lorsque le roulier arrive le soir au gîte où il doit passer la nuit, il n'est pas encore au terme de ses fatigues; il lui faut panser lui-même ses chevaux ou du moins surveiller ce pansement avec un soin scrupuleux, surtout s'il veut que leur ration en foin, avoine, etc., leur soit fidèlement donnée.

Les *routiers* doivent être porteurs de lettres de voiture, de congés, si ce sont des vins qu'ils transportent, d'acquits des bureaux où ils ont dû se présenter, et en général de toutes les pièces qui sont nécessaires pour assurer la liberté de circulation et l'arrivée à leur destination des objets dont se compose leur chargement. Et comme ce sont eux qui sont chargés de payer les droits de péage, d'octroi, etc., et en général de toutes les dépenses de la route, ils doivent être porteurs de sommes suffisantes pour acquitter tous ces frais. Aussi voyagent-ils d'ordinaire en compagnie, afin de pouvoir se prêter mutuellement secours contre les attaques des malfaiteurs.

ROUMAINS, ROUMANCHES, ROUMOUNY (*Romeni*). On donne ce nom aux populations qui habitent la contrée du bas Danube située entre le Balkan et les Karpathes, et qui se désignent elles-mêmes par la qualification de *Romeni*. Elles présentent un total de cinq millions d'hommes, dont la langue se compose encore aujourd'hui, pour les trois quarts, de mots latins, et pour l'autre quart de mots slaves, goths, turcs et grecs; elles possèdent d'ailleurs de nombreux chants populaires composés dans cette langue, divers ouvrages en prose et en vers imprimés depuis le seizième siècle, ainsi que deux journaux, paraissant à Bucharest et à Jassy. Jean Alexi est auteur d'une *Gramatica Daco-Romana* (Vienne, 1826). Un grand dictionnaire latin-roumain et hongrois a paru, grâce aux soins de Jean Bob, évêque de Togarash (3 vol., Klausenburg, 1830).

Les Roumains descendent en partie des colons que l'ancienne Rome transporta dans ces contrées, notamment de ceux qu'y établit Trajan, quand il eut subjugué les Daces, et qui, tandis que la race aborigène disparaissait, restèrent en possession de ce pays durant toute l'époque de la grande migration des peuples. Au septième siècle, ils formèrent un État indépendant, et, après avoir pendant quelque temps appartenu au royaume des Bulgares, ils eurent, en l'an 1241, dans la personne de Rodolphe le Noir, issu de l'ancienne famille de Bossoraba, un prince qui s'intitula souverain seigneur du pays roumain. En 1374 ils furent subjugués par les Turcs (*voyez* VALACHIE).

De nos jours encore, dans leur costume d'été, ils ressemblent tout à fait aux Romains leurs ancêtres, tels qu'on les voit représentés sur la colonne trajane. Les traits caractéristiques de ces populations sont une férocité innée, une propension marquée à la paresse et à la lubricité, ainsi qu'une grande insensibilité.

ROUMÉLIE, en turc *Roumili*, c'est-à-dire *pays de Rome*. Ainsi s'appelait autrefois le premier des gouvernements de la Turquie d'Europe, qui, à l'exception de Constantinople, d'Andrinople, de Gallipoli et de la

Bosnie, comprenait tout le reste de son territoire continental et même la Grèce, et qui était divisé en vingt-quatre à vingt-six *sandjackats*. Dans ces derniers temps, après que la Grèce eut réussi à secouer le joug de la Turquie, ce gouvernement comprenait encore les anciennes provinces d'Albanie, de Thessalie, de Macédoine. Il avait pour chef-lieu *Sofia*, et pour gouverneur général un *mouschir*, auquel étaient subordonnés les *mirmirane* ou pachas à deux queues préposés à l'administration de ses vingt-deux *sandjackats*. Mais en vertu d'un hatti-schérif impérial de 1836, la Roumélie, ou territoire de *Roumili-Walessy*, fut limitée aux pays compris entre le 40° 54′ et le 42° 47′ de latitude septentrionale et entre le 36° 51′ et le 38°43′ de longitude orientale, c'est-à-dire à l'Albanie septentrionale (entre le Montenegro et l'eyalet de Janina) et à la Macédoine occidentale ; et ce territoire, composé de parties tout à fait hétérogènes, sans aucune délimitation naturelle, reçut pour chef-lieu administratif la ville de *Toli Monaster* ou *Bitolia*, située tout à son extrémité sud-est, en même temps qu'on le partageait en quinze subdivisions.

Les géographes occidentaux, sans autrement se soucier de la division administrative et politique de la Turquie, qui, à dire vrai, a souvent changé, ne comprennent depuis longtemps sous le nom de *Roumélie* ou de *Romanie* que la Thrace ancienne, laquelle, bornée au nord par le Balkan, à l'est par la mer Noire, au sud par le Bosphore, la mer de Marmara, l'Hellespont et la mer Égée, à l'ouest par la Macédoine, comprend aujourd'hui, indépendamment de l'arrondissement de Constantinople, la partie sud-est et la plus grande du *mouschirlik* d'Andrinople, à savoir les pachaliks de Wisa, de Kirkkilissa, de Tschirmen ou Felibe ou encore Philippopel, tandis que la partie nord-ouest du *mouschirlik*, ou le pachalik de Sofia, s'étend entre la Bulgarie et la Macédoine jusqu'aux frontières de la Servie. Cette *Roumélie* ou *Romanie* constitue la principale possession des Osmanlis en Europe. Consultez Hadschi Chalfa, *La Roumélie et la Bosnie* (traduit du turc en allemand par Hammer, Vienne, 1812); Müller, *L'Albanie, la Roumélie et les frontières de l'Autriche et du Monténégro* (en allemand; Prague, 1844).

ROUMJANTZOFF, célèbre famille russe, descendant de Wassiliji Roumjanez, boyard de Nijnei-Novgorod, qui en 1391 aida le grand-prince de Moscou à s'emparer de cette ville.

ROUMJANTZOFF (ALEXANDRE IWANOWITSCH), né en 1684, obtint comme sergent au régiment des gardes Préobrashinski la faveur de Pierre le Grand, qui l'employa dans ses négociations diplomatiques avec la Suède et qui le maria à l'héritière du comte russe Matfejeff. En 1728 il eut le commandement en chef de l'armée envoyée contre la Perse, servit ensuite sous les ordres de Munnich contre les Turcs, et le 25 février 1739 il fit essuyer une complète déroute au pacha de Belgrade. Il fut envoyé alors à Constantinople comme ambassadeur, pour y traiter de la paix, et prit après cela part à la guerre contre la Suède. C'est lui qui signa le célèbre traité d'Abo, le 27 juin 1743. Élisabeth récompensa ses services par le titre de comte, et il mourut le 15 mai 1749.

ROUMJANTZOFF - SADOUNAÏSKOI (PIERRE ALEXANDROWITSCH, comte), fils du précédent, né en 1725, l'un des plus célèbres généraux qu'ait eus l'armée russe, put déjà dans la guerre de sept ans donner des preuves brillantes de ses talents militaires. A la bataille de Kunersdorf (1759), où Frédéric II fut battu, ce fut lui qui commandait le centre de l'armée russe ; et en 1761 il s'empara de Colberg. Nommé en 1770 par Catherine II au commandement en chef de l'armée qu'elle envoyait combattre les Turcs, il obtint, dans les trois campagnes que dura cette guerre, des succès si décisifs qu'en juillet 1774 la Porte se crut contrainte de souscrire aux humiliantes conditions du traité du Routschouk Kaïnardji. L'impératrice récompensa ses services par le titre de feld-maréchal, le don d'une terre de 5,000 serfs et force décorations honorifiques. Quand la guerre recommença, en 1787, on jeta les yeux sur lui pour en diriger les opérations ; mais quand il vit qu'il lui faudrait partager le commandement en chef avec Potemkin, il allégua son grand âge pour prendre sa retraite. Il mourut en 1796. Des monuments commémoratifs lui ont été érigés à Zarskœ-Selo et à Saint-Petersbourg. L'histoire de sa vie a été écrite par Sosonoff (4 vol., Moscou, 1803) et par Tschitschagoff (Pétersbourg, 1849).

ROUMJANTZOFF (NICOLAS PÉTROWITSCH), fils du précédent, né en 1754, homme d'État distingué, fut ministre du commerce et directeur général des voies de communication sous le règne d'Alexandre I⁽ᵉʳ⁾. A partir de 1807 il eut le portefeuille des affaires étrangères, et fut nommé peu de temps après chancelier de l'empire. En 1808 il accompagna l'empereur à Erfurt ; et celui-ci, qui connaissait sa vive sympathie pour Napoléon, le chargea en 1809 d'une mission extraordinaire à Paris, dans laquelle il réussit complètement. Il conclut la même année avec la Suède la glorieuse paix de Frederikshavn. A partir de 1812 le délabrement de sa santé le contraignit à s'éloigner des affaires ; et il ne s'occupa plus dès lors que de lettres, de sciences et de beaux-arts. C'est lui qui fréta à ses frais le vaisseau *Le Rourik* pour exécuter sous le commandement d'Otto de Kotzebue un voyage de circumnavigation qui a fait époque dans les annales de la science. Il consacra en outre une partie de sa fortune à réunir et à imprimer une foule de documents et de matériaux d'un haut intérêt pour l'histoire nationale des Russes. Il mourut le 15 janvier 1826, et fut enterré dans le bourg de Homel, gouvernement de Mohiloff. L'empereur Alexandre consacra à la mémoire de ces trois hommes si distingués un monument commun, dû au ciseau de Canova : une statue colossale de la Paix.

La lignée comtale de la famille Roumjantzoff s'est éteinte en la personne de *Sergei* ROUMJANTZOFF, fils cadet du feld-maréchal, ancien ambassadeur à Berlin sous Catherine II, mort à Moscou, en 1838.

ROUPIE, nom d'une monnaie des Indes orientales, de dénominations, de genres et de valeurs différents, qu'on frappe en or et en argent. En général, on calcule que la roupie d'or ou *mohour* équivaut à seize roupies d'argent du même État ou de la même place. Depuis que l'Angleterre et la Hollande ont des possessions aux grandes Indes, elles sont dans l'usage d'y faire frapper des roupies. La plus importante de toutes les espèces de roupies est aujourd'hui la roupie de la Compagnie des Indes orientales (*Company's Rupee*), l'unité monétaire et de compte de l'Inde anglaise, qui se frappe en argent, et d'une valeur de 2 f. 45 centimes. Cette roupie est divisée en 16 *aunas* de 12 *pice* chacun, et aussi à Bombay en quatre *quarters* de 100 *reas* ou *rees* chacun. Il y a des pièces d'argent de 1, de 2, de ¹/₂ de ¹/₄ de roupie de la *Compagnie* ; et on frappe en or des *mohours* à 15 roupies, plus des pièces de 5, de 10 et de 30 roupies. D'ailleurs depuis 1853 les espèces d'or ont cessé d'être la monnaie légale aux grandes Indes.

Parmi les anciennes espèces de roupies de l'Inde anglaise, la *roupie de Calcutta* ou *sicca*, qui au Bengale figure encore quelquefois dans les comptes, avait surtout de l'importance. Cent de ces roupies équivalent à 106, 62 (presque 106 ²/₃) roupies de la Compagnie ; et d'ordinaire on calcule en nombres ronds que 106 roupies d'argent équivalent à 106 ²/₃ roupies de la Compagnie, ou 15 *roupies sicca* à 16 roupies de la Compagnie. Il y avait en outre une roupie courante, valeur purement idéale, dont 116 équivalaient à 100 *roupies sicca*.

ROURIK, issu de la tribu des *Varègues*, peut être considéré comme le fondateur de l'empire russe, attendu que, au rapport de Nestor, le plus ancien et le plus important des annalistes russes, les Slaves de Novgorod et leurs voisins appelèrent à leur secours des Varègues russes, dont l'origine était très-vraisemblablement scandinave, comme celle des Normands, et permirent à Rourik et à ses frères Sineus et Trouvor de prendre possession de la contrée où se fixa leur tribu. Vers l'an 862, ces trois chefs d'aventuriers remontèrent la Newa à la tête d'une armée peu nombreuse, parvinrent à travers le lac de Ladoga jusqu'au lac d'Ilmen et conquirent la contrée qui s'étend depuis Novgorod jusqu'à ce qu'on appelle aujourd'hui la *Petite Russie*, où ils rendirent tributaires les populations slaves et finnoises alors en possession de ce pays. Dès l'an 864 Rourik établit le siège de sa domination à Novgorod, qu'on peut par conséquent considérer comme la plus ancienne capitale de Russie.

Après la mort de ses frères, Rourik régna seul depuis la Newa jusqu'à l'Oka, tandis que d'autres Varègues, renonçant à une expédition projetée contre Constantinople, s'établissaient, sous le commandement d'Askold et de Dir, sur les rives du Dniepr, et y fondaient un petit État, appelé Kief.

Rourik vécut jusqu'en 879; mais sa race régna encore pendant plusieurs siècles en Russie, jusqu'à l'époque où les Tatares réussirent à expulser les princes de la maison de Rourik et à imposer à l'empire russe une domination qui dura deux siècles. Alors des princes issus de Rourik parvinrent encore à la souveraine puissance. Les premiers ils prirent la qualification de *grands-princes*, que plus tard ils échangèrent contre celle de *tzars*. Ce ne fut qu'en 1598 que la descendance de Rourik en possession de la souveraineté s'éteignit, en la personne du faible Féodor, fils d'Iwan-Wassiliewitsch le Terrible; mais aujourd'hui encore il existe en Russie un grand nombre de maisons princières (trente-quatre) qui peuvent faire remonter leur origine jusqu'à Rourik, les unes en ligne directe, mâle et légitime, les autres en ligne féminine et indirecte. Au nombre des premières figurent les familles princières d'Odojefsky, d'Obolensky, de Dolgorouki, de Lloi, de Belosselski-Belosserski et de Gagarin. Parmi les descendants de Rourik en ligne féminine nous citerons les princes de Romodanofsky-Ladyshenski, et parmi les descendants en ligne indirecte les princes Wolkonski et Repnin-Wolkonski.

ROUSSEAU (AMÉDÉE), compositeur de mérite, plus généralement connu sous le nom d'*Amédée de Beauplan*, qu'il avait cru devoir prendre en entrant dans le monde, et qui était celui d'une petite propriété que sa mère possédait aux environs de Chevreuse, était né en 1790, et mourut en décembre 1853. Son père, maître d'armes des enfants de France, périt sur l'échafaud révolutionnaire. Ses tantes du côté maternel étaient Mme Campan et Mme Augier, toutes deux femmes de chambre de la reine Marie-Antoinette. L'une de ses cousines, fille de Mme Augier, épousa le maréchal Ney. Le talent musical d'Amédée Rousseau, dit de *Beauplan*, se révéla de bonne heure par la composition d'une foule de morceaux, romances, nocturnes, chansonnettes, qui devinrent rapidement populaires. M. Scribe en plaça un nombre infini dans ses meilleurs ouvrages, à commencer par *La Somnambule*, dans laquelle l'air *Dormez donc, mes chères amours*, produisait tant d'effet, ainsi qu'une valse dans *La Demoiselle à marier*. En 1830, Amédée de Beauplan composa la musique d'un opéra comique en deux actes, qui fut joué au théâtre Ventadour sous le titre de *L'Amazone*. La pièce originale était *Le Petit Dragon de l'incennes*, joué au Vaudeville plusieurs années auparavant. En 1839 il donna au Théâtre-Français *Le Susceptible*. En 1845 il donna encore à l'Opéra-Comique *Le Mari au bal*, dont il avait composé la partition. Dans le nombre des vaudevilles qu'il fit jouer à divers théâtres, plusieurs obtinrent un franc succès. Il était l'auteur des chansonnettes si connues, *Le Père Trinquefort*, *Un grenadier*, *c'est une Rose* et *Mon petit François*.

ROUSSEAU (JEAN-BAPTISTE), naquit à Paris, le 6 avril 1670. Son père, qui exerçait la profession de cordonnier, résolut d'utiliser ses dispositions précoces en lui donnant une instruction libérale. L'honnête artisan avait décidé pour l'état ecclésiastique ce fils, qui témoignait un penchant décidé pour l'état ecclésiastique. Il les envoya ensemble au collège le plus fréquenté de Paris. Des deux frères, l'un devint un serviteur de Dieu, aussi respectable qu'éclairé, et s'acquit à Paris une réputation méritée comme prédicateur. Nous allons suivre pas à pas la carrière de l'autre.

A l'époque où Jean-Baptiste se fit connaître par ses premiers essais, le grand siècle venait de clore le cours brillant de ses immortelles destinées. Boileau vivait encore, quoique chargé d'ans; et le vieil Aristarque voyait avec une amertume profonde le goût se corrompre, d'autres mœurs se faire jour, et des idées nouvelles envahir la littérature. Rousseau devait rendre moins brusque, moins sensible la transition nécessaire d'une époque de foi vive, d'inspirations religieuses et pleines de génie, à un siècle de doute, de critique et d'analyse, où les chants enthousiastes de la muse allaient faire place à une poésie didactique, sèche, froide, œuvre de travail, de patience plutôt que d'imagination. Formé à l'école sévère de Boileau, notre poëte débuta comme lui par des essais satiriques sur les mœurs de son temps et par une vive critique des écrivains contemporains. Aussi eut-il le malheur de se faire dès le premier pas dans la carrière une foule d'ennemis qui exaspérèrent son ardente susceptibilité. Ses détracteurs essayèrent d'abord de le faire rougir de son humble naissance. Une anecdote qui circula vers cette époque prouve, si elle est vraie, que Rousseau ne se montra que trop sensible à ce reproche. Il venait de donner la comédie du *Flatteur*; et le succès que cette première pièce avait obtenu attirait à l'auteur de nombreuses félicitations, lorsque son père accourut, ivre de joie, pour serrer dans ses bras un fils qui le dédommageait si glorieusement de ses sacrifices. *Je ne vous connais pas*, lui aurait répondu froidement Rousseau; et le malheureux artisan se serait retiré l'âme navrée de douleur. Quoique l'on ne puisse rien affirmer sur l'authenticité de cette imputation, on ne peut toutefois s'empêcher de remarquer que Rousseau ne fit rien pour la démentir; et cependant ses ennemis lui donnèrent une éclatante publicité. Le poëte Auntreau la consigna dans une complainte, qui fit fureur à Paris.

Rousseau avait eu la bonne inspiration de ne pas continuer ses essais critiques et de quitter, au moins momentanément, une direction littéraire qui ne pouvait que faire avorter son talent et lui créer un avenir plein de déceptions et d'amertumes. Persuadé que sa vocation l'entraînait au théâtre, il avait donné, en 1694, sa comédie du *Café*, qui ne compta qu'un très-petit nombre de représentations et n'en méritait pas davantage. Deux ans après, il fit jouer à l'Opéra *Jason, ou la toison d'or*, et *Vénus et Adonis*, qui n'eurent qu'un médiocre succès. Rousseau revint au Théâtre-Français par la comédie du *Flatteur*, dont nous avons déjà parlé; elle était alors en prose, et ne fut versifiée par l'auteur qu'assez longtemps après. Il termina sa carrière dramatique par la comédie du *Capricieux*, qui subit une chute complète; et le poëte ne l'en publia pas moins, précédée d'une préface dans laquelle il soutenait que la pièce qui venait d'être outrageusement sifflée n'était rien moins qu'un chef-d'œuvre, qu'avaient méconnu des juges ignorants ou partiaux.

A cette époque, le café Laurent (rue Dauphine) servait de rendez-vous ordinaire à une pléiade littéraire et scientifique, dont Lamotte, Crébillon et Saurin étaient les membres les plus distingués. Rousseau désirait vivement en faire partie; mais il paraît que ses premières démarches dans ce but n'ayant pas été accueillies avec tout l'empressement qu'il espérait, il ne vit plus dans cette paisible réunion de savants, d'hommes de lettres et d'amis, qu'un complot permanent contre sa réputation. Le succès éclatant d'*Hésione*, joué à peu près en même temps que *Le Capricieux*, confirma Rousseau dans la conviction que le cercle du café Laurent lui était décidément hostile. Il ne songea plus dès ce moment qu'aux moyens de se venger. La musique du maestro Campra avait popularisé quelques couplets du prologue d'*Hésione*. Rousseau parodia ces couplets, au nombre de cinq, et y fit entrer les plus grossières injures contre ses ennemis imaginaires. D'autres couplets succédèrent, ajoutant aux outrages les plus affreuses calomnies. Rousseau, qui avait été reconnu coupable des premiers, ne manqua pas d'être accusé des seconds ; il ne répondit au cri général d'indignation qui s'éleva contre lui qu'en quittant subitement le café Laurent. Cependant cette malheureuse affaire n'avait encore eu aucun résultat funeste pour Rousseau quand une nouvelle imprudence de sa part vint en réveiller le souvenir, au moment le plus inattendu, et lui attirer la plus pénible disgrâce. Dix années s'étaient écoulées; Lamotte se présentait comme candidat pour le fauteuil laissé vacant à J'Académie par Thomas Corneille; il aspirait aussi à la pension que la mort imminente de Boileau allait remettre à la disposition du ministre. Rousseau avait les mêmes prétentions, et se flattait du succès. Au milieu des démarches auxquelles se livraient les deux rivaux, paraissent tout à coup de *nouveaux couplets*, plus infâmes que les premiers. L'auteur, poussant l'impudence jusqu'au cynisme, les avait fait colporter chez ceux-là même qu'ils outrageaient, ainsi que chez leurs amis. Les antécédents de Rousseau lui furent fatals en cette occasion, car il n'y eut une voix pour l'accuser et le condamner. L'une des victimes de cette calomnie anonyme, Lesage, rencontrant Rousseau dans la rue, se vengea en lui infligeant une de ces flétrissures publiques qui ne se lavent guère que dans le sang de l'offenseur. Rousseau porta plainte, et se vit en même temps attaqué en calomnie. A la suite d'une longue instance, qu'avait précédée une procédure minutieuse, l'accusé obtint un arrêt de décharge. Fier de ce succès sur ses ennemis, il eut tort de se montrer plus exigeant en sollicitant une réparation publique et solennelle. Encouragé par un aveu que lui aurait fait le colporteur des couplets, il ne craignit pas de dénoncer publiquement Saurin comme le véritable auteur des couplets. Saurin jouissait dans le monde littéraire d'une réputation de probité inattaquable. Une nouvelle instance commença. Rousseau, qui ne soutenait sa dénonciation par aucune preuve légale, fut à son tour convaincu d'avoir employé la corruption pour obtenir contre Saurin une apparence de culpabilité. Un arrêt du parlement de Paris, rendu par *contumace* (Rousseau avait pris la précaution de fuir) le 7 avril 1712, déclare « Jean-Baptiste Rousseau dûment atteint et convaincu d'avoir composé et distribué des vers *impurs, satiriques et diffamatoires*, et fait de *mauvaises pratiques* pour faire réussir l'accusation calomnieuse qu'il a intentée contre Joseph Saurin, de l'Académie des Sciences ; et *pour réparation de quoi* ledit Rousseau *est banni à perpétuité du royaume* ; lui enjoint de garder son ban, sous les peines portées par la déclaration du roi. » Tout Paris put lire, le 4 mai suivant, ce flétrissant arrêt affiché sur un poteau en place de Grève, par l'exécuteur des hautes-œuvres.

Rousseau était-il réellement coupable? C'est ce que toutes les présomptions humaines tendraient à faire croire. Antécédents fâcheux dans un cas semblable, apparition des derniers couplets dans un moment où il luttait avec des adversaires, moyens illégitimes employés pour flétrir un innocent, voilà une série de faits graves dont il n'a été que trop facile aux juges de tirer une induction défavorable à Rousseau. Cependant, comme aucune preuve matérielle n'a surgi des débats de ce déplorable procès, le doute est encore permis. Voltaire a pris parti pour Saurin et Lamotte ; mais Voltaire manquait d'indépendance dans son opinion, car il avait été personnellement outragé par leur adversaire.

Rousseau, échappant à une condamnation qu'il pouvait prévoir, s'était réfugié en Suisse dès 1711. L'ambassadeur français, comte Du Luc, l'accueillit avec la plus grande distinction, et lui offrit son amitié, que le fugitif accepta avec reconnaissance, et dont il resta fidèle jusqu'à la mort du comte, arrivée en 1740. A peine installé à Soleure, Rousseau s'empressa de publier une édition de ses œuvres, dans laquelle il retrancha toutes les pièces que les mœurs, la morale, la religion et le goût ne pouvaient avouer. Ce travail porte avec lui un enseignement curieux ; il indique la résolution de Rousseau de ne consacrer désormais sa plume qu'à des sujets nobles, purs et religieux. Rousseau suivit à Vienne le comte Du Luc, qui, en 1715, avait passé de l'ambassade de Suisse à celle d'Autriche. Le poète y vit le prince Eugène, qui devint son plus zélé protecteur ; peut-être le grand capitaine, toujours ennemi de la France, trouva-t-il un plaisir secret à relever ainsi celui que son pays humiliait et exilait.

Il ne faut pas croire cependant que l'arrêt du parlement avait convaincu tout le monde de la culpabilité de Rousseau ; il conservait au contraire à Paris des amis dévoués et puissants, au nombre desquels le baron de Breteuil se distinguait par la vivacité de ses démarches en faveur du proscrit. Le succès couronna ses démarches, car en 1716 des lettres de rappel furent expédiées à Rousseau ; mais il refusa constamment d'en profiter : c'était une justice qu'il demandait, et non pas une grâce. Il est fâcheux de dire que vingt ans après Rousseau sollicita, et sans succès, ces mêmes lettres de rappel qu'il avait d'abord imprudemment refusées. Malade, triste, sombre, désespéré, il ne put résister plus longtemps au désir de revoir sa patrie, et fit, à la fin de 1738, le voyage de Paris *incognito* ; il ne fut point inquiété pendant son court séjour dans la ville qui l'avait vu condamner et où il eut le bonheur de retrouver des amis compatissants et affectueux. Mais déjà les infirmités de la vieillesse, hâtées par les infortunes de l'exil, se faisaient sentir au poète ; il repartit pour Bruxelles avec le triste pressentiment qu'il disait à son pays et aux siens un éternel adieu. En effet, il ne fit que languir pendant les deux années qui survivirent ce voyage, et expira le 15 mai 1741, en protestant devant le prêtre qui lui administrait les sacrements qu'il n'était point l'auteur des fameux couplets. Lefranc de Pompignan a composé en l'honneur du grand lyrique une ode justement célèbre. Piron fit pour lui cette épitaphe si connue :

Ci-gît l'illustre et malheureux Rousseau ;
Le Brabant fut sa tombe et Paris son berceau.
Voici l'abrégé de sa vie,
Qui fut trop longue de moitié :
Il fut trente ans digne d'envie,
Et trente ans digne de pitié.

Rousseau n'a point de génie comme Corneille ; il n'a pas la sensibilité, le charme de Racine ; il n'a pas réformé notre langue poétique comme Malherbe ; il ne possède ni l'esprit ni les grâces d'Horace ; ni la naïveté de Marot ou l'abandon de La Fontaine ; il est peu riche de pensées ; ses odes manquent de l'intérêt dramatique qui s'attache à la peinture des passions ; le saint amour de la patrie ne les anime presque jamais ; mais en revanche on ne saurait lui refuser de la pompe et de la magnificence, une harmonie soutenue, une élégance digne de celle des maîtres dont il se reconnaissait le disciple. S'il n'a pas su reproduire la naïveté, les tendresses, la simplicité de la Bible, il y puise quelquefois d'admirables inspirations et une sorte de sublime qui ne se trouve ni dans Horace ni dans Pindare. Il compose avec art et quelquefois avec génie ; il s'est montré souvent habile dans le choix de ses différents rhythmes, et heureux dans leur application à tel ou tel sujet. Plusieurs de ses *Cantates* ont obtenu, pour la force, l'éclat, la grandeur et l'harmonie, d'unanimes suffrages. Celle de *Circé* surpasse en mouvement et en chaleur tout ce que les anciens nous ont laissé dans le genre lyrique. Elle rappelle sans désavantage le sacrifice magique de Didon au quatrième livre de l'*Énéide*. Rousseau a excellé dans l'épigramme. Finesse piquante, grâce, trait satirique et habilement aiguisé, il a réuni toutes les qualités du genre. Ses épîtres, où l'on retrouve cependant plus d'une fois l'élégant versificateur formé à l'école de Boileau, attestent qu'à l'époque où il les composa, l'auteur avait laissé corrompre en lui ce goût naturel qui, perfectionné par le travail et la réflexion, devient un tact exquis et sûr. Ses *Allégories* sont presque toutes d'assez tristes créations, où les beaux traits deviennent de plus en plus rares et clair-semés. Il est assez singulier que Rousseau, qui avait le génie si éminemment satirique, n'ait pas réussi dans la comédie, et que le plus grand de nos poètes lyriques n'ait eu dans l'opéra aucune des inspirations de Quinault. P.-F. Tissot, de l'Académie Française.

ROUSSEAU (Jean-Jacques). En l'année 1529, lorsque les querelles de religion commençaient d'agiter le monde politique, un libraire de Paris, Didier Rousseau, fuyant les persécutions, quitta la France avec sa famille, et vint s'établir à Genève, où quelques années plus tard le droit de bourgeoisie lui fut accordé. L'un de ses descendants, Isaac Rousseau, épousa la fille du ministre Bernard. Deux enfants naquirent de cette union : l'un, élevé avec négligence, se dérangea de bonne heure, et disparut sans retour de la maison paternelle; l'autre, qui reçut le nom de Jean-Jacques, coûta en naissant la vie à sa mère, vint au monde presque mourant, et fut conservé par la tendresse d'une sœur de son père, qui prit soin de sa première enfance.

Près de quarante ans s'écoulèrent avant que le nom de Jean-Jacques Rousseau sortît de l'obscurité : longtemps l'auteur futur d'*Émile* et de *Julie* végéta ignoré, jouet de sa fortune errante et de sa propre inquiétude. Resté orphelin, à la suite d'une affaire d'honneur qui força son père à s'expatrier, il entra en apprentissage chez un graveur, homme dur et borné, qui le maltraita et l'abrutit : il fuit, et se trouve, à seize ans, sans famille, sans patrie et sans asile. Un hasard favorable appelle sur lui l'intérêt d'une aimable patronne, la jeune baronne de Warens. Conduit à l'hospice des catéchumènes à Turin, il y abjure le protestantisme. Sorti de l'hospice, il lutte contre la misère ; il est tour à tour laquais chez la comtesse de Vercellis, domestique chez le comte de Gouvon; de là, il revient auprès de sa protectrice, qui, touchée de son sort et de sa jeunesse, consent à l'accueillir chez elle. Il essaye tour à tour diverses carrières, étudie au séminaire, travaille au cadastre, enseigne la musique, qu'il ne sait pas encore; il promène sa destinée inconstante d'Annecy à Fribourg, de Fribourg à Lausanne, de Lausanne à Neufchâtel, de Neufchâtel à Berne et à Soleure, de Soleure à Paris, de Paris à Chambéry ; et, toujours rappelé par son cœur près de Mme de Warens, ne s'éloigne d'elle que pour bientôt s'en rapprocher. Ainsi s'écoule sans gloire, et non sans erreurs, sa jeunesse ou plutôt sa longue enfance ; ainsi préludait à ses destinées ce génie qui devait étonner le monde!

A vingt-quatre ans, Rousseau est atteint d'une maladie longtemps jugée mortelle. Dans la langueur de sa longue convalescence, retiré avec Mme de Warens dans la paisible solitude des *Charmettes*, il s'applique à l'étude avec plus de suite qu'il ne l'avait fait jusque alors ; il acquiert des connaissances, il apprend à réfléchir sur ses devoirs. Plusieurs années s'écoulent dans cette douce retraite. Jean-Jacques n'aspirait qu'à y passer sa vie entière, près de Mme de Warens, devenue pour lui plus qu'une amie. Malheureusement une absence de quelques mois la refroidit à son égard : il ne put se résoudre à partager avec un autre un cœur qu'il avait possédé sans partage, et, renonçant à ses espérances de bonheur, il accepta une place de précepteur à Lyon, chez M. de Mably.

Il ne tarda pas à sentir que son caractère était peu propre à cet emploi : après un an d'essai, une dernière fois encore il revint aux *Charmettes* chercher un bonheur qu'il ne trouva plus. Alors, désenchanté sans retour, il songea enfin à se faire une existence indépendante. Il avait des connaissances en musique; il s'était même occupé, dans ses études, d'un nouveau système de notation ; il se hâta d'y mettre la dernière main; puis, muni de quelques recommandations, il part pour Paris, et va présenter son travail à l'Académie des Sciences.

Quelques éloges stériles furent le seul fruit de cette démarche. Déçu de ce côté, Rousseau consentit à suivre en qualité de secrétaire le comte de Montaigu, nommé ambassadeur à Venise : mais bientôt le caractère bizarre et les mauvais procédés de l'ambassadeur le ramenèrent en France. Là, il chercha de nouveau à tirer parti de ses talents. Introduit dans la société de Mme Dupin, qui réunissait chez elle l'élite des gens de lettres, il y lia connaissance avec plusieurs d'entre eux. Le succès, toutefois, ne répondit pas à ses premiers efforts : l'opéra des *Muses galantes*, dont il avait composé les paroles et la musique, ne put être représenté; le divertissement des *Fêtes de Ramire*, ouvrage de Voltaire et de Rameau, qu'il fut chargé d'arranger pour le mariage du dauphin, n'obtint qu'un succès infructueux; les articles qu'il rédigea pour l'*Encyclopédie* ne lui valurent aucune récompense. Cependant le temps s'écoulait : déjà Rousseau entrait dans sa trente-huitième année; déjà, découragé par tant de vains essais, il s'était résigné à occuper chez Mme Dupin l'humble emploi de secrétaire, avec 800 ou 900 livres d'appointements, lorsqu'en 1750 l'Académie de Dijon mit au concours cette question singulière : *Le rétablissement des sciences et des arts a-t-il contribué à corrompre ou à épurer les mœurs?*

Ce fut en allant visiter au donjon de Vincennes Diderot, son ami, emprisonné pour quelques hardiesses littéraires, que Rousseau, feuilletant un numéro du *Mercure*, tomba sur le programme de l'Académie de Dijon. Rien n'égale l'impression que produisit sur lui cette lecture. Tout à coup il se sent l'esprit ébloui de mille lumières ; des foules d'idées vives s'y présentent à la fois avec une force et une confusion qui le jettent dans un trouble inexprimable; il se sent la tête prise par un étourdissement semblable à l'ivresse; une violente palpitation l'oppresse, soulève sa poitrine. Ne pouvant respirer en marchant, il se laisse tomber sous un des arbres de l'avenue, et il y passe une demi-heure dans une telle agitation qu'en se levant il aperçoit tout le devant de sa veste mouillé de ses larmes, sans avoir senti qu'il en répandait. Diderot, auquel il confie la cause de son trouble, l'encourage à concourir pour le prix, et, pressentant d'avance l'opinion de son ami sur la question proposée, laisse échapper ces paroles remarquables : « Le parti que vous prendrez est celui que personne ne prendra. » Il disait vrai: déjà Rousseau prononçait dans sa pensée la condamnation des arts et des sciences. Cédant à sa vive inspiration, il compose, il remporte le prix.

C'est ici que la vie de Rousseau commence pour la postérité.

A peine connut-on le jugement de l'Académie et l'ouvrage couronné quel grand scandale s'émut dans le monde littéraire : ce fut à qui prendrait la défense des lettres attaquées. Encore bouillant de son premier triomphe, Rousseau fit face à tous ses adversaires. Dans cette polémique, son talent prit de la maturité. Le discours couronné n'était, à tout prendre, qu'une brillante amplification de rhéteur, dont le style, déjà riche de mouvement et d'images, mais souvent vague et déclamatoire, décélait encore l'écrivain sans expérience : en se défendant contre ses nombreux critiques, l'auteur apprit l'art d'écrire d'un style plus ferme. Sa réponse à M. Gautier, académicien de Nancy, parut un modèle de persiflage. Bientôt l'honneur qu'il eut de compter un roi parmi ses adversaires l'obligea de prendre un ton plus grave : Stanislas réfuta son discours, et fut réfuté lui-même avec une dignité respectueuse qui honorait le monarque sans abaisser le citoyen. Les amis de Rousseau tremblaient de sa hardiesse : lui, rendit assez d'honneur à son noble adversaire pour ne rien craindre; et la loyauté du prince justifia la confiance de l'écrivain.

Rousseau n'avait vu d'abord dans l'usage de ses talents qu'un moyen d'existence. En acquérant la conscience de son génie, il vit sa mission s'agrandir : il se sentit, appelé à dire la vérité aux hommes; fort de sa sincérité et de son courage, dès lors il adopta cette devise, devenue célèbre : *Vitam impendere vero.* De ce jour il devint un autre homme : son âme s'éleva ; ses principes s'affermirent. Pour n'appartenir qu'à la vérité, il fallait se mettre au-dessus de l'opinion et de la fortune ; Rousseau résolut de faire divorce avec la fortune et l'opinion. Cette résolution, qui affranchissait sa conscience, flattait aussi sa paresse et sa timidité naturelles. Jeté dans le grand monde par circonstance, non par goût, Rousseau n'y vivait qu'avec répugnance ; il en ignorait la langue et les usages, il en détestait l'apprêt et la contrainte. Ses succès l'enhardirent enfin à briser le joug des préjugés, des bienséances sociales, dont son inquiète susceptibilité s'exagérait encore la tyrannie ; et, libre d'ambition, content de sa pauvreté volontaire, il espéra ne plus vivre que pour le repos et pour ses nouveaux devoirs. Tout entier à ce dessein, Rousseau prend tout à coup son parti : il réforme sa toilette, résigne un emploi lucratif chez un financier, proclame la ferme volonté de n'accepter aucun don, hors ceux de l'intime amitié ; et, ne voulant pas même dépendre de son talent, de peur que son talent ne vînt à dépendre ainsi de la fortune et des hommes, il se fait copiste de musique pour gagner sa vie. Les premiers auxquels il dit sa résolution le crurent devenu fou ; bientôt on ne le trouva plus que singulier : on finit par l'admirer. Il n'était bruit dans le monde que *d'un philosophe qui pour vivre indépendant avait quitté les bureaux d'un fermier général, et demeurait à un cinquième étage, copiant de la musique à six sous le rôle.*

Le *Devin du Village* acheva de lui concilier la faveur publique. Cette pastorale, faible de style, mais naïve et gracieuse, charma les oreilles françaises, que rassasiait la lourde psalmodie du vieil opéra. La première représentation du *Devin du Village* eut lieu sur le théâtre de la cour. Jean-Jacques, alors dans toute la ferveur de ses nouveaux principes, y parut en habit négligé, en barbe longue, en perruque mal peignée. Cette bizarrerie ne choqua point ; peut-être même trouva-t-on quelque chose de piquant dans ce contraste d'une imagination fraîche et tendre cachée sous un extérieur inculte et sauvage. Il ne tint qu'à Rousseau d'être présenté au roi, d'obtenir une pension ; mais, fidèle à ses maximes, il éluda l'une et l'autre faveur.

Vers le même temps, Rousseau fit jouer au Théâtre-Français la comédie de *Narcisse*, ouvrage de sa jeunesse. Moins heureux que *Le Devin*, *Narcisse* n'eut aucun succès. Rousseau, qui pendant les répétitions avait gardé l'anonyme, au sortir de la représentation se déclara publiquement l'auteur de la pièce tombée. Cet aveu, qui pouvait n'être que le calcul d'un amour-propre bien entendu, fut vanté comme un acte de courage. *Narcisse* parut imprimé, avec une préface où commençaient à se développer les opinions philosophiques de l'auteur.

Une occasion se présenta bientôt de les développer davantage : l'Académie de Dijon ouvrit un nouveau concours dont le sujet était *l'origine et les fondements de l'inégalité parmi les hommes.* Jamais plus haute question n'avait été proposée à la méditation des philosophes. Rousseau, dont elle renflamma la verve, composa encore pour le prix. Cette fois il portait dans la lice un talent éprouvé ; cependant, le discours sur *l'inégalité*, quoique bien supérieur de pensée et de style au discours sur *les sciences*, n'eut point la même fortune. L'Académie, dont le premier jugement avait trouvé tant de censeurs, craignit de se compromettre en couronnant un nouveau paradoxe : le discours de Rousseau fut écarté ; l'abbé Talbert eut le prix. On ne connaît pas son ouvrage.

Chaque jour augmentait la célébrité de Rousseau ; mais cette célébrité même devenait un obstacle à l'accomplissement de ses desseins. Les distractions, les importunités affluaient autour de lui. En vain se repoussait-il avec humeur ; plus il gagnait en renommée, plus il perdait en indépendance et en tranquillité. Ces contrariétés, qui se renouvelaient sans cesse, lui firent prendre en haine le séjour de Paris. Des affections, des souvenirs d'enfance le rappelaient à Genève : il saisit avec empressement l'occasion qui lui fut offerte d'y faire un voyage.

Jean-Jacques fut accueilli dans sa patrie comme devait l'être un citoyen qui l'avait honorée. Durant son séjour, entouré d'estime et de bienveillance, heureux de respirer sur un sol républicain, errant sur les bords du beau lac qui l'arrose, son âme s'enivra de patriotisme et de liberté. Un instant il voulut se fixer dans son pays. Il reprit le culte de ses pères ; il fut rétabli dans ses droits de cité ; et lorsqu'à son retour en France il fit imprimer le discours sur *l'inégalité*, il se proclama *citoyen de Genève*. Son vœu était alors d'y revenir achever sa vie, au sein de la paix et de l'amitié ; mais le sort en décida autrement.

Parmi les amis que Rousseau comptait en France brillait, par les grâces de son esprit, par l'aménité de son caractère, Mme d'Épinay, femme d'un fermier général. Non loin du château que celui-ci possédait aux environs de Montmorency était un lieu champêtre et retiré, que sa position avait fait nommer *L'Ermitage*. Conduit un jour par son amie dans cette solitude, Rousseau en parut charmé ; en y retournant avec elle à quelque temps de là, il fut surpris et touché d'y trouver une habitation nouvelle, qu'elle avait fait élever pour lui. « Voilà, lui dit-elle, votre asile ; c'est vous qui l'avez choisi ; c'est l'amitié qui vous l'offre. » Vaincu par tant d'attachement et de délicatesse, Rousseau renonça, pour Mme d'Épinay, au séjour de sa patrie ; il ne songea plus qu'à s'établir à *L'Ermitage*. On railla dans le monde son projet de retraite : il ne fut point ébranlé, et, sans attendre le retour du printemps, il courut s'installer dans son nouvel asile. Il croyait y trouver le bonheur ; l'infortuné ne savait pas quelle fatale influence il y traînait avec lui. A son retour de Venise, Rousseau avait connu, dans l'hôtel qu'il habitait, une jeune ouvrière en linge. Son cœur et ses sens avaient besoin d'une compagne ; il se prit pour cette fille d'un attachement qu'il crut payé de retour. Ses faciles faveurs lui parurent l'effet d'une affection sincère : dans la simplicité d'un esprit sans culture il crut voir la naïveté d'un cœur sans art. Devenue la gouvernante et l'amie de Rousseau, Thérèse Levasseur acquit insensiblement sur lui cet ascendant que les êtres bornés exercent presque toujours, dans la vie domestique, sur les esprits supérieurs. Les amis de Rousseau gémirent de cette liaison indigne de lui : prévoyant trop quel empire elle allait prendre dans sa solitude, ils tentèrent de la rompre. Thérèse, qui pénétra leur dessein, s'appliqua elle-même à les brouiller avec son maître. Ses rapports, ses insinuations artificieuses, n'obtinrent que trop de crédit sur cette âme impressionnable : ils y firent germer ces méfiances qui troublèrent si cruellement la fin de sa carrière.

Cependant, les premiers moments du séjour à L'Ermitage s'écoulèrent pour Jean-Jacques dans un calme ravissant. Au milieu des bois, seul avec la nature, il se plongeait à loisir dans ses douces extases ; il jouissait avec délices de cette vie intérieure et contemplative, charme des imaginations sensibles. Dans ses longues promenades, il évoquait, sous un beau ciel, dans le silence des forêts, les divines images de *Claire* et de *Julie* ; il rêvait les pages enchantées de l'*Héloïse*. Une aimable intimité régnait entre lui et Mme d'Épinay : c'était d'une part les soins empressés, les prévenances ingénieuses de l'amitié délicate et attentive ; c'était de l'autre la vive effusion de l'amitié sensible et reconnaissante.

Ces rapports si doux furent trop tôt troublés. Grimm, que Rousseau croyait son ami, devint l'amant heureux de Mme d'Épinay. Dominée par un homme qu'importunait la célébrité de Jean-Jacques, son attachement s'en ressentit peut-être. Rousseau, que son âge, ses infirmités, ses principes sévères auraient dû préserver d'une folle passion, tomba éperdument amoureux de la belle-sœur de Mme d'Épinay, Mme d'Houdetot, qu'il savait éprise de Saint-Lambert : cette faiblesse, qu'il eut l'imprudence de laisser connaître, qui l'exposa quelque temps au blâme des gens austères, aux railleries des gens du monde, attiédit son affection pour son amie ; il eut même le tort de lui imputer, sur la foi trop douteuse de Thérèse, des trahisons probablement imaginaires. On s'aigrit, on se raccommoda. Tout à coup Mme d'Épinay, voulant dérober à son mari les marques trop visibles de ses bontés pour Grimm, imagina d'aller à Genève consulter Tronchin et d'inviter Rousseau à l'y accompagner. L'invitation était dérisoire sous plus d'un rapport : Rousseau s'y refuse. On insiste : il prend de l'humeur; il écrit à Grimm une lettre bizarre. Grimm saisit ce prétexte, feint de s'indigner, crie à l'ingratitude, rompt avec éclat, entraîne Mme d'Épinay dans la rupture. Rousseau, qui d'un mot pouvait se justifier, aima mieux supporter la calomnie en silence que de révéler les secrets de son ancienne amie : il quitta L'Ermitage, qu'il avait habité près de deux années, et, laissant ses ennemis se répandre contre lui en outrages, il se retira, sans leur répondre, à Mont-Louis, près de Montmorency.

Cette rupture imprévue, à laquelle Rousseau fut profondément sensible, accrut encore son penchant à la méfiance; il le fit voir dans sa conduite avec Diderot, dont il abdiqua sans retour l'amitié, irrité d'une indiscrétion qu'il prit pour une perfidie.

Ce fut dans sa retraite de Mont-Louis que Jean-Jacques écrivit sa lettre à D'Alembert *sur les spectacles*, termina l'extrait de *La Paix perpétuelle*, *La Nouvelle Héloïse*, l'*Émile* et le *Contrat social*. La lettre à D'Alembert eut un brillant succès; l'*Héloïse* en eut davantage. Les femmes surtout se passionnèrent pour le livre et pour l'auteur : leur imagination, vivement émue, croyait deviner Jean-Jacques sous les traits de Saint-Preux, favorable illusion dont Rousseau profita sans l'accréditer, mais sans la démentir. L'*Émile*, qu'il regardait avec raison comme *son meilleur et son plus digne ouvrage*, devint la cause de sa perte, et l'amitié en fut l'instrument involontaire.

Le modeste asile où vivait Rousseau était voisin du château de Montmorency, qu'habitait, dans la belle saison, le maréchal de Luxembourg. Ce seigneur, aimable et bon, voulut visiter l'illustre solitaire, et parvint, à force de prévenances, à l'attirer chez lui. Accueilli, fêté au château, Jean-Jacques, malgré ses préventions contre les grands, devint bientôt l'ami de M. et de Mme de Luxembourg; il connut chez eux le prince de Conti, la comtesse de Boufflers, le vertueux Malesherbes, qui dirigeait alors le département de la librairie. Mme de Luxembourg, fâchée de voir Jean-Jacques toujours dupe de son désintéressement dans ses traités avec les libraires, voulut se charger de l'édition d'*Émile*. Rousseau ne croyait pas que l'ouvrage pût se publier en France : il exposa ses doutes ; l'intervention de M. de Malesherbes les dissipa. Que pouvait craindre un ouvrage publié sous les auspices réunis d'un maréchal pair de France et du directeur de la librairie? Rousseau, complétement rassuré, livra son manuscrit ; *Émile* parut. Quelques jours à peine écoulés, le livre était proscrit, l'auteur était décrété de prise de corps, et quittait en fugitif le territoire de France.

C'était le temps de la destruction des jésuites. Le parlement, qui venait de les condamner, craignit, en ménageant les philosophes, d'être accusé d'irréligion. Rousseau se trouva la victime de cette politique, plus prudente qu'honorable. Il aurait pu se défendre en déclarant la vérité, mais la vérité compromettait M. de Malesherbes et Mme de Luxembourg : il se dévoua pour l'amitié; il consentit à s'éloigner. C'est ainsi qu'aux approches de la vieillesse, au moment où, quitte envers lui-même, il comptait poser la plume pour toujours et finir en paix sa carrière, Jean-Jacques se trouva rejeté malgré lui dans les orages de la vie.

Genève, qu'il avait comblée d'honneur, lui devait au moins un asile. Mais Genève était sous l'influence du ministère français; mais l'aristocratie genevoise n'avait pas pardonné à Rousseau ses principes populaires et le refus de dédier au *petit conseil* le discours sur *l'inégalité*. Le conseil n'attendit pas même le livre pour le condamner ; il décréta Rousseau sur la foi du réquisitoire de Joly de Fleury. Le sénat de Berne, imitant le conseil de Genève, expulsa Jean-Jacques, réfugié sur son territoire. Repoussé de toutes parts, Rousseau vint reposer sa tête sur les terres de Neufchâtel, petit État indépendant sous la protection de la Prusse. Le fanatisme s'apprêtait encore à l'y poursuivre ; mais la protection du gouverneur prévint cette persécution nouvelle.

DICT. DE LA CONVERS. — T. XV.

Lord Keith, ancien maréchal d'Écosse, alliait à quelques singularités de caractère les qualités d'un esprit droit et d'une âme généreuse. Sorti de son pays à la suite des Stuarts, accueilli par Frédéric, qui l'estimait, il se reposait, dans le facile gouvernement de Neufchâtel, des fatigues d'une vie laborieuse. Rousseau vint se présenter à lui. Dès la première vue ces deux hommes singuliers se sentirent attirés l'un vers l'autre; bientôt ils furent amis. Keith, qui lui-même ressemblait peu aux autres hommes, comprit Jean-Jacques, que si peu d'hommes savaient comprendre, apprécia son désintéressement, respecta ses délicatesses, toléra ses bizarreries. Jean-Jacques, qui rebutait tous les dons, ne fit point difficulté d'accepter une petite pension de mylord maréchal. Il le nommait son père. Le vieux lord ne l'appelait que *son fils le sauvage*; « et, ajoutait-il gaiement, nous ne le sommes pas mal tous les deux ».

Tranquille au village de Motiers, sur le penchant d'une vallée profonde, vêtu d'un habit arménien, commode à ses infirmités, Rousseau n'aspirait qu'à se faire oublier. L'étude de la botanique y occupait ses journées, y charmait ses promenades solitaires. L'intolérance l'y poursuivit de ses clameurs. L'écrit de la Sorbonne ne troubla point ses loisirs : le mandement de l'archevêque de Paris obtint une réponse. Ce fut un spectacle nouveau dans l'Europe que cette lutte de la puissance et du talent, où l'on vit un simple particulier, attaqué par un prince de l'Église, humilier devant la dignité du génie et de l'innocence le triple orgueil du rang, de la naissance et de la fortune.

Cependant, dix mois s'étaient écoulés, et nulle voix dans Genève n'avait réclamé contre le décret du conseil. Réduit à se faire justice à lui-même, Rousseau abdiqua solennellement son titre de *citoyen*. A cet acte d'une juste fierté, qui rappelait si noblement à son ingrate patrie la gloire qu'il avait répandue sur elle, Genève se réveilla : des représentations furent portées au conseil. Rousseau, qui les crut tardives, s'efforça de les prévenir, et, craignant d'être un obstacle à la paix, prononça le vœu de ne jamais rentrer dans Genève, y fut-il rappelé par ses concitoyens. Néanmoins, les représentations continuèrent. Tronchin, le procureur général, y répondit avec adresse dans ses *Lettres écrites de la campagne*. Rousseau, à qui l'on s'adressa pour le réfuter, publia en réponse les *Lettres écrites de la montagne*. Il y fit ressortir l'inconséquence de ses persécuteurs, l'illégalité du décret, et, portant plus loin ses investigations, il dévoila les fonds ambitieux de l'aristocratie genevoise. Dès lors le déchaînement fut à son comble : la Suisse retentit de prédications furibondes ; le pasteur de Motiers, Montmollin, qui naguère avait admis Jean-Jacques à la communion, se mit lui-même à la tête de ses ennemis, et souleva contre lui la populace. Au même temps mylord maréchal partit pour Berlin. Après son départ, la persécution n'eut plus de bornes. Menacé chaque jour, assailli la nuit à coups de pierres dans son domicile, Rousseau dut céder à l'orage. Il passa dans l'île Saint-Pierre, agréable solitude, au milieu du lac de Bienne. Il allait s'établir en ce riant asile, lorsqu'il reçut l'ordre d'en sortir.

Ainsi, partout l'auteur d'*Émile* voyait fuir la terre sous ses pas. Las d'errer d'exil en exil, il sollicite, sans l'obtenir, la faveur d'une prison perpétuelle. Réduit à chercher un nouvel asile, il part pour rejoindre à Berlin mylord maréchal. Déjà parvenu à Strasbourg, où il est reçu avec enthousiasme, il se repose avec joie dans une terre hospitalière, lorsque les sollicitations de ses amis de France le décident à passer en Angleterre, où David Hume, le célèbre historien, lui promettait un sort paisible et la protection du gouvernement. On obtient pour lui la permission de traverser la France : il arrive à Paris, reçoit l'hospitalité chez le prince de Conti, qui s'honore de l'accueillir en triomphe sa noble infortune : il accorde quelques jours à la reconnaissance ; et, pressé d'échapper aux regards du public, il se hâte de prendre avec Hume le chemin de l'Angleterre. Là tout semble lui sourire : le public l'accueille, l'héritier du trône vient le visiter,

37

son nouvel hôte le comble de soins et de caresses, lui procure à la campagne une demeure agréable et tranquille, obtient pour lui une pension du gouvernement. Rien ne lui manquait plus pour vivre heureux ; mais Rousseau n'était plus capable de bonheur.

Déjà nous avons vu ce malheureux grand homme livré par intervalles aux mouvements d'une humeur inquiète et soupçonneuse, soit disposition native, soit qu'un accident survenu dans sa jeunesse eût ébranlé l'un des ressorts de son organisation morale. Les fréquents mécomptes que dut éprouver dans le commerce des hommes cette âme habituée à vivre dans un monde idéal ; l'ascendant de Thérèse, qui l'isolait pour le dominer ; les fantômes de la solitude, les tracasseries de L'Ermitage fortifièrent ce penchant, qui prit insensiblement le caractère d'une véritable affection mentale. Les premiers symptômes de cette monomanie se manifestèrent pendant l'impression d'Émile, par d'extravagantes alarmes ; la persécution l'irrita ; le climat sombre de l'Angleterre acheva de l'exaspérer.

En arrivant à Londres, Hume était presque un Dieu pour Jean-Jacques ; six mois plus tard, ce n'était plus qu'un fourbe détestable, qui l'avait attiré en Angleterre pour l'y déshonorer. Ses liaisons avec les ennemis de Rousseau éveillent d'abord les soupçons de l'ombrageux voyageur : mille circonstances fugitives, interprétées par une imagination malade, un regard de Hume, un mot dit en rêvant, les ont bientôt changés en certitude. Le malheureux se voit l'objet d'un vaste complot tramé pour diffamer sa vie et pour flétrir sa mémoire : Grimm en est l'inventeur, Voltaire, Tronchin, le duc de Choiseul en sont complices ; Hume en est l'instrument. Dès lors, il rompt avec ce dernier toute correspondance ; il repousse la pension sollicitée pour lui par un traître. Hume, surpris, s'inquiète, demande une explication : il reçoit en réponse un acte d'accusation de quarante pages. La défense était écrite à chaque ligne de cette étrange pièce : Hume n'y lut que la plus noire ingratitude : il éclata.

Un soir, de nombreux convives, réunis à Paris chez le baron d'Holbach, sont frappés de surprise à ces premiers mots d'une lettre de David : Rousseau est un scélérat. Bientôt, dans un exposé succinct, qui fut traduit et commenté par Suard et D'Alembert, Hume est la victime de répondre publiquement aux accusations confidentielles de Rousseau. Chacun prit parti pour l'un ou pour l'autre ; la rumeur fut extrême : on eût dit la guerre déclarée entre deux puissances. Cependant, Rousseau, tranquille à Wootton, s'occupait de botanique et s'amusait à écrire les mémoires de sa vie.

Tout à coup, saisi d'un nouvel accès, il se croit prisonnier en Angleterre : on veut l'y retenir pour l'y charger d'opprobre. A cette idée, un transport s'empare de lui. Il jette au feu les notes préparées pour une nouvelle édition d'Émile, quitte brusquement sa demeure sans prévenir de son départ, erre sur les routes de l'Angleterre, parcourt en peu de jours d'énormes distances, écrit aux ministres des lettres insensées. Parvenu à Douvres, il harangue en français la foule étonnée. Enfin, surpris de s'embarquer sans obstacle, il franchit le détroit, et ne revient à lui qu'en touchant la terre de France.

De Calais il se rend à Amiens ; d'Amiens à Fleury, chez le père du célèbre Mirabeau ; de Fleury au château de Trie, où le prince de Conti lui offrait l'hospitalité ; de Trie à Bourgoin, petite ville du Dauphiné. C'est là qu'en présence de deux témoins, dans toute la simplicité de la nature, il donne enfin à sa compagne le titre d'épouse. Partout, accueilli par la bienveillance et l'enthousiasme, il ne voit que haine, dérision, insulte ; partout il donne des scènes bizarres, d'autant plus inexplicables pour ceux qui l'approchent, que hors de sa triste manie son esprit conserve sa force et sa lumière, son âme sa tendresse et sa bonté. Avide à la fois et incapable de repos, il conçoit tour à tour mille projets, aussitôt détruits que formés. Il songe à retourner en Angleterre, à passer en Grèce, à visiter Chambéry. Soudain, changeant encore d'idée : « Ne parlons plus, dit-il, de Chambéry : ce n'est pas là où je suis appelé. L'honneur et le devoir crient ; je n'entends plus que leur voix ».

Toujours poursuivi par le fantôme d'un complot contre son honneur, Rousseau allait tenter un nouvel effort pour en triompher. Tracer, dans toute la sincérité de son cœur, le tableau de sa vie, de ses sentiments, de son caractère ; rentrer dans la société, ses Confessions à la main ; en multiplier les lectures ; sommer hautement ses accusateurs de s'expliquer ; obtenir ainsi la révélation des crimes dont on le charge et qu'une génération conjurée s'obstine à lui cacher ; s'en justifier d'une manière éclatante, tel est le calcul de son délire. Plein de cette idée, il part, il arrive à Paris.

Le décret du parlement y subsistait toujours ; mais l'opinion couvrait l'accusé de sa puissante égide ; nul ne songeait à l'inquiéter. Son retour y fit sensation. Il reprit avec succès son ancien métier de copiste ; il fréquenta la société ; il y porta même, dans les premiers temps, une facilité de commerce, une aménité toutes nouvelles, que suspendaient seulement de loin en loin quelques mouvements de caprice et d'irritabilité. Plusieurs lectures de ses Confessions furent avidement écoutées ; mais bientôt, sur la demande de Mme d'Épinay, la police les fit cesser.

Ainsi déçu dans sa dernière espérance, Rousseau reprit peu à peu sa vie solitaire, et finit par cesser toute correspondance et tout commerce de visites. Toutefois, avant de consommer son nouveau divorce avec le monde, il y avait marqué par plus d'un succès son dernier passage. Cédant aux instances d'un noble comte polonais, il avait tracé d'une main ferme encore d'éloquentes Considérations sur le gouvernement de la Pologne ; plus tard, le drame lyrique de Pygmalion, représenté sur la scène française, avait rappelé par son succès le succès du Devin.

Vers les deux dernières années de sa vie, soit progrès de l'âge, soit ennui du séjour de Paris, soit diminution dans ses moyens d'existence, son humeur devint plus sombre, sa maladie prit un caractère plus grave. C'est alors qu'il trace, sur un papier devenu l'unique confident de ses pensées, les douloureuses Rêveries du promeneur solitaire ; que, dans trois dialogues, monuments du plus triste égarement, il constitue Rousseau juge de Jean-Jacques ; qu'il essaye de déposer sur le maître autel de Notre-Dame cet étrange appel contre une oppression imaginaire ; que, sourd aux offres de ses nombreux admirateurs, qui se disputent l'honneur de lui donner asile, il mendie la faveur d'être admis avec sa femme dans un hôpital ; que, dans les billets qu'il distribue lui-même sur la voie publique, il implore de la pitié des passants l'aumône d'un peu d'affection et de justice.

Six semaines avant de mourir, Rousseau venait enfin d'accepter un asile chez M. de Girardin, propriétaire de la belle terre d'Ermenonville. Le séjour des champs, l'amabilité des maîtres, la gaieté naïve de leurs enfants, semblaient avoir rafraîchi son sang et versé un peu de calme dans son âme : il recommençait à vivre, lorsque, dans la matinée du 3 juillet 1778, une attaque d'apoplexie foudroyante l'enleva subitement aux espérances de l'amitié. Il mourut aux champs. Trente-quatre jours auparavant, Voltaire était descendu dans la tombe.

Rousseau avait soixante-six ans accomplis au jour de sa mort. Plusieurs ont cru que, las de souffrir, l'infortuné s'était délivré lui-même du fardeau de la vie ; mais cette opinion, fondée sur de simples indices, paraît démentie par des preuves décisives. Ermenonville recueillit sa dépouille mortelle. Un monument modeste fut élevé à sa mémoire dans l'île des Peupliers. Plus tard, ses cendres illustres furent transportées au Panthéon. Déjà, le 31 décembre 1790, l'Assemblée nationale avait, sur la proposition de Mirabeau, décerné à Rousseau une statue et assigné une pension à sa veuve. Lorsqu'en 1815 la France subit l'invasion de l'étranger, le souvenir de Rousseau protégea encore les lieux qu'il avait habités ; et les réquisitions de l'ennemi épargnèrent le village d'Ermenonville. Ainsi la victoire d'Alexandre avait respecté la maison de Pindare.

La femme que Rousseau avait élevée jusqu'à lui abdiqua bientôt son noble veuvage. Devenue à cinquante-cinq ans la maîtresse d'un palefrenier, chassée du château d'Ermenonville après avoir dissipé l'héritage littéraire de son mari et les dons de l'Assemblée constituante, elle traîna dans la misère une vieillesse méprisée, et mourut en 1801, au Plessis-Belleville, à l'âge de quatre-vingts ans.

S^t. A. BERVILLE, président à la cour impériale de Paris.

ROUSSEAU (THÉODORE), un de nos plus célèbres paysagistes modernes, est né à Paris, en 1808. Un peintre de portraits parfaitement inconnu l'initia aux procédés matériels de son art; jamais Théodore Rousseau n'a connu d'autre maître. Cette circonstance explique le développement spontané de son génie, préservé des routines de l'école et du poncif académique. A une époque où il était de très-mauvais goût de songer à rendre la nature telle qu'elle est, quand le paysage historique était à l'apogée de sa gloire, le jeune artiste rompit résolument en visière au goût du public. Il se mit à copier de vrais terrains, des arbres comme nous en voyons tous les jours, au lieu d'arranger en bel ordre deux ou trois collines, couronnées d'un acrotère grec avec une course de chars, une danse de nymphes ou un *concerto* de bergers arcadiens au premier plan. Cette hardiesse, qui faisait pâlir l'audace du révolutionnaire Watelet, l'homme aux moulins à eau, aux ponts de planches pourries, aux arbres cirés à l'encaustique, se trouva coïncider avec la grande révolte romantique. La jeune école proclama le débutant du salon de 1832 le prince du paysage régénéré. En cela, comme en beaucoup d'autres choses, il fallut longtemps le croire sur parole, car à l'exception de quelques toiles qu'on put voir aux expositions suivantes, entre autres une *Vue des côtes de Granville*, les œuvres de M. Théodore Rousseau, impitoyablement proscrites par le jury académique, ne sortirent plus de son atelier que pour passer aux mains des amateurs, qui les couvraient d'or. Le peintre, à qui l'on refusait le grand jour de la publicité, envoyait de temps en temps ses tableaux aux expositions de province, à celle de Nantes par exemple, où l'on put admirer en 1839 deux toiles d'un grand mérite, *Campagne de printemps* et *Effet d'orage*. Ce fut seulement en 1847 que commença pour lui la période de réparation. Deux effets de *Soleil couchant* eurent au salon de cette année un immense succès. En 1849 M. Théodore Rousseau exposa une *Avenue* d'un vert un peu criard et une *Lisière d'un bois au soleil couchant* qui rendait d'une incroyable façon le calme et le silence de cette heure où le jour s'évanouit. Le ministère d'État décerna à l'artiste une médaille de 1,000 francs ; et l'année suivante il était décoré de la Légion d'Honneur. Le salon de 1853 nous montra un nouveau chef-d'œuvre dû à son pinceau, *Un marais dans les Landes*, et l'exposition universelle de 1855 un choix de ses plus remarquables reproductions. A la suite de ce grand concours artistique, M. Théodore Rousseau obtint une médaille de première classe. Nous n'avons eu de lui au salon de 1857 que deux petites toiles ; mais elles sont d'un effet surprenant, l'une surtout qui est empruntée aux monts de l'Auvergne.

M. Théodore Rousseau comprend merveilleusement le langage de la nature et excelle à nous en redire l'accent. Il ne cherche pas l'effet par la beauté des lignes grandioses et ne s'inquiète pas de découvrir les sites où la nature se produit avec une élégante disposition de masses qu'on dirait empruntées à la science ; il ne la compose pas davantage ; mais il emporte de sa contemplation quelque chose de plus précieux, une impression dont il nous fait infailliblement éprouver le charme sympathique. Quant à son exécution, elle est péniblement cherchée, curieuse des aspects étranges, et parfois trop préoccupée de détails et de minuties.

ROUSSELOT (Pâte de). *Voyez* CAUSTIQUE.

ROUSSEROLLE. *Voyez* FAUVETTE.

ROUSSETTES, mammifères chéiroptères, composant la famille des chauves souris frugivores. Les *roussettes* sont les plus grandes chauves-souris connues ; quelques-unes ont près de 1 mètre 66 cent. d'envergure. Leur tête, conique et allongée, ressemble un peu à celle du chien, ce qui leur avait valu autrefois le nom de *chiens volants*. Les *roussettes* sont nocturnes. Leur nourriture est essentiellement frugivore : elles se nourrissent de fruits pulpeux et même de fleurs ; mais on peut, dit-on, les habituer facilement à vivre de substances animales. Il ne faut donc pas croire les récits de plusieurs voyageurs qui attestent que dans certains pays les *roussettes* sucent le sang de l'homme et des animaux endormis sans leur causer assez de douleur pour les réveiller. On mange la chair des roussettes dans quelques pays, quoique ces animaux répandent une odeur fétide très-rebutante. Aucune espèce de *roussettes* ne se trouve ni en Europe ni en Amérique ; mais on en rencontre beaucoup en Afrique et en Asie. Une espèce habite le continent de la Nouvelle-Hollande.

On divise les roussettes en cinq genres : les *roussettes* proprement dites, les *pachysomes*, les *macroglosses*, les *céphalotes*, et les *hypodermes*.

ROUSSEUR(Taches de). *Voyez* ÉPHÉLIDES.

ROUSSILLON (Le), ancienne province de France, qui était bornée au nord par le Languedoc, à l'est par la Méditerranée, au sud par les Pyrénées et à l'ouest par le comté de Foix, et qui se trouve à peu près comprise aujourd'hui dans le département des Pyrénées-Orientales. Ce pays était autrefois habité par les *Sardones*, et avait pour capitale *Ruscino*, sur la rivière du même nom, situé à l'endroit où s'élève aujourd'hui *La tour de Roussillon*, sur le Tet, au voisinage de Perpignan. Compris par les Romains dans la *Gallia Narbonnensis*, il tomba d'abord au pouvoir des Visigoths, puis en 720 devint la proie des Sarrasins d'Espagne. En 759 il fut conquis par Pépin le Bref, qui le réunit à l'Aquitaine. A partir de l'époque de Charlemagne, cette contrée forma un comté particulier, dont les comtes se reconnurent vassaux de Charles le Simple. Le premier de ces comtes héréditaires fut Suntar II (904-915), et le dernier Girard II, mort en 1172, sans laisser de postérité, après avoir légué ses États à Alfonse II, roi d'Aragon. Le Roussillon demeura alors partie intégrante du royaume d'Aragon, mais sous la suzeraineté des rois de France ; et Louis IX fut le premier d'entre eux qui y renonça, en 1258. Jean II d'Aragon engagea le Roussillon et la Cerdagne à Louis XI, en 1462 ; et Charles VIII ne les restitua à Ferdinand II d'Aragon qu'en 1493. Le comté de Roussillon, demeura alors à l'Espagne jusqu'en 1642, époque où Louis XIII en fit la conquête. Toutefois, il ne fut définitivement cédé à la France qu'en 1659, aux termes de la paix des Pyrénées, en même temps que le comté de Conflans (chef-lieu Villefranche , avec la ville de Prades), et la partie nord du comté de Cerdagne (chef-lieu Mont-Louis , sur le Tet supérieur).

ROUSSILLON, bourg et ancien château fort du département de l'Isère, sur les bords du Rhône, jadis chef-lieu d'un comté, est célèbre par l'*édit* que le roi Charles IX y rendit, le 4 août 1564 , contre les huguenots.

L'*édit de Roussillon* fut rapporté en 1568.

ROUSSILLON (Vins du), dénomination commune sous laquelle on comprend les produits des divers crus du département des Pyrénées-Orientales, dont le territoire répond à peu près à l'ancienne province de France qu'on appelait le Roussillon. La plupart sont des vins rouges ; cependant, il y en a aussi de blancs. Parmi les rouges, qui conviennent surtout à l'exportation, et qui servent à couper des vins plus légers, on distingue ceux de *Bagnols* , de *Spira* et de *Collioure*, inférieurs sans doute pour la finesse et le bouquet aux grands crûs du Rhône, mais d'une belle couleur rouge foncé , très-spiritueux et aromatiques ; puis les *Tavel*, les *Châteauneuf du Pape*, les *Narbonne*, les *Langlaède*, les *Roquemaure*, les *Roussillon* , les *Saint-Christol*, les *Saint-Georges*, les *Saint-Gilles*, les *Saint-Dresery*, les

Chuselan, et diverses sortes inférieures. Les Tavel et les Châteauneuf du pape jouissent d'une grande célébrité; d'un beau rouge, et fort agréables quand ils sont jeunes, ils possèdent plus de chaleur que les petits vins de Bordeaux, et sont très-recherchés. Les autres, d'une couleur plus foncée, sont plus chauds et plus capiteux. Enfin, il y a les vins de montagnes, dont il se récolte d'immenses quantités, mais épais et foncés, ayant un goût de terre et n'atteignant quelque valeur que dans les années extrêmement favorables. Parmi les vins blancs du Roussillon, qui s'exportent rarement, les plus distingués sont les vins de liqueur désignés sous les noms de *Grenache* et de *Maccabeo*, qu'on récolte à Salces, près de Perpignan, et les *Rivesaltes* blancs, l'un des meilleurs vins muscats. Le Grenache rouge, d'abord rouge foncé et assez semblable à l'Alicante, perd de sa couleur avec l'âge et au bout de six à sept ans ressemble au vin du Cap.

ROUSSIN ou ROUSIN. *Voyez* CHEVAL, tome V, p. 618.

ROUSSIN (ALBIN-RÉNÉ, baron), amiral, membre de l'Académie des Sciences et du Bureau des Longitudes, ancien ambassadeur de France à Constantinople et ancien ministre de la marine, était né à Dijon, le 21 avril 1781, et entra dans la marine à l'âge de douze ans, comme simple mousse. En 1807 il était déjà parvenu au grade de lieutenant de vaisseau, et il prenait une part glorieuse sous l'empire à divers combats contre les Anglais dans les mers de l'Inde. Capitaine de vaisseau en 1817, sa réputation de savoir était si bien établie, que ce fut sur lui que le ministre de la marine jeta alors les yeux pour aller faire l'hydrographie des côtes occidentales de l'Afrique; et il s'acquittait si bien de cette mission, qu'à son retour on le chargea encore d'aller relever les côtes du Brésil. Les services rendus par lui à la science pendant ces diverses campagnes, et qui se trouvent consignés dans le *Pilote du Brésil*, ouvrage d'une si haute importance pour les navigateurs qui fréquentent ces parages, lui ouvrirent les portes de l'Institut et le firent nommer membre du Bureau des Longitudes. On a aussi de lui de magnifiques cartes marines, qui furent publiées aux frais du gouvernement. En 1821 il obtint le commandement d'une escadre envoyée dans les eaux de l'Amérique du Nord; en 1822 il fut nommé contre-amiral et membre du conseil d'amirauté, position dans laquelle il lui fut donné, en 1826, d'organiser l'École de Marine à Brest. En 1828 on lui confia le commandement de l'escadre envoyée au Brésil afin de réclamer une indemnité pour les torts que le blocus de Buenos-Ayres causait au commerce français. Le gouvernement issu de la révolution de Juillet 1830 le nomma préfet maritime à Brest. Un an plus tard, il plaça sous ses ordres la flotte chargée d'aller demander satisfaction à dom Miguel des avanies dont les Français avaient été l'objet en Portugal. Il força l'entrée du Tage, enleva dans le port de Lisbonne les meilleurs vaisseaux de l'usurpateur et les ramena à Brest comme gage de l'indemnité réclamée. Le 11 octobre 1832 il fut pair de France; et l'énergie dont il avait fait preuve en Portugal détermina peu de temps après Louis-Philippe à lui confier l'ambassade de Constantinople. Il était investi des pouvoirs les plus étendus pour combattre l'influence russe; mais le vieux et intrépide marin se laissa duper par les manœuvres de la diplomatie. Après la bataille de Nisib, cédant à l'influence de lord Ponsonby, il signa la note collective en date du 28 juillet 1839 par laquelle la France renonçait à l'attitude isolée qu'elle avait gardée jusque alors dans les affaires d'Orient. Soit qu'à cet égard il eût dépassé ses instructions, soit que le gouvernement redoutât le compte que les chambres ne manqueraient pas de lui demander de la conduite de son agent, il fut rappelé en septembre et remplacé par le comte de Pontois. Dans le ministère qui se constitua le 1er mars 1840 sous la présidence de M. Thiers, il accepta le portefeuille de la marine, qu'il abandonna à l'amiral Duperré le 29 octobre suivant. A la suite d'une modification de cabinet survenue en 1843, il consentit encore une fois à se charger de la direction du ministère de la marine; mais la faiblesse de sa santé le contraignit bientôt à y renoncer. A la suite du coup d'État du 2 décembre 1851, il avait été nommé sénateur. Il est mort le 27 février 1854.

ROUSTCHOUK. *Voyez* ROUTCHOUCK.

ROUT, mot anglais qu'on prononce *raout*, qui à l'origine s'appliquait à une bande tumultueuse formée par des gens de la populace, mais dont on se sert depuis le commencement du dix-huitième siècle pour désigner les assemblées du grand monde. Cette expression fut très-certainement employée d'abord par raillerie, pour faire entendre que les cercles aristocratiques, où l'on s'efforçait de briller par le grand nombre d'hôtes qu'on recevait chez soi et qu'on entassait dans des salons trop exigus pour les contenir tous, perdaient de plus en plus de vue le vrai but de la société. Mais, ainsi qu'il arrive souvent, cette dénomination ironique fut acceptée par ceux à qui elle s'adressait; de sorte qu'on finit bientôt par en oublier le sens primitif, et que le mot *rout* ne désigna plus pendant fort longtemps que les réunions aussi nombreuses que brillantes des hautes sphères sociales. Toutefois, dans ces derniers temps cette expression a un peu cessé d'être de mode.

ROUTE. Ce mot, quoique synonyme de *voie* et de *chemin*, semble néanmoins plus particulièrement désigner les distances et même les directions qui séparent deux points : ainsi, l'on dira plutôt la *route* que le *chemin* de Paris à Lyon. La *route* diurne du Soleil est l'espace qu'il parcourt entre son lever et son coucher.

L'idée de *route* semble aussi devoir renfermer celle d'une voie où l'on peut rouler en voiture : cette définition paraît même donner l'étymologie du mot, qui serait alors *rota* (roue), en preuve de quoi l'on peut citer la personnification qu'avaient faite les anciens des voies publiques, sous la figure d'une femme appuyée sur une roue. La roue chez eux était le symbole de la route. Les plus anciennes routes dont parle l'histoire sont celles que Sémiramis, l'épouse de Ninus, fit pratiquer dans toute l'étendue de son empire, en abattant pour cela des collines et même des montagnes, et comblant des vallées. Suivant Isidore (à la fin de son quinzième livre), les Carthaginois sont les premiers qui aient pavé leurs routes. Les *voies romaines*, dont il reste encore de grands débris sur différents points de l'Europe, ont été le sujet de dissertations, réputées profondes, et de méprises qui, à force d'être répétées de livre en livre, ont fini par passer pour des vérités avérées et des faits certains. On affirme avec une entière confiance que tous ces grands travaux furent exécutés par les légions romaines; et cette assertion, qui ne repose sur le témoignage d'aucun des écrivains qui ont le mieux fait connaître l'organisation et le service des légions, obtient cependant assez de crédit pour influer sur la législation. On ne devrait pourtant pas ignorer que dans les provinces éloignées de Rome, dans les Gaules, les travaux publics ordonnés par les préfets étaient exécutés au moyen de corvées imposées aux populations, et que les soldats romains n'y prenaient part que pour maintenir l'ordre parmi les travailleurs et punir les paresseux. Ces guerriers, accoutumés à faire des empereurs, et qui, lorsqu'ils étaient à Rome, dédaignaient de monter jusqu'aux étages habités par les classes laborieuses, ne se seraient pas abaissés jusqu'aux métiers de pionnier et de terrassier.

Peu de pays offrent de difficultés que la France pour l'établissement de bonnes routes, en raison de l'inégalité du sol et par suite de l'usage qui s'introduisit dès l'origine de la monarchie d'établir les centres de population autant que possible sur des hauteurs, dans des endroits d'un accès difficile, et dès lors plus faciles à défendre.

Aussi pendant longtemps peu de peuples eurent-ils de plus mauvaises routes que nous. Cependant, il faut rendre à quelques-uns de nos premiers rois la justice qui leur est due; et l'on ne doit pas oublier que Dagobert et surtout Charlemagne s'appliquèrent à régler par des ordonnances assez nombreuses la police des chemins; mais les troubles qui, pendant des siècles entiers, ne cessèrent d'agiter la France ne permirent pas que la législation prît à cet égard le développement qu'elle devait avoir ; et c'est à grand'peine que la sollicitude des rois suivants, jointe aux efforts de toutes les administrations locales, put conserver les points les plus indispensables. Aussi voit-on, même dans le quinzième et le seizième siècle, qu'un voyage de quelques lieues était une entreprise de la plus haute importance, qui trop souvent présentait les dangers les plus réels. Sous Philippe-Auguste Paris eut pour la première fois des chemins et des rues dignes de ce nom. Les sages dispositions des capitulaires de Charlemagne furent alors renouvelées, et la garde des chemins fut confiée à des officiers spéciaux, chargés exclusivement de la police ; mais les abus qui furent commis par la suite dans l'exercice de ces fonctions en fit opérer la suppression. Sous Henri IV il fut créé, en 1599, un office de *grand-voyer*, qui fut supprimé par Louis XIII, en 1626, époque à laquelle la juridiction sur les chemins passa aux trésoriers de France, en même temps que paraissait la première organisation d'une administration des ponts et chaussées, placée sous les ordres d'un directeur général, qui était le chef d'un grand nombre d'inspecteurs et d'ingénieurs répandus sur tous les points de la France. Du reste, il était déjà passé en principe que chaque ville devait fournir de ses deniers à la réparation des chemins ouverts sur son territoire. C'était d'ailleurs le conseil du roi qui, sur le rapport du directeur général des ponts et chaussées, connaissait souverainement de toutes les contestations auxquelles cette partie de l'administration pouvait donner naissance. Quelques provinces avaient cependant des privilèges à elles, et dans quelques *Coutumes*, des dispositions spéciales formaient une loi particulière. C'est ainsi que dans l'Artois et pays environnants l'entretien du chemin était une charge inhérente à la propriété même de tous les fonds de terre riverains. On considérait le chemin comme formant une servitude légale établie sur ces propriétés, et chaque année, après une publication appelée *ban de mars*, tous ces propriétaires étaient tenus, à peine d'amende arbitraire, de réparer ou de faire réparer toutes les dégradations. Il y avait même cela de remarquable, que l'on ne faisait à cet égard aucune distinction entre ceux qui étaient nobles et ceux qui ne l'étaient pas. S'il s'agissait toutefois de réparations trop dispendieuses, elles devaient être faites par les communautés, par corvées de bras et de chevaux. Ce sont à peu près les mêmes principes qui s'appliquent encore en Angleterre. Cette obligation de réparer les routes imposée aux riverains dans toute l'étendue de leur propriété pourrait être d'ailleurs regardée comme une compensation des avantages qu'ils retirent de la proximité du chemin public pour l'exploitation de leur fonds. Telle n'est cependant la règle que nous observons ; nous considérons dans notre législation actuelle tous les chemins, abstraction faite de ceux qui sont de pur intérêt privé, comme formant une propriété commune, que l'État seul est chargé d'entretenir dans toutes les parties de l'empire, sauf le concours des communes départementales ou communales, suivant la nature ou l'importance du chemin ; de là des discussions et des contestations sans nombre, pendant lesquelles trop souvent les communications restent en souffrance.

Les *voies de communication* sont divisées chez nous en quatre classes : 1° les routes *impériales* (ci-devant *nationales*, et avant *royales*), subdivisées en plusieurs classes et entretenues aux frais de l'État ; 2° les routes *départementales*, subdivisées également en diverses classes et entretenues aux frais des départements ; 3° les chemins de *grande communication*, entretenus aux frais des départements et des communes intéressées ; 4° les chemins vicinaux ou communaux, entretenus aux frais des communes qu'ils desservent. Il y a en outre une catégorie de routes spéciales comprises dans le système général de défense du pays, sous le nom de *routes stratégiques*. On compte en France 3,600 myriamètres de routes *impériales*, 4,800 de routes *départementales*, 4,800 de voies de *grande communication*, et 68,000 de chemins *vicinaux* ou voies de *petite communication* ; enfin, environ 1,000 kilomètres de routes dites *stratégiques*. L'entretien des voies *pavées* et pour les routes *impériales* est d'environ 810 fr. par kilomètre, et de 600 fr. seulement pour les routes *empierrées*. Une question encore controversée est celle de savoir si les plantations d'arbres le long des routes sont nuisibles ou utiles à la conservation des routes ; il semble qu'en comparant l'état presque constant de dessiccation des routes dépourvues d'arbres avec l'état d'humidité permanent de celles qui traversent des bois, tout voyageur peut trancher la difficulté.

On reproche avec raison aux routes de France d'être généralement trop larges ; beaucoup de terrain se trouve ainsi perdu pour la culture, et d'ailleurs l'entretien en devient naturellement plus coûteux. Presque partout on a cessé depuis longtemps de paver les routes, l'expérience ayant démontré que les routes pavées étaient plus commodes pour les voitures allant au pas, les routes *empierrées* ou *macadamisées* étaient d'un moindre tirage pour les voitures allant au trot. Sur les bonnes routes pavées, et pour les voitures ordinaires, le rapport de l'effort de traction au poids traîné varie d'environ 1,40 à 1/60 ; sur les bons empierrements, ce rapport varie de 1/25 à 1/50. Sur les chemins de fer, pour les parties rectilignes et pour les vitesses modérées, le rapport n'étant guère que de 1,20, on voit tout de suite que les frais de transport y sont quatre fois moindres que sur les routes ordinaires. Sur les routes bien entretenues, les frais de transport sont pour le roulage *ordinaire* de 20 c. par tonne et par kilomètre, avec une vitesse de 25 à 40 kilomètres par jour ; et pour le roulage *accéléré* de 35 centimes par tonne avec une vitesse de 65 à 70 kilomètres par jour. Sur les chemins de fer on obtient une vitesse de 40 à 50 kilomètres à l'heure, et même si l'on veut de 100 kilomètres.

Ce qu'on nomme *route* en marine est moins encore le chemin parcouru que l'aire de vent sur lequel on a gouverné ou sur lequel on doit gouverner : toutefois, la *route réelle* ou *route corrigée* n'est presque jamais la *route cinglée*, c'est seulement la résultante de toutes les routes cinglées, et le chemin corrigé est la distance mesurée sur cette résultante.

Faire fausse route est une locution de marine, qui veut dire s'écarter d'un droit chemin sans le vouloir, ou bien quelquefois volontairement et avec l'intention de se dérober à la poursuite de l'ennemi. Figurément, la même locution signifie se tromper dans quelque affaire, employer des moyens contraires à la fin qu'on se propose.

Le chemin et le logement qu'on indique aux gens de guerre en voyage se nomme *route* ; Donner une route à des troupes, indemnité de *route* ; etc. Une *feuille de route* est une sorte de passe-port militaire, un écrit qu'on délivre à une troupe ou bien à un soldat qui voyage isolément, et sur lequel sont indiqués les logements, le chemin à parcourir.

ROUTIER, celui qui connaît bien les routes et les chemins. Familièrement, un *vieux routier* est un homme rompu aux affaires par une longue expérience, un homme fin et cauteleux : Le plus jeune apprenti, dit La Fontaine, est *vieux routier* dès le moment qu'il aime.

Les marins nomment *routier* ou *carte routière* une carte réduite à petits points, et qui comprend tout un océan : c'est sur cette carte qu'on trace la route faite d'un midi à l'autre et le point de chaque jour, ou le lieu où l'on se trouve chaque jour à midi.

On désigna autrefois sous la dénomination générique de *routiers* diverses espèces de brigands qui ravagèrent longtemps la France (*voyez* AVENTURIERS, BRABANÇONS et COMPAGNIES [Grandes]).

ROUTINE. On donne ce nom à un acte accompli d'après des règles que l'usage seul a fait connaître, sans que l'esprit se soit rendu compte des motifs qui les ont fait établir.

Le *routinier* est celui qui n'est capable que de suivre une voie toute tracée d'avance, sans s'inquiéter en rien de la théorie. C'est parfois un homme qui a son prix ; mais mettez-le en présence de l'imprévu, et il se trouve frappé d'une incapacité absolue. Il affecte d'ordinaire le plus profond mépris pour la théorie ; et dans le cercle bien limité de ses succès, il prend en pitié les efforts, basés sur la science, qu'on fait pour arriver plus vite et plus sûrement. L'empire de la routine est beaucoup plus étendu qu'on ne le croit généralement ; et c'est surtout dans les diverses branches de l'administration publique qu'elle règne despotiquement. Pour un bon service qu'elle rendra un jour en empêchant des tentatives quelquefois prématurées, et qui pour réussir ont souvent besoin d'être basées sur des expériences plus attentives, elle servira le plus ordinairement d'abri et de manteau à de vieux abus, à la paresse et à l'improbité.

ROUTSCHOUK ou ROUSTCHOUCK, aujourd'hui chef-lieu de l'eyalet turc de Silistria, en Bulgarie, sur la rive droite du Danube, au point où ce fleuve reçoit les eaux du Lom, presqu'en face de Giurgewo, est le siége d'un archevêché grec et d'un bureau supérieur des douanes. Cette ville possède un petit château fort, plusieurs églises, mosquées et synagogues, et compte environ 30,000 habitants (50,000 même, suivant quelques données), en partie Turcs, et en partie Grecs, Arméniens, Bohémiens ou Juifs, qui font un commerce très-actif sur le Danube et avec l'intérieur de la Turquie d'Europe, et entretiennent quelques manufactures de soie, de laine, de coton, de cuir, de tabac, etc.

Routschouk, déjà célèbre par plusieurs combats livrés pendant les guerres de 1773, 1774 et 1790, fut un des principaux points d'opérations militaires dans les campagnes des Russes contre les Turcs en 1809 et en 1810. Cette dernière année, les Russes s'en rendirent maîtres, à la suite d'un siége aussi long que difficile, et après deux assauts inutiles, aux termes d'une capitulation signée le 27 septembre. Ils l'évacuèrent en 1811, après l'avoir préalablement livrée aux flammes. Après la paix, on en commença tout aussitôt la réédification ; et dès le 25 mai 1812 on y signait les préliminaires de la paix de Bukarest.

Dans la guerre de 1828 et 1829 les Russes s'abstinrent d'attaquer Routschouk, qui, aux termes de la paix d'Andrinople, dut être démantelé. Mais depuis le printemps de 1853 cinq forts détachés y ont été construits avec une extrême solidité ; et Routschouk, armé aujourd'hui de 400 bouches à feu, constitue de nouveau une place forte de premier ordre. La plaine au milieu de laquelle cette ville est construite domine le Danube ; et les forts détachés dont nous venons de parler forment la clef de la position. Toutefois, à environ 500 mètres de ces forts existe une élévation qui la domine, et qui n'avait point encore été fortifiée au commencement de 1854.

Entre Roustchouk et la ville de Giurgewo, que les Russes entourèrent en 1854 de formidables retranchements, se trouvent dans le Danube diverses îles, telles que *Radowan*, *Tscharoi* et *Mokan*, où les Russes avaient établi des batteries et des retranchements, et qui pendant la dernière guerre furent le théâtre de nombreux combats.

ROUVRAY (Bataille de). *Voyez* HARENGS (Journée des).

ROUX, ROUSSEUR (*Anthropologie*). Les Grecs attribuaient déjà aux hommes roux une disposition colérique, léonine, un tempérament ardent. Aujourd'hui encore on les suppose plus facilement irritables que les individus d'une autre couleur, ou plus barbares, sanguinaires même : *Méchant comme un âne rouge*, dit le proverbe. Les peuples de la Germanie ou du septentrion étaient autrefois généralement roux et emportés ; ils passaient pour faire à propos de rien des *querelles d'Allemand*. Plusieurs nations de l'antiquité ont redouté les roux, et les ont pris en horreur. Lorsque les anciens Égyptiens faisaient un sacrifice expiatoire au dieu Typhon, ils préféraient pour victime un homme roux. Plutarque raconte de même que les Romains, dans leurs grandes calamités, immolaient des Gaulois roux. Leurs gladiateurs étaient surtout choisis parmi les Cimbres et les Teutons, grands, vigoureux, velus comme des ours du Nord, ayant une longue crinière roussê, flamboyante, et des yeux vorts, étincelants. On les prenait aussi pour servir de *bourreaux* (terme qui vient également de *bourrer*, *bourreler*, être couvert de *bourre* ou velu à la manière des bêtes brutes) ; en effet, les individus ayant la peau naturellement chargée de poils passent pour brutaux et féroces ; c'est le contraire chez la femme, l'enfant, l'homme civilisé qui s'épile le corps et montre des sentiments plus doux, un caractère plus assoupli. Ces fiers Sicambres, ces Francs si belliqueux, si nobles de caractère, dont il survit tant de traces dans nos familles historiques, étaient la plupart orgueilleux, roux, grands et robustes, velus, à larges crinières de feu, comme ces héros mérovingiens, ces rois *chevelus*, qui se croyaient déshonorés ou privés de force et de pouvoir, comme Samson, lorsqu'ils étaient tondus. Les crinières de casque en offrent l'image. L'abondance et la longueur des cheveux caractérise d'ordinaire la vigueur du tempérament ; les races blondes ou rousses des valeureux Scandinaves, des Caucasiens, conquérants de l'Ancien Monde, ont été de tous temps supérieures au reste des humains, soit par l'audace, soit par la fécondité (qu'attestent leurs débordements et migrations), soit ensuite par le déploiement de leur intelligence après leur civilisation. Les matrones romaines empruntaient de la Germanie d'immenses chevelures rousses pour leur parure, et le mot moderne *perruque* vient évidemment du grec πύρ, πυρός, feu, couleur de feu. J.-J. VIREY.

ROUX (PHILIBERT-JOSEPH), chirurgien de l'hôtel-Dieu de Paris, professeur à la Faculté de Médecine, membre de l'Institut, etc., né à Auxerre, vers 1780, et reçu docteur en chirurgie en 1803, fut justement considéré pendant longues années comme le premier chirurgien de Paris. En laissant à part les célèbres maîtres Desault, Antoine Dubois et Boyer, on peut dire qu'il n'eut jamais qu'un rival, et deux, si l'on compte Delpech, qui s'exila définitivement à Montpellier, où ses confrères de Paris lui envoyèrent un nouveau rival, M. Lallemand. Roux eut l'incomparable fortune d'être l'élève favori de l'illustre Bichat, mort à trente-et-un ans (1802). Lui qui n'avait alors que vingt-deux ans, il continua le cours commencé de son maître défunt, et il composa en grande partie les deux derniers volumes de son Anatomie descriptive, en manifestant le plus grand respect pour les vues de ce maître aimé et vénéré. Il figura avec distinction en 1812 dans ce fameux concours où lui, Marjolin et Tartra disputèrent vainement à Dupuytren la palme du succès. Il seconda pendant vingt ans le baron Boyer, son beau-père, comme chirurgien de La Charité, et se fit comme une deuxième patrie de cet hôpital célèbre, où il fut le premier à enseigner l'*anatomie chirurgicale* ou *des régions*. Il devint plus tard chirurgien de l'hôtel-Dieu, et y professa la clinique chirurgicale au nom de la Faculté, dont il fut élu membre en 1819. Quoique fonctionnaire et praticien fort occupé et consulté, Roux a néanmoins composé différents livres dans lesquels une science approfondie le dispute à la bonne foi. Partout et toujours on le voit dénoncer ses échecs et ses erreurs avec le même empressement qu'un autre ses succès. C'est même là un des traits les plus caractéristiques de Roux : jamais il n'exista d'observateur plus véridique ni d'historien plus honnête homme. Son premier ouvrage est intitulé : *Mélanges de Chirurgie et de Physiologie* (1809). On trouve là un mémoire sur la pression abdominale comme moyen de diagnostic des affections de la poitrine ; on y voit aussi un mémoire sur les sympathies de contiguïté, un autre mémoire sur les membranes séreuses, envisagées comme des barrières aux progrès de quelques maladies chroniques, etc. Il publia en 1813 les deux premiers volumes d'un ouvrage intitulé : *Nouveaux Éléments de Médecine opératoire*. Il y est principalement question des plaies artérielles et des anévrismes. Un autre ouvrage qui fut fort remarqué, et qui même fit sensation à Paris, fut sa *Relation d'un Voyage fait à Londres en 1814, et parallèle de la chirurgie anglaise avec la chirurgie française, précédée de quelques études sur les hôpitaux de Londres* (Paris, 1815). On trouve là un grand nombre de choses nouvelles, non-seulement des opérations, mais des maladies, et, comme dans les autres publications de l'auteur, une science mûre, loyale et approfondie. Son mémoire sur la *réunion immédiate des plaies provenant d'amputations* (1814) fit une sorte de révolution en chirurgie, car alors on laissait les moignons suppurer à loisir. Son premier *Mémoire sur la staphyloraphie, ou suture du voile du palais* (Paris, 1825), plaida puissamment pour son élection à l'Institut, où il succéda à Boyer, en 1834. Avant Roux, ceux dont le voile du palais était divisé ne pouvaient ni parler, ni souffler, ni articuler. Ce chirurgien est le premier qui ait su remédier par une opération délicate à une infirmité pire que le surdimutisme. C'est un progrès essentiel et mémorable, dont la postérité lui tiendra compte. Roux a publié sur la même opération, en 1850, un nouveau mémoire (in-8°, avec deux planches), encore plus complet et plus physiologique, dans lequel il fait le dénombrement de ses cures comme de ses insuccès. On a de lui quelques autres mémoires, un entre autres *sur la résection ou le retranchement de portions d'os malades, soit dans les articulations, soit hors des articulations* (Paris, 1812).

A l'Institut, mais surtout à l'Académie de Médecine, dont il fut membre dès l'origine, par ordonnance de Louis XVIII, fondateur de ce corps savant, Roux prit toujours part, et une part prépondérante, aux discussions qui concernaient l'art où il s'est illustré. On a aussi de lui quelques discours remarquables. L'un a été prononcé au nom de l'Institut pour l'inauguration de la statue du célèbre baron Joseph Fourier, son compatriote; un autre, le 8 août 1850, au Val-de-Grâce, pour l'érection de la statue de La r r e y. On a encore de lui un éloge funèbre de Marjolin; mais aucun de ses discours n'a eu un succès égal à son double *Eloge de Bichat et de Boyer*, l'un son ami, l'autre son beau-père, discours prononcé en séance annuelle de la Faculté, en 1850.

Comme A. Cooper, Roux voulait couronner sa longue et glorieuse carrière par la publication des faits et cures dont près de cinquante années de pratique avaient rempli ses portefeuilles. La mort, hélas! le surprit le 23 mars 1854, comme il corrigeait la vingtième feuille de ce grand ouvrage que lui seul pouvait terminer. Deux mois avant, cet homme aimé de tous avait ressenti une première congestion cérébrale au moment où il faisait sa barbe; circonstance où de pareils et funestes accidents se sont également montrés sur un certain nombre d'hommes d'une intelligence remarquable.

Jamais au même degré que Roux aucun chirurgien ne s'est épris de son art et n'a paru aussi expressément homme de l'art. C'était un goût passionné qu'il appliquait sa rare dextérité aux moindres détails d'une opération : habileté de main, choix d'instruments, rapidité et élégance opératoire, pansements recherchés et soins de toutes les heures, sollicitude à épargner la douleur comme à prévoir le danger, il s'occupait sans cesse de ses malades jusqu'à troubler le repos de ses nuits. Et la cure une fois accomplie, il paraissait surpris qu'on lui en offrît la rémunération ; tant le plaisir d'opérer et de guérir l'avaient déjà payé de sa peine.

L'éloge de Roux a été fait publiquement par MM. Velpeau, Malgaigne et Dubois d'Amiens. Le premier de ces panégyristes, son juge le plus irrécusable, a dit de lui :

« Roux est resté pendant cinquante ans l'image rajeunie du dogme chirurgical dans son nom primitif le plus accentué; et aux yeux des opérateurs du monde entier il fut pendant vingt ans (depuis Dupuytren) la plus éclatante illustration chirurgicale du siècle. » Isid. BOURDON.

ROVÈRE (STANISLAS-JOSEPH-FRANÇOIS-XAVIER); l'un de ces audacieux intrigants qu'on voit surgir et jouer un rôle dans toutes les révolutions, était né le 17 juillet 1744, à Bonnieux (Vaucluse), où son père tenait une auberge. Grâce à l'éducation distinguée que ce père avait pu lui faire donner en s'imposant force sacrifices et privations, Rovère, à l'instar de Rivarol, parvint à se faufiler dans le grand monde, où il se donna pour un descendant des Rovère Saint-Marc, famille depuis longtemps éteinte; et, suivant l'usage, des généalogistes complaisants lui fabriquèrent une généalogie que personne ne s'avisa de contester. Officier des gardes du corps du pape à Avignon, il se prononça d'abord en sa qualité de *gentilhomme* contre le mouvement de 1789; puis, reconnaissant qu'il avait plus à perdre qu'à gagner dans cette voie, il se jeta bientôt à corps perdu dans la révolution, et en 1791 il figurait déjà dans les rangs de l'armée de coupe-jarrets à la tête desquels le fameux J o u r d a n *coupe-têtes* désola alors le midi de la France. En septembre 1792 il se fit élire député à la Convention par le département des Bouches-du-Rhône, après avoir prouvé qu'il était le fils d'un artisan et petit-fils d'un boucher. L'un des membres les plus remuants de la Convention, il vota la mort du roi sans sursis et sans appel, et se montra ensuite l'un des plus implacables adversaires de la Gironde. Envoyé en mission dans le midi, il y organisa le système de la terreur; puis au 9 thermidor il se déclara contre Robespierre, dont le parti vaincu n'eut pas de plus impitoyable persécuteur. Nommé secrétaire de la Convention, il prit part à l'insurrection du 13 vendémiaire, comprimée par la mitraille de Bonaparte, et fut arrêté alors sur la dénonciation de Louvet. Remis en liberté quelques jours après, il parvint à se faire élire membre du Conseil des Anciens, dans le sein duquel il se montra en toutes occasions l'adversaire du Directoire. Arrêté de nouveau à la suite de la journée du 18 fructidor, il fut déporté à la Guiane, et mourut le 18 septembre 1798, dans les déserts de Sinnamari.

ROVEREDO, en allemand *Rovereit*, autrefois chef-lieu d'un cercle du Tyrol, et aujourd'hui d'un arrondissement (12 myr. carrés, avec 67,789 hab.) du cercle de Trente, formant l'extrémité méridionale de cette province, bâti sur les deux rives du Leno, qui se jette à quelque distance de là dans l'Adige, au centre de la délicieuse vallée de Lagarina, est le siège d'un tribunal provincial et d'un tribunal d'arrondissement, ainsi que d'une chambre de commerce et d'industrie. On n'y compte que 7,800 habitants, mais on y voit beaucoup de jolis édifices, notamment de belles églises, un théâtre, et depuis 1845 un aqueduc en pierres, long de 4,600 mètres, un château fort, plusieurs couvents, dont une de religieuses anglaises, un gymnase, une école *degli Aigiati* (des prudents), fondée en 1750, par Laura Saibanti, et un hospice. La population se distingue par son instruction et son industrieuse activité. Centre de la fabrication et du commerce de la soie dans cette contrée, Roveredo possède de nombreuses filatures de soie, et fait un grand commerce en soieries, fruits secs, matières tinctoriales, céréales, jambons, etc.

Cette ville est célèbre dans l'histoire des campagnes de Napoléon par la bataille que se livra sous ses murs, le 3 et le 4 septembre 1798, entre Massena et une partie du corps de Wurmser. Les Autrichiens, qui y furent complétement battus, perdirent 5,000 hommes et 25 pièces de canon.

A quelque distance de Roveredo on trouve, au milieu de plantations de vignes et de mûriers, le bourg d'*Isera*, aux environs duquel se récolte le vin rouge et sucré d'Isera, le meilleur de tout le Tyrol.

ROVIGNO ou **TREVIGNO**, chef-lieu d'une capitainerie du margravaiat d'Istrie (Autriche), sur un promontoire de la mer Adriatique, port important, siège de tribunaux de première instance et d'appel, d'une chambre de commerce et d'industrie pour l'Istrie, avec 10,209 habitants, une belle cathédrale, une église bâtie dans le meilleur style et dédiée à sainte Euphémie de Chalcédoine, une école normale, des chantiers de construction où règne une grande activité, une pêche de sardines considérable, des manufactures de cordages, un grand commerce de bois de construction, et une vaste culture de vignes et d'oliviers. Les habitants sont célèbres comme bons pilotes.

On trouve dans la même capitainerie le port de *Parenzo* (le *Parentium* des Romains), siége d'évêché, avec 2,500 habitants et une antique cathédrale, ornée d'un grand nombre d'incrustations en marbre, de colonnes et de mosaïques. On y voit aussi les débris de deux temples romains.

ROVIGO, chef-lieu de la province du même nom (appelée autrefois *Polésie*), territoire de Venise, sur le canal de l'Adigetto, dans une plaine fertile, mais mal bâti, entouré de murs et dominé par un château fort en ruines, est le siége de l'évêque d'Adria et d'un tribunal de première instance. On y compte 12,008 habitants. Rovigo possède une belle cathédrale, un collége, une société savante (*dei Concordi*), une riche bibliothèque, une collection de tableaux, un archiprieuré, plusieurs hôpitaux, deux théâtres, plusieurs manufactures, notamment de cuirs, une fabrique de salpêtre, etc.; et elle est le centre d'un commerce assez actif.

Napoléon, quand il *enducailla* Savary, lui conféra le titre de *duc de Rovigo*.

ROVILLE, petit village du département de la Meurthe, à vingt-quatre kilomètres de Nancy, est justement célèbre par sa ferme modèle et son école d'agriculture pratique, fondée par un certain M. Bertier, et où l'enseignement de feu Mathieu de Dombasles jeta postérieurement un si vif éclat.

ROWDIES, dénomination sous laquelle on comprend aux États-Unis cette foule de vagabonds, de flibustiers et de voleurs qui abondent dans les grandes villes, où ils forment une classe d'autant plus dangereuse qu'ils n'appartiennent nullement au bas peuple, et se recrutent incessamment au contraire parmi cette masse d'individus déclassés qui ont forfait à l'honneur commercial et perdu tout crédit.

ROWE (Nicolas), l'un des meilleurs poëtes dramatiques anglais, naquit à Beckford, dans le Bedfordshire, en 1673, et commença par étudier le droit, conformément au désir de son père; mais quand celui-ci fut mort, il se livra tout entier à la poésie et à la littérature. A vingt-cinq ans il donna au théâtre *L'Ambitieuse Belle-Mère*, et cette pièce eut du succès. Il écrivit ensuite *Tamerlan*; c'est un drame de circonstance. Il a été composé pour satisfaire la haine que la majorité de la nation anglaise portait alors à Louis XIV, qui y est peint, ou plutôt défiguré, sous les traits de *Bajazet*, tandis que Guillaume III est *Tamerlan*. Longtemps on a joué cette tragédie une fois l'année, à l'anniversaire du jour où le roi Guillaume débarqua en Angleterre; maintenant elle est justement tombée dans l'oubli. En 1703 Rowe donna *La belle Pénitente*, et en 1714 *Jeanne Shore*. Ces deux drames ont conservé de la célébrité. Dans le premier, l'auteur a peint des infortunes privées : une jeune fille, qui s'est livrée à un séducteur, et qui a donné cependant sa main à un honnête homme qu'elle n'aimait pas, voit périr son amant par les mains de son époux, et se poignarde. Le caractère de l'amant (*Lothario*), qui rappelle celui de *Lovelace*, est fameux sur la scène anglaise; on lui trouve du charme et de l'élégance; quant à nous, qui ne saurions nous déshabituer de la chasteté sur le théâtre, nous ne pouvons nous empêcher de trouver cet homme révoltant de cynisme et d'impudence. La pièce est conduite sans art, et le dernier acte est un hors-d'œuvre; mais le style de l'auteur est facile, sa pensée est nette, et l'expression heureuse. *Jeanne Shore* a été reproduite sur la scène française; c'est une pièce pathétique, qui a produit beaucoup d'effet. Rowe a en outre publié une édition de Shakspeare, qui est peu estimée, et une traduction en vers de Lucain, qui l'est beaucoup trop. Au total, Rowe fut un imitateur de la scène française. Sa réputation de poëte lui valut sous les règnes d'Anne et de Georges Ier de lucratifs emplois, et entre autres celui de poëte lauréat. Il mourut en 1718, et fut enterré à Westminster.
Ernest Descloizeaux.

ROWLAND-HILL. *Voyez* Hill.

ROXANE, l'une des femmes d'Alexandre le Grand, était fille d'Oxyartes, gouverneur de la Bactriane, et remarquable par sa beauté. Alexandre, en mourant, la laissa enceinte, et chargea Perdiccas, dans le cas où elle accoucherait d'un fils, de faire régner ce fils conjointement avec Aridée, fils de Philippe. Roxane ayant mis au monde un fils (Alexandre), se rendit avec lui en Macédoine; mais elle y fut incarcérée ainsi que son enfant, puis assassinée plus tard par Cassandre, qui après avoir égorgé Olympias, mère d'Alexandre, cherchait à s'emparer du pouvoir suprême. Roxane assassina, dit-on, Statira, autre veuve laissée par Alexandre. Un tableau célèbre du peintre romain Aétion représentait les *Noces d'Alexandre et de Roxane*. L'histoire de Roxane a inspiré plusieurs poëtes, entre autres Desmarets, à qui elle a fourni le sujet d'une tragédie.

ROXBURGH, appelé aussi TEVIOTDALE ou TIVIOTDALE, comté du sud de l'Écosse, de 21 myriam. carrés de superficie, avec 51,000 habitants. C'est une contrée généralement montagneuse, surtout au sud et au sud-est, où s'élèvent les monts *Cheviots*, qui envoient de nombreuses ramifications à l'intérieur. Le climat est rude, mais salubre. Le haut pays se compose partie de landes désertes et partie de bons pâturages. Les basses terres, au nord, sur les bords de la Tweed, et de son affluent le Teviot, sont fertiles. La moitié du sol environ est en culture. Dans ces derniers temps l'agriculture y a fait de notables progrès, et de vastes étendues de pacages ont été transformées en riches champs de blé. On y récolte même du froment et des pommes de terre, des navets, des fruits de diverses espèces; et de vastes pépinières fournissent aux besoins de toute l'Écosse et du nord de l'Angleterre. Toutefois, l'élève du bétail, notamment celle des bœufs et des moutons des monts Cheviots, l'emporte encore beaucoup en importance sur l'agriculture. L'industrie manufacturière, celle du coton surtout, occupe en outre un grand nombre de bras. On tire aussi du sol de la houille et des cailloux transparents avec lesquels on fabrique divers ornements. Ceux qu'on en confectionne avec du charbon fossile, taillé à facettes, sont connus dans le commerce sous le nom de *diamants noirs*.

Le chef-lieu de ce comté, *Jedburgh*, sur un petit ruisseau appelé *Jed*, compte 3,614 habitants et diverses fabriques de toile, de tapis, de rubans et d'articles de bonneterie. On y trouve les ruines d'une vieille abbaye et une source d'eau sulfureuse. Il s'y fait en outre un commerce assez important en grains, bestiaux, cire et miel. Un peu au nord, dans la vallée de la Tweed, sont les ruines de *Roxburg-Castle*, vieux manoir féodal longtemps fameux dans les guerres entre les Anglais et les Écossais. La ville de *Roxburgh* au contraire était située à l'extrémité occidentale de la vallée, à l'embouchure du Teviot, en face de *Kelso*, bourg de 6,000 habitants, avec une abbaye en ruines, des fabriques de flanelle et autres étoffes de laine, de toile, de cuir et d'articles pour cordonniers. Les bourgs de *Hawick*, dans une contrée montagneuse de la vallée du Teviot, avec 6,000 hab., et de *Melrose* sur la Tweed, avec 5,000 hab. et de belles ruines, ont les mêmes industries que le chef-lieu.

La paroisse de *Kirk Yetholm* est remarquable, comme la colonie de Bohémiens la plus considérable qu'il y ait en Écosse.

ROXBURGH-CLUB. *Voyez* Bibliomanie.

ROXELANE (La sultane). *Voyez* Soliman II.

ROY (Antoine, comte), ancien pair de France et ministre des finances sous la Restauration, né le 15 mars 1764, à Savigny (Haute-Marne), avait été reçu avocat au parlement de Paris dès 1785. Mais plus tard il renonça à la carrière du barreau pour se jeter dans celle des affaires et de l'industrie et pour ne plus songer qu'à s'enrichir. En 1794 il s'était rendu fermier général des biens de la maison de Bouillon, et réalisa des bénéfices immenses dans l'exploitation de la forêt d'Évreux. Désormais à la tête de capitaux importants, il fonda alors divers grands établissements industriels, qui ne contribuèrent pas peu à accroître sa fortune. Celle du duc de Bouillon était extrêmement obérée. Roy se chargea de la liquider à ses risques et périls, moyennant l'abandon que lui fit le duc de tous ses immeubles et à la charge d'une rente de 300,000 fr., que Roy prit en outre l'engagement de lui fournir sa vie durant. Le duc de Bouillon mourut subitement quelques mois après avoir signé ce traité, et Roy se trouva à la tête de l'immense fortune de la maison de Bouillon, sans autre embarras que celui de liquider les dettes considérables qui la grevaient. C'est ainsi qu'il se trouva propriétaire, entre autres magnifiques domaines, de la belle et grande terre de Navarre, en Normandie, que Napoléon le força plus tard à lui vendre moyennant un prix assez arbitrairement débattu entre les parties. Mais Roy conserva rancune au maître de l'Europe du procédé quelque peu turc employé pour le déposséder de cet immeuble. Si pendant toute la durée de l'empire il n'eut garde de manifester ses sentiments à cet égard, les cent jours lui fournirent l'occasion de se venger de l'usurpateur. Il se mit alors sur les rangs pour la députation, et fut nommé membre de la chambre des représentants, où il se posa aussitôt en adversaire personnel de Napoléon. C'est ainsi qu'il combattit la prestation du serment exigé par l'acte additionnel, et qu'au moment où allait s'ouvrir la campagne de Waterloo il essaya de faire nommer une commission chargée d'examiner si dans les circonstances où se trouvaient la France et l'Europe la guerre était inévitable, ou même nécessaire. La seconde Restauration lui en sut gré, et Louis XVIII en le nommant, en août 1815, président d'un collége électoral, le désigna aux suffrages des électeurs dont les votes complaisants infligèrent à notre malheureux pays l'assemblée à laquelle est demeurée dans l'histoire le flétrissant surnom de *chambre introuvable*. Roy a représenta le département de la Seine, et s'associa pendant longtemps à la politique violente et réactionnaire du parti alors aux affaires. Mais bientôt les intérêts particuliers le ramenèrent à des principes plus modérés et à des opinions plus sages. Détenteur d'une masse énorme de biens vendus révolutionnairement, il repoussa toutes les propositions faites pour restituer aux émigrés leurs biens confisqués, et s'associa au parti doctrinaire pour combattre les ultra-royalistes. En 1817 et 1818 les communications dont il fit preuve en matières de finances comme rapporteur de la commission du budget le signalèrent au monde financier comme l'un des hommes les plus en état de diriger les finances du pays. Roy s'était élevé avec force contre les charges énormes imposées aux contribuables; il n'avait pas craint de recommander la plus sévère économie. A la fin de cette même année Louis XVIII lui confia le portefeuille des finances; mais il ne le conserva que pendant vingt-deux jours, et dut le remettre au baron Louis. On l'en dédommagea par le titre de ministre d'État. Chargé de nouveau en 1819 du rapport du budget, Roy fit encore une fois entendre la voix de la raison pour proposer de notables réductions dans les charges imposées aux contribuables. En novembre 1819 Louis XVIII le nomma pour la seconde fois ministre des finances, et ce fut à lui qu'échut l'honneur d'opérer les économies, les réductions et les améliorations qu'il avait suggérées comme rapporteur du budget. Le 14 décembre 1821 Roy fut remplacé par Villèle et appelé à siéger à la chambre de pairs avec le titre de *comte*. Quand Martignac se trouva chargé de la composition d'un nouveau cabinet, il consentit à se charger pour la troisième fois du portefeuille des finances. Après la révolution de Juillet, il renonça à accepter du nouveau gouvernement toutes fonctions publiques salariées; mais il ne crut pas devoir priver la chambre des pairs, dont il était membre, du concours de ses lumières et de son expérience. Il mourut à Paris, le 25 mars 1847, laissant une fortune évaluée à plus de quarante millions, et dont héritèrent ses deux filles : la marquise de Talhouet et la comtesse de la Riboisière.

ROYAL, adjectif qui sert à qualifier ce qui appartient à un roi, ce qui rentre dans les attributions de son pouvoir, ce qui constitue l'essence de la royauté : Le *pouvoir royal*, la *clémence royale*, les *prérogatives royales*. Dans plusieurs États, l'héritier présomptif du trône porte le titre de *prince royal*.

ROYAL-COCKPIT, à Londres. *Voyez* Coqs (Combats de).

ROYAL DE BILLON, nom sous lequel on désigne de vieilles pièces de monnaie, attribuées à tort à Philippe-Auguste, tandis qu'elles furent frappées sous Philippe le Bel, et dont la valeur était la même que celle des deniers tournois.

ROYAL D'OR, monnaie d'or, qui valait onze sous *parisis*, dont il est question dès le règne de Philippe le Bel, et qui fût la première espèce de ce métal dont parlent les registres des monnaies, lesquels nous apprennent qu'à cette époque on en battait soixante-dix au marc. Sous Charles le Bel et sous Philippe de Valois on frappa des *royaux* d'or fin, et de cinquante-huit au marc.

ROYAL EXCHANGE. *Voyez* Bourse.

ROYALISME, ROYALISTES, deux mots qui ne datent que de la révolution de 1789, et qui servirent alors à désigner le dévouement à l'idée monarchique, l'opposition au nouvel ordre de choses qui s'établissait sur les ruines de l'ancien régime. Après le rétablissement de la monarchie au profit de Bonaparte, les *royalistes* furent ceux qui firent une distinction entre la monarchie nouvelle, qu'ils qualifièrent *d'usurpation*, et la monarchie ancienne, seule *légitime* à leurs yeux, en conservant dans leur cœur des regrets et souvent même un dévouement actif pour les princes de la maison de Bourbon. Après la Restauration, on appela *royalistes*, en opposition aux *libéraux*, les hommes qui voyaient un danger permanent pour le trône dans les institutions libres accordées à la France par Louis XVIII, et qui auraient volontiers fait bon marché de la Charte constitutionnelle. Après la révolution de Juillet, qui intronisa une royauté nouvelle, on continua à employer la qualification de *royalistes* pour désigner les partisans de la branche aînée; tandis que ceux de la branche cadette étaient appelés *orléanistes* ou *philippistes*. Il était réservé à la révolution de Février de voir disparaître les nuances qui séparaient naguère les partisans de la royauté. En face du parti républicain, et surtout en face du parti bonapartiste ou impérialiste, les royalistes comprirent le besoin de l'union; et la fameuse f u s i o n eut alors pour objet de mettre un terme aux divisions qui régnaient dans le parti et ne pouvaient plus maintenant avoir pour motifs que des rancunes qu'il fallait savoir oublier, dans l'intérêt de la cause commune.

On a dit des *royalistes* qu'ils étaient incorrigibles, et peut-être a-t-on fait ainsi leur éloge sans le vouloir. Les gens qui portent leurs vœux et leur dévouement à tout pouvoir nouveau sont trop nombreux et généralement trop bien rentés pour qu'on n'accorde pas si non de la sympathie, du moins de l'estime, à ceux qui restent inébranlablement attachés à leurs convictions et à leurs principes.

ROYAUMONT, hameau du département de Seine-et-Oise, canton de Luzarches, avec 200 habitants, un grand établissement de filature, de tissage et de blanchisserie de coton, occupant les bâtiments d'une antique et célèbre abbaye de l'ordre de Citeaux, fondée en 1227, par saint Louis, qui allait souvent la visiter et dînait alors au réfectoire avec les religieux. Il existe un abrégé de la Bible connu sous le nom de *Bible de Royaumont*, parce qu'il fut composé par les religieux de cette abbaye. L'*Histoire de l'Ancien et du Nouveau Testament*, dite *de Royaumont*, faussement attribuée à Lemaistre de Sacy, a pour auteur Thomas du Fossé.

ROYAUTÉ, dignité, pouvoir de *roi*. La royauté peut être *élective*, comme elle l'était jadis en Pologne, ou *héréditaire*, comme on la trouve aujourd'hui dans toutes les monarchies. Cette institution remontant au berceau même des sociétés humaines, il doit régner beaucoup d'incertitude sur ses origines. Nous nous bornerons à parler ici des origines de la royauté française, et nous renverrons pour l'histoire des autres royautés aux articles spéciaux consacrés dans ce dictionnaire aux pays où elles s'établirent. Consultez A. de Saint-Priest, *Histoire de la Royauté considérée dans ses origines* (3 vol. Paris, 1842).

[Les plus anciens textes qui parlent de l'élection des rois francs disent en même temps que la nation franque plaça sur le trône une famille déjà distinguée par le privilège de porter seule une longue chevelure; ce qui valut dès lors à ces rois le surnom de *chevelus*. Ce privilége, qui demeura constamment sous les Mérovingiens le caractère distinctif de la race royale, remonte donc au delà des temps vraiment historiques, et provenait peut-être de quelque filiation religieuse, dont le souvenir s'est perdu pour nous. A la mort du roi, ses fils héritaient de son titre comme de ses domaines; seulement, pour que le pouvoir suivît le titre, ils se sentaient d'ordinaire dans la nécessité de faire reconnaître leur droit dans quelque assemblée plus ou moins nombreuse des chefs et du peuple qu'ils devaient commander. Ainsi, le principe de l'hérédité subsistait, mais sous l'obligation de se faire souvent avouer. Le trône appartenait héréditairement à une famille; mais les Francs s'appartenaient à eux-mêmes; et, sauf les cas où intervenait la violence, ces deux droits se rendaient réciproquement hommage en se proclamant l'un l'autre, quand le besoin s'en faisait sentir.

Rien ne prouve mieux l'empire qu'acquit promptement au milieu de cette société barbare le principe de l'hérédité, que ce qui se passa à l'avénement des Carlovingiens. Depuis plus d'un siècle, la race des Pépin gouvernait les Gaules; celle des Mérovingiens était tombée dans la plus abjecte impuissance. En pleine possession du mérite et du fait, Pépin ne rencontre aucun obstacle; cependant, il croit que le droit lui manque: le peuple le croyait sans doute autour de lui. Il négocie avec le pape Zacharie, d'abord en secret, ensuite publiquement; il lui fait demander quel est le *vrai roi*, celui qui en porte le titre ou celui qui en possède le pouvoir. Armé de la réponse favorable du pape, il se fait élire par l'assemblée nationale, puis sacrer par le célèbre saint Boniface. Ce n'est pas tout; il reste dans l'esprit du peuple ou du roi quelque inquiétude; le pape Étienne III vient en France; Pépin se fait sacrer de nouveau, lui, sa femme Bertrade et ses deux fils. S'il fit jurer aux Francs qu'ils n'éliraient jamais des rois issus des reins d'un autre homme, il exigea ce serment bien plutôt pour mettre ses descendants à l'abri des prétentions de la famille détrônée que pour restreindre l'exercice d'un droit public auquel personne ne songeait. L'élection des rois ne fut pas plus réelle sous la seconde race que sous la première. Les textes où il en est question indiquent seulement, comme sous les Mérovingiens, la reconnaissance des droits héréditaires, une sorte d'acceptation nationale du successeur légitime. Cette acceptation avait lieu, tantôt à la mort du roi, tantôt de son vivant et sur sa propre demande.

Le pouvoir des rois se trouva dans la même situation et subit le même sort que la liberté des sujets: l'un et l'autre manquaient de garanties publiques, l'un et l'autre étaient subordonnés à la force et à la fortune de l'individu. Actifs et habiles, les rois s'enrichissaient et régnaient par la spoliation, la guerre, les violences et les iniquités de tous genres. Fainéants et incapables, bientôt ils devenaient pauvres; pauvres, ils cessaient aussitôt d'être rois. Un homme hardi, un guerrier accrédité se trouvait-il alors auprès d'eux, investi de quelque charge publique ou domestique, il recueillait les débris de leur pouvoir, se plaçait à la tête soit de quelque faction de cour, soit de l'aristocratie territoriale, qu'avait formée la distribution ou l'usurpation des domaines du prince, et, tantôt nommé ou confirmé par le roi, tantôt élu par les leudes, souvent s'élisant lui-même en vertu de sa force, il exerçait à son tour l'autorité royale par les rapines et la guerre au profit de sa famille, de ses confédérés, de ses clients. Telle fut l'existence des *maires du palais*.

Une seule influence, celle des idées religieuses, un seul allié, le clergé, essayaient de donner à la royauté un autre caractère, de l'élever au rang d'un pouvoir vraiment social. La royauté, placée hors de l'égoïsme, et conçue comme une magistrature publique, tel est le caractère dominant du gouvernement de Charlemagne. On ne peut douter que l'influence des idées religieuses et du clergé n'ait puissamment contribué à faire naître dans son esprit cette haute pensée, et quoiqu'il fût loin de s'asservir aux ecclésiastiques, c'était surtout avec eux et par leur aide qu'il en poursuivait l'accomplissement. Après sa mort, toutes choses changèrent de face. On ne vit plus, comme sous les Mérovingiens, le clergé faire en général cause commune avec le roi contre les grands propriétaires barbares, et s'efforcer d'élever la royauté au-dessus de toutes les forces individuelles, pour trouver auprès d'elle un rempart. Devenus eux-mêmes de grands propriétaires, de puissants seigneurs, affermis à la fois dans leurs domaines et dans leur empire sur les esprits, les évêques, les abbés s'isolèrent du trône, et n'agirent plus que pour leur propre compte. Ainsi la royauté, délaissée à la fois par le clergé et par ses fidèles, qui ne s'inquiétaient plus guère que de régner dans leurs propres domaines, ne fut bientôt plus qu'un nom, auquel il fallut près de deux siècles pour commencer à redevenir un pouvoir dont nous allons suivre les phases diverses sous la féodalité.

La royauté française dérivait de quatre principes différents. Sa première origine était la royauté militaire, barbare, de ces chefs nombreux, mobiles, accidentels, des guerriers germains, souvent simples guerriers eux-mêmes, et désignés par ce même mot, *kong*, *kœnig*, *king*, qui est devenu le titre de *roi*. Elle trouva aussi chez les barbares une base religieuse: certaines familles issues des anciens héros nationaux étaient investies de ce titre d'un caractère religieux et d'une prééminence héréditaire, qui devint bientôt un pouvoir. A cette double origine barbare de la royauté moderne il faut joindre une double origine romaine: d'une part, la royauté impériale, personnification de la souveraineté du peuple romain, et qui avait commencé à Auguste; d'autre part, la royauté chrétienne, image de la Divinité, représentation dans une personne humaine de son pouvoir et de ses droits. A la fin du dixième siècle l'on de ces quatre caractères avait complétement disparu. Les Carlovingiens n'avaient nulle prétention à descendre des anciens héros germains, à être investis d'une prééminence religieuse nationale. L'idée romaine, le caractère impérial, domina d'abord dans la royauté carlovingienne. C'était le résultat naturel de l'influence de Charlemagne, qui, rendit en quelque sorte à la royauté, considérée comme institution politique, sa physionomie impériale; et imprima fortement dans l'esprit des peuples l'idée que le chef de l'État était l'héritier des empereurs. Mais à partir de Louis le Débonnaire on voit s'établir dans la royauté carlovingienne une fluctuation continuelle entre l'héritier des empereurs et le représentant de la Divinité, c'est-à-dire entre l'idée romaine et l'idée chrétienne. C'est tantôt à l'une, tantôt à l'autre de ces origines que Louis le Débonnaire, Charles le Chauve, Louis-le-Bègue, Charles le Gros, redemandent la force et l'ascendant qui leur échappent. Comme chefs militaires, ils ne sont plus rien; le caractère impérial romain et le caractère religieux chrétien leur restent seuls; leur trône chancelle sur ces deux bases. L'empire de Charlemagne était démembré, le pouvoir central détruit; le clergé chrétien était en même temps fort déchu de son ancienne grandeur. L'affaiblissement de l'Église avait entraîné celui de toutes les institutions, de toutes les idées qui s'y rattachaient, entre autres de la royauté considérée sous son aspect religieux et comme image de la Divinité. Il y a plus: elle était en contradiction, en hostilité même avec les nouveaux pouvoirs de la société. Elle était aux yeux des seigneurs féodaux l'héritière dépossédée d'un pouvoir auquel ils avaient obéi, et sur les ruines duquel s'était élevé le leur. Par sa nature, son titre, ses habitudes, ses souvenirs, la royauté carlovingienne était donc antipathique au régime nouveau. Vaincue par lui, elle l'accusait et l'inquiétait encore par sa présence. On s'est étonné de la facilité que trouva Hugues

Capet à s'emparer de la couronne. On a tort. En fait, le titre de roi ne lui conféra aucun pouvoir réel dont ses égaux se fussent alarmer; en droit, ce titre perdit, en passant sur sa tête, ce qu'il avait encore pour eux d'hostile et de suspect. Ce qui portait ombrage dans la royauté carlovingienne, c'était son passé. Hugues Capet n'avait point de passé; c'était un roi *parvenu*, en harmonie avec une société renouvelée. Ce fut là sa force. Il rencontra cependant un obstacle moral. Dans l'opinion, non des peuples, car il n'y avait à cette époque point de peuple ni d'opinion générale, mais dans l'opinion d'un grand nombre d'hommes importants, les descendants de Charlemagne étaient seuls rois légitimes; la couronne était considérée comme leur propriété héréditaire. Pour combattre cette idée, déjà puissante, il prit le seul moyen efficace; il rechercha l'alliance du clergé, qui la professait et avait surtout contribué à l'accréditer. Non-seulement il s'empressa de se faire sacrer à Reims par l'archevêque Adalbéron, mais il traita les ecclésiastiques réguliers et séculiers avec une faveur infatigable; on le voit sans cesse appliqué à se les concilier, leur prodiguant les donations, leur rendant ceux de leurs priviléges qu'ils avaient perdus dans le désordre de la féodalité naissante, ou leur en concédant de nouveaux. Le caractère romain de la royauté était presque entièrement effacé; celui de la légitimité appartenait aux adversaires de Hugues; le caractère chrétien était seul à sa disposition : il se l'appropria, et ne négligea rien pour le développer. Ce fut évidemment sur la base chrétienne que s'affermit la royauté des Capétiens; et pendant le règne des trois premiers successeurs de Hugues Capet elle porta l'empreinte de ce système et vécut sous mon empire. C'est surtout à cette cause que plusieurs historiens modernes ont attribué la mollesse et l'inertie de ces princes : pendant qu'autour d'eux se développait l'esprit guerrier, l'esprit ecclésiastique, disent-ils, dominait en eux. Mais le nom de *roi* réveillait dans les esprits des idées de grandeur, de supériorité, tout-à-fait étrangères au nouvel état de la société, empruntées aux souvenirs de Charlemagne. Eux aussi, par leur titre de *roi*, se croyaient placés dans cette situation élevée, majestueuse, que Charlemagne avait faite, et appelés à exercer un grand pouvoir. Et pourtant, en fait, ils ne le possédaient point; ils n'étaient, matériellement parlant, que de grands propriétaires de fiefs entourés d'autres propriétaires aussi puissants, et même plus puissants qu'eux. C'est peut-être dans cette contradiction qu'il faut chercher la cause, sinon la plus apparente, du moins la plus réelle, de l'état d'inertie et d'impuissance des premiers Capétiens.

Ce fut seulement à la fin du règne de Philippe 1er, et dans la personne de son fils Louis, que la royauté comprit le changement accompli dans sa situation et commença à revêtir le caractère qui lui convenait. Elle ne réclame point le pouvoir absolu, le droit d'administrer seule et partout, elle ne prétend point à cet héritage des anciens empereurs; elle reconnaît et respecte l'indépendance des seigneurs féodaux, elle laisse leur juridiction s'exercer librement dans leurs domaines, elle ne nie et ne détruit point la féodalité. Seulement, elle s'en sépare; elle se place au-dessus de tous ces pouvoirs, comme un pouvoir supérieur, qui *par le titre originaire de son office* a droit d'intervenir pour rétablir l'ordre, la justice, protéger les faibles contre les puissants; pouvoir d'équité et de paix au milieu de la violence et de l'oppression générales; pouvoir dont le caractère essentiel, dont la vraie force réside non dans quelque fait antérieur, mais dans son harmonie avec les besoins réels de la société, dans le remède qu'il apporte ou promet aux maux qui la travaillent.

À l'avénement de Philippe-Auguste, la royauté était un pouvoir étranger au régime féodal, distinct de la suzeraineté, sans rapport avec la propriété territoriale, regardé en même temps comme supérieur aux pouvoirs féodaux, supérieur à la suzeraineté. De plus, la royauté était un pouvoir unique et général; et non-seulement la royauté était unique, mais elle avait droit sur toute la France. Ce droit était vague et très-peu actif dans la pratique. L'unité politique de la royauté française n'était pas plus réelle que l'unité nationale de la France. Cependant, l'une et l'autre n'étaient pas non plus tout à fait vaines. Les habitants de la Provence, du Languedoc, de l'Aquitaine, de la Normandie, du Maine, etc., avaient, il est vrai, des noms spéciaux, des lois, des destinées spéciales : mais au-dessus de tous ces territoires divers, de toutes ces petites nations, planait encore un seul et même nom, une idée générale, l'idée d'une nation, appelée les Français, d'une patrie commune, dite la France. Telle était aussi l'idée de l'unité politique. Au-dessus des souverains locaux il y avait et il y a toujours eu un pouvoir dit la *royauté française*, un souverain appelé le *roi des Français*, fort éloigné, à coup sûr, de gouverner tout le territoire qu'on appelait son *royaume*, sans action sur la plus grande partie de la population qui l'habitait; nulle part étranger cependant, et dont le nom était inscrit en tête des actes souverains locaux, comme le nom d'un supérieur auquel tous devaient certaines marques de déférence, et qui possédait sur eux certains droits. La valeur générale de la royauté à cette époque n'allait pas plus loin, mais elle allait jusque-là, et nul autre pouvoir ne participait à ce caractère d'universalité. La royauté seule en avait aussi un autre. C'était un pouvoir qui dans son origine comme dans sa nature n'était ni bien défini ni clairement limité. Elle n'était ni purement héréditaire, ni purement élective, ni considérée comme uniquement d'institution divine. Ce n'était pas le sacre ni la filiation qui conférait exclusivement le caractère royal. Il y fallait l'une et l'autre condition, l'un et l'autre fait, et d'autres conditions, d'autres faits, venaient encore s'y associer. Comme puissance morale et dans la pensée commune du temps, la royauté avait déjà reconquis beaucoup de grandeur et de force, mais la grandeur et la force matérielles lui manquaient. Philippe-Auguste s'appliqua sans relâche à les lui donner. Après six années de luttes il enleva à Jean sans Terre la plus grande partie de ce qu'il possédait en France, savoir : la Normandie, l'Anjou, le Maine, le Poitou, la Touraine; il joignit successivement d'autres provinces à ses États. Aussi, avant lui et sous les règnes de Louis VI et de Louis VII, la royauté était redevenue puissante comme idée, comme force morale; Philippe-Auguste lui donna un royaume à gouverner. Procurer au gouvernement royal quelque unité, en le donnant pour centre aux grands barons; fonder son indépendance en l'affranchissant du pouvoir ecclésiastique, tels sont les deux premiers travaux politiques de Philippe. Il essaya de réunir auprès de lui les grands vassaux, de les constituer en assemblée, en donnant aux cours féodales, aux cours des pairs, une fréquence, une activité politiques jusque inconnues, et de faire faire ainsi à son gouvernement quelques pas vers l'unité. Telle était devenue sa prépondérance qu'il prévalait sans grand'peine dans les réunions de ce genre, et qu'elles lui étaient ainsi plus utiles que périlleuses. Pour s'entourer de ces grands vassaux et s'en faire un moyen de gouvernement, Philippe se servit avec succès des souvenirs de la cour de Charlemagne; car c'est le temps soit de la composition, soit de la popularité des romans de chevalerie, particulièrement de ceux dont Charlemagne et ses paladins sont les héros. C'est encore sous lui qu'a commencé la résistance efficace de la couronne et au clergé national et à la papauté. Ce fait, qui a joué un si grand rôle dans notre histoire, la séparation du pouvoir temporel et du pouvoir spirituel, la *royauté indépendante*, soutenant qu'elle subsiste par son propre droit, réglant seule les affaires civiles, et se défendant sans relâche contre les prétentions ecclésiastiques, c'est sous Philippe-Auguste qu'on le voit naître et se développer rapidement. Plus qu'aucun de ses prédécesseurs depuis Charlemagne et ses enfants, il s'occupa de législation. Enfin, le premier entre les rois capétiens, il donna à la royauté française ce caractère de bienveillance intelligente et active pour l'amélioration de l'état social, pour les progrès de la civilisation nationale, qui a fait si longtemps sa force et sa popularité. Avant lui la royauté n'était ni assez forte ni assez élevée pour exercer en faveur de la civilisation du pays une telle influence; il la lança dans cette route, et la mit en état d'y marcher.

Que fit saint Louis de la royauté et du royaume? Dominé par son exactitude morale, il commença par douter de la légitimité de ce qu'avaient fait ses prédécesseurs, particulièrement de la légitimité des conquêtes de Philippe-Auguste. Ces provinces, naguère la propriété du roi d'Angleterre, et que Philippe avait réunies à son trône par voie de confiscation; cette confiscation et les circonstances qui l'avaient accompagnée, les réclamations continuelles du prince anglais, tout cela pesait sur la conscience de saint Louis. Après d'assez longues négociations, il conclut avec le roi d'Angleterre, Henri III, un traité par lequel il lui abandonna le Limousin, le Périgord, le Quercy, l'Agénois et la partie de la Saintonge comprise entre la Charente et l'Aquitaine. Henri, de son côté, renonça à toute prétention sur la Normandie, le Maine, la Touraine et le Poitou, et fit hommage à saint Louis comme duc d'Aquitaine. Saint Louis n'avait pas cru pouvoir garder sans une libre transaction ce qu'il ne regardait pas comme légitimement acquis; il ne tenta ni par la force ni par la ruse aucune acquisition nouvelle. Au lieu de chercher à profiter des dissensions qui s'élevaient au-dedans ou autour de ses États, il s'appliqua constamment à les apaiser. Cependant, malgré cette antipathie scrupuleuse pour les conquêtes proprement dites, saint Louis est un des princes qui ont le plus efficacement travaillé à étendre le royaume de France. Ainsi, malgré la profonde différence des moyens, l'œuvre de Philippe-Auguste trouva dans saint Louis un habile et heureux continuateur.

Que fit-il de la royauté? Les relations de saint Louis avec la féodalité ont été présentées sous deux aspects très-différents, et, selon que les écrivains ont été amis ou ennemis de la féodalité, ils ont admiré et célébré saint Louis, tantôt comme le défenseur, tantôt comme l'ennemi de ce système. Il ne fut ni l'un ni l'autre, à mon avis. Que saint Louis, plus qu'aucun autre roi de France, ait volontairement respecté les droits des possesseurs de fiefs et réglé sa conduite selon les maximes généralement adoptées par les vassaux qui l'entouraient, on n'en saurait douter. Le droit de résistance, dût-il aller jusqu'à faire la guerre au roi lui-même, est formellement reconnu et consacré dans ses *Établissements*. Il est difficile de rendre aux principes de la société féodale un plus éclatant hommage; et cet hommage revient souvent dans les monuments de saint Louis. Il suffit de parcourir les ordonnances qui nous restent de lui pour se convaincre qu'il consultait presque toujours ses barons quand leurs domaines y pouvaient être intéressés, et qu'en tout il les appelait souvent à prendre part aux mesures de son gouvernement. Ainsi l'ordonnance sur les hérétiques du Languedoc est rendue *de l'avis de nos grands et prud'hommes*; celle de 1230 sur les Juifs, *du commun conseil de nos barons*. On lit dans le préambule des *Établissements* : « Et furent faits ces établissements par grand conseil de sages hommes et de bons clercs. » Enfin, une ordonnance de 1262 sur les monnaies finit par des signatures non plus de barons, de possesseurs de fiefs, mais de simples bourgeois.

Est-il plus vrai qu'il accepta la féodalité tout entière? Les guerres privées et les duels judiciaires, telles étaient les institutions propres, les deux bases essentielles de la féodalité. Or, ce sont là précisément les deux faits que saint Louis a le plus énergiquement attaqués. L'institution de cette trêve qu'on appelait la *quarantaine du roi* était sans nul doute une forte barrière et une grande restriction aux guerres privées. Saint Louis s'efforça constamment de la faire observer. Le duel judiciaire était encore plus profondément enraciné dans la société féodale. La tentative de l'interdire tout à coup, dans tous les fiefs indistinctement, était impraticable; les grands barons auraient à l'instant nié le droit du roi de venir ainsi changer les institutions et les pratiques dans leurs domaines. Aussi saint Louis ne supprima-t-il formellement le duel judiciaire que dans les domaines royaux.

Mais ce qu'il n'aurait pu ordonner, il travailla à l'atteindre par son exemple et son crédit. Cette pratique, si profondément enracinée, subsista, il est vrai, longtemps encore; mais l'ordonnance de saint Louis lui porta sans nul doute un rude coup. Par ce seul fait s'accomplit au profit de la couronne un grand changement. Dans tous les domaines du roi, les vassaux, bourgeois, hommes libres ou semi-libres, au lieu de recourir au combat, furent obligés de se soumettre à la décision de ses juges, baillis, prévôts ou autres. La juridiction royale prit ainsi la place de la force individuelle; ses officiers décidèrent par leurs arrêts les questions que naguère vidaient les champions. Enfin, l'introduction ou plutôt la grande extension des *cas royaux* et des *appels* attira progressivement dans le domaine des cours du roi ce qui avait appartenu aux cours féodales. Par les cas royaux, c'est-à-dire les cas où le roi seul avait droit de juger, ses officiers, parlements ou baillis resserrèrent les cours féodales dans des limites de plus en plus étroites. Par les appels, quoi favorisa singulièrement la confusion de la suzeraineté et de la royauté, ils subordonnèrent ces cours au pouvoir royal.

Tel était quand Philippe le Hardi lui succéda l'état de la royauté : en droit, point de souveraineté systématiquement illimitée, mais point de limites converties en institutions ou en croyance nationale; en fait, des adversaires et des embarras, mais point de rivaux. Il y avait là un germe fécond de pouvoir absolu, une pente marquée vers le despotisme. Il y a de grandes variétés dans la nature même du despotisme et dans ses effets. Pour certains hommes le pouvoir absolu n'a guère été qu'un moyen : ils n'étaient pas gouvernés par des vues complétement égoïstes; ils roulaient dans leur esprit des desseins d'utilité publique, et se sont servis du despotisme pour les accomplir. Tels furent Charlemagne et Pierre le Grand. Pour d'autres hommes, au contraire, le despotisme est le but même, car ils y joignent l'égoïsme; ils n'ont aucune vue générale, ne forment aucun dessein d'intérêt public, ne cherchent dans le pouvoir dont ils disposent que la satisfaction de leurs passions, de leurs caprices, de leur misérable et éphémère personnalité. Tel était Philippe le Bel. Il suffit d'ouvrir le recueil des ordonnances du Louvre pour être frappé du caractère différent que revêt le pouvoir royal entre les mains de Philippe le Bel et des changements qui surviennent dans son mode d'action. Le recueil du Louvre contient 354 actes politiques de ce roi. Évidemment la royauté est beaucoup plus active, et intervient dans un beaucoup plus grand nombre d'affaires et d'intérêts qu'elle ne l'avait fait jusque là. Si nous entrions dans un examen détaillé de ces actes, nous serions encore bien plus frappés de ce fait, on le suivant dans toutes ses formes, en observant à combien d'objets divers s'appliquait sous son règne le pouvoir royal, quel fut presque en toutes choses le progrès de son intervention, à quel point même cette intervention était minutieuse (*voyez* nos *Cours d'Hist. mod.*, t. V, p. 84 et suiv.). On a beaucoup dit que Philippe le Bel appela le premier le tiers état aux états généraux du royaume. Les paroles sont trop magnifiques, et le fait n'était pas nouveau. Ces assemblées étaient des réunions fort courtes, presque accidentelles, sans influence sur le gouvernement général du royaume, et dans lesquelles les députés des villes tenaient fort peu de place. Le fait ainsi réduit à ses justes dimensions, il est vrai qu'il devint sous Philippe le Bel plus fréquent qu'il ne l'avait encore été, et que l'importance croissante de la bourgeoisie s'y révèle. Tel fut sous ce règne le développement de la royauté, considérée sous le rapport législatif. Il y a là un notable progrès vers le pouvoir absolu.

Le pouvoir judiciaire de la royauté reçut en même temps un développement de même nature. En possession du pouvoir judiciaire, et séparée de toutes les autres, la classe des légistes ne pouvait manquer de devenir entre les mains de la royauté un instrument admirable contre les deux seuls adversaires qu'elle eût à craindre, l'aristocratie féodale et le clergé. C'est ce qui arriva, et c'est sous Philippe le Bel qu'on voit s'engager avec éclat cette grande lutte, qui a tenu tant de place dans notre histoire. Les légistes y rendirent non-seulement au trône, mais au pays, d'immenses services, car ce fut un immense service que d'abolir, ou à peu près, dans le gouvernement de l'État le pouvoir féodal et le pouvoir ecclésiastique, pour leur substituer le pouvoir auquel ce gouvernement doit appartenir, le pouvoir public. Mais en même temps la classe des légistes fut dès son origine un terrible et funeste instrument de tyrannie : non-seulement elle ne tint dans beaucoup d'occasions aucun compte des véritables droits du clergé et des propriétaires de fiefs, mais elle posa et fit prévaloir des principes contraires à toute liberté. Les sénéchaux, baillis, jugeurs et autres officiers judiciaires, nommés alors par le roi, n'étaient point inamovibles; il les révoquait à son gré, les choisissait même dans chaque occasion particulière, et suivant le besoin, peut-être par un souvenir des cours féodales, où en fait le suzerain appelait presque arbitrairement un tel de ses vassaux. Il arriva de là que dans les grands procès le roi se trouva le maître d'instituer ce que nous appelons une *commission*. N'est-ce pas là l'introduction du despotisme dans l'administration de la justice?

Enfin, Philippe le Bel s'arrogea le droit d'imposer, même hors de ses domaines, et surtout par la voie des monnaies, dont l'altération reparaît presque chaque année sous son règne; et des cinquante-six ordonnances émanées de lui en matière de monnaies, trente-cinq ont des falsifications pour objet. D'autres fois, par des subventions expresses, tantôt par des impôts de consommation sur les denrées, tantôt par des mesures qui frappaient le commerce intérieur ou extérieur, il se procura momentanément de larges ressources. Il ne parvint point ainsi à fonder au profit de la royauté un droit véritable; mais il laissa des précédents pour tous les modes d'imposition arbitraire, et ouvrit en tous sens cette voie funeste à ses successeurs. Ainsi, dans les trois éléments essentiels de tout gouvernement, la royauté prit à cette époque le caractère d'un pouvoir absolu. A la mort de Philippe le Bel, et dans l'intervalle qui s'écoula jusqu'à l'extinction de sa famille, une vive réaction éclata contre toutes ces usurpations ou prétentions nouvelles de la royauté, qui s'en trouva fort affaiblie. Elle avait méconnu tous les droits collatéraux, envahi tous les pouvoirs; au lieu d'être un principe d'ordre et de paix dans la société, elle y était devenue un principe d'anarchie et de guerre. Elle sortit de cette tentative beaucoup moins ferme, beaucoup plus contestée et combattue qu'elle ne l'avait été sous les règnes, plus prudents et plus légaux, de Philippe-Auguste et de saint Louis. En même temps survint pour la royauté une nouvelle cause d'affaiblissement, l'incertitude de la succession au trône. Aussi cette institution, cette force que nous avons vue se développer et grandir presque sans interruption de Louis le Gros à Philippe le Bel, nous apparaît-elle au commencement du quatorzième siècle chancelante, délabrée et dans un état qui ressemble fort à la décadence. Mais la décadence n'était pas réelle; le principe de vie déposé au sein de la royauté française était trop énergique, trop fécond pour périr de la sorte.

F. GUIZOT, de l'Académie Française.

ROYER-COLLARD (PIERRE-PAUL) naquit le 21 juin 1763, à Somme-Puis, près Vitry-le-Français. Son père, cultivateur riche et estimé, lui fit donner une éducation distinguée au collége de Saint-Omer, dirigé par les pères de la Doctrine, congrégation affiliée à celle de l'Oratoire, afin qu'il s'y préparât à recevoir les ordres. Royer-Collard, conformément à la règle de l'institut auquel il appartenait, remplit pendant quelque temps dans cet établissement les fonctions de professeur de mathématiques. Mais la vocation ecclésiastique lui manqua à moitié route, et alors il se décida à suivre la carrière du barreau. Il était établi depuis peu avocat à Paris quand éclata le grand mouvement régénérateur de 1789. Royer-Collard, comme tous les esprits généreux d'alors, s'abandonna d'abord aux illusions et aux espérances qu'il provoqua. Le 14 octobre 1791 il fut nommé l'un des secrétaires-greffiers du maire de Paris (Pétion), et conserva ces fonctions jusqu'au 10 août. Le résultat de cette journée lui dessilla complètement les yeux. Reconnaissant avec effroi que tant de généreux efforts, de douloureux sacrifices, n'avaient abouti qu'à la plus hideuse anarchie, il s'effaça du mieux qu'il put, et passa dans le sein de sa famille, à Somme-Puis, tout le temps de l'affreux règne de la terreur. Au mois de mai 1797, le département de la Marne l'élut député au Conseil des Cinq Cents ; et dans cette assemblée il manifesta des tendances monarchiques qui devaient le rendre suspect au parti dominant. Aussi après le 18 fructidor fut-il expulsé du Conseil des Cinq Cents ; trop heureux encore de n'être point déporté, comme tant d'autres victimes de la réaction jacobine, dans les déserts brûlants de Sinnamary. Il fit bientôt après partie d'un comité directeur royaliste, institué en secret à Paris par Louis XVIII. La police n'ignorait nullement l'existence de ce comité ; cependant, elle laissa conspirer tout à son aise. Aussi dès 1803, comprenant l'inutilité de ses efforts, ce comité mettait-il fin lui-même à sa mission. Royer-Collard se retira alors dans son pays natal, où il se livra à une étude approfondie de la philosophie écossaise. A la suite des incessantes victoires de *l'homme du destin*, le moment vint où les plus fervents soutiens de la légitimité regardèrent leur cause comme irrémissiblement perdue, et n'hésitèrent plus à offrir leur concours au gouvernement impérial. Les sentiments monarchiques dont Royer-Collard avait constamment fait preuve devaient être un titre de confiance aux yeux de Napoléon, qui, sur la proposition de Fontanes, le nomma, en 1811, professeur de philosophie à la faculté des lettres de Paris, en même temps que doyen de cette faculté, d'institution alors toute récente.

Royer-Collard n'occupa sa chaire que pendant deux années; tout ce qui reste de son enseignement se réduit à deux discours sur les perceptions externes et les bases de la certitude, qui ont été imprimés en 1813, et à quelques fragments qu'on trouvera à la suite de la traduction des œuvres de Th. Reid par Jouffroy. S'il a peu écrit, on ne saurait nier toutefois que ses leçons orales n'aient exercé une décisive influence sur la direction de l'enseignement philosophique en France. Il combattit le sensualisme de Locke et de Condillac, et ne négligea rien pour populariser parmi nous les principes de Reid et de Dugald-Steward. Les élèves les plus distingués sortis de son école sont MM. Cousin, Damiron et Jouffroy.

La restauration ouvrit à Royer-Collard une nouvelle sphère d'activité. Nommé alors conseiller d'État et directeur général de la librairie, il fut appelé après les cent jours à la présidence de la commission supérieure d'instruction publique. Son administration dura quatre ans, et a laissé d'honorables souvenirs dans l'université. Royer-Collard ne lutta pas seulement avec énergie contre l'esprit envahissant du parti prêtre, il agrandit encore le cercle de l'enseignement en créant des chaires spéciales d'histoire dans tous les colléges de France. En 1819 il se démit de la présidence de la commission d'instruction publique, afin de conserver une indépendance politique dont il ne voulait d'ailleurs user que pour faire prévaloir les vrais principes de la liberté constitutionnel, car il la séparait point des intérêts de la liberté de ceux du trône. Quand la coterie ultra-royaliste l'emporta, Royer-Collard fit de vains efforts pour essayer d'enrayer le char de la royauté, entraîné vers l'abîme des révolutions par des passions aveugles et insensées. Il était membre de la chambre élective depuis 1815. Autour de lui se groupèrent alors quelques amis sincères de la maison de Bourbon, qui voyaient le salut de la royauté dans le jeu régulier et sincère des institutions constitutionnelles. Cette fraction de la chambre, qui ne laissa pas d'exercer pendant quelque temps une certaine influence et un utile contre-poids, reçut de ses adversaires politiques le sobriquet de *doctrinaires*. Il est demeuré depuis affecté aux successeurs directs ou indirects d'une école dont le grand défaut est de s'égarer trop souvent dans les nuages de la métaphysique.

Royer-Collard sut toujours se tenir à une certaine distance de la gauche, et n'hésita pas à blâmer la coalition qui se forma en 1829 entre quelques-uns de ses amis, tels que MM. Guizot et de Broglie, et les hommes ralliés sous la bannière de La Fayette. Le ministère Villèle n'eut d'ailleurs pas d'adversaire plus constant ni plus redoutable. On se ferait difficilement aujourd'hui une idée de l'effet produit par chacune des graves paroles et des utiles conseils que ce vieil ami de la royauté des Bourbons venait de temps à autre faire entendre au pays et au prince du haut de la tribune de la chambre élective. Une grande popularité fut la récompense d'une conduite marquée au coin du patriotisme le plus sincère et du désintéressement le plus pur. Aussi lors des élections générales qui eurent lieu en 1827 fut-il élu par sept collèges à la fois. La nouvelle chambre choisit à une immense majorité, Royer-Collard pour président. Les deux sessions de 1828 et de 1829 réparèrent une partie du mal fait par Corbière, Peyronnet et Villèle. Mais le mauvais génie de la maison de Bourbon l'emporta : Charles X brisa le ministère présidé par Martignac, et le remplaça par une administration à la tête de laquelle il plaça un homme tout à fait suivant son cœur, le prince de Polignac. On sait le reste. Rappelons cependant encore qu'il ne tint pas à Royer-Collard d'empêcher la catastrophe qui devait, à quelques jours de là, emporter le trône et les institutions. Ce fut lui qui, en sa qualité de président de la chambre élective, remit à Charles X la fameuse adresse des *deux-cent-vingt-et-un*.

La chute de la branche aînée de la maison de Bourbon attrista profondément Royer-Collard. Ses anciens amis acclamèrent avec enthousiasme à la dynastie nouvelle. Lui, il se réfugia dans un isolement complet ; et son silence fut la plus éloquente des protestations élevées contre l'établissement de Juillet.

Royer-Collard, toujours honoré du mandat électoral de ses concitoyens, ne cessa d'observer à l'égard du pouvoir issu des barricades une même réserve qui prouve qu'il avait tout de suite aperçu ce qu'il y avait d'égoïsme naïf et de corruption impudente dans le système de Louis-Philippe. Dans l'intervalle de 1830 à 1840, on ne le vit que deux fois monter à la tribune ; mais ces deux apparitions furent de véritables événements. La première fois qu'il se décida à rompre le silence depuis la révolution de Juillet, ce fut pour protester contre les lois de septembre, votées à la suite de l'attentat Fieschi ; la seconde, ce fut pour flétrir au nom de la morale publique la monstrueuse coalition des doctrinaires avec l'extrême gauche, qui amena, en 1839, le renversement du cabinet présidé par M. Molé.

Royer-Collard sentait ses forces diminuer de jour en jour. Il comprit en temps utile que pour lui l'heure avait enfin sonné où il devait renoncer même aux intérêts de la politique, se recueillir et se préparer à paraître devant notre juge suprême à tous, quand il lui conviendrait de le rappeler à lui. Il s'éteignit le 4 septembre 1845, à l'âge de quatre-vingt-deux ans, dans son domaine de Châteauvieux, près Saint-Aignan. Depuis 1827 il était membre de l'Académie Française, où il a eu pour successeur M. de Rémusat.

ROZIER (Jean [L'abbé]), l'un des plus célèbres agronomes du dix-huitième siècle, naquit à Lyon, en 1734, et y périt, dans la nuit du 29 septembre 1793, écrasé dans son lit par une bombe, lors du siège de cette ville par l'armée Conventionnelle. Membre d'une famille nombreuse et peu fortunée, Rozier se destina de bonne heure à l'état ecclésiastique, et ne manifesta pas moins promptement son penchant pour les sciences naturelles. Il consacra sa vie à cette étude, et acquit en ce genre des connaissances presque universelles, ainsi qu'il put le faire, l'une par l'autre, la théorie et la pratique. Ses écrits, toutefois, d'après l'opinion des praticiens, révèlent plutôt l'homme d'étude que l'homme d'expérience. Les travaux et l'instruction, aussi variée qu'étendue, de ce savant lui assurèrent des moyens d'existence, et même les avantages temporaires de la fortune. Il fut successivement chef de l'école vétérinaire établie à Lyon par Bourgelat, propriétaire et rédacteur du recueil des *Observations sur la Physique, sur l'Histoire naturelle et sur les Arts* ; prieur de Nanteuil-le-Haudouin, riche bénéfice, que lui enleva la révolution, et enfin membre de l'Académie Lyonnaise, professeur et directeur de la pépinière provinciale.

Les principales publications dues à cet infatigable écrivain sont d'abord celles du recueil que nous venons de citer ; 2° ses *Démonstrations élémentaires de botanique* (2 vol. in-8°, Lyon, 1766), où les savants reconnurent une heureuse combinaison du système de Tournefort avec celui de Linné ; et 3° son *Cours complet d'Agriculture*, le plus renommé et le plus répandu de ses ouvrages. Il ne put cependant en publier que huit volumes, et ce cours n'a été terminé qu'après la mort de l'auteur. Il a servi de base à d'autres travaux du même genre, et, malgré les progrès des sciences agronomiques, on le consulte encore aujourd'hui avec fruit, comme une sorte d'encyclopédie rurale.

AUBERT DE VITRY.

ROZIER (Pilatre de). Voyez PILATRE DE ROZIER.

RUBAN, RUBANERIE. Le *ruban* : qui ne connaît ce tissu de soie, de fil, de laine, de coton, de soie et coton, de filoselle, plat et mince, de trois ou quatre doigts de large, et qui a joué longtemps un rôle si musqué, si prétentieux dans les pastorales de nos bons ancêtres, ornant tour à tour la houlette du berger ou le corset de la bergère ? Voulez-vous remonter à son origine, vous le retrouverez en Égypte attachant les sandales d'une statue d'Isis ; *Pietro della Valle* vous le montrera servant au même usage sur une momie ; vous le verrez enfin orner la chaussure des Juifs, des Grecs et des Romains. Quelquefois les femmes grecques liaient leurs cheveux avec des *rubans*. Numanus reprochait aux Troyennes leurs mitres ornées de *rubans* ; les Juives s'en paraient aussi la tête, et le goût en passa aux Romains. Certains prêtres hébreux s'environnaient la tête d'un *ruban* de la largeur du petit doigt. La mitre du roi d'Égypte se nouait sous le menton avec des *rubans*, ainsi que le chapeau des voyageurs. Les dessins et les façons se plient à l'infini aux caprices de la mode, aux goûts divers du fabricant, du marchand et du consommateur.

On désigne sous la dénomination de *rubanerie* toutes les manipulations relatives à la fabrication des *rubans* ; et celui qui fabrique ces sortes de tissus s'appelle *rubanier*.

Les *rubans*, objet d'un commerce des plus importants, servent à divers usages, à lier, joindre, orner d'autres tissus, des vêtements, des meubles, des tentures d'appartement, de voiture, etc. Les *rubans* d'or, d'argent, de soie, sont consacrés à l'ornement des coiffures et des habits des femmes ; ceux de bourre de soie, plus connus dans le commerce sous la dénomination de *padous*, servent aux tailleurs, aux couturières, etc. Ceux de laine et de fil aux tapissiers, aux friupiers, aux selliers et aux autres professions analogues. Les *padous* doivent leur nom à *Padoue*, ville d'Italie, où l'on assure qu'ils furent inventés. Les *rubans* de fil et coton, de laine et coton, ou tout autre mélange donnant pour résultat un tissu grossier, prennent le nom de *galons* : ils se font avec un organsin commun pour la chaîne, et une trame beaucoup plus grosse que celle des autres rubans ; on s'en sert pour border des meubles, des voitures, etc.

En général, les procédés de fabrication pour les rubans rentrent dans ceux de la fabrication des étoffes de soie ; on les fabrique soit en une seule pièce par métier, comme beaucoup d'autres étoffes, ou en plusieurs pièces à la fois sur un seul métier. Dans les rubans, les largeurs sont indiquées par des numéros, depuis 1/2 jusqu'à 11 ; ceux qui vont au delà ne portent plus de numéro. Le *ruban* gaufré est celui sur lequel on imprime certains ornements, des fleurs, des oiseaux, des ramages, des grotesques. La mode de ces rubans date de 1680 ; ils firent bientôt fureur. Un nommé Chandelier, rubanier à Paris, las de gaufrer les siens, en y appliquant, comme ses confrères, des plaques d'acier sur lesquels divers ornements étaient gravés, imagina une espèce de laminoir semblable à celui dont on se sert à la Monnaie pour aplatir les lames de ce métal. Le génie et l'invention du rubanier eurent leur récompense. Les rubans gaufrés firent sa fortune.

Les rubans d'or et d'argent se fabriquent surtout à Paris et à Lyon; ceux de soie se font à Paris, à Lyon, à Tours, à Saint-Étienne (Loire), à Saint-Chaumont, près de Lyon, etc... Les rubans de fil unis ou croisés, et qu'on nomme *rouleaux*, viennent en grande quantité de la Normandie, surtout de Forges et du pays de Caux; on en tire aussi beaucoup de l'Auvergne, principalement des manufactures d'Ambert (Puy-de-Dôme), de la Hollande et de la Flandre, etc. L'Allemagne, la Suisse, fournissent une énorme quantité de rubans brochés, or et argent, dont la consommation y est très-considérable; on compte dans le canton de Bâle plus de six à sept cents métiers de rubans de toutes espèces. La principale fabrique de rubans de laine est en Picardie, et surtout à Amiens; on en confectionne aussi beaucoup à Rouen et aux environs. Les *padous*, ou rubans de filoselle, se font dans les environs de Lyon et de Saint-Étienne, etc.

E. PASCALLET.

RUBÉFIANTS. On appelle ainsi les médicaments qui appliqués sur la peau y causent de l'inflammation, de la rougeur.

RUBEN, l'aîné des fils de Jacob et de Lia. Son commerce criminel avec Bilha, concubine de son père, lui fit perdre son droit d'aînesse. Quand ses frères résolurent de se débarrasser de Joseph, le plus jeune d'entre eux, il chercha à le sauver en leur proposant de le cacher dans un puits.

Après la prise de possession de la terre promise, la très-peu nombreuse *tribu de Ruben* s'établit sur le mont Giléad.

RUBENS (PIERRE-PAUL) naquit à Cologne, le 29 juin 1577. Sa famille était noble et originaire de Styrie. Elle vint s'établir à Anvers à l'époque du couronnement de Charles-Quint. Jean Rubens, son père, catholique ardent, après avoir exercé dans cette ville les premières magistratures, la quitta au bout de quelques années, pour fuir les troubles religieux, revint à Cologne avec sa femme, et y acheta une maison, dans laquelle Marie de Médicis devait mourir, en 1634. La mère de Rubens, Marie Pipelingue, eut sept enfants : Pierre-Paul fut le dernier. Destiné d'abord à la robe par sa famille, il s'était déjà fait remarquer par de rapides progrès, lorsque son père mourut, en 1587. Sa mère revint avec lui à Anvers, sa ville natale. Il acheva sa rhétorique avec éclat, et réussit à parler et à écrire le latin aussi facilement et aussi purement que sa langue maternelle. Placé en qualité de page chez la comtesse de Lalain, il ne tarda pas à prendre en dégoût cette vie nulle et vide, et supplia instamment sa mère de lui laisser étudier la peinture. Après avoir vaincu sa résistance, il entra dans l'atelier d'Adam Van-Oort. Les débauches et la brutalité de son maître l'en éloignèrent bientôt, et le décidèrent à suivre les leçons d'Otto Veenius, sans rival à cette époque. Au bout de quatre ans il n'avait plus besoin de guide.

Il obtint des archiducs Albert et Isabelle des lettres de recommandation, et partit pour l'Italie, au mois de mai 1600. Il visita d'abord Venise, pour y étudier Titien, Paul Véronèse et Tintoret. Sur l'éloge d'un gentilhomme du duc de Mantoue, qui logeait dans la même maison que lui, il obtint du duc le titre de gentilhomme et de peintre de la cour. Par son érudition variée, par des réponses fines et pénétrantes, il gagna si bien la bienveillance et l'estime de ce prince, qu'il fut envoyé à la cour d'Espagne pour offrir au roi Philippe III un carrosse magnifique avec un attelage de six chevaux napolitains. Au retour de cette mission, avec la permission du duc, il se rendit à Rome. L'archiduc Albert lui commanda trois tableaux pour la chapelle de Sainte-Hélène. Il partit au bout de quelques mois pour Florence, obtint l'accueil le plus bienveillant du grand-duc, qui lui demanda son portrait, pour le placer dans la salle des pein-

tres célèbres. C'est à Florence qu'il étudia les chefs-d'œuvre de la sculpture antique et du ciseau de Michel-Ange. Après avoir exécuté pour le grand-duc plusieurs travaux importants, il se rendit à Bologne pour y voir les *Carrache*, et revint à Venise, entraîné par sa prédilection pour les coloristes de cette école. Après de longues et sérieuses études dans les galeries de cette ville, il reprit le chemin de Rome. A peine arrivé, le pape lui demanda un tableau pour son oratoire de Monte-Cavallo. Les cardinaux Chigi, Rospigliosi, le connétable Colonna, la princesse de Scalamare, les pères de l'Oratoire, imitèrent l'exemple du saint-père.

Il n'avait encore vu ni Milan ni Gênes ; il voulut compléter ses études en les visitant. A Milan, il dessina la *Cène* de Léonard. Devancé à Gênes par sa réputation, il fut comblé d'honneurs par la noblesse. La beauté du climat le décida à prolonger son séjour. Pendant sa résidence dans cette ville, il recueillit les plans des plus beaux palais qu'elle renferme, et les fit graver à son retour en Flandre.

Au milieu de ses travaux, il apprend que sa mère est dangereusement malade : il prend la poste, et reçoit en route la nouvelle de sa mort. Il s'arrête dans l'abbaye de Saint-Michel, à quelques lieues de Bruxelles, s'abandonne à sa douleur, et s'occupe d'élever un tombeau à sa mère, dont il compose lui-même l'épitaphe. De retour à Anvers, il fut comblé de félicitations et d'hommages. Cependant, il allait repartir pour l'Italie lorsque l'archiduc et son épouse l'appelèrent à Bruxelles et lui donnèrent une pension considérable avec la clef de chambellan. Mais il obtint du prince la permission de vivre à Anvers. Il acheta une maison spacieuse, qu'il fit rebâtir en partie à la romaine, forma une collection de peintures et d'antiques, et déploya une magnificence royale. Ce fut cette même année, en 1610, qu'il épousa Isabelle Brant, nièce de la femme de son frère aîné, Philippe Rubens, secrétaire de la ville d'Anvers. L'archiduc tint sur les fonts de baptême son premier enfant, et lui donna son nom.

A dater de cette époque, la vie de Rubens n'a plus été qu'une vie de merveilles et d'enchantements, de richesse et de bonheur. Que pouvait lui faire, au milieu de louanges unanimes, l'impuissante jalousie d'Abraham Jansens et de Vinceslas Kœberger? L'archiduc lui demanda une *Sainte Famille* pour son oratoire. Admis dans la confrérie de Saint-Ildefonse, il exécuta pour la chapelle de l'ordre un chef-d'œuvre dont il refusa le prix, une *Vierge, sur un trône d'or, donnant la chasuble à saint Ildefonse*. Ce tableau était accompagné de deux volets, sur lesquels étaient peints les portraits d'Albert et d'Isabelle.

Après avoir enrichi sa patrie d'innombrables productions, il déploya un genre de talent inattendu. Les jésuites d'Anvers avaient acquis une certaine quantité de marbres noirs, blancs et jaspés, pris par les Espagnols sur un corsaire algérien, et destinés à construire une mosquée ; ils voulurent en bâtir une église. Rubens donna les plans de l'édifice, et y peignit trente-six plafonds. Malheureusement la foudre a dévoré ces ouvrages, en 1718.

Sa réputation, devenue européenne, appela sur lui les yeux de Marie de Médicis. En 1620, par l'entremise du baron de Vich, il fut invité à se rendre à Paris. Après avoir reçu les ordres de la reine, et lui avoir soumis ses idées, il repartit pour Anvers, et acheva, dans l'espace de vingt mois, vingt-quatre compositions, qui contiennent, sous la forme allégorique, toute l'histoire de la reine. Marie lui demanda une suite pareille sur la vie de Henri IV : il en commença les esquisses, mais cette entreprise ne fut pas achevée, la reine s'étant de nouveau brouillée avec son fils.

Pendant son séjour à Paris, il avait fait connaissance avec le duc de Buckingham. Le favori de Charles Ier lui témoigna le désir de renouer l'amitié des couronnes d'Espagne et d'Angleterre, et le pria de s'employer à cet effet auprès de l'archiduchesse Isabelle. De retour à Bruxelles, d'après les ordres d'Isabelle, il entretint une correspondance diplomatique avec le duc.

En 1626 il perdit sa femme, et, pour se distraire de sa douleur, se résolut à parcourir la Hollande. Il visita Corneille Gœlembourg à Utrecht. A Gouda, il trouva Sandrart, qui était venu à sa rencontre. Il acheta de Gérard Honthorst un tableau de *Diogène*, qu'il ébauchait. Il continua ainsi son voyage jusqu'à La Haye, ne traversant pas une ville sans visiter les ateliers, sans y laisser des gages de sa générosité. Cependant, le vrai but de son voyage était de sonder les états généraux de La Haye, comme Isabelle l'en avait chargé.

Le roi d'Espagne, Philippe IV, informé de ses entretiens avec Buckingham, le manda auprès de lui pour conférer sur la réconciliation des deux couronnes. Il partit avec le consentement d'Isabelle, et arriva à Madrid en septembre 1627. Après plusieurs entretiens, où Philippe eut lieu d'apprécier, ainsi que le duc d'Olivarès, les talents et la pénétration de l'ambassadeur, Rubens fut nommé secrétaire du conseil privé d'Isabelle. Invité par le roi de Portugal à se *trouver sur la frontière*, à Villa-Viciosa, il emmena avec lui une foule de seigneurs espagnols. Le roi de Portugal, effrayé du nombre de ses hôtes, se retira brusquement, en envoyant à Rubens ses excuses et une bourse de cinquante pistoles. Rubens refusa, et répondit qu'il en avait apporté mille pour sa dépense et celle de ses compagnons, et il reprit la route de Madrid. Enfin, après dix-huit mois de séjour, il reçut ses instructions et ses lettres de créance pour Londres, et en même temps une bague enrichie de magnifiques diamants et six chevaux andalous, d'une exquise beauté. Il passa par Bruxelles, pour confier sa mission à l'archiduchesse, et s'embarqua pour l'Angleterre.

Buckingham était mort; il chercha un entretien avec le chancelier, et son art lui en fournit les moyens. Bientôt le roi voulut le voir, l'interrogea sur le motif de son voyage, et lui demanda son portrait. Pendant les séances ils s'entretinrent des difficultés qui séparaient les deux cours. Alors Rubens s'expliqua plus nettement, et lui communiqua ses *instructions*. Au bout de deux mois de négociations, les bases du traité de paix furent arrêtées. Pour lui témoigner sa reconnaissance, Charles Ier le créa chevalier en plein parlement.

Rubens fit, à la demande du roi, neuf grands panneaux et un plafond pour la salle des ambassadeurs au palais de Whitehall, et y représenta *les actions principales du règne de Jacques Ier, depuis son avènement au trône d'Angleterre*. Il fit en outre le portrait de Charles Ier, sous la figure de saint Georges, et une *Histoire d'Achille* en huit tableaux, qui furent ensuite reproduits en tapisserie.

De retour à Bruxelles, après avoir pris les ordres de l'archiduchesse, il se hâta de partir pour Madrid, où le roi lui donna la clef d'or, le combla d'honneurs et de présents, et lui remit de nouvelles instructions diplomatiques. Rubens revint à sa maison d'Anvers, et reprit ses travaux accoutumés, qu'il ne quitta plus qu'une seule fois, à la prière de l'archiduchesse, pour une mission secrète auprès des états de Hollande. Sa première femme était morte le 29 septembre 1626. Sa seconde femme, Helena Forman, douée d'une beauté toute sensuelle, lui servit souvent de modèle pour les têtes de femme. Vers 1634 il éprouva de violents accès de goutte, qui redoublèrent à tel point que dans les deux dernières années de sa vie il ne pouvait plus tenir le pinceau. Il mourut le 30 mai 1640. Sa veuve lui fit élever un magnifique mausolée, dans l'église de Saint-Jacques d'Anvers.

Si maintenant, à l'aide de cette rapide biographie, où se trouve cependant résumée la plus réelle substance des documents qui sont venus jusqu'à nous, nous essayons d'expliquer le charme et la puissance de ses œuvres, il me semble que cette fois du moins l'homme complétera merveilleusement et de lui-même le génie de l'artiste. N'y a-t-il pas en effet une frappante analogie entre la richesse éblouissante de son pinceau et la magnificence réelle dont il a toujours été environné? Quel autre que Rubens, n'ayant pas comme lui vécu à la cour familièrement et d'innombrables journées, aurait pu reproduire avec la verve et la profusion qui le caractérisent les magnifiques étoffes, les pompeux ornements, les admirables parures qui se multipliaient sous son pinceau et semblaient ne lui rien coûter. L'étude même la plus patiente aurait-elle pu suppléer les voyages et les ambassades? Je ne le crois pas. Homme heureux, s'il en fut! il a eu tous les bonheurs de ce monde. Il a pu librement, sans lutte, sans contrainte, satisfaire tous les goûts élevés qu'il avait reçus de la nature. Il n'a jamais eu sous les yeux que les belles choses qu'il aimait à reproduire : il vivait au milieu de sa peinture. Le rôle de Rubens dans l'histoire de l'art est de la plus haute importance, non pas seulement à cause des élèves qu'il a formés, et qui seuls suffiraient à sa gloire; ses œuvres, malgré leur immense mérite, ne servent pas seules non plus à marquer sa place. Jordans, David Teniers, van Thulden, Van Dyck, et les treize cents tableaux connus par la gravure, constituent, si vous le voulez, la valeur personnelle de Rubens. Mais dans l'histoire de la peinture son nom a un autre sens, un sens indépendant du mérite de ses élèves et du nombre de ses œuvres. Il est le chef d'une école qui a changé et renouvelé la face de l'art ; car, bien qu'il ait étudié avec un soin extrême les écoles romaine, florentine et vénitienne, et précisément peut-être à cause de ses études persévérantes, si l'on excepte ses premiers essais, il ne relève nulle part ni de Rome, ni de Florence, ni de Venise. Sa manière est aussi éloignée de Paul Véronèse que de Raphaël. Il a surpris leurs secrets, mais il ne s'en est servi que pour trouver le sien. Ce que les maîtres lui ont enseigné disparaît sous l'individualité de ses procédés. Or, savez-vous en quoi consiste l'individualité de Rubens? savez-vous comment il se sépare de l'Italie? C'est que le premier entre les modernes il a cherché la grandeur et la beauté ailleurs que dans l'idéalisation de la partie harmonieuse et sainte de la figure humaine; c'est que le premier il a voulu tirer de la réalité prise en elle-même et pour elle-même tout ce qu'elle pouvait contenir de majestueux et de saisissant. Pour émouvoir, pour attacher, il n'a besoin, croyez-moi, ni du regard angélique des madones de Raphaël, ni de leurs attitudes recueillies si loin du monde, ni de leurs traits si divinement purs qu'elles ne pourraient descendre à la vie humaine sans profanation, que le sang troublerait l'incarnat de leurs joues, que leurs yeux se voileraient en voyant notre soleil. Il accepte franchement la nature qu'il a sous les yeux, pleine de sève et d'énergie, amoureuse de mouvement et de plaisir; loin de corriger ce qui semblerait d'abord exubérant, irrégulier, il exagère logiquement et au profit d'une idée le caractère du modèle. Cependant, il avait vu comme Raphaël les figures italiennes, il avait vécu comme lui dans la Campagne de Rome; mais peut-être a-t-il compris que Raphaël avait épuisé les ressources de l'expression idéale, peut-être a-t-il senti qu'il n'y aurait pour lui aucune gloire à suivre ses traces dans une route déjà frayée. Il a mieux aimé s'ouvrir une voie nouvelle et y marcher.

L'école romaine s'est dévouée à l'irréprochable pureté des contours, à l'harmonie des lignes, sacrifiant volontiers aux exigences du dessin, tel qu'elle l'avait conçu, les caprices de la lumière, les accidents, les épisodes révélés par une observation attentive, mais qu'elle accusait de mesquinerie. Que fait Rubens? Il prend la méthode opposée : au lieu de soumettre la couleur à la forme, il choisit dans le modèle ce qu'il y a de plus immédiatement pittoresque, la couleur, et au besoin, pour rendre ce caractère plus sensible et plus puissant, il l'exagère aux dépens de la forme, mais sans jamais s'écarter d'une logique admirable et que lui seul possède; car ce qu'il invente volontairement pour produire un effet donné est toujours intelligible et possible. On pourra chercher longtemps et vainement dans la nature les lignes de ses figures. Mais en y réfléchissant plus sérieusement, on arrive à concevoir qu'elles pourraient être ainsi qu'il les a faites, sans manquer à leur destination réelle; on comprend qu'il a eu d'excellentes raisons pour les changer sans les altérer, et que sans cela il aurait eu une masse de lumière moins éclatante et moins riche.

Si la peinture italienne est chaste et sainte, la peinture de Rubens est singulièrement hardie, et les mêmes nudités qui dans les *loges* n'éveillent aucune pensée profane changent de caractère et de valeur sous son pinceau. C'est qu'il les prend et les reproduit par leur côté réel. Mais cependant la réalité qu'il nous donne ressemble si peu aux trivialités de la vie usuelle, que c'est plutôt un objet d'étude et d'admiration qu'une provocation lascive et débauchée. Il y a jusque dans ces chairs palpitantes, pleines de sang et de vie, quelque chose de grand et d'élevé, de supérieur à notre nature. Il semble que les artères y battent plus vite, que les flots qui s'y pressent soient plus rapides et plus pourprés : Raphaël avait idéalisé l'ordre, Rubens idéalise le mouvement.

Que si de ces considérations purement esthétiques nous abaissons nos regards sur des intérêts plus immédiats, Rubens est encore un digne sujet de réflexions et d'études. C'est à lui qu'il faut remonter pour comprendre et pour suivre la réaction pittoresque de la restauration. Sans lui en effet on ne comprend pas les origines de l'école anglaise, de laquelle nous procédons aujourd'hui. Sans Rubens on ne sait pas comment Van Dyck et Reynolds ont produit Lawrence, qui de nos jours a servi de modèle à Champmartin. L'étude préalable et sérieuse de Rubens on a grand'peine à deviner ce que signifie l'insurrection de la jeune peinture contre David et son école; les énergiques protestations qui se multiplient contre les *Sabines* et le *Léonidas* ont tout l'air d'une échauffourée quand on ne connaît pas les titres et les droits que la révolution proclame et revendique. Quand on ignore que le passé justifie son audace, on se méprend étrangement sur la sagesse et la portée de ses desseins. Mais lors même que Rubens ne servirait pas à expliquer le symbole autour duquel se rallient les plus généreuses espérances, il y aurait encore un immense profit à l'étudier, non-seulement comme grand artiste, comme un homme singulièrement habile à exécuter un morceau, mais aussi à cause de son individualité constante, à cause de sa persévérance à n'être jamais que lui-même. Il a vu l'Italie, et ne l'a pas copiée. Il s'est instruit aux *loges*, et ne semble pas s'en être souvenu. Il y a dans sa vie un conseil clair et manifeste. Il faut admirer l'*Histoire de Constantin*, les *Enfers*, la *Vie de Marie de Médicis*, mais oublier de pareils chefs-d'œuvre, tout chefs-d'œuvre qu'ils soient, quand on veut peindre et créer sur la toile une œuvre durable et grande.

Gustave PLANCHE.

RUBICON, cours d'eau dont l'embouchure était située dans l'Adriatique, et qui au temps de la république romaine formait la ligne de démarcation entre la Gaule Cisalpine et l'Italie. Il est célèbre dans l'histoire parce que Jules César, en le franchissant au mois de janvier de l'an 49 av. J.-C., à la tête de la treizième légion, commença la guerre civile contre Pompée. L'opinion populaire, confirmée par la *Table de Peutinger*, regarde comme le Rubicon le ruisseau appelé aujourd'hui *Pisatello*, qui prend sa source au-dessus de Cesena et se jette dans la mer, à huit myriamètres au nord de Rimini. En 1756 un décret du pape décidait la question en faveur d'un autre ruisseau, la *Lusa*, situé à quelques centaines de pas plus au sud.

Figurément on dit : *Passer* ou *franchir le Rubicon*, pour lever le masque, se décider d'une manière brusque et définitive dans l'exécution de quelque entreprise hasardeuse, ne souffrant plus ni remise ni reculade.

RUBIETTE, genre d'oiseaux sur la classification desquels les auteurs ne sont pas bien d'accord, et comprenant les rouges-gorges, les rouges-queues, les gorges bleues et les calliopes. Leur caractère générique est : Bec fin, peu allongé, mince, plus large que haut à la base, évidé dans le milieu lorsqu'on le voit par-dessus, un peu renflé vers l'extrémité de la mandibule supérieure, qui est échancrée de chaque côté à la pointe; yeux grands, tarses longs,
minces, presque entièrement recouverts en avant par une plaque écailleuse; queue ample, élargie à l'extrémité, qui est légèrement échancrée et à pennes terminées en pointe aiguë. Ce dernier caractère disparaît avec l'usure des plumes. Par leurs mœurs, leur genre de vie, leur mode de nidification et même leurs caractères extérieurs, les rubiettes ont beaucoup plus d'analogie avec les merles et les ticquits qu'avec les fauvettes ou becs-fins. Toutes n'ont pas d'ailleurs indistinctement les mêmes habitudes. Les unes ne se plaisent que dans les lieux montueux, arides, déserts; sur les rochers escarpés, les vieux châteaux en ruine, les masures, les toits des habitations isolées; les autres, le rouge-gorge par exemple, recherchent les endroits bas et humides, les bosquets, les buissons, le voisinage des eaux. Ce qu'elles ont de commun, c'est un caractère triste, inquiet, ami de la solitude. Leur chant a une expression de tristesse et de mélancolie qui ne déplaît pas.

RUBINI (JEAN-BAPTISTE), célèbre ténor contemporain, qui pendant de vingt ans fit les délices des *dilettanti* de Paris et de Londres, était né en 1795, à Romano, dans la province de Bergame (Royaume Lombardo-Vénitien). Fils d'un maître de musique, il fut destiné à la profession de son père, qui le mit en apprentissage chez l'organiste d'un petit bourg voisin de Brescia. Celui-ci décida doctoralement que c'était peine perdue que d'essayer de faire un musicien d'un sujet qui n'avait ni voix ni dispositions. Le père de Rubini ne se découragea pas, et entreprit de faire *quelque chose* de cet enfant si mal doué par la nature; et grâce à ses leçons, Rubini n'avait pas encore douze ans que déjà il débutait avec succès dans un rôle de femme. A quelque temps de là l'*impresario* du théâtre de Bergame l'engagea pour jouer des solos de violon dans les entr'actes et chanter dans les chœurs. Plus tard notre jeune artiste, refusé par l'*impresario* de Milan sous prétexte qu'il n'avait pas de voix, fit partie d'une troupe ambulante qui exploitait le Piémont. Il donna ensuite des concerts peu fructueux à Alexandrie, Novare et Valenza; et on s'étonnera moins de ses succès négatifs d'alors en se rappelant que c'était l'époque où la domination française ne devait pas tarder à cesser en Italie, et où l'on avait bien d'autres préoccupations que les nobles jouissances que procurent les beaux-arts. Après avoir chanté à Pavie, à raison de quarante-cinq francs par mois, il put enfin débuter en 1815 à Brescia, et obtint sur cette scène un grand succès. Mais tout cela ne se traduisait pour notre jeune artiste que par fort peu d'argent; et l'*impresario* de Florence trouva moyen, malgré les succès toujours croissants qu'il obtenait, de lui rogner encore ses modestes appointements. Le répertoire de Rossini le fit enfin apprécier à sa juste valeur; le 6 octobre 1825 il débutait devant le public parisien dans le rôle de Ramiro de *Cenerentola*. Dès lors il ne put plus y avoir de troupe d'opéra italien à Paris et à Londres si le ténor par excellence n'en faisait pas partie; les *impresarii* s'estimèrent trop heureux de se l'attacher moyennant des appointements de 50,000 et même 60,000 fr. par saison; et, jusqu'au moment où il se retira du théâtre, le grand artiste qui avait dû chanter toute une saison à Pavie pour 45 fr. par mois ne gagna pas moins de cent mille francs par an. En 1846 il renonça à l'exercice de son art pour aller jouir à Bergame de la belle fortune qu'il avait si honorablement acquise. C'est là qu'il mourut, le 3 mars 1854. Il avait épousé Mlle Chomel, cantatrice française, qui obtint des succès en Italie sous le nom de *Comelli*, et qui avait quitté le théâtre en 1831.

RUBINSK. Voyez RYBINSK.

RUBIS. On nomme ainsi plusieurs substances minérales appartenant à la catégorie des pierres précieuses et n'ayant de commun que leur transparence et leur couleur rouge plus ou moins foncée. Romé de Lisle, dans sa *Cristallographie*, parle de certains des anciens gravés sur rubis. Nous savons par Pline que les anciens le trouvaient très-difficile à graver; ils disaient aussi qu'il emportait la cire, et que son approche la faisait fondre.

A proprement parler, on ne doit comprendre sous le nom de *rubis* que le *rubis spinelle* des lapidaires, à l'exclusion du *rubis oriental*, qui n'est autre chose que le corindon; de celui du Brésil, qui n'est que du topaze rouge; de ceux dits de Bohême, de Barbarie, de Hongrie, de Saxe, de Silésie, etc., qui ne sont que du grenat.

On trouve le rubis dans une pierre calcaire primitive en Sudormanie, ainsi que dans le royaume de Pégu et dans l'île de Ceylan. Considéré comme pierre précieuse, lorsqu'il pèse quatre carats, son prix est égal à celui d'un diamant ne pesant que la moitié de ce poids. Le *rubis spinelle* se trouve le plus souvent cristallisé en octaèdres très-réguliers, en tétraèdres parfaits ou modifiés, en une table épaisse, équiangle à six côtés, en un décaèdre rhomboïdal, etc. Il a l'éclat du verre, la cassure conchoïde, aplatie; il passe du translucide au transparent, raye le topaze et est rayé par le saphir; il est cassant, à réfraction simple, d'une couleur rouge, passant au bleu d'un côté, et de l'autre au jaune et au brun; il est fusible au chalumeau, avec addition de sous-borate de soude: son poids spécifique est de 3,5 à 3,8. Il a des rapports d'analogie avec le grenat, et surtout avec le saphir rouge; il est cependant moins dur que ce dernier. Il diffère du grenat en ce que celui-ci a une teinte noirâtre, qui en altère toujours la couleur. Pour l'art de le tailler, nous renverrons le lecteur à l'article LAPIDAIRE. Ses principales variétés sont: 1° le *rubis spinelle ponceau*; 2° le *spinelle rubis*, nommé aussi *rubis-balai*: sa couleur est rose; il a un reflet laiteux, avec une nuance de violet.

Au figuré, *faire rubis sur l'ongle*, c'est, parmi les buveurs, vider si bien son verre qu'en le penchant sur l'ongle on n'en peut faire tomber qu'une petite goutte comme un rubis. *Payer rubis sur l'ongle* c'est payer exactement.

Rubis se dit populairement des boutons rouges qui poussent au visage, sur le nez. JULIA DE FONTENELLE.

RUBRICATEUR, RUBRIQUE (*Diplomatique*). *Voyez* MANUSCRIT et MINIATURE.

RUBRIQUE (du latin *rubrica*, fait dans la même signification de *ruber*, *rubra*, *rubrum*, rouge). C'est le nom d'une espèce de terre, dans le genre et aussi celui de l'ocre rouge, de l'encre de même couleur.

On appelle *rubrique*, en termes d'imprimerie, le titre d'un ouvrage imprimé en rouge, et en général les lettres rouges contenues dans un livre. On a donné la même dénomination à la fausse indication du lieu de la publication d'un livre; ainsi beaucoup d'ouvrages imprimés en France portent la *rubrique* de Genève, de La Haye ou de Londres. Ce mot s'applique aussi au lieu d'où vient une nouvelle. On lit souvent dans les journaux des nouvelles sous la *rubrique* de Vienne, sous celle de Berlin ou de quelque autre ville étrangère, et qui ont été fabriquées à Paris même, dans le cabinet de tel ministre ou dans le bureau de rédaction de tel journal.

Les titres des livres de jurisprudence portent aussi le nom de *rubrique*: Telle loi se trouve sous telle *rubrique*.

Il arrive encore que le mot *rubrique* sert à désigner des pratiques, des règles, des méthodes anciennes. C'est dans ce sens que Corneille l'emploie dans ce vers:

Si vous avez besoin de lois et de *rubriques*.

Au figuré, et dans le langage familier, *rubrique* est un synonyme de *ruse*, *détour*, *adresse*, *finesse*. On dit d'un homme expert et difficile à tromper: il sait toutes les vieilles *rubriques*. CHAMPAGNAC.

RUBRIQUES (Liturgie). On appelle ainsi les règles qui servent à déterminer l'ordre et la manière dont doivent être célébrées toutes les parties de l'office de l'Église. On distingue des *rubriques* générales, des *rubriques* particulières, des *rubriques* pour la communion, pour la confirmation, etc. Le bréviaire et le missel romain contiennent des *rubriques* pour les matines, les laudes, les translations, les béatifications, les commémorations et toutes les autres cérémonies auxquelles la religion est appelée à présider. Autrefois ces règles étaient imprimées en caractères rouges, pour les distinguer du reste de l'office, qui était imprimé en noir; de là leur nom de *rubriques*.

RUBRUQUIS (GUILLAUME DE), cordelier, né en Brabant, vers 1230, et qui vivait encore en 1293, fut envoyé en Tatarie par saint Louis, en l'an 1253, pour y prêcher l'Évangile, ou peut-être bien pour nouer des relations avec les populations de ces contrées lointaines. Il écrivit en latin la relation de son voyage, et l'adressa à Louis IX. On y voit qu'il visita le khan Baton, puis le grand-khan Mangon, et qu'on lui permit de disputer en sa présence contre des prêtres nestoriens et des imans sur l'excellence de la religion catholique. Le grand-khan lui remit pour le roi de France une lettre qu'il rapporta à ce prince en Terre Sainte. C'est retiré dans un monastère de Saint-Jean-d'Acre qu'il rédigea sous forme de *Lettre* au roi de France le récit de ses pérégrinations et de ses aventures. Hakluyt l'a traduite en anglais, et l'a insérée dans son recueil. L'abbé Prévost en a donné un extrait suffisant dans son *Histoire des Voyages*.

RUCCELLAI (GIOVANNI), poète italien, neveu du pape Léon X, né à Florence, en 1475, fut nommé par Clément VII gouverneur du château Saint-Ange, et mourut en 1526. Son poème didactique sur l'éducation des abeilles, *Le Api* (Venise, 1539), en vers blancs (*versi sciolti*), l'un des premiers ouvrages de ce genre qui aient paru en Italie, brille par la délicatesse, l'harmonie et la facilité de la versification. Ses tragédies *Rosmunda* et *Oreste* sont des imitations d'Euripide. Une édition complète de ses œuvres parut à Padoue, en 1772.

RUCHE, sorte de panier en forme de cloche, où l'on met les abeilles, et qui est fait ordinairement d'osier, de bois, de paille, de torchis, etc. Le moyen de tirer un parti avantageux des mouches à miel est de les loger commodément, de placer les ruches dans des endroits où elles puissent trouver de quoi faire leurs récoltes, de les mettre à l'abri d'une trop forte chaleur, et plus encore du froid, qui les ferait périr. Quand on a un certain nombre de ruches, on peut construire à peu de frais un *rucher*, qui pare à ces inconvénients; c'est une espèce de cabane qu'on élève à deux pieds de terre, près d'un mur. Quelques pièces de bois, les planches et de la terre grasse en font les frais. On la recouvre d'un toit de paille, et l'on place les ruches dedans. L'attention qu'il faut avoir en établissant le rucher, c'est de choisir une exposition favorable aux abeilles. On donne généralement la préférence au midi. Les ruches qu'on place dans cette exposition sans se garantir de l'action du soleil par un rucher exigent, il est vrai, un peu plus de soin pendant l'été. Il faut les couvrir avec des feuilles et des linges mouillés, quand la chaleur est forte, afin que la cire ne se ramollisse pas trop et que le miel ne coule pas. Autant que possible, il convient de bâtir le rucher dans le voisinage d'une prairie, d'un jardin et près d'un ruisseau; les abeilles trouvent ainsi à portée l'eau dont elles ont besoin.

Certains agriculteurs ont dans l'usage, lorsque la saison des fleurs est passée dans leur canton, de faire voyager leurs ruches et de les transporter dans un canton plus tardif. C'était la méthode des anciens habitants de l'Égypte. Niebuhr dit avoir rencontré sur le Nil, entre le Caire et Damiette, un convoi de quatre mille ruches. L'italien voisin du Pô embarque les siennes sur le fleuve. Les habitants de la Beauce font aussi voyager leurs ruches; et il serait à désirer que cet usage trouvât des imitateurs. Depuis longtemps on s'occupe des moyens de rendre le logement des abeilles propre à les faire travailler et multiplier sur une plus vaste échelle. Cette étude a donné lieu à la construction de ruchers de différentes formes, qui toutes ont leurs avantages et leurs inconvénients. Les ruches vitrées sont très-commodes pour voir travailler les abeilles. Réaumur a beaucoup varié leurs formes. C'est au moyen de ces ruches que le célèbre naturaliste et plusieurs autres ont pu approfondir l'histoire naturelle de ces insectes, sur lesquels ils ont publié de si intéressants mémoires.

La saison la plus favorable au transport des ruches est la fin de l'hiver ou le commencement du printemps, parce qu'alors les mouches à miel sont encore engourdies et supportent mieux la fatigue. Deux ou trois jours après, on les laisse sortir pour prendre l'air, et l'on visite les ruches pour en retirer les gâteaux brisés. Quand les abeilles ont encombré leur ruche de gâteaux au point que l'espace leur manque pour travailler, elles perdent courage, et pensent à émigrer. On empêche ce départ en agrandissant leur asile par l'enlèvement d'une partie des gâteaux. C'est ce qu'on appelle *dégraisser* ou *tailler* les ruches, espèce d'expédition militaire pour laquelle il faut un homme courageux, qui se couvre mains et visage pour se mettre à l'abri de milliers d'aiguillons défendant leur propriété.

On peut avec des soins conserver des ruches assez longtemps; on en a vu de vingt-cinq à vingt-huit ans. Leurs plus grands ennemis sont les rats, les mulots, les araignées, les crapauds; plusieurs oiseaux, tels que le moineau, l'hirondelle, le martin-pêcheur; puis les poules, les renards, les fourmis, les guêpes, les frelons, la teigne de la cire et d'autres chenilles. Le meilleur moyen de garantir les ruches de tous ces forbans terrestres, aquatiques et aériens, c'est d'élever ces précieux *phalanstères*, comme aurait dit Fourier, à une distance assez grande de la terre, de les isoler le plus possible, et d'établir une active vigilance autour de chaque bourgade.

RÜCKERT (Frédéric), poëte lyrique allemand, est né en 1789, à Schweinfurt. Il embrassa d'abord la carrière de l'instruction publique. Un voyage en Italie lui fournit plus tard l'occasion de puiser aux sources mêmes de l'inspiration poétique et de faire une étude toute particulière des chants populaires de ce pays. A son retour en Allemagne, il se fixa à Cobourg, où il se maria et se livra avec ardeur à l'étude des langues orientales. En 1826 il fut appelé à occuper une chaire de langues orientales à l'université d'Erlangen, et en 1841 il l'échangea contre une position analogue à l'université de Berlin. Ce poëte a l'*otium cum dignitate*, si favorable au culte des muses. Il possède une fortune indépendante, qui lui a permis de ne faire de l'instruction publique qu'à sa guise, et une charmante retraite des champs, aux environs de Cobourg, où chaque année il va passer la saison d'été. Ses débuts remontent à 1814, époque où il publia ses *Chants allemands*. La liste des poëmes, des drames, des romans, etc., qu'il a fait paraître depuis lors, et qui pour la plupart ont obtenu les honneurs de nombreuses éditions, occuperait à elle seule plusieurs colonnes de ce Dictionnaire. Il a demandé à la littérature de l'Orient ses plus heureuses inspirations; et il s'est efforcé d'en reproduire la manière et les idées dans un grand nombre d'imitations. *La sagesse des Brames*, poëme didactique en fragments (six volumes, Leipzig, 1836-1839; nouvelle édition, 1 vol: compacte, 1843), est de tout ce qu'il a écrit en ce genre l'ouvrage qui a été le mieux goûté du public allemand. Sa *Vie de Jésus*, autre poëme didactique (Stuttgard, 1838), pour lequel il s'est inspiré de la lecture approfondie des quatre évangélistes, est une production qui a moins bien réussi. Depuis quelques années il s'est mis à écrire des drames; et dans ce genre de travail il n'a pas fait preuve de moins de facilité que dans tout ce qui était jusque alors sorti de sa plume.

RUDBECK (Olaus), historien distingué, naquit en 1630, à Westeraas, en Visigothie (Suède), où son père était évêque. Indépendamment des sciences médicales, il étudia avec succès la musique, la peinture, la mécanique et l'archéologie. Il n'avait encore que vingt-et-un ans lorsque son importante découverte des vaisseaux lymphatiques, qui a fait faire tant de progrès à la physiologie, rendit son nom célèbre dans le monde savant. Le mémoire qu'il publia en 1653 sur cette importante question anthropologique parut dans la *Bibliotheca Anatomica* de Manget (2° volume). Bientôt après cette découverte, l'illustre Bartholin fut conduit à des données positives sur le système des vaisseaux lymphatiques, et l'on vit s'élever entre ces deux savants anatomistes une controverse animée dans laquelle chacun d'eux revendiquait l'honneur de la découverte première. La victoire resta cependant à Rudbeck.

A son retour d'un voyage scientifique en Hollande, il fut appelé à occuper la chaire de botanique à l'université d'Upsal. Il y fonda un jardin botanique, et fut nommé professeur d'anatomie. Plus tard, on l'éleva à la dignité de curateur de l'université. Il mourut en 1702. Son ouvrage le plus célèbre est celui qui parut sous le titre de : *Atland eller Manheim, Atlantica sive Manheim, Vera Japheti posterorum sedes ac patria* (Upsal, 1675-1778, 3 vol.). Dans cet ouvrage, écrit en suédois et en latin, fruit d'une grande érudition, d'immenses lectures remplies d'hypothèses ingénieuses mais souvent ridicules, et inspiré par le plus ardent patriotisme, l'auteur prétend que l'Atlantide dont parle Platon n'est autre que la Suède, et que de cette contrée sont sorties les lumières et la civilisation des peuples de l'antiquité. Rudbeck mourut en 1702.

RUDE (François), statuaire plein de mérite et de modestie, à qui l'on doit l'un des bas-reliefs qui ornent l'arc de triomphe de l'Étoile, à Paris, était né à Dijon, en 1784. Quoiqu'il eût remporté en 1812 le premier prix de sculpture, il fut longtemps avant d'être apprécié à sa juste valeur; et chargé de prendre part à l'exécution des bas-reliefs de Tervueren en Belgique, il travailla quatorze heures par jour pendant plusieurs années pour gagner un franc cinquante centimes. Un de ses amis racontait dans un journal belge que si on lui avait offert alors trois francs par jour, rien ne l'eût pu le déterminer à quitter Bruxelles, dont le genre de vie lui plaisait infiniment. Souffrant pour lui de sa misère, ses amis le déterminèrent à partir enfin pour Paris, où il avait cette fois chance d'être mieux goûté et surtout mieux récompensé. Ils ne s'étaient pas trompés; en effet, à quelque temps de là M. Thiers, alors ministre de l'intérieur, offrait à Rude 40,000 francs pour qu'il se chargeât d'exécuter un des bas-reliefs du couronnement de l'arc de l'Étoile, d'après le programme arrêté. Rude refusa, en demandant au ministre l'un des groupes de la base, qui ne devait être payé que 25,000 francs, mais qui était plus en vue. C'est *Le Chant du départ*, l'un des plus mouvements qui décorent le pied-droit de ce magnifique monument. On a aussi de lui, entre autres, une statue, *Le jeune Pêcheur napolitain*, qui remporta le prix à l'exposition, et une *Jeanne d'Arc* placée dans le jardin du Luxembourg. Il mourut à Paris, à l'âge de soixante-et-onze ans, en novembre 1855, laissant inachevés une *Hébé*, un *Amour* et un *Christ*.

RUDENTURE. Voyez Cannelure.

RUDESHEIM. Voyez Rhin (Vins du).

RUDOLSTADT, capitale de la principauté de Schwartzbourg-Rudolstadt, sur la rive gauche de la Saale, dans l'un des sites les plus ravissants de la Thuringe, compte 5,982, habitants. Ses principaux édifices sont le château, appelé *Ludwigsburg*, dont la construction date de 1742, avec une belle collection de copies en plâtre de statues et de bustes antiques; le palais du gouvernement, avec une bibliothèque de 50,000 volumes; l'hôtel de ville; l'église de la ville, bâtie en 1636; l'église de la milice, le collége, le séminaire, la maison de détention, avec une division pour les aliénés, l'hôpital, etc.

RUE (*Botanique*), genre de plantes de la famille des rutacées, ayant pour type la *rue fétide* (*ruta graveolens*, L.), qui croît dans les lieux stériles de nos contrées méridionales. Les tiges de la rue sont dures, presque ligneuses; ses feuilles, plusieurs fois composées, à folioles ovales, obtuses, charnues, sont d'un vert glauque; les fleurs sont jaunes, disposées en corymbe terminal; elles offrent un calice à quatre ou cinq divisions persistantes, autant de pétales concaves et onguiculés, huit ou dix étamines, un style.

La rue, douée d'une odeur repoussante, a une saveur âcre

chaude, amère. Placée sur la peau, elle l'irrite, et y détermine une vive rubéfaction. Aussi l'emploie-t-on à l'extérieur contre la gale. On l'emploie plus fréquemment comme emménagogue; mais son usage demande au moins autant de circonspection que celui de la sabine. La rue est tellement excitante, que prise à haute dose on l'a vue déterminer la mort. Quelques médecins la préconisent comme un excellent vermifuge, d'autres comme un puissant antispasmodique. Les anciens l'estimaient beaucoup, et prétendaient même qu'elle était bonne pour fortifier la vue, témoin cette sentence de l'école de Salerne :

Nobilis est ruta, qui lumina reddit acuta.

RUEL ou **RUEIL**, commune du département de Seine-et-Oise, station du chemin de fer de Saint-Germain, compte 4,680 habitants. On y voit un monument élevé à la mémoire de l'impératrice Joséphine, dont le château de la Malmaison était situé sur le territoire de cette commune, et de belles casernes. Charles le Chauve fit don de Ruel aux religieux de l'abbaye de Saint-Denis, qui le possédèrent jusqu'en 1635. A cette époque le cardinal Richelieu l'acheta de l'abbaye, et s'y fit construire un château, qui plus tard, à l'époque des troubles de la Fronde, servit plusieurs fois de refuge à la cour; et Mazarin se vit forcé d'y signer la paix, dite *de Ruel*. Il en subsiste encore quelques parties.

RUELLE, diminutif de *rue*, petite rue. Ce mot signifie aussi l'espace qu'on laisse, dans une chambre à coucher, entre un des côtés du lit et la muraille. On dit au figuré, d'un homme qui aime à fréquenter les sociétés de femmes, qu'il *passe sa vie dans les ruelles*, que c'est un *coureur de ruelles*. Ces expressions et d'autres encore où l'on emploie le mot *ruelle* dans le même sens, ont vieilli, et emportent toujours une idée de dénigrement.

RUELLE (Fonderie de), l'un des deux établissements que possède aujourd'hui la marine française pour la mise en œuvre de la fonte et de fer destinée à la fabrication de l'artillerie de mer (l'autre est situé à Saint-Gervais, dans le département de l'Isère). L'usine de Ruelle, qui occupe environ cent cinquante ouvriers, est située à sept kilomètres d'Angoulême, sur la grande route d'Angoulême à Limoges. Elle est alimentée par la Rouvre, espèce de source géante, qui avant d'y arriver fait déjà marcher deux autres usines; ce qui ne l'empêche pas, une fois à la fonderie, de représenter avec une force de 70 chevaux de vapeur, d'y imprimer le mouvement à 13 roues hydrauliques employées à divers usages. Ce n'était encore en 1750 qu'un moulin à papier, quand le marquis de Montalembert en fit l'acquisition, et y installa des forges pour la fonte des gros canons. Cinq ans après, en 1755, au moment où éclata la désastreuse guerre qui dura huit ans et enleva à la France ses plus belles colonies, le gouvernement s'empara d'autorité de l'usine de Montalembert, et il la garda jusqu'en 1772, époque où, sur les instantes réclamations du propriétaire et par une sorte de transaction, il la prit à bail. En 1774 le comte d'Artois l'acheta 300,000 livres; et deux ans plus tard il échangea avec le roi les forges de Ruelle et de Forgeneuve contre les forêts domaniales de Vassy, Saint-Dizier et Sainte-Menehould. Les lettres patentes qui consacrent cet échange mentionnent, pour la justifier, que la forge de Ruelle est la seule dans le royaume qui puisse travailler constamment sans interruption, « ayant un cours d'eau toujours égal, et qui, n'étant sujet ni à la hausse ni à la baisse des eaux, ni aux inconvénients de la gelée, doit nécessairement procurer dans les soufflets l'égalité du vent, avantage inappréciable pour la sûreté et la solidité des canons. »

Une fois acquise à l'État, la fonderie fut livrée à des entrepreneurs, qui fabriquèrent les canons en fonte par les procédés de Montalembert jusqu'à l'an II ; à cette époque, la France, luttant seule contre les marines réunies de cinq puissances, manquait de vaisseaux, et il lui fallait six mille canons de fer coulé pour armer les bâtiments mis en construction. La lenteur du *moulage en terre*, alors en usage dans toutes les fonderies, ne convenait point aux circonstances urgentes en face desquelles on se trouvait. Cette nécessité enfanta le procédé si rapide du *moulage en sable*. Hassenfrets, Périer et Mongo furent chargés de poser les bases du nouveau mode de fabrication, et dans la même année Monge, en exécution de l'arrêté du 18 pluviôse an II, publiait l'*Art de fabriquer les Canons*.

Sous cette impulsion nouvelle, Ruelle reçut un développement considérable; on éleva des fours à réverbère, des halles, des magasins, etc. La fonderie marcha ainsi jusqu'en 1803, époque à laquelle elle fut mise en régie, mode qui fut reconnu donner les meilleurs moyens de produire à moins de frais et avec le plus de perfection. On confia donc l'usine à des officiers supérieurs du corps de l'artillerie de marine. Entre leurs mains, l'établissement se développa rapidement et prit un aspect nouveau. D'importantes constructions s'élevèrent, puis, en 1822 et 1823, les anciennes foreries, devenues insuffisantes, furent remplacées par les magnifiques foreries qui existent aujourd'hui; et les fours à réverbère substitués aux hauts fourneaux pour la fonte des bouches à feu, qui furent dès lors coulées en deuxième fusion. En 1831 on éleva de nouveaux fours à réverbère, qui remplacèrent ceux construits en 1793; enfin, en 1840, la fonderie d'artillerie en bronze établie à Rochefort fut, personnel et matériel, transférée à Ruelle.

Ruelle, qui pourrait fournir au besoin par an *un million et demi de kilogrammes* d'artillerie, c'est-à-dire plus de 680 bouches à feu, à raison de 2,500 kilogr. par pièce, terme moyen, possède un matériel approprié à son importance; on y voit des hauts fourneaux, des fours à réverbère en grand nombre pour les pièces en fer; des ateliers, des étuves dans lesquelles on moule et on coule les canons; dix-huit bancs de foreries divisés par groupes de trois, pour le fer et pour le bronze; enfin, de nombreux magasins, ateliers, outils, etc. ; une fonderie de cuivre pour la fabrication des pièces en bronze, des modèles de siège, de campagne et de montagne, etc.

Un professeur de rhétorique du lycée d'Angoulême décrivait ainsi à ses élèves dans un discours de distribution des prix, le travail de la fonderie de Ruelle :

« Vous avez vu ces mécanismes d'une simplicité puissante mouvoir sans effort, et comme en se jouant, des masses métalliques énormes, et, comme par enchantement, les soulever, les manier, les tourner, les polir, les ciseler. C'est là que les éléments les plus discordants travaillent dans le plus grand ordre ; que l'eau s'écoule en agissant, comme le temps bien employé; que la terre molle, aux granules épars, artistement comprimée, donne au fer et au cuivre leurs formes martiales, que l'air arrive en poulpe sorte à l'état de tempête disciplinée, soumis à cette eau qui meut de vastes soufflets à corps de pompe, ou de qui le mouvement paisible s'est transformé en la rotation la plus rapide. C'est là que l'homme lui-même, obéissant pour commander, est admirable de calme et d'énergie, d'attention, de patience, de vigilance, soit devant ces canons massifs, ces immenses cylindres qui tournent comme de légères broches, soit devant ce métal liquide et élevé au-dessus des têtes et promené en l'air, soit devant ces flots de lave rougie, versés avec des pétillements de feu devant la foule des visiteurs, silencieux et frémissants. »

RUFFEC. *Voyez* CHARENTE.
RUFFIN. *Voyez* BABEIN.
RUFFO, noble et ancienne famille de Naples, qui possède un grand nombre de titres de comtes, de ducs et de princes, ainsi que de vastes propriétés dans le pays de Naples, en Sicile et en Espagne.

RUFFO (FABRICIO), cardinal-diacre de l'Église romaine, naquit le 16 septembre 1744, à Naples. Fils cadet du duc de Baranello, il fut destiné à l'état ecclésiastique. A Rome, il obtint la confiance du pape Pie VI, qui le nomma son grand-trésorier. La violence de son caractère et sa sévérité fiscale lui firent de nombreux ennemis. Promu, en 1791, au cardinalat, il se rendit alors à Naples, où il fut nommé intendant du château de Caserte. Il fit d'inutiles efforts pour dissuader la cour de Naples de déclarer la guerre à la France, et dut bientôt se réfugier avec elle en Sicile. Acton, premier ministre, mit tout en œuvre pour éloigner de l'intimité royale un homme dont il redoutait les talents, et l'envoya en Calabre, à l'effet d'y pousser à l'insurrection. A peine eut-il pris terre (mars 1799) à Bagnara, que la révolte éclata sur tous les points du pays. Il ne fit d'abord que peu de progrès avec ses bandes indisciplinées; mais une fois que Macdonald eut évacué Naples, et qu'un corps auxiliaire russe eut débarqué, il se porta rapidement sur la capitale, en recommandant à la cour de Palerme la modération et la clémence; ses conseils ne furent pas écoutés. Jaloux de la gloire de Ruffo, Acton lui fit défendre d'occuper Naples avant l'arrivée de Nelson avec la flotte anglaise qui portait des troupes de ligne commandées par le frère du favori. Ruffo n'en mit que plus de rapidité dans sa marche, et Naples fut réduite à lui ouvrir ses portes. Malgré les Russes, il parvint à assurer une capitulation aux républicains qui s'étaient renfermés dans les forts; mais Nelson, à la honte éternelle de sa mémoire, viola la parole donnée; et le cardinal, accusé par Acton d'être favorable aux jacobins, courait risque d'être arrêté, lorsqu'il fut appelé au conclave qui se réunissait à Venise. Il accompagna ensuite le nouveau pape à Rome, puis revint à Naples, et rentra au conseil d'État. En 1805 il combattit de nouveau tout projet de guerre contre la France, et bientôt après il refusa d'appeler le peuple à l'insurrection. Chargé ensuite d'opérer une réconciliation entre la cour de Naples et Napoléon, il ne put pas pousser plus loin de Rome, où il résida jusqu'en 1809. Par suite de la dispersion du sacré collège, il vint à Paris, et se rapprocha de l'empereur. Après la restauration de Pie VII, Ruffo revint à Rome; mais, comme bonapartiste, il fut mal accueilli par ses collègues les cardinaux. A Naples, où il retourna plus tard, il ne trouva pas un meilleur accueil; et ce ne fut qu'à la suite de sa seconde restauration, en 1821, que Ferdinand lui donna une place dans son conseil, où il se fit remarquer par sa modération et la sagesse de ses vues. Il mourut à Naples, le 13 décembre 1827.

RUFFO (Fabricio). *Voyez* Castelcicala.

RUFFO-SCILLA (Lodovico), cardinal et archevêque de Naples, né le 15 août 1750, à San-Onofrio en Calabre, de la famille des princes et comtes de Scilla et de Sinopoli, obtint le chapeau en 1801, et fut ensuite nommé archevêque. Quand Joseph Bonaparte monta sur le trône de Naples, il reconnut le nouvel ordre de choses, mais ne voulut préter serment qu'à la condition que le nouveau roi s'engagerait en qualité de vassal du saint-siége à lui payer le tribut d'usage jusque alors. Banni pour cela du pays, il se retira à Rome, où il partagea dès lors les destinées du pape. A son retour à Naples, en 1815, Ferdinand lui rendit ses dignités; et Ruffo convoqua aussitôt un synode diocésain pour faire restituer à l'Église les droits et les priviléges qu'elle avait perdus. Il publia en outre une lettre pastorale conçue dans un esprit tellement ultra-réactionnaire que le gouvernement lui-même fut obligé de la supprimer. En 1820, à la surprise générale, on le vit se prononcer en faveur de la constitution, dont il recommanda au clergé et aux fidèles l'acceptation par sa lettre pastorale du 3 août 1820. Une lettre qu'il adressa au parlement à la date du 13 décembre, et où il déclarait contraire à la constitution la liberté accordée aux non-catholiques d'exercer leur culte dans des édifices privés, produisit une vive sensation. Au retour du roi il fut placé à la tête de l'université et de l'instruction publique; mais il renonça bientôt à ces importantes fonctions, et depuis lors demeura sans influence visible. Il mourut à Naples, le 17 novembre 1832.

RUFIN, natif d'Éluse (aujourd'hui *Eauze*), en Aquitaine, fut préfet d'Orient sous Théodose le Grand, qui avant sa mort (17 janvier 395) l'adjoignit à son fils Arcadius dans le gouvernement de l'empire d'Orient. Une tentative faite par Rufin pour marier sa fille à Arcadius fut déjouée par Eutrope, qui donna pour épouse à l'empereur une Franke. Rufin est accusé, mais sans preuves, de s'en être alors vengé en excitant les Huns et les Goths à envahir l'empire. Stilicon ayant voulu marcher contre les Goths, qui avaient envahi l'Empire d'Orient sous les ordres d'Alaric, Rufin repoussa ses offres de secours au nom d'Arcadius. Stilicon obéit, mais s'unit alors avec les ennemis de Rufin, qui s'était rendu odieux par ses actes tyranniques et par ses rapines. Rufin périt au milieu d'une revue, le 27 novembre 395, assassiné par Gainas, commandant des Goths enrôlés au service de l'empire grec; et Eutrope, qui le remplaça jusqu'en 399, fut également renversé par Gainas.

RUGEN, la plus grande des îles de la Baltique appartenant à l'Allemagne, séparée seulement par un détroit de deux kilomètres de large du continent, dont vraisemblablement elle faisait autrefois partie, compte 45,000 habitants sur une superficie de 12 myriamètres carrés, et avec quelques îlots qui en dépendent forme le cercle de Rugen ou de Bergen, arrondissement de Stralsund (Poméranie prussienne). La mer, en pénétrant partout profondément dans les terres, y forme un grand nombre de presqu'îles. On trouve au nord la presqu'île de *Witlow*, avec le cap Arkona; au nord-est, *Jasmund*; au sud-est *Monkgut*; au nord-ouest, l'étroite île de *Hiddensœ*, habitée seulement par des pêcheurs; et un peu plus loin *Ummanz*. Toute l'île de Rugen abonde en paysages pittoresques. Plate à l'ouest, elle s'élève à l'intérieur; et ses côtes nord-est se composent de rochers crayeux, taillés presque à pic. Le point le plus élevé (113 mètres) de toute l'île est *Rugard*, où était situé le château des anciens princes de Rugen. La presqu'île de Jasmund, plateau de 14 kilomètres de long sur 10 de large, composée au nord de montagnes de craie, est la plus belle partie de Rugen. C'est là qu'on trouve la forêt de Stubbenhl, où existent beaucoup d'anciens tombeaux; on croit, d'après le récit de Tacite, que là aussi était autrefois le temple consacré à Hertha ou Nerthus.

Sauf quelques parties sablonneuses ou bien remplies de tourbières, le sol de Rugen est fertile et produit beaucoup de céréales. Les habitants sont d'habiles pêcheurs et de bons marins. Ceux de Mœnkgut se distinguent des autres par leur idiome, leurs vêtements et leurs coutumes, et sont restés fidèles aux usages du bon vieux temps. La noblesse est nombreuse; et l'île, qui est parsemée de châteaux, a pour chef-lieu la ville de *Bergen*. Rugen, habitée d'abord par des Germains, fut conquise par des Slaves; elle fut conquise en 1168 par le roi de Danemark Waldemar, qui en convertit la population au christianisme. Des princes indigènes continuèrent à la gouverner sous la suzeraineté du Danemark jusqu'en 1325, époque où elle fut réunie à la Poméranie; et en 1648 elle passa sous la domination de la Suède. Occupée en 1715 par les Prussiens et les Danois, elle fut rendue aux Suédois en 1720. En 1815 elle fut adjugée avec la Poméranie à la Prusse. La presqu'île de Jasmund (chef-lieu *Sagard*, bourg d'environ 1,000 habitants) appartient d'abord à une famille du même nom, qui dès le dix-septième siècle s'établit en Saxe et en Mecklembourg. A la suite de la guerre de trente ans, elle fut pendant quelque temps la propriété du général suédois Wrangel, puis des comtes de La Gardie, qui la vendirent aux princes Putbus.

RUGENDAS (Georges-Philippe), célèbre peintre de batailles allemand, né à Augsbourg, en 1666, était fils d'un horloger, et se livra plus particulièrement à l'étude des sujets militaires, d'après Bourguignon, Limbke, Tempesta, etc. Au bout de six années de travail il perdit complétement l'usage de la main droite, par suite d'une fistule; mais il avait acquis déjà avant cet accident une telle habileté à se servir de la main gauche, qu'il n'en continua pas moins la pratique de son art. Il se rendit à Vienne, où il recouvra l'usage de sa main droite, et alla en 1692 à Venise et à Rome, d'où il revint en 1695 à Augsbourg, où il mourut, en 1742. Rugendas a beaucoup peint, dessiné et gravé;

Son dessin est exact, ses compositions animées et ingénieuses, et son coloris parfois d'une remarquable distinction. Ses tableaux, notamment ses batailles et ses siéges, ainsi que ses dessins obscènes, sont très-dispersés. Parmi ses gravures on remarque surtout une série de six planches, représentant des épisodes du siége d'Augsbourg, auquel il avait assisté. Ses fils, *Georges-Philippe* (mort en 1774), *Christian* (mort en 1781) et *Jeremias-Gottlob*, se sont fait aussi un nom comme graveurs, particulièrement à l'*aqua tinta*.

RUGGIERI (Jardin). En 1814 la foule abandonna capricieusement les beaux jardins de Tivoli pour un établissement rival, créé par Ruggieri, artificier des fêtes du gouvernement, à l'entrée de la rue Saint-Lazare, dans un jardin de moitié moins vaste, et qui occupait l'emplacement sur lequel on commença, à la fin de la Restauration, à édifier les quartiers Notre-Dame de Lorette et Bréda. On y trouvait d'ailleurs les mêmes divertissements qu'à Tivoli, des allées bien sablées, des bosquets, de la verdure, des fleurs, des illuminations en verres de couleur, un bal champêtre, des orchestres, les exercices sur la corde tendue exécutés par Mme Saqui et par les successeurs de Furioso, des ombres chinoises, etc., et chaque fête se terminait par un feu d'artifice. La vogue du jardin Ruggieri ne dura que quelques années, et passa aux *Montagnes russes*, aux *Montagnes françaises* du jardin Beaujon, etc., dont les contemporains se souviennent à peine aujourd'hui.

RUGIENS (Les), peuplade germaine, que Tacite nous représente comme obéissant à des rois et qui habitait la partie occidentale de la côte septentrionale de l'Allemagne, c'est-à-dire les contrées voisines de l'embouchure de l'Oder et l'île de Rugen. Les *Ulmerugi*, c'est-à-dire Rugiens du *Holm* ou de l'île, de la race des Goths, habitaient les mêmes lieux suivant quelques historiens, et suivant d'autres les îles du pays de Roga en Norvège. Plus tard, à l'époque d'Attila, après la dissolution de l'empire des Huns, on voit les Rugiens s'établir, comme nation plus puissante, sur les bords du bas Danube, où ils se soutinrent au milieu de luttes perpétuelles jusqu'au moment où Odoacre, qui lui-même, dit-on, était un Rugien, détrôna (vers l'an 487) leur roi Fava. Ils abandonnèrent alors cette contrée, appelée encore pendant quelque temps d'après eux *Rugiland*, et dont les Lombards s'emparèrent d'abord, les uns pour se confondre avec les Skires et les Hérules, et les autres pour marcher avec les Visigoths contre Odoacre en Italie, où ils formèrent un peuple distinct des Goths, quoique placé sous leur domination, et qui finit par être subjugué comme eux par les empereurs d'Occident.

RUGLES. *Voyez* Eure (Département de l').

RUHMKORFF (Bobine de). Cet appareil, qui porte le nom de son inventeur, fut construit par lui, pour la première fois, en 1851. Il permet de faire produire aux courants d'induction, même avec un seul couple de Bunsen (*voyez* Pile), des effets physiques, chimiques et physiologiques équivalents et même supérieurs à ceux que donnent les plus puissantes machines électriques.

La *bobine de Ruhmkorff* a pour pièce principale une forte bobine posée verticalement sur un plateau de verre épais, qui l'isole. Cette bobine, qui a environ trente centimètres de hauteur, est formée de deux fils : un gros, de deux millimètres de diamètre, faisant trois cents tours, et un fin, d'un tiers de millimètre de diamètre seulement, faisant dix mille tours environ et d'une longueur de huit à dix kilomètres. Ces fils sont recouverts de soie; de plus, chaque spire est isolée de la suivante par une couche de vernis à la gomme laque. Le gros fil, qui est le fil inducteur, est parcouru par un courant provenant d'un ou deux couples de Bunsen. Ce courant passe ensuite dans une colonne de fer, et atteint un marteau oscillant, qui tantôt est en contact avec un conducteur, tantôt en est éloigné : lorsque le contact a lieu, le courant suit ce conducteur et retourne à la pile.

Ce qu'il y a de plus ingénieux dans la disposition de cet appareil, c'est la manière dont est produit le mouvement de va-et-vient du marteau qui interrompt et établit alternativement la communication des deux pôles. Un cylindre de fer doux forme l'axe de la bobine : lorsque le courant de la pile passe dans le gros fil, ce cylindre s'aimante et attire de bas en haut le marteau, qui est aussi en fer. Le courant se trouve ainsi interrompu, le cylindre perd son aimantation, et le marteau retombe, pour recommencer indéfiniment.

A chaque interruption du courant qui passe dans le gros fil, un courant d'induction successivement direct et inverse se produit dans le fil fin, et, celui-ci étant complétement isolé, le courant induit acquiert une intensité considérable, que M. Fizeau a encore augmentée en interposant un condensateur dans le circuit inducteur. Avec deux couples de Bunsen, on tue un lapin; avec quelques-uns de plus, un homme serait foudroyé. De nombreuses expériences dues à MM. Grove, Neef, Poggendorff, Quet (*voyez* Œuf électrique), Despretz, Becquerel, etc., ont constaté la puissance des effets calorifiques, chimiques et lumineux de la *bobine de Ruhmkorff*.

RUHR ou **ROER**, affluent de la Meuse. *Voyez* Roer.

RUHR est aussi le nom d'un affluent de la rive droite du Rhin, qui prend sa source dans le cercle westphalien de Brilon, et après de nombreux détours se jette dans le Rhin à *Ruhrort*, ville de 4,000 âmes de l'arrondissement de Dusseldorf. La Ruhr a 22 myr. de parcours, plus de 33 mètres de largeur, et, au moyen d'écluses, devient navigable au-dessus de Herdek pour des embarcations portant de 600 à 800 quintaux.

RUHSS. *Voyez* Constance (Lac de).

RUIMANN (Vert de). *Voyez* Cobalt.

RUINE, destruction partielle de bâtiments ou édifices quelconques, causée par le temps : Une maison, un palais, un temple sont en ruine, tombent en ruine. Ce mot s'emploie aussi pour désigner les dégradations provenant de la main des hommes. C'est dans ce sens qu'on dit : Battre une ville, une citadelle en *ruine*. Il s'emploie en outre pour signifier la perte des biens, de la réputation, du pouvoir, etc. Dans cette acception, on dit la *ruine* d'une nation, aussi bien que la *ruine* d'un individu.

Au pluriel, ce mot désigne les restes, les débris plus ou moins considérables, plus ou moins dégradés, d'anciens édifices ou d'anciennes villes : Les ruines célèbres dont la terre est couverte attestent la puissance de l'homme, et en même temps le néant de ses œuvres. La Syrie et l'Égypte nous offrent après quatre mille ans de durée, dans les débris de Palmyre et de Memphis les preuves irrécusables de leur splendeur passée. La Grèce et l'Italie, moins grandes dans leurs œuvres, mais plus élégantes et plus parfaites, présentent à leur tour à l'admiration et à l'étude des peuples modernes leurs temples, leurs colonnes, leurs théâtres, leurs arcs de triomphe, brisés par l'effort des siècles, et cachant leurs mutilations sous des touffes et des guirlandes de verdure; ornements gracieux que la nature leur prodigue en échange des pertes que l'art regrette. Vient ensuite le moyen âge, avec ses édifices si pittoresques, bien plus près de notre époque, et cependant déjà ruinés par l'âge. C'est dans la Germanie et dans la Grande-Bretagne surtout qu'il faut admirer ces poétiques débris de manoirs féodaux, ces ravissantes abbayes dont les découpures, les ogives et les rosaces disputent de grâce avec les tiges fleuries des plantes souples et verdoyantes qui les étreignent dans leurs mille contours.

En présence des *ruines*, l'âme est toujours frappée d'émotions plus ou moins profondes. Leur vétusté ajoute un charme à leur aspect; et sans nul doute il faut l'attribuer aux riches couleurs, aux formes toujours gracieuses de la végétation qui s'en empare et qui semble reconquérir ses droits usurpés par les formes correctes, mais froides et arides de l'art, même le plus parfait. Cet attrait, né d'un contraste qui nous porte à la méditation et à la mélancolie, est si puissant, qu'il n'est personne qui ne prenne plus de plaisir à contempler une belle ruine qu'à admirer le plus magnifique édifice dans tout le luxe et l'éclat de sa nouveauté. Sous le rapport pittoresque, la question est résolue dans le même sens ; car un tableau où le peintre a représenté les ruines de vastes et somptueux édifices, envahis par une végétation riche et capricieuse, plaît toujours plus à l'œil que celui où les mêmes édifices seraient représentés bien lisses et bien nets, sortant des mains de l'architecte.

Charles FARCY.

RUISCH. *Voyez* RUYSCH.

RUISDAEL ou **RUYSDAEL** (JACOB), l'un des plus grands paysagistes, le Titien de l'école hollandaise. Les sites qu'il a peints sont riches, vigoureux, extraordinaires même, et en tout semblables à ceux du peintre vénitien ; d'autres fois, suivant que son âme était impressionnée, ses tableaux ont la lumière et le brillant des paysages de Rubens. L'époque de la naissance de Ruisdael n'est pas bien connue. On le fait naître à Harlem, de 1636 à 1640, d'un habile ébéniste de cette ville. Il apprit le latin, la médecine et la chirurgie ; on dit même qu'il se distingua par plusieurs opérations chirurgicales brillantes et heureuses, alors que son génie semblait l'appeler à l'étude de la peinture, pour laquelle il avait montré du goût dès sa plus tendre jeunesse. Lié d'amitié avec le célèbre paysagiste Berghem, son compatriote, il suivit sa doctrine, sans que l'on puisse dire qu'il ait été précisément son élève, sa façon de comprendre et d'exécuter un tableau n'étant pas la même : Berghem visait à l'agrément, Ruisdael à la spécialité.

Le mérite des paysages de Ruisdael consiste dans une couleur chaude, riche, belle ; dans une expression forte, vive, animée, qui rend toujours certains effets aussi frappants que singuliers et ingénieusement saisis dans la nature. S'il peint un chêne, la grosseur du tronc, le déploiement des branches et l'abondance du feuillage annoncent sa vétusté. En général, les devants de ses tableaux abondent en végétations de toutes espèces ; les plantes, et les terrasses sont nuancées avec adresse ; la fuite des fonds est si bien ménagée et fait tellement illusion, que l'on suppose qu'elle perce la toile. On voit souvent dans les paysages de Ruisdael un ciel nébuleux, et le soleil, se faisant jour à travers un nuage, éclairer seulement le fond du tableau pour laisser le devant dans une demi-teinte que ce peintre a toujours exprimée par une savante vérité.

Quoique Ruisdael soit mort fort jeune, il a laissé un certain nombre de tableaux, qui sont recherchés des amateurs, et dont le prix est toujours élevé. On cite comme un chef-d'œuvre le tableau de notre musée du Louvre connu sous le nom de *Coup de vent* : l'ouragan y est admirablement exprimé, on entend le roulis du vent et le murmure des feuilles de l'arbre qui plie sous l'effort de la tempête.

Ruisdael, bon fils, eut soin de son père dans sa vieillesse ; et, n'étant pas riche, il ne voulut jamais se marier pour ne pas diminuer son assiduité auprès de lui. Il mourut à Harlem, le 16 novembre 1681, à l'âge de quarante-et-un ou quarante-cinq ans. On a aussi de lui de fort belles marines et quelques gravures à l'eau-forte, qui rappellent la richesse de son imagination et la chaleur de son coloris.

Salomon RUISDAEL, son frère aîné de près de vingt ans, ne fut qu'un peintre ordinaire si l'on compare ses tableaux à ceux de Jacob ; il imita, dans la composition et la peinture, Van Goyen, qui représentait ordinairement des rivières avec des bateaux de pêcheurs. Il a cependant produit aussi des marines et quelques paysages, achetés fréquemment par les amateurs, qui ont cru y reconnaître l'œuvre de Jacob. Il mourut le premier, en 1670.

Ch^{er} Alexandre LENOIR.

RUISSEAU, courant d'eau douce de faible volume ayant son origine à quelqu'un des innombrables réservoirs enfermés dans le sein de la terre ou existant à sa surface, et allant se perdre, après un cours plus ou moins long, soit dans la mer, soit dans un fleuve ou une rivière, soit encore dans quelque lac, ou quelquefois s'unissant à d'autres ruisseaux pour former avec eux la source d'une grande rivière. La qualité des eaux des ruisseaux dépend de celle des réservoirs d'où elles proviennent et des terrains sur lesquels elles coulent. Elles sont saines et agréables à boire quand leur lit est formé de sable ou de cailloux, malfaisantes et désagréables au goût quand elles reposent sur un sol marécageux et chargé de matières végétales ou animales en putréfaction. Mais quelles que soient leurs qualités pour l'usage des hommes, elles sont presque toujours bonnes et utiles aux terres cultivées comme aux prairies qu'elles arrosent ; et tout pays où coulent un grand nombre de ruisseaux qui n'en font point un marais, est dans une position très-favorable à l'agriculture.

Dans les villes et les bourgs dont les rues sont pavées, on établit, dans le sens de la longueur de chaque rue, une ou plusieurs lignes de pavés formant, pour faciliter la réunion et l'écoulement des eaux, une rigole à laquelle on a donné le nom de *ruisseau*. Jadis, à Paris comme dans la plupart des autres villes, cette rigole était placée dans le milieu de la longueur de la rue ; alors on n'en faisait qu'une seule : mais depuis une cinquantaine d'années, on a adopté à Paris la méthode de bomber le pavé dans le milieu des rues et de former, en l'abaissant graduellement sur les côtés, une double rigole le long des trottoirs, quand il y en a, ou à quelque distance des maisons quand il n'y a pas de trottoirs. Ce mode a l'avantage, dans les temps d'orages, de diviser en deux les eaux qui s'écoulent, et de diminuer la fréquence de ces grandes accumulations d'eau qui rendaient souvent impraticable pour les piétons le passage dans les rues. On dit figurément : *Les petits ruisseaux font les grandes rivières*, c'est-à-dire plusieurs petites sommes réunies en font une grande. Une chose qui *traîne dans le ruisseau* est une chose triviale, commune, qui ne vaut pas la peine d'être dite ; une *nymphe de ruisseau*, une fille publique.

Ruisseau, enfin, se dit figurément de toutes les choses liquides qui coulent en abondance : *Des ruisseaux de vin*, *des ruisseaux de sang*, coulaient dans les rues ; Ces pauvres enfants versèrent des *ruisseaux de larmes*.

V. DE MOLÉON.

RULE BRITANNIA, chant national des Anglais, composé par Thomson, l'auteur du poème des *Saisons*, et qu'Arne mit en musique. Par son contenu, qui célèbre l'antique liberté anglaise dans un style entraînant et qui revendique la domination des mers pour le royaume insulaire, il se distingue avantageusement des trivialités du *God save the king*, de même que la mélodie en est autrement noble. Aussi la popularité de cet air n'a-t-elle pas faibli un seul instant depuis plus de cent années ; et dans toutes les circonstances solennelles les Anglais ne manquent jamais de l'entonner avec le plus communicatif enthousiasme.

RULHIÈRE (CLAUDE-CARLOMAN DE) naquit en 1735, à Bondy, près Paris. Son père était inspecteur de la maréchaussée de l'Ile-de-France. Après avoir terminé ses études chez les Jésuites, au collège Louis-le-Grand, il entra dans les gendarmes de la garde ; puis il devint aide de camp du maréchal de Richelieu, gouverneur de la Guienne, et il suivit à Bordeaux en 1758 et 1759. C'est à la comtesse d'Egmont, fille du maréchal, qu'il a adressé ses premiers écrits.

En 1760 le baron de Breteuil, nommé à l'ambassade de Russie, l'emmena en qualité de secrétaire. Pendant le séjour qu'il y fit, il fut témoin de la révolution de 1762, qui mit l'impératrice Catherine II sur le trône. Il en avait eu sous les yeux tous les acteurs ; il avait pénétré les intrigues secrètes de la conspiration. A son retour en France il se plaisait à en faire le récit, et il le faisait avec beaucoup d'intérêt. La comtesse d'Egmont le décida à l'écrire ; c'est ce que nous apprend l'épître dédicatoire, datée du 10 février 1768. Ce morceau, que Rulhière intitula *Anecdotes sur la révolution de Russie en l'année 1762*, et dont le sujet piquait si vivement la curiosité publique, eut bientôt un succès de mode, et l'on en sollicitait fréquemment la lecture dans les salons. On assure même que la cour eut aussi le désir de le connaître. L'impératrice ne tarda pas à être informée de ces lectures, et elle chargea Grimm, qui était un de ses agents à Paris, d'employer tous les moyens possibles pour faire disparaître cet ouvrage. On s'adressa au duc d'Aiguillon, alors ministre des affaires étrangères, et à M. de Sartines, lieutenant de police. Rulhière résista aux menaces. Les agents de Catherine tâchèrent alors de le séduire par des avantages pécuniaires; on lui offrit, dit-on, trente mille francs s'il voulait supprimer son écrit, ou du moins modifier quelques traits relatifs à la personne même de l'impératrice. Il s'y refusa; mais seulement il s'engagea à ne jamais le faire paraître du vivant de Catherine. Ce ne fut en effet qu'en 1797 qu'il fut imprimé.

Rulhière avait quitté les gendarmes de la garde, et vers l'année 1768 le duc de Choiseul le destinait à une mission secrète en Pologne, probablement du genre de celle qui fut donnée deux ans après à Dumouriez. Mais au lieu de le faire partir pour cette mission, on le chargea dès-lors d'écrire l'histoire des troubles de Pologne pour l'instruction du dauphin, qui fut depuis Louis XVI. On lui donna toutes facilités pour puiser aux dépôts des affaires étrangères les matériaux dont il pourrait avoir besoin pour ce travail. Le crédit du baron de Breteuil lui fit aussi accorder, en 1771, une pension de six mille livres, dont il a joui jusqu'à sa mort. En 1776 il fit un voyage en Pologne pour aller chercher des renseignements. Il visita Dresde, Varsovie, Berlin, Vienne, interrogeant partout les témoins des événements qu'il avait entrepris de retracer. Il revint à Paris au bout d'un an, et travailla sans relâche à son *Histoire de l'Anarchie de Pologne*, qui l'occupa vingt-deux ans; et il ne l'avait pas encore terminée lorsqu'il mourut.

Monsieur, qui fut depuis Louis XVIII, l'avait nommé secrétaire de ses commandements. Il fut reçu à l'Académie Française, le 4 juin 1787. Cependant, il n'avait guère publié jusque là que son discours en vers sur *Les Disputes*, qui avait concouru pour le prix de poésie de l'Académie Française et que Voltaire fit paraître pour la première fois en 1770, dans un de ces recueils de pamphlets qu'il envoyait de Ferney. Il y joignit cette recommandation : « C'est ainsi qu'on faisait les vers dans le bon temps. » En 1788 Rulhière publia les *Éclaircissements historiques sur les causes de la révocation de l'édit de Nantes*. Dans cet ouvrage, composé à la demande du baron de Breteuil, l'impartialité même avec laquelle il expliquait les causes qui avaient pu égarer Louis XIV mettait dans un plus grand jour les droits des opprimés.

Rulhière, qui toute sa vie avait professé des opinions philosophiques, ne se montra pas néanmoins favorable à la révolution française. Dès 1790, attristé par la marche des événements, il s'était retiré à sa maison de campagne de Saint-Denis; et lorsqu'il venait à Paris, il ne fréquentait plus guère que le club des échecs. Il mourut presque subitement, le 30 janvier 1791, âgé d'environ soixante-six ans. Il laissait inachevée son *Histoire de l'Anarchie de Pologne*, qui fut imprimée en 1807, à l'imprimerie impériale. Dès son apparition, on rendit justice à la chaleur et à l'agrément du style, ainsi qu'à l'art profond avec lequel le livre est composé. On a vanté avec raison la beauté du plan, l'art de mettre en jeu les caractères, et surtout des portraits tracés de main de maître. ARTAUD.

RULHIÈRE (JOSEPH-MARCELIN), général de division et ancien ministre de la guerre, parent du précédent, né le 9 juin 1787 à Saint-Didier-la-Sauve (Haute-Loire). Entré au service en 1807 comme simple soldat, il était déjà lieutenant en 1809 et chef de bataillon en 1813. En 1814 il combattit avec son régiment sous les murs de Paris. Nommé lieutenant-colonel en 1821, il prit part à la campagne d'Espagne, puis à l'expédition de Morée, au retour de laquelle il passa colonel. En 1830 il fut désigné pour faire partie de l'expédition d'Alger avec le 35° de ligne, qu'il commandait alors, Rentré en France en 1831, il fit partie de l'armée du nord, et fut nommé général de brigade en 1832. Appelé à faire partie de la seconde expédition de Constantine, il y gagna ses épaulettes de général de division. De 1837 à 1840, il commanda la division d'Alger, et revint alors en France, où il fut mis en disponibilité. Lors des troubles qui éclatèrent à Toulouse en 1841, on l'y envoya comme commandant de la 10° division militaire. Sa conduite, à la fois prudente et ferme, ramena promptement l'ordre dans cette ville et lui concilia l'estime et l'affection de la population. Il commandait encore à Toulouse lorsque éclata la révolution de Février 1848. Mis d'abord en disponibilité, il fut bientôt atteint par l'arrêté du 17 avril qui brisait la carrière d'une centaine d'officiers généraux. Élu membre de l'Assemblée nationale par le département de la Haute-Loire, il y vota constamment avec la droite. Le 20 décembre 1848, Louis Napoléon lui confia le portefeuille de la guerre, qu'il garda jusqu'au 31 octobre 1849. Membre de la commission permanente de l'Assemblée, il a été mis sur le cadre d'inactivité à la suite du coup d'État du 2 décembre 1851.

RUM. *Voyez* RAUM.

RUMB. *Voyez* BOUSSOLE et RHUMB.

RUMEN. C'est le nom scientifique de la *panse*, ou premier estomac des animaux qui *ruminent*, et qu'on appelle dès lors animaux ruminants.

RUMFORD (BENJAMIN THOMPSON, comte DE), physicien et philanthrope célèbre, naquit en 1752, à Rumford, bourg du New-Hampshire (Amérique du Nord), appelé aujourd'hui *Concord*. Sa famille était d'origine anglaise, et pauvre; et devenu orphelin dès son enfance, il serait demeuré sans instruction si un vénérable ecclésiastique ne s'était point chargé de cultiver les heureuses dispositions qu'il avait reconnues dans cet enfant. La fortune vint aussi bientôt au secours du jeune Thompson; à dix-neuf ans, il épousa une riche veuve, et ne tarda pas, malgré sa jeunesse, à se voir environné de la considération que l'opulence obtient partout. Nommé major de la milice de son canton, en 1772, il s'acquitta de cet emploi avec une capacité que l'étude et l'exercice ne donnent pas toujours. Il prit en même temps ce qu'on nomme l'*esprit militaire*, et adopta des opinions qui influèrent puissamment sur ses destinées. Lorsque les colonies anglaises de l'Amérique du Nord prirent les armes pour conquérir leur indépendance, le major Thompson pensa qu'il était lié par l'honneur et le serment prêté sous les drapeaux de la métropole; il ne les quitta point. Lorsque les Anglais évacuèrent Boston, en 1776, Thompson fut choisi pour porter à Londres la nouvelle des échecs dont cette retraite était la conséquence inévitable; lord Germaine retint l'envoyé près de lui, et le fixa par un emploi dans ses bureaux, puis enfin par une place de sous-secrétaire d'État. Cependant l'Europe ne le possédait pas encore définitivement; il était mécontent du ministère, dont les vues lui paraissaient contraires aux véritables intérêts de l'État; il donna sa démission, obtint de rentrer dans l'armée active, et contribua beaucoup à une nouvelle organisation de la cavalerie anglaise. Il revit encore une fois l'Amérique pour y combattre ses anciens compatriotes et leurs alliés, et gagna sur le champ de bataille le grade de colonel.

Après la paix de 1783, l'électeur de Bavière, dont il avait fait la connaissance à Londres, le pressa d'entrer à son service; et Georges III, par une distinction flatteuse, lui accorda la permission de s'attacher à un prince étranger tout en conservant la demi-solde de son grade dans l'armée anglaise. Ce prince le créa en outre *baronet*. A Munich, le colonel Thompson devint l'âme d'une série de mesures qui augmentèrent sensiblement le bien-être général. C'est ainsi qu'il contribua à l'extinction de la mendicité, à la fondation de maisons de travail et à la création de nouvelles manufactures.

La culture de la pomme de terre n'était pas encore introduite en Bavière; grâce à lui, elle s'y propagea promptement. Une nourriture substantielle, préparée afin de diminuer tous les frais, fut offerte à très-bas prix à la classe pauvre et laborieuse. Elle consistait en une espèce de soupe, qui a gardé le nom de *soupe à la Rumford*. Des cheminées économiques, de son invention, donnèrent le moyen de se chauffer beaucoup mieux, tout en épargnant le combustible, etc. La Bavière devint à cette époque la terre classique des institutions de bienfaisance et du perfectionnement des arts les plus usuels. Les services que le colonel Thompson rendait ainsi à l'État furent récompensés par le grade de lieutenant général des armées bavaroises et par le titre de *comte de Rumford*, nom que l'illustre Américain a porté depuis lors, et qui est resté attaché à ses œuvres.

Durant un voyage qu'il fit en 1799 en Angleterre, ses lumières et son zèle furent mis à contribution ; il eut à fonder et mettre en activité des établissements à l'instar de ceux dont la Bavière lui était redevable ; il propagea ses méthodes économiques, et trouva le moyen d'y ajouter encore quelques perfectionnements. A son retour en Bavière, il se mit à rédiger le seul ouvrage qu'il ait publié, sous le titre d'*Essais et expériences politiques, économiques et philosophiques*. Ce travail était à peine fini lorsque le comte de Rumford perdit son protecteur et son ami, l'électeur Charles-Théodore. Les liens qui l'attachaient à ce pays étant rompus, il vint s'établir en France dès que la tourmente révolutionnaire fut apaisée. Le savant étranger était veuf alors ; il rencontra la veuve de Lavoisier : la convenance des goûts, des opinions, des vues, une parfaite sympathie les rapprocha, et bientôt l'hymen les unit. En 1802 l'Institut s'adjoignit le comte de Rumford, dont les travaux lui furent utiles jusqu'au moment où les infirmités de la vieillesse mirent fin à cette incessante activité. Il habitait Auteuil, près Paris ; et c'est là que la mort vint le frapper, le 22 août 1814.
FERRY.

RUMINANTS (du latin *rumen*, panse). On nomme ainsi une famille de quadrupèdes vivipares dont l'estomac est tellement conformé que les aliments, après y avoir pénétré, reviennent dans la bouche pour y être mâchés une seconde fois : tels sont les brebis, les chameaux, les bœufs, etc. Les *ruminants* sont tous privés de dents incisives à la mâchoire supérieure : les seuls genres du chameau et du musc ont des dents canines à cette mâchoire ; tous les autres en manquent. En revanche, ils sont armés de cornes, que n'ont pas ceux dont la mâchoire supérieure est garnie de dents canines. Un autre caractère des *ruminants* est d'avoir le pied fourchu. Le cochon l'a bien aussi, mais ses sabots postérieurs sont proportionnellement beaucoup plus gros que ceux des ruminants, et il en a quatre à chaque pied, au lieu que le genre d'animaux dont nous parlons n'en a que deux. C'est à la nature fibreuse des aliments végétaux dont se nourrissent les *ruminants*, privés de dents canines supérieures, qu'est due la nécessité d'un second broiement dans la bouche de ces mêmes aliments. Les *ruminants* ont quatre estomacs ou plutôt n'en ont qu'un seul, divisé en quatre parties : la première, formant une vaste poche dont l'intérieur est tapissé de papilles, se nomme la *panse* ; la seconde est le *bonnet*, petite cavité ronde, réticulée en dedans comme un rayon de miel, car chaque réseau a six angles. Le *feuillet*, qui vient ensuite, plus long que large, est intérieurement tapissé de lames ou membranes semblables aux feuillets d'un porte-feuille, d'où lui est venu son nom. La quatrième poche, à parois très-épaisses et ridées, se nomme la *caillette*, parce qu'elle est douée d'une propriété acide qui caille le lait : c'est la seule poche dont fassent usage les *ruminants* encore à la mamelle ; mais dès qu'ils ont été sevrés, les autres poches, d'abord peu développées, prennent beaucoup d'extension. Après la première trituration des aliments dans la bouche, la masse alimentaire, imparfaitement broyée, descend dans la panse, qui la macère et l'humecte, puis elle entre dans le bonnet, où elle s'amollit encore, par l'action d'un suc aqueux que sécrète abondamment cette poche : c'est de là qu'elle remonte dans la bouche par l'œsophage au moyen d'un mouvement de contraction analogue à celui qui a lieu dans le vomissement. Lorsqu'elle a été de nouveau mâchée et mise en bouillie, elle redescend une seconde fois par l'œsophage, et pénètre immédiatement dans le feuillet, puis dans la caillette, où s'achève la digestion. Les chameaux, comme on le croit vulgairement, ne conservent pas l'eau qu'ils boivent dans la poche dite *bonnet* ; mais c'est celle-ci qui, par une prévoyance admirable de la nature, sécrète de la masse du sang une énorme quantité de suc aqueux, qui sert de boisson à ces animaux durant les longues courses qu'ils font dans le désert.

Dans la classe des oiseaux, ce sont les gallinacés qui représentent les ruminants, car ils ont trois estomacs ou poches, dont celle dite *gésier* fait la fonction de la rumination en triturant les graines ramollies dans les autres poches : les ruminants, dont l'estomac n'a pas cette faculté de triturer, sont obligés de faire remonter la masse alimentaire dans la bouche pour l'y remâcher. L'estomac des carnivores, simplement membraneux, est incapable des mêmes contractions que celui des ruminants. La graisse de ces animaux, dont les mœurs sont douces et pacifiques, est presque solide comme du suif, et leur lait, très-épais, est le seul usité pour faire du fromage, qu'on ne pourrait obtenir du lait trop séreux, rance et désagréable des carnivores.

RUMJANZOFF. *Voyez* ROUMJANZOFF.

RUMMEL. *Voyez* OUED-RUMMEL.

RUNDJIT-SINGH ou mieux RANDJIT-SINGH, souverain des Sikhs, dans le Pendjab (Indes Orientales), appelé ordinairement par les Européens *roi de Lahore*, né en 1782, était fils de *Maha-Singh*, serdar d'un des *missouls* ou districts des Sikhs, qui mourut de bonne heure, de sorte que Rundjit-Singh lui succéda à l'âge de douze ans dans la souveraineté de son *missoul*, sous la tutelle de sa mère, qu'il empoisonna, dit-on, à l'âge de dix-sept ans, afin de pouvoir désormais régner seul. Le trésor important et l'influence sur les districts voisins dont il hérita de son père lui permirent dès les premières années de son règne d'accroître considérablement sa domination et sa puissance. Un service qu'il eut occasion de rendre à Simân, schah des Afghans, lui valut de ce prince la concession de Lahore à titre de fief. Il rendit en outre ses tributaires divers *serdars* de sa propre nation, et enleva même aux Afghans quelques places situées sur la rive occidentale de l'Indus. Le traité qu'il signa le 5 décembre 1805 à Ludianah, et qui fixa le Sutledge pour servir de ligne de démarcation entre son territoire et celui des possessions britanniques, lui permettant d'entreprendre des conquêtes dans le Pendjab et l'Afghanistan, il déploya dès lors une énergie extrême pour atteindre le but assigné à son ambition. A cet effet, il chercha à fortifier son armée en l'organisant, à l'aide de déserteurs anglais, sur le modèle des cipayes anglo-indiens, et en la transformant en armée régulière. Dès 1812 aucune des armées du Pendjab n'était en état de lui résister, et quelques années après il ne restait plus dans le Pendjab que trois *missouls* indépendants. En 1813 il s'empara d'Atiok par trahison, et en 1818 il prit Moultân d'assaut. En 1819 Kaschmyr tomba en son pouvoir, et il se donna alors le titre de *Maharadschah*, qui veut dire *roi des rois*. En 1822 il prit à son service deux anciens officiers de l'armée de Napoléon, Allard et Ventura, lesquels, avec le concours de plusieurs autres officiers européens, organisèrent complètement son armée à l'européenne, et la mirent sur le pied le plus respectable. C'est de la sorte qu'il lui fut possible de devenir souverain unique de tout le Pendjab et de s'étendre même à l'ouest de l'Indus, où en 1829 il enleva aux Afghans la province de Peshawer. Dans l'intervalle, et par suite de ses nombreuses conquêtes, il s'était maintes fois trouvé en contact avec les Anglais. Les deux parties s'observaient d'un œil de défiance ; mais comme il était dans leurs intérêts réciproques de se ménager, il n'éclata jamais de collision entre elles ; tout au contraire, elles s'efforcèrent de dissimuler leurs craintes mutuelles en prenant le masque d'une trompeuse amitié. Dans les dernières années de sa vie, ses entreprises se bornèrent à des querelles avec les Afghans, qui l'inquiétèrent vivement mais dans la possession de Peshawer, et empêchèrent de ce coté tous progrès ultérieurs de ses armes. En 1838 Rundjit-Singh entra en négociations avec les Anglais pour la conclusion d'une alliance plus étroite ; mais il mourut l'année suivante, le 27 juin 1839 (*voyez* SIKHS).

RUNES. On appelle ainsi les caractères particuliers d'écriture des anciens Germains. La signification primitive du mot *runa* étant *mystère*, leur nom désigne en réalité « des signes mystérieux, ayant besoin d'une interprétation ». Leur forme indique clairement qu'ils proviennent de l'alphabet gréco-phénicien ; mais on n'a pu encore apprendre comment ni à quelle époque ils arrivèrent aux Germains. Le plus ancien alphabet *runique* contenait quinze caractères pour les sons *f, u, th, o, r, k, h, n, i, a, s, t, b, l, m*, et éprouva une double continuation : l'une, chez les *Nordmanns* du Danemark, de la Norvège et de la Suède ; l'autre chez les Anglo-Saxons et les Goths. Les *Nordmanns* y ajoutèrent d'abord un caractère qui représentait en même temps l'*r* accompagnée d'un son vocal sourd et une voyelle imaginée plus tard ; ensuite, à partir du onzième siècle, ils donnèrent aux caractères représentant *k, i, t, b*, au moyen d'un point inscrit, la valeur dérivative de *g, e, d, p*; et enfin ils adoptèrent encore un petit nombre de caractères d'une valeur limitée, pour des sons subordonnés. Les Anglo-Saxons développèrent plus vigoureusement l'alphabet, en constituant au moyen de certains changements, retranchements ou additions faits aux anciens caractères, de nouveaux caractères pour les sons ayant entre eux de l'affinité, en faisant par exemple du *b* un *p* et un *v*, de l'*a* un *d* et un *ò*. C'est ainsi qu'avant la conquête de l'Angleterre ils avaient déjà porté leur alphabet (ordinairement appelé, du nom des six premiers runes, *futhork*) à vingt-quatre caractères pour les sons *f, u, th, o, r, k, g, v, h, n, i, ge* (l'*i* et le *j*), *eo, p* (*lw*), *q, t, b, e, m, l, gg* (l'*i* et l'*ng*), *d, é* (ou *œ*) ; et après la conquête ils ajoutèrent par le même procédé d'autres voyelles pour les sons *d, ü, y* et *ea*, indépendamment desquels existaient encore quelques autres caractères, d'une valeur secondaire (pour *st, cv*, etc.). Il est démontré que dans l'Allemagne proprement dite les runes étaient en usage depuis une époque très-reculée ; mais on en ignore la configuration, car les runes dits *marcomans*, dont Hrabanus Maurus fait pour la première fois mention au neuvième siècle, ne sont vraisemblablement qu'un remaniement des runes anglo-saxons opéré pour la première fois à cette époque par les savants, et qui par conséquent n'était point destiné à l'usage pratique. L'introduction du christianisme amena l'abandon des runes, mais non pas partout de la même manière. Au quatrième siècle Vulfila créa à l'usage des Goths un alphabet complétement nouveau, mélange ingénieux d'un alphabet de vingt-cinq caractères se rapprochant beaucoup de l'alphabet anglo-saxon et de l'alphabet grec, et composé de telle sorte qu'il unissait et confondait, toutes les fois que cela se pouvait faire, les caractères correspondants des deux alphabets, et qu'il employait, en cas d'impossibilité absolue, tantôt le caractère grec, tantôt le caractère runique, toujours de la manière la plus rationnelle. Au contraire, chez les peuplades de l'ouest et du nord, dont la conversion au christianisme fut l'œuvre de l'Église romaine, l'alphabet romain remplaça tout de suite l'alphabet runique ; et c'est seulement chez les Anglo-Saxons et les Scandinaves qu'on admit dans le nouvel alphabet, d'origine étrangère, quelques caractères runiques, à l'effet d'exprimer certains sons pour lesquels il n'existait pas de signes représentatifs dans l'alphabet latin. Toutefois, les runes semblent ne pas avoir à l'origine servi à l'usage d'écriture véritable, mais uniquement à des buts religieux consistant en général à interroger le sort et à prophétiser. D'après les plus anciens documents, ceux que Tacite nous fournit dans sa *Germania*, on faisait avec des branches d'un arbre sauvage et portant des fruits, notamment des branches de hêtre, de petits bâtons sur chacun desquels on gravait un rune, et après les avoir secoués on les dispersait sur un morceau d'étoffe déplié ; on cherchait ensuite à trouver un sens dans les caractères des runes que juxta-posait le hasard. Il s'agissait de trouver pour les runes ainsi recueillis un vers dans lequel les

bâtons runiques fonctionnassent comme bâtons rimants. Ce n'est pas d'ailleurs seulement sur la forme, mais encore sur le contenu du vers cherché, que les runes pouvaient exercer une grande influence en raison de leurs noms, puisque ceux-ci présentaient pour chaque rune un substantif déterminatif dépendant du son de ce rune. C'est ainsi, par exemple, que les runes anglo-saxons correspondant à nos lettres *f, o, r, b, l*, s'appelaient : *feoh* (bétail), *ôs* (Dieu), *rad* (char), *beorc* (bouleau), *lagu* (mer ou cours d'eau) ; et que par une synonymie de formes toute particulière, poussée plus tard dans la poésie des skaldes du Nord jusqu'au comble de la subtilité et de l'exagération, le domaine de ces noms comprenait à peu près tout le cercle des idées alors en circulation, comme l'expliqueront les exemples suivants : *os* et *rad*, réunis, expriment le char-Dieu, c'est-à-dire le dieu Thor, tandis que *lagu* et *rad*, réunis, donnent mer-char, c'est-à-dire navire. En outre, chaque nom de rune en particulier pouvait représenter toute une série d'idées connexes. Ainsi *feoh* ne signifie pas seulement bétail, mais richesse en général, et toutes les diverses choses qu'on comprend au nombre des richesses, comme l'or, les anneaux, etc. ; *beorc* représentait tout nom féminin d'arbre ; et suivant une symbolique mystérieuse, qui nous paraît bien étrange, tout nom féminin d'arbre associé à un nom compris dans la richesse, par exemple, « bouleau d'or », équivalait à *femme* ; et, au contraire, tout nom masculin d'arbre associé à un synonyme de *feoh*, voulait dire *homme*, etc. Sans doute la signification des runes ne fut pas tout de suite aussi subtile, et elle semble au contraire avoir été d'autant plus simple qu'on remonte plus haut dans l'antiquité ; mais de très-bonne heure elle supposa aussi une certaine habileté et l'habitude de manier les formes épiques, de sorte que pour les posséder il fallut les apprendre, et qu'elles devinrent un objet d'enseignement, comme en témoignent expressément les anciennes poésies et traditions. Sous l'empire d'une telle idée, la représentation de la signification et de la puissance des runes alla si loin, qu'on les confondit en quelque sorte avec ce qu'il y avait de vivant dans les objets dont il était question, et qu'on crut influer sur l'essence intime des choses quand on opérait sur leurs runes. C'est ainsi que les runes arrivèrent à être des moyens presque indispensables non-seulement pour consulter le sort et prédire, mais encore pour les actes mêmes du sacrifice et de l'enchantement qui s'y rattachaient, en même temps qu'un préservatif contre tous les maux dont on était menacé, le moyen d'obtenir une guérison espérée ou souhaitée ; c'est ainsi, enfin, que leur connaissance arriva à former une science importante, on pourrait même dire systématique, à l'égard de laquelle nous ne possédons plus que quelques débris d'indications tronquées.

Que si à l'origine le rune était une lettre dans le sens le plus strict du mot, un signe vocal gravé sur un petit bâton de hêtre, il en vint à ne plus être qu'une lettre dans le sens qu'on attache aujourd'hui à ce mot, qu'un signe vocal applicable à tout endroit d'un mot. Cela arriva vraisemblablement à l'époque où les Germains apprirent des peuples leurs voisins l'usage de l'écriture romaine en lettres, et dès lors à faire servir leurs vieux signes indigènes aux mêmes usages. Toutefois, les runes ne furent jamais employés dans une large mesure comme caractères d'écriture. Outre qu'on les gravait isolément, avec leur ancienne valeur de caractères mystérieux, préservatifs et protecteurs, sur une foule d'objets, tels que cornes à boire, avirons, armes, etc., on ne les employait le plus généralement que pour de courtes inscriptions sur bois, sur métal et (beaucoup plus souvent à partir du neuvième siècle) sur pierre, par exemple pour pierres tumulaires ou commémoratives, calendriers, etc. ; et ce ne fut que très-rarement qu'on s'en servit pour écrire sur du parchemin avec plume et encre, ou encore pour transcrire des livres. Ils demeurèrent pourtant en usage pour inscriptions plusieurs siècles encore après l'introduction du christianisme, et on a retrouvé plusieurs milliers de monuments de ce genre, la plupart en Scandinavie, mais un très-petit nombre seulement dans la Grande-Bretagne. La plus ancienne inscription runique appartenant à l'alphabet anglo-saxon que l'on connaisse se trouvait sur une corne d'or trouvée en 1734 à Gallehuus, non loin de Tondern, puis placée ensuite au musée royal de Copenhague, où elle fut volée par des malfaiteurs, qui la firent fondre. Elle remontait au quatrième siècle de notre ère, et a été d'une grande utilité pour l'intelligence de l'écriture runique. La plus ancienne après celle-ci, suivant toute apparence, et qui n'est pas d'une importance moindre, se trouve sur une bractéate d'or du musée de Stockholm, et présente un ancien alphabet anglo-saxon complet de vingt-quatre caractères. Dès le seizième siècle on s'occupa dans le Nord de réunir des inscriptions runiques; mais leur interprétation donna lieu aux systèmes les plus divers et souvent les plus hasardés: aussi les anciens ouvrages relatifs aux runes n'ont-ils plus guère de valeur aujourd'hui qu'en raison des matériaux et des documents qu'ils peuvent contenir. Ce qu'on y trouvait d'utile et d'applicable pour la théorie et l'histoire des runes a été réuni et exposé par Brynjulfsen dans son *Periculum runologicum* (Copenhague, 1823); ouvrage dont la donnée a été complétée par Liljegren dans sa *Runlæra* (Stockholm, 1832), au moyen d'additions et d'explications sur le sens des inscriptions. G. Grimm est le premier qui ait donné une base scientifique certaine à la théorie des runes, en établissant des distinctions précises entre les espèces d'écritures runiques, et en procédant historiquement (*voyez* ses essais *Sur les Runes Allemandes* [Gœttingue, 1821] et *Sur la Littérature Runique* [Vienne, 1828]). Depuis lors elle a encore été élucidée par les travaux de l'Islandais Finn Magnussen, de l'Anglais Kemble et du Danois Worsaae.

RUNIQUES (Bâtons, Caractères, Inscriptions). *Voyez* Runes.

RUPERT ou **RUPRECHT** (Le prince), troisième fils du malheureux électeur palatin Frédéric V, et d'Élisabeth d'Angleterre, né en 1609, à Prague, combattit les Impériaux pendant la guerre de trente ans, fut fait prisonnier en 1638, et languit dans la captivité jusqu'en 1642, époque où il put se rendre en Angleterre, auprès de son oncle Charles Ier, qui lui conféra le titre de *duc de Cumberland*. Dans la guerre civile il commanda avec autant de bravoure que d'impétuosité la cavalerie de l'armée royale contre les parlementaires; mais il fut battu en 1644, à Marston-Moor. Après le désastre de Naseby, où il commandait l'aile gauche, il se renferma dans Bristol, qu'il abandonna bientôt à Fairfax, général de l'armée du parlement. Charles Ier lui enleva en conséquence son commandement. Après le supplice du roi, il prit le commandement d'une partie de la flotte restée fidèle aux Stuarts, fit alors une guerre de corsaire aux Anglais, et finit par se réfugier, en 1654, en France, où Charles II, devenu plus tard roi, vendit ses vaisseaux au gouvernement. Après la restauration, le princeRupert retourna en Angleterre, et fut comblé de faveurs et de dignités par Charles II, qui lui donna place au conseil d'État. En 1665 il commanda avec Monk, puis seul en 1673, comme amiral, la flotte anglo-française contre les Hollandais, quoiqu'il désapprouvât en principe cette guerre. Il mourut en 1682, à Londres, avec le titre de gouverneur de Windsor. Le prince Rupert s'occupait de sciences naturelles avec autant de zèle que de succès, et possédait surtout des connaissances très-étendues en physique et en chimie; aussi passait-il dans l'opinion du peuple pour avoir conclu un pacte avec le diable. On lui est redevable d'un grand nombre d'inventions et d'établissements utiles, par exemple le mélange connu sous le nom de *métal du prince* pour la fabrication de bonnes pièces d'artillerie, et de la création de la *Compagnie de la Baie d'Hudson*. C'est lui aussi qui introduisit en Angleterre la gravure en *mezzo tinto*.

RUPERT'S ou **RUPRECHT'S LAND.** *Voyez* Hudson (Terres de la baie d').

RUPICOLES ou **COQS DE ROCHE**, genre d'oiseaux de l'ordre des passereaux, remarquables par la disposition et la forme de leurs plumes sur quelques parties de leur corps, par la fraîcheur et la délicatesse des couleurs qui les parent. Ces couleurs sont si tendres et si fugitives, que l'air et le simple contact de la lumière suffisent pour les ternir en peu de temps. Ils habitent les fentes profondes des rochers, les grandes cavernes obscures où la lumière du jour ne peut pénétrer, et se laissent difficilement approcher. Rangés par Linné dans son genre *Pipra*, ils ont été séparés génériquement par Brisson, sous le nom de *Rupicola*; classification adoptée depuis par tous les ornithologistes. Ils sont caractérisés comme suit: Bec médiocre, robuste, un peu voûté, convexe en dessus, comprimé vers le bout; à mandibule supérieure échancrée et crochue à son extrémité; à mandibule inférieure plus courte, droite et aiguë; des narines ovales, grandes, ouvertes latéralement, et recouvertes par les plumes du front disposées en huppe; des tarses robustes, annelés; des doigts externes étroitement unis jusqu'au milieu; un pouce long, épaté, et fort; des ongles robustes et très-crochus; des ailes moyennes, et une queue courte et arrondie.

RUPPELL (Édouard), célèbre par ses voyages scientifiques en Afrique, né le 20 novembre 1794, à Francfort-sur-Mein, fut d'abord destiné au commerce, et fonda à Londres un établissement. Le climat de l'Angleterre convenant peu à sa constitution, il y renonça au bout d'un an pour aller passer quelque temps au midi de la France et en Italie. Il se rendit ensuite, au compte et dans les intérêts d'une maison de Livourne, à Alexandrie et au Caire. De cette ville, il accompagna le ministre d'Angleterre auprès de Méhémet-Ali dans un voyage sur le Nil supérieur et dans la haute Égypte. Revenu en Europe en 1818, et renonçant alors définitivement à la carrière commerciale, il alla prendre à Gênes des leçons d'astronomie sous de Zach, et étudia deux années à Pavie.

De retour dans sa ville natale en 1821, il conçut le projet d'un grand voyage scientifique en Nubie dans le Kordofan, qu'il exécuta en société avec un de ses compatriotes, appelé Hey. Celui-ci mourut en route, en 1824; plus heureux, Ruppell revint en Europe en 1828, et publia alors ses *Voyages en Nubie, dans le Kordofan et l'Arabie Pétrée* (Francfort, 1829), avec un atlas d'histoire naturelle. Dès 1830 il retourna en Égypte, et le 1er février 1833 il entrait à Gondar, capitale de l'Abyssinie, d'où il revint encore une fois en Europe, en 1834, chargé d'une abondante récolte de matériaux relatifs à l'histoire de l'Abyssinie; et il fit alors paraître la relation de son nouveau voyage. Les collections qu'il avait rapportées périrent, malheureusement pour la science, dans un naufrage sur les côtes de France. Ce ne fut qu'en 1836 qu'on en retrouva quelques fragments à l'aide de fouilles pratiquées sur la côte; et Ruppell en fit don à la bibliothèque de la ville de Francfort, qui depuis lors lui fait une pension annuelle de 1,000 florins.

RUPRECHT (Le prince). *Voyez* Rupert.
RUPRECHT dit *le Bon*, élu empereur d'Allemagne en 1400. *Voyez* Robert.
RUPTILES. *Voyez* Déhiscence.
RUPTURE (du latin *ruptura*, fait de *rumpere*, rompre, briser). En pathologie, c'est une solution de continuité d'un ou de plusieurs tissus, dont les bords sont frangés, inégaux, produits spontanément ou causés par la contraction musculaire. Il y a des *ruptures* de veines, d'artères, de tendons, de certaines viscères, du cœur, de l'estomac, des intestins, de la matrice, du nerf optique, de l'œsophage, etc.

RUPTURE DE BAN. *Voyez* Ban.
RUSCHENIS, nom d'un ordre particulier de derviches.
RUSE, adresse, art, finesse, moyen subtil dont on use pour en imposer aux autres. Seul, ce mot se prend toujours en mauvaise part: Il ne faut pas avoir de *ruses*; On dit

qu'il y a des *ruses innocentes* : j'y consens, mais je n'en veux avoir ni de celles-là ni d'autres.

L'*adresse* est l'art de conduire ses entreprises d'une manière propre à y réussir ; la *souplesse* est une disposition à s'accommoder aux conjonctures et aux événements imprévus ; la *finesse* est une façon d'agir secrète et cachée ; la *ruse* est une voie cachée pour aller à ses fins ; l'*artifice* est un moyen recherché et peu naturel pour l'exécution de ses desseins. Les trois premiers de ces mots se prennent plus souvent en bonne part que les deux autres.

L'*adresse* emploie les moyens, et demande de l'intelligence ; la *souplesse* évite les obstacles, elle vent de la solidité ; la *finesse* insinue d'une manière insensible, elle suppose de la pénétration ; la *ruse* trompe, elle a besoin d'une imagination ingénieuse ; l'*artifice* surprend, il se sert d'une dissimulation préparée. Ch.^{er} DE JAUCOURT.

On appelle *ruses de guerre* ou *stratagèmes* les différents moyens qu'on emploie pour tromper et surprendre l'ennemi. Suivant Thucydide, la plus belle des louanges qu'on puisse donner à un général d'armée est celle qui s'acquiert par la *ruse* et le *stratagème*. Les Grecs étaient maîtres passés en cet art. Homère dit qu'il faut faire du pis qu'on peut à son ennemi, et qu'avec lui la tromperie, de quelque espèce qu'elle puisse être, est toujours permise. Grotius paraît être du même avis. Dans son traité *De Jure Pacis et Belli*, il accumule un grand nombre d'autorités respectables et très-favorables aux ruses et fourbes militaires. Tout est permis à un général, tout jusqu'au mensonge. Bon nombre de théologiens et même quelques saints, entre autres Chrysostôme, n'hésitent pas à déclarer les empereurs qui avaient usé de surprise, de *ruse* et d'*artifice* pour réussir dans leurs desseins, étaient très-louables. Et ils ont bien raison : l'Écriture n'est-elle pas toute remplie de stratagèmes et de *ruses de guerre ?* La victoire, qui s'acquiert par la force et la supériorité du nombre est ordinairement l'ouvrage du soldat ; mais celle qu'on remporte par la ruse et par l'adresse est uniquement due à celui-ci. Tout général qui n'est pas rusé et un pauvre général. Ch.^{er} de FOLARD.

RUSGONIA ou RUSGONUM, ville romaine ruinée, sur les côtes de l'Afrique septentrionale, à l'extrémité occidentale du cap Matifoux, dans la baie d'Alger. Les ruines de cette ville occupent un vaste espace, de forme circulaire, un peu allongée. La côte, qui est légèrement escarpée, leur sert de limite sur un de ses côtés. Quelques édifices, composés de demi-voûtes et des tronçons de colonnes épars, semblent indiquer les restes d'anciens bains. *Rusgonia* fut, dit-on, un port célèbre ; ses ruines annoncent bien une grande ville, mais il ne reste aucune trace du port qui a pu y exister autrefois. Seulement, un peu au nord de ces ruines il y a un bon mouillage.

RUSMA. *Voyez* DÉPILATOIRES.

RUSSELL, nom d'une antique famille originaire de Normandie, et venue en Angleterre avec Guillaume le Conquérant. Cependant, la considération dont ellejouit ne date guère que de John RUSSELL, rusé gentilhomme du Dorsetshire, dont le domaine était situé près de Bridport. Une tempête ayant forcé l'archiduc Philippe, père de Charles Quint, de relâcher à Weymouth, le prince eut occasion de faire connaissance avec Russell, qu'il emmena avec lui à la cour de Henri VII, lequel le créa gentilhomme de sa chambre. Sous Henri VIII, auprès de qui il jouit d'une grande faveur, Russell fut nommé d'abord grand-amiral, puis baron de Cheneys en 1539 et garde du sceau privé. Le roi lui fit en outre don de biens considérables provenant de confiscations ecclésiastiques, notamment de l'abbaye de Tavistock et de *Woburn-Abbey*. Pendant la minorité d'Édouard VI Russell fut membre du conseil de régence, puis obtint en 1550 le titre de *comte de Bedford* ; et malgré ces antécédents, il sut si bien se faire venir de la reine Marie, que cette princesse l'envoya en Espagne pour ramener en Angleterre son époux, Philippe II. John Russel mourut le 14 mars 1555.

RUSSELL (WILLIAM, lord), chef célèbre de l'opposition sous Charles II, était fils du *cinquième* comte de Bedford et né le 29 septembre 1639.

[La liberté, antique et immortelle religion de l'homme, a ses héros, qui, d'Aristogiton au vieux Brutus, et de Brutus à Tell et à Washington, ont eu la gloire de briser le joug de la tyrannie. Elle a ses apôtres, qui de Gracchus à Franklin, et de Franklin à Mirabeau, ont évangélisé la rénovation de leur patrie et du monde. Elle a ses martyrs, sanctifiés par les tortures, consacrés par le sang, Caton, Barneveldt, Sidney, Russell, Padilla ; tous puissants par le caractère, dominateurs par la pensée, rois par la parole, tous venus trop tard pour l'indépendance de l'humanité, tous venus trop tôt pour leur bonheur, et que le présent a massacrés parce qu'ils ouvraient au monde un avenir qu'il ne comprenait pas.

William Russell est l'un des plus intéressants de ces martyrs. Son père, le cinquième comte de Bedford, est le type d'une vie bien différente de la sienne. Fait chevalier de l'ordre du Bain par Charles Ier, il avait accepté du parlement le commandement de la cavalerie contre ce même roi. Lassé d'une guerre civile sans profit, il quitta le parlement pour le roi. Ses biens furent séquestrés ; mais transfuge de nouveau, il accepta le *covenant* pour faire lever le séquestre. Puis, il se ligua bientôt avec les royalistes qui préparaient le retour de Charles II, et ce prince lui conféra l'ordre de la Jarretière. Il ne put ni obtenir la grâce de son fils ni racheter cette illustre vie, et n'en resta pas moins à la cour. Appelé par Jacques II au conseil à l'effet d'aviser aux moyens de combattre l'invasion du prince d'Orange ; bientôt après il devenait membre du conseil privé de Guillaume III, qui le fit lord-lieutenant du comté de Middlesex, *marquis de Tavistock* et *duc de Bedford*.

Je n'ai pas voulu passer sous silence cette biographie étrangère à mon sujet, et qui ressemble à celle de tant de mes contemporains : gens qu'on dit habiles parce qu'au besoin ils laissent leur honneur sur leur route, leur famille dans les prisons, leur race sur l'échafaud, et qui croient avoir conquis le but parce qu'ils ont atteint la fortune, les dignités et le pouvoir. Tel n'était certes pas ce William Russell, l'idole de Charles Fox, dont le nom est l'orgueil des Anglais et la vénération de tous les patriotes. Sa naissance lui imposait une éducation politique ; mais grâce aux soins de son instituteur, John Thornton, elle fut aussi religieuse ; et du meurtre de Charles Ier à l'expulsion de Richard Cromwell sa vie se passa dans les pratiques d'une religiosité aussi pure qu'éclairée. Quand une fois Charles II fut rétabli sur le trône de ses ancêtres, telle fut la corruption de son règne que, pour échapper à l'immoralité de la cour, lord William Russell s'unit à la veuve de lord Vaughan, Rachel Wriothesley, fille du comte de Southampton (née en 1636, morte le 29 septembre 1726), femme digne de lui à tous égards, demeurée dans l'histoire un modèle de piété conjugale, et de laquelle on possède un *Recueil de Lettres*, souvent réimprimé. Charles II avait vendu Dunkerque à la France ; il avait commencé une guerre désastreuse contre la Hollande ; il avait livré son royaume à ce ministère si tristement célèbre sous le nom de *cabale*. Il tendait à la destruction des libertés de la vieille Angleterre et du droit de représentation. Une opposition devait nécessairement surgir dans les chambres au cri de détresse et d'effroi poussé par la Grande-Bretagne. Les communes ayant déclaré qu'aucune loi ne pouvait être suspendue qu'en vertu d'un acte du parlement, le ministère de la *cabale*, désorganisé, fut dissous. Russell et l'opposition triomphèrent, et bientôt même les communes refusèrent à Charles II tout nouveau subside. Alors Russell fit de l'état de l'Angleterre un tableau qui le plaça à la tête de l'opposition ; et de ce moment commença pour lui une vie de sacrifices qui devait finir par l'échafaud. Cette vie d'opposition eût ressemblé à bien d'autres ; deux nécessités en firent une existence à part. La peur du rétablissement de la religion catholique fit surgir et discuter publiquement la grande question du *droit de résistance armée à une* oppression *tyrannique*. De sinistres pressentiments sur l'avénement du duc d'York soulevèrent cette autre, *le droit d'interrompre l'hérédité légitime dans une dynastie régnante*. Ces graves débats peuvent survenir toujours et partout comme des faits que la force consacre ; mais ce n'est qu'après des révolutions, et quand le sang des rois a coulé sur l'échafaud, que les peuples osent les ériger en droit. En soulevant ces deux questions, Russell joua sa tête ; il le savait, et ne fut pas effrayé de l'enjeu. Il est dans l'opposition une inévitable nécessité à laquelle les chefs ne sauraient se soustraire : toujours les hommes qui veulent détruire un gouvernement se cacheront derrière ceux qui ne veulent que l'améliorer. C'est là un malheur qui éloigne de l'opposition une foule de gens de bien, qui partagent ses principes par sentiment et par conviction, mais qui à aucun prix ne voudraient qu'on pût les confondre avec les intrigants ou les factieux.

S h a f t e s b u r y avait ramassé les mécontents de tous les partis, les débris de toutes les révolutions, de toutes les révoltes, de toutes les conspirations, et formé le complot de *Rye-House*. Ce complot fut découvert, et le nom de Russell se trouva compromis sur un simple ouï-dire. Sa maison fut surveillée ; Russell pouvait fuir, mais ni lui ni sa femme non plus que ses amis ne voulurent qu'il demandât à l'exil un salut qu'il devait attendre de la justice de son pays. Russell fut conduit devant Charles II, qui lui dit : « Aucun ne vous soupçonne de desseins contre ma personne, mais on vous accuse de projets contre mon gouvernement. » Il fut de là mené à la Tour, et malgré les paroles du roi, il fut accusé d'avoir conspiré et résolu de tuer le roi. Quoiqu'on n'eût rien pu prouver contre Russell, il n'en fut pas moins déclaré coupable de haute trahison, et comme tel condamné à mort. Lady Russell, le comte de Bedford, son père, implorèrent sa grâce : le roi la refusa, pour satisfaire les vengeances du duc d'York.

Russell en avait dès lors fini avec le monde : restaient sa famille et sa conscience. Il persista, malgré les docteurs Burnet et Tillotson, dans son opinion sur le *droit de résistance*. « Une nation, leur disait-il, a le droit de défendre sa religion et ses libertés lorsqu'on vent les lui ravir. » A l'heure du souper : « Faisons ensemble, dit-il à ses enfants, le dernier repas que je ferai sur la terre. » En se séparant de lady Russell, il prit sa main : « Cette chair que vous sentez encore, lui dit-il, dans peu d'heures sera glacée ; » et lorsque sa femme l'eut quitté, au milieu des sanglots et des angoisses, Russell s'écria : « Maintenant l'amertume de la mort est passée... Le temps a fini pour moi, et l'éternité commence. » Il mourut le 21 juillet 1683, comme il avait vécu, avec le même courage et la même piété.

Jacques II, fauteur de la mort de William Russell, appela son père au conseil privé lors de l'invasion du prince d'Orange. « Mylord, lui dit-il, vous avez du crédit, et vous pourriez me rendre service. — Ah, sire ! que puis-je pour votre majesté ? Je suis vieux et faible. Autrefois j'avais un fils ! » Réponse terrible, qui dénote le monarque comme l'expiation du crime, sans peut-être soulever de remords : tant les forfaits politiques ont de mystères et de ténèbres !

Il est peut-être inutile d'ajouter qu'après le couronnement de Guillaume III l'arrêt de Russell fut cassé et sa mort proclamée un *assassinat*. Guillaume III déclara Russell l'ornement de son siècle, le modèle de la postérité, « et son nom, ajoutait-il, ne sera jamais oublié tant que les hommes conserveront quelque estime pour la sainteté des mœurs, pour la grandeur d'âme et pour l'amour de la patrie constant jusqu'à la mort ». Le monde a fait mieux que les parlements et les rois : il n'a pas condamné Russell innocent, et il le vénère comme un saint courage et un immortel caractère. J.-P. PAGÈS, de l'Ariège.

Un cousin de lord William Russell, lord *Édouard* RUSSELL, né en 1651, fut créé *comte d'Oxford* en 1697, et mourut en 1727.

RUSSELL (Lord JOHN), aujourd'hui l'un des hommes d'État les plus distingués de la Grande-Bretagne, né en 1792, est le fils cadet du duc de Bedford, mort en 1839. Entré dès 1814 à la chambre des communes, il s'y associa, à l'instar de tous les membres de sa famille, à la politique libérale et progressive du parti whig ; et il défendit notamment avec chaleur le projet de la réforme parlementaire dans chacune des sessions qui s'écoulèrent jusqu'au vote de cette grande et réparatrice mesure, soit en secondant les motions faites dans ce but par ses amis politiques, soit en en présentant lui-même. Le parlement ayant été dissous en 1826, il ne fut point réélu par le comté d'Huntington, qu'il avait jusque alors représenté, parce qu'il s'était prononcé en faveur de l'émancipation des catholiques. En revanche, il fut élu en Irlande ; et dans le nouveau parlement il figura parmi ceux qui prirent alors le plus chaleureusement en mains la cause de la Grèce. En 1828 il réussit à déterminer les ministres à supprimer l'acte du *test* et le bill des corporations. L'année d'après, il appuya le gouvernement lorsque celui-ci soumit à la sanction législative l'émancipation des catholiques. Quand, en novembre 1830, l'administration tory dut céder la place à un ministère présidé par lord Grey, lord John Russell fut nommé trésorier de l'armée, et bientôt après obtint un siége dans le cabinet. C'est en février 1831 que ses collègues le chargèrent de présenter le célèbre bill de la r é f o r m e parlementaire ; et dans la lutte, aussi longue qu'opiniâtre, qui s'engagea alors, il déploya tant de talent et d'énergie, qu'il réussit enfin à faire adopter cette grande mesure. En novembre 1834 il dut se retirer du ministère avec ses collègues ; et à la réouverture du parlement, en février 1835, redevenu chef de l'opposition, il fit adopter par la chambre la clause d'*appropriation*; succès qui força les tories à résigner encore une fois le pouvoir. Dans le nouveau cabinet formé alors sous la présidence de lord Melbourne, il fut nommé secrétaire d'État de l'intérieur, et eut en cette qualité à réprimer les menées subversives des chartistes et des radicaux. Appelé en 1839 à faire partie du conseil des colonies, il simplifia cette partie de l'administration, favorisa l'émigration, et prit une part active à toutes les affaires relatives à la Jamaïque et au Canada. Pour donner satisfaction aux réclamations qui s'élevaient de tous côtés contre la législation des céréales, il proposa en 1840 l'établissement d'un droit fixe de 8 shillings par *quarter* de blé à l'importation ; mais en août 1841 lui et ses collègues durent résigner leurs portefeuilles et abandonner la solution de cette importante question à une administration présidée par Peel. Il entra alors au parlement comme représentant de la cité de Londres ; et après avoir appuyé le gouvernement sur les diverses questions relatives à la liberté commerciale, à l'amélioration du sort des classes laborieuses et au maintien de la paix publique en Irlande, il le combattit, en février 1844, à propos de la politique de la résistance au sein même du conseil au sujet des plans qu'il avait conçus pour faire graduellement prévaloir le principe de la liberté commerciale, lord John Russell fut chargé de former une nouvelle administration ; mais il échoua, par suite du manque d'union de son parti. Ce ne fut qu'en 1846, lorsque Peel eut fait triompher le principe de la liberté commerciale, et cependant se fut retiré encore une fois par suite des divisions du parti tory, que lord John Russell parvint à composer une administration whig, dans laquelle il se réserva la position de premier ministre et de premier lord de la trésorerie. Cette administration restera l'une des plus célèbres des annales anglaises. La mise en pratique du principe du *libre échange* au moyen d'une nouvelle révision des tarifs, les ébranlements subis par toute l'Europe en 1848, la famine et la révolte en Irlande, tels sont les chapitres les plus importants de l'histoire de ce ministère présidé par lord John Russell, et pendant lequel il lui fut donné de rendre des services si essentiels à son pays. Un embarras tout à fait imprévu surgit pour le cabinet de la tentative faite par le pape de rétablir l'ancienne division de l'Angleterre en évêchés. Lord John Russell la combattit avec une vivacité extrême, d'abord dans une lettre adressée à l'évêque de Durham, et ensuite par le *bill des titres*, qui, il est vrai, fut ensuite beaucoup modifié. Après cela, il échoua encore une fois dans ses efforts pour faire admettre les juifs au parlement; efforts que rendit inutiles l'opposition opiniâtre de la chambre haute. La résistance que rencontrait la politique extérieure de lord Palmerston, l'opposition de plus en plus forte des *protectionnistes* et la tiédeur de son propre parti, rendirent dès 1850 la position du ministère de plus en plus difficile. Lord John Russell profita donc d'un petit échec que le cabinet subit à la chambre basse, en février 1851, pour donner sa démission. Les tories n'ayant pu réussir à former une administration, il reprit encore une fois la direction des affaires. Les embarras que lui suscitait la politique extérieure de Palmerston le déterminèrent (décembre 1851) à se débarrasser d'une manière un peu brusque de son collègue; et le cabinet ne s'en trouva que plus affaibli. Une motion, au fond peu importante, mais que lord Palmerston fit adopter en dépit du ministère, amena la dissolution du cabinet whig; et l'administration passa alors aux mains de lord Derby et de ses amis, en même temps que lord John Russell reprenait sa place sur les bancs de l'opposition, où d'abord il ne fut pas heureux dans ses attaques contre le nouveau cabinet. Les élections générales de 1852 consacrèrent la déroute du parti *protectionniste*, et lord Derby, au mois de février suivant, se trouva en minorité dans la discussion du budget. Un ministère de coalition se forma sous la présidence de lord Aberdeen, et lord John Russell y entra, mais sans portefeuille, et uniquement comme *leader* des débats dans la chambre basse. Il présenta alors un nouveau bill pour l'admission des juifs au parlement; et cette fois encore la chambre haute le repoussa comme elle avait fait des autres. Bien que dans la discussion du bill de la réforme parlementaire il eût déclaré qu'il considérait cette mesure comme le *nec plus ultra* de la question, déclaration qui lui avait alors valu de la part des radicaux le sobriquet de *Finality-John*, il vint alors proposer une nouvelle extension du droit électoral; mais cette proposition n'eut pas de suites. Les déclarations de lord John Russell à la chambre des communes prouvent qu'il appartenait aux éléments du ministère de coalition qui, dans les démêlés avec la Russie en 1853 et 1854, firent pencher la balance pour l'adoption de mesures énergiques. Comme orateur lord John Russell brille moins par l'éloquence que par la dialectique, l'abondance des pensées et la clarté de l'exposition. A ses moments de loisir, il n'a pas laissé que de courtiser les muses. On a de lui, entre autres, un *Essay on the History of the English Government and Constitution* (1821), et des *Memoirs on the affairs of Europe from the peace of Utrecht to the present time* (1824-1832), ouvrage resté inachevé. Ses livres intitulés *The Establishment of the Turks in Europe* (1827), et *The Causes of the French Revolution* (1832), sont moins importants. Il a tout récemment publié les lettres et le journal de Thomas Moore (4 vol., 1853). Il est aussi l'auteur d'une tragédie de *Don Carlos* (1823), qui n'a point réussi à la scène.

RUSSIE (*Géographie et Statistique*), le plus grand empire de la terre, aussi bien dans l'histoire ancienne que dans l'histoire moderne, formant en quelque sorte un monde à lui seul, présente une superficie de 250,045 myriamètres carrés, et, en y comprenant la steppe des Kirghis de la petite Horde et de la Horde centrale, de 263,289 myriamètres carrés, dont 70,000 pour la Russie d'Europe, c'est-à-dire pour toute la partie orientale de l'Europe s'étendant au sud jusqu'au Caucase, et à l'est jusqu'à le Boug et l'Oural et même dans quelques gouvernements au delà de l'Oural (dans ce chiffre la Pologne figure pour 1,631 myriamètres carrés, et la Fiulande pour 4,810 myriamètres); 159,306 pour la Sibérie ou Asie septentrionale; 3,665 pour la Transcaucasie; 12,833 pour la steppe des Kirghis, dont nous avons déjà parlé; total pour l'Asie Russe : 173,415 myriamètres carrés ; enfin, pour l'Amérique Russe ou l'extrémité nord-ouest de l'Amérique Septentrionale, avec les Iles Aléoutiennes qui les avoisinent, 19,073 myriamètres carrés. Les possessions de la Russie sont donc deux fois plus considérables que l'Europe font entière. Elles forment une masse compacte, que des possessions étrangères n'enterrompent nulle part en y pénétrant profondément. Tandis qu'avec la grande presqu'île de Kamschatka cet empire semble s'avancer vers l'Amérique, à l'ouest il pénètre par la Pologne au cœur même de l'Europe, puis se rapproche de la partie sud-ouest de l'Asie, entre la mer Caspienne et la mer Noire. Au nord il confine à la mer Glaciale du Nord; à l'est, un grand Océan de même qu'à l'Amérique anglaise au moyen de ses possessions d'Amérique; au sud, à quelques points de la côte de l'océan Pacifique, à l'Empire Chinois, à la Tatarie indépendante, à la mer Caspienne, à la Perse, à l'Arménie turque, à la mer Noire et à la Turquie d'Europe; à l'ouest, à la Moldavie, à la Galicie et au territoire de Cracovie, au royaume de Prusse, à la Baltique, à la Suède et à la Norvège. En général le sol de la Russie d'Europe est plat; et c'est seulement à l'est et au sud qu'on y rencontre de véritables montagnes. Celles de la Laponie et de la Finlande, qui avec leurs riches couches de granit s'étendent depuis le lac d'Enara jusqu'au golfe de Finlande, ne s'élèvent guère à plus de 350 mètres au-dessus du niveau de la mer. Au voisinage des sources des principaux fleuves de la Russie, le Volga, le Dniepr, le Don et la Duna, s'étend le plateau du mont Waldaï ou de la Forêt de Wolchonski, dont l'altitude ne va pas à 400 mètres, et que traverse la grande route de Saint-Pétersbourg à Moscou. Dans les provinces du sud-ouest, un embranchement des monts Karpathes se dirige à l'est; et au sud, depuis le Kouban, qui va se jeter dans la mer Caspienne, s'élève le Caucase, qui se prolonge en Crimée. La Sibérie, séparée de la Russie d'Europe par la ceinture de l'Oural, laquelle a plus de 200 myriamètres de longueur, est divisée en deux parties bien distinctes; une partie occidentale, s'étendant jusqu'au Iénisséi, et se continuant à l'est le long de la côte septentrionale, contrée généralement plate; et une partie orientale, pays de montagnes et de plateaux. La plus grande partie de cette surface est occupée par des steppes, où les pacages fertiles forment une exception. Les steppes d'Europe situées au sud du 50° degré présentent, au contraire, un grand nombre de riches pâturages, sans forêts, avec quelques misérables broussailles par-ci par-là, ou bien interrompus par des lacs salants. Les steppes d'Asie surtout abondent en lacs de cette espèce, et la Russie en tire presque tout le sel nécessaire à sa consommation. La partie septentrionale de la Russie d'Europe et d'Asie n'offre guère que des déserts ou des marais. Les lacs intérieurs occupent en outre une vaste surface (en Europe seulement, 1,125 myr. carrés), entre autres le lac Ladoga, le lac Onéga, le lac Peipus, le lac Ilmen et le Bjelo-Osero ou mer Blanche. Le seul gouvernement d'Olonetz contient 2,000 lacs, occupant une surface de 250 myr. carrés; et la grande-principauté de Finlande en a encore bien davantage, car elle peut-être la contrée de la terre la plus riche sous ce rapport. L'empire est riche en cours d'eau importants : la Baltique reçoit la Vistule, le Niémen, la Duna, la Narwa, la Néwa et la Tornéa, fleuve qui marque la frontière entre la Russie et la Suède; la mer Glaciale reçoit l'Onéga, la Dvina, le Mézen et la Petschora; en Sibérie on trouve l'Ob ou Obi, l'Irtisch, le Iénisséi, la Léna, etc.; la mer Caspienne reçoit l'Oural et le Volga, avec ses gigantesques affluents l'Oka et le Kama. La mer d'Azof et la mer Noire reçoivent le Don, le Dniepr, le Boug, le Dniestr, le Danube et le Pruth. De tous ces fleuves le plus important pour ce qui est de la pêche et de la navigation est le Volga, qui le cède toutefois sous le rapport de la longueur du parcours et l'étendue du bassin aux fleuves de l'Asie. Ce fleuve, dans un cours de 357 myriamètres, traverse les plus fertiles provinces de la Russie; et c'est à lui seul que les gouvernements de Tweer, de Iaroslaff, de Kostroma, de Nijni-Novgorod, de Kasan, de Simbirsk, de Saratoff et d'Astrakan sont redevables de leur prospérité. Il est naturel que dans un empire d'une aussi immense étendue le climat soit extrêmement varié. Si dans la partie arctique de la Russie d'Europe et d'Asie (extrémité septentrionale, occupant un espace de 15,000 myr. carrés) on a un hiver de huit mois, un grand nombre de productions propres aux régions méridionales réussissent dans la partie située entre le 50° et 38° degré de latitude (39,000 myr. carrés). Au centre on trouve la région froide et la région tempérée. La première, qui s'étend du 67° au 57° degré y renferme une surface de plus de 10,500 myr. carrés, a un rigoureux hiver de six mois; mais dans la partie située en Europe on ne laisse pas que de cultiver les blés, attendu que les étés s'y distinguent par leur chaleur et aussi par la longueur de leurs jours. La région tempérée (située entre le 57° et 60° degré, et d'une superficie de plus de 84,000 myr. carrés), jouit de la même température que le Danemark et le nord de l'Allemagne ; mais l'hiver y est beaucoup plus long et plus rigoureux.

Il serait difficile de préciser d'une manière bien exacte le chiffre de la population de l'Empire de Russie, parce qu'il ne se fait pas dans ce pays de recensement général proprement dit à des époques déterminées. Tout s'y borne à une opération dite *révision*, ayant lieu tous les dix ou quinze ans et ayant pour but de régulariser l'impôt de la capitation et la levée des recrues qu'on fixe d'après les chiffres que donne une inspection générale des registres des paroisses, des livres de fermes et des registres d'impositions. La première opération de ce genre remonte à cent trente-cinq ans, à l'année 1722, et eut lieu sous le règne de Pierre le Grand; elle constata une population de 14 millions d'âmes. La sixième, qui eut lieu en 1815, à la suite de notables accroissements de territoire, donna déjà un chiffre de 45 millions d'habitants. A son avénement l'empereur actuel, Alexandre II, ordonna qu'on procédât au recensement général de ses États. Ce travail, terminé à la fin de l'année 1856, a constaté l'existence d'une population totale de 63 millions d'âmes. Dans ce chiffre, le clergé russe figure pour le chiffre énorme de 310,000 âmes; celui des cultes tolérés pour le chiffre de 35,000 âmes; la noblesse héréditaire, pour 540,000; la noblesse fonctionnaire, pour 155,000; la petite bourgeoisie, y compris les soldats congédiés, pour 425,000 âmes ; les étrangers temporaires pour 40,000 âmes; les divisions des divers corps de Kosacks colonisés sur l'Oural, le Don, le Volga, la mer Noire, le Baïkal, les Baschkirs et les Kalmoucks irréguliers, ensemble pour 2 millions; les populations des campagnes pour 45 millions; les tribus nomades pour 500,000 âmes; les possessions transcaucasiennes, pour 1,400,000 âmes; le royaume de Pologne, pour 4,200,000 âmes; la grande-principauté de Finlande, pour 1,400,000 âmes et les colonies américaines pour 71,000. Le recensement opéré à l'avénement au trône de l'empereur Nicolas n'avait constaté qu'une population de 51 millions d'âmes. En admettant que la progression se maintienne, la population de la Russie serait en 1900 de 100 millions d'âmes, chiffre qui n'a rien d'exagéré, eu égard à l'étendue de son territoire.

Cette population est très-inégalement répartie, ainsi que doit le faire présumer l'inégalité de nature et de conditions physiques du sol. C'est au centre de la Russie d'Europe qu'elle se trouve le plus agglomérée; on y compte quelquefois 2,000 et même 2,500 habitants par myriamètre carré, par exemple dans le gouvernement de Moscou, le plus peuplé de tous, dans les gouvernements de Toula, de Podolie et de Koursk en Pologne; tandis que ce chiffre n'est plus que de 134 à Wologda, à peine de 104 dans le gouvernement d'Olonetz, d'environ 100 dans le gouvernement d'Astrakan, et même seulement de 18 dans celui d'Arkangel, le plus grand et le moins peuplé de tous les gouvernements de la Russie d'Europe. En moyenne, on compte aujourd'hui 640 habitants par mille carré dans la Russie d'Europe; les données sont tout autres en ce qui touche la Russie d'Asie et la Russie d'Amérique. Dans la plus grande partie de la Sibérie, la population varie entre 2 et 4, et en Amérique entre 2 et 3 individus par myr. carré. Cette faiblesse numérique de la population a pour corrollaire le petit nombre de villes et de points de grande concentration. En 1842 on ne comptait dans tout l'empire que 1179 villes, à savoir 1407 en Europe (dont 453 en Pologne et 32 en Finlande), 71 en Asie, et 1, *Neu-Arkangel*, en Amérique. Au reste, il n'y a pas de démarcation bien précise fixée entre les petites villes et les bourgs; c'est ainsi sans doute qu'en 1850 les documents officiels constataient l'existence de 1842 villes, dont 1608 situées en Europe. On n'en comptait que 3 ayant plus de 100,000 habitants; à savoir : Pétersbourg, Moscou et Varsovie; et que cinq qui en eussent plus de 50,000 : Odessa, Riga, Cronstadt, Wilna et Toula. Sept en comptaient de 40 à 50,000 : Kief, Astrakan, Kasan, Woronesch, Kischeneff, Saratof et Sébastopol; six, de 30 à 40,000 : Kalouga, Iaroslaf, Orel, Nijni-Novgorod, Tiflis et Koursk; onze, de 20 à 30,000 : Charkoff, Nikolajef, Ismail, Ielez, Reval, Minsk, Cherson, Taganrog, Kosloff, Mittau et Pultawa. Mais au total le nombre des villes ayant plus 20,000 âmes n'était que de 32, et celui des villes comptant plus de 10,000 habitants ne s'élevait qu'à 117. Le reste se compose de très-petites villes, dont la population ne dépasse généralement pas 3,000 âmes. Du reste, l'activité industrielle n'est pas uniquement concentrée en Russie dans les villes, et bon nombre de bourgs et même de villages ont les proportions et l'activité industrielle de véritables villes, par exemple le bourg de Berditscheff en Volhynie (36,000 habitants), les villages d'Ivanowo et de Pistiaki dans le gouvernement de Wladimir, le premier avec 42,000 habitants et le second avec 10,000, les fonderies de Nijni-Tagilsk, appartenant au comte Demidoff dans le gouvernement de Perm, avec 20,000 habitants, etc.

Il n'y a pas au monde d'empire qui sous le rapport des races, des langues et des mœurs, offre si de nombreuses diversités que la Russie. On y trouve en effet cent-douze peuplades diverses, parlant plus de quarante langues différentes. Le gouvernement russe a fait sans doute les plus grands efforts pour opérer la fusion, la *russification*, de ces différents éléments de population, ainsi que le lui commandaient impérieusement le besoin de sa propre conservation et la nécessité d'exercer à l'extérieur une influence répondant à la grandeur des forces physiques dont il dispose. Reste à savoir si les moyens employés à cet effet n'engendreront pas avec le temps des inconvénients plus graves encore que ceux auxquels on a voulu porter remède. Les principales races dont se compose la population de l'empire sont :

1° Les *Slaves*, anciens habitants du pays, parmi lesquels on distingue surtout :

a. Le peuple des Russes (*Reussen*), formant la grande masse de la population, tandis que toutes les autres nations qu'on rencontre dans l'empire ne doivent être considérées que comme des débris de nations, et pour les nombres sont aux premiers dans le même rapport que 4 est à 11. Les Russes habitent presque exclusivement la Grande et la Petite-Russie, et forment dans la Russie méridionale et dans la Russie occidentale, dans les royaumes de Kasan et d'Astrakan, ainsi que dans les provinces de la Baltique, si non la majorité, du moins une portion considérable de la population. D'ailleurs, ils sont aussi très-nombreux dans toutes les autres parties de l'empire. Sous le rapport des dialectes ils se divisent en Grands et en Petits-Russes. Les Grands-Russes forment en général les plus nombreuses, les plus puissantes et les plus répandues de toutes les races slaves ; et leur langue est aujourd'hui dans toute l'étendue de la Russie la seule langue d'écriture et d'affaires. Ils sont originaires de la partie centrale de ce qu'on appelle la Grande-*Russie-Noire*, des gouvernements de Novgorod, de Smolensk, de Twer, d'Iaroslaff, de Wladimir, de Moscou, de Toula et de Rjeesan, d'où ils se sont répandus au nord, au sud et à l'est, jusque dans les parties de l'empire les plus éloignées, où ils se sont surtout établis dans les villes. Les Petits-Russes ou Russes-Rouges, appelés aussi *Russniaks* ou *Ruthènes*, habitent au sud et au sud-ouest des Grands-Russes dans la Petite-

Russie et la Russie-Nouvelle ou Russie Méridionnale, et, mélangés avec des Polonais, la Podlachie orientale, la Podolie, la Volhynie et la Bessarabie. A cette race appartiennent mais non pas exclusivement, les Kosacks qui portent des noms variant suivant les lieux où ils sont établis.

b. Les Polonais forment la grande masse de la population dans le royaume de Pologne, ainsi que dans le gouvernement de Grodno, qui l'avoisine, et dans l'ouest de la Volhynie ; mais ils sont aussi très-nombreux dans la Volhynie orientale, dans le nord de la Podolie, où ils sont mêlés à de Petits-Russes, ainsi qu'en Lithuanie et dans le gouvernement de Minsk, où ils sont mêlés à des Lettons et à des Russes-Blancs.

c. Les Serbes et les Bulgares-Slaves ne présentent guère qu'un total de 100,000 têtes, les premiers fixés dans des colonies créées à partir de 1754 sur les bords du Dniepr, dans la Nouvelle-Servie ; les seconds, également sur le Dniepr, et sur l'Inguletz.

2° Les *Lettons*, qui forment dans le bassin de la Duna et du Niémen la plus grande partie de la population, se sont conservés avec le plus de pureté dans les provinces riveraines de la Baltique, notamment en Courlande ; mais au sud, en Lithuanie, ils ont fini par se confondre complétement avec les Polonais.

3° Les *Allemands*, juxta-posés aux Lettons et aux Esthoniens dans les provinces de la Baltique, y forment si non la majorité, du moins la partie la plus influente de la population, à cause de leurs lumières et de leur état de civilisation plus avancé, comme c'était déjà le cas au treizième siècle, à l'époque où cette contrée fut conquise par les chevaliers Porte-Glaive. Toutefois, depuis une soixantaine d'années l'immigration et l'influence russes sont en voie de progrès remarquables. D'ailleurs, il existe aussi une quantité considérable d'Allemands dans les autres parties de l'empire, où, depuis les règnes d'Ivan II et de Pierre le Grand, ils n'ont pas cessé d'être accueillis avec empressement comme savants, artistes, artisans, mineurs, constructeurs de navires, et tout récemment encore comme fabricants et comme cultivateurs. Ils forment incontestablement aujourd'hui la classe la plus instruite et la plus éclairée de la population. On les rencontre disséminés dans un grand nombre de parties de l'empire, dans les villes de la Finlande, à Saint-Pétersbourg et aux environs, à Moscou et autres grandes villes, puis comme colons dans la Russie méridionale, notamment sur les bords du Volga, près de Saratof, sur ceux du Dniepr, près d'Iékatérinoslaf, sur ceux de la Desna, dans les gouvernements de Tschernigoff et de Koursk, en Bessarabie, aux environs d'Odessa, dans la steppe d'Azoff, dans la Transcaucasie, etc., où par leur travail et leur industrie ils ont exercé la plus utile influence sur le développement général du pays ; et la plupart de leurs colonies sont dans le plus florissant état de prospérité.

4° On trouve des Grecs dans toutes les parties de l'empire, mais plus particulièrement dans les grandes villes, surtout dans les gouvernements de la Tauride, de Tschernigoff et d'Iékatérinoslaff ; dans le dernier existent aussi des colons valaques.

5° Les *Juifs* sont très-nombreux en Pologne et dans les gouvernements de l'ouest ; c'est surtout sur eux qu'ont été tentés les essais de *russification* dont le gouvernement s'est occupé dans ces derniers temps.

6° Parmi les peuples du Caucase, les Géorgiens ou Gusions, les Iméréthiens et les Mingréliens, ainsi que les Arméniens (fixés comme ceux-là dans la Transcaucasie, mais répandus cependant comme colons dans la Ciscaucasie, dans les gouvernements d'Orembourg et d'Iékatérinoslaff, et comme négociants dans toutes les grandes villes de l'empire), sont complétement soumis à la domination russe, tandis que les nombreuses tribus de montagnards du Caucase, telles que les Abchases, les Tcherkesses, les Tchetchenzes, les Lesghiens, etc., bravent depuis une longue suite d'années la puissance russe.

7° La race persane est représentée par les Tadschiks dans la Transcaucasie, où l'on rencontre aussi des Kourdes dans les régions montagneuses de l'extrémité sud, et des Boukhars faisant le commerce dans les gouvernements d'Astrakan, d'Orembourg et de Tobolsk.

8° La race hindoue aussi est représentée dans l'empire russe par les Bohémiens qui errent au sud de la Russie, par les Banians, marchands hindous des gouvernements d'Astrakan et de Kisljar, ou colons aux environs des Feux sacrés de Bakou.

9° La race finnoise ou tschoude est celle qui depuis un temps immémorial domine dans le nord de la Russie d'Europe, ainsi que dans une grande partie de la Sibérie. Elle comprend les Finnois proprement dits, les Esthoniens, les Livoniens, les Lapons, les Samoyèdes, les Syrjæncs, les Permiens, les Tschouwasches, les Tschérémisses, les Wotjaks, les Mordwines et les Wogoules.

10° La race tatare est représentée par les Tatars de la Crimée, de la Transcaucasie, d'Astrakan et de la Sibérie occidentale, par les Nogaïs du Kouban, du Don et de la Tauride, par les Meschtschériaks d'Orembourg, par les Baschkirs du même gouvernement et de celui de Perm, par les Iakouts, de Iakoutsk et de Iéniséisk.

11° La race mongole, par les Mongoles proprement dits, sur les bords de la Sélenga dans le gouvernement d'Irkoutsk, par les Kalmoucks dans le gouvernement d'Astrakan, dans le pays des Kosacks du Don, dans la Caucasie, dans les gouvernements de Simbirsk et de Tomsk, par les Bourétes, dans l'Irkoutsk.

12° La race mandchoue, par les Toungouses et les Lamoutes du lac d'Ochotski.

Enfin, il existe des peuplades dispersées, comme les Ostiaks dans la Sibérie occidentale, et surtout dans la Sibérie orientale, les Ionkajirs, les Korjæks, les Tschoukstches, les Kamschadales, les Kouriles ; et au nord de l'Amérique, les Aleutes, les Kolosches, les Kodjaks, les Tschougatsches, et les Eskimaux. Il serait difficile de préciser le nombre des individus appartenant à ces diverses races, beaucoup d'entre elles vivant à l'état nomade. En 1846, sur une population évaluée approximativement à 65 millions 500,000 âmes, on comptait environ 55 millions de Slaves ; à savoir : 36 millions 600,000 Grands-Russes (dont 3 millions 600,000 Russes-Blancs), 11 millions 200,000 Petits-Russes, par conséquent 47 millions 800,000 Russes, 100,000 Serbes et Bulgares, 7 millions de Polonais et de Lithuaniens, 3 millions 300,000 Lettons et Finnois occidentaux, 600,000 Finnois orientaux ou de l'Oural, 2 millions de Géorgiens et d'Arméniens, 2 millions 400,000 Tatares et autres Asiatiques, 600,000 Allemands et 1 million 500,000 Juifs.

La Russie présente autant de diversités au point de vue religieux qu'au point de vue ethnographique. En effet, il n'y a que bien peu de sectes chrétiennes qui n'y soient pas représentées ; et on y rencontre en outre des juifs, des mahométans, des bouddhistes ou lamaïtes et des chamanes. Mais de même que l'élément slave l'emporte de beaucoup sur tous les autres éléments ethnographiques, la religion orthodoxe ou grecque-russe l'emporte numériquement sur tous les autres cultes. Elle est professée par tous les Grands-Russes, par la plupart des Petits-Russes, et presque tous les individus des nations non russes d'origine fixées dans l'intérieur de l'empire, qui, du paganisme ou du mahométisme, ont été convertis au christianisme. En 1846 on évaluait le chiffre des sectateurs de l'Église orthodoxe (sectes comprises) à 49 millions, et celui des hétérodoxes à 16 millions 300,000. En 1850 on comptait en Finlande 1,589,771 protestants et 47,144 grecs ; en Pologne, environ 3 millions 750,000 catholiques-romains, 250,000 catholiques grecs, plus de 250,000 protestants ; et dans les deux pays environ 550,000 juifs, par conséquent environ 6 millions 150,000 hétérodoxes.

Depuis Pierre le Grand le directeur supérieure de l'Église orthodoxe appartient au saint-synode, lequel dépend complétement de l'empereur, figure au nombre des grands corps de l'État et réside partie à Saint-Pétersbourg et partie dans les *éparchies*. Tout l'empire est divisé en 52 éparchies ou diocèses archiépiscopaux, où l'on compte 35,277 cathédrales et églises, 9,661 chapelles, 37,140 prêtres, 15,734 diacres et 65,053 bedeaux. Le clergé *blanc* séculier se compose par conséquent de 117,927 individus ; le clergé *noir*, ou les ordres religieux, compte 463 couvents d'hommes, 118 couvents de femmes, avec une population totale de 16,527 individus (dont 5,148 moines et 3,968 frères lais, 2,250 religieuses et 5,169 sœurs laies). Le nombre total du clergé est dès lors de 134,456 têtes. La plupart des couvents sont situés dans les cercles de l'ancien domaine de la couronne de la Grande-Russie voisins de Moscou, et dans les gouvernements de Moscou, de Novgorod, d'Iaroslaff, de Twer, de Tschernigoff, de Kostroma, de Tamboff et d'Orel, puis dans l'ancien pays de Kief. On n'en rencontre que fort peu au sud de l'empire. Le clergé grec, longtemps objet des railleries des paysans eux-mêmes, à cause de sa crasse ignorance, s'est beaucoup amélioré sous ce rapport dans ces derniers temps, par suite des efforts faits pour élever le niveau général des études dans les séminaires et autres écoles où il se recrute. Le salaire du bas clergé est minime, et provient en grande partie de la générosité des fidèles ou de l'exploitation des propriétés territoriales affectées aux églises. Dans ces derniers temps le gouvernement a créé au bas clergé un revenu fixe; le moindre traitement est de 200 roubles d'argent. Malgré les efforts constamment tentés en Russie pour uniformiser tout ce qui a trait au culte, on y compte un grand nombre de sectes, et leur progression a même toujours été en augmentant dans ces derniers temps. Elles forment deux classes principales, les *popoffstchini* (qui ont des prêtres), et les *bospopoffstchini* (qui n'en ont pas), représentant les éléments très-divers des sectes qui ont surgi dans l'Église russe. Parmi les *popoffstchini* l'élément des vieux croyants (qui rejettent l'absolutisme impérial et le patriarchat, le servage, etc.) est surtout représenté par les *starowerzes*, c'est-à-dire vieux croyants, ou *raskolniks*, sectaires dont on évalue le chiffre à plus de 5 millions de têtes, et qui se subdivisent en une vingtaine de sectes différentes, dont la plus remarquable est celle des philippons, qui rejettent opiniâtrement le serment et refusent le service militaire. Parmi les *bospopoffstchini*, les plus importants sont les douchobortses, les Poméraniens (habitants des bords de la mer), les *kapitons* (ainsi appelés d'après le moine Kapito), et les *Schtschelniki*.

Le siége principal de l'Église catholique romaine est en Pologne, où elle est placée sous l'autorité de l'archevêque de Varsovie et de ses quatre suffragants, les évêques d'Augustowo, de Kalisch, de Lublin et de Plock. Dans le reste de l'empire l'évêque de Mohileff est en même temps métropolitain de toutes les Églises catholiques romaines. On y compte en outre six autres évêques, ses suffragants. Les Grecs autrefois unis à l'Église romaine, et répandus surtout en Volhynie, en Lithuanie et dans la Russie Blanche, ont, à l'instigation du gouvernement russe, renoncé à cette union par un arrêté pris au synode de Plock, le 12 février 1839 ; ce qui a rattaché d'un seul coup à l'Église orthodoxe 2 millions de croyants.

L'Église arménienne-grégorienne de Russie est placée sous la direction suprême du patriarche ou *katholikos*, résidant au couvent d'Echmiazin, et des archevêques d'Ériwan, de Grusie, de Karabagh, de Schirwan et d'Astrakan. Les Arméniens dits *unis*, qui, outre les villes commerciales de l'empire, sont très-répandus dans le gouvernement d'Iékatérinoslaff, et moins dans l'ouest de la Russie, relèvent là de l'archevêque de Naschitschevàn, et ici de l'évêque de Mohileff.

L'Église protestante, la luthérienne surtout, est répandue principalement en Finlande, où elle est placée sous l'autorité des évêques d'Abo, de Borgo et de Kuopio et de leurs consistoires. Il existe aussi hors de la Finlande beaucoup de luthériens, pour la plupart Allemands d'origine, et répandus dans les provinces de la Baltique, en Pologne et en Lithuanie, ainsi que dans les colonies allemandes du sud de la Russie. Ils relèvent de consistoires provinciaux pour la Livonie, l'Esthonie, la Courlande et Œsel, et des quatre consistoires urbains établis à Saint-Pétersbourg, à Riga, à Réval et à Moscou. Les réformés, qu'on rencontre surtout parmi la population lettonne des gouvernements de Wilna et de Grodno, de même que dans les provinces de la Baltique, à Saint-Pétersbourg, à Moscou, à Arkangel et en Pologne, relèvent de cinq consistoires. Quoique, aux termes des traités, l'Église protestante soit l'Église dominante dans les provinces de la Baltique, où l'Église grecque n'est que tolérée, un grand nombre de paysans de Livonie et d'Esthonie ont été déterminés à l'abandonner, surtout à la suite de la disette de 1845. Les protestants comptent aussi en Russie un grand nombre de sectes, notamment des hernhutes et des mennonites. On rencontre les premiers surtout en Livonie, et les seconds dans les colonies de la Tauride sur les bords de la Moloschna.

Depuis 1842 de grands efforts ont été faits pour opérer des conversions à l'Église grecque parmi les juifs, ou pour les coloniser ; et depuis cette époque ils ont toujours été de la part du gouvernement l'objet de mesures plus sévères, soit à cause du commerce de contrebande qu'ils ne cessent de faire sur la frontière, soit en raison de leur participation aux mouvements révolutionnaires. A l'oukase de mai 1842 qui déjà les avait internés dans l'intérieur de l'empire, sont venus se joindre celui de septembre 1843 qui les a assujettis au service militaire, celui de 1846 qui leur a interdit de porter leur vieux costume national, et celui de 1852 qui a divisé les juifs de la Pologne en marchands, agriculteurs, artisans et habitants des villes (rabbins, savants, professeurs), et en nomades, que l'on traite comme des vagabonds. Ces mesures, prises pour les amener à abandonner leur vieille croyance, n'ont pas eu les résultats qu'on s'en était promis.

La population mahométane, répandue surtout dans les gouvernements de la Tauride, d'Orembourg, de Kasan et dans les pays du Caucase, a été l'objet du même système d'oppression que la population juive. Les sectateurs de Bouddha ou de Lama se rencontrent surtout parmi les Kalmoucks, les Kirghis et les populations de la Sibérie, notamment les tribus tatares et toungouses. Le chamanisme a surtout ses adhérents dans l'est de la Sibérie, puis parmi les Finnois de l'Oural, les Lapons et les Samoyèdes, dans les terres et les îles du nord de l'Amérique. Toutefois, le nombre des païens a singulièrement diminué dans ces derniers temps, grâce aux efforts du clergé orthodoxe.

Des trois *ordres* existant dans l'empire, la *noblesse*, les *habitants des villes* et les *paysans*, ces derniers forment la classe de beaucoup la plus nombreuse. En 1843 on comptait dans toute l'étendue de l'empire, y compris la Pologne et la Finlande, 15,404,304 paysans de la couronne, 1,861,943 paysans des domaines, 394,490 paysans affectés à l'exploitation des fabriques et établissements publics, 143,877 paysans appartenant au clergé et aux villes, et 611,763 cultivateurs libres ; à quoi il fallait ajouter 35,275 voituriers, 61,698 bateliers et matelots libres, ainsi que 415,344 colons militaires, 400,069 colons civils, 778,787 paysans, les uns libres, les autres serfs de la corvée, et enfin 1,880,877 Kosacks. Tout récemment cette grande classe des paysans a été considérablement augmentée par les *odnodworzi* (propriétaires de terres de roture) ou possesseurs de francs alleux, qui jusqu'en 1845 avaient constitué une classe inférieure de la noblesse territoriale, à laquelle on avait même accordé le droit d'acheter des terres avec serfs, toutefois seulement à des propriétaires de leur rang. Mais par ordre spécial de l'empereur ont dû être considérés comme paysans tous ceux d'entre eux qui ne pourraient pas produire les preuves de leur noblesse. En 1842 ces *odnodworzi* étaient encore au nombre de 729,591 individus. Plus du tiers des habitants de l'empire sont serfs et appartiennent soit à la couronne, soit aux seigneurs. Aucun serf ne peut sans l'autorisation de son seigneur s'éloigner des terres qui lui sont assignées pour résidence, ou abandonner le service pour lequel il est désigné. Le seigneur a le droit de le punir lui-même pour les délits ordinaires ou de le faire conduire à une maison de correction. Toutefois, certaines limites sont mises aux pénalités. Le seigneur doit en tous cas pourvoir à la subsistance de ses serfs. On ne saurait mettre en vente publique des serfs sans terre ni les vendre sur des marchés ; mais le seigneur a toujours le droit de transférer ses serfs d'un de ses domaines dans un autre. Il y a eu dans ces derniers temps un grand nombre d'affranchissements dans les domaines de la couronne et dans ceux de quelques particuliers ; mais on a fini par adopter le principe qu'il vaut mieux procéder peu à peu à l'introduction d'un régime plus libre, que de procéder brusquement et sans transition à un affranchissement auquel les populations ne sont pas encore suffisamment préparées. Les oukases de 1845 et 1846 règlent les rapports des serfs avec les seigneurs d'une manière très-avantageuse aux premiers. En 1854 il a paru un oukase qui interdit d'affermer des domaines sur lesquels se trouvent des serfs. Certaines familles, en Russie, possèdent d'ailleurs de 50,000 à 100,000 serfs, par exemple les Schérémetjeff, les Strogonoff, les Demidoff, etc.

L'ordre des bourgeois comprend les membres des communes urbaines inscrits dans un registre d'état civil, qui contient six classifications : 1° les propriétaires de biens meubles situés dans la ville ; 2° les bourgeois des *guilds*, c'est-à-dire ceux qui sont taxés d'après un certain capital, et classés en trois catégories ; 3° les membres des corps de métiers ; 4° les étrangers exerçant dans la ville des professions civiles ; 5° les bourgeois *considérés*, classe comprenant les anciens fonctionnaires, les savants distingués, les artistes ; et 6° les manants, c'est-à-dire les individus exerçant un métier qui ne rentre dans aucune des catégories précédentes. Une classe particulière de bourgeois a encore été créée en 1832, sous la dénomination de *bourgeois honorables*. Ils sont exempts de la capitation, du recrutement et des peines corporelles, et possèdent en outre tous les droits et immunités des bourgeois privilégiés. Ce titre de bourgeois honorable est ou héréditaire ou personnel. En 1842 on ne comptait dans tout l'empire que 6,415 individus appartenant à cette classe, tandis que cette même année le nombre des marchands était de 265,547, celui des bourgeois ainsi que des membres des corps de métiers de 3,134,040 ; enfin, celui des étrangers de 41,904. Cette même année le nombre des bourgeois *considérés* (fonctionnaires publics, enfants d'officiers, etc.) s'élevait à 298,327.

La *noblesse* a perdu son antique importance depuis Pierre le Grand, qui supprima la dignité de *boyard* et qui contraignit les *knès*, restés jusque alors en possession dans leurs domaines d'un certain état d'indépendance, à venir faire figure à la cour. Depuis lors l'antique noblesse cessa de conférer dans l'État un rang qui ne dépendît plus que du mérite. Dans le règlement des rangs de 1722 (*Dschin*, aujourd'hui encore en vigueur), il a été institué à cet effet *quatorze classes*, dont les huit premières confèrent la noblesse héréditaire et les six autres la noblesse personnelle. Il n'y a pas en Europe de noblesse qui possède autant de richesses, de privilèges personnels et de puissance matérielle, que la noblesse russe. Plus de la moitié du sol cultivé lui appartient. Plus de la moitié des habitants de la Russie proprement dite ne sont pas seulement ses sujets, mais encore ses serfs. Le gentilhomme russe ne peut être dépouillé de sa vie, de sa fortune et de son honneur qu'en vertu d'un jugement, lequel doit avoir été rendu par ses pairs et confirmé par l'empereur. Il ne saurait lui être infligé de peines corporelles ; il est exempt de l'impôt personnel, du recrutement et de l'obligation de loger des militaires. Il peut créer dans ses domaines des manufactures et des fabriques de toutes espèces ; mais pour le faire dans une ville il doit préalablement avoir été reçu membre d'une *guild*. La noblesse héréditaire possède encore des prérogatives particulières. Avec tout cela, dans les idées de l'Europe occidentale, la noblesse russe ne constitue point une aristocratie puissante. Son influence sur l'opinion, sur les mœurs, sur le caractère des masses, est des plus insignifiantes ; et à l'égard du gouvernement ou de l'empereur, elle n'a d'autre influence que ce qu'il plaît au pouvoir de lui accorder. En général, la noblesse se divise en trois classes : 1° les princes, les comtes, les barons et la vieille noblesse, c'est-à-dire la noblesse inscrite dans ce qu'on appelle le *livre de velours*, archives généalogiques de l'empire russe tenues depuis 1682 ; 2° les qualifications nobiliaires accordées par une grâce spéciale du monarque ; et 3° la noblesse de rang. De même que les *odnodworzi* finissent peu à peu par s'effacer et se perdre complétement, l'ancienne basse noblesse polonaise (la *szlachta*), comprenant plus de 100,000 individus, a été supprimée en 1831 ; et ceux-là seuls furent alors reconnus pour nobles qui purent faire preuve authentique de noblesse. L'ordre de la noblesse comprend dans toute la Russie environ 800,000 individus. En 1842 on comptait 551,970 gentilshommes possesseurs de droits héréditaires, et 237,346 individus possesseurs seulement du droit de noblesse personnelle. Consultez Dolgorouckl, *Notice sur les principales Familles de la Russie* (Bruxelles, 1843).

L'agriculture constitue sans doute la principale source de la richesse nationale de l'Empire de Russie ; mais elle est encore fort arriérée. Tantôt elle manque de bras, parce que d'une part une industrie manufacturière tout artificielle et de l'autre l'exploitation des mines lui enlèvent une grande partie de ceux dont elle pourrait disposer ; tantôt elle manque de débouchés à l'intérieur ; ou bien, le peuple ne prend aucun intérêt à ses perfectionnements, parce qu'en raison de l'exiguïté de ses besoins le sol lui fournit presque sans travail ce qui lui est strictement nécessaire, et parce que le servage étouffe tout sentiment d'émulation. Le gouvernement a d'ailleurs fait tout ce qui dépendait de lui pour aider au progrès agricole, et il en a été de même d'un certain nombre de grands propriétaires fonciers. Ce qui a surtout appelé l'attention sur cet objet, ç'a été la mauvaise qualité des récoltes de certaines années du commencement du siècle dernier. La couronne influe à cet égard surtout par le bon modèle qu'elle donne dans ses domaines. Les colons étrangers, dont le nombre s'élève aujourd'hui à environ 350,000 individus, ont aussi rendu sous ce rapport de grands services à la Russie. Dans quelques provinces on a déjà établi des écoles d'agriculture et des fermes modèles. Celle que la comtesse Sophie Stroganoff a créée à Marma, dans le gouvernement de Novgorod, peut en être citée comme modèle. Les contrées situées aux extrémités septentrionale et orientale de l'empire peuvent être considérées comme rebelles à toute culture, les premières surtout, c'est-à-dire toute la Sibérie. Les gouvernements de Saint-Pétersbourg, de Novgorod, de Perme, de Wiatka et de Finlande, quelques parties de la Caucasie, du gouvernement de Saratoff et de la Tauride, n'ont qu'un sol pauvre et à la culture duquel la nature oppose des obstacles presque insurmontables. On trouve dans les premiers de vastes marais et d'immenses forêts, un sol généralement humide ou sablonneux, où l'hiver sévit rudement ; et dans les seconds, d'immenses régions arides, exposées à la chaleur, au manque d'eau et aux fréquentes dévastations des insectes. En fait de contrées fertiles on peut citer la plupart des gouvernements de la Russie du centre, ce que l'on appelle *le Pays de la terre noire*, et un petit nombre des gouvernements du nord. Le sol le meilleur et le plus fécond se trouve dans les gouvernements de Kasan, de Nijni-Novgorod, de Pensa, de Tamboff, de Koursk, de Charkoff, dans le reste de la Petite-Russie avec l'Ukraine, de même que dans quelques parties de la Pologne, de la Caucasie et de la Sibérie. Les contrées arrosées par le Volga et ses affluents constituent le grenier à blé de la Russie. Toutefois, il n'existe pas en Europe de pays où la récolte des céréales dépende autant du hasard qu'en Russie. Si ailleurs les récoltes dépassent rarement les besoins, on n'y connaît pas non plus l'extrême opposé. Cette diversité dans les résultats des récoltes en Russie ne tient pas à des circonstances physiques, mais de l'ignorance où l'on y est sur les moyens d'augmenter par l'industrie humaine la force de production de la nature. L'agriculture s'y pratique encore aujourd'hui comme il y a cent ans. Si quelques domaines particuliers font à cet égard exception, ces exemples sont si rares, qu'ils ne valent pas la peine d'être comptés : on comprend dès lors facilement les efforts faits par le gouvernement, tout au moins dans les domaines de la couronne, à l'effet de favoriser les progrès de l'agriculture ; c'est ainsi que dans ces derniers temps il a exercé une utile influence sur la quantité et la qualité des grains employés pour semence. Les céréales les plus cultivées en Russie sont le seigle, le froment dans les régions du centre et du sud, le maïs et le millet dans la Tauride et sur les bords du Térek en Caucasie, le riz surtout aux environs de Kisljar en Caucasie, l'orge dans toutes les parties de l'empire jusqu'aux bords de la mer Glaciale, l'avoine plutôt pour les besoins locaux qu'en vue de l'exportation, le sarrasin, les fèves et autres légumineuses sur une vaste échelle, notamment dans les régions du centre, les pommes de terre encore fort peu, toutes proportions gardées, surtout au centre de l'empire, où l'esprit de paresse et de préjugé s'oppose à leur propagation. Les herbes fourragères existent en grande abondance, mais ne sont que peu cultivées. L'éducation des abeilles a pris d'immenses développements. La culture du chanvre et du lin, surtout au centre et au nord-ouest de la Russie, après la culture du seigle et du froment, la principale branche de l'agriculture russe, fournent les immenses quantités de matières premières que toutes les contrées de l'Europe tirent des ports russes de la Baltique. Sur quelques points on cultive aussi la garance, le pastel, le carthame, le safran et le houblon, mais en faibles quantités. En revanche, la culture de la betterave, excitée par toutes espèces d'encouragements, prend de jour en jour plus de développements, et alimente déjà de nombreuses raffineries de sucre, dont la fabrication annuelle est évaluée dès à présent à plus d'un million de *pouds*. Dans les départements du sud, la sériculture fait aussi chaque jour plus de progrès, et est surtout aux mains des colons ; c'est en Crimée, dans le gouvernement de Cherson et sur les bords du Térek qu'elle est le plus florissante. Elle est aussi en progrès dans la Podolie. L'horticulture est généralement à un degré encore fort infime ; mais le gouvernement s'efforce de la protéger. La culture du tabac prospère surtout en Ukraine, en Podolie, en Crimée et sur les bords du Volga.

L'*éducation du bétail* est florissante, surtout au sud et au sud-est de la Russie, chez les populations encore nomades, et tout au haut vers le nord, où on se livre plus particulièrement à l'éducation du renne ; tandis qu'au sud, par exemple autour d'Orembourg, l'éducation du chameau est en voie constante de progrès. Le cheval est en grande considération chez les habitants des pays de steppes ; beaucoup d'entre eux font de son lait et de sa chair leur principale nourriture. Dans les provinces du sud-ouest et en Pologne, l'élève du cheval et l'éducation du bétail sont aussi très-importantes. Le Russe, en général, ne prend pas à son cheval autant de soin que l'Anglais et le Français ; et cependant les chevaux russes ont été de tous temps célèbres par leur vigueur et leur solidité. Les principaux haras sont situés dans les gouvernements de Moscou, de Tamboff, de Charkoff, de Woronesch, de Kieff, etc. Au premier janvier 1851 les sept haras impériaux de Tschesma, de Clirenoff, de Derkiel, de Strelitz, de Limareff, de Nowo-Alexandreff et de Potschinskoff, présentaient un effectif de 6,291 chevaux. L'élève du mouton est aussi très-importante, mais donne de la laine plutôt grossière que fine ; cependant, depuis une vingtaine d'années ce produit est en voie de progrès notable, surtout dans les provinces de la Baltique, en Pologne et dans les gouvernements du sud. L'élève des porcs constitue une grande industrie dans le centre de la Russie, et ne laisse pas que d'avoir aussi de l'importance au sud et dans les provinces de la Baltique. L'apiculture est surtout considérable en Pologne, dans les gouvernements traversés par le Volga, plus particulièrement dans ceux de Nijni-Novgorod, de Kasan et de Simbirsk ; elle produit annuellement au minimum 150,000 pouds de cire et 450,000 pouds de miel, et donne lieu à un grand commerce d'exportation. La culture de la soie fut introduite par Pierre le Grand ; l'empereur Paul la releva. Le gouvernement d'Astrakan et la Crimée du sud sont les territoires qui lui ont été assignés ; et en 1798 on y comptait déjà plus d'un million de pieds de mûriers. Depuis lors ce genre d'industrie a toujours été en prenant plus d'importance. En 1850 le produit de la Transcaucasie seule s'élevait à 20,000 pouds. Ce genre de culture a été récemment introduit aussi dans la Petite-Russie. Quelques gouvernements, par exemple tous ceux du sud, où l'on est généralement réduit à brûler des joncs, manquent complétement de bois ; tandis que d'autres en regorgent. Jusqu'au 65° de lat. nord, le pin, le mélèze et le sapin constituent généralement l'essence des forêts ; plus haut, on rencontre encore le bouleau. Au centre et au sud, le chêne, le hêtre et l'érable, le tilleul, le frêne et l'orme réussissent à merveille. En 1845 la superficie totale des forêts de la couronne, sans compter celles qui sont assignées aux villes, aux Kosacks et au service des mines, non plus que celles de la Sibérie, était de 116,980,424 *dessatines* représentant 16,317 myriamètres carrés. La chasse a surtout de l'importance dans les gouvernements de l'est, à cause des riches fourrures qu'elle procure. La Russie est en possession de fournir toute l'Europe occidentale de peaux d'hermines, de martres, de zibelines et de renards. Elle est aussi d'une richesse extrême en poissons (sterlets, esturgeons, etc.). Beaucoup de peuplades, celles du nord notamment, vivent presque exclusivement du produit de la pêche ; et les contrées qui baignent le bas Volga doivent une partie de leur prospérité à la préparation du caviar et de la colle de poisson. Sauf les contrées du Volga dont nous venons de parler, la pêche est partout une industrie libre. A Kolo et à Arkangel on arme pour la pêche de la baleine.

Le règne minéral n'est pas moins richement doté en Russie que les autres règnes de la nature. On y rencontre presque tous les métaux, et généralement d'une qualité tout à fait supérieure. Aussi l'exploitation des mines a-t-elle reçu les développements les plus importants, notamment à partir de 1839, époque où le feu duc de Leuchtenberg (mort en 1852), nommé directeur général des mines dans tout l'empire, put faire profiter cette industrie des vastes connaissances spéciales qu'il avait acquises en cette matière. Les mines principales des métaux les plus précieux sont, en Asie, les montagnes de l'Oural, de l'Altaï et celles de Nertschinsk dans l'est de la Sibérie. Dans ces derniers temps la production aurifère de la Russie s'est extraordinairement accrue. En 1839 elle était de 529 pouds, en 1845 de 1,371 pouds, en 1846 de 1,722 pouds ; et elle atteignit en 1847 son maximum, 1,825 pouds ; car dès l'année suivante elle retombait à 1,760 pouds. On évalue les produits aurifères recueillis de 1819 à la fin de 1848 à la valeur totale de 223,900,000 roubles d'argent. Depuis lors la production de l'or a toujours été en baissant ; en 1852, elle n'était plus que de 1,409 pouds, diminution qui porte exclusivement sur le produit des mines de la Sibérie ; car celui des mines de l'Oural est toujours resté à peu près au même niveau (1839 = 310 pouds ; 1850 = 326 pouds ; 1852 = 357 pouds. Depuis le milieu du dix-huitième siècle jusqu'au commencement de l'année 1853 la production totale de l'or en Russie avait été de 24,226 pouds. Sauf l'or, la production métallique s'est d'ailleurs bien moins développée en Russie que dans d'autres pays de l'Europe, parce qu'on y est resté en arrière des progrès réalisés dans les procédés de fabrication, et parce que les mines les plus importantes sont situées dans des contrées où l'on manque plus ou moins complétement des voies de communication. En Russie le minerai d'argent se rencontre mêlé au minerai de plomb, et le plus ordinairement s'obtient en même temps. C'est en Sibérie qu'on sont situées les principales mines. Le produit annuel des mines d'argent varie aujourd'hui entre 1,100 et 1,200 pouds; et depuis le commencement du dix-huitième siècle jusqu'en 1851 il s'est élevé en totalité à 108,709 pouds. La valeur totale de l'or et de l'argent recueilli en Russie de 1826 à 1851 avait été de 285,769,000 roubles d'argent, et celle de l'or et de l'argent introduit de l'étranger en barres ou en espèces, de 189,295,000 roubles; il en avait été exporté pour 48,350,000 roub., et monnayé pour 340,000,000 roubles. Les médailles frappées en avaient absorbé pour 1,707,000 roubles; et on évaluait au commencement de 1851 à 346 millions de roubles d'argent la valeur de toutes les espèces monétaires en cours de circulation dans l'empire. Le platine se rencontre presque exclusivement sur le versant occidental de l'Oural. Depuis la découverte de ce métal, il en a été recueilli de 1824 à 1851, 2061 pouds, dont 1990 pouds rien que dans l'arrondissement des mines de Nijni-Taguilsk, appartenant aux héritiers Demidoff. Autrefois le produit de ces dernières mines allait à 100 et même à 200 pouds par an; et jusqu'en 1834 il fut frappé de la monnaie de platine pour une valeur de 8,186,620 roubles. Mais on ne tarda pas à renoncer à monnayer ce métal, parce qu'on en pouvait tirer un parti plus avantageux en chimie. A partir de 1845 la monnaie de Saint-Pétersbourg refusa de recevoir le platine; et un oukase publié la même année retira de la circulation toutes les monnaies de platine existant alors, en même temps qu'il laissait les propriétaires du minerai libres d'en faire tel usage qu'il leur conviendrait. Par suite de cette mesure les propriétaires de Taguilsk abandonnèrent complétement les lavages de platine, quoique leurs mines continssent encore des quantités considérables de ce métal. Le cuivre abonde dans les montagnes de l'Oural, et plus encore en Sibérie; mais on l'y exploite peu. De 1838 à 1848 la production annuelle fut de 280,000 pouds: en 1849 elle atteignit le chiffre de 350,000, et dès 1850 celui de 400,000 pouds. Une partie du cuivre recueilli dans l'Oural, s'élevant à environ 310,000 pouds, est monnayée à l'hôtel des monnaies de Iékatérininbourg; mais la plus grande partie est vendue à l'étranger. La concurrence de l'Angleterre a considérablement fait baisser cette exportation, qui, après avoir été en moyenne, de 1820 à 1830, de 229,000 pouds, n'a plus été de 1830 à 1840 que 92,500 pouds, et même est tombée de 1840 à 1850 au-dessous de 10,000 pouds. Les mines impériales de fer produisent annuellement 2 millions de pouds de fer brut, quantité qui suffit à la consommation des ministères de la marine et de la guerre; de sorte qu'on n'en livre guère que le quart au commerce. De 1840 à 1850 les mines de fer appartenant à des particuliers ont produit en moyenne 1,108,800 pouds de fer brut. De 1838 à 1844 la moyenne de la production du fer brut avait été de 10,481,000 pouds; celle du fer en barres de 692,600 pouds; de 1844 à 1850, au contraire, la moyenne avait été pour le fer brut de 11,682,000 pouds, et pour le fer en barres de 771,000 pouds; augmentation environ 11 1/2 pour 100 en six ans. En 1838 on en importa de Pologne et de Finlande environ 150,000 pouds; et tout récemment cet article s'est élevé au chiffre de 250,000 pouds. L'exportation, qui en 1838 était encore de 1,100,000 pouds, s'est abaissée à environ 700,000 pouds; ce qui prouve que la consommation du fer a augmenté en Russie. Le plomb n'est pas de qualité supérieure; et ce qu'on en recueille ne suffit pas complétement aux besoins de la consommation du pays. Il existe de vastes gisements de houille et d'anthracite dans diverses parties de l'empire; mais ils ne sont l'objet d'une exploitation régulière qu'au sud de la Russie. Le produit n'en est pas constant; il s'élève aujourd'hui à environ 3,160,000 pouds par an. L'importation des houilles anglaises, qui en 1834 n'était pas tout à fait de 2,500,000 pouds, s'était élevée en 1850 à plus de 13 millions de pouds, c'est-à-dire à quatre fois plus que la production nationale. Le porphyre, le granit, la malachite et autres espèces de pierres de prix existent en grande quantité, et sont remarquables par leur grandeur et leur beauté. La Finlande est particulièrement riche en granit. En 1829 on découvrit le premier diamant dans un lavage d'or appartenant à la comtesse Polier. Il y a abondance des pierres demi-fines. La pierre spéculaire, qu'on recueille dans une île de la mer Blanche en tablettes ayant jusqu'à 33 centimètres carrés de surface, est universellement connue. La Sibérie et la Tauride fournissent de la terre à porcelaine et de la terre argileuse. Le pays est d'une richesse extrême en sel, surtout les provinces voisines des frontières d'Asie. En fait de bancs de sel, on exploite plus particulièrement ceux d'Ilezk près d'Orembourg, de Kulpin au pied de l'Ararat, et de Naschitchchevan dans la province d'Erivan.

Parmi les nombreux lacs dont l'évaporation produit du sel, il faut mentionner ceux de la Crimée, de la Bessarabie et dans le gouvernement d'Astrakan le grand lac d'Elton, d'une superficie de plus de 265 myriamètres carrés. De 1840 à 1850 la production du sel a été évaluée à plus de 30 millions de pouds par an, et l'importation des sels étrangers à 4,900,000 pouds par an. Les approvisionnements du gouvernement, qui s'est réservé le monopole exclusif de la vente de ce produit, mais qui se borne à le livrer à la consommation dans les magasins de cercle, s'élevaient en 1839 à 37,700,000 pouds; et au commencement de 1851, à 69 millions de pouds. Tengoborski évalue la valeur brute de tous les produits du sol de la Russie à 2,093,500,000 roubles d'argent.

Les différentes branches de l'industrie russe ont été créées et protégées par le gouvernement, à la seule exception de la préparation des cuirs. Dès le quinzième et le seizième siècle on appela dans le pays des ouvriers et des artistes étrangers; mais il survint alors un temps d'arrêt, qui dura jusqu'à Pierre le Grand, qu'on peut à bon droit considérer comme le véritable créateur du développement industriel du pays. A sa mort, il laissa en activité 16 grandes manufactures impériales et plusieurs d'importance moindre. Catherine, en dépouillant les grandes manufactures de la plupart de leurs priviléges, provoqua la création d'une foule de petits établissements industriels. Mais les mesures adoptées par Alexandre Ier eurent des résultats encore plus importants. A son avènement à la couronne, le chiffre des fabriques n'était que de 2,770; en 1820 on en comptait déjà 3,924, dont la production annuelle s'élevait à plus de 120 millions de roubles. Le rigoureux système douanier adopté alors a naturellement eu pour résultat de provoquer et de favoriser le développement des fabriques nationales. Moscou est le grand centre de l'industrie russe. Viennent ensuite les gouvernements de Toula, de Wladimir, de Nijni-Novgorod, de Kalouga, de Kostroma, de Saratoff et de Saint-Pétersbourg. L'industrie manufacturière se développa également en Pologne sous le règne d'Alexandre. La laine, le lin et le cuir sont les articles de fabrication qui participèrent le plus à ce mouvement. En 1828 on comptait déjà 6,000 fabriques employant 250,000 ouvriers; et en 1851 cent d'entre elles étaient pourvues de machines à vapeur. Les expositions industrielles organisées dans ces derniers temps à Moscou et à Saint-Pétersbourg ont excité l'émulation; mais les prix de la plupart des produits restent encore plus élevés que dans les autres pays de l'Europe. L'industrie en Russie, plus que partout ailleurs, s'exerce moins dans les villes que dans les campagnes. Si un tel état de choses a pour résultat d'assurer du travail pendant l'hiver aux populations rurales, de répandre dans les campagnes le goût d'un travail régulier et de prospérité de beaucoup de gouvernements, d'un autre côté il nuit au développement de l'agriculture, et met obstacle au perfectionnement de l'industrie. En général, le Russe parvient difficilement à donner un haut degré de perfection à ses produits. Il excelle à imiter ; mais comme il s'en tient à ce qui frappe les yeux, ses produits pèchent généralement sous le rapport de la qualité et de la solidité. Il existe sans doute des exceptions ; mais il ne faut pas oublier que des étrangers sont à la tête de la plupart des manufactures. En 1845 on comptait 7,315 fabriques employant plus de 500,000 ouvriers; et il n'y en avait sur ce nombre que 2,000 d'établies dans les villes. Au commencement de 1854 le nombre s'en élevait, dit-on, à 18,000. En 1850 on comptait, rien que dans les domaines de la couronne, 4,988 fabriques (475 de plus qu'en 1849), sans parler de plus de 3,000 fabrications domestiques. Parmi les produits de l'industrie manufacturière récemment importée en Russie et que le système prohibitif a fait singulièrement prospérer, la filature et le tissage du coton ont pris surtout d'immenses développements. En 1850 il existait déjà 50 manufactures de ce genre avec plus de 600,000 broches, qui produisaient un million de pouds de coton filé et huit millions de pièces d'étoffes de coton par an. Dès 1845 la valeur de ce dernier article de fabrication atteignait le chiffre de 45 millions de roubles d'argent, dont 25 millions pour le seul gouvernement de Wladimir. Les étoffes de coton imprimées se fabriquent surtout (environ 4 millions de pièces) dans les gouvernements de Moscou, de Wladimir et d'Iaroslaff. L'industrie des laines a aussi pris de grandes proportions. En 1822 on tirait encore d'Angleterre le drap nécessaire à l'habillement de la garde impériale; en 1823 la Silésie et la Pologne étaient en possession exclusive de fournir le drap dont le commerce russe avait besoin pour ses relations avec la Chine, qui en absorbait au delà de 2,000 pièces. En 1850 cinq cents fabriques, qui mettaient en œuvre 600,000 pouds de laine, dont moitié dans les sortes les plus fines, livraient à la consommation environ 4,500,000 *arschines* de drap grossier et 9 millions de drap fin. La fabrication des étoffes de laine mêlée a aussi commencé en 1840. Dès 1845 il existait à Moscou seulement 22 fabriques consacrées à cet article : depuis, on a créé des filatures de laine peignée ; et ce genre de fabrication est en voie de progrès notable. On prépare annuellement de 13 à 14 millions de peaux de mouton, ce vêtement le plus indispensable du Russe des basses classes. L'industrie des toiles russes rencontre sur les marchés nationaux la redoutable concurrence des étoffes de coton, et sur les marchés étrangers celle des toiles anglaises d'une fabrication que les machines rendent plus parfaite et plus économique. En 1850 on évaluait à 40 millions de roubles la valeur des toiles consommées en Russie, celle des autres articles fabriqués avec du lin à 20 millions de roubles, et celle de l'exportation des lins bruts à pareille somme; total de la production de cet article, 80 millions de roubles. La production des chanvres s'élevait à 50 millions de roubles. On fabrique des cordages et des toiles à voiles en quantités plus que suffisantes pour les besoins de la consommation. La fabrication des étoffes de soie, qui a son grand centre dans le gouvernement de Moscou, occupe environ 250 établissements, tant grands que petits, et prépare chaque année plus de 40,000 pouds de soie brute, dont les deux tiers sont de production russe. En 1845 la valeur de cette fabrication était estimée à 7 millions de roubles argent. On fabrique à Moscou des mouchoirs de soie, des étoffes de soie et de velours pour vêtements ; et à Bogorodsk, dans le même gouvernement, cette fabrication est également en voie constante de progrès. Elle laisse pourtant encore beaucoup à désirer sous divers rapports ; elle n'est dépassée que de 20 à 30 pour 100 ceux des autres pays. La fabrication du papier est aussi depuis quelques années en voie de progrès remarquable, et a su s'approprier les perfectionnements réalisés à l'étranger. La Russie est aujourd'hui le pays du monde qui possède le plus grand nombre de manufactures de sucre de betterave. En 1853 on y en comptait 360, tandis qu'il n'était en France que de 354, et que de 237 dans les États du *Zollverein*. Mais pour ce qui est de la quantité de sucre de betterave fabriquée, la Russie ne saurait soutenir la comparaison avec aucun de ces deux pays. La fabrique des objets métalliques prend chaque jour de plus grandes proportions, en raison de l'immense richesse des mines de la Russie. On compte plusieurs centaines d'usines pour la préparation du fer et du cuivre, la plupart situées dans le gouvernement de Perm, où Iékatérinenbourg est le siège d'une direction générale des mines et le centre d'une grande activité de travail métallurgique. Vient ensuite le gouvernement d'Orembourg, où Slaturst est le siège d'une importante production de fer, qui emploie un grand nombre d'ouvriers allemands ; puis le gouvernement de Kasan. Les fonderies impériales de fer de Saint-Pétersbourg, la manufacture de fusils de Sestrabek, au voisinage de la même capitale, de Wotka et d'Isch dans le gouvernement de Wiatka, mais surtout celle de Toula, où l'on fabrique aussi toutes autres espèces d'armes et d'articles en fer et en acier ; les fabriques de coutellerie de Pétersbourg, de Moscou et de Bieleff, près de Toula ; enfin, les grandes et célèbres usines de Pawlowna et de Worsma, bourgs aussi grands que des villes, dans le cercle de Gorbatoff, du gouvernement de Nijni-Novgorod, qui approvisionnent la Russie d'articles en fer et en acier, et notamment de serrures dites de sûreté, sont de remarquables établissements industriels. Au total, cependant, la fabrication métallurgique et la production des mines n'ont encore fait en Russie que peu de progrès, pour la perfection des produits. En 1843 on évaluait à 23 millions de roub. la valeur des articles fabriqués en fer, en acier, en cuivre et en bronze ; de 20 à 25 millions celle des cuirs ; la valeur du papier à 2,500,000 roub. celle des poteries de 8 à 10 millions ; celle des verroteries de 7 à 8 millions ; enfin, l'ensemble de la production manufacturière de la Russie, non compris les sucres et les eaux-de-vie, à 102,580,000 r. La fabrication de l'eau-de-vie, dont la vente constitue un monopole impérial, et dont la consommation immodérée dans quelques parties de l'empire est une source de ruine pour la population, était déjà évaluée il y a une quinzaine d'années à environ 32 millions de *vedros*. Quant à l'exploitation des forêts, le nord et l'est de la Russie d'Europe ainsi que les gouvernements de la Lithuanie sont le siège d'une industrie qui a pris les proportions les plus grandioses et qui livre à la consommation intérieure des masses incalculables de bois de charpente, de bois à ouvrer et de bois à brûler, de poix, de goudron et de potasse, de même qu'elle fournit au commerce d'exportation les meilleurs assortiments de ces divers articles, avec des bois de construction, des planches, des madriers, des mâts, etc. La construction des navires est très-active, non-seulement dans les ports de la Baltique de la mer Noire et de la mer d'Azof, mais encore sur le Volga et ses affluents, notamment l'Oka et le Koma. Les bâtiments qu'on construit sur l'Oka, sans y employer un seul morceau de fer et qu'on expédie chargés jusqu'à R y b i n s k, ainsi que les barques qui de là gagnent Pétersbourg, y sont dépecés et utilisés comme bois à brûler.

Le commerce doit aussi de grands développements à Pierre le Grand. Il fonda le commerce maritime, que des traités commerciaux, des banques et des marchés favorisèrent sous ses successeurs. Comme le Russe a naturellement beaucoup de goût pour le commerce, le gouvernement n'a eu ici qu'à seconder, protéger et préparer les voies. Des routes et des canaux, suppléés en hiver par les charrois en traîneaux, facilitent le commerce intérieur. Il y a encore disette de routes d'art proprement dites. Après la chaussée conduisant de la frontière de Prusse (depuis Tauroggen), par Mittau, Riga, Dorpat, Narwa, Pétersbourg, Novgorod, Waldaï et Twer, jusqu'à Moscou, et prolongée de 1839 à 1841 de Moscou à Nijnei-Novgorod en passant par Wladimir, il n'existe pas à bien dire de bonne voie carossable. Plusieurs, d'ailleurs, sont à l'état de projets. La Pologne possède quelques bonnes routes empierrées: en Finlande la nature rocheuse du sol rend difficile l'établissement de bonnes voies de communication. La Russie ne possède encore que trois chemins de fer en cours d'exploitation : le petit chemin de fer, de 23 kilomètres de longueur, conduisant de Saint-Pétersbourg à Pawlosk, en passant par Czarkoé-Sélo, ouvert en 1838; le chemin de fer, bien autrement important, de Pétersbourg à Moscou (61 myr. de long), avec stations à Waldaï, à Wischnij-Wolotschok et à Twer, ouvert en 1851 ; et le chemin de fer de Varsovie à Vienne, avec stations à Pétrikau, à Czenstochau et à Szczakowa, se rattachant à l'ouest, par Myslowitz, au chemin de fer de la haute Silésie, et à l'est à celui de Cracovie. Le chemin de fer destiné à relier Varsovie à Saint-Pétersbourg, ne tardera pas non plus à être complètement terminé. La construction en fut commencée en 1852, aux deux extrémités à la fois. Il desservira en même temps Luga, Pskoff, Ostrow, Rzeczyka, Dunabourg, Wilna, Grodno et Bialystock. Son parcours total sera de 102 myriamètres. En octobre 1852 l'empereur Nicolas approuva un projet de chemin de fer destiné à relier Odessa à Kremenczug sur le Dniepr, à la condition qu'on le continuerait jusqu'à Charkoff. En 1853 on avait déjà tracé un chemin de fer conduisant de Riga à Dunabourg. D'autres projets sont encore à l'étude, et ne tarderont pas à être mis en voie d'exécution. Ces chemins de fer ont une importance toute particulière au point de vue commercial et stratégique pour la Russie, qui, manquant de voies de communication construites d'après les règles de l'art, se trouvera de la sorte avoir franchi d'un seul coup tout un degré de civilisation.

Après l'Angleterre et la France, c'est le gouvernement russe qui a fait en Europe le plus d'efforts pour doter son pays d'un bon système de canalisation. L'étendue totale des canaux artificiels ou des rivières rendues navigables n'est pas moindre de 594 myriamètres. La Baltique est reliée à la mer Noire par les canaux de la Bérézina, d'Ogurski, et du Roi; à la mer Caspienne, par ceux de Wischnij-Wolotschokoksch, de Tichwynsch et de Marie; enfin, à la mer Blanche, par le canal du duc Alexandre de Wurtemberg. Des canaux latéraux réunissent les différents fleuves entre eux. D'autres canaux sont encore projetés, par exemple pour relier le Don au Volga. Les relations avec la Sibérie sont singulièrement facilitées par des voies naturelles de communication par eau. La Kama et le petit Volga et ses affluents, tels que l'Ufa, conduisent jusqu'au voisinage des lavages d'or et des mines de l'Oural, et facilitent le transport de leurs produits. Le principal marché pour le commerce intérieur de l'empire est la célèbre foire de Nijni-Novgorod, qui se tient chaque année en juillet et août, et qui sert en même temps de grand entrepôt au commerce de l'Europe avec l'Asie. En fait de foires importantes, il faut encore citer celle d'Irbit (voyez PERM), celle de Kischeneff en Bessarabie, fondée en 1830 dans les intérêts du commerce avec la Moldavie et la Valachie, les foires de Rostoff et Riga, les marchés de Moscou, de Rybinsk, de Twer, de Toula, de Kalouga, d'Iaroslaff, de Smolensk, de Kasan, de Saratoff, etc. Le commerce d'échange de la Russie avec la Chine a pour centre Kiachta, où une école impériale pour l'enseignement de la langue chinoise a aussi été fondée, en 1845.

Le commerce maritime de la Russie, quoique son propre tonnage soit minime, ne laisse pas que d'être d'une grande importance. En tête des ports de la Baltique se place Cronstadt, le véritable port de Saint-Pétersbourg et le centre de tout le commerce du nord de la Russie, tandis que le mouvement de la navigation à Riga, à Reval, à Narwa, à Kunda, à Habsal, à Arensburg (île d'Œsel), à Pernau, à Abo et à Helsingfors, est limité presque au cabotage avec Cronstadt et Pétersbourg. Le commerce d'Arkangel, sur la mer Blanche, est de peu d'importance en raison de la position de ce port et de la longueur de l'hiver qu'on y subit. Le commerce de la Russie méridionale, celui d'Odessa notamment (cette place fut érigée en port franc en 1817), a bien plus d'importance. Les autres ports sont Taganrog, Marienpol et Berdiansk dans la mer d'Azof; Kertsch (port franc depuis 1822), Théodosia ou Kaffa, Eupatoria en Crimée; Ismaïl et Reni sur le Danube. Les principaux articles d'importation sont : le sucre brut, le café, le thé, les fruits secs, le vin (dont un tiers vins de Champagne), le tabac, les articles de pêche, le coton, la soie, la laine, les matières tinctoriales, les étoffes de coton, les toiles, les soieries, les cotonnades, l'huile d'olive, les machines et les instruments, les diamants, les fourrures, les métaux bruts, notamment le plomb et la houille; et les principaux articles d'exportation, le chanvre et le lin, la graine de lin ; le suif, les céréales, les planches, le cuivre, le fer, les soies de sanglier, les cuirs, la laine, les cotonnades, les draps, le bétail, les fourrures, les cordages, la toile à voiles et les toiles.

Les principales branches de l'enseignement, sauf quelques exceptions, telles que les écoles militaires, sont placées aujourd'hui dans les attributions du ministre de l'enseignement populaire et de l'instruction publique, créé en 1802. Elles se trouvent réparties en neuf arrondissements (Pétersbourg, Moscou, Charkoff, Kasan, Kieff, Dorpat, la Russie-Blanche, Odessa et la Sibérie), et divisées en diverses administrations. Un curateur est préposé à l'administration de chacun de ces arrondissements. On compte sept universités : Pétersbourg, Moscou, Charkoff, Kasan, Dorpat, Kief et Helsingfors (autrefois à Abo). Il n'y a que celles de Dorpat et de Helsingfors où l'on trouve réunies les quatre facultés; et l'oukase de 1850, qui a limité aux fils des nobles les études supérieures à partir de la classe de quatrième, a beaucoup diminué le nombre des étudiants qui les fréquentaient. En 1849 on comptait dans les différentes universités 501 professeurs et employés, et 3,256 étudiants. Des écoles spéciales de médecine et de chirurgie existent à Saint-Pétersbourg et à Moscou. On compte en outre une école de médecine, trois écoles vétérinaires et deux écoles d'accouchement. En 1835 une école spéciale de droit a été créée à Saint-Pétersbourg à l'effet de former de jeunes gentilshommes aux fonctions judiciaires. Le grand institut pédagogique fondé en 1828 forme des maîtres pour les écoles de cercle et les gymnases. Il existe en outre dans ce but un institut de professeurs à Dorpat. En 1851 6 universités relevant du ministère de l'instruction publique, 1 école normale, 3 lycées, 77 gymnases, 433 écoles de cercle, 1,005 écoles communales et 592 pensions ou institutions particulières, comptaient 559 professeurs et 188,377 élèves. Indépendamment des divers établissements que nous venons de mentionner, il existe un grand nombre d'établissements pour l'instruction supérieure, qui dépendent partie des autres ministères, partie de diverses branches de l'administration. Ainsi le ministère de la maison de l'empereur a dans ses attributions l'Académie des Beaux-Arts, l'École d'Architecture de Moscou et l'École impériale de Chant et de Déclamation ; le ministère des finances, les écoles de gravure, des mines, des forêts, du commerce, ensemble 86 instituts comptant 461 professeurs et 9,779 élèves ; le ministère de la justice, l'école de droit dont il a été question plus haut et deux autres instituts comprenant 93 professeurs et 1,691 élèves ; la direction générale des postes, trois écoles avec 8 maîtres et 180 élèves ; la direction générale des ponts et chaussées, deux écoles avec 416 élèves. Il existe en outre 26 écoles d'agriculture, avec 124 professeurs et 1,501 élèves, et dans les bourgs faisant partie des domaines de la couronne 2,696 écoles, qui en 1852 comptaient 97,384 élèves des deux sexes et étaient placées sous la direction de 2,783 maîtres (popes). L'institut pour l'enseignement des langues orientales compte 30 professeurs et 207 élèves. Dans le royaume de Pologne existent 5 écoles spéciales avec 1,113 élèves, 75 écoles supérieures avec 6,150 élèves, et 6316 écoles primaires fréquentées par 71,356 élèves ; plus, 57 établissements particuliers d'instruction supérieure, et 126 écoles primaires particulières, comptant ensemble 5,909 élèves. Le nombre total des établissements d'instruction publique y est donc de 1,539, et celui des élèves qui les fréquentent, de 84,584. Outre l'université d'Helsingfors, on trouve en Finlande 5 gymnases, 12 écoles supérieures et 32 écoles élémentaires; plus, 5 écoles de jeunes personnes. Dans les pays du Caucase on compte 5 gymnases, trois pro-gymnases, 18 écoles cantonnales et 11 écoles communales, plus 8 pensions et établissements particuliers; en tout, 45 instituts avec 237 professeurs et 3,302 élèves. Enfin, la commission des frontières d'Orembourg a sous sa surveillance 3 écoles de Kirghis, avec 3 maîtres et 30 élèves. Quoique le gouvernement ait incontestablement beaucoup fait pour l'instruction publique, il lui reste encore beaucoup à faire. Le nombre des individus qui reçoivent de l'instruction ne s'élève, dans toute l'étendue de l'empire de Russie, qu'à 380,000 ou 400,000, dont près du quart seulement pour la Pologne. Dans l'intérêt des connaissances utiles le gouvernement a d'ailleurs fait entreprendre diverses expéditions scientifiques et créé quelques grandes institutions, telles, par exemple, que l'Observatoire de Pulkowa, près de Saint-Pétersbourg. La Société de Géographie, fondée en 1846, à Pétersbourg, et placée en rapport avec le dépôt topographique de l'état-major général, avec le département hydrographique du ministère de la marine, avec l'Académie des Sciences et avec le bureau de statistique du ministère de l'intérieur, contribue beaucoup à mieux faire connaître la Russie et surtout l'Asie. Il faut reconnaître que la politique du gouvernement et la censure, dont elle est la base, mettent obstacle au développement des sciences qui entrent dans le domaine de l'imagination et à celui de la littérature, qui s'y rapporte. La plus grande bibliothèque qu'il y ait en Russie est la Bibliothèque impériale de Saint-Pétersbourg, qui contient près de 500,000 volumes et plus de 2,000 manuscrits.

En ce qui touche la constitution politique de la Russie, on doit dire que c'est une monarchie complètement absolue. L'empereur prend le titre de *Samoderschez*, c'est-à-dire d'autocrate de tous les Russes, tsar de Pologne et grand-duc de Finlande; et il est en même temps législateur, régent et juge suprême, et aussi, depuis Pierre le Grand, arbitre souverain en toutes matières ecclésiastiques. Toutefois, il se reconnaît lié par certaines maximes fondamentales. Depuis 1797 elles fixent la succession au trône en ligne directe ascendante, d'après le droit de primogéniture, et donnent la préférence à la descendance mâle sur la descendance féminine. Tout souverain russe doit, ainsi que son épouse et ses descendants, appartenir à l'Église gréco-russe. Aux termes de l'acte additionnel, publié le 20 mars 1820 par l'empereur Alexandre, les enfants issus d'un mariage non reconnu par l'empereur, pour avoir été contracté de la main gauche, ne sont point aptes à succéder. L'héritier du trône est majeur à seize ans; les autres princes et princesses de la famille impériale ne le sont qu'à dix-huit ans accomplis. En ce qui touche la Finlande, province qui jouit de beaucoup de privilèges particuliers sur les autres provinces de l'empire et notamment sur les provinces de la Baltique, l'acte d'incorporation de 1809 est obligatoire pour l'empereur. A la suite des troubles de 1846, les institutions politiques particulières de la Pologne ont été complètement supprimées.

Il existe en Russie un grand nombre d'ordres de chevalerie, qui ont tous l'empereur pour grand-maître; et il n'y a pas de pays en Europe où l'on soit aussi prodigue de décorations. Les principaux ordres de mérite et de cour sont : 1° *l'ordre de Saint-André*, 2° *l'ordre de sainte-Catherine*, 3° *l'ordre de Saint-Alexandre Newski*, 4° *l'ordre de Sainte-Anne*, 5° *l'ordre de l'Aigle-blanc*, 6° *l'ordre de Saint-Stanislas* (ces deux derniers ordres sont polonais, mais furent incorporés aux ordres russes en 1832). *L'ordre militaire de Saint Georges*, *l'ordre de Saint-Wladimir*, *l'ordre du Mérite militaire* (divisé en 5 classes et qui jusqu'en 1831 était simplement polonais), sont de simples ordres de mérite. On accorde encore des épées d'or avec cette inscription : « Pour la bravoure. » Les soldats portent des médailles en signes commémoratifs des campagnes auxquelles ils ont pris part. En 1828 un signe honorifique particulier a été créé pour les employés civils et militaires dont le service est irréprochable, et auquel chacun d'eux a droit au bout de quinze ans de services effectifs. La branche de l'ordre de Saint-Jean-de-Jérusalem transférée en Russie par l'empereur Paul possède un prieuré gréco-russe et un prieuré russo-catholique, avec environ 100,000 roubles d'argent de revenu et 25,000 paysans.

L'autorité délibérante suprême de l'empire est le *conseil de l'empire*, institué par l'empereur Alexandre, en 1801, puis complétement réorganisé en 1810, que l'empereur préside souvent en personne et dont le président est ordinairement depuis 1848 le général de cavalerie et adjudant-général prince Tschernitscheff, qui préside en même temps le ministère d'État. Font partie du conseil de l'empire : les grands-ducs, dès qu'ils sont majeurs, et un certain nombre de hauts fonctionnaires ainsi que de généraux nommés à vie par l'empereur. Il est divisé en cinq sections (1° *législation*, 2° *affaires militaires*, 3° *affaires civiles et ecclésiastiques*, 4° *administration publique*, 5° *affaires du royaume de Pologne*), lesquelles préparent les affaires qui se traitent en assemblées générales. Le *sénat dirigeant*, institué en 1711, par Pierre le Grand, et réorganisé en 1802, est chargé du maintien des lois, qu'il publie dans la *Gazette du Sénat*, de même que de contrôler les recettes et les dépenses de l'État. Toutes les cours de justice relèvent de son autorité, de sorte que ce n'est que dans un petit nombre de cas qu'on peut appeler de ses décisions à l'empereur. Celui-ci passe pour le chef du sénat, qui en conséquence n'a pas de président particulier. Les sénateurs sont nommés en nombre indéterminé par l'empereur; mais ordinairement ils ne sont jamais plus de 120. Depuis 1834 les grands-ducs assistent aussi aux séances du sénat. Le sénat est divisé en onze départements, dont les six premiers se trouvent à Saint Pétersbourg, trois autres à Moscou et deux à Varsovie. Dans ces départements isolés les décisions ne peuvent être prises qu'à l'unanimité des voix, mais dans les assemblées générales il suffit de la majorité absolue. Toutes les affaires de l'Église russe sont placées sous la conduite du saint-synode dirigeant, qui siège à Saint-Pétersbourg. Il a une division (bureau synodal), qui siège à Moscou. Le ministère d'État se compose aujourd'hui de dix ministres, auxquels sont parfois adjoints des aides, et de trois docteurs généraux, dépendant des premiers. Les différents ministères sont : 1° *maison de l'empereur*, 2° *apanages*, 3° *affaires étrangères*, 4° *guerre*, 5° *marine*, 6° *affaires intérieures*, 7° *justice*, 8° *finances*, 9° *instruction publique et enseignement populaire*, 10° *domaines de l'empire*; les trois directions générales : celles des *contrôles de l'empire*, des *postes*, des *voies de communication par terre et par eau*, et des *constructions publiques*. C'est le président du conseil de l'empire, le général de cavalerie prince Tschernitscheff, qui préside le conseil des ministres. Autrefois il existait en outre un directeur général des affaires ecclésiastiques pour les confessions étrangères, dont les attributions sont aujourd'hui réunies à celles du ministre de l'instruction publique. En revanche, un ministre secrétaire d'État particulier a encore été créé à Saint-Pétersbourg pour les affaires polonaises, et un autre pour la Finlande. Le premier a voix délibérative au ministère d'État; mais le second n'y siège point. Il existe encore une commission des pétitions, la chancellerie du sénat, la chancellerie du comité des ministres, et enfin la chancellerie particulière de l'empereur, formant cinq divisions. Conformément à un oukase en date du 5 septembre 1848, par lequel l'empereur déclare prendre sous sa propre direction la surveillance du service des fonctionnaires de l'ordre civil, il a été institué dans la première de ces cinq divisions un département d'inspection, duquel émanent toutes les nominations, révocations et autres dispositions relatives au service des fonctionnaires.

Non compris les possessions d'Amérique et la steppe des Kirghis, tout l'empire de Russie (sauf le royaume de Pologne, qui forme aujourd'hui cinq gouvernements, et la grande-principauté de Finlande, divisée en huit bailliages ou cercles), tout l'empire de Russie, disons-nous, se composait au commencement de 1854 de 56 gouvernements (48 en Europe et 8 en Asie), de quatre provinces (la Bessarabie, le Pays des Kosacks du Don, le Iakoutsk et le Kamtschatka), et de quatre gouvernements de ville (Odessa, Taganrog, Kertsch-Iénikalé en Crimée, et Kiachta en Sibérie), mais sous des administrations particulières. Voici les gouvernements et les provinces de la Russie d'Europe, groupés d'après l'ancienne division, fondée sur l'histoire :

1° La *Grande-Russie*, comprenant dix-neuf gouvernements; à savoir : ceux de Moscou, de Smolensk, de Pskoff, de Twer, de Novgorod, d'Olonetz, d'Arkangel, de Wologda, de Iaroslaff, de Kostroma, de Wladimir, de Nijni-Novgorod, de Tamboff, de Woronesch, de Koursk, d'Orel, de Kalouga, de Toula et de Rjasan.

2° La *Petite-Russie*, comprenant quatre gouvernements; à savoir : ceux de Kief, de Pultawa, de Charkoff et de Tschernigoff.

3° La *Russie méridionale* ou *Nouvelle-Russie*, comprenant les trois gouvernements de la Tauride avec le gouvernement de ville de Kertsch-Iénikalé, de Cherson avec le gouvernement de ville d'Odessa, de Iékatérinenbourg avec le gouvernement de ville de Taganrog, et les deux provinces de Bessarabie et du pays des Kosacks du Don.

4° La *Russie occidentale*, comprenant les huit gouvernements de Podolie ou Kamentz-Podolsk, de Volhynie ou Schitomir, de Minsk, de Mohileff, de Witepsk, de Wilna, de Grodno et de Kowno ou Kauen, dont les trois derniers dépendent de l'ancienne Lithuanie, et les trois précédents forment ce qu'on appelle la *Russie-Blanche*.

5° Les *Provinces de la Baltique*, comprenant quatre gouvernements; à savoir : la Courlande, la Livonie, l'Esthonie et Pétersbourg (l'Ingrie).

6° L'*empire de Kasan*, comprenant les cinq gouvernements de Perm, de Wiatka, de Kasan, de Simbirsk et de Pensa;

7° L'*empire d'Astrakan*, comprenant les cinq gouvernements d'Astrakan, de Saratof, d'Orembourg, de Samara et de Stawropol (Caucasie ou Ciscaucasie).

Dans la Russie d'Asie, la Transcaucasie forme quatre gouvernements : Tiflis, Kutaïs, Schemacha et Derbent. La Sibérie en forme également quatre : Tobolsk et Tomsk dans la Sibérie occidentale, Iénisséisk et Irkutsk dans la Sibérie orientale. A quoi il faut encore ajouter la province de Kamtschatka et le gouvernement de ville de Kiachta.

Il y a aujourd'hui trois gouverneurs militaires généraux ; à Pétersbourg, à Moscou et à Varsovie (autrefois il y en avait aussi un à Riga); onze gouvernements généraux, plusieurs gouvernements formant ensemble un gouvernement général ; à savoir : 1° la Finlande ; 2° la Livonie, la Courlande et l'Esthonie ; 3° Witepsk, Mohileff et Smolensk ; 4° Grodno, Minsk et Kowno ; 5° Tschernigoff, Pultawa et Charkoff ; 6° Kief, Podolie et Volhynie ; 7° Nouvelle-Russie avec la Bessarabie ; 8° Orembourg et Samara ; 9° Transcaucasie ; 10° Sibérie occidentale ou Tobolsk et Tomsk ; 11° Sibérie orientale ou Iénisséisk et Irkutsk; plus, trente-et-un gouvernements militaires et cinquante gouvernements civils. Chaque gouvernement et province se subdivise en cercles particuliers, dont le nombre varie ordinairement entre dix et douze. Les gouverneurs généraux sont tous choisis dans l'ordre militaire, et réunissent en outre entre leurs mains le commandement en chef des troupes réparties dans les gouvernements qui leur sont confiés. Ils sont tenus de rendre compte au sénat, mais ne peuvent recevoir de réprimandes que de l'empereur. Les gouverneurs civils, qui cumulent les pouvoirs administratifs et judiciaires, dépendent des gouverneurs militaires. Des codes particuliers régissent la Russie proprement dite, la Pologne et la Finlande. Dans chaque cercle, un maréchal de la noblesse est chargé de veiller à ce que bonne et impartiale justice soit rendue aux paysans ; mais il ne se commet encore que trop d'injustices et d'actes arbitraires. La peine de mort ne s'applique qu'aux crimes de haute trahison. On la remplace par le bannissement en Sibérie, avec condamnation aux travaux forcés dans les mines et salines ; ce qui implique la mort civile et l'interdiction de la vie commune avec les plus proches parents. La peine du knout, maintenant d'une application bien moins fréquente qu'autrefois, est considérée comme infamante; elle emporte le bannissement en Sibérie ; par contre, la peine des verges est fréquemment appliquée ; et on a encore en Russie la barbarie d'ordonner souvent d'en destribuer des coups sans nombre, d'où il résulte que le délinquant est alors littéralement battu à mort. Pour prévenir les nombreuses désertions qui avaient lieu de la Sibérie, l'empereur Nicolas avait aussi rétabli la peine consistant à fendre les narines aux déserteurs et à leur appliquer un fer rouge sur le front et les joues. Le nombre de meurtres commis en Russie se monte toujours à plus de 1,000 par an, et celui des suicides est à peu près le même. Les vols commis à main armée sur les grandes routes sont, toutes proportions gardées, assez rares. Les crimes d'incendie, au contraire, sont très-fréquents ; et on en compte tous les ans plus de 3,000. 15,000 individus périssent, année commune, par suite d'accidents divers ; et il en meurt encore dix fois davantage victimes du défaut de soins de leurs parents dans leur bas âge. Il n'y a pas de pays au monde où la mortalité soit aussi grande dans les premières années de la vie; et on calcule que la moitié à peine des nouveaux nés atteignent l'âge de cinq ans.

Les *finances de la Russie*, qui avaient beaucoup souffert pendant les temps si agités du règne de l'empereur Alexandre, ont été restaurées par la sage administration du comte Cancrin. Les revenus de l'État consistent partie dans le produit de l'impôt et partie dans celui des domaines de la couronne. Le budget des dépenses de l'État est évalué à 160 ou 180 millions de roubles d'argent par an. D'après le compte-rendu du ministre des domaines impériaux pour l'année 1852, publié en 1854, leurs produits de toutes espèces s'étaient élevés cette année-là à 45,300,097 roubles argent, dont 33,772,244 étaient entrés dans le trésor impérial. Au 1er janvier 1853 la dette publique se décomposait comme suit : ancien emprunt hollandais, 33,100,000 florins; nouvel emprunt hollandais, 24,049,000 florins; par conséquent dette extérieure, 57,149,000 florins de Hollande; dette intérieure déterminée, 110,807,055 roubles argent ; dette perpétuelle intérieure et rentes étrangères, 223,861,476 roubles argent st., ensemble 401,552,111 roubles argent. Un fonds de 29,369,337 roubles argent a été assigné à la caisse d'amortissement pour assurer le payement des intérêts des dettes à terme et des rentes perpétuelles ainsi que leur rachat. Le fonds d'amortissement consiste dans les rentes perpétuelles rachetées; à savoir : Rentes à 6 pour 100 et des premier et second emprunts à 5 pour 100, 43,040,719 roubles argent; rentes des troisième et quatrième emprunts à 5 pour 100, 150,245 roub. ; rentes à 4 pour 100, 359,280 roub., et capital avec désignation spéciale, 6,157,071 roubles argent. Voici ce qui a été rendu public au sujet des négociations des banques d'État en 1848 et 1849 : 1° La banque hypothécaire de l'empire, y compris un fonds de réserve de 3,500,000 roubles, avait 9,295,925 roubles argent. Les versements au 1er janvier 1848 montaient à 234,132,298 roub. arg. Il avait été payé dans le courant de l'année 28,069,970 roubles argent ; et au 1er janvier 1849 le fonds disponible s'élevait à la somme de 260,340,899 roub. arg. 2° La banque de l'empire avait en circulation au 1er janvier 1848 la somme de 1,953,560 roubles argent de certificats de dépôt ; dans le courant de l'année il fut échangé pour 1,673,122 roubles argent contre des certificats de crédit d'empire, de sorte qu'au 1er janvier 1849 il ne restait plus en circulation que pour 280,438 roubles argent de certificats. 3° En ce qui touche la banque d'assignations, il y avait en circulation au 1er janvier 1848 pour 65,759,925 roubles assignations, ou de banque (à ? roubles argent) ; dans le courant de l'année il en fut échangé pour 50,628,295 roubles contre des certificats de crédit d'empire, de sorte qu'au 1ᵉʳ janvier 1849 il ne restait plus en circulation que pour 14,931,630 roubles assignations, sans que la dette d'argent en papier eût pour cela été diminuée. La somme des papiers de crédit, y compris ceux des lombards et des institutions de prévoyance générale, se montait au commencement de 1849 à la somme de 306,629,672 roubles argent. Le trésor public conservé dans la forteresse de Saint-Pierre-et-Saint-Paul, à Saint-Pétersbourg, est destiné à garantir le papier monnaie en circulation ; au 1ᵉʳ janvier 1850 il s'élevait, dit-on, à une somme de 99,763,361 roubles argent et métaux précieux.

C'est Pierre le Grand qui le premier mit l'*armée russe* sur le pied européen. Depuis lui elle n'a pas cessé d'être l'objet d'une sollicitude toute particulière ; et des guerres continuelles furent la meilleure des écoles à laquelle l'armée russe pût se former. L'organisation en fut complétement modifiée sous le règne d'Alexandre 1ᵉʳ ; et l'empereur Nicolas continua à lui consacrer l'attention la plus active. Il n'y a pas de pays en Europe où le souverain prenne une part aussi directe et aussi active à tout ce qui se rapporte à l'armée qu'en Russie ; et toute l'organisation politique russe porte un cachet essentiellement militaire. Au premier rang des transformations opérées par l'empereur Nicolas, il faut citer celle des colonies militaires, qui servent de cantonnements permanents aux troupes et portent aujourd'hui la dénomination d'*arrondissements de soldats cultivateurs*. L'armée se compose de troupes régulières et des milices de nature féodale des Kosacks et autres peuplades, servant généralement comme cavalerie légère. L'armée régulière comprend l'armée destinée aux grandes opérations et les troupes employées à certains services locaux particuliers. En 1852 les divisions actives de troupes de la grande armée consistaient en 11 corps d'armée (consultez Haxthausen, *La Puissance militaire de la Russie* [Berlin, 1852]), à savoir : 1° le corps de la garde, formant 3 divisions d'infanterie (6 brigades en 12 régiments, ou 37 bataillons), 3 divisions de cavalerie (6 brigades en 12 régiments, ou 60 escadrons de réguliers, indépendamment de 1,772 escadrons d'irréguliers), et une division d'artillerie (5 brigades en 15 demi-batteries), avec 116 bouches à feu, 1 bataillon de sapeurs et 2 escadrons de troupes du génie ; 2° le corps des grenadiers, formant 3 divisions (6 brigades en 12 régiments, ou 37 bataillons), une division de cavalerie (2 brigades en 4 régiments, ou 32 escadrons réguliers), une division d'artillerie (4 brigades, en 14 batteries), avec 112 bouches à feu et 1 bataillon de sapeurs ; 3° six corps d'infanterie, composés chacun de 3 divisions (par conséquent 18 divisions, formant 36 brigades, ou 72 régiments à 294 bataillons), 6 divisions avec de cavalerie (12 brigades, formant 24 régiments, ou 192 escadrons réguliers) et 6 divisions d'artillerie (24 brigades en 84 batteries), avec 672 bouches à feu et 6 bataillons de sapeurs ; 4° Le premier corps de la cavalerie de réserve, en deux divisions (4 brigades, formant 8 régiments, ou 48 escadrons réguliers), avec 1 division (4 batteries) d'artillerie de 32 bouches à feu ; 5° le second corps de la cavalerie de réserve, en 2 divisions, avec autant d'artillerie ; 6° le corps des dragons, formant 2 divisions (4 brigades, à 8 régiments, ou 80 escadrons réguliers), avec la même artillerie que les deux corps précédents, mais avec 2 escadrons du génie. La grande armée formait donc en totalité 11 corps d'armée, avec 24 divisions, d'infanterie en 96 régiments (ou 368 bataillons), 16 divisions, ou 64 régiments (460 escadrons) de cavalerie régulière, 11 divisions ou 125 demi-batteries d'artillerie avec 996 bouches à feu, 8 bataillons de sapeurs et 4 escadrons de troupes du génie à cheval. L'État complet du pied de guerre, tel qu'il se trouvait indiqué sur les listes, donnait pour l'armée prête à entrer en campagne 496,000 hommes, avec 996 bouches à feu ; pour le premier ban de la réserve, 98,000 hommes avec 192 bouches à feu ; et pour le second ban, 111,000 hommes avec 280 bouches à feu ; total : 699,000 hommes avec 1408 bouches à feu. Les troupes régulières employées à certains services locaux se composaient : *a*, de troupes actives, notamment de l'armée du Caucase, 55 bataillons, 10 escadrons, 180 bouches à feu : plus, 48 bataillons de ligne, 50 bataillons de la garde intérieure et 37 bataillons de ligne finlandais, d'Orembourg et de Sibérie, total 190 bataillons, 10 escadrons, avec 180 bouches à feu, ou environ 198,000 hommes ; *b*, de réserves et d'invalides, notamment de 26,000 hommes de la réserve, de 22,000 vétérans d'infanterie, de 13,000 invalides d'infanterie, de 40,000 vétérans d'artillerie et du génie, total 101,000 hommes. Les troupes irrégulières ou contingents de l'armée des Kosacks du Don, de la mer d'Azoff, de Tschernomorie ou de la mer Noire, du Danube, du Caucase, de l'Aral, d'Orembourg, d'Astrakan, des frontières de la Chine, de la ligne de Sibérie et des villes de Sibérie, composés de Kosacks russes proprement dits, de Baschkirs, de Meschtschériæks, de Toungouses et de Bourètes, de Moslems, de montagnards du Caucase, etc., etc., formaient non compris l'artillerie, un effectif de 126,200 hommes (dont 33,000 hommes d'infanterie de la mer Noire et des villes de Sibérie), avec 124 bouches à feu. Si l'on mobilisait complétement l'armée, on parviendrait, dit-on, à mettre en ligne 1,200,000 hommes, avec 1,800 bouches à feu.

L'armée se complète par la voie du recrutement. Un manifeste en date du 13 août 1834 a décidé qu'en temps de paix il n'y aurait plus de recrutement s'étendant indifféremment à toutes les parties de l'empire. On lève d'ordinaire de 5 à 6 recrues par 1,000 âmes. A son entrée dans l'armée tout serf acquiert sa liberté personnelle. Les propriétaires qui ont à fournir des recrues sont tenus de fournir aussi l'argent nécessaire pour leur équippement (environ 10 roubles d'argent par homme). Tout récemment il a été décidé que les hommes ayant vingt ans de service effectifs seraient congédiés. La durée du service proprement dit est de vingt-cinq ans ; cependant, de vingt-deux ans seulement pour la garde, et même de vingt ans pour les cantonistes militaires. La solde, pour tous les grades, est plus faible que dans tout autre État de l'Europe. La solde des officiers de terre et de mer a sans doute été augmentée en 1834 ; mais elle est toujours des plus maigres. En revanche, il est beaucoup fait pour l'entretien des malades et des invalides. Il existe 9 grands hôpitaux militaires et 23 moindres, 5 maisons d'invalides et un orphelinat militaire à Saint-Pétersbourg. Les 27 écoles militaires qui existent à l'usage de l'armée de terre, à l'exception du corps des pages de l'empereur, de l'école des gentilshommes de la garde, de la grande école du génie et de l'école d'artillerie de Michailoff, sont toutes des établissements d'instruction de corps et de cadets, et comptent 865 maîtres avec 8,100 élèves. Les 10 écoles à l'usage de la marine, dont un corps de cadets pour former des officiers de marine, quatre écoles de matelots, et deux compagnies d'instruction, comptent 337 maîtres et 3,920 élèves.

La *marine russe*, non compris les flottes de la mer Blanche, de la mer Caspienne et de la mer d'Ochotski, se compose de deux divisions ; la division ou flotte de la Baltique, et la division ou flotte de la mer Noire. Toutes deux avant la dernière guerre, qui a eu pour résultat d'en modifier complétement l'effectif, formaient 5 divisions de navires de haut bord, dont 3 dans la mer Baltique, et 2 dans la mer Noire. Chaque division se composait de 9 vaisseaux de ligne (dont 2 de 84, et le reste au-dessus, jusqu'à 120 canons), 6 frégates, 1 corvette et 4 cutters comme bâtiments à voiles, avec un nombre correspondant de vaisseaux de ligne à vapeur, de frégates à vapeur et autres bâtiments à vapeur. La flotte de la Baltique, dont les trois stations sont *Cronstadt*, *Helsingfors* (Sweaborg) et *Révol*, présentait donc un effectif de 29 vaisseaux de ligne, de 18 frégates et 3 corvettes et de 12 cutters, sans compter les vaisseaux de guerre à vapeur et la flottille de canonnières. D'après un rapport adressé en avril 1854 à l'amirauté anglaise les forces maritimes de la Baltique propres à un service actif se composaient de 30 vaisseaux de ligne avec le nombre correspondant de bateaux à vapeur, de frégates, de corvettes et

618 RUSSIE

autres petits bâtiments à voiles, ainsi que de 800 chaloupes canonnières, d'une grande importance quand il faut naviguer dans des eaux fort étroites. Mais, d'après des rapports antérieurs, sur les 27 vaisseaux de ligne que portaient les états officiels de la flotte de la Baltique, il n'y en avait en réalité que 18 qui fussent en état de prendre la mer. D'après le même rapport, les deux divisions de la flotte de la mer Noire (dont Sébastopol était la principale station) ne comprenaient que 18 vaisseaux de ligne, 12 frégates, 2 corvettes et 8 cutters, indépendamment des vapeurs de guerre et de la flottille de canonnières; par conséquent, elle était de peu de chose moins forte que celle de la Baltique. L'effectif complet de la marine russe comprenait donc avant la dernière guerre cinq divisions, composées d'environ 60 vaisseaux de ligne de 70 à 120 canons, de 37 frégates de 40 à 60 canons, de 70 corvettes, bricks et brigantins, et de 40 bâtiments à vapeur, avec 42,000 matelots, 20,000 soldats de marine ou artilleurs, et 9,000 canons, sans compter les chaloupes canonnières, les galères, etc. Comme en France, les matelots nécessaires au service de la flotte se recrutent de la même manière que l'armée; cependant, on a recours autant que possible aux enrôlements volontaires; et le contingent maritime fourni par la Finlande provient complétement d'enrôlements volontaires. Les Finlandais et les Grands-Russes d'Archangel sont d'excellents matelots; de tous temps aussi les côtes de la mer Noire ont fourni une race d'intrépides hommes de mer. D'ailleurs dans ces eaux-là les Grecs recherchent volontiers le service russe. Aussi la flotte de la mer Noire passait-elle pour plus expérimentée, plus aguerrie, que celle de la Baltique, au perfectionnement de laquelle l'hiver du Nord est un grand obstacle, puisqu'il la tient prisonnière dans les glaces pendant plus de la moitié de l'année. Le marin russe est aussi fort peu payé. Onze grands hôpitaux flottants dans les ports militaires et 17 stations d'hôpital ont été organisés pour les besoins des troupes de mer. Il existe des écoles de marine à Pétersbourg, à Cronstadt, à Nicolajeff, à Arkangel, à Cherson et à Odessa. Les ports militaires sont Cronstadt, Swenborg, Reval, Arkangel, Nicolajeff, Sébastopol, Cherson, Taganrog, Astrakan, Ochotsk et Petropalowsk.

L'empire russe ne compte qu'un petit nombre de places fortes d'importance. Les plus remarquables sont Cronstadt, fondée par Pierre le Grand pour protéger sa nouvelle capitale, Sweaborg, destiné à protéger Helsingfors, la capitale de la Finlande, et la nouvelle citadelle de Varsovie, construite contre les Polonais par l'empereur Nicolas. Les forts élevés le long des bords de la mer Noire contre les montagnards sont insignifiants; et au commencement de la dernière guerre, au printemps de 1854, les Russes eux-mêmes les désarmèrent ou les détruisirent complétement, parce qu'ils reconnaissaient l'impossibilité d'y tenir. Les innombrables *blockhaus* ont été élevés le long de la frontière d'Asie ont une tout autre importance pour protéger le territoire de l'empire contre les invasions des Kirghiz. Toute une ceinture de petits forts s'étend le long des principaux fleuves de la Sibérie, quelquefois presqu'à 1,000 werstes de distance, par exemple sur l'Oural, etc.

Sans parler des anciens ouvrages relatifs à la Russie de Pallas, de Gmelin, de Guldenstaedt, de Géorgi, de Hermann, de Heym, etc. (ou encore de l'*État de l'Empire de Russie et grand-duché de Moscovie*, par le capitaine Margeret, aventurier français qui était allé chercher fortune en Russie, où il devint capitaine des gardes d'un des faux Démétrius, et dont le livre, composé à la demande de Henri IV, fut publié pour la première fois en 1607, puis réimprimé en 1668, à l'occasion de l'arrivée à Paris d'une ambassade envoyée à Louis XIV par le czar Alexis pour lui recommander la candidature de son fils au trône de Pologne), on consultera avec fruit Storch, *La Russie sous Alexandre I*er (9 vol. , en allemand, Leipzig, 1803, 1811); le même, *Mémoire sur les forces militaires de la Russie* (Berlin, 1828); le comte de Rechberg, *Les Peuples de la Russie* (2 vol., Paris, 1812-1813); Baer et Helmersen, *Documents relatifs à l'Empire de Russie et aux pays d'Asie qui l'avoisinent* (en allemand, 16 vol., Pétersbourg, 1739-1853); Schlœgel d'Erenkrantz, *Aperçu de l'Empire de Russie* (en allemand, Vienne, 1839); Possart, *L'Empire de Russie* (en allemand, 2 vol., Stuttgard, 1841); le même, *Les Provinces Russes de la Baltique* (1843); Galyzin, *La Finlande* (2 vol., Paris, 1852); le prince Demidoff, *Travels in the southern Russia and the Crimea*, etc. (2 vol., Londres, 1853); Custine, *La Russie en 1839* (3 vol., Paris, 1840); Tengoborski, *Études sur les Forces productives de la Russie* (3 vol., Paris, 1852-1854); Marmier, *Lettres sur la Russie, la Finlande et la Pologne* (Paris, 1852); Pedischeff, *Atlas géographique de la Russie* (10 cartes), etc.

Histoire.

[Ce nom de *Russes* est vraisemblablement varègue ou scandinave. Il paraît venir de cette province suédoise dont les habitants s'appelaient jadis *Rhos* ou *Rhotz*; ce qui est confirmé par les remarques de Stiralemberg, officier de Charles XII, qui assure que de son temps les Finnois appelaient encore la Suède *Rosslagen*. C'est par eux qu'aux huitième et neuvième siècles le bras nord du Ménel, sur lequel est situé Russ, et ce côté Po-Russie. Il en fut de même de la Russie d'Europe. Aux uns resta le nom de *Prussiens*, aux autres celui de *Russes*, comme à la Gaule conquise par quelques milliers de Francs, celui de *France*. L'origine du reste des habitants de la Russie d'Europe est encore obscure; cependant, quelques traces antiques et d'anciennes chroniques montrent plusieurs flux et reflux des hommes du Nord et de ceux du Sud-Est, se poussant et se repoussant dans ces vastes régions, tantôt de la mer Caspienne et du Pont-Euxin vers les mers du Nord, tantôt de celles-ci aux mers Noire et Caspienne. Les uns apportaient de l'Asie dans ce large espace leurs mœurs indépendantes et pastorales: ce furent les S l a v e s; les autres, ceux du Nord, le traversaient avec leurs habitudes guerrières et dominatrices: c'étaient vraisemblablement les S c a n d i n a v e s.

Mais les premiers ne pouvaient s'établir sans changer de forme sous un climat aussi rigide; et soit modification, soit mélange des uns et des autres, une république slave, très-remarquable, la commerçante, la grande N o v g o r o d s'était établie. Déjà même, au commencement du neuvième siècle, elle s'était longtemps maintenue riche, populeuse et indépendante entre les excursions opposées de ces deux grands cours d'hommes du Nord et de l'Est, et surtout à la faveur de leurs déviations. Ceux du Nord, attirés par l'appât d'un riche pillage, s'étaient détournés vers le nord de l'Empire Romain, et ceux de l'Est vers le centre de ce même empire. Ce fut alors, en 872, que les bandes du Nord, essouyées en Angleterre et en France, ou repoussées par Charlemagne, refluèrent dans toute cette contrée qu'on appelle aujourd'hui la *Russie d'Europe*, et y établirent leur féodalité. La renommée de Novgorod la grande les attira; pour elles d'ailleurs Novgorod était sur le chemin de Byzance.

L'empire russe existe donc depuis 976 ans. S'il est permis de se citer soi-même, je dirai qu'on doit distinguer dans son histoire cinq grandes périodes, deux dynasties, quinze princes remarquables et cinq capitales.

De 862 à 1054, dans un espace de 192 ans, la *première période de fondation, de gloire et d'agrandissement* nous montre R o u r i k le fondateur, Oleg le conquérant, Olga l'administratrice, W i a d i m i r le chrétien, Jaroslaf le législateur.

Dans la *deuxième*, de 1054 à 1236, période de 180 années, toute de discordes, on remarque seulement le valeureux et vertueux Wladimir Monomaque et André le politique.

Dans la *troisième*, de 1236 à 1462, période de 223 ans toute d'asservissement sous les Tatars, on vit briller le dévoué, le saint Alexandre Newski, l'habile Ivan Ier, et Démétrius *Donskoy*, premier vainqueur des Tatars.

La *quatrième*, de 1462 à 1613, a duré 153 ans. Dans cette période de l'affranchissement et du despotisme, les regards doivent surtout se fixer sur Ivan III l'*autocrate*, et sur Ivan IV *le terrible*.

Déjà la *cinquième* période, celle de la civilisation, compte aujourd'hui 244 ans. Dans celle-ci Pierre le Grand, Catherine la Grande et l'empereur Alexandre compléteront les points de vue lumineux, jalons indispensables à tous ceux qui se proposent d'étudier l'histoire de cet empire à l'instant où il commence à peser d'un si grand poids dans la balance des destinées de toute l'Europe.

Mais en outre de ces quinze lumières, de ces utiles fanaux, on devra apercevoir d'autres points de repère, des points géographiques qui pourront encore servir au classement de nos observations et à l'analyse de cette énorme masse d'histoire.

En effet, on remarquera que cet empire en est à sa cinquième capitale ; qu'en 862 le génie conquérant de Rourik plaça la première dans Novgorod ; que le génie plus grand encore d'Oleg, l'avidité, l'attrait d'un climat plus doux, celui des richesses, des lumières et du bien-être de la civilisation grecque, fixèrent, dès 882, au midi et dans la deuxième ; qu'en 1167 les discordes intestines, les Kief la deuxième ; qu'en 1167 les discordes intestines, les agressions des Polonais à l'ouest, celles des nomades du sud et la politique d'André reportèrent la troisième vers l'est, à Wladimir ; que la quatrième, la plus centrale, la grande Moscou, cellequi devait réunir à elle tout l'empire, s'éleva en 1328 et soumit les trois autres par le machiavélisme d'Iourii, par l'habileté d'Ivan Ier, ses premiers princes, et par sa position entre la troisième capitale Wladimir, et la première, Novgorod la grande, qu'elle désunissait ; qu'enfin, vers 1703, le génie de la civilisation alla créer la cinquième capitale à la frontière du nord, à la naissance du golfe de Finlande, précisément sur ce même rivage d'où le barbare Rourik, créateur de cet empire, était parti huit cent quarante ans plus tôt pour le fonder.

C'est de la cinquième période de l'histoire de cet empire qu'on doit dater la civilisation. Cette période commence, en 1613, avec la deuxième race des souverains russes , et après quinze années d'usurpations, de dissolution et d'interrègnes, espèce de chaos de fange et de sang qui sépare la race des Rourik de celle des Romanof. Voilà donc la dynastie d'origine barbare et féodale, de droit de conquête, héritière des mœurs et de la violence future , la voilà remplacée par une dynastie qu'une nation épurée par le malheur choisit librement dans ce qu'elle avait de plus patriote, de plus vertueux, de plus sacré et de moins semblable aux tyrans qui venaient de l'opprimer ; car la source de cette deuxième dynastie est pure : c'est du cœur même de la nation qu'elle jaillit. Un Prussien obscur, venu en Russie vers 1350, est, dit-on, le chef de cette famille ; mais qu'importe, depuis plus de deux siècles n'était-elle pas recouverte de terre russe et de lauriers indigènes ! La Russie choisit alors dans Mikhaïl Romanof un nom brillant par 250 années d'illustration ; le descendant des Chérémétef, famille célèbre autant qu'aimée, le fils du métropolitain Romanof, martyr pour sa patrie, et qui subissait encore pour elle un supplice héroïque ; enfin , ici jaillit encore dans les Rourik, et indiqué , disait-on, par le dernier prince de cette dynastie pour son successeur.

Le mérite des deux premiers princes de cette nouvelle dynastie et la grandeur du quatrième sont incontestables. Mais dans la gloire et la puissance si rapidement croissantes de cette race, comme dans toutes les affaires des hommes, la part de la Providence est considérable. Voyez en effet, ainsi qu'au temps de la fondation de l'empire par les Rourik et de sa restauration par les princes de Moscou , voyez reparaître et briller encore cette étoile qui préside à l'établissement des grandes dynasties. La Russie, épuisée et mutilée, veut d'abord un long règne de paix, non pour jouir, mais pour se préparer à reconquérir ses anciennes frontières, et non-seulement les deux premiers Romanof, Mikhaïl et Alexis, naissent avec des dispositions conformes à ces besoins, mais l'un règne trente-trois ans , l'autre trente-un ; et toutes les conditions de douceur, de patience, de sagesse pour l'un, d'habileté et d'audace pour l'autre, de longévité, de modération et d'à-propos pour tous les deux, sont remplies. Le sort semble même n'avoir négligé aucun détail ; celui qui devait être pacifique a les dehors convenables ; le second , qui doit être un conquérant, est d'une stature colossale, imposante et déjà victorieuse. Bien plus , des trois fils que laisse ce guerrier un seul est un grand homme, mais c'est le dernier. Eh bien, il arrive que pendant l'enfance de celui-ci, le premier, prince ordinaire, meurt après un règne court ; il arrive encore que le second est tellement incapable, que ses sujets n'en tiennent compte ; il arrive enfin que ces deux aînés meurent sans enfants mâles ; de sorte qu'au milieu de ces trois princes d'âges heureusement si divers, la couronne, en passant rapidement par les deux premiers, tombe comme d'elle-même aux mains qui en étaient les plus éloignées et les plus dignes. Pierre le Grand la garda quarante-trois ans. Ainsi, le sort arrangea l'esprit et la durée des premiers règnes de cette deuxième race comme s'il eût pris plaisir à en préparer, élever, conserver et augmenter la gloire.

Qui ne connaît aujourd'hui la vie de Pierre le Grand ? La Russie moderne est sa création ! C'est de sa grande vie qu'elle vit encore. Il fut l'âme de ce colosse, qu'il transforma tout entier, en commençant par se transformer lui-même. Voltaire, d'autres auteurs, et ce dictionnaire, se sont efforcés de nous donner sa mesure. C'est un trop vaste sujet de méditations pour oser l'aborder en passant, et prétendre n'y consacrer que quelques lignes. Disons seulement que ce rude despote est peut-être non-seulement le plus grand homme, mais le plus grand citoyen des temps antiques et modernes ; que jamais le génie humain ne conçut un projet aussi gigantesque, aussi utile, et ne l'exécuta avec une vigueur aussi inflexible et aussi suivie dans l'ensemble et dans les moindres détails. La Russie lui doit six provinces nouvelles , trois mers , un commerce étendu , une bonne police, des forteresses, plusieurs ports, une armée régulière de plus de 200,000 hommes , une marine de 240 bâtiments de guerre, une multitude d'établissements pour les arts, les belles-lettres et pour les sciences de toutes natures ; toutes choses inconnues avant lui chez cette nation barbare, qu'en dépit d'elle il lança d'une main si puissante et si avant dans la civilisation européenne, qu'il fut désormais impossible à ce peuple opiniâtre de rétrograder dans les ténèbres où se complaisaient son abrutissement et son ignorance.

Après lui (1725), le règne de sa femme, Catherine Ire, et celui de son petit-fils, Pierre II (1727), sous la régence de Menschikoff, ne sont qu'un faible reflet, de plus en plus pâle, de l'éclat qu'a jeté ce grand homme. Mais enfin ils maintinrent la Russie dans la même direction, tandis qu'au contraire, sous les Dolgorouki, et après l'exil de Menschikoff, le vieil homme moskovite renaquit un instant et avec lui la grossièreté barbare des mœurs de la première race. Le jeune Pierre II succomba bientôt à ces brutalités (1730).

Ici jaillit encore une dernière étincelle de cette querelle du pouvoir qui agita toute la première dynastie. Les Dolgorouki, descendants des princes apanagés du sang de Rourik, mais réduits à l'état de courtisans, tentent alors une oligarchie impossible : mœurs, habitudes, intérêts , tout y était devenu contraire. L'empreinte des traces de Pierre le Grand était trop profonde. Cette haute aristocratie s'efforçait vainement d'en sortir ; elle y retomba impuissante. Il suffit du premier pas d'une nièce du grand homme, d'Anne Ivanovna, duchesse douairière de Courlande, que ces grands avaient appelée au trône (1730), et sous laquelle ils voulaient gouverner, pour détruire leur échafaudage oligarchique. Un peuple entier de petite noblesse russe s'était élevé sous Pierre Ier aux dépens et en dépit de la haute noblesse. Ces petits nobles étaient alors la nation, et leur opinion, l'opinion publique. Anne, aidée d'un étranger, Ostermann, les séduisit par l'appât tout-puissant de cette égalité, dont tous les peuples sont si avides, qu'ils reçoivent de toutes mains, et que donne à sa manière le niveau du despotisme. Ils lui rendirent avec acclamation l'absolu pouvoir. Quinze jours suffirent à Ostermann pour cette restauration, tant l'autocratie convient à cette éternelle guerre des petits contre les grands, de ceux qui veulent parvenir contre ceux qui sont nés parvenus, et tant au peuple comme au despote l'aristocratie est antipathique!

Ce règne fut grand dans le mal comme dans le bien. Trois étrangers se le partagèrent : Biren, célèbre à force de cruautés, gouverna l'impératrice; Ostermann, la politique; Munnich, la guerre. Trop dissemblables, ils eurent pour lien la nécessité, l'intérêt, et non l'amitié. Ils venaient de renverser non-seulement un parti, mais un système. Les Galytzin, les Dolgorouki avaient voulu une Russie gouvernée aristocratiquement et sans étrangers, par un conseil. Or, ceux-ci pour se maintenir furent forcés de rester unis. De là l'esprit de tout ce règne, où l'ancienne haute noblesse, décimée, acheva d'être abattue; fait auquel les étrangers eurent tant de part, et qui poussa la Russie plus que jamais dans les voies et dans les affaires européennes.

Le siége du gouvernement, un moment retourné à Moscou sous les Dolgorouki, revient à Pétersbourg. Le canal Ladoga est achevé; la garde et l'armée, premiers germes de civilisation, sont augmentées, instruites, et plus que jamais disciplinées; le roi de Pologne est détrôné, la Crimée envahie, la Moldavie conquise, l'affront du Pruth vengé. Pour la première fois les armes russes brillent sur les flots du Rhin, et le Danube les revoit après huit siècles d'absence. Ces trois étrangers, lorsque Anne meurt (1740), prolongent leur pouvoir en substituant à cette princesse un enfant, Ivan VI, dont l'infortuné Alexis, fils de Pierre le Grand, est le trisaïeul. Mais ce pouvoir sans intermédiaire, ils se le disputent. Il échappe à Biren, passe un instant aux mains de Munnich, et demeure un autre instant à la mère d'Ivan, la tendre et molle Anne de Mecklembourg, arrière-petite-fille d'Alexis Pétrowitch, que détrône (1741) la faible et voluptueuse Élisabeth, fille de Pierre le Grand, ou plutôt Lestocq, médecin français, son favori, et La Chétardie, envoyé de France. Ce ne sont plus là que des révolutions de palais et de courtisans, sans intérêt public, sans même d'esprit de parti; la nation n'y est pour rien; à peine voit-on quelque influence intéressée de la politique étrangère. Celle qui, vingt-et-un ans plus tard, portera Catherine II sur le trône russe n'aura guère d'autre motif; et si le résultat en doit être différent, la Russie le devra au hasard, qui de chute en chute, de 1725 à 1762, aura fait, après trente-sept ans, tomber enfin le sceptre de Pierre le Grand en des mains dignes de le relever et d'en augmenter la gloire.

Cependant, le règne d'Élisabeth, un règne de vingt ans, est tout entier à de dispendieux et d'impurs plaisirs et à de détestables intrigues. Le souple et perfide Bestoucheff en est le principal ministre. Deux guerres seulement se rendent remarquable. Celle de Suède, où l'armée de Charles XII, tombée après lui dans l'indiscipline, mit honteusement bas les armes, et Stockholm elle-même vit jusque sous ses murs l'armée russe, victorieuse sous Lascy, protéger son gouvernement vaincu contre ses habitants, en pleine révolte; celle de Prusse, où l'obéissance opiniâtre et tenace du soldat russe battit Frédéric le Grand et l'eût détrôné sans la folle passion pour ce prince de Pierre de Holstein, neveu d'Élisabeth, qu'elle avait choisi pour son héritier, et qui, sacrifiant son pays adoptif à sa manie prussienne, arrêta constamment l'essor de la victoire. Catherine d'Anhalt-Zerbst, sa femme, commence alors sa double renommée d'ambition et de volupté. Au moment d'épouser Pierre, une maladie subite a métamorphosé en monstre de laideur ce Pierre qu'elle est venue séduire, afin de partager son trône à venir. Elle soutient l'aspect repoussant de ce prince; elle l'accueille même avec des transports apparents d'une tendresse aveugle et passionnée; et seule enfin, elle va tomber deux heures sans connaissance aux pieds de sa mère, tant ont été grands son effort, sa dissimulation, et le sacrifice que, si jeune encore, elle a déjà su faire, à l'ambition de porter une couronne.

Mais bientôt les exemples d'immoralité qui l'environnent, le juste mépris que l'incapacité morale et physique de Pierre lui inspire, et ses propres penchants l'égarent, la volupté l'emporte; elle s'y montre audacieuse. Soltikoff et Poniatowsky se succèdent dans son cœur, et quant à ses sens on ajoute bien plus encore! Ses ennemis en profitent, et en même temps que Bestoucheff, qui la soutenait, tombe dans la disgrâce. Mais, ainsi qu'à tous les grands cœurs, l'infortune lui est salutaire; le malheur l'excite, il développe son génie. On exige d'elle des aveux humiliants; elle en reconnaît le danger, et plutôt que de s'y soumettre, isolée, délaissée par tous, elle se déclare prête à abandonner la Russie et à renoncer à cette couronne, à laquelle elle-même s'était sacrifiée. Cette fierté mâle, et l'héritier qu'à défaut d'un impuissant époux, son premier adultère a donné à Élisabeth, la relève dans l'esprit de cette impératrice. Alors, reprenant l'avantage, elle soutient contre Pierre de Holstein une lutte habile et dangereuse, que suspendent un instant, à la mort d'Élisabeth, d'abord une crainte mutuelle, puis les premiers transports d'un avénement longtemps attendu (1762).

La joie d'être enfin empereur, la nécessité de le paraître, réveillent un moment dans Pierre III les habitudes de sa première éducation et les bons sentiments de son faible cœur. Ils débordent sur tous indistinctement et de toutes parts. Les premiers actes de son règne y sont conformes : la générosité tant vantée de notre Louis XII est surpassée; il rappelle tous les exilés, pardonne à tous ses ennemis, leur conserve leurs emplois; il ajoute même aux dignités, aux honneurs de ceux qui n'ont usé de leur faveur passée que pour l'humilier dans la disgrâce. La noblesse est par un oukase solennellement affranchie de toute servitude; le sort des paysans, du clergé adouci; la chancellerie privée, tribunal secret et terrible d'inquisition politique, est abolie. Catherine elle-même, que naguère il haïssait en vouloit répudier, il l'honore, il l'environne de soins empressés, et lui, prince du sang de Pierre le Grand et de Charles XII, il semble ne vouloir paraître que le premier sujet de cette princesse étrangère. L'empire entier retentissait de louanges et de bénédictions pour un si bon maître. Mais Catherine s'en défie; elle rit de ces vaines imitations, tantôt de Pierre le Grand, tantôt du roi Frédéric; elle méprise ce retour vers elle et la prodigalité de ces effusions sans mesure. Son génie a compris que ce n'est pas à force de concessions irréfléchies qu'on gouverne, dans un empire absolu, un peuple d'esclaves; elle n'ignore pas d'ailleurs qu'aux ennemis qui méditent sa perte, déjà retombé dans l'ivresse continuelle de sales débauches, c'est dans leurs courts intervalles que le malheureux Pierre signe aveuglément, sans les lire, ces généraux, mais imprudents édits, que lui apporte Goudowitch. C'est elle surtout qui n'a voulu recevoir l'empire que des acclamations des gardes, et non du sénat; c'est parmi ces gardes qu'elle a choisi son nouvel amant, Grégoire Orloff. Pendant que Pierre III s'aliène le clergé, en le dépouillant de ses biens, la garde russe opiniâtre en préférant les Holsteinois et en attaquant ses privilèges, le peuple entier en raillant sa religion et en professant le luthéranisme; tandis que, sans craindre d'offenser l'armée et la nation, il ne montre de caractère que dans son adoration pour Frédéric, et qu'entouré d'Allemands, usages, vêtements, couleurs nationales, trophées, intérêts politiques, il soumet, il sacrifie tout à sa manie prussienne, elle, au contraire, se montre nationale dans ses goûts, dans ses amitiés, dans ses pratiques religieuses, et cachant ses plaisirs, les fait servir à étendre de plus en plus son influence sur le peuple et sur l'armée russe.

Ainsi tout se prépare, six mois suffisent; les apparences d'un reste d'union s'effacent; des deux côtés un éclat s'apprête. Pierre III va répudier Catherine et désavouer son fils, celui qui doit être un jour Paul 1er, et qu'on dit être le fils de Soltikoff. On l'avertit en vain de craindre, ou de se hâter; mais il méprise, il croit sa puissance inébranlable, comme il arrive à la veille des révolutions, quand elles sont dans l'esprit, dans les vœux de tous, par l'aveugle imprudence du pouvoir, qui jusqu'au dernier moment ne peut comprendre le peuple qu'il gouverne.

Il y a pour l'impératrice une émulation de conspirateurs et de complots divers, dont elle seule rassemble et tient tous les fils. Enfin, l'arrestation de l'un des plus forcenés, le danger des autres, la résolution d'Orloff, que seconde l'audace de Catherine, décident l'explosion. Dans la même nuit où, reléguée à Péterhoff, disgraciée, abandonnée, elle semble toucher à une perte certaine, vers deux heures après minuit, un soldat inconnu l'éveille en sursaut; il se nomme, et sans hésiter cette jeune femme le suit seule, et paraît à Pétersbourg au milieu des gardes. Elle invoque leur secours; le cri d'enthousiasme qui lui répond retentit rapidement d'écho en écho dans l'armée et dans la population entière. A cette nouvelle, Pierre III, confondu, s'abat; il erre lâchement d'Oranienbaum, théâtre de ses orgies, à Cronstadt, d'où il est repoussé, et revient encore plus éperdu à Oranienbaum. Là, 3,000 Allemands, Munnich et Goudowitch l'excitent vainement! Une armée, est rassemblée, qu'il aille du moins se mettre à sa tête! mais il fuit, il se cache au milieu de vils courtisans et de femmes tremblantes; il demande grâce à sa femme, se livre à elle, et dépouillé, il signe la plus honteuse des abdications, pendant qu'à cheval, et à la tête de 15,000 hommes, en uniforme des gardes, une couronne de chêne en tête et l'épée nue à la main, Catherine, déjà sacrée impératrice, séduit tous les yeux, enlève et entraîne tous les cœurs, charmés de sa grâce et de son audace.

Jusque là aucune goutte de sang ne tachait cette usurpation; on pouvait l'excuser, en ayant égard aux mœurs de cette cour, à ses précédents, aux droits des esprits forts sur les esprits faibles, à ceux enfin du génie même en danger, placé dans la nécessité de se défendre et dans l'alternative ou du déshonneur ou de la révolte. Mais si c'est un jour heureux que celui d'une usurpation victorieuse, le ciel n'a point voulu que le lendemain en soit aussi doux et aussi facile. Déjà naissent les nécessités impérieuses, les soucieuses précautions, les rigueurs obligées; et souvent le bonheur si pur du premier jour est rongé des remords de ce qu'on a été entraîné à faire dès le lendemain pour le conserver. Dans cette voie dangereuse, où l'on ne peut ni s'arrêter ni reculer, où l'on commande mal à ceux qui vous ont si bien servi, comment, pour assurer sa victoire, n'en pas abuser? C'est ainsi que l'immoralité de la plupart des conjurations est bien moins dans leur premier but que dans leurs inévitables suites.

Celle-ci eut pour conséquences l'assassinat de Pierre III, empoisonné et étranglé huit jours après l'avénement de Catherine; deux ans plus tard le meurtre d'Ivan, massacré dans Schlusselbourg, au milieu d'une révolte fomentée par le gouvernement pour donner un motif à la mort de ce dernier des compétiteurs de l'usurpatrice; viennent ensuite les différents supplices des révoltés, victimes de ce machiavélisme. Hâtons-nous, pour n'y plus revenir, d'avouer toutes les taches d'une si grande renommée; quelques-unes sont larges et sanglantes.

Plusieurs adultères, une usurpation, deux meurtres, des mœurs dissolues, voilà ce dont le siècle l'accuse. Il y joint l'inique partage de la Pologne, qu'il signale comme un attentat contre l'indépendance d'un peuple généreux, dont elle s'était déclarée protectrice. Ces faits sont connus :

elle se plut aux premiers; elle prépara et exécuta la seconde, souffrit les deux autres, préméditera longtemps le dernier, le redoubla et profita de tous. Quant à sa vie privée, si les rois en ont une, on remarquera seulement que les mœurs de cette femme furent celles de plusieurs grands hommes.

Mais cette large part faite au mal, avec quelle fermeté d'une âme forte dans le bien comme dans le mal, et née pour la place qu'elle usurpa, cette jeune femme sut-elle soumettre à son ascendant dominateur et la juste indignation des uns et les mécontentements intéressés des autres, et, ce qu'il y a de plus difficile, jusqu'à l'ambition effrénée de ses complices! Ses peuples, sa garde elle-même s'agitent, conjurent et se soulèvent vainement; sous sa main vigoureuse cette femme comprime sans émotion ces résistances; elle force successivement, et sans secousses, à rentrer dans la règle et l'ordre tous ces esprits rudes et audacieux qu'elle-même avait lancés dans la voie des conspirations et de la révolte.

Ses amants eux-mêmes, rangés suivant leur utilité, sont contenus dans leur sphère, tant elle sait rester souveraine jusque dans ses faiblesses. Deux seuls d'entre eux ont eu sur son gouvernement quelque influence. Le premier, Grégoire Orloff, fut supporté tant que les conspirations, qu'il savait réprimer, rendirent utile son ministère. Le second est Potemkin. Usurpatrice au dehors comme au dedans, l'ambition de Catherine convoitait à la fois la Crimée, la Pologne et Byzance. Potemkin a compris et partagé l'orgueil conquérant de sa maîtresse, et cet amant devient son ministre. Le reste, comme une vile troupe de courtisanes, destinées exclusivement au plaisir, passe successivement au pied de ce trône. Un seul, Landskoï, meurt dans cet emploi, et paraît avoir été aimé pour lui-même.

Cette autre part faite au vice, où l'on voit qu'elle sait commander encore, croyons-en l'admiration de ses contemporains, que l'on conteste vainement; car ce sont ses meilleurs juges. Ils disent que son administration, toujours haute et fière dans son illégitimité, fut généralement calme, constante dans ses choix, et qu'enfin le plus souvent sa force fut douce, qu'elle fut souvent clémente dans une contrée où la cruelle rigidité du climat semblait être passée de tout temps dans les caractères. Ajoutons, avec un ministre français, que ses habiles négociations et un long séjour près de cette grande princesse ont rendu célèbre, que sous ce règne brillant il a vu la Crimée, le Borysthène, délivrés de leurs brigands tatars, turcs et zaporaviens; l'affront du Pruth une seconde fois vengé; la mer Noire ouverte aux navigateurs russes; le Caucase, la Géorgie ajoutés à toutes ces conquêtes sur la barbarie et le brigandage. Alors Rasoumofiski a mis le comble à sa gloire guerrière, et Souvaroff a commencé la sienne. Ce même témoin déroule à nos yeux les traités de commerce conclus en Asie et avec toute l'Europe; il nous montre quarante provinces organisées administrativement et judiciairement; une jurisprudence uniforme introduite au milieu d'une cohue de lois contradictoires, de tous âges, de toutes mains, et qui, se détruisant l'une l'autre, laissaient l'arbitraire à leurs interprètes. Enfin, il applaudit à l'heureux, d'habiles et de constants efforts pour propager l'instruction et la civilisation, au premier exemple, depuis Alexis, d'une réunion de notables législateurs, à une première tentative d'affranchissement des serfs, et, ce qui pour leur liberté à venir sera plus efficace, à l'agrandissement de trois cents bourgs changés en villes.

Telle fut Catherine II. Ainsi, toutes les plus grandes traces qu'avait laissées Pierre le Grand vont à ses pas; elle seule, après un intervalle obscur de trente-huit ans, le continue. Épouse, elle conquiert le trône à l'instant où elle en va être répudiée; femme, c'est l'un des plus grands hommes du dix-huitième siècle; mère, trois empereurs lui doivent le jour. Ses peuples aussi l'ont appelée leur *mère*; elle a adouci, orné et fixé leurs mœurs, encore incertaines entre la barbarie et la civilisation; et les Russes, qui s'enorguoilissent de sa mémoire, lui doivent leur puissance agrandie, une gloire brillante, un code, une civilisation plus avancée, leur siècle de Louis XIV et l'éducation d'Alexandre.

Elle est donc grande à plus d'un titre, et le dernier n'est pas le moindre. Ses autres titres à la renommée ne sont pas, il est vrai, aussi purs; mais les grandeurs politiques sont ainsi, et ce n'est malheureusement pas dans le séjour des justes qu'on doit chercher les ombres des personnages les plus illustres. En effet, ceux que l'on appelle *grands hommes* ne sont pas les plus parfaits; la perfection peut se rencontrer dans toutes les tailles, mais rarement unie à la grandeur; et l'histoire nous dit assez qu'il ne faut guère s'attendre à la rencontrer dans ses colosses.

A ce règne glorieux succède, en 1796, le règne turbulent, dur et bizarre de Paul Ier. Jusque là, sa vie, suspecte à Catherine, s'est écoulée dans une gêne étroite et dans une humiliation longue et solitaire. Aussi l'amertume en lui surabonde; il la répand sur tout ce qui reste du gouvernement de sa mère. Il règne en haine d'elle, capricieusement, sans système, par coups imprévus. La longue contrainte à laquelle il échappe enfin l'a rapetissé, rétréci, endurci son âme, et l'a laissée contractée par une farouche et sombre défiance. Il ne se sent jouir du pouvoir qu'il a tant attendu qu'en en abusant. Son règne est une réaction; il change tout, hommes et choses; il bouleverse, il met en périls toutes les existences. Sa mère venait de préparer la guerre contre la révolution française; lui, sous prétexte d'économie, la décompose, et pourtant deux ans après, en 1799, s'exaltant soudainement, il se laisse entraîner sans mesure dans la seconde coalition des rois contre la France. Il lance sans jugement, avec un emportement de barbare, toutes ses flottes sur la Méditerranée, sur l'Océan, et prodigue à la fois contre nous ses armées dans Naples, en Italie, en Suisse, en Hollande même. Puis, quand Souvaroff, à Cassano et à la Trebbia, au prix de 28,000 Russes sacrifiés, lui donne un instant la victoire, que Masséna lui fait aussitôt perdre à Zurich, avec Korsakoff et 30,000 autres victimes; lorsqu'à la fois son armée de Hollande, abandonnée par les Anglais, met bas les armes, alors aux transports d'une joie sauvage succède un accès de rage si violent, qu'il bouleverse jusqu'à l'égarement l'âme du despote. Ses officiers, ou prisonniers, ou mourants, ou morts même, tous ceux enfin qui manquent au drapeau, il les casse, il les flétrit indistinctement et en masse; il accable de reproches, il abreuve d'insultes, dans leurs ministres, ses alliés, qu'il accuse de lâcheté, de perfidie, et dont il abandonne la cause avec autant d'inconséquence qu'il avait mis de folle imprudence à s'y prodiguer sans mesure. L'Angleterre est maîtresse de son commerce, et, sans craindre la ruine de ses sujets et de son propre trésor, sans redouter le machiavélisme de cette puissance, il s'empare de ses navires, s'unit aux cours du Nord et déclare que le pavillon couvre la marchandise. Bien plus, Napoléon, vainqueur à Marengo des alliés que s'y vient d'abandonner, s'offre à son alliance; il l'accepte, et, encore plus insensé dans cette autre coalition si excentrique que dans la première, on assure qu'il osa méditer d'aller attaquer la puissance anglaise jusque dans l'Inde.

En même temps, ainsi séparé de l'Europe, il s'isole de tous ses sujets par de continuels et féroces caprices, que son cœur aigri et de plus en plus soupçonneux lui inspire. Dès lors au dedans se sentant haï de tous, il redoute, il va tout frapper, jusqu'à ses deux fils, dont l'aîné se prête à une conjuration, où leurs père plaint ni défendu que par un Kosak, ce czar insensé meurt étranglé, le 23 mars 1801, selon l'usage établi et quelquefois excusé par la nécessité dans tous les gouvernements aussi despotiques.

Disons promptement, d'après un témoin dont nous avons reçu la confidence, et qui retint entre ses bras le jeune Alexandre, que sans ses efforts ce prince, innocent de ce parricide, se fût détruit dans son désespoir à l'instant même où il apprit que la déposition de son malheureux père avait entraîné sa perte.

Ainsi, jusqu'au dix-septième siècle, l'histoire des Russes est toute dans celle de quelques-uns de leurs princes. Quant au reste, Novgorod excepté, c'est une hiérarchie d'esclaves. Jusque-là ils sont sans histoire et n'en méritent pas. Entre Pierre le Grand et Catherine, hors quelques étrangers remarquables, et depuis que les Russes ont été violemment retournés d'Orient en Occident, leur mérite est dans leur plus ou moins de docilité à se calquer sur leur nouveau modèle. Ils font des progrès rapides par nécessité plus que par conviction, plus matériellement que moralement, et parce que moins on a d'idées, mieux on imite.

Cependant déjà quelques Russes deviennent célèbres, quelques littérateurs commencent, quelques hommes de guerre, de cour et de politique se joignent aux maîtres étrangers que leurs souverains leur imposent. Mais c'est surtout pendant le règne de trente-quatre ans de Catherine II que le génie russe, si longtemps comprimé, se développe; c'est alors qu'il semble entrer de lui-même, et non plus contre son gré, dans la civilisation moderne. L'éclat qu'il jette s'empreint de nationalité, il n'est plus d'emprunt; les mœurs, les lumières européennes commencent à y tempérer jusqu'au despotisme. Celui de Paul Ier, barbare encore, veut en vain rétrograder, il est devenu impossible. Il faut désormais de la mesure, du bon sens, des formes nobles, douces, et même un certain degré de libéralité pour gouverner le peuple, c'est-à-dire la noblesse russe. C'est l'ouvrage de Catherine. Le complément de cette œuvre va se retrouver dans les qualités naturelles que l'exemple de cette princesse et l'éducation ont développées dans le jeune Alexandre. Son règne de vingt-quatre ans, avec plus de vertus, aura l'éclat de celui de son aïeule. L'équité, l'honnêteté des mœurs, leur élégance, le respect des droits des hommes et des peuples, les sentiments religieux et libéraux, généreux et chevaleresques même, montent avec lui sur le trône. La Russie a besoin d'étrangers encore, mais dans les détails de son organisation et non plus pour en diriger l'ensemble. Elle commence à se suffire elle-même; elle sent, elle s'exagère même son importance dans la balance de la politique européenne. Sa cour est éclairée, et son souverain, qui marche l'égal au moins des autres rois ses contemporains, est un philosophe.

Les trois premières années du nouveau règne furent signalées par une foule d'établissements de commerce, d'éducation et d'instruction: par l'autorisation donnée aux seigneurs et l'encouragement de libérer leurs serfs cultivateurs; enfin, par l'abolition des châtiments corporels pour les prêtres et par celle de la chancellerie secrète; par l'institution d'un conseil de l'empire et l'élévation du sénat comme intermédiaire entre le peuple et le souverain, c'est-à-dire entre la conception et l'exécution des volontés du despotisme. Cependant, une réaction naturelle, après une révolution violente, l'influence anglaise, celles des cours limitrophes, l'esprit de classe, les besoins du commerce, enfin l'orgueil national blessé par une grande défaite, tout d'abord pousse le nouvel empereur dans la nouvelle coalition des rois contre la France. Mais à l'écrasement de Zurich succède, en 1805, celui d'Austerlitz. Il ne suffit pas. L'Autriche est hors de combat, mais la Prusse reste et s'offre pour continuer une lutte dans laquelle persistent l'orgueil russe et l'intérêt britannique. C'est alors qu'en 1806, la Prusse, à son tour foudroyée, recule en Pologne, où la Russie accourt se joindre à ses débris. Elle s'y débat glorieusement pendant six mois, à Pultusk, Heilsberg, Eylau, sous les coups de Napoléon, pour succomber enfin à Friedland et en signer l'aveu dans Tilsitt (7 juillet 1807).

Le génie de Napoléon a subjugué celui d'Alexandre. La puissance de séduction de notre empereur a été si grande qu'elle a entraîné ce prince deux ans entiers dans sa course rapide et ambitieuse. Alexandre change subitement d'alliés, d'ennemis et de système. Il se peut qu'une admiration pure, assez conforme à son caractère, l'ait exalté; toutefois, comme tout dans nos jugements tend à l'entier et à l'absolu, quand, au contraire, tout est mélange dans le monde, remarquons que ce vaincu, passant tout à coup dans le camp de son vainqueur, gagnait à cet entraînement Bialistock en Pologne, en Suède la Finlande, et que la Turquie jusqu'au Danube fut abandonnée au sort de ses armes. Les violences de l'Angleterre contre Copenhague vinrent alors exciter à propos son indignation contre cette alliée, qu'il abandonnait, et donner une couleur morale à cette politique qu'on eût pu croire entièrement intéressée dans un autre prince.

Mais en 1809, dès la fin de la guerre d'Autriche, où il nous seconda mal, le partage des fruits de la victoire, nos revers en Espagne, les exigences du système continental, la dangereuse désapprobation de ses peuples, souffrant de ce système, ébranlent et changent encore ses sentiments. Ces variations, les jugements légers des Russes sur leur maître, nation qui se venge de sa sujétion par la médisance, ont fait croire faible cette âme douce, mais tout entière dans chacune de ses convictions, et dont les sentiments se mêlent à la politique. Des deux côtés 1812 alors se prépare, et Napoléon, trompé par ses précédents, pressé d'en finir par tout ce qu'il a laissé derrière lui, s'engage trop avant dans la Russie, envahie jusqu'au cœur sans être conquise (*voyez* GUERRES DE 1812, 1813 et 1814). Toujours vainqueur des hommes, il y est vaincu par le climat et, à son étonnement, par la rude énergie de quelques vieux Russes d'accord avec l'inflexibilité d'Alexandre.

L'immense catastrophe de sa retraite place en 1813 la Russie et son empereur à la tête de l'Europe coalisée contre la France. Alexandre se montre digne, en Allemagne, de ce rang nouveau, dans ses défaites, par sa persistance, et par sa modération dans la victoire.

1814 offre aux siècles à venir un autre spectacle: celui d'un grand homme dont le malheur a réveillé tout le génie, et qui se suffit à lui-même contre toutes les armées de la civilisation réunies contre sa personne. On le voit d'une main soutenir les restes affaiblis d'un grand peuple décimé, quand de l'autre il lutte presque seul contre tous les rois de l'Europe et rend la fortune incertaine. Plusieurs fois Alexandre lui-même, si tenace en Russie sur le champ de bataille de 1812, en Allemagne sur celui de 1813, est près en 1814 de s'avouer vaincu et d'abandonner avec la France ce troisième champ de bataille. Mais les passions et les intérêts qui l'entourent le commandent; à force de défaites, elles atteignent un moment favorable: la trahison qui soutenait leur espoir les appelle; une surprise leur livre Paris presque sans défense; et Napoléon, qui né de la victoire n'a de confiance en elle, et dont la fierté préférait tout à une paix honteuse, trahi par son beau-frère, par quelques-uns des siens, et abandonné par ses lieutenants épuisés, laisse régner Alexandre.

C'est alors qu'enfin, hors de la guerre, qui convient à son génie, cet empereur russe reprend le premier rang dans la paix, où sa grandeur d'âme le place en tête de la civilisation moderne. Il règne encore au congrès de Vienne, où il se montre le protecteur de l'Allemagne, pays de l'exaltation, qui passe de l'étonnement du génie de Napoléon à l'admiration du bonheur et de la générosité d'Alexandre. Ces peuples affranchis l'environnent d'acclamations, de transports et des adulations les plus enivrantes. Nous qui fûmes ses ennemis, convenons-en, au milieu de ce concours universel, exalté par tous, il s'est abaissé en lui-même, il a rapporté tout à Dieu, il n'a songé qu'à concilier avec le pouvoir des rois le mieux être et la plus grande liberté possible des peuples. Varsovie a été le prix de la victoire, il lui donne une constitution si libérale que sans indépendance elle est impossible. Et quand, de retour dans ses États, ses sujets aussi se présentent, il écarte doucement le triomphe qu'ils lui préparent; le nom de *Béni*, qu'ils veulent lui donner, le monument qu'ils demandent à élever à sa gloire, il les refuse, « l'un, dit-il, parce que ce titre, dans le souverain qui croirait l'avoir mérité, supposerait trop d'orgueil, et qu'il doit à ses sujets l'exemple de l'humilité devant Dieu et de la modestie devant les hommes, l'autre, parce qu'il n'appartient qu'à la postérité d'ériger de tels monuments et de juger s'il en est digne. Mais puissiez-vous, ajoute-t-il, m'en élever un dans vos cœurs, comme dans le mien existe le vôtre! » Haute et affectueuse philosophie, modération sincère et sublime, nobles et chrétiennes paroles, qui perdent dans la traduction cette naïveté si expressive, ces couleurs tendres jusqu'à la passion que les formes orientales de la langue des Russes conservent encore.

Cte Philippe DE SÉGUR, de l'Académie française.

On ne saurait méconnaître dans les mesures du gouvernement d'Alexandre une tendance pleine d'humanité et ayant pour but le progrès des masses. Mais les nombreuses déceptions que ce prince éprouva, les influences piétistes et mystiques qui s'emparèrent de lui, enfin, le courant d'idées qui dominait alors dans la politique, eurent pour résultat d'annuler peu à peu cette direction libérale. La censure et la police déployèrent plus tard plus d'activité que d'abord. En 1822 un oukase interdit toutes les loges maçonniques, toutes les réunions pieuses et toutes les sociétés de mission. En 1823 les professeurs de l'université de Wilna furent soumis à des recherches inquisitoriales, et un grand nombre d'étudiants furent renvoyés. Toutefois, à l'extérieur aucune modification ne fut apportée à la poursuite de la politique traditionnelle du cabinet russe. Les forces militaires de l'armée furent augmentées, notamment à partir de 1819 par la création des colonies militaires; les agitations politiques auxquelles fut en proie l'ouest de l'Europe servirent à prendre à la remorque les autres gouvernements de l'Europe, sous prétexte de solidarité monarchique, et à entraver le développement libre des nations. C'est ainsi qu'aux congrès de Troppau, de Laybach et de Vérone il put jouer le rôle d'arbitre de l'Europe. En même temps, on exploita de main de maître les querelles avec l'Empire ottoman, pour préparer de plus en plus sa dissolution et son asservissement. Aux termes de la paix de Bucharest (28 mai 1812), la Porte avait cédé à la Russie la Moldavie jusqu'aux rives du Pruth, la Bessarabie et les embouchures du Danube. Le 2 septembre 1817 les frontières respectives des deux États furent indiquées d'une manière plus précise. La Porte hésita à tenir les engagements du traité; et d'autres différends fournirent enfin à la Russie un motif pour se représenter comme offensée par la Turquie. En même temps, l'insurrection des Grecs avait pris une grande extension, et Ypsilanti envahit la Moldavie. Il est hors de doute aujourd'hui que la Russie, ainsi que le pensa tout de suite la Porte Ottomane, était l'inspiratrice de ce mouvement, avec quelque vivacité que le czar d'ailleurs repoussât alors cette accusation. Des actes de violence commis par les Turcs à l'égard de quelques navires russes, des infractions aux traités existants, etc., amenèrent une rupture ouverte. Le 9 août 1821 l'ambassadeur russe à Constantinople, Stroganoff, quittait cette capitale. Dans tous ces faits, le philhellénisme, alors l'opinion dominante en Europe, ne voyait qu'un appui donné à la cause de la Grèce, tandis que la politique russe n'avait jamais songé à se mettre une guerre sur les bras pour venir en aide à la liberté grecque, et ne voulait se servir des Grecs que comme d'un instrument commode pour hâter de plus en plus l'affaiblissement intérieur et par suite le morcellement de la Turquie. Les autres puissances européennes, l'Autriche surtout, ne voyaient pas sans défiance s'accomplir ces différents faits; il en résulta une transaction par suite de laquelle les Grecs furent abandonnés à eux-mêmes sans que l'intérêt russe en souffrît. Une entrevue personnelle d'Alexandre avec l'empereur François, à Czernowitz (octobre 1823) et les conférences de Lemberg entre M. de Nesselrode et M. de Metternich qui en furent le corollaire, raffermirent Alexandre dans le désir d'éviter une guerre avec la Porte, en montrant de meilleures dispositions à son égard. La Porte, de son côté, ayant fait des concessions, tout en sachant fort habilement tourner les difficultés et les exigences élevées par la Russie, les relations diplomatiques se renouèrent entre les deux puissances; et le 11 décembre 1824, après l'évacuation de la Moldavie et de la Valachie par les Turcs, Minziaky présenta du sultan ses lettres de créance comme chargé d'affaires de Russie. Si, à la grande douleur des philhellènes, Alexandre avait abandonné la cause des Grecs, il n'en avait pas moins atteint son but. Fidèle à une politique consistant à rattacher les princes à la Russie, et à combattre le développement libre des peuples, il prit la part la plus active à la compression de l'insurrection d'Espagne, ainsi qu'aux résolutions arrêtées au congrès de Vérone. Toutes relations furent interdites aux négociants russes avec l'Espagne et le Portugal, et un aide de camp de l'empereur assista à la campagne du duc d'Angoulême. L'influence russe réussit aussi à prévaloir dans les conseils de Ferdinand, et il y eut même un moment où la Russie s'offrit pour aider l'Espagne à reconquérir ses colonies de l'Amérique. Il s'occupait de lever les obstacles apportés par l'Angleterre à la réalisation de ce projet, lorsque la mort vint le surprendre, le 1er décembre 1825, à Taganrog, au milieu de ses projets et aussi de ses découragements. La mort de l'empereur Alexandre hâta l'explosion d'une conspiration qui avait des ramifications dans toute la Russie, et qui comptait surtout des adhérents dans les rangs de l'armée. Quelques indices de l'existence de cette conspiration étaient déjà parvenus à la connaissance d'Alexandre dans les derniers temps de sa vie et avaient contribué à accroître sa tristesse. Les conspirateurs ne se proposaient rien moins que de détrôner la maison de Romanof et d'établir en Russie un nouveau gouvernement taillé sur le patron des républiques. Des officiers supérieurs, tels que Pestel, Mouravief-Apostol, les princes Obolenski, Sergei Trubetzkoi, etc., figuraient parmi les chefs du complot. Les dénonciations dont ils avaient été l'objet et le changement de règne les déterminèrent à brusquer le dénouement. Un acte de l'empereur défunt excluait de la succession à la couronne le plus âgé de ses frères, Constantin, qui y avait déjà solennellement renoncé, et y appelait son frère cadet, le grand-duc Nicolas. Quoique cet acte eût été rendu public, le successeur désigné ne voulut de prime abord pas se mettre en possession du trône, et ne fut que le 24 décembre, après les déclarations libres et réitérées de Constantin, qu'il se décida à placer la couronne sur sa tête. Cette complication bizarre fournit aux conjurés un prétexte pour représenter le czar Nicolas comme un usurpateur, et pour entraîner diverses parties de l'armée dans leurs plans sous l'apparence d'un soulèvement en faveur de Constantin, seul héritier légitime. C'est ainsi que le 26 décembre 1825 éclata à Saint-Pétersbourg, aux cris de *vive Constantin!* une insurrection appuyée par quelques divisions de la garde impériale, et grâce à laquelle les conspirateurs comptaient réaliser leurs plans. Le général Miloradowitch, gouverneur de la ville, qui marcha résolument contre les insurgés, fut tué. Les masses populaires se prononçaient de plus en plus pour les troupes, et l'insurrection commençait à prendre la tournure la plus grave, quand à force de courage et de sang-froid le jeune empereur réussit à en triompher. Une levée de boucliers analogue, tentée à Kief par Mouravieff Apostol, fut également comprimée. Les chefs de la conspiration, Pestel, Mouravieff, Rylejeff, Bestouchef-Rjumine et Kachowski furent pendus. Grâce à l'intercession de sa femme, Troubetzkoi vit commuer en un exil perpétuel en Sibérie la peine de mort à laquelle il avait été condamné, et 83 autres conjurés, parmi lesquels on remarquait le poète Bestouchef, furent également déportés dans les déserts glacés de la Sibérie. Les divisions de la garde qui s'étaient laissé séduire expièrent leur faute en allant combattre contre les Persans et contre les montagnards du Caucase. Ce début du règne de l'empereur Nicolas dut nécessairement influer surtout sa conduite ultérieure. Caractère altier et dominateur, il lui avait fallu conquérir son trône les armes à la main et exercer tout d'abord la justice et la surveillance les plus sévères. Il s'ensuivit naturellement que le nouveau règne fût essentiellement militaire; les tendances philanthropiques et l'esprit de concession d'Alexandre ne pouvaient plus être de mise.

Les découvertes auxquelles donna lieu le procès fait aux conspirateurs prouvèrent la nécessité de soumettre à une plus active surveillance toutes les branches de l'administration publique depuis l'armée jusqu'aux finances; mais le caractère personnel du nouvel empereur contribua beaucoup à leur imprimer l'action la plus rapide et la plus énergique. En raison même de la crise que Nicolas avait eu à traverser à son avénement au trône, rien ne pouvait lui être plus favorable qu'une guerre à soutenir contre un ennemi étranger; et les relations de la Perse avec la Russie ne tardèrent pas à lui fournir l'occasion désirée. La paix de Gulistân (1813) avait coûté aux Persans le territoire qu'ils possédaient dans le Caucase et avait ouvert la mer Caspienne à la marine militaire des Russes. Le fils du shah Feth-Ali, Abbas-Mirza, prince plein de bravoure et de talents, crut le moment favorable pour faire rendre gorge à la Russie. Il envahit le territoire russe, et chercha à exciter parmi les sectateurs de l'islamisme une guerre de religion contre les Russes. L'attaque des Persans fut d'abord couronnée de succès, jusqu'à ce que le général Paskewitsch les eut battus à Élisabetpol (25 septembre 1826). Investi alors du commandement supérieur de toutes les troupes du Caucase, celui-ci transporta aussitôt le théâtre de la guerre sur le territoire persan, et s'empara du monastère fortifié d'Ech-Miadzin, le 27 avril 1827. Après une suite d'engagements peu décisifs, Sardarabad, place forte, tomba au pouvoir des Russes, le 1er octobre; et Érivan, autre ville fortifiée, qui avait été le principal boulevard des Persans contre les Russes, capitula le 13. Les Russes pénétrèrent alors sans résistance dans la province d'Aderbidjân, et s'emparèrent de son chef-lieu, Tauris, résidence d'Abbas-Mirza. Celui-ci fut réduit à implorer la paix. Les préliminaires en furent signés le 5 novembre, à Tauris, et à la suite d'une nouvelle et inutile tentative de résistance faite par le shah, le traité définitif fut signé, le 22 février 1828, à Tourkmantschaï, près de Tauris. La Russie y gagna les provinces de Nachitschevan et d'Érivan, une indemnité de guerre de 80 millions de roubles, de grands avantages commerciaux et un voisin affaibli, désormais à la merci de sa politique. En outre, elle avait fait un pas de plus en avant vers les possessions anglaises de l'Inde, objet d'envie pour tous les souverains de la Russie depuis Pierre Ier.

Le moment parut venu alors d'agir de nouveau avec une grande énergie contre la Turquie. Les griefs de la Russie roulaient toujours sur la situation des principautés. Le traité d'Akjerman (6 octobre 1826) avait, il est vrai, satisfait à toutes les exigences de la Russie, c'est-à-dire permis au pavillon russe la libre navigation de la mer Noire et organisé les affaires intérieures des principautés danubiennes et de la Servie, de telle façon qu'elles se trouvaient presque indépendantes de la Turquie et livrées à l'influence russe; mais les Turcs ne se hâtaient pas d'exécuter les conditions du traité, et donnèrent ainsi à la Russie un prétexte pour recourir enfin à la force des armes. La Russie avait dans la Grèce un auxiliaire précieux; et comme l'insurrection de ce pays avait d'abord eu lieu sous son influence, les événements ultérieurs qui l'avaient signalée avaient été entièrement à son profit. La politique anglaise, surtout sous l'administration de Canning, en cela en cherchant à protéger les Grecs, ne voulait pas trop affaiblir la Turquie. Il y avait contradiction dans cette double tendance; la Russie seule opérait dans ses intérêts d'après un plan habilement combiné, que secondairent d'ailleurs les divisions des autres puissances et le courant de l'opinion, entièrement favorable en Europe à la cause hellénique. La Russie était parvenue à poser les bases d'un accord avec la France, qui, pour prix de l'appui qu'elle aurait donné aux agrandissements de territoire projetés dans l'est par le cabinet de Pétersbourg, aurait recouvré ses frontières du Rhin. L'Angleterre et l'Autriche ne pouvaient pas parvenir à se mettre d'accord, quoique le prince de Metternich surveillât avec défiance les démarches de la Russie. Les autres États allemands étaient tous plus ou moins intéressés au triomphe de l'intérêt russe. C'est dans ces circonstances que le czar déclara la guerre à la Porte, et le 7 mai 1828 son armée franchit le Pruth. La destruction du corps des janissaires ayant complétement désorganisé le système militaire des Turcs, l'issue de la lutte ne pouvait pas être douteuse. Néanmoins, les Russes ne triomphèrent qu'avec la plus grande peine. Ils s'emparèrent, il est vrai, de Braïla, puis de Varna, mais il n'y eut pas de bataille véritablement décisive. Le gros de l'armée était bien parvenu jusqu'à Schumla, mais dut ensuite rétrograder. Il fallut même lever les siéges de Silistria et de Giurgewo, avec des pertes énormes essuyées dans le premier. Le climat, la mauvaise nourriture et les maladies enlevèrent aux Russes bien plus de monde que d'autres guerres signalées par de plus sanglantes batailles. C'est en Asie seulement que Paskewitsch avait réussi à faire des progrès, en prenant d'assaut Kars et Akhalzich. Au printemps de 1829, le nouveau général en chef de l'armée du Danube, Diébitsch, ouvrit la campagne avec plus de succès que son prédécesseur. Il investit Silistria, et marcha ensuite sur Schumla à la rencontre de l'armée du grand-vizir, qu'il battit complétement à Madara (11 juin 1829). Quelques semaines après Silistria succomba. Diébitsch osa alors franchir le Balkan et marcher sur Andrinople avec le gros de son armée. L'événement prouva qu'il avait calculé juste en supposant que les Turcs, découragés par son audace, demanderaient la paix, surtout comme Paskewitsch continuait à faire des progrès en Asie et s'était même emparé d'Erzeroum. La paix fut signée le 14 septembre 1829, à Andrinople. Outre la confirmation des conventions précédentes relatives aux principautés et à la Servie, conventions toutes dans les intérêts de la Russie, cette puissance obtint avec de notables avantages commerciaux la régularisation de ses frontières sur deux points importants : la Turquie lui abandonna les embouchures du Danube, et dans le Caucase des positions meilleures pour subjuguer les populations encore indépendantes de ces contrées. Dès les années suivantes on put voir avec quelle habileté la Russie sut mettre à profit la supériorité qu'elle avait acquise sur les Turcs.

La révolution de Juillet 1830 en France modifia toutefois complétement la position de la Russie à l'égard de l'Europe occidentale. La chute de la branche aînée des Bourbons brisa les liens intimes qui existaient entre le cabinet de Saint-Pétersbourg et celui des Tuileries, et une grande aigreur régna dans les relations de la Russie et de la nouvelle dynastie. Pozzo di Borgo s'efforça, il est vrai, d'opérer un rapprochement entre les deux cours, et détermina le czar à reconnaître la dynastie d'Orléans; mais dès lors l'attitude de la Russie vis-à-vis de la France fut tout autre qu'avant 1830. Le czar n'en mit pas moins de soins à s'attacher les puissances de l'est, pour maintenir d'accord avec elles la politique de la sainte Alliance. C'est cette politique de résistance, portant la profonde empreinte du vieil esprit de l'absolutisme, que la Russie adopta dans toutes les complications produites par la révolution de Juillet, dans les affaires de Belgique, dans les embarras de la Péninsule et dans les troubles de la Suisse. Une intervention directe eut indubitablement lieu de sa part dans les affaires de l'ouest, si l'insurrection polonaise du 29 novembre 1830 n'était pas venue la menacer elle-même dans l'est. La compression de cette redoutable insurrection fournit d'ailleurs à la politique russe une occasion, depuis longtemps désirée, de lever le masque à l'égard de la Pologne et de lui enlever jusqu'à l'ombre d'existence politique qu'elle conservait encore. Le 26 février 1832 la constitution octroyée par Alexandre fut remplacée par un *statut organique*, qui anéantissait l'indépendance de la Pologne, stipulée dans les traités de 1815, et préparait les voies à l'absorption complète de ce territoire dans l'empire de Russie. L'émigration en masse des Polonais, dont le plus grand nombre se réfugièrent en France, la sévérité déployée par l'empereur, les confiscations, etc., n'améliorèrent pas la position de la Russie à l'égard de l'Europe occidentale; et en Pologne même l'esprit de nationalité ne parut pas encore tout à fait vaincu. L'empereur, en refusant au mois de novembre 1834 de recevoir les autorités municipales de Varsovie, et en menaçant au mois d'octobre 1835 le conseil municipal de cette ville de n'y pas laisser pierre sur pierre, à la première tentative qui y serait faite pour détruire l'ordre de choses existant, fit voir combien il était aigri contre les Polonais.

Malgré ses rapports peu amicaux avec les puissances de l'Ouest, la Russie n'en poursuivit pas moins l'exécution de ses projets contre l'Empire Ottoman. Les luttes récentes avaient profondément ébranlé la Turquie; et la dernière paix l'avait placée tout à fait sous la dépendance de la Russie, qui résolut de profiter de ces circonstances pour transformer l'ombre d'indépendance laissée aux principautés danubiennes et à la Servie en une dépendance complète du cabinet de Saint-Pétersbourg, pour y faire nommer des princes tributaires qui serviraient d'instruments à cette politique, et pour affaiblir de plus en plus, à l'aide de concessions arrachées à la Porte dans l'intérêt de l'indépendance de ces pays, les rapports de vassalité qui les rattachaient à la Turquie. En 1832 la puissance ottomane s'étant vue exposée à de nouveaux périls par les armes d'Ibrahim-Pacha, fils du vice roi d'Égypte, Méhémet-Ali, la Russie lui offrit des secours, et profita habilement de cet incident pour accroître sa puissance aux dépens de la Turquie. Malgré la vive opposition des puissances de l'Ouest, les forces de terre et de mer de la Russie se mirent en mouvement sous prétexte d'aller porter assistance au sultan, et en avril 1833 un corps d'armée russe débarqua sur la côte d'Asie. Le 8 juillet suivant eut lieu la signature du traité d'Unkiar-Skélessi, par lequel la Porte et la Russie se promettaient une amitié perpétuelle et s'engageaient à se prêter mutuellement aide et assistance en cas de danger. Par un article secret la Russie renonçait à l'assistance que la Porte pouvait être tenue de lui donner, et obtenait en dédommagement l'engagement pris par la Porte de ne permettre sous aucun prétexte l'entrée des Dardanelles aux bâtiments de guerre étrangers.

En même temps que la politique russe remportait ici un avantage signalé sur les puissances occidentales, une collision nouvelle entre les mêmes intérêts ennemis éclatait sur un autre point, en Perse. Depuis le traité de paix de Tourkmantchaï, c'était l'influence russe qui l'emportait à la cour de Téhéran, où elle avait triomphé de son unique rivale, l'influence anglaise. L'habile adversaire de la politique russe, Abbas-Mirza, était mort avant son père. Ce dernier, le shah Feth-Ali, mourut en 1834, et eut pour successeur, sous la protection de la Russie, Mohammed-Mirza, fils d'Abbas-Mirza. Jusque alors la politique anglaise avait gardé une attitude d'observation, ou du bien s'était complétement rattachée à la politique russe. L'avénement du nouveau shah amena une modification dans l'état des choses. La politique russe inspira à l'ambition de Mohammed-Mirza le projet d'entreprendre des expéditions de conquêtes contre Hérat et Kandahar, afin d'accroître naturellement ainsi son influence, et en outre pour faire un pas de plus vers les possessions anglaises de l'Inde. Le comte Simonitsch, envoyé russe à Téhéran, fut le représentant visible de ces tendances, combattues énergiquement par Mac-Neil, l'envoyé anglais. La Russie mit de l'or et des officiers russes à la disposition du shah pour son expédition contre Hérat (1837), tandis que l'envoyé anglais accrédité à Hérat conservait les relations les plus amicales avec le shah de cette ville. L'expédition d'Hérat, entreprise avec l'assistance de la Russie, échoua contre l'assistance fournie à Hérat par l'Angleterre (1838); et les progrès faits au centre de l'Asie par les armes et la diplomatie anglaises déjouèrent cette tentative de la Russie de se rapprocher des possessions britanniques dans l'Inde. Tout au contraire, la Perse se vit forcée de donner satisfaction à toutes les exigences de la politique anglaise (1841), sans avoir pu se soustraire aux influences rivales de l'Angleterre et de la Russie. La même rivalité d'intérêts et le désir secret de diminuer autant que possible l'influence anglaise dans l'Inde furent les motifs déterminants de l'expédition entreprise par la Russie contre Khiva. A la fin de novembre 1839, le général Perowsky y fut envoyé avec un corps de 12,000 hommes et environ 10,000 chameaux; mais, par suite des rigueurs subies d'un hiver prématuré, force lui fut de battre en retraite. Toutefois, la Russie sans combattre parvint à obtenir que le khan de Khiva envoyât à Saint-Pétersbourg un ambassadeur, pour y négocier une paix au total favorable aux intérêts russes. La Russie combattit aussi avec une énergique opiniâtreté, demeurée le plus souvent stérile, il est vrai, dans le Caucase, à l'effet de fonder sa domination sur l'Asie; et là encore elle rencontra l'action latente de la politique anglaise. A partir de la compression de l'insurrection polonaise la Russie, s'appuyant à faux sur les actes de cession de la Turquie, avait redoublé d'efforts pour réduire les populations, de tous temps indépendantes, du Caucase, notamment les Circassiens, en tâchant en même temps de couper leurs communications avec la mer et de s'emparer de leurs forts, toujours construits sur des montagnes d'un accès difficile. Des agents anglais déployaient de leur côté une activité extrême pour organiser la résistance parmi ces populations, leur fournissant à cet effet les armes et les munitions qui leur étaient nécessaires; et au mois de novembre 1836 les Russes capturèrent même un bâtiment anglais, The Vixen, chargé d'approvisionnements de ce genre destinés aux Circassiens. Toutefois, les efforts faits de 1836 à 1838 par les Russes dans le Caucase ne furent suivis que de résultats fort médiocres. Le czar vint inutilement inspecter en personne son armée du Caucase, et ce fut en vain aussi qu'il lui donna successivement d'autres généraux. Un chef de Circassiens doué de talents remarquables, Chamyl, qui sut enflammer au plus haut degré l'enthousiasme patriotique et religieux de ses compatriotes, notamment à partir de 1839, se rendit redoutable aux Russes, qui, commandés par Razeffsky, Grabbe et Neidhart (1839-1845), ne parvinrent qu'à construire quelques forts sur la côte et à remporter un petit nombre de succès isolés, interrompus par de grandes et sanglantes déroutes.

L'activité déployée à l'intérieur de l'empire répondait à ces vastes efforts tentés pour faire prévaloir l'ascendant russe en Orient et dans l'ouest de l'Europe. Tout ce qu'on y entreprit porte l'empreinte de l'absolutisme militaire le plus énergique. Dans ce but l'effectif de l'armée fut encore augmenté, mais non sans que les finances de la Russie en ressentissent une atteinte profonde. Une série d'organisations militaires furent ou créées ou perfectionnées. Le système d'éducation fut uniformisé de la manière la plus absolue, en même temps que le système de police prenait le plus vaste développement et qu'on surveillait de la manière la plus rigoureuse l'observation des ordres qui rendaient d'une extrême difficulté les relations avec l'étranger. Le parti pris de complètement russifier les diverses parties de l'empire se manifesta aussi bien dans la conduite tenue à l'égard de la Pologne que dans les diverses mesures prises, avec moins de brutalité il est vrai, à l'égard des provinces de la Baltique, ou encore dans l'organisation nouvelle donnée, par exemple, en 1836 aux Kalmoucks et aux Kosacks du Don. Malgré la surveillance de plus en plus rigoureuse dont les relations avec l'étranger étaient l'objet, ce fut cependant à l'étranger qu'il fallut, comme au temps de Pierre Ier, emprunter les modèles et jusqu'à un certain point les éléments des moyens adoptés pour réveiller et développer les forces intérieures du pays. Les faveurs dont l'agriculture fut l'objet, la création d'associations commerciales, la protection accordée aux diverses branches de l'industrie, à la navigation à vapeur, à l'établissement de voies ferrées, etc., furent autant d'hommages rendus à la supériorité de la civilisation occidentale en dépit des efforts faits pour maintenir dans toute leur pureté les formes du despotisme oriental. L'empereur déployait lui-même la plus infatigable activité, tantôt par ses nombreuses tournées dans les diverses parties de son empire pour bien connaître les besoins particuliers des provinces et imprimer plus de rapidité à l'expédition des affaires, tantôt par ses voyages en Allemagne, afin de consolider les rapports d'amitié existant avec la Prusse et l'Autriche et de rattacher de plus en plus les petites cours d'Allemagne à la politique et aux intérêts russes. La revue de Kalisch (1835), qui avait pour but de donner une démonstration militaire de l'union intime de la Prusse et de la Russie; les voyages fréquents de l'empereur et de sa famille en Allemagne à partir de 1834, et ensuite les alliances matrimoniales conclues par ses fils et ses filles avec des membres des petites maisons souveraines d'Allemagne, témoignent de la sollicitude extrême apportée à entretenir ces relations amicales. Parmi les mesures tantôt voilées, tantôt patentes prises à l'effet d'uniformiser sans obstacles l'intérieur de l'empire, celles qu'on remarqua le plus avaient trait au culte et à la religion. Elles menacèrent toutes les confessions chrétiennes aussi bien que le judaïsme, la nationalité slave aussi bien que la nationalité allemande. Ce système s'était manifesté en Pologne dès l'année 1831, lorsque des oukases en date du 5 juillet et du 19 octobre interdirent la construction de nouvelles églises catholiques, et lorsque bientôt après une foule d'églises catholiques furent assignées à l'exercice du culte grec. La même année la direction générale des confessions étrangères fut réunie au ministère de l'intérieur. En même temps les mariages mixtes furent entourés de plus de difficultés, et on commença à recourir à la violence pour amener des conversions. En 1839 un seul acte incorpora à l'Église grecque schismatique de trois à quatre millions de chrétiens grecs unis; puis un oukase dépouilla le clergé catholique de ses propriétés foncières, et lui assigna une dotation à prendre sur le produit de l'impôt (janvier 1842); mesures qui firent une impression profonde et provoquèrent même des protestations de la part de la cour de Rome. Les protestants des provinces de la Baltique et les nombreux juifs répandus dans l'empire eurent à souffrir du même système. Dans les contrées riveraines de la Baltique on entreprit des conversions en masse, tantôt à l'aide de la ruse, tantôt par la violence; et les juifs se virent arbitrairement transportés des lieux qu'ils habitaient dans d'autres parties de l'empire. La propagande ecclésiastique était considérée comme le moyen le plus puissant à employer pour la fusion des nationalités. En même temps donc qu'on fermait les églises catholiques, qu'on persécutait les moines et les religieuses, qu'on opprimait les missionnaires catholiques et protestants, qu'on employait la force pour opérer des conversions parmi les catholiques, les luthériens et les juifs, et qu'on s'efforçait de détruire en Pologne et dans les provinces de la Baltique l'usage des langues indigènes, on interdisait aux juifs de porter leur costume national, et on recourait systématiquement à l'emploi de tous les moyens imaginables pour opérer l'uniformisation du pays. Cette volonté absolue et violente se manifesta dans diverses mesures relatives aux affaires intérieures de la Russie elle-même. En 1832 l'empereur créa une classe particulière de bourgeois notables, placés au-dessus du reste des habitants des villes, jouissant de certains privilèges, tantôt personnels, tantôt héréditaires, notamment de l'exemption de la capitation, du recrutement et des châtiments corporels. Un oukase en date du 14 avril 1842 détermina les conditions auxquelles les propriétaires de terres étaient autorisées à passer des contrats avec leurs serfs pour leur vendre leur liberté; une décision postérieure, du 20 novembre 1847, autorisa les paysans à se rendre acquéreurs de domaines expropriés pour cause de dettes, et un oukase de l'année 1848 permit aux serfs d'acquérir des propriétés immobilières.

Ces transformations s'opérèrent à une époque exempte de complications extérieures. Lors de la guerre qui éclata en 1839 entre la Porte et le vice-roi d'Égypte, la Russie entra dans le concert des grandes puissances (la France exceptée), et contribua à la conclusion du traité du 15 juillet 1840, qui isola la France et hâta le dénouement des affaires d'Orient dans le sens des autres puissances. La guerre du Caucase, dirigée par Woronzoff à partir de 1845, continuait comme auparavant avec des alternatives très-diverses. Woronzoff pénétra d'abord dans le territoire des montagnards jusqu'à la résidence de Chamyl ; mais vigoureusement attaqué par celui-ci, il se vit obligé de battre en retraite après avoir éprouvé de grandes pertes. Dans les années subséquentes, les armes russes obtinrent bien quelques succès partiels, mais jamais de résultats décisifs. La nouvelle insurrection polonaise, qui avait des ramifications dans la Pologne prussienne et autrichienne aussi bien que dans la Pologne russe, comprimée tout d'abord parce qu'elle éclata prématurément, mais qui ne laissa pas que d'être encore suivie de quelques explosions partielles, interrompit la tranquillité intérieure dont l'empire jouissait depuis la fin de 1831. Les sujets polonais-russes compromis dans cette échauffourée furent ou exécutés sans délai, ou envoyés aux mines de Sibérie ; et l'on n'en procéda qu'avec plus d'ardeur à la *russification* du pays. Cracovie, qui jusque alors avait continué à former une république nominalement indépendante, ayant été le centre de cette insurrection, en fut punie par l'occupation de son territoire par des troupes russes, prussiennes et autrichiennes. On supprima en outre la république, dont le territoire fut réuni à celui de l'Autriche, sans égard pour les protestations des puissances de l'Est. En même temps la Russie profitait habilement de la rupture amenée entre la France et l'Angleterre par l'affaire des *mariages espagnols*, et se rapprochait pour la première fois depuis 1830 de la dynastie de Juillet, pour rattacher à ses intérêts en Orient la politique française, notamment lors des complications des affaires de la Suisse, qui amenèrent la guerre du *Sonderbund*. Il est vrai que l'éruption de la révolution de février 1848 vint alors à l'improviste complétement modifier la situation des choses et déjouer toutes les prévisions d'une politique pleine de suite et de profondeur.

A la nouvelle de la révolution qui venait d'éclater dans l'Occident, et quand on la vit s'avancer incessamment vers les frontières de la Russie, la première pensée du czar fut d'aller la combattre ; mais une politique plus prudente ne tarda pas à l'emporter dans son esprit. La révolution, il est vrai, ne s'attaqua point à la Russie, encore bien qu'on y ait découvert et puni une association politique formée entre des hommes appartenant aux classes éclairées ; mais la Pologne devait toujours être un sujet d'inquiétude, et la tournure que les choses avaient prise en Prusse et en Autriche avait brisé les liens de solidarité qui existaient autrefois entre ces puissances et la Russie. Quoiqu'on se bornât à une prudente défensive, de grands rassemblements de troupes n'en eurent pas moins lieu sur les frontières occidentales, soumises à une clôture plus hermétique que jamais, en même temps que de nouvelles entraves étaient encore apportées à toutes espèces de communications avec l'Europe occidentale. Dans sa politique extérieure la Russie prit une attitude toute d'observation ; elle se rapprocha visiblement de la république française, et agit de toutes ses forces contre l'intérêt allemand, surtout dans les affaires du Danemark, où elle encouragea la cour à résister et où elle combattit par les voies de la diplomatie les progrès des armes allemandes. En même temps elle mettait habilement à profit l'état de confusion où se trouvait l'Europe pour assurer sur un point important de son influence un autre triomphe notable à son influence. Les troubles de la Moldavie et de la Valachie lui fournirent le prétexte d'occuper, d'accord avec la Porte, les principautés du Danube (été de 1848), afin, disait le manifeste « de sauvegarder l'intégrité de l'Empire Ottoman, plus que jamais nécessaire à la paix du monde ». Outre l'occupation des principautés et l'accroissement de son influence, la Russie obtint alors l'avantageux traité de Balta-Liman (1er mai 1849), qui rétablissait les fonctions d'hospodar, substituait des divans aux assemblées de boyards, établissait deux commissions de révision à Jassy et à Bucharest, et qui, après l'évacuation des principautés, permettait aux Russes et aux Turcs d'y rentrer aussitôt, « en cas que des événements graves survenus dans les principautés y rendissent de nouveau leur présence

nécessaire ». A quelque temps de là, le cabinet russe remporta encore sur un autre point un avantage signalé. L'Autriche avait bien triomphé de la révolution en Italie et dans ses États héréditaires, mais elle ne pouvait pas venir à bout des Magyares. Comme l'émigration polonaise avait pris une part active à l'insurrection hongroise, la Russie avait un intérêt évident à la voir comprimée ; et elle saisit avidement cette occasion pour conclure avec l'Autriche un traité d'alliance offensive et défensive. Dès le mois de décembre 1848 une division russe était entrée en Transylvanie ; une fois le traité d'alliance convenu, des forces immenses aux ordres du prince Paskéwitsch se mirent en mouvement (mai 1849) pour pénétrer en Hongrie par la Transylvanie et la Moravie. Les masses que la Russie mit en ligne suffisaient pour donner le dernier coup aux forces déjà épuisées des Magyares, quoique les Russes aient de beaucoup surfait la valeur militaire de leur coopération, puisque déjà les Autrichiens avaient fait le plus difficile de la besogne. La conduite de Gœrgei, qui ne voulut pas déposer les armes devant les Impériaux, mais devant les Russes, fournit à ceux-ci un motif pour se considérer comme les véritables vainqueurs des Magyares. Le mot orgueilleux de Paskéwitsch au czar : « La Hongrie est aux pieds de votre Majesté », exprime bien la situation humiliante où cette fin de la lutte plaça l'Autriche.

La Russie s'empressa dès lors d'exploiter le mieux qu'elle put dans ses intérêts la tournure nouvelle que les choses avaient prise. L'émigration hongroise ayant trouvé un asile en Turquie, le czar s'associa aux plaintes élevées à cette occasion contre la Porte, et lui adressa des réclamations calculées de façon à forcer le gouvernement ottoman à acheter la connivence de la politique russe par des sacrifices non moins importants que les précédents. Mais d'un autre côté ces faits avaient offert à l'Angleterre et à la France une occasion depuis longtemps désirée pour combattre de nouveau l'influence russe sur le Bosphore ; et le procédé brutal de lord Palmerston à l'égard de la Grèce en 1850 fut surtout déterminé par l'intention de combattre efficacement en Orient la politique russe et ses protégés. Toutefois, la façon d'agir de l'Angleterre fournit à la Russie les moyens de contraindre sur un autre point la politique anglaise à se montrer plus condescendante et de faire payer à l'Allemagne les frais du différend grec. Ce fut à propos de la question du Schleswig-Holstein. La tournure prise par les affaires de l'Allemagne avait déjà établi de ce côté la prépondérance du cabinet de Saint-Pétersbourg. La Russie s'était opiniâtrément opposée à une réorganisation nationale de l'Allemagne. La querelle de la Prusse et l'Autriche, l'action politique des États secondaires et des petits États, ainsi que leurs divisions, permirent au czar dans le courant de l'automne de 1850 de prendre le beau rôle d'arbitre. C'est encore l'influence russe qui à Copenhague combattit avec le plus d'opiniâtreté les prétentions assurément très-modestes de l'Allemagne ; et après l'intervention de Palmerston en Grèce, la politique anglaise devint évidemment en Danemark la complice de la politique russe. Ainsi fut rédigé le protocole de Londres, du 8 mai 1852, qui adjugeait la succession au trône de Danemark au prince Christian de Glucksbourg, supprimait par conséquent la fameuse *loi du roi* et ouvrait les voies à une succession russe en Danemark. Des réclamations s'élevèrent contre cet acte, aussi bien en Danemark même qu'en Angleterre ; mais la Russie s'efforça de les annuler par des déclarations officielles. Cette série de succès obtenus en Allemagne, en Danemark, etc., nous montre l'influence russe parvenue à son apogée, par suite des victoires qu'elle a remportées partout en Europe sur la révolution. Non-seulement la Russie avait réussi à rétablir la solidarité qui existait autrefois entre elle et la Prusse ainsi que l'Autriche, mais encore elle avait marché sur le corps à l'Angleterre et tenait la France en échec, grâce à ses incessantes commotions intérieures. De tous côtés, même à l'intérieur, le czar pouvait s'enorgueillir des plus brillants résultats,

40.

Le grand chemin de fer de Saint-Pétersbourg à Moscou avait été terminé en août 1851, et les travaux de celui qui devait relier Saint-Pétersbourg à Varsovie marchaient rapidement à leur terme. En Caucase, on obtint au mois de janvier 1852 d'importants avantages sur Chamyl. En Grèce, le protocole de Londres de novembre 1852 avait décidé et posé en principe que le futur souverain devrait professer la religion grecque. Lorsque le coup d'État du 2 décembre 1851 eut mis fin en France à l'existence de la république, et que contrairement aux traités de 1814 et de 1815 l'empire y eut été rétabli au profit d'un Bonaparte dans la personne de Napoléon III, la Russie fut de toutes les puissances celle qui dissimula le moins la vive contrariété que lui causait cet événement; et elle décida les autres puissances de l'est à prendre également une attitude hostile vis-à-vis du nouvel empereur. Les dangers dont la France impériale menaçait la Belgique fournirent au czar un prétexte pour étendre aussi sa main protectrice sur ce jeune État. La Belgique se rapprocha donc de la politique russe; et le premier sacrifice qu'elle lui fit fut d'éloigner des rangs de son armée les officiers polonais.

Cette attitude prépondérante prise en Europe fait comprendre comment le czar crut le moment venu de marcher en Orient plus à découvert et d'une manière plus rapide vers le but de la politique russe. Depuis 1849 la Porte avait été le seul État de l'Europe qui eût résisté aux prétentions russes dans l'affaire des réfugiés, et elle avait dans cette circonstance trouvé appui chez les puissances occidentales; on ne l'avait pas oublié à Saint-Pétersbourg. A ce moment aussi l'Autriche tenta une démarche décisive pour rétablir son influence à Constantinople, en élevant, au mois de janvier 1853, à propos des troubles du Monténégro, diverses réclamations auxquelles la Porte s'empressa de faire droit. Bientôt après, à la demande de M. de Lavalette, ambassadeur de France à Constantinople, la Porte ayant fait aux chrétiens latins quelques concessions relatives aux saints lieux à Jérusalem, l'Église grecque se prétendit lésée par ces concessions. Les négociations entamées à ce sujet auraient reçu très-certainement une solution pacifique, lorsque tout à coup la Russie vit dans cet incident d'abord un moyen d'éclipser par une humiliation évidente infligée à la Porte les succès obtenus naguère par les diplomates autrichienne et française, et ensuite très-certainement aussi l'espoir de tirer du conflit qu'elle provoquerait d'importants avantages pour les plans de conquête qu'elle nourrissait toujours à l'égard de la Turquie. Le 28 février 1853 on vit arriver à Constantinople le prince Menschikoff en qualité d'ambassadeur extraordinaire de Russie; et dès les formes mêmes de son entrée en scène on put voir que la Russie ne se contenterait pas cette fois d'une satisfaction ordinaire. Le 16 mars il remit une note dans laquelle étaient exposés les griefs de la Russie dans l'affaire des saints lieux, et qui exigeait des garanties pour les droits de l'Église grecque au moyen d'une convention durable (on trouvera à l'article Ottoman [Empire] les détails relatifs à cette première phase du conflit oriental). La Porte rendit aussitôt (5 mai) deux firmans destinés à mettre un terme aux difficultés survenues à propos des saints lieux. Mais Menschikoff ne se tint pas pour satisfait, et exigea en outre un traité formel pour la garantie des droits de l'Église grecque. Il était clair que la question des saints lieux n'était qu'un prétexte mis en avant pour faire acquérir à la Russie un véritable protectorat sur tous les chrétiens grecs établis dans l'Empire Ottoman. Le gouvernement turc se déclara prêt à protéger tous les droits et privilèges de l'Église grecque, mais refusa de conclure un traité sur des choses qui regardaient l'administration intérieure de l'empire. A ses yeux c'eût été abdiquer ses droits de souveraineté. Menschikoff, persistant dans ses exigences, fixa un délai péremptoire dans lequel il fallait que le gouvernement turc lui eût donné complète satisfaction; et la Porte, malgré un changement de ministère favorable en apparence aux intérêts russes, ayant persisté dans son refus de conclure un traité spécial, il déclara que sa mission était terminée et quitta Constantinople (21 mai). Les deux parties cherchèrent à se justifier dans des notes diplomatiques rédigées chacune à son point de vue. La Porte déclarait avoir été aussi loin que le lui permettait de son indépendance; la Russie continuait à insister sur la nécessité d'un traité spécial; elle approuvait la conduite de Menschikoff, et repoussait l'accusation de menacer l'indépendance et l'intégrité de l'Empire Ottoman. Le 6 juin la Porte publia un firman adressé aux chefs ecclésiastiques des différentes corporations religieuses, et où se trouvaient confirmés tous leurs droits. Mais au même moment arriva à Constantinople une note russe en date du 31 mai, où il était dit que le czar considérait le refus d'une garantie consacrée dans un traité spécial comme une offense personnelle, et qui accordait à la Porte un dernier délai de huit jours, passé lequel les troupes russes franchiraient la frontière, non pas *pour faire la guerre*, mais pour obtenir *pacifiquement* les concessions refusées.

Si tous ces faits avaient déjà produit une vive impression en Europe, la prétention actuelle de la Russie d'obtenir la conclusion d'un traité spécial les armes à la main dut arracher les puissances occidentales à leur politique expectante et les décider à prendre un rôle actif dans le conflit qui menaçait d'éclater. Au mois de juin, la France et l'Angleterre donnèrent à leurs flottes l'ordre de faire voile vers les Dardanelles, tandis que de son côté, dans un manifeste en date du 26 juin, la Russie annonçait qu'elle allait faire entrer des troupes dans les principautés danubiennes *pour défendre les droits de l'Église grecque*. Et en effet, dès le 2 juillet un corps d'armée russe aux ordres du prince Gortschakoff envahissait la Moldavie et la Valachie. Tandis que la Turquie armait, les ambassadeurs des autres puissances, de la France, de l'Angleterre, de l'Autriche et de la Prusse, se réunissaient à Vienne pour préparer un projet de médiation de nature à satisfaire les deux parties. Ils rédigèrent une note commune, contenant précisément les graves conditions contre lesquelles s'élevait la Porte. Le gouvernement turc y proposa donc des modifications, qui parurent acceptables à la conférence, mais qui furent repoussées par la Russie, laquelle sans doute aurait donné son assentiment au projet primitif. La manière dont le cabinet russe interpréta lui-même les clauses de ce projet fit bientôt comprendre aux quatre puissances que la Russie n'était pas disposée à se départir en quoi que ce soit de la moindre de ses prétentions; et dès lors elles cessèrent d'insister auprès de la Porte pour qu'elle acceptât le projet. C'est dans ces circonstances que la Turquie déclara la guerre à la Russie au mois de septembre, en la sommant d'évacuer les principautés dans un court délai, en même temps qu'une flotte anglo-française, répondant à l'appel du sultan, venait prendre position dans le Bosphore. La guerre commença sur les bords du Danube dès les derniers jours d'octobre, les Turcs commandés par Omer-Pacha ayant franchi ce fleuve sur divers points, notamment de Widdin près de Kalafat, et plus bas près de Silistria. Sur ce dernier point force leur fut, il est vrai, de revenir sur la rive droite, après avoir soutenu un brillant combat aux environs d'Oltenitza (4 novembre); mais ils se maintinrent à Kalafat, qu'ils transformèrent en une forte position. De même, en Asie les Turcs commencèrent la lutte avec quelque succès, pénétrèrent sur le territoire russe, et s'emparèrent même du fort Nicolaï (Schefkalit). Il devint évident que cette fois la Russie devrait opposer aux Turcs seuls des forces bien plus considérables qu'elle n'avait d'abord calculé. Cependant, la fortune des armes changea dès la fin de novembre. Une partie de la flotte russe de la mer Noire attaqua à l'improviste à Sinope, le 30 novembre, une forte escadre turque, l'anéantit en quelques heures et livra aux flammes une partie de la ville. En même temps, Andronikoff battit en Asie les Turcs à Achaltsich (26 novembre), leur fit éprouver des pertes immenses, et le 1er décembre suivant Bebutoff leur fit encore essuyer une défaite sous les murs de Kars.

Tandis que la lutte débutait ainsi dans les deux parties du Monde et que la Russie dirigeait vers le sud des forces formidables, tandis qu'elle faisait appel au fanatisme religieux et national des masses, la conférence de Vienne s'occupait toujours de projets de médiation. Dans la séance tenue le 5 décembre on parvint à s'entendre sur une note collective que les ambassadeurs des quatre puissances adresseraient à la Porte. Dans la supposition que la Russie resterait fidèle à sa déclaration de ne vouloir point porter atteinte à l'intégrité de l'Empire Ottoman, et que la Turquie s'engagerait à exécuter ponctuellement les anciens traités, on y proposait de suspendre les hostilités et de préparer les voies à l'évacuation des principautés. Un plénipotentiaire russe et un plénipotentiaire turc ouvriraient ensuite une négociation, mais en présence des représentants des quatre puissances. Cette proposition n'eut pas de suites, le czar ayant refusé de traiter avec la Porte autrement que directement et sans intermédiaires. Cependant, depuis la catastrophe de Sinope, la position de la Russie à l'égard des puissances occidentales était complétement changée. Dans la surprise de Sinope, tandis que leurs flottes étaient mouillées dans le Bosphore, ces puissances virent une insulte personnelle et ordonnèrent à leurs flottes d'entrer dans la mer Noire, provisoirement sous prétexte d'escorter les transports turcs sur la côte d'Asie. L'année 1853 se termina dans ces circonstances, rien moins que rassurantes pour le maintien de la paix du monde. Tandis que l'Angleterre, la France et la Turquie resserraient de plus en plus les liens de leur alliance, les États scandinaves essayaient d'éviter de se mêler au conflit en proclamant une stricte neutralité. L'Autriche arma ouvertement dans le dessein de sauvegarder elle-même ses intérêts sur le Danube, détermination qui pouvait évidemment amener dans certaines circonstances données une collision entre elle et la Russie. D'un autre côté, on vit la Prusse, dans les documents diplomatiques, notamment dans ceux de la conférence de Vienne, se rattacher aux déclarations des autres puissances, sans toutefois se montrer disposée à quitter son attitude d'observation entre la Russie et les puissances de l'Ouest. La situation se compliquait donc chaque jour davantage; et dans le courant de janvier 1854 des combats sanglants, dans lesquels les Turcs résistèrent avec avantage, eurent encore lieu sur les bords du Danube. Dans les États occidentaux et dans ceux du centre de l'Europe l'opinion se prononçait d'une manière de plus en plus forte contre la politique russe; mais en Russie on avait fait appel à un puissant élément de défense, au fanatisme religieux convié à s'armer pour la défense de l'Église grecque orthodoxe. Il devenait donc de plus en plus difficile au czar de prendre le seul parti qui pût amener une solution pacifique, celui d'évacuer les principautés danubiennes. Bien loin de là, il demanda aux puissances de l'Ouest des explications sur l'ordre par elles donné à leurs flottes d'entrer dans la mer Noire; et leurs réponses ne lui ayant pas paru satisfaisantes, il rappela ses ambassadeurs de Londres et de Paris (commencement de février 1854). De leur côté, les représentants des puissances occidentales à Saint-Pétersbourg prirent leurs passe-ports. Une lettre que l'empereur Napoléon III adressa à ce moment au czar, et où il lui désignait l'évacuation des principautés comme la voie ouverte au rétablissement de la tranquillité du monde, n'était pas de nature à plaire à Saint-Pétersbourg et à y disposer en faveur de la paix. A la fin de février les deux puissances de l'Ouest remirent enfin au czar un *ultimatum*, où on lui fixait le 1ᵉʳ avril suivant comme le dernier délai pour l'évacuation des principautés, en même temps qu'on lui déclarait qu'on considérerait son refus de déférer à cette sommation comme une déclaration de guerre. Le czar se borna à répondre qu'il refusait de faire aucune espèce de réponse; et la guerre se trouva ainsi déclarée entre la Russie et les puissances de l'Ouest.

En même temps la situation des choses sur le Danube se compliqua encore davantage, parce que les rajahs grecs de l'Épire et de la Thessalie commencèrent à se soulever contre la Porte; mouvement auquel le gouvernement et les populations de la Grèce ne furent pas étrangers. Si cette levée de boucliers, dans laquelle on vit le résultat des machinations russes, parut favorable à la Russie, d'un autre côté un incident survint qui lui porta un violent coup moral aux yeux de l'Europe. Par suite d'une provocation de la gazette semi-officielle de Saint-Pétersbourg, le ministère anglais se détermina à mettre sous les yeux du parlement (milieu de mars 1854), entre autres documents, la correspondance confidentielle de lord Seymour, ambassadeur d'Angleterre à Saint-Pétersbourg. Il en ressortait qu'au mois de février 1853 le czar avait fait proposer au gouvernement anglais par son ambassadeur un arrangement relatif au *partage* de l'Empire Ottoman, dont il prévoyait la fin prochaine; partage dont les autres puissances resteraient exclues. Cette proposition ayant été repoussée, M. de Kisseleff, ambassadeur de Russie à Paris, fut chargé, suivant une déclaration du *Moniteur*, de faire à l'empereur Napoléon III une offre identique, sauf cette différence dans les termes qu'en cas où la Russie prendrait possession du territoire turc, la France ne serait pas indemnisée dans la Méditerranée, mais sur les bords du Rhin. Ces révélations prouvèrent aux plus incrédules que la politique russe, dans sa manière d'agir avec la Turquie, n'avait pas pour but de *protéger l'Église grecque*, mais uniquement d'exécuter des projets de conquête depuis longtemps conçus et arrêtés. Dès lors la Russie, qui avait voulu se donner pour le champion de l'esprit conservateur, de l'ordre et de la paix générale, ne fut plus aux yeux de l'Europe que la perturbatrice de son repos; et la guerre à la veille d'éclater ne parut plus qu'un légitime moyen de défense et de préservation contre ses projets de conquête et d'absorption. Tandis que la Russie faisait des efforts gigantesques sur ses frontières méridionales et septentrionales pour se préparer à repousser une attaque de la part des coalisés, les puissances occidentales embarquaient pour les Dardanelles une armée auxiliaire, et l'amiral Napier conduisait dans la Baltique une formidable flotte anglaise, que ralliait peu de temps après un contingent français tout aussi considérable. Le 12 mars les puissances occidentales signaient en outre avec la Porte un traité de triple alliance, aux termes duquel chacune des parties contractantes s'interdisait de traiter séparément de la paix avec la Russie, en même temps que le rétablissement de la paix ne devait plus désormais dépendre de l'évacuation des principautés, mais de garanties positives données à la Turquie contre son redoutable voisin. A ce traité d'alliance se rattachaient des stipulations relatives à l'émancipation des rajahs chrétiens de toutes les confessions. Un traité semblable, ayant pour but de poser des limites aux agrandissements de territoire de la Russie et de sauvegarder l'équilibre européen, intervint le 10 avril entre l'Angleterre et la France. La lutte contre la Russie prenant de la sorte un caractère européen, les puissances occidentales devaient tout faire pour se rattacher ainsi ou moins l'Autriche et la Prusse comme alliées. Ces grandes puissances avaient, il est vrai, reconnu dans les protocoles de Vienne le droit de la Turquie ainsi que les torts de la Russie, et repoussé le traité de stricte neutralité que la Russie leur avait fait proposer au commencement de février; mais en même temps elles avaient refusé d'adhérer à l'ultimatum des puissances occidentales et de signer une convention qui aurait pu les forcer d'intervenir activement contre le czar, leur ancien allié. Toutefois, à la suite de nombreuses négociations l'Autriche et la Prusse, d'accord avec l'Angleterre et la France, signèrent encore à Vienne, le 9 avril, un protocole de conférence, qui excluait les deux grandes puissances de l'Europe centrale de toute participation directe aux mesures actives prises contre la Russie, mais qui stipulait de nouveau le maintien de l'intégrité de la Turquie, déclarait la nécessité de l'évacuation des principautés et confirmait les droits civils et religieux accordés en Turquie aux rajahs chrétiens. Le

20 avril suivant intervint entre la Prusse et l'Autriche un traité d'alliance offensive et défensive. Tandis qu'on menait à terme ces diverses négociations, qu'on repoussait les propositions de paix peu sérieuses faites par la Russie, qu'on déclarait les côtes russes, tant dans la Baltique que dans la mer Noire, en état de blocus, et que l'armée auxiliaire des puissances occidentales débarquait, non sans quelque hésitation et par petites divisions, aux Dardanelles, la lutte entre les Russes et les Turcs n'avait pas été un seul instant interrompue sur les bords du Danube. Enfin, après une série de petits combats très-meurtriers tout le long du fleuve à partir de Widdin, le général en chef russe Gortschakoff concentra de plus en plus en mars ses forces sur les rives du bas Danube. Le 22 et 23 mars il franchit ce fleuve à la tête d'une soixantaine de mille hommes, au-dessous du bras d'embouchure, en trois colonnes, à Braïla, à Galacz et à Toultscha; et sur ce dernier endroit ce ne fut pas sans une vive résistance. Les jours suivants il fit entrer dans la Dobroudscha le général Luders, qui s'y avança jusqu'au rempart de Trajan, tandis que les Turcs se repliaient sur Bazardschik. Quoique isolés du côté de la mer par la position qu'avait prise la flotte anglo-française dans la mer Noire, les Russes avaient incontestablement acquis par ce mouvement un avantage important. Ils avaient réduit leur ligne d'opération, menaçaient l'aile droite des Turcs et s'étaient rapprochés des portes d'entrée de la ligne du Balkan.

Obtenir l'évacuation des principautés par les Russes fut un principe adopté aussi bien par les puissances neutres, c'est-à-dire par la Prusse et l'Autriche, que par la France et l'Angleterre; et tout l'été de 1854 s'écoula en échange de notes et de contre-notes présentées dans ce but. Pendant tout le cours de cette négociation la Russie fit preuve d'une hauteur de prétentions annonçant de sa part le parti pris de ne céder qu'à la force; or, elle pouvait espérer que le général illustre, Paskéwitsch, placé maintenant à la tête son armée dans les principautés saurait non-seulement s'y maintenir, mais encore pénétrer sur le territoire turc proprement dit et franchir le Balkan, ainsi qu'il était arrivé à Diébitsch en 1829. Quand on eut épuisé tous les moyens de transaction honorables, on comprit qu'il ne fallait pas laisser la Turquie plus longtemps à la merci de la Russie. Un corps de 40,000 hommes vint débarquer à Varna pour seconder les opérations d'Omer-Pacha et soutenir Silistria. Paskéwitsch dut lever le siège de cette place, et battre en retraite sur Jassy, en même temps qu'il lançait plusieurs détachements dans la Dobroudscha à l'effet d'occuper les embouchures du Danube. Mais ce n'était là en réalité qu'un piège tendu aux alliés, pour les attirer dans une contrée pestilentielle, où les fièvres décimèrent bientôt leurs forces d'une manière effrayante. La maladie menaçait d'anéantir l'armée sans combat. On comprit alors que c'était sur le territoire russe qu'il fallait transporter le théâtre des opérations; et après une vigoureuse démonstration contre Odessa, une armée alliée forte de 58,000 hommes débarqua le 14 septembre à Eupatoria en Crimée, près du vieux fort, sans avoir été contrariée par les Russes dans cette opération, qui ne dura pas moins de six heures. Six jours après, l'armée anglo-française gagnait sur les Russes l'importante bataille de l'Alma; et le 27 septembre, après avoir franchi l'Alma, le Belbeck et divers autres cours d'eau, elle atteignait par une marche de flanc les hauteurs de Balaclava. Les Anglais s'emparaient de la ville, et établissaient la base de leurs opérations. Deux jours après avait lieu la reconnaissance de Sébastopol, autour de laquelle les Russes avaient élevé à la hâte quelques fortifications, qu'à force de travail et de persévérance ils finirent par rendre formidables. Il y a cependant tout lieu de croire aujourd'hui que si on avait vigoureusement poursuivi la victoire de l'Alma, Sébastopol, encore sans défense du côté de la terre, n'eût pas opposé une bien longue résistance. Le 9 octobre eut lieu l'ouverture de la tranchée. La destruction de la flotte russe stationnée dans ce port, menace incessante pour Constantinople et pour l'indépendance de l'Empire Ottoman, était le véritable nœud de la question. C'est donc contre cette place que se dirigèrent tous les efforts des alliés; et bientôt la Russie reconnut qu'on l'avait attaquée par son côté faible, et que les succès qu'elle pouvait obtenir dans les principautés n'équivaudraient pas aux pertes que les alliés lui préparaient en Crimée. C'est alors qu'elle se décida à évacuer les principautés, que, du consentement des puissances belligérantes, vint occuper une armée autrichienne. Dès le 17 octobre les alliés avaient ouvert le feu contre Sébastopol, et leur flotte combinée y avait pris part. Les Russes sacrifièrent alors héroïquement une partie de leur flotte, qui fut coulée bas par eux-mêmes à l'entrée du port de Sébastopol pour en interdire l'accès aux flottes coalisées. Huit jours après, le 25 octobre, avait lieu la bataille de Balaclava, suivie, le 6 novembre de la bataille d'Inkermann, l'une des belles pages de l'histoire militaire des Français. Tous les efforts des Russes pour repousser les coalisés avaient été inutiles, et ils ne subvenaient qu'avec peine aux besoins de leur armée dans un pays que la présence de si nombreuses armées avait eu bientôt épuisé, tandis que, grâce à leur flotte, les coalisés voyaient régner la plus grande abondance dans leur camp. Les parages de la Baltique et ceux de la mer Blanche avaient aussi été le théâtre des hostilités. L'escadre alliée avait détruit Bomar-Sund, aux îles d'Aland, en même temps que l'armée anglo-française débarquait en Crimée; et en 1855 les deux mers allaient être l'objet d'un blocus plus rigoureux que jamais, cause infaillible de ruine pour le commerce russe. L'hiver mit un terme aux opérations stratégiques, et on se borna de part et d'autre à garder l'offensive. Cet hiver fut marqué par un événement d'une haute gravité : la mort de l'empereur Nicolas. Elle rendait possible un accommodement; mais pour l'obtenir il fallut encore verser bien du sang. Les hostilités reprirent dès le printemps avec une nouvelle vigueur; et le 22 mai 1855 les coalisés, après un combat acharné, s'emparaient du cimetière de Sébastopol, c'est-à-dire d'une des positions les plus importantes de cette place. Deux jours après, une expédition dans la mer d'Azof était couronnée d'un plein succès; et les alliés enlevaient ainsi aux Russes leur principale ressource de ravitaillement. Le 25 mai ils occupaient la ligne de la Tschernaïa, et le 7 juin ils s'emparaient du mamelon Vert. Deux mois s'écoulèrent en combats aussi inutiles qu'acharnés. Une nouvelle bataille rangée eut encore lieu le 16 août sur les bords de la Tschernaïa, et cette fois encore l'avantage resta aux coalisés. Les Russes n'y perdirent pas moins de 7,000 hommes. A la fin de ce même mois d'août Sveaborg, le Gibraltar de la Baltique, était réduit en cendres par un bombardement suivi d'un éclatant succès. Le 8 septembre 1855, enfin, eut lieu la prise de la tour Malakoff, qui força les Russes à évacuer la partie méridionale de la ville, formant la partie de beaucoup la plus grande de Sébastopol, et à se retirer dans la partie nord. Ce succès des alliés fut considéré à bon droit comme équivalant à la prise même de la ville. On trouva dans la place plus de 4,000 bouches à feu, environ 100,000 bombes, boulets, obus, etc., et plus de 200,000 kilogrammes de poudre. Les décombres fumants de la partie méridionale, qui la veille menaçait encore l'armée alliée, offraient le plus triste spectacle : et ce fut en parcourant les rues désertes qu'on put juger de toutes les ressources de la défense et de l'habileté avec laquelle les Russes avaient tiré parti de tous les moindres accidents de terrain. Le but de la guerre était atteint. La flotte russe de la mer Noire n'existait plus ; désormais il n'était plus à redouter de voir la Russie profiter de quelque moment d'assoupissement de l'Europe pour transporter à l'improviste une armée à Constantinople et arborer l'étendard à l'aigle à deux têtes sur les tours du Sérail. Dès lors rien ne s'opposait plus à la reprise des négociations pour conclure une paix honorable. Cinq mois après la prise de Sébastopol s'ouvrait donc à Paris un congrès auquel assistaient des plénipotentiaires russes, et qui mit fin à la guerre. Le traité de Paris (30 avril 1856) stipula que les territoires occupés par les parties contractantes seraient évacués ; il garantissait l'intégralité de l'Empire Ottoman, admis désormais dans le concert européen, imposait à la Russie l'obligation de n'entretenir qu'un petit nombre de bâtiments sur la mer Noire, dont la neutralité était posée en principe, de même que celle de ne jamais relever les fortifications de Bomar-Sund, qui menaçaient l'indépendance de la Suède, puissance qui à la fin de 1854 s'était décidée à entrer, comme le Piémont, dans la coalition contre la Russie.

Langue.

La langue russe, l'un des principaux idiomes slaves, n'est devenue une langue écrite que depuis Pierre Ier. Jusque alors l'ancienne langue slave ecclésiastique avait été la langue écrite dominante en Russie; aussi a-t-elle exercé sur la langue populaire plus d'influence que sur les autres idiomes slaves. Par suite de la domination des Mongols et de la prépondérance de la Pologne dans les parties occidentales de l'empire, la langue russe, dont la simplicité et la naïveté sont les caractères distinctifs, se mélangea de beaucoup de mots mongols et polonais; de même que depuis les efforts tentés par Pierre le Grand pour faire pénétrer la civilisation européenne chez sa nation, elle adopta une foule de mots allemands, français et hollandais, relatifs surtout aux arts et à l'industrie. La liaison des propositions y est facile; mais elle se prête peu à la période, et ne possède qu'un petit nombre de conjonctions. La faculté de placer dans le discours les mots avec une grande liberté lui donne plus de clarté et aussi plus d'énergie. Elle n'a ni verbes auxiliaires, ni articles, et l'adjonction des pronoms personnels aux verbes y est entièrement facultative. Sa richesse d'ailleurs est très-grande; car elle s'est complètement approprié les emprunts qu'elle avait faits aux langues étrangères. La formation des mots y est si variée, que, suivant Schiskoff, deux mille mots dérivent souvent d'une même racine. C'est au cœur de l'empire, autour de Moscou, que se parle le russe le plus pur et le plus régulier. Les dialectes sont le grand-russe (le dialecte écrit proprement dit), avec ses deux variétés principales, le dialecte de Novgorod-Susdal, et le dialecte de Moscou-Rjæsān. La plus ancienne grammaire russe est celle de Ludolf (Oxford, 1696). Il faut mentionner en outre la grammaire de l'Academie de Pétersbourg (1802) et celle de Gretsch (1823; traduite en français par Reiff, Pétersbourg, 1828). L'Académie russe a publié un dictionnaire (4 vol., Pétersbourg, 1847).

Littérature.

Les rudiments de culture intellectuelle chez les Russes datent de la fondation de l'empire par les Varègues et de l'introduction du christianisme par Vladimir le Grand. Ce prince établit des relations avec Constantinople, et attira en Russie des savants grecs. L'architecture, la sculpture et la peinture, arts venus également de la Grèce, mais qui ne tardèrent pas à suivre une direction indépendante et originale, furent appliqués à la construction des nouvelles églises chrétiennes à Kief, où l'on fonda aussi la première école.

Toutefois, l'influence des Varègues sur la langue fut peu sensible, et on n'en peut saisir la trace que dans un petit nombre de mots. Les nouveaux arrivants se confondirent si bien et si vite avec les indigènes, que les petits-fils de Rourik portent déjà des noms slaves. Lorsqu'à la suite de l'introduction des livres d'église en ancien slave par Cyrille et Méthod, l'ancien slave ecclésiastique devint exclusivement la langue écrite, la langue russe ne continua plus à être parlée que par le peuple. Il n'en reste plus rien aujourd'hui; car les chansons populaires de cette époque ne sont parvenues jusqu'à nous qu'après avoir subi des modifications postérieures. Il n'est même pas certain que les traités conclus entre les princes Oleg et Igor avec les Grecs, en 912 et 945, non plus que le discours de Swiatoslaff, qui sont venus jusqu'à nous avec la traduction des saintes Écritures et des livres d'église en ancienne langue slave, appartiennent à cette époque éloignée. C'est de l'époque de Jaroslaf (vers 1020), qui fonda une école à Novgorod, que date la *Prawda ruskaja* (droit russe), important ouvrage découvert en 1738 par Tatischtscheff, publié d'abord par Schlœsser en 1767, et d'une manière beaucoup plus complète par Rackowiecki (2 vol., Varsovie, 1822). Nestor, le père de l'histoire russe, appartient à la même époque. Les invasions des Tatars vinrent troubler ces premiers essais; mais les envahisseurs ayant ménagé les monastères par politique, les sciences trouvèrent un asile dans la solitude des cloîtres; et c'est à cette circonstance qu'on doit les *Annales* de saint Simon, évêque de Susdal (mort en 1226), le *Livre des Degrés* du métropolitain Cyprien (mort en 1406) et la *Chronique de Sophie*, embrassant l'époque comprise entre 862 et 1534 (publiée par Strojeff, à Moscou, en 1832). On a aussi de cette période d'oppression un assez grand nombre de poésies populaires, qui offrent un attrait tout particulier par l'ancienne mythologie slave dont elles portent l'empreinte ainsi que par leur forme fantastique. Toutes roulent sur le prince Wladimir et ses chevaliers, à l'instar des légendes relatives à Charlemagne et à ses paladins, ou encore au roi Arthur et à ses preux.

Toutefois, le créateur de la civilisation russe actuelle fut Pierre le Grand, du règne duquel date à bien dire la littérature russe; car, quel quefois contes et quelques chants populaires, tout ce qu'elle avait produit jusque alors appartient plutôt à la littérature slave proprement dite. Non-seulement Pierre éleva la langue russe au rang de langue écrite et de langue des affaires, mais encore il fit traduire en russe un grand nombre de livres français, allemands et hollandais. Toutefois, comme il n'avait en vue que les besoins immédiats de sa nation, et que les écrivains et traducteurs qui travaillaient par ses ordres s'attachaient beaucoup plus à fournir au peuple russe des notions utiles qu'à former la langue, la nouvelle langue écrite ne fut bientôt plus qu'un chaos indigeste d'ancien slave, de bas-russe et d'expressions étrangères; et en raison de la précipitation avec laquelle on traduisait, on adopta un grand nombre de mots et de tournures de phrase empruntés aux langues de l'étranger. Pierre le Grand lui-même négligea trop les germes de littérature nationale qui existaient au moment de son avènement; et il voulut qu'on lui fît bien vite une littérature, comme on lui bâtissait des villes et des manufactures, sur les modèles qu'il avait vus pendant ses voyages à l'étranger. En 1704 il fixa la forme des caractères d'impression aujourd'hui en usage. Il arrondit les lettres incommodes de Cyrille; et, sur ses indications, on fondit à Amsterdam des caractères qui servirent à imprimer, en 1705, dans l'imprimerie ecclésiastique de Moscou, les premières gazettes russes. Il avait déjà accordé à l'imprimeur Tessing à Amsterdam, qui avait fait paraître, en 1699, le premier livre russe proprement dit (une espèce d'*Histoire universelle*), le privilège de reproduire les ouvrages russes pendant quinze ans; et jusqu'en 1710 il parut à Amsterdam un grand nombre d'ouvrages russes, consistant pour la plupart en traductions faites par Kopijéwitsch, pasteur à Amsterdam, originaire de la Russie-Blanche et mort en 1701. En 1711 Pierre fonda à Saint-Pétersbourg une imprimerie pour les oukases. Ce fut en 1713 que parut le premier livre sorti des presses de cet établissement, et la première gazette en 1714. Pierre donna une attention toute particulière à la création de nouvelles écoles en tous genres. L'acquisition du cabinet d'anatomie et de zoologie de Ruysch et du pharmacien Seba, en Hollande, devint la base du Muséum de Saint-Pétersbourg. Consultez *Wladimir et sa Table ronde* (Leipzig, 1819), imitation allemande et provenant d'une collection d'anciennes chansons russes imprimées aux frais de Roumjanzoff, ainsi que la *Collection d'anciennes Poésies russes* du prince Certeleff (2 vol., Pétersbourg, 1822). Le plus célèbre de ces poèmes, *L'Expédition d'Igor contre les habitants de Poloutz*, lequel réunit la force et la hardiesse de pensée à la pureté du style, fut composé vers l'an 1200, et publié par le comte Mussin-Pouchkine, qui le découvrit à Kief, en 1795.

La littérature russe prit un nouvel essor après la chute de la domination des Mongols, sous Ivan 1ᵉʳ, en 1468. Ivan IV Wassiliéwitsch (1533-1584) fonda des écoles pour toutes les classes, et créa à Moscou, en 1564, la première imprimerie russe. Mais tous ces efforts n'aboutirent à des résultats positifs que lorsque Michel R o m a n o f (1613-1645) eut donné à l'État une existence politique, et que les villes commencèrent à fleurir par le commerce. C'est alors qu'un grand nombre d'Allemands vinrent se fixer en Russie. Alexis Michaïlowitsch fit imprimer, en 1644, une collection importante de lois russes; et bientôt après fut fondée l'Académie de Moscou, où l'on enseigna la grammaire, la rhétorique, la poétique, la dialectique, la philosophie et la théologie. Mais depuis cette époque jusqu'au commencement du dix-huitième siècle l'élément polonais domina de plus en plus dans la littérature russe, par suite des relations commerciales avec la Pologne, maîtresse des provinces occidentales de l'empire. Parmi les écrivains de cette époque, on cite : l'évêque métropolitain Macarius (mort en 1504), auteur de Vies de Saints, d'Archimandrites, etc.; Zizania, auteur d'une grammaire slave (Wilna, 1596); le ministre du czar Alexis Mikhaïlowitsch, Matfiejeff, qui rendit d'importants services à la civilisation et à la langue russe, et à qui l'on doit divers ouvrages historiques et héraldiques. Nikon et le prince Constantin Basile d'Ostrog méritèrent aussi alors des lettres par la protection éclairée qu'ils leur accordèrent. Pierre fonda en outre, d'après le plan qui lui en avait été fourni par Leibnitz, l'Académie des Sciences de Saint-Pétersbourg, qui cependant ne fut ouverte qu'après sa mort, en 1725, par l'impératrice Catherine Iʳᵉ, et à laquelle on ajouta un gymnase, destiné à former des maîtres jusqu'en 1762, et qualifié du titre d'université. Les principaux auteurs de cette époque sont : Démétrius, évêque de Rostoff (1651-1709), qui écrivit une Vie des Saints (4 vol., Kief, 1711-1716); Jaworski, évêque de Ræsan (1658-1722), prédicateur distingué; Prokopowitsch, archevêque de Novgorod, qui seconda Pierre dans ses réformes, et qui publia plus de soixante écrits sur la théologie et l'histoire (1681-1736); le moine Nicodème Selliÿ, mort en 1746, qui réunit un grand nombre de matériaux relatifs à l'histoire de sa patrie; et le conseiller Tatischtscheff (1686-1750), à qui on doit une Histoire de Russie (4 vol., Pétersbourg, 1769-1784), encore estimée. Outre Kantemir, les Kosaks Klimoffsky et Daniloff occupent une place honorable parmi les poètes. Ce dernier publia aussi un recueil de chants populaires. Tredjakoffsky fut le premier qui fixa les règles de la prosodie.

Pierre avait répandu les semences d'une vie nouvelle; mais il en résulta dans la littérature un désaccord profond entre les anciens éléments nationaux et les éléments provenant de l'étranger; aussi fallut-il beaucoup de temps pour que la fusion pût s'en opérer. Le développement réel de la littérature russe ne date que des règnes d'Élisabeth et de Catherine II. Élisabeth vit dans les arts et les sciences un moyen de donner à sa cour encore plus d'éclat; elle fonda en 1755 l'université de Moscou, et en 1758 l'Académie des Arts; mais il appartenait à Catherine II de comprendre tout ce qu'il y avait de grand et de fécond dans les projets de Pierre Iᵉʳ : elle accorda la protection la plus généreuse aux lettres, et sous son règne le nombre des nouveaux établissements d'instruction publique alla toujours croissant. L'Académie des Sciences prit un rang éminent parmi les sociétés savantes, grâce aux travaux des Pallas, des Gmelin, des Gyldenstedt, et des Roumoffski. L'Académie des Beaux-Arts reçut une organisation plus large; l'École des Mines fut fondée en 1772; et l'académie pour le perfectionnement de la langue et des études historiques, en 1783. Le goût des lettres se répandit parmi les Russes, et son influence sur la noblesse et sur la classe des fonctionnaires publics fut telle, que Paul Iᵉʳ en prit ombrage et défendit à ses sujets de voyager à l'étranger sans son agrément. C'est pourtant ce prince qui fonda l'université de Dorpat. Les efforts de L o m o n o s o f f signalent cette période; il traça une ligne de démarcation bien précise entre l'ancien slave et le russe, fit prévaloir la langue de la Grande-Russie; mais en cherchant à ne la former que d'après le latin et à lui imposer en poésie les règles de la versification latine, il la soumit à des entraves contre nature. Parmi ses successeurs, il faut mentionner comme poète Sumarokoff (1718-1777), qui embrassa tous les genres, et brilla surtout dans le drame. Bien que dès le commencement du dix-septième siècle on trouve de grossiers essais dramatiques sous forme de représentations bibliques, que les étudiants de Kief exécutaient à l'occasion des grandes fêtes et solennités; et quoique le moine Siméon de Polock (1628-1680) ait composé, sous le règne de Féodor III, des drames représentés d'abord dans son couvent et plus tard à la cour, Sumarokoff fut à bien dire le premier qui écrivit une tragédie russe régulière. Avant lui, la czarine Sophie Alexieffna, secondée par ses filles d'honneur, avait sans doute représenté le premier drame dont le sujet ne fût pas emprunté à l'histoire religieuse, une imitation du Médecin malgré lui de Molière; mais il n'existait de véritable théâtre russe qu'à partir de 1776, après que Théodore Wolkoff eut transféré dans la capitale le théâtre particulier qu'il avait fondé à Jaroslaff, et où Sumarokoff fit représenter ses premiers ouvrages dramatiques. La prédilection de Catherine II pour le théâtre ne tarda pas à se répandre dans la nation; et c'est en 1764 que Sumarokoff fit exécuter son premier opéra. Après lui vient comme dramaturge Kniaschnine (1742-1791), dont on représente encore aujourd'hui quelques ouvrages, où il a peint divers ridicules de son temps. Il l'emporte sur Sumarokoff pour la pureté du style; mais il tombe souvent dans l'enflure, et laisse le spectateur froid. Wizine (1745-1792) se distingua dans le genre comique : deux de ses comédies en prose, pleines d'un comique vrai, et retraçant fidèlement les mœurs de son temps, plaisent encore. On le regarde aussi comme un des meilleurs prosateurs de son époque. On a de C h e r a s k o f f (1733-1807), outre des tragédies, des odes et des épîtres, deux grands poèmes épiques sur la conquête de Kasan et sur Wladimir le Grand. Regardé de son temps comme l'Homère de la Russie, il est aujourd'hui tout à fait oublié. Oseroff (1770-1816), quoique ayant vécu de notre temps, appartient par ses écrits à l'époque antérieure. Il a composé des tragédies en vers alexandrins, entre autres Fingal et Œdipe. Son style n'est ni pur ni élégant; toutefois, son expression ne manque pas d'une certaine énergie : il peint largement les passions, et offre des scènes véritablement pathétiques, quelques caractères fort bien tracés. Le prince Mikhaïlowitsch Dolgorouki (1764-1823) a écrit des odes philosophiques et des épîtres qui se distinguent par un profond sentiment de naïveté. On doit au comte C h w o s t o f f, né en 1757, des poésies lyriques et didactiques qui peuvent être rangées à juste titre parmi les meilleures productions de ce genre. Bobroff, mort en 1810, a composé une quantité d'odes ampoulées et un poëme descriptif, la Chersonida, véritable chaos, à travers lequel percent pourtant quelques étincelles du feu sacré. Petroff (1736-1799), poète riche en idées et en images, mais dont le style manque de pureté, célébra dans ses odes les victoires de Catherine; ses héros sont Potemkin et Roumjanzoff. Il traduisit aussi l'Énéide en vers alexandrins. Bogdanovitsch, auteur du poëme de Psyché, s'est fait surtout remarquer par sa naïveté et sa grâce. Dans la dernière moitié de cette même période brilla D e r z a w i n e, le premier poète russe vraiment populaire. Il chanta la gloire des armes russes sous Catherine II comme Lomonosoff et Petroff, mais avec cette différence que ceux-ci n'étaient que des panégyristes, tandis que Derzawine traite son sujet avec plus d'indépendance. Kapnist a sans doute moins d'élévation de pensée que Derzawine, mais il l'égale pour ce qui est de l'humeur aimable et de la pureté du style.

Il fallut plus de temps à la prose pour parvenir au degré de perfection qu'avait atteint la poésie. Ici les modèles de Lomonosoff exercèrent une action plus lente. La prose dut ses premiers perfectionnements à la chaire évangélique, dont les productions déguisent pourtant le plus souvent l'absence de pensées sous une rhétorique boursoufflée. On cite en ce genre le métropolitain de Moscou Platon et l'archiprêtre de Kief Lewanda (1736-1814). Dans les matières historiques, on cite Schtscherbatoff (1733-1790), auteur d'une *Histoire de Russie* (15 vol.), qui accuse l'absence de recherches profondes, et Boltin (1735-1792), remarquable par la judicieuse critique qu'il a su faire des différentes sources de l'histoire de sa patrie. Gérard Fr. Müller, conseiller d'État, né en Westphalie (1705-1783), a bien mérité de la littérature russe, par la publication d'une multitude d'anciens manuscrits. C'est lui aussi qui, en 1755, fonda le premier journal littéraire qu'ait eu la Russie. Son exemple trouva bientôt des imitateurs. Nowikoff imprima, un grand mouvement au commerce de la librairie, et répandit de plus en plus le goût de la littérature (1744-1818); il suppléait à son faible savoir par une ardeur infatigable. Il forma une Société Typographique, et publia une revue satirique intitulée *Le Peintre*, laquelle eut beaucoup de lecteurs. Nikitisch Mouravieff (1751-1807), précepteur de l'empereur Alexandre, écrivit plusieurs traités d'histoire et de morale. Si le style est chez lui la partie faible, en revanche il brille par la justesse des idées. Dans tous ses ouvrages on reconnaît un esprit cultivé et formé à la bonne école: cependant, son influence fut presque nulle sur ses contemporains, parce que la plupart de ses ouvrages ne parurent qu'après sa mort. N'oublions pas de mentionner aussi le *Dictionnaire des Synonymes de la Langue Russe* (Pétersbourg, 1787-1789), dont Catherine II elle-même donna l'idée.

Du règne d'Alexandre I*er* date une ère nouvelle dans l'histoire de la littérature russe. Ce prince, comprenant que la propagation des lumières parmi ses sujets pourrait être la source de leur bonheur, poursuivit avec ardeur, du moins au commencement de son règne, la réalisation des grandes idées de Pierre I*er*. Il porta à sept le nombre des universités, fonda quatre académies théologiques, trente-six séminaires et un grand nombre d'écoles de gouvernements et de cercles. Une classe spéciale pour l'enseignement des langues orientales fut créée à l'université de Saint-Pétersbourg. Les sociétés savantes se multiplièrent; l'Académie des Sciences et celle des Langues et de l'Histoire reçurent des statuts plus en rapport avec leur destination. Les ministres Roumjanzoff et Tolstoy secondèrent avec zèle les vues de leur souverain. Le nombre des ouvrages imprimés s'accrut tellement que Sopikoff, dans son *Essai de Bibliographie russe* (6 vol., Pétersbourg, 1813-1823) a pu classer par ordre alphabétique 13,249 ouvrages imprimés en Russie depuis l'introduction de l'imprimerie jusqu'en 1823, tant en langue russe qu'en langue slave. Dans les dernières années du règne d'Alexandre, il ne parut qu'un petit nombre d'ouvrages nouveaux, par suite de la surveillance sévère à laquelle l'empereur crut devoir alors soumettre les lettres et les sciences.

Un homme domine la littérature russe à cette époque; c'est Karamsine, qui secoua le joug du classicisme imposé par Lomonosoff et dont Derzawine avait déjà essayé de s'affranchir. Il bannit l'enflure, ridiculisa l'*odomanie*, le clinquant, et ramena la poésie à sa véritable source, la simplicité des sentiments humains. Par là il réussit à faire entrer la littérature dans la vie du peuple. Son *Histoire de Russie* a été lue par tout ce qui sait lire en Russie. Dmitrieff et Batjuschkoff le secondèrent puissamment dans ses efforts, et demandèrent également leurs inspirations au cœur de l'homme et à la vie réelle. Toutefois, une certaine fadeur s'empara alors de la littérature; et la langue russe courait grand risque de perdre son cachet slave, quand Schiskoff vint combattre cette pernicieuse tendance. Zukoffski, avec ses poésies pleines d'idées, clôt l'ère commencée par Karamsine et à laquelle se rattachent encore, en fait de prosateurs, l'historien Ewgenij Bolchovitinoff (1767-1837), évêque de Kief, ainsi que le théologien Philarète Drosdoff, archevêque de Moscou; et en fait de poëtes, Koslof, le prince Alexandre Schachoffsky (mort en 1846), l'un des meilleurs poëtes comiques qu'ait encore eus la Russie, auteur d'un grand nombre de comédies et d'opéras; Gribojedof, Glinka, le prince Wjasemski (né en 1792), poëte élégiaque, connu aussi comme critique. Mersljakoff, mort professeur à Moscou, s'est aussi fait un nom comme poëte et comme critique. Le général Davidoff a célébré la gloire militaire dans de beaux vers. Chemnicer (1744-1784) et Krylof peuvent être cités comme des fabulistes ingénieux et originaux. On a de Gnieditsch (1784-1833) une excellente traduction de l'Iliade d'Homère en vers alexandrins; il a traduit également le roi *Lear* de Shakespeare. Il ne faut pas non plus omettre de citer dans cette période Boulgarine et Gretsch.

Ce qui caractérise cette dernière période de la littérature russe, c'est que l'élément national finit alors par l'emporter décidément sur les éléments étrangers et par les absorber. La politique de fusion suivie pendant tout son règne par l'empereur Nicolas avec tant de constance et d'énergie n'a pas peu contribué à ce résultat. Tandis que le gouvernement favorisait partout le développement de l'élément russe, ce fut le génie de Pouschkine qui fit surtout dominer le véritable esprit russe dans la littérature. Ses poésies reflètent la vie russe et expriment admirablement les joies, les tristesses, la gloire, l'amour de la patrie et la gaieté du peuple russe. Parmi les émules et les successeurs de Pouschkine, il faut nommer Baratynski, mort à Naples, en 1844, le baron Delwig, Benediktoff et Podolinski, auteur de charmants récits poétiques. Lermontoff fut un des poëtes lyriques les plus remarquables de l'époque moderne. Les poëtes dramatiques les plus importants, sont: Nicolas Polewor et Nestor Kukoinik, qui ont emprunté les sujets de leurs drames surtout à l'histoire nationale, tandis que Gogol peignait gaiement dans ses comédies les mœurs des petites villes de la Russie. Les romans russes nous représentent en général un état de mœurs sociales où la barbarie lutte contre une apparence de civilisation. La Russie n'est pas encore assez mûre pour pouvoir produire le roman de haute portée. L'un des conteurs les plus agréables fut Bestouschef. Boulgarine, quelque peu satisfaisants que ses récits puissent être au point de vue esthétique, a du moins le mérite d'avoir osé le premier peindre la vie ordinaire. Paffloff, dans ses nouvelles, affecte de posséder une profonde connaissance du cœur humain. Les mœurs populaires ont été peintes avec bonheur par Sagoskine, dans son *Jury Miloslawskj*, roman dans le genre de Walter-Scott. Le *Kirgis-Kaisak* de Wassili Uschakoff contient d'amusantes peintures de mœurs. Le comte Soloiub a retracé dans des nouvelles fort remarquables les mœurs de la haute société de Saint-Pétersbourg. Il faut encore mentionner parmi les conteurs le prince Odojeffski, le baron Théodore Korff, Constantin Masalski, Senkoffski, créateur du style du journalisme, et Dahl. Il ne faut pas oublier dans cette énumération les nouvelles qui retracent la vie joviale et dégagée des Kosaks, écrites pour la plupart dans le dialecte qu'on appelle le *petit-russe*, premiers essais tentés pour élever ce dialecte au rang de langue écrite; et de rappeler à ce propos le nom de Gogol, de Grebenka et Kwitka (sous le pseudonyme d'*Osnowianenko*), auteur de descriptions du genre de l'idylle, poëtes de fraîcheur et de sentiment. En Russie, comme dans tous les autres pays slaves, on a apporté un grand zèle à recueillir et à publier les chants et les traditions populaires. On a des collections de ce genre par Noffikoff, Kaschine, Maximowitsch, Makaroff et Sacharoff.

La direction nouvelle prise par la littérature russe s'est surtout manifestée dans le genre historique. A cet égard il faut plus particulièrement mentionner l'*Histoire de Russie* du professeur Ustrialoff, abrégé destiné aux écoles publiques. Podogine, professeur à Moscou, est un véritable historien, qui a jeté une vive lumière sur les origines russes. On a de Polewoy une *Histoire de Russie* très-étendue; de Wassili Berg (mort en 1834, colonel d'état-major dans la flotte), plusieurs monographies de czars russes; du lieutenant général Michailofîski-Damleffski quelques bons ouvrages sur les guerres de la Russie et de la France, et écrits, comme on peut bien le penser, au point de vue russe. Nommons encore parmi ceux qui se sont distingués par leurs recherches historiques le professeur Sirjegireff, Sreznewski, Sloffroff, Samailoff, les académiciens Soloffieff et Strojeff, Nefferoff et Arszenleff.

C'est la langue scientifique qui a fait le moins de progrès en Russie. Les études philosophiques s'y sont surtout rattachées aux nouveaux philosophes allemands; et à cet égard on peut citer les travaux de Golubinski, de Wellanski, de Sidonski, de Kodroff, etc. Il ne saurait être question des progrès de la théologie, là où toute réflexion libre et indépendante est sévèrement interdite, surtout ce qui a trait au dogme et au culte. La jurisprudence a été cultivée avec zèle par Rewolin, auteur d'une encyclopédie du droit, et par le professeur Moroschkin, auteur d'une histoire du droit russe; Nikita Kryloff, professeur à l'université de Moscou, a exposé les rapports du droit russe et du droit romain. Il faut citer parmi les naturalistes Paffloff, Maximowitsch, et Spaski; parmi les mathématiciens, Perewoschtschikoff. On a de Wostokoff de savantes recherches sur les langues slaves.

RUSSIE (Petite-). *Voyez* PETITE-RUSSIE.
RUSSIE NOIRE. *Voyez* RUSSIE.
RUSSIE ROUGE. *Voyez* ROUGE (Russie).
RUSSNIAKS, RUTHÈNES, RUSSINS (*Rusini*). On désigne sous ces noms diverses peuplades formant une branche des Slaves, et très-distincte des Russes et des Moscovites par leur langue ainsi que par toute leur manière de vivre. On les divise en *Russniaks* de la Gallicie, de la Hongrie septentrionale, de la Podolie, de la Volhynie et de la Lithuanie. Schafarik évalue leur nombre à treize millions d'âmes. Ce sont presque tous des cultivateurs, et ils sont restés à un degré de civilisation très-infime. Avant le dix-septième siècle, ils constituaient encore une nation indépendante. Ils furent ensuite subjugués en partie par les Lithuaniens et en partie par les Polonais, et dépendirent pendant longtemps du royaume de Pologne. Aussi leur langue a-t-elle beaucoup de ressemblance avec celle des Polonais. C'était jadis une langue écrite, comme on le voit par une traduction de la Bible imprimée à Ostrog, en 1581, par quelques statuts lithuaniens encore existants et par d'autres monuments écrits. Ce n'est que tout récemment qu'on a recommencé à imprimer en langue russniake. Les Russniaks appartiennent pour la plupart à l'Église grecque unie, le reste se compose de Grecs non unis. Ils ont conservé un grand nombre de vieilles coutumes, notamment pour les mariages, et possèdent une foule de chants et de traditions populaires, qui offrent beaucoup d'analogie avec ceux des Serbes et des Polonais. Ces chants ont été réunis par Waclaw (*Piesni polskie i ruskie* [Lemberg, 1833]). Il existe une grammaire de la langue russniake en allemand, par Leivicki (Przemysl, 1833).

RUSTE. *Voyez* LANCE.
RUSTRE. *Voyez* BLASON.
RUT. *Voyez* CHALEUR (Physiologie).
RUTABAGA. *Voyez* CHOU.
RUTEBOEUF, trouvère contemporain de saint Louis, qui vécut dans une profonde misère et accablé de dettes, était né à Paris. On a de lui des poésies fugitives, des mystères et des satires, dont notre collaborateur M. A. Jubinal a donné une édition en 2 vol. in-8° (Paris, 1840). On trouve dans ses ouvrages toute la rudesse première de la langue; mais on est souvent frappé de l'énergie et du bonheur des expressions.

RUTH, femme moabite, et, selon les talmudistes, fille d'Églon, roi des Moabites, abandonna sa patrie à la mort de son mari, Hébreu de la Judée, appelé Mahalon, et accompagna sa belle-mère Noémi à Bethléem, lieu de naissance de celle-ci, où un parent de son mari, Booz, épris de ses charmes, l'épousa. Elle eut de lui Obed, dont le fils, Isaï, fut père du roi David. Ces faits se passaient à l'époque des Juges, et sont racontés dans le livre de Ruth, qui fut probablement écrit avant la dissolution de l'État de Juda et a inspiré plusieurs poëtes. Mais c'est surtout dans la Bible qu'il faut lire cette histoire, qui ne peint que les affections les plus nobles, les plus chastes et les plus touchantes.

RUTHÈNES. *Voyez* RUSSNIAKS.
RUTHÉNIUM, métal voisin de l'iridium, se présentant sous forme d'une poudre grise. Insoluble dans l'acide chlorhydrique seul, il se dissout en très-petite quantité dans ce même acide mêlé de chlore. Chauffé avec du borax au chalumeau, il forme une perle incolore, transparente, dans laquelle le métal se trouve incrusté, et possède un gris éclatant.

RUTILIUS LUPUS, grammairien et rhéteur romain, vraisemblablement contemporain d'Auguste et de Tibère, quoique quelques auteurs le fassent vivre beaucoup plus tard, est l'auteur d'un ouvrage divisé en deux livres, ayant pour titre : *De Figuris Sententiarum et Elocutionum*, puisé en partie, suivant toute apparence, aux sources grecques, mais mutilé plus tard à diverses reprises, et ayant pour nous une importance toute particulière, parce que nous ne possédons plus la plupart des orateurs grecs dont il traduit divers passages avec une rare éloquence. Ruhnken en a donné une excellente édition (Leipzig, 1768), réimprimée par Frotscher en 1831, et augmentée par Koch en 1841 d'un *Observationum Appendix*.

RUTILIUS NUMATIANUS (CLAUDIUS), poëte qui florissait vers le commencement du cinquième siècle. Né en Gaule, il remplit, dit-on, diverses fonctions publiques à Rome, et a laissé, sous le titre de *Itinerarium*, ou de *De Reditu*, la description en vers d'un voyage de Rome en Gaule. Ce poëme, qui ne nous est pas parvenu entier, se distingue par une pureté de style très-grande pour l'époque, de même que par la richesse des images. Wernsdorf l'a compris dans sa collection des *Poetæ Latini minores*.

RUTLAND, le plus petit des comtés d'Angleterre, compte 24,272 habitants sur une superficie d'un peu moins de cinq myriamètres carrés. La surface en est légèrement onduleuse et presque entièrement occupée par des champs de blé, des prairies et des pacages; et il est suffisamment arrosé par l'Eye, le Chater et le Guasch. L'air en est pur et salubre. Le sol, généralement gras, est très-fertile, et produit surtout à l'est de riches moissons de froment, tandis que sa partie occidentale se compose presque uniquement de prairies. Outre son froment, le comté de Rutland est célèbre par ses moutons et ses fromages, connus dans le commerce sous le nom de *Stilton* (*voyez* HUNTINGDON). L'agriculture constitue la principale occupation de la population, et l'industrie y est bornée à la fabrication de quelques étoffes de laine et de coton et d'un peu de bonneterie.

Son chef-lieu, *Oakham* ou *Okeham*, dans la fertile vallée de Oatmose, sur les bords du canal d'Oakham conduisant à Melton-Mowbray et à Langham, et à proximité du chemin de fer de Péterborough à Leicester, compte environ 3,000 habitants (et 115,000 avec son district), dont l'industrie se borne à la fabrication des soieries et au commerce de la houille. Par sa division en deux paroisses, dont l'une appartient au comte de Winchelsen, et l'autre au doyen de Westminster, qui y tiennent tous deux une cour de justice (le premier tous les ans sur son territoire, et le second seulement tous les trois ans sur le sien), cette ville rappelle complètement l'époque de la féodalité. Au sud on trouve *Uppingham*, bourg bien bâti, d'un millier d'habitants, avec un marché important et trois courses de chevaux très-fréquentées. L'hippodrome est appelé *Brand*.

RUTULES (Les), petit peuple de la côte du Latium, dont *Ardea* était la capitale. Dans la tradition relative à Énée, leur roi Turnus est représenté, dans le récit d'Énée, comme l'ennemi de Latinus, qui donna en mariage à Énée sa fille Lavinia, promise déjà à Turnus. Il est à présumer que cette peuplade descendait d'anciens Pélasges tyrrhéniens, auxquels se mêlèrent avec le temps quelques Latins; son nom disparaît d'ailleurs complètement de l'histoire de Rome à l'époque de l'abolition de la royauté. Vers l'an 440, *Ardea* devint une colonie romaine; et c'est de là que partit Camille, quand il vint délivrer Rome assiégée par les Gaulois.

RUYDER, monnaie d'argent hollandaise. *Voyez* DUCAT.

RUYSCH (FRÉDÉRIC), l'un des anatomistes les plus célèbres dont fassent mention les annales de la science, naquit le 23 mars 1638, à La Haye. Après avoir étudié la médecine à Leyde, et s'être fait recevoir docteur à Franeker, il s'établit dans sa ville natale comme médecin praticien. Appelé en 1665 à Amsterdam, en qualité de professeur d'anatomie, il consacra désormais toute son activité à cette science, qui lui est redevable d'importantes découvertes, notamment du perfectionnement de la théorie des vaisseaux lymphatiques. Pour les mieux étudier, il imagina une remarquable espèce d'injection dont l'inventeur semble malheureusement avoir emporté le secret avec lui au tombeau. Pierre le Grand ayant acheté pour l'Académie de Saint-Pétersbourg le premier cabinet d'anatomie qu'il avait formé à l'aide de travaux immenses, Ruysch en recommença un autre, en dépit de ses soixante-dix-neuf ans; et plus tard l'université de Wittemberg fit l'acquisition de cette non moins précieuse collection.

Tout aussi célèbre comme médecin, chirurgien et accoucheur que comme professeur de botanique, fonctions qu'il remplit à partir de 1685, Ruysch mourut le 22 février 1731. Après sa mort, il parut une édition complète de ses *Opera Anatomico-medico-chirurgica* (4 vol., Amsterdam, 1737).

Sa fille, *Rachel* RUYSCH, célèbre peintre de fleurs et de fruits, née à La Haye, en 1664, fut élève de W. d'Ælst, et épousa, en 1695, le peintre *Georges* POOL d'Amsterdam. En 1701 elle fut nommée membre de l'Académie de La Haye; en 1708 elle obtint une charge à la cour du prince palatin Joseph-Guillaume, à Dusseldorf, où elle mourut, en 1750. Ses tableaux, fort peu nombreux, sont composés avec beaucoup de goût, d'un coloris admirable, et exécutés avec un soin extrême, et cependant avec beaucoup de facilité.

RUYSDAEL. *Voyez* RUISDAEL.

RUYTER (MICHIEL ADRIAENSZOON DE), célèbre marin hollandais, né en 1607, à Flessingue, en Zélande, fut placé par ses parents en apprentissage chez un cordier, dont il déserta l'atelier pour s'engager à bord d'un navire, et il eut bientôt occasion de développer ses dispositions pour le service de mer. Il parcourut tous les grades, depuis celui de simple matelot jusqu'à celui de lieutenant-amiral général, et ne dut son avancement qu'à lui-même. Dans toutes les expéditions auxquelles il prit part, il s'acquit la réputation de marin aussi prudent qu'intrépide. Sa vie privée nous le montre comme un homme de mœurs simples et pures, constamment étranger aux pensées ambitieuses. Lorsqu'en 1641 la Hollande vint au secours du Portugal, menacé au moment par la puissance, alors encore formidable, des Espagnols, Ruyter commanda avec distinction, en qualité de contre-amiral, la flotte auxiliaire mise à la disposition de cette puissance par la république des Provinces-Unies. Ses expéditions contre les forbans des côtes de Barbarie ne furent pas moins glorieuses. Lorsque, en 1654, la guerre éclata entre la Hollande et l'Angleterre, il prit part à cette campagne sous les ordres de l'amiral Tromp. La paix ayant été signée en 1665, il alla de nouveau croiser contre les Barbaresques dans la Méditerranée, où il enleva plusieurs vaisseaux aux Turcs, et fit prisonnier le fameux renégat Armand de Diaz, qui par son ordre fut pendu au grand mât de son vaisseau. Le roi de Danemark, en considération des services qu'il lui avait rendus dans sa guerre contre les Suédois, l'anoblit ainsi que toute sa famille. Quand la guerre menaça d'éclater de nouveau avec l'Angleterre, les états généraux lui confièrent le commandement en chef de leur flotte. Après avoir porté des coups funestes à la puissance maritime de l'Angleterre dans les mers hors de l'Europe, il livra encore en 1666 trois grandes batailles dans les eaux de la Manche; et quoique placé ensuite, par la faute d'un de ses officiers, dans une position presque désespérée, il ne perdit pas courage, entra dans la Tamise, et obligea l'Angleterre à signer la paix de Bréda (1667). La Hollande, dans une troisième guerre qu'elle eut encore à soutenir contre l'Angleterre et la France réunies, triompha de nouveau sur mer, grâce au génie et au courage de Ruyter, et battit en 1673 les flottes combinées. La Hollande ne se montra pas ingrate envers son héros. Lorsque les De Witt payèrent de leur vie leur opposition à la maison d'Orange, la fureur des partis épargna Ruyter, malgré ses relations intimes avec les deux frères. Envoyé à quelque temps de là avec une flotte secourir les Espagnols en Sicile, il combattit intrépidement, comme toujours, les forces, de beaucoup supérieures, que lui opposaient les Français. A la bataille de Messine, un boulet de canon lui fracassa le pied (1676), et peu de temps après (le 29 avril) il expira à Syracuse, des suites de sa blessure. Son corps fut transporté à Amsterdam, où on éleva un monument à sa mémoire, dans l'Église-Neuve.

RYBINSK ou **RUBINSK**, ville de cercle, dans le gouvernement de Jaroslaf (Russie), sur la rive gauche du Volga, en face de l'embouchure de la Scheksna, à environ trois myriamètres de l'embouchure de la Mologa, situation qui en fait le nœud de tout le système de canalisation de la Russie ayant pour but de réunir la Baltique à la mer Glaciale et à la mer Caspienne, dès lors centre de tout le commerce et de toute la navigation de la Russie. Elle ne le cède en beauté à aucune ville de gouvernement. On y trouve sept églises et plusieurs chapelles, une école de cercle, divers établissements d'instruction publique et de bienfaisance, un comptoir provisoire de la banque de commerce, une grande halle, un arsenal, deux bureaux de douane, le port intérieur le plus important de l'empire, avec neuf descentes sur le Volga et la Scheksna, un quai magnifique en granit, garni de rampes en fer fondu, de nombreux édifices, magasins et hangards construits sur l'autre rive du Volga pour recevoir et abriter les marchandises, plusieurs chantiers, plus de vingt-cinq fabriques, des distilleries, des brasseries, des tuileries, etc. La ville ne compte guère plus de 6,000 habitants fixes, dont 1,000 marchands des trois *guilds*, au nombre desquels se trouvent plusieurs millionnaires et une foule de petits bourgeois (*Meststkani* et *Rasnotschinnes*) faisant le commerce de détail et le colportage. Mais en été, lorsque la navigation des fleuves et rivières a repris toute son activité, le chiffre de la population dépasse 130,000 et même 150,000 individus, arrivant et partant sans cesse pour leur commerce. La majeure partie de cette foule se compose de journaliers employés soit par le commerce, soit par la navigation. Dans le nombre il y a une classe qui offre un intérêt tout particulier, celle des remorqueurs et bateliers, organisée en corporations que président des individus de leur choix, et qui se loge dans des auberges à son usage spécial; race d'hommes vigoureux, originaire en grande partie des diverses contrées riveraines du Volga, la moitié du territoire du Rjæsân.

Avant la création du triple système de canalisation, Rybinsk était un important bourg de pêcheurs. Depuis lors il est devenu le grand entrepôt des produits des gouvernements du sud de l'empire auxquels on fait remonter le Volga, et qui de là s'expédient, à l'aide d'embarcations moindres, à Saint-Pétersbourg et dans le nord de l'empire, ainsi que des produits qui arrivent de Pétersbourg par la Mologa, de Moscou par le Volga supérieur, pour être expédiés dans les provinces du sud-est. Ce commerce occupe annuellement de 1,700 à 1,800 grands navires, et environ 6,000 barques et chaloupes; on en évalue l'importance totale entre 40 et 50 millions de roubles d'argent par an. Les principaux articles auxquels on fait remonter le Volga sont la farine de seigle et de froment, l'avoine, le sarrasin, la graine de lin, le sel, les esprits, la potasse, le suif, les chandelles, les toiles, les fers bruts et fondus, les cuirs, les articles de quincaillerie, le chanvre, le lin, les cordages, les nattes, les bois de construction, etc.

RYSSEL, nom flamand de notre ville de Lille.

RYSWIK ou RYSWYCK, bourg de la Hollande méridionale (royaume des Pays-Bas), à environ 3 kilomètres au sud-est de La Haye, avec près de 2,300 habitants, est surtout célèbre par le traité de paix signé en 1697 dans le château qui y existait alors, et connu dans l'histoire sous le nom de *paix de Ryswik*. Louis XIV, en 1688, avait attaqué l'Empire et déclaré la guerre à la Hollande. Déjà il avait conquis les provinces du Rhin, lorsque l'empereur Léopold et les états généraux conclurent contre lui à Vienne, le 12 mai 1689, un traité auquel adhérèrent la Grande-Bretagne, l'Espagne et la Savoie. La guerre sur le continent fut conduite avec un rare bonheur par les Français. Le maréchal de Luxembourg conquit les Pays-Bas espagnols ; et Catinat parcourut l'Italie en vainqueur. Mais il n'en fut pas ainsi de la guerre maritime : l'expédition française envoyée en Irlande en faveur du roi proscrit, Jacques II, échoua complétement ; et la flotte commandée par Tourville fut battue et anéantie à La Hogue par la flotte anglo-hollandaise (29 mai 1692). Ce désastre et le désir qu'avait le grand roi de dissoudre la coalition européenne avant que le trône d'Espagne vînt à vaquer, hâtèrent la conclusion de la paix. Déjà la Savoie avait conclu avec la France un traité séparé, à Turin (le 29 août 1696). La Suède offrit sa médiation pour rétablir la paix générale de l'Europe au moyen du congrès de Ryswik, qui s'ouvrit le 9 mai et dura jusqu'au 29 septembre 1697. Quand on eut d'abord terminé la grande affaire de l'étiquette, relativement au rang qu'occuperait chaque puissance contractante, difficulté qui fut heureusement tranchée par l'emploi dans la conférence d'une table ronde à laquelle les plénipotentiaires prirent place pêle-mêle, on entama les négociations d'après les principes posés dans les traités de Westphalie et de Nimègue. La politique française s'y signala de nouveau par son adresse, et réussit encore à conclure des traités particuliers avec les alliés, à accélérer ainsi la signature de leur paix générale, et à obliger l'Empire à souscrire aux stipulations arrêtées entre la France d'une part, et de l'autre l'Espagne, la Grande-Bretagne et les Pays-Bas, qui se séparèrent alors de l'empereur, et signèrent dès le 29 septembre leur paix avec la France. Louis XIV restitua toutes ses conquêtes en Hollande et dans les Pays-Bas espagnols, à l'exception des 82 localités *réunies* à son royaume par édit (*voyez* RÉUNIONS), et reconnut Guillaume III en qualité de roi de la Grande-Bretagne et d'Irlande. L'empereur et l'Empire ne signèrent la paix avec la France que le 30 octobre. Louis XIV restitua alors à l'Allemagne toutes les *réunions*, à l'exception de celles situées en Alsace, dont la souveraineté lui fut reconnue. Il garda même Strasbourg, jadis ville libre Impériale, dont il s'était emparé en 1681.

Une clause du quatrième article, connue sous le nom de *clause de Ryswik*, mécontenta beaucoup les protestants, parce qu'elle stipulait que la religion catholique, introduite par les Français dans les provinces conquises qu'ils restituaient, y serait maintenue en jouissance de ses droits. Aux termes d'une sentence arbitrale rendue par le pape en 1702, l'électeur palatin dut payer une indemnité de 300,000 thalers pour les biens allodiaux du duc d'Orléans. La France abandonna toutes ses conquêtes, et notamment Philippsbourg, Fribourg en Brisgau, le Vieux-Brisach, et le fort de Kehl, qu'elle avait élevé sur la rive droite du Rhin ; enfin, la libre navigation du Rhin fut posée en principe.

Le château de Ryswik, *Huis-te-Nieuburg*, fut démoli en 1783 ; et en 1792 Guillaume V érigea sur l'emplacement qu'il occupait un monument destiné à perpétuer le souvenir du traité de paix qui avait été signé dans ses murs.

RYSWYCK (THÉODORE VAN), poëte flamand, né le 8 juillet 1811, à Anvers, était employé au Mont de Piété, et mourut dans sa ville natale, à la suite d'une attaque d'aliénation mentale, le 7 mai 1849. Dans ses nombreuses poésies, parmi lesquelles il faut citer le poëme épique *Eppenstein* (Anvers, 1840), les *Balladen* (1843), *Antigonus* (1841), *Eigenærdige Verhalen* (1837), *Poetische Luimen* (1842) et *Politicke Refereinen* (1844), il montre les plus nobles qualités de l'esprit ; mais il s'arme peut-être trop du fouet de la satire pour signaler les fruits empoisonnés que répand parmi ses compatriotes le contact de la France, de ses mœurs et de ses idées. Comme poëte populaire, il est sans rival. On a aussi de lui des essais de poésie religieuse, *Dichterlyke bespiegeling of het Onze Vader* (Anvers, 1842) et *Godgewyde Gezangen* (1844). *Karel de Stoute* et *Jacob van Artevelde* furent composés à l'occasion d'un concours littéraire entre les villes de Gand et d'Anvers (1845). Il a paru à Anvers, de 1849 à 1850, une édition complète des œuvres de Ryswyck. De 1843 à 1848 il avait publié un *Muzenalbum*.

S

S (*esse* suivant l'ancienne appellation, *se* suivant la moderne), dix-neuvième lettre de l'alphabet et la quinzième des consonnes. Cette lettre représente une articulation linguale, dentale, sifflante et forte; elle se retrouve exerçant les mêmes fonctions dans toutes les langues. Il y a une grande affinité entre la lettre *s* et la lettre *z*, telle que nous la prononçons en français; la première est le signe de la même articulation en explosion forte; la seconde est le signe de la même articulation, mais très-affaiblie et singulièrement adoucie. C'est ce qui a servi de fondement à la règle générale d'après laquelle la lettre *s* entre deux voyelles prend l'articulation du *z*. Le même principe qui a régié cette prononciation a aussi établi celle du *s* final des mots devant les voyelles initiales des mots suivants; et il en est résulté pour notre langue une source abondante d'euphonie. La loi qui veut que le *s* final se prononce dans ce cas comme le *z* est universelle. Cette règle est tellement dans le génie de notre langue et si conforme au goût national qu'elle n'a pas besoin d'être rappelée aux Français; ils peuvent bien, comme cela arrive souvent, méconnaître les circonstances où la liaison du *s* final doit avoir lieu; mais lorsqu'ils l'exécutent, c'est toujours en *z*. Les finales terminées par un *s* dans notre langue sont en très-grand nombre : la liaison a lieu constamment, à très-peu d'exceptions près, lesquelles sont indiquées par l'usage, maître assez fantasque, comme l'on sait. Par exemple, il ne veut pas que la liaison se fasse quand on dit : *sur lès | onze heures, lès | oui et les non*; et il permet qu'elle ait lieu dans cette phrase : *Ce sont des oui-dire* (prononcez dè-z'oui-dire). Il y a des mots où la lettre *s*, quoique placée entre deux voyelles, fait exception à la règle et prend l'articulation forte, comme dans *parasol*, *monosyllabe*. Dans d'autres mots la lettre *s*, quoique précédée d'une consonne, le doux sifflement du *z*, comme dans *transiger*, *transitoire*. Il est à remarquer que ces exceptions ne portent que sur des mots composés.

Le sanscrit a trois sons différents de l's : un son palatal, un son cérébral, et un son dental. On figure aujourd'hui le premier dans les langues de l'Occident par un *ç*, le second par *sh*, et le troisième par *s*. Les langues sémitiques distinguent trois intonations sifflantes, qu'on nomme en hébreu *saïr* (arme, glaive), *samech* (appui), *zade* (pioche de pêcheur) et *schin* (dent), d'après les objets dont ces caractères, dans leur forme originelle, représentent l'image grossière et fugitive. Outre le *schin*, il se développa encore dans l'hébreu comme dans l'arabe un *sin*, dont le signe ne se distingue de celui du *schin*, que par des points diacritiques. La décomposition d'autres dentales produisit encore de la même manière dans la langue arabe quelques autres sons voisins de l's, et qu'on prononce complètement dans la langue persane comme cette lettre.
CHAMPAGNAC.

SAADI ou **SAADY** (Chéikh-Moslih-Eddyn), l'un des plus célèbres poètes et moralistes persans, né en l'an 1180, de parents très-pauvres, à Chiras, d'où son surnom de *el Schirdsi*, vécut à la cour des Atabegs, et jouit de la faveur des bienfaits de divers souverains de la Perse. Après avoir achevé ses études et passé un grand nombre d'années à voyager, il commença, de retour dans sa patrie, à recueillir et à mettre en livres les riches expériences de sa vie. Il mourut en 1282, à l'âge de cent deux ans. Ses poëmes contiennent un trésor de véritable sagesse et sont écrits avec une pureté, une délicatesse et en même temps une simplicité extrêmes de style. On a de lui un *Divan*, c'est-à-dire une collection de poëmes lyriques en langue persane et arabe, consistant partie en poésies érotiques, partie en invitations à des jouissances plus élevées, entremêlées de réflexions sérieuses; en outre, le *Gulistan* (pays ou jardin de roses), publié l'année de l'hégire 656, fameuse par la destruction du khalifat : c'est un charmant recueil en prose de préceptes moraux et politiques, de sentences philosophiques et épigrammatiques, d'anecdotes intéressantes et de traits historiques. Il est divisé en huit livres ou chapitres, précédés d'une longue préface : *Les Rois*; *Mœurs des Derviches*; *De la Tempérance*; *Du silence*; *De l'Amour et de la Jeunesse*; *De la vieillesse*; *De la Nourriture et de l'éducation*; *Entretiens sur les vertus*, *Maximes*, *Proverbes*. Commenté par plusieurs auteurs persans et turcs, le *Gulistan* a été traduit en diverses langues vivantes, notamment en français, en 1634, par Du Ryer, extrait assez informe; La Fontaine en a néanmoins tiré sa fable *Le Songe d'un habitant du Mogol*. Le texte persan du *Gulistan* fut publié à Amsterdam, 1651, in-f°, avec une traduction latine correcte et fidèle, par Gentius, réimprimé en 1655, in-12, fig., et dont Olerius donna une version allemande en 1654 et 1660. Celle de Gentius a servi de modèle à deux traductions françaises; l'une par d'Alègre (1337, in-12), ne contenant que la préface et le premier livre qui forme le tiers de l'ouvrage; l'autre, plus complète, par l'abbé Gaudin (1789), à la suite d'un *Essai sur la Législation de la Perse*; et réimprimée, en 1791, sous son véritable titre. On l'a depuis insérée dans le *Panthéon littéraire*, en 1838. Outre une traduction en hindoustani, publiée à Calcutta (1802), on y a donné de nombreuses éditions du texte persan, deux traductions anglaises, l'une par F. Gladwin (1806), l'autre par J. Dumoulin. Une édition du *Gulistan* a été un des premiers essais de la typographie persane à Tabriz (vers 1820). Enfin, M. Semelet, élève de M. de Sacy, en a donné une édition lithographiée (Paris, 1827, in-4°), et une traduction littérale, mais peu agréable à lire (1834).

Le second ouvrage de Saadi est le *Bostan* (pays ou jardin de fruits), en vers de même mesure et en dix chants, sur un plan à peu près semblable à celui du *Gulistan*, mais moins intéressant et plus empreint d'idées religieuses et mystiques. Il y en a une traduction hollandaise et une assez médiocre en allemand (1696); le texte en a été publié à diverses reprises à Calcutta. Sylvestre de Sacy en a aussi traduit des fragments en français, dans les notes de sa traduction du *Pend-Nameh*, en 1819. Le troisième ouvrage de Saadi, c'est le *Pend-Nameh* (Livre des Conseils), petit poëme moral, imprimé à Calcutta, avec une traduction anglaise, en 1788, et à Londres en 1801 : on ne le trouve dans aucune des éditions de ses œuvres complètes, excepté dans celle qui a paru à Calcutta, sous le titre de *Salière des Poètes* (1791, 2 vol. in-f°).
H. AUDIFFRET.

SAADIA (Ben Joseph), de Fayoum, en Égypte, né en 892, fut élu en 928 *gaon*, ou président de l'académie juive de Sura, et y mourut, en 942. Il est le créateur de la théologie, de la grammaire et d'une exégèse scientifique parmi les Juifs, et le premier qui ait essayé de composer une méthode complète du Talmud. Il traduisit en arabe toute la Bible hébraïque et l'expliqua par des commentaires. Dans sa lutte en faveur de la religion traditionnelle contre divers sectaires, notamment contre les caraïtes, il employa les armes de la dialectique, et initia ainsi les Juifs rabbiniques à la connaissance de la philosophie. La plupart de ses ouvrages sont écrits en arabe, et il n'en a encore été imprimé que fort peu de chose.

SAALE, nom commun à trois rivières d'Allemagne.

La *Saale de Franconie* prend sa source entre le Rhin et le Frankenwald, et après un cours de 10 myriamètres se jette dans le Main, à Gmünden. Sa vallée est aussi belle que fertile, surtout en vin.

La *Saale de Saxe* prend sa source à 717 mètres au-dessus du niveau de la mer, sur le versant occidental du grand Waldstein du Fichtelgebirge, dans le cercle bavarois de la haute Franconie, et après un parcours de 33 myriamètres à travers les territoires de Meiningen, de Schwartzbourg-Rudolstadt, d'Altenbourg et de la Saxe prussienne, se jette dans l'Elbe à Saalhorn près Barby. Elle ne devient navigable qu'en attegnant le territoire prussien, et la vallée qu'elle traverse depuis Saalfeld jusqu'à Naumbourg est une des plus fertiles et des plus pittoresques qu'on puisse voir.

La *Saale de Salzbourg*, ou *Sala*, prend sa source dans le lac de Stern, sur les frontières du Tyrol, et se jette dans la Salza, l'un des affluents de l'Inn, un peu au-dessous de Salzbourg.

SAAR. *Voyez* SARRE.

SAARBRÜCK, ville de cerle, dans l'arrondissement de Trèves, province du Rhin (Prusse), sur la Saar, compte (y compris son faubourg de Saint-Jean, situé sur la rive gauche de la rivière) 9,500 habitants. Centre d'une importante exploitation de houille, il y existe des fabriques de tabac, d'alun, de drap et de grosse quincaillerie. Cette ville, où l'on trouve une église évangélique, un gymnase et une école d'accouchement, faisait autrefois partie du comté de Nassau-Saarbruck, qui à l'extinction des comtes de cette ligne, arrivée en 1797, passa aux comtes de Nassau-Ussingen, en 1801 à la France, et en 1815 à la Prusse.

SAARDAM ou **ZAARDAM**, appelée aussi *Zaandam* et *Zaanredam*, gros bourg de la province de Nordhollande (royaume des Pays-Bas), sur la Zaan, qui s'y jette dans l'Y, en face d'Amsterdam, est justement célèbre, comme le village de Broek, qu'il avoisine, par l'extrême propreté de ses rues. On y compte 12,000 habitants, dont beaucoup sont de riches négociants. Le commerce des bois, des grains, de l'huile de baleine, la librairie et l'imprimerie sont ses principales industries. C'est dans les chantiers de construction de Saardam, autrefois célèbres, mais qui n'existent plus aujourd'hui, que Pierre le Grand vint travailler en 1697. On y montre encore le petit logement, composé de deux chambres, qu'il y occupait ainsi que le modeste mobilier dont le czar se servait. On trouve aux environs de Saardam une foule de moulins à vent de diverses espèces.

SAARGEMUND. *Voyez* SARREGUEMINES.

SAARLOUIS, appelée *Sarrelibre* à l'époque de la révolution française, la dernière place forte que possède la Prusse sur ses frontières du côté de la France, dans une plaine arrosée par la Saar, et dans l'arrondissement de Trèves, province du Rhin (Prusse), compte 4,500 habitants, la garnison non comprise. On y trouve une église catholique et une église protestante, une synagogue, un collège et une école industrielle. La ville, chef-lieu de cercle, est régulièrement construite, avec des rues tirées au cordeau et une place de marché ornée d'arbres. La tannerie est la plus importante de ses industries, et après Malmedy c'est peut-être la ville de Prusse où l'on trouve les fabriques de cuir les plus considérables. Aux environs on exploite des mines de plomb, de fer et de houille. La forteresse, située sur la rive gauche de la Saar, tandis que sur la rive droite il n'y a qu'un simple ouvrage à cornes, fut construite en 1680, sous Louis XIV, par Vauban, pour couvrir la Lorraine. Le traité de Ryswick (1697) en maintint la possession à la France; et en 1705, à l'époque de la guerre de la succession d'Espagne, elle fut inutilement assiégée par les coalisés. Le traité de Paris du 20 novembre 1815 l'enleva à la France avec trois autres forteresses. Le maréchal Ney était né à Saarlouis.

SAAVEDRA. *Voyez* CERVANTES SAAVEDRA (Miguel de).

SAAVEDRA (ANGEL DE), duc de Rivas, homme célèbre par le rôle qu'il a joué dans l'histoire politique et littéraire de son pays, est né à Cordoue, le 1er mars 1791, et combattit bravement de 1808 à 1814 pour la défense des libertés de son pays. A la paix il se retira à Séville, avec le grade de colonel, et fit paraître alors quelques *Ensayos poeticos* et représenter plusieurs tragédies. Quand éclata la révolution de 1820, il se montra zélé partisan de la constitution des cortès de 1812. Obligé de se retirer à Séville, par suite du triomphe de la contre-révolution, il y fit représenter la tragédie de *Lanuza*, qui, comme pièce de circonstance, offrit un grand intérêt politique. A la suite de l'invasion française de 1823, il se réfugia en Angleterre, où il commença son poème épique de *Florinda*. En 1825 il s'embarqua avec sa famille pour l'Italie; mais les gouvernements de Florence et de Rome lui interdirent le séjour de leurs territoires respectifs. Il se rendit alors à Malte, où il s'occupa de peinture et où par l'étude des poëtes anglais il s'affranchit des liens asservissants de l'école classique des Français. En 1830 il vint en France avec le projet de se fixer à Paris; mais le gouvernement de Charles X ne le lui permit pas. A Orléans, où il s'établit, il fut réduit à ouvrir une école de dessin, afin de trouver dans son travail les moyens de nourrir sa famille. De là il transféra son domicile à Tours, où il mit la dernière main à son *El Moro exposito* (2 vol., 1834). En 1834 il obtint enfin l'autorisation de revoir le ciel natal, où peu de temps après, par suite de la mort de son frère ainé, il hérita des biens et des titres de la maison ducale de Rivas, et fut nommé *procer* (pair) du royaume. L'un des chefs de l'opposition modérée, on le chargea, lors de la formation du ministère Isturiz, en mai 1836, du portefeuille de l'intérieur; mais la révolution de la Granja fut le théâtre en 1837 le contraignit à s'éloigner pendant quelque temps du théâtre de la politique. Plus tard il fut nommé ambassadeur à Naples. Outre les ouvrages que nous avons déjà cités, on a de lui la comédie *Tanto vales cuanto tienes* (1834), la tragédie romantique *Don Alvaro, o la fuerza del sino* (1835), et les drames *Solaces de un prisionero* et *La Morisca de Alajuar* (1842). Son *El Moro exposito* et ses romances épiques lui ont mérité en Espagne le surnom de restaurateur de la poésie populaire. Il a mis à profit son séjour à Naples pour composer son *Historia de la Sublevacion de Napoles* (2 vol., 1848), ouvrage où il fait preuve d'études profondes, d'une grande impartialité et d'un remarquable talent de style. En 1857 la reine Isabelle l'a nommé son ambassadeur auprès de l'empereur des Français.

SAAVEDRA Y FAXARDO (DIEGO), homme d'État et écrivain espagnol, né en 1584, à Algezarez, dans la province de Murcie, accompagna, en 1606, à Rome l'ambassadeur espagnol Borgia comme secrétaire pour les affaires de Naples, devint ensuite l'agent de la cour d'Espagne à Rome, et plus tard remplit les fonctions d'ambassadeur d'Espagne près diverses cours. En 1636 il vint à Ratisbonne assister à l'élection de Ferdinand en qualité de roi des Romains; et en 1643 le roi Philippe l'accrédita auprès du congrès de Munster. Rappelé en 1646, il mourut deux ans après, à Madrid, membre du grand conseil des Indes. Parmi ses ouvrages, il faut surtout mentionner : *Empresas politicas, o idea de un principe politico christiano representado en cien empresas* (Monaco, 1640), qui fut traduit en italien, en français, en latin et en allemand ; *Locuras de Europa, dialogo postumo*; et *Corona gotica, castellana y austriaca, politicamente ilustrada* (Munster, 1646); ouvrages écrits avec peu de critique et superficiellement, mais d'un style pur. La *Republica literaria*, attribuée jusque dans ces derniers temps à Saavedra y Faxardo, et réimprimée encore à Madrid en 1819 avec les *Empresas* et les *Locuras*, est l'œuvre du licencié Navarrete, comme le prouve un manuscrit récemment découvert. La dernière édition des *Obras politicas y historicas* de Saavedra y Faxardo est celle qui a paru à Madrid de 1789 à 1790, en 11 volumes. Ses œuvres complètes furent imprimées à Anvers, en 1688.

Quoique entaché du c u l t é r a n i s m e qui dominait de son temps, et quoique visant trop dans son érudition pédante à imiter les auteurs latins, Sénèque notamment, Saavedra y Faxardo, par la pureté, la vigueur et l'élégance de son style, conserve toujours une place parmi les prosateurs classiques des Espagnols.

SABA, SABÆA, contrée du sud de l'Arabie, dont la capitale, *Mahrib* (appelée par les Grecs *Mariaba*), existe encore aujourd'hui comme village. Elle est située à peu près sous le 15° 40′ de latitude septentrionale, à quelques journées de marche à l'est de Sana. De nombreuses ruines ornées d'inscriptions (himjaritiques) témoignent encore de nos jours de l'ancienne grandeur et de l'ancienne magnificence de cette ville. Le premier Européen qui ait visité ces ruines fut un de nos compatriotes, appelé Arnaud, en 1843. L'Anglais Mackeil n'y arriva qu'après lui. Les Sabæens étaient une riche nation commerçante, comme on peut le voir d'après les écrivains grecs et d'après la Bible. C'est une reine de Saba qui vint visiter Salomon et qui offrit à ce monarque de l'or, des pierres précieuses et des épices. La tradition arabe donne à cette reine le nom de *Balkis*. Les Sabæens avaient d'ailleurs des établissements de commerce sur les côtes de l'Arabie et de l'Afrique : et c'est de là peut-être que ce nom de Saba s'y retrouve attaché à diverses localités.

SA BANDEIRA. *Voyez* SA BANDEIRA.

SABATIER (RAPHAEL-BIENVENU), chirurgien français, né à Paris, le 11 octobre 1752, mort le 19 juillet 1811, fut reçu maitre ès arts à dix-sept ans. Malgré les obstacles que lui opposa la misère dans laquelle le laissa la mort de son père, Pierre SABATIER, membre distingué de l'Académie de Chirurgie, il soutint en 1752 sa remarquable thèse *de Bronchotomia*, fut reçu chirurgien, et nommé membre de l'Académie et du Collége de Chirurgie; à vingt-quatre ans il succéda à Bailleul dans la chaire d'anatomie de ce dernier établissement. Successivement adjoint à Morand et à L o u i s, ses travaux lui ouvrirent les portes de l'Académie des Sciences, en 1773. Sous la république, il fut attaché au service de santé militaire. A la formation de l'École de Santé, il y occupa la chaire de médecine opératoire; il fut ensuite appelé à faire partie de l'Institut, et enfin nommé par Napoléon l'un de ses chirurgiens consultants.

Le plus solide fondement de la gloire de Sabatier est son traité *De la Médecine opératoire* (Paris, 1796; 3 vol. in-8°), dont MM. Sanson et Bégin ont publié une nouvelle édition, sous les yeux de Dupuytren (Paris, 1821-1824; 4 vol. in-8°). On doit encore à Sabatier un *Traité d'Anatomie* (Paris, 1764; 3 vol. in-8°). Il fit aussi paraître une nouvelle édition du traité de Verdier sur le même sujet, et une autre de la *Chirurgie de Lamotte*. Mais c'est dans les *Mémoires de l'Academie des Sciences* et dans ceux de *l'Académie de Chirurgie* que l'on trouve ses travaux les plus importants, qui, suivant l'expression d'un biographe compétent, « portent tous l'empreinte d'un esprit exact, sévère, habitué aux procédés méthodiques de la géométrie ».

SABBAT ou **SABBATH**, c'est-à-dire *jour du repos*. Ainsi s'appelle chez les Israélites le septième jour de la semaine, consacré par une abstention absolue de tout travail, qui commence le soir du vendredi et dure jusqu'au soir du jour suivant. Les Juifs célébraient le sabbat, qui vraisemblablement est une institution mosaïque, avec une grande rigueur, surtout depuis l'exil, et le distinguaient par des cérémonies particulières. Le sabbat qui précède la fête de Passah était appelé *grand sabbat*. On appelait *route du sabbat* une distance de 2,000 aunes dont on pouvait s'éloigner de sa maison le jour du sabbat, et *année du sab-* *bat* chaque septième année, pendant laquelle les terres demeuraient en friche, où il était interdit de réclamer le payement d'aucune dette et où le Talmud voulait même que remise complète en fût faite.

SABBATHARIENS. *Voyez* ANABAPTISTES.

SABBATHIANS, secte juive, ainsi nommée d'après *Sabbthai-Zébi*, fanatique né à Smyrne, en 1625, qui en 1667 essaya de se faire passer pour le Messie et réunit beaucoup de partisans parmi les juifs, surtout en Berbérie. Le gouvernement turc s'inquiéta à la longue d'un mouvement religieux qu'il avait d'abord méprisé. Sabbthaï-Zébi fut arrêté; et à la vue des supplices qu'on se disposait à lui infliger, notre prophète crut devoir embrasser l'islamisme pour s'y soustraire. Le grand-vizir Kiuperli n'en crut pas moins plus prudent encore de le faire étrangler en secret. Les sabbathians, qui avaient en vue la destruction du judaïsme rabbinique, ont fini par se perdre dans le mahométisme ou le christianisme, ou bien se sont perpétués dans la secte des c h a s i d i m s.

SABÉENS, SABÉISME (de l'hébreu *zaba*, troupeau, d'où Dieu est appelé *Zebaoth*, souverain des armées célestes, parce que les astres ou les puissances célestes sont appelées *armées de Dieu*). On appelle *sabéens* les adorateurs des astres en Orient, surtout en Arabie avant la venue de Mahomet, mais aussi en Syrie, en Mésopotamie, en Perse et même dans l'Inde. Le *sabéisme* est par conséquent le culte des astres. Outre quelques étoiles fixes, on adorait les planètes ou plutôt les esprits planétaires rapprochés de la divinité, êtres lumineux dont les planètes (Saturne, Jupiter, Mars, le Soleil, Vénus, Mercure et la Lune) passaient pour être les demeures ou les corps, et auxquels on attribuait une puissante influence sur tout ce qui est terrestre, sur la nature et sur l'homme, de telle sorte que tous les êtres existants naissent et subsistent par leur intervention et finissent par retourner à eux. Les sabéens donnaient à ces esprits planétaires, qu'ils adoraient aussi en images et en figures symboliques, le nom de maître des maîtres ou le dieu des dieux (suivant quelques-uns le Soleil). Dans le Coran on qualifie de *sabéisme* d'abord la foi religieuse hostile à la religion d'Abraham, et ensuite le culte des astres des anciens Arabes. La ville de Harran en Mésopotamie était autrefois le siège principal du sabéisme, et jusque vers le moyen âge il s'y maintint au milieu du christianisme. Les sabéens attachaient une grande importance à la magie et à la divination, aux anneaux enchantés et aux talismans confectionnés d'après les préceptes de l'astrologie. Ils priaient trois fois le jour. La polygamie ainsi que la circoncision leur étaient interdites; et ils devaient s'abstenir de manger de la viande de porc, de chameau, de pigeon, etc. Une secte parmi eux croyait à la transmigration des âmes et à de grandes périodes du monde, se renouvelant toujours dans une succession éternelle.

SABELLIANISME, secte fondée à Ptolémaïs dans l'Église chrétienne par Sabellius, prêtre originaire d'Afrique, qui vivait vers l'an 250 et s'éloignait des croyances enseignées sur Dieu et ce qui touche le dogme de la Trinité. Ces sectaires représentaient la Trinité comme ne constituant qu'une action ou forme de manifestation triple de Dieu. Le Père, le Fils et le Saint-Esprit n'étaient point suivant eux des êtres indépendants (hypostases), mais désignaient seulement l'activité créatrice, l'action dans la nature humaine de Jésus, et l'activité invisible dans les esprits humains. Les doctrines de Sabellius furent l'objet de longues discussions au concile tenu à Alexandrie en l'an 261. Au quatrième siècle l'Église orthodoxe réussit à étouffer la secte des sabelliens, dont les opinions ne laissèrent pas ensuite que de rencontrer encore quelques partisans.

SABELLIENS. *Voyez* SABELLIANISME et PATRIPASSIENS.

SABELLIENS, *Sabelli*. Les Romains donnent souvent ce nom aux S a m n i t e s, comme descendants des Sabins. Mais depuis les travaux de Niebuhr on applique avec raison cette dénomination à tous les peuples italiques de même race, qu'on regarde comme provenant des Sabins, et qui, bornés au nord-ouest par les Ombriens et les Étrusques, au sud-ouest par les Latins, les Volsques et les Osques, s'étendaient au nord-est jusqu'à la mer Adriatique, au sud-est jusqu'à l'Apulie, et à l'est jusqu'au Bruttium, extrémité sud-ouest de l'Italie. Ils possédaient principalement dès lors, outre une partie de la basse Italie, la contrée montagneuse du sud-est de l'Italie centrale. Les émigrations par lesquelles ils se répandirent eurent lieu le plus souvent par suite de l'ancien usage italique d'après lequel dans les temps difficiles on consacrait à la divinité toutes les naissances du saint printemps (*ver sacrum*); puis, au bout de vingt ans, l'on sacrifiait ce qui existait de bétail de cette époque, en même temps qu'on contraignait les jeunes gens qui atteignaient alors l'âge de vingt ans à quitter le pays. Ces différentes nations étaient les Sa b i n s, les Marses, les Vestiniens, les Peligniens et les Marruciens, qui formaient une confédération; au nord de ceux-ci, près de la mer, les Picentins; au sud-ouest les Marses, les Herniques, qui s'étendaient le plus vers le Latium; au sud-est, les Samnites, dont descendaient les Trentaniens, sur les bords de l'Adriatique; au sud, les Hirpiniens, qui habitaient autour de la montagne appelée encore aujourd'hui *Monte Irpino*; et les Lucaniens, la race qui dominait en Lucanie. Du mélange des Samnites avec les O s q u e s, ceux des autres peuples italiques qui avaient le plus d'affinité avec les Sabelliens, résulta la nation des *Campaniens*; les Picentins, sur le golfe de Salerne, y furent transférés de *Picenum* par les Romains. Braves et amis de leur indépendance, les peuples Sabelliens, n'étant pas constamment unis entre eux par les liens d'une confédération solide et durable, succombèrent dans les guerres désignées de préférence par les Romains sous le nom de *guerres des Samnites*, lesquelles se prolongèrent de l'an 343 à l'an 272 av. J.-C. En l'an 91 ce furent eux aussi qui, dans la guerre sociale, figurèrent au premier rang parmi les insurgés; mais à la fin de cette guerre ils furent admis à la jouissance des droits de citoyens romains.

SABELLIUS. Voyez SABELLIANISME.

SABINE, arbrisseau du genre *genévrier*. L'aspect de la sabine (*juniperus sabina*, L.) est agréable; sa verdure est très-belle; mais son odeur fétide est repoussante. On en distingue deux variétés improprement nommées, l'une *sabine stérile*, *sabine femelle*, *sabine commune*, l'autre *sabine mâle* : celle-ci s'élève à trois ou quatre mètres, tandis que la première en atteint deux à peine. Dans l'une et l'autre variété, la tige se divise en un grand nombre de rameaux grêles, étalés, couverts de très-petites feuilles courtes, aiguës, imbriquées, très-serrées. Les baies, beaucoup plus nombreuses dans la sabine mâle, sont latérales, globuleuses, à trois semences, et d'un bleu noirâtre à leur maturité.

La sabine croît dans les Alpes, l'Italie, le Levant. Toutes ses parties ont une saveur chaude, amère, désagréable. Ses feuilles contiennent une huile volatile, qui les rend tellement stimulantes qu'elles enflamment la peau sur laquelle elles restent appliquées pendant quelque temps. On les a employées en décoction à l'extérieur sous forme de lotions pour combattre la gale et les ulcères putrides et fongueux. La sabine est un puissant et dangereux emménagogue; cependant, il ne faut pas croire qu'il suffise, comme le prétendent les bonnes femmes, d'en introduire quelques feuilles dans la chaussure d'une jeune fille pour provoquer chez elle la menstruation.

SABINE (EDWARD), physicien et mathématicien anglais, est né vers 1790, d'une famille honorable, originaire d'Italie. Il entra d'abord comme officier dans l'artillerie, et se consacra avec une ardeur peu commune à la culture des sciences mathématiques et physiques. De 1819 à 1820 il fut attaché en qualité de physicien à l'expédition envoyée sous les ordres du capitaine Parry à la recherche d'un passage au nord-ouest, et s'occupa surtout pendant sa durée d'observations sur les conditions magnétiques des lieux où on jetait l'ancre, ainsi que sur les oscillations du pendule, afin de pouvoir déterminer par là d'une manière plus précise la forme de la Terre. En 1822 on mit à sa disposition, pour lui donner les moyens de continuer ce dernier genre d'observations, *the Griper*, avec lequel il parcourut les côtes d'Afrique et d'Amérique depuis Sierra-Leone et Baïna jusqu'à New-York, et s'avança l'année suivante jusqu'à Hammerfest, au Groënland et au Spitzberg. Il a consigné les résultats des mesures recueillies par lui à cette occasion et leurs rapports, avec les observations d'autres voyageurs sur le pendule, tant dans une série d'articles publiés dans les *Philosophical Transactions* que dans un ouvrage qui parut sous le titre de *A Pendulum Expedition*, etc. (Londres, 1826). Il a réuni et exposé de même les matériaux recueillis dans d'autres expéditions ayant pour but des recherches sur le magnétisme terrestre, au sujet duquel il a singulièrement facilité l'exposition de la théorie de Gauss en faisant connaître et en exposant graphiquement les observations faites de 1828 à 1830 par Erman et Hansteen, dans son *Report of the variations of the magnetic intensity observed at different points of the Earth's surface* (Londres, 1838). Chargé par le gouvernement anglais de la rédaction des journaux d'observation envoyés des observatoires météorologiques et magnétiques existant dans les diverses colonies, il n'a pas moins mérité de la météorologie; et il a publié dans les *Philosophical Transactions*, sous le titre de *Report on magnetic and meteorological observations*, ce que ses matériaux mis ainsi à sa disposition offraient de plus curieux. On a aussi de lui un ouvrage original intitulé : *Magnetical and meteorological observatory at Sainte-Helena* (Londres, 1847). Il est secondé dans ses travaux par sa femme, qui connaît à fond les langues allemande et française; c'est ainsi qu'on doit à leur association littéraire la traduction anglaise du *Voyage de Wrangel au Nord et à l'est de la Sibérie*, du *Cosmos* de Humboldt et des *Idées sur la Nature*, du même (1853). Les deux époux font aussi connaître à l'Angleterre, dans une suite de cahiers paraissant à époques indéterminées, les principaux articles publiés dans les recueils de l'Allemagne relatifs aux sciences mathématiques et physiques. C'est ainsi que la théorie de Gauss sur le magnétisme terrestre a été bien vite connue en Angleterre et y a provoqué pour cette branche de la physique un intérêt dont témoignent la création des stations magnético-météorologiques dont il a été question plus haut ainsi que l'armement de l'expédition au pôle sud de sir J.-C. Ross. Promu au grade de major en 1837, Edward Sabine a été nommé lieutenant-colonel dans le corps royal d'artillerie en 1846, et a obtenu un emploi à l'arsenal de Woolwich. Il est vice-président et trésorier de la *Société Royale* de Londres.

SABINIEN, soixante-septième évêque de Rome, succéda, l'an 604, à saint G r é g o i r e le Grand. Il était fils d'un nommé Bonus, qu'Anastase le Bibliothécaire tire d'un village de Toscane. Platine ne veut pas même rechercher le lieu de sa naissance; il dit seulement qu'elle fut obscure. Quelques écrivains l'accusent d'avoir fait payer aux pauvres le pain que son prédécesseur leur distribuait en aumônes; et d'avoir dit que Grégoire était un prodigue, qui dissipait les trésors de l'Église. On le vit avec douleur insulter à la mémoire du pontife, qu'il aurait dû prendre pour modèle. Il trouva des moines assez lâches pour attaquer les écrits de Grégoire; et, sur leur rapport, il allait faire brûler ces livres comme entachés d'hérésie, si le diacre Pierre n'eût ameuté le peuple contre cette cabale, en affirmant par serment qu'il avait vu souvent une colombe se poser sur la tête de Grégoire et converser familièrement avec lui. Cette fraude pieuse arrêta la persécution; et Sabinien renonça à une vengeance dont la seule pensée était un déshonneur pour sa mémoire. Baronius déclare en vain que cette tradition, rapportée par Jean diacre, est une fable; le philosophe Bayle et le jésuite Raynaud, dans son *Traité des bons et des mauvais livres*, sont d'accord pour la confirmer, et s'appuient des paroles mêmes de Baronius, qui avoue le danger couru par les écrits du pape Grégoire pendant une sédition des partisans de Sabinien. Quelques auteurs du temps ont voulu justifier ces brûleurs de livres en disant que c'était une représaille des ordres donnés par Grégoire pour la destruction des statues et des écrits de l'antiquité. Ce sacrilége d'un saint homme est réel ; nous ne l'avons pas dissimulé en rendant hommage à ses vertus, et Platine a tort de repousser cette accusation ; mais on fait trop d'honneur aux Romains du septième siècle en leur supposant assez de littérature pour se venger ainsi de la perte d'un Ennius ou d'une moitié de Tite-Live. Ce pontificat ne dura heureusement que six mois. La haine publique mêla des miracles à la mort de Sabinien, arrivée le 15 février 605.

On lui attribue l'introduction des cloches dans les églises ; mais d'autres prétendent qu'elles y étaient déjà, et que ce pape eut seulement l'idée de s'en servir pour marquer les différentes heures de la prière. A quoi servaient-elles donc auparavant ?   VIENNET, de l'Académie Française.

SABINS, nation de l'Italie centrale, où, suivant les anciens auteurs, elle était aborigène, et souche de tous les peuples s a b e l l i e n s ; elle tirait son nom de *Sabinus*, l'un de ses plus anciens princes, fils de son dieu *Sancus*. On croit que les sommets de l'Apennin, désignés aujourd'hui sous le nom de *Gran Sasso d'Italia*, étaient le siége primitif des Sabins. De là ils s'étendirent dans la vallée du Velinus et du Nar supérieur (aujourd'hui *Nera*), où était située leur ville Nursia (aujourd'hui *Norcia*), et au nord vers les Ombriens. A l'ouest le Tibre les séparait des Étrusques, avec lesquels ils se trouvèrent en contact à Fidenæ, de même avec les Latins. Vers le nord l'Anio (*Teverone*), en remontant jusqu'à Tibur, était regardé comme formant leur frontière du côté du Latium. Mais peut-être s'étaient-ils répandus, en partant de Cures, encore plus avant dans le reste de ce qui devint plus tard la ville de Rome, où habitaient sur le Quirinal les Quirites sabins, qui sous leur roi Titus Tatius se confondirent en un seul et même peuple avec le mont Palatin et les Latins de R o m u l u s. Au nord de Tibur s'élevait la Montagne des Sabins avec le *Mons Lucretilis* (aujourd'hui *Monte Guinaro*), auquel se rattachaient les diverses chaînes qui plus à l'est formaient la frontière sud des Sabins du côté des Èques ; à l'est, ils avaient pour voisins les Marses et les Vestins, peuples de même origine qu'eux.

Le pays des Sabins (*Ager Sabinus*) était fertile en vin et en huile ; on y trouvait de riches pâturages et de belles forêts de chênes. La population était célèbre par la sévérité de ses mœurs et par sa frugalité, non moins que par la piété. C'est ainsi que la tradition romaine fait provenir le système religieux des Romains d'un roi de race sabine, N u m a, auquel on attribuait notamment la fondation des augures. On connaît la tradition relative à l'*enlèvement des Sabines*, au moyen duquel Romulus pourvut de femmes la population de Rome qui en manquait. Les Romains subjuguèrent de bonne heure ceux des Sabins qui étaient leurs plus proches voisins dans la *Campagna*, et se les assimilèrent complétement. Ils furent en guerre presque continuelle avec les autres jusqu'en l'an 448 av. J.-C. Depuis lors la paix subsista entre eux jusqu'en 290, époque où les Sabins se soulevèrent de nouveau contre Rome ; mais ils furent vaincus par Curius Dentatus. Ils obtinrent alors une partie des droits de citoyens ; puis en l'an 241 ils furent complètement assimilés aux Romains pour la jouissance des droits civils et politiques, et on forma avec eux deux nouvelles tribus, celle des *Quirini* et celle des *Velini*.

SABINUM, nom du domaine et de la maison de campagne du poëte H o r a c e, situés à l'extrémité de l'ancien pays des Sabins, dans ce qu'on appelle aujourd'hui la vallée de Licenza, à 14 milles italiens de Tibur (aujourd'hui *Tivoli*), au milieu d'une contrée plantée de vignes et d'arbres fruitiers, et qui étaient le séjour favori de leur propriétaire. On a de Capmartin de Chaupy le résultat de ses recherches relatives au domaine d'Horace, dans un livre intitulé *Découverte de la maison de campagne d'Horace* (3 vol., Rome, 1767-1769). Campenon en a donné plus tard un extrait substantiel dans sa jolie édition d'Horace (2 vol., Paris, 1821).

SABINUS. *Voyez* COTTA *et* AMBIORIX.

SABINUS (AULUS), poëte latin du siècle d'Auguste et ami d'enfance d'Ovide, composa en vers élégiaques des réponses des héroïnes aux lettres des héros qu'on trouve dans les *Héroïdes* d'Ovide. Trois de ces réponses seulement sont parvenues jusqu'à nous ; mais elles sont sous tous les rapports de beaucoup inférieures à leurs modèles. On les a comprises dans la première édition des œuvres d'Ovide (Venise, 1486). Quelques-uns les ont même attribuées à un agréable poète latin du quinzième siècle, Angelus Sabinus Le meilleur commentaire critique qu'on en ait est celui qu'en a donné Loers dans son édition d'*Ovidii Heroides et Sabini epistolæ* (2 vol. Cologne, 1829-1830).

SABINUS (FLAVIUS), frère aîné de l'empereur V e s p a s i e n, fut préfet de la ville de Rome sous Néron et sous Othon, de même que sous Vitellius, dont il embrassa le parti après la défaite d'Othon. Lorsqu'en l'an 69 de J.-C. les légions de la Mésie et de la Pannonie se furent soulevées contre Vitellius, et quand, à la suite de la victoire qu'elles remportèrent sur l'armée de celui-ci aux environs de Crémone, elles se mirent en marche sous les ordres d'Antonius Primus contre Rome même, Vitellius céda la pourpre à Sabinus, en le chargeant de la remettre à Vespasien. Mais ses troupes, mécontentes de cet arrangement, contraignirent Sabinus et ceux qui avaient pris parti pour lui à se réfugier au Capitole, qu'elles prirent d'assaut et livrèrent aux flammes. Sabinus fut conduit prisonnier devant Vitellius et égorgé.

SABINUS (JULIUS), Gaulois célèbre, époux d'E p o n i n e.

SABIONETTA, ancienne principauté de Lombardie, sur la rive droite du Pô, fut confisquée comme fief relevant de l'Empire d'Allemagne à l'extinction de la famille qui la possédait primitivement, arrivée en 1689 ; et l'empereur la vendit alors à la famille Spinola. En 1708 le duc de Gonzague en obtint l'investiture, et à l'extinction de la maison de Gonzague, en 1746, elle passa avec le duché de Guastalla et la principauté de Bozzolo au duc de Parme. Les Français l'incorporèrent à la république italienne ; et en 1814 elle fut adjugée à l'Autriche.

SABLE, matière pierreuse divisée en grains très-petits et sans cohérence. Si les grains étaient un peu volumineux, beaucoup moins cependant qu'un petit caillou, leur accumulation formerait un g r a v i e r. Le sable est plus ou moins fin, et le gravier plus ou moins gros. Une autre distinction essentielle entre ces deux sortes d'amas de particules incohérentes, c'est que les grains de gravier sont arrondis, ou tout au moins que leurs angles sont émoussés, que leur grosseur et leur couleur varient sur de petits espaces, qu'au lieu que les grains de sable conservent partout leur forme anguleuse et paraissent sensiblement égaux et de même couleur sur d'immenses étendues. Tout semble attester que ceux-ci ont une origine commune, tandis que ceux-là ne sont autre chose que des fragments de roches de diverses natures, charriés au loin et déformés par les chocs et les frottements qu'ils ont éprouvés durant le transport. On trouve les sables à la surface de la terre, dont ils couvrent une partie assez considérable, et dans l'intérieur, où ils forment des couches épaisses et d'une grande étendue dans les terrains d'alluvion. Il y en a même dans les terrains d'ancienne formation. Ceux de ces couches sont siliceux, ordinairement mêlés d'argile, et en quelques lieux de chaux, dans un état d'extrême division, en sorte que des lavages réitérés suffisent pour isoler les grains siliceux, qui présentent alors leurs formes cristallines. Sur quelques côtes, et notamment sur celles de l'île de l'Ascension, des coquilles brisées par les flots sont réduites en sable calcaire ;

mais ceux des contrées sablonneuses disséminées sur les continents et dans l'intérieur des grandes îles ne peuvent être rapportés à ce mode de production, car ils sont quartzeux ; leurs grains affectent une forme cristalline régulière, et aucun agent connu ne pulvériserait ainsi des roches de quartz. On sait d'ailleurs que des bancs de sable de cette nature ont précédé la formation des grès, dont ils ont fourni, en quelque sorte, la maçonnerie, à laquelle il ne manquait plus que le ciment. Si la matière adventice qui a soudé les grains les uns aux autres, et consolidé la masse, est de même nature que les grains, le grès est très-dur; tels sont ceux des terrains primitifs. Lorsqu'une abondante dissolution de chaux a rempli tous les vides entre les particules quartzeuses, comme dans le grès de Fontainebleau, la cristallisation calcaire s'est quelquefois montrée dominante, et des masses assez considérables de ce grès ont pris les formes caractéristiques du carbonate de chaux. Cette sorte de grès résiste aussi à la décomposition, moins cependant que celui dont le ciment est siliceux. Quant à celui dont les grains ne sont liés que par de l'argile, il cède beaucoup plus promptement à l'action des météores, et restitue le sable qui le forma : on en construit cependant des édifices d'une longue durée, ainsi qu'on peut en juger par les monuments d'architecture gothique élevés dans plusieurs villes le long du Rhin.

L'art du verrier fait un grand usage du *sable quartzeux* (*voyez* VERRE). Pour le travail du moulage, il faut un sable fin et qui contienne de l'argile sans mélange de chaux carbonatée; mais lorsqu'on a un sable propre, par la finesse des grains, à l'emploi qu'on veut en faire, si l'argile seule y manque, on l'ajoute dans la proportion convenable. On connaît assez divers autres usages du sable dans plusieurs autres arts (*voyez* MORTIER, etc.).

La mobilité des sables a donné lieu à plusieurs comparaisons, qui peuvent être placées à propos, quoique souvent reproduites et presque triviales; on conçoit facilement à quoi font allusion des *caractères tracés sur le sable* et que *le premier vent efface*, etc.   FERRY.

SABLE. *Voyez* COULEUR (Beaux-Arts).
SABLE (*Blason*). *Voyez* ÉMAUX.
SABLE (GUILLAUME DU). *Voyez* COQ-A-L'ÂNE.
SABLER. *Voyez* BOIRE.
SABLIER, sorte de clepsydre, dans laquelle on a remplacé l'eau par du sable. Cet instrument est surtout en usage à bord, où il sert à mesurer la demi-minute pendant laquelle on laisse filer le loch, lorsqu'on veut apprécier la vitesse du bâtiment. On peut construire des sabliers où la durée de l'écoulement du sable soit aussi grande que l'on veut, et ces instruments peuvent alors servir à mesurer approximativement le temps; mais il faut avoir soin de les retourner chaque fois que le sable a complétement passé de la cavité supérieure dans la cavité inférieure.

On donne aussi le nom de *sablier* à un petit vaisseau contenant du sable propre à être répandu sur l'écriture pour la sécher.

SABLIER (Motion du). *Voyez* LOQUACITÉ.
SABLIER (*Botanique*), genre de la famille des euphorbiacées, composé d'arbres lactescents, croissant principalement dans l'Amérique équatoriale. On en connaît trois espèces, parmi lesquelles nous citerons le *sablier élastique* (*hura crepitans*, L.), arbre haut de plus de vingt mètres, et dont les noms spécifiques français et latin rappellent le fracas avec lequel éclatent ses fruits lors de leur maturité. Quant à ce nom générique de *sablier*, il rappelle l'usage que font de ces fruits les colons de l'Amérique, qui, après les avoir vidés et fait bouillir dans de l'huile, les conservent pour y mettre du sable. Les graines de ces fruits sont âcres et vénéneuses ainsi que le suc laiteux des trois espèces de sabliers.

SABLIÈRE (Mme DE LA). *Voyez* LA SABLIÈRE.
SABORD. On nomme ainsi à bord des vaisseaux de guerre une espèce de petite fenêtre ou d'ouverture ayant la forme d'un carré, au côté supérieur duquel sont fixés les gonds de la porte qui sert à l'ouvrir et à la fermer. C'est par là, quand on veut mettre la pièce en batterie, qu'on en fait passer la volée ; ce qui permet à l'explosion de la charge de se faire tout entière en dehors du bâtiment. Les sabords d'un côté doivent être exactement opposés à ceux de l'autre, et il faut autant que possible les placer au-dessus d'un bois, afin que la pièce, portant sur ce dernier, ne fatigue pas trop le tillac. Pour la solidité de la construction du navire, il faut aussi, quand il y a d'un côté plusieurs rangées de sabords ou batteries, que ceux de la rangée supérieure soient exactement placés au-dessus du milieu de l'intervalle qui sépare deux sabords de la rangée au-dessous. Les sabords doivent fermer hermétiquement pour empêcher l'eau de la mer de pénétrer dans les batteries : on ne les ouvre guère que dans le beau temps pour aérer l'intérieur du vaisseau. Ils prennent différents noms, suivant leur usage ou plutôt celui des pièces qu'on y met en batterie.

On nomme *sabords de retraite* ceux qui sont percés dans la poupe pour tirer encore sur l'ennemi devant lequel on est forcé de fuir : il y en a au moins deux, souvent quatre par chaque batterie. Les *sabords de chasse*, au contraire, sont destinés à tirer en chasse, c'est-à-dire sur l'ennemi qui est en fuite, ce qui ne se peut guère faire que par celui qui est le plus voisin du bossoir. On appelle *sabords de charge* de grands sabords pratiqués dans la cale des bâtiments qui chargent des mâtures et de bois de construction ; ils occupent le devant et le derrière du navire, et sont percés au-dessous de la coiffe du premier pont et de la barre du pont.

Les *sabords faux* sont une imitation en peinture, à l'extérieur des bâtiments, des vrais sabords. Les navires marchands simulent généralement ainsi une rangée de sabords, et ils ont souvent en effet aux yeux de l'ennemi qu'ils veulent éviter le plus grand intérêt à passer pour des bâtiments de guerre, comme ces derniers en ont quelquefois à passer pour des vaisseaux marchands aux yeux d'un ennemi qu'ils veulent surprendre, ce qu'ils font en cachant leurs sabords. De vrais marins ne se laissent guère prendre à ces feintes.

SABOT (*Histoire naturelle*) se dit des ongles des mammifères lorsqu'ils sont épais et qu'ils garnissent de toutes parts la dernière phalange des doigts. On trouve cinq sabots à chaque pied de l'éléphant; quatre dans l'hippopotame, trois dans le rhinocéros, deux grands et deux petits dans les cochons, quatre aux pieds de devant et trois à ceux de derrière dans les tapirs, un seul à chaque pied dans les chevaux, deux à chaque membre, avec deux petits onglons surnuméraires, dans les ruminants.

Le sabot du cheval se trouve au-dessus de la couronne et renferme le petit pied, la sole et la fourchette. On divise le sabot en trois parties : la *pince*, qui est le devant; les *quarries*, qui sont les deux côtés; et les *talons*, qui sont derrière. Certaines maladies, comme l'enclouure, le javart encorné, et les bleimes, font quelquefois tomber le sabot. Un cheval dont le sabot est tombé n'est plus propre à aucun service. Le sabot blanc est ordinairement d'une corne moins dure que le sabot noir. On a aussi remarqué que les sabots des chevaux qui vivent dans les pays chauds sont plus durs que le sabot des mêmes animaux qui habitent les contrées froides ou tempérées.

SABOTS. Cette chaussure économique est recherchée par l'habitant de la campagne, à qui elle permet de braver à peu de frais l'humidité de la saison pluvieuse. La fabrication des sabots occupe en France des milliers de bras, principalement dans les départements de l'Aisne, de l'Aube, de Maine-et-Loire et des Vosges. Certaines localités, comme Ham dans la Somme, et Gommégnies dans le Nord, travaillent exclusivement pour l'exportation. C'est surtout la Belgique qui vient s'approvisionner chez nous, particulièrement en sabots peints ou vernis.

La fabrication des sabots ne demande pas un grand apprentissage. Dans les départements que nous avons cités elle se fait dans de grands établissements. Il n'en est pas de même dans d'autres, où les *sabotiers* travaillent chez eux. Ainsi, sur les limites des départements de l'Orne et de la Sarthe, et sur une longueur de plusieurs lieues, s'étend la forêt de Perseigne, habitée par une multitude de fabricants de sabots, dont on rencontre parfois les nombreuses caravanes qui se rendent à la ville avec leurs produits. Les sabotiers du Maine demeurent là dans des huttes qui s'élèvent de distance en distance au milieu des taillis, et dont chacune est plus ou moins confortable, en raison de l'aisance plus ou moins grande de son propriétaire; toutefois, on en trouve beaucoup dont la toiture est composée tout bonnement de planches descendant jusqu'à terre des deux côtés et recouvertes de gazon; elles ont la forme de tentes : aussi voit-on souvent la chèvre du sabotier brouter l'herbe qui croît sur le faîte de la maisonnette. A côté de chacune de ces habitations sylvestres s'élève invariablement le magasin à fumer les sabots, longue baraque où l'on entretient une fumée continuelle, et où les rustiques chaussures, accrochées par centaines à longues perches, acquièrent cette teinte rougeâtre si recherchée dans certaines contrées.

SABRE, arme offensive et d'escrime des anciens, du moyen âge et des modernes. Les peuples de l'antiquité n'eurent pas de dénomination analogue à celle de notre mot *sabre*; et ce ne fut que vers le milieu de l'empire d'Occident qu'on commença à désigner sous ce nom toutes les épées dont la lame, moins longue, plus épaisse et plus forte que celle des épées ordinaires, n'avait qu'un seul tranchant et se courbait un peu vers la pointe. Ce mot vient de l'allemand *sabel* ou *sæbel*, ou de l'esclavon *sabla*. L'usage de cette arme passa de l'Orient en Allemagne, vers le cinquième siècle, et y demeura pour ainsi dire stationnaire jusqu'à l'époque des croisades. Au retour de la dernière de ces expéditions lointaines, il devint presque général dans toute l'Europe, surtout en France et en Italie. Le sabre alors était à lame courbe, à un seul tranchant, et allait en s'élargissant jusqu'au bout, recoupé en biais. On s'en servit comme de la dague et de la *miséricorde* en guise de poignard. Trois espèces de sabres parurent en France dans le dix-septième siècle : la *première*, destinée pour la cavalerie et les dragons, était à lame droite, un peu moins longue que celle de l'épée, avec une garde lourde à la poignée ; la *seconde*, à l'usage des hussards, consistait en une lame courbe, montée sur une poignée à garde légère ; la *troisième*, celle des grenadiers des régiments d'infanterie, était un peu moins longue et moins recourbée que celle des hussards. Depuis cette époque jusqu'à nos jours, les modèles de sabre ont éprouvé de grandes variations en Europe. C'est ainsi qu'on eut en France les modèles de sabre dits de *l'an XI*, de 1816, dits *à la Montmorency*, et de 1822.

Aujourd'hui, chez toutes les puissances, le sabre se compose d'une lame en acier, courte ou longue, droite ou courbe, plate ou évidée, tranchante d'un côté, et quelquefois des deux, en remontant d'un tiers depuis la pointe. En France, les modèles de sabre pour la cavalerie se réduisent à trois : le *sabre de cavalerie de réserve* (carabiniers et cuirassiers), à lame légèrement cambrée, propre à pointer ; le *sabre de la cavalerie de ligne* (dragons et lanciers), à lame cambrée, propre à pointer et à sabrer ; enfin, le *sabre de la cavalerie légère* (chasseurs et hussards), à lame cambrée et évidée, propre à sabrer.

SABRE-BRIQUET. *Voyez* BRIQUET.

SABRE D'ABORDAGE. La dénomination de ce sabre indique assez l'objet auquel il est destiné pour qu'il soit besoin de l'expliquer ici. Sa lame est légèrement cambrée, et a chaque côté une gouttière qui règne le long du dos. Le modèle des sabres d'abordage de 1816 se compose d'une lame cambrée et évidée de 75 centimètres de longueur; sa monture est en fer et à poignée en bois. La garde est formée par une coquille en fer forgé, avec branches portant une pièce de tôle bombée, destinée à couvrir la main du soldat. L'artillerie de marine a aussi une espèce de sabre particulière à cette arme : son modèle ne diffère guère de celui de l'infanterie que par la longueur de la lame, qui a cinq centimètres de plus. L'usage de ce sabre est presque abandonné : il est généralement remplacé par celui de l'infanterie dit *modèle de l'an XI*.

SABRE-POIGNARD ou GLAIVE, modèle de sabre en usage parmi les troupes d'artillerie à pied et du génie, et qui depuis 1831 a remplacé le *briquet* du dernier modèle. Il consiste en une lame droite et à deux tranchants, à gouttières et à pans creux, avec une monture d'une seule pièce en cuivre. La poignée, ciselée en écailles, a pour garde une croisière.

SABRETACHE ou SABRÉTASCHE, espèce de gibecière volante en usage dans les régiments de hussards : elle est attachée au ceinturon du sabre et pend le long de la cuisse gauche. Son origine s'explique aisément : les hussards ayant des vêtements trop courts et trop étroits pour pouvoir y adapter des poches, on dut nécessairement chercher les moyens de suppléer à cet inconvénient, et on imagina la *sabretache*. Sa face extérieure est en vache noire et lisse ; l'intérieur est en basane de même couleur. Elle est pendue dans les anneaux du ceinturon, au moyen de trois bélières en buffle. Son ornement consiste en une plaque en cuivre estampé en forme d'écusson, présentant en relief un entourage figurant des feuilles de chêne et de laurier, renfermant le numéro du régiment.

SAC, SACCAGER. *Voyez* PILLAGE.

SACCHARIMÉTRIE (de σάκχαρον, sucre, et μέτρον, mesure). Il est d'une grande importance de pouvoir déterminer la quantité de sucre cristallisable que contient un sucre brut. Plusieurs procédés *saccharimétriques* sont employés dans ce but : nous ne citerons que ceux qui sont le plus usités.

Dans la méthode de M. Payen il faut d'abord préparer une *liqueur d'épreuve* : c'est une dissolution saturée de sucre, que l'on obtient en faisant dissoudre 40 grammes de sucre en poudre dans 80 centilitres d'alcool à 85 centièmes, préalablement mélangés avec 4 centilitres d'acide acétique. Le sucre à essayer est trituré avec soin pour en désagréger les cristaux ; on en pèse 15 grammes, et on les verse dans un tube gradué contenant déjà 4 centimètres cubes d'alcool à 95 centièmes ; au bout de deux ou trois minutes on y ajoute 50 centimètres cubes de la liqueur d'épreuve. Le tube étant bouché, on agite pendant une minute, à deux reprises, puis on laisse reposer pendant deux ou trois minutes, en facilitant le dépôt par de petites secousses. La nuance du liquide permet déjà d'apprécier comparativement la matière colorante. Le volume du dépôt indique la proportion de sucre cristallisable.

Le procédé de M. Clerget, applicable tant aux liqueurs sucrées qu'aux sucres solides, est fondé sur ce principe, découvert par M. Biot, que le sucre cristallisable tourne le plan de polarisation vers la droite, et que lorsqu'on le soumet à l'action d'un acide, il se transforme en sucre incristallisable et dévie le rayon à gauche. C'est sur ces considérations que repose la construction du polarimètre, que notre ingénieux opticien Soleil a amené à un haut degré de perfectionnement.

SACCHETTI (FRANCO), né à Florence, vers 1335, mort vers 1410. Sa famille était ancienne et considérée, et lui-même remplit d'importantes fonctions publiques, celles d'ambassadeur à Gênes et de podestat à Bibbienna. Il s'en démit pour se livrer entièrement aux lettres. Dans sa jeunesse il avait écrit des vers dans la manière de Pétrarque ; plus tard il imita Boccace, dont il était l'ami : ses contes soutiennent la comparaison avec le *Décaméron*. Ils ont même sur ce livre fameux l'avantage d'être écrits dans un style plus pur et moins diffus. Les sujets en sont pour la plupart empruntés aux mœurs et aux aventures contemporaines, ce qui en fait un ouvrage très-précieux et que la grave histoire n'a point dédaigné de consulter quelquefois. Sacchetti composa environ trois cents *Nouvelles*. Cent cinquante-huit ont été imprimées en 1724, par les soins de Bottari (Florence [Naples], 2 vol. in 8°, 1724).

41.

SACCHI (BARTOLOMEO). *Voyez* PLATINE.

SACCHINI (ANTONIO-MARIA-GASPARDO), né à Naples, le 11 mai 1735, mort à Paris, le 7 octobre 1786, à l'âge de cinquante-et-un ans. Ce célèbre compositeur, l'un des plus grands maîtres de la scène lyrique, peut être considéré comme le Racine du chant tragique. On a quelquefois assimilé Piccini à notre grand poète, et comme l'un des méthodistes les plus touchants et les plus suaves, l'auteur de *La Bonne Fille*, d'*Atys*, de *Roland*, de *Didon*, soutient très-bien le parallèle. Mais, comme Racine, il ne réunit point la force à la grâce, si ce n'est dans quelques inspirations de *Didon* et de *Roland*. Sacchini, au contraire, c'est l'artiste complet. L'énergie pas plus que le charme ne manque à ses chants.

Élève de Durante au Conservatoire de *Santa-Maria di Loretto*, il excella sur le violon dès l'enfance. A onze ans il était premier violon au théâtre de San-Carlo. On conduisait l'artiste enfant à son pupitre, d'où on le ramenait au Conservatoire. Ce fut à cette supériorité sur le premier des instruments qu'il dut le brillant, la richesse et la grâce de son orchestre. Ses débuts heureux au théâtre de Naples lui valurent la direction de l'*Ospidaletto*, l'un des conservatoires alors établis à Venise pour les jeunes filles. La musique sacrée qu'il y composa excita l'admiration générale. De là la prédilection que Sacchini conserva toujours pour la musique religieuse, comme l'attestent des chœurs de ce genre dans *Œdipe et Evelina*, son bel oratorio d'*Esther*, si souvent applaudi autrefois au concert spirituel, et un *Miserere* à sept voix, sans accompagnement, qu'il préférait à toutes ses compositions. « Jeunes gens, disait-il quelquefois, vous regardez le théâtre comme la source des plus belles inspirations pour le compositeur; vous vous trompez, c'est le temple saint. » En quittant Venise, il parcourut, avec des succès croissants, l'Italie, l'Allemagne, la Hollande, et sa renommée le fit appeler en Angleterre. Il y resta onze ans, et travailla six ans consécutifs pour le public anglais. Sacchini donna successivement à l'opéra de Londres *Il Cid*, *Tamerlano*, *Lucio Veso*, *Perseo*, *Niteti*, *Montezuma*, *Erifile*, *Creso*, *Rinaldo*, *Enea e Lavinia*, *Mithridate*, etc., opéras sérieux; *L'Amore soldato* et *L'Avaro deluso*, opéras bouffons, avec la *Contadina in corte* (Ninette à la cour), déjà jouée en Italie. Parmi ces compositions, celles que les connaisseurs admiraient le plus étaient *Montezuma*, *Rinaldo* et *L'Amore soldato*. Pendant le séjour de Sacchini à Londres, Framery et le chevalier de Rutledge transportaient sur notre théâtre de l'Opéra-Comique, réuni alors à la Comédie-Italienne, une de ses compositions du genre demi-sérieux, dont le succès avait été prodigieux en Italie. *L'Isola d'amore*, parodiée sous le titre de *La Colonie*, n'excita pas moins d'enthousiasme en France. Mlle Colombe aînée, dont la rare beauté prêtait un charme de plus au rôle de Bélinde; Mme Dugazon, les ténors Julien et d'Orsonville, Narbonne, durent leur renommée à cet opéra, et leurs talents en assurèrent la vogue. Les oreilles françaises, surprises et en même temps charmées par ces chants si nouveaux à Paris, les cœurs émus, attendris, transportés, applaudirent à cette foule de traits neufs, brillants, nobles et pathétiques dont cet opéra fourmille. On fut ravi de la richesse et de l'élégance de l'orchestre, du naturel et de la douceur d'une mélodie vraiment céleste. Le nom de Sacchini devenait populaire : on recherchait ses chants. L'immense succès de *La Colonie* suscita l'envie de notre grand Opéra. Il demandait un ouvrage avec de la musique de ce maître. Framery choisit *L'Olympiade*, et y employa les plus beaux morceaux composés pas Sacchini à Milan et à Londres. Les fins connaisseurs de l'Académie royale, revenus d'un premier mouvement de bon goût, dédaignèrent cette musique, et Framery la donna aux Italiens, enchantés et enrichis par le succès de *La Colonie*. Celui de *L'Olympiade* ne fut pas moins éclatant. Pendant sept représentations, la foule et l'enthousiasme allèrent croissant. Réveillée par ce nouveau triomphe d'une muse étrangère, la jalousie de l'Académie royale fit interdire la pièce, en vertu de son privilége.

C'était l'eunuque au milieu du sérail;
Il n'y fait rien, et nuit à qui veut faire.

Le public, privé d'une œuvre admirable, put encore une fois apprécier les bienfaits du monopole.

Au fort de la querelle entre les gluckistes et les piccinistes, c'est-à-dire entre l'harmonie allemande et la mélodie italienne, Piccini disait aux plus raisonnables : « On reproche à Gluck de ne pas chanter; on me reproche de chanter trop et trop mollement : peut-être y a-t-il quelque fondement à ces critiques. Eh bien, il y a à Londres un homme qui vous mettra d'accord. Il a l'énergie de Gluck, moins sa rudesse, et ma mélodie, moins la mollesse dont on m'accuse. » Quel éloge pour Sacchini que cet aveu d'un maître si justement célèbre, et combien cet aveu était généreux!

Sacchini, tourmenté par la goutte, ne pouvait plus supporter le climat humide et triste de l'Angleterre. Depuis *Le Cid*, premier ouvrage qu'il eût donné à Londres, jusqu'à *Renaud*, le premier qu'il composa pour Paris, il n'avait jamais pu assister à la première représentation d'un seul de ses opéras. Venu en France pour y chercher un climat plus doux, il reçut de la cour et de l'empereur Joseph II, qui s'y trouvait alors, l'accueil le plus flatteur. On voulut l'entendre à Versailles; on l'exécuta à la chapelle. Il excita un enthousiasme universel : on demanda à l'auteur des opéras français. Trente mille francs lui furent assurés pour trois poèmes. Il composa successivement *Renaud*, *Chimène*, et *Dardanus*. Ayant suivi très-assidûment les représentations de ces ouvrages dans leur nouveauté et après, nous pouvons en attester le grand succès. Le génie du compositeur triompha de la faiblesse des deux premiers poèmes, de la froideur du dernier, des jalousies et des cabales. *Dardanus* seul, dont les longueurs fatiguaient, fut d'abord reçu assez froidement. Mais, réduit à trois actes, il enleva tous les suffrages et attira la foule.

Œdipe ainsi qu'*Arvire et Evelina* furent composés pour la cour, en 1785 et 1787. C'est dans *Œdipe à Colonne* que Sacchini a déployé tout ce que son génie possédait de force, de tendresse, de pathétique et de grâce. Sophocle et Ducis avaient fourni à l'auteur du poème tous les éléments d'un drame lyrique, dont la terreur et la pitié remplissent tour à tour les scènes. Quel beau champ pour la verve d'un grand maître, et comme Sacchini l'a fécondé! Laissons là toutes les controverses sur la théorie de la musique théâtrale, et accueillions avec transport les beaux ouvrages que chaque système a produits. *Œdipe à Colonne* restera l'un des chefs-d'œuvre de la tragédie lyrique.

Le sujet d'*Arvire et Evelina*, imitation du *Caractacus* de Maso, était loin d'offrir l'intérêt tragique au même degré qu'*Œdipe*. Sacchini s'inspira du patriotisme héroïque d'Arvire, le Mithridate breton, de la lutte entre les deux frères, l'un ennemi, l'autre courtisan des Romains, et du fanatisme religieux des druides. Les accents belliqueux d'Arvire, les élans passionnés d'Irwin, dont le cœur est déchiré entre l'amour et l'honneur, les invocations d'une piété farouche dans les chœurs des prêtres, ont fourni au compositeur des chants où une énergie et une originalité sublimes le disputent à la noblesse et au charme de la mélodie. Son génie, souple et fécond, avait saisi avec la plus rare facilité le caractère neuf et austère du sujet, que sa grâce et sa chaleur inépuisables avaient su animer et embellir. Jamais non plus son art exquis ne s'était mieux plié à ce qu'il y a de particulier à notre nation dans son goût pour la musique dramatique.

Œdipe à Colonne avait été représenté à Versailles en 1785, et y avait excité des transports d'admiration. Louis XVI lui-même, qui aimait peu l'opéra, en fut profondément touché. La reine Marie-Antoinette se montrait pour Sacchini la plus bienveillante protectrice. Cependant, l'intrigue, les cabales, tenaient le chef-d'œuvre éloigné de la scène parisienne. Il n'y put paraître que deux ans après, le 1er février 1787, lorsque la couronne triomphale ne pouvait plus qu'être déposée sur une tombe.

Evelina avait été demandée par la reine pour le voyage de Fontainebleau. Des clameurs intéressées, prenant pour prétexte l'honneur des compositeurs nationaux, parvinrent à faire rayer l'ouvrage du répertoire de la cour. L'auguste protectrice, en prévenant elle-même Sacchini, voulut en vain adoucir le coup. Le chagrin aggrava une fièvre dont il fut atteint. Une saignée intempestive hâta les progrès de la goutte, et au bout de onze jours, ce beau génie dans toute sa force, nous fut enlevé (1786). AUBERT DE VITRY.

SACCONI. On appelle ainsi dans les États de l'Église les membres d'une congrégation religieuse, véritables familiers du saint-office, qui ont le droit de pénétrer les jours d'abstinence dans les cuisines, de découvrir pots, casseroles et marmites, pour vérifier si l'on ne transgresse pas les prescriptions de l'Église relatives au maigre, et en outre de fouiller dans les papiers des individus signalés comme suspects, pour y découvrir toutes traces d'impiété et d'esprit révolutionnaire. Ils doivent de plus dénoncer les blasphémateurs; et ils perçoivent une partie de l'amende (15 bayoques) pour l'accomplissement de cet acte. Ce nom de *sacconi* leur a été donné parce qu'ils ont un vêtement en forme de sac, avec un capuchon, une corde autour des reins, des sandales aux pieds, et sur la figure un voile percé de deux trous à la hauteur des yeux.

SACERDOCE, ordre et caractère de prêtrise donnant, dans l'Église romaine, le pouvoir de dire la messe et d'absoudre les pénitents. Ce mot désigne également le ministère de ceux qui, dans l'Ancien Testament, avaient le pouvoir d'offrir à Dieu des victimes pour le peuple : Le *sacerdoce* de Melchisédech, d'Aaron, et celui des hommes qui chez les anciens offraient des sacrifices aux dieux.

Sacerdoce aujourd'hui se dit quelquefois du corps ecclésiastique : Les querelles du *sacerdoce* et de l'empire.

SACHS (HANS), le plus fécond et en même temps le plus important *meistersænger* de son temps, né à Nuremberg, en 1494, apprit le métier de cordonnier en même temps que l'art de faire des vers, et cultiva ces deux professions dans ses tournées de compagnonnage aussi bien qu'à son retour dans sa ville natale, où il vécut comme maître cordonnier et entouré de l'estime générale jusqu'à l'âge de quatre-vingt-deux ans. Il mourut en 1576. A des lectures très-étendues il unissait une grande justesse de coup d'œil et une vive sympathie pour tout ce qui préoccupait son époque. Il ne se contentait pas de chanter le passé de sa nation, il traitait en outre tous les événements contemporains. C'est ainsi qu'il salua les essais de réformation de Luther dans un poëme allégorique intitulé *Le Rossignol de Wittemberg*; et les deux cents pièces de vers détachées qu'il composa à cette époque sur les questions qui agitaient ses contemporains ne contribuèrent pas peu à la propagation et au triomphe des idées nouvelles. Malgré la rudesse de la langue, ses œuvres se distinguent par de la naïveté, de la chaleur, une exposition animée, une invention riche, enfin par des peintures de mœurs frappantes de vérité, et souvent pleines d'un mordant satirique. Ses œuvres furent publiées à Nuremberg, en 1570 et années suivantes, en 5 volumes in-fol. Elles consistent en 208 comédies et tragédies, environ 1,700 facéties, dialogues mondains ou spirituels, proverbes, psaumes, cantiques, chansons mondaines, etc.

SACKEN (DMITRY, baron d'OSTEN-), général de cavalerie et aide de camp de l'empereur de Russie, né vers 1790, fit de 1812 à 1815, comme officier subalterne, les guerres contre la France, passa ensuite colonel, puis général-major, et obtint en 1825 le commandement d'une brigade de hulans. Comme chef d'état-major du comte Paskéwitsch, il se distingua dans la campagne de Perse de 1827, s'empara en 1828 des forteresses turques d'Achalkalaki et de Gertwissy; et à la bataille de Kainly (1er juillet 1829), ce fut lui qui commanda l'aile gauche. Dans la guerre de Pologne de 1831 on lui confia le commandement d'un corps avec lequel il fut chargé de nettoyer les contrées baignées par le Bug et la Narew des bandes ennemies qui les infestaient; ce qui lui valut sa promotion au grade de lieutenant général. Attaqué par Gielgud à la tête de forces de beaucoup supérieures, il fut obligé de se replier sur Raygrod, où il tenta inutilement de se maintenir et où il n'échappa à la mort ou à la captivité que grâce à la mollesse de son adversaire. Après avoir opéré à Wilna sa jonction avec le général Kuruta, il repoussa sur les hauteurs de Punary l'assaut tenté par les Polonais, et les poursuivit après cela sans relâche jusqu'aux frontières de Prusse. Ensuite, il prit encore part à l'assaut de Varsovie et aux derniers événements de la campagne. En 1835 il fut nommé commandant du troisième corps de cavalerie de réserve, en 1843 général de cavalerie; et en 1849 il reçut ordre d'entrer en Hongrie, mais à son arrivée il trouva la guerre déjà terminée. En 1850 il succéda au général Tscheodajeff dans le commandement du quatrième corps d'infanterie, qu'il ne tarda pas toutefois à déposer; et en 1853 il prit le commandement du troisième corps d'armée, à la tête duquel il marcha vers la fin de l'automne sur les principautés, où il arriva en décembre, après une marche des plus pénibles. Huit mois après, il était obligé de les évacuer, par suite de la tournure qu'avait prise la guerre d'Orient, dont les alliés avaient transporté le théâtre sur le sol même de la Russie, en Crimée.

SACKEN (FABIAN WILHELM, prince d'OSTEN-), feld-maréchal russe, né en 1752, d'une famille établie dans le Mecklembourg et dans les provinces russes de la Baltique, entra au service russe dès l'an 1766. Il prit part aux guerres de Turquie et de Pologne sous les ordres de Roumjanzoff et de Souvaroff, et fut nommé général major en 1797, puis lieutenant général en 1799. Il commandait une division dans le corps de Korsakoff, lorsqu'il fut gravement blessé à la bataille de Zurich et fait prisonnier par les Français. Remis en liberté par Bonaparte, il revint en Russie en 1800, mais ne tarda pas à se voir contraint de donner sa démission, par suite d'une altercation qu'il eut avec son supérieur le prince Galytzin. Toutefois, il reparut dès 1806 sur le théâtre des opérations militaires, et fit preuve à Pultusk ainsi qu'à Preussisch-Eylau, d'autant d'habileté stratégique que de bravoure. Dans la campagne de 1812 il commanda en Volhynie un corps avec lequel, après le départ de Tschitschakoff pour la Bérézina, il fut chargé de tenir en échec le corps de Reynier, fort de 30,000 hommes. En 1813 il entra en Pologne, s'empara de la forteresse d'Alt-Czenstochau et à la suite d'un heureux coup de main, et placé alors sous les ordres de Blucher, il ne contribua pas peu à la victoire que celui-ci remporta sur les rives de la Katzbach. Il fut nommé général d'infanterie par l'empereur Alexandre sur le champ de bataille même de Leipzig. Quand les coalisés eurent franchi le Rhin, il entra à Nancy, le 14 janvier 1814, contribua à la déroute que Napoléon essuya à Brienne, mais fut battu le 11 février à la sanglante affaire de Mont-mirail. Il prit part ensuite aux affaires de Craonne et de Laon, et après la prise de Paris il fut nommé par les alliés gouverneur général de cette capitale. En 1815 il fut chargé du commandement du cinquième corps, sous les ordres de Barclay de Tolly; mais la prompte terminaison de la campagne ne lui donna pas le temps d'entrer en ligne. A la mort de Barclay de Tolly les services qu'il avait rendus sur les champs de bataille furent récompensés par sa nomination aux fonctions de général en chef de la première armée, dont le quartier général était à Kief; et en 1821 il fut créé *comte* russe. Lors de son couronnement, en septembre 1826, l'empereur Nicolas lui conféra le bâton de feld-maréchal. En 1831 on lui confia le soin de comprimer l'insurrection polonaise en Volhynie et en Podolie; et les services qu'il rendit à cette occasion lui valurent en 1832 le titre de *prince*. En 1834 il prit sa retraite, à cause de son grand âge, et il mourut à Kief, le 19 avril 1837.

SACKVILLE (ÉDOUARD), comte de Dorset, l'un des favoris de Charles 1er, qui le fit chevalier de la Jarretière, lord du sceau privé et président de son conseil, était né en 1590, n'hérita des titres et des biens de la maison de Dorset qu'en 1654, par suite de la mort de son aîné, et mourut lui-même en 1652. En 1620 il avait été du nombre des officiers envoyés au secours du roi de Bohême Frédéric, et avait assisté à la mémorable bataille de Prague; l'année suivante il fut nommé ambassadeur à Paris.

SACKVILLE (GEORGES, lord, puis vicomte), né en 1716, était le cinquième enfant de Lionel Craufield, duc de Dorset. Il se distingua aux batailles de Dettingen et de Fontenoy, et fit les campagnes suivantes sous le duc de Cumberland. Nommé membre de la chambre des communes, il abandonna le parti de Fox (lord Holland) pour celui de Pitt (lord Chatham). En 1757 il commanda en second, sous le duc de Marlborough, l'expédition dirigée contre Saint-Malo. En 1759 il alla servir en Allemagne sous le prince Ferdinand de Brunswick, avec lequel il ne tarda pas à se trouver dans la mésintelligence la plus complète. Ce dernier l'incrimina pour sa conduite à la bataille de Minden, et lui fit ôter le commandement. De retour en Angleterre, Sackville, se voyant accusé par l'opinion publique, demanda instamment à être jugé par une cour martiale. Cette demande lui fut accordée; et quoiqu'il se fût défendu avec une grande éloquence, il fut déclaré coupable d'avoir désobéi aux ordres du prince Ferdinand et incapable désormais de servir le roi dans aucun emploi militaire. Revenu en faveur sous Georges III, Sackville entra en 1775 dans le cabinet en qualité de secrétaire d'État pour les colonies, et dirigea les premières opérations de la guerre contre les Américains. Il dut se retirer du ministère avec lord North, qui venait de l'élever à la pairie. Il mourut trois ans après, en 1785.

SACRAMENTAIRE. *Voyez* MISSEL.

SACRAMENTO ou **RIO SACRAMENTO**, le principal fleuve de l'État de Californie (États-Unis de l'Amérique du Nord). Il prend sa source vers les frontières de l'Orégon, et parcourt du nord au sud, entre la Sierra Nevada et les Cordillères des Côtes, une belle et fertile vallée de 45 myriamètres de long, célèbre depuis 1848 par ses richesses extraordinaires en gisements aurifères, et dont la continuation méridionale, qui à partir du Rio Joaquin suit une direction opposée, n'a pas moins de 10 myriamètres de large. Avant d'arriver à son embouchure il se partage en plusieurs bras, et forme un delta de 4 myriamètres de long, avec un sol de nature marécageuse. Le fleuve se dirige ensuite à l'ouest, pour se jeter par deux grands bras principaux dans la baie de Suisun, que le détroit de Carquines (large d'environ deux kilomètres et sur les bords duquel s'élèvent les villes de *Benicia* et de *Valley* au nord et de *Martinez* au sud) met en communication avec la baie de San-Pablo, partie septentrionale de la magnifique baie de San-Francisco. Le pays, dans le cours supérieur du Sacramento, est une belle contrée montagneuse et boisée, où le Shaste-Pik atteint la hauteur des neiges éternelles. Au-dessous de cette montagne, le fleuve, en coulant dans un lit formé par de profondes fondrières et en suivant une pente des plus rapides (car elle n'a pas moins de 625 mètres, sur une étendue de 10 myriamètres), atteint la vaste région des basses terres, laquelle se divise en *haute* et *basse prairie*. Le Sacramento est navigable en toutes saisons à 30 myriamètres en amont, jusqu'aux rapides situés un peu au-dessous de l'embouchure de la Deer, par 40° de latitude septentrionale. Parmi les très-nombreux affluents qu'il reçoit sur sa rive gauche, et qui tous charrient de l'or, le plus grand, sans parler du Joaquin, est l'*Eldorado* ou *Feath-River*, dont l'arrondissement ou *county* compte déjà à lui seul plus de 40,000 habitants. Au-dessous de l'embouchure de cette rivière, le Sacramento déborde tous les ans, à l'époque des pluies, et inonde au loin le pays. Au-dessous de Sacramento, le Sacramento reçoit encore les eaux du *Rio de los Americanos* ou *American-Fork*, qui vient du lac Bonpland ou *Mountain-Lake*, et jusque auquel la marée se fait sentir, de sorte que de grands schooners peuvent remonter le Sacramento jusqu'à l'embouchure de cette rivière.

C'est dans une position favorable, mais peu salubre, que s'élève la ville de *Sacramento*, de fondation toute récente, et bâtie sur le plan de Philadelphie, à 17 myriamètres au nord-est de San-Francisco, à l'est du cours d'eau principal et au sud de l'Américanos, qui la sépare du faubourg de Boston. À la fin de 1852 elle comptait avec son arrondissement 12,589 habitants (sur ce chiffre il y avait à peine 2,000 femmes), dont 63 hommes de couleur libres, 18 Indiennes et 804 Chinois (dont 10 femmes); mais quoique déjà riche à peine, elle a déjà éprouvé de bien terribles catastrophes. Dès le 14 août 1850, par suite d'une insurrection des *Squatters* ayant leur tête un certain Dr Robinson, elle était réduite en cendres; et le 9 novembre 1852 elle devenait encore une fois la proie des flammes.

SACRAMENTO ou **COLONIA DEL SACRAMENTO**, appelé aussi autrefois *San-Sacramento*, chef-lieu du département de Sacramento, dans la république de l'Uruguay (Amérique du Sud), situé sur un promontoire rocheux de la Plata, en face de Buenos-Ayres, entouré de fortifications redoutables, possède un petit port, assez peu sûr et d'un accès difficile. C'est une ville régulièrement construite, entourée de bois d'orangers et de pêchers, avec environ 5,000 habitants. Elle fut fondée en 1678 par les Portugais, mais ne tarda point à être une cause de discordes continuelles entre eux et les Espagnols. Ces derniers en obtinrent la possession définitive en 1778; et depuis lors elle resta espagnole jusqu'à la guerre de l'indépendance. Tant qu'elle avait été sous la domination portugaise, elle avait joui d'une grande prospérité, parce qu'elle était le centre d'un commerce de contrebande des plus actifs avec Buenos-Ayres; mais depuis lors elle est bien déchue.

SACRE (*Artillerie*). *Voyez* CANON.

SACRE, cérémonie religieuse dans laquelle le prêtre catholique, au moyen d'une onction pratiquée avec des huiles consacrées, communique à celui qui en est l'objet un caractère qui doit le rendre plus respectable et pour ainsi dire sacré aux yeux des fidèles. On *sacre* les évêques et les archevêques.

De très-bonne heure les Orientaux et les peuples du midi de l'Europe furent dans l'usage de s'oindre pour donner plus de force et de souplesse à leurs membres, ou encore pour ajouter à la beauté de leur corps. Aussi l'onction avec des huiles odoriférantes figurait-elle au premier rang parmi les honneurs rendus à des hôtes de distinction. D'accord en cela avec les autres religions de l'antiquité, la religion mosaïque distinguait de cette pratique de la vie commune l'onction des prêtres, de leurs vêtements et des ustensiles destinés au culte divin, qui ne pouvait avoir lieu qu'avec une huile sainte spécialement préparée à cet effet et qui impliquait une consécration à un usage exclusivement religieux. Dès la plus haute antiquité on considéra dans ce sens l'onction sainte donnée aux prêtres et aux rois comme un acte symbolique, qui imprimait à ceux que l'on oignait le caractère ineffaçable de leur dignité avec certains dons particuliers de Dieu. Aussi donnait-on par préférence aux rois et aux prêtres le nom d'*oints du Seigneur*; et le rédempteur annoncé dans l'Ancien Testament est appelé *Messie*, c'est-à-dire oint.

Saül est le premier roi qui ait été sacré, et nous voyons dans l'Ancien Testament que à cette occasion Samuel, après avoir répandu sur sa tête une petite fiole d'huile, prononça ces paroles : « Dieu t'a élu pour régner sur son héritage et délivrer son peuple de ses ennemis. » Sans nous occuper des nations païennes de l'antiquité, chez lesquelles cependant de mystérieuses cérémonies présidaient presque toujours au couronnement des princes, non plus que des divers pays de l'Europe chrétienne où l'avènement au trône des souverains est encore célébré aujourd'hui avec tant d'éclat et donne lieu à des solennités religieuses qui ont pour but de leur imprimer un caractère sacré aux yeux des

SACRE — SACRÉ COEUR 647

multitudes, nous nous bornerons à dire quelques mots du sacre des rois de France et à rapporter quelques dates au sujet du sacre des empereurs par les souverains pontifes.

Les princes de la première race ont-ils été sacrés? Question depuis longtemps débattue; car s'il n'existe aucune preuve authentique du sacre de Clovis et de ses successeurs jusqu'à Pépin, on n'ignore pas que nos vieux annalistes, en parlant du fondateur de la seconde race, disent tous que le pape Étienne le sacra selon l'ancien usage : *secundum morem majorum*. D'abord sacré à Soissons par l'archevêque de Mayence, Pépin le fut encore dans l'abbaye de Saint-Denis par Étienne III. Le détail des cérémonies est d'une noble simplicité. Pépin, revêtu d'une tunique, se tint à genoux sur la dernière marche de l'autel; le pontife s'approcha du monarque, et lui présenta l'épée du commandement : « Reçois ce glaive, lui dit-il; l'autorité divine te le donne pour chasser les barbares ennemis de Jésus-Christ, expulser les mauvais chrétiens, et pour maintenir la paix parmi les peuples qui te sont confiés. » Ayant pris le saint chrême, Étienne fit les onctions voulues; il jeta ensuite le manteau royal sur les épaules du prince, lui remit le sceptre, et posant la couronne sur le front de Pépin : « Que Dieu te couronne de la couronne de gloire et de justice, s'écria-t-il, et que l'huile de miséricorde reste en toi jusqu'à la consommation des siècles! que la ferveur de ta foi te fasse parvenir à la vie éternelle pour régner dans le ciel avec celui qui te fait régner sur la terre! »

Voici une rapide analyse du formulaire ordonné par Louis le Jeune pour le sacre de Philippe-Auguste et suivi sans modification jusqu'à Louis XVI. À l'entrée du chœur de la cathédrale de Reims on élevait un trône assez vaste pour contenir les pairs du royaume et les autres personnes de la suite du roi. Le jour de l'arrivée du prince, les chanoines et le clergé allaient le recevoir processionnellement, et le conduisaient en grande pompe à la place qui lui était réservée : les archevêques et les évêques s'asseyaient sur des sièges disposés des deux côtés de l'autel; d'abord les évêques pairs, celui de Laon le premier; puis ceux de Langres, de Beauvais, de Châlons et de Noyon; il ne devait y avoir que peu de personnes entre les évêques et le roi, afin d'éviter, dit le règlement, qu'il n'arrive rien de contraire à la dignité du prince. Les plus grands barons du royaume allaient aussitôt à Saint-Remy pour y demander la sainte-ampoule; ils la portaient sous un poêle de soie, soutenu par quatre religieux du chapitre métropolitain. L'archevêque de Reims se revêtait alors de ses habits pontificaux les plus précieux, ainsi que du *pallium*, et s'avançait vers l'autel accompagné de ses diacres et de ses sous-diacres. Le roi se levait et saluait le prélat; il lui promettait de maintenir les libertés de l'Église gallicane et de protéger les évêques dans la jouissance de leurs juridictions. Pendant qu'on chantait le *Te Deum*, on mettait sur l'autel les couronnes royales, l'épée, les éperons d'or, le sceptre surmonté de la figure de Charlemagne, la main de justice, les bottines de soie couleur bleu azuré, semées de fleurs de lis d'or; la tunique et la dalmatique de même couleur, et également parsemées de fleurs de lis d'or; enfin, le manteau royal. L'abbé de Saint-Denis restait auprès de l'autel pour garder ces ornements. Après plusieurs oraisons, l'archevêque sacrait le roi, et lui faisait sept onctions : au sommet de la tête, à la poitrine, entre les deux épaules, sur les deux épaules et aux jointures des deux bras. Le prince, revêtu de ses habits royaux et de tous les ornements qu'on avait placés sur l'autel, recevait ensuite la communion, et donnant le baiser de paix aux prélats et à tous les grands du royaume, il quittait la cathédrale pour se rendre au palais archiépiscopal, où il se dépouillait de sa tunique et la remettait à l'archevêque pour être brûlée, à cause de la sainte onction.

L'histoire nous fournit l'exemple de trente sacres d'empereurs célébrés par des souverains pontifes en personne. Le premier eut lieu le 30 mars 525, et le dernier à Paris, le 2 décembre 1804. Les vingt-huit autres s'échelonnent entre ces deux dates. En voici d'ailleurs le tableau synoptique :

DATES.	LIEUX.	EMPEREURS.	NATIONS.	PAPES.
545.	Constantinople.	Justin Ier.	Grec.	Jean Ier.
800.	Rome.	Charlemagne.	Français.	Léon III.
816.	Reims.	Louis le Pieux.	Français.	Étienne IV.
823.	Rome.	Lothaire Ier.	Français.	Pascal Ier.
850.	Rome.	Louis II.	Français.	Léon IV.
875.	Rome.	Charles le Chauve.	Français.	Jean VIII.
880.	Rome.	Charles le Gros.	Français.	Jean VIII.
891.	Rome.	Guido.	Italien.	Étienne V.
896.	Rome.	Arnolphe.	Français.	Formose.
901.	Rome.	Louis de Bourgogne.	Français.	Benoît IV.
916.	Rome.	Bérenger.	Italien.	Jean X.
962.	Rome.	Othon Ier.	Allemand.	Jean XII.
967.	Rome.	Othon II.	Allemand.	Jean XIII.
996.	Rome.	Othon III.	Allemand.	Grégoire V.
1014.	Rome.	Henri le Saint.	Allemand.	Benoît VIII.
1027.	Rome.	Conrad le Salique.	Allemand.	Jean XIX.
1048.	Rome.	Henri le Noir.	Allemand.	Clément II.
1111.	Rome.	Henri V.	Allemand.	Pascal II.
1133.	Rome.	Lothaire III.	Allemand.	Innocent II
1155.	Rome.	Frédéric Ier.	Allemand.	Adrien IV.
1191.	Rome.	Henri VI.	Allemand.	Célestin III.
1209.	Rome.	Othon IV.	Allemand.	Honorius II.
1217.	Rome.	Pierre de Courtenay.	Français.	Honorius III.
1220.	Rome.	Frédéric II.	Allemand.	Clément V.
1312.	Rome.	Henri VII.	Allemand.	Innocent VI.
1356.	Rome.	Charles Quint.	Allemand.	Eugène IV.
1433.	Rome.	Sigismond.	Allemand.	Nicolas V.
1452.	Rome.	Frédéric IV.	Allemand.	Clément VIII.
1530.	Bologne.	Charles V.	Allemand.	
1804.	Paris.	Napoléon Ier.	Français.	Pie VII.

Que si on analyse ce tableau, on voit que la Grèce ou plutôt la Roumélie compte un empereur sacré par un pape, l'Italie 2, la France 9, et l'Allemagne 18; que les deux empereurs italiens étaient de race lombarde, mais appartenaient à des familles différentes; que sur les neuf empereurs français sept appartenaient à la famille carlovingienne, un aux Courtenay et un aux Bonaparte; que sur les dix-huit empereurs allemands, la maison de Bavière en eut 1, la maison de Saxe 4, la maison de Franconie 4, la maison de Souabe 4, la maison de Habsbourg 3, et la maison d'Autriche 2. Si une espèce de droit public voulait que ces importantes cérémonies se célébrassent à Rome même, quatre cependant eurent lieu hors de la ville pontificale. Sur les 26 sacres ou couronnements d'empereurs donnés dans la ville éternelle, la basilique Saint-Pierre au Vatican en vit 24, la basilique Saint-Jean de Latran 1, et la basilique mineure de Saint-Laurent hors les murs 1.

SACRÉ COEUR (Adoration du), c'est-à-dire du *sacré cœur de Jésus-Christ* ou du *sacré cœur de Marie*. Cette dévotion n'a pas deux siècles d'existence. Son inventeur est un professeur d'Oxford, nommé Thomas Godwin, mort en 1642, que les anglicans eux-mêmes traitèrent de nestorien, parce qu'il prêtait à Jésus-Christ un cœur de chair et de sang, et qu'il reconnaissait ainsi les deux natures. Cette nouveauté vint aux oreilles du jésuite La Colombière, confesseur de Marie-Éléonore d'Este, duchesse d'York et depuis reine d'Angleterre; et le jésuite transporta en France cette invention d'un hérétique, à l'aide de la visitandine Marie Alacoque, dont les visions, adroitement exploitées par la Société de Jésus, servirent à propager ce que le pape Benoît XIV appela plus tard une *idolâtrie*. À la mort de La Colombière, en 1682, les jésuites Croiset et Galifet poursuivirent son œuvre, et une foule d'écrits annoncèrent aux fidèles que la nouvelle dévotion avait été approuvée dans le douzième siècle par saint Bernard, et depuis par Ignace de Loyola, par saint François-Xavier et par saint François de Sales. Ces écrits étaient empreints du plus ridicule mysticisme. Le cœur de Jésus était le *roi des cœurs*, la *fournaise d'amour*, le *chariot d'Élie*, le *miroir de l'unité*, un *cœur rempli du nectar céleste*. Les esprits ainsi préparés par le mensonge des approbations et l'enthousiasme des épithètes, une demande fut présentée au saint-siège en 1697 pour l'institution de la *fête du* *sacré cœur de Jésus.* La congrégation des rites la rejeta tout d'une voix. Une seconde, une troisième, lui furent adressées en 1727 et 1729 ; elles n'eurent pas plus de succès, et Lambertini, qui avant de devenir le pape Benoît XIV était promoteur de la foi, répondit aux sollicitteurs qu'en prenant ainsi une portion charnelle de l'Homme-Dieu, on pourrait tout aussi bien demander la fête du *sacré côté* et celle des *sacrés yeux*. Les miracles n'avaient point tardé à appuyer toutes ces sollicitations. La ville de Marseille n'avait été délivrée de la peste, en 1720, que par sa consécration au *sacré cœur*.

Clément XIII, n'étant encore que cardinal, s'était déclaré partisan de cette dévotion en instituant une archiconfrérie du *sacré cœur de Jésus*. La société ne manqua pas de profiter de son exaltation ; elle fit arriver au pied du trône pontifical des lettres des évêques de Pologne, et le 6 février 1765 un bref de Clément XIII autorisa la fête du *sacré cœur*, en condamnant toutefois ce qu'on avait dit et écrit du cœur matériel de Jésus, et n'admettant que le cœur symbolique.

Les fanatiques de la chair de Jésus-Christ ne se rendirent pas. On inventa de nouvelles oraisons, des litanies, on mit en vente des tableaux et des gravures. Cette dévotion fut cependant repoussée à Naples, à Vienne, à Cadix et à Séville. Mais elle fut admise dans le Portugal, dont la reine éleva au *sacré cœur de Jésus* une église qui lui coûta neuf millions de cruzades. En France, le parlement, qui se mêlait de tout, fut saisi de l'affaire dès 1776, par les marguilliers de Saint-André-des-Arcs, qui s'opposaient à l'introduction de ce culte par leur curé Armand. La cour fit défense au curé de passer outre. Mais à Saint-Sulpice, le curé Languet n'avait point trouvé d'opposition, et il prêchait en faveur du cœur naturel et matériel. L'évêque de Blois, Termont, l'archevêque de Beaumont, publièrent des mandements dans le même sens. Le pape Pie VI ne fut pas plus heureux dans ses interprétations. Ce fut même en vain qu'il fit fermer quatre couvents établis sur le mont Liban par une visionnaire du nom d'Anne Agémi, sous l'invocation du *sacré cœur de Jésus*.

On ne s'en tint pas au *sacré cœur de Jésus*. Benoît XIV avait dit qu'on en viendrait à fêter le *cœur de Marie*, et cette prédiction prouve qu'il ignorait ce qui se passait en France. Dès 1650 une autre visionnaire, appelée Marie des Vallées, née dans un village de basse Normandie, avait, à diverses reprises, vu face à face Jésus-Christ, qui une fois lui avait ordonné d'instituer la fête du cœur de la Vierge. L'évêque de Coutances fit condamner cette folle en 1658. Mais la folle triompha de l'évêque. Le père Eudes, frère de l'historien Mézerai, prit la défense de Marie des Vallées, écrivit sa vie, publia ses miracles, et composa l'office du sacré cœur de la mère de Jésus. Laffiteau, évêque de Langres, l'autorisa, par la raison que *le petit cœur de Jésus était formé de quelques gouttes de sang tirées du cœur de Marie*. L'archevêque de Beaumont l'admit dans le diocèse de Paris, et cette fois on se passa de l'approbation du saint-siége.

Cette double dévotion s'est réveillée avec une nouvelle force sous la Restauration. Les jésuites et la congrégation s'en sont servis et s'en servent encore avec grand profit. Personne ne conteste ; et les indifférents comme les fanatiques s'étonnent peut-être aujourd'hui que des papes aient traité cela d'extravagance et d'idolâtrie. *Videbimus infra.*

VIENNET, de l'Académie Française.

SACRÉ CŒUR (Congrégation des Dames du). *Voyez* PACCANARISTES et ORDRES RELIGIEUX, tome XIII, p. 780.

SACREMENTS (du latin *sacramentum*). Chez les Romains le mot *sacramentum* désigna d'abord le serment que prêtaient les soldats, ensuite la caution qu'on était tenu de fournir en engageant une action judiciaire, et enfin toute chose consacrée aux dieux. Dans le langage de l'Église chrétienne cette expression ne prit un sens religieux que parce qu'on s'en servit dans la traduction latine de la Bible pour répondre au mot grec μυστήριον, c'est-à-dire *secret*. Dans les anciens écrivains ecclésiastiques le mot *sacramentum* signifie toute doctrine ou chose mystérieuse. C'est à partir du douzième siècle seulement qu'on commença à réserver ce mot pour désigner les actes saints auxquels l'Église catholique donne encore aujourd'hui le nom de *sacrements*, signe sensible d'un effet intérieur et spirituel que Dieu opère en nous. C'est l'expression par un signe extérieur de choses qui ne tombent pas sous les sens. Quand Dieu, par un sacrement, répand ainsi ses dons et ses grâces dans nos âmes, c'est comme un nouveau lien par lequel il nous attache à lui ; il nous consacre spécialement à son service en nous mettant en dehors des habitudes plus ou moins licencieuses et vulgaires du monde. Dans ce sens, l'étymologie du mot *sacrement* reprend son caractère primitif. Suivant ce dernier, les sacrifices et les offrandes des patriarches étaient de vrais *sacrements*, de même que les bénédictions qu'ils donnaient à leurs enfants quand ils les unissaient par le mariage, etc. Ces symboles ayant été profanés par leur emploi dans le culte des faux dieux, le Seigneur institua pour les Juifs de nouveaux *sacrements*, tels que la circoncision, la consécration des pontifes, le repas de l'agneau pascal, etc. Dans la loi nouvelle les protestants n'admettent que deux *sacrements*, le baptême et la cène ; les catholiques en ont sept, le baptême, la confirmation, l'eucharistie, la pénitence, l'extrême-onction, l'ordre et le mariage. Les Grecs et les autres sectes de chrétiens orientaux admettent aussi sept sacrements ; mais au lieu du mot latin *sacramentum*, ou sacrement, ils se servent de celui de *mystère*, qui en est l'équivalent, comme nous l'avons dit plus haut : ils nomment le baptême *le bain sacré* ou *la génération* ; la confirmation, *le myron* ou *le chrème*; l'eucharistie, *l'oblation*; la pénitence, *le canon*; l'extrême-onction, *l'onction des malades*; l'ordre, *la consécration des évêques ou des prêtres*; le mariage, *le couronnement des épouses*; et ils attribuent à toutes ces cérémonies les mêmes effets que nous.

Outre la grâce sanctifiante que produisent les sacrements en général, il y en a trois qui impriment à l'âme un caractère ineffaçable ; et c'est pourquoi ils ne peuvent pas être renouvelés : ce sont le baptême, la confirmation et l'ordination. L'Église catholique enseigne que Jésus-Christ est l'instituteur des sacrements, et que lui seul pouvait, comme Dieu, attacher à un rite extérieur la vertu de remettre les péchés, de sanctifier les âmes, de donner la grâce. On voit dans l'Évangile qu'il a institué positivement le baptême et l'eucharistie. Les cinq autres sacrements n'y sont pas mentionnés aussi expressément, et c'est ce qui a porté les protestants à les rejeter ; mais on doit présumer que les Apôtres, qui les ont institués après l'Ascension n'ont rien fait que ce qu'il leur avait ordonné de faire. Le concile de Trente n'attribue à l'Église d'autre pouvoir à l'égard des sacrements que celui d'en régler les rites accidentels, sans toucher à la substance, *salva illorum substantia.*

Les prêtres sont les ministres des sacrements ; toutefois, le baptême, à cause de son extrême nécessité, peut être administré au besoin par toute personne raisonnable.

D'après la décision des conciles, il n'est pas nécessaire pour la validité des sacrements que le prêtre qui les administre soit en état de grâce.

On nomme *l'eucharistie le saint sacrement de l'autel* ou absolument *le saint sacrement*. La *Fête-Dieu* se nomme aussi *fête du saint sacrement*. L'ostensoir, le soleil d'or ou d'argent qui est destiné à renfermer l'hostie consacrée, s'appelle de même *le saint sacrement*.

SACRIFICATEUR (Grand). *Voyez* PONTIFE.

SACRIFICES. Dans le sens le plus général, ce mot désigne toute action religieuse par laquelle la créature raisonnable s'offre à Dieu et s'unit à lui ; et dans la signification propre, l'offrande d'une chose extérieure et sensible, faite à Dieu par un ministre légitime, avec quelque destruction ou changement de la chose offerte, pour reconnaître la puissance divine et lui rendre un pieux hommage.

Les traditions et les monuments les plus authentiques nous apprennent que les sacrifices furent communs à toutes les nations ; c'était une opinion uniforme, qui avait prévalu partout, que le pardon ne pouvait s'obtenir que par le sang. L'origine du sacrifice est attribuée par les anciens à un commandement divin ; mais ils s'accordaient tous à reconnaître que leurs immolations n'étaient que des figures. C'est pour cela qu'on choisissait toujours parmi les animaux les plus précieux par leur utilité, les plus doux, les plus innocents, les plus en rapport avec l'homme par leur instinct et leurs habitudes. Le législateur des Hébreux ne songea pas à détruire l'usage des *hosties*, si généralement établi, mais il les restreignit beaucoup, et les accommoda à ses desseins. Il recommanda par-dessus tout à son peuple de ne pas se borner à des pratiques extérieures, qui deviennent sans prix dès qu'elles ne sont pas inspirées et dirigées par l'*amour*. « Avant tout, s'écriait-il, soyez fidèles observateurs de la loi ; car que font à l'Éternel la fumée des holocaustes et la graisse des victimes ? » Les sages des autres nations enseignaient aussi que les sacrifices n'étaient que la partie la moins importante du culte du maître puissant de l'univers, et que c'était par un cœur pur et des mœurs sans tache qu'on l'honorait dignement. Chez les Juifs, un ordre sévère défendait d'immoler des victimes autre part que dans l'unique temple de l'État, et sous les yeux des prêtres, obligés de suivre les règles tracées dans la loi ; précaution sage, qui devait prévenir les coutumes superstitieuses et cruelles, qui ont de tout temps déshonoré les cérémonies religieuses. On offrait ces sacrifices pour demander au Tout-Puissant une faveur, pour le remercier de l'avoir reçue, pour apaiser sa colère, pour expier les fautes qu'on avait commises. La manière dont on les offrait variait suivant les pays et suivant l'objet qu'on se proposait d'obtenir : quelques fois le prêtre frappait la victime, d'autres fois c'était le citoyen lui-même. Dans certaines circonstances l'immolation était secrète, dans d'autres elle devait se faire en présence de la cité.
L'abbé J.-G. CHASSAGNOL.

SACRILÉGE (du latin *sacrilegium*). Ce terme désignait génériquement, sous le droit ancien, toute profanation des choses sacrées. La loi romaine, qui l'avait restreint dans le principe au vol des objets employés au service du culte, l'étendit plus tard à toute espèce de crime commis contre la loi de Dieu, soit par mépris, soit par ignorance. Dans l'ancienne législation française, le fait de *sacrilége* résultait d'une foule de cas qu'il serait trop long d'énumérer ici. Tels étaient l'emploi des choses sacrées à des usages communs et profanes, les irrévérences, vols ou autres crimes commis dans les églises, les outrages exercés envers les personnes attachées par état au service de la religion, etc. Les plus graves de ces attentats étaient punis de mort avec amende honorable et mutilation du poing droit ; les délits moindres entraînaient pour le coupable la peine des galères ou du bannissement perpétuels ; les insultes faites aux prêtres ou aux religieux étaient suivies de châtiments proportionnés au rang et à la condition des personnes offensées.

Le sacrilége proprement dit avait disparu de nos codes depuis la révolution de 1789. Tout à coup, en 1824, un ministre de la Restauration propose à la chambre des pairs un projet de loi dont l'objet est d'atteindre par des dispositions plus rigoureuses les vols commis dans les édifices religieux ; ils n'avaient jusque alors été passibles que de peines moindres que les vols commis dans de simples maisons d'habitation. Ce projet, qui n'avait réellement en vue, comme on le dit alors, que le *sacrilège de la cupidité*, fut adopté par la chambre des pairs ; mais il obtint peu de faveur à la chambre des députés, qui en jugea les dispositions incomplètes, et le gouvernement le retira pour présenter aux chambres, l'année suivante, un autre projet, dont le but était d'atteindre directement le crime de sacrilége, soit qu'il se manifestât par la profanation des hosties ou des vases consacrés, soit qu'il résultât du vol de ces vases ou de tout autre objet, commis dans des édifices religieux. Ce projet de loi, qui dans quelques-uns de ces cas punissait le coupable de mort et même du supplice des parricides, souleva l'indignation générale ; et sa présentation fut une des causes qui contribuèrent le plus puissamment à dépopulariser la Restauration. Un grand nombre d'hommes sages et éclairés, parmi lesquels nous citerons Molé, Chateaubriand, Royer-Collard, M. de Broglie, etc., le combattirent avec vigueur dans l'une et l'autre chambre, « comme confondant l'outrage à Dieu, qui est inaccessible à la justice humaine, avec l'outrage à la société, qui de sa nature est essentiellement punissable, et se servant de l'un pour fonder la pénalité de l'autre, pour la justifier ». D'autres législateurs, notamment Bonald, y proposèrent diverses modifications, qui ne furent point accueillies ; et ce projet, dont l'apparition avait excité des clameurs en apparence universelles, fut adopté à une majorité imposante, surtout par la chambre des députés. Un des arguments de l'opposition était que le ministre auteur de la proposition (Peyronnet) avait lui-même l'année précédente déclaré ouvertement l'inutilité de ses prévisions les plus sévères, dans l'état actuel des croyances religieuses. La loi nouvelle, sanctionnée par le roi, le 20 avril 1825, fut en effet rarement mise en usage ; et nous ne connaissons aucun exemple de l'application de celles de ces dispositions qui avaient pour objet d'atteindre directement le crime de sacrilége pur et simple.

La révolution de Juillet donna une autre direction aux esprits. La loi du 20 avril 1825 fut abrogée, presque sans discussion, le 11 octobre 1830, par la première législature que réunit le nouveau gouvernement. A. BOULLÉE.

SACRISTIE. *Voyez* ÉGLISE (Architecture).
SACRUM. *Voyez* BASSIN (Anatomie).
SACY (LE MAISTRE DE). *Voyez* LE MAISTRE DE SACY.
SACY (ANTOINE-ISAAC SYLVESTRE, baron DE), célèbre orientaliste, naquit en 1758, à Paris. En 1781 il obtint une place de conseiller à la cour des monnaies ; et en 1792 l'Académie des Inscriptions l'admit au nombre de ses membres. Il passa le temps de la terreur dans un champêtre isolement, uniquement occupé de travaux scientifiques ; et lors de la création de l'Institut il fut appelé à en faire partie. En 1805 il obtint la chaire de langue et de littérature persanes au Collége de France, et fut élu par le collége électoral du département de la Seine membre du corps législatif, où il ne joua un rôle politique qu'en 1814, par l'empressement qu'il mit à voter la déchéance de Napoléon, à qui pourtant il était redevable de son titre de baron. La Restauration lui conféra l'emploi de censeur ; en 1815 il fut nommé recteur de l'académie de Paris, et bientôt après membre du conseil royal d'instruction publique. Heureusement pour la science, la part qu'il prit dans ces diverses fonctions aux affaires administratives fut toujours des plus minimes. Après la mort d'Abel Rémusat (1831), il fut nommé conservateur des manuscrits à la Bibliothèque royale, et l'année d'après il entra à la chambre des pairs ; mais ses occupations législatives ne l'empêchèrent pas de remplir au Collége de France ses fonctions de professeur avec la plus grande assiduité. Il mourut le 21 février 1838. Son influence sur les élections académiques était fort grande. Ses nombreux élèves, dispersés par toute l'Europe, professaient pour lui un véritable culte ; et les savants de tous les pays ne savaient assez louer la bienveillance et l'empressement qu'il mettait à les assister dans leurs travaux et leurs études. Ses principaux ouvrages sont sa *Grammaire Arabe* (2 vol., Paris, 1810 ; 2ᵉ édit., 1831), qui a donné aux études arabes une direction toute nouvelle ; sa *Chrestomatie Arabe* (3 vol., Paris, 1806 ; 2ᵉ édit., 1826) avec une *Anthologie grammaticale arabe* (1829) ; ses *Mémoires sur diverses antiquités de la Perse* (Paris, 1793 ; suppléments, 1797) ; ses *Principes de la Grammaire générale mis à la portée des enfants* (Paris, 1799 ; dernière édition, 1815), livre qui

a inauguré une ère de progrès, mais qui n'est plus à la hauteur de la science; sa traduction de la *Relation de l'Égypte* d'Abd-ul-Latif (Paris, 1810), précieuse surtout à cause des nombreuses annotations dont il l'a enrichie; son édition de l'ouvrage arabe *Calila et Dimna* (1826); ses *Mémoires d'Histoire et de Littérature orientales* (1818); son édition, avec traduction française en regard, du *Pend-Nameh* de Ferîd-ed-Dîn-Attâr (1819); son édition des *Mekamen* de Hariri (1822), etc., etc.; enfin, le dernier livre sorti de sa plume, et qui est d'une si haute importance pour l'histoire des religions de l'Orient, son *Exposé de la Religion des Druses* (2 vol., Paris, 1838). Il s'est aussi beaucoup occupé de la numismatique orientale. Son érudition avait en général un caractère d'universalité de la nature la plus grandiose; elle ne se bornait point à la connaissance des langues de l'Orient; et il employait ses immenses connaissances philologiques à interroger les sources de l'histoire des différents peuples de l'Orient. L'histoire ecclésiastique elle-même ne lui était pas étrangère; et nous devons aux relations qu'il entretenait avec l'Orient ses *Mémoires sur l'état actuel des Samaritains* (Paris, 1812). Indépendamment des ouvrages que nous venons de mentionner, il a fait paraître plus de quatre cents articles, dissertations, comptes-rendus, etc., dans le *Magasin Encyclopédique*, dans les *Mémoires de l'Institut*, dans le *Recueil de l'Académie des Inscriptions*, dans les *Fundgruben des Orients*, dans le *Journal de la Société Asiatique*, etc. Le catalogue de sa bibliothèque, qui était d'une richesse extrême en productions de la littérature orientale (3 vol., Paris, 1842-1844) conservera toujours une grande valeur.

SACY (N.... SYLVESTRE DE), fils du précédent, membre de l'Académie Française, né à Paris, en 1795, étudia d'abord le droit, et plaida pendant quelque temps avec succès, puis se consacra exclusivement à la littérature. Vers 1825 il devint l'un des collaborateurs du *Journal des Débats*, dans lequel il s'occupa pendant longtemps plus particulièrement de politique. Comme tant d'autres, M. de Sacy crut au gouvernement parlementaire; il défendit donc les principes envers et contre tous, et l'on sait bientôt qu'un grand nombre des remarquables articles publiés en 1829 et 1830 contre le ministère Polignac étaient son œuvre. Après la révolution de Juillet il fut presque le seul rédacteur du *Journal des Débats* qui s'abstint de prendre part à la curée des places, et qui tint à honneur de rester simple publiciste comme auparavant, pour tenir haut et ferme le drapeau du constitutionnalisme au milieu de la mêlée des partis hostiles au régime nouveau. En 1835 il accepta pourtant du gouvernement de Louis-Philippe la place de conservateur de la bibliothèque Mazarine; et en 1855 l'Académie Française l'appela à siéger dans son sein, encore bien que tout son bagage littéraire se composât uniquement des articles qu'il avait donnés au *Journal des Débats*. Mais la langue ayant une telle supériorité, il y fait preuve d'une si grande érudition, qu'on citerait dans le sénat académique bien peu d'écrivains ayant plus de droits que lui à y siéger. Son style rappelle celui de nos bons écrivains du dix-septième siècle, avec lesquels il présente de nombreux traits de ressemblance par ses opinions et son caractère. M. de Sacy appartient à cette classe, si peu nombreuse, de journalistes qui apportent à s'effacer, à demeurer dans une semi-obscurité, le même soin que tant d'autres mettent à s'offrir en toutes occasions leur personnalité aux admirations de la foule. Issu d'une famille de jansénistes, il est d'ailleurs resté fidèle aux nobles traditions d'une école qui combattit toujours l'intolérance et l'obscurantisme; et on l'a vu en toutes occasions depuis trente ans défendre les libertés de l'Église gallicane contre les usurpations de l'ultramontanisme.

SA DA BANDEIRA (BERNARDO DE), ancien ministre portugais, né en 1796, prit une part glorieuse à la lutte soutenue contre les Français pour la défense de l'indépendance nationale, et au rétablissement de la paix se consacra à l'étude de la jurisprudence. Le mouvement de 1820 le compta au nombre de ses plus chaleureux adhérents; et en 1823 il prit la défense de la constitution contre le parti contre-révolutionnaire. Aussi, après le triomphe de l'absolutisme, dut-il se réfugier à l'étranger. Il ne revint en Portugal que lorsque dom Pedro y eut remis la charte en vigueur, et il défendit alors le trône constitutionnel comme militaire et comme négociateur. Quoique simple major, il fut chargé du commandement d'Oporto pendant le long siége que cette place soutint contre les troupes miguélistes; et à l'attaque qu'elles tentèrent contre le bastion de Serra, du côté sud du Douro, il reçut une blessure par suite de laquelle il fallut lui faire l'amputation du bras droit. En novembre 1832 il fut nommé ministre de la marine et créé baron *da Bandeira*. Il donna cependant sa démission dès le mois de mai 1833. Après avoir pris part, le 5 septembre de la même année, à la défense des lignes de Lisbonne contre les forces miguélistes, il fut nommé gouverneur de Péniche et en 1834 gouverneur de la province des Algarves. A la fin de la guerre civile, dom Pedro le créa pair du royaume. Nommé de nouveau ministre de la marine en 1835, il perdit ce portefeuille en avril 1836. Il refusa d'abord de s'associer à la révolution de septembre 1836; mais la reine l'ayant chargé de la composition du ministère, il accepta cette tâche. Depuis lors il a toujours pris une part active aux luttes de partis dont le Portugal a été le théâtre. Lors de l'insurrection de 1846, il n'hésita pas à se mettre à sa tête, et s'établit solidement à Oporto; conduite qui décida le gouvernement à le déclarer déchu de ses titres et de ses fonctions.

SADDUCÉENS. *Voyez* SADUCÉENS.

SADE (DONATIEN - FRANÇOIS - ALFONSE, marquis DE). Voilà un nom que tout le monde sait et que personne ne prononce; la main tremble en l'écrivant, et quand on le prononce les oreilles vous tintent d'un son lugubre. Prenons donc notre courage à deux mains, vous et moi. Nous allons regarder de près cet étrange phénomène, un homme intelligent, qui se traîne à deux genoux dans des rêveries que n'inventerait pas un sauvage ivre de sang humain et d'eau-forte; et cela pendant soixante-quinze ans qu'il a vécu. Partout où paraît cet homme, vous sentez une odeur de soufre, comme s'il avait traversé à la nage les lacs de Sodome. Cet homme est arrivé pour clore indignement le dix-huitième siècle, dont il a été la charge horrible et licencieuse. Il a fait peur aux bourreaux de 93, qui ont détourné de cette tête la hache sous laquelle ont péri tous les anciens amis de Louis XV qui n'étaient pas morts dans l'orgie. Il a été la joie du Directoire et des directeurs, ces rois d'un jour, qui jouaient au vice royal, comme si le vice n'était pas, de son essence, une aristocratie aussi difficile à aborder que toutes les autres; il a été l'effroi de Bonaparte consul, dont le premier acte d'autorité fut de déclarer que c'était là un fou dangereux. A l'heure qu'il est, c'est encore un homme honoré dans les bagnes; il en est le dieu, il en est le roi, il en est le poète, il en est l'espérance et l'orgueil. Mais par où commencer, et de quel côté envisager ce monstre, et qui nous assurera que de cette contemplation, même faite à distance, nous ne serons pas tachés de quelque éclaboussure livide? Cependant, il le faut; je le dois, je le veux, je l'ai promis, depuis assez longtemps je recule. Acceptez ces pages comme on accepte en histoire naturelle la monographie du scorpion ou du crapaud.

Faisons d'abord la généalogie du marquis de Sade. Vous verrez quelles nombreuses races d'honnêtes gens précèdent ce monstre, et combien il fait tache dans cette noble famille. Qui le croirait? le marquis de Sade est un enfant de la fontaine de Vaucluse! Son arbre généalogique a été planté dans cette chaste patrie du sonnet amoureux et de l'élégie italienne, par les mains de Laure et de Pétrarque. La langue italienne n'était pas faite encore. Dante n'avait pas encore élevé la langue vulgaire à la dignité de langue écrite; mais enfin Dante donna le signal; Pétrarque l'entendit, et ce fut dans cette langue toute neuve qu'il célébra son amour et sa *mie*, en véritable troubadour provençal. Cette femme, c'était la belle Laure de Noves, la femme de Hugues de Sade, qu'il avait épousée à dix-sept ans, jeune et belle, avec une dot de 6,000 livres tournois, deux habits complets, l'un vert, l'autre écarlate, et une couronne d'argent du prix de 20 florins d'or. Ce fut dans l'église des religieuses de Sainte-Claire, le lundi de la semaine sainte, le 6 avril 1427, que Pétrarque rencontra pour la première fois la belle Laure. Il la vit, il l'aima. Quelle tendre passion! quels transports! quels emportements muets! Comme l'amour du poëte se révèle et se déroule dans ces mille poésies innocentes, où il pleure son martyre, où il chante les rigueurs de sa dame, qui ne lui accorde pas même un regard!

Le mari de la belle Laure ne vit dans sa femme qu'une honnête bourgeoise, et il la pleura convenablement. *Paul* de Sade, un de ses fils, fut un honnête et charitable évêque de Marseille, qui laissa tous ses biens à la cathédrale de la ville. Un neveu de l'évêque de Marseille, *Jean* de Sade, fut un célèbre et irréprochable magistrat, un savant jurisconsulte; il fut nommé par Louis II, roi d'Anjou, premier président du parlement de Provence. *Éléazar* de Sade, son frère, premier écuyer et grand-échanson de l'antipape Benoît XIII, rendit de grands services à l'empereur Sigismond, qui lui permit d'ajouter l'aigle impériale aux armes de sa maison. *Pierre* de Sade fut premier viguier triennal de Marseille, de 1565 à 1568. A la même époque, nous trouvons pour évêque de Cavaillon *Jean-Baptiste* de Sade, vertueux et savant prélat, qui est l'auteur d'un livre chrétien : *Réflexions chrétiennes sur les devoirs pénitentiaux*. *Joseph* de Sade, colonel d'infanterie, puis brigadier des armées du roi, puis enfin gouverneur d'Antibes, défendit et sauva cette place forte, attaquée en même temps par l'armée austro-sarde et par une flotte anglaise. Il mourut maréchal de camp, en 1761. Son fils *Hippolyte* fut un brave marin ; il se distingua au combat d'Ouessant, en 1778 ; il servit ensuite en Amérique, sous les ordres de l'amiral Guichen ; il mourut en pleine mer, en 1788, à la vue de Cadix : il était le troisième chef d'escadre par rang d'ancienneté.

Certainement, ce sont là des hommes honorables et d'illustres aïeux, de véritables chefs de famille; ce sont là de dignes descendants de la belle Laure. Toutes les dignités et toutes les vertus se rencontrent dans cette famille. Et ne croyez pas que cette famille ait jamais oublié sa grande et charmante aïeule, Laure de Noves, chantée par Pétrarque. Au contraire, c'était le culte de cette maison. Laure en était la gloire et l'orgueil. Ainsi, au milieu du dix-huitième siècle, *François-Paul* de Sade, élégant écrivain, homme d'esprit et de style, d'abord abbé d'Uxeuil, d'abord perdu dans toutes les joies frivoles et charmantes du dix-huitième siècle, prit de bonne heure sa retraite, et après avoir dit adieu à l'esprit, au scepticisme, aux grâces peu voilées, au bon goût et au luxe du Paris de Louis XV, il se retira dans une petite maison qu'il avait près de Vaucluse, et là il passa sa vie dans le culte qu'il avait voué au bon génie de sa famille. La belle Laure fut toute l'occupation de sa vie. Il lui consacra ses remords et ses repentirs s'il en avait, car il avait passé de profanes années et d'heureux jours aux côtés de cette belle dame de La Popelinière, les amours du maréchal de Saxe! C'est ainsi que François de Sade nous a laissé des *Mémoires sur la vie de François Pétrarque*, admirable biographie; une excellente traduction des œuvres de Pétrarque, et un travail très-complet sur les premiers poëtes et sur les troubadours de la Provence. En même temps que François de Sade se livrait à ces nobles travaux, son frère aîné, tour à tour ambassadeur en Russie, puis à Londres, s'alliait à la maison de Condé par Mlle de Maillé, la nièce du cardinal de Richelieu, qui avait épousé le grand Condé. Voilà donc une famille qui commence à Laure de Noves, qui porte dans ses armes l'aigle de la maison d'Autriche, et qui s'arrête à la maison de Bourbon. Trouvez-en une, sinon plus grande, du moins plus heureuse que celle-là!

Mais ici s'arrête ce grand bonheur. Cette illustre famille va s'éteindre; que dis-je, s'éteindre? elle va se perdre dans un abîme d'infamies, dans les plus atroces extravagances qui puissent passer dans la tête d'un forçat au cachot, un jour d'été. C'en est fait, le 2 juin 1740, dans l'hôtel même du grand Condé, noble maison, où tout le dix-septième siècle a passé, le terrible et fameux marquis de Sade vient au monde, enfant bien conformé en apparence et dont les vagissements ressemblaient aux vagissements des autres enfants. La mère du marquis de Sade était une honnête femme, dame d'honneur de Mme la princesse de Condé. A peine son fils eut-il six ans que la bonne mère l'envoya en Provence, sous les orangers en fleurs, afin qu'il grandît comme un enfant provençal, au milieu des fleurs qui s'épanouissent, sur le bord des fleuves qui murmurent, à la clarté de l'étoile qui scintille. De la Provence, l'enfant passa à Uxeuil, en Auvergne, auprès de son oncle l'abbé de Sade, le même spirituel écrivain dont nous parlions tout à l'heure, qui lui apprit à lire dans les lettres de Laure et dans les sonnets de Pétrarque; l'abbé eut mille soins de ce neveu qui lui venait de Laure, sa dernière passion ; il lui apprenait à réciter une fable de La Fontaine ou l'oraison dominicale, à tendre la main au pauvre qui vous tend la main, à retenir les noms des grands hommes de la France, surtout à bénir le nom de son aïeule, Laure de Noves, la Laure de Pétrarque. Puis, quand il fut assez fort, quand il eut assez joui de son enfance bienheureuse, son oncle, son père et sa mère, et Mme la princesse de Condé, le placèrent au collége de Louis-le-Grand.

Ce collége Louis-le-Grand a donné naissance à d'étranges hommes. Songez donc que le marquis de Sade s'est promené dans cette vaste cour, contre le mur de la chapelle; un autre jeune homme, dix ans après, se promenait, lui aussi en silence, à la même place, les bras croisés, et aussi déjà triste qu'il faisait peur à ses condisciples. Cet autre s'appelait Maximilien de Robespierre. Oh! le digne couple, le marquis de Sade et Robespierre! L'un qui a rêvé autant de meurtres que l'autre en a exécuté! Deux hommes qui sont sortis des ruines de la société, deux hontes sociales; mais celui-là était une honte si ignoble que la société a déclaré par la voix de Bonaparte, devenu son chef, qu'il était fou; l'autre au contraire était une honte si terrible que la société a fait l'honneur de le tuer sur l'échafaud; si bien que justice a été faite à tous deux : Robespierre est mort comme tous les honnêtes gens qu'il a tués, et le marquis de Sade est mort parmi tous les misérables fous qu'ils a faits!

A quatorze ans le marquis de Sade sortit du collége, et pour son collége ce fut un jour de fête. Il y avait déjà autour de ce jeune homme je ne sais quel air empesté qui le rendait odieux à tous. C'était déjà un fanatique de vice. Il rêvait le vice comme d'autres rêvent la vertu, et déjà toutes les rêveries de sa tête auraient suffi à défrayer les cours d'assises de l'enfer. Il sortit du collége à l'instant où Robespierre y entrait.

M. de Sade, au sortir du collége, entra dans les chevau-légers; de là il passa comme sous-lieutenant au régiment du Roi, puis il fut lieutenant dans les carabiniers, et enfin capitaine dans un régiment de cavalerie. Il fit la guerre de sept ans en Allemagne. De retour à Paris, on lui fit épouser Mlle de Montreuil, fille d'un président à la cour des aides, pauvre jeune fille, douce, aimable, jolie, vertueuse, timide, qui croyait n'épouser qu'un officier de cavalerie et qui épousait le marquis de Sade. Ce que le marquis de Sade porta au sérieux dans cette société frivole qui déjà craquait de toutes parts, ce ne fut pas la liberté, comme Mirabeau, ce ne fut pas l'extinction de la noblesse, comme Robespierre, ce fut le vice. Le marquis de Sade fut professeur de vice, comme les autres étaient professeurs de liberté. Quel est, je vous prie, le grand poëte de l'antiquité ou même de temps modernes qui, dans un moment d'ivresse, n'ait perdu quelques grains d'encens, et quelquefois d'un bon encens, jeté sur les autels de la déesse Cotytto? Quel est le grand peintre qui n'ait perdu quelques-unes de ses heures à la représentation des mystères les plus voilés de la vie de l'homme? C'est un grand peintre chrétien qui a donné à l'Arétin le sujet du livre qui l'a déshonoré. Horace n'a-t-il pas laissé dans ses œuvres, monument achevé du goût le plus parfait et le plus pur, cette ode à certaine vieille Romaine, qu'on dirait échappée à la verve d'un écolier de rhétorique? Virgile lui-même, le chaste Virgile, est-il sans reproche, et n'y a-t-il pas de singulières réticences dans ses pastorales? Donc ne soyons pas trop sévères; ne faisons pas la guerre aux vers échappés dans un moment d'oubli à des hommes qui ont fait des chefs-d'œuvre. Mais l'homme en question, mais le marquis de Sade, a fait de ces livres obscènes l'occupation de toute sa vie; mais de ces obscénités qui n'étaient que cela dans la tête des autres écrivains, le marquis de Sade a fait un code entier d'ordures et de vices. Mais pendant que ses confrères ne voulaient que faire passer une heure ou deux aux libertins de tous les âges, lui, il a voulu mettre le vice en précepte : bien plus, il a voulu passer de cette infâme théorie à la pratique. Mais par où commencer et par où finir? Mais comment la faire cette analyse de sang et de boue? comment soulever tous ces meurtres? Où sommes-nous? Ce ne sont que cadavres sanglants, enfants arrachés aux bras de leurs mères, jeunes femmes qu'on égorge à la fin d'une orgie, coupes remplies de sang et de vin, tortures inouïes, coups de bâton, flagellations horribles. On allume des chaudières, on dresse des chevalets, on brise des crânes, on dépouille des hommes de leur peau fumante; on crie, on jure, on blasphème, on se mord, on s'arrache le cœur de la poitrine, et cela pendant douze ou quinze volumes sans fin, et cela à chaque page, à chaque ligne, toujours. Oh! quel infatigable scélérat! Dans son premier livre, il nous montre une pauvre fille aux abois, perdue, abîmée, accablée de coups, conduite par des monstres de souterrain en souterrain, de cimetière en cimetière, battue, brisée, dévorée à mort, flétrie, écrasée. Il n'a pas de cesse qu'il n'ait accumulé dans ce premier ouvrage toutes les infamies, toutes les tortures. Celui qui oserait calculer ce qu'il faudrait de sang et d'or à cet homme pour satisfaire un seul de ses rêves frénétiques serait déjà un grand monstre. On frémit rien qu'à s'en souvenir. Puis, quand l'auteur est à bout de crimes, quand il n'en peut plus d'incestes et de monstruosités, quand il est là, haletant sur les cadavres qu'il a poignardés et violés, quand il n'y a pas une pensée morale sur laquelle il n'ait jeté les immondices de la pensée et de sa parole, cet homme s'arrête enfin, il se regarde, il ne se fait pas peur. Au contraire, le voilà qui se complaît dans son œuvre, et comme il trouve qu'à son œuvre il manque encore quelque chose, voilà ce damné qui s'amuse à *illustrer* son livre, et qui dessine sa pensée, et qui accompagne de gravures dignes de ce livre ce livre digne de ces gravures; et de tout cela il résulte le plus épouvantable monument de la dégradation et de la folie humaines, devant lequel même la vieille Rome, à son moment de décadence et de luxe, à l'heure où les Romains jetaient leurs esclaves aux poissons de leurs viviers, aurait reculé frappée de honte et d'effroi. Heureux encore si le marquis de Sade s'en fût tenu à son premier livre; mais ce premier ouvrage lui en commande un autre. A peine ce roman est-il achevé, que voilà son exécrable auteur qui, en le relisant, se dit à lui-même qu'il est resté bien au-dessous de ce qu'il pouvait faire. Il a été trompé par son exécrable imagination. Il la croyait à bout, et elle se réveille de plus belle. Et sur-le-champ, il recommence de plus belle. Qu'a-t-il pu dire dans son second livre qu'il n'ait pas dit dans le premier? qu'a-t-il pu faire qu'il n'ait pas fait? quels supplices nouveaux a-t-il inventés? quelles horreurs nouvelles? Le malheureux! il accuse dans son livre la reine de France elle-même; oui, la reine de France, qui paraît dans ses orgies! Et non-seulement il prêche l'orgie, mais il prêche le vol, le parricide, le sacrilège, la profanation des tombeaux, l'infanticide, toutes les horreurs. Il a prévu et inventé des crimes que le code pénal n'a pas prévus ; il a imaginé des tortures que l'inquisition n'a pas devinées. Concevez-vous l'effroi d'un honnête homme qui, poussé par cette curiosité qui a fait porter à notre père Adam une main indiscrète sur l'arbre de mort, se trouve face à face avec le marquis de Sade! Comme le lecteur est honteux de sa triste hardiesse! comme les mains lui tremblent! comme les oreilles lui tintent, frappées qu'elles sont par le glas du dernier supplice! comme c'est déjà une horrible punition pour le malheureux qui souille ses yeux et son cœur de cette horrible lecture, de se voir poursuivi par ces tristes fantômes, et d'assister, timide, immobile et muet, à ces lugubres scènes, sans pouvoir se venger qu'en lacérant le volume où en le jetant au feu! Croyez-moi, qui que vous soyez, ne touchez pas à ces livres, ce serait tuer de vos mains le sommeil, le doux sommeil, cette mort de la vie de chaque jour, comme dit Macbeth ; car c'est là un des grands dangers de ces horribles volumes : on a toujours un prétexte pour les ouvrir; on les ouvre par innocence, ou par curiosité, ou par courage, comme une espèce de défi qu'on se fait à soi-même. Quant à ceux qui les pourraient lire par plaisir, ils ne les lisent pas : ceux-là sont au bagne ou à Charenton.

Mais je vous ai promis l'histoire complète de cet homme, je vous la ferai complète. Je vous ai dit tout à l'heure qu'il s'était marié à une jeune personne douce et belle; il eut bientôt montré dans ce mariage toute son horrible nature. Ses atroces penchants se furent bientôt révélés par mille petites tentatives de meurtre accompagnées de circonstances abominables. D'abord le public n'y crut pas, ni même sa femme, ni même la justice de ce temps-là ; cependant, par mesure de simple police, on l'envoya en exil. En exil, il perfectionna sa science, il ajouta à sa théorie, il se livra à mille imaginations plus perverses les unes que les autres ; en un mot, il se compléta dans tous les mauvais livres et dans tous les mauvais livres de l'Europe. Ce serait une erreur de croire que cet homme-là fût le seul qui se soit livré à cette exécrable étude du vice par le meurtre; l'antiquité en fournit plusieurs exemples. Néron se sert, pour éclairer ses orgies nocturnes, de chrétiens qu'il brûlait vifs, flambeaux de chair humaine qui poussaient de délicieux hurlements. On se rappelle, sous le règne de Charles VII, les débordements de ce fameux maréchal de Retz, qui, après s'être battu avec gloire et courage, se fit une infâme célébrité à force de vices monstrueux; celui-ci immolait des enfants, dont il arrachait les entrailles et le cœur pour en faire offrande aux esprits infernaux, et c'étaient les enfants les plus beaux et les plus choisis, et même choisis dans sa famille; et pendant quatorze ans le maréchal de Retz ensanglanta ses châteaux de Machewal, de Chantocé, de Tiffurges, son hôtel de la Saxe à Nantes, et tous les lieux où sa passion le portait. Eh bien, ce scélérat est moins coupable, à mon avis, que le marquis de Sade. Le maréchal de Retz n'a tué que les enfants qu'il avait sous la main; lui mort, tous ses crimes ont cessé : les livres du marquis de Sade ont tué plus d'enfants que n'en pourraient tuer vingt maréchaux de Retz ; ils en tuent chaque jour, ils en tueront encore, ils en tueront l'âme aussi bien que le corps; et puis le maréchal de Retz a payé ses crimes de sa vie : il a péri par les mains du bourreau, son corps a été livré au feu, et ses cendres ont été jetées au vent ; quelle puissance pourrait jeter au feu tous les livres du marquis de Sade? Voilà ce que personne ne saurait faire, ce sont là des livres, et par conséquent des crimes qui ne périront pas.

Toutefois, le public n'avait pas encore entendu parler de cet homme, quand un jour, le 3 avril 1768, une grande rumeur se répandit dans Paris sur le marquis; et voilà ce que l'on racontait : Il possédait une petite maison à Arcueil, dans un endroit retiré, au milieu d'un grand jardin, sous des arbres touffus. C'était là que le plus souvent il se livrait à ses débauches. Ce soir-là, c'était un jour de Pâques, le valet de chambre du marquis de Sade, son compagnon, son ami, son complice, avait ramassé dans la rue deux ignobles filles de joie qu'il avait conduites à cette maison. Le marquis lui-même, comme il se rendait à Arcueil pour sa fête nocturne, fit rencontre d'une pauvre femme nommée Rose Keller, la veuve de Valentin, un garçon pâtissier. Le marquis l'aborde, lui parle, lui propose un souper et un gîte pour la nuit; il lui parle doucement, il la regarde tendrement; elle prend le bras du marquis, ils montent dans un fiacre, et enfin ils arrivent à une porte basse : Rose ne sait pas où elle est; mais qu'importe? elle aura à souper. La maison était à peine éclairée, elle était silencieuse; Rose s'inquiète : son conducteur la fait monter au deuxième étage; elle voit alors une table dressée et servie; à cette table étaient assises les deux filles de joie, tête couronnée de fleurs, et déjà à moitié ivres. Rose Keller, revenue de sa première inquiétude, allait se mettre à table avec ses compagnes; mais tout à coup le marquis, aidé de son valet, se jette sur cette malheureuse, et lui met un bâillon pour l'empêcher de crier, en même temps on lui arrache ses vêtements. Elle est nue; on lui attache les pieds et les mains, puis, avec de fortes lanières de cuir armées de pointes de fer, ces deux bourreaux la fustigent jusqu'au sang; ils ne s'arrêtèrent que lorsque cette femme ne fut plus qu'une plaie, et alors l'orgie recommença de plus belle. Ce ne fut que le lendemain matin, quand ses bourreaux furent tout à fait ivres, que la malheureuse Keller parvint à briser ses liens et à se jeter par la fenêtre toute nue et toute sanglante; elle escalada la cour, elle tomba dans la rue, et bientôt ce fut un tumulte immense : le peuple accourt, la garde arrive, on brise les portes de cette horrible maison, où l'on trouva encore le marquis et son domestique et les deux filles, étendus pêle-mêle au milieu du vin et du sang. Par la conduite de l'auteur, vous pouvez juger ses livres.

Cette aventure fit grand bruit ; toute la ville fut émue. Le procès du marquis de Sade fut donc instruit en toute hâte; malheureusement, par égard pour la famille à laquelle le coupable appartenait, la procédure fut arrêtée par ordre du roi ; le marquis fut conduit à Lyon dans la prison de Pierre-Encise. Qui le croirait? six semaines après cet emprisonnement, la famille du marquis de Sade obtint pour lui des lettres de grâce. A peine libre, le marquis retourne à ses débauches et à ses crimes. Il était à Marseille en 1772, et il y fit une si grande orgie dans une maison suspecte, que jamais on n'avait entendu de plus horribles bacchanales : deux filles publiques en moururent le lendemain. Le parlement d'Aix condamna cet homme à mort, et son valet avec lui ; mais ils se sauvèrent à Chambéry, où on les mit six mois dans une forteresse. Or, ne pensez-vous pas que ce soit ici le cas de remarquer l'inutilité et la cruauté des lettres de cachet? Au premier assassinat du marquis de Sade, six semaines de prison, à son second assassinat, six mois de prison, pendant que le malheureux L a t u d e y est resté toute sa vie pour avoir insulté M*me* de Pompadour! A la fin cependant le marquis de Sade, toujours pour ses méfaits, fut enfermé à Vincennes. Là il fut aussi malheureux qu'on pouvait l'être au donjon de Vincennes. Là tout un, sans linge, sans bois l'hiver, sans livres, sans meubles, sans domestique surtout, le marquis était réduit à faire son lit lui-même; on lui apportait à manger par un guichet. Sa pauvre femme, qui l'avait secouru si souvent, vint encore à son secours; elle lui fit passer des vêtements, des livres, et enfin de quoi écrire, fatale complaisance, à laquelle nous avons dû tant d'infernales productions. Car jusqu'à ce jour le marquis de Sade s'était contenté de la pratique du vice, il n'avait pas encore abordé la théorie. Une fois qu'il eut dans sa prison de quoi écrire, il pensa à *mettre en ordre* ses pensées et ses souvenirs. La tête échauffée par les macérations du cachot, abruti par cette grande misère, persécuté par les folies et délirantes images d'une passion comprimée, ce malheureux résolut d'en finir, et de voir par lui-même jusqu'où sa scélératesse pouvait aller.

Le voilà donc qui écrit, et qui compose, et qui arrange ses phrases, et qui s'abandonne tant qu'il peut à son génie. O malheur! pendant que le marquis de Sade écrivait ses livres, arrive dans le même donjon Mirabeau, pour écrire à peu près les mêmes choses; et Mirabeau s'indignait pourtant qu'on l'eût enfermé dans la même prison que ce marquis de Sade, qui lui faisait horreur!

Du donjon de Vincennes, le marquis de Sade fut transporté à la Bastille. C'étaient les derniers jours de la Bastille. La pauvre prison était lézardée, et craquait de toutes parts. Le faubourg Saint-Antoine s'agitait autour du vieux monument, la menace dans le regard et la colère dans le cœur. Un jour que le marquis avait été privé de la promenade habituelle sur la plate-forme, hors de lui, il saisit un long tuyau de fer-blanc terminé par un entonnoir qu'on lui avait fabriqué pour vider ses eaux, et à l'aide de ce porte-voix il se met à crier : Au secours! ajoutant qu'on veut l'égorger. Il appelle les citoyens ! Le peuple accourt, et menace de loin la Bastille. M. de Launay, le gouverneur, écrit sur-le-champ à Versailles ; on lui répond qu'il est le maître du prisonnier, qu'il en fasse à sa volonté, qu'il peut même disposer de sa vie, s'il le juge à propos : M. de Launay se contenta d'envoyer de Sade à Charenton. Enfin, le 17 mars 1790, parut le décret de l'Assemblée constituante qui rendait la liberté à tous les prisonniers enfermés par lettres de cachet; le marquis de Sade sortit de prison, il fut libre. *Fasse le ciel qu'il soit heureux!* disait sa belle-mère.

Alors arriva bientôt 92, puis 93; vinrent les réactions sanglantes, vinrent les dictateurs tout-puissants, vinrent Danton et Robespierre; vinrent toutes les places publiques furent encombrées de ces machines rouges qui marchaient du matin jusqu'au soir. Vous croyez peut-être que le marquis de Sade, après tant de meurtres ébauchés, l'homme sanglant, va enfin se livrer à cœur-joie à sa manie de carnage, et se repaître, au pied de l'échafaud, de supplices et de larmes! Vous ne connaissez pas cet homme : les bourreaux de 93 lui font pitié. Il ne comprend pas la mort politique, il a horreur du sang qui n'est pas répandu pour son plaisir. Pourtant jamais, que je pense, un homme de ce caractère ne fut à une plus complète et plus charmante fête de meurtres et de funérailles; mais, je vous l'ai dit, cet homme dans ses livres avait combiné des supplices si impossibles, rêvé des morts si extraordinaires, arrangé des tortures si cruelles, qu'il ne prit aucun goût à la terreur. Au contraire, il fut bon, humain, clément, généreux. Sur la réputation de ses livres, on l'avait fait secrétaire de la section des *Piques* ; il profita de son pouvoir pour sauver les jours de son beau-père et de sa belle-mère, à qui il était odieux à si bon droit, et qui ne l'avaient pas épargné. Chose étrange ! il alla si loin dans son horreur pour le sang, qu'il fut accusé d'être modéré, qu'il fut déclaré suspect et emprisonné aux Madelonnettes. S'il n'est pas mort sur l'échafaud comme ancien noble, c'est sans doute par respect pour son génie.

Ce ne fut que sous le Directoire, pendant cette halte d'un jour dans la boue de la royauté expirée, que le marquis de Sade se sentit à l'aise quelque peu. Depuis longtemps il menait une vie misérable. Faisant de mauvaises comédies pour vivre, y jouant souvent son rôle pour quelque louis, empruntant çà et là quelques petits écus pour ses maîtresses, et toujours ajoutant de nouvelles infamies à ses livres encore inédits. Lors donc qu'il eut bien vu toute la bassesse de ce pouvoir sans valeur et sans vertu, le marquis de Sade s'enhardit à publier ses deux *chefs-d'œuvre*. Restait seulement à trouver des éditeurs. Trois hommes se rencontrèrent qui se chargèrent de cette publication. Ils eurent la touchante attention d'en faire tirer cinq exemplaires à part, sur beau papier vélin, pour chacun des cinq directeurs. Oui, on osa envoyer ces dix volumes aux hommes chargés du gouvernement de la France; et ces hommes, au lieu de prendre cette démarche pour la plus amère ironie et de s'en venger comme d'une sanglante insulte, firent remercier et *complimenter* l'auteur.

Sous un pareil patronage, le livre se vendit publiquement; l'acheta qui voulut l'acheter, et dans la presse quotidienne il n'y eut pas un homme assez courageux pour flétrir cette production comme elle le méritait.

Sur l'entrefaite, Bonaparte, revenu d'Égypte, rapportait dans sa tête ces idées d'ordre et d'autorité sans lesquelles la France était une dernière fois perdue; Bonaparte le héros, le vainqueur, le pouvoir, la grande pensée de notre siècle. Jugez de son étonnement et de son dégoût quand en rentrant chez lui il trouva les deux ouvrages du marquis de Sade, reliés et dorés sur tranche, avec cette dédicace : *Hommage de l'auteur*. Le marquis de Sade avait traité le général Bonaparte comme un membre du Directoire. Quand Bonaparte fut devenu premier consul, il retrouva ces mêmes livres, qu'il n'avait pas oubliés ! L'empereur devait se souvenir de l'outrage fait au premier consul. A peine fut-il empereur, qu'il envoya de sa main l'ordre au préfet de police de faire enfermer dans la maison de Charenton, comme un fou incurable et dangereux, le nommé Sade. La police, qui se transporta aussitôt chez lui, y découvrit deux éditions de ses œuvres, en dix volumes, *ornés de cent figures*. On trouva en outre dans ses papiers une immense quantité de contes, récits, romans, dialogues et autres écrits, tous empreints des mêmes ordures; après quoi, en attendant qu'on le transférât à Bicêtre, on le conduisit à cette même prison de Charenton d'où il était sorti treize années auparavant.

Une fois prisonnier de l'empereur, ce fut pour toujours. Lui, habitué aux prisons, et sachant ce que c'était que la volonté de l'empereur, s'arrangea de son mieux dans cette ville immense remplie de folie et de crimes qu'on appelle Bicêtre. Chaque jour lui amenait sa distraction. Tantôt il assistait au départ de la chaîne, et les forçats lui disaient adieu comme à une vieille connaissance; tantôt il voyait entrer le condamné à mort, qui ne devait plus sortir de ces murs que pour aller à l'échafaud, et le condamné le regardait avec complaisance pour se fortifier dans cette idée que nous n'avons pas une âme immortelle. Puis il entrait dans ces parcs réservés à la folie, où l'homme, devenu une brute, s'abandonne à tous ses instincts et révèle tout haut les sentiments cachés de sa nature; d'autres fois, il s'amusait à regarder ces êtres informes, à moitié nés, vieillards à dix ans, accroupis sur la paille, et cherchant à comprendre d'un air hébété pourquoi cette paille est infecte et sale. Il était donc là, dans cette prison, en homme libre; il était l'homme sage au milieu de ces fous, l'homme innocent au milieu de ces criminels, l'homme d'esprit au milieu de ces idiots. Il était l'âme de ce monde à part, il en était le génie malfaisant; on l'adorait, on l'écoutait, on croyait en lui. Quelquefois, car, après avoir été rudement traité, il finit par jouir de la plus grande liberté de Bicêtre, le marquis de Sade composait une comédie; quand sa comédie était faite, il bâtissait un théâtre dans la cour; cela fait, il allait chercher ses acteurs parmi les fous de la maison. Alors il les réunissait, il leur distribuait les rôles de sa comédie; bientôt tous les rôles étaient appris, et devant une brillante société de galériens et de grandes dames venues de Paris on jouait la comédie du marquis de Sade. Tous ces pauvres fous jouaient leur rôle à merveille, le marquis remplissait le sien de son mieux; la fête se terminait ordinairement par des couplets qu'il venait chanter lui-même en l'honneur des dames et du directeur de la prison, le ci-devant abbé Goulmier, qui était devenu le protecteur et, disons-le, l'ami du marquis de Sade. Tant pis pour l'abbé Goulmier. Une de ces comédies, s'il m'en souvient, se terminait par ces deux vers :

Tous les hommes sont fous; il faut, pour n'en point voir,
S'enfermer dans sa chambre et briser son miroir.

Cependant, il n'y avait pas de plaisirs innocents pour le marquis de Sade. Comme il était continuellement assiégé des mêmes visions de volupté meurtrière, il allait dans tout Bicêtre cherchant et faisant des prosélytes. Il était vraiment le professeur émérite de la maison. Il avait toujours dans ses poches, au service des détenus, soit un de ses livres imprimés, soit un de ses livres manuscrits. Il en fit tant, que bientôt les médecins de Bicêtre s'aperçurent que leurs malades étaient plus malades quand ils avaient seulement aperçu le marquis de Sade; que les fous étaient plus furieux, et les idiots plus idiots encore, et les forçats plus horribles que jamais quand ils avaient entendu le marquis de Sade. Le marquis jetait le poison dans l'âme de ces malheureux comme Mme de Brinvilliers le jetait dans la tisane des hospices. Les médecins se plaignirent donc au ministre de l'intérieur de ce prisonnier qui gâtait tous leurs malades. Mais le marquis avait des protecteurs puissants. Chaque jour c'étaient auprès du ministre des recommandations nouvelles, parties de très-haut. On ne rendit pas la liberté au marquis de Sade, mais on le laissa lâché dans l'intérieur de Bicêtre. Il passa donc sa vie au milieu de cette population, dont il faisait les délices. Il conserva jusqu'à la fin ses infâmes habitudes; jusqu'à son dernier jour, il écrivit les livres que vous savez, trouvant chaque jour de nouvelles combinaisons de meurtre, ce qui le rendait tout fier. On peut dire que l'imagination du marquis de Sade est la plus infatigable imagination qui ait jamais épouvanté le monde. Rien ne put l'abattre, ni la prison, ni la vieillesse, ni le mépris, ni l'horreur des hommes; il ne fallut rien moins que la mort pour mettre un terme à l'œuvre épouvantable de cet homme. Il vivrait aujourd'hui qu'il écrirait encore. Il est mort le 2 décembre 1814, d'une mort douce et calme, et presque sans avoir été malade. La veille encore, *il mettait en ordre* ses papiers. Il avait alors soixante-quinze ans. C'était un vieillard robuste et sans infirmités. A peine fut-il expiré que les disciples de Gall se jetèrent sur son crâne, comme sur une admirable proie qui devait à coup sûr leur donner le secret de la plus étrange organisation humaine dont on eût jamais entendu parler. Ce crâne, mis à nu, ressemblait à tous les crânes de vieillard. Cette tête, que j'ai sous les yeux, est petite, bien conformée; on la prendrait pour la tête d'une femme. Quant à cette autre conclusion physiologique qui eût fait du marquis de Sade un fou comme un autre, la conclusion était bonne pour l'empereur, qui n'avait guère le temps d'en chercher une autre; mais elle ne vaut rien pour le philosophe, qui veut se rendre compte de toutes choses. Un fou ! le marquis de Sade ! Mais ce serait ôter à la folie ce quelque chose de sacré que lui ont accordé tous les peuples, ce serait faire de la plus grande maladie de l'homme un crime. Le marquis de Sade est un homme digne de toute flétrissure et de tout mépris; or, si c'était un fou il faudrait le plaindre.

Jules Janin.

SA DE MIRANDA (Francisco de), poëte qui appartient à la littérature espagnole et à la littérature portugaise, naquit en 1495, à Coïmbre. La mort de son père l'ayant laissé maître de sa fortune et de ses actions, il alla voyager à l'étranger, parcourut l'Espagne et l'Italie, et se rendit familières les littératures de ces deux pays. A son retour, il obtint une charge à la cour du roi Jean III; mais tombé en disgrâce auprès de ce prince, il prit le parti de renoncer à jamais à la vie des cours, pour se retirer aux champs. Il mourut en 1558, dans une propriété qu'il possédait aux environs de Ponte de Lima.

Sa De Miranda est un des coryphées de l'école poétique de Coïmbre, qui s'efforça de vivifier la poésie nationale portugaise en la modelant sur les classiques anciens et sur les poëtes italiens. Il introduisit l'épître en vers dans la poésie portugaise, sous la dénomination de *carta*; et on peut le considérer comme l'un des pères du drame portugais, bien que ses deux comédies en prose, *Les Étrangers* et *Les Deux Vilhanpandos*, soient tout à fait composées d'après les formes du théâtre classique italien, et que les lieux où se passe la scène de même que les mœurs et les caractères soient empruntés à l'Italie. Ses poésies bucoliques, dont sept églogues sont composées en espagnol et six en portugais, et ses populaires *cantigas* constituent son véritable titre à la gloire ; elles ont tout le charme de la vie paisible des champs, dont elles retracent avec bonheur les habitudes et les mœurs.

SADUCÉENS, secte juive qu'on prétend avoir surgi au second siècle av. J.-C., et qui suivant la tradition juive eut pour fondateur un certain Zadok. Elle était surtout répandue dans les hautes classes, et comptait parmi ses adhérents jusqu'à des rois, des grands-prêtres et des membres du sanhédrin. Il est vraisemblable que c'est elle-même qui s'était donné ce nom de *saducéens*, c'est-à-dire justes. Dans ses doctrines elle rejetait toute autorité, et ne reconnaissait d'autre règle que la loi écrite. Elle niait l'immortalité de l'âme, la rémunération des œuvres ainsi que l'existence des anges ; et pour représenter la vertu comme l'œuvre propre de l'homme, elle soutenait la liberté complète des actions humaines. Comme ces idées n'avaient pas de point d'appui dans les masses, la secte des saducéens disparut peu à peu, et finit par se perdre dans celle des caraïtes, mais après avoir changé de direction.

SAFRAN. On donne ce nom à diverses espèces de plantes du genre *crocus*. La seule qui ait quelque importance comme produit est le *safran cultivé*, dont le pistil et les stigmates sont connus dans le commerce sous le nom de *fleurs de safran*. Ce sont eux qui possèdent une matière colorante d'une si riche teinte , et que la médecine emploie avec succès.

La facilité avec laquelle cette plante se multiplie et les nombreuses localités où elle peut être cultivée semblent en opposition avec le prix très-élevé de ce produit ; mais on s'en étonnera moins quand on saura qu'elle exige des soins minutieux , qu'elle est sujette à des maladies qui en peu de temps détruisent toute la récolte et anéantissent les espérances de l'agriculture. Pour faire la récolte, on enlève les fleurs entières ; on les place dans des paniers, qu'on transporte à la ferme, où des femmes les épluchent, enlevant le style et le stigmate, qui sont les seules parties utiles dans le commerce, et rejettant tout le reste, qui n'est d'aucun usage. Ces styles et ces stigmates sont aussitôt placés dans des tamis de crin suspendus au-dessus d'un feu très-doux ; on les y fait sécher, en ayant soin de les remuer constamment ; puis on les enferme dans des boîtes. Un champ de safran d'un hectare donne la première année environ cinq kilogrammes de produit sec ; les années suivantes on peut en recueillir jusqu'à vingt , et cela pendant quatre ans ; passé ce terme, la quantité de produit diminue sensiblement ; il faut alors enlever les oignons, les placer dans un lieu sec, et ne pas les replanter dans le même terrain avant une dizaine d'années ; sans cela le champ s'épuiserait entièrement. Cinq kilogrammes de safran frais ne donnent, après leur dessiccation, qu'un kilogramme de safran sec. Le safran doit être conservé dans des vases bien fermés, à l'abri de l'humidité. Toutes les variétés de safran du commerce n'ont pas la même valeur ; celui du Gâtinais est le plus estimé : sa couleur est plus vive et son odeur plus forte, qualités qu'il doit sans doute à la nature du terrain et à son mode de dessiccation.

L'odeur du safran est extrêmement pénétrante ; elle peut causer des céphalalgies violentes, et même entraîner la mort. Sa saveur amère, aromatique, n'a rien de désagréable ; sa couleur est extrêmement marquée, et le jaune qu'elle produit nuance promptement les objets qu'il touche. Le safran est une des matières colorantes les plus estimées. Les anciens faisaient grand cas du safran comme aromate ; les Romains en préparaient une teinture alcoolique, qui servait à parfumer les théâtres. Il est quelques contrées où l'on emploie cette fleur comme assaisonnement ou pour donner de la couleur aux gâteaux, au vermicelle, aux crèmes, au beurre, etc. On a beaucoup vanté les propriétés médicales du safran, mais, comme toutes les substances trop exaltées, il a perdu beaucoup de son crédit ; la seule propriété qu'on ne lui conteste pas est celle de provoquer l'écoulement périodique des femmes ; mais il faut être très-circonspect dans l'emploi de ce médicament , qui peut causer des accidents graves. On lui attribue également des propriétés antispasmodiques ; mais on doit toujours l'employer avec la plus grande réserve.

Le prix élevé du safran et ses nombreux usages ont éveillé la cupidité des falsificateurs, qui le mélangent avec une fleur de la famille des *composées*, qui a quelque analogie pour la couleur, et qu'on nomme pour cette raison *safran bâtard* : c'est le *carthamus tinctorius* (*voyez* CARTHAME). La seule inspection permet de reconnaître la fraude. Dans le safran pur, on n'aperçoit que le style et les stigmates. Quand il contient du carthame, on y voit distinctement de petits fleurons avec leurs étamines, etc. ; mais en Allemagne on est parvenu à imiter le safran avec une habileté telle que l'œil le plus exercé s'y méprend. On ignore de quelle manière cette fraude s'opère. Quoi qu'il en soit, ce safran ne colore presque pas l'eau en jaune. Une autre fraude très-blâmable est celle qui consiste à mélanger le safran avec des matières pulvérulentes, qui en augmentent le poids ; il suffit, pour reconnaître cette supercherie, de mettre le safran dans l'eau ; il ne tardera pas à se séparer des matières pulvérulentes, qui gagneront la partie inférieure du vase, à cause de leur densité, tandis que le safran restera suspendu sur le liquide.

C. FAVROT.

SAFRAN BÂTARD. *Voyez* CARTHAME et COLCHIQUE.

SAFRAN DE MARS. On donne ce nom à diverses préparations pharmaceutiques, dont les propriétés médicales se rapprochent de celles du safran, et dont le fer (*mars*) forme la base. Telles sont le *safran de mars apéritif*, le *safran de mars astringent*, etc.

SAFRAN DES INDES. *Voyez* CURCUMA.

SAFTLEEVEN ou **ZACHLEEVEN** (HERMAN), l'un des plus grands paysagistes, notamment pour ce qui est de la perspective, né à Rotterdam, en 1609, vécut à Utrecht, et y mourut, en 1689. Ses paysages représentent soit les environs d'Utrecht, soit les bords du Rhin. Il aime la nature gaie et riante. Un beau ciel s'étend toujours sur ses villes et ses montagnes ; un air chaud circule dans ses vastes espaces et ses lointains horizons. Les auteurs flamands nient qu'il ait fait le voyage d'Italie. Ses toiles sont extrêmement dispersées ; la galerie de Pommersfeld est en ce genre une des plus riches qu'on puisse citer. Ses gravures appartiennent, pour ce qui est de l'art et de l'exécution technique, aux plus belles productions de la Hollande de ce temps-là. Ses dessins , miroirs non moins fidèles de la nature, sont très-estimés et très-rares , et exécutés avec une grande facilité, la plupart à la craie ou au bistre. Il y en a cependant d'un fini remarquable.

Son frère, *Cornelius* SAFTLEEVEN, né à Rotterdam, en 1612, peignit surtout des corps-de-garde et des intérieurs de paysans, à la manière de Brauwer ; il brille par son exactitude et sa fidélité à reproduire les moindres détails. On estime beaucoup ses dessins et ses petites suites de gravures, représentant des paysans et des animaux.

SAGA, déesse du Nord , habite Sœkkvabekk, au milieu des froides ondes, et y boit gaiement tous les jours avec Odin dans des coupes d'or. Associée à Odin, soit comme épouse, soit comme fille, ou encore comme ayant inventé la poésie, on peut la comparer à la Muse, fille de Zeus ; elle est la personnification du récit , de la tradition.

SAGA, vieux mot des langues du Nord, qui désigne ce que nous appelons *légende*, et de préférence peut-être un récit basé sur une tradition orale, ayant une forme précise, déterminée par le récit oral et conservée aussi par écrit. Les *sagas* (*sagur*) constituent dans cette dernière acception, avec les ouvrages de poésie et de législation, le principal sujet de l'ancienne littérature norvégienne ; et de tous les peuples de l'Europe moderne, les Norvégiens et les Islandais sont ceux qui, dans leurs *sagas*, possèdent les sources historiques les plus nombreuses, les plus détaillées et jusqu'à un certain point les plus dignes de foi, de même que les monuments en prose les plus anciens dans la langue indigène. Le goût de raconter et d'entendre raconter, un penchant des plus vifs à converser et à s'instruire, excités et favorisés aussi bien par les conditions physiques du pays que par le développement de ses rapports politiques, donnèrent de bonne heure naissance en Norvège, et surtout dans cette Islande, si complétement séparée du reste de l'Europe, à une forme particulière de récit; et si les narrateurs habiles sont encore fort appréciés et recherchés en Islande, ils l'étaient encore bien davantage dans les anciens temps. Aidés d'une immense quantité de chants antiques, ils faisaient connaître et célébraient non pas seulement les héros indigènes du temps passé, mais encore les exploits des héros contemporains auxquels ils avaient assisté dans leurs fréquents voyages, qui ne se bornaient nullement au nord scandinave. Leurs récits, leurs *sagas*, revêtus d'une forme précise et dès lors susceptibles aussi bien que les lois, rédigées également en prose, d'une tradition confiée à la seule mémoire, arrivèrent ainsi jusqu'au onzième siècle, dans la seconde partie duquel on s'occupa pour la première fois de les consigner par écrit. Quand le trésor des traditions eut été épuisé dans le courant du douzième siècle, on commença, à partir du commencement du treizième siècle, à faire par écrit pour des lecteurs ce qui jadis ne se faisait qu'oralement pour des auditeurs. On écrivit, on composa des *sagas*: on recueillit aussi, on rédigea d'anciens récits; et c'est ainsi que l'histoire atteignit dans ce siècle une remarquable perfection en Islande. A partir du milieu du quatorzième siècle, le goût changea; pour la satisfaire il fallut des récits imaginaires, le plus souvent traduits des langues étrangères, et auxquels on donna également le nom de *sagas* (consultez Müller, *Origine et décadence de l'historiographie islandaise* [Copenhague, 1812]). Les *sagas*, toujours nombreuses, qu'on possède encore malgré des pertes considérables, ce qui s'explique par la double nature de leur origine, sont pour la plupart anonymes, et sous le rapport de la forme littéraire offrent peu de variété. Rédigées dans un style simple et sans art, à la différence de la poésie des scaldes; se bornant à un exposé des faits, que n'interrompent jamais ni descriptions ni réflexions, mais servant souvent de registres de noms de même qu'à conserver des citations de vers des scaldes, elles ne contiennent que des faits. Les *sagas islandaises* seules, par leur composition de même que par la finesse avec laquelle les personnages sont caractérisés dans des dialogues animés, peuvent passer pour des œuvres d'art, par exemple les *sagas* de Njal, d'Eigil, de Gunnlaug. De là la différence à établir entre elles au point de vue de leur authenticité et du degré de foi qu'elles méritent; à la leur division en *sagas* historiques et en *sagas* légendaires. Tandis que les dernières comprennent tantôt les légendes héroïques communes aux populations germaines (par exemple la *Vælsungasaga*, la *Nornasaga*), tantôt les légendes vraiment scandinaves (par exemple la *Frithjofssaga*), les premières traitent de l'histoire de Norvège du neuvième au treizième siècle dans de nombreuses *sagas* de rois (par exemple celles d'Olaf, fils de Tryggue, et de saint Olaf), de l'histoire de l'Islande dans des histoires de familles (*sagas* de Laxdaela, d'Eyrbyggia, de Sturlunga) et des biographies (*sagas* de Viga, de Glum et de Kormans). La *Knytlingasaga* et la *Ionsvikingsaga* appartiennent à l'histoire du Danemark, la *Ingvarssaga* à l'histoire de Suède, l'*Eymundssaga* à l'histoire de Russie; et les pays ou les îles qui reçurent leur population de l'Islande (les îles Faröe et les Orcades) ont également les leurs. Un des hommes qui ont le mieux fait connaître la littérature des *sagas* est l'évêque danois Müller, dans sa *Bibliothèque des Sagas* (3 volum., Copenhague, 1817—1820). Depuis, un grand nombre de savants ont exploité cette riche mine.

SAGAING. *Voyez* AVA.

SAGAN, principauté médiatisée de la basse Silésie, d'environ quatorze myriamètres de superficie, avec une population de 42,000 âmes, et qui forme à peu près le cercle du même nom, dans l'arrondissement de Liegnitz (Silésie Prussienne), faisait jadis partie de la principauté de Giogau, dont elle fut séparée en 1397, lors du partage intervenu entre le fils du duc Henri VIII; époque où elle eut ses princes indépendants. Plus tard elle passa à la couronne de Bohême, et l'empereur Ferdinand II la vendit en 1627 à Wallenstein. Après l'assassinat de cet illustre capitaine, elle fut confisquée, et fit retour à la couronne de Bohême. En 1646 elle fut vendue au prince Lobkowitz, dont les héritiers la revendirent, en 1786, au duc Pierre de Courlande. A la mort de ce prince, arrivée en 1800, cette principauté passa à sa fille, la princesse Catherine de Biren-Sagan, qui épousa en troisièmes noces le comte Rodolphe de Schulembourg, et qui est morte en 1839, laissant la principauté à sa sœur, *Pauline*, princesse de Hohenzollern-Hechingen, qui en 1844 la vendit à sa troisième sœur, la duchesse Dorothée de Dino.

Le chef-lieu de la principauté est *Sagan*, petite ville d'environ 8,500 âmes, sur le Bober, avec un beau château, construit par Wallenstein et entouré d'un parc superbe. Les habitants font un commerce des plus actifs en grains et en bestiaux; ils possèdent quelques fabriques de bas, de drap et de toile.

SAGE (BALTHAZAR-GEORGES), chimiste, né à Paris, en 1740, fit de brillantes études au collége Mazarin. Il se livra ensuite à des travaux chimiques et minéralogiques, vers lesquels il était entraîné par un goût tellement irrésistible, qu'il professa gratuitement ces deux sciences pendant dix-huit ans; alors seulement Louis XVI récompensa son zèle par une petite pension. On le considère à bon droit comme le créateur de la minéralogie. Un grand nombre de mémoires marqués au coin de l'utilité ne tardèrent pas à sortir de sa plume, et sa réputation devint telle qu'à l'âge de vingt-huit ans il eut l'honneur de succéder à Rouelle, son maître, à l'Académie des Sciences. Plus tard même il fut nommé administrateur des Monnaies et chevalier de Saint-Michel. La tourmente révolutionnaire vint l'atteindre et le plonger dans un état voisin de l'indigence. Napoléon, ce protecteur éclairé de tous les hommes à intelligence supérieure, s'empressa de venir au secours de Sage, qu'il fit tourner aussitôt au profit de la science l'aisance où il se trouva. Il ajouta deux nouvelles galeries au musée minéralogique, à la création et à l'embellissement duquel il avait consacré sa vie entière. Il redevint pauvre encore, et perdit de plus la vue. Pour surcroît de malheur, deux ans avant sa mort, survenue le 9 septembre 1824, il s'était cassé une cuisse; mais toutes ces infortunes n'avaient abattu ni son courage ni son amour de la science. Sage, comme Kirwan et l'illustre Priestley, eut le malheur d'être au nombre des adversaires de la chimie pneumatique et des brillantes théories qui ont immortalisé Lavoisier. En 1821 il professait encore, dans le magnifique amphithéâtre de l'hôtel des Monnaies, devant cinq ou six auditeurs, l'ancienne chimie et les erreurs qui venaient de disparaître. On voit à l'hôtel des Monnaies sa statue, avec ces mots: *Discipuli magistro!* JULIA DE FONTENELLE.

SAGE-FEMME, celle dont la profession est d'accoucher les femmes (*voyez* ACCOUCHEMENT). L'homme qui exerce la même profession, mais après avoir fait des études complètes, qui sont la garantie des lumières qu'exigent les cas difficiles, est simplement un *accoucheur*. Comme on le voit, il peut y avoir une grande différence entre une *sage-femme* et une *femme sage*; et l'équivoque souvent dans la conversation de ces deux mots. La reine mère de Louis XIV, raillant un seigneur qui était fort gros, et lui demandant quand il accoucherait, il lui répondit: Quand j'aurai trouvé une *sage-femme*.

SAGÈNE, mesure itinéraire russe, dont la valeur est de 2 mètres 13 centimètres. Cinq cents sagènes font un werst.

SAGES (Les Sept). *Voyez* SEPT SAGES.

SAGESSE. Depuis que la philosophie n'est plus l'amour de la *sagesse* et la pratique persévérante de tout ce qui est *sage*, mais que, lancée dans le vide des abstractions, elle parcourt librement sa carrière sans limites qui l'arrêtent ni fanaux qui la dirigent, la sagesse est déchue de son antique dignité. On ordonne aux enfants d'être *sages*, et pour apprécier les hommes, à peine daigne-t-on leur tenir compte de ce qui mérite le nom de *sagesse*. On estime cependant cette qualité; on consulte même quelquefois les personnes reconnues sages : mais ce caractère n'a rien d'imposant, on ne l'environne point d'une haute considération. Personne ne redoute un *sage*; on ne le rencontre point sur la route qui mène aux faveurs; son crédit, s'il en a, ne rassemble pas autour de lui la foule des solliciteurs; sa vie s'écoule au sein de l'amitié et dans l'exercice des vertus paisibles. Aucune ambition ne l'agite; si les lois de son pays remettent leur pouvoir entre ses mains, il se soumet avec regret, et, quelque pesant que soit le fardeau qu'on lui impose, il n'y voit qu'un moyen d'acquitter sa dette envers la patrie. On ne vantera jamais son habileté, on ne reconnaît pas en lui la faculté de trouver, au besoin, des expédients et des ressources; mais, s'il est sur un trône, il saura choisir des ministres habiles. En général, les hommes de ce caractère sentent que la vie privée leur convient beaucoup mieux que les emplois publics, et ils se tiennent à l'écart; lorsque l'autorité a besoin de leur coopération, il faut qu'elle les découvre, et qu'elle surmonte leur attachement à ce repos philosophique dont ils connaissent seuls toutes les douceurs.

On voit que la sagesse est un heureux assortiment de dispositions naturelles, de connaissances acquises et d'habitudes contractées : un discernement exquis, une modération constante, le sentiment des convenances et de l'à-propos, et par conséquent la connaissance des hommes, enfin l'amour de ce qui est juste et bon, voilà ce qui constitue le caractère du sage. On n'y trouve pas cette grandeur qui étonne dans quelques vertus, de même que les édifices dont toutes les parties sont bien proportionnées n'offrent rien de gigantesque, quelles que soient leurs dimensions. La sagesse est une des limites de perfectionnement dont il est à désirer que le genre humain se rapproche de plus en plus. Si tous les hommes étaient sages, les vertus deviendraient parfaitement inutiles, et plutôt perturbatrices que profitables à la société.

Les mots latins *sapiens*, *sapientia*, ont précisément le même sens que ceux de *sage*, *sagesse*, que certains étymologistes en font dériver; le mot *sapience*, qui n'a pas subi une métamorphose aussi étrange, n'a pourtant pas conservé la signification originelle, car la subtilité proverbiale des Manceaux et des Normands n'est pas de la sagesse.

Sagesse se dit quelquefois en parlant des ouvrages d'esprit ou des ouvrages d'art; et alors ce mot signifie le soin qu'on prend d'éviter ce qui est outré, extravagant, de se renfermer dans les bornes prescrites par la raison et par le goût : Son ouvrage manque d'imagination, de chaleur, mais il est composé, ordonné avec *sagesse*.

Le Livre de la Sagesse ou simplement *La Sagesse* est un des livres de l'Écriture Sainte.

La *Sagesse éternelle*, la *Sagesse incréée*, c'est le Verbe ou la seconde personne de la Trinité; et la *Sagesse incarnée*, c'est le Verbe revêtu de notre humanité. FERRY.

SAGESSE (Sœurs de la). *Voyez* CHARITÉ (Sœurs de la).

SAGITTAIRE ou ARCHER. Ce mot n'est guère en usage qu'en astronomie pour désigner le neuvième des douze signes du zodiaque, où l'on remarque trente-et-une étoiles, deux de la seconde grandeur, neuf de la troisième, neuf de la quatrième, huit de la cinquième, deux de la sixième, et une nébuleuse; elle est sur la direction de l'Épi de la Vierge et d'Antarès, qui suit à peu près l'écliptique, et se trouve aussi marquée par une ligne menée depuis le milieu du Cygne sur le milieu de l'Aigle, et par la diagonale du carré de Pégase menée du côté d'Andromède par a de Pégase, prolongée du côté du midi. Le *Sagittaire* était placé dans le ciel comme une image d'Hercule vénéré en Égypte; on sait que les Égyptiens rassemblaient souvent les corps humains avec ceux des animaux; et il n'est pas étonnant, dit Lalande, qu'ils aient donné à ce héros une portion du cheval qui est le symbole de la guerre. Pococke a publié des fragments d'un ancien obélisque égyptien où l'on voit le Sagittaire représenté de la même manière que dans notre zodiaque. Cette constellation a reçu quelquefois les noms de *Centaurus*, *Taurus*, *Phillyrides*, *Semivir*, *Arcus*, *Pharetra*, *Eques*, *Minotaurus*, *Croton*, etc. SÉDILLOT.

SAGITTAIRE (*Numismatique*). *Voyez* DARIQUE.

SAGONTE, *Saguntus* et *Saguntum*, ville de la côte orientale de l'ancienne Espagne, au nord de Valence, avait été fondée par des Grecs de l'île de Zakynthos (Zante), auxquels la tradition fait se joindre des Rutules d'Ardea. Elle était devenue riche et puissante par son commerce. Lorsque les Carthaginois, à la suite de la première guerre punique, se répandirent en Espagne, les Sagontins, inquiets pour leur indépendance et leur commerce, s'allièrent avec les Romains, et obtinrent par leur intervention que les Carthaginois s'engageassent à ne jamais faire franchir l'Èbre par leurs armées et à ne rien tenter pour dépouiller les colonies grecques de leur liberté. En violation de ce traité, Annibal profita des griefs élevés par une peuplade ibérienne en discord avec Sagonte, pour attaquer cette ville et provoquer de la sorte une guerre entre Carthage et Rome, embarrassée alors dans la guerre d'Illyrie. Les ambassadeurs envoyés par les Romains tant à Annibal qu'auprès du sénat de Carthage ne purent réussir à se faire écouter; et Sagonte fut prise d'assaut dans le courant du printemps de l'an 219 av. J.-C., après huit mois de la plus héroïque résistance opposée par les habitants aux forces, de beaucoup supérieures, d'Annibal. Une grande partie de la population périt au milieu des flammes qui dévorèrent la ville; une autre partie fut réduite en esclavage, et Annibal en fit impitoyablement passer le reste au fil de l'épée. Ce fut le commencement de la seconde guerre punique (*voyez* CARTHAGE).

Les Romains reconstruisirent Sagonte en l'an 214. Sur l'emplacement de cette ville se trouve aujourd'hui le bourg de Murviedro (*Muris veteres*), sur le Palencia, avec 7,000 habitants. Le 25 octobre 1811 l'armée d'Aragon y fut battue par le maréchal Suchet, et le fort de Sagonte dut capituler.

SAGOU, fécule amylacée qu'on retire de plusieurs espèces de palmiers, et particulièrement du sagouier ou sagoutier. Pour l'obtenir, on coupe les palmiers par morceaux de 12 à 15 centimètres de longueur; on enlève la partie ligneuse pour mettre la moelle à découvert. On verse de l'eau froide sur la moelle, et on remue bien. La fécule, qui est le sagou, se sépare alors de la partie fibreuse, et on met le tout sur un tamis : l'eau qui passe entraîne avec elle de la fécule. Par le repos, le sagou se dépose. Quand il est à moitié desséché, on le fait granuler en le passant à travers une passoire. Sa couleur grise est due à la dessication artificielle. Cette substance, qui nous vient des Indes, est inodore et d'une saveur fade. On en fait usage en potage. Le sagou devient alors transparent et se gonfle beaucoup. C'est surtout un bouillie ou cuit avec du lait, du sucre et des aromates, qu'on le consomme. Le sagou est un aliment très-agréable, très-léger et peu nourrissant. On en recommande l'usage à la première enfance, à l'extrême vieillesse, aux convalescents, aux phthisiques et à toutes les personnes dont les facultés digestives sont affaiblies. On fait un sagou artificiel avec la fécule de pommes de terre.

SAGOUIN, SAGOIN, genre de singes, formé d'espèces appartenant toutes au Brésil et à la Guiane, et ayant pour caractères communs de manquer de pointes aiguës au molaires et de n'avoir pas la queue prenante. Les sagouins, qui appartiennent aux *géopithèques* de la classification de Geoffroy Saint-Hilaire, ont la tête petite, arrondie ou légèrement oblongue; leurs narines, largement ouvertes, sont percées sur le côté; leur visage est plat et leur angle facial s'ouvre à 60°; ils ont les oreilles grandes et triangulaires, appliquées sur le crâne, le corps assez grêle, les membres dégagés; la queue, de la longueur du corps ou un peu plus longue, est couverte de poils assez courts.

Les sagouins se logent dans des trous de rocher, où ils vivent en troupes de dix à douze, faisant la chasse aux oiseaux et à leurs œufs, aux insectes et même à quelques petits mammifères, et se nourrissant aussi de fruits quand ils ne peuvent trouver d'autre proie.

Les sagouins ont été divisés en plusieurs sous-genres, répartis dans deux sections, les *callitriches*, et les *sagouins* proprement dits. Parmi les premiers on range le *saïmiri* de Buffon, le *titi de l'Orénoque*, etc., dont la taille ne dépasse pas celle de l'écureuil. Dans la seconde section, la tête, un peu plus allongée, a le crâne plus élevé en dessus; les doigts des pieds ont un repli membraneux à leur base. On y distingue le *moloch*, deux fois aussi grand que le saïmiri; le *sagouin à masque*, dont deux variétés, le *sagouin à fraise* et le *sagouin à collier*, ont été érigées en espèces par quelques auteurs, etc.

Le mot *sagouin* se dit familièrement d'un homme malpropre.

SAGOUTIER ou **SAGOUIER**, genre de la famille des palmiers, comprenant quelques espèces de hauteur moyenne, qui croissent dans les parties chaudes du littoral de l'Asie, de l'Afrique et de l'Amérique. Leur stipe, assez épais, simple, d'un tissu peu consistant à l'intérieur, se termine par un beau bouquet de feuilles pennées. Leurs fleurs, monoïques, sont disposées en chatons distiques, formant un très-grand régime au dessous de ce bouquet terminal.

Le *sagoutier de Rumphius* (*sagus Rumphii*, Wild.), qui croît aux Moluques; le *sagoutier raphia* (*sagus raphia*, Lam.; *raphia vinifera*, Palis.), que l'on trouve dans diverses parties de l'Inde, et en Afrique dans les royaumes d'Oware et de Benin; le *sagoutier pédonculé* (*raphia pedunculata*, Palis.), originaire de Madagascar, d'où il a été transporté à l'Ile de France, à Bourbon et à Cayenne: telles sont les trois espèces de ce genre qui doivent être particulièrement signalées, à cause de leur utilité. Leurs feuilles servent à faire des clôtures et des palissades. Le nègre transforme en sagaie leur nervure moyenne. Ces arbres donnent pour bourgeon terminal un chou-palmiste, qui ne cède en rien à celui de l'arec. Lorsqu'on l'enlève, il s'écoule de l'incision un liquide séreux, que la fermentation transforme en une liqueur aussi estimée que les meilleurs vins de palme. Mais le produit le plus important des sagoutiers, c'est la fécule connue sous le nom de *sagou*.

SAGUM, saie, habillement militaire des Romains, emblème de guerre, comme la toge était un symbole de paix. Aussi, dans les circonstances périlleuses, tous les citoyens s'en revêtaient-ils, à l'exception de ceux qui remplissaient des fonctions consulaires. C'était une espèce de manteau carré, court, qui ne dépassait pas les genoux, jeté sur les autres vêtements et rattaché par une agrafe.

SAHARA. C'est le nom qu'on donne au grand désert de l'intérieur du nord de l'Afrique, borné au nord par les plateaux de la Berbérie, spécialement par le pays de steppes du Bilédulgérid et par le plateau de Barkah, à l'ouest par l'océan Atlantique, au sud par la plaine du Soudan du Sénégal inférieur et central, et à l'est par la vallée du Nil, mesurant de l'ouest à l'est une étendue d'environ 500 myriamètres, et de plus de 140 du nord au sud. Dans ces limites le Saharâ, y compris les nombreux endroits cultivés, ou *oasis*, qu'on y rencontre et le vaste territoire du Fezzan, présente une superficie de plus de 84,000 myriamètres carrés. La surface de cette contrée est loin d'être aussi déserte, aussi désolée, et surtout aussi uniforme qu'on l'avait cru jusqu'à ce jour. Tantôt le sol est creusé en cirques profonds, tantôt il est incliné fortement, surtout vers le sud, tantôt ses roches se brisent en couches tourmentées. Dans ses plis, au pied des collines, au plus profond des étroits défilés, partout où coule un filet d'eau, se forme une *oasis*. Entre le lac de Tschaâd et le territoire du Fezzan s'étend, de l'est à l'ouest, une suite de plateaux coupés transversalement par les défilés d'El-Wehr ou de Zow, qui vont en s'élevant toujours davantage vers le sud. A l'ouest de cette contrée, d'autres chaînes de montagnes s'élèvent encore dans la direction opposée. De même, aux environs de Ghât ou Ghrât, à l'ouest du Fezzan, on rencontre des masses montagneuses noirâtres, de la configuration la plus fantastique; et plus loin, à une demi-journée de marche à l'est, s'élève du nord au sud la longue et noire chaîne de l'Ouariqt. Mais de toutes les montagnes de l'intérieur du Saharâ la plus importante peut-être est le Djebel-Hoggâr, qu'on rencontre au sud de Touât, immense masse de montagnes de forme triangulaire, qui s'élève au milieu de cette mer de sable semblable à une île dont la base n'a pas moins de 10 myriamètres de chaque côté, et qui atteint une altitude telle que ses habitants, les Touaregs ou Touariks, sont obligés l'hiver de se couvrir de vêtements de laine doublés de fourrure. A ce propos donnons quelques détails sur cette tribu, qui il y a deux ans envoyait à Alger des députés chargés d'établir avec la France des relations de commerce et de bonne amitié. Les Touaregs, au nombre d'environ un million d'âmes, sont divisés en nombreuses tribus, les unes habitant des villes, dont Ghrât est la principale, d'autres des villages, d'autres enfin sous la tente. Comme tous les Kabyles, ils appartiennent à la race berbère, dont seuls ils ont conservé l'alphabet, remplacé dans tous les autres pays musulmans par l'alphabet arabe. C'est depuis quelques années seulement que cet alphabet berbère est connu des savants de l'Europe, qui n'ont pas hésité à reconnaître l'alphabet lybien. En découvrant au milieu de ces populations au teint bruni de belles jeunes filles blondes, aux yeux bleus, on est tenté de croire que le sang vandale a aussi passé par là. Quelle surprise d'ailleurs pour qui a médité d'avance toutes les peintures classiques du désert, ce mot dont on a trop abusé, que de trouver les Touaregs campés dans ce massif du Djebel-Hoggâr, dont les cimes, toujours humides, sont souvent couvertes de neige, et des flancs duquel s'échappent de nombreuses rivières aux bords ombragés, aux écumantes cascades, qui portent la fraîcheur et la fertilité dans ces jardins riches en légumes, dans des vergers où fleurissent les pommiers et les poiriers à l'ombre des dattiers!

En ce qui est des conditions géognostiques, la superficie du Saharâ central et occidental se compose en grande partie de couches régulièrement horizontales de grès d'un grain fin et de couleurs variées, constituant même les innombrables plateaux et les nombreuses montagnes à pic, ainsi qu'une grande partie du littoral. Dans le Saharâ oriental, au contraire, c'est la pierre calcaire qui domine dans une vaste étendue, comme continuation immédiate du terrain calcaire de l'Égypte, tantôt recouverte de sable seulement dans quelques endroits, tantôt formant des masses isolées de roches et des chaînes tout entières de montagnes, avec des gorges aux parois escarpées, des fondrières et des labyrinthes de la nature la plus bizarre. Dans la plus grande partie du Saharâ on ne rencontre nulle part de ruisseaux et de rivières coulant toute l'année, et il n'existe non plus de ruisseaux temporaires que là où ne manquent pas les pluies périodiques; mais le pays d'Ahir, par exemple, au sud-ouest du Fezzan, abonde en sources, qui quelquefois se transforment pendant plusieurs mois de l'année en torrents considérables, tandis que leur lit reste à sec les autres mois de l'année. En raison de la situation du Saharâ sur les deux côtés du tropique, la température du Saharâ est extrêmement incommode pendant la saison où les rayons du soleil y tombent perpendiculairement. Le pays de montagnes de Wadschunga et les monts Hoggâr sont peut-être les parties les plus froides. Du reste, pendant la plus grande partie de l'année le sol sablonneux et pierreux du Saharâ est vraiment brûlant; et vers le milieu de la journée le vent y apporte une chaleur étouffante, tandis que les nuits sont souvent très-froides. Ce refroidissement de l'atmosphère accompagné d'une abondante chute de rosée provient essentiellement du fort rayonnement du sol et de la pureté de l'air, qui souvent se raréfie tellement que les natures européennes y succombent à des attaques apoplectiques. Dans les régions septentrionales, ce sont les vents souvent violents du sud et du sud-est qui produisent un froid intense. Le plus dangereux de tous est le *samoum* ou *simoun*, qui transforme parfois le désert en une mer agitée. Pour les indigènes, qui mènent une vie extrêmement sobre, le climat du Sahara est généralement très-sain, comme le prouvent leur vigoureuse constitution et leur longévité, notamment parmi les tribus maures.

La flore du Sahara est des plus simples. Les forêts y sont rares. En fait de grands végétaux, le plus répandu est le dattier, surtout le palmier-dattier à la haute et svelte tige, aux élégants et verdoyants panaches. Dans toutes les oasis du Sahara, les plantations de palmiers forment de véritables forêts créées en entier de main d'homme. Sous leurs voûtes ondoyantes croissent les arbres les plus variés : figuiers, grenadiers, jujubiers, abricotiers, pêchers, entre lesquels serpentent en torsades gigantesques des vignes aux lourdes grappes noires. La faune montre des antilopes et des girafes; dans les régions arrosées, des singes, des lions, des lièvres et des renards. En fait d'animaux domestiques, il faut surtout mentionner le chameau, les bêtes à cornes, les chèvres, les moutons, le cheval et l'âne : ce dernier s'y rencontre aussi à l'état sauvage. Le Sahara est très-pauvre en produits minéraux : mais le sel y est répandu partout. La population forme trois grands groupes principaux, appartenant à la race arabe, à la race berbère et à la race tibbo, qui diffère complétement des deux autres. L'industrie n'est point étrangère à cette population, qui prépare des cuirs, confectionne des ouvrages de forgeron, fabrique des vêtements, des armes, des ustensiles de ménage, etc. Mais sa grande occupation est le commerce de caravanes, qui a pour objet le bétail, le sel, la gomme, la poudre d'or, les esclaves, l'ivoire et les céréales. Consultez le général Daumas, *Le Sahara algérien* (Paris, 1855) ; le même et Ausone de Chancel, *Itinéraire du Sahara au pays des Nègres*; le comte Escayrac de Lautour, *Le Désert et le Soudan*; Madinier, *Projet d'expédition dans l'Afrique centrale*.

SAHEL, nom d'un massif, en quelque sorte parallèle à l'Atlas, qui entoure Alger et vient border la régence du côté de la mer. La partie du Sahel sur le versant de laquelle est bâtie la ville d'Alger présente un système de collines très-régulier, sillonné par de nombreux cours d'eau, qui se déversent les uns dans la plaine au sud, les autres dans la Méditerranée au nord. Le point culminant de cette petite chaîne est le Bou-Zarcah, élevé de 400 mètres au-dessus du niveau de la mer. Ce massif, couvert dans le voisinage de la ville d'habitations agréables, où des sources abondantes entretiennent la fraîcheur et une végétation active, ne présente pas un aspect aussi riant sur ses sommités : le terrain y est sec, pierreux, et couvert de broussailles peu élevées; les ravins au contraire, lorsqu'ils sont arrosés par quelques cours d'eau, sont boisés, et deviennent susceptibles d'une grande fertilité. Le principal cours d'eau auquel ce massif donne naissance est l'Oued-el-Kerna.

D'Alger le Sahel s'étend à l'est jusqu'au 1° 5' de long. orientale, au delà du cap Matifoux, qui en est la prolongation, et à l'ouest jusqu'à Teffesad, bien au delà du cap de Sidi-Ferruch, près de l'embouchure de l'Oued-Gourmat, par 0° 5' de longitude orientale. Sur ces deux points le Sahel se réunit au petit Atlas, qui avance les deux cornes de son croissant vers la mer ; et ces deux chaînes de montagnes laissent entre elles un vaste espace libre, qui forme la plaine de la Mitidja. Le Sahel, bordant la mer, est percé en plusieurs endroits, pour laisser passer les cours d'eau qui arrosent la Mitidja. C'est ainsi qu'il s'ouvre pour faire passage au Mazafran, à l'Haratche et à l'Hamize. Indépendamment d'Alger, la ville de Coléah est aussi bâtie sur le Sahel.

SAHLITE, espèce ou plutôt variété de pyroxène à base de chaux et de magnésie, renfermant du protoxyde de fer en quantité suffisante pour lui communiquer une teinte d'un vert plus ou moins foncé. Elle est en cristaux plus ou moins volumineux, en masses grenues. On distingue plusieurs sous-variétés de sahlite, qui toutes fondent aisément en un verre de couleur sombre : les principales sont la *coccolithe*, la *malacolithe verte*, le *pyrgome*, la *baïkalithe*, l'*omphacite*, etc.

SAID, nom arabe de la haute Égypte, région qui commence à quelques myriamètres au-dessus du Caire et s'étend jusqu'à la première cataracte.

SAIE, vêtement gaulois et romain (*voyez* SAGUM).

SAIGNÉE, petite opération de chirurgie par laquelle on extrait des vaisseaux une quantité de sang déterminée. La saignée reçoit différents noms, suivant le genre de vaisseaux auxquels elle s'applique : elle est dite *générale* lorsque, par la section des gros vaisseaux, on a pour but de diminuer la masse du sang. La saignée générale se subdivise en *artériotomie*, ou section des artères, et en *phlébotomie*, ou section des veines. La saignée dite *locale* s'applique aux petits vaisseaux, ou capillaires, ordinairement dans le but de dégorger localement certaines parties du sang qui les obstrue, ce qu'on obtient au moyen des *sangsues* ou des *scarifications*. La saignée locale peut s'appliquer à toutes les parties accessibles aux instruments, soit cutanées, soit muqueuses ; la saignée générale ne peut être pratiquée que sur quelques vaisseaux superficiels, comme l'artère temporale, les veines de l'avant-bras, du pied, etc. Nous nous bornerons à donner ici une idée de la *phlébotomie*, comme étant la plus usitée. On pratique ordinairement au pli du bras qu'on la pratique, et c'est généralement le bras gauche qu'on préfère, comme celui dont le malade fait le moins usage, lorsqu'il n'est pas gaucher. Il existe au pli de l'articulation du bras avec l'avant-bras deux veines superficielles formant un angle ouvert en haut : ce sont les *médianes*, dont l'externe est dite *céphalique* et l'interne *basilique* ; celle-ci est d'ordinaire la plus apparente et la plus facile à ouvrir, mais elle recouvre l'artère brachiale, et les chirurgiens prudents s'abstiennent de la piquer, de peur d'atteindre cette artère et d'occasionner un accident quelquefois mortel et toujours grave. Pour faciliter le gonflement, et par suite la ponction de la veine, on place à un pouce ou deux au-dessus du point où l'on veut piquer, une ligature de toile ou de drap serrée de manière à s'opposer à l'ascension du sang veineux. Chez les personnes douées d'embonpoint, particulièrement chez les femmes, il est souvent difficile de rendre les veines apparentes, et alors on est obligé de s'en rapporter au toucher, qui découvre plus ou moins profondément la veine, formant un cordon qui roule sous le doigt. L'opérateur armé d'une lancette, dont la forme peut varier, et que peut remplacer, au besoin, un instrument tranchant ou piquant, quel qu'il soit, l'opérateur enfonce plus ou moins profondément la pointe de l'instrument sur le trajet du vaisseau qu'il a fixé au-dessous de la ligature avec le pouce de l'autre main. La résistance vaincue et le jet du sang annoncent que la veine est ouverte. Ce sang jaillit en arcade où s'échappe en bavant ; on favorise son issue en frottant le membre malade ou le corps résistant à rouler en passant dans ses doigts. Le liquide est reçu dans un vase jusqu'à concurrence de la quantité voulue, quantité qui peut varier de quelques onces à plusieurs livres. Si l'ouverture ne fournit pas suffisamment, on peut en faire une autre. Si le malade tombe en syncope, il faut suspendre l'écoulement et faire coucher le patient, qui revient de lui-même ou à l'aide de quelques moyens usités en pareils cas. Pour arrêter le sang, on place sur l'ouverture de la veine d'abord le doigt, puis une petite compresse maintenue à l'aide d'une bande appliquée en 8 de chiffre, et l'opération est terminée. Toute simple qu'elle est, cette opération n'est pas sans danger : nous avons parlé de la blessure de l'artère ; nous rappellerons ici l'inflammation de la veine, ou *phlébite*, qui souvent est mortelle.

La saignée convient dans la plupart des affections auxquelles sont sujets les individus jeunes, vigoureux ou plé-

42.

thoriques. Elle convient dans les affections dites inflammatoires, fluxionnaires, hémorrhagiques, etc. Une saignée faite mal à propos produit moins de mal qu'une saignée omise lorsqu'elle est nécessaire. Le préjugé populaire qui presque partout existe contre la saignée est une des erreurs les plus funestes à l'humanité. Néanmoins, il est des cas qui excluent formellement la saignée ; et c'est toujours au médecin instruit qu'il appartient de décider de l'opportunité, de l'espèce, de la quantité des saignées, selon les individus, les circonstances, le genre de maladie, etc., toutes particularités importantes et décisives que lui seul peut apprécier.

En agriculture, le mot *saignée* s'emploie comme synonyme de *rigole*, pratiquée dans le but de détourner l'eau d'un ruisseau, ou pour opérer le dessèchement d'un lac, d'un marais. etc. Forget.

SAIGNEMENT DE NEZ. *Voyez* Epistaxis.
SAIGNER, faire une saignée, perdre du sang (*voyez* Hémorrhagie). Les puristes ont discuté pour savoir s'il convenait de dire *saigner du nez* ou *saigner au nez* ; la première locution ayant une signification métaphorique et injurieuse, ils se sont décidés pour la seconde lorsqu'il s'agit de l'hémorrhagie nasale, réservant l'autre pour exprimer le manque de courage.

SAÏKOF. *Voyez* Japon.
SAMA ou **SAIMEN**, l'un des plus vastes lacs qu'il y ait en Russie, situé dans la grande-principauté de Finlande, et formant avec plusieurs autres immenses nappes d'eau qui viennent s'y déverser ou qui en proviennent une suite non interrompue de lacs sur une étendue de 16 myriamètres de large et d'environ 56 de long. Il va lui-même, au moyen du Wuoxen, qui lui sert de chenal, déverser ses eaux dans le lac Ladoga. On n'évalue pas sa superficie à moins de 35 myriamètres carrés. Il s'y trouve un grand nombre d'îles, inhabitées pour la plupart, ou bien ne contenant que quelques chétives cabanes. Dans l'une de ces îles, appelée *Taipalsari*, et dont la population est d'environ 500 âmes, la chasse aux loutres se fait sur une large échelle.

SAÏMIRI. *Voyez* Singe.
SAIN-BOIS. *Voyez* Daphné.
SAINDOUX. *Voyez* Axonge.
SAINÈTES. Quelques auteurs espagnols n'ont acquis de la réputation que grâce à des compositions de ce genre, par exemple Louis Quinones de Benavente (*Joco-Seria*, 1653), le premier qui donna aux divertissements joués après la pièce principale ce nom de *sainetes* (signifiant au propre *sauce, assaisounement*), qui remplaça plus tard complètement celui d'*entremés*, sans que la nature même de ces pièces s'en trouvât en rien modifiée. Les *sainètes* sont demeurées en usage jusque aujourd'hui, et les auteurs contemporains qui se sont le plus distingués dans ce genre sont Ramon de la Cruz (*Colleccion de Sainetes*; 2 vol. Madrid, 1843) et Juan Ignacio Gonzalez del Castillo.

SAINFOIN, plante de la diadelphie-décandrie, et de la famille des légumineuses, qui forme un genre nombreux, dont les espèces pourraient servir pour la plupart de nourriture aux bestiaux ; deux seulement sont cultivées en France pour cet objet. Les sainfoins ont un calice à cinq divisions, une corolle papilionacée, à étendard pointu et réfléchi, à ailes étroites, à carène transversalement obtuse, dix étamines, un ovaire supérieur, oblong, terminé par un style en alène et recourbé, une gousse droite formée d'articulations orbiculaires et comprimées, à une seule semence.

Le sainfoin commun (*esparcette*), originaire des montagnes calcaires de l'Europe méridionale, a la racine vivace, pivotante ; les tiges droites, hautes de 50 à 65 centimètres, les feuilles alternes pennées ; les fleurs rougeâtres, striées, en épis, à l'extrémité de longs pédoncules axillaires. Une qualité qui doit le recommander au cultivateur, c'est qu'il donne un excellent fourrage et réussit dans les terrains les plus arides, dans les sols crayeux et même dans les craies pures, si ingrates à tout autre genre de culture, dans les sables et même dans les terrains argileux ; à volume égal, il nourrit plus que le trèfle et la luzerne. Il dure de dix à quinze ans, sans exiger beaucoup de soins ; la suie, les cendres et le plâtre sont les engrais qui lui conviennent le mieux. On le sème en mars, sur une terre préparée par des labours profonds. Comme les autres fourrages des prairies artificielles, il est confié à la terre avec l'orge, l'avoine, le seigle ou le blé. La première année le sainfoin ne se coupe pas, mais les années suivantes il produit de trois à cinq récoltes, suivant l'abondance plus ou moins grande des pluies ; et dans les lieux où il peut être arrosé il en donne toujours plus de trois.

Le sainfoin d'Espagne, de plus grande proportion que le précédent, est cultivé dans les jardins en France pour ses belles fleurs ; il croît naturellement en Espagne, en Italie, à Malte, etc., et il y est cultivé comme fourrage ; on le sème aussi pour cet objet dans quelques-uns de nos départements du midi, mais il y souffre des gelées.

Le sainfoin alhagi, originaire de la Syrie, de la Perse et de la Tatarie, est un arbuste de trois pieds, dont les rameaux et les feuilles sont chargés d'une matière grasse, onctueuse, qui condensée par la fraîcheur de la nuit se réduit en graine, que l'on appelle *manne d'alhagi*, substance comestible.

Le sainfoin oscillant, originaire des bords du Gange, doit son nom au mouvement presque continuel d'oscillation dont ses folioles latérales sont douées ; on ne peut le conserver qu'en serre chaude dans le climat de Paris.
P. Gaubert.

SAINT, SAINTETÉ (du latin *sanctus*). Ces mots indiquent le caractère de ce qui est essentiellement pur, parfait, exempt de vices, de toutes souillures. Dans un sens absolu, ils ne conviennent qu'à Dieu, mais on les a étendus aux hommes d'une vie tout à fait exemplaire, irréprochable et approchant autant que possible, par une pratique rigoureuse de vertus bien comprises, du caractère de la divinité : c'est dans ce sens qu'il faut entendre les saints de l'ancienne et de la nouvelle loi. Quelques personnes, entre autres divers Pères de l'Église, ont d'ailleurs confondu à tort les mots *sainteté* et *béatitude*; l'un exprime le caractère de l'être à qui convient le mot *saint*; l'autre, le résultat ou l'effet de ce caractère dans le ciel, c'est-à-dire le genre de bonheur, inconcevable pour nous, qui est réservé après la mort à celui qui a vécu dans un caractère de sainteté. La béatitude céleste est le fruit ou plutôt la récompense de la sainteté sur la terre, et il n'y a entre ces mots d'autres rapports que ceux qui peuvent exister entre la cause et l'effet.

Les mots *saint* ou *sainteté*, qui suivant Pasquier se donnèrent d'abord à tous ceux qui vivaient dévotement, furent ensuite spécialement réservés aux évêques : on les donnait même aux rois, et ils ont fini par rester en propre aux papes, au moins depuis le quatorzième siècle.

Les Juifs appelaient *Saint des Saints* la partie du temple de Jérusalem regardée comme plus sacrée que les autres, parce qu'on y mettait l'arche d'alliance ; le grand-sacrificateur y entrait seul, et seulement une fois par an, au jour de l'expiation solennelle.

Le mot *saint*, qui s'emploie aussi par extension en parlant de choses dignes de beaucoup de respect, a donné lieu à un grand nombre de locutions figurées et proverbiales. *Ne savoir à quel saint se vouer*, c'est n'avoir plus aucune espèce de ressource ; *Le saint du jour* est l'homme en faveur auprès du souverain, ou bien *l'homme à la mode*; *Prêcher pour son saint*, c'est vanter quelque chose dans des vues d'intérêt personnel ; *Il faut mieux s'adresser à Dieu qu'à ses saints*, veut dire qu'il vaut mieux s'adresser au chef qu'à ses subordonnés.

SAINT-ACHEUL, ancienne abbaye de Picardie, située à peu de distance d'Amiens, et où pendant la Restauration les jésuites, déguisés en *Pères de la foi*, tinrent un collége fameux, qui année commune ne contenait pas moins de six cents élèves. On ne devra pas s'en étonner quand on saura que cette jésuitière était une des pépinières où le gouvernement allait recruter ses fonctionnaires publics, et que le titre d'ancien élève de Saint-Acheul était à ses yeux la plus puissante et la plus sûre des recommandations. L'opinion libérale demandait avec raison qu'application des lois du royaume fût faite aux jésuites, et que leur maison de Saint-Acheul, restée non soumise à l'université et à sa surveillance, sous la dénomination si élastique de *petit séminaire*, rentrât sous le régime commun ou bien fût uniquement consacrée, comme séminaire, à élever et former des prêtres. Mais toutes les réclamations échouèrent contre la volonté de la camarilla de Charles X; et il ne fallut pas moins que la révolution de Juillet pour faire fermer la maison de Saint-Acheul et forcer les jésuites à respecter les lois.

SAINT-AFRIQUE. *Voyez* AVEYRON.

SAINT-AIGNAN. *Voyez* LOIR-ET-CHER (Département de).

SAINT-AIGNAN (Famille BEAUVILLIERS DE). La maison de Beauvilliers, d'ancienne chevalerie du pays Chartrain, tirait son nom d'une paroisse assez considérable, située à seize kilomètres de Chartres. Des diverses branches qu'elle a produites, la plus illustre, et la seule qui se soit perpétuée jusqu'à nos jours, est celle qui était devenue ducale de *Saint-Aignan*, par érection de ce duché-pairie au mois de décembre 1663.

François DE BEAUVILLIERS, premier duc de Saint-Aignan, pair de France, membre de l'Académie Française, né en 1610, était fils, petit-fils et arrière-petit-fils de gentilshommes ordinaires de la chambre du roi. Il servit en 1634 et 1635 en qualité de capitaine d'une compagnie de chevau-légers dans l'armée d'Allemagne, commandée par le cardinal de La Valette. Pendant les troubles de la Fronde, il suivit le parti du roi, lui amena 400 gentilshommes, et fut nommé gouverneur du Berry lors de la détention du prince de Condé. Créé lieutenant général en 1656, il obtint l'érection du comté de Saint-Aignan en duché-pairie par lettres patentes de 1663, et fut pourvu l'année suivante de la lieutenance générale de la ville et de la citadelle du Havre et des forts qui en dépendaient. Il se démit de son duché-pairie en faveur de son fils, en 1679, mais le roi lui accorda un brevet pour en conserver les honneurs. Dans les loisirs de la paix, il protégea les lettres et les cultiva avec succès. Scarron, Corneille, Racine, se glorifièrent de sa bienveillance, et l'Académie Française, reconnaissante, l'appela dans son sein. Il mourut à Paris, le 16 juin 1687.

SAINT-AIGNAN (PAUL DE BEAUVILLIERS, duc DE), plus connu sous le nom de duc *de Beauvilliers*, naquit en 1648. Louis XIV, qui l'honorait d'une estime particulière, lui donna, en 1685, la charge de président du conseil royal des finances, vacante par la mort du maréchal de Villeroy. Quand le dauphin quitta la cour, en 1688, pour faire ses premières armes et diriger, sous la conduite de Vauban, les opérations du siége de Philippsbourg, le duc de Saint-Aignan accompagna le jeune prince en qualité de mentor. L'année suivante il fut nommé gouverneur de la personne et surintendant de la maison du duc de Bourgogne, et fit tomber le choix du roi pour la place de précepteur du prince sur Fénelon, dont il se montra toujours le plus ardent protecteur. Nommé ministre d'État, en 1691, il prit dès lors une part active à la gestion des affaires politiques, et la conserva jusqu'à la mort de son ancien élève, le duc de Bourgogne. Le chagrin qu'il éprouva de la perte de ce prince et des infirmités prématurées portèrent à sa santé de graves atteintes, auxquelles il succomba le 31 août 1714. Ses quatre fils étaient morts avant lui, sans laisser de postérité.

SAINT-AIGNAN (PAUL-HIPPOLYTE DE BEAUVILLIERS, duc DE), frère consanguin du précédent, né le 25 novembre 1684, fit de 1702 à 1714 toutes les campagnes de Hollande et d'Allemagne, et reçut en 1730 les fonctions d'ambassadeur de France à la cour de Rome. L'Académie Française l'appela en 1717 à occuper le fauteuil vacant par la mort de Boivin, et cinq ans après il fut nommé membre honoraire de l'Académie des Inscriptions. Il mourut au mois de janvier 1776.

SAINT-AIGNAN (PAUL-LOUIS DE BEAUVILLIERS, comte DE), fils puîné du précédent, né le 8 novembre 1711, fut titré duc *de Beauvilliers* après la mort de son frère aîné, en 1742, et périt à la bataille de Rossbach, en 1757.

SAINT-AIGNAN (CHARLES-PAUL-FRANÇOIS DE BEAUVILLIERS, *comte de Buzançais*, duc DE), fils du précédent, né en 1746, fut mis, le 28 juin 1765, en possession de la grandesse d'Espagne, dont avait été pourvu, en 1701, Paul de Beauvilliers, son grand-oncle, gouverneur de Philippe V. Cette grandesse fut attachée à la possession de la terre de Buzançais. Émigré avec son neveu, auquel il succéda peu de temps après dans le titre de duc de Saint-Aignan, il fut créé pair de France le 4 juin 1814, et mis à la retraite comme lieutenant général. Il est mort en 1828, sans laisser d'héritier de sa pairie. C'était le dernier rejeton de la maison de Beauvilliers de Saint-Aignan, aujourd'hui complétement éteinte.

Le comte de *Saint-Aignan*, longtemps préfet de Lille sous Louis-Philippe, qui l'avait nommé pair de France en 1837, est issu d'une famille bourgeoise de Normandie, qu'il ne faut pas confondre avec la maison ducale de Beauvilliers.

SAINT-ALBANS, petite ville du comté de Hertford en Angleterre, remarquable par son antiquité et sa célèbre abbaye, assez bien conservée.

SAINT-ALDEGONDE (Le sire de). *Voyez* MARNIX (Philippe de).

SAINT-ALLYRE, nom d'une célèbre source pétrifiante, située près de Clermont, en Auvergne. Elle forme un petit ruisseau, qui, coulant à travers des jardins, dépose au fond de son canal les sédiments calcaires ferrugineux qu'il charrie, et, en y transposant sans cesse de nouvelles couches, l'exhausse peu à peu jusqu'à ce qu'il soit de niveau avec la source : alors, si l'on ne change la direction des eaux, elles finissent par se répandre, faute de pente pour s'écouler. Ces dépôts se consolident au fur et à mesure; et, pour ne pas voir leurs jardins entièrement pétrifiés, les propriétaires font couler le ruisseau tantôt d'un côté, tantôt d'un autre, en détruisant les concrétions à mesure qu'elles se forment. On a laissé une seule fois arriver la pétrification à son dernier degré, pour former sans frais une séparation entre deux jardins. Il en est résulté un mur de 80 mètres de long, qui, conservant son niveau sur son terrain incliné, paraît à l'une de ses extrémités sortir de terre, tandis qu'à l'autre il a 3^m 33 de hauteur, par une largeur qui, croissant graduellement, finit par avoir 4^m. C'est à cette dernière extrémité qu'est le pont de stalactite si improprement appelé *pont de pierre*. À bien dire l'eau de Saint-Allyre ne *pétrifie pas*, mais dépose un suc pierreux, qui se fixe en incrustations. Ces eaux ne recouvrent, en fort peu de temps, tout ce qu'on leur présente; les jardiniers construisent, dans les endroits où ce ruisseau forme des chutes, de petites cabanes fermées, où ils placent des fruits, des oiseaux et diverses autres substances, pour les soumettre à l'incrustation et les vendre ensuite aux amateurs. Pour une grappe de raisin bien vermeille, on vous rend une grappe de pierre jaunâtre; pour un beau chou vert, un légume qui semble sculpté avec le plus grand soin dans une masse solide de pierre. Cette eau, qui renferme les éléments de la roche calcaire, est très-claire et très-bonne à boire.

SAINT-AMAND-LES-EAUX, ville de France, chef-lieu de canton du département du Nord, à 13 kilomètres au nord-est de Valenciennes, sur la rive gauche de la Scarpe, avec 9,527 habitants, un collége, une typographie, des sources et boues thermales et des bains très-fréquentés. C'est le centre de la culture du lin pour les toiles batistes. L'industrie y est active, et consiste dans la fabrication de la bonneterie de laine, des toiles, des cotonnades, des huiles de grains, des savons, des eaux-de-vie de grains, des cuirs, de la porcelaine *façon de Tournay*, de la faïence, de la clouterie, des cordes et cordages, dans la construction des bateaux, etc.; on y trouve des filatures de coton et de fil à dentelle, des brasseries, des raffineries de sel et de salpêtre. Il s'y fait un commerce de grains, chanvre, lin, fil de lin et de chanvre, laine. On y voit de beaux restes d'une abbaye de bénédictions fondée dès le septième siècle.

[Les eaux de Saint-Amand étaient connues et fréquentées par les Romains, ainsi qu'en ont porté témoignage les statues colossales de plus de quatre mètres qu'y découvrirent des mineurs du roi Louis XIV, en 1698, de même que des médailles et un petit autel en bronze retraçant en relief l'histoire de Romulus et de Rémus.

On trouve là quatre sources : 1° la fontaine Rouillon, 2° la fontaine du Pavillon ruiné, 3° la Petite Fontaine, 4° la fontaine de l'Évêque d'Arras. On évalue à 80 mètres la profondeur du réservoir commun de ces fontaines; mais nous le croyons beaucoup plus profond, d'après la température de l'eau minérale, qui est de 24 à 25° centigr.; cela suppose effectivement environ 450 mètres de profondeur. Ces eaux sont peu sulfureuses ; un litre d'eau minérale ne renferme guère que 1 milligramme de soufre, et 2 grammes en tout de principes fixes, où la chaux et la magnésie jouent le rôle principal.

A Saint-Amand on se baigne partout, et presque exclusivement dans des boues, dont on élève la température au moyen de sables chauffés dans des fours. Il existe dans l'établissement soixante-dix loges à boue, et près de là des cabinets de bain où l'on se nettoie. Chacun a sa loge et son bain. C'est un traitement qui a souvent amélioré des rhumatismes, remédié à des entorses, à des foulures, à des coxalgies et des tumeurs blanches; guéri des ulcères, et même amendé des paralysies saturnines ou rhumatismales ; mais qui échoue fréquemment, comme d'autres eaux, dans les paralysies du fait du cerveau ou de la moëlle épinière.   Isid. BOURDON.]

SAINT-AMAND-MONT-ROND. *Voyez* CHER (Département du).

SAINT-AMANT (MARC-ANTOINE DE GÉRARD DE) est une des nombreuses victimes de Boileau ; je sais qu'il n'est pas facile de relever ceux qu'il a frappés, et que les morts de sa main sont bien morts. Toutefois, Boileau a trop chargé la misère et l'extravagance de Saint-Amant; il a pris à son égard des licences poétiques que l'impartialité de l'histoire doit relever. Ne croirait-on pas, sur la foi de Boileau, que Saint-Amant vécut déguenillé, qu'il se reput de l'air du temps, et qu'au lieu de reposer dans un lit, il était réduit à percher et à dormir à la belle étoile. Quoique, malgré l'autorité du satirique, Saint-Amant ne fut pas si malheureux ; il suffira pour s'en convaincre de jeter un coup d'œil sur sa vie.

Marc-Antoine de GÉRARD était né à Rouen ; il prit le nom de sieur de *Saint-Amant*, sans doute parce qu'il était né dans le voisinage de Saint-Amant. Sa naissance était médiocre, mais il put porter sans contestation le titre d'*écuyer*. Il fit partie de la maison du duc de Retz, et plus tard on le vit attaché au coadjuteur, chez lequel on ne jeûnait guère; peut-être fit-il une fois maigre chère, car nous savons qu'il a dîné chez Chapelain. Mais il aimait les bons repas, et il en faisait habituellement. En 1645, lorsque Louise-Marie de Gonzague fut épousée par Uladislas, roi de Pologne, Saint-Amant alla la rejoindre. Ce fut la plus brillante époque de sa fortune; il toucha de bons appointements, fut fait conseiller d'État de la reine et gentilhomme de sa chambre. Il la représenta au couronnement de la reine de Suède. Dans ces pays du Nord, pays de bonne chère et d'ivrognerie, Saint-Amant était sur son terrain, dans son élément véritable. A son retour en France, sa santé s'altéra; l'instrument qu'il avait forcé perdit son ressort et sa puissance. Lorsque son estomac fut dérangé, Saint-Amant se rangea ; il devint sobre par nécessité de régime; on crut que c'était par détresse. La reine de Pologne ne cessa pas de fournir à ses besoins. Saint-Amant était de l'Académie : ce n'est pas dans cette docte compagnie qu'on meurt de faim.

Sa destinée comme poète n'est pas plus misérable, et il obtint au delà de ses mérites. Sans jamais s'être fatigué par l'étude, sans avoir senti la férule, comme il le dit, il réussit à se faire un nom par quelques pièces qui se distinguaient des productions contemporaines par la franchise du tour et le ton de la mauvaise compagnie qu'il fréquentait. Avec ce léger bagage, il entra à l'Académie ; de quoi peut-il se plaindre ? On voit que Boileau a fait un portrait de fantaisie.

Saint-Amant n'a de commun avec Scudéri qu'un excessif amour-propre et sa qualité d'académicien ; Scudéri est *classique*, Saint-Amant est *romantique*. Saint-Amant avait de la verve, mais il manquait de goût et d'étude : son talent s'épuisa vite, faute de règle et d'aliment. Il réussit, dans sa jeunesse, dans les sujets badins et cyniques ; mais lorsqu'il voulut aborder la poésie sérieuse, il échoua complétement.

La première et la meilleure de ses pièces est *La Solitude*. Elle est entachée de mauvais goût, le sentiment qui l'inspire n'est ni profond ni sincère ; mais elle porte les traces d'un talent véritable. Ce qui la dépare, c'est un mélange de sentiments et d'images contradictoires : la noblesse ou la grâce, lorsqu'elles s'y rencontrent, ne se soutiennent pas, et l'imagination est bientôt blessée par une image repoussante, ou le goût par un trait vulgaire et disparate. C'est ainsi qu'après avoir décrit les bords d'un marais, où les nymphes vont chercher le frais et se fournir de pipeaux, de joncs et de glais, il ajoute brusquement :

On y voit sauter les grenouilles,
Qui, de frayeur, se vont cacher
Sitôt qu'on les veut approcher;

et que, dans la même pièce, il nous montre branlant aux branches d'un arbre

Le squelette horrible
D'un pauvre amant qui se pendit.

Le ridicule et l'horrible ne sont admissibles que suivant la théorie récente, qui veut que le laid soit une partie du beau.

Le triomphe de Saint-Amant est dans la peinture de ses parties de débauche et de ripaille, où il était si bon acteur. Tantôt il se représente assis « sur un fagot, une pipe à la main », par Saint-Amant fut le premier fumeur entre les gens de lettres; tantôt il décrit ses transports dans une orgie où lui et ses amis se crèveront (*voyez* dans les œuvres de Saint-Amant la pièce intitulée *Crevaille*) de manger et de boire; tantôt il exhale comiquement sa fureur contre Évreux, ville maudite, où il n'a pu trouver à se désaltérer, et il s'écrie :

O bon ivrogne ! ô cher Faret !
Qu'avec raison tu t'a mépris !
On y voit bien des églises,
Et pas un pauvre cabaret.

Disons en passant que Faret n'a pas mérité ce renom d'ivrogne dont lui donna l'amitié de Saint-Amant, que l'auteur du roman de *L'Honnête homme* n'avait de commun avec le cabaret que la consonnance de son nom. C'est surtout dans les pièces de ce genre que se révèle l'originalité du talent de Saint-Amant. Sa *Rome ridicule*, qu'il composa pendant un voyage en Italie, prouve aussi sa vocation pour la satire. Il céda, comme un grand nombre de ses contemporains, à la manie des pointes. Ces traits de mauvais goût ne sont que des peccadilles au prix du *Moïse sauvé*, qui est le véritable crime littéraire de Saint-Amant. C'est de ce péché capital qu'il fut surtout repris par Boileau. Quelle insolence en effet n'était-ce pas à un poète de cabaret, encore ivre des fumées du vin et du tabac, d'aborder le sanctuaire et de se rendre à la Bible!

Le profanateur en fut cruellement puni. Son poëme est mal composé et plus mal écrit. L'auteur est toujours dans le passé ou dans l'avenir. Il paraît que pour se délasser de ses débauches et se réconcilier avec l'Église il avait rimé, sans dessein arrêté, quelques chapitres des livres saints, et qu'il ne s'avisa que plus tard d'en former un ensemble ; mais de maladroites sutures ne donnèrent pas à l'œuvre l'unité qui manquait au plan : aussi le *Moïse* n'est-il qu'un poëme à tiroirs, sans action et sans intérêt. Quant au style, c'est pis encore. La langue noble est pour Saint-Amant un idiome,

Un gracieux amas de couleurs différentes,
Dont le lustre s'unit aux grâces odorantes ;

il se gardera bien de nommer l'éléphant, mais il dira en quatre vers bouffis, qui veulent être pompeux :

Le puissant animal de qui l'insigne gloire
Ne gît pas seulement dans ses armes d'ivoire,
Mais en sa trompe agile ou plutôt dans sa main,
Et plus encor que tout, en ce qu'il a d'humain.

Brouter, c'est « tondre le riche émail qui fleurit sur le vert » ; l'appétit devient « l'envie de toucher son palais des soutiens de la vie ». Il appelle les poissons « des rapides muets », et les hirondelles « les petits précurseurs de la saison plaisante ». Je pourrais citer mille exemples de ce genre non moins ridicules que les précédents. J'avouerai cependant qu'il a rencontré par miracle une dixaine de vers élégants et nobles, qu'il met dans la bouche de Jocabed, lorsqu'elle livra aux flots du Nil le berceau de son fils, et que, par un nouveau prodige, ces vers sont l'écho d'une touchante élégie de Simonide, que certes Saint-Amant ne connaissait pas.

Sans ce malencontreux essai de poésie héroïque, Saint-Amant aurait échappé au ridicule qui couvre aujourd'hui son nom. Il était homme de cabaret ; il devait y rester, et ne pas diriger vers la sainte demeure sa muse avinée et barbouillée de lie.   GÉRUZEZ.

SAINT-ANDRÉ (Ordre de). *Voyez* ANDRÉ (Ordre de Saint-).

SAINT ANDRÉ (JACQUES D'ALBON, marquis de *Fronsac*, maréchal DE) descendait d'une ancienne famille du Lyonnais. Henri II, qui l'avait connu étant dauphin, et qui n'avait pu le connaître sans l'aimer, tant à cause de sa valeur que des agréments de son caractère, le fit maréchal de France en 1547, et premier gentilhomme de sa chambre. Il avait donné des preuves de son courage au siége de Boulogne et à la bataille de Cerisoles, en 1544. François de Bourbon, comte d'Enghien, qui commandait l'armée, jaloux des louanges qu'on donnait à la bravoure de Saint-André, acharné à poursuivre les ennemis, dit à ses officiers : « Qu'on le fasse retirer, ou qu'on me permette de le suivre. » Le maréchal s'illustra encore plus en Champagne, où il eut le commandement de l'armée en 1552 et 1554. Il emporta d'assaut part à la prise de Mariembourg ; il ruina Château-Cambrésis, et se couvrit de gloire à la retraite du Quesnoy. Il se distingua à la bataille de Renti, mais fut moins heureux à celle de Saint-Quentin, en 1557, où il fut fait prisonnier. Il contribua beaucoup à la paix de Câteau-Cambrésis. Le maréchal, sur la fin de ses jours, se jeta dans le parti des Guises, et combattit avec eux en 1562, à la bataille de Dreux, où il fut tué, d'un coup de pistolet, par un nommé Robigny de Mézières, qu'il avait eu autrefois à son service et envers lequel il avait mal agi. Adonné à tous les plaisirs, le maréchal de Saint-André n'en était pas moins un jour de bataille capitaine et soldat. Il fut un des triumvirs qui, après la mort de Henri II, furent pendant quatre ou cinq ans les maîtres du gouvernement malgré Catherine de Médicis.

SAINT-ANGE (Château), à Rome, vieil édifice de forme circulaire transformé en citadelle par le pape Alexandre VI, depuis la fin du quinzième siècle ; on y arrive par un pont jeté sur le Tibre. L'empereur Adrien l'avait construit primitivement pour lui servir de tombeau ; de là son nom latin de *Moles Adriana*. Il était entouré de statues ; une d'entre elles, connue sous la désignation de *Faune en-*

dormi, fut trouvée, sous le pontificat d'Urbain VII, enfouie dans les fossés du château, et a été depuis placée dans le palais Barberini. La tombe de l'empereur était toute en porphyre. Innocent III décida qu'elle lui servirait après sa mort, et on l'admire aujourd'hui dans l'église de Saint-Jean de Latran. Crescentius se retrancha en l'an 985 contre l'empereur Othon III dans la *Moles Adriana*, qui depuis porta le nom de *Turris Crescentii*. La dénomination actuelle de *Château de Saint-Ange* provient d'une statue d'ange en bronze, d'après le modèle de Pierre Verschaffelt, de Gand, que le pape Benoît XIV fit placer sur le faîte de l'édifice.

SAINT-ANGE (N.... FARIAU DE), littérateur estimable, qui professa longtemps l'éloquence et la poésie aux écoles centrales de Paris, était né à Blois, en 1752, et mourut à Paris, en 1810. On a de lui une traduction en vers des *Métamorphoses* d'Ovide, dont la première édition parut en 1778, qui a été maintes fois réimprimée depuis, et qui lui assure une place honorable sur le Parnasse français. En 1774 il avait concouru pour le prix de l'Académie, et avait envoyé au concours une *Épître à Daphné*, où l'on remarque de beaux vers. Il traduisit aussi le commencement de l'*Iliade* et quelques romans anglais. Il s'essaya également sur le théâtre, et donna en 1782 une *École des Pères*, qui obtint un succès d'estime.

Son fils appartient depuis longtemps à la rédaction du *Journal des Débats*, où ses articles militaires et ses appréciations stratégiques font autorité. Ce sont là de ces matières sur lesquelles il a droit de parler. Il a combattu en effet dans les rangs de notre vieille armée, et il a mérité en 1813 d'être décoré sur-le-champ de bataille même de Leipzig.

SAINT-ARNAUD (LE ROY de), maréchal de France. *Voyez* ARNAUD (LE Roy de Saint-).

SAINT-AUBIN-DU-CORMIER, chef-lieu de canton du département d'Ille-et-Vilaine, à 18 kilomètres au sud-ouest de Fougères, avec une fabrication de toile, de boisselerie, de sabôterie et 1896 habitants. Saint-Aubin-du-Cormier doit son origine à un château construit, en 1223, par Pierre de Dreux, duc de Bretagne, et est célèbre par la bataille qui se livra sous ses murs entre l'armée royale, commandée par La Trémoille, et le dernier duc de Bretagne, François II. Le duc d'Orléans (depuis Louis XII) y fut fait prisonnier. Il ne reste plus du château que quelques pans de murailles et une tour très-élevée.

SAINT-AUGUSTIN. *Voyez* FLORIDE.

SAINT-AUGUSTIN (*Typographie*). *Voyez* CARACTÈRE.

SAINT-AULAIRE (Famille BEAUPOIL DE), originaire du Limousin et répandue en Périgord et en Saintonge, s'est partagée jusqu'à nos jours en quatre branches, dont deux ont pris le titre de *marquis* et les deux autres portent celui de *comte*. A la seconde branche appartient *Cosme-Joseph*, comte de SAINT-AULAIRE, lieutenant général, qui se dévoua au salut de la famille royale, le 6 octobre 1789, et servit les princes dans les campagnes de l'émigration. Créé grand'croix de Saint-Louis en 1815, il mourut en mars 1822, ne laissant qu'une fille, mariée au comte du Garreau. Leurs enfants furent autorisés, par ordonnance royale du 2 septembre 1814, à ajouter à leur nom celui de *Saint-Aulaire*.

Joseph de BEAUPOIL, marquis de Saint-Aulaire, né à Périgueux, en 1757, fut reçu page du roi à l'âge de quatorze ans. Il émigra en 1791, fit les campagnes des princes, et fut retraité avec le grade de chef d'escadron en 1817. Nommé pair de France au titre de *baron*, en 1819, le marquis de Saint-Aulaire siégea dans cette assemblée jusqu'à sa mort, arrivée en 1831.

Louis de BEAUPOIL, comte de Saint-Aulaire, fils unique du précédent, homme d'État et écrivain contemporain, naquit à Paris, en 1778. Il commençait ses études au collége Mazarin, quand éclata la révolution. Il l'accompagna pas son père dans l'émigration, et poursuivit ses études sous la tutelle de sa mère, restée en France, auprès de son aïeul ; ses progrès furent tels, qu'en 1794, lors de la formation de l'École Polytechnique, il fut jugé digne d'y être admis. Il avait seize ans. Il en sortit au bout de deux années, après avoir obtenu au concours la place d'ingénieur géographe. C'est dans ces modestes, mais utiles fonctions, que Napoléon, quand il ceignit la couronne impériale, l'alla prendre pour en faire un de ses chambellans. On sait quel faible l'empereur eut toujours pour cette ancienne noblesse, qui ne vit jamais en lui pourtant qu'un parvenu, sinon un usurpateur; et on ne s'étonnera pas dès lors qu'il se soit avisé d'attacher une de ses clefs de chambellan au derrière de l'habit d'un gentilhomme de bon aloi. Il ne faisait en cela que mettre en pratique la recette de la Cuisinière Bourgeoise : « Pour faire un civet de lièvre, prenez un lièvre. » Grâce d'ailleurs à sa naissance, M. de Saint-Aulaire avait déjà pu épouser la fille de M. de Montbarrey, ancien ministre de la guerre sous Louis XVI, dont la femme était alliée à la maison de Nassau-Saarbruck. Ce riche mariage le mettait tout à fait en position de faire une brillante figure à la nouvelle cour; et peut-être cette considération ne fut-elle point étrangère non plus à la détermination de Napoléon. En 1812 M. de Saint-Aulaire entra dans la carrière de la haute administration, et fut nommé préfet de la Meuse. La Restauration le surprit préfet à Toulouse, et l'y maintint. Quand survint l'épisode des cent jours, il donna sur-le-champ sa démission, en adressant à ses administrés une proclamation dont le parti réactionnaire lui fit un crime après les funérailles de Waterloo, parce qu'elle était empreinte d'un certain esprit de modération. M. de Saint-Aulaire ne fut donc point réintégré dans ses fonctions de préfet, comme on aurait pu le penser; mais il profita alors des bons souvenirs qu'il avait laissés dans le département de la Meuse pour s'y faire nommer député à la fameuse chambre introuvable, où il fit partie de la petite minorité qui essaya vainement de lutter contre les furieux de l'époque. Depuis lors jusqu'en 1822 il fut constamment réélu, et siégea toujours au centre gauche. En 1818 il maria à M. Decazes, ministre et favori de Louis XVIII, la fille unique issue de son premier mariage; et l'année suivante son gendre lui assura la pairie, en comprenant son père dans la fameuse fournée du 5 mars 1819. En 1826 il publia une *Histoire de la Fronde*. Cet ouvrage témoigne de solides études, et jette une vive lumière sur cet épisode si confus de l'histoire du dix-septième siècle; c'est un excellent guide à suivre pour bien saisir et comprendre les passions et les intérêts qui étaient alors en jeu. Le succès en eut cependant rien de bien retentissant; et quand quinze ans plus tard l'Académie y vit un titre suffisant pour justifier le choix qu'elle faisait de l'auteur pour siéger dans son sein, la critique persista à dire que c'était plutôt à titre de grand seigneur que comme écrivain, que M. de Saint-Aulaire était appelé à faire partie des Quarante. En effet, la révolution de Juillet avait fait de lui un ambassadeur d'abord à Rome, puis à Vienne, et enfin en Angleterre, où il remplaça M. Guizot en 1840. En 1846, lors de *l'affaire des mariages espagnols*, on ne le jugea pas propre à triompher des difficultés de la situation; on l'engagea à solliciter son rappel en alléguant pour prétexte ses soixante-neuf ans. Il comprenait trop bien lui-même tout l'embarras de la situation pour ne pas saisir avec empressement une occasion bien naturelle de répudier la responsabilité des graves événements que tout alors annonçait comme prochains. Il avait joué un rôle trop brillant et trop important sous le règne de l'élu des 221 pour que la révolution de février 1848 n'ait pas été une des grandes douleurs de sa vie; et c'est justice que de reconnaître qu'il demeura fidèle à la royale famille qu'il avait servie de 1830 à 1846 comme aux grands emplois de la politique. Il demanda alors des consolations aux lettres, et publia en 1854 un essai historique intitulé : *Les derniers Valois, les Guises et Henri IV*, ouvrage où sous le voile d'une transparente allégorie il fait le procès au parlementarisme et au constitutionnalisme, et prend évidemment en mains la cause de l'absolutisme. C'était, il faut l'avouer, revenir un peu tard à résipiscence. Le marquis de Saint-Aulaire est mort en novembre 1854. Deux années auparavant, il avait eu la douleur de perdre sa respectable mère, morte presque centenaire. Il a, dit-on, laissé de curieux et piquants *Mémoires* sur les hommes et les choses de son temps.

SAINT-AULAIRE (François-Joseph de Beaupoil, marquis de), naquit dans le Limousin, en 1643. Doué de beaucoup d'esprit naturel, ses dispositions furent assez mal cultivées par l'éducation imparfaite qu'on lui donna, car c'était au temps où l'on croyait encore qu'un grand seigneur était tout au plus tenu de savoir lire et signer son nom. Heureusement, le jeune Saint-Aulaire refit lui-même son éducation négligée, et la lecture assidue de Virgile et d'Horace forma son goût en lui inspirant celui de la poésie. Toutefois, il n'aborda point de grands sujets, et ne mit pas même son nom aux pièces fugitives qui coulaient de sa plume facile. Destiné d'ailleurs à la carrière des armes, il la suivit de bonne heure et avec distinction. Le seul reproche qu'on eut à lui faire, ce fut de ne pas se borner à être brave devant l'ennemi. Sa jeunesse *faisait trop de bruit* (suivant l'expression de Mme de Sévigné), et l'engageait trop souvent dans ces duels, si fréquents de ce reste à cette époque.

A la paix, le marquis de Saint-Aulaire vint se fixer dans la capitale, et dès lors, revenant à de plus douces habitudes, il se livra de nouveau à son goût pour la poésie légère; mais longtemps encore il n'attacha point son nom à ces bluettes sans prétention, et ce furent ses amis qui lui restituèrent, presque malgré lui, une de ces pièces attribuée à l'ami de Chaulieu, La Fare, qui ne s'en défendait pas trop. Sa conversation spirituelle faisait le charme de plusieurs sociétés, entre autres de celle de la marquise de Lambert, la fille de laquelle il maria son fils. Il fut aussi, pendant plus de quarante ans, un des ornements de cette petite mais ingénieuse cour qui entourait, à Sceaux, la duchesse du Maine. On sait que ce fut pour elle qu'en jouant au jeu du secret, il composa un impromptu, si souvent cité comme un des plus spirituels produits de l'ancienne galanterie française :

La divinité qui s'amuse
A me demander mon secret,
Si j'étais Apollon ne serait point ma muse;
Elle serait Thétis... et le jour finirait.

« Anacréon, moins vieux, fit de moins jolies choses », a dit Voltaire, qui donne une place honorable à Saint-Aulaire dans le *Temple du Goût*.

Plus sévère pour ces gracieuses bluettes, lorsqu'il fut question, en 1706, d'introduire leur auteur à l'Académie Française, Boileau s'y opposa vivement. « Je ne lui dispute point, disait le satirique, ses titres de noblesse, mais ses titres du Parnasse. » Il n'en fut pas moins élu, malgré les protestations de Despréaux, qui aurait dû songer qu'après tout l'auteur de quelques vers aimables ne ferait point *in docto corpore* une si grosse tache que le trop fécond abbé Cotin, et que ce Chapelain, qui avait fait

..... de mauvais vers douze fois douze cents.

Une tradition assez incertaine porte que ce fut à l'occasion d'un second hymen, contracté en secret par Saint-Aulaire, et dont la révélation faite par lui à ses enfants amena de leur part un semblable aveu, que Destouches composa sa comédie du *Triple mariage*.

Le marquis de Saint-Aulaire était presque centenaire lorsqu'il mourut, en 1743. OUARY.

SAINT-AVOLD. *Voyez* MOSELLE (Département de la).

SAINT-BARTHÉLEMY (Ile), l'une des petites Antilles sur le vent, située le plus au nord dans l'archipel des Indes occidentales, d'une superficie est d'environ 12 kilomètres carrés, est la seule colonie que possède la Suède. On y récolte du sucre, du cacao, du tabac, et surtout du coton. Le nombre des habitants ne s'élève pas à plus de 1,700 âmes, dont 5 à 600 blancs, pour la plupart Français d'origine. Un gouverneur, muni des pouvoirs les plus étendus, et résidant à *Gustavia*, bourg d'environ 900 âmes, administre cette colonie, dont le port, spacieux et commode, s'appelle *Carénage*.

L'histoire de cette île remonte aux premières années du dix-septième siècle. A cette époque, Poincy, gouverneur des Antilles françaises, ayant fait comprendre Saint-Barthélemy dans les dépendances de Saint-Christophe, dont il venait de faire l'acquisition, des colons de cette île vinrent s'y établir; mais, en 1656, une irruption des Caraïbes détruisit ce commencement de colonisation. A la suite de nouveaux essais, tout aussi peu heureux, on se décida à ramener les colons à Saint-Christophe. Une tentative d'établissement faite avec des Irlandais catholiques, en 1666, réussit complétement. Mais en 1689 l'île tomba au pouvoir des Anglais, qui ne la rendirent à la France, avec ses autres colonies, qu'à la suite de la paix de Ryswick, et dans le plus déplorable état. Les Anglais s'en emparèrent de nouveau en 1763, puis en 1781. Restituée huit mois après à la France, cette puissance, par un traité signé en 1784, la céda à la Suède, en compensation de vieilles dettes et réclamations, et pour prix de privilèges importants stipulés en faveur de ses nationaux, dans le port de Gothenbourg.

SAINT-BARTHÉLEMY (Massacres de la). La fête de l'apôtre saint Barthélemy se célèbre le 24 août. Ce jour-là, en 1572, un dimanche, commença à Paris, à l'instigation de Catherine de Médicis, le massacre des protestants, qui dans les provinces se prolongea encore pendant le mois de septembre suivant; effroyables scènes de barbarie et de fanatisme, auxquelles l'histoire a conservé le nom de *Massacres de la Saint-Barthélemy*. La cause en fut d'ailleurs bien plutôt politique que religieuse. Les Guises, maîtres du pouvoir depuis la mort de François I*er*, aspiraient ouvertement au trône, et par un dernier coup d'État espéraient y monter sur le cadavre du dernier représentant de la famille régnante. Catherine de Médicis, veuve de Henri II, gouvernait sous le nom de son fils Charles IX, comme elle avait déjà fait sous le nom de son autre fils François II. La domination des Guises lui était depuis longtemps à charge. Elle se flattait de maintenir les catholiques et les protestants dans sa dépendance en opposant les uns aux autres; et après une lutte longue et sanglante, elle résolut de se défaire à la fois des Guises et des Montmorency, chefs des deux partis. Tel fut le but réel du vaste massacre médité dans des conciliabules auxquels étaient admis le chancelier de Birague, le duc de Guise, Tavannes, de Retz, Gondi, Nevers et le duc d'Anjou. Le mariage de Henri de Navarre avec Marguerite de Valois, sœur de Charles IX, parut une occasion à saisir pour exécuter le plan depuis longtemps arrêté, parce que les réjouissances auxquelles il devait donner lieu attireraient à la cour ceux dont on voulait se débarrasser du même coup. Les mesures furent bien prises pour dissiper les justes défiances que pouvaient encore conserver les huguenots, et il n'est sorte de caresses qu'on ne prodiguât à leurs chefs pour les engager à venir à Paris rehausser par leur présence l'éclat des fêtes qui devaient signaler le mariage de la sœur du roi. Il n'est pas démontré que Charles IX eût été tenu au courant de ce qui se tramait; ce n'est qu'au dernier moment qu'on le décida à s'y associer. Son père et son frère, pour triompher de ses répugnances, l'accusèrent de manquer de courage. Pour repousser un tel reproche, il n'résista plus, et entra même alors dans la pensée mère du crime avec toute la fougue naturelle à son tempérament. Il témoignait à Coligny la plus grande confiance, l'appelait son *père*, et aimait à s'entretenir avec lui. Coligny, dans ces entretiens secrets, insistait sur la nécessité de faire la guerre à l'Espagne, dont les intrigues fomentaient les troubles auxquels la France était en proie. Lui et L'Hospital croyaient aussi, en dépit de tous les avis sinistres qu'on leur faisait passer, à la bonne foi de la reine mère. Sans doute Coligny n'ignorait pas plus que personne les mauvaises dispositions de la populace de Paris à l'endroit des huguenots; mais il s'était fait un devoir de venir défendre à la cour les intérêts de ses coreligionnaires et d'y présenter leurs griefs, auxquels Charles IX promettait de faire droit avant peu. Les noces du roi de Navarre et de Marguerite furent célébrées le 18 août, et suivies de quatre ou cinq jours de fête, de bals et de banquets. Jamais Charles IX n'avait encore témoigné à Coligny autant de déférence et de respect. « Méfiez-vous de ma mère, lui disait-il, c'est la plus grande brouillonne qui soit au monde; elle voudra toujours mettre le nez dans les affaires, et elle gâterait tout. » Cependant Catherine et son conseil avaient cru nécessaire de faire entrer dans Paris le régiment des gardes Suisses. Il fallait encore donner le change aux protestants sur le véritable but de l'arrivée de ces renforts. Ce fut Charles IX qu'on chargea d'en prévenir Coligny, et ce prince lui dit que l'entrée des gardes Suisses à Paris était destinée à lui fournir les moyens de tenir en bride les Guises et leur faction, dont il connaissait les mauvais desseins à l'endroit des huguenots, et qui avaient amené avec eux une compagnie d'hommes bien armés. Le 22 août, comme Coligny revenait du Louvre à son hôtel, situé rue de Béthisy, en passant par le cloître Saint-Germain l'Auxerrois, il fut atteint d'un coup d'arquebuse, que lui tira, embusqué à une fenêtre du rez-de-chaussée, un certain Maurevel, récemment condamné à mort pour cause d'assassinat, mais qu'un haute protection avait soustrait à l'action de la justice. Les Guises, auxquels il était vendu corps et âme, et Catherine avaient vu en lui l'homme capable de les débarrasser de l'amiral, qui les gênait pour l'exécution de leurs sanglants projets; et sa grâce devait être le prix de l'assassinat de Coligny. Celui-ci reçut deux balles, dont une à l'épaule; l'autre lui brisa un doigt. Les recherches faites dans la maison d'où le coup était parti furent inutiles. Maurevel avait pu s'échapper aussitôt par une porte de derrière et gagner à cheval le faubourg Saint-Antoine, d'où il avait gagné l'asile que le duc de Guise lui avait fait préparer. Charles IX jouait à la paume quand on vint lui apprendre le guet-apens dont l'amiral était victime. De même que le roi de Navarre, Condé et un grand nombre de seigneurs protestants, il alla visiter Coligny, de la blessure duquel le célèbre Ambroise Paré venait d'extraire une balle de cuivre. Le roi prodigua à la victime les condoléances, l'engagea à se calmer, à ne songer qu'à se bien guérir, et l'assura qu'il tirerait rude vengeance de cette audacieuse atteinte portée à son édit. Quand le roi se fut éloigné, les seigneurs protestants délibérèrent s'ils ne quitteraient pas la ville, armés comme ils l'étaient et s'ils n'emmèneraient pas avec eux Coligny, malgré l'état où il se trouvait. Le jeune Théligny, gendre de l'amiral, assura qu'on n'avait rien à craindre : qu'il connaissait le roi jusqu'au fond du cœur, que c'était lui faire injure que de douter de sa parole et de sa sincérité. Henri de Navarre du même avis. On se sépara sans rien décider. Un traître instruisit Catherine et son conseil secret de ce qui s'était passé dans cette réunion.

Birague a déterminé les conjurés et le roi lui-même à presser l'exécution du complot contre les protestants, et, sous prétexte de pourvoir à la sûreté de Coligny, Cosseins est chargé d'aller garder son hôtel avec cinquante arquebusiers. On avait en même temps ordonné l'instruction de la procédure contre l'assassin de Coligny. Le détachement commandé par Cosseins avait été renforcé par un détachement de Suisses de Henri de Navarre. Il avait reçu des instructions du conseil secret, et sous prétexte de leur sûreté personnelle les principaux seigneurs protestants avaient été logés près du Louvre; Coligny en envoya demander la cause : « L'amiral n'a rien à craindre, aurait répondu Charles IX; qu'il soit tranquille, rien ne se fait que par mes ordres : il s'agit de prévenir la mutinerie d'une populace que les Guises veulent mettre en mouvement. » Cosseins ne laissait entrer personne dans l'hôtel de Coligny; il refusa de laisser passer un écuyer qui apportait les cuirasses de Guerchy et de Théligny. Celui-ci se contenta de déclarer à Cosseins que le lendemain il s'en plaindrait au roi. Guise avait été chargé de diriger l'exécution du massacre projeté; il avait réuni chez lui les commandants des Suisses et des gardes françaises; il avait ensuite placé lui-même des détachements de ces deux corps sur divers points du quartier du Louvre. Il se méfiait de Marcel, prévôt des marchands, et l'avait remplacé par Charon, président de la cour des aides, qui par son ordre convoqua la milice bourgeoise, pour qu'elle se rendît en armes à minuit à l'hôtel de ville. Il y vint lui-même à l'heure indiquée, avec d'Entraigues et Puy-Gaillard. Les dixainiers formèrent immédiatement les détachements, et les placèrent dans tous les carrefours. Tous les habitants avaient reçu l'ordre de placer des fallots à leurs fenêtres. Cette illumination extraordinaire, ces mouvements de troupes, alarmèrent les protestants; ils se dirigèrent vers le Louvre pour en apprendre la cause; mais tous les passages leurs furent fermés.

La reine Catherine veillait avec son conseil secret. Charles, qui, suivant sa coutume, avait passé la soirée à parcourir les chambres de son palais et à fouetter dans leurs lits les dames et les jeunes seigneurs, venait de se coucher très-fatigué, quand entra dans sa chambre Catherine, qui s'excusa de troubler son repos, mais elle avait dû céder à la crainte du danger imminent qui menaçait ses jours. Suivant elle, les protestants se dirigeaient en armes vers le Louvre. Il fallait se hâter de se mettre en défense. La postérité l'accuserait de manquer de courage. Charles, pour ne point paraître lâche, devint féroce. Des liqueurs fortes avaient embrasé son sang.

Le signal devait être donné par l'horloge du Palais; mais Catherine a devancé l'heure convenue, et fait sonner le tocsin à Saint-Germain-l'Auxerrois; Charles s'est embusqué à son balcon, et tire sur les protestants qui erraient sur les quais ou qui cherchaient à gagner la rive opposée en se jetant dans les bateaux ou à la nage. Guise et d'Aumale, le bâtard d'Angoulême, s'étaient dirigés vers l'hôtel de Coligny. Dès que Cosseins a pu les apercevoir, il fait ouvrir les portes; les domestiques, effrayés, coururent prévenir La Baume, l'un des gentilshommes de Coligny. La Baume s'était hâté de descendre; il est rencontré par Cosseins, qui le poignarde. Ses arquebusiers sont entrés avec lui. Cornatoso, couché dans une chambre voisine de celle de l'amiral, s'étant levé précipitamment, avait réuni quelques Suisses de la garde de Henri de Navarre, et avait barricadé avec des meubles la principale porte de l'appartement. Coligny avait près de lui le pasteur Merlin et quelques-uns de ses officiers; il ne doute plus du sort qu'on lui prépare. « Il y a longtemps, dit-il, que je suis disposé à mourir; vous autres, sauvez-vous, s'il est possible, car vous ne sçauriez garantir ma vie. Je recommande mon âme à la miséricorde de Dieu. » Tous se retirèrent, à l'exception de Nicolas Muss, attaché à Coligny en qualité d'interprète pour les langues du Nord. Les autres avaient cherché à se sauver par les toits : presque tous y périrent. Les portes de l'appartement furent bientôt enfoncées; Cosseins et sa bande se précipitèrent dans la chambre. Besmes, tenant la pointe de son épée sur la poitrine du vieillard, lui crie : « N'es-tu pas l'amiral ? — Tu devrais, lui répondit Coligny, avoir égard à ma vieillesse et à mes infirmités; mais tu ne feras pas pourtant ma vie plus brève. » Besmes, en maugréant le nom de Dieu, lui enfonça son épée dans le corps, la retira, et lui porta un second coup à la tête. Tous les autres le frappèrent de leurs lances, déjà rougies du sang de ses fidèles serviteurs. Henri de Guise, resté dans la cour, s'écria : Besmes, as-tu achevé? Et pour réponse Besmes jeta par la fenêtre le corps de sa victime. Guise essuya le visage ensanglanté, et s'écria : « Je le cognois, c'est bien lui; » et il frappa du pied la tête de Coligny. Il s'éloigna ensuite avec d'Aumale et d'Angoulême, en disant aux siens : « Courage, nous avons bien commencé; allons aux autres. » Et à chaque victime qui tombait sous ses coups ou qu'il signalait à ceux des bandes qui l'accompagnaient, il répétait : « Le roy le commande ;... c'est la volonté du roy ;... c'est l'exprès commandement du roy. Mort aux huguenots qui se sont armés contre le roy et qui se mettent en effort de le tuer ! »

Tandis que Guise, d'Aumale, d'Angoulême et les principaux seigneurs catholiques parcouraient la capitale à la tête de leurs bandes, composées en grande partie de soldats étrangers, Charles IX faisait amener devant lui Henri de Navarre et le prince de Condé, et après les avoir appelés séditieux et fils de séditieux : « Je ne veulx, leur dit-il, qu'une religion dans mon royaume, celle de mes prédécesseurs; ou messe, ou mort : choisissez. » Henri de Navarre, qui n'avait échappé aux poignards des ligueurs que par le courageux dévouement de sa jeune épouse, se laissa conduire à la chapelle du Louvre. Condé déclara au roi que sa liberté, sa vie, étaient à sa merci, mais que nulles menaces, nuls supplices, ne le feraient changer de religion, dût-il périr. Charles le menaça de lui faire trancher la tête si dans huit jours il ne se ravisait.

Restés maîtres de l'hôtel de Coligny, Cosseins, Sarlaboule et Besmes en avaient abandonné le pillage à leurs bandes; d'autres ligueurs dévastaient les maisons voisines. Théligny avait échappé aux assassins de son père, de son ami; il occupait un appartement voisin. Il était parvenu à gagner le toit de l'hôtel; il fut découvert par des bourgeois et par des seigneurs qui fréquentaient la cour de Charles. « Et bien qu'ils eussent charge de le tuer, ils n'eurent oncques la hardiesse de le faire en le voyant, tant il estoit de doulce nature et aymé de qui le cognoissoit. A la fin, un qui ne le cognoissoit pas le tua. » (Journal de Charles IX, t. Ier, pag. 396.)

Les principaux seigneurs catholiques, les bandes de soldats étrangers de Guise et du duc de Nevers, les soldats de la garde du roi, étaient spécialement chargés de faire l'exécution *sur la noblesse huguenote*. Tous se précipitèrent sur les prétendus conspirateurs endormis et désarmés; ils poursuivaient sur les toits, sur les places publiques, dans leurs maisons, dans les rues, les malheureux protestants réveillés en sursaut par le bruit des armes, les hurlements des assassins et les cris des victimes. Tous les appartements du Louvre étaient inondés de sang. Le jeune La Rochefoucault, qui deux heures avant le signal des massacres avait *ri, devisé, plaisanté* avec le roi, était à peine endormi que six hommes masqués entrèrent dans sa chambre; il crut que c'était une nouvelle plaisanterie du roi, qui venait avec quelques joyeux compagnons, et suivants sa coutume, le *fouetter à jeu*. Il priait qu'on le traitât doucement. Son illusion ne dura qu'un instant. Les six hommes masqués brisaient ses meubles; et l'un d'eux, valet de chambre du duc d'Anjou, le tua *par le commandement de son maître*. Guercly, qui n'avait point quitté Coligny depuis l'attentat de Maurevel, était encore dans l'hôtel de l'amiral quand ce vénérable guerrier fut massacré par Besmes et ses compagnons. Guerchy, attaqué par cette bande, voulut du moins vendre chèrement sa vie; il roula son manteau autour de son bras , et , l'épée à la main, il se défendit avec le courage du désespoir ; déjà deux assassins étaient tombés sous ses coups, mais, grièvement blessé, il perdit ses forces avec son sang, et bientôt les assassins se frappèrent sur son cadavre. Salcède était catholique; il avait fait preuve du plus grand zèle pour sa religion et le service du roi. Il avait conservé à la France une de ses plus belles provinces, que le cardinal de Lorraine avait voulu livrer à l'étranger. Son nom avait été inscrit sur les listes fatales. Le cardinal de Lorraine avait demandé sa tête, et Salcède mourut assassiné par les domestiques de ce prélat. Combien d'autres victimes dans ces jours d'anarchie et de carnage furent immolées à des vengeances particulières! Larchan, capitaine des gardes du duc d'Alençon, frère du roi, aimait éperdument mademoiselle de La Chataiguenaie; il en était aimé. Mais elle était encore plus avare qu'amoureuse. Son amant ne deviendra son époux qu'après l'avoir débarrassée de son beau-père et de ses deux frères;

leur succession triplera sa dot. Sa main était à ce prix. Le frère utérin du prince de Porcien, Antoine de Clermont, marquis de Renel, s'était sauvé sans autre vêtement que sa chemise jusqu'au bord de la Seine; des soldats l'ont arrêté, l'ont fait monter sur un bateau, où il expirera sous les coups de Bussy d'Amboise, son cousin, fils du baron des Adrets. Bussy était en procès avec sa victime pour le marquisat de Renel. Le baron de Pont avait été massacré dans les appartements du Louvre; son cadavre, jeté par les fenêtres, gisait avec tant d'autres dans la cour de ce palais, et les dames examinaient avec une impudique curiosité s'il avait quelque signe d'impuissance que lui reprochait sa femme, qui pour ce motif plaidait contre lui en dissolution de mariage. Quelques seigneurs protestants s'étaient réfugiés au Louvre sous la sauvegarde du roi de Navarre; mais le roi Charles leur fit donner l'ordre de quitter l'appartement du prince et de se rendre dans la cour du Louvre. Ils obéirent, ils y furent désarmés et chassés du palais, puis assassinés sous le vestibule et les guichets. Deleyran, grièvement blessé, s'était échappé des mains des meurtriers et réfugié dans l'appartement de Marguerite de Valois. Il s'était caché sous le lit de cette princesse, qui le sauva, et le fit panser par ses médecins. Beauvais, qui avait été gouverneur d'Henri de Navarre, fut moins heureux; il fut massacré dans son lit, où la goutte le retenait depuis quelques jours. Les massacreurs n'épargnaient pas même les femmes enceintes; ils leur ouvraient le ventre, arrachaient l'enfant et le brisaient contre les murailles. La plume tombe des mains en traçant le récit de tant d'horreurs.

Les circonstances de la mort du savant Ramus ne sont pas moins révoltantes : caché dans sa cave, cet illustre professeur aurait échappé aux assassins; mais il fut découvert et arraché de sa retraite par Charpentier, dont il avait réfuté les doctrines. Aussi cupide que cruel, le chef des égorgeurs avait exigé de Ramus une forte rançon; après l'avoir reçue, il le fit poignarder et jeter par les fenêtres du collége de Presle; des écoliers traînèrent son cadavre par les rues en le fustigeant. Un autre savant professeur, Denis Lambert, avait été frappé d'une telle terreur en apprenant l'assassinat de Ramus, qu'il tomba malade et mourut un mois après. Tous deux appartenaient par leurs opinions au *parti politique*. Mézeray, écrivain consciencieux et exact, évalue à quatre mille le nombre des victimes égorgées pendant les trois premiers jours des massacres, dont cinq cents gentilshommes, et à six cents le nombre des maisons pillées. Dans les provinces, il ne fut pas égorgé moins de 20,000 individus. Des ordres portés de vive voix d'une ville à l'autre autorisèrent partout le fanatisme. Le 28 août, un *Te Deum* solennel, auquel le roi assista, fut chanté à Notre-Dame pour remercier Dieu de la *victoire remportée sur les hérétiques !!!* Catherine avait échoué dans son projet contre les Guises; elle voulut rejeter sur eux tout l'odieux de ces assassinats. Elle écrivit d'abord, et fit écrire par le roi, dans ce sens, aux principaux magistrats et aux commandants dans toutes les provinces; puis bientôt cette princesse et son fils démentirent leurs premières déclarations, et écrivirent dans un sens contraire.

Si les ordres du conseil secret pour l'extermination des protestants ne rencontrèrent point d'obstacles dans la capitale, il n'en fut pas de même dans les provinces. Quelques cités échappèrent au désastre commun par le courage et la sagesse de leurs magistrats et de leurs commandants militaires. D'autres, et c'est le plus grand nombre, furent livrées au pillage, à la dévastation, et laissèrent massacrer leurs meilleurs citoyens. On cite notamment Meaux, Troyes, Orléans, Bourges, Sancerre, La Charité, Lyon, Valence, Romans, Toulouse, Rouen, presque toutes les villes de la Bretagne, de la Saintonge et de l'Angoumois.

L'histoire a consacré les noms des magistrats, des gouverneurs, des chefs militaires, qui par leur résistance aux ordres du conseil secret sauvèrent une population injustement proscrite. A Bayonne, le vicomte d'Orthe, gouverneur de cette ville, prit les mesures les plus sages et les plus énergiques pour contenir les ligueurs. Sa réponse aux ordres du roi l'a immortalisé. Citons encore Sinagues à Dieppe, le comte de Garces en Provence, le premier président du parlement de Grenoble, le président Jeannin, de Dijon; Villars, à Nismes ; le maréchal de Matignon, à Alençon ; de Rieux, à Narbonne ; Curzai, à Angers ; Bouillé, en Bretagne ; Hennuyer, évêque à Lisieux ; tous les Montmorency, dans leurs domaines et dans les villes où ils commandaient. Salignac-Fénelon, alors ambassadeur à Londres, avait reçu l'ordre de justifier ces massacres auprès de la reine Élisabeth. Il répondit à Charles IX : « Sire, je deviendrois coupable de cette terrible exécution si je taschois de la colorer. V. M. peult s'adresser à ceux qui la lui ont conseillée. » L'ambassadeur fut menacé d'un châtiment sévère. « Environ huit jours après cette boucherie, Charles IX fit appeler pendant la nuit Henri de Navarre, son beau-frère. Ce prince le trouva qui s'était levé en sursaut, parce qu'un horrible bruit de voix confuses lui ôtait le sommeil. Le roi de Navarre crut lui-même entendre ces voix ; on aurait dit des cris, des hurlements, des malédictions, des gémissements lointains. On envoya des gens s'informer dans la ville s'il avait éclaté quelque nouveau désordre ; la réponse fut que tout était tranquille, que ce trouble était dans l'air. Henri IV n'a jamais pu se rappeler cette histoire sans que ses cheveux se soient dressés d'horreur (*Léopold Ranke*). »

La Saint-Barthélemy a trouvé des apologistes. Les réfutations n'ont point manqué. Ces discussions accusent l'ignorance de l'époque. L'opinion est fixée maintenant sur ce grand attentat.
DUPEY (de l'Yonne).

SAINT-BENOÎT-D'AVIS (Ordre de). *Voyez* Avis.
SAINT-BERNARD, nom commun à deux montagnes du système des Alpes : le *grand* et le *petit Saint-Bernard*. Le premier est situé dans le bas Valais, à l'extrémité de la vallée piémontaise d'Aoste. Son pic le plus élevé, le Velan, est à 3,577 mètres au-dessus du niveau de la mer. Au point culminant du col s'élevait autrefois un temple de Jupiter, détruit, dit-on, en l'an 339, par Constantin ; d'où le nom de *Mons Jovis* donné à cette montagne. Suivant une autre version, ce serait saint Bernard qui aurait renversé les derniers débris de ce monument du paganisme ; acte qui aurait fait donner son nom à la montagne en remplacement de celui de *Mont Joux* (traduction de *Mons Jovis*), qu'elle avait porté jusque alors. Il est plus rationnel de croire que ce nom provient de Bernard de Menthon, chanoine d'Aoste, qui, vers l'an 962, fit construire pour la commodité des pèlerins qui se rendaient à Rome un hospice et un couvent, existant encore de nos jours. Il fut supérieur de ce couvent jusqu'à sa mort, arrivée en l'an 1008. Situé à 2,575 mètres au-dessus du niveau de la mer, sur les bords d'un petit lac, l'hospice du grand Saint-Bernard est l'habitation la plus élevée de l'Europe. On chercherait en vain dans ses environs quelques traces de végétation ; et c'est tout au plus si le jardin du couvent peut produire quelques misérables choux. Il règne là un hiver presque continuel ; en été même il y gèle tous les matins, et dans la saison rigoureuse le thermomètre y est constamment à 20 ou 25° au dessous de 0. Le couvent est cependant bien approvisionné en vivres et objets d'habillement, que les pieux religieux distribuent charitablement aux voyageurs qui en ont besoin. Les devoirs de ces religieux, au nombre d'une trentaine, dont six ou douze seulement habitent constamment le couvent, consistent à accueillir les voyageurs qui traversent la montagne, à leur prodiguer tous les secours possibles ; à parcourir, accompagnés de chiens dressés à cet effet, les flancs de la montagne pendant les sept à huit mois de l'année où ils sont couverts de neige, à la recherche des voyageurs égarés ; à les sauver s'ils sont en péril, à les soigner jusqu'à leur guérison complète, et tout cela sans jamais exiger de salaire. Ces dignes moines se montrent observateurs si scrupuleux de leur règle, qu'ils ne réclament pas le prix des aliments, des rafraîchissements offerts même aux riches voyageurs qui les visitent.

Quoique le passage du grand Saint-Bernard soit moins fréquenté qu'autrefois, il y passe toujours encore de six à sept mille voyageurs par an, et qui tous reçoivent l'hospitalité dans le couvent. Les malheureux qu'on trouve ensevelis dans les neiges sont portés dans une chapelle; et la vivacité de l'air empêchant la décomposition, tous ces cadavres conservent leurs traits pendant deux ou trois ans, et finissent par devenir de véritables momies. Près du sanctuaire des morts se trouve une espèce de cimetière, qui recueille les ossements des victimes lorsqu'ils sont devenus trop nombreux dans la chapelle. Il serait en effet impossible de les enterrer, parce qu'à une grande distance tout autour du couvent le sol ne se compose que de massifs de rochers d'une dureté extrême. L'église du couvent renferme un monument élevé à la mémoire du général Desaix par Bonaparte. Le général, que le premier consul avait ordonné de faire embaumer et d'inhumer sur la plus haute cime des Alpes, est représenté en marbre d'un très-beau travail, dans la position où il était au moment d'expirer, c'est-à-dire blessé et tombant de cheval dans les bras de son aide-de-camp.

[Depuis Auguste le grand Saint-Bernard a été traversé par plusieurs armées ; mais le plus remarquable de tous ces passages fut celui qu'effectua Bonaparte, du 15 au 21 mai 1800, à la tête d'une armée de 30,000 hommes, et qui fut suivi quelques jours après de la célèbre bataille de Marengo.

Cette entreprise offrait des difficultés qui paraissaient insurmontables au premier coup d'œil. Pendant plusieurs myriamètres, le chemin, ou plutôt le sentier, réduit le plus souvent à la largeur d'un demi-mètre, circule péniblement dans des rochers sauvages, entre des cîmes d'une hauteur effrayante, couvertes de neige et d'où descendent de fortes avalanches, et des précipices à pic d'une profondeur qui éblouit l'œil des plus hardis. Le transport des voitures d'artillerie par des routes dont le tournant rapide, le peu de largeur et l'escarpement étaient autant d'obstacles invincibles, ne pouvait avoir lieu que par des moyens extraordinaires ; on les avait préparés d'avance. Un grand nombre de mulets se trouva réuni au pied de la montagne, ainsi qu'une grande quantité de petites caisses destinées à contenir les cartouches d'infanterie et les munitions des pièces. Les unes et les autres, les forges de campagne, les affûts et les trains des caissons devaient êtres portés par les mulets. Le transport des pièces semblait devoir offrir de plus grandes difficultés. Mais on avait préparé d'avance un nombre suffisant de troncs d'arbres creusés de manière à les recevoir ainsi que les corps des caissons. Ces dispositions, dirigées surtout par le général Gassendi, furent faites par l'artillerie avec tant d'intelligence et de célérité que la marche des troupes n'en fut pas retardée. Les troupes elles-mêmes se piquèrent d'honneur, et pour ne pas laisser l'artillerie en arrière, la traînèrent à bras en montant.

Cent hommes à la prolonge traînaient chaque bouche à feu ou caisson; leurs camarades doublaient l'attelage dans les pas difficiles ; la musique accompagnait leur marche, et le pas de charge animait les soldats à redoubler leurs efforts lorsqu'il le fallait. Ce fut au milieu des cris mille fois répétés de *vive la république!* et aux accents des hymnes patriotiques de la *Marseillaise* et du *Chant du départ*, que répétaient les échos des montagnes, que l'armée enleva son artillerie au sommet du Saint-Bernard et la redescendit du côté de l'Italie, avec des difficultés et des dangers encore plus grands, mais avec une adresse qui ne permit qu'un bien petit nombre d'accidents. L'enthousiasme patriotique était tel qu'une division aima mieux bivaquer dans les neiges au sommet de la montagne, que de se séparer de ses pièces pour chercher un abri moins rude dans la plaine. 1,000 francs de récompense avaient été promis pour le passage de chaque pièce avec ses caissons; mais le patriotisme, et non la cupidité, avait guidé les efforts des soldats français : ils refusèrent l'argent.

Au sommet de la montagne, à l'hospice qui s'y trouve, toutes les troupes firent une halte en passant, et y reçurent quelques rafraîchissements présentés par les religieux et préparés par la prévoyance du premier consul, qui avait fourni les fonds nécessaires.

Le 18, l'armée se trouva tout entière dans la vallée d'Aoste. Une compagnie d'ouvriers, établie depuis deux jours à Estrouble, avait remonté successivement les canons, les caissons et les autres voitures. Le 16, le général Lannes, avec trois demi-brigades d'infanterie et trois régiments de cavalerie, s'était rendu maître d'Aoste, que les Autrichiens avaient évacuée à son approche. Le 17, Lannes rencontra un corps autrichien d'environ 5,000 hommes en position au pont de Châtillon. Une charge brillante du 12ᵉ de hussards enfonça la ligne ennemie, qui fut poursuivie jusqu'à Bard, après avoir perdu trois canons et quelques centaines de prisonniers. Mais en arrivant devant Bard l'avant-garde se trouva arrêtée. Ce bourg ferme exactement la vallée de la Doire; le seul chemin praticable le traverse sous la fusillade du fort. Une attaque tentée sur le fort ayant échoué, une espèce d'alarme se répandit dans l'armée; des ordres furent même donnés pour faire refluer l'artillerie vers le Saint-Bernard. Mais le premier consul étant arrivé en personne, et ayant reconnu la position de Bard, conçut la possibilité de s'emparer du bourg, pour le passage de l'artillerie, et de faire passer l'infanterie et la cavalerie par le sentier qui traverse la montagne de gauche et rejoint la route du bourg Saint-Martin. Le 25 mai, à la nuit tombante, la 58ᵉ demi-brigade escalada l'enceinte du bourg et s'en empara. L'avant-garde avait déjà passé par la montagne, et le reste de l'armée suivit. L'artillerie passa également dans le bourg et sous le feu du fort pendant les nuits suivantes. La rue principale avait été couverte de matelas et de fumier, les pièces enveloppées de paille et de branchages : elles furent traînées en silence à la bricole. La colonne du général Chabran resta seule au siège du fort. Ces mouvements furent faits tellement à l'insu de l'officier qui y commandait, qu'en rendant compte au général Mélas de la présence devant lui d'une armée de 30,000 hommes, il lui avait positivement assuré qu'il ne passerait ni un canon ni même un cheval.   Général G. DE VAUDONCOURT.]

Le *petit Saint-Bernard*, en Piémont, entre les vallées d'Aoste et de Tarentaise, est le passage le plus commode des Alpes. C'est, à ce qu'il paraît, la route que prit Annibal pour pénétrer en Italie. A 2,250 mètres d'élévation, on trouve aussi un hospice, où deux prêtres de la Tarentaise accueillent les voyageurs avec autant de bienveillance et de désintéressement.

SAINT-BRIEUC, ville de France, chef-lieu du département des Côtes-du-Nord, fort agréablement située dans un fond environné de montagnes, sur le Gouet, à 4 kilomètres de son embouchure dans la baie de Saint-Brieuc, avec une population de 14,053 habitants. Siège d'un évêché suffragant de Tours et dont le diocèse est formé du département des Côtes-du-Nord, de tribunaux de première instance et de commerce, d'une chambre de commerce, d'un collége de plein exercice, d'un séminaire diocésain, d'une école impériale d'hydrographie, cette ville possède encore une bibliothèque publique de 25,000 volumes et trois typographies. Son industrie consiste principalement dans la fabrication des toiles et lainages; on y trouve aussi d'importantes tanneries, des corderies, des cireries. C'est une place importante de commerce maritime et de grande pêche; mais son port est au village de Legué, à un kilomètre plus bas sur le Gouet. Il est très-sûr, accessible avec la marée et formé seulement par le lit de la rivière; il est bordé de beaux quais, et peut contenir des bâtiments de 350 tonneaux; un bassin à flot est en construction. On y arme pour la pêche de la morue et du hareng à Terre-Neuve et pour le cabotage avec les ports de l'Océan. Les exportations consistent en peaux ouvrées, fers, grains et farines. Saint-Brieuc possède quelques constructions remarquables, entre autres la cathédrale, bâtie de 1220 à 1234, et le pont de trois arches sur le Gouet.

SAINT-BRIEUC — SAINT-CLOUD

Cette ville doit son origine à un monastère fondé au cinquième siècle, par le saint dont elle porte le nom, et qui fut érigé en évêché vers le milieu du neuvième siècle par Nomenoé, roi ou duc de Bretagne. A cette époque, la ville, après s'être peu à peu formée autour de l'abbaye par l'agglomération d'une population habituée à travailler pour ses moines, avait déjà acquis une certaine importance. En 937 les Normands, qui l'avaient saccagée, furent défaits sous ses murs par Alain Barbe-Torte. En 1394 elle fut prise par Clisson, pendant la guerre qu'il fit au duc de Bretagne Jean IV. En 1592 elle tomba au pouvoir des lansquenets. En 1799 les chouans s'en emparèrent, mais ne purent s'y maintenir.

SAINT-CALAIS, ville de France, chef-lieu d'arrondissement dans le département de la Sarthe, à 40 kilomètres au sud-est du Mans, sur l'Anille, avec 3,846 habitants, un collège, un tribunal de première instance, une typographie, une fabrication active de serge et de lainages, de cotonnades, de drap et de toile. On y trouve des chaufourneries, des briqueteries et des tuileries. Il s'y fait un commerce de blé et de graines de trèfle. C'est une ville ancienne, qui a pris au commencement du sixième siècle le nom de Saint-Cariles, corruption de celui de Saint-Calais, qui y avait fondé un monastère.

SAINT-CHAMAS, ville de France, dans le département des Bouches-du-Rhône, à 30 kilomètres à l'ouest d'Aix, sur l'étang de Berre, à 25 kilomètres de la mer, avec 2,729 habitants, une poudrerie impériale, un commerce d'huile très-estimée et d'olives renommées, dites picholines, un petit port de commerce et de pêche avec 40 barques employées à la pêche. C'est une station du chemin de fer de Lyon à la Méditerranée. Saint-Chamas est une ville très-ancienne; on voit dans ses environs un pont romain sur la Touloubre, avec deux arcs de triomphe. Il est construit en gros quartiers de pierre d'une mitre, et consiste en une seule arche de plein cintre appuyée contre deux rochers et dont le diamètre est de 11 mètres 70 centimètres. La longueur totale du pont est de 21 mètres 45 centimètres. Un arc s'élève à chacune de ses extrémités. Celui qui se présente du côté d'Aix a une frise dont les deux tiers sont occupés par des ornements. Le reste de l'espace contient une inscription portant les noms de ceux qui firent les frais du monument.

SAINT-CHAMOND, ville de France, chef-lieu de canton du département de la Loire, à 10 kilomètres au nord-est de Saint-Étienne, au confluent du Gier et du Bay, avec 8,897 habitants, un collège et une industrie très-importante, consistant dans la fabrication de rubans, galons et lacets de soie, fleurets, clouterie; on y trouve aussi des filatures de soie, des teintureries. C'est une station du chemin de fer de Saint-Étienne à Lyon. Dans les environs on exploite la houille et le grès, et il existe un assez grand nombre de forges et de fonderies de fer.

SAINT-CHRISTOPHE ou **SAINT-KITTS** (île), une des petites Antilles, appartenant à l'Angleterre et dépendant du gouvernement général des îles sous le Vent. Elle est située par le 17e degré de latitude septentrionale et le 45e de longitude occidentale, sa superficie totale peut être évaluée à environ deux myriamètres carrés. Dans la partie sud-est, le sol est de formation calcaire; tandis que le sud-nord-ouest est traversée par une chaîne d'âpres montagnes d'origine volcanique. Le plus élevé de ces volcans, et vraisemblablement aussi le seul qui ne soit pas entièrement éteint, est le *mount Misery*, haut de 1,392 mètres. Il faut mentionner en outre le *Brimstone-Hill* ou Mont-au-Soufre, haut de 250 mètres et où un fort a été construit.

Le climat de cette île est sain; seulement de fréquents ouragans dévastent le sol. Comme dans les autres îles des Indes occidentales placées dans les mêmes conditions physiques, l'agriculture y donne d'abondants produits; notamment en sucre, café et coton. Sur une population totale de 25,500 âmes, on n'y compte que 2,000 blancs; le reste se compose d'hommes de couleur libres. *Basse-Terre* en est le meilleur port et en même temps la principale ville commerçante; elle est située sur la côte sud-ouest, et compte 6,600 habitants. Un sous-gouverneur, relevant du gouverneur d'Antigua, y réside. Il faut aussi mentionner *Deep-Bay, Sandy-Point* et *Old-Road*, ces deux dernières avec des rades ouvertes.

Cette île fut découverte en 1493, par Christophe Colomb, qui lui donna son nom. Enambuc, gentilhomme normand, y débarqua en 1625 avec trente hommes, et y établit une plantation de tabac, qui fut à bien dire le premier établissement colonial que la France ait possédé aux Indes occidentales. Plus tard il y accueillit un certain nombre d'aventuriers anglais, et partagea l'île en deux quartiers français et deux quartiers anglais; puis, en 1626, il passa en Europe, dans les intérêts de la colonie naissante. En 1629 il était déjà de retour, et il ne tarda pas à élever la colonie à l'état le plus florissant. A sa mort, arrivée en 1636, il la laissa au brave du Halde, qui dès 1638 était remplacé par Poincy. L'administration de celui-ci si prospère pour les discussions, toujours plus graves, des Français et des Anglais ne purent arrêter les développements de la colonie. La guerre qui éclata en 1666 entre la France et l'Angleterre y provoqua seule des luttes dont les éléments y couvaient déjà depuis longtemps. La colonie changea alors fréquemment de maîtres, jusqu'à ce que la paix de Ryswick en adjugea de nouveau la possession à la France. Mais un coup fatal lui avait été porté par ces incessants changements de domination. Trop faible pour résister aux attaques des forces navales anglaises pendant la guerre de la succession, l'île fut, à la paix générale, cédée à l'Angleterre. Sous la protection d'un gouvernement essentiellement colonisateur, et grâce à la riche fécondité de son sol, elle recouvra bientôt son ancienne prospérité.

En 1782 elle fut attaquée et prise par l'amiral de Grasse. Les Français la gardèrent jusqu'en 1784, époque à laquelle elle revint encore une fois à l'Angleterre.

SAINT-CLAUDE, ville de France, chef-lieu d'arrondissement, dans le département du Jura, à 39 kilomètres au sud-est de Lons-le-Saulnier, au confluent de la Bienne et du Tacon, avec une population de 5,270 habitants. Siége d'un évêché suffragant de Lyon, et dont le diocèse comprend le département du Jura, cette ville possède un tribunal de première instance, un collège, une typographie. Son industrie est très-active, et consiste dans une fabrication considérable et renommée de tournerie et d'ouvrages de toutes espèces en corne, écaille, bois, buis, os et ivoire, dits *articles de Saint-Claude*; boutons, tabatières, peignes, chapelets, crépins, manches d'eustachs, jouets d'enfants et articles de bimbeloterie, et dans la fabrication d'instruments à vent. On y trouve aussi des tanneries et des brasseries. Saint-Claude doit son origine à un monastère fondé vers 400, devenu dans la suite une riche abbaye de bénédictins, et plus tard l'un des premiers chapitres nobles du royaume; l'abbaye fut érigée en évêché en 1742. En 1799 la ville fut entièrement détruite par un incendie.

SAINT-CLOUD, bourg du département de Seine-et-Oise, à 7 kilomètres au nord-est de Versailles, à 5 kilomètres à l'ouest de Paris, se dessine agréablement en amphithéâtre sur le penchant rapide d'une colline qui borde la rive gauche de la Seine. On traverse la rivière en cet endroit sur un beau pont de pierre; c'est à ce pont qu'on attachait autrefois ces fameux *filets de Saint-Cloud* dont on parle tant, et qui arrêtaient les objets perdus et les cadavres que le courant apportait de Paris. Saint-Cloud est une station du chemin de fer de Paris à Versailles, rive droite, et compte 3,828 habitants; on y trouve un grand nombre de maisons de campagne; mais après son château, résidence impériale d'été, qui fait partie du domaine de la couronne, ce qui lui donne le plus de célébrité, c'est sa fête annuelle de septembre, rendez-vous brillant, pendant trois dimanches successifs, de la population parisienne. Le parc est rempli alors de boutiques et de bateleurs, et les bosquets retentissent des notes aiguës du cornet à piston qui conduit les quadrilles,

Ce parc immense avait été laissé en jouissance au public par tous les princes de la maison d'Orléans depuis le régent. Marie-Antoinette, ayant fait l'acquisition de Saint-Cloud, n'osa pas déroger entièrement à cet usage; elle se réserva seulement la partie voisine du château, qu'on nomme le *petit parc*; c'est là que se trouvent les plus belles statues de cette magnifique demeure. Il s'étend jusqu'au sommet de la colline, mais ne comprend sur le devant de l'édifice qu'un espace restreint occupé par des parterres, des bosquets, des pelouses et des bassins. Le *grand parc*, renferme une magnifique cascade et des jets d'eau alimentés en grande partie par les étangs de la Marche; l'eau se rend tout d'abord dans le bassin de la *grande gerbe*, d'où elle se répand dans les autres bassins et réservoirs. La *haute cascade* est due à Lepautre; elle a 36 mètres de face et autant de pente. La *basse cascade* est l'œuvre de Mansard; plus vaste et plus variée que la première, elle a 90 mètres de long sur 32 de large. Il règne entre les deux cascades une esplanade, d'où l'on peut admirer le mouvement des eaux. Le grand jet d'eau, chanté par Delille, s'élance à 42 mètres au-dessus du niveau du bassin. On distingue encore dans le parc un obélisque que couronne l'imitation, en terre cuite, d'un joli monument antique d'Athènes, connu sous le nom de *lanterne de Démosthène*. Les frères Trabuchi sont les auteurs de cet ouvrage, exécuté d'après les plâtres rapportés par l'ambassadeur Choiseul. Citons aussi le *jardin fleuriste*, auprès de Sèvres, et la grande terrasse à droite du château, auquel on arrive par une avenue et deux cours successives. Il est formé d'un corps de logis et de deux ailes. La façade principale est ornée de plusieurs morceaux de sculpture et de quatre colonnes corinthiennes, qui supportent les statues de La Force, de La Prudence, de La Richesse et de La Guerre; les ailes sont également ornées chacune de cinq statues, ouvrage de Denizot. Il ne faut pas oublier, parmi les dépendances du château, le pavillon d'Artois, dans la première cour; l'orangerie, la salle de spectacle, les écuries, le manège et les nouvelles casernes. L'intérieur du palais est divisé en neuf appartements, dont sept d'honneur et deux petits appartements; les premiers sont : la galerie et le salon de Diane, la galerie d'Apollon, les salons de Mars, de Louis XVI, des Princes, et le grand salon; la tenture du salon de Diane est en tapisserie des Gobelins, le salon de Mars est orné de peintures de Mignard et les plafonds de la galerie d'Apollon sont regardés comme le chef-d'œuvre de ce maître; on y trouve des tableaux de Lesueur, de Rubens et de Michel-Ange. Le plafond du salon de Louis XVI est de Prudhomme; la pendule du salon des Princes est de Robin. Presque tous les autres appartements sont ornés de peintures des premiers artistes.

L'histoire de Saint-Cloud remonte à l'origine de la monarchie française; c'était alors un chétif village, d'un abord difficile, appelé *Novigentum*, ou Nogent-sur-Seine. Il prit le nom de Saint Cloud de Cl o d o a l d, petit-fils de Clovis et fils de Clodomir, roi d'Orléans, qui s'y retira pour échapper aux poursuites de ses oncles et y fonda un monastère. Bientôt son tombeau devint fameux par ses miracles; les pèlerins y affluèrent, et la population du bourg augmenta. Cependant, la châsse qui contenait les reliques du saint fut plusieurs fois transférée à Paris, en l'église Notre-Dame ou dans celle de Saint-Symphorien de la Cité. En 1358 Saint-Cloud fut réduit en cendres par les Anglais et Charles le Mauvais, roi de Navarre. On y construisit plus tard à la tête du pont une forteresse, qui fut souvent prise et reprise par les Armagnacs et les Bourguignons; elle était partie en bois, partie en pierre. Le pont fut rebâti en 1556, aux frais d'Henri II. La légende assure que le diable apparut à l'architecte et se chargea de la besogne, pourvu qu'on lui abandonnât l'âme de celui qui passerait le premier sur le pont. L'architecte, roué comme un Italien qu'il était, y fit lâcher un chat effarouché dont monseigneur Satan dut se contenter. Durant les guerres de religion, Saint-Cloud fut plusieurs fois pris et repris par les protestants et les catholiques, qui interceptaient de là l'approvisionnement de la capitale. Ce fut à Saint-Cloud qu'Henri III fut assassiné par Jacques Clément, le 1er août 1589. Saint-Cloud fut érigé en 1674 en duché-pairie en faveur des archevêques de Paris. Pour construire le château et dessiner le parc, Mazarin acheta quatre maisons de plaisance : celle de Gondi, où avait été tué Henri III, bel édifice, avec un jardin, des grottes, des fontaines et des statues : un ancien hôtel de la reine Catherine de Médicis, appartenant alors à un contrôleur des finances; une maison du surintendant Fouquet; enfin, une autre maison appartenant à un nommé Monerot. L'édifice fut construit par Lepautre, Girard et Hardouin-Mansard; le parc et les jardins furent dessinés par Le Nostre, qui transforma en un lieu de délices un coteau jusque alors sec et aride. Les ducs d'Orléans embellirent le château de Saint-Cloud, qui resta dans leur maison jusqu'en 1782, où Marie-Antoinette en fit l'acquisition. Cette reine se plaisait dans ce palais, qu'elle augmenta de plusieurs bâtiments; elle y fit un dernier séjour en 1790. En 1793 le château et le parc devinrent propriétés nationales. Ce lieu sera à jamais célèbre par la révolution du 18 brumaire. Parvenu au trône, Napoléon conserva une grande prédilection pour Saint-Cloud; c'était son séjour le plus habituel. On a dit de son temps *le cabinet de Saint-Cloud* comme on disait autrefois *le cabinet de Versailles*. En 1814 l'état-major de l'armée autrichienne occupa ce palais, qui fut scrupuleusement respecté. Il en fut autrement à la seconde invasion : Blucher y laissa des traces de son passage. Sous la Restauration, on y construisit pour le duc de Bordeaux un jardin et un gymnase qu'on appela le *Trocadero*. Pendant les journées de Juillet, Charles X était à Saint-Cloud avec sa famille. Il en partit dans la nuit du 30 au 31 juillet, laissant aux Suisses et à la garde royale le soin de défendre le château, qui fut bientôt attaqué par le peuple. Après deux heures de combat, les troupes royales battirent en retraite.

La royauté du 9 août prit possession du château de Saint-Cloud, ancienne propriété des ducs d'Orléans. Par un retour bizarre des vicissitudes humaines, les fils jouirent du séjour qu'avaient voulu leurs pères. L'empereur actuel semble partager la prédilection de son oncle pour la résidence de Saint-Cloud.

SAINT-CYR, village du département de Seine-et-Oise, à 4 kilomètres à l'ouest de Versailles, avec 1,718 habitants et une station du chemin de fer de l'ouest. Ce ne fut longtemps qu'un chétif village, au milieu duquel s'élevait le château du seigneur, remplacé aujourd'hui par l'auberge de l'*Écu de France*. Il y avait aussi un couvent de filles de l'ordre de Cîteaux. Mais Saint-Cyr acquit surtout une grande importance par l'établissement du *monastère de Saint-Louis*, dont Louis XIV fut le fondateur et la veuve de Scarron, Françoise d'Aubigné, marquise de Maintenon, la protectrice et l'institutrice. Mme d'Aubigné, avant son élévation, avait connu à Monchevreuil une religieuse ursuline, nommée Mme Brinon, dont la vie ferait un roman. Son couvent ayant été ruiné, cette religieuse s'était retirée chez sa mère. Après la mort de celle-ci, elle trouva un asile dans le couvent de Saint-Leu, où elle demeura deux ou trois ans, et où elle se lia d'amitié avec une autre religieuse, appelée Mme de Saint-Pierre, native comme elle de Rouen. Forcées toutes deux d'en sortir par suite des mauvaises affaires de la communauté, elles louèrent une maison à Anvers, et prirent de petites filles en pension pour subsister. D'Anvers elles transportèrent leur établissement à Montmorency. La cour était alors à Saint-Germain; Françoise d'Aubigné commença là à jouir d'une grande faveur. Mme Brinon, qui n'avait pas cessé de correspondre avec elle, alla la voir. Mme de Maintenon loua sa persévérance, et lui confia d'autres petites filles. Bientôt elle fit venir les deux amies plus près d'elle, à Rueil, les établit dans une maison spacieuse et commode, leur fit construire une chapelle et leur donna un chapelain. Le nombre des pensionnaires s'éleva à soixante, qui furent nourries et entretenues aux frais de la favorite; mais comme elle ne trouvait pas encore les

SAINT-CYR

deux institutrices assez à sa portée, elle songea à les rapprocher d'elle, c'est-à-dire de Versailles, et elle obtint du roi le château de Noisy pour cette bonne œuvre. La communauté y fut installée en 1684, et le roi ordonna qu'on y élevât à ses dépens cent jeunes filles de nobles sans fortune, *ces personnes*, disait-il, *étant plus à plaindre que toutes les autres quand elles se trouvent sans bien et sans éducation*. Mme de Maintenon les divisa en quatre classes, la bleue, la jaune, la verte et la rouge, ainsi appelées des rubans qui les distinguaient. Leur costume était d'étamine brune, leur coiffure de toile blanche avec une dentelle. Les dames de la cour disaient au roi tant de bien de la communauté, qu'il voulut en juger par lui-même. Il s'y rendit un jour, au retour de la chasse, sans être attendu. Tout ce qu'il vit le charma. Mme de Maintenon et le jésuite La Chaise, profitant de ses bonnes dispositions, le déterminèrent à faire quelque chose de mieux. Il résolut sur leur demande de porter le nombre des demoiselles à deux cent cinquante. L'entrée fut fixée de sept ans à douze, la sortie à vingt ans accomplis; la pension continua d'être gratuite. Pour être admise, il fallait faire preuve de quatre degrés de noblesse du côté paternel. Outre les pensionnaires, il y eut quatre-vingts dames, sœurs converses ou domestiques, et on affecta, entre autres ressources, aux dépenses de l'établissement la mense abbatiale de Saint-Denis, alors vacante par la mort du cardinal de Retz. L'œuvre de Mme de Maintenon se trouva bientôt trop à l'étroit dans le vieux château de Noisy. Le roi pensa d'abord à transférer la maison à Versailles; mais Mme de Maintenon s'y opposa, à cause de la grande affluence de monde qui venait à la cour et de la dissipation qui en résulterait pour les élèves. En conséquence, il chargea Louvois et le célèbre Mansard de chercher aux environs de cette résidence un lieu commode, et ils indiquèrent Saint-Cyr, mieux pourvu d'eau que Noisy. Le roi voulait prendre le couvent des filles de Cîteaux, qui se trouvait dans ce village : il leur offrait un autre lieu près de Paris, la construction d'un monastère et d'amples indemnités pour ce déplacement; mais les religieuses firent comme le meunier de *Sans-Souci*, et le grand monarque fut forcé de respecter leur asile. Il se rabattit sur un fief appartenant à Séguier de Saint-Brisson, qui fut estimé et payé 90,000 livres au nom du maréchal de La Feuillade. Mansard fit tous les plans de l'édifice; on commença la construction le 1er mai 1685, et par ordre du roi 2,500 soldats y furent employés. Pendant ce temps-là Mme Brinon, par ordre de la favorite, rédigeait la constitution de la communauté; elle puisait largement dans la règle des ursulines, dans les institutions de Louis XIV et dans celles de Mme de Maintenon. Ce n'étaient pas précisément des religieuses qu'elle cherchait à dresser, mais des filles pieuses auxquelles elle se proposait d'imposer des vœux simples de pauvreté, de chasteté, d'obéissance, et un quatrième vœu, celui d'élever et d'instruire les demoiselles de la maison. Le roi voulut que ces dames eussent un habit particulier, grave et modeste, qui cependant n'eût rien de monacal; qu'elles ne s'appelassent ni *ma mère* ni *ma sœur*, mais *madame*, avec le nom de famille; qu'elles eussent chacune au cou une croix d'or persemée de fleurs de lis gravées, un Christ d'un côté et un saint Louis de l'autre; que les sœurs converses portassent des croix d'argent, gravées de la même manière. Leur costume fut d'étamine noire; elles avaient un manteau de chœur avec une queue de trois quarts de long, un bonnet de taffetas noir serré autour, un nœud de ruban au-dessus, et un voile par derrière tombant jusqu'aux coudes.

La maison fut en état d'être meublée le 15 mai 1686. Le roi s'en réserva la dépense, et laissa Mme de Maintenon maîtresse d'y employer telle somme qu'elle jugerait nécessaire; l'ameublement coûta 50,000 écus. L'édifice revint au roi à 1,400,000 liv. La communauté demeura à Noisy jusqu'au 1er août suivant. Pendant qu'on s'occupait du déménagement, le roi et Mme de Maintenon continuaient à réviser les statuts. Voulant faire participer toutes les familles nobles aux bienfaits de cette fondation, ils confirmèrent la disposition prise de n'exiger que quatre degrés de noblesse du côté paternel, n'obligeant à rien du côté des mères, afin que les mésalliances ne portassent aucun préjudice. Le 4 août suivant, deux grands-vicaires de l'évêque de Chartres vinrent bénir l'église et la dédier sous l'invocation de la sainte Vierge et de saint Louis; puis ils mirent les dames en clôture. Mme de Saint-Pierre refusa de faire partie de la nouvelle communauté, et se retira avec une pension de 500 liv. Mme Brinon avait été comblée des bienfaits du roi, et nommée supérieure à vie, au mépris des statuts. La faveur dont l'honorait Louis XIV parut suspecte à la jalouse Mme de Maintenon; et la supérieure, disgraciée, alla chercher un asile dans l'abbaye de Maubuisson, où elle recevait de la maison de Saint-Cyr une pension viagère de 2,000 livres. Mme de Loubert fut élue à sa place. On appela dans la communauté des prêtres de la mission de Saint-Lazare, chargés de desservir l'église, d'administrer les sacrements et de faire des missions aux alentours. Enfin, Mme de Maintenon, dont la dévotion augmentait avec l'âge, résolut de faire changer en vœux solennels les vœux simples de la maison, laissant toutefois aux religieuses qui le préféreraient la liberté de demeurer dans les vœux simples. Le plus grand nombre recommença le noviciat. La maison devint un monastère de l'ordre de Saint-Augustin. Le roi fit pour elle l'acquisition de Chevreuse; les coiffures furent changées, les manches allongées, les queues des manteaux réduites à demi-aune, et de nouvelles constitutions rédigées par l'abbé Tiberge, des missions étrangères. Mme de Loubert n'avait pas voulu passer aux vœux solennels; Mme de Fontaines fut élue à sa place.

Cependant, Mme de Maintenon était informée que la plupart des demoiselles à leur sortie de Saint-Cyr se trouvaient fort embarrassées de leur avenir. Elle demanda donc au roi qu'il leur fût donné au départ de la maison une petite somme qui pût suffire à leurs besoins les plus pressants, ou leur servir de dot si elles voulaient se marier ou se faire religieuses. Le roi, approuvant cette pensée, assigna 20,000 écus tous les ans, à prendre sur les fiefs et aumônes, pour doter les demoiselles de 1,000 écus chacune : la maison leur donnait encore lorsqu'elles s'étaient distinguées par leur conduite un petit trousseau propre et décent. Mais une autre idée tourmentait la favorite : depuis qu'elle avait fait faire des vœux solennels aux dames de Saint-Cyr, elle sentait que son œuvre ne serait complet que lorsqu'elle leur aurait fait prendre l'habit religieux. Par déférence pour Louis XIV, qui n'aimait pas cet habit, elle avait ajourné ce nouveau changement. En 1707, trouvant le roi mieux disposé, elle revint sur sa proposition, et le roi y consentit. L'habit religieux de ces dames consistait en une robe d'étamine et un scapulaire, les manches retroussées deux ou trois fois, de manière qu'elles descendaient à trois doigts au-dessus du poignet pour n'être abattues qu'au chœur et au chapitre; deux ceintures à effilés attachant la robe et retenant le scapulaire par devant et par derrière. Un chapelet noir tombait de cette ceinture; il se terminait par un crucifix, une tête de mort et quelques médailles. Pour coiffure, elles avaient un bandeau, une guimpe ronde, un petit voile de toile blanche, un autre d'étamine noire, et par-dessus un troisième grand voile de même étoffe et de même couleur. Il n'y eut aucun changement dans la croix d'or ni le manteau. C'est à Saint-Cyr, en présence de Louis XIV et de Mme de Maintenon, que fut représenté par les jeunes pensionnaires la tragédie d'*Esther*, où, sous les noms de Vasthi et d'Esther, Racine fait allusion à Mme de Montespan et à Mme de Maintenon. Deux ans plus tard, on y jouait *Athalie*. On avait prélude à ces essais par quelques exercices du même genre. On avait joué *Cinna*, *Iphigénie*, *Andromaque*. Quelques-unes des *bleues* avaient déclamé ces tragédies devant leurs compagnes. Mais alors on s'arrêta prudemment. « Nos petites filles, disait Mme de Maintenon à Racine, ont joué hier *Andromaque*; et l'ont si bien jouée qu'elles ne la joueront plus ni aucune de vos pièces. » La tragédie d'*Esther*, composée tout exprès pour les colombes de Saint-Cyr, naquit de ce premier scrupule de Mme de Maintenon. Cette pièce fut d'abord représentée en présence du roi et d'un petit nombre de dames de la cour. Les *actrices*, c'est ainsi que les dames de Saint-Cyr, dans leurs *Mémoires*, nomment les jeunes filles engagées dans cette représentation, avaient des habits à la persane. Le roi avait fourni les perles et les diamants. Il fut enchanté de la pièce, et félicita hautement Racine. De nouvelles représentations eurent encore lieu; et alors ce fut à qui briguerait l'honneur d'y être admis. Il y avait là plus d'un danger pour les jeunes élèves: Mme de Maintenon le comprit; et c'est alors qu'elle modifia la règle de la maison, qui dans les dernières années de la vie du grand roi devint beaucoup plus sévère qu'à l'origine.

Après la mort de Louis XIV, c'est à Saint-Cyr que Mme de Maintenon se retira. Dans une chambre voisine de la chapelle, Pierre le Grand visita la favorite, alors alitée, et écarta spontanément les rideaux des croisées pour contempler celle qui quinze ans avait gouverné la France. Ce fut là encore qu'elle mourut. Elle avait demandé à être inhumée dans le cimetière de la communauté; les religieuses ne suivirent pas ses dernières volontés, et placèrent ses dépouilles mortelles dans le chœur de l'église. Elle morte, la maison de Saint-Cyr, bien qu'elle sit encore duré soixante-douze ans, ne fit plus parler d'elle; et c'est son éloge. La révolution détruisit Saint-Cyr, et en fit une caserne. En 1794 la chapelle fut transformée en salle d'hôpital. A cette occasion on brisa la tombe de Mme de Maintenon; on ouvrit son double cercueil, et on en enleva le corps de la fondatrice de la maison, parfaitement conservé, couvert encore de ses habits, ayant même conservé les parfums avec lesquels on l'avait embaumé... Napoléon ordonna en 1806 de transférer à Saint-Cyr l'école militaire qu'il avait fondée en 1802 à Fontainebleau; et depuis lors la destination de la maison n'a plus changé. Louis XVIII y remit en vigueur les règlements de Louis XV pour l'École militaire; et son ordonnance du 26 juillet 1814 ressuscita de vieilles distinctions aristocratiques, qui ne sont plus de notre siècle; mais la Restauration (chose rare) ne tarda pas à reconnaître ses torts, et l'École devint bientôt ce qu'elle est aujourd'hui. Sa véritable fondation remonte à 1818. L'ordonnance royale de 1831 l'a encore réorganisée. Une partie des jardins a été transformée en champ de Mars pour les manœuvres des élèves; des militaires adolescents, sortis de tous les rangs de la société, remplacent les nobles demoiselles, et le bruit du canon a succédé aux chants religieux. L'établissement est sous la direction du ministre de la guerre. Le nombre des élèves est ordinairement de trois cents. Ils ne peuvent entrer à l'École qu'à dix-huit ans au moins et à vingt au plus. Il n'y a d'exception que pour les jeunes gens qui, ayant deux ans de service dans un régiment, ne dépassent pas vingt-cinq ans. En entrant, tous signent un engagement volontaire pour un des corps de l'armée. On n'est pas admis dans l'École si on n'a pas satisfait à un examen assez sévère. Les élèves qui ne sont pas placés par le gouvernement payent 1,500 francs de pension par an. Les boursiers viennent pour la plupart de l'école de La Flèche. L'École, commandée par un général ayant sous lui un colonel commandant en second et directeur des études, forme deux divisions. Au bout d'une année de séjour, les élèves jugés incapables de passer à la première division sont renvoyés dans un régiment ou admis à faire une deuxième année dans la deuxième division. La sortie de l'École, après avoir achevé les cours de la première division, est déterminée par une commission nommée par le ministre. Les quinze ou vingt premiers numéros sont aptes à entrer à l'École d'État-Major, mais ils doivent subir un nouvel examen devant le conseil de cette école, en concurrence avec tous les sous-lieutenants de l'armée qui se présentent. Les dix ou douze numéros suivants sont destinés à la cavalerie, et vont passer deux ans à l'École de Saumur. Tout le reste est pour l'infanterie. Consultez les *Mémoires pour servir à l'histoire de la fondation de Saint-Cyr* (2 vol.,

1725) par Languet de Gergy; les *Lettres de Mme de Maintenon*, et l'*Histoire de la Maison royale de Saint-Cyr*, par Lavallée (Paris, 1853).

Eugène DE MONCLAVE.

SAINT-CYR (GOUVION-). *Voyez* GOUVION-SAINT-CYR.

SAINT-CYRAN (JEAN DUVERGIER DE HAURANNE, abbé DE), né à Bayonne, en 1581, mort en 1642, a laissé un nom célèbre dans l'histoire du dix-septième siècle, par la part importante qu'il prit aux querelles du jansénisme et du molinisme. Élevé dans sa ville natale, il alla étudier la théologie à Louvain, où il se lia avec Jansénius. A son retour en France, et après quelque séjour à Bayonne dans le sein de sa famille, il accompagna l'évêque de Poitiers, La Rocheposay, dans son diocèse. En 1620 celui-ci lui fit obtenir l'abbaye de *Saint-Cyran*, dont il porta le nom. Après quelques années de séjour à Poitiers, il vint à Paris, et s'y livra avec un immense succès à la direction des consciences. A une époque de foi comme celle-là, un directeur en renom était toujours un personnage influent. On ne sera pas surpris dès lors d'apprendre que l'abbé de Saint-Cyran ait refusé plusieurs évêchés. Mais les jésuites ne tardèrent pas à le jalouser, et ils parvinrent à le faire arrêter comme un homme dangereux. L'abbé de Saint-Cyran, jeté dans le donjon de Vincennes par ordre de Richelieu, en 1638, n'en sortit qu'à la mort de ce tout-puissant ministre, en 1642, et mourut l'année suivante. On a de lui un grand nombre d'ouvrages de dévotion ou de polémique religieuse. Les plus célèbres sont ceux qu'il écrivit contre le fameux P. Garasse, de la Société de Jésus. Une de ses plus grandes gloires est d'avoir fait de la célèbre abbaye de Port-Royal une de ses conquêtes, et d'avoir eu pour disciples les Pascal, les Arnauld, les Nicole.

SAINT-DENIS, chef-lieu de l'île de La Réunion.

SAINT-DENIS, ville de France, chef-lieu d'arrondissement dans le département de la Seine, à 9 kilomètres au nord de Paris, sur le Crould et le Rouillon, près la rive droite de la Seine et le canal de son nom, qui relie le canal de l'Ourcq à la Seine. On y compte 15,702 habitants. C'est une station du chemin de fer du nord, le siège du chapitre impérial de l'église de Saint-Denis, de la maison impériale d'éducation pour les filles, sœurs, nièces ou cousines des membres de la Légion d'Honneur, établie, aux termes du décret du 29 mars 1809, dans les bâtiments de l'ancienne abbaye des bénédictins, et qui compte quatre cents élèves boursières de l'ordre et cent pensionnaires. Les bâtiments, achevés en 1767, par Robert de Cotte, ont été appropriés à leur usage actuel; ils sont vastes et bien aérés. Saint-Denis possède encore une bibliothèque publique, formée en grande partie de celle de l'ancienne abbaye, mais n'a point de tribunal de première instance, l'arrondissement ressortant à celui de Paris. On y remarque un dépôt de mendicité, un hôpital sous le nom d'*hôtel-Dieu*, deux casernes, une salle de spectacle, l'église de l'ancien couvent des carmelites et la fontaine près de la place aux chevaux, qui est alimentée par un puits artésien d'une grande abondance. On y compte de nombreux et importants établissements industriels, une typographie, des moulins à farine, de belles teintureries et imprimeries sur étoffes, des lavoirs de laine, des fabriques de produits chimiques, d'articles en caoutchouc, etc. Son commerce, très-actif, est alimenté par des foires importantes encore bien que déchues, à l'exception de celle du *Landit*. Plusieurs faits importants de l'histoire de France se sont accomplis à Saint-Denis. Les Anglais s'en emparèrent en 1412; une bataille sanglante fut livrée sous ses murs entre les catholiques et les huguenots, en 1567, et Henri IV y fit son abjuration.

L'abbaye de Saint-Denis fut bâtie sur l'emplacement du tombeau de saint Denis martyr dans les Gaules à la fin du troisième siècle. Catulla, dame romaine, enivra, rapporte-t-on, les soldats qui portaient le cadavre du saint, leur enleva ces restes précieux, et les fit enfouir dans un champ de blé, qu'on fouilla ensuite quand la persécution eut cessé; on en retira les reliques, on les déposa dans un tom-

SAINT-DENIS

beau sur lequel on éleva une chapelle. Elle fut détruite par les barbares, et une église fut bâtie à la place, grâce aux soins de sainte Geneviève. Cet édifice existait déjà du temps de Dagobert, et avait un abbé et des moines, à ce que rapporte Félibien. Dagobert, qui passe pour en être le fondateur, ne fit que l'enrichir avec les dépouilles des autres églises; il lui donna des colonnes de marbre et de riches tapisseries, et y institua une psalmodie perpétuelle, à l'aide de chœurs de religieux qui se relevaient les uns les autres. La vénération de Dagobert pour ce lieu était due au refuge qu'il y avait rencontré contre la colère de son père. Clovis II enleva pour assister les pauvres l'argent dont le tombeau du saint était couvert, mais il affranchit l'abbaye de la juridiction de l'archevêque de Paris. Charles Martel vint la visiter en 741, et y fut enterré. En 784 florissait l'abbé Fulrad, un de ses plus illustres directeurs. Vers l'an 828, les mœurs des religieux de l'abbaye s'étaient relâchées. Mais la discipline fut rétablie par Hilduin, et par Hincmar, archevêque de Reims. Louis 1er, successeur d'Hilduin, ayant été pris par les Normands, les trésors de l'abbaye furent épuisés pour fournir sa rançon. Ces barbares pillèrent le monastère en 865, mais furent punis par une espèce de lèpre que Dieu leur envoya. Le roi Charles le Chauve, pour mettre l'abbaye à l'abri de semblables malheurs, la fit fortifier, et les reliques en furent portées à Reims vers 1137. L'abbaye de Saint-Denis eut pour chef l'illustre Suger, qui fit abattre un porche élevé par Charlemagne en dehors du lieu saint, sur la sépulture de son père. Pépin avait fait construire la nef, achever le portail, commencer les deux tours carrées et bâtir trois oratoires latéraux. Le pape Innocent II, dépossédé de la tiare par l'antipape Anaclet, trouva un refuge à Saint-Denis. L'abbé Guillaume fit plus tard équiper aux frais du monastère un vaisseau, qu'il envoya au secours de saint Louis, à la croisade. Celui-ci, au retour, fit des présents magnifiques à cette église, et la consacra irrévocablement à être le lieu de la sépulture des rois de France. Thibaut, roi de Navarre et comte de Champagne, reconnut tenir de l'abbaye en fief mouvant Nogent et toute sa châtellenie, et ce ne fut pas le seul vassal de cette église.

En 1284, sous l'abbé Matthieu, la communauté jouissait d'une réputation européenne de régularité et de sainteté. En 1294 l'abbé Renaud fit passer en règle qu'on n'y recevrait aucun religieux qui ne fût de légitime mariage, âgé de dix-huit ans, d'une condition honnête et suffisamment instruit dans les belles-lettres. En 1313, sous Philippe le Bel, l'abbé de Saint-Denis fut nommé conseiller du parlement. Sous Charles V, l'inhumation à Saint-Denis de Bertrand du Guesclin fut la première des honorables exceptions qui donnèrent aux sujets morts une place parmi les souverains qu'ils avaient servis et défendus. Sous le règne de son successeur, l'abbaye eut beaucoup à souffrir des discordes civiles qui dévastèrent la France; elle fut pillée et son abbé massacré. Charles VI y vint chercher l'oriflamme pour combattre ses sujets. L'abbé Philippe de Villette, cette victime des troubles du royaume, nous a laissé deux cartulaires qui fixent d'une manière curieuse les limites de la juridiction temporelle et spirituelle de l'abbaye de Saint-Denis à cette époque. Toutes les paroisses d'alentour, à un petit nombre d'exceptions près, relevaient de l'abbaye, et elle avait en outre le droit matériel de confiscation, d'épaves, d'aubaine, le privilège de connaître des crimes de lèse-majesté, d'usure et fausse monnaie (qu'on appelait cas royaux). Il y avait trois sièges ou auditoires : prévôté, bailliage, assises. Les marchands de la ville étaient également sous la dépendance de l'abbaye, et des prêtres jurés visitaient leurs marchandises. Il y avait alors dans l'abbaye cent vingt-huit religieux. Mais en 1423 l'abbé de Saint-Denis fut privé du pouvoir temporel. On compte Isabeau de Bavière et Louis XI parmi les bienfaiteurs de cette abbaye, que la superstition n'enrichit pas moins que la piété. Les religieux de Saint-Denis furent obligés plus tard de jurer la Ligue, et devinrent souvent victimes des dissensions civiles. Ils transportèrent plus d'une fois encore leur trésor à Reims ou à Paris, ce qui ne les empêcha pas d'éprouver des pertes considérables. Sous Louis XIII, les religieux se relâchèrent de la discipline de l'ordre, et la réforme que D. Didier de La Cour avait introduite dans la congrégation de Saint-Maur, le cardinal de La Rochefoucauld tenta de la naturaliser à Saint-Denis. Il y réussit, quoique avec beaucoup de peine. Louis XIII, par son testament, laissa à l'abbaye 40,000 livres pour la fondation d'une basse messe quotidienne et d'un service par semaine à perpétuité, le jour de sa mort. En 1654 la reine Christine visita l'abbaye. En 1691 le corps de Turenne, comme celui de Du Guesclin, y trouva un tombeau parmi les sépultures royales. Peu après, le titre d'abbé ou grand-prieur de Saint-Denis fut supprimé, et la réunion de Saint-Denis avec Saint-Cyr fut décrétée par une bulle d'Innocent XII. Parmi les derniers abbés de Saint-Denis, on avait compté deux Louis de Lorraine, cardinaux de Guise, deux cardinaux de Bourbon, Armand de Bourbon, prince de Conti, Jules Mazarin, et le cardinal de Retz.

L'église de Saint-Denis est admirable, et ne manque pas d'unité dans l'aspect général, quoique des architectes du temps de Dagobert, de Charlemagne, de saint Louis et de Philippe le Hardi y aient successivement travaillé. Elle a la forme d'une croix. Les vitraux sont d'un éclat merveilleux. Le vaisseau de l'église a 130 mètres de longueur, 33 de largeur et 26 de hauteur. Quatre piliers énormes soutiennent les tours, et soixante piliers les voûtes et les couvertures. Une arcade d'une grande hardiesse du travail supporte le buffet d'orgues. Avant la révolution, les trois portes de l'église étaient couvertes de bas-reliefs en bronze, originairement dorés et d'un travail remarquable. Les constructions de l'église de Saint-Denis ont éprouvé peu de changements depuis les travaux qu'y fit faire saint Louis; mais on sait qu'un décret de la Convention, rendu sur la proposition de Barrère, ouvrit aux vengeances du peuple de 1793 les cercueils des rois qui reposaient sous les voûtes de Saint-Denis. En trois jours, cinquante sépultures furent violées; les débris qu'ils renfermaient furent exhumés et jetés dans un trou ignoré du lieu nommé *Cimetière des Valois*; heureusement notre collaborateur feu Alexandre Lenoir parvint à conserver la plupart de ces ossements, qui forment à eux seuls toute une histoire de l'architecture du moyen âge jusqu'à nos jours. Les ossements tirés de ces tombeaux furent jetés dans une fosse creusée à la place qu'occupa jusqu'aux dix-huitième siècle la tour des Valois.

L'abbaye de Saint-Denis devint pendant la révolution un magasin de farine. Napoléon donna en 1806 l'ordre de réparer l'église et de restaurer le caveau des Bourbons, comptant y établir la sépulture de sa famille; il n'eut pas le temps d'achever son ouvrage. Autrefois on déposait le cercueil du roi sur les marches d'un escalier qui s'ouvrait devant le chœur, sous une pierre tumulaire, et il y restait jusqu'à ce que celui de son successeur vînt le remplacer et lui permettre d'entrer enfin dans le caveau. Le corps de Louis XVIII est encore sur les marches de cet escalier. Napoléon avait doté cet établissement religieux d'un chapitre composé, pour desservir la sépulture des empereurs, de deux classes de chanoines, dans la première desquelles il n'entrait que des évêques. Le grand-aumônier de France était le chef de ce chapitre, et prenait le nom de *primicier*. Cette fondation impériale fut respectée par la Restauration. Le chapitre se compose de chanoines du premier ordre (ordre des évêques), de chanoines du second ordre, de chanoines honoraires du premier ordre, d'un chanoine dignitaire et de prêtres attachés au chapitre.

Quant aux bâtiments de l'église elle-même, en 1833 le gouvernement demanda aux chambres les moyens d'arriver à un prompt achèvement des travaux. Au commencement de 1846 quelques fissures s'étant déclarées dans la tour du nord, la plus haute des deux, on la démolit pour éviter un désastre ultérieur, et maintenant il ne reste plus que le sou-

venir de ce clocher, qui s'apercevait de toutes parts aux environs de Paris.
Paul FOUCHER.

SAINT-DENYS. Voyez SAINT-DENIS.

SAINT-DENYS (Chroniques de). Voyez CHRONIQUES.

SAINT-DENYS (Le moine de), auteur anonyme d'une chronique sur le règne de Charles VI (1380-1422), qui faisait sans doute partie des matériaux d'après lesquels devaient être rédigées plus tard les grandes *chroniques de Saint-Denys*. Elle a été publiée, texte et traduction, par MM. Bellaguet et Magin dans la collection des *Documents inédits sur l'histoire de France* (Paris, 1839-1846, 6 vol. in-4°).

SAINT-DIÉ, ville de France, chef-lieu d'arrondissement, dans le département des Vosges, à 39 kilomètres au nord-est d'Épinal, sur la Meurthe, avec une population de 8,959 habitants. Siége d'un évêché suffragant de Besançon et dont le département des Vosges forme le diocèse, cette ville possède une église oratoriale calviniste, un tribunal de première instance, un collége, une bibliothèque publique de 10,000 volumes, une chambre consultative des manufactures. L'industrie y est très-importante, et consiste dans la fabrication de cotonnades, de guinguamps, madras, mouchoirs, mousselines, percales, tulles, tapis de pied, dans la préparation des satins. On y trouve des filatures de coton, de nombreuses tanneries et chamoiseries, des teintureries, des brasseries, une typographie. Il s'y fait un commerce très-actif en bois, grains, lin, chanvre, bestiaux, fer, quincaillerie et produits de ses manufactures. Elle possédait autrefois une célèbre abbaye noble préatiale de chanoines réguliers, fondée au septième siècle, par saint Dié, évêque de Nevers, et dont le pape Léon IX avait été prieur.

SAINT-DIZIER, ville de France, chef-lieu de canton du département de la Haute-Marne, à 15 kilomètres au nord de Vassy, sur la rive droite de la Marne, et qui est traversée par le ruisseau des *Renelles*, avec une population de 7,429 habitants, un tribunal de commerce, un collége, des forges et fonderies de fer, et dans les environs, des hauts fourneaux et de nombreuses forges à fer. L'industrie consiste encore dans la fabrication de la boissellerie et dans la construction des bateaux. Au moyen âge le nom de cet endroit était *Sancti Desiderii*, et provenait de ce que, suivant la légende, l'apôtre saint *Desiderius*, évêque de Langres, égorgé par les Vandales, y avait été enterré. La ville a un pont sur la Marne, près du village de *Moelains*, à l'origine de la navigation de cette rivière, et fait un commerce important en bois, fer et grains. C'est une station du chemin de fer de l'est. C'était autrefois une place très-forte, qui soutint en 1544 contre Charles Quint un siége mémorable. Les alliés y furent défaits par Napoléon, les 27 janvier et 26 mars 1814.

SAINT-DOMINGUE. Voyez HAÏTI.

SAINT-ELME (IDA), nom de guerre que s'était donné une courtisane fameuse des premières années de ce siècle, *Elselina* VANAYL DE YONGH, née en 1778, à Valambrose, dans le midi de la France, dont le libraire Ladvocat publia en 1827 les souvenirs passablement scandaleux, sous le titre de *Mémoires d'une Contemporaine*. Ces mémoires, qui traitaient aujourd'hui, déguenillés, à tous les étalages des bouquinistes, eurent un succès prodigieux ; sans doute les anecdotes piquantes y abondent, le récit est vif, spirituel, le style a de la grâce, de la désinvolture ; mais le plus souvent le fond est complétement imaginaire. La mode était alors aux mémoires, et on citait à cette époque tel écrivain de force à mettre toute l'histoire de France en mémoires. Ce fut donc, commercialement parlant, une idée heureuse qu'eut feu Ladvocat quand il imagina de jeter en pâture aux oisifs une compilation dans laquelle on ferait successivement défiler dans le débraillé permis chez une] Phryné tous les personnages un peu importants de la république et de l'empire morts à l'époque où la publication avait lieu, hors d'état par conséquent de réclamer contre le rôle qu'on se plairait à les y faire jouer. Le seul personnage alors vivant que la *Con-temporaine* ait osé faire figurer activement dans ses souvenirs autobiographiques, c'est M. de Talleyrand. Mais qui ne sait que ce diplomate célèbre eut pour constante maxime de ne jamais répondre aux diffamations les plus provoquantes et de laisser circuler librement même les calomnies les plus odieuses ? La vogue qu'obtinrent les *Mémoires d'une Contemporaine* mit un instant l'auteur à la mode ; les recueils périodiques, les journaux recherchèrent avec empressement sa collaboration. Mais Ida Saint-Elme se montra bien inférieure à elle-même dans toutes ses autres publications ; et l'on finit par apprendre que tout le mérite de ses *Mémoires* revenait à M. Malitourne, chargé par Ladvocat de mettre en ordre et de broder les souvenirs galants et politiques de la *Contemporaine*. Celle-ci entreprit en 1830 un voyage en Égypte, qui nous valut une relation sans aucun intérêt. A partir de ce moment on n'entendit plus reparler d'elle que dans deux circonstances : en 1837, à l'occasion d'une sale intrigue ourdie à Londres par Ida Saint-Elme à l'effet d'extorquer de l'argent à Louis Philippe en le forçant de racheter des lettres écrites par lui en 1809, qui compromettaient singulièrement son renom de patriotisme ; et enfin, en mai 1845, lorsque les journaux de Bruxelles annoncèrent que la fameuse *Contemporaine*, admise au mois de février précédant à l'hospice des ursulines de Bruxelles, où sa pension avait été payée par une personne charitable, venait d'y mourir, âgée de soixante-sept ans environ.

SAINT-EMPIRE. Voyez EMPIRE D'ALLEMAGNE.

SAINT-ESPRIT. Voyez ESPRIT (Saint-)

SAINT-ESPRIT. Voyez LANDES (Département des).

SAINT-ESPRIT (Archipel du). Voyez NOUVELLES-HÉBRIDES.

SAINT-ESTÈPHE, bourg du département de la Gironde, à 14 kilomètres au sud-est de Lesparre, près de la rive gauche de la Gironde, avec 1,750 habitants et les vignobles de Haut-Médoc qui produisent d'excellents vins rouges fins.

SAINT-ÉTIENNE, ville de France, chef-lieu du département de la Loire, à 44 kilomètres au sud-est de Lyon, sur le Furens, dont les eaux sont renommées pour la trempe de l'acier et la teinture. C'est une ville essentiellement manufacturière et commerçante, dont la population est de 83,563 habitants. Elle possède des tribunaux de première instance et de commerce, une chambre et un conseil général de commerce, un conseil de prud'hommes, une chambre consultative des manufactures, un lycée, une école de mineurs avec laboratoire de chimie, des cours de géométrie et de mécanique appliquée aux arts, une église oratoriale calviniste, une manufacture impériale d'armes à feu, une bibliothèque publique, un cabinet d'histoire naturelle, un musée industriel, une société libre industrielle, un théâtre. Saint-Étienne communique par deux chemins de fer avec la Loire et Lyon ; l'un d'eux est le premier qui ait été tracé dans toute la France. Le développement de sa population date seulement de quelques années, et a été des plus rapides. On n'y comptait environ en 1801 qu 16,240 habitants ; en 1830 le chiffre était de 33,000 ; en 1841, de 46,000 ; en 1851, de 57,000, augmentation qui s'explique par les proportions de plus en plus vastes qu'y prend le travail industriel. C'est le centre d'une exploitation de houille la plus importante de France, et qui pourrait suffire à l'approvisionnement de tout l'empire. Saint-Étienne est le siége d'une importante fabrication d'armes blanches, de canons de fusil, d'armes à feu ordinaires et d'armes de luxe ; de fabriques de coutellerie et d'eustaches, de fleurets, tranchets, enclumes et étaux, limes, peignes d'acier, crépins, machines, mécaniques et métiers à rubans ; quincaillerie de fer et de cuivre ; taillanderie ; lacets ; lainages ; étoffes élastiques en caoutchouc ; eau de cologne. On y trouve des fonderies de fer et de cuivre, des aciéries d'acier cémenté et fondu ; et c'est également le siége d'une très-importante fabrication de rubans de soie, gaze, gros de Naples, satin broché pour chapeaux et ceintures, rubans, taffetas imprimés sur chaînes, rubans, cordons brochés, etc., occupant environ 6,000 ouvriers, tant dans la ville qu'aux environs, et 60 artistes-peintres et dessinateurs, consommant annuellement 400,000 kilogrammes de soie, principalement de qualité supérieure, et produisant 120 millions de mètres de rubans d'une valeur de 32 millions de francs. Les soies employées à Saint-Étienne sont pour la plupart soumises à l'épreuve de la condition. On évalue de 8 à 900 millions par an le mouvement général d'affaires dont cette ville est le centre. La manufacture impériale d'armes à feu de Saint-Étienne est fort ancienne.

En 1516 François Ier envoya à Saint-Étienne l'ingénieur Virgile pour présider à la confection des arquebuses à rouet et des mousquets. Le gouvernement commandait alors aux ouvriers de la ville; les détails de fabrication n'étaient point surveillés. Ce ne fut qu'en 1717 que le ministre de la guerre envoya à Saint-Étienne un officier d'artillerie, M. du Saussay, avec le titre d'inspecteur. On mit sous ses ordres un contrôleur; les armes de guerre furent soumises à une visite plus exacte, et leurs proportions déterminées par des règlements. En l'an x, le nombre des ouvriers s'étant beaucoup augmenté, la quantité d'armes fournie par la manufacture s'éleva à 36,000 fusils, et en 1813 à 82,000. Toute fabrication d'armes de luxe et de chasse fut interdite, et les ouvriers de la ville furent mis en réquisition : la patrie était en danger. Indépendamment de cette fourniture, une commande de 100,000 fusils fut donnée aux entrepreneurs. En 1814, lorsque les Autrichiens entrèrent à Saint-Étienne, ils brûlèrent les bois de fusil et détruisirent les pièces d'armes qu'on n'avait pas eu le temps d'enlever. La manufacture de Saint-Étienne est placée sous la direction d'un corps d'officiers d'artillerie qui dresse les devis, surveille les travaux, approuve les marchés des entrepreneurs. Après trente ans de service, les chefs d'atelier obtiennent de 250 fr. à 480 fr. de pension, les simples ouvriers, de 200 fr. à 360 fr. Lorsqu'un fusil est terminé, il a passé par soixante-dix mains.

Saint-Étienne est une ville bien construite; mais la fumée des usines lui donne un aspect sombre et triste. Elle a été fondée au dixième siècle, et fut dès l'origine une ville manufacturière. Fortifiée sous Charles VII pour arrêter les incursions des partis ennemis, elle souffrit beaucoup pendant les guerres de religion. L'état actuel de prospérité de cette ville date de 1815.

SAINT-EUSTACHE, petite île hollandaise, dans l'archipel des Antilles, entre Saint-Christophe et Saba, formée par deux montagnes laissant entre elles un vallon très-resserré, qui contient les traces d'un ancien volcan. L'île n'a que huit kilomètres de long sur quatre de large. Sur le plateau se trouve un bourg, dont les rues sont régulières et les maisons bâties en bois, peintes, et d'une grande propreté. L'île n'a point de sources, et c'est par le moyen de citernes que les habitants conservent l'eau pour leur usage, et pour arroser les plantes des parterres dont leurs jolies demeures sont entourées. Quelques habitations, où l'on cultive la canne à sucre, occupent le petit territoire de cette colonie, assez fertile dans les années pluvieuses seulement; on descend du bourg au bord de la mer par un beau chemin sinueux, et l'on trouve, au pied d'une côte escarpée, les restes d'une ville commerciale, qui pendant la guerre des Américains eut une grande célébrité.

Lorsque tous les esprits se tournent vers les avantages de la liberté du commerce, il est de quelque intérêt de fixer l'attention sur l'histoire des points du globe où cette liberté a appelé la richesse des nations. De tous ces lieux, Saint-Eustache est sans doute le plus remarquable; la France et l'Angleterre, en guerre pour la cause des Américains, avaient alors chacune une marine dont les forces se balançaient. Depuis la Barbade jusqu'à Saint-Christophe, leurs escadres gênaient le mouvement commercial des Antilles. La Hollande était neutre, mais elle ne pouvait offrir d'autre refuge aux bâtiments marchands, protégés par son pavillon, que sa toute petite colonie, son rocher de Saint-Eustache. Point de rade, point de port, nulle plage pour y bâtir de magasins. Qu'importe? Ce que le commerce demande, c'est la liberté et la sécurité : la liberté, le gouvernement hollandais la lui donna au pied de son rocher; la sécurité, il la trouva sous la neutralité de son pavillon. Le rocher de granit éclata sous le travail des mineurs; de vastes magasins s'élevèrent comme par enchantement; un chemin facile fut tracé sur le flanc de la montagne. Le soir, les négociants, après avoir terminé leurs affaires, se dirigent à cheval vers leurs maisons de plaisance de la ville haute. Le lendemain, ils retournent à leurs comptoirs. Les bâtiments multiplient leurs ancres pour tenir dans une mer agitée, et une multitude de pirogues allongées, construites dans l'île de Saba, manœuvrées par des nègres et des mulâtres intrépides, servent à l'embarquement et au débarquement des marchandises. On les lançait au travers des vagues pour leur faire gagner les bâtiments, et quand elles en revenaient, elles étaient enlevées du milieu de ces vagues, brisant sur la grève, pour sauver leur charge. Quand on a comparé ce mouvement au peu d'affaires locales qui se font maintenant à Saint-Eustache, l'imagination se refuse à croire ce que la tradition et l'histoire racontent de l'immensité des échanges qui s'y faisaient pendant cette période de neutralité. Elle fut malheureusement trop courte; les richesses qui s'aggloméraient sur ce point commercial attirèrent l'attention des Anglais, et l'amiral Rodney fut chargé de violer les traités, de surprendre et de piller Saint-Eustache. Là finit la prospérité passagère de cet entrepôt : privé de liberté et de neutralité, le commerce s'y éteignit, et il n'y a pas reparu depuis.

Gal BERNARD.

SAINT-ÉVREMOND (CHARLES MARGNETEL-DE-SAINT-DENIS, seigneur DE), né à Saint-Denis-du-Guast, à douze kilomètres de Coutances, le 1er avril 1613, fut d'abord destiné à la magistrature, et fit en conséquence d'excellentes études à Paris, chez les jésuites; mais son goût le porta vers la carrière militaire : il obtint une lieutenance des gardes du duc d'Enghien, et se distingua aux journées de Rocroy, de Fribourg et de Nordlingue. La conversation agréable et caustique de Saint-Évremond l'avait fait rechercher du prince de Condé, qui aimait beaucoup de entendre railler les autres; mais Saint-Évremond fut assez peu prudent pour en railler lui-même, et le duc lui demanda la démission de sa lieutenance. Pendant la Fronde, Saint-Évremond combattit les mécontents avec sa plume et son épée : ce qui lui valut un instant la faveur de Mazarin, une pension, et le grade de maréchal de camp. Envoyé en Guienne sous les ordres du duc de Candale, il donna à son chef des conseils contraires, aux vues du ministre, sur lequel il se permit des railleries, qui lui furent rapportées, et fut mis à la Bastille. Il en sortit trois mois après, et rentra en grâce auprès de Mazarin, qui se fit accompagner par lui lors de la conclusion du traité des Pyrénées. Cette pacification déplaisait aux gens de guerre; Saint-Évremond exprima librement cette opinion dans une lettre au maréchal de Créqui, qui est un modèle de fine plaisanterie. Le ministre mourut sans avoir connaissance de cet écrit; mais, en 1661, les recherches occasionnées par le procès du surintendant F o u q u e t, firent tomber la minute de cette lettre entre les mains de Colbert, qui saisit cette occasion d'accuser d'un crime d'État un courtisan frondeur, dont les ministres redoutaient les sarcasmes, et qui avait été l'ami du surintendant disgracié. Prévenu à temps, Saint-Évremond sut éviter cette fois la Bastille, et se retira en Hollande, puis en Angleterre (1662), où il était venu l'année précédente à la suite du comte de Soissons, et où il s'était fait des amis puissants. Ici se terminent les traverses d'une carrière qui devait être encore si longue; Saint-Évremond avait alors quarante-sept ans, et pendant les quarante-trois ans qu'il avait encore à vivre il devait mener l'existence douce et voluptueuse d'un courtisan lettré et d'un sage épicurien :

43.

toutes ses aventures allaient désormais se borner à quelques intrigues de cour, tous ses déplacements à quelques voyages de Londres à La Haye. Le roi Charles II lui fit une pension considérable. Il ne tint qu'à lui d'être nommé sous Jacques II secrétaire de cabinet, pour écrire les lettres particulières de ce prince aux souverains étrangers (1686); Saint-Évremond refusa une charge qui l'aurait arraché à sa paisible indépendance, et que d'ailleurs il regardait comme au-dessous de lui. La révolution de 1688 lui donna un nouveau protecteur : c'était Guillaume III, qu'il avait connu en Hollande, et qui, devenu roi d'Angleterre, lui continua tous les avantages dont il avait joui sous Charles II. En Hollande aussi il avait formé une liaison intime avec le célèbre Vossius, qu'il appelait son *ami de lettres.* Au reste, Saint-Évremond, vrai type d'indifférence philosophique, s'accommodait assez de tous les honneurs et de tous les gouvernements. « Après avoir vécu dans la contrainte des cours, écrivait-il au maréchal de Créqui pendant son séjour en Hollande, je me console d'achever ma vie dans une république où, s'il n'y a rien à espérer, il n'y a du moins rien à craindre. » De retour à Londres, où il passa le reste de sa vie et où il mourut, le 20 septembre 1703, il n'était pas moins satisfait des habitants, qu'il regardait, écrivait-il encore, « comme un milieu entre les courtisans français et les bourgmestres d'Amsterdam ». Il ne demeura point étranger aux intrigues qui firent passer une belle Bretonne, Mlle de Quérouaille, depuis duchesse de Portsmouth, dans les bras de Charles II (1671). Quand la belle et spirituelle Mancini, duchesse de Mazarin, vint se fixer en Angleterre, par suite de ses démêlés avec le plus sot des maris, Saint-Évremond s'attacha au char de la nouvelle venue : il devint son ami, son confident, et peut-être si elle eût suivi ses conseils fût-elle parvenue à l'emporter sur la duchesse de Portsmouth (1676). La société que la duchesse de Mazarin réunissait chez elle devint la plus agréable de Londres; Saint-Évremond était l'âme de ces réunions, où brillait aussi Saint-Réal : on y agissait sans pédanterie, mais non sans prétention, des questions de littérature, de philosophie et d'histoire. On peut dire que toute la vie de Saint-Évremond, comme littérateur, n'est que l'expression des objets sérieux ou frivoles qui l'occupaient dans la société des belles dames, des grands seigneurs et des beaux esprits. Ce fut dans ses campagnes, durant la Fronde et lors de la paix des Pyrénées, qu'il trouva l'idée des écrits plaisants ou politiques qui fondèrent sa réputation. De ce nombre on peut mettre la fameuse *Conversation du père Canaye* (qu'aucuns ont attribuée sans preuve à Charleval); *La retraite de M. de Longueville en Normandie;* enfin, la lettre du maréchal de Créqui, qui avait fait exiler son auteur. Les entretiens qu'il eut avec Vossius lui inspirèrent ses *Observations sur Salluste et sur Tacite,* qui sont avec ses *Observations sur les divers génies du peuple romain* ce qu'il a fait de mieux. Personne avant lui n'avait apprécié avec plus de sagacité cette grande nation, et quelques-unes de ses réflexions n'ont pas été inutiles à Montesquieu. Le plus grand nombre des écrits de Saint-Évremond furent composés pour la société de la duchesse de Mazarin; je citerai entre autres sa *Défense de quelques pièces de théâtre de M. Corneille* et ses *Réflexions sur les tragédies et sur les comédies française, espagnole, italienne et anglaise,* où il semble parler en précurseur de l'école moderne lorsqu'il préfère à la comédie anglaise sur la nôtre. L'amitié lui fit prendre la plume au procès de la duchesse de Mazarin avec son mari, et il composa pour elle un plaidoyer non-seulement très-piquant, mais qui décèle des connaissances réelles en jurisprudence. En effet, Saint-Évremond avait sérieusement étudié cette science.

On a comparé Saint-Évremond à Fontenelle; il eut sa longévité, la même forme d'idées, la même réserve philosophique; comme lui, il sut concilier, avec la fidélité en amitié, les arrangements et les douceurs d'une vie paisible et indépendante; mais Saint-Évremond, tour à tour l'heureux adorateur de Marion Delorme et de Ninon de Lenclos, Saint-Évremond, ancien militaire, eut une vie plus sensuelle que le froid auteur des *Mondes.* Du ton philosophique de quelques-uns des écrits de Saint-Évremond on a pu conclure qu'il était loin d'être croyant; aussi le parti philosophique l'a mis au nombre de ses apôtres : on lui a attribué des libelles contre le christianisme, entre autres l'*Analyse de la Religion chrétienne,* ouvrage qui tend à renverser toute la chronologie et tous les faits de l'Écriture. Voltaire observe avec raison que « Saint-Évremond était incapable de ces recherches savantes : c'était un esprit agréable et assez juste, mais il avait peu de science, etc. ». Saint-Évremond, au surplus, a fait lui-même son portrait de manière à dispenser ses biographes de prendre ce soin après lui : « C'est, dit-il, un philosophe également éloigné du superstitieux et de l'impie ; un voluptueux qui n'a pas moins d'aversion pour la débauche que d'inclination pour les plaisirs; un homme qui n'a jamais senti la nécessité, qui n'a jamais connu l'abondance; il vit dans une condition méprisée de ceux qui ont tout, enviée de ceux qui n'ont rien; il se loue de la nature, il ne se plaint pas de la fortune; il hait le crime, il souffre les fautes, il plaint le malheur, etc. »

Avant son exil, Saint-Évremond donnait en France le ton aux hommes de plaisir : D'Olonne, Boisdauphin et lui furent surnommés les *coteaux,* parce que, dans leur sensualité, ils ne pouvaient boire que du vin des fameux coteaux d'Aï, d'Avenay et d'Haut-Villiers. Jusque ici je n'ai parlé que de la prose de Saint-Évremond; mais on ne doit pas oublier, selon l'expression piquante de Lemontey, qu'il fut du nombre de ces « gens de cœur et gens d'esprit qui daignent faire des vers détestables ». Il y a en effet beaucoup de vers parmi les œuvres de ce bel esprit : rien n'égale leur platitude, si l'on en excepte une satire en dialogue contre l'Académie et quelques stances adressées à Ninon, où l'on remarque ce quatrain digne de Voltaire :

L'indulgente et sage nature
A formé l'esprit de Ninon
De la volupté d'Épicure
Et de la vertu de Caton.

Ce n'est pas qu'elles fussent dénuées de pensées ingénieuses, mais la plupart sont de ce style :

Je perds le goût de la satire!
L'art de louer malignement
Cède au secret de pouvoir dire
Des vérités obligeamment.

Qui croirait cependant que les vers de Saint-Évremond eurent de son vivant autant de succès que sa prose ! On connaît l'engouement du public pour ses œuvres. « Faites-nous du Saint-Évremond », disaient les libraires aux écrivains à leurs gages. Autant son style est plat en poésie, autant sa prose ses expressions sont vives, justes, pittoresques. Cependant, ses poésies fourmillent de pensées ingénieuses, galantes, philosophiques, comme pour donner un démenti à D'Alembert, qui a dit que les pensées sont le premier mérite des vers. Saint-Évremond était assez laid et d'une saleté révoltante, vivant, mangeant, couchant avec une meute de petits chiens.   Charles Du Rozoir.

SAINT-FARGEAU, ville de France, chef-lieu de canton du département de l'Yonne, à 23 kilomètres au sud-ouest de Joigny, sur la gauche du Loing, avec 2,489 habitants, un commerce de bois et de charbon. On y voit un beau domaine, qui a appartenu à Lepeletier de Saint-Fargeau.

SAINT-FERDINAND, village du district de Douéra (Algérie), assis sur un plateau à 120 mètres au-dessus du niveau de la mer, entre Déli-Ibrahim et Maelma, au centre du Sahel, sur l'emplacement d'une ancienne ferme et d'une tribu émigrée, au lieu dit *Boukandoura.* Il défend et domine les abords de la plaine de Staouéli avec un autre village, situé vers le sud, *Sainte-Amélie*, tous deux construits par les condamnés militaires sous les ordres du colonel Marengo. Naturellement défendus par leur position, ils n'ont pas d'enceinte défensive, contrairement au système suivi pour tous les villages du Sahel.

SAINT-FLORENTIN, ville de France, chef-lieu de canton du département de l'Yonne, à 25 kilomètres au nord-est d'Auxerre, sur l'Armance, à son confluent avec l'Armançon, avec 2,636 habitants, un commerce de bois à brûler, de charbon, de blé et de chanvre. C'est une station du chemin de fer de Paris à Lyon. On y voit un beau pont-aqueduc sur l'Armance. En 888 le duc de Bourgogne Richard le Justicier y défit 80,000 Normands; les Impériaux assiégèrent vainement cette ville en 1633.

SAINT-FLORENTIN (Le comte de), ministre des affaires étrangères sous Louis XV. *Voyez* PHELIPPEAUX.

SAINT-FLOUR, ville de France, chef-lieu d'arrondissement, dans le département du Cantal, à 50 kilomètres au nord-est d'Aurillac, sur un rocher basaltique escarpé, près la rive droite de l'Auzon, avec 5,786 habitants, un évêché suffragant de Bourges, des tribunaux de première instance et de commerce, un collége, une bibliothèque publique de 2,000 volumes, une typographie, des fabriques de chaudronnerie, de colle-forte renommée, des tanneries, etc. On y fait un commerce de grains et de mulets.

SAINT-FOIX (GERMAIN-FRANÇOIS POULLAIN DE), né à Rennes, en 1703, mort à Paris, le 26 août 1776, passa d'abord quelques années au service, dans un temps où les jeunes officiers se faisaient un honneur de rosser le guet et de se battre entre eux. Son caractère turbulent lui attira plusieurs affaires désagréables, par suite desquelles il alla voyager en Turquie. A son retour à Paris, il se voua à la culture des lettres, et s'occupa tout à la fois de théâtre et d'études historiques. Son théâtre se compose de plusieurs comédies, parmi lesquelles on remarque *Les Grâces*, *L'oracle*, *Le Sylphe et les Hommes*, *La Colonie* et *Le Rival supposé*. Toutes ces pièces sont jetées dans le même moule; ce sont des tableaux agréables, qui rappellent la manière de Marivaux. Aussi l'abbé de Voisenon le comparait-il à un encrier qui répand de l'eau rose. Il y avait, disait D'Alembert, plus de naturel, mais moins d'esprit et de finesse que dans celles de Marivaux. Elles dorent leur succès en grande partie au jeu des acteurs. Toutefois, elles sont écrites avec pureté, souvent avec délicatesse, et le triomphe de l'auteur est d'avoir su trouver des situations neuves dans un genre qu'on aurait pu croire depuis longtemps épuisé. Les œuvres historiques de Saint-Foix témoignent d'études consciencieuses, si non bien profondes, et lui méritèrent la charge d'historiographe de l'ordre du Saint-Esprit. On consulte encore ses *Essais historiques sur Paris*, livre instructif et curieux, mais indigeste, où l'auteur a fait entrer diverses dissertations qui n'avaient aucun rapport avec son sujet. Ses *Lettres Turques* sont une espèce de roman épistolaire dans le goût des *Lettres Persanes*, mais bien inférieur à l'ouvrage de Montesquieu, quoique écrit d'une manière piquante et de traits fins et spirituels. On a aussi de lui une *Histoire de l'Ordre du Saint-Esprit*, recueils de faits et d'anecdotes relatifs aux grands seigneurs admis dans cet ordre.

SAINT-GALL, l'un des quatorze cantons de la Confédération Helvétique, est borné au nord-est par le lac de Constance, à l'est par les frontières autrichien, la principauté de Lichtenstein et le canton des Grisons. Sa superficie est d'environ 28 myriamètres carrés, et on y compte 169,625 habitants d'origine allemande. Sur ce nombre, il y a 105,370 catholiques et un peu plus de 64,000 réformés. Cette population, généralement aisée, a pour ressources l'éducation du bétail, un commerce étendu et une industrie assez active, consistant surtout dans la fabrication des articles de bonneterie et dans celle des cotonnades. Depuis 1831, la constitution de ce canton est démocratique. Un grand conseil, composé de 150 membres, est élu par tous les citoyens aptes à voter des quinze arrondissements dont se compose le canton, et d'après le rapport existant entre le chiffre de la population catholique et de la population protestante. Ce conseil exerce l'autorité souveraine ; mais les lois qu'il rend ne sont obligatoires que cinq jours après leur publication, et à la condition que, dans cet intervalle le peuple souverain n'y a pas opposé son *veto*. C'est le grand conseil qui élit le petit conseil, présidé par le landamman, ou l'autorité administrative proprement dite. Une tentative faite en 1831, par voie de révision de la constitution, pour réunir sous une autorité centrale de direction l'instruction publique, qui est séparée d'après les confessions, échoua contre le *veto* populaire.

La ville de *Saint-Gall*, chef-lieu du canton, célèbre par son antique abbaye de bénédictins, possède 12,234 habitants, un collége, trois bibliothèques riches, surtout en vieux manuscrits allemands, une société littéraire, une prison organisée depuis 1838 d'après le système pénitentiaire, une banque et un grand nombre d'usines diverses. Un peu au-dessous de la ville, on traverse le Sitter sur un beau pont de 194 mètres de long et construit en 1820; et le pont de Saint-Martin, construit sur la Goldach, à 30 mètres au-dessus du niveau ordinaire de ses eaux, unit deux roches éloignés l'une de l'autre de 33 mètres. Les autres localités du canton importantes par leur commerce et leurs fabriques de toile et de cotonnades sont *Rorschach*, sur le lac de Constance, la petite ville de *Lichtensteig* et le bourg de *Wattweil* dans l'arrondissement de Neu-Toggenburg, les petites villes de *Rheineck* et d'*Alstetten* dans la vallée du Rhin, et d'*Uznach* près du lac de Zurich; enfin, le bourg de *Pfeffers*, célèbre par ses eaux minérales.

SAINT-GAUDENS. *Voyez* GARONNE (Département de la Haute-).

SAINT-GELAIS (MELLIN DE), poète français et latin, né à Angoulême, en 1491, était le neveu et suivant quelques-uns le fils naturel d'Octavien de Saint-Gelais, évêque de cette ville, mort en 1502 et auteur lui-même de quelques poèmes, tels que *La Chasse d'Amours* (1509), *Le Séjour d'Honneur* (1526), et de la traduction en vers français de divers fragments d'Ovide et de Virgile. Après avoir étudié le droit et la théologie à Poitiers et à Padoue, Mellin de Saint-Gelais se consacra aux muses et mérita d'être surnommé par ses contemporains l'*Ovide français*, poète dont il a quelquefois la grâce et la facilité. Ses talents le mirent en grande faveur auprès de François 1er, qui le nomma aumônier du dauphin ne même temps qu'il lui accordait l'abbaye de Reclus (diocèse de Troyes). D'abord jaloux des brillants débuts de Ronsard, il devint plus tard l'ami de ce poète, si célèbre de son temps. On attribue à Saint-Gelais l'introduction de la poésie française du sonnet et du madrigal, imités des italiens. Sa traduction en prose de la *Sophonisbe* du Trissin fut représentée à Blois en 1559, et imprimée à Paris la même année. Son *Histoire de Geniévre*, imitée de l'Arioste et terminée par Baïf, ne parut qu'en 1572. Ses œuvres poétiques se composent d'*élégies*, de *rondeaux*, de *quatrains*, de *chansons* et d'*épigrammes*. La dernière édition qui en ait été faite est celle de 1719. Mellin de Saint-Gelais mourut à Paris, en 1558. Quatre années auparavant, il avait été nommé garde de la bibliothèque de Fontainebleau.

SAINT-GEORGES (Le chevalier DE). *Voyez* STUART.

SAINT-GEORGES (N..., dit *le chevalier de*) était à la fin du siècle dernier l'un des amateurs les plus redoutés dans l'art de l'escrime. Son teint basané révélait son origine; il était né à La Guadeloupe, des amours d'une mulâtresse libre avec M. Boilongne de Préminville, riche colon. Le père et protecteur du jeune Georges, devenu fermier général, l'amena en France, lui donna une éducation distinguée, et le fit entrer, sous le nom pompeux de *chevalier de Saint-Georges*, dans les mousquetaires. A la suppression de ce corps, il devint écuyer de madame de Montesson et capitaine des gardes du duc de Chartres. Habile entre tous dans l'art de manier l'épée, Saint-Georges n'était pas un duelliste; il eût été par trop dangereux d'avoir avec lui ce qu'on appelle une *affaire d'honneur*. Livré aux intrigues qui agitaient alors le Palais-Royal, ami intime des Biron (Lauzun), des Custines, des Sillery, il accompagna à Londres, en 1791, le duc d'Orléans dans son exil déguisé sous l'apparence d'une mission diplomatique. Là il eut, en présence du prince de Galles, un assaut d'armes célèbre avec le chevalier d'Éon de Beaumont, et fut *touché*. A son retour, il trouva la société entièrement changée. Son art avait cessé d'être en honneur; on ne se battait plus à l'épée, et le tir au pistolet n'avait pas encore acquis la vogue qu'il a de nos jours. Des salles d'armes Saint-Georges passa sur le terrain des combats véritables, et contribua à la défense de nos frontières. Il leva une espèce de corps franc, dont il se fit le colonel, et le conduisit à l'armée du nord, sous les ordres de Dumouriez. Après la défection de son général, il le dénonça, afin d'éviter les soupçons qui atteignirent un grand nombre de ses compagnons d'armes. Il n'en fut pas moins arrêté comme suspect, en 1794, et se vit à la veille de comparaître devant le terrible tribunal. *Pare cette botte-là*, lui dit Fouquier-Tinville en lui remettant son acte d'accusation. Le 9 thermidor ayant lui peu de jours après, Saint-Georges fut mis en liberté sans jugement. Il mourut en 1801, dans une situation obscure, mais aisée.

BRETON.

SAINT-GERMAIN (Le comte DE), célèbre charlatan et aventurier du siècle dernier, dont il peut être question vers 1750, d'abord comme marquis de Montferrat, puis à Venise comme comte de Bellamare, à Pise comme chevalier Schœning, à Milan comme chevalier Weldone, à Gênes comme comte Soltikoff, et à Paris sous ce nom de *comte de Saint-Germain*, qu'il garda depuis lors jusqu'à la fin de ses jours, et dont on n'a jamais pu connaître le pays ni la véritable origine. Frédéric II lui-même en parlait comme d'une énigme indéchiffrable. Quand il parlait de son enfance, ce qu'il faisait volontiers, il se représentait comme entouré constamment d'une suite aussi brillante que nombreuse, se promenant sur de magnifiques terrasses et sous le climat le plus délicieux, comme eût pu faire le fils de quelque roi de Grenade au temps des Maures. Un vieux baron de Stosch prétendait avoir connu sous la régence (1715-1723) un marquis de Montferrat, qu'on regardait comme le fils naturel de la veuve du roi d'Espagne Charles II, fixée à Bayonne, et d'un banquier de Madrid. Quelques-uns tenaient le comte de Saint-Germain pour un certain marquis portugais de Betmar; d'autres, pour un jésuite espagnol, Aymar; d'autres, enfin, pour un juif d'Alsace, Simon Wolff. Il parlait parfaitement allemand et anglais, l'italien à la perfection, le français avec un léger accent piémontais (d'où on l'a vu fils d'un certain Rotondo, collecteur des tailles à San-Germano, en Savoie), l'espagnol et le portugais avec la plus grande pureté. Vers 1760 il se trouva, à ce qu'il paraît, mêlé à une intrigue diplomatique tramée à La Haye par le maréchal de Belle-Isle, à l'insu du duc de Choiseul, ministre des affaires étrangères, mais de l'aveu de Louis XV, pour traiter de la paix sous la médiation de la Hollande. Saint-Germain, l'un des familiers de Belle-Isle, lui avait affirmé être personnellement lié avec le prince Louis de Brunswick, qui se trouvait alors à La Haye, et s'était fait fort d'arriver facilement par son intermédiaire à entamer des préliminaires de négociations. D'Affry, ministre de France à La Haye, découvrit l'intrigue et en instruisit Choiseul, en se plaignant qu'on eût chargé un étranger inconnu de traiter sous ses yeux et sans lui. Choiseul, furieux, répondit sur-le-champ à d'Affry pour lui donner ordre de réclamer de la manière la plus énergique auprès des états généraux l'extradition de Saint-Germain, et de l'envoyer pieds et poings liés à la Bastille. Quand le lendemain il informa le conseil de ce qu'il avait fait, il eut soin d'ajouter qu'il n'avait pas jugé à propos de prendre les ordres du roi, tant l'intérêt de son service exigeait qu'on apportât de promptitude à faire bonne justice d'une coupable intrigue, persuadé qu'il était d'ailleurs que personne n'aurait osé songer à traiter de la paix sans le concours du ministre des affaires étrangères de S. M. Louis XV, pris au dépourvu, baissa la tête, et approuva Choiseul sans dire mot. C'est sans doute à cette occasion que Choiseul dit à qui voulut l'entendre que le prétendu comte de Saint-Germain n'était autre qu'un juif portugais.

Quoi qu'il en soit, Saint-Germain échappa à l'extradition demandée contre lui, parce que les états généraux, en l'accordant, eurent la précaution de l'avertir en secret et de lui donner ainsi le temps de s'enfuir en Angleterre. De là il se rendit à Pétersbourg, où, à ce qu'il paraît, il joua un rôle occulte dans la révolution de 1762. Ce qu'il y a de certain, c'est qu'il était intimement lié avec les Orloff. Rencontré en 1770 à Livourne avec l'uniforme de général russe par Alexis Orloff, celui-ci le traita avec une déférence que ce hautain personnage n'était dans l'usage d'accorder qu'à un bien petit nombre de personnes. Grégoire Orloff, qui le rencontra lui aussi, en 1772, à Nuremberg, avec le margrave d'Anspach, l'appelait son *caro padre*. Il lui remit, dit-on, une somme de 20,000 sequins de Venise, et dit en parlant de lui au margrave : « Voilà un homme qui a joué un grand rôle dans notre révolution. »

Quoi qu'il en ait été, de Pétersbourg Saint-Germain se rendit à Berlin, et parcourut ensuite l'Allemagne et l'Italie. Il vécut longtemps à Schwabach, puis à la cour du margrave d'Anspach, qu'il accompagna en Italie. Dans les dernières années de sa vie, il se trouvait pourtant dans un état voisin de la misère, et il les passa à Schleswig, auprès du beau-père du prince royal de Danemark (depuis Frédéric VI), le landgrave Charles de Hesse-Cassel (né en 1750, mort en 1831), prince d'une intelligence assez faible, qui s'occupait beaucoup de sciences occultes et qui finit par en perdre l'esprit. Le landgrave pourvut à tous les besoins de Saint-Germain; et c'est là que cet aventurier mourut, en 1784, comme un simple mortel, après avoir pendant longtemps donné plus ou moins à entendre qu'il possédait la recette du merveilleux *élixir de longue vie*, qui était de force à changer une vieille femme de soixante-dix ans en jeune fille de dix-sept ans. Il légua au landgrave, son protecteur et ami, des papiers sur le contenu desquels celui-ci refusa toujours de s'expliquer et qu'il finit par brûler.

On s'accorde à dire du comte de Saint-Germain qu'il fut l'un des charlatans les plus inoffensifs du dix-huitième siècle, et que ses tours de passe-passe n'avaient d'autre but que de lui procurer l'accès du grand monde, d'y mener une vie agréable et de se divertir de l'étonnement causé par ses excentricités. Pour jouer ce rôle, il utilisa le mystère qui entourait sa naissance, la possession de quelques secrets chimiques, et l'extérieur qu'il tenait de la nature d'un homme vigoureux et qui reste toujours le même. Il est aussi très-possible que, dans sa vie vagabonde, il se soit trouvé mêlé à diverses intrigues, dont la connaissance intime lui aida à jouer le rôle qu'il finit par adopter. Il était de taille moyenne, très-vigoureux, et conserva longtemps l'apparence d'un robuste individu. Rameau et le vieux parent d'un ambassadeur de France à Venise affirmaient l'avoir connu en 1710, et qu'il avait alors l'air d'un homme de la cinquantaine. En 1759 il paraissait avoir soixante ans ; et le secrétaire de la légation de Danemark à Paris, Morin, qui l'avait connu en Hollande en 1735, affirmait qu'à trente-cinq ans de distance il ne l'avait pas trouvé le moins du monde changé. A Schleswig, il conserva toujours l'apparence d'un homme de soixante ans. Peut-être l'art y était-il pour quelque chose, peut-être bien aussi le hasard. Ensuite, le Saint-Germain de 1710 était peut-être un autre aventurier ; et celui de 1760 n'aurait fait que profiter de la ressemblance fortuite qu'il aurait eue avec son prédécesseur. Notre homme cherchait très-certainement à se donner comme ayant un âge avancé ; et à cet effet, sans jamais affirmer rien de positif, il employait des moyens détournés, qui revenaient au même. Il est faux d'ailleurs qu'il se soit donné pour le contemporain de Jésus-Christ, qu'il se soit vanté des services qu'il lui avait rendus auprès de Ponce-Pilate, ou bien des efforts qu'il avait faits au concile de Nicée pour *enlever* la canonisation de sainte Anne. Ces histoires-là proviennent d'une mystification très-prolongée jouée à Paris par un homme qui excellait à contrefaire les individus à la mode, et à qui on faisait jouer le rôle de Saint-Germain dans certains cercles plus particulièrement fréquentés par les Anglais, où le véritable personnage était parfaitement inconnu. Ce qu'il y a de certain pourtant, c'est qu'il s'attribuait intrépidement une couple de siècles. Avait-il affaire à un imbécile, et s'agissait-il de quelque événement du règne de Charles Quint, il lui en parlait sans la moindre affectation comme en ayant été témoin oculaire. Quand il se trouvait en présence de plus forte partie, et il était avant tout physionomiste, il se bornait à entrer dans les plus minutieux détails, de manière à donner à penser qu'il fallait nécessairement qu'il eût assisté à tout ce qu'il racontait avec tant de précision et d'exactitude. Quelque chose de non moins certain, c'est qu'il possédait diverses recettes chimiques pour la composition de fards et de ressources de toilette, très-vraisemblablement aussi pour celle des fausses pierres précieuses. Le baron de Gleichen raconte dans ses *Mémoires* que Saint-Germain lui montra un jour une si grande quantité de diamants, qu'il crut voir tous les trésors de la lampe merveilleuse d'Aladin ; mais il ne dit pas que le comte lui ait permis de s'assurer de leur qualité. On disait que c'était aux grandes Indes qu'il avait appris le secret de faire du diamant, de même qu'à lire dans l'avenir. A cet égard on devait être de très-bonne composition à une époque où les princes, les grands seigneurs, les princesses, les grandes dames affluaient chez la vieille Bontemps, la sorcière de l'époque, comme Melle Le Normand, quarante ans plus tard, fut l'oracle des grandes dames de l'empire. Un talent que possédait au plus haut degré Saint-Germain, c'est celui d'écrire avec la même facilité de l'une et l'autre main. Il jouait aussi du violon avec une telle perfection, qu'on croyait entendre plusieurs instruments. De tout ce que nous venons de rapporter au sujet de cet énigmatique personnage, il est permis de conclure qu'il avait tout ce qu'il fallait pour être célèbre, s'il n'eût mieux aimé être fameux.

SAINT-GERMAIN (Claude-Louis, comte de), ministre de la guerre sous Louis XVI (de 1775 à 1777), était né le 15 avril 1707, près Lons-le-Saulnier. Destiné à l'état ecclésiastique et à l'enseignement, il entra chez les jésuites. Mais une vocation décidée l'entraînant vers l'état militaire, il jeta bientôt la robe noire aux orties, et fut admis à servir avec le grade de sous-lieutenant dans le régiment dont son père était colonel. Officier de fortune, il obtint la permission de prendre du service en Autriche, où il arriva au grade de feld-maréchal-lieutenant. Plus tard, le maréchal de Saxe le fit rappeler. On lui accorda le grade de lieutenant général, et il justifia cette faveur en se distinguant dans la guerre de sept ans, où maintes fois il lui arriva de réparer les fautes de ses collègues. A la paix, il obtint la permission d'entrer au service du roi de Danemark, qui lui accorda le grade de feld-maréchal, et qui le chargea de réorganiser son armée. Las de la lutte de tous les jours qu'il lui fallait soutenir contre les favoris et les maîtresses de ce roitelet du Nord, il se retira en Alsace, où il passa plusieurs années dans une obscurité complète. La faillite d'un négociant de Hambourg l'ayant réduit à un état voisin de la misère, les officiers allemands au service de France ouvrirent une souscription pour lui offrir une pension. Cette démarche déplut au ministre ; cependant, malgré qu'il en eût, elle eut pour résultat de faire comprendre le comte de Saint-Germain pour une pension annuelle de 10,000 francs dans les libéralités de la cour. Saint-Germain en témoigna sa gratitude en composant un remarquable *Mémoire sur la réorganisation de l'armée*, qui frappa Turgot ; et le ministre de la guerre étant venu à mourir sur ces entrefaites, Turgot détermina Louis XVI à confier le portefeuille vacant à Saint-Germain. Son administration ne dura, toutefois, que deux ans ; car il fut obligé de se retirer devant l'indignation générale produite dans l'armée par une ordonnance en vertu de laquelle, à l'imitation de ce qui se pratiquait dans les armées étrangères au milieu desquelles il avait si longtemps vécu, les punitions corporelles étaient introduites dans notre législation militaire. Il mourut l'année d'après, ne laissant aucune fortune.

SAINT-GERCELIN (Abbaye, Église et Quartier). *Voyez* Paris.

SAINT-GERMAIN-EN-LAYE, ville de France, chef-lieu de canton du département de Seine-et-Oise, à 12 kilomètres au nord de Versailles et à 23 kilomètres de Paris, située sur une élévation au pied de laquelle coule la Seine, vis-à-vis le village du Pecq et sur la lisière de la forêt de son nom. Un chemin de fer dépendant de la compagnie des chemins de fer de l'ouest, unit Saint-Germain à Paris. On y compte 12,527 habitants. C'est une place de garnison. On y trouve (aux Loges) une maison d'éducation de la Légion d'Honneur, succursale de la maison impériale de Saint-Denis, une caisse d'épargne, un mont-de-piété, une bibliothèque d'environ 6,000 volumes, plusieurs associations de bienfaisance, une crèche et un orphelinat ; une salle de théâtre, restaurée par M. Alexandre Dumas en 1849 ; une société d'horticulture, une société philharmonique, deux imprimeries, un journal hebdomadaire, un abattoir. L'industrie a pour objet la fabrication de la bonneterie, des étoffes en crin, des cuirs vernis, de la faïence, la taillanderie ; on y trouve aussi des blanchisseries de cire et des tanneries.

Le roi Robert, ce grand constructeur d'églises et de monastères, fit bâtir une abbaye au sommet de la colline qui supportait la forêt de *Lyda*, et la dédia à saint Germain. Des paysans vinrent s'établir autour de l'abbaye : telle fut l'origine de la ville. Elle fut prise trois fois par les Anglais, qui la ravagèrent, ainsi que le château, en 1346, en 1419 et en 1438. C'est à Saint-Germain que fut établie, sous Charles IX, la première manufacture de glaces à l'instar de Venise. Cette ville dut à son château royal la protection que lui accordèrent presque tous les rois. Ainsi, Henri IV exempta ses habitants de toutes charges et impôts, et ce privilège se maintint jusqu'en 1789. Ce château, qui existait sous Louis le Gros, devint le lieu de résidence de la cour pendant une saison de l'année. Louis le Jeune, Philippe-Auguste, saint Louis, Philippe le Hardi, Philippe le Bel, en aimaient le séjour. Brûlé deux fois avec la ville, il fut restauré (*moult notablement*) par Charles V, en 1367. Le roi Louis XI, dans un accès de générosité fort rare, le donna plus tard à son premier médecin, Jacques Coitier ; mais à la mort du roi le parlement cassa la donation, et le château revint à la couronne. La célébration du mariage de François Ier eut lieu à Saint-Germain ; et ce prince, qui s'y plaisait beaucoup, fit reconstruire le château en 1517. C'est à Saint-Germain qu'eut lieu le fameux duel entre Jarnac et La Châtaigneraie, deux jeunes gentilshommes de la cour du roi Henri II. En 1562 il se tint à Saint-Germain d'importantes conférences entre les principaux docteurs des communions catholique et protestante, et elles amenèrent un édit de pacification. En 1574 Charles IX et sa cour, redoutant les excès de la Ligue, se retirèrent au château de Saint-Germain. Enfin, en 1583, l'assemblée des notables, convoquée par Henri III pour la réformation des abus, y tint ses réunions. Henri IV fit bâtir un nouveau château pour sa maîtresse, la belle Gabrielle ; et pendant quelque temps l'ancien fut abandonné. Ce nouveau château n'existe plus aujourd'hui. Il n'en reste qu'un pavillon occupé par un hôtel-restaurant. Louis XIII était à Saint-Germain lorsqu'il ressentit les premières atteintes du mal qui le conduisit à Saint-Denis, la dernière demeure royale, qu'il apercevait de Saint-Germain, et dont la vue porta Louis XIV à abandonner pour toujours le château où il était né. Avec Louis XIV disparut la fortune de Saint-Germain : la cour se transporta au nouveau palais que le grand roi fit construire à Versailles ; et Mme de La Vallière resta seule pour habiter cet immense château, qui peu de temps après servit d'asile au roi Jacques II d'Angleterre :

> C'est ici que Jacques second,
> Sans ministres et sans maîtresse,
> Le matin allait à la messe
> Et le soir allait au sermon.

Le vieux château, dont la principale entrée sur la place à laquelle il donne son nom, fait face à l'église moderne, était primitivement un édifice de forme pentagonale irrégulière, sur cinq faces flanquées de tours ; les remparts étaient garnis de créneaux et de meurtrières ; et un fossé profond en défendait les abords. Louis XIV ajouta de vastes dépendances au château de Saint-Germain, qui prit sous son règne une physionomie nouvelle. Mansard abattit les tours et y substitua les cinq pavillons qui existent encore aujourd'hui. Des terrasses en amphithéâtre et plantées par Lenôtre s'élevèrent au pied des bâtiments. La façade sur la place est en pierre, et présente un aspect tout différent des autres, qui sont construites alternativement en pierres et en briques. Le château de Saint-Germain a vu successivement s'établir dans son enceinte depuis 1793 une salle de spectacle pour la ville, que la Convention avait appelée *Montagne-du-Bonair*, une école de cavalerie sous l'empire, une caserne pour les gardes-du-corps sous la Restauration, et enfin sous Louis-Philippe un pénitencier militaire. Dans le courant de l'année 1855, peu de temps avant la visite que fit à Saint-Germain la reine d'Angleterre, le pénitencier fut évacué, et le château fit retour au domaine de la couronne : il sera prochainement restauré et rendu à sa première destination. L'intérieur de la ville a été récemment amélioré. Tout un quartier nouveau, sous le nom de *cité Médicis*, s'est groupé au pied du vieux château : un autre a pris naissance sur l'emplacement de l'ancien parc de Noailles. De nouvelles casernes, occupées par les régiments de cavalerie de la garde, ont été élevées ; et la manutention a été établie dans les anciennes *écuries de la reine*.

La forêt de Saint-Germain comprend près de 4,400 hectares, entièrement entourés de murs et coupés de larges routes ; elle renferme une grande quantité de cerfs, de daims et de chevreuils ; la liste civile l'a récemment reliée à la forêt de Marly. Les principaux édifices qu'on trouve dans la forêt de Saint-Germain sont : le *Château de la Muette*, rendez-vous des chasses impériales ; le *Château du Val*, construit par Mansard sur une hauteur au bout de la magnifique terrasse qui longe la rivière, et qui vient d'être restauré dans le style de l'époque ; enfin, la maison des Loges, qui doit prochainement recevoir dans ses bâtiments agrandis la succursale d'Écouen, et qui sera occupée par les filles des sous-officiers et soldats décorés de la médaille militaire. Il s'y tient une foire très-fréquentée.

SAINT-GILDAS DE RUIS, village du département du Morbihan, à 18 kilomètres au sud-ouest de Vannes, avec 1,000 habitants. On y voyait autrefois une abbaye de bénédictins, dont Abeilard fut abbé ; l'église de Saint-Gildas est un édifice de modeste dimension, moitié roman, moitié moderne, à trois nefs contournant le chœur. On voit aux environs de ce village de nombreux monuments druidiques.

SAINT-GILLES (Le chevalier DE), de tous les imitateurs de La Fontaine celui qui l'a peut-être le plus approché, quoiqu'il soit très-inconnu, auteur de la *Muse mousquetaire*, publiée après sa mort en 1709. Un de ses contes, intitulé *Le Contrat*, a même été compris dans plusieurs éditions des Contes de La Fontaine, et il ne les déparait en rien. Le prologue d'un autre de ses contes, très-joli et intitulé *Vindicio*, a été attribué à Vergier par La Harpe.

SAINT-GIRONS (Département de l'). *Voyez* Ariège (Département de l').

SAINT-GOBAIN, village du département de l'Aisne, avec une manufacture de glaces qui est la première de l'Europe pour la beauté de ses produits. Elle a été fondée en 1691, et est établie dans un ancien château qui a appartenu au fameux Coucy. Les glaces de Saint-Gobain sont polies à Chauny. On coule dans cette manufacture des glaces de plus de trois mètres de haut sur un mètre 50 centimètres de large. On trouve encore à Saint-Gobain une fabrique d'acide sulfurique, d'acide hydrochlorique et de soude. On y compte 2,374 habitants.

SAINT-GOTHARD, grande chaîne de montagnes sur les frontières des cantons suisses d'Uri et du Tessin, faisant partie des Alpes Lépontiennes ou Alpes centrales, remarquable par sa constitution physique et par la route qui la traverse et conduit en Italie. Elle occupe une surface de 35 kilomètres carrés, et ce qu'on appelle le *défilé du Saint-Gothard* est situé à 2,217 mètres au-dessus du niveau de la mer. Le Saint-Gothard comprend diverses montagnes ayant toutes plus de 2,000 mètres d'élévation et renfermant 17 petites vallées, 30 lacs et 8 glaciers. Le Rhin, le Rhône, la Reuss et le Tessin y prennent leur source. Il tire son nom de saint Gothard, évêque de Hildesheim au douzième siècle.

SAINT-GOTHARD (Bataille de). L'empereur Léopold s'étant quelque peu témérairement engagé dans une guerre contre les Turcs, Louis XIV le secourut par l'envoi d'un corps de 6,000 hommes, dont il confia le commandement au maréchal de La Feuillade. Ce petit corps auxiliaire assista à la bataille livrée, le 1er août 1664, sous les murs de la ville de Saint-Gothard, en Hongrie, où Montecuculi battit le fameux Kiuperli, et fut pour une bonne part dans le succès de cette journée.

SAINT-GRÉGOIRE LE GRAND (Ordre de). Ordre de chevalerie des États romains, fondé en 1832, et dont la décoration se porte suspendue à un ruban de soie rouge avec un liseré jaune. Il est partagé en quatre classes.

SAINT-GUY (Danse de). *Voyez* Danse de Saint-Guy.
SAINT-HÉLIER. *Voyez* Iles Normandes.
SAINT-HUBERTI (Madame). *Voyez* Entraigues.
SAINT-HILAIRE (Augustin-François-César Prouvensal, dit *Auguste* de), naturaliste et voyageur distingué, né en 1799, à Orléans, accompagna sa famille à Hambourg, où il s'initia à la connaissance de la langue et de la littérature allemandes. De retour en France, il se livra avec tant d'ardeur et de succès à l'étude de la botanique, que le duc de Luxembourg, lorsqu'il entreprit son voyage au Brésil, le chargea de l'exploration botanique de ce pays. Il parcourut pendant six ans les provinces de Rio-Janeiro, Espiritu-Santo, Minas, Goyaz, San-Paulo, Santa-Catarina et les anciennes missions de la rive gauche du Paraguay. Il a consigné les résultats de ses investigations scientifiques dans divers ouvrages importants, par exemple dans la *Flora Brasiliæ meridionalis* (3 vol. avec planches coloriées; Paris, 1825-1833), qui occupe un rang éminent parmi les ouvrages descriptifs de la littérature botanique. Il faut encore mentionner son *Voyage dans les provinces de Rio-de-Janeiro et de Minas-Geraes* (2 vol., 1830) ; son *Voyage dans le district des Diamants et sur le littoral du Brésil* (2 vol., 1833), qui, indépendamment de la partie botanique, contiennent une foule d'autres renseignements relatifs à l'histoire naturelle ainsi que d'ingénieuses observations sur les mœurs et la statistique du pays. Auguste de Saint-Hilaire est mort à Paris, en 1853. Ses travaux botaniques, parmi lesquels nous citerons en outre son *Histoire des Plantes les plus remarquables du Brésil et du Paraguay* (Paris, 1824) et les *Plantes usuelles des Brésiliens* (1824-1828), témoignent d'une tendance à considérer isolément et à poursuivre analytiquement un sujet qui apparaît visiblement aux monographies. Dans ses *Leçons de Botanique* (Paris, 1840), il s'élève à des considérations d'une remarquable profondeur.

SAINT-HILAIRE (Étienne et Isidore GEOFFROY-). *Voyez* Geoffroy Saint-Hilaire.

SAINT-HILAIRE (Jules BARTHÉLEMY-). *Voyez* Barthélemy Saint-Hilaire.

SAINT-HURUGES (Le marquis DE), démagogue de bas étage, était né à Mâcon, en 1755, et appartenait à une des meilleures familles de sa province. Destiné, suivant l'usage, à la carrière des armes, il obtint dès l'âge de treize ans l'honneur de porter une épée; mais sa conduite prouva bientôt combien peu il en était digne. La mort prématurée de ses parents le rendit de bonne heure maître d'une fortune considérable, et il se livra alors sans retenue aux plus scandaleux excès. Après avoir visité la plupart des capitales de l'Europe et y avoir affiché le luxe le plus effréné et le vice le plus insolent, il revint en France à moitié ruiné, pour y continuer une vie de débauches. Ses habitudes vicieuses et son impertinence lui valurent plusieurs fois de sévères corrections. L'autorité dut finir par intervenir, et le marquis de Saint-Huruges fut pendant quelque temps détenu au château de Dijon, par sentence du tribunal des maréchaux de France, jugeant comme juridiction d'honneur.

Ainsi publiquement flétri, le marquis de Saint-Huruges épousa, en 1778, une actrice de Lyon, avec laquelle il vint manger à Paris les derniers débris de sa fortune. Mais bientôt il s'abandonna à de si crapuleux excès, que sa malheureuse femme, pour échaper à ses sévices, dut recourir à une lettre de cachet. Il fut enfermé à Charenton, et y demeura jusqu'en 1784. Il passa alors à Londres, et y continua sa vie de libertinage effréné.

Un tel homme, qui n'avait plus rien à perdre, était admirablement propre à jouer un rôle au moment où éclata la révolution. Mirabeau de carrefours et de cabarets, Saint-Huruges, doué d'une taille élevée, d'une force prodigieuse et d'une voix tonnante, qui dominait les cris de la multitude, se fit bientôt remarquer parmi les agitateurs. Sa qualité de *ci-devant* donnait à ses déclamations un grand poids aux yeux de ses auditeurs, qui le plus souvent, ignorant ses déplorables précédents, ne pouvaient voir dans ce fougueux tribun qu'un noble converti par la raison aux droits de la nation et à la cause de la liberté. Dans la plupart des grandes crises de cette époque, on retrouve son nom parmi celui des meneurs en sous-ordre auxquels obéissait la multitude en armes. Au 20 juin, au 10 août, il commandait une des bandes qui assaillirent le palais des rois. Agent de Danton, il se compromit d'ailleurs inutilement au service de ce terrible agitateur, ne parvint jamais à faire croire à la sincérité de ses convictions démocratiques que dans quelques bouges enfumés où le bruit de ses antécédents n'était point encore parvenu, et ne put faire agréer ses services à aucun des grands partis qui divisaient la Convention. Après la chute de Danton, il fut même jeté en prison; toutefois, le mépris profond dont il était partout l'objet lui sauva la vie, et on ne lui fit pas l'honneur de le traduire devant le tribunal révolutionnaire; mais il ne recouvra sa liberté qu'à la suite du 9 thermidor. Il passa alors en Allemagne, où il vécut de la vie précaire de langues, revint en France que sous le consulat, et mourut obscur et misérable, à Paris, en 1810.

SAINT-IGNACE (Fève de). *Voyez* FÈVE DE SAINT-IGNACE.

SAINT-ILDEFONSE, *San-Ildefonso*, bourg de la province de Ségovie (Espagne), sur le versant septentrional de la Sierra-Guadarama et au bord d'une petite rivière appelée *Cresina*, s'est créé peu à peu autour du château de la Grauja. On y trouve une manufacture de glaces et de cristaux, une église paroissiale et collégiale, contenant le mausolée de Philippe V, et 1125 habitants.

Le traité de paix conclu à Saint-Ildefonse le 1er octobre 1777 eut pour objet de régulariser dans l'Amérique méridionale les frontières des possessions espagnoles et portugaises. Le 19 août 1796 un traité d'alliance offensive et défensive y fut signé entre l'Espagne et la France. Le 1er octobre 1800 on y conclut un traité secret relatif à la cession de la Louisiane à la France.

SAINT-JACQUES DE COMPOSTELLE. *Voyez* COMPOSTELLE.

SAINT-JAMES (Folie), nom d'un élégant hameau de *cottages* et *villas*, situé à l'extrémité du bois de Boulogne, sur le territoire de la commune de Neuilly, où les heureux du jour vont respirer pendant la belle saison, aux portes de la grande ville, un air plus pur et jouir de la vue d'un peu de verdure. Il est ainsi appelé parce qu'il a été créé sur l'emplacement même de la petite maison de M. de Saint-James, financier célèbre du dernier siècle, qui en avait su faire une habitation du meilleur goût. On a d'ailleurs beaucoup exagéré les sommes qu'il y dépensa; et c'est à tort que quelques mémoires du temps traitent de *scandaleux* le luxe qu'il y déployait. Sans doute ce fermier général dépensait noblement une fortune acquise par le travail et l'industrie; mais si des revers immérités le frappèrent à la fin de sa carrière, il ne faut pas oublier que c'est en 1787 qu'il fut réduit à se mettre en liquidation. Cette date seule explique une catastrophe commerciale qui avait ses causes premières dans la législation de l'époque. Saint-James était trésorier général de la marine et des colonies. Le trésor, dès qu'il le sut embarrassé dans ses affaires, mit par précaution sous séquestre tout ce que possédait son comptable, qui ne put dès lors présider lui-même à sa liquidation. L'État lui réclamait environ 16 millions; et un arrêt rendu par la cour des comptes en 1819 déclare que c'est au contraire le trésor qui, en 1787, au moment de la déconfiture de Saint-James, lui était redevable de 5,558,840 fr. Saint-James ne survécut que quelques mois à sa ruine. Vous croyez sans doute que, si non ses héritiers, du moins ses malheureux créanciers ont touché après la décision solennelle de la cour des comptes les vingt et quelques millions (intérêts compris) dont l'État était débiteur envers sa succession. Grande est votre erreur. L'État opposa alors aux réclamations dont il était l'objet un moyen commode de liquidation. Il invoqua noblement la prescription, et éteignit ainsi sa dette. Parmi ceux qui possédèrent ensuite la Folie Saint-James, on cite le banqueroutier Haingurelot. Sous le Directoire, ce financier y donnait des fêtes magnifiques, remarquables par le laisser-aller, le sans-gêne et surtout par le décolleté qui y régnaient et qu'autorisaient les mœurs de l'époque.

SAINT-JAMES (Palais de). *Voyez* LONDRES, t. XII, page 410.

SAINT-JEAN, *Saint-John*. Ce nom est porté par deux îles d'Amérique : l'une fait partie du groupe de Terre-Neuve, et appartient aux Anglais; l'autre, de l'archipel des Antilles, et appartient aux Danois.

SAINT-JEAN (N...), peintre de fleurs contemporain, né à Lyon, vers 1810. La réputation de cet artiste est immense, et ses tableaux, on peut le dire, sont des chefs-d'œuvre. L'art y est poussé jusqu'à ses dernières limites; le dessein en est irréprochable, la couleur aussi belle que nature, la composition, enfin, et la composition a plus d'importance qu'on ne le croit généralement dans un tableau de fleurs, est intelligente au dernier point. M. Saint-Jean procède comme il convient pour rester à la hauteur de la célébrité qu'il s'est acquise; mais ce tableau ne manque jamais de faire sensation. M. Saint-Jean est devenu l'égal des anciens peintres de fleurs, des van Huysum, des Abraham Mignon. Nul plus que lui ne sait donner de l'intérêt à un genre si restreint en lui-même; nul ne sait mieux disposer un tableau et relever encore le principal par les accessoires. On peut cependant reprocher à son coloris une certaine teinte jaune, qui enlève du brillant à ses reflets et nait quelque peu à l'ensemble de ses tableaux. M. Saint-Jean obtint une médaille de troisième classe à l'exposition de 1834, une médaille de deuxième classe à celle de 1841, et fut décoré le 6 juin 1843.

SAINT-JEAN (Fête de la). Elle se célèbre le 24 juin, et donne lieu dans les campagnes de tous les pays catholiques à de nombreuses réjouissances, terminées par un feu de joie, ou même par un feu d'artifice dans les communes qui en peuvent faire les frais. Les feux de joie, dits *feux de la Saint-Jean*, sont allumés tantôt sur des points élevés, tantôt au milieu des villages. On chante des noëls, et les jeunes filles forment des danses alentour, persuadées qu'elles se marieront dans l'année si elles accomplissent ce devoir pieux devant neuf feux de la Saint-Jean. Les paysans conduisent leurs troupeaux pour les faire sauter par-dessus le brasier, sûrs de les préserver de la maladie. Les Bretons conservent avec une grande piété un tison du feu de la Saint-Jean. Ce tison, placé près de leur lit entre un buis bénit le dimanche des Rameaux et un morceau de gâteau des Rois, les préserve, disent-ils, du tonnerre. Ils se disputent en outre avec beaucoup d'ardeur la couronne de fleurs qui domine le feu de la Saint-Jean ; ces fleurs flétries sont des talismans contre les maux du corps et les peines de l'âme. A Brest, plusieurs milliers de personnes sortent vers le soir portant à la main une torche de goudron enflammée, à laquelle ils impriment un mouvement rapide de rotation. Au milieu des ténèbres de la nuit on aperçoit des milliers de lumières agitées par des mains invisibles qui courent en sautillant, tournent en cercle, scintillent et décrivent dans l'air mille capricieuses arabesques de feu ; parfois lancées par des bras vigoureux, cent torches s'élèvent en même temps vers le ciel et retombent en secouant une grêle de braise enflammée qui grésille sur les feuilles des arbres. En Poitou, pour célébrer la Saint-Jean, on entoure d'un bourrelet de paille une roue de charrette ; on allume le bourrelet avec un cierge bénit, puis l'on promène la roue enflammée à travers les campagnes pour les rendre fertiles. Ici les traces du druidisme sont évidentes : cette roue qui brûle est une image grossière mais sensible du disque du soleil, dont le passage féconde la terre. En Allemagne des usages du même genre constatent le rapport qui existe entre les feux de la Saint-Jean et l'ancien culte du soleil, quoique la tradition chrétienne fasse de ce feu un symbole de la lumière divine incarnée dans Jésus, dont le jeune évangéliste fut le précurseur.

SAINT-JEAN (Herbe de). *Voyez* ARMOISE.

SAINT-JEAN (Ordre de). Il fut créé en Prusse, le 23 mai 1812, par le roi Frédéric-Guillaume III, qui affecta à son entretien une partie des biens que possédait dans ses États le *bailliage* de Brandebourg, de l'ordre de Saint-Jean-de-Jérusalem ; bailliage qui depuis le seizième siècle avait adopté la confession d'Augsbourg. Après la prise de Malte par les Français, en 1798, la plupart des souverains de l'Europe mirent la main sur ceux des domaines de l'Ordre situés dans leurs États. Le roi de Prusse n'imita cet exemple qu'en janvier 1812, en supprimant purement et simplement *le bailliage de Brandebourg* ; mais dès l'année suivante il reconstitua un nouvel ordre de Saint-Jean, qu'il ne faut pas confondre avec l'ordre de *Saint-Jean-de-Jérusalem*, dont le grand-maître réside encore aujourd'hui à Rome. La décoration de l'ordre de Saint-Jean ne se confère en Prusse qu'aux membres de la plus haute noblesse ; la décoration offre beaucoup de ressemblance avec la croix de Malte, et se porte également suspendue à un ruban noir.

SAINT-JEAN-D'ACRE. *Voyez* ACRE.

SAINT-JEAN-D'ANGÉLY, ville de France, chef-lieu d'arrondissement, dans le département de la Charente-Inférieure, à 53 kilomètres au sud-est de La Rochelle, sur la rive droite de la Boutonne, avec 11,566 habitants, des tribunaux de première instance et de commerce, une société d'agriculture, un collège, une typographie. On récolte dans ses environs du bon vin blanc ordinaire, et l'on y fabrique une grande quantité d'eau-de-vie. La Boutonne, dont les eaux sont navigables pour des barques de trente à quarante tonneaux, favorise son commerce d'eau-de-vie et de bois de construction. En 1372 ses habitants chassèrent les Anglais de la ville. Prise en 1572 par le duc d'Anjou sur les protestants, ceux-ci la reprirent bientôt, et la conservèrent jusqu'au règne de Louis XIII, qui fit raser ses fortifications. Des moulins à poudre qu'elle possédait ayant pris feu en 1820 causèrent des désastres dans un de ses faubourgs.

SAINT-JEAN-DE-DIEU (Congrégation de). *Voyez* HOSPITALIERS.

SAINT-JEAN-DE-LOSNE. *Voyez* CÔTE-D'OR (Département de la).

SAINT-JEAN-PIED-DE-PORT, ville de France, chef-lieu de canton du département des Basses-Pyrénées, à 28 kilomètres au sud-ouest de Mauléon, sur la Nive, avec 3,082 habitants. C'est une ville forte, défendue par une citadelle. Elle fut cédée à la France par le traité des Pyrénées. On y fait un commerce de laine d'agaric.

SAINT-JUNIEN, ville de France, chef-lieu de canton du département de la Haute-Vienne, à 10 kilomètres au nord-est de Rochechouart, sur la rive droite de la Vienne, à son confluent avec la Glane, avec 5,805 habitants, un collège ; on y élève des mulets, des chevaux et des abeilles.

SAINT-JUST (ANTOINE), l'un des hommes les plus déplorablement fameux de l'époque de la terreur, né en 1768, à Decize, dans le Nivernais, était fils d'un militaire qui avait acquis par ses services la noblesse personnelle, et qui s'était fixé à Blérancourt, près de Noyon (Aisne). Saint-Just fut élevé au collège de Soissons, où il reçut une éducation brillante et puisa dans la lecture des auteurs grecs et romains une admiration enthousiaste pour les formes de gouvernement républicain. Il ne tarda pas à voir dans les événements de la révolution française la réalisation d'un idéal. Il se lia intimement avec Robespierre, dont la protection le fit élire en 1792 membre de la Convention par le département de l'Aisne, quoiqu'il s'en fallût alors d'un an qu'il eût l'âge requis pour être éligible ; et Jean De Bry, qui présidait le corps électoral, protesta individuellement contre sa nomination. Dès son début à la Convention, Saint-Just afficha une haine profonde, implacable pour la royauté ; aussi fut-il de ceux qui votèrent la mort de Louis XVI sans sursis ni appel. Il ne laissa pas toutefois que de faire preuve dans l'Assemblée de beaucoup de connaissances réelles, et parfois d'une juste appréciation de la situation des choses. C'est ainsi qu'il se prononça contre l'extension illimitée donnée à la circulation des assignats et qu'il insista sur la nécessité de concentrer le pouvoir exécutif. Le système de la terreur était suivant lui l'unique moyen de défendre la France révolutionnaire contre l'Europe coalisée ; c'est en se plaçant à ce point de vue qu'en janvier 1793 il conseilla à ses collègues d'envoyer des membres de la Convention surveiller la conduite et les opérations des chefs d'armée, et qu'au mois de mai suivant il contribua à la suppression des administrations départementales. Jaloux d'ailleurs, comme ses amis les deux Robespierre, de tous ceux qui se distinguaient par des talents ou quelques qualités brillantes, il prit une part des plus actives à la chute des girondins. Nommé membre du comité de salut public, il accompagna Le Bas sur les bords du Rhin, où il surveilla les opérations de l'armée, établit la guillotine en permanence et décima la population, à la tête d'une commission dite *populaire*. A son retour à Paris, il se lia plus étroitement que jamais avec Robespierre, qu'il surpassait de beaucoup en courage et qu'il excita aussi à exterminer le parti de Danton ; à la mise à exécution de toute une série de décrets plus terribles les uns que les autres. Il se rendit en avril 1794 à l'armée de Nord, qu'il encouragea à livrer les batailles et à remporter les victoires de Charleroy et de Fleurus. Par suite de leur liaison intime avec Robespierre, Saint-Just et Couthon passaient à ce moment pour les membres de la Convention les plus influents et les plus puissants : aussi a-t-on donné le nom de *triumvirat* à la courte domination de ces trois hommes. Quand, vers la mi-juillet de 1794, Robespierre se trouva dans la nécessité d'engager la lutte suprême contre ses adversaires, il appela Saint-Just à son secours. Après que Robespierre eut commencé l'attaque le 8 thermidor et préparé avec l'aide des jacobins une insurrection armée contre la Convention, Saint-Just ouvrit la séance du 9 thermidor par une motion ayant pour but de justifier Robespierre et de frapper ses adversaires. Mais Billaud-Varennes et Tallien l'interrompirent ; et la Convention trouva alors le courage de décréter, au milieu du plus effroyable tumulte, l'arrestation de Robespierre et de ses partisans. Saint-Just partagea le sort de ses amis, et monta avec eux sur l'échafaud, le 28 juillet 1794. Comme Robespierre, Saint-Just éprouvait un vif dégoût pour le cynisme extérieur des hommes de la révolution. Il aimait les femmes, et on l'accuse d'avoir envoyé la belle Sainte-Amaranthe à l'échafaud pour se venger de ses dédains. On a de lui *Organt*, poëme en vingt chants (2 vol., Paris, 1789), et *Mes Passe-temps, ou le nouvel Organt* (1792). Ses *Œuvres politiques* ont été réunies et publiées en 1833.

[La vie politique de Saint-Just fut courte, puisqu'elle se termina en 1794, à l'échafaud de thermidor; mais elle fut beaucoup trop longue pour l'humanité. Il avait pris pour règle de sa conduite un adage de sa façon, digne d'être rapporté : *Les gens qui font des révolutions à demi ne parviennent qu'à se creuser un tombeau*. C'était là un axiome plein de sens, et les applications qu'en fit ce terrible logicien ne furent que trop rationnelles. Il inventa la terreur, il *l'organisa*, comme on parlait dans sa langue barbare; il prit une part active et puissante à toutes les mesures violentes de son temps. Pendant deux ans, son nom se rattache à toutes les choses grandes : il y en eut sans doute; il se rattache à tous les crimes : on ne peut pas les compter.

Robespierre n'est qu'un avocat tracassier, chicaneur, atrabilaire, né pour bouleverser un bailliage, et que l'aveugle fatalité jette au milieu des destinées d'une nation. Le démon de la démagogie, c'est l'étudiant de Blérancourt. Saint-Just était une révolution incarnée, avec tout ce qu'elle a de bon, si une révolution a du bon, et surtout avec tout ce qu'elle a de mauvais.

Je ne conclurai pas de là que Saint-Just fût essentiellement voué au mal. Je ne crois pas aux gens qui se font méchants par esprit de système. Il croyait à la justice, il croyait à la vertu, il croyait même à l'humanité. Dupe d'une éducation absurde, Séide infortuné d'un Mahomet qui serait bien ridicule s'il n'avait pas été atroce, le jeune tribun marcha de bonne foi dans sa voie de sang. Cet empereur de la populace a fait plus de mal au genre humain qu'Héliogabale, Caracalla et Néron ; mais il n'était pas pervers. Ses monstrueux excès seront l'exemple éternel de tout ce que peut produire de perturbation dans une organisation assez heureuse d'ailleurs d'une application obstinée d'une idée fausse.

Et cet exemple éternel, mais que certaines circonstances exceptionnelles feront souvent oublier, est déjà perdu pour les vivants. L'éducation extravagante de Saint-Just est restée nationale en face de tous les pouvoirs. Il y a maintenant mille Saint-Just où il n'y en avait qu'un, et la société compte encore sur un avenir !

L'avenir de la société actuelle, c'est une émeute de bandits exploitée par un fou (1).

Dans mon enfance, j'ai vu Saint-Just. Il était loin d'avoir la suave gentillesse de physionomie que lui a prêtée le crayon lithographique. Ses sourcils, fortement barrés, donnaient à ses traits une expression assez dure, qu'il cherchait sensiblement à exagérer. Sa cravate volumineuse, et cependant roide et serrée, imposait à sa tête une tenue immobile et perpendiculaire, qui n'avait rien de gracieux; et c'est ce qui avait fait dire à Camille Desmoulins qu'il la portait comme un saint-sacrement. On osait même tout bas qu'il pouvait bien être scrofuleux. Dans son langage, dans ses gestes, dans sa démarche, dans ses moindres mouvements, tout avait le même caractère de gêne et d'apprêt. Saint-Just n'accomplissait pas une vocation naturelle. Il jouait un rôle.

Ses débuts dans la société des femmes avaient annoncé un jeune homme aimable; et il est à remarquer que le rigoureux Spartiate n'a pas seulement sacrifié aux grâces, il a sacrifié à la volupté. Ses premiers écrits rappellent Pétrone, à l'élégance et même à la correction près. Il aurait été le courtisan de la monarchie absolue comme il fut celui de

(1) Il ne faut pas oublier que Charles Nodier écrivait ceci il y a plus de vingt ans.

l'anarchie. Il écrivit les *Institutions républicaines*, parce que le temps du *Satyricon* et de la *Pucelle* était passé.

On a cherché à justifier les excès de Saint-Just par son inexpérience, et c'est la seule manière de le défendre; mais il faut y mettre un peu d'indulgence, et je ne demande pas mieux. Cependant, l'objection contraire subsistera malgré moi. On n'est plus un enfant quand on s'est joué de la décence et des mœurs, et le libertin qui les prend à vingt-quatre ans pour enseigne d'une doctrine désespérante pourrait bien n'être qu'un Tartufe politique.

La destination équivoque de Saint-Just paraît n'avoir été marquée positivement que par la révolution. Une éducation spirituelle, mais fort négligée sous le rapport de la morale, n'aurait fait de lui qu'un pâle imitateur de Voltaire, ou plutôt de Du Laurens. C'est tout ce qu'il est possible de trouver dans son poëme d'*Organt*. Porté, par les avantages de son organisation, au besoin de briller et de plaire, ce rude athlète du stoïcisme antique, qui vint briser ses projets austères contre les poteaux de la guillotine, se serait efféminé dans le commerce d'un monde livré au plaisir. La mort l'aurait surpris dans un boudoir. La voix d'une génération ivre de liberté le tira de son erreur pour le faire tomber dans une autre. A défaut de lumières tirées de la connaissance approfondie des hommes, qu'il avait à peine vus, il rétrograda vers ses études classiques, et il se composa un talent d'écrivain et une science d'homme d'État de ce qu'on apprend dans l'histoire : des paroles sonores, des idées fausses, des applications impossibles, de nobles préjugés et des mensonges imposants.

Ces considérations générales ne m'ont pas éloigné du style de Saint-Just, c'est-à-dire du principal objet de cette causerie sans importance. Son langage est sorti de là, formé sous l'inspiration des *Dicts des Lacédémoniens* de Plutarque; bref, abrupt, obscur pour être précis, étranglé par cette économie de la parole dont Saint-Just faisait tant de cas, parce qu'il croyait qu'on improvise une langue comme on improvisait alors une loi. C'est la méprise d'un écolier dans lequel il y avait l'étoffe d'un écrivain. Le style de Saint-Just n'est donc qu'une traduction intempestive de l'antiquité, chez un peuple qui n'était que trop moderne, et qui joignait à l'impatience d'un autre état les vices incurables du sien ; mais il transmettra sans doute à la dernière postérité un exemple mémorable des aberrations absurdes de notre instruction collégiale. Saint-Just s'est trompé sur la parole comme il s'est trompé sur sa pensée. Il s'est transporté par l'imagination dans une autre époque, et il n'a pas été de son époque par l'expression. Toutes ses frénésies comme homme d'État, tous ses défauts comme homme de lettres, surgissent de cette double distraction qui a sa source dans l'irréflexion d'un jeune homme et dans la vanité d'un novateur. Ressuscitez-le sous tombe un Rienzi ou un Gracque, et conduisez-le *de prime saut*, comme dit Montaigne, à la tribune de la Convention nationale, sans avoir pris la précaution de lui faire secouer la poussière des républiques et de lui montrer le genre humain, vous aurez Saint-Just tout entier, c'est-à-dire un enfant extraordinairement précoce, qui ne sait ce qu'il dit, un grand homme en espérance, qui n'a pas le sens commun. Voilà ce que vous trouverez dans ses *Fragments d'institutions républicaines*.

A part cette combinaison oratoire, qui lui est propre, et qui exigeait d'ailleurs de grandes ressources de talent pour ne pas paraître tout à fait barbare, le style de Saint-Just a des qualités fort remarquables. Dans sa concision affectée, il est clair; dans sa simplicité républicaine, il est énergique : deux genres de mérite auxquels se joignait au plus haut degré le mérite de la nouveauté, si peu de temps après la période large, membrue et pompeuse de Mirabeau, et si près de la période élégante, imagée, pittoresque, de Vergniaud, avec sa toilette historique et mythologique, ses artifices de barreau, ses effets de forum, et sa poésie rêveuse, toute nourrie d'émotions et de sentiments.

Voilà ce que j'avais à dire de Saint-Just sous le rapport

du style. Sous le rapport de la théorie, la question est plus grave. La *république* a été pour la génération dont je sors un mot talismanique d'une incroyable puissance, et d'autant plus puissant, selon l'usage, qu'il était plus inintelligible; car on n'a jamais ému les passions des peuples avec des principes lucides, ingénument déduits de la nature des choses. Ce qui les excite, ce qui les déchaîne, ce qui les fait déborder en tempêtes sur la face du monde, ce sont les énigmes et les mystères. Le dernier besoin du sage, éprouvé par l'âge et par l'expérience, c'est la *vérité*, le besoin instinctif de l'homme en général, c'est l'*inconnu*. Voilà pourquoi le nom d'un gouvernement qui peut être tout ce qu'on voudra, excepté ce qui est, entraîne violemment la multitude hors des voies d'un bonheur sensible et facile, sur la trace de je ne sais quelle vaine espérance, dont l'expectative la plus favorable ne pourrait se réaliser sans miracle en moins de trois ou quatre siècles. Grâce aux libertés progressives que la nation avait acquises sous la dernière monarchie; grâce à nos communications plus multipliées avec un peuple voisin, que d'heureuses circonstances de localité, et peut-être de caractère, ont fait notre prédécesseur à la conquête de la liberté; grâce à ce torrent de la révolution qui a roulé sur nos têtes en quarante ans des siècles d'expérience, la royauté constitutionnelle peut se fonder chez nous un trône populaire, entouré, comme on l'a dit, de plus d'*institutions républicaines* qu'aucune république n'en eut jamais. Tout homme qui tentera de nouveaux essais sur la garantie des institutions à venir ne sera peut-être pas essentiellement méchant, mais il sera essentiellement absurde et fou. Je ne crois donc pas à la possibilité d'une république en France, à moins qu'on ne fasse une table rase des populations et des villes; mais je dois convenir que j'y croyais quand j'étais en rhétorique. Ce qu'il y a de déplorable pour quelques centaines d'enthousiastes qui voudraient y mourir, c'est qu'elle est impossible. Il y a plus, c'est que je crois la génération actuelle moins digne qu'aucune autre, sans exception, de pratiquer les institutions fantastiques de ce Lycurgue de Blérancourt, qui échangea si mal à propos pour son bonheur la direction de la charrue, à laquelle pendait la croix de Saint-Louis de son père, contre le timon de l'État.

Et en voici la raison : ce malheureux Saint-Just, dont les biographes ont exagéré encore les crimes et les folies, parce qu'il n'y a rien de mieux à faire quand on parle d'un infortuné mort à vingt-six ans sur l'échafaud, et qu'il n'y a réellement qu'un factieux incorrigible qui puisse mourir à vingt-six ans pour la liberté et pour l'amitié, ce malheureux Saint-Just, dis-je, n'était pas un homme sans entrailles. Au fond de sa vie artificielle, il lui était resté un cœur de jeune homme, des tendresses, et même des convictions devant lesquelles notre civilisation perfectionnée reculerait de mépris. Il s'occupait des enfants, il aimait les femmes, il respectait les cheveux blancs, il honorait la piété, il croyait, ce qui est bien plus fort, au respect des ancêtres et au culte des sentiments. Je l'ai vu pleurer d'indignation et de rage au milieu de la société populaire de Strasbourg, lui qui ne pleurait pas souvent, et qui ne pleurait jamais en vain, d'un outrage à la liberté de la foi et à la divinité du saint-sacrement. C'était un philosophe extrêmement arriéré au prix de notre siècle.

Je le disais tout à l'heure qu'il y a maintenant en France mille Saint-Just pour un. Voici quelque chose de plus effrayant : un Saint-Just qui vaille ce malheureux Saint-Just, il n'y en a plus!

Charles NODIER, de l'Académie Française.]

SAINT-LAMBERT (CHARLES-FRANÇOIS, marquis DE), naquit en 1717, à Vézize, en Lorraine, et mourut à Paris, au mois de février 1803. Entré au service fort jeune, il se distingua bientôt comme poète par de gracieuses pièces de vers, composées au milieu des loisirs de l'état militaire. En 1748 il parut avec distinction à la cour de Stanislas, roi de Pologne, qui cherchait à s'entourer des femmes et des littérateurs les plus à la mode. Ce fut là qu'il connut Voltaire et Mme du Châtelet. La marquise remarqua le jeune officier; elle en fut aimée, et Voltaire, plus âgé de vingt ans que son rival, se trouva bientôt supplanté dans les affections de son amie. Au reste, loin d'éprouver la moindre inimitié jalouse contre Saint-Lambert, Voltaire encouragea ses débuts, lui donna de sages conseils, et se montra toujours son protecteur. La mort de Mme du Châtelet, qui mourut en couches, vint seule rompre cette liaison. Plus tard, Saint-Lambert rencontra dans le monde Mme d'Houdetot, belle-sœur de Mme d'Épinay, et lui adressa des vœux qui furent écoutés. Ce nouveau commerce fit le charme de toute sa vie. Mme d'Houdetot cependant n'avait rien dans son visage qui pût allumer une violente passion : « Elle était, dit J.-J. Rousseau, qui chercha assez perfidement à perdre Saint-Lambert dans son cœur, pour le remplacer, marquée de petite vérole ; son teint manquait de finesse; elle avait la vue basse et les yeux un peu ronds. » Mais elle faisait facilement oublier ce manque d'attraits par les qualités solides d'un esprit noble et élevé, par une instruction et un charme de pensées fort rares, et surtout par l'aménité de son caractère, sa bonté inaltérable et son dévouement à ses amis. Saint-Lambert goûta pendant cinquante ans les douceurs de son commerce; Mme d'Houdetot lui continua jusqu'à sa mort les soins les plus touchants; et ce fut elle qui lui ferma les yeux. Cet exemple de fidélité, si rare dans les mœurs du temps, est d'autant plus remarquable que la vieillesse de Saint-Lambert ne fut pas exempte de morosité. Au reste, jusque dans l'âge le plus avancé, il montra souvent, assez ridiculement il est vrai, combien il appréciait la tendresse de son amie. On raconte à ce sujet qu'en 1798 le comte d'Houdetot, qui devenait plus aimable auprès de sa femme à mesure que Saint-Lambert se montrait exigeant, voulant célébrer l'anniversaire de la cinquantième année de son mariage, réunit tous ses amis dans un banquet; Saint-Lambert fut du nombre. Pendant le repas, toutes les attentions du comte furent pour sa femme; ces attentions blessèrent si vivement la jalousie de Saint-Lambert, qu'il ne put la cacher et qu'il l'afficha d'une manière inconvenante. Or, la mariée avait soixante-dix ans, le mari quatre-vingts, et l'amant jaloux quatre-vingt-un.

Outre un grand nombre de pièces de vers insérées dans les recueils du temps, Saint-Lambert est l'auteur de plusieurs ouvrages qui obtinrent autrefois un grand succès : une comédie-ballet des *Fêtes de l'Amour*, un écrit *Sur le Luxe*, le poème des *Saisons* (1769), des *Contes* en prose, des *Fables orientales*, le *Catéchisme industriel*, ou *principes des mœurs chez toutes les nations*. De tous ces ouvrages, un seul est vivant, c'est le poème des *Saisons*, qui lui fit élire en 1770 membre de l'Académie Française. Quant à ses écrits philosophiques, ils ne jouissent plus d'aucune autorité. Allié à la secte des philosophes, Saint-Lambert chercha à développer les idées encyclopédistes sur les vices de la société, sur ceux de la religion, et il resta fidèle à cette sorte de religion naturelle si souvent soutenue au siècle dernier. Il ne revint pas, comme La Harpe et tant d'autres, sur ses premières opinions, il les conserva jusqu'au terme de sa carrière. Dans son *Catéchisme industriel*, on l'accuse d'avoir pillé Rousseau sans le nommer et d'avoir défiguré toutes ses pensées. Quant à ses *Contes orientaux*, on a dit plaisamment que c'étaient des *épigrammes en broderquins*. Reste donc le poème des *Saisons*, tant admiré et tant critiqué. Voltaire le trouva supérieur à celui de Thompson; il en fit un pompeux éloge, et La Harpe, dont Saint-Lambert facilita la réception à l'Académie, renchérit encore sur Voltaire. Mais ces louanges furent contrariées par de violentes critiques, que Saint-Lambert supporta fort impatiemment. On dit qu'il sollicita et obtint de la faiblesse d'un ministre une lettre de cachet contre Clément, qui avait censuré son poème avec amertume. Mme du Deffant ne trouvait dans tout le poème des *Saisons* que huit vers passables.

« Ce Saint-Lambert, écrivait-elle à Horace Walpole, est

un esprit froid, fade et faux : il croit regorger d'idées, et c'est la stérilité même ; et sans les roseaux, les ruisseaux, les ormeaux et leurs rameaux, il aurait bien peu de choses à dire. » Dans une autre lettre, Mme du Deffant, revenant encore au poème de Saint-Lambert, disait : « Les Beauvau se sont faits ses Mécènes. Ah ! qu'il y a de gens de village et de trompettes de bois ! Peut-être y a-t-il encore quelques gens d'esprit, mais pour des gens de goût et de bons juges, il n'y en a point. » Ces critiques sont exagérées comme les éloges. Malgré ses défauts, dont le plus grand est la monotonie, le poème des *Saisons* est sans contredit l'un des meilleurs que nous possédions dans le genre descriptif. Ce qui ne signifie pas que ce soit un chef-d'œuvre, ni même une œuvre fort remarquable.
JONCIÈRES.

SAINT-LAURENT (Le). Le groupe de lacs immenses qui s'étend entre le Canada et les États-Unis verse dans l'Océan le superflu de ses eaux par un large fleuve auquel le Français Jacques Cartier, qui le découvrit, en 1535, donna le nom de *Saint-Laurent*, qu'il a conservé. Il sort du lac Ontario, forme de nombreuses îles, s'étale en deux nappes, appelées *lacs Saint-Pierre* et *Saint-François*, voit s'élever sur ses bords les deux villes de Montréal et de Québec, et coule au delà de cette dernière, avec ce caractère de grandeur qui distingue la nature du Nouveau Monde. C'est un estuaire dont la largeur, d'abord considérable, augmente tellement qu'il approche de son embouchure, que celle-ci a plus de huit myriamètres de largeur. Vis-à-vis s'élève l'île d'Anticosti, et au loin s'étend cette espèce de Méditerranée nommée *golfe Saint-Laurent*, limitée du côté du continent par les terres du Canada et du Nouveau-Brunswick, vers la plaine sans fin de l'océan Atlantique par les îles de Terre-Neuve et du cap Breton. La longueur du cours du Saint-Laurent est d'environ 70 myriamètres. Sa navigation, dans la partie supérieure, est très-active, malgré quelques obstacles. De décembre en avril les glaces le rendent impraticable. Les bâtiments de six cents tonneaux remontent jusqu'à Montréal, à 20 myriamètres au-dessus de Québec, et à plus de cinquante de la mer. Les bords du Saint-Laurent sont d'un aspect très-agréable, surtout dans la partie dont nous venons de parler, où s'élèvent des villages entourés de forêts et de champs cultivés. C'est à gauche que ce fleuve reçoit le plus d'affluents. On remarque de ce côté l'Ottawa, qui vous conduit aux solitudes des bords du grand lac Supérieur, la Saguenay, la Bustard et la Maniconagan. A droite, on voit les embouchures de la Sorel ou Richelieu, qui s'échappe du lac Champlain, le Saint-François et la Chaudière. Grossi de toutes les eaux de ses tributaires, de celles qui lui donnent naissance, le Saint-Laurent verse *par heure* dans la mer une masse d'eau que l'on évalue à plus de six cents millions de mètres cubes.
Oscar MAC CARTHY.

SAINT-LAURENT (Foire). Établi à Paris sous le règne de Louis VI, elle fut accordée vers 1125 par cet roi à la *léproserie* de Saint-Lazare, remplacée depuis par les prêtres de la Mission. Elle fut d'abord d'un faible produit pour cette communauté : elle ne durait qu'un seul jour, celui de la fête du saint, et devait être close aussitôt après le coucher du soleil. Elle se tenait à découvert ; et les marchands ambulants se plaçaient dans l'enclos et dans les rues et places du faubourg. En 1344 et 1345 Philippe de Valois en prolongea de quelques heures la durée, qui successivement en 1616 fut portée à huit et à quinze jours. Après une interruption de plusieurs années, elle fut rétablie en 1662. La communauté de Saint-Lazare fit bâtir des loges et planter des arbres dans une enceinte de cinq arpents. Cet enclos fut entouré de murs. Divisé en rues pavées, et ombragé de beaux arbres, il offrait une promenade tout à fait pittoresque et fort agréable. La plus longue durée de cette foire était de trois mois, du 1er juillet au 30 septembre. On y trouvait des jeux, des saltimbanques, des cabarets et des théâtres. Le plus fréquenté était celui qu'on appelait le *Théâtre de la Foire*, pour lequel travaillèrent Le Sage, Piron, Sedaine et Favart. Fermée en 1775, la foire Saint-Laurent fut rouverte en 1778 ; mais sa vogue était tombée, et déjà la foule se portait au boulevard du Temple, surtout depuis que l'Opéra-Comique, dont cette foire avait été le berceau, avait été réuni à la Comédie-Italienne. Supprimée de nouveau en 1789, la foire Saint-Laurent vit son terrain envahi par la spéculation. En 1826 on traça au travers de ses anciennes dépendances les rues *Neuve-Chabrol* et *du Marché-Saint-Laurent*. Ce marché et la rue à laquelle il donnait son nom ont été supprimés de nos jours par la création du boulevard de Strasbourg.

SAINT-LAZARE, nom d'une maison de détention pour femmes établie à Paris, vers le milieu de la rue du faubourg Saint-Denis, dans les bâtiments d'un ancien couvent de lazaristes, supprimé au commencement de la révolution en même temps que tous les autres établissements religieux.

SAINT-LAZARE (Iles). *Voyez* MARIANES.
SAINT-LEU (Comte de). *Voyez* LOUIS BONAPARTE.
SAINT-LEU-TAVERNY, village du département de Seine-et-Oise, à 11 kilomètres au sud-est de Pontoise, avec 1,800 habitants ; de nombreuses et jolies maisons de campagne, une culture de vignes et d'arbres fruitiers, de nombreux fours à plâtre. Le beau château de Saint-Leu-Taverny et son parc magnifique, après avoir appartenu à la maison d'Orléans, puis au roi Louis Bonaparte (d'où le nom de *duchesse de Saint-Leu* que prit la reine Hortense), et au prince de Condé, qui les légua à sa maîtresse, Mme de Feuchères, furent vendus par lots en 1842. L'église de Saint-Leu-Taverny contient la dépouille mortelle de Louis Bonaparte et de son fils Napoléon, grand-duc de Berg.

SAINT-LIZIER. *Voyez* ARIÈGE.
SAINT-LÔ, ville de France, chef-lieu du département de la Manche, sur la rive droite de la Vire, avec 9,682 habitants, un tribunal de première instance, un tribunal de commerce, un collège, une école normale primaire départementale, une école de dessin et de géométrie appliquée aux arts et métiers, un dépôt impérial d'étalons, un dépôt de remonte, des sociétés d'agriculture et de commerce, d'archéologie, philharmonique ; une bibliothèque publique de 6,000 volumes, un hôpital, une salle de spectacle, six typographies, des fabriques de drap dit *de Saint-Lô*, flanelle, coutil dit *de Canisy*, serge, basin, calicot, droguet, ruban de fil, dentelle ; des blanchisseries, des filatures de laine et de coton, une fabrication de coutellerie fine, de chaudronnerie, des tanneries, des corroieries, des teintureries ; un commerce de beurre salé, cidre, miel, blé, bestiaux, chevaux pour la remonte de la cavalerie, volailles, fil, fer, etc.

La cathédrale, remarquable par ses magnifiques clochers, la richesse et l'élégance de son architecture ; l'église Sainte-Croix, bâtie en 805, le monument le plus complet, le plus orné et le mieux conservé de l'architecture saxonne, sont les monuments les plus remarquables de Saint-Lô. Une partie de la ville occupe le sommet d'un rocher, et le reste s'étend à sa base, sur la rive droite de la Vire, que traverse un beau pont. Les rues sont généralement étroites, et assez mal bâties. Saint-Lô paraît devoir son origine à une église bâtie sous l'invocation de saint Lô, évêque de Coutance, né dans ce lieu, au commencement du sixième siècle. Cependant, quelques auteurs le font plus ancien, et disent qu'il s'appela d'abord *Briovera*, des deux mots *bria* ou *briva* (pont), et *Vera* (la Vire). Mais son importance historique ne date que du neuvième siècle. Dès l'an 888 cette ville fut détruite par les Normands après leur défaite par Eudes, comte de Paris. Établis dans leur nouvelle patrie, les Normands rédifièrent, en 912, ce qu'ils avaient détruit ; et il n'est ensuite plus question de Saint-Lô qu'en 1203, où il se rendit à Philippe-Auguste. Le 13 juillet 1346 les Anglais entrèrent à Saint-Lô, qui fut livré au pillage. Depuis lors jusqu'au milieu du seizième siècle cette malheureuse ville fut encore assiégée, prise et reprise plusieurs fois. Elle échappa aux massacres de la Saint-Barthélemy, grâce au comte de Matignon, qui fit garder les protestants par ses troupes catholiques.

Oscar Mac Carthy.

SAINT-LOUIS, la ville de commerce et de fabrique la plus grande et la plus importante de l'État de Missouri Amérique du Nord), point central de réunion pour le riche et fertile territoire du Missouri avec l'est et avec le sud des États de l'Union, est situé sur la rive occidentale du Mississipi, à 182 myriamètres au-dessus de la Nouvelle Orléans, à environ 28 kilomètres au-dessous de l'embouchure du Missouri, sur les terrasses d'un plateau calcaire qui s'abaisse insensiblement vers le fleuve. La ville, qui se développe le long du bord du Mississipi, est dans une belle position et régulièrement construite, avec des rues larges, se coupant généralement à angles droits, et des maisons construites pour la plupart en brique. La ville basse, qui a déjà eu beaucoup à souffrir de plusieurs inondations, est le grand centre du commerce.

Saint-Louis fut fondé en 1764, par Pierre de Laclède-Leguest, à qui le gouverneur français de la Louisiane avait accordé le privilége exclusif du commerce avec les Indiens, et demeura longtemps stationnaire. Tant que la Louisiane resta aux mains des Français, ce ne fut guère, en dépit de sa situation, éminemment favorable, qu'un village composé à l'origine de Français, plus tard d'Espagnols et d'Américains, tous soldats laboureurs, sans cesse obligés de quitter la charrue pour repousser les attaques des tribus indiennes. Après la cession de la Louisiane et de la vallée du Mississipi par la France aux États-Unis, les Américains commencèrent d'affluer en plus grand nombre à Saint-Louis. L'annexion du Territoire du Missouri à l'Union, en 1821, donna un nouvel élan à l'accroissement de la population, et le flot de l'émigration se dirigea rapidement de ce côté. En 1810 Saint-Louis ne comptait encore cependant que 1,600 habitants, et pour décupler ce chiffre il lui fallut attendre trente ans. En 1840 on n'y comptait encore que 16,470 habitants; mais à partir de ce moment ses développements ont été vraiment prodigieux. Le recensement fait en 1845 donna déjà 63,491 habitants; celui de 1850, 77,854; celui de 1852, 94,814; enfin, celui de 1855 plus de 140,000. Les Allemands forment un tiers de cette population; les Américains, Irlandais, Français et Anglais, les deux autres tiers. Les catholiques sont au nombre de 50,000; ce chiffre seul dit que Saint-Louis est la ville la plus catholique des États-Unis. Elle est le siège d'un archevêché et d'un évêché dont le diocèse embrasse la grande partie du bassin du Mississipi; elle possède treize églises, une cathédrale, un collége de jésuites, et quarante-cinq temples appartenant aux diverses sectes protestantes. Plusieurs de ces édifices sont remarquables par leur richesse et par l'élégance de leur architecture. Tous renferment de belles orgues; et l'étranger qui arrive à Saint-Louis, dans la capitale du *Far-West*, l'imagination pleine d'Indiens sanguinaires et de bêtes féroces, est bien étonné de se trouver au milieu d'une civilisation si avancée et d'entendre dans les églises catholiques les messes de Mozart et de Haydn exécutées à grand orchestre. La ville contient un grand nombre d'établissements de bienfaisance, parmi lesquels il faut citer le *City-hospital*, l'hôpital de la Marine, l'hôpital des Sœurs, une maison de refuge pour les vieilles femmes, ouverte en 1853, et l'hospice des orphelins. Les établissements d'instruction publique sont l'orgueil de la ville. Elle possède l'université catholique de Saint-Louis, organisée dès 1832, plusieurs écoles secondaires, et soixante-dix écoles primaires, dont quinze catholiques et pour la plupart gratuites, ainsi que divers établissements d'instruction supérieure pour femmes; deux écoles de médecine, dont une fort riche en collections précieuses et un des établissements les plus complets en ce genre; une académie occidentale des sciences, avec de nombreuses curiosités indiennes; un musée, une bibliothèque publique de 16,000 volumes, une *Mercantil Library Association*, dont le vaste local fut achevé en 1853, vingt-cinq journaux (dont huit quotidiens, et sur ce nombre, cinq sont en allemand); ainsi qu'un grand nombre d'imprimeries. Un vaste palais de justice occupe le centre de la ville; le nombre des avocats est de 160, et celui des notaires de 95. Saint-Louis est le quartier général du cinquième département militaire de l'Union, laquelle y possède un arsenal, aux proportions les plus grandioses, de vastes casernes, ce qu'on appelle la *Jefferson Barrack*, à quelques kilomètres au-dessous de la ville, un bureau de douanes, un bureau du trésor et un bureau du cadastre. La longueur des conduits de l'aqueduc qui alimente la ville d'eau, et dont le principal bassin, terminé en 1853, peut contenir 5 millions de *gallons*, est de cinq myriamètres environ. Saint-Louis, à l'origine simple station des négociants en pelleteries, et qui depuis 1819 est encore le siége de la grande société des pelleteries des *Missouri-Rocky-Mountains*, est aujourd'hui le grand centre du commerce intérieur de l'ouest. On y trouve une banque de l'État, six compagnies d'assurance, onze grands marchés, onze grands hôtels pour les voyageurs, et 120 hôtels de dimensions moindres. Avec son district, elle contient environ 1400 établissements industriels, dont plusieurs vastes fonderies de fer, divers ateliers pour la construction des machines, d'immenses manufactures de tabac, de coton, d'huile, de céruse, de toile cirée, de toile à emballage; des moulins à farine, des brasseries et des abattoirs où l'on abat plus de 120,000 porcs par an. En 1853 on évaluait l'importance de cette seule industrie à 24 millions de dollars. En 1850 le mouvement général du commerce était de plus de 75 millions de dollars; il consiste surtout en pelleteries, tabac, chanvre, céréales, pommes de terre, fruits, farine, bestiaux, viande de porc, plomb et autres métaux.

SAINT-LOUIS (Ordre de). Il fut créé en 1693, par Louis XIV, pour récompenser les services militaires. Le signe distinctif de l'ordre consistait en une croix émaillée de blanc, cantonnée de fleurs de lis d'or, chargée d'un côté, dans le milieu, d'un *saint Louis* cuirassé d'or et couvert de son manteau royal, tenant de sa main droite une couronne de laurier, et de la gauche une couronne d'épines et les clous, en champ de gueules, entourée d'une bordure d'azur, avec ces lettres en or : *Ludovicus magnus instituit* 1693; et de l'autre côté, pour devise, une épée nue flamboyante, la pointe passée dans une couronne de laurier, liée de l'écharpe blanche, aussi en champ de gueules, bordée d'azur comme l'autre, et pour légende ces mots : *Bellicæ virtutis præmium*. La croix se portait attachée à la boutonnière par un ruban couleur de feu. L'ordre se composait à l'origine de quarante grands-croix et de quatre-vingts commandeurs. Le nombre des chevaliers était illimité. Pour y être admis, il fallait avoir servi dix ans en qualité d'officier et faire profession de la religion catholique, apostolique et romaine. La Restauration, afin de pouvoir récompenser les services qu'elle rendus par des *hérétiques* sans violer les statuts de l'ordre de Saint-Louis, ni recourir à la décoration de la Légion d'Honneur, création de l'*usurpateur* que la politique lui avait fait une nécessité de conserver, mais qu'elle voulut d'abord laisser périr de sa belle mort, avait créé un *Ordre du mérite militaire*, dont la décoration différait fort peu de la croix de Saint-Louis et se portait suspendue au même ruban.

L'ordre de Saint-Louis avait sous l'ancienne monarchie une dotation de 300,000 livres de rente, qui se distribuait par pensions annuelles aux grands-croix, commandeurs et chevaliers; cette dotation fut augmentée plus tard par Louis XV. Comme tous les autres ordres de chevalerie, l'ordre de Saint-Louis fut supprimé en 1789. La Restauration le rétablit en 1814, mais sans dotation. La révolution de Juillet le supprima encore une seconde fois; cependant, ceux qui en étaient décorés furent tacitement autorisés à continuer d'en porter les insignes.

SAINT-LUC (Académie de). A une époque très-reculée une corporation de peintres et de sculpteurs avait été établie à Paris, sous l'invocation de saint Luc. Ces maîtres peintres et sculpteurs étaient pour la plupart plutôt des ouvriers que des artistes. Du reste, à cette époque l'opinion publique confondait le peintre en bâtiments et l'artiste, le musicien et le sculpteur. En 1391 le prévôt de Paris, du consentement des peintres de cette ville, dressa des statuts en vertu desquels furent établis des jurés chargés de visiter l'académie et d'examiner ses ouvrages. Ces jurés pouvaient en outre empêcher de travailler tous ceux qui ne feraient pas partie de la communauté. Cette communauté, ainsi formée, obtint la protection de Charles VII, qui exempta ses membres de toutes tailles, subsides, gardes, guets, etc. Des abus ne tardèrent pas à se glisser dans cette institution. Comme les académiciens jouissaient de bons privilèges, ils désiraient naturellement transmettre ces avantages à leurs fils, dont la plupart dès lors étaient reçus *maîtres* sans même avoir fait d'apprentissage. Quelquefois des enfants encore au berceau étaient inscrits sur les registres de la communauté, afin de pouvoir parvenir de bonne heure, à l'ancienneté, aux charges qui se donnaient suivant la date de la réception. De plus les jurés, qui ne se souciaient pas d'admettre avec trop de facilité des membres étrangers, exigeaient un dédommagement pécuniaire de la part des nouveaux candidats. Enfin, les jurés osèrent s'attaquer aux peintres et sculpteurs du roi et de la reine. En 1648 ils présentèrent requête au parlement, demandant que les peintres de la maison du roi et de la maison de la reine fussent réduits au nombre de six; que dans le cas où ils travailleraient pour les églises et pour les particuliers, ou bien s'ils exposaient leurs tableaux pour les vendre, ils fussent condamnés à cinq cents livres d'amende, indépendamment de la confiscation de leurs ouvrages. Le Brun, jaloux de l'honneur et de la liberté de sa profession, conçut alors le projet d'établir une Académie royale de Peinture et de Sculpture, qui fut autorisée en 1648 par le conseil du roi. Toutes les tentatives de conciliation entre les *maîtres peintres* et les nouveaux académiciens échouèrent; et l'*Académie de Saint-Luc* continua de subsister jusqu'à la révolution. Cette communauté occupait près Saint-Denis-de-la-Chartre, en la Cité, une maison où elle tenait son bureau et son *académie*, et où l'on distribuait tous les ans trois prix de dessin aux élèves.

SAINT-LUC (Famille de). *Voyez* ÉPINAY-SAINT-LUC.
SAINT-MAIN (Mal). *Voyez* FEU SAINT-ANTOINE.
SAINT-MAIXENT, chef-lieu de canton du département des Deux-Sèvres, à 18 kilomètres au nord-est de Niort, près de la rive droite de la Sèvre-Niortaise, avec 4,121 habitants, une église consistoriale calviniste, un collége, des comices agricoles, un dépôt impérial d'étalons et un dépôt de remonte. On élève dans ses environs beaucoup de chevaux, de mules et de mulets, et on trouve dans la ville des filatures de laine, des fabriques de drap, de serge, de bonneterie de laine, de tricot, de chapeaux cirés et de feutre vernis, d'huile de colza, de crème de tartre; des papeteries à Port-de-Vaux et à la Villedieu. Il s'y fait un grand commerce de blé, de moutarde, de mules, de mulets, de chevaux et d'étalons. C'est une ville ancienne, qui fut dévastée en 1082 par un incendie; elle souffrit beaucoup des guerres de religion et de celles de la Vendée. La Convention lui avait donné le nom de *Vauclère-sur-Sèvre*. C'est une station du chemin de fer de Paris à Niort.

SAINT-MALO, ville de France, chef-lieu d'arrondissement, dans le département d'Ille-et-Vilaine, à 70 kilomètres au nord-ouest de Rennes, près de l'embouchure de la Rance, dans une petite île sur la côte, nommée *le Rocher d'Aaron*, avec une population de 9,500 habitants. C'est une ville forte. Elle possède des tribunaux de première instance et de commerce, une école impériale d'hydrographie, une direction des douanes, une chambre de commerce, un entrepôt réel, deux typographies. La ville mer, une bibliothèque publique, deux typographies. La ville est liée au continent par une chaussée étroite de 200 mètres de longueur, appelée *le Sillon*, qui forme avec elle et la côte un port vaste, commode et sûr, mais dont l'entrée est étroite, semée d'écueils et de bas-fonds. Les vaisseaux y restent à sec à la basse mer, et dans les grandes marées le flot s'y élève à 15 mètres. Saint-Malo est entouré de murailles bastionnées et défendu au nord-ouest par un château fort que fit construire la reine Anne. La rade qui se trouve à l'ouest de la ville et dans laquelle débouche la Rance, est protégée par cinq forts, dont les plus importants sont celui de la Conchée, construit par Vauban, et celui de l'île Harbour. La principale industrie des Malouins est la construction des navires; ils fabriquent aussi des toiles à voiles, des cordages, des poulies, des cuirs apprêtés au goudron pour la marine, des hameçons et des instruments de pêche; on trouve encore à Saint-Malo des briqueteries, des tuileries, des fabriques d'huiles de graines, des fonderies de fer et de cuivre. On y fait des armements importants pour les Indes, pour la pêche de la baleine, de la morue et le cabotage. Son commerce, moins actif aujourd'hui qu'autrefois, est encore considérable en vins, eaux-de-vie, tabac, salaisons, chanvre, goudron, mâtures, toile de Bretagne, etc.

La ville au moment de la marée haute présente l'aspect d'une île surmontée d'un château fort; de la mer s'élancent de belles et fortes murailles, qui enserrent des massifs de maisons presque toutes à quatre étages, régulièrement bâties en larges pierres de granit et percées d'une multitude de fenêtres; on voit que l'espace a manqué et qu'il a fallu gagner en hauteur ce que la superficie du terrain refusait. Les habitants n'ont d'autre promenade que les remparts; et il n'y a de traces de végétation dans cette enceinte de pierre que sur la place Duguay-Trouin, où l'on a emprisonné quelques petits arbres. Le tombeau de Châteaubriand est situé dans l'île du Grand-Bé.

Saint-Malo fut fondé au septième siècle, par les habitants d'Aletha, aujourd'hui *Saint-Servan*, qui se réfugièrent dans l'île d'Aaron pour se soustraire aux déprédations des pirates. La célébrité maritime de cette ville ne date cependant que des derniers siècles de notre histoire. Elle fit partie de la ligue Hanséatique dans le milieu du huitième siècle. Du Guesclin s'en empara, sous le le règne de Charles V; le duc de Lancastre et une flotte anglaise l'assiégèrent sans succès en 1370. A l'époque de la Ligue, les Malouins firent de leur ville une petite république, qui demeura indépendante jusqu'en 1594, époque où ils se décidèrent à reconnaître l'autorité de Henri IV.

Dès le commencement du seizième siècle, ils établirent de grandes relations commerciales avec l'Amérique et les Indes; ils ouvrirent les premiers le commerce de Moka. Mais les intérêts de négoce n'altérèrent point leur esprit belliqueux. Ils armèrent à leurs frais vingt-deux bâtiments contre La Rochelle. En 1711 une compagnie formée principalement de négociants de Saint-Malo, excités par Duguay-Trouin, fournit aux frais d'armement d'une flottille avec laquelle ce célèbre marin s'empara de Rio-Janeiro. Saint-Malo fut de tous temps celui de nos ports dont les corsaires eurent le plus de renommée dans nos guerres maritimes. Leurs exploits les avaient rendus si redoutables, que plusieurs fois les Anglais tentèrent de s'emparer de cette ville. Ils la bombardèrent en 1693, et tentèrent la même année de l'anéantir à l'aide d'une machine infernale : c'était un long navire, maçonné en dedans, chargé de barils de poudre, de poix, de soufre, de boulets, de grenades, de canons de pistolets chargés, de tôles goudronnées et autres combustibles. Conduit à la faveur de la nuit vers les murs de la ville, ce brûlot échoua par bonheur sur une roche et s'entrouvrit; l'ingénieur, pressé par la circonstance, y mit le feu. Mais l'effet fut loin d'être complet, parce que les poudres avaient commencé à se mouiller et que, le brûlot étant incliné vers le large, les projectiles ne tombèrent pas sur la ville. Néanmoins, la masse pesant deux milliers, fut lancé dans la place, et écrasa une maison; toutes les vitres de Saint-Malo furent brisées et les toitures de trois cents habitations furent enlevées. Saint-Malo était autrefois, par les produits de son commerce et les prises de ses corsaires, une des villes les plus importantes de la Bretagne; et l'on peut juger de l'opulence de ses armateurs par le prêt de 30 millions que l'un d'eux fit en 1711 à Louis XIV.

Un proverbe, qui a cours dans presque toute la France, accuse les chiens de Saint-Malo de s'attaquer aux jambes des voyageurs. De là cette question malicieuse adressée à ceux dont les tibias sont en forme de flûte : *Avez-vous été à Saint-Malo ?* de là encore la chanson :

Bon voyage, cher Du Mollet, etc.

Voici l'origine de ces dictons : Dès le douzième siècle les Malouins dressèrent une bande de boules-dogues à la garde des navires, qui, demeurant à sec sur la vase, étaient exposés aux voleurs. Renfermés pendant le jour, ces chiens étaient lâchés le soir vers dix heures, et faisaient une ronde sévère jusqu'au matin, où le son d'une trompette de cuivre les rappelait à la garde du *chiennetier*. On avait institué pour leur nourriture un droit de *chiennage*. Jusqu'en 1770 la garde fut faite, et cruellement faite souvent, par ces terribles gardiens ; mais ils furent supprimés à cette époque par la municipalité, à la suite de la mort d'un officier de marine qu'ils avaient mis en pièces.

SAINT-MALO (Le cardinal de). *Voyez* BRIÇONNET (Guillaume).

SAINT-MANDÉ, village du département de la Seine, situé près du bois de Vincennes, à 6 kilomètres de Paris, avec 3,587 habitants.

SAINT-MARCELLIN. *Voyez* ISÈRE (Département de l').

SAINT-MARC-GIRARDIN. *Voyez* GIRARDIN (François-Auguste, SAINT-MARC-).

SAINT-MARCOU. *Voyez* FEU SAINT-ANTOINE.

SAINT-MARIN (République de). *Voyez* SAN-MARINO.

SAINT-MARTIN (Ile). *Voyez* GUADELOUPE.

SAINT-MARTIN (JEAN-ANTOINE DE), savant orientaliste, né à Paris, en 1771, était le fils d'un tailleur ; et tout en tenant les livres de son père il trouva le temps de suivre les cours de l'école centrale des Quatre-Nations. Il étudia ensuite avec ardeur les langues orientales, sous la direction du savant Silvestre de Sacy. Reçu membre de l'Académie des Inscriptions en 1820, il fut nommé en 1824 conservateur de la bibliothèque particulière du roi. Il était depuis 1821 inspecteur des types orientaux à l'Imprimerie royale, et l'un des administrateurs de la bibliothèque de l'Arsenal. Ces lucratives sinécures indiquent tout de suite qu'il appartenait aux enfants gâtés de la Restauration, qui l'avait en outre anobli. Il les perdit toutes à la révolution de Juillet, qui punit ainsi surtout la part active que depuis deux ans il prenait à la rédaction de *L'Universel*, journal rédigé dans les principes les plus outrés de l'absolutisme politique et religieux. Saint-Martin se trouvait dans un état voisin de la misère lorsqu'il succomba, à Paris, le 20 juillet 1832, à une attaque de choléra. Ses principaux ouvrages sont ses *Mémoires historiques et géographiques sur l'Arménie* (2 vol., Paris, 1818-1822) ; ses *Nouvelles Recherches sur l'époque de la mort d'Alexandre* et sur la *Chronologie des Ptolémées* (1820) ; sa *Notice sur le Zodiaque de Denderah* (1822), et son *Histoire de Palmyre* (1823). Il continua l'*Art de vérifier les dates*, et publia aussi une nouvelle édition de l'*Histoire du Bas-Empire* de Le Beau.

SAINT-MARTIN (LOUIS-CLAUDE DE), dit *le Philosophe inconnu*, célèbre théosophe, né en 1743, à Amboise, d'une famille noble, reçut une éducation pieuse, qui influa sur le reste de sa vie. Après avoir fait de brillantes études à Sorrèze, il embrassa la profession des armes, qui lui laissait le loisir de se livrer à la méditation, et entra à vingt-deux ans comme lieutenant au régiment de Foix, en garnison à Bordeaux. Pendant son séjour dans cette ville, il se fit initier à une secte de théosophes qui avait pour chef Martinez Pasqualis ; mais il trouva bientôt qu'il y avait quelque chose de trop matériel dans les pratiques théurgiques de cette secte, qui se bornait, disait-il, aux *manifestations sensibles*. Il s'attacha davantage aux doctrines de Swedenborg, qui lui révélaient un *ordre sentimental*, et s'élève enfin au *spiritualisme* pur, qui fait le fond de sa propre doctrine. Après avoir séjourné quelque temps à Lyon, il vint à Paris vers 1780, et ne tarda pas à quitter le service, afin de se livrer tout entier à ses idées mystiques. Recherché dans le monde, à cause de la singularité de ses opinions et de l'amabilité de son caractère, il se lia bientôt avec les personnes les plus distinguées par leur naissance, comme le duc d'Orléans, la duchesse de Bourbon, le maréchal de Richelieu, etc. Il se mit vers 1788 à voyager, parcourut la France, l'Allemagne, l'Angleterre, l'Italie, et fit dans ses voyages d'illustres prosélytes, entre autres le prince russe Alexis Galytzin et le Suisse Kirchberger, membre du conseil souverain de Berne. Dans son passage à Strasbourg, il avait entendu parler des ouvrages de Jacob Bœhme, le célèbre illuminé allemand : il se mit à étudier la langue allemande pour les comprendre ; il les lut avec enthousiasme, et en traduisit plusieurs en français. Quoique noble, Saint-Martin resta en France pendant la révolution. Il voyait dans ce grand événement l'accomplissement des desseins terribles de la Providence sur la France, et ne voulut point s'y opposer. L'Assemblée nationale ayant eu à dresser une liste de candidats pour les fonctions de gouverneur du fils de Louis XVI, ci-devant *dauphin*, maintenant *prince royal*, y inscrivit le nom de Saint-Martin à côté de ceux de Berquin, de Sieyès, Condorcet et Bernardin de Saint-Pierre. Cependant, il fut détenu quelques instants en 1794 ; mais le 9 thermidor lui rendit la liberté. Désigné peu après par le district d'Amboise comme professeur aux écoles normales, il accepta cette mission, dans l'espoir d'opérer quelques conversions, et il combattit hardiment dans des conférences publiques ce qu'il appelait le *philosophisme matériel et antisocial* du professeur Garat. Il passa ses dernières années soit à répandre sa doctrine par ses écrits et sa correspondance, soit à accomplir des actes de bienfaisance, et mourut en 1803, au village d'Aunay, chez un de ses amis, le sénateur Lenoir-Laroche. Il avait eu le pressentiment de sa fin, et il le voyait venir avec calme, disant que c'était le moment de *grandes jouissances*. Saint-Martin s'éloigna beaucoup moins de la raison que la plupart des autres mystiques : son mysticisme a aussi pour caractère distinctif d'être tout spiritualiste. Son but est d'expliquer la nature par l'homme, et de ramener la nature et l'homme à leur *principe*, qui est *Dieu*. L'homme est le type de toute créature, et il a lui-même pour prototype Dieu. La nature et l'homme sont aujourd'hui déchus d'un état primitif de perfection ; mais tous deux, malgré leur chute, conservent une disposition à rentrer dans l'unité originelle, c'est-à-dire à se *coordonner à leur principe*. Dieu nous est connu, non-seulement par la *faculté affective*, par l'amour, comme le voulaient les anciens mystiques, mais aussi au moyen d'une faculté tout intellectuelle, par une opération *active et spirituelle*, *qui est le germe de la connaissance*; l'homme peut contempler dans son *être intérieur* son principe divin. En politique, Saint-Martin regarde le régime théocratique comme le seul légitime. Ses principaux écrits, tous publiés sous le nom de *Philosophe inconnu*, et dont plusieurs ont été traduits en allemand, sont : *Des Erreurs ou de la Vérité* (Lyon, 1775) : il y parle par énigmes et par chiffres, et ne peut être compris que des adeptes ; *Tableau naturel des rapports qui existent entre Dieu, l'homme et l'univers* (Lyon, 1782) : il veut prouver que l'on doit expliquer les choses par l'homme, et non l'homme par les choses ; *L'homme de désir* (Lyon, 1790, plusieurs fois réimprimé) ; *Le Crocodile, ou la guerre du bien et du mal sous Louis XV*, poëme épico-magique en prose mêlée de vers (Paris, 1799) ; On a publié après sa mort deux volumes d'œuvres posthumes, qui renferment, entre autres pièces intéressantes, un journal de ses relations, de ses entretiens, etc., depuis 1782. Consultez Caro, *Essai sur la Vie et la Doctrine de Saint-Martin* (Paris, 1853).

BOUILLET.

SAINT-MAUR (Congrégation de). L'ordre des bénédictins, fondé au sixième siècle, fut le berceau de plusieurs autres ordres religieux. La division de l'ordre originaire en deux principales congrégations, celle de *Saint-Vannes* et celle de *Saint-Maur*, date du commencement du dix-septième siècle, et la seconde n'est qu'un démembrement de la première. La congrégation de Saint-Vannes avait commencé sa réforme en Lorraine, en 1597 ; mais son œuvre restait incomplète. En 1613, Jean Renaud, abbé de Saint-Augustin à Limoges, alla chercher des religieux de Saint-Vannes, et organisa avec eux et par eux la nouvelle congrégation, qui reçut le nom de *Saint-Maur*. Son but était de rétablir dans sa pureté primitive la règle de Saint-Benoît. Sur la demande de Louis XIII, c'est-à-dire du cardinal Richelieu, le pape Grégoire IV approuva les statuts de la nouvelle congrégation. Elle fut confirmée par Urbain VIII, en 1627. Il lui délivra de nouveaux priviléges. Dans tous les couvents qui n'avaient pas d'établissement d'éducation publique, ces religieux étaient cloîtrés.

Les bénédictins du moyen âge avaient défriché ou fait défricher de vastes terrains jusque alors incultes. La congrégation de *Saint-Maur* rendit un service plus important encore à la civilisation par ses travaux scientifiques. C'était à la fois l'ordre le plus riche et le plus savant de France. L'opulente et belle abbaye de Marmoutier était la maison chef d'ordre. C'est là que l'assemblée générale se réunissait tous les trois ans. La congrégation se divisait en dix *provinces* ; chacune de ces provinces contenait au moins vingt *maisons conventuelles*. Les plus considérables étaient Saint-Denis en Ile-de-France, Saint-Bénigne à Dijon, Saint-Germain-des-Prés à Paris, Saint-Germain à Auxerre, Marmoutier (*Mauri monasterium*), Saint-Remi à Reims, Saint-Pierre de Corbie, Fleury ou Saint-Benoît-sur-Loire, Fécamp, La Trinité de Vendôme, etc.

Cette congrégation faisait un noble usage de ses revenus ; les maisons abbatiales étaient de véritables palais, dont le bon goût égalait la magnificence ; les parties conservées de l'abbaye de Marmoutier sont encore aujourd'hui pour les artistes un objet d'étude et d'admiration. Lors de la suppression des jésuites, en 1762, les bénédictins de *Saint-Maur* furent appelés à diriger plusieurs de leurs établissements d'éducation. Le plan d'études qu'ils arrêtèrent et qu'ils suivirent constamment, est le meilleur et le plus complet que l'on connaisse. L'Assemblée constituante l'avait adopté pour les écoles centrales établies dans les chefs-lieux de département, et destinées à remplacer les anciens colléges : l'éducation donnée par les bénédictins de *Saint-Maur* était gratuite. Ces religieux conservaient, après avoir fait profession, leur nom de famille ; ils y ajoutaient le mot *dom* : cette qualification, qui d'ailleurs n'avait rien de féodal, leur était commune avec les feuillants et les chartreux. Le dernier général de l'ordre fut dom Chevreux, qui périt dans les massacres de septembre.

SAINT-MAUR-LES-FOSSÉS, village du département de la Seine, sur la rive droite de la Marne, à 11 kilomètres de Paris, avec 1,724 habitants. On y exploite de la pierre à bâtir ; on y élève des troupeaux de mérinos, on y cultive en grand la betterave et le mûrier. On trouve une féculerie et une fabrique de sucre de betterave à La Varenne-Saint-Maur, une belle papeterie, une fonderie de fer, une scierie mécanique, une usine hydraulique pour ressorts, bandages, scies, buscs, une fabrique à la mécanique de pointes de Paris, une fabrique de doublé et orfévrerie, une fabrique de bijouterie en faux, des tuileries et briqueteries, des blanchisseries de linge, un lavoir de laine au Port-de-Creteil. On y remarque le *canal de Saint-Maur*, en grande partie souterrain, et d'une longueur de 1,150 mètres, au moyen duquel on évite un circuit de navigation d'environ 14 kilomètres sur la Marne. Les Bagaudes y avaient établi autrefois un camp retranché, d'où le nom les *Fossés*. On y voyait jadis un ancien monastère de bénédictins, chef d'ordre de la congrégation de Saint-Maur. C'est là qu'eurent lieu, en 1465, les conférences qui complétèrent le traité de Conflans signé entre Louis XI et les princes ligués dans la guerre du *bien public*.

SAINT-MICHEL (Mont). *Voyez* MONT SAINT-MICHEL.

SAINT-MICHEL (Ordre de). *Voyez* MICHEL (Ordre de Saint-).

SAINT-MIHIEL. *Voyez* MEUSE (Département de la).

SAINT-NAZAIRE. *Voyez* LOIRE-INFÉRIEURE (Département de la).

SAINT-NECTAIRE. *Voyez* PUY-DE-DÔME. (Département du).

SAINT-NICOLAS DU PORT. *Voyez* MEURTHE (Département de la).

SAINT-OFFICE. *Voyez* INQUISITION.

SAINT-OMER, ville de France, chef-lieu d'arrondissement dans le département du Pas-de-Calais, à 68 kilomètres au nord-ouest d'Arras, sur l'Aa, à l'embouchure du canal de Neuf-Fossé, avec une population de 22,054 habitants. C'est une place de guerre de troisième classe, entourée de fortifications irrégulières, mais en bon état, et défendue par un fort, dit de *Notre-Dame*. Siége de la cour d'assises du département, elle possède des tribunaux de première instance et de commerce, un collége, une bibliothèque publique de 20,000 volumes, un musée, une société d'agriculture, une Société des Antiquaires de la Morinie, deux journaux hebdomadaires, trois typographies, des fabriques de drap lisse, cuir de laine, drap croisé et cuir de laine ; de broderies, de couvertures de laine, de ruban de fil, de jarretières, de percale, de coton et laine filés, de fil retors façon Lille, de laine à tricoter ; des filatures de laine, des fonderies en cuivre, des fabriques de moulins à café, de presses pour sucre de betterave, de poterie et de formes à sucre, une fabrique considérable de pipes, dites *pipes belges* ; des papeteries, des fabriques d'amidon, de farine économique, d'huile, de noir animal, de colle-forte ; de nombreuses brasseries, des tanneries et des raffineries de sucre. C'est une station du chemin de fer d'Hazebrouck à Calais.

Saint-Omer est une ville bien percée et généralement bien bâtie, mais située dans une contrée marécageuse. On y remarque l'ancienne cathédrale, édifice du quatorzième siècle, avec le tombeau de saint Audomare ou saint Omer, évêque de Thérouanne, et les ruines de l'abbaye de Saint-Bertin, que l'on a déblayées en partie pour y établir un abattoir. L'hôtel de ville, remarquable monument gothique, a été démoli dans ces derniers temps.

Une bourgade celtique nommée *Sithevum* ou *Sithice* fut le berceau de cette ville, qui ne prit le nom de Saint-Omer, premier évêque régulier du pays, qu'au commencement du neuvième siècle. A peine fondée, elle fut dévastée à plusieurs reprises par les Normands.

En 880, Foulques, abbé de Saint-Bertin, la fit ceindre de murailles, qui furent achevées en 902, sous Baudouin II, comte de Flandre. Saint-Omer au onzième siècle appartenait à des châtelains héréditaires, qui avaient rang parmi les plus hauts barons de la Flandre.

En 1127 le comte Guillaume Clifton accorda aux habitants de Saint-Omer une charte de commune, la plus ancienne de celles qui aient été accordées aux villes de la Flandre et de l'Artois. Saint-Omer fut une des villes qui constituèrent la dot d'Isabelle de Hainaut, femme de Philippe-Auguste ; mais ce prince n'en devint paisible possesseur qu'après la bataille de Bouvines. A la mort de Charles le Téméraire, cette ville refusa d'ouvrir ses portes à Louis XI. Le maréchal d'Esquerde s'en rendit maître en 1487, mais les Français la reperdirent deux ans après. Pendant le seizième siècle elle reçut de nombreux et rapides accroissements. La ruine de Thérouanne et le partage de son territoire y nécessitèrent l'érection d'un évêché. Des travaux entrepris par ordre de Charles Quint la protégèrent contre les attaques dont plusieurs places voisines eurent à souffrir. Henri IV tenta vainement de s'en emparer en 1594 ; Richelieu ne fut pas plus heureux, en 1638. Mais Louis XIV s'en rendit maître, en 1677, et la paix de Nimègue lui assura la possession de cette place. Pendant la révolution Saint-Omer reçut le nom de *Morin-la-Montagne*.

SAINT-OUEN, village du département de la Seine, à 8 kilomètres au sud-ouest de Saint-Denis, et à 8 kilomètres au nord-ouest de Paris, sur la rive droite de la Seine, avec 1800 habitants. Saint-Ouen possède un petit port sur la Seine et une gare, des glacières, des fabriques de creusets, de briques, de poterie et de savon; une filature de lin, une machine à vapeur pour conduire les eaux à Montmartre. On y voit un beau château, autrefois propriété de la comtesse du Cayla, qui le légua au comte de Chambord, ou, à son refus, à la ville de Paris. Celle-ci en est aujourd'hui propriétaire. L'île Saint-Ouen est un des rendez-vous favoris des canotiers et des baigneurs parisiens. C'est au château de Saint-Ouen que fut signée en 1814 la déclaration de Louis XVIII qui servait de préambule à la Charte.

SAINT-PALAIS. *Voyez* BASSES-PYRÉNÉES (Département des).

SAINT-PAUL, chef-lieu de la partie sous le vent, de l'île de la Réunion.

SAINT-PAUL (Les comtes de). *Voyez* LONGUEVILLE et LUXEMBOURG.

SAINT-PAUL (ANNE NOMPAR DE CAUMONT, comtesse DE) était fille de Geoffroy de Caumont, abbé de Clairac, qui avait accompagné son frère aîné François à la cour, en 1572, pour assister aux noces de Henri de Navarre et de Marguerite de Valois. François fut tué à la Saint-Barthélemy; et Geoffroy, qui avait réussi à sortir de Paris avant que les portes en fussent fermées, devint ainsi chef de la famille des Caumont. Il résigna ses bénéfices avec d'autant moins de regrets qu'il avait embrassé le protestantisme, et épousa Marguerite de Lustrac, dame de Fronsac et veuve du maréchal de Saint-André; il en eut un fils, mort en bas âge, et Anne de Caumont, qui naquit six mois après la mort de son père. Héritière d'un grand nom et d'une fortune considérable, Anne fut dès son enfance exposée aux poursuites des plus grands seigneurs de sa province; elle avait à peine sept ans que trois illustres prétendants se disputaient sa main : le vicomte de Turenne, depuis duc de Bouillon; Charles de Biron, depuis amiral et maréchal de France, décapité en 1602; enfin, Jean d'Escars, prince de Carency et fils de La Vauguyon, tuteur d'Anne. Ce dernier devait avoir la préférence, puisque La Vauguyon tenait la jeune héritière renfermée dans son château; aussi la maria-t-il à son fils, malgré elle et malgré sa mère. Biron s'en vengea quelques années plus tard, en 1586, en tuant dans un duel fameux le prince de Carency. Anne de Caumont, dont la vie devait être aventureuse, se trouva donc veuve à peine âgée de douze ans, et libre de disposer de sa main ; mais le duc de Mayenne, qui la convoitait pour son fils aîné, le duc d'Aiguillon, la fit enlever du château de La Vauguyon, et la rendit catholique. Cependant, la Ligue reculait chaque jour devant l'épée triomphante de Henri IV ; et Mayenne, qui avait dû renoncer à ses rêves d'ambition, dut rendre la liberté à Anne de Caumont. Henri IV la maria, en 1595, au comte de Saint-Paul, frère du duc de Longueville, qui, en galant chevalier, avait cherché à délivrer la belle prisonnière. La comtesse de Saint-Paul n'eut qu'un fils, Éléonor d'Orléans, duc de Fronsac du chef de sa mère, qui donnait les plus hautes espérances, mais qui fut tué à l'âge de dix-huit ans au siège de Montpellier, en 1622, percé de trente-deux coups. La comtesse de Saint-Paul, accablée par un si grand malheur, plaça désormais toutes ses consolations en Dieu. Après avoir été un des ornements de la cour, elle devint un modèle de résignation et de piété, et consacra le reste de ses jours à des œuvres de charité et à des fondations religieuses. Elle mourut en 1642, âgée de soixante-huit ans. Le Père Hilarion de Coste a donné sa vie dans son *Histoire des Femmes célèbres*.

Mis DE LA GRANGE, sénateur, de l'Institut.

SAINT-PÉRAY. *Voyez* ARDÈCHE (Département de l').
SAINT-PÉTERSBOURG. *Voyez* PÉTERSBOURG.
SAINT-PIERRE. *Voyez* MARTINIQUE.
SAINT-PIERRE (Îles). *Voyez* MIQUELON.
SAINT-PIERRE (Monnaie de). *Voyez* NUMMULITE.
SAINT-PIERRE (BERNARDIN DE). *Voyez* BERNARDIN DE SAINT-PIERRE.

SAINT-PIERRE (CHARLES-IRÉNÉE CASTEL, abbé DE) naquit le 18 février 1658, au château de Saint-Pierre-Église, près de Harfleur, en Normandie, d'une famille noble et ancienne; et, dans l'espérance que son nom exploité lui vaudrait quelque place haute et illustre dans le clergé, il fut destiné à l'état ecclésiastique. Le succès dépassa ses vues ambitieuses. Nommé aumônier de *Madame* et abbé de la Sainte-Trinité de Tiron, en 1702, il avait déjà été, en 1695, reçu à l'Académie Française. Il en fut exclu en 1718 pour s'être permis, dans son discours sur la *Polysydonie*, de blâmer le système de gouvernement suivi par Louis XIV. Le seul opposant à cet acte d'absolutisme mérite ici une mention honorable ; ce fut Fontenelle ; et le duc d'Orléans empêcha du moins que la place vacante fût désormais remplie. Les sots et haineux préjugés de Boyer, ancien évêque de Mirepoix, et son confrère, le poursuivant jusqu'au delà de la mort, ne permirent pas de prononcer son éloge funèbre à l'Académie : vaines et pâles fleurs sans parfum, dont l'éclat n'eût rien ajouté à celui de sa gloire.

Doué d'un cœur vraiment noble, l'abbé de Saint-Pierre apporta la même douceur dans ses rapports avec ceux qui l'avaient si cruellement exclu. Ses mœurs étaient pures et sa probité scrupuleuse. Il mourut à Paris, le 29 avril 1743. Parmi ses nombreux ouvrages, où le premier il insista avec force sur la nécessité d'une réforme sociale et politique, et souleva une foule de questions importantes, telles que celles du paupérisme, de la convenance qu'il y aurait à fournir au public des garanties contre le charlatanisme médical, de la suppression du célibat, de la destruction des États Barbaresques, etc., il faut surtout citer son *Projet de paix perpétuelle* (3 vol., Utrecht, 1713), où il émet l'idée de rendre à l'avenir toute guerre impossible par la création d'un nouveau tribunal des amphictyons. Son *Mémoire sur les pauvres mendiants* témoigne d'un cœur plein de charité et de compassion pour les souffrances de ses semblables. Dans ses *Annales politiques* (2 vol., Londres, 1757 ; Genève et Lyon, 1767), il juge sévèrement les erreurs et les fautes de Louis XIV. Il prépara lui-même une édition de ses *Ouvrages de politique et de morale* (16 vol., Rotterdam, 1735-1741).

SAINT-PIERRE (EUSTACHE de). *Voyez* EUSTACHE DE SAINT-PIERRE.

SAINT-PIERRE DE ROME. *Voyez* CATHÉDRALE, tome IV, p. 656, et ROME.

SAINT-PIERRE-LE-MOUTIERS. *Voyez* NIÈVRE (Département de).

SAINT-PIERRE-LÈS-CALAIS, bourg du département du Pas-de-Calais, à 2 kilomètres au sud de Calais avec 11,524 habitants, de nombreuses et importantes fabriques de tuile, des fabriques de limes, des métiers à tulle, de chapeaux de feutre vernis, de poterie, de chaux, des raffineries de sel, des huileries, des brasseries, des distilleries de genièvre, des tanneries, des mégisseries et d'importantes fabriques de sucre de betterave. Il s'y fait un commerce considérable de houille, de bois. C'est une station du chemin de fer de Paris à Calais.

SAINT-POL (Les comtes de), famille historique française, dont le comté avait pour chef-lieu la ville actuelle de *Saint-Pol-sur-Ternoise*. Il avait d'abord appartenu aux comtes de Boulogne, puis aux comtes de Ponthieu ; et ce n'est qu'en 1360 qu'il passa par alliance à une branche cadette de l'illustre maison de Luxembourg.

SAINT-POL (Le connétable de). *Voyez* LUXEMBOURG.
SAINT-POL DE LÉON. *Voyez* FINISTÈRE (Département du).

SAINT-POL-SUR-TERNOISE, ville de France,

chef-lieu d'arrondissement dans le département du Pas-de-Calais, à 34 kilomètres au nord-ouest d'Arras, sur la Ternoise, avec 3,380 habitants, un tribunal civil, un collége et une fabrication de basins.

Saint-Pol était jadis le titre d'un comté qui appartint aux comtes de Boulogne, puis au comte de Ponthieu, et qui en 1360 fut transmis par alliance à une branche de la maison de Luxembourg. Pris en 1537 par les Français, puis par les Impériaux, ce comté fut cédé à la France en 1659.

SAINT-PONS. Voyez Hérault (Département de l').

SAINT-POURÇAIN. Voyez Allier (Département de l').

SAINT-PRIEST (Alexis, comte de), membre de l'Académie Française et diplomate distingué, naquit à Saint-Pétersbourg, en 1805, pendant la proscription de sa famille. Son grand-père avait été ministre de Louis XVI; il émigra à l'époque de la révolution, et se réfugia en Russie, où jusqu'en 1807 il remplit les fonctions, passablement inutiles, de ministre de Louis XVIII. Les fils de ce ministre de l'ancienne monarchie entrèrent au service russe. L'aîné, *Emmanuel*, fut tué dans la campagne de 1814; son frère, *Armand*, qui avait aussi un grade dans l'armée russe, épousa en 1802 la princesse Sophie Galytzin, et obtint alors un emploi dans la haute administration. Il fut nommé gouverneur civil d'Odessa, où il fit élever son fils *Alexis*. A la Restauration, celui-ci vint avec son père à Paris, et en 1819, quoique âgé de quatorze ans à peine, il traduisit quelques pièces du théâtre russe pour la collection des *Chefs-d'œuvre du Théâtre étranger* de Ladvocat. En 1824 il alla voyager en Italie et en Espagne, s'occupant bien moins de politique que de littérature. Quoiqu'il eût évité avec soin de se mêler aux luttes de partis de la Restauration, il se sentit bientôt attiré vers le parti libéral par ses liaisons avec différents écrivains distingués; aussi ne se montra-t-il point hostile à la révolution de Juillet. A peu près du même âge que le duc d'Orleans, il conçut une amitié vraie pour le jeune prince royal, et entra alors dans la carrière diplomatique. Louis-Philippe le nomma successivement ministre plénipotentiaire à Rio-Janeiro, à Lisbonne et à Copenhague. Après dix années passées ainsi à l'étranger, il revint en France, et entra, à la chambre des pairs, où son père, le comte Armand de Saint-Priest, avait siégé pendant vingt ans en vertu du principe de l'hérédité. L'ouvrage qu'il publia alors sous le titre de *Histoire de la Royauté considérée dans ses origines jusqu'à la formation des principales monarchies de l'Europe* (3 vol., Paris, 1842) est le fruit des loisirs que lui avaient laissés ses fonctions diplomatiques. Il fit ensuite paraître une *Histoire de la Chute des Jésuites au dix-huitième siècle*, 1750-1782 (Paris, 1844), qui obtint un grand succès, et qui vint dans des circonstances d'autant plus favorables qu'à ce moment même s'engageait, à propos d'une nouvelle loi sur l'instruction publique, la querelle des universitaires et du clergé; lutte à laquelle les jésuites se trouvaient mêlés. En 1847 parut son *Histoire de la Conquête de Naples par Charles d'Anjou* (4 vol., Paris, 1847-1848), qui en 1849 lui ouvrit les portes de l'Académie Française. Plus tard il donna encore de *Études diplomatiques et littéraires* (2 vol., Paris, 1850), recueils d'articles et de dissertations, dont la plupart avaient déjà paru dans la *Revue des Deux Mondes*. Il tomba malade à Moscou, pendant un voyage qu'il était allé faire en Russie, où son père résidait depuis plusieurs années et où sa sœur est mariée au comte Doigorouski, ministre de la guerre; et il y mourut, d'une fièvre nerveuse, le 27 septembre 1851. Il a eu pour successeur à l'Académie M. Berryer.

Il ne faut pas le confondre avec son homonyme, mort également en 1851, *Félix* de Saint-Priest, qui avait été élu, en 1849, par le département du Lot membre de l'Assemblée nationale, où il figura parmi ceux qu'on affubla du sobriquet de *burgraves*. Celui-ci n'appartenait point à la même famille.

SAINT-QUENTIN, ville de France, chef-lieu d'arrondissement dans le département de l'Aisne, à 50 kilomètres au nord-ouest de Noyon, sur la rive droite de la Somme et à la tête du canal de Saint-Quentin, avec une population de 27,061 habitants, des tribunaux de première instance et de commerce, un conseil de prud'hommes, une chambre consultative des arts et manufactures, une église consistoriale calviniste, un collége, une école primaire supérieure, des cours de chimie, de géométrie et de mécanique appliquée aux arts, une école de dessin, une école gratuite de dessin pour les fils d'artistes, une école de commerce, une Société impériale des Sciences, Arts et Agriculture, une société industrielle et commerciale, une bibliothèque publique de 14,000 volumes, un musée composé en grande partie de pastels de Latour, trois typographies, un jardin botanique, un mont-de-piété, une caisse d'épargne, un abattoir public, six fontaines artésiennes. C'est une station du chemin de fer de Creil à Maubeuge. L'industrie y est très-active, et consiste spécialement dans une importante et renommée fabrication de tissus en coton, laine et soie, batiste, linon, broderies, tulle, mousseline, jaconas, percale, calicot, guingamp, piqués uni, façonné et en couleur, châles, mouchoirs, ouates; linge de table en fil de lin et en coton, uni, ouvré et damassé; toile, etc. On y trouve un grand nombre de filatures de coton, dont la plupart sont mues à la vapeur; des filatures de laine, des imprimeries sur étoffes, des blanchisseries, des teintureries, des fonderies de fer, de cuivre, des fabriques de plomb laminé et de plomb de chasse, des fabriques de machines et mécaniques, de peignes et broches à tisser, de régulateurs et navettes, d'orgues à cylindre pour églises, de colle gélatine pour tissus; des fabriques d'huile mues par machines, de noir animal, de suc de réglisse; une raffinerie de sucre, des brasseries, etc. Il s'y fait un commerce considérable des articles de sa fabrication, dits *de Saint-Quentin*; de grains, cidre, fruits, fin et coton. Les monuments les plus remarquables sont l'hôtel de ville, érigé en 1509, et l'église de Saint-Quentin, édifice gothique, d'une construction hardie, qui renferme un magnifique buffet d'orgues. Le palais de justice, les promenades et le canal souterrain sont dignes d'être mentionnés. On a inauguré en mai 1856 sur l'une des places de la ville la statue de Latour. Saint-Quentin est l'ancienne *Augusta Veromanduorum*. Elle doit son nom moderne à saint Quentin, qui y souffrit le martyre, vers 303. Elle fut prise et brûlée par les Vandales en 407, et par les Huns en 451. Les Normands la détruisirent au huitième siècle. Le comte Thierry la fit rebâtir, et l'entoura de murailles. Elle fut plusieurs fois prise et reprise par Hugues de France et Herbert II, comte de Vermandois. Prise par les Flamands en 1179, elle retomba au pouvoir de Philippe-Auguste en 1183. Cédée en 1435, par le traité d'Arras, au duc de Bourgogne, elle fut rendue à Louis XI en 1463, retourna de nouveau à Charles le Téméraire par les traités de Paris et de Conflans, puis, en 1470, au domaine royal par un mouvement spontané de ses habitants. Prise et dévastée par les Espagnols en 1557 (voyez l'article ci-après), elle fut rendue deux ans plus tard, à la France, par le traité de Câteau-Cambrésis.

SAINT-QUENTIN (Bataille et Prise de). Dans la campagne de 1557, entreprise par Philippe II, roi d'Espagne, contre notre roi Henri II, les troupes ennemies, entrées par la Flandre et soutenues par les Anglais, fortes en tout de 60,000 hommes, manquèrent Rocroy; mais attiré par les forces françaises du côté de la Champagne, Philibert, duc de Savoie, par un mouvement aussi rapide qu'imprévu, alla investir Saint-Quentin, dont la garnison avait été affaiblie. La place, qui n'était fortifiée que par ses marais, ne renfermait que 300 hommes de garnison, point de munitions, et très-peu de vivres. Gaspard de Coligny, neveu du connétable Anne de Montmorency, s'y jeta avec 500 hommes. Montmorency s'en approcha aussi, et y fit entrer quelques secours (10 août). Protégé par les marais qui séparaient de la ville et des quartiers ennemis, et qu'on ne pouvait tourner qu'avec beaucoup de temps, ou traverser que sur une chaussée étroite, le connétable espérait pouvoir se re-

44.

tirer quand il le voudrait; mais la chaussée, plus large qu'on ne l'avait cru, donna à la cavalerie du duc de Savoie la facilité de se former dans la plaine. En vain le prince de Condé l'en fit avertir : Montmorency trouva mauvais qu'un jeune homme voulût lui apprendre son métier, et perdit un temps précieux à achever l'introduction de son convoi dans la place au travers des marais. Il donna enfin l'ordre du départ; mais il avait à peine fait une lieue, que la cavalerie espagnole, aux ordres de Lamoral, comte d'Egmont, de Philippe de Montmorency, comte de Horn, et du prince de Brunswick, l'attaqua de tous côtés, l'empêcha de continuer sa route, et donna à l'infanterie ainsi qu'au reste de la cavalerie le temps d'arriver. Il fallut accepter le combat; mais l'imprudence du connétable avait détruit la confiance de l'armée. Il y eut à peine de la résistance ; les Français furent mis en déroute, et le connétable fait prisonnier avec beaucoup d'autres. Cette victoire ouvrait aux ennemis le chemin de Paris : heureusement, ils ne surent pas en profiter. Pendant l'action, Philippe II était dans sa tente, adressant des prières au ciel. Coligny, livré à ses propres forces, n'avait plus que huit cents hommes pour défendre onze brèches; il avait distribué les soldats et les citoyens sur tous les points menacés. Les assiégeants, au lieu de tenter l'assaut, se dirigèrent en masse vers une tour à moitié ruinée par leurs batteries. La compagnie des gens d'armes du dauphin qui gardait ce poste s'était enfuie à l'approche de la colonne ennemie. Coligny, informé de cette lâche défection, était accouru avec ce qu'il avait pu réunir d'hommes armés; mais arrivé près des débris de la tour, il se trouva, lui cinquième, trois officiers et un page, qui seuls avaient osé le suivre. Avides de pillage, les ennemis se précipitaient dans la ville dans toutes les directions ; ils n'avaient aperçu ni Coligny ni les siens. « Tous, sans s'arrester, dit Coligny dans sa lettre au roi, passoient outre, sinon Francisque Dias, auquel un de ceux qui estoient avec moy dit que j'estois l'amiral. Lors il s'adressa à moy et me tira quelques coups d'espée, puis me demanda si j'estois l'amiral. Je luy dis que ouy; lors il cessa de me charger. A l'heure mesme survint un arquebusier, ayant le feu sur le serpentin, qui faisoit contenance de me vouloir tirer; mais je m'en approchai avec une pique du mieux que je pouvois. Aussi faisoit ledict Francisque Dias avec son espée, qui eurent plusieurs paroles ensemble desquelles je ne me souviens pas, sinon qui me souvient que ledict arquebusier disoit souvent : *à la part ! à la part !* Lors je leur dis qu'ils n'entrassent pas en querelle, et que j'estois bien suffisant pour les bien contenter tous deux. Adonc ils cessèrent toutes paroles qu'ils avoient ensemble, mais je ne puis dire quel accord ils firent. »   ARNAUD.

SAINT-RÉAL (César VICHARD, abbé DE), écrivain assez distingué du dix-septième siècle, naquit en 1639, à Chambéry, d'une famille honorable, dont plusieurs membres exercèrent en Savoie des fonctions de magistrature. Il vint encore jeune à Paris, où il acheva ses études, chez les jésuites. Une liaison intime avec l'historien Varillas, dont il se disait le disciple, fut sans doute l'origine du goût qu'il conserva toute sa vie pour les études historiques; mais on lui a reproché, non sans raison, de mêler dans ses écrits le romanesque à la réalité. Plus tard, quelques dissentiments attribués à des jalousies d'auteur amenèrent une rupture entre lui et Varillas. Saint-Réal retourna plusieurs fois dans sa ville de Chambéry ; une fois entre autres à l'âge de trente-sept ans, en 1676. Ce fut alors qu'il se lia d'une manière particulière avec la célèbre Hortense Mancini, duchesse de Mazarin, momentanément retirée en Savoie. De là elle passa à Londres, où l'abbé de Saint-Réal la suivit; et il fit partie de cette société spirituelle et lettrée qu'elle rassemblait autour d'elle, et dont Saint-Évremond était un des oracles. Cependant, Saint-Réal, qui avait le goût de l'étude et de la retraite, se lassa bientôt de la vie dissipée qu'il menait en Angleterre , et il revint à Paris reprendre le cours de ses travaux. Une pension modique qu'il recevait de la Bibliothèque du Roi, était alors sa principale ressource. Ayant fait en 1679 un autre voyage à Chambéry, il fut nommé historiographe de Savoie, et membre de l'Académie de Turin, qui venait d'être fondée. A son retour à Paris, il fut, dit-on, chargé par le duc de Savoie, Victor-Amédée II, de différentes négociations importantes et secrètes auprès du duc d'Orléans. Enfin', il revintune dernière fois dans sa patrie, en 1692, et y mourut, au mois de septembre, âgé de cinquante-trois ans.

Saint-Réal, prosateur remarquable, et qui a laissé plusieurs écrits réputés encore aujourd'hui comme classiques, n'a pourtant pas été de l'Académie Française. On ne saurait alléguer comme cause de cette exception sa qualité d'étranger, puisque son compatriote Vaugelas était académicien. Saint-Réal était fort sensible à la critique , et il eut plusieurs querelles littéraires qui n'ont pas laissé de souvenirs importants dans l'histoire du temps : il fut même engagé dans une controverse théologique avec les disciples du grand Arnauld, qui l'accusaient de socinianisme. Quoique ses écrits soient plus connus que sa vie, il a laissé néanmoins la réputation d'un caractère honnête, probe et désintéressé. Le plus célèbre de ses ouvrages, et son chef-d'œuvre, est l'*Histoire de la Conjuration des Espagnols contre la république de Venise en 1618*, qui parut en 1674, et qui a été très-souvent réimprimée. De là fut emprunté le sujet de la *Venise sauvée* d'Otway, et du *Manlius Capitolinus* de Lafosse. Voltaire en a fait un bel éloge, dans son *Siècle de Louis XIV* : « Le style en est comparable, dit-il, à celui de Salluste. On voit que l'abbé de Saint-Réal l'avait pris pour modèle, et peut-être l'a-t-il surpassé. » Nous avons dit plus haut qu'on reprochait à l'auteur d'avoir trop souvent défiguré l'histoire par un mélange de fictions romanesques. A la *Conjuration de Venise* on joint ordinairement la *Conjuration des Gracques*, qui se distingue par les mêmes qualités et les mêmes défauts. Nous en dirons autant de *Don Carlos*, nouvelle historique, dans laquelle il raconte la mort funeste de ce fils du sombre Philippe II. Sans doute Schiller a puisé dans ce petit roman le sujet de son *Don Carlos*. Le premier de ses ouvrages fut un écrit intitulé de l'*Usage de l'histoire*, publié en 1671. Les lieux communs y abondent. Saint-Réal a donné aussi les *Mémoires de la duchesse de Mazarin*, qu'elle-même l'avait engagé à écrire. Nous ne citerons pas un grand nombre d'autres opuscules, aujourd'hui inconnus : *La Conjuration de Venise* a suffi pour faire vivre le nom de Saint-Réal; on y trouve un récit animé, intéressant, des caractères tracés avec vérité, et mis en scène d'une manière dramatique.   ARTAUD.

SAINT-REMY, ville de France, chef-lieu de canton du département des Bouches-du-Rhône, à 15 kilomètres au nord-est d'Arles, près du canal de Réal, avec 6,024 habitants, une maison de santé pour les aliénés, des filatures de soie , des ateliers pour le cardage des laines , des fabriques d'huile. On y fait un commerce d'huile, de soie, de blé, de graines potagères, de légumes verts, de chardons.

On voit à Saint-Remy quelques belles antiquités, entre autres un arc de triomphe élevé suivant quelques auteurs en l'honneur de Marius, un mausolée fort élégant, composé des trois ordres d'architecture et orné à sa base de quatre bas-reliefs. On y lit cette inscription : SEX. L. M. JULLÆ, I. C. F. PARENTIBUS SUIS, qu'Honoré Bouche a interprétée ainsi : *Sextus Lucius maritus Juliæ istum cenotaphium fecit parentibus suis.* Il existe aussi dans les montagnes des barrages romains et des restes d'aqueducs. Cette ville fut bâtie sur l'emplacement de l'ancienne *Glanum ;* elle prit le nom de Saint-Remy, parce que Clovis en fit présent au célèbre archevêque de Reims de ce nom, qui l'avait accompagné dans son expédition contre Gondebaud.

SAINT-ROMAIN (Privilège de). *Voyez* FIERTE.
SAINT-SACREMENT. *Voyez* EUCHARISTIE et OSTENSOIR.

SAINT-SACREMENT — SAINT-SÉPULCRE

SAINT-SACREMENT (Fête du). *Voyez* FÊTE-DIEU.

SAINT-SAUVEUR (Eaux de). Saint-Sauveur est un lieu thermal qu'affectionne le monde élégant, et qui est particulièrement fréquenté par des femmes délicates et nerveuses. Cet établissement est bien situé, à deux cents pas du gave de Gavarnie, sur le premier plan de la montagne qui domine Luz, à environ 2 kilomètres de cette ville, entre Cauterets et Baréges, qui n'en sont séparées l'une et l'autre que par un intervalle d'à peu près 8 kilomètres; entouré de prairies et de bosquets, de jolies promenades sillonnent dans tous les sens les collines qui l'environnent. De Luz, on arrive à Saint-Sauveur par une route formant de nombreux circuits; mais avant tout il faut traverser le gave, sur un beau pont de marbre, assez récemment construit.

Le nom de Saint-Sauveur est attribué à cette inscription qu'un évêque de Tarbes exilé à Luz fit graver au frontispice d'une petite chapelle située près des bains : *Vos haurietis aquas de fontibus salvatoris*. On suivit le précepte du saint prélat, mais avec une docilité si religieuse, qu'on ignora longtemps les propriétés de ces eaux , qui en conséquence restèrent inconnues des étrangers aussi bien que des malades indigènes. On s'y baignait comme on se baignait dans un fleuve, ceux-ci par propreté, d'autres pour le bien-être: de malades, on n'en voyait pas. Cependant on attribua à ces eaux des vertus, et l'on fit bâtir une petite maison près du bassin, qu'on déblaya. On s'y rendit bientôt par partie de plaisir, puis par besoin, enfin, par mode ; il y donna rendez-vous, loin du fracas des villes et des eaux voisines, devenues fameuses; si bien que la maisonnette primitive devint une charmante habitation, destinée à servir de refuge aux ennuis de l'opulence et aux désenchantements de la vie. Une chose pourtant manquait à Saint-Sauveur, c'était une réputation d'utilité spéciale; et il était réservé à un obscur professeur en droit de l'université de Pau et de lui donner. Ce malade, l'abbé Besegua, ressentait des coliques néphrétiques et de vives douleurs vers la vessie; et les eaux de Baréges, trop fortes et trop chaudes pour ses nerfs susceptibles, avaient aggravé ses douleurs. Venu à Luz pour se distraire, il entendit parler des eaux de Saint-Sauveur; bientôt, en ayant fait usage, il leur dut une prompte guérison. L'abbé alors s'empressa de publier cette cure; et ce fut ainsi que la reconnaissance du malade fit la célébrité du spécifique, et remarquez que le digne Besegua s'est lui-même fait un nom en célébrant les eaux de Saint-Sauveur : ingrat, il fût resté ignoré. C'est depuis lors qu'on a construit des thermes et accru le nombre des habitations; les bains seuls, à ce qu'on assure, sont restés tels que les trouva l'abbé Besegua.

La source de Saint-Sauveur est unique; l'eau qui en jaillit est limpide, elle a l'odeur et la saveur de celle de Baréges; la composition en est aussi fort analogue, seulement, les éléments s'y trouvent dans des proportions plus faibles ; la température originaire est de 36° 25 c.; mais cette eau se distribue entre plusieurs établissements dont la distance diffère, elle n'arrive pas dans tous avec le même degré de chaleur. L'eau des bains de *Besegua* n'a que 33° 75, celle des bains de *La Chataigneraie* marque 35° c., l'eau de *La Chapelle* 30°, celle de *La Terrasse* 32°50; au cinquième établissement, elle marque 28° (35° c). Les bains de Saint-Sauveur ont un inconvénient dont les malades doivent être prévenus; c'est que de très-petites couleuvres pénètrent quelquefois dans les cabinets, où les attire sans doute la chaleur de l'eau; toutefois, il faut être bien convaincu que ces animaux ne sont qu'effrayants et n'ont aucun danger.

Outre les bains, on trouve une douche, une buvette; mais cette dernière est peu fréquentée, car un très-petit nombre de personnes boivent de ces eaux, et l'on se contente ordinairement de se baigner. Quelques malades se font apporter de l'eau de *La Raillère* (une des sources de Cauterets) ou de l'eau de *La Buvette* de Bonnes : on va presque toujours prendre des douches à Baréges ; on y prend aussi les eaux ferrugineuses de Viscos, dont la source n'est qu'à 4 kilomètres de Saint-Sauveur. On se trouve bien des eaux de Saint-Sauveur dans les affections nerveuses et utérines, dans les irrégularités de la menstruation et la leucorrhée.

Les malades affaiblis par de longues gastrites ou par des fièvres intermittentes, par des veilles ou des excès, reprennent quelquefois des forces à Saint-Sauveur. A l'égard des calculs et de la gravelle, ces eaux n'en soulagent les souffrances qu'autant qu'elles déterminent l'issue des graviers : autrement, elles aggravent les douleurs, à la manière des autres eaux sulfureuses.

La température de Saint-Sauveur est beaucoup plus douce que celle de Baréges ; le hameau n'est élevé que de 800 mètres au-dessus du niveau de la mer, tandis que l'élévation de Baréges est de 1300 mètres : ce qui fait que les sites de Saint-Sauveur sont aussi riches que ceux de Baréges sont arides.

Le voisinage de Cauterets et de Baréges engage les malades de Saint-Sauveur à diriger leurs courses vers ces établissements, soit pour y recevoir des douches plus chaudes et plus puissantes, soit pour boire de l'eau aux meilleures sources, soit pour assister à des fêtes : ces visites sont ensuite rendues avec usure. La route de Baréges à Saint-Sauveur est perpétuellement sillonnée de promeneurs, qui d'un lieu se rendent à l'autre. Les maris des dames malades de Saint-Sauveur s'établissent souvent à Baréges ou à Cauterets, lieux dont les eaux leur sont plus profitables comme plus énergiques.

L'ordre est parfait dans l'établissement de Saint-Sauveur : l'heure fixe des bains est signifiée à domicile par un billet poli portant la signature de l'inspecteur, homme distingué et d'une expérience éprouvée. On trouve dans le village une pharmacie, là surtout fort nécessaire, à raison de l'état valétudinaire et des habitudes de la plupart des malades. D'ailleurs, ces eaux sont trop douces pour n'avoir pas quelquefois besoin d'auxiliaires.

Comme Baréges et Cauterets, Saint-Sauveur possède un *vauxhall*, où se tiennent les réunions et où l'on prend quelques plaisirs ; mais tout est grave à Saint-Sauveur. On ose à peine interroger les souffrances et explorer les organes. Il en résulte qu'à force de respecter les malades on ignore presque toujours la nature des maladies. Mais on y donne tant de remèdes, qu'il est presque impossible qu'il n'en aille pas quelqu'un à l'adresse du mal.

Isidore BOURDON.

SAINT-SÉBASTIEN, chef-lieu de la province basque de Guipuzcoa, sur la côte septentrionale de l'Espagne, et siége d'une capitainerie générale. Cette ville, située dans une presqu'île, entre deux bras de mer, dans la baie de Biscaye, à environ 5 myriamètres de Bayonne, est régulièrement bâtie et compte 14,000 habitants. Comme port et comme ville de commerce, elle possède divers établissements pour la marine et pour la construction des navires. L'exportation des laines et l'importation des produits des manufactures anglaises et françaises, des articles de gréement, de la morue salée, du bois de construction, etc., s'y font dans d'assez vastes proportions. Son port est par lui-même insignifiant, mais à peu de distance de là on rencontre l'important port de *Los Passages*. Les environs de Saint-Sébastien sont ravissants, et embellis encore par les Pyrénées et l'Océan, notamment dans la vallée de Loyola.

Le 31 août 1813 Saint-Sébastien fut prise par les Anglais, qui la pillèrent et l'incendièrent.

SAINT-SÉPULCRE. C'est le nom qu'on donne à l'église de Jérusalem qui renferme le calvaire ou les lieux consacrés par la passion de Jésus-Christ. Elle est fort irrégulière, parce qu'il a fallu s'assujettir à l'irrégularité des lieux qu'on voulait y renfermer. Le corps en fut bâti par sainte Hélène, sur le saint sépulcre même. Dans la suite, les princes chrétiens la firent augmenter pour y comprendre le mont Calvaire et plusieurs autres lieux également révérés, entre autres celui où fut retrouvé le bois sacré de la croix. Cette église célèbre est donc, à proprement parler, un assemblage d'églises. Elle a trois dômes. Celui qui recouvre le saint sépulcre sert de nef. Cependant, malgré la multiplicité de ses constructions, sa forme intérieure approche de celle d'une croix. Elle est occupée par un grand nombre de chrétiens, prêtres ou religieux, de communions différentes, entre lesquels elle a été divisée fragment par fragment, comme la robe sans couture entre les soldats. On y compte huit nations : Les Latins, les Grecs, les Abyssins, les Cophtes, les Arméniens, les Géorgiens et les Maronites. L'entrée du mont Calvaire se trouve à l'Orient, dans l'aile droite, derrière le chœur. « Ce lieu, qui était autrefois si ignominieux, dit un ancien auteur, ayant été sanctifié par le sang de Notre-Seigneur, les chrétiens en eurent un soin particulier; et après avoir ôté toutes les immondices et toute la terre qui était dessus, ils l'enfermèrent de murailles; de sorte que c'est à présent comme une chapelle haute, qui est enclose dans cette grande église. » On y monte par vingt-deux degrés pratiqués dans le roc; les premiers sont en bois, les derniers en pierre. Cette chapelle est revêtue à l'intérieur de marbre blanc; elle a environ deux mètres carrés. Elle est coupée en deux par l'arcade et les piliers qui en soutiennent la voûte. La partie nord, éclairée par seize lampes et gardée par les Latins, porte le nom de *chapelle du Crucifiement.* C'est là, dit-on, que Jésus-Christ fut attaché à la croix. La partie sud, dont les Géorgiens ont la garde, est, dit-on, l'endroit où fut plantée la croix. Tout auprès il est une autre chapelle, que l'on dit correspondre à l'endroit où se trouvaient la sainte Vierge et saint Jean quand Jésus-Christ mourut. Sous la chapelle du Calvaire se trouvent les tombeaux de Godefroi et de Baudoin de Bouillon.

Il existait autrefois un *ordre militaire du Saint-Sépulcre,* dont on attribuait à tort la fondation à Godefroi de Bouillon, tandis qu'elle ne datait que du pontificat d'Alexandre VI. C'est ce pape qui l'avait institué sur les ruines d'un chapitre de chanoines réguliers du même nom, et il s'en était attribué la grande-maîtrise. En 1525 Clément VII accorda au gardien des religieux de Saint-François en Terre Sainte le pouvoir de créer des chevaliers de l'ordre du Saint-Sépulcre, lequel fut réuni dans le siècle suivant, par un bref de Paul V, avec l'ordre de Saint-Jean-de-Jérusalem.

SAINT-SERVAN. Voyez ILLE-ET-VILAINE (Département d').

SAINT-SEVER, ville de France, chef-lieu d'arrondissement dans le département des Landes, à 16 kilomètres à l'ouest de Mont-de-Marsan, sur la rive gauche de l'Adour, avec 4,282 habitants, un collège, une caisse d'épargne, une récolte de bon vin blanc d'ordinaire, une exploitation de marbre, de pierre de taille, de grès à paver, de pierres lithographiques, des fabriques d'huile de lin, de faïence, de tuiles, un commerce de vins et eaux-de-vie, de grains, d'oies grasses et d'ortolans. C'est une jolie ville, fondée, ainsi qu'une célèbre abbaye de bénédictins, en 982, par Guillaume Sanche, duc de Gascogne, et qui fut dans un temps capitale de cette province. On y remarque l'église, qui faisait partie de l'abbaye, l'hôpital et le palais de justice. Les Anglais s'en emparèrent en 1296, et Charles VII les en chassa en 1426. Elle eut dans la suite beaucoup à souffrir pendant les guerres de religion, étant tombée successivement au pouvoir des calvinistes et des catholiques.

SAINT-SIMON, chef-lieu de canton du département de l'Aisne, à 16 kilomètres au sud-ouest de Saint-Quentin, sur le canal de Crozat, près la rive gauche de la Somme. On y exploite de la tourbe et du grès; on y tisse des rouenneries, et l'on y fait une pommerie de cidre. Ce bourg, qui faisait jadis partie du Vermandois, avait le titre de duché et a donné son nom à l'ancienne famille de Saint-Simon. On y compte 609 habitants.

SAINT-SIMON (LOUIS DE ROUVROY, duc DE), né le 16 janvier 1675, mort à l'âge de quatre-vingts ans, laissant la réputation d'un diplomate habile, d'un grand seigneur parfait, mais ne faisant pas soupçonner la réputation posthume qui plus tard devait recommander son nom comme celui d'un des écrivains les plus originaux, les plus incisifs, les plus piquants, dont s'honore la France. La véritable gloire que nous reconnaissons et que la postérité reconnaîtra à Saint-Simon est le seul genre de gloire que sa vanité lui aurait fait décliner, la gloire littéraire. Diplomate, malgré l'habileté dont il donna souvent des preuves, il n'obtiendrait qu'un souvenir confus; historien, tous les hommes de goût lui assigneront une place à part, sur la ligne des grands auteurs du dix-septième et du dix-huitième siècle, dont il fut le contemporain et auxquels il se rattache par les qualités différentes qui le distinguent. Saint-Simon occupe dans les lettres une place unique, celle du grand seigneur, et il est destiné à la remplir seul, puisque ce type du grand seigneur a disparu. Le mot de Buffon, si souvent cité, et dont l'autorité me paraît quelquefois contestable : « Le style, c'est l'homme, » appliqué à Saint-Simon est d'une vérité frappante; car ce n'est pas seulement dans le caractère général du style qu'ici l'homme se révèle : il n'y a point une phrase, pas une tournure, pas une expression qui ne le montrent dans toute sa personnalité. « Je ne fus jamais un sujet académique, écrit-il à la fin de ses *Mémoires,* » comme pour justifier les allures indépendantes de son style.

Saint-Simon fut destiné dès sa jeunesse à la carrière militaire; il l'embrassa de bonne heure, en 1691, fit sa première campagne dans les mousquetaires, sous le maréchal de Luxembourg, et se distingua dans plusieurs rencontres. La mort de son père, arrivée en 1693, le mit en possession du gouvernement de Blaye et des titres de duc et pair. En 1695 il épousa la fille aînée du maréchal de Lorge, et continua à servir encore quelque temps avec le grade de mestre de camp, puis il quitta le service pour la diplomatie et la cour. Le temps où il parut à Versailles n'était guère favorable aux espérances d'un jeune courtisan : le règne de Louis XIV, si pompeux, si célèbre par tant de succès, se terminait silencieusement au milieu des désastres, des défaites et de l'ennui général. La fortune, « qui n'aime pas les vieillards, » selon l'expression de Charles Quint, avait délaissé celui auquel elle avait donné par tant de faveurs le surnom de *grand;* Louis XIV semblait mener le deuil de son siècle, et sa cour, composée à la tristesse, comprimait tous les élans qui eussent pu rappeler sa magnificence et ses bruits d'autrefois. L'aspect glacial de cette cour décrépite fit impression sur l'esprit du nouveau présenté, et c'est à cette impression morose qu'on attribue les couleurs un peu sombres sous lesquelles il a dépeint le déclin de cette grande époque. Peu remarqué de Louis XIV, dont la vieillesse égoïste et privée coup sur coup de toutes ses affections se détachait de jour en jour de la génération nouvelle, Saint-Simon, à défaut d'un rôle brillant, fut réduit à celui d'observateur. Malgré son inexpérience, les qualités solides de son esprit le tinrent à la hauteur de cette tâche importante. Mieux que personne, il apprécia ce qui se passait dans cette cour, où l'intrigue, l'hypocrisie, l'ambition, circonvenaient l'agonie du vieux monarque en attendant mieux. Rien ne lui échappa : derrière l'étiquette minutieuse où se retranchait la personne royale, il sut démasquer les infirmités, les défauts, les petitesses qu'on avait adorés jadis à travers le prestige de la jeunesse, de la gloire et de la puissance. Tous les événements, graves, petits ou médiocres, furent jugés; tous les hommes furent mesurés des pieds à la tête, leur ambition percée à jour, leur mérite discuté, les plus profonds replis de leur cœur fouillés par ce jeune courtisan, qui sa position et sa naissance permettaient de pénétrer dans les appartements et les recoins de Versailles, et à qui on laissait imprudemment le loisir d'exercer sur toutes choses le contrôle d'un esprit naturellement frondeur et mécontent de son inactivité. Saint-Simon avait dans le caractère quelque chose des ducs de Montausier et de La Rochefoucauld ; et il n'est pas étonnant qu'avec ces dispositions sévères et misanthropiques, il ait jugé avec peu d'indulgence les vices et les petitesses dont il avait tant d'exemples sous les yeux. Les portraits qu'il a tracés du petit nombre d'hommes vertueux ou de mérite qui survivaient encore témoignent assez de son enthousiasme et de son admiration pour les grands et nobles caractères. Saint-Simon n'a dénigré que la bassesse, calomnié que la sottise, l'inhabileté ou l'ignorance. Ses tableaux alors ont quelque chose d'âcre, son austérité dégénère quelquefois en cynisme; mais les choses mêmes auxquelles il s'attaque peuvent faire excuser ces tons crûs, ces couleurs trop fondues et par conséquent plus adoucies, peut-être voir plus fondues et par conséquent plus adoucies.

Dans les dernières années du règne de Louis XIV, il embrassa assez chaudement le parti du duc de Bourgogne, réduit comme lui, par la volonté du vieux roi, à l'obscurité. Sans la mort imprévue de ce prince, héritier du trône, il serait sans doute parvenu aux premiers degrés de la faveur. La manière dont il s'exprime dans ses Mémoires sur le duc et la duchesse de Bourgogne prouve qu'il s'était rattaché à ce prince moins par ambition que par sympathie. Louis XIV, comme on sait, voulut être roi jusqu'à sa dernière heure : il tenait l'héritier présomptif de la couronne dans une dépendance rigide, et c'était presque faire acte d'opposition que de se déclarer son partisan.

La mort de Louis XIV changea la position politique de Saint-Simon : il fut appelé au conseil de régence par le duc d'Orléans, et jouit d'une faveur honorable auprès de ce prince, dont il devait peindre si vivement les désordres. La place de gouverneur du jeune roi Louis XV lui fut offerte à plusieurs reprises, mais inutilement : « Un malheur peut arriver, dit-il au régent; vous savez toutes les calomnies que vos ennemis ont fait circuler; ils diraient que vous m'avez placé là pour cela. » En 1721 il fut chargé d'aller demander la main d'une infante d'Espagne pour le roi, et de conclure le mariage d'une fille du régent avec le prince des Asturies. Il remplit cette mission avec distinction, bien qu'il ne l'amenât pas aux résultats désirés, et ce fut à cette occasion qu'il reçut la dignité de grand d'Espagne, dignité déclarée héréditaire dans sa famille. Pendant toute la régence, son crédit put faire envie aux courtisans les mieux placés; le duc d'Orléans, qui estimait la noblesse de son caractère, le consultait sur les questions les plus difficiles, mais malheureusement ne se dirigeait pas toujours d'après ses avis. A la mort de ce prince, Saint-Simon, se voyant négligé, se retira peu à peu de la cour, et alla s'établir dans sa terre de La Ferté, où il rédigea ses Mémoires, qu'il avait commencé d'écrire dès son arrivée à la cour, qui embrassent une période de trente années et se terminent à la fin de la régence. C'est là aussi qu'il mourut, le 2 mars 1755. Comme il attaquait sans ménagement dans ses Mémoires les hommes qui avaient joué un rôle sous Louis XIV et la régence, il enjoignit à ses héritiers de ne les publier que quarante ans après sa mort. Mais ils furent tout aussitôt saisis par ordre supérieur et déposés aux archives des affaires étrangères, où, par faveur spéciale, plusieurs écrivains, Duclos entre autres, furent autorisés à les consulter. Soulavie en publia une édition très-défectueuse (13 volumes; Strasbourg, 1791), qui fut réimprimée en 1818. C'est Charles X qui rendit le manuscrit original aux héritiers de l'auteur; et le libraire Sautelet publia alors de 1829 à 1830 en 20 volumes la première édition originale des *Mémoires complets et authentiques du duc de Saint-Simon sur le siècle de Louis XIV et la régence*.

La famille de Saint-Simon descend des Rouvroy, qui faisaient remonter leur origine à Charlemagne par les comtes de Vermandois. Quoi qu'il en soit de cette chimère de l'orgueil et de la vanité, elle était très-certainement tombée depuis longtemps dans une obscurité profonde, et elle n'en sortit que parce que le père de l'auteur des *Mémoires*, attaché aux chasses de Louis XIII, eut le bonheur de devenir, en remplacement de Cinq-Mars, le favori de ce prince, qui le combla d'honneurs, de richesses et de dignités, et qui le créa

même duc et pair, sans que Richelieu y trouvât rien à redire, probablement parce qu'il n'avait rien à en redouter. Elle s'est éteinte depuis longtemps dans sa ligne directe et ne subsiste plus que dans une ligne collatérale, représentée aujourd'hui par le duc (autrefois marquis) de Saint-Simon, sénateur, ex-pair de France, ancien ministre plénipotentiaire sous Louis XVIII et Charles X à la cour de Copenhague, ancien gouverneur de Pondichéry sous Louis-Philippe et créé *duc* par ce prince, mais qui ne laissera pas d'héritiers de son nom.
JONCIÈRES.

SAINT-SIMON (CLAUDE-HENRI, comte DE), né à Paris, le 17 octobre 1760, appartenait à une branche collatérale de la famille de Saint-Simon qui nous a laissé de si curieux *Mémoires* sur le règne de Louis XIV et sur la Régence. Comme lui, il était et resta jusqu'à la fin de ses jours ridiculement infatué de l'antiquité de son origine, ainsi que des privilèges de tous genres qu'elle devait lui conférer. Oubliant qu'en réalité l'unique auteur de la fortune et de l'illustration première de sa race n'avait jamais été autre chose que l'un des gitons de Louis XIII, il se croyait de la meilleure foi du monde appelé par grâce d'État à de grandes choses. Destiné à la carrière des armes, en sa qualité de grand seigneur, il obtint d'emblée à dix-sept ans les épaulettes de capitaine; et deux ans après, en 1779, il alla retrouver M. de Bouillé en Amérique, où pendant trois ans il servit, sous les ordres de Washington, la cause des insurgés avec ni plus ni moins de distinction que mille autres. Fait prisonnier en 1782, avec le comte de Grasse, il ne recouvra sa liberté que l'année suivante, au rétablissement de la paix générale; mais avant de se rembarquer pour l'Europe, il s'avisa d'adresser au vice-roi du Mexique un plan pour relier les deux océans au moyen d'un canal creusé à travers l'isthme de Panama. A ce propos, dans tout ce qu'ils ont écrit sur leur *maître*, les disciples de Saint-Simon ne manquent pas de s'extasier sur ce que cette idée avait de grandiose et de fécond, en même temps que sur la précocité d'esprit qu'elle dénotait de sa part. Ce devait effectivement être quelque chose d'assez curieux que les plans et les devis d'un tel projet conçu à une époque convenable à un descendant de Charlemagne, d'après quelques mauvaises relations de voyages, par un homme qui n'avait jamais vu la contrée dont il parlait et qui en outre ne savait pas le premier mot du métier de l'ingénieur. Inutile sans doute d'ajouter qu'à Mexico on n'y prit pas plus garde qu'à ceux qu'avaient déjà présentés tant d'autres faiseurs, qui du moins s'étaient donné la peine d'aller étudier la question sur les lieux mêmes.

A son retour en France, il fut nommé colonel du régiment d'Aquitaine, quoique âgé de vingt-trois ans à peine; mais n'était-il pas de trop grande maison vraiment pour qu'on le laissât languir dans les grades inférieurs? Esprit inquiet et naturellement porté aux aventures, il planta là cependant son régiment en 1785 pour s'en aller en Hollande, où, nous disent ses biographes, il s'efforça, pendant toute une année, de décider les états généraux à entreprendre, de concert avec la France, contre les possessions anglaises dans l'Inde une expédition dont il avait fourni le plan. Le commandement en devait être confié à M. de Bouillé, et Saint-Simon se réservait d'y servir sous ses ordres. La maladresse de M. de Vérac, nouveau ministre de France à La Haye, nous dit-on, fit échouer ce beau projet. Nous ne demandons pas mieux encore que d'en croire à cet égard ses complaisants biographes, et d'admettre que la puissance anglaise courut alors de graves périls. Toutefois, nous, ne pouvons nous empêcher de faire observer que la France était en pleine paix avec l'Angleterre; que les lois on ne voit pas trop comment Saint-Simon, tout arrière-petit-neveu de Charlemagne qu'il se crût, aurait eu le droit de promettre la participation du gouvernement français à une opération ayant tous les caractères d'une expédition de forbans, encore bien qu'on allègue (sans preuve) la complicité de M. de La Vauguyon, prédécesseur de M. de Vérac, dans ce beau projet. Si nous hasardons en passant cette remarque, c'est d'ailleurs uniquement pour que le lecteur soit dès à présent prévenu qu'il y a encore plus à laisser qu'à prendre dans les renseignements que les disciples de Saint-Simon ont publiés sur la vie de leur *maître*, parce qu'ils ne se sont pas fait faute d'en orner le plus souvent les divers incidents d'un merveilleux de leur façon.

Revenu en France en 1786, notre jeune colonel ne tarda pas à passer en Espagne, non pas seulement pour échapper aux ennuis *de faire l'exercice pendant l'été* (ce pauvre régiment d'Aquitaine, qu'allait-il devenir pendant ce temps-là?) *et sa cour pendant l'hiver, comme tant de jeunes gentilshommes*, mais pour y mettre son activité et ses connaissances au service de *quelque grand et utile projet*. Ici on se demande naturellement s'il choisissait bien son terrain, et pourquoi il ne songeait pas d'abord au royaume de Charlemagne. Peut-être avait-il pressenti que nul n'est prophète en son pays? Quoi qu'il en soit, il paraît que le projet qu'il présenta au gouvernement espagnol était encore un projet de canal et avait pour but de mettre Madrid en communication avec la mer. Pour l'exécuter, Saint-Simon proposait de faire un essai d'application de l'armée aux travaux publics, et de lever en conséquence une légion de 6,000 hommes, toute composée d'étrangers, dont 4,000 auraient travaillé comme terrassiers, tandis que les deux mille autres auraient tenu garnison et *fait l'exercice*. S'il est vrai, comme on nous l'affirme, que la cour de Madrid s'occupa un instant de cette idée, dont Saint-Simon poursuivit de l'autre côté des Pyrénées la réalisation pendant trois années (et toujours, à ce qu'il paraît, sans que Royal-Aquitaine en souffrît beaucoup), il est permis de penser qu'elle y eût mis moins de façons avec un faiseur de projets roturier et vulgaire, mais qu'elle se crut tenue à plus d'égards envers un grand d'Espagne.

A son retour, la France était en pleine révolution ; et c'est cette terrible crise qui lui révéla enfin sa véritable vocation : « chercher et trouver le moyen de donner à la société une organisation qui assure sa félicité ». Au lieu d'émigrer, il resta donc à Paris, renonça décidément à la profession des armes et embrassa avec chaleur la cause populaire en même temps qu'il divorçait bruyamment avec les préjugés et les intérêts de sa caste et qu'il changeait même de nom pour prendre celui de *Simon*, dit *Bonhomme*. En outre, comme à ce moment il avait depuis longtemps mangé son héritage paternel en voyages et en *études*, il résolut bravement de demander à la spéculation et au commerce les ressources nécessaires pour continuer plus tard, sans distraction aucune, ses chères *études*, que force lui était d'interrompre maintenant. En conséquence on le voit dès 1790, avec un certain baron prussien appelé M. de Redern, spéculer sur l'acquisition et la revente des biens nationaux. La société dura sept années, fit d'immenses opérations, et réalisa des bénéfices considérables, qui permirent à Saint-Simon, au sortir du règne de la terreur, vers la fin duquel il avait été pendant quelque temps incarcéré comme suspect par suite d'une confusion de nom, de créer en outre, et toujours sous ce nom de *Simon*, une entreprise de messageries générales, dont il établit le siège rue du Bouloy, au cœur de Paris, sur un vaste emplacement pris par lui à bail et dépendant de l'ancien hôtel des Fermes. Le local affecté à l'entreprise consistait en un immense hangar, dont un des pans formait sur la rue du Bouloy une façade d'au moins cinquante mètres de développement. L'opération réussit à souhait, parce qu'elle satisfaisait à ce besoin plus grand de communications rapides et régulières entre la capitale et les divers grands centres de population que la révolution avait fait naître en France; et bientôt elle prit une telle extension que Saint-Simon put s'amuser à dépenser plus d'une centaine de mille francs rien qu'à bâtir sur cette façade de la rue du Bouloy dont nous parlions tout à l'heure une colossale porte cochère ayant les proportions d'un arc de triomphe et uniquement destinée à servir d'entrée et de sortie à ses voitures. Elle était percée au milieu d'un mur quasi monumental, construit partie en pierres de taille et partie en pierres meulières, de plus trois mètres d'épaisseur sur vingt de hauteur. Cette construction aussi bizarre que de mauvais goût, et d'ailleurs complètement improductive, donne une assez pauvre idée de la capacité industrielle de Saint-Simon. Elle ne fut démolie que vers la fin de la Restauration, lorsque l'expiration des baux rendit le propriétaire de l'hôtel des Fermes libre de construire des maisons d'habitation sur un terrain qui pendant près de trente ans était resté affecté à des entreprises de voitures publiques, et d'en tirer ainsi un parti bien autrement avantageux.

A la fin de 1797 les bénéfices réalisés par Redern et Saint-Simon dans leurs diverses opérations représentaient un actif de plus de 150,000 fr. de rente, c'est-à-dire plusieurs millions, tant en immeubles qu'en valeurs de portefeuille. Alors on voit Saint-Simon se brouiller tout à coup avec son associé, parce qu'il avait fini, dit-il, par s'apercevoir que cet homme se dirigeait *vers les marais fangeux au milieu desquels la Fortune a établi son temple*, et en conséquence provoquer une liquidation immédiate. Libre à ses disciples d'exalter le noble désintéressement dont il fit preuve lorsqu'il se contenta de mettre en poche pour sa part une somme de 144,000 fr. en espèces, avec laquelle il se croyait amplement en mesure de gravir désormais *la montagne aride et escarpée qui porte à son sommet les autels de la gloire*, et lorsque moyennant ce prélèvement une fois opéré sur l'actif social, il donna à Redern un quittus définitif. Si tous ces détails sont exacts, ce dont à la rigueur il serait bien permis de douter, puisque à cet égard on n'a que le témoignage, passablement suspect, de Saint-Simon, nous ne pouvons y voir qu'une insigne niaiserie, ou plutôt que l'acte d'un fou. Ce qui milite en faveur de la vérité de l'allégation de Saint-Simon, c'est la suite même du récit de sa vie, qui prouve qu'effectivement le lecteur a ici sous les yeux la biographie d'un individu atteint de bonne heure d'une espèce particulière d'aliénation mentale, dont il serait aussi facile d'indiquer les causes que de suivre les progrès et la marche.

Avec ses 144,000 fr., qui en représenteraient aujourd'hui largement 400,000, Saint-Simon dit adieu à la spéculation et ne veut plus vivre maintenant que pour la *science*. Il va donc se loger en face de l'École Polytechnique, à l'effet d'être plus à proximité des savants chargés de distribuer l'enseignement dans cette belle institution, alors de création toute récente et dont les cours étaient publics. Il recherche leur société, et les attire chez lui par tous les moyens en son pouvoir, notamment *en leur faisant faire grande chère, en leur faisant boire de bon vin et en les laissant puiser à volonté dans sa bourse*. Ce sont ses disciples qui nous le disent, sans ajouter la moindre observation, et uniquement pour expliquer ce rôle d'*observateur* que leur maître a commencé par prendre pour savoir à quoi s'en tenir sur les savants de son temps et reconnaître s'ils étaient sur la *vraie voie de la science*. Quant à nous, nous n'hésitons pas à protester vivement contre de telles allégations, qui tendraient à déshonorer les professeurs de l'École Polytechnique. Chacun sait qu'ils avaient été choisis parmi les savants les plus illustres que la France possédât alors. A quel homme de bon sens fera-t-on donc jamais croire que dans le nombre il ait pu s'en rencontrer un seul qui ait accepté le rôle ignoble que les disciples de Saint-Simon leur font jouer à tous comme la chose du monde la plus naturelle. Nous ne rappellerons d'ailleurs pas à propos les noms de ces hommes qui sont la gloire de la France nouvelle, car les rapprocher ici de cette calomnieuse imputation (fort inutile à la *glorification* de Saint-Simon) serait insulter à leur mémoire.

Quatre ans plus tard, en 1801, Saint-Simon quitta la rue de la Montagne-Sainte-Geneviève pour le quartier de l'École de Médecine, et se mit en rapport (toujours sans doute par l'emploi des mêmes moyens) avec les *physiologistes*, qu'il ne planta là à leur tour qu'après avoir pris *une connaissance exacte de leurs idées générales sur la physique des corps organisés.*

A la paix d'Amiens, il alla faire un tour à Londres pour s'assurer *si les Anglais avaient découvert de nouvelles idées générales*; et il revint d'Angleterre avec la certitude que pour le quart d'heure les Anglais *n'avaient sur le chantier aucune idée capitale neuve*. Puis il se rendit à Genève, et de là en Allemagne, toujours pour reconnaître et vérifier par lui-même où l'on en était dans ces divers pays pour ce qui regarde cette fameuse *idée générale*, qu'il était réservé à lui seul de trouver et de fixer. A l'âge de quarante-et-un ans, en 1801, il s'était en outre décidé à se marier, et avait fait accepter sa main à Melle de Champgrand, fille d'un officier avec qui il avait servi dans sa jeunesse en Amérique, et qui est devenue depuis Mme de Bawr. Nous ne répéterons pas ici ce que nous avons déjà raconté en son lieu de cette union si mal assortie, et de la manière dont elle se rompit. Nous y renvoyons le lecteur.

On pense bien qu'au train dont il y allait, les 144,000 fr. de la liquidation Redern devaient se trouver déjà terriblement ébréchés. On nous avoue qu'effectivement Saint-Simon avait dépensé alors une bonne partie de cet argent *dans ses explorations scientifiques*. Une dernière et coûteuse *expérience* en emporta les *derniers débris*.

Ici, quel que soit notre désir d'être bref, force nous est de citer textuellement une des biographies de Saint-Simon écrites par ses disciples; car sans cette précaution on nous accuserait peut-être de broder à plaisir. « Saint-Simon « s'était proposé pour cette épreuve, si fatale au reste de « sa fortune, *d'étudier de près les savants*; car pour tra- « vailler à la *réorganisation du système scientifique* il ne « suffit pas, pensait-il, de bien connaître la situation des « sciences humaines, il faut encore savoir l'effet que leur « culture produit sur ceux qui s'y livrent, il faut apprécier « l'influence que cette occupation exerce sur leurs passions, « sur leur esprit, sur l'ensemble de leur moral et sur ses « différentes parties. Pour se livrer à cette dernière *étude*, « il établit à *grands frais* un vaste centre de réunion : sa « maison devint le rendez-vous des hommes les plus dis- « tingués dans les sciences et dans les arts. Saint-Simon « parlait peu au milieu de ces réunions; il y assistait surtout « en observateur, étudiant, à l'écart, la manière d'être, les « allures, le ton, les impressions des savants et des artistes, « et comparant surtout le génie de ces derniers avec celui « des spéculateurs scientifiques. Si cette tentative absorba « ses dernières ressources, elle fut loin d'être aussi *inutile* « qu'elle était *désastreuse*. Après cet essai il se trouvait, « à la vérité, avoir dépensé ses 144,000 fr.; mais il avait « fait un pas immense vers le but constant de ses efforts : « *il avait dressé l'inventaire des richesses phi- « losophiques de l'Europe*, il avait visité tous les pays in- « téressants, il avait *étudié* les hommes les plus célèbres; « en un mot, il avait rassemblé tous les matériaux néces- « saires *à sa mission*. Jusque alors sa vie avait été une vie « d'aventures, de voyages, d'excursions et d'*expériences*. Il « avait vécu riche, entouré, recherché. Ici commence cette « autre vie, silencieuse, misérable, isolée, calomniée, abreu- « vée de mille déboires, et *dont les soins de quelques dis- « ciples n'adoucirent l'amertume que dans les derniers « années de sa vie* ».

Cette courte citation donnera au lecteur une idée du merveilleux *sui generis* dont les disciples de Saint-Simon se sont attachés à orner sa vie, ainsi qu'un échantillon suffisant du pathos et du jargon spéciaux imaginés pour recouvrir toutes ces niaiseries d'un certain vernis scientifique et philosophique.

Qu'on remarque bien aussi le rôle misérable que les disciples de Saint-Simon persistent à faire jouer aux professeurs, aux savants et aux artistes les plus distingués de la première décade du dix-neuvième siècle. Vils parasites de ce ci-devant grand seigneur, ils mangent ses dîners, boivent son bon vin et puisent à leur gré dans sa bourse, tant qu'il a les moyens de tenir table ouverte, afin de les faire poser devant lui pour ses expérimentations et ses études; mais dès qu'il n'a plus le sou, ils lui tournent le dos, *le calomnient et l'abreuvent de mille déboires*. Dans tout ceci il n'y a rien de bien neuf, assurément; c'est le dénoûment ordinaire de toutes les histoires de prodigues. L'invention consiste à y faire figurer, sans les désigner nominativement, il est vrai, tous les hommes dont la France s'honorait alors, et qu'on nous montre comme faisant preuve d'autant de bassesse d'esprit et d'ingratitude, que d'inintelligence et d'étroitesse de vues, puisque pas un seul d'entre eux n'a voulu voir un homme sérieux dans son Mécène. Leur véritable crime à tous, ne serait-ce pas plutôt de n'avoir jamais compris ni cherché à comprendre le bavardage économico-politico-mystique qu'on trouve dans les divers écrits de Saint-Simon, assemblage incohérent de déclamations, de divagations, de lieux communs scientifiques et philosophiques, qui ne pouvaient évidemment sortir que d'une cervelle détraquée?

Dès 1802 Saint-Simon avait publié à Genève des *Lettres d'un habitant de Genève à ses contemporains*, contenant une espèce de rêve extatique, où il déclare *par la voix de Dieu*, et de ce ton fatidique qu'il gardera désormais dans tous ses ouvrages, « que Rome renoncera à la prétention d'être « le chef-lieu de l'Église; que le pape, les cardinaux, les « évêques et les prêtres cesseront de parler au nom du « Très-Haut; que l'homme rougira de l'impiété qu'il com- « met en chargeant de tels *imprévoyants* de représenter « Dieu; » et où il expose l'organisation d'une religion nouvelle dans laquelle *les femmes seront admises au conseil et pourront être nommées*. On voit poindre ici l'idée première du rôle qu'il assigne à la femme dans quelques-unes de ses publications ultérieures; et pour se rendre compte des causes qui pouvaient le porter à s'occuper ainsi de créer une religion nouvelle, il suffit de se rappeler que quelques mois avant l'impression de cet opuscule, l'église Saint-Sulpice à Paris était encore officiellement consacrée à l'exercice public du culte des théophilanthropes. Personne d'ailleurs ne prit garde aux *Lettres d'un habitant de Genève*, pas même les professeurs, ces savants, que l'auteur traitait si libéralement; et celui-ci continua stoïquement le cours de ses *expériences* et de ses *études*. En 1808 il fit paraître une *Introduction aux travaux scientifiques du dix-neuvième siècle*, recueil incohérent de divagations et de lieux communs, où, en poussant de conséquence en conséquence certains sophismes prétentieux, il soulève parfois des questions de nature à faire réfléchir. Ainsi, lorsqu'il pose en principe que l'homme doit travailler, il se traîne dans l'ornière des banalités, pour devenir original en ajoutant que le moraliste doit pousser l'opinion publique à punir le propriétaire *oisif* en le privant de toute considération; mais il tombe bien vite dans l'absurde en proposant de substituer ce principe à la maxime évangélique : « Ne faites pas à autrui ce que vous ne voudriez « pas qu'on vous fît. » Chercher d'ailleurs à analyser cet ouvrage, à en tirer une idée vraiment neuve, féconde, applicable, serait peine perdue; tous les efforts du monde n'aboutiraient qu'à recueillir de grandes phrases vides de sens, ou encore des lieux communs plus ou moins bien dissimulés sous une terminologie nouvelle à l'usage spécial du travail confus de sa pensée. En 1810, dans des *Lettres adressées au Bureau des Longitudes*, il gourmande ce corps savant, et l'Académie des Sciences, qui manquent à leurs devoirs envers l'humanité en ne revenant point aux idées de Descartes. « Descartes, leur disait-il, avait *monarchisé* la science; Newton « l'a *républicanisée*, il l'a *anarchisée* : vous n'êtes que « des savants anarchistes, vous niez l'existence, la supré- « matie de la *théorie générale*... » Mais qu'était-ce donc que cette *théorie générale*, inconnue par les savants de son temps? dira-t-on. C'étaient ces *idées générales* sur l'*organisation* de la science, de la société et de la vie humaine, qu'il se proposait de formuler dans une *Encyclopédie nouvelle*, dont il fit paraître le discours préliminaire en 1810. Il dédiait cette *Encyclopédie nouvelle* à son neveu, le *marquis*, aujourd'hui *duc* de Saint-Simon, sénateur, et imprimait la lettre qu'il lui écrivait à cette occasion. On y lit une histoire apprendra à son neveu (qui, en sa qualité de chef de la famille Saint-Simon, a maintenant de grands devoirs à remplir) *que tout ce qui a été fait, que tout ce qui a été dit de grand, a été fait, a été dit par des gentilshommes;* que Charlemagne, l'ancêtre de Saint-Simon, Pierre le Grand, le grand Frédéric et l'empereur Napoléon *étaient nés gentilshommes;* que tous les penseurs de premier ordre, tels que Galilée, Bacon et Newton, étaient aussi *gentilshommes*. C'est également dans cette lettre qu'il raconte sérieusement à son neveu que lorsqu'il était détenu au Luxembourg, à l'époque de la terreur, Charlemagne, leur ancêtre, lui est apparu une nuit dans sa prison, et lui a dit : « Mon fils, depuis que le monde existe, aucune famille n'a « jout de l'honneur de produire un *héros* et un *philosophe* « de *première ligne*; cet honneur était réservé à ma *maison*. « Mon fils, tes succès comme *philosophe* égaleront ceux « que j'ai obtenus comme militaire et comme politique. Et « il a disparu... » Ces hallucinations de l'orgueil nobiliaire qu'on retrouve encore à l'âge de cinquante ans chez l'homme qui vingt ans auparavant ne répudiait ses titres et son origine pour se jeter dans le mouvement révolutionnaire que parce qu'il se trouvait à bout de ressources, nous rappellent que dans ses *Mémoires* il nous apprend lui-même qu'à l'âge de dix-sept ans, pressentant les destinées futures qui devaient rehausser encore son nom, si difficile à soutenir, il avait donné ordre à son valet de chambre de le réveiller tous les matins par ces paroles : « Levez-vous, monsieur le comte, vous avez de grandes choses à faire ! » C'était, on le voit, la parodie de l'esclave de Philippe de Macédoine.

Cependant la misère, la détresse même étaient venues accabler le petit-neveu de Charlemagne, qui après avoir épuisé ses dernières ressources à imprimer ce discours préliminaire de son *Encyclopédie nouvelle*, et n'ayant pas rencontré de libraire qui consentît à s'en charger, se trouva plus d'une fois réduit, en 1811 et 1812 (c'est lui-même qui nous l'apprend), à vendre ses vêtements pour avoir du pain. Il obtint enfin au Mont-de-Piété un emploi de copiste, qui lui valait 1,000 fr. par an, et absorbait neuf heures de son temps par jour. Un crachement de sang le força d'y renoncer. Mais quelques anciens amis vinrent alors à son secours, et lui assurèrent des moyens de subsistance suffisants, sur lesquels il trouvait encore moyen d'épargner de quoi payer les frais d'impression de ses élucubrations et même *salarier* quelques disciples qu'il cherchait à gagner à sa doctrine, à ses idées, pour qu'ils se chargeassent ensuite de les répandre et de les populariser. Ces apprentis philosophes, vivant aux dépens du monomane qui leur servait de professeur, devaient être, il faut en convenir, de bien grands misérables.

Survint la Restauration, sous laquelle Saint-Simon eût pu espérer voir s'améliorer sa position s'il ne s'était pas irrémissiblement compromis avec le parti triomphant, bien moins encore par son adhésion bruyante aux principes de la révolution que par le fructueux parti qu'il avait su dans le temps tirer du commerce des biens confisqués sur les émigrés. A ce moment les membres de sa famille consentirent, il est vrai, à lui faire une pension alimentaire en considération du nom qu'il portait ; mais ils refusèrent, comme par le passé, d'avoir avec lui le moindre rapport. C'est la Restauration, cependant, qui donna aux écrits et aux idées de Saint-Simon une importance passagère. La charte avait vainement consacré toutes les grandes conquêtes de 1789; les ultra-royalistes ne tardèrent point à inquiéter les masses en poussant ouvertement la royauté à revenir sur ses sages concessions, à rétablir l'ancien régime et surtout à annuler les ventes de domaines nationaux. Une active guerre de plume s'engagea entre les deux partis ; et dans l'un et l'autre camp les auxiliaires, les volontaires, quels qu'ils fussent, de quelque côté qu'ils vinssent, furent acceptés avec empressement. Ce fut donc une bonne fortune pour le parti libéral que de pouvoir opposer aux prétentions surannées de la noblesse et du clergé les coups de boutoir d'un gentilhomme, déchu sans doute, mais porteur d'un des grands noms de la monarchie; esprit fort, qui répudiait hautement toutes les vieilles idées qu'on essayait de ressusciter, qui se faisait à sa manière le champion de la société nouvelle contre l'ancien régime, et qui dans un langage emphatique appelait le peuple, c'est-à-dire les *industriels*, les *commerçants*, les *travailleurs*, à jouer désormais dans l'État le rôle prédominant jusque alors exclusivement réservé à l'aristocratie nobiliaire ou cléricale ou encore aux hommes d'épée. Saint-Simon eut aussi la chance de rencontrer à ce moment un jeune homme de dix-neuf ans, au cœur chaud, à l'intelligence vive et passionnée, qui se laissa séduire par les horizons nouveaux que semblaient découvrir à ses yeux les vagues théories développées devant lui par un gentilhomme d'aussi bon aloi qu'aucun des insolents hobereaux qui attaquaient la charte constitutionnelle, par un ancien habitué de l'Œil-de-Bœuf, exerçant sur son naïf auditeur l'ascendant de l'âge et du rang, renié d'ailleurs par les gens de sa caste à cause du libéralisme de ses opinions, et proclamant hautement la légitimité des droits créés par la révolution. Ce disciple nouveau était Augustin Thierry, qui de 1814 à 1817 mit la main à toutes les brochures publiées par Saint-Simon, et signa même, en prenant la qualité de *fils adoptif de Saint-Simon*, la 2ᵉ partie de *L'Industrie littéraire et scientifique liguée avec l'Industrie commerciale et manufacturière, ou opinions sur les finances, la politique, la morale et la philosophie*, ouvrage publié en 1817. A partir de 1814 la pensée de Saint-Simon devint donc, grâce à la collaboration de son *fils adoptif*, plus nette, plus précise, plus logique, tout en conservant dans la forme l'emphase fatidique et le mysticisme qui constituent toujours le cachet particulier de ses œuvres. Mais en 1817, peu après l'apparition de l'ouvrage que nous venons de citer, éclate une rupture complète entre Saint-Simon et Augustin Thierry, qui a reconnu tout à coup la fausse voie dans laquelle l'avaient engagé son inexpérience, sa jeunesse et son enthousiasme pour l'idée de liberté et de progrès, et qui en conséquence ne fut jamais compté parmi les membres de l'école saint-simonienne. Il eut pour successeur Auguste Comte (né en 1795, mort en 1857), devenu plus tard l'un des schismatiques d'une école qui ne naquit, à bien dire, que deux ou trois ans après l'époque dont nous parlons, lorsque Saint-Simon eut réussi à grouper autour de lui en un petit cercle d'auditeurs recrutés dans la jeune et riche bourgeoisie, et s'estimant fort honorés de pouvoir causer de politique et de philosophie avec un vieux gentilhomme, adversaire haineux de la noblesse et surtout du clergé catholique, ainsi que des dogmes qu'il enseigne. Maintenant donc il n'est plus réduit à *payer* ses disciples ; ce sont eux, au contraire, qui fournissent aux frais de l'impression des ouvrages dans lesquels le *maître* résume les entretiens, les discussions de sa petite académie. C'est ainsi que paraissent successivement de 1818 à 1824 une douzaine de publications, plus ou moins étendues, auxquelles le public persiste d'ailleurs à rester indifférent, soit qu'il n'aperçoive pas plus que les savants et les philosophes de la période impériale ce que peuvent avoir de réellement applicable les idées qui y sont exposées avec moins de lucidité que de prétentions à la profondeur, soit qu'instinctivement il se défie de tout ce qui dans le domaine des sciences philosophiques ressemble à une coterie, et à bien plus forte raison à une secte.

Malgré ces succès relatifs, Saint-Simon n'avait point encore épuisé la coupe des *amers déboires*. Vint le moment, en mars 1823, où elle déborda. Alors, le courage lui manqua tout-à-fait ; et, demandant au suicide un remède à ses souffrances morales, il essaya de se brûler la cervelle, mais ne réussit qu'à se crever un œil. Notre philosophe vit le doigt de Dieu dans cette épreuve, et se résigna à vivre encore pour le plus grand avantage de la *théorie générale*. Il reprit en conséquence ses travaux avec une nouvelle ardeur, et quelque mois après, toujours secondé par quelqu'un de ses disciples, il publia le premier cahier de son *Catéchisme industriel*, dont les autres parurent dans le courant de 1824. C'est dans l'une des livraisons dont se compose cet ouvrage qu'il expose la partie sentimentale et religieuse de son système, sans qu'on y trouve un mot, pas plus que dans ses autres écrits, de *l'émancipation de la chair et de la femme*, de la nécessité de fonder un État théocratique, ni des autres doctrines bizarres prêchées plus tard en son nom par ceux qui se dirent ses disciples. Il y examine la situation faite aujourd'hui aux *travailleurs* dans la société. L'industrie, dit-il, doit y occuper le premier rang, parce que c'est elle qui produit les moyens de donner satisfaction à tous les besoins et à tous les désirs des hommes. Or, c'est la classe la plus nombreuse, celle qui à tous égards possède la supériorité sur les autres, la classe des *travailleurs*, qui gémit sous la plus cruelle oppression. Elle est maintenue dans l'esclavage d'abord par les débris de l'organisation féodale, ensuite par une fraction même de ses propres membres, les banquiers ou capitalistes. Tant que durera l'oppression du *travailleur*, il sera impossible que la civilisation atteigne l'apogée de son développement. Pour cela, il faut que la classe des *travailleurs*, sur laquelle repose l'existence de la société, y occupe le premier rang. C'est dans son *Nouveau Christianisme* (1825), ouvrage qui a fait beaucoup de bruit, qu'il s'était réservé de donner enfin la clef de son système et la solution des problèmes sociaux qu'il avait soulevés dans ses autres écrits. Mais en dépit des déplorables doctrines dont ses disciples prétendirent plus tard y avoir trouvé les germes, il ne contient absolument rien de neuf ni de remarquable. Il y reconnaît l'origine divine du christianisme, et y rend hommage au génie des Pères de l'Église, tout en déniant à la papauté la capacité de rendre les hommes véritablement bons et heureux. Quoiqu'il regarde le protestantisme comme un progrès notable, il considère son dogme comme défectueux, sa morale comme ne répondant pas à l'état actuel de la civilisation, et son culte dépouillé d'art comme inefficace. La base qu'il donne à son nouveau christianisme, c'est d'ailleurs le précepte chrétien « Aimez-vous les uns les autres comme des frères ». Ce précepte contient le principe de l'égalité dans la vie sociale, et nous impose le devoir de consacrer la plus sérieuse et la plus active sollicitude à l'amélioration du sort des *travailleurs*. Saint-Simon mourut à Paris, le 19 mai 1825, peu de temps après avoir publié ce dernier ouvrage.

Sans doute, dans tout son fatras politique et philosophique, on ne laisse pas que de rencontrer quelques observations justes, quelques idées vraies ; mais il ne fait en cela que répéter ce que d'autres ont dit avant lui, et il n'a pas à beaucoup près le mérite de la priorité. Toutefois, on peut le considérer en droit comme le père du s o c i a l i s m e, parce que c'est dans ses déclamations contre l'ordre social actuel que l'école dite *socialiste* a puisé sa haine ardente pour le capital, ses stériles et hypocrites doléances sur les souffrances des *travailleurs*, enfin le germe des idées politiques qu'elle s'est efforcée depuis de réaliser et dont le but, hautement avoué, est de ramener les hommes à la communauté des biens, ou plutôt de les y conduire, car nous sommes de ceux qui croient que la distinction du *tien* et du *mien* est d'ordre divin, et a existé de toute éternité.

SAINT-SIMONIENNE (Religion). *Voyez* SAINT-SIMONISME.

SAINT-SIMONIENS, sectateurs du s a i n t-s i m o-n i s m e.

SAINT-SIMONISME, c'est le nom qu'on a donné à l'ensemble des doctrines économiques et politiques professées par l'école socialiste que les disciples de S a i n t-S i m o n fondèrent tout aussitôt après la mort de celui qu'ils appelaient leur *maître*. Ces doctrines, dont les tendances immorales et corruptrices furent justement flétries par la justice du pays, ont été exposées et appréciées, de même que leurs transformations diverses racontées, dans les divers articles de ce Dictionnaire consacrés aux principaux saint-simoniens (*voyez* BAZARD, BUCHEZ, CHEVALIER [Michel], ENFANTIN, LEROUX [Pierre], etc., etc., et au journal *Le Globe*, qui leur servait d'organe. Nous n'avons donc pas à y revenir.

SAINT-SORLIN. *Voyez* DESMARETS.
SAINT-SULPICE (Église), à Paris. *Voyez* PARIS.
SAINT-SYNODE. *Voyez* GRÈCE (Histoire moderne) et GRECQUE (Église).

SAINT-THOMAS, une des Antilles danoises, dont la capitale porte le même nom. C'est une petite ville, bien bâtie, avec une population de plus de 3,000 habitants et un port franc, et l'une des principales places commerçantes des Antilles, surtout pour le commerce de contre-bande des marchandises d'Europe, dont elle est un des grands dépôts. Plusieurs Juifs s'y sont établis, et y ont une synagogue.

SAINT-THOMÉ ou **MÉLIAPOUR**, le *Maclapouram* des indigènes, petite ville de l'Inde anglaise, située dans la présidence de Madras, dans les environs immédiats de cette ville. Saint-Thomé est importante par son siège épiscopal catholique et par son industrie.

SAINT-TROPEZ, ville de France, chef-lieu de canton dans le département du Var, à 50 kilomètres au sud de Draguignan, sur le côté sud du golfe de Grimaud, avec 3,525 habitants, un port de commerce, de construction et de pêche, défendu contre les vents du nord et du nord-est par un môle de 162 mètres de longueur et par un second môle de 40 mètres contre le ressac occasionné par le vent du sud-est ; il est bordé de quais d'un développement de 671 mètres, avec deux embarcadères principaux. La surface du bassin est de 430 hectares, et il peut recevoir environ 60 navires de commerce. Saint-Tropez possède un tribunal de commerce, une école impériale d'hydrographie de quatrième classe, de spacieux chantiers de construction pour la marine, où l'on construit beaucoup de bâtiments, depuis les plus petites dimensions jusqu'au port de 400 tonneaux. On y arme pour la pêche du thon, de la sardine, de l'anchois et des coraux, et pour le grand et le petit cabotage. L'industrie a pour principaux objets les salaisons de poissons, surtout d'anchois, et la fabrication de bouchons de liège ; le commerce consiste en bois, lièges bruts et roseaux. Les bains de mer de Saint-Tropez sont très-suivis.

SAINT-UBES. *Voyez* UBES.

SAINT-VALERY-EN-CAUX, ville de France, chef-lieu de canton du département de la Seine-Inférieure, à 30 kilomètres au nord d'Yvetot, sur la Manche, avec 5,377 habitants, un port de pêche, de commerce et de relâche, un tribunal de commerce, un entrepôt réel de marchandises, un entrepôt fictif et des sels. Ses habitants se livrent à l'apprêt du hareng saur ; on y trouve aussi quelques briqueteries, tuileries et fours à plâtre. Il s'y fait un commerce de bois du Nord, de houille, de soude, de varech, de grès et de tourteaux. Son port d'échouage, qui se compose d'un chenal, est situé dans une gorge où ne coule aucune rivière ; son entrée est formée par deux jetées en charpente de 640 mètres de longueur, y compris un brise-lame de 118 mètres ; il est bordé de quais présentant un développement de 500 mètres, avec cale de construction et de radoub entourée d'estacades sur un développement de 83 mètres. Il y existe un établissement de bains de mer.

SAINT-VALERY-SUR-SOMME, ville de France, chef-lieu de canton du département de la Somme, à 20 kilomètres au nord-ouest d'Abbeville et à 11 kilomètres de la mer, sur la rive gauche de la Somme, avec 3,650 habitants, un port de commerce, une école impériale d'hydrographie de quatrième classe, un tribunal de commerce, un entrepôt réel des marchandises, un entrepôt fictif et des sels ; des fabriques de serrurerie, de câbles et cordages, d'huile ; des ateliers de construction de navires, un commerce de toile à voiles et d'emballage, un commerce de transit important, qui consiste en commission et entrepôt de vins et eaux-de-vie. On y arme pour la pêche et le cabotage au long cours. Son port d'échouage, situé sur la rive gauche de la baie de la Somme, à l'embouchure du canal de la Somme, consiste en un simple chenal de 50 mètres de largeur et de 900 mètres de longueur, et il est précédé d'un avant-port de 1,200 mètres de longueur. Sa superficie est d'environ 4 hectares 50 centiares, et il peut recevoir 60 à 70 navires de 30 à 400 tonneaux. C'est dans ce port que s'embarqua Guillaume de Normandie pour la conquête de l'Angleterre.

SAINT-VALLIER. *Voyez* Drôme (Département de la).

SAINT-VANNES (Congrégation de). *Voyez* Bénédictins, et Saint-Maur (Congrégation de).

SAINT-VENANT (Les comtes de). *Voyez* Béthune (Famille de).

SAINT-VINCENT (Cap et Ile). *Voyez* Vincent.

SAINT-VINCENT (Grégoire de), mathématicien célèbre, et l'un de ceux qui ont fait faire le plus de progrès à l'analyse moderne, né à Bruges, en 1584, et membre de la Compagnie de Jésus, fut d'abord professeur de mathématiques à Rome et ensuite à Prague. Plus tard il entra au service d'Espagne, et donna des leçons de mathématiques à don Juan d'Autriche. Il mourut à Gand, où il avait été nommé bibliothécaire de la ville, le 27 janvier 1667. Son *Opus Geometricum* (2 vol. in-folio, Anvers, 1647) avait pour objet principal la recherche de la quadrature du cercle. Quoiqu'il n'ait pas plus que tant d'autres réussi à atteindre son but, on trouve dans cet ouvrage une foule de données ingénieuses et originales, des idées intéressantes sur la quadrature des sections coniques, la cubature des volumes qu'elles engendrent par leur révolution, etc.

SAINT-VINCENT (John Jervis, baron *Meadford*, comte), célèbre amiral anglais, né en 1734, se consacra dès sa première jeunesse à l'état de marin. A la paix d'Aix-la-Chapelle, il voyagea sur le continent, et habita longtemps Paris. Lors de l'entreprise des Anglais, en 1760, contre Québec, il montra comme lieutenant de vaisseau autant de courage que d'habileté. Dans la guerre contre les insurgés américains, il commandait le vaisseau *Le Foudroyant*, de 80 canons, avec lequel il se signala d'une manière toute particulière au combat d'Ouessant (27 juillet 1778). En 1782 une manœuvre habile le rendit maître d'un vaisseau français de 74. A la paix de 1783 il entra à la chambre des communes, où il s'attacha au comte Shelburne et au parti de l'opposition. Il était parvenu au grade de contre-amiral, lorsqu'en mars 1794 il s'empara des colonies françaises de la Martinique et de Sainte-Lucie. En 1796 il alla croiser devant Gênes, puis devant Toulon; mais lorsque la flotte espagnole aux ordres de Langara eut opéré sa jonction avec la flotte française de Toulon, lord Jervis fut d'évacuer l'île d'Elbe et de sortir de la Méditerranée. Il alla hiverner dans le Tage, et tandis que Duncan bloquait le Texel, et Bridport le port de Brest, il reçut en février 1797 l'ordre d'aller observer la flotte espagnole de Cadix. En exécution de cette mission il battit, le 14 février, à la hauteur du cap Saint-Vincent, avec 15 vaisseaux de ligne et 4 frégates, la flotte espagnole, forte de 27 vaisseaux de ligne, et lui prit quatre vaisseaux. L'amiral espagnol Luis de Cordova se réfugia alors à Cadix, que Nelson, commandant en second de Jervis, vint canonner le 3 juillet. La brillante victoire remportée au cap Saint-Vincent par Jervis fut récompensée par une pension de 3,000 liv. st. et les titres de baron Meadford et de comte Saint-Vincent. Il prit alors siège à la chambre haute, mais n'en conserva pas moins le commandement en chef de la flotte de la Méditerranée. Sous l'administration d'Addington, il fut nommé premier lord de l'amirauté; mais en 1805 il perdit cette position. En 1806 il prit le commandement de la flotte dans le canal. En 1807 il refusa de se charger de l'expédition contre Copenhague; en 1808 il blâma le plan de campagne de Moore en Espagne, et en toute circonstance il s'opposa à la continuation de la lutte acharnée engagée contre la France. Un fait bien remarquable, c'est qu'en 1807 il vota contre l'abolition de la traite. A partir de 1810 il se retira complètement de la vie publique. Il mourut le 15 mars 1823, avec le titre d'amiral de premier rang et de commandant supérieur des soldats de marine, dans son domaine de Rochett, près Brandwood.

SAINT-YRIEIX, ville de France, chef-lieu d'arrondissement dans le département de la Haute-Vienne, à 46 kilomètres au sud de Limoges, sur la Loue, avec 7,474 habitants, un tribunal civil, une société d'agriculture, une typographie. On exploite dans ses environs une mine d'antimoine et de riches mines de kaolin et de pétunzé, qui alimentent presque toute la France; elles furent découvertes en 1770, par Villaris, pharmacien de Bordeaux. Saint-Yrieix possède de nombreuses manufactures de porcelaine et des moulins à broyer les pâtes et émaux, des fabriques de toile, des minoteries, des brasseries, des tanneries, des forges et usines à fer; il s'y fait un commerce de kaolin, pétunzé, porcelaine, cuirs, peaux, chanvre, bœufs, porcs. C'est une ville mal bâtie, qui doit son origine à un ancien monastère, fondé vers le commencement du sixième siècle. On y voit une assez belle église gothique.

SAINT-YVES. *Voyez* Yves.

SAINTE-ALLIANCE, nom donné par l'empereur de Russie Alexandre Ier à une ligue fameuse conclue à Paris, le 26 septembre 1815, entre la Russie, l'Autriche et la Prusse, dont l'idée première lui avait été suggérée par Mme de Krudener, et à laquelle adhérèrent ensuite successivement presque toutes les puissances continentales. Contrairement à tous les usages diplomatiques, les bases en furent discutées, arrêtées et rédigées, non par des agents munis de pleins pouvoirs spéciaux, mais par l'empereur de Russie, l'empereur d'Autriche et le roi de Prusse en personne. Ces trois monarques en signèrent eux-mêmes les copies, qu'Alexandre certifia conformes au texte original. La Sainte-Alliance avait pour but de clore en Europe l'ère des révolutions et en particulier de réparer les maux causés par la révolution française, mais surtout de faire prévaloir le principe du droit divin ou de la *légitimité* dans les rapports des souverains avec leurs peuples. Un article spécial du traité de la Sainte-Alliance, dont le texte complet ne fut publié pour la première fois que le 2 février 1816, dans le *Journal de Francfort*, excluait à tout jamais de toute souveraineté en Europe la famille de Napoléon Bonaparte. Quoique ce traité exprimât des idées pleines d'humanité, on ne tarda pas à en reconnaître les véritables tendances, qui consistaient à comprimer en tous pays l'esprit de liberté et du progrès, c'est-à-dire les principes mêmes au nom desquels les souverains alliés avaient deux ans auparavant, en 1813, appelé les peuples à s'armer contre Napoléon, l'oppresseur du continent, le destructeur des nationalités; et dès lors l'opinion publique se montra en tous lieux hostile à la politique qu'il était destiné à faire prévaloir. C'est en vertu des stipulations de la Sainte-Alliance qu'en 1821 l'Autriche comprima les révolutions qui avaient éclaté à Naples et dans le Piémont, où des gouvernements représentatifs avaient remplacé le gouvernement absolu, et qu'en 1823 la France entreprit l'expédition fameuse qui mit fin en Espagne à la constitution des cortès, proclamée face au pays à la suite de l'insurrection de l'île de Léon de 1820, et qui y rétablit l'absolutisme pur. La Sainte-Alliance conserva toute sa force tant que vécut l'empereur Alexandre; mais ce prince une fois mort, les pierres de l'édifice éternel qu'on avait espéré construire ne tardèrent pas à tomber l'une après l'autre. La guerre des Russes contre les Turcs, en 1828 et 1829, amena un refroidissement visible entre les cabinets de Vienne et de Saint-Pétersbourg; la révolution de Juillet à Paris et la révolution de Septembre à Bruxelles, qui toutes deux surent forcer les puissances absolutistes à reconnaître et consacrer le nouvel ordre de choses qu'elles avaient établi en France et en Belgique, en opposition formelle aux principes de la Sainte-Alliance, achevèrent de l'ébranler; enfin, à la suite de la révolution de février 1848, la reconnaissance de la république française par les divers cabinets de l'Europe, et le rétablissement de l'empire en France, en la personne de Napoléon III, le neveu du grand homme mis en 1815 au ban des nations par les souverains de l'Europe, puis la guerre d'Orient en 1854, ont complètement rayé le traité de la Sainte-Alliance du droit public aujourd'hui en vigueur, et l'ont relégué désormais dans le domaine des souvenirs historiques.

SAINTE-BARBE. On appelle ainsi, en termes de marine, la partie de derrière du premier pont. C'était autrefois l'endroit du vaisseau où l'on serrait la poudre, les ustensiles, l'artillerie, et où demeurait le maître canonnier. On aura l'explication de cette dénomination en se rappelant que sainte Barbe est la patronne des artilleurs et des artificiers. Aujourd'hui, ces dispositions sont toutes changées : la partie du vaisseau où l'on serre les poudres se nomme la *soute aux poudres*, et dans les frégates l'ancienne sainte-barbe est le magasin du capitaine.

SAINTE-BARBE (Collége), à Paris. Sa création remonte à 1440. Il fut fondé par Jean Hubert, dans un bâtiment provenant de l'abbaye de Sainte-Geneviève, et situé entre les rues de Reims, des Cholets et des Chiens. C'est plus tard que d'autres bâtiments, situés sur la rue des Sept-Voies, y ont été annexés. Le fondateur le mit sous l'invocation de sainte Barbe, patronne de sa mère. Quelques années après, un prêtre, Robert Dugast, fit don de ses biens à ce collége, et le gratifia d'une charte de fondation', qui fut approuvée par le roi et enregistrée au parlement. C'est au collége Sainte-Barbe que le fameux Ignace de Loyola vint, âgé de près de trente ans, compléter ses études avant de fonder cet institut qui a fait tant de bruit dans le monde (*voyez* JÉSUITES).

En 1789 le collége Sainte-Barbe jouissait d'une légitime célébrité, pour sa bonne règle, son solide enseignement, ainsi que pour l'affection presque fraternelle qui unissait entre eux ses anciens élèves. Fermé pendant la révolution, il fut rouvert comme établissement particulier, le 4 septembre 1798, jour de la Sainte-Barbe, sous la direction de Delanneau, alors sous-directeur du Prytanée français, homme admirablement organisé pour de telles fonctions. Son caractère ferme et juste à la fois, sa connaissance du cœur humain, son dévouement à ses devoirs, son désintéressement, l'imposante dignité de sa personne et de ses manières, tout concourait à lui donner sur la jeunesse un empire extraordinaire. Le collége refleurit sous son administration, à tel point que l'empereur eut un moment l'idée d'en faire un de ses lycées. A l'époque de la Restauration, Delanneau, qui s'était fait connaître par son attachement aux principes de la révolution, dut s'attendre à peu de bienveillance de la part du pouvoir. On saisit pour le persécuter un prétexte aussi odieux que ridicule. Le jour de la fête du collége, le 4 septembre 1816, les élèves (en congé), jaloux de connaître notre grand tragédien Talma, lui demandèrent une représentation de *Manlius*. Il y consentit ; la représentation passa dans le plus grand ordre. Mais dès le lendemain la bigoterie s'empressa de jeter les hauts cris sur le scandale d'un collége allant en masse au spectacle pour sa récréation ; et le collége fut interdit jusqu'à ce que le directeur eût donné sa démission. Il fallut céder à la violence. D'autres faits signalèrent encore le mauvais vouloir de la Restauration à l'égard de ce collége. Une institution rivale crut pouvoir s'emparer aussi du nom de *Sainte-Barbe*, et l'autorité toléra cette usurpation. A la révolution de 1830, l'un des premiers actes de M. Odilon Barrot, préfet de la Seine, fut de la faire cesser. L'institution de la rue des Postes devint le *Collége Rollin*, et l'ancienne Saint-Barbe conserva son nom sans partage.

M. Ad. Delanneau, qui avait succédé à son père, avait lutté avec courage contre les circonstances défavorables ; en 1838 sa santé, affaiblie, lui fit désirer sa retraite ; les anciens *barbistes*, qui depuis quelque temps avaient formé une société nouvelle pour soutenir l'établissement et en assurer la gestion, ne voulurent en confier la direction qu'à l'un de leurs camarades. M. Labrouste fut choisi : ce choix fut le salut de l'institution. Sous son habile direction, la prospérité du collége Sainte-Barbe se développa rapidement ; le nombre des élèves fut triplé, de brillants succès dans les concours de l'université et dans ceux de l'École Polytechnique attestèrent l'excellence des études. Les bâtiments, qui tombaient en ruine, furent reconstruits par des architectes *barbistes*. Aujourd'hui, le collége Sainte-Barbe est le seul en France qui soit la propriété de ses anciens élèves, et qui soit administré par eux. C'est là que les anciens barbistes font élever leurs enfants ; c'est là aussi que sont élevés, au moyen de bourses fondées par l'association, les orphelins légués à leur amitié par des camarades malheureux. L'institution *barbiste* est devenue comme une sorte de *franc-maçonnerie*, qui unit entre eux tous ses membres.

BERVILLE, président à la cour impériale de Paris.

SAINTE-BAUME (Grotte de la). *Voyez* BAUME (Sainte).

SAINTE-BEUVE (CHARLES-AUGUSTIN), membre de l'Académie Française, est né le 23 décembre 1803, à Boulogne sur-Mer, et, après avoir terminé ses études au collége de sa ville natale, vint, en 1822, à Paris étudier la médecine ; mais entraîné par une irrésistible vocation, il ne tarda pas à renoncer à cette direction première donnée à ses travaux, pour se consacrer exclusivement à la littérature. Il fut admis, en 1825, à faire ses premières armes comme critique dans le journal *Le Globe*, et s'y posa en champion intrépide et convaincu de l'idée romantique. Sans approuver aveuglément les excentricités de Victor Hugo, il devint l'un des champions les plus fermes de la nouvelle école, et chercha à propager ses idées et ses tendances dans divers ouvrages originaux, parmi lesquels nous citerons son *Tableau historique et critique de la Poésie française et du Théâtre français au seizième siècle* (2 vol. 1828 ; nouv. édit., 1841), livre où il s'efforce de justifier historiquement les tendances de la nouvelle école, qu'il prétend rattacher à celle des poëtes du seizième siècle. Le côté brillant de M. Sainte-Beuve est ce qu'on appelle la critique psychologique, dont on peut le considérer comme ayant été le créateur en France. Nommé, en 1840, l'un des conservateurs de la bibliothèque Mazarine, il fut appelé en 1846 à faire partie de l'Académie Française.

La révolution de février 1848 n'inspira à M. Sainte-Beuve qu'une médiocre admiration, et il se décida alors à accepter l'offre d'une chaire de littérature à l'université de Liége, que lui fit faire le roi des Belges. Il dit donc adieu pour quelque temps à Paris et à un pays où, en fait de poésie lyrique, on n'applaudissait plus qu'au fameux chant *Des Lampions*. Mais dès qu'un gouvernement plus régulier fut constitué en France à la suite de l'élection de Louis-Napoléon à la présidence de la république, M. Sainte-Beuve revint en France reprendre le cours de ses travaux. Après avoir pendant plusieurs années travaillé au *Constitutionnel*, il est maintenant attaché à la rédaction du *Moniteur*, où chaque semaine il donne un article de haute critique, où l'on retrouve toute la finesse d'observation, tout le talent d'analyse, qui ont fait la réputation de cet écrivain. Il en paraît un chaque semaine. Cependant, cette nécessité de faire de la critique à jour et à heure fixes, et de se rejeter sur la littérature rétrospective, quand l'actualité ne fournit rien, ne laisse pas quelquefois que de le gêner visiblement. Les articles publiés par M. Sainte-Beuve dans *Le Constitutionnel* et *Le Moniteur* ont tous été réimprimés dans le format Charpentier, et forment aujourd'hui, sous le titre de *Portraits littéraires et contemporains*, une collection d'une douzaine de volumes.

[Le caractère le plus saillant de la critique et de la poésie de M. Sainte-Beuve, c'est l'analyse. Quand on le prend pour guide dans l'appréciation d'un auteur, on est étonné de la quantité de nuances, de la mobilité des points de vue qu'il fait passer sous les yeux du lecteur. Il demande à chaque idée de son auteur sa raison d'être et sa situation. A force de diviser, de subdiviser, d'étudier, il arrive parfois à trop de finesse. Le fil de sa prose devient si délié que bien des gens le perdent de vue. Peut-être y avait-il nécessité qu'il en fût ainsi : il était difficile, après tant d'autres, d'être nouveau dans l'appréciation des auteurs du dix-septième siècle. Il fallait les serrer de plus près et les étudier dans tous les sens. L'habitude une fois prise, M. Sainte-Beuve l'a conservée; nul doute aussi que l'influence du siècle n'y soit entrée pour quelque chose. Nous aimons mieux que le critique nous fasse comprendre une œuvre littéraire et nous rende compte du plan et du but même avec détail, que de l'entendre condamner le livre et gourmander l'auteur à la fois pour ce qu'il a fait et pour ce qu'il n'a pas fait.

Dans ses vers, M. Sainte-Beuve donne aussi une large place à l'analyse. Nous serions embarrassé pour lui trouver des analogues dans notre littérature. C'est en Angleterre qu'il faut aller chercher ses modèles : Wordsworth et Crabbe, voilà les poètes dont il relève, ceux qu'il a étudiés et qu'il aime plutôt qu'il ne les imite. Leur genre de poésie était inconnu dans notre langue, il a cherché à l'y introduire; il a réussi, et s'est créé ainsi un royaume où il est maître. Les sujets qu'il aime sont les sujets familiers empruntés à la vie de tous les jours; les sentiments qu'il traite ne sont pas recherchés, ils peuvent être sentis par tous : par le riche comme par le pauvre; en général, ils ne passent pas un certain niveau. Le poète s'attache avant tout à la vérité et à la réalité. En général, les vers de l'auteur laissent dans l'esprit une image frappante, une impression douce et comme déjà sentie.

M. Sainte-Beuve a publié trois recueils : *Joseph Delorme*, *Les Consolations*, *Pensées d'août*. Nos préférences sont pour *Les Consolations*. Le poète nous semble plus maître de son style et de son idée; l'aspiration est plus soutenue, le souffle plus large. Dans les *Pensées d'août*, on sent trop en général que le poète a passé les heures légères : une teinte de tristesse règne dans ce volume. Nous ne prétendons pas que la poésie doive toujours sourire, non : elle doit exprimer tous les sentiments; mais l'âme humaine succombe sous l'affliction, et le poète doit mesurer d'une main prudente l'effet qu'il veut produire.

Outre ses articles de critique et ses vers, M. Sainte-Beuve a encore écrit un roman, *Volupté*, et entrepris l'*Histoire de Port-Royal*. Cette dernière tentative est un beau livre; deux volumes seulement ont paru; l'auteur y révèle plus qu'il ne l'avait fait jusque ici son penchant au mysticisme. L'idée du roman de *Volupté* n'est que trop vraie; nous nous avons plus ou moins subi l'influence énervante qu'il signale, nous avons eu chacun la Mme de Couaën, nous nous sommes plu à nous attarder en ces pensers qui plaisent à l'esprit et le bercent d'un sommeil funeste; nous avons oublié que la vie était un combat, et que les rêveurs étaient foulés aux pieds. Ceux qui, comme Amaury, sont demeurés trop longtemps sous cette influence énervante n'ont plus assez d'énergie pour s'y soustraire, et doivent périr. Sans prétention à l'enseignement, M. Sainte-Beuve, dans son roman, donne une leçon puissante et profitable. L'ouvrage intéresse et restera. Il contient des peintures d'un état de maladie de l'âme qui seront toujours étudiées.

Philarète Chasles.]

SAINTE-CHAPELLE, à Paris. Voyez Chapelle.
SAINTE-CROIX, la principale des Antilles danoises, sa capitale est *Christianstæd*, résidence du gouverneur général des Antilles danoises, petite ville bien bâtie, avec quelques édifices assez beaux et ornés de portiques, un port bien fortifié, et environ 5,000 habitants. Elle est importante par son commerce, malgré sa petite population.

SAINTE-CROIX (Guillaume - Emmanuel - Joseph Guilhem de Clermont-Lodève, baron de), l'un des écrivains les plus estimables et les plus érudits de la fin du dix-huitième siècle et du commencement de celui-ci, naquit le 5 janvier 1746, à Mormoiron, dans le comtat Venaissin, et mourut le 11 mars 1809. Il était membre de l'Académie des Inscriptions. Destiné d'abord à la carrière des armes, il la quitta, après quelques années de service, afin de se livrer à sa passion pour l'étude et les lettres. Sa vie ne fut point exempte des malheurs qui précèdent et accompagnent les révolutions; il fut persécuté, et deux fois obligé de fuir sa résidence; la première fois par le gouvernement pontifical, pour avoir défendu avec chaleur des malheureux opprimés par un agent protégé; la seconde fois par les hommes sanguinaires qui, après la réunion du comtat à la France, égorgeaient et pillaient au nom de la liberté. Deux fois ses biens furent confisqués et ses propriétés dévastées. Une raison saine, des sentiments élevés, un amour sincère du bien et de la vérité caractérisent tous ses travaux. Le premier ouvrage qu'il fit paraître et qui lui valut, à l'âge de vingt-six ans, un prix académique, est aussi son plus beau titre à la renommée. L'*Examen critique des Historiens d'Alexandre*, couronné en 1772, refondu et complété par l'auteur pour une nouvelle édition, en 1804, est un de ces livres d'érudition et d'histoire qui ne laissent presque rien à désirer pour la parfaite connaissance d'une époque, et que les hommes studieux se plairont toujours à consulter : la noblesse et même souvent l'éloquence du style y répondent à l'élévation des sentiments et des idées. On retrouve les mêmes genres de mérite dans ses *Recherches historiques et critiques sur les mystères du paganisme* (1784; nouvelle édition, 1817). Il a aussi donné de nombreux *Mémoires* au recueil si riche de l'Académie des Inscriptions.

Aubert de Vitry.

SAINTE-CROIX (Le chevalier de). Voyez Brinvilliers.
SAINTE-ELME. Voyez Saint-Elme.
SAINTE FAMILLE. C'est le nom que, dans la langue des beaux-arts, on donne à tout tableau représentant l'Enfant-Jésus et ses parents. Dans les premiers temps du moyen âge, alors que l'art avait surtout en vue d'exciter le sentiment de la piété, on se bornait généralement à représenter la sainte Vierge et son divin fils. Plus tard, quand un intérêt épique pénétra dans l'art; lorsqu'une pieuse imagination s'efforça de représenter toute l'histoire du Sauveur depuis son enfance, on élargit le cercle de la *Sainte Famille*, dans laquelle on fit aussi figurer maintenant saint Joseph, sainte Élisabeth, sainte Anne (mère de la Vierge) et saint Jean-Baptiste. Ce sont certains peintres de l'ancienne école allemande qui ont le plus largement compris ce sujet; car il en est qui y ajoutent aussi les douze Apôtres, comme enfants et compagnons de jeunesse de Jésus-Christ, et jusqu'aux mères que leur donne la légende. L'école italienne, dans le sentiment grandiose qu'elle avait de la composition des groupes, reconnut la première que pour que l'intérêt ne se divisât point il fallait le concentrer sur une seule figure, celle de la Madone ou celle de l'Enfant-Jésus. Les deux peintres demeurés sans rivaux en ce genre de sujets sont Léonard de Vinci et Raphael. Le premier ne représente jamais saint Joseph, mais il ajoute sainte Anne et le petit saint Jean avec son agneau, ou bien encore des figures d'anges; et il ne fait point ressortir la grâce et la douceur des figures principales au moyen d'une énergique tête d'homme, mais seulement par le paysage accidenté et sauvage de ses fonds, comme on peut le remarquer dans sa *Vierge aux rochers* et dans sa *Vierge aux balances*. Sa *Sainte Anne*, sur les genoux de laquelle est assise la sainte Vierge, tenant l'Enfant-Jésus, qui l'embrasse en souriant, est un tableau ravissant. C'est Raphael qui peut-être a mis le plus de variété dans la représentation de ce type. Sa *Belle Jardinière* et sa *Madonina del Cardinello*, où il ne représente, outre l'Enfant-Jésus et saint Jean-Baptiste, que la Vierge Marie, sont deux toiles qui se tiennent sur les limites des simples tableaux de madones. Vient ensuite la *Sainte Famille* qui orne la Pinacothèque de Munich, et qu'on peut considérer comme le type principal du genre. Il y a représenté dans un groupe triangulaire et symétrique, les deux enfants tenus par leurs mères à moitié assises et à moitié agenouillées, et au-dessus Saint-Joseph appuyé sur un bâton. Toutefois, on peut dire que Raphael a atteint le sublime du genre dans sa célèbre *Madone* de Fran-

çois 1ᵉʳ qui orne la galerie du Louvre. L'Enfant-Jésus y est représenté debout, sur son berceau, s'approchant de la sainte Vierge, qui lui tend les bras. Au-dessus de Marie, un ange répand des fleurs, un autre saint se prosterne, Joseph médite et sainte Élisabeth tient le petit saint Jean, qui adore l'Enfant-Jésus. Une circonstance caractéristique dans toutes les peintures de la sainte Vierge que nous a laissées le moyen âge, c'est que saint Joseph y est toujours représenté comme un homme déjà âgé, et souvent à l'air chagrin, tandis que la mère de Dieu y apparaît invariablement dans tout l'éclat de la jeunesse et de la beauté.

SAINTE-FOIX. *Voyez* SAINT-FOIX.
SAINTE-GENEVIÈVE (Église), à Paris. *Voyez* GENEVIÈVE (Sainte).
SAINTE-HÉLÈNE, île célèbre depuis qu'elle a servi de lieu de bannissement à Napoléon, dont le tombeau y est resté jusqu'en 1840, est située à environ 240 myr. de la côte d'Afrique et à 350 de celle du Brésil, et s'élève solitaire au milieu de l'océan Atlantique jusqu'à plus de 800 mètres au-dessus du niveau des eaux. Elle se compose de roches basaltiques, échancrées par des vallées dans diverses directions, et apparaît de loin comme un roc noir, brûlé, découpé par de nombreuses anfractuosités et s'élevant à pic de tous les côtés. Elle fut découverte en 1502, le 22 mai, fête de sainte Hélène, par le Portugais dom Juan de Noya, qui lui donna le nom de cette sainte. Elle était alors inhabitée, et on n'y rencontra que des tortues et des oiseaux aquatiques. Les Portugais y transportèrent quelques quadrupèdes et oiseaux domestiques, y firent diverses plantations et y semèrent plusieurs espèces de grains ; mais ils n'y créèrent pas d'établissement. Des Européens essayèrent à plusieurs reprises de s'établir dans l'île, mais s'en virent successivement expulsés. Enfin, les Hollandais réussirent à s'y maintenir ; ils y introduisirent de nouveaux quadrupèdes et y semèrent de nouvelles espèces de céréales. En 1650 les Hollandais abandonnèrent Sainte-Hélène à la Compagnie anglaise des Indes orientales en échange du cap de Bonne-Espérance ; et en 1660 cette compagnie y créa un premier établissement. En 1673 les Hollandais s'en emparèrent par surprise ; mais la Compagnie la leur reprit dès la même année, et construisit le fort *Saint-James*. Depuis lors l'île est toujours demeurée en sa possession jusqu'en 1833, époque où l'administration en passa des mains de la Compagnie dans celles du gouvernement anglais. La superficie de l'île est d'environ 25 kilomètres carrés, et sa population de 7,000 habitants, dont 300 blancs ; le reste se compose d'hommes de couleur, de nègres, d'esclaves émancipés, de Malais et de quelques Chinois. Par suite de sa nature volcanique, l'île est couverte de lave et de terre végétale ; mais il est assez singulier que le sol ne soit fertile que sur les hauteurs et les plateaux, tandis que les collines et les vallées sont mornes et désertes. Les pics les plus élevés, les versants des montagnes les plus escarpés, sont couverts d'une luxuriante végétation. Un plateau de trois kilomètres de circuit est la plus grande plaine de l'île. Le climat est très-tempéré ; il varie entre 9° et 22° R.) et très-sain ; c'est dans les vallées seulement que la chaleur devient souvent inapportable et que l'air est insalubre. Les orages et les tremblements de terre y sont fort rares. La saison des pluies y revient deux fois par an, en janvier et en juin, et dure chaque fois de neuf à dix semaines. Le règne végétal y réunit les produits de l'Afrique à ceux de l'Europe, les palmiers et les chênes, le bambou, le châtaignier, le pisang et le pommier, ainsi que tous nos fruits du sud. Le vin et les céréales y font défaut, et on est obligé de les demander à l'importation. On y trouve peu de chevaux, mais en revanche beaucoup de chèvres, de gros bétail, de porcs, de lapins, de pintades, de perdrix, de faisans, d'écrevisses et de poissons. Plus de cent soixante ruisseaux limpides y fournissent d'excellente eau à boire, de la plus grande fraîcheur. Les bâtiments revenant des grandes Indes (mais non pas ceux qui s'y rendent, à cause des moussons), trouvent à Sainte-Hélène, qui est située à moitié de leur route, un excellent endroit de relâche ; aussi les habitants vivent-ils en grande partie du commerce qu'ils font avec les navires de passage.

Le chef-lieu, *Saint-Jamestown*, au voisinage duquel se trouve le tombeau, maintenant vide, de Napoléon, est le seul endroit de l'île où l'on puisse débarquer, et se compose d'une rue unique, où l'on compte plus de deux cents maisons, construites dans une vallée si étroite qu'elles sont immédiatement adossées aux rochers. Près de là un fort a été bâti, sur un rocher de 200 mètres de haut. Un observatoire, de construction toute récente, mérite d'être visité. Du reste, on ne rencontre nulle part de hameau dans l'île, mais seulement des fermes et des métairies isolées. *Longwood*, autrefois résidence de Napoléon, n'était auparavant qu'une ferme ; et depuis la mort du grand homme il a repris sa destination première. Ce domaine est situé sur un plateau de 533 mètres d'élévation. L'île ne se trouve pas seulement protégée contre tout débarquement ennemi par la hauteur de ses rochers et par les écueils qui la ceignent de toutes parts ; des batteries et des ouvrages de défense élevés sur les principaux points en ont fait un autre Gibraltar.

Environ trois mille navires relâchent chaque année à Sainte-Hélène ; en 1847 les revenus de la couronne s'y étaient élevés à 15,548 liv. st, et les dépenses à 21,676 liv. st. Les importations de marchandises anglaises, tant à Sainte-Hélène qu'à l'île de l'Ascension, avaient été évaluées cette année-là à 31,374 liv. st., et seulement à 23,312 liv. st. en 1849. L'île de Sainte-Hélène avait de tous temps été célèbre par la sûreté de sa rade ; on n'en fut donc que plus vivement surpris d'apprendre la catastrophe du 17 février 1849, où une marée haute envahit la ville et causa de grands ravages.

En 1857 l'empereur Napoléon III a décrété qu'une décoration spéciale en bronze serait accordée, sous la dénomination de *médaille de sainte-Hélène*, à tous les anciens militaires ayant pris part aux campagnes du consulat et de l'empire. Cette décoration se porte suspendue à un ruban brun rayé de vert. Le décret dont nous parlons a gratifié la France d'environ 120,000 décorés de plus du même coup, et fait 120,000 heureux, sans obérer le trésor ; car la *médaille de sainte-Hélène* ne représente guère intrinsèquement une valeur de plus de cinq centimes.

SAINTE-LUCIE, une des Antilles, entre la Martinique et Saint-Vincent, par 13° 50' de latitude nord, et 63° 25' de longitude occidentale. Elle a 48 kilomètres de long, 16 de large et 140 de circonférence. Du bord de la mer, le sol s'élève progressivement jusqu'aux montagnes qui couvrent l'intérieur, et que dominent la tête, toujours fumante, du volcan d'*Orcalibon*, et deux sommets coniques appelés les *pitons*. Au reste, sa surface est si irrégulière qu'on n'y trouve que de petites plaines ; mais le terroir est partout susceptible de culture, et ses huit cents plantations fournissent à l'exportation du sucre, du café et du coton pour une somme annuelle de 10 à 12 millions de francs. Une route qui suit les contours de ses côtes, d'autres qui les traversent d'un bord à l'autre, facilitent le transport de ces denrées, tandis que sur sa côte nord-ouest le beau port du *Carénage* ouvre aux bâtiments un large bassin. Une petite ville de plus de 3,000 habitants, qui en a pris le nom, s'élève sur ses bords, et est la résidence des autorités. L'île, divisée en dix paroisses, présente une population d'environ 30,000 habitants, dont la moitié noirs. L'air n'y est pas aussi sain qu'on pourrait le désirer, à cause des forêts qui couvrent certains districts et des marécages qu'ont formés à leur embouchure plusieurs des rivières qui l'arrosent.

Ce furent les Anglais qui les premiers occupèrent Sainte-Lucie, au commencement de l'année 1639. L'année suivante, ceux qui y étaient descendus furent en grande partie massacrés par les Caraïbes. Le reste de ceux qui échappèrent à la fureur des indigènes abandonna ces rivages funestes ; et l'île resta déserte. Près d'un siècle et demi après, les Français y formèrent des établissements, et depuis lors la possession leur en fut souvent contestée par les premiers occupants, qui pourtant, par le fait même de leur abandon, l'avaient laissée à celui qui voudrait bien en prendre possession. Toutefois, le traité de 1763 en assura définitivement la propriété à la France. Devenue florissante entre nos mains par une suite de circonstances fort rares chez nous en fait de colonies, elle excita les regrets de l'Angleterre; et depuis 1779 jusqu'en 1802, à la rupture du traité d'Amiens, elle fut encore prise et reprise trois fois. Enfin, le traité de Paris (1814) l'a réunie définitivement aux nombreuses colonies de l'empire britannique.

Une autre île de *Sainte-Lucie* fait partie de l'archipel du cap Vert. Elle est montagneuse et inhabitée.

Oscar MAC CARTHY.

SAINTE-LUCIE (Bois de). *Voyez* CENTSIER.

SAINTE-MARGUERITE (Ile). A environ 35 kilomètres de Toulon, sur la côte du département du Var et à l'entrée du golfe Juan, se trouve un groupe d'îles appelées *Iles de Lérins*, et dont la plus grande a reçu le nom particulier d'*Ile Sainte-Marguerite*. Elle a environ deux kilomètres de longueur de l'est à l'ouest, et un kilomètre de largeur du nord au sud. Ses pointes est et ouest, ainsi que les parties qui les avoisinent, sont très-basses; mais la partie nord est assez élevée. C'est là que se trouve la fameuse citadelle dans laquelle fut enfermé en 1686 l'homme au masque de fer, ce prisonnier d'État dont l'histoire est demeurée un mystère impénétrable. Au pied de la citadelle, au nord ou nord-ouest du fort, et à petite distance de terre, on trouve un bon mouillage.

SAINTE-MARIE ou **NOSSI-IBRAHIM**. *Voyez* MADAGASCAR, tome XII, p. 559.

SAINTE-MARIE-AUX-MINES. *Voyez* HAUT-RHIN (Département du).

SAINTE-MARTHE (CHARLES DE), second fils d'un médecin ordinaire de François Ier, naquit à Fontevrault, et professa la théologie à Poitiers, vers l'an 1537, non sans se faire soupçonner de calvinisme. La reine de Navarre, Marguerite de Valois, l'appela à Alençon, où il exerça les fonctions de lieutenant criminel jusqu'en 1562. Il mourut dans cette ville. De tous ses ouvrages, on ne lit plus avec quelque intérêt que son *Oraison funèbre* de Marguerite de Valois, en grec et en latin.

SAINTE-MARTHE (GAUCHER DE), son neveu, né à Loudun, en 1536, traduisit son prénom par celui de *Scévole*. Turnèbe, Muret, Ramus, etc., furent ses maîtres. En 1571 il fut contrôleur général des finances en Poitou. Henri III lui donna d'éclatants témoignages de son estime. Fidèle aux intérêts de ce prince, il défendit énergiquement ses droits contre les ligueurs aux états de Blois, en 1583. Il mourut à Loudun, en 1623, et son oraison funèbre fut prononcée par le fameux Urbain G r a n d i e r. Voici les titres de ses principaux ouvrages : 1° *Gallorum doctrina illustrium qui nostra patrumque memoria floruerunt Elogia* (1598); 2° *Poemata* (1587); 3° *Poésies françaises*; 4° *Œuvres mêlées*.

SAINTE-MARTHE (ABEL DE), fils aîné du précédent, naquit en 1566, à Loudun, et fut élève de Passerat et de Dorat. A quatorze ans il publiait des vers latins, et à dix-neuf ans il était avocat à Paris. Louis XIII le fit conseiller d'État et garde de la bibliothèque de Fontainebleau. Il mourut à Poitiers, en 1652. On a de lui des plaidoyers, des discours, une bonne consultation sur l'inaliénabilité des domaines de la couronne, des poésies latines.

SAINTE-MARTHE (SCÉVOLE et LOUIS DE), fils puînés de Gaucher, et frères jumeaux, naquirent à Loudun, en 1571. Ils étaient avocats dès 1599. Mais d'après les conseils du président De Thou, ils se livrèrent particulièrement à l'histoire. Louis n'ayant pas d'enfants décida sa femme à prendre le voile, et embrassa lui-même l'état ecclésiastique. Les deux frères furent nommés, en 1620, historiographes de Louis XIII. Scévole mourut en 1650, et Louis en 1656.

Leur tombeau est à Paris, dans l'église de Saint-Séverin. On a d'eux une édition des lettres de Rabelais, une histoire généalogique de la maison de France, une histoire généalogique de la maison de Beauvau, et le *Gallia Christiana*.

SAINTE-MARTHE (PIERRE-SCÉVOLE OU GAUCHER DE), fils de Scévole, l'aîné des deux jumeaux dont nous venons de parler, naquit à Paris, en 1618, et obtint, en 1643, la survivance de la charge d'historiographe du roi. Il travailla, avec *Nicolas-Charles*, son frère, à l'histoire généalogique de la maison de France, et au *Gallia Christiana*. Ils s'associèrent, pour ce dernier ouvrage, leur frère *Abel-Louis*. Peu aimé de Colbert, se trouvant mal récompensé de ses travaux, il mourut, dégoûté de l'étude, en 1690.

SAINTE-MARTHE (ABEL-LOUIS DE), son frère, né à Paris, en 1621, fut le cinquième général de la congrégation de l'Oratoire. Il contribua, comme nous venons de le dire, à la rédaction du *Gallia Christiana*, et montra un grand zèle dans l'exercice de ses fonctions religieuses. L'archevêque de Paris, Harlay, qui ne l'aimait pas, lui suscita des difficultés sous prétexte de jansénisme. Il mourut en 1697. Il avait fait une étude particulière de l'architecture, et imaginé un *ordre français*, qui n'eut pas beaucoup de partisans.

SAINTE-MARTHE (DENIS DE), de la même famille que les précédents, né à Paris, en 1650, général de la congrégation de Saint-Maur en 1720, mort en 1725, fut chargé en 1725 par l'assemblée du clergé de France de refondre le *Gallia Christiana*; travail demeuré inachevé.

Auguste SAVAGNER.

SAINTE-MARTHE (Bois de), produit d'une variété du *cæsalpinia brasiliensis*, arbre de la famille des légumineuses. On le coupe à Sainte-Marthe en Colombie, d'où lui vient son nom. C'est un bois pesant, serré, dur, compacte, couvert d'un aubier jaunâtre et jaune rougeâtre à l'intérieur. Au centre, il est d'un tissu plus lâche que dans la partie moyenne du diamètre. Il tient le second rang parmi les bois tinctoriaux pour le rouge. Il nous vient en bûches d'un mètre environ de longueur, coupées d'un bout carrément, et arrondies de l'autre. Les bûches sont profondément sillonnées de crevasses, et dans ces crevasses on trouve de l'aubier; elles pèsent de 10 à 20 kilogrammes.

Ce qu'on appelle dans le commerce *bois de Nicaragua* paraît n'être que les branches de l'arbre qui fournit le bois de Sainte-Marthe, avec lequel on en mêle souvent.

PELOUZE père.

SAINTE-MAURE (Ile). *Voyez* LEUCADÉ et IONIENNES (Iles).

SAINTE-MENEHOULD, ville de France, chef-lieu d'arrondissement, dans le département de la M a r n e, à 40 kilomètres au nord-est de Châlons-sur-Marne, sur l'Aisne, qui la traverse et y reçoit l'Auve, avec 4,345 habitants, un tribunal de première instance, un collège, un petit séminaire, des fabriques de serges, de rouets à filer et autres ouvrages au tour, des tanneries, des vanneries, des forges, des verreries et des faïenceries aux environs, un commerce considérable de bois merrain, blé, seigle, avoine.

Située dans un terrain marécageux, entre deux rochers, dont le plus élevé présente encore les ruines d'une antique forteresse désignée sous le nom de *Castellum super Axonam*, cette ville doit son nom à Mahildes, fille d'un comte de Perthe, et sa fondation à Drogon, duc de Champagne, en 639. Elle soutint vaillamment plusieurs sièges aux onzième, douzième et seizième siècles. En 1652 elle fut prise par le grand Condé après une longue et vigoureuse résistance; l'année suivante, la ville, restée au pouvoir des partisans de ce chef de la Fronde, eut à soutenir un nouveau siège contre le maréchal de Praslin, qui s'en empara. Louis XIV y entra sur la brèche. C'était la première campagne de ce prince. L'incendie qu'elle éprouva en 1719 y détruisit plus de 700 maisons. Elle fut alors reconstruite, sur un plan uniforme et régulier. Son plus bel édifice est l'hôtel de ville. Sous la révolution on la nommait *Montagne-sur-Aisne*.

SAINTE-PALAYE (Lacurne de). *Voyez* Lacurne.
SAINTE-PERRINE (Maison de). *Voyez* Chaillot.
SAINTE-REINE. *Voyez* Alise.
SAINTE-SOPHIE (Église de), à Constantinople, construite par Anthémius, célèbre architecte du sixième siècle, originaire de Tralles, en Lydie. Pittoresquement situé sur une élévation de laquelle l'œil plane sur la ville du côté du sérail, cet édifice forme un carré à peu près parfait, de 97 mètres de longueur sur 83 de largeur. Du centre s'élance vers le ciel une coupole circulaire de 33 mètres de diamètre, percée de 24 fenêtres, soutenue par 170 colonnes de marbre, et haute de 27 mètres au-dessus du sol. Anthémius passe généralement pour l'inventeur de ces dômes, espèces de couronnements qui terminent avec autant de hardiesse que de majesté les édifices consacrés au culte. Dans une grande niche située au fond du temple était placé autrefois le maître autel, le seul an reste qui existât dans toute la basilique ; et c'est dans ce même endroit que l'on conserve aujourd'hui bien précieusement l'exemplaire original du Koran. La nef est tout en pierre, l'intérieur de la coupole complétement orné de mosaïques, et les murs couverts d'admirables peintures à fresque. C'est même une circonstance bien remarquable, que les Turcs aient toujours laissé subsister sur ces murailles tant d'images du Christ et de ses saints, se contentant seulement d'effacer le signe vénéré de notre rédemption partout où il se trouvait. Le pavé du temple est en marbre précieux, taillé et disposé de manière à former les figures les plus variées. Jadis il y avait en avant de cette église une cour ou place entourée de portiques, qui ont été détruits, et au milieu de laquelle on voyait une statue colossale de Justinien. On entre dans l'église même par neuf magnifiques portes de bronze, fixées dans des colonnes de marbre de toute beauté, et dont celle du milieu attire le plus l'attention par le travail exquis de ses ciselures. L'albâtre, le porphyre, le jaspe, la cornaline et la nacre de perle ont d'ailleurs été employés avec profusion dans l'ornementation, tant intérieure qu'extérieure, de cette église, à l'entrée de laquelle on est tout aussitôt frappé de la grandeur des proportions et de la beauté de ses détails. A peine la construction en fut-elle terminée, qu'un tremblement de terre en renversa le dôme ; mais Justinien le fit aussitôt rééditier.

Depuis que les Turcs ont transformé cette église en mosquée, ils ont ajouté à ses quatre extrémités quatre tours si grêles et si élancées qu'à quelque distance on les prendrait pour des mâts de navire : on les appelle des *minarets*. Comme, de peur de troubler le repos de leurs morts, ils n'ont pas de cloches dans leurs temples, leurs prêtres montent à certaines heures du jour au haut de ces tours pour de là appeler par leurs cris le peuple à la prière. Par la suite, l'église de Sainte-Sophie a servi de modèle à la construction de toutes les mosquées.

SAINTE-VEHME. *Voyez* Tribunaux secrets.
SAINTES, ville de France, chef-lieu d'un arrondissement de la Charente-Inférieure, à 72 kilomètres au sud-est de La Rochelle, sur la rive gauche de la Charente, avec 11,566 habitants. Siége de la cour d'assises du département, elle possède des tribunaux de première instance et de commerce, une bourse, une église consistoriale calviniste, un collége, une bibliothèque publique de 25,000 volumes, un cabinet d'histoire naturelle et de physique, une pépinière départementale, une salle de spectacle, une société d'agriculture, une société d'archéologie, un hôpital de la marine, quelques fabriques d'étamine, de serge, de cadis, de bonneterie et de faïence commune, des teintureries, des tanneries et des mégisseries, un parc à huîtres vertes estimées. Placée à 30 kilomètres du port de Charente, et à 25 de Cognac, au centre de la fabrication des meilleures eaux-de-vie, elle en fait un commerce important, auquel elle joint celui des produits de la construction, des graines, des laines, du bétail, etc. On récolte sur son territoire de bon vin rouge, dit *vin de Borderie*.

Elle s'élève au milieu d'une belle et fertile contrée, sur le penchant d'une montagne, au pied de laquelle coule la Charente. Sa situation est si heureuse, que l'aspect en est toujours pittoresque, de quelque côté qu'on l'aborde ; une belle promenade y conduit le voyageur qui arrive par la route de Rochefort, et sert comme d'avenue au quai de Blair. Mais tout y est pour l'extérieur ; car dès qu'on y pénètre on ne trouve qu'une vieille ville, avec des rues mal percées et sales, des maisons mal bâties. On y voit quelques antiquités romaines, dont les plus remarquables sont : un arc de triomphe élevé à l'entrée de la ville, sur la voie militaire de Poitiers (*Mediolanum Limonum*), mais dont la position actuelle atteste assez les changements qu'ont éprouvés les lieux, puisqu'il se trouve au milieu du cours de la Charente. L'architecte Blondel l'a fait servir à la décoration du pont qui traverse ce fleuve, en rattachant le vieux pont gothique aboutissant à la rive gauche à celui qu'il construisit, en 1665, sur la rive droite. Malheureusement, on a été obligé, pour en assurer la solidité, d'engager dans le massif, d'abord le stéréobate ou piédestal, ensuite près de deux mètres des pilastres qui forment les deux belles portes sous lesquelles on le traverse, ce qui a détruit toute l'harmonie de l'ensemble et donne à celles-ci un air lourd et écrasé. Le monument est d'ordre corinthien ; sa hauteur, mesurée de la base des pilastres jusqu'à l'attique, est de 12 mètres 35 centimètres ; sa largeur de 15 mètres 25 centimètres ; son épaisseur de 3 mètres 25 centimètres ; le stéréobate a 6 mètres 80 centimètres d'élévation. L'édifice est coupé par deux arches en plein cintre. Trois assises de pierre composent l'attique, sur lequel se trouve gravée à creux l'inscription dédicatoire. Hors de la ville, sur la rive gauche de la rivière, au nord, on voit quelques restes de bains, dont les hypocaustes sont bien conservés, ce qui est assez rare, et près des murs, dans un vallon, ceux d'un amphithéâtre, jadis composé de 60 arcades, et qui s'appuyait sur la pente des deux collines où sont assis aujourd'hui les faubourgs de Saint-Eutrope et de Saint-Macoul.

Quant aux édifices modernes, les plus admirés sont : la cathédrale, fondée par Charlemagne, et l'église de Saint-Eutrope, dont il ne reste plus qu'une partie, remarquable par un clocher d'une belle architecture, construit dans le quinzième siècle ; la sous-préfecture (ancien palais épiscopal), et la caserne de cavalerie, qui occupe les bâtiments d'une célèbre abbaye de bénédictines, où Éléonore de Guienne se retira après la dissolution de son mariage avec Louis le Jeune. La cathédrale, dévastée plusieurs fois, et en dernier lieu par les protestants, l'an 1562, fut rebâtie telle qu'elle est aujourd'hui en 1583, et voûtée seulement en 1763.

Saintes est très-probablement d'origine gauloise. Après l'occupation de la Gaule par les Romains, cette ville, qu'ils appelaient *civitas Santonum* et *Mediolanum Santonum*, fut ornée par eux d'un grand nombre d'édifices. Du temps d'Ammien Marcellin c'était une des cités les plus florissantes de l'Aquitaine. Entièrement ruinée lors du passage des Vandales et des autres barbares qui gagnaient l'Espagne, elle fut rebâtie dans sa situation actuelle, car la ville antique occupait le sommet de la colline. Alors on oublia le nom de *Mediolanum* pour celui du peuple, *Santones*, d'où est venu *Saintes*. Plus tard, en 850, les Normands la ravagèrent. Au dixième siècle elle devint le siége d'un évêque et la capitale de la Saintonge. Elle souffrit beaucoup des guerres de religion. Il s'y est tenu des conciles en 563, 1075, 1080, 1088 et 1096. Saintes, devenue, en 1790, le chef-lieu du département de la Charente-Inférieure, conserva jusqu'en 1810 ce reste de son ancienne importance politique.
Oscar Mac Carthy.

SAINTES (Les). *Voyez* Guadeloupe.
SAINTES-ÉCRITURES (Les). *Voyez* Bible et Écriture sainte.
SAINTONGE, ancienne province de France, située entre l'Aunis et le Poitou au nord, le Périgord et l'An-

goumois à l'est, la Guienne au sud-est, et l'Océan à l'ouest. Elle avait environ 10 myriamètres de long sur 5 de large. Sa surface est généralement plate. La Charente la séparait en deux parties, l'une septentrionale, qui renfermait les villes *Saint-Jean-d'Angely*, *Tonnay-Charente*, *Taillebourg*; l'autre, méridionale, comprenant S a i n t e s, capitale de tout ce pays, et *M a r e n n e s*, *Royan*, *Mortagne*. Cette contrée tirait son nom des *Santones*, qu'Auguste renferma dans la Deuxième Aquitaine. A la mort d'Alaric, les Francs occupèrent la Saintonge. Eudes, duc d'Aquitaine, s'en rendit maître. Après son divorce, Éléonore de Guienne la porta par son mariage à Henri II; et les Anglais la conservèrent jusqu'au règne de Charles V, qui la leur enleva, et la réunit à la couronne, dont elle n'a plus été séparée, le don que Charles VII en avait fait à Jacques Ier, roi d'Écosse, en 1428, n'ayant pas été réalisé. La Saintonge et l'Angoumois formaient le douzième gouvernement militaire général de France; mais l'Angoumois relevait du parlement de Paris, et la Saintonge de celui de Bordeaux. En 1790 cette province forma une partie du département de la C h a r e n t e - I n f é r i e u r e et une portion de celui de la C h a r e n t e; quelques lambeaux au nord ont été compris dans celui des D e u x - S è v r e s. Consultez Massiou, *Histoire politique, civile et religieuse de la Saintonge et de l'Aunis*.

SAINTS (Culte des). L'antique coutume des assemblées religieuses près des tombeaux des martyrs amena l'usage d'y construire des autels et des églises; et l'on en vint bientôt à penser que l'intercession des martyrs auprès de Dieu devait avoir une grande puissance pour faire obtenir le pardon des péchés. Cette pensée conduisit naturellement au culte des martyrs et des saints, c'est-à-dire non-seulement des héros de la foi chrétienne, mais encore de tous ceux qui s'étaient distingués pendant leur vie par l'exercice des vertus que le christianisme recommande aux hommes. Elle était fondée sur le besoin qu'a l'homme d'intermédiaires auprès de la divinité. Tertullien se plaignait déjà, il est vrai, qu'on se fît au détriment de la discipline ecclésiastique une idée beaucoup trop grande de la vertu propitiatoire de l'intercession des saints; et saint-Cyprien limitait formellement leur influence à l'époque du jugement dernier. On continua d'ailleurs jusqu'au cinquième siècle à prier pour les saints; mais alors, à l'exemple d'Augustin, on renonça complétement à cet usage, comme étant malséant. Quoique Augustin enseignât que l'émulation morale devait être regardée comme la partie principale du culte des saints, les idées qu'on se faisait de la puissance des saints et de leur intercession en vinrent à ce point que leur adoration et même celle de leurs reliques furent considérées comme un moyen d'obtenir la rémission des péchés et comme une vertu. Les orateurs et les poètes employèrent les plus riches couleurs pour dépeindre la puissance et la magnificence des saints; ils les représentèrent comme les serviteurs, comme les amis, les intimes de Dieu, comme les protecteurs de la race humaine, comme des aides invisibles et toujours présents pour toutes les souffrances physiques et morales de l'homme, et souvent on les plaça au-dessus des anges. Il était inévitable que de pareilles idées ne fissent mêler beaucoup d'éléments païens au culte des saints. Les églises sous les autels desquelles se trouvaient des corps ou des reliques de saints leur furent dédiées; et on se choisit des saints pour patrons, comme au temps du paganisme on faisait pour les dieux et les héros. Bientôt chaque commune, chaque ville, chaque province eut un saint pour protecteur; et les plus merveilleux récits circulèrent au sujet de la vertu miraculeuse des saints et des reliques des saints. A partir du pontificat de Grégoire le Grand l'adoration des reliques devint de plus en plus la partie principale du culte des saints; et on oublia complétement le côté moral, le seul qu'on considérât à l'origine. La manie des miracles agrandit considérablement la tradition des saints, et orna des récits les plus incroyables la vie des anciens martyrs, dont quelque-

fois on connaissait à peine les noms, aussi bien que celle de saints nouveaux. On inventa même des biographies de martyrs et de saints. En même temps on fit aux saints des donations et des offrandes, comme autrefois à Rome on consacrait certains objets aux dieux. A partir du neuvième siècle le culte divin ne consista plus que dans le culte des saints, lequel avait reçu la forme qui convenait à ces temps de superstition. Quoiqu'un synode, tenu à Francfort en 794, eût interdit l'invocation de nouveaux saints et qu'en 805 Charlemagne eût encore renouvelé cette défense d'une manière plus expresse, on découvrait constamment d'anciens saints, et on ne cessa pas d'en faire de nouveaux. Les évêques, qui dans leurs diocèses avaient le droit de canoniser, en usèrent pour mettre certains moines au rang des saints et créèrent ainsi aux couvents une abondante source de richesses; mais en même temps ils y provoquèrent souvent ainsi des désordres tels que les abbés scrupuleux observateurs de la règle durent interdire tous miracles de saints dans leur monastère. L'intervalle compris entre le règne de Charlemagne et les croisades est l'époque où le goût pour les prodiges et les miracles devint le plus général, et où se forma la légende qui orna souvent la vie des saints des miracles et des aventures les plus ridicules. Jusqu'au quinzième siècle le nombre des saints s'accrut constamment; et parmi les diverses légendes qu'on possède la plus célèbre est celle qui a pour auteur *Jacobus de Voragine*, archevêque de Gênes (mort en 1298), ordinairement désignée sous le nom de *Legenda aurea*. La collection de vies de saints la plus complète, mais rédigée d'ailleurs sans critique, est celle des Bollandistes; elle est connue sous le nom d'*Acta Sanctorum*.

Jusqu'au douzième siècle les évêques exercèrent dans leur diocèse le droit de canonisation, dont les papes jouissaient aussi depuis environ deux cents ans. C'est Jean XV qui, en 995, donna le premier exemple d'une canonisation pontificale; et c'est Alexandre III qui, en 1170, réserva expressément le droit de canonisation au saint-siége. Le culte des saints rencontra des adversaires dès le douzième et le treizième siècle, non-seulement parmi des sectaires et des hérétiques, mais parmi des hommes d'une incontestable orthodoxie, tels que *Nicolaus de Clamengis* et *Petrus de Alliaco*. Au quatorzième et au quinzième siècle il fut combattu par la science, qui souvent recourut à cet effet aux armes de la satire la plus mordante, direction que suivit également la réformation au seizième siècle.

L'Église catholique a toujours établi une distinction essentielle entre le *culte de latrie*, qui n'est dû qu'à Dieu et à Jésus-Christ, et le *culte de dulie*, qui est celui qu'on rend aux saints.

SAINTS DES DERNIERS JOURS (Les). *Voyez* MORMONS.

SAÏS, ville célèbre de l'antique Égypte, sur le grand bras occidental du Nil (autrefois appelé *bras de Babitini*, et aujourd'hui *bras de Rosette*), dont il ne reste plus aujourd'hui que quelques grands amas de ruines connus sous le nom de *Sd-el-Hager*. Le village du même nom est situé à quelque distance au sud des ruines. Le rempart en briques noires du Nil qui jadis entourait la ville est encore visible aujourd'hui, et accuse une superficie de 707 mètres carrés. Le lac sacré dont parle Hérodote est situé dans la partie septentrionale du district. La divinité locale était Neith, comparée à Pthu, comparée par les Grecs à leur Athéné; c'est pourquoi la ville était appelée hiéroglyphiquement la *ville de Neith*. Cette déesse y avait un temple magnifique, où on l'adorait sous la forme d'une statue voilée. La fondation de Saïs remontait à l'antiquité la plus reculée, et il est déjà fait mention de son nom dans l'histoire de l'ancien royaume d'Égypte. Elle devint surtout célèbre à partir du huitième siècle av. J.-C., à cause des trois dynasties de rois de Saïs (la 24e, la 26e et la 28e de Manéthon), qui en étaient originaires. La plus célèbre de ces trois dynasties fut la 26e, à laquelle appartenaient les rois Psammeticus Ier,

Néchao (II), Psamméticus II, Huaphris (*Apries, Hophre*) Amasis et Psamméticus III (Psaménitos), dont parle Hérodote.

SAISIE. On appelle ainsi, en termes de droit et de procédure, toute mise de biens ou effets quelconques sous la main de la justice. C'est l'acte d'un créancier qui pour la sûreté de sa créance, et afin d'en avoir le payement, arrête et met sous la main de la justice les biens meubles ou immeubles de son débiteur.

La saisie est un mode d'*exécution forcée* des jugements ; l'exécution forcée consiste dans l'emploi des moyens et des contraintes autorisées par la loi pour obliger à satisfaire aux ordres de la justice. Ces moyens peuvent frapper sur les biens, et dans certains cas sur la personne même du débiteur ; ils frappent sur les biens 1° par les *saisies mobilières*, qui sont au nombre de quatre, savoir : la *saisie-arrêt*, la *saisie-exécution*, la *saisie-brandon*, la *saisie des rentes constituées sur particuliers* ; 2° par la *saisie immobilière*. Enfin, ils frappent sur la personne par l'*emprisonnement*.

Le saisi devant être dépouillé, malgré lui, de ses biens, il faut que le titre en vertu duquel agissent les officiers ministériels soit *exécutoire*, c'est-à-dire empreint du sceau de l'autorité souveraine ; en d'autres termes, il faut qu'il porte le même intitulé que les lois, et qu'il soit terminé par un mandement en forme aux officiers de justice ; c'est ce qu'on appelle *formule exécutoire*. Une fois revêtu de cette formule, l'acte ou jugement signifié commande l'obéissance, et l'officier ministériel qui serait alors insulté dans l'exercice de ses fonctions pourrait requérir la force armée ou dresser procès-verbal de rébellion.

SAISIE-ARRÊT ou *opposition*. Tous les biens du débiteur sont le gage du créancier (C. Civ., 2093). Ce qui lui est dû par des tiers fait nécessairement partie de ses biens, et conséquemment le créancier a droit même sur ses créances ; de là cette faculté que la loi lui accorde de *saisir-arrêter* dans les mains des tiers ce qu'ils doivent à son débiteur. La *saisie-arrêt* est donc une voie d'exécution par laquelle un créancier *arrête* entre les mains d'un tiers les sommes ou effets mobiliers appartenant à son débiteur, pour faire ordonner par justice que les deniers ou prix des effets lui seront remis en déduction de sa créance. Les formalités en sont tracées par les articles 561 et suivants du Code de Procédure civile.

SAISIE-BRANDON. C'est une voie d'exécution forcée par laquelle un créancier saisit les *fruits pendants par racine* appartenant à son débiteur, pour les faire vendre à leur maturité et se faire payer sur le prix. Ce mot *brandon* vient de l'usage où l'on était autrefois dans quelques pays de placer autour du champ des poignées de paille, appelés *brandons*, suspendus à des pieux plantés en terre. Le code actuel n'a pas maintenu l'usage de ces signes, mais il a conservé l'expression qu'ils avaient amenée, en indiquant qu'elle est synonyme de *saisie de fruits pendants par racine*. On entend par *fruits pendants par racine* ceux qui sont encore attachés à la terre.

SAISIE-CONSERVATOIRE. C'est celle qu'un créancier fait pratiquer en vertu de l'autorisation du président du tribunal de commerce, quoique la réclamation qu'il élève contre son débiteur ne soit point encore sanctionnée par une décision judiciaire. Cette saisie ne peut être suivie d'aucun acte d'exécution, puisqu'elle n'a d'autre effet que de mettre sous la main de la justice les effets du débiteur et d'empêcher qu'il n'en dispose, pendant la durée du litige, au préjudice de son créancier. En général, ce n'est qu'avec la plus grande réserve, dans les cas d'urgence, que le magistrat doit permettre l'emploi d'une mesure aussi rigoureuse que la saisie même purement conservatoire.

SAISIE-EXÉCUTION. C'est celle qu'exerce le créancier, porteur d'un titre *exécutoire*, pour faire vendre les meubles corporels de son débiteur et être payé sur le prix. Elle prend le nom d'*exécution* parce qu'on dépouille le débiteur de ses meubles au moyen de la vente qu'on en fait faire.

Le premier acte de cette procédure est un *commandement* fait un jour au moins avant la saisie, et ici la loi ne prescrit impérativement, afin que le débiteur lui-même soit dûment averti et mis en demeure de payer. L'huissier doit être assisté de deux témoins ou *recors* ; il est tenu en outre d'opérer la saisie hors la présence du créancier poursuivant, qu'il représente suffisamment. L'huissier ne trouve personne au domicile du saisi ne peut pas en ouvrir les portes sans être assisté d'un officier public. Tous les biens meubles qui se trouvent dans les lieux occupés par le débiteur peuvent être saisis. Mais des exceptions à cette règle générale ont été établies par des motifs d'humanité ; ces exceptions sont consacrées par les dispositions de l'article 592 du Code de Procédure civile. Ainsi, ne peuvent être saisis pour aucune créance, même celles de l'État, 1° les objets que la loi déclare *immeubles par destination* : par exemple les animaux, les bestiaux attachés ou utiles à la culture, les ustensiles aratoires, les pailles et engrais, etc. Ces objets, déclarés *immeubles* dans l'intérêt de l'agriculture, ne peuvent être saisis que par les moyens lents et difficiles de la *saisie immobilière* ; 2° le coucher nécessaire des époux, ceux de leurs enfants, les habits dont ils sont vêtus ; 3° les livres relatifs à la profession du saisi, jusqu'à la somme de 300 francs, à son choix ; 4° les machines et instruments servant à l'enseignement pratique ou exercice des sciences et arts, jusqu'à concurrence de la même somme ; 5° les équipements des militaires, suivant l'ordonnance et le grade ; 6° les outils des artisans nécessaires à leurs occupations personnelles ; 7° les farines et menues denrées nécessaires à la consommation du saisi et de sa famille pendant un mois ; 8° enfin, une vache ou trois brebis, ou deux chèvres, au choix du saisi, avec les pailles, fourrages et grains nécessaires pour la litière et la nourriture de ces animaux pendant un mois.

SAISIE-GAGERIE. C'est celle qui a pour objet d'empêcher que les meubles et fruits garnissant la maison ou les terres du propriétaire ne soient déplacés ou enlevés au préjudice des loyers et fermages qui lui sont dus. La saisie-gagerie se fait dans la forme de la *saisie-exécution*, et s'il y a des fruits, dans la forme établie pour la *saisie-brandon*.

SAISIE-IMMOBILIÈRE. La saisie-immobilière est pour les immeubles ce que la *saisie-exécution* est pour les meubles. Le but de l'une et de l'autre est de mettre les biens du débiteur entre les mains de la justice pour les faire vendre et payer les créanciers sur le prix. Mais les immeubles formant la base ou la partie la plus importante des fortunes, la loi a prescrit de nombreuses et difficiles formalités pour arriver à une expropriation forcée et à la distribution du prix entre les créanciers.

Ces formalités sont indiquées sous les articles 673 à 684 du Code de Procédure civile, et se trouvent résumés à l'article EXPROPRIATION.

SAISIE-REVENDICATION. C'est la réclamation d'un effet mobilier qui se trouve dans la main d'un tiers, et sur lequel on prétend avoir le droit de propriété ou celui d'un gage privilégié. Le possesseur d'un meuble en est réputé propriétaire, et cependant ce possesseur peut n'être pas le vrai propriétaire, par exemple en cas de vol ou de perte. D'un autre côté, la loi, en accordant un privilège au propriétaire (Code Civil, 2102), devait nécessairement lui fournir les moyens de l'exercer, malgré le déplacement furtif des objets. Dans l'un et l'autre cas la voie de la revendication est ouverte (Code de Procédure civile, articles 826 et suivants).

Auguste HUSSON.

SAISINE. C'est la prise de possession d'une chose ou la possession elle-même. Il y a deux espèces de *saisines* : celle de fait, et celle de droit. La première suppose une *possession réelle de fait* ; la seconde a lieu par le seul effet de la loi, comme dans le cas de la maxime : *Le mort saisit le vif*. Aux termes de l'article 724 du Code Civil, l'héritier légitime est *saisi* de plein droit au moment du décès ; aux termes de l'article 1006, l'héritier testamentaire ou légataire universel est également *saisi* de plein droit, à moins qu'il ne se trouve des héritiers légitimes auxquels la loi réserve une portion des biens du défunt ; dans ce cas ces héritiers sont *saisis* de l'universalité de sa succession (*voyez* Succession).

Auguste Husson.

SAISON (du latin *satio*, époque des diverses semailles dans le courant de l'année). On donne ce nom de *saisons* à certaines portions de l'année, qui sont distinguées par les signes dans lesquels entre le Soleil. Ainsi, selon l'opinion générale, les saisons sont occasionnées par l'entrée et la durée du Soleil dans certains signes de l'écliptique ; en sorte qu'on appelle *printemps* la saison où le Soleil entre dans le premier degré du Bélier, et cette saison dure jusqu'à ce que le Soleil arrive au premier degré de l'Écrevisse. Ensuite, l'*été* commence et subsiste jusqu'à ce que le Soleil se trouve au premier degré de la Balance. L'*automne* commence alors et dure jusqu'à ce que le Soleil se trouve au premier degré du Capricorne. Enfin, l'*hiver* règne depuis le premier degré du Capricorne jusqu'au premier degré du Bélier. Il est évident que cette hypothèse des *saisons* n'est point admissible, parce qu'elle n'est pas vraie dans tous les lieux. En effet, au Sud de l'équateur, le printemps dure tant que le Soleil remplit son cours depuis le premier degré de la Balance jusqu'au premier degré du Capricorne ; l'été, depuis celui-ci jusqu'au premier degré du Bélier, et ainsi de suite, tout au contraire de ce qui arrive vers le Nord. De plus, cette hypothèse de *saisons* ne convient point à la zone torride ; la preuve en est palpable, car on doit avouer que, quand le Soleil passe par ces lieux, il y a *été*, à moins que quelque cause n'y mette obstacle. Par rapport aux cieux, et dans les lieux situés sous l'équateur, il ne doit être ni *printemps*, ni *automne*, quand le Soleil a passé le premier degré du Bélier, mais plutôt l'*été* ; car alors le Soleil passe sur ces lieux, et ainsi y cause la plus grande chaleur. On ne peut donc le transporter l'*été* au premier degré de l'Écrevisse ou du Capricorne. On en peut dire autant des lieux situés entre l'équateur et les tropiques, parce que le Soleil y passe aussi avant que d'arriver au premier degré de l'Écrevisse ou du Capricorne. Le même inconvénient se rencontre par rapport au printemps et à l'automne sous la zone torride, puisqu'il paraît n'y avoir ni l'une ni l'autre de ces deux saisons sous l'équateur.

Si l'axe du globe n'était pas incliné sur le plan de l'écliptique en tournant autour du Soleil, il n'y aurait aucun changement de saison. Le Soleil, toujours dans la ligne équinoxiale, présenterait une éternelle succession de jours égaux. Les pôles seraient enveloppés constamment d'un faible crépuscule et de glaces qu'aucun été ne viendrait dissoudre. La torride serait embrasée de feux continuels, qui dessécheraient les continents qu'elle traverse de sa zone. Il régnerait dans les régions intermédiaires une bande étroite de climats tempérés qui jouiraient d'un printemps et d'un automne perpétuels ; mais ces contrées n'auraient ni chaleurs d'été pour mûrir suffisamment les fruits, et ni hiver pour donner un repos utile à la végétation.

C'est au moyen de l'inclinaison du globe de 23 degrés et demi (ou 23° 27′ 46″) sur son orbite ou plan de l'écliptique, inclinaison constante et toujours parallèle à elle-même, que se produit le changement annuel des saisons. En effet, la Terre, en parcourant cette orbite annuel autour du Soleil, lui présente, à cause de cette obliquité, tantôt son pôle nord et tantôt son pôle sud, sous cet angle de 23° et demi. Il s'en suit que le Soleil s'élève jusqu'au tropique du Cancer dans notre été, et s'abaisse jusqu'à celui du Capricorne dans notre hiver. Donc, le Soleil passe deux fois par année la ligne intermédiaire qui sépare également les deux hémisphères et chaque tropique. Quand le Soleil est dans l'équateur, qui est le milieu de notre globe, il coupe également les jours et les nuits, qui sont alors chacun de douze heures ; c'est pourquoi cette ligne s'appelle *équinoxiale* (*voyez* Équinoxe). Ces époques arrivent le 20 mars et le 22 septembre. Les peuples qui se trouvent sous cette ligne ont alors le soleil à pic sur leur tête, et à midi leur corps ne donne pas d'ombre ; elle est seulement entre leurs pieds. Tels sont les habitants de Bornéo, de Sumatra, ceux des rives de l'Amazone en Amérique sous l'équateur. On conçoit quelle doit être la violence de la chaleur lorsque les rayons solaires frappent perpendiculairement le sol ; de là vient que cette ligne forme une ceinture brûlante, appelée *zone torride*, autour de la terre. Si la chaleur est moindre en quelques lieux, comme à Quito, en Amérique, c'est à cause de l'élévation du terrain de cette ville, qui est placée à 3,000 mètres au-dessus du niveau de la mer.

1° Les peuples situés sous l'équateur voient donc deux fois le Soleil sur leur tête chaque année : ainsi, ils ont deux étés ; puis le Soleil s'écarte pour eux tantôt à droite, tantôt à gauche, de 23° et demi, ou jusqu'à chaque tropique. Ces deux éloignements constituent pour eux des saisons moins brûlantes ; mais lorsque le Soleil est élevé au zénith, sous la torride, la chaleur extrême qu'il excite procure une immense évaporation d'eau ; le ciel se voile de nuages amoncelés, qui crèvent incessamment en orages, avec d'effroyables détonations de la foudre et un déluge d'eau. De là vient que ces deux prétendus étés se nomment la *saison des pluies* ou l'*hivernage* dans les parages des mers de l'Inde et sous toute la zone torride : ce sont les époques les plus malsaines, à cause de la prédominance de cette humidité chaude qui corrompt et pénètre tout. C'est encore à ce double passage du Soleil sur la ligne équatoriale qu'on peut rapporter, indirectement au moins, la cause des moussons qui règnent à peu près par semestre dans les mers de l'Inde, et surtout dans le golfe du Bengale. Dans certaines années, les moussons soufflant de l'ouest sont plus orageuses que celles de l'est. Sous l'équateur, l'hiver et l'été sont donc les deux seules saisons, savoir : la sèche, et celle des pluies ; chacune d'elles se montre deux fois par an. Ainsi, les deux saisons sèches sont celles pendant lesquelles le Soleil monte vers l'un et l'autre tropique, ou aux solstices de juin et de décembre, parce qu'il darde plus obliquement ses rayons, qu'il soulève moins de vapeurs, et que le ciel reste serein, sans tempêtes. C'est le contraire qui a lieu aux époques des équinoxes.

Comme le Soleil demeure sept jours de plus environ sur l'hémisphère boréal que sur l'austral, il s'ensuit qu'il n'existe pas une égalité parfaite entre l'hiver et l'été sous l'équateur même, mais cette égalité se trouve vers 1° 47′ 30″ de latitude boréale. Voici les durées solaires actuelles de chaque saison :

Le printemps dure 92 jours 21 heures, 74′
L'été   93   13   58′
L'automne   89   16   47′·
L'hiver   89   2   02′

Lorsque le Soleil deviendra plus voisin de la Terre à l'équinoxe du printemps, ce qui arrivera vers l'année 6485 de l'ère vulgaire, les saisons seront à peu près égales. Ensuite la précession des équinoxes continuant toujours, le printemps et l'été deviendront plus courts que l'automne et l'hiver. Alors aussi l'hémisphère austral sera plus longtemps échauffé que le nôtre de sept jours.

2° Sous l'un et l'autre des tropiques, les habitants n'ont que deux saisons, l'été et l'hiver, mais qui ne sont point partagées chacune comme sous l'équateur. L'hiver de l'un des tropiques devient l'été pour l'autre, et il en est ainsi réciproquement pour chacun des hémisphères boréal et austral. Mais comme sous les tropiques le Soleil ne descend jamais au-dessous de 23° et demi au delà de l'équateur, les jours ne raccourcissent jamais beaucoup, et les rayons solaires ont peu d'obliquité, c'est pourquoi l'hiver y est encore bien chaud et surtout bien sec. Il y a une faible différence de chaleur entre l'été et l'hiver dans ces régions intertropicales. Les temps pluvieux de chaque tropique n'arrivent qu'une fois par an, lorsque le Soleil s'élève à son apogée et que la chaleur devient plus intense par la moindre obliquité de ses rayons.

3° A mesure qu'on remonte vers les régions intermédiaires de la zone torride et des zones glaciales, on se trouve en des climats dans lesquels l'été et l'hiver ou les extrêmes sont séparés par des saisons tempérées. Alors le froid et le chaud s'y balancent ou se combattent plus ou moins, selon que le Soleil se rapproche ou s'éloigne de chacun des pôles. Comme le 45° degré de latitude, soit boréale, soit australe, est le milieu entre le pôle et l'équateur, la température moyenne s'y établit avec le plus de régularité dans ses saisons. Tel est le milieu de la France, sur les heureux rivages de la Loire et de la Durance, ou ceux du Danube en Allemagne. Si les saisons sont moins régulières sous les mêmes parallèles en d'autres contrées, soit d'Asie, soit d'Amérique, il faut en accuser les accidents des territoires, tantôt entrecoupés de montagnes ou de plateaux, tantôt hérissés de forêts ou sillonnés d'immenses marécages, de fleuves, ou présentant des plaines arides de sables déserts et de rocailles incultes.

4° Plus on s'avance vers les zones glaciales des pôles, plus la saison d'hiver y domine longuement de toutes les autres, excepté trois mois d'été à peu près, qui suffisent à peine pour dégourdir la nature attristée sous ces redoutables climats. Mais, par une sorte de compensation, les jours s'y prolongent à cette époque, et la durée de la lumière solaire accroît la chaleur, hâte sans relâche la végétation, tandis qu'en hiver, en revanche, l'absence presque totale du jour aggrave encore les rigueurs de la froidure. Ainsi, les saisons peuvent être considérées comme des *climats passagers* et *mobiles* chaque année, comme on peut appeler les climats des *saisons permanentes* ou *stationnaires* pour certaines contrées.

Malgré cette *démarche gauche* dont se raille la philosophie moqueuse de Voltaire, ou plutôt à cause même de cette obliquité, la presque totalité du globe est devenue habitable et favorisée tour à tour de l'influence des rayons solaires, tandis qu'une sphère droite serait brûlée à son équateur et toujours gelée aux pôles. Vue, relativement au globe considéré en masse, l'année représente dans ses quatre saisons les quatre époques du jour (*nycthémère*). Nous voyons au pôle les animaux s'engourdir pendant l'hiver, les hommes mêmes s'enfouir sous terre, comme les marmottes et les hamsters, avec leurs provisions. Le froid et l'obscurité règnent ; aussi l'hiver est-il évidemment *la nuit de l'année*. Le printemps, ce réveil de la nature, présente tous les caractères du *matin*, époque de fraîcheur, de jeunesse, de croissance florissante et de joie, ou d'épanouissement et d'espérance pour toutes les créatures animées. Les rapports de l'été avec le *midi* où la chaleur du jour sont trop manifestes pour qu'on ne les ait pas signalés depuis longtemps. Le Soleil s'élevant au zénith sur l'horizon mûrit les moissons et les fruits, colore et fortifie de sa lumière et de ses feux tous les êtres, fait éclater l'amour, la colère, toutes les ardentes passions de la vie. L'automne ressemble *au soir* ; c'est l'époque dans laquelle se fanent tous les végétaux, épuisés de vieillesse ; le feuillage se ferme ou tombe dans plusieurs plantes ; les animaux muent ou succombent d'épuisement ; l'approche du froid et de l'obscurité attriste et abat toutes les créatures, comme après un long jour de fatigue.

Ainsi se clôt le cercle de cette grande journée annuelle, qui serait en effet manifeste sous chaque pôle lui-même, puisqu'on n'y aurait qu'un jour et qu'une nuit, chacune de six mois, pendant une révolution entière de la terre dans son orbite autour du soleil. J.-J. VIREY.

SAJETTE ou **SAJITTE**, mot du vieux langage, synonyme de flèche. *Voyez* DARD.

SAJOU, genre de singes très-nombreux en espèces, et appartenant à la tribu des c é b i e n s. Les sajous ont pour caractères génériques : 36 dents, dont 4 incisives, 2 canines et 12 molaires tuberculeuses à chaque mâchoire ; pouces des mains supérieures non opposables aux autres doigts, ou manquant tout à fait ; narines très-distantes l'une de l'autre ; ongles courts et plats ; vision oblique ; point d'abajoues ni de callosités. Ils vivent tous dans les parties chaudes de l'Amérique du Sud.

Le *sajou commun* (*simia apella*, L.; *cebus apella*, Erx.), ou *sapajou*, qui habite la Guiane, a ordinairement le pelage d'un brun clair en dessus, fauve en dessous ; le dessus de la tête, la queue et la partie inférieure des membres sont noirs ; la face est d'un noir violâtre, encadrée de poils d'un brun noirâtre. Le *sapajou nègre* de Buffon, le *sajou brun* de Fr. Cuvier, n'en sont que des variétés.

Le *capucin* (*cebus capucinus*, Erx.), ou *saï*, est ainsi décrit par Fr. Cuvier : « Le capucin a 42 centimètres de longueur totale, en y comprenant la queue, qui en a 21. Le derrière de la tête, le cou, le dos, les côtés du corps, les cuisses, la partie postérieure des jambes de derrière et le dessus de la queue sont d'un brun jaunâtre ; le ventre et les cuisses en avant ont cette même couleur, mais plus pâle ; le dessous de la queue est d'un jaune pâle, le sommet de la tête a une calotte noire ; le devant et les côtés de la tête, le haut des bras, la face antérieure des avant-bras, le cou et la poitrine sont blancs ; la face et les oreilles sont couleur de chair, les mains et les pieds d'un noir violâtre, et les yeux sont fauves. » La présence de cette calotte noire jointe à la couleur de la face, dont les joues ont des poils allongés, explique ce nom vulgaire de *capucin*. On trouve ce singe au Brésil, à la Guiane et au Paraguay.

Parmi les autres espèces de ce genre, contentons-nous de citer le *sajou à toupet* et le *sajou cornu*, caractérisés par les poils du front, disposés chez l'un en toupet circulaire, chez l'autre en aigrette.

Les sajous sont de petits singes vifs, pétulants, d'une agilité surprenante. Captifs, ils montrent de la douceur, de l'affection, et même de la docilité. Cependant, leur caractère est généralement capricieux. Dans leurs forêts natales, ils vivent en troupes, se nourrissant de fruits, d'insectes, de mollusques, et recherchent surtout les petits oiseaux. Ils se tiennent de préférence sur les plus hautes branches des arbres, afin d'éviter l'atteinte des serpents, dont ils ont la plus grande frayeur.

SAKI, genre de singes de la tribu des c é b i e n s, offrant le même système dentaire que les sajous, et renfermant quatre espèces, parmi lesquelles nous citerons le *saki à ventre roux* (*cebus pithecia*, Fisb.), qui n'est autre que le *sagouin* ou *singe de nuit* de Buffon. Cet animal habite la Guiane, où il est assez rare. Il a les poils de la tête allongés, diffus, lui formant une sorte de perruque ; sa face est recouverte d'un duvet court, et entourée d'un cercle de poils jaunâtres ; il manque de barbe sous le menton ; son pelage est long, brun, teinté de roussâtre, avec les parties inférieures et le dedans des membres d'un roux vif. Sa queue est touffue, a peu près de la longueur du corps, qui atteint de 46 à 48 centimètres. Les mœurs des sakis sont à peu près les mêmes que celles des sajous ; mais ils sont moins lestes et moins grimpeurs.

SARJA-MOUNI. *Voyez* BOUDDHA.

SAKKARAH, village de l'Égypte centrale, sur la rive gauche du Nil, est remarquable à cause du *Champ des Momies* qu'on y voit. C'était jadis la *nécropole* de l'antique Memphis, située à environ une heure de marche de là, aux confins des déserts de la Libye. De ce village dépendent également les grandes catacombes d'Ibis, où plusieurs centaines de milliers de ces oiseaux sont enterrés dans des cruches. Sakkarah est célèbre en outre par les Pyramides qui l'avoisinent, et qui sont au nombre de trente environ, les unes construites en briques, les autres en pierres, et les plus hautes que l'on connaisse après celle de Gyseh. Plusieurs ne sont que des amas de ruines.

SAKKATOU, capitale du royaume de Haoussa.

SAKOUNTALA. *Voyez* KALIDASAS.

SALA (Royaume de), en Afrique. *Voyez* ANZICO.

SALADE. *Voyez* CASQUE.

SALADE (*Économie domestique et hygiène*). Ce mot, dérivé du latin *sal*, sel, sert principalement à désigner des préparations culinaires qui requièrent, en outre du sel et du poivre, de l'huile ou bien du beurre ou de la crème, et communément du vinaigre. Les végétaux sont surtout la base de ces préparations, et ceux qui servent à cet usage sont même désignés par la dénomination générique de *salades*. La liste de ces plantes est aussi nombreuse que variée, et elle suffit aux besoins durant tout le cours de l'année ; l'émulation qui règne parmi les jardiniers laisse peu à désirer sous le rapport de cette culture : ils outrepassent même trop souvent les bornes de leur art. Ils oublient que le mieux est l'ennemi du bien, et c'est surtout à Paris qu'on peut leur adresser ce reproche : abusant des engrais ainsi que des arrosements, ils obtiennent des produits énormes et précoces, mais insipides. D'autres herbes servent aussi dans la composition des salades comme adjuvants, tant pour varier que pour accroître la saveur des laitues, romaines, chicorées, etc. On en distingue l'ensemble par l'épithète de *fournitures*; on y ajoute aussi quelques fleurs comme ornement ; celles des capucines, qui plaisent à la vue comme au goût, sont les plus usitées ; les fleurs de bourrache, celles de mauve, fournissent une décoration agréable aux yeux.

En examinant les salades sous le rapport de l'hygiène, il semble d'abord qu'elles doivent avoir une influence défavorable sur la santé ; des herbes crues, des épices irritantes, du vinaigre, doivent, pense-t-on, être peu digestibles et même irriter l'estomac ; l'expérience cependant ne justifie point ce jugement. Il est peu de mets dont l'usage soit aussi répandu que celui-ci dans toutes les classes de la société ; on l'a presque toujours sous la main, et il plaît généralement au goût. Néanmoins, rarement il cause des accidents ; il serait donc injuste d'exciter à son égard la défiance. Quel que soit le mode adopté pour préparer les salades, il est toujours nécessaire d'user très-sobrement du vinaigre ; un mérite dans l'apprêt est de faire disparaître l'acidité de ce liquide au point que sa saveur se confonde avec celle des herbes, de l'huile et des autres ingrédients. C'est pour cet effet que le jaune d'œuf est un intermédiaire très-utile. On devrait aussi faire un usage exclusif du vinaigre de vin, trop fréquemment remplacé aujourd'hui par l'acide qu'on obtient au moyen de la combustion du bois ; c'est une distinction à laquelle on ne s'attache pas assez, et sur laquelle nous devons appeler l'attention publique. On devrait servir les fournitures à part ; puisées parmi des plantes excitantes, elles se digèrent plus difficilement que les salades ; avec cette attention, on rendrait ces dernières plus accessibles à plusieurs personnes.

Dans le langage vulgaire, on fait usage du mot *salade* dans mille acceptions bizarres : ainsi, on appelle la valériane et la mâche, *salade de chanoine*; le pissenlit, *salade de taupe*; la renoncule d'eau, *salade de grenouille*. Un plat de cerises dites à *l'eau-de-vie*, des oranges coupées par tranches et infusées dans cette liqueur avec addition de sucre, sont également appelées *salades*, sans égard pour l'étymologie, qui réclame la présence du sel de cuisine.

CHARBONNIER.

SALADIN, *Salah-ed-Din Joussouf-Ebn-Ayoub*, sultan d'Égypte et de Syrie, le héros musulman de la troisième croisade, comme Richard Cœur de Lion en est le héros chrétien, né en 1137, au château de Tékrit, où son père, guerrier kourde, était commandant, servit dans sa jeunesse sous les ordres de son père et de son oncle Schirkouh. Quand ce dernier fut envoyé en Égypte par le sultan d'Alep, Noureddin, afin de rétablir dans ses fonctions le vizir Schaver, déposé par le khalife d'Égypte Ahded, et qui s'était réfugié auprès de Noureddin, Saladin l'y accompagna. Mais Schaver, une fois rétabli, ne s'aperçut pas plus tôt que le projet de Schirkouh était de s'emparer de l'Égypte, qu'il entreprit contre lui une guerre dans laquelle il eut les chrétiens pour auxiliaires, et qui, signalée par une suite de revers et de succès, se termina par le triomphe de Schirkouh et la mise à mort de Schaver. Schirkouh et Saladin, après la mort de son oncle, devinrent donc les vizirs de Noureddin en Égypte ; mais Saladin visa tout aussitôt à s'en rendre le souverain indépendant. Adonné jusque alors au jeu et au vin, il se montra tout à coup l'un des observateurs les plus rigides du Coran. En sa qualité de sunnite zélé, il persécuta la secte d'Ali, et mit fin, en 1171, à la domination de la dynastie des Fatimites en Égypte. Ahded mourut vers le même temps. Saladin, qui s'empara de ses trésors, voulait se rendre indépendant, et chercha en conséquence à gagner l'affection des Égyptiens par la sagesse et la douceur de son gouvernement. Noureddin, soupçonnant ses projets, marcha sur l'Égypte à la tête d'une armée nombreuse. Un compromis prévint le commencement des hostilités. Mais Noureddin étant venu à mourir, en 1174, et ayant pour successeur sur le trône son fils Al-Malek, prince peu digne de régner, Saladin prit immédiatement ses mesures pour lui enlever ses possessions. Il s'empara de Damas et autres places de Syrie, mais il assiégea sans succès Al-Malek lui-même dans Alep. Al-Malek mourut en 1181, et deux ans après Alep se rendit à Saladin, qui se trouva alors maître de toute la Syrie et de toute l'Égypte, sous le titre de *sultan*, que lui confirma le khalife Nasser. A partir de ce moment sa politique eut pour objet d'expulser les chrétiens de la Palestine et de se rendre maître de Jérusalem. Les chrétiens avaient provoqué encore plus ses ressentiments en attaquant, contrairement aux traités, les pèlerins qui se rendaient à La Mecque. Il leur fit chèrement payer ce manque de foi, à la bataille livrée en 1187 dans la plaine de Tibériade, où Guy de Lusignan, roi de Jérusalem, fut fait prisonnier, en même temps que Châtillon ainsi que les grands-maîtres des Templiers et celui de l'ordre de Saint-Jean-de-Jérusalem et une foule de chevaliers. Les suites de cette victoire furent la prise de Saint-Jean-d'Acre, de Saïd, de Beyrout, etc. ; et dans le courant de la même année Jérusalem se trouva réduite à ouvrir ses portes à Saladin, sous la condition que tous ceux de ses habitants qui payeraient au vainqueur une rançon modérée auraient la permission de quitter la ville, mais que ceux qui ne le pourraient pas seraient réduits en esclavage. Saladin exécuta loyalement le traité. En apprenant la chute de Jérusalem, l'empereur Frédéric Barbe-Rousse, le roi de France Philippe-Auguste, le roi d'Angleterre Richard Cœur de Lion, et une foule d'autres princes, se décidèrent à prendre la croix. A cette nouvelle les chrétiens de Tyr sentirent renaître leur courage, et enlevèrent, en 1189, Saint-Jean-d'Acre aux musulmans. Saladin accourut, et pendant deux années de suite les alentours de Saint-Jean-d'Acre furent le théâtre des luttes les plus sanglantes. L'empereur Frédéric débarqua en Asie à la tête d'une armée ; mais sa mort découragea les musulmans, qui conservèrent la supériorité jusqu'au moment où Richard Cœur de Lion et Philippe-Auguste arrivèrent avec de nombreux bataillons. Saint-Jean-d'Acre fut réduite à leur ouvrir ses portes en 1191 ; après quoi, Philippe-Auguste s'en retourna en Europe. Richard, demeuré seul, battit Saladin dans deux rencontres, à la suite de Césarée et de Jaffa, et menaça Jérusalem. Enfin, il intervint entre les deux souverains un traité abandonnant aux chrétiens toute la côte depuis Jaffa jusqu'à Tyr. Ascalon fut démantelé, et le sultan resta en possession du reste de la Palestine. Saladin mourut en 1193, à Damas, peu de temps après le départ de Richard pour l'Europe. C'était un prince d'une grande sagesse et d'une bravoure à toute épreuve ; il aimait la justice et observait religieusement la parole donnée. Il laissa dix-sept fils et une fille, et fut le fondateur de la dynastie des Ayoubites.

SALAIRE, prix du travail journalier de l'ouvrier, moyen de vivre pour celui qui, n'ayant ni propriété foncière ni capital, ou n'en possédant pas d'insuffisants, a recours au travail pour y suppléer. L'économie industrielle, qui subordonne tout aux calculs des produits et s'inquiète peu des agents du travail, n'envisage dans le salaire que le prix de a main-d'œuvre. La réduction de ce prix au taux le plus bas promettant à l'entrepreneur un débit et des bénéfices abondants, c'est cette réduction qu'il a constamment en vue. L'économie politique, dont l'objet est la prospérité sociale, et par conséquent la meilleure répartition possible entre tous des avantages sociaux, s'occupe sous un tout autre point de vue de l'immense question des salaires. Voyez Sully à la tête des affaires; songe-t-il à l'accroissement des fortunes pour quelques-uns? Non. Le ministre, sage économiste, véritable homme d'État, parce qu'il est avant tout homme de bien, s'inquiète si la multitude des travailleurs pourra vivre un peu à l'aise, si *labourage et pâturage seront les deux mamelles de la patrie*. C'est beaucoup moins de la multiplicité toujours croissante des produits qu'il a souci, que de la facilité de vivre pour tous ceux qui concourent à les faire naître. L'économiste politique n'immole point une classe à l'autre : sa tâche, bien moins aisée, est de concilier tous les besoins, tous les intérêts, tous les droits.

On a dit que le *salaire* n'était que l'esclavage prolongé; vérité terrible, et qu'il faut reconnaître, sinon pour la totalité, au moins pour une multitude toujours trop nombreuse de salariés, toutes les fois que l'équité, la pleine liberté du contrat, n'ont pas présidé à la distribution des salaires. Si la faim d'un côté, l'avarice de l'autre, ont formulé l'accord, le salarié n'est guère en effet que l'esclave du besoin, moins le pouvoir retiré au maître de le contraindre au travail par des sévices et de punir sa résistance même par la mort : ce servage est donc mitigé en ce point. Toutefois, l'esclave est nourri par son maître, le salarié ne l'est point par celui qui le paye, s'il vient à manquer d'ouvrage ou si son salaire ne peut suffire à ses besoins et à ceux de sa famille.

Assurer par une bonne législation la suffisance constante des salaires, faire en sorte que dans les circonstances difficiles les mœurs suppléent à ce qu'n'auraient pu faire les lois, voilà le plus grand problème à résoudre pour l'économie sociale; voilà l'œuvre des bonnes institutions, des bons gouvernements. Le problème peut être résolu en respectant tous les droits sociaux, mais l'indication des moyens serait la matière d'un livre, et nous ne faisons qu'un article.

AUBERT DE VITRY.

SALAIRES (Égalité des). *Voyez* ÉGALITÉ DES SALAIRES.

SALAISON (Du latin *sal*, sel). On appelle ainsi les viandes et les poissons qui sont conservés au moyen du sel. L'art de saler les substances animales pour pouvoir les garder en toutes saisons est d'une grande importance pour la marine, car il donne presque seul le moyen d'entreprendre de grands voyages sur mer. Toutefois, l'usage trop prolongé des salaisons expose au scorbut. Grâce aux perfectionnements que cet art a reçus, il a pris une place importante dans l'économie publique et dans l'économie domestique. Parmi les viandes pour lesquelles on a recours à la salaison, il faut citer en première ligne le bœuf et le porc, qui sont presque exclusivement employés pour les voyages maritimes. (Quant au procédé employé pour la salaison du porc, *voyez* COCHON.) Les Anglais préfèrent le bœuf pour l'approvisionnement de leurs vaisseaux; en France, on se sert surtout de porc. En Angleterre, on retire les os des membres des animaux qu'on sale; en France, on ne sépare pas les os des chairs pour cette opération. Quel que soit le procédé employé pour la salaison, il se réduit toujours à mettre la viande ou le poisson en contact avec du sel commun et à l'arroser avec la saumure. On estime particulièrement les salaisons d'Irlande. Ce genre d'industrie a pris depuis quelque temps d'immenses développements aux États-Unis, plus particulièrement dans l'Ohio, le Kentucky, le Tennessee, l'Indiana, l'Iowa, le Missouri, le Wisconsin et le Michigan. Dans quelques départements de la France, on sale des volailles, comme l'oie, le canard, le dindon. La graisse de ces animaux, figée et conservée avec leurs ailes et leurs cuisses, sert à la préparation d'autres aliments. Les poissons que l'on garde au moyen de la salaison sont la morue, le hareng, le maquereau, la sardine, l'anchois, le saumon, le thon, etc. Le beurre est aussi conservé à l'aide du sel en Normandie et en Bretagne.

SALAMALEC. *Voyez* SALUTATION.

SALAMANQUE, le *Salmantica* des Romains, chef-lieu de la province du même nom (185 myriam. car., 240,000 hab.), en Espagne, sur les bords du Tormes, qu'on y traverse sur un pont de vingt-sept arches, dont la construction remonte à l'époque romaine, n'a que des rues étroites et tortueuses, comme toutes les villes anciennes, mais possède une grande place, citée parmi les plus belles de la Péninsule. Salamanque, quoique siége d'un évêché, ne possède aujourd'hui que 7,700 habitants, et 12,870 avec sa banlieue, ou 30,000 avec son district judiciaire. Parmi ses nombreuses églises, toutes ornées de tableaux et de sculptures, quelquefois d'un grand prix, il faut d'abord mentionner la magnifique cathédrale, construite dans le style gothique, de 1512 à 1734, où, entres autres précieuses reliques, on conserve la *croix des combats* que le Cid, dit-on, portait avec lui dans ses campagnes; puis l'ancien collége des jésuites et les bâtiments de l'université. Cette université fut fondée au commencement du treizième siècle, par le roi de Léon Alphonse IX, afin de rivaliser avec Alphonse VIII de Castille, qui avait fondé, en 1209, celle de Palencia. Ferdinand II, héritier des royaumes de Léon et de Castille, les réunit en 1239. Le seizième siècle fut la période où elle jeta le plus vif éclat; depuis elle a participé au mouvement général de décadence de l'Espagne, et c'est à peine si l'on y compte aujourd'hui trois cents étudiants.

Le 22 juillet 1812 une bataille importante fut livrée sous les murs de Salamanque, entre les Anglais et l'armée française aux ordres de Marmont. La victoire demeura aux Anglais.

SALAMANDRE, genre de reptiles batraciens, de la famille des nrodèles. On les divise en *salamandres* proprement dites ou *salamandres terrestres*, et en *tritons* ou *salamandres aquatiques*. Les salamandres ont le corps alongé et terminé par une longue queue; elles ont quatre pattes latérales de même longueur, non palmées en général et présentant quatre doigts dépourvus d'ongles; leur tête est aplatie, l'oreille est entièrement cachée sous les chairs et dépourvue de tympan; les mâchoires sont armées de dents nombreuses et petites, de même que le palais qui en supporte deux rangées longitudinales. A l'état adulte, les salamandres ont une respiration pulmonaire, mais les têtards respirent par des branchies en forme de houppes, au nombre de trois, et qui s'oblitèrent ensuite. Les salamandres terrestres jouissent de la faculté de faire sortir de la surface de leur corps une humeur blanchâtre, gluante, d'une odeur forte et d'une saveur très-âcre, liqueur qui leur sert, dit-on, de défense contre les animaux qui voudraient les dévorer, et qui les rend un objet de dégoût et de crainte, bien que ce liquide ne soit nullement vénéneux. Quand on jette ces animaux sur des charbons ardents l'humeur qu'ils répandent est très-abondante, et c'est sans doute là ce qui a donné lieu à la fable qui représente les salamandres comme incombustibles; mais au bout de quelques minutes, la sécrétion du liquide cesse, et l'animal, après d'horribles contractions, se trouve bientôt consumé. Les salamandres sont des animaux faibles, craintifs et timides. Les salamandres terrestres vivent dans les lieux humides ou rocailleux : ce sont les *sourds* ou *mourons* de nos campagnes. Elles se nourrissent d'insectes à l'état de larve ou à l'état parfait, de vers ou de petits mollusques. Les salamandres terrestres se distinguent particulièrement des salamandres aquatiques par leur queue, qui est ronde, tandis que celle des tritons est comprimée et transformée en nageoire caudale. Les salamandres terrestres ne se tiennent dans l'eau que pendant leur état de têtard et quand elles veulent mettre bas. Les tritons passent presque toute leur vie dans l'eau, et possèdent la singulière faculté de pouvoir être pris dans la glace pendant quelque temps sans périr. Les salamandres ont une force de reproduction étonnante. Le même membre enlevé plusieurs fois peut repousser avec tous ses os, ses muscles, ses vaisseaux, etc.

La *salamandre commune* a une taille de 16 à 20 centimètres. Son corps est d'un noir sombre, plus livide en dessous, et irrégulièrement parsemé de taches arrondies d'un jaune vif. Les tubercules d'où suinte une humeur visqueuse se trouvent rangés sur les côtés du corps. Elle passe sa vie sous terre, au pied des vieilles murailles, dans les bois, dans les fossés, sous les pierres et les racines; mais elle s'éloigne peu de son trou. Craignant le soleil, c'est pendant la pluie ou vers le soir qu'elle sort de sa retraite pour aller chercher sa nourriture. Son allure est d'ailleurs stupide : elle marche toujours droit devant elle, quel que soit le danger qui la menace. C'est surtout cette espèce que les poètes ont immortalisée. « Le nom des salamandres, dit Latreille, est depuis longtemps fameux; l'amour du merveilleux s'est plu à les tirer de l'obscurité à laquelle elles semblent avoir été condamnées par l'auteur de la nature. Considérées comme des êtres privilégiés, qui braveraient la puissance du plus actif des éléments, elles fournirent à l'amour des symboles souvent plus brillants que fidèles. Le temps a dissipé les prestiges de cette fausse gloire. » François Ier avait pris pour emblème une salamandre au milieu des flammes avec cette devise : *J'y vis et je l'éteins*. Pour flatter ce prince galant, l'architecte de Chambord avait enlacé des salamandres dans presque tous les chapiteaux et dans les frises de ce château. On lisait aussi au château de Fontainebleau ces deux vers latins écrits en lettres d'or, à la louange de François Ier :

Ursus atrox, aquilæque leves et tortilis anguis,
Cesserere flammæ jam, salamandra, tuæ.

Scheuzer ayant cru découvrir dans les schistes d'Œningen les restes d'un homme fossile, qu'il appelait *homo diluvii testis*, il en fit l'objet d'une dissertation imprimée en 1726. Jean Gesner, le premier, combattit cette opinion, et rapporta les ossements d'Œningen à une grande espèce de silure. G. Cuvier prouva, d'après les grandeurs relatives des os, que le prétendu homme fossile n'était autre chose qu'une salamandre aquatique de taille gigantesque, un mètre environ, et d'une espèce inconnue. Pour confirmer son opinion, il fit graver le squelette de la salamandre, et lorsque, en 1811, il put creuser la pierre qui contenait ce témoin du déluge, ses prévisions s'accomplirent; à mesure que le ciseau enlevait un éclat de pierre, il découvrait quelques-uns de ces os que le squelette de la salamandre avait annoncés d'avance.

La célébrité de la salamandre ne pouvait manquer de faire entrer son nom dans le langage des alchimistes. Ainsi, dans la science hermétique, la *salamandre qui est conçue et qui vit dans le feu* désigne le *soufre incombustible* ou la *pierre parfaite ou rouge*, dénominations tout aussi inintelligibles les unes que les autres.

Les cabalistes nommaient *salamandres* certains esprits auxquels obéissait l'animal merveilleux dont ils portaient le nom.

SALAMINE, fertile île de la Grèce, d'environ 6 kilomètres carrés, située en face de la baie d'Éleusis, séparée de l'Attique et de la Mégaride par un détroit n'ayant guère plus de 1 kilomètre de large, formait dans les temps héroïques un État particulier, sous la souveraineté de Télamon, dont le fils, Ajax, amena douze vaisseaux au siège de Troie. Le dernier monarque issu de cette famille, Philæos, fut forcé, dit-on, d'abandonner la propriété de l'île aux Athéniens, à cause des troubles civils auxquels elle était en proie. Les Athéniens ne tardèrent pas à s'en voir contester la propriété par les Doriens de Mégare; et ce fut Solon seul qui leur en assura définitivement la possession. Avec sa liberté Salamine perdit sa puissance et sa prospérité. La capitale de l'île, qui portait le même nom, située sur la côte méridionale et pourvue d'un bon port, fut fondée par les Athéniens à l'époque des guerres de Macédoine; et peu de temps après ils bâtirent encore une autre petite ville sur la côte qui fait face à l'Attique. A l'époque de la domination romaine sur la Grèce, Sylla proclama l'indépendance de Salamine; et il en fut ainsi jusque sous le règne de Vespasien. Aujourd'hui toute la population se trouve agglomérée dans le village de *Koulouri*, nom actuel de l'île de Salamine. Dans l'antiquité Salamine avait été le théâtre de la brillante victoire navale remportée dans le détroit oriental, le 23 septembre de l'an 480 av. J.-C., sur les Perses, qui disposaient de forces bien plus considérables, par Thémistocle, commandant la flotte combinée des Grecs.

SALAMINE était aussi le nom de la capitale de Cypre, située au centre de la côte sud de cette île, avec un port sûr et spacieux, fondée suivant la tradition par Teucer, fils de Télamon, et célèbre par la victoire que l'armée et la flotte de Cimon y remportèrent sur les Perses en l'an 449 av. J.-C. Plus tard cette ville exerça, si non les droits de souveraineté, du moins une très-grande influence sur le reste de l'île; car sous la domination romaine toute la partie orientale de Cypre faisait partie du territoire de Salamine. Sous Trajan elle souffrit beaucoup d'une révolte des Juifs, et encore plus sous Constantin d'un tremblement de terre. Ce prince la fit rebâtir, et on lui donna alors en son honneur le nom de *Constantia*; d'où le nom de *Porto Constanza* que porte aujourd'hui cette localité.

SALANGANE. *Voyez* HIRONDELLE.
SALANTS (Marais). *Voyez* SALINE.
SALBANDES (*Minéralogie*). *Voyez* FILON.
SALDANHA OLIVEIRA E DAUN (JOAO CARLOS, duc DE), maréchal et homme d'État portugais, né vers 1780, à Arinhaga, fit ses études à Coïmbra. Nommé membre du conseil d'administration des colonies, il resta en Portugal lorsque la cour de Lisbonne prit le parti de passer au Brésil. En 1810 il fut arrêté par les Anglais et conduit en Angleterre. A son retour il passa au Brésil, où il servit avec distinction dans l'armée; et plus tard il fut employé dans diverses missions diplomatiques. En 1825 le roi de Portugal le nomma ministre des affaires étrangères. Quand, en 1826, à la mort du roi, l'infante Isabelle eut été investie de la régence, Saldanha fut nommé gouverneur d'Oporto; puis, après l'établissement de la constitution de dom Pedro, ministre de la guerre. Il réprima les troubles qui éclatèrent alors dans les Algarves, et garda la neutralité dans les luttes qui éclatèrent bientôt après avec le parti de la reine douairière et de l'infant dom Miguel. Une modification de cabinet ayant eu lieu le 9 juin 1827, il n'en conserva donc pas moins son portefeuille; mais quinze jours plus tard, ayant énergiquement réclamé de la régente le renvoi de deux fonctionnaires qui lui étaient suspects, il reçut lui-même sa démission. Il passa alors en Angleterre; puis, quand dom Miguel eut usurpé la régence, et lorsqu'une insurrection eut éclaté à Oporto, il se rendit dans cette ville (28 juin 1828); et d'accord avec Palmella, il prit le commandement de l'armée constitutionnelle, qui avait été établie quelques jours auparavant par les troupes de l'usurpateur. Mais cette armée fit preuve de tant de lâcheté que Saldanha résigna son commandement et se rembarqua pour l'Angleterre, d'où il se rendit en France en 1829. En 1832, lorsque dom Pedro conduisit à Terceira les 2,000 réfugiés portugais que Saldanha était parvenu à recruter, il ne lui confia pas de commandement dans cette expédition. Ce ne fut que plus tard qu'il fut nommé commandant d'Oporto; et avec Villaflor il emporta les retranchements que les miguélistes avaient élevés devant Lisbonne.

Par suite de la mésintelligence qui survint entre lui et Villaflor, il dut en 1834 lui céder le commandement de l'armée; et dans la session des cortès, dont l'ouverture fut encore faite cette année-là par dom Pedro, il siégea sur les bancs de l'opposition. L'année suivante il fut nommé ministre de la guerre et président du conseil, en même temps que Palmella recevait le portefeuille des affaires étrangères. Cette administration dut se retirer, à cause de l'opposition qu'elle rencontra, tant dans les chambres qu'à la cour. Toutefois, les démocrates se trompèrent quand ils crurent que Saldanha était décidément des leurs, et en novembre 1836 il tenta contre la révolution qui avait eu lieu au mois de septembre précédent un mouvement dont l'insuccès le força de s'éloigner pendant quelque temps des affaires publiques. Ce fut seulement l'agitation qui se manifesta en 1846 contre les frères Cabral qui le rappela de Paris, où il se trouvait. La reine lui confia alors la direction des affaires, en remplacement de Palmella, et le chargea de comprimer le mouvement démocratique qui avait éclaté à Oporto. Mais cette insurrection prit un tel développement, qu'elle provoqua l'intervention des puissances signataires de la quadruple alliance. Après cette crise terrible, Saldanha se maintint encore au pouvoir; mais lorsque la réaction l'emporta partout en Europe, le cabinet dont il faisait partie dut céder la place (juin 1849) à une administration présidée par Cabral, laquelle provoqua une nouvelle insurrection; et Saldanha, esprit inquiet et ambitieux, d'ailleurs ennemi des gouvernements de *camarilla*, en prit ouvertement la direction (printemps de 1851). La reine dut s'humilier devant cette insurrection triomphante, renvoyer Cabral et replacer Saldanha à la tête du gouvernement.

SALÉ et NOUVEAU-SALÉ. *Voyez* RABAT.

SALÉES (Fontaines). *Voyez* FONTAINE.

SALEM, nom commun à diverses villes et tiré d'une localité de l'antique Palestine, berceau de la cité qui devint plus tard Jérusalem.

SALEM, port d'importation, dans l'État de Massachusetts, bâti en grande partie sur un promontoire qui s'élève entre ce qu'on appelle la *Rivière du Nord* et la *Rivière du Sud*, deux bras de mer sur l'un desquels un pont de 499 mètres conduit au *township* de Beverly, qui dépendait à l'origine de Salem, tandis que l'autre forme son port. La ville, dont les maisons sont généralement jolies, possède 18 églises, 1 lycée, 1 musée d'antiquités des Indes orientales et 2 bibliothèques publiques. Après Plymouth, Salem, fondée en 1628, est le plus ancien établissement du Massachusetts; elle obtint en 1836 les droits de *city*; elle est reliée à Boston par un chemin de fer. Pendant longtemps elle fut pour ce qui est du commerce, de la richesse et du chiffre des habitants, la seconde ville de la Nouvelle-Angleterre; mais dans ces derniers temps *Providence* et *Lowell* l'ont dépassée pour la population, et *New-Bedford* pour l'importance des affaires. Son commerce avec les grandes Indes, autrefois très-florissant, est aujourd'hui bien déchu. Toutefois, son cabotage et ses manufactures ont toujours une grande importance, et on y arme pour la pêche de la baleine. En 1850 sa population était de 18,846 habitants, et de 21,500, avec sa banlieue.

SALEM, chef-lieu d'une communauté de frères moraves, dans la Caroline du Nord, se compose d'une unique rue, longue de trois kilomètres et garnie de jolies maisons, et compte 2,000 habitants. On y trouve plusieurs manufactures et une remarquable école de filles.

SALEM, nom d'une province des Indes orientales, dans la présidence de Madras, contenant avec le district de *Barramal* ou *Barramahal* une superficie de 266 myr. carrés, et plus de 1,500,000 habitants. C'est un beau plateau, à l'air frais et salubre, qui offre aux habitants de la province de Karnatik qui l'avoisine, et où la chaleur est étouffante, une excellente station sanitaire. Son chef-lieu, *Salem*, au sud-ouest de Pondichéry, situé sur les bords du Tiramaymotor et dans les montagnes de Sherwahry, dont l'altitude est de 333 mètres, et au pied desquelles s'étend une plaine d'une admirable fertilité, est une ville bien bâtie, propre et riche. On y trouve une forteresse, une station ainsi que des écoles de missionnaires, et une population de 60,000 habitants, qui font un commerce actif en coton, fabriquent beaucoup de salpêtre et extraient des montagnes voisines d'excellent minerai de fer, avec lequel on fait de l'acier de qualité supérieure.

SALENCY. *Voyez* ROSIÈRES.

SALEP. Ce nom, d'origine persane, a été donné aux bulbes desséchées des *orchis*, qui croissent en abondance dans la Perse et dans toute l'Asie Mineure. Ce n'est pas seulement avec les bulbes de l'*orchis mascula* que l'on prépare le salep, mais avec celles de toutes les variétés qui se rencontrent dans cette partie du globe. Les anciens connaissaient très-bien ces bulbes, et Pline et Théophraste en font mention dans leurs écrits. Les Grecs et les Latins les connaissaient surtout par leurs propriétés aphrodisiaques. Il est probable que le fameux *du d a ï m* des Israélites n'était autre que la bulbe d'un orchis; et aujourd'hui encore les bulbes de cette plante sont employées comme aphrodisiaques en Orient. Toutes ces vertus sont tombées devant l'analyse chimique et les expériences des physiologistes; la seule que l'on reconnaisse aujourd'hui au salep, c'est de fournir un aliment sain et très-propre à rendre des forces aux convalescents. Quoique l'Europe renferme une prodigieuse quantité d'*orchis*, on n'a jamais cherché à en tirer parti, ou du moins les essais tentés jusque ici n'ont pas été couronnés de succès.

Pour préparer le salep, les Orientaux récoltent les bulbes des *orchis*, principalement de l'*orchis mascula*, lorsque la plante commence à fleurir; ils en ôtent l'écorce, et les jettent dans l'eau froide, où ils les laissent quelques heures; ils les font ensuite cuire dans l'eau bouillante, et les enfilent avec du crin, ou mieux du coton; puis, ils les font sécher au contact de l'air. Ces bulbes deviennent demi-transparentes, très-dures et ressemblent assez à de la gomme adragant; on peut les conserver indéfiniment sans altération, pourvu que l'on évite l'humidité. Quelquefois, au lieu de les enfiler, on les sèche sur des tamis et des toiles. Quand on veut en faire des gelées on les réduit en poudre en les humectant préalablement d'un peu d'eau, sans cela leur extrême dureté n'en permettrait pas la pulvérisation, on en fait dissoudre une petite quantité dans l'eau bouillante, qui, aromatisée et sucrée, ne tarde pas, par le refroidissement, à se prendre en une gelée, demi-transparente. La poudre de salep que l'on trouve dans le commerce est le plus souvent mélangée avec de la fécule; cette fraude est bien innocente, car il y a la plus grande analogie entre les propriétés des fécules et celles du salep. Du reste, il y a un moyen bien simple d'en reconnaître l'existence. En faisant dissoudre 2 grammes 55 centigrammes de salep dans 225 grammes d'eau distillée, et en ajoutant à cette dissolution 1 gramme 90 centigr. de magnésie calcinée, le mélange prend au bout de quelques heures une consistance de gelée bien prononcée, ce qui n'a pas lieu toutes les fois que le salep est falsifié.
C. FAVROT.

SALERNE, *Salernum*, chef-lieu de la province du royaume des Deux-Siciles appelée *Principato Citeriore*, est situé sur les bords du charmant golfe du même nom, qu'entourent de tous côtés des montagnes, et qui est séparé du golfe de Naples par le promontoire Campanilla. On y compte 12,000 habitants. C'est une ville généralement bien bâtie; le quai notamment ainsi que la rue qui longe la mer sont garnis d'édifices superbes. Son port, son commerce et une foire qui s'y tient annuellement, lui donnent beaucoup d'animation. Le monument le plus remarquable est la cathédrale, reconstruite plus magnifique qu'auparavant au onzième siècle, après avoir été détruite par les Sarrasins; elle renferme les tombeaux de Grégoire VII et de Jean de Procida.

Dans l'antiquité Salerne faisait partie du territoire des Picentins; au moyen âge elle était célèbre par son école de médecine (*schola Salernitana*), fondée en 1150 et devenue la pépinière de toutes les autres facultés de médecine de l'Europe. Elle fut surtout le berceau de la médecine pratique, et ses préceptes diététiques, rédigés en vers, furent adoptés partout. L'université de Salerne fut supprimée en 1817, et la ville n'a plus aujourd'hui qu'un lycée.

[Ce fut là que, vers 1100, Jean de Milan composa pour Robert II, duc de Normandie, qui revenait de la croisade et s'était arrêté à Averse-la-Normande, le poëme hygiénique

que nous connaissons sous le titre d'*École de Salerne*. Cet ouvrage latin, qui contenait d'abord 1239 vers, était malheureusement mutilé depuis longtemps et réduit aux 373 qui nous en restent, lorsque Arnaud de Villeneuve le publia. D'abord connu sous les divers titres de *Medicina Salertina*, de *Regimen Sanitatis Salernitanæ* et de *Flos Medicinæ*, ce poëme a fini par prendre et conserver le nom d'*École de Salerne*, parce qu'il fut une production de cette ville, et probablement le résumé des doctrines de son école. Il en existe un grand nombre d'éditions et de traductions, avec des commentaires plus ou moins développés. La meilleure édition du texte original est celle que le docteur Akerman publia à Londres, en 1792. Ce poëme médical se ressent de l'époque où il fut composé : les règles de la quantité y sont mal observées, la plupart des vers sont léonins; ils sont irrégulièrement mêlés d'hexamètres et de pentamètres, le tout pour la plus grande commodité du poëte, qui s'occupait beaucoup plus du fond que de la forme. Ce n'est pas à dire toutefois qu'il faille accorder toute confiance aux prescriptions du médecin; mais alors il enseignait ce qui était regardé comme bon à suivre. Depuis cette époque, les sciences, et la médecine comme ses sœurs, ont fait de grands progrès. Néanmoins, l'*École de Salerne* est un poëme fort curieux, un ouvrage important, puisqu'il fait connaître l'état de la science médicale au commencement du douzième siècle en Orient et en Occident.

Un praticien facétieux d'un art qui ne l'est guère, le docteur L. Martin, cédant au mauvais exemple de son temps, s'avisa de traduire l'*École de Salerne* en vers burlesques. C'était en 1047. Longtemps après, le géographe Bruzen de La Martinière fit imprimer (en 1743) *L'Art de conserver la santé*, composé par l'*École de Salerne*, *avec la traduction en vers français*. En 1782 le docteur Le Vacher de La Feutrie eut raison de croire qu'il n'était pas difficile de faire mieux que La Martinière; il fit mieux en effet. Son travail a pour titre : *L'École de Salerne, ou l'art de conserver la santé, en vers latins et français, avec des remarques*. Quelques vers du poëme de Jean de Milan offrent des expressions dont les analogues français seraient de mauvais ton; mais, comme l'a dit Boileau,

Le latin dans les mots brave l'honnêteté.

Louis DU BOIS.

SALERS. Voyez CANTAL.
SALES (Saint FRANÇOIS DE). Voyez FRANÇOIS DE SALES.
SALICINE (du latin *salix*, saule), substance fébrifuge obtenue à l'état de pureté dans l'écorce du saule et de quelques espèces de peuplier, et découverte en 1829, par M. Leroux, pharmacien à Vitry-le-Français, à qui l'Académie des Sciences décerna à cette occasion un grand prix Montyon. La salicine se présente sous forme de cristaux blancs très-ternes et nacrés, ou en aiguilles prismatiques, ou bien encore en lames rectangulaires, dont les bords paraissent taillés en biseau. Sa saveur est amère, son arome rappelle celui du saule. Le haut prix du sulfate de quinine doit rendre ce produit très-important, car il est démontré que la salicine peut remplacer le sulfate de quinine dans le traitement des fièvres.

SALIENS, *Salii*, mot dérivé de *salire*, qui signifie danser, sauter. C'était le nom de deux colléges de prêtres romains, composés chacun de douze membres, appartenant à l'ordre des patriciens, et dont les parents devaient encore être vivants au moment de leur élection. Ils se complétaient par voie de cooptation, et chacun d'eux était présidé par un *magister collegii*. Le plus ancien de ces colléges, fondé, suivant la tradition, par Numa, avait son sanctuaire sur le mont Palatin, d'où l'expression de *salii Palatini*. Il était consacré à Mars Gradivus, le conducteur de l'année, et probablement d'origine latine. La fondation du second, d'origine sabine, suivant toute apparence, et destiné au culte de Quirinus et à la personnification de Mars sous le nom de Pavor et de Pallor, est attribuée à Tullus Hostilius. Son sanctuaire était situé sur le *collis Quirinalis*, appelé autrefois *Agonus*; aussi ses prêtres étaient-ils désignés sous le nom de *salii agonenses* ou d'*agonales*, ou encore sous celui de *collini*. Les saliens palatins sont ceux à l'égard desquels on possède le plus de renseignements. Au mois de mars ils célébraient la fête de leur dieu, pendant plusieurs jours, et se promenaient à travers la ville en exécutant une danse armée, notamment dans le Forum et au Capitole, et en s'accompagnant d'hymnes. Ces chants, appelés *carmina saliaria* et aussi *axamenta*, étaient encore répétés par les Romains à une époque bien postérieure, quoique les paroles en fussent devenues à peu près inintelligibles pour eux; et sous les empereurs on y ajouta les noms de simples mortels, comme ceux de Germanicus et de Lucius Verus. Varron nous en a conservé un petit fragment parfaitement incompréhensible. Par la suite, l'ensemble de ces solennités fut considéré comme une fête en l'honneur du dieu de la guerre, tandis qu'à l'origine elles étaient consacrées au dieu du printemps, qui ouvre l'année.

SALIENS (en allemand *Salier*). C'est le nom que portait cette partie des Franks qui à partir du troisième siècle, et surtout vers le milieu du quatrième, apparurent sur la rive gauche du bas Rhin, et dont les conquêtes furent l'origine du royaume des Franks, devenu plus tard si puissant. La *loi salique* était son ancien droit national.

On appelait *terre salique*, en allemand *salitant*, *selitant*, *salland* (en latin *terra salica*), la terre dépendant d'une ferme principale (*salhof*, puis *sadelhof*, et enfin *sattelhof*), non sujette à redevances, sur laquelle se trouvait le manoir seigneurial (*sala*) et cultivée directement par le propriétaire. Plus tard, on entendit aussi par *terra salica* la propriété territoriale provenant d'héritage, en opposition à la propriété acquise; et dans la règle cette transmission héréditaire de propriété ne pouvait avoir lieu chez les Saliens qu'en faveur de parents mâles.

À partir du quatorzième siècle on appela aussi empereurs *saliens* ou *saliques* les empereurs allemands de race franke, c'est-à-dire les empereurs franks depuis Conrad II jusqu'à Henri V (1024-1125).

SALIÈRES (*Anatomie*). Voyez CLAVICULE.
SALIERI (ANTONIO), compositeur célèbre, était né en 1750, à Legnano, et fils d'un négociant considéré. A la mort de son père il alla continuer ses études à Venise, puis à Naples et enfin à Vienne, où il eut pour maître Gassmann, qui était alors en grande réputation et fit représenter en 1769 le premier opéra de Salieri. A la mort de Gassmann (1773), Salieri devint directeur de la chapelle de l'empereur, de sa musique de chambre et du théâtre de Vienne. En 1783 il fit la connaissance de Gluck, et les relations qu'il eut avec lui exercèrent une grande influence sur ses travaux. Il écrivit sous sa direction l'opéra des *Danaïdes*, qui lorsqu'on le représenta à Paris, en 1784, passa généralement pour être de Gluck, jusqu'à ce que celui-ci eut déclaré, à la treizième représentation, que Salieri en était l'unique auteur. Cet opéra fonda sa réputation. On le chargea aussitôt d'écrire la partition de l'opéra *Les Horaces et les Curiaces*; et peu après il composa *La Grotta di Trofonio*, et son magnifique opéra de *Tarare*, texte par Beaumarchais (1785), qu'il fit exécuter lui-même à Paris, en 1787, et qu'il transporta plus tard sur la scène italienne, d'après un libretto de Da Ponte, sous le titre d'*Azur*. Salieri n'a pas composé moins de quarante-neuf opéras, tant allemands qu'italiens, et dans le nombre il en est plusieurs qui conserveront toujours une grande valeur pour les connaisseurs. On a en outre de lui un grand nombre d'airs isolés, ainsi que beaucoup de musique instrumentale, et à partir de 1794 une foule de duos, de trios et de canons généralement d'un caractère gai; genre dans lequel il domine presque seul. Il forma beaucoup des plus célèbres cantatrices de l'époque, et eut pour élèves dans la composition Weigl, Hummel et Moscheles. Il est mort à Vienne, le 7 mai 1825.

SALIFIABLE (Base). Voyez BASE.
SALIGOT. Voyez MACRE.

SALINE, lieu où l'on fabrique le sel, soit qu'il provienne des eaux de la mer, ou des puits et sources d'eau salée, ou encore des mines de sel gemme. Nous examinerons donc successivement ces trois espèces de salines, dont le mode d'exploitation est entièrement différent.

Les premières, que l'on nomme aussi *marais salants*, sont assez nombreuses en France, sur les côtes de Bretagne et sur les bords de la Méditerranée. Dans nos marais salants de l'ouest, l'eau, introduite pendant la haute mer au moyen d'une vanne en bois dans un premier réservoir nommé *jas* (dont la profondeur varie de 0^m,60 à 2 mètres), y laisse déposer les matières étrangères qu'elle tient en suspension, et commence à s'échauffer. De là elle est conduite par un canal souterrain (*gourmas*), qui s'ouvre et se ferme à volonté par une petite vanne, dans une suite de bassins (*couches*), de 0^m,25 à 0^m,45 de profondeur, qu'elle doit parcourir successivement. En traversant un second conduit souterrain (*faux-gourmas*), l'eau, déjà concentrée par son passage dans les couches, arrive dans une rigole fort longue (*mort*), qui fait ordinairement le tour du marais, et se rend dans une autre série de bassins (*tables*) analogues aux couches. Enfin, elle passe dans le *muant*, dernière série de bassins, d'où de petites rigoles la distribuent dans les *aires* ou *œillets*, où le sel se dépose. On recueille le sel deux ou trois fois par semaine, et même tous les jours quand il fait chaud et sec. Le seaux mères sont rejetées lorsqu'elles ont atteint un certain degré de concentration. Le sel, d'abord en petits tas sur le bord des œillets, est ensuite transporté dans une place convenable, où on en forme de grandes masses (*mulots*), affectant la forme d'un tronc de cône surmonté d'une calotte sphérique. Les mulots sont recouverts d'une couche de terre glaise, qui les met à l'abri de l'eau, tout en entretenant le sel dans un état constant d'humidité, qui permet aux sels déliquescents de se liquéfier et de s'écouler par de petits canaux ménagés à la base des mulots. Cette dernière opération est analogue à celle du terrage du sucre dans les raffineries. Le sel ainsi obtenu est souillé de terre. On le raffine par un lavage suivi d'une chauffe très-forte et d'un traitement par un lait de chaux.

Les salines du midi offrent avec les précédentes quelques différences. Dans l'ouest, l'eau ne descend des bassins supérieurs dans les bassins inférieurs que pour remplacer celle que l'évaporation vient d'enlever; dans le midi, au contraire, l'eau arrivée dans la dernière pièce tombe dans un puits, et se trouve remontée par une roue à tympan qu'un mulet suffit à mouvoir, au niveau des pièces supérieures, qu'elle va rejoindre par une rigole convenablement disposée. L'eau se trouve ainsi dans un mouvement continuel; la surface en contact avec l'air se renouvelle sans cesse, et l'évaporation s'accroît d'une manière énorme. Lorsque l'eau est arrivée, par son séjour dans les pièces, à marquer 22° ou 24° au pèse-sel du midi, on la fait entrer dans les *tables* ou *aires*, où le sel doit se déposer. Quand la couche de sel déposée a atteint une épaisseur de 0^m,15 à 0^m,18, on fait écouler les eaux mères, on la laisse égoutter pendant quelques jours, puis on en forme de tas. La première récolte de sel se fait vers la fin de juillet; quand le temps est favorable on peut en obtenir une seconde, et même une troisième. On voit que ce procédé diffère essentiellement de celui des salines de l'ouest, dans lesquelles on recueille le sel presque tous les jours. La différence des climats explique du reste facilement l'emploi de ces deux méthodes. Les produits sont aussi différents par les procédés qui les fournissent. Tandis que dans l'ouest on obtient du sel gris, en petits cristaux de 1 ou 2 millimètres seulement, dans le midi le sel est en masses fortement agrégées et formées de cristaux d'une blancheur éblouissante, et de plusieurs centimètres de côtés.

Quant aux puits et sources d'eau salée, l'eau qu'ils fournissent est généralement trop peu chargée de sel pour pouvoir être avantageusement traitée par l'action du feu. Autrefois on commençait par la faire couler le long d'un grand nombre de cordes verticales (comme on le fait encore à Moutiers en Savoie), ou sur des tables légèrement inclinées. Maintenant on la concentre dans des bâtiments de graduation à fagots d'épines. Ce n'est qu'en sortant de là que l'eau est soumise à l'évaporation par le feu.

Enfin le sel gemme s'exploite soit à l'état solide, par puits et galeries, absolument de la même manière que les autres substances minérales en couches, soit à l'état liquide, par dissolution. Ce dernier procédé consiste à saturer des eaux douces en les faisant passer dans le banc de sel gemme, à les recueillir ensuite, et à les traiter comme celles qui proviennent des sources salées.

SALINES (Eaux). *Voyez* EAUX-MINÉRALES.

SALINS, ville de France, chef-lieu de canton de l'arrondissement de Poligny (département du Jura), sur la Furieuse, avec 7,112 habitants, un collége, une école normale primaire départementale, une bibliothèque publique de 4,500 volumes. C'est une place de guerre de quatrième classe, défendue par le fort Saint-André. Ses environs produisent de très-bons vins rouges d'ordinaire et des vins mousseux blancs; on y récolte du miel et de la cire, et l'on y trouve des salines impériales. Il s'y fait en outre une exploitation importante de gypse et de plâtre de première qualité. La ville possède une fabrique de faïence, des tanneries, des chamoiseries, et dans son centre un vaste établissement de salines, entouré d'épaisses murailles et flanqué de tours de distance en distance, ayant 280 mètres de long sur 92 mètres de largeur, et dont la construction remonte au dixième siècle. Salins fut entièrement détruite en 1825 par un incendie qui dura trois jours, et dont ne furent préservés que l'établissement des salines et l'hôpital. Mais ce désastre fut réparé par une souscription nationale, et bientôt la ville se releva jeune et brillante.

SALIQUE (Loi), *Lex Salica*, ou plutôt *Pactum legis salicæ*, appelée aussi *Lex Francorum seu Francica*. Les uns ont prétendu qu'elle avait été appelée ainsi parce qu'elle avait été faite en Lorraine sur la petite rivière de Seille (en latin *Salia*), qui se jette dans la Moselle; mais cette opinion ne peut s'accorder avec la préface de la Loi Salique, qui dit qu'elle avait été établie avant le passage du Rhin par les Franks. Ceux qui font remonter cette loi jusqu'à Pharamond disent qu'elle fut nommée *salique* de Salogast, l'un des conseillers de ce prince; mais outre que l'existence de Pharamond peut être contestée, le mot de *Salogast*, selon Du Tillet, est non pas un nom propre, mais la désignation des fonctions de *gouverneur des pays Saliens*. Suivant d'autres critiques, le mot *salica* vient de *sala* (maison), et il aurait servi à désigner cette loi à cause de la disposition fameuse qu'elle contient au sujet de la terre salique, c'est-à-dire qui entoure la maison.

L'opinion la plus vraisemblable est qu'elle reçut ce nom de *Lex Salica* parce qu'elle était la loi des Franks-Saliens, c'est-à-dire de ceux qui habitaient les bords de la Saale, rivière de Germanie. On a plusieurs textes de cette loi, et ils ne sont pas d'accord entre eux ; elle fut en effet modifiée à plusieurs reprises ; la dernière révision est de Charlemagne. C'est bien moins un corps de lois civiles qu'une ordonnance criminelle. Elle descend dans les moindres détails sur le meurtre, le vol, le larcin, tandis qu'elle ne statue rien sur l'état des personnes (*voyez* COMPOSITION). La disposition qu'elle contient au sujet de la terre salique, à laquelle les mâles pouvaient seuls succéder, fut appliquée pour la première fois d'une manière formelle à la succession à la couronne de France en 1316, après la mort de Louis le Hutin. Depuis elle a été sous ce rapport regardée comme une des lois fondamentales de la monarchie.

Auguste SAVAGNER.

SALIQUE (Terre). *Voyez* SALIENS.

SALISBURY, chef-lieu du comté de Wilt (Angleterre), dans une charmante vallée, entre l'Avon et le Bourne, est le siége d'un évêque, et malgré son antiquité une jolie ville bien bâtie, avec des rues droites et larges, macadamisées pour la plupart, se croisant à angles droits et nettoyées par de l'eau courante provenant de l'Avon. On y compte 10,000 habitants, qui s'occupent de la fabrication des flanelles et autres lainages, des dentelles et des articles d'acier. L'ornement et l'orgueil de la ville est sa cathédrale, avec la maison du chapitre qui l'avoisine. Cet édifice, commencé en 1219 et terminé en 1258, forme à sa base une double croix, et s'élève au milieu d'un large boulingrin entouré d'arbres, où se trouvent les habitations, pour la plupart ornées aussi de jardins, de l'évêque et de ses prébendiers. Le tout est sans doute un peu lourd, mais produit l'impression d'une œuvre se rattachant à une idée mère, dont les divers détails ne sont que la conséquence et portent d'ailleurs l'empreinte du plus pur style gothique. Sur une longueur de 480 pieds anglais et une hauteur de 84, l'église présente 12 portes, 365 fenêtres superposées en trois rangées, correspondant au nombre de jours de l'année, 8,766 piliers et colonnes ou colonnettes. Cet édifice a en outre sur la plupart des autres cathédrales l'avantage d'être terminé jusqu'à la dernière pierre. Il en faut dire autant de son svelte clocher, construit deux cents ans plus tard, et le plus élevé qu'il y ait en Angleterre, car il mesure 410 pieds anglais. La chapelle du chœur, soutenue par des piliers de toute beauté, mérite surtout d'être vue. Les peintures sur verre en sont modernes, et parmi les tombeaux qu'elle contient les deux plus remarquables sont celui du premier comte de Salisbury, qui vivait au treizième siècle, et celui d'un comte de Malmsbury, dû au ciseau de Chantrey.

Au nord de Salisbury, dans une steppe monotone, on trouve les ruines du bourg-pourri *Old-Sarum*, dont les habitants fondèrent au douzième siècle, sous Henri II, le *Sarum* actuel, appelé jadis à cause de cela *New-Sarum*. Cet endroit est le *Sorbeodunum* des anciens, le *Searobyreg* des Anglo-Saxons, déjà célèbre par la victoire que Cerdic y remporta en l'an 552, devenu au onzième siècle le siège de l'évêque de Sherborne, où se tinrent diverses assemblées du parlement, par exemple en 1086 et en 1328. A peu de distance de Sarum on trouve *Trafalgarpark*, autrefois *Sandlynch-house*, depuis 1814 la propriété de la famille Nelson, et *Wilton-house*, le beau domaine du comte de Pembrocke, avec une précieuse collection d'antiquités et d'objets d'art; et à environ 12 kilomètres de la ville, non loin d'Ambresbury, l'énigmatique *Stonehenge*.

SALISBURY, titre nobiliaire anglais que portèrent à l'origine les propriétaires de la ville et du château du même nom. *Patrice* d'Évreux, gouverneur d'Aquitaine, fut un des adhérents de la reine Mathilde (*voyez* Plantagenets) dans ses luttes contre Étienne, et obtint d'elle en récompense de ses services le château de Salisbury et la dignité de comte, que Henri II lui confirma. Il périt assassiné, en 1167, au retour d'un pèlerinage à Saint-Jacques de Compostelle. Sa petite-fille *Ela* épousa *William*, dit *Longue Espée*, fils naturel de Henri II et de la belle Rosemonde, qui, avec les propriétés de sa femme, reçut le titre de comte de Salisbury. C'était l'un des plus redoutables guerriers de son temps; il combattit en Terre Sainte aux côtés de son frère consanguin Richard cœur de Lion, et défendit longtemps le roi Jean contre ses barons révoltés, jusqu'à ce qu'indigné de la perfidie et de la lâcheté de ce prince il ne rattacha au parti du dauphin de France. Toutefois, à l'avénement de Henri III au trône, il s'unit avec le grand-maréchal Pembrocke pour expulser les Français du pays, et mourut du poison, à ce qu'on prétend, en 1226, dans son château de Salisbury. Son fils *William*, dit *Longue Espée* le jeune, périt, en 1250, sous les murs de Damiette, dans un combat contre les Sarrasins. Sa petite-fille, *Marguerite*, mariée au comte de Lincoln, porta comme unique héritière de son père le titre de comtesse de Salisbury, qu'elle transmit à sa fille *Alice*, mariée à Thomas Plantagenet, comte de Lancastre. Lorsqu'il fut décapité en 1321, pour crime de haute trahison, et que ses biens eurent été confisqués, Édouard II octroya le château de Salisbury à *William* de Montacute, un descendant de Drogo de Monte-Acuto, venu en Angleterre avec Guillaume le conquérant; et en 1337 Édouard III lui conféra le titre de comte de Salisbury. Ce fut sa femme qui, suivant la tradition, donna occasion à la création de l'ordre de la Jarretière. Il mourut en 1343. Son fils *William de Montacute*, deuxième comte de Salisbury, contribua au succès des journées de Crécy et de Poitiers, fit la guerre avec succès contre les Écossais et mourut en 1397. Il eut pour successeur son neveu *John*, troisième comte de Salisbury. Favori de Richard II, il entra, après la déposition de ce malheureux prince, dans une conspiration contre Henri de Lancastre, et fut pris et mis à mort, le 5 janvier 1400. Ses propriétés furent confisquées, mais ne tardèrent pas à être rendues, ainsi que le titre de comte de Salisbury, à son fils *Thomas*, qui se rendit célèbre dans les guerres contre les Français, et périt en 1428, au siége d'Orléans, d'un coup d'arquebuse. Le mari de sa fille unique, Alice, *Richard Neville*, prit le titre de comte de Salisbury, qui passa à son fils, le célèbre comte de Warwick. La fille cadette de celui-ci, *Isabelle* Neville, épousa Georges, duc de Clarence, frère d'Édouard IV, qui, en 1472, fut créé comte de Warwick et de Salisbury. Sa fille *Marguerite*, dernier rejeton de la maison de Plantagenet et femme de sir Richard Pole, obtint de Henri VIII, en 1513, le titre de comtesse de Salisbury, mais succomba aux soupçons tyranniques de ce prince, et fut décapitée en 1541, à l'âge de soixante-dix ans.

Jacques Ier, le 4 mai 1605, créa comte de Salisbury son ministre *Robert Cecil*, vicomte Cranbourne, qui mourut le 17 février 1612. *James Cecil*, quatrième comte de Salisbury, devint catholique sous Jacques II, pour faire sa cour au roi, et s'attira ainsi une longue détention à la Tour après la révolution de 1688. Les autres membres de la famille restèrent protestants. *James Cecil*, septième comte de Salisbury, né le 14 septembre 1748, fut créé en 1789 marquis de Salisbury, et mourut le 23 juin 1823. Son fils, *James Brownlow William*, deuxième marquis de Salisbury, né le 17 avril 1791, prit à la suite de son mariage avec la riche miss Gascoyne le nom de *Gascoyne-Cecil*; il est lord lieutenant du comté de Middlesex, membre du conseil privé et chevalier de l'ordre de la Jarretière. Comme tory et protectionniste zélé il remplit les fonctions de garde des sceaux pendant le court ministère de lord Derby jusqu'en décembre 1852.

SALIVAIRES (Glandes). *Voyez* Glande.

SALIVATION ou PTYALISME (du grec πύω, je crache), formation et évacuation très-abondantes de salive par la bouche. Ce flux anormal provient de diverses causes, dont la plus simple est l'appétence de certains aliments lorsque l'estomac est dans un état de vacuité. Les principales affections où l'on voit se produire ce phénomène sont quelques maladies nerveuses, l'hydrophobie, diverses maladies de la bouche.

La salivation est dite mercurielle en raison de la cause spécifique qui l'a déterminée.

SALIVE (du latin *saliva*, dérivé de *sal*, sel), fluide incolore, inodore, à peu près insipide, et limpide, quoique légèrement visqueux : ce fluide est versé dans l'intérieur de la cavité buccale par les canaux excréteurs de trois paires distinctes de glandes qui sont disposées à la périphérie de cette cavité. L'analyse chimique a démontré qu'il est composé d'eau, de mucilage, d'albumine, de divers sels, de soude, d'ammoniaque et d'une quantité notable de phosphate de chaux; et le tartre qui encroute les dents lorsque l'on néglige de les nettoyer, est formé par le dépôt des matières calcaires en solution dans la *salive*.

Les organes salivaires doivent être regardés comme des annexes de l'appareil digestif proprement dit ; car la complète insalivation du bol alimentaire pendant la mastication paraît aussi essentielle à une bonne et facile digestion que la division même de l'aliment par la mastication : et c'est là à peu près tout ce que nous savons à cet égard.

Il paraît certain que la *salive* joue un rôle important dans la grande œuvre de la chylification ; mais la nature précise et les limites de ce rôle sont également inconnues. Nous ne connaissons pas davantage les modifications qu'apportent dans la sécrétion des glandes salivaires l'âge, le sexe et le tempérament des individus : c'est à peine si nous osons dire que l'activité de l'appareil salivaire est en général proportionnelle à l'énergie de l'appareil digestif. Nous ne possédons aussi que des renseignements fort équivoques sur les altérations chimiques et physiologiques qui surviennent dans la sécrétion des glandes salivaires à la suite de quelques affections morbides : nous savons seulement que la supersécrétion salivaire peut quelquefois devenir telle que le malade tombe dans un état d'épuisement, ou d'éthisie, mortel ; et nous savons aussi que dans quelques autres affections, encore fort mal appréciées, la salive peut être complétement supprimée.

La salive et l'appareil glanduleux qui la sécrète manquent chez tous les individus qui vivent habituellement dans l'eau : on ne les trouve ni chez les cétacés, ni chez les amphibiens, ni chez les poissons. Un assez grand nombre d'entomologistes font intervenir dans l'acte de la mastication chez les insectes un liquide plus ou moins corrosif, que l'on a regardé comme analogue de la *salive* ; mais c'est là encore une analogie qui n'est aucunement démontrée pour nous. Enfin, quelques auteurs décrivent des appareils salivaires chez quelques mollusques, et même chez les holothuries et les oursins proprement dits. BELFIELD-LEFÈVRE.

SALLÉ (Mlle), célèbre danseuse de l'Opéra au siècle dernier. Elle possédait un genre de danse tout à fait différent de celui de son émule, Mlle Camargo ; c'était un genre noble et gracieux, sans sauts ni entre-chats. Elle ne se borna pas à faire les délices des Parisiens ; elle courut la chance du théâtre de Londres. Jamais danseuse ne reçut de marques plus positives de l'admiration du public anglais. Le jour de sa représentation à bénéfice, elle fut accablée d'une grêle de bourses pleines de guinées enveloppées dans des billets de banque, qui formèrent, dit-on, un total de plus 200,000 francs. On se rappelle les vers de Voltaire par lesquels il la compare à la Camargo.

SALLÉ (N... de), secrétaire du comte de Maurepas, a rédigé les Mémoires de ce ministre, publiés en 1792 par Soulavie. Avec le comte de Caylus il a pris une part à la composition d'une comédie de Pont de Veyle intitulée *La Somnambule*, et jouée en 1742. On trouve de lui seize petites pièces de théâtre dans le recueil intitulé : *Théâtre des Boulevards, recueil de Parades* (3 vol. in-12., 1756).

SALLES D'ASILE. *Voyez* ASILE (Salles d').

SALLUSTE (CAIUS SALLUSTIUS CRISPUS SALLUSTIUS ou SALUSTIUS) naquit à Amiterne, ville du pays des Sabins, l'an de Rome 668 (av. J.-C. 87). Il descendait d'une famille plébéienne considérée, reçut une éducation soignée, et annonça de bonne heure un goût prononcé pour les études historiques, mais sur lequel l'emporta l'ambition de briller dans les affaires de la politique, qui se développa en même temps chez lui. Son début dans les fonctions publiques date de l'époque du triumvirat conclu entre Pompée, César et Crassus ; plus tard, en l'an 52 av. J.-C., lorsque les luttes des partis étaient le plus animées, nous le trouvons profitant de sa position de tribun du peuple pour attaquer son ennemi personnel Milon dans les discours les plus violents et amener sa ruine. Dès l'an 50, et probablement à cause de ses liaisons avec le parti de César, il fut expulsé du sénat par le censeur Appius Claudius Pulcher ; mais tout au début de la guerre civile il y rentra comme questeur, grâce à la faveur de César. Il suivit plus tard son protecteur en Afrique, où il lui rendit des services essentiels, de sorte qu'à la fin de cette guerre il fut nommé proconsul de la nouvelle province érigée sous le nom de *Numidie*. Pendant son administration Salluste commit les plus criantes concussions ; aussi à son retour de Numidie possédait-il des richesses immenses, grâce auxquelles il put acheter, outre la *villa* de César à Tibur, un jardin magnifique situé sur le Quirinal, qui par la suite devint même le séjour favori des empereurs. Que si dans sa jeunesse il s'était fait une réputation de profonde immoralité, il fut maintenant accusé à bon droit des plus odieuses exactions.

Retiré des affaires, Salluste s'occupa exclusivement dans les dernières années de sa vie, jusqu'à sa mort, arrivée en l'an 35 av. J.-C., de la composition de ses ouvrages historiques. Le plus vaste et le plus important de tous était son *Histoire Romaine*, qui embrassait l'espace de temps compris entre la mort de Marius et la conspiration de Catilina, mais dont il ne subsiste plus que quelques fragments. Nous possédons cependant encore de lui deux ouvrages de moindre étendue, qu'il avait écrits auparavant, dont l'un, intitulé *De Conjuratione Catilinæ*, traite de la fameuse conspiration de Catilina, et l'autre, *De Bello Jugurthino*, de la guerre des Romains contre Jugurtha. Ces deux ouvrages témoignent d'une étude approfondie des historiens et des orateurs de l'antiquité, tant grecs que romains, de Thucydide particulièrement, qui lui sert de modèle, et nous présente un tableau vivant et fidèle des déchirements convulsifs et de la décadence de la grande république romaine. Ils ont été maintes fois traduits en français ; les plus récentes traductions sont, par ordre de dates, celles de MM. Dureau-Delamalle, Ch. Du Rozoir, Damas Hinard, et Gomont. En rendant compte dans le *Journal des Débats* de cette dernière traduction, qui parut en 1855, M. de Sacy appréciait ainsi Salluste :

« Me permettra-t-on maintenant de dire un mot sur Salluste lui-même ? non pour juger l'homme ou l'écrivain : l'homme a été condamné irrévocablement par l'histoire ; les fameux jardins de Salluste, bâtis avec l'or et les larmes de l'Afrique, ont à jamais flétri sa mémoire. En lisant l'écrivain il faut oublier le tribun séditieux devenu le serviteur de César. Il est trop triste de penser que ces belles pages de morale stoïcienne, ces peintures de l'antiquité pauvre, ces déclamations éloquentes contre la corruption des mœurs et l'amour de l'argent ont été tracées de sang-froid par le plus corrompu et le plus vénal des hommes. Admirable effet cependant du bon goût et du sentiment exquis de l'art ! Salluste savait bien étaler sous les yeux des Romains son luxe acheté par la bassesse et par la servitude : il respectait trop l'histoire pour la faire servir à la justification de ses mœurs. Il n'avait pas craint de déshonorer sa vie : il aurait rougi de dégrader la dignité de son art... Pendant les heures qu'il consacrait à ses études, Salluste était Caton ou Régulus. Il ne lui restait que trop de temps, hélas ! pour être ensuite le grand porteaux nues par les critiques anciens et modernes. On a célébré à l'envi la pittoresque concision de son style, la gravité de ses sentences, la marche rapide et vive de son récit, ses portraits si souvent imités et que Bossuet seul a égalés, peut-être, surtout l'éloquence incomparable des discours qu'il prête à ses personnages. Il n'y en a pas un qui ne soit un chef-d'œuvre... Nous n'avons en entier de Salluste que *La Conjuration de Catilina* et *La Guerre de Jugurtha*. On a souvent comparé ces deux ouvrages, et un grand nombre de critiques ont donné la préférence au premier. Ce jugement m'étonne. Le *Jugurtha* me paraît le fruit d'un art plus mûr et plus parfait. Si Salluste approche quelquefois de la déclamation, c'est dans le *Catilina*. Il semble que ce qu'il y a de monstrueux dans le sujet ait fait sortir l'écrivain lui-même des limites de la vraisemblance et du bon goût. Il enfle ses traits pour les mettre au niveau des hommes et des événements qu'il décrit, si bien qu'on finit par se demander si le peintre n'a pas outré le tableau. L'historien, en se montrant trop, fait douter de la vérité de l'histoire ; grave défaut, dans lequel les historiens grecs ne sont jamais tombés. Il y a d'ailleurs des événements qui rebutent par eux-mêmes, et un excès de perversité qui fatigue l'imagination en dépassant tout ce qu'elle pourrait inventer. Je doute qu'il faille détacher de l'histoire un événement comme la conjuration de Catilina et en faire un récit isolé. Caton seul dans le *Catilina* fait contraste avec la scélératesse des autres personnages ; ennemi de Cicéron, Salluste l'a rejeté habilement dans l'ombre. Ici la passion de l'écrivain a reçu sa punition immédiate ; un défaut de justice est devenu un défaut de goût. Tout est plus simple et plus naturel dans le *Jugurtha*. La variété des événements et des caractères y multiplie l'intérêt. Marius et Sylla n'y sont encore qu'à leur début. Leur ambition est grande, sans être odieuse et funeste. Metellus, avec ses vertus et son orgueil, représente admirablement les vieux patriciens. Rome est corrompue ; elle n'est pas encore tombée dans la profondeur de cet abime où il ne devait plus y avoir de choix pour elle qu'entre la servitude et l'anarchie. Jugurtha lui-même, malgré ses crimes, attache et touche presque, par l'inépuisable fécondité de ses ressources, par le prodigieux mélange de ruse et d'audace au moyen duquel il tint pendant si longtemps toute la puissance romaine en échec. Le *Jugurtha*, en un mot, me parait le modèle et le chef-d'œuvre de la narration... Quel rang faut-il attribuer à Salluste parmi les historiens de l'antiquité ? Est-il égal à Thucydide, son modèle ? Est-il supérieur à Tite-Live et à Tacite, ses rivaux parmi les Latins ? Si on le compare aux Grecs, la supériorité, je crois, reste incontestablement à Thucydide ; et pourtant Thucydide m'échappe dans la langue originale ; je ne l'aperçois qu'à travers le voile des traductions ! Même sous cette enveloppe qui nous dérobe plus de la moitié de ses beautés, il a trop d'avantages sur Salluste. Il efface par sa dignité simple et mâle tout l'art de l'écrivain latin. Entre les Latins la place de Salluste est plus difficile à déterminer. Martial lui donne sans hésiter la première. Quintilien hésite, si je ne me trompe, et le balance avec Tite-Live. Pour nous, c'est Tacite surtout qui peut lui disputer la préférence. Il n'est pas nécessaire de choisir, je le sais bien. S'il le fallait toutefois, peut-être, après bien des hésitations, mon goût plutôt encore que mon jugement pencherait-il en faveur de Salluste. Le sujet de Tacite est trop triste. Cette tyrannie toujours la même, cet empressement de servilité auquel un petit nombre de gens de cœur n'opposent qu'une résistance muette, ces morts volontaires ou forcées, qui reviennent à chaque page, répandent sur son histoire une trop sombre uniformité. Tacite lui-même, semble en avoir l'âme toute noircie. Il n'interprète jamais les mauvaises actions que par des motifs plus mauvais encore. Tout lui est suspect ; il ne creuse le cœur que pour y trouver des abîmes de bassesse et de perversité. Ce n'est pas sa faute, hélas ! c'est la faute du siècle dans lequel il a vécu et qu'il a décrit. Du temps de Salluste, quelle que fût la corruption de Rome, la liberté du moins y soutenait encore les âmes et y donnait de grands et glorieux spectacles !... Ma préférence pour Salluste n'est donc peut-être qu'une préférence pour son sujet et pour son sujet. »

SALLUSTE, philosophe cynique et rhéteur du cinquième et sixième siècle de notre ère, séjourna pendant longtemps tantôt à Athènes, tantôt à Alexandrie, et s'y fit une grande réputation comme professeur d'éloquence. Nous avons sous son nom un petit ouvrage, *Des Dieux et du Monde*, où il cherche à démontrer contre les Épicuriens l'immortalité de l'âme et l'éternité du monde, mais que d'autres attribuent à un néoplatonicien du même nom. La première édition en fut donnée par Leo Allatius (Rome, 1638) ; la meilleure est celle d'Orelli (Zurich, 1821).

SALM. Il existait comtés de ce nom avant la révolution française : le comté d'*Ober-Salm* (Haut-Salm), avec la petite ville de Salm, dans le Wasgau, entre l'Alsace et la Lorraine, et le comté de *Nieder-Salm* (Bas-Salm), avec la ville de Salm, dans les Ardennes, aux frontières du territoire de Liége, dans le Luxembourg. L'ancienne famille des comtes de Salm, qui en étaient seigneurs, se divisa, en 1040, en deux branches, formées par les deux fils du comte Théodorich : 1° Henri eut *Ober-Salm*, et ses descendants formèrent deux nouvelles lignées, dont la première s'éteignit en 1475, et la seconde en 1597 ; 2° Charles reçut *Nieder-Salm*. Sa branche s'éteignit en 1413. Il eut pour héritier Jean IV, comte de Reifferscheid (dans l'Eifel). Ainsi l'ancienne maison des comtes de Salm est complètement éteinte ; et les deux maisons qui portent aujourd'hui ce nom n'ont rien de commun avec elle.

En 1629 la famille de *Nieder-Salm* se divisa en deux lignes, qui continuèrent à porter le titre de *comtes*, même après avoir été mises au rang des princes de l'Empire. La première prit le nom de *Salm-Reifferscheid*, et la seconde celui de *Salm-Dyck*. Le représentant actuel de la maison de Salm Reifferscheid, dont les propriétés furent médiatisées et sont situées sous la souveraineté du Wurtemberg et de Bade, est le prince *Hugo*, né en 1803. La ligne cadette, qui est catholique, a pour représentant le prince *Joseph*, né en 1773, qui s'est fait un nom comme botaniste. Il avait épousé *Constance de Théis*, née à Nantes, le 7 novembre 1767, d'une noble famille de la Picardie, morte à Paris, le 13 avril 1845, et que ses succès littéraires avaient rendue célèbre sous le nom de son premier mari, le chirurgien Pipelet.

La princesse *Constance de Salm* a enrichi notre littérature d'un grand nombre d'ouvrages justement appréciés ; son drame lyrique de *Sapho* (1794), ses *Romans*, ses *Poésies* et ses *Pensées*, ses *Éloges* et ses *Discours académiques*, dont le plus important est l'*Éloge de Lalande*, lui assurent comme poète et comme prosateur une place honorable parmi nos bons écrivains. Si quelque chose peut embellir le talent, c'est assurément la noblesse du caractère ; peu de femmes auteurs ont été plus applaudies, nulle n'a été plus estimée que Mme de Salm ; l'épître qu'elle publia en 1833 sous le titre de *Mes soixante ans*, offre un tableau touchant de la noble et brillante carrière de cette femme célèbre, éprouvée tour à tour par la prospérité, le malheur, l'étude et la gloire.

Les princes de *Salm-Salm*, possessionnés en Prusse, descendent d'une petite-fille de Henri d'*Ober-Salm*, mariée à un rhingrave qui prit alors le titre de comte de Salm.

SALMANASSAR, roi d'Assyrie, avait rendu, vers l'an 729 av. J.-C., par la force des armes, le roi d'Israel Osée son tributaire. Ce dernier ayant noué des intelligences avec les Égyptiens à l'effet de recouvrer son indépendance, Salmanassar vint l'assiéger dans Samarie, dont il se rendit maitre, en 722, après une défense qui avait duré trois années, et il emmena en captivité le roi et ses principaux sujets. Ainsi prit fin le royaume d'Israel.

SALMASIUS. *Voyez* SAUMAISE.

SALOMON, fils de David et de Bethsabée, fille d'Éliam et d'abord femme d'Urie, dont l'intercession le fit déclarer héritier du trône d'Israel au détriment de ses deux frères aînés, recueillit pendant un long règne (1015 à 975 av. J.-C.) les fruits des hauts faits de son père. Pour consolider son trône, il fit mettre à mort son frère Adonias, Joab, général de ses armées, ainsi que divers autres mécontents, et noua des relations avec les rois étrangers. Dans ses décisions judiciaires, de même qu'en perfectionnant les institutions de David, il fit preuve d'une supériorité d'intelligence qui valut le respect de son peuple. Par la construction de son magnifique temple, il donna au culte des Hébreux un éclat qui devait les rattacher avec une nouvelle force à leur religion nationale. Les richesses qu'acquit Salomon par l'emploi intelligent des trésors fruits de la conquête, et qu'accrurent de nouveaux impôts ; enfin, les bénéfices qu'il réalisait dans le commerce (c'est lui qui le premier initia les Hébreux à la pratique de la navigation), rendirent possibles la construction de cet édifice et celle de beaucoup de palais, de villes et de forteresses, tout en tenant une cour brillante, en accroissant le bien-être du peuple et en faisant fleurir les arts et l'industrie, mais aussi en donnant l'exemple d'un luxe pernicieux. L'admiration pour la sagesse et la magnificence de Salomon attira beaucoup d'étrangers à sa cour. Sa justice lui mérita l'estime de ses sujets ; et contre les murmures des peuples païens subjugés par David, et qu'il avait astreints à un service régulier de corvées, il disposait de 12,000 cavaliers et de 1,400 chariots de combat. Au sein de la prospérité et de l'abondance, le peuple hébreu semblait à peine s'apercevoir que son roi exerçait une autorité de plus en plus absolue. Dans sa vieillesse, par suite de sa folle passion pour les femmes étrangères qu'il avait réunies dans son harem, Salomon fut assez faible pour leur accorder le libre exercice de leur culte idolâtre et même pour y assister. Mais les opposants qui vers la fin de sa vie essayèrent de le détrôner échouèrent dans tous leurs efforts. Ce fut seulement après sa mort que le mécontentement populaire éclata en révolte ouverte, et alors son fils Roboam ne put empêcher le royaume d'être partagé.

Le règne de quarante années de Salomon, qui se termina avec moins de gloire qu'il n'avait commencé, est cependant célébré par les Hébreux à cause de son éclat et de sa profonde tranquillité ; et dans les légendes juives et orientales postérieures Salomon est représenté comme le dominateur des esprits et comme le type de la sagesse. On lui attribue divers ouvrages poétiques et philosophiques : dans l'Ancien Testament, le *Cantique des Cantiques* et l'*Ecclésiaste*, qui pourtant, d'après les recherches les plus récentes, ne proviendraient pas de lui, tout au moins dans leur forme actuelle; plus les *Proverbes*, dont il se peut que la meilleure partie lui doivent effectivement leur origine ; et dans les livres apocryphes, le *Livre de la Sagesse*. Plus tard on unit sous son nom divers ouvrages pseudo-épigraphiques. La sagesse et les prospérités de Salomon sont devenues proverbiales pour la postérité ; et les fables des rabbins, les contes héroïques ou érotiques des Persans et des Arabes le célèbrent comme un roi fabuleux, dont la sagesse et la magnificence deviennent de la magie dans leurs récits. L'*anneau de Salomon*, suivant ces fictions, était le talisman de sa sagesse ainsi que de sa puissance magique, et, de même que le *temple de Salomon*, il a une signification symbolique dans les mystères des francs-maçons et des rose-croix.

SALOMON (Enfants de). *Voyez* COMPAGNONNAGE.
SALOMON (Îles) ou *Archipel de la Nouvelle-Géorgie*, groupe d'îles australes situé à l'est de l'extrémité sud de la Nouvelle-Guinée, entre le 5° et le 11° de latitude méridionale, quoique découvert dès 1567 par l'Espagnol Mendana, qui lui donna le premier de ces noms, n'a été jusque ici que fort peu visité, et se compose de sept ou huit grandes îles et d'un certain nombre de petites, qui s'étendent dans la direction du sud-est, sur deux rangées. On en estime la superficie totale à environ 400 myr. car. Dans la rangée orientale on rencontre les îles *Bougainville* ou *Nouvelle-Géorgie*, avec *Bouka* (91 myr. car.), *Choiseul* (75 myr. car.), *Ysabel* (80 myr. car.), et au delà du détroit *L'Indispensable*, le seul détroit de tout cet archipel dont la navigation soit sûre et facile, *Carteret* ou *Malayta* (35 myr. car.), l'île *Arsande*; dans la rangée occidentale, *Georgia*, dans le groupe de Hammond, *Guadalcanar* (47 myr. car.) et *San-Christoval* (45 myr. car.). On trouve en outre, à l'est de l'archipel, une série de groupes de lagunes plates, qui, comme toute cette partie de l'Océan, sont encore fort peu connues. La navigation entre ces différentes îles est très-difficile, à cause des nombreux bancs de corail qui garnissent plus particulièrement leurs côtes occidentales. Toutes ces îles s'étendent longitudinalement dans la direction du sud-est avec une largeur médiocre; toutes sont élevées et montagneuses, et présentent des pics d'une hauteur considérable. Le pic *Lammas*, dans l'île de Guadalcanar, haut de 4,000 mètres, est d'origine volcanique; et il existe, dit-on, un volcan en activité dans la petite île de *Sesarga*, voisine de San-Christoval. La végétation y paraît luxuriante. Les principaux produits sont les palmiers à cocos, les bananiers, la canne à sucre, etc., et vraisemblablement aussi l'or. On trouve aux îles Salomon une population très-compacte de nègres de l'Australie, qui paraissent être parvenus à un état de civilisation plus avancé, notamment sous le rapport de l'agriculture, que ceux de l'ouest. Il sont timides et défiants, et passent pour belliqueux et perfides. Les essais tentés par des missionnaires catholiques pour les convertir à la foi chrétienne n'ont pas réussi jusqu'à ce jour.

SALON. *Voyez* EXPOSITION DES BEAUX-ARTS.
SALON, petite ville de l'arrondissement d'Aix (Bouches-du-Rhône), sur le canal de Crapone, avec une station du chemin de fer, 6,600 habitants et un commerce assez important de soie, laine, huile et fruits. Le fameux Nostradamus résidait à Salon.

SALONA, chef-lieu de l'éparchie de la Phocide, dans la nomarchie de Phthiotide et de la Phocide (royaume de Grèce), à 11 myriam. au nord-ouest d'Athènes, au pied du *Liakoura* ou Parnasse, à 14 kilomètres au nord de la baie du même nom, ou de Salaxidi (*sinus Crissæus*). Siège d'un évêché, elle possède une citadelle, bâtie sur les ruines de l'acropole de l'ancienne ville d'*Amphissa*, et d'où l'on jouit d'une vue admirable sur une fertile contrée. La ville est entourée de bois de cyprès, d'oliviers et d'orangers, et compte 4,000 habitants, qui se livrent à la culture des oliviers, du tabac et des céréales, ainsi qu'à la fabrication des cuirs. C'est à Salona que fut signée, le 11 novembre 1821, la constitution de la Grèce; et dans les années suivantes les Grecs remportèrent sous ses murs plusieurs victoires sur les Turcs.

SALONA, village de la préfecture de Spalato, à deux myriamètres au nord-est de la ville de ce nom (royaume de Dalmatie), au pied du mont Koziak et sur les bords du Salona, rappelle le souvenir de l'antique *Salona* ou *Salonæ*, autrefois capitale de la Dalmatie, au voisinage de laquelle l'empereur Dioclétien construisit un palais qui fut détruit en 641 par les Avares. Des fouilles pratiquées en cet endroit y ont fait découvrir des thermes, un théâtre situé sur le bord de la mer, un grand amphithéâtre, etc. Consultez Carrara, *Topografia e scavi di Salona* (Vienne, 1853).

SALONICHI. *Voyez* SALONIQUE.
SALONIKA. *Voyez* ABA.
SALONIQUE, la *Thessalonique* des anciens, située en Macédoine, après Constantinople la ville de commerce et d'industrie la plus importante de la Turquie d'Europe, chef-lieu d'un eyalet et siége d'un pacha et d'un archevêque grec. Cette ville, pittoresquement située à l'extrémité du golfe Thermaïque, que de nombreuses alluvions ont rendu très-peu profond, entre deux promontoires, au pied du mont Hortasm, haut de 1,000 mètres, est entourée de murailles et de fortifications et bâtie à la turque; mais elle se distingue des autres villes de Turquie par sa propreté, et compte 70,000 habitants, dont la moitié environ n'appartiennent pas à l'islamisme. Les juifs, notamment, y sont au nombre de 20,000, et on y trouve beaucoup de Grecs et de Francs. Parmi ses douze grandes mosquées, les plus remarquables sont deux anciennes églises grecques, placées autrefois sous l'invocation, l'une de sainte Sophie, et l'autre de saint Démétrius. Son port, qui est très-sûr, peut contenir 800 bâtiments.

Depuis le dix-septième siècle, les Italiens, les Anglais, les Allemands et les Français sont en possession de faire à Salonique d'importantes affaires de commerce et de change sur Vienne et sur Smyrne. Cette ville était aussi autrefois le centre d'une florissante fabrication de tapis, de drap, d'étoffes de coton et de soie; et on y trouvait d'importantes teintureries. Mais dans ces derniers temps la concurrence du commerce européen a complètement anéanti l'industrie teinturière à Macédoine et a porté un coup fatal à la prospérité de Salonique, où cependant il se fait encore de grandes affaires en produits du sol de la Macédoine. Salonique et ses environs abondent en débris de l'antiquité et en inscriptions. La plupart des nations commerçantes y ont des consuls.

SALPÊTRE. Le salpêtre ou *nitrate de potasse* est un sel blanc, d'une saveur fraîche et salée. Il cristallise en prismes ou aiguilles profondément cannelées; celui qu'on recueille sur les murs est sous forme d'efflorescences composées de petits cristaux très-déliés, et prend le nom de *salpêtre de houssage*. Il se dissout bien dans l'eau, mais en plus grande quantité à chaud qu'à froid. Une forte chaleur le fond d'abord, et le décompose ensuite en potasse, oxygène et azote. Projeté sur des charbons ardents, il fuse en produisant de vives scintillations. Il entre dans la poudre, pour les trois quarts de son poids environ. La fabrication des acides sulfurique et nitrique en consomme d'énormes quantités.

Le salpêtre est un produit naturel, dont le mode de génération est encore inconnu. Les uns prétendent que l'azote fourni par la décomposition des matières végétales ou animales s'unit à l'oxygène de l'air pour former l'acide nitrique. En effet, le salpêtre se forme dans les lieux habités par les hommes ou les animaux, dans les caves, les étables, les bergeries. D'autres prétendent que l'acide nitrique est produit par la combinaison des éléments de l'air, sous l'influence de certaines circonstances inconnues et sans le secours des matières organisées. En effet, on a rencontré le salpêtre dans des lieux entièrement incultes, dans des grottes où n'apparaissait aucun vestige de débris animal ; on l'a trouvé en masse sous la sole épaisse d'un four de boulanger, et j'ai vu ces efflorescences couvrir les murs de l'escalier du clocher de Toul, à près de 80 mètres de hauteur, loin du voisinage de toute matière animale ou végétale. Ces deux opinions contraires sont peut-être également fondées, et il se peut que le salpêtre se forme dans des circonstances très-variées. On se contente de recueillir le salpêtre naturel ; cependant, on fabrique aussi artificiellement.

Les nitrières artificielles sont établies dans le nord de l'Europe. En France, en Prusse, on les a abandonnées comme donnant un produit peu abondant et trop coûteux. La production du nitre factice a lieu quand on expose au contact de l'air un mélange de matières azotées et humides avec des carbonates dont les bases sont puissantes, avec de potasse ou de chaux. Pour cela, on prépare une terre en mêlant intimement du fumier et de la terre meuble argileuse; on dispose le mélange sur une aire d'argile bien battue, qu'on recouvre d'un toit pour que les eaux pluviales n'entraînent pas les sels formés. Si la terre ne contient pas de carbonate de chaux, on y ajoute un calcaire quelconque, ou de la marne ou de la cendre de bois. On arrose de temps en temps avec de l'urine ou de l'eau de fumier, en ayant le soin aussi de remuer le mélange pour renouveler les surfaces et faciliter l'accès de l'air. Au bout d'un certain temps, les terres sont assez salpêtrées pour être lessivées.

Dans les pays chauds, l'Espagne, l'Inde, l'Égypte, le salpêtre se produit abondamment, et vient s'efflorir à la surface du sol. On enlève la couche de terre superficielle, qu'on lessive ensuite. Les eaux de lessivage sont concentrées, soit à la chaleur du soleil, soit dans des chaudières placées sur des fourneaux, et déposent par le refroidissement de nombreux cristaux de nitre. Ce salpêtre est ordinairement assez pur.

En France, on retire le salpêtre des matériaux de démolition, du sol des caves, étables, bergeries, granges et autres lieux humides et habités. Il s'y trouve en petite quantité et mêlé à d'autres sels, les chlorures de potassium, le nitrate de magnésie, et surtout le nitrate de chaux et le chlorure de sodium ou sel marin. On entasse les matériaux ou les terres dans des cuviers en bois, et on les lessive de manière à les épuiser avec le moins d'eau possible. Quand les eaux de lessivage marquent de 8 à 12° de l'aréomètre de Baumé, on y verse une dissolution de potasse du commerce, qui transforme les nitrates terreux en nitrate de potasse, en déterminant un précipité abondant. La liqueur est décantée et portée dans de grandes chaudières en cuivre, où elle est évaporée. Pendant l'évaporation, les chlorures de potassium et de sodium se précipitent et sont enlevés avec soin. Quand les eaux concentrées marquent 45 à 48° de l'aréomètre, on les verse dans des petits bassins en cuivre ou en bois, appelés *cristallisoirs*; et par le refroidissement, le salpêtre se dépose en nombreux cristaux : ceux-ci sont recueillis et lavés, soit avec de l'eau pure, soit avec de l'eau saturée de salpêtre, pour dissoudre les cristaux de sel qui les environnent et enlever les eaux mères qui les mouillent.

Un autre procédé d'extraction consiste à transformer en salpêtre, au moyen du chlorure de potassium, le nitrate de soude connu sous le nom de *salpêtre du Chili*, à cause du gisement considérable qu'on a trouvé dans cette contrée. Ces deux sels, dissous ensemble, font échange de base, et se séparent par la cristallisation en salpêtre et sel marin. Le chlorure de potassium se trouve dans les sels que l'on obtient en lessivant les cendres provenant de l'incinération des varechs, qui croissent abondamment sur les bords de la mer. C'est en faisant réagir des quantités déterminées de nitrate de soude et de sels de varech qu'on prépare maintenant de grandes quantités de salpêtre. On peut aussi traiter par ce procédé les eaux provenant du lessivage des terres et des matériaux de démolition. En y versant du sulfate de soude, on change les nitrates terreux en nitrate de soude, qu'on transforme ensuite en salpêtre au moyen des sels de varech.

Quel que soit le mode de préparation du salpêtre, il n'est pas assez pur pour servir à la fabrication de la poudre ; il contient encore de 10 à 20 pour 100 de sels étrangers, surtout de sel marin. C'est par une opération appelée *raffinage* qu'on le purifie complètement. On étend dans un vaste bassin de cuivre peu profond, appelé *cristallisoir*, environ 4,000 kilogrammes de salpêtre brut, sur lequel on verse assez d'eau saturée de salpêtre, provenant d'autres opérations, pour l'en recouvrir complètement. Cette eau séjourne pendant un jour : on a le soin de remuer le salpêtre pour renouveler les surfaces et faciliter l'action dissolvante. L'eau saturée de salpêtre dissout une grande quantité de sel marin, sans dissoudre le salpêtre ; ce dernier est ensuite relevé sur les bord du bassin, égoutté, et jeté dans une grande chaudière en cuivre avec environ 1,200 litres d'eau de fontaine. On met le feu sous la chaudière. Quand le salpêtre est dissous et écumé, on y verse une dissolution de 1 kil. 50 de colle forte dans le bain, qu'on agite fortement : on voit alors surnager une écume épaisse, formée par les matières insolubles et terreuses, que la colle, comme un réseau, rassemble à la surface, et qu'on enlève avec soin. Quand le liquide est bien clair et bien limpide, on le verse dans le grand cristallisoir, où le salpêtre se dépose pendant le refroidissement ; on a le soin d'agiter sans cesse la liqueur avec des rabots en bois, tant pour hâter le refroidissement que pour empêcher le salpêtre de se prendre en masses cristallines, et le forcer à se précipiter sous forme de poussière fine et ténue. Au fur et à mesure de cette précipitation, le salpêtre est relevé sur les bords et porté dans des caisses en bois de forme prismatique, où il subit l'opération du lavage. Il est alors tout à fait pur, parce que les eaux mères ou surnageantes retiennent tout le sel marin qu'il contenait encore avant d'être mis dans la chaudière, mais il est mouillé par des eaux très-impures dont il faut le débarrasser. A cet effet, on verse sur ces caisses de lavage pleines de salpêtre 600 litres d'eau de fontaine, en trois arrosages successifs et égaux : ces eaux extraient les premières, et le salpêtre est purifié. On le porte alors au séchoir, où il est étendu sur le fond d'un bassin en cuivre, plat et peu profond, chauffé soit par un foyer particulier, soit par la fumée et l'air chaud du fourneau de la chaudière. On l'enferme ensuite dans des barils, qui sont envoyés aux poudreries. Le salpêtre raffiné ne doit, d'après les règlements, contenir que 1/3000 de sel marin : il est ordinairement beaucoup plus pur, et ne contient quelquefois que 1/15000 de sel. On en fait l'analyse avec le nitrate d'argent. Pour cela, on dissout dix grammes du salpêtre à essayer dans de l'eau distillée, et on y verse avec une pipette graduée 1 centimètre cube d'une dissolution de nitrate d'argent préparée de manière que cette quantité précipite 1/3000 de sel marin : la liqueur filtrée ne doit plus se troubler par une nouvelle addition de la liqueur d'épreuve.

H. Violette, Commissaire des poudres et salpêtres.

C'est sur les frontières du Pérou et du Chili, dans le district d'Atacama, qu'on a trouvé des gisements de *salpêtre du Chili* d'une étendue extraordinaire. Ces gisements, situés dans une plaine d'ailleurs infertile, se prolongent sur une longueur de 3 myriamètres, avec une puissance de 66 centimètres à 1 mètre. Ils se composent d'un sel dur, sec et presque pur, que recouvre à peine une mince couche d'argile. Le *salpêtre du Chili* tel qu'on le rencontre dans le commerce est une masse humide, d'un brun sale, consistant en grains cristallins arrondis et contenant de 94 à 96 pour 100 d'acide azotique pur. Dans un air humide, ce sel attire l'eau : c'est ce qui le rend impropre à la fabrication de la poudre.

SALPÊTRIÈRE (Hospice de LA), à Paris. Cet hospice, situé rue Poliveau, n° 7, au delà du boulevard de l'Hôpital, est destiné à recevoir les femmes indigentes, infirmes ou âgées de soixante-dix ans, et en outre au traitement des folles. L'infirmerie contient 400 lits. Les constructions furent élevées par Libéral B r u a n t ; l'église, dont le plan circulaire a près de 20 mètres de diamètre, est couverte par un dôme octogone ; l'intérieur est percé de huit arcades, qui communiquent à quatre nefs, de 23 mètres de longueur, et à quatre chapelles. Ces nefs et ces chapelles, disposées en rayons, aboutissent au centre de l'église, où s'élève l'autel principal. Les immenses bâtiments de cet hospice, dernier asile de tant de misères de la grande ville, occupent, avec les jardins, un emplacement de plus de 100,000 mètres carrés. Ils ne sont point construits sur un plan régulier, parce que les nombreux corps qui en font partie furent bâtis dans des temps différents, à mesure que le besoin s'en faisait sentir.

Le service est distribué en cinq grandes divisions, savoir : 1° les *reposantes*, ou femmes qui ont vieilli dans le travail ; 2° les *indigentes* aveugles, paralytiques, infirmes et octogénaires ; 3° les femmes septuagénaires, les *gâteuses*, les *cancérées*, et autres femmes attaquées de plaies incurables ; 4° l'infirmerie ; 5° les *aliénées* et les *épileptiques*, traitées d'après les mêmes méthodes qu'à B i c ê t r e. On y compte 2,048 indigentes et 1,321 aliénées. Cet hospice s'appelait autrefois l'*Hôpital général* ; il avait été fondé en vertu d'un édit du 27 avril 1656, pour y renfermer les mendiants et les vagabonds. Dans une cour séparée était la maison de force pour les femmes et les filles débauchées.

SALSEPAREILLE (*smilax*, L.). On appelle ainsi la racine d'un végétal qui croît dans l'Amérique méridionale et qui appartient à la diœcie-hexandrie de Linné. Il aime les lieux humides, où il étale de longues tiges sarmenteuses, armées d'aiguillons comme celles de la ronce, appelée en espagnol *sarza* ou *zarza* ; et c'est cette analogie qui a engendré le mot *salsepareille* ou *sarcepareille*. Ses racines, menues et éparses, s'étendent à une grande distance, et nous arrivent en bottes à l'état de dessication. On en distingue plusieurs espèces : la meilleure est la salsepareille dite *de Portugal*, parce qu'elle nous vient du Brésil. Ces espèces sont mélangées dans les envois qu'on en fait sur notre continent. La salsepareille jouissait autrefois d'une grande renommée en matière médicale. On la signalait comme un sudorifique des plus énergiques ; le temps n'a pas justifié cette prétendue propriété. C'est principalement comme remède antisyphilitique que la salsepareille a joui d'une réputation qu'elle conserve encore en partie. Ce fut, dit-on, l'observation populaire qui révéla aux Américains cette propriété, comme elle leur avait fait connaître celle du kina. Apportée et préconisée chez nous, on l'employa sous diverses formes pharmaceutiques. On lui attribue toute la vertu de deux remèdes secrets en renom, le *sirop de Cuisinier* et le *rob de Laffecteur*. Aujourd'hui que le charlatanisme est plus effronté que jamais, on voit dans les journaux vanter outre mesure la salsepareille, non-seulement pour le traitement des affections syphilitiques, mais encore pour celui des maladies de la peau. Ces remèdes, toujours vendus fort cher, trompent l'attente de ceux qui se laissent séduire par ces annonces mensongères. D'ailleurs, la salsepareille, d'un prix assez élevé, entre bien rarement dans les préparations des charlatans ; elle leur sert seulement d'amorce.

CHARBONNIER.

SALSETTE, la plus grande des îles situées près de Bombay, appelée par les indigènes *Ihalta* et par les Portugais *Canaria*, présente une superficie de 7 myriamètres carrés, et a pour chef-lieu la ville de *Tanna*, où l'on compte 4,000 habitants. Près d'un village appelé *Kennery*, on voit encore les immenses temples taillés dans le roc vif et semblables à ceux d'E i l o r a, auxquels l'île est redevable de sa célébrité. Le plus grand de tous, qui a 100 pas de longueur sur 40 de largeur, et dont la voûte est soutenue par 30 colonnes, dont la plupart ont des éléphants pour chapiteaux, était un temple consacré à B o u d d h a. A l'époque de la domination des Portugais dans l'Inde, il servit longtemps d'église ; ce qui est cause que la plus grande partie des sculptures qui le décoraient ont été détruites. A l'entrée d'un de ces temples, on voit encore deux statues colossales, et sur un pilier du portique la fameuse inscription en caractères inconnus dont jusqu'à ce jour on n'a pu donner d'explication suffisante. Dans ces temples, tout est couvert de sculptures. Les plus grands, qui se composent de plusieurs étages superposés, sont entourés de petites grottes entre lesquelles on voit divers escaliers, passages et viviers consacrés. Ces grottes, très-certainement d'origine bouddhiste, servaient tout à la fois de temples, d'écoles et de couvents aux sectateurs de Bouddha.

SALSIFIS, espèce de scorsonère de la tribu des chicoracées. On la désigne plus spécialement sous le nom de *salsifis noir* ou de *scorsonère d'Espagne*. Sa racine est longue, charnue, laiteuse, cylindrique, noire à l'extérieur ; sa tige haute, rameuse vers le sommet, chargée de cinq à six fleurs jaunes et terminales. Cette plante est originaire d'Espagne ; on la trouve aussi en Provence et en Dauphiné, dans les pâturages des montagnes. Les médecins du seizième siècle lui attribuaient de grandes propriétés. On n'emploie plus sa racine que comme aliment. Pour cet usage, on la préfère au véritable *sal-sifis* (*tragopogon*), dont elle a emprunté le nom. Cette racine peut se manger dès le premier hiver qui suit le semis de ses graines : elle est alors très-tendre et délicate ; mais comme elle n'a pas encore acquis toute sa grosseur, on en fait plutôt usage à la fin de la deuxième année. Le salsifis noir procure un aliment sain, doux et léger ; il est propre à calmer la toux et les ardeurs d'urine. Les bestiaux aiment beaucoup les racines et les feuilles de cette scorsonère, qui augmentent le lait des vaches et des brebis. Des essais ont été récemment tentés dans le midi de la France, notamment aux environs de Lyon, pour nourrir le ver à soie avec la feuille de cette plante potagère, et paraissent avoir réussi.

SALT (HENRY), voyageur et archéologue célèbre, né en 1771, à Lichfield, accompagna en 1802 lord Valentia, dans son voyage en Égypte, en Abyssinie et dans l'Inde orientale. On lui doit la découverte de la fameuse inscription d'A x u m et la description exacte des monuments de cette antique capitale de l'Ethiopie. A l'effet d'établir des relations commerciales avec la côte d'Abyssinie, le gouvernement anglais l'y envoya en 1809, avec un vaisseau chargé de marchandises précieuses. Cette mission échoua complètement ; mais Salt put du moins faire une foule d'observations nouvelles d'un haut intérêt pour la science et pour le commerce et confirmant jusqu'à un certain point les rapports précédents faits par B r u c e, jusque alors objets de doutes nombreux. Nommé consul en Égypte, Salt, au moyen de fouilles pratiquées avec intelligence, mit en lumière à partir de 1817 divers temples, tombeaux et autres monuments de l'ancienne Thèbes. Il s'occupait d'un grand travail sur l'Égypte, quand il mourut, le 30 octobre 1827, dans un village entre le Caire et Alexandrie. Parmi les ouvrages qu'on a de lui, nous citerons : *XXIV large Views taken in Saint-Helena, the Cape, Abyssinia, Egypt, etc.* (1809) et *Account of a Voyage to Abyssinia* (1814).

SALTARELLE, *saltarello,* danse italienne, d'un mouvement rapide et toujours croissant, que le danseur accompagne avec sa guitare. On l'exécute dans toutes les fêtes et réjouissances villageoises, les jardiniers et les vignerons surtout. Les Romains en font leur délice.

SALTATRAS. *Voyez* Nègres.

SALTIGRADES. *Voyez* Arachnides.

SALTIMBANQUE, jongleur, bateleur, charlatan; ordinairement placé sur un théâtre dans une place publique pour y faire ses exercices et y débiter ses drogues. Ce mot vient de l'italien *salta in banca,* parce que les banques, qui furent primitivement établies dans les villes d'Italie, étant situées sur des places ou marchés, les sauteurs, danseurs, bouffons, bateleurs et charlatans, venaient y exercer leur industrie pour amuser et tromper le public. C'est en raison de cette origine qu'on nomme plus particulièrement *saltimbanques* ceux qui ont l'air et l'accent étranger.

Cette qualification s'applique figurément à un bouffon de société, à un mauvais orateur, qui débite avec des gestes outrés des plaisanteries de mauvais goût (*voyez* Bateleur).

SALUBRITÉ PUBLIQUE. L'expérience a prouvé que les principales conditions de santé pour l'homme bien constitué et qui n'abuse pas de ses facultés consistent dans la pureté et la libre circulation de l'air qu'il respire, la salubrité des aliments solides et liquides dont il se nourrit, et l'innocuité de la profession qu'il exerce ou des travaux auxquels il se livre. Malheureusement, dans l'état de société où nous vivons, il est bien peu d'individus qui puissent les remplir toutes. Les lieux où nous naissons, ceux où nos parents vivent de leur propriété ou de leur état, sont pour la plupart d'entre nous ceux que nous serons tenus d'habiter pendant la plus grande partie de notre vie, quels que soient les désavantages qu'ils puissent présenter sous le rapport de la salubrité. Celui qui cultive un champ dont le produit fait subsister sa famille n'y renoncera pas, s'il en est propriétaire, par la seule raison que ce champ se trouve placé dans une contrée malsaine, de même que ceux qui dans les villes occupent des maisons dans des quartiers ou des rues insalubres ne les abandonneront pas à cause de cette insalubrité. Les uns et les autres se résigneront par nécessité à subir les conséquences d'une situation qu'ils ne sont pas les maîtres de changer. Mais le mal que les particuliers sont dans l'impuissance de faire disparaître, les gouvernements, dont la principale mission est d'assurer le bien-être des peuples, ont le droit, et c'est même pour eux un devoir, de chercher et de prendre tous les moyens propres à le détruire. De tous temps et dans tous les pays on a compris que les mesures générales qui intéressent la salubrité au sein des villes comme au milieu des campagnes étaient du ressort de la haute administration. Mais ce n'est guère que dans les temps modernes qu'on a songé à leur donner, dans l'intérêt public, toute l'extension qu'il était nécessaire qu'elles eussent. Aux époques où la plupart des villes furent fondées et où elles s'agrandirent successivement, on sacrifia d'autres convenances la salubrité de la situation où on les plaçait, ainsi que la régularité, la largeur et la ventilation des rues qui se formaient, sans s'inquiéter si l'on n'établissait pas de cette manière des foyers d'infection et de maladies pestilentielles. Paris, dont nous voyons de nos jours l'assainissement et les embellissements augmenter comme par enchantement, ne fut pas autrement bâti dans son origine; et pendant bien des siècles, elle mérita le nom de *Lutèce,* ville de boue, qu'elle portait. A l'époque du règne de Philippe-Auguste, où elle s'étendait déjà assez loin sur la rive droite de la Seine, c'était un cloaque tellement infect, que ce prince, incommodé, dans son palais même, par l'odeur intolérable qui s'exhalait des rues, se décida à les faire paver toutes. Aucune dans la ville ne l'avait été jusque là. Mais cette amélioration ne détruisit pas les inconvénients de ces rues longues, étroites, tortueuses et bordées de maisons élevées de cinq, six ou sept étages, dont l'air, sans circulation, ne pouvait enlever les exhalaisons méphitiques qui s'y formaient et s'y concentraient. Où circulait plus librement sans doute dans la ville; mais elle n'en était pas plus saine pour cela; et la mortalité comparée avec celle des autres villes du royaume s'y trouvait proportionnellement beaucoup plus forte. Cet état de choses dura plusieurs siècles. Cependant, vers le temps de Henri IV, l'usage des voitures de luxe ayant commencé à s'établir, on donna plus de largeur aux nouvelles rues qui se formèrent, en même temps qu'on bâtit avec plus de régularité les quartiers qu'on ajoutait à la ville. Mais personne n'avait encore l'idée de renouveler l'ancienne ville et de l'assainir autant qu'il était désirable qu'elle le fût. Ce n'est pas avant le milieu du dix-huitième siècle qu'on a commencé à croire à la possibilité de cette rénovation; et ce n'est que dans les dernières années de ce même siècle ou dans les premières du dix-neuvième qu'on s'est mis en devoir de la réaliser. Depuis lors l'exécution du vaste plan adopté a été poursuivie avec la plus constante activité; mais depuis l'avénement de Napoléon III elle a pris des proportions qui tiennent, on peut le dire, du prodige.

La *salubrité publique* de la ville de Paris, comme celle de toute autre ville, ne dépend pas uniquement de sa distribution matérielle; elle tient aussi à ce que les différentes denrées alimentaires ne soient pas l'objet de coupables altérations, et à ce que les différentes industries exercées par ses habitants ne soient pas de nature à entretenir une influence funeste sur la santé générale. Dans une ville aussi immense que Paris, le nombre de ces industries diverses est si considérable, elles exigent des études et des recherches si étendues de la part de ceux qui sont chargés de les surveiller, qu'on a cru devoir établir auprès du préfet de police, qui dirige cette surveillance, un *conseil de salubrité,* qu'il préside, et dont les fonctions sont de rechercher tout ce qui, dans l'exercice et l'application de chacune de ces industries, peut intéresser la santé publique, puis de faire du résultat de ces recherches autant de rapports particuliers qu'il y a de d'objets sur lesquels elles ont porté. Consultez Ambroise Tardieu, *Dictionnaire d'Hygiène publique et de salubrité* (Paris, 1854).

V. de Moléon.

SALUCES, petite ville des États Sardes, bâtie près de l'emplacement de l'ancienne *Augusta Vagiennorum,* et qui devint au moyen âge la capitale d'un petit territoire indépendant, bien connu sous le nom de *marquisat de Saluces.* Ses titulaires ont joué un grand rôle dans l'histoire de ces contrées; les plus remarquables sont : *Thomas II,* le 7ᵉ marquis, qui régnait au quatorzième siècle; *Thomas III,* 9ᵉ marquis, né vers 1350, et qui eut beaucoup à souffrir des guerres civiles, comme son prédécesseur; *Louis Iᵉʳ,* 10ᵉ marquis, fils et successeur du précédent, gouverneur général de la Savoie et du Piémont sous Amédée VIII; *Louis II,* fils du précédent, 11ᵉ marquis, né en 1438; *Michel-Antoine,* 12ᵉ marquis, fils de Louis II, lequel continua la guerre sous Louis XII et sous François Iᵉʳ, qui le nomma lieutenant général et amiral de Guienne; *Jean-Louis,* 13ᵉ marquis, fils du précédent, lequel fut enfermé par ordre de la France, qui donna son marquisat à son frère François. Ce dernier mourut en voulant reconquérir la plénitude de ses droits contre la Savoie, et laissa la couronne à son frère Gabriel. Mais les dispositions de la France n'étaient pas changées; il fut relégué au château de Pignerol, et c'est ainsi que finit une souveraineté de quatre siècles. Henri II et Henri III de France occupèrent le marquisat, que Henri IV finit par échanger en 1601 contre la Bresse avec Charles-Emmanuel, duc de Savoie.

Quelques-uns des marquis de Saluces ont cultivé les arts et les sciences. *Thomas III* avait séjourné en France; il y composa un ouvrage intitulé : *Voyage du chevalier errant* (Anvers, 1567), moitié prose, moitié vers, ayant pour objet les affaires du temps, et qui eut un grand succès. *Louis Iᵉʳ* humilia Venise et les Florentins de concert avec

Philippe-Marie Visconti, seigneur de Milan. On lui doit l'idée et les grands travaux de la route creusée au-dessous du mont Viso, pour faciliter les communications entre la France et la Savoie. *Louis II* secoua la suzeraineté de la Savoie, et demanda des secours à la France, qui lui envoya 1,600 hommes. Les Français, enfermés dans Saluces, se firent remarquer par le long siége qu'ils y soutinrent (1486). Dépossédé en 1490, le malheureux prince suivit Louis XII dans son expédition d'Italie, et mourut à Gênes, en 1504. Il avait fondé une académie. Il est l'auteur de *L'art de la Chevalerie sous Végèce* (Paris, 1488). Le 12e marquis de Saluces, qui avait conduit l'avant-garde à Marignan, commanda l'armée française dans le royaume de Naples, et assista à la bataille de Pavie.

SALUER. *Voyez* Salut.

SALUT (du latin *salus*), conservation ou rétablissement dans un état heureux, convenable ; félicité, sûreté : Le *salut* du peuple est la suprême loi. Ce mot signifie également cessation de danger : Le poltron cherche son *salut* dans la fuite.

Le mot *salut* s'applique encore, parmi les chrétiens, à la félicité éternelle, au bonheur du ciel. C'est un dogme de la foi que nous ne pouvons obtenir le salut que par Jésus-Christ, et que c'est pour nous le procurer qu'il est venu sur la terre. « On a poussé les sciences a un grand point de raffinement, dit La Bruyère ; jusqu'à celle du *salut* qu'on a réduite en règle et en méthode. »

La maxime : *Hors de l'Église, point de salut !* ne doit pas s'entendre, d'après les meilleurs théologiens, à la rigueur et de tous les hommes, de ceux aux yeux de qui la lumière de la foi a lui, comme de ceux qui, ignorants et abandonnés, sont restés dans les ténèbres. Hors de l'Église point de salut, sans doute, mais seulement pour ceux que la lumière inonde et qui ferment obstinément les yeux afin de n'en percevoir aucun rayon. Les philosophes ont reproché à l'Église catholique de laisser espoir d'aller au ciel la grande majorité de ses membres. On leur a répondu que l'Église ne condamnait personne à la réprobation ; qu'à l'exemple de Jésus-Christ elle appelait tous les hommes indistinctement au *salut éternel*, et qu'elle priait incessamment pour la conversion des pécheurs, qu'ils fussent catholiques ou non, lesquels, jusqu'au moment de leur mort, peuvent toujours, par un sincère repentir, gagner le ciel, ouvert à tous ceux qui savent s'en rendre dignes. Ainsi, on enseigne aujourd'hui chez les catholiques eux-mêmes que l'entrée du ciel est réservée 1° à tous les enfants, même non encore baptisés, qui meurent avant l'âge de raison ; 2° à tous les chrétiens adultes qui vivent selon les règles prescrites par les commandements de Dieu et de l'Église, ainsi qu'à tous ceux qui se convertissent et obtiennent le pardon de leurs péchés avant leur mort ; 3° aux hérétiques et aux schismatiques restés purs, qui vivent sincères et de bonne foi, et vivent selon leur conscience, quoique séparés de l'Église catholique ; 4° aux chrétiens qui vivent dans l'ignorance de l'Évangile et selon l'état de nature. Ne sont donc frappés de réprobation que 1° les chrétiens endurcis dans le péché et les impies qui meurent sans se réconcilier avec Dieu ; 2° les hérétiques de mauvaise foi, c'est-à-dire qui ayant pu connaître la vérité n'ont pas voulu l'écouter. Suivant saint Augustin, tous ceux qui dès le commencement du genre humain ont cru au Messie promis, *l'ont connu autant qu'ils pouvaient*, et ont vécu selon ses préceptes dans la piété et la justice, en quelque temps et en quelque lieu qu'ils aient vécu, ont été sans aucun doute sauvés par les mérites de Jésus-Christ. Cette doctrine est conforme à celle de saint Thomas, de saint Justin, de saint Irénée et de saint Chrysostome. Ce dernier Père de l'Église enseigne que ceux qui, sans avoir connu Jésus-Christ avant sa venue, se sont abstenus du culte des idoles, ont adoré dans leur cœur le vrai Dieu et mené une vie sainte, jouissent du souverain bien. Saint Irénée va même plus loin, et affirme qu'il suffisait pour le salut éternel, avant la venue de Jésus-Christ, d'observer les préceptes naturels que Dieu a donnés dès le commencement au genre humain, et qui sont contenus dans le décalogue.

En termes de liturgie catholique, *salut* se dit des prières qu'on chante ordinairement le soir après complies, dans certaines églises, et qui se terminent par la bénédiction du saint-sacrement. La Bruyère a fait une censure sanglante de la manière dont les *saluts* se célébraient de son temps dans quelques églises de Paris. Il y règne en général aujourd'hui, si ce n'est plus de véritable dévotion, du moins une grande décence.

SALUT, SALUTATION (du latin *salutatio*), action de saluer, témoignage de respect, d'honneur, de bienséance, d'amitié, qu'on se rend réciproquement dans les visites, dans les rencontres : On doit le *salut* à son supérieur, et c'est une marque d'orgueil ou d'impolitesse que de ne pas rendre le *salut*.

Saluer, en parlant des anciens Romains qu'on élevait à l'empire, signifie *proclamer* : Vespasien fut *salué* empereur.

L'état militaire a ses divers saluts, qu'il serait trop long d'énumérer ici : le *salut* des armes, celui du drapeau, de l'épée, etc. En marine, il y a quatre manières de saluer : avec le canon, avec la poudre, avec la voile et avec la voix.

Chaque peuple a sa manière de saluer. Le Japonais et l'habitant d'Astracan ôtent un pied de leur pantoufle pour saluer. Ici, nous baisons la main par respect ; dans l'Indostan, on prend par la barbe celui qu'on salue. Ici, les grands sont assis et les inférieurs debout ; le roi de Ternate ne donne audience que debout, et ses sujets restent assis comme dans une posture plus humble, à moins que par distinction il ne permette à quelqu'un de se lever. Des insulaires des Philippines prennent la main ou le pied de celui qu'ils veulent honorer, et s'en frottent le visage. D'autres se courbent très-bas en mettant leurs mains sur leurs joues, et lèvent un pied en l'air en ployant le genou. Les Lapons appuient fortement leur nez sur celui de la personne qu'ils saluent. Deux Otaïtiens qui se rencontrent cognent leurs nez l'un contre l'autre. A la Nouvelle-Guinée, on place des feuilles sur la tête de ceux à qui l'on fait politesse. L'Éthiopien prend la robe d'un autre, et la noue autour de lui de manière à laisser son arni presque nu. Ces rois noirs de la côte d'Afrique s'abordent en se serrant trois fois le doigt du milieu. Les habitants de Carmène, en témoignage d'un attachement particulier, s'ouvrent une veine et offrent à leurs amis le sang qui en jaillit. Quand les Chinois, enfin, se rencontrent après une longue séparation, ils se jettent à genoux, penchent leur visage vers la terre deux ou trois fois, et mettent en usage d'autres marques d'affection.

Quoique s'abordant avec les meilleures intentions du monde, les hommes sont parfois fort embarrassés pour se dire quelque chose qui ait le sens commun. Les Grecs s'abordaient en se disant : *Travaille et prospère*, ou bien, plus littéralement : *Occupe-toi avec succès*. Les Romains disaient : *Combien valez-vous ?* ou, *Quelle est votre force ?* J'aime mieux leur *vale*, et *salve* (sois robuste, et bien sain). Un Italien et un Espagnol ne manquent pas de dire : « Comment vous tenez-vous debout ? » (*Come sta? Como estad V. M?*). *Comment vous portez-vous ?* est le salut d'un Français, auquel un Anglais répondrait : *How do you do?* (Comment faites-vous faire ?) ; et un Allemand : *Wie befinden sie sich?* (Comment vous trouvez-vous ?). Ce dernier peuple emploie en outre pour le salut d'adieu cette locution, dans laquelle le genre est substitué à l'espèce et l'abstrait au concret, comme s'expriment les doctes : *Leben sie wohl* (Vivez bien). Les Hollandais, qui aiment les plaisirs de la table et les entreprises navales, me semblent plus raisonnables ; ils se demandent gravement : « Avez-vous un bon dîner ? » (*Smakelijk eten?*), ou bien : « Comment voguez-vous ? » (*Hoc waart uwe*). Ce bon repas batave rappelle un souhait germanique : « Je désire que vous ayez bien dîné ; que vous ayez fait un repas béni (*Eine gesegnete mahlzeit*). *Padam do nog* (Je tombe à vos pieds), disent les Polonais. J'aime mieux, pour salut d'adieu, dire comme les Italiens et les Espagnols : « Je vous baise les mains; » mais seulement, bien entendu, aux belles dames, surtout lorsque, jeunes et jolies, elles les ont petites, douces et blanches. En Chine, il paraît que, comme en Hollande, on pense au solide d'une cuisine confortable, car les mots dont on se sert en s'abordant sont ceux-ci : *Tchi ko fane?* (Avez-vous mangé votre riz?), ou simplement : *Ya fane!* c'est-à-dire : *Bouche vide, riz!*

Les formules de salut des Orientaux sont plus rationnelles que la plupart de celles dont se servent les nations occidentales. Le *shalom* hébraïque se retrouve traduit chez les modernes par ce souhait gracieux : *La paix soit avec vous! Salam alaï kom*, disent les Turcs, c'est-à-dire : *Le salut ou la santé soit sur vous!* C'est de ces trois mots arabes que vient le *salamalec*, sur lequel il a plu au facétieux La Monnoye de faire un conte fort plaisant

Louis du Bois.

SALUTATION ANGÉLIQUE. *Voyez* Ave Maria.
SALUT PUBLIC (Comité de). *Voyez* Comité de Salut Public.
SALVADOR (San-). *Voyez* Bahia.
SALVANDY (Narcisse-Achille, comte de), né le 11 juin 1796, à Condom (Gers), achevait ses études au lycée Napoléon, à Paris, lorsque pour échapper à une punition que prétendait lui infliger le proviseur de cet établissement, il alla s'engager sans le consentement de ses parents dans les gardes-d'honneur, corps qu'on organisait alors, et dans lequel il fit avec distinction les campagnes de 1813 et de 1814. Il était parvenu au grade d'adjudant-major, lorsque Napoléon le décora de sa propre main, le 6 avril 1814, à Fontainebleau. A la Restauration, tout en faisant son droit à Paris, il entra dans la maison militaire du roi; et l'année suivante, au 20 mars, il accompagna les princes jusqu'à la frontière. En 1816 il publia une brochure qui eut un immense retentissement, *La Coalition et la France*. C'était le premier cri poussé, au milieu de la stupeur générale, contre l'occupation de la France par les armées étrangères ; une éloquente protestation contre les insolences de toutes espèces que se permettaient les puissances alliées. Avec beaucoup d'esprit on peut à vingt ans faire une bonne tragédie de second ordre; mais ce n'est qu'avec le cœur qu'on peut faire une de ces actions dont la grandeur et les résultats surpassent l'opinion même de celui qui a été choisi, sans le savoir, pour exprimer la pensée universelle. Les alliés demandèrent l'arrestation de l'auteur; mais ce fut en vain qu'on s'adressa directement à cet effet à Louis XVIII lui-même. Le roi refusa avec une noble fermeté; et quand le territoire français se trouva enfin purgé de la présence des bandes de l'étranger, le duc de Richelieu récompensa l'acte de courage et de patriotisme de M. de Salvandy en lui accordant une place de maître des requêtes au conseil d'État. C'était dignement acquitter la dette du pays. Mais en 1821 M. de Peyronnet le destitua, en punition d'une autre brochure qu'il venait de publier, intitulée : *Sur les dangers de la situation présente*, dont le succès ne fut pas moindre que celui de la précédente et dans laquelle il signalait avec force les périls dont menaçait le pays une administration qui annonçait hautement le dessein de modifier la charte. On n'avait pu lui enlever en même temps son grade dans l'armée, celui de capitaine d'état-major, dont les émoluments constituaient son unique fortune; sans quoi le rancuneux ministre n'eût pas manqué de le faire. Mais le jeune officier alla au-devant de ce désir, en donnant lui-même sa démission; acte qui lui rendait toute sa liberté pour combattre avec la plume une administration qu'il regardait comme fatale à la monarchie et à la France. Un voyage d'instruction et d'agrément que M. de Salvandy entreprit alors en Espagne lui fournit le sujet d'un roman historique en 4 vol. in-8°, *Alonzo, ou l'Espagne, histoire contemporaine*, publié en 1824. Il fit paraître la même année *Islaor, ou le barde chrétien*, nouvelle gauloise. Au retour de son voyage d'Espagne il avait épousé une riche orpheline, la fille du manufacturier Oberkampf. Bientôt il fut admis au nombre des rédacteurs du *Journal des Débats*, et maintes fois les articles qu'il fournit alors à cette feuille, eurent l'honneur d'être attribués à M. de Chateaubriand. Quand la censure lui ferma les colonnes du *Journal des Débats*, il fit paraître une suite de brochures éloquentes (*Le Ministère et la France, Le nouveau Règne et l'ancien Ministère, Du parti à prendre envers l'Espagne*, etc., etc.), où il dénonçait avec autant de pénétration politique que d'énergie la marche anticonstitutionnelle d'un gouvernement frappé de vertige. Dans un temps où toutes les imaginations étaient émues, où toutes les plumes de journalisme tiraient de l'opposition une puissance inouïe, où la France entière acclamait, avec ses trente millions de voix, aux paroles du moindre des écrivains, M. de Salvandy eut des jours où il semblait être seul sur la brèche, tant son talent avait d'éclat, tant étaient décisives et politiques ses attaques. Ajoutons que ni le succès, ni l'entraînement d'une opposition universelle, ni cette commotion électrique qui se communiquait alors aux caractères les plus modérés ne troublèrent sa plume et ne mêlèrent à sa polémique des raisons ou des violences empruntées à d'autres causes.

Les élections de 1827 arrachèrent à la Restauration le ministère Martignac. M. de Salvandy fut nommé conseiller d'État. C'était presque le lendemain de ses brochures, dont Charles X lui dit « qu'il devrait convenir qu'il avait été un peu trop loin ». Il ne se trouva pourtant rien dans ces brochures qui embarrassât M. de Salvandy, devenu haut fonctionnaire. Il crut que le moindre des courages est celui d'attaquer; qu'il y en avait alors un plus grand et plus difficile, qui était de servir ceux qu'il venait de combattre, outre qu'il était de bon goût de leur tenir compte d'un grand effort et d'un amer sacrifice. Mais comme il n'était entré au conseil d'État que par devoir, les douceurs ni les honneurs de la place ne l'y purent retenir, quand la création du ministère Polignac vint lui imposer un autre devoir, celui de le quitter pour rentrer dans les rangs des combattants. La nouvelle en vint à M. de Salvandy dans un voyage qu'il était allé faire dans le midi. Il écrivit sa démission sur la table d'une auberge et l'envoya à M. de Polignac. Charles X essaya de le faire revenir de sa résolution. Il sentait de quel prix c'eût été pour lui de ne pas déchaîner de nouveau le polémiste qui « avait été déjà si loin ». M. de Salvandy ne céda pas. La conversation fut longue et animée. M. de Salvandy y prononça un de ces mots qui lui étaient familiers et où la prévision politique la plus sûre s'échappe par un trait pittoresque. Charles X ayant dit : « Je ne reculerai pas d'une semelle », — « Plaise à Dieu, répondit M. de Salvandy, que Votre Majesté ne soit pas forcée de reculer d'une frontière ! »

Le conseiller d'État démissionnaire recommença alors dans le *Journal des Débats*, affranchi du moins maintenant de la censure, contre le ministère Polignac la lutte ardente qu'il y avait soutenue quelques années auparavant contre le ministère Villèle. C'étaient les mêmes fatigues, avec des incertitudes et des craintes de plus, les adversaires étant le pur sel du parti, la troupe d'élite, la réserve de la sacristie et du confessionnal, après laquelle il n'y avait plus rien. La main de M. de Salvandy ne mollit pas. Son passage dans les grands emplois ne l'avait ni gâté ni affaibli. C'est de sa maison de campagne que presque tous les jours partaient pour Paris ces formidables articles du *Journal des Débats*, si ardents contre les principes et les rêveries contre-révolutionnaires d'un ministère de sacristains; si contenus, si loyaux à l'endroit du vieux roi qui faisait jouer sa dernière carte par de pareils joueurs. Peu d'écrivains politiques ont ou au même degré que M. de Salvandy le talent particulier, si rare quoique si couru, que demande un article de journal : une extrême vivacité de tours, une éloquence de source, des pensées justes sous la forme de traits et d'images qui arrêtent le lecteur le plus distrait, un instinct hardi et droit, une inépuisable abondance de sentiments et de vues nobles, la pénétration la plus sûre dans les plus vifs moments de fougue, enfin, une estime réfléchie et un naïf amour pour le pays. M. de Salvandy, n'ayant pas conspiré, n'avait pas pu désirer la révolution de Juillet; mais il l'avait prédite. A ce propos nous rappellerons son mot célèbre au duc d'Orléans, dans une fête donnée par ce prince en juin 1830, au Palais-Royal, au roi de Naples, son beau-frère : « Monseigneur, c'est bien là une fête napolitaine. Nous dansons sur un volcan. » Comme tous les adversaires de la politique des ordonnances, il était donc engagé d'honneur à accepter la révolution des trois jours et le nouvel ordre de choses qu'elle avait constitué en France. Toutefois, il resta quelque temps comme en observation, suivant avec inquiétude, quoique avec une sympathie non équivoque, toutes les crises du gouvernement nouveau. Ses articles de polémique au *Journal des Débats* sont marqués de cette disposition d'esprit, où entrait d'ailleurs du respect pour ce qui était tombé. On la retrouve avec éclat dans la brochure intitulée : *Seize Mois, ou la révolution de 1830 et les révolutionnaires*, qui reparut quatre mois après sous le titre de *Vingt Mois*, grossie en effet de l'histoire des quatre mois qui venaient de s'écouler entre la première édition et la seconde. C'est le plus beau titre de M. de Salvandy publiciste. C'est la verve dans la modération, c'est la passion dans l'analyse, chose si rare, et qui fera vivre cet écrit au delà des circonstances qui l'ont inspiré.

A quelque temps de là, un des colléges électoraux du département de l'Eure l'envoya siéger à la chambre des députés, où il prit place dans les rangs de la majorité conservatrice et où il parla pour la première fois à l'occasion de la dévastation de l'archevêché et de Saint-Germain-l'Auxerrois. En 1835 l'Académie Française l'élut au nombre de ses membres, et récompensa par cette flatteuse distinction l'ingénieux et éloquent publiciste en même temps que l'habile écrivain qui en 1829 avait publié une *Histoire de Pologne avant et sous le roi Jean Sobieski* (3 vol. in-8°; 2ᵉ édition, 1830; 4ᵉ édition, 1857).

En 1837, à la suite du rejet du fameux projet de *loi de disjonction* présenté à l'occasion de l'échauffourée de Strasbourg, et dont il avait été le rapporteur, M. de Salvandy fut appelé à faire partie du ministère de conciliation et d'amnistie qui se forma alors sous la présidence de M. Molé. Il y prit le portefeuille de l'instruction publique; et nous ne serons que juste en disant que, de tous les ministres qui depuis 1830 jusqu'à ce jour ont passé par ce département, c'est celui qui y a laissé les traces les plus profondes, celui dont la retraite a causé les regrets les plus sincères et les plus durables. Il n'y a qu'une voix dans les partis pour rendre hommage à la pureté de ses intentions, à sa sollicitude constante et éclairée pour toutes les branches de l'enseignement, à sa bienveillance pour les membres du corps enseignant, à la noble protection qu'il s'efforçait d'accorder aux lettres et aux sciences, aux égards si remplis de tact et de délicatesse avec lesquels en toutes occasions il savait traiter les hommes qui les cultivent, quelles que fussent leurs opinions politiques. La néfaste c o a l i t i o n ayant amené en 1840 la chute du ministère Molé, M. de Salvandy alla reprendre sa place à la chambre élective sur les bancs des conservateurs; et en l'élevant alors à la vice-présidence, ses collégues lui donnèrent une éclatante preuve d'estime. En 1841 il fut nommé ambassadeur en Espagne, où une difficulté d'étiquette avec E s p a r t e r o l'empêcha de remettre ses lettres de créance à la reine Isabelle, et le força de revenir à Paris avant d'avoir pu entrer en fonctions. En 1843 il fut nommé ambassadeur à Turin, et créé *comte*. Venu l'année suivante en congé à Paris pour prendre part aux travaux de la chambre des députés, il vota contre l'adresse qui prétendait *flétrir* les députés légitimistes, qui avaient fait le pèlerinage de B e l g r a v e s q u a r e; et le dépit qu'on lui en témoigna aux Tuileries le porta à donner aussitôt sa démission des fonctions d'ambassadeur (2 février 1844). Le roi Louis-Philippe, malgré cette disgrâce passagère, conservait toujours la plus grande estime pour le caractère de M. de Salvandy : aussi, en 1845, quand une subite attaque d'aliénation mentale força M. Villemain à abandonner le ministère de l'instruction publique, ce prince voulut-il que M. Guizot prît pour collègue l'homme qui s'était montré ouvertement contraire à ses tendances, si absolues et si exclusives. Il y eut certes alors de la part de M. de Salvandy un grand dévouement à se résigner à accepter ainsi sa part de solidarité dans une administration dont l'impopularité allait toujours croissant. Il se renferma d'ailleurs dans ses attributions, et s'efforça de faire du moins dans le département qui lui était confié le plus de bien qu'il put. C'est là que le surprit la révolution de février 1848.

Louis-Philippe une fois mort, M. de Salvandy comprit que la f u s i o n était désormais la seule chance d'avenir qui restât au grand parti monarchique, auquel il était noblement demeuré attaché; et il eut la satisfaction de voir couronner de succès les efforts qu'il fit alors pour opérer entre la branche aînée et la branche cadette de la maison de Bourbon une réconciliation qu'on croyait impossible.

Après le coup d'État du 2 décembre, M. de Salvandy, fidèle à ses convictions et à ses antécédents, continua de demeurer à l'écart, demandant à la culture des lettres des consolations pour ses illusions perdues et ses espérances déçues. Il mourut le 15 décembre 1856, à sa terre de Graveran (Eure), laissant la réputation d'un des hommes d'État les plus honorables de ce temps-ci, qui à un beau talent joignait un caractère ferme et généreux, un esprit juste et droit, un cœur plein de bons mouvements; d'un de ces rares ministres qui n'ont pas peur du talent, qui le recherchent au contraire, qui savent le découvrir et qui s'estiment heureux de pouvoir lui tendre la main.

SALVATOR ROSA, célèbre peintre italien. *Voyez* ROSA.

SALVE (de l'italien *salva*, dérivé du latin *salutatio*). *Voyez* DÉCHARGE.

SALVE, REGINA MISERICORDIÆ, c'est-à-dire *salut, Reine de miséricorde*, nom d'une antienne en l'honneur de la sainte Vierge, comme reine du ciel, par laquelle on terminait autrefois l'office divin et qu'on chantait dans beaucoup de fêtes de l'année indépendamment du temps de carême, de même qu'à l'occasion de l'exécution des criminels. Maintenant elle n'est plus en usage qu'en carême, ainsi qu'à certains jours de fête, ou dans les couvents, à complies (c'est-à-dire à l'office qu'on célèbre après le repas du soir, parce qu'alors tous les devoirs religieux du jour sont accomplis). Les uns en attribuent la composition à Pierre de Compostelle, et d'autres à Hermann Contractus.

SALVERTE (ANNE-JOSEPH-EUSÈBE BACONNIÈRE DE) naquit à Paris, le 18 juillet 1771, et fut d'abord avocat au Châtelet jusqu'à la suppression de cet tribunal, à l'époque de la révolution. Il obtint alors une place au ministère des affaires étrangères, et passa ensuite dans l'administration du cadastre. Républicain ardent, il prit part en 1795 au mouvement insurrectionnel dirigé contre la Convention (journée du 13 vendémiaire), et fut condamné à mort par contumace comme ayant présidé la section du Mont-Blanc; mais quand il se présenta un an après pour purger sa contumace, il fut acquitté. Depuis lors il se tint éloigné des affaires publiques, pour ne plus s'occuper que de travaux littéraires, et publia successivement divers ouvrages qui décèlent l'écrivain exercé et le penseur. En 1807 il concourut pour le prix proposé par l'Institut : *Le Tableau littéraire de la France au dix-huitième siècle*, et son ouvrage, publié en 1809, obtint une mention honorable. Il avait déjà publié en 1794 des *Idées constitutionnelles présentées à la Convention*; en 1798, un essai intitulé *De la balance du gouvernement et de la législation*, et des *Romances et Poésies*; en 1801, un *Éloge philosophique de Diderot*; et en 1812, *Phédosie*, tragédie. En 1824 il fit paraître un *Essai historique et philosophique sur les noms d'hommes, de peuples et de lieux* (2 vol. in-8°); et en 1819 un intéressant ouvrage en 2 vol. in-8°, intitulé : *Des Sciences occultes*, qui complétait les recherches qu'il avait précédemment entreprises dans un *Essai sur la Magie, les Prodiges et les Miracles*, imprimé en 1817 à Bruxelles. Élu député de la Seine en 1828, il prit place à la chambre à l'extrême gauche, et fut en 1829 un des premiers à adopter la mesure du refus de l'impôt pour le cas où la charte serait violée. L'année suivante il fut au nombre des deux-cent-vingt-et-un, et aussitôt après la révolution des trois jours il proposa de prendre la déclaration de la chambre des représentants de 1815 pour base des institutions fondamentales à donner à la France; motion qui fut écartée. Réélu en 1831, il échoua aux élections de 1834 contre la candidature de M. Thiers; mais quelques mois plus tard un autre collège le renvoya à la chambre reprendre sa place à l'extrême gauche, où il siégeait encore lorsqu'il mourut, le 27 octobre 1839. Il était depuis 1830 membre libre de l'Académie des Sciences morales.

SALVI (GIAMBATTISTA), dit *Sassoferrato*, peintre d'histoire, né à Sassoferrato, en 1605, apprit de son père les premiers éléments de son art, et se perfectionna plus tard à Rome sous le Dominiquin, le Guide et l'Albane. Mais il différe des élèves postérieurs des Carrache par une beauté douce et par le soin qu'il apporte à son exécution; en quoi Raphaël paraît surtout lui avoir servi de modèle, à tel point qu'on confond quelquefois ses tableaux avec ceux de ce grand maître. Souvent il lui arrive de se servir positivement des motifs de Raphael. Ses têtes sont gracieuses et pleines d'expression, et il excelle dans les draperies bleues. Le plus grand de ses ouvrages est un tableau d'autel placé dans l'église de Montefiascone, et représentant la mort de saint Joseph. En Allemagne, le musée de Berlin possède un grand nombre de tableaux de ce maître, qui mourut à Rome, en 1685, et suivant d'autres en 1690. Folo a donné une bonne gravure de sa *Mater dolorosa*.

SALVIEN, *Salvianus*, savant prêtre qui vivait à Marseille au cinquième siècle, vraisemblablement originaire des environs de Cologne, a laissé, outre plusieurs lettres, deux ouvrages assez importants, l'un intitulé : *Adversus Avaritiam*, l'autre *De Gubernatione Dei*, qui projettent une vive lumière sur les mœurs de l'époque, notamment sur la corruption dans laquelle le clergé était alors tombé.

SALVIUS, nom d'une race romaine plébéienne, qui au temps des empereurs jouissait d'une grande considération, et dont firent partie l'empereur Othon et le célèbre jurisconsulte *Salvius Julianus*, qui fut préteur, deux fois consul et préfet de la ville, et qui prit la plus grande part à la rédaction de l'édit du prétoire rendu par Adrien, en l'an 141 de notre ère. Ses principaux ouvrages étaient les *Libri XC Digestorum*, d'où sont tirés la plupart des 557 passages de lui insérés dans les Digestes de Justinien. Par sa fille il fut le grand-père de l'empereur Didius Julianus.

SALZA (HERMANN DE), fondateur de la puissance de l'ordre Teutonique en Prusse, fut le quatrième grand-maître de l'ordre; dignité à laquelle il fut élu en 1210. Telle était la pureté de son âme et l'élévation de son esprit, que le pape Grégoire IX et l'empereur Frédéric le prirent, en 1230, pour arbitre de leurs différends. Ce dernier lui conféra la dignité héréditaire de prince de l'Empire. Hermann de Salza porta à leur apogée la puissance et l'éclat de l'ordre Teutonique. Le duc Conrad de Masovie, vivement pressé par les Prussiens, alors encore païens, ayant invoqué son secours, Hermann de Salza, avec le consentement du pape, lui envoya un nombreux détachement de chevaliers de l'ordre Teutonique aux ordres de Hermann Balk, et en l'an 1230 commença la lutte sanglante qui devait se terminer par la complète soumission des habitants aborigènes de la Prusse. Les chevaliers Porte-Glaive partagèrent les dangers et la gloire de l'ordre Teutonique. Hermann de Salza mourut à Salerne, où il s'était rendu pour rétablir sa santé délabrée, le 20 mars 1239, au moment où la soumission de la Prusse allait être complète.

SALZBOURG, duché de l'empire d'Autriche, situé entre l'Autriche au-dessus et au-dessous de l'Ens, la Styrie, la Carinthie, le Tyrol et la Bavière, compte, sur une superficie de 91 myriamètres carrés, une population de 146,000 habitants, qui sont complétement allemands, et, sauf 2,600 protestants, professent la religion catholique. C'est un pays de montagnes, arrosé par de nombreux cours d'eau, dont le plus important est la *Salza*. Parmi les eaux minérales qui abondent dans ses montagnes, on remarque surtout celles de Gastein. L'exploitation des métaux précieux, jadis fort importante, y est aujourd'hui singulièrement déchue; mais on en tire toujours beaucoup de cuivre, de fer, de plomb et d'arsenic. Les archevêques de Salzbourg jouissaient autrefois de grands privilèges, entre autres de celui de pouvoir conférer la noblesse. Ce siège fut sécularisé en 1802. En 1809 la victoire mit le duché de Salzbourg au pouvoir de Napoléon, qui en gratifia son fidèle allié le roi de Bavière; mais celui-ci dut, aux termes de la paix de Paris, le restituer à l'Autriche, sauf quelques parcelles.

SALZBOURG, le *Juvavia* ou *Juvavium* des anciens, chef-lieu de l'ancien archevêché et électorat, ainsi que du duché actuel du même nom, est bâti sur les deux rives de la Salza ou Salzbach, qu'on y traverse sur un pont de 123 mètres de long sur 13 de large, et dans une ravissante situation. Les rues en sont étroites et tortueuses, mais bien pavées, et les maisons, dont les toits sont généralement à l'italienne, présentent l'apparence de l'édification la plus solide. Grâce au goût pour les constructions qui distingua bon nombre de ses archevêques, Salzbourg possède beaucoup d'édifices remarquables, la plupart de style italien. Cette ville, encore aujourd'hui siège d'archevêché, est entourée de murs et de remparts, et compte 18,000 habitants. On y trouve un lycée possédant une bibliothèque de 36,000 volumes, un jardin botanique et un musée zoologique, une bibliothèque publique de 40,000 volumes; un théâtre, trois hôpitaux civils et un hôpital militaire, un hospice d'aliénés et un hospice d'orphelins. Parmi les plus remarquables édifices, on doit surtout mentionner la magnifique cathédrale, construite de 1614 à 1668, qui a 120 mètres de longueur, 73 de hauteur et 60 de largeur. Sa façade est en marbre blanc. On y voit cinq orgues et un grand nombre de tableaux remarquables. Citons, en outre, l'église Saint-Pierre, riche en tombeaux, dont quelques-uns remontent jusqu'au quatorzième siècle, et renfermant entres autres celui de Michel Haydn; l'église Sainte-Marguerite, bel édifice, construit en 1485; l'église de l'université; l'église des bénédictines de Nonnenberg, avec ses remarquables vitraux de 1480; enfin, l'église Saint-Sébastien, reconstruite en 1818, à la suite d'un incendie, et où l'on voit le tombeau de Théophraste Paracelse. Les environs de cette ville sont délicieux.

SAMARA, gouvernement de la Russie, dont l'érection ne date que du 18 décembre 1850. Il a été formé, sur la rive droite du Volga, des cercles de *Samara* et de *Staуropol*, du gouvernement de Simbirsk (332 myr. car. et 274,118 habit.), des cercles de *Bouguoulma*, de *Bougourouslan* et de *Bousoulouk*, du gouvernement d'Orembourg (707 myr. car. et 514,014 habitants) et des cercles de *Nikolajeffsk* et de *Nowo-Uzensk* du gouvernement de Saratof (665 myr. car. et 327,831 habitants). Sa superficie totale est de 1,705 myr. car., et sa population au temps où il a été créé, au moyen de ces divers démembrements, était de 1,115,963 âmes. En raison de la fertilité naturelle de son sol et de son heureuse situation, le gouvernement de Samara est destiné à devenir un jour l'un des plus riches de l'empire. D'immenses plaines, faiblement onduleuses, s'y étendent sur la rive orientale du Volga, dite aussi *rive des prairies*; couvertes d'une profonde couche de terre végétale, qui promet les plus riches moissons, ce ne sont encore en grande partie que des steppes.

SAMARA, autrefois chef-lieu de cercle du gouvernement de Simbirsk, et maintenant chef-lieu du gouvernement de

Samara, sur le Volga, est devenue dans ces derniers temps l'une des villes de commerce les plus importantes riveraines du Volga, et par son commerce de grains l'emporte même sur Simbirsk. Siége d'un gouverneur civil, elle possède un port sur le fleuve. La plupart des maisons y sont encore construites en bois. On y trouve une cathédrale, de grands magasins et près de 15,000 habitants, dont la plupart subsistent du commerce. Il consiste en sel, poissons, caviar, et surtout en grains, farine et suif. La ville fut fondée en 1586, pour servir de boulevard contre les Baschkirs et les Nogaïs.

SAMARIE (en hébreu *Schoméron*), ville de Palestine, située à environ seize heures de marche au nord de Jérusalem, ainsi appelée d'après une montagne sur laquelle elle fut construite, vers l'an 920 av. J.-C., par Omri, sixième roi d'Israël, qui y établit sa résidence. Conquise en l'an 721 par Salmanassar, et peuplée alors par des colons étrangers, elle devint plus tard une place forte, que Jean Hyrcan démantela. Mais elle ne tarda pas à être rétablie, et Hérode le Grand l'orna d'un temple élevé à Auguste, ainsi que d'autres édifices, et en l'honneur de l'empereur il lui donna le nom de *Sebastia*. Il en existe encore aujourd'hui sous ce nom quelques ruines.

Vers le temps de Jésus-Christ on donna le nom de cette ville à toute la contrée environnante, qui forma alors une province particulière entre la Judée au sud et la Galilée au nord, et dont l'étendue était d'environ 5 myriamètres en longueur et en largeur.

SAMARITAINE (LA). On appelait ainsi autrefois, à Paris, une pompe et un château d'eau ou réservoir, construits de 1603 à 1608, sur les plans d'un Flamand appelé J. Lintlan, et qui furent démolis en 1813. Cet édifice, bâti sur pilotis et adossé au bord occidental du Pont-Neuf, avait pour but d'alimenter d'eau le palais du Louvre et celui des Tuileries. Son nom lui venait d'un groupe de figures en bronze, placé sur la façade, et qui représentait un vase d'où tombait une nappe d'eau principale du réservoir. D'un côté on voyait Jésus-Christ et de l'autre la *Samaritaine* de l'Évangile, qui semblaient s'entretenir. Le bâtiment orné d'une horloge, était surmonté à l'origine d'un carillon, dont la sonnerie exécutait divers airs. Avant la révolution il y avait encore un *gouverneur* de la Samaritaine.

SAMARITAINES (Langue et littérature). *Voyez* ORIENTALES (Langue et littérature) et SAMARITAINS.

SAMARITAINS. On appelle ainsi à bien dire les habitants de Samarie, mais plus particulièrement la race métisse qui y est provenue du mélange de la population israélite laissée dans le pays par les conquérants assyriens avec les colons idolâtres qui y furent transférés de Babel, de Coutha (c'est pourquoi *Couthéens* est synonyme chez les Juifs modernes de Samaritains), de Hamath et autres localités. Ces Samaritains, chez qui le culte de Jéhova conserva la prééminence, désirèrent prendre part à la construction du second temple de Jérusalem, mais se virent repoussés par les Juifs, comme hérétiques; d'où l'hostilité de plus en plus profonde qui sépare ces deux races. Par suite de cette séparation, les Samaritains fondèrent avec l'assistance de Manassès, prêtre émigré de Jérusalem, un culte particulier, et construisirent un temple sur la montagne de Garizim, près de Sichem (aujourd'hui *Nabulus*); ce qui acheva le schisme entre eux et les Juifs (409 av. J.-C.). Ce temple fut détruit en l'an 129 av. J.-C., par Jean Hyrcan; mais l'emplacement sur lequel il s'élevait est resté jusqu'à ce jour le saint lieu d'adoration pour les Samaritains. A cet effet, ils s'appuient sur le texte de Moïse (ch. 5, v. 27 et 4), où leur texte *Garizim* remplace le mot *Ebal*. Dans le siècle dernier on rencontrait encore des Samaritains en Égypte, à Damas, à Ascalon, à Césarée et autres lieux. Aujourd'hui il n'en existe plus qu'à Nabulus, où ils forment une vingtaine de familles; mais ils restent invariablement fidèles à leur foi. Le Pentateuque est leur livre saint, et Moïse le seul vrai prophète. Ils rejettent tous les autres livres de la Bible hébraïque, et considèrent tous les autres prophètes comme de faux prophètes. Ils traitent le roi Salomon de magicien et d'idolâtre, et ne prononcent jamais le nom d'Esdras sans l'accompagner d'imprécations. Ils professent l'unité de Dieu dans toute sa rigueur; et la création du monde tiré du néant est un de leurs principaux dogmes. Ils distinguent un monde visible et un monde invisible: celui-ci est le séjour des anges, dont l'entremise a fait connaître la loi aux hommes. Tout bien provient de l'observation de la loi, surtout de celle du sabbat, et de la circoncision. Ils célèbrent les fêtes prescrites par la loi mosaïque, tout au moins par des prières et des jeûnes, attendu qu'il leur a fallu depuis longtemps, comme les Juifs, renoncer aux sacrifices. Ils croient aussi à la résurrection des corps, à la vie future et à la damnation. Le témoignage de saint Jean (4, 25) prouve que vers le temps de Jésus-Christ ils attendaient la venue d'un messie; et il en est de même encore aujourd'hui. Ils attendent en lui, d'après les termes de Moïse (5, 15 et 18) un grand prophète, un second Moïse, qui convertira les nations au culte de *Garizim*, et fera le bonheur de son peuple demeuré fidèle. Ils l'appellent *Haschaheb* ou *Hatabeb*, c'est-à-dire celui qui revient. Leur Pentateuque, transmis avec d'antiques caractères (ce qu'on appelle l'*écriture samaritaine*, et écrit encore sans signes représentatifs des voyelles, diffère dans une foule de passages de celui que nous ont transmis les Juifs. Ils en possèdent une traduction en *langue samaritaine*, dialecte araméen composé d'un grand nombre de mots et de formes hébraïques. Leur liturgie et leur rituel sont rédigés dans ce dialecte, ainsi qu'un grand nombre de chants religieux ou psaumes, lesquels sont classés quelquefois d'après la rime finale des vers ou le commencement des strophes, mais plus souvent d'après l'ordre alphabétique. Toutefois, depuis que l'arabe est devenu leur langue usuelle, ils ont traduit dans cette langue leur Pentateuque, ainsi que leurs psaumes et leur liturgie. Ils possèdent en arabe, sous la dénomination de *Livre de Josué*, une chronique du temps de Josué allant jusqu'au siècle de Constantin (publiée par Juynboll; Leyde, 1848), ainsi qu'une autre chronique d'Abou-'l-Fatsch, qui va jusqu'au quatorzième siècle, et quelques ouvrages de dogmatique et d'exégèse. Les notions que nous avons sur les Samaritains actuels nous ont été fournies par quelques savants modernes, tels que J. Scaliger, Hiob Ludolf, Sylvestre de Sacy, etc., qui, en leur écrivant en arabe ou en hébreu, ont obtenu d'eux des renseignements sur leurs dogmes, leurs mœurs, etc. Sylvestre de Sacy a donné une collection de ces lettres, sous le titre de *Notices et Extraits des Manuscrits de la Bibliothèque du roi* (12 vol., Paris, 1831). Consultez aussi Juynboll, *Commentarii Historiæ Gentis Samaritanæ* (Leyde, 1846), et le 3e volume de la *Palæstina* de Robinson.

SAMARKAND, autrefois la capitale et aujourd'hui la seconde ville de la grande Boukharie, à l'ouest de Bokhara, sur le Sérafschân ou Kohek, dans la vallée de Sogd, au milieu d'une contrée recouverte de nombreux canaux qui la fertilisent. Elle est bien construite, quoique la plupart de ses édifices soient en bois, et ne compte plus aujourd'hui que 10,000 habitants, qui fabriquent des articles en cuir, des cotonnades et surtout du papier de soie. Depuis près de deux cent-cinquante ans Samarkand est l'un des grands entrepôts du commerce de caravanes avec l'Inde et l'Asie.

Dans l'antiquité cette ville portait le nom de *Maracanda*, et était la capitale de la province appelée *Sogdiane*. Elle fut, dit-on, dévastée par Alexandre. Au moyen âge les Arabes pénétrèrent au nord jusqu'à Maracanda; et à partir du treizième siècle, elle fut sous la domination des Mongols. Tamerlan en fit, en 1369, la capitale de son empire; titre qu'elle conserva jusqu'en 1468. Il y fonda vers la fin du quatorzième siècle une université musulmane, qui devint bientôt et qui est demeurée depuis le centre des études théologiques et littéraires dans l'Asie centrale. Un observatoire y est adjoint. Sur les 250 mosquées qu'on comptait autrefois dans cette ville, il en existe encore aujourd'hui un grand nombre.

SAMBELLIN. *Voyez* BELLINI.

SAMBLANÇAY (JACQUES DE BEAUNE, baron DE),

surintendant des finances sous François Ier, paya de sa tête les dilapidations commises par la mère du roi, la duchesse d'Angoulême, à qui il avait eu le malheur de déplaire. Il fut exécuté en 1527. Son petit-fils, Renaud de Beaune, fut archevêque de Sens, et eut une grande part à la conversion de Henri IV.

SAMBRE (en latin *Sabis*), rivière, affluent gauche de la Meuse, dans laquelle elle se jette à Namur (Belgique). Elle prend sa source en France, près de Fontenelle, dans le Département de l'Aisne, et a un cours d'environ 200 kilomètres, par Landrecies, Barlaimont, et Maubeuge en France, Thuin, Charleroy et Le Châtelet en Belgique. Ses principaux affluents sont l'Heure à droite et le Piéton à gauche. Elle est navigable sur 156 kilomètres, dont 56 en France. Les transports consistent en charbon, ardoises, marbre. Le *canal de la Sambre*, de 63 kilomètres de développement, relie cette rivière à l'Oise et par suite au bassin de la Seine.

Les bords de la Sambre sont célèbres par de nombreuses batailles. Ainsi, dès l'an 56 av. J.-C., Jules César y battait les Nerviens. Dans la série de combats livrés du 10 mai au 4 juin 1794 à Rouvroy, à Merbes-le-Château et à Gosselies, les Français commandés par Jourdan forcèrent la ligne que les coalisés avaient établie sur la Sambre.

SAMBRE-ET-MEUSE (Département de), ancien département de France sous la république et l'empire, qui fut formé en 1795 du comté de Namur et du nord-ouest du duché de Luxembourg. Il avait pour bornes, au sud celui des Ardennes, à l'ouest ceux de Jemmapes et de la Dyle, etc. Son chef-lieu était *Namur*. Sa superficie était de 57 myr. carrés, et sa population de 181,000 habitants. Depuis 1815 une partie de ce territoire appartient à la province de Namur, et l'autre à celle de Liège.

SAMEDI. Ce nom du septième et dernier jour de la semaine vient de *sabbathi dies*, le jour du *sabbath*, mot hébreu qui signifie *repos*. Et en effet il était consacré au repos, en commémoration de ce que Dieu, après avoir créé le monde en six jours, s'était reposé le septième, et avait lui-même ordonné à Moïse de sanctifier ce jour. Chez les anciens, c'était le jour consacré à Saturne ; et les Anglais l'appellent encore aujourd'hui *saturday*.

SAMELAND. *Voyez* LAPONIE.

SAMLAND, contrée de la Prusse orientale, dont elle formait l'une des divisions à l'époque de l'ordre Teutonique. Située à l'est de la Vistule, elle comprenait le pays renfermé par le Pregel, le Frisch-Haff, la Baltique, le Kurisch-Haff et la Dême, avec les villes de Pillau, Fischhausen, Kœnigsberg, Tapiau et Labiau.

SAMNITES, ancien peuple de l'Italie centrale, d'origine sabellienne, appelé souvent par les Romains *sabelli* et par les Grecs *saunitæ*. D'après leurs traditions, ils étaient les descendants de la jeunesse sabine, expulsée du pays comme ayant été consacrée au printemps (*voyez* SABELLIENS), et qui, conduite par un bœuf sauvage envoyé par Mars, s'établit les armes à la main dans le pays des Osques, qui reçut alors le nom de *Samnium*, et qui plus tard comprit aussi quelques portions de la Campanie. Avec la suite du temps, les *Frentani* et les *Hirpini* se séparèrent d'eux, mais continuèrent à faire partie de la confédération samnite. Le pays des Samnites, qui abondait en forêts et en pâturages, était particulièrement propre à l'élève du bétail, bien cultivé, et à Vulturnus le centre d'une importante culture d'oliviers. Cette population était brave, belliqueuse, passionnée pour sa liberté ; elle habitait en grande partie, du moins dans les montagnes, des bourgs et des villages, et était divisée en cantons, qui avaient une constitution démocratique et formaient une confédération. En temps de guerre on élisait un général commun. En l'an 440 av. J.-C. des guerriers samnites mirent fin à la domination des Etrusques à Capoue, et en l'an 419 à celle des Grecs à Cumes. Du mélange des Samnites avec les Osques, habitants de la plaine et de même race qu'eux, provint la nation des Campaniens.

La langue et l'écriture osques étaient en usage dans tout le *Samnium*.

Les Lucaniens, qui subjuguèrent la partie septentrionale du territoire des Œnobrii, étaient également issus des Samnites. Les Mamertins étaient des Samnites campaniens. En l'an 354 avant J.-C. les Samnites conclurent pour la première fois un traité d'alliance et d'amitié avec les Romains. Mais les Campaniens, attaqués par les Samnites, s'étant placés sous la protection des Romains, il en résulta, en 343, la *première guerre samnite*, dans laquelle Marcus Valerius Corvus battit les Samnites, sur le mont Gaurus et à Suessula ; après quoi, la paix fut conclue en 341.

La *seconde guerre samnite*, interrompue plusieurs fois par des trêves, dura de l'an 326 à l'an 304. Les Samnites y eurent pour alliés les Lucaniens, les *Vestini*, les Apuliens, et plus tard aussi les Marses et les Péligniens. Les succès remportés par les Romains aux ordres de Quintus Fabius Rullianus, de Lucius Papirius Cursor et d'Aulus Cornelius Arvina, furent annulés par l'éclatante victoire que le général samnite, Pontius, remporta, l'an 321, au défilé de *Caudæ* (*voyez* FOURCHES CAUDINES) ; mais dès l'année suivante, en 320, Lucius Papirius Cursor et Quintus Publilius Philo vengeaient cet affront par les victoires de *Caudium* et de *Luceria*. De même, après la déroute essuyée, en 315, par Fabius à *Lentula* en Latium, les Romains virent la fortune revenir sous leurs drapeaux. En 311 ils s'emparèrent de *Bovianum*, et en 310 d'*Allifæ* ; en 309 Papirius vainqueur à *Longula*, et Fabius en 308, puis en 307, à *Allifæ*. Après de nouvelles victoires remportées en 305 à *Bovianum* et sur les bords du Tifernus, la paix se conclut, en 304.

La *troisième guerre samnite* éclata en l'an 298, parce que les Romains prirent fait et cause pour les Lucaniens, attaqués par les Samnites. A la suite des victoires remportées en 298 par Cneius Fulvius à *Bovianum*, en 297 par Q. Fabius sur les bords du Tifernus, et à *Malventum* sur les Apuliens, les Samnites se liguèrent avec les Étrusques et avec les Gaulois. Leur général, Gellius Egnatius, transféra le théâtre de la guerre en Étrurie, mais fut battu en 296 par Appius Claudius et Lucius Volumnus. A la bataille livrée sous les murs de *Sentinum*, Fabius, grâce au noble dévouement de Decius, remporta en 295 la victoire sur les Samnites et les Gaulois. La bataille livrée sous les murs de Luceria en 294 par Marcus Atilius Regulus demeura indécise. Les victoires remportées par Lucius Papirius Cursor le jeune et Spurius Carvilius en 293 à *Aquilonia*, et après une défaite par Quintus Fabius Gurges en 292, amenèrent le rétablissement de la paix en 290.

Les Samnites, excités par les Tarentins, prirent encore une fois les armes en 282, avec les Lucaniens et les Bruttiens. Pyrrhus vint à leur secours ; mais ce prince étant passé en Sicile, les Romains reprirent l'avantage ; et quand Curius l'eut chassé d'Italie, les Samnites furent subjugués, en 272, par Papirius le jeune et Spurius Carvilius. Un nouveau soulèvement fut encore comprimé en 268. La confédération qui unissait les populations samnites fut dissoute ; et elle fut alors comprise sous la dénomination d'alliés (*socii*) parmi les peuples soumis aux Romains. Dans la suite de la seconde guerre punique, il y eut une partie des Samnites qui laissa longtemps pour Annibal. Dans la guerre sociale, ils firent courir de nouveau de graves dangers aux Romains. En l'an 90 le Samnite Marius Egnatius battit deux fois le consul Lucius Julius Cæsar, et s'empara d'*Æsernia* et de *Venafrum*, tandis que l'autre général samnite, Papius Mutilus, s'emparait de Nola et d'autres localités de la Campanie. Les Romains furent plus heureux en l'an 89, où Egnatius mourut et où Sylla, légat du consul Porcius Cato, battit les Samnites sous les ordres de Cluentius près de Pompéi, subjuga les *Hirpini*, et après avoir vaincu Papius s'empara de *Bovianum*, dans le *Samnium* même, qui fut repris en l'an 88 par le Marse Pompædius Silo, tandis que Cosconius battait en Apulie les Samnites commandés par Trebatius. Les Samnites et les Lucaniens restèrent en armes, alors même que les autres alliés se furent soumis ; et après avoir obtenu la complète jouissance des droits de citoyens romains, ils se rattachèrent à Cinna, qui les organisa, puis à Marius; ils formaient un corps d'armée particulier. C'est ainsi qu'ils se prononcèrent contre Sylla, lorsque celui-ci revint à Rome en 83; leur tentative pour dégager Marius le jeune, à Préneste, échoua. Leur armée, forte de 40,000 hommes, marcha ensuite contre Rome même, sous les ordres de Pontius Telesinus, du Lucanien Lamponius et du Campanien Gutta ; mais Sylla, secondé surtout par Crassus, les défit en avant de la porte Collina, dans une meurtrière bataille, livrée le 1er novembre 82. Sylla fit massacrer 6,000 prisonniers qu'il leur avait faits. L'année suivante Nola succomba, et le *Samnium* ainsi que toute la Lucanie furent horriblement dévastés. Après la complète extermination de la population aborigène, le pays fut repeuplé par des colons.

SAMOGITIE, en lithuanien *Zmudz*, c'est-à-dire *pays profond*. On appelle ainsi la partie de la Lithuanie riveraine de la Baltique, contrée d'une grande fertilité, entrecoupée de lacs, accessible au commerce maritime, et qui autrefois, sous la domination polonaise, formait un duché à part. De tous les Lithuaniens, ce sont les habitants de la Samogitie qui ont le mieux conservé le caractère national ; et ce n'est guère qu'au milieu du seizième siècle qu'ils furent complètement convertis au christianisme, quoique dès l'an 1413 le duc de Lithuanie Witold eût fondé un évêché dans sa capitale, appelée *Miedniki*.

SAMOÏEDES. *Voyez* SAMOYÈDES.

SAMOS, île riche et puissante dans l'antiquité, voisine de la côte d'Ionie dans l'Asie Mineure, en face d'Éphèse, appartient aujourd'hui, sous le nom de *Samo* ou de *Sousam Adasti*, à l'eyalet turc de Djésaïr. Sa superficie est de 6 myriamètres carrés, et elle produit encore aujourd'hui en abondance tous les fruits du Sud, du coton, de la soie, du miel, de la cire, du vin, du marbre et de la terre à foulon. A partir déjà du sixième siècle av. J.-C., et surtout sous la domination de Polycrate, cette île acquit une grande importance, parce que ses flottes, armées tantôt dans les intérêts du commerce et tantôt pour la sécurité de son propre territoire, déployaient une activité extraordinaire. Mais sa puissance était déjà bien déchue lorsque la Grèce se trouva pour la première fois en collision avec la Macédoine, quoique sa constitution républicaine subsistât toujours. Les derniers vestiges n'en disparurent même que sous le règne de Vespasien, en l'an 70 de notre ère. Elle avait été autrefois extrêmement célèbre pour avoir été non-seulement la patrie de Pythagore, mais encore le siège d'une école particulière d'artistes qui se distinguèrent par leurs œuvres architectoniques. En raison d'une espèce toute particulière de terre qu'on y rencontrait, l'art du potier y fut porté à un haut degré de perfection ; et les vases de Samos (*vasa Samia*) étaient vivement recherchés. Entre autres divinités, on adorait surtout Héra, comme protectrice de toute l'île ; et on avait consacré à son culte dans la ville de *Samos* un temple aux proportions les plus grandioses, appelé *Heræum*, et dont aujourd'hui encore les habitants désignent les ruines sous le nom de *Les Colonnes*.

Après avoir joué tout un rôle passé au moyen âge sous la domination des Arabes, des Vénitiens, des Génois et enfin des Turcs, elle devint tributaire d'un aga du capoudan-pacha. Dans ces derniers temps les nombreux réfugiés de l'Anatolie, d'Ipsara et autres lieux qui sont venus s'y établir, ont beaucoup augmenté sa population, qui dépasse aujourd'hui 30,000 âmes. Au début de l'insurrection grecque les habitants de Samos prirent aussi les armes, et se défendirent héroïquement contre les attaques des Turcs. Le protocole signé à Londres en 1830 les contraignit à reconnaître de nouveau la souveraineté de la Porte ; mais ce ne fut qu'en 1835 qu'ils se soumirent complètement, après avoir obtenu une amnistie et la nomination d'un gouverneur grec. Consultez Panofka, *Res Samiorum* (Berlin, 1822).

SAMOSATE. *Voyez* COMAGÈNE.

SAMOTHRACE, île de la mer Égée, d'un myriamètre carré, à peu de distance de la côte de Thrace, à l'ouest de l'embouchure de l'Hèbrus, appelée aujourd'hui *Samothraki* ou *Semadrik*, dépendant de l'eyalet turc de Djésaïr, avec 2,000 habitants, fut peuplée autrefois par des colonies phéniciennes, et devint surtout célèbre par le mystérieux culte des Cabires, dont elle était le berceau. La tradition porte qu'Orphée, Hercule et Jason, lorsqu'ils avaient pris terre dans cette île pendant l'expédition des Argonautes, s'étaient fait initier à ces mystères, parce que c'était un préservatif contre les dangers qu'on court en mer. Le désir de s'y faire initier attirait aussi dans l'île un grand nombre d'étrangers. C'était d'ailleurs un asile sacré ; aussi le roi Persée, quand il eut été vaincu, se réfugia-t-il dans le grand temple qu'on y voyait. Par respect pour l'idée religieuse qui s'y rattachait, l'île de Samothrace conserva même sous la domination romaine quelques-uns de ses antiques privilèges. Les mystères de Samothrace se maintinrent pendant longtemps, et finirent par se répandre jusque dans les Gaules et la Bretagne. Consultez Schelling, *Essai sur les divinités de Samothrace* (en allemand ; Stuttgard, 1815).

SAMOUM ou **HARROUR**, chez les Arabes du désert, *Samboull*, chez les Turcs *Samieli*, du mot arabe *Samma*, qui veut dire *apporter du poison*. Tel est le nom sous lequel on désigne un vent chaud et pestilentiel, causant rapidement la mort des hommes et des animaux, et qui s'élève et souffle par intervalles, entre la mi-juin et la mi-septembre, sur les frontières de l'Arabie, de la Syrie et du nord-ouest de l'Inde. Il vient des brûlants déserts de sable que renferment ces contrées, et souffle dans les contrées cultivées qui en sont limitrophes, par rafales plus ou moins chaudes et plus ou moins longues, dont la durée dépasse même souvent le temps le plus long pendant lequel il est possible à un homme de retenir son haleine. Des phénomènes certains et parfaitement connus des indigènes annoncent son approche. Une teinte jaunâtre, passant bientôt la couleur terne du plomb, se répand dans toute l'atmosphère, de telle sorte que le soleil, alors même qu'il est à son apogée, ne projette plus qu'une lueur rougeâtre. On entend dans l'air des craquements et des déchirements, puis tout à coup le brûlant ouragan se déchaîne sur la contrée en produisant un bruit sourd. Pour se préserver de ses miasmes délétères, les Arabes se cachent le visage dans leur *kefieh*, nom du mouchoir qu'ils portent enroulé autour de leur tête ; et les chameaux des caravanes, obéissant à un admirable instinct de conservation, s'enfoncent la bouche et les narines dans le sable, gardant cette attitude jusqu'à ce que cette brûlante rafale soit passée ; ce qui dure une demi-heure au plus. Jamais le Samoum ne souffle pendant plus de sept jours de suite. Son effet sur l'homme est en général de produire un affaiblissement extrême, accompagné de sueurs fébriles : et quelquefois même il amène la mort.

Le *chamsin*, vent du sud-ouest qui souffle en Égypte et dans d'autres parties de l'Afrique du 15 juillet au 15 août, et qui d'ordinaire ne dure que trois ou quatre jours, est accompagné de phénomènes absolument semblables à ceux du Samoum. Mais l'*harmattan* d'Afrique et le *sirocco* d'Europe ne diffèrent complètement.

SAMOYÈDES. C'est le nom, d'origine assez douteuse, sous lequel on désigne une population encore en grande partie idolâtre, répandue à l'extrémité nord-ouest de l'Europe ainsi qu'au nord-est de l'Amérique, qui appartient à la grande race altaïque, et qui avec ses subdivisions forme une des quatre familles dont elle se compose. A l'origine ce peuple habitait l'immense territoire qui s'étend depuis l'Altaï jusqu'à la mer Arctique d'une part, et de l'autre depuis le Iénisséi jusqu'à la mer Blanche ; mais il y a déjà plusieurs siècles qu'il en a été expulsé par des peuplades talares-mongoles. On peut considérer aujourd'hui comme son centre principal le pays situé entre l'Obi et le Iénisséi. Toutefois, on rencontre aujourd'hui sans interruption des groupes de Samoyèdes dans les effroyables *tundras* de la côte de la mer Arctique depuis la mer Blanche à l'ouest jusqu'au Khatanga à l'est, où ils sont d'ailleurs demeurés fidèles à leurs antiques coutumes, ne subissant que d'une manière fort peu sensible l'influence de la civilisation russe et du christianisme, vivant du produit de la pêche et parfois aussi de l'élève du renne. Séparés des Wogoules et des Ostiaks, ils vivent à l'état nomade dans le gouvernement de Tomsk, sur un territoire arrosé par l'Obi central et ses affluents, le Tym, le Ket, le Parabel, la Tschaja, le Tschonlym, ainsi que par la Tscheschabka, affluent du Wasjongân. Dans ces derniers temps, c'est Castrén qui a donné les renseignements les plus positifs qu'on possède sur les Samoyèdes au point de vue ethnographique et linguistique.

SAMSOE, petite île danoise, située entre la Séelande et le Jutland, d'une superficie de 14 kilomètres carrés, avec 5,500 habitants. Quoiqu'on n'y trouve pas de ville, la population jouit de beaucoup de bien-être, à cause de la grande fertilité du sol. L'île de Samsoe forme le majorat constitué en faveur de la famille Danneskjold.

SAMSON, l'Hercule des Hébreux, appartenait à la tribu de Dan, et était à l'âge de vingt ans juge dans Juda. Le livre des *Juges* est rempli de preuves de sa prodigieuse force corporelle. C'est ainsi que, désarmé, il tua un lion ; que, traîtreusement détenu par les habitants de Gaza, il enleva les portes de cette ville avec leurs gonds et leurs verrous, et les transporta sur une montagne voisine de l'Hélion ; qu'il attacha une autre fois trois cents renards deux à deux par la queue en y fixant une torche enflammée, puis qu'il les chassa ainsi sur les terres des Philistins, couvertes de moissons en pleine maturité. Livré par trahison aux Philistins, il brisa les liens avec lesquels on l'avait attaché et tua mille ennemis avec une mâchoire d'âne. Enfin, il succomba à la perfidie de Dalila, femme dont il avait eu la faiblesse de s'éprendre et à qui il avait révélé que sa force résidait dans la longueur extraordinaire de ses cheveux. Celle-ci profita de son sommeil pour les lui couper. Fait alors prisonnier par les Philistins, ceux-ci lui crevèrent les yeux et le condamnèrent à travailler à Gaza comme esclave dans un moulin. Un an après on le conduisit, à l'occasion d'une fête, au temple de Dagon ; mais dans l'intervalle ses cheveux avaient repoussé, et avec eux toute sa force lui était revenue. Alors Samson s'approchant d'une des plus fortes colonnes qui soutenaient le temple, l'ébranla et s'ensevelit sous ses ruines avec ses oppresseurs. Les savants ont déclaré que le Samson des Juifs était identiquement le même que l'Hercule ou le dieu du soleil des Phéniciens, et refusent en conséquence de voir dans son histoire autre chose qu'un mythe.

SAMSON (N...), acteur de la Comédie-Française, est né à Saint-Denis, le 2 juillet 1793. A douze ans il était petit clerc chez un huissier de Corbeil ; il entra ensuite en qualité de commis dans un bureau de loterie. Mais le goût du théâtre l'arracha à l'impossibilité bureaucratique. Il s'exerça d'abord sur la petite scène de Doyen, fut admis au Conservatoire, et, après avoir suivi les leçons de Lafont, a sorti avec le premier prix de comédie. Mais ce succès n'ouvrait pas alors à celui qui l'avait obtenu les portes de la Comédie-Française. Samson fit ses premières armes dans les rangs d'une troupe nomade, qui desservait Dijon et Besançon. Rouen, dont le public est si difficile, l'adopta pour son comédien favori ; et c'est lui que Picard vint le chercher pour le faire entrer au Second-Théâtre-Français, en 1818. Après avoir passé six années à l'Odéon, Samson le quitta au mois d'avril 1826 pour la Comédie-Française. Par son jeu, spirituel, mordant, par cette ironie si pénétrante, ce regard si malin, cette voix si brisée qui sait se faire une qualité, Samson fut bientôt en relief ; il conquit le titre de sociétaire en même temps que son caractère lui valait sur ses camarades une grande et légitime autorité morale, qu'il a toujours conservée depuis. Cependant, en 1831 Samson quitta la Comédie-Française ; il se réfugia au Théâtre du Palais-Royal, et y joua dans quelques pièces, *Rabelais, Le Philtre champenois, La Présidente et l'Abbé, Le comte de Saint-Roman, Feu Monsieur Matthieu et Les deux Novices*. Revendiqué devant la justice, aux termes du décret de Moscou, il dut rentrer aux Français, où ses camarades l'accueillirent de façon à ce qu'il n'eût plus envie de s'en aller. A force de travail, Samson est devenu aujourd'hui un artiste de premier ordre. Professeur titulaire au Conservatoire depuis 1826, il ouvrit en outre chez lui une école dramatique où l'on n'était admis qu'à bon escient. Après mesdemoiselles Rachel, Plessy, Brohan, faut-il citer d'autres élèves sorties de ses mains habiles? Ce comédien est en même temps un auteur dramatique et un versificateur distingué. *La Belle-Mère et le Gendre*, comédie en trois actes et en vers qu'il fit jouer il y a une trentaine d'années à l'Odéon, est passée aux Français, et s'y est maintenue ; une autre de ses comédies, *La Famille Poisson*, restera également au répertoire. Il a fait jouer en outre *Un Vœuvage*, comédie en trois actes et en vers, en collaboration avec M. J. de Wailly ; *L'Alcade de Zamalea*, comédie en trois actes et en prose, représentée en 1846 à l'Odéon ; un vaudeville intitulé *Un Péché et La Fête de Molière*, petit acte joué en 1826 à l'Odéon. Il a publié en 1839 une épître à Arnal, où se trouvent des vers spirituels et bien tournés ; et en 1845 un *Discours pour l'anniversaire de la naissance de Molière*. En 1848 le club des artistes dramatiques lui offrit la candidature à l'Assemblée nationale ; il la refusa, pensant avec raison que les fonctions de représentant étaient inconciliables avec la profession d'artiste dramatique. Samson a prononcé, au nom de l'Association des Artistes dramatiques, dont il était le vice-président, un grand nombre de discours funèbres sur les tombes de Casimir Delavigne, de Monrose, de Mlle Mars, de Perlet, de Sainville, de Mme Rebecca Félix ; il a parlé également à l'inauguration de la Fontaine-Molière. Administrateur habile, c'est lui qui conduisait en quelque sorte la Comédie-Française lorsqu'elle n'avait pas de directeur. Aussi vers la fin de 1857 ses camarades rétablirent-ils pour lui la qualification et les fonctions de *semainier perpétuel*.

SAMUEL, le dernier juge des Hébreux, était fils d'Elcana et d'Anne, et naquit en l'an 1155 av. J.-C. Destiné par sa mère à devenir un jour nasiréen, il grandit employé au service intérieur du temple de Silo. Son peuple se trouvant cruellement opprimé par les Philistins, il l'exhorta comme prophète à demeurer fidèle au culte de Jéhovah. Les fonctions de juge, qu'il remplit pendant près de vingt ans avec une extrême énergie, et qu'il signala en rétablissant le culte de Jéhovah, tombé dans l'oubli, il ne put les transmettre à ses fils, qui n'agissaient point dans un esprit de justice ; il lui fallut donc céder aux obsessions du peuple et élire un roi. Mais comme ce changement politique était contraire à ses principes et à ses convictions, il réussit à lier à l'autorité constitution, par des restrictions restrictives de sa puissance, Saül, sur qui tomba son choix pour roi ; et quand celui-ci y manqua, il sut bien le contraindre à les respecter. Il se montra implacable lorsqu'il arriva à Saül d'empiéter sur les droits du sacerdoce. En conséquence il le rejeta, et oignit un jeune pasteur, David, pour lui succéder sur le trône d'Israël. Toutefois, il ne vécut pas assez pour voir la fin des querelles survenues entre Saül et David. Il mourut en l'an 1057 av. J.-C. Consultez Volney, *Samuel, inventeur du sacre des rois* (Paris, 1820).

Les deux livres de l'Ancien Testament qui portent son nom, et où se trouvent racontés les faits qui se passèrent entre lui, Saül et David, sont de deux siècles postérieurs.

SANA ou **SANAA**, ou encore *Ssanna*, capitale du haut pays de montagnes appelé *Sana*, ou de l'Yémen proprement dit, au sud-ouest de l'Arabie, dans une longue vallée, à plus de 3,300 mètres au-dessus du niveau de la mer, dominée par des montagnes et des plateaux nus et arides de 4 à 500 mètres d'élévation. Cette ville, au sujet de laquelle on ne possède des renseignements précis que depuis fort peu de temps, se compose de quatre quartiers séparés les uns des autres par d'assez longues distances, *Sand, Roda, Whady-Dar* et *Jeraf*, comprenant ensemble 70,000 habitants, dont 40,000 pour Sanâ proprement dite. Un ruisseau, qui n'est plein qu'à la saison des pluies et qu'on traverse sur un beau pont, partage la ville. A quelque distance coule une rivière plus considérable, et un aqueduc fournit en outre la ville d'eau en abondance. Sanâ est entourée d'une foule de jardins et de maisons de campagne, où l'on cultive en grand les figuiers, les abricotiers, les pêchers, les noyers et vingt espèces de raisins; et on ne peut en faire le tour en moins d'une heure et demie de marche. Les maisons y sont très-rapprochées, toutes massives, élevées et crépies à blanc ou peintes de plusieurs couleurs. Les rues sont propres et pavées. Trois grandes portes principales, qui servent d'entrées à la ville, sont garnies de canons. On y compte un grand nombre de mosquées, avec soixante-dix minarets, quelques tombeaux d'imans avec des coupoles dorées, douze bains publics, de nombreux caravansérais, plusieurs palais, entre autres l'ancien et le nouveau palais, servant de résidence à l'iman et construits dans le style sarrasin. Les palais et leurs jardins sont pourvus de nombreuses fontaines jaillissantes; mais on ne trouve nulle part de ruines d'antiques constructions. *Roda*, située à deux heures de marche au nord et entouré de jardins, est le séjour favori des marchands; *Whady-Dar*, à deux heures à l'ouest, a des jardins et des vignobles ravissants; *Jeraf* est situé au milieu de jardins potagers. Chaque quartier a son émir particulier. Dans un faubourg appelé *Qzser* vivent 3,000 Juifs, objet du plus profond mépris; c'est cependant parmi eux qu'on trouve les meilleurs ouvriers, potiers, orfèvres et joailliers, poinçonneurs, monnayeurs, fabricants de vins et de liqueurs, etc. Des Banians indous habitent aussi Sanâ. Le commerce y est très-actif, et l'industrie y consiste surtout dans la fabrication de grosses étoffes de laine pour manteaux, et de précieux tissus en fil d'argent. A environ 10 myriamètres au nord de Sanâ on trouve le bourg de *Mareb*, et à l'est de ce bourg M. Arnaud a découvert, en 1843, les remarquables ruines de l'antique ville de Saba, la capitale des anciens Sabéens.

SANADON (NOEL-ÉTIENNE), savant membre de la Société de Jésus, né à Rouen, en 1676, fit dans diverses villes de France, notamment à Caen et à Paris, des cours de littérature ancienne, et fut nommé en 1728 bibliothécaire du collége Louis-le-Grand, fonctions qu'il remplit jusqu'à sa mort, arrivée en 1731. On a de lui de délicieux poëmes latins publiés sous le titre d'*Odæ* (Caen, 1702) et sous celui de *Carminum Libri IV* (Paris, 1715). Il s'est aussi fait une réputation durable par son excellente traduction en prose des œuvres d'Horace (2 vol., Paris, 1728), qui a eu les honneurs de nombreuses éditions.

SAN-BENITO (contraction de *sacco-benito*). On appelait vulgairement ainsi en Espagne et en Portugal l'habit dont on revêtait les hérétiques condamnés par l'inquisition, à l'exemple de l'Église primitive, où l'on revêtait les criminels d'un sac qu'on appelait *bénit*.

SAN-CARLOS DE MONTEREY. *Voyez* MONTEREY.

SANCERRE, ville de France, chef-lieu d'arrondissement du département du Cher, à 195 kilomètres de Paris, avec 3,703 habitants, possède un collége, une église oratoriale calviniste, produit de bons vins rouges d'ordinaire, et fait un commerce de chanvre, grains, noix, bestiaux, laine. C'est le principal entrepôt des vins du pays. Sancerre a été l'un des boulevards du calvinisme pendant les guerres de religion; elle soutint plusieurs siéges, dont le plus mémorable est celui de 1573; enfin, elle fut prise en 1621 par le prince de Condé, qui en fit raser les fortifications. En 1796 cette ville fut le théâtre d'une insurrection royaliste.

Sancerre formait depuis le douzième siècle un comté qui appartenait à une famille issue des comtes de Champagne par Étienne, fils de Thibaut IV; cette famille s'éteignit dans sa descendance mâle au quatorzième siècle. Le comté de Sancerre passa ensuite dans la maison de Bueil, et enfin au dix-huitième siècle dans celle de Condé, qui le conserva jusqu'en 1789.

SANCHE. Ce nom a été porté par sept rois de Navarre, un roi de Léon, un roi d'Aragon et quatre rois de Castille.

SANCHEZ (FRANCISCO) *de Las Brocas*, célèbre érudit espagnol, qui latinisa, suivant l'usage du temps, son nom en celui de *Sanctius*, né en 1523, à Las Brocas, mort en 1600, à Salamanque comme professeur de rhétorique et de grammaire, mérita bien de l'étude de la langue latine, en lui donnant une direction plus rationnelle et en en posant d'une manière plus précise les règles grammaticales. Le grand ouvrage qu'il publia à ce sujet sous le titre de *Minerva, seu de causis linguæ latinæ commentarius* (Salamanque, 1587), publié de nouveau à diverses reprises par Scioppius et par Perizonius, et en dernier lieu avec de précieux commentaires par Scheid (Leyde, 1795) et par Bauer (2 vol., Leipzig, 1793-1801), contient, malgré une tendance exagérée aux subtilités philosophiques, un véritable trésor de remarques pleines d'autant de finesse que de profondeur, et a conservé une certaine réputation même de nos jours. Les autres dissertations et commentaires de Sanchez sur des écrivains latins se trouvent dans l'édition complète de ses œuvres publiée par Majansius (4 vol., Amsterdam, 1760.)

SANCHEZ (Le Père THOMAS), jésuite espagnol, né à Cordoue, en 1551, mort à Grenade, en 1610, est auteur du fameux traité *De Matrimonio* (Gênes, 1592, in-fol.), où il s'est plu à réunir les questions que l'imagination la plus déréglée peut faire naître en matière de lubricité, et où il y répond avec la plus grande naïveté comme directeur de conscience et comme confesseur. Un livre de nature si scabreuse semblerait annoncer de la part de l'auteur une expérience qui donnerait de ses mœurs la plus détestable idée; et cependant, tous les témoignages contemporains s'accordent à dire que celles du Père Sanchez étaient pures. Son livre, où

le latin dans les mots brave l'honnêteté,

ne parut d'ailleurs qu'avec l'autorisation préalable des censeurs, qui ne la donnèrent pas pure et simple, mais qui crurent encore devoir y ajouter ce bizarre commentaire : *Legi, perlegi cum maxima voluptate*. L'édition la plus recherchée du traité *De Matrimonio* est celle qui parut à Anvers en 1607; vient ensuite celle de 1614.

SANCHONIATHON ou SANCHOUNJATHON, écrivain phénicien, natif de Béryte, composa, dit-on, vers l'an 1250 av. J.-C. et en langue phénicienne, une histoire de sa patrie et de l'Égypte, qui formait neuf livres. Il n'est parvenu jusqu'à nous qu'une très-petite partie de cet ouvrage, pour la composition duquel l'auteur avait vraisemblablement mis à contribution les documents les plus importants conservés dans les anciens temples. Le grammairien Herennius Philon, de Byblos en Phénicie, fit, en l'an 100 de J.-C., une traduction grecque de l'histoire de Sanchoniathon, où Porphyre alla puiser plus tard ses arguments cosmogoniques contre le christianisme. Eusèbe, évêque de Césarée, la mit à profit dans un but diamétralement opposé, et lui emprunta un long passage, qui forme tout un chapitre du livre 1er de sa *Préparation évangélique*. On ne connaissait Sanchoniathon que par cette citation d'Eusèbe, et l'on ignore quel usage on avait fait avant lui des écrits d'un auteur qui paraît ne se trouve mentionné nulle part avant Philon, et rarement après lui. Aussi des doutes très-forts se sont-ils élevés sur l'existence même de Sanchoniathon, et on a été jusqu'à dire que la prétendue traduction de Philon de Byblos était tout bonnement l'œuvre de celui-ci, qui avait cru devoir placer son ouvrage sous la protection d'un pseudonyme et avait à cet effet fait choix d'un nom signifiant en phénicien *ami de la vérité*, et qui était peut-être autrefois générique et se donnait soit aux historiens en général, soit à des prêtres chargés de rédiger l'histoire. Cette question a été vivement controversée par les savants, entre auteurs par Dodwell et par Fourmont, sans qu'on définitive ils aient pu rien prouver soit pour soit contre l'authenticité de l'ouvrage de Sanchoniathon. Le fragment cité par Eusèbe, fût-il même authentique, est d'ailleurs peu important, au point de vue de la cosmogonie comme à celui de la théogonie. Orelli en a donné une édition séparée (Leipzig, 1826).

Une édition complète de la traduction grecque de Sanchoniathon par Philon de Byblos, publiée en 1836, à Bremen, par un certain Wagenfeld (mort le 26 août 1846), donna lieu à douter plus que jamais de l'authenticité de l'ouvrage original. Ce Wagenfeld prétendit tenir le texte grec de Philon d'un certain colonel portugais Pereira, qui l'avait découvert dans le couvent de *Santa-Maria* de Merinhao, en Portugal. Pour donner un avant-goût d'une découverte aussi précieuse que celle du texte grec de Sanchoniathon, Wagenfeld en publia un long extrait, qui parut précédé d'une préface par Grotefend (Hanovre, 1836). Puis il fit paraître le texte complet, avec traduction latine en regard, sous ce titre : *Sanchuniathonis Historiarum Phœniciæ Libri novem græce versi* (Bremen, 1837), suivie bientôt après d'une traduction allemande (Lubeck). Mais on ne tarda pas à reconnaître que le tout n'était qu'une mystification imaginée par Wagenfeld, qui, sommé de produire son manuscrit grec original, refusa toujours de le faire. On ne peut nier d'ailleurs que cette supercherie littéraire annonçait chez son auteur une profonde érudition.

SANCTIFICATION, SANCTIFIER (du latin *sanctus*, saint, et *fieri*, devenir), action et effet de la grâce qui sanctifie ; action par laquelle on bénit, on rend saint : Travailler à la *sanctification* des âmes ; La *sanctification* des dimanches, des fêtes, est la célébration de ces solennités suivant la loi et l'intention de l'Eglise.

Sanctifier, c'est rendre saint : La grâce *sanctifie* ceux en qui elle opère. C'est aussi *bénir*, *louer*, *célébrer*; et l'oraison dominicale, cette plus sublime des prières, commence par ces mots : Seigneur, que votre nom soit *sanctifié*.

SANCTION (du latin *sancire*, munir, défendre), acte par lequel le chef de l'État, exerçant une partie de l'autorité législative, donne à une loi l'approbation, la confirmation, sans laquelle elle ne serait point exécutoire. Ce mot s'applique par extension à la simple approbation qu'on donne à une chose : Le public n'a pas donné sa *sanction* à ce décret ; Ce mot n'a pas reçu la *sanction* de l'usage. C'est aussi la peine ou la récompense qui en porte, décerne, pour assurer son exécution : *Sanction* pénale, *sanction* rémunératoire ; Cette disposition prohibitive de la loi manque de *sanction*.

Sanction signifie, en outre, *constitution*, *ordonnance* sur les matières ecclésiastiques ; mais il ne s'emploie guère ca ce sens qu'avec le mot de *pragmatique*.

SANCTIUS. *Voyez* SANCHEZ.

SANCTUAIRE (du latin *sanctuarium*). On appelait ainsi le lieu le plus reculé, le plus saint du temple de Jérusalem, où l'on conservait l'Arche d'alliance et où le grand-prêtre seul pouvait pénétrer. Dans les églises catholiques, c'est l'endroit du chœur fermé par le cancel, où se trouve le maître autel, avec le tabernacle où repose le saint-sacrement.

SANCY (HARLAY DE). *Voyez* HARLAY DE SANCY.
SANCY (Le). *Voyez* DIAMANT.
SAND (CHARLES-LOUIS), candidat en théologie, né le 5 octobre 1795, à Wunsiedel, où son père remplit jusqu'en 1823 des fonctions judiciaires, fut élevé sous la direction de sa mère, pauvre bonne femme imbue d'idées fanatiques en matière de religion. Il était étudiant en théologie, lorsqu'en 1815 le renouvellement de la guerre l'appela aux armes. Il avait fait partie de l'association de la *Teutonia* : il en conserva les principes. La paix le rendit à ses études, qu'il alla continuer à Erlangen. L'amour du travail et une grande exaltation faisaient le fond de son caractère. Dominé par un mysticisme alors trop commun parmi les étudiants allemands, il fut fanatique religieux et patriote. Comme beaucoup d'autres, il voulait la *nationalité allemande*, sans bien savoir peut-être ce qu'il fallait entendre par là. Pour arriver à la réalisation de son utopie, il eut la pensée de réunir en association toutes les universités, tous les étudiants d'Allemagne. Déjà membre de la *Burschenschaft*, il insistait sur la nécessité de règlements sévères et sur leur observation. Toujours de plus en plus dominé par son fanatisme, il s'en alla assassiner Kotzebne à Manheim, le 23 mars 1819. Cet événement, que les adversaires de l'idée de liberté et de progrès exploitèrent avec la plus insigne mauvaise foi (car il n'y avait là évidemment qu'un crime isolé), et dont l'impression n'est pas encore détruite en Allemagne, eut en Europe le plus grand retentissement. Sand se frappa du poignard qui lui avait servi à tuer l'écrivain fameux dans lequel il voyait le plus perfide ennemi de la liberté de son pays ; mais il ne mourut pas de ses blessures, et subit, le 20 mai 1820, la peine capitale.

SAND (GEORGES), pseudonyme sous lequel la baronne Dudevant a fait paraître de nombreux romans, trop généralement connus pour qu'il soit utile d'en donner ici la liste complète. On s'accorde généralement à regarder comme le meilleur de tous *Indiana* (1832), qui fut le début de l'auteur dans la carrière où elle s'est fait un si grand nom.

[*Indiana*] souffre comme femme et comme amante; elle est victime des deux affections sur lesquelles elle s'est appuyée. L'homme que la loi lui a donné pour soutien l'opprime ; celui que son cœur a choisi la torture. *Valentine* reprend le thème sous une autre face. Là encore la femme est victime de son mari. Abandonnée au fond d'une campagne, elle voit dévorer sa fortune en prodigalités au sein de la ville, et la ruine lui arrive par celui qui lui devait protection. Ces deux livres furent vivement attaqués ; tout en tenant justice au génie réel, à la solidité et à la pureté du style, aux peintures gracieuses dont ils abondent, les tendances, nous ne pouvons le dissimuler, en sont antisociales. L'auteur, pour se défendre, a prétendu que le mariage tel que le prescrivent la loi et la religion avait toujours eu ses respects et ses sympathies, et que ses attaques étaient dirigées seulement contre le mariage tel que les mœurs sociales l'avaient fait. Il se peut que Georges Sand en effet n'ait pas voulu davantage ; mais le sentiment personnel et l'ardeur du plaidoyer l'ont emportée plus loin, et quelques-unes des critiques qui ont été faites ne manquent pas de fondement. Avec *Lélia*, les reproches redoublèrent ; l'auteur fut accusé d'avoir voulu détruire toute croyance et asseoir le scepticisme sur des ruines. Cette fois, il nous semble, les reproches portaient à faux. *Lélia* ne nous offre que la plainte d'une âme désolée à qui manque la foi et que les séductions trop grossières de la terre repoussent. Étudié dans ce sens, le livre nous paraît s'expliquer : aussi regrettons-nous que l'auteur l'ait remanié plus tard. Il n'a fait qu'en altérer l'unité, sans en effacer les propositions qui ont effarouché quelques esprits timorés. Georges Sand, reculant sans doute devant les manifestations qui avaient accueilli chacun de ses livres, composa *Jacques*, où le beau rôle appartient au mari. Elle ne s'aperçut pas que si elle épargnait l'homme, elle reprenait sa thèse du mariage, et que son nouveau livre était une éloquente protestation contre cette institution. *André* forme comme une espèce d'oasis fraîche et gracieuse dans l'œuvre de Georges Sand. La simplicité de la composition, le calme des idées, le naturel et la vérité des sentiments en font peut-être un chef-d'œuvre. Sa douce Geneviève donne à tout l'ouvrage un attrait auquel chacun cède volontiers. Nous croyons *André* appelé à un succès refusé peut-être à plusieurs des compositions plus passionnées de l'auteur.

Les sentiments de l'auteur se modifiaient, les doctrines démocratiques s'emparaient de son esprit. Combinées avec ses anciennes idées, elles donnèrent naissance à *Mauprat*, l'œuvre la plus savante, la mieux composée de l'auteur. La part des deux influences se fait aisément sentir. La domination d'Edmée sur Bernard, la position inférieure qu'il occupe dans ce livre par rapport à sa cousine, qu'est-ce autre chose que la glorification de la femme et l'abaissement de l'amant? Le personnage de Patience, l'expédition de Bernard en Amérique, composent la part de la démocratie; mais ces deux influences sont habilement unies, et il en résulte un récit attachant sans longueur, sobre d'incidents, et cependant plein et nourri. Si quelquefois un peu de creux ne se faisait sentir çà et là, nous n'hésiterions pas à donner la préférence à ce roman sur tous ceux de l'auteur. Mais avec des qualités égales, *André* a plus de vérité, et c'est là ce qui fait que nous le plaçons même avant *Mauprat*.

Avec ce récit et quelques autres ouvrages moins importants que nous négligeons, se clôt la période brillante de Georges Sand. A partir de ce moment l'auteur s'enfonce de plus en plus dans la démocratie. Philarète Chasles.]

Amantine-Aurore Dupin est née en 1804, dans le département de l'Indre. Sa grand'-mère maternelle était une fille naturelle du maréchal de Saxe, bâtard d'Auguste II, roi de Pologne. Mariée à seize ans, au sortir du couvent, à un officier de l'ancienne armée, le baron Dudevant, elle se sépara en 1831, pour cause d'incompatibilité d'humeur, de son mari, dont elle avait deux enfants, et vint alors à Paris, où, en attendant qu'une décision judiciaire lui eût rendu sa dot, elle demanda des ressources à la culture des lettres. Elle débuta par écrire dans le *Figaro*, placé à ce moment sous la direction de Latouche; puis elle composa en société avec M. Jules Sandeau *Blanche et Rose*. Ce roman parut sous le pseudonyme de *Georges* Sand, devenu depuis si célèbre, qui n'était que l'abréviation du nom du jeune collaborateur de Mme Dudevant, et qui devait rester leur propriété commune, mais que M. Sandeau, avec une exquise délicatesse, lui abandonna complétement quand elle eut écrit seule, pendant une courte absence qu'il avait dû faire de Paris, *Indiana*, dont le succès fut immense. *Valentine* (1832), *Lélia* (1833), *Jacques* (1834), *André* (1835), *Leone Leoni* (1835), *Simon* (1836), *L'Usurier* (1837), *Spiridion* (1839), *Le Compagnon du tour de France* (1840), *Pauline* (1840), etc., ne firent que consolider l'éclatante réputation de la baronne Dudevant. En 1836 elle prit une part active à la rédaction du journal *Le Monde*, fondé par l'abbé de La Mennais et écrit dans les idées du radicalisme politique et religieux le plus absolu. Après avoir régulièrement pendant près de dix ans enrichi des prémices de tous ses romans la *Revue des Deux Mondes*, elle déserta ce recueil pour travailler à la *Revue indépendante*; publication rivale, mais à tendances essentiellement démocratiques et communistes, fondée en 1842 et morte dès 1846, quoique l'auteur d'*Indiana* y eût successivement fait paraître *Horace, Consuelo, La Comtesse de Rudolstadt, Jeanne* et *Le Meunier d'Angibault*.

A la révolution de Février, la baronne Dudevant, depuis longtemps liée d'opinions et d'amitié avec M. Ledru-Rollin, fut chargée par lui de la rédaction de ce fameux *Bulletin de la République*, qui s'expédiait alors des bureaux du ministère de l'intérieur dans toutes les communes de France, et qui en effrayant tous les intérêts contribua tant à dépopulariser la république naissante et à en faire une impossibilité. Nous manquons tout à fait de détails sur la vie privée de la femme que ses nombreux admirateurs ont à bon droit proclamée un *homme de génie* en lui en attribuant toutes les prérogatives et immunités; et nous aimons à penser que sous ce rapport aussi ses futurs biographes, mieux renseignés que nous, pourront dire de chacun auraient été heureux et fier de l'avoir pour mère ou pour sœur, pour femme ou pour fille.

SANDAL (Bois de). Voyez Santal.

SANDALE, sorte de chaussure ou de pantoufle faite de soie et d'or, ou d'autres étoffes précieuses, et que portaient les dames grecques et romaines. Elle consistait en une semelle dont l'extrémité postérieure était creusée pour recevoir la cheville du pied, la partie supérieure du pied restant découverte.

SANDEAU (Jules), l'un de nos conteurs contemporains les plus aimés du public, est né en 1811, à Aubusson (Creuse), et fut élevé au collège de Bourges. Destiné à la carrière du barreau, il vint à l'âge de vingt ans faire son droit à Paris; mais il planta bientôt là les *Institutes* et le *Code civil* pour faire du journalisme, et dès la fin de 1831 il était devenu l'un des rédacteurs habituels du *Figaro*, à ce moment dirigé par Latouche. Plus tard il fut chargé de la critique théâtrale dans l'ancienne *Revue de Paris*; et il s'acquitta pendant plus de dix ans de cette tâche ingrate et difficile. Ce qui ne l'empêcha point de prendre en même temps une part active à la rédaction de l'ancienne *Chronique de Paris*, ainsi qu'à celle du *Dictionnaire de la Conversation*, non plus que de publier, en 1834, *Madame de Sommerville*, son premier roman, que suivirent, en 1839 *Mariana*, en 1841 *le Docteur Herbaut*, en 1842 *Richard*, en 1843 *Vaillance Fernand*, en 1844 *Mademoiselle de la Seiglière*, en 1845 *Catherine*, en 1846 *Madeleine*, en 1847 *Valcreuse* et *Un Héritage*, en 1848 *La Chasse au roman*, en 1849 *Sacs et parchemins*. Tous ces ouvrages eurent un grand retentissement, et ont depuis longtemps classé cet écrivain parmi les plus brillants stylistes de notre époque. La pensée mère en est toujours pure et chaste. Jamais M. Jules Sandeau, pour accroître le cercle de ses lecteurs, ne songea à exploiter dans ses œuvres les idées subversives de la morale, non plus qu'à faire appel aux passions de la politique. Au lieu de prétendre reconstituer la société sur des bases nouvelles, il se borne à en peindre les travers avec une grande finesse d'observation, mais sans misanthropie. Ajoutons qu'il manie la langue avec une remarquable habileté, et que ses œuvres conserveront toujours sous ce rapport cette valeur littéraire qui manque à tant de productions dont le succès a peut-être été plus bruyant. En 1851 il a fait représenter au Théâtre-Français *Mademoiselle de la Seiglière*, comédie dont la vogue est loin d'être épuisée, et qui, traduite en italien, en allemand, etc., a été jouée et se joue encore sur tous les théâtres de l'Europe. Plus tard il a fait jouer sur la même scène *La Pierre de touche*, comédie en cinq actes, et au Gymnase *Le Gendre de M. Poirier*, comédie en quatre actes. Ces deux dernières pièces ont été écrites en collaboration avec M. Émile Augier. Mentionnons aussi parmi les productions dont on est redevable à M. Jules Sandeau deux volumes de *Nouvelles*, et *La Croix de Berny*, ouvrage composé avec Mme de Girardin, M. Th. Gautier et M. Méry.

SANDHURST's *College*. Voyez Écoles militaires.

SANDIFORT (Édouard), célèbre anatomiste hollandais, né le 14 novembre 1742, à Dordrecht, fit ses études à Leyde, où il fut nommé professeur d'anatomie, en 1770. Il succédait au célèbre Albinius. Il mourut le 22 février 1814. Ses ouvrages les plus importants sont: *Observationes Anatomico-pathologicæ* (Leyde, 1778), *Opuscula Anatomica selectiora* (1788), et son grand recueil intitulé : *Museum Anatomicum academiæ Lugduno-Batavæ* (1789-1793), avec 136 planches d'une admirable exécution.

SANDIFORT (Gérard), fils du précédent, né à Leyde, en 1779, nommé en 1801 suppléant de son père, lui succéda en 1814, et mourut le 11 mai 1848. Il a publié la continuation du *Museum Anatomicum*.

SANDJAK, mot turc qui signifie *étendard*. On appelle ainsi en Turquie les subdivisions administratives des grands gouvernements ou *eyalets*, parce que les fonctionnaires chargés de les administrer, les *sandjaks-begs*, qualifiés aujourd'hui du titre de *mirmirams* dans la nouvelle organisation de la Turquie, portaient autrefois à la guerre, en qualité de pachas, la bannière à la queue de cheval.

SANDJAR-CHÉRIF, nom de l'étendard du Prophète. *Voyez* Cnéfir.

SANDOE. Voyez Fær-Œrne.

SAN-DOMINGO. Voyez Dominicaine (République).

SANDOMIR. Voyez Sendomir.

SANDRART (Joachim de), peintre et graveur, mais plus connu comme historien des beaux-arts, né à Francfort, en 1606, se consacra, après avoir reçu une bonne éducation, à la peinture et à la gravure, où il eut pour maîtres

SANDRART — SANDWICH

Gérard Honthorst et Mérian, et accompagna le premier en Angleterre, où il se fit des protecteurs puissants, entre autres le duc de Buckingham. A la mort de celui-ci, il se rendit en Italie, où il séjourna alternativement à Venise, à Bologne, à Florence et à Rome. Il peignit pour le roi d'Espagne *La Mort de Sénèque*, et pour Urbain VIII plusieurs portraits. Il exécuta aussi divers dessins pour la *Galeria Giustiniana* (Rome, 1631). Après avoir encore visité Naples et la Sicile, il revint en Allemagne, en 1635; mais les troubles de la guerre de trente ans le décidèrent à se rendre à Amsterdam, où ses travaux n'obtinrent pas moins de succès. En Hollande il vendit à un prix fort élevé une collection de dessins, de tableaux et de gravures, et alla alors s'établir dans le domaine de Stuckau, dont sa femme venait d'hériter. Plus tard il résida à Augsbourg. A la paix de Westphalie il fut appelé à Nuremberg, pour y exécuter le portrait du roi de Suède ainsi que ceux des ambassadeurs et des généraux qui avaient pris part aux conférences. Il mourut en 1688. Ce qui a le plus contribué à rendre son nom célèbre, c'est l'ouvrage intitulé : *Academie allemande d'Architecture, de Sculpture et de Peinture* (en allemand, 2 vol., Nuremberg, 1675-1679), complété et amélioré par Volkmann (8 vol., Nuremberg, 1768-1765), sans que son travail rende inutile la première édition.

SANDWICH ou **HAWAI** (Iles), groupe d'îles situé au nord-est de l'océan Pacifique, et qui comprend treize grandes îles, présentant ensemble une superficie d'environ 236 myriamètres carrés. Elles appartiennent à la classe des hautes îles australes, sont de nature volcanique et contiennent des volcans encore en ignition. Le sol en est hérissé de montagnes très-élevées, dont quelques-unes, dans l'île d'Owaïhi notamment, atteignent une hauteur de 4,500 mètres au-dessus du niveau de l'Océan, et constituent par conséquent les points les plus élevés de l'Australie. Quant à leur constitution physique, elle est tout à fait la même que celle des autres îles australes. On y jouit d'un climat tempéré; elles sont fertiles et bien arrosées, et forment la partie la plus charmante de l'Australie. Les côtes en sont généralement escarpées, et, à une exception près, entourées de récifs; aussi les bons ports y sont-ils rares. Très-pauvres à l'origine en ce qui regarde le règne animal, la naturalisation des différentes espèces d'animaux dont on tire le plus de profit en Europe n'a pas tardé à suppléer sous ce rapport à ce que la nature leur avait d'abord refusé. Il n'y a guère que l'espèce ovine qui n'ait pas pu y réussir. En revanche, les mers environnantes abondent en poissons de tous genres; et on y rencontre une quantité incroyable de tortues. On y a en outre acclimaté la plupart des fruits et des légumes particuliers à l'Europe et aux autres continents. De belles forêts fournissent d'excellent bois de construction, et notamment du bois de santal. En fait de productions du règne minéral, le sel seul est à citer; et on le trouve en abondance sur les côtes. La population, qui aujourd'hui ne présente guère qu'un total de 120,000 âmes, appartient à la race la plus belle et la plus vigoureuse de la famille polynésienne et malaie. Quand ils étaient encore à l'état sauvage, les habitants se distinguaient déjà par leur rare habileté manuelle et par la grande douceur de leurs mœurs. Aujourd'hui, grâce aux missionnaires anglais et américains, ils sont presque tous convertis au christianisme et ont adopté la civilisation européenne, qui en revanche leur a communiqué ses vices et sa corruption. Aussi, la population, qui dépassait autrefois 400,000 âmes, a-t-elle successivement décru jusqu'au chiffre indiqué plus haut. Les indigènes sont divisés en quatre castes. La première se compose des membres de la famille royale et des hauts fonctionnaires de l'État; la seconde, des gouverneurs héréditaires d'arrondissement ou des diverses îles, espèce de vassaux qui descendent des anciens chefs de la nation; la troisième, des chefs de canton ou de sous-arrondissement; la quatrième, enfin, du reste de la nation. L'organisation politique du pays, établie par une constitution écrite, que le roi actuel a octroyée à ses sujets en 1840, qui fut modifiée en 1845, puis encore en 1848, sous l'influence des idées démocratiques qui ont cours dans l'Amérique septentrionale, a pour base une espèce de féodalité à la tête de laquelle est placé un roi, dont le pouvoir ne laisse pas que d'être assez limité par celui des divers chefs héréditaires, véritable aristocratie territoriale semblable à celle des vieilles sociétés européennes. L'autorité et l'indépendance politiques du roi des îles Sandwich ont été formellement reconnues par les États-Unis, par l'Angleterre et par la France, qui ont accrédité près de lui des agents diplomatiques. La dignité royale est héréditaire aux îles Sandwich; et en vertu d'une fiction de droit constitutionnel le roi est regardé comme le propriétaire primitif de tout le sol. C'est lui qui est censé l'avoir partagé entre ses vassaux, lesquels, en raison de cela, sont tenus de lui payer certaines redevances et astreints à certains services militaires. Le roi et les principaux chefs vivent tout à fait à l'européenne, dans des maisons très-confortables. Chaque île a un gouverneur particulier et est divisée en arrondissements et sous-arrondissements, obéissant chacun à des chefs qui perçoivent, comme le roi, certaines taxes sur leurs administrés. Mais les revenus les plus considérables du roi consistent dans les droits qu'il prélève sur le commerce et la navigation. En raison des excellents ports que la nature leur a accordés, et par suite de leur heureuse position au centre des voies que doit suivre le commerce entre l'Amérique, l'Asie et la Nouvelle-Hollande, ces îles semblent avoir été jetées par le Créateur au milieu de l'immensité des mers pour offrir aux navigateurs qui fréquentent ces lointains parages un lieu de relâche et de rafraîchissement qui leur est indispensable. Elles sont le rendez-vous général des baleiniers de la mer du Sud. La tranquillité prospère dont jouit ce petit État paraît tenir à la fois au mouvement productif qu'y provoque l'affluence des étrangers, à l'équilibre parfait dans lequel s'y maintiennent les influences extérieures qui, soit dans l'intérêt commun, soit par un sentiment de défiance réciproque, se font contre-poids et lui assurent une neutralité aussi rigoureusement observée d'une part que respectée de l'autre. Nul doute que l'Angleterre et les États-Unis, qui y prédominent par l'importance de leurs relations commerciales, ne pussent à leur gré peser sur un gouvernement si faible; mais pour éviter un conflit, elles gardent l'une et l'autre une réserve qui, renonçant à toute prétention exclusive, admet toutes les nations, sans différence ostensible, à jouir des mêmes droits et avantages. Quoique la plus grande partie du commerce des îles Sandwich soit entre les mains des Anglais et des Américains, les indigènes ne laissent pas que d'y prendre aussi une part importante. Ils possèdent déjà une marine marchande, et la plus grande partie de leurs bâtiments n'ont point eu d'autres constructeurs qu'eux-mêmes. Le roi a aussi sa marine militaire, tout comme il a ses gardes-du-corps.

C'est le capitaine Cook qui, en 1778, découvrit les îles Sandwich; et il y périt l'année suivante, assassiné à Hawaï. De 1784 à 1810 tout ce groupe fut soumis par le roi Tamehameha 1er, fondateur de la civilisation de ces contrées. Son fils Tamehameha II y abolit l'idolâtrie, puis se rendit avec la reine sa femme à Londres, où tous deux moururent en 1824. Il a eu pour successeur sur le trône son frère, Tamehameha III, né en 1814. En 1837 ce prince, agissant à l'instigation des missionnaires méthodistes, jaloux de voir des missionnaires catholiques venir leur faire concurrence et leur disputer la direction morale des populations sandwichiennes, se décida à bannir ceux-ci de ses États. L'arrivée dans ces mers d'une frégate française commandée par Dupetit-Thouars força le roi de renoncer à exécuter cette mesure. Mais alors Tamehameha III s'étant visiblement rapproché de l'Angleterre, en 1842 Dupetit-Thouars vint encore une fois dans ces parages, et son attitude fut telle que le roi dut sérieusement craindre pour son indépendance. En conséquence, le 23 février 1843 des forces anglaises occupèrent ces îles, mais elles les évacuèrent dès le 8 juillet de la même année. En 1844 l'Angleterre conclut avec Tamehameha un traité d'alliance et d'amitié, renouvelé encore en 1846, qui plaçait complétement les îles Sandwich sous l'influence anglaise. En mars 1843 la France, elle aussi, avait conclu un traité de commerce avec le roi des îles Sandwich; mais une rupture nouvelle éclata dès 1849 entre les deux puissances. Le consul français Dillon, appuyé par une frégate et deux vapeurs de guerre français qui venaient d'entrer dans le port d'Honoloulou, exigea du gouvernement sandwichien diverses satisfactions. Le gouvernement s'étant refusé à les lui accorder, des troupes françaises descendirent à terre, occupèrent les forts, dont elles enclouèrent les canons, s'emparèrent des navires de l'État mouillés dans le port, et se rembarquèrent au bout de quelques jours après une protestation des consuls américains et anglais. De nouvelles menaces de la part de la France, en 1851, achevèrent de jeter le gouvernement sandwichien dans les bras des Américains. Aujourd'hui le personnage tout-puissant à la cour de Tamehameha III est le missionnaire américain Allen, qui pousse ouvertement à l'incorporation des îles Sandwich au territoire des États-Unis.

La plus grande des îles Sandwich a nom *Hawaï* ou *Owaïhi* (154 myr. car., et 40,000 hab.). Viennent ensuite *Mauwi* (22 myr. car., 24,000 hab.), dont le chef-lieu est *Lahaina*, la seconde place commerciale de l'archipel; *Oahou*, *Owahou* ou *Woahou* (15 myr. car., 30,000 hab.), île charmante, qui a pour chef-lieu la ville d'*Honoloulou* ou *Honoruroru*, résidence du roi, avec une population de 10,000 âmes, et où l'on compte un grand nombre de maisons de commerce anglaises et américaines. C'est là que la civilisation européenne a fait le plus de progrès. On y trouve de fort bonnes auberges, et des voitures de poste pour se rendre dans l'intérieur de l'île. On y publie un journal anglais, intitulé : *The Polynesian*, et chaque année voit s'accroître le nombre des navires qui viennent y relâcher. Il faut encore mentionner *Kaouaï* ou *Tnouaï*, appelée aussi *Atoway* (17 myr. car., et 10,000 habit.) et *Nihaou* ou *Onihaou* (5 myr. car.). Consultez Stewart, *History of the Hawaiian or Sandwich islands* (1843).

SAN-FERNANDO DE CATAMARCA. Voyez CATAMARCA.

SAN-FRANCISCO, chef-lieu de l'État de Californie (États-Unis de l'Amérique du Nord).

SAN-FRANCISCO DE CAMPÊCHE. Voyez CAMPÊCHE.

SANG (du latin *sanguis*). Ce fluide est une des causes primitives et sans cesse agissantes de la vie. Son influence est indispensable à chaque instant pour entretenir les mouvements organiques chez l'homme et les animaux supérieurs. Lorsqu'elle est momentanément suspendue, la faiblesse générale, la pâleur, le froid des parties extérieures se manifestent, la syncope survient; enfin, la chaleur animale s'épuise et la vie s'éteint rapidement, si une trop grande quantité de ce fluide excitateur s'écoule par une ouverture faite aux vaisseaux. Il est composé d'une grande quantité de principes hétérogènes, qui forment les organes et les entretiennent au moyen de l'acte de la nutrition. C'est ainsi qu'il fournit aux muscles la f i b r i n e dont il se composent; cette substance est à l'état solide dans leur tissu, et à l'état liquide dans le sang : on peut donc le désigner par l'expression heureuse de *chair coulante*, employée par Bordeu. Le torrent circulatoire est la source commune de tous les fluides sécrétés ou décomposés; des appareils spéciaux sont chargés d'éliminer les principes devenus étrangers à la composition normale du fluide nutritif, et de fournir de nouveaux produits nécessaires à la vie individuelle et à la vie de l'espèce, tels que le lait, la liqueur fécondante. Il résulte de toutes ces compositions et décompositions une foule de combinaisons moléculaires, dont on ignore encore les lois, mais dont l'existence peut être constatée par l'observation directe.

On a divisé les animaux en deux grandes classes : les uns sont à *sang rouge* et les autres à *sang blanc*. Dans une autre division, fondée sur des différences de structure ou d'organisation, on observe que les *animaux vertébrés* sont animés par un fluide rouge offrant, suivant les vaisseaux qu'il parcourt, deux nuances fort distinctes. Le sang rouge proprement dit, doit cette couleur au contact de l'air atmosphérique dans les poumons : il circule dans les veines pulmonaires, les cavités gauches du cœur et les artères, qui vont le distribuer aux organes. Le sang noir, privé de cette couleur rutilante et des propriétés vivifiantes qui sont le résultat de l'oxygénation, circule dans les veines ayant leur origine dans le système capillaire général; ce fluide est conduit ensuite dans les cavités droites du cœur, d'où il est porté dans les poumons au moyen des divisions de l'artère pulmonaire. Tel est le cercle circulatoire, formé, suivant la distinction admise par Bichat, de deux ordres de vaisseaux, le système vasculaire à *sang rouge*, et le système vasculaire à *sang noir* (voyez CIRCULATION). Dans les animaux supérieurs, les mouvements du cœur et une action physico-organique qui a reçu le nom d'*endosmose* sont les deux agents d'impulsion de la masse sanguine. Des faits décisifs démontrent que cette masse circule dans les artères, dans les veines et dans les vaisseaux capillaires intermédiaires sous l'influence des contractions du cœur. Dans les animaux qui en sont privés, ainsi que dans les végétaux, les fluides blancs sont mis en mouvement par l'action capillaire de l'*endosmose*.

La couleur du fluide nutritif, examinée d'une manière générale, diffère dans les animaux supérieurs; l'intensité de la couleur rouge est remarquable chez les oiseaux, elle est moins prononcée chez les mammifères; enfin, la différence qui existe entre le sang artériel et le sang veineux est moins apparente chez les reptiles et les poissons. Aristote a remarqué que dans l'espèce humaine le sang des nègres est plus foncé en couleur que celui de la race blanche : la liqueur spermatique lui a offert une semblable différence.

La chaleur du fluide excitateur diminue aussi d'intensité depuis les oiseaux jusqu'aux animaux inférieurs; elle s'élève chez les mammifères à 32, 33, 34, 35 et même 36° Réaumur, tandis que chez les reptiles et les poissons elle est à peine au-dessus de la température des milieux ambiants. Les mêmes différences s'observent pour la consistance du sang dans la série animale : celui des oiseaux est remarquable par la rapidité de la coagulation. On peut donc admettre en principe que l'intensité de la couleur rouge, le développement de la chaleur, la rapidité avec laquelle se forme le caillot, sont en général proportionnelles aux quantités d'oxygène absorbées dans la respiration.

L'abondance du fluide excitateur est en raison du volume de l'animal ; sa quantité, relative à la masse des solides, diminue en descendant l'échelle animale : on peut le comparer avec la sérosité interstitielle qui imbibe les tissus des animaux inférieurs. Chez l'homme et les mammifères le sang est légèrement visqueux, sa pesanteur spécifique est supérieure à celle de l'eau, son odeur est fade et sa saveur plus ou moins salée. Un effluve odorant se dégage de ce liquide, et a été considéré comme l'un de ses principes importants.

Ce liquide étant extrait des vaisseaux cesse bientôt d'offrir l'état homogène qui le caractérise en sortant de ces conduits ; il se caille, se sépare en deux parties, l'une rouge, concrète, plus ou moins molle, suivant les espèces animales, l'âge, la constitution et le régime, a reçu le nom de *caillot*; l'autre, liquide, ou le *sérum*, est d'une couleur jaune-verdâtre, et de nature albumineuse. Le caillot, appelé aussi *cruor*, *insula*, composé en partie de fibrine, devient proportionnellement moins considérable que le *sérum*, à mesure que l'on descend vers les animaux élémentaires. Ainsi, les oiseaux et les mammifères sont composés d'une grande quantité de fibrine, tandis que l'albumine prédomine chez les reptiles et les poissons : ce sont ces espèces présente les mêmes différences sous le rapport de la composition.

Les éléments chimiques de ce fluide sont très-nombreux, mais l'analyse ne nous a pas donné son *ultimatum*. La divergence des résultats obtenus par divers expérimentateurs diminue nécessairement la confiance que l'on doit avoir dans leurs découvertes; ainsi, le lactate de soude, signalé par Berzelius, n'a point été retrouvé par d'autres chimistes; ils n'ont point rencontré de gélatine, d'osmazome, d'urée, de phosphate de fer; mais presque tous ont constaté la présence de l'eau en très-grande quantité, de l'albumine, de la fibrine, de l'ématosine ou de la substance colorante du sang, du fer à l'état d'oxyde ou de peroxyde, du sulfate de potasse, du phosphate de chaux et de magnésie, d'une plus grande quantité de chlorure de sodium ou de sel marin. Enfin, M. Denis Beudant a encore constaté la présence de la cholestérine, de la cérébrine, des acides oléique et margarique, du gras volatil, de la séroline et d'une substance bleue dont la nature est problématique. Suivant ce chimiste, la fibrine et l'albumine ne sont qu'une seule et même substance : cette opinion est aussi celle de M. Raspail. L'albumine n'est liquide qu'en raison de sa combinaison avec un mélange de treize parties de sels neutres solubles dans l'eau, et d'une partie de soude contenue dans le sang : aussi peut-on faire à volonté, artificiellement, du sérum ou du blanc d'œuf avec de la fibrine mise dans les mêmes conditions. L'albumine solide ou la fibrine, l'hématosine et l'oxyde de fer paraissent composer seuls les corpuscules centraux des globules colorés, les autres principes forment le *serum* ; enfin, l'acide carbonique dégagé du sang extrait des vaisseaux est un de ceux dont l'analyse a révélé l'existence.

Le mot *sang* s'emploie dans diverses acceptions proverbiales et figurées. Se battre au *premier sang*, c'est se battre en duel avec l'intention de ne cesser le combat que lorsqu'un des deux adversaires aura été blessé. *Suer sang et eau*, c'est faire de grands efforts pour arriver à tel ou tel résultat. Le *sang-froid* est l'état d'une âme calme, qui sait se maîtriser. Le *baptême de sang* est le martyre souffert avant le baptême.

Sang signifie aussi race, extraction, famille : *sang noble, sang vil, sang illustre*. Dans les États monarchiques, les *princes du sang* sont les princes de la maison régnante.

SANG (Cheval de PUR, de DEMI, de QUART DE). *Voyez* CHEVAL.

SANG (Crachement de). *Voyez* HÉMOPTYSIE.

SANG (Transfusion du), opération consistant à faire passer le sang d'une personne ou d'un animal vivant dans les veines d'un autre, qui eut une grande célébrité vers le milieu du dix-septième siècle, et qui est tombée dans l'oubli.

Une grande découverte est parfois la source d'erreurs grossières ou d'hypothèses frivoles. Les erreurs des *transfuseurs* devaient donc surgir après l'immortelle découverte de Harvey, à cette époque où les sciences médicales étaient peu avancées. Les tentatives téméraires de ces expérimentateurs, comme celles des alchimistes, s'expliquent par l'ignorance profonde des lois de la nature et de l'économie animale. L'année même de la mort de Harvey, en 1657, Christophe Wren, fondateur de la Société des Sciences de Londres, proposa une série d'expériences qui confirmèrent la doctrine harveyenne; on tenta la transfusion du sang d'un animal dans le corps d'un autre et l'infusion des médicaments dans les veines. Déjà Marsile Ficin avait conçu le projet de rajeunir l'homme par le procédé de la transfusion; d'autres rêvèrent l'immortalité, et crurent avoir trouvé une nouvelle fontaine de Jouvence. Mais ces espérances brillantes s'évanouirent devant les résultats des tentatives faites en Angleterre, en France et en Allemagne par les transfuseurs. Cependant, les médicaments infusés dans les veines, à la sollicitation de Wren, par Timothée Clarke, Robert Boyle et Henshaw, produisirent les mêmes effets que si on les eût administrés par les voies ordinaires; d'autres expérimentateurs firent même plusieurs cures heureuses en Allemagne et en Italie en suivant la nouvelle méthode. En 1665 Richard Lower tenta la transfusion sur des chiens avec succès, en faisant passer le sang de l'artère vertébrale d'un de ces animaux dans la veine jugulaire d'un autre. La Société de Londres décida que cette opération pouvait être utile pour entretenir la vie après les grandes hémorrhagies.

J.-D. Major est le premier qui ait tenté la transfusion sur l'homme. En 1666 Denis et Emmerets pratiquèrent en France la transfusion sur les animaux; mais bientôt l'homme en éprouva les effets. Deux partis opposés attaquèrent et défendirent la nouvelle méthode; les esprits, irrités, en vinrent aux injures, enfin elle fut abandonnée et proscrite, le 17 avril 1668, par une sentence rendue au Châtelet et ensuite par un arrêt du parlement. Ces mesures rigoureuses furent surtout provoquées par la mort inopinée d'un fou, que Denis et Emmerets essayèrent de guérir en introduisant dans ses veines le sang d'un veau. Les premières tentatives parurent d'abord heureuses; mais la dernière, au rapport de Lamartinière, qui était antitransfuseur, produisit instantanément la suffocation et la mort.

Il est sans doute inutile de montrer l'absurdité de pareilles tentatives, entreprises sous les inspirations du plus aveugle empirisme. Ces transfuseurs ignoraient à la fois la cause du mal et les effets dangereux du remède. Mais en abandonnant une méthode aussi périlleuse, on a cessé de suivre une voie qui pouvait conduire à des découvertes importantes. A la vérité, les sciences physiques étaient alors au berceau, et ne pouvaient diriger les nouveaux expérimentateurs. Aujourd'hui les lumières de la chimie peuvent les éclairer; on connaît les éléments du sang, et déjà on a quelques notions sur ses altérations; en continuant les recherches expérimentales, on apprendra quelles peuvent être ces modifications dans d'autres maladies, quels sont ceux de ses principes dont on doit augmenter ou diminuer les quantités, pour ramener ce fluide à l'état normal; alors on suivra une méthode plus sûre, plus prompte et plus directe que les méthodes thérapeutiques déjà connues.

Dr FOUGAULT.

SANG (Vomissement de). *Voyez* HÉMATÉMÈSE.

SANG-DRAGON. On donne ce nom à diverses matières résineuses, que l'on extrait soit, par incision, du dragonnier commun et d'un arbre de la Guadeloupe, le *pterocarpus draco*, soit en traitant par l'eau bouillante le fruit du *calamus rotang* (*voyez* ROTANG). Le sang-dragon est une résine opaque, inodore, insipide, à cassure lisse et luisante, friable sous les doigts, d'un brun foncé en masse, et rouge de vermillon lorsqu'elle est en poudre. Il se dissout dans l'alcool, l'éther, les huiles volatiles, les huiles grasses, la potasse, la soude, et les colore en rouge. Le sang-dragon est employé dans la préparation des vernis, dans les dentifrices, dans la poudre et les pilules astringentes.

SANGLIER (*sus scropa*). Le sanglier est la souche primitive et sauvage de notre cochon domestique et de ses nombreuses variétés. La gestation de la femelle du sanglier est de quatre mois environ, et le nombre des petits qu'elle porte varie d'ordinaire de huit à douze. Comme Saturne, le sanglier dévore ses enfants, et comme Rhéa, la laie les cache avec soin pour les soustraire à la voracité du père. De temps à autre cependant, lorsque les temps sont durs et que les glands sont rares, la femelle elle-même n'a guère scrupule de manger un petit ou deux. Lorsqu'ils ont échappé à ce premier péril de leur orageuse enfance, les sangliers prennent le titre de *marcassins*.

Ils portent à cette époque une livrée formée de bandes alternantes de brun fauve et de fauve clair, qui se prolongent dans toute la longueur du corps. Ce pelage est sablé de brun, de fauve et de blanc. A mesure qu'il grandit, sa livrée s'efface, et le marcassin devient *bête de compagnie*. Il est à remarquer en effet que toute la descendance d'un même couple (car le sanglier est monogame), depuis le marcassin en bas âge jusqu'au sanglier adulte qui a atteint sa quatrième année, ne forme guère qu'une seule tribu, un véritable *clan*, qui résiste en corps à toutes les agressions des chiens et des loups, les plus forts se plaçant à la circonférence pour repousser l'attaque, et les plus faibles se mettant à l'abri dans le centre. Ces tribus de sangliers labourent profondément la terre pour y chercher des racines, et l'histoire raconte que les premiers agriculteurs utilisèrent à la culture et à l'ensemencement des terres cette habitude commune à la plupart des pachydermes. Mais si les sangliers ont ainsi été de quelque utilité à l'homme en enfouissant ses graines, ils lui ont causé des dommages bien plus réels en dévastant ses vignes et en ravageant ses champs de blé. Aussi était-il d'usage d'offrir le sanglier en sacrifice aux fêtes de Cérès et de Bacchus, parce qu'il ruinait également les bienfaits de l'une et de l'autre :

Prima Ceres avidæ gavisa est sanguine porcæ
Ulta suas merita cæde nocentis opes.
OVID., *Fast.*, lib. I.

Lorsqu'ils ont atteint l'âge de quatre ans environ, les sangliers abandonnent par paire le centre social, et vont fonder loin de la mère patrie une colonie nouvelle. A cette époque, la bête, dans toute la verve et la verdeur de sa jeunesse, est dite *ragot*. Son pelage est noir et luisant ; sa tête est plus longue que celle du cochon, et la partie inférieure de son chanfrein est plus arquée ; ses oreilles sont beaucoup plus petites, et jouissent d'une grande mobilité ; ses défenses sont longues, droites et tranchantes ; ses yeux, petits et expressifs lorsqu'il est au repos, deviennent ardents et farouches dans sa colère, et sa longue crinière de soies rudes et fortes, qu'il dresse, lui donne une apparence vraiment formidable.

On chasse le ragot à l'affût, au piége, au filet ou à force ouverte. Les chiens ordinaires ne sont d'aucune valeur pour cette chasse : il faut du poids, de la force musculaire et une grande tenacité de mâchoire ; aussi une race croisée de mâtin et de *bull-dog* offre-t-elle au suprême degré toutes les qualités requises. Le sanglier vit jusqu'à trente ans, et conserve jusqu'à la fin sa force, sa hardiesse, son intrépidité.

La chair du sanglier eut pendant longtemps grande vogue à Rome : elle se trouvait toujours parmi les plats de choix d'un souper bien ordonné. Dans l'origine, on partageait l'animal en trois, et la partie moyenne, la plus charnue, paraissait seule sur la table. Servilius Rullus, le père de ce Rullus qui, sous le consulat de Cicéron, demanda la loi agraire, fut le premier de la gent à toge qui plaça sur sa table la bête entière ; et déjà du temps de Pline le naturaliste on en servait jusqu'à trois à la fois, pour le premier service seulement. Fulvius Lupinius forma aux environs de Tarquinies un parc de sangliers ; Lucullus et Hortensius ne tardèrent pas à l'imiter ; et bientôt M. Apicius inventa l'art précieux de leur engraisser le foie en les nourrissant de figues sèches.

Le sanglier n'apparut que tard dans les jeux sanglants du cirque. Dans les premiers temps, on cherchait à frapper l'attention du peuple romain par l'étrangeté des formes animales que l'on faisait ainsi passer sous les yeux. Alors on massacrait en grande pompe, aux acclamations du peuple, les rhinocéros, les éléphants, les hippopotames, les girafes, les lions, les panthères, les crocodiles, et l'on promenait les ossements de quelques grands cétacés. Mais bientôt, quand toutes les raretés du monde connu eurent été offertes en sacrifice aux maîtres du monde, il fallut ranimer par l'immensité des offrandes l'attention blasée. Alors aux holocaustes succédèrent les hécatombes ; et sous les tentures de pourpre tyrienne et de soie des Indes, qui dérobaient à l'ardeur du soleil la plèbe romaine, mouraient pêle mêle avec des esclaves et des gladiateurs des milliers de bêtes fauves. Ainsi, suivant Dion, l'empereur Sévère ayant voulu célébrer d'une manière convenable la dixième année de son règne et le mariage de son fils Caracalla, donna dans le cirque des jeux magnifiques, dans lesquels soixante sangliers s'entre-tuèrent. Ainsi Probus, pour célébrer son triomphe, fit élever dans le cirque une forêt artificielle, dans laquelle on extermina par milliers des sangliers, des taureaux, des *onagres* (ânes sauvages), des cerfs, etc., etc. Ainsi Capitolinus rapporte que sous le règne de Constantin on conservait encore une peinture qui représentait une célèbre *venatio* donnée dans le cirque par Gordien 1er, et dans laquelle périrent pêle-mêle avec des lions, des tigres, des taureaux, des autruches, cent cinquante sangliers. Enfin, Calpurnius de Sicile, qui écrivait dans le troisième siècle, raconte dans sa septième églogue les merveilleuses choses qu'il vit dans un combat de cirque sous Carus et Numérien, parmi lesquelles il mentionne des *sangliers à cornes* :

Ordine quid referam ?— Vidi genus omne ferarum,
Hic niveos lepores, — hic non sine cornibus apros.

Il est fort probable que Calpurnius avait pris pour des cornes deux des quatre défenses du babiroussa. Pline avant lui avait commis la même erreur. BELFIELD-LEFÈVRE.

SANGLIER D'ÉRYMANTHE (Le). *Voyez* CASSIOPÉE.

SANGLIER DES ARDENNES (Le). *Voyez* LA MARCK (Guillaume de).

SANGLOTS. *Voyez* CRI.

SANG-MÊLÉ. *Voyez* MULÂTRE.

SANGSUE. Les sangsues forment parmi les annélides l'ordre entier des hirudinées, correspondant à la famille du même nom fondée précédemment par Lamarck, et au grand genre *sangsue* (*hirudo*) de Linné et de Cuvier. On n'emploie en médecine que deux espèces de sangsues, la verte et la noire, et aussi tout ce que nous allons dire se rapportera-t-il à ces deux espèces. Leur peau est fine, enduite de mucosités ; leurs muscles forment deux plans, l'un circulaire, l'autre longitudinal, qui coupe le premier à angles droits ; cette disposition rend leur corps contractile dans tous les sens. Les sangsues n'ont ni oreilles ni yeux. La bouche est à l'une des extrémités du corps, l'anus à l'autre ; chacune de ces ouvertures est garnie d'une sorte de ventouse, dont la circonférence s'applique exactement sur les corps unis ; l'animal peut, à l'aide d'un muscle particulier, tirer le centre de sa ventouse, et par ce moyen opérer un vide qui le fait adhérer assez fortement à la surface qu'il a choisie. Les dents des sangsues sont de petits corps cartilagineux placés de manière à former les trois côtés d'un triangle. Par un petit frottement particulier de chacune de ces dents, les sangsues peuvent percer la peau. Leur canal intestinal est un sac sans replis, ouvert à ses deux extrémités, mais muni en arrière de deux cœcums assez larges ; le sang peut s'y maintenir pendant plusieurs mois sans altération. Les sangsues sont des animaux à sang rouge. Ce liquide est contenu dans un seul vaisseau, qui va de la tête à la queue ; il y circule sans l'intermédiaire d'un cœur et d'aucun vaisseau ; la respiration des sangsues se fait par le moyen de branchies, qui s'ouvrent sur les parties latérales de leur corps. Leur système nerveux consiste en un cordon blanchâtre, qui s'étend à côté de la grande artère dorsale, et sur lequel on voit d'espace en espace des renflements ganglionnaires.

Les sangsues sont hermaphrodites, de l'espèce de ceux qui n'ont pas besoin d'accouplement pour se féconder ; les deux sexes sont très-distincts chez le même individu. Elles peuvent vivre pendant des mois et même des années sans manger ; cependant, on observe quelquefois qu'elles se seraient entre elles, et que les grosses tuent les petites en s'y attachant.

Les sangsues étant d'un usage très-fréquent en médecine, nous dirons un mot de la manière dont on se les procure et dont on les emploie. Les meilleures sangsues sont celles qui habitent les eaux courantes. Les noires sont plus communes dans le nord, les vertes dans le midi de la France. On les récolte en se mettant jambes nues dans les eaux qui les contiennent ; aussitôt qu'elles se sont collées sur la peau, on les renferme dans des vases ou dans des sacs. On les prend aussi quelquefois en mettant dans les mares et les étangs qu'elles habitent des débris d'animaux morts, comme des quartiers de cheval ou des chiens ; mais on n'obtient par ce procédé que des sangsues qui ont déjà sucé le sang et qui sont mauvaises. Pour les conserver, le meilleur moyen est de les mettre dans des vases avec de l'eau que l'on a soin de changer une ou deux fois chaque semaine, suivant la faison. Elles peuvent supporter un froid assez vif sans souffrir, mais le chaud leur est plus funeste, et surtout les transitions brusques de l'une à l'autre de ces températures. Lorsqu'on veut appliquer des sangsues, on doit préalablement les bien sécher dans un linge ou bien frotter la place où l'on veut qu'elles mordent avec un peu de sang ou de viande crue, ce qui les rend fort avides; ces moyens sont les meilleurs et préférables aux lavages faits avec du lait ou de l'eau sucrée, comme on le pratique généralement. Chaque sangsue d'une grosseur moyenne peut tirer, quand elle est gorgée, quinze grammes de sang; la quantité qui s'écoule ensuite de la piqûre peut être la même. Quant au moyen d'arrêter l'hémorrhagie produite par les piqûres des sangsues, le plus simple et le plus généralement employé, c'est l'amadou soutenu par une légère compression. Si cela était insuffisant, la cautérisation avec la pierre infernale ou bien avec la tête d'une grosse épingle rougie au feu constituerait un moyen, douloureux à la vérité, mais infaillible. L'eau antihémorrhagique de Brochierri a le précieux avantage d'arrêter aussi ce genre d'hémorrhagie, mais sans donner lieu à la moindre douleur; elle facilite en outre la prompte guérison des piqûres.

Les cas dans lesquels on emploie les sangsues préférablement à la saignée faite par la lancette sont très-nombreux; mais il serait oiseux d'entrer ici dans de grands détails à cet égard; voici cependant les principaux : 1° l'action des sangsues étant beaucoup plus lente, puisqu'elle dure au moins une heure, et peut se prolonger bien davantage, n'expose pas à la syncope, comme cela arrive après une perte brusque de sang; 2° elles dégorgent localement les vaisseaux capillaires autour d'un furoncle, d'un bubon, par exemple, effet qu'on n'obtiendrait pas aussi manifestement par la phlébotomie sans affaiblir sensiblement le malade; 3° lorsqu'on veut faire une saignée directe sur un lieu qui ne présente pas de gros vaisseaux, comme l'anus, l'œil, les narines, la bouche, qui ont cependant des capillaires très-abondants, les sangsues doivent être employées; 4° quand on veut obtenir une révulsion; 5° dans les maladies des organes profonds, comme le péritoine, le foie, les plèvres, le cerveau, leur action est directe sur ces parties par le seul fait de la contiguïté. Tous ces avantages, qui ont été surtout démontrés par Broussais, ont rendu l'emploi des sangsues excessivement multiplié; aussi le commerce de ces animaux est-il devenu quelque chose de très-important. On a épuisé de sangsues tous les lacs de France, de Piémont, qui en contenaient un grand nombre, et ceux de Pologne, de Hongrie ont été mis à leur tour à contribution. On a donc cherché à suppléer l'usage des sangsues, qui est devenu assez dispendieux, par l'emploi de certains procédés destinés à les remplacer. Le docteur Sarlandière a proposé, sous le nom de *sangsue artificielle*, une sorte de ventouse allongée, qui imite la succion opérée par ces animaux.

La sangsue est l'emblème du satirique : *Mordendo sanat*; le satirique corrige en piquant. *Sangsue* se dit figurément des usuriers, des exacteurs, qui sont des *sangsues* du peuple, et des avoués, qui ruinent leurs parties; à ce titre, elle pourrait figurer sur le blason de plus d'un financier.

L. LABAT.

La plupart des marais de l'Algérie renferment des sangsues en quantités considérables. Convenablement exploitées, ces ressources constitueraient une branche permanente et très-lucrative de l'industrie coloniale. Malheureusement les indigènes sont presque les seuls qui se livrent à la pêche de ces annélides; et comme ils sont loin d'y apporter le discernement et les soins qu'elle réclame, il en résulte que le dépeuplement arrive peu à peu. Comme cause principale de cette situation, on peut citer la méthode vicieuse employée par les exploitants, et qui consiste à recueillir indistinctement toutes les sangsues, grosses et petites, et à les porter ensemble sur les marchés, au lieu de restituer à leur élément celles qui sont impropres à l'usage médical, ainsi que cela se pratique en Hongrie et dans les autres pays producteurs.

SANGSUE MARINE. *Voyez* LAMPROIE.
SANGUIFICATION. *Voyez* HÉMATOSE.
SANGUIN (Tempérament). *Voyez* TEMPÉRAMENT.
SANGUINE, variété de fer oligiste, que l'on nomme encore *hématite rouge*, *pierre à brunir*. Elle est en masses mamelonnées, à texture fibreuse et rayonnée comme celle du bois. Elle sert en effet à *brunir*, c'est à-dire à polir les métaux. C'est un minerai riche, qui donne d'excellente fonte; mais il est rare en France, où on ne le connaît qu'à Baigorry, dans les Basses-Pyrénées.

[La sanguine se taille dans la longueur des fibres, et se polit dans le sens transversal ; on en forme des *cabochons*, que l'on monte à l'extrémité d'un manche de bois, et dont on se sert pour brunir les surfaces métalliques. On confond assez souvent avec la *pierre à brunir* (sanguine) le *fer hydraté brun*, dont plusieurs variétés ont en effet l'aspect et la couleur de la sanguine; cette erreur est facile à rectifier : le *fer hydraté* est beaucoup plus tendre que le *fer oxydé*, et sa poussière prend une couleur fauve et rouillée, qui tranche complètement avec la couleur rouge sombre de la sanguine pulvérisée. La sanguine du commerce nous vient de l'île d'Elbe, qui en renferme des mines considérables.

BELFIELD-LEFÈVRE.]

Les dessins des grands peintres faits à la sanguine sont agréables à l'œil et très-estimés; on en voit de la plus grande beauté dans la collection du cabinet de l'empereur. sont exposés dans les salons du Louvre. On remarque surtout ceux de Raphaël, de Corrége, de Dominiquin, de Cortone et de Carle Maratte. On a aussi des dessins faits à la sanguine, durant le règne de Louis XIV, par les Vouet, les Perrier, Vandermeulen, Rigaud, Largillière, Le Sueur et Watteau. Plus tard, sous le règne de Louis XV, la sanguine fut employée de préférence à tout autre crayon, par les peintres et les graveurs. Cette pierre, unie, douce au toucher, nullement sablonneuse, et tendre à tailler, produit un bel effet sur le papier blanc. Les artistes de cette époque qui ont fait des dessins remarquables à la sanguine sont : Bouchardon, Carle Vanloo, Pierre Boucher, Cochin, Greuze, etc.

Cochin, dessinateur du cabinet du roi, avait l'habitude de faire tous ses dessins à la sanguine; il composait facilement, et son plus bel ouvrage en ce genre est le *Lycurgue blessé dans une sédition*, qui lui ouvrit les portes de l'Académie. On a encore de lui les dessins des tombeaux du maréchal de Saxe et du maréchal d'Harcourt, par Pigalle, et aussi celui du dauphin père de Louis XVI, qui est à Sens, sculpté par Guillaume Coustou, dernier sculpteur de ce nom. Les sculpteurs qui travaillaient pour le roi devaient copier exactement les dessins de Cochin.

Gilles Demarteau (né à Liége, en 1729, mort à Paris, en 1776) imagina un genre de gravure qui imita parfaitement les dessins à la sanguine. Il fit un chef-d'œuvre en copiant le *Lycurgue* de Cochin, et fut reçu de l'Académie de Peinture. Il a produit plus de cinq cents pièces imitant le crayon rouge : ce sont des *têtes d'étude* et des *académies* à l'usage des élèves; des dessins d'après Raphaël, Carrache et Dominiquin; d'après Carle Vanloo, Bouchardon, Lagrenée l'aîné, Greuze ; et des *pastorales* de François Boucher.

Ch^{er} Alexandre LENOIR.

SANGUINE (Blason). *Voyez* ÉMAUX.

SANHÉDRIN, mot hébreu, mais corrompu du grec συνέδριον (formé de σύν, avec, et ἕδρα, siège, conseil, assemblée), par lequel on désigne le tribunal suprême des Juifs, ainsi appelé depuis la domination des Asmonéens. D'abord présidé par le grand-prêtre, puis par le patriarche, il était composé de soixante-dix membres (prêtres, *seferein*, savants, anciens ou archontes), qui s'assemblèrent d'abord dans le temple, près du tabernacle, ensuite à Jamnia, résidence du patriarche. Lorsque les Juifs furent tombés sous la domination romaine, ce tribunal jugea les affaires civiles, les cas où la religion était intéressée, et s'occupa de régler le calendrier. Il devint à la fin une école savante, qui fut fermée au quatrième siècle. Les cours inférieures, tant à Jérusalem que dans les autres villes, s'appelèrent *petits sanhédrins*.

Napoléon ayant conçu le projet de régénérer les juifs et de déterminer leurs devoirs et leurs droits civils, convoqua, le 30 mai 1806, une assemblée de notables israélites, qui forma un *grand sanhédrin*, composé de rabbins italiens et français, et dont l'action éphémère ne dura que jusqu'au mois d'avril 1807.

SAN-IAGO DE CHILE et **SAN-IAGO DE CUBA.** *Voyez* SANTIAGO.

SAN-IAGO DE LÉON DE CARACCAS. *Voyez* CARACCAS.

SANICLE, genre de plantes de la famille des ombellifères. L'espèce vulgaire (*sanicula Europæa*, L.) est une herbe très-commune en Europe. Toute la plante, mais surtout la racine, a une saveur amère et astringente; elle a été très-estimée autrefois comme vulnéraire (*voyez* BUGLE).

On donne vulgairement le nom de *sanicle de montagne* à la *saxifrage granulée*.

SANIE (du latin *sanies*, sang corrompu). On appelle ainsi le pus séreux qui sort des ulcères, particulièrement de ceux les jointures, parce qu'elles sont abreuvées d'une synovie qui se convertit facilement en sérosité purulente et âcre.

SANITAIRE (du latin *sanitas*, santé), qui a rapport à la santé et particulièrement à la conservation de la santé publique : Police, commission, intendances, lois, règlements, mesures *sanitaires*. *Voyez* CORDON SANITAIRE, LAZARET, etc.

SAN-JOSE. *Voyez* COSTA-RICA.

SAN-JUAN DE CORIENTES. *Voyez* CORIENTES.

SAN-LUIS-POTOSI, l'un des États de l'intérieur de la République du Mexique, compte sur une superficie de 592 myriamètres carrés une population d'environ 250,000 âmes. La partie occidentale en est montagneuse; à l'est, le sol s'abaisse insensiblement pour devenir d'abord un pays de collines et se terminer au voisinage de la côte en une plaine plate et marécageuse. Au sud le Panuco, qui vient se jeter dans la baie de Tampico de Tamaulipas, et au centre de l'État le *Rio Santander*, sont les deux principaux cours d'eau ; et parmi les baies celles qu'on appelle *Laguna de Charrel* et *Laguna de Chile*, les plus grandes. Par suite de la configuration en relief de son sol, l'État de San-Luis-Potosi réunit tous les climats du Mexique, et ce n'est que dans les basses terres que la chaleur extrême et les eaux stagnantes le rendent insalubre. Il est généralement fertile, et malgré le peu de soin apporté à la culture produit en abondance du maïs et d'autres céréales, des fruits excellents, et sur les bords du Panuco la canne à sucre. D'immenses troupeaux sont attachés aux grandes exploitations rurales. Les parties élevées des montagnes sont dénuées d'arbres; mais un peu plus bas leurs versants sont richement boisés. L'exploitation des mines d'argent, qui se faisait autrefois sur une vaste échelle, est aujourd'hui insignifiante, comme toute l'industrie en général. De nombreuses mines, parmi lesquelles celles de *Santa-Maria de las Charcas*, de *Guadalcazar de Catorce* et des environs du chef-lieu, passaient pour les plus riches, sont en partie abandonnées. Le commerce conserve assez d'activité, particulièrement avec Mexico, et exporte surtout de l'argent en barres, des peaux et du sucre. L'état des écoles est assez satisfaisant, et l'établissement d'instruction publique du degré supérieur que possède l'État a nom *Collegio Guadalupano Josefino*.

SAN-LUIS-POTOSI, chef-lieu de l'État, fondé en 1586, à 32 myriamètres au nord-est de Mexico, sur le versant d'un plateau, non loin des sources du Panuco, dans une belle vallée, a de belles et larges rues, de vastes places publiques, de grandes et belles églises, ornées pour la plupart de bons tableaux d'anciens maîtres, plusieurs riches couvents, un aqueduc, un collège, un palais du gouvernement sur la belle *Plaza de armes*, et compte 32,000 industrieux habitants, non compris les 18,000 de ses faubourgs. On y trouve un grand nombre de hauts fourneaux, où l'on travaille le minerai extrait des mines voisines. Il s'y fait un grand commerce en métaux, en bestiaux et en cuir tanné sur les lieux mêmes.

SAN-MARINO, la plus petite, mais aussi la plus paisible des républiques de l'Europe, et qui a survécu à tous les orages des temps, le pays de la liberté éternelle (*perpetuæ libertatis gloria clarum*), est un territoire montagneux, situé entre les légations pontificales d'Urbino et de Forli. Elle occupe en tout à peine un myriamètre carré, mais sa population s'élève à environ 8,000 habitants, qui professent la religion catholique, et dont les ressources principales consistent dans la culture des vignes et l'éducation des bestiaux. A 10 *milles* au sud-ouest de Rimini s'élève, à une hauteur de 794 mètres, le *Titano*, le pic le plus élevé d'un des derniers prolongements de la chaîne des Apennins. La tradition veut qu'un ancien soldat, tailleur de pierres de son état, et nommé *Marinus*, venu au troisième siècle en Italie avec Dioclétien, se soit établi comme ermite sur cette montagne, où il vécut en observant les préceptes de la plus grande austérité, et où il prêcha l'Évangile aux habitants; elle ajoute que le propriétaire de cette montagne en fit don à Marinus ; que peu à peu des habitants de la contrée vinrent s'établir autour de lui, et qu'ils finirent par constituer un État, auquel ils donnèrent le nom de ce pieux solitaire. Au dixième siècle, il s'y trouvait un château fort qui servit, dit-on, de refuge à Bérenger pendant ses luttes contre l'empereur Othon. Environ cent ans plus tard, les habitants firent l'acquisition de quelques villages voisins, et embrassèrent le parti des gibelins dans les luttes entre l'Empire et l'Église. Vers le milieu du douzième siècle, ils se lièrent d'amitié avec leurs voisins, les comtes Montefeltro d'Urbino; et ces rapports amicaux, qui devinrent bientôt une alliance défensive, se perpétuèrent jusqu'à l'extinction de la maison d'Urbino, au dix-septième siècle. En 1631 le pape Urbain VIII ayant incorporé le duché d'Urbino aux États de l'Église, confirma ce traité d'alliance défensive avec la petite république, et reconnut son indépendance. En 1739 le cardinal Alberoni entreprit de soumettre la République de San-Marino au pape, et en conséquence fit occuper militairement son territoire; mais dès 1740 Clément XII rétablit la république, dont l'indépendance fut confirmée par Benoît XIV, en 1748, et par Pie VII, en 1817. Le bref de ce dernier souverain pontife qui reconnaît les droits et l'indépendance politiques de la République de San-Marino fut gravé sur le marbre et exposé à l'entrée même de son territoire. En 1797 Bonaparte envoya féliciter la république de San-Marino au nom de la république française, et lui promit quelques canons, des grains et un agrandissement de territoire. Le consul de la petite république se contenta de répondre à ces avances qu'il recevrait les canons avec gratitude, qu'il payerait le prix des grains, mais qu'il était obligé de refuser l'agrandissement de territoire offert. La République de San-Marino s'estimait heureuse d'être ce qu'elle était; tous ses vœux se bornaient à obtenir des facilités pour son commerce. Pendant les troubles qui éclatèrent en Romagne en 1845, notamment à Rimini, la république, sur le territoire de laquelle s'étaient réfugiés les révoltés, se trouva assez embarrassée, et son existence se trouva même compromise. Depuis lors sa tranquillité ne fut plus troublée qu'en 1847, époque où ses citoyens participèrent quelque peu à l'agitation à laquelle était alors en proie toute l'Italie, et modifièrent leur constitution, mais pacifiquement. En 1851 les débris de la bande de Garibaldi et quelques autres individus compromis dans les événements du temps cherchèrent aussi un refuge sur le territoire de la république ; ce qui amena vers la fin de juin de la même année l'entrée de 800 Autrichiens, et de 200 Pontificaux qui arrêtèrent les fugitifs. Toutefois, à l'exception de cinq individus, coupables de crimes, on laissa tout le reste passer à l'étranger, et la république n'a plus vu dès lors troubler sa tranquillité.

Les lois fondamentales de l'État, réunies dans les *Statuta illustrissimæ Reipublicæ Sancti-Marini*, remontent jus-

47.

qu'au treizième siècle. La souveraineté était autrefois exercée par la généralité des citoyens. Plus tard ils ont été représentés par un grand conseil (*consiglio generale*), qui depuis la fin du quatorzième siècle se composa de soixante anciens (*anziani*), élus par tiers, par la noblesse, par les habitants de la ville, et par le reste des habitants du pays, et qui se complétaient eux-mêmes chaque année. Le pouvoir exécutif était confié à deux capitaines régnants (*capitani reggenti*), appelés *consuls* au moyen âge, plus tard *defensori*, et élus par le grand conseil.

A la suite des modifications apportées en 1847 à la constitution, le grand conseil souverain a été transformé en une chambre de représentants (*camera dei representati*), dont les soixante membres sont élus par la généralité des citoyens, et par tiers, parmi la noblesse, les habitants de la ville et les habitants de la campagne. Les bourgs de *Serravalle*, de *Montegiardino* et de *Faetano* avec leurs arrondissements forment des communes particulières, dont chacune est administrée par un conseil municipal. Des *capitani reggenti* sont à la tête de chaque branche de l'administration. Les revenus publics sont évalués à 6,000 *scudi*, et les dépenses à 4,000. L'État n'a point de dettes. La force armée, à l'exception d'un petit détachement de gendarmerie, recruté à l'étranger, est sédentaire, et reçoit de l'État ses armes et ses uniformes, ainsi qu'une solde pendant qu'elle est de service. Sous le rapport ecclésiastique, le territoire de la république est compris dans le diocèse de l'évêque de Montefeltro. Une école supérieure est entretenue aux frais du trésor public, et il existe en outre plusieurs écoles élémentaires. La seule ville de la république, *Marino*, avec ses trois châteaux forts, compte 6,000 habitants, plusieurs couvents et cinq églises, dont l'une contient les restes mortels et la statue de saint Marin, fondateur de la république. Consultez Delfico, *Memorie della Republica di San-Marino* (Milan, 1804); Gillies, *Reise nach San-Marino* (Leipzig, 1798); Auger de Saint-Hippolyte, *Essai historique sur la République de San-Marino*; et Brizi, *Quadro storico statistico della Republica di San-Marino* (Florence, 1842).

SANNAZAR (Jacques), *Jacopo Sannazaro*, poète distingué, qui employa la langue italienne et la langue latine avec un égal bonheur, naquit en 1458, à Naples, où était venue s'établir sa famille, originaire d'Espagne. Il se forma à la connaissance des lettres, surtout dans l'Académie du Pontano, où, suivant l'usage de cette école, il prit le surnom d'*Azzio Sincero*. Son amour pour la belle Carmosina Bonifacia, qu'il a célébrée sous les noms d'*Harmosine* et de *Filli*, développa ses talents poétiques. Pour s'affranchir des chaînes de cette passion par l'absence, il alla voyager en France; mais cédant au désir de revoir celle qu'il aimait, il ne tarda pas à revenir à Naples, et alors il ne la retrouva plus en vie. C'est pendant cette absence qu'il composa son *Arcadia*, suite d'idylles qui, comme tous ses autres poèmes en langue italienne, sont l'œuvre de sa jeunesse, mais qui ont conservé une valeur durable. Une poésie douce, un style pur et une versification harmonieuse, tels sont les caractères de cet ouvrage, où la prose alterne avec les vers. Les poésies de Sannazaro attirèrent l'attention du roi Ferdinand et de ses fils, Alphonse et Frédéric, qui le choisirent pour les accompagner dans leurs voyages et leurs campagnes. Frédéric, qui monta sur le trône en 1496, lui fit don de la villa Mergellina et lui accorda en outre un traitement de 600 ducats. Mais Sannazaro ne devait pas jouir longtemps de son bonheur. Par suite des troubles du temps, qui firent intervenir les prétentions de la maison de France au trône de Naples dans le système des États italiens, son bienfaiteur dut, après maintes vicissitudes, renoncer à la couronne et se réfugier en France. Sannazaro aurait cru manquer à l'honneur en continuant à jouir de sa propriété, tandis que le prince qui la lui avait donnée languissait dans l'infortune. Il le suivit en exil, et ne revint qu'après sa mort à Naples, où il mourut, en 1530, à l'âge de soixante ans. Il fut enterré tout près du tombeau de Virgile.

Indépendamment de l'*Arcadia*, dont la première édition complète parut à Venise, en 1502, et la dernière à Milan en 1806, Sannazar composa encore en italien des sonnets et des *canzoni*, qui brillent également par la pureté de la langue; aussi l'académie *della Crusca* le range-t-elle au nombre de ses modèles. La meilleure édition de ses ouvrages italiens est celle qui parut en 1723 à Padoue, sous le titre de *Le Opere volgari del Sannazaro da vari illustrati*. Sannazar est peut-être plus célèbre encore par ses poésies latines, qui, outre un grand poème, *De Partu Virginis* (dern. édit., Leipzig, 1826), se composent d'élégies, d'églogues et d'épigrammes. Parmi ces dernières, la plus célèbre est un panégyrique épigrammatique de Venise en six vers, que le sénat vénitien récompensa par le don de 600 ducats. L'élégance et le choix heureux des expressions, la finesse de la pensée et la richesse de l'imagination assignent aux poésies latines de Sannazar une des premières places parmi les productions des poètes latins modernes. Sa vie a été écrite par Crispo de Gallipoli (Naples, 1720), par Volpi et par Cormani.

SAN-SACRAMENTO. *Voyez* CALIFORNIE et SACRAMENTO.

SAN-SALVADOR, le plus petit, mais le plus peuplé des cinq États de l'Amérique Centrale, situé sur les rives de l'océan Pacifique, d'une superficie de 516 myriamètres carrés, avec une population de 280,000 âmes, et suivant d'autres de 350,000. Son littoral, étroit, plat, profondément échancré, forme la grande baie de Conchagua et plusieurs bonnes rades, mais où, à la saison sèche, de violents coups de vent (*papagallos*) rendent le débarquement difficile. A l'extrémité de la côte, qui va toujours en s'élevant, on arrive au versant du plateau et de là sur le plateau même. Cette côte présente d'ailleurs plusieurs volcans (le *San-Salvador*, le *San-Miguel*, le *San-Vincente*, le *Sacatecoluca*, le *Pancoa* et l'*Isalco*), dont l'activité se fait sentir au sommet par des éruptions, et à la base par des tremblements de terre. Le pays est assez bien arrosé. Le *Sacatecoluca* est navigable à une grande distance en amont pour des barques. Le Rio-Acajutla, le Guatacea, le Sirano et le Luises sont des cours d'eau moins importants. Il existe aussi plusieurs lacs. Le climat est salubre. La fièvre jaune n'y exerce jamais ses ravages; cependant, il règne sur la côte une maladie particulière, appelée *guayatlan*, engorgement des glandes du cou, dont souffre surtout le sexe. Toutes les plantes tropicales y croissent en abondance. Toute la côte occidentale, depuis le Rio-Acajutla, près Sansonate, jusqu'au Guameca, près de *La Libertad*, a reçu le nom de *Côte Balsamique*, parce que ses forêts fournissent un baume précieux, dont il s'exporte année commune de 8 à 10,000 kilog. Un autre produit principal de cet État, c'est l'indigo, qui sous le nom d'*indigo de Guatemala*, est regardé dans le commerce comme le meilleur de tous. L'élève du bétail a peu d'importance. Les animaux domestiques de l'Europe y sont très-dégénérés. On y trouve beaucoup d'indigoteries, de raffineries de sucre, qui fabriquent des *panelas*, et quelques forges. Le commerce y est assez considérable; il exporte des ports d'Acajutla et de Conchagua surtout diverses espèces de baumes, de l'indigo et de la térébenthine, ainsi que du sucre, du coton, du cacao et des épices. Sur le chiffre total de la population il y a 20 p. 100 (et suivant d'autres 35) d'Indiens, autant de blancs, et 60 (suivant d'autres 45) p. 100 de métis. Les Indiens de San-Salvador, appelés *Cuscatianos* d'après l'ancien nom du pays, sont les plus civilisés de toute l'Amérique Centrale, et ont généralement adopté la langue espagnole. A la tête de l'État est placé un président, assisté de deux ministres. Le peuple est représenté par une chambre législative de 25 députés et par un sénat. La cour suprême et l'évêque de San-Salvador sont les autorités supérieures pour les affaires judiciaires et ecclésiastiques. On évalue la force armée à 700 hom., les revenus publics à 300,000 piastr. (1,502,500 fr.) et la dette extérieure à pareil chiffre.

L'État est divisé en quatre départements : *San-Salvador*, *San-Miguel*, *San-Vincente*, *Santa-Ana* ou *Sansonate*.

Dans l'arrondissement fédéral formé en 1825 (42 kilom. car., avec 50,000 hab.) se trouve la capitale de l'État, SAN-SALVADOR, siége du gouvernement central et du congrès, située dans une belle vallée, qu'entourent les monts *Chontales*, au pied du volcan *San-Salvador*, qui jette constamment de la fumée, et qui a diverses époques a eu de calamiteuses éruptions. La ville est construite sur l'emplacement de l'ancien *Cuscatlan*, à l'origine elle avait été fondée (en 1516) dans la vallée de Bermuda; mais en 1528 on la transféra où elle se trouve aujourd'hui, et en 1545 elle obtint le titre de *ciudade*. Elle a des rues régulières, des maisons basses, mais jolies, une cathédrale, plusieurs chapelles, dont l'une possède une image miraculeuse, plusieurs couvents, beaucoup de confréries religieuses et un collége. On y trouve aussi divers édifices publics occupés par les autorités administratives. C'est le grand centre du commerce du pays, et elle est pourvue de marchés abondamment fournis. Ses 30,000 habitants, *ladinos* pour la plus grande partie, exercent aussi quelques métiers et cultivent l'indigo. Le port du district fédéral est *La liberta* ou *Guamecad*, à l'embouchure du Rio Guameca. Parmi les autres villes la plus importante est *Sansonate*, sur le Rio-Acajutla, dont l'embouchure forme le port du même nom, avec 10,000 habitants et un commerce fort actif.

La contrée appelée *Cuscatlan* fut découverte en 1525 et conquise en 1526, par les Espagnols aux ordres de Pedro Alvarado, qui lui donna son nom actuel. En 1821 elle se déclara indépendante en même temps que les autres États centro-américains. Par le traité du 7 octobre 1842, San-Salvador constitua une Union avec Guatemala, Nicaragua et Honduras. Mais les relations pacifiques de ces États confédérés durèrent peu. En 1845 une guerre ouverte éclata entre Honduras et San-Salvador, qui, par contre, conclut, le 4 avril, un traité d'alliance offensive et défensive avec Guatemala. Les deux États résolurent alors de convoquer une convention nationale; mais avant que cette assemblée se réunît, Guatemala renonça complétement à l'union, sous les ordres du général Carrera, le 21 mars 1847. Le 9 janvier 1851 les députés de San-Salvador, de Honduras et de Nicaragua se réunirent en congrès à Chinandega; mais ce fut en vain qu'on invita Guatemala et Costa-Rica à s'y faire représenter. Le nouvel accord existant entre les trois États provoqua de nouvelles complications. Au lieu de s'organiser pacifiquement, on essaya de décider par la force des armes les vieilles querelles avec Guatemala et Carrera. Les coalisés, sous les ordres de Vasconcelos, président de San-Salvador, marchèrent sur Chiquimula; mais le 2 février 1851 Carrera leur fit essuyer une déroute complète près d'Arada; et cette victoire ajouta beaucoup à la puissance du vainqueur, qui n'en devint que plus dangereux. Un conflit éclatait en même temps, au commencement de 1851, entre San-Salvador et l'Angleterre, à l'occasion d'une réclamation de 30,000 liv. st. élevée par des négociants anglais contre la république; réclamation reconnue fondée par le gouvernement, qui n'en refusait pas moins de payer. En conséquence, au mois de février, l'amiral anglais Hornby déclara toute la côte de San-Salvador en état de blocus. Le 25 juillet 1851 San-Salvador s'unit de nouveau avec Nicaragua et Honduras pour constituer un État fédératif. Le 1ᵉʳ mars 1852 M. D'Francisco Duenas fut élu président de la république, en remplacement de Vasconcelos.

SAN-SALVADOR. *Voyez* BAHIA.

SAN-SALVADOR ou **GUANAHANI**, appelée aussi par les Anglais *Cat-Island*, île des Chats, l'une des plus grandes d'entre les îles B a h a m a, d'une superficie d'environ 11 myriamètres carrés, est surtout remarquable comme étant le point où Christophe Colomb prit terre en 1495, lors de son voyage à la recherche du Nouveau Monde. Il effectua son débarquement aux lieux désignés aujourd'hui sous le nom de *Port-Howe*.

SANSAN, petit village du département du Gers, situé près de Seissans, à 20 kilomètres d'Auch. Il est célèbre par les richesses paléontologiques d'une colline voisine. On rencontre à Sansan des débris fossiles provenant d'environ cent espèces, au nombre desquelles figurent un paresseux perdu, un rhinocéros, etc. M. Lartet y a trouvé, en 1836, des ossements fossiles de singe, fait opposé aux vues de Cuvier, qui croyait les singes contemporains de l'espèce humaine, et, comme cette espèce, postérieurs au dernier déluge, et ne pouvant avoir conséquemment de débris pétrifiés. En 1856 M. Parfait M e r l i e u x, chargé de la direction des fouilles par le Muséum d'Histoire naturelle (qui a acquis le montagne de Sansan), y a également trouvé une mâchoire inférieure de singe.

SANS AVEU (Gens). *Voyez* CANAILLE.

SANSCRIT. On appelle ainsi la langue ancienne de l'Inde en deçà du Gange, dans laquelle est composée l'antique littérature des Hindous. Ce nom est synonyme de *cultivé*; il a pour but de distinguer cette langue de divers autres idiomes populaires de l'Inde, qui ne sont pas parvenus à une culture grammaticale aussi parfaite que le sanscrit. L'histoire du développement intime du sanscrit est restée jusqu'à présent fort obscure. Les monuments les plus anciens de cette langue témoignent de la grande mobilité qui a été le caractère saillant de sa formation successive, et remontent jusqu'au quinzième siècle avant notre ère. A l'époque où Alexandre le Grand entreprit son expédition dans l'Inde, on trouve déjà employée sur divers monuments publics, médailles, etc., la forme abâtardie du *p a l i* et du prakrit (*voyez* INDIENNES [Langues]). Il se peut que vers ce temps le sanscrit soit tombé en désuétude comme langue vivante populaire, pour ne plus subsister désormais que dans les écoles et dans les œuvres d'érudition. Les Hindous formèrent eux-mêmes de bonne heure leur langue au point de vue grammatical et au point de vue lexicographique. Pânini, le plus ancien de leurs grammairiens dont le nom soit parvenu jusqu'à nous, et qui vivait environ trois cents ans av. J.-C., présente un système complet du sanscrit dans une forme arrêtée et particulière, et distingue déjà une langue ancienne et une langue moderne. Son ouvrage a été publié par Bœthlingk (2 vol., Bonn, 1840). Nous devons mentionner les grammaires de Dikjita Bhata, *Siddhânta Kaumoutre* (Calcutta, 1812), traduite partiellement par Ballanmoudi (Mirzapore, 1812), et de Vopadova, *Mougdhabodha* (Calcutta, 1826), éditée par Bœthlingk (Pétersbourg, 1847).

Le plus ancien ouvrage de lexicographie est le *Niroukat* de Yâska, qui traite des mots qu'on ne rencontre que rarement dans les *Védas* (publié par Roth, Gœttingue, 1852). Les dictionnaires les plus estimés sont ceux d'Amara-Sinha (*Amara Kosha*, publié et traduit par Colebrooke [Sérampore, 1808]; par Loiseleur de Lonchamps [2 vol., Paris, 1839]) et d'Hematschandra (Calcutta, 1807; publié et traduit par Bœthlingk, Pétersbourg, 1847). Le plus complet est le Dictionnaire encyclopédique de Rhâdâkânta-Deva, (7 vol., Calcutta, 1819). William J o n e s fut le premier qui appela l'attention de l'Europe savante sur la langue sanscrite; vinrent ensuite C o l e b r o o k e, Wilkins, Wilson, etc. En Allemagne, ce fut Frédéric de Schlegel qui, par son ingénieux ouvrage intitulé : *Langue et Sagesse des Indiens* (Heidelberg, 1808), donna le premier une sérieuse impulsion à l'étude de cette langue, et bientôt il fut suivi dans cette voie féconde par son frère Aug.-Guil. de Schlegel, puis par Guil. de Humboldt, Bopp, Lassen, Rosen, et beaucoup d'autres encore. En France, c'est surtout aux travaux de M. Eugène Burnouf que l'étude du sanscrit a été redevable de ses plus notables progrès. Des différentes grammaires sanscrites publiées jusqu'à ce jour par Colebrooke (Calcutta 1805), Carey, Yates, Wilkins, etc., celle de Bopp (dernière édition, Berlin, 1845) mérite à tous égards la préférence. La plus récente et la plus complète est celle qu'a donnée Benfey, sous le titre de *Manuel de la Langue Sanscrite, Grammaire, Chrestomathie et Glossaire* (2 vol., Leipzig, 1852-54). En fait de dictionnaires, les meilleurs sont le *Dictionary of the Sanscrit Language* (2ᵉ édit. Calcutta,

1832), le Dictionnaire sanscrit de Bœthlingk et Roth (Saint-Pétersbourg, 1853), les *Radices Linguæ Sanscritæ* (Bonn, 1840) du Danois Westergaard, et l'*English and Sanscrit Dictionary* (Londres, 1851) de Monier William. Pour ce qui regarde la riche littérature composée en sanscrit, *voyez* INDIENNE (Littérature).

L'importance de l'étude du sanscrit ne provient pas seulement de ce qu'il procure de vives lumières sur l'antique civilisation primitive des populations hindoues, mais surtout de ce qu'on y trouve le type le plus évident et le moins altéré de la grande famille de langues que l'on désigne aujourd'hui sous le nom de langues indo-germaniques, et à laquelle appartiennent tous les peuples dont le développement constitue l'histoire de l'humanité. Les énigmes que présentent nos langues et les peuples qui s'en rapprochent par leur origine trouvent pour la plupart d'heureuses solutions dans les antiques formes plastiques du sanscrit, qui souvent fournit des explications surprenantes sur une foule de points obscurs de la mythologie et des traditions de l'Occident. L'étude du sanscrit a donné naissance à une science nouvelle, celle de la grammaire comparée, qui, bien qu'encore au berceau, a déjà produit des résultats merveilleux pour la connaissance de l'histoire des peuples et des mystères de l'esprit humain.

SANS-CULOTTES. *Voyez* CULOTTES et CARMAGNOLE.
SANS-CULOTTIDES. *Voyez* CALENDRIER RÉPUBLICAIN.

SANSKRIT. *Voyez* SANSCRIT.

SANSON (NICOLAS), né à Abbeville, en 1600, est regardé comme le créateur de la géographie en France. Sa réputation était déjà européenne sous Richelieu. Aucun étranger de distinction ne venait à Paris sans rechercher l'honneur de voir le célèbre savant qui au fond de son cabinet avait enseigné aux diverses nations sous quel point exact du globe et sous quelle forme s'étendaient les limites de leur pays, ou bien dans quelles régions s'alimentaient et se perdaient les fleuves qui les avaient vues naître. Louis XIV, qui ne voulut recevoir que de Sanson des leçons de géographie, vint plus tard le visiter dans le domaine qu'il possédait dans le Ponthieu. En quittant Sanson, ce prince lui remit le brevet de conseiller d'État, transmissible à ses enfants. Le savant reçut le titre avec reconnaissance, et en refusa l'hérédité : « De peur, dit-il au roi, d'affaiblir dans mes enfants l'amour de l'étude. » Le grand monarque était digne d'apprécier la noble pensée du philosophe. L'espoir de Sanson ne fut pas trompé. Le goût des sciences et des lettres demeura un patrimoine de sa famille. Ses principaux ouvrages sont, outre un très-grand nombre de cartes : *Galliæ antiquæ Descriptio geographica* (1627); *Graciæ antiquæ Descriptio geographica* (1636); *L'Empire romain* (en 15 cartes); *Britannia, ou Recherches sur l'antiquité d'Abbeville* (1638); *Remarques sur la carte de l'ancienne Gaule jointe à la traduction des Commentaires de César par Pérot d'Ablancourt* (1647); *Index geographicus* (1653); *Geographia sacra, ex Veteri et Novo Testamento descripta, in tabulis quatuor concinnata* (1653).

SANSONNET. *Voyez* ÉTOURNEAU.

SANS-SOUCI, château appartenant au roi de Prusse, bâti sur une colline et situé à peu de distance de Potsdam. C'était la demeure favorite de Frédéric le Grand; on citera toujours l'histoire du *meunier de Sans-Souci*, qui refusa obstinément de vendre au roi son moulin, quelque prix qu'on lui en offrit. Frédéric, malgré le vif désir qu'il avait d'agrandir son parc par l'acquisition de cette bicoque, respecta les droits du propriétaire récalcitrant. Le château est petit, et n'a qu'un étage; mais l'architecture en est gracieuse et les appartements en sont décorés avec goût. Il fut construit en 1745, d'après les plans fournis par le baron de Knobelsdorf, l'un des amis de Frédéric le Grand, qui en dirigea lui-même les travaux. La chambre de ce monarque est restée jusqu'à présent dans le même état qu'au jour de sa mort. On a également laissé celle de Voltaire dans le même état que lorsqu'il l'habitait. Le grand salon rond en marbre est remarquable par ses colonnes, ses peintures et ses mosaïques à la mode florentine. On a des fenêtres du château une vue délicieuse. Au bas de la colline qui s'abaisse en terrasses, et où on a planté des vignes, se trouve le parc. Le roi actuel, qui affectionne particulièrement aussi le séjour de ce château, y a fait exécuter de nombreux embellissements, tout en conservant au parc et aux bâtiments leur caractère primitif.

SANS-SOUCI (Enfants). *Voyez* ENFANTS SANS-SOUCI.

SANSOVINO, célèbre sculpteur et architecte italien, né en 1460. Son véritable nom était *André* CONTUCCI, et il fut ainsi surnommé parce qu'il était natif de Sansovino. Il gardait les bestiaux, lorsqu'un Florentin le rencontra modelant avec de la terre argileuse des figures d'animaux, qui annonçaient beaucoup de talent, et le mit en apprentissage chez un sculpteur. Sansovino, devenu bientôt architecte et sculpteur habile, se fit une grande réputation, et reçut des commandes considérables de diverses villes d'Italie ainsi que du pape Jules II. Plus tard le roi de Portugal l'appela à Lisbonne, et lui confia l'exécution de plusieurs palais. Revenu en Italie neuf ans après, Léon X le chargea d'orner de sculptures la *Casa-Santa* de Lorette. Dans sa vieillesse, Sansovino se retira aux lieux qui l'avaient vu naître, où il fonda un hospice desservi par des Augustins, et mourut en 1529.

Son élève *Jacopo* TATTI, qui d'après lui prit également le nom de *Sansovino*, né à Florence, mort en 1570, fut très-occupé, et travailla surtout pour Venise.

SAN-STEFANO. *Voyez* PONZA.

SANTA-ANNA ou SANTANA (ANTONIO LOPEZ DE), président et dictateur de la république mexicaine, né vers la fin du siècle dernier, apparut pour la première fois sur la scène en 1821 comme chef militaire dans les luttes soutenues pour la défense de l'indépendance. En 1823 il aida à renverser l'empereur Iturbide, puis il embrassa le parti fédéraliste; mais à la suite d'une déroute il se retira dans un domaine qu'il possédait près de Jalapa, et y vécut jusqu'en 1828, époque où il se jeta encore une fois au milieu des luttes politiques auxquelles son pays était en proie. En 1829 Guerrero le nomma ministre de la guerre, et lui confia le commandement supérieur de l'armée. Quand Bustamante parvint au pouvoir, en 1830, Santa-Anna se révolta contre lui au mois de janvier 1832, prit parti pour Pedrazza, et battit en octobre l'armée du gouvernement; après quoi, Pedrazza obtint la présidence. Lors des élections qui eurent lieu en mars, Santa-Anna fut élu, en remplacement de Pedrazza, pour l'exercice du pouvoir présidentiel. Il flotta indécis entre tous les partis, et encouragea ainsi la réaction aristocratique; de sorte que le parti populaire se souleva, mais cette levée de boucliers fut comprimée dès l'automne de 1833. Bientôt le bruit que Santa-Anna visait à l'empire provoqua de nouvelles insurrections. En mars 1835 cinq provinces se soulevèrent, et publièrent à Texca une proclamation contre son gouvernement. Ce parti, dit *des réformateurs de Zacatecas*, fut également vaincu; et Santa-Anna se fit alors proclamer dictateur. Mais de nouvelles résistances ne tardèrent pas à s'élever contre son autorité. Les mécontents se réunirent dans le Texas, et vers la fin de 1835 commença contre les Texiens une guerre dans laquelle Santa-Anna fut battu et même fait prisonnier. Rendu à la liberté en 1837, il prit part en 1838 à la défense de la Vera-Cruz contre les Français, et à cette occasion il eut une jambe emportée. Élu de nouveau président en 1841, après de nombreuses alternatives d'impopularité et de popularité, il jouit d'une puissance à peu près absolue jusqu'en 1845, époque où une nouvelle révolution amena encore une fois sa chute et l'exila à La Havane. Mais les troubles intérieurs et la guerre avec les États-Unis furent cause qu'on pensa de nouveau à lui pour sauver le pays. Un mouvement insurrectionnel opéré par son parti amena la chute du président Paredes et le rappel de Santa-Anna. À son retour il se prononça en faveur du fédéralisme, accepta du gouvernement provisoire les fonctions de généralissime de l'armée, et quoique battu complétement le 22 et le 23 février 1847 à *Buena-Vista* par le général Taylor, il fut encore une fois élu président de la république. A la suite d'une seconde défaite, que le général Scott lui fit essuyer, le 18 avril 1847, à *Cerro-Cordo*, il se fit proclamer dictateur, afin de maîtriser le parti de la paix. Mais battu de nouveau, le 19 et le 20 août, aux affaires de *Contreras* et de *Churubasco*, il dut conclure un armistice et entrer en négociations pour la paix. Le fanatisme du parti de la guerre, surtout de l'armée de *guerillas* commandée par son ennemi Paredes, rendait maintenant sa position des plus difficiles; et lorsque Scott se fut emparé de Mexico, le 15 septembre 1847, force lui fut de se réfugier à la Jamaïque. Cependant l'anarchie, à laquelle le Mexique continuait d'être en proie, et qui amena dans l'automne de 1852 les désordres les plus déplorables, détermina en 1853 les chefs politiques et militaires de la révolution à rappeler l'énergique Santa-Anna, comme le seul homme qui pût désormais sauver la patrie. Le 1er avril il débarquait à la Vera-Cruz, d'où son voyage jusqu'à la capitale fut une véritable marche triomphale. Arrivé à Mexico, il usa avec vigueur de ses pouvoirs dictatoriaux pour rétablir l'ordre. Il réorganisa l'armée et les milices, réforma l'ordre judiciaire, et enleva aux populations indiennes des droits politiques dont elles ne savaient que faire. Il suspendit aussi les différents gouvernements locaux jusqu'à la révision de la constitution, et les remplaça par des fonctionnaires investis en même temps de l'autorité militaire. Peu à peu il supprima tout ce qui pouvait rappeler l'ancien système fédératif, et jusqu'au nom des différents États, qu'il transforma en *départements*. Il réprima avec une impitoyable rigueur les soulèvements successifs des fédéralistes; et le calme qui en résulta enfin pour le pays inspira aux républicains eux-mêmes le désir de rétablir le gouvernement monarchique; tendance à laquelle il se montra éminemment favorable. En 1853 les villes de Guadalaxara et de Guanaxuato déclarèrent que l'établissement d'une dictature annuelle était insuffisante pour rendre le calme et la tranquillité au pays, et invitèrent en conséquence Santa-Anna à se saisir du pouvoir absolu et à le conserver au besoin pendant le reste de sa vie. Peu de jours après, La Vera-Cruz, jusque alors le centre d'action du parti républicain et sa place d'armes, adhéra à cette déclaration. En conséquence, le 17 décembre 1853, Santa-Anna se proclama président à vie. Deux mois après, le parti républicain relevait la tête sur divers points, et Santa-Anna dut recourir à la force des armes pour comprimer ces insurrections. C'est encore lui qui gouverne aujourd'hui, et on le qualifie d'*Altesse Sérénissime*.

SANTA-ANNA-DE-CUENÇA. *Voyez* CUENÇA.

SANTA-CATARINA, l'une des provinces formant l'extrémité méridionale de la côte du Brésil, centre de nombreuses colonies d'Allemands; elle comprend l'île de *Santa-Catarina* et celle de *San-Francisco* (12 myr. car.) avec plusieurs îlots, le littoral adjacent, d'environ 500 myr. car., ainsi que le district intérieur de Layes, territoire fort élevé et d'une superficie d'environ 800 myr. car., situé de l'autre côté de la Serra-Geral. Sur cette superficie de près de 1,200 myr. car. habitent environ 80,000 âmes, dont 60,000 blancs, 4,000 gens de couleur et 14,000 esclaves. On compte 20,000 habitants dans les îles, et pas plus de 4,000 sur le plateau de l'intérieur. La Serra du district de Layes forme la ligne de partage entre les nombreux petits fleuves qui vont se jeter à la côte, et les cours d'eau autrement puissants qui forment autant d'affluents, navigables pour la plupart, du Paraguay et de l'Uraguay. Sauf quelques basses terres, le pays est partout salubre et d'une extrême fertilité. Dans les îles et sur la côte on cultive les produits tropicaux ainsi que les plantes alimentaires de l'Europe, et sur le plateau, qui s'élève à environ 1,300 mètres au-dessus du niveau de la mer, les plantes du midi de la France.

La capitale de la province, *Nossa-Senhora-do-Desterro*, ou tout simplement *Desterro*, avec un excellent port et 8,000 habitants, qui font un commerce évalué à environ huit millions de francs par an, se trouve sur la côte occidentale de l'île *Santa-Catarina*. Le port *San-Francisco* est situé dans l'île du même nom, au nord de la province. C'est la baie de Garopas, où l'on trouve Porto-Bello, qui offre les ports les plus sûrs. *Itapacorcia*, *Paranagua*, *Laguna*, ne sont que de tout petits ports.

La plus ancienne et la plus considérable des colonies allemandes de la province est *San-Pedro d'Alcantara*, en face de Desterro, à environ 35 kilomètres dans l'intérieur des terres, avec 700 habitants. Les autres sont *Varua-Grande*, *Santa-Isabel*, *Dona-Francisca* (450 hab.), sur le San-Francisco, à un myriamètre au-dessus de son embouchure, sur les propriétés du prince de Joinville. Il existe encore quelques autres établissements allemands sur les rives du Tejuccas, de l'Armaçao et de l'Itajahy.

SANTA-CRUZ, département formant l'extrémité orientale de la République de Bolivie (Amérique du Sud) présente, y compris le Chaco bolivien et les territoires des Moxos, des Otuquis, des Chiquitos et autres tribus indiennes, une superficie de 6,848 myr. car., mais seulement 80,000 habitants environ. C'est une contrée généralement plate, arrosée par le *Madeira* supérieur, affluent du fleuve des Amazones, et par le *Pilcomayo* supérieur, affluent du Paraguay. Le climat en est chaud et humide; le sol, d'une très-grande fécondité, reste encore pour la plus grande partie en friche, quoique susceptible de donner une foule de produits utiles et précieux, le sucre, le cacao, la vanille, le café, l'indigo, le coton jaune et blanc, le riz, le maïs, les pommes de terre, la vigne, le tamarin, les *camotes*, les *yucas*, les ananas, les oranges douces, les bananes, les bois de teinture et diverses autres espèces de bois. La population, composée en très-grande partie d'Indiens encore à l'état sauvage ou à moitié sauvages, subsiste de l'élève du bétail et de la chasse, mais ne laisse pas que de montrer quelquefois beaucoup d'habileté dans certaines industries, comme la fabrication de cotonnades fines. Les anciennes missions, qui avaient beaucoup fait pour la civilisation des Indiens, sont en décadence depuis l'expulsion des moines missionnaires; et beaucoup de localités autrefois florissantes ont aujourd'hui complétement disparu.

Le chef-lieu est *Santa-Cruz della Sierra*, avec 5 à 6,000 habitants, au pied de la Cordillère d'*Yuracaraes*, ville bien bâtie et où existe un commerce florissant. Quand on aura établi un système de communication par eau avec l'Océan atlantique au moyen de La Plata et du Marañon, et lorsque la colonisation européenne aura pris plus de développements, cette partie de la Bolivie devra constituer l'un des territoires les plus florissants de l'Amérique du Sud.

SANTA-CRUZ (ANDRÉ), homme d'État de l'Amérique du Sud, natif du Pérou, prit une part active à la guerre de l'indépendance. Dès 1826 il était, comme général, élu président du Pérou; mais il se démit de ces fonctions l'année suivante, et alla remplir celles d'ambassadeur du Pérou au Chili. Élu en 1829 président de la Bolivie, il rendit les services les plus signalés à cette république en y rétablissant l'ordre et la tranquillité, en améliorant l'administration et en faisant fleurir le commerce et l'agriculture. Mais en même temps, intervenant dans les troubles du Pérou, il chercha à établir une confédération entre le haut et le bas Pérou et la Bolivie. Son plan réussit, et en 1836 il fut nommé, comme pacificateur des deux États, *protecteur* de la confédération péruvienne et bolivienne, et investi à ce titre du pouvoir suprême. Dans ce poste difficile, de même que dans l'administration particulière de la Bolivie, Santa-Cruz, par les idées qu'il s'efforça de faire prévaloir, encore bien qu'à cet égard il n'ait pas toujours été heureux, se plaça au rang des hommes d'État les plus remarquables de l'Amérique du Sud. Vivement prévenu en faveur de l'Europe, il chercha à nouer des relations avec les peuples de l'Ancien Monde, attira le commerce, employa les étrangers, et conçut l'espoir de civiliser les pays réunis en confédération. A force d'aclivité et d'habileté, il réussit d'abord à rattacher les uns aux autres tant d'éléments disparates et à conjurer les périls dont le menaçaient d'une part la jalousie inspirée aux États voisins par la transformation qu'il avait opérée dans le pays, et de l'autre la haine des partis intérieurs, notamment dans le bas Pérou, contrée en proie à la plus complète démoralisation. Mais les impossibilités d'une position qui le mettait dans la nécessité d'avoir constamment à lutter contre des ennemis extérieurs et intérieurs ne tardèrent pas à éclater tout à coup. La guerre qu'il eut à soutenir contre le Chili se termina en 1839 par une déroute complète qu'il essuya à Yungai, et amena la chute de son pouvoir aussi bien dans le Pérou qu'en Bolivie; et le 13 mars 1839 il se voyait obligé d'aller chercher un refuge à Guayaquil, dans l'Écuador. Ses partisans en Bolivie réussirent bientôt, il est vrai, à regagner la haute main, et le rappelèrent alors à la présidence : mais il refusa cet honneur. Ce ne fut que plus tard qu'il songea à récupérer la dignité qu'il avait perdue. Après diverses tentatives infructueuses pour révolutionner le Pérou à son profit, il osa envahir la Bolivie; mais il fut fait prisonnier et livré au Chili, où il resta longtemps l'objet d'une sévère surveillance. Enfin, à la suite d'une espèce de convention intervenue entre ces différents États, on lui assigna en Europe des fonctions qui devaient le tenir éloigné de sa patrie. On lui accorda le titre de *maréchal*, et on l'envoya en 1849 remplir les fonctions de ministre plénipotentiaire de Bolivie à Paris; ses attributions furent d'abord étendues à Londres, puis en 1850 à Bruxelles.

SANTA-FÉ DE BOGOTA. *Voyez* BOGOTA.

SANTAL (Bois de). Dans le commerce, on donne ce nom à des bois provenant de diverses espèces d'arbres. Les botanistes réservent la dénomination de *santal* à un genre de la famille des santalacées, composé d'arbres et d'arbustes qui croissent naturellement dans l'Asie, dans l'Australie et dans quelques îles de l'Océanie. Le *bois de santal blanc* provient de l'arbre du même nom (*santalum album*, L.), très-abondant sur les montagnes du Malabar, et le *bois de santal citrin* est fourni par le *santal de Freycinet* (*santalum Freycinetianum*, Gaud.), qui croît dans les mêmes localités, et aussi aux îles Marquises, aux Sandwich, etc. Avant les observations de Gaudichaud, le premier de ces bois était regardé comme l'aubier, et le second comme le cœur d'un même arbre. Du reste, l'un et l'autre sont aromatiques et jouissent de propriétés médicinales. Aux Indes et à la Chine, on les emploie comme stimulants et sudorifiques. Le santal citrin, ainsi nommé à cause de sa belle couleur jaune, est le plus recherché. Son parfum est plus prononcé, et sa texture, plus serrée, le rend propre à recevoir un beau poli et à servir à la confection de divers ouvrages de marqueterie.

Les arbres dont nous venons de parler appartiennent à la tétrandrie-monogynie du système sexuel; quant au *bois de santal rouge*, il est fourni par le *ptérocarpe santal* (*pterocarpus santalinus*, L.), de la famille des légumineuses et de la diadelphie-décandrie. Cet arbre croît sur les montagnes de l'Inde et de Ceylan. Son bois est odorant, très-dur, et d'une belle couleur grenat, qui se fonce à l'air. On l'emploie en teinture; mais, quoiqu'il ne soit pas cher, il est assez rare, et on lui substitue le bois de Campêche ou le bois de Fernambouc. Pour découvrir la fraude, il suffit de jeter dans l'alcool quelques copeaux du bois que l'on veut essayer : si c'est du santal, la liqueur se rougit aussitôt rouge; autrement, la dissolution se fait beaucoup plus lentement.

SANTANDER, province de 60 myr. carr., avec 190,000 hab., dans la Vieille-Castille (Espagne), située à la côte méridionale de la baie de Biscaye, se compose de montagnes escarpées et de profondes vallées, et abonde en houille et en fer de première qualité. Sa côte présente d'excellents ports.

Son chef-lieu, *Santander*, siège d'évêché, compte avec sa banlieue 16,986, et avec son ressort judiciaire près de 24,000 habitants. Cette ville possède une école de navigation, des chantiers de construction et un port fortifié, aussi vaste que sûr, accessible aux navires de commerce de toutes grandeurs; c'était autrefois l'une de celles qui jouissaient de la liberté du commerce avec les ports de l'Amérique du Sud désignés sous le nom de *puertos habilitados*. Elle fait aussi un commerce important avec le nord de l'Europe, où elle exporte de la laine, du blé et du vin.

SANTANDER (FRANCISCO DE PAULA), président de la république de la Nouvelle-Grenade, est né le 2 avril 1792, à Rosorio-de-Cucuta, en Nouvelle-Grenade, et fit ses études à Bogota. Quand la révolution éclata dans ces contrées, en 1809, il embrassa tout aussitôt la cause de l'indépendance. Nommé alors colonel, il servit sous les ordres du général Serviez. Quand les Espagnols envahirent la Nouvelle-Grenade, sous les ordres de Morillo, Santander se retira à Venezuela, où il opéra sa jonction avec Bolivar. Il fut un de ceux qui contribuèrent le plus activement à la réunion du congrès qui eut lieu à Cucuta, en mai 1821. Cette assemblée défera, dès le mois d'octobre suivant, la présidence à Bolivar, et nomma Santander vice-président. Depuis, il fut chargé du pouvoir exécutif dans la nouvelle république de Colombie. Par sa prudence et son habileté il réussit à tenir les partis en équilibre, à consolider le nouveau gouvernement et à guérir les plaies nombreuses faites au pays par la guerre. Quand Paez se mit à la tête du parti fédéraliste dans Venezuela, Santander prit la défense de la constitution républicaine. En janvier 1827 il fut réélu, de même que Bolivar; mais celui-ci ayant de plus en plus démasqué ses projets monarchiques, Santander devint l'âme du parti républicain, et donna sa démission dès le mois de septembre 1827. Quand Bolivar en 1828, à l'assemblée d'Ocaña, qui s'était déclarée indépendante et souveraine sous la présidence de Santander, celui-ci se disposait à quitter la Colombie. Mais on s'opposa à son départ, et bientôt après, accusé et déclaré coupable de complicité dans un complot tramé pour assassiner Bolivar, il fut condamné au bannissement. L'année suivante, il se rendit en Angleterre, en France et en Allemagne. En 1831, à la nouvelle de la mort de Bolivar, il partit aussitôt pour les États-Unis. Dans l'intervalle, trois nouveaux États avaient surgi des dissensions civiles de la Colombie. Le 9 mars 1832 il fut élu pour quatre ans président de la république de la Nouvelle-Grenade. Il rétablit l'ordre et la tranquillité dans le pays; mais il donna en 1836 sa démission des fonctions présidentielles, et mourut en 1840, à Carthagène.

SANTAREM, ville de la province d'Estrémadure (Portugal), sur les bords du Tage, avec 9,000 habitants, quelques fortifications et une vieille citadelle, est le siège d'un évêché et de diverses établissements d'instruction supérieure maintenant bien déchus. On y comptait autrefois treize couvents; elle renferme aujourd'hui le même nombre d'églises. Au moyen du Tage, elle fait quelque commerce en huile et en blé. Elle est célèbre par la bataille à laquelle elle a donné son nom, et qui se livra sous ses murs, le 16 mai 1834, bataille qui anéantit complétement la puissance de dom Miguel et eut pour suite la capitulation d'Evora.

SANTÉ, état de celui qui est sain, qui se porte bien, convenable disposition, bonne constitution, *valetudo*. Pour se maintenir dans cet état, l'**hygiène** a des préceptes qu'on suit trop rarement; les Grecs avaient fait une déesse de la santé; ils l'appelaient *Hygie*, et la donnaient pour fille ou pour femme à Esculape. Marot a fait un cantique à la déesse Santé pour le roi malade :

> Douce Santé, de langueur ennemie,
> De jeux, de ris, de tous plaisirs amie,
> Gentil réveil de la force endormie,
> Douce Santé !

Les *officiers de santé* sont des médecins d'un ordre inférieur, dont l'admission n'exige pas des études approfondies. Le *service de santé* dans les armées se compose de médecins, de chirurgiens et de pharmaciens, hiérarchiquement organisés et attachés aux différents régiments. Les uns et les autres n'y sont admis qu'après avoir subi des examens. Il existe diverses écoles de *médecine militaire*, destinées à former spécialement des médecins, des chirurgiens et des pharmaciens pour les différents corps de l'armée; et en temps de paix le personnel qui sort chaque année de ces établissements suffit amplement aux besoins du *service de santé*. Il n'en est point ainsi en temps de guerre; et dans la dernière guerre d'Orient il y a eu à cet égard une véritable pénurie, aussi bien en France qu'en Angleterre et en Piémont. Sous l'empire, en raison des guerres gigantesques de l'époque et de l'effrayante consommation d'hommes qu'elles entraînaient, on avait fini par être réduit à délivrer des commissions à des étudiants ayant quelquefois moins de six mois d'études, c'est-à-dire à peine initiés aux éléments de l'art des pansements. Ces médecins et chirurgiens militaires, après avoir traîné sur tous les champs de bataille de l'Europe, furent réformés au rétablissement de la paix générale; mais on les laissa libres de pratiquer leur art au milieu des populations, où par leur ignorance ils firent presque autant de victimes qu'en faisait naguère la conscription. *Voyez* AMBULANCES, INFIRMIERS, MILITAIRE (Hygiène), MILITAIRE (Médecine) et OFFICIER DE SANTÉ.

On appelle *maisons de santé* des hôtels où l'on ne reçoit que des malades ou des convalescents, moyennant un prix convenu.

La *Santé* est un établissement institué dans les ports de mer par l'autorité pour empêcher l'introduction des maladies contagieuses. Elle a ses chaloupes pour visiter les bâtiments qui entrent en rade: elle possède aussi un local à terre, fermé et barricadé, dans lequel les navires font *quarantaine* (*voyez* LAZARET). Sur le lieu du débarquement s'élève une maison avec des parloirs à double grille, afin d'éviter tout contact. Des gardiens veillent attentivement pour empêcher les communications autres que verbales entre les personnes en quarantaine et celles qui viennent les voir. La *Santé* prend connaissance de l'état des individus qui sont à bord d'un navire, et fixe le nombre de jours de la quarantaine à laquelle ils resteront soumis.

Santé se dit quelquefois du moral; mais en général la santé de l'esprit, la santé de l'âme nous préoccupe beaucoup moins que celle du corps.

A votre santé! salut qu'on adresse en buvant, et dont il ne convient pas de faire raison à tout le monde si l'on veut conserver la sienne. Ce que nous appelons *santés*, les Anglais l'appellent *toasts*, et sur ce point, avouons-le, nous ne sommes auprès d'eux que des écoliers.

SANTERRE, ancien petit pays de France, dans la province de Picardie. Sa capitale était Péronne; ses villes principales Montdidier, Roye, Nesles, Chaulnes. Il est réparti aujourd'hui entre les départements de l'Oise et de la Somme. *Voyez* PICARDIE.

SANTERRE (CLAUDE) était, comme Jacques Arteveld, le chef des *gueux* de Flandre, brasseur de bière. Jusqu'aux approches de la révolution française, son nom n'était guère connu que dans le quartier Popincourt et chez les limonadiers de Paris, auxquels il fournissait les produits de sa brasserie de la *Rose-Rouge*; et l'on était loin de se douter qu'il y avait en lui l'étoffe d'un personnage historique. Il était considéré, dès les premiers jours de la révolution, comme le principal agent du duc d'Orléans dans le faubourg Saint-Antoine. Quand vint l'insurrection du 14 juillet, Santerre, assisté du marquis de Saint-Huruges, ameuta son faubourg, et l'amena grossir le bataillon des assaillants de la Bastille. La forteresse rendue, le feu de ses trois ou quatre canons éteint, il y entra triomphant. Avouons, toutefois, qu'il fut entièrement étranger au massacre de Delaunay et des autres officiers. Quelques jours après, on le nomma commandant du bataillon de la garde nationale du faubourg Saint-Antoine, récompense qui lui était bien due. Ici on le perd de vue quelque temps; on ne le retrouve qu'en février 1791, à la tête des ouvriers de son faubourg, courant démolir le château de Vincennes; il

est là qui les encourage de la voix et du geste; et le vieux château de Philippe-Auguste allait tomber sous leurs coups, si La Fayette ne fût accouru à la tête d'un fort détachement de garde nationale. Le 17 juillet 1791 Santerre prit une part très-active à l'émeute du Champ-de-Mars. Il y avait conduit tous les coupe-jarrets de son faubourg. Décrété alors d'accusation, il quitta Paris, et alla se cacher chez un fermier des environs de Lagny. Rendu à la liberté par suite de l'amnistie accordée après l'acceptation de la constitution, en septembre 1791, il reparut sans crainte dans le faubourg qui lui était inféodé, et reprit le commandement de son bataillon. Santerre joua un des premiers rôles dans la triste journée du 20 juin 1792. Ce fut lui qui fit monter un canon jusque dans les appartements du roi, et qui abreuva des plus sanglants outrages le malheureux prince et toute sa royale famille. Mais les événements marchaient; et *le coup qui avait été manqué le 20 juin ne devait pas l'être le 10 août*. Toutes les mesures étaient bien prises. Une troupe d'échappés des bagnes de Gênes, de Florence, de Livourne, de Toulon, vomie des côtes de la Méditerranée sous le nom de *Marseillais*, s'emparait de la capitale. Danton chargea Santerre de lui en faire les honneurs. Celui-ci accepta volontiers la mission, et, le 31 juillet, il présida le repas civique offert à ces honorables *citoyens* par la municipalité de Paris dans un cabaret des Champs-Élysées. Ce fut là que pour la première fois on chanta *La Marseillaise*; ce fut là qu'elle naquit dans le sang des braves grenadiers du bataillon des Filles-Saint-Thomas, que les Marseillais, Santerre à leur tête, échappèrent aux sons du fameux refrain: *Qu'un sang impur abreuve nos sillons!* etc.

Nous touchons à l'instant où va grandir la renommée de Santerre, où il va mériter de devenir réellement un personnage historique. A l'époque du 10 août, la garde nationale de Paris, au lieu d'un seul chef, en avait six, qui prenaient, chacun à leur tour, pendant un mois, le commandement général. C'étaient Carl, Lachesnaye, Raffet, Mandat, Alexandre et Santerre. Après l'assassinat de Mandat, qui dirigeait ce corps au 10 août, Santerre fut mis à sa tête par la commune *régénérée*. S'il ne contribua pas d'une manière active à l'attaque et à la prise du château, il les facilita beaucoup en neutralisant la bonne volonté des gardes nationaux accourus à la défense du roi, et en les mettant dans l'impuissance de se rendre utiles. Mais la gloire de cette journée n'appartient pas à Santerre: elle revient de droit à Westermann. En sa qualité de commandant général de la garde nationale, Santerre conduisit, le 14 août, Louis XVI et la famille royale dans leur prison du Temple. Il était à la tête de l'escorte, brandissant un énorme sabre de cuirassier, monté sur un méchant bidet noir, pour contraster d'autant mieux avec le fameux cheval blanc de La Fayette. Il était vêtu d'un mauvais habit bleu, couvert de poussière, sur lequel étaient attachées deux grosses épaulettes de laine jaune; cinq ou six aides de camp, aussi sales que lui, l'entouraient.

Cette affectation de saleté républicaine avait également pour but de contraster avec l'élégance recherchée du brillant état-major de La Fayette. On avait d'abord jeté les yeux sur lui pour présider aux massacres de septembre; mais quand on vit qu'il avait cherché à sauver le petit nombre de Suisses échappés au massacre du 10 août; quand on l'entendit surtout parler à la commune de la nécessité d'*arrêter les vengeances*, on renonça à le mettre dans le secret; et Marat le traita publiquement de *lâche*. On songea donc à se débarrasser de lui, et on l'envoya, le 31 août, passer une revue à Versailles, d'où il ne revint que le 4 septembre. Cependant, on lui conféra peu après le grade de maréchal de camp, et le commandement supérieur de la prison du Temple. Il s'y rendait régulièrement trois ou quatre fois par jour, arrivant sans cesse au moment où on ne l'attendait pas, inspectant les postes, gourmandant et même insultant souvent les gardes nationaux, qu'il appelait des *appitoyeurs*, interrompant la promenade du roi et de sa famille, auxquels il ne parlait jamais qu'avec une insolence calculée, le chapeau sur la tête, et leur ordonnant sans pitié de rentrer dans leur prison. Je l'ai vu, un jour que le dauphin était demeuré un peu en arrière, revenir le prendre brutalement par la main, et le faire marcher devant lui. Le 11 décembre, il vint chercher Louis XVI pour l'amener à la barre de la Convention : il l'y conduisit également à chaque nouvel interrogatoire. A Santerre aussi fut confiée l'abominable mission d'escorter l'infortuné monarque à l'échafaud : il alla le prendre au Temple à huit heures du matin dans la fatale journée du 21 janvier, et le mena jusqu'au pied de l'échafaud. Louis XVI, au moment de livrer sa tête à la hache du bourreau, voulut, comme on sait, adresser quelques mots au peuple ; à peine eut-il commencé à parler que Santerre lui cria de toutes ses forces : « Je ne vous ai pas amené ici pour haranguer, mais pour mourir. » Et aussitôt le fameux roulement de tambour se fit entendre. Qui en donna l'ordre? Sans aucun doute, ce fut Santerre. J'en ai recueilli la preuve de sa bouche, *ex ore habeo confitentem reum*. Dans le rapport qu'il fit à la commune, deux heures après, il dit : « Le tyran a voulu encore une fois tromper le peuple, mais j'ai su l'en empêcher par *un roulement de tambours.* »

Lors du soulèvement de la Vendée, il fut d'abord chargé de le réprimer à la tête de volontaires recrutés dans Paris. Avant de partir, il se présenta à la barre de la Convention, et jura ses grands dieux que dans un mois la Vendée n'existerait plus : la Convention eut l'air de le croire. Il partit donc, et arrivé, il marcha de défaite en défaite. La plus fameuse fut celle qu'on nomma *la déroute de Coron*; ce général, marchant sur Chollet, le 18 septembre 1793, poussa ses avant-postes jusqu'à Coron ; mais ayant mal choisi sa position (où aurait-il appris à en choisir une bonne?), sa ligne fut rompue dès la première charge; le désordre se mit parmi ses troupes, qui s'enfuirent au cri de *sauve qui peut!* et il ne put rallier les fuyards qu'à Doué. Ce fut à cette époque que le bruit de sa mort s'étant répandu à Paris, un plaisant lui composa cette épitaphe si connue :

Ci-gît le général Santerre,
Qui n'eut de Mars que la bière.

Après la défaite de Coron, Santerre revint à Paris couvert de honte et l'objet du mépris général. Le lendemain de l'exécution du duc d'Orléans, il fut incarcéré comme orléaniste. Rendu à la liberté, par suite du 9 thermidor, nous le voyons reparaître ensuite aux journées de prairial ; mais il n'y joue qu'un rôle secondaire. Au 18 fructidor, il vient offrir son épée aux directeurs, qui, en connaissant la valeur, refusent de l'accepter. En 1799 il figure au nombre des plus violents clubistes du Manège. Au 18 brumaire, Bonaparte ayant su qu'il cherchait à remuer le faubourg Saint-Antoine, lui fit dire que s'il s'avisait de bouger, il le ferait fusiller : Santerre ne bougea pas. Pour récompenser de sa prompte obéissance, le premier consul lui accorda sa pension de retraite de maréchal de camp, avec l'autorisation de rester à Paris. Il acquit cette partie de l'enclos du Temple où est actuellement la rotonde, et s'éteignit, dans une obscure tranquillité, dans l'année 1808, âgé de soixante-cinq ans. Dieu lui fasse paix !
Georges DUVAL.

SANTEUIL (JEAN DE), également célèbre par ses ouvrages et la singularité de son caractère, naquit à Paris, le 12 mai 1630. Il étudia au collège de Clermont, où il se fit remarquer par quelques pièces de vers latins. Santeul se passionna pour les lettres latines. Afin de s'occuper exclusivement, il forma la résolution de prendre l'habit religieux, et entra à l'abbaye de Saint-Victor, où il resta jusqu'à sa mort.

On a de lui un grand nombre de pièces de vers latins. Les plus remarquables sont celles qu'il composa pour remplacer les hymnes que l'on chantait alors dans les églises, et dont le style était trop barbare. Mais il ne se borna pas à célébrer les saints, ce ne fut même pas à eux qu'il consacra les prémices de son talent ; il cultiva d'abord les Muses profanes, et défendit l'emploi des fables dans la poésie contre Claude de Santeul, son frère, Pellisson et Bossuet. Peu de temps après cette première dispute littéraire, il en eut une autre, avec Desmarets, Charpentier et plusieurs autres, au sujet des inscriptions à composer pour les monuments dont Louis XIV venait d'embellir Paris. Desmarets et Charpentier les voulaient en français, Santeul soutint les lettres latines avec sa violence accoutumée; il triompha, et fut chargé de composer une grande partie de ces inscriptions.

Arnauld étant mort dans les Pays-Bas, en 1694, les dames de Port-Royal-des-Champs obtinrent la permission de placer son cœur dans leur église. Puis elles invitèrent Santeul à faire une épitaphe. Celui-ci, qui avait toujours vécu en bonne intelligence avec les jésuites et les docteurs de Port-Royal, en particulier avec Arnauld, composa l'inscription demandée. Les jésuites, irrités des louanges qu'il donnait à un homme censuré par la Sorbonne, lui écrivirent qu'ils le regarderaient désormais comme *un hérétique et un excommunié, avec qui on ne pouvait en conscience avoir aucun commerce*, s'il ne rétractait pas incontinent ses éloges. Santeul, menacé de la perte de ses pensions, résista d'abord; mais enfin, redoutant le crédit de ses adversaires, il fit des vers à la louange de la Société de Jésus, et protesta contre toute interprétation peu orthodoxe de son épitaphe. Alors les jésuites l'accablèrent d'éloges, et tout fut fini.

Il faut se garder d'ajouter foi à toutes les anecdotes ridicules qui ont été publiées sur Santeul ; il paraît certain, toutefois, d'après La Bruyère et d'autres contemporains, que son caractère et ses manières avaient réellement quelque chose de singulier, quelque chose qui aux yeux des masses eût pu passer pour de la folie. Pour lui, il attribuait ses extravagances à la nécessité de faire son salut : « Saint Antoine et saint Hilaire, disait-il, pour échapper aux tentations se roulaient sur les épines. Je n'ai pas autant de vertu; je me contente de faire diversion par d'autres objets aux pensées dangereuses qui m'assiègent. » Du reste, il se reconnaissait lui-même indigne d'être prêtre, et refusa toujours d'entrer dans les ordres, malgré les sollicitations de sa famille.

Le prince de Condé, qui l'admettait dans sa familiarité, l'avait emmené à Dijon, où il était allé présider l'assemblée des états de Bourgogne. Santeul y mourut, le 5 août 1697, d'une colique qui dura quatorze heures, laissant à la postérité des ouvrages écrits avec un talent et une pureté qui rappellent le siècle d'Auguste. Consultez Montalant-Bougleux, *Santeul, ou la poésie latine sous Louis XIV* (Paris, 1856).

Son frère *Claude* DE SANTEUL, né le 27 avril 1629, composa aussi un assez grand nombre d'hymnes latines à l'usage des églises, et mourut le 30 décembre 1684.
Auguste DE SANTEUL.

SANTHONAX ou SONTHONAX (LÉGER-FÉLICITÉ), né en 1763, à Oyonnax, dans le Bugey, était avocat au parlement de Paris, au moment où éclata la révolution, et fit alors preuve d'un grand zèle pour la cause de l'émancipation des noirs. Envoyé à Saint-Domingue avec le titre de commissaire par l'Assemblée législative, ce fut lui qui mit à exécution cette grande mission de justice; mais il n'y apporta pas toute la prudence qu'elle exigeait. La colonie ne tarda point à être en proie à une insurrection générale des populations qu'on venait de rendre à la liberté civile, et qui maintenant voulaient quelque chose de plus ; une part à la propriété du sol fécondé par leurs sueurs. Après une héroïque résistance dans Port-au-Prince, assiégé par les insurgés, que secondait un corps anglais, il dut revenir en France en 1793. Trois ans plus tard le Directoire confia à Santhonax une nouvelle mission pour Saint-Domingue; et cette fois l'influence de la race plus grande de Toussaint-Louverture réduisit son rôle à zéro et le contraignit à revenir à Paris. Malgré l'insuccès de ses efforts pour conserver à la France la belle colonie que lui faisait perdre l'insurrection des hommes de couleur et des nègres, Santhonax avait toujours conservé le plus vif zèle pour la cause des noirs; et l'on prétend qu'il lui échappa une fois de dire qu'il ne se croirait heureux que le jour « où les nègres viendraient à leur tour faire la *traite des blancs* sur les bords de la Tamise et sur ceux de la Loire ». Santhonax mourut oublié, en 1813.

SANTIAGO ou SAN-IAGO, capitale de la République du Chili (Amérique du Sud), et de la province du même nom, siège du congrès et du gouvernement, ainsi que de l'archevêché, située à environ 14 myriamètres de la mer, sur un plateau de 866 mètres d'élévation, sur les bords du Maypocho et un canal du Maypo, se distingue par la régularité et la beauté de son architecture, et compte aujourd'hui 80,000 habitants. Ses principaux édifices sont la cathédrale, le palais du gouvernement, la monnaie et la douane. Au milieu de la ville se trouve une grande place carrée. La digue qui longe le fleuve pendant trois kilomètres et met à l'abri des inondations la ville, dont elle forme l'une des promenades les plus fréquentées, est d'une construction fort remarquable. Santiago est le centre d'un commerce assez important. On y trouve plusieurs imprimeries, et on y a créé dans ces derniers temps divers établissements d'instruction publique, rangés parmi les meilleurs qu'il y ait dans toute l'Amérique du Sud, par exemple, en 1842, une université complète, et en 1842 l'*Instituto nacional*, école du degré supérieur où l'on compte plus de huit cents élèves. Une bonne route conduit à Valparaiso, dont le port est d'une grande importance pour le commerce de Santiago. Un chemin de fer a été entrepris pour établir des communications plus rapides entre la capitale du Chili et son port le plus important; et au commencement de 1856 il y en avait déjà plus de 15 kilomètres de livrés à la circulation. Près de la ville, dans une plaine située entre le Maypocho et le Maypo, les Chiliens battirent en 1818 les troupes espagnoles; et de cette victoire date leur indépendance.

SANTIAGO ou *San-Iago-de-Cuba*, autrefois capitale de l'île de Cuba, dans les Indes occidentales, aujourd'hui chef-lieu de son département oriental, au fond d'une baie de la côte du sud et à l'embouchure d'un petit fleuve appelé aussi *Santiago*, siège d'un gouverneur et d'un archevêque, possède un excellent port, parfaitement fortifié, plusieurs églises et couvents, et compte 24,000 habitants. Cette ville éprouva de grandes pertes à la suite d'une secousse de tremblement de terre, arrivée le 20 août 1852, et qui se renouvela le 26 novembre suivant. Le mouvement d'affaires de Santiago dans ces dernières années est évalué à cinq millions de piastres.

SANTILLANA (Inigo Lopez de Mendoza, marquis de), également célèbre comme militaire, comme homme d'État, comme savant et comme poëte, naquit le 19 août 1398, à Carrion de los Condes. Dès l'âge de sept ans il perdit son père; et sa mère, doña Léonore de Vega, ne tarda pas non plus à lui être enlevée. En conséquence, le roi de Castille Henri III lui donna pour tuteur l'époux de sa sœur consanguine, don Alonzo Enriquez, dans la maison duquel il demeura jusqu'à l'âge de seize ans, et où non seulement il se forma dans tous les exercices chevaleresques qui faisaient partie du système d'éducation alors en usage pour la noblesse, mais où s'initia en outre à la connaissance des sciences et des lettres. En 1415 il vint à la cour. En 1418 il épousa doña Catalina de Figueroa; et de la nombreuse descendance issue de ce mariage, le premier-né, don Diego Hurtado de Mendoza, devint duc de l'*Infantado*. Dans la guerre qui éclata contre l'Aragon et la Navarre, il donna de telles preuves de valeur personnelle, que le roi lui accorda en récompense la ville de Jonquera. Dans les guerres qui eurent lieu contre les Maures de Grenade, en 1431 et 1438, il ne se comporta pas moins vaillamment, et déploya en outre de grands talents comme général. Il obtint alors le marquisat de Santillana, mais à la charge de le conquérir lui-même sur les Maures. Mendoza y réussit. En 1452 il s'associa à la conspiration des grands de Castille qui avait pour but la chute et l'éloignement d'un indigne favori, Alvaro de Luna. Il jouit au reste d'un crédit bien autrement grand encore sous le règne du roi Henri IV, qui succéda à son père Henri III, en 1454. Santillana mourut en 1458, à Guadalajara. Son fils aîné, le premier duc de l'Infantado, décida que la bibliothèque de son père ferait désormais partie du majorat inaliénable de la famille. Cette précieuse collection existe encore aujourd'hui, et nous montre où Santillana puisa ses inspirations.

Parmi ses nombreux ouvrages, nous citerons: *Los Proverbios de Inigo Lopez de Mendoza, con su glosa* (Séville, 1494, et souvent réimprimés depuis), collection de sentences et de proverbes en vers, à l'usage de l'éducation du jeune prince devenu plus tard roi de Castille sous le nom de Henri IV; *Defension de don Enrique de Villena*, poëme allégorique à la louange de l'homme qui avait été son maître en poésie; *El doctrinal de Privados*, portrait d'un favori dans lequel Alvaro de Luna, représenté sous les plus horribles couleurs, est censé parler lui-même; *Bias contra fortuna*, dialogue moral; *Refranes que dicen las viejas tras el huego*, la plus ancienne collection de proverbes espagnols (Séville, 1508) et les *Rimas ineditas de Santillana, de Fernand Perez de Guzman y de otros poetas del siglo XV*, publiées par Eugenio de Ochoa (Paris, 1844), où l'on trouve sa célèbre comédie. *Comedieta de Ponza*, poëme dramatico-allégorique, qu'il composa à l'occasion de la bataille navale livrée, le 25 août 1485, à la hauteur de l'île Ponza, entre les Génois et les flottes des rois de Navarre et d'Aragon, et qu'on range parmi les premiers essais du drame espagnol. Santillana contribua essentiellement à la formation de la poésie castillane, en partie d'après les modèles de la poésie de cour provençale et catalane, et en partie d'après la poésie classique et savante des Italiens. C'est sans conteste l'une des gloires littéraires du règne de Jean II. En effet, bien qu'on puisse reprocher à ses œuvres une pédantesque affectation d'érudition, qui est le défaut commun des productions de cette époque, ainsi qu'une tendance trop didactique, il y fait preuve d'un véritable talent poétique, ainsi que d'un rare bonheur d'expression; et parmi celles où il se rapproche davantage du caractère national et populaire, il y en a qui ont une grâce toute particulière, par exemple sa ravissante *Serranilla* intitulée *Moza tan fermosa*. Don José Amador de Los Rios a publié des *Obras de Santillana* une édition enrichie d'un précieux commentaire (Madrid, 1852).

SANTI-TOSINI. Voyez FIESOLE.

SANTOLINE, genre de plantes de la famille des synanthérées. L'espèce type, la *santoline blanchâtre* (*santolina chamæcyparissus*, L.; *santolina incana*, Lamk. et Decand.), vulgairement *garde-robe*, *petit cyprès*, *aurone femelle*, etc., croît dans les contrées chaudes qui avoisinent la Méditerranée. Ses feuilles sont petites, cotonneuses, très-blanches, tétragones ou formées par quatre rangées de dents, presque semblables aux feuilles du cyprès. Les rameaux sont nombreux, et se terminent par un long pédoncule qui supporte une jolie fleur jaune hémisphérique. Il s'exhale de toute la plante une odeur assez agréable, vive et pénétrante, qu'on a supposée propre à écarter des étoffes les insectes rongeurs. La saveur amère de la santoline la fait employer comme vermifuge. Cette plante est aussi usitée dans les obstructions de la rate et du foie.

SANTONS, *Santones*, nom d'un peuple de la Gaule, dans la Deuxième Aquitaine, dont le pays répondait à notre ancienne Saintonge, et dont la capitale, appelée *Santones* ou *Mediolanum*, est devenue la ville de Saintes.

SANTONS, espèce de moines mahométans, vagabonds et libertins, qui passent leur vie en pèlerinages à Jérusalem, à Bagdad, à Damas, au mont Carmel et autres lieux, qu'ils ont en grande vénération parce que leurs prétendus saints y sont enterrés. Leur industrie, en route, consiste à simuler la folie, afin d'attirer sur eux les regards et les aumônes de la multitude. Ils vont généralement tête et jambes nues, le corps à moitié couvert d'une mauvaise peau de bête sauvage. Véritables épicuriens, ils ne se refusent d'ailleurs aucun des plaisirs qui peuvent s'offrir à eux ; et quand les ressources de la charité publique leur font défaut, ils ne se font pas scrupule de dévaliser les caravanes quand celles-ci ne sont pas assez fortes pour se défendre contre les attaques de ces pieux détrousseurs de grands chemins.

SANTORIN ou SANTORINI, la *Thera* des anciens, la plus méridionale des îles Cyclades appartenant à la Grèce, d'à peine 14 kilom. car. de superficie, forme avec Amorgo et quelques autres îlots voisins l'éparchie de Thera. En raison de son sol volcanique, c'est une des îles les plus remarquables et les plus intéressantes qu'on puisse rencontrer sur la surface du globe. Sa côte occidentale, échancrée en forme de faucille, s'élève à pic à 100 mètres ; et son pic le plus élevé, le mont Saint-Élias, atteint 600 mètres d'altitude. En face, à l'ouest, on trouve les petites îles de *Therasia* et d'*Aspronisi*, avec lesquelles elle forme un tout géologique, un cratère de soulèvement, comme on n'en peut voir nulle part de plus beau, de plus régulier, ni de plus complet. Les efforts faits par la nature pour former un volcan au milieu de ce cratère de soulèvement recouvert par la mer, dont le fond s'élève constamment, et qui en 1834 n'était déjà plus qu'à 4 mètres du niveau de l'eau, n'ont jamais discontinué, aussi loin que remonte l'histoire et la tradition. C'est en l'an 237 av. J.-C. qu'eut lieu la séparation volcanique de Therasia d'avec Thera. En l'an 184 l'îlot de *Hiera*, appelé aujourd'hui *Palæo-Kaimeni* (la Vieille Incendiée), se souleva au centre, et il en fut vraisemblablement de même de quelques autres îles voisines. En 1427 cette petite île reçut un nouvel agrandissement ; en 1573 se forma l'îlot de *Mikro-Kaimeni* (la Petite Incendiée) au centre du bassin ; et enfin, de 1707 à 1709, l'île de *Neo-Kaimeni* (la Nouvelle Incendiée), qui aujourd'hui encore projette constamment des vapeurs sulfureuses. On ne trouve nulle part d'eau courante dans l'île, mais seulement des citernes. Les côtes sont en grande partie presque inabordables. Du côté de la terre, où les masses volcaniques tombent en efflorescences, le sol est très-fertile en orge, en coton, en fruits et surtout en vin. Le *Vino-Santo* blanc et rouge (sucré avec un arrière-goût acide) est célèbre, et s'expédie surtout à Odessa, d'où l'on rapporte des grains en échange. On exporte aussi de la pouzzolane. Partout on rencontre des débris de l'antiquité. Les plus importants sont ceux d'*Œa*, partie des murailles de la ville, des restes de colonnes, des tombeaux, des inscriptions. Les habitants, au nombre d'environ 15,000, dont la moitié catholiques grecs et l'autre moitié catholiques romains, et qui ont un évêque pour chacune de ces confessions, sont actifs, sobres et possèdent de nombreux privilégiés. On y compte cinq bourgs et une cinquantaine de villages, bâtis sur les rochers comme des nids d'hirondelle et dont les maisons forment terrasses les unes au-dessus des autres. Le chef-lieu *Thira* ou *Phira*, sur la côte occidentale, possède un port et de nombreuses caves creusées dans le roc. C'est en 1537 seulement que Khaïr-ed-Din *Barbe Rousse* enleva aux Vénitiens cette île, qui reçut des Turcs le nom de *Degirmenlik*.

SANTORINI (Turbercules de). *Voyez* LARYNX.

SANZIO (RAPHAEL). *Voyez* RAPHAEL SANTI.

SAÔNE (en latin *Sauconna*), rivière de France, affluent droit du Rhône, dans lequel elle se jette un peu au-dessus de Lyon. Elle prend sa source dans le département des Vosges, à Viomènil, et a un cours d'environ 430 kilomètres par Gray, Auxonne, Châlons, Mâcon, Trévoux et Lyon. Ses principaux affluents sont, à droite, la Tille et la Grône, à gauche l'Ognon, le Doubs, la Seille, la Reyssousse et la Veyle. Elle est flottable depuis Monthureux et navigable depuis Gray. Les transports, à la descente, consistent en merrain, grains, fourrage, fer, bois de chauffage et de construction ; à la remonte, en vin, eau-de-vie, en huile, sel, épicerie et denrées coloniales. Les Celtes appelaient la Saône *Arar*, la très-lente ; et en effet ses eaux coulent paisiblement dans un lit peu sinueux, bordé presque partout de belles et verdoyantes prairies. Virgile a voulu parler de la Saône dans sa première églogue :

Aut *Ararim* Parthus bibet, aut Germania Tigrim.

SAÔNE (Département de la HAUTE-), situé entre celui des Vosges au nord, celui du Haut-Rhin à l'est, ceux du Doubs et du Jura au midi, ceux de la Côte-d'Or et de la Haute-Marne à l'est. Il est formé de la partie septentrionale de l'ancienne province de Franche-Comté, et tire son nom de la plus considérable des rivières qui l'arrosent.

Divisé en 3 arrondissements, 28 cantons, 581 communes, sa population est de 312,397 habitants. Il envoie trois députés au corps législatif, est compris dans la septième division militaire, ressortit à la cour impériale de Besançon, à l'académie et au diocèse de la même ville. Sa superficie est de 515,000 hectares, dont 256,104 en terres labourables ; 154,230 en bois ; 58,938 en prés ; 22,661 en landes, pâtis, bruyères ; 11,769 en vignes ; 4,264 en vergers, pépinières et jardins ; 1,938 en propriétés bâties ; 1,539 en étangs, abreuvoirs, mares et canaux ; 1,257 en cultures diverses ; 9,864 en routes, chemins, places publiques, rues, etc. ; 6,667 en forêts, domaines non productifs ; 1,499 en rivières, lacs, ruisseaux ; 157 en cimetières, églises, presbytères, bâtiments publics, etc. Il paye 1,494,712 francs d'impôt foncier. La surface du département est en général montueuse ; cependant, on peut la diviser en deux zônes : l'une comprenant les parties centrales et occidentales, ou les arrondissements de Vesoul et Gray, l'autre embrassant les districts septentrionaux et orientaux, ou à peu près l'arrondissement de Lure. Dans la première, on ne voit aucune haute montagne, mais seulement des coteaux couverts de vignes et de bois, de vastes prairies baignées par les eaux fécondantes de la Saône et de l'Ognon, et des champs fertiles. Dans la seconde zône, les aspérités des contrées montueuses, les forêts, les torrents, les cascades, les vallées agrestes s'offrent successivement à la vue ; le sol est peu favorable à la culture des céréales, mais il est riche en produits minéralogiques. C'est là que s'élèvent les principales montagnes du pays, telles que le *Ballon de Lure* ou le *Plancher des Belles-Filles* (1,300 mètres), le *Ballon de Servance* (1,250 mètres) ; toutes deux offrant à leurs sommets d'excellents pâturages, et le *Ballon de Vannes* (690 mètres) ; leurs pentes sont couvertes de bois. Les principales rivières sont la Saône, et ses affluents l'Ognon, la Lanterne, la Coney, puis le Durgeon, le Sallon et l'Amance, la Romaine, la Morto, la Gourgeon, etc. Le climat du pays est généralement humide ; les vents d'ouest et de sud-ouest soufflent ordinairement pendant huit mois de l'année. Il s'en faut beaucoup que la totalité des terres arables soit annuellement en production, à cause du système des jachères, qui heureusement s'amoindrit diminué et s'efface même tous les jours. Cependant, on peut dire qu'en général le sol est bon et fertile. Il produit du blé, de l'orge, du seigle, de l'avoine, du sarrasin, du millet, du maïs. On recueille en outre des pois, de la vesce, des fèves, des haricots, des lentilles, du colza, du chanvre, du lin, des vins, des fourrages, etc. La culture des vignes semble être stationnaire ; du reste, elle est faite avec soin et rapporte beaucoup, mais les vins sont froids. Les prairies naturelles ne sont pas très-étendues. Les prairies artificielles se sont beaucoup multipliées. On élève une assez grande quantité de gros bétail et de chevaux, qui sont en général de petite race, des porcs et des moutons, mais l'espèce de ces derniers est très-médiocre. Les trois arrondissements sont assez également boisés ; toutefois, celui de Lure a un excédant sur les deux autres d'à peu près un sixième. Dans les deux premiers les principales essences sont le chêne, le hêtre et le charme ; dans celui-ci on trouve de plus le sapin, qui est, il est vrai, moins bon que celui du Jura. On y trouve des loups, des sangliers, des renards et des blaireaux. La loutre n'est pas rare, de même que l'écureuil ; le gibier est assez abondant, et se compose surtout de lièvres, de lapins, de perdrix, râles de genêts, bécasses, bécassines, canards sauvages, cailles, grives, ortolans. Les cours d'eau nourissent d'excellentes carpes, des brochets, des barbeaux, des anguilles, des truites et des écrevisses. Les productions minéralogiques sont l'une des principales richesses de ce département, qui trouve principalement dans ses minerais de fer les matières premières d'une de ses plus importantes industries. Les fers d'alluvion surtout sont très-abondants, et leurs gîtes sont exploités sur les territoires de plus de cinquante-six communes, soit à ciel ouvert, soit par puits peu profonds, ou par galeries irrégulières. Il existe aussi des fers ooïthiques, des fers en filons, de l'oxyde de manganèse, des filons de plomb sulfuré argentifère, de cuivre gris argentifère et de cuivre pyriteux ; quelques mines de houille, du gypse, de fort belle pierre de taille, de la pierre meulière, du tuf calcaire pour cheminées et voûtes, de la tourbe, des marbres, etc. Luxeuil possède des sources thermales renommées. L'industrie des fers dans ce département est des plus considérables. On y trouve un grand nombre d'usines à fer, hauts fourneaux, forges, forges d'affinerie, aciéries. Les principaux établissements métallurgiques sont des tréfileries, des lamineries, des manufactures de fer-blanc et de fer noir, de carrés de montres, de pointes de Paris, de vis et autres articles de quincaillerie. Parmi les autres produits les plus importants de la fabrication nous citerons les fils et les tissus de coton, les toiles de ménage, l'huile de graines, l'eau-de-vie, surtout l'eau-de-vie de cerise, le sucre de betterave, les verres, la faïence et la poterie commune, les briques et les tuiles ; les cuirs, le papier et la tournerie. L'exploitation des forêts et les scieries de planches occupent un très-grand nombre de bras. Le département est sillonné par les chemins de fer de Nancy, Saint-Dizier et Auxonne, 5 routes impériales, 16 routes départementales, et 2,359 chemins vicinaux.

Le chef-lieu du département est Vesoul ; les villes et endroits principaux : Gray, Lure, chef-lieu d'arrondissement, ville dans une belle plaine, près de la rive droite de l'Ognon, à 26 kilomètres au nord-est de Vesoul, avec 3,500 habitants, un tribunal civil, un collège, des fours à chaux, des fabriques de tissus de coton, de bonneterie, de chapeaux de paille, des tanneries, aux environs de nombreuses usines à fer et à acier, une verrerie, un commerce de cuirs, fer, grains, vin, bois, fromages et principalement de kirsch fabriqué dans le pays. C'est une ville ancienne, et qui jadis était beaucoup plus importante. Elle était le siège d'une abbaye de l'ordre de Saint-Benoît, fondée au septième siècle, et dont l'abbé avait le titre de prince de l'Empire. La sous-préfecture occupe les vastes et beaux bâtiments qui servaient de résidence au prince-abbé de Lure. Une superbe avenue de tilleuls conduit au beau pont qui traverse la rivière ; *Luxeuil* ; *Héricourt*, petite ville qui possède la population la plus industrieuse du département, et qui s'agrandit chaque jour ; on y compte 3,484 habitants ; *Jussey*, ville située dans un pays montueux, près de l'Amance, avec 2,773 habitants ; *Champlitte*, petite ville sur le Saolon, avec 3,101 habitants ; *Gy*, avec 2,543 habitants ; ancienne place de guerre, sur le penchant d'une colline, au milieu d'un immense vignoble, et qui est dominée par un ancien château ; *Saint-Loup, Champagney, Pesmes, Scey-sur-Saône*, etc. ·Oscar MAC CARTHY.

SAÔNE-ET-LOIRE (Département de), situé entre ceux de la Côte-d'Or au nord, du Jura à l'est, de l'Aïn, du Rhône et de la Loire au midi, de l'Allier et de la Nièvre à l'ouest. Il est formé de la partie sud-ouest de l'ancienne province de Bourgogne.

Divisé en 5 arrondissements, 48 cantons, 585 communes, sa population est de 574,720 habitants. Il envoie quatre députés au corps législatif, est compris dans la huitième division militaire, ressortit à la cour impériale de Dijon, à l'académie de Lyon, et forme le diocèse d'Autun.

Sa superficie est de 857,678 hectares, dont 463,323 en terres labourables ; 130,694 en bois ; 126,055 en prés ; 37,936 en vignes ; 26,269 en landes, pâtis, bruyères, etc. ; 5,598 en étangs, abreuvoirs, mares, canaux ; 4,439 en propriétés bâties ; 3,850 en vergers, pépinières, jardins ; 710 en cultures diverses ; 117 en oseraies, aulnaies, saussaies ; 20,504 en routes, chemins, places publiques, rues ; 1,774 en forêts, domaines non productifs ; 507 en rivières, lacs, ruisseaux ; 232 en cimetières, églises, presbytères, bâtiments publics, etc. Il paye 2,908,313 francs d'impôt foncier. Un bon tiers de la surface de ce département, comprenant l'arrondissement de Louhans et une partie de celui de Châlons, est plat ; mais tout le reste est montueux et même montagneux au centre, où s'élève la chaîne qui, sous le nom de *Montagnes du Charolais*, lie la Côte-d'Or aux Cévennes. Cette crête, dont la hauteur est de 300 à 400 mètres, détermine deux versants d'eaux, l'un à l'est, vers la Saône, l'autre à l'ouest, vers la Loire ; ces deux courants, auxquels le territoire doit sa dénomination, sont en même temps ses deux principales rivières. Après viennent l'Arroux, la Reconce et la Somme, la Seille, la Grône et la Dheune. Les étangs sont en grand nombre, surtout au-delà de la Saône, vers le Jura. Les plus remarquables sont ceux de Montchanain et de Longpendu, qui alimentent le bief de partage du canal du Centre. Les essences des forêts sont les chênes, les hêtres, les frênes, les pins, les sapins et les châtaigniers. Les plus belles masses sont la forêt de Beauregard et le Bois-du-Roi, au nord, la forêt de Roussay, au centre. Le climat est tempéré dans le bassin de la Loire, assez froid dans les Cévennes pour que les vignes n'y prospèrent pas, et beaucoup plus chaud dans la vallée de la Saône. On recueille généralement des céréales et des pommes de terre en quantité plus que suffisante pour la consommation, quoique les cantons montagneux se fassent plutôt remarquer par la bonté de leurs pâturages que par leurs terres à blé. L'arrondissement de Louhans est surtout remarquable sous ce dernier rapport ; l'arrondissement d'Autun est en tout inférieur aux autres ; Les coteaux qui dominent la Saône à l'ouest, au-dessus de Mâcon et de Châlons, sont couverts de vignobles, qui donnent les vins très-estimés, et bien connus sous le nom de *vins de Mâcon* : ceux de la Côte châlonnaise jouissent aussi d'une réputation méritée. La récolte annuelle est d'environ 400,000 hectolitres d'une valeur d'à peu près 8 millions de francs, et dont la moitié sont livrés au commerce. On élève beaucoup de gros bétail et de porcs, des moutons, mais pas autant de chevaux, des bœufs, surtout dans l'arrondissement de Charolles. On trouve sur son territoire des loups, des sangliers, des renards et des blaireaux. Il y existe des mines de houille, une mine de fer, des mines de plomb sulfuré, une de chrome vert oxydé, des mines de manganèse, de l'albâtre, des pierres lithographiques, plusieurs grandes carrières de pierre de taille ; et des eaux minérales renommées, à Bourbon-Lancy. L'industrie du fer de ce département n'est pas de la première importance ; pourtant, il possède les usines du Creuzot, et en outre plusieurs hauts fourneaux, foyers et forges d'affinerie. Les autres établissements sont des manufactures de tôle, de fer noir, d'armes à feu, de projectiles de guerre. En fait de produits de l'industrie de ce département, il faut encore mentionner les verres, la poterie, les tuiles, l'horlogerie, les toiles, les tapis de poil, les couvertures de laine, les cuirs, les papiers, le sucre de betterave, l'eau-de-vie de marc et la bière. Le commerce de ce département a de nombreux débouchés, entre autres le chemin de fer de Paris à Lyon. La Loire et la Saône y sont navigables, et lui ouvrent le nord et le midi, en même temps qu'il possède dans toute son étendue le canal du Centre, qui les unit ; le canal latéral à la Loire de Digoin à Briare, et celui de Roanne à Digoin ; la Seille, le Doubs, l'Arroux, offrent encore quelques communications fluviatiles, outre sept routes impériales, 22 routes départementales et 7,769 chemins vicinaux. On en exporte des vins, des grains, des bois de charpente et de chauffage, du foin, du bétail, des laines et étoffes de laine, du charbon de terre, des cristaux, des ouvrages en fer.

Le chef-lieu de ce département est Mâcon; et les endroits principaux, les villes de : *Châlons-sur-Saône*, *Autun*; *Louhans*, *Charolles*; *Tournus*, petite ville dans une situation agréable, sur la Saône, avec un beau quai et deux promenades; on y compte 5,324 habitants; *Cluny*; *Chagny*, petite ville resserrée entre la Dheune et le canal du Centre, avec 8,000 habitants; *Paray-le-Monial*, sur la Bourbince et le canal du Centre, avec 3,481 habitants; *Digoin*, petite ville sur la Loire, à la prise d'eau du canal du Centre et du canal latéral à la Loire, ce qui lui donne beaucoup de mouvement : on y compte 3,291 habitants; *Marcigny*, près de la Loire, *Montcenis*, *Bourbon-Lancy*, etc.

Oscar Mac Carthy.

SAP. Ce mot désigne, dans les chantiers de la marine, le bois de tous les conifères analogues au sapin, sans distinguer les espèces; les pins, les mélèzes, tous les sapins, etc.

SAPAJOU. *Voyez* Sajou.

SAPAN. *Voyez* Brésillet.

SAPE, SAPER. Ces mots, dont l'art militaire s'est plus spécialement emparé, appartiennent réellement à la langue commune. Dans le sens vulgaire, la sape est une œuvre de destruction, au lieu que pour les arts c'est une opération méthodique, soumise à des règles transmises par l'instruction, dont le résultat est tout autre chose qu'une ruine. Lorsque Corneille fait prononcer par la sœur d'Horace cette imprécation contre Rome :

Puissent tous ses voisins, ensemble conjurés,
Saper ses fondements encor mal assurés, etc.,

le mot *saper* est là dans son acception propre, et non comme un emprunt fait aux arts; s'il était pris dans un sens figuré, les architectes et les ingénieurs penseraient que la figure est assez mal choisie. Mais sans pousser plus loin ces observations, voyons en quoi consiste la sape dans les travaux militaires. A la rigueur, on devrait nommer ainsi tout ce qui est exécuté par les *sapeurs* avec le pic, la pioche et la hache; mais cette dénomination est consacrée plus spécialement pour désigner les ouvrages défensifs au moyen desquels l'assiégeant s'approche de la place qu'il attaque (*voyez* Siége, Tranchée). Si les feux de l'assiégé ne peuvent produire que peu d'effet, on se contente d'un parapet élevé très-lestement avec des *gabions* posés vides, et que l'on remplit de terre s'il est nécessaire; c'est la *sape volante*. Lorsqu'on est plus près de la place et plus exposé, on avance sous la protection d'un *gabion farci*; et les gabions qui forment le parapet sont remplis par la terre extraite de la tranchée; telle est la sape *ordinaire*. Dans quelques positions, il faut deux parapets, et alors la sape est *double*; si des feux plongent dans la tranchée, on a recours aux *blindages*, etc. Dans ces travaux, le poste d'honneur est sans contredit la *tête de sape*, où le premier sapeur n'est couvert que par le gabion forcé qu'il pousse devant lui, où le parapet n'est qu'ébauché et les gabions encore vides.

Ferry.

SAPEUR, celui qui est employé à la sape. *Voyez* Mines, Mineurs.

SAPEUR (Porte-hache). Lorsque l'infanterie de l'ancienne milice abandonna la *hache d'armes*, elle conserva la hache ordinaire, la serpe, la pelle et la pioche. Ces outils, dont chaque compagnie était abondamment fournie, servaient à briser les portes des places de guerre assiégées, à abattre le bois nécessaire à la défense d'un passage, à la cuisson des aliments ou au chauffage des troupes dans les camps; enfin, à creuser des fossés pour mettre les corps à l'abri du feu de l'infanterie. Mais alors ces outils étaient portés à tour de rôle dans chaque compagnie, et ne constituaient aucun emploi particulier, aucune dénomination spéciale.

L'institution des *sapeurs* dans les régiments d'infanterie est toute moderne, et ne date que de 1806 (7 avril). Ils sont chargés à l'armée de couper les haies, d'aplanir les fossés, et de frayer aux troupes un passage à travers les forêts sans routes ni communications directes. En garnison, ils font le service d'ordonnances auprès du colonel, du major et du quartier-maître; ils ne sont plus que des hommes de parade, marchant à la tête du régiment dans toutes les prises d'armes. Les sapeurs, qui comptent ordinairement dans les compagnies de grenadiers, sont choisis parmi les hommes les plus robustes et parmi ceux de la plus haute taille. Ils portent un bonnet à poil, des tabliers de peau blanche, et sont armés de la hache et du mousqueton, qu'ils ont en bandoulière sur l'épaule gauche.

SAPEURS-POMPIERS (Corps des). *Voyez* Pompier.

SAPHIQUE (Vers), hendécasyllabe ou vers de onze syllabes, comme le phaleuque ou phaléque et l'alcaïque, qu'un illustre Lesbien, contemporain de Sapho, Alcée, tira de sa lyre héroïque. C'est ce mètre que repoussa toujours, malgré de savants efforts, la poésie française, mais que toutefois elle accepte dans ses drames lyriques seulement, parce que ce vers est favorable à la musique, abstraction faite des longues et des brèves, le rhythme grec et latin. Voici les mètres dont se compose le vers saphique qui compte cinq pieds : le premier est un chorée ou trochée (une longue et une brève), le second un spondée (deux longues), le troisième un dactyle (une longue et deux brèves), les deux derniers des chorées.

Denne-Baron.

SAPHIR. Cette pierre précieuse fait partie des aluminides oxydées, et se trouve ainsi classée dans le genre corindon, mais plus particulièrement avec l'espèce que les minéralogistes appellent *télésie*. Les corindons désignés par les joailliers sous le nom générique de *gemmes orientales*, reçoivent dans le commerce différents noms, selon les couleurs qu'ils présentent. Ainsi, on appelle *saphir* la variété bleue, *rubis* la rouge, *améthyste* la violette, *émeraude* celle qui est d'un beau vert, *péridot* celle qui est d'un vert jaunâtre, *topaze* la jaune, *saphir blanc* celle qui est limpide et incolore. Le prix de toutes ces pierres est extrêmement élevé ; quelquefois même, lorsque leur teinte est pure, foncée, et qu'elles ne présentent absolument aucune fissure, il surpasse celui du diamant. Le corindon bleu ou saphir est composé, d'après l'analyse de Klaproth, d'alumine, de quelques traces de chaux, et d'oxyde de fer; il raye tous les corps, moins le diamant. Les formes cristallines qu'il présente dérivant d'un rhomboïde aigu; sa pesanteur spécifique varie entre 3,9 et 4,3 ; quelquefois il conserve pendant deux heures l'électricité acquise par le frottement. La forme qu'on lui donne dans le commerce porte le nom de *taille à degrés* (*voyez* Lapidaire). Quelques variétés de saphir, celles dont la transparence est un peu troublée, et que l'on a l'habitude de tailler en cabochon, offrent, soit par réfraction, soit par réflexion, une étoile blanchâtre à six rayons. Ce phénomène est en rapport avec la forme des cristaux, puisque chaque rayon correspond à une arête culminante du rhomboïde. Quelques espèces offrent un chatoyement très-vif; d'autres présentent deux couleurs bien distinctes, selon que la lumière est transmise par réfraction ou bien par réflexion. Les bijoutiers appellent *saphirs mâles* ceux qui présentent la nuance bleu indigo, et *saphirs femelles* ceux qui sont d'un bleu d'azur. Un saphir de vingt-quatre grains vaut environ 1,800 francs lorsqu'il est d'une belle nuance bleu barbeau; bleu indigo de vingt-sept grains, 1,500 francs; bleu clair de seize grains, 120 francs; blanc de dix-huit grains, 120 francs. L'un des plus beaux saphirs connus est celui qui fut donné à M. Weiss par le Muséum d'Histoire naturelle de Paris en échange d'une collection de minéraux; cette belle pierre, que l'on a fait tailler depuis, est, dit-on, estimée maintenant à 1,200,000 francs. On cite encore comme saphirs d'un gros volume ceux du roi d'Astrakhan, de l'Inde, qui offrent chacun une pyramide à six faces de près de dix centimètres de long. Les plus beaux qui soient en Europe appartiennent au duc de Holstein-Augustenbourg. Les saphirs se rencontrent plus particulièrement à Ceylan, dans le Pégu, dans le pays d'Ava, et en Sibérie; presque toujours on les trouve dans les dépôts meubles que M. Brongniart a désignés sous le nom de *plusiaques*, à cause des minéraux précieux qu'ils renferment, et qui sont formés par la destruction des roches granitiques. Les variétés de *cordierite* présentant une teinte assez riche pour être employées dans la joaillerie sont connues sous le nom de *saphir d'eau*; mais ces gemmes n'ont de commun que le nom avec les véritables saphirs. TOURNAL.

SAPHIRA. *Voyez* ANANIAS.
SAPHIR COMMUN. *Voyez* DISTHÈNE.
SAPHIR ORIENTAL. *Voyez* CORINDON.
SAPHIRS (Faux). *Voyez* FLUATES.

SAPHO ou plutôt SAPPHO, comme le porte sur son revers une médaille d'Érésos, récemment découverte, et sur leur titre les meilleures éditions du peu qui nous reste des œuvres de cette femme illustre. Elle naquit à Mitylène, dans l'île de Lesbos, vers l'an 612 avant notre ère. La nature, qui l'avait douée d'un génie formé comme la foudre, de flèches et d'éclairs, lui avait refusé non-seulement la beauté, mais jusqu'aux apparences de la beauté. Selon Ovide et Maxime de Tyr, elle était d'une petite taille et avait le teint extrêmement brun. On ne sait pourquoi Platon la nomme *belle*, c'est sans doute à cause du génie dont étincelaient ses yeux, et qui, comme une belle âme, embellit la figure humaine ou au moins lui donne une expression divine. Suidas assure qu'elle savait jouer de tous les instruments alors connus dans la Grèce. Ce dont on est certain, c'est qu'elle excellait sur la lyre, qu'elle fut l'inventrice du vers harmonieux qui porte son nom (*voyez* SAPHIQUE). Deux poëtes fameux, Stésichore et Alcée de Lesbos, furent ses contemporains; elle fut liée d'amitié, dit-on, et même d'opinion avec le dernier, l'ardent amant de la liberté; car certains critiques veulent que Sapho ait trempé avec Alcée dans une conspiration contre Pittacus, souverain de Lesbos, et en même temps l'un des sept sages de la Grèce, lequel toutefois se contenta de bannir ces deux beaux génies. Sapho choisit la Sicile pour le lieu de son exil. Quand les anciens parlaient des poésies lyriques de cette dixième des Muses, qui n'avaient admise dans leur chœur sacré, selon l'expression des poëtes, ils n'appelaient pas ses poésies des vers, mais des *feux*, des *flammes*, des *ardeurs*. Elle ne semble connaître d'autres dieux que Vénus et l'Amour, d'autres sentiments que les transports, le délire et le désespoir. L'ode citée tout entière par Longin, ode adressée à une femme, en strophes si brûlantes, si passionnées, semblerait seule associer Sapho au penchant dépravé qui portait les dames lesbiennes vers leur sexe, si bien que Longepierre a dit d'elles : « Elles aimaient de toutes les façons qu'on peut aimer. » Cette ode délirante est écrite en strophes et en vers saphiques. Le licencieux et brillant Catulle en a traduit une partie. Boileau, qui l'a traduite entièrement, et qui y a fait pleinement justifié de la froideur dont on l'accuse; Delille, dans l'imitation qu'il en a faite, ne l'a pas surpassé. Une autre ode de la muse Éolienne nous a été conservée par Denys d'Halicarnasse : elle est adressée à Vénus; mais tout enflammés qu'en soient les vers et les expressions, ils n'ont rien que de légitime. Ces deux odes sont tout ce qui nous reste de Sapho, avec de minces lambeaux épars dans quelques historiographes de la Grèce.

Sapho eut trois frères, dont l'un, du nom de Charaxus, fut l'amant de la fameuse courtisane Rhodope. Elle fit de vifs reproches de cette passion à Charaxus, qui s'était ruiné pour cette vénale beauté; car il est bon de savoir que le frère de Sapho faisait le commerce des vins et y avait gagné une grande fortune. Elle-même jouissait des larges aisances de la vie, jeune veuve qu'elle était d'un des plus riches citoyens d'Andros, nommé Cercala, duquel elle eut une fille, nommée Cléis.

Voici que nous en sommes arrivés à une question d'antiquité fort épineuse : fut-ce Sapho de Mytilène qui tomba éprise d'une si violente passion pour ce Phaon, jeune Lesbien aussi beau qu'insensible? Est-ce bien elle, enfin, qui fit ce saut si tragique de Leucade? Cette médaille d'Érésos dont nous avons fait mention plus haut semble établir qu'il exista une autre Sapho, postérieure sans doute à la poëtesse de trois siècles au moins. Et en effet, Athénée, et après lui Élien, parlent d'une Sapho célèbre courtisane d'Érésos, follement amoureuse de Phaon, mais nullement poëtesse, quoique par sa beauté elle eût aussi le droit d'image chez les Lesbiens. Ce chef-d'œuvre de Silanion, cette statue du Prytanée de Syracuse, du vol de laquelle Cicéron accuse l'indigne Verrès, est-elle de Sapho de Lesbos ou de la courtisane d'Érésos? C'est encore une question. Cependant la Mitylénienne passe pour avoir suivi en Sicile, non Alcée, mais l'insensible Phaon, qui fuyait les ardeurs de cette veuve par terre et par mer. On dit que ce fut de cette île qu'elle s'embarqua, désespérée, pour se précipiter de la roche de Leucade; et l'on prétend de plus que ce fut la première qui choisit ce lieu brumeux et sinistre pour se guérir d'un insupportable amour, en ensevelissant dans les flots ses feux et sa honte. Malgré la médaille d'Érésos, si l'existence de deux Sapho ne peut être révoquée en doute, c'est du moins une hardiesse très-aventureuse que d'avoir transporté à l'Érésienne, toute courtisane qu'elle fût, et l'amour pour Phaon, et les goûts effrénés, et le saut de Leucade, attribués généralement à l'illustre Mitylénienne. De graves historiographes, des érudits, deux grands poëtes non moins érudits qu'eux, Ovide et Horace, que deux dizaines de siècles et plus rapprochent de cette femme illustre, se seraient-ils grossièrement trompés? Le premier, dans une héroïde, ne fait-il pas dire à Sapho soupirant pour Phaon? « Au prix de toi, ni Anactone, ni Cydna au cou si blanc, ni Athis aux séduisants regards ne sont rien à mes yeux. » Transportez les insignes malheurs, l'âme de feu, les passions désordonnées de Sapho, victime dévouée à Vénus, ornement de sa patrie, la dixième des Muses, à la courtisane d'Érésos, et vous sécherez les larmes chaudes encore que tant de siècles, tant de poëtes, tant d'amants, ont versées sur le sort de la souveraine de la lyre. DENNE-BARON.

SAPIÉHA, nom d'une famille princière, autrefois très-puissante, et qui existe encore aujourd'hui en Lithuanie et en Gallicie. Elle descend du grand-duc de Lithuanie Gedimin, et était très-proche alliée des rois de Pologne de la maison de Jagellon. Le premier qui porta ce nom fut, dit-on, le prince *Pounigaylo*. Son fils, *Sounigal*, mort en 1420, embrassa le christianisme en même temps que Jagellon. Par les deux fils de celui-ci, *Bogdán* et *Iwán*, la famille se divisa en deux branches, celle de *Siewier* et celle de *Kodnia*. Sous le règne de Jean Sobieski, la famille Sapiéha parvint aux plus grands honneurs et aux plus importantes charges de l'État. *Casimir* SAPIÉHA fut nommé grand-hetman de Lithuanie et voïvode de Wilna. Ayant placé des troupes en quartier sur des biens libres appartenant à l'Église, il fut excommunié par l'évêque de Wilna; acte de représailles qui amena en Pologne les troubles les plus graves. Sous le règne d'Auguste II, les Sapiéha provoquèrent également en Lithuanie des troubles sanglants, et eurent de longs démêlés avec les maisons de Radziwill et d'Oginski.

Casimir SAPIÉHA, grand-maître de l'artillerie de Lithuanie, fut maréchal de la diète de 1788, et mérita l'estime de tous, par les nombreuses preuves qu'il donna de son patriotisme.

Alexandre SAPIÉHA, né en 1770, à Paris, où s'étaient rendus ses parents pendant les troubles civils qui déchiraient la Pologne, reçut son éducation dans sa patrie. Pour mieux étudier les diverses races slaves, il entreprit un voyage dans les provinces slaves de l'Autriche, et les décrivit dans un ouvrage qui fut publié en 1811. Il se consacra ensuite d'une manière toute particulière à l'étude des sciences naturelles, et devint membre de la Société des Amis des Sciences de Varsovie. Il mourut en 1812.

Léon SAPIÉHA, chef de la branche établie en Gallicie, a bien mérité de ce pays, par l'introduction dans ses vastes domaines des méthodes de culture les plus perfectionnées. En 1848 il fut mis à la tête de la députation chargée alors d'aller à Vienne déposer au pied du trône l'expression des vœux du pays; la même année il fit partie du congrès slave convoqué à Prague, et plus tard de la diète de Kremsier.

SAPIENCE, mot du vieux langage, dérivé du latin *sapientia*, sagesse. Il n'est plus guère usité que dans cette phrase : *Le pays de sapience*, pour désigner la Normandie, terre classique des chicanes et des procès. Il se dit cependant aussi parfois du livre de Salomon, appelé autrement *La Sagesse*; et on l'emploie encore pour désigner l'université de Rome, qu'on nomme habituellement *Collège de Sapience*, à cause de cette inscription latine placée sur l'édifice qu'elle occupe : *Initium sapientiæ timor Dei*.

SAPIENTIAUX (Livres). On a donné ce nom à certains livres de la Bible qui traitent spécialement de la vertu et des moyens de l'acquérir, pour les distinguer de ceux qui sont historiques et prophétiques. Ils sont au nombre de cinq : l'Ecclésiastique, le Cantique des Cantiques, les Proverbes, l'Ecclésiaste et la Sagesse. Il est difficile de les lire attentivement sans se sentir entraîné vers le bien par une force secrète. Nulle part on ne trouve une science plus profonde des rapports qui unissent les hommes entre eux et leur Créateur, une connaissance plus parfaite du cœur humain, une philosophie plus sublime et plus pratique en même temps. Rien n'y est oublié, et l'homme qui méditerait avec soin ces leçons simples et nobles à la fois y trouverait le repos de l'âme. Il n'est pas jusqu'à la méthode qui ne charme dans ces conceptions divines; ce n'est point un maitre qui enseigne, c'est un père qui parle à ses enfants, leur raconte ce qu'il a appris de ses ancêtres, et leur montre la route du bonheur. L'abbé J.-G. CHASSAGNOL.

SAPIN, genre de la famille des **conifères**. Les Latins le nommaient *abies*, et comprenaient vraisemblablement sous la même dénomination d'autres arbres classés aujourd'hui parmi les *pins*. Les *sapins* sont des arbres résineux, toujours verts, dont les *cônes* ou fruits sont allongés et composés d'écailles *imbriquées*, sous chacune desquelles se trouvent deux semences *ailées*. Les feuilles sont linéaires, roides, aiguës, solitaires dans leur gaine, au lieu que celles des pins sont au moins géminées et multiples dans plusieurs espèces. Les résines des sapins diffèrent notablement les unes des autres par leurs propriétés; quelques-unes ont obtenu le nom de *baumes*, et les arbres qui les fournissent sont des *sapins baumiers* ; d'autres espèces donnent de la *térébenthine*, et l'une des plus répandues en Europe a reçu le nom qu'elle porte de la *poix* qu'on en tire en grande quantité : toutes les espèces peuvent donner du *goudron*. Le bois de sapin est blanc, léger, composé de couches alternativement solides et molles, traversées par des nœuds très-durs et pénétrés de résine. Selon Vitruve, les architectes grecs et romains n'employaient que du bois de sapin pour soutenir la couverture des édifices. En effet, plusieurs espèces de ce genre fournissent à la charpenterie des bois plus droits, plus élastiques et moins pesants que le chêne, et d'une aussi longue durée.

Quoique l'on trouve des sapins entre les tropiques dans quelques régions montagneuses, ces arbres appartiennent réellement aux pays froids. Quelques espèces s'étendent vers le Nord jusqu'aux mers glaciales. Dans les régions tempérées, les espèces les plus grandes et les plus utiles semblent préférer l'habitation des montagnes à celle des plaines; Virgile n'a pas omis cette observation, et l'a renfermée dans ce vers :

Fraxinus in sylvis, abies in montibus altis.

Cependant, à mesure qu'on se rapproche du pôle, on voit que les plaines se couvrent de sapins autant que les pentes des montagnes, et qu'enfin ces arbres abandonnent entièrement les hautes terres, et ne végètent plus qu'en des lieux moins exposés aux froids des régions polaires. Toutes les espèces affectent la forme pyramidale.

Parmi les espèces de ce genre, on a mis jusqu'à présent en première ligne le *sapin blanc* ou *argenté* (*abies excelsa*), qui atteint souvent jusqu'à quarante mètres de hauteur; et dans quelques circonstances favorables, il s'élève encore plus haut. Mais l'Amérique possède et promet à l'Europe un géant végétal bien plus remarquable, un sapin qui s'élève, dit-on, à plus de soixante mètres de hauteur. On trouvera sans doute sur notre continent un sol et une température qui conviennent à ce nouvel hôte, où il conserve toute sa grandeur; dès que ce lieu privilégié sera connu, qu'on y transporte le grand sapin des montagnes de l'Amérique, non dans des parcs pour y satisfaire une fastueuse curiosité, mais dans les forêts, où le temps de croître ne lui sera pas épargné, où ses semences bien mûries se répandront sur un terrain propre à les recevoir!

La *pesse* (*abies picea*) fournit la poix que l'on en extrait par incision : elle ne s'élève pas aussi haut que le sapin blanc; ses feuilles sont non-seulement aiguës, mais en quelque sorte *acuminées*, plus courtes et plus roides que celles du sapin blanc, couvrant en grande partie la surface des rameaux, et non rangées des deux côtés en forme de peigne. Les cônes sont pendants, et plus courts que ceux du sapin blanc. Son bois est aussi plus solide, plus agréable à l'œil que celui de l'arbre rival. La pesse réussit assez bien partout, s'accommode de tous les sols, et n'impose pas aux cultivateurs des soins recherchés.

Quoique nous ne puissions placer ici l'énumération complète des espèces de sapins, disons au moins quelques mots du baumier de l'ancien continent, le *pichta* de Russie, qu'il ne faut pas confondre avec le *baumier du Canada* ou de *Gélead*. Ce sapin, trop peu connu hors de son pays natal (la Russie d'Asie), et qui mériterait une place distinguée dans les parcs, prolonge jusque sur le gazon sa belle pyramide, et paraît dans tout son éclat lorsqu'il se couvre, au printemps, d'une prodigieuse abondance de jeunes cônes, qui sont d'un beau rouge à cette époque de leur développement. D'ailleurs, cet arbre justifie pleinement son nom de *baumier*.

Plusieurs autres espèces exotiques, telles que les *sapinettes* mises en place par des jardiniers intelligents, concourent à répandre plus de variété dans les bosquets d'hiver, où leur petite taille permet de les multiplier dans un espace resserré. Le *spruce* est une autre espèce intéressante par l'usage qu'on en fait : elle sert à la préparation d'une sorte de bière, à laquelle on s'accoutume aisément, et que l'on regarde comme antiscorbutique. FERRY.

Le *sapin* servant à faire des bières pour enterrer les morts, quand on dit d'un homme qu'il sent le *sapin*, cela signifie qu'il a mauvais visage, qu'il ne vivra pas longtemps. On dit encore : Cette toux, cette phthisie, cet asthme *sentent le sapin*. *Sapin* se dit enfin familièrement, à Paris, d'une voiture de place, d'un fiacre. Une *sapinière* est un lieu planté de *sapins*.

SAPINE, espèce d'embarcation légère en usage pour la descente de quelques rivières. *Voyez* BATEAU.

SAPINE (*Mécanique*). Cette machine, qui remplace avantageusement la chèvre, se compose d'un treuil à engrenages et d'un mât vertical, formé d'un sapin tout entier, et terminé en croix à sa partie supérieure. Ce mât s'appuie par un pivot en fer dans une crapaudine adaptée au châssis en charpente auquel le treuil est fixé; il est maintenu verticalement par quatre haubans, qu'on fixe à des points situés dans le voisinage. Une corde s'attache à l'un des bras de la croix, descend pour passer dans la gorge d'une poulie mobile, à la chappe de laquelle est suspendu le corps que l'on veut élever, remonte ensuite pour passer dans trois poulies fixes, et redescend enfin pour s'enrouler sur le treuil. Deux manivelles placées aux deux extrémités d'un axe horizontal servent à faire tourner un pignon monté sur cet axe. Le pignon communique son mouvement à une roue dentée qui est fixée au treuil, la corde s'enroule, et fait ainsi monter le fardeau. Un encliquetage est adapté à l'axe des manivelles, pour empêcher que le corps ne redescende lorsqu'on l'abandonne.

SAPINETTE. *Voyez* SAPIN.

SAPONAIRE, genre de plantes de la famille des caryophyllées, très-voisin des œillets, dont il ne diffère, quant aux caractères botaniques, que par l'absence des écailles à la base du calice. Ce nom de *saponaire* vient du latin *sapo*, savon, parce que l'une des espèces du genre, la *saponaire officinale* (*saponaria officinalis*, L.), renferme en assez forte proportion un principe particulier dont la formule chimique n'est pas encore déterminée, la *saponine*, qui donne à la décoction de ses feuilles et de sa souche la faculté de mousser comme de l'eau de savon et d'agir à la manière de celle-ci pour décrasser le linge. La saponaire officinale est une grande et belle plante vivace, haute de quatre à six décimètres, presque glabre; sa souche est rampante; ses feuilles sont opposées, ovales, lancéolées, d'un vert foncé; ses fleurs, rosées, disposées en bouquets élégants, exhalent une odeur douce et légère. Outre son emploi pour le blanchissage du linge fin, la saponaire officinale est usitée en médecine contre les obstructions, les maladies de la peau, les rhumatismes, etc. Sa saveur est un peu amère.

SAPONIFICATION (du latin *sapo*, savon, et *facere*, faire). On appelle ainsi la conversion des huiles et autres matières grasses en savon, par l'action des alcalis qui les acidifient et se combinent avec les acides ainsi produits. On donne le même nom, dans la chimie organique, à la transformation des matières animales par la putréfaction en un produit savonneux, désigné généralement sous la dénomination de *gras de cadavre*.

SAPOR ou CHAPOUR, nom commun à trois rois de la race des Sassanides.

SAPOR Ier remplaça, vers l'an 242 de J.-C., Ardéchir ou Artaxerxès, fils de Sassan, chef de cette race, et profita de l'indolence des Romains pour continuer contre eux une guerre qui dura jusqu'en 271. Il ravagea la Cilicie, la Mésopotamie et plusieurs autres provinces soumises aux Romains; et sans Odenat, il se fût vraisemblablement rendu maître de toute l'Asie. Ce qu'on peut seulement présumer des récits contradictoires des historiens, c'est que les trois empereurs, Gordien le jeune, Philippe l'Arabe et Valérien, qui se succédèrent à Rome durant le règne de Sapor Ier, furent successivement battus par ce dernier, à qui Philippe, l'assassin de Gordien, acheta même, dit-on, la paix à prix d'argent.

Valérien ayant eu le malheur d'être vaincu et fait prisonnier par Sapor, celui-ci pour monter à cheval se servit, en guise de marchepied, du dos du malheureux prince vaincu, qu'il fit enfin écorcher vif : du sel fut même répandu, par l'ordre de Sapor, sur les chairs sanglantes et mises à nu de Valérien. Odenat, pour venger ces barbaries, se joignit aux Romains, tailla en pièces l'armée de Sapor, à qui il reprit la Mésopotamie ainsi que plusieurs autres provinces, et poursuivit le roi perse jusqu'au centre de ses États, après lui avoir enlevé ses femmes et ses trésors. Sapor Ier mourut à quelque temps de là, assassiné, dit-on, après un règne de trente-deux ans. La couronne échut à son fils, Hormisdas Ier.

SAPOR II, dit *le Grand*, était fils d'Hormisdas, et petit-fils de Sapor Ier. Il ne règne guère chez les historiens plus d'accord sur la vie de ce prince que sur celle de son aïeul. Comme lui, il fut presque toujours en guerre avec les Romains. Julien ne fut pas plus heureux contre les Perses, que son successeur Jovien, qui fut contraint d'acheter la paix en leur abandonnant cinq provinces. Sapor II mourut l'an 380 de notre ère, après un règne de soixante-dix ans, sous le règne de Gratien, laissant une mémoire non moins détestée que celle de son aïeul. Pendant toute la durée de son règne, les chrétiens furent en butte à la plus cruelle des persécutions.

SAPOR III, fils du précédent, succéda en 384 à son oncle Artaxerxès, qui renonça volontairement en sa faveur au trône dont il avait hérité de son frère Sapor II. Le nouveau roi, qui ne fut ni si heureux ni si cruel que ses prédécesseurs, se vit contraint à son tour de faire demander la paix à Théodose le Grand par des ambassadeurs. Il mourut sans avoir rien fait de remarquable, en 389, après un règne de cinq ans et quelques mois.

SAPOROGUES, c'est-à-dire *habitant au delà des cataractes* (du russe, *porogée*, cataracte). On désigne sous ce nom une des colonies les plus considérables formées par les *Kosaks* de Malorossiski ou de la Petite-Russie, et qu'on établit de bonne heure dans les contrées basses du Dniepr, afin de protéger, contre les irruptions des Tatars, le pays des Kosaks de l'Ukraine qui dépendait alors de la Pologne. Ils vivaient là dans la plus complète indépendance, sans même connaître les liens du mariage; et afin de pouvoir mieux conserver leur liberté, ils persistèrent à habiter ces contrées longtemps encore après que la puissance des Tatars eut été anéantie. Par la suite, des réfugiés kosaks, désireux de se soustraire au joug polonais, accrurent considérablement leur nombre. Ils s'étendirent peu à peu jusqu'au pays haut du Dniepr, vers le Boug et le Dniestr, et y formèrent de tous côtés des établissements. Ce fut à peu près vers le commencement du dix-septième siècle que les Saporogues se séparèrent des Kosaks petits-russes, leur souche commune, en élisant, au lieu de l'hetman des Kosaks, leur propre *Koschewoi-Ataman*, et en organisant parmi eux un État complètement militaire. Leur principal établissement était un camp retranché, qui, bien que changeant souvent de place, était toujours établi aux environs des cataractes du Dniepr. Quand ils étaient encore unis aux Petits-Russes, *Tcherskassy*, sur le Dniepr, passait pour leur chef-lieu; plus tard, ce fut *Térechtémirof* et d'autres lieux encore. L'organisation de cette petite nation militaire avait quelque chose de tout à fait original. Par son caractère belliqueux, par sa tendance continuelle à faire la guerre, elle se rendit bientôt redoutable aux Russes; et dès que ceux-ci eurent secoué le joug de la Pologne, ils voulurent limiter son indépendance. Il en résulta des contrées de sanglantes insurrections; les Suédois, les Autrichiens et les Turcs surent, les uns après les autres, en tirer parti.

Il existe encore aujourd'hui de Kosaks saporogues en Russie; mais il y a longtemps qu'en vertu d'un oukase rendu en 1792 par l'impératrice Catherine, ils ont dû aller s'établir sur un autre territoire, à savoir la presqu'île de Taman, entre la mer d'Azof et la mer Noire, en face de la Crimée, et dans toute la contrée située entre le Kouban et la mer d'Azof jusqu'aux cours d'eau appelés *Jeja* et *Laba*; territoire de plus de 700 myriamètres carrés, où sous le nom de *Kosaks Tschernomori*, c'est-à-dire de la mer Noire, ils jouissent d'une bonne organisation militaire. Ils ont d'ailleurs conservé le droit de choisir eux-mêmes leur *Ataman*. En 1838 la partie mâle de cette population était évaluée à 56,500 individus.

SAPPARE. Voyez DISTRÈNE.

SAQUI (Théâtre de Madame). Il y avait sous Louis XV, sur le Boulevard du Temple, un grimacier qui, monté sur une chaise, exerçait son art devant le public d'une façon assez fructueuse. La chaise du grimacier, qu'encouragea sa prospérité, fut remplacée par une petite baraque, où jouèrent d'abord des marionnettes, puis des acteurs en chair et en os. Vers 1774 la baraque se convertit en salle de spectacle. C'était là le *Théâtre des Associés*, jouant également la comédie et la tragédie. En 1790 on l'appelait le *Théâtre Patriotique du sieur Salé*, en 1795 le *Théâtre* Prétention.

Fermé par le décret de 1807, il prit le titre modeste de *Café d'Apollon*, et l'on continua à y jouer, entre le petit verre et la demi-tasse, au profit des consommateurs. La célèbre acrobate madame Saqui fit en 1816 l'acquisition du *Café d'Apollon*, qui redevint un théâtre : l'on y dansait sur la corde; puis l'on jouait des pantomimes à grand spectacle, dont la modicité du prix des places permettait aux titis de l'époque de se repaître à satiété. Après la révolution de 1830, les acteurs muets de madame Saqui conquirent, en le prenant d'eux-mêmes, le droit de parler.

Madame Saqui vendit peu de temps après son théâtre à M. Roux, dit Dorsay, et le *Théâtre des Acrobates de madame Saqui* devint le *Théâtre Dorsay*. Démoli complètement en juin 1841, il fut rouvert le 6 septembre suivant sous le nom, qu'il continue à porter, de *Théâtre des Délassements Comiques*.

Napoléon GALLOIS.

SARA ou **SARAH**, femme d'Abraham et fille de Tharah, s'appelait en réalité Saraï, ce qui veut dire *ma princesse* en hébreu. Mais la promesse d'une nombreuse postérité lui ayant été donnée, Abraham dut ne plus l'appeler que *Sara*, c'est-à-dire *princesse* tout court. En raison de sa stérilité, elle donna à son mari Agar pour épouse; mais plus tard la naissance d'Isaac lui fut encore prédite. Elle alla voir Abraham à Gérar, où le roi Abimélech s'empara d'elle parce qu'Abraham l'avait présentée comme sa sœur. Toutefois, ce prince la lui rendit avec de riches présents, dès que la vérité lui fut connue. A l'âge de quatre-vingt-dix ans Sara mit au monde Isaac. Elle mourut à Hébron, dans le pays de Canaan, âgée de cent-vingt-sept ans.

Le livre de Tobie mentionne encore une autre Sara, fille de Raguel, de Ragès en Médie, qui épousa le jeune Tobie, lequel l'emmena plus tard avec lui à Ninive, puis s'en revint en Médie.

SARABAÏTE (de l'hébreu *sarab*, renoncer, rejeter, se révolter), nom donné à certains moines errants et vagabonds, qui ne suivaient aucune règle (*voyez* CÉNOBITES).

SARABANDE, danse espagnole à trois temps, sorte de menuet dont le mouvement est grave et sérieux. L'air, qui jadis servait d'exercice pour le clavecin, se compose de deux parties, chacune de huit mesures, et demande à être exécuté avec rapidité et énergie.

SARAGOSSE ou **ZARAGORA**, la *Cæsar-Augusta* ou *Cæsarea* des Romains, qui l'avaient ainsi nommée d'une colonie fondée par Auguste, capitale du royaume d'Aragon, et d'une de ses provinces particulières (216 myr. car., avec 247,441 hab.), est située dans une plaine fertile, sur la rive droite de l'Èbre, qu'on y traverse sur un pont de pierre de 200 mètres de long. Sa population, qui il y a une trentaine d'années était de 46,800 âmes, n'est plus aujourd'hui que de 29,651 habitants. Les rues, à l'exception du *Corso* et de quelques autres encore, sont étroites et tortueuses; les maisons anciennes, mais richement reconstruites. Parmi les églises on remarque *Nuestra-Señora-del-Pilar* (Notre-Dame-du-Pilier), célèbre par une image miraculeuse de la Vierge, placée sur une colonne de jaspe, et qui y attire de nombreux pèlerins. La ville est le siége d'un archevêché, d'une université, fondée en 1472, et d'autres établissements d'instruction publique. On y trouve aussi quelques fabriques de cuirs, de lainages et de soieries. A environ deux kilomètres plus bas, le Guerva, qui entoure la partie occidentale de Saragosse en forme de croissant, se jette dans l'Èbre.

Saragosse est surtout célèbre dans l'histoire par l'héroïsme avec lequel ses habitants, commandés par Palafox, résistèrent aux plus habiles généraux de Napoléon pendant les sièges de 1808 et 1809. Ses fortifications se composaient d'un mur d'enceinte, près duquel se trouvaient le couvent des Augustins, le couvent de San-Ingracia, le couvent des Capucins et le couvent des Capucins déchaussés. En dehors du mur d'enceinte, on trouvait le fort *Aljaferia*, une tête de pont sur le Guerva, et le couvent de San-José; sur la rive gauche de l'Èbre, le couvent des Jésuites. Dès que les Français se furent emparés de Madrid, en mai 1808, Mori fut nommé commandant général à Saragosse, et appela immédiatement à son aide Palafox. Celui-ci n'eut pas plus tôt pris séance au conseil de guerre, que le peuple contraignit le conseil à le proclamer capitaine général, et tout l'Aragon reconnut son autorité; on fabriqua avec une incroyable promptitude des armes, de la poudre; et de tous côtés des volontaires pleins d'enthousiasme accoururent à Saragosse. Ce fut le général Lefèvre qui marcha d'abord sur cette ville, et le 16 juin il battit les troupes de Palafox. Saragosse fut ensuite investie, et le 3 août le feu s'ouvrit contre ses retranchements. Dès le 4 août les Français pénétrèrent par la brèche dans le couvent de San-Ingracia; mais dès lors chaque maison devint une forteresse dont il fallut faire le siége en règle; et malgré tous ses efforts, l'ennemi ne réussit, du 4 au 14 août, qu'à s'emparer de quatre maisons. Le mouvement de retraite de l'armée française sur Vittoria ayant commencé précisément à cette époque, le général Verdier, qui avait remplacé Lefèvre, dut lever le siége le 15 août.

Le second siège commença le 20 décembre suivant. Mais dans l'intervalle la ville avait été fortifiée avec soin, et l'effectif du corps d'armée que la défendait avait été porté à 30,000 hommes. L'armée assiégeante, de force égale, était commandée par Moncey et Mortier. Elle arriva le 20 décembre sous les murs de Saragosse, et commença un siége en règle. Du 9 au 27 janvier, trente pièces de canon de gros calibre avaient pratiqué trois grandes brèches, par lesquelles l'ennemi pénétra encore une fois dans la ville. Mais il ne put se maintenir que dans les brèches et dans quelques maisons voisines. La population des campagnes environnantes, qui avait aussi couru aux armes, l'attaquait de tous les côtés. Quoique la famine fût grande dans la ville, Palafox repoussa toutes les sommations du maréchal Lannes, qui était venu prendre le commandement en chef le 22 janvier. La lutte continuait pendant ce temps-là jour et nuit, de maison en maison. Tout mur de clôture devenait un bastion. Ce ne fut que le 7 février qu'il fut possible aux Français de diriger leur attaque contre le centre de la ville. La lutte prenait un caractère plus acharné que jamais. L'ennemi parvint bien le 12 février à se maintenir en possession des ruines du couvent de San-Francisco et de quelques autres points; mais ce fut inutilement qu'à deux reprises il eut recours au jeu de la mine pour briser la ligne de défense des Espagnols. Les assiégés pratiquèrent avec succès des contre-mines; les deux partis se rencontrèrent dans l'établissement d'une troisième galerie; on se battit dans cette galerie à l'arme blanche et à la baïonnette, et l'ennemi fut forcé de détruire ses travaux. Enfin, les Français, à l'aide de la mine, parvinrent à renverser une partie des bâtiments de l'université, et le 18 le faubourg situé sur la rive gauche de l'Èbre tomba en leur pouvoir. Ce succès détermina la chute de la ville. Les assiégés ne comptaient plus qu'à peine 9,000 hommes en état de combattre. Il n'y avait plus d'hôpitaux, plus de médicaments pour les malades. Palafox était tombé malade, et avait remis le commandement en chef au général Saint-Marc. Le feu cessa le 20, à quatre heures du soir, et on entra en pourparlers. On posa les bases d'une capitulation honorable, qui fut mise à exécution le lendemain. Le siége avait duré soixante jours et coûté la vie à plus de cinquante-quatre mille individus.

Dans les guerres civiles qui éclatèrent en Espagne après la mort de Ferdinand VII, Saragosse se prononça toujours pour la cause de la reine Isabelle; et la fermeté de son attitude rendit inutiles les efforts tentés à diverses reprises par les carlistes pour s'en emparer.

SARAJEWO ou **SERAGLIO**, chef-lieu de la Bosnie.

SARASIN (JEAN-FRANÇOIS), né à Caen, en 1605, fut le rival de Voiture dans le badinage ingénieux. Son père était le parasite d'un trésorier des fermes à Caen, qui lui céda son emploi; ce père fut en outre conseiller de la cour des aides de Rouen. La maison paternelle était pour Sarasin une école de délicatesse; on s'en aperçut par sa conduite. Dès son arrivée à Paris, il reçut de M. de Chavigny, secrétaire d'État, une somme de 4,000 livres pour faire un voyage en Italie. Sarasin les mangea avec une maîtresse, et laissa en souffrance sa mission diplomatique : c'était un triste début. Cette échappée fut mise sur le compte de sa jeunesse, compte souvent bien chargé. Un voyage en Allemagne n'eut point de résultat positif pour lui; il gagna cependant les bonnes grâces de la princesse Sophie, fille du roi de Bohême, amie de Descartes.

A son retour à Paris, il épousa une douairière, veuve d'un maître des comptes. C'était un mariage de raison d'un côté et de passion de l'autre. Sarasin comptait sur mille écus d'argent de poche que la vieille devait lui fournir, mais à une condition que le jeune mari n'eut pas le courage de tenir. La douairière, mécontente d'avoir un mari en peinture, ferma sa bourse. Ce qu'il y a de pis pour notre poëte, c'est que ces chaînes, qui n'étaient ni d'or ni de soie, ne furent jamais brisées pour lui ; il n'était pas veuf quand il mourut.

Ménage fut son ami, et le coadjuteur de Retz son patron : tous deux lui rendirent des services, mais Sarasin ne les reconnut pas. La reconnaissance était son moindre défaut. Le coadjuteur et Mme de Longueville le placèrent auprès du prince de Conti comme secrétaire de ses commandements ; dans cette position Sarasin fit le petit ministre, et trafiqua de son crédit auprès de son maître en se faisant donner de ces gratifications équivoques qui prennent, selon les lieux et les objets, le nom d'*épingles*, de *chapeaux*, de *pots de vin*, ou de *cadeaux de chancellerie*. Le prince de Conti le maltraitait souvent, mais Sarasin le désarmait par des plaisanteries. On a dit et répété qu'il mourut de douleur pour avoir été chassé de la présence du prince à coups de pincettes. Peut-être le mérita-t-il plus d'une fois, mais il n'en fut rien : le prince de Conti se contentait de le maltraiter en paroles ; puis il le recevait à merci, grâce à son enjouement. Sarasin mourut en 1655, empoisonné, dit-on, par un nommé Cataian, qui n'avait pas d'autre recette pour se débarrasser des amants de sa femme, et qui l'employa souvent.

Sarasin n'appartient qu'indirectement à l'hôtel de Rambouillet : il est plutôt le héros du petit archevêché, ou cercle du coadjuteur ; il n'était pas assez pur pour la chambre bleue d'*Arthénice* ; on l'y tolérait à peine, sans doute pour son célèbre sonnet à Charleval sur la mère du genre humain (1). On le voyait plus souvent aux mercredis de Ménage et aux samedis de Mlle de Scudéry, qui le recevait avec plaisir, grâce à l'amitié de Pellisson, ardent admirateur de Sarasin et l'éditeur de ses œuvres. Il touche à tous les cercles, sans être associé à aucun ; mais il représente surtout celui du coadjuteur, plus libre, plus mordant, plus frondeur en un mot.

Après avoir jugé l'homme avec une juste sévérité, il est temps d'apprécier l'écrivain, tâche plus douce, car il y a beaucoup à louer de ce côté.

Ce qui frappe d'abord dans Sarasin, c'est la souplesse du talent et la diversité des genres qu'il a traités. Il ne réussit pas moins dans le genre sérieux que dans le badinage ; il quitte les stances enjouées pour aborder les strophes de l'ode héroïque ; il prend le pinceau de l'histoire, et il trace avec énergie le caractère de Walstein et le tableau de ses exploits comme de ses intrigues ; poëte bucolique, il fait du sentiment avec son esprit, et l'on jurerait que c'est avec son cœur ; il traitera, si vous le voulez, une question d'érudition, et vous le prendriez pour un savant de profession n'était l'agrément dont il couvre son savoir. Ce n'est pas tout, il dissertera sur l'essence de la tragédie, et il vous fera comprendre Aristote et ses traducteurs et ses commentateurs. Cet historien, ce critique, cet érudit, ce poëte héroïque et bucolique, n'est pas moins habile à tourner une épigramme, à polir un sonnet, à célébrer les guerres burlesques du Parnasse, soit en vers français, soit en prose latine, et à semer sur tous ses sujets le sel de ses plaisanteries.

Sarasin a composé deux ouvrages historiques : la *Relation du siége de Dunkerque*, et l'*Histoire de la Conspiration de Walstein*, dont il avait amassé les matériaux pendant son séjour en Allemagne. Ce dernier morceau est incomplet, soit que l'auteur, distrait par les soins du monde, ne l'ait pas achevé, soit que son incurie pour ses ouvrages ait laissé perdre la dernière partie. Quoi qu'il en soit, cette lacune est fort regrettable ; car Sarasin s'est approprié dans cet écrit la manière des grands écrivains de l'antiquité, et s'est élevé à la hauteur de ces maîtres dans l'art d'écrire l'histoire. J'oserais presque dire que si la conspiration de Walstein était terminée, on pourrait la placer à côté du *Catilina* de Salluste.

Sa dissertation sur le nom et le jeu des *échecs*, que Fréret a mise à contribution, est un modèle de discussion. Il a trouvé le secret d'être agréable dans un sujet d'érudition. Dans la *Pompe funèbre* de Voiture, Sarasin caresse et égratigne ingénieusement son rival ; c'est, sous une forme légère, un jugement fort sensé sur les mérites et les défauts du héros de l'hôtel de Rambouillet. Il a réussi deux fois dans l'ode en célébrant la prise de Dunkerque et la bataille de Lens. Depuis Malherbe et Racan, sauf l'accident de Chapelain, qui fit, Boileau ne sait comment, une assez belle ode, le genre lyrique n'avait rien produit d'aussi remarquable pour le mouvement et l'harmonie. On a retenu cette belle strophe, que Voltaire n'a pas surpassée dans sa *Henriade* :

> Il monte un cheval superbe
> Qui, furieux aux combats,
> A peine fait courber l'herbe
> Sous la trace de ses pas ;
> Son regard semble farouche,
> L'écume sort de sa bouche ;
> Prêt au moindre mouvement,
> Il frappe du pied la terre,
> Et semble appeler la guerre
> Par un fier hennissement.

Le discours de la tragédie est un bon essai de critique littéraire, mais c'est une mauvaise action, car Sarasin le composa pour complaire à la jalousie du cardinal de Richelieu et à la présomptueuse vanité de Scudéry. *Dulot vaincu, ou la défaite des bouts-rimés*, est le premier en date de nos poëmes héroï-comiques. Sarasin le composa en quatre ou cinq jours. Cette précipitation a laissé bien des négligences dans ce badinage, d'ailleurs plein de vers heureux et de fines allusions ; les bouts-rimés, mis à la mode par Dulot, ne s'en relèvèrent pas. Les auteurs de la *Villéliade* ont quelque obligation au poëme de Sarasin.

Le bagage littéraire de Sarasin n'est pas considérable, il est contenu tout entier dans un volume de médiocre étendue ; mais il suffit pour donner une haute idée de ses talents. Sarasin semble d'ailleurs n'avoir eu aucun souci de la postérité ; il ne s'est pas donné la peine de publier ses œuvres, et si elles ont été recueillies, nous le devons aux soins pieux de Ménage et de Pellisson. Il a montré tout ce que peut l'esprit sans génie ; il s'est élevé bien au-dessus du médiocre sans atteindre le vrai beau.

Génuzez.

SARATOF, gouvernement de la Russie d'Europe, qui, dépendant jadis du khanat d'Astrakan, fut organisé en gouvernement en 1780, et qui, s'étendant sur les deux rives du Volga, occupait d'une superficie de 2,466 myr. carrés, mais qui a été considérablement diminué en 1850, par la création à ses dépens du gouvernement de Samara, sur la rive orientale du Volga, de même que par divers agrandissements donnés au gouvernement d'Astrakan. Situé maintenant complètement sur la rive occidentale ou montagneuse du Volga (sauf un district qui s'étend au sud-est jusqu'au lac Elton), le gouvernement de Saratof ne comprend donc plus qu'une superficie de 1,486 myriamètres carrés, et dans les dix cercles dont il se compose une population de 1,357,700 âmes. La petite partie de son territoire située

---

(1) Lorsque Adam vit cette jeune beauté
Faite pour lui d'une main immortelle,
S'il l'aima fort, elle, de son côté,
(Dont bien nous prit), ne lui fut pas cruelle.
Cher Charleval, alors en vérité,
Je crois qu'il fut une femme fidèle ;
Mais comme quoi ne l'aurait-elle été,
Elle n'avait qu'un seul homme avec elle ?
Or, en cela nous nous trompons tous deux ;
Car bien qu'Adam fût jeune et vigoureux,
Bien fait d'esprit et de corps agréable,
Elle aima mieux, pour s'en faire conter,
Prêter l'oreille aux sornettes du Diable
Que d'être femme et ne pas coqueter.

à l'est du Volga est un pays de steppes, qui n'a d'importance qu'à cause des nombreux cours d'eau et lacs salants qu'on y trouve. La partie occidentale, c'est-à-dire le gouvernement actuel de Saratof, est montagneuse, très-fertile et parfaitement cultivée. Après le Volga, ses plus importants cours d'eau sont le Choper et la Medwediza, qui, grossis par un grand nombre de petits affluents, vont se jeter dans le Don. La population, dans laquelle on compte un grand nombre de colons allemands, vit de la culture des céréales, du froment notamment, et aussi de celle du chanvre, du lin, de la garance et du tabac. La pêche dans le Volga est encore pour elle une précieuse ressource; mais c'est incomparablement le règne minéral qui constitue la grande richesse du gouvernement de Saratof, en raison du sel qu'on tire à *Alton Nôr*, c'est-à-dire *mer d'or*, sa partie sud-est. Le lac d'Elton, ou de Jelton (en kalmouck), situé à 28 myriamètres au sud-est de Saratof, d'une superficie de 24 kilomètres carrés, est l'un des plus puissants gisements de sel qu'il y ait au monde, et fournit à lui seul à la Russie les deux tiers du sel nécessaire à sa consommation. La population se compose surtout de Grands-Russes, mais aussi de quelques Petits-Russes, et d'un certain nombre d'Allemands, de Tatars venus de Kasan et de Mordwines venus de Pensa. Il y a un siècle environ ce pays n'était encore qu'une steppe déserte. En 1765 Catherine II y appela des colons allemands, qui s'y propagèrent rapidement, et qui dès 1773 étaient arrivés au chiffre de 23,000 âmes. Aujourd'hui le nombre en est de plus de 150,000. Toutefois, sur 102 colonies allemandes qu'on compte dans ces contrées, il y en a 56 d'établies sur la rive orientale du Volga, et qui par conséquent font aujourd'hui partie du gouvernement de Samara.

Le chef-lieu du gouvernement est *Saratof*, sur le Volga, qui en cet endroit a près de 2 kilomètres de large. Cette ville est située dans une vallée profondément encaissée, et entourée de toutes parts de jardins fruitiers; elle est le siège du gouverneur, de l'évêque de Saratof et de Zaryzine, et d'un consistoire protestant, duquel relèvent les communes évangéliques de dix autres gouvernements du sud et de l'est de la Russie. On y trouve un gymnase, un séminaire, divers établissements d'instruction publique et de bienfaisance, seize églises, dont douze grecques et une allemande, plusieurs couvents et environ 60,000 habitants. C'est une des places de commerce les plus importantes de la Russie; les grains, les farines, le suif, le poisson et le sel provenant du lac Elton constituent les principaux articles d'échange.

SARBACANE. C'est la canne à vent de la construction la plus simple. Elle consiste en un tube de verre, de cuivre, etc., droit et aussi bien calibré à l'intérieur qu'il est possible, auquel il est très-facile de donner la forme et les dimensions d'une canne ordinaire. L'homme qui fait usage de cet instrument introduit une boulette, une balle, un petit dard dans le tube, et pour le chasser il remplit ses poumons de tout l'air qu'ils sont capables de contenir; après quoi, il souffle dans la sarbacane de toutes ses forces, et le projectile part. Une boulette lancée ainsi peut tuer un petit oiseau; et si l'homme a des poumons vigoureux, une flèche lancée par une sarbacane a assez de force pour donner la mort à plus de vingt pas de distance. On perfectionne cette arme en remplaçant les poumons du tireur par un petit soufflet fait de peau forte, souple et le moins poreuse possible; un ressort achève de fermer le soufflet, dont on n'écarte les panneaux qu'au moyen d'une sorte de cric.

SARCASME, raillerie amère, insultante, ironie acerbe et abrupte par laquelle un orateur insulte à son adversaire. Démosthène emploie souvent le sarcasme pour reprocher plus vivement aux Athéniens leur indolence. *Voyez* IRONIE.

SARCELLES, oiseaux du genre *canard*, mais de la petite espèce. La *sarcelle* proprement dite (*anas querquedula*, L.) est commune en automne et au printemps sur les étangs, les mares, etc.; mais il n'en reste pendant l'été que quelques couples, qui nichent dans les prairies marécageuses. Le mâle est long de 36 centimètres, la femelle est plus petite; plumage maillé de noir sur un fond gris; sommet de la tête noirâtre, un trait blanc autour et à la suite de l'œil; le mâle a la gorge noire et une plaque verte sur l'aile; dans la femelle, la gorge est blanche, et la plaque de l'aile verdâtre. La *petite sarcelle* (*A. crecca*, L.) reste chez nous toute l'année, et niche au milieu des joncs de nos étangs. Elle est un peu plus petite que la précédente; et elle en diffère, en outre, par les couleurs de la tête, qui est rousse et rayée d'un large trait vert bordé de blanc, lequel s'étend des yeux à l'occiput : le reste du plumage est assez semblable à celui de la précédente, excepté que la poitrine n'est pas aussi agréablement maillée, mais seulement mouchetée. La ponte, qui a lieu dans le mois d'août est de dix à douze œufs, de la grosseur de ceux du pigeon, d'un blanc sale, avec de petites taches couleur de noisette : cet oiseau, de même que la *sarcelle* proprement dite, est un gibier délicat et recherché.
DEMÉZIL.

SARCLAGE, opération qui consiste à arracher avec la main, ou à couper entre deux terres avec le *sarcloir*, les herbes qui nuisent aux plantes cultivées, telles que la moutarde des champs, le coquelicot, l'ivraie, la nielle, les bluets, les agrostèmes, etc., que l'on appelle *mauvaises herbes*. Les sarclages se font ordinairement après les pluies, dans les potagers, ils doivent être suivis d'arrosages abondants, qui ont pour objet de raffermir la terre autour de la racine des semis déchaussée, et même quelquefois découverte, par la soustraction des mauvaises herbes. Les plantes qui proviennent du sarclage des céréales sont données aux bestiaux; celles, au contraire, que fournit le jardinage sont abandonnées sur le lieu même où l'action desséchante du soleil; elles sont peu abondantes et de mauvaise qualité en général : ce sont les petites orties, la mercuriale, des euphorbes, quelques graminées qu'on enlève de bonne heure si l'on tient à la prospérité des semis.
P. GAUBERT.

SARCLOIR, nom donné à divers outils qui servent à sarcler; tantôt c'est un instrument en fer, armé d'un long manche, en forme de pioche d'un côté, et garni de l'autre de deux dents, plus ou moins longues, plus ou moins écartées (*voyez* BINAGE); tantôt c'est une sorte de ratissoire à pousser ou à tirer; enfin, aux environs de Paris, c'est une espèce de petit couteau qui sert aux maraîchers pour sarcler les semis très-épais.
P. GAUBERT.

SARCOCÈLE (de σάρξ, σαρκός, chair, et de κήλη, tumeur). D'après la définition qu'en donne M. Roux, on doit entendre par *sarcocèle* toute affection du testicule ou de ses annexes se présentant sous la forme d'une tumeur solide, plus ou moins volumineuse, dans laquelle l'altération organique des parties malades est portée si loin que leur extirpation devient, le plus ordinairement au moins, absolument indispensable. Cette affection, à la production de laquelle contribuent les maladies syphilitiques, peut aussi bien être causée par l'abus que par la privation des plaisirs vénériens. Elle succède souvent aux contusions, aux froissements éprouvés par le testicule; l'habitude de l'équitation favorise son développement; des attouchements réitérés peuvent la produire. L'organe malade commence par augmenter de volume, en même temps que de légères douleurs s'y font sentir à des époques plus ou moins rapprochées. Le toucher révèle l'existence d'un léger engorgement, d'une petite dureté qui augmente insensiblement. Bientôt des douleurs lancinantes se manifestent de plus en plus fréquemment. La tumeur acquiert un volume plus considérable, elle se ramollit, et la maladie reste abandonnée à elle-même, la peau du scrotum prend une teinte violacée, les veines sous-cutanées se dilatent et deviennent variqueuses. De petites fissures se forment; il s'en échappe un peu de sérosité; ce sont bientôt de véritables ulcères cancéreux. Enfin, des escarres leur succèdent; la chute de ces escarres produit d'abondantes hémorrhagies, et le malade succombe, épuisé par la continuité des douleurs et la fièvre hectique.

Dans la première période de la maladie, le traitement

antiphlogistique se trouve naturellement indiqué. Les frictions locales avec l'onguent mercuriel offrent un moyen résolutif très-puissant. On emploie aussi avec succès les moyens propres à guérir les engorgements scrofuleux, tels que les bains alcalins, l'hydriodate de potasse, etc.; mais si le sarcocèle a fait des progrès trop avancés, il n'y a plus de ressource que dans l'ablation des parties malades.

SARCODE. *Voyez* BLASTEUX (Tissu).

SARCOPHAGE (du grec σάρξ, chair, et φάγειν, manger). Pline veut que ce nom provienne d'une pierre qu'on trouvait dans la Troade, et dont on faisait des cercueils, à cause de ses qualités caustiques et de la propriété qu'elle avait de dévorer promptement les chairs. Cette opinion a été admise dans la plupart des ouvrages sur l'antiquité. Il ne paraît cependant pas que les Romains, chez lesquels se rencontrent le plus communément ces *sarcophages*, aient connu la propriété de cette pierre; et le mot *sarcophage* semble être plutôt une expression allégorique pour dire que le tombeau dévore les chairs, parce que le corps de l'homme s'y détruit en effet. L'usage d'inhumer les morts est fort ancien; celui de les brûler est également fort ancien, et remplaça le premier complètement chez les Grecs et les Romains. Toutefois, lorsqu'il prévalut chez les Romains, quelques familles conservèrent l'usage d'inhumer leurs morts. Plus tard, il paraît, par le grand nombre de sarcophages anciens qui nous restent, que l'usage d'inhumer les morts prévalut définitivement sous les Antonins; révolution à laquelle ne contribua pas peu le christianisme. Les caisses sépulcrales ou cercueils que nous nommons *sarcophages* étaient de pierre, de marbre ou de porphyre. Les Grecs en avaient aussi de bois dur et robuste, résistant à l'humidité, et principalement de chêne, de cèdre ou de cyprès, quelquefois de terre cuite, et même de métal. La forme de ces caisses est parallélipipède; c'est un carré long, comme nos cercueils. Les sarcophages portent quelquefois la statue du personnage qu'ils contenaient; souvent elle est assise comme sur un lit, non comme sur un lit de douleur, mais comme assistant à un banquet. Leur capacité varie comme leur matière, leur forme et leurs ornements. On en trouve qui sont propres à recevoir les corps de deux époux, comme on avait quelquefois confondu leurs cendres dans une même urne. C'est vers le troisième siècle de notre ère que s'introduisit l'usage des sarcophages de grandeur colossale, capables de contenir une famille entière. Les bas-reliefs qui les décorent offrent tantôt des compositions de pure fantaisie, et tantôt des traits de la fable ou de l'histoire héroïque sans aucun rapport avec la cessation de la vie; ou bien encore ce sont soit des allégories morales, soit des figures relatives à la profession ou aux goûts du défunt. Les chrétiens ornèrent leurs sarcophages de sujets pieux, tirés en grande partie de l'Ancien et du Nouveau Testament, comme les païens décoraient les leurs de sujets profanes. Dans le grand nombre des sarcophages qui se sont conservés jusqu'à nos temps, plusieurs sont particulièrement connus sous les noms qu'on leur a attribués plus ou moins arbitrairement; par exemple : le *sarcophage d'Homère*, dans les jardins Besborodko, à Saint-Pétersbourg, travail d'une époque très-récente, et le *sarcophage d'Alexandre*, qu'on voit aujourd'hui au *British Museum*, et qui se trouvait autrefois dans la mosquée de Saint-Athanase, à Alexandrie. Le *Campo santo* de Pise contient à lui seul plus de soixante-dix sarcophages anciens.

L'usage des sarcophages ou cercueils en pierre dura encore pendant le moyen âge; et dans l'architecture gothique, ainsi qu'en témoignent les tombeaux de plusieurs archevêques qu'on voit dans la cathédrale de Cologne, on conserva aussi de temps à autre cette forme de monuments avec beaucoup de bonheur.

SARCOPTE. *Voyez* CIRON.

SARCOSTOME (du grec σάρξ, chair, et στόμα, bouche), famille d'insectes diptères, comprenant ceux qui ont une trompe charnue.

SARDA. *Voyez* BONITE.

SARDAIGNE, *Sardegna*, île de la Méditerranée, appartenant à l'Italie et faisant partie du royaume du même nom (*voyez* ci-après), d'une superficie d'environ 305 myriamètres carrés, par conséquent après la Sicile la plus grande île de cette mer, et séparée de la Corse par le détroit de Boniface. Le pays est traversé à son centre par une chaîne de montagnes qui atteint à *Gennargentu* son point extrême d'altitude, 1,966 mètres. L'eau ne manque pas, mais dans le grand nombre de fleuves qu'on y trouve il n'y en a qu'un seul de navigable. Le climat est très-chaud, mais sain, sauf les endroits où existent des lagunes. On est quelquefois quatre et cinq mois de suite sans y voir tomber une goutte de pluie. Le sol produit en abondance des céréales, des plantes légumineuses et des fruits de toutes espèces. On trouve en Sardaigne beaucoup de sel, ainsi que de l'argent, du fer et du plomb. Le bois y abonde aussi, près du cinquième de l'île étant couvert de forêts. La race des chevaux et des bêtes à cornes y est petite, mais vigoureuse et bien faite. Le chien de Sardaigne, le mouflon, etc., sont des animaux particuliers au pays. Le nombre des habitants, y compris l'île de *Capraja*, n'est que de 548,000. La faiblesse de ce chiffre provient surtout de l'oppression féodale et sacerdotale à laquelle la population a été en proie pendant des siècles, et qui a étouffé dans le pays tout germe de prospérité. Plus des deux tiers du sol appartenaient, à titre de fiefs héréditaires, à des barons descendant pour la plupart de familles espagnoles. Le clergé possédait aussi d'immenses propriétés, et prélevait la dîme sur tous les produits. On a remédié en partie à cet état de choses en abolissant, à partir de 1836 et de 1837, les justices patrimoniales et les corvées personnelles, et en affranchissant de 1838 à 1847 les propriétés des paysans des charges vexatoires de tous genres qui pesaient sur elles. Comme le Corse, le Sarde est vindicatif, implacable, mais laborieux, preste et inventif. Dans son accoutrement, le paysan sarde a presque l'air d'un sauvage; il porte des vêtements de cuir et s'enveloppe d'une peau de mouton. Les Sardes sont généralement d'origine italienne, mêlés avec des Espagnols et d'autres peuples, et parlent un dialecte particulier, fortement mélangé d'italien et d'arabe; mais les classes supérieures parlent un italien plus pur. Faute d'écoles, la plus grande partie de la population est encore fort arriérée sous le rapport de l'instruction. Elle professe sans exception la religion catholique. L'agriculture et l'élève du bétail constituent ses principales occupations. On récolte aussi beaucoup d'huile et de vin. Les vins de la Sardaigne ont beaucoup d'analogie avec les vins d'Espagne, beaucoup de feu et de bouquet; et quand ils ont de l'âge ils l'emportent sur les vins de Chypre. On vante le Malvoisie de *Bosa*, de *Pirri* et de *Quartu*, près de Cagliari; le *Nasco*, le *Monaco*, le *Muragus* de Cagliari; le *Giro*, vin rouge, spiritueux et sucré, et le *Bernaccio*. Les fabriques et les manufactures manquent presque complètement. Malgré sa position favorable, cette île n'a pas de vaisseaux; et sont ce les Anglais, les Français, les Génois et les Siciliens qui viennent pêcher sur ses côtes le thon et le corail. Pour la pêche du thon, ils doivent payer certaines redevances à quelques familles nobles; quant à la pêche du corail, c'est une ferme royale. Le commerce, quoique ayant douze ports à sa disposition, y est dans l'enfance, faute de bonnes voies de communication. L'administration de l'île était autrefois aux mains d'un vice-roi, secondé par un ministère particulier. Il existait aussi des états, composés, aux termes du statut de 1355, du clergé, de la noblesse et des députés des localités royales. Ils avaient le droit de discuter les lois, de voter l'impôt, etc., mais n'étaient que très-rarement convoqués. Ce n'est qu'en 1847 que l'île a été complètement incorporée à la monarchie. Il existe en Sardaigne deux universités, l'une à Cagliari et l'autre à Sassari; et néanmoins les sciences y sont restées à un état des plus infimes. Les revenus de l'État étaient autrefois si minimes qu'ils ne suffisaient point à couvrir les dépenses publiques.

La force armée se recrutait alors par la voie de l'enrôlement volontaire, le Sarde, comme le Corse, ayant une aversion invincible pour l'état militaire. Aujourd'hui l'île a sa propre milice nationale. Sous le rapport administratif elle était divisée depuis 1821 en deux *capos* ou intendances générales, le *capo di Cagliari* et le *capo di Sassari*; elle en forme aujourd'hui trois : *Cagliari*, *Nuoro* et *Sassari*. Le premier et le troisième sont subdivisés en quatre provinces chacun, et le second, en trois; total, onze : Cagliari, *Iglesias*, *Isili*, *Oristano*; Sassari, *Alghero*, *Ossieri*, *Tempio*; Nuoro, *Ogliteri*, *Lanusci*. Sous le rapport ecclésiastique, elle forme trois archevêchés, *Cagliari*, *Oristano*, et *Sassari*, et huit évêchés. Le chef-lieu est Cagliari.

L'île de Sardaigne, appelée d'abord *Ichnusa* ou *Sandaliotis*, d'après sa configuration, qui est celle d'une plante de pied, puis plus tard *Sardo* par les Grecs, et *Sardinia* par les Romains, fut à l'origine habitée dans sa partie méridionale par la nation lybienne des *Iolai*, mélangée déjà vraisemblablement avec les Phéniciens, ou placée sous leur dépendance, ainsi que par les tribus ibériennes des Sardes (Σαρδώ en grec, *Sardi* en latin) et des Baléares ; mais dans sa partie septentrionale, de même que toute la Corse, par des Liguriens. Les Tyrrhéniens pélasges créèrent aussi sur les côtes occidentales quelques établissements, devenus plus tard la propriété des villes maritimes étrusques. Les colonies grecques des Phocéens, qui plus tard fondèrent *Massilia*, et peut-être plus tard encore celles des Massiliens eux-mêmes, tout au moins *Olbia*, sur la côte nord-est, n'eurent pas longue durée. Plus tard, à partir de l'an 500 av. J.-C., les Carthaginois fondèrent sur la côte méridionale les établissements commerciaux de *Caralis* et de *Sulchi* ou *Sulci*, d'où leur domination s'étendit peu à peu sur toute l'île. Une circonstance qui témoigne du passage des Phéniciens par là, c'est que toutes les villes de l'île, même dans l'intérieur, portaient des noms phéniciens. Les nombreux *nurraghi* encore subsistants aujourd'hui sont des monuments des colonies pélasgiques. C'étaient des espèces d'habitations, ayant généralement de 16 à 17 mètres d'élévation, et mesurant à la base 30 mètres de diamètre, terminées en boule, construites avec diverses sortes de pierres sur des mamelons dans la plaine, et qui parfois sont entourés de fossés. Après la première guerre punique, la Sardaigne et la Corse passèrent (de l'an 238 à l'an 231) de la domination des Carthaginois sous celle des Romains, et formèrent une province qui avait pour capitale *Caralis*; mais l'intérieur n'en fut complètement soumis que sous les empereurs. Par la suite la Sardaigne devint successivement la propriété des Vandales au cinquième siècle, des empereurs de Byzance à partir de l'an 536, des Sarrasins à partir du commencement du huitième siècle, puis de nouveau des Sarrasins depuis la seconde moitié du neuvième siècle, à partir de l'an 1007, et à la suite d'une nouvelle conquête par les Sarrasins, en 1022, des Pisans; changements de domination toujours accompagnés de longues et sanglantes guerres. Pour gouverner le pays, les Pisans établirent à Cagliari, à Torre, à Gallura et à Arborea quatre juges qui surent non-seulement s'arroger des pouvoirs extrêmement étendus, mais encore rendre leurs charges héréditaires. Avec l'appui des Génois le juge Bariso (*Borison*), d'Arborea, réussit à s'établir souverain de toute l'île, en 1164 l'empereur Frédéric Ier érigea en royaume. A la suite de nombreux troubles intérieurs, l'empereur Frédéric II créa son fils Enzio roi de Sardaigne. Quand il eut été fait prisonnier par les Bolonais, les Pisans se remirent en possession de l'île. Le pape Boniface VIII s'attribua le droit de suzeraineté sur le royaume, et le donna avec la Corse, en 1296, à titre de fief relevant du saint-siège, au roi Jacques II d'Aragon; mais ce ne fut qu'en 1324 que cette maison se trouva en paisible possession de sa souveraineté. La Sardaigne ne tarda pas à devenir le théâtre de nombreux soulèvements et de sanglantes guerres civiles. Elle appartint alors à l'Espagne jusqu'à la guerre de succession d'Espagne, époque où (1708) les Anglais s'en emparèrent et l'occupèrent au nom de l'Autriche. La paix d'Utrecht avait formellement stipulé que cette île appartiendrait à la maison d'Autriche. En 1717 le roi Philippe IV s'en empara bien; mais l'Angleterre, l'Autriche et la France le forcèrent à l'évacuer. L'Autriche l'échangea, en 1730, contre la Sicile, que la paix d'Utrecht avait adjugée avec le titre de royaume au duc de Savoie, Victor Amédée II. Quoiqu'à partir de ce moment la Sardaigne ait donné son nom à l'ensemble des possessions de la maison de Savoie, elle n'en resta pas moins toujours une province fort négligée, tandis que le Piémont devenait le plus beau fleuron de cette monarchie. Consultez Petit-Radel, *Notice sur les Nuraghes de la Sardaigne* (Paris, 1826); de Vico, *Historia general de la isla e reyno de Cerdena* (2 vol., Barcelone, 1839); le comte Albert de La Marmora, *La Sardaigne* (2 édit., Paris, 1839).

SARDAIGNE (Royaume de). Il se compose des îles de Sardaigne et de Caprara et des États de la terre ferme, à savoir : le duché de Savoie, la principauté de Piémont, avec la partie sarde du duché de Milan et du duché de Montferrat, le comté de Nice, y compris la principauté de Monaco, placée sous la protection de la Sardaigne, et du duché de Gênes. Sa superficie totale est de 961 myriamètres carrés, avec une population de 4,916,000 habitants, dont 4,368,136 pour les 664 myriamètres carrés des États de la terre ferme, qui forment un tour assez bien arrondi à l'ouest de la haute Italie. Limité par la France, par la Suisse, par le royaume lombardo-vénitien, par Parme, Modène, la Toscane et la Méditerranée, sa configuration présente les aspects les plus divers. La Savoie est le pays de montagnes le plus élevé de l'Europe; le Piémont appartient en grande partie à la grande vallée du Pô, et jouit d'une admirable fécondité. Le littoral de Gênes et de Nice, fermé par les Apennins, entoure le magnifique golfe de Gênes. Les parties occidentale et septentrionale de la monarchie sont parcourues par les Alpes Maritimes, les Alpes Cottiennes, les Alpes Grecques, Pennines et Lépontiennes avec leurs ramifications, à travers lesquelles d'admirables routes conduisent les unes en Suisse, les autres en France, ou bien relient les diverses provinces entre elles, par exemple celles du Simplon, du Grand et du Petit-Saint-Bernard, du mont Genèvre, du mont Cenis, de la Bocchetta, etc. Parmi ses cours d'eau qui vont se jeter dans la Méditerranée, le seul qui ait de l'importance est le Rhône. Le principal de tous est le Pô, qui reçoit à sa gauche le *Clusone*, la *Doria Riparia* et la *Dora Baltea*, la *Sesia*, l'*Agogna* et le *Tessin* (qui sert de limites aux États sardes et aux possessions autrichiennes), et à sa droite la *Braita*, la *Maira*, le *Tanaro*, la *Scrivia*, le *Curone*, etc., et fait communiquer le pays avec la mer Adriatique. En fait de grands lacs, le lac de Genève et le lac Majeur n'y appartiennent que partiellement. Les canaux d'irrigation et de communication n'y font pas non plus défaut, et les sources minérales y abondent. Le climat varie beaucoup dans les différentes parties du territoire. En Savoie, c'est celui de la Suisse : en Piémont, il est bien plus doux, quoique ce pays soit parfois exposé à l'âpre vent qu'on appelle *tramontano*, et il permet la culture de la vigne, du riz et du mûrier. A Nice et à Gênes, il est complètement méridional : aussi les orangers y croissent-ils en pleine terre. Les principaux produits de la terre ferme sont le riz, l'huile et la soie. On y récolte, outre des grains et des légumes de toutes espèces, du vin, du lin, du chanvre, des châtaignes, des fruits de tous genres, des herbes à fourrage, du tabac, du safran, de la moutarde et des truffes. Les forêts et la sylviculture y sont peu importantes. Le règne animal fournit, outre les animaux domestiques et utiles, beaucoup de gibier, notamment des bouquetins, des chamois et la grande bête, des marmottes, toutes espèces de volatile, de gibier à plume et de poissons; le règne minéral, du cuivre, du plomb, du fer, un peu d'argent, du marbre, du cristal de roche, des pierres demi-fines, de la terre à porcelaine, du sel et de la houille. Les habitants se qualifient d'*Italiens*, mais sont un mélange de Liguriens, de Gaulois, de

Romains, de Goths, de Lombards et d'Allemands venus successivement s'établir dans le pays. L'italien pur n'est parlé sur aucun point de la monarchie. Dans les provinces de terre ferme le français n'est pas seulement la langue dominante de plus de 300,000 Savoisiens, il pénètre même à l'est et au sud dans les dialectes du Piémont jusqu'aux frontières du pays de Gênes et de la Lombardie sarde, tandis que dans les villes il est la langue adoptée pour la conversation par les classes élevées. Au nord du Piémont on trouve, dans cinq vallées situées au sud et au sud-est du Monte-Rosa, huit communes dont les habitants, d'origine bourguignonne, ne se sont pas mélangés avec leurs voisins et continuent à parler l'allemand. La religion catholique est la religion dominante, et la constitution du 4 mars 1848 l'a érigée en *religion de l'État*. Mais depuis lors les autres cultes ont obtenu la tolérance légale ; et les débris des Vaudois, qui continuent d'habiter, au nombre d'environ 28,000, quelques vallées des Alpes, ont été ainsi soustraits à la dure oppression qui avait jusque alors pesé sur eux. Les juifs, au nombre de 9,000 environ, jadis aussi opprimés cruellement, ont de même obtenu plus de liberté. Au point de vue ecclésiastique, la terre ferme est divisée en quatre archevêchés, et la Sardaigne en trois. Le nombre des couvents est de quatre cent cinq, dont cent quarante-quatre de femmes. Il existe en outre seize abbayes et une foule de chapitres, de canonicats, de congrégations et de séminaires. Le revenu foncier des couvents est de 7,500,000 fr., ce qui représente un capital de 150 millions. Pour l'instruction supérieure, il y a quatre universités : à Turin, à Gênes, à Sassari et à Cagliari ; on compte en outre quarante-et-un collèges, trente-neuf séminaires, et soixante-quatre écoles intermédiaires de villes. Il y a à Turin une Académie des Sciences et des Beaux-Arts, ainsi que divers établissements pour la culture des arts et de l'industrie, et plusieurs collections de tableaux et d'objets d'art. L'Académie Militaire de Turin et l'École Militaire d'Ivrée ont pour but de former de jeunes officiers. Il y a à Turin une école de cavalerie, et des écoles navales à Gênes, à Villafranca, à Savone et à Spizia. Malgré ce grand nombre d'établissements d'instruction publique, la culture intellectuelle du pays était restée jusque ici fort arriérée, à cause du système de politique suivi par le gouvernement et de l'influence cléricale, qui nuisait au libre développement des arts et des sciences ; et jusqu'en 1848 l'instruction populaire était en grande partie demeurée entre les mains des jésuites. Il faudra donc nécessairement du temps pour qu'une amélioration sensible s'effectue sous ce rapport. L'agriculture était depuis longtemps bien autrement en voie de progrès, de même que le commerce et l'industrie, du moins sur le continent, où la noblesse est nombreuse, mais peu riche, et jouit de bien moins de priviléges que celle de l'île. La bourgeoisie se distingue dans les grandes villes du Piémont, et plus particulièrement à Gênes, par son activité industrielle. Le paysan, qui autrefois était rarement propriétaire, et seulement fermier ou usufruitier du sol, a vu aussi dans ces derniers temps sa situation s'améliorer singulièrement. De tous temps d'ailleurs elle avait été sur le continent de beaucoup préférable à celle du paysan des îles, courbé sous la dure oppression du système féodal. Dans toute la monarchie c'est le même système d'agriculture qui domine qu'en Lombardie ; les grands propriétaires donnent à ferme de petites parcelles de terre à un grand nombre de locataires. Le Piémont est parfaitement cultivé. Le sol est insuffisant pour nourrir l'industrieux Savoisien et l'habitant des côtes ; et en Sardaigne, autrefois le grenier à blé des Romains, le système de la féodalité a nui singulièrement au développement de l'agriculture. Toutefois, elle en est arrivée partout aujourd'hui à fournir à la consommation pour ce qui est des céréales, des légumes, des tubercules, du chanvre, de l'huile et du vin, et elle peut même déjà exporter beaucoup de riz, de vin, de chanvre et d'huile. Dans les montagnes l'élève du bétail a pris des développements notables, et il se fait de la Savoie et du Piémont des exportations considérables de fromage. La culture de la soie est pratiquée avec grand succès dans les intendances générales de Turin, de Novare et d'Alexandrie, et produit annuellement plus de 20,000 quintaux de soie de première qualité. La pêche maritime constitue une grande et fructueuse industrie, notamment celles du thon, des sardines et des anchois. Cependant, le golfe de Gênes est à bien dire pauvre en poisson. L'exploitation des mines est sans doute plus active que dans les autres parties de l'Italie, mais ne suffit que pour bien peu de métaux aux besoins de la consommation. Les mines d'argent de Pissey, de Macot et d'Hirmillon ne livrent guère chaque année que 1,800 marcs d'argent. Les mines les plus importantes de la Savoie et du Piémont sont celles de plomb et de fer. On trouve des gisements houilliers en Savoie et sur les côtes de la Ligurie. Dans ces dernières années le produit en a été de 200,000 quintaux. On trouve vingt-quatre remarquables carrières de marbre en Savoie, à Aoste, à Gênes et à Turin, de même qu'une carrière d'excellent albâtre, et de nombreuses carrières de pierre à bâtir et d'ardoise. On trouve du sel gemme à Moutiers et dans la Tarentaise, où une seule saline fournit 20,000 quintaux de sel par an. Quelques branches d'industrie manufacturière fleurissent dans les grandes villes, à Gênes surtout. L'industrie des toiles est la plus arriérée de toutes ; et tandis qu'on exporte le chanvre en fils bruts, on est réduit à importer des toiles fines, des toiles à voiles et des cordages. La manufacture de lainages, au contraire, met en œuvre tous les produits du pays en laine, et fabrique assez pour pouvoir faire des exportations considérables. Toutefois, on ne fabrique guère que des étoffes grossières pour le Levant, et on importe pour plus de 8 millions de francs de tissus fins. L'industrie cotonnière est en grand progrès depuis quelque temps, quoiqu'on continue encore à importer d'Angleterre, de Suisse et d'Autriche pour plus de 15 millions de cotonnades. On ne fabrique pas d'articles métalliques en assez grande quantité pour les besoins du pays : encore sont-ils de qualités inférieures ; et on importe annuellement pour près de 2 millions de quincaillerie fine. La fabrication des poteries et des verroteries y est dans une situation bien plus satisfaisante ; dès le seizième et le dix-septième siècle elle jouissait d'autant de réputation que celle de Venise. L'industrie des cuirs ne livre que des produits médiocres. Gênes fabrique d'excellents gants, et Turin de bons cuirs, et les deux villes d'excellent parchemin. Les fabriques de savon et de bougies, qui se trouvent exclusivement à Gênes, à Turin et dans les grandes villes de la Savoie, sont au nombre des plus importantes qu'il y ait en Italie, et non-seulement suffisent aux besoins de la consommation locale, mais encore en partie à ceux d'autres États de l'Italie. Les nombreuses papeteries (on en compte plus de cent), donnent de remarquables produits, dont il s'exporte annuellement pour près de 2,500,000 francs. La fabrication des huiles est l'œuvre des propriétaires de plantations d'oliviers eux-mêmes. Il y a d'importantes raffineries de sucre à Turin, à Gênes, et à Garignano, et de grandes fabriques de chocolat dans les deux premières de ces villes. Gênes, Nice, Rapallo et d'autres lieux du littoral construisent des navires.

La partie continentale du royaume forme le passage d'Italie en France et en Suisse ; mais les énormes montagnes qui séparent ces pays, ainsi que les besoins restreints des habitants et l'uniformité de leurs produits, sont un obstacle à ce que le commerce du pays prenne de larges développements. Il se fait surtout par les ports de Gênes, de Nice, de Savone, d'Oneglia, de Chiavari et de Spezia ; et le commerce de transit y a l'une grande importance. Après Gênes, qui en général se livre au commerce extérieur, les grands centres commerciaux sont Turin et Alexandrie, puis Chambéry, Novare et Suze. Toutes les routes qui traversent les montagnes convergent sur Turin et sur Gênes. La Sardaigne a déjà beaucoup fait pour l'établissement de voies ferrées, et elle fera plus encore. En 1840 un chemin entre Turin et Gênes, par Asti, Alexandrie et Novi fut concessionné, et il y a déjà plusieurs années qu'il est en pleine exploitation; les travaux entrepris, et en ce moment en voie d'exécution, ne tarderont point à relier à la capitale toutes les villes importantes du royaume; et depuis longtemps des lignes de télégraphie électrique y existent entre les divers grands centres de population. En 1853 la marine marchande comptait 3,609 navires, jaugeant ensemble 167,772 tonneaux et montés par 17,925 marins. En 1850 il sortit du seul port franc de Gênes 7,323 bâtiments, jaugeant ensemble 514,199 tonneaux, dont 5,584 sous pavillon sarde et 1,739 sous pavillon étranger. Les banques de Gênes et de Turin, fondées en 1844 et 1847, ont été réunies en 1850, sous le nom de *Banque nationale*, et privilégiées pour trente ans, en même temps qu'on décrétait l'adoption du système français de poids et de mesures. Cette même année 1850 vit s'effectuer dans les tarifs un grand nombre de réformes utiles, qui accrurent les revenus publics, et conclure divers traités avantageux de commerce, de navigation, et de conventions douanières et postales.

Quant aux finances, le budget et la dette publique ont été considérablement augmentés par la réorganisation de toutes les branches de l'administration et par les événements malheureux de la guerre, qui ont rendu nécessaires de nouveaux impôts et de nouveaux emprunts. Vers 1840 la dette publique se montait à 87 millions de francs. Les revenus et les dépenses étaient tenus secrets; mais les premiers étaient évalués à 79 millions et les secondes à 77,500,000 francs. D'après le budget de 1852, les revenus étaient évalués à 101,564,236 fr., et les dépenses à 144,870,995; le déficit était par conséquent de 43,306,759 fr. Le budget de 1853 fixait les recettes à 109,223,934, et les dépenses à 150,917,316 fr.; déficit 41,703,442. Au 1ᵉʳ janvier 1852 la dette publique s'élevait à 518,418,460 fr., et en 1853 à 527,852,826 fr. Quoique l'administration ne manque ni de bonne volonté ni d'énergie pour rétablir l'équilibre dans les dépenses, ce but ne pourra être atteint qu'à la longue et dans des temps favorables. Les États de terre ferme (*Stati di terra firma*) sont politiquement divisés depuis 1851 en onze intendances générales : *Turin, Alexandrie, Coni, Ivrée, Novare, Verceil, Chambéry* et *Annecy* (Savoie), *Gênes, Nice* et *Savone,* subdivisés à leur tour en trente-neuf provinces. Il faut y ajouter depuis 1848 les trois intendances générales de l'île de Sardaigne, Cagliari, Nuoro et Sassari, formant onze provinces. On compte donc dans le royaume quatorze grandes divisions et cinquante petites divisions administratives. Sous le rapport militaire, il est partagé en cinq divisions : *Turin, Alexandrie, Chambéry, Gênes* et *Cagliari*, à la tête de chacune desquelles se trouve un général. Le royaume de Sardaigne, dont sa position géographique et sa circonscription font le boulevard de la Péninsule contre la France, est depuis longtemps l'État militaire par excellence de l'Italie, et dans toutes les parties de sa population domine un esprit belliqueux. D'après le budget de 1853 l'effectif de l'armée sur le pied de paix se composait de trente généraux, 3,077 officiers et 44,601 soldats; total, 47,708 hommes, avec 7,486 chevaux. Sur le pied de guerre, il peut être porté à 150,000 hommes. L'armée se recrute par le tirage au sort, sauf l'île, où existe une espèce de milice nationale. Sur la terre ferme la durée du service militaire est fixée à seize ans; mais elle se trouve considérablement réduite par un large système de congés et de permissions.

En 1853 la marine se composait de quatre frégates à voiles et quatre frégates à vapeur, quatre corvettes, un brick, deux brigantins, six bateaux à vapeur, etc.; total, quarante bâtiments de guerre, avec neuf cents canons. Le personnel de la flotte comprenait 2,860 hommes, dont un amiral, deux vice-amiraux, sept capitaines de vaisseau et sept capitaines de corvette. Les équipages se recrutent parmi la population des côtes. *Gênes, Villafranca* et *Cagliari* sont le siége de trois départements maritimes, et Gênes en même temps celui du commandant général et de la principale école navale, de même que son port est la station ordinaire de la flotte.

Jusqu'en 1848 le roi avait joui d'un pouvoir absolu. C'est dans l'île seulement qu'existaient d'anciens états, et dans le pays de Gênes il fallait pour l'introduction de nouveaux impôts l'assentiment des colléges de cercle. Mais à la suite des troubles qui éclatèrent en Italie, le roi Charles-Albert accorda au royaume une constitution représentative, qui porte la date du 4 mars 1848. Cette constitution déclare le catholicisme religion de l'État, mais accorde aux autres cultes une entière tolérance; elle garantit les droits de liberté individuelle, la liberté de la presse, et attribue à la couronne le droit exclusif du pouvoir exécutif sous des ministres responsables. Le pouvoir législatif est exercé par le roi et par le parlement, qui se compose de deux chambres, le sénat et la chambre élective. Les membres du sénat sont nommés à vie, et en nombre indéterminé, par le roi. Les princes de la maison royale ont seuls le privilége d'y siéger par droit de naissance. Le sénat est en même temps la cour suprême de justice; c'est lui aussi qui juge les accusations que la chambre élective porte contre les ministres. Les membres de la chambre élective sont élus par le peuple pour cinq ans. Les députés des parties du royaume où le français est la langue dominante peuvent se servir de cet idiome dans les discussions. L'initiative des projets de loi appartient au roi et aux chambres. Aucun impôt ne peut être prélevé, sans avoir été voté par les chambres et sanctionné par le roi. Le roi convoque annuellement les chambres; il a le droit de les proroger et de les dissoudre, mais il est tenu de convoquer un nouveau parlement quatre mois après leur dissolution. Aux deux ordres sardes, l'ordre de l'Annonciade ou *Dell' Annunziata di Maria* (fondé en 1362, et devenu sarde en 1720), et celui de Saint-Maurice et de Saint-Lazare (fondé en 1434, renouvelé en 1572), on ajouta en 1815 l'ordre du Mérite militaire, et en 1831 celui du Mérite civil (*Real ordine civile di Savoja*). Il existe encore une autre décoration, la croix de la Fidélité, dont l'établissement date de 1831.

La Savoie est le pays originaire des rois de Sardaigne. Grâce à son adresse, le duc Victor-Amédée de Savoie avait gagné à la paix d'Utrecht la Sicile avec le titre de roi, tandis que l'Autriche recevait la Sardaigne pour sa part. Dans les complications nouvelles qui surgirent ensuite, le nouveau roi, contraint par l'Autriche, la France et l'Angleterre réunies, dut échanger la Sicile contre la Sardaigne. Le traité du 24 août 1720, qui consacra cet échange, constitua avec le royaume de Sardaigne et le duché de Savoie la monarchie sarde telle qu'elle existe depuis lors. En 1730 Victor-Amédée abandonna le gouvernement à son fils Charles-Emmanuel III moyennant une pension de 400,000 francs; puis, moins d'une année après, il se repentit de cet arrangement, et ayant cherché alors à s'emparer du trône, il fut arrêté et mourut en prison, en 1732. Charles-Emmanuel III (1730-1773) montra encore plus d'habileté à tirer parti des conflits des grandes puissances. Allié de la France et de l'Espagne contre l'Autriche, la paix de Vienne de 1735 lui valut les territoires de Tortone et de Novare, et à l'époque de la guerre de succession d'Autriche, le traité de Worms (1743), le comté d'Anghiera avec les territoires de Vigevano et de Pavie. L'administration intérieure de ce prince fut marquée par des succès analogues. Il s'efforça, par une sage économie, de diminuer le fardeau que l'entretien de l'armée imposait au pays, publia un code (le *Corpus Carolinum* de 1770), et sut défendre contre le pape les droits de l'autorité temporelle en soumettant les bulles pontificales à son approbation préalable. Sous le règne de son fils et de son petit-fils le royaume fut en proie à de cruelles épreuves. Victor-Amédée III (1773-1796) ayant accédé à la coalition européenne contre la révolution française se vit enlever dès 1792 la Savoie et Nice par les Français. Soutenu par des subsides que lui fournirent l'Angleterre et le pape, il rassembla (1793) une armée de 50,000 hommes, qui imposa au pays des charges écrasantes; mais après avoir obtenu quelques succès, il ne put arrêter les Français dans leur marche victorieuse. La lutte resta indécise en 1794 et en 1795; mais la célèbre campagne de 1796 de Bonaparte força dès les premières semaines le roi à faire sa soumission. Le 18 mai il était réduit à accepter les dures conditions de paix que lui imposait la république française et à lui abandonner formellement les territoires dont elle était en possession depuis 1792. Son fils, Charles-Emmanuel IV (1796-1802), s'allia à la France contre l'Autriche (1797); mais sous prétexte des projets hostiles qu'il avait conçus contre la république, le Directoire, mettant à profit le mécontentement causé par les charges de la guerre de même que par l'oppression et les priviléges de la noblesse, ne l'en contraignit pas moins, le 9 décembre 1798, à renoncer à la possession de tous ses États de la terre ferme, que la France s'incorpora. Il se réfugia alors en Sardaigne, d'où il lança en mars 1799 une protestation contre sa renonciation forcée à ses États de terre ferme, où un gouvernement provisoire avait été établi. Les succès de la coalition en 1799 en expulsèrent momentanément les Français; mais la victoire de Marengo y rétablit leur domination dès l'année suivante. Le 11 septembre 1802 le Piémont fut formellement réuni à la France, et la chute de Napoléon en 1814 amena seule la restauration de la maison de Savoie. Pendant ce temps-là Charles-Emmanuel avait abdiqué dès 1802, et plus tard il entra chez les jésuites. Il eut pour successeur son frère, Victor-Emmanuel Ier, qui fit son entrée à Turin le 20 mai 1814. La première paix de Paris lui avait restitué ses États de la terre ferme, sauf une petite partie de la Savoie, demeurée à la France. Le congrès de Vienne y ajouta en décembre 1814 l'ancienne république de Gênes, et la seconde paix de Paris le reste de la Savoie, avec le droit de protection sur la principauté de Monaco, et en échange il abandonna à Genève les territoires de Carouge et de Chesne. Le retour de Victor-Emmanuel ramena tous les anciens abus. La reine et quelques individus appartenant à la noblesse, qui dominaient complètement ce prince, s'efforcèrent de faire renaître l'ancienne influence du clergé, et surtout des jésuites, et chargèrent le pays d'impôts écrasants. Les carbonari, répandus dans toute l'Italie, et d'autres sociétés secrètes n'en eurent que plus de facilités à s'introduire aussi en Sardaigne. Une partie de la noblesse et de l'armée s'y associa; et il est hors de doute que l'héritier présomptif du trône, le prince Charles-Albert de Savoie-Carignan, y prit aussi part. L'insurrection militaire qui éclata les 9 et 10 mars 1821 à Alexandrie, à Fossano et à Tortona, donna enfin le signal de la révolution piémontaise. La constitution des cortès espagnoles fut proclamée à Alexandrie, et on y établit une junte qui agit au nom du royaume d'Italie. Dès le 11 mars Turin s'associait à ce mouvement, par suite duquel Victor-Emmanuel se décida à abdiquer, le 13 mars, au profit de son frère Charles-Félix. Ce prince se trouvait alors à Modène, et l'insurrection contraignit le prince Charles-Albert à prendre les rênes du gouvernement. Il ne s'y décida qu'après beaucoup d'hésitations, prêta serment à la constitution révolutionnaire, nomma un ministère dans le sens du mouvement, décréta l'organisation d'une garde nationale et confirma la junte suprême. Pendant ce temps-là l'Autriche et la Russie armaient pour combattre la révolution. Charles-Félix protesta de Modène contre tout ce qui s'était passé, et plaça le comte Salieri della Torre à la tête des troupes demeurées fidèles. Le prince Charles-Albert nomma lui-même (21 mars) ministre de la guerre un des partisans les plus décidés de la révolution, le comte de Santa-Rosa; mais en même temps il se réfugia dans le camp des troupes royales, et renonça à la régence. Malgré les efforts de Santa-Rosa, tout marcha dès lors rapidement vers une contre-révolution. Dans la nuit du 7 au 8 avril les Autrichiens commandés par Bubna franchirent la frontière, opérèrent leur jonction avec les troupes royales et battirent, le 8 avril, les insurgés après une brave résistance. Deux jours plus tard ils occupèrent Turin; le pouvoir absolu fut rétabli, et on s'occupa de punir les différents complices de l'insurrection. La plupart d'entre eux avaient pris la fuite, même Santa-Rosa, qui entra au service des Grecs, et fut tué le 9 mai 1825, dans un engagement livré dans l'île de Sfakhria.

Charles-Félix, sous la protection d'une occupation autrichienne, qui dura jusqu'à la fin de 1823, rétablit le pouvoir absolu, soumit les universités et les écoles à une surveillance rigoureuse, rappela les jésuites, exerça en toutes choses un despotisme sévère, et se livra à des persécutions contre les protestants. L'armée fut réorganisée au moyen d'une conscription semblable à celle en usage en France. La ligne régnante étant venue à s'éteindre, le 27 avril 1831, par la mort de Charles-Félix, la ligne de Savoie-Carignan, dont les droits de succession avaient été reconnus par le congrès de Vienne, monta sur le trône en la personne de Charles-Albert. Le nouveau roi débuta par quelques améliorations dans l'administration, les finances et l'armée; mais en s'abandonnant volontairement à l'influence de la noblesse et du clergé, et surtout des jésuites, il lui fut impossible de conjurer l'agitation politique provoquée par la révolution dont la France avait été le théâtre en juillet 1830. Une conspiration qu'on découvrit à Turin en novembre 1833 et une invasion tentée en février 1834 avec une incroyable légèreté par une bande de réfugiés allemands, polonais et italiens partis de Suisse sous les ordres de Mazzini (ce qu'on appelle l'*expédition de Savoie*), avaient pour base le mécontentement des esprits, mais n'eurent d'autre résultat que de faire persister le gouvernement dans les voies de rigueur où il était entré. Cette tendance se manifesta également dans la politique extérieure, notamment dans les rapports avec les puissances de l'ouest; et jusqu'en 1835 le cabinet de Turin, qui appuyait les menées carlistes, se trouva en hostilité déclarée avec la dynastie de Juillet. La situation devint encore plus tendue à l'égard de l'Espagne, avec laquelle toutes relations de commerce furent même rompues de 1836 à 1839, Charles-Albert refusant de reconnaître l'abolition de la loi salique et la légitimité d'Isabelle, et soutenant ouvertement les prétentions de don Carlos. Une rupture eut lieu aussi avec le Portugal, par suite d'un projet de mariage manqué entre la reine dona Maria et un prince de la maison de Savoie, et eut pour suite une interruption des rapports diplomatiques, qui dura plusieurs années. Dans l'administration intérieure Charles-Albert fit cependant preuve de plus d'activité que ses prédécesseurs. Outre des traités de commerce conclus avec la France, l'Angleterre, la Porte, les Pays-Bas, le Danemark, l'Autriche et les villes hanséatiques, traités qui donnèrent une vive impulsion au commerce, il s'occupa avec ardeur de la construction de routes, de ponts et de voies ferrées, encouragea l'agriculture et l'industrie, maintint les finances en bon ordre, et consacra aussi plus d'attention à l'enseignement populaire. Dans la seconde moitié de son règne il s'affranchit de plus en plus des traditions de ses prédécesseurs. En 1842 une amnistie, restreinte il est vrai, fut accordée; la censure cut ordre de se départir de sa sévérité, les sciences et les lettres obtinrent plus de liberté, des réformes furent opérées dans le système judiciaire et dans les prisons, et l'oppression du système féodal dans l'île de Sardaigne fut abolie. La conduite suivie par le roi dans le différend survenu en 1846 avec le gouvernement lombardo-vénitien à propos de la question du commerce du sel et du vin prouva qu'il cherchait à se soustraire à l'influence de l'Autriche. Aussi, avant le mouvement réformateur qui se manifesta en Italie à la suite de l'avènement de Pie IX au trône pontifical, le royaume de Sardaigne était-il l'un des États de la Péninsule les mieux gouvernés, et le seul qui, par la situation de ses finances, la force de son armée et de son administration, pût disputer à l'Autriche la prééminence en Italie. Il participa, il est vrai, à l'agitation qui se répandit en 1846 et 1847 dans toute la péninsule; toutefois, elle ne se produisit pas en conspirations et en insurrections, mais seulement par des démonstrations et des pétitions exprimant une pleine confiance dans l'avenir. Un décret du roi, en date du 30 octobre 1847, confirma ces espérances; il promit l'introduction d'un nouveau système judiciaire et la suppression des tribunaux d'exception, le droit d'élection en matières municipales, la limitation des pouvoirs de la police, et plus de liberté à la presse. Une vie politique des plus actives se développa rapidement dans le pays, qui au total demeura étranger aux folies qui ailleurs signalèrent le mouvement de réforme et le firent échouer. Cependant, la marche des événements en Italie ne permit point au roi de s'en tenir à des réformes administratives, et le 8 février 1848 il annonça une constitution, qui fut publiée quelques semaines après. L'influence du parti absolutiste et clérical se trouva complétement annulée, tandis que le roi semblait s'associer tout à fait spontanément au mouvement populaire, et applaudissait sans réserve à chacun de ses progrès. La création d'un ministère constitutionnel (mars 1848), qui décréta une loi libérale d'élection, la convocation du premier parlement sarde pour le 17 avril et une amnistie générale, complétèrent la transformation de l'ancien ordre de choses.

C'est au milieu de ces événements qu'on apprit la révolution qui avait eu lieu en France au mois de février, et qui menaça aussitôt de faire du mouvement italien et surtout de celui de la Lombardie une révolution. Une insurrection éclata dès le 18 mars et jours suivants à Milan, et contraignit les Autrichiens à se retrancher sur le Mincio. Dès l'origine ce mouvement avait fait naître en Sardaigne la pensée d'établir l'unité de l'Italie sous la souveraineté de Charles-Albert; et le roi lui-même, qu'on salua du titre d'*épée de l'Italie*, l'exprima ouvertement en prenant le mouvement lombard sous sa protection à la première nouvelle de l'insurrection de Milan, en déclarant la guerre à l'Autriche et en entrant en Lombardie. Mais la couronne d'Italie était plus difficile à gagner qu'on ne l'avait cru dans un premier moment d'enthousiasme. Les représentants de la Lombardie (en juin) et plus tard ceux de Venise décrétèrent, il est vrai, leur réunion à la monarchie sarde; mais tout le poids de la guerre contre un puissant adversaire retomba sur Charles-Albert seul. Les autres souverains de l'Italie s'y associèrent sans énergie et à contre-cœur, uniquement sous la pression du parti démocratique. Après que les affaires de Goito, de Lucia et de Peschiera eurent démontré la supériorité des Autrichiens et de leur général, la décisive bataille de Custozza (25 juillet) amena la complète dissolution de l'armée sarde; et le roi Charles-Albert, abandonné presque sans force aux rancunes insensées de la population lombarde excitée contre lui, se vit contraint d'évacuer la Lombardie à la suite d'un armistice et de repasser le Tessin (*voyez* ITALIE). Pendant ce temps-là l'ouverture du parlement de Sardaigne avait eu lieu le 8 mai, et avait été précédée de la nomination d'un ministère franchement progressiste, dans lequel prit place Gioberti. Après la conclusion de l'armistice, ce cabinet se retira et fut remplacé par le ministère Revel-Pionelli, qui n'en persista pas moins à suivre les voies constitutionnelles, tout en adoptant des allures moins hardies dans ses rapports avec l'étranger. La nouvelle administration aurait préféré un traité honorable, conclu sous la médiation de l'Angleterre et de la France, à la reprise des hostilités, mais n'en continua pas moins activement ses préparatifs de défense. Toutefois, elle ne put pas se maintenir contre les attaques orageuses des progressistes, à la tête desquels se trouvait Gioberti, et dut céder la place en décembre 1848 à un ministère démocratique formé sous la présidence de Gioberti. Mais lui aussi éprouva bientôt ce qu'il y a d'inconstant dans la faveur populaire, et en février 1849 il dut donner sa démission devant la chambre, produit des élections nouvelles. Cependant Charles-Albert s'était préparé à une nouvelle campagne, et le 12 mars 1849 il dénonça l'armistice. Huit jours après, commença le second acte de cette guerre entreprise pour la couronne de Lombardie. Une campagne de trois jours seulement, signalée par les déroutes de Mortara et de Novare (11 et 13 mars), mit fin à la lutte. Charles-Albert lui-même, désespérant de tout retour de la fortune, et sous l'impression de la dissolution de son armée ainsi que de son indiscipline, abdiqua le lendemain de la déroute de Novare au profit de son fils aîné, Victor-Emmanuel II, en se condamnant en même temps à un exil volontaire, pendant lequel il mourut, à Oporto, le 28 juillet suivant. Dès la nuit même de son avènement au trône, le nouveau roi s'empressa de conclure un armistice, suivi d'un traité de paix signé le 6 août à Milan. La Sardaigne conserva ses anciennes limites, et obtint une amnistie en faveur des Lombards et des Vénitiens qui avaient combattu sous ses drapeaux, mais dut payer à l'Autriche une indemnité de guerre de 75 millions de francs.

Victor Emmanuel II avait commencé son règne en promettant de maintenir la constitution, et il a tenu fidèlement sa promesse, en dépit des obstacles que lui ont opposés à l'intérieur les menées du parti clérical et absolutiste, et à l'extérieur le mauvais vouloir des puissances absolutistes, de l'Autriche en particulier. Un ministère libéral dirigé par Pinelli et d'Azeglio s'efforça de cicatriser les plaies produites par les derniers événements (résultat qu'il ne put cependant pas atteindre sans imposer au pays de lourdes charges financières), et de mettre en activité les diverses institutions constitutionnelles dans leurs détails. La dissolution du parlement, en novembre 1849, eut les résultats les plus favorables. Les élections nouvelles amenèrent une majorité considérable dans le sens constitutionnel modéré, et qui fut assez forte pour triompher de la coalition des réactionnaires avec les démagogues. Le nouveau ministre de la justice, Siccardi, réalisa un progrès décisif en supprimant la juridiction ecclésiastique et une foule d'autres priviléges du clergé, en introduisant la tolérance religieuse même à l'égard des protestants et en sachant triompher par l'emploi des seuls moyens légaux du mauvais vouloir du clergé, notamment de l'archevêque de Turin, Francohi. Un conflit avec Rome qui en résulta demeura en suspens. En même temps les priviléges féodaux de toutes espèces furent abolis, les travaux publics poussés avec une remarquable activité, l'armée réorganisée, et le tarif des douanes réduit dans des idées libérales par le ministre des finances, M. de Cavour, qui conclut dans cet esprit des traités de commerce avec la plupart des puissances de l'Europe. Les malheurs des temps ne pouvaient pas se guérir rapidement, d'autant plus que le Piémont se trouva bientôt isolé au milieu du mouvement réactionnaire, qui triompha alors partout; mais il a eu la gloire de conserver, en dépit de tous les périls, ses institutions constitutionnelles, en même temps qu'il lui était donné de continuer à jouir d'une administration vraiment libérale ainsi que d'une sage liberté. Un conflit, peu important en lui-même, avec la chambre des députés, avait amené en 1852 la retraite de plusieurs membres du cabinet, notamment celle de M. de Cavour, et la reconstitution du ministère d'Azeglio. L'agitation du clergé contre les lois Siccardi prit alors un large développement, et trouva de l'appui à Rome et en Autriche. L'annonce de l'introduction du mariage civil augmenta encore l'hostilité du clergé, qui eut recours pour entretenir l'agitation à toutes les armes, à la presse, à la prédication et à la confession. Mais la partie libérale de la population n'en apporta que plus d'ardeur à défendre ses conquêtes civiles, et insista pour que le pouvoir fût placé entre les mains d'hommes énergiques. Le ministère, vivement attaqué par le clergé et accusé d'irrésolution par les libéraux, comprit qu'il n'était pas à la hauteur de la situation, et donna sa démission en octobre 1852. Cet événement réveilla toutes les espérances du parti absolutiste et du parti clérical; mais de cette crise ministérielle, qui avait vivement surexcité les esprits, sortit encore, le 4 novembre 1852, un ministère libéral présidé par M. de Cavour. En même temps que le pays conservait ses anciens rapports amicaux avec l'Angleterre, les relations avec les autres puissances étrangères devenaient plus favorables. L'Autriche elle-même, malgré la protestation de la Sardaigne en 1833 contre la confiscation des biens des émigrés lombards devenus sujets sardes, se départit quelque peu de son attitude hostile. À l'intérieur, le système constitutionnel continua à se développer paisiblement, les élections nouvelles ayant comme par le passé donné au gouvernement une puissante majorité. Quelques désordres dans l'île de Sardaigne et une émeute, visiblement provoquée par l'influence ecclésiastique, qui éclata dans la vallée d'Aoste en avril 1854 témoignèrent pourtant que les ennemis du nouvel ordre de choses ne se regardaient pas encore comme définitivement vaincus. En adhérant en 1855 à l'alliance anglo-française et en prenant part à la guerre d'Orient, la Sardaigne a reconquis la position politique que lui avaient fait perdre les malheureux événements de 1848 et 1849.

Consultez Manno, *Storia di Sardegna* (Turin, 1825); Mimaut, *Histoire de Sardaigne* (Paris, 1825); Brofferio, *Storia di Piemonte* (Turin, 1852); Cibrario, *Tavole cronologice dei domini acquistati e perduti della Monarchia di Savoia* (1844); Sclopis, *Degli Stati generali e d'altre istituzione politiche del Piemonte e della Savoia* (1851); et plus spécialement sur les événements des derniers temps Cibrario, *Ricordi d'una Missione in Portogallo al re Carlo-Alberto* (1850); le même, *Gli ultimi Giorni di Carlo-Alberto a Oporto* (1850); Bava, *Relazione delle Operazione militari* (Turin, 1849); Pepe, *Memorie* (1850); le même, *Memorie e osservazioni sulla Guerra d'indépendenza d'Italia* (1849); Custoza, *Histoire de l'Insurrection et de la campagne d'Italie en 1848* (Turin, 1850); *Histoire de la Campagne de Novare en 1849* (1850), par le même écrivain. Les voyageurs consulteront avec fruit Murray, *Handbook for North-Italy* (Londres, 1853).

SARDANAPALE, roi d'Assyrie fameux par la faiblesse de son caractère et ses habitudes efféminées, qui régnait entre 888 et 840 av. J.-C., fut attaqué dans ses États par les gouverneurs mèdes Arbaces et Bolesys, et finit par être menacé de les voir s'emparer de sa capitale, Ninive. Après s'y être inutilement défendu pendant plusieurs années, il lui fut impossible de résister davantage, surtout quand une inondation de l'Euphrate eut emporté une grande partie des ouvrages de défense; alors, puisant une nouvelle énergie dans son désespoir, il incendia lui-même son palais, à ce que rapporte la tradition, et y périt volontairement dans les flammes avec ses femmes, ses serviteurs et ses richesses. Quelques historiens modernes placent la destruction de Ninive à une époque de beaucoup postérieure, à l'an 604 av. J.-C., et font régner deux rois de ce nom, un Sardanapale l'ancien et un Sardanapale le jeune. D'ailleurs, les anciens poètes eux-mêmes avaient déjà l'habitude de représenter Sardanapale comme la personnification du luxe et de la mollesse.

SARDES, ancienne et célèbre capitale du royaume de Lydie, résidence de Crésus, et plus tard des satrapes perses, était située au pied du revers septentrional du mont Tmolus, sur les bords du Pactole. Comme les environs étaient fertiles et couverts de vignobles, on disait que Bacchus y avait été élevé, et y avait inventé l'art de faire le vin. C'est aussi à l'industrie des habitants de Sardes qu'on attribuait l'invention de l'art de préparer la laine et d'autres tissus.

En l'an 500 av. J.-C., lorsque les Ioniens, commandés par Aristagoras, se révoltèrent contre Darius, celui-ci la prit d'assaut et la livra aux flammes; mais elle se releva bientôt de ses ruines, et parvint alors à un degré de puissance et de prospérité qu'elle conserva encore sous les successeurs d'Alexandre, jusqu'à l'an 215 av. J.-C., époque où elle fut prise et incendiée une seconde fois par le roi Antiochus. Les Romains, quand ils eurent vaincu ce prince, s'emparèrent de Sardes, qui, quoique bien déchue, continua encore de subsister sous la domination des mahométans, qui s'en rendaient maîtres au onzième siècle. Mais vers la fin du quatorzième siècle elle fut complètement détruite par Timour; et il n'en reste plus aujourd'hui que quelques ruines, près du village actuel de *Sart*.

SARDINE (*Clupea Sardina*, L.), poisson appartenant au genre nombreux de malacoptérygiens abdominaux, connu sous le nom de *clupée* et se rapprochant beaucoup du hareng. Mais il est plus petit et plus étroit; sa mâchoire inférieure, plus avancée que la supérieure et recourbée sur le haut; sa tête pointue, assez grosse, souvent dorée; son front noirâtre, ses yeux gros, ses opercules ciselés et argentés, ses nageoires petites et grises, ses côtés argentins et son dos bleuâtre. Les sardines sont très-nombreuses; elles voyagent en troupes, comme les harengs; on les rencontre dans l'océan Atlantique boréal, dans la mer Baltique et dans la Méditerranée. Il paraîtrait qu'on les a trouvées pour la première fois sur les côtes de la Sardaigne; c'est du moins ce qui leur nom semblerait indiquer. Pendant trois saisons de l'année elles se tiennent au fond de la mer : ce n'est qu'à l'automne qu'elles se rapprochent des côtes, pour frayer, et c'est alors que les pêcheurs font leur récolte, qui est très-lucrative.

De toutes les côtes de la France, celles de Bretagne sont les plus abondantes en sardines; aussi cette pêche est-elle pour les habitants une source de richesses. Dès le dix-septième siècle elle produisait un revenu immense, puisque dans la seule ville de Port-Louis on faisait annuellement 4,000 barriques de sardines.

Quand on a relevé le filet qui contient les sardines, on est obligé de les saler aussitôt, même avant d'arriver à terre, car c'est de tous les poissons celui qui se conserve le moins. A peine est-il hors de l'eau qu'il meurt, et la putréfaction ne tarde pas à l'attaquer : l'accumulation d'une aussi grande quantité d'individus facilite même cette décomposition; aussi les pêcheurs ont-ils soin, à mesure qu'ils vident le filet, de les entremêler abondamment de sel; et, malgré cette précaution, il s'en gâte encore énormément.

On prépare les sardines comme les harengs, en les salant et les fumant. Les sardines du Nord sont beaucoup plus estimées, parce que dans la saumure on ajoute des aromates et des épices qui leur donnent un goût fort agréable; mais ces sardines ne se conservent pas longtemps. Quand les sardines sont gâtées, on les emploie pour amorce dans la pêche des maquereaux, des merlans, des raies, etc.

C. FAVROT.

SARDOINE, pierre fine, non transparente, de deux ou trois couleurs, qui constitue une variété de la cornaline, suivant Brochant, de l'agate ou de la calcédoine selon d'autres. *Voyez* AGATE, CALCÉDOINE, CORNALINE.

SARDONIEN ou SARDONIQUE (Rire), *Sardonicus risus*, *Surdoniasis*. Les anciens appelaient ainsi tout rire convulsif ne provenant pas d'une disposition intérieure de l'esprit; mais aujourd'hui on emploie plus particulièrement cette locution pour désigner un rire plein de malice. Les anciens avaient, disent quelques auteurs, donné ce nom au rire involontaire qui survenait à ceux qui mangeaient d'une herbe fort abondante en Sardaigne, espèce de renoncule ou grenouillette, que Virgile nomme *sardoa herba*; mais Homère, qui ignorait l'existence de la Sardaigne, parle déjà d'un rire sardonique.

SARIGUES (*Didelphis*, L.), genre de *marsupiaux*, ainsi nommés de leur nom brésilien *carigueia*. C'est l'*opossum* des États-Unis. Quant à leur dénomination latine, dérivée de δελφύς, matrice, et δίς, deux fois, elle désigne la propriété commune aux femelles de cet ordre de présenter au devant du bassin une poche formée par un repli de la peau, recouvrant les mamelles, seconde matrice, en quelque sorte, où les petits, nés à l'état de fœtus imparfaits, incapables de mouvements, et de la grosseur d'une mouche au plus, restent attachés pendant plusieurs semaines, jusqu'à complet développement (*voyez* MARSUPIAUX).

Les *sarigues* constituent à eux seuls la famille des *pédimanes*, ainsi nommés de la conformation des pieds de derrière, qui offrent, comme chez les singes, un long pouce opposable aux autres doigts. Ces animaux ont cinquante dents, ce que l'on n'observe chez aucun autre quadrupède. Ils varient pour la couleur, selon les espèces, et pour la taille, entre celle du chat et celle du rat. Ils ont la queue *prenante*, les oreilles longues et nues, la langue hérissée, la bouche démesurément fendue, le museau pointu et à moustaches, ce qui leur donne une physionomie assez étrange. Ils ne marchent qu'avec infiniment de lenteur; mais, en revanche, ils grimpent avec beaucoup de facilité sur les arbres. Blottis durant le jour dans des trous, ils ne vont que pendant la nuit à la recherche de leur subsistance, qui consiste principalement en petits oiseaux, en reptiles, en insectes, ou même en substances végétales. Longtemps encore après qu'ils ont commencé à marcher, on voit les petits chercher dans la poche de la mère un abri contre le danger. Au reste, comme leur chair a une odeur repoussante, ils sont peu inquiétés par l'homme, bien que susceptibles de s'apprivoiser. Les sarigues sont originaires des parties chaudes ou tempérées de l'Amérique. SAUCEROTTE.

SARISSE, nom de la pique dont se servait la phalange macédonienne, et synonyme de *javeline* dans notre vieux langage.

SARLAT. *Voyez* DORDOGNE (département de la).

SARMANES. *Voyez* GYMNOSOPHISTES.

SARMATES, *Sarmatæ*. Il est pour la première fois fait mention de ce peuple dans Hérodote et Hippocrate comme d'une nation d'origine scythe, établie sur les bords du Don, et provenant du mélange de jeunes Scythes avec des Amazones; ce qui tient peut-être à ce que les femmes sarmates accompagnaient leurs maris à la guerre. Plus tard il franchit le Don, refoula les Scolotes scythes et les colonies grecques établies sur la mer Noire, mais fut subjugué par Mithridate. Une fois que les Sarmates eurent vaincu les Scolotes, leur nom remplaça dans ces contrées celui des Scythes refoulés vers l'ouest, lequel ne servit plus qu'à désigner les peuples d'Asie de même origine qu'eux. A l'époque d'Auguste les Sarmates s'étendirent jusqu'aux embouchures du Danube; et l'une de leurs principales tribus, celle des *Roxolans*, habita ensuite entre ce fleuve et le Don. Sous le règne d'Adrien, en l'an 120, les Roxolans furent expulsés de la Mésie, qu'ils avaient envahie; et leur nom disparut complètement sous la domination des Goths, après que ceux-ci les eurent subjugués. Une autre tribu sarmate, celle des *Iazyges*, franchit les Karpathes, et se répandit au premier siècle de notre ère dans les contrées arrosées par le Danube et la Theiss. Alliés à leurs voisins les Quades, ils prirent part à la guerre des Marcomans et à d'autres encore, et dévastèrent à diverses reprises la Pannonie, province romaine qui les avoisinait. C'est à ces Iazyges que les Romains donnaient plus particulièrement le nom de Sarmates, même par opposition aux Roxolans; et ceux-ci en vinrent, de nom de Iazyges finit par être complètement celui de Sarmates. Plus tard encore, on appela ainsi non-seulement les Sarmates proprement dits, mais des nations d'autre origine, qui habitaient au nord de ceux-ci un pays plat; et Ptolémée étend au nord jusqu'à la Baltique la Sarmatie, dans laquelle il comprend en Europe la Germanie et la Dacie jusqu'au Don, et en Asie le pays situé entre le Don et le Volga. Quand les Vandales eurent abandonné la rive gauche du Danube, les Sarmates-Iazyges se trouvèrent seuls en possession des plaines de la Theiss, entre les Quades à l'ouest, les Visigoths au sud-est et les Thaïfales au sud. Vers cette époque eut lieu une révolte de leurs esclaves, qui, sous le nom de *Sarmatæ Limigantes* figurèrent ensuite en nombre des ennemis acharnés des Romains. Constantin le Grand accueillit plus de 300,000 Sarmates expulsés par eux, et les répartit en Thrace, en Illyrie et dans le *Hundsrück* sur les bords du Rhin. Il guerroya ensuite contre les *Limigantes* dans l'ancien pays des Vandales. Après la chute de l'empire des Huns, par qui les Sarmates avaient aussi été subjugués, les uns allèrent s'établir en Illyrie, les autres se liguèrent avec les Suèves et les Seyres, en 470, contre les Ostrogoths; mais ils furent ensuite battus par Théodoric. Il est encore question d'eux au même temps que des Gépides, en 488, et plus tard avec les bandes qui s'étaient ralliées aux Lombards. Ceux qui étaient restés disparurent sous le nom d'A v a r e s, et les Iazyges-Cumans, dont il est ensuite question, n'avaient aucun rapport avec eux. Les Sarmates menaient une vie nomade : ils étaient belliqueux et adonnés au brigandage, parfaits archers et cavaliers. Comme tous les Scythes en général, ils paraissent avoir appartenu à la race médo-perse. Si l'on donne parfois abusivement aux Polonais le nom de *Sarmates*, cela vient de ce qu'on croyait qu'ils étaient de la même origine que les Slaves.

SARONIDES. *Voyez* DRUIDES.

SARONIQUE (Golfe), ancien nom du golfe d'Égine.

SAROS. *Voyez* CHALDÉE.

SAROS (on prononce *Sarosh*), comitat du district de Kaschau (Hongrie), comptait en 1850 une population de 160,000 habitants, sur une superficie de 48 myriam. carrés, et a pour chef-lieu E p e r i e s. Les monts Karpathes s'étendent le long de ses frontières septentrionales, et leurs nombreuses ramifications couvrent tout le pays, qui est extrêmement boisé et où les eaux minérales abondent. Les plus célèbres sont celles de *Barfeld*, de *Kis-Saros*, de *Magyar-Ischla* et de *Szynnic-Lipocz*. Le mont Libanka, près du village de Czervenloxá, est depuis longtemps célèbre par ses mines d'opale.

SARPI (PAOLO), connu en religion sous le nom de *Fra Paolo*, l'un des meilleurs historiens de l'Italie, né à Venise, en 1552, entra en 1565 dans l'ordre des Servites. Dès sa jeunesse il montra pour l'étude une ardeur incroyable, et voulut tout savoir, le grec, l'hébreu, les mathématiques ; il s'appliqua avec non moins de succès aux sciences physiques et à l'astronomie, et pour bien connaître le corps, enveloppe périssable de notre âme immortelle, il fit des dissections. Mais ce sont ses travaux et ses écrits sur l'histoire et le droit public qui ont surtout fondé sa gloire. En 1579 il fut nommé provincial et en 1585 procureur général de son ordre. Ses nouvelles fonctions l'obligèrent de visiter Rome et Naples ; il s'y lia étroitement avec le cardinal B e l l a r m i n, entre autres. Il suffisait qu'un homme se distinguât par quelque talent ou quelque connaissance pour qu'aussitôt Fra Paolo le recherchât ou entrât en correspondance avec lui. Cet empressement à se mettre en commerce de pensées avec tout homme de mérite, à quelque secte religieuse ou à quelque système philosophique qu'il appartînt, fut nuisible à Fra Paolo. C'est, dit-on, le motif qui arrêta l'expédition des bulles qui lui étaient nécessaires pour prendre possession des évêchés de Caorle et de Nona. Il sut bien se venger plus tard de cette jalousie inquiète et intolérante de la cour de Rome, en défendant avec une rare habileté Venise dans les démêlés qui survinrent entre cette république et le saint-siège aussitôt après l'exaltation de Paul V au trône pontifical. Nommé, en récompense, *théologien consulteur* de la république avec 200 ducats de traitement (28 janvier 1605), il fit succéder ses livres contre la cour de Rome avec une incroyable rapidité, montrant dans tous une fermeté inébranlable et un rare talent. Il n'était pas possible qu'après une lutte où il avait déployé tant de ressources et d'habileté, les jours d'un si redoutable jouteur fussent en sûreté, surtout dans un pays et à une époque où le poignard et le poison étaient les moyens ordinaires employés contre tout adversaire que la juridiction des tribunaux ne pouvait atteindre : deux fois donc on attenta à la vie de Fra Paolo ; mais il n'en continua pas avec moins de courage la lutte qu'il avait engagée contre la cour de Rome. C'est vers ce temps qu'il écrivit son histoire du concile de Trente, laquelle, au dire de Bossuet, il n'est pas tant l'historien que l'ennemi déclaré. Il paraît en effet qu'il n'y montre pas toujours toute l'impartialité et même toute la sincérité qu'on a droit d'attendre d'un historien. « Ce Fra Paolo, dit encore Bossuet, qui faisait semblant d'être des nôtres, n'était en effet qu'un protestant habillé en moine... Il protestait sous un froc, disait la messe sans y croire, et demeurait dans une église dont le culte lui paraissait une idolâtrie. » On a dit en effet que Fra Paolo travaillait sourdement à établir le calvinisme à Venise. On raconte même qu'il était d'accord à cet égard avec les principaux du sénat. Quoi qu'il en soit de ces accusations, Sarpi mourut au milieu de ses immenses travaux, avec une piété remarquable, le 14 janvier 1623. Le sénat fit rendre à sa mémoire des honneurs extraordinaires. Il est triste d'être obligé d'ajouter, d'après le témoignage de Daru, que Fra Paolo fut quelquefois le conseiller du sanguinaire tribunal des Dix. Outre les écrits que nous avons mentionnés, Sarpi composa encore de nombreux ouvrages sur l'histoire et sur le droit public et le droit canon. Ses œuvres ont été recueillies en 2 vol. in-fol., ou en 8 vol. in-4°, ou en 24 in-8°. Il est auteur d'un petit écrit fort remarquable, dont on recommande la lecture; il a pour titre : *Opinione del padre Paolo, servita, come debba governarsi la Republica Veneziana per havere il perpeluo dominio*. Il a été traduit en français par l'abbé de Marsy.

A. Oc.

SARRASIN, blé noir (*polygonum fagopyrum*), de la famille des polygonées, à tiges droites et charnues, hautes d'un à deux pieds, branchues et rougeâtres, à feuilles cordiformes et sagittées, d'un vert plus pâle en dessous, entières, les supérieures sessiles; à fleurs en grappes terminales, blanches, mêlées de rose, avec un périanthe à cinq divisions, trois stigmates et huit étamines, dont chacune offre à sa base une glande jaunâtre; à graines triangulaires, d'une couleur noirâtre. Le sarrasin est cultivé pour son grain dans les terres maigres, qui ne portent que de faibles récoltes de graminées. Ce grain sert à la nourriture des volailles; réduit en farine, il donne un pain grossier et de petites galettes d'un goût assez agréable. Dans la grande culture, c'est une des plantes les plus utiles comme récolte enterrée, à cause de la quantité et de la structure de ses tiges et de ses feuilles épaisses et charnues : il empêche le développement de toutes les mauvaises herbes, et fournit au sol des sucs abondants. Lorsque le sarrasin est cultivé comme engrais, on l'abat à l'aide du rouleau à l'époque où il commence à fleurir, et on l'enterre par un labour.

Originaire de l'Asie, il a été introduit en Europe vers la fin du quinzième siècle. Il est abondamment cultivé dans quelques provinces, et particulièrement dans la Sologne, le Gâtinais et l'Orléanais, dans une partie de la Bretagne et de la basse Normandie. Le sarrasin de Tatarie (*P. tataricum*) a les tiges plus hautes que le précédent, les feuilles plus larges que longues, aiguës au sommet, glabres, minces et vertes sur les deux faces, les stipules courtes, aiguës, fendues sur le côté, les fleurs latérales en épis axillaires, d'une couleur verdâtre. Cette espèce est quelquefois cultivée de préférence au sarrasin ordinaire, parce que son grain est plus gros et plus hâtif, et aussi parce que la plante supporte mieux le froid.

P. GAUBERT.

SARRASIN (JEAN-FRANÇOIS), poëte français. Voyez SARASIN.

SARRASINES. Voyez HERSE.

SARRASINS (Les), *Saraceni*, c'est-à-dire *Orientaux*, nom que les écrivains chrétiens du moyen âge donnent aux Arabes. Plus tard on désigna ainsi tous les peuples mahométans, puis les Turcs, et enfin en général tous les peuples non chrétiens contre lesquels on avait pris la croix en Occident.

SARREBOURG, ville de France, chef-lieu d'arrondissement, dans le département de la Meurthe, à 66 kilomètres à l'est de Nancy, sur la rive droite de la Sarre, avec 2,531 habitants, un tribunal civil, une société d'agriculture, une source minérale. On y fabrique des ornements en carton-pâte ou mastic-pierre, et on y trouve des fabriques de bonneterie et de broderie, une usine à fer, une fonderie de cloches, une tannerie, une teinturerie, des brasseries, de vastes magasins et boulangeries pour le service des subsistances militaires. C'est une station du chemin de fer de Paris à Strasbourg.

Sarrebourg est une ancienne ville impériale, à 600 kilomètres possédée par les évêques de Metz, puis par Othon Ier; elle appartint ensuite (1404) à la maison de Lorraine, qui la céda à la France en 1661. Elle est entourée de murailles avec des tourelles établies à certaine distance les unes des autres, et qui présentent un aspect assez pittoresque.

SARREGUEMINES, ville de France, chef-lieu d'arrondissement, dans le département de la Moselle, à 75 kilomètres à l'est de Metz, sur la rive gauche de la Sarre, au confluent de la Belise, avec 5,481 habitants, un tribunal civil, un collége, une typographie. L'industrie consiste dans la fabrication de toile de chanvre, de velours et peluche en soie, de siamoise et futaine; de gants de fil et de soie, de tabatières de carton vernissé, d'amidon, de colle-forte, de savon, de café-chicorée. On trouve encore à Sarreguemines une manufacture importante et renommée de poterie anglaise, faïence fine, terre à couverte métallique, grès à relief, terre polie; une fonderie en cuivre. Cette ville est l'entrepôt des aciers d'Allemagne et des fontes du Rhin. On y importe des grains de la Bavière Rhénane. Sarreguemines est bâtie dans une situation agréable; la sous-préfecture, le palais de justice et le collége sont réunis dans les vastes bâtiments de l'ancien couvent des capucins; les prisons méritent aussi quelque attention. Cette ville s'appelait jadis Guemond (*Gemünd*, confluent). Elle fut assiégée par les Prussiens en 1794, et occupée par les alliés en 1814 et 1815. Elle souffrit beaucoup d'une inondation en 1824.

SARTE (ANDREA DEL). Voyez SARTO.

SARTÈNE. Voyez CORSE.

SARTHE, rivière de France, affluent gauche de la Mayenne, dans laquelle elle se jette, un peu au-dessous d'Angers. Elle prend sa source dans le département de l'Orne, à Saint-Aquilin de Corbion, non loin de l'abbaye de La Trappe, et a un cours d'environ 220 kilomètres, par Alençon et Le Mans. Ses affluents principaux sont à droite la Vègre, à gauche l'Huîne et le Loir. Elle est flottable depuis Le Mans, et navigable depuis Arnage.

SARTHE (Département de la). Borné au nord par le département de l'Orne, à l'est par ce département, par celui d'Eure-et-Loir et par celui de Loir-et-Cher, au sud par ceux d'Indre-et-Loire et de Maine-et-Loire, à l'ouest par celui de la Mayenne, le département de la Sarthe est composé, outre une portion très-considérable de l'ancien Maine, d'une petite partie de l'Anjou et du Perche.

Divisé en 4 arrondissements, 33 cantons, 391 communes, sa population est de 473,071 habitants. Il envoie quatre députés au corps législatif, est compris dans la dix-huitième division militaire, ressortit de la cour impériale d'Angers, à l'académie de Caen, et forme le diocèse du Mans.

Sa superficie est de 620,592 hectares, dont 393,457 en terres labourables; 68,320 en bois; 58,120 en prés; 45,388 en landes, pâtis, bruyères; 10,413 en vergers, pépinières et jardins; 10,082 en vignes; 4,609 en propriétés bâties; 1,625 en cultures diverses; 1,364 en étangs, abreuvoirs, mares, canaux d'irrigation; 79 en oseraies, aulnaies, saussaies; 14,663 en routes, chemins, places publiques, rues, etc.; 10,276 en forêts, domaines non productifs; 2,819 en rivières, lacs, ruisseaux; 318 en cimetières, églises, presbytères, bâtiments publics, etc. Il paye 2,241,977 francs d'impôt foncier.

Ce département est situé dans le bassin de la Loire, et les principales rivières qui le baignent sont : la Sarthe, qui lui donne son nom, le Loir, l'Huîne et la Vègre.

C'est un pays de plaines, sillonné de collines peu élevées; le sol est fertile sur une assez grande étendue et particulièrement dans les vallées; les landes, encore trop vastes, tendent à diminuer de nombre et d'étendue, par suite des progrès que fait l'agriculture. Parmi les productions de ce territoire, il faut signaler les blés, les seigles, les sarrasins, un peu de maïs, les légumes, les melons, les châtaignes, les cidres, les poirés, même le cormé et des vins médiocres. Le pays abonde en gibier. Les chevaux sont de petite taille, mais nerveux. On élève beaucoup de bestiaux, dont une grande quantité va s'engraisser en Normandie; les abeilles donnent un miel médiocre; mais les chapons et les poulardes sont d'excellente qualité. Le minéral de fer y est exploité avec succès. Quelques mines fournissent aux arts des oxydes, des ocres, tant jaune que rouge. On remarque plusieurs carrières importantes de marbre, d'ardoise, de grès (dont quelques-uns sont ferrifères tubulés), de pierre meulière, de calcaire, d'argiles (dans lesquelles on rencontre de la terre d'ombre et de la terre de Sienne), d'anthracite, de kaolin, de tourbe, etc. Les sources minérales ont peu de réputation, et la source d'eau salée de La Suze est peu productive. L'industrie se recommande par ses toiles, dont celles de Frênaye-le-Vicomte sont justement renommées; par ses étamines, ses grosses étoffes, ses tissus de coton, sa bougie, ses papeteries, ses forges et ses tanneries. Le commerce exporte des fers, des marbres, du verre, du papier, des toiles, tant fines que grosses, des cuirs, de la cire, du miel, de la bougie, des fruits secs, des châtaignes, des graines de trèfle, des bœufs, des moutons, des cochons gras et des volailles grasses fort recherchées. Deux rivières navigables, la Sarthe et le Loir, le chemin de fer de Paris à Rennes, 7 routes impériales, 10 routes départementales, 6,600 chemins vicinaux sillonnent ce département, dont le chef-lieu est *Le Mans*; les villes et endroits principaux: *Château-du-Loir*; *La Flèche*; *Mamers*, chef-lieu d'arrondissement, ville ancienne à 40 kilomètres au nord-est du Mans, près des sources de la Dive, avec 6,017 habitants, un tribunal civil, un tribunal de commerce, un conseil de prud'hommes, un collége, une bibliothèque publique, une typographie, une importante fabrication de toiles de toutes sortes, serges, basins, calicots, piqués, des tanneries, un commerce de grains, vins, bestiaux, surtout de moutons. *Sablé*, connu surtout par le traité qui assura à la France la possession de la Bretagne, en vertu de l'union de Charles VIII et de la duchesse Anne, a dans son voisinage le prieuré de *Solême*, où l'on voit encore des constructions et des statues remarquables; *Beaumont-le-Vicomte*; *Clermont-Gallerande*; *La Ferté-Bernard*; *Montfort-le-Rotrou*, chef-lieu de canton, près de la rive gauche de l'Huîne, avec 7,183 habitants, une filature de coton, une fabrique de flanelle, et des marchés considérables à grains, chanvre, toiles, fil. Quelques dolmens subsistent à Connéré, Aubigné et Chenu; on voit un *tumulus* à Beaumont-le-Vicomte, des antiquités romaines au Mans, à Poncé, et un grand nombre de ruines féodales sur tous les points du territoire.

Louis du Bois.

SARTI (Joseph), célèbre compositeur italien, naquit à Faenza, en 1730. Renommé dès l'âge de vingt-six ans, mais ayant obtenu peu de succès à Copenhague, où il avait été d'abord appelé, il alla à Londres en 1768. Peu de temps après, il fut nommé maître de chapelle au conservatoire de la *Pietà*, à Venise. Plus tard, en 1782, il fut attaché en la même qualité à la cathédrale de Milan; et en 1785 il fut appelé à Pétersbourg par Catherine II. Protégé par Potemkin contre diverses cabales d'une cantatrice appelée Todi, il finit par perdre sa place; mais on la lui rendit en 1793. Il fut alors nommé directeur du conservatoire de Katharinoslaff, avec un traitement de 35,000 roubles; logement gratuit et 15,000 roubles d'indemnité de voyage, enfin admis dans les rangs de la noblesse russe. Il mourut à Berlin, en 1802, au retour d'un voyage qu'il était allé faire dans sa patrie. On peut le compter, avec Anfossi, parmi les maîtres qui soutenaient dignement encore la gloire de l'Italie, lorsque les Piccini, les Sacchini, les Paesiello et les Cimarosa charmaient l'Europe par leurs chants. Une mélodie pleine de grâce et de délicatesse, une entente spirituelle et fine de la scène lyrique caractérisent la manière de cet agréable compositeur. Ceux de ses opéras sérias qui obtinrent le plus de succès furent *Giulia Sabino*, chanté à Venise et à Milan par les célèbres soprani Pacchiarotti et Marchesi, et une *Armida*, accueillie avec transport au théâtre de Saint-Pétersbourg.

Parmi ses opéras bouffons, celui dont la vogue a égalé la renommée des chefs-d'œuvre du genre est l'ouvrage intitulé *Le nozze di Dorina*. Les mélodies en sont pleines de comique, de fraîcheur et d'agrément. Aubert de Vitry.

SARTINES (Antoine-Raymond-Jean-Galbert-Gabriel DE), né à Barcelone, en 1729, d'une famille française, mais d'origine espagnole, passa par les premiers degrés de la hiérarchie du conseil d'État avant d'obtenir, en 1762, la place de lieutenant général de police, qu'il garda jusqu'en 1774, et où il s'est fait un nom par d'importantes améliorations et par une surveillance rigoureuse. La police commença à acquérir sous son administration le degré de perfection qu'elle a atteint depuis: on ne connaissait guère alors d'autre moyen de gouvernement, soit préventif, soit répressif, que les *lettres de cachet*. La Bastille, Vincennes, Bicêtre même, regorgeaient de prisonniers d'État. Si Sartines ne fut pas le maître d'empêcher les abus qu'on en faisait au profit des passions les plus ignobles des courtisans, il sut du moins apporter quelque régularité dans l'arbitraire même. Les persécutions contre les philosophes et leurs écrits lui ont été reprochées amèrement; mais pouvait-il laisser circuler librement les *Lettres de la Montagne*, le *Contrat social*, le *Livre de l'Esprit*, le *Traité de la Tolérance*, et d'autres ouvrages condamnés par le parlement? Le premier il eut l'idée d'établir des impôts sur les vices: les maisons de jeu et d'autres maisons encore que nous n'avons pas besoin de désigner, n'étaient tolérées par lui que moyennant de fortes redevances, payées à la ville, et qui servaient à défrayer la police. Comme on aurait répugné à rendre des comptes patents de ressources aussi honteuses, l'emploi en était également dérobé à la surveillance de la chambre des comptes. Telle est l'origine des *fonds secrets*. Ce qui est certain, c'est que l'administration de la police de Paris prit sous Sartines une régularité que nous ont enviée d'autres pays. La cour corrompue de Louis XV, loin de s'effrayer des inconcevables débordements qui conduisaient rapidement la monarchie sur le bord de l'abîme, s'en amusait au contraire. Les rapports de M. de Sartines, qui n'auraient dû être communiqués qu'au roi seul, devenaient dans les petits soupers de la cour l'occasion des plus étranges commentaires.

A l'avénement de Louis XVI, Sartines devint ministre de la marine, grâce à la protection du vieux Maurepas. Il succédait dans ce département à de Boynes, qui fut nommé garde des sceaux tout exprès pour consommer la disgrâce de Maupeou et rendre son retour impossible. A ce propos on a beaucoup exagéré sans doute l'ignorance de Sartine, en fait de géographie: on a cité de lui de grosses bévues, qui auraient irrité le roi, profondément versé dans ces matières. Par exemple, le nouveau ministre, en voulant parler de la baie d'Hudson, aurait dit *l'abbaye d'Hudson*, et une autre fois il se serait récrié contre les dangers que devait offrir à une escadre l'approche de la *Terre-de-Feu*. Il faut cependant qu'il y ait au fond de ces inventions quelque chose de vrai, car on lit dans les *Considérations* de Mme de Staël *sur la Révolution française*: « M. de Sartines était un exemple du genre de choix qu'on fait dans les monarchies où la liberté de la presse et l'assemblée des députés n'obligent pas à recourir aux hommes de talent. Il avait été un excellent lieutenant de police: une intrigue le fit élever au rang de ministre de la marine. M. Necker alla chez lui quelques jours après sa nomination. Il avait fait tapisser sa chambre de cartes géographiques, et dit à M. Necker, en se promenant dans ce cabinet d'étude: Voyez quels progrès j'ai déjà faits: je puis mettre la main sur cette carte et vous montrer, en fermant les yeux, où sont les quatre parties du monde. Ces belles connaissances n'auraient pas semblé suffisantes en Angleterre pour diriger la marine. »

Il faut dire que, secondé par M. de Fleurieu, il répara dans l'administration de la marine beaucoup de fautes de ses prédécesseurs; mais il négligea beaucoup trop la comptabilité. Les opérations très-mal combinées des flottes de France et d'Espagne, en 1780, pendant la guerre de l'indépendance d'Amérique, eurent pour unique résultat un surcroît de dépenses de 1,200 millions. Ces abus, infiniment plus funestes que des méprises en géographie, furent dévoilés par Necker à Louis XVI, en l'absence et à l'insu de Maurepas. Le portefeuille de la marine fut aussitôt donné à M. de Castries;

et Sartines se vit expulsé par une intrigue de cour à peu près semblable à celle qui l'avait porté au timon des affaires. C'est ce que retrace assez bien une épigramme insérée dans les écrits du temps. On y faisait tenir, en assez mauvais vers, ce langage au ministre disgracié :

J'ai balayé Paris avec un soin extrême;
Et voulant sur les mers balayer les Anglais,
J'ai vendu si cher mes balais
Que l'on m'a balayé moi-même.

Depuis ce temps, Sartines vécut dans la retraite. Son fils mourut sur l'échafaud révolutionnaire, le 17 juin 1794. Quant à lui, il s'était prudemment retiré dès les premiers orages révolutionnaires à Taragone en Espagne, dans sa province natale : il y termina ses jours, le 7 septembre 1801. BRETON.

SARTO (ANDREA DEL), l'une des gloires de l'école florentine, naquit en 1488, à Florence; son père s'appelait *Agnolo del Sarto*. C'est seulement dans les écrivains postérieurs que se trouve mentionné le nom de famille *Vanucchi*; et vraisemblablement il provient d'une erreur. Vasari, qui fut son élève et son biographe, le place au premier rang de ses artistes de prédilection ; il le proclame *eccelentissimo pittore fiorentino* : il n'a pas donné à Michel-Ange lui-même cette fameuse épithète d'*eccelentissimo*. A l'âge de huit ans, on le plaça en apprentissage chez un orfévre; cette profession plaisait fort à André, parce que dans le principe elle exigeait une certaine connaissance du dessin, pour la composition et l'exécution des ornements. Il se livra passionnément à cette étude préliminaire; et il faisait l'admiration de ses camarades et de son maître, qui, fier d'avoir un pareil apprenti, montra ses dessins à un de ses amis, nommé Jean Barile, qui était peintre d'enseignes et sculpteur en bois. Celui-ci ne douta pas de la vocation d'André pour les beaux-arts; et, dans l'espoir de l'employer utilement à faire une partie de sa besogne journalière, il engagea donc l'apprenti orfévre, qui accepta de grand cœur cette offre inattendue, à venir prendre des leçons de peinture chez lui. Mais les progrès que fit André dépassèrent de beaucoup les espérances très-légitimes de Jean Barile; si bien qu'un beau jour, sous le prétexte de se perfectionner, il laissa là les enseignes commencées pour entrer chez Pier di Cosimo, qui était en grande réputation à Florence pour ses compositions religieuses singulières, un tant soit peu gothiques, et ses bacchanales, franchement licencieuses. Ce peintre n'était pas , lui non plus, le maître qu'il fallait à André del Sarto, qui, pour son bien, ne tarda pas à s'en apercevoir. Il se forma donc lui-même par l'étude attentive des œuvres du carmin de Masaccio, de celles de Dominico Ghirlandajo et surtout du célèbre carton de Michel-Ange dont la guerre de Pise fut le sujet. Cette étude le porta à faire de la peinture à fresque, genre dans lequel il excella. En 1509 il commença la suite de tableaux tirés de la vie de saint *Filippo Benizi* qui ornent le parvis de l'église de l'Annonciade à Florence, et qu'il termina en 1514, par un tableau représentant la naissance de la Vierge. La même année il commença la suite de tableaux tirés de la vie de saint Jean-Baptiste, du parvis de la *Compayna dello Scalzo*, qui ne fut achevée que douze années plus tard. Ses plus belles œuvres de cette époque sont la *Madonna di San-Francesco* (1517), à la Tribune de la galerie de Florence (gravée par Felsing), et la *Dispute de Théologiens*, au palais Pitti. Il partit pour Rome. Ce voyage eut pour résultat de lui faire connaître toute la valeur de son talent : il n'eut qu'à modifier un peu sa manière pour s'élever du premier coup au niveau des plus grands peintres. Il subit l'influence du génie de Raphaël, mais non pas au point de perdre son originalité ; il rechercha la correction du dessin, mais il n'oublia pas ses qualités de coloriste. Un *Christ mort*, qui est l'une de ses plus belles productions, fut peint pendant son séjour à Rome : ce tableau fut acheté par les gentilshommes que François Ier avait envoyés en Italie pour engager à son service des sculpteurs, des peintres et des architectes. Émerveillés du talent d'André del Sarto, ils lui firent des avances très-flatteuses pour le décider à venir se fixer à la cour de France; un événement inattendu , inespéré, qui lui semblait être une insigne faveur du ciel, lui fit oublier tous ses rêves de gloire et de fortune : il repartit en toute hâte pour Florence. Pendant son long séjour dans cette ville, il était devenu passionnément amoureux d'une femme très-belle, qui était mariée; ce premier et chaste amour d'André, mal accueilli d'abord, ne s'éteignit pas. Quelle fut sa joie en apprenant que sa bien-aimée était veuve, qu'elle lui accordait sa main , et qu'elle l'attendait à Florence. Ce mariage fut pourtant la source de tous les malheurs qui rendent l'histoire de sa vie bien triste et bien intéressante. André n'avait pas d'ambition, mais sa femme en eut pour lui. Coquette autant que belle, elle aima le monde; pour satisfaire ses goûts, il lui fallait de l'argent, et André se condamna de bon cœur à travailler jour et nuit dans la solitude pour soutenir le train de vie ruineux que menait sa femme. Quelle profonde douleur l'accabla lorsqu'il put soupçonner qu'elle le trompait? Il devint jaloux au point de fuir ses meilleurs amis , ses élèves , et tomba dans une mélancolie sombre , qui ne le quitta plus qu'à sa mort. Il ne fit aucun reproche à sa femme, car il l'aimait toujours ; mais son caractère, devenu morose et insociable, éloigna bientôt de lui ses protecteurs , et l'état de ses affaires en souffrit. Sa femme fut la première à s'en apercevoir; et quand elle sut que son mari pouvait faire une grande fortune en France, André, qui n'avait pas d'autre volonté que celle de sa femme, s'empressa de partir en lui promettant de revenir la chercher si ce voyage répondait à leurs espérances. Il reçut un accueil honorable à la cour de François Ier ; ce prince le combla de présents; mais après avoir fait quelques tableaux pour se montrer reconnaissant envers son royal Mécène, André n'oublia pas la promesse faite à sa femme; et il lui fut permis de repasser les Alpes , à condition qu'il hâterait son retour. Il fut en outre chargé d'acheter en Italie, pour le cabinet du roi, des tableaux et des antiques; on lui confia une somme d'argent considérable, qui devait servir à ces acquisitions et subvenir aux frais de son voyage. De retour à Florence, André del Sarto, pour qu'on ne doutât pas de la réalité des récits qu'il faisait partout de la générosité du roi François Ier, commença par étaler un grand luxe. Sa femme crut de bon droit qu'elle avait à sa disposition des tonnes d'or, et ne se fit pas faute d'user de l'ascendant qu'elle avait sur lui pour l'entraîner dans de folles dépenses. André crut un instant avoir retrouvé l'amour de sa femme; il oublia ses engagements, et laissa dissiper l'argent dont il devait rendre un compte exact à son retour en France. Quand ses ressources furent à peu près épuisées, il voulut arrêter le désordre qui régnait autour de lui, mais il n'était plus temps; il se voyait déshonoré, ruiné ; sa maison n'avait jamais été aussi triste, aussi déserte , son ménage aussi malheureux. Un travail opiniâtre put seul le sauver du désespoir. Encore dans toute la force de son talent, il essaya de réparer sa faute en peignant des tableaux pour le roi de France; mais il déploya en vain tout son génie dans un chef-d'œuvre que François Ier ne voulut ni accepter ni voir. C'était un *Sacrifice d'Abraham*, aujourd'hui au musée des meilleurs tableaux de la galerie de Dresde. André ne se consola pas d'avoir été par faiblesse de caractère un malhonnête homme, et il n'osa plus sortir de la Toscane, où sa réputation prit un immense développement. Ses compatriotes eurent en si grande estime ses œuvres que pendant leurs guerres civiles ils s'entendirent pour préserver le monastère de Saint-Salvi, tures de sa main qui décoraient le monastère de Saint-Salvi, alors même que l'on n'épargnait ni les églises ni les choses sacrées. La peste ravageait Florence à cette époque, en 1530, et André del Sarto fut l'une des victimes de ce fléau. Il avait alors quarante-deux ans. Sa femme , redoutant la contagion de son mal, le laissa mourir dans un complet abandon. *La Fornarina* du moins ne quitta pas Raphaël à ses derniers moments ; et ce fut elle aussi qui, de ses belles mains, enveloppa dans un linceul le cadavre de son amant.

Notre Musée du Louvre possède quatre tableaux d'André del Sarto : *La Charité*, qu'il peignit sur bois pendant son séjour en France, deux *Sainte Famille*, une *Annonciation*, et plusieurs dessins au crayon rouge ; les plus finis sont tracés à la plume et lavés au bistre. André del Sarto eut pour élèves Pontormo, Vasari, Salviati, Squazella. Son œuvre a été gravé par Chérubin Alberti, Théodore Cruger, Bloemart, Cort, Brebiette, Bonacina, Callot, Vostermann, Natalis, Thomassin, Zuccarelli, Cœlemans, Gregori, etc.

Antoine FILLIOUX.

SARX. *Voyez* IRONIE.

SAS. *Voyez* CANAL et ÉCLUSE.

SASSAFRAS (Bois de). Employé en médecine et dans la parfumerie, ce bois est recherché aussi pour la marqueterie, la tabletterie, les ouvrages de tour et l'ébénisterie. Le bois de sassafras est pesant, dur, compacte, sonore, odorant, susceptible de poli. Il provient du *laurus sassafras*, de l'ennéandrie-monogynie, famille des laurinées, qui croît dans la Virginie, la Caroline, la Floride. Il nous vient en bûches de 1^m,30 environ de long. Son odeur n'est pas très-forte, mais elle est on ne peut plus agréable et distinguée.

SASSANIDES (Les), dynastie de rois perses fondée vers l'an 218 de notre ère, après la chute des *Arsacides* par Ardschir-Babekhân, autrement dit Artaxerxès IV, fils de Sassân, et qui régna jusqu'à l'an 626, époque à laquelle le khalife Omar l'anéantit en précipitant du trône le roi Iezdéjerd.

SASSENAGE, chef-lieu de canton du département de l'Isère, à 10 kilomètres à l'ouest de Grenoble, sur le Furon, avec 1514 habitants, une fabrication de fromages renommés et des grottes célèbres, dans l'une desquelles se trouvent deux pierres cylindriques creusées, connues sous le nom de *Cuves de Sassenage*, et qui passaient jadis pour une des merveilles du Dauphiné.

SASSOFERATO (Le). *Voyez* SALVI.

SATAN. Ce mot hébreu, qui signifie *adversaire*, désigne un être résistant à Dieu et au bien. Depuis l'Oromaze et l'Ahrimane de Zoroastre, on a partout admis, comme étant aux prises dans l'univers, les deux principes contraires du bien et du mal, la lumière et les ténèbres, quoique le plus simple raisonnement eût dû servir à rectifier cette fausse déduction des faits heureux ou malheureux, mais toujours relatifs à des circonstances données qui se passent perpétuellement autour de nous et comprennent toute l'histoire de la race humaine. Il a fallu en effet sortir de toutes les voies de la logique pour rompre ainsi la chaîne des causes et des effets en attribuant ceux-ci, quand ils ne nous étaient pas favorables, à un principe ou à une source contraire à celle d'où partaient les faits opposés : théorie qui n'est pas moins ennemie de la raison que de la toute-puissance divine, et qui n'a été de la part du très-petit nombre de théologiens chrétiens qui ont matérialisé l'esprit du mal que le résultat d'une fausse interprétation de l'Écriture.

Il y a cette différence entre les mots d i a b l e ou d é m o n et celui de *satan*, que les premiers désignent en général tous les êtres rentrant dans cette création métaphysique dérivée de ce qu'on a nommé *le principe du mal*, tandis que *satan* ne s'applique qu'à une espèce particulière, ou plutôt à un seul individu de cette famille d'êtres, celui qui en est le chef. Ainsi, il y a une multitude de diables ou de démons, lutins, fées, gnomes, génies, farfadets, etc., tandis qu'il n'y a qu'un seul Satan, dont la forme est, il faut le dire, un peu moins connue que ses attributs, car elle a varié, et elle variera toujours à l'infini, comme l'imagination des peintres ou des poëtes. On sait d'ailleurs que le personnage de Satan a été par son tout-puissant adversaire doté du don des métamorphoses. Il est parfois aussi nommé *Lucifer* (*lucem ferens*), le porteur de lumière.

C'est par allusion à l'orgueil qui amena la chute de ce premier ange rebelle, qu'on se sert de cette locution proverbiale, *orgueilleux comme Satan*, comme on le prend pour l'auteur du mal par excellence, quand on jette cette phrase de l'Écriture : *Vade retro, Satanas !* Arrière, Satan ! à quiconque cherche à vous faire commettre quelque faute.

SATELLITE (du latin, *satelles*), celui qui accompagne un homme pour sa sûreté ou pour exécuter ses ordres. Chez les empereurs d'Orient, c'était une espèce de dignité ou de charge de capitaine des gardes des corps. On a aussi donné cette qualification dans le moyen âge à ceux qui tenaient des fiefs qu'on appelait *sergenteries*. Il y a cette différence entre *gardes* et *satellites* (bien que ces deux mots désignent également des hommes d'armes attachés à un autre homme, plus puissant), que le dernier se prend presque toujours en mauvaise part, et comme désignant des séides qui se chargent pour le compte d'un autre de l'exécution de toutes espèces d'actes injustes, arbitraires, violents. Aussi, dit-on pour l'ordinaire, en parlant d'un tyran, ses *satellites*, comme on dit ses *aides* en parlant du bourreau.

SATELLITE (*Astronomie*) se dit de certaines p l a n è t e s qui paraissent toujours accompagner d'autres planètes, autour desquelles elles font leur révolution ; c'est ainsi que la L u n e est le *satellite* de la Terre, et qu'on pourrait prendre les autres planètes pour des *satellites* du Soleil ; mais ce nom s'applique principalement à des planètes particulières, découvertes depuis le seizième siècle, et qui tournent autour de J u p i t e r, d'U r a n u s, de S a t u r n e et de N e p t u n e.

Les satellites de Jupiter sont au nombre de quatre ; ils furent aperçus par Galilée, le 7 janvier 1610, peu de temps après la découverte des lunettes d'approche ; il les appela *Medicea sidera*, les astres de Médicis ; plus tard, on les nomma *circulatores Jovis*, *Jovis comites*, *gardes* ou *satellites*. On publia des tables de leurs mouvements ; mais les plus exactes furent celles de Cassini (1693). Wargentin en donna de nouvelles en 1746 ; on observa avec beaucoup de soin leurs éclipses, leurs inégalités, leurs inclinaisons, leurs attractions réciproques, et la théorie se perfectionna de plus en plus. Personne ne peut voir les satellites de Jupiter à la vue simple, quoique dans nos lunettes ils paraissent avoir la même lumière que des étoiles de sixième grandeur ; mais le vif éclat de Jupiter, dont les satellites sont toujours très-proches, empêche de les apercevoir ; il en est de même des étoiles de sixième grandeur, qu'on ne saurait distinguer dans le temps de la pleine lune ; on a prétendu cependant que les Japonais avaient reconnu l'existence de deux de ces satellites.

Les satellites de Saturne furent découverts par Huyghens, en 1655, par Cassini en 1671 et en 1684, et par Herschell en 1789. Huyghens avait aperçu le quatrième, ou le plus gros de tous, avec une lunette de quatre mètres. Cassini put reconnaître le premier, le deuxième, le troisième et le cinquième. Enfin, Herschell dut à son télescope de treize mètres trente-trois centim. la découverte du sixième et du septième, qui sont devenus le premier et deuxième.

Quant aux satellites d'Uranus (Herschell, 1787), ils sont au nombre de six ; mais on n'a revu que le troisième et le quatrième.

Voici la table de la durée des révolutions de ces divers satellites et leurs distances moyennes, le demi-diamètre de la planète étant 1 :

	Durée.	Distance.
pour Jupiter,		
1er satellite.	1 j. 7691	6,0485
2^e	3, 5512	9,6235
3^e	7, 1546	15,3502
4^e	16, 6888	26,9983
pour Uranus,		
1er satellite.	0 j. 943	3,35
2^e	1, 370	4,30
3^e	1, 888	5,28

pour Uranus.	durée.	distance.
4ᵉ satellite.	2, 739	6,82
5ᵉ	4, 517	9,52
6ᵉ	15, 945	22,08
7ᵉ	79, 330	64,36
pour Saturne,		
1ᵉʳ satellite.	5 j. 893	13,12
2ᵉ	8, 707	17,02
3ᵉ	10, 961	19,85
4ᵉ	13, 456	22,75
5ᵉ	38, 075	45,51
6ᵉ	107, 694	91,01

On a cru pendant quelque temps que Vénus avait un satellite, mais ce n'était qu'une illusion d'optique ; bien plus, on a considéré les taches du Soleil comme de véritables planètes tournant autour de cet astre, ainsi que Mars et Mercure ; Tarde les appela *Borbonia sidera* (1620), et Maupertuis *Austriaca sidera* (1633) ; mais on a promptement fait justice de cette erreur.   SÉDILLOT.

SATIÉTÉ (du latin *satietas*), dégoût qui suit l'usage immodéré d'une chose : On a la *satiété des aliments* après avoir trop mangé, la *satiété des plaisirs*, après s'y être trop livré : la *satiété* de l'étude, de la gloire, des affaires. Nous abusons de tout.

SATIN, une des étoffes dont les modèles nous sont venus de Chine, dont la surface paraît glacée, et qui se fabrique sur un métier à plusieurs lisses. Elle est de soie plate, fine, douce, moelleuse, lustrée : *Satin de Chine*, *de Gênes*, *de Lyon*. On imprimait autrefois des thèses sur satin. Une peau de satin, c'est figurément une peau unie et moelleuse. *Satiner*, c'est donner à une étoffe, à un ruban, à du papier l'œil du satin. En termes de fleuriste, on dit qu'une tulipe *satinée*, quand elle approche par sa blancheur de l'éclat du satin.

Ménage dérive ce mot de *seta*, *setinum*, ou de l'hébreu *sadin*, ou le *sade*, *sadinat*, qui signifiaient, en vieux français, *propre*, *gentil*. Du Cange dit qu'il vient de *zatonin*, *zatoni*, vieux mot français signifiant la même chose.

SATIRE (du grec σάτυρος) se dit en général de tout ouvrage piquant, médisant, dirigé contre les personnes ou les choses, écrit, soit en vers, soit en prose, soit mêlé de prose et de vers : c'est le plus habituellement une pièce de poésie faite pour blâmer, pour censurer les défauts, les vices, les passions ou les sottises et les impertinences des hommes, en employant le ridicule ou en excitant l'indignation. Le rire et la colère sont des moyens également permis à la satire, quand ils sont inspirés et dirigés par la raison. Les auteurs qui se livrent à ce genre de poésie sont nommés *satiriques*.

Satira tota nostra est, dit Quintilien : en effet la satire est toute romaine ; les pièces grecques nommées *satyres* étaient des ouvrages dramatiques dans lesquels les divinités champêtres de ce nom remplissaient un rôle obligé ; elles étaient bouffonnes et souvent obscènes (*voyez* ART DRAMATIQUE). Lucilius passe pour être l'inventeur de la satire, telle que l'adoptèrent Horace et ensuite Perse et Juvénal.

La satire n'aurait pas été inventée par les Romains qu'elle l'eût été par les Français, naturellement railleurs, car les premiers essais de notre poésie ont tous une teinte satirique : les fabliaux offrent mille traits piquants dirigés contre les maris trompés et la conduite scandaleuse des gens d'église ; les poëmes de *La Mort*, du *Tournoiement de l'Antechrist*, la *Bible-Guyot*, *Le Roman de la Rose*, frappent tour à tour sur les grands, les gens de loi, les femmes et les moines. Les *silventes* ou *sirventes provençales*, composées en langage d'Oc, sont de véritables satires sur les exactions de la noblesse et la corruption du clergé. Le *Gargantua* de Rabelais n'est aussi qu'une longue satire. On trouverait encore dans notre vieille littérature une foule d'ouvrages de ce genre en fouillant les poésies de Villon,
de Ch. Bordigné, de Martial de Paris, de Laurent Desmoulins, de Pierre Michaut ; mais, bien que leurs œuvres soient satiriques et que la moquerie française s'y fasse reconnaître, leur forme s'oppose à ce qu'on les confonde avec ce que nous nommons aujourd'hui des *satires*.

Ce ne fut que dans le courant du seizième siècle que la satire prit en France une forme déterminée. L'épigramme satirique la précéda, et ce furent encore les Latins, et Martial en particulier, que nos poètes prirent pour modèles. Mellin de Saint-Gelais et Clément Marot acquirent en ce genre et ont conservé une sorte de célébrité. L'*Illustration de la Langue Françoise*, par Joachim du Bellay, recommandait aux écrivains français l'imitation de l'antiquité (1550). Du Bellay, donnant l'exemple et le précepte, composa une excellente satire intitulée *Le Poëte courtisan* ; et quoiqu'il ne lui eût pas donné le titre de satire, il la composa telle que l'ont faite depuis Regnier et Boileau, telle enfin que nous la concevons encore aujourd'hui. Le premier ouvrage en vers, je crois, composé sous ce nom sont les satires de Pierre Viret, imprimées en 1560 ; puis celles d'Antoine Du Verdier, sur les mœurs corrompues du siècle. La volumineuse collection des poésies de Ronsard n'offre pas une seule pièce sous le titre de satire, quoiqu'il fût applicable à un grand nombre de ses poëmes. Cependant, Jacques Pelletier du Mans avait publié, dès 1555, un art poétique où l'on trouve dans lequel sont données les règles de la satire. Enfin, en 1593, Jean Passerat, Jacques Gillot, N. Rapin et quelques autres publièrent la *Satire ménippée*. Le but politique de cet ouvrage, sa forme même (il est presque tout en prose), s'opposent peut-être à ce qu'il entre précisément dans le sujet que je traite ; mais le véritable fondateur de la satire en France est Vauquelin, né en 1536 à La Fresnaye, près Falaise. Il n'est pas inutile de faire remarquer qu'à cette époque, et longtemps après encore, le nom de *satire* indiquait un ouvrage obscène. Vauquelin donna à ses ouvrages la retenue la plus grande ; mais les œuvres de Mottin, de Sigogne, de Berthelot, n'ont été réunies que sous les titres de *Recueil des plus excellents vers satiriques*, de *Cabinet satirique*. L'*Espadon satirique* de Fourqueraux est du même genre, ainsi que *Le Parnasse satirique*, attribué à Théophile Viaud. Les auteurs et probablement le public étaient dans la fausse persuasion que le style de la satire devait être conforme au langage supposé des Satyres, divinités lascives des Grecs. Faut-il donc s'étonner que Mathurin Regnier ait trop souvent partagé une opinion que ses habitudes le portaient à embrasser ! Dès lors la satire fut constituée. Les successeurs immédiats de Regnier, Courval-Sonnet, d'Aubigné, Auvray, du Lorrens ; puis, plus tard, Marigny, Louis Petit et Furetière, n'étaient pas de force à lutter contre Boileau-Despréaux, qui les fit tous oublier.

Et maintenant, parmi les innombrables poètes satiriques successeurs de Boileau, quel est celui que nous puissions lui opposer ? Est-ce Voltaire lui-même, dont la verve sans foi n'emploie le ridicule qu'au profit de son opinion du moment ? Est-ce Gilbert, mort si jeune après avoir composé ces satires où l'on reconnaît l'expression d'une âme chaleureuse, mais dont le talent, qui n'était pas formé, ne semble être que l'écho de sa seule indignation ? Faut-il nommer Palissot, Clément et tant d'autres encore moins connus ?

Sous le gouvernement du Directoire, la satire parut reprendre quelque faveur : Joseph Despaze de Bordeaux attaqua avec une verve méridionale l'odieuse tyrannie des proconsuls de Robespierre et les ridicules de la nouvelle régence ; Marie-Joseph Chénier déploya toute la vigueur de son beau talent dans la défense de sa vie et de ses opinions ; Daru, Baour-Lormian, Colnet et Berchoux, se livrèrent avec un succès mérité à cette sorte de poésie maligne et piquante. Deux jeunes gens, Méry et Barthélemy, sous la Restauration, publièrent une suite de satires dont le mordant n'excluait pas l'élégance ; l'un d'eux, par sa célèbre *Némésis*, a soutenu seul, dans ces derniers temps, l'honneur de la satire, presque entièrement abandonnée.

Viollet Le Duc.

SATIRE MÉNIPPÉE. *Voyez* Ménippée (*Satire*).

SATIRICON (Le), titre de l'espèce de roman, d'histoire ou de satire que nous a laissé Pétrone.

SATISFACTION, CONTENTEMENT. Ces deux mots ne sont point synonymes, comme on pourrait le croire. Le *contentement* est un sentiment de joie, d'une joie douce, produite par la *satisfaction* des désirs. L'une gît plutôt dans les passions; l'autre dans le cœur. On est *satisfait* d'obtenir, d'avoir obtenu; on est *content* de jouir, et de jouir en paix. Un homme inquiet est rarement *content*; un ambitieux n'est jamais *satisfait*.

En termes de droit, le mot *satisfaction* emporte l'idée de la réparation d'une injure ou de l'acquit d'une dette.

Les théologiens considèrent la *satisfaction* comme une partie du sacrement de pénitence. C'est la réparation qu'on doit à Dieu ou au prochain pour l'injure qu'on leur a faite. Ils la définissent : Un châtiment ou une punition volontaire qu'on exerce contre soi-même pour compenser l'injure qu'on a faite à Dieu ou réparer le tort qu'on a causé au prochain, et racheter la peine temporelle qui reste à expier, soit en cette vie, soit en l'autre, bien que la coulpe et la peine éternelle aient été remises par l'absolution.

Par *œuvres satisfactoires* on entend la prière, le jeûne, l'aumône, la mortification des sens et autres actes pieux que nous accomplissons par les mérites de Jésus-Christ et en vue de fléchir la justice divine.

SATISFACTION INTIME. *Voyez* Conscience.

SATISFAITS (Les). Sous le règne de Louis-Philippe les journaux de l'opposition faisaient un fréquent usage de cette expression, pour désigner les membres de la chambre élective assis au centre de l'assemblée, qui étaient dans l'habitude d'approuver les ministres, quoi qu'ils dissent et quoi qu'ils fissent. Elle était empruntée à l'une des réponses de la chambre à un discours de la couronne; réponse votée par la majorité à la suite d'une longue discussion, en dépit de tous les efforts des adversaires du gouvernement.

SATRAPE, mot persan qui signifiait d'abord amiral, général d'armée navale. Il fut ensuite étendu aux principaux ministres de Perse et aux gouverneurs des provinces de l'empire, lesquelles s'appelaient *satrapies*. Ces gouverneurs avaient dans leur ressort une autorité presque souveraine. C'étaient, à proprement parler, des vice-rois. Ils levaient un nombre de troupes suffisant pour la défense du pays, pourvoyaient à tous les emplois civils et militaires, recueillaient les tributs et les faisaient parvenir au prince. Ils avaient le pouvoir de traiter avec les États voisins, et même avec les ennemis. Indépendants les uns des autres, quoique obéissant au même maître, ils étaient souvent divisés d'intérêts, refusaient des secours à leurs collègues et se faisaient même la guerre entre eux.

Le pays des Philistins était aussi divisé en cinq satrapies : Gad, Ascalon, Azotus, Accaron et Geth.

Chez les Grecs et chez les Latins *satrape* signifiait gouverneur ou préfet de province. Il se trouve même des chartes anglaises du temps du roi Ethelred, où les seigneurs qui signent après les ducs prennent le titre de *satrapes du roi*.

Aujourd'hui on emploie le mot *satrapes* pour désigner les fonctionnaires puissants qui oppriment les populations.

SATURATION. On donne ce nom, en chimie, à l'état de combinaison de deux corps où leurs affinités réciproques se trouvent également épuisées ou détruites. On *sature* un acide par une base, et *vice versa*. Ce terme s'emploie aussi pour désigner de simples dissolutions, quand on ajoute au dissolvant une telle quantité du corps qu'il s'agit de dissoudre, qu'il ne saurait en recevoir davantage.

SATURNALES, fêtes qui se célébraient à Rome dans le mois de décembre. Les critiques ne sont pas d'accord sur l'origine de ces solennités : les uns ont dit qu'elles étaient une imitation de celles qui avaient lieu à Athènes, sous le nom de *Kronid* ou de *Cronies*, nom dérivé de celui de *Cronos*, le *Saturne* des Grecs; d'autres en placent l'institution dans l'Hémonie, et ils racontent que les Pélasges ayant été chassés de cette contrée et étant venus s'établir en Italie, y portèrent cette coutume. Elle ne fut considérée d'abord que comme une réjouissance populaire; mais dans la suite les Saturnales devinrent des fêtes légales et d'obligation. Interrompues sous le règne de Tarquin le Superbe, elles furent rétablies par autorité du sénat à l'époque de la seconde guerre punique. Dans le principe elles ne duraient qu'un jour. La réforme du calendrier par Jules César ayant ajouté deux jours au mois de décembre, on les attribua aux Saturnales. Auguste en porta le nombre à quatre. Caligula fit l'addition d'un cinquième jour à ces fêtes, et ce jour fut nommé *Juvenalia*. Plus tard les Saturnales furent jointes aux *Sigillaria*, et alors il y eut selon les uns cinq jours consécutifs de fêtes, et suivant d'autres sept.

Les Saturnales n'étaient pas seulement une fête religieuse, c'étaient des réjouissances publiques : on voulait exprimer par elles l'heureux règne de Saturne, *l'âge d'or*, temps où les hommes jouissaient en paix de tous les dons du ciel, où l'égalité régnait dans les sociétés politiques, où les serviteurs s'asseyaient à la table des maîtres. On ne songeait alors qu'aux plaisirs; et une sincère amitié semblait unir tous les citoyens. Les affaires publiques étaient abandonnées : des festins avaient lieu, d'abord en public, puis dans toutes les maisons; les esclaves portaient le *pileus*, symbole de la liberté, prenaient les mêmes habits que les maîtres, et même raillaient ceux-ci, et leur reprochaient leurs défauts et leurs vices. Mais s'ils abusaient de ces courts instants d'une précaire indépendance, les maîtres savaient bien sans doute les punir lorsque le temps des Saturnales était passé. On a remarqué que pendant ces solennités quelques empereurs eux-mêmes admettaient des esclaves à leur table. Suivant Capitolin, Verus leur accordait cet honneur.

Pendant la durée des Saturnales, les Romains envoyaient des présents à leurs amis, comme nous au temps des étrennes; on quittait la toge, et les hommes les plus graves paraissaient sur la place publique vêtus ainsi qu'on l'était ordinairement dans la salle du festin. La veille du premier jour des Saturnales, les enfants parcouraient la ville en criant : *Io Saturnalia!* Tout respirait alors la joie. Aulu-Gelle nous apprend qu'il passa dans des amusements honnêtes le temps des Saturnales à Athènes. Le plus souvent, néanmoins, ces fêtes étaient souillées par la débauche, et leur nom distinctif devint l'épithète que l'on donna dans la suite à des plaisirs excessifs et peu décents, à ce que, dans le sens moderne que nous attribuons au mot, on appelle communément des *orgies*.

J'ai dit que les *Sigillaria* furent jointes aux Saturnales. C'étaient des fêtes qui duraient plusieurs jours, et pendant lesquelles on s'envoyait mutuellement de petits présents, qui consistaient en cachets (en latin *sigillum*) et en petites figures. On en attribuait l'établissement à Hercule, qui avait déterminé qu'au lieu des victimes humaines qu'on immolait à Pluton et à Saturne on offrirait à ces dieux des figures en bois ou en cire.

Ch^{er} Alexandre du Mège.

SATURNE, *Saturnus*, vieille divinité italique, à bien dire le dieu des semences, que plus tard les Romains identifièrent avec le *Cronos* des Grecs et au règne duquel ils attribuèrent toute la félicité du règne de celui-ci. Comme lui, il était fils d'*Uranos* et de *Gœa*, et l'un des Titans. Il détrôna son père, s'empara du pouvoir suprême, et épousa Rhéa, dont il eut plusieurs enfants. Mais à l'exception du dernier, *Zeus*, il les dévora tous, parce qu'il lui avait été prédit que l'un d'eux le détrônerait. C'est effectivement ce que fit *Zeus*, qui uni avec ses frères (qu'un vomitif administré par *Métis*, la déesse de la prévoyance, avait forcé de rendre) détrôna son père et les Titans, frères de celui-ci, à la suite d'une lutte qui dura dix années, et qui les précipita dans un antre situé au-dessous du Tartare, où il les tient depuis lors renfermés. Tel est le mythe ordinaire. Suivant d'autres, Saturne, après son expulsion du ciel avec Rhadamanthe, règne sur les Iles des Bienheureux, ou encore se réfugie en Italie, où il est accueilli par Janus, qui partage avec lui sa souveraineté. C'est de ce règne que les poëtes ont fait l'*âge d'or* de l'Étrie, l'idéal du bonheur sur la terre, dont ils nous ont laissé tant de peintures, et en commémoration duquel on avait institué les Saturnales. C'est de là aussi que l'Italie avait été nommée par les poëtes *la terre de Saturne* :

Salve, magna parens frugum, Saturnia tellus ;
Magna virûm !   VIRGILE.

Saturne avait son temple au pied du Capitole ; c'est là qu'on conservait le trésor public et les *signa militaria*. Ce dieu est représenté comme un homme âgé, avec le derrière de la tête enveloppé, de longs cheveux pendants, et une harpe en forme de faucille. D'autres attributs, tels que la faux, le serpent, les ailes, etc., sont d'origine postérieure.

[Suivant Hésiode, dans sa *Théogonie*, « Uranos, père de Cronos ou de Saturne, ayant jeté les Écatonchires, ses fils, enchaînés, dans le Tartare, qui est le lieu le plus ténébreux des enfers, Titée (qui ne diffère point de *Ghé* ou *Gæa*, la *Terre*) engagea les Titans, ses autres fils, à dresser des embûches à son mari, et elle donna à Cronos, le plus jeune d'entre eux, la faux avec laquelle il le mutila. » Du sang qui coula de la blessure, les Furies et les Géants naquirent sur la terre ; de celui qui tomba près de Cypre, dans la mer, naquit Vénus. *Saturne* ou *Cronos* était le plus jeune des Titans. Fier de son crime, il voulut régner, et ses frères y consentirent sous diverses conditions ; l'une d'entre elles portait qu'il dévorerait ses enfants. Ayant épousé Ops ou Rhéa, sa sœur, Cronos remplit scrupuleusement cette condition. Vesta ou *Estia*, Cérès ou *Déméter*, Junon ou *Héra*, Pluton ou *Adès*, Neptune ou *Poseïdon*, fils de Cronos et de Rhéa, furent successivement victimes du traité conclu avec les Titans ; mais Rhéa ayant donné le jour à Jupiter ou *Zeus*, elle enveloppa d'une peau de chèvre la pierre si connue depuis sous le nom d'*Abadir*, et l'offrit à son mari. Cronos ou Saturne la dévora sur le mont Thaumasium, en Arcadie. Jupiter fut confié aux Curètes ou Corybantes. Ils dérobèrent à Cronos le bruit des premiers vagissements de son fils en frappant en cadence leurs boucliers d'airain avec leurs épées. Mais ils ne purent pas toujours cacher l'existence de Zeus aux Titans, et ceux-ci déclarèrent la guerre à Cronos. Selon quelques auteurs, Cronos fut vaincu et enfermé avec Rhéa dans une étroite prison. Mais Zeus, ayant grandi, vainquit les Titans, et délivra les auteurs de sa naissance. Suivant Apollodore, Zeus, ayant consulté *Métis* ou la Prévoyance, fit prendre à son père un breuvage qui lui fit rendre les enfants qu'il avait dévorés. Mais Cronos, ayant tendu des embûches à Zeus, et l'ayant ensuite attaqué à force ouverte, fut vaincu et détrôné par lui. Ainsi s'accomplit la prédiction d'Uranos, qui, à l'instant même où Saturne le mutilait, lui annonça qu'il serait chassé comme lui par son fils. Quoique père des trois principaux dieux, Saturne n'a point été salué du titre de *père des dieux* par les poëtes, tandis que sa femme porte le titre de *grande génératrice*, de *grande mère* et de *mère des dieux*. Plusieurs peuples lui ont même rendu un culte barbare en lui sacrifiant des hommes. Diodore de Sicile rapporte que les Charthaginois, vaincus par Agathocle, attribuèrent leur défaite au courroux de Saturne, qu'ils avaient irrité en substituant des enfants étrangers à leurs fils, qui devaient être immolés. Voulant réparer cette faute, ils choisirent dans les familles nobles deux cents jeunes garçons pour être sacrifiés ; et il y en eut plus de trois cents autres qui, se sentant coupables, s'offrirent d'eux-mêmes à l'autel.

A Rome les gladiateurs étaient placés sous la protection de Saturne, parce qu'il était considéré comme une divinité sanguinaire. Le jour de Saturne était regardé comme un jour malheureux pour les voyageurs.

L'ancienne école symbolique a cru retrouver Saturne dans une allégorie physique. « Toute la Grèce croit, dit Cicéron, que Cœlus fut mutilé par son fils Saturne, et Saturne lui-même enchaîné par son fils Jupiter. Sous ces mythes impies se cache un sens physique assez beau. On a voulu indiquer que l'Éther, parce qu'il engendre tout par lui-même, n'a point ce qu'il faut aux animaux pour engendrer par la voie commune. On a entendu par Saturne celui qui préside au temps et qui en règle les divisions. Ce nom lui vient de ce qu'il dévore les années (*Saturnus, quod saturetur annis*), et c'est pour cela qu'on a feint qu'il mangeait ses enfants, car le temps, insatiable d'années, consume toutes celles qui s'écoulent. Mais, de peur qu'il n'allât trop vite, Jupiter l'a enchaîné, c'est-à-dire l'a soumis au cours des astres, qui sont comme ses liens. » Ch^{er} Alexandre DU MÈGE.

SATURNE (*Astronomie*). La planète de Saturne, dans l'ordre des distances, vient immédiatement après Jupiter ; la durée de sa révolution sidérale est de 10,758 j. 970 (plus de 29 ans) ; son volume 887,3, celui de la Terre étant 1 ; sa distance moyenne au Soleil, de 9,539, ou 329 millions de lieues ; l'inclinaison de son axe sur le plan de son orbite est de 28°. Mais la découverte la plus extraordinaire que l'on ait faite au moyen des lunettes est sans contredit celle de *l'anneau de Saturne*. Outre sept *satellites*, dont elle est escortée, cette planète est entourée de deux grands anneaux plats extrêmement minces, et séparés l'un de l'autre par un intervalle très-étroit dans toute l'étendue de leur circonférence. Ce fut Huyghens qui le premier présenta une explication exacte de ce singulier phénomène ; jusque là les suppositions les plus contradictoires s'étaient succédé et avaient donné lieu à ces dénominations de *monosphæricum, trisphæricum, sphæricocuspidatum, sphærico-ansatum, diminutum, ellipticoansatum, plenum*, etc. Les partisans des causes finales, écrivait Lalande, trouvent que cet anneau était nécessaire à une planète qui reçoit du Soleil cent fois moins de lumière que nous ; Cassini le considérait comme un assemblage de satellites assez multipliés et assez proches les uns des autres pour qu'on ne distinguât pas les intervalles ; un autre jugeait que c'était un satellite enflammé tournant en 16 heures 54 minutes ; Maupertuis expliqua sa formation par la queue d'une comète que Saturne força de circuler autour de lui. Mairan disait que Saturne avait été d'un plus grand diamètre, et que l'anneau était le reste de l'équateur de l'ancienne planète. Buffon pensait que l'anneau avait fait autrefois partie de la planète et s'en était détaché par l'excès de la force centrifuge ; d'autres ont dit que dans la formation des planètes, qu'elle qu'en ait été la cause, la matière, qui, retombant tout à la fois, s'est trouvée également éloignée du centre, était restée suspendue comme une voûte. Toutes ces explications sont si peu satisfaisantes qu'il est inutile de s'y arrêter. Observé à l'œil nu, Saturne paraît être une étoile nébuleuse, d'une lumière terne et plombée ; et comme son mouvement est fort lent, il se distingue à peine d'une étoile fixe.

On donnait autrefois le nom de *Saturne* à la constellation d'Orion.   SÉDILLOT.

SATURNE (Arbre de). *Voyez* ARBRES MÉTALLIQUES.

SATURNIEN (Vers), *Saturnius numerus*. Les Romains appelaient ainsi en général toute mesure de vers qui avait été employée dans les premiers bégayements de leur poésie, notamment pour leurs anciennes traditions populaires, jusqu'à l'époque où *Ennius* introduisit le vers hexamètre. Il serait difficile aujourd'hui de bien préciser comment se scandait le vers saturnien ; tout ce qu'il est permis de conclure des fragments qu'on trouve dans Pomponius, Novius, Livius-Andronicus et Ennius, ainsi que dans de vieilles inscriptions que les triomphateurs plaçaient sur les murailles du Capitole pour éterniser le souvenir de leur gloire, c'est que les poëtes maniaient cette forme de vers avec une grande liberté. Il en résulte que les grammairiens ont eu de tous temps beaucoup de peine à s'entendre à ce sujet. Tout récemment même on a essayé de retrouver le vers saturnien jusque dans les comédies de Plaute. Suivant le père Sanadon, c'était le même que le vers *fescennin*.

SATURNIN, *Saturnus* ou *Saturnilus*, gnostique célèbre, qui vivait à Antioche vers l'an 225 de notre ère (*voyez* GNOSTICISME). Les partisans de ses doctrines, hérétiques désignés sous le nom de *saturniens*, s'abstenaient du mariage et aussi de manger de la viande, pour éviter tout rapport avec le mauvais principe.

SATURNINUS (LUCIUS APULEIUS), Romain qui devint l'ennemi du sénat parce que cette assemblée enleva à ses attributions de questeur le soin de veiller à l'approvisionnement de la ville en blé, pour le confier à S c a u r u s. Lors de son second tribunat (en l'an 100 av. J.-C.), fonctions auxquelles il n'était d'ailleurs parvenu qu'en faisant assassiner Aulus Nonius, son concurrent, il attaqua ouvertement le parti du sénat, d'accord avec le préteur Servilius Glaucia et le questeur Saufeius, et appuyé en outre par Marius, alors consul pour la sixième fois. Une loi qu'il proposa, et qui avait pour objet d'opérer un grand partage des terres entre les prolétaires, était bien calculée pour lui assurer la faveur populaire et en même temps pour humilier le sénat, attendu qu'un article additionnel obligeait tout sénateur, sous peine de bannissement et d'une amende de 20 talents, à prêter serment d'obéissance à la loi, si, comme cela arriva effectivement, elle était adoptée par le peuple. Le sénat courba la tête, à l'exception du seul Quintus Cæcilius Metellus-Numidicus, qui fut en conséquence exilé par Saturninus, son ennemi personnel. Il obtint ensuite que lui et un affranchi du nom d'Equitius, regardé comme le fils naturel de Tiberius Gracchus, fussent désignés pour le tribunat l'année suivante. Caïus Memmius, citoyen honorable qui se portait candidat aux honneurs du consulat en concurrence à Servilius Glaucia, ayant été assassiné par une bande de leurs affidés en pleine assemblée du peuple, ils appelèrent ouvertement la populace à l'insurrection. En présence du péril commun, les chevaliers et tous les bons citoyens prirent la défense du sénat, et Marius lui-même accepta la dictature dont l'investit un décret de cette assemblée. Saturninus et les siens eurent le dessous dans une lutte acharnée, dont le Forum fut le théâtre; et au Capitole, où ils avaient fini par se réfugier, force leur fut de se rendre à discrétion, parce que l'eau vint bientôt à leur manquer. Le peuple égorgea immédiatement Servilius Glaucia et peu de temps après, dans la tribu d'Hostilie, Saturninus, Equitius, Saufeius et encore quelques autres meneurs. Plus tard, le sénateur Rabirius fut accusé par Labienus d'avoir été l'un des meurtriers de Saturninus et d'avoir, dans un festin, montré la tête de sa victime à ses hôtes.

SATYRE INDIEN. *Voyez* CHIMPANZÉ.

SATYRES, dieux champêtres et subalternes sous la domination de Bacchus, qui les amena des Indes à sa suite. Types des passions brutes, des désirs charnels, ils participent de l'animal; ce sont de petits hommes velus comme le bouc; leur tête est armée de cornes de chèvre; ils en ont les oreilles pointues (*aures acutas*, selon l'expression d'Horace), la queue, les cuisses et les jambes. Comme les Nymphes, dont ils sont l'effroi, ils forment toute une famille, un peuple même; tous sont mâles, et les Ménades ivres sont leurs épouses d'un moment. Quelquefois d'imprudentes Napées, de solitaires Naïades sont ravies par eux, et tombent dans leurs bras nerveux, car ils sont d'une grande agilité, forts autant que violents et lascifs; double caractère imprimé à leurs narines évasées, à leurs lèvres courbes, à leurs sourcils obliques.

De toutes les divinités terrestres, il n'en est pas dont l'origine mythique et l'étymologie soient plus claires, plus certaines. Les Satyres furent d'abord des orangs-outangs, des jockos; car leur taille n'était pas assez élevée pour qu'on les rangeât dans l'espèce des pongos, qui ont plus de deux mètres de haut. Bacchus, revenant de son expédition des Indes, traînait à sa suite un assez grand nombre de ces animaux, ces mimes de l'homme qu'attiraient la singulière musique et les danses des Bacchantes et des Bacchants. De ces singuliers animaux les Hellènes, ce peuple si transmutateur, firent aussitôt des dieux en modifiant leur forme, ainsi que la statuaire les a reproduits, car bientôt un admirable satyre sortit comme vivant du ciseau de Praxitèle. Mais il fallait donner à ces divinités nouvelles une origine un peu moins immonde que celle des pithèques, et soudain des poètes théologues dirent que Bacchus, épris de la naïade Nicée, la fit mère des Satyres, ayant avant tout versé dans sa source de cristal des flots empourprés d'un vin délicieux et enivrant, qui lui fit perdre la raison; et peu de temps après elle mit au monde la gent capripède des campagnes, celle seulement appelée *Satyres*, qu'il ne faut pas confondre avec les Pans et Égipans, qui appartiennent à la Grèce, et non aux Indes; non plus qu'avec les Faunes, qui sont italiques, ainsi que les Sylvains, cette gent paisible des forêts, qui vivent aussi de la vie des dieux terrestres. Jupiter aurait donné aux Satyres leur forme semi-humaine pour les punir de leur négligence à garder Bacchus enfant. L'habitant des campagnes les redoutait, mais les respectait peu; car, ainsi qu'à Faune, il ne leur offrait point les prémices de ses fruits et de ses troupeaux. Leur vie oisive et vagabonde se passait ou à jouer de la flûte, ou à danser, ou à boire, ou à poursuivre les nymphes. Leur danse était comme eux brusque, lascive, la danse de l'ivresse et de la luxure; elle donna son nom à deux de ces exercices et de ces jeux publics si fort du goût des Grecs et des Romains. Dès le matin, chez ces derniers, le peuple accourait à la farce des *jeux satyriques*, qui se donnait avant le drame principal; c'était une espèce de p r o l o g u e bouffon. Quant aux attributs de ces grotesques divinités, les monuments antiques nous offrent une outre, une flûte, les pipeaux, un bouc, avec lequel ces quasi-dieux jouent ou combattent   DENNE-BARON.

SATYRIASIS, mot dérivé de *satyre*, est le nom d'une maladie à moitié physique et à moitié psychique particulière au sexe masculin, qui était déjà connue des Grecs, et dont Arétée nous a laissé une description fort exacte. De même que la nymphomanie chez la femme, elle consiste dans l'excès maladif des désirs qui rapprochent les deux sexes, désirs accompagnés des symptômes physiques et moraux qui caractérisent cette affection. On l'observe aujourd'hui plus rarement que la n y m p h o m a n i e. C'était à ce qu'il paraît l'inverse autrefois. Du moins, on désigne plutôt ainsi de nos jours une cause de maladie qui peut avoir pour suites des maladies de l'esprit très-clairement accusées, notamment celle à laquelle les médecins ont donné le nom de *mania erotica*. Indépendamment de prédispositions naturelles, et qui parfois semblent même héréditaires, l'on peut signaler comme cause principale de cette affection un genre de vie irrégulier et excitant, tant au physique qu'au moral, une puberté trop précoce et des satisfactions contre nature données à l'ardeur du tempérament. Ajoutons qu'elle a pour suites les plus ordinaires de graves désordres survenant soit dans les organes sexuels, soit dans le système nerveux.

Les meilleurs moyens qu'on puisse conseiller pour la combattre consistent dans un genre de vie régulier, dans l'abstention de toute influence morale capable de nuire sous ce rapport, dans l'emploi des prophylactiques et l'observation d'un régime sévère, dans un travail physique fatigant, enfin dans le réveil chez le malade de la force morale, dont l'affaiblissement favoriserait la transformation de cette affection en noire mélancolie. Il existe sans doute encore d'autres remèdes fournis par la matière médicale, et on peut même en attendre de bons effets; mais c'est au médecin seul qu'il appartient d'en ordonner et d'en déterminer l'emploi.

SAU (La). *Voyez* SAVE.

SAUCISSE (du latin *salcisio*), boyau de porc ou d'autre animal rempli de viande crue, hachée et assaisonnée. En termes d'art militaire, c'est une longue charge de poudre mise en rouleau dans de la toile goudronnée, arrondie et cousue en longueur, qui règne depuis le *fourneau*, ou chambre de la mine, jusqu'à l'endroit où se tient l'ingénieur pour y mettre le feu et faire jouer le fourneau.

SAUCISSON, diminutif de *saucisse*. En termes de fortification on appelle ainsi une espèce de fascine, de trois à six mètres de long, confectionnée avec des troncs d'arbrisseau ou de grosses branches d'arbre, servant à se couvrir et à se faire des épaulements. A l'article BRÛLOT nous avons dit quel rôle le *saucisson* jouait en marine, comme engin de destruction.

SAUCLET. *Voyez* CABASSOU.

SAUF-CONDUIT, *salvus conductus*. On appelle ainsi une institution juridique dont on trouve de fréquentes applications dans la procédure criminelle du moyen âge, que mentionne formellement une ordonnance criminelle de Charles Quint, et en vertu de laquelle l'autorité publique ou le prince garantissait à un accusé qu'il pouvait se présenter sans crainte devant la justice, et qu'il ne serait soumis ni à une arrestation ni à une détention préalables. Établi d'abord comme moyen de protection contre la vengeance d'ennemis puissants, et comme émanation de la justice ordinaire, cet usage prit avec le temps une forme et un caractère plus exceptionnels, pour ne pas dire purement arbitraires ; et de nos jours il semble être une regrettable anomalie dans le système général de la justice criminelle des pays où il subsiste encore.

En France il ne saurait y avoir lieu à demander de *sauf-conduit* aux tribunaux pour venir invoquer leur justice. Toutefois, on se sert encore aujourd'hui de ce terme pour désigner la surséance, le délai que, par un acte qui tient lieu de *sauf-conduit*, des créanciers, investis par jugement de la contrainte par corps contre un débiteur, consentent quelquefois à lui donner.

En termes d'art militaire, on appelle *sauf-conduit* la permission qu'un chef de corps accorde à un des ennemis qui pour affaires privées ou pour cause de santé demande à passer sur le terrain qu'il occupe avec ses troupes.

SAUGE, grand genre de la famille des labiées, ne renfermant pas moins de trois cents espèces. Son nom latin, *salvia*, vient du verbe *salvare*, à cause des propriétés médicinales de la sauge *officinale* (*salvia officinalis*, L.), « propriétés qui ont été exaltées avec le plus grand enthousiasme, à un tel point, dit M. Hoefer, que l'école de Salerne prétend qu'avec la sauge l'homme serait immortel, s'il pouvait l'être :

Cur moriatur homo cui salvia crescit in horto ?
Contra vim mortis non est medicamen in hortis.

Sans doute la sauge, douée à un très-haut degré de qualités amères et aromatiques communes aux labiées, doit être préférée dans tous les cas où l'emploi des aromates est jugé nécessaire ; mais il est inutile d'en exagérer les vertus... On fait avec la sauge une infusion théiforme assez agréable ; on prétend que les Chinois en font un tel cas, qu'ils s'étonnent comment les Européens viennent chercher de bien loin dans leur pays, tandis qu'ils ont chez eux une plante aussi précieuse. »

La sauge officinale est facile à reconnaître. D'une souche ligneuse sortent un grand nombre de rameaux en touffes, d'un port assez agréable. Les feuilles sont pétiolées, épaisses, ridées, lancéolées, légèrement crénelées, variables dans leur grandeur et leur couleur. Les fleurs sont d'un bleu rougeâtre, disposées en un épi lâche ; le calice est souvent coloré. Quant aux caractères du genre, ils consistent dans un calice à cinq dents, presqu'à deux lèvres, la lèvre supérieure de la corolle est concave, courbée en faucille ou presque droite ; mais le plus saillant de ces caractères, c'est la longueur remarquable du connectif qui unit les deux loges de chaque anthère, loges dont l'une est fertile et l'autre stérile.

SAÜL, premier roi d'Israel (vers l'an 1070 av. J.-C.), était fils de Cis, homme plus respecté que puissant, de la ville de Gabaa, dans la tribu de Benjamin. Les Israélites ayant crié au Seigneur pour avoir un roi, Samuel leur dit que « le Seigneur ne s'opposerait point à ce qu'ils eussent un roi, mais que ce roi prendrait leurs enfants pour s'en servir à la guerre et dans sa maison, et qu'il prendrait leurs filles pour en faire ses parfumeuses, ses cuisinières et ses boulangères, et qu'il leur ferait payer la dîme de leur héritage. » Les Israélites persistèrent dans leur demande, et Dieu, par le ministère de Samuel, son grand-prêtre, leur accorda un roi : et ce roi fut Saül. Samuel le sacra roi à Ramatha, et répandit sur sa tête l'huile sainte. Toutefois, son autorité ne fut reconnue par la nation tout entière qu'après sa victoire sur les Ammonites. De nombreuses victoires sur les Philistins, les Édomites, les Moabites, les Ammonites, et même sur le roi de Zoba, au delà de l'Euphrate, consolidèrent sa puissance. Mais Samuel, qui prétendait conserver toujours un empire absolu sur le jeune monarque, ne tarda pas à le trouver rebelle à ses conseils. Dans une guerre contre les Amalécites, il épargna Agag, leur roi, malgré Samuel et l'ordre formel que celui-ci lui avait donné au nom de Dieu de tout détruire et de dévouer à l'anathème jusqu'aux femmes et aux enfants. Samuel dit alors à Saül, son prince : « Vous avez rejeté la parole du Seigneur, le Seigneur aussi vous a rejeté, et ne veut plus que vous soyez roi. » L'impitoyable Voyant fit ensuite venir Agag devant lui, et le coupa lui-même en morceaux, en lui disant : « Comme votre épée a ravi les enfants à tant de mères, ainsi votre mère parmi les femmes sera sans enfant. » Depuis ce jour Samuel ne vit plus Saül. L'aspect de cet effroyable sacrifice, les foudroyantes paroles du Voyant, naguère juge de Dieu en Israel, une vie sans cesse terrifiée, sans joie, sans charmes, et qu'ensanglantaient de périlleuses victoires, précipitèrent ce prince dans une sombre mélancolie. Le son du *kinnor* ou de la harpe calmait seul ses accès de fureur ; on lui amena donc un jeune et beau pâtre de Bethléem, fils d'un certain Isaï, qui jouait merveilleusement de cet instrument ; et ce berger était David, qu'il ignorait devoir être un jour son successeur au trône d'Israel, et dont il fit tout d'abord son favori et son écuyer. Dans la suite, il lui donna, contre son gré, sa fille Michol en mariage : car ce prince avait sur le cœur ces paroles des femmes de Sion, lorsque, au retour de David triomphant de Goliath le géant, dont le pâtre rapportait la tête et les dépouilles, elles chantaient : « Saül en a tué mille, et David en a tué dix mille. » Enfin, l'esprit de jalousie et de haine s'empara de ses sens avec une telle violence, qu'il fit passer au fil de l'épée tous les habitants de la ville de Nobé, la cité des lévites : le fer n'épargna ni femmes ni enfants. Cependant, les Philistins profitèrent des accès de démence de l'exterminateur de leur race, le brave des braves d'Israel. Ils se rassemblèrent derechef en une multitude infinie, fondirent sur les terres d'Israel, et se campèrent dans la vallée d'Esdrélon ; quant à Saül, il se saisit des hauteurs du mont Gelboé. Ce prince, dominé par l'esprit qui l'agitait, n'ayant plus de Voyants à consulter sur l'issue de cette guerre, car depuis quelque temps Samuel était mort, eut recours à une *Ob* (outre), ou femme ventriloque, d'un petit village voisin. On l'appelle vulgairement la *pythonisse* d'*Endor*, nom de ce bourg, à deux ou trois lieues du mont Gelboé. Étant arrivé à la faveur des ombres de la nuit, et déguisé, il demande à la devineresse, il lui demande qu'elle évoque l'ombre de Samuel. Le fantôme, chagrin de son évocation, dit à Saül : « Pourquoi avez-vous troublé mon repos ? » Saül se prosterna à terre, l'interrogeant de nouveau, et lui répondit : « Votre royaume vous sera ôté, et donné à David, votre gendre ; et demain vous serez avec moi, vous et votre fils, et le Seigneur abandonnera aux Philistins le camp d'Israel. » Saül était la bravoure même, et digne d'un meilleur sort que celui qui l'attendait ; il retourna au camp des Israélites, et livra bataille aux incirconcis le lendemain dès l'aurore. Les Philistins taillèrent en pièces l'armée d'Israel, en firent un horrible carnage. Saül vit avec douleur, mais non avec effroi, Dieu se retirer de lui. Criblé de flèches, désespéré, et vivant encore, il périt en héros. « Percez-moi de votre lance, dit-il à son écuyer, pour que ces incirconcis n'outragent pas l'oint du Seigneur. » Son écuyer, refusant de lui rendre ce triste et cruel office, Saül se jeta sur la pointe de son épée, et arrosa de son sang la terre d'Israel (l'an 1051 avant notre ère). Les Philistins le reconnurent parmi les morts, à sa taille et à sa brillante cuirasse. Ils lui coupèrent la tête, et pendirent son corps percé de mille coups à la muraille de Bethsan.

DENNE-BARON.

SAULAIE ou SAUSSAIE, c'est la réunion et l'aménagement de *saules blancs* qu'on cultive dans les prés, et qui, par l'entrelacement de leurs petites racines, empêchent les berges de s'écrouler dans les fossés ou les canaux d'irrigation.

Pour se procurer une bonne saulaie, il faut planter le saule blanc en terre fraîche, et sur la berge d'un ruisseau ou d'un fossé. On doit employer des plantards et des plançons de deux à trois mètres de haut, les plus droits possible, dépourvus de branches, mais revêtus de leurs écorces dans toute leur longueur, et principalement à leur sommet. Au lieu de planter dans une gaîne étroite, creusée en terre à l'aide d'un pal de fer, on doit creuser à la bêche des trous assez spacieux pour que les racines puissent facilement se développer; on doit ensuite former une petite butte au pied des arbres, lesquels doivent être espacés entre eux de deux mètres. On ne doit étêter le saule que la cinquième ou la sixième année de la plantation, et lorsque ses racines ont pris assez de force pour supporter cette mutilation. Cette première coupe une fois faite, on peut aménager les autres à trois ou quatre ans dans les bonnes terres, et cette tonte doit toujours être faite à la fin de l'automne, ou dans les beaux jours de l'hiver, afin d'éviter un épanchement de sève en pure perte. Un saule têtard, dans la vigueur de son âge, doit donner à chaque tonte trois ou quatre fagots ou bourrées, ayant 84 centimètres de tour, et valant dans les pays mêmes de taillis deux ou trois sous la pièce. Le feuillage du saule blanc n'est pas fort recherché par les bêtes à cornes; mais dans les années de disette on emploie quelquefois ce fourrage. Si un saule têtard vient à périr, il ne faut pas lui donner pour remplaçant un arbre de la même espèce; il est beaucoup plus avantageux de remplir avec un aulne la place vacante.

Cte FRANÇAIS (de Nantes).

SAULE (du latin *salix*), de la famille des salicinées, est un arbre assez élevé, à fleurs dioïques, disposées en chatons ovoïdes ou cylindriques. Les fleurs mâles ont de une à cinq étamines, le plus souvent deux; les fleurs femelles ont un ovaire simple, un style à deux stigmates. Le fruit est une capsule bivalve, à une loge; les graines, très-petites, sont garnies d'aigrettes.

Il y a plusieurs espèces de saules cultivées :

Le *saule blanc* (*S. alba*), qui croît naturellement dans les forêts de l'Europe; il s'élève à dix ou treize mètres; il se plaît surtout au bord des cours d'eau, dans les prairies humides, où on le reconnaît à son tronc, revêtu d'une écorce grisâtre et ridée; à ses rameaux, lisses, élancés, verdâtres, légèrement velus vers leur sommet; à ses feuilles, oblongues, lancéolées, aigues, dentées, blanchâtres et soyeuses. L'écorce moyenne de ses rameaux contient du tanin et une substance nouvelle, connue sous le nom de *salicine*; elle est un puissant fébrifuge.

Le *saule à feuilles d'amandier* (*S. amygdalina*), à tige droite, peu élevée, garnie de rameaux alternes, revêtus d'une écorce brune ou purpurine; à feuilles vertes, presque semblables à celles de l'amandier; à capsules rousses, garnies de quelques poils courts, qui croît dans le Midi, au bord des rivières. L'écorce de ses rameaux est aussi fébrifuge; ses feuilles sont un bon fourrage pour les bestiaux; ses rameaux flexibles servent à confectionner plusieurs ouvrages de vannerie.

Le *saule odorant* ou *saule à feuilles de laurier* (*S. pentandra*), arbrisseau à tige haute de trois mètres environ, divisée en rameaux touffus, alternes, fragiles, lisses, d'une couleur jaunâtre ou purpurine. Ses fleurs mâles portent cinq étamines. Son écorce est plus balsamique que celle des autres espèces, et ses vertus fébrifuges moins marquées.

Le *saule fragile* (*S. fragilis*), ainsi nommé parce que ses branches sont d'une fragilité extrême aux bifurcations; il a les feuilles roulées en dedans, soyeuses à leur naissance. On le cultive comme arbre d'ornement dans les jardins paysagers.

Le *saule marceau* ou *marsaule* (*S. capræa*), dont les feuilles sont fort recherchées des chèvres et qui croît rapidement dans les taillis humides; il se développe aussi facilement sur les collines sèches et pierreuses. Ses tiges, comme celles du saule blanc, taillé en tête, sont d'une grande utilité pour faire des perches, des treillages, et pour une foule d'autres usages économiques; son bois est cependant plus cassant que celui du *salix alba*.

Il est encore beaucoup d'autres espèces de saules; mais comme elles partagent les vertus et les qualités des précédentes, nous nous contenterons de mentionner ici le *saule jaune* (*S. vitellina*), plus connu sous le nom d'*osier*, et dont tout le monde connaît les usages; le *saule de Babylone* (*S.-Babylonica*) ou *saule pleureur*, arbre d'un effet admirable au bord des pièces d'eau, sur les tombes, dans les jardins paysagers, etc.

P. GAUBERT.

Les saules rendent les plus grands services dans tous les pays où l'on manque de bois. Dans les régions les plus septentrionales de l'Europe et de l'Amérique, on se sert de la partie filamenteuse de leur écorce pour fabriquer des cordages, des filets, et même de grossières étoffes; on se chauffe avec les bois qu'ils fournissent; on tanne les cuirs avec la partie la plus intérieure des écorces; on nourrit les troupeaux avec leur feuillage vert, durant l'hiver; et il y a des peuplades entières qui cesseraient d'exister si elles n'avaient pas les ressources que leur offrent les saules. Dans nos contrées, où la civilisation est plus avancée, et où par conséquent les besoins sont plus nombreux, il y a plusieurs espèces de saules qui, sous le nom d'*osier*, sont d'une indispensable nécessité dans la vie agricole pour lier les vignes, les cercles de tonneaux, palisser, attacher les espaliers, les treillages, et fournir la matière première des paniers, des corbeilles, des vans et des bannes. Tous ces besoins ont donné lieu à une profession particulière, que l'on nomme *vannerie*. Dans quelques villes, l'osier s'est introduit jusque dans la chapellerie : on fabrique avec des lanières de saules des chapeaux légers et durables. Le saule-osier entre aussi dans quelques articles de luxe nécessaires à la consommation des villes.

Cte FRANÇAIS (de Nantes).

SAUMAISE (CLAUDE DE), savant et laborieux commentateur, qui eut de son temps une renommée européenne, ne serait aujourd'hui connu que de quelques érudits, si Boileau ne l'avait immortalisé par ce vers, devenu proverbe, quoiqu'il soit assez mauvais :

Aux Saumaise futurs préparer des tortures.

Cet érudit, issu d'une famille noble, naquit à Semur en Auxois, en 1588. Dès l'âge de dix ans, instruit par son père, conseiller au parlement de Bourgogne, il expliquait Pindare, et faisait des vers grecs et latins. Il voulut aller à l'université de Heidelberg perfectionner ses études, et abjura le catholicisme pour embrasser la réforme. Son début fut la publication des deux livres de Nilus, archevêque de Thessalonique, sur la Primauté du pape (*De Primatu Papæ*), dont il avait trouvé le manuscrit dans la bibliothèque palatine. Une édition de Florus suivit de près. Dès ce moment Saumaise prit rang parmi les premiers savants de l'époque. De retour en France, il se fit inscrire, par obéissance pour son père, au nombre des avocats au parlement de Dijon; mais absorbé par ses études, il ne parut point au barreau, bien qu'il eût fait une étude approfondie de la jurisprudence. Il n'était pas moins versé dans les sciences naturelles que dans la philologie, la littérature, l'histoire et la théologie. On peut en juger par son édition de l'*Histoire Auguste* et par son grand ouvrage sur Solin, ou plutôt sur l'histoire naturelle de Pline. Cet immense commentaire peut être regardé comme l'encyclopédie des connaissances scientifiques de l'époque avec toutes les erreurs de l'école. La profession qu'il faisait du calvinisme l'empêcha de succéder à la charge de son père, et il se retira en Hollande. L'université de Leyde lui conféra le titre de professeur honoraire avec des émoluments. Une circonstance fortuite l'ayant rappelé en France, on lui offrit vainement pour l'y fixer le titre de conseiller d'État et le collier de Saint-Michel, avec une grosse pension. Richelieu fit une seconde tentative lorsque Saumaise revint, en 1640, recueillir la succession de son père. Une pension de 12,000 francs lui était offerte s'il voulait écrire en latin l'histoire du cardinal ; mais il n'accepta point, disant qu'il ne savait point flatter. Quatre ans après, Richelieu étant mort, Mazarin accorda à Saumaise une pension de 6,000 liv., sans autre condition que de retourner en France. Pour toute réponse à cette faveur, il fit imprimer son livre *De Primatu Papæ*, qui souleva contre lui l'assemblée du clergé de France, et fut dénoncé par elle à la reine mère et au parlement ; mais Saumaise, dans sa libre retraite en Hollande, pouvait braver de telles attaques. Dailleurs, bien qu'il fût dans son intérieur et avec ses amis l'homme le plus doux, le plus modeste du monde, il se plaisait aux combats littéraires, et s'y montrait comme un champion aussi violent que présomptueux. Ces disputes étant en quelque sorte son élément, « il trempait sa plume dans la bile la plus amère » (Bayle). On a dit de lui qu'il avait posé son trône sur un monceau de pierres, afin d'en jeter à tous les passants. Mais si Saumaise a dit bien des injures, il en a aussi bien reçu. Le P. Pétau, jésuite, épuisa contre lui les invectives les plus grossières, et alla jusqu'à traiter son adversaire de *pecus* et d'*asinus*. C'est peu de chose en comparaison des outrages que Milton déversa sur la personne de Saumaise au sujet de la *Defensio regia*, pamphlet politique que ce dernier avait composé à la demande du roi Charles II, pour protester contre l'attentat qui avait fait tomber la tête de Charles Ier. Une telle cause aurait voulu un Bossuet ou un Pascal ; il fallait faire parler avec éloquence la raison et le sentiment, et Saumaise ne vit là qu'une occasion de déployer son érudition ; il plaida doctement et ridiculement. Quelques années auparavant, en écrivant contre la *Primauté du Pape* il avait professé les maximes les plus contraires au gouvernement monarchique ; et dans sa *Defensio regia* il allégua contre les rebelles d'Angleterre tout ce qu'on peut dire de plus fort en faveur de la monarchie absolue. Cette mobilité de principes lui fut cruellement reprochée par Milton. Il mourut bientôt après, à Spa, miné par le chagrin (6 septembre 1653).

Saumaise, sur la fin de sa vie, s'était vu rechercher par la reine Christine de Suède : longtemps il hésita à se rendre auprès d'elle ; enfin, poussé par son ingénieuse femme, il céda aux instances de la fille de Gustave-Adolphe, qui lui écrivait qu'elle ne pouvait vivre contente sans lui. Mais il ne tarda pas à être réclamé par les curateurs de l'académie de Leyde, qui écrivirent à la reine que le monde ne pouvait se passer de la présence du soleil ni leur université de celle de Saumaise. A son retour de Suède, il fut comblé d'honneurs et de présents par le roi de Danemark, qui l'admit à sa table. Tout ce qu'on sait de la personne de Saumaise tend à nous le faire estimer. Indépendant par caractère, sans exagérer dans ses écrits les idées de liberté, rien ne pouvait le distraire de l'étude. Il travaillait au milieu de ses enfants et des criailleries d'Anne Mercier, sa femme, mégère qui le maîtrisait et qui fut exactement pour lui ce que Xantippe avait été pour le bon Socrate.

On a dit que si Casaubon écrivait mieux en latin, Saumaise était plus érudit. Plus érudit que Casaubon, quel éloge ! On disait encore dans le dix-septième siècle : « Il y a trois auteurs qu'on ne fait que copier, et qui après leur mort ont produit plus de cinq cents ouvrages : ce sont Vossius, Grotius et Saumaise. » Si ce savant a reçu bien des éloges, il a été violemment critiqué après sa mort, surtout par les auteurs jésuites. Le P. Briet, dans son livre *Sur les Poëtes latins*, ne l'appelle qu'*homo audacissimus, scriptor prolixissimus, confusissimus*, etc. Un savant cité, mais non point nommé par Bayle, allait jusqu'à soutenir qu'il n'y avait point dans les livres de Saumaise une seule page qui ne présentât deux ou trois solécismes ou bévues. Ce qu'il y a de vrai, c'est que, travaillant vite, et citant la plupart du temps de mémoire, il s'est trompé plus d'une fois, et qu'on peut lui appliquer ce qu'il disait de Pline : qu'il écrivait trop nonchalamment et avec trop de confiance en lui-même. Parmi l'universalité de ses travaux, il écrivit des livres sur l'usure, dans lesquels il a devancé, au sujet du prêt à intérêt, les idées sages de Montesquieu et des publicistes modernes ; mais ses contemporains, qui n'entendaient pas la question, lui reprochèrent d'être l'avocat public de ces banquiers qu'on appelait *Lombards*. Charles Du Rozoir.

SAUMON. Linné désignait sous ce nom un genre de poissons ainsi caractérisé : Corps écailleux ; une première dorsale à rayons mous, suivie d'une seconde, petite et adipeuse. Ce genre forme aujourd'hui une famille de malacoptérygiens abdominaux, ne renfermant pas moins de vingt-et-un genres, dont les principaux sont les suivants : *saumon, éperlan, lodde, ombre, lavaret, argentine, anostome*, etc.

Le genre *saumon*, tel que l'ont limité les ichthyologistes modernes, a pour type le *saumon commun*, qui vit dans les mers du nord de l'Europe, de l'Asie et de l'Amérique, et qu'on prend en grande quantité dans les fleuves et les rivières, qu'il remonte pour y déposer son frai. C'est presque toujours par un vent impétueux et par une haute marée que les saumons pénètrent dans l'embouchure des fleuves. Leur entrée se fait ordinairement en troupes rangées sur deux lignes, qui forment les côtés d'un triangle dans l'ordre suivant : le plus gros, qui est une femelle, ouvre la marche ; deux autres viennent après, à la distance d'une brasse, et ainsi de suite : les plus petits mâles forment l'arrière-garde. Ces troupes sont quelquefois si nombreuses, qu'en réunissant leurs forces, elles rompent les filets et s'échappent. Lorsque les saumons rencontrent une cascade ou une digue qui s'oppose à leur marche, ils font les plus grands efforts pour la franchir, et ce n'est qu'après s'être assurés de l'impossibilité de la réussite, qu'ils se décident à rétrograder. Mais le plus souvent ils sautent par-dessus l'obstacle en recourbant leur queue d'un côté, et en frappant ensuite l'eau avec violence, en même temps qu'ils s'élancent en avant. Leurs sauts ordinaires, dans l'eau douce, sont de deux mètres environ au-dessus de la surface ; et près de la mer, l'eau salée leur offrant un point de résistance plus considérable, ils s'élèvent jusqu'à près de cinq mètres, ainsi que la preuve en a été souvent acquise à la pêcherie de Ballyshanon, en Irlande. Dans ces sauts, le saumon retombe toujours sur le côté, parce qu'il tourne sa tête, de crainte de se blesser.

En France, c'est au commencement du printemps, c'est-à-dire deux ou trois mois après leur entrée dans les rivières, que les femelles des saumons déposent leurs œufs sur les pierres ou dans le sable des bords, dans les endroits où le courant n'est pas très-rapide ; les plus vieilles frayent les premières. On a compté jusqu'à 27,850 œufs dans une femelle de dix kilogrammes ; mais les autres poissons qui en font leur pâture, et les inondations réduisent ce nombre à bien peu. Les petits naissent dix à douze jours après, plus ou moins, suivant la chaleur de la saison. Lorsqu'ils ont acquis la longueur du doigt, on les appelle *digitales*. La première année ils restent dans l'eau douce, et ce n'est que lorsqu'ils ont acquis une longueur de 12 à 15 centimètres qu'ils gagnent la mer, pour ne plus revenir qu'à l'âge de trois ou quatre ans, lorsqu'ils sont devenus aptes à perpétuer leur espèce.

La pêche du saumon est une branche d'industrie très-considérable pour plusieurs pays, surtout pour ceux du Nord. Non-seulement on le prend avec des hameçons et des filets de différentes espèces, mais encore avec des engins placés à demeure, où il entre facilement, mais d'où il ne peut s'échapper. Dans la plupart des rivières, on se contente de tendre des nasses ou de placer des cages de bois qui en font l'office; mais quelques autres sont barrées dans toute leur largeur, et on arrête ainsi la presque totalité du poisson qui les remonte. Les saumons ne se montrent pas dans les rivières qui ont leur embouchure dans la Méditerranée ; et ceux que l'on a cités comme pêchés dans le Danube et le Rhône appartiennent à quelque autre espèce du genre *salmo*. Aussi les Grecs ne les ont-ils pas connus ; et Pline est le premier des Latins qui en ait parlé.

Le saumon vit d'insectes, de vers et de petits poissons; il parvient à une grosseur considérable ; et le poids de ceux qu'on livre au commerce est généralement de six à huit kilogrammes. Ceux de 1^m,33 de long ne sont pas rares; on en cite même de deux mètres. La chair de ce poisson est rougeâtre, épaisse, tendre, lamelleuse, d'un goût exquis. C'est au printemps, un peu avant le frai, qu'elle jouit de toute la perfection de sa saveur ; mais c'est alors aussi qu'elle convient le moins aux estomacs délicats.

Dans le commerce des métaux , on donne le nom de *saumon* à une masse de plomb et d'étain telle qu'elle est sortie de la fonte. Cette expression est vraisemblablement tirée de l'analogie existant entre ces masses métalliques et le poisson dont nous venons de parler.

SAUMUR, ville de France, chef-lieu d'arrondissement dans le département de Maine-et-Loire, à 43 kilomètres au sud-est d'Angers, sur la rive gauche de la Loire, avec une population de 14,101 habitants , un tribunal civil, un tribunal de commerce , une chambre consultative des manufactures, un collège, une bibliothèque publique de 6,000 volumes, un musée d'antiquités celtiques et romaines, deux typographies. C'est une place de quatrième classe, défendue par un château fort ; elle possède une école impériale de cavalerie et des haras. On y trouve des fabriques de chapelets et émaux renommés, occupant plus de 600 ouvriers; des tanneries, des corroieries, des teintureries, des cireries. Il s'y fait un commerce de graine, de légumes, de vin, d'eau-de-vie, de vinaigre , de chanvre, de lin, de pruneaux et de quincaillerie. C'est l'entrepôt des vins et vinaigres du pays. On récolte sur quelques coteaux des environs de bons vins d'ordinaire, et sur les coteaux bien exposés de bons vins blancs demi-fins, très-capiteux. C'est une station du chemin de fer de Tours à Nantes. Saumur est une grande et belle ville, bâtie dans une charmante situation ; on y passe la Loire sur deux ponts magnifiques. Il faut encore citer son bel hôtel de ville, l'église Saint-Pierre, d'une architecture remarquable, un magnifique quartier de cavalerie, des manéges ; son château fort est bâti sur un rocher à pic très-élevé. Saumur était jadis la capitale du *Saumurois*, qui formait avant 1789 un des huit *petits* gouvernements. Elle fit partie de l'Anjou depuis 1026, fut engagée à François de Lorraine, duc de Guise, en 1549, et ne fut dégagée que par Charles IX, en 1570. Saumur fut donnée ensuite comme place de sûreté aux calvinistes; ils y eurent une académie célèbre. La révocation de l'édit de Nantes fit le plus grand tort à cette ville. Les Vendéens, en 1794, essuyèrent une grande défaite à Saumur. On nomme *complot de Saumur* l'insurrection du général Berton en 1822.

SAURIENS, ordre de reptiles extrêmement nombreux en genres et en espèces. Cet ordre , que Linné avait jadis divisé en deux genres seulement, les *dragons* et les *lézards*, renferme aujourd'hui six grandes familles : les crocodiles, les lézards, les iguanes, les geckos, les caméléons et les scinques.

Les sauriens ont tous une colonne vertébrale composée de trois ordres de vertèbres, cervicales , dorsales et caudales ; leur bouche est toujours armée de dents ; tous ont des membres, le plus souvent développés, quelquefois rudimentaires; la plupart sont quadrupèdes ; mais ce caractère n'est pas constant, car quelques espèces sont bipèdes (les *chalcides*), d'autres sont bimanes (les *chirotes*), d'autres enfin sont sensiblement apodes (les *ophisaures* et les *orvets*).

La peau des sauriens est en général écailleuse : elle est chagrinée chez les caméléons, verruqueuse chez les geckos et les iguanes. Elle adhère intimement aux muscles sous-jacents, et sa couleur varie singulièrement avec l'âge, le sexe et l'époque de la vie. Quelques espèces, telles que les marbrés et les caméléons , possèdent la faculté de changer à volonté les teintes et les nuances de leur peau ; d'autres, appelées à vivre dans l'obscurité (les *protées* et les *amphisbènes*), présentent cet étiolement que l'on remarque chez tous les individus qui sont soustraits à l'influence du soleil. L'épiderme est en général corné ; mais les formes différentes que cet épiderme revêt varient à l'infini : tantôt les lames cornées, distribuées symétriquement à côté les unes des autres, forment des anneaux ou des verticilles (les *ophisaures*, les *chalcides*)'; tantôt elles constituent de petits tubercules distribués avec une parfaite symétrie (les *tupinambis*) ; tantôt elles forment des écussons , des boucliers cornés à arêtes saillantes, ciselés et sillonnés de scissures et d'excavations (les *crocodiles*, les *dragons*) ; quelques fois aussi elles constituent une véritable crinière de lames verticales et minces, placée le long du col (les *iguanes*, les *lophyres*) ; d'autres fois encore , on les trouve réunies en petites perles arrondies, et disposées comme un collier, autour du cou des lézards.

Les sauriens présentent également une grande variété de mouvements. Les iguanes et les anolis , sauriens aux doigts allongés, distincts et armés d'ongles crochus, grimpent avec une rare dextérité le long des arbres ; les caméléons, aux doigts réunis en deux faisceaux opposables, sautent de branche en branche comme des singes , et, se suspendant par leur queue, préhensile, ils donnent à leur corps un mouvement oscillatoire dont ils profitent pour s'élancer dans la direction voulue ; les geckos, aux pattes garnies de coussinets mous, courent sur les surfaces planes, et y demeurent suspendus contre leur propre poids, comme des mouches au plafond ; les dragons, par une extension subite de toutes leurs puissances motrices, s'élancent dans les airs, et s'y maintiennent suspendus au moyen de leurs membranes, étalées en parachute ; enfin, un grand nombre d'espèces vivent sur le bord des eaux, et s'y meuvent tantôt à l'aide de leurs pattes, étalées en nageoires , tantôt à l'aide de leur queue, déprimée comme celle des cétacés ou comprimée comme celle des poissons.

La nourriture des sauriens est aussi variée que leurs formes et leurs mœurs : les crocodiles, les gavials, les tupinambis, poursuivent les poissons et les mammifères , qu'ils noient, dit-on, avant de les dévorer ; les monitors , les iguanes, les dragons font la chasse aux nids d'oiseaux, dont ils dévorent les œufs et, si faire se peut, les petits ; les lézards, les dragons poursuivent les insectes , les chenilles , les lombrics ; les caméléons atteignent au vol des insectes ailés par la projection de leur langue gluante et vermiforme ; les geckos attaquent les mollusques , les crustacés, les annélides : ils les reçoivent tout entiers dans leur vaste gueule , et les écrasent au moyen des muscles puissants de leur os hyoïde, etc. BELFIELD-LEFÈVRE.

SAURIN (JACQUES), le plus renommé des orateurs chrétiens de l'Église française protestante, appartenait à une très-honorable famille, originaire de Cauvisson, diocèse de Nîmes, et naquit le 6 janvier 1677, dans la ville de ce nom ; forcé par la révocation de *l'édit de Nantes*, et par les persécutions qui en furent la suite, de fuir un pays étranger avec son père , il se réfugia successivement à Genève , où il termina son éducation , à Londres , où il séjourna quatre ans, remplissant les fonctions de pasteur de l'église wallone , après avoir servi quelque temps comme enseigne dans un régiment de réfugiés à la solde de l'Angleterre , et enfin à La Haye (Hollande), où il exerça pendant vingt-cinq ans le ministère de la parole, avec un succès prodigieux et bien mérité. Il y mourut, d'une maladie de poitrine, aggravée par le chagrin, le 30 décembre 1730, à l'âge d'environ cinquante-quatre ans.

Aucun orateur sacré n'a surpassé Saurin par l'éloquence. Dans quelques-uns de ses sermons, on croirait entendre, comme l'a dit Lemontey, Démosthène ou Bossuet; c'est la même rapidité dans les mouvements, la même hauteur, la même sublimité d'inspiration. Comme ces aigles de la parole, il enlève, il entraîne, quand il tonne contre Louis XIV, persécuteur de ses coréligionnaires, ou lorsque, par les accents passionnés de la charité évangélique, il inspire à ses auditeurs attendris l'ardeur du zèle empressé à verser dans ses mains des dons abondants pour le soulagement des malheureux. C'est surtout dans cet admirable *sermon sur l'aumône* que les traits les plus puissants, les plus imprévus de l'éloquence, partent évidemment des profondeurs de l'âme et des entrailles émues de l'orateur. On a reproché à Saurin des divisions et des subdivisions arbitraires, des citations fréquentes de passages empruntés à des traductions surannées, des locutions peu élégantes et qui sentaient le terroir étranger. Ces critiques ne sont pas sans fondement : il s'en faut qu'il soutienne constamment le parallèle avec les grands maîtres pour le travail et la beauté du style; mais sa rare éloquence couvre ses défauts. Tous ceux qu'entraîne cette faculté sublime liront toujours avec ravissement ses sermons *sur l'aumône et sur le jugement dernier*. On reconnaît d'ailleurs dans tous l'âme d'un homme de bien, éclairé, qui veut sincèrement le bonheur de ses semblables, dont la morale est pure et élevée, et à qui l'ardeur même de la pitié pour les victimes des persécutions ou l'indignation contre les oppresseurs ne font point oublier les devoirs de la tolérance chrétienne. Le caractère et les vertus de Saurin prouveraient aussi au besoin que son éloquence était non pas le fruit du travail d'un rhéteur habile, mais l'émanation d'un cœur généreux et l'œuvre d'une conviction profonde. Ses grands talents lui avaient suscité des envieux. La jalousie haineuse, cette lèpre qui s'attache au mérite, troubla les dernières années de sa vie. On fit condamner par un synode une dissertation de lui *sur le mensonge officieux*, en envenimant et torturant quelques expressions dont il repoussait en vain l'interprétation calomnieuse. Ce chagrin, comme on l'a vu, empoisonna et hâta ses derniers jours.

Cinq volumes des *Sermons de Saurin* furent publiés par lui-même (La Haye, 1721-1725); ce sont les meilleurs. Sept autres volumes ont paru après sa mort. L'édition complète en 12 vol. in-8° (La Haye, 1749) est la plus estimée.

AUBERT DE VITRY.

SAURIN (JOSEPH), fils d'un ministre protestant, ministre lui-même, puis converti au catholicisme et membre de l'Académie des Sciences de Paris, naquit à Courtaison, principauté d'Orange, et mourut à Paris, le 29 décembre 1737, à l'âge d'environ soixante-dix-neuf ans. La vie de Saurin fut orageuse, et son caractère est resté au moins fort équivoque. C'est lui qui eut avec Jean-Baptiste Rousseau un procès à l'occasion des fameux couplets que s'imputaient respectivement les deux adversaires. Rousseau les a constamment désavoués, et même au moment de sa mort; mais rien n'a prouvé que ces couplets, odieusement outrageants pour tant de gens de lettres contemporains, fussent l'œuvre de Joseph Saurin et de ses amis. Rousseau fut banni plutôt comme ayant calomnié Saurin et suborné un témoin contre lui, que comme auteur du délit. Les déclarations de Boindin, dans un mémoire sur cette affaire, sont insuffisantes pour l'éclaircir. L'obscurité couvrira probablement toujours de son voile les vraies causes de ce scandale trop célèbre. On trouvera dans l'éloge de Joseph Saurin par Fontenelle les titres de son collègue à la réputation qu'il obtint comme géomètre.

Joseph Saurin était frère d'*Élie* SAURIN, célèbre théologien réformé du dix-septième siècle, né le 28 août 1639, à Usseaux, vallée de Prageias, frontière du Dauphiné, mort à Utrecht, où il s'était réfugié, le jour de Pâques 1703, âgé de soixante-quatre ans. On doit à celui-ci plusieurs ouvrages estimés, principalement sur la tolérance en matière de religion.

AUBERT DE VITRY.

SAURIN (BERNARD-JOSEPH), poëte dramatique, membre de l'Académie Française, fils de *Joseph'*S a u r i n, naquit à Paris, en 1706, et y mourut, à soixante-seize ans, le 17 novembre 1781. Ses liaisons avec les philosophes du dix-huitième siècle contribuèrent plus à sa réputation que ses ouvrages. Saurin est un poète du second ordre. Il y a cependant un talent réel et un grand intérêt dans son drame de *Béverley*, *le joueur* pris au tragique. Cette pièce eut beaucoup de succès tant que le principal rôle fut joué par Molé, qui y était admirable. Elle en obtiendrait encore aujourd'hui si un grand acteur s'emparait du rôle, et on la trouverait bien supérieure à d'autres drames dont tout le mérite est l'exagération de l'horreur que l'on reprochait déjà à ce sujet. Il y a aussi de l'intérêt, de beaux vers, des scènes attachantes dans les tragédies de *Spartacus*, et de *Blanche et Guiscard*, reprises plusieurs fois avec succès. La comédie des *Mœurs du temps* en obtint à l'époque où elle fut représentée; mais elle a été éclipsée par la jolie comédie du *Cercle*, de Poinsinet. On a aussi de Saurin un roman agréable, *Mirza et Fatmé*. Ses *Œuvres complètes* ont été recueillies en 2 vol. in-8° (Paris, 1783).

AUBERT DE VITRY.

SAUSSAIE. *Voyez* SAULAIE.

SAUSSURE (HORACE-BÉNÉDICT DE), savant physicien et grand géologue, naquit à Genève, le 17 février 1740; il eut pour père Nicolas de Saussure, qui s'est fait connaître par quelques écrits relatifs à l'agriculture. Une éducation bien dirigée, et surtout les conseils de son oncle maternel, Charles Bonnet, lui inspirèrent le goût de l'observation. A l'âge de vingt ans il disputait honorablement la chaire de mathématiques au savant Louis Bertrand, et deux ans plus tard il obtint celle de physique et de philosophie. Dès lors la vie de Saussure fut consacrée à la double carrière de l'enseignement et de l'observation. Il se livra, d'une part, avec la plus grande ardeur aux travaux nécessaires pour compléter ses connaissances, pour se tenir constamment au niveau de la science, et pour se présenter à ses élèves avec l'autorité du savoir, en même temps qu'il les captivait par sa parfaite clarté et par les charmes de son élocution. D'un autre côté, après avoir entamé, sous la direction de Bonnet, et avec les encouragements du grand Haller, quelques recherches de physiologie végétale, qui révélèrent en lui un vrai talent d'observation, de Saussure se vit bientôt comme forcé de céder à l'impulsion de son génie, et résolut d'aller étudier sur les lieux mêmes la constitution des montagnes. Il traversa donc quatorze fois la chaîne entière des Alpes par huit passages différents, et fit seize autres excursions jusqu'au centre de cette chaîne. Il parcourut le Jura, les Vosges, les montagnes de la Suisse, d'une partie de l'Allemagne, celles de l'Angleterre, de l'Italie, de la Sicile et des îles adjacentes, visita les anciens volcans de l'Auvergne, une partie de ceux du Vivarais, et plusieurs montagnes du Forez, du Dauphiné et de la Bourgogne. Tous ces voyages, il les fit le marteau du mineur à la main, sans aucun autre but que celui d'étudier l'histoire naturelle, gravissant toutes les sommités accessibles qui lui promettaient quelque observation intéressante, et emportant toujours des échantillons des mines et des montagnes; de celles surtout qui lui auraient présenté quelque fait important pour la théorie, afin de les revoir et de les étudier à loisir. Tous ces voyages, toutes ces excursions, furent couronnés par la fameuse ascension du mont Blanc, et par un séjour de près de trois semaines sur le col du Géant, dans le but principal d'observer et d'étudier les phénomènes météorologiques.

Telle fut la marche suivie par de Saussure; c'est ainsi qu'il est devenu le fondateur de la véritable géologie. S'il n'a pas élevé un système, ce n'était pas faute de saisir l'ensemble de la science et d'en mesurer l'étendue. Ses *Voyages dans les Alpes* sont encore et seront toujours le *vade-*

mecum des géologues; ils y puisent sans cesse de nouvelles lumières, de nouveaux faits; ils admirent tous sans exception la parfaite exactitude des descriptions, et reconnaissent sans peine les roches que de Saussure a décrites, lors même que le langage de la science n'était pas encore créé. L'*Agenda* qui termine ses ouvrages montre aussi qu'il connaissait bien les véritables difficultés de la géologie, et offre encore aujourd'hui, malgré les grands progrès qu'on a faits, des questions importantes à résoudre.

De Saussure n'était pas seulement naturaliste et géologue, il était encore savant physicien; on lui doit des recherches sur les ballons, l'électricité, la température des eaux, l'emploi du chalumeau, la décomposition de l'air, etc. Outre l'hygromètre à cheveu, il a imaginé et fait construire des instruments propres à mesurer la force du vent, à apprécier la température de l'air, l'intensité du bleu de l'atmosphère, savoir : l'anémomètre, le dyaphanomètre, le cyanomètre; il les consultait habituellement dans ses excursions, et en particulier il en fit usage lors du sommet du mont Blanc et pendant son séjour sur le terrible col du Géant. L'étude de la nature, telle que la concevait de Saussure, l'admiration profonde des grandes scènes et des magnifiques spectacles dont il fut si souvent témoin, donnent à ses récits une vérité et une fidélité qui n'échappent pas à ceux de ses lecteurs qui ont eu l'avantage de parcourir les mêmes contrées. Aussi des artistes et des écrivains habiles à rendre la poésie de la nature n'ont-ils pas hésité à proclamer de Saussure le premier peintre des Alpes. Comme citoyen, il prit une part active aux délibérations du Conseil des Deux Cents, et à celle de l'assemblée nationale, chargée de préparer une nouvelle constitution. Il y exerça, par ses lumières, par sa prudence, par la dignité de son langage, une heureuse influence. Néanmoins, les secousses politiques qui agitaient Genève l'affligeaient profondément; à ce chagrin se joignit la perte de sa fortune : il voulut lutter contre l'orage et comprimer sa douleur, mais il tomba malade, et mourut, âgé de cinquante-neuf ans, universellement regretté.

Son fils, *Théodore* DE SAUSSURE, né à Genève, le 14 octobre 1767, où il est mort, en avril 1845, professeur de minéralogie et de géologie, s'est fait un nom dans la science par ses beaux travaux sur la chimie végétale; sa fille, Mme Necker de Saussure, est auteur d'une notice remarquable sur Mme de Staël, et de l'*Éducation progressive*, ouvrage d'un rare mérite.   L. VAUCHER, de Genève.

SAUT. *Voyez* CASCADE.

SAUTE-MOUTON, sorte de jeu familier aux enfants, appelé autrement jeu de *coupe-tête*, et qui consiste à sauter de distance en distance les uns par-dessus les autres.

SAUTERELLE (*locusta*), genre de l'ordre des orthoptères, établi par Geoffroi, adopté par Latreille et la plupart des entomologistes, composé d'un grand nombre d'espèces, dont plusieurs sont d'une taille assez considérable, et ainsi caractérisé : corps allongé, tête grande et verticale, yeux petits, saillants et arrondis, antennes sétacées, très-longues et insérées entre les yeux, mandibules fortes et peu dentées, mâchoires bidentées à leur extrémité, galète presque trigone, élytres inclinées, réticulées, recouvrant les ailes, abdomen terminé par deux appendices sétacés, pattes postérieures très-allongées et propres au saut.

Les sauterelles ont acquis de par le monde une triste notoriété : leurs innombrables légions, leurs prodigieuses migrations et les dévastations effrayantes qu'elles produisent, se racontent dans tous les travaux d'histoire naturelle, dans tous les voyages, dans toutes les traditions. Et il n'est en effet que trop vrai que des armées de sauterelles ont plus d'une fois transformé en un aride désert les contrées les plus fertiles : elles ont plus d'une fois réduit à la famine des populations tout entières; et plus d'une fois encore les miasmes produits par la putréfaction de leurs cadavres ont détruit par la peste ceux que la famine avait épargnés. Les déserts de l'Arabie et de la Tatarie paraissent être les lieux où se développent les races les plus nombreuses de sauterelles. A certaines époques de l'année, elles paraissent s'élever à une grande hauteur dans l'atmosphère, et, profitant de la direction de certains vents, elles se trouvent entraînées par un courant qui les porte vers le Nord. On les voit ainsi se précipiter en légions innombrables, qui ont l'apparence de nuages, et qui obscurcissent la lumière du soleil. L'air, agité par leurs ailes, fait entendre un sourd frémissement, qui répand au loin la terreur parmi les habitants des terres sur lesquelles le fléau est encore suspendu ; et bientôt ce nuage vivant éclate de toutes parts, et les sauterelles, épuisées, tombent comme une pluie d'orage. Les arbres sont dénudés de toute feuille, de toute verdure : les branches elles-mêmes succombent et s'affaissent sous le poids qui les surcharge; et toute végétation disparaît anéantie. Bientôt, l'orage durant toujours, les sauterelles forment sur la terre des couches épaisses; et de ces cadavres gisant ainsi sur le sol, et rapidement décomposés, s'élève une odeur infecte, qui devient la cause de maladies pestilentielles. Les faits que l'on pourrait citer à l'appui de cette description sont innombrables. Des légions entières de soldats romains étaient souvent occupées, dans le nord de l'Afrique et vers les limites occidentales de l'Asie, à l'extermination des sauterelles. Saint Augustin rapporte qu'une peste produite par des sauterelles détruisit dans le royaume de Numidie et dans les contrées adjacentes huit cent mille habitants. Dans les temps modernes, des fléaux semblables se sont reproduits, et ont visité à diverses reprises l'Espagne, l'Italie, la France, la Turquie, la Russie, la Pologne et la Suède. En 1748 la Valachie, la Moldavie, la Transylvanie et la Pologne furent véritablement inondées par un *déluge* de sauterelles; et l'histoire de ce fléau, écrite dans les *Transactions philosophiques de la Société royale de Londres*, renferme des détails réellement incroyables. Barrow, dans ses voyages au sud de l'Afrique, raconte que dans les années 1784 et 1797 les sauterelles couvraient une surface territoriale de plusieurs centaines de lieues carrées ; que ces sauterelles furent rejetées sur la côte par les vagues, elles formèrent un petit banc de cadavres, haut de plus d'un mètre et long de huit myriamètres environ. En 1813 la ville de Marseille et la ville d'Arles payèrent 45,000 fr. pour la destruction de 90,000 kilogrammes d'œufs de sauterelles. Ainsi, la magnifique description de Moïse, qui est si remarquablement exacte comme histoire naturelle, ne saurait être même être taxée d'exagération orientale : « ...... Je ferai venir demain les sauterelles dans votre pays, qui couvriront la surface de la terre, en sorte qu'elle ne paraîtra plus ; et elles mangeront tout ce que la grêle n'a pas gâté ; car elles rongeront tous les arbres qui poussent dans les champs, elles rempliront vos maisons, les maisons de vos serviteurs et de tous les Égyptiens..... »
H. BELFIELD-LEFÈVRE.

SAUTERELLE ou **FAUSSE ÉQUERRE.** *Voyez* ÉQUERRE.

SAUTERELLE DE PASSAGE. *Voyez* CRIQUET.

SAUTERNES, village du département de la Gironde, à 18 kilomètres au nord-ouest de Bazas, avec un millier d'habitants. Le vin blanc de Sauternes est l'un des quatre premiers crûs de vins blancs fins de France.

SAUTEURS (Procession des), ridicule cérémonie pratiquée chaque année à Luxembourg, et ainsi dénommée parce que les individus qui y prennent part sautent alternativement deux pas en avant et un en arrière. Cette bizarre procession, instituée vers la fin du seizième siècle pour conjurer une épizootie, qui cessa en effet quelques jours après, se fait depuis dans un pré situé non loin de Luxembourg jusqu'à l'église paroissiale de la petite ville d'Echternach. Presque tous les paysans de la contrée, hommes, femmes et enfants, y figurent. Ils croient pouvoir, par ce moyen, préserver leur bétail de toute maladie contagieuse.

SAUTEURS DE TERRE. *Voyez* ALTISE.

SAUTOIR (*Blason*). Le *sautoir*, ou *croix de Saint-André*, est formé du croisement de la bande et de la barre.

Anciennement c'était un cordon de soie ou de chanvre couvert d'une étoffe précieuse, attaché à la selle d'un cheval, et servant d'étrier. Les petits sautoirs, au nombre de deux, trois ou plus, prennent le nom de *flanchis*. Les conquêtes des peuples des Pyrénées sur les Maures d'Espagne, et l'adoption de la croix de Saint-André par les partisans de la maison de Bourgogne durant les querelles de cette maison avec celle d'Orléans, ont beaucoup multiplié les *sautoirs* et les *flanchis* dans les armoiries. LAINÉ.

SAUTON (Le Père), célèbre chef de claque contemporain, qui *travaillait* au Gymnase, où il acquit gloire et fortune. *Voyez* CLAQUE.

SAUVAGEON, diminutif de *sauvage*. Nom que l'on donne à un jeune arbre provenant de graine, soit d'un arbre fruitier sauvage, soit d'un arbre franc, et sur lequel on se propose de greffer d'autres espèces ou des variétés plus utiles ou plus agréables sous le double rapport du nombre et de la durée des fleurs, de la quantité et de la qualité des fruits. On prend à cet effet les sauvageons au sein des bois, et on les transplante sur un sol cultivé, ou bien on fait venir le sauvageon de la graine d'un arbre déjà greffé.

SAUVAGES (Les). Leur nom dérive non pas de *se sauver* ou s'enfuir, mais plutôt de *silva*, ou de *silvestris* (des bois); car les premiers hommes de la nature, *i selvagi* en italien, durent habiter d'abord les forêts :

Silvestres homines, sacer interpresque Deorum,
Cædibus ac victu fœdo primus deterruit Orpheus.

La première question qui s'élève est celle de savoir si, seule parmi les animaux, l'espèce humaine n'a pas transgressé les lois de la nature en se civilisant; si elle n'en est point punie par un plus grand nombre de maladies, par une vie plus affaiblie, plus courte et moins heureuse que dans l'état de liberté, de sauvage indépendance, qui s'affranchit de toutes les entraves sociales, et jouit sans contrainte des bienfaits de la terre dans sa simplicité native. Est-il donc vrai que l'homme civilisé soit un être dénaturé, comme le proclamait si éloquemment J.-J. Rousseau? Avons-nous abjuré les plus nobles attributs de notre espèce en nous courbant sous le joug des lois sociales? Sommes-nous serfs volontaires et sans cœur, sans dignité sur la terre? Est-il, enfin, plus glorieux pour la race humaine de terrasser, comme l'Iroquois ou le Topinambou, un buffle farouche et de se repaître vaillamment de ses chairs sanglantes, que de calculer avec Newton la course des astres, ou de tracer avec Montesquieu l'*Esprit des Lois* au sein de nos cités florissantes? A quoi donc nous avait assujettis la nature? Était-ce pour nous confiner au rang des animaux, sans cette de cette sublime intelligence déposée dans notre cerveau, le plus volumineux, le plus capable d'éducation parmi tous les êtres? Le bonheur consiste-t-il dans cette indolence des brutes, dans cette préférence accordée à la force musculaire, qui distingue l'ours ou le lion, sur l'esprit, la sensibilité, la délicatesse ou l'élévation de la pensée?

Mais je veux que l'homme de la nature soit plus vigoureusement trempé contre la douleur, plus courageux et plus intrépide en présence de la mort (sa vie est si pénible, d'ailleurs, qu'il en fait peu de cas); j'admets que nous qualifions à tort de *férocité* sa mâle insensibilité au milieu des tourments, tandis que notre molle existence se fond dans une lâche énervation sur les coussins du luxe : eh bien, je dis encore que *la civilisation est plus naturelle à notre espèce que l'état sauvage*; et peut-être on pourrait soutenir avec M. de Bonald que cet état dernier n'est qu'une dégénération ou la dégradation de notre nature. Car nous n'avons pas été créés pour la vie solitaire et inerte, non plus que les sociétés d'abeilles, de fourmis et autres animaux. L'homme est essentiellement social, ζῶον πολιτικόν, dit Aristote. Nous avons prouvé ce fait par son organisation, d'abord faible et sensible, par sa longue enfance (*voyez* notre *Histoire naturelle du Genre Humain*). Son existence n'est complète que collective dans sa famille, puis dans l'État : alors il est fort, il jouit de la plénitude de ses facultés sur toutes les créatures, qu'il domine et asservit à ses besoins. Il est aujourd'hui démontré, même par des expériences authentiques, que l'homme civilisé, Anglais ou Français, jouit d'une puissance musculaire supérieure à celle du sauvage, d'après les recherches de Péron. Il est en effet mieux et plus régulièrement nourri, plus fécond, plus résistant aux travaux de corps, et surtout d'esprit, plus adroit à beaucoup d'exercices, par la flexibilité et la docilité des organes, infiniment plus apte, enfin, à la vie intellectuelle et morale qui caractérise l'humanité; aussi, ce n'est pas sans dessein que la nature nous attribua la raison, la curiosité, le désir immense de connaître et de nous perfectionner, une âme expansive, susceptible d'amitié, se plaisant dans la société, à tel point que l'isolement et l'ennui d'un repos forcé sont un tourment capable de rendre idiot ou fou. Il n'y a que le méchant qui vive seul, a-t-on dit, parce que tout le monde le repousse ou qu'il appréhende tout le monde.

Et vit-il plus heureux que l'homme social, cet être abandonné dans ses maladies, délaissé dans sa vieillesse imprévoyante, même par ses enfants, exposé aux bêtes féroces, ayant à redouter ses semblables, et jusqu'à la dent de l'anthropophage? Il n'a point à subir, je le veux, l'oppression et l'humiliation de l'inégalité des rangs et de la fortune parmi ses semblables; chez eux il n'est ni tyrans ni esclaves : mais ces maux sont des accidents, et non pas l'essence de l'état civil, tandis que les privations physiques arrivent à tous les instants dans la paresse et l'insuffisance de la vie sauvage. Aussi l'homme civilisé, entouré de soins affectueux dans sa faiblesse, soutient plus longtemps son existence, jouit de plus de douceurs et de commodités journalières ou se garantit bien mieux des intempéries atmosphériques, et de tous les maux extérieurs en un mot, que le Galibi, le Papou le plus enchanté de son *far niente* à l'ombre de ses palmiers, sous les cieux brûlants des tropiques. Que serait-ce près des pôles?

Il faut donc que l'être isolé se suffise à lui seul, s'endurcisse ou sache se passer de presque tout : il n'existe qu'à l'unique condition de rester fort, et, au besoin, d'abandonner ses enfants, sa famille dans l'extrême détresse. De si cruelles misères sont rares dans la vie sociale, où s'éveillent les sympathies de l'humanité. Le sauvage au contraire, toujours pressé par le besoin, devient égoïste, féroce, et ne voit que lui seul : tout lui semble ennemi, et il lutte contre tout obstacle. Dans cette situation, c'est l'homme extérieur, de chair et de sang, qui a besoin de résister aux agents qui l'entourent, tandis que dans la vie sociale l'homme, assuré des premières nécessités, aspire plutôt à perfectionner ses facultés intérieures. Ainsi, le sauvage développe son appareil musculaire, son écorce grossière et insensible; l'homme civilisé au contraire essentiellement sensible ou nerveux et médullaire. De là résulte l'organisation délicate, impressionnable, souple et intelligente du citadin, élevé dans les molles douceurs de ses habitations somptueuses, tandis que la peau coriace d'un Huron ou d'un Tatar s'endurcit comme ses chairs et ses muscles à toutes les injures du ciel ou aux froissements et aux écorchures des obstacles qui le heurtent. Il nous semble donc évident, quelque difficile que soit l'exacte évaluation du bien-être pour chaque individu, que la somme des plaisirs physiques et moraux prédomine dans l'ordre social plus qu'à l'état dit de *nature*. Et sans faire le panégyrique intéressé de notre mode d'existence, n'est-il pas prouvé que les peuplades rares, misérables, confinées dans les forêts ou les déserts, semblent y dépérir : elles cèdent partout le pas à la civilisation, qui s'avance et les déborde; elles reconnaissent sa haute puissance, même en la méprisant. Les barbares de l'Asie eux-mêmes s'inclinent sous l'intelligence de l'Européen, invoquent sa science dans leurs maladies, redoutent ses armes, étudient sa tactique militaire, admirent les produits de son industrie, et sont émerveillés des miracles de ses arts; tant la supériorité intellectuelle l'emporte sur la force purement physique! J.-J. VIREY.

SAUVAL (HENRI), avocat au parlement de Paris, né vers 1620, mort à Paris, en 1670, consacra une partie de sa vie à de savantes et laborieuses investigations sur l'histoire de la capitale, l'origine de ses établissements religieux et politiques, ses mœurs, ses usages, ses coutumes, son administration, et les anciennes cérémonies des diverses générations qui s'y sont succédé depuis son origine. Son plan était vaste, et le temps seul lui a manqué pour y mettre la dernière main. Il a exploré avec une infatigable persévérance le trésor des chartes, les registres du parlement, les archives de la ville, celles des principales communautés religieuses et des corporations. Il rédigeait à mesure qu'il recueillait ses documents. De là ces nombreuses versions des mêmes faits, ces répétitions fréquentes qu'on remarque dans les trois in-folio de ses *Antiquités de la ville de Paris*. Ses versions sont même souvent contradictoires. Tous ces défauts eussent sans doute été corrigés s'il eût eu le temps de coordonner les précieux documents qu'il avait colligés, et s'il avait pu en soumettre l'ensemble à une appréciation plus approfondie. Son œuvre resta inachevée. Ce qu'il n'avait pu faire, Rousseau, auditeur des comptes, le tenta; il rectifia quelques parties et remplit quelques lacunes. L'œuvre de Sauval ainsi amendée ne fut publiée qu'en 1724. L'édition la plus complète de son livre est celle de 1733. Les *Antiquités de la ville de Paris* ne seront point lues comme corps d'histoire, mais utilement consultées.

DUFEY (de l'Yonne).

SAUVEGARDE. On appelle ainsi les détachements armés qu'un général en chef, en entrant dans une ville ennemie, met à la disposition de certains particuliers, de certaines corporations, pour les protéger contre tous mauvais traitements et contre toutes tentatives de pillage. Une *sauvegarde* doit être considérée par les amis et les ennemis comme inviolable; et toute attaque contre elle est l'objet appelle la plus sévère répression.

SAUVETAGE. Lorsqu'un bâtiment, par suite de fausses manœuvres ou de tempêtes, est jeté à la côte, on le dit *échoué*. S'il est fracassé et brisé au point de ne pouvoir être remis à flot, il est *naufragé*; et en ce cas on travaille à en retirer tout ce qu'il est possible de débris, marchandises et effets, ce qui s'appelle faire le *sauvetage*. Les lois sur le commerce déterminent de quelle manière on y procède. Si le naufrage a eu lieu en pays civilisé, à portée de quelque ville, le capitaine fait prévenir son consul et les fonctionnaires du lieu, qui se rendent sur les lieux pour leur surveillance. Si le capitaine et l'équipage y ont seuls procédé, ils tiennent une note des objets, et plus tard, devant le tribunal de commerce, ils affirment par serment qu'ils n'ont rien détourné. Le produit du *sauvetage* est d'abord employé aux dépenses de nourriture et à toutes celles qui sont indispensables pour la conservation de l'équipage; ce qui reste sert ensuite à payer les salaires des matelots; le surplus revient aux armateurs, qui s'arrangent avec le capitaine. Quand il s'agit d'un bâtiment de l'État, le gouvernement, étant propriétaire, dédommage en partie l'équipage et l'état-major de la perte de leurs effets.

L'art du *sauvetage*, lui aussi, a fait quelques progrès, même en ce qui concerne les navires entièrement submergés. On a tenté pour quelques-uns de ces désastres, mais avec peu de succès jusqu'à ce jour, de la cloche à plongeur, de la poitrine artificielle de M. E. Guillaumet (avec air comprimé), ainsi que d'un bateau sous-marin récemment inventé. Et quant aux soins que réclament les naufragés, il s'est formé dans ces dernières années une société spéciale qui a publié jusqu'à des modèles de vêtements et d'appareils, en même temps que force prospectus, et qui a conseillé comme point capital, de ne jamais insuffler d'air dans la poitrine des submergés, dans la juste appréhension de rompre en le distendant le tissu des poumons et d'occasionner par là un emphysème mortel.

SAUVETAGE (Bouée de). *Voyez* BOUÉE.

SAUVEUR. (JOSEPH), célèbre géomètre français, né à La Flèche, le 24 mars 1650, mort à Paris, le 9 juillet 1716, fut muet jusqu'à l'âge de sept ans, époque à laquelle se développa lentement chez lui l'organe de la parole, qui resta cependant longtemps imparfait ainsi que celui de l'ouïe. « Cette impossibilité de parler, dit Fontenelle, lui épargna tous les petits discours inutiles à l'enfance; mais peut-être l'obligea-t-elle à penser davantage. Il était déjà machiniste, il construisait de petits moulins, il faisait des siphons avec des chalumeaux de paille, des jets d'eau, et il était l'ingénieur des autres enfants. » Il apprit à peu près seul les mathématiques, et fut nommé en 1680 professeur des pages de la dauphine.

En 1681, ayant accompagné Mariotte à Chantilly, pour l'aider dans ses expériences hydrostatiques, il se trouva en relation avec le prince de Condé, qui lui témoigna par la suite une grande affection. Sauveur obtint en 1686 la chaire de mathématiques du Collège royal, et en 1696 il fut nommé membre de l'Académie des Sciences. Quoiqu'il fût déjà digne de cette distinction, ce n'est qu'alors qu'il commença à s'occuper des recherches qui forment la part la plus solide de sa gloire : nous voulons parler de la nouvelle branche de physique mathématique qu'il créa sous le nom d'*acoustique musicale*. Malgré la nature, qui semblait interdire des travaux de ce genre à un homme dont la voix et l'oreille étaient fausses, Sauveur ne recula pas devant la difficulté du but qu'il voulait atteindre. S'entourant de musiciens exercés, d'expérimentateurs habiles, il parvint à déterminer le nombre de vibrations correspondant à un son déterminé, soit dans un tuyau d'orgue, soit dans une corde sonore. Cette donnée expérimentale une fois établie, le reste n'était plus pour lui qu'une application de l'analyse mathématique. C'est ce qu'il exposa dans une suite de *Mémoires*, insérés dans le recueil de l'Académie des Sciences, sous les titres suivants : *Détermination d'un son fixe* (1702); *Application des sons harmoniques à la composition des jeux d'orgues* (1707); *Méthode générale pour former les systèmes tempérés de musique, et choix de celui qu'on doit suivre* (1711); *Table générale des systèmes tempérés de musique* (1713); *Rapport des sons des cordes d'instruments de musique aux flèches des courbes, et nouvelle détermination de sons fixes* (1713).

E. MERLIEUX.

SAUZET (JEAN-PIERRE), ancien président de la chambre des députés sous Louis-Philippe, est né à Lyon, vers 1795. Après avoir terminé d'une manière brillante ses études juridiques, il conquit une place honorable au barreau de sa ville natale. En 1830 M. de Chantelauze, l'un des ministres de Charles X traduits devant la cour des pairs, le choisit pour défenseur; mission dont il s'acquitta avec une grande distinction, et qui le mit en haut crédit dans le parti légitimiste. C'est comme représentant cette opinion qu'il fut élu à Lyon, en 1834, membre de la chambre des députés. Insensiblement il s'y rapprocha du centre; et une année ne s'était pas encore tout à fait écoulée qu'il était devenu l'un des plus fermes soutiens du ministère. Rapporteur, en 1835, de la loi qui mettait des restrictions à la liberté de la presse, il sut encore en aggraver les dispositions les plus essentielles. Le 30 décembre de la même année le ministère récompensa les bons offices qu'il lui avait rendus dans cette circonstance par la vice-présidence de la chambre; et dans le cabinet qui se forma en février 1836, sous la présidence de M. Thiers, il fut nommé chargé du portefeuille de la justice. Dans l'exercice de ces fonctions il fit preuve d'une grande modération; et dans un discours prononcé au mois de mai il conjurait éloquemment tous les partis d'oublier leurs divisions et leurs rivalités pour ne voir que l'intérêt commun de la patrie. Le 6 septembre 1836, jour où le ministère Thiers se retira, il remit les sceaux à M. Persil. En 1838 il entreprit un voyage en Belgique et en Prusse, pour étudier d'importantes questions industrielles. L'année suivante la chambre des députés l'élut pour son président en remplacement de M. Dupin; ce qui ne l'empêcha pas de prendre part à la coalition qui renversa l'administration de M. Molé. M. Sauzet conserva invariablement à chaque session la présidence de la chambre élective jusqu'à la révolution de Février; et depuis il est entièrement rentré dans la vie privée.

SAVAGE (RICHARD), poëte anglais, moins connu par ses œuvres que par ses aventures, naquit à Londres, en 1698, et était le fruit du double adultère de la comtesse de Macclesfield et de lord Rivers. La mère avoua publiquement le délit qu'elle avait commis, afin de pouvoir être juridiquement séparée de son mari; puis elle confia son enfant à une pauvre femme, qui l'éleva comme son propre fils. Richard Savage reçut cependant une éducation convenable, grâce à la sollicitude de sa grand-mère. Son père, lord Rivers, voulut aussi, avant de mourir, assurer son avenir; mais il en fut empêché par la comtesse, qui lui affirma que son fils était mort. Richard fut alors mis en apprentissage chez un cordonnier; puis sa prétendue mère étant venue à mourir, il trouva dans sa correspondance le secret de sa naissance. Mais ce fut inutilement qu'il essaya de se faire reconnaître par sa véritable mère : il se vit repousser avec froideur et mépris par la comtesse. Quelque temps après, ayant eu le malheur, dans un moment de débauche et d'ivresse, de commettre un meurtre, et ayant été condamné à mort en punition de ce crime, la comtesse mit tout en œuvre, mais fort inutilement, pour empêcher la clémence royale de s'étendre jusqu'à lui. Par la suite, le mystère de sa naissance, devenu généralement public, fit à Richard Savage de nombreux amis, et lui valut des protecteurs que, par son ton hautain et sa conduite crapuleuse, il ne tarda pas à s'aliéner. Il mourut en prison, à Bristol, le 1er août 1733. Comme poëte, il s'est surtout fait un nom par deux poëmes : *The Wanderer* et *The Bastard*, où l'on trouve quelques beaux passages.

SAVANES ou **SAVANNES**, de l'espagnol *savana*. C'est ainsi qu'on appelle dans l'Amérique du Nord les plaines qui répondent aux *Llanos* et aux *Pampas* de l'Amérique du Sud, où on ne rencontre point de forêts, mais seulement un herbe luxuriante. On les divise en *hautes* et *basses* savanes, et on réserve plus particulièrement pour les premières la dénomination de *prairies*; les dernières, généralement humides, marécageuses et malsaines, sont complétement dénuées d'arbres; les hautes savanes, au contraire, sont entourées de forêts et parsemées, en outre, de bouquets de bois. Les *prairies* les plus encaissées se trouvent au bas du versant oriental des montagnes Rocheuses et, à l'ouest, sur le plateau qui s'étend jusqu'aux montagnes de la côte du nord-ouest. Les savanes les plus considérables sont situées sur le territoire du Mississipi, où elles couvrent de 30 à 35,000 myriamètres carrés. On donne également le nom de *savanes* aux prairies de la Guiane (Amérique du Sud).

SAVANAH. Voyez GÉORGIE.

SAVANT. Les connaissances qui se réduisent en pratique rendent *habile*; celles qui ne demandent que de la spéculation font le *savant*; celles qui remplissent la mémoire font l'homme *docte*. On dit du prédicateur et de l'avocat qu'ils sont *habiles*; du philosophe et du mathématicien qu'ils sont *savants*; de l'historien et du jurisconsulte, qu'ils sont *doctes* (*voyez* ÉRUDIT). Nous devenons *habiles* par l'expérience, *savants* par la méditation, *doctes* par la lecture. On peut être fort *savant* ou fort *docte* sans être habile, mais on ne peut guère être très-habile sans être savant (*voyez* SCIENCE).

SAVART (FÉLIX), physicien célèbre, né à Mézières, le 30 juin 1791, mort à Paris, à la fin de 1841. C'est à Metz que Savart commença ses études; son père y était alors directeur des ateliers de l'École d'Artillerie et du Génie. Le jeune Savart ne pouvait être mieux placé pour acquérir le goût des arts mécaniques portés à ce degré de précision que la science leur imprime. Cependant il embrassa la carrière médicale; et après avoir été élève chirurgien dans un bataillon du génie, il se fit recevoir à Strasbourg docteur en médecine, en 1816. De retour à Metz, il se retrouva au milieu des ateliers de l'école; et dès lors il se livra avec ardeur à l'étude des questions les plus ardues de physique et de chimie. En 1819 il vint à Paris, pour présenter à l'Académie des Sciences un *Mémoire sur la construction des instruments à cordes*, qu'il voulut d'abord soumettre à M. Biot, auprès duquel il n'avait de reste aucune autre recommandation. Le savant académicien engagea Savart à persévérer dans ses recherches; et comme celui-ci n'avait pas de fortune, il lui procura les leçons de mathématiques. Dès lors Savart, qui fut nommé membre de l'Académie des Sciences, se mit à étudier les lois de la communication des vibrations entre les corps, lois qui devaient servir de base à la théorie des instruments à cordes et fournir l'explication du mécanisme de l'audition; et il publia une série de mémoires, dont voici les principaux : *Sur la communication des mouvements vibratoires entre les corps solides* (1820); *Recherches sur les vibrations de l'air* (1823); *Sur les vibrations des corps solides considérés en général* (1823); *Recherches sur les usages de la membrane du tympan et de l'oreille externe* (1824); *Nouvelles Recherches sur les vibrations de l'air* (1825); *Sur la voix humaine* (1825); *Sur la voix des oiseaux* (1826); *Notes sur les modes de division des corps en vibration* (1829); *Recherches sur l'élasticité des corps qui cristallisent régulièrement* (1829), etc.; mémoires tous publiés dans les *Annales de Physique et de Chimie*. Par ses derniers travaux, Savart était arrivé à trouver dans les vibrations des corps un moyen d'étudier leur structure, résultat qui se trouve consigné dans plusieurs notes, dont la plus importante est intitulée *Recherches sur la structure des métaux*. En outre, Savart a apporté plusieurs perfectionnements à nos instruments d'optique, notamment à l'appareil de polarisation de Malus.

SAVARY (ANNE-JEAN-MARIE), duc de Rovigo, ministre de la police générale sous le premier empire, naquit le 26 avril 1774, à Marc (Ardennes). Il était le troisième fils d'un vieux militaire, qui en 1789 le fit admettre comme sous-lieutenant dans un régiment d'infanterie. En 1793 il était déjà capitaine; et il fit ensuite les campagnes du Rhin sous les ordres de Custine, de Pichegru et de Moreau. Après le traité de Campo-Formio, il s'attacha comme aide de camp à Desaix, qu'il accompagna en Égypte et qu'il ne quitta plus jusqu'au moment de sa mort, sur le champ de bataille de Marengo. Bonaparte apprit de lui la perte cruelle que venait de faire l'armée française. Frappé de la profonde douleur de Savary, il résolut d'attacher désormais à sa personne un officier capable d'aimer et d'apprécier son général comme le prouvaient bien ses larmes, ses sanglots en lui annonçant la fatale nouvelle. Aide de camp de Bonaparte, Savary fut chargé par lui de diverses missions qui demandaient de l'intelligence et de l'adresse. Il fut bientôt nommé colonel et commandant de la gendarmerie d'élite, puis général de brigade; et lors de la découverte de la conspiration de Georges Cadoudal, il rendit d'importants services. A partir de 1802 ce fut lui qui dirigea la police particulière et de sûreté de Bonaparte; fonctions délicates, dans l'exercice desquelles il avait à surveiller les manœuvres de Fouché lui-même, et qui devaient infailliblement soulever contre lui des haines aussi violentes que vivaces. Il n'est pas de calomnies atroces auxquelles les partis royaliste et républicain, alors coalisés afin de renverser le gouvernement de Bonaparte, n'aient eu recours pour perdre dans l'opinion l'un des hommes qu'ils redoutaient le plus; en raison sans doute de la vigilance et de la finesse d'esprit dont il faisait incessamment preuve. C'est ainsi qu'ils répandirent le bruit et firent même imprimer dans les gazettes étrangères que, véritable séide du premier consul, Savary n'avait pas hésité à poignarder de sa propre main dans leur prison le capitaine anglais Wright et Pichegru. Bientôt la fatale catastrophe du duc d'Enghien vint fournir un nouveau prétexte à ces perfides manœuvres des ennemis du régime consulaire. Savary, chargé du commandement supérieur des forces envoyées alors à Vincennes, dut assister à l'exécution par laquelle se termina, dans les fossés du château, un procès qui pèsera toujours comme un crime sur la mémoire de Napoléon. La calomnie et le savoir-faire des partis exploitèrent cette circonstance avec une grande perfidie; et le bruit se répandit aussitôt que Savary avait attaché une lanterne à la poitrine du prince, afin que les soldats chargés de le fusiller pussent viser... Est-il besoin de dire que ce n'était là encore qu'une de ces atroces inventions que les partis regardent comme parfaitement permises par les intérêts de la politique.

A peu de temps de là Savary passa général de division. En 1805, après la bataille d'Austerlitz, Napoléon lui confia une mission secrète auprès de l'empereur de Russie. Dans la campagne de 1806, il eut sous ses ordres deux régiments de la garde. Puis il fut appelé à remplacer Lannes dans le commandement du cinquième corps. Après la bataille d'Eylau, il fut chargé de couvrir Varsovie contre les Russes, sur lesquels, le 16 février 1807, il remporta la brillante victoire d'Ostrolenka. L'empereur l'en récompensa par le don d'une riche dotation, et à la suite des batailles de Heilsberg et de Friedland, il lui accorda le titre de *duc de Rovigo*.

Après la paix de Tilsitt, le duc de Rovigo fut envoyé à Saint-Pétersbourg, où il négocia un rapprochement entre la Russie et la Turquie, en même temps qu'il déterminait la première de ces puissances à abandonner l'alliance anglaise. En 1808 il se trouvait à Madrid, et ce fut lui qui décida le roi Charles IV et son fils Ferdinand à entreprendre le voyage de Bayonne. Il accompagna ensuite Napoléon à Erfurt, d'où il retourna en Espagne. Après la campagne de 1809, sa faveur s'accrut encore; et en 1810 Napoléon lui confia le ministère de la police générale. Il remplissait ces fonctions en 1812 quand éclata la fameuse conspiration de Mallet. Arrêté alors dans son lit par Lahorie et Guidal, il resta quelques heures détenu à La Force, et ne fut remis en liberté que lorsque par son intrépidité le général Hullin eut fait échouer ce complot. Quoiqu'il se fût évidemment laissé prendre en défaut, le duc de Rovigo n'en conserva pas moins la confiance de l'empereur, et le maintint en fonctions tant que dura l'empire.

Pendant les cent jours, il fut appelé à faire partie de la chambre des pairs et investi du commandement supérieur de la gendarmerie. Après Waterloo, il essaya de suivre Napoléon en exil; mais il fut arrêté à bord du *Bellérophon* et conduit prisonnier à Malte. Il s'en échappa au mois de mars de l'année suivante, et se réfugia à Smyrne. En 1817 il se rendit en Autriche pour passer de là en France, à l'effet d'y purger le jugement du conseil de guerre qui, en 1816, l'avait condamné par contumace à la peine de mort. Arrivé à Grœtz, il se vit placer sous la surveillance de la police; et ce ne fut qu'au mois de juin 1818 qu'on lui permit de s'en retourner à Smyrne, où il demanda au commerce des moyens temporaires d'existence. Mais dès 1819 le désir de revoir le sol natal le conduisait à Londres, où il obtint enfin la permission de se présenter devant la justice de son pays. Acquitté sur une brillante plaidoirie de M. Dupin, il fut réintégré dans son grade, mais resta en disponibilité.

En 1823, pour réfuter un passage du *Mémorial de Sainte-Hélène*, relatif à la mort du duc d'Enghien, il publia un extrait de ses *Mémoires*, où il s'efforçait d'en rejeter toute la responsabilité sur M. de Talleyrand, et ne réussit qu'à tomber de nouveau dans la plus profonde disgrâce aux Tuileries, où il avait fini par se faire admettre et dont l'accès lui fut désormais interdit. Il quitta même alors la France avec sa famille, pour aller s'établir à Rome, où il demeura jusqu'à l'époque de la révolution de 1830. Le 1er décembre 1831, Louis-Philippe l'appela au commandement supérieur de l'Algérie. C'est sous ses ordres que fut exécutée la prise de Bone, et il s'efforça de favoriser le système de colonisation. Mais son administration, au total malhabile, excita contre lui un mécontentement général, et le gouvernement dut le rappeler en 1833. Il mourut quelques mois après, laissant sans fortune sa nombreuse famille.

SAVATE, soulier vieux ou neuf, dont le quartier est rabattu. C'est aussi le nom d'une espèce particulière de pugilat où les pieds jouent un plus grand rôle encore que les poings, qui se pratique dans les classes infimes de la population parisienne, qui a ses règles et ses *professeurs*; et d'un genre de correction extra-réglementaire, dont nos soldats font usage entre eux pour punir certaines infractions à l'honneur. Voyez CALOTTE (Conseil de la).

SAVE ou SAU (La), rivière d'Autriche, qui prend sa source dans un petit lac alpestre du cercle de Villach, en Illyrie. Elle traverse d'abord le duché de Carniole, et, après avoir reçu les eaux de la Laybachy, commence à devenir navigable avant d'avoir quitté le territoire illyrien. Elle forme ensuite les limites de l'Illyrie; puis, après avoir coulé entre la Styrie et la Croatie, elle pénètre dans la contrée désignée sous le nom de *Frontières militaires*, et constitue alors jusqu'à Semlin et Belgrade, où elle vient se jeter dans le Danube, les frontières entre la monarchie autrichienne et les États turcs. La longueur totale de son parcours est d'environ 125 myriamètres; et indépendamment de la Laybach, elle reçoit les eaux de la Koulpa, de l'Ounna, de la Bosna et de la Drinna.

SAVENAY, chef-lieu d'arrondissement, dans le département de la Loire-Inférieure, avec 2,300 habitants et un tribunal de première instance. Le 22 décembre 1794, Kleber y battit l'armée vendéenne, qui dans cette affaire eut plus de 10,000 hommes hors de combat.

SAVERNE, chef-lieu d'arrondissement, dans le département du Bas-Rhin, avec 5,100 habitants et un tribunal de première instance. C'était dès le douzième siècle une place forte importante. Elle souffrit beaucoup pendant la guerre de trente ans, et elle fut pillée en 1744 par les Autrichiens. Résidence des princes-évêques de Strasbourg avant la révolution, le palais qu'ils y occupaient autrefois a été affecté, par un décret du mois de décembre 1851, à servir de demeure à des veuves d'anciens officiers du premier empire. C'est aussi le nom que les Français donnent au fleuve appelé par les Anglais Severn.

SAVETIER (*Entomologie*). Voyez CAPRICORNE. C'est aussi le nom vulgaire de l'*épinoche*.

SAVEUR. Voyez SENS.

SAVEURS (Orgue des). Voyez CLAVECIN OCULAIRE.

SAVIGLIANO, ville de l'intendance générale de Coni, province de Saluces (royaume de Sardaigne), station du chemin de fer de Turin à Nice, dans une belle plaine du Piémont, entre la Macra et la Grana. Cette ville est défendue par des murailles et des tours, et les rues en sont larges et régulières. On y voit une belle porte en forme d'arc de triomphe, une place spacieuse, entourée de colonnades; une abbaye de bénédictins, une cathédrale, divers couvents d'hommes et de femmes. Sa population est de 20,000 habitants, qui entretiennent des fabriques de drap, de toile et de soieries, et font un assez important commerce de bestiaux. A l'époque de la guerre de la succession d'Espagne, cette place fut défendue par les Français. Elle tomba en leur pouvoir le 15 septembre 1709, mais ils durent l'évacuer le 3 novembre suivant, à la suite de sanglantes affaires qu'ils eurent à soutenir contre les Autrichiens aux ordres de Melas.

SAVIGNY (FRÉDÉRIC-CHARLES DE), célèbre jurisconsulte allemand, naquit à Francfort-sur-le-Mein, en 1779. Après avoir achevé ses études et obtenu en 1800 le diplôme de docteur à Marburg, il y fit des cours comme professeur agrégé, de 1800 à 1804. C'est là qu'il écrivit son excellent *Traité de la Possession* (1803). A partir de 1804 il voyagea pendant plusieurs années en Allemagne et en France à la recherche de documents encore peu connus relatifs au droit romain et à l'histoire littéraire. En 1807 il fut nommé professeur de droit à Landshut ; et en 1810, lors de la fondation de l'université de Berlin, il fut un des premiers professeurs appelés à en faire partie. Il fut en outre nommé membre de l'Académie des Sciences, conseiller d'État en 1817, membre de la cour de révision pour les provinces rhénanes en 1819, et enfin, en 1842, ministre secrétaire d'État au département de la justice. Les événements de mars 1848 l'ont fait rentrer dans la vie privée. Ses leçons sur les institutions de Rome et sur l'histoire du droit romain ainsi que sur les Pandectes excitèrent un vif intérêt, à cause de la clarté et de la précision de sa méthode, et aussi à cause des riches enseignements qu'il y répandait. Il appartient à l'école historique des jurisconsultes, et partage avec Hugo et Schlosser la gloire d'en avoir été le fondateur. Ses deux principaux ouvrages sont l'*Histoire du Droit Romain au moyen âge* (6 vol., Heidelberg, 1815-1831 ; 2° édit., 7 vol., 1834-1851), et son *Système du Droit Romain actuel* (8 vol., Berlin, 1840-1849), dont *Le Droit des Obligations* (2 vol., Berlin, 1851-1853) forme la suite. Une rare érudition, un grand talent de combinaison, une critique judicieuse et une extrême élégance de style sont les qualités qui distinguent ce jurisconsulte.

SAVOIE, *Savoja*, duché formant l'une des dépendances du royaume de Sardaigne, d'une superficie totale de 141 myr. carrés, avec 583,800 habitants, borné par la Suisse, le Piémont et la France. C'est la contrée la plus élevée de l'Europe. Il est divisé en sept provinces, à savoir : celles de *Chambéry*, de la *Haute Savoie*, de *Maurienne*, de la *Tarantaise*, d'*Annecy*, de *Faucigny* et de *Chablais*, dont les quatre premières forment depuis 1851 l'intendance générale de Chambéry (83 myr. carrés, et 313,300 habit.), et les trois dernières l'intendance générale d'Annecy (58 myr. carrés , et 270,500 habit.), l'une et l'autre nommées du nom de leur chef-lieu. Toutefois, Chambéry n'en est pas moins considéré toujours comme la capitale du duché de Savoie.

Située dans cette partie des Alpes que les anciens comprenaient sous les noms d'*Alpes Pennines*, d'*Alpes Grecques* et d'*AlpesCottiennes*, la Savoie comprend les cimes les plus élevées de cette chaîne. Le point le plus haut, qui est le mont Blanc, est de 4,900 mètres au-dessus du niveau de la mer; et le point le plus bas, qui se trouve sur les bords du Rhône, à Saint-Genix d'Aoste, est encore à 204 mètres au-dessus du même niveau. Depuis le mont Blanc jusqu'au Rhône, les montagnes qui se succèdent vont en diminuant, de sorte qu'on les dirait placées en amphithéâtre le long de la chaîne centrale des Alpes. Les eaux qui arrosent la Savoie se jettent toutes dans le Rhône ou le lac Léman. Les rivières principales sont la Drance, qui parcourt le Chablais et verse ses eaux dans le lac; l'Arve, qui descend de la vallée de Chamounix, et qui a son confluent au-dessous de Genève; les Usses et le Fier, qui tombent dans le Rhône, près de Seyssel, après avoir parcouru la province de Genevois; la Laisse, qui arrose Chambéry, traverse le lac du Bourget et se perd dans le Rhône, à Chana ; le Guier, qui descend de la Grande Chartreuse et limite la Savoie jusqu'à son confluent à Saint-Genix d'Aoste; enfin, l'Isère, torrent impétueux, qui, descendant des sommets granitiques de la Tarantaise gonflé des eaux de l'Arly et de celles de l'Arc, dévaste la Maurienne, et quitte la Savoie en entrant dans le Grésivaudan, la plus belle vallée de France.

On peut diviser la Savoie en trois zones géologiques, parfaitement distinctes dans leur généralité seulement. La zone primitive, qui suit une ligne assez étroite depuis Martigny, en Valais, jusqu'au Bourg-d'Oisan, en Dauphiné, et passant par le mont Blanc, la vallée de Beaufort et la Maurienne; la zone du terrain de transition, qui s'étend en largeur depuis la ligne primitive que je viens de tracer jusqu'aux montagnes qui bordent le Piémont, et suit dans sa longueur la ligne primitive en s'appuyant contre elle des deux côtés; la zone secondaire, qui occupe à l'ouest des Alpes un grand espace de terrain. Les chaînes principales de cette zone sont le Jura et la chaîne Isérienne, qui commence près des bords du lac Léman, passe par le Buet, qui en est la pointe la plus élevée, s'avance par Sallanches jusqu'aux sources de l'Aly, va presque en ligne droite jusqu'à Grenoble, où elle donne passage à l'Isère, puis se prolonge jusque sur les rives de la Durance. Cette chaîne, à qui j'ai donné le nom d'*Isérienne*, et qui n'a point encore été observée, est pour sa composition semblable à celle du Jura; mais elle en diffère entièrement pour la position des couches. Les couches du Jura ont leur inclinaison à l'est, tandis que celles de la montagne Isérienne s'inclinent vers l'ouest.

Sur presque toute l'étendue de ces trois zones on retrouve des dépôts de terrain diluvien , de gypse , et des blocs erratiques.

C'est en Savoie qu'il faut étudier la géologie : cette terre bouleversée porte l'empreinte de tous les cataclysmes qui se sont succédé depuis la création; là les révolutions du globe sont marquées par les dépôts , les érosions, les fentes , les crevasses, les redressements , les renversements des couches, les éboulis, les excavations internes, et les agglomérations de tous genres. C'est là que l'ancienne et féconde nature a déposé et changé en pierre les types des espèces animales et végétales qui ont disparu sous le travail du temps, là que l'on peut, dans la course d'un jour, parcourir les divers étages de l'échelle géologique et voir successivement les dépôts modernes, les graviers du déluge, les blocs erratiques, les calcaires ammonéens, les grès antraxifères, les roches cristallines, les granits, les porphyres, et tous tes éléments qui forment l'écorce du globe que nous habitons. Les rivières de la Savoie charrient de l'or, et ses montagnes contiennent du soufre, de l'alun, de la magnésie, de l'argent, du plomb, du titane, du cuivre et du fer, que l'on prépare et que l'on travaille dans plus de quarante usines.

Tout ce que la curiosité des voyageurs recherche avec le plus d'empressement se trouve en Savoie, et souvent réuni dans un étroit espace. Là on voit les lacs de Genève, d'Annecy, du Bourget , de Morion , de la Haute-Luce et du mont Cenis ; les lacs souterrains de la grotte de Bauge; les cascades du Bout-du-Monde, de Coux, de Sallanches, etc. ; les fontaines intermittentes de Pigros et de la Haute-Combe ; les grottes de la Balme, de Bauges , de Sallanches, etc., les eaux thermales d'Aix, de Saint-Gervais , de Bride , d'Echallon , d'Évian, etc., etc. ; les glaciers de Chamounix , du Buet et de la haute Tarantaise ; les riantes vallées de Faverge, de Maglan , d'Albert-Ville et de Chambéry, ou des vallées sauvages , comme le passage de Challes et presque toute la Maurienne; et les montagnes, couvertes d'ombrage et de prairies, du Chablais, ou les cimes rocailleuses qui entourent le mont Blanc.

Aucun pays en Europe ne présente une plus grande subdivision de territoire. Il y a peu de grandes fortunes en Savoie et pas une grande propriété; mais il y en existe une multitude de petites et de très-petites. Aussi le pays est-il bien cultivé, et la vallée qui s'étend de Rumilly à Chambéry et de là à la vallée de Tarantaise, ressemble à une suite non interrompue de jardins toujours couverts de fleurs et de fruits. La grande variété de ses produits , la beauté de sa végétation , la fraîcheur de sa verdure, l'âpreté de ses cimes granitiques, la multitude de ses perspectives , ne laissent jamais en repos le regard du voyageur. Comme la Savoie possède peu de terrain cultivable, les habitants font des efforts incroyables pour le multiplier. Dans les hautes vallées de la Tarantaise et de la Maurienne , sur les pentes sont trop rapides pour être soumises à la culture, on voit les paysans construire des parapets, former des terrasses, y porter souvent de très-loin un peu de terre végétale, et créer de cette manière un champ qui n'a souvent pas plus d'un mètre carré ou l'étendue nécessaire pour planter deux ceps de vigne. Rien de plus intéressant que ce combat de la vie contre l'âpreté de la nature. Si le pauvre montagnard comptait ses sueurs, son petit champ lui coûterait bien cher; mais il vaut pour lui mieux qu'un domaine, parce qu'il est sous le soleil de la patrie.

L'élévation du sol , la direction des vallées et la position géographique donnent à la Savoie les productions des pays chauds et celles des régions hyperboréennes. On y rencontre la vigne jusque dans les hautes vallées qui se rapprochent des glaciers, et parmi les vins qu'elle produit on distingue ceux de Frangy, de Seyssel, des Altesses, de Montmellian, de Saint-Jean de la Porte et de Prinsan. Les céréales de tous genres , les fruits les plus variés , les pâturages, les vignes, le mûrier sont les sources de sa richesse.

Quoique la Savoie soit une contrée essentiellement agricole , elle n'est pas cependant sans industrie, comme le prétendent les voyageurs qui en parlent le plus souvent sans la connaître. On y trouve des fabriques de coton, d'indienne, de gaze, de bas , de toile , de chapeaux de feutre, de soie et de paille ; des papeteries, des manufactures de drap, des tanneries , mégisseries , blanchisseries ; des brasseries et des distilleries. On y compte plus de deux mille métiers pour les étoffes de soie, le velours et les rubans. Il y a une raffinerie de sucre de betterave , plusieurs verreries, poteries, tuileries , et une fabrique de papier peint. Il y a dans la Tarantaise une fonderie pour l'argent et le plomb que l'on retire des mines de Maco, Pezey et Saint-Jean-de-Maurienne; à Aiguebelle et à Lamotte-Cervolet, des fonderies de cuivre et de nombreuses fabriques d'ustensiles de cuivre , de fer, d'acier, de fer-blanc, etc. La Savoie exporte des bêtes à cornes , des mulets, des fromages, des fruits , des pelleteries, du chanvre, de la soie, des cristaux, des tissus de soie, et des arbres de toutes espèces.

L'enseignement primaire est depuis longtemps organisé en Savoie, et sous le rapport les provinces de Maurienne, de la Tarantaise et de la haute Savoie pourraient servir de modèle à beaucoup d'autres pays. Le duché, qui se divise en 629 communes, possède 647 écoles primaires pour les garçons et presque autant pour les filles. Il est cependant encore dans la basse Savoie quelques communes qui n'ont pas d'écoles, tandis que chacune de celles des hautes vallées en possède souvent plusieurs. On peut citer comme une chose unique en ce genre la commune du bourg Saint-Maurice, au pied du petit-Saint-Bernard, dont la population, de 3,000 âmes, possède 14 écoles de garçons et autant pour les filles. Toutes ces écoles sont entretenues par d'anciennes fondations.

La Savoie est, avec la Bavière, le seul pays de l'Europe où l'enseignement secondaire soit entièrement gratuit et où il soit répandu avec profusion. Ce duché, dont l'étendue ne dépasse pas celle d'un département de France, et qui ne contient pas de grande ville, possède 14 collèges, dans lesquels près de 3,000 jeunes gens puisent l'instruction. Pendant l'occupation étrangère, le monopole français avait beaucoup réduit ces établissements , et les impôts universitaires avaient diminué de moitié le nombre des étudiants; mais dès la restauration les choses ont repris leur cours habituel. Avant la révolution la Savoie avait 16 places gratuites au collége d'Avignon, 8 à l'université de Louvain, 27 au collége des provinces de Turin ; et la ville d'Annecy possédait un revenu assez considérable pour envoyer à l'étranger les sujets qui montraient le plus de dispositions pour les hautes études. De tout cela, il ne reste que les places aux collèges des provinces.

Dans la Savoie, où les grandes fortunes sont très-rares, on ne fait pour l'ordinaire des études classiques qu'afin de se créer une existence de l'exercice d'un état honorable. Cependant , on trouve dans l'histoire de ce pays un assez grand nombre d'hommes qui se sont distingués dans les lettres, les sciences, les beaux-arts, la jurisprudence et l'art militaire. C'est la Savoie qui a produit le père Millet de Challes , fameux mathématicien, qui a devancé Newton dans la connaissance du véritable système du monde; Claude Favre, jurisconsulte et législateur habile, à qui l'on doit le code qui porte son nom ; Vaugelas le premier législateur de la langue française ; saint François de Sales, aussi connu dans le monde par ses nombreux écrits que par son éminente piété; le cardinal de Brogny , qui présida le concile de Constance; le cardinal Gerdil , qui a écrit dans trois langues avec un succès égal ; l'histori en Saint-Réal, que Voltaire compare à Saluste ; le comte Xavier de Maistre , qui a composé l'inimitable *Voyage autour de ma chambre* et *Le Lépreux de la cité d'Aoste*; le comte Joseph de Maistre, qui a développé dans les *Soirées de Saint-Pétersbourg* une philosophie qui aujourd'hui fait école; le marquis Costa de Beauregard, auteur de l'*Histoire de Savoie* et de plusieurs autres ouvrages ; Michaud, auteur de l'*Histoire des Croisades* ; Ducis, poète tragique; le célèbre Berthollet, qui a tant contribué aux progrès de la chimie ; Alexis Bouvart, directeur de l'observatoire de Paris ; le docteur Fodéré, créateur de la médecine légale en France, et enfin une foule de militaires distingués, dans tous les temps et dans tous les grades.

Le Savoisien est bon, intelligent, religieux , hospitalier, probe, dévoué à son pays, qu'il n'oublie pas, à quelque distance qu'il s'en éloigne. L'amour de la patrie est pour lui un sentiment complexe, qui lie dans un même faisceau l'idée du sol, le sentiment de la famille et l'attachement aux institutions. La forme du sol n'est pas étrangère à l'amour que le Savoisien a pour sa patrie. Le sol est un tableau qui se peint dans l'âme avec ses reliefs, ses accidents et ses couleurs. Plus les traits en sont saillants et caractérisés, plus l'empreinte en est profondément gravée dans le souvenir. L'homme qui a grandi dans les plaines monotones peut cependant vivre partout où ses pieds retrouvent la terre et ses yeux le ciel ; mais le Savoisien languit et souffre quand il ne voit plus ses montagnes escarpées , ses rochers aigus, ses vallées, ses lacs, ses cascades, ses beaux arbres , la pompe de la nature et de ses montagnes ; il y a un vide dans son âme, il y trouve une image dont le modèle est absent, et c'est ce modèle qu'il ne peut oublier. On dit que tous les habitants des montagnes ont le même amour pour leur pays , et sous ce rapport on compare souvent les Savoisiens aux Suisses : je ne sais si l'avantage ne demeure pas aux premiers. On voit chaque année des milliers de Suisses dire à leurs vallées, à leurs montagnes , un éternel adieu pour aller chercher une autre patrie sur les bords de l'Orénoque, du Mississipi et sur les côtes de l'Afrique : je doute qu'il fût possible à un certain nombre de Savoisiens de quitter leur patrie avec un dessein arrêté de ne plus la revoir. Ils ne consentent à l'exil que dans l'espérance du retour. Quand la neige vient couvrir le champ qu'ils ont ensemencé, ils vont ailleurs offrir des bras que l'âpreté de leur climat paralyse ; mais quand ils voient passer l'hirondelle des montagnes , le besoin de la patrie les émeut; ils reviennent à leurs chaumières.

Si le Savoisien se décide à se fixer sur le sol étranger, retenu par de nouveaux liens de famille ou par d'autres intérêts, il porte la pensée de son pays par les rapports qu'il conserve avec lui. Poète, il chante ses beautés ; riche , il lui fait part de son opulence ; militaire, conquérant, il place sur ses étendards la croix blanche de Savoie ; ouvrier et pauvre, il joint son obole à l'obole de son frère pour dresser un autel à la Vierge dans l'église de son pays : doux et touchants stratagèmes inventés par l'amour de la patrie pendant que dure l'absence ! Le patriotisme du Savoisien s'est de tous temps manifesté par des œuvres. On est étonné de trouver dans les hautes montagnes de belles églises, des clochers élevés , de riches monuments, des fondations multipliées pour la bienfaisance ou l'instruction. Ce n'est pas à la richesse que l'on doit tout cela, il y en a peu en Savoie ; mais quand le patriotisme se substitue à la puissance, il fait souvent plus qu'elle pour la gloire et le bonheur des peuples.

Près de trente mille Savoisiens vont chaque année passer l'hiver en France, en Suisse, en Italie et en Espagne, pour y exercer différentes industries. Leur probité religieuse étant

SAVOIE

reconnue partout, on leur accorde une grande confiance. Quelques-uns ont des établissements fixes, d'autres sont à gage pour un certain nombre d'années', un grand nombre s'absentent jusqu'à ce qu'ils se marient; mais la masse des émigrants ne quitte la Savoie que pour l'hiver. La statistique de l'émigration n'est pas bien connue, parce que jusqu'à ce jour elle n'a pas été soumise à des investigations rigoureuses. D'après quelques recherches que j'ai faites, je joins ici un tableau dont je ne puis nullement garantir l'exactitude, mais que j'ai lieu de regarder comme approchant de la vérité.

Médecins et chirurgiens	30
Avocats, financiers, etc.	25
Professeurs, répétiteurs, instituteurs, etc.	300
Commis-voyageurs et autres	300
Teneurs de livres, caissiers, etc.	100
Négociants fixés à l'étranger	300
Maîtres d'école de campagne	600
Colporteurs en étoffes	2,000
Colporteurs en quincaillerie	500
Colporteurs en épicerie, encre, etc.	400
Ouvriers apprentis ou en tournée	1,000
Portiers de magasin, etc.	500
Commissionnaires	1,000
Domestiques d'auberge et autres	3,000
Porteurs d'eau, de bois, etc.	400
Journaliers	5,000
Conducteurs de fiacre, cochers	500
Ouvriers dans les fabriques	2,000
Décrotteurs	2,000
Crocheteurs	1,000
Joueurs de vielle	200
Remouleurs	500
Ramoneurs	400
Peigneurs de chanvre	600
Total	22,655

Dans ce chiffre ne sont point compris les enfants et les femmes, et pourtant il n'est pas rare de voir émigrer des familles entières. L'abbé RENDU, évêque d'Annecy.

La Savoie, dans les temps les plus reculés, faisait partie de la Gaule. Ensuite elle resta sous la domination romaine depuis l'an 122 av. J.-C. jusqu'à l'an 407 de notre ère; époque où elle devint partie intégrante du royaume de Bourgogne. A la chute de ce royaume (en 534) elle devint province franque, et à partir de 879 elle fit partie du royaume d'Arles, avec lequel elle fut comprise en 1038 dans l'empire d'Allemagne; après quoi, elle obéit à des gouverneurs. Les marquis de Suze, les comtes de Maurienne, de Turin, de Chablais et de Suze furent au onzième siècle des gouverneurs de ce genre. C'étaient autant de vassaux de l'Empire, et le marquis de Suze était le plus puissant d'entre tous. Mais à l'extinction de sa maison, les comtes de Maurienne acquirent bientôt la prépondérance sur les autres gouverneurs. On mentionne comme premier comte de Maurienne Bérold, descendant du comte de Saint-Maurice en Valais, un Saxon, que le prince roi d'Arles, Rodolphe III, aurait nommé gouverneur en 1066. Suivant d'autres présomptions, un comte *Humbert aux Blanches Mains*, mort en 1048, serait la souche de la maison de Savoie. Fils du comte Manassès et d'Hermengarde, cet Humbert aurait reçu à titre de fief le comté de Maurienne, provenant de l'héritage de son beau-père, le roi Rodolphe III, puis, le royaume d'Arles étant échu au roi Conrad, la seigneurie du Chablais, le Valais, etc. Le comte *Amédée Ier*, son fils, mort en 1072, acquit à sa maison par mariage Suze, Aoste et Turin. Sous *Amédée II*, en 1111, les possessions de la maison de Savoie furent érigées, en 1179, par l'empereur Henri IV, en comté de l'Empire, auquel on donna alors le nom de *Savoie*. Le comte *Thomas Ier*, mort en 1233, fit entrer par voie d'acquisition au nombre de ses possessions la ville de Chambéry ainsi que le pays de Vaud, et obtint un grand nombre de fiefs impériaux. L'empereur Frédéric II créa le comte *Amédée III*, mort en 1253, *duc* de Chablais et d'Aoste. Les fils du comte Thomas II de Piémont, *Thomas* et *Amédée IV*, devinrent en 1279, comme héritiers du comte de Savoie, les fondateurs des lignes de Piémont et de Savoie. La première fut élevée au titre de prince de l'Empire, et s'éteignit en 1418; après quoi le Piémont fit retour à la Savoie. Le fondateur de cette ligne, *Amédée IV*, mort en 1323, fut créé prince de l'Empire et nommé vicaire de l'Empire en Italie; il introduisit en 1307 le droit de primogéniture dans sa maison. Le prince *Aymon*, mort en 1343, acquit par son mariage la survivance du Montferrat. Le prince *Amédée VI*, mort en 1391, conquit le comté de Nice, Vintimille, et fils de Jean II, roi de Chypre. Son fils *Amédée VII*, qui en 1401 acheta le comté Genevois, acquit beaucoup d'autres possessions, et fut élevé en 1416, par l'empereur Sigismond, à la dignité de *duc*. Il abdiqua en 1434, fut, dit-on, de 1439 à 1449, pape sous le nom de *Félix V*, et mourut cardinal en 1451. Son fils et successeur *Louis*, mort en 1465, épousa en 1468 Anne de Lusignan, fille de Jean II, roi de Chypre. Il eut pour successeur son fils aîné, *Amédée VIII*, mort en 1472. Le second fils de Louis, mort en 1482, épousa la reine Charlotte de Chypre. Un troisième fils, Philibert, se mit à la tête de la noblesse piémontaise contre son frère, causa de grands troubles, et finit par être fait prisonnier. Amédée VIII eut pour successeurs ses fils *Philibert*, mort en 1482, et *Charles Ier*, mort en 1489, que la reine Charlotte institua en 1485 héritier de Chypre. C'est depuis cette époque que la maison de Savoie prend le titre de *roi de Chypre*, de même que comme représentant des droits de la maison de Lusignan, celui de *roi de Jérusalem*. *Charles II*, fils et successeur de Charles Ier, mourut mineur en 1496, et eut pour successeur le fils de Philippe, qui était prisonnier, *Philibert II*, mort en 1504. Sous son frère et successeur, le duc *Charles III*, mort en 1553, qui dans la guerre entre Charles Quint et François Ier prit parti pour l'empereur, non-seulement le duché de Savoie perdit en 1533 le Valais et Genève, qui se placèrent sous la protection de la Suisse, et en 1536 le pays de Vaud, dont s'empara le canton de Berne, mais encore l'Empire et la France se partagèrent le reste de la Savoie en vertu d'un traité conclu à Nice en 1438. Le fils aîné de Charles III, le duc *Philibert-Emmanuel*, qui se fit un nom célèbre comme général de Charles Quint et de Philippe II dans leurs guerres contre la France, réussit à se faire restituer les possessions paternelles, aux termes de la paix de Câteau-Cambrésis (1559), puis de celle qui fut conclue à Lausanne en 1564. Pendant ce temps-là le protestantisme s'était propagé en Savoie. A l'instigation du pape, le duc prétendit convertir de vive force les protestants, auxquels s'étaient rattachés les débris des Vaudois établis en Piémont; mais battu par eux à diverses reprises dans les montagnes où ils s'étaient retranchés, il fut enfin forcé de leur accorder le libre exercice de leur culte. Du reste, il s'efforça d'exciter et de favoriser les développements de l'industrie parmi ses sujets, demeurés jusque alors étrangers à toute idée de ce genre; et par les nombreuses plantations de mûriers qu'il ordonna, il fonda l'importante sériciculture qui existe aujourd'hui en Piémont. C'est lui aussi qui construisit les fortifications et la citadelle de Turin. Il réunit aux domaines de sa maison, en 1576, la principauté d'Oneille par voie d'échange, et le comté de Tende par acquisition. Il eut pour successeur *Charles-Emmanuel Ier* (1580-1630), dont les fils, *Victor-Amédée* et *Thomas*, furent les fondateurs de la ligne aînée de Savoie et de la ligne de Savoie-Carignan. A Victor-Amédée, mort en 1637, succédèrent ses fils, *François-Hyacinthe*, qui ne régna qu'un an, et *Charles-Emmanuel II* (1638-1675). Le fils et successeur de ce dernier, le duc *Victor-Amédée II*, par sa conduite adroite dans la guerre de la succession d'Espagne, acquit quelques parties du Milanais (Alexandrie, Val-di-Sesia, etc.) à titre de fiefs impériaux, ainsi que le duché de Montferrat, et par le traité de paix signé à Utrecht, en 1713, la Sicile avec le titre de *roi*. Toutefois, il se vit contraint en 1720 d'abandonner la Sicile à l'Autriche, en échange de la Sardaigne; et il érigea alors la Sardaigne et la Savoie en royaume de Sardaigne. Après l'extinction de la ligne aînée de la maison de Savoie, arrivée le 27 avril

1831, en la personne du roi Charles-Félix, la ligne de Savoie-Carignan, représentée par le duc *Charles-Albert*, monta sur le trône de Sardaigne.

Le comte Eugène, déclaré en 1834 *prince de Savoie-Carignan*, appartient à une branche collatérale de la maison aujourd'hui régnante. Consultez Gencheron, *Histoire générale de la Maison royale de Savoie* (2 vol., Lyon, 1660); Cibrario, *Notizie sopra la Storia dei Principi di Savoja* (Turin, 1825); Frezet, *Histoire de la Maison de Savoie* (3 vol., Turin, 1826-1828); Bertolotti, *Compendio della Storia della Casa di Savoja* (Turin, 1830); Frédéric Sclopis, *Des Relations politiques entre la Maison de Savoie et le Gouvernement britannique, depuis 1240 jusqu'en 1825* (Turin, 1853).

SAVON. La potasse et la soude, en réagissant sur les huiles végétales et les graisses d'origine animale, fournissent des composés désignés sous le nom de *savons*. On les partage en deux classes : les savons *solubles* dans l'eau, c'est-à-dire ceux de potasse, de soude et d'ammoniaque ; et les savons *insolubles*, qui sont formés par les autres oxydes métalliques. Les premiers sont seuls employés dans l'économie domestique. Les savons solubles sont de deux espèces ; les *savons durs*, qui se préparent avec l'huile d'olive, le suif et diverses graisses, et qui ont pour base la soude ; et les *savons mous*, qu'on fabrique avec des huiles de graines, telles que chenevis, lin, colza, sésame, etc., et que dans le nord de la France on colore généralement en vert ou en noir, soit à l'aide de l'indigo, soit avec du sulfate de fer et de la noix de galle. Toutes les substances grasses ne sont pas également aptes à former avec les alcalis des savons qui puissent servir aux travaux des arts et aux usages domestiques ; la soude forme seule avec toutes des savons qui sont solides ou approchent de cet état ; la potasse, au contraire, tend à en produire qui sont mous ou toujours moins solides que ceux de soude. Les graisses animales, comme celles de mouton, de bœuf, de cheval, la moelle des os de ces animaux, les huiles d'olive, d'amandes douces et de palme, donnent naissance à des savons solides avec la soude ; les huiles de graines, comme celles de colza, de navette, etc., ne peuvent donner avec le même alcali que des savons mous.

Depuis assez longtemps déjà M. d'Arcet avait admis que les savons devaient être considérés comme des sels, mais c'est à M. Chevreul que l'on doit une réunion de faits d'un haut intérêt qui ont mis hors de doute que ce sont des sels véritables.

Toutes les matières grasses examinées jusque ici, formées de deux principes immédiats, diffèrent beaucoup par leurs caractères : l'un, solide, a reçu le nom de *stéarine*; l'autre, liquide jusqu'à 0° environ, a été désigné sous celui d'*oléine* ou *élaïne*. Ces substances, soumises à l'action des alcalis, se transforment, la première en des acides gras particuliers, désignés sous les noms de *stéarique* et *margarique*; la seconde en acide oléique, qui, s'unissant aux alcalis, peut constituer des sels connus sous le nom de *savons*. Les sels de soude, plus solides que ceux de potasse, et les quantités relatives d'élaïne et de stéarine variant dans les divers corps gras, on aperçoit immédiatement la cause des propriétés physiques des savons que fournissent ces différentes substances. En même temps qu'il se produit des stéarates, margarates et oléates, ou les deux derniers seulement, comme cela a lieu pour les huiles, on obtient une substance d'une saveur sucrée, soluble dans l'eau, qui, désignée d'abord sous le nom de *principe doux des huiles*, est connue actuellement sous celui de *glycérine*. La potasse et la soude ne sont pas les seules bases, qui puissent saponifier les corps gras ; la baryte, la strontiane, la chaux, la magnésie, les oxydes de zinc et de cuivre, et surtout de plomb, agissent d'une manière analogue ; on a même mis à profit la saponification du suif par la chaux pour la fabrication de bougies dites *de l'Étoile*, du nom de la localité où fut créée la première usine où on s'y livra.

Les soudes naturelles et les potasses étant entièrement solubles dans l'eau, il suffit de les mettre en contact avec ce liquide pour les dissoudre. Si l'on n'était retenu par la question d'économie, on opérerait à chaud cette dissolution de la caustification, et aucun inconvénient ne s'offrirait dans cette condition. Mais lorsqu'on se sert de soudes artificielles, comme cela a lieu en France depuis soixante ans environ, il est indispensable de les traiter par l'eau froide, qui ne dissout que le carbonate et la portion de soude caustique qu'elles renferment, tandis que l'eau chaude dissoudrait le sulfure de calcium, ce qui altérerait les propriétés du savon. On peut opérer à froid, par un contact convenablement prolongé, la saponification des huiles ; mais c'est toujours à chaud que l'on opère dans le travail en grand. Une partie de la lessive versée dans la chaudière est portée à la température de l'ébullition ; on y ajoute alors l'huile ; qui change bientôt d'aspect, forme une espèce d'émulsion ; et se transforme en savon qui acquiert de la consistance ; et lisque de s'attacher aux parois et de s'allonger par ce contact ; il est donc nécessaire de surveiller la température. Quand l'huile a entièrement disparu, ce que l'on appelle *empâtage*, on ajoute à l'eau sur laquelle elle nage en partie une quantité de sel suffisant pour faire venir à la surface le savon insoluble dans cette dissolution : alors ; au moyen d'un tuyau nommé *épine*, placé à la partie inférieure et muni d'un robinet, on enlève le liquide et on ajoute des lessives alcalines et de l'eau salée, les premières pour achever la saponification, la seconde pour empêcher le savon de se dissoudre dans l'eau et le faire monter en grumeaux à la surface. L'*épinage* achevé, on fond le savon dans le moins d'eau possible; après quoi on le coule sur des tables de pierre portant des rebords : lorsque la masse est solidifiée, on la divise en pains au moyen de règles et de couteaux. A cet état, le savon abandonné un temps suffisant à la dessication est blanc, entièrement soluble dans l'eau pure, d'une odeur agréable. Si l'on veut du savon *marbré*, on doit ajouter une certaine quantité de *sulfate de fer* dans la chaudière, en même temps que les lessives et le sel, après le premier *épinage*. Les ménagères ont bien observé la supériorité du savon marbré sur le savon blanc ; on l'explique facilement par un caractère particulier que présentent ces deux produits : le savon blanc, abandonné dans un lieu humide ou humecté avec de l'eau, peut en absorber une grande quantité sans perdre sensiblement sa solidité, tandis que le savon marbré ne peut renfermer une plus grande proportion d'eau que celle qui en fait partie comme principe constituant.

Les savons de potasse, toujours mous, ne peuvent se séparer du liquide au milieu duquel il se sont formés, si ce n'est par l'évaporation de celui-ci : on ne peut les réunir à la surface des liquides par *épinage* ; leur état se présentant moins au transport et à la plupart des applications, on ne fabrique d'ordinaire qu'avec des huiles de graines de qualité très-inférieure ; de là l'odeur désagréable qu'ils dégagent ; on les connaît même pour dissimuler la teinte particulière qu'ils présentent, et on les connaît le plus ordinairement sous le nom de *savons noirs* ; mais avec de bonnes huiles on peut fabriquer des savons blancs mous, très-commodes pour l'usage domestique.

Les *savons de toilette* ne différent des précédents que par les aromates que l'on y ajoute ; on en fabrique de solides et de liquides, quelques fois on leur donne une qualité particulière en agitant fortement la pâte, au moyen d'un agitateur de manière à les rendre mousseux et à leur faire occuper un grand volume ; d'autres fois on en fabrique des tablettes d'une transparence telle qu'on peut lire au travers. En préparer ce dernier produit en dissolvant dans un alambic du savon de suif bien desséché dans l'alcool. La dissolution est versée dans des moules en fer-blanc, et les pains solidifiés à une lente dessication. Ce n'est que lorsqu'elle est parfaite que le savon a acquis toute la transparence qu'il doit avoir. Tous les savons étant insolubles, à l'exception de ceux de potasse et de soude, il en résulte que tous les sels, ceux d'ammoniaque mis à part, doivent congeler la dissolution de savon. Aussi, toutes les eaux que l'on désigne par l'épithète de *crues* sont-elles impropres aux opérations dans lesquelles on emploie le savon.

H. GAUTHIER DE CLAUBRY.

Le savon était connu des Égyptiens et des Grecs ; et dans les ruines de Pompéi on a trouvé un atelier complet de savonnerie avec ses différents ustensiles, et des baquets pleins de savon encore très-bien conservé. C'est donc là une bien vieille industrie. Marseille en est le grand centre en France, et cette ville en est en possession depuis plusieurs siècles. La découverte de la soude artificielle, sous le premier empire, a mis désormais cette fabrication à l'abri des inconvénients des blocus pour ses matières premières ; car jusque alors c'est d'Espagne qu'elle tirait les soudes nécessaires à sa consommation. C'est aussi la chimie qui lui a enseigné les procédés grâce auxquels elle a pu employer des huiles autres que les huiles d'olive, et enfin tous les corps gras à peu près sans exception. La production annuelle des savons à Marseille s'élève aujourd'hui à 60 millions de kilogr, et représente une valeur de 50 millions de francs.

SAVONA, nom d'une intendance générale particulière du royaume de Sardaigne instituée en 1851, qui se compose des provinces de *Savona*, d'*Albenga* et d'*Acqui*, et qui compte 240,000 habitants sur une surface de 34 myr. carrés. La province de *Savona*, traversée de telle sorte par l'Apennin qu'elle appartient pour une partie au bassin du Pô et pour l'autre au littoral de la Ligurie, contient une population de 78,900 âmes sur environ 10 myriam. carrés.

Son chef-lieu, *Savone* ou *Savona*, qui est en même temps le chef-lieu de l'intendance générale, est situé à 35 kilomètres au sud-ouest de Gênes, à l'embouchure d'une petite rivière appelée *Egabona*, qui se jette dans le golfe de Gênes. Cette ville possède un port que protège une citadelle bâtie sur un rocher au milieu de la mer, une cathédrale riche en tableaux et vingt autres églises. Elle est le siège d'un intendant général, d'un évêque, d'un tribunal, d'un séminaire, d'un collège, d'une école navale ; et les rues en sont généralement étroites et tortueuses. Ses 17,000 habitants entretiennent des fabriques de drap, de faïence, d'armes, de soie, de papier, de verre, de savon, de vitriol, de potasse, de parfumerie, de confitures, des forges où l'on confectionne des ancres pour les navires, et exportent des fruits secs et de la soie brute. Dans ses charmants environs on trouve un grand nombre de magnifiques maisons de campagne appartenant à la noblesse génoise.

Cette ville s'appelait autrefois *Sava*, et au moyen âge elle excita par la prospérité de son commerce, surtout sa fabrication de savon, la jalousie des Génois, qui en 1525 détruisirent son port à l'aide de vingt galères chargées de blocs de rocher et de tous les débris de fer et de fonte qu'on put recueillir dans les arsenaux de l'orgueilleuse république. En 1745 elle fut inutilement bombardée par les Anglais, qui y détruisirent la flotte espagnole et française. Le roi de Sardaigne s'en rendit maître ensuite, en 1746, après un siége qui dura 99 jours. En 1809 Savone, incorporée à l'empire français, devint le chef-lieu du département de Montenotte. Le pape Pie VII y fut détenu de 1809 à 1812.

SAVONAROLA (GIROLAMO), célèbre comme orateur populaire religieux et politique, descendait d'une famille considérée de Padoue, et naquit à Ferrare, le 21 septembre 1452. Petit-fils d'un médecin en grand renom, il était destiné également à l'exercice de la médecine ; mais prenant pour modèle saint Thomas d'Aquin, il se décida à l'âge de quatorze ans à abandonner secrètement la maison paternelle pour aller se faire dominicain à Bologne. Quelques années plus tard il aborda à Florence la chaire évangélique, mais avec si peu de succès qu'il résolut de n'y plus remonter à l'avenir. Il se livra ensuite à l'étude approfondie des mathématiques et de la physique, à Bologne. La considération qu'il acquit par ses talents engagea Lorenzo dei Medici à le rappeler à Florence. Il recommença alors à prêcher ; et bientôt, nommé prieur du monastère de San-Marco, l'éloquence entraînante de ses prédications et la sévérité de ses mœurs lui acquirent une grande influence sur les esprits. Il stigmatisait dans un ton prophétique la corruption de mœurs qui régnait dans le clergé et parmi les laïques. Il révélait les fautes les plus secrètes de certains individus, dont il traçait des portraits facilement reconnaissables, et insistait vivement sur une réforme à opérer dans l'Église, comme le seul moyen d'écarter les calamités dont l'Italie était menacée. Il ne craignit même point de s'attaquer à son protecteur Lorenzo lui-même, et à prédire la chute de son pouvoir. Telle était son éloquence que Lorenzo ayant voulu être exhorté par lui à ses derniers moments, promit, pour recevoir l'absolution, de renoncer au pouvoir dont il s'était emparé. Savonarola, après la mort de Lorenzo et l'expulsion de son fils, en 1494, prit la part la plus active aux affaires publiques. Il se mit alors à la tête de ceux qui voulaient établir à Florence un gouvernement théocratique, et Florence se crut libre un instant parce qu'elle avait chassé les Médicis, et qu'elle s'était livrée au prieur de San-Marco. Sous le dictateur de son choix, elle sembla se régénérer moralement. Dans cette ville, naguère si frivole, si abandonnée au luxe et au plaisir, on ne rencontra plus bientôt que des processions. Désormais plus de bals, plus de fêtes ; et la foule d'accourir sans cesse partout où le *frère* devait prêcher. L'enthousiasme pour le dominicain força d'ajouter des galeries aux églises, tant l'affluence y était grande. Savonarola avait annoncé l'avénement du règne de Jésus-Christ, et s'était proclamé son ministre. Mais tout en constituant une théocratie pure, dans laquelle tous les fils de l'administration venaient aboutir entre ses mains, le dictateur avait jugé prudent de laisser aux Florentins tout au moins l'ombre d'un gouvernement libre ; et en conséquence il avait institué un conseil de notables qui jouait le rôle de corps législatif ; au sein de ce conseil, il n'en avait choisi qu'un autre, peu nombreux, chargé d'élaborer les lois. Au-dessus de ces deux assemblées, la *seigneurie*, espèce de conseil de ministres qui obéissait aveuglément à Savonarola, fonctionnait comme pouvoir exécutif. Deux mille citoyens seulement sur quatre cent mille étaient admis à l'exercice des droits politiques. Le prieur de San-Marco avait réalisé à Florence l'idéal du gouvernement théocratique. Le gouvernement de cette ville était maintenant celui de Dieu lui-même ; et comme on ne saurait pas pécher sans l'opposition à Dieu, quiconque osait contredire son ministre était frappé d'une grosse amende. Armé de tels pouvoirs, Savonarola en vint à se permettre tout avec les populations qu'il tenait sous le charme de sa parole prophétique. C'est ainsi qu'un jour il fit dresser sur la place publique un immense bûcher en forme de pyramide où l'on entassa tout ce que l'on put réunir de chefs-d'œuvre de la littérature ancienne, par la raison qu'ils étaient inutiles au salut, puisqu'il n'y était question ni du paradis ni de l'enfer ; on y plaça aussi les ouvrages des plus grands écrivains de l'Italie moderne, pêle-mêle avec des tableaux, des œuvres d'art, des jeux de trictrac, des échiquiers, des miroirs, des parures et des parfums de tous les genres ; et Savonarola n'y mit le feu de ses propres mains. C'était, disait-il, le sacrifice le plus agréable qu'on pût offrir au Seigneur. Dans l'ardeur de son zèle il ne se bornait point à bouleverser Florence ; il prétendit en outre réformer les abus de la cour de Rome et les mœurs de tout le clergé catholique. Il écrivit à tous les souverains de la chrétienté, en leur affirmant que l'Église périssait, et qu'il était de leur devoir de convoquer un concile général dans lequel il se faisait fort de démontrer que le pape alors régnant n'était point un véritable évêque, qu'il ne méritait pas même ce titre et encore moins le nom de chrétien. Sur quoi, le pape Alexandre VI l'excommunia ainsi que tous ceux qui assistaient à ses sermons, et défendit même aux dominicains d'exercer aucune fonction ecclésiastique ; mais Savonarola, bravant les foudres

50.

du Vatican, n'en continua pas moins à gouverner Florence par ses prédications et par ses écrits. Un moine régnait dans la cité des Médicis sous le nom du Fils de Dieu. La vertu y était décrétée par la loi ; on y perçait la langue aux blasphémateurs, et l'Église déterminait les rares époques où il était permis aux maris de s'approcher de leur femme. Une tentative malheureuse faite par Pietro deï Medici pour recouvrer l'ancien pouvoir de sa famille ne fit qu'augmenter encore l'influence de Savonarola. On priait, on faisait des processions, on chantait des cantiques composés par le *frère*, mais on ne travaillait plus ; les ateliers se fermaient, le commerce était ruiné, un peuple tout entier demandait l'aumône, parce que le *frère* avait déclaré en chaire qu'on gagne plus à prier qu'à travailler de ses mains. « Heureuse Florence ! s'écriait sans cesse Savonarola, qui as pris le Christ pour maître et qui vis sous sa loi » ! Bientôt, pourtant, Florence se prit à douter de son bonheur, et crut s'apercevoir que le règne du Christ était pour elle la pire des servitudes. Aussi bien, par ses innovations et ses réformes à San-Marco et parmi les moines de divers autres couvents, notamment parmi les franciscains de la stricte observance, Savonarola s'était fait un grand nombre d'ennemis, qui alors se mirent à attaquer à l'envi du haut de la chaire l'hérétique, l'excommunié. Les partisans des Médicis se liguèrent avec ceux du pape ; une nouvelle révolution renversa le gouvernement du *frère* ; et Florence la prude, la dévote, redevint la ville de plaisirs d'autrefois. Dans ces circonstances, pour défendre la cause de Savonarola, un moine de son couvent, fra Domenico da Peschia, s'offrit à traverser sain et sauf les flammes d'un bûcher en signe de la vérité des enseignements de son maître, si un moine du parti opposé consentait à soutenir la même épreuve pour en démontrer la fausseté. Il proposait, comme on voit, de s'en rapporter au jugement de Dieu ; mais en cela il ne faisait qu'imiter Savonarola lui-même, qui plus d'une fois, afin de donner plus d'autorité à sa parole, avait affirmé que comme Dieu était avec lui, il pourrait entrer impunément dans le feu, faire descendre la foudre, ressusciter un mort, etc. Le moment était venu de tenir sa promesse et de commander l'obéissance par un miracle ; mais Savonarola jugea plus prudent de laisser un pauvre frère bien obscur de la communauté s'acquitter de ce rôle difficile. Le défi fut accepté par un moine franciscain ; mais il ne put être réalisé, parce que Domenico da Peschia prétendit traverser les flammes muni d'une hostie ; et on déclara tout d'une voix qu'une pareille prétention était la plus abominable, la plus sacrilège des profanations. La multitude, excitée par les partisans du pape et des Médicis, accabla Savonarola d'injures et de malédictions, puis s'en vint assiéger dans le couvent de San-Marco. L'entrée en fut bientôt forcée, et fait prisonnier alors avec Domenico da Peschia et le moine Silvestre Marussi, on les conduisit en prison tous trois les mains liées derrière le dos, tandis que sur leur passage le peuple les accablait d'outrages et leur jetait des pierres. On instruisit leur procès sans désemparer. Alors commença une atroce lutte entre la faiblesse physique de Savonarola et la force de sa volonté. Dans les douleurs de la torture, il faisait les aveux qu'exigeaient ses accusateurs ; détaché de l'estrapade, il se rétractait aussitôt. Enfin, les deux juges députés par Alexandre VI mirent un terme à ses tourments, si souvent répétés, en le condamnant à être dégradé, puis étranglé et brûlé, ainsi que ses disciples Domenico da Peschia et Silvestre Marussi, le 23 mai 1498, sur la même place où cinq semaines auparavant il avait espéré voir un miracle justifier sa cause. Ainsi se trouvait réalisée la menace d'Alexandre VI, qui avait dit de Savonarola qu'il fallait que cet homme mourût, fût-il même un autre saint Jean-Baptiste. Les trois condamnés virent les apprêts du supplice sans témoigner de crainte, et en mourant frère Silvestre s'écria : *In manus tuas, Domine, commendo spiritum meum !* Florence se vengeait de celui qu'elle avait adoré, en brûlant son cadavre ; et après la mort du réformateur, elle retomba dans ses folies et ses vices. Mais la mort de Savonarola le réhabilita dans l'opinion, et une année ne s'écoula pas sans qu'une réaction nouvelle n'eût lieu. Au jour anniversaire de son supplice, on vint semer des fleurs sur l'emplacement même où le bûcher avait été dressé. On se flatta d'avoir conservé quelques reliques du martyr, bien que ses bourreaux eussent eu la précaution de jeter ses cendres dans l'Arno. On ne lit plus le *Triumphum Crucis* (Florence, 1492) de Savonarola, ni ses autres écrits ; mais l'histoire de sa vie contient de hauts enseignements religieux et politiques, et l'on peut le placer parmi les plus intéressantes du quinzième siècle. Les protestants ont de bonne heure revendiqué Savonarola pour un des précurseurs de Luther ; et en 1523 le grand réformateur donna lui-même une édition de son commentaire sur les psaumes 31 et 51. Mais la papauté se chargea elle-même de réhabiliter la mémoire de la victime d'Alexandre VI. Paul III déclara hérétique quiconque attaquerait la mémoire de Savonarola, dont les œuvres furent, après six mois d'examen, déclarées irréprochables par une commission spéciale de théologiens instituée à cet effet par Paul IV. Dans son ouvrage *Sur la béatification des serviteurs de Dieu*, Benoît XIV va même jusqu'à le mettre au nombre des saints. Une collection de ses ouvrages ascétiques et philosophiques parut à Lyon, en 6 volumes, de 1633 à 1640. Consultez Meier, *Girolamo Savonarola et son époque* (en allemand ; Berlin, 1836) ; Lenau, *Exposition des idées et de la vie de Savonarola* (en allemand ; 2 vol., Stuttgard, 1851) ; Perrens, *Jérôme Savonarola, sa vie, ses prédications, ses écrits* (2 vol., Paris, 1854).

SAVONNERIE, lieu où l'on fabrique du savon. *La Savonnerie* est le nom d'une manufacture royale de tapis, façon de Perse, qui avait été établie par Colbert à Chaillot, et qui fut réunie à celle des Gobelins dans les dernières années de la Restauration.

SAVONNETTE, petite boule de savon purifié et parfumé, dont on se sert pour rendre la barbe plus tendre au rasoir. On appelait autrefois *savonnettes à vilain* les charges dont l'exercice avait la vertu d'anoblir, et qui généralement étaient vénales.

SAXE (Duché de). *Voyez* SAXONS.

SAXE (Électorat de). On désigne les Hermundures comme le peuple qui dans le siècle avant la naissance de Jésus-Christ habitait la contrée à laquelle fut attachée au treizième siècle la dénomination d'*électorat de Saxe*. C'est peut-être de leur nom qu'est tiré celui des Thuringiens, peuple qui servit de boulevard à l'Allemagne contre les Slaves, et qui fonda un État puissant sur la limite orientale de l'Allemagne, entre l'Elbe et le Main, le Harz et le Danube. Dès le cinquième siècle l'ancien territoire des Hermundures fut occupé par les Sorbes, peuplade slave, qui après la chute du royaume de Thuringe, au commencement du sixième siècle, franchit l'Elbe et la Mulde et bientôt après la Saale. Habitués à l'agriculture et à l'élève du bétail, les Sorbes s'y établirent à demeure fixe, et mirent le sol en culture. Dès le milieu du sixième siècle le pays situé entre l'Elbe, la Mulde, la Pleisse, l'Elster et la Saale était possédé par les Sorbes, et ils avaient déjà fondé divers centres de population devenus plus tard des villes florissantes. Pour empêcher leurs envahissements ultérieurs, les Carlovingiens établirent contre eux des *marches de frontières* ; et dès la moitié du neuvième siècle ils attaquèrent les populations slaves qui l'avoisinaient avec encore plus de succès que sous le père Othon l'Illustre. Après avoir dompté, dans l'hiver de 927 à 928, les Héveliens, puis complètement soumis l'année suivante les Dalemincziens, entre l'Elbe et la Mulde, il érigea, en 928, le margraviat de Misnie pour défendre le territoire conquis sur les Sorbes, et où des Allemands revinrent maintenant s'établir à côté des vaincus. Sous l'empereur Othon Ier on fonda les évêchés de Misnie pour le nouveau margraviat, de Zeitz (transféré plus tard à Naumbourg) pour la Thuringe méridionale, et de Mersebourg pour la

Thuringe septentrionale; créations qui secondèrent singulièrement la mise en culture du sol. Les anciens margraves de Misnie appartinrent à diverses dynasties célèbres dans l'histoire d'Allemagne, jusqu'au moment où le titre de margrave, après l'assassinat d'Egbert II, qui s'était révolté contre l'empereur Henri IV, passa en l'an 1090 à la maison de Wettin, dont l'un des membres, le comte Conrad, parvint à la possession héréditaire du margraviat et accrut considérablement ses possessions, tant par des héritages que par des investitures impériales. Après son abdication volontaire, en 1156, ses fils se partagèrent ses États, et fondèrent des lignes qui s'éteignirent au douzième et au treizième siècle, et dont les possessions firent alors retour à la maison principale de Misnie. Sous Othon le Riche (1156-1190) on découvrit les mines d'argent de Freiberg; et le margrave employa le produit de leur exploitation à fonder des villes nouvelles et à acquérir de nouvelles possessions. Il favorisa en outre les développements du commerce et de l'industrie. Il eut pour successeurs ses fils Albert le Fier (1190-1195) et Dietrich l'Affligé (1190-1221), qui ne se trouva paisible possesseur du margraviat qu'après la mort de son frère. Son fils et successeur Henri l'Illustre (1221-1288) ajouta à ses possessions la Thuringe, qui lui vint par héritage de sa mère. Mais il affaiblit ses États en les partageant de son vivant même entre ses trois fils, Albert le Grossier, Dietrich et Frédéric, qu'il eut le chagrin de voir guerroyer longtemps entre eux. De son vivant aussi commença la guerre entre Albert le Grossier et ses fils Frédéric le Mordu et Dietzman. A la suite de luttes sanglantes qui faillirent amener la ruine de la maison de Wettin, Frédéric le Mordu réussit, en 1308, à rester paisible possesseur de la Misnie et de la Thuringe. Il eut pour successeur, en 1324, son fils Frédéric le Grave, qui sut faire régner le calme et la tranquillité dans le pays. A sa mort, arrivée en 1349, ses fils Frédéric le Sévère, Balthazar et Guillaume gouvernèrent en commun, jusqu'à ce que la mort du premier fut suivie, en 1381, d'un partage complet du pays. La ligne fondée par Frédéric le Querelleur devint la plus puissante de toutes. Il réussit à y faire attacher la dignité d'électeur, qui ne tarda pas à faire de lui l'un des princes les plus puissants de l'Allemagne. Il eut pour successeur dans la dignité d'électeur son fils Frédéric le Doux (1428-1464), qui régna d'abord conjointement avec son frère Guillaume; mais à l'extinction de la maison de Thuringe (1440), il se fit entre les deux frères un partage par suite duquel Guillaume eut la Thuringe en propre. Les deux frères guerroyèrent ensuite l'un contre l'autre, puis terminèrent leurs différends, en 1451, par le traité de Naumbourg. Ces divisions provoquèrent, en 1455, l'enlèvement des princes Ernest et Albert, fils de l'électeur, par Kunz de Kaufungen. A la mort de Frédéric, arrivée en 1464, Ernest hérita de la dignité électorale; et quand leur oncle Guillaume vint à mourir, en 1482, sans laisser de descendance, les deux frères se partagèrent les possessions de la maison, et fondèrent ainsi les lignes *ernestine* et *albertine* de la maison de Wettin, dont les possessions n'ont plus été depuis lors réunies.

Dans la *ligne ernestine*, à Ernest son fondateur succédèrent l'électeur Frédéric le Sage (1486-1525) et le duc Jean le Constant (1525-1532), qui hérita de la dignité électorale lorsque Frédéric mourut sans laisser de postérité. Frédéric le Sage exerça une grande influence sur les affaires de l'Allemagne; et pendant les absences que faisait l'empereur, c'est à lui que ce prince confiait l'exercice de ses pouvoirs. Il fonda en 1502 l'université de Wittemberg, et favorisa le mouvement de réforme religieuse parti en 1517 de ce centre de lumières. Il n'est pas douteux que sans le cas tout particulier que faisaient de lui les empereurs Maximilien Ier et Charles Quint, Luther eût eu le sort de Jean Huss. A Jean succéda Jean-Frédéric le Généreux, fait prisonnier, en 1547, à la bataille de Mühlberg, par Charles Quint, et qui, aux termes de la capitulation de Wittemberg, dut céder la dignité électorale à Maurice. Cette capitulation, par laquelle Maurice, outre le titre d'électeur, fit encore passer dans la ligne albertine la plus grande partie des possessions de la ligne ernestine, réservait bien quelques petites possessions aux fils de l'électeur prisonnier; mais l'électorat même y perdit que Maurice dut abandonner au roi de Bohême le duché silésien de Sagan et les possessions du Voigtland à titre de fief bohême vacant, en même temps renoncer aux droits de suzeraineté dont la Saxe avait joui jusque alors sur les pays de Reuss, et consentir au maintien des évêques et des chapitres dans les trois évêchés de Misnie.

Après la mort du duc Albert (1500) et de ses fils, Georges le Barbu (1500-1539) et Henri le Pieux (1539-1541), la *ligne albertine* avait conservé les territoires qui lui étaient échus en partage jusqu'à ce que Maurice, fils de Henri, par suite de son alliance avec l'empereur Charles Quint, obtint, en 1547, aux termes de la capitulation de Wittemberg, l'électorat de Saxe et tous les pays qui en relevaient, à l'exception des bailliages de la Thuringe et de la Franconie. Toutefois, diverses circonstances déterminèrent ensuite l'électeur Maurice à faire bientôt après la guerre à l'empereur lui-même et à lui imposer le traité de Passau de 1552. Maurice mourut en 1553, de la blessure qu'il avait reçue à la bataille de Sieverhausen, livrée contre le margrave Albert de Kulmbach. Il eut pour successeur, dans la dignité électorale et dans les pays conquis, son frère Auguste (1553-1586), qui administra ses États avec une grande sagesse et sut en outre les augmenter notablement, soit par des acquisitions, soit par des concessions impériales. Le court règne de son fils Christian Ier (1586-1591) fut remarquable par l'influence dont jouit pendant toute sa durée le chancelier Crell. Le duc Frédéric-Guillaume de Saxe-Weimar exerça la régence jusqu'en 1604, pendant la minorité de son fils Christian II (1691-1611), lequel eut pour successeur son frère Jean-Georges Ier (1611-1656), qui refusa la couronne de Bohême et seconda l'empereur Ferdinand dans ses efforts pour conquérir la Lusace et la Silésie. En 1623 ce prince lui abandonna la première de ces provinces en garantie du payement des frais de la guerre, puis la lui céda définitivement en 1635 par la paix de Prague. L'électeur se brouilla ensuite avec l'empereur, et s'allia, en 1631, avec Gustave-Adolphe; et les armées suédoise et saxonne combinées battirent les Impériaux commandés par Tilly à Breitenfeld (1631), puis par Wallenstein à Lutzen (1632). Jean-Georges, n'ayant pu s'entendre avec Oxenstierna, chargé de la direction des affaires en Allemagne après la mort de Gustave-Adolphe, fit sa paix avec l'empereur à Prague. La Saxe, par suite des tergiversations politiques de son prince, fut toujours tour à tour ravagée, pendant la guerre de trente ans, par les Impériaux et les Suédois, et ne gagna à la paix de Westphalie que la confirmation des avantages que lui avait assurés la paix de Prague. On peut dire que cette paix de Prague marque l'apogée de la puissance de l'électorat de Saxe en Allemagne, car dès lors il n'obtint plus d'accroissements de territoire; et ce fut maintenant l'électorat de Brandebourg qui prit le second rang dans le corps germanique, après l'Empire. A Jean-Georges Ier succédèrent Jean-Georges II (1656-1680), Jean-Georges III (1680-1691) et Jean-Georges IV (1691-1694), dont les règnes ne furent marqués par aucun événement important. Le frère et successeur de Jean-Georges IV, Auguste (Frédéric) dit le Fort (1694-1733), en embrassant le catholicisme en 1697, n'apporta aucune modification essentielle dans la constitution intérieure de l'électorat; mais par suite de son élection au trône de Pologne, sous le nom d'Auguste II, la Saxe se trouva mêlée à la guerre du Nord, que, d'accord avec la Russie et le Danemark, il soutint contre le roi de Suède Charles XII, et qui lui fit perdre la couronne de Pologne, donnée par Charles XII à Stanislas Leszczynski, en même temps qu'elle coûta des sommes immenses à la Saxe. La déroute de Charles XII à Pultawa rendit à Auguste le trône de Pologne; mais le poids de la guerre nouvelle soutenue alors contre la Suède retomba entièrement sur la Saxe, sans qu'elle tirât le moindre avantage, non plus que la Pologne, de la paix qui y mit fin. L'amour d'Auguste pour le faste et la magnificence eut, il est vrai, pour résultat de contribuer beaucoup à l'embellissement de la capitale de ses États; mais pour le satisfaire il dut contracter des dettes immenses, par suite desquelles il aliéna diverses parties de territoire, engagées à des princes voisins à titre de garanties hypothécaires. Auguste eut pour successeur son fils l'électeur Frédéric-Auguste (1733-1763), appelé comme roi de Pologne Auguste III. Dans la guerre de la succession d'Autriche, ce prince combattit d'abord dans les rangs des adversaires de Marie-Thérèse. La paix conclue à Berlin en 1742 ne lui ayant pas valu le moindre agrandissement de territoire aux dépens de l'Autriche, tandis que Frédéric II y gagnait la plus grande partie de la Silésie, l'électeur, en mai 1744, prit parti pour l'Autriche. La seconde guerre de Silésie fut tout aussi infructueuse que la première pour la Saxe, qui, malgré ses pertes, dut encore payer à la Prusse une indemnité d'un million de thalers; et la cession définitive de la Silésie consolida la prépondérance de la Prusse dans le nord de l'Allemagne. La paix de Saint-Hubertsbourg, qui termina, le 15 février 1763, la guerre de sept ans, pendant laquelle la Saxe avait été en proie aux plus terribles dévastations, la chargea encore d'une dette de 40 millions de thalers. Le comte de Brühl, politique léger et ministre dissipateur en même temps que concussionnaire, exerça la plus funeste influence pendant tout le règne de l'électeur Frédéric-Auguste. Le digne électeur Frédéric-Christian, dans son court règne (du 6 octobre au 17 décembre 1763), entreprit pour rétablir l'ordre dans les finances des réformes et des économies dans lesquelles persista l'administrateur Xavier, pendant la minorité de l'électeur Frédéric-Auguste III (1763-1768). De notables améliorations administratives et judiciaires signalèrent le règne de Frédéric-Auguste III, qui refusa en 1791 la couronne de Pologne, quoique la constitution la déclarât héréditaire tant en ligne masculine qu'en ligne féminine, parce qu'il appréciait sainement la position de la Pologne à l'égard de la Russie. Quoique la conférence des souverains à Pillnitz ait eu lieu sur son territoire, il ne prit pas autrement part à la guerre contre la France révolutionnaire qu'en fournissant son contingent obligatoire comme prince de l'Empire. Quand, à la paix de Bâle (1795), la Prusse se fut séparée de l'Autriche et de l'Empire d'Allemagne, le contingent saxon resta et prit part à la victoire remportée le 15 juin 1796 à Wetzlar par l'archiduc Charles. La marche victorieuse de Moreau et de Jourdan força l'électeur à demander un armistice, suivi bientôt (en août) de la conclusion d'un traité de neutralité. Les envoyés de l'électeur au congrès de Rastadt, puis à partir de 1802 à Nuremberg, firent d'inutiles efforts pour soutenir les droits de l'Empire contre les prétentions de la France victorieuse, et protéger les petits princes allemands contre les convoitises des souverains plus puissants. Frédéric-Auguste conserva le titre d'électeur même après que la création de la Confédération eut mis fin à l'existence de l'Empire d'Allemagne. Lorsque la guerre éclata entre la Prusse et la France, 22,000 Saxons, commandés par le prince de Hohenlohe, combattirent, en octobre 1806, en Thuringe contre les Français de Napoléon, jusqu'à ce que la double bataille d'Auerstaedt et de Iéna eut décidé du sort de l'Allemagne septentrionale. Le 11 décembre 1806 l'électeur conclut sa paix avec Napoléon à Posen, et accéda comme roi de Saxe à la Confédération du Rhin.

SAXE (Maison de). C'est certainement l'une des plus anciennes et des plus illustres de l'Europe (voyez SAXE [Électorat de]); elle est remarquable entre toutes autant par l'éclat de son origine que par la haute destinée et les grandes actions de plusieurs de ses princes. Nul doute qu'elle ne descende de Wittekind, duc des Saxons, qui résista pendant plus de trente ans à la puissance de Charlemagne, auquel il ne se soumit qu'en conservant, avec le titre de *duc*, de très-grandes possessions, dont le royaume de Saxe n'est aujourd'hui qu'une faible partie. Cette maison a donné cinq empereurs à l'Allemagne, entre autres Othon le Grand, en 962, saint Henri, en 1002, et deux rois à la Pologne. Son histoire est celle de l'Allemagne : ses princes sont toujours mêlés aux plus grands événements, souvent même ils les provoquent et les dirigent. Dans la première moitié du quinzième siècle, on voit les ducs de Saxe, déjà revêtus de la dignité électorale, s'engager dans la guerre contre les hussites, réunir leurs soldats à ceux de l'Empire et de la Bohème catholique, subir toutes les chances de cette lutte longue et sanglante, tour à tour vainqueurs et vaincus, et ne posant les armes qu'après la destruction totale de ces farouches et intrépides sectaires; et bientôt après, avant la fin de ce même siècle, on les voit au contraire protecteurs de Luther, l'encourager et le soutenir contre ses persécuteurs, adopter avec une ardeur plus politique que religieuse les principes de la réformation et les propager dans leurs États, d'où ils se répandirent dans toute l'Allemagne; en sorte que l'on peut dire que c'est surtout à l'appui et aux efforts constants des princes de la maison de Saxe que la réformation dut ses progrès et sa puissance; et c'est pourquoi les électeurs de Saxe furent plus d'une fois désignés pour être les chefs des ligues protestantes de l'Allemagne.

L'électeur Frédéric de Saxe avait fondé l'université de Wittemberg, et nommé professeur à cette université Luther, qu'il aimait et dont il approuvait les doctrines; son successeur, Jean le Constant, se rendit à Augsbourg pour présenter à Charles Quint la confession de foi évangélique qu'on appela depuis la *confession d'Augsbourg*, et le fils de Jean le Constant, Jean-Frédéric le Magnanime, électeur après son père, se laissa déclarer chef de la ligue de Schmalkalde, et ne craignit pas d'entrer en lutte avec le puissant empereur. On sait ce que lui coûta sa téméraire audace. Vaincu et fait prisonnier, il n'obtint la vie et la liberté qu'en sacrifiant sa dignité d'électeur et la souveraineté de ses États, dont Charles Quint disposa en faveur d'un autre prince de la maison de Saxe, le célèbre Maurice, l'un des hommes les plus extraordinaires de ce siècle, si fertile en grands hommes.

Rien n'est plus singulier que les vicissitudes de la maison de Saxe depuis la fin du quinzième siècle : après la mort de l'électeur Frédéric II, ses deux fils *Ernest* et *Albert* devinrent les souches des branches qui prirent les noms de leurs auteurs et les ont conservés depuis. La branche *ernestine* était l'aînée, la branche *albertine* était la cadette. A la branche *ernestine* appartenaient tous ces électeurs dont nous venons de parler, défenseurs des luthériens et adversaires de Charles Quint ; Jean le Sage, Jean le Constant, Jean-Frédéric le Magnanime. A la branche *albertine* appartenait Maurice, que le catholique Charles Quint substitua au luthérien Jean-Frédéric. La branche *albertine* prit ainsi la place de la branche *ernestine*; les cadets supplantèrent les aînés. On serait tenté de croire que le nouvel électeur, créature de Charles Quint, était, comme cet empereur, l'adversaire de la réformation et l'appui de la foi romaine; mais on se tromperait. Maurice était luthérien comme ses cousins, dont il acceptait les dépouilles, on qui ferait supposer que Charles Quint était beaucoup plus préoccupé des intérêts de sa politique que de ceux de l'Église romaine. Depuis Maurice, la branche *albertine* n'a pas cessé de régner en Saxe, et la branche *ernestine*, la branche aînée, la branche dépouillée, a produit les branches collatérales de *Saxe-Weimar*, de *Saxe-Meiningen*, de *Saxe-Altenbourg* et de *Saxe-Cobourg-Gotha*, qui se sont répandues à leur tour dans toutes les maisons souveraines de l'Europe.

Nous venons de montrer comment la maison de Saxe s'est trouvée, dès le commencement de la réformation, engagée dans ses voies, et comment c'est principalement à l'appui de cette maison que Luther a dû ses succès. Il semblerait donc qu'il devait y avoir entre l'Église évangélique et tous ces princes une alliance indissoluble. Il n'en est rien. Vers la fin du dix-septième siècle, l'électeur Frédéric-Auguste I*er*, ayant été élu roi de Pologne, s'empressa de rentrer dans le sein de l'Église romaine, et son fils Frédéric-Auguste II, électeur et roi de Pologne après son père, en fit autant. Leurs descendants ont conservé cette tradition, et la branche qui règne en Saxe a cessé d'appartenir au culte luthérien, que l'immense majorité des Saxons continue de professer. Il en résulte une opposition qui n'est pas sans inconvénient et qui n'a pas toujours été sans danger pour la maison régnante.

Le nom de l'électeur Frédéric-Auguste II, roi de Pologne, se rattache à notre histoire, dont il réveille les plus douloureux souvenirs. Ce prince n'avait pas moins de onze enfants, cinq princes et six princesses : l'une de ces princesses, Marie-Amélie, fut mariée au roi de Naples don Carlos, qui plus tard a régné très-honorablement en Espagne sous le nom de Charles III. Le roi d'Espagne Ferdinand VII, père de la reine Isabelle, était son petit-fils. Une autre fille de Frédéric-Auguste II, la princesse Marie-Josèphe, fut mariée, le 9 février 1747, à Louis dauphin de France, fils du roi Louis XV. Elle a été la mère des rois Louis XVI, Louis XVIII et Charles X.

Le petit-fils de Frédéric-Auguste II, Frédéric-Auguste III, devint électeur en 1763 ; il mourut en 1827, après un règne de soixante-quatre ans. C'est pour lui que l'électorat de Saxe fut érigé en royaume, par un acte de la volonté souveraine de Napoléon, (qui avait à se louer de la fidélité et du dévouement de ce prince. Frédéric-Auguste III a été le premier roi de Saxe; Antoine I*er* le second, et Frédéric-Auguste IV, mort, le 9 août 1854, sur un grand chemin, le troisième. Le roi aujourd'hui régnant, Jean I*er* est le quatrième.

SAXE (Palatinat de). Il provint de ce que le duc Henri de Saxe, après avoir été élu roi d'Allemagne, confia à des *palotins* particuliers l'administration de la justice dans ses domaines ou palais de la basse-Saxe et de la Thuringe, par exemple à Grona, à Werla (plus tard à Goslar), à Allstaedt, à Wallhausen, à Dornburg, à Merseburg, etc. Allstaedt était leur résidence habituelle. Il n'y avait d'ailleurs qu'un seul *palatinat* de Saxe, car on ne saurait prouver par des documents authentiques l'existence des palatins de la Thuringe septentrionale et orientale, occidentale et méridionale, ainsi que de la basse Saxe, dont font mention les anciens chroniqueurs. Vers l'an 1040 les comtes de Goseck obtinrent le Palatinat, qui leur fut enlevé en 1088 par les comtes de Sommersbourg; mais ils continuèrent à porter le titre de *palatins*, et se qualifièrent de *comtes palatins de Putelendorf*, du nom de leur manoir (aujourd'hui Bottelndorf, sur l'Unstrut). A l'extinction de la maison de Sommersbourg, en 1178 ou 1180, le Palatinat passa aux landgraves de Thuringe, puis aux margraves de Misnie. Frédéric le Joyeux le céda en 1317 aux margraves de Brandebourg, moyennant l'abandon par ceux-ci de toutes leurs prétentions sur la Misnie. Dès l'année suivante le Palatinat revenait, avec la Marche de Landsberg et les châteaux de Kyffhausen et d'Allstaedt, à titre de douaire, à Agnès, veuve du duc Henri l'aîné de Brandebourg. Son frère, l'empereur Louis le Bavarois, lui en confirma la possession en 1230, tout en investissant en même temps éventuellement du Palatinat les comtes d'Anhalt. La fille de la duchesse Agnès porta en 1333 par son mariage le Palatinat au duc Magnus de Saxe-Lauenbourg. Lorsqu'en 1347 celui-ci vendit la marche de Landsberg à Frédéric le Grave, ce dernier prit aussi le titre de *comte palatin*, auquel les margraves de Misnie renoncèrent par la suite, comme n'ayant pas d'importance. Les ducs de Saxe, de race ascanienne, restèrent jusqu'à l'extinction de leur maison en possession du Palatinat, qui passa avec le duché de Saxe au margrave Frédéric le Querelleur, lequel l'incorpora à ses autres États, renonça au titre de comte palatin et n'en conserva que les armoiries.

SAXE (Province de), partie du royaume de Prusse constituée par le traité de Vienne de 1815 sous le nom de duché de Saxe, avec les parties de ses États héréditaires qu'on enleva alors au roi de Saxe. Elle est bornée à l'ouest par la Hesse Électorale, le Hanovre et le Brunswick, à l'est par le Brandebourg, et sur une petite étendue par la Silésie, au sud par le royaume de Saxe, par les territoires des maisons ducales et grand-ducale de Saxe et des principautés de Schwartzbourg et de Reuss. Elle est loin de former un tout compacte, et renferme au contraire bon nombre d'enclaves appartenant aux souverains de Saxe-Weimar, d'Anhalt, de Brunswick et de Saxe-Cobourg-Gotha. En 1852 on y comptait sur une superficie totale de 322 myr. carrés une population de 1,878,732 habitants, dont la plus grande partie appartiennent à l'Église évangélique, à l'exception de 115,000 catholiques et de 5,000 israélites. Elle forme les trois arrondissements de *Magdebourg*, de *Merseboung* et d'*Erfurt*, subdivisés à leur tour en quarante-et-un cercles. Au nord et à l'est de la province le sol est plat et généralement sablonneux, et cependant le plus ordinairement d'une grande fertilité ; tandis qu'à l'ouest et au sud, notamment dans tout l'arrondissement d'Erfurt, il est montagneux. Parmi les cours d'eau qui l'arrosent il faut citer l'Elbe, avec ses affluents, l'Elster Noir, la Mulde et la Saale, qui grossie par l'Unstrut devient navigable; l'Havel touche ses frontières au nord-est, et la Werra à l'ouest. On y cultive beaucoup des céréales, les pommes de terre, le lin, le chanvre et la betterave, dont la production a lieu aux environs de Magdebourg, sur une large échelle. Certaines parties du territoire sont plus particulièrement propres à la culture des légumes (par exemple les environs d'Erfurt), de la vigne et des arbres fruitiers, ainsi que du tabac. Cette province est en outre la plus riche de la monarchie prussienne en salines. On y trouve de l'argent, du cuivre, du fer, du cobalt et autres minéraux, de la houille, de la tourbe, de la pierre meulière et de la pierre de taille. Le bois n'y manque pas non plus, car les forêts occupent une superficie d'environ 1,304,500 arpents de Magdebourg. L'industrie s'occupe de la fabrication des toiles, des cuirs, des draps, des cotonnades, des articles de grosse et de fine quincaillerie, du tabac, de la porcelaine, de la faïence, du raffinage des sucres. Le commerce, qui s'exerce surtout sur les céréales, les laines brutes, le sel, les draps, les eaux-de-vie de grains, le cuivre, le fer et les articles d'acier, a pour centre Magdebourg, chef-lieu de la province, et est favorisé par des rivières navigables ainsi que par de bonnes routes. En fait d'établissements d'instruction publique, la province possède une université à Halle, vingt-et-un gymnases, quatre progymnases et un certain nombre d'écoles professionnelles indépendamment des écoles élémentaires locales. Cette province fut autrefois le berceau de la réformation.

SAXE (Royaume de). Le 11 décembre 1806 l'électeur de Saxe Frédéric-Auguste conclut sa paix avec Napoléon, à Posen, et accéda à la Confédération du Rhin en prenant le titre de *roi de Saxe*. La constitution politique du pays ne subit d'ailleurs aucune modification. La paix de Tilsitt (1807) valut au nouveau roi le grand-duché de Varsovie, créé alors par Napoléon, en même temps que le cercle de Kothus, enlevé à la Prusse ; mais ce prince dut abandonner au royaume de Westphalie Barby, Mansfeld, etc. Par la paix de Schœnbrunn (1809) l'Autriche céda au grand-duché de Varsovie la Gallicie occidentale et Cracovie, et à la Saxe quelques enclaves bohèmes, situées en Lusace, mais dont la possession ne fut définitivement régularisée qu'en 1845. Après la malheureuse campagne de 1812 en Russie, campagne où les Saxons se distinguèrent particulièrement à Smolensk et à Kalisch, le roi de Saxe sépara ses troupes de l'armée française, et, après avoir ordonné au général Thielmann de ne pas laisser de troupes étrangères entrer dans la place forte de Torgau sans son autorisation, se rendit à Prague où il ouvrit avec l'Autriche des négociations dans lesquelles il se déclara prêt à abandonner le duché de Varsovie. Après la bataille de

Lutzen, Napoléon exigea du roi une déclaration positive s'il entendait ou non ouvrir Torgau à ses troupes et remplir ces engagements envers lui comme membre de la Confédération du Rhin; ajoutant qu'en cas de refus il traiterait la Saxe en pays conquis. Le roi revint alors à Dresde, donna l'ordre d'ouvrir les portes de Torgau aux troupes françaises, et mit son armée à la disposition de Napoléon. Sur sa demande il l'accompagna aussi à Leipzig, où, la plus grande partie de ses troupes ayant spontanément passé aux coalisés, il fut traité par ces derniers comme prisonnier de guerre et conduit d'abord à Berlin, puis plus tard à Friedrichsfeld. La Saxe fut alors administrée par une commission russe, présidée par le prince Repnin, puis à partir de 1814 par une commission prussienne. Un corps saxon entra en France avec l'armée alliée. Au congrès de Vienne la Prusse et la Russie insistèrent vivement pour que le royaume de Saxe fût désormais rayé de la carte de l'Europe, sauf à indemniser la dynastie comme on pourrait; mais les autres grandes puissances s'y opposèrent. On se borna à punir le roi de Saxe de l'attachement qu'il avait montré à Napoléon en le dépouillant d'une grande partie de ses États pour les adjuger à la Prusse. Le roi protesta d'abord contre cette décision, mais dut finir par y acquiescer. Le 18 mai 1815 il signa la paix avec la Prusse. Par ce traité la Saxe perdit le cercle de Kotbus, la basse Lusace, ainsi qu'une partie de la haute Lusace, le cercle électoral avec Barby, des parties des cercles de Misnie et de Leipzig, les évêchés de Mersebourg et de Naumbourg-Zeitz, Mansfeld, le cercle de Thuringe et de Neustædt, Querfurt et le pays de Henneberg, formant en totalité 257 myr. carrés, avec une population de 864,305 habitants. La Prusse se chargea d'une partie de la dette publique de la Saxe.

Pendant ces temps orageux un grand nombre d'améliorations intérieures n'avaient pas laissé que d'être réalisées. La paix une fois rétablie, on s'occupa activement de remédier au désordre des finances. En 1818 les réformés, les luthériens et les catholiques furent placés pour l'exercice des droits civils et politiques sur un pied de complète égalité; mais on négligea d'opérer dans la constitution politique les réformes qui avaient été promises; et ce fut inutilement qu'en 1818, en 1820 et en 1824 les états réclamèrent à cet égard et insistèrent vivement pour que le budget de l'État fût rendu public. Le roi Frédéric-Auguste mourut le 3 mai 1827, après un règne de cinquante-quinq ans. Son frère Antoine promit de régner dans le même esprit que lui, mais ne réalisa pas les espérances que fait concevoir tout règne nouveau. C'était un vieillard de soixante-quinze ans, déjà fort affaibli par l'âge et impropre au gouvernement. Il s'aliéna l'opinion par la faveur avec laquelle il traita en toutes occasions la propagande ultramontaine, et par les tendances mystiques de ses ministres. Après la révolution de Juillet, il se manifesta dans ses États une agitation par suite de laquelle le pouvoir échappa de ses débiles mains. Au mois de septembre une insurrection éclata dans la capitale contre la cour et contre l'armée. La différence de religion entre la famille régnante et le peuple fut une des causes de ce mouvement populaire, à la suite duquel le roi Antoine fut forcé de prendre son neveu Frédéric-Auguste pour co-régent, de consentir au renvoi des ministres impopulaires et à l'armement d'une garde nationale, enfin de promettre d'importantes réformes. Les anciens états du pays, encore une fois convoqués, furent appelés à délibérer sur un projet de constitution représentative qui, à la date du 4 septembre 1832, fut déclarée *loi du pays;* et tout aussitôt après le premier ministère responsable entra en activité. Deux lois importantes complétèrent la constitution nouvelle : l'une relative à l'organisation du système municipal, l'autre au partage des propriétés communales. Une loi qui en 1833 supprima les corvées en fut l'appendice. Les chambres nouvelles créées par la constitution se réunirent pour la première fois cette même année 1833 ; et jusqu'en 1848, époque de laquelle date pour la Saxe une nouvelle vie politique, elles se rassemblèrent encore cinq fois, en 1836, 1839, 1842, 1845 et 1847. Ces diverses sessions furent signalées par le vote d'un grand nombre de nouvelles lois organiques ; et dans chacune d'elles l'assemblée des états insista vivement pour la publicité des débats judiciaires et la défense orale des accusés. La publicité donnée au budget et le contrôle des dépenses publiques par la législature accrurent le crédit de l'État, qui put réduire l'intérêt de sa dette de 4 à 3 p. 100, tout en opérant d'importantes diminutions d'impôts. En se rattachant au système du *zollverein*, la Saxe donna une nouvelle extension à son activité industrielle et commerciale. Elle fut le premier État de l'Allemagne où l'on entreprit la construction des chemins de fer sur de vastes proportions. Dès 1835 une société particulière entreprenait la construction du chemin de Dresde à Leipzig, qui fut livré à la circulation en 1839 ; d'autres chemins de fer, rattachant la Saxe à la Bavière, à la Bohême, à la Silésie, à la Prusse, etc., furent entrepris ensuite et exécutés partie au moyen de subventions fournies par l'État, partie avec les ressources que trouvèrent dans leur propre sein des associations particulières.

Quant à ce qui est de la vie politique proprement dite, après la vive mais passagère agitation de 1830, le calme n'avait pas tardé à se faire dans les esprits ; et les choses avaient repris leur cours tranquille et régulier. Sur la plupart des questions, le gouvernement avait le mérite de l'initiative des mesures libérales : un esprit pratique et sensé dominait dans les chambres, qui d'ailleurs se manifestait peu de susceptibilité à l'égard des solutions constitutionnelles à donner aux questions de principes. Le peuple jouissait avec satisfaction des bienfaits dont la constitution était pour lui la source ; il avait pleine confiance dans le gouvernement. La Saxe est le pays de l'Allemagne où les résolutions de la diète fédérale de 1830 avaient été appliquées avec le moins de sévérité ; aussi les dernières traces de l'agitation provoquée par les événements de 1830 ne tardèrent-elles point à s'effacer.

Le roi Antoine mourut en 1836 ; et son neveu Frédéric-Auguste, qui depuis 1830 avait pris la part la plus active à la direction des affaires, monta alors sur le trône, par suite de la renonciation de son père, le prince Maximilien (mort en 1838). Cet événement n'apporta aucun changement dans le système du gouvernement, non plus que dans le personnel de l'administration. A partir de l'année 1840 la Saxe participa, elle aussi, à cette vie politique plus active, qui se manifesta alors sur divers points de l'Allemagne ; et en 1842, quand M. de Lindenau se retira du cabinet, une opposition libérale bien prononcée se forma dans les chambres contre le ministère. Bientôt l'élément religieux se trouva mêlé à ces dissensions politiques ; à partir de 1844 des efforts furent faits pour donner à l'Église protestante une organisation plus indépendante du pouvoir. Le catholicisme allemand et les amis des lumières gagnèrent de plus en plus du terrain dans les grands centres de population ; et ce mouvement fut surtout secondé par les bruits qui se répandirent au sujet de machinations secrètes tramées par les jésuites, au sujet desquelles le pouvoir fermait complaisamment les yeux. A une revue de la garde nationale de Leipzig, passée au mois d'août 1845, par le frère du roi, le prince Jean, en sa qualité de commandant supérieur des gardes nationales du royaume, ce prince, accusé d'être favorable aux menées occultes du parti antilibéral, fut insulté par la populace. Il en résulta un conflit avec la troupe de ligne, qui fit usage de ses armes, et tua ou blessa un grand nombre d'individus parfaitement innocents de ce désordre, ce qui provoqua une profonde irritation dans la population. La session de la diète de 1845 ne répondit pas aux espérances qu'avait fait concevoir le notable accroissement numérique de l'opposition. Le pouvoir crut devoir sévir contre la presse, parce qu'elle était l'écho du mécontentement public. Les années suivantes, années de disette et de cherté, détournèrent l'attention des masses des questions purement politiques. La diète extraordinaire convoquée en 1847 n'eut à délibérer que sur les mesures propres à diminuer la misère, et qu'à voter des projets de loi de finances relatifs surtout aux chemins de fer.

Les événements de 1848 eurent un immense retentissement en Saxe. Le mouvement, parti de Leipzig immédiatement après qu'on y eut appris ce qui venait de se passer à Paris, gagna bientôt tout le royaume, et amena un changement complet de ministère. Les chefs de l'opposition dans les deux chambres furent appelés alors à prendre la direction des affaires, et le nouveau cabinet adopta pour programme la réalisation du projet qui consistait à faire de l'Allemagne un seul et même État fédéral, avec une constitution libérale, un chef suprême assisté de ministres responsables, etc. On s'occupa tout aussitôt de réformes administratives et financières. Pour améliorer le sort des classes laborieuses, on institua une commission du travail, composée de travailleurs et d'entrepreneurs, et qui se réunit à Dresde. Elle devait indiquer les moyens de soulager une foule de misères créées par les circonstances, mais n'aboutit à rien. De nouvelles élections amenèrent dans les chambres de nombreux renforts à l'opinion libérale, et y firent même entrer quelques hommes appartenant aux principes extrêmes. Au total, l'influence de l'esprit du temps se fit visiblement sentir sur l'une et l'autre chambre. Les députés de la noblesse proposèrent eux-mêmes la suppression des priviléges qui étaient encore restés à leur ordre, ainsi que la complète assimilation de la propriété territoriale appartenant aux nobles et de celle des paysans. Une nouvelle loi électorale proposée aux chambres fut rejetée, comme n'étant point assez libérale, et le gouvernement dut en présenter une autre, sur laquelle on finit par tomber d'accord. Le système des deux chambres fut maintenu malgré les efforts de la minorité; mais on en changea complètement la base. Ainsi, la première chambre dut être à l'avenir le produit d'élections faites par les plus imposés; tandis que la seconde chambre devait être le produit du suffrage universel. Le gouvernement proposa alors à la sanction législative divers projets de loi destinés à donner satisfaction à l'opinion sur les diverses réformes politiques, législatives, judiciaires, administratives et financières qu'elle réclamait depuis longtemps en vain; mais l'agitation n'en continua pas moins, et fut encore accrue par l'apparition de l'élément républicain dans le pays, secondé et propagé par un grand nombre de sociétés populaires.

Pendant ce temps-là le parlement de Francfort avait achevé la constitution de l'empire pour l'Allemagne, et l'avait publiée comme loi. Les chambres de Dresde, dont la majorité radicale avait jusque alors combattu et renié le parlement comme trop peu démocratique, insistèrent pour l'acceptation et la mise immédiate en pratique de cette constitution. Le gouvernement, au contraire, en raison du refus de la couronne impériale d'Allemagne fait par le roi de Prusse, jugea devoir garder une attitude expectante. Les chambres insistant toujours, et en outre se montrant très-mal disposées à l'égard du gouvernement en matières de finances, celui-ci se décida à dissoudre la diète (30 avril 1849); mais, par suite du refus du roi d'accepter la constitution de l'Empire, le ministère, qui estimait l'acceptation indispensable au rétablissement de l'ordre et de la tranquillité, donna presque aussitôt après sa démission. Le nouveau cabinet déclara au nom du roi que tant que le roi de Prusse n'accepterait pas la constitution de l'Empire et la couronne impériale, le gouvernement verrait des dangers pour l'indépendance de la Saxe à reconnaître cette constitution. Mais l'opinion générale dans le pays n'en persista pas moins à réclamer la reconnaissance immédiate de la constitution de l'Empire; et sur tous les points l'agitation causée par cette question se traduisit en adresses, en pétitions, en envois de députations, etc. Le parti républicain essaya d'en profiter pour faire un mouvement dans la capitale même, dégarnie de troupes à ce moment-là. Le roi, se croyant personnellement menacé, se retira au Kœnigstein; et alors un certain nombre de membres de la diète dissoute, qui se trouvaient à Dresde, constituèrent un gouvernement provisoire. La lutte s'engagea bientôt entre les masses insurgées et les troupes du gouvernement; elle se prolongea plus d'une semaine; mais l'intervention d'un corps auxiliaire prussien la termina à l'avantage du gouvernement du roi. Les membres du gouvernement provisoire prirent la fuite, et on procéda à de nombreuses arrestations. Les individus compromis dans ces événements furent, à la suite d'une détention préventive plus ou moins longue, ou remis en liberté ou graciés après avoir subi une partie de la peine à laquelle ils avaient été condamnés.

Le gouvernement saxon s'était rattaché étroitement au gouvernement prussien; comme lui il avait rappelé ses députés de Francfort, et il s'était fait représenter dans une conférence ouverte à Berlin entre les gouvernements prussien, saxon et hanovrien pour délibérer et s'entendre sur un projet de constitution à donner à l'Allemagne. Mais il ne profita point de la victoire qu'il venait de remporter sur le parti extrême pour recourir à la violence et détruire la jeune constitution du pays. La législation de l'année précédente demeura en vigueur; le jury continua à juger les procès en matières de presse et d'associations illicites, et les élections pour la diète qui devait se réunir dans l'automne de 1849 se firent d'après la loi électorale de 1848. La seule mesure contraire à l'esprit de la constitution, ce fut la prolongation de la mise en état de siége de la capitale et de sa banlieue, ainsi que d'un district de l'Erzgebirge; mais elle était justifiée par les circonstances, de même que les tendances ouvertement républicaines des associations dites *patriotiques* motivèrent suffisamment la prohibition générale dont on les frappa.

Les nouvelles chambres, dont les séances commencèrent au mois de novembre, donnèrent au gouvernement une majorité bien décidée à le seconder dans une politique modérée mais libérale et progressive. L'élément conservateur libéral, qui y dominait, empêcha les excès dont la diète précédente avait donné le spectacle; et le gouvernement put soumettre à la législature une série de lois propres à raffermir l'ordre et en même temps à consolider les libertés publiques. Mais dans le courant de l'année 1850 les chambres ayant témoigné l'intention de s'opposer au rétablissement de la Confédération Germanique telle qu'elle existait avant les événements de 1848, le gouvernement crut devoir se prononcer encore une fois la dissolution au moment même où la seconde chambre délibérait sur un projet d'emprunt de 16 millions de thalers destiné à couvrir les dépenses extraordinaires occasionnées par la construction des chemins de fer. Les élections pour la nouvelle diète se firent alors, non d'après la loi de 1848, comme l'aurait voulu la constitution, mais conformément à l'ancienne législation; de même que le gouvernement convoqua les états tels qu'ils se composaient avant la révolution. Ils se réunirent le 15 juillet; mais un grand nombre de membres, considérant leur mandat comme nul, donnèrent leur démission; et le sénat de l'université de Leipzig s'associa à cette manifestation de l'opposition, en refusant de procéder à l'élection d'un député à la première chambre. Les députés qui se réunirent à Dresde n'en déclarèrent pas moins leur compétence, et abrogèrent alors la loi électorale de 1848, de même que celle qui avait modifié cette même année la composition de la diète. Ils modifièrent en outre diverses dispositions de la constitution de 1831, à l'effet d'armer le gouvernement de pouvoirs plus étendus.

Le roi Frédéric-Auguste étant allé en 1854 à Munich rendre visite à son neveu le roi de Bavière, s'en revenait à Dresde. Ses chevaux s'emportèrent, et sa voiture versa. Le roi tomba sous leurs pieds, et une blessure qu'il reçut à la tête occasionna sa mort, presque instantanément, le 9 août. Né en 1797, il était âgé de cinquante-sept ans, avait été deux fois marié, et n'avait jamais eu d'enfants. La couronne passa alors à son frère, le prince Jean, né en 1801, père de huit enfants, dont deux princes et six princesses. L'aîné de ces princes, aujourd'hui héritier présomptif de la couronne, a épousé, le 18 juin 1853, la princesse Caroline de Wasa, petite-fille de la grande-duchesse de Bade, Stéphanie.

Le royaume de Saxe est un pays ouvert de tous les côtés, mais qui forme un tout assez arrondi. A l'est et au sud-est il confine à la haute Lusace prussienne et à la Bohême; à l'est, au nord-est, au nord et au nord-ouest, à la basse Lusace prussienne et à la province prussienne de Saxe; à l'ouest, au duché de Saxe-Altenburg et au duché de Weimar; au sud-ouest au territoire de Reuss et à la Bavière. Sa plus grande longueur, de l'est à l'ouest, est de 21 myriamètres, sa plus grande largeur, du sud au nord, est de 14 myriamètres, et sa superficie totale de 190 myriamètres carrés. Les deux cinquièmes du sol sont montagneux; deux autres cinquièmes sont un pays de collines; le dernier cinquième est un pays de plaines. L'*Erzgebirge* est la plus importante de ses montagnes, et l'Elbe le plus important de ses cours d'eau, le seul qui soit navigable. Le climat est sain et tempéré. C'est aux environs de Leipzig qu'il est le plus doux, et dans l'Erzgebirge supérieur, près de Johanngeorgenstadt et de Wiesenthal, qu'il est le plus rude; de là le nom de *Sibérie saxonne* donné à cette partie de la montagne. Les produits naturels de la Saxe sont en général ceux de l'Allemagne contrale; la vigne est cultivée depuis un temps immémorial sur les bords de l'Elbe, depuis Pillnitz jusqu'à Meissen. Les plus grandes forêts se trouvent dans le *Voigtland* et ensuite dans l'*Erzgebirge*; les ours et les loups, encore très-communs au dix-septième siècle, en ont à peu près complétement disparu. La Saxe possède une extrême richesse en minéraux, et on y rencontre près de la moitié de tous les fossiles connus. Le recensement fait en 1852 a donné pour résultat une population de 1,987,832 habitants. Les plus grandes villes sont Dresde, avec 104,500 habitants, et Leipzig, avec 66,682; *Chemnitz*, *Freiberg*, *Plassen*, *Zwickau*, *Bautzen*, *Zittau*, *Glauchau* en comptent chacune plus de 10,000. Au point de vue religieux, la Saxe constitue un État essentiellement protestant. En effet, en 1852 on n'y comptait que 33,725 catholiques, 1,772 catholiques-allemands, 89 grecs et 1,022 israélites. Le reste de la population était protestant, dans la proportion de 1,855,241 luthériens contre 2,582 réformés. Les catholiques se rencontrent plus particulièrement à Dresde et dans la haute Lusace (au nombre de 11,721), où ils ont un évêché, à Bautzen, dix-sept églises paroissiales dans les campagnes et deux couvents de femmes. Les Grecs, de même que presque tous les juifs sans exception, habitent Dresde et Leipzig. Une agriculture savante, pratiquée depuis longues années, a donné au sol toute la puissance de production dont il est susceptible. On compte en Saxe 1,027 terres nobles, dont la grandeur est en moyenne de 434 arpents; la propriété territoriale y a acquis une haute valeur. L'élève du gros bétail est d'une grande importance dans le *Voigtland*, où la race bovine est remarquablement belle; l'élève du cheval est surtout pratiquée dans la haute Lusace et aux environs de Leipzig, mais les produits n'en ont pas pris jusqu'à ce jour une bien grande importance. En revanche la race ovine saxonne, bien qu'elle ait perdu beaucoup de son importance pour le pays depuis quelques années, est toujours en grand renom. Par l'introduction de trois cents moutons mérinos qui eut lieu en 1765 et la création de diverses bergeries modèles, la production de la laine fine est devenue générale; et les laines électorales saxonnes sont recherchées sur tous les marchés du monde. En 1850 on en évaluait la production totale à 1,224,000 thalers. L'exploitation des mines est parvenue à un haut degré de prospérité; elle emploie près de 13,000 travailleurs. En 1850 elle avait donné 97,375 marcs d'argent; la production totale pour 1853, en argent, plomb, cuivre, nickel et cobalt avait été de 315,137 quintaux, évalués à 1,201,023 thalers (4,503,846 fr. 25 c.).

L'industrie a pris en Saxe d'immenses développements, et a été portée au dernier degré de perfection dans la plupart de ses branches. Le gouvernement s'est toujours attaché à la protéger et à la favoriser; et elle occupe près des trois cinquièmes de la population. Le nombre des manufacturiers et fabricants en 1852 était de 52,302. Le tissage des toiles est une des plus anciennes et des plus importantes industries de la Saxe, et a pour centre d'activité les parties de la haute Lusace voisines de la Silésie et de la Bohême. Quoique le nombre et l'importance de ses débouchés aient singulièrement diminué depuis son époque de plus grande prospérité, qui fut la fin du dix-huitième siècle, les damassés de Grosschœnau, près de Zittau, où leur fabrication date de 1666, conservent toujours une réputation européenne. Wattersdorf, près Zittau, est le grand centre de la fabrication des coutils. La fabrication de la dentelle, quoique souffrant beaucoup de la concurrence des dentelles anglaises à la mécanique, ne laisse pas que d'occuper toujours un grand nombre de femmes dans le haut *Erzgebirge*, et sur-ci par-ci dans le *Voigtland*. On fabrique une foule d'articles de passementerie et de bonneterie dans les environs de Chemnitz, de Zschoppau et de Waldenburg. La fabrication des étoffes de laine constitue aussi une industrie d'une haute importance, en raison du perfectionnement qu'a reçu la matière première; et l'on a fait dans ces derniers temps tous les efforts nécessaires pour que la perfection des moyens mécaniques de fabrication permît à cette intéressante industrie de soutenir avantageusement la concurrence des manufactures étrangères. Le grand centre de la manufacture des draps est à Grossenhayn, à Bischoffswerda, à Bernstadt, à Kirchberg, à Kamenz, à Leisnig et à Hoyswein. Les draps légers et les étoffes demi-laine se fabriquent surtout à Crimnitzschau, les flanelles à Oderan et à Hainichen. Des progrès extraordinaires ont été faits tout récemment dans la fabrication d'étoffes d'un genre nouveau, par exemple dans les mousselines de laine, qu'on préfère aujourd'hui sur les marchés étrangers aux produits analogues des manufactures françaises et anglaises. La filature du coton, un instant écrasée par la concurrence anglaise, est redevenue aussi florissante que jamais; et la fabrication des étoffes de coton a pris d'immenses développements. On calcule que ce genre d'industrie n'occupe pas moins de 30,000 machines à la Jacquard dans la haute Lusace, dans le Voigtland et l'Erzgebirge. La fabrication des étoffes de soie est de toutes les industries relatives aux tissus celle qui a pris jusqu'à ce jour le moins d'importance; elle a pour centres Penig, Frankenberg et Annaberg. Il existe en outre à Radeberg, à Freiberg, à Dresde et à Chemnitz des manufactures de rubans de velours, de soie, de gaze, etc. La Saxe compte soixante fabriques de papier, dont les principales sont situées à Bautzen, à Sebnitz, à Hainsberg et à Penig; mais leur production ne suffit pas aux besoins énormes de l'imprimerie indigène.

L'activité manufacturière de la Saxe donne lieu à un commerce très-étendu, que favorisèrent dès le douzième siècle la découverte des mines d'argent de l'Erzgebirge et l'institution de la foire de Leipzig. Dès le milieu du quatorzième siècle cette place participait au commerce du Levant par Augsbourg et Nuremberg. Elle est toujours le grand centre du commerce de transit, d'expédition, de commission et de change de la Saxe, ainsi que celui du commerce de la librairie pour l'Allemagne; et ses foires sont aujourd'hui les plus fréquentées de l'Allemagne. On évalue à plus de 200 millions de francs le mouvement d'affaires qui y a lieu chaque année. Les principaux articles d'exportation de la Saxe sont les étoffes de laines fines, les toiles, les dentelles, les laines brutes, les fils écrus, les cotonnades, les minéraux, les couleurs, la porcelaine et les grès. Les importations consistent surtout en coton, soie, laine, chanvre guano, bois (venant de la Bohême), denrées coloniales, tabac, vin, poissons de mer, articles de modes, etc. Nous avons dit que la Saxe fait partie du *sollverein*; sur la recette commune de 21,421,423 thalers produite en 1853 par les droits d'entrée, la Saxe perçut pour sa part 1,963,289 thalers.

La Saxe occupe un rang distingué en Allemagne pour ce

qui est de l'instruction publique et des lumières générales. L'université de Leipzig est regardée à bon droit comme un des premiers établissements en ce genre ; les établissements d'instruction secondaire sont aussi nombreux que bien organisés, et répondent largement à tous les besoins. Sous le rapport administratif le royaume a été divisé, en 1833, en quatre arrondissements de gouvernement (*Dresde*, avec 55 myr. carrés et 507,705 habitants; *Leipzig*, avec 44 myr. carrés et 446,825 habitants; *Zwickau*, avec 60 myriam. carrés et 735, 557 habitants; *Bautzen*, avec 31 myr. carrés et 297,744 habitants), subdivisés en 14 grands bailliages. La police est exercée par le corps de la gendarmerie, fort en tout de 173 hommes.

Le dernier budget (exercice triennal de 1852-1854) évaluait les recettes et les dépenses de l'État à une somme annuelle de 8,281,728 thalers (31,056,470 fr.). La liste civile y figurait pour 542,667 thalers et les apanages pour 169,028 thalers. La dette publique s'élève à 43,051,418 thalers (151,442,810 fr. 50 c.). L'armée au complet présente un effectif de 25,396 hommes, et coûte annuellement 1,933,417 thalers. Le contingent fédéral de la Saxe est fixé à 12,000 hommes de toutes armes ; il forme la première division du neuvième corps de l'armée fédérale, composé en outre des contingents de la Hesse Électorale et du duché de Nassau, du grand-duché de Luxembourg et du Limbourg. La seule place forte du pays est Kœnigstein. Il existe en Saxe quatre ordres de chevalerie, à savoir : 1° l'ordre royal de famille de la Couronne de Rue (*Rautenkrone*), fondé en 1807, lors de l'érection de l'électorat en royaume, qui ne se donne qu'aux princes et à de hauts fonctionnaires publics ; 2° l'ordre militaire de Saint-Henri, fondé en 1736 ; 3° l'ordre du mérite civil, fondé en 1815 ; 4° l'ordre d'Albert, fondé en commémoration du fondateur de la ligne *albertine*.

SAXE (MAURICE, comte DE), maréchal de France, un des plus grands hommes de guerre du dix-huitième siècle. Il était né le 15 octobre 1696, dans un village près de Magdebourg, et fils naturel d'Auguste II, roi de Pologne, électeur de Saxe, et de la comtesse de Kœnigsmark. Il fit ses premières armes en Flandre, sous le prince Eugène et Marlborough, dans la guerre de la succession contre la France. A douze ans il assista à la prise de Lille. En 1709 il se distingua aux siéges de Tournay et de Mons, et à la bataille de Malplaquet il obtint des éloges publics d'Eugène et de Marlborough sur le champ de bataille. En 1711 les Polonais assiégeant Stralsund, que défendait Charles XII, il écrivit à son père : « J'ai eu enfin la satisfaction de me trouver face à face avec Charles XII : je l'ai vu habillé comme un de ses soldats, et se battant plus bravement qu'aucun d'eux. » C'est à la suite de cette campagne que sa mère le maria, à l'âge de quinze ans. Mais ses goûts inconstants le rendaient peu propre aux devoirs du mariage. En 1717 il se rendit en Hongrie, sous le prince Eugène, qui assiégeait Belgrade : il s'y trouva avec le comte de Charolais et le prince de Dombes, qui lorsqu'il vint à Paris, en 1720, le présentèrent au régent. Celui-ci lui offrit du service en France. Ayant obtenu l'agrément du roi son père, il prit le commandement d'un régiment, qu'il exerça selon sa nouvelle tactique. Dans cette époque de loisir, il se livra à l'étude des mathématiques, de la mécanique, pour laquelle il avait de singulières dispositions, et surtout de la théorie de la guerre. Il se lia avec le chevalier Folard, qui travaillait alors à son commentaire sur Polybe, et qui écrivait en 1724 : « Il faut exercer les troupes à tirer selon la méthode que le comte de Saxe a introduite dans son régiment, méthode dont je fais un très-grand cas, ainsi que de son inventeur, qui est un des plus beaux génies pour la guerre que j'aie connus : on verra à la première guerre que je ne me trompe pas dans ce que j'en pense. »

En 1726 les états de Courlande l'élurent pour leur duc. Mais Menschikoff, qui prétendait à ce duché, envoya 800 Russes à Mittau, qui assiégèrent le comte dans son palais. Quoiqu'il n'eût que 60 hommes, il se défendit avec un grand courage : le siège fut levé, et les Russes s'éloignèrent. C'est à cette occasion que, le comte ayant écrit en France pour obtenir des secours en hommes et en argent, la célèbre comédienne Adrienne Lecouvreur vendit ses bijoux pour envoyer 40,000 livres à son amant. Mais, la Pologne s'étant déclarée aussi contre lui, il profita d'une occasion favorable pour retourner en France. On prétend que la duchesse de Courlande, Anna Iwanowna, qui depuis fut impératrice de Russie, fut au moment de l'épouser, mais qu'elle en fut détournée par son inconstance. La mort du roi de Pologne son père, arrivée en 1733, alluma la guerre en Europe. Le nouvel électeur de Saxe offrit à Maurice, son frère naturel, le commandement de toutes ses troupes. Mais il préféra servir comme maréchal de camp dans l'armée française, et il alla sur le Rhin, sous les ordres du maréchal de Berwick. Là il décida la victoire d'Ettingen, à la tête d'une division de grenadiers. Il commanda avec la même intrépidité une foule d'attaques au siège de Philipsbourg. Ses glorieux services furent récompensés par le grade de lieutenant général. En 1738 il termina *Mes Rêveries*, dont il avait précédemment jeté l'ébauche en treize nuits. Il y expose sur l'art de la guerre des vues neuves et hardies, que la pratique moderne a complétement justifiées. La guerre ayant éclaté de nouveau en Europe, après la mort de l'empereur Charles VI, Louis XV envoya en Bohême une armée commandée par le maréchal de Belle-Isle : l'aile gauche, sous les ordres du comte de Saxe, prit d'assaut Prague, en 1741. Il a écrit tous les détails de cette brillante expédition dans une lettre à Folard. Egra fut prise quelques jours après l'ouverture de la tranchée. Ensuite il ramena l'armée du maréchal de Broglie sur le Rhin, et s'empara des lignes de Lauterbourg. A la suite de ces brillants succès, il fut fait maréchal de France ; mais, en sa qualité de protestant, il ne put siéger au tribunal des maréchaux. Sa campagne de Flandre de 1744 est regardée comme un chef-d'œuvre dans l'art de la guerre, et la place à côté de Turenne : il sut réduire à l'inaction un ennemi supérieur en nombre. L'année 1745 fut plus glorieuse encore. En janvier, une alliance avait été conclue à Varsovie entre la reine de Hongrie, l'Angleterre et la Hollande. Le maréchal de Saxe, malgré l'hydropisie dont il souffrait, prit le commandement de l'armée française dans les Pays-Bas. Peu après l'ouverture de la campagne, il livra la mémorable bataille de *Fontenoy* (11 mai 1745). Son état de faiblesse faisait craindre à chaque moment pour sa vie. Néanmoins, il remporta cette victoire, chèrement disputée, et que suivit la prise de Tournay, Bruges, Gand, Oudenarde, Ostende, Ath et Bruxelles. En avril 1746 le roi donna au vainqueur de Fontenoy des lettres de naturalisation, et après la bataille de Raucoux il lui envoya six canons pris à l'ennemi. L'année suivante il le nomma *maréchal général* de toutes ses armées, titre qui n'avait été décerné avant lui qu'à Turenne, et que de nos jours Louis-Philippe fit revivre en faveur du maréchal Soult. L'année 1747 fut signalée par la victoire de Laufeld et la prise de Berg-op-Zoom. En avril 1748 il assiégea Maestricht, dont la prise eût été suivie de la conquête de la Hollande : aussi les états généraux demandèrent-ils la paix, qu'ils avaient précédemment refusée. Après la paix d'Aix-la-Chapelle, le maréchal se retira au château de Chambord, dont le roi lui avait donné la jouissance avec un revenu de 40,000 livres. L'année suivante, il se rendit à Berlin, auprès de Frédéric, qui lui fit l'accueil le plus brillant. Frédéric écrivit à Voltaire : « J'ai vu le héros de la France, le Turenne du siècle de Louis XV. Je me suis instruit par ses discours dans l'art de la guerre. Ce général paraît être le professeur de tous les généraux de l'Europe. »

L'Académie Française attacha un grand prix à le posséder dans son sein, quoiqu'il s'en défendît en déclarant qu'il ne savait pas l'orthographe. Il mourut à Chambord, le 30 novembre 1750, âgé de cinquante-quatre ans. Son corps fut transféré en grande pompe à l'église luthérienne de Saint-Thomas, où un monument en marbre, ouvrage de Pigal, lui a été érigé par ordre de Louis XV.   ARTAUD.

Le comte Maurice de Saxe avait une fille naturelle, qui fut élevée à Saint-Cyr par les soins de madame la dauphine, dont elle était la nièce illégitime. Cette fille du maréchal de Saxe avait été mariée au comte de Horn; devenue veuve, elle épousa en secondes noces M. Dupin de Francueil. L'écrivain qui s'est fait connaître de nos jours sous le pseudonyme de *Georges Sand* est la petite-fille de Mme Dupin, et a par conséquent le maréchal de Saxe pour aïeul.

SAXE-ALTENBOURG, duché de 14 myriamètres carrés de superficie, l'un des petits pays de l'Allemagne les plus florissants, est borné par le royaume de Saxe, par la province de Saxe prussienne, par le grand-duché de Weimar, par le duché de Meiningen, par la principauté de Rudolstadt et par la seigneurie de Gera, qui le divise en deux parties à peu près égales, le *cercle de l'est* et le *cercle de l'ouest*. Sa population, entièrement protestante, à 200 catholiques près, est de 132,849 habitants, dont 85,704 pour le cercle de l'est, et 47,145 pour le cercle de l'ouest. Les paysans du cercle de l'est, d'origine wende, se font remarquer par l'originalité de leur costume, de leurs mœurs et de leurs usages; ils sont célèbres dans toute l'Allemagne par l'excellence de leur culture, par leur instruction et par leur état d'aisance. La population du cercle de l'ouest a pour principale industrie la fabrication des ustensiles en bois. Le duc participe à la douzième voix dans le petit conseil de la Confédération Germanique, et possède une voix dans l'assemblée plénière. Le gouvernement du pays est constitutionnel; la constitution, qui date de 1831, a été modifiée à la suite des événements de 1848 et 1849. L'assemblée actuelle des états se compose de trente députés, dont neuf nommés par les villes, douze par le pays plat et neuf par les plus imposés de tout le duché. L'élection est directe et a lieu, en ce qui concerne les députés des villes et du pays plat, d'après trois classes de contributions. Les délibérations sont publiques; l'assentiment des états est nécessaire pour la validité de toutes les lois concernant la liberté individuelle, la propriété, la constitution, la force armée et l'administration financière. Le duc reçoit une liste civile de 128,000 thalers. Les droits féodaux y ont été abolis. Les revenus publics étaient évalués dans le budget triennal de 1851 à 1853 à la somme de 654,816 thalers, y compris 250,000 thalers de papier-monnaie en circulation; est de 1,475,205 thalers. La force publique, organisée complétement à la prussienne, se compose de 1,600 hommes formant deux bataillons. Après A l t e n b o u r g, capitale du duché et résidence du duc, les villes les plus importantes sont *Ronnebourg* et *Eisenberg*. L'université du pays, comme pour tous les autres États des diverses branches de la ligne *ernestine* de la maison de Saxe, est l'université de Iéna.

Lors du partage qui eut lieu, en 1482, entre la branche *ernestine* et la branche *albertines* (*voyez* SAXE [Maison de]), le duché de Saxe-Altenbourg échut à la première, puis à la suite des événements de 1547 revint à la seconde. En 1553 l'électeur Auguste céda de nouveau Altenbourg, Eisenberg, etc., à Jean-Frédéric le Magnanime. La ligne d'Altenbourg, fondée en 1603 par Frédéric-Guillaume, fils de Jean-Guillaume de l'ancienne ligne de Weimar, s'éteignit en 1672; et le pays échut sous à Ernest Ier, ou le Pieux, de Gotha. Lors du partage effectué entre ses fils, Altenbourg demeura à la ligne de Gotha; et depuis que cette ligne de Saxe-Eisenberg s'est éteinte, en 1707, le tout fit partie du duché de Saxe-Gotha. Après l'extinction de la ligne qui y régnait, le territoire fut attribué, aux termes d'un traité de partage intervenu en 1826, au duc de Saxe-Hildbourghausen, qui prit dès lors le titre de duc de Saxe-Altenbourg. Cette ligne fut fondée en 1675 par Ernest (né en 1655), sixième fils d'Ernest le Pieux. Il résida d'abord à Eisfeld, puis à Heldburg, et finalement à Hildbourghausen, dont il prit le nom. Il mourut en 1715, après avoir introduit dans sa maison le droit de primogéniture. Ses quatre successeurs administrèrent assez mal et grevèrent le pays de lourdes dettes. Le quatrième, Frédéric, né en 1763, accéda en 1806 à la Confédération du Rhin. Conformément au traité intervenu en 1826 entre les différentes branches de la maison de Gotha lors de l'extinction de la ligne de Saxe-Gotha, il abandonna alors Hildbourghausen à Saxe-Meiningen et en fut indemnisé par le duché de Saxe-Altenbourg, qui lui fut alors érigé. Le duc Frédéric mourut en 1834, et eut pour successeur son fils Joseph. Celui-ci abdiqua volontairement le 30 novembre 1848, à la suite des troubles qui avaient éclaté dans ses États comme dans le reste de l'Allemagne, et eut pour successeur son frère Georges, lequel est mort en 1853, et a eu pour successeur son fils aîné, Ernest, duc aujourd'hui régnant.

SAXE-COBOURG-GOTHA, duché de 24 myriamètres carrés, dont environ 7 myriam. carrés avec 44,500 habitants pour la principauté de Cobourg, et environ 17 myr. carrés avec 106,000 pour la principauté de Gotha. La première est située sur le versant sud du *Thuringerwald*, confine à la Bavière et à Saxe-Meiningen, et est arrosée par l'Itz et la Rodach, affluents du Main; la seconde s'étend sur le versant nord du *Thuringerwald*, confine aux territoires de Schwartzbourg, de Weimar, de la Hesse-Électorale, de Saxe-Meiningen, de la Saxe Prussienne, et est arrosée par la Gera, la Nessa, la Werra, l'Unstrut et l'Ilm. La grande majorité de ses habitants est protestante. Le sol est généralement fertile et bien boisé. On exploite dans le pays quelques mines, notamment des mines de houille dans le duché de Gotha. Il y a à Gotha, à Ohrdruff et à Elgersburg des fabriques de porcelaine, et une grande fabrique de sucre de betterave à Gotha. Il existe des gymnases à Cobourg et à Gotha; cette dernière ville possède une bibliothèque de 150,000 volumes, et riche surtout en livres orientaux, un cabinet d'histoire naturelle, une belle collection de tableaux, d'antiques et de médailles; Cobourg possède des établissements analogues, mais moins importants. L'université du pays, comme pour tous les autres États des diverses branches de la ligne *ernestine* de la maison de Saxe, est l'université d'Iéna. Le théâtre ducal, qui joue alternativement à Gotha et à Cobourg, est exploité par une excellente troupe. Le budget de l'exercice financier de 1853 à 1857 évaluait les revenus publics pour le duché de Cobourg à 369,143 florins, et les dépenses à pareille somme; et pour le duché de Gotha, la recette annuelle pendant le même exercice à 971,750 thalers, ce qui couvrait la dépense. D'après une décision de la diète fédérale, en date du 10 mars 1853, le contingent fédéral des deux duchés est fixé à 1240 hommes de troupes de ligne et 620 hommes pour la réserve; total : 1860 hommes. Le duc participe dans le petit conseil de la diète à la douzième voix; il a une voix dans l'assemblée plénière. Le duc régnant, Ernest II, né le 21 juin 1818, est bien connu en Allemagne par sa campagne de 1849 en Schleswig, par son esprit libéral, par le vif intérêt qu'il témoigne en toutes occasions pour les beaux-arts et pour les lettres. Il réside à Cobourg, et s'est fait un nom distingué comme compositeur. On a de lui diverses partitions d'opéra, qui ont été représentées avec succès sur les grandes scènes lyriques de l'Allemagne.

La ligne aînée de Saxe-Cobourg (*voyez* SAXE [Maison de]) fut fondée en 1680 par Albert, fils cadet d'Ernest le Pieux, mais s'éteignit avec lui dès 1699. La querelle relative au droit de succession dans ses États entre Gotha, Hildbourghausen, Meiningen et Saalfeld fut jugée, il est vrai, par une décision du conseil aulique de l'Empire; mais Meiningen protesta continuellement contre cette décision jusqu'à ce qu'en 1735 une commission impériale l'eut mise à exécution. Gotha n'eut rien, et les trois autres lignes se partagèrent le territoire.

Le fondateur de la ligne actuelle de Saxe-Cobourg-Gotha est Jean-Ernest, septième fils d'Ernest le Pieux, et cette ligne porta d'abord le nom de *Saxe-Saalfeld*. Jean-Ernest ne vit pas se terminer la querelle de succession relative à Cobourg; il mourut en 1729, et ses deux fils Christian-Ernest et François-Josias, qui lui succédèrent, régnèrent en commun. Après avoir, en 1735, pris possession de Cobourg et autres lieux, ils fixèrent leur résidence à Cobourg. Christian-Ernest, qui avait contracté un mariage de la main gauche, mourut en 1745 ; son frère régna alors seul, et introduisit le droit de primogéniture. Son fils et successeur, Ernest-Frédéric, mourut en 1800, laissant 1,261,000 florins de dettes. Frédéric-Antoine, son fils et successeur, parvint à rétablir l'ordre dans les finances ; mais ce ne fut qu'en chargeant la population d'impôts nouveaux, qui excitèrent un tel mécontentement, qu'il éclata une révolte qu'une intervention militaire de la Saxe-Électorale put seule comprimer. Le duc mourut le 9 décembre 1806, avant d'avoir pu accéder à l'acte constitutif de la Confédération du Rhin ; et comme son fils Ernest Ier était alors au service de Russie, les troupes françaises prirent possession du duché. La paix de Tilsitt ramena le duc à Cobourg. Par suite de la promesse d'agrandissement de territoire qui lui avait été faite au congrès de Vienne, il obtint en 1816 la principauté de Lichtenberg, d'érection nouvelle, sur les bords du Rhin, mais qu'il vendit à la Prusse en 1834. Le 8 août 1821, d'accord avec l'assemblée des états, il octroya au pays une constitution représentative. Par le traité de partage relatif à Gotha, le duc céda Saalfeld et s'intitula désormais *duc de Saxe-Cobourg-Gotha*. Les finances du pays, de même que la fortune particulière du duc, se trouvèrent bientôt dans le plus florissant état, grâce à ses habitudes d'ordre et d'économie ; et le duc fut considéré comme l'un des plus riches parmi les petits princes allemands. Il fut aussi très-heureux en famille. Rarement on vit les membres d'une petite maison princière parvenir dans un si court intervalle de temps à un si grand nombre de trônes et s'allier à tant de puissantes familles souveraines. Le duc mourut inopinément, le 29 janvier 1844, et eut pour successeur son fils cadet, Ernest II. L'aîné avait renoncé précédemment à ses droits pour épouser la reine d'Angleterre Victoria.

Le duc Ernest est marié depuis 1842 à une princesse de Bade, et n'en a pas eu d'enfants. Il a fallu dès lors prévoir le cas où il ne laisserait pas de descendance et régler la question de succession, sur laquelle la renonciation de son frère aîné, le prince Albert, laissait une grande incertitude. Une loi de famille a été publiée en 1855 ; elle décide que les enfants du prince Albert sont aptes à hériter du duché de Saxe-Cobourg-Gotha ; que l'incapacité résultant pour le prince Albert de son acte de renonciation et une incapacité personnelle, ne s'étendait qu'au roi régnant d'Angleterre et à l'héritier présomptif de la couronne. Dans le cas où la descendance actuelle du prince Albert viendrait à se trouver réduite à la personne du roi régnant et à celle de l'héritier présomptif, on devrait faire administrer le duché par un *gouverneur*, jusqu'à la majorité d'un descendant apte à recueillir la succession.

SAXE-LAUENBOURG. *Voyez* LAUENBOURG.

SAXE-MEININGEN-HILDBOURGHAUSEN, duché situé sur les versants sud-ouest et est du *Thuringerwald*, et présentant la configuration d'un fer à cheval, dont le côté intérieur est tourné vers le nord. Il n'a guère que 14 kilomètres de large en moyenne ; mais sa superficie totale est de 32 myr. carrés, avec une population de 166,364 habitants, dont 900 catholiques et 1,500 juifs. Il est arrosé par la Werra, la Saale et l'Ilm, et se compose de cinq parties principales : 1° le duché de Meiningen, siége primitif de la maison ; 2° l'ancien duché d'Hildbourghausen ; 3° la principauté de Saalfeld ; 4° le comté de Kambourg, qui jusqu'en 1826 faisait partie d'Altenbourg, et une partie du bailliage d'Eisenberg ; 5° la seigneurie de Krannichfeld. Le sol du duché est généralement montagneux, mais entrecoupé par de nombreuses et fertiles vallées, entre lesquelles on remarque surtout la belle vallée de la Werra, l'une des plus belles contrées de l'Allemagne. Outre l'élève du bétail et l'agriculture, dont les produits ne suffisent pas complétement à leurs besoins, les habitants se livrent à la fabrication des toiles, des étoffes de laine, des objets de quincaillerie, des miroirs, des feuilles d'ardoise, des pierres à aiguiser et des jouets en bois, notamment à Sonnenberg ; tous produits dont ils trouvent pour la plus grande partie le placement à l'étranger. Le pays haut du duché de Meiningen est très-riche en bois, et le pays de Saalfeld en fer et en cuivre. Dans ces dernières années l'exploitation de ces mines a constamment occupé plus de 1100 ouvriers par jour et donné un produit annuel de 700,000 florins. Il existe des salines dans le bas pays et dans le comté de Kambourg. L'université du pays, comme pour tous les autres États des diverses branches de la ligne *ernestine* de la maison de Saxe, est l'université d'Iéna ; et l'on trouve des gymnases à Meiningen et à Hildbourghausen, des écoles industrielles à Meiningen et à Saalfeld, et partout d'excellentes écoles élémentaires. Le pays jouit d'une constitution monarchique représentative. La diète se compose, d'après la loi électorale du 25 juin 1833, de vingt-quatre députés, dont sont sont élus par le duc, six par les propriétaires de grands domaines, huit par les habitants des villes, et huit par les habitants des campagnes. Les revenus publics s'élèvent à 1,441,432 florins. Au 1er avril 1853 la dette publique s'élevait à 4,176,055 florins. Le pays fournit à l'armée fédérale et à la réserve un contingent de 1150 hommes. Le duc aujourd'hui régnant s'appelle Bernard-Erich-Freund ; il réside à *Meiningen*.

La ligne de Saxe-Meiningen (*voyez* SAXE [Maison de]) fut fondée par le troisième fils d'Ernest le Pieux, Bernard, qui mourut en 1706. Il eut pour successeur son fils aîné Ernest-Louis, à qui ses frères cadets Frédéric-Guillaume et Antoine-Ulrich cédèrent le gouvernement. A la mort d'Ernest-Louis, arrivée en 1724, ses fils étaient encore mineurs. L'aîné mourut en 1729, et le plus jeune, Frédéric-Charles, en 1743. Ses deux oncles, Frédéric-Guillaume et Antoine-Ulrich, régnèrent alors en commun, jusqu'à la mort du premier, arrivée en 1746. Antoine-Ulrich, qui maintenant régnait seul, un homme très-instruit ; mais ses propensité galités et les actes de violence auxquels elles l'entraînèrent nuisirent beaucoup au pays, et attirèrent même à ce prince des représentations de la part de la diète de l'Empire. Un mariage disproportionné qu'il contracta le brouilla avec ses cousins. Il mourut en 1763, et eut pour successeur ses deux fils issus de son second mariage, Charles et Georges, qui régnèrent conjointement sous la tutelle de leur mère. Georges, qui régna seul après la mort de son frère, arrivée en 1782, fut un prince fort remarquable, qui rendit de grands services au pays. Il introduisit en 1801 le droit de primogéniture, et eut pour successeur, en 1803, son fils, encore mineur, Bernard-Erich-Freund, qui en 1824 donna spontanément à ses sujets une constitution représentative. Lors du traité de partage relatif à la succession de Gotha, intervenu en 1826, le duc conserva son territoire originaire, indépendamment du pays de Romhild, jusque alors possédé en commun avec Gotha ; et comme il fit en outre pour sa part les territoires de Saalfeld, de Kambourg et de Krannichfeld avec le duché d'Hildbourghausen, il prit dès lors le titre de duc de *Saxe-Meiningen-Hildbourghausen*. Son duché est un des pays de l'Allemagne les mieux gouvernés.

SAXE-TESCHEN (DUC DE). *Voyez* ALBERT (Casimir).

SAXE-WEIMAR (BERNARD DE). *Voyez* BERNARD.

SAXE-WEIMAR-EISENACH, grand-duché de 46 myriamètres carrés de superficie, entouré par la Saxe Prussienne, la Bavière, le royaume de Saxe, la Hesse Électorale, les duchés de Saxe et les principautés de Schwartzbourg et de Reuss. La population totale est de 261,370 habitants, répartis entre 32 villes, 13 bourgs et 604 villages ; et, sauf 6,700 réformés, 10,600 catholiques et 1,454 juifs (établis les uns et les autres particulièrement dans le pays d'Eisenach), professant la religion luthérienne. Le pays s'étend sur une partie du *Thuringerwald*, sur les versants nord des montagnes du Voigtland, sur les prolongements du *Rhœn-*

gebirge et jusqu'au versant sud du Harz. Ses principaux cours d'eau sont la Saale, la Werra, l'Unstrut et l'Elster. Le sol donne les mêmes produits que le reste de l'Allemagne septentrionale : il est bien boisé, et en fait de minéraux contient surtout du fer, de la houille et du sel. Il y a des sources minérales à Berka, sur les bords de l'Ilm, et à Rubla; on trouve des établissements hydrothérapiques à Ilmenau, à Rubla et à Eisenach. L'industrie manufacturière est bornée à la fabrication des draps et des étoffes de laine, dont les centres sont à Eisenach, à Weida, à Neustadt et à Aume. La bonneterie se fabrique en grand à Apolda : il y a des manufactures de coutellerie et de têtes de pipe à Rubla. L'université du pays, comme pour tous les autres États des diverses branches de la ligne *ernestine*, est l'université d'Iéna; et on trouve des gymnases à Weimar et à Eisenach. Les écoles populaires sont au nombre de 600, dont 575 évangéliques, 19 catholiques et 6 israélites, et l'on peut dire qu'il n'y a pas de contrée en Allemagne où il ait été plus libéralement pourvu aux besoins de l'instruction publique. On trouve à Weimar une bibliothèque de 145,000 volumes; le théâtre de la cour, à Weimar, était naguère considéré en Allemagne comme la grande école de l'art dramatique. Des caisses d'épargne sont établies dans toutes les grandes villes; et une banque, fondée sur de puissants capitaux, existe depuis 1853 à Weimar, capitale du grand-duché et résidence du souverain. Le grand duché est une monarchie constitutionnelle. Le grand-duc a une voix dans les assemblées plénières de la Confédération Germanique, et en exerce une dans les assemblées du petit conseil en commun avec Saxe-Altenbourg, Saxe-Cobourg-Gotha et Saxe-Meiningen. D'après la loi électorale de 1852, la diète se compose d'une chambre unique de trente-et-un députés qui élisent leur président. De ces trente-et-un députés, on est choisi par les propriétaires d'anciens biens nobles; quatre par les propriétaires de biens rapportant au moins 1,000 thalers de rente; cinq par les habitants qui tirent un revenu d'au moins 1,000 thalers de sources autres que l'exploitation du sol; et vingt-et-un sont le résultat d'élections générales, mais indirectes, ayant lieu dans tout le pays. La durée de leurs pouvoirs est de trois années. Le budget de 1854-1856 évaluait les revenus publics à 1,502,957 thalers par an, et les dépenses à la somme de 1,514,883 thalers (dont 132,600 pour l'entretien de l'armée, et 250,000 pour la liste civile). En 1854 la dette publique s'élevait à 5,876,000 thalers. Le grand-duché fournit à l'armée fédérale un contingent de 3,350 hommes, faisant partie de la division d'infanterie de réserve. Le grand-duc prend la qualification d'*Altesse Royale*, et confère les ordres suivants : l'ordre de famille de la *Vigilance*, ou du *Faucon blanc* (fondé en 1732); une médaille du *Mérite civil*; une décoration en forme de croix, pour les services militaires.

La ligne régnante de Saxe-Weimar (voyez SAXE [Maison de]) fut fondée en 1640, par le troisième des huit fils du duc Jean de Weimar, tandis que son frère cadet, Ernest le Pieux, fondait la ligne de Gotha. Dès l'an 1672 cette ligne de Weimar se divisait pour former les trois branches de *Weimar*, d'*Eisenach* et d'*Iéna*. La ligne d'Iéna s'étant éteinte en 1690 et celle d'Eisenach en 1741, le duc Ernest-Auguste de Weimar réunit de nouveau toutes les possessions de la maison de Weimar sous la même main, et introduisit le droit de primogéniture. A sa mort, arrivée en 1748, il eut pour successeur son fils, encore mineur, Ernest-Auguste-Constantin, sous la tutelle du duc Frédéric III de Gotha. Ce prince épousa en 1756 Amélie de Brunswick, mais mourut en 1758, et eut pour successeur son fils mineur Charles-Auguste. En 1759 l'empereur déclara la duchesse mère, qui n'était âgée que de dix-neuf ans, régente et tutrice de son fils. Un fils posthume, Frédéric-Ferdinand-Constantin, qui fut général major au service de l'électeur de Saxe, et mourut en 1793. Charles-Auguste, qui prit les rênes du gouvernement en 1775, apporta une sollicitude extrême à favoriser les développements de la prospérité publique et les progrès des lumières. Sous son règne l'université d'Iéna devint un centre de réunion pour les savants les plus distingués de l'Allemagne; de même que Weimar, la résidence du duc, qui y appela Herder, Goethe, Schiller, etc., fut considéré comme le séjour des Muses. En 1806 Charles-Auguste dut accéder à la Confédération du Rhin; et ses États, qui jusque alors n'avaient constitué qu'une principauté, reçurent le titre de *duché*. Ils eurent beaucoup à souffrir des guerres de l'époque, et le contingent de Saxe-Weimar combattit en Tyrol, en Espagne et en Russie. Le congrès de Vienne accorda à Charles-Auguste le titre de *grand-duc*, et une augmentation de territoire de 21 myriam. carrés, avec 77,000 habitants. En 1816 ce prince accorda à ses sujets une constitution représentative, qui garantissait expressément la liberté de la presse. Il mourut le 14 juin 1828, et eut pour successeur son fils Charles-Frédéric, qui continua les traditions libérales et éclairées de son père. Il est mort le 8 juillet 1853; son fils Charles-Alexandre, né le 24 juin 1818, lui a succédé.

SAXHORN. *Voyez* SAXOPHONE.

SAXIFRAGE (de *saxum*, pierre, et *frangere*, briser), genre de plantes, type de la famille des *saxifragées*, ayant pour caractères : Calice à cinq, plus rarement à quatre folioles, plus ou moins soudées; corolle à cinq, plus rarement à quatre pétales, caducs; dix étamines, rarement huit; capsule à deux loges polyspermes.

L'espèce la plus commune dans nos contrées est la *saxifrage granulée* (*saxifraga granulata*, L.), vulgairement appelée *sanicle de montagne, casse-pierre*. Elle doit son nom spécifique aux bulbilles nombreux que porte la souche, et dont la réunion ressemble à un amas de très-petits tubercules. Quant à ce nom de *casse-pierre*, que la science a rendu par *saxifraga*, en l'étendant à tout le genre, fait-il allusion à quelque prétendue propriété médicale, ou vient-il seulement de ce que la plante qui le porte se multiplie dans les fentes des rochers?

SAXO, surnommé *Grammaticus*, c'est-à-dire le savant, le plus célèbre des anciens historiens danois, était prévôt de Roeskilde et fut employé par l'évêque Absalon, dont il était le secrétaire, dans maintes affaires importantes, entre autres à Paris, en 1161. Quand Absalon devint archevêque de Lund, il l'engagea plus tard à écrire l'histoire de sa patrie, qu'il continua jusqu'à l'année 1186. Il mourut, dit on, en 1204, et fut enterré dans l'église de Roeskilde. Quoique Saxo, comme chroniqueur latin, ait évidemment pris pour modèles les historiens latins de l'époque postérieure, notamment Valère-Maxime, son style et toute sa manière d'exposition, quand on le compare aux autres chroniqueurs du moyen âge, parmi lesquels il figure incontestablement au premier rang, n'en sont pas moins fort remarquables; et Érasme admirait son éloquence. Ce qui ajoute encore à ses mérites, c'est que, tout homme d'église qu'il fût, il ne se laisse pas rarement dans ses appréciations historiques par les préjugés de son ordre. Quant à sa véracité comme historien, il faut distinguer les sept derniers livres de son *Historia Danica*, où son récit a besoin d'être jugé avec une saine critique, des neuf premiers, où partout on peut le consulter avec assurance comme source. Il nous apprend lui-même qu'il a puisé à cinq sources différentes pour composer l'histoire la plus ancienne du Danemark, à savoir, les anciens chants, des inscriptions runniques en assez petit nombre, et des récits écrits en islandais. Il y ajouta vraisemblablement beaucoup de récits oraux islandais; car un grand nombre d'Islandais vivaient alors dans les différentes cours du Nord, où ils avaient mission de raconter et d'enseigner l'histoire. Saxo a recueilli les *sagas* sans critique, telles qu'on se les transmettait de son temps, augmentées de *sagas* germaniques et romantiques, encore bien qu'on remarque quelquefois chez lui une tendance manifeste à en séparer les éléments étrangers. La meilleure édition de son *Historia Danica* est celle qu'en a donnée Müller (Copenhague, 1839).

SAXON-LE-GRAMMAIRIEN. *Voyez* SAXO.

SAXONNE Suisse). On appelle ainsi la partie sud-est du cercle de Misnie, dans le royaume de Saxe, et la partie septentrionale du cercle de Leitmeritz, dans le royaume de Bohême; ravissant pays de montagnes, d'une superficie de 9 à 10 myriamètres carrés, comprenant les bailliages saxons de Pirna, de Hohenstein et de Stolpen, et les seigneuries bohèmes de Biensdorf, de Teschen et de Schœnwald.

SAXONS, *Saxones*, peuple germain, dont le nom, dérivé d'une espèce d'arme appelée *sahs* (c'est-à-dire *couteau*) et faite avec une pierre tranchante, est mentionné pour la première fois par Ptolémée, comme celui d'une nation particulière fixée au sud de la presqu'île cimbrique. La confédération qui apparut pour la première fois vers la fin du troisième siècle, sous la dénomination de *Saxons*, et à laquelle s'étaient rattachés les Chérusques, les *Angrivarii* des deux rives du Weser, ainsi que la plus grande partie des Chauces, était vraisemblablement en rapport avec les Saxons de Transalbingie. Alliés aux Franks, ils envahirent l'Empire Romain sous Julien, et sous Valentinien, qui, en 373, les battit à Deutz. Mais leurs expéditions par mer contre les côtes de la Bretagne et des Gaules eurent une tout autre importance. Elles commencèrent en l'an 287, époque où le Ménapien Carausius, chargé par l'empereur Maximien de repousser les invasions des Saxons, s'empara avec leur appui de la souveraineté de la Bretagne; et dès lors elles se répétèrent pendant longtemps. Les Saxons s'étaient établis dès le commencement du cinquième siècle sur la côte septentrionale de l'Armorique, dans ce qu'on appelle aujourd'hui la Normandie, et le territoire qu'ils y occupaient avait reçu le nom de *Limes Saxonicus*. Ils combattirent Attila dans les Champs Catalauniques. Des Saxons s'établirent également à l'embouchure de la Loire. Mais les uns et les autres disparurent plus tard, sous la domination franke. En Bretagne, au contraire, les Anglo-Saxons de la Transalbingie fondèrent, vers le milieu du cinquième siècle, un royaume saxon qui eut une longue durée. Les Saxons demeurés en Allemagne, désignés souvent sous le nom de *Vieux Saxons*, pour les distinguer des Anglo-Saxons, accrurent de bonne heure, à ce qu'il paraît, leur territoire. Au nord-ouest, ils s'étendirent jusqu'à l'Yssel et au Rhin; au sud, ils habitaient jusqu'à la Sieg; plus loin, à l'est, le Weser et la Werra formaient leurs frontières contre les Franks et les prolongements méridionaux du Harz contre les Thuringiens. A l'est ils s'étaient étendus dans l'ancien pays des Lombards et des Angles, jusqu'à l'Elbe et à la Saale inférieure; au nord leurs frontières étaient marquées par la mer du Nord et par le pays des Frisons, situé à l'ouest du Weser. Unis avec les Franks, ils détruisirent en l'an 531 le royaume des Thuringiens, et obtinrent en partage le territoire situé entre le Harz et l'Unstrut. Mais leurs *gaus* méridionaux ne tardèrent pas à tomber eux-mêmes sous la domination franke, dont ils tentèrent à diverses reprises de s'affranchir. Clotaire Ier les vainquit en 553 sur les bords du Weser, et leur imposa un tribut annuel de 500 vaches. Les Franks donnèrent des Souabes pour habitants aux contrées du sud-est riveraines de la Bode et de la Saale, quand les Saxons les eurent abandonnées pour suivre les Lombards dans l'expédition qu'ils entreprirent en Italie, en l'an 568. Mécontents d'être obligés de vivre en Italie d'après la foi des Lombards, au lieu de leur propre loi, 20,000 Saxons se mirent en marche pour la Gaule. Mais ils en furent repoussés par le roi Sigebert, et obligés de retourner dans leur ancienne patrie, où ils durent se soumettre aux Souabes. Les Thuringiens s'établirent plus au nord encore, sur les bords de l'Elbe; mais ce pays, comme la Souabe septentrionale, dépendait des Saxons.

Par suite de la faiblesse des rois mérovingiens, les Saxons recouvrèrent leur ancienne indépendance. Leurs guerres contre les Franks recommencèrent en l'an 719, sous Charles Martel, et durèrent plus d'un siècle. Sous Pépin le Bref, ils s'étaient rattachés en 744 à Odilon, duc de Bavière, et en 748 à Grifo, frère consanguin de Pépin. En 753 Pépin pénétra jusqu'au Weser, et leur imposa un tribut de 300 chevaux; mais cinq ans après il était encore obligé de recommencer à guerroyer contre eux. A partir de cette époque on remarque parmi eux trois tribus principales ou *gaus*, à savoir: les *Westfalen*, les *Engern*, et les *Ostfalen*. Des princes étaient à leur tête. Le peuple était partagé en *nobles*, *hommes libres (frilinge)* et *affranchis-liges (liten* ou *lazzen)*, et les différents *gaus* députaient à une diète qui se réunissait à Maklo, sur les bords du Weser. Les Nord-albingiens formaient une quatrième tribu, qui habitait par delà l'Elbe, en Holstein, dont la partie orientale était occupée par des Slaves, et se subdivisaient en trois peuplades: les Dietmarses, les Holsates et les Stormarns. En l'an 772 Charlemagne commença la série de ses guerres contre les Saxons, dont le résultat fut leur soumission en même temps que leur conversion forcée au christianisme. Dès sa première campagne il s'empara de la forteresse des Saxons, *Eresbourg*, sur la Diemel, détruisit la colonne d'Irmen, et les contraignit à lui livrer des otages. Mais dès l'an 744 les Saxons, aux ordres de Wittekind et d'Albio, qu'ils avaient élus pour chefs, envahissaient le *Hessengau* frank. Charlemagne revint d'Italie, pénétra en 775 jusqu'à la Ruhr, détruisit Siegebourg, força le passage du Weser à Brunsberg, et s'avança jusqu'à l'Oker. Les *Ostfalen*, commandés par leur prince Harsio, les *Engern* aux ordres de Bruno, et les *Westfalen* firent leur soumission; mais Charlemagne ne fut pas plus tôt de retour en Italie, qu'ils se soulevèrent de nouveau. En 776 Charlemagne marcha contre eux contre eux; et beaucoup de leurs nobles parurent à la diète de Paderborn, où ils se firent baptiser. Wittekind s'était réfugié chez les Danois. Il reparut en 778, alors que Charlemagne était en Espagne, et envahit le territoire des Franks riverain du Rhin, qu'ils ravagèrent depuis Deutz jusqu'à Coblentz. Une nouvelle soumission des Saxons eut lieu lorsque Charlemagne, en 779 et 780, revint dans leur pays, où il s'avança cette fois jusqu'à l'endroit où l'Ohre se jette dans l'Elbe. Les Saxons furent alors considérés comme complétement subjugués, et en 782 Charlemagne tint parmi eux une diète à Lippspring. La même année cependant une armée franke, envoyée contre les Sorbes qui avaient envahi la Thuringe, fut assaillie à l'improviste au *Suntelberg*, sur la rive droite du Weser, par les Saxons, et exterminée. Charlemagne tira une insigne vengeance de cette trahison, quand il eut forcé la nation à faire de nouveau sa soumission. A Verden sur l'Aller, il fit mettre à mort 4,500 prisonniers comme coupables de rébellion. Cette sévérité provoqua en 783 une insurrection de toutes les tribus saxonnes, et la lutte dura indécise pendant trois années. Enfin, en 785, Charlemagne, qui avait pénétré jusque dans le *Bardegau* (dans le pays de Lunebourg), entra en négociations avec Wittekind et Albio, qui s'étaient réfugiés chez les Saxons de la Nordalbingie. Tous deux comparurent ensuite devant lui à Attigny, en Champagne, reçurent le baptême, et lui demeurèrent dès lors fidèles. En 788 un capitulaire prohiba le paganisme et punit de peines sévères toute révolte contre le roi et ses comtes. D'ailleurs, les Saxons conservèrent leurs libertés nationales et restèrent même exempts d'impôts. Un nouveau capitulaire fut publié en 797, à la suite des guerres qu'avait nécessitées en 793 une révolte des *Ostfalen*. En 798 Charlemagne fit attaquer les Saxons de la Nordalbingie par les Obotrites saxons, qui furent battus sur les bords de la Swentine en Holstein, et en 799 il fit marcher contre eux son propre fils. Enfin, à la suite d'une nouvelle insurrection des Nordalbingiens, Charlemagne convoqua tous les nobles saxons à la diète tenue en 803 à Setz, sur les bords de la Saale de Franconie, à l'effet d'y traiter d'une paix définitive. Il garantit aux Saxons les mêmes droits et les mêmes privilèges qu'aux Franks, le maintien de leurs anciennes libertés et coutumes, mais sous l'autorité de juges institués par le roi. Il ne leur fut point imposé de tribut, mais ils durent s'engager à fournir un contingent militaire, à payer la dîme à l'Église et à maintenir la religion chrétienne, enfin à reconnaître le roi des Franks pour leur souverain. En 804

Charlemagne se rendit en Saxe pour faire exécuter le traité de paix, et séjourna dans le Luneboùrg, près d'Oldenstædt. A l'instar de ce qui s'était déjà pratiqué précédemment, 10,000 Nordalbingiens furent alors transportés de leur pays dans diverses autres parties de l'Empire; et les pays ainsi dépeuplés furent donnés aux Obotrites. Les plus anciens évêchés fondés par Charlemagne dans le pays des Saxons furent ceux d'Osnabruck (783), de Verden (786) et de Bremen (787). La rédaction écrite des droits populaires des Saxons eut lieu sous le règne de Louis le Débonnaire, fils de Charlemagne, qui, lors de la première diète qu'il convoqua, restitua aux nobles et aux hommes libres saxons les biens héréditaires qu'avait confisqués son père. La Saxe fit partie à dater de l'an 830 des pays qu'il céda à son fils Louis le Germanique. Lors des querelles qui divisèrent les fils de Louis le Débonnaire, Lothaire Ier, à la suite de la bataille de Fontenay (841), chercha à se faire des partisans parmi les Saxons. Comme il leur promit de leur permettre de retourner au culte des idoles, beaucoup se prononcèrent en sa faveur; mais Lothaire les abandonna, et Louis le Germanique les subjugua.

Les irruptions des Normands, qui rencontrèrent aussi sur leur passage les Saxons du nord et donnèrent lieu en 858 à la translation à Bremen de l'archevêché fondé à Hambourg par Louis le Débonnaire, déterminèrent Louis le Germanique à instituer vers 850 en Saxe en qualité de *duc* le comte Ludolf, qui peut-être appartenait à la race de Wittekind. Telle fut l'origine de l'ancien *duché de Saxe*.

Ludolf eut pour successeurs son fils *Bruno*, et celui-ci étant mort dans un engagement contre les Normands, le frère de ce dernier, *Othon* dit l'Illustre, le plus puissant et le plus considéré des princes allemands, qui réunit à la Saxe la Thuringe, lorsque son duc Burkard vint à mourir, et qui sous Louis l'Enfant gouverna l'Empire conjointement avec l'archevêque Hatto de Mayence. A l'extinction de la race des Carlovingiens, en 911, il abdiqua, à cause de sa grande vieillesse, la dignité de roi d'Allemagne en faveur du Frank *Conrad Ier*; mais celui-ci, peu de temps avant de mourir, recommanda aux princes *Henri*, fils d'Othon, avec lequel pourtant il avait été en discussion.

Avec Henri Ier, en 919, commença la série des rois d'Allemagne de race saxonne, que continuèrent Othon Ier, dit le Grand, *Othon II* et *Othon III*, et qui finit avec *Henri II*, dit le Pieux, arrière-petit-fils de Henri Ier. Celui-ci conserva le duché pour lui; son fils, Othon le Grand, le transmit, vers 960, au courageux Herman Billung, dans la descendance duquel il resta jusqu'à 1106. Les margraviats fondés pendant la lutte contre les Slaves, par Henri Ier et Othon Ier, et agrandis ensuite vers l'est, étaient subordonnés dans la guerre aux ducs de Saxe, à savoir : le margraviat de Misnie, le margraviat de la Saxe orientale, le margraviat de la Saxe septentrionale, le margraviat d'Anhalt, et la contrée riveraine de l'Havel et de la Sprée. Le margraviat de Schleswig, qui subsista contre les Danois jusqu'en l'an 1026, dépendait également du duché de Saxe. Les Saxons se soulevèrent dès l'an 1067, mais avec plus d'énergie encore en 1073, contre l'empereur Henri IV. Dans cette guerre de dévastation ils eurent pour chefs Othon de Nordheim, comte Saxon, à qui Henri avait enlevé en 1070 le duché de Bavière, et le duc saxon Magnus, fils d'Ordulf. La guerre recommença lorsque les Saxons prirent parti, de 1077 à 1080, en faveur de l'anti-roi Rodolphe de Souabe. La famille ducale des Billung s'éteignit en 1106 avec Magnus. Il eut pour successeur Lothaire le Saxon, comte de Supplinburg, qui ne tarda pas à être entraîné dans une lutte contre l'empereur Henri V. En 1125 il fut élu roi d'Allemagne. En 1127 il donna le duché à son cousin, le duc guelfe de Bavière, Henri l'Orgueilleux, fils de Henri le Noir de Bavière, qui par sa mère, Wulfhilde, héritière de la maison de Billung, possédait des propriétés en Saxe (dans le Lunebourg). C'est sous son règne que fut fondée la ligne de Schauembourg, dans le comté de Holstein, ainsi que la ligne de Wettin, dans le margraviat de Misnie. En 1130 Louis Ier devint landgrave de Thuringe; en 1134 Albert l'Ours, de la race ascanienne, obtint la marche septentrionale. L'empereur Conrad III donna à ce dernier le duché de Saxe, quand il eut déposé Henri l'Orgueilleux, en 1138. Mais à la mort de celui-ci, en 1139, Conrad III restitua la marche de Saxe à son fils, alors âgé de dix ans, Henri, dit plus tard le Lion. On indemnisa Albert en érigeant sa marche septentrionale et une partie de la marche orientale en un margraviat indépendant de la Saxe, sous le nom de *margraviat de Brandebourg*. Henri le Lion, créé aussi à partir de 1156, par l'empereur Frédéric Ier, duc de Bavière, accrut la puissance saxonne par ses victoires sur les Slaves de 1158 à 1163, et consolida l'autorité ducale contre les prétentions des puissants seigneurs saxons, tant spirituels que temporels. Mais sa brouille avec Frédéric Ier fut cause de sa ruine; en 1180 il fut mis au ban de l'Empire, et l'ancien duché de Saxe fut dissous. Henri conserva dans ses domaines héréditaires de Brunswick, de Nordheim, de Supplinburg et de Billung, la plus grande partie de l'Ostfalen et une parcelle de l'Engern. Ces contrées devinrent en 1235 le berceau du duché de Brunswick, qui en 1569 se divisa en deux lignes : celle de Wolfenbuttel et celle de Lunebourg (Hanovre). Le domaine impérial en Westfalen fut attribué comme duché de Westfalen (Westphalie) à l'archevêché de Cologne, outre lequel les chapitres de Munster, d'Osnabruck, de Paderborn, de Minden, de Verden et de Bremen, ainsi que les comtes de Tecklenbourg, d'Altona, d'Arnsberg, de Schauembourg, de Lippe et d'Oldenbourg avaient de grandes possessions territoriales en Westfalen et en Engern, dont les archevêques de Cologne et les ducs de la maison ascanienne prirent aussi le nom. Le Palatinat saxon de la Thuringe fut donné à son landgrave Louis. Le nom et la dignité de duc de Saxe passa à Bernard, comte d'Ascanie, à qui son père, Albert l'Ours, avait laissé le territoire environnant Willemberg, auquel il ajouta le Lauenberg. Ses petits-fils Jean et Albert opérèrent entre eux, en 1260, un partage, aux termes duquel le premier eut pour son lot Saxe-Lauenbourg, le seul territoire de toute l'ancienne Saxe auquel demeura le nom de Saxe; et l'autre, Saxe-Wittemberg, devenu en 1423, lorsqu'il passa à Frédéric le Querelleur de Misnie, l'origine de l'électorat de Saxe.

FIN DU QUINZIÈME VOLUME.

www.ingramcontent.com/pod-product-compliance
Lightning Source LLC
Chambersburg PA
CBHW061729300426
44115CB00009B/1152